Josef Tropper

Ugaritische Grammatik

Alter Orient und Altes Testament

Veröffentlichungen zur Kultur und Geschichte des Alten Orients und des Alten Testaments

Band 273

Herausgeber

Manfried Dietrich • Oswald Loretz

2000
Ugarit-Verlag
Münster

Ugaritische Grammatik

Josef Tropper

2000
Ugarit-Verlag
Münster

Die Deutsche Bibliothek - CIP-Einheitsaufnahme

Tropper, Josef:
Ugaritische Grammatik / Josef Tropper. - Münster: Ugarit-Verl., 2000
(Alter Orient und Altes Testament; Bd. 273)
ISBN 3-927120-90-1

Herstellung: Weihert-Druck GmbH, Darmstadt
Printed in Germany
ISBN 3-927120-90-1

Printed on acid-free paper

Vorwort

Die vorliegende *Ugaritische Grammatik* beruht auf meiner Habilitationsschrift ("Untersuchungen zur ugaritischen Grammatik"), die 1997 vom Fachbereich für Altertumswissenschaften der Freien Universität Berlin angenommen wurde.

Mein Dank gilt allen, die die Erstellung dieser Grammatik ermöglicht oder in irgendeiner Weise gefördert haben: Manfried Dietrich, Oswald Loretz (*Ugarit-Forschung* Münster) und Edward Verreet (Herentals, Belgien) weckten mein Interesse für ugaritologische Studien. Manfried Dietrich und Oswald Loretz gewährten mir ferner Einblicke in ihr noch nicht publiziertes *Ugaritisches Handwörterbuch*, erlaubten mir die Benutzung der Fotosammlung der *Ugarit-Forschungsstelle* Münster, berieten mich bei epigraphischen Fragen und erklärten sich bereit, meine Grammatik in ihre Reihe "Alter Orient und Altes Testament" aufzunehmen. Pierre Bordreuil (Paris) und Dennis Pardee (Chicago) stellten mir ein Manuskript mit neuen Kollationsergebnissen zu publizierten ugaritischen Texten sowie ein Manuskript ihrer Bearbeitung der zur Zeit noch unpublizierten ugaritischen Texte der Grabungskampagnen von 1986-1992 zur Verfügung. Dennis Pardee erteilte mir darüber hinaus wiederholt Auskünfte zu epigraphischen Problemen. Nick Wyatt (Edinburgh) ermöglichte mir einen Abzug der Fotos des *Edinburgh Ras-Shamra-Project*. Wilfred G.E. Watson (Newcastle) verdanke ich Literaturhinweise. Rainer M. Voigt (Berlin), der mein Habilitationsprojekt betreute, verdanke ich methodologische und sprachvergleichende Hilfestellungen. Eva Cancik-Kirschbaum, Volkert Haas, Johannes Renger und Ilse Wegner (Berlin) erteilten mir Auskünfte zu assyriologischen, hethitologischen und hurritologischen Fragestellungen. Juan-Pablo Vita (Madrid) beriet mich insbesondere bei Realienfragen, erstellte für mich eine Tabelle der ugaritischen Schriftzeichen (S. 17-19) und sah Teile der Arbeit kritisch durch. Die Professoren am Seminar für Altes Testament der Theologischen Fakultät der Humboldt-Universität Berlin, Matthias Köckert, Rüdiger Liwak und Peter Welten, gewährten mir großzügig Freiraum für wissenschaftliche Forschung und verfolgten mit Interesse den Werdegang der Arbeit. Kristin Kleber und Tobias Schröter lasen die Endfassung der Arbeit zur Korrektur. Frieder Münden half bei der Erstellung der Register. Mein besonderer Dank gilt meiner Frau Tokie, die mir mit viel Geduld und Verständnis während all der zurückliegenden Forschungsjahre unterstützend zur Seite stand.

Die vorliegende Untersuchung kann – trotz ihrer breiten Basis – bei weitem nicht alle offenen Fragen der ugaritischen Grammatik klären. Zukünftige Forschung und neues Textmaterial werden voraussichtlich bestehende Lücken schließen können und auf der anderen Seite bestimmte Einzeldarstellungen relativieren. Möge die Arbeit Wissenschaftlern unterschiedlicher Disziplinen als Referenzgrammatik der ugaritischen Sprache von Nutzen sein.

Berlin, im März 2000 Josef Tropper

Inhaltsverzeichnis

1. Einleitung

11. Die Stadt Ugarit und ihre Bedeutung

11.1. Ugarit ist der Name einer antiken Stadt, die an der nordsyrischen Mittelmeerküste, 12 km nördlich der Hafenstadt Latakia, gelegen ist. Sie wurde 1928 entdeckt und wird seit 1929 kontinuierlich ausgegraben. Der moderne Name des Tells lautet Ras Shamra ("Fenchelkopf").

11.2. Die Ausgrabungen zeigten, daß Ugarit ab der neolithischen Zeit bis zum ersten Viertel des 12. Jahrhunderts v. Chr. durchgehend besiedelt war, wobei die letzten 150 Jahre die Blütezeit der Stadt darstellten. In dieser Zeit war Ugarit Zentrum eines Stadtstaates mit einem bedeutenden Hafen (Minet el-Beida), einer Reihe von Satellitenstädten (darunter Tell Ras Ibn Hani, 3 km südwestlich von Ras Shamra) und vielen kleineren Siedlungen. Die meisten archäologischen Funde und alle geborgenen Texte stammen aus dieser Periode.

Die Größe und die Bedeutung verdankte die Stadt dem internationalen Handel und der Seefahrt. Ugarit war in den letzten Jahrhunderten seiner Existenz politisch von Großmächten abhängig. Bis ca. 1350 v. Chr. befand sich Ugarit unter ägyptischer Oberhoheit, danach unter hethitischer Oberhoheit. Die politische Abhängigkeit beeinträchtigte den wirtschaftlichen Erfolg des Stadtstaates nicht.

Um 1180/70 v. Chr. fand die Blüte der Stadt Ugarit ein plötzliches Ende, zeitgleich mit dem Untergang des neuhethitischen Reiches. Auslöser der Katastrophe war der sogenannte Seevölkersturm, die gewaltsame Einwanderung neuer ethnischer Bevölkerungsgruppen aus dem östlichen Mittelmeerraum in den Vorderen Orient.

11.3. Die Ausgrabungen in Ugarit förderten nicht nur Ruinen von Tempeln, Palastanlagen und Wohnhäusern sowie Kunstgegenstände zutage, sondern auch mehrere tausend beschriftete Tontafeln, die in vielen verschiedenen Sprachen sowie diversen Schriftsystemen abgefaßt sind, ein Ausdruck des multikulturellen Charakters der Stadt. Zu den in Ugarit schriftlich bezeugten Sprachen zählen Ägyptisch, Sumerisch, Akkadisch, Hurritisch, Hethitisch, sowie möglicherweise auch Luwisch (siehe Woudhuizen 1994) und Phönizisch (*§*22.82). Daneben stieß man auf eine bis dahin unbekannte semitische Sprache, die man im Anschluß an den antiken Namen der Stadt als Ugaritisch bezeichnet.

Mit den genannten Sprachen sind in Ugarit sechs verschiedene Schriftsysteme bezeugt: a) die ägyptische Hieroglyphenschrift (für Ägyptisch), b) die kypro-minoische Silbenschrift (nach Auffassung von Woudhuizen 1994 für Luwisch), c) die syllabische Keilschrift (für Sumerisch, Akkadisch, Hethitisch, Hurritisch und Ugaritisch), d) eine Keilalphabetschrift mit mutmaßlich 22 Zeichen (offenbar nur für Phönizisch), e) eine Keilalphabetschrift mit 30

Zeichen (für Ugaritisch, Hurritisch und Akkadisch) und f) eine erst jüngst entdeckte, bisher nur auf einer Tontafel nachweisbare Keilalphabetschrift mit 27 Zeichen (RS88.2215 [§21.113, Anm.; §21.241, Anm.]).

12. Textkorpus und Textgattungen des Ugaritischen

12.1. Das Textkorpus der ugaritischen (= ug.) Sprache setzt sich zusammen aus syllabisch bezeugten Texten, Textabschnitten bzw. Wörtern einerseits und einer Vielzahl von alphabetisch bezeugten Texten andererseits.

Das syllabisch bezeugte, d.h. mit Hilfe der aus Mesopotamien stammenden sumero-akkadischen Keilschrift verschriftete Material hat einen bescheidenen Umfang. Es wurde 1987 von Huehnergard (UV) neu zusammengestellt und ausgewertet. Zur Beschaffenheit und Problematik dieses Materials siehe §23.2.

Das weitaus umfangreichere alphabetisch bezeugte Textkorpus ist – soweit bisher publiziert – vollständig enthalten in der (neuesten) Textausgabe KTU^2 (M. Dietrich – O. Loretz – J. Sanmartín, Cuneiform Alphabetic Texts from Ugarit, Ras Ibn Hani and Other Places [KTU: second, enlarged edition], Münster 1995). In dieser Edition werden 1409 Keilalphabettexte transliteriert (gegenüber 1336 Texten in KTU^1). Nicht alle diese Texte sind jedoch ugaritisch. Auszuscheiden sind a) die hurritischen Texte in keilschriftlichem Langalphabet (insgesamt 26 Texte [§21.21]), b) die akkadischen Texte in keilschriftlichem Langalphabet (4 Texte [§21.21]) und schließlich c) offenbar alle Texte des keilschriftlichen Kurzalphabets (§22) einschließlich der in Ugarit gefundenen Kurzalphabet-Texte (§22.8).

Die genannten Texte werden in den Museen von Damaskus, Aleppo und Paris aufbewahrt. Infolge einer regen Ausgrabungstätigkeit in Ras Shamra und dem nahegelegenen Ras Ibn Hani wächst das ug. Textkorpus kontinuierlich an.

12.2. Die Textgattungen des alphabetisch bezeugten Ug. sind mannigfaltig. Die Textausgabe KTU^2 differenziert folgende Gattungen:

Das erste Kapitel (KTU 1.1-176) umfaßt die zahlreichen literarischen und religiösen Texte, das zweite Kapitel (KTU 2.1-83) das Briefkorpus, das dritte Kapitel (KTU 3.1-10) die (wenigen) Rechtsurkunden, das vierte Kapitel (KTU 4.1-792) das umfangreiche Korpus der Wirtschaftstexte, das fünfte Kapitel (KTU 5.1-25) Alphabettafeln und sogenannte Schultexte ("scribal exercises"), das sechste Kapitel (KTU 6.1-76) Siegelinschriften, Elfenbeininschriften sowie Aufschriften auf sonstigen Gegenständen und das siebte Kapitel (7.1-222) schließlich die nicht klassifizierten bzw. nicht klassifizierbaren Texte.

Die unter der Textkategorie 1 (KTU 1.1-176) aufgeführten sogenannten literarischen und religiösen Texte sind gattungsmäßig nicht einheitlich. Sie enthält im einzelnen a) eine umfangreiche epische Literatur (hervorzuheben sind insbesondere der Baalzyklus [KTU 1.1-6], das Keret-Epos [KTU 1.14-16] und das Aqhat-Epos [KTU 1.17-19]), b) hymnenartige Texte (KTU 1.24, 1.101 und 1.108), c) Gebete, Beschwörungen, Omentexte, Ritualtexte, Opferlisten, Götterlisten und d) hippiatrische Texte (Pferdeheiltexte).

Die epische Literatur und die Hymnen sind in einer poetischen Sprache abgefaßt, alle anderen Gattungen weisen eine Prosasprache auf (darunter auch Zeugnisse von Kunstprosa).

12.3. Das syllabisch bezeugte ug. Material ist vornehmlich in lexikalischen Listen sowie in juristischen Texten und Wirtschaftstexten enthalten (§23.2).

13. Zur Klassifikation der ugaritischen Sprache

13.1. Das Ugaritische (= Ug.), die lokale Sprache des Stadtstaates Ugarit, ist eine semitische Sprache und zählt als solche zur hamitosemitischen (afroasiatischen) Sprachgruppe. Die genaue Klassifikation des Ug. innerhalb der semitischen Sprachen ist eine bis heute kontrovers diskutierte Thematik. Die nachfolgenden Ausführungen bieten keine erschöpfende Darstellung dieser Problematik, sondern dienen im wesentlichen dazu, den Standpunkt des Verfassers zu dieser Frage zu erläutern.

13.2. Die Untergliederung der semitischen Sprachen nach linguistischen Kriterien wird bis heute kontrovers diskutiert. Folgt man Hetzron (1974) und Voigt (1987a), dann lassen sich die semitischen Sprachen grob in einen ostsemitischen Zweig, zu dem nur das Akkadische zählt, und einen westsemitischen Zweig gliedern. Das Westsemitische läßt sich weiter unterteilen in einen südsemitischen (auch: südwestsemitischen) und einen zentralsemitischen Zweig. Zum Südsemitischen zählen mit Sicherheit die äthiopischen Sprachen und die modernen südarabischen Sprachen. Den Grundstock des Zentralsemitischen bilden drei große Sprachgruppen, nämlich a) das Kanaanäische, b) das Aramäische und c) das Nordarabische. Mit Voigt (1987a) sind aber auch die Sprachen Syriens des 2. Jahrtausends v. Chr. einschließlich des Ug. zum Zentralsemitischen zu rechnen. Darüber hinaus zählt Voigt (1987a) im übrigen auch das epigraphisch bezeugte Altsüdarabische zum Zentralsemitischen.

13.3. Von den zentralsemitischen Sprachen lassen sich das Kanaanäische und das Aramäische aufgrund ihrer zahlreichen grammatischen und lexikographischen Übereinstimmungen auf eine gemeinsame Vorstufe zurückführen, die traditionell als Nordwestsemitisch bezeichnet wird. Diesem Nordwestsemitischen als Vorläufer des späteren Kanaanäischen und Aramäischen stehen das Proto-Nordarabische als Vorläufer des Klassischen Arabisch und der nordarabischen Dialekte sowie möglicherweise ferner die Proto-Sprache der altsüdarabischen Dialekte gegenüber.

Es besteht heute kaum noch Zweifel darüber, daß das Ug. in den Bereich des Nordwestsemitischen fällt und enge linguistische Berührungspunkte mit dem späteren Kanaanäischen und Aramäischen aufweist. Alternative Klassifikationsvorschläge halten einer kritischen Prüfung nicht stand. Das Ug. ist a) gewiß kein Vorläufer oder enger Verwandter des späteren Nord- oder Südarabischen. Es kann b) mit Sicherheit auch nicht als "Rest" eines noch ungetrennten Proto-Zentralsemitischen gewertet werden. Ganz unwahrscheinlich ist ferner c) die Auffassung, daß das Ug. der einzige Vertreter eines separaten zentralsemitischen Sprachzweiges neben dem Nordwestsemitischen und dem (Nord-)Arabischen ist.

Die linguistischen Daten des Ug. enthalten nämlich zu wenige und zu unwesentliche spezifische Merkmale, die das Ug. von allen übrigen zentralsemitischen Sprachen abheben würden.

13.4. Trifft die Annahme zu, daß das Ug. zum Nordwestsemitischen zu zählen ist, dann kann das Ug. nur a) eine kanaanäische Sprache, b) eine aramäische Sprache, c) der (einzige) Vertreter eines anderen, sonst nicht bekannten nordwestsemitischen Sprachzweiges oder d) der "Rest" eines noch ungetrennten Nordwestsemitischen sein.

Die Lösung (b) ist sicher falsch. Das Ug. weist nämlich keine spezifisch aramäischen Innovationen auf; die linguistischen Beziehungen zwischen dem Ug. und dem Aramäischen sind mit Sicherheit nicht enger als die zwischen dem Ug. und dem Kanaanäischen. Auch die Lösung (d) ist sehr wahrscheinlich unzutreffend. Sie setzt voraus, daß die Trennung von Kanaanäisch und Aramäisch eine relativ junge Entwicklung darstellt, die erst gegen Ende des 2. Jahrtausends v. Chr. eingetreten wäre. Gegen diese These spricht, daß bereits die ersten aramäischen Inschriften (Anfang des 1. Jt. v. Chr.) von Dialekten zeugen, die sich wesentlich von den zeitgenössischen kanaanäischen Dialekten unterscheiden.

13.5. Somit ist das Ug. entweder direkt zum Kanaanäischen zu rechnen oder es ist der (einzige) Vertreter eines separaten nordwestsemitischen Sprachzweiges neben dem (späteren) Kanaanäischen und dem (späteren) Aramäischen. Welche dieser beiden verbleibenden Möglichkeiten zutreffender ist, wird in der modernen Forschung kontrovers diskutiert (siehe inbesondere Isaksson 1989, Huehnergard 1991 und Tropper 1994f).

Welchen Standpunkt man auch vertritt, in der Sache ändert sich wenig. Es ist inzwischen weitgehend anerkannt, daß das Ug. mit den (späteren) kanaanäischen Sprachen durch zahlreichere und signifikantere linguistische Isoglossen verknüpft ist als mit dem Aramäischen oder anderen zentralsemitischen Sprachzweigen. Sollte das Ug. einen separaten nordwestsemitischen Sprachzweig repräsentieren, stünde dieser dem Kanaanäischen immer noch näher, als jeder anderen zentralsemitischen Sprache.

Die Klassifikation des Ug. als separaten nordwestsemitischen Sprachzweig ist als Theorie unanfechtbar. Sie leistet aber wenig, da sie die linguistischen Affinitäten des Ug. zu den anderen nordwestsemitischen Sprachen nicht klärt.

Anm. Eine ganz andere Auffassung vertritt jedoch neuerdings Lipiński (1997, 53.56). Er faßt das Ug. mit dem Amurritischen und Eblatischen zur sogenannten nordsemitischen Gruppe zusammen, der er eine westsemitische Gruppe mit den Vertretern Kanaanäisch, Aramäisch und Arabisch gegenüberstellt. S.E. sind das Amurritische und Ug. "morphologically and syntactically more distinct form Hebrew than North Arabian languages" (S. 56). Eine Begründung dieser These erfolgt nicht.

13.6. Ob das Ug. als enger Verwandter des Kanaanäischen zu gelten hat oder direkt dem Kanaanäischen zugeordnet werden kann, hängt von der Definition des Begriffes "Kanaanäisch" und damit letztlich von der umstrittenen Rekonstruktion des Proto-Kanaanäischen ab. Das Ug. kann nur dann als kanaanäische Sprache gelten, wenn es die spezifisch proto-kanaanäischen linguistischen Merkmale teilt. Da bisher nicht geklärt ist, worin diese Merkmale genau bestehen (zur Diskussion siehe Tropper 1994f, 345-347), kann hier auch die Frage nach der Klassifikation des Ug. nicht endgültig beantwortet werden.

Sollte das Ug. mit den kanaanäischen Sprachen im engeren Sinn zu einer gemeinsamen nordwestsemitischen Sprachgruppe zusammenzufassen sein, die man als "ugarito-kanaanäisch", als "levantinisch" oder als "kanaanäisch" (im weiteren Sinn) bezeichnen könnte, wäre es gewiß als eigenständiger Zweig innerhalb des Kanaanäischen zu betrachten. Als unmittelbarer Vorläufer einer der bekannten kanaanäischen Sprachen des 1. Jahrtausends v. Chr. kommt das Ug. nicht in Frage. Die genaue Standortbestimmung des Ug. innerhalb dieser Sprachgruppe bliebe als Aufgabe für die Zukunft bestehen.

13.7. Abschließend sei angemerkt, daß der hier gebrauchte linguistische Begriff "Kanaan" bzw. "kanaanäisch" nicht deckungsgleich ist mit der politisch-geographischen Bezeichnung "Kanaan" bzw. mit dem Gentilizium "Kanaanäer", wie sie im 2. Jahrtausend v. Chr. verwendet wurden (siehe dazu Hess 1998). Wir wissen aus primärer Quelle, daß sich die Ugariter nicht als "Kanaanäer" verstanden (KTU 4.96:7; dazu Rainey 1963). Auch wenn sich die Ugariter selbst von den Kanaanäer abgrenzten, lassen sich daraus keine Schlußfolgerungen hinsichtlich der Klassifikation der ug. Sprache ableiten.

14. Stand der grammatischen Erforschung des Ugaritischen

14.1. Bisher liegen drei größere grammatische Gesamtentwürfe zum Ug. vor:

1. C.H. Gordon, *Ugaritic Textbook*, Bd. I: *Grammar* (Rom 1965; revised reprint 1998) = UT (das Werk beruht auf älteren Vorläufern: *Ugaritic Grammar* [Rom 1940], *Ugaritic Handbook* [Rom 1947], *Ugaritic Manual* [Rom 1955]).
2. S. Segert, *A Basic Grammar of the Ugaritic Language* (Berkeley/Los Angeles/London 1984; forth printing with revisions 1997) = BGUL.
3. D. Sivan, *A Grammar of the Ugaritic Language* (Leiden/New York/Köln, 1997) = GUL (das Werk beruht auf einer auf hebräisch publizierten Grammatik des Verf.: D. Sivan, *Diqdūq lešōn ʾUgarit*, Jerusalem 1993].

Gordons *Ugaritic Textbook* ist inzwischen – trotz revidiertem Nachdruck – aufgrund der vielen neu entdeckten Texte überholt. Segerts *Basic Grammar* präsentiert nur ein knappes grammatisches Gerüst. Weder bei Gordon noch bei Segert wird das syllabische Textmaterial von Ugarit gebührend in die Diskussion miteinbezogen. Sivans *Grammar of the Ugaritic Language* ist die bisher umfangreichste Grammatik des Ug. (ca. 220 Seiten). Sie berücksichtigt neuere Forschungsansätze, weist aber auch philologische und linguistische Schwächen auf (siehe Tropper 1997/98b). In allen drei genannten Werken bleiben schon allein aufgrund des begrenzten Umfanges zahlreiche Probleme der ug. Grammatik ganz ausgeblendet, andere können notgedrungen nur oberflächlich behandelt werden.

14.2. Daneben wurden in der früheren Forschungsgeschichte zwei grammatische Gesamtdarstellungen vorgelegt, die keine vergleichbar weite Verbreitung gefunden haben:

J. Aistleitner, *Untersuchungen zur Grammatik des Ugaritischen* (Berlin 1954).
F.C. Fensham, *En beknopte Ugaritiese grammatika* (Stellenbosch 1970).

14.3. In jüngerer Zeit wurden vier kurze Abrisse der ug. Grammatik publiziert:
H. Cazelles, "Précis de grammaire ugaritique" (*Bibbia e Oriente* 121 [1979], 253-68).
J.-L. Cunchillos, *Manual de estudios ugariticos* (Madrid 1992, S. 113-232 ["Escritura y lengua"]).
J.-L. Cunchillos – J.-A. Zamora, *Grammática ugarítica elemental* (Madrid 1995).
D. Pardee, "Ugaritic", in: R. Hetzron (ed.), *The Semitic Languages*, I: *Semitic Languages – Grammar*, London/New York 1997, 131-144.

14.4. Hervorzuheben ist schließlich auch die umfangreiche Studie zu Morphologie und Gebrauchsweisen der Subvarianten der ug. Präfixkonjugation von E. Verreet (*Modi Ugaritici*, Leuven 1988).

14.5. Es gibt somit – auch 68 Jahre nach Entdeckung des Ug. – keine umfassende, den aktuellen Forschungsstand repräsentierende ug. Grammatik, die als Grundlage für eine fundierte Übersetzung der inhaltlich schwierigen Texte und als solide Bezugsbasis für andere wissenschaftliche Disziplinen (Altorientalistik, vergleichende semitische Sprachwissenschaft, Bibelwissenschaften) dienen kann.

15. Aufgabenstellung und Ziel der vorliegenden Grammatik

15.1. Die vorliegende Arbeit will eine Referenzgrammatik des Ug. und damit ein umfassendes wissenschaftliches Nachschlagewerk für Ugaritisten, Semitisten, Hebraisten und Altorientalisten sein. Sie behandelt ausführlich die Schriftsysteme, Fragen der Orthographie sowie alle Bereiche der Grammatik (Phonologie, Morphologie und Syntax) des Ug. Von den bisher vorgelegten grammatischen Entwürfen unterscheidet sie sich vor allem in folgenden Punkten:

1. Sie bezieht alle keilalphabetischen Texte von Ugarit ein, die in der neuesten Textausgabe, KTU², enthalten sind und profitiert von den zahlreichen verbesserten Lesungen dieser Textausgabe. Sie berücksichtigt darüber hinaus die zwischen 1986 und 1992 neu gefundenen, zur Zeit noch unpublizierten keilalphabetischen Texte von Ugarit (*§*18.6).
2. Sie beruht auch auf eigenen epigraphischen Untersuchungen a) zu mehreren ug. Originaltexten, die im Louvre (Paris) aufbewahrt sind (Aqhat-Epos und Wirtschaftstexte), b) auf der Basis des Fotomaterials des *Edinburgh Ras Shamra Project* einerseits und der *Ugarit-Forschung* Münster andererseits, ermöglicht durch die Benutzungserlaubnis von N. Wyatt, M. Dietrich und O. Loretz. Diese Untersuchungen waren erforderlich, weil viele ug. Texte wissenschaftlich ungenau publiziert wurden und bis heute unsicher gelesen sind.
3. Sie enthält eine ausführliche Schriftlehre, da grammatische Probleme häufig eng mit epigraphischen und orthographischen Problemen verknüpft sind. Breiten Raum nehmen darin a) die Diskussion der Orthographie von /ʾ/ und /s/ (*§*21.32-33), b) die Erörterung der *matres lectionis* (*§*21.34) und c) die Auflistung und Auswertung von Schreibfehlern (*§*21.35) ein.

4. Sie berücksichtigt die neuesten Übersetzungen ug. Texte sowie Fortschritte auf dem Gebiet der ug. Lexikographie (DLU u.a.), die Ergebnisse neuerer Studien zum syllabischen Textmaterial von Ugarit sowie neue Erkenntnisse der vergleichenden semitischen Sprachwissenschaft.
5. Sie dokumentiert die grammatischen Phänomene des Ug. durch umfassende Belegsammlungen.
6. Sie bietet eine ausführliche Diskussion zu allen behandelten Problembereichen der ug. Grammatik. Umstrittene Themen werden besonders intensiv erörtert. Wichtige alternative Lösungsvorschläge anderer Autoren werden erwähnt.
7. Alle wesentlichen Phänomene der ug. Grammatik, insbesondere solche, die in der Forschung umstritten sind, werden durch Heranziehung von sprachlichem Vergleichsmaterial aus anderen semitischen Sprachen beleuchtet.

15.2. Da das Ug. eine typologisch alte semitische Sprache darstellt und diese in der vorliegenden Grammatik diachronisch beschrieben wird (*§*17:2), will diese Arbeit zugleich auch einen Beitrag zur Rekonstruktion und vergleichenden Grammatik der semitischen Sprachen leisten.

15.3. Sprachliche Merkmale von Eigennamen werden in der vorliegenden Grammatik nicht explizit behandelt. Zum einen ist nämlich die den Eigennamen zugrundeliegende Sprache häufig nicht sicher zu eruieren. Zum anderen lassen Eigennamen nie direkte Rückschlüsse auf die Grammatik einer Sprache zu, enthalten sie doch häufig archaische Merkmale, die in der zeitgenössischen Sprache nicht mehr zu beobachten sind, und sind zugleich starken phonetischen Veränderungen ausgesetzt, welche die Sprache sonst nicht notwendigerweise tangieren.

16. Zur Problematik des Projektes

Die Erstellung einer Grammatik der ug. Sprache ist ein äußerst schwieriges Unterfangen. Zu den wichtigsten Problemen zählen:
1. Das Ug. ist eine ausgestorbene Sprache, die nur schriftlich bezeugt ist.
2. Das Ug. ist eine nordwestsemitische Sprache des 2. Jahrtausends v. Chr. (*§*13.). Zeitgenössische nordwestsemitische Sprachen, die wesentlich zum besseren Verständnis der ug. Grammatik beitragen könnten, sind leider nur in Ansätzen bekannt. Es gibt somit kaum eine direkte Vergleichsbasis.
3. Das ug. Textkorpus ist zum Großteil in einem Schriftsystem überliefert, das keine Vokale markiert. Der sicheren Identifizierung von grammatischen Formen, die wesentlich durch Vokale differenziert werden, sind auf diese Weise enge Grenzen gesetzt.
4. Der Textumfang des Ug. ist zwar insgesamt beträchtlich, die Anzahl der grammatisch signifikanten Texte ist aber vergleichsweise gering. Das zur Verfügung stehende Textmaterial ist häufig zu klein, um definitive Schlußfolgerungen zu ziehen.
5. Das ug. Textkorpus enthält viele unterschiedliche Textgattungen mit einer archaisierenden poetischen Kunstsprache auf der einen und einer innovativen Prosasprache auf der anderen Seite.

6. Aufgrund des vokallosen Schriftsystems und wegen des schwierigen Inhalts ist ein Großteil der grammatisch signifikanten Texte interpretatorisch umstritten. Wer eine Grammatik zu erstellen versucht, muß im Vorfeld eine Vielzahl von höchst unterschiedlichen Textübersetzungen gegeneinander abwägen und bewerten.
7. Der Forschungsstand der Ugaritistik ist trotz langer Forschungsgeschichte relativ bescheiden. Es gibt nach wie vor eine Vielzahl offener Fragen, darunter so zentraler Fragen wie etwa der Gebrauch der Alephgrapheme, der Funktion des Schriftzeichens {s̀}, der Anzahl der nominalen Kasus sowie der Anzahl und Funktion der sogenannten Tempusformen des Verbs.

Die vorliegende Arbeit ist vor dem Hintergrund dieser fundamentalen Probleme zu beurteilen. Sie bietet innovative Lösungsansätze, kann aber nicht alle offenen Fragen beantworten. Vor Fehlinterpretationen ist sie nicht gefeit.

17. Zur Methodik der vorliegenden Grammatik

Die oben (§16.1) genannte Problematik schränkt die bei der Erstellung einer ug. Grammatik anwendbaren Untersuchungsmethoden stark ein. Die vorliegende Arbeit steht in der Tradition der grammatischen Beschreibung altsemitischer Sprachen und ist in dieser Hinsicht konventionell. Da durch eine rein synchronische, deskriptive Beschreibung der ug. Sprache Aussagen über weite Bereiche der ug. Grammatik überhaupt nicht möglich wären, ist die vorliegende Arbeit im wesentlichen diachronisch und sprachvergleichend ausgerichtet. Ausgehend von der Überzeugung, daß das Ug. eine nordwestsemitische Sprache ist, die eine besondere Affinität zu den kanaanäischen Sprachen aufweist (§13.4-6), kommt in der vorliegenden Grammatik der Sprachvergleichung mit dem sogenannten Amarna-Kanaanäischen und den kanaanäischen Sprachen des 1. Jts. v. Chr. eine besondere Rolle zu. Es folgen in der Gewichtung a) das Aramäische (besonders ältere Dialekte), b) das (Nord-)Arabische und schließlich c) andere klassische semitische Sprachen (besonders Altäthiopisch und Akkadisch).

Da Zeugnisse der ug. Sprache in verschiedenen Textgattungen unterschiedlichen Alters überliefert sind, ist eine differenzierte Beurteilung der grammatischer Phänomene gefordert. Folglich werden Belege aus dem poetischen Textbestand und Belege aus Prosatexten getrennt ausgewertet. Ferner wird mit sprachlichen Entwicklungsstufen und dialektalen Varianten des Ug. gerechnet.

18. Aufbau, Anlage und Textbasis der vorliegenden Grammatik

18.1. Die vorliegende Grammatik ist grob wie folgt aufgebaut:
a) Schriftlehre (Paläographie und Orthographie): Kap. 2
b) Phonologie (Phoneminventar, Lautveränderungen): Kap. 3
c) Morphologie und Funktion der Wörter im Satz: Kap. 4-8
d) Syntax (Attribution, Nominalsatz, Verbalsatz, Nebensätze): Kap. 9

18.2. Besonders ausführlich wird der Bereich der Morphologie behandelt. Fragen der Semantik und der syntaktischen Funktion der Wörter im Satz werden jeweils im Anschluß an morphologische Fragen erörtert. Diese Vorgehensweise hat sich bei der Erstellung der Arbeit als sinnvoll erwiesen, da die Identifizierung der morphologischen Kategorien des Ug. häufig nur unter Einbeziehung des Kriteriums ihrer Funktionen zu leisten ist. Folglich ist der zentrale Bereich dieser Grammatik nach Wortarten gegliedert: Pronomen (Kap. 4), Nomen (Kap. 5), Zahlwort (Kap. 6), Verb (Kap. 7) und Partikeln (Kap. 8). Dieses (methodisch nicht unumstrittene) Einteilungsprinzip erleichtert die Benutzung der Grammatik erheblich und verhindert außerdem inhaltliche Doppelungen zwischen Morphologie- und Syntaxteil.

18.3. Auseinandersetzungen mit wissenschaftlicher Sekundärliteratur mußten aufgrund der Themenbreite und im Hinblick auf den Umfang der Arbeit auf ein Minimum beschränkt werden. Es werden ausschließlich epigraphisch oder grammatisch relevante Beiträge, vornehmlich solche jüngeren Datums, genannt (entweder im Haupttext oder unter "Lit." [in Kleindruck], angeordnet nach dem Publikationsdatum). Auf einschlägige andere Gesamtdarstellungen der ug. Grammtik, die unter *§*14.1 genannt sind, wird nur selten verwiesen, zumal die entsprechenden Ausführungen dort leicht auffindbar sind. Wichtige Beiträge zur Übersetzung und inhaltlichen Interpretation von Texten wurden berücksichtigt, ohne explizit erwähnt zu werden (die wichtige neue Bearbeitung der ug. Ritualtexte durch D. Pardee konnte aber leider nicht mehr berücksichtigt werden).

Für Fragen der Lexikographie wurde in erster Linie der erste Band des ug. Wörterbuchs von G. del Olmo Lete und J. Sanmartín (DLU) herangezogen (der zweite Band konnte nicht mehr berücksichtigt werden). Auf ältere, inzwischen weitgehend überholte Glossare zum Ug., nämlich die Glossare von J. Aistleitner (WUS) und C.H. Gordon (UT § 19), wurde nur selten verwiesen.

Der Wortlaut sämtlicher Textübersetzungen in der vorliegenden Grammatik stammt vom Verfasser. Weichen gebotene Übersetzungen erheblich von bisher vorgeschlagenen Interpretationen ab, werden sie in Anmerkungen (in Kleindruck) erläutert.

18.4. Die in der vorliegenden Grammatik enthaltenen Argumentationen sind so angelegt, daß sie in sich verständlich und nachvollziehbar sind. Dennoch konnten nicht immer alle verfügbaren Detailinformationen dargelegt werden. In diesen Fällen wurde auf andere publizierte Arbeiten verwiesen, die entweder vom Verfasser selbst oder von anderen Autoren erstellt wurden.

18.5. Konsonantisch bezeugte ug. Wörter werden in der vorliegenden Grammatik weitgehend vokalisiert. Es handelt sich dabei um eine rein phonematische Vokalisation, die in kursiver Schrifttype zwischen Schrägstrichen (/ /) geboten wird. Sie offenbart die zugrundeliegende grammatische Form (Morphemtyp und Flexion), weist implizit auf eventuell eingetretene Lautveränderungen hin und erleichtert die diachronische Einordnung der Form. Es sei ausdrücklich betont, daß es sich dabei nicht um den Versuch einer phonetischen Rekonstruktion der ug. Sprache handelt.

18.6. Textbasis der vorliegenden Grammatik sind zunächst alle keilalphabetischen Texte von Ugarit die in der Textausgabe KTU[2] enthalten sind. Darüber hinaus wurden folgende nicht in KTU[2] enthaltene Texte berücksichtigt:

- RS88.2215 (Alphabettafel mit 27 Schriftzeichen der "südsemitischen" Reihenfolge [§21.113, Anm.; §21.241, Anm.])
- "Moussaieff" (Wirtschaftstext ohne RS-Nummer; vgl. UF 29 [1997], 826; Zitation gemäß Neubearbeitung durch Lemaire [1998]).
- KTU 9.530 (Ausschnitte eines unpublizierten Briefes des Königs ʿAmmurapiʾ; Texttransliteration in WL 232).

Schließlich konnten in der Endphase der Erstellung dieser Grammatik noch folgende zwischen 1986 und 1992 in Ugarit entdeckte, zur Zeit noch unpublizierte Texte nachträglich berücksichtigt werden (insgesamt 21 Texte):

- 15 Wirtschaftstexte: RS92.2175; RS92.2001 + 92.2002; RS86.2213; RS92.2057; RS88.2016; RS86.2235 (= KTU 4.790); RS86.2237; RS92.2013; RS86.2247; RS86.2248; RS92.2015; RS86.2215; RS88.2008; RS92.2012; RS92.2022 (Reihenfolge entsprechend RSOu 14).
- Opferliste: RS88.0237.
- Briefe: RS92.2005 (Doppelbrief); RS92.2010; RS88.2159.
- Beschwörungstext: RS92.2014.
- mythologischer Text: RS92.2016.

Diese Texte werden in Kürze von P. Bordreuil — D. Pardee (alle Texte außer RS92.2016) sowie von A. Caquot — A.-S. Dalix (RS92.2016) in RSOu 14 publiziert. Ich bin P. Bordreuil und D. Pardee zu großem Dank dafür verpflichtet, daß sie mir vorab (Oktober 1999) ihr Manuskript mit einer Transliteration, Übersetzung und Kommentierung der genannten Texte zur Verfügung stellten.

19. Technische Vorbemerkungen

19.1. Syllabische Texte werden nach "RS"-Textnummern (RS = Ras Shamra) zitiert. Ug. Wörter, die der viersprachigen Vokabelliste "Syllabary A Vocabulary" entstammen, werden zusätzlich mit dem Sigel "S^{a}" gekennzeichnet. Lexeme aus RS20.123+:II werden nach der Zeilenzählung von W.H van Soldt (SAU) und damit abweichend von Ugaritica 5, Nr. 135 zitiert (Z. 1' [SAU] = Z. 7' [Ug. 5] etc.).

19.2. Alphabetische Texte werden — sofern in KTU[2] erfaßt — nach der Leitzählung von KTU = KTU[2] zitiert, wobei auf die Nennung des Sigels "KTU" fast durchgehend verzichtet wird (z.B.: 1.4:V:25 = KTU[2], Textnummer 1.4, Kolumne V, Zeile 25). Abweichungen werden als solche gekennzeichnet und sind inhaltlich begründet. Die wichtigsten Abweichungen sind:

- KTU 2.36+: Join von KTU 2.36 + 2.73 + 2.37 + 2.74 + 9.176 + 9.177 (KTU[2] präsentiert keinen durchlaufenden Text).
- KTU 1.163 = RIH 78/14: Anordnung der Kolumnen und Zeilennumerierung nach D. Pardee, JAOS 113 (1993), 616; die KTU[2]-Zeilennummern werden in Klammern angegeben.

- KTU 1.130: andere Kolumnenreihung; die KTU^{2}-Zeilennummern werden in Klammern angegeben.

Nicht in KTU^{2} erfaßte alphabetische Texte werden nach "RS"- bzw. "RIH"-Ausgrabungsnummern zitiert (RIH = Ras Ibn Hani).

19.3. Bei Auflistungen von Belegstellen werden syllabische Texte nach aufsteigenden RS-Nummern, alphabetische Texte nach aufsteigenen KTU-Textnummern angeordnet. Im laufenden Text werden die Belegstellen nach Zitation der Wortformen (und etwaiger Übersetzung) zwischen runden bzw. eckigen Klammern präsentiert. In listenhaften Kontexten wird auf die betreffenden Klammern verzichtet.

Aus verständlichen Gründen können nicht immer alle Belege von Wortformen genannt werden. Gibt es mehr als zwei Belegstellen, wird in der Regel nur der erste (sichere) Beleg – entsprechend der KTU-Textzählung – genannt und mit dem Vermerk "&" versehen. Dieser Vermerk besagt, daß weitere Belegstellen existieren. Diese lassen sich bequem in der "Word-List" (WL) von M. Dietrich – O. Loretz (Münster 1996) nachschlagen. Der Vermerk "*" nach Belegstellen besagt, daß der betreffende Wortlaut hier beschädigt bzw. nicht vollständig erhalten, aber sicher so zu lesen bzw. zu ergänzen ist.

19.4. Ug. Lexeme werden gewöhnlich in "alphabetischer" Reihenfolge entsprechend dem modifizierten hebräischen Alphabet aufgelistet (*a i u b g d ḏ h w z ḥ ḫ ṭ ẓ y k l m n s s̀ ͑ ġ p ṣ q r š t ṯ* [§21.244:1]).

19.5. Die Transliteration alphabetisch bezeugter ug. Texte folgt in der Regel KTU^{2}. Dabei wird auf die Wiedergabe von Worttrennern verzichtet, es sei denn, diese sind für die Interpretation des epigraphischen Befundes von maßgeblicher Bedeutung. Das Sigel "n.L." ("neue Lesung") kennzeichnet Lesungen ug. Wortformen, die von KTU^{2} abweichen. Sie sind entweder das Ergebnis eigener epigraphischer Studien (auf der Basis von Fotos oder Kollationen der Originale) oder wurden bereits früher von anderen Autoren einschließlich Bordreuil – Pardee (RSOu) vorgeschlagen, in KTU^{2} aber nicht übernommen.

19.6. Das Wurzelzeichen (√) wird zur Kennzeichnung von Sprachwurzeln des Ug. und anderer semitischer Sprachen verwendet. Bei der Ansetzung sogenannter schwacher Wurzeln des Ug. ist zweierlei zu beachten:

a) Wurzeln *primae/tertiae Waw* (= I/III-*w*), werden in der vorliegenden Grammatik im allgemeinen vereinfachend als *primae/tertiae Yod* (= I/III-*y*) geführt, zum einen, weil der erste Radikal der Klasse I-*w* orthographisch – wenn überhaupt – zumeist mit {y} erscheint (§33.133.1), zum anderen, weil offensichtlich die meisten Formen der Klasse *tertiae infirmae* nach III-*y* gebildet ist. Lediglich in §75.51 und §75.53 wird versucht, zwischen Wurzeln I/III-*w* und I/III-*y* zu differenzieren.

b) Bei Wurzeln *mediae infirmae* wird der schwache Radikal immer genannt, auch wenn er in der Orthographie nie erscheint und nur auf sprachvergleichender Basis erschlossen werden kann. Dabei wird – sofern möglich – zwischen II-*w* und II-*y* differenziert (z.B. √*ṯwb* "zurückkehren" vs. √*ṣyḥ* "rufen").

19.7. Die ug. Konsonanten werden wie folgt transliteriert (zur Diskussion siehe §21.27): *a i u b g d ḏ h w z ḥ ḫ ṭ ẓ y k l m n s s̀ ᶜ ġ p ṣ q r š t ṯ*.

Die Wiedergabe der phonologisch rekonstruierten Vokale ist historisierend (Kurzvokale: *a*, *i*, *u*; naturlange Vokale: *ā*, *ī*, *ū*; Kontraktionsvokale: *â*, *ê*, *î*, *ô*, *û*). Hervorzuheben ist die Tatsache, daß sämtliche Kontraktionsvokale mit einem Zirkumflex (^) transliteriert werden (zur Diskussion siehe §32.2).

Die Umschrift von Wörtern anderer (semitischer) Sprachen folgt den in den jeweiligen Einzeldisziplinen üblichen Vorgaben. Folgendes ist hervorzuheben: a) Das Akkadische wird gemäß AHw. bzw. GAG umschrieben. Nominale Lexeme werden dabei mit Nominativendung (ohne Mimation) zitiert. b) Nominale Lexeme des Klassischen Arabisch werden ohne Kasusendung und Nunation zitiert. c) Die Umschrift des Altäthiopischen erfolgt nach CDG (S. XX-XXI). d) Die Umschrift des Syrischen folgt im wesentlichen T. Muraoka (Classical Syriac for Hebraists, Wiesbaden 1987). Gegen Muraoka werden jedoch Vokallängen und sogenanntes *Schᵉwa mobile* (Umschriftsymbol: ᵉ) in der Umschrift immer berücksichtigt, spirantisiert artikulierte Konsonanten aber nicht spezifisch gekennzeichnet; e) Wortformen von Sprachen mit masoretischem Vokalisationssystem (Biblisch-Hebräisch, Biblisch-Aramäisch, Jüdisch-Aramäisch) werden nach dem System von ThWAT (J. Botterweck – H. Ringgren [ed.], Theologisches Wörterbuch zum Alten Testament, I, Stuttgart 1973, S. 560) transliteriert. Wurzeln *tertiae infirmae* werden jedoch durchgehend mit /*y*/ als drittem Radikal zitiert (d.h. √*1-2-y*)

Diese Vorgehensweise führt notgedrungen zu einer uneinheitlichen Verwendung von Umschriftsymbolen. Hervorzuheben ist insbesondere die Tatsache, daß der Zirkumflex (^) in der Umschrift masoretisch tradierter Sprachen eine *mater lectionis* symbolisiert, während er in der Umschrift anderer semitischer Sprachen für einen Kontraktionsvokal steht.

19.8. Die vorliegende Grammatik enthält keine Fußnoten. Auf wissenschaftliche Sekundärliteratur wird in der Regel im Haupttext mittels Kurzzitation verwiesen (z.B.: Faber 1985). Auseinandersetzungen mit alternativen Lösungsvorschlägen und Hintergrundinformationen werden in Kleindruck geboten. Das Sigel "Anm." ("Anmerkung") leitet dabei Anmerkungen allgemeiner Natur oder Detailinformationen zu innerug. Problemen ein; das Sigel "SV." ("Sprachvergleichung") steht demgegenüber für sprachvergleichende Bemerkungen.

19.9. Das hier verwendete numerische Paragraphen-Zählsystem ist angelehnt an das von BGUL. Eine Zahlenkombination wie "75.212.1" steht dabei sinngemäß für "7.5.2.1.2.1". Punkte zwischen den Zahlen dienen lediglich der besseren Übersichtlichkeit; sie sind nach der zweiten und fünften Stelle gesetzt. Die "Null" wird nur im Zusammenhang mit allgemeinen Vorbemerkungen gebraucht.

2. Schriftlehre

Zur Verschriftung der ug. Sprache dienten unterschiedliche Schriftsysteme. Die überwiegende Mehrzahl der ug. Texte ist in einer alphabetischen (= alph.) Keilschrift mit einem Bestand von 30 Zeichen, einer der frühesten Varianten der sem. Alphabetschrift, geschrieben. Daneben gibt es einen Bestand von ug. Vokabeln bzw. Glossen, die in der aus Mesopotamien stammenden syllabische Keilschrift überliefert sind. Unklar ist, ob auch zwei andere, in Ugarit gefundene Keilalphabetschriften, nämlich das Kurzalphabet mit 22 Zeichen einerseits (§22) und das erst kürzlich entdeckte Alphabet von RS88.2215 (§21.113, Anm.; §21.241, Anm.) mit 27 Zeichen und "südsemitischer" Reihung andererseits, (auch) zur Verschriftung des Ug. dienten.

21. Das keilschriftliche Langalphabet

21.1. Zur Frühgeschichte des Alphabets

Das in Ugarit verwendete keilschriftliche Langalphabet (= LA) zählt zu den ältesten Ausformungen der sem. Alphabetschrift. Diese wurde sehr wahrsch. in Anlehnung an die ägyptische Monumentalschrift (Hieroglyphen) entwickelt (siehe Sass 1988, 161 und Colless 1990, 1f.). Die ältesten alph. Zeichen finden sich auf Schreibmaterialien mit fester Oberfläche wie Stein, Metall, Ostraka oder Papyrus, entweder eingeritzt oder mit einem Pinsel aufgemalt. Sie waren ursprünglich bildhaft, wurden aber schnell abstrakt. Neben dieser sogenannten linearen Aphabettradition läßt sich eine andere Tradition nachweisen, in der die Alphabetzeichen mittels eines Griffels in weichen Ton eingedrückt wurden. Diese Schreibtradition wird "keilschriftlich" bzw. "keilalphabetisch" genannt. Lineare und keilschriftliche Alphabettraditionen führten zu unterschiedlichen Entwicklungen der Zeichenformen (vgl. die Abbildung in Dietrich – Loretz 1988, 102).

21.11. Die lineare Alphabettradition

21.111. Die ältesten Zeugnisse der linearen Alphabetschrift stammen aus dem Sinai und aus Südwestsyrien. Sie werden "protosinaitisch" (= protosin.) bzw. "protokanaanäisch" (= protokan.) genannt. Die ältesten protokan. Inschriften werden übereinstimmend ins 17.-16. Jh. v. Chr., die frühesten protosin. Inschriften traditionell etwa zeitgleich, von Sass (1988, 135-144 und 1991, 26-27) jedoch bereits ins 19.-18. Jh. v. Chr. datiert. Sollte sich die Frühdatierung der protosin. Inschriften durchsetzen, läge die Vermutung nahe, daß das bereits weitgehend alphabetisch konzipierte Schriftsystem, das die Ägypter im Mittleren

Reich zum Zwecke der Transkription fremder (vornehmlich semitischer) Eigennamen entwickelt hatten, den Semiten den unmittelbaren Anstoß zur Entwicklung einer eigenen Alphabetschrift gegeben hat (siehe Sass 1991, 4-27).

21.112. Zum gegenwärtigen Zeitpunkt können trotz der Versuche Albrights (1966) weder die protosin. noch die frühen protokan. Inschriften als entziffert gelten. Nach Sass (1988, 161) sind nur 13 protosin. Zeichen mit Sicherheit zu identifizieren. Bezüglich der Gesamtzahl der protosin. Schriftzeichen ist nur soviel sicher, daß sie höher als 22 gewesen sein muß, da für die Phoneme /*ḥ*/ und /*ḫ*/ und möglicherweise auch für /*š*/ und /*ṯ*/, die im späteren Kurzalphabet jeweils durch (nur) ein Zeichen realisiert wurden, unterschiedliche Zeichen zur Verfügung standen. Traditionell wird im Anschluß an Albright (bes. Albright 1966) angenommen, daß das sem. Proto-Alphabet ein Inventar von 27 Zeichen besaß, daß es somit Zeichen für sämtliche protosem. Konsonanten mit Ausnahme der Laterale enthielt (*§*32.112; *§*32.12). Bisher lassen sich aber nur 23 Zeichen sicher nachweisen (siehe Colless 1988, 65 und 1990, 1f.). Fest steht, daß die linearen Alphabete ab dem 13./12. Jh. v. Chr. in Übereinstimmung mit dem phön. Alphabet nur noch 22 Zeichen umfaßten. Die klassische Ausformung dieses linearen KA von 22 Zeichen stellt die ab dem 11. Jh. v. Chr. bezeugte phön. Schrift dar, die im 1. Jt. v. Chr. in ganz Syrien und in der gesamten Mittelmeerwelt verbreitet war.

21.113. Die Abfolge der Konsonanten in den frühen linearen Alphabeten läßt sich nur mittelbar gemäß den Befunden der keilalph. Tradition einerseits und gemäß den von der protokan. Schrift abgeleiteten jüngeren Schriften andererseits rekonstruieren. Demnach existierten bereits in der 2. Hälfte des 2. Jt. v. Chr. nebeneinander a) die sogenannte nordwestsemitische (= nwsem.) Tradition mit der Konsonantenfolge *ʾ-b-g* etc. (= Aleph-Bēt-Tradition; von daher der Begriff "Alphabet") und b) die sogenannte südsemitische (= ssem.) Tradition mit der Konsonantenfolge *h-l-ḥ-m* (etc.). Nach welchen Kriterien diese beiden Konsonantenfolgen festgelegt wurden, entzieht sich unserer Kenntnis.

Anm. Die Konsonantenfolge *h-l-ḥ-m* (etc.) läßt sich im nwsem. Bereich bisher nur in der keilalph. Tradition nachweisen. Sie liegt zum einen der Alphabettafel von Bet Šemeš (KTU 5.24 = 8.1) zugrunde, zum anderen der 1988 in Ugarit gefundenen Alphabettafel RS88.2215 (27 Zeichen) (Bordreuil — Pardee 1995). Die betreffende Konsonantenfolge dürfte aber auch der linearen nwsem. Alphabettradition nicht fremd gewesen sein.

21.114. Die Schriftrichtung ist in der protokan. Epoche noch nicht endgültig festgelegt: sie kann horizontal (linksläufig, rechtsläufig oder bustrophedon, d.h. abwechselnd rechts–links und links–rechts) oder vertikal (von oben nach unten) verlaufen.

21.12. Die keilschriftliche Alphabettradition

Unter dem Einfluß der mesopotamischen Schreibtradition kam es im syrisch-palästinischen Raum ab dem 14. Jh. v. Chr. auch zu Versuchen, die sem. Alphabetschrift auf Ton zu realisieren. Die auf diese Weise entstandene keilschriftliche

Alphabettradition beruht auf der (älteren) linearen Tradition und spiegelt deren Entwicklungen wider (siehe Puech 1986, 211-13). Bisher sind vier unterschiedliche Keilalphabetsysteme bekannt:

1. das ug. Langalphabet von 30 Zeichen der *ʾ-b-g*-Zeichenfolge (= ug. LA),
2. ein im syrischen Raum einschließlich Ugarit beheimatetes Kurzalphabet von mutmaßlich 22 Zeichen (§22.45) der *ʾ-b-g*-Zeichenfolge (= KA),
3. ein in Ugarit bezeugtes Alphabet mit 27 Zeichen der *h-l-ḥ-m*-Zeichenfolge (nur in RS88.2215 bezeugt; dazu Bordreuil – Pardee 1995),
4. ein in Bet Šemeš (westlich von Jerusalem) bezeugtes Alphabet der *h-l-ḥ-m*-Zeichenfolge (KTU 5.24 = 8.1; dazu Loundine 1987 [§22.43:3, Anm.]).

21.2. Paläographie und Verwandtes

21.21. Allgemeines

Das ug. Langalphabet (= LA), auch einfach "ugaritisches Alphabet" genannt, war ausschließlich im Stadtstaat Ugarit in Gebrauch und diente dort vom 14. Jh. bis zur Zerstörung Ugarits (ca. 1180/70 v. Chr.) zur Verschriftung ug. Texte sowie einer Reihe von hurritischen Texten bzw. Textabschnitten (1.26; 1.30; 1.32-1.37; 1.42; 1.44; 1.51; 1.52; 1.54; 1.59; 1.60; 1.64; 1.66; 1.68; 1.110; 1.120; 1.125; 1.128; 1.131; 1.135; 1.149; 7.40; 7.43; wahrsch. ferner 4.669 + 7.130; vgl. auch 1.111 [ug. Text mit hurritischen Elementen]) und von vier akkadischen Texten (1.67; 1.69; 1.70; 1.73:1-7). Es besteht aus 30 Schriftzeichen. Die Schriftrichtung ist nach Vorbild der syll. Keilschrift durchgehend rechtsläufig. Da sich keine Spuren einer formativen Periode dieses Alphabets nachweisen lassen, ist es wahrscheinlich, daß es in seinen Grundzügen von außen übernommen wurde. Die Entzifferung des ug. LA gelang weitgehend bereits 1930, ein Jahr nach Entdeckung der ersten ug. Texte, und wurde maßgeblich durch Bauer (1930a, 1930b u.a.), Dhorme (1930 und 1931) und Virolleaud (1931) geleistet.

21.22. Der Zeichenbestand

21.221. Das ug. LA besteht aus 27 primären, aus der linearen LA-Tradition übernommenen Zeichen und drei sekundären Zusatzzeichen (§21.242; §21.252). Die Gesamtsumme der Zeichen, nämlich 30, ist eine symbolträchtige Zahl, die mit der Anzahl der Tage des Mondmonats identisch ist.

21.222. Dietrich – Loretz (1993a, bes. 138-140) haben die Vermutung geäußert, daß in bestimmten Texten (1.5:II:27; 1.66:[14].15.22.30.36.37; 1.108:9; 1.123:5) neben den 30 Schriftzeichen des LA ein zusätzliches, formal durch einen Kreis charakterisiertes Schriftzeichen Verwendung findet, das ihres Erachtens ein bestimmtes, genuin hurritisches sibilantisches Phonem mit dem ungefähren Lautwert [š] repräsentiert. Diese Auffassung ist auch in der Textausgabe KTU^2 berücksichtigt. Das betreffende Schriftzeichen wird dort mit einem Kreis und eingeschriebenen Kreuz transliteriert.

Die Gestalt des genannten Zeichens verdient eine nähere Diskussion. Es handelt sich jeweils um ein {ṯ} mit einer Umkreisung bzw. Umrandung (auch in 1.108 dürfte {ṯ} und nicht {ʿ} zu lesen sein). Die Form der Umrandung fällt aber nicht immer gleich aus: Auffällig ist die eckige Form der Umrandung in 1.108:9 und der tief eingekerbte Kreis in 1.123:5 (erstes Zeichen). Weniger prägnant sind die Umrandungen an den anderen genannten Textstellen. Neben den erwähnten Stellen gibt es jedoch noch weitere Belege von {ṯ} mit Umrandungen: Formen mit klar sichtbarer kreisrunder Umrandung finden sich noch in 1.41:22 (zweites {ṯ}), 1.106:32 (2 Belege) und 1.157:6 (siehe KTU^2, Anm. 1 zu 1.157:6), Formen mit schwach ausgeprägten Umrandungen etwa in 1.123 (siehe KTU^2-Transliteration), 1.66 (Z. 17[2x], Z. 24, Z. 28), 1.100:4.20 und in 1.5:II (z.B. erstes Zeichen in Z. 9 und Z. 16). In bestimmten Texten scheint somit (beinahe) jedes {ṯ} eine (feine) Umrandung aufzuweisen.

Vor dem Hintergrund dieses diffusen Befundes ist die Ansetzung eines spezifischen (neuen) Lautwertes für die eingekreisten {ṯ}-Zeichen sehr unwahrscheinlich. Es dürfte sich dabei in der Regel lediglich um eine graphische Variante nicht umrandeter {ṯ}-Zeichen handeln, die formal an das hinsichtlich seines Lautwertes entsprechende Zeichen des keilschriftlichen Kurzalphabets ("trou circulaire") erinnert (§22.32). Die Umrandung dürfte als Abdruck des Schreibrohres zu erklären sein, der zustande kommt, wenn der Schreiber sein Schreibgerät besonders tief (senkrecht) in die weiche Tafeloberfläche drückt. Für diese Annahme spricht, daß der Abdruck innerhalb eines Textes immer die gleiche Form besitzt. In 1.66 (bes. Z. 30) etwa ist die Umrandung nicht ganz rund; die typische Kante läßt sich in mehreren Formen eindeutig ausmachen. Trifft diese Erklärung zu, ließe sich aus der Form der Umrandungen schließen, daß der Schreiber ein dünnwandiges Schreibrohr (möglicherweise aus Elfenbein oder Metall) benutzte, in das an einem Ende eine separate (dreikantige) Schreibspitze gesteckt wurde.

Die stark ausgeprägten, nicht kreisrunden Umrandungen in 1.108:9 und 1.123:5 (erstes Zeichen) könnten eine andere Funktion haben. Es handelt sich im Anschluß an Freilich – Pardee (1984, 30, Anm. 12) möglicherweise um Markierungen von Fehlschreibungen durch Korrektoren (§21.364). In 1.108:9 könnte {ṯ} zu {i} (*ʿgl i*$^{!}$*l*; vgl. 1.108:11), in 1.123:5 dürfte {ṯ} zu {ẓ} (*ẓẓ w kmṯ*; vgl. 1.100:36&) zu korrigieren sein.

21.23. Zeichenformen

21.231. Zeichentabelle

Die nachfolgende Tabelle (Zeichnung: J. P. Vita) enthält die wichtigsten Varianten der Zeichen des ug. Langalphabets. Die Varianten sind im wesentlichen entsprechend ihrer Beleghäufigkeit angeordnet (von links nach rechts in absteigender Häufigkeit).

ả	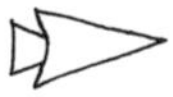			
ỉ	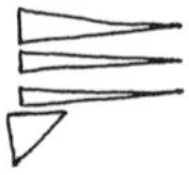	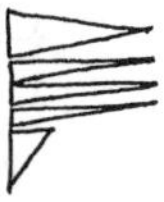		
ủ				
b				
g				
d		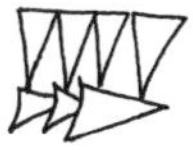		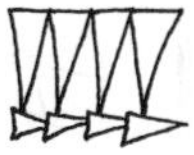
ḏ				
h				
w	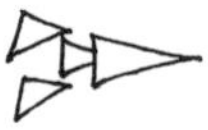			
z				

ḥ	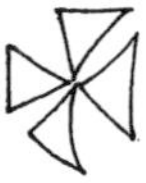	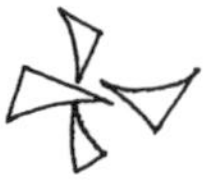		
ḫ	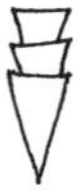	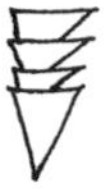	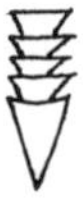	
ṭ	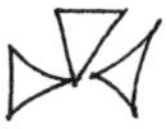	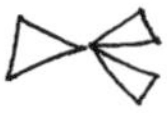		
ẓ	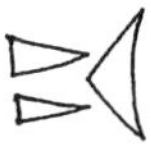	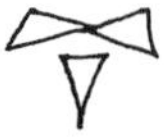		
y	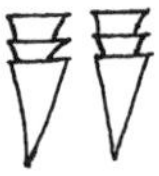	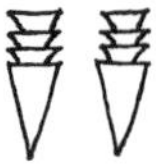	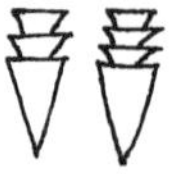	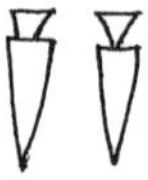
k	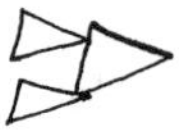	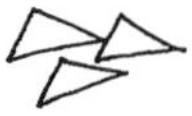		
l	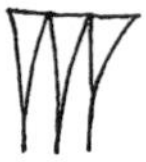	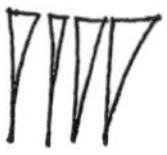	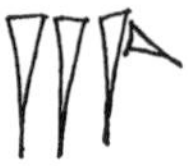	
m	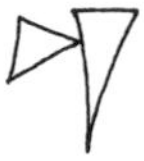			
n	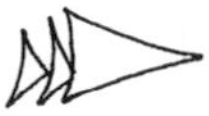	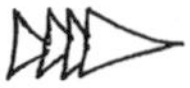	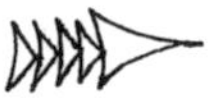	
s		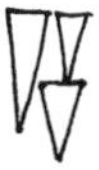		

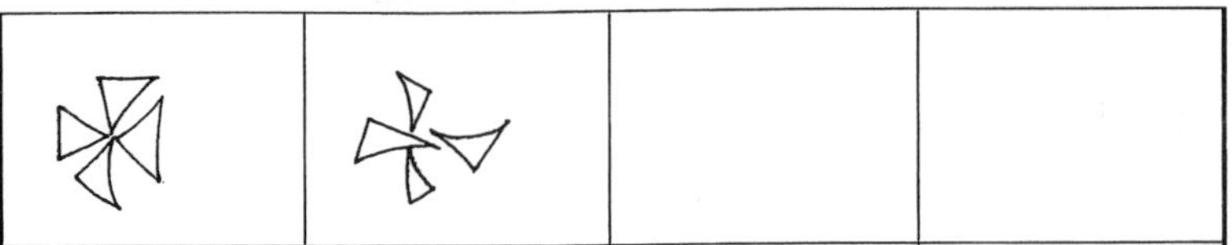

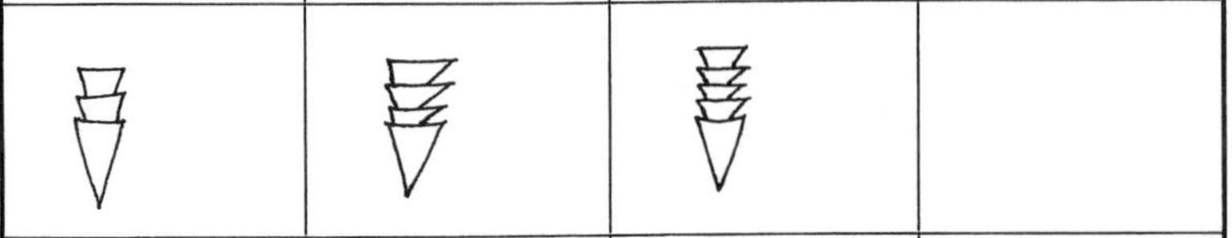

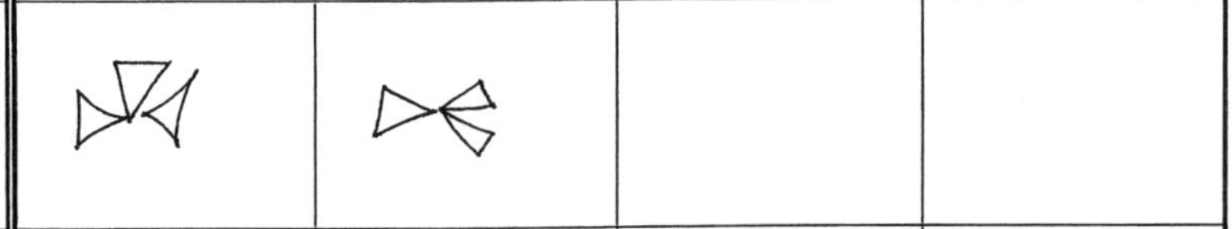

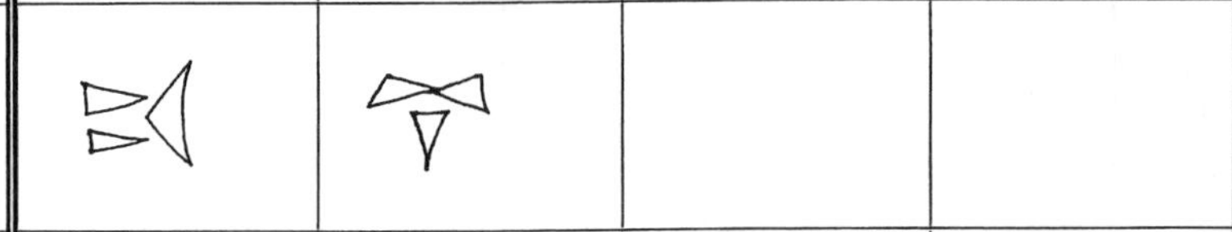

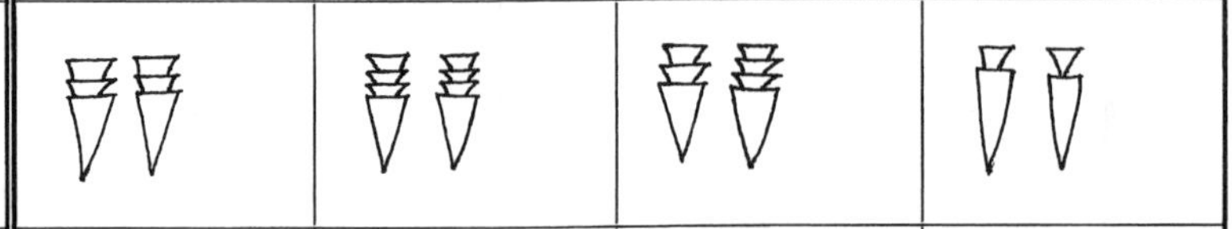

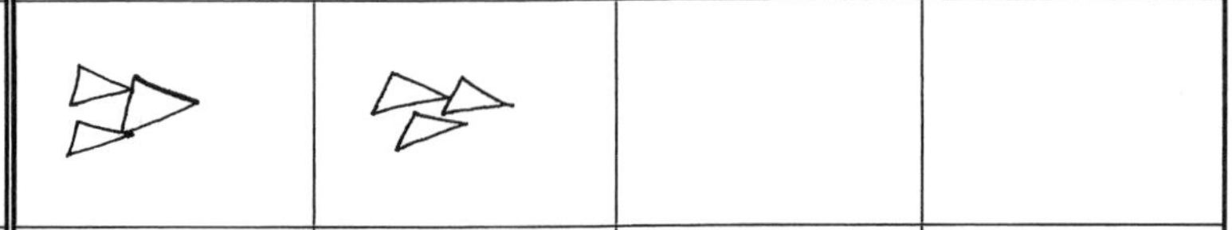

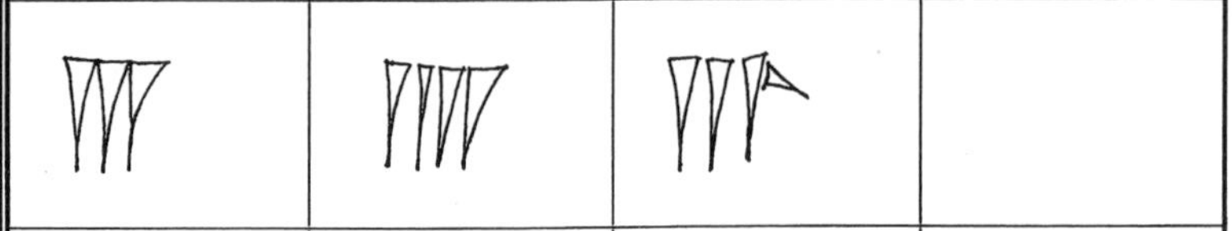

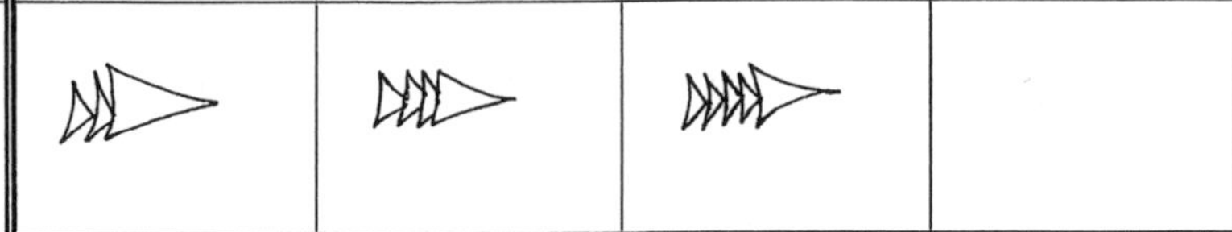

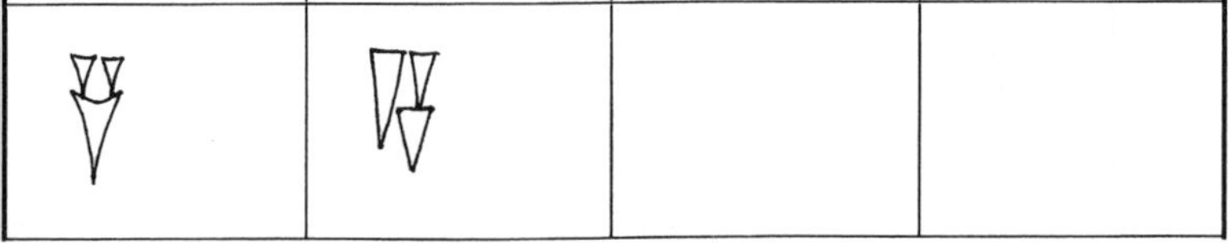

s̀				
ʿ			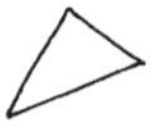	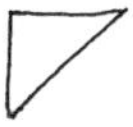
ġ		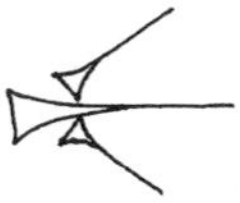		
p	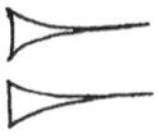	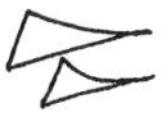		
ṣ				
q	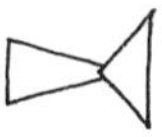			
r	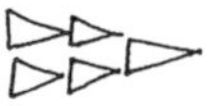			
š				
t				
ṯ				

21.232. Allgemeine Bemerkungen

Die Grundelemente der Zeichen des ug. LA sind identisch mit denen der syll. Keilschrift. Es handelt sich zum einen um horizontal, vertikal und diagonal ausgerichtete (gerade) Keile, zum anderen um sogenannte Winkelhaken (in den Zeichen {ḥ}, {ṭ}, {ẓ}, {q}, {ṯ} sowie sporadisch auch in {ḏ}, {ġ}, {š} und {ˁ}), die aus einer steilen Haltung des Griffels (steiler als 45°) resultieren. Rundungen existieren nicht.

Im allgemeinen sind die Zeichenformen des ug. LA erheblich einfacher strukturiert als die der syll. Keilschrift. Mehrere Zeichenformen bestehen aus einem einzigen Keil. 26 der 30 Zeichen setzen sich aus weniger als fünf Keilen zusammen. Das Graphem {s̀} (konventionell [etwa in KTU²] auch als {ś} umschrieben) fällt formal aus zwei Gründen aus dem Rahmen: Zum einen ist es das einzige Zeichen mit mehr als sechs Keilen, zum anderen das einzige mit sehr ungleichen Keilgrößen (ein großer zentraler Keil, eingerahmt von sechs [oder mehr] sehr kleinen Keilen).

Im Gegensatz zur syll. Keilschrift kennt das ug. LA keine sogenannten Personenkeile oder andere Determinative.

Anm. Im (einzeiligen) Text 6.10 begegnet unmittelbar vor einem PN ein vertikaler Keil. Dieser wurde von H.L. Ginsberg (JAOS 70 [1995], 160) als Personenkeil nach Vorbild der syll. Keilschrift gedeutet. Auch die Autoren von KTU² (Anm. 1 zum Text 6.10) erwägen diese Möglichkeit. Die Form des betreffenden Keils läßt jedoch an dieser Interpretation zweifeln, handelt es sich doch um einen sehr kleinen, tief in der Zeile plazierten Keil (nach Art eines "Merkzeichens").

In der Ugaritologie folgte man in der Vergangenheit der Konvention, Keile mit kleinen "Köpfen" und langgezogenen "Schwänzen" zu kopieren. Tatsächlich besitzen die Keile des ug. LA jedoch eine längliche Dreiecksform. Neuere Handkopien (z.B. von P. Bordreuil [Semitica 25, 1975, 19-29 u.ö.]) tragen diesem Tatbestand Rechnung (siehe Freilich – Pardee 1984, 29, Anm. 10).

Drei Schriftzeichen, {ˁ}, {ṭ} und {ẓ}, werden im folgenden näher erörtert, da es dabei in der Vergangenheit zu Fehlinterpretationen gewisser Zeichenformen gekommen ist.

21.233. Die Zeichenformen von {ˁ}

Nach traditioneller Auffassung – im Anschluß an Kopien von C. Virolleaud – besitzt {ˁ} die Form des klassischen "Winkelhakens" der sumero-akkadischen Keilschrift. Demgegenüber betonte Pitard (1992), daß sich eine klassische Winkelhakenform von {ˁ} paläographisch nicht nachweisen läßt. Vielmehr habe {ˁ} überwiegend die Form eines kurzen geraden Keils in Dreiecksgestalt. Pitard (1992, 269) unterschied im einzelnen drei Zeichentypen je nach Ausrichtung des betreffenden Keils:

1. einen nach rechts unten gerichteten Typ A (belegt in 1.14:III),
2. einen nach links unten gerichteten Typ B (belegt in 1.114) und
3. einen ungefähr senkrecht nach unten gerichteten Typ C (belegt in 1.43).

Da {ˁ} keine klassische Winkelhakenform aufweise, die Zeichen {ḥ}, {ṭ}, {ẓ}, {q} und {ṯ} aber sehr wohl winkelhakenförmige Keile als Bestandteile enthielten, gibt es gemäß Pitard hinsichtlich dieser Zeichen praktisch kaum Identifikationsprobleme. Tatsächlich ist die Kombination von {p} + {ʿ} bzw. {t} + {ʿ} in aller Regel deutlich von {ẓ} bzw. {q} zu unterscheiden; weitgehend unproblematisch ist auch die Differenzierung von {ʿ} und {ṯ}. Schwierig ist demgegenüber bisweilen die Unterscheidung von {ʿ} des Typs A und {t} einerseits und {ʿ} des Typs C und {g} andererseits (in vereinzelten Texten, etwa in 2.47, 1.24 und 1.111 [bes. Z. 19], hat {ʿ} die Gestalt eines langen, fast vertikalen Keils).

Eine genaue Betrachtung der {ʿ}-Formen in ug. Texten zeigt aber m.E. gegen Pitard (1992), daß {ʿ} in der Mehrzahl der Texte nicht die Gestalt eines normalen geraden Keils besitzt. In der Regel sind nur zwei Seiten des Keils gerade, während die dritte unterschiedlich stark (konkav) gekrümmt ist. Die gekrümmte Seite weist aber nicht wie beim klassischen Winkelhaken nach rechts, sondern meist nach unten (die genaue Ausrichtung ist variabel). Es handelt sich folglich – mit Pitard – nicht um die klassische Winkelhakenform. Gleichwohl handelt es sich auch bei dieser Form um eine Art Winkelhaken. In gewissen Texten, etwa in 4.25 oder 4.133, kommt die {ʿ}-Gestalt der klassischen Winkelhakenform sehr nahe, in anderen ähnelt sie eher einem geraden Keil.

Zusammenfassend ist festzuhalten, daß das ug. {ʿ}-Graphem formal sehr variabel ist. Es handelt sich typologisch um einen Winkelhaken, gleichwohl nicht um die Form des klassischen Winkelhakens der syll. Keilschrift. Diese spezifische Form wurde offenbar durch einen relativ flachen Einstichwinkel erzeugt. Die Ausrichtung des Keils scheint nicht festgelegt zu sein, was wiederum indirekt für den Winkelhaken-Charakter des Zeichens spricht. Häufig ist eine Keilspitze des Zeichens markanter (spitzer) ausgeprägt als die übrigen. Sie weist dann in den überwiegenden Fällen nach rechts unten.

21.234. Die Zeichenformen von {ṭ} und {ẓ}

Die Abgrenzung der Zeichenformen von {ṭ} und {ẓ} stellt ein schwieriges Problem dar, um dessen Lösung sich insbesondere Dietrich – Loretz – Sanmartín (1975a) und Freilich – Pardee (1984) verdient gemacht haben.

21.234.1. Für {ṭ} lassen sich gemäß Freilich – Pardee (1984) zwei verschiedene Zeichenformen nachweisen, nämlich eine Normalform mit einem horizontalen Keil, einem vertikalen Keil und einem Winkelhaken (siehe erste {ṭ}-Form der Zeichentabelle [§21.231]) und eine Sonderform mit einem horizontalen Keil und zwei gegenläufigen diagonalen Keilen (siehe zweite {ṭ}-Form der Zeichentabelle [§21.231]).

Die Sonderform von {ṭ} erscheint auf der Alphabettafel KTU 5.20 sowie in den Texten 1.123 (Z. 24) und 1.124 (Z. 3 und 12). Sie wurde in der Vergangenheit fälschlich als {ẓ} identifiziert, muß aber aufgrund von 5.20 eindeutig als Allograph von {ṭ} angesehen werden. Die ungewöhnliche Form kommt durch eine starke Neigung des ursprünglich vertikalen mittleren Keils nach rechts zustande. In 1.108 (Z. 3 und 5) ist eine vergleichbare Zeichenform belegt, die zugleich Ähnlichkeiten mit der Sonderform von {ẓ} aufweist (§21.334.2). Sie dürfte mit Freilich – Pardee (1984) ebenfalls als {ṭ} zu deuten sein. Eine Lesung als {ẓ}, wie KTU[2] vorschlägt, ist aus epigraphischer Sicht aber nicht auszuschließen.

21.234.2. Für {ẓ} lassen sich nach Freilich – Pardee (1984) ebenfalls zwei unterschiedliche Zeichenformen nachweisen, eine Normalform mit zwei parallelen horizontalen Keilen und einem folgenden Winkelhaken (siehe erste {ẓ}-Form der Zeichentabelle [§21.231]) und eine Sonderform mit zwei gegenläufigen horizontalen Keilen und einem darunter plazierten vertikalen Keil (siehe zweite {ẓ}-Form der Zeichentabelle [§21.231]).

Die Sonderform von {ẓ} bzw. leichte Varianten davon finden sich in den "Abecedarien" 5.20 und 5.21 sowie in den Texten 1.100 (Z. 36 und 68), 1.101 (Z. 12), 1.107 (Z. 5 und 41), 1.114 (Z. 18), 1.115 (Z. 2, 4 und 12), 1.117 (Z. 5), 1.123 (Z. 5), 1.133 (Z. 13 und 14), 1.152 (Z. 3) und 7.184 (Z. 5). Sie ist offenbar dadurch entstanden, daß der untere (ursprünglich horizontale) Keil um 90° gedreht und leicht nach rechts verschoben wurde. Sie zeigt Ähnlichkeiten mit der Normalform von {ṭ}, unterscheidet sich von dieser jedoch dadurch, daß der vertikale Keil unterhalb bzw. genau auf Höhe der Zeichenachse (wie etwa in 1.114:18), aber nie deutlich über der Zeilenachse ansetzt.

Zur Normalform von {ẓ} sind zwei Varianten bezeugt: a) eine relativ verbreitete Variante, bei der der untere horizontale Keil weiter rechts ansetzt; b) eine Variante, bei der nach den beiden parallelen horizontalen Keilen kein Winkelhaken, sondern ein gegenläufiger gerader (leicht diagonal nach oben weisender) Keil folgt (z.B. 1.70:30).

21.235. Formale Varianten anderer Alphabetzeichen

{i}

- Der vertikale Keil setzt vor den drei horizontalen Keilen an: z.B. 1.1:III:25; 1.18:IV:31 (und weitere Belege im Aqhat-Korpus); 1.130:22(9); vgl. hierzu ferner 4.381:15.22 und 5.19:4 (Variante mit sehr großem, hoch plaziertem vertikalen Keil).
- Der vertikale Keil setzt nicht unter, sondern innerhalb des Feldes der drei horizontalen Keile an: z.B. 1.27:8(2x); 1.42 (bes. Z. 54).
- Die horizontalen Keile sind leicht gebogen: 1.9:11.
- Form mit nur einem horizontalen (stark gebogenen) Keil: 1.9:16.
- vier horizontale Keile (relativ häufig): z.B. 1.3:III:43; 1.3:IV:4.37.41; häufig in 1.12; 1.17:I:20; 1.20:II:7 (2. Bel.); 1.21:II:10; 1.48:8; 3.4:8.9; 2.10:9; 3.1:23.28(2x); 3.1:30(2x); 3.1:32.33.39; 4.68:29.30.51.64; 4.75 (Mehrzahl der Belege); 4.206:4; 4.225:17; 4.284:2; 4.296:1; 4.350:12.15; 4.357 (Mehrzahl der Belege); 4.400:11; 4.625 (Mehrzahl der Belege); 7.114:5. — Ferner durchgehend in folgenden Texten: 4.79; 4.223; 4.272; 4.280; 4.373; 4.393; 4.680.

{u}

- Der horizontale Keil verläuft schräg (nach rechts unten): 1.92:10.38.
- Zwei vertikale Keile: 1.39:10.
- Vier vertikale Keile: 1.1:III:14; 1.3:IV:2; 1.5:VI:15; 1.82:9; 2.23:2; 4.225:16.

{d}

- Drei vertikale Keile und zwei horizontale Keile: 1.70:5 (1. Bel.).

- Vier vertikale Keile und drei horizontale Keile: 1.5:IV:25; 1.5:V:2; 1.14:V:19; 1.19:III:56 (zweites {d}); 1.19:IV:9; 4.95:1.
- Drei vertikale und vier horizontale Keile: 4.14:8 (2. Bel.).
- Vier vertikale und vier horizontale Keile: 1.3:III:42; 1.3:IV:2; 1.4:VIII:24; 1.82 (häufig); 3.1:20; 4.11:7; 4.627:11; 7.61:14.15.

{ḏ}
- Form mit sich deutlich überkreuzenden Keilen: z.B. 4.147:18; 4.556:3 (lies gegen KTU² *ḫ̮ḏm[ ]*).
- Winkelhaken und gerader vertikaler Keil (relativ häufig): z.B. 4.48:11; 4.111:5.6.
- (beinahe) horizontal ausgerichteter gerader Keil und vertikaler Keil im rechten Winkel zueinander (und sich teilweise überkreuzend): 1.60:10(2x); 4.55:29; 4.60:9 (in KTU² fälschlich als {m} gelesen).
- "Liegendes" {ḏ}, entstanden durch Linksdrehung der normalen {ḏ}-Form, d.h. gerader horizontaler Keil und diagonaler Keil (häufige Zeichenvariante, insbesondere in Wirtschaftstexten): z.B. 1.102:3; 4.54:1; 4.56:5; 4.243:30; 4.340:7; 4.343:6; 4.347:3.9; 4.348:17; 4.354:8; 4.361:2; 4.370:11; 4.387:10.20.24; 4.417:4; 4.607:4.22.23; 4.609:3 (u.ö.); 5.4:3; evtl. ferner 4.484:3 (lies aber gegen KTU² eher {ġ}).

{h}
- Die beiden oberen Keile sind leicht gebogen: 1.9 (durchgehend).
- Vier (horizontale) Keile: 1.1:IV:12; 1.3:IV:3.26; 1.4:IV:27; 1.4:V:6; 1.4:VII:41; 1.5:I:18; 1.5:VI:15; 1.10:II:6 (2. Bel.); 1.10:II:35; 1.14:III:45; 1.16:I:29; 1.82 (häufig); 1.101:2.6; 3.1:26; 4.14:2.3; 4.68:37.55; 4.95:2; 4.173:2; 4.363:3; 4.440 (durchgehend außer Z. 3); 4.493 (durchgehend); 4.573:3; 4.625 (Mehrzahl der Belege).
- Fünf (horizontale) Keile: 3.1:12.

{w}
- Die beiden letzten horizontalen Keile sind häufig unterschiedlich groß: z.B. 1.12:I:13 (der erste Keil ist sehr klein, der zweite ungewöhnlich groß).
- Variante mit drei (statt zwei) gestaffelten Keilen hinten: wahrsch. belegt in 1.1:IV:15 (alt.: *pn*) und 4.4:3 (fünftes Schriftzeichen: *w kndwṯ* [n.L.]).

{ḥ}
- Der untere Keil weist (fast) horizontal nach rechts: 1.83:5.14 (langer Keil); 4.344:22; 4.346:2; 4.348:29 (u.ö.).
- Der untere Keil weist vertikal nach unten: 4.169 (bes. Z. 6 und 8); 4.343:2.10.
- Vier gleichförmige, in Kreuzform angeordnete, auf das Zeichenzentrum hinführende gerade Keile: z.B. 2.15:3; 4.263 (durchgehend); 5.11:4.6.
- Besondere Zeichenform im Text 4.34: Die Keile "2" und "3" weisen schräg nach hinten; der Keil "4" ist weit links plaziert. Die betreffende Zeichenform wird in KTU² fälschlich als "special shape of letter *g*" interpretiert.

{ḫ}
- Vier Keile: z.B. 1.6:V:4; 1.41:1; 1.43:10; 1.148 (häufig); 2.15:9; 2.80:4.5; 4.11:6; 4.39:2; 4.113 (durchgehend); 4.165:13; 4.393:10.20; 4.556:3 (lies gegen KTU² *ḫ̮ḏm[ ]*).
- Fünf Keile: z.B. 2.80:8.

{y}
- Variante mit weniger als sechs Keilen: 2 + 2 Keile: 1.1:IV:10; ähnl. 1.4:VII:48 (2. Bel.).

- Varianten mit mehr als sechs Keilen: 3 + 4 Keile: 1.1:IV:27; 1.3:IV:1; 1.85:11; 2.70:28. — 4 + 3 Keile: 1.5:VI:23. — 4 + 4 Keile: 1.101:3; 2.79:12; 3.2:1.5; 3.5 (durchgehend); 4.95:4.5.10 (jeweils 1. Bel.); 4.113 (durchgehend); 5.4:2. — 5 + 5 Keile: 2.80:10. — 7 + 6 Keile: 7.61:7.

{k}
- Der untere der beiden parallelen horizontalen Keile ist deutlich nach rechts versetzt: 4.274 (durchgehend); 4.296 (wiederholt, z.B. Z. 2 und Z. 4).
- Der hintere horizontale Keil ist auf der Höhe des oberen vorderen Keils plaziert: z.B. 1.5:VI:12.

{l}
- Schräge Ausrichtung der drei Keile: 6.62:2 (schräg nach rechts unten).
- Vier etwa gleich lange Keile: 1.1:II:13; 1.1:IV:12; 1.3:III:44(2x); 1.3:III:45; 1.3:III:46 (1. Bel.); 1.3:IV:6.34; 1.4:V:42 (2. Bel.) (u.ö); 1.4:VII:46 (1. Bel.); 1.25:7; 1.50:7 (3. Bel.); 1.81:12; 1.82 (häufig); 3.1:12.16; 4.11:6 (2 Belege); 4.95:4; 4.205:18 (KTU[2] liest dagegen {. l}); 4.250:1; 4.680 (durchgehend).
- Vom Kopf des dritten Keils führt ein horizontaler Keil nach rechts: 5.11 (mehrmals).
- (?) Drei lange Keile gefolgt von einem vierten kurzen Keil: evtl. in 4.188:7.18.19.20 (sofern nicht mit KTU[2] {l«.»} zu lesen ist).

{n}
- Die Keile sind von sehr unterschiedlicher Größe: z.B. 1.12 (bes. Z. 11, erstes {n}).
- Vier Keile (teilweise Flüchtigkeitsfehler, in bestimmten Texten aber Normalform des {n}): 1.1:II:16; 1.2:IV:30 (1. Bel.); 1.3:I:14 (1. Bel.); 1.3:III:19.32 (1. Bel.); 1.3:IV:2.5(2x); 1.3:V:1(2x).13; 1.3:V:19 (1. Bel.); 1.4:III:15; 1.4:IV:37 (2. Bel.); 1.4:IV:62 (1. Bel.); 1.4:VI:6; 1.5:I:11 (1. Bel.); 1.5:VI:15.24; 1.6:I:27; 1.6:II:33 (letzter Bel.); 1.10:I:13; 1.10:II:28; 1.14:III:6 (letzter Bel.); 1.14:IV:49 (2. Bel.); 1.16:I:15 (2. Bel.); 1.17:VI:6 (*n* des ersten Lexems *krpn*); 1.27:2.9; 1.41:5.21(2x).22.23.26; 1.41:54 (letzter Bel.); 1.46:2.3.11.12.16; 1.46:17 (2x); 1.66:5; 1.75:9; 1.81:21.23; 1.82:43 (letzter Bel.); 1.91:3.26 (1. Bel.); 1.101:2; 1.101:5 (2. Bel.); 1.104:16 (2. Bel.); 1.104:18.19.22(2x); 1.117:4.6.8.10; 1.148 (häufig); 1.171:8; 1.174:2; 2.40:15 (1. Bel.); 3.2 (mindestens 7x); 3.3:5; 3.3:9 (2x); 3.5 (Mehrzahl der Belege); 4.4:1 (2x); 4.4:3; 4.14 (durchgehend außer Z. 2, 1. Bel. [fünf Keile]); 4.95:6.8.9; 4.113 (durchgehend); 4.170 (durchgehend außer Z. 9); 4.182:60 (letzter Bel.); 4.217:4; 4.225:10 (1. Bel.); 4.262:8; 4.282:11; 4.275:3; (?) 4.275:9 (lies evtl. *mnr!t* "Leuchter" anstelle von *mnᶜrt*); 4.377:3 (2. Bel.); 4.393:10 (2. Bel.); 4.393:20.; 4.715:19 (2. Bel.); 4.718:2 (beide Belege); 4.772:3; 4.786:6; 7.30:1; 7.61:2.3.5.7.
- Fünf Keile: z.B. 1.46:14; 4.393:2 (1. Bel.); 4.14:2 (1. Bel.); 5.4:3; 7.61:14.15.

{s}
- Ein langer vertikaler Keil gefolgt von zwei untereinander plazierten kurzen vertikalen Keilen: z.B. 7.51:3 (und zahlreiche weitere Belege); evtl. auch 4.116:3 (falls mit der Handkopie von PRU 2,58 {bᶜls} und nicht {bᶜly} zu lesen ist).

{ś}
Vorbemerkung: Die kleinen Keile vor und nach dem vertikalen (großen) Keil können unterschiedliche Formen besitzen. Meist handelt es sich dabei um Winkelhaken mit unterschiedlicher Ausrichtung; bezeugt sind aber auch Formen mit kurzen geraden Keilen, die diagonal, horizontal oder vertikal ausgerichtet sein können.

- Variante mit nur fünf Keilen (2 + 1 + 2): 5.20:2.
- Varianten mit mehr als sieben Keilen: Acht Keile (3 + 1 + 4): 4.158:6; 4.374 (wiederholt); 4.378:10; 5.4:6. — Neun Keile (4 + 1 + 4): 1.85:3; 4.169:5(2x) (die hinteren Keile sind diagonal nach links unten ausgerichtet; das Zeichen weist die klassische Form einer Ähre auf). — Elf Keile (5 + 1 + 5): 4.153:9.

{ġ}

Vorbemerkung: Die {ġ}-Form wird — entgegen herkömmlicher Auffassung — in den überwiegenden Fällen durch drei Keile erzeugt. Die häufigste, unter anderem in der ug. Epik (Ba^cl, Keret, Aqhat) und im Briefkorpus bezeugte {ġ}-Form besteht aus einem horizontalen Keil mit zwei diagonalen, nach rechts oben bzw. rechts unten weisenden "Flügeln". Beide "Flügel" setzen am gleichen Punkt an, der dabei in der Regel innerhalb des horizontalen Keils liegt. Auf diese Weise entsteht der (falsche) Eindruck, die "Flügel" würden nur durch einen einzigen winkeligen Keil erzeugt.

- Nur in 1.42 belegt ist eine Variante, in der der horizontale Keil hinter den beiden Flügeln ansetzt.
- Häufig bezeugt ist ein dreikeiliges Gebilde, in dem die beiden "Flügel"-Keile deutlich oberhalb und unterhalb des horizontalen Keils ansetzen. In der Regel sind die "Flügel" diagonal (d.h. nach rechts oben bzw. rechts unten) ausgerichtet (wie etwa in 1.75:3; 4.180:5 und 4.281:20). Seltener sind die "Flügel" beinahe horizontal ausgerichtet (z.B. 1.9:17.18; 1.24; 1.66; 1.68:21.25; 1.73:11; 1.92 [außer Z. 33]; 5.20:2.3). In wenigen Stellen (1.25:5; 1.92:33; 5.2:5) findet sich eine {ġ}-Form, in der der untere Keil gegenläufig ausgerichtet ist (er weist nach links unten).
- In zahlreichen Texten gibt es {ġ}-Formen, die nur aus zwei Keilen bestehen. In der Regel wird dabei ein horizontaler Keil von einem diagonalen, von links unten nach rechts oben weisenden Keil gekreuzt. Der Ansatz des diagonalen Keils kann dabei sehr breit (winkelig) ausfallen (z.B. 1.72; 1.85; 4.410; 4.413; 4.374; 4.379).
- Daneben ist auch eine im Uhrzeigersinn gedrehte Variante bezeugt, die aus einem horizontalen Keil besteht, der von einem von links oben nach rechts unten weisendem diagonalen Keil gekreuzt wird (z.B. 1.82; 1.176:18) bzw. einem beinahe vertikalen Keil (z.B. 4.76:4; vgl. 4.55:6.24; wahrsch. ferner 4.484:3 [KTU^2 liest hier {ḏ}]).

{p}

- Der untere der beiden parallelen horizontalen Keile ist jeweils deutlich nach rechts versetzt: 4.274 (durchgehend).

{r}

- Varianten mit fünf Keilen: Variante mit einem großen letzten Keil, der relativ weit von den vier vorausgehenden Keilen entfernt ist (relativ häufig): z.B. 4.55, 4.56 (durchgehend und sehr ausgeprägt) und 4.151:I:3.4.
- Der letzte Keil befindet sich zwischen dem dritten und vierten Keil: z.B. 4.378:2.9.
- Zeichenrumpf mit drei Keilen oben und einem Keil unten: 1.70:31.
- Variante mit vier Keilen (Zeichenrumpf mit zwei Keilen oben und einem Keil unten): 5.2:4.5.6.7.8 (vgl. demgegenüber {w} in Z. 7 [Normalform]); 7.55:6.14 (alternativ ist hier gegen KTU^2 {w} zu lesen).
- Varianten mit sechs Keilen: Zeichenrumpf mit drei Keilen oben und zwei Keilen unten: 1.41:1.2.16; 4.394; 4.751:10. — Zeichenrumpf mit zwei Keilen oben und drei Keilen unten: 1.41:7(2x). — Gewöhnlicher Zeichenrumpf, gefolgt von zwei gestaffelten Keilen: (?) 1.3:I:11; 4.4:5.

- Variante mit sieben Keilen (2 + 2 + 2 + 1 Keil): 1.27:4.5; 1.41:7.10.15.18.22.23 (u.ö.); 1.46:11(2x).12.13; 1.171:3 (2. Bel.); 1.174 (durchgehend); 1.176 (durchgehend); 4.153 (durchgehend); 4.284:5.6; 5.10:7.8; 6.63:2; vgl. 4.315:3 (sieben Keile in anderer Anordnung).

{š}

Vorbemerkung: {š} kann aus drei geraden Keilen bestehen (z.B. 1.100). Häufiger sind jedoch Gebilde mit winkelhakenähnlichen Formen an erster oder/und dritter Position. Die Ausrichtung der Keile, insbesondere des dritten Keils, ist sehr variabel.

- Die drei Keile überkreuzen sich unten: z.B. 1.111:17; 4.4; 4.18; 5.2.
- Alle drei Keile sind nach rechts unten ausgerichtet: z.B. 4.226:5.6.
- Der zweite und dritte Keil sind (fast) parallel: 1.83 (bes. Z. 8); 4.158.
- Der erste und zweite Keil sind (fast) parallel: 4.169 (bes. Z. 1 und 4).
- {l}-ähnliche Form: 4.381:19.

{ṯ}

Vorbemerkung: Die gewöhnliche {ṯ}-Form besteht aus zwei übereinander plazierten, unterschiedlich ausgerichteten Winkelhaken. Die klassische Form gleicht somit einem sechzackigem Stern. Häufiger sind jedoch unsymetrische Formen, die entstehen, wenn sich die Zentren der beiden Winkelhaken nicht decken oder wenn der Winkel der beiden Keile zueinander nicht der klassischen Form entspricht.

- Es gibt daneben Varianten mit einem geraden Keil und einem darüber gesetzten Winkelhaken (z.B. 4.4 [mehrere Belege] und 4.15:7), oder zwei sich überkreuzenden kurzen geraden Keilen in horizontaler und vertikaler Ausrichtung (z.B. 1.67:8[2x].10; 4.4 [einige Belege]; 4.23 [durchgehend]; 4.170:16; 4.226:9 [2. Bel.]).
- Selten sind Varianten mit zwei relativ gleich ausgerichteten Winkelhaken, die unmittelbar untereinander (z.B. 1.83:4.6.11 [KTU^2 liest hier fälschlich {^{c}}]) oder unmittelbar hintereinander plaziert sind (z.B. 4.12:3.6).
- Sehr häufig ist eine {ṯ}-Form mit unscharfen Umrissen, erzeugt durch nur einmaliges Ansetzen und nachfolgender Linksdrehung des Griffels um etwa 90°.
- Schließlich gibt es {ṯ}-Formen mit Umrandung (z. Disk. siehe §21.222).

21.236. Beurteilung von Zeichenformen mit überzähligen Keilen

Zeichenformen mit überzähligen Keilen, etwa {n}-, {h}- und {i}-Formen mit vier (oder mehr) horizontalen oder {l}-Formen mit vier vertikalen Keilen, können nicht durchweg als Flüchtigkeitsfehler beurteilt werden. Wie aus §21.235 hervorgeht, werden Zeichenformen mit überzähligen Keilen in bestimmten Texten konsequent gebraucht. Außerdem läßt sich beobachten, daß gewisse Texte gleich bei mehreren Schriftzeichen Formen mit überzähligen Keilen bieten (z.B. der Text 3.5 mit durchgehend vierkeiligem {n} und achtkeiligem {y} oder der Text 4.680 mit durchgehend vierkeiligem {l} sowie {i} mit vier horizontalen Keilen). Die betreffenden Texte erwecken nicht den Eindruck, als wären sie von schlecht ausgebildeten Schreibern erstellt worden. Es ist deshalb davon auszugehen, daß in bestimmten Schreiberschulen Formen mit überzähligen Keilen als Normalformen tradiert wurden. Es könnte sich dabei – insbesondere bei mehrkeiligem {n} und {h} – um typologisch alte Formen handeln, die entsprechende (differenzierte) lineare Formen als Vorbilder haben. Die Reduktion solcher Keilgebilde auf die je minimale Anzahl von Keilen könnte sekundär sein.

21.237. Worttrenner

Die Mehrzahl der LA-Texte macht von (verläßlich gesetzten) Worttrennern in Form eines vertikalen Keils Gebrauch. Diese Worttrenner entsprechen den Trennstrichen bzw. Trennpunkten der linearen Alphabettradition. Worttrenner sind zumeist deutlich kleiner als das formal vergleichbare Schriftzeichen {g} (es gibt jedoch Ausnahmhen, z.B. KTU 4.706). Zahlreiche Texte, etwa 1.100, 1.103+ und 1.114, weisen Worttrenner in Form eines betont langgezogen (linienhaften) Keils mit sehr schlankem "Kopf" auf. Zu den Regeln der Worttrennersetzung siehe *§*21.41.

21.24. Zeichenfolge

21.241. In Ugarit wurden bisher elf Tontafeln gefunden, welche die Alphabetzeichen in einer übereinstimmenden, kanonischen Reihenfolge auflisten (sogenannte "Abecedarien"): 5.4; 5.5.; 5.6; 5.8; 5.12; 5.13; 5.14; 5.16; 5.17; 5.20; 5.21; vgl. ferner 5.9:I:17-18. In der nachfolgend gebotenen Transliteration werden jene Alphabetzeichen, die im nwsem. KA nicht bzw. nicht an der entsprechenden Position bezeugt sind, durch Fettdruck und aufrechte Schriftart markiert (ug. {š} entspricht formal nwsem. {š}, nimmt aber eine andere Position in der Alphabetfolge ein; an der Position von nwsem. {š} findet sich ug. {ṯ}):

ả b g **ḫ** *d h w z ḥ ṭ y k* **š** *l m* **ḏ** *n* **ẓ** *s ᶜ p ṣ q r ṯ* **ġ** *t* **ỉ ủ s̀**

Das Zeicheninventar des ug. LA ist um acht Zeichen umfangreicher als das des nwsem. KA. Sieht man von diesen Zeichen ab, ist die Reihenfolge des ug. LA mit der des nwsem. KA identisch. Beiden Alphabeten liegt die *ʾ-b-g*-Folge (d.h. die "Alpha-Bet"-Folge) zugrunde. Es ist hervorzuheben, daß im ug. LA {ᶜ} vor {p} erscheint. Die entgegengesetzte Folge ist in den protokan. "Abecedarien" von Kuntillet ᶜAǧrūd und auf dem ᶜIzbet-Ṣarṭah-Ostrakon (Z. 4) belegt (siehe Cross 1980, 13; vgl. Beyer 1994, 35). Möglicherweise existierte neben der Standardreihung bereits früh eine alternative Reihung. Das ug. LA folgt der Haupttradition.

Anm. Eine völlig andere Reihung der Alphabetzeichen findet sich neuen Erkenntnissen zufolge auf einer 1988 in Ugarit gefundenen Tontafel (RS88.2215). Diese enthält ein keilschriftliches Alphabet von 27 Zeichen, die entsprechend der sogenannten südsemitischen Konsonantenfolge (*h-l-ḥ-m*-Folge) angeordnet sind (siehe Bordreuil — Pardee 1995 und Tropper 1996c). Diese Konsonantenfolge hat sich in Ugarit jedoch nicht als Standardreihung durchgesetzt.

21.242. Fünf der acht "zusätzlichen" Zeichen des ug. LA haben ihren Platz innerhalb der Hauptzeichenfolge zwischen {å} und {t}, die restlichen drei folgen (hintereinander) als Anhang nach dem Zeichen {t}. Letztere sind aufgrund ihrer Position im Alphabet und aufgrund der Tatsache, daß sie als Allographe zu anderen Zeichen ({å} und {s}) fungieren, mit Sicherheit sekundär. Dagegen dürften die fünf anderen Zeichen zum Grundinventar des LA gehören.

Es ist davon auszugehen, daß das ug. LA eine Frühform des linearen Alphabets zum Vorbild hatte, das 27 Zeichen enthielt und die *ʾ-b-g*-Zeichenfolge besaß. Die Ugariter setzten das lineare Alphabet in ein Keilschriftalphabet um und erweiterten es um drei Zeichen. Trifft dies zu, dann ist das nwsem. KA von 22 Zeichen — lineare wie keilschriftliche Ausformung — durch Zeichenreduktion aus einem älteren LA entstanden (= Reduktionstheorie).

Anm. Eine andere Auffassung vertreten Dietrich — Loretz (1988, bes. 141-43). Sie halten das ug. LA für eine erweiterte Fassung eines älteren KA mit einem Inventar von 22 Zeichen (= Erweiterungstheorie).

21.243. Einer Vermutung von Dietrich — Loretz (1988, 196f.) zufolge legen Worttrenner (5.9:I:17-18) und Zeilenumbrüche der überlieferten "Abecedarien" nahe, daß das ug. LA zu Übungszwecken in acht Ausspracheblöcken rezitiert wurde:

ả b g — ḫ d h — w z ḥ ṭ — y k š l — m ḏ n ẓ — s ʿ p ṣ — q r ṯ ġ — t ỉ ủ s̀.

21.244. Obwohl die originale Zeichenfolge des ug. LA seit langem bekannt ist, hat sie sich in wissenschaftlichen Publikationen nicht (allgemein) als Ordnungssystem für lexikalische Einträge durchgesetzt. Lediglich Pardee folgte (in Pardee 1988, 291-329 und 1989/90) diesem System, ordnete dabei jedoch sämtliche Alephzeichen (auch *ỉ* und *ủ*) an den Beginn des Alphabets. Die Mehrzahl der Autoren verwendet eines der beiden folgenden Ordnungssysteme:

1. Ein System, das sich an der geläufigen Reihenfolge des he. Alphabets orientiert und die darin nicht enthaltenen Konsonanten hinter phonologisch ähnlichen Konsonanten anordnet. Eine uneinheitliche Handhabung dieses Prinzips hat allerdings zu unterschiedlichen Reihenfolgen geführt (siehe Renfroe 1992, 8), von denen das folgende am gebräuchlichsten ist ("zusätzliche" Konsonanten in Fettdruck und aufrechter Schrifttype):

   ả **ỉ ủ** *b g d* **ḏ** *h w z ḥ* **ḫ** *ṭ* **ẓ** *y k l m n s* **s̀** *ʿ* **ġ** *p ṣ q r š t* **ṯ**.
2. Ein System, das die Transliterationssymbole der ug. Konsonanten nach dem lateinischen Alphabet anordnet, mit den Aleph-Varianten und *ʿ* an der Spitze. Am verbreitetsten ist folgende Reihung (siehe DLU, vii):

   ʾ (ả ỉ ủ) ʿ b d ḏ g ġ h ḥ ḫ k l m n p q r s s̀ ṣ š t ṭ ṯ w y z ẓ.

Das letztere System ist zwar in seiner Einfachheit bestechend, wirft aber neue Probleme auf. Zum einen wird das Ordnungsprinzip wiederum nicht einheitlich gehandhabt. So reiht etwa Renfroe (1992, 8) *ḫ* vor *ḥ*, ferner *š* vor *ṣ* und schließlich *ṯ* vor *ṭ*. Zum anderen würde jede Modifizierung der Transliterationssymbole auch eine Änderung der Alphabetfolge nach sich ziehen. Um dem vorzubeugen, ist man gezwungen, die herkömmlichen — sachlich teilweise unzutreffenden — Transliterationssymbole (§21.27) in alle Zukunft beizubehalten. Aus diesem Grund wird in der vorliegenden Grammatik das erstere Ordnungssystem verwendet.

21.25. Ableitung der Zeichen

21.251. Die ersten 27 Zeichen des ug. LA sind keilschriftliche Umsetzungen typologisch früher Zeichenformen der linearen Alphabettradition. Einige ug. Alphabetzeichen weisen eine formale Ähnlichkeit mit Zeichen der späteren nwsem. Alphabete, andere eher mit Zeichen der späteren südsem. Alphabete, wieder andere mit Zeichen beider Alphabete auf (siehe im einzelnen Dietrich – Loretz 1988, 99-118).

21.252. Das letzte Zeichen des ug. LA, {s̀}, ist offenbar eine späte keilschriftliche Imitation eines linearen Sibilantenzeichens, nämlich des nwsem. Graphems {s} bzw. des südsem. Graphems {s^3} (siehe Lundin 1987, 97f.).

21.253. Die Herkunft der Alephzeichen {ỉ} und {ủ} des ug. LA ist nach wie vor umstritten: (*1.*) Die betreffenden Zeichen werden traditionell von den formal ähnlichen syll. Keilschriftzeichen {I} und {Ú} abgeleitet. (*2.*) Dietrich – Loretz (1988, 119-123) leiten dagegen sowohl {ỉ} als auch {ủ} vom syll. Keilschriftzeichen {AḪ} bzw. dessen Variante {Aʾ} ab. (*3.*) Bernal (1987, 13) hält {ỉ} und {ủ} für sekundäre Weiterentwicklungen des alph. Keilschriftzeichens {h}. (*4.*) Lundin (1987) leitet sowohl {ỉ} als auch {ủ} von dem südsem. Alephzeichen {ʾ} (Stilisierung eines Rindes mit Kopf und Rumpf) ab.

Von den genannten Thesen ist die These (3) am wenigsten überzeugend. Besonders erwägenswert sind die Thesen (1) und (4).

21.26. Syllabische Entsprechungen

21.261. Der 1955 entdeckte ug. Text 5.14, der leider nicht vollständig erhalten ist, präsentiert die Zeichen des keilschriftlichen LA in der kanonischen *ʾ-b-g*-Reihenfolge und stellt ihnen jeweils ein phonologisch entsprechendes Silbenzeichen der syll. Keilschrift gegenüber. Die syll. Entsprechungen reflektieren dabei nicht nur den konsonantischen Lautwert der Alphabetzeichen (vgl. *§*32.14), sondern lassen durch ihre variierenden Vokale auch Rückschlüsse auf die Namen der ug. Alphabetzeichen zu. Diese rekonstruierten Namen weisen deutliche Übereinstimmungen mit den he. und syr. Konsonantennamen auf. Ferner bestehen Ähnlichkeiten mit den äth. Konsonantennamen (siehe Cross-Lambdin 1960 und Speiser 1964), obwohl diese in Äthiopien selbst auf keiner alten Tradition zu beruhen scheinen (siehe Daniels 1991; vgl. auch Ullendorff 1951). Bei den betreffenden Namen handelt es sich letztlich um die semitischen Lexeme jener Objekte, welche die Piktogramme des Protoalphabets ursprünglich abbildeten: z.B. **ʾalp(a)* als Lexem für "Stier" (vgl. griechisch "Alpha").

Es versteht sich von selbst, daß die im folgenden vorgeschlagene Rekonstruktion der ug. Konsonantennamen mit zahlreichen Unsicherheitsfaktoren behaftet ist. Die Namen werden – abgesehen Nomina ultimae infirmae – mit einer Flexionsendung *-a* präsentiert, der mutmaßlichen Zitierform von Nomina im frühen Wsem. ("Absolutivkasus" [*§*54.6]). Zum vorgeschlagenen Namen "Qô" (= "Meßschnur") für {q} siehe Colless (1988, 49f.). Die Zeilen 1-10 befinden sich auf der Vorder-, die Zeilen 11'-20' auf der Rückseite des Textes:

	alph.	*syll.*	*ug. Name*	*he. Name*	*syr. Name*	*äth. Name*
1	*ả*	A	ʾAlpa	ʾAlef	ʾAlaf	ʾAlf
2	*b*	BE	Bêta	Bet	Bet	Bet
3	*g*	GA	Gamla	Gimel	Gamal	Ga/əml
4	*ḫ*	ḪA	Ḫarma(?)	---	---	Ḫarm
5	*d*	DI/E	Di/elta	Dalet	Dalat	Dənt
6	*h*	Ú	Hô	He	He	Hoi
7	*w*	W(U)	Wô	Waw	Waw	Waw(e)
8	*z*	ZI	Zên/ta	Zayin	Zay(n)/Zen	Zay
9	*ḥ*	KU	Ḥôta	Ḥet	Ḥet	Ḥaut
10	*ṭ*	ṬÉ	Ṭêta	Ṭet	Ṭet	Ṭait
. . . .						
11'	[*p*]	[P]U	Pû	Pe	Pe	Af
12'	*ṣ*	ZA = ṢA	Ṣadê	Ṣade	Ṣade	Ṣadai
13'	*q*	QU	Qô/Qôpa	Qof	Qof	Qaf
14'	*r*	RA	Raʾša	Reš	Reš	Rəʾəs
15'	*ṯ*	ŠA	Ṯanna(?)	---	---	---
16'	*ġ*	ḪA	?	---	---	---
17'	*t*	TU	Tô	Taw	Taw	Tawi
18'	[*ỉ*]	I	I(?)	---	---	---
19'	*ủ*	U	U(?)	---	---	---
20'	*s̀*	ZU	?	---	---	---

21.262. Die syll. Keilschrift vermag die konsonantischen Phoneme des Ug. aus zwei Gründen nur ungenau wiederzugeben (§23.41). Zum einen ist die syll. Keilschrift von Hause aus für die Wiedergabe des komplexen sem. Konsonantenbestandes wenig geeignet. Zum anderen ist das Konsonanteninventar des Ug. mit Sicherheit größer als das des zeitgenössischen Akkadischen. Der Text 5.14 zeugt von folgenden Schwierigkeiten:

- Die syll. Keilschrift kann die Phoneme /*ḫ*/ und /*ġ*/ nicht unterscheiden. Unser Text setzt beide Phoneme mit dem syll. Zeichen {ḪA} gleich (§23.416; §32.146.314).
- Die syll. Keilschrift verfügt über keine {H}-Zeichen. Folglich wird alph. /*h*/ gleich wie alph. /ʾ/ wiedergegeben (§23.417). Die Verwendung von {Ḫ}-Zeichen für alph. /*h*/ ist dagegen nicht nachweisbar (siehe UV 244.250-252).
- Die syll. Keilschrift verfügt über keine {Ḥ}-Zeichenreihe. Im vorliegenden Text wird zur Wiedergabe des alph. Phonems /*ḥ*/ behelfsmäßig ein Zeichen der {K}-Reihe, nämlich {KU}, gewählt (§23.416).
- Die syll. Keilschrift kann die Phoneme /*z*/, /*ṣ*/, /*s*/, /*ḏ*/ und /*ẓ*/ nur unvollkommen unterscheiden (§23.414). Auf diese Weise ist zu erklären, daß sowohl /*z*/ als auch /*ṣ*/ in unserem Text mit Zeichen der syll. {Z}-Reihe wiedergegeben werden.

21.263. Der Text 5.14 zeugt aber zugleich von dem Bemühen, syll. Zeichen mit möglichst eindeutigen konsonantischen Lautwerten als Pendants für die ug. Phoneme zu finden:

- Der Text differenziert zwischen /*d*/ und /*ṭ*/, indem das letztere Phonem nicht mit {ṬE} (= {DI}), sondern mit {ṬÉ} (= {ḪI}) gleichgesetzt wird.
- Der Text differenziert ferner zwischen /*hu/o*/ einerseits und /*ˀu/o*/ andererseits: für die erstere Phonemfolge wird {Ú}, für die letztere {U} gewählt. Daß {Ú} im syrischen Raum für /*hu/o*/stehen kann, wird durch die Orthographie der Amarnabriefe aus Kanaan bestätigt (siehe CAT 1, 76f.). Hervorzuheben ist EA 245, wo das kan. Pronominalsuffix /*-hŭ*/ durchgehend mit {Ú} umschrieben wird: *aḫ-ru-un-ú* "hinter ihm" (Z. 10); *ba-di-ú* "aus seiner Hand; von ihm" (Z. 35); *ma-aḫ-ṣú-ú* "sie haben ihn geschlagen" (Z. 14).
- Alph. /*ḥ*/ wird entgegen sonstigem Usus nicht mit einem syll. Zeichen der {Ḫ}-Reihe, sondern mit einem Zeichen der {K}-Reihe gleichgesetzt (§23.416). Offenbar soll dadurch die lautliche Differenz zwischen /*ḥ*/ auf der einen Seite und /*ḫ*/ und /*ġ*/ auf der anderen Seite unterstrichen werden (zum Problem siehe Speiser 1964 und UV 242). Die Wiedergabe von /*ḥ*/ mit dem Zeichen {KU} setzt eine spirantische Artikulation von (akk.) /*k*/ voraus.

21.264. Der Verfasser des Textes 5.14 war auch bemüht, eindeutige syll. Zeichen für /*e*/-haltige Lautwerte zu verwenden und so zwischen /*e*/- und /*i*/-Vokalen zu differenzieren. Aus diesem Grund wird alph. /*b*/ (Zeichennamen "Bêta") mit dem syll. Zeichen {BE} und alph. /*ṭ*/ (Zeichennamen "Ṭêta") mit dem syll. Zeichen {ṬÉ} gleichgesetzt. Der letztere Lautwert ist eindeutig der (mittel-)assyrischen Orthographietradition entnommen.

Eine Differenzierung zwischen /*u*/- und /*o*/-Vokalqualität wird demgegenüber nicht zum Ausdruck gebracht. Es wird immer das gängigste /*u*/-haltige syll. Zeichen gewählt, unabhänigig davon, ob – entsprechend den ug. Zeichennamen – ein /*u*/ oder ein /*o*/-Vokal folgt: {KU}, {PU}, {QU}, {TU}, {U}, {ZU}.

21.27. Transliteration

21.271. Die traditionellen Transliterationssymbole der ug. Alphabetzeichen wurden auf der Basis lexematischer Entsprechungen des Ug. mit anderen sem. Sprachen gewonnen. Da das He. und das Ar. die Hauptbezugssprachen waren, wurden dabei die in der Hebraistik und/oder Arabistik üblichen Umschriftsymbole der konsonantischen Phoneme übernommen. Auf diese Weise hat sich folgendes Umschriftsystem weitgehend etabliert:

ả ỉ ủ b g d ḏ h w z ḥ ḫ ṭ ẓ y k l m n s s̀ ˤ ġ p ṣ q r š t ṯ.

21.272. Daneben werden teilweise auch alternative Transliterationssymbole verwendet: anstatt der Alephzeichen *ả ỉ ủ* auch *ˀa ˀi ˀu* oder einfach *a i u*; anstatt *ḏ* und *ṯ* auch δ und θ (griechische Symbole); anstatt *ẓ* auch ṯ̣ oder θ̣; anstatt *s̀* auch *ś*; anstatt *ġ* auch *ǵ*.

21.273. Die oben (§21.272) genannten alternativen Transliterationssymbole sind – abgesehen von den Aleph-Symbolen und dem Symbol *ś* – sachlich berechtigter und konsequenter als die traditionellen. Bedauerlich ist, daß nach dem traditionellen Transliterationssystem mit dem Symbol *ẓ* ein Alphabetzeichen umschrieben wird, das offenkundig – wie *ṯ* und *ḏ* – für ein interdentales Phonem steht (§32.144.2). Auf der anderen Seite ist zu bedenken, daß eine konsequente Anwendung der Symbole des internationalen phonetischen Alphabets nach heutiger Kenntnis der Lautwerte ug. Phoneme (§32.14) ein ganz anderes Transliterationssystem der ug. Alphabetzeichen erfordern würde.

21.274. In der vorliegenden Grammatik wird dennoch aus Gründen der Konvention im wesentlichen das traditionelle Transliterationssystem beibehalten. In Abweichung davon werden jedoch die Alephzeichen im Anschluß an die Textausgabe KTU (KTU[1] und KTU[2]) einfach als *a*, *i* und *u* wiedergegeben. Die hier verwendeten Transliterationssymbole lauten somit in der hier grundgelegten Reihenfolge (§21.244) im einzelnen wie folgt:

a i u b g d ḏ h w z ḥ ḫ ṭ ẓ y k l m n s s̀ ᶜ ġ p ṣ q r š t ṯ

21.3. Orthographie

21.31. Notierung von Konsonanten

Der sem. Alphabetschrift liegt das Prinzip zugrunde, jedes konsonantische Phonem der Sprache durch ein Schriftzeichen wiederzugeben. Im Idealfall gibt es somit eine 1 : 1 – Entsprechung zwischen Konsonantenbestand und Zeicheninventar. Da die Ugariter die Alphabetschrift offensichtlich nicht selbst erfunden haben, ist dieser Idealfall im Ug. wahrsch. nicht gegeben. Zum einen ist mit der Möglichkeit zu rechnen, daß die ug. Sprache ein oder mehrere konsonantische Phoneme besaß, für die kein eigenes Schriftzeichen vorhanden war (man denke etwa an die lateralen Phoneme /*ś*/ und /*ṣ́*/ [§32.12]). Zum anderen beweisen die drei Zusatzzeichen des ug. LA, {i}, {u} und {s̀}, die im folgenden näher erörtert werden, daß für die Verschriftung bestimmter konsonantischer Phoneme mehrere Schriftzeichen nebeneinander zur Verfügung standen.

Konsonantengeminationen bleiben in der alph. Orthographie grundsätzlich unberücksichtigt. Ein Sonderfall liegt jedoch vor, wenn identische Konsonanten an Morphemgrenzen aufeinanderstoßen. In aller Regel wird die betreffende Konsonantengruppe nur mit einem Graphem wiedergegeben.

Anm. Uneinheitlich scheint in diesem Punkt bei Schreibungen von Eigennamen verfahren zu werden; vgl. etwa das Nebeneinander der Graphien *adnnᶜm* (4.171:5) und *adnᶜm* (4.141:II:26; vgl. 4.141:I:1) für den gleichen PN. Hinter diesen unterschiedlichen Graphien könnte sich jedoch eine Aussprachedifferenz verbergen; die erstere könnte für /*ʾadānV-naᶜam(V)*/, die letztere für /*ʾadān-naᶜam(V)*/ stehen. — Beachtenswert ist die Schreibung *yrgbbᶜl* (1.102:16) mit zwei {b}-Graphemen. Die Form setzt sich sehr wahrsch. aus einer PK^K 3.m.sg. der Wz. √*rgb* und dem GN *bᶜl* zusammen, d.h. sie besteht aus zwei Wörtern: /*yargVb-baᶜlV*/ (siehe del Olmo Lete 1996, 12-14). Analog ist auch die Wortform *ydbbᶜl* (1.102:25) zu erkären. — Unwahrscheinlich ist, daß die Schreibung *mtt* "ich bin / du bist gestorben" (1.2:IV:1 und 1.5:V:17) eine Ausnahme von der oben genannten Regel darstellt (z. Disk. siehe §75.521c).

21.32. Alephschreibung

Das auffälligste Merkmal des ug. LA besteht darin, daß es drei unterschiedliche Zeichen für die Schreibung des glottalen Verschlußlautes /ʾ/ enthält, nämlich ein *a*-Aleph = {a}, ein *i*-Aleph = {i} und ein *u*-Aleph = {u}.

21.321. Aleph in silbeneinleitender Position

Die drei Alephzeichen werden in silbeneinleitender Position wie folgt gebraucht: {a} steht für die Silben /*ʾa*/ und /*ʾā*/ sowie möglicherweise ferner für den Ultrakurzvokal /^{ʾa}/; {i} steht für /*ʾi*/, /*ʾī*/ und /*ʾê*/ sowie wahrsch. ferner für den Ultrakurzvokal /^{i}/ (bzw. den Murmelvokal /*ə*/); {u} steht für /*ʾu*/, /*ʾū*/ und /*ʾô*/ sowie wahrsch. ferner für den Ultrakurzvokal /^{u}/. Illustrative Beispiele:

{a}	für /*ʾa*/	*alp* /*ʾalp-*/ "Stier" 1.1:IV:30&
	für /*ʾā*/	*ksat* /*kussiʾāt-*/ "Sessel, Throne" 1.3:II:21&
	für /^{ʾa}/?	*w arš* /*wa-*^{ʾa}*rVš*/? "wünsche, verlange!" 5.11:12 (G-Imp. m.sg. von √*ʾrš* [§73.121.1c; viell. aber D-Imp.])
{i}	für /*ʾi*/	*irt* /*ʾirt-*/ "Brust" 1.3:III:5&
	für /*ʾī*/	*i* /*ʾī*/ "wahrlich!" 1.14:IV:38
	für /*ʾê*/	*in* /*ʾên-*/ < **ʾayn-* "Nichtexistenz" 1.3:V:28&
	für /^{ʾi}/?	*irš* /^{ʾi}*rVš*/? "wünsche, verlange!" 1.17:VI:17*.26.27; 1.62:2 (G-Imp. m.sg. von √*ʾrš* [§73.121.1a])
{u}	für /*ʾu*/	*um* /*ʾumm-*/ "Mutter" 1.6:VI:11&
	für /*ʾū*/	*uṭ* /*ʾūṭ-*/ "Spanne, Halbelle" 1.2:I:13&
	für /*ʾô*/	*u* /*ʾô*/ < **ʾaw* "oder" 1.4:VII:43(2x)&
	für /^{ʾu}/?	*uḫd* /^{ʾu}*ḫud*/? "packe!" 1.82:6 (G-Imp. m.sg. von √*ʾḫd* [§73.121.1b])

Anm. Insbesondere bei Fremdwörtern sind mitunter (phonetisch bedingte) Schwankungen der Aleph-Orthographie zu beobachten, z.B. *irgmn* "Gabe, Tribut" (4.181:1) neben *argmn* (1.87:5*&) (vgl. akk. *argamannu* [DLU 48f.]). Zu orthogr. Schwankungen, die durch Vokalharmonie bedingt sind, siehe §33.215.3.

21.322. Aleph in silbenschließender Position

21.322.1. Sehr umstritten ist die Frage, auf welche Weise phonologisch vokalloses Aleph an silbenschließender Position – hier kurz "Schlußaleph" genannt – orthogr. markiert wird. Es gibt eine ganze Reihe verschiedener Theorien (siehe im einzelnen Verreet 1983a, 223-226). Die Extrempositionen lauten:

1. Schlußaleph wird immer, ohne Rücksicht auf den vorausgehenden Vokal, durch {i} ausgedrückt (H. L. Ginsberg; D. Marcus [1968]; vgl. UV 268).
2. Die Wahl des Zeichens für Schlußaleph richtet sich nach der Qualität des vorausgehenden Vokals (J. Friedrich; ähnlich C. H. Gordon).
3. Schlußaleph wurde im Ug. allgemein nicht mehr gesprochen ("quieszierendes" Aleph): /*aʾ*/ wurde zu /*â*/, /*iʾ*/ zu /*î*/ und /*uʾ*/ zu /*û*/. Die Alephzeichen fungieren als *matres lectionis* für die so entstandenen sekundären Langvokale

(E. Hammershaimb; J. Sanmartín; ähnlich Lipiński 1988).

4. Silben mit Schlußaleph wurden im Ug. meist durch einen folgenden Hilfsvokal nach Analogie der he. Ḥaṭef-Vokale aufgelöst. Das verwendete Alephzeichen läßt aber nicht notwendigerweise auf die Qualität des Hilfsvokals schließen (so stehe etwa *riš* für */raᵓᵃšu/*) (J. C. de Moor).

In der jüngeren Forschung wird die Theorie (1) den anderen Theorien weitgehend vorgezogen. Es werden aber im allgemeinen Kompromißvorschläge unterbreitet. Diese besagen, daß Schlußaleph in der Regel, d.h. in den überwiegenden Fällen, mit {i} geschrieben wird, daß es daneben aber vereinzelte Ausnahmen gibt, in denen {u} und/oder auch {a} in gleicher Weise verwendet werden. Konkret wurden etwa folgende Auffassungen vertreten:

5. Gemäß Verreet (1983a) wird Schlußalph meist durch {i}, bisweilen aber auch durch {u} – aber nie durch {a} – ausgedrückt. {u} finde nur dort Verwendung, wo es "keine Veranlassung gab zu Verwechslung in der Lesung, also nur bei *yᵓKK*-G-Imperfekten" (S. 258).
6. Auch Sivan (GUL 16-19) zufolge wird Schlußaleph meist mit {i} geschrieben. Vereinzelt begegne {a}, noch seltener {u} in dieser Funktion. Als sichere Belege für {a} als Schlußaleph gelten die Wortformen *maḫdym* = */maᵓḫadīy-ūma/* "Leute des ON *maḫd*" (4.263:5) und *mad* = */maᵓda/* "viel(e), sehr" (1.14:II:35; ferner in 2.16:11 [*mad*!]). Für {u} als Schlußaleph gebe es keine sicheren Belege: PK-Formen wie *yuḫdm* "er packt, hält" (1.4:IV:16) könnten zwar als */yaᵓḫudu-ma/*, aber ebensogut als */yaᵓuḫudu-ma/* analysiert werden. Später, in Sivan (1996), sprach sich der gleiche Autor mit Nachdruck für die letztere Analyse (Typ */yaᵓuḫudu-ma/*) aus (zu einer Kritik siehe Tropper 1997c, 669).
7. Auch nach Tropper (1990b) wird Schlußaleph grundsätzlich mit {i} geschrieben. Es wurde daneben jedoch zum einen mit der Möglichkeit eines "quieszierendes" Alephs (§33.141.41) gerechnet, zum anderen damit, daß */aᵓ/* im Ug. nach Ausfall des Schlußalephs entweder zu */â/* oder zu */ô/* werden konnte (vgl. he. *nāśāᵓtā* < **naśaᵓtā* gegenüber he. *roš* < **raᵓš*). Bei Nichtartikulation des silbenschließenden Stimmabsatzes gelte somit: **iᵓ* > *î*: Schreibung {i}; **uᵓ* > *û*: Schreibung {u}; **aᵓ* > *â*: Schreibung {a}; **aᵓ* > *ô*: Schreibung {u}.

Anm. Insbesondere die letztgenannte Regel stieß in der nachfolgenden Forschung auf Kritik. Es wurde vor allem der Einwand erhoben, daß sich ein Lautwandel **ā* > */ō/* im Ug. nicht nachweisen lasse (siehe etwa GUL 18 und Sivan 1996, 557f.). In Tropper (1990c, 393-395) war allerdings die Auffassung vertreten worden, daß die Kontraktion von **aᵓ* > */ô/* nicht notwendigerweise einen allgemeinen Lautwandel **ā* > */ō/* voraussetze (§33.231). Der Schwund des Laryngals hätte neben einer Vokallängung auch eine Umfärbung des betreffenden Vokals bewirkt.

Zusammenfassend kann der Forschungsstand wie folgt beschrieben werden: Die Mehrzahl der Forscher ist sich heute darin einig, daß Schlußaleph in der Regel mit dem Zeichen {i} geschrieben wird, daß daneben aber vereinzelt auch {u} und {a} in gleicher Funktion gebraucht wird. Wie diese Ausnahmen zu erklären sind, darüber gehen die Meinungen auseinander. Vorherrschend sind zwei konträre Lösungsansätze: Eine Reihe von Autoren ist der Auffassung, daß {u} und {a} (sowie viell. auch {i}) dabei für Gleitvokale entsprechend den he. Ḥaṭef-Vokalen stehen (z.B. *mad* für /*ma*^{ʾa}*da*/). Andere Autoren, die mit dem Phänomen eines quieszierenden Alephs im Ug. rechnen, vertreten dagegen die Auffasung, daß {u} und {a} (sowie theoretisch auch {i}) dabei für einen Kontraktionsvokal stehen, dessen Qualität aus dem Vokal resultiert, der ursprünglich dem Schlußaleph vorausging (z.B. *mad* für /*mâda*/ < **maʾda*).

21.322.2. Die in dieser Grammatik vertretene Alephsetzungstheorie schließt unmittelbar an die vorherrschenden Lösungsansätze der modernen Forschung an. Demnach lassen sich zwei Regeln formulieren, eine Grundregel und eine zweite Regel, die sporadische Ausnahmeerscheinungen berücksichtigt:

1. Schlußaleph wird grundsätzlich mit dem Graphem {i} geschrieben, ungeachtet des vorausgehenden Vokals.
2. Vereinzelt werden abweichend davon auch die Grapheme {u} und {a} in gleicher Funktion gebraucht. Diese Ausnahmeerscheinungen beruhen auf einem realen phonetischen Hintergrund. Sie zeugen entweder von sogenannten Ḥaṭef-Vokalen nach dem Schlußaleph oder – wahrscheinlicher – vom Phänomen eines quieszierenden Schlußalephs im Ug.

   Unter Annahme von Ḥaṭef-Vokalen gilt, daß die Alephgrapheme auch an phonologisch silbenschließender Position (ebenso wie in silbeneinleitender Position) für den Silbentyp /*ʾV*/ (Aleph + Vokal) stehen können, konkret {a} für /^{ʾa}/, {u} für /^{ʾu}/ und wohl auch {i} für /^{ʾi}/.

   Unter (der hier favorisierten) Annahme eines quieszierenden Schlußalephs gilt, daß die Alephgrapheme in phonologisch silbenschließender Position für einen Kontraktionsvokal stehen können, dessen Qualität aus dem Vokal resultiert, der ursprünglich dem Schlußaleph vorausging, konkret {a} für /*â*/ < **aʾ*, {u} für /*û*/ < **uʾ*, und {i} für /*î*/ < **iʾ*. Theoretisch ist mit Tropper (1990b) daneben – etwa bei PK-Formen der WzK I-*ʾ* – auch mit der Möglichkeit zu rechnen, daß **aʾ* im Ug. nach Ausfall des Schlußalephs sporadisch auch zu /*ô*/ kontrahiert und folglich mit {u} geschrieben wurde.

21.322.3. Mit Hilfe der oben (§21.322.2) vorgestellten Theorie läßt sich erklären, warum die graphische Notierung von Schlußaleph im ug. Textkorpus nicht einheitlich ausfällt. Die Mehrzahl der Alephschreibungen, die der Regel (1) folgen, können als normative, d.h. phonemische Schulschreibungen gelten; die zahlenmäßig selteneren Schreibungen, die von der Regel (1) abweichen, können als phonetische Schreibungen betrachtet werden. Die nachfolgenden Beispiele (§21.322.4) sollen die hier vertretene Alephtheorie illustrieren. Die Abkürzung "NS" steht dabei für "normative (phonemische) Alephschreibung", die Abkürzung "PhS" für "phonetische Alephschreibung".

21.322.4. Schreibungen für Schlußaleph im Wortinnern

a. *{qatl}*-Bildungen von Nomina II-ʾ:

/ṣaʾn-/ "Kleinvieh": NS *ṣin* (1.4:VI:41&).

/raʾš-/ "Kopf": NS *riš* (1.2:I:6&); (?) PhS *ruš* = [rôšu] od. [ra^{ʾu}šu] (2.63:9).

Anm. Es gibt drei Schreibungen für den Plural (§53.322.1; §53.331.3): a) *rašm* = */raʾašū/īma/*; b) *rašt* = */raʾašāt-/* (ohne Synkope); c) *rišt* = */raʾšāt-/* (mit Vokalsynkope [§33.242b]).

/ṯaʾgatu/ "Gebrüll": NS *ṯigt* (1.14:III:16).

b. *{qutl}*-Bildungen von Nomina II-ʾ:

/muʾd-/ "Menge; zahlreich, sehr" (vgl. *m^{e}ʾod* < **muʾd* ?): NS *mid* (1.4:V:15&); (?) PhS *mud* = [mûd-] od. [mu^{ʾu}d-] (1.5:III:16&).

Anm. Die Form *mad* (1.14:II:35) ist demgegenüber wohl eine Adjektivbildung des MphT *{qatal}* (*/maʾad-/* "zahlreich").

/suʾn-/ "Kleidersaum": NS *sin* (1.6:II:10); vgl. syll. *su-nu* (RS19.28:2).

/ruʾm-/ < **riʾm-* (§33.214.21) "Wildstier": PhS *rum* = [rûm-] od. [ru^{ʾu}m-] (1.10:III:21&).

c. *{maqtVl(ān/īy)}*-Bildungen von Nomina I-ʾ:

/maʾš(V)mān-/ "Siegel": NS *mišmn* (2.19:6; 6.23:1; 6.75:1); PhS *mašmn* = [mâš(a)mān-] od. [ma^{ʾa}š(a)mān-] (6.17:1; vgl. auch 4.318:1); daneben PhS *mšmn* = [mâš(a)mān-] (6.66:1; 6.69:1-2).

Anm. Die zugrundeliegende Wz., √*ʾšm*, ist wahrsch. etym. mit ar. √*wsm* und akk. *wašāmu* zu verknüpfen (*w/ʾ*-Wechsel). Alternativ kann √*ʾšm* mit dem Subst. *šm* "Name" verbunden werden (siehe Bordreuil 1988, 25f.).

vgl. Gent. */maʾḫVdīy-/* "Bewohner des ON *maḫd*": NS *miḫdy* (4.124:12&); PhS *maḫdy* = [mâḫVdīy-] od. [ma^{ʾa}ḫVdīy-] (4.181:3&); daneben PhS *mḫdy* = [mâḫVdīy-] (4.635:17).

d. PK-Formen der WzK I-ʾ (§75.213):

Vorbemerkung: Mehrere ug. Verben I-ʾ bilden unregelmäßige G-PK-Formen mit der Schreibung *yu23*. Die Funktion des Graphems {u} ist dabei nicht geklärt (ausführliche Disk. unter §75.212.12). Bemerkenswert ist, daß die gleichen Verben auch im He. vergleichbare Bildungen aufweisen ("schwache" Verben I-ʾ mit */ô/*-Vokalismus der Präfixsilbe in der PK).

/y/taʾḫud-/ "er/sie nimmt/nahm" (G-PK): NS *y/tiḫd* (1.6:II:9&); PhS *yuḫd(m)* = [yôḫVd-] od. [ya^{ʾu}ḫud-] < **yaʾḫud-* (1.4:IV:16; 1.22:II:17*; 1.103+:17) (vgl. he. *yôḥēz* [18x; daneben 3x *yæ^{ʾæ}ḥōz*]); PhS *tuḫd* = [tôḫVd-] od. [ta^{ʾu}ḫud-] (1.2:I:40).

Anm. 1. In KTU 1.103+ begegnen nebeneinander die Formen *yiḫd* (Z. 7) und *yuḫd* (Z. 17) mit gleicher Bedeutung. — Die in 1.127:30 bezeugte Form *tuḫd* dürfte passivisch zu deuten sein (§74.222.2, √*ʾḫd*). — Die Form *yaḫd* (4.44:28) dürfte als N-PK (und nicht G-PK) zu deuten sein (§74.333, √*ʾḫd*; §75.215). Die Schreibung ist demzufolge regulär: *yaḫd* = */yiʾʾaḫudu/* < **yinʾaḫudu*.

/y/taʾkul-/ "er/sie ißt/aß" (G-PK): NS *y/tikl* (1.4:VI:24&); PhS *yukl* = [yôkVl-] od. [ya^{ʾu}kul-] (4.244:16) (vgl. he. *yôkal*).

/y/taʾsup-/ "er/sie sammelt(e)" (G-PK): NS *y/tisp* (1.12:II:24&); PhS *tusp* =

[tôsVp-] od. [ta^{ɔu}sup-] < **ta*ʾ*sup-* (1.1:IV:11) (vgl. he. *tôsēp*).

Anm. 2. Die Form *tusp* könnte auch eine Gp-PK sein: [tûsap-] od. [tu^{ɔu}sap-] < **tu*ʾ*sap-*. — PK-Formen mit {a}-Graphemen dürften D-PK (und nicht G-PK) sein. Die Schreibungen wären demzufolge regulär: *yasp* = */yu*ʾ*assip-/* (1.107:36); ferner *tasp* = */tu*ʾ*assip-/* (1.175:3).

*/tV*ʾ*bVd-/* (*/ti*ʾ*bad-/* od. */ta*ʾ*bVd-/*) "sie geht/ging zugrunde" (G-PK): PhS *tubd* = [tôbVd-] od. [tV^{ɔu}bVd-]/ (2.39:21) (vgl. he. *tôbad*).

*/yV*ʾ*hVb-/* (*/yi*ʾ*hab-/* od. */ya*ʾ*hVb-/*) "er liebt(e)" (G-PK): PhS *yuhb* = [yôhVb-] od. [ya^{ɔu}hab-] (1.5:V:18; 1.92:31f.*) (vgl. he. *ʾōhab* [1.c.sg.] neben *yæ^{ɔæ}hab* [3.m.sg.]).

*/yi*ʾ*tamVr-/* (Gt-PK): NS *yitmr* */yi*ʾ*tamVrâ/* "sie (beide) sahen aus (wie)" (1.2:I:32); PhS *ytmr* = [yîtamVr-] "er sah" (1.3:I:22; zum Alephschwund siehe §33.141.32).

Anm. 3. Man vergleiche in diesem Zusammenhang auch das Lexem *tant* "Klage" (1.3:III:24) mit orthogr. Variante *tunt* (1.1:III:14). Sollte es sich um eine *{taqtil}*-Nominalbildung (entsprechend he. *ta^{ɔa}niyyāh*) handeln (§51.45w), wären beide Schreibungen phonetischer Natur: *tant* = [tânît-] od. [ta^{ɔa}nît-]; *tunt* = [tônît-] od. [ta^{ɔu}nît-] (als NS wäre **tint* = */ta*ʾ*niyt-/* zu erwarten).

21.322.5. Schreibungen für Schlußaleph im Wortauslaut

a. Endungslose PK^{K}-Formen der WzK III-ʾ:

Vorbemerkung: Endungslose PK-Formen der WzK III-ʾ müßten gemäß normativer Orthographie immer mit {i}-Graphem geschrieben sein, d.h. *y12i* = */yV12V*ʾ*/* (3.m.sg.). Statistische und semantische Überlegungen lassen jedoch Zweifel aufkommen, ob dieses Prinzip in den Texten durchgehalten ist. Gerade im Wortauslaut ist verstärkt mit dem Phänomen eines quieszierenden Alephs und damit mit phonetischen Schreibungen zu rechnen. Nach Tropper (1990c) wäre nur bei Verben mit PK-Themavokal */i/* ein eindeutige Differenzierung der morphologischen Subkategorien der PK anhand der Alephschreibungen möglich, d.h. {i} für */-i*ʾ*/* (PK^{K}); {u} für */-*ʾ*u/* (PK^{L}); {a} für */-*ʾ*a/* (PK^{K}e). Bei PK-Themavokal */u/* könnte {u} nicht nur für */-*ʾ*u/* (PK^{L}), sondern theoretisch (bei Aleph quiescens) auch für */-û/* < **u*ʾ (PK^{K}) stehen. Bei PK-Themavokal */a/* wiederum könnte {a} nicht nur für */-*ʾ*a/* (PK^{K}e), sondern (bei Aleph quiescens) auch für */-â/* < **a*ʾ (PK^{K}) stehen. In Tropper (1990c) wird darüber hinaus damit gerechnet, daß die PK^{K} bei PK-Themavokal */a/* auch mit dem Graphem {u} geschrieben sein könnte, wobei {u} für */-ô*ʾ*/* < *-*a*ʾ stünde. Diese letztere, spekulative Annahme wird jedoch durch zu wenige verläßliche Hinweise gestützt. Zu einer ausführlichen Behandung der gesamten Thematik siehe §75.232.

- G-PK^{K} mit Themavokal */i/*: z.B. *yṣi* = */yaṣi*ʾ*/* (NS) od. [yaṣî] (PhS) "er soll hinausgehen" (1.14:II:32&).
- N-PK^{K} (Themavokal */i/*): z.B. *tspi* = */tissapi*ʾ*/* (S) od. [tissapî] (PhS) < **tinsapi*ʾ "sie aß" (1.96:3).
- G-PK^{K} mit Themavokal */u/*: NS *tbi* = */tabû*ʾ*/* "du sollst kommen" (1.169:18);

daneben evtl. PhS *ybu* = [yabû] < **yabûʾ* "er kam" (1.3:V:7).

- G-PK[K] mit Themavokal /*a*/: (?) PhS *ymẓa* = [yimẓâ] < **yimẓaʾ* "er fand" (1.12:II:37), sofern die Form nicht als PK[K]e, d.h. /*yimẓaʾa*/, zu deuten ist (§73.263); (??) PhS *yšu* = [yiššô] < **yinšaʾ* "er erhob" (1.4:IV:30&), sofern die Form nicht immer als PK[L], d.h. /*yiššaʾu*/, zu deuten ist (z. Disk. siehe 76.338). Normative Schreibungen mit {i}-Graphem sind hier nicht belegt.

b. Endungslose Imperative der WzK III-ʾ:

- G-Imp. m.sg. mit Themavokal /*a*/: (?) PhS *ša* = [šâ] < **šaʾ* "erhebe!" (1.5:V:13&), sofern die Form nicht als erweiterter Imp., d.h. /*šaʾā*/, zu deuten ist (§73.142). Normative Schreibungen mit {i}-Graphem sind nicht belegt.

21.323. Doppelsetzung von Alephzeichen

Drei ug. Wortformen zeichnen sich durch eine morpho-phonologisch nicht erklärbare Doppelsetzung von aufeinander folgenden Alephzeichen aus. Bezeichnend ist, daß dem Stimmabsatz in allen Fällen ein Langvokal vorausgeht:

1. *ṣbia* /*ṣabīʾa*/ (1.15:V:19): Ak. zu *ṣbu* "Aufgang (der Sonne)"
2. *mria* /*marīʾa*/ (1.3:IV:41; 1.4:VI:41-42): Ak. zu *mru* "gemästet; Masttier"
3. *yraun* /*yarāʾunnV*/ (1.5:II:6): Inf.abs. der Wz. √*yrʾ* im Lok. + En. (evtl. + OS 3.m.sg. ?): "er hatte Angst" bzw. "er fürchtete ihn(?)" (vgl. Inf.abs. *yru* = /*yarāʾŭ*/ [1.6:VI:30])

Anm. Möglicherweise ist aber in 1.5:II:6 anstelle von *yraun* mit Tropper (1996b, 137) *yra.n!n* zu lesen. — Die angebliche Schreibung *muid* (1.5:III:24 [siehe KTU[2]]) existiert nicht. Es ist *mu<d.> i[ ]* zu lesen, was zu *mu<d.> i[lm]* ergänzt werden kann (es gibt m.E. keine Zeichenreste eines {d} am Zeilenende!).

Den genannten Formen liegen kombinierte Schreibungen zugrunde, wobei das erste Alephzeichen an sich jeweils einen silbenschließenden bzw. quieszierenden, das zweite jeweils einen silbenöffnenden Stimmabsatz wiedergibt. Der (nicht geminierte) Stimmabsatz ist somit doppelt geschrieben. Die korrekten Schreibungen müßten **ṣba*, **mra* und **yrun* lauten. Die betreffenden Fehlleistungen könnten durch (falsche) Analogie bedingt sein und daraus resultieren, daß gewöhnlich auch nicht artikuliertes (quieszierendes) Aleph etymolgisch mit einem Alephzeichen geschrieben wurde. Sie könnten aber auch durch die in Eigennamen und Fremdwörtern gebräuchliche Notierung von Langvokalen durch Alephgrapheme motiviert sein (§21.341.13):

ṣbia:	Grundmorphem *ṣbi* = /*ṣabīʾ*/ bzw. /*ṣabî*/ + Endung *a* = /*ʾa*/
mria:	Grundmorphem *mri* = /*marīʾ*/ bzw. /*marî*/ + Endung *a* = /*ʾa*/
yraun:	Grundmorphem *yra* = /*yarāʾ*/ bzw. /*yarâ*/ + Endung *un* = /*-ʾunnV*/

21.324. Gründe für die Dreizahl der Alephzeichen

21.324.1. Die Dreizahl der Alephzeichen widerspricht dem Prinzip eines konsonantischen Alphabets, das Silben wie /*ba*/, /*bi*/ und /*bu*/ bei der Verschriftung auf das silbeneinleitende konsonantische Element reduziert. Analog dazu wäre zu erwarten, daß auch die Silben /*ʾa*/, /*ʾi*/ und /*ʾu*/ auf ihren konsonantischen

Bestandteil /ʾ/ reduziert und mit einem einzigen Zeichen {ʾ} geschrieben werden, wie es in anderen sem. Alphabeten der Fall ist. Wenn diese Reduktion in Ugarit nicht stattfand und das von den Ugaritern übernommene Alphabet sogar nachträglich noch durch zwei zusätzliche Alephzeichen erweitert wurde, so bedeutet dies, daß die Ugariter Aleph vornehmlich als Vokalträger (für /*a*/, /*i*/ und /*u*/) betrachteten. Diese Umgestaltung des Alphabets wurde durch zwei Faktoren begünstigt: a) durch die "schwache" Artikulation des Aleph-Phonems im Ug. (vgl. §33.141); b) durch die Bekanntheit des syll. Schriftsystems in Ugarit, in dem für /ʾ/ in silbeneinleitender Position je nach folgendem Vokal im wesentlichen drei Schriftzeichen zur Verfügung standen, nämlich {A}, {I} und {Ú} (mit Varianten {U} und {U_4}). Vor diesem Hintergrund sind die drei ug. Alephzeichen grundsätzlich als Silbenzeichen des Typs "Konsonant + Vokal" für /ʾ*a*/, /ʾ*i*/ und /ʾ*u*/ zu verstehen.

21.324.2. Bei einer Dreizahl von Alephzeichen, die primär zur Schreibung von Aleph in silbeneinleitender Position konzipiert sind, stellt die Notierung von silbenschließendem und damit im Prinzip vokallosem Aleph von Natur aus ein Problem dar. Die ug. Orthographie löst dieses Problem offenbar auf der Basis phonetischer Beobachtungen. Tatsächlich wird Schlußaleph in der Regel nicht vollkommen vokallos artikuliert. Zumeist ist nach dem Stimmabsatz vielmehr ein Ultrakurzvokal zu vernehmen, der in den überwiegenden Fällen einem Murmelvokal /*ə*/ nahekommt. Die ug. Orthographie wählt deshalb zur Notierung von Schlußaleph vornehmlich das Alephzeichen {i}, weil dieses Zeichen der Träger des geschlossensten der Grundvokale (/*i*/) ist und zugleich auch für den Murmelvokal /*ə*/ gebraucht wird.

Anm. Es gibt auch andere Theorien zur primären Funktion der zusätzlichen ug. Alephzeichen. Dietrich — Loretz (1988, 119-123), die das Alephzeichen {i} formal von dem syll. Keilschriftzeichen {AḪ} bzw. mit dessen Variante {Aʾ} herleiten (§21.253), rechnen mit einer ursprünglichen Opposition von zwei Alephzeichen im Ug.: {a} für silbeneinleitenden, {i} für silbenschließenden Stimmabsatz. "Als ein zweiter Schritt in der Aleph-Entwicklung ist es anzusehen, wenn diese Aleph-Zeichen silbeneinleitend als Vokalträger für *a* und *e*/*i* erachtet wurden [...], denen dann konsequenterweise ein drittes Aleph-Zeichen als Träger des *u*-Vokals beigegeben werden mußte (ʾ*u*) — die Form dieses *u*-Alephs wurde durch eine systemimmanente Abwandlung des *i*-Alephs gewonnen." (Dietrich — Loretz 1988, 122f.).

21.325. Bedeutung der Alephschreibungen für die ugaritische Grammatik

Da die ug. Sprache im wesentlichen durch ein vokalloses Schriftsystem überliefert ist, sind die Alephschreibungen von eminenter Bedeutung für das Verständnis der ug. Grammatik. Die Alephschreibungen gewähren Einblicke in phonologische und morphologische Strukturen der ug. Sprache. Sie geben unter anderem Auskunft über die Existenz von Kasusendungen beim Nomen und ermöglichen es, diverse morphologische Kategorien des Verbs zu differenzieren. Die uneinheitlichen Schreibungen von Aleph in silbenschließender Position mahnen jedoch zugleich zur Vorsicht. Eine unkritische Interpretation des orthogr. Befundes kann leicht zu Fehlschlüssen führen.

21.33. Schreibungen von /s/

21.331. Einleitung

Das ug. Langalphabet (= LA) enthält zwei Grapheme, die offenbar beide für die Verschriftung des Phonems /s/ dienen: a) das Graphem {s} und b) das Graphem {s̀}. Das erstere Graphem gehört zu den Stammzeichen des ug. LA, das letztere ist demgegenüber durch seine Position in der Alphabetfolge als sekundäres Zeichen bzw. Zusatzzeichen ausgewiesen. {s̀} ist formal eine keilschriftliche Umsetzung des Samech-Zeichens der nwsem. linearen Alphabet-tradition und steht schon allein aus diesem Grund gewiß für ein sibilantisches oder sibilantenähnliches Phonem. Auf der Alphabettafel KTU 5.14:20 wird es mit dem syll. Zeichen {ZU} gleichgesetzt (§21.261).

Während {s} in allen Textgattungen begegnet, ist {s̀} nur in wenigen ug. Texten bezeugt. Die Funktion von {s̀} ist eng mit der von {s} verknüpft, zumal die von {s̀} belegten Positionen in anderen Texten bzw. Textzeilen von {s} eingenommen werden. Warum das ug. LA eine Zweizahl von s-Zeichen besitzt, bzw. aus welchen Gründen das Graphem {s̀} sekundär eingeführt wurde, gehört zu den letzten offenen Fragen der ug. Schriftlehre und soll hier deshalb eingehend untersucht werden. Dabei soll die Frage nach den Lautwerten der Grapheme {s} und {s̀} von zentraler Bedeutung sein (vgl. §32.143.2).

Die mit dem Graphem {s̀} verknüpften Probleme wurden in der Ugaritistik wiederholt erörtert (§21.333). Die jüngste und ausführlichste Behandlung der Thematik findet sich in Tropper (1995e). Die nachfolgenden Ausführungen beruhen auf dieser Studie (gekürzte und teilweise modifizierte Fassung).

21.332. Statistische Daten

21.332.1. Das Graphem {s̀} ist — im Gegensatz zum Graphem {s} — nur in vergleichsweise wenigen Texten bezeugt. Von den ca. 1350 in KTU[2] (KTU Nr. 1-7) erfaßten lesbaren Texten des ug. LA enthalten nur 103 Texte das Schriftzeichen {s̀}. Aufgeschlüsselt nach Textgattungen ergibt sich im einzelnen folgendes Bild (die jeweils erste Zahl nennt die Anzahl der Texte, die {s̀} enthalten; die zweite Zahl nennt die Anzahl der Wörter, die {s̀} enthalten; die dritte Zahl nennt die absolute Anzahl der {s̀}-Bezeugungen):

Textgattung	Texte	Wörter	Bezeugungen
1. "religiöse" Prosatexte :	6	9	12
2. hippiatrische Texte :	4	20	36
3. Briefe :	2	5	10
4. Urkunden :	2	5	5
5. Wirtschaftstexte :	78	122	136
6. Alphabettafeln :	12	-	14
7. nicht klassifiziert :	1	1	1
Summe :	105	162	214

21.332.2. Belegstellen und Wortformen nach Textgattungen (gemäß §21.332.1):

1. 1.39:9 *kšm*; 1.53:7 *kšu*; 1.57:4 *[k]šu*; 1.86:6(2x).7 *ššw*; 1.86:24 *w kšt*; 1.164:2 *]š[*; 1.171:7 *]šd, ḫdš*.
2. 1.71:3 *[ym]šš*?; 1.71:5*.7.11 *ššw*; 1.72:25.36 *ššw*; 1.85:1& *ššw*; 1.85:3 *ymsš*; 1.97:6.8.11 *ššw*.
3. 2.33:24.32.38 *ššwm*; 2.45:17.19 *ššwm*.
4. 3.8:5.8* *apšny*; 3.8:12.14 *tšʿn*; 3.10:3 *šzn*.
5. 4.14:11 *ḫšwn* (n.L.); 4.33:6 *aršw*; 4.33:15 *šdy*; 4.35:II:4 *aršwn*; 4.36:3 *škn*; 4.51:11 *arš[w]*; 4.68:38 *ubš*; 4.69:I:13 *šbl*; 4.69:II:6 *šlgyn*; 4.69:II:14 *aršw*; 4.69:II:19 *bršm*; 4.71:III:5 *kbšm*; 4.75:III:2 *šrn*; 4.99:7: *kbšm*; 4.106:10 *yšd*; 4.106:11 *bršm*; 4.122:17 *šbl*; 4.124:2 *ḫpšry*; 4.135:2 *šknt*; 4.139:7 *yšd*; 4.153:9 *aršwn*; 4.158:6 *šstm*; 4.167:8 *ššb*; 4.169:5 *ššwm*; 4.178:9 *yš[*; 4.182:8 *[š]pšg*; 4.225:9 *prš*; 4.225:11 *šrn*; 4.225:16 *kršu*; 4.244:13 *šdmy*; 4.269:4 *kšmn*; 4.269:20 *kšmm*; 4.269:29 *prš*; 4.269:30 *kšmm* (n.L.); 4.275:14.16 *prš*; 4.277:13 *šġr*; 4.283:8 *šz*; 4.302:8 *ubš*; 4.303:3 *šld*; 4.323:5 *ššwm*; 4.328:1.2 *prš*; 4.328:9 *[pr]š*; 4.331:5 *aršw*; 4.332:13 *šdn, kbš*; 4.342:3 *šw*; 4.345:2.4 *kšmm*; 4.345:9 *[k]šmm*; 4.359:4 *šġr*; 4.363:4.7 *ššwm*; 4.366:3 *plšbʿl*; 4.366:8 *pšš*; 4.366:12 *šrn*; 4.371:12 *pšš*; 4.371:22 *šrn*; 4.372:9 *š[*; 4.374:2.4.6.8.9.10 *šġrh*; 4.374:3.7.12.13 *šġr*; 4.378:10 *šġrm*; 4.379:7 *šġryn*; 4.382:33 *šġn*; 4.384:1 *[š]šw*; 4.387:5 *prš*; 4.391:14 *ššw*; 4.398:4 *šš[wm]*; 4.400:7.16 *kšmm*; 4.400:12 *[k]šmm*; 4.415:2 *š[*; 4.415:3 *šn[d]*; 4.427:22.23 *ššw*; 4.432:9 *šzn*; 4.450:2 *šlgy[n]*; 4.470:2 *ššw*; 4.528:1 *[š]šwm*; 4.582:3 *ššwm*; 4.589:1 *š[šwm]*; 4.595:2 *ššwm*; 4.617:10 *ybšr*; 4.617:15 *plš*; 4.619:5 *šnrn*; 4.621:10 *ubš*; 4.621:15 *šld*; 4.628:7 *šnd*; 4.631:3 *šwn*; 4.645:6 *š[*; 4.648:24 *šwn*; 4.650:1 *[š]šw*; 4.677:4 *prš*; 4.691:4 *kšmm*; 4.729:2.9 *š[ġr(h)]*; 4.729:4.6.7 *šġr*; 4.729:12 *š[ġrm]*?; 4.759:8 *brš*; 4.778:8 *šwn* [KTU² falsch]; 4.782:14 *šwn*; 4.788:3.5 *prš*; 4.789:2 *prš*; 4.790:16.17 *ššw*; RS92.2175:10' *[kb]š[m]*; RS92.2001+:II:16 *šld*; RS92.2001+:II:19 *ubš*.
6. 5.4:6; 5.5:1; 5.6:3; 5.12:4; 5.13:9; 5.14:20; 5.16:4; 5.17:3.6; 5.19:4; 5.20:2.3; 5.21:2; 5.25:17 (jeweils Zeichen {š}).
7. 7.16:10 = 7.32:10 *[ ]šuxxx*.

Anm. In 4.729:12 ist viell. gegen KTU² *ʿšrm ṯn k[bd]* zu lesen (anstatt *ʿšrm ṯn š[ġrm]*). Der Text müßte neu kollationiert werden.

21.332.3. Aus §21.332.1-2 geht hervor, daß das Graphem {š} in keinem einzigen poetischen Text begegnet. Eine zweite Erkenntnis besteht darin, daß nur wenige unterschiedliche Wörter – offenbar nur 14 unterschiedliche Wurzeln – und Eigennamen mit dem Graphem {š} verschriftet werden.

Die Fundstellen eines Großteils der in §21.332.2 genannten Texte sind über den ganzen Tell Ras Shamra verstreut (Schwerpunkt: zentraler Königspalast). Vier Texte stammen aus Ras Ibn Hani (siehe im einzelnen Tropper 1995e, 507). Daraus läßt sich folgern, daß die Verwendung des {š}-Graphems nicht an eine bestimmte Schule gebunden, sondern – von einem gewissen Zeitpunkt an – im ganzen Stadtstaat Ugarit verbreitet war.

21.333. Forschungsgeschichte

Es gibt im wesentlichen zwei unterschiedliche Theorien zur Funktion des ug. {s̀}-Graphems:

21.333.1. Einer ersten Theorie zufolge dient das Graphem {s̀} zur Verschriftung eines im ug. Phoneminventar nicht vorhandenen sibilantischen bzw. sibilanten-ähnlichen Phonems. Die Theorie stützt sich vor allem auf die Beobachtung, daß viele der mit {s̀} geschriebenen Wörter fremder Herkunft sind, wie etwa *s̀s̀w* "Pferd" und *ks̀u* "Thron" (siehe etwa Fronzaroli 1955, 21). Genaue Angaben über den Lautwert von {s̀} wurden von Vertretern dieser Theorie nicht gemacht.

Gegen diese Theorie spricht aber, daß {s̀} auch in ererbten sem. Wörtern gebraucht wird, etwa in den Nomina *ks̀m(m)* "Emmer", *kbs̀* "Walker", *s̀kn(t)* "Gouverneur(in)" oder in den Wurzeln √*mss* "in Wasser auflösen" (*yms̀s̀* 1.85:3) und √*ns̀ᶜ* "bezahlen" (*ts̀ᶜn* 3.8:12.14).

21.333.2. Gemäß Segert (1983) hat {s̀} — vergleichbar mit den anderen "Zusatzzeichen" des ug. LA — syllabischen Charakter und steht für /s/ + /u/-Vokal (bzw. Allophon /o/), d.h. für die Silbe /su/ (bzw. /so/). Segerts Theorie stützt sich im wesentlichen auf die Gleichsetzung des Graphems {s̀} mit dem syll. {ZU}-Zeichen im Text 5.14:20 einerseits (§21.261) und andererseits auf die Beobachtung, daß Schreibvarianten mit {s̀} vs. {s} (bei identischen Lexemen) mitunter mit Kasusdifferenzen korrelieren (vgl. etwa die Opposition der nominativischen Form *krs̀u* [4.225:16] und der genitivischen Form *krsi* [4.225:17] innerhalb eines Textes).

Mit dieser Theorie gehen in der Tat zahlreiche Beispiele konform, z.B. PN *brs̀m* = syll. *bur-ZU-mi*, ON *s̀ld* = syll. *ZU-la-di* und Gent. *aps̀ny* = syll. *ap-su-ni-ya-ma* (zu diesen und weiteren Beispielen siehe Segert 1983, 212f.). Auf der anderen Seite gibt es jedoch eine ganze Reihe von Beispielen, in denen {s̀} offensichtlich nicht für /su/ steht, etwa *ks̀u* "Thron" (1.53:7; 1.57:4) = /kussiʾu/ (siehe aAK/aA *kussiʾu* und he. *kisseʾ*; nicht: /kussuʾu/) und *s̀ps̀g*, ein glas-artiges Material (4.182:8) = /sapsag-/ (siehe heth. *zapzagai-* [§21.335.1a]). Für weitere Wortformen, die gegen Segerts Theorie sprechen (z.B. *ks̀t* = /kāsāt-/ bzw. /kassāt-/ "Becher", *ts̀ᶜn* = /tissaᶜūna/ "sie werden zahlen" und *s̀kn* = /sākin-/ "Gouverneur"), siehe Tropper (1995e, 509) und §21.335.

21.334. Neuer Lösungsvorschlag

21.334.1. Vorüberlegungen

21.334.11. Da bisherige Theorien zur Funktion des Graphems {s̀} problematisch sind, wurde in Tropper (1995e, bes. 509-513) ein neuer Lösungsversuch unterbreitet. Er beruht auf der Annahme, daß das sem. Phonem /s/ in allen frühen nwsem. Sprachen als dentale Affrikate mit der ungefähren Aussprache [ᵗs] anzusetzen ist. Zugunsten dieser Annahme sprechen

1. neuere Studien zur vergleichenden sem. Phonologie, die für das Ursem. eine affrizierte Aussprache der gesamten Sibilantentriade, /s/ - /ṣ/ - /z/, im Sinne von [ᵗs] - [ᵗsʾ] -[ᵈz] nachweisen (§32.143.1);

2. die konsequente Umschreibung von nwsem. /*s*/ in äg. Texten mit dem Graphem {č}, das mit Sicherheit für ein affriziertes Phonem steht (§32.143.25);
3. die Tatsache, daß das nwsem. Samech-Zeichen im griechischen Alphabet für das Graphem {ξ} gebraucht wird, das die Konsonantenverbindung [ks] bezeichnet (siehe Watt 1987, 7; Jeffery 1990, 32; Rix 1992, 26).

21.334.12. Im Einklang mit dem gemein-nwsem. Befund ist sehr wahrsch. auch das ug. Phonem /*s*/ eine dentale Affrikate, zumal das betreffende Phonem in syll. geschriebenen ug. Wörtern regelmäßig mit Schriftzeichen der "Z"-Reihe ({ZA}, {ZI}, {ZU}) geschrieben wird und ug. /*s*/ in entlehnten Wörtern sehr häufig zur Wiedergabe von affrizierten Lauten verwendet wird (§32.143.24).

21.334.13. Die im 2. Jt. v. Chr. im gesamten Nwsem. zu beobachtende Affrizierung des Phonems /*s*/ (= [^{t}s]) wurde jedoch bekanntlich im Laufe der folgenden Sprachentwicklung aufgegeben. Eindeutige orthogr. Hinweise auf eine Deaffrizierung des /*s*/ sind im kan. Bereich etwa von der Mitte des 1. Jt. v. Chr. an festzustellen. Der betreffende Prozeß dürfte im phön. Bereich etwa in der Mitte des 3. Jhs. abgeschlossen gewesen sein, da forthin phön. /*s*/ – wie Garbini (1971a, 36f.) überzeugend nachweisen konnte – als angemessenere Entsprechung stimmloser Sibilanten fremder Provenienz galt als das wohl palato-alveolar artikulierte Phonem /*š*/ (siehe Tropper 1995e, 510f.).

Über entsprechende Lautentwicklungen im aram. Bereich sind wir nur unvollkommen unterrichtet. Fest steht, daß Schreibungen des Phonems /*ś*/ mit dem Graphem {s} (anstelle von {š}) vor der raram. Periode nicht nachweisbar sind, daß dieses Phänomen aber im Baram. bezeugt ist (siehe Segert 1975 §§ 3.2.7.7. und 3.2.8.3.; nach Segert kann keines der raram. Beispiele für das betreffende Phänomen als gesichert gelten). Offenbar setzte die Deaffrizierung des /*s*/ im Aram. nicht vor der Mitte des 1. Jt. v. Chr. ein.

Anm. Daß /*s*/ in aaram. Zeit noch affriziert war, läßt sich auch der Schreibung *khsʾy* (KAI 224:17) anstelle von *krsʾy* entnehmen (Näheres dazu unten [§21.335.1e]).

21.334.14. Auch wenn das Phänomen der Deaffrizierung von /*s*/ im Kan. und Aram. erst in der Mitte des 1. Jt. v. Chr. sicher nachweisbar ist, wird im folgenden dennoch mit der Möglichkeit gerechnet, daß es Ansätze zu diesem Phänomen bereits im Ug. gab (§32.143.27). Ein konkreter Beweis für Deaffrizierungstendenzen von ug. /*s*/ fehlt bisher allerdings.

Anm. Die in Tropper (1995e, 512) präsentierte Auffassung, es gäbe im Ug. ein Lexem *prs* "Pferd" (4.392:1; evtl. ferner 4.377:32), das von einer bereits im 2. Jt. eingetretenen Deaffrizierung von /*s*/ zeuge, läßt sich nicht halten. *prs* bezeichnet auch an den genannten Stellen – wie sonst allgemein – die Maßeinheit **parīsu*, z.B. 4.392:1: *l ḫmš mrkbt ḫmš ˁšrh prs* "Für fünf Wagen(-Einheiten) 15 *prs* (Getreide)". Zur Nennung von Rationen im Zusammenhang mit Wagenpersonal vgl. 1 DUG GEŠTIN *a-na* ^{giš}GIGIR (RS20.425); siehe Vita (1996, 695-697).

21.334.2. Die These

Hier wird davon ausgegangen, daß das ug. Graphem {s̀} für den Lautwert [^{t}s] steht. Seine Einführung wurde notwendig, nachdem das mittels {s} geschriebene ug. Phonem /*s*/ (ursprünglicher Lautwert [^{t}s]) in bestimmten phonetischen Umgebungen zu [s] deaffriziert worden war. Um das Phon [^{t}s], das im Ug. auch nach der (teilweisen) Deaffrizierung von ug. /*s*/ vor allem aufgrund der vielen Wörter und Namen fremder Herkunft eine wichtige Rolle spielte, orthogr. eindeutig schreiben zu können und es zugleich vom (sekundär entstandenen) Phon [s] zu unterscheiden, griff man auf das Samech-Zeichen der linearen nwsem. (kan.) Alphabettradition zurück, weil das mit diesem Zeichen verschriftete Phonem im zeitgenössischen Kan. noch affriziert als [^{t}s] artikuliert wurde. Die Tatsache, daß das Graphem {s̀} in einem Großteil des ug. Textkorpus, insbesondere in der Poesie und in den religiösen Prosatexten keine Verwendung findet, kann dadurch erklärt werden, daß diese relativ früh verschriftet wurden bzw. auf älteren schriftlichen Vorlagen beruhen, während Tendenzen zur Deaffrizierung von /*s*/ offenbar erst in der jüngsten Periode der ug. Sprachgeschichte auftraten. Die Endposition des Graphems {s̀} in der Zeichenfolge des ug. Langalphabets stützt diese Auffassung. Sie beweist, daß dieses Schriftzeichen als letztes Eingang in das betreffende Alphabet gefunden hat.

21.335. Diskussion ausgewählter Belege

Im folgenden wird die unter *§*21.334.2 vorgestellte These am konkreten Textbefund geprüft. Es werden alle identifizierbaren Wörter – entlehnte wie ererbte – erörtert, die ein {s̀} enthalten (vgl. Tropper 1995e, 514-522). Eigennamen mit {s̀}-Graphemen werden nicht behandelt (siehe dazu ebd., 522-524). An spezifischen Abkürzungen werden verwendet: Etym. = Etymologie; Kont. = Kontext; syll. = syllabisch(e Bezeugung); Var. = Variante(n); Vok. = Vokalisation.

21.335.1. Fremd- und Lehnwörter

a. *[s̀]ps̀g* ein glasartige(s) Material: 4.182:8.

Kont. *[s̀]ps̀g iqni* "türkisfarbenes *s̀ps̀g*-Material" (im Kont. ist von Textilien und Farbstoffen die Rede). Die vorgenommene Ergänzung ist relativ sicher, da eine Konsonantenfolge *ps̀/sg* im Ug. sonst nicht nachweisbar ist.

Etym. entlehnt aus heth. *zapzagai-* bzw. *zapza/iki-*, ein glasartiges Material (siehe E. Neu, UF 27 [1995], 395-402); vgl. akk. (lexikalisch, jB) *zabzabgû*, eine Glasur und wohl auch he. **sapsîg* "Glasur" (KBL^{3}, 722).

Vok. /*sapsagV*/ = [^{t}sap^{t}sagV]. {s̀} steht hier eindeutig für [^{t}s], da heth. /*z*/ mit Sicherheit den Lautwert [^{t}s] besitzt (siehe Melchert 1994, 96f.).

Var. *spsg* (1.17:VI:36; 4.459:4); *sbsg* (4.205:14).

b. *ḫs̀wn* eine Pflanze, evtl. "(Kopf-)Salat": 4.14:11 (ohne Kontext).

Etym. heth. *ḫazzuwani-* (Herkunft unbekannt; siehe H.A. Hoffner, JCS 25 [1973, 234]); vgl. evtl. ferner akk. *ḫassū*, syr. *ḥastā* < **ḫass^{e}tā* (pl. *ḥassē*) und ar. *ḫass(at)*, jeweils "Salat".

Vok. /*ḫassuwā̆n-*/ = [xa^{tt}suu̯ā̆n-]. {s̀} steht für den Lautwert [^{t}s], da heth. /*z*/ den Lautwert [^{t}s] besitzt. Die gelängte Aussprache des Phonems verhinderte eine Deaffrizierung.

Var. *ḫswn* (4.4:9; 4.14:3; 4.786:9); *ḫsw<n>* (4.60:2). Das Wort ist in ein und demselben Text (4.14) einmal mit {s̀} und einmal mit {s} geschrieben.

c. *s̀s̀w(m)* "Pferd(e)": 1.71:5*.7 u.ö. (zahlreiche Belege [Sg. und Pl.]).
Etym. indogermanisches Lehnwort; vgl. bes. luwisch *azzuwa-* [a^{tt}suu̯a-] < **ek̂u̯o-* (siehe Melchert 1994, 234); vgl. akan. *ZU-ú-[ZI-ma]* (EA 263:25 [Pl.]); he. *sûs*; aram. (St. det.) *s(w)sy*ʾ = */sūs(V)yā/*; akk. *sīsû(m)*, *sīsīum*, *sīsāʾum* (ältere Schreibungen mit {Z}-Zeichen, z.B. aA *ZI-ZA-im* [Gen.]).
Vok. */susuw-/* = [^{t}su$^{(t)t}$suu̯-]. Der Lautwert [^{t}s] für beide {s̀}-Zeichen wird durch die Etym. des Wortes gestützt: **ek̂u̯o* > *azzuw(a)-* [a^{tt}suu̯a-] > sem. **su/i(s)sVw-* [^{t}su/i$^{(t)t}$sVw-].
Var. *ssw* (nur in poetischen Texten: 1.14:II:3*; 1.14:III:24.36; 1.14:V:37; 1.14:VI:7.20; 1.20:II:3); in Prosatexten durchgehend Graphie *s̀s̀w(m)*.

d. *s̀stm* "zwei Bodenbretter (für Wagen)"; weniger wahrscheinlich: "zwei Stuten" (Fem. zu *s̀s̀w*): 4.158:6 (fem. Dualform).
Kont. *s̀stm b šbʿm* "zwei (Wagen-)Plattformen für 70 (Schekel Silber)"; es folgt (in Z. 7) *ṯlṯ mat trm* "300 Deichseln(?)".
Etym. akk. *sassu* (aB *ZA-ZUM*) "Bodenbrett, Sohle" (AHw. 1032; CAD S, 195).
Vok. */sastâmi/* = [^{t}sastāmi](?) < **sas(s)atâmi*. Ug. {s̀} als Entsprechung zu akk. */s/* im Wortanlaut besitzt sehr wahrsch. den Lautwert [^{t}s] (nach GAG § 30* wurde die Affrizierung von akk. */s/* im Anlaut und bei Gemination länger bewahrt als in anderen Positionen). Nach Ausweis der ug. Orthographie ist der folgende Sibilant nicht affriziert. Verantwortlich dafür könnte die sogenannte prätonische Vokalsynkope (§33.242) sein, derzufolge das zweite */s/* unmittelbar vor */t/* zu stehen kam. In der Position vor */t/* ist eine Affrikate nur schwer zu realisieren. Folglich wurde das zweite */s/* nicht-affriziert, d.h. als [s] artikuliert.

Anm. Dieses Phänomen läßt sich auch im Akk. nachweisen, z.B. *naplaštu* [naplastu] < **naplastu* [napla^{t}stu] "Guckloch, Luke" (CAD N/1, 305f. [der Pl. lautet dagegen immer *naplasātu*]) und *man/zzaštu* [man/^{dd}zastu] < **manzaztu* [man^{d}za^{d}ztu] "Stellung, Posten" (CAD M/1, 228-230).

e. *ks̀u* "Thron, Sessel": 1.53:7; 1.57:4.
Kont. *w ks̀u bʿlt bh[tm]* "und der Thron der 'Herrin der Häuser'" (1.53:7)
Etym. akk. **kussīum* = [ku^{tt}siʾum] < sum. ^{giš}GU.ZA "Thron" (aAK und aA mit Zeichen {ZI} geschrieben); vgl. ferner he. *kisseʾ* und aaram. *krsʾ* (St. abs.) bzw. *krsʾʾ* (St. det.) mit orthogr. Var. *khsʾ(y)*.

Anm. R. Voigt (OrSuec 40 [1991], 240.242-244) hat nachgewiesen, daß aaram. *khsʾy* (KAI 224:17) auf **krsʾy* = [kur^{t}siʾī] zurückgeht. Der Lautwandel *r* > *h* setzt eine Affrizierung des */s/* voraus (Regel: *r* > *h* / *u*_[t]).

Vok. */kussiʾ-/* = [ku^{tt}sVʾ-]. {s̀} hat hier wahrsch. den Lautwert [^{t}s], da das Wort im älteren Akk. regelmäßig mit {ZI} geschrieben wird und die aaram. Schreibung *khsʾy* nur unter Annahme einer Affrizierung zu erklären ist. Die Gemination verhinderte offenbar eine Deaffrizierung.
Var. *ksu/i/a* (in Poesie und Prosa [z.B. 1.50:2; 1.161:13.20; 2.31:15); vgl. auch Pl. *ksat* (in Poesie und Prosa [1.151:3]).

f. *kst̀*   "Becher (Pl.)" (fem. Pluralform zu *ks*): 1.86:24.

Kont. *w kst̀ šqym* "und Becher der / für die Mundschenke" (es folgt in Z. 25 *bn šqym*). Segert (1983, 209) deutet *kst̀* im Sinne von "Kleidung" (vgl. he. *kᵉsût*), was aber aufgrund des Kontextes unwahrsch. ist.

Etym. akk. *kāsu* (Pl. *kāsātu*) (ältere Schreibungen immer mit {Z}-Graphemen); vgl. phön./(r)aram. *ks* (DNSI, 521), he. *kôs* (Pl. *kosôt*); ar. *kaʾs* (Pl. *kaʾsāt* u.a.); vgl. ferner sum. GAZ.ZA und heth. *gazzi-* (siehe Tischler 1983, 549f.), beides wohl aus dem Akk. entlehnt; besonders bemerkenswert sind die Schreibungen *ka-a-zi* (KBo XXXII 14 I 42 [Absolutiv]) und *ka-a-zu-u-š* (KBo XXXII 19 I 29.32 [Äquativ]) im hurr. Part einer hurr.-heth. Bilingue. — Das Lexem ist wahrsch. kein sem. Erbwort. Für ug. *ks* ist mit einer Entlehnung aus dem Akk. zu rechnen.

syll. *ka-ZU* (RS17.380+:44.46)

Vok. /kassāt-/(?) < *kāsāt- = [kā̆⁽ᵗ⁾ᵗsāt-](?). Die oben genannten syll. Schreibungen des Wortes in heth. und hurr. Texten mit {Z}-Graphemen stützen die Annahme, daß {s̀} hier den Lautwert [ᵗs] besitzt.

Var. Sg. *ks* (in Poesie [1.1:IV:9 u.ö] und Prosa [3.1:27.29.31; 5.9:I:15; evtl. ferner in 2.31:33, 4.142:6 und 4.189:1]); (?) Du. *ksm*⁽?⁾ (4.385:2).

g. *krs̀u*   ein Flüssigkeitsmaß für Öl (Teilmenge des *kd*-Maßes): 4.225:16.

Kont. *kd[m š]mn ʿl abršn \ b[n ..... w] krs̀u ntkh* "zwei *kd*-[Maß Ö]l zu Lasten von PN₁, So[hn von PN₂ und] ein *krs̀u*-Maß ist sein Zins" 4.225:15f.; es folgt in Z. 17: *[k]s̀mm b krsi* "[... E]mmer für ein *krsu*-Maß [Öl](?)".

Etym. unbekannt. Eine Verknüpfung mit akk. *kuruštû, kuru/a(s)sû, kursû* "Mastfutter" oder mit akk. *kuruštāʾu* "Masttier(e)" (vgl. DLU 224a) ist aufgrund neuer Belege des Lexems unwahrscheinlich.

Vok. unbekannt. {s̀} könnte wegen des vorangehendes /r/ den affrizierten Lautwert [ᵗs] besitzen (Aussprache [kVrᵗsV(ʾu)] für */kVrsV(ʾu)/).

Var. *krsi* (4.225:17); *krsu* (RS94.2600:14); *krsim* (RS94.2392+:4); *krsat* (RS94.2392+:12). Das Nebeneinander von Var. *krsi* (Gen.) und *krs̀u* (Nom.) in 4.225 könnte phonetische Gründe haben: Ein (folgender) /i/-Vokal könnte zur Aufgabe oder Abschwächung der Affrizierung führen, während hintere Vokale, insbesondere /u/, auf die Affrizierung eher konservierend wirken könnten (Regel: ᵗs > s / __i).

h. *s̀ġr(m/h)* "Diener, Gehilfe": 4.277:13; 4.359:1*.4.8*; 4.374:2-13 (11x); 4.378:10; 4.729:2-9 (5x).

Kont. z.B. *ẖryn w s̀ġrh* "(der Hirt) H̱ryn und sein Gehilfe" (4.374:2)

Etym. akk. *ṣuḫāru* "Knabe, Diener, Angestellter" (AHw. 1109; CAD Ṣ, 231-235).

Vok. /suġār-/ = [ᵗsuɣār-]. {s̀} hat den Lautwert [ᵗs], da es zur Wiedergabe von akk. /ṣ/ dient (akk. /ṣ/ war eindeutig eine Affrikate, wahrsch. [ᵗsˀ]). Bei der Entlehnung ging die Emphase verloren.

Var. *sġr(h)* in 4.129:2-12 (11x), 4.243:35.42 (ferner in Z. 38.40.42.44 [teilw. erg.]) und 4.374:15. Im letzten Text, 4.374, begegnet sonst (in Z. 2-13) die Schreibung *s̀ġr(h)*.

i. *prś* eine Maßeinheit (für Getreide u.ä.): 4.225:9; 4.269:29; 4.275:14.16; 4.328:1.2.9*; 4.387:5; 4.677:4; 4.788:3.5; 4.789:2.

Etym. wahrsch. entlehnt (genaue Herkunft ungewiß); vgl. aram. *pr(y)s*, phön./he. *prs* (DNSI, 940) und akk. (Alalaḫ) *parīsu* (AHw. 833); vgl. ferner die syll. Schreibung *pa-ri-is-si* = */pariss-/* im heth. Text KUB 12:37 i 4 (heth. Inventar) und die Schreibung *pa-ri-iz-za-te* im hurr. Part einer hurr.-heth. Bilingue (KBo XXXII 15 I 9'.11').

Vok. */pariss-/*(?) < **parīs-* = [pari^{tt}s-](?). Daß {ś} hier den Lautwert [^{t}s] besitzt, ist unter der Annahme einer Entlehnung wahrscheinlich. Die syll. Schreibung *pa-ri-iz-za-te* weist explizit auf eine Affrikate hin ({Z} steht in hurr. und heth. Texten immer für eine dentale Affrikate).

Var. *prs*: 1.41:23; 1.87:25; 1.139:11; 4.263:2; 4.786:11.12; RS86.2237:2 (zu *prs* in 4.377:32 siehe §21.334.14).

j. *śkn(t)* *śkn* "Gouverneur, Präfekt, Verwalter" (4.36:3); vgl. PN(?) *śknt* (4.135:2).

Kont. *m[r]u skn 2* "*mru*-Leute des Gouverneurs: zwei (Personen)" (4.36:3); *ʿšrm ksp* \ *ʿl śknt syny* "20 (Schekel) Silber zu Lasten von *śknt* aus (dem Ort) *Syn*" (4.135:1f. [*śknt* dürfte hier ein mask.(?) PN sein]).

Etym. wahrsch. aus dem Kan. entlehnt; vgl. akan. *ZU-ki-ni/a* (Gen./Ak.) (EA 256:9; 362:69 [Glossen zu akk. *rābiṣu*]); phön. *skn*; aaram. *skn* (wohl kan. Lehnwort) (DNSI, 785f.); he. *soken*/ *sokænæt*.

syll. *ZA-(ak)-ki-(in)-ni/u* (Huehnergard [UV, 157]).

Vok. */sākin([a]t)-/* = [^{t}sā/ōkin(n)([a]t)-]. Unter der Annahme, daß *ś/skn(t)* ein kan. Lehnwort ist, besitzt {ś} wahrsch. den Lautwert [^{t}s]. Syll. Schreibungen des Wortes mit {ZA} bzw. {ZU} weisen ebenfalls auf eine Affrizierung hin. Für [^{t}s] spricht schließlich auch, daß sich Affrikaten im Wortanlaut leichter halten können als im Wortinnern (zu einer vergleichbaren Erscheinung im Akk. siehe GAG § 30*).

Var. *skn* (bezeugt in 3.1:38 und überaus häufig in Wirtschaftstexten). Hervorzuheben ist die Wendung *mru skn*, bezeugt in 4.47:2, 4.68:63, 4.69:V:6, 4.99:13, 4.126:23 und 4.610:45 (vgl. dagegen *mru śkn* in 4.36:3).

21.335.2. Erbwörter

a. *kśm(m/n)* eine Getreideart, wahrsch. "Emmer": Sg. *kśm* (1.39:9); Pl. *kśmm* (4.225:17; 4.269:20.30; 4.345:2.4.9*; 4.400:7.12.16; 4.691:4); Pl. *kśmn* (4.269:4 [§53.313]).

Etym. he. *kussæmæt* (Pl. *kuss^{e}mîm*)

syll. *ku-ZU-m[u(-ma)]* (RS20.123+:II:39')

Vok. */kussum-/* = [ku^{tt}sum-]. Daß {ś} hier den Lautwert [^{t}s] besitzt, ist aufgrund der Gemination des betreffenden Phonems wahrscheinlich.

Var. *ksm* (1.41:19); *ksmm* (4.608:2; 4.747:2).

b. *kbṡ(m)*   "Walker; Wäscher": Sg. *kbṡ* (4.332:13); Pl. *kbṡm* (4.71:III:5; 4.99:7;
RS92.2175:10'*).

Kont.   *ṡdn kbṡ* "*ṡdn* der Walker" (4.332:13); *kbṡm* "Walker" (es folgen die Namen
der Walker) (4.71:III:5); *kbṡm 4* "Walker : vier (an der Zahl)" (4.99:7).

Etym.   pun. *kbs* (DNSI, 486); he. *kôbes*; vgl. akk. *kabāsu* "treten" (AHw. 415f.;
CAD K, 5-11) und ar. *kabasa* "kneten".

syll.   *ka₄-bi-Z[U]* (RS19.46:8); vgl. A^(meš) *ku-ub-ZA-ti-ša* "ihr Waschwasser"(?)
(RS16.166:10; dazu UV 136).

Vok.   /*kābis-*/ = [kābi^(tt)s-](?). Es darf angenommen werden, daß der Sibilant in
der betreffenden Form geminiert artikuliert wurde und deshalb affriziert
blieb. Auf eine solche (sekundäre) Gemination des letzten Radikals des
MphT *{qātil}* (G-Ptz.) weist die syll. Schreibung *ka-bi-IZ-ZI* hin; vgl.
ferner die in Ugarit, Karkemiš und an anderen Orten bezeugten syll.
Schreibungen *ZA-ki-in-nV* für /*sākin(n)V*/ = [^(t)sākinnV] "Gouverneur".

Var.   *kbs* (4.128:6 [Gen.]; 4.682:9 [Kasus unklar]); *kbsm* (4.125:19; 4.610:47
[jeweils Nom.]).

c. *tṡ ᶜn*   "sie bezahlen": 3.8:12.14.

Kont.   *b yṣih[m] \ ḥwt ṯṯh \ alp ksp \ tṡ ᶜn* "Sollten sie in ein anderes Land fliehen,
werden sie 1000 (Schekel) Silber bezahlen" (3.8:9-12); *w hm alp \ l tṡ ᶜn \
mṣrm \ tmkn* "Und falls sie 1000 (Schekel Silber) nicht bezahlen können,
werden sie nach/in Ägypten (als Sklaven) verkauft" (3.8:13-16).

Etym.   Die zugrundeliegende Wz. lautet wahrsch. √*nsᶜ*; eine etymologische
Verbindung mit √*nsᶜ* "herausziehen" (vgl. he. *nsᶜ*) ist denkbar: "(Geld-
stücke) herausziehen" => "zahlen".

Vok.   /*tissaᶜūna*/ < **tinsaᶜūna* = [ti^(tt)saᶜūna] (G-PK 3.m.pl.). Das Phonem {ṡ}
besitzt hier wahrsch. den Lautwert [^(t)s], da es geminiert ist.

Var.   vgl. *isᶜ* "ich werde bezahlen" (3.9:10) und *ysᶜ* "er wird/muß zahlen" (3.9:17).

d. *ymsṡ/ymṡṡ*   "es wird (in einer Flüssigkeit) aufgelöst": 1.85:3; (?) 1.71:3*.

Kont.   *št ᶜqrbn \ ydk w ymsṡ ...* "(Wenn das Pferd 'schreit'), soll ein *št*-Maß
Skorpionpflanze zerstoßen und aufgelöst werden ..." (1.85:1f.; mutmaßlich
gleicher Kontext in 1.71:3*).

Etym.   Wz. √*mss* "(in Flüssigkeit) auflösen"; vgl. he. √*mss* (Nif.) "zerfließen"; vgl.
ferner ar. *mašša* < **massa*(?) "auflösen, in Wasser aufweichen".

Vok.   /*yumsasu*/ = [yumsa^(t)su] (1.85:3) bzw. [yum^(t)sa^(t)su]? (1.71:3) (Gp-PK
3.m.sg.). —— Das Nebeneinander der Grapheme {s} und {ṡ} in 1.85:3
zeigt, daß die beiden Sibilanten unterschiedlich artikuliert wurden.
Vermutlich steht {s} für [s] und {ṡ} für [^(t)s]. Man beachte, daß der erste
Sibilant unmittelbar auf den Nasal /*m*/ folgt. In dieser Position ist eine
Affrikate schwer zu realisieren. Der zweite Sibilant wird dagegen von
einem /*u*/-Vokal gefolgt, der vielleicht eine Deaffrizierung verhinderte
(vgl. die Opposition von *krṡu* und *krsi* in 4.225:16f. [§21.335.1g]). —— In
1.71:3 dürfte mit KTU² *...]ṡṡ[...* zu lesen sein und folglich *[... w ym]ṡṡ* zu
ergänzen sein (vgl. 1.85:3). Dieser Schreibung zufolge wurden beide Sibilanten als Affrikaten artikuliert (d.h. [yum^(t)sa^(t)su]). Es ist aber nicht

auszuschließen, daß in 1.71:3 mit Tropper (1995g, 234) *...]s̀ h[...* zu lesen und auf dieser Basis *[... w yms̀]s h[m ...]* zu ergänzen ist.

Var. vgl. Subst. *mss* "Lösung" (1.71:9; 1.72:13 [jeweils Ak.]).

e. *ḫds̀* "Monat"(?): 1.171:7.

Kont. *[ ]s̀d b šb^c ḫds̀ ṯrn*(?)*[ ]* "... am siebten (Tag) des Monats(?)". Für diese Deutung spricht, daß der Text 1.171 zur Gattung der Ritualtexte gehört, die für bestimmte Tage im Monat bestimmte Opfer vorschreiben; vgl. *b ṯṯ ym ḥdṯ* "am sechsten Tag des Monats" (1.78:1) und *[b] šb*ᶜ *ym ḥdṯ* "[am] siebten Tag des Monats" (1.112:10).

Etym. orthogr. Var. zu *ḥdṯ* "Neumond, Monat"?; vgl. he. *ḥodæš* und phön.-pun. *ḥdš* (DNSI, 350f.).

Vok. */ḫudsi/* < **ḫudṯi* = [ḫu^{tt}si]. Sollte *ḫds̀* als orthogr. Var. zu *ḥdṯ* = [ħudθ-] bzw. [ħuds-] zu deuten sein, stünde das Phonem {s̀} wohl für [^{t}s], da es unmittelbar einem Dental folgt. Diese Deutung setzt jedoch einen *ḥ/ḫ*-Phonemwechsel voraus (vgl. *§*32.146.23).

Var. vgl. *ḥdṯ* (1.41:48 u.ö.).

f. *šs̀b* Bedeutung unsicher: 4.167:8.

Kont. *[ ]x šs̀b*; der Text hat die Ausrüstung von Streitwagen zum Thema.

Etym. verbale (SK 3.m.sg.) oder nominale Form zum Š-Stamm (*§*74.626.3b); die zugrundeliegende Wz. ist unbekannt (*√sbb*, *√nsb* oder gar *√nṣb*).

21.336. Ergebnis und Schlußfolgerungen

21.336.1. Bei der überwiegenden Mehrzahl der unter *§*21.335 aufgelisteten {s̀}-Belege konnten gute Gründe dafür geltend gemacht werden, daß {s̀} für eine dentale Affrikate steht. Im einzelnen konnte bei den meisten entlehnten Wörtern nachgewiesen werden, daß {s̀} die Position einer dentalen Affrikate in der Herkunftssprache einnimmt. Bei nicht entlehnten Wörtern wiederum konnte meist die gelängte (geminierte) Aussprache des betreffenden Phonems als Argument für die Bewahrung der Affrizierung von */s/* = [^{t}s] verantwortlich gemacht werden. Der Befund bestätigt somit die Annahme, daß ug. {s̀} zur Verschriftung der Affrikate [^{t}s] dient.

Anm. Man vergleiche hierzu die Ausführungen W. Sommerfelds zu den akk. Sibilanten in GAG § 30*. Demnach besitzt akk. */s/* im Altbabylonischen "am Wortanfang und bei Verdoppelung" den Lautwert [^{t}s]. Sonst tritt eine Deaffrizierung ein, was durch Schreibvarianten im Kodex Ḫammurapi nachgewiesen werden kann (z.B. *na-SA-ḫi-im* für *nasāḫim* = *[nasāḫim]* gegenüber *a/i-na-ZA-aḫ* für *i/anassaḫ* = [i/ana^{tt}saḫ]).

21.336.2. Dieses Ergebnis läßt folgende Schlußfolgerungen hinsichtlich Phonologie und Schriftsystem des Ug. und seiner Nachbarsprachen zu:

1. Das Phonem */s/* stellt sowohl im frühen Akk. als auch im frühen Nwsem. eine dentale Affrikate mit der wahrscheinlichen Aussprache [^{t}s] dar.
2. Tendenzen einer Deaffrizierung von */s/*, d.h. einer Entwicklung [^{t}s] > [s], sind in jüngeren Sprachstufen des Ug. nachweisbar. In den meisten anderen nwsem. Sprachen blieb dagegen die affrizierte Aussprache von */s/* bis in die Mitte des 1. Jt. v. Chr. bewahrt (*§*21.334.13). Die Ugariter machten sich diese

Artikulationsdifferenz zunutze und bedienten sich des kan. (linearen) Samech-Zeichens, um damit den Lautwert [^{t}s] auszudrücken.

3. Die ug. Schreibung *ṡġr* ("Diener, Gehilfe") beweist, daß auch das Phonem /*ṣ*/ im Akk. und frühen Nwsem. eine Affrikate war.

21.34. Notierung von Vokalen

Die Orthographie der mit Hilfe des ug. LA verschrifteten ug. Texte ist im Prinzip rein konsonantisch, d.h. Vokale werden in der Schrift gewöhnlich nicht berücksichtigt. Abweichend von diesem Prinzip gibt es (bereits) im Ug. seltene Beispiele für sogenannte Pleneschreibungen. Dabei wird ein Konsonantenzeichen in der Rolle als *mater lectionis* ("Lesemutter") zur Wiedergabe eines Vokals benutzt (siehe hierzu besonders Blau-Loewenstamm 1970).

21.341. Sichere Pleneschreibungen von Vokalen

21.341.1. {$^{\circ}$}-Grapheme als *matres lectionis*

21.341.11. Sollte im Ug. mit dem Phänomen eines quieszierenden (ehemals silbenschließenden) Aleph zu rechnen sein, würde Aleph nach dem Prinzip einer etymologischen Orthographie auch dann noch geschrieben, wenn es nicht mehr konsonantisch artikuliert wird. Die Wahl des Alephzeichens würde sich in diesen Fällen nach der Qualität des (sekundär gelängten) Vokals der betreffenden Silbe richten (§21.322.2:2). Belege dafür, daß etymologisches Aleph in der Orthographie nicht berücksichtigt wird, sind selten. Beispiele: Gent. *mḫdy* (4.635:17) neben *miḫdy* (3x) und *maḫdy* (3x); ON *mdḫ* (4.783:7) neben *midḫ* (4.610:22; 4.621:12; 4.643:16); *mšmn* "Siegel" (6.66:1; 6.69:1-2) neben *mišmn* (2.19:6; 6.23:1; 6.75:1) und *mašmn* (6.17:1).

21.341.12. Vokale, die kein (quieszierendes) Aleph enthalten, werden dagegen in der Regel nicht mit einem Alephzeichen geschrieben. Es scheint jedoch einige Ausnahmen zu geben:

nblat "Flammen" (f.pl.) 1.4:VI:23.25.28.30.33: Dieses Lexem ist wahrsch. etymologisch mit akk. *nablu* "Feuerstrahl, Flamme" und äth. *nabal/nabalbāl* "Flamme" (vgl. ar. *nabl* "Pfeil") zu verbinden. Folglich wäre *nblat* als /*nab(a)lāt-*/ zu vokalisieren. Die Schreibung mit Aleph könnte auf eine Aussprache [nab(a)l̩($^{\circ}$)āt-] hinweisen. Eine andere Auffassung wird in UT* (S. 539) vertreten (Nominalbildung einer Wz. √*bl*$^{\circ}$ mit Präformativ *nV-*, das dissimilatorisch aus **mV-* entstanden sei).

nblu-h 1.45:3: Die Etymologie dieses Lexems ist umstritten. Es kann entweder von nwsem. **ni/abl-* "Harfe" oder von zsem. √*nbl* "dumm, töricht sein" bzw. he. (Subst.) *n^{e}bālāh* "Dummheit; Verfehlung, Sünde" abgeleitet werden. Aufgrund des Kontextes ist die Form allerdings eindeutig als Subst. m.pl. pron. + PS 3.m.sg. ausgewiesen und deshalb als /*nVb(V)lū-hu*/ zu vokalisieren. Die Schreibung mit Aleph könnte auf eine Aussprache [nVb(V)l̩($^{\circ}$)ū-] hinweisen.

mlk\i = /*malki*/ "des Königs" 6.66:5-6: Die Alephsetzung ist hier vielleicht als analogische Fehlleistung zu erklären, motiviert durch das vorhergehende Subst. *mru* "die Wachen" (Wz. III-ʾ) (z. Disk. siehe Bordreuil 1988, 27 und Sanmartín 1995b, 462).

? *prša*: 1.4:I:35: *prša* kann als SK 3.m.sg. der Wz. √*prš* (< *prś) gedeutet werden: /*pa/uriša*/ (Kontext: *hdm il*ˈ \ *d prša b br* "Ein Fußschemel Ilus, der mit Zinn(?) bedeckt ist"). Alternativ könnte eine vierradikalige Wz. √*prš*ʾ zugrundeliegen (§75.75). — Das Graphem {a} in *prša* ist allerdings nicht völlig sicher gelesen. Alternative Möglichkeiten sind: (a) *pršt* (√*prš* SK 3.f.sg.); (b) *pršn*ˈ (√*prš* SK 3.m.sg. + Energ.). Die Lösung (a) ist jedoch insofern problematisch, als das Bezugswort *hdm* (1.4:I:34) (sonst) mask. Genus besitzt (siehe *w ydm*ᶜ *hdm p*ᶜ*nh* [1.161:14] und Pl. *hdmm* [1.3:II:22.37(2x)]).

Anm. Die Zeichenfolge *bnši* in 4.358:3 (*ḥmš bnši ṯṯ*[ ]) ist keine Pleneschreibung für *bnš* (man erwartet: *ḥmš bnšm* ...). Folgende Deutungen sind denkbar: (a) *ḥmš b nši ṯṯ*[ ] "fünf (Leute) beim 'Hochheben' von ... / in ON" (vgl. evtl. den syll. ON ᶠᵘʳᵘ*n]a-ša* [RS17.62+:12ʾ]; siehe van Soldt 1996, 680); (b) *ḥmš bnš iṯṯ[qb]* "fünf Leute (in) ON".

21.341.13. Ein Sonderproblem stellt die Orthographie von Fremdwörtern und Eigennamen dar. Hier haben die Alephzeichen offenbar häufiger vokalische Funktion: z.B. PN *anna* (Ak. [2.75:9]) gegenüber *anny* (Gen. [4.760:4; 4.769:55]); *ṯgmi* (Gen. [4.192:4]); *bn aġli* (Gen. [4.204:8; vgl. 4.260:7; 4.769:40]); PN od. ON *slḥu* (Kasus unklar [1.48:19ˈ]) gegenüber *slḥy* (Gen. [4.44:31]); PN *tlmu* (Nom. [4.85:4; 4.678:4]) mit Gen. *tlmi* (4.337:7; 4.343:7); ON *nnu* (Nom. [4.68:23&]) mit Gen. *nni* (4.355:18).

Lehnwörter *ultimae inf.* werden in der ug. Orthographie in der Regel mit Alephgraphem geschrieben (Nom. {u}; Gen. {i}). Siehe etwa *ḫlu* (1.91:12) für akk. *ḫalû(m)*, ein Wollkleid (AHw. 341), und *krśu* (4.225:16) bzw. *krsi* (4.225:17) für ein Lehnwort unbekannter Herkunft (§21.335.1g). Ob die Aleph-Schreibungen hier als Pleneschreibungen anzusehen sind oder eine Aussprache /*ḫalăʾu*/ bzw. /*kur(us)săʾu*/ widerspiegeln, läßt sich nicht sicher entscheiden.

21.341.2. {y} als *mater lectionis*

Das Graphem {y}, das an sich für den Halbvokal /y/ steht, dient offenbar sporadisch auch als *mater lectionis* zur Markierung eines /i/-Vokals (meist eines Langvokals). Die große Mehrzahl solcher mutmaßlicher Pleneschreibungen findet sich im Wortauslaut und ist insbesondere im Briefkorpus verbreitet.

21.341.21. {y} als *mater lectionis* im Wortauslaut

a. Pronominalsuffix 1.c.sg.:

an Nomina im Nom. (mögl. weitere Belege unter §41.221.15; vgl. §41.221.17a): *mnt-y* "meine Beschwörung (lautet wie folgt)" 1.100:9 (an allen Parallelstellen steht *mnt*); *w ht yšm*ᶜ *uḫy* "Und jetzt möge mein Bruder hören!" 2.4:19; *w ht aḫy* \ *bny yšal* \ *ṯryl* "Und jetzt möge mein Bruder, mein Sohn, *Ṯryl* fragen!" 2.14:10-12; *umy* \ *td*ᶜ "meine Mutter soll wissen!" 2.16:6f. (gegenüber *um* "meine Mutter" in 2.16:10); *w b*ᶜ*ly skn yd*ᶜ *rgmh* "Mein Herr, der Gouverneur, soll seine Worte zur Kenntnis nehmen" 2.17:8; *w k rgm špš \ mlk rb bʿly* "Betreffs der Tatsache, daß die Sonne, der Großkönig, mein Herr gesagt hat" 2.23:1f.; *w at \ umy al tdḥl*! "Und du, meine Mutter, sollst keine Angst haben!" 2.30:20f.; *w mlk bʿly* ... "Was den König, meinen Herrn, betrifft ..." 2.33:22.33; *lm \ l ytn.hm mlk* <*b*>*ʿly* "Warum stellt der König, mein <H>err, sie nicht zur Verfügung?" 2.33:25f.; *ht hm yrgm mlk \ bʿly* "Nun, falls der König, mein Herr, befiehlt, ..." 2.33:30f.; *k likt \ umy ʿmy* "da meine Mutter zu mir geschickt hat" 2.34:5f.; *w aẖy mhk \ b lbh al yšt* "Mein Bruder soll sich keinerlei Sorgen machen!" 2.38:26f.; *w uẖy \ yʿmsn ṯmn \ w uẖy al ybʿrn* "Mein Bruder soll (es) dort aufladen (und mir schicken); und mein Bruder soll mich nicht im Stich lassen!" 2.41:20-22; *mlkn bʿly* ... "Der König, mein Herr, ..." 2.42:10; *w bʿly* ... "Und mein Herr ..." 2.42:13; RS92.2010:12.21; *ky lik bny* ... "Betreffs der Tatsache, daß mein Sohn ... geschickt hat" 2.46:9.; *w bny hnkt \ yškn* "Deshalb soll mein Sohn folgendes bestimmen!" 2.46:12f.; *ky tdbr umy* "Betreffs der Tatsache, daß meine Mutter sagt" 2.72:18.

an Verbalformen: *ḥnny* "sei mir gnädig!" 2.15:3.

an Präpositionen:

ʿmny "bei mir" 2.13:9& (gegenüber *ʿmn* [2.38:6; 2.72:7; RS92.2005:9.29]).

Anm. Einige der hier genannten Formen könnten jedoch die EP *-y* enthalten (§89.3). Nomina in Pendensfunktion könnten statt des Nominativkasus auch den Absolutivkasus aufweisen (§54.62). {y} wäre dann keine *mater lectionis*.

b. Endung m.pl.cs (§54.121.2):

ily \ ugrt "die Götter von Ugarit ..." 2.16:4f. (alt.: EP *-y* [§89.34]); *mrḥy mlk* "die Lanzen des Königs" 1.103+:6! (Zeilenzählung in Abweichung von KTU^2); 1.103+:47; 1.140:10'*; *ymy bʿl* "die Tage des Herrn" 1.103+:34.

Anm. Die genannten Formen stehen syntaktisch im Nom., weisen aber formal eine Obliquusform (*/ilī/* bzw. */murḥī/*) auf; siehe zu diesem Problem §54.121.2.

c. Einsilbige Partikeln (zu den Langvokalen in *b(y)* und *l(y)* siehe §33.275):

by "in": *by šnt mlit* "in einem vollen Jahr" 2.2:7; *tʿtq by ḥwt* ... "sie sollen das Land ... durchqueren" 2.36+:26; *by \ gšm adr* "bei starkem Regen" 2.38:13f.; *by ʿky* "in Akko" 2.38:25.

ly "für": *ly umy yšlm* "meiner Mutter möge es <gu>t gehen!" 2.30:5f.; 2.72:5!; *ly adty yšlm* "meiner Herrin möge es gut gehen!" 2.33+:4; 2.68:7.

ky "daß" (nur im Briefkorpus): *ky ʿrbt* "... daß ich eingetreten bin" 2.16:7; *ky m[ ]* 2.17:13; *ky likt* ... "betreffs der Tatsache, daß du geschickt hast ..." 2.36+:5.14; 2.39:17; vgl. 2.46:9; *ky akl \ b ḥwtk inn* "(eine Brieftafel mit dem Inhalt), daß es keine Nahrung in deinem Land gibt" 2.39:19f.; *ky tdbr umy* "betreffs der Tatsache, daß meine Mutter sagt" 2.72:18; *ky umy* "weil/daß meine Mutter ..." 2.72:34.

Anm. In 1.141:1 und 1.143:3f. ist wahrsch. mit KTU^2 *k yqny* bzw. *k ypth* und nicht etwa *ky qny* bzw. *ky ptḥ* zu lesen (§76.346b).

d. Verben III-*w/y* (?):

Es ist theoretisch denkbar, daß auch endungslose Kurzformen der Präfixkonjugation und Imperative (m.sg.) von Wzz. III-*w/y* sporadisch mit {y} geschrieben werden. In solchen Fällen hätte {y} vokalischen Wert: z.B. *yʿny* /*yaʿnî*/ < **yaʿniy* (zum Problem siehe Sivan 1984b und Tropper 1995a, 168 mit Anm. 27). Das Phänomen dürfte jedoch nicht verbreitet sein. Mögliche Beispiele sind unter §75.53 aufgeführt.

21.341.22. {y} als *mater lectionis* im Wortinnern

Selten gibt es offenbar auch Beispiele für {y} als *mater lectionis* im Wortinnern. Dabei wird ausschließlich die Tonsilbe *plene* geschrieben.

a. Pleneschreibung der Nominalendung m.pl. Obl.:

mnḥyk /*minḥīka*/ "deine Abgaben" 1.2:I:38: Die Pleneschreibung könnte hier durch die Pausalstellung des Wortes und der damit verbundenen besonderen Dehnung der Tonsilbe motiviert sein (§33.442).

aḫyh /*ʾaḫîhu*/ "seiner Brüder" 1.12:II:50: Alternativ kann die Schreibung viell. unter Annahme einer *{qatal}*-Pluralbasis als /*ʾaḫayīhu*/ gedeutet werden. In diesem Fall wäre aber eine Kontraktion des Triphthongs zu erwarten: **ʾaḫayīhu* > **ʾaḫîhu* (§33.323.2).

b šmym /*šamîma*/ < **šamayīma* "in den Himmel" 1.19:IV:24.30: Die Schreibung kann alternativ als /*šamayīma*/ (unkontrahierte Form) gedeutet werden. Man beachte, daß die betreffende Form jeweils am Kolonende begegnet und somit eventuell als Pausalform gedeutet werden kann (vgl. §33.44).

Anm. *šmym* kann aufgrund des Kontextes schwerlich eine Nisbenbildung zu *šmm* sein ("die Himmlischen"). Gegen diese Annahme spricht die Parallelität von *b šmym* "zum Himmel" und *b kbkbm* "zu den Sternen" (1.19:IV:24-25.31) sowie die Tatsache, daß der Form *šmym* die Präp. *b* (und nicht etwa *l*) vorausgeht. Im übrigen wäre zu erwarten, daß eine Nisbenbildung zu "Himmel" (gemäß §33.323.2) kontrahiert als *šmm* = /*šamîma*/ < **šamayīma* erscheint.

b. andere (mögliche) Belege:

p!ḫyrh /*paḫīrihu*/? (Gen.) "seine Gesamtheit" 1.14:I:25: Die Annahme einer *{qatīl}*-Bildung ist jedoch nicht gesichert.

? GN *šlyṭ* /*šal(l)īṭ-*/? (Name einer siebenköpfigen Schlange) 1.3:III:42; 1.5:I:3.29: Dem GN könnte eine *{qat(t)īl}*-Bildung zugrunde liegen (vgl. he. *šallîṭ* und ar. *salīṭ*, "stark, mächtig"). *šlyṭ* kann aber alternativ als *{šVqtVl}*-Bildung einer Wz. √*lw/yṭ* gedeutet werden (§74.626.3d).

Anm. Zu *mrym* /*maryam-*/(?) "Höhen" (1.3:IV:1.38&) siehe §33.312.22b.

Zusammenfassend ist festzuhalten, daß es in alph. bezeugten ug. Wörtern nur wenige Beispiele für {y} als *mater lectionis* gibt. Das Phänomen tritt – abgesehen von ganz vereinzelten Pleneschreibungen der Tonsilbe – nur im Wortauslaut auf. Die Mehrzahl der gesicherten Pleneschreibungen stammt aus Prosatexten. Auffallend ist die Tendenz, einkonsonantische Partikeln *plene* zu schreiben.

SV. Pleneschreibungen einkonsonantischer Partikeln begegnen auch außerhalb des Ug., und zwar selbst dann, wenn sie Kurzvokale enthalten. Man beachte insbesondere folgende auffällige Schreibungen in samʾalischen Texten: *zʾ* "diese" (Hadad:18.19), *wʾ* "und" (Hadad:17.33; Panamuwa:5.6.12) und *pʾ* (Hadad:17.33; Panamuwa:11.22).

21.341.23. {y} als *mater lectionis* in Eigennamen und Fremdwörtern

In Eigennamen und Fremdwörtern fungiert {y} relativ häufig als *mater lectionis* für den Auslautvokal /ĭ/:

a. in Eigennamen zur Markierung der Genitivendung /-*i*/ (Kurzvokal!). Diese Funktion von {y} läßt sich eindeutig in PNN *ultimae* /*y*/ nachweisen (siehe Bordreuil 1988, 28f.), z.B.: *abyy* (4.103:51); *altyy* (4.352:2); *ilyy* (4.244:24; 4.791:18); *išyy* (4.7:20); *uryy* (4.12:8; 4.309:8); *byy* (4.170:25; 4.488:3; 4.617:11); *zlyy* (4.85:2.4.11; 4.686:17); *mlkyy* (4.93:II:1; 4.282:3; 4.412:III:13); *s/zmyy* (4.318:7; 4.624:4; 4.412:III:5); *ṯ/ḏdyy* (4.245:II:2; 4.755:6).

b. in Lehnwörtern: *rb nk\šy* "Chef des Finanzwesens" (6.66:3-4) als Wiedergabe des akk. Titels *rāb nikkassī/ē* (dazu Sanmartín 1995b, 459f.).

c. in der Orthographie alph. geschriebener akk. und hurr. Texte: {y} wird hier eindeutig als *mater lectionis* verwendet, und zwar für auslautendes /*i*/ und /*e*/, weitgehend unabhängig von der Vokalquantität (zum Akk. siehe SAU 299; zum Hurr. siehe etwa M. Dijkstra, UF 25 [1993], 162).

21.342. Nicht gesicherte Pleneschreibungen von Vokalen

Andere Arten von Pleneschreibungen sind im Ug. nicht sicher nachzuweisen. Zur Diskussion stehen jedoch die nachfolgend genannten Phänome.

21.342.1. {w} als *mater lectionis*

Möglicherweise dient auch das Graphem {w}, das an sich für den Halbvokal /*w*/ steht, in seltenen Fällen als *mater lectionis* für /*ū*/.

a. {w} als mögliche *mater lectionis* im Wortauslaut:

trġnw 1.100:61: *trġnw* könnte als G-PK^{K}i 3.m.pl. der Wz. √*rġn* (§33.135.2) zu deuten sein (Kontext: *b ḥrn pnm trġnw* "bei Ḥārānu wurde das Gesicht verstört/traurig"[?]; vgl. 1.17:II:8f.: *b dˈnil \ pnm tšmḫ* "Bei Daniʾilu strahlte das Gesicht vor Freude") und wäre dann als /*tVrġVnū*/ zu vokalisieren, mit {w} als *mater lectionis* für auslautendes /*-ū*/. Die ungewöhnliche Orthographie könnte hier durch das im Text folgende {w} (*w ṯtkl* ...) motiviert sein. Alternativ wäre mit einem Schreibfehler zu rechnen (vgl. §21.355.1b).

iṯrhw 2.15:6: *hw* könnte hier Objektsuffix 3.m.sg. sein. Alternativ kann *hw* als selbständiges Personalpronomen 3.m.sg. gedeutet werden.

ssw, *ś̀ś̀w* "Pferd": Folgt man Segert (1983a, 211), so wäre das Lexem für "Pferd" als /*sūsū*/ zu vokalisieren, so daß {w} *mater lectionis* für /*ū*/ wäre. Diese Annahme ist jedoch abzulehnen. Das {w} in *ssw* hat sehr wahrsch. konsonantischen Wert (siehe §21.335.1c; vgl. syr. *sūsᵉyā*).

b. {w} als mögliche *mater lectionis* im Wortinnern:

kwt 4.691:6 (Sg. [?]): Das Lexem bezeichnet einen Flüssigkeitsbehälter und kann als /*kūt-*/ vokalisiert werden. Es handelt sich um ein akk. Lehnwort (akk. *kūtu*), das sonst defektiv geschrieben ist (4.663:13.14; [?] 1.147:8; 7.142:1.2.8); vgl. Dietrich – Loretz – Sanmartín (1975b).

tgwln 1.82:4: Diese Verbalform kann als G-PK 3.f.du. von √*gwl* "schreien, jauchzen" (*k tgwln šntk* "wenn/denn deine Zähne jauchzen") oder 3.f.pl. von √*ġwl* "kreisen" (*k tgwln šntk* "wenn/denn deine Jahre kreisen") gedeutet und als /*tagûlâni*/ bzw. /*tagûlnă*/ vokalisiert werden. Demnach wäre {w} eine *mater lectionis* im Inlaut. — Die Deutung von *tgwln* als stark gebildeter D-Stamm (so etwa de Moor – Spronk 1984, 239) ist unwahrscheinlich. Zum einen bilden Wzz. II-*w*/*y* anstelle eines D-Stamms immer einen L-Stamm (§74.5); zum anderen wäre bei einer D-PK (auch in der WzK II-*w*) eine Schreibung *tgyln* = /*tugayyil-na*/ zu erwarten. Zur möglichen Deutung von *tgwln* als stark gebildete G-PK (/*tagwulâni*/ bzw. /*tagwulnă*/) siehe §75.521a.

Anm. Die Form *kndwm* (4.4:2), die für /*kan(nV)dūma*/ stehen könnte (Pl.abs. Nom.), beruht auf einer falschen Lesung. Es dürfte *kndw[t]m* (Du.abs.) zu lesen sein (siehe Tropper 1997b, 664f.). Das {w} hat konsonantischen Wert; es handelt sich um ein hurr. Lehnwort (*kindab/waššе*).

c. Ob {w} in alph. geschriebenen akk. Texten Ugarits als *mater lectionis* dient, ist ungewiß (siehe SAU 299). Ein möglicher Beleg wäre die Form *anw* (1.67:7[2x]), sofern sie für den GN "Anu" steht.

21.342.2. {h} als *mater lectionis* für /*ā*/ (?)

Dietrich – Loretz (1973, 72f.) vertraten die Auffassung, daß auch {h} als *mater lectionis* fungiere, und zwar im Wortauslaut wie im Wortinnern. Sie nannten folgende Belege: a) das Interrogativpronomen *mh* "was?", b) die Endung des Terminativ-Adverbialis auf *-h*, c) das Zahlwort *ᶜšrh* (neben *ᶜšr*) "zehn", d) nominale (fem.) Pluralformen mit Endung *-ht* wie *bht* "Häuser" und *ilht* "Göttinnen". — Im Falle von (b) und (d) besitzt das Graphem {h} jedoch zweifellos konsonantischen Wert. Auch in *mh* "was?" ist {h} wahrsch. etymologisch berechtigt. Die Interpretation des {h} in *ᶜšrh* ist zwar ungewiß, doch dürfte auch hier von einem konsonantischen Wert auszugehen sein (§33.132).

Sanmartín (1995b, 458.465) schlug vor, daß {h} im PN *ilr*!*mh* (6.66:2) als *mater lectionis* für auslautendes kurzes /*-a*/ fungiert: *mšmn ilrmh* (6.66:1f.) = /*māšmānu Ilurāma*/ (diptotische Flexion). Die Lesung der letzten drei Zeichen des betreffenden PN ist jedoch ungewiß und wird m.E. durch das in CRAI (1986, 291) publizierte Foto der Siegelabrollung nicht gestützt.

Zusammenfassend ist festzuhalten, daß es keinen sicheren Anhaltspunkt für den Gebrauch von {h} als *mater lectionis* im Ug. gibt.

21.342.3. Infralineare Vokalisationszeichen (?)

Im alph. Textkorpus des Ug. begegnet an zwei Stellen zwischen den Zeilen ein Schriftzeichen, das als Vokalisationshilfe interpretiert werden könnte (so Dietrich – Loretz 1973, 75):

1. Bei der fehlerhaft geschriebenen Verbalform *š*!*rmn*! (1.14:IV:50) ist unterhalb des {r} ein {a} zu erkennen. Die betreffende Form ist als G-SK 3.m.sg. (Wz. √*šry*) zu deuten: /*šarâ-nVnnV*/ (§73.627).

2. Beim Gent. *ṯrtnm* (4.173:4) findet sich unter dem {r} das syll. Graphem {A}. Es ist aber kein /*a*/-Vokal vor {r} zu erwarten, weil die Form mit dem syll. bezeugten Gent. [lú]*še-er-da-n[a]* (RS17.112:6) zu identifizieren sein dürfte.

Da im gesamten ug. Textkorpus nur zwei infralineare Zeichen nachweisbar sind, da ferner eines der Zeichen alph., das zweite syll. Natur ist und da außerdem der infralineare Vokal in 4.173:4 nicht mit der zugrundeliegenden Form zu vereinbaren ist, zeugen die genannten Belege wahrsch. nicht von infralinearer Vokalisation. Die infralinearen Zeichen dürften vielmehr Fremdkörper bzw. Fehlschreibungen darstellen, die versehentlich nicht getilgt worden sind.

21.35. Schreibfehler

21.351. Einleitung

Im langalphabetischen Textkorpus von Ugarit begegnet eine Reihe von Schreibfehlern. Im folgenden wird eine annähernd vollständige Auflistung und Klassifizierung von relativ gesicherten Schreibfehlern präsentiert. Dabei werden im wesentlichen nur Fehlleistungen erfaßt, welche die Identifizierung von Wortformen tangieren oder für die Textinterpretation von Bedeutung sind. Besondere Zurückhaltung bei der Bewertung wurde namentlich im Bereich der Rituallliteratur und des Textkorpus von Ras Ibn Hani geübt, da unser Verständnis der betreffenden Texte noch unzureichend ist.

Für eine Reihe von Fehlleistungen, die sich in der Orthographie niederschlagen, sind phonetische Gründe verantwortlich. Die Unterscheidung zwischen Schreibfehlern im eigentlichen Sinn und phonetisch motivierten Fehlern ist in gewissen Einzelfällen schwierig. Die nachfolgende Auflistung enthält ausschließlich Zweifelsfälle; eindeutig phonetisch motivierte ungewöhnliche Schreibungen werden nicht berücksichtigt.

Lit.: An älteren, inzwischen überholten Untersuchungen zu Schreibfehlern im Ug. siehe Segert (1958) und (1959) sowie Richardson (1973). Eine neue Abhandlung wurde von Dietrich — Loretz (1994) erstellt. Diese enthält alle in KTU^2 als Schreibfehler erfaßten Belege, ist umfangreicher als die hier präsentierte Liste und folgt einem anderen Klassifikationsschema. Eine beträchtliche Anzahl der dort aufgeführten sogenannten Fehler beruht jedoch entweder auf zweifelhaften Lesungen oder auf Textinterpretationen, die hier nicht geteilt werden.

21.352. Schreibung falscher Zeichen

21.352.1. "Unfertige" Zeichen bzw. Haplographie

{t} für {a} *a!mḏy* 4.73:13 (n.L.).

{t} für {n}: *bn!* 4.53:7; 4.75:III:5.6.13; 4.98:13; 4.214:II:19.

Anm. Das umstrittene Zeichen hat dabei aber meist eine spezifische Form: Es weist zwar nur einen Keileindruck auf, besitzt jedoch die Länge eines {n}. Diese Form ist nur im Lexem *bn* nachzuweisen, das vor zahllosen PNN begegnet. Es handelt sich somit nicht um einen Schreibfehler im eigentlichen Sinn. — Laut KTU2 steht auch in 1.17:VI:45 {t} für {n}: *[a]n!k*. Die vorgeschlagene Ergänzung ist aber wahrsch. falsch. Es dürfte eine Verbalform (PK 1.c.sg.) mit OS 2.m.sg. zu ergänzen sein: *a/ix(x)tk*.

{t} für {m}: *ym!* 1.87:52; *ʿm!* 1.100:19; *km!ṯ* 1.107:41; *lhm!* 4.214:I:5; *ddm!* 6.19; (?) *ʿšrm!* 4.658:7; (?) 4.778:13 (vgl. die Parallele in 4.782:19; alternativ wäre *ʿšrm* in 4.782:19 zu *ʿšrt* zu emendieren).

{t} für {p}: (?) *ap!* 1.16:I:17.

{a} für {n}: *š!rnn!* 1.14:IV:50; *apn!nk* 1.21:II:5; *ʿnhn!* 1.24:8; *ynʿrn!h* 1.100:65; *bn!š* 2.4:19; *hn!d* 2.42:25; (?) *tlun!n* 1.14:I:33.

Anm. Möglicherweise ist auch die Form *tšḫṭn?.nn* (1.19:III:45) hierher zu stellen. Das Zeichen nach {ṭ} dürfte aber auch ohne Emendation als {n} zu lesen sein. Die Länge des Zeichens ist identisch mit der Länge der beiden folgenden Zeichen und wäre für ein {a} viel zu lang. Zudem gibt es m.E. Spuren eines dritten Keils (Kollation des Originals 1997).

{p} für {h}: (?) *mh!rh* 1.18:IV:26 (laut KTU^2 ist *mprh* korrekt).

{k} für {w}: *w!* 1.16:IV:9; *w!* 4.4:5; evtl. auch 1.3:V:27 (*w! in* [vgl. 1.18:I:16]).

{k} für {r}: *r!bʿ* 1.4:VI:26.

{h} für {i}: *ksi!* 1.161:20; *i!l* 1.162:7; (?) *ʿm<r>pi!* 1.113:15; *i!n* 1.145:2; *qrsi!* 4.705:8 (n.L.).

{z} für {ḫ}: *nḫ!t* 1.22:II:18.

{ḫ} für {y}: *ary!h* 1.3:V:37; *y!isp* 1.107:40; *ṯlḥy!* 4.53:5 (siehe CTA, Fig. 185; KTU^2 falsch); *qty!* 4.103:19.

{ṣ} für {b}: *yʿrb!* 1.16:I:12.

{ṣ} für {l}: *l! ṯr* 1.2:I:33; *l!y* 1.17:VI:42 (1. Beleg; gegen KTU^2); (?) *ṭl!* 1.22:I:20; (?) *bʿl!* 1.63:12; *yaršil!* 1.102:18 (KTU^2 liest *yaršil*); *tdḥl!* 2.30:21; *l!* 4.424:7; *aġl!yn* 4.696:7.

{b} für {d}: *d!* 1.16:V:23; *d!qtm* 1.87:35; *mad!* 2.16:11; *kd!m* 4.313:5; *kd!* 4.313:6.

{l} für {u}: *yšu!* 1.6:VI:13; *yṣ!u!* 1.14:IV:26; *u!* 1.40:39; *u!grt* 1.119:10; *u!nṯ* 4.209:19.

{l} für {d}: *id!k* 1.1:II:13; *ḏd!* 1.2:III:5; *d!* 1.4:VII:50; (?) *md!br* 1.12:I:21.35 (alt.: phonet. Variante zu *mdbr* [§33.137.3]; *d!t* 4.33:2; *d!* 4.44:26; *mid!ḫ* 4.166:1; *kbd!* 4.182:6; *md!m* 4.216:5; *aḥd!* 4.296:9.

{ṭ} für {ḥ}: *ynḥ!m* 4.75:V:16.

21.352.2. Zeichen mit redundanten Keilen

{a} für {t}: *ytnt!* 1.14:III:31; *t!šṣ!u* 2.34:31.

{m} für {t}: *t!šr* 1.3:III:5; *bht!k* 1.4:V:13; *udm \ rbt!* 1.14:III:5; (?) *grnt!* 1.14:IV:52.

Anm. Das letzte Zeichen von *grnt!* (1.14:IV:52) besteht aus einem auf mittlerer Zeilenhöhe plazierten langen horizontalen und einem unmittelbar anschließenden kurzen vertikalen Keil. Diese Keilfolge ist viell. kein {m}.

{ḥ} für {ṭ}: *ṭ!bḫ* 1.80:4; (?) *ṭ!<b>ḫ* 1.80:5; *qṭ!n* 4.183:II:6; *ḥṭ!m* 4.211:5; *ḥṭ!bm* 4.609:20.

{w} für {k}: *k!* 1.2:I:38; *k!spm* 1.14:IV:42; *[id]k!* 1.14:V:29; *k!m* 1.17:I:20.

{r} für {k}: *qdqdk!* 1.16:VI:57; *mbk!* 1.17:VI:47; *ṯk!mn* 1.65:4; *k!lb* 1.114:12.

{ẓ} für {p}: (??) *ḫrẓp!h* 1.12:I:41 (vgl. *ḫrṣp* in 1.103+:27).
{h} für {p}: *p!ḫyrh* 1.14:I:25; *p!* 5.10:8.
{y} für {ḫ}: *ḫ!mš* 1.14:III:11 (durch vorausgehendes und folgendes Lexem *ym* "Tag" veranlaßt); *ysḫ!nh* 1.100:66 (evtl. durch vorausgehendes {y} veranlaßt); *mḫ!ṣm* 4.269:8; *ḫ!ss* RS92.2016:11'. — Zur Form *aṯ«ḫ»ḫlm* in 1.111:3 siehe §21.355.1b.
{l} für {ṣ}: *t!šṣ!u* 2.34:31; *yṣ!a* 4.166:1.
{b} für {ṣ}: *yṣ!u!* 1.14:IV:26 (geschrieben: *ybl*).

Anm. Für diese scheinbar gewagte Emendation lassen sich vier Gründe anführen: Erstens sind die Zeichenformen von {ṣ} und {b} sowie {u} und {l} ähnlich genug, um Anlaß für Fehlschreibungen zu bieten. Zweitens findet sich an der Parallelstelle (1.14:II:47) die Form *yṣi* (= $PK^{K}v$). Drittens ergäbe die Lesung *ybl* (ohne Objekt) wenig Sinn. Und viertens könnte die betreffende Fehlschreibung mit der unmittelbar unterhalb von *yṣ!u!* plazierten Form *ybˁr* (1.14:IV:27) im Zusammenhang stehen (*aberratio oculi*).

{d} für {l}: *il!* 1.4:I:34 (durch folgendes {d} in Z. 35 veranlaßt); *bˁl!* 1.65:10; (?) *pl!dm* 4.363:8 (durch folgendes {d} veranlaßt); *ul!m* 4.693:7.
{d} für {b}: *alnd!* 1.116:21 (hurr.); *b!n* 4.75:III:7; *ˁb!d* 4.75:VI:3

Anm. Derselbe Fehler liegt laut KTU^2 auch in 1.4:VII:7 vor (*ˁdr* für *ˁbr*). Eine genaue Prüfung ergibt jedoch, daß hier nur zwei horizontale Keile vorhanden sind. Es handelt sich somit um kein gewöhnliches {d}.

Einige der aufgelisteten Beispiele, etwa {y} für {ḫ} oder {a} für {t}, beruhen auf dittographischen Fehlleistungen (siehe zu diesem Phänomen §21.355.1b). Einige andere Fälle, etwa *ˁnn* für *ˁnt*, *mm* für *mt*, *ḥḥbm* für *ḥṭbm*, könnten (auch) durch benachbarte Zeichen veranlaßt sein; siehe dazu unten (§21.352.4). Die Fehlschreibungen {m} für {t} im Falle von *rbt!* und *grnt!* könnten durch die jeweils folgenden Worttrenner veranlaßt sein.

21.352.3. Wechsel (sonstiger) formal ähnlicher Zeichen

{a} für {ṯ}: (?) *kṯ!t* 4.402:10 (zwei gerade Keile statt zwei Winkelhaken).
{q} für {ˁ}: *ḫrṣbˁ!* 4.693:56.
{ġ} für {q}: (?) *tq!ln* 1.19:III:9 (kein eindeutiges {ġ}); PN *ṣdq!n* 4.715:18 (alt.: phonet. Variante zu *ṣdqn*).
{w} für {r}: *ar!ṣ* 1.3:IV:30.
{r} für {w}: *iw!rṯrm* 2.33:2; (?) *w!* 4.34:2.
{g} für {z}: *z!* 5.13:2.
{l} für {s}: *s!puy* 1.6:VI:11.
{u} für {d}: *d!nil* 1.17:II:8; (?) *tid!m* 1.19:IV:42 (sofern nicht ohne Emendation *tidm* zu lesen ist); (?) *bd!l* 4.214:III:1 (sofern nicht ohnedies mit PRU 2,35 *bdl* zu lesen ist); *nqd!m* 4.745:4; *bd!* 6.4:1.

21.352.4. Durch Benachbartes veranlaßte Fehlleistungen

durch ein benachbartes Zeichen veranlaßt: *ymmt* statt *ybmt* 1.3:III:12 (alt.: Assimilation); *gbˁm lḥmd* statt *gbˁm mḥmd* 1.4:V:39 (alt.: Dissimilation [so

Fronzaroli 1955, 67] oder Kontamination mit der Wz. √*lḥm* "essen"); (?) *w aṣḥ* statt *w yṣḥ* 1.5:II:21 (möglicherweise Dittographie der beiden letzten Keile des {w}; alt.: dissimilatorisch motivierter Schwund von /y/ nach /w/: **wa-yaṣiḥ* > **wa-∅aṣiḥ* > *wa-ʾaṣiḥ*); *b bqr* statt *b mqr* 1.14:III:9 (alt.: Assimilation); *ṣmṣ* statt *ḥmṣ* (4.269:35); vgl. ferner Fälle wie *ʿnn* statt *ʿnt*, *mm* statt *mt* und *ḥḥbm* statt *ḥṭbm* (§21.352b).

durch benachbarte Wörter veranlaßt: *ypʿ* statt *yph* 1.19:II:20 (im Kontext [Z. 16 und Z. 23] begegnet viermal eine Verbalform der Wz. √*y/npʿ*]).

21.352.5. Wechsel von Zeichen mit ähnlichem Lautwert

{t} für {ṣ}: *art* statt *arṣ* 1.19:III:6.
{q} für {g}: *ṯiqt* statt *ṯigt* 1.14:V:8.
{w} für {h}: *bwtm* statt *bhtm* 1.105:9; *btw* statt *bth* 3.9:4.
{h} für {ḫ}: *phr* statt *pḫr* 1.2:I:20.
{ʾ} für {ʿ}: *ṯtar* statt *ṯtʿr* 1.3:II:37.

Die drei letzen Beispiele dürften phonetisch motiviert sein (§33.153c; §33.134.3; §33.134.1). Das erste Beispiel, *art* statt *arṣ*, ist wahrsch. ebenfalls phonetisch zu erklären. Es zeugt von einer affrizierten Aussprache von ug. /ṣ/ (bzw. des ursprünglich zugrundeliegenden Phonems /ṣ̌/), d.h. [ᵗsʾ] (§32.143.35). Alternativ könnte diese Schreibung durch das vorausgehende Wort *ḫrt* (Kontext: *ašt b ḫrt ilm art*) motiviert sein (= analogische Fehlleistung).

21.353. Metathese von (meist unmittelbar benachbarten) Zeichen

(?) *krs* für *rks* 1.5:I:4 (n.L.; KTU[2] liest *k r<k>s*); *itdb* für *itbd* 1.14:I:8; (?) *hdrt* statt *ḏhrt* 1.14:III:51; *ynl* für *yln* 1.17:I:5; *drk* für *dkr* 1.43:6; (?) *rʿkt* für *ʿrkt* 1.119:2; (?) *mdgl* für *mgdl* 1.119:12; *ʿbl* für *bʿl* 1.148:10; *tgrm* für *tgmr* 4.313:27; *šgty* für *štgy* 4.321:1; (?) *bʿrm* für *(a)rbʿm* 4.338:17 (alt.: *bʿ<š>rm*); (?) *dmd* für *ddm* 4.377:34; (?) *umdym* für *udmym* 4.394:5.

Anm. Gemäß KTU[2] stünde in 1.148:21 *šrʿm* für *ʿšrm*. *šrʿm* könnte aber auch die Dualform eines Subst. *šrʿ* sein (vgl. UT § 19.2488). — Der Vorschlag von KTU[2], die Zeichenfolge *mrkm* in 4.27:12 zu *mkrm* "Kaufleute" zu emendieren, ist nicht zwingend. Die Lesung des Zeilenanfangs ist sehr unsicher (KTU[2]: *ġr . mrkm*; CTA, S. 158: *xxwmrkm*; CTA, Fig. 123: *a*?*mmrkm*). — In 4.721:8 ist gegen KTU[2] nicht *kdb*, sondern (korrektes) *kbd* zu lesen.

Die aufgelisteten Beispiele zeugen entweder von graphischen Flüchtkeitsfehlern oder von phonetisch bedingten Konsonantenmetathesen. Die erstere Erklärung liegt insbesondere dort nahe, wo formal ähnliche Zeichen umgestellt sind (z.B. *b* - *d*; *k* - *r*). Eine phonetische Erklärung ist bei beteiligten liquiden und gutturalen Phonemen erwägenswert, etwa im Falle von *ynl* - *yln* und *tgrm* - *tgmr*.

21.354. Auslassungen

21.354.1. Auslassungen eines einzigen Zeichens

a. am Wortende:

- zugleich Kolonende/Satzende:

ṯlḥn<t> 1.3:II:37 (durch vorausgehendes {n} veranlaßt?); *pn<m>* 1.5:II:14; *ṯbt<h>* 1.5:II:16; (?) *bky<t>* 1.16:II:36; (?) *dm<h>* 1.18:IV:24 (vgl. 1.18:IV:35); (?) *yṯb<r>* 1.19:III:2.17 (vgl. aber §75.62a, √*ṯbb*); *b<l>* 1.100:30; *ᶜqš<r>* 1.100:33-34; *y ḥr<n>* 1.100:73.

- zugleich Kolonende/Satzende *und* Zeilenende:

nh<r> 1.2:I:26; *rḥm<y>* 1.23:13; *ugr<t>* 1.40:26; (?) *tqṭṭ<n>* 1.84:7; *aḥ<d>* 4.62:1 (alt.: *aḥ\[d]*); *arb<ᶜ>* 4.73:9; *bqᶜ<t>* 4.247:21; *aḥ<d>* 4.349:4; *aḥd<m>* 4.384:14; *aḥ<t>* 4.410:47 (alt.: *aḥ\[t]*); *uḫ<d>* 4.635:5; *iḫ<h>* 4.780:2.

Anm. Die KTU[2]-Emendation *šᶜr<t>* in 4.46:11 ist wahrsch. unnötig. Das {t} wurde nicht vergessen, sondern über das vorletzte Zeichen von Z. 4, {r}, gesetzt und ist kaum mehr auszumachen. — In 4.63:I:29 ist gegen KTU[2] nicht *qšt<m> . w . qlᶜ*, sondern sehr wahrsch. *qš[t]m . <w> qlᶜ* zu lesen.

- sonstige Fälle:

kṯ<r> 1.3:VI:18; *b<t> ar* 1.4:I:16 (wohl durch folgendes {a} veranlaßt); *tdmm<t>* 1.4:III:20; *qd<š> w amrr* 1.4:IV:8; *b k<s> ḫrṣ* 1.4:IV:37; *arṣ<y> bt* 1.4:IV:57; *b ab<n> td* 1.6:I:2; *l nrt il<m> špš* 1.6:III:24; *iš<t>* 1.12:I:10; (?) *š<n>sk* 1.13:6 (vgl. *šnst* 1.3:II:12); *bn<t>* 1.15:III:20 (viell. haplologisch für *bnt*; (?) *pᶜn<h>* od. *pᶜn<m>* 1.17:II:11 (vgl. 1.6:III:15); (?) *ḥrš yd<m>* 1.17:V:20 (vgl. 1.17:V:24f.); (?) *ysmsm<t>* 1.19:II:11 (vgl. 1.4:IV:15); *tḥ<t> pᶜny* 1.19:III:3; *yš<t> b bth* 1.23:36; (?) *ᶜṯtr<t> š\d* 1.111:19f. (vgl. 1.48:16* und 1.91:10); *y<n> ᶜd šbᶜ* 1.114:3; *tġr<k> tšlmk* 2.44:5; *ṯt<b> ly* 2.72:9; *[ṯn š]d<m>* "zwei Felder" 4.103:23 (alt.: *[ṯn š<d>]m*]; *d<t> . tbᶜln* 4.141:III:8; *yr<ḫ>* 4.266:2; *šr<t>* 4.410:16.48; *b<n> iṯtr* 4.754:18.

Anm. In 1.10:II:9 ist gegen KTU[2] (Lesung ml*a*<t>) wohl ml*a*t* zu lesen (kein Schreibfehler!). — Die KTU[2]-Emendation *ḥṭb<t>* in 1.14:IV:51 ist nicht zwingend. Die mask. Form des Subst. dürfte intendiert sein (§52.331). — In 4.60:2 dürfte ohne Emendation *ḫswn* zu lesen sein (KTU[2]: *ḫsw<n>*).

b. im Wortinnern:

lṭ<p>n[!] 1.1:IV:13 (gegen KTU[2]); *y<l>ak* 1.4:V:41; (?) *a<l>p* 1.10:III:16 (Lesung unsicher); *i<š>ttk* 1.12:II:56; *a<g>zrt* 1.13:30; *n<p>k* 1.14:III:9; *a<p>hn* 1.17:V:5; *uṣbᶜ<t>h* 1.19:I:8 ("ihre Finger"; alt.: *uṣbᶜh* "ihr Finger" [Sg.]); *ak<l>t* 1.19:II:20; *yp<h>n* 1.19:III:14; *arḏ<l>n* 1.64:33; *ṭ*[!]*<b>ḫ* 1.80:5; *y<ᶜ>db* 1.100:12; *u<m>h* 1.100:14; *ḥ<m>t* 1.100:68; *y<r>gbhd* 1.102:15; *tḥ<t>yt* 1.103+:32; *m<ṯ>bt* 1.104:21; (?) *ᶜm<r>pi*[!] 1.113:15; *u<š>ḫr* 1.115:12; *g<d>lt* 1.119:7; 1.132:20; *mt<n>tm* 1.130:4(19); *lq<ḥ>t* 2.13:17; *mrḥq<t>m* 2.33:3; *b l<b>k* 2.71:15; (?) *ml<k>t* 2.75:8; *ilšt<m>ᶜy* 4.51:8; *šl<m>y* 4.51:14; *qš<t>m* 4.63:III:34; 4.63:IV:16 (n.L.]); *ar<b>ᶜt* 4.101:1.2; *ḫm<š>t* 4.281:9; *mi<ḫ>d* 4.355:26 (alt.: *mid<ḫ>*; KTU[2] liest fälschlich *miḫd*); *ᶜb<d>mlk* 4.609:15; *kṯ<t>ġlm* 4.643:25; *šᶜ<r>t* 4.705:6;

^{c}<*b*>*db*^{c}*l* 4.723:4; ^{c}*ṯt*<*r*>*y* 5.10:1.

Anm. Keine Schreibfehler stellen die Formen *kkbm* (1.10:I:4 [§51.5b]; anstelle von *kbkbm*) und *ḏrt* (1.6:III:5.11; 1.14:III:47; 1.14:VI:32; 1.15:VI:8 [§33.142.3a]; anstelle von *ḏhrt*) dar. Es handelt sich um phonetische bzw. morphologische Varianten. — Die KTU^2-Emendation *ar*<*b*>^{c} (4.34:5) beruht wahrsch. auf einer falschen Lesung. Anstelle von {ar^c spm} dürfte {a w ^{c}ṯ$^?$[x]m} zu lesen sein (Textkollation 1997).

c. am Wortanfang:
- am absoluten Wortanfang:
  b^c*l*. <*b*>*hty* 1.4:VI:36; *mlk*. <*b*> ^{c}*ly* 2.33:26; (?) <*t*>*mtt* 2.38:13 (alt.: Lexem *mtt* entsprechend akk. *muttatu* "Hälfte"); (??) *w d*^{c} <*y*>*d*^{c} 2.61:13 (paronomastisch gebrauchter Inf. + PK]); <*w*> *ql*^{c} 4.63:I:29 (n.L.); (?) *ṯmnym ksp* <*ḫ*>*mšt* 4.123:1.

  Anm. Die Formen *pnh* (1.82:38) und *pn* (1.132:25) sind nicht zu <*l*> *pnh* bzw. <*l*> *pn* zu emendieren. Es liegt die Präp. *pn* vor (§82.37). — In 4.13:36 ist gegen KTU^2 wahrsch. *bn qrw[n*$^?$*] ṯlḥn* zu lesen (KTU^2 bietet <*ṯ*>*lḥn*).
- nach einer proklitischen Partikel (kein Worttrenner nach dem Proklitikum):
  (?) *tṭbḫ imr w* <*y*>*lḥm* 1.16:VI:20; *w* <*k*>*lklhm* 2.38:21 (n.L.); *w*. <*a*>*ṯth* 4.339:4; *w* <*š*>*d* 4.356:10.

  Anm. Für *b hlm* statt *b ahlm* (1.19:IV:52) und *wm* statt *w im* (3.9:6) siehe unter §33.141.1. Es liegen keine Schreibfehler im eigentlichen Sinn vor.

d. Fälle von Haplographie:
- innerhalb einer Wortform:
  yd<*d*> 1.5:III:19; (?) *ašt.n*<*n*> 1.5:V:5 (ein Worttrenner findet sich häufig vor {nn}, nicht aber vor einfachem {n}; vgl. ferner *tštnn* 1.6:I:17); *al*<*l*> 1.19:I:37; *ṣḥr*<*r*>*t* 1.23:48 (alt.: Haplologie); *ṯ*<*ṯ*>*b* 1.106:23.
- nach einem Proklitikum: *l* <*l*>*ḥm* 1.2:I:20.
- über die Wortgrenze hinweg:
  ohne zwischenliegenden Trenner: (?) *ilm* <*m*>*t* 1.6:VI:30 (so KTU^2; alt.: *il*. *mt* [viell. zu *il*<*m*>. *mt* zu emendieren]); (?) *l umy* <. *y*>*šlm* 2.72:5; *yn*. *d*. *l*. *ṭb* <. *b*>. *gt*. *ṭbq* 4.213:5; (?) *dt* <. *t*>*aršn* 4.370:2 (§43.2d, Anm.).
  mit zwischenliegendem Trenner: (?) *tqyn*<*h*>. *hmlt* 1.2:I:18 (§73.634b); ^{c}*dbnn ank*. <*k*> *imr* 1.6:II:22: (?) *d*<*t*>. *tb*^{c}*ln* 4.141:III:8 (§43.2d, Anm.).

  Anm. Die Form *rbtm* "Zehntausende" (1.4:I:30) – man erwartet *rbbtm* – zeugt nicht von Haplographie, sondern von (prätonischer) Vokalsynkope (§33.242b).

e. Fälle von Quasi-Haplographie:
  [w bn]h. <*i*>*lt* 1.4:I:7 (n.L.); (?) <*ḫ*>*zr* 1.23:63 (alt. Lesung: *ḫ*<*z*>*r*); <*d*>*bḥm* 1.40:23 (durch folgendes {b} veranlaßt); *ḫmš*<*t*> 4.226:3.8 (§69.133.32a, Anm.).

f. Auslassung von einkonsonantischen Partikeln:
  (?) <*b*> *gt krr* 4.139:9; <*w*> *mit dd* 4.243:5.

21.354.11. Auslassungen eines Zeichens begegnen häufig am Ende oder im Innern eines Wortes, selten dagegen am Wortanfang. Einige Fälle beruhen auf dem Prinzip der Haplographie bei eventuell zugrundeliegender Haplologie.

Unseren Untersuchungen zufolge fehlt in mehr als 40 Fällen ein Zeichen am Wortende. Die Tatsache, daß in etwa der Hälfte dieser Fälle das Wortende mit dem Kolonende/Satzende übereinstimmt, legt die Annahme nahe, daß es sich dabei nicht ausschließlich um Flüchtigkeitsfehler handelt, sondern daß zumindest einige der Beispiele von einer spezifischen Pausalaussprache zeugen, d.h. von einer phonetischen Auslautverkürzung des letzten Wortes einer Phrase (z.B. Wegfall der kurzen Vokale sowie von Resonanten und /*t*/ im Auslaut [vgl. §33.44]). Es dürfte kaum auf Zufall beruhen, daß dabei auffallend häufig {t}, {r} und {m} fehlt. Innerhalb einer syntaktischen Periode fehlt bezeichnenderweise häufig {n}, was zumindest teilweise auf Assimilationserscheinungen hinweist (/*n*/ wird regressiv an den Anfangskonsonanten des folgenden Wortes assimiliert [vgl. §33.115.4]). Verschlußlautgrapheme (außer {t}) fehlen dagegen sehr selten.

Das Fehlen von Graphemen im Wortinnern hat häufig graphische Gründe: Der Schreiber schrieb nur eines von zwei formal ähnlichen Zeichen (z.B. in folgenden Kombinationen [und *vice versa*]: *ᶜ+t*, *t+ġ*, *n+t*, *t+m*, *p+k*, *p+h*, *g+z*, *b+d*, *d+l*, *l+b*). Für eine Reihe von (scheinbaren) Schreibfehlern könnten phonetische Gründe verantwortlich sein: Die Schreibungen *ak<l>t*, *a<l>p*, *y<r>gb* und *šᶜ<r>t* zeugen vielleicht von einer vokalischen Aussprache von /*l*/ und /*r*/ vor Verschlußlauten (§33.181-2); die Formen *y<ᶜ>db* und *lq<ḥ>t* wiederum zeugen vielleicht von Pharyngalschwund (§33.143.1; §33.144.).

21.354.2. Auslassungen von mehr als einem Zeichen

a. Fehlen von zwei Zeichen:
w yᶜn <dn>il 1.21:II:8; (?) *ydn <dn>il ysb palth* 1.19:II:12 (vgl. *ydnh ysb aklth* in 1.19:II:19); *yb<ky>* 1.19:III:40; (?) *m<nḥm>* 3.8:18 (vgl. PN *mnḥm* in 3.8:21).

b. Fehlen eines Elementes einer Konstruktusverbindung:
šmᶜ<rgm> 4.609:11.

c. Fehlen einer Worteinheit:
(?) *<ᶜl> qṣᶜth* 1.18:IV:13 (das Auge des Schreibers ist viell. von {ᶜl} zu {qṣ} gesprungen; siehe Parallelstelle 1.19:I:15); *<bᶜl> ybn* 1.19:III:12; *hm iṯ šmt <hm> iṯ \ ᶜẓm* 1.19:III:33f. (siehe 1.19:III:19.); *knp ṣml bᶜl <ṯbr> \ bᶜl ṯbr diy hyt* 1.19:III:36f. (am Zeilen- und Kolonende); (?) *ᶜrb b <bth b> \kyt* 1.19:IV:9-10 (am Zeilenende); *tqt[nṣn w] \ tldn / <tld> šḥr w šlm* 1.23:51f. (vgl. 1.23:58; für die Emendation sprechen auch kolometrische Gründe); *l kṯrt <bnt> hll snnt* 1.24:15; *yrḫ gdlt <kṯr> \ gdlt* 1.39:14f. (am Zeilenende); *dqt ršp <dqt> šrp w š[lmm]* 1.41:13; *yšlḥm <nḥš> ᶜqšr* 1.100:6; (?) *l kṯr ṯn <šm>* 1.105:12; *tšᶜm <xx(xx)> kbd \ mḏrġlm* 4.174:11f. (es fehlt die Einerzahl); *drt <l alpm>* 4.636:4 (am Zeilen- und Absatzende).

Anm. In 1.4:VI:54 liegt kein Schreibfehler vor. Anstelle von *dkr<t yn>* (so KTU^2) bzw. _dkrt* <yn>_ (so KTU^1) ist _dkrt*_ zu lesen. Es sind eindeutige Spuren eines langgestreckten {t} zu sehen. Die emendierte Ergänzung von {yn} am Zeilenende ist abzulehnen; im übrigen dürfte auch am Ende der Zeilen 48, 50 und 52 keine Wortform *yn* zu ergänzen sein (siehe §76.524.3e). — Nach KTU$_2$ wäre in

4.624:9 *ṯt* <*ql^{c}m*> zu lesen. Da *ql^{c}* laut 4.63:I:2.3& mask. Genus besitzt, dürfte jedoch *ṯn* <*ql^{c}m*> bzw. gar *ṯn [ql^{c}m]* zu lesen sein.

d. Fehlen mehrerer Wörter:
ahbt <*zbl b^{c}l arṣ*> 1.101:18 (am Textende); (?) *ṯmny ^{c}mk* <*mnm šlm*> \ *rgm ṯṯb ly* 2.71:7f.

e. Fehlen eines ganzen Kolons/Satzes:
<*ym ymm y^{c}tqn*> /\ *l ymm l yrḫm* 1.6:V:6f.; <*l arṣ mšṣu qṭry*> / *l ^{c}pr ḏmr aṯr[y]* 1.17:II:17; *ytši l dr* \ *bn il* / <*l mpḫrt bn il*> 1.40:33f.

f. Fehlen mehrerer Kola:
[ks] yiḫd il <*bdh* / *krpn bm ymn* / *brkm ybrk*> *^{c}bdh* 1.17:I:34 (Textrekonstruktion nach 1.15:II:16-20).

21.354.21. Auslassungen von mehr als einem Zeichen kommen in der Regel dadurch zustande, daß das Auge des Schreibers irrtümlich von einem bestimmten Zeichen zu einem anderen von gleicher oder ähnlicher Gestalt springt (*aberratio oculi*) oder daß der Schreiber eine ganze Zeile der Textvorlage übersieht. Solche Fehler begegnen oft am Zeilen- bzw. Kolonende und häufen sich in bestimmten Textabschnitten (z.B. 1.19:III-IV). Die betreffenden Fehler beweisen, daß die Schreiber schriftliche Vorlagen benutzten. Bei poetischen Texten dürften auf den Vorlagen Zeilen- und Kolagrenzen übereingestimmt haben, da bei der Niederschrift wiederholt ganze Koloneinheiten ausgelassen wurden und bei Auslassungen meherer Kola – wie im Falle von 1.17:I:34 – im gleichen Kolonabschnitt wieder eingesetzt wurde (in 1.17:I:34 glitt das Auge des Schreibers vom letzten Wort eines Kolons [*bdh*] zum letzten Wort des übernächsten Kolons [*^{c}bdh*]).

21.355. Redundante Zeichen

21.355.1. Ein (einziges) redundantes Zeichen

a. reduplizierende Schreibungen:
bhth«t» 1.10:II:4; *k dr«d» dyknn* 1.10:III:6; *ḥm«ḥ»h* 1.16:I:29 (alt.: unvollständig für *ḥmḥ*<*m(t)*>*h*); *kr«k»t* 1.14:VI:33-34; *«h»mhkm* 2.71:14; *«p»špš* 5.11:4. — Evtl. ferner: *n\q«n»h* "sein(e) Spalt/Mund" 1.4:VIII:19f. (vgl. *nqy* [1.6:II:23] und *nqp«n»t* [1.12:II:45]; vgl. ferner *nqpt* [1.23:67]); *ḫy«t»r* (Monatsname) RS92.2005:22.

Anm. In 1.6:II:23 ist gegen KTU^{2} wahrsch. *b ṯbr .$^{?}$ nqy . ḫtu hw* zu lesen. Unmittelbar vor dem {n} ist eine Einkerbung zu sehen, die als Worttrenner gedeutet werden kann. Die Zeichenfolge {nqy} ist nicht notwendigerweise zu {qny} zu emendieren (Zeichenmetathese), da auch die Parallelstelle (1.4:VIII:19f.) epigraphische Probleme aufweist. Es könnte an beiden Stellen von einem Subst. *nq* mit der Bedeutung "Spalt, Öffnung" auszugehen sein (vgl. he. *nāqîq* und äth. *nəqāq*).

b. Dittographie:
(?) *tbrk«k»* 1.12:I:26 (alt. Deutung unter §73.163); (?) *aḫt«t»h* 1.24:36 (§53.322.4; es gibt evtl. Anzeichen einer Rasur des zweiten {t}); (?) *trǵn«w»* . *w ṯṯkl* 1.100:61 (alt.: {w} als *mater lectionis*; §21.342.1a); *yd«d»ll* 1.103+:46

(dazu Tropper 1994b, 465; siehe ferner §74.522b); *at̠«ḫ»ḫlm* 1.111:3; (?) *trḫt«t»* 1.111:20; (?) *mrdt«t»* 2.72:28 (alt.: doppelter Femininmarker im Plural [§53.322.4]); *l.«l» bnš* 4.44:24; (?) *šlm«m»* 4.226:10 (alt.: *šlm* + EP *-m*); (?) *[d/k]dm«m»* 6.18:2.

c. mit Dittographie verwandte Fehlleistungen:
ap«a»nk 1.21:II:5.

d. Kontamination:
at̠«t»rt 1.4:II:13 (Kontamination der GNN *at̠rt* und *ᶜt̠trt*); *k«b»d* 1.112:12 (Kontamination von *kbd* und *kd*).

e. redundantes {l} (Grund unklar):
(?) ... *bnš* \ *«l .» b . bt . mlk* 4.137:13f.; (?) ... *bnš . «l .» d .* \ *«l .» b . bt mlk* 4.163:15f. (Textinterpretation jeweils unsicher).

f. sonstige Fälle:
ḥ«q»kpt 1.3:VI:13; *«t»t̠ly* 1.5:V:11; *ṣp«ᶜ»n* 1.6:I:16; (?) *trbṣ«t»* 1.14:III:37 (alt.: Plural); (?) *tpšl«t»* 1.103+:45.

Anm. Die Schreibungen *ḥ«q»kpt*, *«t»ṭly* und *ṣp«ᶜ»n* könnten graphisch oder lautlich motiviert sein: In *ṣpᶜn* = */ṣapān-/* könnte {ᶜ} eine hyperkorrekte Schreibung für den Langvokal */ā/* sein; in den Zeichenfolgen *ḥ«q»kpt* und *«t»ṭly* könnte der jeweils korrekte Konsonant (*/k/* bzw. */ṭ/*) als Korrektur des jeweils vorausgehenden falschen Konsonanten (*/q/* bzw. */t/*) verstanden werden. Gordon (UT § 5.42) vermutete, daß der Schreiber hier jeweils einen Laut andeuten wollte, der phonetisch zwischen emphatischer und einfach-stimmloser Aussprache lag.

21.355.2. Mehr als ein redundantes Zeichen

a. irrtümliche Einfügung einer Filiation:
tḥm aliyn \ *«bn» bᶜl* 1.5:II:17f.

b. irrtümliche Doppelschreibung eines Wortes / einer Worteinheit:
w dbḥ «w dbḥ» \ *dnt* 1.4:III:19f.; (?) *hm imt «imt» npš blt* \ *ḥmr* 1.5:I:18f. (Überlänge des Kolons); *ṣḥ ngr il ilš «ilš»* 1.16:IV:3; *tn «km» nḥšm y ḥr*<*n*> 1.100:73 (veranlaßt durch folgendes *tn km* \ *mhry* [1.100:73f.]); *w š* \ *gt mlk {š}* 1.105:10f.; *mitm t̠tm* \ *kbd ksp* \ *«ksp»* 4.265:2-4.

c. irrtümliche Doppelschreibung einer ganzen Zeile / eines ganzen Kolons
{ᶜl l ẓr m[g]dl} \ *w ᶜl l ẓr mgdl* 1.14:II:20f.

Anm. Es ist wahrsch. die Zeile 20 und nicht die Zeile 21 (mit Ausnahme des letzten Wortes) zu streichen, da die Verbalform (√*ᶜly*) an der Parallelstelle (1.14:IV:2f.) durch die Konj. *w* eingeführt ist.

21.356. Andere Fehlleistungen

In den ug. Texten begegnen auch Fehlleistungen, die nicht als Schreibfehler, sondern als Textfehler zu bewerten sind. Hierzu zählt etwa das inkorrekte Lexem *dry* anstelle des zu erwartenden Lexems *bqᶜ* in 1.6:V:13 (durch folgendes *dry* [Z.

16] veranlaßt; vgl. die Parallele in 1.6:II:31f.). Mit Textfehlern dieser Art ist wiederholt zu rechnen. Sie lassen sich aber nur bei Vorhandensein von Parallelstellen sicher nachweisen. Aus diesem Grund werden sie hier nicht berücksichtigt.

21.36. Korrekturen von Fehlschreibungen

Fehlschreibungen, die unmittelbar nach der Ausführung eines bestimmten Zeichens oder nach der Abfassung des Textes vom Schreiber selbst oder von einem Korrektor entdeckt wurden, wurden offenbar korrigiert. Es lassen sich mehrere Arten der Korrektur nachweisen, nämlich Rasur, Überschreibung und vielleicht ferner das Durchstreichen und die Umrandung von Schriftzeichen.

21.361. Rasur

Unter einer Rasur ist die Tilgung eines oder mehrerer fehlerhaften/r Zeichen zu verstehen, wobei der Schreiber die betreffende Stelle auf dem noch weichen Ton durch eine drückende oder wischende Bewegung glättet. Die radierte Fläche bleibt entweder frei (z.B. 1.17:I:11 oder 1.111:22) oder wird anschließend mit dem/den korrekten Graphem(en) überschrieben. Rasuren begegnen häufig:

a) am Zeilenende, wenn der Schreiber nach der Niederschrift des/der ersten Zeichen(s) eines Wortes bemerkte, daß der Platz nicht für das ganze Wort reichte und er einen Zeilenumbruch mitten im Wort vermeiden wollte (z.B. *[[š]] \ šlyṭ* 1.5:I:2; *[[b š]] \ b šdm* 1.6:V:17; *[[k]] \ km* 1.12:II:54; *[[ṯlṯ]] \ ṯlṯ rbᶜ* 1.14:V:3; *[[ḥ]] \ ḥkpt* 1.17:V:30; *[[š]] \ šbᶜt* 1.19:IV:14; *[[t]] \ tšṭyn* 1.22:I:23; *[[k]] \ w spr* 2.39:31; *[[d]] \ dbr* 2.71:13; *[[m]] \ mlk* 2.72:28),

b) an Stellen, wo der Schreiber ein Zeichen ausgelassen und das folgende zu früh geschrieben hat (z.B. *b b[[d]]t . dm* 1.3:II:31; *ᶜq[[m]]qm* 1.12:I:37; *i [[ṯ]]iṯt* 1.14:IV:38; *[[i]]k iṯl* 1.19:II:44; *r[[m]]gm* 2.71:2; *[[š]]ᶜšrm* 4.173:8),

c) bei Dittographie (z.B. *l tkly[[y]]* 1.6:II:36; *b šlḥ[[ḥ]]* 1.14:I:20; *w l ll[[l]]* 1.106:27),

d) bei fälschlich gesetzten Worttrennern (z.B. *k išal[[.]]hm* 2.32:4; *ib[[.]]ᶜltn* 2.39:31.

Bisweilen ist auch eine ganze Tafelseite radiert (z.B. 4.709, Rückseite). Zu einer Auflistung aller Rasuren im alph. Textkorpus von Ugarit (inklusive Korrekturen anderer Art [in KTU² wird zwischen Rasuren und Überschreibungen nicht streng geschieden]) siehe Dietrich – Loretz (1994, 25-33); siehe ferner WL 228 (Auflistung von 37 sogenannten "Words in Erasures").

21.362. Überschreibung

Unter einer Überschreibung ist das einfache Überschreiben eines falschen Graphems durch das korrekte Graphem zu verstehen ohne vorangehende Tilgung des falschen Graphems. Ausgewählte Beispiele:

a!ṯnyk 1.1:III:13: {a} über {ṯ} geschrieben.

? *krpn*! 1.3:I:11: {n} über zwei vertikale Keile, offenbar ein unvollständiges {b} (siehe folgende Wortform *b klat*), geschrieben (KTU^2 liest *krp*[[m]]*nm*).

w m!*ġt* 1.4:IV:33: {t} durch senkrechten Keil überschrieben und auf diese Weise zu {m} korrigiert.

? *yra*! 1.6:VI:30: {a} über (möglicherweise leicht radiertes) {u} geschrieben (es sind – gegen KTU^2 – eindeutig zwei horizontale Keile zu sehen).

bl!*t* 1.10:III:9: {l} über {t} geschrieben. Der Schreiber schrieb zuerst die falsche Zeichenfolge {bt} und korrigierte nachträglich seinen Fehler.

*ṣb*i*! 1.14:IV:14: Das dritte Zeichen ist als {i} zu lesen, das über ein {a} geschrieben wurde (anders KTU^2).

š!*rna*! 1.14:IV:50: Der Schreiber veränderte die fälschlich geschriebene Zeichenfolge {sʿ} (vgl. Anfang von Z. 51) ohne Rasur zu {š}.

škr!*n* 1.17:I:30: Der Schreiber schrieb fälschlich die Zeichenfolge {škn} und korrigierte seinen Fehler zu {škr}.

mṯn! 1.103:6: Der erste Keil des {n} ist über einem (nicht radierten) vertikalen Keil – wohl kein Trenner! – plaziert (KTU^2 liest dagegen *mṯ«.»n*).

š!*b*!*ʿ* 1.111:18: {šb} über {bš} geschrieben.

l a!*dn* 5.11:8: Das {a} ist über zwei vertikalen Keilen – wohl ein unvollständiges {d} – plaziert.

21.363. Durchstreichung

In 4.658:7 hat der Schreiber zwei vertikale Keile – offenbar ein unfertiges {l} – mit einem horizontalen Keil (im Sinne eines Korrekturzeichens) durchgestrichen: *ḫmšt . x . ʿšrt* steht also für *ḫmšt ʿšrt* "15 (Schekel)" (§62.202.5). Zumindest an zwei Stellen scheint ein irrtümlich gesetzter Worttrenner mittels Durchstreichung korrigiert zu sein: *in(.)bb* 1.1:II:14 (n.L.); *np(.)š* 1.5:I:14 (n.L.). Es ist mit weiteren Korrekturen dieser Art im ug. Textkorpus zu rechnen.

21.364. Umrandung

In 1.108:9 und 1.123:5 scheint eine Fehlschreibung durch eine Umrandung des betreffenden Graphems markiert zu sein (§21.222). Die betreffenden Fehlschreibungen sind offenbar nicht vom Schreiber selbst, sondern erst im nachhinein durch einen Korrektor entdeckt worden. Die Möglichkeit der Rasur oder der (einfachen) Überschreibung bestand wohl nicht mehr, da der Ton zu diesem Zeitpunkt bereits fest war.

21.365. Andere Korrekturzeichen (?)

Erwähnenswert ist ferner, daß sich an zwei Stellen, namentlich in 1.108:2 und 1.133:18, ein Zeichen findet, das aus einem vertikalen Keil und einem an dessen Kopf ansetzenden horizontalen Keil besteht. Das betreffende Zeichen scheint an beiden Stellen nachträglich in den Text eingefügt worden zu sein. Es könnte sich somit ebenfalls um ein Korrekturzeichen handeln, dessen Sinn allerdings bislang unklar ist (Pardee 1988, 76.78.156).

21.37. Zeichenligaturen (?)

Unter Ligaturen sind besondere Verbindungen bestimmter aufeinander folgender Schriftzeichen zu verstehen, die eine leicht veränderte Gestalt der betreffenden Zeichen nach sich ziehen. Dieses Phänomen, das in kursiv-linearen Alphabettexten relativ häufig begegnet, ist in der Keilschrift grundsätzlich sehr selten. Das Korpus der ug. Alphabetschrift enthält – den bisherigen Untersuchungen zufolge – keine sicheren Belege für Ligaturen. Von Interesse ist in diesem Zusammenhang aber vielleicht 1.19:I:44 (Zeilenende), wo die Zeichenfolge {bb} mit insgesamt nur drei senkrechten und drei waagrechten Keilen geschrieben ist. Das Zeichengebilde ist breiter als das von {d}, dem es formal ähnelt. Es könnte eine Fehlleistung des Schreibers vorliegen, der einfach zwei Keile zuwenig gesetzt hätte. Alternativ könnte das Zeichengebilde jedoch auch als Ligatur für {bb} interpretiert werden.

21.38. Unterschiedliche orthographische Prinzipien

21.381. Bei der Verschriftung der ug. Texte wurden bisweilen unterschiedliche orthogr. Prinzipien angewendet. Diese variieren teilweise von Text(gruppe) zu Text(gruppe) bzw. von Schreiber zu Schreiber, teilweise auch innerhalb eines Textes. Die beiden wichtigsten orthogr. Prinzipien sind a) die phonemische Orthographie und b) die phonetische Orthographie.

21.382. Unter einer phonemischen Orthographie ist die genormte Schulorthographie zu verstehen. Sie orientiert sich im wesentlichen an der (korrekten) Phonemgestalt eines Wortes (in der Hoch- bzw. Schriftsprache) unter Berücksichtigung seiner Etymologie und nicht an seiner tatsächlichen Aussprache. Rein phonetische Phänomene wie etwa die quieszierende Aussprache von silbenschließendem Aleph, (gewisse partielle) Assimilationserscheinungen oder Vokalsynkopen werden dabei nicht berücksichtigt. Dieses orthogr. Prinzip ist in der Mehrheit der religiösen Texte (insbesondere in poetischen Texten) vorherrschend und zeugt von einer profunden und relativ einheitlichen Ausbildung der betreffenden Schreiber. Die phonetische Orthographie orientiert sich demgegenüber primär an der tatsächlichen Aussprache eines Wortes. Sie ist vornehmlich in Briefen und Wirtschaftstexten verbreitet. Sporadische Zeugnisse dafür finden sich aber auch in allen anderen Textgattungen.

21.383. Signifikante Unterschiede zwischen phonemischer und phonetischer Orthographie bestehen insbesondere bei der Schreibung von silbenschließendem Aleph (§21.322.3), daneben aber etwa auch bei der Wiedergabe des Lexems ***ʾḫ* "Bruder" im Stat. cs./pron. In gewissen Texten (etwa 2.14 und 2.38) wird nach dem Prinzip der phonemischen Orthographie durchgehend *aḫ* (für /*ʾaḫû*/, /*ʾaḫî*/ und /*ʾaḫâ*/) geschrieben. In anderen Texten werden die in diesem Wort wirksamen Regeln der Vokalharmonie (§33.215.31b) orthogr. berücksichtigt: Folglich werden nominativische Belege als *uḫ* (für [ʾuḫū]), genitivische als *iḫ* (für [ʾiḫī]) und akkusativische als *aḫ* (für [ʾaḫā]) geschrieben.

21.4. Textgestaltung

21.41. Setzung von Worttrennern

21.411. In ug. LA-Texten werden sogenannte Worteinheiten innerhalb einer Zeile gewöhnlich durch kleine vertikale Trennkeile voneinander abgehoben (§21.237). Eine auf diese Weise markierte Worteinheit besteht in der Regel

a) aus einem einzigen Wort (Pronomen, Nomen, Verb oder Partikel);
b) aus einer einsilbigen Partikel (z.B. Konj., Präp., Negation, Detpr.) und einem nachfolgenden (mehrsilbigen) Wort;
c) aus zwei einsilbigen Partikeln (z.B. Konj. + Präp. oder Detpr. + Präp.) und einem nachfolgenden (mehrsilbigen) Wort;
d) nur aus zwei einsilbigen Partikeln (relativ häufig bei Konj. *w/p* + Negation *l* [1.3:II:19; 1.5:I:9; 1.5:II:13; 1.14:III:15; 1.14:V:7; 1.19:II:29; 1.83:11] bzw. Detpr. *d* + Negation *l* [z.B. 1.1:IV:7; 1.3:III:26]).
e) aus zwei Wortformen, die inhaltlich eng zusammengehören und/oder eine Akzenteinheit bilden; die erstere besitzt dabei häufig einen einsilbigen Wortstamm (z.B.: *bn il(m)* "der Sohn Ilus" 1.5:I:7&; *bt bʿl* "der Tempel des Baʿlu" 1.16:IV:11&; *bl mlk* "Nicht-König" 1.4:VII:43; *ṯṯ mat* "600" 4.261 [10x]; *šmʿrgm* "Auditor" 4.128:3).

21.412. Relativ häufig sind jedoch Abweichungen von den unter §21.411 genannten Konventionen, die vornehmlich den Befund in epischen Texten wiedergeben, zu beobachten. Die im folgenden aufgelisteten wichtigsten Abweichungen häufen sich insbesondere in Briefen und Wirtschaftstexten:

a. Häufig wird auch zwischen einer einsilbigen proklitischen Partikel und dem folgenden Wort ein Worttrenner gesetzt. Dieses Phänomen ist in epischen Texten mit Abstand seltener (z.B. *k . qṣm* 1.3:II:10; *w . tbu* 1.6:I:35; *w . bnh* 1.6:I:40; *b . bnk* 1.6:I:46; *d . dq* 1.6:IV:50; *k . ibr* 1.10:III:35) als in anderen Textgattungen (z.B. *l . mlkt* 2.12:1; 2.13:1&; *w . l . klby* 2.10:6; *l . iḫy* 2.41:18; 3.4 [häufig]; 4.49:4; 4.91:3; 4.369:9; 4.658 [häufig]). In vielen Texten ist dieses Phänomen durchgehend bezeugt und folgt damit einer Norm, etwa in mehreren hippiatrischen Texten (1.72, 1.85, 1.97) und in folgenden Wirtschaftstexten: 4.7; 4.63; 4.80; 4.86; 4.88; 4.95; 4.96; 4.97; 4.101; 4.102; 4.268; 4.352; 4.355; 4.358; 4.360; 4.363; 4.367; 4.368; 4.374; 4.377; 4.380; 4.387; 4.391; 4.394.

   Anm. Vgl. in diesem Zusammenhang die Rasur eines Worttrenners in 4.175:11: *ddm l[[.]]ʿnqt*.

b. Vor enklitischen Lexemen wie etwa dem Lexem *-id* (§65.142) steht in der Regel kein Worttrenner. Eine Ausnahme stellt jedoch die Schreibung *ṯlṯ.id* (1.163:12'[5]) dar (§65.144).

c. Nicht selten werden auch "schwere" (d.h. zweisilbige) Pronominalsuffixe durch Worttrenner abgetrennt: z.B. *rgm.hm* "ihr Gebrüll" 1.15:VI:7; *ymšḥ.hm* "er wird sie salben" 1.10:II:23; *aṣḥ.km* "ich rufe euch" 1.22:II:9; *ytn.hm* "er gibt sie" 2.33:26; *[x]qḥ.hn* "[n]immt/[n]ahm sie" 2.33:9; *b.hn* "bei ihnen" 2.42:23; *anyt.hm* "ihre Schiffe" 2.42:24; *ytn.hm* "er gab sie" 2.45:21; *ksp.hn* "ihr Geld"

4.132:3.6 (vgl. dagegen *ksph* in Z. 5); *bn.km* "euer beider Sohn" RS92.2005:5.

Anm. Vgl. in diesem Zusammenhang die Rasur eines Worttrenners in 2.32:4: *k išal[[.]]hm*.

d. Vergleichbares gilt für die Endung des Energ. II in Kombination mit Objektsuffixen der 3.sg, z.B. *yb<u>t</u>.nn* 1.2:IV:31 (vgl. §41.221.52c).

Anm. Demgegenüber wird die Endung *-nh* (OS 3.sg. in Kombination mit Energ. I) offenbar niemals durch einen Trenner von der vorausgehenden Verbalform geschieden.

e. Bisweilen steht auch vor einsilbigen Pronominalsuffixen ein Trenner, z.B. *bn.h* "ihre Söhne" 1.117:4 und *l.y* "für mich" 1.117:5.

f. Worttrenner können auch am Zeilenende stehen: z.B. 1.13 (15x); 1.19:I (wiederholt); 1.43 (wiederholt); 1.83:4.5.7; 1.111 (wiederholt); 1.119:23; 1.133:17; 2.17:6; 2.19:3; 2.23 (4x); 2.26:2.11.15 (die betreffenden Trenner zeigen jeweils an, daß das Syntagma noch nicht zu Ende ist); 2.31 (4x); 3.9:7.15; 4.41:6; 4.91:15.16; 4.270 (10x); 4.338:1.2; 4.339:2.11; 4.369:13.17.19; 4.723 (11x). Auf mehrkolumnigen Tafeln stehen Worttrenner am Zeilenende gewöhnlich dann, wenn die Kolumnengrenze überschritten wurde (z.B. 1.15:II:23; 1.17:I:2.12; 1.19:I:9.14.32.37.41 u.ö.). Auf einkolumnigen Tafeln stehen Worttrenner vornehmlich am Ende von Zeilen, die über den rechten Tafelrand hinweggeschrieben sind und auf die andere Tafelseite reichen (z.B. häufig in 1.111).

g. In zusammengesetzten Eigennamen können die lexematischen Bildungselemente durch Trenner abgetrennt sein: z.B. *dn.il* 1.17:II:24; *pġn.dr\m* 4.4:1-2; *prt.wn* 4.46:4; *ʿbd.yrḫ* 4.46:10; *ḫbd.<u>t</u>r* 4.46:11; *ʿbd.šḫr* 4.98:19; *adn.ṣdq* 4.129:8 (vgl. *adnṣdq* 4.7:8); *urḫ.ln* 4.131:2; *aḫt.ab* 4.147:13; *bʿl.ṣdq* 4.232:6 (vgl. *bʿlṣdq* 4.180:7); *ʿbd.pdr* 4.269:7; *ʿbd.r[šp]* (alt.: *ʿbd.r[pu]*) 4.288:7; *ʿbd.pdr* 4.269:7; *yrm.bʿl* 4.321:3 (vgl. *yrmhd* 2.70:4); *bʿl.šlm* 4.332:10 und 4.332:19 (vgl. *bʿlšlm* 4.293:2); *ʿbd.ḫmn* 4.332:12; *ʿbd.ršp* 4.635:35 (vgl. demgegenüber etwa *ʿbdmlk* 2.82:5&, *ʿbdbʿl* 4.75:I:3&, *ʿbdpdr* 4.222:17 [n.L.] und viele andere PNN); *abd.bʿl* 4.635:48 (vgl. *ʿbdbʿl* 4.75:I:3&); *bʿl.mšlm* 4.778:4 (gegenüber *bʿlmšlm* 4.782:5 [Paralleltext]) *ypḥ.bʿl* 4.782:5 (siehe auch *ypḥ\bʿl* 4.778:3-4); GN *mlk.ʿ<u>t</u>trt* 4.790:17. Möglicherweise gehört auch die in 3.9:11 bezeugte Schreibung *šm.mn* hierher.

Anm. In KTU[2] werden die betreffenden Worttrenner fälschlicherweise als Fehler gewertet.

h. Das betreffende Phänomen läßt sich bisweilen auch außerhalb von Eigennamen beobachten: z.B. *ap.hn* "danach" 1.17:II:28; *ʿr.ʿr* "Tamariske" 1.100:64 (Reduplikationsbildung); vgl. evtl. auch *kl.[klh* (?)] 4.639:6 (vgl. 3.5:9f.: *yd \ [k]lklh* "nebst allen seinen sonstigen Gütern").

i. Worttrenner können in Texten, die sonst regelmäßige Trenner aufweisen, in bestimmten Zeilen bzw. Wortverbindungen fehlen (z.B. 1.2:IV:12.13; 1.16:II:40.42).

j. Einige Texte bzw. Texteinheiten sind gänzlich ohne Worttrenner geschrieben (z.B. 1.65; 1.71; 1.102; 2.15; 4.761; 5.10; 6.66).

k. Einige Texte bzw. Textabschnitte zeichnen sich durch eine sehr unzuverlässige Setzung von Trennern aus (z.B. 1.9; 1.24; 1.100; 1.105; 1.112).

l. Zuweilen erscheinen Worttrenner versehentlich an ganz unbegründeten Stellen. Nicht immer läßt sich jedoch mit Sicherheit entscheiden, ob es sich um einen Worttrenner oder um einen irrtümlich gesetzten vertikalen Keil anderer Art handelt: z.B. *drk.tk* 1.2:I:5; *k.lbt* 1.3:III:45; *y.ṣḥn* 1.5:II:21; *yqr.*(?)*un* 1.5:II:22; *am.lkn* 1.6:I:46; *[b]n.t* 1.15:III:6 (vielleicht zur Verdeutlichung der Abtrennung von {n} und {t}); *p ʿlm.h* "und in Ewigkeit" 1.19:III:48; *ym.ġyn* "er ging" 1.19:IV:8; *w ʿ.ṯtrt* 1.100:20; *ʿq.šr* 1.100:39; *bht.m* 1.112:5; *š.m* 1.173:11; *l.ikt* 2.45:25; *w šm.mn* 3.9:11 (gegen *šmmn* 3.9:15); *šʿ.rt* 4.46:4; *mn.n* 4.46:7; *š.ʿrt* 4.46:10; mehrmals in 4.188 (Z. 7.12.18.20); *bn.šm* "Menschen, Personal" 4.243:6; *ṣmd.m* 4.377:27; *ṯl.ṯ* 5.23:3 (alt.: {l} mit vier Keilen); *annṯ.b* (PN) RS86.2237:7.

Anm. In 1.4:I:7 dürfte gegen KTU^2 nicht *[w bnh] i«.»lt*, sondern *[w bn]h . <i>lt* zu lesen sein. In 1.103+:6 ist gegen KTU^2 nicht *mṯ«.»n*, sondern *mṯn*! zu lesen (der erste Keil des {n} ist über einem vertikalen Keil [kein Trenner!] plaziert).

m. Zuweilen werden zwei Worttrenner nebeneinander gesetzt: z.B. *l mspr ..* 1.4:V:42; *bt .. ḥmḥh* 1.16:I:29 (die Zeichenfolgen *ḥmḥh* ist wahrsch. inkorrekt); *yrḫ .. ʿšrt* 1.46:11; *lm .. l . tlk* 2.39:16; *aštn .. l . iḫy* 2.41:18; *w .. anyt.hm* 2.42:24. Zumindest in 1.4:V:42 scheint der doppelte Worttrenner mit Absicht gesetzt zu sein und etwa die Funktion unseres Doppelpunktes zu besitzen (es folgt der Titel eines Erzählabschnittes).

Anm. In 4.102:20 begegnen – gegen KTU^2 – keine doppelten Worttrenner.

21.42. Zeilenumbruch

In den kolumnenförmig angeordneten poetischen Texten gibt es eine Tendenz, die Textzeilen bis zum rechten Rand zu füllen. Aus diesem Grund erfolgt der Zeilenumbruch bisweilen innerhalb einer Wortform (besonders häufig im Aqhat-Epos; selten dagegen im Keret-Epos). Wiederholt haben die Schreiber jedoch auch die Kolumnengrenze geringfügig überschritten, um ein Wort noch in der laufenden Zeile zu Ende zu führen.

Häufige Zeilenumbrüche im Wort weist auch der einkolumnige poetische Text 1.24 auf. In den meisten anderen (nicht-poetischen) Texten, besonders in Wirtschaftstexten und Briefen, fallen die Zeilenumbrüche in der Regel mit den Wortgrenzen zusammen. Alles in allem finden sich im alph. Textkorpus von Ugarit gemäß Dietrich – Loretz (WL 230f.) 188 Belege für Wörter, die über die Zeilengrenze hinweg geschrieben sind.

21.43. Trennlinien

Die ug. LA-Texte weisen bisweilen zur Abgrenzung von Textzeilen Trennlinen in Form einer einfachen, einer doppelten oder (selten) einer dreifachen horizontalen Linie (z.B. Text 2.3, nach Z. 20) auf.

In den poetischen Texten werden in der Regel innerhalb einer Textkolumne keine Trennlinien verwendet (Ausnahme: 1.3:III, nach Z. 31). Am Kolumnenende finden sich jedoch mehrfach Doppellinien (1.3:IV; 1.4:I; 1.6:II; 1.14:II; 1.15:I; 1.15:II). Eine weitere Doppellinie begegnet in 1.6:VI, nach Z. 53, um das Kolophon vom eigentlichen Text abzugrenzen.

In anderen Texten werden häufig (zumeist einfache) Trennlinien zur Abgrenzung von Sinneinheiten verwendet (z.B. 1.23; 1.40; 1.71; 1.72; 1.82; 1.85; 1.100), in Briefen konkret auch zur Abgrenzung des Briefkopfes und der Grußformeln vom Hauptteil des Briefes (2.1; 2.4 etc.). Ein besonderes Problem stellt in diesem Zusammenhang der Brief 2.26 dar, wo die durch Trennlinien abgegrenzten Einheiten nicht immer mit den Sinneinheiten deckungsgleich sind (zum Problem siehe Dietrich – Loretz 1974). Hinzuweisen ist ferner auf einige Wirtschaftstexte, wo sumero-akkadische Summierungen durch Trennlinien vom vorausgehenden ug. Textteil abgegrenzt werden (4.63; 4.90; 4.93; 4.199; 4.299; 4.308).

In einer Reihe von Texten wird jede Zeile durch eine Linie von der folgenden geschieden (z.B. 1.13; 1.101; 1.103; 1.108; 1.117; 1.157; 1.158; 4.173; 4.174; 4.204; 4.342; 5.14). Diese Linien dienen wohl ausschließlich als Behelf für eine gerade Zeilenführung.

21.44. Andere horizontale Linien

Zahlreiche Wirtschaftstexte weisen horizontale Linien auf, die nicht zur Abgrenzung von Sinneinheiten dienen. Sie verbinden zumeist PNN bzw. ONN mit rechts angeordneten logographischen Zahlzeichen zur Verdeutlichung der inhaltlichen Bezüge in komplexen tabellarischen Texten. Die Mehrzahl dieser Linien ist horizontal ausgerichtet. Daneben gibt es auch schräge Linien. Sie dienen dazu, zwei PNN/ONN (z.B. 4.68:22f.24f.26f.) oder gleichsam als Klammer mehr als zwei PNN/ONN mit ein und demselben Zahlzeichen zu verbinden (z.B. 4.68:13-15.17-19). Anstelle eines Zahlausdrucks kann rechts auch eine Wortform stehen (beispielsweise werden in 4.698:2-4: drei ONN werden mittels zweier schräger Linien mit der Wortform *ḥmr[m]*, "[je] zwei Esel", verknüpft). Die beschriebenen Linien sind in der Textausgabe KTU² zumeist nicht berücksichtigt. Sie sind gleichwohl für das Verständnis der Texte elementar.

21.45. Kolumnengestaltung

21.451. Größere Tontafeln wurden vor der Beschriftung durch senkrechte Linien – es handelt sich meist um Doppellinien (zwischen 1.4:III und 1.4:IV sind aber vier senkrechte Lienen gezogen) – in zumeist gleichförmig breite Kolumnen eingeteilt. Tafeln großen Formats sind jedoch selten und dienen überwiegend der Niederschrift epischer Texte.

Es gibt Texte mit zwei, drei, vier, sechs und acht Kolumnen. Sechskolumnige Tafeln – drei Kolumnen auf der Vorderseite und drei auf der Rückseite – sind bei epischen Texten häufig, begegnen sonst aber nur ganz sporadisch (4.69; 4.75). Acht Kolumnen weist nur der Text 1.4 (Baal-Zyklus) auf.

Zweikolumnige Wirtschaftstexte werden in der Textausgabe KTU² leider uneinheitlich behandelt. Der Wortlaut der (inhaltlich eigenständigen) Kolumnen wird teilweise wie in epischen Texten hintereinander, teilweise (z.B. in 4.232 und

4.617) aber auch nebeneinander präsentiert.

Es gibt zweikolumnige Wirtschaftstexte, deren Kolumnen nicht durch eine senkrechte Linie, sondern nur durch einen Zwischenraum voneinander abgegrenzt sind (z.B. 4.608 [offensichtlich zwei eigenständige Kolumnen]). Selten scheinen auch (Zeile für Zeile genau untereinander plazierte) überdimensionierte Worttrenner zur Kolumnenbegrenzung gebraucht zu werden (z.B. in 4.227 [in KTU^2 werden diese Keile als Zahlzeichen für "1" interpretiert]).

Anm. Schreiber mehrkolumniger Tafeln überschreiten wiederholt die Kolumnengrenze geringfügig, um ein Wort in der laufenden Zeile noch zu Ende zu führen (§21.42). Um Mißverständnissen infolge zu häufigen Überschreitens der Kolumnengrenze vorzubeugen, hat etwa der Schreiber von 1.12:I-II nachträglich eine neue Kolumnenbegrenzung in Form einer gekrümmten Linie gezogen.

21.452. Neben den mehrkolumnigen Tafeln im eigentlichen Sinn (Anordnung im Zeitungsstil) gibt es mehrere Wirtschaftstexte, in denen analoge Ausdrücke jeweils (d.h. Zeile für Zeile) in Form von Blöcken untereinander aufgelistet sind. Die Blöcke sind zumeist allein durch leere Zwischenräume, seltener (wie etwa in 4.340 und 4.687) durch vertikale Linien voneinander abgegrenzt.

21.46. Wiederverwendung von bereits beschrifteten Tontafeln

Sporadisch könnten in Ugarit – weil geeigneter Ton nicht in ausreichender Menge vorhanden war – bereits beschriftete Tontafeln nach erneuter Ummantelung mit Ton wiederverwendet und neu beschriftet worden sein. Hinweise auf diese Praxis liefern Zeichenreste der ersten Beschriftung, die nicht zum aktuellen Text gehören. Mögliche wiederverwendete Tontafeln (sogenannte Palimpseste) unter den Texten des langalphabetischen Textkorpus von Ugarit sind M. Dietrich – W. Mayer (UF 29 [1997], 162) zufolge KTU 1.114, 1.116 und 1.131. Ein zwingender Beweis für diese Annahme und eine nähere Untersuchung der Thematik stehen jedoch noch aus. Es gilt zu bedenken, daß die nicht unmittelbar zum aktuellen Text von KTU 1.114 gehörigen Schriftzeichen auffallend klein sind und daß sich mehrere davon genau zwischen den aktuellen Zeilen befinden. Letztere könnten somit nachträglich (von einem Korrektor oder Kommentator) eingefügt worden sein.

22. Das keilschriftliche Kurzalphabet

22.1. Einleitung

In mehreren Orten Syrien-Palästinas einschließlich Ugarit und in Zypern wurden vereinzelte Texte gefunden, die in einem keilschriftlichen Kurzalphabet (= KA) abgefaßt sind (siehe Dietrich – Loretz 1988, 145-275 und 1989, 107-110). Das keilschriftliche KA ist wahrscheinlich keine direkte Weiterentwicklung des keilschriftlichen LA, sondern stellt offenbar die keilschriftliche Umsetzung eines linearen KA von 22 Zeichen dar. Da das lineare KA vor dem 13. Jh. v. Chr. nicht nachweisbar ist, kann auch das keilschriftliche KA erst in dieser Zeit entstanden sein. Es ist damit eindeutig jünger als das keilschriftliche LA.

22.2. Textkorpus

22.21. Aus dem Gebiet von Ugarit (Stadt Ugarit [Ras Shamra] und Hafen Minet el-Beida) sind bislang lediglich drei Texte bekannt, denen mit Sicherheit das keilschriftliche KA zugrunde liegt. Ihre Schriftrichtung ist übereinstimmend linksläufig (im Gegensatz zur Rechtsläufigkeit der LA-Texte): 1. KTU 4.31, eine Tontafel aus Ras Shamra; 2. KTU 4.710, eine weitere Tontafel aus Ras Shamra; 3. KTU 1.77, eine Kruginschrift aus Minet el-Beida.

22.22. Zu diesen Texten könnte ferner KTU 7.60 zu rechnen sein, eine kaum deutbare zweizeilige Inschrift auf der Unterseite eines Tonnagelkopfes. Für die Zuordnung dieser Inschrift zu den KA-Texten spricht a) die linksläufige Schriftrichtung und b) die besondere Zeichenform von {d} (*§*22.31).

22.23. Zur Diskussion steht ferner der Text KTU 5.22, der in der Textausgabe KTU^{2} (S. 496) als "scribal exercise" klassifiziert wird (dazu Dijkstra 1986 und Dietrich – Loretz 1988, 188-194). Dieser Text weist in Übereinstimmung mit den LA-Texten eine rechtsläufige Schriftrichtung auf, verwendet jedoch in Übereinstimmung mit dem KA jeweils nur ein Schriftzeichen für /*ḫ*/ und /*ḥ*/ sowie für /*š*/ und /*ṯ*/. Als Schriftzeichen der beiden letztgenannten Phoneme fungiert allerdings die Zeichenform von {š}, während in den oben genannten KA-Texten stattdessen ein "neues" Schriftzeichen in Form einer mit dem Griffel in den Ton eingedrückten runden Vertiefung ("trou circulaire") verwendet wird. Dieses Merkmal, die Verwendung der LA-Grapheme {ḏ} und {ġ} sowie die Verwendung der LA-Zeichenformen für {b} und {d} sprechen gegen die Zuordnung von KTU 5.22 zur normalen KA-Tradition. Der Text spiegelt somit wahrscheinlich eine Mischform von LA- und KA-Tradition wider.

22.24. Hervorzuheben ist schließlich noch, daß KTU 5.7, ein sogenannter "Schultext", eine linksläufige erste Zeile aufweist und daß noch ein weiterer "Schultext", KTU 5.18, für {b} und {d} die für das KA charakteristischen Zeichenformen verwendet (*§*22.31). Beide Texte weisen somit Einflüsse der KA-Tradition auf, dürften aber dennoch der LA-Tradition zuzurechnen sein.

22.25. Außerhalb von Ugarit wurden bislang sieben keilalph. Texte gefunden, die wahrscheinlich allesamt der KA-Tradition zugerechnet werden können (siehe Dietrich – Loretz 1988, 205-275). Es handelt sich um die Texte mit den KTU-Nummern 4.767 (Tell Taanak, Israel), 6.1 (Tabor, Israel), 6.2 und 6.67 (Kāmid el-Lōz/Kumidi, Libanon), 6.68 (Hala Sultan Tekke, Zypern), 6.70 (Sarepta/Sarafand, Libanon) und 6.71 (Tell Nebī Mend, Libanon). Ihre Schriftrichtung ist links- oder rechtsläufig.

22.3. Zeichenformen

22.31. Die Mehrzahl der in Ugarit belegten KA-Zeichenformen gleicht denen des LA, wobei freilich zu beachten ist, daß sie nach links ausgerichtet sind und somit im Hinblick auf die LA-Zeichen seitenverkehrt anmuten. Hervorzuheben sind jedoch folgende Besonderheiten:

- Die unteren Keile der Zeichenformen für {b} und {d} weisen – anders als im LA – vertikal nach oben, d.h. frontal gegen die oberen Keile.
- {w} besteht aus drei horizontalen Keilen und einem Keil, der diagonal zur Schriftrichtung verläuft und entweder nach oben oder nach unten weist.
- Die beiden Keile von {m} stehen im spitzen Winkel zueinander.

22.32. Für einige Phoneme werden dagegen (scheinbar) neue Zeichenformen verwendet:

- In 4.31:8 und 4.710:11 begegnet jeweils ein Zeichen, das die Form des LA-Zeichens für {ṭ} besitzt. Folgt man Dietrich – Loretz (1988, 165f.177), stünde es jedoch für {z} (auf dieser Basis würde man in 4.710:11 eine kontextuell passende Wortform *ztm* "Olivenöl"[?] erhalten). Die Herleitung dieser Zeichenform und des postulierten Lautwertes ist jedoch nicht geklärt.
- In den Zeilen 4 und 7 des Textes 4.710 begegnet jeweils an vorletzter Position ein Zeichen, das aus zwei parallelen horizontalen Keilen und einem dritten gegenläufigen horizontalen Keil zwischen diesen besteht. Es weist damit ungefähr die Normalform des LA-Zeichens für {ẓ} auf. Aufgrund des Kontextes – es scheint jeweils das Wort *ḫ*$_{2}$*ṭm* "Weizen" vorzuliegen – ist jedoch eine Lesung {ṭ} wahrscheinlich (siehe Dietrich – Loretz 1988, 163f.).
- Das Schriftzeichen für {s} besteht aus zwei horizontalen Keilen und einem dritten Keil, der entweder diagonal oder vertikal nach unten weist. Auch dieses Zeichen weist eine gewisse Ähnlichkeit mit dem LA-Zeichen {ẓ} auf, die aber gewiß zufällig ist. Es entspricht offensichtlich dem LA-Zeichen für {s}, gedreht um 90°. Eine vergleichbare {s}-Form findet sich jetzt im übrigen auch in RS88.2215:3, einem 27-Zeichen-Alphabet in "südsemitischer" Reihenfolge (siehe Bordreuil – Pardee 1995, 857).
- Zur Verschriftung der Phoneme /š/ und /ṯ/ dient nur ein Schriftzeichen in Form einer mit dem Griffel in den Ton eingedrückten runden Vertiefung ("trou circulaire"). Das Zeichen entspricht formal dem LA-Zeichen für {ṯ}.

22.33. Die folgende, aus Dietrich – Loretz (1988, 270) entnommene Abbildung enthält sämtliche Zeichenformen des keilschriftlichen KA von Texten aus Ugarit (KTU 1.77, 4.31 und 4.710) und anderen Fundorten.

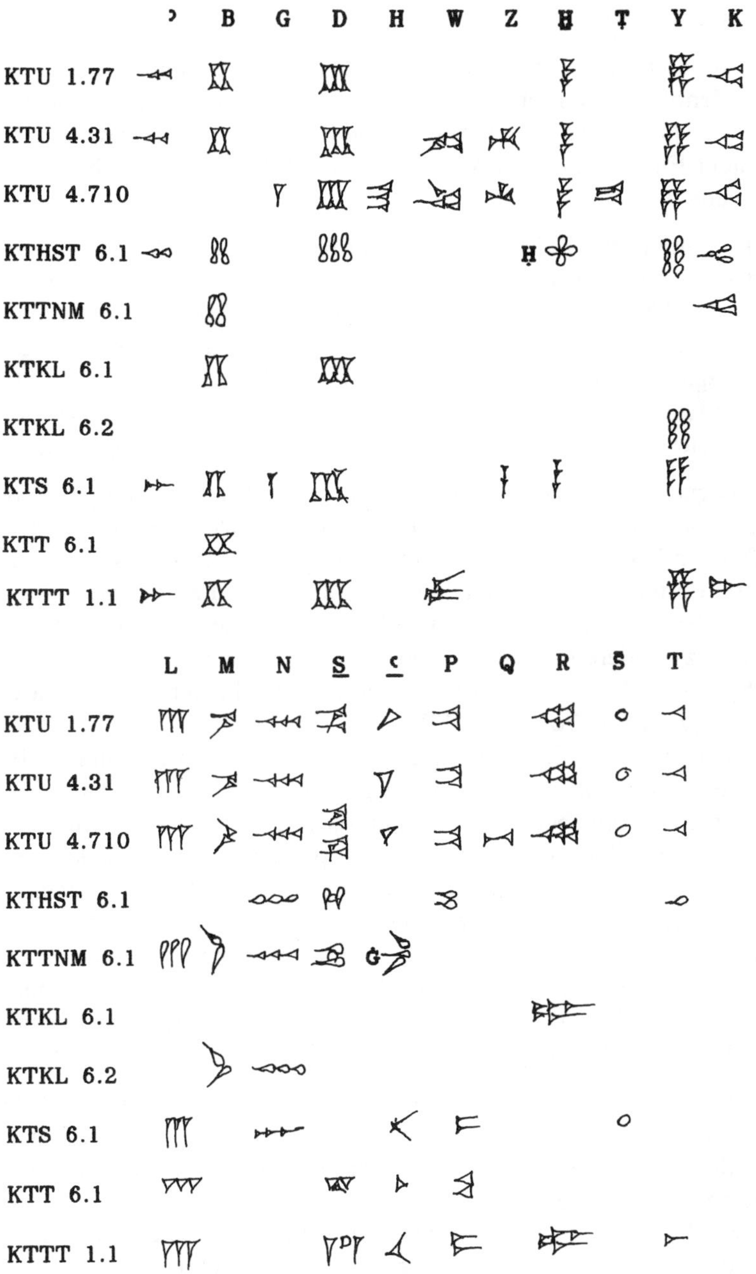
ʾ B G D H W Z Ḫ Ṭ Y K
KTU 1.77
KTU 4.31
KTU 4.710
KTHST 6.1
Ḥ
KTTNM 6.1
KTKL 6.1
KTKL 6.2
KTS 6.1
KTT 6.1
KTTT 1.1
L M N S̲ ʿ̲ P Q R Š T
KTU 1.77
KTU 4.31
KTU 4.710
KTHST 6.1
KTTNM 6.1
G
KTKL 6.1
KTKL 6.2
KTS 6.1
KTT 6.1
KTTT 1.1

Erläuterung der Transliterationssymbole: $\underline{^c}$ = ^{c} bzw. $^c_2$ (*§*22.63); $\underline{s}$ = *s* (*§* 22.44); *š* = *ṯ* bzw. $ṯ_2$ (*§*22.63). — *Erläuterung der Textsiglen*: KTHST 6.1 = KTU 6.68; KTTNM 6.1 = KTU 6.71; KTKL 6.1 = KTU 6.2; KTKL 6.2 = KTU 6.67; KTS 6.1 = KTU 6.70; KTT 6.1 = KTU 6.1; KTTT 1.1 = KTU 4.767.

22.4. Zeichenbestand

22.41. Bislang konnten in den KA-Texten aus Ugarit nur 21 unterschiedliche Schriftzeichen identifiziert werden, konkret alle Grapheme des 22er-Alphabets mit Ausnahme von {ṣ}. Ob das Fehlen von {ṣ} auf Zufall beruht oder systemhaft ist, kann nur unter Einbeziehung von keilschriftlichen KA-Texten außerhalb von Ugarit entschieden werden.

22.42. Einer Bestimmung des Zeichenbestands der Keilschrifttexte außerhalb von Ugarit stehen zumindest drei Probleme gegenüber: Erstens ist in der Inschrift von Hala Sultan Tekke (KTU 6.68) ein Schriftzeichen {ḥ} bezeugt, zweitens verwendet die Inschrift von Tell Nebī Mend (KTU 6.71) ein Schrifttzeichen {ġ} und drittens begegnet im Text von Tell Taanak (KTU 4.767), am Ende von Z. 1, ein schwer identifizierbares Schriftzeichen, das ungefähr die Gestalt eines {s} besitzt, dem Dietrich – Loretz (1988, 252) aber den Lautwert /*ṣ*/ zuschreiben.

22.43. Die Bezeugung der Schriftzeichen {ḥ} und {ġ} in den Texten KTU 6.68 bzw. KTU 6.71 läßt theoretisch drei verschiedene Schlußfolgerungen zu:

1. Die betreffenden Texte sind trotz linksläufiger Schriftrichtung und besonderer {b}- und {d}-Formen einer LA-Tradition von 27 Zeichen zuzuordnen.
2. Die betreffenden Texte sind der KA-Tradition von 22 Zeichen zuzuordnen. Im Gegensatz zu anderen Texten fungieren darin allerdings die Grapheme {ġ} und {ḥ} – anstelle von {ʿ} und {ḫ} – zur Wiedergabe der Phonempaare /*ḥ-ḫ*/ bzw. /*ʿ-ġ*/ (siehe Cross 1980, 12).
3. Den betreffenden Texten liegt ein Alphabet von 24 Zeichen zugrunde. Die Existenz eines 24er-Alphabets wäre als typologische Zwischenstufe zwischen dem protokan. 27er-Alphabet und dem (späteren) KA von nur 22 Zeichen zu verstehen. Das 24er-Alphabet wäre vom 27er-Alphabet durch das Fehlen der Interdental-Schriftzeichen unterschieden; das 22er Alphabet wäre zusätzlich dadurch charakterisiert, daß es nur zwei Grapheme für (insgesamt vier) uvulare und pharyngale Phoneme besitzt. Trifft diese Annahme zu, dann wäre die Reduktion des Zeichenbestandes von 27 auf 22 in zwei aufeinanderfolgenden Schritten erfolgt. Da allerdings in KTU 6.68 neben {ḥ} kein {ḫ} und in KTU 6.71 neben {ġ} kein {ʿ} bezeugt ist, bleibt diese These spekulativ.

22.44. Der Text von Tell Taanak (KTU 4.767) wird von Dietrich – Loretz (1988, 250f.) wie folgt gelesen und übersetzt: *kkb . ʾs̱p . ʿs̱ \ kprt . yʾkl \ dw* "Kkb hat eingesammelt Stengel von Zypressensträuchern. Es wird (davon) Gebrauch machen der Kranke" (4.767:1-3).

Das letzte Zeichen von Z. 1 wird von Dietrich – Loretz somit als {s̱} transliteriert, das in diesem Fall das Phonem /*ṣ*/ repräsentiere (Lexem *ʿṣ* "Holz"). Aus diesem Befund ziehen die Autoren den Schluß, daß das keilschriftliche KA von Hause aus nur 21 Zeichen umfaßte, wobei das Zeichen {s̱} sowohl für /*s*/ (Wz. √*ʾsp*) als auch für /*ṣ*/ (Subst. *ʿṣ*) stünde. Gegen diese Schlußfolgerung lassen sich jedoch drei Argumente anführen: a) Die beiden mit {s̱} translitierten Schriftzeichen sind sehr wahrsch. nicht identisch (siehe die Abbildung in Hillers 1964, 46). b) In der linearen Alphabettradition läßt sich kein 21er-Alphabet nachweisen. c) Die Wiedergabe eines emphatischen und eines nicht-emphatischen Phonems mit ein und demselben Graphem wäre singulär.

M.E. sind das fünfte und das letzte Schriftzeichen von KTU 4.767:1 nicht identisch. Liest man ersteres mit Hillers (1964) als {l}, wäre für letzteres die Lesung {s} oder {ṣ} möglich. Liest man ersteres dagegen als {s}, läge für letzteres die Lesung {ṣ} nahe. Möglich wären etwa folgende Interpretationen: *ʾlp ʿṣ \ kprt/m* "1000 Hennasträucher"; *ʾlp ʿs \ kprt/m* "1000 (Maß) Henna-Saft(?)"; *ʾsp ʿṣ \ kprt/m* "er hat Hennasträucher gesammelt" (zu *ʿs* im Sinne von "Saft" vgl. he. √*ʿss* "zertreten" mit Derivat *ʿāsîs* "Traubensaft" und ar. √*ʿss* II. "auspressen").

22.45. Rückblickend ist festzuhalten: Die keilschriftlichen KA-Texte aus Ugarit weisen offenbar einen Bestand von 22 Zeichen auf, von denen bislang zufällig nur 21 bezeugt sind (das Graphem {ṣ} fehlt). Die Mehrzahl der außerhalb von Ugarit gefundenen KA-Texte weist ebenfalls einen Bestand von mutmaßlich 22 Zeichen auf (möglicherweise ist auch {ṣ} bezeugt). Daneben könnte eine KA-Tradition von 24 Zeichen (inklusive {ḥ} und {ġ}) existiert haben, der vielleicht die Texte KTU 6.68, KTU 6.71 und KTU 5.24 zuzurechnen sind.

22.5. Orthographie

22.51. Die Orthographie der KA-Texte aus Ugarit folgt den Vorgaben des linearen KA von 22 Zeichen. Die wesentlichen Merkmale sind:
- Für /ʾ/ gibt es – anders als im ug. LA – nur ein Schriftzeichen.
- Für die Wiedergabe der (drei) interdentalen Phoneme stehen keine eigenen Schriftzeichen zur Verfügung. Die betreffenden Phoneme werden mit Sibilantengraphemen geschrieben: Es gibt jeweils nur ein Graphem für /ṯ/ und /š/, nämlich das Zeichen "trou circulaire", sowie mutmaßlich auch für /ẓ/ und /ṣ/ sowie für /ḏ/ und /z/ (der explizite Beweis steht hier jedoch noch aus).
- Uvulare und pharyngale Phoneme werden jeweils nur mit einem Schriftzeichen wiedergegeben: {ḫ} steht für /ḫ/ und /ḥ/, {ʿ} für /ʿ/ und /ġ/.

22.52. Alle Grapheme stehen für Konsonanten. Es gibt keine *matres lectionis*.

22.6. Transliteration

22.61. Es gibt bisher kein einheitliches Transliterationssystem für die Grapheme des keilschriftlichen KA. Selbst in der Textausgabe KTU² werden entsprechende Transliterationssymbole uneinheitlich gebraucht (siehe Tropper 1995/96, 266f.). Problematisch ist insbesondere die Transliteration jener Grapheme, die für mehr als ein Phonem stehen könnten, namentlich {ṯ}, {ṣ}, {z}, {ḫ} und {ʿ}.

22.62. Geht man davon aus, daß es keine Polyvalenz der genannten Grapheme gibt, d.h., daß jedes Graphem immer nur ein Phonem repräsentiert, wären die Grapheme des keilschriftlichen KA gleich zu transliterieren wie die Grapheme des linearen KA, nämlich: *ʾ b g d h w z ḥ ṭ y k l m n s ʿ p ṣ* q r š t*.

Dabei wäre zu beachten, daß die mit {ḥ} und {š} transliterierten Grapheme formal den LA-Graphemen für {ḫ} und {ṯ} entsprechen.

22.63. Berücksichtigt man aber die mögliche Polyvalenz der genannten Grapheme, sind verschiedene Transliterationssysteme möglich. Hier wird folgendes System favorisiert: *ʾ b g d h w z/z$_2$ ḫ/ḫ$_2$ ṭ y k l m n s ʿ/ʿ$_2$ p ṣ*/ṣ$_2$* q r ṯ/ṯ$_2$ t.*

Das Symbol {z$_2$} wäre zu verwenden, wenn das betreffende Graphem das Phonem /*ḏ*/ repräsentiert; in Analogie dazu stünde das Symbol {ḫ$_2$} für /*ḥ*/, das Symbol {ʿ$_2$} für /*ġ*/, das Symbol {ṣ$_2$} für /*ẓ*/ und das Symbol {ṯ$_2$} für /*š*/.

Anm. In KTU[2] und in Dietrich – Loretz (1988, 145-296) werden neben den bzw. anstelle der oben erwähnten Symbole(n) auch folgende andere Symbole gebraucht: {ʿ̲} (d.h. Graphem für /*ʿ*/ und /*ġ*/); {ẖ} (d.h. Graphem für /*ḥ*/ und /*ḫ*/); {s̄} (d.h. Graphem für /*š*/ und /*ṯ*/); {s̲} (d.h. Graphem für /*s*/, /*ṣ*/ und wohl auch /*ẓ*/); {ẓ$_2$} (in gleicher Funktion wie {s̲}). Ferner ist zu beachten, daß im Text KTU 5.24 = 8.1 das Symbol {f} (anstelle von {p}) verwendet wird.

22.7. Worttrenner

Die KA-Texte aus Ugarit verwenden sporadisch (ohne klare Regeln) Worttrenner. Die KA-Texte außerhalb Ugarits sind in der Regel ohne Worttrenner geschrieben. Lediglich die Tell-Taanak-Inschrift (KTU 4.767) könnte Worttrenner enthalten (siehe Dietrich – Loretz 1988, 250f. [Befund unsicher]).

22.8. Linguistische Klassifikation

22.81. Es gibt keine sicheren Hinweise auf die Herkunft der in Ugarit gefundenen KA-Texte. Die betreffenden Texte könnten aus Ugarit selbst stammen oder von auswärts importiert worden sein. Die ihnen zugrundeliegende Sprache zeigt folgende Besonderheiten (siehe Tropper 1998b):

1. Ursprüngliche Diphthonge werden nach Ausweis der Orthographie immer monophthongiert (vgl. *bt* "Haus" [4.710:6] und *ztm* "Oliven" [4.710:11]).
2. Es gibt PK-Verbalformen, die durch *-n* erweitert sind: *ybrkn* "er soll(?) (ihn) segnen" (1.77:2). Es läßt sich nicht sicher entscheiden, ob es sich dabei a) um eine Personalendung, b) um die Endung des Energ. I (§73.611) oder c) um die Endung des Energ. III + Objektsuffix 3.sg. (§73.634) handelt.
3. Die Verbalwurzel für "geben" lautet √*ytn* (4.710:6).
4. Von der genannten Wurzel √*ytn* ist eine SK 1.c.sg. mit der Schreibung *ytt* = /*yatattV*/ < **watantV* (4.710:6) bezeugt. Auffällig ist die Assimilation des dritten Radikals /*n*/ an das /*t*/ des Personalsuffixes.
5. Es gibt eine zusammengesetzte Präposition *bd* (4.710:1), die aus den Elementen *b* ("in, mit, durch") und **yd* ("Hand") besteht.
6. Der Text 4.710 zeigt durchgehend eine sogenannte polare Genussyntax zwischen den Kardinalzahlen 3-10 und dem Gezählten: *ḫmṯ$_2$t prsm* "fünf *prs*-Maß" (Z. 4); *ṯlṯt prsm* "drei *prs*-Maß" (Z. 5); *ṯmnt prsm* "acht *prs*-Maß" (Z. 7).
7. Der Text 4.31 zeichnet sich dadurch aus, daß jeweils beide Wortformen der Kardinalzahlen 11-19 bei Ellipse der Maßeinheit (wohl *kd*) und "Öl" als Gemessenem endungslos sind: *b ṯṯ ʿṯ$_2$r ṯ$_2$mn r[qḥ]* "für 16 (Schekel) [Par]fümöl" (Z. 2); *b ḫmṯ$_2$ ʿṯ$_2$r ṯ$_2$mn [ ]* "für 15 (Schekel) ...(?)-Öl" (Z. 11; vgl. Z. 4.5.6).

8. Der Dual ist offenbar produktiv; siehe *b kdm* "für zwei *kd*-Maß/Krüge" (4.710:12 [Dual *kdm* ohne Zahlwort "zwei" zum Ausdruck der Zweizahl).

Anm. Gemäß Dietrich — Loretz (1988, 158.302) wäre im Text 1.77:1 *db[ḫ$_2$]* zu lesen, d.h. eine SK 3.m.sg. der Wz. √*dbḥ* < **ḏbḥ*. Auffällig wäre dabei die Wahl des Graphems {d} — anstelle von {z} — für etym. /*ḏ*/ (nach Dietrich — Loretz 1988, 302 ein "Ugaritismus"). Diese Interpretation beruht jedoch auf einer ganz unsicheren epigraphischen Grundlage. Man beachte, daß KTU^2 hier die Lesung *db/d[ ]* bietet.

22.82. Aufgrund der unter §22.81 genannten Merkmale (1), (3) und (5) kommt als Sprache der KA-Texte von Ugarit nur das Ugaritische oder das Phönizische (bzw. eine eng damit verwandte nordkan. Sprache) in Betracht.

Zugunsten des Ug. könnte das Lexem *kt* "große Kanne" (1.77:5) sprechen, das sich — sieht man vom Akk. (akk. *kūtu* [u.ä.]) ab — nur im Ug. (4.786:13.14; vgl. 4.691:6 [Graphie *kwt*]; evtl. ferner 1.147:8 und 7.142:1.2.8) nachweisen läßt, sowie unter Vorbehalt auch die in den KA-Texten genannten Personennamen, die zum Großteil auch in den ug. LA-Texten bezeugt ist.

Das Merkmal (4) läßt sich problemlos mit dem Phön. vereinbaren, wo die Assimilation des dritten Radikals /*n*/ der Wurzel √*ytn* vor konsonantisch anlautenden Personalsuffixen die Norm ist (z.B. *ytt* "ich habe gegeben" [KAI 43:9; 50:5]; vgl. aber dagegen pun. *ytnty* [KAI 145:6]). In ug. LA-Texten tritt diesee Assimilation dagegen in der Regel nicht ein (§33.115.44:1). Allerdings ist einmal — als Ausnahme — eine Form *ytt* "ich habe gegeben" bezeugt (1.100:75).

Das Merkmal (6) spricht gegen das Ug. und für das Phön. Die betreffende genuspolare Syntax ist ug. nur selten in der Poesie, nie jedoch in der Prosa nachweisbar (§69.133.2). Im Phön. entspricht sie dagegen der Norm (PPG § 312).

Schließlich spricht auch das Merkmal (7) gegen das Ug. Nach ug. Syntax wäre eine Zehnzahl der Form *ˁšrh* zu erwarten, z.B. *arbˁ/ˁšt ˁšrh šmn* "14/11 (*kd*-Maß) Öl" (4.290:1.4) (§69.143.32c).

Zusammenfassend ist festzuhalten, daß aufgrund der geringen Zahl an verfügbaren spezifischen Sprachmerkmalen eine endgültige Klassifikation der Sprache der KA-Texte aus Ugarit nicht möglich ist. Mehrere Indizien weisen jedoch darauf hin, daß die Texte 4.710 sowie 4.31 nicht ugaritisch sind. Der Schluß liegt nahe, daß keiner der in Ugarit gefundenen KA-Texte ugaritisch ist. Den betreffenden Texten scheint eher ein phönizischer bzw. nordkan. Dialekt zugrunde zu liegen (vgl. auch Dietrich — Loretz 1988, 299-302).

22.83. Aus der Tatsache, daß in Ugarit Texte gefunden wurden, die mit Hilfe eines 22er-Alphabets verfaßt sind, darf somit nicht gefolgert werden, daß das Ug. in seiner Spätphase nur noch 22 konsonantische Phoneme besaß. Zum einen ist es unwahrscheinlich, daß die betreffenden Texte überhaupt als Zeugnisse der ug. Sprache zu bewerten sind (§22.82). Zum anderen enthalten die LA-Texte aus Ugarit — sieht man "Schultext" KTU 5.22 ab — keine klaren orthogr. Hinweise auf eine Reduktion des konsonantischen Phonembestandes.

Anm. Im übrigen können auch Sprachen, die über ein reiches Phoneminventar verfügen, mit einem defizitärem alph. Schriftsystem auskommen. Von diesem Phänomen zeugt etwa das ältere Aram. (Darstellung von mutmaßlich 29 — zumindest aber 27 — konsantischen Phonemen mit nur 22 Graphemen).

22.84. Aus §22.83 und der Tatsache, daß außerhalb von Ugarit nur keilschriftliche KA-Texte, aber keine keilschriftliche LA-Texte gefunden wurden, läßt sich schließen, daß das KA von 22 Zeichen nicht in Ugarit erfunden wurde.

23. Die syllabische Keilschrift

23.1. Einleitung

Die sum., akk. und heth. Texte aus Ugarit sowie eine Reihe von ug. Wörtern wurden mit der aus Mesopotamien stammenden, sogenannten syllabischen (= syll.) Keilschrift verschriftet. Dieses Schriftsystem ist zwar für die Wiedergabe der konsonantischen Phoneme des Ug. relativ ungeeignet, überliefert dafür aber die Vokalstruktur ug. Wortformen und ist deshalb für die Phonologie und Morphologie des Ug. von großer Bedeutung.

Lit.: Das ug. Material in syll. Schrift wurde von Boyd (1975) und neuerdings von Huehnergard (UV) zusammengestellt und ausgewertet (für Korrekturvorschläge und alternative Lesungen siehe insbesondere van Soldt 1990). Zum Akk. von Ugarit liegen drei umfangreiche grammatischen Studien vor, nämlich Swaim (1962), Huehnergard (AU) und van Soldt (SAU).

23.2. Textkorpus

23.21. Ug. Wortformen in syll. Schrift – insgesamt über 300 (zumeist nominale Formen; nur wenige Verben) – finden sich

a) in der vierten Spalte des viersprachigen (sum./akk./hurr./ug.) "Syllabary A Vocabulary" (abgekürzt: S^a),
b) im Text RS20.163 (dieser schwer lesbare Text dürfte vollständig ugaritisch sein [siehe UV 11f.]),
c) vereinzelt im (sonstigen) akk. Textkorpus Ugarits, vornehmlich in juristischen und administrativen Texten.

Die wichtigsten Kriterien für die Identifizierung ug. Wortformen innerhalb der akk. Texte aus Ugarit sind (gemäß UV 6f.):

- Wortformen nach einem "Glossenkeil" sind in der Regel ugaritisch.
- Wortformen, die aus phonologischen und morphologischen Gründen nicht akk. sein können und zugleich im Einklang mit der ug. Grammatik stehen, sind ugaritisch.
- Wörter, deren Bedeutung sich nicht im akk. Lexikon, wohl aber im ug. Lexikon finden, sind in der Regel ugaritisch.

23.22. Ferner sind zahlreiche Eigennamen (PNN, ONN, Gentt.) ug. Provenienz in den syll. Texten Ugarits bezeugt, die allerdings nur indirekt und mit äußerster Vorsicht zur Rekonstruktion der ug. Sprache herangezogen werden dürfen (zur Argumentation siehe UV 8f.).

Ug. Wortformen – vor allem GNN – finden sich schließlich auch noch in zwei syll. Götterlisten (RS20.24 und RS26.142).

23.23. Es versteht sich von selbst, daß die Identifizierung genuin ug. Wörter und Formen im syll. Textkorpus mit vielen Problemen behaftet ist und häufig nicht mit letzter Sicherheit vorgenommen werden kann. Neben rein akk. und rein ug. Sprachelementen ist – wie etwa im Akan. der Amarnabriefe – auch mit morphologisch hybriden Bildungen zu rechnen. Bei grammatischen Schlußfolgerungen, die nur auf syll. Belegen beruhen, ist deshalb Vorsicht geboten.

23.3. Prinzipien der syllabischen Keilschrift

Die "syllabische" Keilschrift ist in Wirklichkeit eine kombinierte Wort- und Silbenschrift. Wortzeichen (auch: Logogramme) repräsentieren entweder den Lautwert eines ganzen Wortes oder dienen als sogenannte Determinative dazu, das nachfolgende bzw. vorausgehende Wort bestimmten semantischen Kategorien zuzuordnen. Demgegenüber repräsentieren sogenannte Silbenzeichen den Lautwert einer Silbe oder eines Silbenteils. Sie können konkret für einen einzigen Vokal (Typ "V"), für Konsonant + Vokal (Typ "KV"), für Vokal + Konsonant (Typ "VK") oder für Konsonant + Vokal + Konsonant (Typ "KVK") stehen.

Ug. Wörter werden syllabisch geschrieben, wobei der KVK-Silbentyp vergleichsweise selten bezeugt ist.

23.4. Wiedergabe ugaritischer Konsonanten

23.41. Konsonantenqualität

23.411. Einleitung

Die syll. Keilschrift vermag das differenzierte Konsonanteninventar des Ug. nur ungenau wiederzugeben. Nichtsdestoweniger sind die syll. Entsprechungen für die Bestimmung der Lautwerte ug. Konsonanten von großer Bedeutung.

Im folgenden wird ein knapper Überblick über die gesicherten syll. Entsprechungen ug. Konsonanten geboten. Dabei wird nur der KV-Silbentyp berücksichtigt (in Kombination mit den Vokalen */a/*, (*/e/*), */i/*, (*/o/*) und */u/* [in dieser Reihenfolge]). Syll. Entsprechungen, die ausschließlich in Personennamen nachweisbar sind, werden nur in Ausnahmefällen angeführt und erscheinen dann in runden Klammern. Für eine ausführlichere Darstellung der Thematik siehe Huehnergard (UV 211-254) sowie van Soldt (SAU 308-339), der sich eingehend mit orthogr. Differenzen zwischen lexikalischen und anderen Texten einerseits und zwischen älteren und jüngeren Texten andererseits auseinandersetzt.

23.412. Labiale Konsonanten

/p/:	PA	*/b/*:	BA, PA=*bá*
	----		BAD=*be*
	BI=*pí*		BI
	BU=*pu*		BU

Bemerkung: {BI} und {BU} werden sowohl für */b/* als auch für */p/* gebraucht ({PI} dient dagegen zur Wiedergabe der Halbvokale; ein spezifisches Zeichen {PU} existiert in der syll. Keilschrift nicht). Auffällig ist der relativ häufige Gebrauch von {PA} für */ba/*, der jedoch auf bestimmte Textgattungen beschränkt zu sein scheint (siehe SAU 325). Zur Verwendung von {BAD} = {BE} für */be/* ist der alph.-syll. Alphabettext 5.14:2 (*§*21.264) zu vergleichen.

23.413. Dentale Konsonanten

/t/:	TA	*/d/*:	DA, TA=*dá*	*/ṭ/*	DA=*ṭa*, TA=*ṭá*
	TE		TE=*de*$_4$		ḪI=*ṭé*, TE=*ṭe*$_4$
	TI		DI, TI=*dì*		TI=*ṭì*
	TU, TUM=*tu*$_4$		DU, TU=*dú*, TUM=*du*$_4$		ṬU, TU=*ṭú*

Bemerkung: */t/* wird grundsätzlich mit der {T}-Zeichenserie, */d/* grundsätzlich mit der {D}-Zeichenserie sowie mit {TE} wiedergegeben. Daneben können {T}-Zeichen auch für */d/* stehen, nicht aber umgekehrt {D}-Zeichen für */t/*. Emphatisches */ṭ/* wird in lexikalischen Texten mit {DA}, {ḪI) = {ṬÉ} (assyrische Tradition!) und {ṬU}, sonst mit {T}-Zeichen geschrieben. Zur Verwendung von {ḪI} = {ṬÉ} für */ṭé/* ist auch KTU 5.14:10 (*§*21.264) zu vergleichen.

23.414. Interdentale und sibilantische Konsonanten

/ṯ/, */š/*:	ŠA	*/ḏ/*:	(ZA)	*/ẓ/*:	(ZA)
	IGI=*ši*		ZI		(ZI, ṢI)
	ŠU		ZU		ZU(?)
/s/:	ZA=*sà*, SA	*/z/*:	ZA	*/ṣ/*:	ZA=*ṣa*
	ZI=*sí*, SI(?)		ZI		ZI=*ṣí*, ṢI
	ZU=*sú*, SU		ZU		ZU=*ṣú*, ZUM=*ṣu*

Bemerkung: Die syll. Keilschrift unterscheidet nicht genau zwischen interdentalen und sibilantischen Phonemen. Auch die Artikulationsarten der jeweiligen Phonemreihen werden nur unvollkommen differenziert. Im einzelnen gilt: */ṯ/* und */š/* werden übereinstimmend mit {Š}-Zeichen, */ḏ/* und */ẓ/* übereinstimmend mit {Z}-Zeichen geschrieben. Die Vertreter der Sibilantentriade */s-z-ṣ/* werden in älterer Zeit durchgehend mit {Z}-Zeichen wiedergegeben (siehe SAU 313f. und Shedadeh 1987, 246), später werden dagegen zunehmend {S}-Zeichen für */s/* und {Ṣ}-Zeichen für */ṣ/* verwendet. Die ältere orthogr. Tradition steht nach Shedadeh (1987, 246) im Einklang mit dem hurr., die jüngere mit dem mittelbabylonischen Syllabar.

23.415. Velare Konsonanten

/k/:	KA, QA=*ka*$_4$	*/g/*:	GA, QA=*ga*$_5$	*/q/*:	QA, KA=*qà*, GA=*qá*
	KI		GI, KI=*gi*$_5$		QI, KI=*qí*
	KU		GU		QU, KU=*qú*

Bemerkung: In der Regel stehen {K}-Zeichen für */k/*, {G}-Zeichen für */g/* und {Q}-Zeichen für */q/*. Eine Ausnahme bildet {KI}, das in älteren Texten (bis zur Mitte des 13. Jh.) durchgehend für */qi/* steht (später tritt dafür {QI} ein).

23.416. Die gutturalen Konsonanten /ḥ/, /ḫ/ und /ġ/

/ḥ/:	ḪA bzw. ∅	/ḫ/:	ḪA	/ġ/:	ḪA
	KAN=*ḫé* bzw. ∅		KAN=*ḫé*		---
	ḪI bzw. ∅		ḪI		ḪI
	KU (nur in KTU 5.14:9)				
	ḪU bzw. ∅		ḪU		ḪU

Bemerkung: Das Sem. besitzt drei sogenannte gutturale Phonemreihen, nämlich Uvulare (/ḫ/ und /ġ/), Pharyngale (/ḥ/ und /ʿ/) und Laryngale (/h/ und /ʾ/). In der syll. Keilschrift werden die beiden uvularen Phoneme und der stimmlose Pharyngal /ḥ/ grundsätzlich übereinstimmend mit der {Ḫ}-Zeichenserie wiedergegeben. Bemerkenswert ist die Verwendung des hinsichtlich seiner Vokalqualität eindeutigen Zeichens {ḪÉ} für /ḫe/ bzw. /ḥe/ entsprechend assyrischer Tradition (gegenüber {ḪI} für /ḫi/, /ġi/ und /ḥi/). Die exzeptionelle Gleichsetzung von alph. /ḥ/ mit syll. {KU} (für die Silbe /ḥô/ des Zeichennamens **ḥôt*) im Alphabettext KTU 5.14:9 stellt offenbar einen Versuch dar, den Pharyngal /ḥ/ von den Uvularen /ḫ/ und /ġ/ zu differenzieren (*§*21.263). Man beachte ferner, daß /ḥ/ in einer Reihe von Fällen – namentlich von /i/ und /u/ – syll. überhaupt nicht geschrieben wird.

23.417. Die gutturalen Konsonanten /ʿ/, /ʾ/ und /h/

/ʿ/:	ḪA, ʾV=ʾ*a*, A	/ʾ/:	ʾV=ʾ*a*, A	/h/:	A
	E		E		---
	(ʾV=ʾ*i*), I		(ʾV=ʾ*i*), I		(I)
	Ú(?)		---		Ú
	(ʾV=ʾ*u*), Ú, U		(ʾV=ʾ*u*), Ú, U		Ú, U

Bemerkung: Der stimmhafte Pharyngal /ʿ/ und die Laryngale /ʾ/ und /h/ können syll. übereinstimmend mit den einfachen Vokalzeichen {A}, {E}, {I}, {Ú} und {U} wiedergegeben werden. {Ú} und {U} werden dabei offenbar gleich gebraucht (in KTU 5.14:6 steht demgegenüber {Ú} eindeutig für /h/ und {U} für /ʾ/ [*§*21.263]). Daneben wird ausschließlich für /ʿ/ und /ʾ/ das syll. Alephzeichen {ʾV} verwendet (allerdings für /ʿ/ dreimal so häufig wie für /ʾ/). Ausschließlich für /ʿ/ können auch {Ḫ}-Zeichen stehen (bezeugt sind {ḪA} und {ḪAR} [silbeneinleitend] sowie {AḪ} und {IḪ} [silbenschließend]). In einer Vielzahl von Fällen werden /ʿ/, /ʾ/ und /h/ syll. überhaupt nicht geschrieben.

23.418. Nasale und Liquiden

Die Phoneme /m/, /n/, /l/ und /r/ werden syll. adäquat und eindeutig mit {M}-, {N}-, {L}- und {R}-Zeichen wiedergegeben.

23.419. Die Halbvokale /*w*/ und /*y*/

/*w*/:	PI = *wa*	/*y*/:	IA, PI = *ya*
	---		---
	---		PI = *yi*, IA = *yi*
	PI = *wô* (nur KTU 5.14:7)		PI = *yô*
	PI = *wu*		PI = *yu*, IA = *yu*

Bemerkung: Die Halbvokale können nur behelfsmäßig wiedergegeben werden. Für /*w*/ wird durchgehend das {PI}-Zeichen verwendet. Dasselbe Zeichen kann auch für /*y*/ mit beliebigem Vokal stehen. Für /*y*/ wird ferner das Zeichen {IA} verwendet, und zwar beinahe ausschließlich für die Lautfolge /*ya*/.

23.42. Konsonantenquantität

23.421. Die Markierung von gelängten (geminierten) Konsonanten durch ein zusätzliches KV-Zeichen nach einem VK- bzw. KVK-Zeichen (z.B. *i-pa-ar-ra-as* bzw. *i-par-ra-as*), ist in Ugarit – in Übereinstimmung mit den Konventionen der zeitgenössischen bab. Orthographie – fakultativ. Sie erfolgt – bei akk. oder ug. Wortformen in gleicher Weise – etwa in der Hälfte der zu erwartenden Fälle (z.B. *ap-pu* = /*appu*/ "Nase" vs. ^{dug}*ka-du-ma*^{meš} = /*kaddūma*/ "Krüge"; zu weiteren Beispielen siehe UV 208f.).

23.422. Daneben gibt es sporadisch sogenannte "inkorrekte" Doppelschreibungen, etwa die Schreibung $^{\text{lú/I}}$*ZA-ki-in-nu* für zu erwartendes /*sākinu*/ "Statthalter", die auch außerhalb von Ugarit bezeugt ist. Diese könnten gelernte Schreibkonventionen widerspiegeln (so UV 210f.) oder von sekundären (rein phonetischen) Konsonantenlängungen zeugen (siehe dazu §21.335.1j und §21.335.2b).

23.5. Wiedergabe ugaritischer Vokale

23.51. Vokalqualität

Die primären Vokale des Ug., nämlich /*a*/, /*i*/ und /*u*/ in langer und kurzer Quantität, werden syll. mit entsprechenden {a}-, {i}- und {u}-Zeichen wiedergegeben (zu KV-Zeichen mit entsprechenden Vokalen siehe §23.412-419).

Der durch Monophthongierung entstandene Vokal /*ê*/ < **ay* wird, sofern möglich, mit eindeutigen {e}-Zeichen geschrieben, die in der Regel dem mittelassyrischen Syllabar entnommen sind (vgl. §21.263 und §23.416). Ansonsten werden {i}-Zeichen verwendet.

Die sekundären Vokale /*e*/ bzw. /*ē*/ als Allophone von /*i*/ bzw. /*ī*/, die vornehmlich in der Umgebung der Sonorlaute /*l*/, /*m*/, /*n*/ und /*y*/ auftreten (§33.214.1), werden entweder mit {e}- oder mit {i}-Zeichen wiedergegeben, z.B. *le-e* "für" (RS20.149:III:5' [S^{a}]) vs. *i-lu* "Gott" (RS20.189:31 [S^{a}]).

Für den durch Monophthongierung entstandenen Vokal /*ô*/ < **aw* gibt es in der zeitgenössischen syll. Keilschrift keine eindeutige Entsprechung (für die Differenzierung von /*u*/ und /*o*/ in aB Zeit siehe aber Westenholz 1991). Es werden Zeichen verwendet, die (auch) für den Vokal /*u*/ stehen.

23.52. Vokalquantität

23.521. Die Markierung von Vokallängen durch ein zusätzliches V-Zeichen nach einem KV-Zeichen erfolgt in Übereinstimmung mit den Konventionen der zeitgenössischen mesopotamischen Orthographie (siehe UV 254-257).

23.522. Langvokale werden in der Regel ausschließlich im Wortauslaut plene geschrieben, und zwar nur

a) im Falle von einsilbigen Wörtern wie in der Negation *la-a* = /*lā*/ "nicht", im DetPr *du-ú* = /*dū*/ "derjenige, welcher" und in den Präpp. *le-e* = /*li*/ = [lē] "für" sowie *bi-i* = /*bi*/ = [bī] "in" (siehe §33.275).

b) zur Notierung von auslautenden Langvokalen, die durch Kontraktion von Triphthongen entstanden sind, wie in *ša-du-ú* = /*šadû*/ < **śadawu* "Feld".

Lange Auslautvokale anderer Natur einschließlich solcher, die durch Monophthongierung von Diphthongen entstanden sind, sowie Langvokale im Wortinnern einschließlich solcher, die auf ursprüngliche Diphthonge und Triphthonge zurückgehen, werden in der Regel nicht plene geschrieben.

23.523. Nur gelegentlich werden Langvokale im Wortinnern plene geschrieben, z.B. *uḫ-ra-a-yi* = /*ʾuḫrāyi*/ "Ende, Schicksal" (RS15.085:18) und *ši-i-ru* = /*šîru*/ < **šiyr-* "Lied" (RS20.123+:III:7 [S[a]]). In der Regel handelt es sich dabei um die Pleneschreibungen der betonten (besonders gelängten) Pänultima-Silbe.

24. Logographische Schreibung von Zahlen

24.1. Syllabisches Textkorpus

In syll. Texten Ugarits, insbesondere in Wirtschaftstexten, werden Zahlen meist logographisch mittels spezifischer Zahlzeichen geschrieben nach Vorbild des mesopotamischen Systems von Zahlzeichen, das auf dezimaler und sexagesimaler Zählung beruht (siehe AU 70f.).

Die beiden wichtigsten Symbole zur logographischen Wiedergabe von Kardinalzahlen sind a) ein vertikaler Keil zur Schreibung von Einer-Einheiten einerseits und von "60" andererseits sowie b) ein Winkelhaken zur Schreibung von Zehner-Einheiten. Für "70", "80" und "90" dient die Kombination eines vertikalen Keils (für "60") mit einem/zwei/drei Winkelhaken. Im Gegensatz dazu werden "100" und "1000" durch das Schriftzeichen {ME} bzw. (syll.) *me-at* einerseits und *lim* bzw. *li-im* andererseits geschrieben.

Neben Kardinalzahlen werden auch Bruchzahlen durch spezifische Symbole notiert (siehe AU 71).

24.2. Alphabetisches Textkorpus

In Anlehnung an das System von Zahlzeichen in syll. Texten werden auch im alph. Textkorpus bisweilen entsprechende Symbole verwendet. Ihr Gebrauch ist jedoch auf listenhafte Wirtschaftstexte beschränkt.

Logographische Schreibungen von Kardinalzahlen finden sich im einzelnen in folgenden Texten: 4.36; 4.38; 4.47; 4.48 (syll. Kontext); 4.57; 4.58; 4.63 (syll. Kontext); 4.64; 4.66; 4.68; 4.69; 4.71; 4.72 (syll. Kontext); 4.78; 4.90; 4.93; 4.94; 4.99; 4.100; 4.103; 4.104; 4.106; 4.109; 4.111; 4.116; 4.125; 4.165 (syll. Kontext); 4.210; 4.222; 4.232; 4.260; 4.299 (syll. Kontext); 4.338; 4.340 (syll. Kontext); 4.350; 4.365; 4.410; 4.416; 4.432; 4.433; 4.435; 4.437; 4.438; 4.481; 4.489; 4.571; 4.584; 4.588; 4.597; 4.610 (teilweise syll. Kontext); 4.611; 4.613; 4.616; 4.617; 4.655; 4.665; 4.667; 4.676; 4.693; 4.704; 4.706; 4.711; 4.713; 4.714; 4.745; 4.753; 4.763; 4.766; 4.784; 4.785; RS92.2013 (syll. Kontext).

Zu den Zahlenwerten im einzelnen ist Zemanék (1995, 1-4) zu vergleichen. Gemäß Zemanék ist "1" 269mal, "2" 221mal, "3" 125mal, "4" 60mal, "5" 52x, "6" 48mal, "7" 8mal, "8" 7mal, "9" 5mal und "10" 56mal belegt. An höheren Zahlen sind sicher belegt: 11, 12, 13, 14, 15, 16, 18, 19; 20; 21, 22, 23, 24, 25, 26, 28, 30, 31, 32, 36, 39, 40, 41, 43, 44, 46, 48, 49, 50, 51, 52, 55, 56, 58, 60, 65, 75, 79, 80, 86, 87, 88.

Daß die betreffenden Zahlzeichen als zur syll. Schrifttradition gehörig empfunden wurden, geht aus der Verwendung der syll. Zeichenfolge *me-at* (4.610:2&) für Hunderter-Einheiten hervor (in 4.784:11 lies viell. 1 *me-at* 10, d.h. "110" [n.L.]). Zudem weisen zahlreiche alph. Texte mit logographischen Zahlzeichen eine syll. geschriebene Summierung auf.

Logographische Schreibungen der Bruchzahlen "1/2" und "1/3" sind in den Texten 4.69, 4.99, 4.481 und 4.666 belegt (*§*64.24 und *§*64.32). Ferner begegnet in 4.219:20 (syll. Kontext) das Logogramm für "5/6" (*§*64.62; *§*64.73).

Die große Mehrzahl der Zahlbegriffe in alph. Texten wird jedoch alphabetisch ausgeschrieben. Hervorzuheben ist der Text 4.616, in dem die Zahlenwerte "zehn" und "fünf" alphabetisch erscheinen (4.616:2-7), der Zahlenwert "eins" aber logographisch notiert wird (4.616:8-16).

3. Lautlehre

31. Das phonologische System

31.1. Konsonantische und vokalische Phoneme

31.11. Ein Phonem ist das kleinste lautliche Segment einer Sprache mit potentiell bedeutungsunterscheidender Funktion. Die Identifizierung von Sprachphonemen wird anhand von Minimalpaaren durchgeführt, d.h. durch die Gegenüberstellung von zwei Wörtern mit verschiedener Bedeutung, die sich nur durch einen einzigen Laut unterscheiden (z.B. */h/* : */m/* in *√hlk* "gehen" : *√mlk* "regieren" oder */a/* : */u/* in *mlk* = */malk-/* "König" : *mlk* = */mulk-/* "Königtum").

31.12. Die Phoneme lassen sich grob in drei Gruppen unterteilen, nämlich in a) Obstruenten, b) Resonanten und Halbvokale sowie c) Vokale. Obstruenten (auch: Geräuschlaute) sind Laute, die durch Behinderung des Atem- oder Phonationsstromes gebildet werden (Verschlußlaute, Frikative, Affrikaten). Die Gruppe der Resonanten (d.h. Nasale */m/*, */n/* und Liquiden */r/* und */l/*) und Halbvokale (*/w/* und */y/*) umfaßt alle Konsonanten, die keine Geräuschlaute sind. Den Konsonanten als Ganzes stehen die Vokale gegenüber, bei deren Artikulation der Phonationsstrom die Sprechorgane völlig frei passiert. Sprachlaute werden an unterschiedlichen Artikulationsstellen im Mund- oder Rachenraum artikuliert, beginnend mit Lippenlauten (Labialen) bis hin zu Kehlkopflauten (Laryngalen).

Anm. Der Begriff "Resonant" wird hier als Oberbegriff für Nasale und Liquiden verwendet, da diese Laute viele phonetische Eigenschaften gemeinsam haben. Nach anderer Terminologie werden auch die Halbvokale zu den Resonanten gezählt.

31.13. Jede Sprache verfügt nur über eine beschränkte Anzahl konsonantischer und vokalischer Phoneme. Sie stehen miteinander in Beziehung und bilden zusammen ein Phonemsystem. Sem. Sprachen – insbesondere ältere Sprachen – zeichnen sich durch eine Vielzahl von konsonantischen Phonemen aus, darunter eine Reihe von uvularen und pharyngalen Konsonanten sowie von sogenannten emphatischen Konsonanten (zur Artikulationsweise siehe §32.131).

31.2. Längung von Phonemen

Längungen von Phonemen, Konsonanten oder Vokalen, stellen im Sem. distinktive morphologische Merkmale dar. Leider werden gelängte Phoneme aber weder in der ug. Alphabetschrift noch in den meisten anderen sem. Schriftsystemen spezifisch markiert.

In syll. bezeugten ug. Wortformen werden gelängte (auch: verdoppelte bzw.

markiert (§23.421). Auffällig ist, daß diese Markierung bei gutturalen Lauten, z.B. bei /ḥ/, offenbar immer unterbleibt. So wird etwa der mehrmals bezeugte PN **Munaḥḥimu*, morphologisch ein D-Ptz., niemals mit der Zeichenfolge *-aḫ-ḫi/ḫé-* geschrieben (siehe SAU 338, Anm. 179). Dies könnte ein Hinweis darauf sein, daß /ḥ/ im Ug. nicht geminationsfähig war. Möglicherweise gilt dies auch für andere gutturale Phoneme.

Eine spezifische Notierung von Langvokalen in syll. bezeugten ug. Wortformen findet sich in der Regel nur im Wortauslaut und ist auch hier konditioniert (§23.522).

31.3. Silbenstruktur

Das Ug. kennt drei Silbentypen:

Kv̆	offene Silbe mit Kurzvokal (Quantität: kurz);
Kv̄	offene Silbe mit Langvokal (Quantität: lang);
Kv̆K	geschlossene Silbe mit Kurzvokal (Quantität: lang).

Gelängte Konsonanten werden auf zwei Silben verteilt, wobei das erste Element silbenschließende, das zweite silbeneinleitende Funktion hat: z.B. *kak|ka|ru* "Talent". Die Silbentypen "VK" (vokalischer Anlaut) und "KKV" bzw. "KKVK" (Doppelkonsonanz im Anlaut) werden im Sem. allgemein nicht geduldet. Ferner sind auch die Typen "Kv̄K" (geschlossene Silbe mit Langvokal) und "KVKK" (doppelt geschlossene Silbe) in den klassischen sem. Sprachen – und wahrsch. ebenso im Ug. – nicht erlaubt.

Die (sekundäre) Entstehung nicht erlaubter Silbentypen wird sehr wahrscheinlich durch sekundäre Vokalkürzung oder Einfügung von Hilfsvokalen (vgl. §33.25) vermieden. So ist etwa davon auszugehen, daß in einem Lexem wie *adt* "Herrin" (2.11:1&) der zweite Vokal in geschlossener Silbe sekundär gekürzt wird: **ˀa|dān|tV* > **ˀa|dāt|tV* > /*ˀa|dat|tV*/ (vgl. daneben die Variante *adnty* /*ˀadānatiya*/ in 2.83:5 [eher Sg. als Pl.]). Sichere Beweise für dieses Phänomen gibt es jedoch nicht.

31.4. Betonung

31.41. Die Frage, ob das Ug. einen phonemischen, d.h. bedeutungsunterscheidenden (distinktiven) Akzent hatte oder nicht, läßt sich nicht sicher entscheiden. Der sprachvergleichende Befund legt für das Ug. jedoch einen nicht-phonemischen, d.h. einen auf mechanischen Regeln beruhenden Akzent nahe.

Lit.: Zevit (1983b); vgl. ferner CGS 65-69 und Lipiński (1997 § 25.1-8).

31.42. Unter den sem. Sprachen besitzen unter anderem das Akk., das Ar. und die äthiosem. Sprachen einen mechanischen Akzent; lediglich im He. hat der Akzent sporadisch phonemischen Wert.

Im Akk. gelten folgende Akzentregeln: a) der Akzent liegt nur dann auf der letzten Silbe (Ultima), wenn diese einen Kontraktionsvokal enhält, der auf einen Triphthong zurückgeht. b) Ansonsten wandert der Akzent so weit von der Ultima nach vor, bis er auf eine lange Silbe trifft. c) Gibt es keine lange Silbe im Wort, wird die erste Silbe des Wortes betont.

Die beiden letzteren Regeln treffen auch auf das Ar. zu; im Unterschied zum Akk. ist eine Ultimabetonung im Ar. aber ausgeschlossen.

Die beschriebenen Übereinstimmungen in der Akzentbehandlung zwischen dem Ar. und dem Akk. sowie die Überlegung, daß die Akzentverhältnisse des Ar. gegenüber dem Akk. offensichtlich vereinfacht sind, sprechen dafür, daß die akk. Akzentregeln ungefähr den ursem. Befund widerspiegeln.

31.43. Es ist somit wahrsch., daß auch das Ug. einen nicht-phonemischen Akzent besaß. Die Akzentregeln dürften denen des Akk. entsprechen.

Dafür spricht, daß auslautende, durch Kontraktion aus Triphthongen entstandene Langvokale im Ug. offenbar Akzentträger sind, da sie in der syll. Orthographie im Unterschied zu sonstigen auslautenden Langvokalen in der Regel plene erscheinen (§23.522). Die Auswirkungen des (starken) nicht-phonemischen ug. Akzentes manifestieren sich in den vergleichsweise häufig auftretenden Vokalsynkopierungen (§33.242-243).

31.44. Unter gewissen Voraussetzungen wurde der Akzent im Ug. möglicherweise sekundär von der ersten auf die zweite Silbe verlagert. Dies scheint zum einen bei bestimmten viersilbigen nominalen Formen der Fall zu sein (§33.243.17). Zum anderen ist denkbar, daß Formen der Suffixkonjugation mit vokalischen bzw. vokalisch anlautenden Personalendungen (3.m./f.sg. und 3.m.pl.) auf der zweiten Silbe betont waren: *qatála*, *qatálat*, *qatálū* anstelle von *qátala*, *qátalat*, *qátalū* (z. Disk. siehe §75.531d).

Lit. zur Phonologie des Ug.: Aistleitner (1948); Rössler (1961a); Jirku (1963); Blau (1968); Fronzaroli (1955); Dietrich — Loretz (1973); Dietrich — Loretz — Sanmartín (1975a); Blau (1977) und (1979); Emerton (1982); Sivan (1982); Zevit (1983b); Garr (1986); Huehnergard (UV 267-292); Sivan (1990b); Tsumura (1991); Voigt (1991); Dietrich — Loretz (1993b); Tropper (1994a); Sanmartín (1995c); Sivan (GUL 20-48).

32. Die Phoneme

32.1. Die Konsonanten

32.11. Das konsonantische Phonemsystem

32.111. Die ug. Sprache besitzt nach Ausweis des ug. Langalphabets 27 konsonantische Phoneme (die drei Zusatzzeichen des Langalphabets repräsentieren keine eigenständigen Phoneme). Über ein reicheres Inventar verfügen innerhalb der sem. Sprachfamilie nachweislich nur a) das Ar. (28 Phoneme), b) asa. Sprachen (29 Phoneme) und c) die modernen südar. und modernen äthiosem. Sprachen. Ferner dürften auch die älteren aram. Dialekte ein reiches Konsonanteninventar besessen haben (siehe Degen 1969, 30-38, bes. 34).

32.112. Geht man von der Annahme aus, daß das asa. bezeugte Inventar von 29 konsonantischen Phonemen zumindest annähernd den ursem. Befund widerspiegelt, dann hätte das Ug. nach Ausweis seines langalphabetischen Schriftsystems alle konsonantischen Phoneme des Ursem. bewahrt mit Ausnahme der Laterale. Der Verlust der Lateralreihe stellt eine (scheinbare ?) phonematische Isoglosse mit den kan. Sprachen, die Bewahrung von Interdental- und Uvularreihe eine scheinbare Isoglosse mit dem Ar. und den asa. Sprachen dar.

32.113. Die ug. Konsonanten lassen sich unterteilen in Obstruenten einerseits und Resonanten (Nasale und Liquiden) sowie Halbvokale andererseits (§31.12). Die Obstruenten sind hinsichtlich ihrer Artikulationsart stimmlos (stl.), emphatisch (emph.) oder stimmhaft (sth.). Die Resonanten sind stimmhaft.

32.114. Nachfolgend wird eine vorläufige grobe Gliederung der konsonantischen Phoneme des Ug. präsentiert. Die Mehrzahl der Obstruenten läßt sich in Form von triadisch aufgebauten Reihen anordnen. Die beigefügten Bezeichnungen der Konsonantenreihen sind konventionell; sie werden unter §32.14 teilweise modifiziert. Ein detaillierteres Diagramm zur artikulatorischen Klassifikation der ug. Konsonanten wird unter §32.16 geboten.

Obstruenten des Ugaritischen:

stl.	emph.	sth.	
/p/		*/b/*	Labiale
/t/	*/ṭ/*	*/d/*	Dentale
/ṯ/	*/ẓ/*	*/ḏ/*	Interdentale
/š/, */s/*	*/ṣ/*	*/z/*	Sibilanten
/k/	*/q/*	*/g/*	Velare
/ḫ/		*/ġ/*	Uvulare
/ḥ/		*/ʿ/*	Pharyngale
/h/, */ʾ/*			Laryngale

Resonanten und Halbvokale des Ugaritischen:

Nasale	Liquiden	Halbvokale	
/*m*/		/*w*/	bilabial
/*n*/	/*r*/, /*l*/		dental/alveolar
		/*y*/	palatal

32.12. Zur Frage der Laterale

32.121. Problemstellung

32.121.1. Für die Wiedergabe der ursem. lateralen Phoneme, des stimmlosen /s^2/ (konventionell: /*ś*/) und des emphatischen /*ṣ̌*/ (konventionell: /*ḍ*/) gibt es im ug. Langalphabet keine spezifischen Schriftzeichen. Dieser Befund ist angesichts des reichen Zeichenbestandes dieses Alphabets sowie auch in sprachvergleichender Hinsicht auffällig, zumal alle anderen (jüngeren) wsem. Alphabete mit einem Bestand von mehr als 22 Zeichen spezifische Lateralgrapheme besitzen.

SV. Selbst in jüngeren nwsem. Dialekten gibt es bekanntlich Hinweise auf die Existenz von Lateralen: Im Aram. beweisen orthogr. Schwankungen das Vorhandensein lateraler Phoneme (/s^2/ wird in der älteren Orthographie mit {š}, später mit {s} geschrieben; /*ṣ̌*/ wird zuerst mit {q}, später mit {ᶜ} geschrieben). Im He. kam es zum Zwecke der Wiedergabe des stimmlosen Laterals /s^2/ zu einer graphischen Differenzierung eines Alphabetzeichens (שׁ = /s^1/; שׂ = /s^2/). Keine graphischen Hinweise auf das Vorhandensein lateraler Phoneme im wsem. Raum gibt es somit lediglich in mehreren kan. Dialekten (außer He.) und im Ug.

32.121.2. Der genannte Befund läßt im Hinblick auf das Ug. zwei Deutungen zu:

1. Das Ug. hat die Laterale ebensowenig bewahrt wie die Mehrzahl der kan. Sprachen. Die genannten Sprachen wären dann die einzigen (älteren) wsem. Sprachen ohne Laterale. Der frühe Verlust der Laterale wäre als signifikante phonematische Isoglosse zwischen dem Ug. und dem Kan. zu werten.
2. Das Ug. besaß laterale Phoneme, verfügte jedoch – trotz eines Graphembestandes von 27 + 3 Zeichen – über keine spezifischen Grapheme zu deren Verschriftung. Mit dieser Möglichkeit ist zu rechnen, weil die Ugariter ihr Alphabet aus einem Kulturkreis übernommen haben dürften, in dem keine Schriftzeichen für laterale Phoneme verwendet wurden.

Eine Entscheidung zwischen diesen beiden Lösungen setzt eine eingehende Untersuchung der "Reflexe" der Laterale in der ug. Orthographie voraus, die im folgenden (§32.122-123) geleistet werden soll.

32.121.3. Vorausgeschickt sei, daß in der ug. Orthographie anstelle der in anderen Schriftsystemen erhaltenen Lateralzeichen in der Regel Sibilantenzeichen geschrieben werden, wobei der stimmlose Lateral /s^2/ mit {š}, der emphatische Lateral /*ṣ̌*/ mit {ṣ} wiedergegeben wird. Beispiele:

ursem. *s^2apat* "Lippe"	:	asa. *s^2ft*; ar. *šafat*; he. *śāpāh*	:	ug. *špt*
ursem. *ʾarṣ̌* "Erde"	:	asa. *ʾrḍ*; ar. *ʾarḍ*; kan. **ʾarṣ*	:	ug. *arṣ*

Dieser im Ug. – zumindest auf graphemischer Ebene – zu beobachtende Zusammenfall von Lateral- und Sibilantenreihe findet sich bekanntlich auch im Kan. Das betreffende Phänomen ist freilich nicht auf das Ug. und das Kan. beschränkt. /s^2/ wird in allen sem. Sprachen, die dieses Phonem nicht lateral realisieren, als Sibilant (d.h. als apikales [s] oder palato-alveolares [š]) artikuliert. Das Phonem /ṣ̌/ wiederum ist auch im Akk. und in den jüngeren äth. Sprachen phonetisch mit /ṣ/ zusammengefallen. Nur im Ar. läßt sich eine dentale, im Aram. eine (post-)velare Realisierung von /ṣ̌/ beobachten.

32.122. Das Phonem /s^2/

32.122.1. Wie oben erwähnt (§32.121.3), erscheint etymologisches (= etym.) /s^2/ im Ug. in aller Regel als /š/; vgl. folgende Beispiele:

I-š *š* "Schaf"; *√šbʿ* "satt sein"; *šbt* "graues Haar; hohes Alter"; *šd* "Feld"; *√škr* "(um Lohn) dingen, mieten"; *šmal* "links"; *šʿr* "Gerste"; *šʿrt* "Wolle"; *špt* "Lippe"; *šr* "Fürst, König"; *√šry* "streiten, bekämpfen"; *√šrp* "verbrennen".

II-š *√bšr* "eine (gute) Nachricht erhalten/bringen"; *bšr* "Fleisch"; *√ʿšr* "mit Getränken bewirten" (§74.412.28); *ʿšr* "zehn".

III-š *√ḥpš* "(Stroh) auflesen"; *ʿrš* "Bett"; *√prš* "ausbreiten".

32.122.2. Abweichend von dieser Regel gibt es im Ug. viell. auch einige Wörter, in denen /s^2/ als /ṯ/ erscheint (§32.144.13). Dieses Phänomen ist für die Lateralproblematik jedoch nicht signifikant, weil /š/ im Ug. generell – unabhängig davon, ob es auf /s^1/ oder /s^2/ zurückgeht – unter bestimmten Konditionen zu /ṯ/ verändert wird (Entwicklung *s^2 > *š > /ṯ/).

32.122.3. Bemerkenswert ist die Tatsache, daß etym. /s^2/ in der ug. alph. Orthographie offenbar nie mit den Graphemen {s} oder {ś} geschrieben wird (§32.143.23). Demgegenüber finden sich sowohl im Phön.-Pun. als auch im He. Beispiele für /s/ als Wiedergabe von sem. /s^2/.

Unter Vorgriff auf §32.143.2 läßt sich der vorgestellte Befund wie folgt deuten: Im Ug. konnte /s^2/ – sofern es nicht mehr lateral, sondern als "einfacher" Sibilant artikuliert wurde – nur mit dem (nicht-affrizierten) Sibilanten /š/ zusammenfallen. Ein Zusammenfall mit /s/ war ausgeschlossen, da dieses Phonem affriziert war (§32.143.24-26). Ein solcher Zusammenfall war dagegen im Phön. und He. möglich, nachdem dort etwa in der Mitte des 1. Jt. v. Chr. die Affrizierung von /s/ aufgegeben worden war (§21.334.13).

32.122.4. Zusammenfassend kann festgehalten werden, daß die ug. Orthographie keine Hinweise auf eine eventuelle Bewahrung des Laterals /s^2/ bietet. Sie schließt deren Existenz im Ug. jedoch auch nicht aus.

32.123. Das Phonem /ṣ̌/

32.123.1. Etym. /ṣ̌/ erscheint im Ug. in der Regel als /ṣ/. Beispiele:
I-ṣ *ṣin* "Kleinvieh"; √*ṣb*ᶜ "untergehen (Sonne)"; √*ṣwq* "eng sein"; **ṣl*ᶜ "Rippe".
II-ṣ √*bṣ*ᶜ "abschneiden"; √*yṣ*ᵓ "herausgehen"; *m*ᶜ*ṣd* "Gertel, Sichel".
III-ṣ *arṣ* "Erde"; *ḥmṣ* "Essig"; √*mḫṣ* "Weber"; *mrṣ* "krank sein"; √*nġṣ* "schwanken, zittern"; ᶜ*ṣ* "Baum".

32.123.2. Abweichend von dieser Regel erscheint /ṣ̌/ in den nachfolgend genannten Wörtern jedoch als /ẓ/.

32.123.21. Weitgehend sichere Belege:
ẓi "geh' hinaus!" 1.12:I:14.19: Imp. zu sem. √*wṣ̌*ᵓ (ug. sonst als √*yṣ*ᵓ bezeugt).
ẓu "Sekret" od. "Ausgang" 1.3:III:2; 1.3:IV:46; 1.19:IV:43: Subst. zu sem. √*wṣ̌*ᵓ (ug. sonst als √*yṣ*ᵓ bezeugt).
ẓrw "Harz; Balsam" 1.148:22; 4.402:11; 7.51:19; vgl. die ug.(?) Glosse *ZU-ur-wa* "(ein Gefäß mit) Balsam" in EA 48:8 (wahrsch. ein Brief aus Ugarit): Subst. entsprechend sem. **ṣ̌Vrw*.
yẓḥq "er lachte" 1.12:I:13: Verbalform zu sem. √*ṣ̌ḥq* (ar. √*ḍḥk*; he. √*ṣḥq* und √*śḥq*) (ug. sonst als √*ṣḥq* bezeugt).
pẓġm "(Haut-)Ritzer (Trauerritus)" 1.19:IV:11.22: G-Ptz. zu sem. √*pṣ̌ġ* (vgl. he./jaram. √*pṣ*ᶜ "verwunden, verletzen" und ar. √*fḍġ* "[Holz] zerbrechen").

Anm. Diese Etym. ist der trad. Verknüpfung von ug. √*pẓġ* und he. √*pṣ*ᶜ mit ar. √*fṣ*ᶜ "ausdrücken (z.B. Datteln), schälen, öffnen" vorzuziehen.

32.123.22. Unsichere Belege:
ḥẓr "Wohnstatt" 1.2:III:19&: Nach trad. Auffassung enthält das ug. Subst. *ḥẓr*, das meist mit "Hof" übersetzt wird, etym. /θ/ (vgl. ar. *ḥaẓīrat* "Pferch, Zaun" [Wahrm. I, 524] und sabäisch *(m)ḥẓr* "umfriedetes Land" [SD 75]). Da *ḥẓr* aber immer in Parallele zu *bt* und *hkl* begegnet, liegt es näher, dieses Wort mit "Wohnstatt" zu übersetzen und mit ar. *ḥaḍr* "bewohnter Ort; Wohnung, Haus, Vorplatz des Hauses" (Wahrm. I, 520b) und sabäisch *mḥḍr* "Festhalle"(?) (SD 66) zu verbinden. Folglich dürfte ug. *ḥẓr* etym. /ṣ̌/ enthalten.

Anm. 1. Vgl. in diesem Zusammenhang auch den aram. ON *Ḥaṭrā*, der wahrsch. ar. *al-Ḥaḍr* (mit ostar. Aussprachevariante *al-Ḥaẓr*) und he. *Ḥāṣôr* (Jer 49,28.30.33) entspricht (siehe Ali 1996).

qbẓ "Versammlung" 1.133:13: Subst. zur sem. Wz. √*qbṣ̌* "nehmen; sich versammeln"; das betreffende Subst. lautet ug. sonst *qbṣ* (1.15:III:4&).

Anm. 2. Sollte in 1.12:I:41 *ḫrẓp*ᵎ*h* ("seine Zehenspitzen" ?) zu lesen sein (siehe WL 226a; KTU[2] bietet *ḫrẓ*ᶜ*h*), läge eine Variante zu *ḫrṣp* "Vorderhuf"(?) (1.103+:27) und zugleich ein weiterer Beleg für einen *ṣ*/*ẓ*-Wechsel vor. Die Etym. dieses Wortes ist jedoch unklar (vgl. evtl. akk. *kursinnu*, he. *qars/ṣol*, syr. *qurṣ*ᵉ*lā*, jeweils "Fußknöchel"; vgl. aber auch akk. *kiṣallu* "Knöchel" und ar. *kursū*ᶜ "Handwurzelende der Elle; Knöchel des Handgelenks"). — DLU (S. 161b) zufolge wäre auch ug. √*ġẓy* (1.4:II:11; 1.4:III:26.29.31.35) hierher zu stellen (vgl. he. √ᶜ*ṣy* [I] "[Augen] zukneifen", ar. √*ġḍw* IV. "[Augen] verschließen"; äth. √ᶜ*ṣw* "schließen"). Diese Etym. ist jedoch aus semantischen Gründen abzulehnen. In 1.4:II:11 legt der Kontext nämlich eine Bedeutung "bedienen" (o.ä.) nahe, an den restlichen Stellen meint √*ġẓy* dagegen mit Sicherheit "geben, schenken" (// √*mgn*). Eine etym. Verknüpfung mit ar. √*ᶜṭw* II./III. "(be)dienen", IV. "geben" ist – trotz problematischer Konsonantenentsprechung – erwägenswert (§32.144.233; §74.414.3).

32.123.23. Eine Durchsicht der oben angeführten Belege zeigt, daß zwei Formen, *ẓi* und *yẓḥq*, nur im Text 1.12 bezeugt sind, der sich unter anderem auch durch die allgemeine Bewahrung des stimmhaften Interdentals /*ḏ*/ auszeichnet (§32.144.31). Abgesehen von *ẓrw* und *ḥẓr* stammen die Belege aus den Baal-Epen (1.3; 1.4; 1.133) und aus dem Aqhat-Epos (1.19), die zusammen den älteren Bestand der ug. Poesie repräsentieren.

Um den Befund richtig beurteilen zu können, muß darauf hingewiesen werden, daß in den hier interessierenden Texten, 1.1-6 und 1.12 (1.133 enthält keinen signifikanten Beleg!), /*ṣ̂*/ nicht immer als /*ẓ*/, sondern auch als /*ṣ*/ erscheinen kann (vgl. etwa *arṣ* "Erde" [1.12:I:3]). Da aber andererseits in den betreffenden Texten etym. /*ṣ*/ niemals als /*ẓ*/ erscheint, dürfte der Befund dennoch signifikant sein. Er läßt vielleicht die Schlußfolgerung zu, daß in bestimmten älteren ug. Texten etym. /*ṣ̂*/ entweder als /*ṣ*/ oder als /*ẓ*/ erscheint. Diese orthogr. Schwankungen könnten auf eine Bewahrung des Laterals /*ṣ̂*/ im älteren Ug. hindeuten. Für diese Annahme spricht die besondere phonetische Nähe von Lateralen und Interdentalen im Sem.

SV. So ist etwa in vielen neuar. Dialekten ein phonetischer Zusammenfall von /*ẓ*/ (= sem. /θ̣/) und /*ḍ*/ (= sem. /*ṣ̂*/) festzustellen (Steiner 1977, 36f.). Dieses Phänomen findet sich offensichtlich bereits in (jüngeren) asa. Dialekten, da /*ẓ*/ in Kursivinschriften stets mit {ḍ} geschrieben wird (Ryckmans 1993, 131). Interessant ist in diesem Zusammenhang auch eine durch Mittwoch (1907, 190f.) überlieferte Tradition äth. Gelehrter, nach der im Äth. /*ś*/ und /*ḍ*/ in früher Zeit wie [ṯ] bzw. [ẓ] gesprochen wurde. Vom gleichen Phänomen zeugen ferner neusüdar. Dialekte, in denen der stimmlose Lateral, der sem. /*s*^{2}/ repräsentiert, ähnlich wie ar. /*ṯ*/ (und nicht etwa wie ar. /*š*/) gesprochen wird (Steiner 1977, 15).

32.123.24. Im Gegensatz zu den unter §32.123.23 diskutierten Wortformen begegnen ug. *ẓrw* und (das etym. unsichere) *ḥẓr* in unterschiedlichen Textgattungen. Sie nehmen allerdings insofern eine Sonderstellung ein, da in ihnen das umstrittene Phonem /*ẓ*/ jeweils vor der Liquida /*r*/ begegnet.

32.123.3. Die phonetische Nähe von Interdentalen und Lateralen im Ug. wird ferner durch Wortformen gestützt, die /*ġ*/ anstelle eines etym. /θ̣/ aufweisen (siehe UT § 5.7; Jirku 1963; Fronzaroli 1955, 33-35; anders Rössler 1961a).

32.123.31. Eindeutige Beispiele dafür sind:

√*nġr* "bewachen, beschützen" 1.4:VIII:14&: vgl. sem. √*nẓr*. Die syll. Formen *ni-iḫ-ru* (Verbalsubst.) (RS20.123+:I:5' [S[a]]) und [lú]*na-ḫi-ru-[ma]* "Wächter" (RS17.240:9) bestätigen die [ġ]-ähnliche Aussprache des umstrittenen Konsonanten.

√*ġmʾ* "durstig sein" 1.4:IV:34 (2x): vgl. sem. √*ẓmʾ*. Das Ug. kennt zur betreffenden Wz. auch eine nominale Form (D-Ptz.) mit der Schreibung *mẓma* (1.15:I:2) (§74.415, √*ẓmʾ*).

ġr "Berg" 1.3:II:5&: vgl. sem. **ẓVrr*.

32.123.32. Möglicherweise gehört auch die Wz. √*mġy* "ankommen, eintreffen" (1.1:V:16&) hierher, die etym. mit syr. *m*[e]*ṭā* "hin-, ankommen" verbunden werden kann und somit auf sem. √*mθy/w* zurückgehen könnte. Sie ist aber etym. schwer faßbar. Es ist ungewiß, ob der zweite Radikal sem. tatsächlich als /θ̣/ anzusetzen ist; vgl. zum einen asa. √*mẓ*ʾ "ankommen, gelangen nach" (SD 89), śḥeri *míẓi* "reichen bis" (JL 169) und wohl auch he. √*mṣ*ʾ (jeweils mit /ʾ/ als drittem Radikal), zum anderen ar. *mḍy* "vorübergehen, weggehen; eindringen".

Anm. In diesem Zusammenhang ist darauf hinzuweisen, daß der nicht-sem. GN *z̤z̤ w kmṯ* (1.100:36; 1.107:41[!]) bzw. *ṯ*[?]*ẓ w kmṯ* (1.123:5) einmal auch als *z̤z̤ w kmġ* (1.82:42) bezeugt ist (Lesung nach Pardee 1987, 201). Die exzeptionelle Schreibung von {ġ} anstelle von {ṯ} könnte phonologisch motiviert sein. Es ist allerdings nicht auszuschließen, daß die Zeichenfolge als *z̤z̤ w kmḏ*[!] oder gar als *z̤z̤ w kmṯ*[!] zu lesen ist.

32.123.33. Demgegenüber sind folgende Beispiele m.E. nicht stichhaltig:

√*ġlw/y* "sich senken, sich neigen" 1.2:I:23.24; 1.3:I:1; (?) 1.19:III:54: Die Wz. dürfte auf sem. √*ṣlw* zurückgehen; vgl. aram. *ṣlā* "beugen, s. neigen", äth. *ṣalawa* "aufhorchen, (Ohr) neigen" und ar. √*ṣlw* "den Rücken beugen"; vgl. evtl. ferner akk. *ṣalāʾu/ṣalû*: "(ab-)werfen, niederlegen".

√*ġly* "verbrennen, verdorren (Getreide auf den Feldern)" 1.6:V:17; 1.19:I:31: Die Wz. könnte mit sem. √*ṣly* "rösten, braten, (ver-)brennen" zu verknüpfen sein; vgl. besonders ar. √*ṣly* "rösten, braten, brennen, der Glut ausgesetzt sein" und akk. *ṣelû* "verbrennen". Alternativ können die Belege von √*ġlw/y* abgeleitet werden (siehe letzten Absatz).

tqġ (udn) "du sollst (dein Ohr) zuneigen (d.h. aufmerksam sein)" 1.16:VI:30.42: *tqġ* wird von vielen Autoren auf eine Wz. √*yqġ* zurückgeführt, die mit he. √*yqṣ* und ar. √*yqẓ* "wach, wachsam sein" verbunden wird. Wahrscheinlicher ist jedoch von einer Wz. √*qġw* auszugehen, die mit ar. √*ṣġw* I. "(sich) neigen", IV. "Ohr zuneigen; aufmerksam sein" gleichgesetzt werden kann. Die unregelmäßige Lautentsprechung (ug. /*q*/ = ar. /*ṣ*/) kann dadurch erklärt werden, daß **ṣ* im Ug. unter dem Einfluß des zweiten Radikals der Wz., des Uvulars /*ġ*/, zu /*q*/ verschoben wurde (§33.113).

√*ġlm* "dunkel sein"(?) 1.16:I:50; *ġlmt* "Dunkelheit"(?) 1.4:VII:54; 1.8:II:7: Die trad. Verknüpfung der angeführten Wörter mit sem. √*θlm* ist höchst unsicher. Zum einen ist im Ug. nämlich auch eine Wz. √*ẓlm* bezeugt, zum anderen erscheint des Subst. *ġlmt* jeweils in Parallele zu einem Subst. *ẓlmt* und dürfte somit mit letzterem nicht gleichzusetzen sein. Man beachte ferner, daß in der he. Lexikographie die Existenz einer Wz. √*ʿlm* (II) mit der Bedeutung "dunkel, schwarz sein" postuliert wird (KBL[3], 790a). — Unklar ist, ob es eine syll. Entsprechung zu ug. *ġlmt* "Dunkelheit"(?) gibt. In Frage kommt die Form *ḫu-ul-ma-tu*$_4$ (RS20.123+:III:15'.16' [S[a]]); z. Disk. siehe UV 43.98-99.164, Sivan (1989, 360) und DLU 157.

32.123.34. Der hier gebotenen Interpretation zufolge steht ug. /*ġ*/

a) für etym. /θ̣/ in √*nġr*, √*ġmʾ*, und *ġr*;

b) für etym. /θ̣/ oder etym. /*ṣ̌*/ in √*mġy*;

c) für etym. /*ṣ*/ in √*ġlw/y* und √*ġly*.

Sämtliche Wörter zeichnen sich dadurch aus, daß neben */ġ/* ein Resonant begegnet, und zwar entweder eine Liquida (*/r/* bzw. */l/*) oder ein Nasal (*/m/* bzw. */n/*). Es ist – mit Greenstein (1998, 104) – wahrscheinlich, daß Resonanten für die eingetretenen Lautverschiebungen verantwortlich sind, die sich vielleicht als "Lateralisierung" charakterisieren lassen: Unter dem Einfluß der Resonanten wurden /θ̣/ bzw. */ṣ/* in einen emphatischen Lateral überführt, der so weit hinten artikuliert wurde, daß er in die artikulatorische Nähe von */ġ/* kam und folglich mit {ġ} geschrieben wurde. Für diese Verschiebung der Artikulationsstelle könnte eine uvularisierende bzw. pharyngalisierende Aussprache der Emphatika im Ug. verantwortlich sein (*§*32.137).

SV. Die Verwendung des Graphems {ġ} zur Bezeichnung des emphatischen Laterals erinnert bekanntlich an die orthogr. Systeme des Aram., wo in älterer Zeit {q} und später {ᶜ} zur Markierung von sem. */ṣ́/* dient. — Es geht methodisch nicht an, aufgrund der wenigen Bespiele für die genannte unregelmäßige Lautentsprechung (ug. */ġ/* für etym. /θ̣/) mit Gordon (UT § 5.10) und anderen ein neues ursem. Phonem zu postulieren (zur Argumentation siehe Rössler 1961a, 161f.).

32.123.4. Zusammenfassend ist festzuhalten, daß es unterschiedliche orthogr. Hinweise auf eine zumindest rudimentäre Bewahrung des emphatischen Laterals */ṣ́/* im Ug. gibt. Das Ug. scheint somit in seiner Frühzeit noch laterale Phoneme gekannt zu haben. Inwieweit diese in historischer Zeit noch produktiv waren, läßt sich anhand des orthogr. Befundes nicht mehr feststellen.

32.13. Realisierung der Emphase im Ugaritischen

32.131. Die Aussprache der emphatischen Phoneme (*/ṭ/*, */ẓ/*, */ṣ/*, */q/*) im Ug. läßt sich nicht genau rekonstruieren. Im Sem. sind grundsätzlich zwei Arten der Emphase bezeugt, zum einen die sogenannte Pharyngalisierung (auch: Velarisierung), zum anderen die sogenannte Glottalisierung.

Die Pharyngalisierung ist in diversen (modernen) ar. Dialekten bezeugt. Man versteht darunter eine Verschiebung der Artikulationsstelle von Phonemen nach hinten bei gleichzeitiger Verengung der Pharynx. Die Pharyngalisierung verursacht eine dunklere Aussprache des folgenden Vokals und bisweilen eine "Emphatisierung" benachbarter, ursprünglich nicht-emphatischer Konsonanten oder eines ganzen Wortes. Eine ähnliche Artikulation der Emphase, die man als Uvularisierung bezeichnen könnte, dürfte im frühen Aram. und He. anzusetzen sein (siehe Garr 1986, 48, Anm. 26).

Die Glottalisierung meint eine Artikulation eines Konsonanten durch glottalen Druck bzw. als glottalen Ejektiv (Konsonant mit folgendem glottalen Verschluß). Die Artikulationsstelle glottalisierter Konsonanten ist identisch mit jener entsprechender nicht-emphatischer Konsonanten. Die Glottalisierung bewirkt keine dunklere Aussprache der benachbarten Vokale. Sie ist in (modernen) äthiosem. Sprachen bezeugt.

Jüngere sprachvergleichende Studien haben nachgewiesen, daß die Glottalisierung als ältere Art der Emphase im Sem. anzusehen ist (siehe etwa Steiner

1982 und Faber 1985, 101). Dafür spricht vor allem das in diversen (älteren) sem. Sprachen, insbesondere aber im Akk. zu beobachtende Phänomen der Emphatendissimilation, wonach zwei emphatische Konsonanten in einer Wz. nicht geduldet werden. Auch allgemeine phonetische Überlegungen stützen diese Annahme: Die pharyngalisierende Emphase läßt sich nämlich auf Glottalisierung zurückführen, während der umgekehrte Weg phonetisch nicht plausibel ist.

32.132. Der ug. Befund ist nicht ganz eindeutig. Fest steht, daß im Ug. zwei emphatische Konsonanten in einer Wz. in der Regel geduldet werden.

Sichere Beispiele (Auswahl): √*ṭbq* "verschließen" (1.17:I:28; 1.17:II:18); *ṣdq* "Aufrichtigkeit, Gerechtigkeit" (1.14:I:12&); *ṣmqm* "Rosinen" (1.71:24&); *qṭ* "Flachs" (1.85:18&); *qṭr* "Rauch" (1.17:I:27&); √*qṣṣ* "abschneiden" (1.114:2&); √*qṣr* "kurz sein" (1.103+:33). — Ferner kommen in Betracht:

√*qṭṭ* "lügen"(?) 1.40:23.31.40; 1.84:7: Vgl. ar. *qatta* "lügen, verleumden" und amharisch *ʾaqtata* "verändern" (CDG, 452b); vgl. viell. ferner syr. *qeṭā* "(sich) umdrehen; verdrehen". Ob die Wz. ursem. mit /ṭ/ oder mit /t/ anzusetzen ist, ist fraglich. Im letzteren Fall läge im Ug. eine Emphatenassimilation vor.

√*qnṣ* "kreißen" 1.23:51*.58: Die Etym. ist nicht endgültig geklärt; vgl. aber akk. *kalāṣu* "sich zusammenziehen, sich zusammenrollen" (AHw. 424; CAD K, 60f.), syr. √*glṣ* "(Stirn) runzeln, die Zähne fletschen" (LexSyr 119) und ar. √*qlṣ* "sich zusammenziehen" (Wehr[5], 1053).

32.133. Beispiele für Emphatendissimilation (§33.121) oder Emphatenassimilation (§33.111) sind demgegenüber offenbar selten.

32.133.1. Von Emphatendissimilation könnte folgende (unsichere) Wz. zeugen:

√*štk* "niedersinken, aufhören, innehalten" (§74.234.2, √*štk*) 1.12:II:56-60 (5x): Die sem. Grundform könnte √*šqṭ* (he. √*šqṭ* "ruhen", ar. √*sqṭ* "fallen") oder √*šqt* (vgl. akk. *šaqātu* "zu Fall bringen") lauten. Aram. ist demgegenüber eine Form ohne emphatische Konsonanten belegt (√*škt* "sinken"). Daneben gibt es im Sem. eine Nebenform mit Konsonantenmetathese, nämlich √*štq* (he. √*štq* "zur Ruhe kommen"; mhe. und jaram. √*štq* mit ähnlicher Bedeutung). Die ug. Wz. √*štk* könnte eine Variante zur letzteren Form sein. Sie besitzt keinen emphatischen Konsonanten (vgl. aram. √*škt*).

Anm. Hinzuweisen ist hier ferner auf die Wz. √*ʿtk* "festbinden, befestigen" (1.3:II:11; 1.13:7), die viell. mit äth. *ʿaṭaqa* "gird, gird oneself, fasten" (CDG 76f.) zu verknüpfen ist. Auffällig wäre, daß die Wz. im Äth. zwei emphatische, im Ug. aber keinen emphatischen Konsonanten aufweist.

32.133.2. Von Emphatenassimilation könnten zeugen:

√*qlṣ* "verspotten" 1.3:V:28*; 1.4:III:12; 1.4:VI:13; 1.18:I:16: vgl. he. √*qls* Pi./Hitp. "verspotten" (KBL[3], 1033) und ar. (äg. Dialekt) √*qls* II. "sich über jmdn. lustig machen" (Wehr[5], 1052).

? *qṭn* "Krummschwert"(?) 4.44:20&: vgl. akk. *k/qa(t)tinnu*, ein Gegenstand aus Bronze (Vorschlag von M. Heltzer, UF 29 [1997], 211-214).

32.134. In Eigennamen ist aber sowohl das Phänomen der Emphatendissimilation als auch das der Emphatenassimilation vergleichsweise häufig bezeugt.

a. Emphatendissimilation:

PN *ṣdkn* 4.277:6 (Text mit besonderer Orthographie): Wz. √*ṣdq* "gerecht sein".

(Nicht-sem.) GN *ṯẓ w kmṯ* (1.123:5) anstelle von *ẓẓ w kmṯ* (1.100:36; 1.107:41!; vgl. ferner *ẓẓ w kmġ* [1.82:42]) (zum Problem der Lesung von {ṯ} in 1.123:5 siehe §32.123.32, Anm.).

ON *tbq* 4.367:1& (insgesamt viermal; möglw. ferner 4.31:1*.3*.10* [Kurzalphabettext]) neben häufigerem *ṭbq* (4.27:11*.22& einschließlich RS86.2213:14).

b. Emphatenassimilation:

PN *ḥṣqt* 4.428:7; PN *ḥṣqtn* 4.692:8: Wz. √*ḥzq* "stark sein".

PN *nqṭn* "Hirt" 4.309:26: vgl. Subst. *nqd* "Hirt".

PN *ṣṭqšlm* 2.19:4.10.14: Wz. √*ṣdq* "gerecht sein" (siehe UT §§ 5.24; 5.34).

Diese Eigennamen erlauben zwar keine direkten Rückschlüsse auf die ug. Grammatik, stützen jedoch die Annahme, daß dem Ug. weder Emphatendissimilation noch Emphatenassimilation fremd ist.

Anm. In Eigennamen wechseln emphatische und nicht-emphatische (stimmlose) Konsonanten bisweilen auch ohne assimilatorische bzw. dissimilatorische Motivation: z.B. PN *ypltn* 4.277:4 (√*plṭ* [Text mit besonderer Orthographie]) neben *yplṭ* 4.214:IV:4; ferner PN *ṭlmyn* 4.277:7 (Text mit besonderer Orthographie) neben *tlmyn* 2.11:3&.

32.135. Einen Hinweis auf die Artikulationsart der Emphase im Ug. könnte das ug. Subst. *ṯiqt* "Gebrüll" (1.14:V:8) enthalten, eine Variante der (korrekten) Form *ṯigt* (1.14:III:16 [√*ṯʾg*]). Möglicherweise wurde der betreffende Velar aufgrund des vorausgehenden Laryngals /ʾ/ weiter hinten artikuliert als gewöhnlich, was zu einem /*q*/-ähnlichen Laut führte (§33.113). Trifft diese Deutung zu, dann läge die Artikulationsstelle von ug. /*q*/ weiter hinten als die von ug. /*g*/.

32.136. Bezeichnend für die Artikulationsart der Emphase im Ug. dürfte auch die Tatsache sein, daß interdentale, sibilantische und laterale Emphatika unter bestimmten Voraussetzungen uvular-ähnlich artikuliert werden (§32.123.3).

32.137. Sollte das Verbalsubst. *qṣ* "Aufessen, Verzehren" (1.114:2) – gemäß §33.141.5 – von der Wz. √*qṣʾ* < **qḏʾ* abzuleiten sein, würde es indirekt von einer glottalisierten Artikulationsart des Phonems /*ṣ*/ (= [ᵗsʾ]) im Ug. zeugen.

32.138. Die wiederholt zu beobachtende Emphatenassimilation in Personennamen, die Schreibung *ṯiqt* anstelle von *ṯigt* und die uvular-ähnliche Aussprache von emphatischen Konsonanten scheinen zugunsten einer uvularisierenden bzw. pharyngalisierenden Artikulation (bestimmter) emphatischer Konsonanten im Ug. sprechen (siehe Garr 1986, 48, Anm. 25). Der unter §32.137 genannte Befund (*qṣ*) könnte – umgekehrt – die Annahme stützen, daß (zumindest) /*ṣ*/ im Ug. glottalisiert, d.h. als [ᵗsʾ] artikuliert wurde. Sichere Schlußfolgerungen sind bisher nicht möglich. Weitere lexikographische Untersuchungen sind abzuwarten.

32.14. Lautwerte der ugaritischen Konsonanten

Im folgenden werden die konsonantischen Phoneme des Ug. hinsichtlich ihrer Lautwerte und ihrer etym. Entsprechungen diskutiert. Die Untersuchung beruht im wesentlichen auf Tropper (1994a). Bei problematischen Phonemen werden alph. Wiedergaben (in ererbten Wörtern wie in Fremdwörtern) und Wiedergaben in fremden Schriftsystemen, vornehmlich in syll. Keilschrift, erörtert.

Um Mißverständnisse auszuschließen, werden im Rahmen sprachvergleichender bzw. sprachhistorischer Diskussionen für mehrere Phoneme eindeutigere Transliterationssymbole verwendet, als sie in den sem. Einzeldisziplinen üblich sind. Die Entsprechungen dieser Symbole mit konventionellen Symbolen sind der Korrespondenztabelle von *§*32.15 zu entnehmen.

32.141. Die bilabialen Verschlußlaute

32.141.1. Das Phonem /*p*/

32.141.11. Das ug. Phonem /*p*/ repräsentiert sem. /*p*/. Beispiele:
I-*p* *pat* "Rand"; √*pdy* "loskaufen"; *pḫr* "Versammlung"; *pʿn* "Fuß"; *pr* "Frucht".
II-*p* *gpn* "Weinreben"; √*hpk* "umstürzen"; *spr* "Schriftstück"; *špḥ* "Familie".
III-*p* *ap* "Nase"; *kp* "Handfläche"; *ksp* "Silber"; √*šrp* "verbrennen".

32.141.12. Ug. /*p*/ wurde wahrsch. als stimmloser bilabialer Verschlußlaut artikuliert, wohl mit Aspiration, d.h. [p^h] (wahrsch. wurden alle stimmlosen Verschlußlaute des Ug. im Einklang mit dem allgemeinen sem. Befund aspiriert realisiert). Hinweise darauf, daß ug. /*p*/ in bestimmten Positionen spirantisch, d.h. als Frikative [ɸ] bzw. [f] gesprochen wurden, gibt es nicht.

SV. Zur Argumentation, daß die phön. Verschlußlaute aspiriert gesprochen wurden, siehe PPG (§ 37).

32.141.2. Das Phonem /*b*/

32.141.21. Das ug. Phonem /*b*/ repräsentiert sem. /*b*/. Beispiele:
I-*b* *b* "mit, durch"; √*bky* "weinen"; *bn* "Sohn"; √*bny* "bauen"; √*brk* "segnen".
II-*b* *abn* "Stein"; √*dbḥ* "opfern"; √*hbr* "sich verneigen"; *ḥbr* "Genosse"; √*kbd* "ehren"; *rbʿ* "vier"; *ab* "Vater".
III-*b* √*yṯb* "sitzen"; *klb* "Hund"; √*ʿrb* "eintreten"; √*šʾb* "Wasser schöpfen".

32.141.22. Ug. /*b*/ wurde wahrsch. als stimmhafter bilabialer Verschlußlaut [b] artikuliert. Für mögliche Hinweise auf eine spirantische Aussprache von /*b*/ in gewissen phonetischen Umgebungen siehe *§*33.112.35 (**p* > /*b*/ vor Frikativen [?]) *§*33.115.7 (Form *kkbm*) und *§*33.136 (*b*/*m*-Wechsel). Für den im Ug. häufig auftretenden *b*/*p*-Wechsel siehe *§*33.112.3.

SV. Zur Frage des Alters der Spirantisierung von Verschlußlauten im Nwsem. siehe Muchiki (1994).

32.141.3. Statistische Daten

Statistische Untersuchungen des ug. Lexikons zeigen, daß das Phonem /*p*/ etwas häufiger bezeugt ist als das Phonem /*b*/ (Verhältnis etwa 5 : 4). Mit diesem Befund geht das Ug. mit dem He. konform. Auch im Syr. und im Akk. stößt man auf vergleichbare Verhältniszahlen (etwa 3 : 2). Demgegenüber ist im Ar. und Äth. /*f*/ (= sem. /*p*/) weitaus seltener als /*b*/ (Verhältnis etwa 1 : 2).

Anm. Die hier und im folgenden vorgestellten Angaben zur Beleghäufigkeit von Phonemen berücksichtigen den Tatbestand, wie oft ein bestimmtes Phonem als Anfangskonsonant von Lexemen (nicht Wurzeln!) in einer bestimmten Sprache bezeugt ist. Die betreffenden Zahlen geben zwar die tatsächliche Belegdichte von bestimmten Phonemen in Wurzeln nur ungenau wieder, sind aber als Relationswerte nichtsdestoweniger aufschlußreich.

SV. Es gibt im Ug. — wie in den meisten anderen sem. Sprachen — keinen emphatischen bilabialen Verschlußlaut /*ṗ*/. Das Fehlen eines solchen Phonems im Sem. kann darauf zurückgeführt werden, daß die Emphase im Sem. ursprünglich durch glottalen Druck realisiert wurde. Glottalisierte Labiallaute aber sind in den Sprachen der Welt allgemein äußerst selten bezeugt; siehe hierzu Steiner (1982, 88) und Faber (1985, 101).

32.142. Die dentalen Verschlußlaute

32.142.1. Das Phonem /*t*/

32.142.11. Das ug. Phonem /*t*/ repräsentiert sem. /*t*/. Beispiele:
I-*t* *tḥt* "unter"; *tsm* "Schönheit"; *trṯ* "Most".
II-*t* *ktn* "Leinen"; √*ytn* "geben"; *ytr* "Rest"; *mtn* "Geschenk"; √*šty* "trinken".
III-*t* *bt* "Haus"; *zt* "Olive"; √*mwt* "tot sein"; √*nkt* "opfern"; √*šyt* "stellen".
als Femininendung: *ahbt* "Liebe"; *aḫt* "Schwester"; *aṯt* "Frau"; *ilt* "Göttin"; *išt* "Feuer"; *btlt* "Jungfrau"; *mlkt* "Königin", etc.

32.142.12. Ug. /*t*/ wurde sehr wahrsch. als stimmloser dentaler aspirierter Verschlußlaut [t^h] artikuliert.

32.142.2. Das Phonem /*ṭ*/

32.142.21. Das ug. Phonem /*ṭ*/ repräsentiert sem. /*ṭ*/. Beispiele:
I-*ṭ* √*ṭbḫ* "schlachten"; √*ṭḥn* "mahlen"; *ṭl* "Tau"; √*ṭ*ʿ*n* "durchbohren".
II-*ṭ* *ḥṭt* "Weizen"; *lṭpn* "der Gütige"; *mṭt* "Bett"; *mṭr* "Regen"; *qṭr* "Rauch".
III-*ṭ* √*plṭ* "retten"; √*ṯpṭ* "Recht sprechen".

32.142.22. Ug. /*ṭ*/ steht niemals für etym. /θ̣/. Zu den (wenigen) Beispielen, wo umgekehrt ug. /*ẓ*/ für etym. /*ṭ*/ steht, siehe unter §32.144.23.

32.142.23. Ug. /*ṭ*/ wurde als emphatischer dentaler Verschlußlaut artikuliert.

32.142.3. Das Phonem ***/d/***

32.142.31. Das ug. Phonem */d/* repräsentiert primär sem. */d/*. Beispiele:

I-*d* *dd* "Liebe"; √*dyn* "Recht sprechen"; *dl* "arm"; *dlt* "Türflügel"; *dm* "Blut".

II-*d* √*ʾdm* "rot sein"; *adn* "Herr"; *ḥdṯ* "neu"; *yd* "Hand"; *mgdl* "Turm"; √*ndb* "freigebig sein"; *ʿd* "bis"; √*pdy* "loskaufen"; √*qdš* "heilig sein".

III-*d* √*ʾbd* "zugrunde gehen"; √*kbd* D "ehren"; √*lmd* "lernen"; √*mʾd* "viel sein".

32.142.32. Daneben steht ug. */d/* jedoch auch für sem. */δ/*:

I-*d* *d* (RelPr); *dbb* "Fliege"; √*dbḥ* "opfern"; √*dḥl* "Angst haben"; *dkr* "männlich"; *dqn* 1. "Bart", 2. "Geisenalter"; √*dry* "worfeln"; √*drʿ* "aussäen"; *drʿ* "Same, Getreide" (neben häufigerem *ḏrʿ*); (?) *drt* "Hirse"; *tdmm* "Schande" (√*dmm* < **ḏmm*).

II-*d* *id* "dann"; *idn* "Erlaubnis"; √*ḥdw/y* "antreiben, wegtreiben" (1.127:32 [vgl. ar. √*ḥdw*]); √*ydy* < **wdy* "(mit den Nägeln) zerkratzen"; √*ydʿ* < **wdʿ* "schwitzen" (vgl. he. √*yzʿ*; ar. √*wḏʿ*); *mdb* "Strom, Flut"; *mġd* "Verpflegung" (√*ġdy*); √*ndd* "stehen, sich hinstellen" (§75.62b); √*ndr* "geloben" (vgl. aber he. √*ndr*); √*ʿdb* "stellen, legen" (gegenüber asa. √*ʿḏb*); *ġdyn* "Speisung" (√*ġdy* < **ġḏw*).

III-*d* √*ʾḫd* "nehmen, fassen".

Sem. */δ/* blieb jedoch zum einen in den Texten 1.12 und (mit Vorbehalt) 1.24, zum anderen in gewissen resonantenhaltigen Wzz. als */ḏ/* bewahrt.

32.142.33. Ob ug. */d/* auch sem. */z/* entsprechen kann, ist unsicher. Zur Diskussion stehen folgende Lexeme:

dkrt 1.4:VI:54: Bezeichnung eines Weingefäßes (// *rḥbt*) mit unsicherer Etym. Möglich ist eine Verknüpfung mit ar. *zukrat* "kleiner (Wein-)Schlauch". Die ungewöhnliche Konsonantenentsprechung könnte aber auf Entlehnung des Wortes zurückzuführen sein.

√*ḥdy/w* "sehen" 1.3:II:24; 1.19:III:4&(7x); 2.77:8.15: Die Wz. entspricht aram. √*ḥzy*, könnte aber dennoch auf ursem. √*ḥḏy/w* zurückzuführen sein, zumal die Entsprechung im Ar. unklar ist. Zur Diskussion stehen ar. √*ḥzy* I. "Vögel aufjagen, um ihren Flug zu deuten", IV. "kundig sein, verstehen" (vgl. √*ḥzw* "wahrsagen") und ar. √*ḥḏw* "nachahmen; jmdm. gegenüber stehen".

32.142.34. Ug. */d/* wurde wahrsch. als stimmhafter dentaler Verschlußlaut [d] artikuliert.

32.142.4. Statistische Daten

Die dentalen Verschlußlaute */t/*, */ṭ/* und */d/* sind im Ug. etwa im Verhältnis 6 : 1 : 5 bezeugt. Das seltene Auftreten von */ṭ/* ist bemerkenswert und am ehesten noch mit dem akk. (etwa 4 : 1 : 2) und he. Befund (etwa 3 : 1 : 2) vergleichbar. Demgegenüber ist */ṭ/* im Ar. und im Äth. auffällig häufig vertreten (etwa gleich häufig wie */d/*).

32.143. Die Sibilanten

32.143.1. Sprachvergleichende Betrachtung

Zu den Sibilanten im engeren Sinn zählen im Sem. folgende vier Phoneme: /s^3/ (= nwsem. /s/), /ṣ/, /z/ und /s^1/ (= nwsem. /š/). Von diesen Phonemen lassen sich nur die ersten drei in den triadisch aufgebauten Konsonantenblock einordnen. Der wesentliche Artikulationsunterschied zwischen der Sibilantentriade /s^3 - ṣ - z/ einerseits und /s^1/ andererseits scheint neueren komparatistischen Studien zufolge darin zu liegen, daß erstere im Ursem. affriziert war und etwa als [^{t}s - ^{t}s$^\circ$ - ^{d}z] realisiert wurde. Dagegen war /s^1/ = [s] (o.ä.) immer ein frikativer (stimmloser) Sibilant (siehe Faber 1985; Steiner 1982; vgl. ferner Bomhard 1988, 123-128).

Die genannten Sibilanten im allgemeinen und /s^1/ und /s^3/ im besonderen zählen zu den problematischsten Phonemen des Sem., da sie zahlreichen Artikulationsveränderungen unterliegen. In enger Interferenz mit /s^1/ und /s^3/ stehen a) der stimmlose Lateral /s^2/ und b) der stimmlose Interdental /θ/.

Die genannten Phoneme /s^1/, /s^2/, /s^3/ und /θ/ sind in den einzelnen sem. Sprachen in unterschiedlichem Verhältnis zueinander vertreten (siehe Tropper 1994a, 25-29). So ist etwa das Phonem /s^2/ in ssem. Sprachen (Asa. und Äth.) zu Lasten von /s^3/ auffallend häufig, demgegenüber im He. sowie mutmaßlich im gesamten Nwsem. einschließlich des Ug. und im Akk. zugunsten von /s^3/ vergleichsweise selten vertreten. Eine weitere interessante Beobachtung besteht darin, daß das Phonem /θ/ im Ug. besonders häufig auftritt: /θ/ ist hier etwa gleich häufig wie /s^1/, ein innerhalb der sem. Sprachen singulärer Tatbestand.

Dieser Befund läßt sich nur unter Annahme phonetischer Veränderungen zufriedenstellend erklären. Es ist zum einen damit zu rechnen, daß bestimmte Sprachen eine Vorliebe für bestimmte sibilantische Phoneme zeigen (bedingt durch eine spezifische Artikulation dieses Phonems), zum anderen damit, daß bestimmte Phoneme die Qualität eines benachbarten Sibilanten beeinflussen können und daß dies in den verschiedenen Sprachen in unterschiedlicher Intensität und/oder auf unterschiedliche Weise geschieht. So konnte beispielsweise nachgewiesen werden, daß /r/ und /^{c}/ auf benachbarte Sibilanten (im weiteren Sinne) einwirken und diese verändern können (siehe Faber 1984, 193-195). Viele andere Faktoren – etwa die Rolle der Labiale in sibilantenhaltigen Wzz. – sind bisher noch zu wenig erforscht.

SV. Für Argumente zugunsten einer Affrizierung der Sibilantentriade im frühen Akk. siehe jetzt auch GAG § 30* (Ausführungen von W. Sommerfeld); zum gleichen Phänomen im Amurr. siehe Knudsen (1982, 7).

32.143.2. Das Phonem /s/

32.143.21. Zur Verschriftung des Phonems /s/ stehen im ug. Langalphabet grundsätzlich zwei Schriftzeichen zur Verfügung: In der überwiegenden Mehrzahl der Texte bzw. Belege wird /s/ mit dem Graphem {s} verschriftet, in seltenen Fällen dient aber auch das Graphem {s̀} diesem Zweck. Die mit diesen beiden Schriftzeichen verbundenen Probleme einschließlich der phonetischen Lautwerte, die sie repräsentieren, wurden bereits unter *§*21.33 diskutiert.

32.143.22. Ug. /*s*/, das gewöhnlich mit dem Schriftzeichen {s} geschrieben wird, repräsentiert in ererbten Wörtern sem. /s^3/. Beispiele:

I-*s* √*sgr* "verschließen"; √*sʿy* "laufen, eilen"; √*spr* "zählen, erzählen".
II-*s* √*ʾsp* "sammeln"; √*ʾsr* "binden"; √*ksy* "bedecken"; *ksl* "Lende"; *ksp* "Silber".
III-*s* *ks* "Becher"; √*kbs* "walken".

32.143.23. Demgegenüber gibt es keine sicheren Beispiele dafür, daß ug. /*s*/ entweder sem. /s^2/ oder sem. /s^1/ repräsentieren kann:

√*ḥsp* "(Wasser) schöpfen" 1.3:II:38; 1.3:IV:42; 1.19:II:2.6; 1.19:IV:37: Dieser ug. Wz. entspricht zwar he. √*ḥśp*, doch dürfte hier he. /*ś*/ sekundär sein (siehe Ges^{18}, 405a); vgl. akk. *esēpu* "eine Flüssigkeit abgießen" (CAD E, 331).

krs 1.5:I:4: Diese Zeichenfolge wird von einigen Autoren als "Bauch" (sem. *karis*^{2}) gedeutet. Der Kontext stützt diese Interpretation jedoch nicht, sondern legt eher eine Auftrennung der genannten Zeichenfolge in *k rs* "wie ..." nahe.

√*mss/ŝ* "in einer Flüssigkeit auflösen" 1.71:8&: Dieser Wz. liegt trotz der Entsprechung mit ar. √*mšš* "im Wasser auflösen" etym. /s^3/ zugrunde (siehe he./jaram. √*mss* "zerfließen"). Im Ar. dürfte der labiale Nasal /*m*/ sekundär zu einer palatalen Aussprache des Sibilanten geführt haben.

Anm. Ein ug. Wort *prs* "Pferd" entsprechend he. *pārāš* und ar. *faras* existiert nicht (siehe *§*21.334.14, Anm.).

32.143.24. In entlehnten Wörtern dient ug. /*s*/ (neben ug. /*z*/) sehr häufig zur Wiedergabe von heth. /*z*/, akk. /*z*/ und akk. /*ṣ*/:

ḫs/ŝwn, eine Pflanze, etwa "(Kopf-)Salat", 4.4:9; 4.14:3.11; 4.60:2: heth. *hazzuwani-* (*§*21.335.1b).

ks/ŝu "Sessel, Thron" 1.3:VI:15&: akk. *kuzāʾu* neben *kussiʾum*, *kussû* (*§*21.335.1e) < sum. ^{giš}GU.ZA.

sbbyn "Schwarzkümmel" 4.14:4.9.16; 4.707:8: akk. *zibibiānu* "Schwarzkümmel".

sbrdn "Bronzeschmied" 4.337:1; 4.352:6: akk. **z/sab/pardinnu* < sum. LÚ.ZABAR.DÍM "Bronzeschmied"; vgl. ferner akk. *z/siparru* < sum. ZABAR "Bronze" und akk. *zabardabbu* < sum. ZABAR.DAB "Bronze(schalen)halter".

spsg, *ŝpŝg*, *sbsg*, ein glasartiges Material 1.17:VI:36; 4.182:18; 4.205:14; 4.459:4: heth. *zapzagai-* bzw. *zapza/iki-*; vgl. akk. *zabzabgû*, eine Glasur (*§*21.335.1a).

s/ŝǵr "Diener, Gehilfe" 4.243:35.38&: akk. *ṣuḫāru* "Knabe, Diener" (*§*21.335.1h).

Dieser Befund deutet darauf hin, daß ug. /*s*/ eine Affrikate war, zumal heth. /*z*/ sicher den Lautwert [^{t}s] hatte (siehe etwa Friedrich 1974, 32) und neueren Untersuchungen zufolge auch die akk. Phoneme /*ṣ*/ und /*z*/ – zumindest bis zur aB Periode – affriziert (d.h. als [^{t}s^ʾ] bzw. [^{d}z]) artikuliert wurden (siehe Steiner 1982, Faber 1985 und GAG § 30*). Diese Annahme wird auch dadurch gestützt, daß ug. /*s*/ in akk. Fremdwörtern für akk. /*ṣ*/, /*z*/ und /*s*/ – vgl. ug. *krsn* "(Leder-)Schlauch" (4.123:13; 4.279:3) < akk. *gusānu*, aA. *gursā/ēnu* – nicht aber für akk. /*š*/ eintritt (akk. /*s*/ war – zumindest in früher Zeit – affriziert, /*š*/ war dagegen nie affriziert; siehe Faber 1985 und GAG § 30*).

32.143.25. In syll. geschriebenen ug. Wörtern wird /*s*/ – neben der (selteneren) Wiedergabe mit spezifischen {S}-Zeichen – vornehmlich mit {Z}-Zeichen geschrieben. Auch dieser Befund spricht für eine Affrizierung von ug. /*s*/.

Ein weiterer, indirekter Hinweis auf die Affrizierung von ug. /*s*/ ist die konsequente Umschreibung von nwsem. /*s*/ in äg. Texten mit /*č*/ (trad. Umschrift: /*ṯ*/) (siehe Schenkel 1990, 39f. und Hoch 1994, 407f.). Äg. /*č*/ geht historisch auf einen palatalisierten Dental [t^j] zurück und fiel später mit /*t*/ zusammen. Zur Zeit des Neuen Reichs dürfte es als [ts] bzw. [tš] gesprochen worden sein (siehe Hoch 1994, 407f.429).

Zugunsten einer Affrizierung von ug. /*s*/ kann auch das in heth. Texten bezeugte Logogramm ZI.KIN für heth. *ḫuwaši-* "Stele" (Tischler 1983, 333f.) angeführt werden, das wahrsch. dem ug. Subst. *skn* "Stele, Kultstein" (1.17:I:26&) und dem in akk. Texten aus Mari, Emar sowie Munbāqa bezeugten gleichbedeutenden Subst. *sik(k)an(n)u(m)* entspricht (siehe Dietrich – Loretz – Mayer 1989). Das {ZI}-Zeichen beweist, daß das Wort mit [^{t}s] anlautete.

Ein indirekter Hinweis auf die Affrizierung von ug. /*s*/ ist schließlich auch der Tatsache zu entnehmen, daß nicht-wurzelhaftes /*š*/ (als Morphem des Š-Stamms) vor /*s*/ keine partielle Assimilation erfährt, wohingegen eine solche Assimilation vor /*ṯ*/ eintritt (§33.114.11).

Zu einem weiteren indirekten Hinweis auf die Affrizierung von ug. /*s*/ siehe unter §32.143.35 (Graphie *mḫšt*).

32.143.26. Die oben genannten Beobachtungen zeigen, daß sich das ug. Phonem /*s*/ durch eine affrizierte Aussprache auszeichnete und damit in Opposition zum nicht-affrizierten Phonem /*š*/ stand.

32.143.27. Die Affrizierung von ug. /*s*/ könnte jedoch – zumindest in der jüngsten bezeugten Phase des Ug. – in bestimmten Positionen aufgegeben worden sein (§21.334.14). Als Hinweis auf eine einsetzende Deaffrizierung von ug. /*s*/ kann die (späte) Einführung des Schriftzeichens {ś} zur Verschriftung der Affrikate [^{t}s] gewertet werden (§21.334.2; §21.336). Sie wurde notwendig, nachdem {s} diese Funktion nicht mehr eindeutig erfüllte. Die Verwendungsweisen des Graphems {ś} legen die Annahme nahe, daß /*s*/ in der jüngsten Sprachphase des Ug. nur noch bei zugrundeliegender Gemination verläßlich als Affrikate [^{t}s] artikuliert wurde. Daneben könnte sich die Affrizierung auch im Wortanlaut und möglicherweise vor /*u*/-Vokal gehalten haben (§21.335-6).

SV. Tendenzen einer Deaffrizierung von /*s*/ sind auch in anderen sem. Sprachen nachweisbar (§21.334.13). Über die Frage, warum die Deaffrizierung von /*s*/ in Ugarit offenbar früher einsetzte als in anderen nwsem. Sprachen, läßt sich nur spekulieren. Zwei Gründe sind denkbar: Zum einen handelt es sich beim Ug. um einen betont städtischen Dialekt. Solche Dialekte sind phonetischen Vereinfachungen gegenüber von Natur aus aufgeschlossener als ländliche bzw. beduinische Dialekte. Zum anderen könnte auch das hurr. Sprachelement in Ugarit solche Tendenzen gefördert haben, zumal dentale Affrikaten im hurr. Phonemsystem nach Ausweis der in Ugarit gefundenen hurr. Texte in Alphabetschrift keine (wesentliche) Rolle spielten (die alph. Grapheme {s}, {ś} und {z} begegnen in den betreffenden Texten sehr selten, möglicherweise nur in nicht-hurr. Fremdwörtern).

32.143.3. Das Phonem /ṣ/

32.143.31. Ug. /ṣ/ repräsentiert zum einen sem. /ṣ/. Beispiele:

I-ṣ √*ṣdq* "gerecht sein"; √*ṣyd* "jagen"; √*ṣyḥ* "rufen"; √*ṣly* D "beschwören".

II-ṣ *iṣr* "Schatz"; *uṣbᶜ* "Finger"; √*bṣr* "sehen, kontrollieren"; √*nṣl* "entkommen, sich retten"; *ᶜṣr* "Vogel"; √*qṣṣ* "abschneiden"; √*qṣr* "kurz sein".

III-ṣ √*dᶜṣ* "zum Sprung ansetzen"; √*rqṣ* "springen".

32.143.32. Zum anderen repräsentiert es sem. /ṣ̂/. Beispiele:

I-ṣ *ṣin* "Kleinvieh"; √*ṣbᵓ* "kämpfen"; *ṣbu* "Heer"; √*ṣbᵓ* "untergehen (Sonne)" (z. Etym. siehe §54.423c); √*ṣyq* G "eng sein", Š "bedrängen, packen"; √*ṣmd* "anschirren"; √*ṣrr* "feindlich gesinnt sein".

II-ṣ √*bṣᶜ* "abschneiden"; √*yṣᵓ* "herausgehen"; *mᶜṣd* "Gertel, kleines Beil"; *ġṣb* "Auswuchs, Höcker".

III-ṣ *arṣ* "Erde"; *ḥmṣ* "Essig"; √*mrṣ* "krank sein"; √*nġṣ* "zittern"; *ᶜṣ* "Holz, Baum"; √*qbṣ* "sich versammeln"; √*rbṣ* "lagern".

32.143.33. In Fremdwörtern läßt sich das Phonem /ṣ/ nicht sicher nachweisen. Zwei Gründe dürften dafür verantwortlich sein: Zum einen gab es in den nichtsem. Nachbarsprachen keinen Laut, der ug. /ṣ/ entsprach; zum anderen wurden Wörter aus anderen sem. Sprachen, die /ṣ/ enthielten, zumeist ohne Emphase entlehnt, wie etwa das unter §32.143.24 erwähnte Beispiel *s/ŝġr* "Gehilfe, Angestellter" < akk. *ṣuḫāru* "Knabe, Diener" illustriert.

32.143.34. In syll. Texten kann ug. /ṣ/ ebenso wie /s/ und /z/ mit der {Z}-Zeichenreihe geschrieben werden. Daneben existieren jedoch auch spezifische {Ṣ}-Zeichen (§23.414). Eine orthogr. Unterscheidung von etym. /ṣ/ und etym. /ṣ̂/ gibt es in den syll. Texten ebensowenig wie in den alph. Texten.

32.143.35. Das gemeinsame Merkmal der Sibilantentriade /s-ṣ-z/, das die syll. Wiedergabe jedes einzelnen Vertreters mit identischen {Z}-Schriftzeichen rechtfertigt, kann nur deren Affrizierung sein. Daß speziell ug. /ṣ/ – wie /s/ und /z/ – affriziert gesprochen wurde, wird von mehreren Seiten gestützt.

Zum einen liefern die vergleichende Semitistik sowie Aussprachetraditionen in unterschiedlichen sem. Kulturen zwingende Argumente für eine Affrizierung von /ṣ/ im Ursem. (siehe Steiner 1982 und Faber 1985). Ferner beweist die konsequente Wiedergabe von nwsem. /ṣ/ in äg. Texten mit äg. /č̣/ (trad. Umschrift: /ḏ/) – ein Phonem, das auch zur Wiedergabe von kan. /z/ dient und das später mit äg. /ṭ/ (trad. Umschrift: /d/) zusammengefallen ist (siehe Schenkel 1990, 39f.) – die Affrizierung von /ṣ/ im syrisch-palästinischen Raum. Von besonderer Bedeutung sind aber folgende innerug. Hinweise:

a) Die Form *mḫšt* (1.3:III:38.41.43.45) anstelle von **mḫṣt*, eine SK 1.c.sg. der Wz. √*mḫṣ* (vgl. SK 3.f.sg. *mḫṣt* [1.19:IV:58]), läßt sich am einfachsten im Sinne einer Deaffrizierung von /ṣ/ in der Position vor einem dentalen Verschlußlaut erklären. Das Phänomen zeigt, daß ug. /ṣ/ affriziert, ug. /š/ aber nicht affriziert artikuliert wurde. Es beweist indirekt ferner, daß auch ug. /s/ eine Affrikate war (Lautwert: [ᵗs]). Andernfalls wäre eine Graphie **mḫst* zu erwarten. — Vor diesem Hintergrund ist viell. auch in 1.2:I:40 gegen KTU² nicht *mḫ[ṣt]*, sondern *mḫ[št]* zu ergänzen (√*mḫṣ*, SK 2.m.sg.).

b) Als indirekter Hinweis auf die Affrizierung von ug. /ṣ/ ist viell. auch der Schreibfehler *art* für *arṣ* (1.19:III:6) zu bewerten (§21.352.5).

32.143.36. Aufgrund dieser Argumente ist ug. /ṣ/ als affrizierter emphatischer Sibilant mit der ungefähren Aussprache [ᵗsʾ] ausgewiesen.

Anm. Daß ug. /ṣ/ artikuliert worden wäre "like Ar. ṣ, with the root of the tongue pressed up" (BGUL § 34.25), ist sachlich unbegründet.

32.143.4. Das Phonem /z/

32.143.41. Ug. /z/ repräsentiert immer sem. /z/. Beispiele:

I-*z* √*zbr* "(Reben) beschneiden"; √*zǵy* "brüllen, bellen"; *zt* "Ölbaum, Olive".
II-*z* √*ʾzr* "umgürten"; √*gzz* "scheren; √*ᶜzz* "stark sein"; *ǵzr* "Krieger, Held".
III-*z* *uz* "Gans"; *arz* "Zeder"; *bz* "Euter, Mutterbrust"; *ᶜz* "Ziege".

32.143.42. Wie in anderen sem. Sprachen begegnet das Phonem /z/ auch im Ug. seltener als die anderen Vertreter der Sibilantentriade (/s/ und /ṣ/). Auffällig ist aber, daß /s/ und /ṣ/ im Ug. jeweils etwa viermal so häufig wie /z/ sind.

32.143.43. In Fremdwörtern dient ug. /z/ als Entsprechung für /z/ in anderen sem. Sprachen. Beispiele:

a/izml "Sack" (als Maßeinheit) 4.284:2; 4.390:10 ?; 5.3:7: akk. *azami(l)lu* "Tragsack, -netz" (AHw. 92; CAD A/2, 525).

ḫzr "Hilfsarbeiter" 4.141:III:4&: akk. *ḫāziru* "Helfer" (AHw. 339).

kzym (immer Pl.), eine Berufsbezeichnung 4.68:62; 4.99:10; 4.126:14; (?) 4.222:3: akk. *kizû*, ein Diener (AHw. 496; CAD K, 477f.); vgl. ferner amarna-akk. *kuzû*; zur Funktion der *kzym* siehe Vita (1995, 118-125).

32.143.44. Ug. /z/ kann aber auch für akk. /s/ stehen, sofern dieses in intervokalischer Position erscheint und aus diesem Grund viell. stimmhaft artikuliert wurde:

grbz "Oberteil der Kampfrüstung" 4.363:2: akk. *q/gurpi(s)su* (AHw. 929; CAD G, 139f.); akk.Ug. *gurbiz/su* (zu den Belegen siehe DLU 150b); hurr. *gurbiši*.

32.143.45. Ob ug. /z/ auch als Entsprechung für (stimmhafte) nicht-affrizierte Sibilanten des Hurr. und Heth. (anstelle von /ḏ/) fungiert, läßt sich nicht sicher nachweisen. Es gibt nur unsichere Beispiele:

az, eine Stoffbezeichnung, 4.205:6; 5.11:6: vgl. akk. *aššiannu* < hurr. *aššianni*, eine Art Stickerei; zu anderen etym. Vorschlägen siehe Watson (1995b, 534).

tzǵ, eine Opferart bzw. eine Opfergabe, 1.91:4; 1.105:13.21: vgl. hurr. *tašuḫḫi* "(Weihe)geschenk" (= *tzǵ* in 1.148:17 [hurr. Text]). Eine sem. Etym. ist aber nicht auszuschließen (√*yzǵ* < **wzǵ*); siehe Watson (1995b, 540).

ztr 1.17:I:27; 1.17:II:1.17: Gemäß M. Tsevat (UF 3 [1971], 351f.) wäre dieses Wort mit heth. *šittar(i)-* "Sonnenemblem" zu verbinden. Diese Etym. ist aber abzulehnen; zu anderen etym. Vorschlägen siehe Watson (1995b, 542).

Anm. Nach F. Starke (Untersuchungen zur Stammbildung des keilschrift-luwischen Nomens [Studien zu den Boğazköy-Texten 31), Wiesbaden 1990, 408-416) bedeutet heth. *šittar(i)-* — entgegen früheren Vorschlägen — nicht "Sonnenscheibe" (o.ä.), sondern bezeichnet ein Instrument zum Stechen oder Schießen.

32.143.46. In syll. Texten wird ug. /*z*/ durchgehend mit {Z}-Schriftzeichen geschrieben, die auch zur Wiedergabe von /*s*/ und /*ṣ*/ verwendet werden (§23.414). Im alph.-syll. Alphabettext KTU 5.14 (Z. 8) wird alph. {z} mit syll. {ZI} gleichgesetzt (alph. {ṣ} entspricht syll. {ZA=ṣa}, alph. {ś} entspricht syll. {ZU} [§21.261-2]).

32.143.47. Wie /*s*/ und /*ṣ*/ wurde wohl auch /*z*/ im frühen Nwsem. affriziert, d.h. als [^{d}z] artikuliert. Dafür spricht, daß dieses Phonem in äg. Texten mit /*č*/ oder (häufiger) mit /*č̣*/, d.h. mit affrizierten Phonemen wiedergegeben wird (siehe Schenkel 1990, 39f. und Hoch 1994, 408). Deaffrizierungstendenzen — wie bei ug. /*s*/ (§32.143.27) — sind bei ug. /*z*/ nicht nachzuweisen.

32.143.5. Das Phonem /*š*/

32.143.51. Die sem. Phoneme /s^1/ und /s^2/ werden im Ug. nur mit einem Graphem, nämlich {š}, wiedergegeben (§32.122). Die Frage, warum /s^2/ im Ug. mit /*š*/ (= sem. /s^1/) und nicht mit /*s*/ (= sem. /s^3/) zusammenfiel, wurde unter §32.122.3 mit dem Hinweis auf die Affrizierung von /*s*/ im Ug. erklärt. Das ug. Phonem /*š*/ (= /s^1/) wäre somit als frikativer stimmloser Sibilant ausgewiesen, dessen genaue Artikulationsstelle — ob alveolar [s] wie etwa im Ar. oder palato-alveolar [š] wie im (jüngeren) Nwsem. — vorerst offen bleiben muß. Diese Arbeitshypothese soll im folgenden kritisch geprüft werden.

32.143.52. Ug. /*š*/ repräsentiert in ererbten sem. Wörtern sowohl sem. /s^1/ als auch sem. /s^2/, nicht aber sem. /s^3/. Illustrative Beispiele für ug. /*š*/ als Entsprechung von sem. /s^1/ sind:

I-*š* √*šʾb* "Wasser schöpfen"; √*šʾl* "fragen"; *šmn* "Fett"; *šnt* "Jahr"; *ušk* "Hode".
II-*š* √*bšl* "reif werden, kochen"; *lšn* "Zunge".
III-*š* √*lṭš* "scharf sein, schärfen"; *npš* "Leute, Personal"; √*qdš* "heilig sein"; *qšt* "Bogen"; *riš* "Kopf".

Zu Beispielen für ug. /*š*/ als Entsprechung von sem. /s^2/ siehe §32.122.1.

32.143.53. Sibilantische Phoneme entlehnter Wörter werden im Ug. vergleichsweise häufig mit /*ṯ*/ (§32.144.16), seltener dagegen mit /*š*/ wiedergegeben. Belege für das letztere Phänomen sind:

ašʿt, eine Vase, 4.247:22: vgl. neu-äg. *ʾá-sá-r-tá* (Helck 1971, 508 [Nr. 23]).

ušpġt, ein Gewand, 1.43.4; 1.92:26; 1.148:21: vgl. Nuzi-akk. *uš/spaḫḫu* (AHw. 1438 [hurr. Lw.]); zu anderen Vorschlägen siehe Watson (1995b, 535).

ḫšt "Grab(bau)" 1.16:I:3.17*; 1.16:I:4.18; 1.16:II:39.41; 1.123:30: vgl. heth. *ḫeštī/ā-* "Toten-, Beinhaus" (HWb 68); andere Vorschläge bei Watson (1995b, 543).

kš "Gurke" 1.22:I:15; (?) 1.151:9: vgl. akk. *qiššû*, he. *qšʾym*, jaram. *qšwt* und ar. *qiṯṯāʾ*.

ntbtš "Karawanserei" 4.288:6: ug. *ntbt* "Weg" + hurr. Abstraktendung *-šše*.

ššmn "Sesam" 4.14:4.10&: vgl. akk. *šamaššammū* "Sesam" (AHw. 1155); phön. *ššmn* (DISO 322); ar. *simsim* (Wahrm. I, 926); hurr. *šumišumi-* (HWb 325).

32.143.54. Auffällig ist die exzeptionelle Wiedergabe von akk. /*s*/ mit ug. /*š*/ (anstatt /*ṯ*/ [§32.144.16]) in der Titulatur *rb nk\šy* "Chef des Finanzwesens" (6.66:3-4), die direkt akk. *rāb nikkassī/ē* entspricht (vgl. akk.Ug. *ni-ik-ka-*ZI-*e* [RS17.346:8]). Sie erklärt sich wahrsch. dadurch, daß der betreffende Sibilant wegen des folgenden /*i*/-Vokals palato-alveolar, d.h. [š]-ähnlich artikuliert wurde (zu einer anderen Erklärung siehe Sanmartín 1995b, 460).

32.143.55. In den akk. Texte in ug. Alphabetschrift wird akk. /*š*/ in der Regel mit dem ug. Graphem {ṯ}, viel seltener mit {š} geschrieben (§32.144.17). Für den letzteren Befund gibt es nur drei sichere Beispiele, nämlich *íštr* = akk. *Ištar* (1.67:15), *šmy* = akk. *šamê* (1.70:4) und *ušsk* = akk. *ušassīki* (1.67.21; 1.69:8).

32.143.56. In syll. Texten wird ug. /*š*/ immer mit {Š}-Zeichen geschrieben (§23.414).

32.143.57. In äg. Texten wird das nwsem. Phonem /*š*/ konsequent über alle Perioden hinweg mit äg. /*š*/ — nwsem. /*ṯ*/ hingegen mit äg. /*ś*/ und nwsem. /*s*/ mit äg. /*č*/ — wiedergegeben (siehe Diem 1974, 230-35; Aḥituv 1984, bes. 187, Anm. 574; Schenkel 1990, 39f.; Hoch 1994, 410). Da äg. /*š*/ sprachhistorisch durch Palatalisierung aus **ẖ* entstanden ist (Rössler 1971, 303f.; Schenkel 1990, 45), dürften sowohl nwsem. /*š*/ als auch das äg. /*š*/ palato-alveolar als [š] artikuliert worden sein.

32.143.58. Alle diese Beobachtungen sprechen zugunsten einer palato-alveolaren, nicht-affrizierten (d.h. frikativen) Artikulation des ug. Phonems /*š*/ als [š].

Anm. Für einen Hinweis darauf, daß /*š*/ nicht affriziert artikuliert wurde siehe unter §32.143.35 (Graphie *mẖšt*).

32.144. Die interdentalen Frikative

32.144.1. Das Phonem /ṯ/

32.144.11. Ug. /*ṯ*/ repräsentiert in ererbten Wörtern in der Regel sem. /θ/. Beispiele:

I-*ṯ* √*ṯbr* "zerbrechen"; *ṯd* "Brust"; √*ṯwb* "zurückkehren"; *ṯkm* "Schulter"; *ṯmn* "dort"; *ṯmn(t)* "acht"; *ṯn* "zwei"; √*ṯyn* "urinieren"; *ṯġr* "Tor"; *ṯql* "Schekel".
II-*ṯ* √*ʾṯm* "schulden"; *aṯr* "Ort"; √*yṯb* "sitzen"; √*nṯk* "beißen".
III-*ṯ* *bṯṯ* "Schande" (√*bwṯ*); √*ypṯ* "(aus)speien"; √*ngṯ* "suchen".

Wie unter §32.143.1 erwähnt wurde, ist /*ṯ*/ im Ug. jedoch deutlich häufiger belegt als in anderen sem. Sprachen. Für die große Belegdichte von /*ṯ*/ im Ug. sind zwei Gründe verantwortlich. Zum einen dient ug. /*ṯ*/ als normale Wiedergabe von einfachen sibilantischen Phonemen in entlehnten Wörtern, zum anderen dürfte ug. /*ṯ*/ in ererbten Wörtern bisweilen auch für etym. /s^1/ (und viell. auch für etym. /s^2/) stehen. Das letztere Phänomen wurde inbesondere von Blau (1977, 73-78) ausführlich diskutiert und abgelehnt. Die nachfolgenden Belege sprechen m.E. jedoch für die Existenz dieses Phänomens.

32.144.12. Folgende ug. Lexeme weisen /*ṯ*/ für etym. /*s*^{1}/ auf:

a. Relativ sichere Beispiele:

gṯr "stark" (1.43:9&) ≙ sem. *gas*^{1}*r*: vgl. akk. *gašru* und ar. √*ğsr* "mutig sein".

√*dwṯ* "zertreten" (1.18:I:19) mit Derivat *dṯn* "Dreschgerät" (1.65:15) ≙ sem. √*dws*^{1}: vgl. he./jaram. √*dwš*, akk. *diāšum/dâšu* und ar. √*dws*, jeweils "mit den Füßen treten, (Getreide) dreschen".

Anm. Blau (1977, 75) verbindet ug. √*dwṯ* dagegen mit ar. √*dwṯ* "unterwerfen, verächtlich machen" und ar. √*dṯṯ* "empfindlich schlagen, zurücktreiben".

yṯn "alt" 1.71:24&: vgl. he. *yāšān* "alt". Mit diesem Wort sind sehr wahrsch. zwei Wzz. des Ar. zu verbinden, nämlich √*snn* und √*ʾsn*: vgl. *sanna* IV. und X. "im Alter vorgerückt sein", *sinn* "(Lebens-)Alter" und *musinn* "alt"; *ʾasa/ina* I "(Wasser) alt/brackig werden; (Leichnam) verwesen".

√*kṯr* "geschickt, erfolgreich sein" (*kṯr* "geschickt" 1.2:III:20; *kṯr* "Erfolg, Gesundheit" 1.14:I:16; *mkṯr* "Tüchtigkeit" 1.4:II:30; GNN *kṯr* und *kṯrt*) ≙ sem. √*ks*^{1}*r*: vgl. akk. *kašāru* (aAK √*kśr* [aAK *ś* steht für etym. /*s*^{1}/ oder /*s*^{2}/]) "wiederherstellen; erfolgreich sein"; syr./he. √*kšr* "recht, passend sein".

√*mṯk* "fassen, ergreifen" (1.15:I:1.2) ≙ wsem. *ms*^{1}*k*: vgl. (m)he./jaram. √*mšk* und ar. √*msk*.

√*ngṯ* "herantreten, sich nähern" (1.12:I:40) ≙ sem. √*ngs*^{1}: Die betreffende Wz., die mit akk. *nagāšu* und he. √*ngš* zu verbinden ist, erscheint ug. sonst erwartungsgemäß als *ngš* (1.6:II:21; 1.23:68; ferner 1.114:19 [falls hier nicht sem. √*ngs*^{2} "bedrängen" zugrundeliegt]). Sie ist etym. zu trennen von der in 1.1:V:4 und 1.6:II:6.27 bezeugten Wz. √*ngṯ* "suchen" (vgl. ar. √*nğṯ* "ausforschen, untersuchen"). Man beachte, daß sich der Text 1.12 durch mehrere phonologische Besonderheiten auszeichnet (§32.123.23; §32.144.31).

b. Weitere mögliche Beispiele:

√*glṯ* "(Wasserfluten) in Wallung versetzen" (1.92:5) mit Derivat *glṯ* "Sturm" (1.4:V:7; 1.8:II:13; 1.101:7) ≙ wsem. √*gls*^{1}: vgl. he. √*glš* "herabwallen, -springen"; wahrsch. verwandt mit ar. √*ğls* "sich niedersetzen; sitzen, hocken".

ḫṯr "Sieb" od. "Getreideschaufel" (1.6:II:32; 4.385:2; 6.39:2): vgl. jaram./mhe. √*ḫšr* "sieben, ausstreuen" und he. **ḥašrāh* bzw. **ḥ*^{a}*šārāh*, eine Art Wassersieb. Die Grundform der Wz. könnte wegen jaram. √*ḥšr* als √*ḫs*^{1}*r* anzusetzen sein. Eine Grundform √*ḫṯr* ist aber wahrscheinlicher, da jaram. √*ḥšr* aus dem He. entlehnt sein dürfte. — Nach Watson (1996a, 702) wäre ug. *ḫṯr* dagegen als "Dolch, Messer" zu deuten und von hurr. *ḫašeri* abzuleiten.

ṯlḫn "Tisch" (1.3:II:21&) ≙ sem. *s*^{1}*lḫ* (?): vgl. he. *šulḥān* "Tisch" (eig.: Matte aus Leder [?]). Eine Verbindung dieses Wortes mit syr. *šelḥā* und ar. *salḫ*, "(Tier-)Haut", und damit mit sem. √*s*^{1}*lḫ* "abhäuten" ist denkbar. Ug. *ṯlḫn* dürfte jedoch eher ein Lehnwort sein.

Anm. Das Wort für "Tisch" lautet im Ug. immer *ṯlḫn* und nie *šlḫn*. In 4.275:6 ist gegen KTU^{2} nicht *šlḫn*, sondern *ṯlḫn* zu lesen (Flüchtigkeitsfehler).

√*ṯny* D "ändern"(?) (1.15:III:29) mit mögl. Wurzelvariante √*šny* (1.40.28&) ≙ sem. √*s*^{1}*ny* (?): vgl. he./aram. √*šny* und akk. *šanû*. Davon zu trennen ist wahrsch. die Wz. √*ṯny* "zum zweiten Mal tun, wiederholen" (aram. √*tny*, ar.

√*ṯny*). Im Ug. könnten beide Wzz. zu √*ṯny* zusammengefallen sein (vgl. ferner *ṯn* "anderer" [1.14:II:48; 1.14:IV:27] und **ṯṯ* "andere" [3.3:4]).

ṯnn "Soldat, Kämpfer, Bogenschütze(?)" (1.14:II:38&) = syll. *ša-na-nu-ma* (Pl.) (RS17.131:6) bzw. *ša-na-ni* (RS11.839:5&) ≙ sem. √*s¹nn* (?): vgl. viell. ar./äth. √*snn* "schärfen, mit der Lanze stechen" (unsichere Etym.; siehe ferner Vita 1995, 125-128).

ṯpḥ "Familie, Sippe"(?) (1.48:2.13) als mögl. phonet. Variante zu *špḥ* (1.14:III:40&) bzw. *šbḥ* (1.14:VI:25) ≙ sem. *s¹pḥ*: vgl. pun. *špḥ* "Sippe" und he. *mišpāḥāh* "Familie".

√*ṯrm* "(Fleisch) zertrennen, schneiden; (Fleisch) essen" (1.2:I:21&) ≙ sem. *s¹/²rm*: Die Etym. des Wortes ist umstritten; vgl. viell. akk. *šarāmu* "herausschlagen, schneiden" (neben *sarāmu*), syr. √*šrm* "brechen, teilen" und ar. √*šrm* "spalten, zerreißen" neben ar. √*srm* II. "in Stücke zerschneiden".

Anm. In UT § 19.2745 wird auf Irak-ar. *ṯarama* "in Stücke schlagen" verwiesen.

32.144.13. Daneben könnte ug. /*ṯ*/ gemäß den folgenden Beispielen auch als Entsprechung für etym. /*s²*/ fungieren:

√*ṯʿr* G "(auf)stellen; (Tisch) decken" (1.3:I:4; 1.3:II:36&) ≙ sem. √*s²rʿ* (mit Konsonantenmetathese im Ug.): vgl. äth. *śarʿa* "(auf)stellen; (Tisch) decken", asa. √*s²rʿ* "aufrichten"; ar. *šrʿ* "hoch heben; gerade richten; ausstrecken" und he. √*śrʿ* "ausstrecken".

ḫrmṯṯ "Sichel" (4.625; 4.632) ≙ wsem. *ḫ(r)ms²* (alt.: *ḫ(r)ms¹*): Das Subst. entspricht etym. he. *ḥrmš* "Sichel". Eine Verknüpfung mit ar. *ḫurmāšat* "Egge" bzw. mit den ar. Wzz. √*ḫrmš* bzw. √*ḫmš*, "kratzen", ist weniger wahrsch. Ug. *ḫrmṯṯ* könnte aber freilich ein Lehnwort sein.

32.144.14. Die aufgelistenen Beispiele stützen die Annahme, daß mit einer unregelmäßigen Lautentsprechung von ug. /*ṯ*/ und sem. /*s¹*/ zu rechnen ist. Eine Entsprechung von ug. /*ṯ*/ und sem. /*s²*/ ist ebenfalls denkbar, kann aber nicht als gesichert gelten (es gibt zu wenige Beispiele).

Bemerkenswert ist, daß das sekundäre Phonem /*ṯ*/ in den überwiegenden Fällen neben Resonanten (/*r*/, /*m*/, /*n*/ und seltener /*l*/) begegnet. Das Phänomen scheint also wie folgt konditioniert zu sein: **s¹* > *ṯ* // {*r*, *m*, *n*, (*l*)} (d.h. in der Umgebung von Resonanten kann sem. /*s¹*/ im Ug. als /*ṯ*/ erscheinen).

Anm. Der Wechsel von /*ṯ*/ und /*š*/ ist auch in ug. bezeugten Eigennamen nachweisbar: PN *aḫṯp* (4.277:5 [Text mit besonderer Orthographie]) neben (korrektem) *aḫšp* (4.370:7) (z. Disk. siehe PTU § 41). — GN *ṯpš* "Sonne" (1.48:7) anstelle von *špš* (sem. Grundform: *s²ms¹*). — GN *ṯlḫh*, eig. "Mitgift"(?) (1.24:47), wahrsch. abzuleiten von √*s¹lḥ* "schicken, senden" (vgl. he. *šillûḥîm* "Entlassungsgabe; Mitgift"). Da ug. *ṯlḫh* sowohl hinsichtlich des ersten wie des dritten Radikals von der Wz. √*s¹lḥ* abweicht, könnte es sich dabei um ein (aus dem Kan. stammendes) Lehnwort handeln. — GN *ṯṯqt*, eig. "(Göttin), welche (die Nabelschnur) durchtrennt" (1.24:48), wahrsch. abzuleiten von sem. √*s²t/ṭq* "spalten, trennen" (vgl. akk. *šatāqu*, aram. √*sd/ṭq* und äth. √*śṭq*, jeweils "spalten, trennen"; vgl. auch ar. √*šdq* "sehr weit öffnen"). — PN *ṯlṯ* (4.63:III:5; 4.96:11), wahrsch. abzuleiten von sem. √*s¹lṭ* "Macht haben"; vgl. viell. den GN *šlyṭ* (1.3:III:42; 1.5:I:3.29). — PN (nicht-sem.) *aupṯ* (4.244:1) bzw. *aupṯn* (4.649:3) neben gewöhnlichem *aupš* (4.85:8&); vgl. auch 4.55:25 (lies mit CTA Nr. 131 *au[pš/ṯ(n)]*).

Es dürfte kein Zufall sein, daß die konditionierenden Faktoren des Lautwandels **š* > /ṯ/ weitgehend identisch sind mit jenen, die eine Bewahrung des stimmhaften Interdentals /δ/ im Ug. als /ḏ/ bewirken bzw. dessen Zusammenfall mit /d/ verhindern können (§32.144.32). Resonanten, insbesondere /r/ und /m/, scheinen den interdentalen Charakter von Frikativen zu begünstigen.

Daß die genannte Lautverschiebung nicht zwingend ist, zeigen die vielen ug. Lexeme, wo /š/ neben /r/ bewahrt bleibt, wie etwa √*mšr* "Wagen fahren(?)", √*ʾrš* "wünschen" und √*šrp* "verbrennen".

32.144.15. Die bisherigen Überlegungen führen somit zu dem Schluß, daß ug. /ṯ/ nicht allein sem. /θ/, sondern zuweilen auch sem. /s^1/ (und vielleicht auch /s^2/) entspricht. Dieser Tatbestand sollte bei etymologischen Studien auf vergleichend-semitistischer Basis stärker als bisher berücksichtigt werden.

Anm. Es ist wahrsch., daß es neben den oben genannten ug. Lexemen noch weitere Beispiele für die Lautentsprechung von ug. /ṯ/ und sem. /s^1/ (bzw. /s^2/) gibt, zumal die Zahl /ṯ/-haltiger ug. Lexeme ohne gesicherte Etymologie bzw. ohne für die Sibilantenproblematik signifikante Entsprechungen in anderen Sprachen beträchtlich ist. Hierzu dürfte auch die ug. Existenzpartikel *iṯ* (§88.1) zu zählen sein, die — ebenso wie aram. *ʾītay* — wahrsch. auf eine protosem. Form **ʾis*^{1}*ay* zurückzuführen ist (gegen Blau 1972, 58-62). Für die Ansetzung von /s^1/ spricht akk. *išû* "haben" (aAK Schreibung: I-SU), ar. *laysa* "Nichtexistenz" und schließlich Mehri *leh* "Nichtexistenz" < **lays*^{1} (unter Annahme des im Mehri häufigen Lautwandels **s*^{1} > /h/).

32.144.16. In Fremdwörtern dient ug. /ṯ/ als normale Entsprechung für stimmlose (nicht-affrizierte) sibilantische Phoneme anderer Sprachen. Beispiele:

algbṯ, eine Steinart (wahrsch. Steatit) 4.158:15: vgl. akk. *algamišu* (AHw. 35; CAD A/1 337f.); akk.Ug. *al-ka-ba-šu* (RS20.255A:4'&).

aṯṯ "Lederriemen" 4.153:2-5 (*bʿl aṯṯ* "Hersteller von Lederriemen"): vgl. akk. *ašītu* "Riemen" mit Pl. *ašâtu* "Zügel" (dazu N. Naʾaman, JCS 29 [1977], 237-239).

iṯl "Speichel" 1.1:II:9&: heth. *iššali-*. Unwahrsch. ist eine Verbindung mit akk. *ušultu* "Schleim" (AHw. 1443); vgl. Watson (1995b, 542 mit Anm. 41).

uṯpt "Köcher" 4.53:15&: vgl. akk. *išpatu* und hurr. *išpanti*; vgl. ferner äg. *ỉspt* (WÄS I, 132).

uṯryn "Kronprinz" 2.67:1; 3.1:30: wahrsch. hurr. Lw.; siehe Watson (1995b, 535f.).

dġṯ "Weihrauch" 1.19:IV:23.31: heth. *tuḫḫueššar*; siehe Watson (1995b, 538).

√*ḥṯb* "(be)rechnen" (4.779:12) mit Derivat *ḥṯbn* "Rechnung" (4.158:2; 4.337:1): äg. Lw. im Sem. (äg. √*ḥśb* "brechen, zerteilen; berechnen, aufzählen, addieren"). Die Wz. erscheint in anderen wsem. Sprachen als √*ḥs*^{1}*b* (he./aram. √*ḥšb*, ar./äth. √*ḥsb*). Das Ug. hat die Wz. entweder direkt aus dem Äg. oder über dem Umweg einer anderen sem. Sprache entlehnt.

ḥṯṯ "Silber" 1.14:II:18; 1.14:IV:1: anatolisches Lw.; die Existenz eines heth. Lexems *ḫattuš-* "Silber" ist nicht ganz sicher (siehe Tischler 1983, 211f.).

kḥṯ "Thron" 1.2:I:23&: entlehnt aus hurr. *kešḫi*; vgl. akan. *kaḫšu* (EA 120:18).

kpṯ "Landungssteg (als Schiffszubehör)" 4.689:6: entlehnt aus einer anderen sem. Sprache (Wz. √*kbš*); vgl. akk. *kibsu* "(eine Art) Leiter" und mhe. *kæbæš* "Landungssteg, Rampe" (mit Stimmtonverlust [§33.112.31]).

kṯy "kassitisch" 1.39:19&.

mṯyn "Schal" 4.146:5: heth. *maššiya-* + hurr. Endung *-nni* (Watson 1996a, 705).

? *prṯt* "Geheimnis"(?) RS92.2016:16'.20'.21': akk. *pirištu* (< **piristu*).

ṯmn "Geschenk, Gabe" 1.17:V:2; 1.19:I:5: vgl. akk. *šummannu* "gift present" (CAD Š III, 280a); siehe Watson (1996b, 80f.).

ṯryn, eine Art Panzer(hemd), wohl aus Leder 4.17:15; 4.169:5.6: hurr. *šarianni-*; vgl. auch akk. *sari(j)am* (Bo. *sirijanni*) bzw. *siriam* (CAD S, 313-315a) und evtl. ebla. *a-sar-a-nu/núm* (H. Waetzold, AO 29 [1990], 26); siehe Watson (1995b, 541).

SV. Auch im Minäischen dient das Phonem /ṯ/ zur Wiedergabe nicht-sem. Sibilanten: z.B. *dlṯ* "Delos"; *tlmyṯ* "Ptolemaios"; *ʾṯrḥf* "Osarapis" (Beeston 1984, 59). Andere altsüdar. Dialekte verwenden dafür /s^3/ bzw. (selten) /s^1/ (siehe Voigt 1998, 182-184).

32.144.17. Erwartungsgemäß wird auch akk. /š/ in den akk. Texten in ug. Alphabetschrift meist mit ug. /ṯ/ wiedergegeben (siehe SAU 299-301). Die identifizierbaren Wörter lauten: *aṯb* = akk. *āšib* 1.70:4 (2x); *aṯbt* = *ašbāta/āšibat* 1.70:15; *tṯb* = *tūšib*(?) 1.70:16; *ṯpd* = *šiptu* 1.67:6*.8.16; 1.73:7; *mtṯ* = *mušīta* 1.69:5; *mṯty* = *mušīti* 1.69:2.6; *plḫṯṯ* = *puluḫtašu* 1.70:38; 1.73:4; *lbṯ* = *libbišu* 1.73:5; *lṯlm* = *lišlim* 1.73:7; (?) *kmṯtmr* = *kīma šitmuri* (oder andere Form von *šamāru* Gt) 1.69:5.

Daneben wird akk. /š/ in wenigen Fällen auch mit ug. /š/ wiedergegeben (§32.143.55). Es gibt drei sichere Belege: *ištr* = GN *Ištar* (1.67:15 [vgl. PN *ištrmy* 3.4:8 gegenüber PN *iṯtr[ ]* 4.754:18]); *šmy* = *šamê* (1.70:4); *ušsk* = *ušassīki* (1.67:21 [n.L.; KTU² fehlerhaft]; 1.69:8). Die Wahl des ug. Phonems /š/ beruht dabei offenbar auf Analogie: In *ušsk* dürfte die Analogie zum ug. Š-Stamm, in *šmy* die Analogie zum ug. Subst. *šmm* "Himmel" ausschlaggebend gewesen sein. Die Schreibung der Göttin Ištar mit /š/ mag darauf zurückzuführen sein, daß dieser GN in Ugarit in dieser Lautung geläufig war (vgl. den fem. PN *ištrmy* in 3.4:8). Wahrsch. wurde /š/ aber auch im Akk. in der Position vor /t/ immer palato-alveolar artikuliert (d.h. [st] > [št]; der ab spät-aB Zeit bezeugte Lautwandel **št* > *lt* [GAG § 30g] scheint diese Artikulation vorauszusetzen).

32.144.18. In syll. Texten wird ug. /ṯ/ mit {Š}-Zeichen geschrieben (§23.414). Da die syll. Keilschrift dieselben Zeichen auch zur Wiedergabe von ug. /š/ – nicht aber von ug. /s/ – verwendet, kann als sicher gelten, daß ug. /ṯ/ dem Phonem /š/ phonetisch näher stand als dem Phonem /s/. Dieser Befund läßt sich am einfachsten durch die Affrizierung von ug. /s/ = [^{t}s] erklären. Ug. /ṯ/ wurde demnach – wie ug. /š/ – nicht affriziert gesprochen.

Daß nwsem. /ṯ/ in der Tat keine Affrikate darstellt, geht auch aus der äg. Wiedergabe dieses Phonems mit /ś/, dem nicht-affrizierten äg. Sibilanten, hervor (siehe Diem 1974, 232 und Schenkel 1990, 37f.).

32.144.19. Die Tatsache, daß das Ug. für stimmlose Sibilanten in Fremdwörtern in der Regel /ṯ/, viel seltener /š/ und offenbar nie /s/ oder /s̀/ verwendet, und die Tatsache, daß ug. /ṯ/ und /š/ in syll. Schrift gleich wiedergegeben werden, hat zu der Annahme geführt, das ug. Phonem /ṯ/ sei in Wirklichkeit gar kein Interdental (entsprechend ar. /ṯ/), sondern vielmehr ein Sibilant gewesen. Folglich sei das Phonem besser mit einem Sibilantensymbol ("š" oder "s") wiederzugeben (siehe Friedrich 1943, 9 und Cross 1962, 250; anders Degen 1967, 52f.).

Anm. Siehe Cross (1962, 250): "It has long been recognized that etymological *ṯ* at Ugarit [...] actually has already shifted in pronunciation, probably to something like /*s*/ by the time of our texts, and that the shift will continue until in the latest texts, probably of the thirtheenth century B.C., *ṯ* as well as *ś* has fallen together with *š*. The change from the sound *ṯ* to *s* or the like, can be shown by transcriptional materials, Hittite, Egyptian and Ugaritic."

Diese Argumentation ist jedoch nicht zwingend. Geht man von der Annahme aus, daß im Ug. die Sibilantenreihe /*s-ṣ-z*/ affriziert war (§32.143), standen für die Wiedergabe von gewöhnlichen (d.h. apikalen) stimmlosen Sibilanten von Hause aus nur zwei Phoneme zur Verfügung, nämlich /*š*/ und /*ṯ*/. Da ug. /*š*/ offenbar palatal (als [š]) artikuliert wurde, war es für diesen Zweck ungeeignet. Damit blieb das ug. Phonem /*ṯ*/ als einziger Kandidat übrig.

Eindeutige Beweise für die Bewahrung der interdentalen Artikulation von ug. /*ṯ*/ fehlen. Für eine Bewahrung des interdentalen Charakters von /*ṯ*/ spricht jedoch, daß die Faktoren, die den Lautwandel **š* > /*ṯ*/ konditionieren, identisch sind mit jenen, die eine Bewahrung des interdentalen Charakters von /*ḏ*/ bewirken (§32.144.32). Es ist somit wahrscheinlich, daß ug. /*ṯ*/ doch als nicht-affrizierter, stimmloser Interdental [ṯ] gesprochen wurde.

32.144.2. Das Phonem /*ẓ*/

32.144.21. Ug. /*ẓ*/ repräsentiert in Erbwörtern in der Regel sem. /θ̣/ und ist somit als emphatischer Vertreter der Interdentalreihe ausgewiesen. Beispiele:

I-*z* *ẓby* "Gazelle"; *ẓl* "Schatten"; *ẓlmt* "Finsternis"; *ẓr* "Rücken".
II-*z* *ḥẓ* "Pfeil"; *ḥẓt* "Schicksal, Gunst"; *ʿẓm* "Kochen"; *ʿẓm* "Stärke".
III-*z* *qẓ* "Sommer, Sommerfrucht".

32.144.22. Wie bereits festgestellt wurde (§32.123.2), kann ug. /*ẓ*/ in bestimmten (älteren) Texten ferner etym. /*ṣ́*/ repräsentieren (anstelle bzw. neben ug. /*ṣ*/). Die betreffenden Belege wurden dort unter Hinweis auf die besondere phonetische Nähe von Interdentalen und Lateralen in den sem. Sprachen als Beweis für die Bewahrung des emphatischen Laterals /*ṣ́*/ im (älteren) Ug. gewertet.

32.144.23. Daneben kann ug. /*ẓ*/ selten offenbar auch für etym. /*ṭ*/ stehen.

32.144.231. Einigermaßen plausible Belege für dieses Phänomen sind:

ẓhrm (pl.) "rein" (1.24:21) statt *ṭhrm* (so bezeugt in 1.4:V:19.34; 2.39:33).
lẓpn "der Gütige" (1.24:44; [?] 1.25:5 [Lesung unsicher]) statt *lṭpn* (1.1:IV:13&).
ḫlmẓ "Drache" bzw. "Echse" (1.115:2.4.12) statt *ḫlmṭ*: vgl. akk. *ḫulmiṭṭ/ṭtu*, etwa "Drache" bzw. "Schlange"; syr. *ḥulmāṭā* "Chamäleon" und he. *ḥomæṭ* "Reptil").
? *mẓrn* "Regen"(?) (1.163:13'[6]) statt **mṭrn*; siehe ug. *mṭr* "Regen" (1.4:V:6&); siehe Dietrich – Loretz (1990a, 182).
? *thbẓn* "sie schlagen nieder"(?) (alt.: Passiv) (1.163:10'[3]) statt **thbṭn*: siehe ug./ar. √*hbṭ*; z. Disk. siehe Renfroe (1993, 114f.); Dietrich – Loretz (1990a, 172f.); DLU 163.

Die beiden ersten Formen (*ẓhrm* und *lẓpn*) stammen bezeichnenderweise aus dem Text 1.24, der sich (neben 1.12) durch die allgemeine Bewahrung von /ḏ/ auszeichnet (§32.144.31). In *ḫlmẓ* und *mẓrn* könnte der *ṭ*/*ẓ*-Wechsel darauf zurückzuführen sein, daß die betreffenden Wörter jeweils zwei Resonanten enthalten (Freilich – Pardee 1984, 31 halten /ẓ/ in *ḫlmẓ* für etym. korrekt).

Bemerkenswert ist die Tatsache, daß das Graphem {ṭ} in den genannten Texten (1.24, 1.25, 1.115 und 1.163) überhaupt nicht auftaucht. Folglich ist nicht auszuschließen, daß hier schlicht das Graphem {ẓ} für {ṭ} verwendet wird bzw. daß es sowohl für /ẓ/ als auch für /ṭ/ steht.

32.144.232. Traditionell werden folgende weitere Beispiele für das hier interessierende Phänomen – ug. /ẓ/ für etym. /ṭ/ – angeführt (siehe Dietrich – Loretz – Sanmartín 1975, 104-106): *mṯpẓ* "Schiedsspruch" (1.124:3.12) statt *mṯpṭ*; *ṯpẓ* "richten, regieren" (1.108:3) statt *ṯpṭ*; *ẓb(m)* "gut" (1.108:5; 1.133:14; 1.152:3; 7.184:5) statt *ṭb(m)*.

Diese Beispiele halten jedoch einer Prüfung nicht stand. Wie Freilich – Pardee (1984) in einer neuen Studie zu den Zeichenformen {ẓ} und {ṭ} nachgewiesen haben, ist in 1.124:3.12 gegen KTU$^{1/2}$ sicher *mṯpṭ* zu lesen. Weniger eindeutig ist der epigraphische Befund in 1.108:3.5, doch dürfte auch hier mit Freilich – Pardee (1984) eher {ṭ} als {ẓ} vorliegen (*ṯpṭ* [1.108:3]; *ṭbm* [1.108:5]). In 1.133:14, 1.152:3 und 7.184:5 ist zwar in der Tat *ẓbm* zu lesen, die betreffende Form dürfte aber jeweils im Sinne von "Gazellen" zu deuten sein.

32.144.233. Hinzuweisen ist in diesem Zusammenhang auf die ug. Wz. *√ġẓw/y* (1.4:II:11; 1.4:III:26.29.31.35), die vielleicht – trotz problematischer Konsonantenentsprechung – mit ar. *√ʿṭw* (II./III. "bedienen", IV. "geben, schenken" [Wahrm. II, 272]) zu verknüpfen ist (§32.123.22, Anm.). Auch hier könnte ug. /ẓ/ somit für etym. /ṭ/ stehen. Möglicherweise ist das Phonem /ṭ/ in ar. *√ʿṭw* aber sekundärer Herkunft (die Etym. der Wz. ist ungewiß).

32.144.234. Zusammenfassend ist festzuhalten, daß etym. /ṭ/ im Ug. nur in wenigen Wortformen durch das Graphem {ẓ} repräsentiert wird. Ob es sich dabei um ein phononologisches oder um ein rein graphisches Phänomen handelt, muß offen bleiben. Einen Lautwandel in umgekehrter Richtung, *ẓ > /ṭ/, gibt es nicht.

32.144.24. Wahrsch. kann ug. /ẓ/ – zumindest im Text 1.169 – auch für etym. /ṣ/ stehen. Zur Diskussion stehen zwei Wortformen:

ẓm 1.169:7: Es liegt wahrsch. das Subst. für "Fasten" vor (Kontext: *tlḥm lḥm* \ *ẓm* "du sollst Fastenspeise essen"). Das Lexem erscheint im Ug. an einer anderen Stelle (1.111:2 [n.L.]) offenbar korrekt als *ṣm* (vgl. wsem. *√ṣwm* "fasten").

npẓl 1.169:15 (Kontext unklar): wahrsch. ein N-Imp. der Wz. *√pẓl* (§74.341); eine Verknüpfung mit ar. *√fṣl* (VII. "sich entfernen") und syr. *√pṣl* (G "öffnen, auseinanderreißen", tG "geteilt werden") ist erwägenswert.

32.144.25. Wie oben (§32.123.3) diskutiert, begegnet anstelle von /ẓ/ in bestimmten ug. Lexemen /ġ/. Es handelt sich um ein konditioniertes Phänomen, das sich nur in resonantenhaltigen Wzz. nachweisen läßt. Es legt die Annahme nahe, daß /ẓ/ im Ug. – wie etwa im Ar. – stimmhaft artikuliert wurde.

In die gleiche Richtung weist auch die Tatsache, daß im ug. Lexem für "Pfeil" (gewöhnlich *ḥẓ* [1.82:3&]) einmal /ḏ/ anstelle von /ẓ/ begegnet: *nsk ḥḏm* "Gießer von Pfeilspitzen" (4.609:25; gegenüber *nsk ḥẓm* [4.630:14]). Ferner erscheint auch im Lexem *ḫḏġl* "Pfeilhersteller" (4.138:2&) der zweite Konsonant als stimmhaft (§32.144.27, Anm.).

32.144.26. In alph. bezeugten Fremdwörtern erscheint niemals /ẓ/. Das entsprechende Phonem war offenbar weder im zeitgenössischen Akk. noch in den nichtsem. Nachbarsprachen Ugarits bekannt. Dieser Tatbestand spricht zugleich für die Bewahrung der interdentalen Aussprache von /ẓ/ im Ug.

32.144.27. In syll. Texten wird das ug. Phonem /ẓ/ mit {Z}-Zeichen geschrieben (§23.414), die bekanntlich auch für /ḏ/, /s/ und /ṣ/ stehen, niemals aber mit Dentalzeichen. Dieser Befund zeigt, daß die – offenbar interdentale – Aussprache von ug. /ẓ/ näher bei den Sibilanten als bei den Dentalen lag.

Anm. In diese Richtung weist auch das unter §32.144.25 erwähnte Lexem *ḫḏġl* "Pfeilhersteller" (4.138:2; 4.154:5; 4.188:1; 4.609:16). Es enthält das nwsem. Subst. *ḥẓ* "Pfeil", das ins Hurr. übernommen wurde, dort mit dem hurr. Morphem für Berufsbezeichnungen erweitert wurde und so ins Ug. (zurück) wanderte. Das Graphem {ḏ} – das übliche Umschriftzeichen für nicht-sem. stimmhafte Sibilanten – im Wort *ḫḏġl* beweist, daß nwsem. /ẓ/ sibilantenähnlich empfunden wurde.

32.144.28. Die obigen Erörterungen lassen den Schluß zu, daß das Phonem /ẓ/ im Ug. – wie im Ursem. – als emphatischer Interdental realisiert wurde. Die Beobachtungen, wonach ug. /ẓ/ auch etym. /ṣ́/ repräsentieren kann, weisen auf eine lautliche Nähe des emphatischen Interdentals und des emphatischen Laterals im Ug. hin. Da im Ug. /ẓ/ mit /ḏ/ (nicht aber mit /ṯ/) wechselt (*ḥḏm* [4.609:25] anstatt *ḥẓm*) und da anstelle von /ẓ/ in bestimmten ug. Lexemen /ġ/ begegnet, dürfte ug. /ẓ/ stimmhaft artikuliert worden sein.

Anm. Das aus der Arabistik stammende Transliterationssymbol {ẓ} ist somit unglücklich gewählt. Es suggeriert fälschlich, daß das ug. Phonem /ẓ/ ein Sibilant war (vgl. §21.273, §33.112.2 und §33.112.6).

32.144.3. Das Phonem /ḏ/

32.144.31. Ug. /ḏ/ ist im Gegensatz zu seinem stimmlosen Pendant /ṯ/ in ererbten Wörtern vergleichsweise selten bezeugt, da nur zwei bislang bekannte ug. Texte, nämlich 1.12 und (mit Vorbehalt) 1.24, das Phonem /ḏ/ allgemein bewahrt haben. In anderen Texten hat sich das Phonem /ḏ/ nur in bestimmten Wörtern gehalten, während es sonst – zumindest graphemisch – mit /d/ zusammengefallen ist. Zu Belegen des letzteren Phänomens siehe oben (§32.142.32).

Der Zusammenfall von /ḏ/ mit /d/ wurde in der Forschungsgeschichte als aram. und damit anti-kan. Zug des Ug. interpretiert. Diese Schlußfolgerung ist nicht gerechtfertigt: Erstens ist der Zusammenfall von /ḏ/ mit /d/ in den ältesten aram. Dialekten nicht nachzuweisen. Zweitens ist dieses Phänomen auch he. in einer Reihe von (meist resonantenhaltigen) Wzz. bezeugt (siehe Rabin 1970 und Faber 1989, 33f.). Und drittens ist das betreffende Phänomen allgemein, d.h. in vielen Sprachen der Welt verbreitet.

Daß ug. /ḏ/ – sofern es nicht bewahrt wurde – mit /d/ und nicht mit /z/ zusammenfiel, ist durch die Affrizierung von ug. /z/ begründet (§32.143.47). Voraussetzung für einen Zusammenfall von /ḏ/ mit /z/ wäre die – in den jüngeren kan. Sprachen bereits eingetretene – Deaffrizierung von /z/.

32.144.32. Gordon (UT § 5.3.) zufolge gibt es eine Tendenz "for *ḏ* to occur in some (but not all) words containing a laryngeal or *r*".

Gordon ist gewiß darin zuzustimmen, daß /r/ ein wichtiger konditionierender Faktor für die Bewahrung von /ḏ/ ist. Etwa 50 % der ug. /ḏ/-Wörter enthalten auch /r/ (wobei /r/ m.W. stets auf /ḏ/ folgt).

Andererseits ist nicht nachweisbar, daß /ḫ/ und /ġ/ die Bewahrung von /ḏ/ begünstigen. In den Substt. *ḫḏḏ* (1.14:II:39; 1.14:IV:17) bzw. *ḫḏ* (1.13:34) (vgl. zur Etym. ar. *ḫinḏīḏ* "Wirbelsturm") und in der Wz. √*ġḏḏ* (1.4:VII:41; vgl. zur Etym. viell. ar. √*ġḏḏ* IV. "eilen, stürmen") erklärt sich die Bewahrung von /ḏ/ offenbar dadurch, daß /ḏ/ hier zugleich 2. und 3. Radikal ist.

Im Hinblick auf /ʿ/ ist der Befund nicht eindeutig. In Formen wie *ʿḏr* (1.18:I:14), *ʿḏrt* "Hilfe" (1.140:8), *ḏrʿ* (1.5:VI:20&), *ʿḏbt* (1.4:V:14.30.37) und *mḏʿ* (1.87:59) ist die Bewahrung von /ḏ/ nicht notwendigerweise durch das benachbarte /ʿ/ begründet; es könnten vielmehr /r/, /m/ und /b/ verantwortlich sein. Zugunsten dieser Annahme kann auch auf die ug. Wz. √*wdʿ* "schwitzen" (1.3:III:34; 1.4:II:18; 1.19:II:45) verwiesen werden, die etymologisch auf **wḏʿ* zurückgeht (he. √*yzʿ* "schwitzen", ar. √*wḏʿ* "rinnen").

Daß /m/, /n/ und viell. auch /b/ in den ug. /ḏ/-Wörtern eine wichtige Rolle spielen, geht aus der folgenden Liste hervor:

/m/-haltige Lexeme: √*ḏmr* (I) mit Derivaten; *ḏmr* (II); *mḏʿ* (1.87:59); *mḏr* (1.119:30); *ḏrm* (2.3:19); *ḏmn* (4.51:7).

/n/-haltige Lexeme: *ḏnb* (1.114:20; 1.83:7); *uḏn* (2.33+:20); *ḏnt* (1.148:22); *ḏmn* (4.51:7).

Es liegt somit nahe, daß für die Bewahrung von /ḏ/ bzw. für das eventuelle sekundäre Auftreten von /ḏ/ im Ug. vor allem die Resonanten /r/, /m/ und /n/ und viell. ferner der Labial /b/ verantwortlich sind. Wie bereits erwähnt (§32.144.14), begünstigen dieselben Phoneme auch das Auftreten von sekundärem /ṯ/ für etym. /s^1/ (oder /s^2/) im Ug.

Anm. Möglicherweise spielt auch die Qualität der benachbarten Vokale eine Rolle. So ist etwa auffällig, daß das DetPr im Text 1.24 einmal mit {ḏ} (Z. 45) und einmal mit {d} (Z. 38; vgl. auch Z. 43 [Lesung unsicher]) geschrieben wird. Die Form *ḏ* in Z. 45 ist als /*ḏī*/ (Gen.) zu vokalisieren; in Z. 38 dürfte *dt*! (alt.: *d* = /*dā*/) zu lesen sein, was als /*dāta*/ (Ak.) zu vokalisieren ist (§43.11). Die Bewahrung des Phonems /ḏ/ könnte in 1.24:45 durch den folgenden /*i*/-Vokal begründet sein.

32.144.33. Sofern /ḏ/ im Ug. erhalten ist, repräsentiert es in ererbten Wörtern in der Regel etym. /δ/. Beispiele:

I-*ḏ* DetPr *ḏ* (nur 1.24:45); √*ḏmr* (I) "bewachen"; *ḏmr* "Wächter, Soldat"; *ḏnb* "Schwanz"; *ḏrʿ* "Arm"; *ḏrʿ* "Same, Saatgut" (neben *drʿ*; siehe DLU 137a).

II-*ḏ* *ḫḏ(ḏ)* "Sturm, stürmischer Regen"; √*ʿḏr* "helfen"; *tʿḏr* "Hilfe".

III-*ḏ* √*ʾḫḏ* "nehmen, fassen" (nur in 1.12).

Anm. Für "Same, Getreide" ist im Ug. nebeneinander *ḏrʿ* (1.103+:14.43.55; 2.38:17&)

und *drʿ* (1.72:29&) bezeugt (vgl. √*drʿ* "aussäen" [1.6:II:35; 1.6:V:19]). Die Etym. ist umstritten, doch scheint /ḏ/ ursprünglich zu sein (vgl. asa. *mḏrʾ* und ar. *ḏrʾ*).

32.144.34. Daneben dürfte ug. /ḏ/ in wenigen Fällen aber auch für etym. /z/ oder etym. /θ̣/ stehen:

√*ḏmr* (II) "singen, (ein Instrument) spielen" (1.108:5) gegenüber sem. √*zmr* (die Wz. enthält zwei Resonanten!).

ḏhrt (1.14:I:36) bzw. *ḏrt* "Vision; Erscheinung" (1.6:III:5.11&) gegenüber ar. *ẓāhirat* "Erscheinung, Phänomen": vgl. ar. √*ẓhr* "erscheinen, sich deutlich zeigen" mit Derivat *ẓuhūr* "das Sichtbarwerden, Erscheinung". Diese Etym. ist semantisch überzeugender als der Hinweis auf ar. *zaharat* "Glanz" bzw. *zuhrat* "Schönheit" oder he. *zohar* "Glanz"; zur Argumentation siehe Tropper (1996a).

ḥḏm "Pfeil(spitzen)" (4.609:25 [*nsk ḥḏm* "Gießer von Pfeilspitzen"]): Das Lexem für "Pfeil" lautet ug. sonst *ḥẓ* (1.82:3&; vgl. aber auch *ḫḏġl* [§32.144.35]).

Es ist damit zu rechnen, daß sowohl die Bewahrung von /ḏ/ im Ug. als auch das eventuelle sekundäre Auftreten von /ḏ/ (anstelle von /z/ oder /θ̣/ bzw. /ẓ/) von den gleichen konditionierenden Faktoren abhängig ist (§32.144.32).

32.144.35. In Fremdwörtern dient /ḏ/ zur Wiedergabe von nicht-affrizierten Sibilanten, die als stimmhaft empfunden wurden, und ist in dieser Funktion — vor allem in Wörtern hurr. Ursprungs — im alph. ug. Textkorpus häufig belegt:

brḏl "Eisen" 4.91:6: vgl. akk. *p/barzillu*, he. *barzæl*, asa. *przn*, etc.

ḫḏġl "Pfeilhersteller" 4.138:2&: hurr. Lw., dem nwsem. *ḥẓ* "Pfeil" zugrunde liegt (§32.144.27, Anm.).

ḫḏrġl, ein Beruf (im kultischen Kontext), 1.112:2: vgl. akk. *ḫāziru* "Helfer" und ug. *ḫzr* (4.141:III:4.6.9&).

mḏlġ, ein Sprenggefäß(?), 5.22:22: vgl. akk. *maslaḫu* und *maslaḫtu* (akk. /s/ wurde in der Position vor /l/ als stimmhaft empfunden).

Das gleiche Phänomen läßt sich in Eigennamen beobachten: *abḏr, adlḏn, aḏml, aḏmṯn, amḏy, annḏr, ibrkḏ, ibrmḏ/iwrmḏ, iwrḏr, illḏr, ḏrdn, ḫḏmḏr, nwrḏ, ʿmtḏl, pṯḏn, pnḏḏn, pġḏn, tġḏn* und *tġḏy*.

Anm. Gemäß Watson (1995b, 538) und anderen Autoren wäre auch die Berufsbezeichnung *mḏrġl* (4.33:1*; 4.53:1&), die von akk. *maṣṣāru* "Wächter" (plus hurr. Suffix *-uḫ(u)li*) hergeleitet wird, hierher zu stellen. Die Konsonantenentsprechung von akk. /ṣ/ und ug. /ḏ/ ist jedoch — auch via Hurr. — nicht plausibel, da akk. /ṣ/ stimmlos und wohl sicher affriziert artikuliert wurde. Das Wort dürfte eher mit *mḏrn* "Schwert" zu verknüpfen sein (z. Disk. siehe Vita 1995, 109-115).

Wie Friedrich (1943, 11) anhand von PNN gezeigt hat, fungiert /ḏ/ dabei eindeutig als stimmhaftes Pendant zu /ṯ/. Sibilanten in intervokalischer Position werden im Ug. mit /ḏ/ wiedergeben, Sibilanten in silbeneinleitender Position nach vorausgehenden stimmlosen Konsonanten dagegen mit /ṯ/. Die PNN *Akip-šarri, Arip-šarri* und *Agap-šenni* erscheinen folglich ug. als *agpṯr, arpṯr* und *agpṯn*, die PNN *Iwri-šarri, B/Penti-šenni* und *Taki-šenni* aber als *iwrḏ, pnḏḏn* und *tgḏn*.

Aber bei ein und demselben Namen können {ḏ} und {ṯ} wechseln. So ist etwa der Königsname ʿAmmistamru einmal mit {ḏ} (6.23:2 = 6.75:2: *ʿmyḏtmr*) und sechsmal mit {ṯ} bezeugt (1.113:13, 1.161:11.25, 3.2:2 und 3.5:2: *ʿmṯtmr*; 1.125:7:

ᶜmṯtmrw [mit hurr. Kasusmorphem]). Die erstere Variante ist morphophonemischer, die letztere phonetischer Natur (§33.112.8; §74.232.2b, √*ḏmr*).

32.144.36. In den akk. Texten in ug. Alphabetschrift wird akk. /z/ konsequent mit {ḏ} und nicht mit {z} geschrieben (SAU 300): *aḏmr* = akk. *azammur* (1.67:20; 1.69:4; 1.70:3.4); *ḏmrk* = akk. *zamrāku* (1.69:1); *lḏmrky* = akk. *luzmurki* (1.69:7).

Dieser Befund kann am einfachsten durch die mutmaßlich affrizierte Artikulation von ug. /z/ erklärt werden (§32.143.47): Ug. /z/ als Affrikate war zur Wiedergabe eines offenbar frikativ artikulierten Sibilanten wie akk. /z/ ungeeignet. Die Wiedergabe mit ug. /ḏ/ lag näher (vgl. SAU 299f. und van Soldt 1996, 656, Anm. 15).

Anm. In Lehnwörtern akk. Provenienz tritt für akk. /z/ dagegen häufig ug. /s/ ein. Dieser scheinbare Widerspruch kann dadurch erklärt werden, daß akk. Lehnwörter entweder bereits früh — als akk. /z/ noch affriziert artikuliert wurde (siehe GAG § 30*) — oder aber erst spät (via Hurr. oder Heth.) Eingang in das Ug. gefunden haben.

32.144.37. In syll. Texten werden ug. Wörter, die etym. /δ/ enthalten, entweder mit {Z}-Zeichen oder mit {D}-Zeichen geschrieben (siehe UV 223f.).

a. Schreibung mit {Z}-Zeichen:
i-zi-ir-[tu$_4$] "Hilfe" RS20.149+:III:7': alph. *ᶜḏrt*.
ar-ra-zu "ich wurde (allmählich) schwach" RS25.460:22': akk. Bildung (N-Präs. 1.c.sg.) auf der Basis von ug. *√*rḏy* (siehe UV 177f.).
b. Schreibung mit {D}-Zeichen:
da-ab-ḫu "Opfer" RS20.123+:III:6': alph. *dbḥ*.
da-ka-rù "männlich" RS20.123+:III:5': alph. *dkr*.
mi-dá-ar-ú "Saatfeld" RS16.150:12: alph. *mdrᶜ*.

Der syll. Befund bestätigt somit die anhand des alph. Materials gewonnene Erkenntnis, daß /ḏ/ im Ug. oft mit /d/ zusammengefallen ist, sich aber in bestimmten Wörtern, d.h. in der Nähe bestimmter Phoneme, gehalten hat. Die genannten Beispiele zeigen, daß alph. {ḏ} und syll. {Z}-Zeichen einerseits sowie alph. {d} und syll. {D}-Zeichen andererseits korrelieren.

SV. Vergleichbar mit diesem Befund erscheint auch im Amurr. etym. /δ/ in der syll. Schrift entweder mit {Z}- oder mit {D}-Zeichen. Allerdings überwiegen die Schreibungen mit {Z}-Zeichen (siehe Knudsen 1982, 4).

32.144.38. Eigennamen (hurr. oder wsem. Provenienz), die in der alph. Orthographie ein {ḏ} enthalten, erscheinen in den syll. (akk.) Texten Ugarits entweder mit {Z}- oder mit {Š}-Zeichen (zu den folgenden Beispielen siehe UV 224f.).

a. Schreibung mit {Z}-Zeichen:

amḏy (ON)	*am-mi-ZA*, *a-me-ZA*, *am-mi-ZA-ú*; aber auch *am-me-ŠA*
annḏr (PN)	*a-na-ni-ZA-ar-ri*
ib/wrmḏ (PN)	EN-*mu-ZA*; aber auch EN-*mu-ŠU*
yᶜḏrn (PN)	*ia-ZI-ra-nu/na*; aber auch *ia-aʾ-ŠI-ra-nu* und *ia-ŠI-ra*
ḏmrhd (PN)	*ZI-im-rad-du*; aber auch *ŠI-im-rad-du*

b. Schreibung mit {Š}-Zeichen:

adlḏn (PN)	*a-dal/da-al-ŠE-ni*

a<u>d</u>dd < **ʾa<u>t</u>dd* (ON) *ÁŠ-da-di*
pṭ<u>d</u>n (PN) *pa-ṭi-ŠE-ni*
tg<u>d</u>n (PN) *ta-gi₅-ŠA-na*

32.144.39. Dieser Wechsel von {Z}- und {Š}-Zeichen hat zu der verbreiteten Annahme geführt, daß ug. /*<u>d</u>*/ (bisweilen) als [ž] artikuliert wurde und damit als stimmhaftes Pendant zu ug. /*š*/ fungierte (siehe BGUL § 34.24; UV 225; Garr 1986, 47, Anm. 21). Diese Annahme ist jedoch nicht überzeugend, da akk. /*š*/ im 2. Jt. den ungefähren Lautwert [s] – und nicht [š]! – gehabt haben dürfte (siehe Diakonoff 1992, 54) und ug. /*<u>d</u>*/ nur als (stimmhafte) Variante zu ug. /*<u>t</u>*/, nicht aber zu ug. /*š*/ nachweisbar ist.

Anm. Für eine appikale Artikulation von akk. /*š*/ = [s] spricht die ab der aB Zeit zu beobachtende assimilatorische Lautentwicklung **mš* > /*nš*/, z.B. **amšī* > *anšī* oder *īkim-šu* > *īkinšu* (GAG § 31f; Buccellati 1996 § 5.2:7). Die Entwicklung **m* > /*n*/ ist sonst in älterer Zeit nur vor dem dentalen Nasal /*n*/ und vor dentalen Obstruenten bezeugt: **mn* > /*nn*/; **mt* > /*nt*/; **md* > /*nd*/; **mṭ* > /*nṭ*/ (Buccellati 1996 § 5.2:7 [Buccellati hält trotzdem an einer palato-alveolaren Artikulation von akk. /*š*/ fest]).

Der Wechsel von {Z}-Zeichen und {Š}-Zeichen in der syll. Wiedergabe sibilantischer Phoneme in Eigennamen ist folglich analog zum Wechsel von alph. {<u>d</u>} und {<u>t</u>} bei der Wiedergabe der gleichen Phoneme (*§*32.144.35) zu erklären: Die {Z}-Zeichen in den oben genannten Eigennamen stehen für Sibilanten, die als stimmhaft (d.h. als [z]), die {Š}-Zeichen dagegen für Sibilanten, die als stimmlos (d.h. als [s]) empfunden wurden. Daß es bei der Wiedergabe fremder Eigennamen keine 1 : 1 - Entsprechung zwischen dem syll. und dem alph. Befund gibt, und daß auch innerhalb der beiden Schriftsysteme jeweils unterschiedliche Schreibungen nebeneinander existieren, bedarf keiner näheren Begründung.

32.144.3*10*. Die obigen Erörterungen führen zu dem Ergebnis, daß ug. /*<u>d</u>*/ nicht affriziert war und als stimmhaftes Pendant zu ug. /*<u>t</u>*/ fungierte.

Da /*<u>d</u>*/ in Fremdwörtern zur Wiedergabe sibilantischer Phoneme verwendet wird, stellt sich – wie schon bei /*<u>t</u>*/ – die Frage, ob ug. /*<u>d</u>*/ überhaupt noch interdental und nicht vielmehr sibilantisch (d.h. als [z]) artikuliert wurde.

Eine scheinbare Bestätigung der letzteren Auffassung liefert die seltene und nur bis zur Zeit des Mittleren Reichs bezeugte äg. Wiedergabe von nwsem. /*<u>d</u>*/ mit äg. /*ś*/ (siehe Schenkel 1990, 37f.). Später, ab dem Neuen Reich, wird für nwsem. /*<u>d</u>*/ dagegen regelmäßig äg. /*č*/ und /*č̣*/ gebraucht (siehe Hoch 1994, 405). Hier ist jedoch Vorsicht geboten: Die Wiedergabe stimmhafter Sibilanten in Fremdwörtern mit ug. /*<u>d</u>*/ beweist nämlich keineswegs zwingend, daß /*<u>d</u>*/ als [z] gesprochen wurde. Sie zeigt nur, daß die Artikulation des ug. Phonems /*<u>d</u>*/ phonetisch näher bei [z] lag als die des Phonems /*z*/ (= [^{d}z]). Ebensowenig beweist die äg. Wiedergabe von nwsem. /*<u>d</u>*/ mit /*ś*/, daß der Lautwert von /*<u>d</u>*/ [z] war, zumal der äg. Phonembestand keine interdentalen Frikative enthält. Andererseits zwingt aber der im ug. Textkorpus zu beobachtende orthographische Wechsel zwischen {<u>d</u>} und {d} für etym. /*<u>d</u>*/ zur Annahme einer interdentalen Artikulation des ug. Phonems /*<u>d</u>*/.

Somit hatte ug. /*<u>d</u>*/ offenbar den ungefähren Lautwert [ð].

32.145. Die velaren Verschlußlaute

32.145.1. Das Phonem /*k*/

32.145.11. Das ug. Phonem /*k*/ repräsentiert sem. /*k*/. Beispiele:

I-*k* *kbd* "schwer"; *kbs* "Walker"; *kd* "Krug"; *khn* "Priester; *kl* "alles"; *klb* "Hund"; √*kwn* "sein"; *kp* "Hand"; *ks* "Becher"; *ksp* "Silber".

II-*k* √*ʾkl* "essen"; √*bky* "weinen"; *bkr* "erstgeboren"; *dkr* "männlich"; √*ḥkm* "weise sein"; √*rkb* "besteigen, fahren"; *ṯkl* "kinderlos".

III-*k* *ik* "wie?"; √*ʾrk* "lang sein"; √*brk* "segnen"; *brk* "Knie"; √*hlk* "gehen"; √*hpk* "umstürzen"; √*lʾk* "schicken"; √*lḥk* "lecken"; *mlk* "König".

32.145.12. Ug. /*k*/ wurde wahrsch. als stimmloser velarer Verschlußlaut [k] artikuliert. Es gibt keine Hinweise auf eine spirantische Aussprache.

SV. Gemäß Muchiki (1994) wurde phön. *k* spätestens ab dem 5. Jh. v. Chr. in postvokalischer Position spirantisch gesprochen.

32.145.2. Das Phonem /*q*/

32.145.21. Das ug. Phonem /*q*/ repräsentiert sem. /*ḳ*/. Beispiele:

I-*q* *qdš* "heilig"; *qṭ* "Flachs"; √*qyl* "fallen"; *qmḥ* "Mehl"; √*qṣṣ* "abschneiden"; *qṣr* "kurz"; √*qrb* "nahe sein"; *qrt* "Stadt"; *qšt* "Bogen".

II-*q* *bqr* "Großvieh"; *dqn* "Bart"; √*lqḥ* "nehmen"; √*nqb* "durchbohren"; *rqḥ* "Parfüm"; √*šqy* "(zu) trinken (geben)".

III-*q* √*ḫlq* "zugrunde gehen"; *yrq* "Gelbgold"; √*ʿtq* "vorübergehen"; √*prq* "trennen"; √*rḥq* "fern sein"; √*ṣdq* "gerecht sein".

32.145.22. Nur ganz vereinzelt steht ug. /*q*/ viell. auch für etym. /*k*/ oder etym. /*g*/. Von diesem Phänomen könnte die ug. Wz. √*drq* "gehen, schreiten" zeugen.

Von ug. √drq sind folgende Formen belegt: *tdrq* (PK 3.f.sg.) "sie ging" 1.45:5 (neben *hlkt*); *tdrq* (Verbalsubst.) "Herankommen, Heranschreiten" 1.3:IV:39; 1.4:II:15; 1.17:V:11 (jeweils // *hlk* "Gehen, Gang"); syll. TAR-QU = *dar₆-qu*(?) "Weg"(?) MSL 5,71:281 [Ḫḫ II] (siehe UV 119f.).

Die zugrundeliegende Wz. lautet sem. √*drk* (he. √*drk*, *dæræk* "Weg") oder √*drg* (ar. √*drǧ*; aram. √*drg*; akk. [jB.] *daraggu* "Weg"; es gibt allerdings auch eine ar. Wz. √*drq* "eilen"). Man beachte allerdings, daß das Ug. daneben offenbar eine Wz. √*drk* mit den Bedeutungen "(Bogen) 'treten' = spannen" in 1.17:V:35f. (*[yd]\rk* [n.L.]) und "zertreten" in 1.82:38 kennt (vgl. auch das Lexem *drkm* in 4.688:5 [wohl Berufsbezeichnung]).

32.145.23. Ug. /*q*/ wurde als emphatischer velarer Verschlußlaut artikuliert.

32.145.3. Das Phonem /*g*/

32.145.31. Das ug. Phonem /*g*/ repräsentiert sem. /*g*/. Beispiele:

I-*g* *gg* "Dach"; *gbl* "Grenze"; *gdl* "groß"; √*gzz* "scheren"; *gn* "Garten"; *gpn* "Weinrebe"; *gr* "Fremder"; *grn* "Tenne"; √*grš* "vertreiben"; *gšm* "Regen".

II-*g* *dg* "Fisch"; √*ḥgr* "sich gürten"; *ngr* "Herold"; *ngr* "Tischler"; √*ngš* "herantreten"; *ʿgl* "Kalb"; √*ngṯ* "suchen"; *rgm* "Wort".

III-*g* √*plg* "teilen"; √*šrg* "lügen".

32.145.32. Ug. /*g*/ wurde als stimmhafter velarer Verschlußlaut [g] artikuliert.

32.145.4. Statistische Daten

Im Ug. sind die velaren Verschlußlaute /*k*/, /*q*/ und /*g*/ etwa im Verhältnis 2 : 1,2 : 1 bezeugt. Mit diesem Befund geht das Ug. ungefähr konform mit dem He. (1,4 : 1,3 : 1) und dem Akk. (hier ist /*k*/ allerdings häufiger [wohl wegen der Deemphatisierung von **q* > *k* in Wzz. mit mehr als einem emphatischen Radikal]). Im Ar., Äth. und Syr. ist /*q*/ demgegenüber deutlich häufiger bezeugt als /*k*/ oder /*g*/.

32.146. Die uvularen und pharyngalen Frikative

32.146.1. Problemstellung

Das ug. Langalphabet besitzt spezifische Schriftzeichen zur Wiedergabe der sem. uvular-frikativen (bzw. velar-frikativen) Phoneme /*x*/ (stimmlos) und /*γ*/ (stimmhaft) in Form von {ḫ} und {ġ} einerseits, sowie zur Wiedergabe der sem. pharyngal-frikativen Phoneme /*ħ*/ (stimmlos) und /ᶜ/ (stimmhaft) in Form von {ḥ} und {ᶜ} andererseits.

Da die Uvulare in allen nwsem. Kurzalphabeten mit Pharyngal-Schriftzeichen wiedergegeben werden und da diverse nwsem. Dialekte des 1. Jts. v. Chr. von einem tatsächlichen Zusammenfall uvularer und pharyngaler Phoneme zeugen, wurde im Laufe der Forschungsgeschichte wiederholt die Meinung vertreten, es gäbe bereits im Ug. Belege für den Zusammenfall der Uvulare mit den Pharyngalen, d.h. für einen Lautwandel **ḫ* > /*ḥ*/ (siehe etwa Aistleitner 1948, 211) und **ġ* > /ᶜ/ (siehe etwa Guérinot 1938, 39). Diese Auffassung zu prüfen, ist das Hauptziel der nachfolgenden Erörterungen.

32.146.2. Die Phoneme /*ḫ*/ und /*ḥ*/

32.146.21. Das ug. Phonem /*ḫ*/ ist der stimmlose Vertreter der Uvularreihe.

32.146.211. Ug. /*ḫ*/ entspricht in Erbwörtern dem sem. Phonem /*x*/. Beispiele:

I-*ḫ* √*ḫṭ*ᵓ "sich verfehlen"; √*ḫlq* "zugrunde gehen"; *ḫm* "Zelt"; √*ḫnq* "würgen"; √*ḫsr* "Mangel haben, fehlen"; *ḫr* "Loch, Höhle"; √*ḫr*ᵓ "Notdurft verrichten"; √*ḫrm* "schneiden, niedermähen" (1.13:3; vgl. ar. √*ḫrm*); √*ḫt*ᵓ "zerschlagen".

II-*ḫ* *aḫ*/*aḫt* "Bruder"/"Schwester"; √ᵓ*ḫd* "fassen, packen"; *aḫr* "danach"; √*šḫn* "heiß sein".

III-*ḫ* √*ṭbḫ* "schlachten"; *yrḫ* "Monat"; √*mḫṣ* "schlagen, weben"; *mpḫm* "Blasebalg" (Wz. √*npḫ*); √*nwḫ* "(aus)ruhen".

32.146.212. In Fremdwörtern fungiert /*ḫ*/ – und nicht /*ḥ*/ – als regelmäßige Entsprechung für stimmlose (post-)velare Frikativlaute, d.h. [x] bzw. [χ]:

alḫn "Hauswart; Wirtschafter" 4.102:25; 4.337:11; 4.392:4: vgl. akk. *(al)laḫ-ḫi(n)nu*, möglw. hurrito-urartäischer Herkunft (siehe Watson 1995a, 534).

annḫ, eine Pflanze, viell. Minze, 1.23:14: vgl. akk. *ananiḫu*, eine Pflanze.
ḫbrtnr ein hoher Beamter, Verwalter, 3.1:34*.36*: vgl. akk. *ḫuburtanūru*; viell. heth. Herkunft (siehe Watson 1995b, 543).
ḫbrṯ "Terrine, Topf" 1.4:II:9: vgl. akk. *ḫubrušḫu* < hurr. *ḫubrušḫi*.
ḫdġl "Pfeilhersteller" 4.138:2&: sem. *ḥẓ* + hurr. Morphem (§32.144.27, Anm.).
ḫry "hurritisch" 1.40:29&.
llḫ "Harnisch, Pferdegeschirr" 4.363:5: vgl. hurr. *lulaḫḫi* (siehe DLU 245).

32.146.213. Werden (post-)velare Frikativlaute als stimmhaft empfunden, dann werden sie mit dem ug. Phonem /*ġ*/ wiedergegeben (§32.146.313). Daraus folgt, daß ug. /*ḫ*/ und /*ġ*/ Vertreter ein und derselben Phonemreihe sind.

32.146.22. Das ug. Phonem /*ḥ*/ ist der stimmlose Vertreter der Pharyngalreihe.

32.146.221. Ug. /*ḥ*/ entspricht in Erbwörtern dem sem. Phonem /*ħ*/. Beispiele:
I-*ḥ* *ḥbl* "Band, Strick"; √*ḥbq* "umarmen"; √*ḥdṯ* "neu sein"; √*ḥṭb* "Holz sammeln"; *ḥṭṭ* "Weizen"; *ḥẓ* "Pfeil"; *ḥẓr* "Wohnstatt"; √*ḥwy* "leben"; √*ḥkm* "weise sein"; *ḥlb* "Milch"; *ḥmṣ* "Essig"; *ḥmr* "Esel"; √*ḥnn* "gnädig sein"; *ḥrb* "Schwert"; √*ḥrr* "brennen, rösten"; √*ḥrṯ* "pflügen".
II-*ḥ* *ʾḥd* "eins"; √*dḥl* "Angst haben"; √*ṭḥn* "zermalen"; *lḥm* "Brot"; *lḥ(m/t)* "Wange(n), Backe"; *lḥt* "Tafel"; *nḥl* "Erbe, Erb(sohn)"; *nḥlt* "Erbteil"; *pḥl* "Hengst"; *rḥb* "weit"; √*rḥm* "barmherzig sein"; √*rḥq* "fern sein"; *tḥt* "unter".
III-*ḥ* √*brḥ* "fliehen"; √*dbḥ* "schlachten, opfern"; *dbḥ* "Schlachtopfer".

32.146.222. Da die nicht-sem. Nachbarsprachen Ugarits keine pharyngalen Frikative kennen, begegnet ug. /*ḥ*/ in entlehnten Wörtern nur sehr selten. Hervorzuheben sind:
ḥṯṯ "Silber" 1.14:II:18; 1.14:IV:1: Lexem anatolischer Herkunft; die Existenz von heth. *ḫattuš-* "Silber" ist nicht ganz sicher (siehe Tischler 1983, 211f.).
kḥṯ "Thron" 1.2:I:23&: hurr. *kešḫi*; vgl. auch akan. *kaḫšu* (EA 120:18).

32.146.23. Neben den zitierten ug. Lexemen mit etym. korrekten /*ḫ*/- bzw. /*ḥ*/-Entsprechungen gibt es auch Lexeme mit unregelmäßigen Lautentsprechungen. Als Beispiele kommen die nachfolgend genannten Formen in Betracht.

a. Ug. /*ḥ*/ gegenüber ar./äth. /*ḫ*/:
ḥbl "geliehenes Geld" od. "Pfand" 4.779:3: gegenüber akk. *ḫubullu* "verzinsliche Schuld, Zins"; ar. √*ḫbl* IV. "verleihen", X. "leihen"; ar. *ḫabl* "geliehenes Geld". Die unregelmäßige Lautentsprechung könnte durch Entlehnung bedingt sein.
ḥbr "Freund, Genosse" 1.6:VI:49; 1.23:76; 1.108:5: gegenüber ar./äth. √*ḫbr* "sich verbünden".
ḥdr "Zimmer, Innenraum" 1.3:V:11.26&: gegenüber ar. *ḫidr* "inneres Gemach" und asa. *ḫdr* "(Grab-)kammer".
mlḥt "herausgezogen, gezückt (Dolch)" 1.3:I:7&: gegenüber ar./äth. √*mlḫ* "herausziehen, (Schwert aus der Scheide) ziehen". Die genannte Etym. ist semantisch bestechend. Außerdem läßt sich ein *ḫ*/*ḥ*-Wechsel gerade in einer Wz. mit zwei Resonanten leicht begründen. Die von vielen Autoren vertretene Deutung von *mlḥt* im Sinne von "gesalzen" ist nicht plausibel.

šmḥ "er freute sich" 1.133:16: Die betreffende Wz. (sem. √*s²mḫ*) wird im Ug. sonst immer korrekt mit {ḫ} geschrieben (d.h. *šmḫ*). Der Kontext der Form spricht eindeutig zugunsten der vorgeschlagenen Interpretation. Alternative Deutungen (etwa √*mḥy* Š) kommen kaum in Betracht.

Anm. Das ug. Lexem *ltḥ*, ein Hohlmaß, offenbar im Volumen eines halben Homer (ug. *ḥmr*), ist akk. und he. mit /k/ bezeugt (akk. *litiktu*; he. *letæk*). Die zugrundeliegende Wz. könnte aber mit /ḥ/ anzusetzen sein (zur Etym. vgl. evtl. akk. *letû* "spalten, teilen" und ug. *mltḥ* "Hälfte" [4.282:14&]).

b. Ug. /ḫ/ gegenüber ar./äth. /ḥ/:

√*ʾnḫ* "stöhnen" 1.17:I:17: gegenüber ar. √*ʾnḥ* "schwer atmen, seufzen".

ḫbl "Schiffstau" 4.689:5: gegenüber ar./äth. *ḥabl* und akk. *eblu* "Strick". Wahrsch. ist das Lexem im Ug. jedoch daneben auch mit korrekter Lautentsprechung bezeugt (*ḥblm* "Stricke" in 4.247:30.31).

ḫp "Strand" 1.3:II:7 (vgl. he. *ḥôp* "Ufer"): gegenüber ar. *ḥāffat* bzw. *ḥifāf*, "Saum, Rand, Seite" (√*ḥff* "umgeben, einfassen"; vgl. tigré √*ḥff* umarmen"); vgl. ferner ar. *ḥawf* bzw. *ḥā/īfat*, "Rand, Kante". Weniger wahrsch. ist eine Verknüpfung mit ar. *ḫayf* "Seite, Abhang (eines Berges)" (so DLU 195b).

√*ḫss* "gedenken, verstehen, empfinden" 1.15:III:25 (vgl. GN *kṯr-w-ḫss*): gegenüber ar. √*ḥss* "empfinden, fühlen, (be)merken, verstehen". Ug. /ḫ/ wird jedoch durch akk. *ḫasāsu* "gedenken, sich erinnern, verstehen" gestützt.

Anm. Zur Form *yḫss-k* (1.4:IV:39) siehe unten (nächster Absatz, √*ḫws*).

šḫṭ "Schlächter" 1.18:IV:24: gegenüber ar. √*sḥṭ* "schlachten, töten". Ug. /ḫ/ wird jedoch durch akk. *šaḫāṭu* "weg-, ab-, herunterreißen" gestützt.

Als weitere (unsichere) Kandidaten für dieses Phänomen kommen in Betracht:

√*ḫws* L "erregen, reizen", bezeugt in *yḫss-k* (1.4:IV:39; wohl L-PK [§74.511a]): gegenüber äth. √*ḥws* K "bewegen, erregen"; vgl. ferner ar. √*ḥṯṯ*, ar. √*ḥṯḥṯ* (*ḥaṯḥaṯa*) sowie syr. √*ḥtḥt* (*ḥaṯḥeṯ*), "anreizen, anstacheln, ermuntern". — Alternativ wäre von √*ḫss* auszugehen (siehe letzter Absatz, √*ḫss*).

√*ḫnn* "gnädig sein", bezeugt in der PK-Form *aḫnn* (2.15:9): gegenüber sem. √*ḥnn*; vgl. aber auch ug. *ḥnny* (√*ḥnn*) im gleichen Text (2.15:3). Ein *ḥ/ḫ*-Wechsel in dieser Wz. ist sicher in PNN bezeugt: PN *ḫnn* (4.170:19; 4.611:18) neben PN *ḥnn* (4.75:IV:5&).

ḫẓ "Pfeil" (1.172:21 [Kontext abgebrochen]), wahrsch. eine phonet. Variante zu ug. *ḥẓ* (1.14:III:12&): gegenüber ar. *ḥa/uẓwat*; äth. *ḥaṣṣ*; akk. *ūṣu/uṣṣu*.

√*ḫnp* "ruchlos, unanständig sein" (1.82:15 [?]) mit Derivat *ḫnp* (1.18:I:17; vgl. auch 1.9:15): gegenüber ar. √*ḥnf* "sich zur Seite wenden" (zu dieser unsicheren Etym. siehe DLU 195a).

rḫ "Sinn, Geist"(?) (1.4:V:5 [Abgrenzung der Worteinheiten unsicher]), möglw. eine phonetische Variante zu *rḥ* "Wind, Duft" (1.3:II:2; 1.5:V:7; 1.18:IV:25.36; 1.19:II:38.43) oder eine andere Bildung der gleichen Wz. (√*rw/yḥ*): gegenüber ar. *rīḥ* "Wind" und ar. *rūḥ* "Geist, Seele".

c. Ein *ḥ/ḫ*-Wechsel (in beiden Richtungen) begegnet mehrmals in ug. bezeugten PNN (z.B. *aḫrtp* für *aḫršp* 4.277:5 [Text mit besonderer Orthographie]). Eine Auflistung relevanter Formen bietet PTU §§ 28 und 29. Hinzuzufügen ist *aḫmn*

(RIH 83/05:11 [= KTU 9.461]) als Variante zum PN *aḫmn* (RIH 83/05:5); siehe Bordreuil (1988, 25.29).

32.146.24. Beispiele wie diese haben zu der Auffassung geführt, daß Uvulare und Pharyngale im Ug. phonematisch nicht mehr klar getrennt seien und daß /*ḫ*/ auf dem Weg sei, mit /*ḥ*/ zusammenzufallen. Bei genauerer Betrachtung zwingen die angeführten Beispiele jedoch aus mehreren Gründen nicht zu dieser Annahme.

1. Die Anzahl der Belege ist vergleichsweise gering.
2. Es gibt keine eindeutige Entwicklungsrichtung der stimmlosen postvelaren Frikative des Ug. (weder eindeutig *ḫ* > *ḥ* noch eindeutig *ḥ* > *ḫ*).
3. Die große Mehrzahl der angeführten Lexeme enthält Resonanten (/*r*/, /*l*/, /*m*/, /*n*/), die die Qualität des benachbarten postvelaren Frikativs beeinflussen können.
4. Bei einigen angeführten Lexemen dürfte der im Ar. bzw. Äth. bezeugte Frikativlaut (/*ḥ*/ statt ug. /*ḫ*/) nicht ursprünglich sein (z.B. √*ḫss* und √*šḫṭ*).

32.146.25. Auch statistische Untersuchungen liefern keine Argumente zugunsten eines tendenziellen Zusammenfalls von /*ḫ*/ und /*ḥ*/ im Ug. Im gesamten ug. Lexikon (inklusive Fremdwörter und Eigennamen) ist /*ḫ*/ geringfügig häufiger bezeugt als /*ḥ*/. Nimmt man jedoch nur genuin ug. Lexeme zur Grundlage, so verschiebt sich das Verhältnis deutlich zugunsten von /*ḥ*/ (ca. 2 : 3). Dieses Verhältnis entspricht der Erwartung: Auch im Ar. sind die Phoneme /*ḫ*/ und /*ḥ*/ ungefähr im Verhältnis 2 : 3 bezeugt.

32.146.26. Die obigen Erörterungen erlauben somit die Schlußfolgerung, daß im Ug. sowohl /*ḫ*/ als auch /*ḥ*/ Phonemcharakter besitzen. Eine Tendenz zu einem Zusammenfall von /*ḫ*/ und /*ḥ*/, wie er in den jüngeren nwsem. Sprachen eingetreten ist und wie es die in Ugarit gefundenen keilschriftliche Kurzalphabettexte nahezulegen scheinen (siehe aber §22.83), läßt sich auf der Basis des langalphabetischen Textkorpus nicht erkennen.

Anm. In den Kurzalphabettexten wird bekanntlich sowohl /*ḫ*/ als auch /*ḥ*/ mit einem einzigen Graphem, {ḫ}, geschrieben (§22.51). Auch der Text 5.22 weist diese Besonderheit auf (§22.23). Die genannten Phänomene lassen jedoch keine unmittelbaren Schlußfolgerungen auf den ug. Phonembestand zu, da die Sprache der Kurzalphabettexte wohl nicht ug. ist (§22.83).

SV. Auch in zeitgenössischen nwsem. Sprachen wurden /*ḥ*/ und /*ḫ*/ (und ebenso /*ᶜ*/ und /*ġ*/) als verschiedene Phoneme bewahrt, wie äg. Umschreibungen eindeutig beweisen: Nwsem. /*ḥ*/ wird konsequent mit äg. /*ḥ*/, nwsem. /*ḫ*/ konsequent durch äg. /*ḫ*/ wiedergegeben. Seltene Abweichungen (z.B. äg. /*ḥ*/ für nwsem. /*ḫ*/ im Wort **ḫrʾ* "Exkrement" [Frikativ neben /*r*/!] oder äg. /*ᶜ*/ für nwsem. /*ḥ*/ ["voicing"]) dürften phonetisch konditioniert sein (vgl. Hoch 1994, 411-413).

32.146.3. Die Phoneme /*ġ*/ und /ᶜ/

32.146.31. Das ug. Phonem /*ġ*/ ist der stimmhafte Vertreter der Uvularreihe.

Lit. zum (umstrittenen) Phonemcharakter von ug. /*ġ*/: Fronzaroli (1955, 33-35); Rössler (1961a); Jirku (1963); Emerton (1982).

32.146.311. Ug. /*ġ*/ steht in Erbwörtern in der Regel für etym. /*γ*/. Beispiele:

I-*ġ* *ġzr* "Jüngling, Held"; *ġyr* "Niederung"; √*ġll* "eintauchen"; *ġlm* "Knabe"; √*ṣġr* "klein sein".

II-*ġ* √*bġy* "suchen, verlangen"; √*zġy* "schreien"; √*nġṣ* "zittern"; √*rġb* "hungern"; √*rġṯ* "saugen"; *ṯġr* "Tor".

III-*ġ* √*pẓġ* "sich Hautritzungen zufügen" (§32.123.21).

32.146.312. Ug. /*ġ*/ kann ferner – wie bereits diskutiert (§32.123.3) – etym. /*θ̣*/ und etym. /*ṣ*/ repräsentieren. Die betreffenden Phänomene sind jedoch auf resonantenhaltige Wzz. beschränkt.

32.146.313. In Fremdwörtern repräsentiert ug. /*ġ*/ (post-)velare Frikativlaute, die als stimmhaft empfunden werden, und fungiert damit als stimmhaftes Pendant zu /*ḫ*/. Beispiele:

aġzt "Ehe, Heirat" 1.24:3: akk. *aḫuzzatu*.
ušpġt, eine Textilbezeichnung, 1.43:4; 1.92:26; 1.148:21: vgl. Nuzi-akk. *uš/spaḫḫu*.
dġṯ "Weihrauch" 1.19:IV:23&: heth. *tuḫḫueššar* (siehe Watson 1995b, 542).
ġb "Opfergrube" 1.105:21&: vgl. akk. *ḫuppu* "Vertiefung".
ġr "Gesamtheit, Summe" 4.17:12; 4.40:6.9: vgl. akk. *ḫēru* "Gesamtheit".
sġr "Gehilfe" 4.243:35&: akk. *ṣuḫāru* "Knabe, Diener".

32.146.314. Daß /*ġ*/ und /*ḫ*/ Vertreter derselben Phonemreihe sind, wird im übrigen auch dadurch bestätigt, daß in KTU 5.14 ug. {ḫ} und ug. {ġ} übereinstimmend mit syll. {ḪA} gleichgesetzt werden (§21.261-262).

32.146.32. Das ug. Phonem /ᶜ/ ist der stimmhafte Vertreter der Pharyngalreihe.

32.146.321. Ug. /ᶜ/ steht in ererbten Wörtern für etym. /ᶜ/. Beispiele:

I-ᶜ *ᶜgl* "Kalb"; *ᶜd* "bis"; *ᶜdn* "Termin"; *ᶜḏb* "süß"; √*ᶜḏr* "helfen"; √*ᶜwr* "blind sein"; *ᶜz* "Ziege"; √*ᶜzz* "stark sein"; √*ᶜẓm* "mächtig"; *ᶜlm* "Ewigkeit"; *ᶜn* "Auge"; *ᶜnq* "Halskette"; *ᶜṣ* "Baum"; *ᶜr* "Esel"; √*ᶜtq* "vorübergehen".

II-ᶜ *bᶜl* "Herr"; √*bᶜl* "machen" (§33.112.32); *yᶜl* "Steinbock"; *šᶜr* "Gerste".

III-ᶜ √*blᶜ* "verschlingen"; √*ydᶜ* "wissen"; √*krᶜ* "niederknien"; √*šbᶜ* "satt sein".

32.146.322. Daß ug. /ᶜ/ das stimmhafte Pendant zu /*ḥ*/ darstellt, wird unter anderem durch die Varianten *mrzḥ* (1.114:15; 3.9:1.13) neben *mrzᶜ* (1.21:II:1.5) gestützt (Bezeichnung der Marziḥu-Kultfeier). In der letzteren Form ist /*ḥ*/ unter dem Einfluß der benachbarten stimmhaften Konsonanten stimmhaft geworden (§33.112.51).

32.146.323. In Fremdwörtern findet ug. /ᶜ/ erwartungsgemäß keine Verwendung, da die Nachbarsprachen Ugarits – Hurr., Heth. und Akk. – kein stimmhaftes pharyngales Phonem kennen.

32.146.33. Im Laufe der Forschungsgeschichte zur Phonologie des Ug. wurde wiederholt auf ^{c}/*ġ*-Schwankungen innerhalb des Ug. oder im Vergleich zu anderen sem. Sprachen hingewiesen (siehe etwa Dietrich – Loretz 1967, 312-314). Es kommen die nachfolgend genannten Belege in Betracht.

a. Ug. /^{c}/ gegenüber ar. /γ/:

? √*b*^{c}*r* "anzünden, brennen" 1.3:IV:26&: gegenüber ar. √*bġr* "unstillbaren Durst haben".

? √^{c}*dn* D "ergötzen; üppig, fruchtbar machen"(?) 1.4:V:7, mit Derivat ^{c}*dn* (1.4:V:6.7): gegenüber ar. √*ġdn* X. "dicht, üppig sein" mit Derivat *ġadan*; vgl. aram./he. √^{c}*dn* (D "ergötzen" [u.ä.]) und Derivate. — Zu anderen Deutungen für ug. √^{c}*dn* vgl. DLU 73b.

√^{c}*wl* "packen, angreifen, etwas Böses antun"(?) 1.127:30 (*hm mt y*^{c}*l bnš* "wenn der Tod einen Menschen packt"): gegenüber ar. √*ġwl* (gleiche Bed.; vgl. aber auch ar. √^{c}*wl* "bedrücken"); auch he. ^{c}*ôlel*/^{c}*ôlal*/*hit*^{c}*ôlel* (KBL^3, 789a [√^{c}*ll* I]) dürfte etym. hierher zu stellen sein.

√^{c}*mm* Lp "bedeckt, eingehüllt sein" 1.8:II:8: gegenüber ar. √*ġmm* "bedecken, verhüllen" (daneben auch ar. √^{c}*mm* I. "umfassen, umspannen", II. "mit einem Turban bedecken").

^{c}*mq* "Senke, Tal" 1.3:II:6&: gegenüber ar. √*ġmq* "tief sein" (daneben auch √^{c}*mq*).

√^{c}*ny* "besingen" 1.17:VI:32 (vgl. *ybd w yšr* in 1.17:VI:31): gegenüber ar. √*ġny* II./V. "jmdn. (be)singen, loben"; vgl. auch he. √^{c}*ny* (IV) und aram. √^{c}*ny*.

√^{c}*rb* 1. "eintreten; untergehen (Sonne)", 2. "Bürgschaft leisten" 1.1:V:26&: gegenüber ar. √*ġrb* "untergehen (Sonne)" (neben ar. √^{c}*rb* "ein Pfand geben"). Man beachte aber, daß diese Wurzel im Sabäischen ebenfalls mit /^{c}/ bezeugt ist: *m*^{c}*rb(yt)* "(Sonnen-)Untergang, Westen" und *m*^{c}*rby* "westlich" (SD 18).

? √*pr*^{c} Gt "Wasser über sich gießen"(?) 1.13:19: (?) gegenüber ar. √*frġ* VIII. "Wasser über sich gießen" (§74.232.21, √*pr*^{c}).

Anm. Auch das in 4.749:1.2 bezeugte Lexem ^{c}*l* wäre hier zu nennen, sofern man es als "Joch" deuten und etym. mit akan. **ġullu* "Joch" (EA 257:15), he. ^{c}*o/ôl* "Joch" und ar. *ġull* "Halsring von Gefangenen" verknüpfen möchte. Wahrscheinlicher ist jedoch die Annahme, daß ug. ^{c}*l* hier ein Jungtier (wohl ein Kalb) meint (zur Etym. vgl. he. ^{c}*ûl* "Säugling", pun. ^{c}*l* Säugling, aaram. ^{c}*l* "Fohlen" und tigré ^{c}*ewāl* "Tierjunges").

b. Ug. /*ġ*/ anstelle von sem. /^{c}/:

ġnb "Weintraube" 1.19:I:42; 1.23:26: gegenüber ar. ^{c}*inab* "Traube" und sabäisch ^{c}*nb* "Weingarten" (SD 17).

ġrmn "(Getreide-)Haufen" 1.3:II:11: gegenüber ar. ^{c}*urmat* u. ^{c}*aramat*, "Haufen, Menge" (√^{c}*rm* "aufhäufen"); vgl. ferner he. ^{ca}*remāh* "Haufen".

ġrpl "Nebel, Gewölk" 1.107:34.37*.44: gegenüber ug. ^{c}*rpt* "Wolke" (1.3:II:40&).

√*ṣġd* "voranschreiten" 1.10:III:7; 1.23:30: gegenüber ar. √*ṣ*^{c}*d* "hinaufsteigen" und he. √*ṣ*^{c}*d* "einherschreiten".

Anm. Gemäß DLU 160b würde auch eine Wz. √*ġtr* "töten"(?) (1.103+:39) hierhergehören, die mit ar. √^{c}*tr* "(ein Opfertier) schlachten" verbunden wird. Diese Deutung ist aber sehr unsicher; zu einer alternativen Deutung siehe §74.232.2a, sub √*ġwr*. — Ug. √*pzġ* ist wohl nicht mit ar. √*fṣ*^{c} zu verknüpfen (§32.123.21).

32.146.34. Die zitierten Beispiele gaben Grund zur Auffassung, daß /*ġ*/ und /ᶜ/ im Ug. nicht (mehr) streng getrennt sind. Einige Autoren gingen sogar soweit, den Phonemcharakter von ug. /*ġ*/ zu bestreiten. Die genannten Beispiele rechtfertigen solche Schlußfolgerungen jedoch nicht. Abgesehen von √*ṣġd* enthalten nämlich alle zitierten Lexeme mindestens einen Resonanten als Radikal, der die Qualität des (post-)velaren Frikativs verändern kann. Unter dem Einfluß von Resonanten kann eine Wz. sogar in ein und derselben Sprache nebeneinander mit /*ġ*/ oder mit /ᶜ/ erscheinen (siehe z.B. ar. √*ᶜmq* neben √*ġmq* und ug. *ᶜrpt* neben *ġrpl*). Bei √*ṣġ/ᶜd* wiederum besteht Grund zur Annahme, daß das /ᶜ/ in ar. √*ṣᶜd* sekundär unter dem Einfluß der pharyngalisiert-emphatischen Aussprache von /*ṣ*/ eingetreten ist (vgl. ar. √*ṣᶜr* "klein sein" neben korrektem √*ṣġr*).

Die diskutierten *ġ*/ᶜ-Schwankungen beruhen somit auf erklärbaren phonetischen Prozessen, von denen auch andere sem. Sprachen betroffen sind.

32.146.35. Rückblickend ist festzuhalten, daß ug. /*ġ*/ eindeutig Phonemcharakter besitzt. Eine Tendenz zu einem allgemeinen Zusammenfall von /*ġ*/ und /ᶜ/ läßt sich nicht erkennen. Ein Spezifikum des Ug. besteht freilich darin, daß ug. /*ġ*/ in resonantenhaltigen Wzz. auch für etym. /θ̣/ und /*ṣ*/ stehen kann.

32.147. Die Laryngale

32.147.1. Das Phonem /*h*/

32.147.11. Das ug. Phonem /*h*/ repräsentiert in der Regel etym. /*h*/. Beispiele:

I-*h* √*hbr* "sich verneigen"; *hdm* "Fußschemel"; √*hlm* "schlagen"; √*hlk* "gehen"; √*hpk* "umstürzen".

II-*h* *ahl* "Zelt"; *khn* "Priester"; *mh* "was?".

III-*h* *ilh* "Gott".

32.147.12. In einer Reihe von nicht wurzelhaften Lexemen geht ug. /*h*/ auf ursem. /s^1/ zurück (Lautwandel *s^1 > /*h*/ [§33.131.1]).

32.147.13. Die Artikulation von ug. /*h*/ als frikativer stimmloser Laryngal [h] kann als gesichert gelten.

Anm. Zu diversen Lautveränderungen im Zusammenhang mit ug. /*h*/ sowie zu sekundärem /*h*/ siehe §33.116.1, §33.142 und §33.152.

32.147.2. Das Phonem /ʾ/

33.147.21. Das ug. Phonem /ʾ/, geschrieben mit {a}, {i} oder {u} (§21.32), repräsentiert sem. /ʾ/. Beispiele (weitere Beispiele unter §75.21-3):

I-ʾ √*ʾbd* "zugrunde richten"; √*ʾḫd/ḏ* "nehmen"; √*ʾkl* "essen"; √*ʾrk* "lang sein".

II-ʾ √*lʾk* "schicken"; √*mʾd* "viel sein"; √*sʾd* "bedienen" √*šʾl* "fragen".

III-ʾ √*ḫṭʾ* "sich verfehlen"; √*yṣʾ* "hinausgehen"; √*mlʾ* "voll sein"; √*nšʾ* "erheben".

33.147.22. Die Artikulation von ug. /ʾ/ als laryngaler Verschlußlaut [ʾ] kann als gesichert gelten.

Anm. Zum labilen phonetischen Charakter von ug. /ʾ/ sowie zu sekundärem /ʾ/, entstanden durch Schwund eines anlautenden /*h*/, siehe unter §33.141 bzw. §33.151.

32.148. Die Resonanten (Nasale und Liquiden)

32.148.1. Das Phonem /*m*/

33.148.11. Das ug. Phonem /*m*/ repräsentiert sem. /*m*/. Beispiele:
I-*m* √*m*ʾ*d* "viel sein"; √*mṭr* "regnen"; √*mlk* "König sein"; √*mrṣ* "krank sein".
II-*m* *um* "Mutter; √ʾ*mr* "sprechen"; *amt* "Elle"; √*lmd* "lernen"; ʿ*m* "Volk".
III-*m* √ʾ*dm* "rot sein"; *hdm* "Fußschemel"; *ḥkm* "weise"; *lḥm* "Brot".

33.148.12. Die Artikulation von ug. /*m*/ als bilabialer Nasal [m] entsprechend indogermanisch [m] kann als gesichert gelten.

Anm. Zu den zahlreichen Lautveränderungen im Zusammenhang mit /*m*/ siehe unter §33.135, §33.136 und §33.183.

32.148.2. Das Phonem /*n*/

33.148.21. Das ug. Phonem /*n*/ repräsentiert sem. /*n*/. Beispiele:
I-*n* √*ndr* "geloben"; *nsk* "Schmied"; √*n*ʿ*m* "angenehm sein"; √*npl* "fallen".
II-*n* *bn* "Sohn"; √*bny* "bauen"; *ḏnb* "Schwanz"; √ʿ*ny* "antworten"; √*šn*ʾ "hassen".
III-*n* √*dyn* "Recht sprechen"; *dqn* "Bart"; √*ytn* "geben"; *khn* "Priester; ʿ*n* "Auge".

33.148.22. Es gibt keinen gesicherten Beleg dafür, daß ug. /*n*/ auf sem. /*m*/ zurückgeht. Zum (umgekehrten) Lautwandel **m* > /*n*/ siehe §33.135.2.

33.148.23. Der genaue Artikulationsort von ug. /*n*/ läßt sich nicht mit letzter Sicherheit eruieren. Traditionell wird nwsem. /*n*/ als apikaler Nasal [n] entsprechend indogermanisch [n] beschrieben. Demgegenüber haben Southern – Vaughn (1997) neuerdings mit bestechenden Argumenten eine palatale Artikulation von nwsem. /*n*/ wahrscheinlich gemacht. Diese neue Lautwertbestimmung dürfte auch auf ug. /*n*/ zutreffen. Nur auf dieser Grundlage läßt sich überzeugend erklären, warum vorkonsonantisches ug. /*n*/ nicht nur an folgende dentale Konsonanten, sondern auch Konsonanten mit anderen Artikulationsstellen assimiliert wird (§33.115.4).

32.148.3. Das Phonem /*l*/

32.148.31. Das ug. Phonem /*l*/ repräsentiert sem. /*l*/. Beispiele:
I-*l* √*lbš* "sich bekleiden"; *lḥm* "Brot"; √*lqḥ* "nehmen"; *lšn* "Zunge".
II-*l* *al* (Negation); √*hlk* "gehen"; *klb* "Hund"; √*šlm* "vollständig sein".
III-*l* √ʾ*kl* "essen"; √*ybl* "tragen"; √*npl* "fallen; √*š*ʾ*l* "fragen".

32.148.32. Ug. /*l*/ ist eine alveolare Liquida. Die genaue Realisierung ist unbekannt. Sprachvergleichende Hinweise stützen die Auffassung, daß protosem. /*l*/ ein velarisierter alveolarer lateraler Approximant [ḷ] war (Faber 1989). Auch für ug. /*l*/ ist mit einer velarisierten (d.h. "dunklen") Aussprache zu rechnen.

Anm. Zu Lautveränderungen im Zusammenhang mit /*l*/ siehe unter §33.115.5, §33.135 und §33.182.

32.148.4. Das Phonem /r/

32.148.41. Das ug. Phonem /r/ repräsentiert sem. /r/. Beispiele:
I-*r* *riš* "Kopf"; √*rgm* "sprechen"; √*rwm* "hoch sein"; *rḥb* "weit".
II-*r* √*ʾrš* "wünschen"; √*brk* "segnen"; √*ʿrb* "eintreten"; √*šrp* "verbrennen".
III-*r* *adr* "gewaltig"; √*ʾzr* "sich gürten"; √*ndr* "geloben"; *spr* "Schrift"; *šʿr* "Gerste".

32.148.42. Ug. /r/ wurde wahrsch. als alveolare Liquida [r] artikuliert.

Anm. Zu Lautveränderungen im Zusammenhang mit /r/ siehe unter §33.135.4 und §33.181.

32.149. Die Halbvokale

32.149.1. Einleitung

Im Sem. existiert keine primäre Opposition zwischen den geschlossenen Vokalen /i/ bzw. /u/ und den entsprechenden Halbvokalen /y/ = [i̯] bzw. /y/ = [u̯]. Die phonetische Realisierung als Vokal bzw. als Halbvokal wird durch die Silbenstruktur bestimmt (siehe Voigt 1987, 13f.).

32.149.2. Das Phonem /w/

32.149.21. Das ug. Phonem /w/ repräsentiert in der Regel sem. /u̯/. Beispiele:
I-*w* *w* "und"; *wld* "Gebären" (D-Inf.); *wpṯ-m* "Beschimpfen" (D-Inf.) (in allen anderen Fällen ist anlautendes **w* zu /y/ geworden [§33.133]).
II-*w* *ʿwrt* "Blindheit"; √*dwy* "schwach, krank sein"; *hwt* "Wort"; *ḥwt* "Land".
III-*w* *bnwn* "Gebäude"; √*dʾw* "fliegen"; √*ʿrw* "nackt, leer sein" (§75.53).

32.149.22. Ug. /w/ ist jedoch vergleichsweise selten bezeugt, da es a) häufig durch /y/ ersetzt wird (§33.133; §33.154b), b) in bestimmten Silbenpositionen vokalischen Wert besitzt (§33.311) und c) intervokalisch häufig schwindet (§33.323). Zum sekundären Auftreten von ug. /w/ siehe unter §33.153.

32.149.23. Ug. /w/ wurde gewiß als bilabialer Halbvokal [u̯], entsprechend etwa englisch [u̯], ausgesprochen.

32.149.3. Das Phonem /y/

32.149.31. Das ug. Phonem /y/ repräsentiert in der Regel sem. /i̯/. Beispiele:
I-*y* *yd* "Hand"; *ym* "Tag"; *ym* "Meer"; *ynt* "Taube"; √*ytn* "geben"; *yṣr* "Töpfer".
II-*y* *ayl* "Hirsch"; *ḥy* "Leben"; *ḥyl* "Kraft"; *nyr* "Leuchte".
III-*y* *apy* "Bäcker"; √*bky* "weinen"; √*mġy* "hinkommen" *rʿy* "Hirte"; √*šty* "trinken".
sonst: *rišyt* "Anfang"; *irby* "Heuschrecke".

32.149.32. Ug. /y/ tritt häufig auch für etym. /u̯/ ein, insbesondere im Wortanlaut (z.B. √*ybl* < **wbl* "tragen"; √*yṣʾ* < **w̯ṣʾ* "hinausgehen" √*yṯb* < **wṯb* "sitzen" [§33.133]).

32.149.33. In bestimmten Silbenpositionen besitzt */y/* vokalischen Wert (§33.311), intervokalisch kann */y/* schwinden (§33.323). Zum sekundären Auftreten von ug. */y/* siehe unter §33.154.

32.149.34. Es darf als gesichert gelten, daß ug. */y/* als palataler Halbvokal [i̯] artikuliert wurde.

32.15. Zusammenfassung

32.151. Das Ug. verfügt über einen reichen konsonantischen Phonembestand. Neben Phonemreihen, die in allen sem. Sprachen bewahrt sind, besitzt das Ug. eine Interdental-, eine Uvular- und eine Pharyngalreihe und notiert diese Phoneme durch spezifische Schriftzeichen des ug. Langalphabets.

Uvulare und Pharyngale sind im Ug. – entsprechend dem mutmaßlichen ursem. Befund – mit jeweils einem stimmlosen (*/ḫ/* bzw. */ḥ/*) und einem stimmhaften Vertreter (*/ġ/* bzw. */ʿ/*) als getrennte Phoneme erhalten; Anzeichen für einen allgemeinen Zusammenfall der uvularen und pharynalen Phoneme (wie in vielen jüngeren nwsem. Sprachen) gibt es im Ug. nicht.

Das Ug. hat an sich alle Vertreter der Interdentalreihe bewahrt: */ṯ/*, */ẓ/* und */ḏ/*. Jedes dieser Phoneme ist jedoch mit einer spezifischen Problematik behaftet, und ihre Verwendungsweise ist nicht im gesamten Textkorpus homogen.

32.152. Das alphabetische Schriftsystem des Ug. vermittelt den Eindruck, daß das Ug. – wie eine Reihe von kan. Dialekten – keine lateralen Phoneme besitzt. Der vorliegenden Studie zufolge gibt es jedoch indirekte orthogr. Hinweise auf eine zumindest rudimentäre Bewahrung des emphatischen Laterals */ṣ́/* in bestimmten ug. Texten (§32.123.4). Hinweise auf eine eventuelle Bewahrung des stimmlosen Laterals /s^2/ konnten dagegen nicht entdeckt werden.

32.153. Die ug. Vertreter der Sibilantentriade, d.h. */s/*, */ṣ/* und */z/*, wurden offensichtlich affriziert gesprochen. Der ug. Sibilant */š/* war dagegen ein nichtaffrizierter, palato-alveolarer Zischlaut.

32.154. Die vorliegende Untersuchung hat wiederholt gezeigt, daß resonantenhaltige Wzz. – insbesondere Wzz. mit */r/* – einen phonologisch labilen Charakter besitzen. Resonanten können die Qualität eines benachbarten frikativen Konsonanten erheblich beeinflussen und verändern. Unter dem Einfluß eines Resonanten können im Ug. */š/* zu */ṯ/*, Pharyngale zu Uvularen (oder umgekehrt) und – was besonders auffällig ist – */ẓ/* sowie bisweilen auch etym. */ṣ/* und etym. */ṣ́/* zu einem */ġ/*-ähnlichen (emphatischen) Laut verschoben werden (§32.123.3). Zugleich begünstigen Resonanten – und möglicherweise auch der Bilabial */b/* – die Bewahrung des im Ug. schwachen Phonems */ḏ/* und verhindern damit einen allgemeinen Lautwandel */ḏ/* > */d/*. Die besondere Problematik resonantenhaltiger Wzz. sollte bei etym. Studien auf vergleichend-semitistischer Basis stärker als bisher beachtet werden.

32.155. Aufgrund der Bewahrung von 27 konsonantischen Phonemen stimmloser, stimmhafter oder emphatischer Artikulationsart und aufgrund indirekter Hinweise auf das Vorhandensein lateraler Laute bestätigt das ug. Konsonantensystem die mittels vergleichender semitistischer Studien gewonnene Auffassung eines umfangreichen, im wesentlichen triadisch aufgebauten ursem. Konsonantenbestandes von insgesamt (mindestens) 29 Phonemen.

32.156. Das reiche Konsonanteninventar des Ug. läßt keine unmittelbaren Schlußfolgerungen hinsichtlich der Klassifikation des Ug. innerhalb der sem. Sprachfamilie zu. Es beweist weder eine enge genetische Zusammengehörigkeit des Ug. mit dem Ar. und Ssem., noch spricht es gegen eine enge Verwandtschaft des Ug. mit den kan. Sprachen. Vielmehr ist davon auszugehen, daß alle altsem. Sprachen ein reiches Konsonanteninventar besaßen.

Auch für die kan. Sprachen des 2. Jt. v. Chr läßt sich mit Sicherheit ein Bestand von mehr als 22 konsonantischen Phonemen nachweisen. Dafür spricht zum einen, daß die frühen protosinaitischen und protokan. Alphabete (vor dem 13. Jh. v. Chr.) wahrscheinlich 27, auf jeden Fall aber mehr als 22 Schriftzeichen besaßen (*§*21.112), zum anderen, daß laut äg. und griechischen Umschreibungen die Vertreter der Interdental- (/*ṯ*/, /*ẓ*/ und /*ḏ*/) und Uvularreihe (/*ḫ*/ und /*ġ*/) im Altkan. noch als eigenständige Phoneme erhalten waren (siehe PPG § 11 und Hoch 1994, 415f.). Nach äg. Umschreibungen wurde im Altkan. auch /*ś*/ und /*š*/ noch unterschieden, was auf eine zumindest rudimentäre Bewahrung der Laterale im Altkan. schließen läßt (siehe Diem 1974, 234 und Hoch 1994, 409f.).

Diese Daten beweisen, daß es die in der Forschung – etwa in UT § 14.12 und GUL 3 (Argument 8) – oft beteuerte angebliche signifikante Diskrepanz zwischen dem ug. und kan. Konsonantenbestand in Wirklichkeit nicht gibt. Die unter *§*32.14 angestellten statistischen Untersuchungen zur Beleghäufigkeit von Konsonanten im Ug. und in anderen sem. Sprachen zeigen, daß das ug. Phonemsystem deutliche Ähnlichkeiten mit den Phonemsystemen kan. Sprachen und zugleich fundamentale Unterschiede zu den Phonemsystemen des Ar. und ssem. Sprachen aufweist.

32.16. Artikulatorische Klassifikation der ugaritischen Konsonanten: Zusammenfassendes Diagramm

Das folgende Diagramm faßt die unter *§*32.14 erzielten Ergebnisse hinsichtlich der Lautwerte der ug. Konsonanten bildhaft zusammen. Die herkömmlichen Transliterationssymbole ug. Konsonanten werden jedoch beibehalten. In horizontaler Ebene werden die Artikluationsorte, in vertikaler Ebene die Artikulationsarten differenziert (*verwendete Abkürzungen*: Affrik. = Affrikaten; alveol. = alveolar; bilab. = bilabial; emph. = emphatisch; Frikat. = Frikative; Halbvok. = Halbvokale; laryng. = laryngal; palat. = palatal; phar. = pharyngal; sth. = stimmhaft; stl. = stimmlos; Vib.lat. = Vibrationslateral).

		bilab.	dental	alveol.	palat.	velar	uvular	phar.	laryng.
Plosive	stl.	*p*	*t*			*k*			
	emph.		*ṭ*			*q*			ʾ
	sth.	*b*	*d*			*g*			
Affrik.	stl.			*ś*, *s* = [ts] (später frikatives [s])					
	emph.			*ṣ* = [tsʾ]					
	sth.			*z* = [dz]					
Frikat.	stl.		*ṯ*		*š*		*ḫ*	*ḥ*	*h*
	emph.		*ẓ*						
	sth.		*ḏ*				*ġ*	ʿ	
Nasale		*m*		*n*					
Liquiden	Lateral				*l*				
	Vib.lat.			*r*					
Halbvok.		*w*			*y*				

32.17. Korrespondenztabelle semitischer Obstruenten

In der folgenden Tabelle werden in der vierten Kolumne die Konsonanten des Ug. auflistet, wobei neben den regelmäßigen Entsprechungen auch die wichtigsten Varianten (durch einen Asteriskus markiert) angeführt werden. Letztere stellen unregelmäßige Entsprechungen dar und treten nur unter bestimmten phonologischen Konditionen auf. Varianten dieser Art existieren auch in anderen sem. Sprachen, sind aber in der Tabelle aus Übersichtsgründen nicht erfaßt. Ferner ist zu bemerken, daß an sich auch in der letzten Kolumne (= akk.) zwischen aAK und klassisch-akk. (sprich: aB) Entsprechungen unterschieden werden müßte. Die aAK Orthographie gibt im Gegensatz zur aB Orthographie /θ/ konsequent mit {Š}-Zeichen, /s^1/ und /s^2/ mit {S}-Zeichen, /s^3/, /*ṣ*/ und /*z*/ schließlich mit Z-Zeichen wieder. Außerdem werden in aAK Texten spezifische Grapheme zur Notierung von Gutturalen und Halbvokalen verwendet.

Ursem.	Asa.	Ar.	Ug.	He.	Aram. alt	Aram. jung	Äth.	Akk.
p	f	f	p	p	p		f	p
b	b	b	b	b	b		b	b
t	t	t	t	t	t		t	t
ṭ	ṭ	ṭ	ṭ, ẓ*	ṭ	ṭ		ṭ	ṭ
d	d	d	d	d	d		d	d
θ	ṯ	ṯ	ṯ	š	š	t	s	š
θ̣	ẓ	ẓ	ẓ, ġ*	ṣ	ṣ	ṭ	ṣ	ṣ
δ	ḏ	ḏ	d, ḏ	z	z	d	z	z
s^3	s^3/ś	s	s	s	s		s	s
ṣ	ṣ	ṣ	ṣ, ġ*	ṣ	ṣ		ṣ	ṣ
z	z	z	z, ḏ*	z	z		z	z
s^1	s^1/s	s	š, ṯ*	š	š		s	š
s^2	s^2/š	š	š	ś	š	s	ś	š
ṣ̌	ḍ	ḍ	ṣ, ẓ*	ṣ	q	ʿ	ḍ	ṣ
k	k	k	k	k	k		k	k
ḳ	q	q	q	q	q		q	q
g	g	g	g	g	g		g	g
x	ḫ	ḫ	ḫ, ḥ*	ḥ	ḥ		ḫ	ḫ
γ	ġ	ġ	ġ, ʿ*	ʿ	ʿ		ʿ	(ʾ$_5$)
ħ	ḥ	ḥ	ḥ, ḫ*	ḥ	ḥ		ḥ	(ʾ$_3$)
ʿ	ʿ	ʿ	ʿ, ġ*	ʿ	ʿ		ʿ	(ʾ$_4$)
h	h	h	h	h	h		h	(ʾ$_2$)
ʾ	ʾ	ʾ	ʾ	ʾ	ʾ		ʾ	(ʾ$_1$)

32.2. Die Vokale

32.21. Primäre Vokale

Das Ug. hat die Grundvokale des Ursem., */a/*, */i/* und */u/*, in ihrer kurzen und langen Quantität (*/ă/*, */ĭ/*, */ŭ/* vs. */ā/*, */ī/*, */ū/*) bewahrt: */a/* ist ein offener zentraler, */i/* ein geschlossener vorderer, */u/* ein geschlossener hinterer Vokal. Folgende syll. bezeugten Wortformen dokumentieren die Bewahrung der sem. Grundvokale im Ug.:

/ă/ *da-ab-ḫu* = */dabḫu/* "Opfer" RS20.123+:III:6' (S[a]); *ma-al-ku* = */malku/* "König" RS20.149:III:13'; 20.143+:II:26'; 20.143+:III:17 (S[a]); *nab/p-ku* = */nab/pku/* "Brunnen" RS20.123+:III:8' (S[a]).

/ā/ *a-na-ku* = */ʾanāku/* "ich" RS20.149:III:12' (S[a]); *la-a* = */lā/* "nicht" RS20.149:II:7'.12' (S[a]).

/ĭ/ *pí-iṭ-r[ù]* = */piṭru/* "Lösen" RS20.123+:III:2' (S[a]); *qi-id-šu* = */qidšu/* "Heiligtum" RS20.123+:III:4'; 20.123+:IVa:14 (S[a]).

/ī/ *na-pa-ki-ma* = */nab/pakīma/* "Brunnen" (Pl. Obl.) RS16.150:16; *a-ši-ri-ma* = */ʿāširīma/*, Berufsbezeichnung (Pl. Obl.) RS15.137:9.

/ŭ/ *da-ab-ḫu* = */dabḫu/* "Opfer" RS20.123+:III:6' (S[a]); *ú-wa* = */huwa/* "er" RS20.123+:II:22' (S[a]).

/ū/ *du-u* = */dū/*, Determinativpronomen RS20.123+II:23' (S[a]); *ia-ṣí-ru-ma* = */yāṣirūma/* "Töpfer" (Pl. Nom.) RS15.09B:I:12.

32.22. Sekundäre Vokale

32.221. Kontraktionsvokale

32.221.1. Kontraktionsvokale im engeren Sinn gehen auf ursprüngliche Diphthonge oder Triphthonge zurück. Aus Diphthongen entstanden die Vokale */ô/* (< **aw*) und */ê/* (< **ay*) sowie */î/* und */û/* (§33.311). Als Kontraktionsprodukte ursprünglicher Triphthonge sind */â/*, */î/* und */û/* möglich (§33.323).

32.221.2. Unter Kontraktionsvokalen im weiteren Sinn sind Vokale zu verstehen, die durch quieszierendes Aleph entstanden sind (§21.322.2). Dabei wurde **iʾ* zu */î/*, **uʾ* zu */û/* und **aʾ* in der Regel zu */â/*. Ob daneben auch mit einer Entwicklung **aʾ* > */ô/* zu rechnen ist, ist ungewiß (§21.322.1:7).

32.221.3. Alle Kontraktionsvokale gelten als lang. Die syll. Vokalorthographie enthält jedoch Hinweise darauf, daß das Ug. möglicherweise phonematisch zwischen Kontraktionsvokalen, die auf Diphthonge zurückgehen, und solchen, die auf Triphthonge zurückgehen, differenziert. Erstere werden wie naturlange Vokale behandelt; letztere werden syll. im Auslaut plene geschrieben (§23.522) und tragen wahrsch. selbst in der Ultima-Position den Wortakzent (§31.43).

32.221.4. In der vorliegenden Grammatik werden sämtliche Kontraktionsvokale unterschiedslos mit einem Zirkumflex (^) transliteriert. Sie werden damit formal von primären Langvokalen geschieden, die durch einen Längungsstrich (¯) gekennzeichnet werden. Die betreffende Differenzierung folgt somit allein diachronischen Gesichtspunkten.

32.222. Andere sekundäre Vokale

32.222.1. Allophon [e] für /*ĭ*/: Es gibt syll. Hinweise darauf, daß ug. /*i*/ in der Umgebung von Resonanten und /*y*/ als [e] gesprochen wurde (§33.214.1).

32.222.2. Allophon [o] für /*ŭ*/: Aus sprachvergleichenden Gründen – siehe etwa den he. und aram. Befund – ist damit zu rechnen, daß ug. /*ŭ*/ zumindest in bestimmten Positionen als [o] gesprochen wurde. Dieses Phänomen läßt sich syll. nicht nachweisen, da die syll. Orthographie nicht zwischen [u] und [o] differenzieren kann.

32.222.3. Ultrakurzvokale: Kurzvokale können in bestimmten Silbenstrukturen zu Murmelvokalen (Sch^{e}wa) reduziert werden. Mit diesem in jüngeren wsem. Sprachen verbreiteten Phänomen ist grundsätzlich auch bereits im Ug. zu rechnen. Es ist eng verknüpft mit dem im Ug. häufig bezeugten Phänomen der akzentbedingten Vokalsynkope (§33.24). Dabei kann ein Vokal entweder ganz schwinden oder zu einem Ultrakurzvokal reduziert werden. Gemäß hebraistischer Terminologie entspricht der erstere Fall dem *Sch^{e}wa quiescens*, der letztere dem *Sch^{e}wa mobile/medium*.

33. Lautveränderungen

33.1. Lautveränderungen im konsonantischen Bereich

33.11. Assimilationserscheinungen

Unter Assimilation ist die artikulatorische Anpassung eines Sprachlautes an einen benachbarten Sprachlaut zu verstehen. Betrifft die Angleichung nicht alle Merkmale, spricht man von einer teilweisen oder partiellen Assimilation; tritt eine vollständige Angleichung zweier Sprachlaute ein, spricht man von einer totalen Assimilation (Bußmann 1990, 105).

Im folgenden werden zuerst Fälle einer partiellen Assimilation, danach Fälle einer Totalassimilation behandelt. Zur ersten Kategorie zählen a) Veränderungen der Artikulationsart (Emphatenassimilation sowie Stimmhaftigkeitswechsel) und b) Veränderungen der Artikulationsstelle eines Phonems (Anteriorisierung, Posteriorisierung und vergleichbare Erscheinungen). Innerhalb der letzteren Kategorie (Totalassimilation) kann zwischen regressiv und progressiv wirksamen Assimilationsprozessen differenziert werden.

33.111. Emphatenassimilation

Ein nicht-emphatischer stimmloser oder stimmhafter Konsonant kann unter dem Einfluß eines benachbarten emphatischen Konsonanten sekundär in die emphatische Artikulationsart überführt werden. Dieses Phänomen der Emphatenassimilation oder Emphatisierung, das etwa im Ar., im Aram. und in ssem. Sprachen verbreitet ist, läßt sich im Ug. nur bei Eigennamen sicher nachweisen (*§*32.134). Zu möglichen anderen Belegen siehe unter *§*32.133.2.

33.112. Stimmhaftigkeitswechsel (Sonorisierung – Stimmtonverlust)

33.112.1. Unter dem Einfluß eines benachbarten, zumeist unmittelbar folgenden stimmhaften bzw. stimmlosen Phonems können stimmlose Konsonanten stimmhaft bzw. stimmhafte Konsonanten stimmlos werden. Die erstere Entwicklung wird als Sonorisierung (*voicing*), die letztere als Stimmtonverlust (*devoicing*) bezeichnet. Die oft phonetischen Prinzipien folgende Orthographie des alphabetischen Textkorpus zeugt von einer weiten Verbreitung des assimilatorisch motivierten Stimmhaftigkeitswechsels im Ug.

33.112.2. Um die Erforschung der Phänomene des Stimmhaftigkeitswechsels haben sich insbesondere Aistleitner (1954, 11f.), Fronzaroli (1955, 50-53), Gordon (UT § 5.28), Garr (1986), Huehnergard (UV, 196), van Soldt (1990, 734f.) und Voigt (1991) verdient gemacht. Die ausführlichste Abhandlung zur Thematik stammt von Garr (1986), der folgende Regeln für das Eintreten einer Sonorisierung im Ug. aufstellte (Garr 1986, 49-51):

1. "Voicing occurs in intervocalic position" (bzw. auch im Wortanlaut als Sandhi-Phänomen);
2. "Voicing also occurs in contiguity to another voiced consonant, particularly voiced sonorants";
3. "Voicing also takes place in the neighborhood of *aleph*";
4. "[...] voicing occurs in contiguity to a phonemically voiceless consonant".

Voigt (1991) lehnte sämtliche Regeln Garrs mit Ausnahme der Regel Nr. 2 als phonetisch nicht plausibel ab. Er wies nach, daß sich Garr bisweilen aus Gründen eines simplen Transkriptionismus zu Fehlschlüssen verleiten ließ, wenn wenn Garr ug. /*ẓ*/ als stimmhaftes Pendant von /*ṣ*/ betrachtete, und mahnte insgesamt zu einer vorsichtigeren Haltung. Eine ähnliche Position vertrat auch van Soldt (1990, 734f.).

33.112.3. Von Stimmhaftigkeitswechsel sind im Ug. vornehmlich die bilabialen Verschlußlaute betroffen.

33.112.31. Beispiele für den Stimmtonverlust von /*b*/:

√*bky* : *tpky* /*tapkiyu*/ (G-PK^{L} 2.m.sg.) "du weinst" 1.107:11: gegenüber *tbky* (1.16:I:55&) und *ybky* (1.14:I:26.39&).

√*ḫbṯ* : *ḫpṯ* "Entflohener; Freigelassener; Soldat" 1.14:II:37; 1.15:I:6; 1.103+:57; 2.72:10; 4.382:25 (vgl. akk. *ḫupšu* und he. *ḥŏpšî*).

√*ḫbṯ* : *(bt) ḫpṯt* "Haus der 'Freiheit'" 1.4:VIII:7&: gegenüber √*ḫbṯ* (3.3:4; 4.430:3) und *ḫbṯ* /*ḫubṯ-*/ "Freigelassener; Soldat" (2.17:1; 4.360:8).

√*lbš* : *lpš* /*lupš-*/ "Kleid" 1.5:VI:16; 1.6:II:10; 1.12:II:46 (neben SK *lbš* = /*labiša*/); 2.66:2; 4.166:3.6; 4.205:2; evtl. ferner 2.79:2: gegenüber Subst. *lbš* (1.43:4; 4.17:15& [zahlreiche Belege in Wirtschaftstexten]).

√*nbk* : *npk* /*napk-*/ "Brunnen, Quelle" 1.14:V:1 (vgl. *n*<*p*>*k* in 1.14:III:9&).

√*nbk* : syll. *na-pa-ki-ma* RS16.150:16: gegenüber *(b) nbk* (1.87:35 [Kontext abgebrochen]), ON *nbkm* (4.141:III:13 [Du. oder Pl. zu *nbk*]), ON *(gt) nbk* (4.269:19) und *mbk* /*mabbak-*/ "Quelle" (1.2:III:4; 1.3:V:6&).

√*rbb* : *rp* /*rapp(u)*/ < **rabb(u)* (Nom.) "Chef, Vorsteher" 6.63:2 (Kontext: *rp* \ *sswt* "Oberster der Kavallerie" 6.63:2f.): gegenüber *rb* "Chef" (1.6:VI:55.56&).

Anm. Vgl. hierzu auch das Lexem *kpṯ* /*ki/aVpṯ-*/(?) "Landungssteg (als Schiffszubehör)" (4.689:6). Es handelt sich wahrsch. um ein Lehnwort (sem. Wz. √*kbš*); vgl. akk. *kibsu*, (eine Art) Leiter, und mhe. *kæbæš* "Landungssteg, Rampe".

33.112.32. Beispiele für Sonorisierung von /*p*/:

√*pʿl* : *ybʿl* /*yibʿalu*/ (G-PK^{L}) "er macht" 1.17:VI:24.

√*pʿl* : *bʿl* /*bāʿil*/ "Arbeiter" 4.15:2& (vgl. auch *ṯṯ ḥmrm bʿlm* "sechs Arbeitsesel" 4.691:7): gegenüber wsem. √*pʿl*.

√*prd* : *ybrd* /*yabrud*/ (G-PK^{K}) "er zerteilte" 1.3:I:6: gegenüber wsem. √*prd*.

Anm. Vgl. hierzu ferner a) den ug. Monatsnamen *ibʿlt* /*ʾibʿalat-*/ (1.119:1.11; vgl. auch 2.39:31 [*ibʿltn*]) = syll. (Gen.) *ib-a-la-ti* (RS25.455A+:6'), der phön. *pʿlt* entspricht (siehe TRU 27f.); b) den von √*ypʿ* abgeleiteten PN *ybʿ* (6.47:3) neben *ypʿ* (4.134:14&) und *ypʿn* (4.63:I:6&); c) den PN *ybʿ.bʿl* (4.224:6) neben *ypʿbʿl* (4.116:19; vgl. auch *ypʿmlk* 4.609:12), dem ebenfalls die Wz. √*ypʿ* zugrunde liegt.

33.112.33. Interpretatorisch umstritten ist das Nebeneinander von alph. *mqb(m)* (4.625:3.5.8.10.12.14) und alph. *mqpm /maqqap-/* (4.127:2 [Pl.]; 4.390:6 [Du.]; evtl. ferner 3.6:5); vgl. auch syll. *ma-qa-b/pu(-ma)* (RS19.23:4.12; 19.135:5; 21.199:3.9). Handelt es sich um phonet. Varianten eines Lexems oder um zwei verschiedene Lexeme (vgl. he. *maqqæbæt* "Hammer" gegenüber ar. *minqab* "Bohrer")? Ist von √*nqb* ("durchbohren") oder/und √*nqp* ("schlagen") auszugehen? Zu einer ausführlichen Diskussion des Problems siehe Huehnergard (UV 154).

33.112.34. Den oben genannten Beispielen zufolge ist im Ug. bei labialen Verschlußlauten Stimmtonverlust häufiger bezeugt als Sonorisierung. Beide Phänomene sind klar konditioniert:

- Stimmtonverlust tritt ein, wenn /*b*/ unmittelbar von einem stimmlosen Konsonanten gefolgt wird. Auch das sekundäre /*p*/ in *rp* \ *sswt* "Oberster der Kavallerie" (6.63:2f.) könnte durch Kontaktstellung mit dem folgenden /*s*/ entstanden sein: **rabbu sus(V)wati* > /*rap(p) sus(V)wati*/ (Schwund der Flexionsendung am Nomen regens). Alternativ wäre /*p*/ als Produkt einer Auslautverhärtung zu betrachten.
- Sonorisierung tritt in der Regel dann ein, wenn /*p*/ unmittelbar von einem stimmhaften Konsonanten gefolgt wird.

Die diversen *p/b*-Schreibvarianten innerhalb des ug. Textkorpus zeugen von einem Nebeneinander einer eher phonetischen Gesichtpunkten folgenden Orthographie einerseits und einer phonematisch-etymologisch ausgerichteten Orthographie andererseits.

33.112.35. Die nachfolgend genannten ug. Beispiele für orthogr. {b} statt {p} sind anders zu erklären. Nach Voigt (1991, 1630) handelt es sich dabei um sogenannte inverse Schreibungen bzw. um Fälle von Hyperkorrektur, wofür keine phonetischen Gründe verantwortlich seien. Da das Phänomen im Ug. aber relativ verbreitet und in anderen nwsem. Sprachen nachzuweisen ist (siehe etwa Tropper 1993a, 180f. [§ 41.214.1] zu phön./samʾal./ahe. *nbš* < **npš* "Seele" und samʾal *tʾlb* < **tʾlp* "du sollst lehren"), sind gewisse Zweifel an dieser Erklärung angebracht. Zumindest Fälle, wo {b} vor Frikativlauten für {p} steht (nämlich *nbšt*, *ʿbs* und *šbḥ*), könnten indirekt von einer spirantischen (frikativen) Aussprache des Phonems /*b*/ im Ug. zeugen und damit doch phonetisch bedingt sein. So könnte etwa die Form *šbḥ* (1.14:VI:25) eine Aussprache [šVvḥ-] widerspiegeln. Der *p/b*-Wechsel wäre dann ein Beweis dafür, daß es im Ug. wohl ein spirantisches Allophon zu /*b*/ gab (§32.141.22), nicht aber zu /*p*/ (bei Existenz eines Allophons [ɸ] zu ug. /*p*/, wäre kein *p/b*-Wechsel zu erwarten). Für die Existenz eines Allophons [v] zu ug. /*b*/ spricht im übrigen auch der in einigen ug. Wortformen greifbare *b/m*-Wechsel (§33.136).

SV. Auch im Akk. ist bereits ab aB Zeit mit einem Allophon [v] zu /*b*/ zu rechnen (siehe GAG § 27a* ["häufige Verwendung *b*-haltiger Zeichen für *w*"] und § 27e [*b/w*- und *b/m*-Wechsel im Akk.]).

√*pḥl* : (?) *bḥl /baḥl-/* "Hengst" 4.377:24 (*ʿšrm ṣmd* \ *ṯṯ kbd bḥ[lm]* "26 Gespanne von Hengsten(?)" 4.377:23f.: Da das Lexem sonst immer korrekt als *pḥl* bezeugt ist (1.4:IV:5&), ist die für 4.377:24 vorgeschlagene Ergänzung unsicher (alt.: Ergänzung *bḥ[rm]* "ausgewählte [Zugtiere]").

√*npš* : (?) *nbšt*, Bedeutung unsicher, 1.130:2(17): gegenüber *npš* "Seele; Leben; Kehle" (1.1:V:3.16&).

√*np/bt* : (?) *nbt* = /*nubt-*/ "Honig" 1.14:II:19; 1.14:IV:2&: Das Lexem entspricht he. *nopæt* "Honigseim, Schleuderhonig". Sollte von einer Grundform **nupt-* auszugehen sein, läge im Ug. eine inverse Schreibung vor. Es ist jedoch ebensogut möglich, daß he. *nopæt* von Stimmtonverlust zeugt und die Grundform des Lexems **nubt* lautet.

√*ᶜps* : *ᶜbs* /*ᶜubs-*/ "Grenze; Grenzstein" 6.27:1: gegenüber Pl. *ᶜpsm* (6.29:1); vgl. auch *ḫrd ᶜps* in 2.47:17 und *ᶜps* (wohl √*ᶜps* SK 3.m.sg.) in RS88.2159:14.

√*pṭr* : (?) *bṭr* /*bVṭr-*/ "Ausgelöster"(?) 4.382:1.2 (Kontext: *bṭr bd mlkt*): gegenüber sem. √*pṭr* "spalten; auslösen, freilassen".

√*špḥ* : *šbḥ* /*šVbḥ-*/ "Nachkommenschaft" 1.14:VI:25: gegenüber *špḥ* (1.14:I:24&).

33.112.36. Nicht in die bisherige Diskussion einbezogen wurden die ug. Formen *kpṯ* "Turban" (1.108:8), *tᶜpr* (2.71:12) und *ṯlb* /*ṯulb-*/(?) "Flöte" (1.108:4; 1.113:3.8):

- *kpṯ* ist sehr wahrsch. ein akk. Lehnwort (vgl. akk. *kubšu*).
- *tᶜpr* kann viell. von √*ᶜbr* "vorübergehen" abgeleitet werden, erscheint aber in einem unklarem Kontext (2.71:11f.).
- *ṯlb* könnte via Sonorisierung aus **ṯlp* entstanden sein, da eine Verknüpfung mit akk. *šulpu* "Rohr; Flöte" nahe liegt. Es könnte sich dabei jedoch auch um ein (akk.) Lehnwort handeln. Eine andere Etym. ist aber nicht auszuschließen (vgl. äg. √*sb3* "Flöte blasen" sowie kuschitisch [Bilin] *sabārā* "Flöte").

Anm. *b*/*p*-Wechsel sind auch in Eigennamen häufig zu beobachten. Einige Beispiele: PN *ṯbṯ* (4.123:22 [√*ṯpṯ*]); PN *kpln* (4.412:II:12) gegenüber gewöhnlichem *kbln* (4.55:5&); GN *ṯṭp* (1.149:10) neben gewöhnlichem *ṯṭb* (1.35:9&); vgl. auch PNN mit theophorem Element "Tešub", geschrieben *ṯṭp* (z.B. *agṯṭb* 4.320:3) oder (häufiger) *ṯṭb*; ON *ḫpty* (1.91:30&) gegenüber *ḫbt* (4.119:6; 4.382:15) und Gent. *ḫbty* (3.10:3&).

33.112.4. Auf Stimmtonverlust des labialen Resonanten /*m*/ läßt sich das ug. Lexem *špš* "Sonne" (gegenüber sem. $s^{1/2}ms^{1}$) zurückführen: **šamš* > (**šampš* >) /*šapš*/. Diese Lautentwicklung stützt im übrigen die Annahme einer palatoalveolaren Artikulation von ug. /*š*/ = [š] (§32.143.58).

33.112.5. Belege für die Sonorisierung bzw. den Stimmtonverlust von nichtlabialen Konsonanten lassen sich im Ug. dagegen nur vereinzelt nachweisen.

33.112.51. Sonorisierung eines Pharyngals:

√*rzḥ* : *mrzᶜ* /*marziᶜ-*/ 1.21:II:1.5, Bezeichnung einer kultischen Feier/Vereinigung (zur Lesung siehe W.T. Pitard, BASOR 285 [1992], 52f. und Garr 1986, 47): gegenüber *mrzḥ* (1.114:15&) (§32.146.322). Man beachte, daß hier ein Konsonant von Sonorisierung betroffen ist, der nicht in direkter Kontaktstellung mit einem anderen stimmhaften Konsonanten begegnet. Das Phänomen ist aber dadurch motiviert, daß das betreffende Wort gleich drei stimmhafte Konsonanten enthält.

33.112.52. Sonorisierung und Stimmtonverlust von Dentalen:

√*ʾpd* : *iptt* "*ipd*-Gewänder" 4.707:11 (Pl. zum Subst. *ipd* [1.136:1*.2*&]): Sollte kein simpler Schreibfehler vorliegen, wäre die Entwicklung **d* > /*t*/ hier unter Annahme einer prätonischen Vokalsynkope plausibel: **ʾipadāt-* > **ʾipdāt-* > /*ʾiptāt-*/ (§33.242b).

√*kp/bt* : Das ug. Lexem *kbd* "plus" (3.1:20&), das zur Addition von Zahl- oder Maßeinheiten dient, dürfte von der sem. Wz. √*kpt* mit Variante √*kbt* "hinzufügen, zusammenfügen" abzuleiten sein (§62.202.4). Geht man von einer Grundform √*kbt* aus (vgl. Mari-akk. *kubbutu*), könnte die Sonorisierung des Dentals auf die Kontaktstellung mit /*b*/ zurückzuführen sein, etwa /*kVbda*/ < **kVbta* (Nominalform {*qVtl*} im adverbialen Ak. [§54.133.2d]).

√*šrt/d* : *šrd* 1.14:II:24 (Imp. m.sg.); 1.14:IV:6 (SK 3.m.sg.): Kontext (nach √*dbḥ* "opfern") und Syntax (Ak. der Person und *b* + Sachobjekt) sprechen für eine etym. Verknüpfung mit he./pun. √*šrt* (D) "dienen". Demnach wären die Kontexte von ug. *šrd* wie folgt zu übersetzen: "Diene / Er diente dem (Gott) Baʿlu mit deinem / seinem Opfer" (siehe dazu Dietrich - Loretz 1996; weniger wahrsch.: √*yrd* Š "laß / er ließ herabsteigen"). — Sollte ug. *šrd* mit he./pun. √*šrt* zu verknüpfen sein, dann könnte ug. √*šrd* von Sonorisierung eines Dentals zeugen. Mindestens ebenso wahrsch. ist aber die Annahme, daß die Urwurzel im Einklang mit dem ug. Befund als √*šrd* anzusetzen und der he./pun. Befund somit sekundär ist (Auslautverhärtung[?] **d* > /*t*/).

Anm. Vgl. das Nomen *updt* (4.264:1), das etym. offenbar mit *ubdy* "Pacht" (4.7:1&) zusammenhängt (beides Lehnwörter); vgl. ferner den PN *ṣtqn* /*ṣitqān-*/ < **ṣidqān* (1.79:4.6.7; 1.80:2.3), eine Variante zur gewöhnlichen Form *ṣdqn* (4.33:27&) (Stimmtonverlust des Dentals vor stimmlos-emphatischem /*q*/).

33.112.53. Sonorisierung eines Interdentals:

√*ṯd(y)* : *ḏd* /*ḏadî*/ < **ṯady-*(?) "Brust" (Gen.) 1.23:59.61: phonet. Variante zur Normalform *ṯd* (1.4:VI:56; 1.15:II:27& [§33.312.32b]). /*ḏ*/ steht hier nicht in unmittelbarem Kontakt mit einem anderen stimmhaften Konsonanten.

33.112.6. Andere Beispiele für Sonorisierung bzw. Stimmtonverlust, die Garr (1986) anführt, namentlich Beispiele für *š*/*ḏ*-, *ṣ*/*ẓ*- und *ṭ*/*ẓ*-Wechsel, sind nicht überzeugend. Sie beruhen auf unsicheren bzw. falschen Deutungen von Formen und auf der irrtümlichen Annahme, daß das Phonem /*ẓ*/ im Ug. stimmhaft sei.

Anm. Das ug. Subst. (Du.) *lsmm* (1.6:VI:21) könnte mit ar. √*lzm* zu verknüpfen und mit "(zwei) Ringer" (o.ä.) zu übersetzen sein (ar. √*lzm* I "anhangen, haften"; IV. "zwingen", VIII. "umarmen [im Kampf]"). In diesem Fall wäre aber von einer sem. Wz. √*lsm* (wie im Ug.) auszugehen, die im Ar. via Sonorisierung zu √*lzm* verändert wurde.

33.112.7. In diesem Zusammenhang gilt es auch zu beachten, daß Wörter fremder Herkunft im Ug. entsprechend ihrer lautlichen (nicht etym.) Gestalt übernommen oder bei der Übernahme phonetisch vereinfacht werden. Aufgrund dieses Prinzips tritt bei entlehnten Wörtern bisweilen ein stimmhafter Konsonant an die Stelle eines etym. stimmlosen Konsonanten oder umgekehrt.

33.112.8. Das gleiche Prinzip gilt für die Wiedergabe von Eigennamen, insbesondere von Namen nicht-sem. Herkunft. So kann etwa einerseits ug. /ḏ/ in PNN wie *iwrḏr*, *pndḏn*, *tgḏn* (§32.144.35), im ON *aḏdd* oder im Gent. *aḏddy* für einen (etym.) stimmlosen Sibilanten/Interdental, andererseits ug. /d/ im PN *ddn* (1.161:10; gegenüber der 'korrekten' Form *dtn* [1.15:III:4.15; 1.124:2&]) für einen (etym.) stimmlosen Dental stehen. Erwähnenswert sind ferner die PNN *ᶜbdyrġ* (4.277:2 [Text mit besonderer Orthographie]) und *ġyrn* (4.277:3), Varianten der 'korrekten' Formen *ᶜbdyrḫ* bzw. *ḫyrn*.

Von den genannten Formen sind zumindest der ON *aḏdd* (4.709:2 [vgl. he. *ʾašdôd*]) und das zugehörige Gent. *aḏddy* (4.96:3& [vgl. he. *ʾašdôdî*]) als sichere Belege für Sonorisierung zu werten, bedingt durch den folgenden stimmhaften Dental /d/: /*ʾaḏdād-*/ < **ʾaṯ/šdād-* (viell. MphT {*ʾaqtāl*} zu nwsem. √*šdd*).

Vom entgegengesetzten Phänomen, d.h. von Stimmtonverlust unter dem Einfluß eines folgenden stimmlosen Dentals, zeugen dagegen etwa die Schreibungen *ᶜmṯtmr* (1.113:13.22*; 1.161:11.25; 3.2:2; 3.5:2) bzw. *ᶜmṯtmr-w* (1.125:7 [mit hurr. Kasusendung]) für den Königsnamen "ᶜAmistamru" gegenüber 'korrektem' *ᶜmyḏtmr* (6.23:2 = 6.75:2): /*ᶜamm(Vy)iṯtamr-*/ < **ᶜammu-yiḏtamVr-* (√*ḏmr*, Gt-PK$^{\bar{K}}$ [§74.232.22]).

33.113. Anteriorisierung und Posteriorisierung

Unter dem Einfluß eines benachbarten Konsonanten kann die Artikulationsstelle eines bestimmten konsonantischen Phonems (unter Beibehaltung der spezifischen Artikulationssart) verschoben werden. Eine Verschiebung der Artikulationsstelle nach vorne kann als Anteriorisierung, eine Verschiebung nach hinten als Posteriorisierung bezeichnet werden. Die genannten Phänomene sind im Ug. selten. Zur Diskussion stehen lediglich zwei mögliche Belege für Posteriorisierung:

√*ṯʾg* : *ṯiqt* "Geschrei" 1.14:V:8: Variante zur (korrekten) Form *ṯigt* (1.14:III:16). Möglicherweise wurde der betreffende Velar aufgrund des vorausgehenden Laryngals /ʾ/ weiter hinten artikuliert als gewöhnlich, was zu einem /*q*/-ähnlichen Laut führte. Zur (nicht gesicherten) Auffassung, daß die Artikulationsstelle von ug. /*q*/ hinter der von ug. /*g*/ lag, siehe §32.135.

√*qġw/y* < **ṣġw* : *tqġ* (PK^{K}v 2.m.sg.) "du sollst (das Ohr) neigen" 1.16:VI:30.42: *tqġ* ist wahrsch. auf die Wz. √*ṣġw* (vgl. ar. √*ṣġw*) zurückzuführen (§32.123.33). Wahrsch. wurde **ṣ* im Ug. unter dem Einfluß des folgenden Uvulars /*ġ*/ zu /*q*/ verschoben.

Anm. Zur partiellen Assimilation **mt* > /*nt*/ siehe §33.135.2 (*ybnt*).

33.114. Angleichung von Artikulationsstellen

Begegnen in einem Wort in nicht direkter Kontaktstellung nebeneinander zwei konsonantische Phoneme mit gleicher Artikulationssart und unmittelbar benachbarten Artikulationsstellen, so kann das erste Phonem in seiner Artikulationsstelle an das zweite angeglichen werden. Das beschriebene Phänomen ist im Ug. nur im Zusammenhang mit Sibilanten sicher nachweisbar.

33.114.1. *s^1 > /ṯ/ (in der Umgebung von /ṯ/)

33.114.11. Anstelle des Kausativmorphems *š* (§74.621) begegnet vor /ṯ/-haltigen Wurzeln *ṯ*. Dies gilt für Kausativformen der WzK I-*ṯ* (√*ṯwb* Š; √*ṯkr* Š; [?] √*ṯmn(y)* Š), der WzK II-*ṯ* zugleich I-*w*/*y* (√*yṯb* Š) und vielleicht auch gewisser Wzz. III-*ṯ* (√*ʾbṯ* Š, √*ḥdṯ* Šp). Zu den belegten Formen siehe unter §74.62 und §74.632.

Anm. Während der Kausativmarker *š vor /ṯ/ partiell assimiliert wird, tritt vor /s/ keine Assimilation ein (z.B. *šskn* [1.4:I:20], Wz. √*skn* Š). Daraus läßt sich ableiten, daß die Lautwerte von /š/ und /ṯ/ näher beieinander liegen als die von /š/ und /s/. Ursache dafür ist die affrizierte Artikulation des Phonems /s/ im Ug. (§32.143.24-26).

33.114.12. Die ug. Zahlwurzel für "sechs", √*ṯdṯ* (§62.16), geht etym. auf √*s^1dṯ* zurück (vgl. asa. √*s^1dṯ* [SD 124]).

33.114.13. Eindeutig wurzelhaftes /s^1/ (d.h. /š/ als Radikal einer Wz.) ist im Ug. – abgesehen von √*ṯdṯ* < *s^1*dṯ* – von dieser Assimilation aber nicht betroffen.

33.114.2. *s^2 > /ṯ/ (in der Umgebung von /ṯ/)

Diese Assimilation läßt sich im Ug. nur in der Zahlwurzel für "drei" nachweisen: √*ṯlṯ* < *s^2*lṯ* "drei" (§62.13; vgl. asa. √*s^2lṯ* [SD 132] und äth. √*śls* [CDG 529f.]). Die betreffende Assimilation ist jedoch im gesamten Zsem. zu beobachten und somit schon vor-ug. anzusetzen.

33.115. Regressive Totalassimilation

Bei direkter Kontaktstellung zweier Konsonanten kann der erste vollständig an den folgenden assimiliert werden. Dieses Phänomen ist im Ug. – wie in anderen sem. Sprachen – auf gewisse Konsonantenkombinationen beschränkt. Vornehmlich betroffen sind Nasale und Liquiden.

33.115.1. Assimilation *dt > /tt/

Der dentale Verschlußlaut **d* wird in direkter Kontaktstellung vor /*t*/ an dieses assimiliert. Diese Erscheinung kann alternativ auch als Stimmtonverlust gedeutet werden (§33.112).

33.115.11. Als Belege für die Assimilation **dt* > /*tt*/ kommen in Frage:

aḥt /*ʾaḥ(ḫ)att-*/ < **ʾaḥad(a)t-* "eine" 1.48:13.15.16.17.20&.

ṯʿt, ein kleiner Behälter, zugleich ein Maß (für Öl), 4.751:6; 4.771:8; 4.778:5; 4.782:8; RS94.2563:22'; RS94.2600:14 = syll. *ša-i-tu*$_4$ RS20.425:10 (siehe UV 188) = /*ṯăʿittu*/ < **ṯăʿidtu*: Die Etym. ist unbekannt (vgl. Heltzer 1989, 202f. und Heltzer 1994). Im Pl. ist der dritte Radikal dagegen erwartungsgemäß als /*d*/ bewahrt: *ṯʿdt* = /*ṯăʿidāt-*/ (4.150:5 [*ḫmš ṯʿdt*]).

Anm. Heltzer (1994, 319) betrachtet *ṯʿdt* als Dissimilationsform (sic!) von *ṯʿt* ("Without doubt *ṯʿdt* is the same word as *ṯʿt* with dissimilation of the *t*").

aḫt /*ʾaḫatta*/ < **ʾaḫadta* (√*ʾḫd* < **ʾḫḏ* G-SK 2.m.sg.) "du hast genommen" RS88.2159:4.23.

ylt /*yalattâ*/ < **yalad(a)tâ* (√*yld* G-SK 3.f.du.) "sie (beide) haben geboren" 1.23:53.60 (je 2x).
ylt /*yālitt-*/ < **yālidt-* < **yālidat-* (√*yld* G-Ptz. f.sg.) "gebärend" 1.17:I:41: Diese Deutung ist aufgrund des teilweise abgebrochenen Kontextes nicht gesichert.
yrt /*yarattā*/ < **yaradtā* (√*yrd* G-SK 2.m.sg.) "du mußt(?) hinabsteigen" 1.5:I:6.
? *št* /*šVtt-*/ < **šVw/yVd(V)t-* (√*šw/yd*) "Herrin, Dame" 1.18:IV:6*.27&: Etym. und Bildung unsicher; vgl. ar. *sayyidat* und ar. *sitt*.

33.115.12. Die Assimilation **dt*/ > /*tt*/ tritt nicht ein, wenn zwischen /*d*/ und /*t*/ ein Vokal steht, z.B. *aḫdt* /*ʾaḫadat*/ (√*ʾḫd* G-SK 3.f.sg.) "sie hat genommen" (1.4:II:3), *yrdt* /*yāridāt-*/ (√*yrd* G-Ptz. f.pl.) "Herabsteigende" (1.24:42) und *ṯʿdt* /*ṯāʿidāt-*/ "(fünf) *ṯ*.-Maße" (4.150:5 [§33.115.11]).

33.115.2. Assimilation *td* > /*dd*/ (?)

Der einzig mögliche Beleg für diese Assimilation lautet *yddll* (1.103+:46), sofern es sich dabei um eine tL-PK^{L} 3.m.sg. handelt: /*yiddālilu*/ < **yitdālilu* "er (sc. der König samt seiner *ḫrd*-Truppe) wird erniedrigt werden". Wahrscheinlicher ist *yddll* aber zu *yd«d»ll* zu emendieren (vgl. *tdlln* in Z. 6[7]). Eine Form **ydll* kann entweder als tL-PK oder als Lp-PK gedeutet werden (§74.522b; §74.53).

33.115.3. Assimilation *dṯ* > /*ṯṯ*/

Diese Assimilation läßt sich nur in der Kardinalzahl für "sechs", ug. *ṯṯ* = /*ṯiṯṯ-*/ < **ṯidṯ-* mit Fem. *ṯṯt* = /*ṯiṯṯat-*/ < **ṯidṯat-* (§62.16), sowie in der Kardinalzahl für "60", ug. *ṯṯm* /*ṯiṯṯū/īma*/ < **ṯidṯū/īma*, nachweisen. Die zugrundeliegende Wurzel lautet √*ṯdṯ* < *s^{1}*idṯ-* (§33.114.12). Die betreffende Assimilation ist jedoch in anderen zsem. Sprachen zu beobachten und somit schon vor-ug. anzusetzen.

33.115.4. Assimilation *nK > /KK/

Vokalloses (vorkonsonantisches) /*n*/ wird im Ug. in der Regel an jeden unmittelbar folgenden Konsonanten assimiliert. Das Phänomen läßt sich durch alph. und syll. Belege nachweisen (zu den syll. Belegen siehe UV 280).

Lit.: Rendsburg (1989); Sanmartín (1995c); Southern — Vaughn (1997).

33.115.41. Beispiele für die Assimilation von **n* an Labiale, Dentale, Interdentale, Sibilanten, Velare und Uvulare (zu Verbalformen der WzK I-*n* mit Assimilation des ersten Radikals siehe auch §75.4):

**n* vor Labialen:
ap = syll. *ap-pu* /*ʾappu*/ < **ʾanpu* "Nase" 1.2:I:13&.

**n* vor Dentalen:
at = syll. *at-ta* /*ʾatta*/ < **ʾanta* "du" 1.1:IV:17&.
adt /*ʾadatt-*/ < **ʾadānt-* "Herrin" 2.11:1& (vgl. PN *hyadt* 4.710:22); dagegen einmal *adnty* "meine(r) Herrin" in 2.83:5 (= RIH).
mṯt /*maṯṯât-*/ < **manṯât-* "Bett" 1.14:I:30.
ṯt /*ṯittâ/ê*/ < **ṯintâ/ê* "zwei" (Fem.) 1.27:9&.

ṯṯ "andere" (fem.): Vokalisierung znd Ableitung sind unsicher (viell. identisch mit der fem. Kardinalzahl für "zwei", *ṯṯ* [§62.121]). Die Belege lauten: *anyk ṯṯ* "dein anderes Schiff" 2.38:24; *ḥwt ṯṯh* "in ein anderes Land" 3.3:4 (die akk. Entsprechung lautet *ina māti šanīti*).

*n vor Interdentalen:
aṯṯ /*ʾaṯṯat-*/ < **ʾanṯat-* "Ehefrau" 1.2:III:22&.
yṯk /*yaṯṯuk-*/ < **yanṯuk-* (√*nṯk* G-PK) "er beißt" 1.107:4.

*n vor Sibilanten:
yšu /*yiššaʾu*/ (√*nšʾ* G-PK^L [?]) "er erhob/erhebt" 1.1:II:17&.
ysᶜ /*yissaᶜu*/ < **yinsaᶜu* (√*nsᶜ* G-PK) "er wird herausreißen" 1.2:III:17; 1.6:VI:27.
mṣb /*maṣṣab-*/ < **manṣab-* "Ständer, Gestell, Schaft (Waage)" 1.24:34&.

*n vor Velaren:
mqb/p = syll. *ma-qa/á-b/pu(-ma)* /*maqqab/pu*/ < **manqab/pu* (√*nqb/p* [§33.112.33]) "Hammer"(?) 4.127:2&.

*n vor Uvularen:
tġr- /*taġġurū-*/ < **tanġurū* (√*nġr* G-PK^K) "sie sollen beschützen" 1.6:IV:24& (zu anderen G-PK-Formen der Wz. √*nġr* siehe unter §75.42).
tġṣ /*taġġuṣ*/ < **tanġuṣ* (√*nġṣ* G-PK^K) "sie zitterte" 1.3:III:34; 1.4:II:19 (zur Form *tnġṣn* [1.2:IV:17.26] siehe §33.115.44:3).

33.115.42. Die Assimilation von vokallosem /*n*/ kann nachweislich auch vor Pharyngalen und Laryngalen eintreten:
yadm /*yiʾʾadim*/ < **yinʾadim* (√*ʾdm* N-PK^Ki 3.m.sg.) "er rötete/schminkte sich" 1.14:III:52 (vgl. *tadm* 1.14:II:9).

Anm. Die regressive Totalassimilation von /*n*/ hat zur Folge, daß Formen der N-PK auch in der WzK *primae gutturalis* formal indifferent sind (§74.31).

yḥ /*yaḥḥî*/ < **yanḥî* (√*nḥw/y* G-PK^Ki 3.m.sg.) "er begab sich (zu ...)" 1.12:I:35.
syll. *ma-a-al-tu*$_4$ /*maᶜᶜaltu*/ < **manᶜaltu* (√*nᶜl*) "Band, Türschloß(?)" RS20.123+:II:6'.

33.115.43. Auf Assimilation von **n* beruhen ferner einige sogenannte Schreibfehler im alph. Textkorpus. So könnten etwa für die Tatsache, daß {n} bisweilen am Wortende nicht geschrieben ist (*b<n> ġlmt* 1.4:VII:54; *b ab<n> td* 1.6:I:2; *y<n> ᶜd šbᶜ* 1.114:3; *b<n> iṯṯr* 4.754:18; *ḫsw<n>* 4.60:2 [§21.354.1a]), zumindest teilweise – trotz prinzipieller Bewahrung der Flexionsvokale im Ug. – über die Wortgrenze hinweg wirksame Assimilationserscheinungen verantwortlich sein.

SV. Vgl. altkan. *b plsbᶜl* < **bn plsbᶜl* (KTU 6.1 [Kurzalphabettext aus Tabor, Palästina]), bybl. *byḥmlk* < **bn yḥmlk* "Sohn des Yeḥimilk" (KAI 6:1; KAI 7:3) und bybl. *bklby* < **bn klby* (KAI 7:2). Die betreffende Assimilation tritt im Bybl. vor Gutturalen nicht ein (vgl. *bn ʾḥrm* [KAI 1:1] und *bn ʾlbᶜl* [KAI 7:2]).

33.115.44. Die Assimilation von vorkonsonantischem /*n*/ findet im Ug. nach Ausweis der Orthographie in bestimmten Fällen jedoch nicht statt. Dieses Phänomen scheint eine sprachliche Wirklichkeit widerzuspiegeln, da es gewissen, vornehmlich phonetischen Regeln folgt.

1. Fast immer unterbleibt die Assimilation von /*n*/ als drittem Radikal in der SK vor konsonantisch anlautenden Personalsuffixen. Belege:

√*ytn* : *ytnt* "du hast gegeben" 1.6:VI:14; *štn[t]* (Š) "ich habe übergeben" 2.36+:13; *štnt* (Š) "du hast übergeben" 2.36+:13; vgl. auch die Formen *štn[ ]* in 2.36+:6 und *štntn* in 5.10:4 (Deutung unsicher).

√*kwn* : *šknt* (Š) "du hast festgesetzt" 2.36+:12; *šknt* (Š) "ich/du habe/hast festgesetzt/gewohnt" 1.117:8 (ohne Kontext).

√*mgn* : *mgntm* "ihr habt beschenkt" 1.4:III:30.

√*lyn* (?) : *lnt* 1.82:31.

Eine Ausnahme stellt die Form *ytt* (√*ytn* G-SK 1.c.sg.) dar, die zum einen in 1.100:75, zum anderen im Kurzalphabettext 4.710:6 bezeugt ist.

2. Die Assimilation von wurzelhaftem vokallosem /*n*/ findet bisweilen vor folgenden Laryngalen und Pharyngalen nicht statt. Davon zeugen:

- alph. bezeugte PNN, z.B. *ynḥm* /*yanḥam-*/ (√*nḥm* G-PK) 4.41:10& und *ynḥn* /*yanḥân-*/ (√*nḥw* G-PK) 4.51:15& (siehe PTU, 165);
- syll. bezeugte PNN, z.B. *in$_4$-bi-ia-ni* (√*ʾnb*), *en-ki-ki* (√*nky*), *ia-an-ḫa-am-mi*, *ia-an-ḫa-mu* (√*nḥm*) und *ia-an-ḫa-nu* (√*nḥw/y*) (Belege bei Sivan 1984a, 47);
- folgende spezifisch ug. Wortformen:

  mnḥ /*minḥ-*/ "Abgabe, Tribut, Ablieferung" 1.2:I:38; 4.91:1; 4.771:9;

  mnḥt /*minḥat-*/ "(einzelne) Gabe" 4.709:6; 4.709:9 (Rasur): vgl. ar. *minḥat*; phön. *mnḥt*; he. *minḥāh*;

  ynaṣn /*yinʾaṣannī*/ "er verachtet(e) mich" 1.1:IV:23: Die Form ist aufgrund der Schreibung mit {a} als G-PK ausgewiesen. Für den G-Stamm spricht die ug. Form *niṣ* (1.5:IV:26), wahrsch. ein G-Ptz., und der sprachvergleichende Befund (vgl. etwa he. √*nʾṣ* G "verschmähen" mit nicht-assimilierter PK *yinʾaṣ* [u.ä.]).

3. Die Assimilation von /*n*/ kann viell. auch vor einem folgenden Uvular unterbleiben, sofern die betreffende Silbe unbetont ist. Dieses Phänomen läßt sich allerdings nur durch eine (unsichere) Verbalform belegen:

tnġṣn /*tanġuṣna*/ od. /*tanġuṣanna*/ (√*nġṣ* G-PK 3.f.pl./sg.) "sie zitterte(n)" (1.2:IV:17.26); der Kontext lautet: *(l) tnġṣn pnth* "seine 'Ecke(n)' (d.h. sein Rückgrat) zitterte(n) (nicht)". — Neben *tnġṣn* ist zweimal in vergleichbaren Kontexten eine Form *tġṣ* (G-PK 3.f.sg.) bezeugt: *tġṣ pnt kslh* "die 'Ecke' ihrer Lende zitterte" (1.3:III:34; 1.4:II:19). — Das Nebeneinander von assimilierter und nicht-assimilierter Form könnte auf Akzentunterschiede zurückzuführen sein (§31.4; vgl. auch §33.445): In der Form *tnġṣn* liegt der Akzent auf der zweiten (/*tanġúṣna*/ [= 3.f.pl.]) oder dritten Silbe (/*tanġuṣánna*/ [= 3.f.sg. + En.]), in der Form *tġṣ* aber auf der ersten Silbe (*táġġuṣ*). Die Assimilation wäre damit nur in der Tonsilbe eingetreten, nicht aber in einer enttonten Silbe. — *tnġṣn* könnte theoretisch auch eine Form 3.f.du. sein, d.h. /*tanġuṣāni*/ ("die beiden Ecken" = "Rückgrat"). — Möglicherweise ist die Form *tnġṣn* nicht zum G-Stamm zu rechnen. Denkbar wäre eine Deutung als N-PK oder D-PK.

Anm. Die Formen *ynḥt* (1.2:IV:11.18), *ynʿm!h* (1.100:65), *tngṯh* (1.6:II:6.27), *tngṯnh*

(1.1:V:4) und *tn^c r* (1.132:25) gehören nicht hierher. Sie sind dem D-Stamm (§74.412.24) bzw. — im Falle von *tn^c r* — dem Dp-Stamm zuzuordnen (§74.422).

4. Ferner kann die Assimilation von vorkonsonantischem /*n*/ in Komposita des Typs {K*n*-Kx} und Reduplikationsbildungen des Typs {K*n*-K*n*} unterbleiben, sofern nach /*n*/ eine Morphemgrenze verläuft:

mnd^c /*ma/inda^c*/ "vielleicht, gegebenenfalls" 1.16:II:24; 2.34:10.11; evtl. 2.45:31 (teilw. erg.): *mnd^c* ist entweder aus **mī/ānu ʾida^c* "was weiß ich?" oder aus **man(nu) yida^c* "wer weiß?" (so Kottsieper 1990, 50-54) entstanden; vgl. akk. *minde/a*, *manda* bzw. *midde* "vielleicht" (ebenfalls meist ohne Assimilation); vgl. ferner raram./nabatäisch/jaram. *mnd^c m* bzw. palmyrenisch *md^c m* (DNSI 598f.) und syr. *meddem*, jeweils "irgendetwas".

gngn "Inneres" 1.4:VII:49 (neben *ggn* in 1.16:VI:26; vgl. ON *ḫlb gngnt* in 1.91:22 und RS92.2001+:II:25): vgl. ar. *ǧa/inǧa/in* "Brust".

Anm. Vgl. die Reduplikationsbildung *kknt* < **knknt*(?) "Krüge" (1.6:I:67) mit eingetretener Assimilation von **n*; zur Etym. vgl. akk. *kannu* (sum. Lehnwort), mhe. *qanqān* und jaram. *qanqannā*, jeweils "großes Gefäß, Krug".

5. Vorkonsonantisches /*n*/ wird viell. nicht assimiliert, wenn dem /*n*/ ursprünglich ein Vokal gefolgt war, der sekundär synkopiert wurde (§33.243.2). Von diesem Phänomen könnte das ug. Lexem für "Jahr" zeugen: syll. *ša-an-tu*$_4$ /*šantu*/ < **šanatu* RS20.189:11 (Lesung unsicher) = alph. *šnt* 1.4:VI:43&. Ob /*n*/ in solchen Fällen aber wirklich vokallos ist, ist fraglich. Es ist denkbar, daß nach /*n*/ ein Ultrakurzvokal folgte, der in der (syll.) Orthographie unberücksichtigt blieb.

SV. Vgl. hierzu altkan. [x x (x) *š*]*a-an*$^?$*-ti* "Neujahr" in einem lexikalischen Text aus Aschqelon (linke Kol. 7'); siehe J. Huehnergard — W. van Soldt, "A Cuneiform Lexical Text from Ashkelon with a Canaanite Column", IEJ 49 (1999), 184-192.

Anm. In 1.163:12'(5) gibt es eine Verbalform *ynphy*, die sicher als N-PK^L 3.m.sg. von √*phy* zu deuten ist: /*yinpahiyu*/ "es wird sichtbar". Die Nicht-Assimilation von /*n*/ ist auffällig und folgt keiner der oben genannten Regeln. — In 2.62 sind nebeneinander die Formen *mdym* (Z. 4) und *mndym* (Z. 7) bezeugt. Es handelt sich wahrsch. um ein Gent.; Kontext und Etym. sind jedoch unsicher (z. Disk. siehe Sanmartín 1988, 174f.). — Das Lehnwort **kindabašše* (eine Textilbezeichnung) erscheint im Ug. nebeneinander ohne und mit Assimilation von /*n*/: *kndwṯ* (4.4:2.3 [n.L.; siehe Tropper 1997b, 664f.]) vs. *kdwṯ* (4.152:6.11; 4.205:19; 4.270:3; 4.337:24; 4.341:10).

33.115.45. Zusammenfassend ist festzuhalten, daß vorkonsonantisches /*n*/ im Ug. — gegen Rendsburg (1989, 108) — nicht immer assimiliert wird. Hinsichtlich dieses Befundes fügt sich das Ug. gut in den Kontext der anderen nwsem. Sprachen, insbesondere der kan. Sprachen, ein (vgl. auch den sabäischen Befund; dazu Rendsburg 1989, 107-109). Hervorzuheben sind folgende bemerkenswerte Übereinstimmungen zwischen dem ug. und dem he. Befund:

1. Vokalloses /*n*/ kann grundsätzlich an jeden folgenden Konsonanten (einschließlich Gutturale) assimilieren.
2. Das *n*-Morphem des N-Stammes wird in der PK der WzK I-*gutturalis* immer an den folgenden Guttural assimiliert.

3. Ansonsten kann die Assimilation von (wurzelhaftem) vokallosem /*n*/ vor Gutturalen sowohl im He. wie im Ug. unterbleiben (vgl. auch den phön. Befund [PPG § 58]), zumal die artikulatorische Differenz zwischen /*n*/ und den Gutturalen groß ist (siehe Southern – Vaughn 1997, 269). Allerdings ist der betreffende Befund weder im He. noch im Ug. einheitlich. Für Beispiele von (nicht normgemäßer) Assimilation von wurzelhaftem /*n*/ an folgendes /*ḥ*/ im He., etwa *ni(ḥ)ḥam* und *ye(ḥ)ḥat*, siehe BL 198k.
4. In Verbalformen der WzK III-*n* wird der dritte Radikal auch dann nicht an folgende Suffixe assimiliert, wenn er vokallos ist. Im He. stellt die Wz. √*ntn* "geben" (z.B. *nātattî*) eine Ausnahme dar, zumal diese im He. zugleich der WzK I-*n* angehört. Da die entsprechende Wz. im Ug. √*ytn* lautet, bildet sie im Gegensatz zum he. Befund überwiegend regelmäßige, d.h. nicht-assimilierte SK-Formen (z.B. *ytnt*).

SV. Die übereinstimmende Behandlung von /*n*/ als drittem Radikal im Ug. und im He. ist bemerkenswert, zumal andere nwsem. Sprachen einschließlich des Phön.-Pun. (PPG § 154) diese Erscheinung nicht teilen (dazu Garr 1985, 44); vgl. allerdings die pun. bezeugte Ausnahme *ytnty* "ich gab" (KAI 145:6).

Anm. Sanmartín (1995, 439) hat die Auffassung vertreten, daß es sich bei der Bewahrung von /*n*/ in solchen Fällen um "eine rein *orthographische* Prozedur [handelt], die allein dazu bestimmt war, die Unlesbarkeit etwaiger bei der Auslassung des *n* resultierender Homographen und graphischer 'Wort-Torsos' zu verhindern. [. . .] Das *n* gibt nicht ein wie auch immer ausgesprochenes K_3:/n/ wieder; es dient bloss als Lesehilfe für die richtige Verbform". Diese Erklärung ist problematisch. Sollte das von Sanmartín postulierte Phänomen "*n* als Lesehilfe" existieren, wäre doch zu erwarten, daß *jedes* morphologisch berechtigte /*n*/, also auch (vorkonsonantisches) /*n*/ als erster Radikal, orthographisch berücksichtigt wird.

5. Die Assimilation von vorkonsonantischem /*n*/ kann im Ug. in einer enttonten Silbe offenbar unterbleiben. In diesem Zusammenhang ist auf die 13 PK-Formen der WzK I-*n* der sogenannten Ḥoläm-Klasse des He. zu verweisen, bei denen keine Assimilation des ersten Radikals eintritt. Elf dieser Formen stellen eindeutige Pausalformen dar. Ein weiterer Beleg, *yinqāb-ʾāp* (am Satzende [Ijob 40,24]), ist ebenfalls als Pausalform zu werten. Der letzte Beleg, Jer 3,5 (*hᵃ-yinṭor lᵉʿôlām* "wird er denn ewig zürnen?"), wird durch die Fragepartikel eingeführt. Der wichtigste Grund für die Nicht-Assimilation des /*n*/ in diesen Formen dürfte die Enttonung der dem /*n*/ vorausgehenden Silbe sein (dies scheint auch für die Form *hᵃ-yinṭor* zu gelten).

Anm. Für die Nicht-Assimilation von /*n*/ in den genannten Formen wurden auch ganz andere Gründe namhaft gemacht. Erwähnenswert sind a) die weitgehend auf Ablehnung gestoßene Annahme einer "neuen" Tempusform *yVqVttVl* (Rössler 1961b und 1962 [vgl. §73.28]), b) die Annahme von dialektalen Varianten (Bloch 1963), c) die Auffassung, daß die genannten Formen in Kontexten begegnen, in denen die Phoneme /*n*/ und /*m*/ häufig belegt sind (Fitzgerald 1972).

6. In Komposita des Typs {K*n*-Kx} und Reduplikationsbildungen des Typs {K*n*-K*n*} kann die Assimilation von vorkonsonantischem /*n*/ im Ug. wie auch im He. unterbleiben (vgl. he. *sansannāh* [ON], **sansinnîm* und *ṣinṣænæt*).

33.115.5. Assimilation *lK > /KK/

33.115.51. Von der Assimilation *lK > /KK/ ist im Ug. – in Übereinstimmung mit dem allgemeinen (älteren) nwsem. Befund – in der Regel der erste Radikal der Wz. √*lqḥ* "nehmen" betroffen, sofern er vokallos ist. Im einzelnen gilt dies

a) für sämtliche Formen der G-PK, z.B. *yqḥ* /*yiqqaḥ-*/ < **yilqaḥ-* (1.3:I:16&) oder *tqḥ* /*tiqqaḥ-*/ < **tilqaḥ-* (1.2:IV:10&) (alle Belege unter §75.42);
b) für das derivierte Subst. für "Zange", syll. *ma-qa-ḫa* /*maqqaḥâ*/ < **malqaḥâ* (RS19.23:13.14 [Du.cs.]) = alph. *mqḥm* (4.123:21& [Du.abs.]) bzw. *mqḥ* (4.127:4 [Du.cs.]); vgl. demgegenüber he. *milqāḥayim* "Zange".

Keine Assimilation erfolgt dagegen – wie im He. und Pun. (*nlqḥ*ʾ) – in der N-SK: *nlqḥt* /*nalqaḥat*/ "sie wurde genommen/weggebracht" (4.659:1).

33.115.52. Andere Beispiele für die Assimilation *lK > /KK/ lassen sich im Ug. nicht sicher nachweisen. Als möglicher Beleg käme höchstens das Subst. *ḫpn* (mit Du. *ḫpnm* und fem. Pl. *ḫpnt*) "Umhang, Mantel" in Frage (2.70:28&), das eine phonetische Variante des Lexems *ḫlpn* (5.10:5) darstellen könnte (ebenfalls mit Du. *ḫlpnm* [4.117:1] und fem. Pl. *ḫlpnt* [4.630:5]). Beide Formen könnten etym. mit akk. *ḫalāpu* "einhüllen" zu verknüpfen sein (vgl. akk. *ḫulāpu* "Decke" und *naḫlaptu* "Gewand, Mantel"). Wahrscheinlicher besitzt *ḫpn* aber eine andere Etym. (vgl. he./ja. √*ḥpp* "umgeben, beschirmen"; soqotri *ḥaf* "Gewand" [siehe G.A. Rendsburg, JAOS 107, 1987, 628). Auch Ribichini – Xella (1985, 38-39) und DLU 192.195f. gehen von zwei verschiedenen Lexemen aus.

33.115.53. Hinzuweisen ist in diesem Zusammenhang auch auf sogenannte Schreibfehler wie *ak<l>t* (1.19:II:20) und *a<l>p* (1.10:III:16) (§21.354.1b). Für das Fehlen von {l} könnten phonetische Gründe verantwortlich sein, sei es daß **l* hier entweder vokalisch ("silbisch") gesprochen (§33.182) oder an den folgenden Verschlußlaut assimiliert wurde.

SV. Vgl. das Fehlen von **l* in pun. Eigennamen, z.B. b^c für $b^c l$ "Herr" in vielen zusammengesetzen PNN und *mochomor* für *molchomor* (= *mlk-ʾmr*) (PPG § 51a).

33.115.6. Assimilation *rK > /KK/

Diese Assimilation ist im Ug. wahrsch. nicht produktiv. Sie dürfte aber den beiden folgenden nominalen Reduplikationsbildungen zugrunde liegen:

- /*kakkar-*/ < **karkar* "Talent": syll. *ka_4-ka_4-r[a/u-m]a* RS15.86:23, *ka_4-ka_4-ra* RS16.192A+:20.22 = alph. *kkr* 2.32:5.6.11& (vgl. akk. *kakkaru* [wsem. Lw.], he. *kikkār* und asa. *krkr* [ohne Assimilation]).
- /*šaššar(a)t-*/ < *šaršar(a)t-* "Kette": alph. *ššrt* 1.119:21; 4.341:1 (vgl. akk. *šaršarrat*/*šeršerret* und he. **šaršœrœt*).

Erwähnenswert ist in diesem Zusammenhang auch das relativ häufige Fehlen von {r} in der alph. Orthographie (§21.354.1). Es dürfte sich dabei nicht durchgehend um reine Flüchtigkeitsfehler handeln. Die Schreibungen könnten von einer regressiven Assimilation von /*r*/ an einen folgenden Konsonanten – etwa in *y<r>gb* (1.102:15), *y<r>gbhd* (1.102:15) und *š*^{c}*<r>t* (4.705:6) – oder von einer vokalischen ("silbischen") Aussprache von /*r*/ (§33.181) zeugen.

33.115.7. Assimilation *bK > /KK/ (?)

Diese Assimilation ist im Ug. sicher nicht produktiv. Sie könnte aber der nominalen Reduplikationsbildung /*kakkab-*/(?) < **kabkab-* "Stern" zugrunde liegen: Pl. *kkbm* 1.10:I:4 (vgl. akk. *kakkabu*).

Alternativ kann ug. *kkbm* als /*kôkab-*/ < **kawkab-* < **kabkab-* (vgl. wsem. /*kawkab-*/, /*kôkab-*/) gedeutet werden, was eine spirantische Aussprache von /*b*/ voraussetzen würde (§32.141.22).

Das betreffende Subst. lautet ug. sonst immer *kbkb* (1.4:IV:17& [Sg.]), mit mask. Pl. *kbkbm* (1.3:II:41&); zur Form *kbkbt* (1.92:28) siehe §53.331.5.

33.115.8. Assimilation *ht > /tt/ (?)

Diese Assimilation ist im Ug. nicht sicher nachzuweisen. In Frage kommen ausschließlich Formen der Gt-PK der Wz. √*hlk* "gehen", z.B. 3.m.sg. *ytlk* /*yittal(V)ku*/(?) < **y/tihtalVku* (zu Belegen und weiteren Formen siehe §74.232.21, √*hlk*). Alternativ könnte /*h*/ in diesen Formen ersatzlos oder unter Ersatzdehnung des vorausgehenden Vokals geschwunden sein: d.h. /*yital(V)ku*/ bzw. /*yîtal(V)ku*/.

SV. Vgl. phön. *ytlk!n* (Gt-PK 3.m.pl.) in KAI 24:10 (siehe Tropper 1993a, 39-41).

33.115.9. Assimilation *ʾḫ > /ḫḫ/ (?)

Nach Huehnergard (UV 279) zeugen die syll. Form *ma-aḫ-ḫa-[du]* "Hafen" (RS20.123+:II:15' [S[a]]) und das alph. Gent. *mḫdy* in 4.635:17 (jeweils Wz. √*ʾḫd*) von einer regressiven Assimilation von /ʾ/ an folgendes /*ḫ*/. Diese Auffassung wird hier nicht geteilt. Die syll. Schreibung *ma-aḫ-ḫa-[du]* dürfte eher für /*maʾḫadu*/ stehen, zumal das an sich zu erwartende Zeichen {Aʾ} in S[a] gar nicht bezeugt ist (siehe SAU 330 mit Anm. 157; ähnlich auch Sivan 1984a, 94). Die alph. Form *mḫdy* wiederum zeugt wahrsch. von quieszierendem Aleph (§33.141.41).

Anm. Zu den Formen *ytmr* "er sah" (1.3:I:22 [√*ʾmr* Gt-PK]) und *itb!d!* (1.14:I:8 [*ʾbd* Gt-SK]), die theoretisch von einer Assimilation **ʾt* > /*tt*/ zeugen könnten, siehe §33.141.42 und §33.141.43; zur Form *itrṯ* "ich nahm in Besitz" (1.3:III:47 [√*yrṯ* Gt-PK]), die von einer Assimilation **yt* > /*tt*/ zeugen könnte, siehe §74.232.2a.

33.116. Progressive Totalassimilation

33.116.1. Assimilation *nh > /nn/

Von dieser Assimilation ist im Ug. ausschließlich der Anlautkonsonant /*h*/ der Objektsuffixe der 3. Person sg. betroffen, sofern er in Kontaktstellung zum Auslautkonsonanten /*n*/ des Morphems des sogenannten Energikus II tritt: *-nn* = /*-nVnnu*/ < **-nin-hu* bzw. /*-nVnna*/ < **-nin-ha* (§73.624). Zu Belegen siehe §41.221.52c. und §41.221.62b.

Zur Frage, ob die betreffende Assimilation auch im Zusammenhang mit dem Energikus III zu beobachten ist, siehe §73.634. Im Zusammenhang mit dem Energikus I tritt die betreffende Assimilation dagegen sicher nicht auf

(§73.612.1). Ebenfalls nicht betroffen ist der Anlautkonsonant /*h*/ der Possessivsuffixe der 3. Person sg. an Nomina oder Präpositionen, deren Stamm durch -*n* erweitert ist (§41.221.51 und §41.221.61).

33.116.2. Assimilation *ny > /nn/

Diese Assimilation läßt sich im Ug. nur in Formen der N-PK der WzK I-*y* nachweisen, konkret nur in der Form *ynpʿ* /*yinnapiʿ*/ < **yinyapiʿ* "er möge sich erheben" (√*ypʿ* N-PK^{K} 3.m.sg.), belegt in 1.5:IV:8 und 1.19:II:16 (§74.333, √*ypʿ*). Die gleiche Bildung der N-PK der WzK I-*y* ist akk. belegt (siehe GAG §§ 22g und 103z).

33.116.3. Assimilation *ʿʾ > /ʿʿ/

Bei Kontaktstellung von /ʿ/ und /ʾ/ (in dieser Folge) wird /ʾ/ an /ʿ/ assimiliert.

Der einzige wahrscheinliche Beleg für dieses Phänomen ist die Iterativzahl *šbʿd* = /*šabaʿʿida*/ < **šabaʿʾiḏa* < **šabʿaʾiḏa* "siebenmal" (1.23:12& [§65.14]). Alternativ könnte *šbʿd* auch als /*šabʿida*/ < **šabʿaʾiḏa* analysiert werden, mit dissimilatorisch motiviertem Schwund von /ʾ/ nach /ʿ/. Daneben findet sich einmal auch eine Schreibung der betreffenden Iterativzahl mit bewahrtem /ʾ/, nämlich *šbʿid* (2.12:9) (§33.445).

In analog gebildeten Iterativzahlen anderer Zahlwurzeln ist /ʾ/ immer bewahrt (§65.14): *ṯnid* "zweimal" (2.50:18&); *ṯlṯid* "dreimal" (1.18:IV:23&); *ʿšrid* "zehnmal" (2.42:12).

Anm. Von einer progressiven Assimilation **mn* > /*mm*/ scheint der ug. ON Šammegā zu zeugen (alph. *šmgy*, syll. *Šàm-me-ga*), offenbar eine Nebenform zu Šamni/egā (alph. *šmngy*, syll. *Šàm-ni-ga*); zur Argumentation und zu den Belegstellen siehe van Soldt (1996, 687f.).

33.12. Dissimilationserscheinungen

Unter einer Dissimilation ist die artikulatorische Differenzierung von benachbarten Sprachlauten zu verstehen. Dissimilationserscheinungen sind im Ug. viel seltener zu beobachten als Assimilationserscheinungen.

33.121. Emphatendissimilation

Enthält eine Wurzel zwei Konsonanten mit emphatischer Artikulationsart, kann einer aus dissimilatorischen Gründen die Emphase verlieren, wobei der dissimilierte Konsonant in der Regel stimmlos artikuliert wird.

Dieses Phänomen, das etwa im Akk. regelmäßig bezeugt ist (Geers'sches Gesetz [GAG § 51e]), läßt sich ug. nur in Eigennamen sicher nachweisen (§32.134 [mit Belegen]). Zu möglichen anderweitigen Belegen siehe §32.133.1.

33.122. Geminatendissimilation

Geminatendissimilationen sind im Ug. nicht sicher nachzuweisen. Zur Diskussion stehen die nachfolgenden Phänomene.

33.122.1. Dissimilation **pp* > /*np*/ (?)

Von dieser Dissimilation /*np*/ könnte theoretisch die Verbalform *ynp*ᶜ (1.5:IV:8; 1.19:II:16) zeugen, die sicher von der Wz. √*yp*ᶜ "sich erheben, hochwachsen" abzuleiten ist. Von der genannten Wz. sind sonst PK-Formen ohne {n} belegt, nämlich *yp*ᶜ (1.19:II:16; 1.19:III:54) und *tp*ᶜ (1.19:II:23[2x]). Es wäre mit einer Lautentwicklung **yippa*ᶜ > /*yinpa*ᶜ/ (√*yp*ᶜ, G-PK) zu rechnen. Für die Gemination des /*p*/ in der PK von √*yp*ᶜ könnte auf den altkan. PN *ia-ap-pa-a[ḫ-*ᵈIM*]* "Baᶜlu(?) hat sich erhoben"(?) (EA 97:2) verwiesen werden. Die Gemination des zweiten Radikals in der PK der WzK I-*y* ist auch he. bezeugt. Allerdings stammen sämtliche Belege von Wzz. mit /*ṣ*/ als zweitem Radikal (GBH § 77).

Es ist jedoch weitaus wahrscheinlicher, daß ug. *ynp*ᶜ nicht von einer Geminatendissimilation zeugt, sondern als N-PK der Wz. √*yp*ᶜ zu analysieren ist: /*yinnapi*ᶜ/ < **yinyapi*ᶜ (zur Argumentation siehe §74.333, √*yp*ᶜ; vgl. auch §33.116.2).

33.122.2. Dissimilation **mm* > /*rm*/ (?)

Auch diese Dissimilation ist im Ug. sicher nicht produktiv. Als einzig möglicher Beleg kommt das Lexem für "Sichel" in Frage, das syll. als *ḫa-ar-me-ša-tu* (Pl.) (RS19.112:3) und alph. als *ḫrmṯt* (4.625:1&) bezeugt ist. Hier könnte die Oberflächenform /*ḫarmiṯat-*/ (Aussprache: [ḫarmeṯat]) theoretisch auf **ḫammiṯat-* zurückgeführt werden, sofern sich eine zugrundeliegende Wz. √*ḫmṯ* nachweisen ließe (z. Disk. siehe §32.144.13). Da die Konsonantenfolge /*rm*/ auch in he. *ḥærmeš* "Sichel" vorliegt, wäre die postulierte Dissimilation auf jeden Fall schon vor-ug. eingetreten.

33.123. Andere Dissimilationserscheinungen

Neben Emphaten- und Geminatendissimilation gibt es im Ug. noch weitere Lautveränderungen im konsonantischen Bereich, die wahrsch. auf Dissimilation beruhen. Hervorzuheben sind dissimilatorisch motivierter Resonantenwechsel (insbesondere **m* > /*n*/ und **m* > /*b*/ [§33.135]) und Konsonantenschwund (§33.14, besonders §33.141.2 und §33.141.43).

33.13. Wechsel von (artikulatorisch ähnlichen) Konsonanten

33.131. Lautwandel ***s^1 > /*h*/

33.131.1. Sem. /s^1/ wurde bereits vor-ug. – wie in meisten westsem. Sprachen – in Lexemen ohne klare Wurzelstruktur in der Regel zu /*h*/ (Voigt 1987b, 53-59; Tropper 1990a, 13f.). Von diesem Lautwandel sind betroffen:

1. die Personalpronomina der 3. Person (§41.111 und §41.12): *hw(t)* /*huwa(t-)*/ < *s^1*uw/*ʾa(t-)* "er"; *hy(t)* /*hiya(t-)*/ < *s^1*iy/*ʾa(t-)* "sie"; *hm(t)* /*humâ(t-)*/ < *s^1*unâ(t-)* "sie beide"; *hm(t)* /*humū(t-)*/ < *s^1*unū(t-)* "sie";
2. die Pronominalsuffixe der 3. Person (§41.21);
3. die konditionale Konjunktion *hm* /*him*/ < *s^1*im* "wenn, falls" (1.1:IV:26&) mit Nebenform *im* /*ʾim(ma)*/ < **him(ma)* < *s^1*im(ma)* (1.6:V:21&);
4. die Terminativendung *-h* /*-ah*/ < **Vs^1* (§54.311).

33.131.2. Nicht betroffen von diesem Lautwandel ist zum einen das Kausativmorphem *š*, zum anderen wurzelhaftes /s^1/ (z.B. √*šʾl* "fragen"; √*šlm* "heil sein").

Wurzelhaftes /s^1/ bleibt in allen klassischen sem. Sprachen aus Systemzwang erhalten. Das Kausativmorphem bleibt im Ug. wohl deshalb als Sibilant bewahrt, weil hier /s^1/ im (reflexiven) Št-Stamm durch das folgende /*t*/ vor dem genannten Lautwandel geschützt ist (siehe Voigt 1987b, 59). Ein analogischer Ausgleich verhinderte die Aufgabe der sibilantischen Artikulation des Kausativmorphems im (aktiven) Š-Stamm und im (passiven) Šp-Stamm.

SV. Das Ug. ist die einzige sem. Sprache, die ein sibilantisches Kausativmorphem (für alle Diathesen des Kausativstammes) neben *h*-Personalpronomina der 3. Person aufweist. Andere sem. Sprachen haben — abgesehen vom Sonderfall des reflexiven Kausativstammes (Št) — entweder durchgehend sibilantische oder durchgehend laryngale Formen. Eine Ausnahme stellt das Mehri dar, wo die Pronominalpronomina der 3.m.sg./pl. mit *h-*, die der 3.f.sg./pl. mit *s-* anlauten (dazu Voigt 1987b, 51.55-57).

33.132. Lautwandel **t* > /*h*/ im Wortauslaut (?)

Von diesem Lautwandel ist allgemein im Sem. nur vokalloses /*t*/ im Wortauslaut betroffen. Dieses begegnet im Ug. an sich nur in endungslosen finiten Verbalformen der WzK III-*t* sowie allgemein in der SK 3.f.sg. und blieb hier aus systemhaft-analogischen Gründen immer erhalten.

In nominalen Formen kommt wortauslautendes vokalloses /*t*/ im Ug. an sich nicht vor, da das Ug. die Flexionsendungen bewahrt hat (§54.11-12). Eine mögliche Ausnahme bildet das Zahlwort *ʿšrh* "zehn", das ausschließlich als Bestandteil der zusammengesetzten Kardinalia von "11" bis "19" belegt ist, z.B. *ṯlṯ ʿšrh* "13" (4.219:3&) (§62.201:3). Dieses Lexem geht wahrsch. auf eine Grundform **ʿšrt* zurück (*√*ʿšr* + Femininendung *-t*). Hier könnte das /*t*/ der Femininendung im absoluten Auslaut — nach Schwund einer ursprünglichen Flexionsendung (§52.32) — zu /*h*/ "verhaucht" sein.

Anm. Andere Belege für einen Lautwandel **t* > /*h*/ im Ug. gibt es nicht; siehe aber die Diskussion unter §52.33.

33.133. Lautwandel **w* > /*y*/ im Wortanlaut

33.133.1. Initiales /*w*/ wurde bereits vor-ug. — im Einklang mit dem nwsem. Befund — in der Regel zu /*y*/. Beispiele (vgl. auch §75.51 [Verben I-*w*/*y*]):

√*ybl* < **wbl* "tragen, bringen"; √*ydy* < **wḏy* "zerkratzen"; *ysm* < **wsm* "schön, lieblich"; *yʿl* < **wʿl* "Bergziege"; √*yṣʾ* < **wṣʾ* "herausgehen"; √*yrd* < **wrd* "absteigen"; *yrḫ* < **wrḫ* "Monat"; *yrq* < **wrq* "gelb"; √*yṯb* < **wṯb* "sitzen".

33.133.2. Es gibt allerdings zwei Ausnahmen:

1. Die kopulative Konjunktion "und" lautet im Einklang mit dem nwsem. Befund immer *w* = /*wa*/ (§83.11).
2. Initiales /*w*/ bleibt vor /*u*/-Vokal bewahrt. Von diesem Phänomen zeugen D-Infinitive der WzK I-*w*, nämlich: *wld* /*wullad-*/ "Gebären" (1.14:III:48&) und *wpṯ-m* /*wuppaṯ-*/ "Beschimpfen" (1.4:VI:13) (§74.416.2).

Daß initiales /*w*/ vor /*u*/-Vokal bewahrt bleibt, ist phonetisch unmittelbar einsichtig. Man beachte in diesem Zusammenhang, daß der erste Radikal der WzK I-*w* auch in nicht-initialer Position als /*w*/ bewahrt bleibt, sofern ihm ein /*u*/-Vokal vorausgeht. Die Belege lauten (§74.412.23): *ywsrnn* = /*yuwassir-*/ "er belehrte ihn" (1.16:VI:26); *ywpṯn* = /*yuwappiṯ-*/ "er beschimpfte mich" (1.4:III:13); *twtḫ* = /*tuwattiḫâ*/? "sie beide(?) sollen eilen" (1.1:II:2&).

Der Grund für die Bewahrung von initialem /*w*/ in der Konjunktion *w* ist ungewiß. Vielleicht sind Akzentgründe verantwortlich (die Konjunktion *w* begegnet durchgehend als unbetontes Proklitikum, häufig vor der Tonsilbe).

33.134. Wechsel von gutturalen Konsonanten

33.134.1. *ʿ > /ʾ/

Die Abschwächung des Pharyngals /ʿ/ zum Laryngal /ʾ/ läßt sich im Ug. nur selten nachweisen, konkret in folgenden Wortformen:

pamt "(so und so viele) Male" 1.39:20& (immer Pl.): *pamt* ist wahrsch. die Pluralform des sem. Subst. **pʿm* "Fuß, Schritt", das ug. als *pʿn* bezeugt ist (Du. *pʿnm* [1.3:III:32&], Pl. *pʿnt* [1.103+:52]). Für die etym. Zusammengehörigkeit von ug. *pamt* "Male" und ug. *pʿn* "Fuß" spricht a) der semantische Zusammenhang zwischen den Bedeutungen "Fuß", "Schritt" und "Mal" (vgl. he. *p^{e}ʿāmîm* und *r^{e}gālîm*, "Male"), b) die Tatsache, daß *pʿm* im He. und Phön. sowohl "Fuß, Schritt" wie auch "Mal" bedeutet, und c) die Tatsache, daß sowohl ug. **pam* als auch ug. *pʿn* einen fem. Plural bilden. — Der etym. Zusammenhang zwischen *pamt* und *pʿn* dürfte den Ugaritern wegen der (sekundären) Differenzen in Form und Semantik nicht mehr bewußt gewesen sein. Die genannten Lexeme können innerhalb eines Textes nebeneinander auftreten (z.B. 1.43:24-26).

ṯtar 1.3:II:37: Diese Verbalform stellt eine phonetische Variante (*ʿ > /ʾ/) zu *ṯtʿr* (1.3:II:20) dar. Die zugrundeliegende Wz. lautet √*ṯʿr* "(auf)stellen, stapeln" (zur Etym. siehe §32.144.13).

sid 1.3:I:3 (// *ʿbd*), *sad* 1.17:V:20 (neben *kbd*) und *tsad* 1.17:V:30 (neben *tkbd*): Den genannten Formen liegt eine Wz. √*sʾd* "bedienen, behilflich sein" (alt.: "mit Speise stärken, bewirten") zugrunde, die etym. wahrsch. auf √*sʿd* zurückgeht (vgl. wsem. √*sʿd* "stützen, stärken, helfen; speisen" [sabäisch *s^{1}ʿd*]).

Anm. Die in KTU^{2} vorgeschlagene Emendation der Zeichenfolge *ʿdnm* (4.358:8) zu *adn*<*h*>*m* (entsprechend 4.360:3) ist nicht plausibel. — Ein ʾ/ʿ-Wechsel begegnet in PNN relativ häufig. Beispiele: *abd.bʿl* (4.635:48) statt *ʿbdbʿl*; *abdḫr* (4.33:36&) statt *ʿbdḫr*; *abdḫmn* (9.461:20 = RIH 83/5:20) statt *ʿbdḫmn*; *abdʿn* (4.12:9&) statt *ʿbdʿn*; *abdbʿl* (4.635:48) statt *ʿbdbʿl*; PN *yaḏrn* (9.465:1 = RIH 83/10:1) statt *yʿḏrn*.

33.134.2. *ʾ > /ʿ/ (?)

Es ist ungewiß, ob ug. /ʿ/ jemals für etym. /ʾ/ eintritt. Als einziger Beleg für dieses Phänomen, das als Hyperkorrektur zu werten wäre, kommt die unsichere Form *ʿnk* (1.82:42) in Betracht, die möglicherweise für *ank* "ich" steht (§41.112.11c). Zugunsten dieser Deutung spricht die vorausgehende Verbalform *aǵw*(?)*yn* (PK 1.c.sg.).

Anm. *ʿps* "Grenze; Grenzstein" (6.29:1; vgl. 2.47:17 [*ḫrd ʿps*]) mit Nf. *ʿbs* (6.27:1) ist etym. nicht mit *aps* "Äußeres; Rand" (1.6:I:61 [vgl. he. *ʾæpæs* "Ende"]) zu verknüpfen, sondern mit akan. [Glosse] **ʿupsu* (EA 366:34; dazu W. H. van Soldt, N.A.B.U. 1997/90; vgl. auch CAT 1, 78f.]); zum *p*/*b*-Wechsel siehe §33.112.35.

33.134.3. *ḫ > /h/

Dieses Phänomen – die Abschwächung des Uvulars /*ḫ*/ zum Laryngal /*h*/ – läßt sich ug. nur in der Form *phr* "Versammlung" (1.2:I:20) nachweisen (√*pḫr*). Das betreffende Lexem erscheint sonst immer korrekt als *pḫr* (1.2:I:14&). Der Wechsel **ḫ* > /*h*/ könnte durch die Kontaktstellung mit der folgenden Liquida /*r*/ begünstigt worden sein: **puḫri* > /*puhri*/ (Gen.). Es könnte sich aber auch um einen simplen Schreibfehler handeln (der Schreiber hätte drei horizontale Keile anstatt drei gestaffelten vertikalen Keilen geschrieben, möglicherweise bedingt durch das vorausgehende {p}-Graphem).

33.135. Wechsel von Resonanten

Der Wechsel von Resonanten ist im Ug. vergleichsweise häufig und in der Regel assimilatorisch oder dissimilatorisch motiviert.

33.135.1. *l > /n/

ḥsn "Heuschrecke(n)" 1.14:III:1: Das Subst. geht wahrsch. auf **ḥsl* zurück; siehe he. *ḥāsîl* "Heuschrecke" und √*ḥsl* "abfressen" (von Heuschrecken); vgl. ferner ar. √*lḥs* "zerfressen, lecken" (mit Metathese). Weniger wahrsch. ist die Verknüpfung mit äth. *ḥasen* "Schmetterling" (so CDG 245b).

√*qnṣ* "kreißen" 1.23:51*.58: Diese Wz. geht möglicherweise auf eine Grundform **qlṣ* zurück; siehe akk. *kalāṣu* "sich zusammenziehen, sich zusammenrollen" (AHw. 424; CAD K, 60f.) und ar. √*qlṣ* "sich zusammenziehen" (Wehr[5], 1053); vgl. ferner syr. √*glṣ* "(Stirn) runzeln; (Zähne) fletschen" (LexSyr 119).

33.135.2. *m > /n/

ybnt /*yabant-*/ < **yabam(a)t-* "Witwe des Bruders, Schwägerin" 1.3:IV:40: Es handelt sich um eine phonet. Variante zu korrektem *ybmt* (1.3:II:33&), offenbar mit partieller Assimilation **mt* > /*nt*/ (§33.113 und §33.114).

pʿn "Fuß" 1.1:II:1&: Das Subst. geht auf sem. **paʿm* zurück (akk. *pēm/nu*; he./phön. *pʿm*). Der Lautwandel **m* > /*n*/ ist hier dissimilatorisch motiviert. Zum einen enthält das Lexem von Hause aus einen zweiten bilabialen Konsonanten (/*p*/), zum anderen wird das Lexem meist im Dual gebraucht, so daß im St.abs. mit der Dualmimation ein weiterer bilabialer Konsonant in der Wortform begegnet (z.B. Obl. /*paʿmêma*/).

Mask. Pluralendung (St.abs.) /*-ū/īna*/ anstelle von /*-ū/īma*/: Es gibt zwei ug. Belege für dieses Phänomen, nämlich syll. $^{\text{lú.meš}}$*bi-da-lu-na* "Händler"

(RS15.172:14') und alph. *kšmn* "Emmer" (4.269:4) (§53.313). Die betreffenden Varianten sind wahrsch. durch Dissimilation entstanden, da der Pluralendung in beiden Beispielen ein Resonant (/*l*/ bzw. /*m*/) vorausgeht.

Anm. Vgl. hierzu nwsem. (in äg. Transkription) *na*=*ʿa*=*ru*$_2$=*na* = /*naʿarūna*/ "Soldaten" (Hoch 1994, Nr. 245). Man beachte, daß auch hier die Pluralendung auf einen Resonanten (/*r*/) folgt. Die Bemerkung Hochs (1994, 183), wonach die Form auf eine Herkunft aus dem Moabitischen oder Aram. schließen lasse, ist vor diesem Hintergrund zu relativieren. Zu weiteren nwsem. Formen in äg. Transkription mit Pluralnunation siehe Hoch (1994, 446). — Sporadisch begegnet auch im Akk. eine Pluralnunation (bei Adjektiven) anstelle einer Mimation (*annûtun*, *anniātun* "diese" [GAG § 45c]).

klatn-m "in beiden (Händen)" 1.14:II:15; 1.14:III:56: Diese Form zeugt möglw. von einer Dualnunation anstelle einer Dualmimation (§54.415). Auch hier könnte /*n*/ dissimilatorisch aus /*m*/ enstanden sein: /*kilʾatânū̆(m)ma*/ < **kilʾatâmū̆-(m)ma* (Grundlexem *klat*; alt.: Lexem **klatn* + Dualmimation).

trǵnw 1.100:61: Dieser PK-Verbalform (Kontext: *b ḥrn pnm trǵnw* "Bei Hôrānu wurde das Gesicht traurig" [?]) könnte eine Wz. √*rǵn* "verstört, verwirrt, bedrückt sein" zugrunde liegen, die he. √*rʿm* (II) entspricht (Ez. 27,35: *rāʿᵃmû pānîm*). Zur Orthographie siehe §21.342.1a.

Eigennamen: PN *ynḥn* (4.51:15; 4.775:12) neben gewöhnlichem *ynḥm* (3.4:4&), abzuleiten von √*nḥm* (**m* > /*n*/ im Auslaut oder Assimilation **n-m* > *n-n*); ON *ḫmrn* (4.683:30) neben *ḫmrm* (4.244:22).

Anm. Demgegenüber wird im Ug. — anders als etwa im Akk. (GAG § 31b) — das Nominalbildungspräfix *m-* = /*mV-*/ auch vor labialhaltigen Wz. nicht zu /*n*/ dissimiliert; siehe etwa *mlbš*, *mlḥmt*, *mmskn*, *mṣbt*, *mqb/p*, *mqm* und *mrkbt* (gegenüber akk. *narkabtu*).

33.135.3. *m > /l/

Der Ausdruck *gbʿm lḥmd* (1.4:V:39) steht für *gbʿm mḥmd*. Der Wechsel **m* > /*l*/ ist wahrsch. dissimilatorisch motiviert. Er tritt ein, weil in unmittelbarer Umgebung zwei weitere /*m*/-Phoneme begegnen (siehe Fronzaroli 1955, 67).

33.135.4. *r > /l/

palt (Pl.) "Gezweig, Gestrüpp" 1.19.II:12.13.16: Das Lexem ist etym. mit he. **poʾrāh* "Gezweig" zu verknüpfen (siehe Tropper 1994e). Das /*l*/ in ug. *palt* geht wahrsch. auf **r* zurück.

Eigennamen: GN *ʿṯtpl* (1.46:4) als Variante zu *ʿṯtpr* (1.107:41; 1.123:10).

33.135.5. *l > /r/

tdgr 4.625:22 (Bed. unsicher): Es handelt sich viell. um eine {*tVqtVl*}-Nominalform (§51.45y) der Wz. √*dgl* "schauen, prüfen" (so J. Sanmartín, AuOr 5 [1987], 151f. [Übersetzung: "inspector, jefe"]).

Anm. Ein (dissimilatorischer) Wechsel **n* > /*r*/ läßt sich ug. nicht nachweisen. Die Form *bry* (2.14:3) — anstelle von *bny* (*bn* "Sohn" + PS 1.c.sg.) — beruht auf einer falschen Lesung (auch in KTU[2]). Das zweite Zeichen ist definitiv kein {r}, sondern ein {n}. Im Text begegnen weitere vergleichbare {n}-Formen mit ausgeprägt "hohen" horizontalen Keilen. Es gibt somit kein ug. Lexem **br* für "Sohn" (im Sg.cs./pron.).

33.136. Wechsel von /*b*/ und /*m*/

Der sporadische Wechsel von /*b*/ und /*m*/ kann als indirekter Hinweis auf eine spirantische Artikulation von ug. /*b*/ gewertet werden (§32.141.22).

33.136.1. **m* > /*b*/

√*zbr* < **zmr* "(Reben) beschneiden, schneiteln" 1.23:9 (PK und Ptz.): Die sem. Grundform lautet **zmr*; vgl. ug. *azmr* "Weinranke" (1.41:51) und he. √*zmr* "schneiteln". Der Lautwandel **m* > /*b*/ ist hier dissimilatorisch motitiviert (vgl. dialektal-ar. √*zbr* "schneiteln" [Dozy I, 578f.]).

33.136.2. **b* > /*m*/

ymmt /*yamam(a)t-*/ < **yabam(a)t-* "Schwägerin"(?) 1.3:III:12: Die genannte Wortform steht für korrektes *ybmt* (1.3:II:33&) und könnte von einem assimilatorisch motivierten Lautwandel **m* > /*b*/ zeugen. Alternativ kann *ymmt* als simpler Schreibfehler erklärt werden. Man beachte, daß zum betreffenden Wort auch eine Nf. *ybnt* (1.3:IV:40) bezeugt ist (§33.134.2).

Eigennamen: vgl. den ON *ḫrbġlm* (4.625:19; 4.644:8), der viell. mit syll. uru*ḫar-ba-ḫu-li-bé/we*$_x$ (RS17.62+:15') gleichzusetzen ist (siehe van Soldt 1996, 670 mit Anm. 128 [s.v. Ḫarbu-ḫuliwe]).

33.137. Wechsel anderer Phoneme

Für einen – lautlich bedingten – Wechsel anderer Phoneme gibt es im Ug. nur unsichere Beispiele, die im folgenden diskutiert werden. Die in §33.137.1-2 diskutierten Lautveränderungen setzen eine spirantische Artikulation von /*b*/ voraus (vgl. §32.141.22).

33.137.1. **b* > /*w*/ (?)

qrwn 1.127:11: Dietrich – Loretz (1990a, 30) betrachten diese Form als phonet. Variante eines im Ug. sonst nicht bezeugten Subst. **qrbn* "Opfer" (vgl. he. *qŏrbān*, ar./aram. *qurbān*, asa. *qrbn* und äth. *q*^{w}*ərbān*). Alternative Deutungen sind jedoch möglich und wohl vorzuziehen (vgl. ar. √*qry* "gastlich aufnehmen" und ar. *qirā* "Bewirtung, Mahl"; vgl. auch den PN *qrwn* [4.13:36&]).

33.137.2. **w* > /*b*/ (?)

(Nur) in Eigennamen fremder Provenienz: z.B. (hurr.) PN *ibrḏr* (4.343:6) neben gewöhnlichem *iwrḏr* (2.10:1&); vgl. ferner *ibrmḏ* vs. *iwrmḏ*, *ibrd* vs. *iwrd*, *ibryn* vs. *iwryn*, *ibrm* vs. *iwrm* und *ibrn* vs. *iwrn*.

33.137.3. **d* > /*l*/ (?)

mlbr /*ma/ilbar-*/ < **ma/idbar-*(?) "Steppe, Wüste" 1.12:I:21.35: Das Lexem ist sonst im Ug. korrekt als *mdbr* bezeugt (1.14:III:1&). Für die Annahme des – phonetisch schwierigen – Lautwandes **d* > /*l*/ könnte sprechen, daß die genannte Form im Text 1.12 zweimal so belegt ist und daß sich der betreffende Text durch weitere phonologische Besonderheiten auszeichnet (§32.123.23 und §32.144.31). Alternativ kann *mlbr* als simpler Schreibfehler für *md*!*br* betrachtet werden (§21.352.1).

33.14. Schwund von Konsonanten

33.141. Schwund von /ʾ/

Das Phonem /ʾ/ kann im Ug. an diversen Silbenpositionen seinen konsonantischen Charakter verlieren.

33.141.1. /ʾ/ im Wortanlaut nach proklitischen Partikeln

Nach einsilbigen proklitischen Partikeln mit vokalischem Auslaut kann initiales /ʾ/ ersatzlos schwinden, wobei der Vokal des Proklitikums und der Vokal der Anlautsilbe kontrahieren (Krasis). Von diesem Phänomen zeugen wahrsch. die nachstehenden zwei Beispiele. Alternativ könnten aber simple Schreibfehler vorliegen (Auslassung von {a} bzw. {i} [§21.354.1c, Anm.]):

bhlm /*bVhlīma*/ < **bi-ʾahlīma* "in die Zelte" 1.19:IV:52 (für *b ahlm*).

Anm. Die Deutung von *hlm* als Adverb im Sinne von "hier", wie sie etwa Sivan (GUL 180) erwogen hat, scheitert an der vorausgehenden Präp. und an dem parallelen Ausdruck *b d̲dk* "in deine *d̲d*-Behausung" (Z. 51).

wm /*wim*/ < **wa-ʾim* "und falls" 3.9:6 (n.L.; siehe Tropper 1989b).

33.141.2. /ʾ/ im Wortanlaut vor silbenschließendem /ʿ/

In Formen der G-PK 1.c.sg. der WzK I-ʿ ist das ursprünglich initiale /ʾ/ des Personalpräfixes immer geschwunden (Schreibungen {aʿK_2K_3} oder {iʿK_2K_3} gibt es nicht). Wahrsch. ist dieses Phänomen so zu erklären, daß die Silbe /ʾ*V*ʿ/ aus dissimilatorischen Gründen zu /ʿ*V*ʾ/ umgestellt wird (Konsonantenmetathese [§33.16]) und das sekundäre silbenschließende Aleph gemäß §33.141.4 quiesziert. Eine andere Erklärung bietet Tsumura (1991, 428-431), der "'vowel sandhi' at word boundary as a result of loss of an intervocalic /ʾ/ before /ʿ/" (ebd. S. 430) postuliert (z.B. *w ank ʿny* = /*wa-ʾanākaʿniyu*/ < **wa-ʾanāku-(ʾ)aʿniyu*). Von dem genannten Phänomen zeugen folgende Formen:

ʿny /*ʿâniyu/a*/ < **ʾaʿniyu/a* (PK^L od. PK^Ke) "ich werde/will antworten" 1.2:I:28 (Kontext: *w ank ʿny mlak ym*; vgl. *w ank ibǵyh* [1.1:III:16; 1.3:III:28f.; 1.3:IV:18f.; 1.7:33]): Weniger wahrsch. ist die Deutung von *ʿny* als G-Ptz.

ʿdb-k /*ʿâdubu-*/ < **ʾaʿdubu-* "ich werde dich plazieren" 1.18:IV:22 (Kontext: *bn nšrm arḫp ank* / \ *ʿl aqht ʿdbk*): Die Deutung von *ʿdb-k* als G-Ptz. ist wegen des zugrundeliegenden fem. Subj. (ʿAnatu) ausgeschlossen; die Deutung als G-Inf. ist aufgrund der in Parallele bezeugten PK *arḫp* unwahrsch.

Anm. Auch die in 1.6:II:22 bezeugte Form *ʿdb-nn* kann theoretisch als PK 1.c.sg. gedeutet werden. Wahrscheinlicher handelt es sich jedoch um einen narrativ gebrauchten Inf. (+ En. II + OS 3.m.sg. [§73.626]): *ʿdbnn ank* "ich steckte ihn (wie ein Lamm in mein Maul)" (// *ngš ank*).

w ʿnnh /*wa-ʿânni-*/ < **wa-ʾaʿanni-* "damit ich ihn unterwerfe" 1.2:I:18.35: Weniger wahrsch. ist eine nominale Deutung (d.h. "und seine Diener").

33.141.3. /ʾ/ in intervokalischer Position

In intervokalischer Position bleibt /ʾ/ entweder bewahrt oder es wird durch einen anderen (sekundären) Gleitlaut – /*y*/, /*w*/ oder /*h*/ – ersetzt (siehe dazu unter §33.152-4). Ein ersatzloser Schwund läßt sich nicht nachweisen.

33.141.4. /ʾ/ im Silben- oder Wortauslaut

Im Silben- und Wortauslaut kann /ʾ/ unter mutmaßlicher Ersatzdehnung des vorausgehenden Vokals schwinden (quieszierendes Aleph; vgl. §21.322).

33.141.41. Von dem Phänomen eines quieszierenden Alephs im Ug. zeugen zum einen alph. Schreibungen von Lexemen ohne {ʾ}-Graphem, die etym. /ʾ/ enthalten, z.B. *mšmn* (6.66:1; 6.69:1-2) für *mišmn* oder (Gent.) *mḫdy* (4.635:17) für *miḫdy* (§21.322.4c). Von dem gleichen Phänomen könnten aber auch sogenannte phonetische Alephschreibungen zeugen, d.h. Notierungen von phonematisch inkorrekten Alephgraphemen wie {a} für /â/ < **aʾ* oder {u} für /û/ < **uʾ* (§21.322.2-3).

Es ist damit zu rechnen, daß quieszierendes Aleph im Wortauslaut häufiger begegnet als im Wortinnern. Eine besondere Relevanz kommt diesem Phänomen bei der Interpretation finiter Verbalformen der WzK III-ʾ zu (§21.322.5).

33.141.42. Von quieszierendem Aleph zeugt wahrsch. auch die Form *ytmr* */yîtamVr/* < **yiʾtamVr* "er sah" (1.3:I:22), eine Gt-PK 3.m.sg. der Wz. √*ʾmr*. Weniger wahrsch. ist die Annahme einer regressiven Totalassimilation des /ʾ/: */yittamVr/* < **yiʾtamVr*. In der Regel bleibt /ʾ/ in Gt-PK-Formen der WzK I-ʾ aber bewahrt (§74.232.2a): *yitmr* (1.2:I:32), *yitbd* (1.14:I:24), *yitsp* (1.14:I:18), *tiṯtm* (2.21:21.24); *yiṯtm* (4.398:5); *tiṯtmn* (4.398:2.3).

33.141.43. Regelmäßiger Schwund von silbenschließendem /ʾ/ (unter Ersatzdehnung des vorausgehenden Vokals) tritt ein, wenn die betreffende Silbe auch mit /ʾ/ eingeleitet wird. Für dieses Phänomen sind sehr wahrsch. dissimilatorische Gründe verantwortlich. Es begegnet zum einen (a) in Formen der G-PK 1.c.sg. der WzK I-ʾ, zum anderen (b) in Formen der Gt-SK der WzK I-ʾ:

a. G-PK 1.c.sg.:

aḫd(-hm) /*ʾâḫud-*/ < **ʾaʾḫuḏ-* "ich halte/ergreife" 1.3:V:22; 1.4:IV:60; 1.18:I:9; 2.33+:16*.

arš /*ʾâruš-*/ < **ʾaʾruš-* "ich wünsche/bitte/bete" 2.23:16.18*.

SV. Dieselbe Erscheinung ist auch im Ar. bezeugt (siehe GKA § 40). Das He. bietet einen uneinheitlichen Befund: Eine Reihe von Verben, die sogenannten schwachen Verben I-ʾ (√*ʾbd*, √*ʾkl*, √*ʾmr*, √*ʾbh*, √*ʾph*; ferner [teilweise] √*ʾḥz*, √*ʾsp* und √*ʾhb*), bildet Formen mit quieszierendem Aleph (z.B. *ʾobad*); andere bilden starke Formen (z.B. *ʾæ^{æ}sor*); siehe Bergsträsser II § 24.

b. Gt-SK:

itb!d! /*ʾîtab(V)da*/ < **ʾiʾtabVda* "(die Dynastie des Königs) war zugrunde gegangen" 1.14:I:8: Weniger wahrsch. ist die Annahme einer regressiven Totalassimilation des *ʾ: **ʾiʾtabVda* > /*ʾittabVda*/.

33.141.5. /ʾ/ im Gefolge emphatischer Konsonanten

Möglicherweise wird /ʾ/ unmittelbar nach glottalisiert artikulierten emphatischen Konsonanten (§32.131) wie etwa /ṣ/ (mit Aussprache [^{t}sʾ]) nicht (gesondert) artikuliert und kann in der Orthographie unberücksichtigt bleiben.

Von diesem Phänomen zeugt viell. das in 1.114:2 belegte Verbalsubst. *qṣ*

"Aufessen, Verzehren"(?), das etym. mit ar. √*qḍ*ʾ "aufessen, verzehren" (Wahrm. II, 501b) verknüpft werden kann (Kontext: *ṣḥ l qṣ ilm* "Er hatte die Götter zum Verzehren [von Fleisch] herbeigerufen"): *qṣ* = /*qVṣʾi*/ (Gen.) = [qV^{t}sʾi] (anstatt [qV^{t}sʾʾi]). — Alternativ kann *qṣ* jedoch auch von einer Wz. √*qṣy* "abschneiden (von Fleischstücken)" abgeleitet werden (§73.523bα).

33.141.6. Sonstiger Schwund von /ʾ/ (in Eigennamen)

In alph. bezeugten Eigennamen lassen sich auch andere Fälle eines Alephschwunds beobachten, etwa von Aleph in silbenanlautender Position, z.B. PN *ištrmy* 3.4:8 (theophores Element *Ištar* + *ʾummu* "Mutter").

Anm. In 4.610:12 ist gegen KTU^2 nicht *ʿnqpt* (ON), sondern *ʿnqpat* zu lesen (siehe PRU 5, Nr. 58). Der Name zeugt somit nicht von Alephschwund (Vokalisation: /*ʿênuqapʾat-*/?).

33.142. Schwund von /h/

Das Phonem /*h*/ kann – wie /ʾ/ – im Ug. an diversen Silbenpositionen seinen konsonantischen Charakter verlieren. Häufig schwindet es jedoch nicht ersatzlos, sondern wird entweder durch ein anderes Phonem ersetzt oder bewirkt eine Ersatzdehnung des vorangehenden Vokals.

33.142.1. Schwund von /h/ im Wortanlaut (Psilose)

Schwindet /*h*/ im Wortanlaut, tritt an seine Stelle immer /ʾ/, da ein vokalischer Wortanlaut im Sem. nicht möglich ist (§33.151.1c). Es gibt nur wenige Belege:

im /*ʾim(ma)*/ < **him(ma)* "wenn, falls" 1.3:I:26&; evtl. auch 4.17:3: Es handelt sich wahrsch. um eine phonet. Variante der häufiger bezeugten Konj. *hm* (1.1:IV:26&), die ihrerseits auf sem. **s^{1}im(ma)* zurückgeht (§33.131.1). Man beachte, daß *im* mit *w* "und" zu *wm* (3.9:6) kontrahieren kann (§33.141.1).

art < **hrt* (Pl.cs.) "Schilde" 4.247:26: Die Wortform ist etym. sicher mit *hrtm* (Du.abs.) "(zwei) Schilde" (4.390:5) identisch und könnte deshalb von Psilose zeugen. Man beachte jedoch, daß es sich bei dem Lexem um ein akk. Lehnwort handelt (< akk. *arītu*). **art* und **hrt* könnten somit auch unterschiedliche Wiedergaben für akk. *arītu* darstellen.

33.142.2. Schwund von /h/ in intervokalischer Position

33.142.21. Von einem ersatzlosen Schwund eines intervokalischen /*h*/ zeugen im Ug. nur folgende Formen:

b btw /*bêtiw*/ = [bētiu̯] < **bêtihŭ* (Gen.) "in seinem Haus" 3.9:4: Das Graphem {w} steht hier nicht für einen intervokalischen Gleitlaut, sondern weist eher auf eine konsonantische Aussprache des Vokals /*u*/ hin: **bêtiu* > /*bêtiw*/; vgl. he. *pîw* [= pīu̯] < **pîhû* "sein Mund" (BL 255l) und phön. *ʾdtw* /*ʾadattiw*/ [= ʾadattiu̯] < **ʾadanti-hŭ* (Gen.) "seiner Herrin" (KAI 6:2 und 7:4). — *btw* scheint somit indirekt zu beweisen, daß der Vokal des Pronominalsuffixes 3.m.sg. im Ug. – anders als im Ar. – keiner Vokalharmonie unterliegt.

Anm. Vgl. evtl. auch die Form *inmm* (2.10:9), die das PrS 3.m.pl. *-hm* enthalten könnte; alternative Deutungen sind aber möglich (§88.24).

b twm /*tû/âwīma*/ < **tuhawīma* (Gen.) "im Steppenland" 4.320:13 (vgl. ebd. Z. 18: *b šdm* "auf den Feldern"): *twm* scheint die Pluralform des Lexems *thw* /*tuhw-*/ "Steppe" (1.5:I:15; 1.133:4) zu sein.

Eigennamen: PNN mit theophorem Element **Haddu*: *nqmd* = /*niqmaddV*/ < **niqmV-haddV* 1.4:VIII:49&; *yᶜḏrd* = /*yaᶜḏVraddV*/ < **yaᶜḏVr-haddV* 1.113:17.

33.142.22. Häufiger tritt /*y*/ an die Stelle eines nicht bewahrten intervokalischen /*h*/ (§33.153b).

33.142.23. Sollte die mehrmals bezeugte Form *wn* – sichere Belege: 1.2:III:22; 1.3:V:38; 1.4:IV:50; 1.4:V:6; 1.24:31; evtl. 1.10:II:20 (*wn ark*) sowie 1.12:I:36 und und 1.82:17 (Lesungen sehr umstritten) – auf *w* "und" + (Interjektion) *hn* "siehe!" zurückzuführen sein, wie Watson (1994d) und (1996d) vermutet hat, würde auch sie von einem intervokalischen Schwund von /*h*/ zeugen: **wa-hinnV* > /*winnV*/. Wahrscheinlicher ist jedoch die Annahme, daß sich *wn* aus *w* + EP *-n* (§89.1) zusammensetzt. Man beachte, daß *wn* gerade vor Wortformen bezeugt ist, die mit /ʾ/ und /ᶜ/ anlauten (*wn in* [1.2:III:22; 1.3:V:38; 1.4:IV:50]; *wn ap* [1.4:V:6]; *wn ark* [1.10:II:20]; *wn ᶜn* [1.24:31]). Es könnten somit euphonische Gründe für die Verwendung der erweiterten Konj. *wn* anstelle der einfachen Konj. *w* verantwortlich sein.

33.142.3. Schwund von /*h*/ in silbenschließender Position (im Wortinnern)

Silbenschließendes /*h*/ in nicht-wortauslautender Position schwindet im Ug. ausschließlich bei nachfolgenden Resonanten. Wahrsch. ist jeweils von einer Ersatzdehnung des vorausgehenden Vokals auszugehen.

a. Schwund von /*h*/ vor /*r*/:

ẓr < **ẓhr* "Rücken" 1.3:III:35&: zur Grundform **ẓhr* = /*ẓu/ahr-*/ siehe akan. *ZU-uḫ-ru-ma* (EA 232:10) und ar. *ẓahr*.

ḏrt < **ḏhrt* "Vision" 1.6:III:5.11; 1.14:III:47; 1.14:VI:32; 1.15:VI:8: zur Grundform **ḏhrt* siehe das ug. bezeugte, gleichbedeutende Lexem *ḏhrt* (1.14:I:36); zur Etym. siehe Tropper (1996a, bes. 306-310).

b. Schwund von /*h*/ vor /*l*/:

Die Verben √*hlk* "gehen" (1.1:IV:7&) und √*hlm* "schlagen" (1.2:IV:16&) bilden im G-Stamm "schwache" PK-Formen ohne /*h*/, d.h. *y/t/alk* (aber Š-PK: *ašhlk*) und *ylm(n)* (§75.3). Andere Verben I-*h*, deren zweiter Radikal nicht /*l*/ ist, bilden dagegen starke G-PK-Formen.

c. Schwund von /*h*/ vor /*m*/:

bmt < **bhmt* "Rücken, Anhöhe" 1.4:IV:14&: zur Grundform **bhmt* = /*bahmat-*/(?) vgl. ar. *buhmat* "Stein, Fels". Der Schwund von /*h*/ in diesem Lexem ist aber wahrsch. schon vor-ug. eingetreten (siehe he. *bāmāh* und moabitisch *bmt*; vgl. auch akk. *bāmtu*).

33.142.4. Schwund von /*h*/ im Wortauslaut

Dieses Phänomen läßt sich ausschließlich im Zusammenhang mit dem Auslautkonsonanten /*h*/ der Terminativendung beobachten. Dieser wurde im Ug. offenbar nur noch in der Pausa eindeutig konsonantisch artikuliert und ist sonst häufig geschwunden (§54.315.2).

33.143. Schwund von /ʿ/

Das Phonem /ʿ/ bleibt im Ug. in der Regel an allen Silbenpositionen bewahrt. Ausnahmen sind selten (zum Lautwandel *ʿ > /ʾ/ siehe unter §33.133.1).

33.143.1. Von einem Schwund eines /ʿ/ im Silbenauslaut könnte die Schreibung *ydb* (1.100:12) anstelle von korrektem **yʿdb* = */yaʿdub(u)/* (√*ʿdb* G-PK 3.m.sg.) zeugen. Da die genannte Verbalform im betreffenden Text sonst immer korrekt als *yʿdb* erscheint (Z. 7.18.23, etc.), dürfte aber eher von einem Schreibfehler auszugehen sein (versehentliches Fehlen von {ʿ} [§21.354.1b]).

33.143.2. Ein dissimilatorisch motivierter Schwund von /ʿ/ läßt sich in ug. Wortformen nicht belegen.

Anm. Von diesem Phänomen könnte aber der PN *ʿbdnt* < **ʿbdʿnt* zeugen, eig. "Diener der (Göttin) ʿAnat" (4.277:4.8 [Text mit besonderer Orthographie]). Allerdings fehlt etym. /ʿ/ auch in anderen ug. bezeugten PNN, z.B. wiederholt im theophoren Element **bʿl* (siehe PTU, 20); vgl. evtl. auch den PN *yḏrd* (4.344:12 [sofern nicht *yġrd* zu lesen ist]) gegenüber *yʿḏrd* (4.356:2).

33.144. Schwund von /*ḥ*/

Das Phonem /*ḥ*/ bleibt im Ug. in der Regel an allen Silbenpositionen bewahrt.

Als mögliche Ausnahme kommt viell. die Schreibung *lqt* (2.13:17) anstelle von korrektem **lqḥt* in Frage (√*lqḥ*, G-SK 3./2.f.sg.). Es dürfte aber eher ein Schreibfehler vorliegen (versehentliches Fehlen von {ḥ}, verursacht durch die graphische Ähnlichkeit von {q} und {ḥ} [§21.354.1b]).

33.145. Schwund der Halbvokale /*w*/ und /*y*/

33.145.1. Halbvokale im Wortanlaut

Initiales /*w*/ wird beinahe immer durch /*y*/ ersetzt (§33.133). Demgegenüber bleibt initiales /*y*/ in der Regel bewahrt. An (möglichen) Ausnahmen sind zu nennen:

itnn /*(ʾ)itnān-*/ < **yitnān-*(?) "Gabe, Geschenk" 1.100:74.76: Wahrsch. *{qitlān}*-Bildung zur Wz. √*ytn* (vgl. he. *ʾætnan* < **ʾitnān* [?]). Andere Autoren (siehe DLU 59 und Watson 1999, 129) halten *itnn* für ein hurr. Lehnwort (hurr. *uatnannu*; vgl. mittelass. *utnannu*).

bd /*badi*/ < **bi-yadi* "in / durch / aus (der / die Hand von)" 1.91:1&: Hier ist initiales /*y*/ nach einer einsilbigen proklitischen Partikel ersatzlos geschwunden. Die betreffende Verkürzung ist durch den häufigen Gebrauch dieses Lexems als zusammengesetzte Präp. begründet (§82.411).

Anm. Vgl. den PN $b^{c}ld^{c}$ (4.376:1), der wahrsch. aus dem GN $b^{c}l$ und der SK 3.m.sg. *yd^{c} /$yada^{c}a$/ zusammengesetzt ist, d.h. "Ba^{c}lu weiß" (vgl. he. $b^{e\,c}$*ælyādā*^{c} und *ˀælyādā*^{c}; vgl. ferner he. *ba*^{ca}*līs* für *b^{c}*lyš*^{c} [ammonitischer Königsname]). /*y*/ kann hier aber freilich nicht (mehr) als wortanlautend gelten.

33.145.2. Nicht-wortanlautende Halbvokale in silbenöffnender Position

Nicht-wortanlautende silbenöffnende Halbvokale werden je nach phonologischer Umgebung unterschiedlich behandelt. Zum Befund siehe §33.312.2-3.

33.145.3. Halbvokale in intervokalischer Position

Halbvokale in intervokalischer Position werden im Ug. unterschiedlich behandelt. In der Umgebung von /*a*/-Vokalen werden sie häufig auch durch (den sekundären Gleitlaut) /*h*/ ersetzt (§33.152). Ansonsten können sie je nach Vokalumgebung entweder bewahrt bleiben oder ersatzlos schwinden; zu den Lautregeln im einzelnen siehe §33.322 und §33.323; vgl. ferner die zahlreichen Verbalformen der WzKK II/III-*w*/*y* "schwacher" Bildung (§75.52-53).

33.145.4. Halbvokale in silbenschließender Position

In silbenschließender Position behalten (nicht geminierte) Halbvokale nie ihren konsonantischen Wert; zu ihrer Behandlung siehe §33.311.

33.15. Sekundäre Konsonanten

Als sekundäre Konsonanten im Sinne von Konsonanten, die nach einem erfolgten Schwund eines anderen Konsonanten dessen Position einnehmen, begegnen im Ug. /ˀ/ und /*h*/ sowie die Halbvokale /*w*/ und /*y*/.

33.151. Sekundäres /ˀ/ (nur im Wortanlaut)

Im Wortanlaut kann sekundäres /ˀ/ die Position eines geschwundenen /*w*/, /*y*/ oder /*h*/ einnehmen. Das sekundäre /ˀ/ verhindert damit einen vokalischen Anlaut (§33.42).

a. /ˀ/ anstelle von ursprünglichem /*w*/:
aḥd /*ˀaḥ(ḥ)ad-*/ < **ø*aḥad* < **waḥad-* "eins" (Kardinalzahl) sowie *aḥd* /*ˀaḥīd*/ < **yaḥīd* < **waḥīd* "alleinstehend, unverheiratet" 1.14:IV:21 (// *yḥd* 1.14:II:43): Die Wz. √*ˀḥd* geht wahrsch. auf *√*wḥd* zurück (vgl. akk. *wēdu(m)*, ar./asa. √*wḥd*). Es ist aber nicht auszuschließen, daß – umgekehrt – √*wḥd* die sekundäre Variante von √*ˀḥd* darstellt.
? Wzz. I-ˀ, die in anderen sem. Sprachen (überwiegend) I-*w* sind, z.B. √*ˀṣl* "zusammentreiben" (1.106:25; 7.41:5*) gegenüber ar. √*wṣl* "verbinden".

b. /ˀ/ anstelle von ursprünglichem /*y*/ (§33.145.1):
Subst. *itnn* /*ˀitnān-*/ < **øitnān* < **yitnān-* "Gabe, Geschenk" 1.100:74.76.

c. /ˀ/ anstelle von ursprünglichem /*h*/ (§33.142.1):
Konj. *im* /*ˀim(ma)*/ < **øim(ma)* < **him(ma)* "wenn, falls" 1.3:I:26&.
Subst. **art* /*ˀarīt-*/ < **øarīt-* < **harīt-* "Schild" 4.247:26 (Pl.cs.).

Anm. Nach Auffassung vieler Autoren steht die in 1.5:II:21 belegte PK-Form *w aṣḥ* für korrektes **w yṣḥ* "und *er* rief" (√*ṣyḥ* 3.m.sg.; vgl. die vorausgehende Wortform *gh* "seine Stimme"). Sollte dies zutreffen, läge wohl ein Schreibfehler ohne phonologische Motivation vor. Eine Entwicklung **wa-yaṣiḥ* > **wa-∅aṣiḥ* (dissimilatorisch motivierter Schwund von /y/ nach /w/) > /*wa-ʾaṣiḥ*/ ist nicht plausibel.

33.152. Sekundäres /*h*/

/*h*/ begegnet häufig als sekundärer Gleitlaut zwischen zwei /*a*/-Vokalen an Positionen, die ursprünglich durch /*w*/, /*y*/ oder /ʾ/ besetzt waren.

a. Zweiradikalige Nomina der WzK II-ʾ im Sg. Ak.:
mh (Ak.) /*māha*/ < **māʾa* (oder **māya*) "Wasser" 1.3:II:38; 1.3:IV:42: Das Lexem lautet im Sg. Gen. *my* /*māyi*/, im Pl. Obl. *mym* /*māyīma*/ (§33.154a).

b. Nomina der WzK II-*w*/*y* (Reduplikationsbildung [§51.5c):
nhmmt /*nahamVm(a)t-*/ < **nawam(w)Vm(a)t-* (√*nwm*) "Schlaf, Schlummer" 1.14:I:32.34.

c. Pluralbildung von Nomina II-*w*/*y* (§53.322.2):
bht(m) /*bahat-*/ < **bayat-* "Häuser" 1.1:III:27&: Der Sg. lautet *bt* /*bêt-*/. In 4.370:14 (evtl. ferner 1.48:4 und 1.94:24) scheint aber ein Pl. *btm* bezeugt zu sein (vgl. he. *bāt(t)îm* "Häuser"); zur Form *bwtm* siehe §33.153c.

d. Pluralbildung von Nomina III-*w*/*y* (§53.322.2):
qrht /*qarahāt-*/(?) < **qara∅āt-*(?) (Vokalharmonie?) < **qarVyāt-* "Städte" 4.235:1; 6.27:2-3 (vgl. phön. *qrhty* [Hasan-Beyli 3]): Der Sg. lautet *qrt* (1.4:VIII:11&) bzw. *qryt* (1.14:II:28; 1.14:IV:9), der Du. *qrytm* (1.3:II:7) bzw. *qrtm* (1.3:II:20) (§33.242b; §33.243.15 und §33.311.3).

e. Pluralbildung von Nomina II-*gem.* oder zweiradikaliger Wzz. (wahrsch. Analogiebildungen zu Nomina III-*w*/*y* [§53.322.2]):
umht /*ʾummahāt-*/ "Mütter" 1.15:I:6: Sg. *um*.
amht /*ʾamahāt-*/ "Mägde" 1.4:III:21.22; 4.230:9: Sg. *amt*.
ilht /*ʾilahāt-*/ "Göttinnen" 1.3:V:28&: Sg. *ilt*, Du. *iltm* (1.39:18; 1.102:13).
? *ilhnm* /*ʾilahān-*/ "Götter" 4.182:1: (?) Sg. **iln* (siehe DLU 29a).
? *iht* /*ʾīhāt-*/(?) < **ʾiy(a)hāt-* "Inseln" 1.3:VI:8 (Sg. nicht belegt).

Anm. In Verbalformen läßt sich dieses Phänomen nicht (sicher) nachweisen. So ist es etwa ungewiß, ob die ug. Wurzel √*khp*, die der PK-Form *ykhp* (1.71:26; 1.85:30) zugrunde liegt, mit sem. √*kwp* bzw. √*kpp* "sich beugen, sich zusammenrollen" zu verknüpfen ist, wie in DLU 212a vorgeschlagen wird (auch die jeweils vorausgehende PK-Form *yraš* ist etymologisch unsicher).

33.153. Sekundäres /*w*/

/*w*/ begegnet als sekundärer Gleitlaut (meist) in der Umgebung eines /*u*/-Vokals:

a. /*w*/ anstelle von /ʾ/:
? *hw(t)* /*huwa(tu)*/ < **huʾa(tu)* "er" (§41.112.4; §41.12).

b. /*w*/ anstelle von /*h*/:
lwm /*lawum(V)*/ < **la-hum(V)* "für sie" 3.9:6 (Präp. *l* + PS 3.m.pl.): Die in KTU² vorschlagene Emendation von *lwm* zu *lk!m* "für euch" ist abzulehnen, da im betreffenden Text auch die Formen *btw* (3.9:4 [§33.142.21]) und *wm* (3.9:6 [§33.141.1]) einen intervokalischen Schwund von /*h*/ voraussetzen.

SV. Zum Phänomen vgl. etwa samaritanisch-he. *ēlúwwəm* < *ʾ*ēlōhīm* "Gott".

c. /*w*/ anstelle von /*y*/:
? *bwtm* /*bawatīma*/ < **bayatīma* (√*byt*, Pl. Gen.) "Häuser" 1.105:9: Phonet. Variante zur Form *bht(m)* /*bahat-*/ < **bayat-* (§33.152c).

33.154. Sekundäres /*y*/

/*y*/ kann als sekundärer Gleitlaut in der Umgebung eines /*i*/-Vokals auftreten. Alle im folgenden genannten Belege sind jedoch unsicher:

a. /*y*/ anstelle von /ʾ/:
? *hy(t)* /*hiya(ti)*/ < **hiʾa(ti)* "sie" (§41.112.5; §41.12).
? *my* /*māyi*/ < **māʾi* (Sg. Gen.) "Wasser" 1.19:II:1.6; *mym* /*māyīma*/ < **māʾīma* (Pl. Obl.) 1.19:III:45.46; 1.19:IV 28.37: Das Lexem lautet im Sg. Ak. *mh* /*māha*/ < **māʾa* (§33.152a). Ob wirklich etym. /ʾ/ zugrunde liegt, ist letztlich ungewiß.

Anm. In RS92.2014:12 findet sich eine Wortform *kmm*, die als *k* (Präp.) + *mm* "Wasser" (Pl. Obl. mit defektiver Schreibung) interpretiert werden kann (*yšpk kmm arṣ* "es soll/wird wie Wasser zur Erde hin ausgegossen werden ..."). Andere Deutungen sind jedoch möglich (etwa *km* + EP *-m*).

SV. Vgl. den kan. Befund, insbesondere die akan. Glossen *ma-w/yu* und *mu-mi* = /*mûmi*/(?) < **maw/yūmV* (Tel Aviv 3,137:1).

b. /*y*/ anstelle von /*w*/ in G-Ptzz. der WzK II-*w* (?):
? *qym* /*qāyim-*/ < **qāwim-* 1.22:I:5 (√*qwm* "stehen").
? *syr* /*sāyir-*/ < **sāwir-* 2.40:14 (√*swr* "abweichen").
Beiden Formen könnten jedoch auch andere Nominalbildungen zugrunde liegen. Man beachte, daß alle sonstigen G-Ptzz. der WzK II-*w* kontrahierte Formen des Typs *qm* /*qâm*/ < **qāwim* aufweisen (§75.521d).

SV. Zu den ersteren Formen vgl. ar. *qāʾim* (mit Hamzaträger *y*, gesprochen als [qāyim]) und aram. *qāʾim*/*qāymā* sowie ferner akk. *dāʾik* mit Nf. *dayyik* (GAG § 104j); zu den letzteren Formen vgl. he. *qām* und phön. *qōm* (PPG § 168).

33.16. Konsonantenmetathese

33.161. Konsonantenmetathese läßt sich im Ug. nur in Wzz. bzw. Wortformen sicher nachweisen, die Resonanten (vornehmlich die Liquiden /*r*/ und /*l*/) oder/und den Pharyngal /ʿ/ enthalten. In Frage kommen:

a. Verbalwurzeln:

√*mzl* < **zml* (Inf. *mzl* 1.14:II:46; 1.14:IV:25; PK *ymzl* 1.14:II:47; 1.14:IV:25): Ug. √*mzl* dürfte etym. mit ar. √*zml* "hinken; nach einer Seite geneigt laufen; hinter jmdm. herlaufen, auf den Fersen folgen" (Lane 1252; Wahrm. I, 846f.) zu verbinden sein. Die Art der Metathese entspricht genau der von ug. *mrḥ* gegenüber wsem. *rmḥ* (§b). Die Belegstellen von ug. √*mzl* können wie folgt übersetzt werden: *ʿwr mzl \ ymzl* "Der Blinde soll fürwahr (auf den Spuren der Vordermänner bzw. gelehnt auf die Vordermänner) hinterherhinken" 1.14:II:46f. (// 1.14:IV:24f.: "Der Blinde hinkte fürwahr hinterher").

Anm. Für andere etym. Vorschläge siehe J.A. Emerton (JSS 14 [1969], 22-33: Verweis auf ar. √*mlz* "hinten bleiben") und F.M. Fales (SEL 1 [1984], 23-25).

√*yʿr* < **wrʿ* (SK *yʿr* "er war verzagt" 1.6:VI:31 [Kontext: *yʿr mt / b qlh* "Môtu war verzagt wegen ihrer Rede"]): vgl. arab. *waraʿa/yariʿa* "furchtsam, feige sein", sabäisch √*wrʿ* K "Angst einjagen" (SD 161), he. √*yrʿ* "zittern, zagen" und aram. (diverse Dialekte) √*yrʿ* tG "verzagen" (siehe Tropper 1996b, 138). Die gleiche Metathese wie im Ug. liegt auch in äth. *waʿara* "erstaunt, eingeschüchtert sein" (CDG, 603) vor.

? √*rbʿ* < **ʿrb* od. < **brʿ*: Die PK-Formen *ašrbʿ* (1.17:V:3) und *yšrbʿ* (1.17:V:12-13) sind wahrsch. nicht von der Zahlwurzel √*rbʿ* ("vier") abzuleiten, da sie jeweils in Parallele zu PK-Formen der Wz. √*ybl* "bringen" begegnen. Zwei Möglichkeiten kommen in Betracht: (a) eine Ableitung von der Wz. √*ʿrb* (vgl. √*ʿrb* Š "hineinführen, hineinbringen" [1.14:IV:41; 1.15:II:22; 1.15:IV:18]) unter Annahme einer Metathese *rbʿ* < **ʿrb*, d.h. *KVšarbiʿ-* < **KVšaʿrib-*; (b) eine Ableitung von einer Wz. √*rbʿ* < *√*brʿ* "schenken, geben" (vgl. ar. *baraʿa* V. "freiwillig/freimütig geben, schenken" [Lane 189]): *KVšarbiʿ-* < **KVšabriʿ-*. — Für die Lösung (b) könnte das in 1.17:V:2 und 1.19:I:5 erwähnte Lexem *ṯmn* sprechen, das viell. mit akk. *šummannu* "gift present" (CAD Š III, 280a) zu verknüpfen ist (siehe Watson 1996b, 80f.): *ṯmn \ ašrbʿ qṣʿt* "Ich werde Pfeile als Geschenk geben" (1.17:V:2-3).

? √*ṯrp*: In 1.83:4.6 (n.L.) begegnet eine Wz. √*ṯrp*, die bisher nicht überzeugend gedeutet werden konnte. Aus 1.83:6 geht hervor, daß √*ṯrp* eine Handlung (eines Seeungeheuers) beschreibt, die mit dem Schwanz (*ḏnbtm*, Z. 7) ausgeführt wird. Als mögliche Etym. kommt die ar. Wz. √*ṯfr* in Frage, die semantisch auf den Genital- oder Schwanzbereich von Tieren bezogen ist (z.B. X. Stamm "den Schwanz zwischen den Hinterfüßen durch den Bauch drücken (Hund)" [Wahrm. I, 381b]). Ob wirklich ug. √*ṯrp* und nicht eher ar. √*ṯfr* von Metathese zeugt, läßt sich nicht sicher entscheiden. Auf dieser Basis ließe sich 1.83:5-7 viell. wie folgt deuten: *lšnm tlḥk \ šmm / ṯṯrp \ ym ḏnbtm* "Mit der Zunge fraß es (sc. das Ungeheuer) den Himmel kahl, es peitschte(?) das Meer mit dem Schwanz".

b. Nomina (mehrheitlich isolierte Substantive):

? *gml /gammal-/* < **maggal-*(?) "(Mond-)Sichel" 1.24:42: gegenüber he. *maggāl*, aram. *maggᵉlā/maggaltā* und ar. *minǧal*, "Sichel" (alt.: etym. Verknüpfung mit akk. *gamlu* "Krummholz"; vgl. DLU 147a).

*ḫprt /ḫupăr(a)t-/ < *ḫurăp(a)t- "(junges) Schaf" 1.4:VI:48 (f. Pl. ḫrpt): gegenüber akk. ḫurāpu / ḫurāptu, aram. ḫur(ᵉ)pā und ar. ḫarūf (zu einer ähnlichen Metathese vgl. zsem. *raḫ(i)l "Mutterschaf" gegenüber akk. laḫru).

mrḥ < *rmḥ "Lanze" 1.6:I:51&: gegenüber wsem. rmḥ "Lanze".

? *ᶜrp < *ᶜpr "staubfarben, rötlich-weiß" 4.721:2.13 (lbšm ᶜrpm [Pl.]): gegenüber ar. ᶜufrat "Staubfarbe, rötl.-weiße Farbe"; vgl. ug. ᶜpr "Staub".

? qṣᶜt < *qᶜṣt 1.10:II:7; 1.17:V:3&: Bei dem immer in Parallele zu qšt "Bogen" belegten Subst. qṣᶜt handelt es sich entweder um eine Bezeichnung für "Pfeile" bzw. "Köcher" oder — wahrscheinlicher — um ein anderes Wort für "Bogen". Im letzteren Fall liegt eine Verknüpfung mit ar. √qᶜḍ "(Holz) biegen, krümmen" (Kazim. II, 782a: "plier, cambrer (une branche, un morceau de bois, etc.)") nahe (vgl. evtl. auch äth. √qṣᶜ und ar. √qḍ/ṣᶜ, "erniedrigen, niederbeugen" [u.ä.]). Die Grundbedeutung von qṣᶜt wäre somit "gekrümmter Gegenstand, 'Krummholz'".

Anm. Daß ug. gl (1.4:V:7) sem. *talg- "Schnee" entspricht, wie wiederholt vorgeschlagen wurde (siehe KBL³, 1392a [sub šælæg]), ist wenig wahrscheinlich.

c. Hinzuweisen ist in diesem Zusammenhang auch auf eine Reihe von (echten und scheinbaren) Schreibfehlern, die auf Graphemmetathesen beruhen (§21.353). Einige dieser Fehlleistungen könnten phonetisch bedingt sein, z.B. ynl für yln (1.17:I:5 [vgl. akk. niālu/nâlu "sich hinlegen" gegenüber ug./he. √lyn "übernachten"]), tgrm für tgmr (4.313:27), rᶜkt für ᶜrkt (1.119:2) sowie viell. šrᶜm für ᶜšrm (1.148:21).

33.162. In anderen Wurzeltypen läßt sich das Phänomen der Konsonantenmetathese nicht sicher nachweisen. Zu einem möglichen Beispiel, √štk < *škt (bzw. *šqt/ṭ) "niedersinken, aufhören, innehalten", siehe unter §32.133.1.

33.17. Sekundäre Konsonantengemination

Im Ug. ist — wie in anderen sem. Sprachen — auch mit sekundärer Längung bzw. Gemination von Konsonanten zu rechnen. Der Nachweis des Phänomens fällt allerdings angesichts der in diesem Punkt weitgehend indifferenten ug. Schriftsysteme schwer (vgl. UV 210f.).

33.171. Vortongemination

33.171.1. Mit gewisser Wahrscheinlichkeit ist im Ug. nach Vorbild des He. eine Vortongemination, d.h. eine sekundäre Gemination eines unmittelbar vor der Tonsilbe stehenden Konsonanten, nachzuweisen.

33.171.2. Da im He. insbesondere Gutturale, häufig nach /a/-Vokal, von einer solchen Vortongemination betroffen sind (BL 219 g), liegt dieses Phänomen auch für das Ug. nahe. Folgende beiden Wörter dürften davon zeugen:

syll. ba-aḫ-ḫu-rù /baḫḫ/ḫḫūru/ < *baḫ/ḫūru(?) "junger Mann" RS20.123+:II:18' (Sᵃ): Unter der Voraussetzung, daß der zugrundeliegende MphT {qatūl} lautet (§33.215.12), liegt hier eine Vortongemination vor.

alph. *aḥt* = /*ʾaḥḥatt-*/ < **ʾaḥatt-* "eine" (fem. Kardinalzahl) 1.48:12&: In Entsprechung zu he. *ʾaḥ(ḥ)at* dürfte das /*ḥ*/ von ug. *aḥt* geminiert sein (siehe Rainey 1987, 401).

33.171.3. Als weitere Belege für Vortongemination kommen theoretisch die Pluralbasen der Substt. **ʾaḫ* "Bruder" und **ʿiṣ* "Baum, Holz" in Betracht, die sich jeweils durch eine Gemination des zweiten Radikals auszeichnen. Andere Erklärungen der Gemination sind aber vorzuziehen.

In der Pluralbasis von **ʾḫ* "Bruder" ist der Konsonant /*ḫ*/ im Einklang mit dem akk. und he. Befund sicher geminiert, da hier keine Vokalharmonie eintritt (§33.215.31b). Die Gemination dürfte aber morphologische Gründe haben. Sie läßt sich entweder als Pluralbildung in Analogie zur WzK II-*gem.* erklären oder ist ein Reflex eines schwachen dritten Radikals (√*ʾḫw*): /*ʾaḫḫ-*/ < **ʾaḫ(V)w-* (vgl. etwa he. *bāttîm* < **bay(a)tîm* [§53.322.3]).

Die Gemination von /*ṣ*/ in der Pluralbasis(?) des ug. Wortes für "Baum, Holz" ist durch syll. *iṣ-ṣú(-[ma])* (RS20.149(+):III:8' [S^{a}]) bezeugt (gegenüber *i-ṣú* in RS20.189:13 [S^{a}]). Auch diese Gemination dürfte morphologische Gründe haben, zumal das Lexem in anderen sem. Sprachen der WzK II-*gem.* oder III-*w* angehört; vgl. akk. *i/eṣ(ṣ)u* "Baum" und ar. *ʿuḍd* "Baum, Baumstamm" bzw. *ʿaḍāḍ* "(dicke) Büsche/Bäume" (Lane 2070c) einerseits und ar. *ʿiḍāh* "Dornbüsche" und äth. *ʿəḍ* "Baum" mit Pl. *ʿəḍaw* bzw. *ʿəḍawāt* andererseits.

33.172. Konsonantengemination anstelle einer Vokallängung

Im syll. Textkorpus findet sich eine Reihe von Formen, in denen anstelle einer Vokallängung eine orthogr. Gemination des folgenden Konsonanten erfolgt. Das Phänomen ist vor allem – aber nicht ausschließlich – in Eigennamen zu beobachten. Im einzelnen begegnen:

a) Schreibungen mit geminiertem letzten Radikal anstelle von Langvokalen in der WzK II-*w/y*, z.B. PNN ^{I}*ia-ku-un-ni* für /*yakûni*/ (RS16.287:34) und ^{I}*din-ni-ya* für /*dîniya*/ (RS16.154:4);
b) {*qattil*} statt {*qātil*}, z.B. ^{lú}*sà-ak-ki-ni* für /*sākini*/ (RS15.33:2; RS17.78);
c) {*ʾaqtall*} statt {*ʾaqtāl*}, z.B. ^{uru}*aḫ-nap-pí/pu* (RS11.800:3; 15.122:18);
d) Schreibungen des fem. Pluralmorphems /*-ātV*/ bzw. /*-ôtV*/ mit geminiertem /*t*/, z.B. ^{uru}*uš-na-at-t[a]* (RS17.335:38);
e) Schreibungen des Suffixes /*-ānV*/ bzw. /*-ō/ūnV*/ als {-Vn-nV}, z.B. $^{\text{uru/kur}}$*si/sí-ia-an-ni* (RS18.021:8; 17.335:4; 17.341:4').

Da vergleichbare Graphien auch außerhalb Ugarits begegnen (in Assyrien, Kleinasien, Syrien-Palästina), könnte es sich dabei um gelernte Schreibgewohnheiten handeln, die letztlich auf assyrischem Einfluß beruhen (siehe von Soden 1979, 748). Direkte Rückschlüsse auf die phonetische Realisierung der zugrundeliegenden Wörter im Ug. sind deshalb nicht zulässig.

33.173. Andere Formen von sekundären Konsonantengeminationen

Es ist davon auszugehen, daß es im Ug. daneben noch weitere Formen von sekundären Konsonantengeminationen gibt. Die Orthographie enthält jedoch nur vage Hinweise auf solche Phänomene. Zu erwähnen ist hier etwa der Hinweis auf eine mögliche (sekundäre) Gemination des letzten Radikals im MphT *{qātil}*, der unter §21.335.2b diskutiert wird.

33.18. Vokalische Aussprache von Resonanten

Im alph. ug. Textkorpus gibt es zahlreiche Beispiele für das Fehlen der Grapheme {n}, {m}, {r} – und seltener – {l}, inbesondere in wortauslautender Position (§21.354.1a; §21.354.11). Nicht alle diese Beispiele dürften als simple Flüchtigkeitsfehler zu erklären sein. Die genannten Resonanten könnten an unmittelbar folgende Konsonanten assimiliert oder vokalisch ("silbisch") gesprochen worden sein und wären deshalb in der Konsonantenschrift teilweise unberücksichtigt geblieben.

Im folgenden werden syll. bezeugte Formen aufgelistet, die die Annahme einer vokalischen Aussprache von */r/*, */l/* und */m/* im Ug. stützen.

33.181. Vokalisches */r/* = [ṛ]

33.181.1. Die syll. bezeugten Formen ^{túg}*šá-ḫar-tu* "Wolle" (RS19.104:5) und *i-zi-ir-[tu$_4$]* "Hilfe" (RS20.149(+):III:7' [S^{a}]) gehen auf die Grundformen **śa^{c}ratu* bzw. **^{c}iḏratu* zurück. Die Veränderung der Struktur und Vokalqualität (Vokalharmonie) der zweiten Silbe kann jeweils durch die vokalische ("silbische") Aussprache von */r/* = [ṛ] erklärt werden (siehe UV 284):

šá-ḫar-tu : (**śa^{c}ratu* >) **ša^{c}ratu* > *ša^{c}ṛtu* = [ša^{ca}ṛtu]
i-zi-ir-[tu$_4$] : **^{c}iḏratu* > *^{c}iḏṛtu* = [^{c}iḏ^{i}ṛtu]

Anm. Die Lesung *i-zi-ir-[tu$_4$]* ist allerdings nicht unumstritten; für sie spricht alph. *^{c}ḏrt* "Hilfe" (1.140:8). Demgegenüber argumentierte Sivan (1989, 360) zugunsten einer Lesung *i-zi-ir* (ohne Flexionsendung).

33.181.2. Dasselbe Phänomen läßt sich wahrsch. auch bei mask. Nominalformen beobachten. Siehe folgende syll. Beispiele:

mi-dá-ar-ú$^{!}$ "Saatland" RS16.150:12 (Lesung und Deutung nach UV 119) = alph. *mdr^{c}* 1.23:69.73&: **maḏra^{c}u* > **midra^{c}u* (§33.232) > *midṛ^{c}u* = [mid^{a}ṛ^{c}u] (vgl. he. **mizra^{c}* < **maḏra^{c}* und ar. *mazra/u^{c}at*, jeweils "Saatland").

$^{\text{lú.meš}}$*b[i]-ḫi-ru* "Elite(truppen)" (Pl.cs.) RS17.432:5': **biḥru* > *biḥṛu* = [biḥ^{i}ṛu] (für eine alternative Erklärung siehe allerdings unter §33.215.31b).

? *⌞ḫu⌟-du-rù* "Kammer, Wohnstatt" RS20.123+:II:5' (S^{a}) = alph. *ḥdr* 1.3:V:11&: **ḥudru* > *ḥudṛu* = [ḥud^{u}ṛu]. Diese von Huehnergard (UV 123) vorgeschlagene Deutung für das ug. *⌞ḫu⌟-du-rù* ist jedoch unsicher. Zum einen wird das Sumerogramm GÚ, womit das ug. Lexem geglichen wird, im S^{a}-Vokabular von Emar anders übersetzt, nämlich im Sinn von *kišādu* "Nacken" (siehe Sjöberg 1998, 278, Anm. 81); zum anderen weist das betreffende Lexem im Ar. (*ḫidr*) eine *{qitl}*-Bildung auf (vgl. auch äth. *ḫidr* und *ḫədrat* [CDG 258b]); im He. schwankt es zwischen *{qatl}* und *{qitl}*.

? ^{d}*pu-ḫur* DINGIR.MEŠ (RS20.24:28) entsprechend alph. *pḫr ilm* (1.47:29; 1.118:28): [puḫ^{u}ṛ] < **puḫru*. Es handelt sich aber wegen der fehlenden Kasusendung viell. um eine akk. Form (siehe UV 166).

ši-i-ru "Fleisch" 20.149(+):II:3' (S^{a}): **šiʾru* > *šiʾṛu* = [šiʾ^{i}ṛu]. Die Form kann alternativ als /*šiʾru*/ interpretiert werden. Allerdings wird silbenschließendes /ʾ/ syll. in der Regel entweder mit {Vʾ}-Zeichen notiert, oder es bleibt ganz unmarkiert (UV 246.254).

Anm. Daß silbenschließendes /ʾ/ oder /ʿ/ in der syll. Orthographie des Ug. überhaupt durch ein Extra-Vokalzeichen markiert wird, ist nicht erwiesen. Die Mehrzahl der in UV 254 aufgelisteten Formen hat /*r*/ oder /*l*/ als dritten Radikal: *ši-i-ru*, *ba-a-lu* und *qi-i-lu*; die Form *ma-a-du-ma* ist gewiß pluralisch als /*maʾadūma*/ zu deuten; die unsichere Form *pí-i*(?)*[tu$_{4}$]* könnte für /*piʾitu*/ < **piʾatu* (Vokalharmonie) stehen.

33.182. Vokalisches /*l*/ = [ḷ]

Wahrsch. gibt es eine vergleichbare Erscheinung auch im Zusammenhang mit /*l*/. Siehe folgende syll. Beispiele:

A.ŠÀ.MEŠ *na-ḫa-li* RS16.251:7: Dieses Wort, das gewiß mit alph. *(gt) nḫl* (4.296:9) gleichzusetzen ist, wird traditionell entweder als "Erbbesitz" (√*nḥl*) oder als "(Feld im) Bachtal" (√*nḫl*) interpretiert (siehe UV, 152 und SAU 305). Wahrscheinlicher ist jedoch die Deutung im Sinne von "Palmenhain" (vgl. he. *naḫal* < **naḫl-* "Dattelpalme" [KBL^{3}, 649]; ar. *naḫl* "Dattelpalme[n]"; asa. *nḫl* "Palmenhain"). Demzufolge reflektiert ug. *na-ḫa-li* eine Grundform **naḫl-*: **naḫl* > *naḫḷ-* = [naḫ^{a}ḷ-].

ba-a-lu "Herr" bzw. GN Baʿal RS20.123+:IVb:17; 20.426B:6' (S^{a}); ferner RS20.189A+:31*: **baʿlu* > *baʿḷu* = [baʿ^{a}ḷu].

? *qi-i-lu* "Weinblüte"(?) RS20.123+:II:21', sofern diese Form als /*qiʿlu*/ zu interpretieren ist. Alternative Erklärungen (*qîlu* oder *qiʿīlu* < **qaʿīlu* [dazu UV 85]) sind möglicherweise vorzuziehen.

33.183. Vokalisches /*m*/ = [ṃ] (?)

Es ist in diesem Zusammenhang zu erwägen, ob nicht auch die syll. Wortform *ri-gi-mu* "sprechen" bzw. "Wort" (RS20.189:8 [S^{a}]) von einer vergleichbaren Erscheinung im Zusammenhang mit /*m*/ zeugt, d.h. **rigmu* > *rigṃu* = [rig^{i}ṃu]. Die Annahme eines MphT *{qitl}* wird durch akk. *rigmu* "Ruf, Geschrei" und durch die gute Bezeugung von *{qitl}*-Verbalsubstt. im Ug. (§73.521) gestützt.

Alternativ kann ug. *ri-gi-mu* jedoch als MphT *{qitīl}* < **qatīl* betrachtet werden (vgl. etwa he. **zāmîr* "Gesang", he. **hāgîg* "Seufzen" und akk. *šagīmu* "Gebrüll"); eine Vokalharmonie **qatīl* > /*qitīl*/ läßt sich allerdings im Ug. sonst nicht nachweisen (vgl. §33.215).

33.2. Lautveränderungen im vokalischen Bereich

Aussagen über Lautveränderungen im vokalischen Bereich sind nur begrenzt möglich, da solche Lautveränderungen vornehmlich nur im syll. und selten im alph. Textkorpus nachweisbar sind.

33.21. Assimilation

Artikulatorische Veränderungen von Vokalen sind unter dem Einfluß bestimmter benachbarter Konsonanten sowie benachbarter Vokale (§32.215) zu beobachten.

33.211. Einfluß von benachbarten Sibilanten und Dentalen

33.211.1. Unbetonte wortanlautende Kurzvokale, d.h. prothetische Vokale in Erbwörtern (§33.423) oder ein vokalischer Anlaut in Fremdwörtern, zeigen vor Sibilanten oder Dentalen auffallend häufig /*u*/- bzw. /*o*/-Qualität:

udmʿt /*(ʾ)udmaʿāt-*/ "Tränen" 1.6:I:10&.

? *uzʿrt* "dünn behaarte Stelle (zw. den Augen)"(?) 1.101:6: Etym. unklar.

uṣbʿ /*(ʾ)uṣbaʿ-*/ "Finger" (immer Pl.) 1.2:IV:14.16.21.24&: vs. he. *ʾæṣbaʿ*, ar. *iṣbaʿ* und äth. *ʾaṣbāʿt*.

uškm (Du.) /*(ʾ)uškâ/êm-*/(?) "Hoden" 1.11:2; 1.103+:14: vs. he. *ʾašākim*; akk. *išku*.

uṯḫt "Räucherbecken" 1.47:31; 1.118:30: vgl. akk. *šēḫtu*, ein Räuchergefäß.

uṯkl /*(ʾ)uṯkā/ūl-*/ "Weintraube(n)" 1.87:2.

uṯpt /*(ʾ)uṯpat-*/ "Köcher" 4.53:15&: vs. hurr. *išpanti*, akk. *išpatu* und he. *ʾašpāh*.

? *uṯryn* "Kronprinz" 2.67:1; 3.1:30: Etym. unklar.

Eigennamen: GN *ušḫr(y)* (1.118:22&) mit phonet. Variante *išḫr(y)* (1.116:21; 1.119:14*); vgl. syll. *ᵈiš-ḫa-ra* (RS20.24:23).

SV. Das gleiche Phänomen läßt sich auch im Akk. beobachten; vgl. etwa das (wohl entlehnte) Lexem *išparu* "Weber" mit Variante *ušparu* (vs. aram. *ʾe/ašpārā*).

33.211.2. Daneben gibt es (seltener) auch prothetisches /*i*/ vor Dentalen und Sibilanten. Beispiele:

itml /*(ʾ)itmāl-*/ "gestern, (vorheriger) Tag" 1.119:19.

? *išḫn* /*(ʾ)išḫanī*/ < **š(ə)ḫanī* "sei heiß!" 1.161:18(2x) (alt.: N-Imp. /*(ʾ)iššaḫ(i)nī*/; §33.423b und §73.122).

Anm. /*i*/ anstelle von /*a*/ zeigt das Lehnwort *izml* /*(ʾ)iz(V)mi(l)lu*/ < **(ʾ)azami(l)lu* "Tragesack" 4.284:2; 5.3:7 (gegenüber akk. *azami(l)lu*; Akk.Ug. *a*(?)*-za-ME-lu* RS20.134:III:28 [siehe SAU 283, Anm. 76] mit Pl. *a-za-ME-la-te* RS19.07:8); die Pluralform hat aber möglw. /*a*/: *ṯṯ az[mlt]* 4.390:10 (n.L.; Ergänzung unsicher).

33.212. Einfluß von benachbarten Gutturalen

In der Umgebung gutturaler Konsonanten sowie teilweise auch in der Umgebung von /*r*/ (§33.214.3), insbesondere vor den betreffenden Konsonanten, steht auffällig häufig ein /*a*/-Vokal. Bisweilen begegnet /*a*/ an Positionen, wo morphologisch /*i*/ oder /*u*/ zu erwarten wäre.

a. Syll. *ma-ar-za-i(-ma)* /*marzaḥ-*/ < **marziḥ-* (Gen.), Bezeichnung einer kultischen Feier/Vereinigung, RS15.88:4.6: Der zugrundeliegende MphT lautet {*maqtil*}, zum einen wegen syll. *ma-ar-zi-ḫi* (RS14.16:3) und *mar-zi-i* (RS15.70:4f.), zum anderen wegen he. *marzeaḥ*.

Anm. Huehnergard (UV 272) geht von einer {*maqtal*}-Form aus, was Sivan (1989, 361f.) mit Recht ablehnt.

b. Wzz. III-ʾ (bei 'starkem' 1. und 2. Radikal) besitzen im Ug. – wie im He. – in der G-PK durchgehend einen Themavokal /*a*/ (vgl. §73.243.21). Diese Regel gilt weitgehend auch für Wzz. III-ᶜ sowie III-*ḥ*/*ḫ*. Beispiele (vgl. §73.243.2):

III-ᶜ : *ibq*ᶜ /*ʾibqa*ᶜ/ 1.19:III:18.32; *id*ᶜ /*ʾida*ᶜ/ 1.6:III:8; *is*ᶜ /*ʾissa*ᶜ/ 3.9:10.
III-*ḥ* : *iqḥ* /*ʾiqqaḥ*/ 1.14:III:55; *išlḥ* /*ʾišlaḥ*/ 1.14:V:21.
III-*ḫ* : *itrḫ* /*ʾitraḫ*/ 1.23:64.

c. Wzz. II-ʾ haben ebenfalls – wie im He. – in aller Regel einen G-PK-Themavokal /*a*/ (§73.243.1): z.B. *ilak* (√*lʾk*), *yraš* (√*rʾš*) und *išal* (√*šʾl*).

Diese Regel gilt weitgehend auch für Wzz. mit einem anderen Guttural als zweitem Radikal. Beispiele: *ilḥm(n)* /*ʾilḥam-*/ 1.5:I:20; 1.16:VI:18; 2.82:20; *ib*ᶜ*r(nn)* /*ʾib*ᶜ*ar-*/ 2.31:54; 2.36+:51; *iṯ*ᶜ*nk* /*ʾiṯ*ᶜ*an-*/ 1.5:I:26.

33.213. Einfluß von benachbarten Halbvokalen

33.213.1. Vor den Halbvokalen /*w*/ und /*y*/ wird (offenes) /*a*/ – insbesondere bzw. nur in unbetonter Stellung – tendenziell geschlossen artikuliert, vor /*y*/ als [e], vor /*w*/ wahrsch. als [o] (siehe UV 275f.).

Anm. Huehnergard (UV 276) vertrat mit Nachdruck die Auffassung, daß dieses Phänomen auch bei betontem /*ā*/-Vokal zu beobachten sei. Der Befund ist jedoch nicht eindeutig, da sich die Formen (syll.) *ḫu-wa-tu*$_4$ "Land" und (alph.) *iy* "wo?" auch anders erklären lassen (siehe unten).

a. Syll. Belege:

ú-[w]a[!]*-[t]u*$_4$ [howātu] < **hawayatu*(?) "Wort" RS20.189A+:12 (S[a]) = alph. *hwt* 1.1:III:6& (vgl. akk. *awātu* "Wort").

ḫu-wa-tu$_4$ [ḫow(w)ătu] od. /*ḫôwătu*/ (Diphthongkontraktion) < **ḥawwătu* "Land" RS20.123+:II:4' (S[a]) = alph. *ḥwt* 1.4:I:42& (vgl. evtl. he. *ḥawwot* "Zeltlager").

ḫé/*ḫe-yu-ma* [ḫeyyūma] od. /*ḥêyūma*/ < **hayyūma* "Leben" RS20.189:25; 20.123+:I:3'; 20.201G+:6'(S[a]) = alph. *ḥym* 1.17:VI:26.27 (vgl. he./aram. *ḥayyīm/n*).

b. Alph. Belege:

iy [ʾeyyV] od. /*ʾêyV*/ < **ʾayyV* "wo?" 1.6:IV:4.5.15.16 mit Nf. *i* = /*ʾê*/ < **ʾay(yV)* 1.5:IV:6.7 (vgl. he. *ʾê*, *ʾayyeh* [§81.51a]).

Anm. Möglicherweise war das Frageadverb *iy* /*ʾeyy-*/ (wie he. *ʾayyeh*) auf der zweiten Silbe betont, im Gegensatz zum IndPr *ay* /*ʾáyy-*/ "jegliche(r/s)" (§33.213.2; §45.13), das sicher auf der ersten Silbe betont war. Unbetontes /*a*/ wäre vor /*y*/ zu [e] geworden, während betontes /*a*/ unverändert geblieben wäre.

aliy [ˀalˀey-] < *ˀ*alˀay-* "(überaus) stark" 1.3:III:14& und gleichbedeutendes *aliyn* /ˀ*alˀeyān*/ < *ˀ*alˀayān* 1.1:IV:22&: Der zugrundeliegende MphT lautet {ˀ*aqtal(ān)*}; vgl. he. ˀ*akzāb* "lügnerisch" oder ˀ*akzār* "grausam" sowie {ˀ*aqtal*}-Elativbildungen des Ar. (siehe GKA § 124-127).

Anm. Vgl. in diesem Zusammenhang auch SK-Formen (3.f.sg.) der WzK III-*w/y* wie *atwt* (1.4:IV:32), *ˁrwt* (1.14:I:7) oder *ˁly* (1.4:I:23; 1.14:IV:2) mit bewahrtem dritten Radikal, die auf eine Aussprache [K_1aK_2owa(t)] bzw. [K_1aK_2eya(t)] hinweisen könnten (§33.323.3b; §33.323.4c; §75.531b).

33.213.2. Der genannte phonologische Prozeß tritt in folgenden Wortformen nicht ein (durchgend betontes /*a*/; Ausnahme: *ma-sa-wa-tu*):
syll. *ma-sa-wa-tu* /*masawātu*/ "Zypressen"(?) RS19.26:5; zu anderen Graphien und einer alternativen Deutung siehe §33.242a.
alph. *ay* /ˀ*áyy-*/ "jegliche(r/s)" 1.23:2 (2x); evtl. ferner 1.17:VI:3.
alph. *ayl(t)* /ˀ*áyyal-*/ "Hirsch; Hinde" 1.1:V:19; 1.5:I:17; 1.6:I:24&.
vgl. ferner alph. *awl* /ˀ*áwwVl-*/?, Bedeutung unklar, 1.12:II:56.

33.213.3. Das genannte Phänomen bildet zugleich die phonologische Grundlage für die unter §32.221.1 genannten Kontraktionsvokale /*ô*/ und /*ê*/, die aus der Kombination des Vokals /*a*/ mit einem folgenden nicht-geminierten, silbenschließen Halbvokal entstanden sind.

33.214. Einfluß von benachbarten Resonanten

33.214.1. Allophon [ĕ̄] für /*ĭ̄*/ in der Umgebung von Resonanten

Eine Reihe von spezifischen syll. Schreibungen zeigt, daß der Vokal /*ĭ̄*/ in der Umgebung der Resonanten /*l*/, /*m*/ und /*n*/ (evtl. auch in der Nähe von /*y*/) als [ĕ̄] artikuliert wurde. Beispiele (vgl. UV 260f.):
le-e [lē] < **li* "zu" RS20.149(+):III:5' (S[a]) (alt.: /*lê*/ < **lay*; vgl. zsem. *ˀ*ilay*).
e(?)-la-yi [ˁelāyi] "Oberes" RS17.147:5 (MphT {*qitāl*}).
ha-me-ti [ḥāmēti] < **ḥāmiyt-* "Mauer" RS16.86:4.
ḫa-ar-me-ša-tu [ḫarmeṯātu] "Sicheln" RS19.112:3.
me-te [mĕ̄(ˀ)tē] "200" RS16.145:14.
mar-de₄-em-tu [mardemtu] "Weg"(?) RS2.[015]:6 (MphT {*maqtil*}).
ḫe-en-ni-ṣu [ḫennīṣu] "Ferkel" RS20.123+:II:20' (S[a]).

Daneben gibt es allerdings auch Formen, wo /*ĭ̄*/ trotz benachbarter Resonanten durch {I}-Zeichen wiedergegeben wird, z.B. *[i]-lu* "Gott" (RS20.189:31 [S[a]]).

33.214.2. Lautwandel **i* > /*u*/ in der Position vor /*m*/

33.214.21. Ein /*i*/-Vokal (bzw. dessen Allophon [e]) lautet in der Position vor dem Nasal /*m*/ tendenziell zu /*u*/ (bzw. Allophon [o]) ab. Beispiele:
um /ˀ*umm-*/ < *ˀ*imm-* "Mutter" 1.6:VI:11&: vs. he./aram./äth. ˀ*em(m)*.
rum [rûm-] od. [ruˀᵘm-] < **riˀm-* "Wildstier" 1.4:I:43& (vgl. auch PN *ru-ˀ?-mu* in RS20.020:8): vs. he. *r*ᵉˀ*em* und akk. *rīmu*.

? *šm* /*šum-*/(?) < **šim-* "Name" 1.1:IV:14&; vgl. das Element /*šum*/ in syll. bezeugten ug. PNN (PTU 193f.).

33.214.22. Keine Ablautung des /*i*/-Vokals findet sich demgegenüber:
a) in der Konj. *im* /*ʾim*/ "wenn" 1.6:V:21&; mutmaßlich auch in *hm* /*him*/ "wenn" 1.2.IV:2&;
b) wahrsch. im Wort *lim* /*liʾm*/(?) "Volk" 1.3:II:7&; vgl. auch *limm* (Sg. + EP *-m* oder Pl.) 1.3:II:33& (vs. he. *lᵉʾom* < **luʾ(u)m*). Möglicherweise ist in 1.113:2 aber ein Pl. *lumm* bezeugt (Lesung unsicher).

33.214.23. Sekundäres, durch Vokalharmonie aus **a* entstandenes /*i*/ (§33.215) lautet ebenfalls nicht ab. Beispiele:
imr /*ʾimmĭ̄r-*/ < **ʾammĭ̄r-* "Lamm" 1.1:IV:32&.
imt /*ʾimitta*/ < **ʾamitta* "in Wahrheit, wahrlich" 1.5:I:18(2x).19 (§85.4).

33.214.3. Lautwandel *i > /a/ in der Position vor /r/

Die Liquida /*r*/ kann wahrsch. – ähnlich wie Gutturale (§33.212) – einen vorausgehenden Vokal **i* zu /*a*/ ablauten. Es gibt allerdings nur unsichere Beispiele (zum vergleichbaren he. Befund siehe Bergsträsser I § 28):
syll. *ma-ʾ-ša-ri-ša* (Gen.) RS16.153:11 bzw. *ma-ša-ra* (Ak.) RS16.244:7 = /*maʿšar-*/ < **maʿśir*(?) "Zehnt(el)" (§64.62): Der postulierte MphT {*maqtil*} wird durch he. *maʿᵃśer* "Zehnt" gestützt (vgl. auch he. **maḥᵃṣît* "Hälfte").
syll. *ma-am-ṣa-ar* /*mamṣar-*/ < **mamṣir-*(?) "Schwert" RS19.112:2: Für zugrundeliegendes {*maqtil*} spricht, daß Bezeichnungen für Werkzeuge im Wsem. (bes. im Nwsem.) häufig diesen MphT aufweisen (siehe BL 492q-x; Barth 1894a § 171). Auch akk. *namṣar* "Schwert" könnte auf **mamṣir* zurückgehen.

33.215. Einfluß von benachbarten Vokalen (Vokalharmonie)

Vokalharmonien beruhen zumeist auf regressiven, seltener auf progressiven Assimilationserscheinungen. Im einzelnen lassen sich im Ug. die nachfolgend genannten Vokalharmonien nachweisen.

33.215.1. *$qatt\bar{v}_1l$ > /$qv_1tt\bar{v}_1l$/

33.215.11. Sichere Belege dieses Lautwandels sind (vgl. UV 269f.):

a. Syll. Belege:
ḫe-en-ni-ṣu /*ḫinnīṣu*/ "Schwein" RS20.123+:II:20' (Sᵃ).
ṣí(-ib)-bi-ri /*ṣibbīr-*/, eine Flurbezeichnung, RS16.157:7; 16.239:6; 18.22:19'.21'.23'.25'.17'.19'.31' = alph. *ṣbr* 4.375:1.3.5.7.9.11.

b. Alph. Belege:
ibr /*ʾibbīr-*/ "Stier" 1.10:III:35&: vs. he. *ʾabbîr*.
imr /*ʾimmīr-*/(?) "Lamm" 1.1:IV:32&: Akk. *i/emmeru* und he. *ʾimmer* weisen auf einen MphT {*qattil*} hin (siehe BL 481b-c und GAG § 55m). Da aber die ug. Lexeme für "Schwein" und "Stier" nach {*qattīl*} gebildet sind, könnte dieser MphT auch ug. *imr* zugrunde liegen. — Möglicherweise gibt es neben *imr*

eine orthogr. Variante *amr* /*ʾammĭr*/ (1.20:I:10 [ohne Vokalharmonie]).
ulp /*ʾullūp-*/ "Chef" 1.40:3&; vgl. PN *[ ]ul-lu-pí* RS11.787:11: vs. he. *ʾallûp*.

SV. Vgl. den pun. PN *Baliddir* /*baʿl-ʾiddīr*/ < **baʿl-ʾaddīr* (CIL VIII 19121-19123).

33.215.12. Eine Ausnahme von der genannten Regel wäre das Wort *ba-aḫ-ḫu-rù* /*baḫḫ/ḫḫūru*/(?) "junger Mann" (RS20.123+:II:18' [S[a]]), sollte ihm (entsprechend he. *baḥ(ḥ)ûr*) der MphT *{qattūl}* zugrunde liegen. Die Gemination des mittleren Radikals ist im betreffenden Wort jedoch – im Ug. wie auch im He. – wahrsch. sekundär, so daß von einem MphT *{qatūl}* auszugehen ist.

Diese Annahme wird durch Formen wie akk. *batūlu* "junger Mann" bzw. akk. *batultu*, he. *bᵉtûlāh*, aram. *bᵉtûltā* sowie ar. *batūl*, "junge Frau", gestützt und liegt auch im Hinblick auf he. *{qᵉṭûlîm/qᵉṭûlôt}*-Bildungen zur Bezeichnung von Lebensaltern nahe (z.B. **bᵉḥûrîm*, **bᵉḥûrôt*, *nᵉʿûrîm*, **ʿᵃlûmîm*, jeweils "Jünglingsalter"; *bᵉtûlîm* "Jungfrauschaft"; *zᵉqunîm* "Greisenalter" [BL 472y]).

Huehnergard (UV 113.270) geht dagegen von einem MphT *{qattul}* aus.

33.215.13. Das Wort *a-du-rù* "groß, mächtig" (RS20.123+:II:28' [S[a]]) basiert nicht auf einem MphT *{qattūl}*, sondern auf einem MphT *{qatul}*, der im Sem. allgemein zur Bildung von Adjektiven dient (vgl. demgegenüber phön./he. *ʾaddīr*).

33.215.14. Huehnergard (UV 270) interpretiert auch den /*i*/-Vokal im Wort *irby* "Heuschrecke" (1.3:II:10; 1.14:II:50; 1.14:IV:29) nach Analogie der oben vorgestellten Regel: *irby* = /*ʾirbīy-*/ < **ʾarbīy* (vgl. he. *ʾarbæh*). Er folgert daraus, daß die betreffende Regel auch auf Bildungen zutrifft, die anstelle einer Konsonantengemination (wie bei *{qattīl}*) ein Konsonantencluster aufweisen. Ob diese Folgerung gerechtfertigt ist, muß offen bleiben. Es gilt zu beachten, daß *irby* ein Wanderwort darstellt, sein MphT unklar und die Vokallänge in der zweiten Silbe nicht gesichert ist (vgl. etwa he. *arbæh* < **ʾarbiy-* und akk. *er(e)bu/û, aribu*). Der /*i*/-Vokal in *irby* könnte im übrigen auch entsprechend §33.232 zu erklären sein.

SV. Der Lautwandel **qattv̄₁l* > /*qv₁ttv̄₁l*/ ist viell. auch im Akan. greifbar, nämlich im Adj. *ḫu-bu-(ul)-li* (Gen.) = /*ḫubbūli*/ < **ḫabulli* "(völlig) zerstört(er Topf)" (EA 292:47; EA 297:14). Es kann ein MphT *{qattūl}* als Intensivform zu *{qatūl}* postuliert werden (Wz. √*ḫbl*). Zur Schreibung *ḫu-bu-ul-li* (EA 297:14) vgl. §33.172.

33.215.2. Assimilation von Vokalen nach worteinleitendem /ʾ/

33.215.21. Ein Vokal in einer mit /ʾ/ eingeleiteten offenen unbetonten Anlautsilbe wird in seiner Qualität an den Vokal der folgenden Silbe angeglichen, sofern diese betont ist (Regel: *a,i,u* > v_1 / ʾ_$K\acute{v}_1$). Den meisten Beispielen zufolge ist der Vokal /*a*/ von der genannten Lautveränderung betroffen (vgl. UV 273f. mit Anm. 36).

a. Syll. Belege:
i-[r]i-iš-[t]u4 /*ʾirištu*/ < **ʾarištu* "Wunsch, Gesuch" RS20.189:28 (S[a]): vs. he. *ʾaræšæt*.
? Monatsname [iti]*i-ši(?)-[bi(?)]* = /*ʾiṯību*/ < **ʾaṯību* (?) RS18.270:4 (Lesung und MphT sind unsicher; der Name könnte nicht-ug. Herkunft sein).

b. Alph. Belege:

imt /ʾ*imitta*/ < *ʾ*amitta* "wahrlich" 1.5:I:18(2x).19 (§85.4): vs. he. ʾ*æmæt*.

iršt /ʾ*irišt*-/ < *ʾ*arišt*- "Wunsch" 1.104:1&: vs. he. ʾ*aræšæt*.

? *ištn* /ʾ*išêtinu*/ < *ʾ*Všaytinu* (√*ytn* Š-PK^L 1.c.sg.) "ich werde (es dir) überbringen lassen" 2.79:3.

urbt /ʾ*urubbat*-/ < *ʾ*arubbat*- "Öffnung, Luke" 1.4:V:61&: vs. he. ʾ*arubbāh*.

uba /ʾ*ubûʾa*/ < *ʾ*abûʾa* (√*bwʾ* G-PK Koh 1.c.sg.) "ich möchte hineingehen" 1.100:72 (siehe Tropper 1990c, 387).

? *iwl* /ʾ*iwīl*-/ < *ʾ*awīl*- "edler, vornehmer Mensch"(?) 4.46:2: vs. akk. *aw/mīlu* "Mensch" (zur Deutung siehe UV 274f.; alt.: Eigenname).

? **apn* /ʾ*apann*-/ < *ʾ*upann*-(?) "Rad" 1.145:3.9& (nur Du. und Pl.): vs. he. ʾ*ôpan(n)*; jaram. ʾ*ôpannā*; syr. ʾ*ufnā*.

? *itn* /ʾ*itin*-/ < *ʾ*atin*- (√*ytn* G-PK 1.c.sg.) "ich gebe" 2.15:4 (Text mit ungewöhnlicher Orthographie): Die Deutung würde eine (sekundäre) Betonung der zweiten Silbe voraussetzen.

? *uḫd* /ʾ*uḫūd*-/ < *ʾ*aḫūd*- (√ʾ*ḫd* G-Ptz. pass.) "Ansässiger, Grundbesitzer" 4.635:4.5[!].9 (§73.423; alt.: Gp-SK 3.m.sg. [§74.223.1, √ʾ*ḫd*]).

? Lehnwort *uṭb* /ʾ*uṭubbu*/(?) < *ʾ*iṭubbu* 4.337:1: wahrsch. entlehnt aus akk. (< sum.) *ed/ṭa/uppu* "Kleidersaum"(?) (AHw. 185a).

? Präfixvokal /*a*/ < **u* in der D/Š-PK 1.c.sg., d.h. ʾ*aqattil*- < *ʾ*uqattil*- (§74.412.14) bzw. ʾ*ašaqtil* < *ʾ*ušaqtil* (§74.622.1): Der /*a*/-Vokalismus könnte hier aber auch einfach auf Enttonung der Präfixsilbe beruhen (§74.412.15): Ultrakurzvokal nach /ʾ/ mit /*a*/-Qualität, sonst /*ə*/ (vgl. he. ʾ*ᵃqattel* vs. *yᵉqattel* [D-PK 1./3.m.sg.]). Man beachte, daß sich der /*a*/-Vokalismus in Formen der WzK I-*w* wie etwa *ašld* = /ʾ*ašôlid*/ "ich habe gezeugt" (1.23:65) nicht durch Vokalharmonie erklären läßt.

33.215.22. Eine Ausnahme stellt das Subst. *ab* "Vater" (1.1:II:18&) dar, das in Verbindung mit Possessivsuffixen den Vokal /*a*/ in der Anlautsilbe durchgehend bewahrt: z.B. *abh*, zu vokalisieren als /ʾ*abûhu*/ (Nom.), /ʾ*abîhu*/ (Gen.) oder /ʾ*abâhu*/ (Ak.). Hier tritt aus analogischen Gründen (Analogie zu Formen ohne Possessivsuffixe: /ʾ*ábu*/, /ʾ*ábi*/, /ʾ*ába*/) keine Vokalassimilation ein.

Anders verhält es sich allerdings mit dem GN/PN *ilib* (§33.215.4) und dem Subst. *ʾ*ḫ* "Bruder" (§33.215.31b).

33.215.3. Vokalharmonie in der Umgebung von Gutturalen

33.215.31. Unbetontes /*a*/ und /*i*/ vor nicht-geminiertem Guttural gleichen sich in ihrer Qualität dem folgenden Vokal an, sofern dieser lang oder/und betont ist (Regel [G = Guttural] : *a*, *i* [unbetont] > v_1 / _$G\acute{v}_1$).

a. Syll. Belege (für weitere, unsichere Belege siehe UV 271f.):

ta-a-ma-tu$_4$ /*tahāmatu*/ < **tihāmat*- "Meerestiefe" RS20.123+:III:9': vs. akk. *tiāmtu*.

$^{\text{urudu.meš}}$*me-ḫi-[ṣ]ú-ma*^{meš} /*miḫīṣūma*/ [mēḫīṣūma] < **maḫīṣ*-, eine Waffe (Pl.) RS19.135:4; siehe auch alph. *mḫṣ*, eine Waffe (1.2:I:39).

ṭu-ú-ru /*ṭuhūru*/ < **ṭahūr-* "rein" RS20.123+:II:1'; 20.149(+):III:19' (S[a]): vs. ar. *ṭahūr* und he. *ṭāhor* < **ṭahur*.

? [lú.meš]*b*[*i*]-*ḫi-ru* /*biḥīrū*/? < **baḥīrū* (Pl.cs. Nom.) "Elite(truppen)" RS17.432:5': Möglicherweise handelt es sich jedoch um ein Lehnwort (vgl. akk. *be/iʾrum* "ausgewählt; ausgewählte Soldaten/Garde" [AHw. 122]). Die Schreibung könnte auch für /*biḥru*/ = [biḥ[i]ru] stehen (§33.181.2).

b. Alph. Belege:

*ʾ*ḫ* /ʾ*aḫ*-/ "Bruder" (nur Sg.): St. cs./pron. Nom. *uḫ(-)* = /ʾ*uḫû*-/ (2.4:19; 2.41:20.22*; 4.80:10; 4.759:2); St.abs.(?) Nom. *uḫ* (4.643:13 [viell. zu *uḫ*<*h*> zu emendieren]); St.pron. Gen. *iḫ*- = /ʾ*iḫî*-/ (2.41:18; 2.44:2.3; 4.123:23; 4.780:2 [*iḫ*<*h*>]). — Abweichende Sg.-Formen (morphophonemische Schreibungen [?]) sind: St.pron. Nom. *aḫy* = /ʾ*aḫû-ya*/ (2.14:10.15); St.cs. Gen. *aḫ* = /ʾ*aḫî*/ (4.103:5); St.pron. Gen. *aḫh* = /ʾ*aḫî-hu*/ (5.9:I:10); St.pron. Gen. *aḫy* = /ʾ*aḫî-ya*/ (2.14:3; 2.38:2). — In 1.24:35 begegnet eine offenbar nominativische Form *iḫh* "ihr Bruder" (wegen der folgenden Verbalform *yṯʿr* wohl Sg.); die Form dürfte als /ʾ*iḫîha*/ zu vokalisieren sein und auf einen einsetzenden Wegfall der Kasusdifferenzierung im St.pron. hinweisen (§54.113.3). — Im Pl. tritt keine Vokalharmonie ein, da /*ḫ*/ in diesem Fall geminiert ist: *aḫ*- = /ʾ*aḫḫ*-/ (vgl. akk. *aḫḫū* und he. ʾ*aḥ(ḥ)îm*) (§33.171.3).

Anm. Man beachte, daß auch in PNN das Bildungselement *ʾ*ḫ* orthogr. nebeneinander als *aḫ*- oder *iḫ* erscheint, z.B. *aḫy*, *aḫyn*, *aḫmlk*, *aḫmn*, *aḫn*, *aḫny*, *aḫġl*, *aḫqm* und *aḫršp* neben *iḫy*, *iḫyn*, *iḫmlk*, *iḫmn*, *iḫn*, *iḫny*, *iḫġl*, *iḫqm*, *iḫršp* (zu Belegen siehe WL 5-6 und 20a). Letztere Formen zeigen, daß die betreffenden PNN einen /*i*/-Vokal in der zweiten Silbe besitzen: /ʾ*a/iḫī*-/.

? *qrht* /*qarahāt*-/(?) < **qarVyāt* "Städte" 4.235:1; 6.27:2-3 (§33.152d).

33.215.32. Die genannte Vokalharmonie ist nicht über Morphemgrenzen hinweg wirksam; siehe etwa das Subst. *ni-ʾa-tu* = /*niʾātu*/ (f.pl.abs. Nom.), ein Werkzeug (RS19.23:1; 19.135:2; 21.199:2) mit Singularbasis /*niʾt*-/ (RS19.23:5&).

33.215.33. /*u*/-Vokale scheinen von dieser Vokalharmonie nicht betroffen zu sein; vgl. etwa die Form *tu-a-pí-[ku]* = /*tuhappiku*/(?) (RS20.123+:II:17' [S[a]]), die als D-Inf. oder als tD-Inf. zur Wz. √*hpk* (§74.435) gedeutet werden kann (vgl. UV 121 und Lambert 1988).

33.215.34. Huehnergard (UV 272) ging davon aus, daß die betreffende Vokalharmonie auch dann eintritt, wenn der auf den Guttural folgende Vokal unbetont ist. Die von ihm angeführten Beispiele, syll. *ma-ar-zi-ḫi* (RS14.16:3) bzw. *mar-zi-i* (RS15.70:4f.&) und syll. *ma-aš-nu-ú*(?) "Feind"(?) (RS20.123+:II:35' [S[a]]), sind jedoch nicht überzeugend. Die ersteren Formen repräsentieren sehr wahrsch. einen ursprünglichen MphT {*maqtil*} (§33.212); *ma-aš-nu-ú*(?) kann als MphT {*maqtūl*}, d.h. /*mašnūʾu*/, oder als {*maqtal*} mit eingetretener Kontraktion, d.h. /*mašnû*/ < **mašnaʾu*, erklärt werden.

33.215.4. Sonstige Belege für Vokalharmonie

33.215.41. Der GN bzw. PN *ilib* /*ʾilʾib-*/ ist ein aus den Elementen **ilu* "Gott" und **ʾabu* "Vater" (1.17:I:26&) zusammengesetztes Kompositum. Der Vokal der zweiten Silbe (**a*) hat sich dabei an den Vokal der ersten (und dritten [?]) Silbe (/*i*/) angeglichen: **ʾil-ʾabi* > /*ʾilʾibi*/. Der Name ist mit dem syll. bezeugten GN DINGIR-*a-bi* (RS20.24:1) gleichzusetzen.

33.215.42. Das Lexem für "Mensch, Person, Bediensteter", syll. *bu-nu-šu* (RS20.149(+):II:5'.8'; 20.201G+:7'; 20.123+:II:25' [S[a]]) = alph. *bnš* (1.86:8&) = alph. *bn nšm* (RS92.2014:10 [unpubl.]), ist ein aus den Elementen **bin* "Sohn" und **ʾunāš* "Mensch" zusammengesetztes Kompositum (vgl. he. *bæn-ʾænôš* und aram. *bar-(ʾ)nāšā*). Es dürfte von einer Entwicklung **bi(n)-(ʾ)unāš(i)* (> **biʾʾunāš*? [Assimilation von /*n*/]) > **bunāš-* (Krasis) > /*bunō/ūš-*/ auszugehen sein. Daß der Vokal der zweiten Silben nicht /*ā*/ sondern /*ō*/ (oder /*ū*/) lautet, ist entweder auf eine (partielle) Vokalharmonie (**bunāšu* > *bunō/ūšu*) oder auf einen exzeptionellen Lautwandel **ā* > /*ō*/ (§33.231.21b) zurückzuführen.

Anm. Die präsentierte Ableitung von /*bunō/ūšu*/, die durch die poetisch bezeugte Konstruktusverbindung *bn nšm*, w. "Menschensöhne" (1.6:II:18) gestützt wird, wird nicht allgemein akzeptiert. So erwägt etwa Aartun (1989, 21) eine Zusammensetzung aus den Elementen *b* = /*bū*/ (altsem. Proklitikum zur Kennzeichnung der Art bzw. des Wesens eines Wortes) + *-nš(m)* (Kollektivbegriff für "Menschheit, Menschen"). Huehnergard (UV 47) wiederum geht von den Elementen **bunu* (sic!) "Sohn" und **su/û* "Mensch(?)" aus (mit Hinweis auf äg. *s* "Mann").

33.22. Dissimilation

Eindeutige Beispiele für eine produktive Vokaldissimilation im Ug. sind bislang nicht bekannt. Folgende zwei Phänomene könnten aber auf Vokaldissimilation beruhen:

33.221. Die Endung des Duals Nominativ (Stat. abs.) lautet im Ug. wahrscheinlich *-âmi*. Der Auslautvokal /*i*/ könnte durch Vokaldissimilation aus **a* enstanden sein (§53.213).

Von einer analogen Dissimilation zeugt vielleicht die Endung des Energikus I nach dem Dualmorphem: *-ânni*(?) < **-ânna* (§73.611.2).

33.222. Das im Ug. wirksame Barthsche Gesetz (§73.242) könnte auf Vokaldissimilation beruhen. Diesem Gesetz zufolge lautet der "Präfixvokal" vor Themavokal /*i*/ oder /*u*/ in der G-PK /*a*/, vor Themavokal /*a*/ aber /*i*/. Der letztgenannte Vokal könnte durch Dissimilation entstanden sein: **Kaqtal* > /*Kiqtal*/.

Anm. Barth (1894b, 5f.) selbst hielt **yiqtal* allerdings für ursem. und führte die in mehreren sem. Sprachen belegte Form **yaqtal* auf Vokalassimilation oder analogischen Ausgleich (entsprechend **yaqtu/il*) zurück.

33.23. (Sonstiger) Wechsel von Vokalen

33.231. Lautwandel *ā > /ō/ ?

33.231.1. Nachweis der Bewahrung von /ā/

Langes /ā/ blieb im Ug. – in betonter oder unbetonter Position – unverändert bewahrt. Die Bewahrung von /ā/ läßt sich sowohl syll. als auch alph. nachweisen.

Mit diesem Befund stimmt das Ug. unter anderem mit dem Amurritischen (siehe Knudsen 1991, 871) sowie mit dem Großteil der aram. Sprachen überein und unterscheidet sich zugleich von den kan. Sprachen einschließlich des Akan. der Amarnabriefe, wo *ā — zumindest in der Tonsilbe — zu /ō/ wurde (sogenannte "kanaanäische Lautverschiebung"; siehe dazu Greenstein 1998, 406).

a. Syll. Befund (Belegauswahl; für weitere Beispiele siehe UV 257.312.316):
ad-ma-ni /*ʾadmāni*/ "rot" RS15.145:8.12.
a-da-nu /*ʾadānu*/ "Herr" RS20.149(+):II:9' (S[a]).
a-na-ku /*ʾanāku*/ "ich" RS20.149(+):III:12' (S[a]).
⌊*a-pí*⌉-[*yu*] /*ʾāpiyu*/ "Bäcker" RS20.149(+):III:4' (S[a]]); vgl. alph. *apy* 4.125:10&.
ia-ar-qa-ni /*yarqāni*/ "gelb/grün" RS16.178:9.
[d.giš]*ki-na-rù* /*kinnāru*/ "Leier" RS20.24:31.
[lú]*na-ḫi-ru-[ma]* /*nāġirūma*/ (G-Ptz.) "Wächter" RS17.240:9.

b. Alph. Befund (Belegauswahl):
aḫd /*ʾāḫid-*/ (G-Ptz.) "haltend" 1.17:I:30; 1.17:II:5.19: vs. he. *ʾoḥez*.
ksat /*kussiʾāt-*/ "Throne" (f.pl.) 1.3:II:21&); vs. he. *kisʾôt*.
lak-m /*laʾāk-*/ (G-Inf.) "Schicken" 2.30:19.
(b) šal /*šaʾāli*/ (G-Inf.) "Fragen" 1.14:I:38.
šal /*šuʾāl-*/ "Forderung" 3.3:5 (vgl. ar. *suʾāl* "Bitte").
tba /*tabûʾâ*/ (√*bwʾ* G-PK[K]i 3.c.du.) "sie (beide) kamen" 1.5:VI:1.

c. Ferner zeugen zahlreiche Eigennamen im syll. Textkorpus von der Bewahrung des /ā/, z.B. *a-da-nu-um-mi* /*ʾadānu-ʾummi*/; *i-ḫi-ma-nu* /*ʾiḫîmānu*/; *bur-qa-nu* /*burqānu*/; *ga-bi-ru* /*gābiru*/; DUMU *da-de₄-ya* /*bin(V) dâdēya*/; [uru]*ḫa-ar-ma-na* /*ḫarmāna*/; [uru]*ia-ar-qa-ni* /*yarqāni*/ (siehe Sivan 1984, 26f.).

Anm. Erwähnenswert ist in diesem Zusammenhang auch, daß im alph.-syll. Alphabettext KTU 5.14 (Z. 14) alph. {r} mit syll. {RA} geglichen wird, was auf einen Zeichennamen /*Raʾša*/ (w.: "Kopf") hinweist (§21.261). Der Stammvokal /*a*/ ist hier nicht zu /*o*/ geworden (keine Entwicklung: **raʾš-* > **râš-* > **rôš-*).

33.231.2. Problemfälle

33.231.21. Syllabischer Befund

a. Eigennamen mit Suffix -(K)*u-n*V:
Im syll. Textkorpus Ugarits begegnet eine Reihe von Eigennamen mit einem Bildungssuffix, das graphisch als -(K)*u-n*V erscheint: z.B. *a-du-na*, *a-du-ni-*[d]U, *a-ḫu-nu*, [(uru)]*ap-su-na*, [uru]*áš-qu-lu-na* bzw. [uru]*[aš]-qú-lu-ni*, *bu-ra-qu-na*, *ar-mu-na*, [uru]*ṣi-du-[na]* und *ša-am-ú-na* (zu den Belegen siehe Sivan 1984, 28f.).

Gröndahl (PTU, 18) interpretierte dieses Suffix als /*-ōnV*/ < *-*ānV* und schloß daraus, daß der Lautwandel *ā > /ō/ zumindest ansatzweise auch im Ug. wirksam sei. Eine differenziertere Haltung nahm Sivan (1984, 27-29) ein. Er interpretierte das Bildungssuffix bei einigen Namen zwar ebenfalls als /-ōnV/ < *-ānV, rechnete aber in diesen Fällen mit einer nicht-ug. Herkunft der Namen (z.B. /ʾaṯqolōnV/ "Aškalon", /ṣīdōnV/ "Sidon"); bei anderen, mutmaßlich genuin ug. Namen stünde die Silbenfolge *-(K)u-nV* für ein ursprüngliches, d.h. ursem. /-ūnV/-Suffix.

Sivan ist gewiß darin zuzustimmen, daß ein nicht unbedeutender Anteil der in Ugarit bezeugten Eigennamen fremder Herkunft ist. Andererseits ist die Annahme eines ursem. /-ūnV/-Suffixes als morphologische Variante zu /-ānV/ nicht unproblematisch (vgl. etwa BL 501v). Insbesondere wenn mutmaßlich ug. Namensformen auf /-ū/ōnV/ mit vergleichbaren Formen auf /-ānV/ wechseln, ist es plausibler, von rein phonetischen Varianten auszugehen: z.B. *a-du-na* (RS19.065:10') bzw. *a-du-ni-*^{d}U (RS15.42:II:20') neben *a-da-nu-um-mi* (RS16.262:9) oder *bu-ra-qu-nu* (RS15.09B:I:9) neben *bur-qa-nu* (RS19.112:1). Dieser Befund stützt somit die Annahme, daß der Lautwandel *ā > /ō/ auch in genuin ug. Eigennamen sporadisch begegnet.

b. *bu-nu-šu* "Mensch; Bedienster":
Der zweite Vokal des Lexems *bu-nu-šu* = alph. *bnš* (§33.215.42) könnte durch einen Lautwandel *ā > /ō/ entstanden sein: *bunōš-* < **bunāš-* (alt.: Vokalharmonie **bunāšu* > /*bunūšu*/ [§33.215.42]).

33.231.22. Alphabetischer Befund

a. Ungewöhnliche Alephschreibungen im 'Schultext' KTU 5.11 (*yšul*; *unk*):
In 5.11 findet sich zweimal das Graphem {u} anstelle von {a}: In 5.11:2 begegnet eine G-PK *yšul* "er möge sich erkundigen" anstelle von *yšal* (1.124:3; 2.14:11.16; 2.47:25). Die betreffende Schreibung könnte auf eine Aussprache [yišôl] < **yišâl* < **yišʾal* hinweisen (vgl. he. *šᵉmo(ʾ)l* < **sa/imʾal-* "links").

In 5.11:3 ist eine Zeichenfolge *unk* bezeugt, möglicherweise eine Variante des Personalpronomens *ank* "ich" (§41.112.11b). Sie könnte eine Aussprache [ʾonōkV] andeuten, die vielleicht durch Vokalharmonie (§33.215.21) aus **ʾanōkV*/ (< **ʾanāku*) entstanden ist.

Hinter den genannten ungewöhnlichen Alephschreibungen verbirgt sich aber möglicherweise keine phonologische Realität.

b. *ṯut* (1.80:3):
ṯut wird in UT (§ 5.17, Anm. 2) und BGUL (§ 37.2) als fem. Pl. des Lexems *ṯat* "Mutterschaf" (1.6:II:7*.29&), d.h. als /*ṯaʾōt-*/ < **ṯaʾāt-*, interpretiert. Diese Deutung ist unwahrscheinlich. Zum einen spricht der Kontext nicht gegen eine singularische Deutung, zum anderen lautet der Pl. des betreffenden Lexems in 1.103+:1 *ṯatt* (die KTU^2-Lesung *att* ist wahrsch. falsch). Zu einer alternativen Deutung von *ṯut* (1.80:3) siehe unter §33.243.15.

Anm. In 1.111:18 ist laut KTU^2 eine Zeichenfolge *ṯat* zu lesen, die offenbar als Plural des Lexems *ṯat* verstanden wird: *šbᶜ ṯat* \ *l kmlt d ᶜṯtr* ("sieben Mutterschafe für ... des Gottes ᶜAṯtaru"). Die vorgeschlagene Lesung dürfte jedoch nicht korrekt sein (das erste der genannten Zeichen ist sehr wahrsch. kein {ṯ}).

c. *ś̀kn* (4.36:3) und *ś̀knt* (4.135:2):

Das Lexem für "Verwalter(in)" wird an zwei Stellen mit dem Graphem {s̀} geschrieben: *ś̀kn* (4.36:3) und *ś̀knt* (4.135:2). Nach Ausweis der syll. Befundes liegt ein MphT *{qātil}* (G-Ptz. akt.) zugrunde: */sākin-/* (§21.335.1j).

Will man Segert (1983) folgen, hätte {s̀} grundsätzlich den Lautwert [su] bzw. [so] (§21.333.2). Die Schreibungen *ś̀kn* bzw. *ś̀knt* stünden folglich für [sōkin(at)-] < **sākin(at)-* und würden damit beweisen, daß im vorliegenden Wort ein Lautwandel **ā* > /*ō*/ eingetreten ist. — Die genannte These, wonach {s̀} für [su/o] steht, hält aber einer kritischen Prüfung nicht stand (§21.333.2). Zu einer anderen Interpretation von {s̀} siehe §21.334.2.

33.231.3. Kontraktion **a*ʾ > /*ô*/ (neben **a*ʾ > /*â*/) (?)

Die Existenz der sekundären ug. Vokale /*ê*/ (< **ay*) und /*ô*/ (< **aw*) beweist indirekt, daß die phonetische Realisierung von /*a*/ je nach phonetischer Umgebung unterschiedlich ausfällt. In die gleiche Richtung weist auch die Beobachtung, daß (unbetontes) /*a*/ vor /*y*/ ungefähr als [e] und vor /*w*/ ungefähr als [o] gesprochen wurde (§33.213.1). /*a*/ ist folglich der Grundvokal mit der größten Bandbreite an Artikulationsvarianten.

Es ist somit theoretisch denkbar, daß ug. /*a*/ auch in Verbindung mit (mutmaßlich) quieszierendem Aleph (§33.141.4) – zumindest sporadisch – eine besondere Artikulationsweise erfährt, wobei das Kontraktionsergebnis von /*a*/ + /ʾ/ nicht /*â*/ = [ā] (einfache Vokallängung), sondern /*ô*/ = [ō] (Vokallängung und Verlagerung der Artikulationsstelle) lautet. /*â*/ müßte orthographisch mit {a}, /*ô*/ mit {u} wiedergegeben werden (§21.322.1:7; §21.322.2:2).

Eine Kontraktion **a*ʾ > /*ô*/ würde die Existenz eines allgemeinen Lautwandels **ā* > /*ō*/ im Ug. nicht voraussetzen. Sie beruht vielmehr auf der Annahme, daß ein quieszierender Laryngal neben der Längung des vorangehenden Vokals auch eine Umfärbung desselben bewirken kann.

Die genannte, von Tropper (1990b und 1990c) erwogene Theorie einer Kontraktion **a*ʾ > /*ô*/ im Ug. hätte erheblich Auswirkungen auf die Interpretation ug. Alephschreibungen. Sie läßt sich allerdings nicht sicher beweisen und wird deshalb in dieser Grammatik nur als mögliche Alternativerklärung für vereinzelte Wortformen mit abnormer Alephschreibung herangezogen (§21.322.2-3).

33.232. Lautwandel **a* > /*i*/

In unbetonter geschlossener Silbe dürfte /*a*/ im Ug. sporadisch zu /*i*/ abgeschwächt worden sein. Von diesem Phänomen, das unter anderem im He. verbreitet ist (Bergsträsser I § 26b), zeugen vielleicht die beiden folgenden syll. Formen (unsichere Belege):

mi-dá-ar-ú! "Saatland" RS16.150:12 = alph. *mdrᶜ* 1.23:69.73& = /*midarᶜ-*/ (§33.181.2.) < **midraᶜ-* < **maḏraᶜ-*: Zum postulierten MphT *{maqtal}* vgl. he. **mizraᶜ* < **maḏraᶜ* und ar. *mazra/uᶜat*, "Saatland". — Auch andere *{mVqtVl}*-Nominalformen könnten von diesem Lautwandel zeugen (§51.45l).

bi-da-lu-na/ma (Pl.), "Vertreter, Ersatzleute", RS15.172:14'; 16.257+:II:12 = alph. *bdl(m)* 4.69:III:6& = /*biddāl-*/ < **baddāl-*: Zum postulierten MphT {*qattāl*} vgl. ebla. *ba-da-lum* "Vertreter, Statthalter" (so Sanmartín 1988, 173f.) od. "Händler" (so Fronzaroli 1984, 137) sowie ar. *baddāl* "Lebensmittelverkäufer; Geldwechsler" (dialektal *bəddāl*). — Es könnte jedoch auch ein anderer MphT zugrunde liegen (etwa {*qitāl*}; vgl. ar. *bidāl* "Ersatz"). — Zur Funktion der ug. *bdl(m)*-Personen siehe Vita (1995, 113-118).

Anm. Man beachte in diesem Zusammenhang, daß in vielen ar. Dialekten Nomina mit zugrundeliegendem MphT {*qattāl*} als [qəttāl] gesprochen werden; siehe O. Jastrow, "Die Struktur des Neuarabischen", in: W. Fischer (ed.), Grundriß der Arabischen Philologie I, Wiesbaden 1982, 131.

33.233. Lautwandel **i* > /*a*/

In betonter, geschlossener Silbe dürfte /*i*/ im Ug. zumindest sporadisch zu /*a*/ geworden zu sein (sogenanntes Philippisches Gesetzes [Philippi 1878, 41f.]; vgl. Bergsträsser I § 26b).

Auf die Wirksamkeit dieses Lautwandels weist die Verbalform *tnšan* "sie (fem.) werden erhoben werden" (1.103+:47) hin, die als N-PK^L 3.f.pl. zu analysieren ist. Die offenbar phonetische Aleph-Schreibung mit {a} (§73.233.42) zeigt, daß der Vokal der dritten Wortsilbe /*a*/ lautet. Der betreffende Vokal überrascht, geht man doch aus sprachvergleichenden Gründen bei der N-PK von einem Themavokal /*i*/ aus (§74.331). Da dieser Vokal in der PK 3.f.pl. in einer betonten, geschlossenen Silbe steht, ist seine /*a*/-Qualität wahrsch. sekundär, d.h. auf der Grundlage des Philippischen Gesetzes aus **i* entstanden: **tinnaśíʾna* > /*tinnašáʾna*/ (vgl. he. *tiqqaṭalna*).

Anm. A.F. Rainey (UF 27 [1995], 705) hat dafür plädiert, *tnšan* als N-PK^L 3.f.du. zu deuten, d.h. /*tinnaśiʾāni*/. Das zugrundeliegende Subjekt *mrḥy mlk* "die Lanzen des Königs" ist aber gewiß ein Plural (§54.121.2, Anm. [1]).

33.24. Schwund von Vokalen

33.241. Einleitung

Der Schwund eines Vokals im Wortinnern wird als Synkope, der Schwund eines Vokals im Wortauslaut als Apokope bezeichnet. Im Ug. sind nur Kurzvokale in gewissen phonetischen Umgebungen von diesen Erscheinungen betroffen.

33.241.1. Das Ug. hat im Wortinnern unbetonte Kurzvokale in offenen Silben in der Regel bewahrt: vgl. syll. *da-ka-rù* = /*dakaru*/ "männlich" (RS20.123+:III:5' [S^a]), *la-ba-nu* = /*labanu*/ "weiß" (RS20.426B:4' [S^a]) und *a-mu-q[u-(ma?)]* = /*ʿamuqu*/(?) "Tal/Täler" (RS20.24:18); vgl. ferner den GN *ga-ša-ru* = /*gaṯaru*/ (eig.: "stark") in RS20.123+:IVa:15 und RS20.123+:IVb:12.14.

Daneben gibt es jedoch auch Beispiele für den Wegfall von Kurzvokalen in offenen, unbetonten Silben, und zwar in der Position unmittelbar vor der Tonsilbe einerseits (= prätonische Position) und in der Position unmittelbar nach der Tonsilbe andererseits (= posttonische Position).

Anstelle eines Totalschwundes ist bisweilen auch die Verkürzung der betreffenden Vokale zu Ultrakurzvokalen (Murmelvokalen) denkbar, die dann in der Orthographie nicht berücksichtigt worden wären.

33.241.2. Im Wortauslaut hat das Ug. in der Regel neben langen auch alle kurzen Vokale und damit sämtliche vokalischen Flexionsendungen bewahrt. Mögliche Ausnahmen von dieser Regel werden unter *§*33.244 diskutiert.

33.242. Prätonische Vokalsynkope

Der letzte Vokal in einer Sequenz von zwei oder drei kurzen offenen Silben kann schwinden, sofern er unmittelbar vor der Tonsilbe steht. Als Regel läßt sich formulieren: *(Kv)KvKvKv́* > *(Kv)KvKKv́* ("*v*" = *v̆*, d.h. Kurzvokal).

Vokalsynkopen dieser Art sind vor allem in Pluralformen der MphTT *{qVtl}* und *{qatal}* nachweisbar. Bei einer Reihe von Wortformen sind nebeneinander Varianten mit und ohne Vokalsynkope bezeugt.

a. Syll. Befund (Belegauswahl; siehe UV 281):

lú.meš*ḫa-am-ru-ma* /*ġamrūma*/ < **ġamarūma* "Lehrlinge" (Pl. von *{qatal}*) RS25.428:8: vs. *[ḫ]a-ma-ru-m[a*(meš)*]* /*ġamarūma*/ RS15.41+:I:1.

giš.meš*ma-ás-wa-tu* /*maswātu*/ < **masawāt-* "Zypressen"(?) (Pl. zu *{qatl}*) RS19.26:2*; vgl. RS19.71:7: vs. giš.meš*ma-sa-wa-tu* /*masawātu*/ RS19.26:5 (siehe UV 147f.281). — *ma-ás-wa-tu* kann jedoch mit D. Sivan (UF 21 [1989], 361) alternativ als Sg. gedeutet werden, d.h. /*maswatu*/ (vs. Pl. /*masawātu*/). Eine andere Deutung hat J.-P. Vita (AuOr 13 [1995], 139-141) vorgeschlagen: /*mat̲(a)waṭū*/ "Ruder" (Pl.) = alph. *mt̲tm* (4.689:2 [vgl. he. *māšôṭ* und ar. *miswaṭ*]). Demnach stehen beide Schreibungen für die (mask.) Pluralform (mit bzw. ohne Vokalsynkope). In diesem Fall wäre in RS19.26:5 eine Lesung *ma-ša*$_{10}$*-wa-ṭú* und damit ein Lautwert *ša*$_{10}$ für {SA} zu postulieren.

na-ab/p-ki-ma bzw. *nab/p-ki-ma* /*nab/pkīma*/ < **nab/pakīma* "Quellen" (Pl. von *{qatl}*) RS16.263:5&: vs. *na-pa-ki-ma* /*nab/pakīma*/ RS16.150:16.

qa-ad-šu-ut-ti /*qadšūti*/ < **qadišūti* (*§*33.172) "Priesterstatus" RS16.132:7: Abstraktbildung zu **qadiš* "Geweihter, Priester" (vgl. ug. *qdšm* [4.38:2&] und he. *qādeš*). Es könnte sich jedoch um eine akkadisierende Bildung handeln.

Eigennamen: z.B. [uru*l*]*a-ab-nu-ma* RS15.020:28' bzw. uru*la-ab-ni-ma* RS15.139:6.8.10 = /*labnū/īma*/ < **labinū/īma* (eig.: "Ziegel") vs. uru*la-bi-nu-ma* RS11.830:24; uru*u-ga-ar-ti-yu* /*ʾugartīyu*/ < **ʾugaritīyu* "Ugariter" RS19.42:15.16.

b. Alph. Befund:

rišt /*raʾšāt-*/ < **raʾašāt-* "Köpfe" 1.2:I:23.24; 1.3:II:12; (?) 1.7:2*: vs. *rašt-* /*raʾašāt-*/ 1.2:I:27.29 (immer St.pron.) und mask. Pl. *rašm* = /*raʾašū/īma*/ 1.3:III:42; 1.5:I:3. (nur im Zusammenhang mit dem siebenköpfigen Ungeheuer *šlyṭ*).

rbt (Pl.) /*rabbāt-*/ < **rababāt-* "Zehntausende, Myriaden" 1.14:II:40; 1.14:IV:18: phonetische Variante zu *rbbt* /*rababāt-*/ 1.4:I:28.43 (*§*62.91); vgl. he. *rᵉbābôt* "Zehntausende". — *rbt* kann aber alternativ als Sg. gedeutet werden.

rbt-m (Pl. Obl. + EP *-m* [§62.912b]) */rabbāti-mV/* "Zehntausende" 1.4:I:30.
qrtm /*qarîtêmi*/ < **qariytêmi* < **qariyataymi* (Du. Obl.) "Doppelstadt(?)" 1.3:II:20: vs. *qrytm* /*qariyatêmi*/ 1.3:II:7.
iptt (Pl. Obl.) /*ʾiptāt-*/ < **ʾipadāt-* "*ipd*-Prachtgewänder" 4.707:11: Der Entwicklung **d* > *t* (Stimmtonverlust [§33.112.52]) dürfte eine Vokalsynkope vorausgehen. Im Sg. (*ipd* = /*ʾipadu*/ 1.136:1*.2*&) und im Du. des betreffenden Lexems (*ipdm* = /*ʾipadâ/êmV*/ 1.136:10; 4.594:5; 4.707:22; 4.780:2) ist dagegen keine Synkope zu beobachten. — Die Deutung setzt allerdings einen MphT *{qital}* voraus, während he. *ʾepô/od* auf *{qitāl}* hinweist (akk. *epattu* mit Pl. *epădātu* [AHw. 222] liegt *{qital}* oder *{qitāl}* zugrunde).

33.243. Posttonische Synkope

33.243.1. Posttonische Vokalsynkope in viersilbigen Formen

33.243.11. In einer Sequenz von vier kurzen offenen Silben mit dem Akzent auf der ersten Silbe kann der erste posttonische Vokal schwinden (Regel: *Kv́KvKvKv* > *Kv́KKvKv* ["*v*" = *v̆*, d.h. Kurzvokal]).

Ferner neigt in einer Sequenz von einer betonten geschlossenen Silbe (oder auch einer langen offenen Silbe [§33.243.12]) und drei kurzen offenen Silben der dritte Vokal zum Schwund (Regel: *Kv́KKvKvKv* > *KvKKvKKv* [wahrsch. mit Akzentverlagerung, d.h. *KvKKv́KKv*; §31.44]).

In beiden Fällen besteht die Tendenz, ein viersilbiges Wort auf drei Silben zu reduzieren. Synkopiert wird jeweils der erste abkömmliche posttonische Vokal, d.h. der erste posttonische Vokal, dessen Schwund keine inkompatible Silbenstruktur nach sich zieht (zu den Regeln siehe UV 283).

a. Syll. Befund:
[lú]*ḫ[a-a]m-ru-ú* /*ġamru-hu*/ < **ġamaru-hu* "sein Lehrling" RS19.42:13 (vgl. auch die hybride Form [lú]*ḫa-am-ru<-šu>-nu* /*ġamru-šunu*/ < **ġamaru-šunu* "ihr Lehrling" in RS19.42:9): vs. [l]ú*ḫa-ma-ru-ú* /*ġamaru-hu*/ RS19.42:11.
Eigennamen: vgl. GN *aš-ra-tum* (akkadisierte Form) < **ʾaṯiratum* RS20.24:19.

b. Alph. Befund: Synkope in nominalen *{qatalat}*-Formen:
rbt (Sg.) /*rabbat-*/ < **rababat-* "zehntausend, Myriade" 1.3:I:17&: vgl. he. *rᵉbābāh* "zehntausend" (BL 463u).
ṯig/qt /*ṯaʾg/qat-*/ < **ṯaʾagat-* "Gebrüll" 1.14:III:16; 1.14:V:8: vgl. he. *šᵉʾāgāh*.

c. Alph. Befund: Synkope in Verbalformen:
tštil /*tištaʾlu*/ < **tištaʾalu* "du wirst(?) dich erkundigen" (√*šʾl* Gt-PK) 2.17:15 (ohne Kontext): vs. *yštal* /*yištaʾal(u)*/ "er soll sich erkundigen" bzw. "er erkundigt sich" 2.42:23; 2.70:12; 2.71:10 (z. Disk. siehe §74.232.1).
? *ištir* /*ʾištaʾra*/(?) < **ʾištaʾVra* "er ist geblieben" (√*šʾr* Gt-SK) 1.18:IV:15; 2.32:10; (?) 2.72:42; 4.290:3 (z. Disk. siehe §74.234.1 und §74.234.2, √*šʾr*).

33.243.12. Erwägenswert ist ferner, ob nicht auch die auffällig häufige Bezeugung der Sg.-Femininendung als /*-Øt*/ anstelle von /*-at*/ (vgl. UV 295) teilweise auf posttonische Vokalsynkope zurückzuführen ist. So dürfte etwa die Tatsache, daß das G-Ptz. f.sg. der WzK III-*w/y* gewöhnlich *{qātît-}* lautet, auf einer Regel *Kv̄KvKvKv* > *Kv̄KvKKv* beruhen, die als Variante der unter §33.243.11 genannten zweiten posttonischen Synkoperegel betrachtet werden kann:

ydt /*yādît-*/ < **yādiyt-* < **yādiyat-* (√*ydy*) "vertreibend" 1.16:V:27 (Kontext: *aškn ydt mrṣ* "ich werde eine (Frau) erschaffen, welche die Krankheit vertreiben kann". Dabei dürfte *ydt* verbale Rektion besitzen und im St.abs. stehen).

ylt /*yālitt-*/ < **yālidt-* < **yālidat-* (√*yld*) "gebärend" 1.17:I:41 (*yldt* in RS92.2016:22' [ohne Kontext] ist wohl SK 3.f.sg. oder Ptz. f.pl.).

bkt /*bākît-*/ < **bākiyt-* < **bākiyat-* (√*bky*) "weinend" 1.16:VI:4.

dit /*dāʾît-*/ < **dāʾiyt-* < **dāʾiyat-* (√*dʾw*) "fliegend" 1.108:8.

qrit /*qārît-*/ < **qāriʾat* "rufend" 1.100:2 (weniger wahrscheinlich: SK 3.f.sg.)

Eigennamen: z.B. *ʿdt-m* /*ʿādît-*/ < **ʿādiyt* < **ʿādiyat-* (√*ʿdw*), Name einer Pflanze mit kathartischer Wirkung (w.: "abstreifend"), 1.100:66.

33.243.13. Formen des G-Ptz. f.sg. der WzK III-*w/y* mit Femininmorphem /*-at*/ und bewahrtem dritten Radikal sind demgegenüber nicht sicher nachweisbar:

Die Form *bkyt* "Klagefrauen" (1.19:IV:9-10.21) kommt nicht in Betracht, da es sich um eine Pluralform handelt. Außerdem dürfte sie nicht als MphT *{qātil}*, sondern als *{qa/ittīl}* zu deuten sein (§51.44i); vgl. akk. *bakkītu* "Klagefrau".

Die Form *qnyt (ilm)* "Erschafferin/Gebärerin (der Götter)" (1.4:I:22; 1.4:III:26:30.35) könnte ebenfalls als MphT *{qa/ittīl}* gedeutet werden. Sollte es sich jedoch um einen MphT *{qātil(a)t}* handeln, wäre die Bewahrung des /*y*/ entweder dadurch zu erklären, daß *qnyt* im St.cs. steht, wo andere Akzentverhältnisse herrschen, oder sie wäre auf ein Sandhi-Phänomen (bzw. Krasis) zurückzuführen (Aussprache [qāniyat-ilīma] anstelle von /*qāniyatV ʾilīma*/).

Die in 1.16:II:27 bezeugte Form *nkyt* steht ebenfalls im St.cs. (Kontext: *km nkyt ṯġr* 1.16:II:27). Es ist unklar, ob es sich um einen Sg. oder einen Pl. handelt.

33.243.14. Eine vergleichbare Synkope des Vokals des Femininmorphems scheint auch im (ursprünglich fünfsilbigen) Zahlwort *ṯmnt* /*ṯamānît-*/ < **ṯamāniyt-* < **ṯamāniyat-* "acht" (1.3:V:11.26&) vorzuliegen. Als Regel wäre zu formulieren: *KvKv̄KvKvKv* > *KvKv̄KvKKv*. Da die zweite Silbe lang ist, wird hier nicht der Vokal der dritten, sondern der der vierten Silbe synkopiert.

33.243.15. Ferner scheint eine Synkope des Vokals des Femininmorphems auch in Wortformen einzutreten, die aus vier kurzen (offenen) Silben bestehen, obwohl in solchen Fällen gemäß der in §33.243.11 formulierten ersten posttonischen Synkoperegel ein anderer Vokal synkopiert werden müßte:

/*qarît-*/ < **qariyt-* < **qariyat-* "Stadt", belegt als syll. *qa-ri-t[u₄]* RS20.149:III:18' (S[a]) und alph. *qrt* 1.4:VIII:11&: Die betreffende Synkope unterbleibt aber in Pausalstellung (§33.444); siehe alph. *qryt* = /*qariyat-*/ od. /*qaryat-*/ (Synkope des Vokals der zweiten Silbe) in 1.14:II:28 und 1.14:IV:9 (jeweils Kolonende).

Anm. Sivan (1982) deutet die Form *qryt*, die jeweils in Parallele zu *bt ḫbr* begegnet, dagegen pluralisch. Zur Verteidigung des Sg. siehe jedoch Blau-Loewenstamm (1970, 27).

? *ṯut* /*ṯaʾôt-*/ < **ṯaʾawt-* < **ṯaʾawat-* "Mutterschaf" 1.80:3: Es handelt sich offenbar um eine phonet. Variante zu *ṯat* /*ṯaʾât-*/ < **ṯaʾawat-* "Mutterschaf" (1.6:II:29&) und nicht um eine Pluralform (§33.231.22b).

? *mlit* /*maliʾti*/ < **maliʾati* (Gen.) "voll" 2.2:7 (Kontext: *by šnt mlit* "in einem vollen Jahr"; gegenüber *b ym mlat* "am Vollmondstag" [1.46:11*; 1.109:3]).

33.243.16. Unmittelbar damit vergleichbar ist die Synkope des Vokals des Femininmorphems in der Endung der SK 3.f.du. (/*-tâ*/ < *-*atâ*):

ylt /*yalattâ*/ < **yaladtâ* < **yaladatâ* "(die beiden Frauen) haben geboren" 1.23:53.60 (je 2x): Da die Form wahrsch. nicht endbetont ist, liegt eine posttonische und keine prätonische Vokalsynkope vor (der Dualmarker /*-â*/ geht auf *-*ay* und nicht auf einen Triphthong zurück [vgl. §31.43]).

33.243.17. Die unter §33.243.15-16 genannten Synkopeerscheinungen setzen möglicherweise eine sekundäre Verlagerung des Wortakzents von der ersten auf die zweite Silbe voraus, z.B. **yáladatâ* > **yaládatâ* > **yaládtâ* > /*yaláttâ*/ (§31.44).

33.243.2. Posttonische Vokalsynkope in dreisilbigen Formen

Sporadisch sind auch ursprünglich dreisilbe Formen von posttonischer Vokalsynkope betroffen. Dabei schwindet in einer Sequenz von drei kurzen offenen Silben mit dem Akzent auf der ersten Silbe der erste posttonische Vokal (Regel: *KvKvKv* > *KvKKv*). Betroffen sind:

Adjektive der WzK II-*gem.* (schon vor-ug.): syll. *da-al-lu* /*dallu*/ < **dalVlu* "arm" RS20.123+:II:7'.8' = alph. *dl* 1.16:VI:48 (vgl. he. *dal(l)*); *sar-rù* /*sarru*/ < **sarVru* "falsch" RS20.123+:II:31' (vgl. akk. *sarr*); syll. GAL-*bu* (RS16.263:25) bzw. *ra-bu* (RS15.120:7) = alph. *rb* 1.3:III:39& = /*rabbu*/ < **rabVbu* "groß" (vgl. he. *rab(b)*). — Auch die fem. Formen der betreffenden Adjektive sind synkopiert; z.B. syll. *ra-ba-ti* /*rabbati*/ < **rabVbati* "groß" RS17.036:4 = alph. *rbt* 1.14:III:5[!].30&; *dlt* /*dallat-*/ < **dalVlat-* "arm" 1.82:22.

SV. Zum gleichen Befund im He. siehe BL 453y und GBH § 88Bg, mit Anm. 4.

syll. *iš-tu*$_4$ /*ištu*/ < **iši/atu* "Feuer" RS20.201G+:8' (Lesung nach van Soldt 1990, 732.733) vs. *i-ši-t[u*$_4$*]* RS20.189:37 (S[a]); vgl. alph. *išt* 1.2:I:32&: Man beachte allerdings, daß die sem. Grundform des Lexems umstritten ist. Sollte sie gemäß Blau (1972, 62-65) *ʾ*iš* lauten, wäre im Ug. von einer Entwicklung *ʾ*išatu* > /ʾ*išitu*/ (via Vokalharmonie [?]) auszugehen.

syll. *ša-an-tu*$_4$ /*šantu*/ < **šanatu* "Jahr" RS20.189:11 (Lesung nach van Soldt 1990, 731.733); vgl. alph. *šnt* 1.4:VI:43&: Da der Konsonant /*n*/ weder syll. noch alph. assimiliert ist, muß die Grundform **šanat-* lauten (§33.115.44:5).

? syll. *e-bu* /ʾ*êbu*/ < *ʾ*aybu* < *ʾ*a/āyibu*(?) "Feind" RS20.149(+):III:15' (S[a]) = alph. *ib* 1.2:IV:8&.

? *ʿšr* /ʿ*ašr*/ < *ʿ*aśar-*(?) "zehn" 1.91:21& (schon vor-ug.): möglw. Grundform *ʿ*aśar-* (trotz he. ʿ*æśær* < *ʿ*aśr* und ar. ʿ*ašr*; vgl. ar. ʿ*ašara*(*tun*)).

33.244. Vokalschwund im Wortauslaut (Apokope)

Ein Schwund von kurzen Auslautvokalen läßt sich im Ug. nur bei nominalen Formen sporadisch beobachten. Die wenigen in Frage kommenden Belege werden unter *§*54.5 diskutiert.

33.25. Sekundäre Vokale (Anaptyxe)

Belege für sekundäre Vokaleinfügungen (Anaptyxe) zur Erleichterung der Aussprache sind im Ug. selten. Dafür sind zwei Gründe verantwortlich:

1. Gutturale (außer /ʾ/) werden im Ug. offenbar immer fest artikuliert. KVK-Silben mit einem Guttural an silbenschließender Position werden – anders als im He. (z.B. he. **ma*^{ca}*bār* < **ma*ᶜ*bar-*) – nicht in KVK^{V} aufgelöst. Dies geht aus syll. bezeugte Formen hervor, z.B. *uḫ-ra-a-yi* = /ʾ*uḫrāyi*/ "Ende, Schicksal" (RS15.085:18), *ma-ba-ri* = /*ma*ᶜ*bari*/ "Furt, Paß" (RS20.12:6.19), *ma-ʾ-ša-ri-ša* (RS16.153:11) bzw. *ma-ša-ra* (RS16.244:7) = /*ma*ᶜ*šara*/ "Zehnt(el)" und *ni-iḫ-rù* /*niǵru*/ "Beschützen, Schutz" (RS20.123+:I:5' [S^{a}]).
2. Das Ug. hat die kurzen Auslautvokale bewahrt. Aus diesem Grund gibt es keine Segolata nach Vorbild des He., zumal keine Auflösung einer sekundär entstandenen Doppelkonsonanz am Wortende erforderlich ist.

Mit allgemeiner Anaptyxe zur Auflösung einer wortanlautenden Doppelkonsonanz ist jedoch beim G-Imperativ zu rechnen: *qtl* /*qVtlVl*/ < **qtVl* (*§*73.121).

Andere sekundäre Vokale sind in der Umgebung von Resonanten (*§*33.18) sowie zur Auflösung einer wortanlautenden Doppelkonsonanz in Form einer Prothese (*§*33.42) zu beobachten.

33.26. Vokalmetathese (?)

Es gibt keinen eindeutigen Beleg für eine Vokalmetathese im Ug.

Anm. Die Form *uba* "ich will eintreten" (1.100:72) zeugt nicht von Vokalmetathese (*ʾ*abû*ʾ- > /ʾ*ubâ*ʾ-/), sondern von Vokalharmonie: *ʾ*abû*ʾ*a* > /ʾ*ubû*ʾ*a*/ (*§*33.215.21b).

33.27. Sekundäre Vokallängung

33.271. Akzentbedingte Vokallängung (?)

Akzentbedingte Vokallängungen lassen sich im Ug. nicht nachweisen.

Anm. Sivan (1986, 310) vermutet, daß syll. Pleneschreibungen von Kurzvokalen im Wortinnern die Tonsilbe markieren (z.B. ^{I}*ia-ab-ni*-DINGIR [RS19.025:12]). Dies ist abzulehnen. Entsprechende Extra-Vokalzeichen lassen sich nur nach den Zeichen {PI} und {IA} nachweisen und spezifizieren deren Lautwerte. Es handelt sich um ein orthogr. Charakteristikum eines bestimmten Archivs (siehe SAU 336 mit Anm. 165).

33.272. Vokallängung anstelle einer Konsonantengemination (?)

Ersatzdehnungen von Vokalen anstelle einer Konsonantengemination lassen sich im Ug. nicht nachweisen (vgl. aber die Diskussion bei Sivan 1986, 305).

33.273. Vokallängung durch Kontraktion

Sekundäre Langvokale entstehen a) durch Monophthongierung von Diphthongen (§33.311), b) durch Kontraktion von Triphthongen (§33.323) und c) durch quieszierendes Aleph (§32.221.2).

33.274. Vokallängung in Pausalformen

In Pausalformen kann es zu einer besonderen Dehnung der Tonsilbe kommen. Das Phänomen wird unter §33.44 erörtert.

33.275. Vokallängen in einsilbigen Partikeln

33.275.1. Die einsilbigen Präpositionen /*bi*/ und /*li*/ werden sowohl syll. als auch alph. (teilweise) plene geschrieben (§21.341):
bi-i "in, auf" RS20.149(+):III:6' (S^a) = alph. *by* 2.2:7; 2.36+:26; 2.38:13.25.
le-e "für" RS20.149(+):III:5' (S^a) = alph. *ly* 2.30:5; 2.33+:4; 2.68:7; 2.72:5*.

Ob diese Pleneschreibungen auf eine Vokallängung hinweisen, ist umstritten. Sivan (1986, 308f.) vertrat die Ansicht, daß die syll. Extra-Vokalzeichen hier lediglich phonetische Komplemente darstellen. Die Tatsache, daß dieselben Formen auch alph. teilweise plene geschrieben werden, spricht jedoch für eine langvokalische Aussprache: /*bi*/ = [bī] "in"; /*li*/ = [lē] "für".

33.275.2. Für die Existenz von Langvokalen spricht viell. auch, daß die genannten Präpositionen mit PS 1.c.sg. *ly* = /*līya*/ (1.1:III:12&) bzw. *by* /*bīya*/ (1.2:III:19; 2.16:10; evtl. ferner 2.60:4) lauten (im Gegensatz zu he./aram./ar. *bī* bzw. *lī*). Dieses Argument ist aber nicht zwingend (siehe §41.221.14 und §41.221.17c).

33.275.3. Blau (1979, 58f.) und andere Autoren halten die Langvokale in den genannten Präpositionen für sekundär (Blau verweist auf ar. Dialekte, in denen die betreffenden Lexeme ebenfalls als [bī] und [lē] gesprochen werden).

Sollte eine etymologische Verwandtschaft zwischen *b* und dem Subst. **bayt*- "Haus" einerseits und zwischen *l* und der zsem. Präp. **ʾilay* "zu" andererseits bestehen, wie wiederholt vermutet wurde, wären die betreffenden Langvokale als Kontraktionsprodukte ursprünglicher Diphthonge zu bewerten.

33.3. Lautveränderungen im Bereich von Diphthongen und 'Triphthongen'

33.31. Behandlung von Diphthongen

Unter einem Diphthong wird hier die Lautkombination eines Vokals (/*a*/, /*i*/, /*u*/) und eines (nicht-geminierten) Halbvokals (/*w*/ und /*y*/) verstanden. Folgt der Halbvokal (silbenschließend) dem Vokal, gilt der Diphthong als "steigend"; geht er dem Vokal voran (wortanlautend oder silbeneinleitend in nach-konsonantischer Position), gilt der Diphthong als "fallend". Die Kombination eines

Halbvokals und eines ihm gleichförmigen Vokals, d.h. /*w*/ + /*u*/ oder /*y*/ + /*i*/, gilt als "homogener" Diphthong, andere Kombinationen gelten als "heterogen".

Im Ug. werden alle steigenden Diphthonge zu Monophthongen kontrahiert. Fallende Diphthonge werden teilweise bewahrt und teilweise kontrahiert.

Im folgenden Überblick werden vornehmlich nicht-verbale Bildungen erörtert. Verbale Formen (infirmer WzKK) werden nur dann miteinbezogen, wenn eine Regel ohne sie nicht etabliert werden kann. Sie bieten insgesamt einen komplexeren Befund, der im Zusammenhang mit den morphologischen Besonderheiten schwacher Verben behandelt wird (§75.5).

Lit.: Fronzaroli (1955, 62f.); Sivan (GUL 37-41).

33.311. Kontraktion von steigenden Diphthongen

33.311.1. Kontraktion **aw* > /*ô*/

Der Diphthong /*aw*/ erscheint im Ug. allgemein als (kontrahierter) Langvokal /*ô*/. Er wird orthographisch – sowohl in der syll. Orthographie als auch in der alph. Aleph-Orthographie – wie /*ū*/ behandelt. Beispiele:

a. Syll. Befund:
yu-mu = /*yômu*/ < **yawm-* (√*ywm*) "Tag" RS20.123+:IVa:17; 20.426B:2' (S[a]).
(A.ŠÀ^{meš})*mu-ba-li* = /*môbali*/ < **mawbal-* (√*wbl*) "Produktion(?)" RS16.178:8.
mu-ša-bu = /*môṯabu*/ < **mawṯab-* (√*wṯb*) "Wohnort" RS20.123+:III:7' (S[a]).

b. Alph. Befund:
u /*ʾô*/ < **ʾaw* "oder" 1.4:VII:43(2x)&.
ušn /*ʾôšān-*/ < **ʾawšān-* (√*ʾwš*) "Geschenk" 1.14:III:31; 1.14:VI:13.
ym /*yôm-*/ < **yawm-* (√*ywm*) "Tag" 1.1:V:2(2x)&.
mt /*môt-*/ < **mawt-* (√*mwt*) "Tod" 1.15:V:14&.
ql /*qôl-*/ < **qawl-* (√*qwl*) "Stimme, Wort" 1.3:I:20&.

33.311.2. Kontraktion **ay* > /*ê*/

Der Diphthong /*ay*/ erscheint im Ug. allgemein als (kontrahierter) Langvokal /*ê*/. Er wird syll. mit {E}-Zeichen, seltener mit {I}-Zeichen wiedergegeben; in der alph. Orthographie wird er wie /*ī*/ behandelt. Beispiele:

a. Syll. Befund:
e-bu /*ʾêbu*/ < **ʾayb-* < **ʾa/āyib*(?) (√*ʾyb*) "Feind" RS20.149(+):III:15' (S[a]).
ḫé-qu /*ḥêqu*/ < **ḥayq-* (√*ḥyq*) "Schoß" RS20.123+:I:3' (S[a]).
ḫe-bu bzw. *ḫé-b[u]* /*ḫêbu*/ < **ḫayb-*(?) (√*ḫyb*) "Schuld, Scham"(?) RS20.189:35; 20.201G+:3'.

Anm. In zwei Kolophonen aus Ugarit (RS20.196) bzw. Ras Ibn Hani (RIH 77/9) sowie in der lexikalischen Liste RS12.47 ist ein Terminus ^{lú}A.BA bezeugt. Es handelt sich dabei um eine Bezeichnung für "Schreiber", die akk. *ṭupšarru* entspricht. ^{lú}A.BA könnte soviel wie "ABC-Mann" bedeuten, d.h. Alphabet-Schreiber (siehe K. Deller, Baghdader Mitteilungen 13 [1982], 151-153). Auffällig wäre dabei die Verwendung des Zeichens {BA} anstelle des zu erwartenden {BE} für den zweiten Buchstaben des Alphabets (vgl. KTU 5.14:2). {BA} könnte für /*bayt-*/ stehen und damit auf einen nicht-monophthongierten Diphthong /*ay*/ hinweisen. Aus diesem Befund läßt sich jedoch nicht ableiten, daß /*ay*/ in der Frühzeit Ugarits nicht monophthongiert wurde, zumal der Terminus nicht notwendigerweise in Ugarit selbst geprägt worden ist.

b. Alph. Befund:
ib /*ʾêb-*/ < **ʾayb* < **ʾa/āyib*(?) (√*ʾyb*) "Feind" 1.2:IV:8&.
il /*ʾêl-*/ < **ʾayl-* (√*ʾyl*) "Widder" 1.4:VI:42; 1.22:I:13.
in /*ʾên-*/ < **ʾayn-* "Nicht-Existenz" 1.3:V:33& (§88.2).
bt /*bêt-*/ < **bayt-* (√*byt*) "Haus" 1.1:IV:6&.
zt /*zêt-*/ < **zyt-* (√*zyt*) "Ölbaum, Olive" 1.5:II:5&.
ʿn /*ʿên-*/ < **ʿayn-* (√*ʿyn*) "Auge" 1.2:IV:22&.
ʿr /*ʿêr-*/ < **ʿayr-* (√*ʿyr*) "Eselshengst" 1.4:IV:4.9.14&.
qẓ /*qêẓ-*/ < **qayẓ-* (√*qyẓ*) "Sommer(obst)" 1.19:I:41; 1.20:I:5; 1.24:2.

33.311.3. Kontraktion **iy* > /*î*/

a. Syll. Befund:
ḫa-me-ti = /*ḥāmîti*/ = [ḥāmēti] (§33.214.1) < **ḥāmiyt-* "Mauer" RS16.86:4.
qa-ri-t[u₄] = /*qarîtu*/ < **qariy(a)t-* "Stadt" RS20.149:III:18' (S[a]).
ši-i-ru = /*šîru*/ < **šiyr-* "Gesang, Lied" RS20.123+:III:7' (S[a]).
ši-tu = /*šîtu*/ < **šiyt-* "Stellen" RS20.149(+):III:10' (S[a]).

b. Alph. Befund:
bkt /*bākîta*/ < **bākiyt-* < **bākiyat-* (√*bky* G-Ptz. f.sg. Ak.) "weinend" 1.16:VI:4.
ṯmnt /*ṯamānît-*/ < **ṯamāniyt-* < **ṯamāniyat* "acht" (fem.) 1.3:V:11&.
dn /*dîn-*/ < **diyn-* "Recht, Gericht" 1.16:VI:33.46&.
šr /*šîr-*/ < **šiyr-* "Gesang, Lied" 1.106:16; 1.147:11; 1.151:10.12.
ydt /*yādît-*/ < **yādiyt-* (< **yādiyat-*) "vertreibend" 1.16:V:27.
ḥmt /*ḥāmît-*/ = [ḥāmēti] < **ḥāmiyt-* "Mauer" 1.14:II:22&: Im Pl. ist /*y*/ dagegen bewahrt (*ḥmyt* /*ḥāmiyāt-*/ 1.40:18.36; 1.119:27.29.36).
qrt /*qarît-*/ < **qariy(a)t-* "Stadt" 1.4:VIII:11& (§33.243.15) mit Pausal-Var. *qryt* /*qariyat-*/ 1.14:II:28; 1.14:IV:9 (§33.444): Der Du. (Obl.) lautet *qrytm* /*qariyatêmi*/ (1.3:II:7) bzw. *qrtm* /*qarîtêmi*/ < **qariytêmi* (1.3:II:20), der Pl. *qrht* /*qarahāt-*/? (4.235:1; 6.27:2-3) (§33.152d; §33.215.31b).
hrt /*hirît-*/ < **hiriy(a)t-* "Schwangerschaft" 1.17:II:41; zum MphT *{qitilt}* vgl. he. *b[e]kît* "Weinen", *b[e]rît* "Bund", *š[e]bît* "Gefangenschaft" (BL 505m).
zġt /*ziġît-*/ < **ziġiy(a)t* "Gebell" 1.14:III:18; 1.14:V:11.
In Eigennamen: GN *alit* /*ʾalʾît-*/ < **ʾalʾiyt-*, eig. "die überaus Mächtige" 1.90:19 (fem. Pendant zu *aliy* = /*ʾalʾiy-*/ 1.3:III:14&).

33.311.4. Kontraktion **uw* > /*û*/

a. Syll. Befund:
? *ú-lu* /*ʿûlu*/ < **ʿuwl-* "(noch nicht entwöhntes) Jungtier"(?) RS17.136:2.5; 19.116:3 = (?) alph. *ʿl* (§b): vgl. he. *ʿûl* "Säugling", aram. *ʿūlā* "Säugling; Tierjunges" und äth. *ʿəwāl* "Tierjunges".

b. Alph. Befund:
ur /*ʾûr-*/ < *ʾ*uwr-* "Feuer" 1.39:8&: vgl. he. *ʿûr*.
nḫt /*nûḫat-*/ < **nuwḫat-* "Ruheort, Sessel" 1.1:IV:24.
nr /*nûr-*/ < **nuwr-* "Licht" 4.284:6; 5.22:4.18.
nrt /*nûrat-*/ < **nuwrat-* "Leuchte" 1.2:III:15&.
ʿl /*ʿûlu*/ < *ʿ*uwl-* "Säugling" (1.6:IV:19; 1.19:IV:35) bzw. "Jungtier" (4.749:1.2).

33.311.5. Kontraktion **aw/y* > /*â*/ (?)

Nur in Verbalformen der WzK III-*w/y* (§75.53) und möglicherweise auch nur im Wortauslaut greifbar ist die mutmaßliche Kontraktion **aw/y* > /*â*/. Der Vokal /*â*/ (statt /*ô*/ bzw. /*ê*/) könnte auch durch Analogie zu Verbalformen des starken Verbs bedingt sein (§75.531e).

Die genannte Kontraktion ist wahrscheinlich schon vor-ug. anzusetzen und in endunglosen PK^K-Formen mit /*a*/ in der Endsilbe bezeugt, z.B. *ybn* /*yubnâ*/ < **yubnaw/y* "es soll gebaut werden" (√*bnw/y* Gp-PK^K 3.m.sg.) (1.4:IV:62); zu weiteren Beispielen siehe §75.532 und §75.537a.e.

33.312. Behandlung von fallenden Diphthongen

33.312.1. Diphthonge im Wortanlaut

33.312.11. /*wV*/ im Wortanlaut

Anlautendes /*w*/ wird – von wenigen Ausnahmen abgesehen – unabhängig vom folgenden Vokal in der Regel zu /*y*/ (§33.133).

33.312.12. /*yV*/ im Wortanlaut

Wortanlautendes /*y*/ bleibt unabhängig vom folgenden Vokal immer bewahrt.

a. Syll. Befund:
PI-*mu* = /*yômu*/ < **yawm-* "Tag" RS20.426B:2' (S^a); 20.123+:IVa:17.
ia-ṣí-ru-ma /*yāṣirūma*/ "Töpfer" RS15.09B:I:12; vgl. 17.240:11.

b. Alph. Befund (Beispielauswahl):
yd /*yad-*/ "Hand" 1.2:I:39&; *ym* /*yôm-*/ < **yawm-* "Tag" 1.1:V:2(2x)&; *yn* /*yên-*/ < **yayn-* "Wein" 1.4:III:43&; *ynt* /*yônat-*/ < **yawnat-* "Taube" 1.39:1&; *yṣr* /*yāṣir-*/ "Töpfer" 4.46:11.12&; *yšr* /*yušr-*/ "Redlichkeit" 1.14:I:13.

33.312.2. Fallende Diphthonge im Wortinnern

33.312.21. /*wV*/

a. Syll. Befund:
$^{gis.meš}$*ma-ás-wa-tu* /*maswātu*/? (< **masawāt-* [§33.322.3a]) "Zypressen"(?) (wahrsch. Pl. von {*qatl*}) RS19.26:2*; vgl. RS19.71:7.

b. Alph. Befund (uneinheitlich):
bnwn /*bunwān-*/ "Gebäude" 1.16:IV:13: vgl. ar. *bunyān* und he./aram. *binyān(ā)*.

bnwt /*bunwat-*/ (alt.: Pl. /*bunwāt-*/) "Schöpfung" 1.4:II:11&: vgl. ar. *bu/inyat* "Bauwerk, Bau".

ḥẓt /*ḥi/uẓût-*/ "Schicksal" 1.3:V:31; 1.4:IV:42: vgl. ar. *ḥi/uẓwat* "Los, Glück, Gunst" (siehe Refroe 1992, 52-56).

kst /*ki/usût-*/ "Gewand" 1.19:I:36.47: vgl. he. *k*ᵉ*sût* < **ki/uswat* (BL 505o), ar. *ki/uswat* und akk. *kusītu* "Gewand".

mswn /*muswān-*/? "Nachtquartier"(?) 1.14:III:21& (MphT *{qutlān}* ?).

c. Auswertung: Im fem. Sg. des MphT *{qVtl}* der WzK III-*w* bleibt /*w*/ den genannten Beispielen zufolge überwiegend nicht bewahrt. Es ist von einer Entwicklung (**qVtu̯(a)t-* >) **qVtu̯t-* > **qVtuu̯t-* > *qVtût-* auszugehen. Eine Ausnahme bildet das Lexem *bnwt* "Schöpfung". Sollte es sich dabei, wie vorgeschlagen, um eine *{qutl}*-Bildung handeln, läge die Annahme nahe, daß der fem. Sg. des MphT *{qutl}* der WzK III-*w* generell stark gebildet wird.

Vor Langvokal (/*ā*/) bleibt /*w*/ offenbar immer als Konsonant bewahrt (z.B. /*bunwān-*/).

Anm. Man vergleiche hierzu PK-Verbalformen der WzK II-*w*, die immer schwach gebildet sind: z.B. *yqm* /*yaqûm-*/ < **yaqwum-* (√*qwm*); siehe §75.521a-b und §75.522.

33.312.22. /*yV*/

a. Syll. Befund:

iš-ia-ti-mi /ᶜ*išyatêmi*/ (Du.), Bedeutung unklar, RS20.235:10.

b. Alph. Befund (uneinheitlich):

lḥt /*la/iḥît-*/ "Kinnlade" 1.17:I:28&: vgl. ar. *liḥyat* "Bart an Kinn und Wangen" und akk. *lētu* "Backe, Wange"; vgl. ferner he. *l*ᵉ*ḥî* "Kinnlade". — Alternativ: Pl. eines Lexems **lḥ* (§33.312.32b).

ġlt /*ġalît-*/? "Ungerechtigkeit" 1.16:VI:32.45: vgl. he. ᶜ*alwā* (Hos 10,9), syr. ᶜ*elyā* und asa. *ġlyt* (CDG 62, sub ᶜ*alawa*).

klyt- /*ku/ilyāt-*/ (Pl.) "Nieren" 1.82:3 (*klyth*): vgl. ar. *kulyat* und he. *kilyôt-* (Pl.cs.).

ġdyn /*ġi/udyān-*/? "Verköstigung" 1.65:18 (√*ġdy*).

mrym /*maryam-*/ od. /*maryām-*/ (Pl.cs.) "Höhen" 1.1:IV:1*; 1.3:IV:1.38& (Kontexte: *mrym ṣpn* "Höhen des Ṣapānu"; *mrym lbnt* "Höhen des Libanon" [nur 1.83:10]): stark gebildeter MphT *{maqtal}* bzw. *{maqtāl}* zu √*ry/wm* (§51.45e, Anm.). Andere sem. Sprachen weisen schwache *{maqtal}*-Bildungen auf (vgl. he. *mārôm* < **marâm-* "Höhe", ar. *maqām* "Ort" und nwsem. [in äg. Transkription] ma_3=*ra*=mi_3=*im* = /*marâmīm*/ [Pl.] "Höhen" [siehe Hoch 1994, Nr. 177]). — Unwahrscheinlich ist die Deutung von *mrym* als *{maqtil}*-Bildung /*marîm-*/ (mit Pleneschreibung). Neben *mrym* ist in 1.169:7 auch ein schwach gebildetes Subst. *mrmt* /*marâma/āt-*/ (Pl./Sg.) bezeugt.

c. Auswertung: Im fem. Sg. des MphT *{qVtl}* der WzK III-*y* bleibt /*y*/ nicht bewahrt. Es ist von einer Entwicklung (**qVti̯(a)t-* >) **qVti̯t-* > **qVtii̯t-* > /*qVtît-*/ auszugehen. Dagegen bleibt das /*y*/ in Dual- und Pluralformen des MphT *{qVtl}* (z.B. /ᶜ*išyatêmi*/ und /*kilyāt-*/) sowie (sonst) vor Langvokal (z.B. /*ġi/udyān-*/) konsonantisch.

Anm. Man vergleiche hierzu PK-Verbalformen der WzK II-*y*, die immer schwach gebildet sind: z.B. *yšt* /*yašît-*/ < **yašyit-* (√*šyt*); siehe §75.521a-b und §75.522.

33.312.3. Fallende Diphthonge im Wortauslaut

33.312.31. /*wV*/

a. Syll. Befund:

ZU-ur-wu /*z/ṣurwu*/ "Balsam" EA 48:8; es handelt sich wahrsch. um eine ug. Glosse (das Lexem selbst könnte aber entlehnt sein).

b. Alph. Befund (unkontrahierte und kontrahierte Formen):

ẓrw /*ẓurw-*/ "Harz; Balsam" 1.148:22; 4.402:11; 7.51:19; es könnte sich um ein Lehnwort handeln.

thw /*tuhwi*/ (Sg.abs. Gen.) "Steppe, Wüste" 1.5:I:15; 1.133:4; evtl. auch 4.320:13 (*b twm* "in den Steppen"; §33.142.3d); vgl. he. *tohû* "Öde, Leere".

vgl. *arw* /*ʾarwî*/ (Gen.) "Löwe" 6.62:2: Das Lexem ist wahrsch. vierradikalig (√*ʾrwy*) und besitzt deshalb einen gelängten Auslautvokal.

aḫ /*ʾaḫî*/ < **ʾaḫw/yi* (Sg.cs. Gen.) "Sumpfgras, Ried" 1.10:II:9.12: vgl. aaram. *ʾḥw-* (Sg.pron. [KAI 222A:29.32]), he. *āḥû* und jaram. *ʾaḥwā* (letztlich wohl ein äg. Lehnwort; siehe Ges[18], 34).

ġz /*ġazî*/ < **ġazw/yi* (Sg.cs. Gen.) "kriegerischer Überfall" 1.16:VI:43: vgl. ar. *ġazw* mit gleicher Bedeutung.

ṣp /*ṣapî*/ < **ṣapw/yi* (Sg.cs. Gen.) "Glanz/Blick (der Augen)" 1.14:III:45: vgl. ar. *ṣafw* "Klarheit", ar. √*ṣfw* "hell, klar sein" und he. √*ṣpy* "spähen, schauen".

qš- /*qašâ*/ < **qaświa* (Sg.pron. Ak.) "Kanne, Schale" 1.3:V:33; 1.4:IV:45: vgl. he. **qaśwāh* "Kanne", ar. *qašwat* "Korb" und äth. *qaśut* "Vase, Wassertopf".

c. Auswertung: Im MphT *{qutl}* der WzK III-*w* bleibt /*w*/ im Sg. offenbar durchweg bewahrt. Im MphT *{qatl}* derselben WzK wird /*w*/ dagegen kontrahiert.

33.312.32. /*yV*/

a. Syll. Befund:

ṣi-il-yu(?) /*ṣilyu*/ (√*ṣly*) "Fluch" RS20.149(+):III:16' (S[a]).

Anm. Huehnergard (UV 57 [u.ö.]) erwägt eine Lesung *ṣi-il-ya-[tu₄]*, weil *{qitl}*-Formen der WzK III-*y* s.E. regelmäßig kontrahiert werden.

b. Alph. Befund (unkontrahierte und kontrahierte Formen; unkontrahierte Pluralformen von *{qVtl}*-Lexemen weisen auf eine Pluralbasis *{qVtl}* statt *{qVtal}* hin [§53.322.1b]):

any /*ʾany-*/ (< **ʾanay-*) "Schiff(e), Flotte" 2.38:10& (vgl. akan. *a-na-yi* in EA 245:28 [Glosse]).

gdy /*gady-*/ "Böckchen" 1.79:4; 4.150:3; (?) 1.89:3.4: vgl. ar. *ǧady* vs. he. *g[e]dî*.

Anm. Laut KTU[2] ist in 1.111:7 eine Wortform *gdm* zu lesen, die als Du. des Lexems *gdy* gedeutet werden könnte: /*gadâmV*/ < **gadyâmV* "zwei Böckchen". Anstelle des {m} ist jedoch eher {t.} bzw. {t[!]} zu lesen (d.h. *gdt*).

? *diy* /*da*ʾ*y*-/?, ein Raubvogel, 1.18:IV:18& (alt.: {*qātil*}).

ary- /ʾ*ary*-/ (Sg.pron. [kollektiv] od. Pl. pron.) "Verwandte" 1.3:V:37!; 1.4:II:26&: wahrsch. äg. Lehnwort (äg. *i͗ry* "Zugehöriger, Genosse" [WÄS I, 105]).

ẓby- /*ẓabya*/ (Sg.pron.) oder/und /*ẓabyī*-/ (Pl.pron.) "Gazelle(n)" 1.15:IV:7.18: gegenüber Pl.abs. *ẓbm* (/*ẓabû/îma*/ < **ẓabayū/īma* [§33.323.2b]).

Anm. *ẓby* im Ausdruck *ṯmnym ẓbyy* (1.15:IV:7) ist eher Sg. als Pl. (§69.152.1), im Ausdruck ᶜ*lh tš*ᶜ*rb ẓbyh* (1.15:IV:18) aber wohl sicher Pl.

šby- /*šaby*-/ (Sg.pron.) "Gefangener" 1.2:IV:29.30: vgl. he. *šᵉbî*.

ṣly- /*ṣily*-/? (Sg.pron.) "Beschwörung, Gebet; Fluch"(?) 1.27:6 (Kontext unklar).

? *pġy* /*puġy*-/? "Junge, Jüngling" 4.349:4: Das fem. Pendant lautet *pġt* (4.102:2&); vgl. den PNf *pġt* (1.19:I:34&) und den he. PNf *pûᶜāh*.

? *ṯd* /*ṯadû*/? < **ṯady*- "Brust, Euter" 1.4:VI:56; 1.15:II:27&; mit Nf. *ḏd* (1.23:59.61 [§33.112.53]): vgl. ar. *ṯady* und ar. *ṯadā*. — *ṯd* ist aber viell. eine zweiradikalige Form /*ṯad*-/ (vgl. he. **šad* mit Nf. *šod*)

pr /*pirû*/ < **piryu* "Frucht, Obst" 1.5:II:5&; vgl. he. *pᵉrî* "Frucht" < **piry* (BL 577f), syr. *peryā* "Fruchtbarkeit, Nachkommenschaft", äth. *fəre* "Frucht".

ri /*ru*ʾ*î*/ < **ru*ʾ*yi* (Sg.abs. Gen.) "Aussehen, Erscheinung" 1.3:I:12: vgl. he. *rᵒ*ʾ*î* < **ru*ʾ*y* "Aussehen" (BL 461l). — Die Form *ri* beruht jedoch auf einer nicht gesicherten Wortabtrennung (*bk rb* ᶜ*ẓm ri / dn \ mt šmm*); KTU^2 bietet demgegenüber eine Worteinheit *ridn* (*bk rb* ᶜ*ẓm / ridn \ mt šmm*).

lḥm /*li/aḥêma*/ < **laḥyêma* (Du.abs. Obl.) "Backe(n), Kinn" 1.5:VI:19: siehe he. *lᵉḥî* < **liḥy* (< **laḥy* [BL 577h']); vgl. ar. *laḥy* und akk. *laḫû*.

ᶜ*nt* /ᶜ*Vnât*-/ (Pl.cs.) "Furchen, Erdschollen" 1.6:IV:1.2.3.12.13.14; 1.16:III:9: vgl. he. *ma*ᶜᵃ*nāh* "Pflugbahn" (√ᶜ*ny* "umwenden").

Anm. Dem Subst. *bd* (1.16:I:5.19; 1.16:II:42) mit unklarer Bedeutung dürfte nicht die Wz. √*bdy* (vgl. he. *bad* und jaram. *bidyā*, "Geschätz, Lüge"), sondern die Wz. √*bdd* zugrunde liegen. — Verbalsubstt. zum G-Stamm der WzK III-*y*/*w* wurden hier und in §33.312.31b nicht berücksichtigt, da mit unterschiedlichen MphTT zu rechnen ist ({*qitl*} u.a.). Die betreffenden Formen (häufig mit bewahrtem 3. Radikal) werden unter §73.523b behandelt.

c. Auswertung: Im MphT {*qatl*} der WzK III-*y* ist /*y*/ im Sg. in der Regel bewahrt (mögliche Ausnahme: *ṯd* bzw. *ḏd*, "Brust"), in entsprechenden Formen der MphTT {*qitl*} und {*qutl*} dagegen in der Regel kontrahiert (mögliche Ausnahme: /*ṣily*-/ "Gebet, Beschwörung").

Formen des mask. Pl.abs. des MphT {*qVtl*} werden schwach gebildet (Pluralbasis {*qVtal*} [§53.322.1; vgl. auch §33.323.2]). Entsprechende Formen des St.pron. scheinen dagegen (sporadisch [?]) stark gebildet zu sein.

Anm. Man vergleiche hierzu die endungslosen Formen der G-PK^K der Wz. √*ḥy/wy* "leben", die orthogr. ohne zweiten und dritten Radikal erscheinen (§75.531g; §75.532), z.B. *yḥ* /*yaḥî*/ < **yaḥyi* (Kürzung des Auslautvokals) < **yaḥyî* < **yaḥyiy* "er soll leben" (1.16:I:23&).

33.32. Behandlung von 'Triphthongen'

33.321. Einleitung

33.321.1. Die Sequenz "Vokal - nicht-geminierter (intervokalischer) Halbvokal - Vokal" wird hier als Triphthong bezeichnet. Je nach zugrundeliegender Vokalsequenz werden Triphthonge in sem. Sprachen einschließlich des Ug. entweder bewahrt oder zu einem Monophthong kontrahiert. Kontrahierte Triphthonge besitzen im Ug. die Quantität von überlangen Vokalen. Stehen sie im Auslaut, werden sie in der syll. Orthographie im Unterschied zu normalen Langvokalen oder aus Diphthongen kontrahierten Vokalen häufig plene geschrieben (*§*23.522).

Gemininierte Halbvokale werden im Ug. wie sonstige Konsonantengeminationen behandelt und unterliegen niemals einer Kontraktion.

Anm. Der Begriff "Triphthong" wurde aus rein praktischen Gründen gewählt. Er ist insofern problematisch, als die Elemente eines Triphthongs silbenstrukturell keine Einheit bilden: Zwischen dem ersten und den beiden letzten Element(en) verläuft die Silbengrenze (z.B. */huwa/* "er" = *hu-wa*). Die Kontraktion eines Triphthongs bewirkt zugleich eine Reduktion der Silbenzahl einer Wortform.

33.321.2. Um die Erforschung der Behandlung von Triphthongen im Ug. haben sich in jüngerer Zeit Sivan (1982 und 1984b; ferner GUL 41-43), Vereet (1984, 312-316; 1985, 330-341; 1987a, 341-345; vgl. ferner MU 21-23) und Huehnergard (UV 288-292) verdient gemacht.

Die im folgenden präsentierten Kontraktionsregeln stimmen im wesentlichen mit den von Huehnergard (UV 289) erstellten Regeln überein. Abweichend von Huehnergard wird hier die Auffassung vertreten, daß Halbvokale in der Vokalfolge */a–ā/* (*/awā/*, */ayā/*) im Einklang mit dem ar. Befund (siehe AG § 13a; vgl. auch GKA § 35a) grundsätzlich bewahrt bleiben.

33.321.3. Im folgenden werden im wesentlichen nicht-verbale Wortformen erörtert, und zwar schwerpunktmäßig Triphthonge im Wortauslaut. Verbale Formen werden nur dann miteinbezogen, wenn eine Regel ohne sie nicht etabliert werden kann oder wenn sie einer anhand nominaler Formen aufgestellten Regel zu widersprechen scheinen. Die Behandlung von Triphthongen in Verbalformen wird im Zusammenhang mit den morphologischen Besonderheiten schwacher Verben diskutiert werden (*§*75.5). Der betreffende Befund ist schwierig zu interpretieren, da über die jeweils anzusetzenden Grundformen in der Forschung Uneinigkeit herrscht.

33.322. Bewahrung von Triphthongen

33.322.1. */uwā̆/*

a. Syll./alph. Befund:

ú-wa /huwa/ "er" 20.123+:II:22' (S[a]) = alph. *hw* 1.2:I:37&; analog Obliquusform *hwt* (*§*41.12).

ú-[w]a[!]*-[t]u*$_4$ [howātu] < **hawâtu* < **hawayatu*(?) "Wort" RS20.189A+:12 (S[a]) = alph. *hwt* 1.1:III:6&: vgl. akk. *awātu* "Wort".

b. Alph. Befund:

ssw bzw. *ṡṡw* /*sus(s)uw-*/? "Pferd" 1.14:III:24& (ein Lehnwort [§21.335.1c]); analog *sswt* /*su(s)suwVt-*/? "Pferdezucht"(?) 6.63.3.

Verbalformen: *ʿrwt* /*ʿaruwat*/ (√*ʿrw* G-SK 3.f.sg.) "sie ist entblößt" 1.14:I:7; *ywpṯn* /*yuwappiṯ-*/ (√*ypṯ* < **wpṯ* D-PK 3.m.sg.) "er spuckte mich an" 1.4:III:13; *ywsrnn* /*yuwassir-*/ (√*ysr* < **wsr* D-PK 3.m.sg.) "er belehrte ihn" 1.16:I:26.

33.322.2. /*iyv̆*/

a. Syll./alph. Befund:

⌈*a-pí*⌉-[*yu*] /*ʾāpiyu*/ "Bäcker" RS20.149(+):III:4' (S[a]) = alph. *apy* 4.125:10&: vgl. he. *ʾopæh*.

Eigennamen: Monatsname *ḫi-ia-ri* /*ḫiyari*/ RS25.455A+:III:5'; RS34.167+:10; RS34.169:17'; RS25.132:III:1 = alph. *ḫyr* 1.105:15&; ON *ka(-an)-na-pí-ya* RS16.239:7; 16.250:11 = alph. (*gt*) *knpy* 4.243:18& = /*kannapiya*/.

b. Alph. Befund (außer Lautfolge /*iyī̆*/ [§c]):

hy /*hiya*/ "sie" 1.19 IV 39&; analog Obliquusform *hyt* (§41.12).

my /*miya*/ "wer?" 1.5:VI:23.24&: vgl. akan. *mi-ia* (EA 362:65.68), *mi-ia-mi* (EA 85:63; EA 94:12) und *mi-ia-ti* (EA 254:8).

qryt /*qariyat-*/ "Stadt" 1.14:II:28; 1.14:IV:9; analog Du. *qrytm* 1.3:II:7.

aliy [ʾalʾey-] < *ʾ*alʾay-* "(überaus) stark" 1.3:III:14&; analog *aliyn* [ʾalʾeyān-] 1.1:IV:22& (§33.213.1b).

{*qātil*}-Formen (G-Ptzz. m.sg.) der WzK III-*w*/*y*: z.B. *any* /*ʾāniy-*/ "klagend" 1.3:V:35&; *apy* /*ʾāpiy-*/ "Bäcker" 4.125:10&; *bny* /*bāniy-*/ "Erbauer, Schöpfer" 1.4:II:11&; *ydy* "vertreibend" 1.16:V:18; *qny-n* /*qāniy-*/ "(unser) Schöpfer" 1.10:III:5; *rʿy* /*rāʿiy-*/ "Hirte" 4.75:IV:9&; *šiy* /*šāʾiy-*/ "Mörder"(?) 1.18:IV:23; *šqy-m* /*šāqiy-*/ "Mundschenk(en)" 1.86:24(?); 4.246:8.

ṯmnym /*ṯamāniyū/īma*/ "80" 1.4:VII:11& (Kardinalzahl).

Eigennamen: (?) Gent. *ṣdynm* "Sidonier" 1.14:IV:36.39 (viell. als /*ṣīdiyā̆n-*/ zu vokalisieren [vgl. PTU § 85]).

Verbalformen: *ʿryt* /*ʿu/arriyat*/ (√*ʿrw* Dp/D-SK 3.f.sg [§74.423]) "(die Flotte) wurde/hat entleert" 2.38:25.

c. /*y*/ bleibt im Ug. – im Gegensatz zum ar. Befund (siehe AG § 13b) – offenbar auch in der Vokalfolge /*i–ī̆*/ in der Regel erhalten. Beispiele:

Nominale Formen: *l apy* /*ʾāpiyi*/ "für den Bäcker" 4.212:5; *km šiy* /*šāʾiyi*/ "wie ein Übeltäter" 1.18:IV:23; *spr rʿym* /*rāʿiyīma*/ "Liste von Hirten" 4.378:1.

Verbalformen: z.B. *tḥwy* /*tuḥawwiyī*/ (√*ḥwy* D-PK 2.f.sg.) "du (fem.) wirst/sollst am Leben lassen" 1.18:IV:13; *ibky* /*ʾib(ba)kiyī*/ (√*bky* G/N-Imp. f.sg.) "weine / sei beweint!" 1.161:13.

d. Mögliche Ausnahmen:

dw /*dawV*/ < **dawiy-* "krank" 1.16:II:20.23 (vgl. he. *dāwæh*).

ṯmn /*ṯamānV*/ < **ṯamāniy-* "acht" 1.5:V:9.21& (Kardinalzahl).

ṯn /*ṯānV*/? < **ṯāniyV*(?) "zweiter" 1.4:VI:24& (Ordinalzahl [§63.12]).

rʿh /*rāʿû-hu*/ < **rāʿiyu-hu* (Sg.pron. Nom.) "sein Hirte" 4.391 (mehrmals); evtl. ferner 4.440 und 4.493 (mehrmals)
ġzm /*ġāzîma*/? (m.pl. Obl.) "Invasoren, Räuber" 1.16:VI:43 (MphT unsicher).

33.322.3. /*aw/yā*/

a. Syll. Befund:
gis.meš*ma-sa-wa-tu* /*masawātu*/ (Pl. von {*qatl*}) "Zypressen"(?) RS19.26:5: vgl. auch die Nf. gis.meš*ma-ás-wa-tu* /*maswātu*/ RS19.26:2 (vgl. 19.71:7).

b. Alph. Befund:
PrS. 1.c.du. *-ny* /*-nayâ*/? (§41.223.1) sowie Personalsuffix 1.c.du. der SK *-ny* /*-nayâ*/ (§73.333.4).
? *anyt* (Pl.) /*ʾanayāt-*/ "(einzelne) Schiffe" 2.42:24&.
Verbalformen: *mġy* /*maġayâ*/ (√*mġy* G-SK 3.c.du.) "sie trafen ein" 1.3:III:36; *tgly* /*tiglayâ*/ (√*gly* G-PKKi 3.c.du.) "sie begaben sich (zu)" 1.5:VI:1.

c. Mögliche Ausnahmen:
{*qatalān*}-Formen der WzK III-*w/y*: *gan* /*gaʾân-*/ < **gaʾayăn-* "Stolz" 1.17:VI:44; *ġbn-y* /*ġabân-*/ < **ġabayăn-* "Dicke, Fülle" 2.46:11; *lan* /*laʾân-*/ < **laʾawăn-* "Kraft, Macht" 1.107:37&. — Die Kontraktion kann viell. dadurch erklärt werden, daß der Vokal des Bildungssuffixes /*-ăn*/ etym. nicht notwendigerweise als lang anzusetzen ist (siehe die Diskussion zu den he. Varianten des betreffenden Suffixes [*-ôn* und *-ān*] in GBH § 88Ma).

SV. Im He. sind von Wzz. III-*w/y* nebeneinander kontrahierte und unkontrahierte {*qatalān*}-Bildungen bezeugt (vgl. etwa *ḥāzôn* neben *ḥizzāyôn* "Vision").

{*qatāl*}-Inff. der WzK II-*w/y*: Alle Formen sind schwach gebildet, z.B. *bu* /*bâʾu*/ < **bawāʾu*(?) 1.16:VI:3; 1.169:18 (weitere Formen unter §75.526a).

SV. Vgl. he. *qôm* < **qām* < **qawām*(?) (√*qwm* G-Inf.abs.).

33.322.4. /*v̄w/yv̆*/

33.322.41. /*āyv̆*/

a. Syll. Befund:
uḫ-ra-a-yi /*ʾuḫrāyi*/ (Gen.) "Schicksal" RS15.085:18.
e(?)*-la-yi* [ʿelāyi] (Gen.) "Oberes" RS17.147:5.
ḫa-a-yV, Bedeutung unsicher (siehe UV 127f.), RS16.246:6.

b. Alph. Befund:
uḫry /*ʾuḫrāy-*/ "Ende; Nachkommenschaft" 1.19:III:49.56&: vgl. he. *ʾaḥarê* "Ende" (nach BL 645e Pl.cs.).
uḫryt /*ʾuḫrāyat-*/ "Ende, Zukunft" 1.17:VI:35.
lyt /*lâyāti*/? < **lawayāti* (Pl. Obl.) "Kranz" 1.6:IV:19; vgl. he. *liwyāh* und syr. *lᵉwītā*.
npy /*nôpāy-*/ < **nawpāy-* (N-Verbalsubst.) "Befriedigung"(?) 1.40:1& (§74.362).
ʿšty /*ʿaštāy-*/ (alt.: /*ʿaštīy-*/) "eins" 1.161:27 (Kardinalzahl): Dasselbe Lexem begegnet in der Zahl für "elf" (*ʿšt ʿšr[h/t]* 1.112:13-14&) jedoch als kontrahierte Form: *ʿšt* = /*ʿaštê*/ < **ʿaštāy* (§54.52).

c. Mögliche Ausnahmen:
{qatāl}-Inff. der WzK III-*w/y*: Es gibt möglw. nebeneinander kontrahierte und unkontrahierte Formen (*§*73.513.5; *§*75.536a).

33.322.42. */īyv̆/*

a. Syll. Befund:
al-li-ni-ya /hallinīya/? "nun" RS20.426B:5' (S[a]) = alph. *hlny* 2.13:9& (*§*81.4e).
ḫe-e-ia/yu [ḫēya/u] (RS15.119:Rs.:7'.9'), *ḫé-yi-ma* [ḫēyīma] (RS15.109+:15) und *ḫi-i-yi-šu* [ḫīyī-] (RS15.145:6), Bedeutung unsicher (siehe UV 127f.).
Eigennamen: *tu-ki-yi /tōkīyi/* "inner(e[r/s])" RS19.41:9 (Bestandteil eines ON); Gentt. mit Nisbenendung */-īy-/* (Sg.) bzw. */-īyū/īma/* (Pl.), z.B. *mṣry* "Ägypter" (4.53:13&) mit Pl. *mṣrym* (4.230:10&).

b. Alph. Befund:
ˁly /ˁalīy-/ "der Erhabene, Höchste" 1.16:III:6.8; (?) 1.23:3 (Epitheton des Gottes Baˁlu): vgl. ar. *ˁalīy* "hoch".
? *šby /šabīy-/*? "Gefangener" 1.2:IV:29.30 (*šbyn* = Sg.pron.): vgl. ar. *sabīy* "Gefangener" (alt.: *{qVtl}*).
Nisbenbildungen (*§*51.46i-k): Mask. Formen (Endung */-īy-/*): z.B. **ilny* "Göttlicher" 1.3:IV:35& (nur Pl. *ilnym* bezeugt); *dgy* "Fischer" 1.3:VI:10; 1.4:II:31; vgl. auch *(ṯn) yˁrtym /yVˁratīyâmi/* (Du.abs.) "zwei Bewohner von *Yˁrt*" 4.55:9. — Fem. Formen (Endung */-īyat-/*): z.B. *aṯryt* "Zukunft, Schicksal" 1.17:VI:36; *išryt* "Glückseligkeit" 1.22:I:19; *rišyt* "Beginn" 1.119:25; *tḥ<t>yt* (alt. Lesung: *tḥt!yt*) "untere (Lippe)" 1.103+:32.
{tqtlt}-Bildungen der WzK III-*y* (*§*51.45b'), wahrsch. als */taqtīyat-/* zu vokalisieren (alt.: */taqtiy(y)at-/*): *tliyt* "Sieg" 1.3:III:31&; *tġẓyt* "(Trankopfer-)Spende, Libation" 1.6:VI:45; *tšyt* "Erfolg, Triumph" 1.3:II:27 (vgl. he. *tûšiyyāh* "Erfolg").
ly /līya/ "für mich" 1.1:III:12&: gegenüber he./aram./ar. *lī*.

c. Mögliche Ausnahmen:
**-īyi* > */-î/* (Nisbenendung + Flexionsendung m.sg.abs. Gen.), z.B. *nkr /nukrî/* < **nukrīyi* "Fremder" 1.14:II:49; 1.14:IV:28 (MphT entsprechend he. *n[o]krî*).
**-īyīma* > */-îma/* (Nisbenendung + Flexionsendung m.pl.abs. Obl.). Beispiele: *ṣrm /ṣūrîma/* < **ṣ/ẓūrīyīma* "Bewohner von Tyros" 1.14:IV:35.38; *ṣdynm /ṣīd(i)yānîma/* < **ṣīd(i)yānīyīma* "Bewohner von Sidon" 1.14:IV:36.39; *gynm* 4.44:28; *kpslnm* "Bewohner von *Kpsln*" 4.274:1.6. — Unsicher ist die Interpretation der Form *ilnm* (1.19:I:10), die entweder als Pl. des Lexems **ilny* (*/ʾilānîma/* < **ʾilānīyīma*) oder des Lexems *iln* (so DLU 29a) gedeutet werden kann. — Es überwiegen aber unkontrahierte Formen. Beispiele (Pl.abs. Obl.): *ilnym* "Göttliche" 1.3:IV:35&; *ugrtym* "Bewohner von Ugarit" 2.81:27.28; *synym* "Bewohner von *Syn*" 6.28:2; *birtym* "Bewohner von *Birt* 3.4:15; 4.337:3; *aṯr[y]m* "Assyrer" 4.230:3; *mṣrym* "Ägypter" 4.230:7 (n.L); 4.230:10.

SV. Die betreffende Kontraktion ist auch phön. und he. nachweisbar (siehe PPG § 204; Meyer § 28.1) und tritt auch dort nur fakultativ auf.

33.322.43. /*ūwv̆*/ (kein sicherer Beleg)

Anm. Das Lexem *bnwt* "Schöpfung" (1.4:II:11&) dürfte nicht als /*banūwăt-*/ (G-Ptz.pass. f.sg./pl. der Wz. √*bnw*), sondern als /*bunwat-*/ zu vokalisieren sein (§33.312.21b und §73.423, Anm.).

33.323. Kontraktion von Triphthongen

33.323.1. **awū̆* > /*û*/; **awī̆* > /*î*/

a. Syll. Befund:

ša-du-ú /*šadû*/ < **śadawu* "Feld" RS20.123+:II:29'; RS20.149(+):III:11' (S[a]).

b. Alph. Befund:

**pn* /*panû*/ < **panawu*: Pl. *pn(m)* "Gesicht" 1.1:II:14&: vgl. he. **pānæh* "Gesicht"). — Unkontrahiert ist dagegen die Form *l pnwh* /*li-panawī-hu*/ "vor ihm" (1.3:I:6), vielleicht wegen Pausalstellung (§33.443).

šd /*šadû*/ < **śadawu* "Feld" 1.3:III:17&.

{*maqtal*}-Formen der WzK III-*w* (§51.45e), z.B. *mṭ* /*maṭṭû*/ < **manṭawu* (√*nṭw*) "Stab, Spazierstock" 1.19:III:49.56; 1.19:IV:7 (vgl. he. *maṭṭæh*); *mks* "Bedeckung, Decke, Hülle" 1.4:II:5 (vgl. he. *miksæh* "Decke, Hülle"); *mġd* "Nahrung" 1.14:II:31; 1.14:IV:12 (vgl. ar. √*ġḏw* "ernähren").

? *ᶜl* /*ᶜalû*/ < **ᶜalawū̆* (Lok.) "oben, darüber" 1.17:II:8&: vgl. ar. *(min) ᶜalu* "(von) oben".

? *ᶜln* /*ᶜalânū*/ < **ᶜalaw-ānū* "oben" 1.3:III:34&: vgl. akk. *elē/ānu* (u.ä.) "oben".

33.323.2. **ayū̆* > /*û*/; **ayī̆* > /*î*/

a. Syll./alph. Befund:

ḫu-wu-ú /*ḥuwwû*/ < **ḥuwwayu* (√*ḥwy* D-Stamm, Verbalnomen) "retten" RS20.123+:II:11' (S[a]).

ša-mu-ma /*šamûma*/ < **šamayūma* "Himmel" RS20.123+:III:13'.33" (S[a]); 20.189:29 = alph. *šmm* 1.1:III:14&.

b. Alph. Befund:

apᶜ /*ʾapᶜû*/ < **ʾapᶜay/wu* "Viper" (oder andere Schlangenart) 1.19:I:13: vgl. he. *ʾæpᶜæh* und ar. *ʾafᶜā[y]*.

bl /*balû*/ < **balayu* "Nichtsein" 1.4:VII:43&.

ẓbm /*ẓabû/îma*/ < **ẓabayū/īma* (Pl.abs.) "Gazellen" 1.133:14; (?) 1.152:3; (?) 7.184:5: der Sg.pron. und Pl.pron.(?) lautet dagegen *ẓby-* (§33.312.32b).

yr /*yarû*/ < **warayu* "Frühregen" 1.14:II:40; 1.19:I:40: andere MphTT im He. (*yôræh* < **wāriy* "Frühregen") und Ar. (*warīy* "Wolken mit großen Regentropfen"); zu {*qatal*} vgl. aber he. *māṭār* und ar. *maṭar*, "Regen".

mn /*manû*/ < **manayu*, eine Gewichtseinheit, 3.1:19.20: vgl. he. *mānæh*, aram. *manyā*, ar. *manā* und akk. *manû* (wohl ein akk. Lehnwort).

qn /*qanû*/ < **qanayu* "(Schilf-)Rohr, Schaft" 1.5:VI:20&: vgl. he. *qānæh*, aram. *qanyā*, ar. *qanā* und akk. *qanû* "(Schilf-)Rohr".

rḥm /*riḥêmi*/? < **riḥayêmi*(?) (Du.abs. Obl.) "(zwei) Mühlsteine; Mühle" 1.6:II:34; 1.6:V:15-16: vgl. he. *reḥayim* (Du.), jaram./syr. *ri/aḥyā* (Sg.).

{*maqtal*}-Formen der WzK III-*y* (§51.45e), z.B. *mdw* /*madwû*/ < **madwayu* "Krankheit" 1.16:VI:35.51 (vgl. he. **madwæh* "Krankheit"); *mʿn* "Antwort" 1.67:5& (vgl. he. *maʿᵃnæh*); *mġẓ* "Geschenk" 1.4:I:22; 1.5:V:24; 1.8:II:2 (√*ġẓy* "geben, schenken" [1.4:III:26&]); *mšq* "Tränkgefäß, Libationsgefäß" 4.265:1 (vgl. akk. *mašqû* "ein Tränk- u. Besprenggefäß"; vgl. ferner he. *mašqæh* "Getränk"); *mṯn* "Wiederholung" 1.3:IV:31& (vgl. he. *mišnæh* "Zweites").

{*taqtal*}-Formen der WzK III-*y* (§51.45v), evtl. *tp* /*tôpû*/ < **tawpayu* "Schönheit" 1.96:2 (√*ypy* < **wpy*).

Verbalformen (§75.531e): z.B. *yph* /*yiphû*/ < **yiphayu* (√*phy* G-PK^{L} 3.m.sg.) "er sieht" 1.90:1; 1.168:1.8; *tšt* /*tištî*/ < **tištayī* (√*šty* G-PK^{K}v 2.f.sg.) "du sollst trinken" 1.6:VI:44; *št* /*š^{i}tî*/ < **štayī* (√*šty* G-Imp. f.sg.) "trink!" 1.4:IV:36; *tštn* /*tištûna* < **tištayūna* (√*šty* G-PK^{L} 3.m.pl.) "sie tranken" 1.114:3(2x) (alt.: PK^{K}v 2.m.pl. + En.).

c. Mögliche Ausnahmen:

Verbalformen (§75.531e): *šty* /*š^{i}tayū*/ (√*šty* G-Imp. m.pl.) "trinkt!" 1.23:6 (alt.: m.du. /*š^{i}tayâ*/); *tšty* /*tištayū*/ (√*šty* G-PK^{K} 3.m.pl.) "sie tranken" 1.4:III:40&; *tštyn* /*tištayūna*/ (√*šty* G-PK^{L}[?] 3.m.pl.) "sie tranken" 1.20:I:7; 1.22:I:24.

33.323.3. *awa > /â/

a. Alph. Befund (syll. Belege sind nicht bezeugt):

ṯat /*ṯaʾât-*/ < **ṯaʾawat-* "Mutterschaf" 1.6:II:7*.29&: vgl. aaram. (Sfīre) *šʾt* (KAI 222A:21) mit Pl. *šʾn* (KAI 222A:21), aaram. Pl. *sʾwn* (Tell Fecheriye, Z. 20) und akk. *šuʾātu/šâtu* < **šaʾawatu*; vgl. ferner ar. *ṯaʾwat* < **ṯaʾawat*(?).

lyt /*lâyāti*/? < **lawayāti* (Pl.abs. Obl.) "Kranz" 1.6:IV:19: vgl. he. *liwyāh* und syr. *lᵉwīṯā*.

ymm /*yâmū/īma*/ < **yawamū/īma* (Pl. zu *ym*) "Tage" 1.6:II:26&: vgl. he. *yāmîm* und samʾal. *ymy* /*yâmay-*/ "meine Tage" (Hadad:9.10.12 [siehe Tropper 1993a, 67.199]).

{*qatalat*}-Formen der WzK III-*w* (§51.42a), z.B. *zġt* /*zaġât*/ < **zaġawat* "Bellen, Gebell" 1.14:III:18; 1.14:V:11.

{*maqtalat*}-Formen der WzK III-*w* (§51.45f), z.B. *mṭt* /*maṭṭât-*/ < **manṭawat-* "Bett" 1.14:I:30.

Verbalformen: SK-Formen der WzK II-*w* (§75.521a), z.B. *qm* /*qâma*/ < **qawama* "er stand auf" 1.2:I:21&.

b. Mögliche Ausnahmen:

Verbalformen der G-SK 3.f.sg. der WzK III-*w* mit bewahrtem /*w*/ (§75.531b): *atwt* /*ʾatawat*/? (√*ʾtw*) "sie ist gekommen" 1.4:IV:32; *ʿrwt* /*ʿara/uwat*/ (√*ʿrw*) "sie war entblößt"(?) 1.14:I:7. — Warum /*w*/ hier bewahrt bleibt, ist unklar. Als mögliche Ursachen kommen in Betracht: a) Analogie zu Formen der starken WzK und der WzK III-*y* (§33.323.4c); b) Aussprache [K$_1$aK$_2$owat] (§33.213.1); c) Themavokal /*u*/.

33.323.4. *aya > /â/

a. Syll. Befund:

? *ma-aš-na* /*maṯnâ*/ < **maṯnaya* "zweitens, ferner" RS16.207:4), adverbialer Ak. von **maṯnû* "Wiederholung" (zur Problematik siehe UV 187).

b. Alph. Befund:

alt /*ʾâlāti*/ < **ʾayalāti* (Pl.cs. Obl.) "Pfeiler, Stütze" 1.2:III:17 // 1.6:VI:27: vgl. he. *ʾayil* (Pl.: *ʾêlîm*) "Pfeiler" (Ges.[18], 46).

btm /*bâtīma*/ < **bayatīma* (Pl. Obl. zu *bt*) "Palast" 1.48:4: vgl. he. *bāt(t)îm*. — Der Pl. zu *bt* lautet sonst *bhtm* bzw. *bwtm* (§c).

ṭa-bu /*ṭâbu*/ < **ṭayabu* "gut" RS20.189:26 (S[a]).

{*qatalat*}-Formen der WzK III-*y* (§51.42a), z.B. *gʿt* /*gaʿât*/ < **gaʿayat* "Gebrüll (Rinder)" 1.14:III:18.

Verbalformen: SK-Formen der WzK II-*y*, z.B. *št* /*šâta*/ < **šayata* (√*šyt* G-SK 3.m.sg.) "er stellte (hin)" 1.3:IV:41. — SK-Formen der WzK III-*y* (relativ selten; es überwiegen Formen ohne Kontraktion [§c; §75.531d]): z.B. *ʿl* /*ʿalâ*/ < **ʿalaya* (√*ʿly* G-SK 3.m.sg.) "er ist hinaufgestiegen" 2.30:17.19; *ʿlt* /*ʿalât*/ < **ʿalayat* (√*ʿly* G-SK 3.f.sg.) "sie ist hinaufgestiegen" 1.82:9.10.

c. Mögliche Ausnahmen:

bht(m) /*bahat-*/ < **bayat-* (Pl. zu *bt*) "Häuser; Palast" 1.2:III:7&.

bwtm /*bawatīma*/ < **bayatīma* (Pl.abs. Obl. zu *bt*) "Häuser; Palast" 1.105:9.

Verbalformen der SK der WzK III-*y*: z.B. *ʿly* /*ʿalaya*/ (√*ʿly* G-SK 3.m.sg.) "er ist hinaufgestiegen" 1.4:I:23; 1.14:IV:2; *nkly* /*naklaya*/ (√*kly* N-SK 3.m.sg.) "er wurde aufgebraucht" 4.213:24&. — Warum /*y*/ hier zumeist bewahrt bleibt, bisweilen aber schwindet (§b), ist ungeklärt. Spezifische Akzentverhältnisse (viell. waren entsprechende SK-Formen auf der zweiten Silben betont [§75.531d]) oder die Analogie zu Formen der starken WzK bzw. der WzK III-*w* (§33.323.3b) könnten eine Rolle spielen.

33.323.5. *uwŭ̄ > /û/

Dieses Phänomen ist nur in alph. bezeugten Verbalformen der WzK III-*w* sicher greifbar (§75.531e; vgl. Verreet 1984, 313-316 und 1985, 338). Beispiele:

tẓġ /*tazġû*/ < **tazġuwu* (√*zġw* PK[L] 3.f.sg.) "sie brüllt" 1.15:I:5

tʿln /*taʿlûna*/ < **taʿluwūna* (√*ʿlw* PK[L] 3.m.pl.) "sie stiegen hinauf" 1.20:II:4&; 1.22:II:23; 1.112:7.8.

Anm. Der Triphthong /*iyĭ̄*/ bleibt im Ug. dagegen bewahrt (siehe §33.322.2c).

33.323.6. *uwĭ̄ > /î/ (?)

Von diesem Phänomen zeugt viell. folgende Imperativform (G-Imp. f.sg.):

di /*d[i]ʾî*/ (< **dʾVyī*) < **dʾuwī* (√*dʾw*) "fliege!" 1.16:V:48 (§73.132; §75.533).

33.4. Lautveränderungen im Silbenbereich

33.41. Aphärese

33.411. Unter "Aphärese" ist der Wegfall der Anlautsilbe eines Wortes zu verstehen. Im Sem. sind insbesondere mit /ˀ/ anlautende, offene unbetonte Silben von Aphärese betroffen (vgl. etwa die phön. PNN *ḥrm* "(A)ḥirom", *ḥmlk* "(A)ḥimilk" und *ḥtmlk* "(A)ḥotmilk", die für *ˀ*ḥrm* , *ˀ*ḥmlk* und *ˀḥtmlk* stehen [dazu PPG³ § 94], sowie aram. *ḥd* < *ˀ*ḥd* "eins"). Dieses Phänomen ist auch im Ug. nachweisbar. Die (wenigen) Belege lauten:

⌈*na*⌉-[*š*]*u-ma* /*nāšūma*/ < *ˀ*Vnāšūma* (Pl.) "Menschen" RS20.123+:II:3' = alph. *nšm* 1.1:III:15*&; vgl. das Kompositum *bu-nu-šu*, w. "Menschensohn" RS20.149(+):II:5'.8'& = alph. *bnš* 1.86:8&; vgl. ferner alph. *bn nšm* (RS92.2014) (§33.231.21b; §33.215.42): Die sem. Grundform lautet *ˀ*Vnāš* (wohl *ˀ*unāš*); siehe he. *ˀᵆnôš* und ar. *ˀunās* (Pl.). Zur Form mit Aphärese vgl. aram. *nāšā*, ar. *nās*.

mt /*mitta*/ < *ˀ*aminta* "wahrlich" 1.133:9; die Form ohne Aphärese lautet *imt* /*ˀimitta*/ (§33.215.21b) < *ˀ*amitta* (1.5:I:18[2x].19): Es handelt sich um einen adverbialen Ak. des Lexems *ˀ*amittu* "Wahrheit" (vgl. he. *ˀᵆmæt*). Die Wortform ist auch samˀal. mit Aphärese bezeugt: samˀal. *mt* "wahrlich!" (Hadad:12[2x]&) (dazu Tropper 1992b und 1993a, 72.185).

? *mk* /*ma(k)ka*/? < *ˀ*ama(k)ka* < *ˀ*amma-ka*(?) "dann"(?) 1.4:VI:31&: Dieses Adverb könnte mit akk. *ammaka(m)* "dort" (mit Variante *ma(k)ka*) zu verknüpfen sein; vgl. ferner akk. *amma* "da (ist)" (§81.22g).

Anm. Zu dissimilatorisch motivierter Silbenaphärese (/ˀV/ vor /ᶜ/) siehe §33.122.

33.412. Von Aphärese zeugen wahrsch. darüber hinaus auch sogenannte schwache Imperativbildungen des G-Stamms der WzKK I-*w*/*y*, I-*n*, sowie der Wzz. √*lqḥ* "nehmen und √*hlk* "gehen", wo jeweils eine offene, unbetonte Anlautsilbe mit Ultrakurzvokal elidiert wurde (gleiche Bildungen gibt es bekanntlich auch außerhalb des Ug.):

WzK I-*w*/*y*: Der G-Imp. lautet durchgehend K_2VK_3 < *$w(ə)K_2VK_3$ (I-*w*) bzw. *$y(ə)K_2VK_3$ (I-*y*) (§75.512h). Zu den belegten Formen (*dᶜ* 2.34:30; 2.61:13; *ẓi* 1.12:I:14.19; *ld* 1.12:I:25.27; *ṣq* 1.14:II:18; *rd* 1.4:VIII:7&; *tn* 1.2:I:18&; *ṯb* 1.16:V:24) siehe §75.513.

WzK I-*n*: Der G-Imp. wird bei bestimmten Wzz. (√*ngy/w* , √*nġr*, √*nqh*) stark, bei anderen Wzz. (√*nsk* und √*nšˀ*) schwach gebildet: K_2VK_3 < *$n(ə)K_2VK_3$. Zu den belegten Bildungen, die von Aphärese zeugen (*sk* 1.3:III:16; 1.3:IV:9; *ša* 1.4:VIII:5&; *šu* 1.2:I:27&), siehe im einzelnen §75.46.

√*lqḥ*: G-Imp. *qḥ-* /*qaḥ-*/ < **l(ə)qaḥ-* 1.4:II:32& (§75.46).

√*hlk*: G-Imp. *lk* /*lik-*/ < **h(ə)lik-* 1.3:IV:32& (§75.332b).

Anm. G-Impp. anderer Wzz. I-*h* werden stark gebildet (§75.32; §75.33d).

33.42. Prothese

33.421. Unter Prothese (auch: Prosthese) ist die Einfügung eines Vokals am Wortanfang zur Erleichterung der Aussprache, insbesondere zur Vermeidung einer Doppelkonsonanz im Anlaut, zu verstehen. Nach sem. Silbenregeln müssen prothetische Vokale mit /ʾ/ eingeleitet sein, das aber im Kontext nicht konsonantisch artikuliert wird (§33.151.1).

33.422. Es gibt keinen eindeutigen syll. Beleg für Prothese (vgl. UV 285).

33.423. Im alph. Textkorpus dürften die nachfolgenden Formen von dem Phänomen der Prothese zeugen:

a. /*u*/-Prothese:

udmʿt /*(ʾ)udmaʿāt-*/ < **d(ə)maʿāt-* < **dimaʿāt-* (nur Pl.) "Tränen" 1.6:I:10; 1.14:I:28; 1.16:I:28; 1.161:16: gegenüber *dmʿt* /*dim(a)ʿāt-*/ (Pl.pron.) "Tränen" 1.19:II:33 (vgl. he. *dimʿāh*; syr. *demʿᵉtā*; ar. *damʿat*; akk. *dimtu*). — Das Nebeneinander von *udmʿt* und *dmʿt* im Ug. ist offenbar phonetisch erklärbar: Die erstere Form begegnet nach vorausgehendem Kurzvokal oder konsonantischem Auslaut, die letztere nach vorausgehendem Langvokal (*wa-lū yattikā dimaʿāti* "sie beide vergossen wahrlich Tränen" [1.19:II:33]).

uṣbʿ /*(ʾ)uṣbaʿ-*/ < **ṣibaʿ-* "Finger" (Sg. nur in 1.19:I:8: *uṣbʿh*; viell. aber zu *uṣbʿ*<*t*>*h* zu emendieren) mit fem. Pl. *uṣbʿt* (1.2:IV:14&): vgl. he. *ʾæṣbaʿ*, ar. *ʾiṣbaʿ* (gilt als vierradikalig [mit Pl. *ʾaṣābiʿ*]) und äth. *ʾaṣbāʿt*; gegenüber syr. *ṣebʿā*, äg.-ar. *ṣubāʿ* und äg. *ḏbʿ* (ohne Prothese).

? *uzʿrt* "dünn behaarte Stelle (zw. Augen)"(?) 1.101:6: Die Form ist möglw. von einer Wz. √*zʿr* abzuleiten (vgl. ar. *zaʿir*/*ʾazʿar* "dünn behaart").

G-Imp. (f.sg.) mit /*u*/-Prothese: *uqrb* /*(ʾ)uqrubī*/ < **qrub* "nähere dich!" 1.169:5 (§73.122).

b. /*i*/-Prothese:

itml /*(ʾ)itmāli*/ "gestern; (vorheriger) Tag" 1.119:19: vgl. he. *ʾæ/itmôl* (neben *tᵉmôl*) und syr. *ʾetmāl(y)*; gegenüber akk. *timāli/u* (vgl. auch *tumāl* in EA 362:14.16) und äth. *təmāləm*.

? G-Impp. (f.sg.) mit /*i*/-Prothese (alt.: N-Impp.): *ibky* /*(ʾ)ibkiyī*/ < **bkiyī* "weine!" 1.161:13; *išḫn* /*(ʾ)išḫanī*/ < **šḫanī* "sei heiß!" 1.161:18(2x) (§73.122).

/*i*/-Prothese in gewissen Formen von Verbalstämmen mit -*t*-Infigierung: sicher im Gt-Imp. und in der Gt-SK (§74.233-4); möglicherweise auch in der tD-SK (§74.434) und Št-SK (§74.644).

Eigennamen: vgl. den Monatsnamen *(yrḫ) ibʿlt* (1.119:1.11), der mit phön. *(yrḥ) pʿlt* zu identifizieren ist (siehe TRU 27f. [Etym. unklar]).

c. /*a*/-Prothese (nur vor /*r*/ [?]):

Kardinalzahl *arbʿ* /*ʾarbaʿ-*/ < **r(a/ə)baʿ* "vier" (Wz. √*rbʿ* [§62.14].

Anm. Möglichw. ist auch das Subst. *anš* (1.3:III:35; 1.4:II:20; 1.19:II:47) hierher zu stellen, da es mit he. *nāšæh* "Sehne der Hüftgegend, Hüftnerv" (und Pendants in anderen sem. Sprachen) verknüpft werden kann (vgl. aber auch ar. *ʿirq al-ʾinsī* "Hünftnerv" [Wz. √*ʾns¹*]). J.C. de Moor (UF 12, 1990, 425f.) und Watson (1999, 130) erwägen dagegen eine Entlehnung des Lexems aus dem Heth. (*anašša*). — Auch die in 4.14:3

bezeugte Wortform *aqhr* (Bed. unsicher) könnte theoretisch von /*a*/-Prothese zeugen.

33.424. In Substt. wie *azmr*, *aqzr(t)*, *anḫr*, *aqhr* dürfte {a} vielmehr für das nominale Bildungsmorphem /*ʾa-*/ (MphT {*ʾaqtal*}) stehen (§51.45a).

33.425. In Fremd- bzw. Lehnwörtern spiegeln Schreibungen mit {ʾ} als erstem Graphem in der Regel Formen mit vokalischem Anlaut wider: z.B. *i/arġn* (eine Pflanze), *iqnu* "Lapislazuli", *ubdy* "(königliches) Lehensgut", *unṯ* "Lehensdienst", *ušpġt* (ein Gewand), *uṯpt* "Köcher" und *uṯryn* "Kronprinz" (vgl. §21.341.13).

33.43. Haplologie

33.431. Haplologie (auch: "Silbenellipse") bezeichnet den dissimilatorisch motivierten Schwund einer Silbe vor oder nach einer phonetisch ähnlichen oder gleichen Silbe. Das Phänomen ist innnerhalb des Sem. insbesondere im Ar. gut bezeugt: z.B. ar. *taʿallamu* für *tataʿallamu* "du lernst, sie lernt" (V. Stamm), ar. *tanāwamu* für *tatanāwamu* "du stellst dich schlafend, sie stellt sich schlafend" (VI. Stamm), ar. *taḍribūnī* für *taḍribūnani* "ihr (mask.) schlagt mich" oder ar. *taḍribīnā* für *taḍribīnanā* "du (fem.) schlägst uns" (GKA § 49).

33.432. Im Ug. lassen sich nur wenige unsichere Belege für dieses Phänomen anführen. Alternative Deutungen sind beinahe immer möglich. Auch Schreibfehler (Haplographie) sind nicht auszuschließen.

a. Haplologie in nominalen Formen:

lḥm /*liḥmi*/ für *l lḥm* /*lĭ̄ liḥmi*/: *ap ilm lḥ[m]* \ *yṯb* / *bn qdš l ṯrm* "Die Götter aber saßen beim Ess[en], die Söhne Qudšus beim Speisen" 1.2:I:20f. — Es ist aber nicht auszuschließen, daß das Fehlen der Präp. *l* hier beabsichtigt ist: Die Präp. *l* im zweiten Kolon (*l ṯrm*) könnte "Doppelfunktion" besitzen und wäre dann sinngemäß auch auf das erste Kolon zu beziehen.

lqḥ /*liqḥi*/ evtl. für *l lqḥ* /*lĭ̄ liqḥi*/: *mlk ylk lqḥ ilm* "der König wird losgehen, um die (Statuen der) Götter zu holen" 1.43:23.

bt "im Haus" evtl. für *b bt* /*bĭ̄ bêti*/; zu den zahlreichen Belegen und zu anderen Interpretationsmöglichkeiten siehe §54.423a.

mtrt /*mutārāt-*/ für /*mutārarāt-*/ (Lp-Ptz. f.pl.) "mit Deichseln versehene (Wagen)" 4.180:3 (alt.: Vokalsynkope, d.h. /*mutarrāt-*/ < **mutārarāt-*).

b. Haplologie in PK-Verbalformen mit Objektsuffix 1.c.sg. (alternativ könnten die Formen von Vokalelision zeugen [Elision eines unbetonten /*a*/-Vokals]):

trḥṣn /*tarḥuṣū(n)nī*/ < **tarḥuṣūna(n)nī* (G-PK^{L} 3.m.pl. + OS 1.c.sg.) "sie waschen mich" 1.2:III:20 (alt.: PK^{K}v + OS: "sie sollen mich waschen").

tqrṣn /*taqruṣū(n)nV*/ < **taqruṣūna(n)nV* (G-PK^{L} 3.m.pl. + OS 1.c.pl. ?) "sie stechen/kneifen uns(?)" 1.12:I:11 (alt.: PK^{K}i + OS).

taršn /*târVšī(n)nī*/ < **taʾrVšīna(n)nī* (G$^{?}$-PK^{L} 2.f.sg. + OS 1.c.sg. ?) "(was) verlangst du von mir?" 1.3:V:28; 1.6:II:14. — Zur Konstruktion der Wz. √*ʾrš* mit doppeltem Ak. ("etwas von jemandem verlangen") siehe akk. *erēšu* (AHw. 239 s.v., G, Bed. 1). Eine Analyse von *taršn* als Verbalform ohne OS ist aber wahrsch. vorzuziehen: "(was) wünschst du?".

Anm. Die Form *ṯṯḥnn* (1.6:II:34) zeugt nicht von Haplologie (siehe §73.623). — Auch die mehrmals belegte Form *tr* (wohl Wz. √*twr*) dürfte nicht aus **ttr* ("sie zog umher") entstanden sein (Kontext: *td*ᶜ*ṣ p*ᶜ*nm w tr arṣ* "Sie erhob ihre Füße und zog auf der Erde umher" 1.4:V:20-21&). Es handelt sich um einen narrativen Infinitiv (§73.513.6, √*twr*). — Zu *yknnh* (1.3:V:36; 1.4:IV:48) siehe §41.221.52a.

33.44. Pausalformen

Wörter am Ende eines Satzes oder Kolons weisen im Ug. – insbesondere in der Poesie – teilweise eine phonetisch veränderte Form auf. Dabei sind insbesondere fünf Phänomene zu beobachten: 1. eine Verkürzung des Wortauslautes; 2. eine besondere Dehnung der Tonsilbe; 3. das Unterbleiben einer (in Kontextformen bezeugten) Triphthongkontraktion; 4. das Unterbleiben einer (in Kontextformen bezeugten) Vokalsynkope; 5. das Unterbleiben einer (in Kontextformen bezeugten) Assimilation.

33.441. Die phonetische Verkürzung des Auslautes schlägt sich in der alph. Orthographie bisweilen vielleicht in dem Fehlen von {t} und der Resonanten {m}, {r} und {n} am Wortende nieder, das zugleich das Satz- bzw. Kolonende darstellt (§21.354.1a).

33.442. Auf eine besondere Dehnung der Tonsilbe könnten folgende Pausalformen mit ungewöhnlicher Pleneschreibung der Tonsilbe hinweisen ({y} als *mater lectionis* [§21.341.22]):
mnḥyk /minḥīka/ (Pl.pron. Obl.) "deine Abgaben" 1.2:I:38.
šmym /šamîma/ < **šamayīma* "Himmel" 1.19:IV:24.30.

33.443. Von einer abnormen Triphthongbewahrung zeugt vielleicht die (alph.) Form *l pnwh /li-panawī-hu/* "vor ihm" (1.3:I:6); vgl. dagegen *l pnh /li-panî-hu/* (1.92:30; 1.161:15) und *l pnnh* (1.3:IV:40 [ebenfalls Pausa!]; 1.10:II:17).

33.444. Das Unterbleiben einer zu erwartenden Vokalsynkope läßt sich im Wort *qryt /qariyati/* "Stadt" (Sg.abs. Gen.) (1.14:II:28; 1.14:IV:9) beobachten. Als Kontextform (Sg.abs.) ist demgegenüber syll. *qa-ri-t[u$_4$]* (RS20.149:III:18' [S[a]]) und alph. *qrt /qarît-/* < **qariyat-* (1.4:VIII:11&) bezeugt (§33.243.15).

qryt wird in der Pausa viell. deshalb nicht synkopiert, weil das Wort dann einen Nebenakzent auf der Pänultima trägt oder weil sich der (Haupt-)Akzent dann auf die Pänultima zurückzieht (vgl. Bergsträsser I § 29f).

33.445. Von dem Unterbleiben einer Assimilation in der Pausa zeugt viell. die Schreibung *šb*ᶜ*id* = */šabaᶜʾiḏa/* "siebenmal" (2.12:9) anstelle von *šb*ᶜ*d* (1.23:12&) (§33.116.2). Sie ist in der Wendung *šb*ᶜ*d \ w šb*ᶜ*id \ mrḥqtm \ qlt* "siebenmal und siebenmal bin ich in der Ferne hingefallen" (2.12:8-11) und damit in einer pausa-ähnlichen Position bezeugt.

Anm. Man beachte auch, daß das PS 1.c.pl. in der Pausa möglicherweise sporadisch eine "vollere" Form aufweist: *b*ᶜ*l-ny* "unser Herr" (1.15:V:20); *ṯġr-n\y* "unsere Tore" (1.119:28-29); *ḥmyt-ny* "unsere Mauern" (1.119:29). Zum Phänomen siehe §41.222.1b.

4. Das Pronomen

40. Vorbemerkungen zu den Kapiteln 4-8 (Pronomen, Nomen, Zahlwort, Verb und Partikeln)

40.1. Gegenstand der Untersuchung

In den nachfolgenden Kapiteln werden alle Wortarten des Ug. grammatisch umfassend behandelt, flektierende wie nicht-flektierende. Zu den flektierenden Wortarten zählen Pronomina (Kap. 4), Nomina, d.h. Substantive und Adjektive (Kap. 5), Zahlwörter (Kap. 6) und Verben (Kap. 7). Die nicht-flektierenden Wortarten werden hier unter dem Oberbegriff "Partikeln" (Kap. 8) zusammengefaßt (Adverbien, Präpositionen, Konjunktionen u.a.).

Behandelt werden jeweils a) Elemente der Wortbildung, b) die Flexion der Wörter, c) die wichtigsten semantischen Funktionen sowie d) die wichtigsten syntaktischen Verwendungsweisen der morphologischen Kategorien (Wortsyntax).

40.2. Vorbemerkungen zur Wortbildung im Semitischen

40.21. Die Bildung von Verben und nominalen Formen (im weitesten Sinne) ist im Sem. vergleichsweise systemhaft. Die genannten Wortarten weisen jeweils bestimmte konsonantische Grundbausteine auf, die sogenannte Wurzel (= Wz.), und gewisse andere Bildungselemente (Vokalmuster und Affixe), das sogenannte Schema. Die Wz. ist der Träger der lexikalischen, das Schema der Träger der grammatischen bzw. strukturellen Bedeutung.

Die Bildung der übrigen Wortarten (Pronomina und Partikeln) ist weniger systemhaft. Es lassen sich häufig weder spezifische Wzz. noch eindeutige Schemata ausfindig machen.

40.22. Die Wz., der konsonantische Grundbaustein sem. Nomina und Verben, besteht aus einer bestimmten Anzahl konsonantischer Phoneme, der sogenannten Radikale. Als Radikale können neben den Ostruenten auch Resonanten und Halbvokale dienen (*§31.12*). Die große Mehrzahl der sem. Wzz. besteht aus drei Radikalen. Daneben gibt es jedoch auch Wzz. mit entweder weniger oder mehr als drei Radikalen. Sie begegnen überwiegend bei isolierten nominalen Formen und denominierten Verben. Inwieweit diese historisch ebenso auf dreiradikalige Wzz. zurückgehen und ob nicht auch eine Reihe von formal dreiradikaligen Wzz. auf zweiradikalige zurückgeführt werden kann, ist in der Forschung umstritten (siehe Voigt 1988, 47-97). In der Vergangenheit unternommene Versuche, (fast) alle dreiradikaligen Wzz. als Erweiterungen ehemals zweiradikaliger darzustellen, sind jedoch nicht zu begründen.

40.23. Radikale, die in allen Bildungsformen ihren konsonantischen Lautwert beibehalten, bezeichnet man als "stark"; Radikale die in bestimmten Formen bzw. phonologischen Positionen vokalisch erscheinen, assimiliert werden oder ersatzlos ausfallen, bezeichnet man als "schwach". Als schwache Radikale gelten allgemein die Halbvokale. Folglich bezeichnet man Wzz. mit einem Halbvokal an erster bzw. zweiter bzw. dritter Position als *primae infirmae* (= I-*w/y*) bzw. *mediae/secundae infirmae* (= II-*w/y*) bzw. *tertiae/ultimae infirmae* (= III-*w/y*). Daneben verhalten sich in bestimmten Sprachen einschließlich des Ug. auch /*n*/ und selten auch /*l*/ teilweise als "schwach".

40.24. In der Wz. können nicht beliebige konsonantische Phoneme nebeneinander erscheinen. Für alle sem. Sprachen gilt, daß in einer drei oder mehrradikaligen, nicht durch Reduplikation entstandenen Wz. in der Regel nicht zwei gleiche Konsonanten stehen (Voigt 1981). Ferner tritt meist jeweils nur ein Vertreter ein- und derselben Konsonantentriade (stimmlos, stimmhaft, emphatisch) innerhalb einer Wz. auf. Drittens kennen viele sem. Sprachen auch Beschränkungen hinsichtlich der Anzahl der emphatischen Phoneme in einer Wz. Im Einklang mit der Mehrzahl der sem. Sprachen duldet das Ug. zwei emphatische Konsonanten, andere – etwa das Akk. – dulden nur einen emphatischen Konsonanten. Und schließlich lassen sich auch gewissen Einschränkungen in der Konsonantenfolge beobachten. So ist etwa die Abfolge "Dental – Sibilant" (als erster und zweiter Radikal) sehr selten, die umgekehrte Folge aber normal.

In allen sem. Sprachen gibt es vereinzelte Wortformen, die sich nicht mit geltenden Inkompatibilitätsgesetzen vereinbaren lassen. Im Ug. weisen etwa die Kardinalzahlen *ṯlṯ* "drei", *ṯṯ* < **ṯdṯ* "sechs" und *tšʿ* "neun" (§61.2 und §62.1) sowie die Substantive *špš* "Sonne" (1.2:III:15&) und *šrš* "Wurzel" (1.17:I:19&) inkompatible Wurzelstrukturen auf. Sie lassen sich historisch zumeist auf andere Grundformen zurückführen (vgl. die entsprechenden Befunde im Ar. und Asa.).

40.25. Nicht-wurzelhafte Wortbildungselemente lassen sich unter dem Begriff "Schema" bzw. "Morphemtyp" (= MphT) zusammenfassen. Zu ihnen zählt das Vokalmuster sowie diverse Affixe (Präfixe, Infixe und Suffixe). Morphemtypen korrelieren unmittelbar mit grammatischen und mittelbar auch mit semantischen Kategorien.

41. Das Personalpronomen

Personalpronomina treten in zweifacher Gestalt auf, a) als selbständige (autonome) Wortformen und b) als Suffixe an Nomina, Präpositionen und Verben.

Für das selbständige Personalpronomen wird im folgenden die Abkürzung "PPr" gebraucht; für Pronominalsuffix steht die Abkürzung "PrS" (Possessivsuffix = "PS"; Objektsuffix = "OS").

41.1. Das selbständige Personalpronomen

Die Personalpronomina der 1. und 2. Personen bestehen jeweils aus zwei Bildungselementen, nämlich einem Grundelement **ʾan* und einer spezifischen Endung, die formal mit den entsprechenden Personalendungen der Suffixkonjugation identisch ist (§73.32).

In den dritten Personen sind im Ug. nebeneinander Normalformen und durch ein Morphem *-t* erweiterte Formen bezeugt. Da in den überwiegenden Fällen die Normalformen für den Nominativ, die erweiterten Formen aber für den Genitiv und Akkusativ gebraucht werden, werden erstere als "Nominativformen" und letztere als "Obliquusformen" bezeichnet. Diese Bezeichnungen sind jedoch sachlich wahrscheinlich nicht korrekt (vgl. §41.13).

Eine formal spezifische Dativreihe der Personalpronomina, wie sie etwa das Akk. kennt, ist im Ug. nicht nachweisbar.

41.11. "Nominativformen" der Personalpronomina

41.111. Paradigma

		Schreibungen	Vokalisation
Sg.	1.c.	*ank* = syll. *a-na-ku*	*/ʾanāku/*
		an	*/ʾanā/*
	2.m.	*at* = syll. *at-ta*	*/ʾattā̆/* < **ʾantā̆*
	2.f.	*at*	*/ʾattī̆/* < **ʾantī̆*
	3.m.	*hw* = syll. *ú-wa*(PI)	*/huwa/*
	3.f.	*hy*	*/hiya/*
Pl.	1.c.	nicht belegt	
	2.m.	*atm*	*/ʾattumū̆/* < **ʾantumū̆*
	2.f.	nicht belegt	
	3.m.	wahrsch. nicht belegt (§41.112.7)	
	3.f.	nicht belegt	
Du.	2.c.	*atm*	*/ʾattumâ/* < **ʾantumâ*
	3.c.	*hm*	*/humâ/*

41.112. Belege und Diskussion

41.112.1. Personalpronomen 1.c.sg.

In Übereinstimmung mit dem He. besitzt das Ug. zwei Varianten des PPr 1.c.sg., nämlich eine Langform mit *-k* und eine Kurzform ohne *k*. Die Langform begegnet mit Abstand häufiger als die Kurzform.

Lit.: Aartun (1971); DLU 37-39.

41.112.11. Langform:

syll.	*a-na-ku*	"ich"	RS20.149(+):III:12' (S[a])
alph.	*ank*	"ich"	1.1:III:16&

a. Die syll. bezeugte Form *a-na-ku* = /*ʾanāku*/ ist trotz diverser Einwände als genuin ugaritisch anzusehen. Sie beweist, daß das PPr 1.c.sg. im Ug. auf /*-u*/ auslautet. Die Form stimmt also mit akk. *anāku* überein und unterscheidet sich zugleich von kan. **ʾanōkī*, bezeugt im Akan. als *a-nu-ki* (EA 287:66.69), im Phön. als *ʾnky* (Disk. PPG §§ 110.111) und im He. als *ʾānokî*; vgl. ferner samʾal. *ʾnky* (Panamuwa:19 [siehe Tropper 1993, 127.189]).

SV. Der Auslautvokal /*-ī̆*/ im Kan. dürfte eine auf Vokaldissimilation beruhende Folgeerscheinung des Lautwandels **ā* > /*ō*/ sein: **ʾanāku* > **ʾanōku* > *ʾanōkī̆* (Vokaldissimilation). Da das Ug. den Lautwandel **ā* > /*ō*/ nicht kennt (§33.231.1), bleibt hier der (ursprüngliche) Auslautvokal /*-u*/ bewahrt.

Die Bewahrung des Auslautvokals /*-u*/ im Ug. kann als Hinweis darauf gewertet werden, daß auch das Personalsuffix der SK 1.c.sg. im Ug. /*-tu*/ (< **-ku*) lautet, entgegen der Endung /*-tī̆*/ in kan. Sprachen (§73.331.4).

Anm. Zur Form *ankn* (2.42:6 [PPr *ank* + EP *-n*]) siehe unter §41.31.

b. Ausschließlich im Text 5.11:3 ist die Langform des PPr 1.c.sg. offenbar als *unk* bezeugt (Kontext: *hn unk bnk* "Siehe, ich [bin] dein Sohn!"). Der genannte Text zeichnet sich allgemein durch eine eigenwillige Orthographie aus und verwendet auch in Z. 2 {u} anstelle von {a} (*yšul* statt *yšal*) (§33.231.22a).

Anm. Die Autoren von DLU betrachten *unk* dagegen für eine nicht getilgte Fehlschreibung für *bnk* (siehe DLU, 39b). 5.11:3 wäre demnach als *hn [[unk]] bnk* ("he aquí a tu hijo") zu lesen.

c. In 1.82:42 begegnet eine Zeichenfolge *ʿnk*, die viell. für *ank* "ich" steht. Für diese Interpretation spricht die vorausgehende Verbalform *aǵw*(?)*yn* (PK 1.c.sg.). Es handelt sich viell. um eine hyperkorrekte Schreibung (§33.134.2).

41.112.12. Kurzform

alph.	*an*	"ich"	1.1:III:18& (nur im poetischen Textkorpus)

Da die Langform *ank* nicht auf /*-ī̆*/ auslautet, ist auch die Kurzform *an* nicht als /*ʾanī̆*/ (wie im Kan.), sondern als /*ʾanā*/ zu vokalisieren (vgl. ebla. *ʾanna* = *ʾanā*, aram. *ʾ(a/e)nā*, äth. *ʾana*).

41.112.2. Personalpronomen 2.m.sg.

syll. *at-ta* "du" (m.) RS20.149(+):II:4'
alph. *at* "du" (m.) 1.1:IV:17&

Das PPr 2.m.sg. ist nur in der Form mit assimiliertem /*n*/ bezeugt: /*ʾattā̆*/ < **ʾantā̆*. Die Orthographie erlaubt keine Rückschlüsse auf die Quantität des Auslautvokals (nach CGS § 13.8 wäre die ursem. Form mit Kurzvokal anzusetzen).

41.112.3. Personalpronomen 2.f.sg.

alph. *at* "du" (f.) 1.12:I:14&

Das PPr 2.f.sg. ist nur in der Form mit assimiliertem /*n*/ bezeugt: /*ʾattī̆*/ < **ʾantī̆*. Die Quantität des Auslautvokals ist unbekannt (nach CGS § 13.8 wäre die ursem. Form mit Kurzvokal anzusetzen).

Anm. Auch die Formen *at* (1.1:III:16) bzw. *at-m* (1.3:III:28) können als PPr 2.f.sg. gedeutet werden. Der jeweilige Kontext, *at(m) w ank ibġyh*, läßt sich wie folgt übersetzen: "Dir (allein) will ich es offenbaren". Bisher wurde *at(m)* meist als Verbalform der Wz. √*ʾty* gedeutet und imperativisch übersetzt: "Komm! — und ich will es (dir) offenbaren". Gegen diese Deutung spricht, daß *at(m)* aufgrund der Orthographie kein Imp. sein kann (§73.513.5b, √*ʾty*) und daß die Aufforderung Baᶜlus an ᶜAnatu, zu ihm zu kommen, im Text jeweils schon zuvor ergangen ist.

41.112.4. Personalpronomen 3.m.sg.

syll. *ú-wa*(PI) "er" RS20.123+:II:22'
alph. *hw* "er" 1.2:I:37&

Das PPr 3.m.sg. besitzt im Ug. dieselbe Form wie im Ar. (*huwa*). Der Konsonant /*w*/ stellt möglw. einen sekundären (intervokalischen) Gleitlaut anstelle eines ursprünglichen /ʾ/ dar, /*huwa*/ < **huʾa* (§33.153a), was wiederum auf einen Auslautvokal (/*a*/) schließen läßt. Der Anlautkonsonant /*h*/ geht auf sem. /s^1/ zurück (§33.131.1).

Anm. Zur Form *hwm* (RS92.2016:41' [PPr *hw* + EP *-m*]) siehe unter §41.32.

41.112.5. Personalpronomen 3.f.sg.

alph. *hy* "sie" 1.7:3(?); 1.19:IV:39&.

Das PPr 3.f.sg. besitzt im Ug. dieselbe Form wie im Ar. (*hiya*). Der Konsonant /*y*/ stellt möglw. einen sekundären Gleitlaut anstelle eines ursprünglichen /ʾ/ dar, /*hiya*/ < **hiʾa* (§33.153a), was wiederum auf einen Auslautvokal (/*a*/) schließen läßt. Der Anlautkonsonant /*h*/ geht auf sem. /s^1/ zurück (§33.131.1).

41.112.6. Personalpronomen 2.m.pl.

alph. *atm* "ihr" (m.) 1.1:III:18; 1.3:IV:33; 1.22:II:13.

Das PPr 2.m.pl. ist nur in der Form mit assimiliertem /*n*/ bezeugt: *atm* /*ʾattumū̆*/ < **ʾantumū̆*. Der Vokal der zweiten Silbe lautet wegen §33.214.21 sehr wahrsch. /*u*/ und nicht /*i*/ (gegen he. *ʾattem*). Aus sprachvergleichenden Gründen ist ein Auslautvokal (wohl /*-u*/) anzusetzen (vgl. akk. *attunu*).

41.112.7. Personalpronomen 3.m./f.pl. (?)

Bisher läßt sich im ug. Textkorpus weder das PPr 3.m.pl. noch das PPr 3.f.pl. sicher nachweisen.

In Frage kommen lediglich Belege der Zeichenfolge *hm* (am Zeilenbeginn bzw. nach einem Worttrenner) in abgebrochenen Kontexten wie etwa in 2.9:4, 2.31:65, 2.45:6, 2.54:3 und 4.322:5. Dabei dürfte aber jeweils die Deutung als Pronominalsuffix oder als konditionale Konjunktion vorzuziehen sein.

Gordon (UT § 6.3) führte demgegenüber 1.23:68.69.71 als Belege für das P Pr 3.m.pl. und 2.31:52 als Beleg für das PPr 3.f.pl. an. Die Zeichenfolge {hm} in 1.23:68.69.71 dürfte aber als PPr 3.c.du. zu deuten sein. In 2.31:52 wiederum ist gegen Gordon nicht {rgm . hn} sondern {rgm . hw} zu lesen.

Ebensowenig als PPr 3.f.pl. zu deuten ist die Zeichenfolge {hn} in 4.132:3.6 (damit gegen Sivan [DLUg. 36 und GUL 50]). Die betreffenden Sätze sind wie folgt zu übersetzen: *w . ṯmnt . ksp.hn* "und acht (Schekel) ist ihr (Preis in) Silber" (Z. 3); *ḫmšt . w . nṣp . ksp.hn* "fünfeinhalb (Schekel) ist ihr (Preis in) Silber" (Z. 6). Daß *hn* trotz des davor plazierten Worttrenners jeweils als Pronominalsuffix 3.f.pl. und nicht als selbständiges PPr zu deuten ist, geht aus Z. 4-5 hervor: *w . ṯqlm \ ksph* "und zwei Schekel ist sein (Preis in) Silber".

Anm. Zur Zeichenfolge {hn} in 2.42:23 siehe §42.4 (Ergänzung *hn[hmt]*).

41.112.8. Personalpronomen 2.c.du.

alph. *atm* "ihr beide" 1.1:III:18; 1.3:IV:33.

atm bezieht sich an beiden Belegstellen auf maskuline Personen. Der jeweilige Kontext (Aussendung zweier Boten) zeigt, daß *atm* als Dual- und nicht als Pluralform zu deuten ist: *atm* = /*ʾattumâ*/ < **ʾantumâ*.

41.112.9. Personalpronomen 3.c.du.

alph. *hm* "sie beide" 1.23:68.69.71.

hm bezieht sich an allen genannten Belegstellen auf maskuline Personen. Aus sprachvergleichenden Gründen ist aber davon auszugehen, daß das PPr 3.du. für beide Genera gleich lautet: *hm* = /*humâ*/. Der Vokal der ersten Silbe dürfte wegen §33.214.21 /*u*/ und nicht /*i*/ sein. Der Anlautkonsonant /*h*/ geht auf sem. /s^1/ zurück (§33.131.1).

Anm. Ein spezifisches PPr 1.c.du. ist ug. nicht bezeugt. Sehr wahrscheinlich kannte auch das Ursem. keine entsprechende Wortform.

41.12. "Obliquusformen" der selbständigen Personalpronomina

Spezifische (längere) Formen der PPrr, die vorwiegend bzw. ausschließlich für die Kasus Genitiv und Akkusativ gebraucht und deshalb als "Obliquusformen" bezeichnet werden, lassen sich im Ug. nur in der 3. Person nachweisen:

3.m.sg.	*hwt* /*huwā̆ti*/	1.3:VI:20; 1.4:III:36; 1.18:IV:13; 1.19:I:15; (?) 1.19:II:38 (Lesung unsicher); 1.19:III:23; 2.4:16; 1.103+:43; (?) 1.107:17.
3.f.sg.	*hyt* /*hiyā̆ti*/	1.3:III:10; 1.19:III:32; 1.103+:45.55.56.
3.m.pl.	*hmt* /*humūti*/	1.19:III:9.13.44; 1.104:19; 2.32:8 (vgl. das DemPr *hnhmt* [§42.4]).
3.c.du.	*hmt* /*humâti*/	1.17:V:20.30.

Die genannten Pronomina heben sich von den sogenannten Nominativformen formal durch ein suffigiertes Morphem *-t* (§89.5) ab, das wahrsch. als /*-tī̆*/ zu vokalisieren ist (vgl. die akk. bezeugten Obliquusformen *šuāti* [3.m./f.sg.], *šunūti* [3.f.pl.], *šināti* [3.f.pl.], *šunīti* [3.c.du.] [GAG § 41f]; vgl. ferner äth. *yəʾəti* "sie").

Es ist mit der Möglichkeit zu rechnen, daß sogenannte Obliquusformen (zumindest *hmt*) in bestimmten syntaktischen Umgebungen auch für den Nominativkasus stehen können (§41.132e [in diesen Fällen könnte das Morphem *-t* als /*-tū̆*/ zu vokalisieren sein]). Der Begriff "Obliquusformen" für *hwt*, *hyt* und *hmt* wäre somit sachlich nicht korrekt.

SV. Man vergleiche den Tatbestand, daß im Akan. als Fragepronomen für "wer?" nebeneinander eine "Kurzform" (*mī̆ya*) und eine "Langform" (*mī̆yati*) bezeugt ist und daß beide für den Nominativkasus gebraucht werden (siehe CAT 1, 108). Hinzuweisen ist ferner auf die äth. PPrr der 3.m./f.sg., *wəʾətu* (Nom./Gen.), *wəʾəta* (Ak.) und *yəʾəti* (Nom./Gen.), *yəʾəta* (Ak.), die durchgehend durch ein Morphem *-t* erweitert sind.

41.13. Zur Syntax der selbständigen Personalpronomina

41.131. "Nominativformen" der Personalpronomina

Die sogenannten Nominativformen des PPr können verschiedene syntaktische Funktionen besitzen, die sich nicht auf den Nominativkasus beschränken. Sie dienen im einzelnen:

a) zum Ausdruck des Subjekts in Nominalsätzen. Beispiele:
- *at aḫ w an a[ḫtk]* "Du sollst mein Bruder und ich will [deine Schwest]er sein" 1.18:I:24.
- *ngš ank aliyn bʿl /\ ʿdbnn ank <k>*[?] *imr b py /\ k lli b ṯbr nqy* "Ich trat an Baʿlu heran (und) ich steckte ihn <wie> ein Lamm in mein Maul, wie ein Zicklein in die 'Brecher' meines Rachens" 1.6:II:21-23; *w rgm ank [...]* "und ich sagte [...]" 2.42:25 (jeweils PPr *ank* nach narrativem Inf. [§73.531]).

b) zum Ausdruck des (implizit bereits durch die Verbalform ausgedrückten) Subjekts in Verbalsätzen (das PPr steht meist vor, seltener nach der Verbalform; besonders häufig im Zusammenhang mit dem PPr 1.c.sg.). Beispiele:
- *ank \ iḫtrš w aškn / ...* "Ich (selbst) werde mich handwerklich betätigen und (eine Person) erschaffen ..." 1.16:V:25f.
- *an itlk w aṣd / ...* "Ich ging herum und streifte herum / ..." 1.6:II:15.
- *aṯbn ank w anḫn* "Ich kann mich niedersetzen und zur Ruhe kommen" 1.6:III:18 (PPr nach der Verbalform).
- *w hm at trgm[ ]* "Und falls du sagst ..." 2.3:18 (Konditionalsatz).

c) möglicherweise zum Ausdruck des Dativs in Nominalsätzen:
- *lm ank \ ksp w yrq ḫrṣ / ...* "Wozu soll mir Silber und gelbes Gold (dienen) ... ?" 1.14:III:33f. (und Par.): *lm ank* ist hier offenbar im Sinne von **lm ly* "wozu soll mir (dienen)?" gebraucht (vgl. he. *lāmmāh lî* [Ijob 30,2]; diese Konstruktion ist ug. nicht bezeugt).

SV. Vgl. he. *waᵃnî mᵉtê mispār* "Ich habe nur wenige Männer" (Gen 34,30) oder he. *wᵉʾattāh šālôm* "Möge es dir gut gehen!" (1 Sam 25,6).

d) möglicherweise zum Ausdruck des Dativs in Verbalsätzen:
- (?) *at(m) w ank ibġyh* "Dir (allein) will ich es offenbaren" 1.1:III:16. // 1.3:III:28 (z. Disk. siehe §41.112.3, Anm.; zu einer alternativen Deutung [als G-Inf. der Wz. √*ʾty*] siehe unter §73.513.5b).

e) zum Ausdruck des Vokativs (und damit des impliziten Subjekts) in Imperativphrasen (PPr stets vor dem Imperativ):
- *w at qḥ \ ʿrptk* "Und du nimm deine Wolken!" 1.5:V:6f.
- *at mt tn aḫy* "Du, Môtu, gib meinen Bruder heraus!" 1.6:II:12.

f) zur Verstärkung eines vorangehenden Pronominalsuffixes (Genitivfunktion):
- *šmk at \ ygrš* "Dein Name ist *Ygrš*" 1.2:IV:11f. (§92.24c).
- *šmk at aymr* "Dein Name ist *Aymr*" 1.2:IV:19 (§92.24c).

SV. *at* kann hier nicht pronominale Kopula des Nominalsatzes sein, da dafür das PPr der 3. Person zu erwarten ist. Der sprachvergleichende Befund stützt diese Deutung: akk. (Alašia) *idinanni \ anāku* "gib (es) mir!" (EA 35:20f.); phön. *w bymty ʾnk* "aber in meinen Tagen" (KAI 26A:II:5); he. *ʾæt-dāmᵉkā gam-ʾāttā* "auch dein Blut" (1 Kön 21,19); he. *loʾ-ʿālêkā ʾattāh* "nicht gegen dich" (2 Chr 35,21); he. *wᵉlî ᵃnî-ʿabdækā* "Aber mich, deinen Knecht, ... (hat er nicht gerufen)" (1 Kön 1,26); he. *hᵃṣôm ṣamtunî ʾānî* "Habt ihr wirklich für mich gefastet?" (Sach 7,5); aaram. *[w] yhmlk hdd ʾ[yty] \ ʾnh* "[Und] Hadad machte mich zum König" (Tell-Dan-Inschrift, Z. 4'-5'); ar. *sal ʿan ḫabarika ʾanta* "frage nach deiner Geschichte"; ar. *hal kāna minka ʾanta qawlun* "gibt es auch von dir eine Erklärung?" (PPG § 286.1; GK § 135d-h; Reckendorf 1921 § 140.3).

41.132. "Obliquusformen" der Personalpronomina

Auch die sogenannten Obliquusformen der Personalpronomina werden syntaktisch unterschiedlich gebraucht. Sie begegnen:

a) als Akkusativobjekt. Beispiele:
- *tšthwy kbd hyt* "Huldigt (und) ehrt sie!" 1.3:III:10.
- *tšth\wy w kbd hwt* "Huldigt und ehrt ihn!" 1.3:VI:19f.
- *... nmgn hwt* "Wir wollen ihn beschenken" 1.4:III:36.
- *sad kbd hmt* "Stärke (und) ehre sie (beide)!" 1.17:V:20; ähnl. 1.17:V:30.
- *ʿl qṣʿth hwt \ l aḫw* "Wegen seines Krummholzes (d.h. seines Bogens) / seiner Pfeile ließ ich ihn nicht am Leben" 1.19:I:15f.; ähnl. 1.18:IV:13.

b) als Attribut eines Nomens im Genitiv (mit demonstrativer Funktion):
- *d̲rʿ mlk hwt* "das Saatgetreide jenes Königs" 1.103+:43.
- *d̲rʿ ḫwt hyt* "das Saatgut jenes Landes" 1.103+:55 (vgl. 1.103+:14 [erg.]).

- *[ ]xy kl dbrm hmt*? \ [ ] "... alle diese Dinge/Worte(?) ..." 2.32:8f.: Die in GUL 50 gebotene Übersetzung, "all of their things" (d.h. "alle Dinge von ihnen"), ist abzulehnen, da *dbrm* nicht im St.cs. steht.

c) als Attribut eines Nomens im Akkusativ (mit demonstrativer Funktion):
- *špšn tpšl«t» ḥwt hyt* "... dann wird die Sonne jenem Land Mißerfolg zufügen(?)" 1.103+:45; ähnl.: *ilm tbʿrn ḥwt hyt* "... (dann) werden die Götter jenes Land vernichten" 1.103+:56 (vgl. 1.103+:35f. [erg.]).
- ... *šd hwt* "... jenes Feld" 2.4:16 (Kontext abgebrochen; nach KTU² wäre am Anfang der Zeile *[mk]ḥd* zu lesen: "einer der verheimlicht/verborgen hält").

d) als Nomen rectum (Genitiv) einer Konstruktusverbindung (nach St.cs.):
- *bʿl ṯbr diy hwt* "Baʿlu hatte die Flügel von ihm zerbrochen" 1.19:III:23
- *bʿl yṯbr diy \ hyt* "Baʿlu möge die Flügel von ihr zerbrechen" 1.19:III:31f.
- *bʿl ṯbr diy hmt* "Baʿlu hatte die Flügel von ihnen zerbrochen" 1.19:III:9; ähnl. 1.19:III:43f. (*bʿl yṯbr diy \ hmt*).
- *bʿl ybn diy hmt* "Baʿlu möge die Flügel von ihnen 'reparieren'" 1.19:III:13.

e) vielleicht auch als (nominativisches) Subjekt:
- *w ḥdṯh \ tdn hmt \ w tštn ṯnm* "Und am Neumondstag(?) werden sie (sc. in Z. 16 erwähnte *npṣ*-Gegenstände/Kleider) niedergelegt/entfernt und zweimal hingestellt" 1.104:18-20: Dieser Deutung zufolge ist *hmt* Subjekt. Trotz Nominativkasus steht die erweiterte Variante des PPr. Alternativ wäre von einem unpersönlichen Subjekt (3.m.pl.) auszugehen, mit *hmt* als direktem Objekt der Verbalform *tdn*. Unpersönliche Konstruktionen dieses Typs lassen sich in ug. Ritualtexten sonst aber nicht nachweisen.

SV. Für *hmt* als nominativische Form spricht, daß *hmt* im Phön. als Normalform des PPr 3.m.pl. dient (siehe PPG³ §§ 110-111 und GPP § 51.133) und daß im He. *hem* und *hemmāh* < **him(m)ătV*(?) funktionsgleich verwendet werden. Im Phön. (von Byblos) begegnet ferner ein nominativisches PPr 3.m.sg. der Form *hʾt* (in topikalisierter Stellung): *hʾt ḥwy kl mplt hbtm \ ʾl* "Er ist es, der alle diese Gebäude renovierte" (KAI 4:2-3; vgl. PPG³ § 111). Auch in jüngeren Sprachstufen des Akk. können die Obliquusformen des PPr für den Nominativ stehen (GAG § 41e).

41.2. Das Pronominalsuffix

Pronomialsuffixe (= PrSS) sind suffixale Morpheme in der Funktion genitivischer, dativischer oder akkusativischer Personalpronomina. Sie treten an Nomina (im Status pronominalis), Verben und gewisse Partikeln, insbesondere Präpositionen. PrSS an Nomina und Präpositionen haben genitivische Funktion und werden auch als "Possessivsuffixe" (= PSS) bezeichnet. PrSS an Verben haben entweder akkusativische oder dativische Funktion und werden folglich als Objektsuffixe (= OSS) bezeichnet. Akkusativische OSS und dativische OSS sind im Ug. im Einklang mit dem gemein-wsem. Befund morphologisch identisch. Abgesehen von der 1. Person sg. und gewissen Differenzen in der 3. Person sg. besitzen PSS im Ug. dieselbe Gestalt wie OSS.

Da PrSS keine selbständigen Lexeme sind, werden sie in der (alph.) Orthographie in der Regel vom vorausgehenden Wort nicht durch Worttrenner abgetrennt. Zu Ausnahmen (insbesondere bei längeren PrSS) siehe §21.412c-e.

Anm. Neben den PrSS im engeren Sinn gibt es auch suffixale Morpheme in der Funktion nominativischer Personalpronomina der 1. und 2. Personen, die als Personalendungen der Suffixkonjugation Verwendung finden (§73.313). Sie sind mit dem jeweils zweiten Bildungselement der entsprechenden selbständigen PPrr identisch und unterscheiden sich damit formal von den PrSS. — Zur semantischen Funktion der genitivischen PrSS siehe §73.431e und §91.338, Anm. Der Begriff "Possessivsuffixe" ist strenggenommen nicht korrekt, da die betreffenden Suffixe durchaus nicht immer ein Besitzverhältnis zum Ausdruck bringen.

41.21. Paradigma

		Possessivsuffixe	Objektsuffixe (am Verb)
Sg.	1.c.	*-Ø*, *-y* /*-ī*/	*-n* /*-nī*/
		-y /*-ya*/	
		n-Variante: *-n(y)* /*-nī*/	
	2.m.	*-k* /*-kā̆*/	*-k* /*-kā̆*/
		n-Variante: *-nk* (nur nach Präpp.)	
	2.f.	*-k* /*-kī̆*/	*-k* /*-kī̆*/
	3.m.	*-h* = syll. *-ú* /*-hū̆*/, *-nh*	*-h* /*-hū̆*/
		n-Variante: *-nh* (nur nach Präpp.)	*n*-Varianten: *-nh*, *-nn*, *-n*(?)
	3.f.	*-h* /*-hā̆*/	(Form **-h* nicht belegt)
		n-Variante: *-nh* (nur nach Präpp.)	*n*-Varianten: *-nh*, *-nn*
Pl.	1.c.	*-n* /*-nā̆*/ od. /*-nê*/	*-n* /*-nā̆*/ od. /*-nê*/
		seltene Variante: *-ny* /*-nay(V)*/?	
	2.m.	*-km* /*-kumū̆*/	*-km* /*-kumū̆*/
		n-Variante: *-nkm* (nur nach Präpp.)	
	2.f.	*-kn* /*-kun(n)ā̆*/	nicht belegt
	3.m.	*-hm* /*-humū̆*/	*-hm* /*-humū̆*/
	3.f.	*-hn* /*-hun(n)ā̆*/	*-hn* /*-hun(n)ā̆*/
Du.	1.c.	*-ny* /*-nayâ*/?	*-ny* /*-nayâ*/?
	2.c.	*-km* /*-kumâ*/	*-km* /*-kumâ*/
	3.c.	*-hm* /*-humâ*/	*-hm* /*-humâ*/

41.22. Erläuterungen und Diskussion

Wie aus dem Paradigma ersichtlich ist, gibt es im Ug. nebeneinander einfache Formen der PrSS und sogenannte *n*-Varianten. Unter *n*-Varianten sind Formen der PrSS zu verstehen, die an eine durch *-n* oder *-nn* erweiterte verbale oder präpositionale (sowie vielleicht auch nominale) Basis treten. Dabei kann es zu Assimilationsprozessen zwischen dem/n genannten *-n(n)*-Element(en) und den

PrSS kommen. Verbalformen, die durch ein bzw. zwei *n*-Element(e) erweitert sind, werden auch als "energische" Formen bezeichnet (§73.6). Sie sind insbesondere in Kombination mit OSS produktiv.

41.221. Singularische Pronominalsuffixe

41.221.1. Possessivsuffix 1.c.sg.

Die genaue Verteilung der Morphemvarianten des PS 1.c.sg., /-*ī*/ und /-*ya*/, ist nicht in allen Punkten geklärt. Grund dafür ist die in dieser Hinsicht nicht eindeutige alph. Orthographie, in der die Morphemvariante /-*ī*/ gewöhnlich defektiv als {-∅}, daneben aber (selten) auch plene als {-y} erscheinen kann (§21.341.21a). Pleneschreibungen von /-*ī*/ sind im Briefkorpus die Regel, dürften mitunter aber auch in den literarischen Texten bezeugt sein.

41.221.11. Defektive Schreibungen des PS 1.c.sg., die gewiß im Sinne der Morphemvariante /-*ī*/ zu deuten sind, begegnen:

a) häufig an Nomina im Sg. Nom. (Beispiele aus Poesie und Prosa):
yṯb ly ṯr il ab "Der Stier Ilu, mein Vater, wird zu mir zurückkehren" 1.3:IV:54; *p npš npš lbim \ thw* "Wahrlich, mein Rachen ist (wie) der Rachen des Steppenlöwen 1.5:I:14f. // 1.133:2-4; *npš ḫsrt \ bn nšm / npš hmlt \ arṣ* "Mein Rachen lechzte nach Menschen, mein Rachen nach der (Menschen-)Menge der Erde" 1.6:II:17-19; *w tnḫ b irty npš* "Und in meiner Brust kam meine(?) Seele zur Ruhe" 1.6:III:19 (ähnl. 1.17:II:13f.); *qry-m ab dbḥ l ilm* "Mein Vater hat den Göttern ein Opfer dargebracht" 1.19:IV:29; *nṯṯ um ʿlṣ b aby* "Meine Mutter hüpfte (und) sprang(?) auf meinen Vater" 1.82:9; *w um \ tšmḫ mad*[!] "Und meine Mutter möge sich sehr(!) freuen" 2.16:10f; *[w] bʿl [l ydʿ]* "[Und] mein Herr [möge fürwahr Bescheid wissen]" 2.71:12.

b) bisweilen wahrscheinlich an Nomina im Sg. Ak. (damit gegen UT § 6.6; vgl. aber auch §41.221.12b):
- *hm ks ymsk \ nhr* "Oder mischt (nicht etwa) Naharu (selbst) meinen Becher?" 1.5:I:21f. // 1.133:9f.: Für diese Deutung spricht die im folgenden Kolon belegte Wortform *ydty* "meine (sieben) Portionen" (// *ks*).
- *ṣḥ aḫtk \ ṯtmnt / bt ḥm«ḥ»h \ dnn* "Ruf' deine Schwester *Ṯtmnt*, meine(?) Tochter, die mit dem starken Verlangen(?)!" 1.16:I:28-30 (n.L.; KTU[2] bietet am Ende von Z. 29 *ḥmḥ* <*mt*>*h*): Für die Deutung von *bt* im Sinne von "meine Tochter" spricht die Wortform *aḫtk* "deine Schwester" (// *bt*). — In Z. 29 ist anstelle von {bt .. ḥmḥh} (mit zwei Worttrennern zwischen {t} und {ḥ}) viell. {bt ṣ[!]ḥ mḥh} zu lesen. Eine mögliche Übersetzung wäre: "Ruf' meine(?) Tochter, deren Lebenskräfte(?) stark(?) sind!".
- *ql bl ʿm* ... "Trage meine Stimme zu (GN) ... !" 1.100:2.8.14&.

c) vielleicht an Nomina im Sg. Vok.:
- *špš um* "(o) Sonne, (o) meine Mutter! 1.100:2&: vgl. die jeweils vorangehende Wendung *l špš umh* "(sie rief) zur Sonne, ihrer Mutter" (1.100:2&).
- *bt* "(o) meine(?) Tochter" 1.18:I:16.17.

41.221.12. Demgegenüber lassen sich bei singularischen Nomina anderer Kasus nur Schreibungen des PS 1.c.sg. mit {y} sicher nachweisen:

a. Sg. Gen. (Beispielauswahl):

šm bn-y yw "Der Name meines Sohnes ist *Yw*" 1.1:IV:14; *b tk ġr-y il ṣpn / b qdš b ġr nḥlt-y* "mitten auf meinem Berg, dem heiligen Ṣapānu, im Heiligtum auf meinem ererbten Berg" 1.3:III:29f. // 1.3:IV:19f.; *l hwt-y* "zu meinem Wort" 1.4:VI:2; 1.4:VI:15; *spu ksm-y bt bˁl / w mn[t]\-y bt il / ṯḥ gg-y b ym ṯiṭ /\ rḥṣ npṣ-y b ym rṯ* "... der mir meinen Anteil zuteilt im Baˁlu-Tempel und meine Por[ti]on im Ilu-Tempel; der mein Dach ausbessert am Tag des Schlammes, der meine Kleider wäscht am Tag des Schmutzes" 1.17:II:21-23 (vgl. auch die vorausgehenden Formen *ilib-y*, *ˁm-y* und *niṣ-y* [Z. 16-18]); *l pˁn adt-y* "vor den Füßen meiner Herrin" 2.12:7; 2.24:5; 2.33:3; 2.68:4; *l pˁn um-y* "vor den Füßen meiner Mutter" 2.13:5; 2.30:4; 2.72:4; *l pˁn bˁl-y* "vor den Füßen meines Herrn" 2.40:5; 2.42:4; 2.45:11; 2.51:2; 2.64:6.13; 2.81:5f.; *l mlkt um-y \ adt-y* "zur Königin, meiner Mutter, meiner Herrin" 2.82:1f. (ähnl. 2.12:1f.; 2.13:1f.; 2.24:1f.; 2.30:1; 2.33:1; 2.68:1; 2.72:4); *yšmˁ uḫy \ l g-y* "mein Bruder möge auf meine Stimme hören" 2.4:18f.; *l pn bˁ[l] ṣpn bˁl-y* "vor Baˁlu Ṣapānu, meinem Herrn" 2.23:19; *urk ym bˁl-y* "Länge der Tage (d.h. ein langes Lebens) meines Herrn" 2.23:20; *l ksi-y* "zu meinem Thron" 2.31:15; *[l] ... ˁbd-y* "[zu] ... meinem Diener" 2.67:2 (n.L.); *l aḫ-y l rˁ-y* "zu meinem Bruder, zu meinem Freund" 5.9:I:8.

Anm. Es gibt daneben ein mögliches Beispiel für eine defektive Schreibung des PS 1.c.sg. an einem Nomen sg. Gen. (in der Pausa! [§33.44]): *spsg ysk \ [b] riš / ḥrṣ l ẓr qdqd-y* "Eine Glasur wird [über] meinen Kopf gegossen werden, Kalk über meinen Scheitel" 1.17:VI:36f. Das Fehlen des {y} im ersten Kolon könnte aber auch durch "Doppelfunktion" des im folgenden Kolon genannten PS (*qdqd-y*) begründet sein.

b. Sg. Term. und/oder Ak. (§54.133c):

- *hm ḥry bt-y \ iqḥ / ašˁrb ġlmt \ ḥẓr-y* "Wenn ich Ḥurraya in mein Haus nehmen kann, hineinführen kann die junge Frau in meine Wohnstatt ..." 1.14:IV:40-42.
- *lk bt-y rpim* "Kommt in mein Haus, Rapiʾūma!" 1.21:II:9; 1.22:II:3.8.
- *ṣḥ ... \ ṯmnym ẓby-y* "Rufe ... meine 80 'Gazellen'!" 1.15:IV:7 (nach "80" ist eher Sg. als Pl. zu erwarten [§69.152.1]).

c. Sg. Lok. (möglw. wegen des langen Auslautvokals /-ū/ [§54.413]):

- *aḫ-y-m ytn bˁl \ s!pu-y / bnm umy kly-y* "Meine eigenen Brüder hat Baˁlu (mir) als meine Speise, die Söhne meiner Mutter zu meinem Verzehr gegeben" 1.6:VI:10f. // 1.6:VI:14-16.

41.221.13. An Nomina m.pl. und c.du. sind ausschließlich Schreibungen des PS 1.c.sg. mit {y} bezeugt. Ausgewählte Beispiele:

a. m.pl. Obl.:

<*b*>*ht-y bnt \ dt ksp / hkl-y dtm \ ḫrṣ* "Meine Häuser(!) baute ich aus Silber, meine Paläste aus Gold" 1.4:VI:36-38; *ṣḥ šbˁm ṯr-y / ṯmnym ẓby-y* "Rufe meine siebzig 'Stiere', meine achzig 'Gazellen'" 1.15:IV:6f.; *qran hd ˁm ary-y* "Haddu

hat mich (nicht) zusammen mit meinen Verwandten eingeladen" 1.5:I:23; *št gpn-y dt ksp /\ dt yrq nqbn-y* "Lege an mein Zugtiergeschirr aus Silber, mein Zaumzeug aus gelbem (Gold)" 1.19:II:4f. (vgl. 1.4:IV:10f. [*gpnm*, *nqbnm*]).

b. m.pl. Vok.:

ṯb bn-y l mṯbtkm / l kḥṯ zblkm "Meine Söhne, setzt euch auf euren Sitzen nieder; auf euren fürstlichen Thronen!" 1.16:V:24f.

c. c.du. Obl.:

aḫd yd-y b š\krn "... der meine (beiden) Arme in der Trunkenheit hält" 1.17:II:19f.; *tḥt \ pᶜn-y* "unter meine (beiden) Füße" 1.17:VI:44f. // 1.19:III:3!.

SV. Vgl. akan. (Glosse) *ḫe-na-ia* = /*ᶜênâya*/ (Du. Nom.) "meine (beiden) Augen" (EA 144:18; dazu CAT 1, 72).

41.221.14. Auf der Basis der genannten Beispiele läßt sich zusammenfassend folgende Regel aufstellen: Das PS 1.c.sg. lautet nach kurzem /*i*/-Vokal sowie nach Langvokalen (einschließlich Kontraktionsvokalen) /*-ya*/, sonst – d.h. an Nomina m./f.sg. Nom./Ak./Vok. und f.pl. Nom./Vok. (außer WzK III-inf.) – in der Regel /*-ī*/. Im Zusammenhang mit dem Flexionsvokal /*-a*/ (Ak.) sind möglicherweise beide Varianten nebeneinander belegt, d.h. /*-ī*/ und /*-(a)ya*/ (vgl. hierzu auch §41.221.16 und §41.221.17a). Sieht man von der Form /*-(a)ya*/ ab, gelten im Ug. dieselben Regeln wie etwa im Akk. (GAG § 42h, Anm. 1-2) und Phön. (PPG § 112.1).

Aus der Tatsache, daß das PS 1.c.sg. im Ug. auch nach dem Terminativ- und Lokativmorphem /*-ya*/ lautet, läßt sich vielleicht folgern, daß auch hier langvokalische Endungen vorliegen, nämlich eine Terminativendung /*-â*/ < **-ah* und eine Lokativendung /*-ū*/ (vgl. zur letzteren Endung den entsprechenden akk. Befund, z.B. *qātūʾa* "in meiner Hand" [GAG § 66a und Paradigma Nr. 5]).

41.221.15. Bisweilen erscheint das PS 1.c.sg. orthographisch aber als {y}, wo /*-ī*/ zu erwarten ist. Dieses Phänomen begegnet besonders häufig im Briefkorpus, wo {y} als *mater lectionis* für /*-ī*/ fungieren könnte (§21.341.21). Sollten keine *matres lectionis* vorliegen, könnte aus den betreffenden Formen zu schließen sein, daß das Suffix /*-ya*/ zu Lasten von /*-ī*/ generalisiert wurde. Allerdings ist zu beachten, daß die Mehrzahl der (scheinbar) nominativischen Wortformen mit PS *-y* im Briefkorpus als Pendens fungiert (§94.21). Hier könnten besondere Regeln gelten (das Pendens könnte im Absolutivkasus stehen [§54.62]). Belege:

a. m.sg. Nom.:

Poesie:

aḥd-y "meine Einzigkeit (d.h. ich allein)" 1.4:VII:49: Der Kontext lautet: *aḥd-y d ym\lk ᶜl ilm* ... "Ich allein (bin es), der als König über die Götter herrscht ...". Das Graphem {y} ist hier aber viell. als EP *-y* im Sinne eines Markers der wörtlichen Rede zu betrachten (§89.35).

SV. Vgl. akan. *ya-ḫu-du-un-ni* (EA 365:24; dazu CAT 1, 196 und CAT 3, 149).

mᶜms-y (Ptz. m.sg.) "einer, der mich stützt" 1.17:II:20 (im Kontext begegnet eine ganze Reihe von Nomina m.sg. Gen. + PS 1.c.sg. *-y*).

ḫtn-y "meine Eheschließung" 1.24:32: Der Kontext lautet: *ᶜmn nkl ḫtny*, w. "mit Nikkalu sei meine Eheschließung". Das Graphem {y} ist aber auch hier viell. als EP *-y* zu betrachten (§89.35).

Briefkorpus (zu den Kontexten siehe §21.341.21a):

bn-y "mein Sohn" 2.14:11; 2.46:9.12; *um-y* "meine Mutter" 2.16:6; 2.30:21 (alt.: Vok.); 2.34:6 (aber *um* "meine Mutter" in 2.16:10); *bᶜl-y* "mein Herr" 2.17:8; 2.33:22.26! (<*b*> *ᶜly*); 2.33:31.33; 2.42:10.13; RS92.2010:12.21; *adt-y* "meine Herrin" 2.33:19.

Beschwörungstext 1.100 (zu den Kontexten siehe §21.341.21a):

mnt-y "meine Beschwörung (lautet wie folgt)" 1.100:9 (an sämtlichen Parallelstellen [Z. 4.15.20.26.31.36.41.46.52.58] aber Schreibung *mnt*).

b. m.sg. Ak. (nur im Briefkorpus):

šm-y "meinen Namen" 2.14:13; *bᶜl-y* "meinen Herrn" 2.23:10; *bt-y* "mein Haus" 2.31:66; *aṯt-y* "meine Frau" 2.33:28; *lb-y* "mein Herz" 2.72:16.

c. m.sg. Vok. (nur im Briefkorpus):

(?) *rᶜ-y* "(o) mein Freund" 2.15:5 (Interpretation unsicher; {y} könnte hier alternativ für den dritten Radikal des Subst. stehen).

SV. Man vergleiche den entsprechenden Befund im Akan., der ebenfalls nicht eindeutig ist. Laut Rainey (CAT 1, 71f.) gelten weitgehend dieselben Regeln wie im Akk. und Phön. Eine ganz andere Auffassung vertrat Kossmann (1987-88, 43-45). Er wies nach, daß es sehr viele Belege für das Possessivsuffix *-ia* am Nom. und Ak. gibt (z.B. *pa-ar-ṣa-ia* "mein Verhalten" [EA 73:39]). Laut Kossmann ist das Suffix *-ī* in den meisten Textgruppen nur am Wort *bēlu* bezeugt. Nur das Textkorpus "Beirut-1" (Rib-Haddi-Briefe aus Beirut) zeichne sich durch einen regulären Gebrauch von *-ī* aus. Kossmann zog daraus folgenden Schluß: "As there is no parallel with standard Akkadian here, I think one can safely suppose that forms with *-ija* in the nominative and accusative singular reflect the situation in Canaanite. [...] This is an indication that in Ugarit and Canaanite the genitive suffix *-ija* was generalised to all cases in the singular" (S. 44). Dem steht jedoch der anders gelagerte phön. Befund gegenüber (Kossmann versucht dem Problem unter Annahme dialektaler Differenzen zu entkommen). Es ist jedoch wahrscheinlicher, daß die häufige Bezeugung von *-ia* in den Amarnabriefen einfach auf orthographischer Konvention beruht. Rückschlüsse auf die Realisierung des PS in der Muttersprache der Schreiber wären dann nicht zulässig. — Auch in der älteren akk. Poesie erscheint bisweilen *-ya* bzw. *-ʾa* anstelle von *-ī*, z.B. *rēṣu-ʾ/ya* "mein Helfer (Nom.)" (GAG § 65c).

41.221.16. Das syll. Textkorpus enthält keinen eindeutigen Beleg eines PS 1.c.sg. Erwähnenswert ist lediglich die Zeichenfolge *x-ša-na-ia* (RS20.163:Vs.:4'), die Huehnergard (UV 143.293) zu *[l]a-ša-na-ia* ergänzt und mit Vorbehalt als /*lašānaya*/ "meine Zunge" deutet (Nomen im Ak. mit PS *-ya* [vgl. §41.221.12b]).

Anm. Innerhalb des akk. Textkorpus von Ugarit wird das PS 1.c.sg. in bestimmten Textgattungen bei Nomina aller Kasus außer dem Vok. orthographisch mit dem {IA}-Zeichen notiert (siehe SAU 402f. und AU 125-127).

41.221.17. Im folgenden werden vier Sonderprobleme diskutiert, a) das PS 1.c.sg. nach Nomina mit langen Auslautvokalen im Sg.pron., b) das PS 1.c.sg. nach

Nomina mit *-n*-Erweiterung, c) das PS 1.c.sg. nach Präpositionen (ohne Erweiterung) und d) das PS 1.c.sg. nach Präpositionen mit *-n*-Erweiterung.

a. Bei Nomina mit mutmaßlich langen Auslautvokalen im Sg.pron. wie *ab* "Vater" und **ʾḫ* "Bruder" (§55.12) lautet das PS 1.c.sg. wahrsch. auch nach Akkusativ- und Vokativkasus /*-ya*/:
- *aḫ-y* (Ak.): *tn aḫ-y* "Gib (mir) meinen Bruder!" 1.6:II:12.
- *ab-y* (Vok.): *l tbrknn l ṯr il ab-y* "Segne ihn doch, o Stier Ilu, mein Vater!" 1.17:I:23 (der Vokativausdruck ist mit *l* eingeleitet [§54.221b]; *ab-y* könnte deshalb im Gen. stehen [§54.215]; vgl. Greenstein 1998, 414).

Nach *ab* und **ʾḫ* im Nom. (St.pron.) lautet das PS 1.c.sg. aber offenbar /*-ī*/:
- *yṯb ly ṯr il ab* "Der Stier Ilu, <u>mein</u> Vater, wird sich mir wieder zuwenden" 1.3:IV:54; *qrym ab dbḥ l ilm* "<u>Mein</u> Vater brachte den Göttern ein Opfer dar" 1.19:IV:29.
- *at aḫ w an a[ḫtk]* "Du sollst <u>mein</u> Bruder ... sein" 1.18:I:24.

In Briefen wird das PS 1.c.sg. nach **ʾḫ* "Bruder" im Nom. (St.pron.) dagegen mit {y} geschrieben: *uḫ-y* 2.4:19; 2.41:20.22; *aḫ-y* 2.14:10; 2.38:26 (zu den Kontexten siehe §21.341.21a). {y} könnte hier für /*-ī*/ stehen (Pleneschreibung; vgl. aber ŠEŠ-*ú-a* = /*ʾa(ḫ)ḫūya*/(?) "mein Bruder" in EA 37:19 [Zypern]).

b. Ob es auch Belege für die Anhängung des PS 1.c.sg. an eine durch *-n* erweiterte Nominalbasis gibt, ist ungewiß. In Frage kommen ausschließlich (unsichere) Wortformen in Pausalstellung:
- *lbd(?)m ard b npš-n-y* "Ich muß ganz allein(?) hinabsteigen" 1.2:III:20.
- *l arṣ ypl ul-n-y / w l ʿpr ʿẓm-n-y* "Zur Erde wird meine(?) Kraft sinken, und zum Staub meine Stärke" 1.2:IV:5 (alt.: *-ny* als PS 1.c.du., d.h. "die Kraft von uns beiden", oder *-y* als Nisbe, d.h. "der Kraftvolle/der Mächtige").

c. Für die Form des PS 1.c.sg. an Präpositionen (= Präpp.) dürften die gleichen Regeln gelten wie für das PS 1.c.sg. an Nomina (§41.221.14). Das PS 1.c.sg. nach Präpp. mit /*ĭ̄*/-Auslaut hat deshalb erwartungsgemäß die Form /*-ya*/:

l-y = /*lĭ̄ya*/ (vgl. ar. *lī(ya)*) "(zu) mir, für mich": 1.3:IV:54.55; 1.6:I:12; 1.14:III:39; 1.14:VI:24; 1.16:I:26; 1.17:II:14; 1.17:VI:42(2x); 1.19:I:17; 2.34:9.

b-y = /*bĭ̄ya*/ "auf mir": 2.16:10.

Nach Präpp. mit /*a*/-Auslaut lautet das PS 1.c.sg. offenbar ebenfalls /*-ya*/:

ʿm-y = /*ʿimmaya*/? (alt.: /*ʿimmiya*/): 1.1:II:1*; 1.1:III:11; 1.3:III:19(2x); 1.3:IV:11.12; 2.26:4; 2.33:36; 2.34:6 (daneben auch *ʿmn(y)* [§d]).

Anm. Andere Präpp. mit PS 1.c.sg. sind m.W. nicht bezeugt.

d. Bisweilen wird das PS 1.c.sg. an eine durch *-n* erweiterte Basis der Präp. angehängt, so daß die Endung formal dem OS 1.c.sg. gleicht (ug. Präpp. können aber auch in absoluter Stellung durch *-n* erweitert sein [§82.52]). Es gibt nebeneinander die Graphien *-n* und *-ny* (wohl Pleneschreibung; alt.: *-n* + EP *-y*):

ʿm-n /*ʿimmanī*/ "bei/mit mir" (defektiv): 2.38:6; 2.46:6; 2.65:2; 2.71:6; 2.72:7

ʿm-ny /*ʿimmanī*/? "bei/mit mir" (plene): 2.13:9; 2.16:14; 2.24:8*; 2.30:8; (?) 2.32:4*; 2.34:6 (daneben gibt es auch die Form *ʿm-y* [§c]).

Anm. Die genannten *ᶜmn(y)*-Belege begegnen durchweg in der formelhaften Wendung "Nun/Siehe, bei mir herrscht Wohlbefinden" (*hlny ᶜmny ... šlm* [u.ä]). Es wurde wiederholt vermutet, daß die Formen *ᶜmn(y)* das PS 1.c.pl. enthalten. Gegen diese Auffassung spricht, daß sich *ᶜmn(y)* durchweg auf Briefabsender im Sg. bezieht. — In 2.34:6 sind die Formen *ᶜmy* und *ᶜmny* nebeneinander bezeugt.

l-n /*lanī*/ "gegen mich": 1.17:II:19.

41.221.2. Objektsuffix 1.c.sg.

Die Form des OS 1.c.sg. lautet in der Regel *-n* = /*-nī*/. Die Belege lauten:

yqlṣ-n "er verspottete mich" 1.4:III:12; *ywpṯ-n* "er beschimpfte mich" 1.4:III:13; *ṣḥ-n* "er hat mich gerufen" 1.5:I:22; *qra-n* "er hat mich eingeladen" 1.5:I:23; *y{.}ṣḥ-n* "er ruft mich" 1.5:II:21; *yqr{.}un* "er ruft mich" 1.5:II:22; *tbk-n* "du sollst / sie soll mich (nicht) beweinen" 1.16:I:25.30; *tbᶜr-n* "du brachtest mich weg" 1.16:II:18; *tšrg-n* "du sollst mich (nicht) fangen" 1.17:VI:34; *tbrk-n* "sie sollen mich segnen" 1.19:IV:32; *tmr-n* "sie sollen mir den Segen erteilen" 1.19:IV:33; *tšqy-n* "du sollst mir (Wein) zu trinken geben!" 1.19:IV:53; *ybᶜr-n* "er möge mich (nicht) verlassen" 2.41:22; evtl. ferner: *lm tlik-n* "warum schickst du (fem.) mir?" 2.72:10 (alt.: PK 2.f.sg. + Energ. I).

Daneben könnte es auch Pleneschreibungen des betreffenden OS als *-ny* geben (alternativ OS 1.c.sg. + EP *-y* oder OS 1.c.du.):

ḥn-ny "sei mir gnädig!" 2.15:3 (Brief mit mehreren außergewöhnlichen orthogr. Merkmalen): vgl. he. *ḥānnenî*.

? *qḥ-ny* "nimm mich(?) an!" 1.82:8(2x) (alt.: "nimm uns beide an!").

SV. Das Element *n* des OS 1.c.sg. ist nicht identisch mit dem Energikusmorphem (§73.6). Es ist nach Ausweis anderer sem. Sprachen nicht geminiert und kann mit der Energikusmorphem /*-an(na)*/ zu /*-annī*/ bzw. /*-annanī*/ kombiniert werden.

41.221.3. Pronominalsuffix 2.m.sg.

Die PrS 2.m.sg. lautet *-k* und ist sicher als /*-kă*/ zu vokalisieren.

a. PS-Belege (Auswahl):

ᶜbd-k "dein Diener" 1.2:I:36(2x); *argmn-k* "dein Tribut" (= der dir gebührende Tribut") 1.2:I:37; *mnḥy-k* "deine Gaben" (= "die dir gebührenden Gaben") 1.2:I:38; *ab-k* "dein Vater" 1.2:III:16&; *ṯbt-k* "dein Sitz" 1.2:III:17; *mlk-k* "dein Königtum" 1.2:III:18; *mṯpṭ-k* "deine Herrschaft" 1.2:III:18; *ib-k* "dein(e) Feind(e)" 1.2:IV:8.9; *ṣrt-k* "deine(n) Widersacher" 1.2:IV:9; *l-k* "für dich" 1.2:IV:8&; *ksan-k* "dein(en) Schemel" 1.12:I:18 (zu *ksan* siehe DLU 226a).

Bei bestimmten Präpp. tritt das PS auch an eine durch *-n* erweiterte Basis, z.B. *ᶜm-n-k* "bei dir" (2.3:21; 2.70:21; 2.71:11) (neben *ᶜm-k* [2.21:14&]).

b. OS-Belege (Auswahl):

yšmᶜ-k "er soll dich hören" 1.2:III:17; *tsr-k* "sie belehrt dich" 1.4:V:4; *tbky-k* "sie beweinen/beweint dich" 1.16:I:6; 1.16:II:44; *ašspr-k* "ich lasse dich (die Jahre) zählen" 1.17:VI:28. — *argm-k* "ich sage dir" 1.4:I:20; *t/ybl-k* "sie bringen (es) dir" 1.4:V:15.17.31; *atn-k* "ich will (es) dir geben" 1.17:VI:17.27; *ašlḥ-k* "ich will (es) dir schicken" 1.17:VI:18*.28.

Anm. Ein OS 2.m.sg. der Form *-nk* (sogenannte *n*-Variante) gibt es nicht. In 2.21:17 ist gegen KTU^2 nicht *w l atnnk* (d.h. "und ich gebe dir nicht"), sondern mit Pardee (1984b, 244) *w l ttnn.*$^?$*nn* zu lesen.

41.221.4. Pronominalsuffix 2.f.sg.

Das PrS 2.f.sg. lautet (wie das PrS 2.m.sg.) *-k* = /-kĭ̄/.

a. PS-Belege (Auswahl):
pᶜn-k "deine Füße" 1.3:III:19; 1.3:IV:11; *išd-k* "deine Beine" 1.3:III:20; 1.3:IV:12; *qlṣ-k* "Geringschätzung dir gegenüber" 1.3:V:28.

b. OS-Belege (Auswahl):
ydᶜt-k "ich kenne dich" 1.3:V:27; 1.18:I:16. — *argm-k* "ich will (es) dir berichten" 1.3:III:21; 1.3:IV:13; *aṯny-k* "ich will (es) dir wiederholen" 1.3:III:22.

Anm. Zu möglichen Belegen von Impp. und einer PK^{K}v mit dativischem OS 2.f.sg. siehe §73.162.

41.221.5. Pronominalsuffix 3.m.sg.

41.221.51. Das PS 3.m.sg. lautet an Nomina *-h* = /-hŭ̄/. Der Auslautvokal /-ŭ̄/ wird durch die syll. Formen ^{lú}*ḫa-ma-ru-ú* (RS19.42:11) bzw. ^{lú}*ḫa-[a]m-[r]u-ú* (RS19.42:13), "sein Lehrling", nachgewiesen. Illustrative alph. Belege:

ab-h "sein(em) Vater" 1.2:I:33&; *g-h* "seine Stimme" 1.2:IV:6&; *p-h* "sein Mund" 1.2:IV:6&; *l ksi-h* "auf seinen Thron" 1.2:IV:12; *l riš-h* / *l qdqd-h* "auf seinen Kopf/Schädel" 1.5:VI:15.16; *l ᶜbdh* "seinem Diener" 2.33:24.

Anm. Zur Wortform *b btw* "in seinem Haus" (3.9:4) mit Schwund des /h/ des PS siehe §33.142.21. — Das auslautende *-n* der Wortform *ḥtkn* (1.14:I:10) ist nicht als PS 3.m.sg., sondern als EP *-n* zu deuten (damit gegen ARTU 192, MLC 289 u.a.). Zur Interpretation des Kontextes siehe §89.13.

SV. Anders als im Ar. (GKA § 269b) ist im Ug. nicht damit zu rechnen, daß der Vokal des PrS 3.m.sg. nach vorausgehendem /ī/ bzw. /ê/ (via Vokalharmonie) zu /ĭ̄/ verändert wird. Das gleiche gilt für die PrSS der 3. Person pl. und du.

An Präpp. lautet das PS 3.m.sg. in der Regel ebenfalls *-h*. Bisweilen tritt das PS aber auch an eine durch *-n* erweiterte Basis (sogenannte *n*-Variante des PS):

l-n-h "für/gegen/von ihn/m" 1.17:I:29; 1.100:5& (22x); 1.111:21.
l pn-n-h "vor ihm" 1.3:IV:40 (gegenüber *l pn-h* [1.92:30; 1.161:15] und *l pnw-h* [1.3:I:6]).
ᶜl-n-h "über ihm" 1.3:V:33; 1.4:IV:44.

41.221.52. Das OS 3.m.sg. lautet *-h*, *-nh*, *-nn* und eventuell ferner *-n*. Die Form *-h* stellt das unerweiterte OS dar; die übrigen Formen sind sogenannte *n*-Varianten (OSS in Kombination mit dem Energikusmorphem *-n* bzw. *-nn*).

a. Das unerweiterte OS *-h* begegnet nur im poetischen Textkorpus:

- nach Formen der SK: *nsk-h* "sie gossen ihn aus" 1.3:II:41; 1.3:IV:44; *mẓa-h* "er fand ihn" 1.12:II:50.51; *ᶜny-h* "er antwortete ihm" 1.16:V:13.22 (alt.: Ptz.)

- nach Formen der PK (häufig in Pausalstellung): *tq-h* "du beschützest ihn" 1.2:I:18.34; *tqyn-h* "ihr beschützt ihn" 1.2:I:34; *tsk-h* "sie gossen ihn aus" 1.3:II:40; 1.3:IV:43*; *ibġy-h* "ich will es (dir) offenbaren" 1.3:III:29 (// 1.1:III:16*; 1.3:IV:19*; 1.7:33* [jeweils an der entscheidenden Stelle abgebrochen]); *ištmd*(?)*h* "ich habe ihn vernichtet" 1.3:III:40 (Lesung und Interpretation unsicher [§74.232.2a, √*šmd*]); *yknn-h* "er erschuf ihn" 1.3:V:36; 1.4:IV:48 (alt.: haplologisch für *yknn-nh* /*yukānin-annahu*/ [§33.432b]); *tkbd-h* "sie ehrte ihn" 1.4:IV:26 (in gleichen Kontexten ist sonst *tkbd-nh* belegt [1.6:I:38; 1.17:VI:51]); *tšt-h* "sie legte ihn hin" 1.6:I:15; *tngṯ-h* "sie suchte ihn" 1.6:II:6.27 (wohl PK^L); *tmḫṣ-h* "du sollst ihn erschlagen" 1.18:IV:13; *imḫṣ-h* "ich erschlug ihn" 1.19:I:14.15.

b. Die Form *-nh*, wohl /*-(V)nnVhu*/, die sich offenbar zusammensetzt aus dem Morphem *-n* des Energ. I und dem eigentlichen OS *-h*, begegnet ausschließlich nach Formen der PK, stellt hier aber die häufigste Variante dar. Es handelt sich dabei in der Mehrzahl um endungslose Formen der PK^K (PK^Ki/j sg.). Das OS -*nh* läßt sich nur in der Poesie und in zwei Beschwörungstexten (1.100 und 1.107) nachweisen. Belege:

tngṯ-nh "sie suchte(n) ihn" 1.1:V:4 (Kontext abgebrochen); *ᶜn-nh* "ich will ihn (mir) unterwerfen" 1.2:I:18.35; *tqy-nh* "ihr habt ihn in Schutz genommen" 1.2:I:34 (weniger wahrsch.: PK^L *tqyn* + OS *-h*); *yšlḥm-nh* "er gibt/gab ihm zu essen" 1.3:I:5; *y/tšqy-nh* "er/sie gibt/gab ihm zu trinken" 1.3:I:9; 1.19:IV:55; *yšqy-nh* "er gibt ihm zu trinken" 1.17:VI:31 (alt.: Lesung *yšqynn*); *tph-nh* "sie sah ihn" 1.3:I:14 (viell. Schreibfehler für *tph*<*y*>*-nh*); *išty-nh* "ich trank ihn" 1.4:III:16; *ykll-nh* "er soll es (sc. das Haus) vollenden" 1.4:V:10; *yᶜms-nh* "er soll es (sc. das Haus) errichten" 1.4:V:11; *tšᶜly-nh* "sie brachte ihn hinauf" 1.6:I:15; *tbky-nh* "sie beweinte ihn" 1.6:I:16; *tbqr-nh* "sie begrub ihn" 1.6:I:17; *abqr-nh* "ich will ihn begraben" 1.19:III:5.34 (gegenüber *yqbr-nn* [1.19:III:41] und *aqbr-n* [1.19:III:20]); *tkbd-nh* "sie ehrte ihn" 1.6:I:38; 1.17:VI:51; *tšṣq-nh* "sie packte ihn" 1.6:II:10; *tᶜdb-nh* "sie plazierte ihn" 1.18:IV:33. — *ynᶜr-n!h* "er schüttelte es" 1.100:65; *ysḫ!-nh* "er riß es heraus" 1.100:66; *yᶜdy-nh* "er streifte es ab" 1.100:66; *ybl-nh* "er brachte/trug es" 1.100:67; *tᶜbt-nh* "sie band(?) ihn" / "du sollst ihn binden(?)" 1.107:7.

c. Die Form *-nn*, wohl /*-nVnnu*/ < **-nVnhu* entstanden aus der Endung *-nn* des Energ. II und dem eigentlichen OS *-h*, das (progressiv) an das zweite /*n*/ des Energ. II assimiliert ist. Die betreffende Form wird wiederholt durch einen Trennkeil vom vorausgehenden Wort getrennt (§21.412d). Sie begegnet in der Poesie und in Prosatexten:

- nach Imp. m.sg.: *grš-nn* "vertreibe ihn!" 1.1:IV:24.
- nach Formen der PK, häufig mit gesteigerter Bedeutung oder aus Gründen der Variation nach PK-Formen mit OS *-nh*: *ybṯ.nn* "er ...(?) ihn" 1.2:IV:31; *imsḫ.nn* "ich werde ihn zu Boden reißen" 1.3:V:1; *tšt-nn* "sie legte/setzte ihn" 1.6:I:17 (nach drei PK-Formen mit OS *-nh*); 1.19:II:10; *ᶜdb-nn* < **ʾᶜdbnn* "ich steckte ihn (in mein Maul)" 1.6:II:22; *tbqᶜ-nn* "sie spaltete ihn" 1.6:II:32; *tdry\-nn* "sie worfelte ihn" 1.6:II:32-33; *tšrp-nn* "sie verbrannte ihn" 1.6:II:33;

ṭṭḥnn "sie zermahlte ihn" 1.6:II:34 (§73.623 [alt.: Energ. III + OS]); *tdrᶜ.nn* "sie säte ihn aus" 1.6:II:35; *tlun!n* "(Schlaf) überwältigte ihn" 1.14:I:33; *trḥṣ.nn* "sie wusch ihn (wiederholt)" 1.16:VI:10; *ywsr-nn* "er belehrte ihn" 1.16:VI:26; *l tbrk-nn* "du sollst ihn füwahr segnen" 1.17:I:23; *tmr-nn* "du sollst ihm den Segen erteilen" 1.17:I:24; *[y]ᶜny-nn* "er besingt(?) ihn" 1.17:VI:32; *yqbr.nn* "sie begrub ihn" 1.19:III:41; *tšḫṭn!.nn* "(falls) sie ihn aufwecken" 1.19:III:45; *yḥn-nn* "er ist/war ihm gnädig" 1.10:I:12 (alt.: *yḥnn-n*); *tksy-nn* "sie bedeckte ihn/es" 1.10:III:24; *yzbr-nn* "er soll(?) ihn schneiteln" 1.23:9; *yṣmd-nn* "er soll(?) ihn binden" 1.23:10; *ydᶜ-nn* "er kannte ihn" 1.114:6.7; *tqdmn-nn* "sie (f.) brachten ihm dar / brachten es (ihm) dar / traten vor ihn hin" RS92.2016:37'; *ylmd-nn* "(niemand) mußte ihn belehren" RS92.2016:42'; *yᶜmsn.nn* "sie (beide) stützten ihn" 1.114:18; *yḥsl-nn* "er wird es plündern" 1.103+:36*.38; *yᶜny-nn* "er antwortet(e) ihm" 1.124:4.13; *tšknn-nn* "sie werden ihm Bestand(?) verleihen(?)" 2.7:11; *aḫn-nn* "ich werde(?) ihm gnädig sein"(?) 2.15:9; *ibᶜr.nn* "ich werde ihn/es vernichten" 2.36+:51; *ybᶜl-nn* "er stellt ihn/es her" 4.182:59. — Vgl. ferner: *[x]rḥṣ.nn* "... wusch(?) ihn(?)" 1.55:3 (n.L.); *[ ]idm.nn* "... schminkte ihn" 1.55:4; *[ ]m?.nn* 1.55:7; *[ ]rḥṣ-nn* 1.61:3; *[x]isr-nn* "... band ihn" 1.61:4; *[ ]x.nn* 1.129:3; 2.33.6; *ttnn.?nn* "sie/ihr werden/t es geben" 2.21:17 (Lesung nach Pardee 1984b, 244).

- nach Formen der SK: *ybl-nn* "sie brachten ihm" 1.4:V:38.40 (alt.: PK); *ṯṯᶜ.nn* "er hatte Angst vor ihm" 1.5:II:7; *ngš-nn* "er bedrängte ihn" 1.114:19; *ph-nn* "er sah ihn/es" 2.62:6; *kḥd-nn* "er lehnte es ab" 2.70:13; *ytn.nn* "er gab es" 3.5:11 (vgl. 3.2:8*; Lesung *[yt]n*.?nn*).

d. Daneben könnte es auch eine Form *-n* geben, entstanden aus dem Morphem *-n* des Energ. III und dem (progressiv) assimilierten OS *-h*: */-annu/* < **-anhu*. Die Belege werden unter §73.634 diskutiert.

41.221.6. Pronominalsuffix 3.f.sg.

41.221.61. Das PS 3.f.sg. lautet an Nomina immer *-h* = */-hă/*. Illustrative alph. Beispiele (es gibt keine syll. Belege):

g-h "ihre Stimme" 1.2:III:15&; *kbd-h* / *lb-h* "ihre Leber" / "ihr Herz" 1.3:II:25.26; *bn-h* "ihre Söhne" 1.3:V:37; *ᶜn-h* "ihre Augen" 1.14:III:45; *l ᶜgl-h* "zu ihrem Kalb" 1.15:I:5; *l ᶜbd-h* "ihrem Diener" 2.12:15.

An Präpp. lautet das PS 3.f.sg. in der Regel ebenfalls *-h* (z.B. *tḥt-h* "unter ihr" 1.3:II:9; *ᶜl-h* "auf ihr" 1.3:II:10; *b-h* "in ihr" 4.132:4). Bisweilen tritt das PS aber auch an eine durch *-n* erweiterte Basis (sogenannte *n*-Variante des PS):

ᶜm-n-h "mit ihr" 1.5:V:20; *l pn-n-h* "vor ihr" 1.10:II:17.

41.221.62. Vom OS 3.f.sg. existieren m.W. nur *n*-Varianten (OSS in Kombination mit dem Energikus). Bezeugt sind die Formen *-nh* und *-nn*.

a. Die Form *-nh* begegnet nur nach Formen der PK:

yph-nh "er sah sie" 1.4:IV:27; *yḥmd-nh* "er begehrte sie" 1.92:29.

b. Die Form *-nn* begegnet:

- nach Impp.: *gr.nn* "fordere sie zum Kampf heraus!" 1.14:III:6; *šr-nn*$^{!}$ (alt. Lesung: *šr-n*) "streite gegen sie!" 1.14:III:6.
- nach Formen der SK: *gr-nn* "er forderte sie zum Kampf heraus" 1.14:IV:49; *šr-nn*$^{!}$ "er stritt gegen sie" 1.14:IV:50; *w ytn-nn* "er hat sie (sc. die Bitte) gewährt" 5.9:I:9 (alt.: PK^{K}v).

Anm. Das PS 3.f.sg. und das OS 3.f.sg. besitzen im Ug. denselben Auslautvokal (/-ā̆/). Eine indirekte Bestätigung dafür liefern akk. Texte aus Ugarit. Hier werden nämlich die akk. Varianten des PrS 3.f.sg., *-ša* (= PS) und *-ši* (= OS), häufig nicht korrekt verwendet, was auf eine fehlende formale Differenzierung zwischen PS und OS im Ug. schließen läßt (AU 128f.; SAU 403f.; van Soldt 1995, 210).

41.222. Pluralische Pronominalsuffixe

41.222.1. Pronominalsuffix 1.c.pl.

Das PrS 1.c.pl. lautet gewöhnlich *-n*, in seltenen Fällen (als PS) auch *-ny*. Die Vokalisation des Morphems *-n* ist ungewiß. In Betracht kommen /*-nā̆*/ (wie im Ar. und Äth.), /*-nū̆*/ (wie im Kan.; vgl. akan. *ru-šu-nu* "unser Kopf" [EA 264:18]), /*-ni*/ (wie im Standard-Akk.), oder /*-nê*/ (wie im Mari-Akk. [GAG § 42g-h]). Am unwahrscheinlichsten ist /*-nū̆*/, zum einen wegen der längeren PrS-Variante *-ny*, zum anderen wegen des PrS 1.c.du. *-ny* (/*y*/ läßt sich mit einem vorausgehenden /*u*/-Vokal schwer vereinbaren). Die genannten PrS-Formen legen an sich für das Morphem *-n* am ehesten eine Vokalisation /*-nê*/ nahe, die freilich nur durch das Mari-Akk. gestützt wird. Sollte dies zutreffen, wäre viell. von einer sem. Grundform des PrS 1.c.pl. **-nay(V)* (statt **-nā̆*) auszugehen.

Anm. Für die postulierte Grundform **-nay(V)* (o.ä.) könnte auch der akk. Befund (dativisches/akkusativisches PrS *-niāši(m)* bzw. *-niāti*) sprechen. Auch das akk. nominativische PPr *nīnu* (bab.) bzw. *nēnu* (ass.) "wir" kann theoretisch auf **naynu* (anstatt auf **naḥnu* [GAG § 41g, Anm. 12]) zurückgeführt werden.

a. PS-Belege der Graphie *-n* (Auswahl):
šby-n "unser Gefangener" 1.2:IV:29.30; *mlk-n* "unser König" 1.3:V:32; 1.4:IV:43; *ṯpṭ-n* "unser Richter" 1.3:V:32; 1.4:IV:44; *qny-n* "unser Schöpfer" 1.10:III:5; *kbd-n* "unser Inneres" 1.12:I:9; *agrt-n* "die, welche uns dingt" 1.19:IV:51; *ʿl-n* "über uns" 1.15:V:21.22[2x].

b. PS-Belege der Graphie *-ny* (nur in der Poesie).
In vier Wortformen erscheint das PS 1.c.pl. orthographisch sicher als *-ny-*. In allen diesen Formen ist das PS jedoch durch eine enklitische Partikel (*-n* bzw. *-y*) erweitert (§41.33; §89.11; §89.34). Der Kontext schließt ein PS 1.c.du. aus, zumal jeweils Substt. mit PSS 1.c.pl. vorausgehen (*mlk-n* "unser König"; *ṯpṭ-n* "unser Richter" [1.3:V:32; 1.4:IV:43.44]):

- *kl-ny-y qšh \ nbln / kl-ny-y nbl ksh* "Wir alle müssen seinen Krug halten, wir alle müssen seinen Becher halten" 1.3:V:33-34
- *kl-ny-n q[š]h nb[ln] /\ kl-ny-n nbl ksh* "Wir alle müssen seinen Kr[ug] hal[ten], wir alle müssen seinen Becher halten" 1.4:IV:45f.

Der Konsonant /y/ der Graphie *-ny* (anstatt *-n*) kann hier theoretisch als sekundärer Gleitlaut erklärt werden (die gleiche Erklärung wäre dann auch für das PrS 1.c.du. anzunehmen): *kl-ny-n* = /*kullu-nV-y-an(na)*/ < * *kullu-nV* + *-an(na)*. Postuliert man jedoch eine sem. Grundform **-nay(V)* für das PrS 1.c.pl., wäre /y/ nicht sekundär: *kl-ny-n* = /*kullu-nay-an(na)*/ (das gleiche würde dann auch für das PrS 1.c.du. gelten: *-ny* = /*-nayâ*/ < **nay(V)* + *-â*).

Daneben könnte es im Ug. drei weitere Belege für ein PS 1.c.pl. *-ny* geben, ohne daß das PS hier durch ein Enklitikum erweitert ist: *bˁl-ny* "unser Herr" (1.15:V:20); *ṯġr-n\y* "unsere Tore" (1.119:28-29); *ḥmyt-ny* "unsere Mauern" (1.119:29). Alle diese Belege begegnen am Kolonende und damit in Pausalstellung. Möglicherweise hat sich in solchen Positionen die "vollere" Variante des Morphems, nämlich /*-nay(V)*/, gehalten, während dieses sonst (fast) immer zu /*-nê*/ bzw. /*-nă*/ kontrahiert wurde. Es ist jedoch alternativ denkbar, daß der Konsonant /y/ in den genannten Formen jeweils als enklitische Partikel *-y* (§89.3) zu deuten ist. Die Belegkontexte lauten:

- *ˁrb špš l ymġ \ krt / ṣbia špš \ bˁl-ny* "Zum (Ort des) Sonnenuntergangs ist Keret fürwahr gegangen, zum (Ort des) Sonnenaufgangs unser Herr" 1.15:IV:18-20.
- *[hm] tdy ˁz l ṯġr-n\y / qrd [l] ḥmyt-ny* "[Falls] du den 'Starken' von unseren Toren vertreibst, den Kriegshelden [von] unseren Mauern ..." 1.119:28f.

c. OS-Belege (immer Graphie *-n*):
tikl-n "das Feuer verzehrt uns" 1.12:I:10; *tqṣr-n* "sie kneifen uns" 1.12:I:11 (vgl. §33.432b).

41.222.2. Pronominalsuffix 2.m.pl.

Das PrS 2.m.pl. lautet durchgehend *-km* = /*-kumū̆*/.

a. PS-Belege (Auswahl):
bˁl-km "euer Herr" 1.2:I:17&; *adn-km* "euer Gebieter" 1.2:I:17.34*; 1.16:I:60; *ri/ašt-km* "eure Köpfe" 1.2:I:24-25.27; *brkt-km* "eure Knie" 1.2:I:25.27; *zbl-km* "eure Fürstlichkeit" 1.2:I:25&.

Bei bestimmten Präpp. tritt das PS auch an eine durch *-n* erweiterte Basis, z.B. *ˁm-n-km* "bei euch" 2.36+:10.

b. OS-Belege:
yˁdb-km "er soll euch (nicht in seinen Mund) stecken" 1.4:VIII:17; *am\r-km* "ich werde euch segnen(?)" 1.13:28-29; *ṣḥt-km* "ich habe euch gerufen" 1.15:IV:27&; *aṣḥ(.)-km* "ich will euch rufen" 1.21:II:2&; *iqra-km* "ich will euch einladen" 1.21:II:10&; *agrš-km* "ich vertreibe euch" 3.9:8-7.

41.222.3. Pronominalsuffix 2.f.pl.

Das PrS 2.f.pl. lautet durchgehend *-kn* = /*-kun(n)ā̆*/. Es sind bislang ausschließlich PS-Belege bezeugt, die alle aus dem Text 1.40 stammen:
ḫbt-kn "eure Ausgeraubten(?)" 1.40:21.38*; *md[ll-k]n* "eure Verarmten(?)"

1.40:21.38; *ap-kn* "euer Zorn" 1.40:22.39*; *npš-kn* "eure Seele" 1.40:22*.39; *yp-kn* "eure ...(?)" 1.40:36.39.40*.

41.222.4. Pronominalsuffix 3.m.pl.

Das PrS 3.m.pl. lautet *-hm* = */-humŭ/*. Daß dem /*h*/ ein /*u*/-Vokal und kein /*i*/-Vokal folgt, wird indirekt durch die in 3.9:6 bezeugte Form *lwm* = */lawumŭ/* < **la-humŭ* (§33.153b) bewiesen. Der Gleitlaut /*w*/ setzt einen /*u*/-Vokalismus voraus. Für /*u*/ spricht ferner die unter §33.214.2 genannte Lautregel.

a. PS-Belege (Auswahl):
- an Nomina: *ap-hm* "ihre Mäuler" 1.2:I:13; *ri/ašt-hm* "ihre Köpfe" 1.2:I:23.29; *brkt-hm* "ihre Knie" 1.2:I:23.29; *zbl-hm* "ihre Fürstlichkeit" 1.2:I:24.29; *kbdt-hm* "ihre Eingeweide" 1.19:III:10; *kl-hm* "sie alle" 1.14:II:42; 1.14:IV:20; *umht-hm* "ihre Mütter" 1.15:I:6; *ahl-hm* "ihre Zelte" 1.15:III:18; *mšknt-hm* "ihre Wohnstätten" 1.15:III:19; *yṣi-hm* "ihre Flucht" 3.8:9.
- an Präpp.: *b-hm* 1.2:I:24&; *km-hm* 1.15:III:23.25; *bd-hm* 2.4:20; 4.386:13.

Anm. In 2.38:18 ist laut KTU² *bdnhm* zu lesen, was möglw. im Sinne von *bd-n-hm* "aus ihren Händen" zu analysieren wäre (Präp. *bd* + *n* + PrS *hm*). Die Lesung (insbesondere {h}) ist jedoch unsicher. — Zur Form *innm* (2.10:9), die möglw. das PrS 3.m.pl. enhält, siehe §33.142.1, Anm. und §88.24.

b. OS-Belege:

tph-hm "sie sahen sie" 1.2:I:22; *aḫd-hm* "ich will sie packen" 1.3:V:22; 1.18:I:9; *ymšḥ-hm* "er wird sie salben" 1.10:II:23; *ngṯ-hm* "er näherte sich ihnen" 1.12:I:40; *yisp-hm* "er sammelte sie" 1.12:II:24; *išal-hm* "ich verlange von ihnen" 2.32:4; *ytn.hm* "er gab sie (dir)" 2.45:21; *tšiḫr-hm* "du sollst sie (nicht) aufhalten" 2.79:4; *ybʿl-hm* "er stellt sie her" 4.182:56.

41.222.5. Pronominalsuffix 3.f.pl.

Das PrS 3.f.pl. lautet durchgehend *-hn* = */-hun(n)ă/*.

a. PS-Belege:
- an Nomina: *ṣġrt-hn* "der Jüngsten von ihnen" 1.15:III:16; *sp\rhn* "ihre Aufzählung" 1.24:45-46; *mn\thn* "ihre Erwähnung" 1.24:46-47; (?) *bʿl-hn* "ihr Herr"(?) 1.103:34 (alt.: *bʿl hn*); (?) *kl-hn* "sie alle / insgesamt"(?) 1.111:7; *ksp-hn* "ihr Kaufpreis" 4.132:3.6; 4.707:23* (zu Fragen der Kongruenz siehe §95.3); *apnt-hn* "ihre Räder" 4.145:3; *ḥẓ-hn* "ihre Pfeile" 4.145:4; *tr-hn* "ihre Deichseln(?)" 4.145:5; *mḫr-hn* "ihr Kaufpreis" 4.338:18; 4.625:2.
- an Präpp.: *b.hn* "über sie / darüber" 2.42:23; (?) 4.373:7.

Anm. Zur Zeichenfolge *lhn* (1.23:75) siehe §81.11a.

b. OS-Beleg: *[x]qḥ.hn* (wohl Wz. *√lqḥ*) "... [n]immt/[n]ahm sie" 2.33:9.

SV. Wie Arbeitman (1991) überzeugend nachgewiesen hat, werden die beiden Genera der PrSS 2./3. pl. in den sem. Sprachen *entweder* durch eine Vokalopposition (mask. /*u*/ gegenüber fem. /*i*/) *oder* durch eine Konsonantenopposition (mask. /*m*/ gegenüber fem. /*n*/), aber nicht nebeneinander durch beide distinktive Merkmale geschieden. Folglich dürften die beiden Genera der PrSS 2./3.pl. im Ug. einen identischen

Vokal in der ersten Silbe besitzen, der wahrsch. /u/ lautete: mask. /-k/hum(ŭ)/ gegenüber fem. /-k/hun(ă/nă)/. Für die Rekonstruktion der betreffenden ursem. Formen gelten im Prinzip dieselben Regeln. Da im Ursem. aufgrund des übereinstimmenden Befundes im Akk. und Äg. keine Konsonantenopposition zwischen den Genera der PrSS 2./3. pl. bestand, waren diese wohl ausschließlich durch eine Vokalopposition geschieden (mask. *-k/s¹unu* gegenüber fem. *-k/s¹ina*).

41.223. Dualische Pronominalsuffixe

41.223.1. Pronominalsuffix 1.c.du.

Das Ug. hat als einzige altsem. Sprache ein spezifisches PrS der 1.c.du. bewahrt. Es lautet *-ny* = /-nayâ/(?).

a. PS-Belege:
- an Nomina: *adt-ny* "die Herrin von uns beiden" 2.11:1.5.15; *bʿl-ny* "der Herr von uns beiden" 2.70:1.6.8.

  Anm. Zu *klnyy* (1.3:V:33.34) und *klnyn* (1.4:IV:45.46) siehe §41.222.1b.
- an Präpp.: *ʿm-ny* "bei uns beiden" 2.11:10.

b. OS-Belege: (?) *qḥ-ny* "nimm uns beide an!" (alt.: "nimm mich an!") 1.82:8(2x).

SV. Ungeachtet der Tatsache, daß das Ug. kein selbständiges PPr 1.c.du. kennt, handelt es sich beim PrS 1.c.du. *-ny* gewiß um eine ererbte und nicht um eine (etwa aus dem Äg.) entlehnte Wortform (siehe UT § 6.9; anders del Olmo Lete 1999, 114).

41.223.2. Pronominalsuffix 2.c.du.

Das PrS 2.c.du. lautet durchgehend *-km* = /-kumâ/.

a. PS-Belege:
- an Nomina: *dʿt-km* "euer beider Wissen" 1.2:I:16; *bn.km* "euer beider Sohn" RS92.2005:5; *lb-k[m]* "euer beider Herz(en)" RS92.2005:14.
- an Präpp: *l-km* "euch beiden" 9.433 = RS92.2005:6.

b. OS-Belege:

yʿdb-km "er steckt euch beide (in sein Maul)" 1.4:VIII:18; *tġr-km* "sie mögen euch beide beschützen" 9.433 = RS92.2005:7; *tšlm-km* "sie mögen euch beiden Wohlergehen verleihen" 9.433 = RS92.2005:8 (vgl. 2.6:6: *[t]šl[mkm]*).

41.223.3. Pronominalsuffix 3.c.du.

Das PrS 3.c.du. lautet durchgehend *-hm* = /-humâ/.

a. PS-Belege:
- an Nomina: *šmt-hm* "ihrer beider Namen" 1.2:IV:11.18; (?)*ap-hm* "ihrer beiden Mäuler" 1.2:I:13; *lšn-hm* "ihrer beider Zungen" 1.2:I:33; *špt-hm* "ihrer beider Lippen" 1.23:49.50 (Bezug auf zwei Frauen); *g-hm* "ihrer beider Stimmen" 1.5:II:17; 1.5:VI:3; 1.14:VI:2; 1.14:VI:39; 1.19:II:40; (?) *ksphm* "ihr (Preis in) Silber" 4.158:5 (Bezug: zwei Baumarten; alt.: PS 3.m.pl.).
- an Präpp.: *bʿd-hm* "zugunsten von ihnen beiden" 1.23:70; *l-hm* "für sie beide" 2.70:22.

b. OS-Belege: *tph-hm* "sie sahen die beiden" 1.2:I:22; *ngṯ-hm* "er näherte sich den beiden" 1.12:I:40; *w ͨn-hm* "und er antwortete den beiden" 1.23:73.

SV. Ob die dualischen PrSS des Ug. tatsächlich auf /*-â*/ auslauteten, ist ungewiß. Alternativ sind die Endungen /*-ê*/ < *-*ay* oder /*-ī*/ denkbar. Bemerkenswert ist, daß im (frühen) Akk. dualische PrSS und dualische PPrr im Kasus Obliquus immer eine Endung /*-ī*/ besitzen, während dualische PPrr im Nominativ eine Endung /*-ā*/ aufweisen (siehe Whiting 1972, 336).

41.3. Personalpronomina mit enklitischen Partikeln

Selbständige Personalpronomina und Pronominalsuffixe sind bisweilen zur besonderen Betonung durch enklitische Partikeln erweitert, im einzelnen durch *-n*, *-m* und (wahrsch. auch) *-y*. Häufig steht das betreffende Wort betont am Satzanfang.

41.31. Enklitische Partikel *-n* (§89.1):
- PPr + *-n*: *ank-n* "ich" 2.42:6.
- Nomen + PS + *-n*: *kl-ny-n* "wir alle" 1.4:IV:45.46 (§41.222.1b); *qšt-h-n* "seinen Bogen" 1.10:II:6; *w b t*[?]*m*[?]*-h-n* "in seiner Gesamtheit" 1.14:I:24 (// *w b p*[!]*ẖyr-h*); *any-k-n* "dein(e) Flotte/Schiff" 2.38:10.

41.32. Enklitische Partikel *-m* (§89.2; häufig im Baal-Zyklus und Aqhat-Epos):
- PPr + *-m*: (?) *at-m* "dir (allein)" 1.3:III:28 (am Satzanfang [vgl. äth. *ʾanta/i-mma* "du selbst; genau du"]; zu alternativen Deutungen siehe §41.112.3, Anm.); *hwm* "er selbst/allein" RS92.2016:41' (Kontext: *w mspr hnd hw-m* \ *[...]* "Diese Erzählung hat er ganz allein [verfaßt/niedergeschrieben (?)]").
- Nomen + PS + *-m*: *asr-k-m* "dein Gefangener" 1.2:I:37 (// *ͨbd-k*); (?) *ͨn-k-m*[?] "deine beide Augen" 1.3:VI:3 (// *riš-k*); *aḫ-y-m* "meine eigenen Brüder" 1.6:VI:10.14; *npš-h-m* "seine Seele" 1.19:II:38; *brlt-h-m*[?] "seine Lebenskraft" 1.19:II:39 (Lesung umstritten).
- Präp. + PS + *-m*: *b-h-m* "aus ihr (sc. aus dem weiblichen Adler)" 1.19:III:39 (nicht: "aus ihnen" [sc. aus Fett und Gebein; mit "Fett und Gebein" ist Aqhatu selbst gemeint); *y l-k-m* "wehe dir (f.)" 1.19:III:46 (vgl. *y l-k* in Z. 51)

  Anm. *km* in *lkm* (1.19:III:46) kann alternativ als PS 2.pl./du. gedeutet werden, sollte das Bezugswort, *qr mym*, als Pl. oder Du. zu deuten sein ("Wasserquellen").
- Verbalform + OS + *-m*: *nbšr-k-m* "wir bringen dir eine Nachricht" 1.19:II:37.

SV. Auch in den Amarnabriefen aus Kanaan sind PPrr und PrSS sporadisch durch enklitisches *-mV* erweitert (CAT 3, 230f.234). EP *-ma*: *a-na-ku-ma* "ich" (EA 365:10.24; 366:20); *šu-ni-ma* "sie beide" (EA 366:24); *iš-mé-ni-ma* "er hörte von mir" (EA 151:12); *pa-nu-ia-ma* "mein Gesicht" (EA 118:39). EP *-mi*: *a-na-ku-mi-i*$_{15}$ (EA 137:14).

41.33. Enklitische Partikel *-y* (§89.3):
kl-ny-y "wir alle" 1.3:V:33.34 (§41.222.1b). — Evtl. ferner: *bͨl-ny* "unser Herr" 1.15:V:20, *ṯġr-n\y* "unsere Tore" 1.119:28f. und *ḥmyt-ny* "unsere Mauern" 1.119:29 (siehe aber §41.222.1b); ferner *aḥd-y* "meine Einzigkeit (d.h. ich allein)" 1.4:VII:49 und *ḫtn-y* "meine Heirat" 1.24:32 ({y} könnte hier auch PS 1.c.sg. sein [§41.221.15a]); *tḥm-h-y* "seine Nachricht" 2.81:17 (alt: *tḥm hy*).

42. Das Demonstrativpronomen

42.0. Vorbemerkungen

Demonstrativpronomina (= DemPrr) lassen sich im Ug. bisher nur in der Prosa eindeutig nachweisen und sind folglich selten bezeugt.

Das Grundbildungselement aller DemPrr des Ug. lautet **hn*. Es besitzt deiktische Funktion und liegt unter anderem auch der ug. Präsentationspartikel *hn* "siehe da!" (§81.4a) zugrunde. Das gleiche Element findet sich auch in DemPrr anderer sem. Sprachen (z.B. in akk. *annīu(m)* "dieser", nA auch: *ḫannīu* [GAG § 23a*]) sowie im bestimmten Artikel des Zsem. (Grundform *hn* = /*han*/ < **hann(V)* [§42.7]). Das vorgestellte Morphem ist ug. als /*hannV*/ zu vokalisieren. Da das /*n*/ nie assimiliert wird, ist es als geminiert anzusetzen.

Ug. bezeugte Formen des DemPr lassen sich scheinbar in Form von zwei Reihen anordnen, einer nah- und einer ferndeiktischen Reihe (vgl. Dijkstra 1999, 153):

hnd (m.sg.); *hndt* (f.sg.): "diese(r/s)"
hnk (m.sg.); *hnkt* (f.sg.); *hnhmt* (pl.): "jene(r/s)"

Eine genauere Untersuchung der Kontexte der genannten Formen spricht allerdings gegen dieses einfache Schema. Die Differenz zwischen *hnd* und *hndt* einerseits und *hnk* und *hnkt* anderseits ist offensichtlich nicht durch das Genus begründet. Außerdem ist damit zu rechnen, daß einige oder gar alle Belege von *hndt*, *hnk* und *hnkt* als Adverbien und nicht als DemPrr fungieren.

Lit.: Loewenstamm (1980a:65-67); Cunchillos (1983); Hoftijzer — van Soldt (1991, 190f.); Tropper (2000).

42.1. *hnd*

42.11. Gut bezeugt ist ein DemPr *hnd* = /*hanna-dī/ā*/? "dieser", zusammengesetzt aus **hn* und dem Determinativpronomen *d* < **ḏ* (§43).

SV. Typologisch direkt vergleichbar ist he. *hazzæh* < **han-zæh* "dieser" (DemPr). Indirekt vergleichbar sind he. *hallāz(æh)* (DemPr) und ar. *(ʾa)llaḏī* (RelPr); die betreffenden Lexeme setzen sich aus den Elementen **han* + **la* (Vokativ- bzw. Beteuerungs- bzw. Prekativpartikel) + *ḏV* (DetPr) zusammen (Tropper 2000 [§ 1.5]).

42.12. Das DemPr *hnd* wird im Ug. stets adjektivisch gebraucht und folgt immer attributiv dem Bezugswort. Es ist genus- und numerusindifferent, fungiert als Nahdeixis und nimmt in der Regel anaphorisch auf etwas bereits zuvor Erwähntes Bezug. Alle Belege stammen aus Prosa-Kontexten:

Bezugswort m.sg.:

- *w mspr hnd hwm* \ *[...]* "Und diese Erzählung (hat) er selbst ..." RS92.2016:41' (Kolophon eines mythologischen Textes).
- *k ypt̮ḥ yrḫ/y[ ]* \ *hnd* "... als er daran war, dies... ...(?) zu öffnen" 1.143:3f. (n.L.) (§76.346b).

- *nqmd mlk ugrt \ ktb spr hnd \ d tbrrt ṣtqšlm \ ˁbdh hnd* "Niqmaddu, der König von Ugarit, hat diese Entlassungsurkunde des *Ṣtqšlm*, seines besagten Dieners, verfaßt" 2.19:8-11.
- *w mnkm l yqḥ \ spr mlk hnd* "Und niemand darf diese Urkunde des Königs wegnehmen ..." 2.19:12f.
- *mkr hn!d* "dieser Kaufmann" 2.42:25 (Kontext unklar).
- *mnk \ mnkm l yqḥ \ bt hnd bd \ ˁbdmlk* ... "Überhaupt niemand darf das besagte Haus dem *ˁbdmlk* ... wegnehmen ..." 3.2:12-15 (Bezugswort in Z. 5).
- *l ym hnd* "Von diesem Tag an ..." 3.2:1; 3.4:1; 3.5:1.

Bezugswort f.sg.: *ˁmn \ mlakty hnd* "zusammen mit dieser meiner Gesandtschaft" 2.33:34f. (Kontext unklar).

Bezugswort m.pl.: *tmġyy hn[(x)] \ alpm ššwm hnd* "Diese 2000 Pferde (da) sollen herkommen" 2.33:31f. (Bezugswort in Z. 24) (*§*42.7).

Ohne Kontext: *[ ]x hnd ˁmn [ ]* 2.79:1.

Anm. Nach KTU² liegt in 2.33:21 (Zeilenende) ein weiterer Beleg für *hnd* vor. Die Lesung der Zeichenreste nach {h} ist jedoch ganz unsicher.

42.2. *hndn*

Einmal begegnet ein DemPr der Form *hndn*. Es handelt sich wahrscheinlich um das DemPr *hnd* (*§*42.1), erweitert durch die EP *-n* (vgl. aram. *hādēn/haddēn* "dieser"). *hndn* wird wie *hnd* gebraucht (Bezugswort m.sg.):

- *lm tlikn ḫpṯ hndn* "Warum schickst du denn diese *ḫpṯ*-Truppe?" 2.72:10.

42.3. *hndt* (?)

Nach traditioneller Auffassung – vgl. Cunchillos 1983; DLU 168a; GUL 58 – gibt es im Ug. auch ein DemPr der Form *hndt* (*hnd* + Femininmorphem *-t*), das ähnlich wie *hnd* gebraucht würde (evtl. substantivisch, d.h. als nahdeiktisches Pendant zu *hnkt* [*§*42.6]). Demgegenüber wird *hndt* in dieser Grammatik als lokales Adverb im Sinne von "hier" gedeutet. Zu den Belegen siehe *§*81.11d.

42.4. *hnhmt*

Als pluralisches – und evtl. auch als dualisches – DemPr der 3. Person mask. dient eine Form *hnhmt*. Sie setzt sich zusammen aus dem deiktischen Element *hn* und der Obliquusform des PPr 3.m.pl./du. *hmt* (vgl. he. *hāhem* "jene" [bestimmter Artikel + PPr 3.m.pl.]).

hnhmt wird adjektivisch gebraucht (in attributiver Stellung nach dem Bezugswort) und dient im Gegensatz zu *hnd* offenbar als Ferndeixis. Es gibt einen sicheren Beleg (3.3:8) und zwei unsichere Belege. In den beiden ersteren Belegen steht *hnhmt* im Kasus Obliquus, im letzten offenbar im Nominativ:

- *w mnm šalm \ dt tknn \ ˁl ˁrbnm \ hnhmt \ tknn* "Welche Ansprüche auch immer gestellt werden mögen, sie sollen zu Lasten folgender Bürgen gestellt werden" 3.3:5-9 (Auflistung der Bürgen in Z. 10-13).

- *w mlk yšal b hn.[hmt w b xxx(x)] \ hmt* "Und der König möge Erkundigungen über die be[treffenden (Leute) und über ...] ... anstellen" 2.42:23f.: Das entscheidende Element des hier postulierten Pronomens *hnhmt* ist ergänzt. Die nach {n} sichtbaren vagen Zeichenreste können als Worttrenner (weniger wahrsch. als Anfang des untersten Keils von {h}) gedeutet werden. Alternativ wäre *hn* als PPr 3.f.pl. zu interpretieren (§41.112.7).
- *bnšm hn$^?$mt ypḥm* "Folgende (zwei ?) Personen sind Zeugen" 4.659:6 (n.L.; die Auflistung der Zeugen erfolgt in den Zeilen 7-8): Nach KTU^2 ist das zweite Wort als *h[[x]]mt* zu lesen. Es gibt aber keine eindeutigen Spuren einer Rasur. Der Abstand zwischen {h} und {m} bietet Platz für ein breites oder evtl. zwei (sehr) schmale Zeichen. Die Zeichenspuren nach {h} lassen sich am ehesten als (breites) {n} deuten. Die Lesungen *hh*(?)*mt* oder *hnh$^!$mt* sind weniger wahrscheinlich, aber nicht ganz auszuschließen. Sollte die Lesung *hnmt* zutreffen, könnte das Fehlen des */h/* des PPr auf eine progressive Assimilation zurückgeführt werden (§33.116.1): */hannumVti/* < **han(nV)-humVti*. Ein Schreibfehler für *hn<h>mt* ist aber gleichfalls zu erwägen. — Die Zeichenfolge *hn$^?$mt* kann als Plural- oder Dualform des DemPr gedeutet werden (in Z. 7f. sind zwei oder drei Zeugen genannt).

Anm. Personalpronomina der 3. Person können auch ohne ein vorausgehendes deiktisches Element *hn* demonstrative Funktion haben, z.B. *ḏr^c mlk hwt* "das Saatgetreide jenes Königs" (1.103+:43 [§41.132b]); *hw ṯ^c nṯ^{c}y / hw nkt nkt* "Dies ist das *ṯ^c*-Opfer, das wir opfern; dies ist das Schlachtopfer, das wir schlachten" (1.40:24.32f.41).

Lit.: Hoftijzer — van Soldt (1991, 190f.); DLU 167f. (sub *hn*).

42.5. *hnk* (?)

Die Bedeutung der ug. Zeichenfolgen *hnk* und *hnkt* wird in der Forschung kontrovers diskutiert. Möglw. fungieren *hnk* und *hnkt* sowohl als lokale Adverbien im Sinne von "da, dort" (§81.12e-f) wie auch als DemPrr der Ferndeixis (möglw. mit je unterschiedlicher Vokalisation).

hnk setzt sich offenbar aus *hn* + *k* (deiktisches Element oder Pronominalsuffix der 2. Person sg. [§89.4]) zusammen; vgl. altsyr. *hnwk* "jene" (m.pl. [Nöldeke 1898 § 67b]), ar. *hunā(li)ka* und ar. *hannāk*.

Ug. *hnk* ist insgesamt dreimal belegt. Zumindest an zwei Stellen erscheint eine Deutung als DemPr sinnvoll (zu alternativen Interpretationen mit der Deutung von *hnk* als Adverb siehe aber unter §81.12e):

- *hn ib d b mgšḫ \ [w] ib hnk$^?$* "Der Feind da, der in ON ist, [und] jener (andere) Feind(?)" 2.33:10f. (Lesung des letzten Zeichens unsicher; *hnk* wäre hier adjektivisch gebraucht).
- *w mlk b^{c}ly \ lm škn hnk \ l ^{c}bdh* "Was den König, meinen Herrn, angeht — warum hat er seinem Diener folgendes aufgetragen?" 2.33:22-24 (*hnk* wäre hier substantivisch gebraucht).

42.6. *hnkt* (?)

Auch die zweimal bezeugte Zeichenfolge *hnkt* ist in ihrer Funktion umstritten. Sie setzt sich aus *hnk* (§42.5) + *t* (Pronominalendung *-ti* oder Femininmarker) zusammen und könnte – wie *hnk* – entweder als DemPr oder als lokales Adverb gebraucht sein. Bei einer Deutung als DemPr ergeben sich folgende Interpretationen (zu alternativen Interpretationen siehe unter §81.12f):

- *w bny hnkt* \ *yškn* "Und mein Sohn soll folgendes bestimmen/bereitstellen" 2.46:12f.
- *mlkt ugrt* \ *hnkt rgmt* "Die Königin von Ugarit sagte folgendes" 2.21:9f. (es folgt die direkte Rede).

Anm. Zur Lesung {hnkt} siehe PRU 2,16 und KTU^2. Cunchillos (1983, 160) postulierte auf der Basis der (falschen) KTU^1-Lesung {hn . km} ein ug. DemPr *hn*.

Lit. zu *hnk(t)*: Hartmann – Hoftijzer (1971); Aartun (1974, 70); Cunchillos (1983); DLU 168a; GUL 58.

42.7. Frühartikel *hn* (?)

42.71. Nach allgemeiner Auffassung verwendet das Ug. im Gegensatz zu jüngeren zsem. Sprachen noch keinen bestimmten Artikel zur (gewöhnlichen) Determinierung des Nomens (§56). Allerdings sind wahrscheinlich in einigen wenigen Prosatexten in Form des Lexems *hn* (in der Stellung vor Nomina) Ansätze zur Herausbildung jener Kategorie greifbar, die im späteren Kan. und Ar. als präponierter Artikel **han* bezeugt ist. Da das betreffende Lexem nur ganz sporadisch bezeugt ist und offenbar immer anaphorisch-identifizierende Funktion besitzt, die als Grundfunktion des Artikels überhaupt gilt, wird man unter Vorbehalt von einem "Frühartikel" sprechen dürfen. Für die Existenz einer solchen Kategorie im Ug. haben sich Liverani (1964b), Loprieno (1980, 15-20), Cunchillos (1983) und Tropper (2000) ausgesprochen.

Von zentraler Bedeutung sind in diesem Zusammenhang zwei ug. Prosatexte, zum einen der Ritualtext KTU 1.40, zum anderen der Brief KTU 2.33. Zur Diskussion steht ferner 1.127:31f. Problematisch bleibt aber die Abgrenzung des postulierten Frühartikels *hn* von dem homonymen demonstrativen Adverb *hn* "siehe da!" (§81.4a) einerseits und dem homonymen lokalen Adverb "hier(her)" (§81.11a) andererseits.

42.72. Im Ritualtext KTU 1.40 (RS1.1002), der aus mehreren gleich aufgebauten Sektionen besteht, findet sich mehrmals folgende Formulierung (zur Struktur des Textes siehe Pardee 1991; der Text ist teilweise abgebrochen, kann aber jeweils durch Parallelstellen ergänzt werden):

- *w šqrb š / ʿr ..... hw ṯʿ nṯʿy | hw nkt nkt | ytši l ab bn il | ytši l dr bn il . . .* ***hn*** *š /* ***hn*** *ʿr* "Und man bringt einen Widder / einen Eselhengst als Opfer dar ..... [es folgt ein Sündenbekenntnis von Männern bzw. von Frauen] ..... ‘Er (sc. der Widder / der Hengst) ist das Opfer, das wir opfern; er ist das Schlachtopfer, das wir schlachten. Möge (er) hinaufsteigen zum Vater der El-Söhne, möge (er) hinaufsteigen zur Versammlung der El-Söhne ..... (nämlich) der Widder da / der Eselhengst da!'".

Die Zeichenfolge *hn*, die jeweils als vorletztes Wort der Beschwörung begegnet, läßt sich schwerlich als Adverb "siehe!" bzw. "hier (ist)" verstehen (vgl. Pardee 1991, 1185.1187: "here is the ram"; "here is the donkey"). Sie hat vielmehr demonstrativ-identifizierende Funktion und verweist anaphorisch auf das zuvor erwähnte Pronomen *hw* "er" und das am Sektionsbeginn genannte Opfertier zurück. Dennoch handelt es sich bei *hn* nicht um ein gewöhnliches Demonstrativpronomen, wie das folgende Textbeispiel zeigt (§42.73). Bemerkenswert ist, daß *hn* nur einmal (in Z. 34) durch einen Worttrenner vom folgenden Wort (*ᶜr*) abgesetzt ist. *hn š* bzw. *hn ᶜr* wurde also möglicherweise – wie ein Nomen mit proklitischem Artikel – als Akzenteinheit betrachtet.

42.73. Der Brief KTU 2.33 erwähnt in der Zeile 24 in einem militärischen Kontext 2000 Pferde (*alpm śśwm*). In den Zeilen 31f. und 37f. des gleichen Briefes wird darauf wie folgt Bezug genommen (vgl. Pardee 1984c, 215-219):

- *tmġyy* ***hn*** *\ alpm śśwm hnd* "Diese 2000 Pferde da sollen herkommen".
- *w tᶜl ṯh* ***hn*** *\ [a]lpm śśwm* "Und die 2000 Pferde da sollen nach *ṯ.* hinaufgehen".

Hier kann die Zeichenfolge *hn* aufgrund der Stellung im Satz schwerlich als Adverb "siehe da!" verstanden werden (gegen eine Deutung von *hn* in 2.33:31 als Adverb "hier(her)" [§81.11a] spricht der Wortlaut von 2.33:37f.). Sie hat wahrscheinlich wiederum jeweils demonstrativ-identifizierende Funktion. Hervorzuheben ist, daß der mit dem Lexem *hn* determinierte Nominalausdruck im ersteren Fall zusätzlich durch das gewöhnliche Demonstrativpronomen *hnd* ("dieser") bestimmt wird, das im übrigen selbst auch das gleiche Element *hn* enthält (*hn* + DetPr *d* < **ḏ*). Die ug. Wortfolge "*hn* + Nomen + *hnd*" läßt sich typologisch unmittelbar mit einer Konstruktion wie he. *ham-mælæk haz-zæh* "dieser König" vergleichen, die ebenfalls aus den Elementen **hn* + Nomen + **hn* + DetPr besteht.

42.74. 1.127:31f. ist laut Bordreuil – Pardee (RSOu) wie folgt zu lesen: *bt* ***hn*** *bnš yqḥ ᶜz \ w yḥdy mrḥqm* (KTU² bietet dagegen: *bt bn bnš* ...). Sollte diese Lesung korrekt sein, könnte *hn* in Z. 30 als Frühartikel gedeutet werden: "... (dann) soll die Familie der betreffenden Person eine Ziege nehmen und (sie) in die Ferne treiben". Das ganze Syntagma bildet offenbar die Apodosis eines Konditionalsatzes, möglw. des in Z. 30b genannten Satzes mit folgendem Wortlaut: *hm mt yᶜl bnš* "Falls der Tod einem Menschen übel mitspielt(?)" (1.127:30b). Der Ausdruck *hn bnš* (Z. 31) könnte anaphorisch auf *bnš* (Z. 30) zurück verweisen.

Die gebotene Interpretation von 1.127:31f. ist freilich nicht sicher. Zum einen ist die Abfolge der "Textfelder" von 1.127 (ein Lungenmodell) ungewiß, zum anderen sind im Text keine Worttrenner gesetzt. Erwägenswert ist deshalb auch folgende alternative Wortabtrennung: *b thn bnš yqḥ ᶜz* ... "In der Wüste(?) soll ein/der (betreffende) Mensch eine Ziege nehmen und sie in die Ferne treiben".

42.75. Loprieno (1980, 15-20) bezog noch weitere ug. Texte, insbesondere poetische Texte, in die Diskussion um den ug. Frühartikel ein. Die von ihm unterbreiteten Interpretationen sind jedoch nicht überzeugend.

Dijkstra (1999, 153.159) rechnet auch mit einer Variante des ug. Frühartikels mit assimiliertem /*n*/ (wie im Kan. und Frühnordar.) in 2.70:16: *w ank ḥrš \ lqḥt w ḥwt \ h-bt* "I enlisted a contractor and I repaired the house" 2.70:14-16 (Dijkstra 1999, 159). Gegen die Deutung der Zeichenfolge *hbt* im Sinne von **hn bt*, "das Haus", spricht aber, daß in den vorausgehenden Textzeilen kein Haus erwähnt ist.

42.76. Zusammenfassend ist festzuhalten, daß die Zeichenfolge *hn* an einigen wenigen ug. Textstellen als Frühartikel verstanden werden kann. Der Befund ist jedoch nicht eindeutig (alternative Deutungen sind möglich).

SV. Sollte die zsem. Artikelkategorie im Prinzip schon im Ug. bekannt sein, wäre sie erheblich älter als bisher angenommen wurde, und es wäre erwiesen, daß das Grundmorphem des zsem. Artikels **han* lautet. Hinsichtlich der Stellung des Artikels vor dem Nomen würde das Ug. mit dem späteren Kan. (und Ar.) konform gehen (das Aram. und Asa. verwenden dagegen postponierte Artikel).

Anm. Die Determinierung von Nomina wird im Ug. (sonst) nicht explizit oder aber periphrastisch zum Ausdruck gebracht, unter anderem möglw. durch enklitische Partikeln; vgl. etwa *b-n ym* "(genau) an diesem Tag" (1.4:VII:15f.) // *b-nm ᶜdt* "genau an diesem Zeitpunkt" (1.4:VII:16) (vgl. aber die Diskussion unter §82.52c). — Auch die Lexeme *hl* und *hlk*, die in dieser Grammatik zu den demonstrativen Adverbien gezählt werden (§81.4b-c), können evtl. wortdeterminierende Funktion besitzen.

43. Das Determinativ- bzw. Relativpronomen

Das Determinativpronomen (= DetPr) dient zur näheren Bestimmung von nominalen Satzgliedern und leitet entweder ein einzelnes nominales Satzglied (Genitivattribut) oder einen ganzen Nebensatz (Relativsatz) ein, zumeist mit attributiver Bedeutung (§97.1). In der letzteren Funktion wird es auch als Relativpronomen (= RelPr) bezeichnet.

Die Grundform (m.sg.) des ug. DetPr lautet *ḏ* (vgl. he. *zû*, *zæh*; aram. *ḏī*; ar. *ḏū*, *(ʾa)llaḏī*; äth. *za*), ist so jedoch nur in 1.24:45 bezeugt. An allen übrigen Belegstellen erscheint es als *d* (< **ḏ* [§32.144.31]). In RS92.2014:1 ist das DetPr *d* (Nom.) durch die EP *-y* (Marker der wörtlichen Rede) erweitert: *dy* (§89.35).

Lit.: Pennacchietti (1968); GUL 54-57.

43.1. Deklinable Variante

Das DetPr wird in der Regel hinsichtlich Genus, Numerus und Kasus dekliniert und kongruiert mit dem vorausgehenden Bezugswort. Bezeugt sind die nachfolgend aufgelisteten Formen (§43.11).

43.11. Paradigma

m.sg.	Nom.	*d* /*dū*/ = syll. *du-ú* (RS20.123+:II:23' [S[a]])
	Gen.	*d* /*dī*/; *ḏ* /*ḏī*/ (nur 1.24:45)
	Ak.	*d* /*dā*/
f.sg.	Nom./Gen./Ak.	*dt* : Nom. /*dātu*/; Gen. /*dāti*/; Ak. /*dāta*/
c(?).pl.	Nom./Obl.	*dt* : Nom. /*dūtu*/?; Obl. /*dūti*/?
du.	wahrsch. nicht belegt (*§*43.133)	

43.12. Illustrative Belege

m.sg.: *il \ mlk d yknnh* "Ilu, der König, der ihn erschaffen hat" 1.3:V:35f. // 1.4:I:5f.* und 1.4:IV:48; *ḫpṯ d bl spr / ṯnn d bl hg* "eine *ḫpṯ*-Truppe ohne Zahl, eine Bogenschützenarmee ohne 'Nennung'" 1.14:II:37f.; *spr hnd \ d tbrrt ṣṭqšlm* "diese Entlassungsurkunde des PN" 2.19:9f.; *w šlm d ḥwtk* "und das Wohl deines Landes" 2.36+:4.

f.sg.: *drkt dt drdrk* "deine immerwährende Herrschaft" 1.2:IV:10; *qrt dt* "... die/der Stadt, die ..." 2.33:7 (ohne Kontext); *anykn dt \ likt mṣrm* "dein Schiff, das du nach Ägypten geschickt hast" 2.38:10f.

m.pl.: *št gpnm dt ksp / dt yrq nqbnm* "Er legte die Reittierdecken aus Silber auf, die Sattelriemen aus Gold" 1.4:IV:10f. // 1.4:IV:5f.*; ähnl. 1.19:II:4f.; *bhty bnt \ dt ksp / dt \ ḫrṣ hkly* "Ein Gebäude aus Silber habe ich mir gebaut, einen Palast aus Gold" 1.4:VIII:35-37 (und Parallelen); *ʿglm dt šnt* "einjährige Kälber" 1.22:I:13 (und Parallelen); *w l pn \ il mṣrm dt tġrn* "und vor den Göttern Ägyptens, die beschützen ..." 2.23:21f.; *ilm w ilht dt* "die Götter und die Göttinnen, die ..." 1.25:2; *mḏr[ġlm] \ d!t hlk b[ ]* "m.-Leute, die in ... gehen" 4.33:1f.; *bdlm dt [ ]* "Ersatzleute, die ..." 4.86:21&; *ṯlṯ alp ṣpr dt aḫd \ ḥrṯh* "drei Ochsen des PN, die sein Pflüger genommen hat / in Besitz hat" 4.296:8f.; *bnšm dt l ugrt ṯb* "Bedienstete, die nach Ugarit zurückgekehrt sind" 4.339:1; ähnl. 4.339:17 (*bnšm dt l mlk* "Bedienste, die nach ON [zurückgekehrt sind])"; *šd snrym dt ʿqb \ b ayly* "Felder von Bewohnern von ON_1, welche unmittelbar an ON_2 grenzen(?)" 4.645:1f.; *ʿrk bʿl \ ḫlb dt l ytn \ šmn* "(Opfer-)Zurüster(?) (des Tempels) des Baʿlu von Ḫalab, die kein Öl geliefert haben" 4.728:1-3; *rʿym dt [ ]* "Hirten, die ..." 4.729:1.

f.pl.: *ṯmn mrkbt dt \ ʿrb bt mlk* "acht Wagen, die in den Königspalast 'hineingegangen' sind" 4.145:1f.

43.13. Bemerkungen

43.131. Ein DetPr mit Anlautkonsonanten /*ḏ*/ (Gen. *ḏ* = /*ḏī*/) ist nur in 1.24:45 bezeugt (*§*32.144.34, Anm.): *ʿm lṭpn i\l ḏ pid* "zusammen mit dem freundlichen Ilu, dem Großherzigen" 1.24:44f. (*§*91.323).

Im gleichen Text begegnet daneben jedoch zumindest auch eine Form des

DetPr mit /*d*/-Anlaut, nämlich in 1.24:38: *nkl w ib* \ *dt*$^{!}$ *ašr* "Nikkalu-wa-Ibbu, die ich besinge" (KTU^2 liest hier *d ašr*; nach dem {d} sind jedoch drei horizontale Keile zu erkennen; offenbar korrigierte der Schreiber die [falsche] Zeichenfolge *d ašr* zu *dt ašr*). Ein weiterer (unsicherer) Beleg des DetPr mit /*d*/-Anlaut könnte in 1.24:43 (Zeilenende) vorliegen (es könnte *dm*$^{!}$ zu lesen sein).

43.132. Die Pluralformen des DetPr lauten offenbar für beide Genera gleich (vgl. den akk. Befund: Pl.c. *šūt* [GAG § 46d]). Die Endung /*-ūtV*/ entspricht dabei der altsem. mask. Pluralendung von Adjektiven und adjektivischen Pronomina, wie sie im Akk. bezeugt ist (GAG § 61k). Alternativ wäre von einer mask. Pluralform /*ḏūtV*/ und einem fem. Pendant /*ḏātV*/ (vgl. ar. *ḏawātV*) auszugehen.

43.133. Es gibt bislang keinen sicheren Beleg eines dualischen DetPr. Zur Diskussion stehen aber:

- 1.101:6f.: *qrn[h/m ....]* \ *bt ʿlh*. Emendiert man *bt* zu *d*$^{!}$*t*, wäre viell. zu übersetzen: "seine(?) beiden Hörner ...., die auf ihm sind". *d*$^{!}$*t* wäre als DetPr f.du. zu deuten und als /*ḏātâ*/ zu vokalisieren (vgl. ar. *ḏātā*). Alternative Deutungen sind jedoch möglich (siehe etwa Pardee 1988, 141-145).
- 1.24:37f.: Hier begegnet das Syntagma *nkl w ib* \ *dt*$^{!}$ *ašr* "Nikkalu-wa-Ibbu, die ich besinge" (n.L.). Wegen des Doppelnamens könnte *dt*$^{!}$ als DetPr f.du. zu deuten sein. Wahrscheinlicher ist jedoch die Deutung als DetPr f.sg.

43.2. Indeklinable Variante

Es gibt daneben auch eine indeklinable Variante des DetPr der Form *d*. Ihre Vokalisation ist ungewiß (evtl. /*ḏă*/). Folgende Beispiele illustrieren diesen Tatbestand (abgesehen von der Textgattung "Wirtschaftstexte" werden jeweils alle sigifikanten Belege aufgelistet):

a. Poesie:

dbbm d \ *msdt arṣ* "Getier von den Grundfesten der Erde" 1.4:I:39 (Es könnte ein Schreibfehler für *d*<*t*> vorliegen. Man beachte zum einen, daß am Zeilenende wiederholt {t} weggelassen wird [§21.354.1a], zum anderen, daß im ganzen Baʿal-Zyklus sonst nur deklinierte DetPrr begegnen); *nʿl il d qblbl* / *ʿln yblhm ẖrṣ* "Herrliche Sandalen(?), die ..., (wobei) oben ihre Riemen(?) aus Gold (waren)." 1.4:I:36f. (Etym. und Numerus des Subst. *nʿl* sind nicht gesichert); *ttpp anhbm* / *d alp šd* \ *ẓuh b ym* "Sie besprengte sich mit (der Essenz von) Meeresschnecken, die aus (einer Entfernung) von 1000 *šiddu* aus dem Meer kommen" 1.3:III:1f.*; 1.3:IV:45f.*; analog 1.19:IV:42f. (§95.42); *tn ly mṯt ḥry ... d k nʿm ʿnt nʿmh ... d ʿqh ib iqni ... d b ḥlmy il ytn* / *b ḏrty ab adm* "Gib mir das Mädchen Ḥurraya ..., deren Liebreiz wie der Liebreiz der ʿAnatu ist ..., deren Augäpfel(?) aus reinstem Lapislazuli sind ..., die Ilu in meinem Traum (mir) geschenkt hat, der Vater der Menschheit in meiner Vision" 1.14:III:39-47 // 1.14:VI:23-32; *tḥt adrm d b grn* "unter den Vornehmen, die auf dem Dreschplatz (versammelt waren)" 1.17:V:7; (?) *d tit yspi spu* "Die, die gekommen sind, sollen gespeist werden" 1.20:II:10; *rqdm d šn* "*rqd*-Instrumente (Kastagnetten [?]) aus Elfenbein" 1.108:5.

Anm. Folgt man der KTU²-Lesung, wäre auch 1.24:37f. zu dieser Liste zu stellen: *nkl w ib \ d ašr* "Nikkalu-wa-Ibbu, die ich besinge". Eine Lesung *dt*! (d.h. DetPr f.sg. bzw. f.du.) am Anfang von Z. 38 ist aber möglich und wird hier vorgezogen (§43.131 und §43.133). — Im Syntagma *grš d ʿšy lnh* "(jemand), der den/die vertreibt, der/die ihm etwas (Böses) antun will/wollen" (1.17:I:29; vgl. 1.17:I:47; 1.17:II:18f.) ist die SK-Form *ʿšy* eher 3.m.sg. als 3.m.pl. (genereller Sachverhaltsträger). Somit ist auch das RelPr *d* als m.sg. zu deuten.

b. Ritual- und Beschwörungsliteratur:
ʿr d qdm "Stadt des Ostens" 1.100:62 (zum fem. Genus von *ʿr* siehe §52.5g).

c. Briefkorpus:
km špš d brt "... wie die 'Sonne', die frei ist ..." 2.19:3; (?) *iky lḥt \ spr d likt \ ʿm ṯryl* "Wie steht es mit der Brieftafel, die ich zu PNf geschickt habe?" 2.14:6-8 (das Lexem **lḥ* könnte mask. Genus besitzen [§53.331.2]).

d. Wirtschaftstexte (Vielzahl von Belegen; Belegauswahl):

- Wendung *d b* : *mdrġlm d b ibʿlt mlk* "*m.*-Leute, die im (Monat) *Ibʿlt* ...(?)" 4.54:1 (zur Lesung siehe CTA Nr. 86; anders KTU²); *bnšm d b* "Bedienstete, die in ... (wohnhaft sind)" 4.393:13; 4.395:1 (dagegen findet sich in 4.395:2.4 nach konkreten Zahlenangaben im verbalen Kontext *dt*); (?) 4.619:1 (*[bnš]m d b [ ]*); vgl. hierzu auch 1.17:V:7, 1.14:III:46 und 1.14:VI:31 (§43.2a). — Aber demgegenüber: *[spr ḫ]snm dt b gr[ ]* 4.542:1; *uy alp [ ] \ dt b u[ ]* RS88.2159:21f.
- Wendung *d bd* : ... *l ḥmrm \ d bd mtn* "... für die Esel, die dem PN unterstehen" RS86.2235:12'f. (analog Z. 9' und 11'; dagegen deklinable Variante in Z. 14'f.: *l ḥmrm \ dt tblm*).
- Wendung *d iṯ (bd)* : *bnšm d iṯ bd rb ʿprm* "Bedienstete, die dem Anführer der ʿApīru-Leute unterstehen" 4.752:1; *[spr ʿš]r(?)m d i[ṯ ...]* "Liste von ʿApīru-Leuten, die ..." 4.492:1 (n.L.). — Aber demgegenüber: *dt iṯ \ [ ]* 4.296:1; *bnšm dt iṯ alpm lhm* 4.222:1.
- Wendung *d in(n)* : *mdrġlm d inn \ msgm lhm* "Schwertträger/Wachleute(?), die keine *msg*-Waffen(?) besitzen" 4.53:1f.; *[ ] d in ḥẓm lhm* "... die keine Pfeile haben" 4.180:1. — Aber demgegenüber: *bdl ar dt inn \ mhr lhm*! 4.214:I:4f.; *mdrġlm dt inn \ bd tlmyn* 4.379:1f.
- Andere Belege: *ṯmn qšt \ w ʿšr utpt \ d*(?) ... "acht Bogen und zehn Köcher, die ...(?)" 4.53:14-16 (es gibt – gegen KTU² – keine Trennlinie zwischen Z. 14 und 15; in Z. 16 ist sicher nicht {dt} zu lesen); *ṯlṯ mrkbt mlk \ d l ṣpy* ... "drei Wagen des Königs, die nicht beschlagen sind ..." 4.167:5f. (demgegenüber *ṯmn mrkbt dt \ ʿrb bt mlk* in 4.145:1f.); *qrht d tššlmn* "Städte, die Frondienst leisten" 4.95:1 (alt.: Haplographie von {t}); *[ṯṯ(?)] šdm d nʿrb gt npk* "[Sechs(?)] Felder, die dem *Gittu* ON einverleibt wurden" 4.103:45; *ʿšr ṣmdm trm d [ṣ]py* "10 Paare Deichseln(?), die beschlagen sind" 4.167:2; *ḫmš ṯnt d ḫmš mat* "fünf Purpurstoffe(?) für 500 (Schekel Silber)" 4.203:9 (vgl. 4.203:10-13); *anyt \ d ʿrb* "Schiffe, die 'eingetreten' sind" 4.338:11f.; *rpš d (l) ydyt* "Sumpfboden (f.sg.), der (nicht) brachliegt" 4.348:1.20*; *[xxx]m d ttbʿn ṭbq* "..., welche nach Ṭibaqu aufbrechen" RS86.2248:1.

Anm. Bisweilen dürfte Haplographie (§21.354.1d) für die (scheinbare) Verwendung der indeklinablen Variante verantwortlich zu sein, etwa in 4.141:III:8 (*d<t> . tbʿln* [vgl. *dt . tbʿln* in Z. 6 und Z. 10) und in 4.370:1f. (*spr bnš mlk \ dt <.t>aršn ʿmsn* [kein Worttrenner zwischen RelPr und Verbalform]).

43.3. Verteilung der Varianten

Die Verteilung von deklinabler und indeklinabler Variante des DetPr folgt zwar keinen festen Regeln, ist aber wesentlich durch den syntaktischen Kontext bedingt. Dient das DetPr zur Einleitung eines verbal konstruierten Relativsatzes, wird regelmäßig die deklinable Variante gebraucht. Regiert das DetPr dagegen ein nominales Satzglied bzw. einen nominalen Relativsatz, kann die indeklinable Variante stehen. Auffallend häufig findet sich die indeklinable Variante *d* in den nominalen Wendungen *d b* und *d bd*, ferner häufig auch in *d iṯ bd* und *d in(n)*.

Die indeklinable Variante des DetPr ist insgesamt – besonders aber in der Poesie – seltener bezeugt als die deklinable Variante. Die tatsächliche Belegzahl der indeklinablen Variante könnte noch geringer sein, als die unter §43.2 vorgestellten Beispiele suggerieren, da mit Schreibfehlerm bzw. Haplographien zu rechnen ist. Nur in den Wirtschaftstexten gibt es vergleichsweise viele Belege des indeklinablen DetPr *d*, was durch den nominalen, stichworthaften Stil dieser Textgattung motiviert sein dürfte. Bestimmte Texte wie etwa 4.167 und 4.203 verwenden offenbar durchgehend das indeklinable *d*.

Anm. Zum syntaktischen Gebrauch des DetPr *d(t)* siehe §91.32 (analytische Genitivverbindung) einerseits und §97.11, §97.22, §97.32 ("Relativsätze") andererseits.

44. Das Interrogativpronomen

Das Ug. kennt substantivische (= subst.) und adjektivische (= adj.) Formen des Interrogativpronomens (= IntPr). Bei den subst. IntPrr werden für Personenklasse und Sachklasse je unterschiedliche Lexeme verwendet.

Lit.: Loewenstamm (1980a, 56-60); GUL 58-59.

44.1. Substantivische Interrogativpronomina der Personenklasse

44.11. *my*

Das einzige sicher nachweisbare subst. IntPr der Personenklasse lautet *my*. Es ist im Einklang mit akan. *mi-ia* (EA 114:68; 129:7.81 u.ö. [siehe CAT 1, 106-108]) als */mĭy-/* zu vokalisieren und möglw. indeklinabel (*/mĭya/* [viell. Absolutivkasus; §54.6]). Man beachte, daß dieses Lexem sonst nur noch im Kan. bezeugt ist (akan. *mi-ia* und *mi-ia-ti/te* [CAT 1, 108]; phön. *my* = */mĭyV/*; he. *mî*). In allen anderen sem. Sprachen lautet das IntPr der Personenklasse *man(nu)* (vgl. §44.12).

Ug. *my* ist bisher nur in der Poesie belegt, und zwar in drei unterschiedlichen Syntagmen. In den beiden ersten besitzt *my* die Grundbedeutung "wer?", im letzten bezieht sich *my* nicht direkt auf eine Person, sondern auf deren Zustand oder Befinden. Diese letztere Verwendung von *my* erklärt sich möglw. daraus, daß nicht die Sachlage, sondern die Person im Mittelpunkt des Interesses steht. Alternativ könnte die Zeichenfolge *my* dabei gar nicht das (subst.) IntPr der Personenklasse enthalten, sondern das der Sachklasse (**mh* "was?"), erweitert durch die EP *-y* (§89.3), d.h. */ma(y)yV/* < **mah(V)-yV*:

- *my b ilm ydy mrṣ / gršm zbln* "Wer unter den Göttern kann die Kranheit vertreiben, (wer) das Siechtum bannen?" 1.16:V:10-12.14-15.17-18.20-21 (jeweils teilw. erg.) (vgl. he. *mî b*^{e}*kŏl-*^{ʾæ}*lohê hā*^{ʾa}*rāṣôt hāʾellæh* "Wer unter all den Göttern dieser Länder ..." Jes 36,20).
- *my k qdš* "Wer ist wie Qudšu?" RS92.2016:14' (mythologischer Text).
- *bʿl mt my lim / bn \ dgn my hmlt* "Baʿlu ist tot! – Was wird (jetzt) aus dem Volk? Daganus Sohn (ist tot)! – Was wird (jetzt) aus der Menschenmenge?" 1.5:VI:23f. // 1.6:I:6f. (auch he. *mî* wird ähnlich gebraucht: *mî-ʾat bittî* "Wie geht es dir / ist es dir ergangen, meine Tochter?" Rut 3,16; *mî l*^{e}*kā kŏl-hammaḥ*^{a}*næh* "Was willst du mit diesem ganzen Troß?" Gen 33,8).

44.12. *mn* und *mnm*

Neben *my* fungiert im Ug. vielleicht auch die (sicher deklinable) Form *mn* = */mann-/* bzw. *mnm* (*mn* + EP *-m*) als subst. IntPr der Personenklasse entsprechend sem. (außer kan.) *man(nu)* "wer?". Als Belege kommen in Betracht:

- *mn ib ypʿ l bʿl / ṣrt \ l rkb ʿrpt* "Welcher Feind hat sich gegen Baʿlu erhoben; (welcher) Widersacher gegen den Wolkenreiter?" 1.3:III:37f. // 1.3:IV:4 (*mn-m ib* ... [*mn* + EP *-m*]): *mn* ist wahrsch. kein Adj. (§44.32), sondern ein Subst., dem das Bezugswort im Appositionskasus folgt (vgl. akk.EA *ma-an-nu mu[-ta]-nu* \ UGU-*ḫi* ANŠE.MEŠ "welche Krankheit haben die Esel?" [EA 96:14f.]; siehe CAT 1, 111). Man beachte, daß **man(nu)* im Sem. in der Regel substantivisch gebraucht wird (zu seltenen Ausnahmen im Syr. siehe Nöldeke 1898 § 231).
- (?) *mn lik* "Wer hat geschickt ...?" 1.5:IV:23 (ohne Kontext) (alt.: "Was/Warum hat er geschickt" [§44.241]).
- (?) *mn bnš d likt ʿm[y]* "Wer ist der Bedienstete, den du zu [mir] geschickt hast?" 2.45:25 (alt.: "Was ist mit dem Bediensteten ... [§44.241]).
- (?) *mn ʿps [...] \ km mġy a[...] \ mdy ʿmk [...]* "Wer hat abgehalten(?) ...?" RS88.2159:14-16 (alt.: "Was/Warum hat abgehalten(?) ..." [§44.241]).

44.2. Substantivische Interrogativpronomina der Sachklasse

44.21. *mh*

Die Grundform des subst. IntPr der Sachklasse lautet *mh* und ist – wie *my* – vielleicht ebenfalls indeklinabel. Da {h} im Ug. nicht als *mater lectionis* fungiert, ist von einer Vokalisation */mah(a)/* auszugehen. Vergleichbare Formen des

IntPr der Sachklasse finden sich nur im Zsem.; vgl. etwa he./aram. *mă(h)* und ar. *mā, mah, mahmā* (< **mah + mā* "was auch immer" [andere Erklärung in GKA § 290]). Alle Belege des ug. IntPr *mh* "was?" stammen aus der Poesie:

- *mh taršn* "Was begehrst du (fem.)?" 1.3:V:28 // 1.6:II:13f.
- *mt uḫryt mh yqḥ / mh yqḥ mt aṯryt* "Was erlangt der Mensch am/als Ende; was erlangt der Mensch am/als Schluß?" 1.17:VI:35f.
- *mh ylt* "Was haben die beiden (Frauen) geboren?" 1.23:53.60.
- *mh* 1.4:II:39 (ohne Kontext).

44.22. *mhy*

Der nur einmal bezeugten Zeichenfolge *mhy* liegt ebenfalls sicher das IntPr *mh* zugrunde:

- *iky lḥt \ spr d likt \ ʿm ṯryl / mhy rgmt* "Wie (steht es mit) der Brieftafel, die ich zu PNf geschickt habe? Was hat sie (dazu) gesagt?" 2.14:6-9.

Nach traditioneller Auffassung setzt sich *mhy* aus dem IntPr *mh* "was?" und dem PPr 3.f.sg. *hy* "sie" zusammen (siehe UT § 19.1437: "what is this"). Wahrscheinlicher ist jedoch von dem IntPr *mh* und der enklitischen Partikel *-y* (§89.3) auszugehen (siehe Tropper 1994c, bes. 479). Die gleiche Partikel findet sich auch in Z. 6 (*ik-y*).

44.23. *mat*

Das IntPr *mh* liegt schließlich gewiß auch der ebenfalls nur einmal bezeugten Form *mat* zugrunde:

- *mat \ krt k ybky / ydmʿ nʿmn ġlm \ il* "Was hat Keret, daß er weint, (daß) Tränen vergießt der liebliche Jüngling des Ilu?" 1.14:I:38-41.

Nach traditioneller Auffassung setzt sich *mat* aus dem IntPr *mh* "was?" und dem PPr 2.m.sg. *at* "du" zusammen: /*maʾ(ʾ)attā*/ < **mah ʾattā* "was (hast) du?". Diese Deutung ist jedoch insofern problematisch, als im betreffenden Kontext Verbalformen der 3. Person (und nicht der 2. Person) belegt sind. Wahrscheinlicher ist deshalb die Annahme, daß *mat* das IntPr *mh* "was?" und ein enklitisches Morphem *-t* = /*-ti*/ (§89.5) enthält: /*maʾati*/ < **maha-ti* "was?".

Zur postulierten Bildung vgl. akan. *miyati* < **miya-ti* "wer?" (EA 197:5; 220:11; 254:8; 255:12 [CAT 1, 108]), äth. *mənt* < **min-ti*(?) "was?" (CDG 352a) und akan. *ʾayyăti* < **ʾayya-ti* "wo(her)?" (CAT 3, 110).

Anm. Die Autoren von KTU^2 emendieren *mat* (1.14:I:28) zu *m<h> at*. Dietrich — Loretz (WL 226) schlagen eine Lesung *mn* (ohne Ausrufezeichen!) vor.

44.24. *mn*

44.241. Das Ug. kennt wahrscheinlich auch eine Form *mn* als subst. IntPr der Sachklasse. Diese Form kann entweder in Entsprechung zu akk. *mīnu* und äth. *mənt* als /*mīn-*/ oder — wahrscheinlicher — im Einklang mit he. *mān* (Ex 16,15) und syr. *mān(ā)* als /*mān-*/ vokalisiert werden (wohl mit triptotischer Flexion). Sollte die letztere Deutung zutreffen, wäre das betreffende IntPr wahrscheinlich ebenfalls als eine erweiterte Variante von *mh* "was?" zu betrachten. Als (unsichere) Belege kommen in Betracht (vgl. §44.12):

- *mn lik* "Was/Warum hat er geschickt ...?" 1.5:IV:23 (alt.: "Wer hat geschickt ...?").
- *mn bnš d likt ˤm[y]* "Was ist mit dem Bediensteten, den ich/du zu [dir/mir] geschickt habe/hast?" 2.45:25 (alt.: "Wer ist der Bedienstete ...?").
- *... p mn \ likt ank lḥt ...* "(Wenn also die Stadt in Bedrängnis ist), wozu habe ich (dann) die Brieftafel ... geschickt?" 2.72:22f. (Interpretation unsicher; alt.: "... wen soll ich dann schicken mit der Brieftafel ...?").
- *mn ˤps [...] \ km mġy a[...] \ mdy ˤmk [...]* "Was/Warum hat abgehalten(?) ... als ... zu dir kam?" RS88.2159:14-16. (alt.: "Wer hat abgehalten ...").

Anm. Ungeklärt ist die Interpretation der Zeichenfolge *mn* in 1.19:I:11 (Kontext: *w ṯn gprm mn gprh šr*). Daß es sich dabei um ein IntPr handelt, ist unwahrscheinlich.

SV. Die Schreiber der Amarnabriefe aus Kanaan verwenden bisweilen fälschlich das akk. IntPr der Personenklasse *mannu* im Sinne von "was?" und das akk. IntPr der Sachklasse *mīnu* im Sinne von "wer?" (siehe CAT 1, 111f.). Offenbar betrachteten sie den /*a*/-Vokal als charakteristisch für das IntPr der Sachklasse (vgl. *māh*, *mānV*) und den /*i*/-Vokal als charakteristisch für das IntPr der Personenklasse (vgl. *mīya* "wer?").

44.242. Das gleiche IntPr *mn* = /*mānV*/(?) ist einmal auch in der Bedeutung "wieviel?" (§81.65) bezeugt:

- *mn yrḫ k m[rṣ] /\ mn k dw kr[t]* "Wie viele Monate sind es, daß er kra[nk ist]; wie viele (Monate), daß Ker[et] kränklich ist?" 1.16:II:19f.: Man beachte, daß dem IntPr *mn* hier ein Subst. im Sg. folgt (vgl. ar. *kam* mit Sg. Ak. [GKA § 287]). Demgegenüber wird akan. *ma-ni* mit Subst. im Pl. konstruiert (*ma-ni* UD.KÁM.MEŠ(*-ti*) "wieviele Tage"; siehe CAT 1, 112f. und CAT 3, 115f.).

SV. Die Verwendung eines IntPr der Sachklasse als Interrogativadverb "wieviel?" ist auch in anderen zsem. Sprachen nachweisbar: a) akk.EA *ma-ni* UD.KÁM.MEŠ(*-ti*) "wieviele Tage?" bzw. "wie lange/oft?" (EA 88:19; 114:35; 119:39; 122:38; 250:10; 292:44). Rainey (CAT 1, 112f.) normalisiert *ma-ni* als /*manni*/. Wahrscheinlicher ist jedoch eine Normalisierung /*māni*/. — b) he. *kammāh*/*kammæh*, syr. *k*^{e}*mā* und ar. *kam* < **ka-mā*, jeweils "wieviel?" (Präp. *ka* + IntPr *mh* "was?").

44.3. Das adjektivische Interrogativpronomen

44.31. Als adj. IntPr (der Personen- und Sachklasse) ist aus sprachvergleichenden Gründen an sich *ay* /*ˀayy-*/ zu erwarten. Diese Form ist im Ug. tatsächlich bezeugt (1.23:6[2x]), fungiert aber als Indefinitpronomen (§45.13).

44.32. Nach herkömmlicher Auffassung fungiert die Form *mn* bzw. *mnm* (*mn* + EP *-m*) im folgenden Kontext als adj. IntPr.:

- *mn ib ypˤ l bˤl / ṣrt \ l rkb ˤrpt* "Welcher Feind hat sich gegen Baˤlu erhoben; (welcher) Widersacher gegen den Wolkenreiter?" 1.3:III:37f. // 1.3:IV:4 (*mn-m*).

Zur wahrscheinlicheren Deutung, wonach *mn* hier substantivisch gebraucht ist, siehe unter §44.12 (vgl. auch GUL 59).

45. Das Indefinitpronomen

45.1. Interrogativpronomina als Indefinitpronomina

In allen sem. Sprachen fungieren Interrogativpronomina (= IntPrr) auch als Indefinitpronomina (= IndPrr), so daß letztere aus morphologischer Sicht nur mit Vorbehalt als eigene Kategorie betrachtet werden können. Sämtliche der im folgenden genannten ug. Formen des IndPr beruhen auf IntPrr, erweitert durch die enklitischen Partikeln (= EPP) *-m*, *-k* oder *-km* (*-k* + *-m*).

45.11. Substantivische Indefinitpronomina der Personenklasse

45.111. *mnk(m)*

Als subst. IndPr der Personenklasse – "wer auch immer; irgendjemand" (mit Negation: "niemand") – ist im Ug. sicher *mnk* bzw. *mnkm* (*mnk* + EP *-m*) bezeugt. *mnk* selbst setzt sich zusammen aus *mn* = /*mannV*/? (alt.: /*mīnV*/) "wer?" und einem deiktischen Element *-k*. Die Belege lauten:

- *w mnk-m l yqḥ \ spr mlk hnd b yd ṣṭqšlm \ ʿd ʿlm* "Und niemand darf dem PN diese Urkunde des Königs entreißen bis in Ewigkeit" 2.19:12-15.
- *mnk \ mnk-m l yqḥ bt hnd bd ʿbdmlk \ ... ʿd ʿlm* "Überhaupt niemand darf dem PN ... dieses Haus entreißen bis in Ewigkeit" 3.2:12-17: Anstelle von *mnk mnk-m* ist in einem parallelen Kontext (3.5:16) *bnš bnš-m* "irgendein Mensch" bezeugt" (vgl. §89.26). Zu vergleichbaren Bildungen im Akk.Ug. (*mamma(n), mannum-ma* und *manummê*) siehe AU 137.

45.112. *mnmn*

An einer Stelle (1.123:22 [Götterliste]) ist ein IndPr *mnmn* in der Wendung *mr mnmn* "Sohn(?) von 'irgendjemand'" bezeugt. Da dieses IndPr dem offenbar akk. Wort *mr* = *māru* "Sohn" folgt, handelt es sich dabei wohl um eine genuin akk. Wortform; vgl. akk. *mamman* < **man-man* "irgendjemand" sowie die Wendung *mār mammana(ma)* "Sohn von irgendjemand" (AHw. 601; CAD M/1, 200f.).

45.113. *mnn*

Schließlich ist auch eine Form *mnn* belegt, die vielleicht ebenfalls als IndPr gedeutet werden kann (alt.: PN):

- *[t]ḥm iṯtl \ l mnn* "Botschaft des PN an irgendjemanden" 5.9:I:1f.

Sollte *mnn* ein IndPr sein, könnte es entweder als *mn* /*man(n-)*/ + EP *-n* oder als unvollständige Reduplikationsbildung von *mn* /*man(n-)*/ betrachtet werden. Ein Schreibfehler für *mn<m>n* ist aber nicht ausgeschlossen.

45.12. Substantivische Indefinitpronomina der Sachklasse

Das Ug. kennt zwei Formen des subst. IndPr der Sachklasse, nämlich *mhk(-m)* und *mn-m*. Beide Formen sind wahrscheinlich indeklinabel.

45.121. *mhk(m)*

Das IndPr *mhk*, mit erweiteter Variante *mhk-m* (*mhk* + EP *-m*), "was auch immer, irgendetwas" (mit Negation: "nichts") besteht aus dem subst. IntPr der Sachklasse *mh* "was?" und dem deiktischen Element *-k* (vgl. *mnk* "irgendjemand"): */mahaka/*?. Sämtliche Belege stammen aus dem Briefkorpus:

- *w ap mhk-m \ b lbk al \ tšt* "Und lege (dir) ja nichts in dein Herz (= Mach' dir keine Sorgen)!" 2.30:22-24.
- *w aḫy mhk \ b lbh al yšt* "Und mein Bruder möge (sich) nichts in sein Herz legen" 2.38:26f.
- *ht at \ dbr {h}mhk-m \ b l<b>k al tšt* "Lege (dir) also die Angelegenheit 'von irgendetwas' nicht in dein He<rz>!" 2.71:13-15 (das IndPr *mhk-m* ist hier wahrsch. substantivisch gebraucht).

SV. Parallele Wendungen finden sich in den Amarnabriefen: *ù la-a ti-š[a]-ká[n] \ mi-ma i-na lìb-bi-ka*$_4$ "und lege dir nichts in dein Herz" (EA 34:12f. [Zypern]; ähnl. EA 170:7f. [Amurru]); siehe dazu CAT 1, 117 und CAT 3, 222.

Lit.: M. Dietrich — O. Loretz, BiOr 23 (1966) 130; dies., UF 6 (1974), 32; Aartun (1974, 42.49) und (1978, 18); GUL 60.

45.122. *mnm*

Häufiger als *mhk(-m)* ist das IndPr *mnm* belegt, das sich aus dem subst. IntPr der Sachklasse *mn /mānV/* (alt.: */mīnV/*) "was?" (im Lok. oder Ak.) und der EP *-m* zusammensetzt: */mā/īnummV/* od. */mā/īnammV/*. Zur Etym. vgl. phön. *mnm* (PPG^3 § 124*bis*), akk. *mīnu/ammê*, akk. *mimma/û* (< **mīn* + *mV*), akan. *miʾamma/i* (< **mīnam* + *ma* [/*n*/ > /ʾ/ in intervokalischer Position ?]; anders CAT 1, 115.119) und he. *m*^{e}*ʾû/umā* (< **mīnu* + *ma* ?), jeweils "was auch immer, irgendetwas".

Ug. *mnm* ist entweder absolut oder mit folgendem Subst. bezeugt (vgl. IntPr *mn(m)* mit folgendem Subst. [§44.12]) und dient häufig zur Einleitung von Nebensätzen. Die zahlreichen Belege stammen ausschließlich aus Briefen sowie aus einem juristischen Text (3.3:5). Im folgenden werden illustrative Belege vorgestellt. Zu weiteren Belegen und syntaktischen Kontexten siehe unter Objektsätzen (§97.23), Subjektsätzen (§97.33) und Modalsätzen (§97.42a):

a. Absoluter Gebrauch
- *mnm iṯ* "was es auch immer gibt" 2.70:29 (alt. Deutung unter §88.1c).
- *mnm \ ḫsrt* "was immer mir fehlt" 2.41:19f.
- *mnm ḫṭ[at]* "was immer sie verschu[ldet hat]" 2.72:33.

b. Vor einem Subst. im Sg.:
- *w mnm \ rgm d tšmʿ ṯmt* "Und welche Nachricht du dort auch immer in Erfahrung bringst" 2.10:16f.

- *mnm irštk* "Was auch immer dein Wunsch ist" 2.41:16.
- (*ṯmn[y]*) *ʿmk / ʿm adt(n)y / umy / bny / bʿly mnm šlm* ... "Was es (dort) bei ... auch immer an Wohlbefinden gibt ... (davon berichte ...!)" 2.11:14-16& (zahlreiche Belege im Briefkorpus [§97.42a]; der Wortlaut von 2.71:7 dürfte zu *ṯmny ʿmk* <*mnm šlm*> zu emendieren sein): Die Apodosis lautet *rgm ṯṯb* oder *(w) rgm ṯṯb ly* oder *rgm ṯṯb l ʿbdk* oder *rgm tṯtb l ʿbdh* (nur 2.12:14f.).

c. Vor einem Subst. im Pl.:
- *w mnm šalm \ dt tknn* ... "Und welche Forderungen es auch immer gibt ..." 3.3:5 (§97.33).

Anm. Die Zeichenfolge *mnm* in 1.4:I:39 ist nicht als IndPr, sondern als Pl. eines Lexems *mn* zu deuten. — Nach KTU[2] wäre auch in 1.2:IV:3 (Zeilenende) *mnm* zu lesen. Tatsächlich ist aber nur das erste {m} epigraphisch sicher. Der Rest ist abgebrochen (siehe Smith 1994, 319.320). — Die in 2.10:9 bezeugte Form *inmm* ist nicht zu *in m*<*n*>*m* zu emendieren (§88.24). — In 3.2:18 ist gegen KTU[2] nicht *[w u]nṯ in mn[m] bh*, sondern sehr wahrsch. *[w u]nṯ in[n] bh* zu lesen (§88.21d).

45.13. Das adjektivische Indefinitpronomen

Das adj. IndPr lautet *ay* /*ʾayy-*/ "welche(r/s) auch immer; jegliche(r/s)" (vgl. sem. *ʾayy-*). Es begegnet in attributiver Stellung nach Substantiven:
- *lḥm b lḥm ay / w št b ḫmr yn ay* "Eßt von jeglicher Speise, trinkt von jeglichem gegorenen Wein!" 1.23:6.
- (?) *bnt h\ll bʿl gml yrdt \ ... \ ll ay* ... "... die Töchter des Hilālu, des Herrn der (Mond-)Sichel, die hinabsteigen ... jede(?) Nacht(?) ..." 1.24:41-44.

Anm. Das IndPr (oder IntPr) *ay* ist möglicherweise auch in 1.17:VI:3 und 1.19:II:36 bezeugt (Kontexte jeweils abgebrochen).

Lit.: Loewenstamm (1980a, 60-62); DLU 64f. (mit weiterer Lit.); in GUL 58-60 wird *ay* nicht erwähnt.

45.2. Das Substantiv *kl* und Derivate

Das Subst. *kl* und zwei weitere nominale Derivate der gleichen Wz. (√*kll*) fungieren im Ug. ebenfalls als Indefinitpronomina.

45.21. *kl*

Das Subst. *kl* = /*kull-*/ (vgl. sem. **kull-*) mit der Grundbedeutung "Gesamtheit, Ganzes" dient auch zum Ausdruck für "jede(r/s)" und "alle(s)". Es wird syntaktisch unterschiedlich gebraucht. Ausgewählte Belege:

a. *kl* im St.abs.:

[w(?)] mt kl amt "Ich werde den Tod aller (Menschen) sterben" 1.17:VI:38 (*kl* im Gen.); *kl d iṯ \ [l špš]* "alles, was [der ‘Sonne’] gehört" 2.81:9f.; (?) *ṯṯ ymm \ kl lḥmt* "Volle sechs Tage kämpfe ich schon (w.: sechs Tage habe ich gänzlich/immerfort gekämpft)" 2.82:8f. (*kl* im adverbial gebrauchten Ak. [§54.133.2d]); alt.: *k l lḥmt* (§85.8a).

b. *kl* im St.cs. als Nomen regens einer Gen.-Verbindung. Vor einem Nomen im Pl. ist *kl* mit "alle", vor einem Nomen im Sg. mit "jeder" bzw. – sofern das Nomen rectum als determiniert gilt – mit "das Ganze" wiederzugeben:

kl ġr // kl gbʿ "jeder Berg" // "jeder Hügel" 1.5:VI:26f. // 1.6:II:15f.; *k\l šbšlt dg* "das ganze / allerlei Fischgericht(e)" 1.106:21f.; *kl npš* "alle Personen" 2.38:20; *kl ḏrʿ* "das ganze Getreide" 2.38:17; *kl ḏrʿhm* "ihr ganzes Getreide" 2.38:19; *l kl il alṯy* "allen Göttern Zyperns" 2.42:8.

c. *kl* im St.pron.; absoluter Gebrauch:

kl-ny-y/n "wir alle" 1.3:V:33.34; 1.4:IV:45.46 (§41.222.1b); *kl-hm* "sie alle" 1.14:II:42; 1.14:IV:20; (?) 4.278:12 (Lesung unsicher); *l kl-hm* "zu ihnen allen" 1.43:26; *[a]rbʿ yn l mrynm ḫsp kl-h* "vier (*kd*-Maß) Wein für die *mryn*-Leute: alles Schöpfwein (w.: seine Gesamtheit ist Schöpfwein)" 4.230:1 (n.L.).

d. *kl* im St.pron im Gefolge eines anderen Subst. mit rückverweisendem Pronominalsuffix. *kl* fungiert dabei wahrsch. als Apposition (§91.11d; vgl. ar. *ʾal-yawmu kulluhū* "der ganze Tag" [GKA § 136.395: "permutative Apposition"]):

ḥ«q»kpt \ il kl-h "das ganze göttliche/weite Memphis" 1.3:VI:13f.; 1.17:V:21.31; *arṣ il kl-h* "die ganze göttliche/weite Erde" 1.6:I:65; *ʿṣrm \ gdt? kl-hn* "(als Opfer) Vögel, (sie) alle zerstückelt/zerteilt" 1.111:6f. (Lesung *gdt* unsicher; KTU^2 liest *gdm*, d.h. "zwei Zicklein").

45.22. *klkl*

klkl = /*kulkull-*/ (Reduplikationsbildung [§51.5a]) "jedwede(r/s); alles Mögliche; alles Sonstige" (vgl. syr. *kol kolleh* "insgesamt" und den he. PN *kalkol*). Belege:

a. Im St.pron. (ug. *klklh* entspricht semantisch akk.EA *gabbi/kali mimmi* [CAT I, 122-124] und akk. *mimma šum/nšu* [CAD M/2, 75-76]; zu ug. *yd klklh* vgl. akk.EA *qadu mimmišu(nu)* [u.ä.] [CAT I, 122.124]):

- *w <k>lkl-hm* "und alle ihre sonstigen Güter" 2.38:21 (n.L.).
- *yd \ [k]lkl-h* "... samt allen seinen sonstigen Gütern" 3.5:9f.
- (?) *yd kl.[kl-h]* "... samt allen [seinen sonstigen Gütern]" 4.639:6: Sollte diese (unsichere) Ergänzung zutreffen, wäre die Wortform hier mit Worttrenner geschrieben (*kl.kl*). Es handelt sich wahrsch. um einen Vertragstext (möglw. zusammen mit Fragment 4.637 zu einem Text gehörig).

Anm. In DLU 214 (s.v. *kl* II) wird demgegenüber die Auffassung vertreten, daß das zweite Element von *klkl-* dem he. Lexem *k^{e}lî* "Gerät" entspreche: *kl kl-* "alle zugehörigen Dinge; das gesamte Zubehör".

b. Im St.abs.:

- *kl\kl ykly* "Jeder darf (das Opfer) verzehren" 1.127:8 (alt.: *dbḥ kl\kl* "jedwedes Opfer"): Man beachte den Zeilenumbruch im Wort. *ykly* könnte auch passivisch zu deuten sein (§74.422, √*kly*).

c. Ohne Kontext: *[ ] klkl* 4.275:21 (nach einer Aufzählung von Opfertieren).

45.23. *kll*

kll ist wahrscheinlich eine *{qatīl}*-Bildung zur Wz. √*kll*: */kalīl-/* (vgl. he. *kālîl* "Ganzheit; ganz, vollkommen"). Die Grundbedeutung lautet "Ganzheit, Vollkommenheit" (siehe DLU 215b). Möglicherweise wird es daneben (in 1.115:10) auch im Sinne von "ein jeglicher, jedweder" gebraucht. Belege und syntaktische Verwendung:

a. Absoluter Gebrauch (?):
kll ylḥm bh "ein jeglicher(?) darf/soll davon essen" 1.115:10 (alt.: *kl l ylḥm* "jedweder darf/soll fürwahr davon essen"; vgl. 1.127:7f.: *kl\kl ykly*).

b. Mit Possessivsuffix (?):
[ ]x kll-h oder *[ ]x kl lh* 2.3:26.

c. Im adverbialen Ak. vor einem Subst. (nur im Briefformular):
(hlny / hnny) ᶜmny / ᶜm ... kll šlm "(Siehe/Hier) bei mir / uns /... herrscht in vollkommener Weise Wohlbefinden" 2.13:9f.; 2.24:8-9*; 2.34:6f.; 2.78:4-5*; *ht ᶜmny \ kll šlm* "Nun, bei mir herrscht in vollkommener Weise Wohlbefinden" 2.34:6f.; *hnny ᶜmny \ kll mid \ šlm* "Hier bei uns beiden / bei mir herrscht in überaus vollkommener Weise Wohlbefinden" 2.11:10-12; 2.56:4-5*; *ᶜm špš kll midm \ šlm* "Bei der 'Sonne' herrscht in überaus vollkommener Weise Wohlbefinden" 2.39:3f.

d. Im adverbialen Ak. nach einem Subst. (nur im Briefformular):
hnny ᶜmn šlm kll "Hier bei mir herrscht Wohlbefinden in vollkommener Weise" 2.72:7; ähnl. 2.16:14f (*ᶜmny šlm \ kll*).

Die unter (c) und (d) genannten Syntagmen sind Wiedergaben akk. Briefformeln des Wortlauts *(e/anūma) itti ... (gabba danniš) šulmu* (Ahl 1973, 139; Kristensen 1977, 154; Malbran-Labat 1995, 94). Vor diesem Hintergrund ist ug. *šlm* als Subst. und nicht als Suffixkonjugation zu deuten (§92.238b mit Anm.). *kll* ist die Wiedergabe von akk. *gabba* "in Gesamtheit, in vollkommener Weise" (zur seltenen Stellung von *kll* nach dem Beziehungssubst. vgl. etwa he. *ᶜôlāh kālîl* "Ganzopfer" [eigtl.: "Opfer in ganzer Form"]; vgl. auch §45.21d). *mid(m)* schließlich entspricht akk. *danniš* (vgl. auch *ana gabbi mimmû ša bēlīya danniš lū šulmu* "Allem, was mein Herr besitzt, möge in hohem Maße Wohlbefinden zuteil sein" (RS15.14:4-8&; siehe Kristensen 1977, 152).

Anm. Das Wort *klt* (1.14:II:16; 1.14:III:58) fungiert möglw. ebenfalls als IndPr (Kontext: *klt lḥmh d nzl \ lqḥ* "Er nahm sein ganzes[?] Opferbrot / alle seine Opferbrote" [1.14:III:58f.; ähnl. 1.14:II:16f.]). Alternative Deutungen sind aber möglich (siehe DLU 216a: "medida, maquila, cantidad").

5. Das Nomen

"Nomen" dient als Oberbegriff über Substantive und Adjektive. Substantive und Adjektive weisen im Sem. das gleiche Wortbildungsystem auf und unterscheiden sich auch hinsichtlich ihrer Flexion nur marginal (zu den bestehenden Unterschieden siehe Gai 1995). Die nominale Flexion beinhaltet folgende vier Kategorien: Genus (mask. und fem.), Numerus (Sg., Du., Pl.), Kasus (Nom., Gen., Ak. u.a.) und Status (abs., cs., pron.). Die Determination stellt keine spezifische morphologische Kategorie im Ug. dar. Sie wird allein kontextuell bestimmt.

Zur Gruppe der Nomina zählen in morphosyntaktischer Hinsicht auch die Zahlwörter. Sie werden in dieser Grammatik gesondert behandelt (*§6*).

51. Nominalbildung

51.1. Einführung

Nominalbildungen sind im (Hamito-)Semitischen weitgehend systemhaft. Viele der möglichen Morphemtypen (= MphTT) sind in allen sem. Sprachen bezeugt. Der Mehrzahl der MphTT können außerdem bestimmte Bedeutungskategorien zugeordnet werden. Bestimmte MphTT dienen vornehmlich zur Bildung von Adjektiven, andere vornehmlich zur Bildung von Substantiven.

Nachfolgend werden die wichtigsten nominalen MphTT des Ug. vorgestellt und durch Beispiele belegt. Einige dieser MphTT lassen sich innerug., d.h. durch syll. und/oder alph. orthographische Indizien, nachweisen oder zumindest wahrscheinlich machen. Andere können nur auf sprachvergleichender Basis postuliert werden, wobei das System der he. Nominalbildung als wichtigste Orientierungshilfe gewählt wurde.

Die Auflistung umfaßt a) alle eindeutig ugaritischen Nomina des syll. Textkorpus von Ugarit, wobei aus dem "Syllabary A Vocabulary" entnommene Formen ohne Sigel "S^{a}" zitiert und Determinative nicht genannt werden, b) orthographisch signifikante alph. Nomina und c) orthographisch indifferente alph. Nomina, deren MphTT aus sprachvergleichenden Gründen relativ sicher erschlossen werden können. Eindeutige Fremdwörter werden nicht berücksichtigt. Ebenso unberücksichtigt bleiben die Kardinalzahlen (siehe dazu *§61.2*).

Die Morphemtypen sind im wesentlichen nach dem Prinzip zunehmender formaler Komplexität angeordnet (ferner gilt: /*a*/- vor /*i*/- vor /*u*/-Vokalismus). Die angeführten Lexeme sind nach (formalen) Genusklassen und Wurzelklassen (= WzKK) geordnet. Unter "m." (für "maskulin") werden alle subst. Formen ohne Femininendung erfaßt (ungeachtet ihres tatsächlichen grammatischen

Genus) sowie Adjektive (auch solche, die zufällig nur als fem. Formen belegt sind). Unter "f." (für "feminin") werden alle subst. Formen mit Femininendung *-t* erfaßt. Innerhalb der Genusklassen werden jeweils zuerst Formen der 'starken' WzK, dann Formen diverser 'schwacher' WzKK präsentiert (in der Reihenfolge I-*inf.*, II-*inf.*, III-*inf.*, II-*gem.*).

Den aufgelisteten ug. Wörtern folgt jeweils zwischen Schrägstrichen die phonologische Vokalisation (ohne Flexionsendung), dann die Belegstellenangabe – bei mehrfach bezeugten alph. Formen wird jeweils nur der erste sichere Beleg entsprechend der KTU-Textzählung genannt – und schließlich zwischen eckigen Klammern (in der Regel nur) eine Wortgleichung aus einer anderen sem. Sprache (sofern Gleichungen existieren) oder sonstige etym. Angaben. Alle Lexeme, auch akk. Lexeme, werden in der Regel ohne Flexionsendung präsentiert. Nur bei ug. Nomina III-*w/y* mit Kontraktion des Auslauttriphthongs wird die Nominativform (mit Endung /-*û*/) vokalisiert. Aram. Lexeme werden im Status determinatus genannt.

Die Problematik der sem. Wurzel (= Wz.) und ihrer Konstituenten wurde bereits an anderer Stelle diskutiert (§40.21). Unabhängig von der sprachhistorischen Frage nach der ursprünglichen Anzahl von Radikalen ursem. Wzz. wird nachfolgend die große Mehrzahl ug. Nomina als dreiradikalig geführt. Als dreiradikalig gelten dabei auch Nomina, deren Grundform (Sg.abs.) nur zwei Konsonanten aufweist, sofern sie in gewissen anderen Formen (z.B. im Pl.) dreiradikalig erscheinen oder in anderen sem. Sprachen eindeutig dreiradikalige Entsprechungen haben.

Es versteht sich von selbst, daß die im folgenden vorgenommene Klassifikation unvokalisierter Nomina nach MphTT mit vielen Unsicherheitsfaktoren behaftet ist. Die Ausführungen können somit lediglich als Diskussionsgrundlage für weitere Forschungen dienen. Bei einer großen Anzahl ug. Nomina wird der zugrundeliegende MphT niemals mit Sicherheit festgestellt werden können.

Lit.: Gordon (UT § 8.21-8.58); Segert (BGUL § 43); Sivan (GUL 61-74). — Vgl. auch: Barth (1894a); Brockelmann (1908, 329-404); BL 448-506 (§ 61); GAG §§ 53-59.

51.2. Bildungen von formal einradikaligen Wurzeln

g "Stimme" 1.1:II:17&; *p* "Mund" 1.2:IV:6& [ar. *fū*]; *š* "Schaf" 1.40:9& [he. *śæh*; vgl. ar. *šāʾ*].

51.3. Bildungen von formal zweiradikaligen Wurzeln

51.3 **a.** *{qal}* (teilweise sekundär):

m. *ad* /*ʾad*/ "Vater" 1.23:32.43 [sum. *ad*; amurr. **ad*; (?) äg. *ỉt(j)*; sum. Lehnwort ?]; *dg* /*dag*/ "Fisch" 1.23:63& [he. *dāg*]; *dm* /*dam*/ "Blut" 1.3:II:14& [sem. *dam*; (?) √*ʾdm*]; *yd* /*yad*/ "Hand, Arm" 1.1:IV:10& [he. *yād*]. — Ferner (mit langvokalischen Flexionsendungen im St.cs./pron. und deshalb ursprünglich wahrsch. dreiradikalig [§55.12]):

ab /*ʾab*/ < **ʾabw* "Vater" 1.1:II:18& [ar. *ʾab*]; *a/i/uḫ* /*ʾVḫ*/ < **ʾaḫw* "Bruder" 1.6:II:12& [ar. *ʾaḫ*].

f. *amt* /*ʾam(a)t*/ "Magd" (1.4:IV:61 [Sg.]; 1.4:III:21.22 [Pl. *amht* /*ʾamahāt-*/]) [he. *ʾāmāh*]; *dlt* /*dalt*/ "Türflügel" 4.351:3.4& [akk. *dalt*]; *qa-aš-tu*₄ /*qašt*/ "Bogen" RS20.189:9 = *qšt* 1.3:II:16& [akk./äth. *qaš/st*, he. *qæšæt*; vs. ar. *qaws*]; (?) *rṯt* /*raṯ(a)t*/ "Netz" 1.4:II:32 [he. *ræšæt*] (viell. aber abzuleiten von der dreiradikaligen Wz. √*yrṯ* < **wrṯ* "in Besitz nehmen"); *ša-an-tu*₄ (Lesung unsicher) /*šant*/ (Vokalsynkope) < **šanat* "Jahr" RS20.189:11 = alph. *šnt* 1.4:VI:43& [ar. *sanat*]; *špt* /*šap(a)t*/ < **śap(a)t* "Lippe" 1.2:IV:6& [ar. *šafat*]. — Vgl. ferner (ursprünglich wahrsch. dreiradikalig): *aḫt* /*ʾaḫât*/ < **ʾaḫawat* "Schwester" 1.3:IV:39& [akk. *aḫāt*, he. *ʾaḥôt*].

51.3 b. *{qil}*:

m. **iy* /*ʾiy*/ "Küste, Insel" (Pl. *iht* /*ʾîhāt*/ < **ʾiyahāt* 1.3:VI:8) [he. *ʾī*]; ⌈*i*⌉-*lu* /*ʾil*/ "Gott" RS20.189:30 = *il* 1.1:III:17& [he. *ʾel*]; *bn* /*bin*/ "Sohn" 1.1:IV:12.14 [he. *ben*].

f. *ilt* /*ʾil(a)t*/ "Göttin" (Sg. *ilt* 1.3:II:18&; Du. *iltm* 1.39:18; 1.102:13; aber Pl. *ilht* /*ʾilahāt*/ 1.3:V:28&) [akk. *ilt*]; *i-r[a*ˀ*-tu*₄*]* /*ʾir(a)t*/ "Brust" RS20.123:II:53 = *irt* 1.3:III:5& [akk. *irt*]; *iš-tu*₄ /*išt*/ < **išat*(?) RS20.201G+:8' neben *i-ši-t[u*₄*]* /*ʾišit*/ < **ʾišat*(?) "Feuer" RS20.189:37 = *išt* 1.2:I:32& [vgl. akk. *ʾišāt*]; *dmt* /*dim(a)t*/ "Turm" 2.31:45 [akk. *dimt*]; *me-te* (Du.cs. Obl.) [mē(ʾ)t] < **miʾt* "hundert" RS16.145:14 = *mit* /*miʾt*/ < **miʾat* (Sg. *mit* 1.5:IV:3&; Pl. *mat* /*miʾāt*/ 1.14:II:36&) [sem. **miʾat*]; *ni-ʾ-tu* /*niʾt*/?, ein Gerät, RS19.23:5; 21.199:11 (vgl. *ni-it* RS20.235:13 und Pl. *ni-ʾa-tu* RS19.23:1; RS19.135:2; RS21.199:2) = *nit* 1.65:13& [(?) aAK *nāt*]; *pat* /*piʾat*/ "Rand, Seite" (Sg. *pat* 4.136:4; Pl. *pat* 1.12:I:35&) [he. *peʾāh*].

II-*n* *bt* /*bitt*/ < **bint* "Tochter" 1.3:I:24& (vgl. syll. *bi-it-ta/i* in RS1957.1:6.10.18 und RS17.348:14') [ar. *bint*].

51.3 c. *{qul}*:

m. *mt* /*mut*/ "Mann" 1.17:I:17.35.37 [akk. *mut*, äth. *mət*]; *tr* /*tur*/ "Turteltaube" od. "Frankolin-Huhn" 1.41:2& [he. *tô/or*] (möglw. entlehnt).

f. (?) *pit* /*puʾt*/? "Stirn" 1.13:15& [akk. *pūt*] (alt.: etym. identisch mit ug. *pat* "Rand" oder MphT *{qal}*).

51.3 d. *{qul}* < **qil*:

m. (?) *šm* /*šum*/ "Name" 1.1:IV:14& [akk. *šum*, he. *šem*; vgl. Element **šum* in syll. bezeugten ug. PNN (PTU 193f.)].

51.3 e. *{qāl}* (teilweise sekundär):

m. *ks* /*kâs*/ "Becher" 1.1:IV:9& [akk. *kās*, he. *kôs*; vs. ar. *kaʾs*]; **mʾ* /*māʾ*/? "Wasser" (Sg. Ak. *mh* /*māha*/ < **māʾa*[?] 1.3:II:38; 1.3:IV:42; Sg. Gen. *my* /*māyi*/ < **māʾi* 1.19:II:1.6; Pl.abs. Obl. *mym* /*māyīma*/ 1.19:III:45.46; 1.19:IV 28.37) [ebla. Nom. *ma-um*, Gen. *mi*, Ak. *ma-a* (Dombrowski 1988, 219); ar. *māʾ*]; ⌈*na*⌉*-[š]u-ma* (Pl.) /*nāš*/

(Aphärese) < *ˀunāš "Menschen" RS20.123+:II:3' = nšm (Pl.) 1.1:III:15& [ar. nāš; he. ˀænôš]; ṣˁ /ṣāˁ/? "Schale" 1.4:I:41& [jaram. ṣāˁā]; šq /šāq/ "Schenkel, Bein" 1.103+:9.26 [ar. sāq].

Anm. Schwach gebildete *{qātil}*-Formen von Wzz. II-*w/y* (§51.43k) sind äußerlich mit dem MphT *{qāl}* identisch. — Der MphT *{qīl}* läßt sich nicht sicher nachweisen (vgl. aber formal *{qitl}*-Formen von Wzz. II-*w/y* [§51.41c]).

51.3 f. *{qūl}*:

m. *dd /dūd/* "(tiefer) Topf; Hohlmaß" 1.41:44& [akk./aram./he. *dūd*] (alt.: MphT *{qutl}* einer Wz. √*dwd*).

51.3 g. *{taqVl}* (*{qVl}* mit Bildungspräfix *ta-*):

f. (?) *tmtt* "Mannschaft, Besatzung" 2.38:13!.16.22; 4.231:9 [evtl. Abstraktbildung zu ug. *mt /mut/* "Mann"].

51.3 h. *{qalān}* (*{qal}* mit Bildungssuffix *-ān*):

m. *a-da-nu /ˀadān/* "Herr" RS20.149+:II:9' = *adn* 1.1:IV:17& [he. *ˀādôn*] (alt.: MphT *{qatāl}* einer Wz. √*ˀdn*).

f. *adt /ˀadatt/* < *ˀ*adānt* 2.11:1& mit Nf. *adnt(y) /ˀadānat-/* 2.83:5 (eher Sg. als Pl.) "Herrin" [phön. *ˀdt*] (alt.: *{qatālt}*).

Anm. Zu den Lexemen */ˀarān/* "Kasten" und */ˀatān/* "Eselin", die theoretisch ebenfalls als *{qal-ān}*-Bildungen in Betracht kommen, siehe §51.43a.

51.3 i. *{qalān}* < **qilān* (?):

m. *la-ša-nu* (ug. ?) */lašān/* "Zunge" (MSL 10, Ḫ̮ḫ̮ XVII,C:110) und *[l]a-ša-na-ia* (RS20.163:Vs.:4') = *lšn* 1.2:I:33& [he. *lāšôn*; gegenüber akk./ar. *liš/sān*; äg. *ns* (WÄS II, 320; siehe Ward 1958, 99); hsem. **les* (HSED Nr. 1666)].

51.3 j. *{qilān}* (*{qil}* mit Bildungssuffix *-ān*):

m. *iln /ˀilān/* GN bzw. "Gott" 1.91:17; 1.112:30 [phön.-pun. *ˀln*].

51.3 k. *{qalīy}* (*{qal}* mit Nisbenendung *-īy*):

m. *dgy /dagīy/* "Fischer"(?) 1.3:VI:10; 1.4:II:31).

51.3 l. *{qVl(l)īy}*:

m. Vgl. Gentt. wie *ḫry* "Hurriter" (1.40:29.37&), *ḫty* "hethitisch, Hethiter" (1.40:21&) und *kty* "kassitisch, Kassite" (1.39:19&).

f. *miyt /māˀīyat/*? "Wassertiefe" 1.169:8 (Pl. od. Sg.) [vgl. ar. *māˀī* "Wasser-; flüssig"].

51.3 m. *{qilānīy}* (*{qilān}* mit Nisbenendung *-īy*):

m. **ilny /ˀilānīy/* "Göttlicher" (Pl. *ilnym* 1.3:IV:35&; vgl. *ilnm* 1.19:I:10) [vgl. pun. *aloniuth* (f.pl.) und akk. *ilānû*].

51.4. Bildungen von dreiradikaligen Wurzeln

51.41. Einsilbige Bildungen

Vorbemerkung: Die Pluralbasis von *{qVtl}*-Nominalformen lautet in der Regel *{qVtal}*, seltener *{qVtl}* (§53.322.1).

51.41 a. *{qatl}*:

m. stark *abn* /*ʾabn*/ "Stein" 1.1:V:23& [akk. *abn*]; *ahl* /*ʾahl*/ "Wohnstatt" 1.15:III:18& [he. *ʾohæl* < **ʾahl*, ar. *ʾahl*, akk. *āl* < **ʾahl*]; *akl* /*ʾakl*/ "Getreide, Speise" 1.14:II:28& [ar. *ʾakl*, akk. *ak(a)l*]; *alp* /*ʾalp*/ 1. "Rind" 1.4:VI:40&, 2. "tausend" 1.1:II:14& [sem. *ʾalp*]; *amr* /*ʾamr*/ "Wort" 1.2:I:31$^{?}$; 1.16:IV:1& [ar. *ʾamr*]; *aps* /*ʾaps*/ "Äußeres; Rand" (1.6:I:61) mit Nf. *ʿb/ps* "Grenze" (6.27:1; 6.29:1) /*ʾaps*/ [he. *ʾæpæs*]; *ar-zu* /*ʾarz*/ "Zeder" RS19.71:3 = *arz* 1.4:V:10&; *arḫ* /*ʾarḫ*/ "Kuh" 1.4:VI:50& [akk. *arḫ*]; *ar-ṣu* /*ʾarṣ*/ "Erde" RS20.123+:III:14 = *arṣ* 1.1:II:10&; *aṯr* /*ʾaṯr*/ "Ort" 1.17:I:28.46& [akk. *ašr*]; *ba-a-lu(-ma)* /*baʿl*/ (oder: [ba^{ca}l]) "Herr" RS20.123+:IVb:18& = *bʿl* 1.1:IV:6& [sem. *baʿl*]; *gpn* /*gapn*/ "Weinrebe" 1.23:9& [zsem. *gapn*]; *da-ab-ḫu* /*dabḥ*/ "Opfer" RS20.123+:III:6 = *dbḥ* 1.4:III:17.18.19.20& [ar. *ḏabḥ*]; *ḥrb* /*ḥarb*/ "Messer, Schwert" 1.2:IV:4& [he. *ḥæræb*]; *ka-a[l$^{?}$-bu$^{?}$]* /*kalb*/ "Hund" RS20.189:34 = *klb* 1.14:III:19& [sem. *kalb*]; *kàs-pu* bzw. *ka-as-pu* /*kasp*/ "Silber" RS20.123+:II:2.3 = *ksp* 1.4:I:25& [akk. *kasp*, he. *kæsæp*]; *lbu* /*labʾ*/ "Löwe" (Gen. *lbi-m* 1.5:I:15; 1.133:3) [he. **læbæʾ* (BL 579, Anm. 1), aAK *labʾ*, ar. *labʾat* "Löwin"]; *lḥm* /*laḥm*/ "Speise" 1.4:IV:36& [ar. *laḥm*]; *ma-a-du-ma* (Pl.) /*maʾd*/ "viel" RS20.123+:II:30' = *mi/ad* 1.4:V:15.32.38& [akk. *maʾd/mād*]; *nab/p-ku* /*nab/pk*/ "Brunnen" RS20.123+:III:8 = *nb/pk* 1.14:III:9$^{!}$; 1.14:V:1& [vs. he. **nebæk* < **nibk*]; *nḫl* /*naḫl*/ "Bachtal" 1.6:III:7& [akk. *naḫl*]; *nʿr* /*naʿr*/ = [na^{ca}r]? "Knabe" 1.107:8& [he. *naʿar*]; *npš* /*napš*/ "Kehle, Seele" 1.1:V:3& [wsem. *napš*]; *ab-du* /*ʿabd*/ "Diener, Sklave" RS20.123+:III:4 = *ʿbd* 1.2:I:36& [zsem. *ʿabd*]; *ʿẓm* /*ʿaẓm*/ "Knochen" 1.19:III:5& [sem. *ʿaẓm*]; *ʿrš* /*ʿarš*/ < **ʿarś* "Bett" 1.14:II:45& [akk. *erš*, zsem. **ʿarś*]; *ġlm* /*ġalm*/ "junger Mann, Diener" 1.2:I:13& [he. *ʿælæm*; pun. *alam* < **ʿalm*]; *pḥm* /*paḥm*/ "Holzkohle" 1.4:II:9& [sem. *paḥm*]; *pʿn* /*paʿn*/ < **paʿm* "Fuß" 1.3:III:32& [vgl. he. *paʿam*]; *ṣin* /*ṣaʾn*/ < **ṣ̂aʾn* "Kleinvieh" 1.1:IV:30& [ar. *ḍaʾn*; vgl. akan. *ZU-ú-nu* (EA 263:12)]; (?) *qdm* /*qadm*/ "Vorzeit" 2.81:25 [he. *qædæm*]; *qmḥ* /*qamḥ*/ "Mehl" 1.41:23& [sem. *qamḥ*]; *qrn* /*qarn*/ "Horn" 1.3:IV:27& [sem. *qarn*]; *riš* /*raʾš*/ "Kopf" 1.2:I:6& [ar. *raʾs*; vgl. akan. *ru-šu-nu* /*rōšu-*/ < **raʾš-* "unser Kopf" (EA 264:18)]; **rḥt* /*raḥt*/? "Handfläche" (Du./Pl. *rḥtm* 1.4:VIII:6; 1.5:V:14; 1.16:V:28*) [he. *rahat*, ebla. *ra-ʾà-tu*] (alt.: zweiradikalig); *rkb* /*rakb*/ "Wagen(last)" 1.148:20 [ar. *rakb*]; *šmn* /*šamn*/ "Öl, Fett" 1.3:II:39& [akk. *šamn*]; *šʿr* /*šaʿr*/ < **śaʿr* "Haar, Vlies" 1.19:II:2.6*; 1.19:IV:37; 1.114:29 [ar. *šaʿr*] (alt.: *{qital}* entspr. he. *śeʿār*); *šap-ḫu* /*šapḥ*/ "Nachkomme" RS20.201G+:5' = *špḥ* "Familie,

Nachkomme(n)" (1.14:I:24&) mit Nf. *šbḥ* (1.14:VI:25) [pun. *špḥ*]; *ša-ap-šu* /*šapš*/ "Sonne" (RS20.426B:3') bzw. GN (RS20.123+:IVa:18; 20.123+:IVb:15) = (GN) *špš* 1.3:II:8&; *tlm* /*talm*/ "Ackerfurche" 1.16:III:11 [he. *tælæm*]; *ta-ar-ni* (Gen.) /*tarn*/ "(Schiffs-)Mast" RS19.115:4' = *trn* 4.689:5 [vs. he. *torœn*]; *ṯiṭ* /*ṯaʾṭ*/ "Schlamm, Dreck" 1.17:I:33*& [ar. *ṯaʾṭ(at)*]; *ša-al-šu-ma* (Pl.) /*ṯalṯ*/ "Kupfer, Bronze" RS20.235:11 = *ṯlṯ* 4.35:II:8&; *ṯġr* /*ṯaġr*/ "Tor" 1.16:I:52& mit Pl. *ṯġrt* 1.3:II:3; 1.7:36* [akan. *ša-aḫ-ri* EA 244:16; he. *šaʿar*].

II-*n* *ap-pu* /*ʾapp*/ < **ʾanp* "Nase" RS20.123+:II:13' = *ap* 1. "Nase" 1.18:IV:26&, 2. "Zorn" 1.40:22&; 3. (im Du.) "Vorderseite, Oberfläche" 1.5:VI:21& [he. *ʾap(p)*].

II-*w* *ul* /*ʾôl*/ < **ʾawl* "Kraft, Macht" 1.2:IV:5; 1.14:II:35; 1.14:IV:15 [vs. he. *ʾel* < **ʾayl*]; **un* /*ʾôn*/ < **ʾawn* "Kraft" (Pl.abs. Gen. *anm* /*ʾânīma*/ < **ʾawanīma* 1.6:I:50 [he. *ʾôn*]; *dd* /*dôd*/ < **dawd* "Liebe" 1.3:III:5.7& [he. (Pl.) *dodîm*]; *dr* /*dôr*/ < **dawr* "(Familien-)Kreis, Gemeinschaft" 1.15:III:19; 1.39:7& [he. *dôr*, ar. *dawr*]; *yu*(PI)-*mu* /*yôm*/ < **yawm* "Tag" RS20.426B:2'; RS20.123+:IVa:17 = *ym* 1.1:V:2(2x)& [sem. *yawm*]; *mt* /*môt*/ < **mawt* "Tod" (bzw. GN) 1.17:VI:38& [he. *mawœt*]; *np* /*nôp*/ < **nawp* "Höhe" 1.3:VI:9; 1.5:I:14 [ar. *nawf*]; *ʿd* /*ʿôd*/ < **ʿawd* "Dauer, Zeit" 1.12:II:45; 1.23:67; 5.9:I:6 [he. *ʿôd*, ar. *ʿawd*]; *[ú]-ru* RS20.149:II:6' /*ġôr*/ < **ġawr* "Haut, Tierfell" (mit Pl. *ú-ra-tu* RS19.28:6 [siehe dazu UV 159]) = *ġr* "Haut" 1.5:VI:17& [he. *ʿôr*]; *pd* /*pôd*/ < **pawd* "Locke(n)" 1.19:II:31.32 [ar. *fawd*]; *ṣm* /*ṣôm*/ "Fasten" 1.111:2 (n.L.) =? *ẓm* /*ẓôm*/ 1.169:7 [he. *ṣôm*]; *ql* /*qôl*/ < **qawl* "Stimme" 1.3:I:20& [he. *qôl*]; *tk* /*tôk*/ < **tawk* "Mitte" 1.3:III:29& [he. *tāwœk*]; *ṯr* /*ṯôr*/ < **ṯawr* "Stier" 1.1:III:26& [he. *šôr*].

II-*y*: *e-bu* /*ʾêb*/ < **ʾayb* "Feind" RS20.149+:III:15' = *ib* 1.2:IV:8& [vs. he. *ʾoyeb* < **ʾāyib*?] (alt.: *{qatl}* < **qātil*); *bt* /*bêt*/ < **bayt* "Haus" (Sg. *bt* 1.1:IV:6&; Pl. *bht(m)* /*bahat-*/ < **bayat-* 1.1:III:27&) [he. bêt]; *zt* /*zêt*/ < **zayt* "Ölbaum, Olive" 1.5:II:5& [he. *zayit*]; *ḥl* /*ḥêl*/ < **ḥayl* "Kraft"(?) 1.22:I:9; 1.22:II:12 [he. *ḥayil*]; *ḫé-qu* /*ḥêq*/ < **ḥayq* "Schoß" RS20.123+:I:3' [he. *ḥêq*]; *yn* /*yên*/ < **yayn* "Wein" 1.4:III:43& [he. *yayin*]; *ll* /*lêl*/ < **layl* "Nacht" 1.2:I:20& [ar. *layl*]; *ʿn* /*ʿên*/ < **ʿayn* "Auge; Quelle" 1.2:IV:22& [sem. *ʿayn*]; *ʿr* /*ʿêr*/ < **ʿayr* "Eselhengst" 1.4:IV:4& [ar. *ʿayr*]; *ṣd* /*ṣêd*/ < **ṣayd* "Jagdbeute, Wildbret" 1.17:V:37& [he. *ṣayid*]; *qẓ* /*qêẓ*/ < **qayẓ* "Sommer" 1.19:I:41& [ar. *qayẓ*].

III-*w* *aḫ* /*ʾaḫû*/ < **ʾaḫw* "Sumpfgras, Ried" 1.10:II:9.12; *qš* /*qašû*/ < **qaśw-* "Kanne, Schale" 1.3:V:33; 1.4:IV:45 [vgl. he. **qaśwāh*] (§33.312.31b).

III-*y* *ary* /*ʾary*/ "Verwandte(r)" 1.3:V:37!; 1.4:II:26& [vgl. äg. *ỉrj* "Gefährte, Genosse" (WÄS I, 105; siehe Ward 1958, 65)]; *gdy* /*gady*/ "Zicklein" 4.150:3& [ar. *ǧady*]; *diy* /*daʾy*/?, ein Raubvogel, 1.18:IV:18& [vgl. he. *dāʾāh*/*dayyāh* < **daʾyat* ?]; **ẓby* /*ẓaby*/ "Gazelle" (Pl.pron. *ẓby-* 1.15:IV:7.18; Pl.abs. *ẓbm* 1.133:14&); *šby* /*šaby*/ "Gefangener" 1.2:IV:29.30 [he. *šᵉbî*, aram. *še/ibyā*].

gem. *gb* /*gabb*/ "Rücken" 1.114:5; 1.169:5; RS92.2014:14 [he. *gab(b)*]; *gg* /*gagg*/ "Dach(terrasse)" 1.13:11&; mit Pl. *ggt* 1.14:II:27; 1.14:IV:9 [he. *gāg*, Pl. *gaggôt*; akan. *gagg* (EA 287:37)]; *gn* /*gann*/ "Garten" 1.5:VI:21& [he. *gan(n)*]; **hr* /*harr*/ "Berg" (Pl. *hrm* 1.107:32&) [he. *har*, akan. *ḫa-ar-ri* (EA 74:20)]; *ṭl* /*ṭall*/ "Tau" 1.3:II:39& [ar. *ṭall*]; *yd* /*yadd*/ "Liebe" 1.3:III:6; 1.4:IV:38 [ar. *wadd*] (alt.: {*qitl*}); *ym* /*yamm*/ "Meer" 1.3:II:7& [kan./aram. *yamm*]; *ka-du(-ma)* /*kadd*/ "(großer) Krug; Hohlmaß" RS19.127:1.4.6.14.16; evtl. auch RS19.85:2 = *kd* 1.3:I:16& [ar. *kadd*]; *kp* /*kapp*/ "Hand" 1.3:II:10& [sem. *kapp*]; *kr* /*karr*/ "Widder" 1.4:VI:47 [he. *kar*, Mari-akk. *karr*]; *md* /*madd*/ "Gewand, Decke" 1.4:II:6; 4.385:4 [jeweils *mdh*] [he. *mad* < **madd* (daneben auch **mādû*/*madwæh*)]; *sp* /*sapp*/ "Schale; Hohlmaß" 1.14:III:44& [he. *sap(p)*]; *ᶜm* /*ᶜamm*/ "Sippe" 1.17:I:27& [zsem. *ᶜamm*]; *pr* /*parr*/ "Jungtier, Jungstier" 1.86:3 [he. *par(r)*].

f. stark *bᶜlt* /*baᶜlat*/ = [ba^{ca}ḷt]? "Herrin" 1.39:21& [he. *b^{a}ᶜalāh*; vgl. phön. βααλτις]; *klbt* /*kalbat*/ "Hündin" 1.3:III:45 [sem. *kalbat*]; *nᶜrt* /*naᶜrat*/ = [na^{ca}ṛt]? "Mädchen" (Pl.abs. *nᶜrt* 4.102:17) [he. *na^{ca}rāh*]; *ġlmt* /*ġalmat*/ "Mädchen" 1.14:IV:41& [he. *ᶜalmāh*, pun. *alma*]; **pilt* /*paʾlat*/ < **paʾrat* (§33.135.4) "Gezweig" (Pl. *palt* 1.19.II:12&) [vgl. he. **poʾrāh*]; *šá-ḫar-tu* [ša^{ca}ṛt] < **śaᶜrat* "Wolle" RS19.104:5 = *šᶜrt* 4.28:6& [ar. *šaᶜrat*].

II-*n* *aṯt* /*ʾaṯṯat*/ < **ʾanṯat* "(Ehe-)Frau" 1.2:III:22& [akk. *aššat*].

II-*h* *bmt* /*bâmat*/ < **bahmat* "Rücken, Höhe" 1.4:IV:14& [vgl. ar. *buhmat*].

II-*w* *ynt* /*yônat*/ < **yawnat* "Taube" 1.39:1& [he. *yônāh*].

II-*y* *ḫmt* /*ḫêmat*/ < **ḫaymat* "Zelt" 1.14:III:55; 1.15:IV:23? [ar. *ḫaymat*].

III-*w* (?) *ma-ás-wa-tu* (RS19.26:2*; RS19.71:7) bzw. *ma-sa-wa-tu* (RS19.26:5) /*maswat*/ "Zypresse"(?) [vgl. syr. *m^{e}sūtā*] (vgl. aber §33.242a).

gem. *amt* /*ʾammat*/ "Ellbogen, Elle" 1.5:I:6& [he. *ʾammāh*]; *klt* /*kallat*/ "Braut, Verlobte, Schwiegertochter" 1.3:I:26& [he. *kallāh*]; *prt* /*parrat*/ "junge Kuh" 1.5:V:18& [mhe. *pārāh*]; *ṣrt* /*ṣarrat*/ "Feindschaft; Feind" 1.2:IV:9& [he. *ṣārāh*].

Anm. Zu den Lexemen *ab* "Vater", **ʾḫ* "Bruder" und *aḫt* "Schwester", die ebenfalls als {*qatl*}-Bildungen (von Wzz. III-*w*) betrachtet werden können, siehe unter §51.3a.

51.41 b. {*qatl*} < **qatVl*:

m. II-*l* *ma-al-ku* /*malk*/ < **malik*(?) "König" RS20.149:III:13'; RS20.143+:II:26'; RS20.143+:III:17 = *mlk* 1.2:III:5& [ar. *malik*; vgl. GN ^{d}*ma-lik*.MEŠ = /*malikūma*/ RS20.24:32 = GN *mlk* 1.100:41&] (alt.: ursprüngl. {*qatl*}).

gem. Mehrere Adjektive: *da-al?-lu* /*dall*/ "schwach, klein" RS20.123+:II:7'.8' = *dl* 1.16:VI:48 [he. *dal(l)*]; *dq* /*daqq*/ "dünn, klein" 1.6:I:50& [he. *daq(q)*]; *mr* /*marr*/ "bitter" 1.71:6& [he. *mar(r)*]; *sar-rù* /*sarr*/ "falsch" RS20.123+:II:31' [akk. *sarr*]; *ᶜz* /*ᶜazz*/ "stark" 1.2:IV:17 [he. *ᶜaz(z)*]; *ql* /*qall*/ "gering, leicht; Bote, Sklave" 4.213:27& [he. *qal(l)*, akk. *qall*]; GAL-*bu* RS16.263:25 = *ra-bu* RS15.120:7 /*rabb*/ "groß" = *rb* 1.3:III:39&

[he. *rab(b)*]; *rq* /*raqq*/ "dünn, fein" 4.205:2.5 [akk. *raqq*; he. **raq(q)*].
III-*y* (?) *any* /*ʾany*/ < **ʾanay* "Schiff(e), Flotte" 2.38:10& [akan. /*ʾanay*/ EA 245:28; vs. he. *ʾonî* < **ʾuny*].
f. II-*l* *mlkt* /*malkat*/ < **malikat*(?) "Königin" 1.23:7& [ar. *malikat*].
gem. fem. Adjektive: *dlt* /*dallat*/ "arm" 1.82:22 [he. *dallāh*]; *dqt* /*daqqat*/ "Kleinvieh" 1.39:1&; *ra-ba-ti* (Gen.) /*rabbat*/ "groß" RS17.36:4 = *rbt* 1.14:III:5[!].30& [he. *rabbāh*]; *tmt* /*tammat*/ "vollständig" 1.23:67 [he. *tām*; vgl. ar. *tāmm*].
III-*y* (?) *anyt* (Pl.) /*ʾan(a)yāt*/ "(einzelne) Schiffe" 2.42:24& [vgl. Lexem *any*].

51.41 c. *{qitl}* (Verbalsubstantive u.a.):
m. stark *ikl* /*ʾikl*/ "Essen, Speisen" 1.22:I:24 [akk. *ikl* "Verzehr"]; (?) *inš* /*ʾinš*/? "Angehörige; Leute; Dienerschaft" 1.39:22& [ar. *ʾins* "Menschen"] (alt.: /*ʾināš*/ entspr. ar. *ʾinās*; vgl. ug. *inšt* 1.6:VI:41; 4.38:5&); (?) *ḥlm* /*ḥilm*/? "Traum" 1.14:I:35& [aram. *ḥi/elmā*] (alt.: *{qutl}* entspr. ar. *ḥulm*); *lim* /*liʾm*/ "Volk" 1.3:II:7& [akk. *liʾm/līm*, akan. Pl. *li-me-ma* EA 195:13; vs. he. *lᵉʾo/ôm*]; *mnḥ* /*minḥ*/ "Gabe" 1.2:I:38& [vgl. ar. *minḥat*]; *ni-iḫ-rù* /*niġr*/ "Bewachung" RS20.123+:I:5'; *nṣp* /*niṣp*/ "Halbschekel" 2.25:6& [ar. *niṣf* "Hälfte"]; *spr* /*sipr*/ "Schriftstück" 1.85:1& [zsem. *sipr*]; *ʿgl* /*ʿigl*/ "Jungstier" 1.3:III:44& [ar. *ʿiǧl*]; *pí-iṭ-r[ù]* /*piṭr*/ "Lösen, Lösung" RS20.123+:III:2 [akk. *piṭr*]; *pṯt* /*piṯt*/ "Flachs, Leinen" 1.92:25& [he. **pešæt*]; *ṣdq* /*ṣidq*/ "Gerechtigkeit" 1.14:I:12& [wsem. *ṣidq*]; *ṣmd* /*ṣimd*/ "Gespann" 4.88:1& [he. *ṣæmæd* < **ṣimd*]; *qi-id-šu* /*qidšu*/ "Heiligtum" RS20.123+:III:4'; RS20.123+:IVa:14 = *qdš* 1.3:III:30& [vs. zsem. *qudš*]; *qrb* /*qirb*/ "Inneres" 1.1:II:6& [akk. *qerb*]; (?) *rib* /*riʾb*/? "Ersatz, Preis" 4.386:13; vgl. 7.217:4 [vgl. akk. *rīb*]; *ri-[i]g-lu* /*rigl*/ "Bein, Fuß" RS20.123+:I:4' [ar. *riǧl*]; *šib* /*šiʾb*/ "Wasser-Schöpfen" 1.16:I:51 [√*šʾb*]; *šil* /*šiʾl*/ "Erkundigung; Forderung" 2.63:8 (mit Pl. *šalm* 3.3:5) [vgl. syr. *šelᵉṯā*, äth. *səʾlat*; √*šʾl* (§73.523a)]; *ši-i-ru* /*šiʾr*/ "Fleisch" RS20.149+:II:3' = *šir* 1.6:II:35 [he. *šᵉʾer*] (alt.: /*šiʾir*/ < **šiʾr*); *ši-tu* /*šît*/ < **šiyt* "Stellen, Legen" RS20.149+:III:10' [√*šyt*]; *ti-ib-nu* /*tibn*/ "Stroh" RS20.149+:III:17' [akk./aram. *tibn*]; *ṯql* /*ṯiql*/ "Schekel" 1.14:I:29& [ar. *ṯiql*].
II-*n* *gt* /*gitt*/ < **gint* "landwirtschaftliches Gehöft" 1.48:18; 3.5:7& [he. *gat(t)*, Pl. *gittôt*]; *ʿz* /*ʿizz*/ < **ʿinz* "Ziege" 1.80:4& [akk. *en/zzu*].
II-*y/w* **gd* /*gîd*/ < **giyd* "Sehne" (Pl. *gdm* 1.17:VI:21) [he. *gîd*, akk. *gīd*]; *dn* /*dîn*/ "Recht, Gericht" 1.16:VI:33.46& [akk./he./ar. *dīn*]; (?) *nr* /*nîr*/ "Licht" 1.4:II:27; 4.284:6; 5.22:4.18 [he. *nîr/ner*] (alt.: *{qutl}* entspr. akk./aram./ar. *nūr* oder *{qatīl}*]; *ġl* /*ġîl*/ "Dickicht" 1.17:VI:23; (?) 1.92:8 (vgl. ON *gt ġl* 4.141:III:15&) [ar. *ġīl*]; (?) *ZI-ṣú-(ú-)ma* (Pl.) /*ṣîṣ*/? "Salzfeld, Saline" RS15.163+:12& = *ṣṣ* 4.340:1-22& [he. *ṣîṣ*]; *ši-i-ru* /*šîr*/ "Gesang" RS20.123+:III:7 = *šr* 1.106:16& [he. *šîr*]; *ši-tu* /*šît*/ "Setzen" RS20.149+:III:10'.
III-*y* *hg* /*higû*/ < **higy* "Nennung" 1.14:II:38; (?) *hr* /*hirû*/ < **hiry* "Empfängnis" 1.13:31&; *pr* /*pirû*/ < **piry* "Frucht, Obst" 1.5:II:5&

[he. p^{e}*rî*]; *ṣi-il-yu*? /*ṣily*/ "Fluch" RS20.149+:III:16' (alt.: *ṣi-il-ya-[tu$_4$]* =? *ṣly* "Beschwörung, Gebet"(?) 1.27:6 (vgl. daneben *ṣlt[km]* "euer Gebet" 1.119:34) [vgl. aram. *ṣ^{e}lūtā*].

gem. *ḥẓ* /*ḥiẓẓ*/ "Pfeil" 1.14:III:12& [he. *ḥeṣ(ṣ)*; vs. äth. *ḥaṣṣ* und ar. *ḥa/uẓwat*]; *ẓl* /*ẓill*/ "Schatten" 1.14:III:55& [ar. *ẓill*]; *lb* /*libb*/ "Herz" 1.3:II:26& [akk. *libb*]; *nṣ* /*niṣṣ*/ "Falke" 4.15:5.11 [syr. *neṣṣā*, he. *neṣ(ṣ)*]; *iṣ-ṣú(-[ma])* /*ˁiṣṣ*/ "Holz" RS20.149+:III:8' = *ˁṣ* 1.3:III:23& [akk. *i/eṣ(ṣ)u*]; *qṣ* /*qiṣṣ*/ "Ende, Gewandzipfel" 1.6:II:11 [he. *qeṣ(ṣ)*]; *šn* /*šinn*/ "Zahn" 1.19:I:9?; 1.82:4 [akk. *šinn*, ar. *sinn*].

f. stark **dmˁt* /*dimˁat*/ "Träne" (Pl. *dmˁt* 1.19:II:33) mit Nf. *udmˁt* 1.6:I:10& (§33.423a) [he. *dimˁāh*]; *klat* /*kilˀat*/ "(das) Doppel(te)", (im Du.) "beide (fem.)" (Sg. *klat* 1.23:57; Du.cs. *klat* 1.1:IV:10&; [?] Du.abs. *klatn-m* 1.14:II:15*; 1.14:III:57 [alt. Lexem **klatn* + Dualmimation]) [vgl. he. *kilˀayim*] (§54.415); *mnḥt* /*minḥat*/ "Gabe" 4.709:6& [ar. *minḥat*] (§52.222); *ˁglt* /*ˁiglat*/ "Jungkuh" 1.5:V:18 (vgl. PN *ˁglt* 4.340:20 und PN *ˁgltn* 4.131:12&) [ar. *ˁiğlat*]; *i-zi-ir-[tu$_4$]* [ˁiḏirt] < **ˁiḏrat* "Hilfe" RS20.149+:III:7' = *ˁḏrt* 1.140:8 [he. *ˁæzrāh*].

II-*y* *šbt* /*šîbat*/ < **śiybat* "graues Haar; Alter" 1.3:V:2(2x)& [akk. *šību*, he. *śêbāh*] (alt.: *{qatl}*); *ṯnt* /*ṯînat*/ < **ṯiynat* "Urin" 1.114:21 [akk. *šīna/āt*].

II-*n* *ḥṭt* /*ḥiṭṭat*/ < **ḥinṭat* "Weizen" 1.14:II:29& [ar. *ḥinṭat*].

II-ˀ, III-*n* *ti-[i]t-tu$_4$* /*titt*/ < **tint* < **tiˀn(a)t*(?) "Feige(nbaum)" RS20.189:10 =? *tnt* (Pl. ?) 5.11:13 [akk. *titt*; vgl. he. *t^{e}ˀenāh* und ar. *tīn*].

gem. *ḥṭt* (siehe II-*n*); *pnt* /*pinnat*/ "Rückgrat" 1.2:IV:17.26& [he. *pinnāh*].

Anm. Zum MphT *{qitl}* in der Funktion als Verbalsubstantiv zum G-Stamm siehe unter §73.52 (bes. 73.521, 73.523, 73.525 und 73.526).

51.41 d. *{qitl}* < **qatl*:

m.*gem.* *ḫé*/*ḫe-yu-ma* (Pl. [ḫeyy] < **ḥayy* "Leben" RS20.189:25; RS20.123+:I:3'; RS20.201G+:6' = *ḥy-* (Pl.pron.) 1.16:I:14& [he./aram. *ḥayyīm/n*] (alt.: *{qatl}*; §33.213.1a).

51.41 e. *{qutl}* (Abstrakta u.a.):

m. stark *udn* /*ˀudn*/ < **ˀuḏn* "Ohr" 1.13:23& [sem. *ˀuḏn*]; *udr* /*ˀudr*/ "Pracht" 1.4:V:17.40 [vgl. he. *ˀædær*]; (?) *usp* /*ˀusp*/ "Einsammeln" (7.51:3 [he. *ˀosæp*]; *urk* /*ˀurk*/ "Länge" 2.23:20 [he. *ˀoræk*]; **ušk* /*ˀušk*/ "Hode" (Du.cs. *ušk-* 1.11:2; 1.103+:14) [vgl. babylonisch-mhe. *ˀôšæk*; vs. akk. *išk*, syr. *ˀešk^{e}tā* und he. **ˀæšæk*]; *grn* /*gurn*/ "Dreschplatz" 1.14:III:8& [zsem. *gurn*]; *ḥdṯ* /*ḥudṯ*/ "Neumond" 1.41:48& [he. *ḥodæš*]; *ḥmr* /*ḥumr*/, ein Hohlmaß, 4.14:18& [he. *ḥomær*]; *ḫpṯ* /*ḫupṯ*/ "Freigelassener; Soldat" (1.14:II:37&) mit Nf. *ḫbṯ* (2.17:1; 4.360:8) [akk. *ḫupš*]; *ḫri* (Gen.) /*ḫurˀ*/ "Kot" 1.114:21 [Emar-akk. *ḫu-ú-ru* (siehe Sjöberg 1998, 247), ar. *ḫurˀ*]; *yšr* /*yušr*/ "Redlichkeit" 1.14:I:13 [he. *yošær*]; *kpr* /*kupr*/ "Henna" 1.3:II:2& [he. *kopær*]; *mid* /*muˀd*/ "Menge" 1.4:V:15& mit Nf. *mud* 1.5:III:16& [he. *m^{e}ˀod* < **muˀd*]; *mlk* /*mulk*/ "Königtum" 1.2:III:18& [ar. *mulk*]; *mur-ú/u* /*murˀ*/, eine Berufsbezeichnung, RS11.839:22& = *mru/i* 4.332:7; 4.128:8&; *mrḥ* /*murḥ*/ "Lanze"

1.6:I:51& [nws. (in äg. Transkription) **murḥ* (siehe Hoch 1994, Nr. 179); vgl. zsem. *rumḥ* (§33.16)]; *nʿm* /*nuʿm*/ "Lieblichkeit; Reiz" 1.3:III:31& [he. *noʿam*]; *su-nu* /*suʾn*/ "(Kleider-)Saum" RS19.28:2 = *sin* 1.6:II:10 [akk. *sūn*]; *ʿẓm* /*ʿuẓm*/ "Kraft" 1.2:IV:5; 1.12:I:24 [ar. *ʿuẓm*]; *qdš* /*qudš*/ "Heiligkeit, Weihegabe" 1.94:1& [wsem. *qudš*]; *rḥq* /*ruḥq*/ "Ferne" 1.1:III:19& [syr. *ruḥqā*]; *šbʿ* /*šubʿ*/ < **śubʿ* 1.114:3.16 [he. *śobaʿ*]; *škr* /*šukr*/ "Trunkenheit" 1.114:4.16 [ar. *sukr*]; *šu-uq-du* /*ṯuqd*/ "Mandel(baum)" RS19.35B+:4' = *ṯqd* 1.71:6; 1.85:7 (vgl. PN *ṯqdy* 4.103:19) [akk. *ši/uqd*; akk. Lw. ?].

II-*h* *ẓr* /*ẓûr*/ < **ẓuhr* "Rücken" 1.3:III:35& [akan. *ZU-uḫ-ru(-ma)* (EA 232:11)] (alt.: *{qatl}* entspr. ar. *ẓahr*].

II-*w* *uz* /*ʾûz*/ < **ʾuwz* "Gans" 1.106:30& [akk. *ūs*] (alt.: /*ʾôz*/ < **ʾawz*); **ur* /*ʾûr*/ "Feuer" 1.39:8& [he. *ʾûr*]; **lḥ* /*lûḥ-*/ (mit fem. Pl. *lḥt*) "(Brief-)Tafel" 1.2:I:26; 2.14:6& [he. *lûaḥ*]; *ú-lu* /*ʿûl*/ "Jungtier"(?) RS17.136:2.5; RS19.116:3 = *ʿl* "Säugling; Jungtier(?)" 1.6:IV:19; 1.19:IV:35; 4.749:1.2 [he. *ʿûl*]; *ġr* /*ġûr*/ < **ġuwr* < **ẓuwr* "Berg" 1.1:III:12& [he. *ṣûr*, aram. *ṭûrā*].

III-*w* Unkontrahiert: ZU-*ur-wu* /*ẓurw*/ "Balsam" (EA 48:8 = *ẓrw* 1.148:22& [he. *ṣᵒrî*]; *thw* /*tuhw*/ "Wüste" 1.5:I:15; 1.133:4), (?) mit Pl. *twm* 4.329:13 [he. *tohû*]. — Kontrahiert: *ri* (Gen.) /*ruʾû*/ < **ruʾy* "Aussehen" 1.3:I:12 [he. *rᵒʾî*].

gem. *gl* /*gull*/ "Schale, Becher" 1.14:II:18.19& [akk. *gull*]; *ḥm* /*ḥumm*/ "Hitze" 1.2:IV:33 [ar. *ḥumm*]; *ḫp* /*ḫupp*/ "Ufer, Strand" 1.3:II:7; (?) 1.107:32 =? syll. *ḫu-up-pa-ti* (wohl Pl.) RS16.178:11 [he. *ḥôp(p)*; nwsem. (in äg. Transkription) **ḫuppa* (siehe Hoch 1994, Nr. 334)]; *ḫr* /*ḫurr*/ "Loch" 1.103+:6.30 [akk. *ḫurr*]; *kl* /*kull*/ "Gesamtheit" 1.3:VI:14& [sem. *kull*]; *lg* /*lugg*/, ein Flüssigkeitsmaß, 1.23:75& [he. *log(g)*]; *mr* /*murr*/ "Myrrhe" 1.87:22& [sem. *murr* (akan. *mu-ur-ra* EA 269:16)]; *ʿz* /*ʿuzz*/ "Stärke" 1.102:27& [he. *ʿoz(z)*] (alt.: /*ʿizz*/ entspr. ar. *ʿizz*); *tp* /*tupp*/ "Handpauke, Tamburin" 1.16:I:41& [he. *top(p)*].

f. stark *ḫu-ul-ma-tu*$_4$ /*ġulmat*/ "Dunkelheit" RS20.123+:III:15'.16' = *ġlmt* 1.4:VII:54; 1.8:II:7.

II-*w* *nḫt* /*nûḫat*/ < **nuwḫat* "Ruheort, Sessel" 1.1:IV:24 [akk. *nūḫt* "Ruhe" (Mari)] (alt.: hurr. Lw.; siehe Watson 1995, 227); *nrt* /*nûrat*/ < **nuwrat* "Lampe, Leuchte" 1.2:III:15&.

III-*w* *bnwt* /*bunwat*/ "Schöpfung" 1.4:II:11& [ar. *bunyat*] (alt.: *{qitl}*).

III-*y* Pl.pron.(?) *klyt-* /*kulyāt-*/ "Eingeweide, Niere" (*klyt-h* 1.82:3 [ar. *kulyat*] (alt.: *{qitl}* entspr. he. *kilyôt-* [Pl.cs.]).

gem. *umt* /*ʾummat*/ "Sippe" 1.6:IV:19 [ar. *ʾummat*]; *klt* /*kullat*/ "Gesamtheit" 1.14:II:16& [akk. *kullat*]; *pu-wa-tu*$_4$ (RS23.368:14') bzw. *pu-wa-ti* (Gen.) (RS16.110:3') /*puwwat*/ "Krapp, Färberröte" = *pwt* 4.182:10; 4.626:6; 4.771:4 [ar. *fuwwat*].

51.41 f. *{qutl}* < **qitl* (§33.214.21):

m. *um* /*ʾumm*/ < **ʾimm* "Mutter" (Sg. *um* 1.14:I:15&; Pl. *umht* 1.15:I:6) [ar. *ʾumm*; vs. kan./aram. **ʾimm*]; *rum* /*rûm*/? < **riʾm* "Wildstier"

1.10:III:21& [vgl. ug. PN *ru-ˀ?-mu* (RS20.20:8); vgl. akk. *rīm*].

51.41 g. *{qutl}* < **qatl*:

f. *gem.* *ḫu-wa-tu₄* [ḥowwat] < **ḥawwat* "Land" RS20.123+:II:4' = *ḥwt* 1.4:I:42& [he. *ḥawwôt* "Zeltlager"] (alt.: *{qatl}*-Bildung nach WzK II-*w*, d.h. /*ḥôw*/ < **ḥôy* < **ḥawy*).

51.41 h. *{tVl}*:

Vorbemerkung: Die nachfolgenden Lexeme sind auf der Basis von dreiradikaligen Wzz. I-*w* bzw. √*hlk* (ohne ersten Radikal) gebildet und entsprechen *{qVtl}*-Bildungen starker Wzz. Die Mehrzahl der Lexeme (MphT *{ti/al(a)t}*) sind G-Verbalsubstt. (§73.525 und §75.516b).

m. (?) *tn* /*tin*/ "Geben" 1.4:V:8 [√*wtn*] (§73.526).

f. *dˁt* /*da/iˁat*/ "Wissen" 1.2:I:16.32 [√*wdˁ*]; *dˁt* /*diˁat*/ "Schweiß" 1.16:VI:10; RS92.2016:14' [√*wdˁ* < **wḏˁ*]; (?) *ldt* /*lidat*/ "Gebären" 2.34:33 [√*wld*]; *lkt* /*likt-*/ "Gehen" 1.10:II:28.29 [√*hlk*; vgl. he. *lækæt*]; *ṣat* /*ṣiˀat*/ "Herausgehen, Äußerung" 1.4:VII:30*.32 [√*wṣˀ*]; *šnt* /*šinat*/ "Schlaf" 1.14:I:33; 1.19:III:45 [√*wšn*; vgl. ar. *sinat*]; **tt* /*titt*/ < **tint* "Geben" (*ttn* 1.2:IV:6) [√*wtn*; vgl. he. *tet*]; *ṯbt* /*ṯib(a)t*/ "Sitzen" 1.101:1 [√*wṯb*; vgl. he. *šæbæt*]. — *ṯbt* /*ṯub(a)t*/ "Sitz, Wohnung" 1.2:III:17& [√*wṯb*; vgl. akk. *šubt*].

51.42. Zweisilbige Bildungen mit ungelängten Konstituenten

51.42 a. *{qatal}* (Substantive und viele Adjektive):

m. stark *adm* /*ˀadam*/ "Mensch(heit)" 1.3:II:8& [he. *ˀādām*]; *[a]-ḫa-du* /*ˀaḥad*/ "eins, einer" RS20.426B:1' = *aḥd* 1.6:I:46& [vgl. he. *ˀæḥ(ḥ)ād* (Vortongemination)]; *asm* /*ˀasam*/ "Speicher" 1.19:II:18.25 [he. *ˀāsām*]; *bqr* /*baqar*/ "Großvieh" 4.691:1 [ar. *baqar*]; *bšr* < **bśr* "Fleisch" 1.4:II:5& [he. *bāśār*]; *ga-ša-ru* /*gaṯar*/ GN (w.: "stark") RS20.123+:IVa:15; IVb:13 = *gṯr* 1.43:11.14& [akk. *gašar* "stark"]; *da-ka-rù* /*dakar*/ < **ḏakar* "männlich" RS20.123+:III:5 = *dkr* 1.43:6!.19 [ar. *ḏakar*]; *ḏnb* /*ḏanab*/ "Schwanz" 1.114:20 [ar. *ḏanab*]; *ḥdṯ* /*ḥadaṯ*/ "neu" 1.14:II:48& [he. *ḥādāš*]; *ḥlb* /*ḥalab*/ "Milch" 1.15:II:26; 1.23:14; 4.272:1.5 [ar. *ḥalab*]; *ḫtn* /*ḫatan*/ "Verschwägerter, Schwiegersohn" 1.24:25-26; 4.80:18 [he. *ḥātān*]; **yṯn* /*yaṯan*/ "alt" (mask. Pl. *yṯnm* 1.72:38; 1.85:31*; fem. Pl. *yṯnt* 1.72:37*; 1.85:31) [he. *yāšān*]; *knp* /*kanap*/ "Flügel" 1.10:II:10.11 [ar. *kanaf*]; *la-ba-nu* /*laban*/ "weiß" RS20.426B:4' = *lbn* 1.5:III:6?.7?; 4.60:10; 4.182:4 [he. *lābān*]; *mad* /*maˀad*/? "zahlreich" 1.14:II:35 [akk. *mād* (u.ä.), akk.EA (Ak.) *ma-AḪ-da* = /*maˀada*/ (EA 282:12)]; *mṭr* /*maṭar*/ "Regen" 1.4:V:6& [ar. *maṭar*, he. *māṭār*]; *ˁpr* /*ˁapar*/ "Staub" 1.1:IV:8& [akan. *ḫa-pa-ru* (EA 143:11), he. *ˁāpār*] (möglw. aus **qatl* entstanden; vgl. ar. *ˁafr*); *ḫa-ma-ru-ú* (RS19.42:11) mit Nf. *ḫ[a-a]m-ru-ú* (RS19.42:13) bzw. *ḫa-am-ru-*<*šu*>*-nu* (RS19.42:9) /*ġamar*/ "Lehrling" = *ġmr* 4.63:I:11.33& [vs. ar. *ġum(u)r*]; *ṣbu/i/a* /*ṣabaˀ*/ "Heer, Soldat(en)" 1.14:II:33.35& [he. *ṣābāˀ*]; *rġb* /*raġab*/ "Hunger" 1.103+:19

[he. *rā*^{c}*āb*]; *rš*^{c} */raša*^{c}*/* "Frevler" RS92.2014:10 [he. *rāša*^{c}].

II-*y* *ṭa-bu /ṭâb/* < **ṭayab* "gut" RS20.189:26 = *ṭb* 1.3:I:20& [akk. *ṭāb*]. — Dient hier möglw. auch als Ersatz für das Ptz.akt. *{qātil}* (siehe GBH § 80d), z.B. *šr /šâr/* < **šayar*(?) "Sänger" (?) 1.19:I:7; 4.103:64& (Du. *šrm* 1.23:22; Pl. *šrm* 4.35:I:10&) [he. *šār*].

III-*w* *ša-du-ú /šadû/* < **śadaw* "Feld" RS20.123+:II:29'; RS20.149+:III:11' = *šd* 1.3:III:17& [he. *śādæh*].

III-*y* *yr /yarû/* < **waray* "Frühregen" 1.14:II:40; 1.19:I:40 [vs. he. *yôræh* und ar. *wariy*]; *mn /manû/* < **manay* "Mine" 3.1:19.20 [he. *mānæh*]; **pn /panû/* < **panay* "Vorderseite" (Pl. *pnm* 1.1:II:14&) [he. **pānæh*]; *qn /qanû/* < **qanay* "(Schilf-)Rohr" 1.5:VI:20& [he. *qānæh*]; *ša-mu-ma /šamûma/* (Pl.) < **šamayūma* "Himmel" RS20.123+:III:13'.33''; RS20.189:29 = *šmm* (Pl.) 1.1:III:14& [vgl. he. *šāmayim*].

gem. *rbt* (Sg. und Pl.) */rabbat-/* < **rababat-* (§33.242b) "zehntausend" 1.3:I:17& (daneben auch Pl. *rbbt /rababāt-/* 1.4:I:28.43) [he. *r*^{e}*bābāh*].

f. stark *aḥt /*^{ɔ}*aḥ(ḥ)att/* < *^{ɔ}*aḥadt* "eine" 1.48:13.15.16.17.20&; **ḏnbt /ḏanab(a)t/* "Schwanz" 1.83:7 (Du. *ḏnbtm*) [syr. *dunb*^{e}*tā/d*^{e}*nub*^{e}*tā*]; *ḥdṯt /ḥadaṯ(a)t/* 4.213:12& [he. *ḥ*^{a}*dāšāh*]; *ybmt /yabam(a)t/* "Witwe des Bruders, Schwägerin" 1.3:II:33 [he. **y*^{e}*bāmāh/yābæmæt*] (Nf. *ybnt* 1.3:IV:40; vgl. auch *ymmt* 1.3:III:12); *nhqt /nahaqat/* "Eselsgeschrei" 1.14:III:17; 1.14:V:9 [vgl. ar. √*nhq*]; ^{c}*šrt /*^{c}*ašarat/* < *^{c}*aśarat* "Zehnergruppe" 4.609:2& [he. ^{ca}*śārāh*]; *ṯig/qt /ṯa*^{ɔ}*g/qat/* (Vokalsynkope) < **ṯa*^{ɔ}*agat* "Gebrüll" 1.14:III:16; 1.14:V:8 [he. *š*$^{e ɔ}$*āgāh*]; **ṯlṯt /ṯalaṯat/* < **s*^{1}*alaṯat* "Dreiergruppe" (Du. *ṯlṯtm* [4.360:6.7]).

II-*y* Möglw. als Ersatz für das Ptz.akt. *{qātil(a)t}* (siehe GBH § 80d), z.B. *šrt /šârat/* < **šayarat*(?) "Sängerin" 4.410:6& [he. (Pl.) *šārôt*].

III-*w* *zġt /zaġât/* < **zaġawat* "Bellen, Gebell" 1.14:III:18; 1.14:V:11) (§75.536b); *ṯat /ṯa*^{ɔ}*ât/* < **ṯa*^{ɔ}*awat* "Mutterschaf" 1.6:II:7*.29& mit Nf. *ṯut /ṯa*^{ɔ}*ôt-/* < **ṯa*^{ɔ}*awt* 1.80:3 [§33.243.15] [aaram. (Sfīre) *š*^{ɔ}*t*].

III-*y* *g*^{c}*t /ga*^{c}*ât/* < **ga*^{c}*ayat* "Gebrüll (von Rindern)" 1.14:III:18) (§75.536b); *mnt /manât/* < **manayat*, 1. "Anteil" 1.6:II:36&, 2. "Aufzählung" 1.24:46-47 [he. *mānāh*, aram. **ma/ənātā*).

Anm. Zu *{qatalat}* in der Funktion als Verbalsubstantiv zum G-Stamm siehe §73.527; zu *{qatalat}* als MphT zur Bildung von Kollektivzahlen siehe §67.

51.42 b. *{qatal}* < **qatl*:

m. II-*ḫ* *na-ḫa-li* (Gen.) [naḫ^{a}l] < **naḫl* "Palmenhain"(?) RS16.251:7 = *(gt) nḫl* 4.296:9) (he. *naḥal*, ar. *naḫl*).

51.42 c. *{qatil}* (Substantive und Adjektive):

m. stark *ḥẓr /ḥaẓir/* "Wohnung" 1.1:II:14& [he. *ḥāṣer*]; *ḫsr /ḫasir/* "mangelhaft, von schlechter Qualität" 4.778:5.8; 4.782:8; evtl. 4.361:3 und 4.721:5 [he. *ḥāser*]; *y*^{c}*l /ya*^{c}*il/* "Steinbock" 1.6:I:26; 1.17:VI:22 [he. *yā*^{c}*el*, ar. *wa*^{c}*(i)l*]; *ypḥ /yapiḥ/* "Zeuge" 3.6:2& [he. *yāpeaḥ*]; *yrḫ /yariḫ/* "Mond, Monat" 1.6:V:7& [he. *yāreaḥ*; vgl. den syll. PN *Ia-ri-ḫi-ma-nu* RS20.176:24)]; *kbd /kabid/* "Leber" 1.3:II:25& [he. *kābed*]; (?) *kbd*

/*kabid*/ "schwer" 4.127:7? [he. *kābed*]; *ktp* /*katip*/ "Schulter" 1.2:IV:14& [ar. *katif*, he. *kātep*]; *llu/i/a* /*lali*ʾ/ "Zicklein" 1.4:VI:43*& [akk. *lali(*ʾ*)*]; **ᶜqb* /*ᶜaqib*/ "Huf" (Pl. *ᶜqbt* 1.17:VI:23) [ar. *ᶜaqib*]; **ml*ʾ /*mali*ʾ/ "voll" (f.sg. *mlit* 2.2:7 [he. *māle*ʾ]; *qdšm* (Pl.) /*qadiš*/ "Geweihter, Priester" 4.38:2& [he. *qādeš*]; *SA-li-mu* /*šalim*/, GN (eigtl. "heil, vollkommen") RS20.24:33 = GN *šlm* 1.23:52.53& = *šlm* "vollständig, unversehrt, rein; vollständig (bezahlt)" 1.3:II:32& [he. *šālem*].

II-*w* *gr* /*gêr*/ < **gawir* "Fremder" 1.19:III:47& [he. *ger*]; *mt* /*mêt*/ < **mawit* "tot; Toter" 1.6:VI:48& [he. *met*] (möglw. als Ersatz für das Ptz.akt. {*qātil*} [siehe GBH § 80d]).

III-*y* *dw* /*dawû*/ < **dawiy* "krank" 1.16:II:20.23 (vgl. 4.767:3) [he. *dāwæh*].

f. stark *bhmt* /*bahim(a)t*/ "Vieh" 1.103+:2& [he. *bᵉhemāh*] (alt.: /*bahīmat*/ entspr. ar. *bahīmat*); *brkt* /*birkat*/ "Teich" 1.133:6 (vgl. *brky* in 1.5:I:16 [§52.42]) [he. *bᵉrekāh*] (alt.: {*qitl*} gemäß ar. *birkat*]; *dblt* /*dabil(a)t*/ "Feige(nkuchen)" 1.71:27& [he. *dᵉbelāh*]; (?) *mlat* /*mali*ʾ*at*/ "Fülle, Vollmondstag" 1.46:11*; 1.109:3 [he. *mᵉle*ʾ*āh*]; *qdšt* /*qadiš(a)t*/ "Geweihte, Priesterin" 4.69:V:11; 4.412:I:11; vgl. GN *qdšt* in 1.81:17 [akk. *qadištu*, he. *qᵉdešāh*].

III-*n* Pl. *lbnt* /*labināt*/ "Ziegel" 1.4:IV:62& (Sg. nicht belegt) [akan. *labitt*].

III-*y* *qa-ri-t*[*u*$_4$] /*qarît*/ < **qariy(a)t* "Stadt" RS20.149:III:18' = *qr(y)t* (Sg. *qrt* /*qarît*/ 1.4:VIII:11&; Sg. *qryt* /*qariyat*/ 1.14:II:28; 1.14:IV:9; Du. *qrtm* 1.3:II:20; Du. *qrytm* 1.3:II:7; Pl. *qrht* 4.235:1; 6.27:2-3) [vgl. ar. *qaryat*].

Anm. {*qatil*} dient im Ug. wahrsch. nicht zur Bildung des G-Ptz.pass. (§73.42).

51.42 d. {*qatul*} (vor allem Adjektive):

m.stark *a-du-rù* /ʾ*adur*/ "groß; alt" RS20.123+:II:28' = *adr* 1.12:II:29&; in 4.102 im Sinne von "alt" [vgl. ar. *kabīr* "alt"]) (alt.: *qat(t)ūl*); *gdl* /*gadul*/ "groß" 4.14:1& [he. *gādô/ol*]; *a-mu-q[u*?*]* /*ᶜamuq*/ "tiefliegende Stelle; Tal" RS20.24:18), vgl. Adj. *ᶜmq* 1.17:VI:45 [vgl. he. *ᶜāmoq* "tief"]; (?) *qdš* /*qaduš*/ "heilig" 1.3:I:13& [he. *qādô/uš*].

f. stark *gdlt* /*gadul(a)t*/ a) "Kuh" ("die Große") 1.39:3&; b) "Größe, Macht" 1.3:V:23; 1.18:I:10 [Fem. zu /*gadul*/; vgl. he. *gᵉdûl(l)āh* "Größe"].

51.42 e. {*qital*}:

m.stark **ġnb* /*ġinab*/ "Weintraube" (Pl.abs. *ġnbm* 1.19:I:42; 1.23:26) [ar. *ᶜinab*]; **ṣlᶜ* /*ṣilaᶜ*/ < **ṣ̌ilaᶜ* "Rippe" (Pl.cs. *ṣlᶜt* [4.247:16] [ar. *ḍilaᶜ*]; (?) *ši-a-ru*? /*šihar*/ < **śihar* "(neumondförmige) Sichel"(?) RS21.199:6.

III-*w* (?) *qṯ* /*qiṯû*/ < **qiṯaw* "Flachs" 1.71:14& [vgl. akk. *kitû*, syr. *qeṯṯaw*].

51.42 f. {*qitil*}:

f. III-*y* *hrt* /*hirît*/ < **hiriyt* "Schwangerschaft" 1.17:II:41; *zġt* /*ziġît*/ < **ziġiyt* "Gebell" 1.14:III:18; 1.14:V:11. — Zu he. Entsprechungen (z.B. he. **bᵉkît* "Weinen" und *šᵉbît* "Gefangenschaft") siehe BL 505m.

51.42 g. *{qitil}* < **qatil*:

f. I-ʾ *imt* /*ʾimitt*/ < **ʾamint* "wahrlich" (eig. "in Wahrheit" [Ak.]) 1.5:I:18.19 [he. *ᵓᵆmæt*]; *i-[r]i-iš-[t]u$_4$* /*ʾirišt*/ < **ʾarišt* "Wunsch, Gesuch" RS20.189:28 = *iršt* 1.104:1& [he. *ʾaræšæt*] (§33.215.21b).

51.42 h. *{qitil}* < **qitl* (?):

m. stark *ri-gi-mu* /*rigim*/ "Sprechen; Wort" RS20.189:8 = *rgm* 1.2:I:42 [akk. *rigm*] (§73.522) (alt.: *{qittīl}* < **qattīl*).

Anm. Zu /*šiʾ(i)r*/ "Fleisch" siehe unter *{qitl}* (§51.41c).

51.42 i. *{qutal}* < **qatal*:

f. II-*w*, III-*y* (?) *ú-[w]a!-[t]u$_4$* [howāt] < **hawayat*(?) "Wort" RS20.189A+:12 = *hwt* 1.1:III:6& [akk. *awātu*] (alt.: *{qatl}*, d.h. /*howat-*/ < **hôyat-* < **hawyat-* [§33.213.1a]).

51.42 j. *{qut(t)ul}*:

m. stark (?) *zbl* /*zubul*/? "Fürst" 1.2:III:8& [vgl. Mari-akk. *zubult* "Fürstin"]; *ku-sú-m[u(-ma)]* /*kus(s)um*/ "Emmer" RS20.123+:II:39' = *ks/śm* 1.5:VI:5& [he. *kussæmæt* mit Pl. *kussᵉmîm*].

f. stark *sglt* /*sugul(la)t*/ "Eigentum" 2.39:7.12 [he. *sᵉgullāh* (BL 469d); jaram. *sᵉgullᵉtā*; vgl. akk. *sug/kull* "Herde"]; *šblt* /*šub(b)ul(a)t*/ "Ähre" 1.19:I:18& [akk. *šubult*; vgl. ar. *sunbulat* < **subbulat* und he. *šibbolæt*].

Anm. Eine exakte Abgrenzung von *{qutul}* und *{quttul}* läßt sich im Ug. ebensowenig vornehmen wie im He.

51.42 k. *{qutul}* < **qutl*:

m. III-*r* (?) *bkr* [bukᵘr]? < **bukr* "erstgeboren" 1.14:III:40& [he. *bêko/ôr*; vgl. akk./aram. *bukr*]; (?) *pu-ḫur* (Sg.cs.) [puḫᵘr] < **puḫr* "Versammlung" RS20.24:28 = alph. *pḫr* 1.2:I:14& [akk. *puḫr*].

stark (?) *mud* [muʾᵘd] < **muʾd* "Menge"(?) 1.5:III:16& [he. *mᵉʾod* < **muʾud* < **muʾd*] (alt.: phonetische Schreibung für [mûd]).

Anm. Möglw. ist auch das ug. Lexem /*ḥudur*/ < **ḥudr*(?) "Kammer" hierher zu stellen; zur Problematik, siehe §33.181.2.

51.43. Zweisilbige Bildungen mit einem gelängten Vokal

51.43 a. *{qatāl}*:

m. stark *arn* /*ʾarān*/ "Kasten" 4.385:5 [he. *ᵓᵃrôn*]; **atn* /*ʾatān*/ "Eselin" (Pl.[?] *atnt* 1.4:IV:7.12) [akk./ar. *ʾatān*]; *šlm* /*šalām*/ "Frieden, Heil" 1.23:7(2x)& [he. *šālôm*, ar./äth. *salām*].

Der MphT *{qatāl}* dient daneben zur Bildung des G-Inf., z.B. *šal* /*šaʾāl*/ "Fragen" 1.14:I:38) und *lak-m* /*laʾāk*/ "Schicken" 2.30:19). Zu den Belegen siehe unter §73.51.

Anm. Zu den Lexemen /*ʾadān*/ "Herr", /*ʾadatt*/ "Herrin" und /*lāšān*/ "Zunge", die formal auch als *{qatāl}*-Bildungen in Betracht kommen, siehe §51.3h-i.

51.43 b. *{qatāl}* < **qitāl*:
m. *thm* /*tahām*/ < **tihām* "Meerestiefe" 1.23:30; 1.100:1; RS92.2016:4'.6'.9' [he. *t^e^hôm*].
f. *ta-a-ma-tu₄* /*tahāmat*/ < **tihāmat* "Meerestiefe" (20.123+:III:9' = *thmt* (Sg. od. Pl.) 1.3:III:25& (Du. *thmtm* 1.4:IV:22&) [akk. *tiāmt*].

51.43 c. *{qatīl}* (vor allem Adjektive; viell. auch G-Ptz.pass. [§73.42]):
m. stark *asr* /*ʾasīr*/ "Gefangener" 1.2:I:37& [he. *ʾāsîr*]; *ḫa-ri-mu* /*ḥarīm*/ "entweiht"(?) RS20.123+:II:34'.36' [√*ḥrm*] (z. Disk. siehe UV 89f.); *ydd* /*yadīd*/ < **wadīd* "Liebling" 1.4:VII:46.48& [he. *yādîd*]; *yḥd* /*yaḥīd*/ < **waḥīd* "allein, alleinstehend" 1.14:II:43 [he. *yāḥîd*, ar. *waḥīd*]; *ymn* /*yamīn*/ "rechte Seite, rechts" 1.2:I:40& [ar. *yamīn*]; *mḫr* /*maḫīr*/ "Kaufpreis" 2.32:9; 4.338:18; 4.625:2 [evtl. Lw. aus akk. *maḫīr*]; **mrʾ* (Sg. Nom.) /*marīʾ*/ "Mastvieh" 1.3:I:8&; Schreibungen *mri* und *mria* [§21.323] [he. *m^e^rîʾ*]; *nʿm* /*naʿīm*/ "angenehm; Liebling" 1.5:III:15& [he. *nāʿîm*]; *ntb* /*natīb*/ "Pfad" 1.17:VI:43.44 [he. *nātîb*]; **ṣbʾ* /*ṣabīʾ*/ "(Sonnen-)Aufgang" 1.15:V:19&; Schreibungen *ṣbu*, *ṣbi*, *ṣba* und *ṣbia* [§21.323]); (?) *rpʾ* /*rapīʾ*/? "der 'Heile'; der In-Frieden-Seiende" (Bezeichnung der Verstorbenen) 1.22:I:8& [vgl. he. *r^e^pāʾîm* (Adjektivbildung *qatal*)] (alt.: *{qātil}* ["Heiler"] od. *{qati/al}*); *škr* /*šakīr*/ < **śakīr* "Lohnarbeiter" 1.14:II:44; 1.14:IV:22; RS88.2016:2 [he. *śākîr*].
III-*y* **yly* /*yalīy*/ < **walīy* "Angehöriger, Verwandter" (Pl.pron. *yly*- 1.12:II:51) [ar. *waliyy* < **walīy*]; *ʿly* /*ʿalīy*/ "der Höchste" 1.16:III:6.8; evtl. 1.23:3 [ar. *ʿalīy* "hoch"].
gem. *kll* /*kalīl*/ "Ganzheit; vollkommen, vollständig" 2.11:11& [he. *kālîl*].
f. stark (?) *ytnt* /*yatīnat*/ "Gabe" 1.14:III:31!& [vgl. mhe. *n^e^tînāh*]; *ntbt* /*natībat*/ "Pfad, Weg" 1.82:37& [he. *n^e^tîbāh*]; *ṣġrt* /*ṣaġīrat*/ "klein, jung" 1.15:III:16& [ar. *ṣaġīr*; he. *ṣaʿîr*]; *qrat* /*qarīʾat*/ "Einladung, Gastmahl" 1.116:2 [akk. *qerīt*, he. *q^e^rîʾāh*].

Anm. Zur Frage, ob *{qatīl}* auch zur Bildung des G-Ptz.pass. dient, siehe §73.42.

51.43 d. *{qatūl}* (Substantive und Adjektive; viell. auch G-Ptz.pass. [§73.42]):
m. *ybl* /*yabūl*/ "Ertrag" 1.5:II:5; 2.34:29 [he. *y^e^bûl*]; (?) *ʿẓm* /*ʿaẓūm*/ "großartig, gewaltig" 1.3:I:12 [he. *ʿāṣûm*] (alt.: *{qatīl}* entspr. ar. *ʿaẓīm*). — *{qatūl}* dient auch zur Bildung von Kollektivzahlen (§67): *ṯdṯ* /*ṯadūṯ*/ "Sechszahl" 1.14:II:31; 1.14:IV:12 [äth. *sadus*]; *šbʿ* /*šabūʿ*/ "Siebenzahl" 1.4:VI:32& [he. *šābûaʿ*, ar. *usbūʿ*]; *ʿšr* /*ʿašūr*/ < **ʿaśūr* "Zehnzahl" 1.17:II:45; 1.104:15 [he. *ʿāśôr*, wohl < **ʿaśūr*; äth. *ʿaśur*]. — Der Pl. des MphT *{qatūl}* bezeichnet offenbar Lebensalter (vgl. BL 472y), z.B. *dqn*- /*daqūn*-/ < **ḏaqūn* "Greisenalter" (Pl.pron. *dqn*- 1.3:V:2&) [he. *z^e^qunîm*] (alt.: *{qutl}*).

51.43 e. *{qitīl}* < **qatīl* (§33.215.31):
m. (?) *b*[*i*]-*ḫi-ru* (Pl.cs.) /*biḫīr*/? "Elite(truppen)" RS17.432:5'; *me-ḫi-*[*ṣ*]*ú-ma* (Pl.) /*miḫīṣ*/, eine Waffe, RS19.135:4 = *mḫṣ* 1.2:I:39.

51.43 f. *{qitāl}*:

m. stark *ilh* /*ʾilāh*/ "Gott", auch GN und PN 1.39:5& [ar. *ʾilāh*]; *ḏr*ᶜ /*ḏirā*ᶜ/ "(Unter-)Arm" 1.5:VI:20& [ar. *ḏirā*ᶜ; akan. *zu-ru-uḫ* /*ḏərō*ᶜ/ (EA 287:27)]; *ḥmr* /*ḥimār*/ "Esel" 1.14:III:17& [ar. *ḥimār*]; *ṭḥl* /*ṭiḥāl*/ "Milz" 1.103+:12 [zsem. *ṭiḥāl*]; (?) *sgr* /*sigār*/ "Gewandfibel, Verschluß" 4.166:6; 4.205:2 [he. *s*ᵉ*gôr* "Verschluß"].

III-*y* *e*ˀ-*la-yi* [ᶜelāy] < *ᶜ*ilāy* "Oberes" RS17.147:5 [syr. ᶜ*el(l)āyā*].

51.43 g. *{qutūl}* < **qatūl*:

m. stark *ṭu-ú-ru* /*ṭuhūr*/ < **ṭahūr* "rein" RS20.123+:II:1; RS20.149+:III:19' = *ṭhr* 1.4:V:19& [ar. *ṭahūr*].

51.43 h. *{qutāl}*:

m. stark **dbb* /*dubāb*/ < **ḏubāb* "Fliege" (nur in PNN in der Form *bn dbb* bezeugt [4.611:7&] [ar. *ḏubāb*]; *ḫu-r[a-ṣu]* /*ḫurāṣ*/ "Gold" RS20.123+:II:4 = *ḫrṣ* 1.4:I:26 [akk. *ḫurāṣ*; vs. he. *ḥārûṣ*]. – Evtl. ferner: *kr*ᶜ /*kurā*ᶜ/ "Unterarm" 1.103+:15.28 [ar. *kurā*ᶜ] (alt.: /*kirā*ᶜ/); *pḫd* /*puḫād*/ "Lamm" 1.17:V:17.23 [akk. *puḫād*].

f. stark **ḫprt* /*ḫupār(a)t*/ < **ḫurāp(a)t* (§33.161) "(junges) Schaf" (f. Pl. *ḫrpt* 1.4:VI:48 [akk. *ḫurāpt*] (alt.: *{qutal}* entspr. aram. *ḫur(*ᵉ*)pā* od. *{qatūl}* entspr. ar. *ḫarūf*).

51.43 i. *{qutīl}*:

m. stark *ḫu-zi-rù* /*ḫuzīr*/ "Schwein" RS20.123+:II:19' =? *ḫzr* 1.23:63 (n.L.) [vgl. ar. *ḫinzīr*].

51.43 j. *{qātal}*:

m. stark (?) ᶜ*lm* /ᶜ*ālam*/ "Ewigkeit" 1.3:V:31 [he. ᶜ*ôlām*; Etym. unsicher].

51.43 k. *{qātil}*:

Vorbemerkung: *{qātil}* dient zur Bildung des G-Ptz.akt. (bei Berufsbezeichnungen ist die Abgrenzung von *{qattāl}* bisweilen unsicher). Zu weiteren, im folgenden nicht aufgelisteten Belegen des G-Ptz.akt., insbesondere syll. bezeugten Formen und Formen der WzK I/II-ˀ, siehe unter §73.41.

m. stark *b*ᶜ*l* /*bā*ᶜ*il*/ < **pā*ᶜ*il* "Arbeiter" 4.15:2-9(8x)& [zsem. *pā*ᶜ*il*]; **ḥbr* /*ḥābir*/ "Beschwörer" (Pl. *ḥbrm* 1.169:10) [he. *ḥôber*]; *yṣr* /*yāṣir*/ "Töpfer" 4.46:11& [he. *yô/oṣer*]; *kbs/ś* /*kābis*/ "Walker" 4.71:III:5& [he. *kôbes*]; *khn* /*kāhin*/ "Priester" 1.91:1& [zsem. *kāhin*]; *ngr* /*nāġir*/ "Herold" 1.16:IV:3& [akk. *nāgir*]; *nsk* /*nāsik*/ "Metallgießer" [√*nsk*]; *nqd* /*nāqid*/ "Hirte" 4.68:71& [akk. *nāqid*, he. *noqed*]; *spr* /*sāpir*/ "Schreiber" 1.6:VI:54& [he. *soper*]; *ᶜ*rk* /ᶜ*ārik*/ "(Opfer-)Zurüster" (Pl.cs. ᶜ*rk* 4.728:1) [√ᶜ*rk*]; *psl* /*pāsil*/ "Steinmetz" 4.68:65&; *rbṣ* /*rābiṣ*/ "Sachwalter" 4.382:4 [akk. *rābiṣ*; akk. Lw. ?]; **tkn* /*tākin*/ "Messer, Prüfer" (Pl. *tknm* 4.126:31 [he. *token*]; *ṯġr* /*ṯāġir*/ "Pförtner" (?) 1.78:3; 1.114:11; 4.103:39& [vgl. *ṯġr* "Tor"].

II-*w/y* *ṭḫ* /*ṭâḫ*/ 1.17:I:32; 1.17:II:6.22 [√*ṭw/yḫ*]; weitere Belege unter §75.525 (zur Frage, ob es daneben auch stark gebildete Formen gibt, siehe §75.521d).

III-*y* *bny* /*bāniy*/ "Erbauer, Schöpfer" 1.4:II:11& [akk. *bānû* "Maurer"; he. *bo/ônæh*]; *rʿy* /*rāʿiy*/ "Hirte" 4.75:IV:9& [he. *roʿæh*].
gem. *gzzm* (Pl.) /*gāziz*/ "Scherer" 4.213:30; 4.269:4.26 [akk. *gāziz*].
f. stark *ngrt* /*nāgir(a)t*/ "Heroldin" 1.16:IV:4.8.12 [Fem. zu *ngr*].
III-*d* *ylt* /*yālitt*/ < **yālidt* "gebärend" 1.17:I:41 [ar. *yālidat*].
III-*w*/*y* *bkt* /*bākît*/ < **bākiyt* "weinend" 1.16:VI:4 [ar. *bākiyat*]; *ydt* /*yādît*/ < **yādiyt* "vertreibend" 1.16:V:27; (?) *ḫa-me-ti* [ḥāmēt] < **ḥāmiyt* "Mauer" RS16.86:4 = *ḥmt* (Sg. *ḥmt* 1.14:II:22; 1.14:IV:4; Pl. *ḥmyt* /*ḥāmiyāt*/ 1.119:27&) [akan. *ḫu-mi-tu* (EA 141:44), he. *ḥômāh*].

51.44. Zweisilbige Bildungen mit einem gelängten Konsonanten

51.44 a. {*qattal*}:
m. II-*y* **ayl* /*ʾayyal*/ "Hirsch" (Pl. *aylm* 1.6:I:24) [he. *ʾayyāl*] (vgl. den syll. PN *a-ia-li* in RS15.123+:4); (?) *ḥwy* /*ḥawway*/ "Zeltlager" 4.145:10 (*ḥwy-h*) [he. *ḥawwāh*].
f. II-*y* *aylt* /*ʾayyal(a)t*/ "Hinde" 1.1:V:19& [he. *ʾayyālā*, *ʾayyælæt*].

51.44 b. {*qattil*}:
m. (?) *ʿwr* /*ʿawwir*/ "blind" 1.14:II:46; 1.14:IV:24 [he. *ʿiwwer* < **ʿawwir*].
f. (?) *ʿwrt* /*ʿawwirt*/ "Blindheit" 1.19:IV:5 [he. *ʿawwæræt*].

51.44 c. {*quttal*}:
Vorbemerkung: Der MphT {*quttal*} dient primär zur Bildung des D-Inf., z.B. *pu-la-ṭu* /*pullaṭ*/ "Retten" (RS20.123+:II:14') und *ḫu-wu-ú* /*ḥuwwû*/ < **ḥuwwayu* "Retten" (RS20.123+:II:11'); zu den Belegen siehe unter §74.416.1.

m.*gem.* (?) *tu-un-na-nu* /*tunnan*/ "Meeresungeheuer, Drache" RS20.123+:I:2' = *tnn* 1.3:III:40; 1.6:VI:51; 1.83:9 [vs. zsem. *tannīn*].

51.44 d. {*quttil*}:
m. Vgl. *ksu/i/a* /*kussiʾ*/ "Thron" 1.1:III:1& [aA. *kussī*; sum. Lw.].

Anm. Für {*quttul*} siehe unter {*qutul*} (§51.42j).

51.44 e. {*qattāl*} (vornehmlich Berufsbezeichnungen):
m. stark (?) *dll* /*dallāl*/ "Vermittler, Bote" 1.4:VII:45 [ar. *dallāl*] (alt.: {*qatīl*}); *ḫa-ra-šu* /*ḥarrāš*/ "Handwerker" RS20.189:7 = *ḥrš* 1.12:II:61& [he. *ḥārāš*]; *ḥrṯ* /*ḥarrāṯ*/ "Pflüger, Bauer" 1.16:III:12& [ar. *ḥarrāṯ*]; **kšp* /*kaššāp*/ "Zauberer" (Pl. *kšpm* 1.169:9) [akk. *kaššāp*]; *la-ba-nu* /*labbān*/ "Ziegelhersteller" RS16.257+:III:55 [ar. *labbān*]; *mkr* /*makkār*/ "Kaufmann" 2.42:25.27& [akk. *makkār*; he. **makkār* (KBL[3], 551)]; **ngr* /*naggār*/ "Zimmermann" (*gt ngr* 4.125:3); **šab* /*šaʾʾāb*/ "Wasserschöpfer" (Pl.cs. *šab* 6.25:2).
II-*w* (?) *qym* /*qayyām*/ "Assistent, Helfer"(?) 1.22:I:5 [ar. *qayyām*].
gem. *ša-na-nu-ma* (Pl.) (RS17.131:6) bzw. *ša-na-ni* (RS11.839:5.6.20) /*ṯannān*/ "Streitwagenkämpfer, Bogenschütze" = *ṯnn* 1.14:II:38& [nwsem. (in äg. Transliteration) **ṯan(n)ān*; siehe Hoch 1994, Nr. 372].

f. II-*y* *ṣwd[t]* /*ṣawwādat*/ < **ṣayyādat* "Jägerin" 1.92:2 [vgl. akk./zsem. *ṣayyād* "Jäger"].

Anm. Huehnergard (UV 308, Anm. 54) bezweifelt, daß beim vorliegenden MphT der Vokal der zweiten Silbe im Ug. lang ist, da he. *qaṭṭāl* auf **qaṭṭal* zurückzugehen scheint (siehe GBH § 88Ha). Für einen Langvokal spricht aber, (a) daß die Mehrzahl der sem. Sprachen diesen MphT mit einem langen zweiten Vokal überliefert und (b) daß bei *{qattal}* im ug. Wort für "Jägerin" der dritte Radikal /*d*/ assimiliert sein müßte (man erwartet **ṣwt* = /*ṣawwatt-*/ < **ṣawwadt* < **ṣawwadat*). Sollte ferner das Subst. *bi-da-lu-(na/ma)* aus **baddālu* entstanden sein (§51.44g), wäre ebenfalls von *{qattāl}* auszugehen, zumal /*a*/ nur in einer unbetonten geschlossenen Silbe zu /*i*/ wird (§33.232).

51.44 f. *{qattūl}* (teilweise aus **{qatūl}* entstanden):

m. *ba-aḫ-ḫu-rù* /*baḥḥ/ḫḫūr*/ "junger Mann" RS20.123+:II:18' [vgl. zur Bildung akk. *batūl* "junger Mann"] (§33.215.12); *kdr* /*kaddūr*/ "Ball, Kugel" 5.22:3.10 [he. *kaddûr*] (Unklar ist, ob auch die in 1.3:II:9 und 1.7:8 bezeugte Pl.-Form *kdrt* hierher gehört oder von einem Lexem **kdrt* abzuleiten ist [vgl. ar. *kadarat* "eine Handvoll abgeschnittener Frucht; Garbe; großer Klumpen" oder mhe. *kaddôræt* "Ball"]).

51.44 g. *{qittāl}* < **qattāl* (?) (§33.232):

m. (?) *bi-da-lu-na/ma* (Pl.) /*biddāl*/ "Ersatzleute, Reservisten" RS15.172:14'; 16.257B+:II:12 = *bdl* 4.69:III:6& [ebla. *ba-da-lum* (Fronzaroli 1984, 137); vgl. ar. *baddāl* "Geldwechsler" (u.ä.)] (alt.: *{qitāl}* [§33.232]).

51.44 h. *{qittāl}*:

m. *ki-na-rù* /*kinnār*/ "Leier" RS20.24:31 = *knr* 1.101:16; 1.108:4 [akk./aram. *kinnār*; akan. (in äg. Transliteration) *k=n=nu₂=ru₂* = /*kinnōru*/ (siehe Hoch 1994, Nr. 467)].

51.44 i. *{qa/ittīl}*

f. III-*y* **bkyt* /*ba/ikkīyat*/ "Klagefrau" (Pl. *bkyt* 1.19:IV:9-10.21) [vgl. akk. *bakkīt*] (alt.: *{qātil}*).

51.44 j. *{qittīl}* < **qattīl* (§33.215.1):

m. *ibr* /*ʾibbīr*/ "Stier" 1.10:III:35& [he. *ʾabbîr*]; (?) *imr* /*ʾimmīr*/ "Lamm" 1.1:IV:32& mit Nf.(?) *amr* /*ʾammīr*/ 1.20:I:10 [vgl. akk. *i/emmer*, he. *ʾimmer*] (alt.: *{qittil}* < **qattil* oder *{qittăl}*); *ḫe-en-ni-ṣu* [ḫennīṣ] "Ferkel" RS20.123+:II:20' [vgl. syr. *ḥᵉnayṣā*]; vgl. ferner *ṣí(-ib)-bi-ri* (Gen.) /*ṣibbīr*/, eine Flurbezeichnung, RS16.157:7; 16.239:6; 18.22:19'ff. = *ṣbr* 4.375:1.3.5.7.9.11; 4.400:2.

51.44 k. *{quttūl}* < **qattūl* (§33.215.1):

m. *ulp* /*ʾullūp*/ "Chef" 1.40:3& (vgl. PN *ul-lu-pí* RS11.787:11) [he. *ʾallûp*].

51.44 l. *{qu/ittūl}* (nur unsichere Belege):

m. *lmd* /*lu/immūd*/ "Lehrling, Schüler" 1.6:VI:55; RS92.2016:40'; 4.154:1.3.4 [he. *limm/ûd*] (alt.: *{qattāl}*); *ṣbr* /*ṣu/ibbūr*/ "Schar, Gemeinde" 1.3:V:37& [jaram. *ṣibbûrāʾ*, he. *ṣibburîm* (Pl.)] (alt.: *{qa/itl}*); *ṣmqm* (Pl.abs.) */ṣu/immūq/* "Rosinen" 1.71:24& [he. *ṣimmûqîm*]; *šlm* */šu/illūm/* "Vergeltung, Bezahlung" 4.343:5 [he. *šillûm*].

f. *lmdt* */lu/immūdat/* "Lehrling (fem.), Schülerin" 4.175:12 (alt.: *{qattālat}*; die Nicht-Assimilation des */d/* an folgendes */t/* weist auf einen Langvokal in der zweiten Wortsilbe hin).

51.44 m. *{qatull}*:

f. *urbt* */ʾurubbat/* < **ʾarubbat* (§33.215.2) "Öffnung, Luke" 1.4:V:61& [he. *ʾᵃrubbāh*]; vgl. *nmrt-* */namurrat/* "heller Glanz" 1.108:23.25 [akk. *namurrat*; wohl Lw.].

51.44 m. *{qitall}* (nur in Lehnwörtern [?]):

m. *pí-lak-ku* */pilakk/* "Spindel" RS20.123+:II:16' = *plk* 1.4:II:3.4 [akk. *pilakk*; wohl Lw.].

51.45. Bildungen mit Präfixen (Präformativen)

51.45 a. *{ʾaqtVl}*:

Vorbemerkung: Die nachfolgende Auflistung enthält Nomina unterschiedlicher Bedeutungsklassen. Einige Adjektive können als sogenannte Elative (Steigerungsadjektive) gedeutet werden (entsprechend ar. *ʾafʿal* [GKA §§ 124-127]). Da Elative in anderen sem. Sprachen formale Übereinstimmungen mit dem Kausativstamm aufweisen, könnte ug. */ʾaqtal/* auf **haqtal* und letztlich auf ***s^1*aqtal* zurückgehen (s^1 > *h* > ∅ [§33.131; §33.142.1]). Man beachte, daß auch vielen Eigennamen der MphT *{ʾaqtVl}* zugrunde liegt (z.B. PN *aqht*; PN *arwd* u. *arwdn* [vgl. ON "Arwad"]; ON *aḏdd* [mit Gent. *aḏddy*]; ON *aḫ-nap-pí/pu* [§33.172c]).

m. stark *agzr* (Du.cs. Obl.) "Begrenzer, Zerteiler"(?) 1.23:58.61; *azmr* "Weinranke(n)" 1.41:51; *anḫr* "Wal" 1.5:I:15; 1.133:5 [vgl. akk. *nāḫir*]; *aqhr*, ein Nahrungsmittel, 4.14:3; 4.61:4 [vgl. evtl. asa. *qhrt*; dazu A.L.F. Beeston, Muséon 66, 1953, 121].

III-*y* *aliy* [ʾalʾey] < **ʾalʾay* "(überaus) stark" 1.3:III:14& (Elativ der Wz. √*lʾy*; vgl. gleichbedeutendes *aliyn* */ʾalʾeyān/* < **ʾalʾayān* 1.1:IV:22& [*aliy* + *-ān*]); *apʿ* */ʾapʿû/* < **ʾapʿay/w*, eine Schlangenart, 1.19:I:13 [ar. *ʾafʿā*[y]]; (?) *arw* */ʾarwû/* < **ʾarway*(?) "Löwe" (6.62:2 [vgl. he. *ʾaryeh*].

f. stark (?) *agzrt* 1.13:29.30[!] [fem. Pendant zu *agzr*] (alt.: √*ʾgzr* (G-SK 3.f.sg.).

III-*y* vgl. GN *alit* */ʾalʾīt-/* < **ʾalʾiyt-*, eig. "die überaus Mächtige" 1.90:19 [Fem. zu *aliy*].

51.45 b. *{ʾiqtĭl}* < **ʾaqtĭl* (?):

m. (?) *irby* */ʾirbĭy-/* < **ʾarbĭy* "Heuschrecke" 1.3:II:10& [vgl. he. *ʾarbæh*].

Anm. Zu Nominalformen, in denen {ʾ}-Grapheme eindeutig für einen prothetischen Vokal stehen, siehe §33.423.

51.45 c. *{ᶜqtl}* (alt.: vierradikalig):
m. stark *ᶜṣr* /*ᶜiṣṣūr*/ < **ᶜiṣpūr* "Vogel" 1.3:IV:1 [akk. *iṣṣūr*; vs. ar. *ᶜuṣfūr*]; *ᶜqšr* /*ᶜaqšar*/? "schuppig"(?) 1.100(21x) [vgl. ar. *√qšr*]; **ᶜṯqb* "Buckel, Höcker"(?) (Pl./Du. *ᶜṯqbm* 1.13:14) [vgl. akk. *a/is/šqubīt*].

51.45 d. *{yqtl}*:
m. **yḥmr* /*yaḥmūr*/ "Rehbock" (Pl. *[y]ḥmrm* 1.6:I:28) [ar. *yaḥmūr*].

51.45 e-s. Bildungen mit *m*-Präfix

Vorbemerkung: Das anlautende /*m*/ von *{mVqtVl}*-Formen wird im Ug. – anders als im Akk. – nie zu /*n*/ dissimiliert (§33.135.2, Anm.).

51.45 e. *{maqtal}*:
Vorbemerkung: Die nachfolgende Auflistung von *{maqtal}*-Formen enthält Nomina unterschiedlicher Bedeutungsklassen (Nomina loci, Nomina instrumenti, Abstrakta u.a.).

m. stark *ma-aḫ-ḫa-[du]* /*maʾḫad*/ < **maʾḫad* "Hafen" RS20.123+:II:15' = *miḫd* 4.81:1 (vgl. ON **maḫd* 4.149:5 und Gent. *maḫdy* 4.181:3&) [akk. *māḫāz*]; *mḥmd* /*maḥmad*/ "Begehrenswertes, Kostbarkeit" 1.4:V:16& [he. **maḥmād*] (alt.: *{maqtāl}*; vgl. he. *maḥmod*); *mlak* /*malʾak*/ "Bote" 1.2:I:11& [he. *malʾāk*]; *ma-ba-ri* (Gen.) /*maᶜbar*/ "Furt, Paß" RS20.12:6.19 = *(gt) mᶜbr* 4.243:12 [ar. *maᶜbar*]; *ma-ṣa-du* (RS19.23:15), *ma-ṣa-du-ma* (Pl.) (RS19.135:3; [?] RS21.199:4) /*maᶜṣad*/ < **maᶜḍad* "Hackmesser, Handbeil" = *mᶜṣd* 4.625:3& [he. *maᶜᵃṣād*, ar. *miᶜḍad*] (viell. *{maqtal}* < **maqtil*); *mᶜrb* /*maᶜrab*/ "(Sonnen-)Untergang" 1.19:IV:48& [he. *maᶜᵃrāb*]; *mrbd* /*marbad*/ "Decke"(?) RS92.2016:34'; 4.127:7; 4.270:11 (Pl. *mrbdt*); 4.385:9 [akan. *ma-ar-ba-du* (EA 120:21)]; *mrḥqm* (Pl.abs.) /*marḥaq*/ "Ferne" 1.127:32 [he. *mærḥāq*]; (?) *ma-áš-ḫa-ṭu-ma* (Pl.) /*maṯḫaṭ*/, eine Stoffbezeichnung (für Schiffe), RS19.28:1 (vgl. UV 186 mit Verweis auf alph. *mṯ<ḫ>ṭm* 4.689:2 [mit Emendation]).

I-*n*: *mṣb* /*maṣṣab*/ < **manṣab* 1. "Ständer, Gestell" 1.24:34&, 2. eine Weinart, 1.91:29& [he. *maṣṣāb*]; **mṣbṭ* /*maṣbaṭ*/ "Griff" (Du. *mṣbṭm* 1.4:I:24) [akk. *naṣbat*; siehe CAD N/2, 47b, Bed. 2. ("a metal object")]; *ma-qa-b/pu(-ma)* /*maqqab*/ < **manqab* "Hammer"(?) RS19.23:4.12; RS19.135:5; RS21.199:3.9 = *mqb(m)* 4.625:3& und/oder *mqp(m)* 4.127:2& [vgl. akan. *ma-qí-bu* (EA 120:11), he. *maqqæbæt*] (ursprünglich viell. *{maqtil}* [§51.45g]); *ma-aq-qa-du* /*maqqad*/ < **manqad* "Weidegebühr, -recht"(?) RS16.153:12 =[?] *mqdm* (Pl.) 4.158:19; *mtk* /*mattak*/ < **mantak* "Libation" 1.41:12& [vgl. jaram. *mattakā* "gegossenes Standbild"].

I-*l*: *ma-qa-ḫa* (Du.) /*maqqaḥ*/ < **malqaḥ* "Zange" RS19.23:13.14 = *mqḥ(m)* (Du.) 4.123:21& [vgl. he. *milqāḥayim*].

I-*w* (?) *mrṯ* /*môraṯ*/ "Erbgut, Besitz"(?) 2.34:32 [he. *môrāš*]; *mu-ša-bu* /*môṯab*/ < **mawṯab* "Sitz, Wohnort" RS20.123+:III:7' = *mṯb*

1.3:IV:50& [he. *môšāb*].

II-*w* *mqm* /*maqâm*/ "Ort" 1.14:II:1& [ar. *maqām*, he. *māqôm*]; *mqr* /*maqâr*/ "Quellort" 1.14:III:9(!); 1.14:V:2 [he. *māqôr*].

II-*y* (?) starke Bildung (§33.312.22b): *mrym* (Pl. cs.) /*maryam*/ "Höhen" 1.3:IV:1& [vs. he. *mārôm* und pun. *mrm*] (alt.: {*maqtāl*} [§j]).

Anm. Die starke Bildung *mrym* "Höhe(n)" ist bemerkenswert. Es gibt jedoch morphologische Parallelen im He., nämlich he. **midyān* "Streit" und he. **maᶜyān* "Quelle" (dazu BL 491h). Man beachte, daß weder ug. *mrym* noch die genannten he. Lexeme im Sg.abs. belegt sind.

III-*w* *mṭ* /*maṭṭû*/ < **manṭaw*(?) "Stab" 1.19:III:49.56& [he. *maṭṭæh*].

III-*y* *mdw* /*madwû*/ < **madway* "Krankheit" 1.16:VI:35.51 [he. **madwæh*]; *mᶜn* /*maᶜnû*/ < **maᶜnay* "Antwort" 1.67:5.20& [he. *maᶜᵃnæh*]; *ma-aš-na* (Ak.) /*maṯnû*/ < **maṯnay* "zweitens" RS16.207:4 = *mṯn* "Wiederholung" 1.3:IV:31& [he. *mišnæh*].

f. stark *mḥrṯt* /*maḥraṯ(a)t*/ "Ackerland" 1.6:IV:3.14!; 6.14:3 [ar. *maḥraṯ*]; *mḫlpt* /*maḫlap(a)t*/ "Haarflechte, Haarsträhne" 1.19:II:33 [Sg. od. Pl.] [*maḥlᵉpôt*]; *mlakt* /*malʾak(a)t*/ "Sendung" 2.17:7& [he. *mᵉlā(ʾ)kāh*]; *mar-kab-te* (Du. od. Sg. [siehe UV 179]) /*markabt*/ "Streitwagen" RS16.249:28 = *mrkbt* 1.14:II:3& [he. *mærkābāh*, ar. *markabat*].

I-n *mṭᶜt* /*maṭṭaᶜ(a)t*/ < **manṭaᶜat* "Pflanzung" 1.20:II:7.9 [mhe. *maṭṭāᶜāh*]; *ma-a-al-tu₄* /*maᶜᶜalt*/ < **manᶜalt* "Band, Türschloß(?)" RS20.123+:II:6'.

I-*w* *msdt* (Pl.) /*môsadāt*/ < **mawsadāt* "Fundament" 1.4:I:40 (Sg. [**msdt* od. **mst* /*môsatt*/ < **môsadt*] nicht bezeugt) [he. *mô/ûsādāh*].

II-*w* *mknt* /*makânat*/ "Stellung" 1.14:I:11 [he. *mᵉkônāh*]; *mrmt* (Pl.?) /*marâmat*/ "Höhe(n)" 1.169:7 (§33.312.22b).

gem. *mḥrt* /*maḥarrat*/ "Brandopferaltar" 6.14:3.

51.45 f. {*ma/iqtal*}:

m. stark *minš*, Bedeutung unklar, 1.19:IV:48; *mgdl* "Turm" 1.14:II:20.21& [zsem. *ma/igdal*]; *mlṯḥ* "Hälfte" 4.282:14&; *mdbr* "Steppe" 1.23:4&; 1.12:I:21!; 1.12:I:35! [nwsem. *ma/idbar*]; *mspr* "Erzählung, Rezitation" 1.4:V:42&; RS92.2016:41' [he. *mispār*]; **mškb* "Bett" (fem. Pl. *mškbt* 4.275:4; 4.385:10) [akk. (wsem. Lw.) *maškab*; he. *miškāb*]; **mškn* "Wohnstatt" (fem. Pl. *mšknt* (1.15:III:19; 1.17:V:32-33) [he. *miškān*].

III-*w* *mks* /*ma/iksû*/ < **maksaw* "Bedeckung" 1.4:II:5 [he. *miksæh*]; *mġd* "Nahrung" 1.14:II:31& [√*ġdy* < *√*ġḏy*].

III-*y* *mġẓ* /*ma/iġẓû*/ < **maġẓay* "Geschenk" 1.4:I:22&; *mšq* /*ma/išqû*/ < **mašqay* "Tränkgefäß" 4.265:1 [akk. *mašqû*]; *mšt* /*ma/ištû*/ < **maštay* "Gastmahl (mit Wein)" 1.108:9 [he. *mištæh*].

f. stark **mizrt* /*mi/aʾzar(a)t*/, eine Art Lendenschurz (Du.abs. *mizrtm* 1.5:VI:17.31; Du.pron. *mizrth* 1.17:I:15) [ar. *miʾzar*]; **mispt* /*ma/iʾsap(a)t*/ "Ballen (Flachs)" 4.166:4 (Pl. *mispt*) [pun. *mʾspt*]; *mpḫrt* /*ma/ipḫar(a)t*/ "Versammlung" 1.40:17& [akk. *napḫar(t)*]; *mqdšt* /*ma/iqdaš(a)t*/ "Heiligtum" 4.609:15; 6.25:3* [vgl. he. *miqdāš*]; *mšmᶜt* /*ma/išmaᶜ(a)t*/ "Leibwache" 2.72:11.14 [he. **mišmaᶜat*].

I-*n*, III-*w* *mṭt* /*ma/iṭṭât*/ < **manṭawat* "Bett" 1.14:I:30 [he. *miṭṭāh*].

51.45 g. *{maqtal}* < **maqtil* (*§*33.212; *§*33.214.3):

m.III-*r* (?) *ma-am-ṣa-ar* /*mamṣar*/ < **mamṣir*(?) "Schwert" RS19.112:2 [vgl. akk. *namṣar*]; *ma-*^{ɔ}*-ša-ri-ša* (Gen.) RS16.153:11) bzw. *ma-ša-ra* (Ak.) RS16.244:7 /*ma*^{c}*šar*/ < **ma*^{c}*śir*(?) "Zehnte(l)" [he. *ma*^{ca}*śer*].

III-*ḥ* *ma-ar-za-i(-ma)* (Gen.) /*marzaḥ*/ < **marziḥ*, eine Kultfeier bzw. ein Klub, RS15.88:4.6 (*§*i); *mltḥ* /*maltaḥ*/? < **maltiḥ*(?) "Hälfte" 4.282:14& [vgl. he. *maḥ*^{a}*ṣît* "Hälfte" und *ma*^{ca}*śer* "Zehnt"].

III-^{c} *mrb*^{c} /*marba*^{c}/? < **marbi*^{c}(?) "Viertel(maß)" 4.362:6& [vgl. zur Bildung he. *maḥ*^{a}*ṣît* "Hälfte" und *ma*^{ca}*śer* "Zehnt"].

51.45 h. *{miqtal}* < **maqtal* (*§*33.232):

m. stark *mi-dá-ar-ú*[!] /*midar*^{c}/ < **midra*^{c} (*§*33.181.2) < **madra*^{c} "Saatland" RS16.150:12 = *mdr*^{c} 1.23:69.73& [he. **mizra*^{c}, ar. *mazra/u*^{c}*at*].

51.45 i. *{maqtil}* (Nomina instrumenti u.a.):

m. stark *mdbḥ* /*madbiḥ*/ < **madbiḥ* "Altar" 1.13:16& (Pl. *mdbḥt* [*§*53.331.2]) [he. *mizbeaḥ*] (alt.: *{maqtal}* entspr. ar. *madbaḥ*); *ma-ar-zi-ḫi* (Gen.) RS14.16:3) bzw. *mar-zi-i* (Gen.) RS15.70:4-5 /*marziḥ*/, eine Kultfeier bzw. ein Klub = *mrzḥ* 1.114:15& bzw. *mrz*^{c} 1.21:II:1.5 [he. *marzeaḥ*].

I-*w* *mznm* /*môz(i)nâ/êmV*/ < **mawzin-* (Du.) "Waage" 1.24:34.35.37; 4.385:5 (vgl. Sg.pron. *mzn-* "Gewicht" 2.81:25; 4.341:1 [anderes Lexem ?]) [he. *mo*^{ɔ}*znayim*] (alt.: *{maqtal}*).

gem. Schwache Bildung: *ma-ṣi-lu* /*maṣill*/ "Zimbelspieler" RS17.131:25 = *mṣl* (4.225:5 [?]), mit Pl. *mṣlm* (4.126:30) [vgl. he. *m*^{e}*ṣillôt* (Pl.) "Schelle", he. *m*^{e}*ṣiltayim* u. *ṣælṣ*^{e}*lîm* "Zimbeln"].

f. stark *mar-de*$_4$*-em-tu* [mardemt] = /*mardimt*/ "Weg(?)" RS2.[015]:6.

III-*y* *mštt* /*maštît*/ < **maštiyt-* "Getränkeration" 4.230:5.8 [akk. *maštīt*].

gem. Schwache Bildung: *mṣltm* (Du.) /*maṣillat*/ "Zimbeln" 1.3:I:19; 1.108:4 [Fem. zu ug. /*maṣill*/].

51.45 j. *{ma/iqtāl}*:

m. I-*w* *mdd* /*môdād*/ < **mawdād* "Liebling" 1.1:IV:20& (*§*73.427).

I-*w* *mddt* /*môdādat*/ < **mawdādat* "Geliebte" 1.14:IV:28.50; 1.17:II:41 [Fem. zu ug. /*môdād*/].

II-*y* (?) *mrym* (Pl. cs.) /*ma/iryām*/ "Höhen" 1.3:IV:1& (alt.: *{maqtal}* mit starker Bildung [*§*e]).

gem. *mẓll* /*ma/iẓlāl*/ "Obdach" 1.3:V:40& (alt.: *{maqtal}* mit starker Bildung; vgl. syr. *maṭall*^{e}*tā* und ar. *miẓallat*).

51.45 k. *{maqtūl}*:

m. I-*n* *mpḫm* (Du.) /*mappūḫ*/ "Blasebalg" 1.4:I:23 [he. *mappuaḥ*].

Anm. *{maqtūl}* dient im Ug. wahrsch. nicht als G-Ptz.pass. (*§*73.427).

51.45 l. Sonstige *{mVqtVl}*-Bildungen:

m. stark *mlbš*, wahrsch. /*malbaš*/ "Kleidung" 4.168:5.7& [akan. *ma-al-ba-ši* (EA 369:9)] (alt.: *{maqtūl}* entspr. he. *malbûš*); *mšḫṭ*, eine Waffe (evtl. "Streitaxt"), 1.2:I:39; 4.167:12.15 [√*šḫṭ* "schlachten"].

II-*w* *mdb* "Strom, Flut" 1.23:34.35& [√*dwb*].
gem. Schwache Bildung: *mg̲t* "Schlachttier" 1.16:VI:18.21 [√*g̲tt*].
f. stark *mlḥmt* (Pl.) "Speise-, Brotopfer" od. "Krieg" 1.1:II:19*& [√*lḥm*; vgl. he. *milḥāmāh* "Krieg"].
II-*w/y* *mṣqt* "Drangsal" 1.103+:19 [he. *maṣûqāh*].
gem. Schwache Bildung: *mṣmt* "Vertrag" 3.1:17; 6.27:1 [√*ṣmm*; vgl. ar. √*ṣmm* II. "beschließen"; mhe. √*ṣmm* "zusammenbinden"]. — Starke Bildung: *mṣrrt* (Pl.cs.) "Bündel" 4.270:9 (alt.: *{muqV(t)tVl}*).

51.45 m. *{muqattil}*:
Dieser MphT dient zur Bildung des D-Ptz., z.B. *mrġt̲* /*muraġġit̲*/ "(Milch) saugendes Tier, Säugling" 1.4:III:41& (weitere Belege unter §74.415). Hierher gehört möglw. auch das Lexem *mšrrm* (Pl.) /*mušarrir*/ "Zünglein (der Waage)" oder "Stabilisatoren (der Waage)" 1.24:36) (alt.: *{mVqtVl}*; vgl. aram. √*šrr* D/K "stabilisieren, festigen, entscheiden").

51.45 n. *{muqattal}*:
Dieser MphT dient zur Bildung des Dp-Ptz., z.B. *mt̲lt̲t* /*mut̲allat̲(a)t-*/ "die zur dritten (Frau) Gemachte; Drittfrau" 1.14:I:16 (weitere Belege unter §74.424).

51.45 o. *{muqātil}*:
Dieser MphT dient bei der WzK II-*w/y* und wahrsch. auch II-*gem.* zur Bildung des L-Ptz. (bei II-*gem.* könnte auch von *{muqattil}* auszugehen sein). Zu Belegen siehe unter §74.514. — Bei anderen WzKK oder/und in anderer Funktion läßt sich *{muqātil}* nicht nachweisen.

51.45 p. *{muqātal}*:
Dieser MphT dient bei der WzK II-*w/y* und viell. auch II-*gem.* zur Bildung des Lp-Ptz. (siehe §74.524).

51.45 q. *{naqtăl}*:
Dieser MphT dient zur Bildung des N-Ptz. (Belege unter §74.35).

51.45 r. *{naqtāl}*:
Dieser MphT dient zur Bildung des N-Inf. (Belege unter §74.36).

51.45 s. *{šVqtVl}*:
MphTT der Struktur *{šVqtVl}* dienen zur Bildung von nominalen Formen, die vom Š-Stamm deriviert sind (außer Ptz.); zu Belegen siehe unter §74.626.

51.45 t-b'. Bildungen mit *t*-Präfix

51.45 t. *{taqtal}*:
m. III-*y* (?) *tp* /*tôpû*/ < **tawpay* "Schönheit"(?) 1.96:2 (alt.: G-PK 3.f.sg. [√*ypy*]); *ta-ar-bá-ṣí* /*tarbaṣ*/ "Hof, Stall" RS16.189:17 = *trbṣ* 1.14:II:3 [akk. *tarbaṣ*; akk. Lw. ?].
f. III-*y* *tap-de$_4$-tu$_4$* (u.ä.) /*tapdêt*/ < **tapdayt* "Bezahlung, Austausch" RS16.131:19; 16.246:14; 16.343:9 (alt.: *{taqtāl}* [§73.529]).

51.45 u. *{taqtil}*:
f. III-*y* (?) *tant* /*tânît*/? < **taʾniyt* "Klage" 1.3:III:24 (mit Nf. *tunt* = /*tônît*/? 1.1:III:14) [vgl. he. *taʾ^a niyyāh*].

51.45 v. *{taqtul}*:
m. II-*w* (?) *tmn* /*tamûn*/ "Gestalt" 1.2:IV:18.26.
f. II-*w* *tmnt* /*tamûnat*/ "Gestalt" 1.169:6; RS92.2014:15 [he. tᵉmûnāh]; *tʿdt* /*taʿûdat*/ "Bezeugung; Zeugen(schaft)" 1.2:I:22& [he. *tᵉʿûdāh*]; *trmt* /*tarûmat*/ "Weihegabe, Opferung" 1.43:3 [he. *tᵉrûmāh*] (vgl. demgegenüber die Form *trmmt* [1.6:VI:44] mit ähnlicher Bedeutung).

51.45 w. Sonstige *{taqtVl}*-Bildungen:
m. stark *tbṣr* "Kontrolle" 6.24:1 [vgl. ar. *tabṣirat* "Belehrung"]; *tbṯḫ*, Bed. unsicher, 4.247:19; *tbṯḫ*, Bed. unsicher, 1.4:I:29 [viell. aus akk. *tapšāḫu* "Ruhelager" entlehnt]; *tdgr*, Bed. unsicher, 4.625:22 [√*dgr*, evtl. < *√*dgl* (so J. Sanmartín, AuOr 5, 1987, 151f.)]; (?) *tdd* "Liebe" 1.151:12 [√*ydd*]; *tdrq* "Heranschreiten" 1.3:IV:39; 1.4:II:15 [vgl. aram./ar. √*drg* "gehen, schreiten"; he. √*drk* "treten" (§32.145.22)]; *tʿḏr* "Hilfe" 1.47:26& [syr. *taʿdīrā*]; (?) *tšmʿm* (Pl.) "Hörensagen, Kunde, Gerücht" 2.71:9 [vgl. akk. *te/ašmû* "Erhörung"] (alt.: PK der Wz. √*šmʿ*).
I-*n* *tgh* "Aufleuchen, Erstrahlen" 1.16:I:37 [√*ngh*] .
I-*w* *tsm* "Schönheit" 1.14:III:42(2x)&.
II-*w*/*y* *tmn* "Gestalt" 1.2:IV:18.26 [vgl. he. *tᵉmûnāh*].
f. stark *tinṯt* (Pl. ?) "Frauen"(?) 1.17:VI:40; *tʿlgt* "Gestammel"(?) 1.93:2.

Zu *{taqtVl(at)}* in der Funktion als G-Verbalsubst. siehe unter §73.528-9.

51.45 x. *{taqtāl}*:
m. I-*y* (?) *trṯ* /*têrāṯ*/? < **tayrāṯ*(?) "Most" 1.5:IV:20& [vgl. he. *tîrôš*] (vgl. aber ebla. *ti-rí-šu* in TM.75.G.1623:III:2 [P. Fronzaroli, ZA 88, 1998, 231]).

51.45 y. *{taqtīl}* (bildet Verbalsubstt. zum D-Stamm [§74.416.5]):
m. stark **tlmd* /*talmīd*/ "sich noch in der Ausbildung befindliches (Reittier)" (Du. *tlmdm* 4.384:8) [akk./aram. *talmīd* "Lehrling, Schüler"]; (?) *tgmr* /*tagmīr*/? "Summierung, Summe" 1.91:35& (entspr. sum. ŠU.NÍGIN = akk. *napḫar*) [√*gmr* D "zusammenfassen"; zur Bildung vgl. ar. *taǧmīʿ* "Zusammenfassung"].

51.45 z. *{taqtīl}* (alt.: *{taqtill}*) < **taqtil*:
Vorbemerkung: Es gibt eine Reihe von fem. Formen des MphT *{tVqtVlat}* der WzK III-*y*/*w*, die sich durch die Bewahrung des dritten Radikals (/*y*/) auszeichnen. Dieses Phänomen setzt entweder eine (sekundäre) Gemination des betreffenden Radikals oder einen (sekundären) Langvokal vor dem betreffenden Radikal voraus (bei vorausgehendem Kurzvokal wäre eine Kontraktion *-Vyat* > *-V̂t* zu erwarten [§51.45w; §33.243.12]). Der sprachhistorisch zugrundeliegende MphT dürfte *{taqtilat}* lauten (vgl. Brockelmann 1908, 386 [§ 208a] und BL 496pη).

f. III-*y* *tliyt* /*tal*ˀ*īyat*/ "Sieg" 1.3:III:31&; *tġẓyt* /*taġzīyat*/ od. /*taġẓiyyat*/ "(Trankopfer-)Spende, Libation" 1.6:VI:45; *trbyt* /*tarbīyat*/ "Aufgeld, Zins" 4.658:50; *tšyt* /*tôšīyat*/ "Erfolg, Triumph" 1.3:II:27 [he. *tûšiyyāh*].

51.45 a'. {*tuqattil*}

Vorbemerkung: Der MphT {*tuqattil*} dient zur Bildung von Verbalsubstantiven zum tD-Stamm und/oder D-Stamm (§74.435; §74.416.5).

m. stark *ta-ga-bi-ra(-yV)* /*tagabbir-*/, eine Flurbezeichnung, RS20.12:4.22 (ähnl. Z. 15) [vgl. äth. *tagabbara* "den Boden bestellen"]; *tu-a-pí-[ku*?*]* /*tuhappik*/ "Veränderung, Umsturz"(?) RS20.123+:II:17'.

51.45 b'. {*tuqātil*}:

Vorbemerkung: {*tuqātil(a)t*} dient bei den WzKK II-*w*/*y* und II-*gem.* zur Bildung von Verbalsubstt. zum L-Stamm (z. Disk. siehe unter §74.515.2).

f. II-*w* *trmmt* /*turāmim(a)t*/ "Erhöhung" 1.6:VI:44.

gem. *tbrrt* /*tubārir(a)t*/ "Freilassung" 2.19:10; *tdmmt* /*tudāmim(a)t*/ "Unzucht, Schandtat" 1.4:III:20!.22.

51.45 c'-e'. Bildungen mit zwei und mehr Präfixen

51.45 c'. {*mušaqtil*}:

Dieser MphT dient zur Bildung des Š-Ptz., z.B. *mšṣu* (Nom.) /*mušôṣi*ˀ/ < **mušawṣi*ˀ 1.17:I:27.45; zu weiteren Belegen siehe unter §74.625.

51.45 d'. {*mušaqtal*}:

Dieser MphT dient zur Bildung des Šp-Ptz.; zu möglichen Belegen siehe unter §74.634.

51.45 e'. {*muštaqtil*}:

Dieser MphT dient zur Bildung des Št-Ptz.: *mštˁltm* (Du.) /*muštaˁlît-*/ "(zwei) Prostituierte" 1.23:31(2x).35.36 (z. Disk. siehe unter §74.645).

51.46. Bildungen mit Suffixen (Afformativen)

51.46 a. {*qatlān*} (Adjektive und Substantive):

m. stark *ad-ma-ni* (Gen.) /ˀ*admān*/ "rot" RS15.145:8.12 [vgl. he. ˀ*admônî* "rötlich"]; *dmrn* /*damrān*/ < **ḏamrān* "tapfer; der Tapfere" (Epitheton des Gottes Baˁlu) 1.4:VII:39; 1.92:32 [vgl. ar. *ḏami/īr* "tapfer"]; *ia-ar-qa-ni* (Gen.) /*yarqān*/ "gelb/grün" RS16.178:9; (?) *ḫrpn*! /*ḫarpān*/ "herbstlich" 1.114:31 (alternative Lesung: *ḫrpn*!*t*); *krpn* /*karpān*/? "Trinkgefäß" 1.1:IV:10& [vgl. akk. *karp(at)*]; *ra-aḫ-ba/bá-ni/na* (Gen.) /*raḥbān*/ "weit, breit" RS16.162:5.12& = *rḥbn* 4.143:1 (jeweils Bezeichnung eines Flusses/Kanals); ferner 2.31:63 und 9.432:17 (hier nicht als Eigenname).

I-*w* *mtrn* /*môtrān*/ < **mawtrān* "Überschuß; Rest" 1.162:23 [vgl. he. *môtār* "Rest, Gewinn", he. *yitrôn* "Ergebnis, Gewinn", syr. *mawtrānā* "nützlich"].

II-*w* *ušn* /ˀ*ôšān*/ < ***ˀ*awšān* "Geschenk" 1.14:III:31; 1.14:VI:13 [ar. ˀ*aws*].

III-*y* *abyn* /ˀ*abyān*/ "arm" 1.17:I:16; 4.70:6 [he. ˀ*æbyôn*].

51.46 b. *{qatlān}* < **ˀaqtal* (?)
f. stark (?) *almnt* /*ˀalmānat*/ < **ˀalmanat*(?) "Witwe" 1.14:II:44& [he. *ˀalmānāh*, akk. *almatt* < **ˀalmant*; vgl. ar. *ˀarmalat*, aram. *ˀarmaltā*] (alt.: *{ˀaqtal}* oder vierradikalig).

Anm. Der MphT von *almnt* ist nicht sicher zu eruieren, da die zugrundeliegende Wz. unklar ist (möglw. ursprünglich *{ˀaqtal}* [siehe BL 486nε]). Die Bewahrung des /*n*/ in ug. *almnt* läßt aber auf einen vorausgehenden Langvokal schließen (**ˀalman(a)t* wäre zu **ˀalmatt* geworden [vgl. akk. *almatt*]). Wurde eine *{ˀaqtal}*-Bildung sekundär als *{qatlān}*-Bildung interpretiert? Daß das Graphem {a} in *almnt* nicht für einen prothetischen Vokal steht, geht aus der Abstraktbildung *ulmn* "Witwenschaft" (1.23:9) hervor (§d).

51.46 c. *{qitlān}*:
m. *ibsn* /*ˀibsān*/? "Vorratskammer" 3.9:5 [vs. he. *ˀebûs* < **ˀibās* und akk. *abūs*]; (?) *itnn* /*(ˀ)itnān*/ < **yitnān* "Gabe, Geschenk" 1.100:74.76 [he. *ˀætnan*] (vgl. aber §33.145.1); *dì-ip-ra-ni-ma* (Pl. Obl.) /*diprān*/ "Wacholder" RS16.190:4 = *dprn* 1.72:28& [vgl. akk. *da/uprān*].

Anm. Auch die Form *klatnm* "beide (Hände)" (1.14:II:15*; 1.14:III:57) wäre hierher zu stellen, sollte sie nicht von einem (fem.) Grundlexem **klatn* = /*kilˀatān*/ und nicht von **klat* (§51.41c; §54.415) abzuleiten sein.

51.46 d. *{qutlān}*:
m. stark (?) *ulmn* /*ˀulmān*/ "Witwenschaft" 1.23:9 [vgl. he. *ˀalmon*] (§b); *bnwn* /*bunwān*/ "Gebäude" 1.16:IV:13 [vgl. ar. *bunyān*]; *ḥṯbn* /*ḥuṯbān*/ "Berechnung" 4.158:2; 4.337:1 [ar. *ḥusbān*]; *lrmn* /*lurmān*/ "Granatapfel" 1.23:50; 4.751:11 [vgl. akk. *lurmû*, *nurmû*, *nurmān*]; (?) *mswn* /*muswān*/? "Nachtquartier"(?) 1.14:III:21&; *ṯlḥn* /*ṯulḥān*/ "Tisch" 1.3:II:21& [he. *šulḥān*].
II-*w* *ṭbn* /*ṭûbān*/ "lieblich" od. "Lieblichkeit" 1.19:I:46 [vgl. aram. *ṭûbānā*].
III-*y* *ġdyn* /*ġudyān*/ "Speisung" 1.65:18) (alt.: *{qitlān}*).

51.46 e. *{qatalān}* (Fem. *{qatalatān}* [-*ān* nach Femininendung; vgl. BL 500r]):
m. stark *rġbn* /*raġabān*/ "Hungersnot" 1.103+:5.12 [he. *rᵉˁābôn*]; *škrn* /*šakarān*/ "Trunkenheit" 1.17:I:30; 1.17:II:19-20 [he. *šikkārôn*].
III-*y* *gan* /*gaˀân*/ < **gaˀayăn* "Stolz" 1.17:VI:44 [he. *gāˀôn*] (§33.322.3c); **ġbn* /*ġabân*/ < **ġabayăn* "Dicke, Fülle" (*ġbn-y* 2.46:11) [vgl. syr. *ˁebyānā*] (§33.322.3c).
III-*w* *lan* /*laˀân*/ < **laˀawăn* "Kraft, Macht" (1.107:37&), "mächtig, siegreich" (1.16:VI:14 [alt.: Schreibfehler für *lat* od. *latn*]) (§33.322.3c)
f. stark *ˁqltn* /*ˁaqalatān*/ "gewunden" 1.3:III:41; 1.5:I:2 [he. *ˁᵃqallātôn*].
II-*w*, III-*y* vgl. GN *ltn* /*lâtān*/ < **lawâtān* < **lawayatān*(?) "Leviatan; Meeresungeheuer" (eig. "die Gewundene") 1.5:I:1 [he. *liwyātān*; √*lwy*].

51.46 f. *{qutul(l)ān}*:
m. (?) *ú-ru-ba-nu* /*ˁurub(b)ān*/? "Bürge" RS16.287:7 = *ˁrbn* 3.3:1; 3.3:7; (?) 4.699:3 [vgl. he. *ˁᵃrubbāh* "Pfand"].

51.46 g. Sonstige *{qtl-ān}*-Bildungen:

m. stark **alpn*, offenbar eine Fischart (Pl. *alpnm* 4.247:25) [*alp* "Rind" + *-ān*]; *ʿmsn* "Ladung" 4.370:2 [√*ʿms*]; *brkn* "Segen" 1.22:I:7 [√*brk*]; *hbṭn*, eine Berufsbezeichnung, 4.137:6& [√*hbṭ*]; *zbln* "Seuche" 1.14:I:17; *ḫlpn* "Mantel" 1.19:IV:44 [√*ḫlp*]; *ksan* /*kussiʾān*/? "Hocker, Schemel" 1.12:I:18 [Diminutivform(?) zu *ksu* "Sessel"]; *ltpn* 1.1:IV:13& (mit Nf. *lẓpn* [§32.144.231]) "freundlich, gütig" [vgl. ar. *laṭīf*]; *nʿmn* "lieblich" 1.14:I:40&; *npyn* "Kleid(ung)" 1.4:II:5.7 [Etym. unbekannt]; **nqbn* "Strick, Sattelriemen" (Pl. *nqbnm* 1.4:IV:11; Pl.pron. *nqbny* 1.19:II:5) [vgl. he. *niqpāh* "Strick"]; *ġrmn* "(Getreide-)Haufen 1.3:II:11 [vgl. he. *ʿaremāh* und ar. *ʿurmat*, *ʿaramat*, jeweils "Haufen"].

II-*w* (?) *ʿnn* "Gehilfe, Diener" 1.3:IV:32& [√*ʿwn* "helfen"] (alt.: √*ʿnw*).

gem. **gpn* "Reittier" o.ä. (Pl. *gpnm* 1.4:IV:10; Pl.cs. *gpn* 1.4:IV:7.12; Pl.pron. *gpny* 1.19:II:4) [vgl. ar. √*ǧff* II. "dem Pferd den Kriegsharnisch anlegen" (Wahrm. I, 441a)].

Anm. Die Endung /*-ān*/ begegnet auch häufig in PNN.

51.46 h-k. Bildungen mit Suffix *-īy* bzw. *-āy*

Vorbemerkung: Das Ug. kennt sehr wahrscheinlich zwei verschiedene nominale Bildungssuffixe, die orthogr. in gleicher Weise als {y} erscheinen, nämlich /*-īy*/ und /*-āy*/. Laut äg. Umschriften (Hoch 1994, 443) existieren im Nwsem. beide Formen nebeneinander. Beide scheinen als sogenannte Nisbenendungen (Zugehörigkeitssuffixe) zu fungieren. Eine sichere Trennung von /*-īy*/ und /*-āy*/ ist im Ug. nicht möglich. Syll. Belege zeigen jedoch, daß ug. Gentilizia in der Regel die Endung /*-īy*/ (nicht /*-āy*/) aufweisen, so daß diese Endung als eigentliche Nisbenendung des Ug. angesehen werden kann (z.B. *u-ga-ar-ti-yu* "Ugariter" RS19.42:15.16). Bei Namen mit Endung *-y* /*-VyV*/ wird auch die Nisbenform in der Regel nur mit einfachem {y} geschrieben (zu *alty* "Zypern" lautet die Nisbenform meist *alty* [z.B. 4.343:3 u.ö.], selten *altyy* [1.141:1; 4.352:2]; vgl. PN *tlmyn* \ *bn ily* [3.10:21f.] gegenüber *tlmyn bn ilyy* [4.791:18; gleiche Person] und *krm ilyy* [4.244:24]). — Die Endung /*-āy*/, häufig kontrahiert zu /*-â*/, findet sich nach syll. Belegen demgegenüber bei diversen ONN (siehe van Soldt 1996, bes. 653f.).

51.46 h. *{qatlīy}* (alt.: *{qatlāy}*):

m. stark **tmry* /*tamrīy*/ "Dattelpalmenzüchter, -bearbeiter" (Pl. *tmrym* 4.126:20) [vgl. sem. *tam(a)r* "Dattelpalme"]

f. stark *aṯryt* /*ʾaṯrīyat*/ "Ende, Schicksal" 1.17:VI:36 [√*ʾṯr*]; *tḥ<t>yt* (alternative Lesung: *tḥt!yt*) /*taḥtīyat*/ "untere (Lippe)" 1.103+:32 [he. *taḥtît*].

51.46 i. *{qitlīy}* (alt.: *{qitlāy}*):

f. stark *išryt* /*ʾišrīyat*/ "Glückseligkeit" 1.22:I:19; *rišyt* /*rVʾšīyat*/ "Beginn" 1.119:25 [he. *reʾšît*]; aber: *mṣrt* /*mu/iṣrît*/ < **mu/iṣrīy(a)t* "ägyptisch" 4.721:14 [he. *miṣrît*].

51.46 j. *{qutlīy}* (alt.: *{qutlāy}*):

m. *nkr /nukrî/* < **nukrīyi* (Gen.) "Fremder" 1.14:II:49; 1.14:IV:28 [he. *n^{o}krî*].

51.46 k. *{qutlāy}*:

m. *uḫ-ra-a-yi* (Gen.) */ʾuḫrāy/* "Ende" RS15.85:18 = *uḫry* "Ende, Nachkommen" 1.19:III:49.56& [vgl. he. *ʾaḥ^{a}rê* "Ende" (Pl.)]; (?) *nʿmy /nuʿmay/* "die (überaus) Liebliche" 1.5:VI:6.28*; 1.17:II:42 (viell. Fem. zum Elativ **anʿm* [§51.45a; §52.41]) [vgl. ar. *nuʿmā^{y}* "Glück"].

f. *uḫryt /ʾuḫrāyat/* "Ende, Zukunft" 1.17:VI:35 [he. *ʾaḥ^{a}rît*, syr. *(ʾ)ḥrāytā*] (alt.: *{qutlīyat}*).

51.46 l. *{qVt(V)lūt}*:

Vorbemerkung: Bildungen mit Suffix */-ūt/* lassen sich im Ug. nicht sicher nachweisen und sind gewiß nicht produktiv.

(?) *ḥyt /ḥayyūt/*? "Leben" 1.3:V:31; 1.4:IV:42 [he. *ḥayyût*, pun. *ḥyt*, "Lebzeit"] (alt.: *{qatalat}*-Bildung [vgl. ar. *ḥayāt* "Leben"] oder "Bekundung" [vgl. aram. *√ḥwy* D; siehe Renfroe 1992, 55f.]); *qa-ad-šu-ut-ti* (Gen.) */qadšūt/* < **qadišūt* (assyrische Orthographie) "Priesterstatus" RS16.132:7 [Abstraktum zu */qadiš/* "Priester"; akk. Lw.?].

51.47. Bildungen mit Infixen

51.47 a. *{qVTtVl}*:

Der MphT *{qVTtVl}* (T = infigiertes *t*-Element) dient vielleicht zur Bildung von Verbalsubstantiven zum Gt-Stamm; zum möglichen Belegen – nur fem. PNN (*ṯtmnt* und *ṯtqt*) – siehe unter §74.236.2.

51.47 b. *{qutêl}* < **qutayl*:

m. (?) *ku-re-ku* (u.ä.) */kurêk/*, eine Gerätebezeichnung, RS19.23:2.3.6.12; RS21.199:5 = *krk* 4.184:3& (Etym. unsicher).

Anm. Der MphT *{qutayl}* dient im Sem. zur Bildung von Diminutiva.

51.48. Bildungen mit Präfixen und Suffixen

51.48 a. *{mVqtVl-ān}*:

m. *mišmn* 2.19:6&, *mašmn* (6.17) bzw. *mšmn* RS17.25:1) "Siegel" [*√ʾšm* < **wšm*; vgl. ar. *√wsm* "markieren"]; *mhbn*, Epitheton des Gottes Rašapu 1.105:1; 1.106:6 [*√whb*]; *mḫsrn* "Mangel; fehlendes Material" 4.300:1; 4.310:1.3 [vgl. he. *maḥsôr*]; *mmskn /ma/imsakān/* "Mischkrug" 4.123:18 [vgl. he. *mimsāk*].

Anm. *{tVqtVl-ān}*-Bildungen lassen sich m.W. im Ug. nicht nachweisen.

51.49. Bildungen mit Präfixen und Infixen

51.49 a. *{muqtatil}*:

Der MphT *{muqtatil}* dient zur Bildung des Gt-Ptz.; zum einzigen sicheren Beleg, *mtdbm /muttadibīma/* (m.pl. Gen.) < **muntadibīma*(?) "Spender" (4.775:1), siehe unter §74.235.

51.49 b. *{tVqtVtVl}*:

Dieser MphT (mit unklarer Vokalisation) dient möglw. zur Bildung von Verbalsubstt. zum Gt-Stamm; zu den Belegen, *tmtḫṣ* "Kämpfen" (1.3:II:19.29) und *tḫtṣb* "Schlagen, Streiten" (1.3:II:20.30), siehe unter §74.236.1.

Anm. Zu {muštaqtil} siehe §51.45e'.

51.5. Reduplizierende Bildungen

51.5 a. *{qVlqVl(l)}*:

m. *blblm* (Pl.) "Träger" od. "Tributär"(?) 4.288:1 [vgl. evtl. akk. *babbil* "Kornträger"; Wz. √*ybl* < **wbl* od. √*bll*]; (?) *glgl*, Bed. unklar, 1.13:33 (alt.: Verb [§75.72]); *gngn* "Inneres" 1.4:VII:49 [ar. *ǧa/inǧa/in*]; (?) *[g]rgr*, eine Waffe, 1.16:I:48; (?) *dr(.)dr /dârdâr/*? "Ewigkeit" 1.2:IV:10& [vgl. he. *dôr dôr* bzw. *dôr wādôr*, syr. *l*^{e}*dārdārīn* "auf immer und ewig"] (alt.: Verbindung zweier verschiedener Lexeme entspr. akk. *(ana) dāri dūri*]; *kbkb /kabkab/* "Stern" 1.3:II:41& [akk. *kakkab* < **kabkab*; vgl. ug. **kkb* (§b)]; *klkl /kulkull/*? "jedwede(r/s); alles mögliche" 1.127:7-8& (§45.22); *mnmn /manman/* "irgendjemand" 1.123:22 [akk. *mammana(ma)*; wahrsch. akk. Lw.] (§45.112); ^{c}*p*^{c}*p*- (Du.pron.) /^{c}*ap*^{c}*ap*/ "Augapfel" 1.14:III:43*; 1.14:VI:30; RS92.2016:5' [he. ^{c}*ap*^{c}*appayim*]; ^{c}*r*^{c}*r* /^{c}*ar*^{c}*ar*/ "Tamariske" 1.100:64.65; 1.109:29 [ar. ^{c}*ar*^{c}*ar*]; *qdqd /qadqad/* od. */qudqud/* "Scheitel" 1.17:VI:37& [he. *qŏdqod*, akk. *qaqqad*]; *qlql*, eine Pflanzenspezies, 1.71:8; 1.85:10. — Vgl. ferner: *knkny*, Bezeichnung eines Berges, 1.5:V:13 [vgl. evtl. ar. √*knn* "bedecken, verhüllen, verbergen"].

f. *ḥmḥmt* "Hitze, Leidenschaft" 1.17:I:40.41& [√*ḥmm*]; *ḥrḥrtm* (Du. od. Pl.), Bed. unklar, 1.2:III:13 [vgl. akk. *ḫurḫurātu* "Kermes-Rot"; vgl. ferner das Lexem *ḫur-ḫu-ra-ti*, eine Planzenspezies, RS17.239:9; viell. Wz. √*ḥrr* "brennen, glühen"].

51.5 b. *{qVqqVl}* < **qVlqVl* (regressive Assimilation):

m. *ggn* "Inneres" 1.16:VI:26 [vgl. ar. *ǧa/inǧa/in*]; **kkb /kakkab/* < **kabkab* od. */kôkab/* < **kawkab* < **kabkab* "Stern" 1.10:I:4 (Pl. *kkbm*) [akk. *kakkab*; vgl. ug. *kbkb* (§a)]; *ka*$_4$*-ka*$_4$*-ra* RS16.192A+:20.22 (Du.cs. *2 ka*$_4$*-ka*$_4$*-ra* RS15.86:23) */kakkar/* "Talent" = alph. *kkr* 2.32:5& [akk. *kakkar*, he. *kikkār*]; **ssn /sissin/* < **sinsin*(?) "Dattelrispe" 1.100:66 (Pl. *ssnm*) [akk. *sissinn*; he. **sansinnāh*].

f. (?) *ku-ku-na-tu* /*kukkunat*/ < **kunkunat*(?) "(kleiner) Krug, Flasche" RS19.64:Vs.:3' = *kknt* (Pl.) 1.6:I:67 [Etym. unklar]; (?) *ku-ku*-BA-*tu* (RS19.24:2.3) bzw. *ku-ku*-PA-*t*[$u_4^{?}$] (RS20.149:III:9') /*kukkub/pat*/ "Gefäß, Vase" =$^{?}$ *kkpt* 1.82:17 [akk. *kukku(b)bu*, *kukkupu*; akk. Lw. ?]; *ššrt* /*šaššar(a)t*/ "Kette" 1.119:21; 4.341:1 [akk. *šaršarrat*, he. **šaršœrœt*].

51.5 c. {*qataltVl*} (Nomina mit gesteigerter Bedeutung):

m. *ysmsm* "überaus schön/angenehm" 1.19:II:11 (möglw. zu *ysmsm*<*t*> zu emendieren); 1.96:3 [vgl. ug. *ysm* "schön, lieblich"]; (?) *qblbl*, Bed. unklar, 1.4:I:36 [√*qbl*] (alt.: finite Verbalform).

f. *ysmsmt* "überaus schön/angenehm; Schönheit" 1.4:IV:15; 1.17:II:42 [vgl. *ysmsm*]; *nhmmt* /*nahamVm(a)t*/ < **nawamwVm(a)t* od. < **naham-hVmat* "Schlaf, Schlummer" 1.14:I:32.34 [√*nwm* bzw. Wurzelvar. √*nhm*].

Anm. 1. Dem Lexem *nhmmt* könnte der MphT {*qataltāl*} zugrunde liegen. Dieser MphT bezeichnet im Äth. eine iterative bzw. lang andauernde, aus gleichmäßigen Einzelakten bestehende Handlung z.B. *naṣafṣāf*, *naṭabṭāb* "Tröpfeln" oder *gabaṭbāṭ* "Bauchschmerzen" (siehe Barth 1894a § 147α). Das (wohl sekundäre) /*h*/ in *nhmmt* weist auf eine Vokalfolge /*a* — *a*/ in den beiden ersten Silben hin (und spricht folglich gegen einen MphT {*qVtlVl*}).

Anm. 2. Man beachte in diesem Zusammenhang auch die Bildungsweise des L/Lp-Ptz. der WzK II-*w*/*y* mit Reduplikation des dritten Radikals ({*mu1â3i/a3*}). Siehe hierzu §51.45o-p (sub {*muqāti/al*}) sowie §74.514 und §74.524.

51.6. Bildungen von Wurzeln mit mehr als drei Radikalen

51.61. Vierradikalige Bildungen

Vorbemerkung: Im folgenden sind vierkonsonantische Formen aufgelistet, die sich etymologisch nicht eindeutig auf eine dreiradikalige Wz. zurückführen lassen. Den unter (a) und (b) genannten Formen könnte eine dreiradikalige Basis zugrunde liegen, die durch eine Liquida (/*r*/ oder /*l*/) erweitert ist. Eindeutige Fremdwörter (z.B. *brzl* "Eisen" 4.91:6) sind nicht berücksichtigt.

51.61 a. {*1VL3V4*} (L = Liquida /*r*/):

m. *ḫrẓp* "Fußknöchel" oder "Zehenspitzen" 1.103+:27; vgl. 1.12:I:41 (Lesung *ḫrẓp*$^{!}$*h*).

f. *ḫa-ar-me-ša-tu* (Pl. [ḫarmeṯat] < **ḫarmiṯat* "Sichel" RS19.112:3 = *ḫrmṯt* 4.625:1& [he. *ḥærmeš*] (§33.122.2).

51.61 b. {*1V2(V)3VL*} (L = Liquida /*l*/):

m.IV-*l* *šmal* /*ša/imʾal*/ "links" 1.2:I:40& [ar. *šamʾal*]; *bṣql* /*ba/iṣqă̄l*/ "(Getreide-)Sproß" bzw. "Ähre" 1.19:II:13(2x).14.15.16& [vgl. he. **biṣqālôn*]; *ġrpl* "Gewölk" 1.107:34.37*.44 [he. *ʿᵃrāpæl* (BL 503i); eine etym. Verbindung mit ug. *ʿrpt* "Wolke" 1.2:IV:8& ist wahrsch.].

51.61 c. *{ˁ23V4}*

m. *ˁqrb* /*ˁaqrab*/ "Skorpion" RS92.2014:5.7 [ar. *ˁaqrab*] (vgl. *[ˁq]rb* in 1.71:22 und *ˁqrbn* in 1.85:2 [§d], jeweils eine Pflanzenspezies).

51.61 d. *{ˁ23V4ān}* (MphT *{ˁ23V4}* mit Bildungsuffix *-ān*}:

m. *ˁqrbn*, eine Pflanzenspezies, 1.85:2 [vgl. ug. *ˁqrb* (§c)].

51.62. Fünfradikalige Bildungen

Von fünfradikaligen Bildungen zeugen ausschließlich Fremd- und Lehnwörter (z.B. *algbṯ*, eine Steinart, 4.158:15 [< akk. *algamiš*]).

51.7. Komposita

Vorbemerkung: Alle sogenannten Komposita lassen sich auf Konstruktusverbindungen zweier Substantive zurückführen. Von den genannten Lexemen ist nur *bnš* "Mensch(ensohn)" (§33.215.42) ein echtes Kompositum, da nur hier Kasus und Numerus des Gesamtlexems am zweiten Element markiert werden: Sg. (syll.) *bu-nu-šu* vs. Pl. (alph.) *bnšm*. Möglicherweise stehen in der Form *bnšm* aber beide Glieder im Pl. (w.: "Söhne der Menschen"). Diese Annahme wird indirekt durch RS92.2014:10 gestützt, wo statt *bnšm* die Zeichenfolge *bn nšm* (ohne Worttrenner) belegt ist (w.: "Söhne der Menschen").

blmt < **bl* (§87.3) + **mt* "'Nicht-Tod'; Unsterblichkeit" 1.16:I:15; 1.16:II:37; 1.17:VI:27; *blmlk* < **bl* + **mlk* "'Nicht-König'; gewöhnlicher Mensch" 1.4:VII:43; *bu-nu-šu* < **bn* + **ˀnš* "Mensch, Bediensteter" RS20.123+:II:25'; RS20.149+:II:5'.8'; RS20.201G+:7' = *bnš* 1.86:8& mit Pl. *bnšm* 4.40:13& [vgl. he. *bæn-ˀænôš*] (§33.215.42); *šḥlmmt* < **šḥl* + **mmt* "Todesstrand" 1.5:VI:7; 1.6:II:20; *šmˁ(.)rgm* < **šmˁ* (G-Ptz.) + **rgm* "Auditor" 4.128:3&. — Vgl. ferner den GN *ilib* < **il* ("Gott") + **ab* ("Vater") 1.17:I:26.44&.

Anm. Als mögliches weiteres Kompositum kommt *ššmn* "Sesam" (4.14:4.10&) in Betracht, sollte es aus den Lexemen **šamn* "Öl" und **šamm* "Pflanze" (+ EP *-n*) zusammengesetzt sein (wahrsch. aber Lw. aus akk. *šam(aš)šamm* < **šaman-šamm*(?); vgl. auch phön. *ššmn* und ar. *simsim*). — Zu ug. *dr(.)dr* "Ewigkeit" (1.2:IV:10&) siehe unter §51.5a.

52. Genus

Die sem. Sprachen kennen zwei grammatische Genera: a) maskulin (= mask.) und b) feminin (= fem.). Ein Neutrum existiert nicht. Mask. Nomina sind grundsätzlich formal unmarkiert, während fem. Nomina zumeist eine spezifische Endung aufweisen (zu endungslosen fem. Substt. siehe unter *§*52.5).

52.1. Das maskuline Genus und seine Funktionen

52.11. Das formal merkmallose mask. Genus bezeichnet primär mask. Wesen. Beispiele:

⸢*i*⸣*-lu* "Gott" RS20.189:30 = *il* 1.1:III:17&; *a-da-nu* "Herr" RS20.149+:II:9' = *adn* 1.1:IV:17&; *ba-a-lu(-ma)* "Gebieter, Herr" RS20.123+:IVb:18& = *bˁl* 1.1:IV:6&; *bn* "Sohn" 1.1:IV:12.14; **ayl* "Hirsch" 1.6:I:24; *ka-a[l?-bu?]* "Hund" RS20.189:34 = *klb* 1.14:III:19&.

52.12. Eine andere Funktion des unmarkierten (formal mask.) Genus ist die Bezeichnung des Nomen generis (Gattungsnamen). Beispiele (die Abgrenzung von Nomina generis und Kollektiva [*§*53.12] ist in Einzelfällen schwierig):

a) Bezeichnungen der Gattung "Mensch": z.B. *bnš* 1.86:8& (z.B. 4.169:6: *ṯryn aḥd d bnš* "ein Panzer für Menschen" [im Gegensatz zu Tieren]); vgl. *npš* "Sklaven" 4.228:1& (formal immer Sg., z.B. *[a]rbˁ npš* "vier Sklaven" 4.228:3).
b) Tiergattungen: z.B. *alp* "Rind" 1.4:VI:40& (siehe etwa *ˁšr bmt alp mri* "zehn Rückenstücke [der Gattung] Mastrind" 4.247:17); *ˁṣr* "Vögel" (?) 1.23:62; 1.161:30&; *msrr* "Fliegender, Vogel" 1.14:II:17*; 1.14:III:59; *dbb* "Fliege" 4.611:7&; *bqr* "Großvieh" (?) 1.92:12; 4.691:1; *ṣin* "Kleinvieh" 1.1:IV:30&; *dg* "Fisch" 1.23:63&.
c) Pflanzengattungen: z.B. *ar-zu* "Zeder" RS19.71:3 = *arz* 1.4:V:10&; *gpn* "Weinstock, -rebe" 1.23:9&; *zt* "Ölbaum" 1.5:II:5&; *qẓ* "Sommerobst" 1.19:I:41.
d) (Roh-)Stoffe: z.B. *ḫu-r[a-ṣu]* "Gold" RS20.123+:II:4 = *ḫrṣ* 1.4:I:26; *kàs-pu* / *ka-as-pu* "Silber" RS20.123+:II:2.3 = *ksp* 1.4:I:25&; *iṣ-ṣú(-[ma])* "Holz" RS20.149+:III:8' = *ˁṣ* 1.3:III:23&; *šd* "Ackerland" (siehe etwa *tgmr šd* "Summe an Ackerland" 4.282:16).

52.2. Feminina mit Femininendung *-t*

52.21. Morphologie

52.211. Feminine Nomina weisen in der Regel einen suffixalen Marker *-t* auf, der entweder als */-at/* oder als */-t/* (plus Kasusendung) zu vokalisieren ist. Beide Morphemvarianten werden in der alph. Orthographie gleichermaßen mit {t} wiedergegeben. Die Wahl der Varianten ist silbenstrukturell bedingt. Nach Wortstämmen mit finaler Konsonantengemination tritt immer, nach Wortstämmen mit (sonstiger) finaler Doppelkonsonanz wie etwa bei einsilbigen *{qVtl}*-

Nominalformen (§51.41) zumindest überwiegend die Variante /*-at*/ ein. Syll. Beispiele:

ra-ba-ti (Gen.) = /*rabbati*/ "groß" RS17.36:4.
pu-wa-tu$_4$ = /*puwwatu*/ "Krapp, Färberröte" RS23.368:14'.
ḫu-ul-ma-tu$_4$ = /*ġulmatu*/ "Dunkelheit" RS20.123+:III:15'.16'.

Formal fem. Nominalformen III-*n*, III-*d* und III-*y* mit bewahrtem dritten Radikal im Sg. zeugen indirekt von der Morphemvariante /*-at*/ (andernfalls wäre der betreffende Konsonant an das folgende /*t*/ assimiliert worden). Beispiele:

šnt /*šinat-*/ "Schlaf" 1.14:I:33; 1.19:III:45.
ṣwd[t] /*ṣawwādat-*/ "Jägerin" 1.92:2.
aṯryt /*ʾaṯrīyat-*/ "Ende, Schicksal" 1.17:VI:36.

Bei der Mehrzahl der ug. Nominalformen mit Endung *-t* ist demgegenüber nicht sicher auszumachen, ob diese für die Variante /*-t*/ oder /*-at*/ steht.

52.212. Bei bestimmten Lexemen scheinen beide Varianten des Femininmorphems *-t* (in unterschiedlichen Texten bzw. in unterschiedlichen syntaktischen Kontexten) nebeneinander bezeugt zu sind.

So lautet etwa das ug. Lexem für "Herrin" gewöhnlich — wie im Phön. (*ʾdt*) — *adt* = /*ʾadatt-*/ < **ʾadānt-* (2.11:1&), erscheint daneben aber einmal auch als *adnt-y* (Gen. + PS 1.c.sg.) = /*ʾadānati-ya*/ (2.83:5 [Text aus Ras Ibn Hani]).

Das ug. Lexem für "Stadt" wiederum lautet im Sg. gewöhnlich /*qarît*/ < **qariyt-* (syll. *qa-ri-t*[*u*$_4$] RS20.149:III:18'; alph. *qrt* /*qarît*/ 1.4:VIII:11&). Daneben begegnet aber zweimal — jeweils in Pausalstellung (§33.444) — auch eine Form *qryt* = /*qariyat-*/ (1.14:II:28; 1.14:IV:9).

52.213. Die Morphemvariante /*-t*/ ist im Ug. mit Sicherheit häufiger bezeugt als etwa im Ar., wo beinahe nur /*-at*/ gebraucht wird (GKA § 64a), andererseits aber gewiß seltener als im Akk., wo /*-t*/ deutlich überwiegt (GAG § 60b). Sie findet sich im Ug. bisweilen auch bei Wörtern, die im He. auf *-āh* enden. Syll. und alph. Beispiele:

aḥt /*ʾaḥ(ḥ)att-*/ < **ʾaḥadt-* "eine" 1.48:13& [gegen aram. *ḥᵉdā* < **ʾaḥadat*].
bkt /*bākît-*/ < **bākiyt-* "weinend (fem.)" 1.16:VI:4 [gegen ar. *bākiyat*].
ḫa-me-ti [ḥāmēti] < **ḥāmiyti* (Gen.) "Mauer" RS16.86:4 [gegen he. *ḥômāh*].
ylt /*yālitt-*/ < **yālidt-* "gebärend (fem.)" 1.17:I:41 [gegen ar. *yālidat*; vgl. aber he. *yolædæt*].
mit /*miʾt-*/ "hundert" 1.5:IV:3& [gegen ar. *miʾat* und he. *meʾāh*].
mar-kab-te /*markabt-*/ "Streitwagen" RS16.249:28 [gegen he. *mærkābāh* und ar. *markabat*].
i-zi-ir-[tu$_4$*]* [ʿiḏirtu] (§33.181.1) "Hilfe" RS20.149+:III:7' [gegen he. *ʿæzrāh*].
qa-ri-t[*u*$_4$] /*qarîtu*/ "Stadt" RS20.149:III:18' = *qrt* 1.4:VIII:11& [gegen ar. *qaryat*].
šá-ḫar-tu [šaʿaṛtu] (§33.181.1) "Wolle" RS19.104:5 [gegen ar. *šaʿrat*].

Vgl. hierzu ferner:

ma-a-al-tu$_4$ /*maʿʿaltu*/ < **manʿaltu* "Band, Schloß(?)" RS20.123+:II:6'.
mar-de$_4$*-em-tu* [mardemtu] < **mardimtu* "Weg"(?) RS2.[015]:6.

tant /*tânît-*/ < **ta*ʾ*niyt-* "Klage" 1.3:III:24.
tap-de$_4$-*tu*$_4$ (u.ä.) /*tapdêtu*/ "Bezahlung, Entgelt" RS16.131:19&.

Der sekundäre Ersatz von /*-at*/ durch /*-t*/ läßt sich im Ug. meist auf konkrete phonet. Regeln zurückführen (vokalische Aussprache von Resonanten [§33.18] bzw. Vokalsynkoperegeln bei mehrsilbigen Wörtern [§33.243.12-15]).

52.214. Wählt man kan. Sprachen als Vergleichsbasis, scheint der Gebrauch der beiden Varianten im Ug. weitgehend mit dem (typologisch konservativen) he. Befund und weniger mit dem (progressiven) phön. Befund vergleichbar zu sein; vgl. etwa ug. *almnt* "Witwe" (1.14:II:44&) und he. *ʾalmānāh* gegenüber phön. *almt* (KAI 14:3.13) sowie ug. *šnt* "Jahr" (1.4:VI:43&) und he. *šānāh* gegenüber phön. *št* (KAI 19:2 u.ö.; vgl. auch moabitisch/israelitisch *št*). Übereinstimmend bevorzugen das Ug. und das He. ferner bei *{qātil}*- und *{maqtal}*-Nominalformen sowie bei diversen Nominalformen von Wzz. III-*w*/*y* – außer, wenn dem dritten Radikal ein Langvokal vorangeht – die Femininendung /*-t*/ (vgl. BL 507f.).

52.215. Das {t}-Graphem der Femininendung wurde in der alph. Orthographie (am Wortende) wiederholt versehentlich wegglassen. Zu Beispielen siehe unter §21.354.1a.

52.22. Funktionen

52.221. Der sogenannte Femininmarker *-t* = /*-(a)t*/ dient im Ug. primär zur Markierung fem. Wesen. Beispiele:

ilt "Göttin" 1.3:II:18&; *adt* "Herrin" 2.11:1&; *bʿlt* "Gebieterin" 1.39:21&; *bt* "Tochter" 1.3:I:24&; *aylt* "Hinde" 1.1:V:19&; *klbt* "Hündin" 1.3:III:45.

52.222. Daneben lassen sich aber auch andere Funktionen dieses Markers feststellen. Zu nennen sind vor allem a) die Bezeichnung von Abstrakta und b) die Bezeichnung des Nomen unitatis, d.h. eines Einzelexemplars einer Gattung.

Abstrakta mit Endung *-t* sind häufig. Man vergleiche etwa *ʿwrt* "Blindheit" (1.19:IV:5), *mṣqt* "Drangsal" (1.103:19), *rišyt* "Anfang" (1.119:25) und *sglt* "Eigentum" (2.39:7.12).

Als mögliche Nomina unitatis mit Endung *-t* kommen in Betracht: *mnḥt* "(einzelne) Gabe" (4.709:6; RS94.2392+; evtl. ferner 4.771:9 [n.L.]; 4.709:9 [getilgt]) in Korrelation zum Nomen generis *mnḥ* "Gabe(n)" (1.2:I:38&). Ferner: *dmʿt* /*dimaʿat-*/ "Träne" 1.6:I:10&; *dqt* /*daqqat-*/ "(Stück) Kleinvieh" 1.39:1&; *ḥmt* "Zelt" 1.14:III:55; 1.15:IV:23?; *ynt* "Taube" 1.39:1&. Die entsprechenden Nomina generis sind ug. allerdings nicht bezeugt.

Anm. *inšt* (1.6:VI:41; 4.38:5& [siehe DLU 41]) ist kein Nomen unitatis zum Lexem *inš* (1.39:22& [§51.41c]). — Zu einer weiteren Funktion des sogenannten Femininmarkers *-t* (im Zusammenhang mit Kardinalzahlen) siehe §69.133 ("polare Genussyntax"). — Wegen der Verschiedenheit der Funktionen des Markers *-t* (im Ug. und in anderen sem. Sprachen) ist letztlich zweifelhaft, ob seine Grundfunktion in der Kennzeichnung des fem. Genus liegt (vgl. §69.133.1, SV).

52.3. Feminina mit Femininendung *-h* (?)

52.31. Ein spezifisches Femininmorphem *-h* gibt es im Ursem. nicht. In Sprachen, die eine Femininendung *-h* bezeugen, läßt sich diese Endung historisch auf das Femininmorphem *-t* zurückführen und ist – nach Abfall von Flexionsendungen – durch "Verhauchung" des /*t*/ im Wortauslaut entstanden, d.h. **-atV* > **-at* > *-a*^{h} (§33.132). Die Femininendung *-h* ist somit eine phonetische Nebenform der Femininendung *-t*.

Da im Ug. die nominalen Flexionsendungen in allen Status und Numeri regelmäßig bewahrt wurden, ist es von vornherein unwahrscheinlich, daß es hier eine produktive Endung *-h* zur Markierung des fem. Genus gibt.

52.32. Eine Endung *-h* zur Markierung des fem. Genus könnte aber in dem Zahlwort *ᶜšrh* "zehn" vorliegen. Dabei ist zu beachten, daß diese Form ausschließlich als Bestandteil der zusammengesetzten Kardinalzahlen 11-19 und nicht als gewöhnliche Kardinalzahl für "10" belegt ist, z.B. *ṯlṯ ᶜšrh* "13" (4.219:3&) bzw. *arbᶜ ᶜšrh* "14" (1.106:19f.&) (§62.201:3).

Die genannte Form *ᶜšrh* wird primär (aber nicht ausschließlich) im Zusammenhang mit fem. Gezählten gebraucht (§69.143.12; §69.143.3). Sie entspricht offenbar der he. bezeugten Form *ᶜæśreh*, die ausschließlich mit fem. Gezählten Verwendung findet (z.B. *ʾaḥat/ᶜaštê ᶜæśreh* "11").

Da eine Verhauchung von /*t*/ nur im absoluten Wortauslaut plausibel ist, dürfte *ᶜšrh* = /*ᶜaš(a)rah*/ auf eine Form **ᶜšrt* = /*ᶜašarat*/ (ohne Kasusvokal) zurückgehen (§54.52). Man vergleiche hierzu den akk. Befund, wo die Kardinalia 11-19 ebenfalls endungslos sind ("Status absolutus"): z.B. *ištenšeret* (*ištēn ešret*) "11", *ḫamiššeret* "15" oder *šamānēšeret* "18" (dazu GAG § 69d).

52.33. Außerhalb des Bereichs der Zahlwörter gibt es keinen sicheren Beleg für eine Femininendung *-h*. In Frage kommen lediglich zwei nominale Formen, die im folgenden erörtert werden.

52.331. In 1.14:III:8 begegnet eine Partizipialform *ḥṭbh*, die von einer Femininendung *-h* zeugen könnte: *sᶜt b šdm* \ *ḥṭbh* / *b grnt ḥpšt* "Falle her über ... auf den Feldern; (falle her über) die Frauen, die auf den Dreschplätzen Stroh auflesen!" 1.14:III:7f.

Aufgrund der Parallelität zu *ḥpšt* (Ptz. f.sg./pl.) wird *ḥṭbh* meist im Sinne von "eine (Frau), die Brennholz sammelt" (mit kollektiver Bedeutung) interpretiert, d.h. *ḥṭbh* = /*ḥāṭibah*/ < **ḥāṭibata* (Sg. Ak.). Problematisch an dieser Interpretation ist aber die Tatsache, daß an der Parallelstelle in 1.14:IV:51 eine endungslose Forme *ḥṭb* (// *ḥpšt*) bezeugt ist. Die Autoren von KTU^{2} versuchen dieses Problem durch eine zweifache Textemendation zu lösen. Sie lesen in 1.14:III:8 *ḥṭbt*$^{!}$ (ebd. S. 38a, Anm. 2) und in 1.14:IV:51 *ḥṭb*<*t*>.

Die einfachste Lösung des Problems dürfte aber wie folgt aussehen: Sowohl in 1.14:III:8 als auch in 1.14:IV:51 liegt jeweils ein mask. Partizip (Sg. mit kollektiver Bedeutung) der Wz. √*ḥṭb* vor, wobei die erstere Form durch ein Possessivsuffix 3.f.sg. (mit Bezug auf die Stadt *Udm*) erweitert ist (das Fällen bzw. Sammeln von Brennholz wäre demnach Männerarbeit). Auf dieser Basis ist

1.14:III:7f. wie folgt zu übersetzen:

- *sᶜt b šdm \ ḥṯbh / b grnt ḥpšt* "Falle her über ihre Holzfäller auf den Feldern; (falle her über ihre) Frauen, die auf den Dreschplätzen Stroh auflesen!"

52.332. Am Zeilenende von 1.6:IV:14 ist nach CTA eine Form *mḥrṯh* zu lesen. Da an der Parallelstelle in 1.6:IV:3 ein Subst. *mḥrṯt* begegnet, könnte das Graphem {h} in *mḥrṯh* für die Femininendung *-h* stehen: *yštk \ bᶜl ᶜnt mḥrṯh*? "Baᶜlu soll die Furchen des Ackerlandes begießen" 1.6:IV:13f.

Die genannte Lesung ist allerdings zweifelhaft. Das in CTA, Fig. (Pl. XIII) publizierte Foto zeigt an der betreffenden Stelle keinen eindeutigen Befund, läßt aber m.E. auch eine Lesung *mḥrṯt*! zu. Möglicherweise hat der Schreiber irrtümlich damit begonnen, ein {i} zu schreiben (siehe das folgende Wort *iy* [Z. 15]), hat nach der Ausführung der drei horizontalen Keile des {i} seinen Fehler bemerkt, die beiden unteren Keile radiert und den obersten Keileinstich vertieft. Fotos jüngeren Datums helfen nicht weiter, da sich der Erhaltungszustand der Tontafel an der betreffende Stelle in den letzten Jahrzehnten verschlechtert hat.

Somit dürfte in 1.6:IV:14 von einer Lesung *mḥrṯt*! auszugehen sein. Es liegt – wie in 1.6:IV:3 – eine *{maqtal(a)t}*-Bildung vor (§51.45e).

Anm. Die in KTU^2 an der betreffenden Stelle vorgeschlagene Lesung *mḥrṯth* ist epigraphisch nicht zu begründen.

52.4. Feminina mit Femininendung *-y* (?)

Möglicherweise gibt es im Ug. auch einen suffixalen Femininmarker *-y* = /-ay/ (plus Kasusendung), der formal der vor allem bei Adjektiven bezeugten ar. Femininendung *-āʸ* entsprechen würde (GKA § 64b). Es gilt allerdings zu beachten, daß ar. *-āʸ* dabei immer mit einem besonderen MphT verknüpft ist, der von dem des mask. Pendants abweicht (z.B. Elativ *ʾafᶜalu* mit Fem. *fuᶜlāʸ*). Mit anderen Worten: Ar. *-āʸ* ist kein Femininmarker im eigentlichen Sinn, sondern Teil einer (durch ein Bildungssuffix erweiterten) Nominalform.

52.41. Vom Femininmarker *-y* bei Adjektiven könnte die in 1.5:VI:6.28* und 1.17:II:42 bezeugte Form *nᶜmy* "die (überaus) Liebliche" zeugen (alt.: Abstraktum "Lieblichkeit"). Daß es sich dabei um eine fem. Form handelt, wird zum einen durch die Parallelbegriffe *ysmt* bzw. *ysmsmt* gestützt, zum anderen durch die Tatsache, daß sie jeweils unmittelbar von einem fem. Substantiv gefolgt wird (vgl. §91.242). Die betreffenden Kontexte lauten:

- *mġny \ l nᶜmy arṣ dbr /\ l ysmt šd šḥlmmt* "Wir trafen ein beim (überaus) lieblichen Steppenland, beim (überaus) angenehmen Feld des Todesstrandes(?)" (1.5:VI:5-7; ähnlich 1.5:VI:28f.).
- *mddt nᶜmy ᶜrš hxx /\ ysmsmt ᶜrš ḫllt*? "... die Freundinnen(?) des (überaus) lieblichen Bettes der Empfängnis(?), des überaus angenehmen Kreißbettes" 1.17:II:41f.

In Anlehnung an den ar. Befund könnte ug. *nᶜmy* als Fem. zu einer mask. Form /*naᶜmān-*/ oder /*ʾanᶜam-*/ (= Elativ [§51.45a]) betrachtet werden. Zugunsten der letzteren Möglichkeit spricht die Parallelität zum Adjektiv *ysmsmt*, das aufgrund seiner Reduplikationsbildung gewiß gesteigerte Bedeutung besitzt. Somit wäre *n^{c}my* als */nu^{c}may-/* (MphT *{qutlay}* [§51.46h]) zu vokalisieren (vgl. ar. *nu^{c}mā^{y}* "Glück" und den he. fem. PN *nŏ$^{c\breve{o}}$mî*) und mit "die/das überaus Liebliche" zu übersetzen.

52.42. Ob das betreffende Morphem im Ug. auch bei Substantiven gebraucht wird, läßt sich nicht sicher beantworten. Als Belege kommen eventuell *brky* (1.5:I:16) und *bty* (1.96:6) in Betracht.

52.421. 1.5:I:16f. lautet wie folgt: *hm brky tkšd \ rumm* "(Mein Appetit ist wie ...) oder (wie) ein Teich, der Wildstiere anzieht(?)".

Das Subst. *brky* hat die Bedeutung "Teich" und kann etym. mit he. *b^{e}rekāh* und ar. *birkat* zu verknüpft werden (vgl. auch sabäisch *brkt* "Zisterne"). Nach Ausweis der Verbalform *tkšd*, die sich wahrsch. auf *brky* bezieht, besitzt es fem. Genus. Das Graphem {y} könnte demnach für die Femininendung *-y* stehen.

In einem weitgehend parallelen Kontext begegnet in 1.133:6 das Subst. *brkt*$^{!}$ "Teich" (Femininendung *-t*). Der epigraphische Befund läßt sich so deuten, daß das Graphem {t} über zwei parallelen vertikalen Keilen geschrieben ist. Der Schreiber scheint also ein {y} begonnen und dieses zu {t} korrigiert zu haben.

Die Deutung des {y} in *brky* (1.5:I:15) als Femininendung ist dennoch nicht zwingend. Es könnte ein formal mask. Subst. *brk* (mit fem. grammatischen Genus) vorliegen, erweitert durch die enklitische Partikel *-y* (§89.3). Auch eine Deutung des {y} im Sinne eines Nominalbildungssuffixes (etwa mit diminutiver Funktion) ist zu erwägen.

52.422. In 1.96:5f. begegnen in einem nicht sicher zu deutenden Kontext (*tpnn ^{c}n \ bty / ^{c}n bṯt*) *bty* und *bṯt* als Parallelbegriffe. Sollten sie synonym sein, stünde das {y} von *bty* für die Femininendung *-y*. Tatsächlich dürfte *bty* aber eher als mask. Pendant zur fem. Form *bṯt* zu verstehen sein.

52.43. Wie Layton (1990, 241-249, bes. 244f.) richtig bemerkt, findet sich eine Endung *-y* häufig auch bei fem. Eigennamen (GNN und PNN). Ug. Beispiele: *pdry* 1.3:I:23&; *ṯly* 1.3:I:24&; *arṣy* 1.3:III:7&; *rḥmy* 1.23:16.28 (Epitheton der Göttin Aṯiratu, w. "(die überaus) Barmherzige/Liebreiche"[?]; vgl. die Schreibung *rḥm* in 1.23:13); *dmgy* 1.12:I:16; *ḫry* 1.14:III:39&; *dnty* 1.17:V:16&; *btšy* 3.4:7; *ṯlġdy* 4.290:2 [*d lqḥt ṯlġdy*]; *prdny* 4.369:19; *trhy* 4.625:20; *kbby* 4.659:7; *nkly* RS92.2010:15.

Syllabische Bezeugungen dieser und vergleichbarer Namen zeigen, daß die betreffende Endung als */-ayV/* zu vokalisieren ist (z.B. ^{f}*Ṭá-la-ia* [PTU 202]).

Ob die betreffende Endung aber tatsächlich als Femininendung und nicht eher als hypokoristisches Suffix ("Zärtlichkeitssuffix") zu deuten ist, sei dahingestellt. Die letztere Deutung wird durch zwei Argumente gestützt: a) auch mask. PNN weisen nicht selten eine Endung *-y* auf (siehe etwa 4.625:20-22: Mutter *trhy* mit Sohn *mlky*; es folgt der mask. PN *ily*); b) "Zärtlichkeitssuffixe" sind von Hause aus insbesondere bei fem. PNN zu erwarten.

SV. Im Amurr. finden sich ebenfalls fem. PNN und GNN mit Suffix *-ayV*. Auch hier ist die Interpretation des Suffixes fraglich.

52.44. Folgt man Richardson (1978, 314f.), wäre auch die in ug. Ortsnamen häufig bezeugte Endung *-y* in gewissen Fällen als Femininendung zu deuten.

52.5. Grammatische Feminina ohne Femininendung

Wie allgemein im Sem. gibt es auch im Ug. grammatisch fem. Nomina ohne Femininendung. Dazu zählen Lexeme der nachfolgend genannten semantischen Kategorien (f. = feminin; m. = maskulin).

52.5 a. Bezeichnungen weiblicher Lebewesen

um "Mutter" (*um tšmḫ* "meine Mutter möge sich freuen" 2.16:10): vgl. sem. *ʾimm-* (f.).
arḫ "Kuh" (*arḫ tzġ* "[wie] eine Kuh muht" 1.15:I:5; Pl. *arḫt* 1.4:VI:50; 1.10:III:1): vgl. akk. *arḫu* (f.).
ṯat "Mutterschaf" 1.6:II:29& (siehe Pl. *ṯatt* 1.103:1 [KTU² bietet *att*]).
**atn* "Eselin" (Pl. *atnt-* 1.4:IV:7.12): vgl. akk./zsem. *ʾatān-* (f.).

52.5 b. Bestimmte Tiergattungen

uz "Gans" (*uz mrat mlḥt* "eine eingesalzene Mastgans" 4.247:20): vgl. akk. *ūsu* (f.).
ʿṣr "Vogel" (*ʿṣr tḥrr ... ṣḥrrt* 1.23:41&; *tqdm ʿṣr* "es werden Vögel dargebracht" 1.161:30; Zahlwort *aḥt* "eins" mit Bezug auf *ʿṣr* in 1.48:12.14.15.16.19): vgl. he. *ṣippôr* (f.), akk. *iṣṣūru* (m. und f.).
? **ʿp* "Vogel" (Pl. *ʿpt* 1.22:I:11): zur rekonstruierten Singularform siehe he. *ʿôp* und aram. *ʿawp/ʿôpā* (jeweils m.).
ṣin "Kleinvieh" (*l ṣin mrat* "für das gemästete Kleinvieh" 4.128:2; RS86.2247:10'): vgl. akk. *ṣēnu* und he. *ṣoʾn* (jeweils f.).
ʿqrb "Skorpion" (... *l tqnn ʿqrb* \ ... \ *qn l tqnn ʿqrb* "... kein Skorpion wird sich aufrichten..." RS92.2014:5-7); vgl. ar. *ʿaqrab* (meist f.).
bṯn "Schlange" (... *l* \ *tʿl bṯn* ... \ ... \ *ʿly l tʿl bṯn* ... "... keine Schlange wird hinaufkriechen ..." RS92.2014:3-6).

Wahrscheinlicher weiterer Beleg (Genus im Ug. nicht sicher nachweisbar):
tr "Turteltaube" od. "Frankolin-Huhn" 1.41:2&: vgl. he. *tôr* (f.).

52.5 c. Körperteile, insbesondere paarweise vorhandene

yd "Hand, Arm" (*tispk yd aqht* "Aqhatus Hand möge dich einsammeln" 1.19:II:17f.24; *tirk-m yd il* "Ilus 'Hand' möge lang werden" 1.23:33; siehe ferner Pl. *ydt* in 1.5:I:21 und 1.133:11 ["Anteile"] sowie in 4.158:11 ["Holzstiele"?]): vgl. sem. *yad* (f.).

Anm. 1. Vgl. aber 2.10:9-11, wo *yd* offenbar ein mask. Prädikat regiert (§95.12).

kp "Hand(fläche)" (Pl. *kpt* 1.3:II:13): vgl. zsem. **kapp-* (f.).
uṣbʿ "Finger" (Pl. *uṣbʿt* 1.2:IV:14&): vgl. he. *ʾæṣbaʿ* (f.) und syr. *ṣebʿā* (f.).

pᶜn "Fuß" (*qṣrt pᶜnh* "[wenn einer] seiner Füße kurz ist" 1.103:39; Pl. *pᶜnt* 1.103:52; vgl. Pl. *pamt* "Male" 1.20:23& [§33.134.1]): vgl. he. *paᶜam* (f.) und pun. *pᶜmʾt* "Male" (fem. Pl.; neben pun. *pᶜmm* "Füße" [PPG[3] § 304,3d]).

brk "Knie" 1.7:9* (Pl. *brkt-* 1.2:I:23& [Du. *brkm* 1.3:II:13]): vgl. he. *bæræk* (f.).

ᶜn "Auge" (*t̠t̠b ᶜn* 1.96:9-13[5x]): vgl. sem. *ᶜayn-* (f.).

**šn* "Zahn" (Pl. *šnt-* 1.19:I:9; 1.82:4): vgl. sem. *šinn-* (f.).

lšn "Zunge" (*al tᶜlg \ lšnk* "deine Zunge soll fürwahr/nicht stammeln/stottern" 1.169:11f.): vgl. he. *lāšôn* (meist f., selten m.) und ar. *lisān* (m. und f.).

Anm. 2. *lšnm* (1.83:5) ist sicher keine Pluralform, sondern entweder ein Dual oder ein Singular + EP *-m* (§54.423d).

npš "Kehle, Rachen, Seele" (*tnḫ* ... *npš* "meine Seele kommt zur Ruhe" 1.6:III:19; 1.17:II:14; *npš blt \ ḫmr* "mein Rachen verzehrt eine Menge [Speise]" 1.5:I:18f.; *t̠t npš alp* "zwei Rinderkehlen" 1.27:9): vgl. zsem. *napš-* (f.).

Als Nomen generis im Sinn von "Leute, Personal, Sklaven" hat ug. *npš* aber möglw. mask. Genus (*spr npš d \ ᶜrb bt mlk \ w b spr l št* "Auflistung des Personals, das in den Königspalast kam, aber nicht auf die Liste gesetzt wurde" 4.338:1-3; *ᶜrb* und *št* können als SK 3.m.sg. oder SK 3.m./f.pl., nicht aber als SK 3.f.sg. gedeutet werden). Zum mask. Genus vgl. he. *ʾæḥād næpæš* "ein Individuum" (Num 31,28 [Samaritanus jedoch: *ʾḥt npš*]).

kbd "Leber" (*tġdd kbdh b ṣḥq* "ihre Leber schwoll an vor Lachen" 1.3:II:25; *kbd dt ypt* "Leber des *Ypt*" 1.143:1; Pl. *kbdt* 1.19:III:10): vgl. wsem. *kab(i)d-* (f.).

**ṣlᶜ* "Rippe" (Pl. *ṣlᶜt* 4.247:16): vgl. sem. **ṣilaᶜ-* (f.).

? *ksl* "Lende" (*bᶜdn ksl t̠t̠br* "hinten brach die Lende" 1.3:III:33; an der Parallelstelle, 1.19:II:45f.*, wird *ksl* dagegen als Maskulinum gebraucht: *[bᶜdn] \ ksl y[t̠br]*): akk. *ki/aslu* und he. *kæsæl* haben mask. Genus.

? *pnm* "Gesicht" (vgl. *tizr pnm* "das Gesicht ist verschleiert[?]" 1.116:9): vgl. he./mhe. *pānæh* (m. und f.).

Wahrscheinliche weitere Belege (Genus im Ug. nicht sicher nachweisbar):

udn "Ohr" 1.18:IV:23.34&: vgl. sem. *ud̠n-* (f.).

**ušk* "Hode" (Du.cs.[?] *ušk* 1.11:2; Du.abs. *uškm* 1.103:14): vgl. syr. *ʾeškā* und akk. *išku* (je f.).

d̠rᶜ "Arm" 1.5:VI:20&: vgl. he. *zᵉrôaᶜ* und ar. *d̠irāᶜ* (jeweils f.)

ᶜẓm "Knochen" 1.19:III:5&: vgl. phön. *ᶜṣm* mit fem. Genus (*ᶜṣmy hᶜgzt* [Byblos 13:2]; aber Pl. *ᶜṣmm*) und he. *ᶜṣm* (meist f.).

52.5 d. Landschaftsbezeichnungen und kosmische Begriffe bzw. Wesen

aḫ (wohl äg. Lw. [siehe Ges[18], 34]) "Sumpfgras, Sumpfland" (*tk aḫ šmk mlat rumm* "hinein in das Sumpfgras *Šmk*, das voll von Wildstieren ist" 1.10:II:9.12): gegenüber he. *ʾāḥû* "Sumpfgras" (m.).

? *bir* "Wasserloch, Grube, Brunnen"(?) (*k d lbšt bir* "denn die 'Grube'(?) ist bedeckt" 1.13:25): vgl. he. *bᵉʾer*, syr. *bērā* und ar. *biʾr* (jeweils f.).

Anm. 1. *bir* (1.13:25) kann alternativ mit he. *pᵉʾer* "Kopfbinde" (äg. Lw.) verbunden werden (Übersetzung: "denn sie ist mit einer Kopfbinde bekleidet").

ᶜn "Furche" (Pl. *ᶜnt* 1.6:IV:1.2.3.12.13.14).

špš (*rbt špš* "Fürstin 'Sonne'" 1.16:I:37; *špš ṣḥrrt* "die Sonne glüht" 1.3:V:17; 1.4:VIII:22; 1.6:II:24; *špšn tubd* "die 'Sonne' geht zugrunde" 2.39:21; *km špš d brt* "... wie die 'Sonne', die frei ist ..." 2.19:3): vgl. ar. *šams* (f.) und he. *šæmæš* (meist f.).

Wahrscheinlicher weiterer Beleg (Genus im Ug. nicht nachweisbar):
arṣ "Erde" (1.1:II:10.20): vgl. zsem. *ʾarḍ* (f.).

Anm. 2. Auch *rpš* "Sumpfboden"(?) könnte fem. Genus haben, sofern 4.348:1 gemäß KTU[2] wie folgt zu lesen ist: *rpš d l ydyt* "Sumpfboden, der (nicht) brachliegt". Die Lesung des letzten Zeichens ist jedoch nicht ganz sicher. Man beachte, daß 4.348:20 aber offenbar den Wortlaut *rpš d ydy* bietet (wohl kein {t} nach {y} am Zeilenende).

52.5 **e.** (Roh-)Stoffe, Bäume (u.a.)

ipd, ein Prachtgewand (*ṯt ipdm* 4.594:5; 4.780:2; Pl. *tšʿ iptt* 4.707:11; vgl. auch *ipdm mtqt kḏx[... \ ... k]sphn ...* 4.707:22f.): vgl. akk. *epattu* mit Pl. *epādātu*.
ktn, ein Kleidungsstück aus Leinen (*ṯt ktnm* 4.132:6; Pl. *ktnt* 3.1:21&): vgl. syr. *kottīnā* "Leibrock" (f.): vgl. ferner he. *kuttonæt* (f.).
? *ṯṯ*, ein Stoff (*ṯṯ prqt* "ein aufgetrennter/gewebter(?) *ṯṯ*-Stoff" 4.205:3).
ṯq, ein Textilprodukt, 4.595:1& (Pl. *ṯqt* 4.595:4).
? *mrbd* "Decke"(?) (Pl. *mrbdt* 4.270:11).
arz "Zeder" (*k tġḏ arz b ymnh* "als die Zeder aus seiner Rechten schnellte[?]" 1.4:VII:41); gegen zsem. **arz* (m.).
? *dġṯ* "Weihrauch, Weihrauchopfer" 1.19:IV:24.31 (Pl. *dġṯt* in 1.19:IV:30 [n.L.] und 1.23:15[2x]) sowie Pl. *dġṯtm*? in 1.19:IV:23).

Wahrscheinlicher weiterer Beleg (Genus ug. nicht sicher nachweisbar):
abn "Stein" 1.5:VI:17& (vgl. PN *hyabn*, w. "sie ist ein Stein"[?], 4.110:20): vgl. he. *ʾæbæn*, phön.-pun. *ʾbn*, akk. *abnu* (je f.): vgl. ferner syr. *kēpā* "Stein" (f.).

52.5 **f.** Bestimmte Gefäße, Geräte, Maße (u.a.)

izml "Sack, Tragetasche" (*izml aḥt* 5.3:7): vgl. akk. *azami(l)lu* mit Pl. *azami(l)lāt-*.
any "Schiff" (*anykn dt \ likt mṣrm* "dein Schiff, das du nach Ägypten geschickt hast" 2.38:10f.; *w anyk ṯt \ by ʿky ʿryt* "und dein anderes Schiff wurde in Akko entladen" 2.38:24f.; Pl. *anyt* 2.42:24&): vgl. he. *ʾŏnî* (m. und f.) und he. *ʾŏniyyāh*.
grn "Dreschplatz" 1.17:V:7& (Pl. *grnt* 1.14:III:8&): vgl. he. *goræn* (f.).
ḥrb "Messer, Schwert" (*b ḥrb mlḥt* 1.3:I:7&; *ḥrb lṭšt* 1.2:I:32): vgl. he. *ḥæræb* und ar. *ḥarb* (jeweils f.).
ḫṯr "Sieb" od. "Getreideschaufel" (*ṯt ḫṯrm* 4.385:2): vgl. he. **ḥašrāh* und he. **ḥ^ašārāh*, eine Art Wassersieb (z. Disk. siehe §32.144.12b).
? *kdr* "Knäuel, Ball" (5.22:3.10). Mit fem. Genus wäre zu rechnen, wenn die in 1.3:II:9 und 1.7:8 bezeugte Pl.-Form *kdrt* zum gleichen Lexem zu stellen wäre (zu einer anderen Etym. siehe aber §51.44f): vgl. he. *kaddûr* (m.).
ksu "Sessel, Thron" (*tʿdb ksu* "ein Sessel wurde bereitgestellt" 1.4:V:46; Pl. *ksat* 1.3:II:21&): vgl. akk. *kussû* (meist f.) und phön. *ksʾ* (f., spätpun. Pl. *ksʾt* [PPG[3] § 303]) gegenüber he. *kisseʾ* (m., aber mit fem. Pl.).

krk = syll. *ku-ri/e-ku* (RS19.23:12), ein Gerät aus Bronze (Hacke, Schaufel oder Spaten) (*krk aḫt* 4.625:6; *ṯt krkm* 4.184:3; Pl. *ku-re-ka-a[t]* RS19.23:3).

? *krs̀/su*, ein Flüssigkeitsmaß für Öl (Pl. *krsat* RS94.2392+:12).

kṯ, ein Hohlmaß (Pl. *kṯt* 4.60:4&; Sg. *kṯ* 1.148:22&; Du. *kṯm* 4.60:6; 4.707:8).

mrḥ "Lanze, Lanzette" (*ṯt mrḥm* 4.385:7; 4.624:3.5.6.20): das Lexem (Form *rmḥ* [§33.161b]) hat im Sem. sonst mask. Genus.

ˁrš "Bett" (*km aḫt ˁrš mdw anšt ˁrš zbln* "wie eine Schwester ist das Krankenbett, wie eine Vertraute das Seuchenbett" 1.16:VI:35-36): vgl. akk. *eršu* und zsem. **ˁarś-* (jeweils f.).

? *ṯǵr* "Tor" (Pl.[?] *ṯǵrt* 1.3:II:3; 1.7:36*; sonst jedoch mask. Pluralbildung [§53.331.3]): vgl. he. *šaˁar* (m. und f.).

Wahrscheinliche weitere Belege (Genus ug. nicht nachweisbar):

ḫṭ "Stock" 1.2:III:18&: siehe akk. *ḫaṭṭu* (f.); auch phön. *ḥṭr* "Zepter" (KAI 1:2) hat fem. Genus (PPG^3 § 303).

ka$_4$-ka$_4$-ra RS16.192A+:20.22 (Du.cs. *2 ka$_4$-ka$_4$-ra* RS15.86:23) */kakkar/* "Talent" = alph. *kkr* 2.32:5& (Pl. *kkrm*): siehe he. *kikkār* (fem. mit formal mask. Pl.).

Anm. Ug. *ks* "Becher" ist — anders als he. *kôs* (fem.) — wahrscheinlich mask. (§69.127). Das Genus von ug. *kd* "Krug" (auch Maßeinheit) läßt sich nicht sicher eruieren (he. *kad(d)* ist im Sg. fem., im Pl. mask.). — *qlˁ* "Schild" hat nach Ausweis von 4.63:I:2.3& mask. Genus. Die in KTU^2 für 4.624:9 vorgeschlagene Lesung *ṯt* <*qlˁm*> kann somit nicht korrekt sein; es dürfte *ṯn* <*qlˁm*> bzw. *ṯn [qlˁm]* zu lesen sein.

52.5 **g.** Geographische Bezeichnungen, besonders Länder- und Städtenamen

ˁr "Stadt" (akk.Ug. und akk.EA *ālu* "Stadt" mit fem. Genus [SAU 429.472; CAT 1, 126]; akk. *ālu* gilt sonst als mask.): vgl. he. *ˁîr* (fem., aber mit formal mask. Pl. [*ˁ^{a}yārîm* bzw. *ˁārîm*]).

ON *udm* (*udm rbt* 1.14:III:4-5$^!$; 1.14:IV:47; *udm ṯrrt* 1.14:III:5; 1.14:IV:48).

Die meisten der oben (§52.5a-g) genannten grammatischen Femina bilden einen formal femininen Pl. (mit Endung *-t* = /*-ātV*/). Ausnahmen sind *abn* "Stein" (Pl. *abnm* 1.1:V:11.23&), *arz* "Zeder" (Pl. *arzm* 1.4:V:10), *uz* "Gans" (*arbˁ uzm mrat bqˁt* "vier halbierte Mastgänse" 4.247:21), *kkr* "Talent" (Pl. *kkrm* 4.43:5&), *mrḥ* "Lanze" (*arbˁ mrḥm* "vier Lanzen" 4.624:8) und *ˁṣr* "Vogel" (*ˁṣrm* 1.8:II:12; 1.39:21&). Zu einigen Lexemen (z.B. *ṯǵr* "Tor") ist offenbar sowohl eine mask. als auch eine fem. Pluralbildung bezeugt (§53.331.3).

53. Numerus

53.1. Singular: Form und Funktionen

53.11. Der Singular (= Sg.) ist – im Gegensatz zum Dual und Plural – formal merkmallos.

53.12. Der Sg. bezeichnet primär eine Einzahl von Wesen oder Dingen. Daneben fungiert der Sg. aber auch zur Bezeichnung einer Gruppe von Wesen bzw. Dingen (= Kollektivum) oder einer Gattung (= Nomen generis).

Nomina generis wurden bereits oben behandelt (§52.12). Als Kollektiva können sowohl formal mask. als auch fem. Formen fungieren (im ersteren Fall ist die Abgrenzung von Nomina generis schwierig).

53.121. Formal mask. Nominalformen als Kollektiva

a) Bezeichnungen für "Leute", "Sippe", "Herde" und ähnliches: *inš* "Leute, Angehörige" 1.39:22&; *ṣbu* "Heer(haufen)" 1.14:II:33.35; 1.14:IV:13*.15; 1.91:15 (*ršp ṣbi*); *bqr* "Rinderherde" 4.691:1 (*ḫmš alp bqr* "fünf Rinder der Rinderherde"; vgl. auch 1.92:12 [hier möglw. Nomen unitatis]); (?) *ḏd* "Herde (von Tieren)" 1.5:I:17; 1.133:8 (Etym. unsicher; vgl. evtl. ar. *ḏawd* "Trupp von Kamelinnen"); *ˁm* "Sippe" 1.17:I:27&; *pḫd* "Lämmerherde"(?) 1.17:V:17.23.

b) Berufsbezeichnungen und ähnliches: *ḫzr* "*ḫzr*-Leute" 4.630:2&; *ḏmr* "Krieger (Pl.)" 1.3:II:14.28.31.34 (in Parallele zu pluralischen Begriffen; der Pl. **ḏmrm* ist nicht belegt); *mhr* "Soldaten, Krieger" 1.3:II:11.21 (daneben auch Pl. *mhrm* in 1.3:II:15.28.35).

c) Volksbezeichnungen: *ḫt* "die (Armee der) Hethiter" 2.30:16; *mṣry* "Ägypter" 3.7:1 (Mehrzahl von Personen mit Singularrektion).

d) Körperteile: *riš* "Köpfe" 1.3:II:9 // 1.13:7* (Lesung *ri[š .]* gegen KTU²; gegenüber *rišt* "einzelne Köpfe" [1.3:II:12]); *kp* "Arme/Hände" 1.3:II:10.11 // 1.13:6 (gegenüber *kpt* "einzelne Arme/Hände" 1.3:II:13); (?) *knp* "Flügel" 1.10:II:10.11.

53.122. Nominalformen mit Femininendung als Kollektiva

umt "Sippe" 1.6:IV:19; *bhmt* "Vieh(herde)" 1.103:2&.

Anm. Zur Unterscheidung von Kollektiva und Nomina generis (am Beispiel des Ar.) siehe bes. Ullmann (1989, bes. 11-17).

53.13. Man beachte ferner, daß in der Poesie auch bei Nomina, die nicht als Kollektivausdrücke geläufig sind, wiederholt der Sg. für generelle Sachverhaltsträger mit pluralischer Nuance gebraucht wird. Beispiele:

y/aḥd "der Alleinstehende" 1.14:II:43; 1.14:IV:21; *almnt* "die Witwe" 1.14:II:44; 1.14:IV:22; 1.16:VI:33.46.50; 1.17:V:8; *zbl* "der Kranke" 1.14:II:44; 1.14:IV:23; *ˁwr* "der Blinde" 1.14:II:46; 1.14:IV:24; *trḫ ḥdṯ* "der Neuvermählte" 1.14:II:47-48; 1.14:IV:26; *qṣr npš* "der Notleidende (w.: mit kurzer Seele)" 1.16:VI:34.47; *ytm* "der Waise" 1.16:VI:49; 1.17:V:8; *gr* "der Fremde" 1.19:III:47 (ebenso 1.40:18.35); wahrsch. ferner: *niṣ-* (St.pron.) "der

Verächter" 1.17:I:29; 1.17:II:3.18; vgl. auch *il d ydʿnn* "(jeder) Gott, der ihn kannte" 1.114:6.

53.14. Bei Körperteilen wird bisweilen der Sg. anstelle des Pl. gebraucht (vgl. §95.23), z.B. *riš* "Kopf" für eine Mehrzahl von Köpfen: *nšu riš ḥrṯm* "die Pflüger erhoben den Kopf" (1.16:III:12).

In diesem Zusammenhang ist auch auf die Formen *rišhm* "ihr(er beider) Kopf" (1.19:II:31*; 1.23:5) und *[lš]nhm* "ihre(r beider) [Zun]ge" (1.2:I:33) hinzuweisen. Hier könnten aber Dualformen vorliegen: "die beiden Köpfe/Zungen von ihnen beiden" (§53.221).

53.2. Dual

53.21. Dualendung

53.211. Der Dual (= Du.) ist im Ug. ein vollkommen produktiver Numerus. Er wird durch ein suffixales Morphem /*-â*/ markiert, das wohl auf eine Grundform *-ay* zurückgeht (siehe etwa den asa. und äg. Befund [jeweils Marker *-y*]).

53.212. Der Dualmarker begegnet beim Nomen immer in Kombination mit den Kasusendungen. Im Status constructus (St.cs.) und Status pronominalis (St.pron.) lautet die Nominativendung /*-â*/ < **-â-u*, die Obliquusendung /*-ê*/ < **-â-i* (beide Endungen werden in der alph. Orthographie nicht berücksichtigt). Syll. Beispiele (jeweils formal mask. Nomina):

Nom.: *ma-qa-ḫa* /*maqqaḥâ*/ < **malqaḥâ* "Zange" RS19.23:13.14.
2 ka$_4$-ka$_4$-ra "zwei Talente" RS15.86:23 (zur Lesung siehe UV 136).
Obl.: *me-te* [mē(ʾ)tê] < **miʾtê* "200" RS16.145:14 (vgl. aber §62.51, Anm.).

53.213. Im Status absolutus (St.abs.) ist der Dualmarker durch die nominale Mimation erweitert: Nom. *-m* = /*-âmV*/, Obl. *-m* = /*-êmV*/. Es läßt sich nicht sicher entscheiden, ob der Auslautvokal der Dualmimation in Analogie zur Pluralmimation /*a*/ oder aber im Einklang mit dem ar. Befund /*i*/ lautet. Siehe folgende merkmalhafte, mehrheitlich syll. Beispiele:

Nom. /*-âma*/:

? *2 ku-ri/e-ka-m[a]* /*kurVkâma*/ "zwei *kurVk*-Geräte" RS19.23:2: Die vorgeschlagene Lesung (gemäß UV 140) ist unsicher; J. Nougayrol (PRU 6,157:2) und van Soldt (SAU 340) lesen *ku-ri-ka-a[t]* (vgl. ebd. Z. 3) und interpretieren die Form als Pl.

? *ma-aš-la-ḫa-ma* /*mašlaḥâma*/, eine Gewandbezeichnung, RS17.328:3: Da der Kontext fehlt, ist die Interpretation als Du. (gemäß UV 181) unsicher. Es könnte sich auch um eine akk. Form (Ak. + enklitisches *-ma*) handeln.

Nom. /*-âmi*/:

2 ḫi-nu-ta-me /*ḥinôtâmi/e*/? "zwei *ḥinôt*-Geräte" RS19.64:Vs.:4'.

Nom. /*-âmV*/:

ṯn ḫlpnm pgam "zwei *pgu*-Mäntel" 4.117:1: Die Form *pgam* = /*pVg(g)Vʾâmv*/ ist adj. Attribut zu *ḫlpnm* (Du.abs.); die Etym. von **pgu* ist unbekannt.

Obl. */-êma/*:

Diese Endung läßt sich ug. nicht nachweisen. Sie ist aber wahrsch. in akan. ONN (^{kur}*na-aḫ-re-ma* EA 288:35; ^{kur}*na-re-ma* EA 140:32) und im Akan. von Tell Taᶜanak bezeugt (*ma-ga-re/ri-ma*; 2 $^{kuš(!)}$*up-pa-aš-ia-né/ni-ma* Taᶜanak 2,8.9 [beide Lexeme sind nicht sem.; alt.: Pl.]); vgl. ferner den he. bezeugten ON *ᶜalmôn diblātāymāh*, w. "Wegmarke der zwei Feigen" (Num 33,46.47).

Obl. */-êmi/*:

? *iš-ia-ti-mi /ᶜišyatêmi/?*, Bed. unklar (viell. ein Kochinstrument), RS20.235:10: Die Interpretation der Form als Du. (so UV 163) ist ganz unsicher.

Der vorgestellte Befund dürfte wie folgt zu deuten sein:

Im Nominativ läßt sich nur eine Endung */-âmi/e/* sicher nachweisen, die im Einklang mit ar. */-āni/* steht. Die Obliquusendung könnte im Ug. */-êmi/* oder */-êma/* lauten. Der akan. Befund spricht zugunsten von */-êma/*. Geht man davon aus, daß die Mimation/Nunation im Ursem. einen Auslautvokal */a/* besaß, so läßt sich der (sekundäre) Auslautvokal */i/* (bzw. dessen Allophon [e]) im Dual Nom. auf eine Vokaldissimilation zurückführen: **-âma* > */-âmi/e/* (§33.221).

Anm. Lipiński (1999 § 33.20) rekonstruiert für den ug. und akan. Dual (St.abs.) dagegen ohne nähere Begründung die Endungen *-ām* bzw. *-īm* (ohne Auslautvokal).

SV. Die Mimation im Du. (St.abs.) stellt eine ug.-kan. Isoglosse dar; anderen sem. Sprachen weisen stattdessen eine Nunation auf.

53.214. Anstelle der Dualmimation begegnet offenbar in einer ug. Form eine Nunation: *klatn-m* (*klatn* im Du. + *-m*) "in/mit beiden (Händen)" (1.14:II:15; 1.14:III:56). Das betreffende */n̆/* dürfte dissimilatorisch aus **m* entstanden sein: */kilʾatânŭm(ma)/* < **kilʾatâmū-m(ma)* (§33.135.2; §54.415).

53.22. Nominalbasis vor der Dualendung

53.221. Die Dualendung tritt in aller Regel an die Singularbasis. Sie folgt beim (formal) fem. Nomen dem Femininmorphem *-t* = */-(a)t/*. Morphologisch/orthographisch signifikante (mehrheitlich alph.) Beispiele:

mask. Formen:

brkm "(beide) Knie" 1.3:II:13.27: gegen Pl. *brkt* (1.2:I:23&).

qrnm "(beide) Hörner" 1.12:I:30; 1.114:20: gegen Pl. *qrnt* (1.17:VI:22).

pᶜnm "(beide) Füße" 1.3:III:32; 1.4:II:16: gegen Pl. *pᶜnt* (1.103:52).

ṯn btm "zwei Häuser" 4.750:13.16.17.18; Moussaieff:5: gegen Pl. *bhtm /bahat-/* < **bayat-* "Häuser" (1.1:III:27&) bzw. *bwtm* (1.105:9); selten daneben auch Pl. *btm* (1.41:37; 1.48:4; 4.370:14).

apnm "ein Paar Räder" 4.88:3-8&: gegen Pl. *apnt* (1.145:3.9&).

širm "zwei *šir* (= Flächenmaß)" 4.282:5: vgl. Sg. *šir* (4.282:6&).

ṯn ksm "zwei Becher" 4.385:2: gegen Pl. *kst* (4.206:5) bzw. *kšt* (1.86:24).

ṯt ktnm "zwei Leinengewänder" 4.132:6: gegen Pl. *ktnt* (3.1:21&).

ṯn ḫpnm "zwei Umhänge/Satteldecken" 4.4:4!; 5.11:16: gegen Pl. *ḫpnt* (4.152:5&).

? *rišhm* "die beiden Köpfe von ihnen beiden" 1.19:II:31*; 1.23:5 (möglw. aber Sg. "ihr Kopf"): gegen Pl. *ra/išt-* und *rašm* (§53.331.3).

? *[lš]nhm* "die beiden [Zun]gen von ihnen beiden" 1.2:I:33 (möglw. aber Sg. "ihre Zunge"): als Pl. ist **lšnt* zu erwarten (nicht bezeugt).
krsim "zwei *krsu*-Maße" RS94.2392+:4: gegen Pl. *krsat* (RS94.2392+:12).
ku-ri/e-ka-m[a]?, ein Gerät, RS19.23:2: gegen Pl. *ku-ri/e-ka-a[t]* (RS19.23:3).

fem. Formen:
iltm ḫnqtm, GN (w.: "die beiden würgenden Göttinnen") 1.39:18; 1.102:13: gegen Pl. *ilht* (1.3:V:28&).
btm "zwei Töchter" 1.23:45 (St.pron. *bt-* [4.102:22]): gegen Pl. *bnt* (1.3:I:23&).
ṯt ṯprtm (Nom.) /*ṯVpratâmi*/ "zwei *ṯprt*-Stoffe(?)" 4.341:10.
ṯt nitm (Obl.) /*niʾtêmV*/ "zwei *nit*-Geräte" 4.625:5.
šntm (Obl.) /*šanatêmV*/ "(ein Stier im Alter von) zwei Jahren" 1.86:2.
ṯṯtm (Nom) /*ṯiṯṯatâmi*/ "zwei Sechserabteilungen" 4.141:III:7.9.
mitm /*miʾtâmi*/, /*miʾtêmV*/ "200" 2.77:4&: gegen Pl. *mat* /*miʾāt*/ (1.14:II:36&).
? *me-te* (St.cs. Obl.) [mĕ(ʾ)tê] < **miʾtê* "200" RS16.145:14 (es handelt sich aber wahrsch. um keine genuin ug. Form [§62.51]).

53.222. Vielleicht kann das Dualmorphem auch an die Pluralbasis treten. Die in der Forschung (z.B. Sivan 1983, 237f.) wiederholt für dieses Phänomen angeführten Formen *qrytm* "zwei Städte" (1.3:II:7), *thmtm* "die (beiden) Urfluten" (1.4:IV:22& [alt.: Pl. + EP *-m*]) und *ḏnbtm* "zwei Schwänze; Doppelschwanz"(?) (1.83:7) sind allerdings nicht beweiskräftig. Sie enthalten eher eine Singularbasis.

Die Form *qrytm* wurde bereits eingehend erörtert (§33.152d; §33.311.3b). Für den Sg. /*tahāmat-*/ kann auf syll. *ta-a-ma-tu*$_4$ (RS20.123+:III:9') verwiesen werden (vgl. auch akk. *tiāmtu* [Sg.]). Ebenso läßt sich *ḏnbtm* auf einen Sg. /*ḏanab(a)t-*/ "Schwanz" zurückführen (zu fem. Bildungen für "Schwanz" vgl. akk. *zibbatu* [Du.pron. jedoch *zibbā-*] und syr. *dunbᵉtā*/*dᵉnubᵉtā* [neben mask. *dunbā*]). Vielleicht ist *ḏnbtm* aber gar eine Singularform (Sg. + EP *-m*: "mit dem Schwanz" [§54.423d]).

Einen Sonderfall stellt die Form *mtntm* "zwei Hüften" dar. Sicher belegt ist diese Form in 1.109:7. Weitere mögliche Belege sind 1.39:2 (lies entweder *mtnt mn/r/w kbd* oder *mtntm w kbd*) und 1.130:4(19) (Form *mttm*, evtl. zu *mt<n>tm* zu emendieren). Es könnte sich um einen Du. eines Lexems handeln, dessen Grundform bereits dualisch ist (*mtnm* "Hüften" 1.12:II:38 [alt.: "Sehnen"]; vgl. he. *mŏtnayim*), wobei die Dualendung an die Pluralbasis getreten wäre (ein Pl. **mtnt* [vgl. syr. *matnātā*] ist im Ug. allerdings nicht bezeugt; belegt ist eine Form *mtnm* "Sehnen" [1.17:VI:22]). Alternativ kann *mtntm* jedoch auch als Du. zu einem fem. Sg. **mtnt* "Niere" gedeutet werden (vgl. *mtntm* in 1.39:2), zumal mit der Möglichkeit zu rechnen ist, daß "Niere(n)" als paarweise vorhandener Körperteil im Ug. fem. Genus besitzt (vgl. syr. *matnātā* [Pl.]).

SV. Dualendungen an Pluralbasen sind sem. bisweilen bezeugt. Die in diesem Zusammenhang oft angeführten he. Beispiele *luḥotāyim* (Pausa) "zwei Tafeln" und *ḥomotayim* "Doppelmauer" (BL 516q) sind allerdings keine sicheren Kandidaten (der signifikante /*o*/-Vokal könnte durch Vokalharmonie sekundär entstanden sein).

53.223. Im ausschließlich dualisch belegten ug. Subst. *ʿpʿp-* /*ʿapʿap-*/ "Augäpfel(?)" (1.14:III:43*; 1.14:VI:30) tritt die Dualendung an eine reduplizierte

Wortbasis (vgl. he. *ᶜapᶜappayim*). Die Reduplikation selbst stellt vielleicht ein archaisches Ausdrucksmittel der Dualität dar.

53.23. Funktionen des Duals

Der Dual bezeichnet einerseits "natürliche" Paare von Wesen oder Dingen, andererseits eine Zweizahl von (nicht paarweise auftretenden) Wesen oder Dingen. Die nachfolgend genannten Beispiele illustrieren diesen Tatbestand.

53.231. Der Dual als Bezeichnung für paarweise vorhandene Dinge, insbesondere Körperteile. Einige dieser Wörter sind ausschließlich im Dual bezeugt:

- Körperteile: *ydm* "Hände/Arme" 1.1:IV:19; 1.2:IV:14.16&; *amtm* "Unterarme" 1.5:I:6; *rḥtm* "Handflächen" 1.4:VIII:6&; *klatnm* "(Hände)" 1.14:II:15; 1.14:III:57; *ktpm* "Schulterblätter" 1.2:I:42 (alt.: Pl.); *mtnm* "Hüft(seit)en" 1.12:II:38; *ᶜnm* "Augen" 1.2:IV:22.25; *ᶜpᶜp-* "Augenäpfel(?)" 1.14:III:43*; 1.14:VI:30; *špth* "seine Lippen" 1.2:IV:6&; *lḥm* "Wangen" 1.5:VI:19; *uškm* "Hoden" 1.103:14; *pᶜnm* "Füße" 1.3:III:32; 1.4:II:16 (vs. Pl. *pᶜnt* 1.103:52); *brkm* "Knie" 1.3:II:13.27 (vs. Pl. *brkt* 1.2:I:23&).
- Andere Objekte: *aḥdm* (Du. von *aḥd*) "ein Paar" 4.89:4&; *apnm* "ein Paar Räder" 4.88:3-8&; *mṣltm* "Zimbeln" 1.3:I:19; 1.108:4; *mqḥm* "Zange" 4.123:21&; *mznm* "Waage" (eig.: die beiden Waagschalen) 1.24:34.35&; *mṣbṭm* "(zwei) Griffe (des Blasebalgs)" 1.4:I:24; *rḥm* "Mühle" (eig. die beiden Mühlsteine) 1.6:II:34; 1.6:V:15-16; *mizrtm*, eine kurze Beinbekleidung bzw. ein Lendenschurz (Du.abs. *mizrtm* 1.5:VI:17.31; Du.pron. *mizrth* 1.17:I:15).

53.232. Der Dual als Bezeichnung einer Zweizahl von (nicht paarweise vorhandenen) Wesen bzw. Dingen:

a. Dual ohne vorausgehendes Zahlwort "zwei" (häufig bei Maßangaben):

- Zahlen und Maßangaben: *mitm* "200" 2.77:4&; *ṯqlm* "zwei Schekel" 4.49:1&; *kkrm* "zwei Talente" 4.91:6&; *ddm* "zwei *dd*-Maß" 4.128:6&; *kdm* "zwei *kd*-Maß" 4.219:5.6&; *širm* "zwei *šir*-Maß" 4.282:5; *amtm* "zwei Ellen" 4.363:4.
- Andere Objekte: *ilm* "die beiden Götter" 1.17:V:20.29; *iltm ḫnqtm*, GN (w.: "die beiden würgenden Göttinnen") 1.39:18; 1.102:13; *aṯtm* "zwei Frauen" 1.23:39(2x)&; *ᶜṣrm* "zwei Vögel" 1.50:7&; *dbḥm* "zwei Schlachtopfer" 1.39:17; *dqtm* "zwei Mutterschafe" 1.39:4&; *kbdm* "zwei Lebern" 1.78:5&; *krsnm* "zwei Schläuche" 4.279:3 (siehe auch 4.123:13); *ṣmdm* "zwei (Pferde-)Gespanne" 4.384:2&; *ṯlṯtm* "zwei Dreierabteilungen" 4.360:6.7.

b. Dual nach dem Zahlwort "zwei" (vgl. §69.122) (Die Setzung des Zahlworts "zwei" vor dem Dual ist fakultativ. Das Syntagma "Zahlwort 'zwei' + Dual" begegnet vornehmlich in nichtliterarischen Texten und ist insbesondere bei gezählten Kleidungsstücken und Werkzeugen die Regel. Es wird nicht gebraucht zum Ausdruck der Zweizahl von Maßangaben):

- *ṯn* mit mask. Gezählten: *ṯn irpm* "zwei *irp*-Gefäße" 4.123:20; *ṯn ḥblm* "zwei Seile" 4.247:30; *ṯn ḫlpnm* "zwei Mäntel" 4.385:6; *ṯn ḫlpnm pgam* "zwei *pgu*-Mäntel" 4.117:1; *ṯn ḫpnm* "zwei *ḫpn*-Gewänder" 4.4:4; *ṯn btm* "zwei Häuser"

4.750:13.16.17.18; *ṯn prm* "zwei Jungstiere" 4.142:1; *ṯn ḥprm* "zwei Getreide-rationen" RS86.2213:1.

- *ṯṯ* mit fem. Gezählten: *ṯṯ aṯtm (adrtm)* "zwei alte Frauen" 4.102:7.11.18.20; *ṯṯ ipdm* "zwei *ipd*-Gewänder" 4.594:5; 4.780:2 (§52.5e); *ṯṯ bth* "ihre/seine zwei Töchter" 4.102:22; *ṯṯ hrtm* "zwei Schilde" 4.390:5; *ṯṯ krkm* "zwei Schaufeln(?)" 4.184:3; *ṯṯ ktnm* "zwei Leinengewänder" 4.132:6; *ṯṯ mrkbtm* "zwei Streitwagen" 4.145:6; *ṯṯ mqrtm* "zwei *mqrt*-Gefäße" 4.123:19; *ṯṯ nitm* "zwei *nit*-Geräte" 4.625:5; *ṯṯ npš a[lp]* "zwei Ri[nder]kehlen" 1.27:11; *ṯṯ pġtm* "zwei Mädchen" 4.102:19; *ṯṯ qštm* "zwei Bögen" 4.63:I:2&; *ṯṯ šrtm* "zwei *šrt*" 4.410:4&; *ṯṯ ṯprtm* "zwei *ṯprt*-Gewänder" 4.341:10; *ṯṯ tgxlmtm* / *ṯṯ tl?lmtm* "zwei *t.*" 4.195:16 (n.L.).

Lit. zum nominalen Dual: Fontinoy (1969); Sivan (1983); Vita (1997a).

53.3. Plural

53.31. Pluralendungen

53.311. Der Plural (= Pl.) wird durch ein Morphem markiert, das eine Vokallängung bewirkt. Beim fem. Nomen nimmt der Pluralmarker die Position vor dem Genusmarker und den Kasusendungen ein, beim mask. Nomen verschmilzt er mit den Kasusendungen. Der Pl. des mask. Nomens wird im St.abs. stets durch die sogenannte Mimation in Form einer Endung *-ma* erweitert. Beim fem. Nomen lautet der Pl. dagegen für alle Status gleich.

53.312. Die Pluralendungen lauten somit im einzelnen wie folgt:

a. Maskulines Nomen, St.cs. und St.pron.

Nom.: /*-ū*/:

syll.: $^{\text{lú.meš}}$*b[i]-ḫi-ru* /*biḥīrū*/? "Elite(truppen)" RS17.432:5'; $^{\text{lú.meš}}$*mur-ú* /*murʾū*/ "*m.*-Leute" (Berufsgruppe) RS16.139:14; RS16.126B+:IV:21.

alph.: *mru* /*murʾū*/ "*m.*-Leute" 4.68:63&; *ṣbu* /*ṣabaʾū*/ "Leute (als Schiffsbesatzung" 4.40:7.10 (alt.: kollektiver Sg.).

Obl.: /*-ī*/:

syll.: $^{\text{lú.meš}}$*mur-i* /*murʾī*/ "*m.*-Leute" RS16.348:5.

alph.: *mri* /*murʾī*/ "*m.*-Leute" 4.92:2; *mri-k/h* /*marīʾī-*/ "deine/ihre Masttiere" 1.15:IV:4.15; *rpi* /*rapīʾī*/, Ahnenbezeichnung, 1.15:III:14&.

b. Maskulines Nomen, St.abs.

Nom.: /*-ūma*/:

syll.: *ḫé/ḫe-yu-ma* [ḫeyyūma] < **hayyūma* "Leben" RS20.189:25&; *ia-ṣí-ru-ma* /*yāṣirūma*/ "Töpfer" RS15.09B:I:12; vgl. 17.240:11; $^{\text{lú.meš}}$*mur-ú-ma* /*murʾūma*/ "*m.*-Leute" RS17.64:5; (?) 17.240:14; 19.35A:5; *[ḫ]a-ma-ru-m[a*$^{\text{(meš)}}$*]* /*ġamarūma*/ "Lehrlinge" RS15.41+:I:1 (mit Nf. $^{\text{lú.meš}}$*ḫa-am-ru-ma* = /*ġamrūma*/ RS25.428:8).

alph.: *mrum* /*murʾūma*/ "*m.*-Leute" 4.137:7&; *rpum* /*rapīʾūma*/, Ahnenbezeichnung, 1.20:II:6&.

Obl.: /*-īma*/

syll.: *dì-ip-ra-ni-ma* /*diprānīma*/ "Wacholder" RS16.190:4; *na-pa-ki-ma* /*nab/pakīma*/ "Quellen" RS16.150:16 (mit Nf. *na-ab/p-ki-ma* bzw. *nab/p-ki-ma* = /*nab/pkīma*/ RS16.263:5&); [lú.meš]*a-ši-ri-ma* /*ᶜaširīma*/ "ᶜ.-Leute" (Berufsgruppe) RS15.137:9.

alph.: *lbim* /*labaʾīma*/ "Löwen" 1.5:I:14; 1.133:3; *llim* /*laliʾīma*/ "Zicklein" 1.4:VI:43; *mrim* /*marīʾīma*/ "gemästete (Rinder)" 4.128:1; *ṣbim* /*ṣabaʾīma*/ "Soldaten" 1.3:II:22; 1.7:5; *rpim* /*rapīʾīma*/, Ahnenbezeichnung, 1.21:II:9&.

c. Feminines Nomen (für alle Status gleich)

Nom.: /*-ātu*/:

syll.: [giš.meš]*ma-sa-wa-tu* /*masawātu*/ "Zypressen"(?) RS19.26:5 (mit Nf. bzw. Sg. [§33.242a] [giš.meš]*ma-ás-wa-tu* = /*maswātu*/ RS19.26:2*; vgl. RS19.71:7); *ni-ʾa-tu* /*niʾātu*/, eine Werkzeugbezeichnung RS19.135:2&.

alph.: *mrat* /*marīʾātu*/ "gemästete (Gänse)" 4.247:21.

Obl.: /*-āti*/:

alph.: *ksat* /*kussiʾāti*/ "Throne" 1.3:II:21&; *mat* /*miʾāti*/ "Hundert(e)" 1.14:II:36& (es gibt keine syll. Belege).

Anm. Zur Möglichkeit einer triptotischen Flexion des fem. Pl. siehe §54.122.

53.313. Neben der mask. Pluralendung des St.abs. *-m* = /*-ūma*/, /*-īma*/ ist zweimal auch die Variante *-n* = /*-ūna*/, /*-īna*/ bezeugt ("Nunation" anstatt "Mimation"):

[lú.m]eš*bi-da-lu-na* "Händler" RS15.172:14' (neben *bi-da-lu-ma* RS16.126B+:II:12).
kšmn /*kus(s)umū/īna*/ "Emmer" 4.269:4 (neben *kšmm* 4.269:20.30&).

Huehnergard (UV 297) betrachtet diese Pluralendungen als dialektale, nicht genuin-ug. Varianten. Wahrscheinlicher handelt es sich jedoch um freie phonetische Varianten, die durch Dissimilationsprozesse entstanden sind (§33.135.2).

53.314. Pluralische Nomina sind stets durch äußere Morpheme markiert. "Gebrochene" bzw. "innere" Pluralbildungen ohne äußere Pluralmorpheme (entsprechend dem Befund im Ar. und in ssem. Sprachen) lassen sich im Ug. nicht nachweisen.

Anm. Die Existenz "gebrochener" Pluralformen wurde für das Ug. wiederholt postuliert. Es gibt dafür jedoch keinen sicheren Beleg. Auch die in diesem Zusammenhang oft genannte Form *mrym* (Pl.cs.) im Syntagma *mrym ṣpn* "Höhen des Ṣapānu" (1.3:IV:1; 1.100:9) ist kein gebrochener Plural, sondern wohl eine "stark" gebildete *{maqtal}*-Nominalform einer Wz. II-*y* (§51.45e).

53.32. Nominalbasis vor der Pluralendung

53.321. Die Nominalbasis des Pl. ist mit der Nominalbasis des Sg. meist identisch. Allgemein gilt aber, daß bei Nomina schwacher Wurzelklassen im Pl. schwache Radikale aufgrund veränderter Silbenstruktur konsonantisch erscheinen können, die im Sg. Kontraktionen bzw. Assimilationen unterworfen sind, z.B. *ḥmyt* /*ḥāmiyāt-*/ "Mauern" (1.40:36&) zu Sg. *ḥmt* /*ḥāmît-*/ < **ḥāmiyt-* (1.14:II:22&).

Anm. Vgl. in diesem Zusammenhang auch den Pl. *qrht* /*qarVhāt-*/? < **qariyāt* "Städte" (4.235:1; 6.27:2-3); der Sg. lautet *qrt* /*qarît-*/ < **qariy(a)t* (1.4:VIII:11&) bzw. *qryt* (1.14:II:28&).

53.322. Bei bestimmten Morphemtypen und gewissen schwachen Wurzelklassen weicht die Pluralbasis von der Singularbasis ab. Im einzelnen sind die nachfolgend genannten Phänomene zu beobachten.

53.322.1. {*qatl*}-, {*qitl*}- und {*qutl*}-Nominalbildungen besitzen – im Einklang mit dem he. Befund – in der Regel eine zweisilbige Pluralbasis {*qVtal*}. Der signifikante /*a*/-Vokal der zweiten Silbe kann allerdings im Ug. gemäß den Regeln der prätonischen Vokalsynkope (§33.242) schwinden, so daß in diesen Fällen die Pluralbasis (sekundär wieder) mit der Singularbasis identisch ist. Der beschriebene Tatbestand läßt sich durch zahlreiche morphologisch signifikante Wortformen illustrieren.

a. Pluralbasis {*qVtal*} (syll. und alph. Formen):

giš.meš*ma-sa-wa-tu* /*masawātu*/ "Zypressen"(?) RS19.26:5: {*qatl*}.
na-pa-ki-ma /*nab/pakīma*/ "Quellen" RS16.150:16: {*qatl*}.

? *alm* /*ʾâl-*/ < **ʾayal-* "Widder" 1.82:8: {*qatl*}.
? *alt* /*ʾâlāt-*/ < **ʾayalāt-* "Pfeiler" 1.6:VI:27: {*qatl*} (vgl. he. *ʾayil* mit Pl. *ʾêlîm*).
anm /*ʾânīma*/ < **ʾawanīma* (Gen.) "Kräfte" 1.6:I:50: {*qatl*}.
? *ẓbm* /*ẓabû/îma*/ < **ẓabayū/īma* "Gazellen" 1.133:14&: {*qatl*}.
madt-n /*mVʾadāt-*/? "Massen" 1.103+:1: viell. {*qutl*} (*madt-n* ist wegen der Verbalform *tqln* [√*qyl* G-PK^{L} 3.f.pl.] eine Pl.-Form. Es könnte sich um den (fem.) Pl. des Lexems *mid* = /*muʾd*/ "Menge, Fülle" [1.4:V:15] handeln).
palt /*paʾalāt-*/? "Gezweig, Gestrüpp" 1.19:II:12&: wahrsch. {*qatl*}.
pamt /*paʾamāt-*/ "Male" 1.20:23&: {*qatl*}.
rašm /*raʾaš-*/ "Köpfe" 1.3:III:42; 1.5:I:3: {*qatl*}.
rašt /*raʾašāt-*/ "Köpfe" 1.2:I:27.29 (jeweils St.pron.): {*qatl*}.
šalm /*šiʾal-*/? "Forderungen, Ansprüche" 3.3:5: {*qitl*} (vgl. Sg. *šil* /*šiʾl-*/ [2.63:8]).
? *twm* /*tû/âwīma*/ < **tuhawīma* (Gen.) "(im) Steppenland" 4.320:13 (offenbar mit intervokalischem Schwund von /*h*/ [§33.142.21]): {*qutl*}.

b. Pluralbasis {*qVtl*} (syll. und alph. Formen):

giš.meš*ma-ás-wa-tu* /*maswātu*/ "Zypressen"(?) RS19.26:2*; vgl. 19.71:7 (alt.: Sg. /*maswatu*/ [§33.242a]): {*qatl*}.
na-ab/p-ki-ma bzw. *nab/p-ki-ma* /*nab/pkīma*/ "Quellen" RS16.263:5; 16.157:9&: {*qatl*}.
ša-al-šu-ma /*ṯalṯūma*/? "(Gerät aus) Kupfer/Bronze" RS20.235:11: {*qatl*}.
vgl. *pag-ri-ma* /*pagrīma*/, Monatsname, RS25.455A+:III:1: {*qatl*}.

ilm /*ʾêl-*/ "Widder" 1.22:I:13: {*qatl*}.
? *diym* /*daʾy-*/?, Raubvögel 1.18:IV:20*f.&: {*qatl*} (?).
lú.meš*mur-ú-ma* /*murʾūma*/ "*m.*-Leute" RS17.64:5; 17.240:14?; 19.35A:5: {*qutl*}.
rumm = [rûm-] od. [ruʾᵘm-] "Wildstiere" 1.4:I:43&: {*qutl*} < **qitl* (§33.214.21).
rišt /*raʾšāt-*/ < **raʾašāt-* "Köpfe" 1.2:I:23.24; 1.3:II:12; vgl. 1.7:2: {*qatl*}.

Anm. Auch unkontrahierte pluralische Nominalformen der WzK III-*y* weisen wahrsch. auf eine Pluralbasis *{qVtl}* hin (bei *{qVtal}* wäre eine Kontraktion zu erwarten), z.B. *ẓbyh /ẓabyīhu/* "seine 'Gazellen'" 1.15:IV:18 (§33.312.32b).

53.322.2. Auch "unregelmäßige" zweisilbige Pluralbildungen von *{qVtl}*-Nomina schwacher Wzz. sind entsprechend den oben (§53.322.1) beschriebenen Regeln zu erklären. Obwohl im Sg. formal nicht erkennbar, handelt es sich dabei meist um etymologisch dreiradikalige Nomina des *{qVtl}*-MphT, deren Pluralbasis *{qVtal}* lautet. In Analogie dazu bilden aber offensichtlich auch etymologisch zweiradikalige Nomina zweisilbige Pluralbasen. Die zweisilbigen Pluralbasen schwacher Wzz. weisen häufig sekundäre Gleitlaute auf (§33.152-154).

a. Nomina II-*w/y*:
bht(m) /bahat-/ < **bayat-* "Häuser" (1.1:III:27&) mit phonetischer Variante *bwtm /bawatīma/* < **bayatīma* (√*byt*) "Häuser" (1.105:9); daneben offenbar selten auch Pl. (Gen.) *btm* = */bêtīma/* oder */battīma/*? (vgl. he. *battīm*) < **baytīma* (1.41:37*; 1.48:4; 4.370:14): Sg. *bt /bêt-/*; Du. *btm* (4.750:13.16.17.18).

b. Nomina III-*w/y*:
qrht /qarahāt-/? < **qaraØāt-*(?) < **qariyāt-* "Städte" 4.235:1; 6.27:2-3 (vgl. phön. *qrhty* [Hasan-Beyli 3]): Sg. *qrt* (1.4:VIII:11&) bzw. *qryt* (1.14:II:28; 1.14:IV:9).
klyt- (wohl Pl.pron.) */kulyāt-/* od. */kulayāt-/* "Eingeweide, Nieren" (*klyth* 1.82:3).

c. Nomina II-*gem.* oder zweiradikalige Nomina:
amht /ʾamahāt-/ "Mägde" 1.4:III:21.22: Sg. *amt*.
ilht /ʾilahāt-/ "Göttinnen" 1.3:V:28&: Sg. *ilt*, Du. *iltm* (1.39:18; 1.102:13).
umht /ʾummahāt-/ "Mütter" 1.15:I:6: Sg. *um*.
? *ilhnm /ʾilahān-/* "Götter" 4.182:1: (?) Sg. **iln* (siehe DLU 29a).
? *iht /ʾīhāt-/*? < **ʾiyahāt-* "Inseln" 1.3:VI:8: (?) Sg. **iy /ʾiy-/* (vgl. phön./he. *ʾy*).

SV. Vgl. phön. *dlht* "Türen" (Pl. zu *dl* "Tür" [PPG § 240:12]), he. *ʾamāhôt* "Mägde" sowie aram. *ʾbhn* "Väter", *šmhn* "Namen und *ʿqhn* "Hölzer".

53.322.3. Einige *{qVtl}*-Nomina schwacher Wzz. (bzw. *{qVl}*-Nomina zweiradikaliger Wzz.) bilden eine Pluralbasis mit Gemination des zweiten Konsonanten:
- Die Pluralbasis von **ʾḫ* "Bruder" besitzt im Einklang mit dem akk. und he. Befund ein geminiertes */ḫ/* (§33.171.3). Problematisch ist die Form *aḫyh* "seiner Brüder" (Pl.pron. Gen.) (1.12:II:50). Wahrsch. fungiert das {y} hier als *mater lectionis* für */ʾaḫḫê-hu/* (alt.: */ʾaḫḫayhu/*) (§21.341.22a). Alternativ kann die Schreibung unter Annahme einer zweisilbigen *{qatal}*-Pluralbasis als */ʾaḫayī-hu/* gedeutet werden.
- Die Pluralbasis von *ʿṣ* "Baum" besitzt nach Ausweis der syll. Schreibung *iṣ-ṣú(-[ma])* (RS20.149+:III:8' [S[a]]) ein geminiertes */ṣ/* (§33.171.3).

53.322.4. Pluralformen fem. Nomina weisen im Ug. selten einen doppelten Feminmarker auf. Dieses Phänomen setzt voraus, daß der letzte Konsonant der Singularform, */t/*, nicht mehr als Femininendung, sondern irrtümlich als (letzter) Radikal verstanden wurde. Das Phänomen ist auf Nomina schwacher Wzz. und entlehnte Wörter beschränkt:

ṯatt /*ṯaʾâtāt-*/ < **ṯaʾawatāt* "Mutterschafe" 1.103+:1 (zur Verteidigung der Lesung siehe D. Pardee, JAOS 113 [1993], 615.617).

tdtt /*tudittāt-*/ "Brustschmuck(gegenstände)" 4.609:35 (*bʿl tdtt* "Hersteller von ..."): Es handelt sich sicher um ein Lehnwort (vgl. akk. *t/dudittu* < **t/dudintu* mit Pl. *tudinātu*); alternativ wäre eine Emendation *tdn!t* zu erwägen.

? *mrdtt* "*mrdt*-Stoffe" 2.72:28: Es handelt sich möglw. um eine fem. Pluralbildung eines Lehnwortes (alt.: Dittographie [§21.355.1b]).

? *gtt* /*gittāt-*/ < **gintāt*-"Keltern" RS92.2001+:II:35 (ON *ʿl gtt* bzw. Präp. *ʿl* + ON *gtt*): Das /*t*/ der sem. Grundform **gint-* ist wahrsch. Femininmarker, da das Lexem im He. fem. Genus besitzt.

Demgegenüber zeugt die Schreibung *aḫtth* (1.24:36) wohl nicht von doppelter Pluralmarkierung, zumal in 1.10:II:16 und 1.10:III:10 die Pluralform (St.cs.) *aḫt* belegt ist. Die Form *aḫtth* ist aufgrund des Kontextes (// *iḫh* "ihr Bruder" [§33.215.31b]; singularische Verbalform *yṯʿr* in Z. 35) wahrsch. als Sg. zu deuten: "ihre Schwester". Es ist somit – mit Dietrich - Loretz - Sanmartín (1977) – mit Dittographie von {t} zu rechnen (§21.355.1b). Alternativ könnte eine erweiterte Nominalbildung vorliegen, etwa *aḫt* + Zärtlichkeitssuffix(?) *-at* entsprechend dem akk. PNf *aḫātatum* "Schwesterlein"(?) (UCP 10/1, 96:3).

SV. Doppelte Femininmarker im Pl. sind auch in anderen sem. Sprachen bezeugt. Siehe etwa he. *ʾotôt* "Zeichen" (Sg. *ʾôt* < **ʾawayat*), he. *dᵉlātôt* "Türen" (Sg. *dælæt*), he. *qᵉšātôt* "Bögen" (Sg. *qæšæt*; vgl. demgegenüber ug. *qšt* /*qôšāt*/ "Bögen" [4.53:14&]), syr. *qeštātā* "Bögen", äth. *ʾəḫətāt* "Schwestern" und akk. *išātāt-* "Feuer" (für weitere akk. Beispiele siehe GAG § 61 l-m).

53.33. Genusmarkierung im Plural versus Genusmarkierung im Singular

In der Regel besitzen Nomina, die im Sg. formal maskulin sind, eine maskuline Pluralendung und Nomina, die im Sg. formal feminin sind, eine feminine Pluralendung. Diverse Ausnahmen von dieser Regel werden im folgenden diskutiert.

SV. Hinsichlichtlich der nachfolgend genannten ungewöhnlichen Pluralbildungen weist der ug. Befund signifikante Übereinstimmungen mit dem nwsem., insbesondere aber mit dem kan. (he.) Befund auf.

53.331. Feminine Pluralendung bei formal maskulinem Singular

53.331.1. Hierzu zählen vor allem zahlreiche Nomina, die trotz formal mask. Sg. grammatisch fem. sind (§52.5).

53.331.2. Ferner gibt es auch grammatisch mask. Nomina (mit formal mask. Sg.) mit fem. Pluralendung. Hierzu zählen wahrscheinlich:

apnt "Räder" (1.145:3.9&) zu Sg. **apn* (vgl. Du. *apnm* [4.88:3-8&]): Zum mask. Genus vgl. he. *ʾôpan* und syr. *ʾopnā* (jeweils mask. bei formal mask. Pl.).

ggt "Dächer; Dachbereich" (1.14:II:27; 1.14:IV:9) zu Sg. *gg* (1.13:11&): Wahrsch. mask. Genus entspr. mhe. *gāg* (GesB, 9a); siehe DLU 145a.

kst "Becher" (4.206:5), *kšt* (1.86:24) zu Sg. *ks* (1.3:I:10&): Zum mask. Genus siehe *ṯn ksm* "zwei Becher" (4.385:2) (he. *kôs* und ar. *kaʾs* sind dagegen fem.; akk. *kāsu* ist mask. oder fem.).

lḥt "(Brief-)Tafel" (1.2:I:26; 2.14:6&) zu nicht bezeugtem Sg. **lḥ*: Zum mutmaßlich mask. Genus vgl. 2.14:6f. (*lḥt \ spr d likt* ... [endungslose Form des RelPr]); vgl. ferner he. *lûaḥ* mit Pl. *lûḥô/ot* (mask.).

mdbḥt "Altäre" (1.13:16&) zu Sg. *mdbḥ* (1.41:41; 1.87:44f.*): Zum mask. Genus vgl. zsem. **maḏbi/aḥ* (mask.); zum fem. Pl. vgl. den kan. Befund (pun. aber auch *mzbḥm* [PPG[3] § 304,3b]).

mṭrt "Regengüsse" (1.5:V:8) zu Sg. *mṭr* (1.4:V:6&): Zum mask. Genus und fem. Pl. vgl. den he. Befund.

mškbt "Betten" (4.275:4; 4.385:10) zu nicht belegtem Sg. **mškb* (vgl. wsem. **maškab*): Vgl. he. *miškᵉbôtām* "ihre Betten" (Ps 149,5&).

mṯbt "(Wohn-)Sitze" (1.16:V:24*&) zu Sg. *mṯb* (1.3:IV:50&): Zum mask. Genus und fem. Pl. vgl. den he. Befund.

ʿlmt "Ewigkeit(en)" (3.5:15 [*šḥr ʿlmt*, w. "bei der Morgendämmerung der Ewigkeiten", entspr. akk. *urra(m) šēra(m)*]) zu Sg. *ʿlm* (1.2:IV:10; 1.3:V:31&): Dieses Subst. hat im Wsem. in der Regel mask. Genus; zum fem. Pl. siehe *mhe. ʿôlām*, Pl. *ʿôlāmôt* (gegenüber he. *ʿôlāmîm*) und äth. *ʿālam*, Pl. *ʿālamāt*. Alternativ wäre *ʿlmt* als eigenständiges Lexem zu betrachten (vgl. etwa mhe. *ʿôlāmît* "auf ewig, für immer" [Dalman, 308a]).

ʿqbt "Hufen" (1.17:VI:23) zu einem nicht bezeugten Sg. **ʿqb* (vgl. he. *ʿāqeb*, ar. *ʿaqib*, syr. *ʿeqbā*): Zum mask. Genus und zum fem. Pl. vgl. den he. Befund (he. *ʿāqeb* mit mask. und fem. Pl.).

? *ú-ra-tu* "(zwei) Tierfelle" (RS19.28:6 [vgl. UV 159]) zu Sg. *[ú]-ru* (RS20.149:II:6') = alph. *ġr* "Haut, Fell" (1.5:VI:17&): Zum mask. Genus und fem. Pl. vgl. den he. Befund (he. *ʿôr* mit Pl. *ʿôrôt/ʿorot*).

qrnt "Hörner" (1.17:VI:22) zu Sg. *qrn* (1.18:IV:10; 2.72:30): Das mask. Genus liegt aufgrund folgender Syntagmen nahe: *adr qrnt b yʿlm* "die mächtigsten Hörner unter (den Hörnern) von Steinböcken" (1.17:VI:22); *[... d qr]nh km bṯn yqr* "[... dessen Ho]rn(?) wie eine Schlange gekrümmt ist" (1.17:VI:14). Das Subst. **qarn-* ist auch im Akk. und Ar. mask., im He. und Syr. aber fem.

rḥbt "(Wein-)Amphoren" (1.4:VI:53& [nur Pl. belegt]): Der Sg. des betreffenden Subst. ist nicht belegt; es könnte **rḥb* lauten (vgl. evtl. akk. *rību*, ein Gefäß [AHw. 981a, sub *rību* IV]). Zugunsten des mask. Genus spricht der Ausdruck *ilm rḥbt* "Amphorengötter" (1.4:VI:53), da *ilm* in den vorangehenden Textzeilen (Z. 47ff.) immer mit mask. Substt. verknüpft ist, während vor fem. Substt. durchgehend *ilht* steht (*ilm krm*, *ilm alpm* und *ilm kḥṯm* gegenüber *ilht ḫprt*, *ilht arḫt* und *ilht ksat*).

šmt "Namen" (1.2:IV:11&) zu Sg. *šm* (1.1:IV:14&): Zum mask. Genus vgl. den wsem. Befund; zum fem. Pl. vgl. den he., pun. (*šmʾt*), aram. und äth. Befund.

ṯlḥnt "Tische" (1.3:II:21&) zu Sg. *ṯlḥn* (1.4:I:38; vgl. auch *šlḥn* in 4.275:6): Zum mask. Genus siehe *ṯlḥn il d mla* ... "ein göttlicher Tisch, voll von ..." (1.4:I:38 [alt.: Schreibfehler für *mla<t>*]); vgl. he. *šulḥān* (mask. mit fem. Pl.). —

ṯlḥnm (1.3:II:30) ist wahrsch. eine Dualform (vgl. Du. *qrytm* in 1.3:II:7.20). Eine Fehlschreibung für *ṯlḥnt* ist aber nicht auszuschließen.

Mögliche weitere Belege:
kṯt, ein Hohlmaß (4.161:7&) zu Sg. *kṯ* (4.61:4&).
trbṣt "Ställe" (1.14:III:37) zu Sg. *trbṣ* (1.14:III:25&) (alt.: Schreibfehler für *trbṣ«t»*). Es handelt sich wahrsch. um ein akk. Lw. (< akk. *tarbaṣu*); einen fem. Pl. zu diesem Lexem gibt es weder im Akk. noch im Aram.

Anm. Zum Lexem *ab* "Vater" ist kein Pl. belegt (aus sprachvergleichenden Gründen ist ein fem. Pl. zu erwarten: **abt* oder **abht*). — Ug. *šd* "Feld" hat immer einen mask. Pl. (*šdm* [1.1:II:21*&]), während he. *śādæh* häufig (16x) einen fem. Pl. *śādô/ot* bildet (daneben auch 13x **śādîm* [siehe dazu GBH § 90e]). Auch phön. *šd* hat einen fem. Pl. (*šdyt* [PPG³ § 230,3). — Man beachte in diesem Zusammenhang auch die pluralische Wortform *alt* "Pfeiler" (1.6:VI:27), die möglw. auf einen Sg. **il* (entsprechend. he. *ʾayil* "Pfeiler") zurückzuführen ist (§53.322.1a).

53.331.3. Einige grammatisch mask. Nomina bilden sowohl einen mask. als auch einen fem. Pl. Hierzu zählen:
ym "Tag" 1.1:V:15&: *ym* bildet in der Regel den mask. Pl. *ymm* (1.1:V:15&). In der Poesie ist daneben auch der fem. Pl. *ymt* bezeugt: *l ymt špš w yrḫ* "für (alle) Tage der Sonne und des Mondes" (1.108:26; RS92.2016:38'-39'*); ein weiterer Beleg von *ymt* begegnet viell. in 7.51:18. — Vgl. den phön. und he. Befund: Im Phön. ist *ymt* etwa gleich häufig wie *ymm* (PPG³ § 304,3a). Im He. ist neben *yāmîm* in der Poesie auch der fem. Pl. *yāmôt* bezeugt.
riš "Kopf" 1.3:II:9&: *riš* bildet in der Regel einen fem. Pl. (*rišt* 1.2:I:23.24& bzw. *rašt* 1.2:I:27.29). Daneben findet sich auch der mask. Pl. *rašm* (1.3:III:42; 1.5:I:3), allerdings ausschließlich im Zusammenhang mit dem siebenköpfigen Ungeheuer *Šlyṭ*. — Zum mask. Genus siehe den gemeinsem. Befund.
ṯġr "Tor" 1.16:I:52&: Zu *ṯġr* ist sicher ein mask. Pl. (immer St.pron.: *ṯġrkm/ṯġrny* "eure/unsere Tore" 1.119:26.28.35; *ṯġrh* "ihre Tore" 1.161:34), daneben aber viell. auch eine fem. Pl. (*ṯġrt* 1.3:II:3; 1.7:36* [alt.: Sg. oder G-Ptz. f.sg. von √*ṯġr* = "Torhüterin"]) bezeugt (§52.5f). — Das Lexem weist sowohl im He. (*šaʿar*) als auch im Aram. (*tarʿā*) einen mask. Pl. auf.

Anm. 1. Sivan (GUL 79) vermutet, daß auch zu ug. *lšn* "Zunge" zwei verschiedene Pluralbildungen bezeugt sind, zum einen ein Pl. *lšnt* (1.84:9), zum anderen ein Pl. *lšnm* (1.83:5). Die letztgenannte Form ist aber sehr wahrsch. als Dual zu deuten (vgl. *ḏnbtm* "zwei Schwänze" in 1.83:7). Die Zeichenfolge *lšnt* in 1.83:5 wiederum wird in KTU² in *l* (Präp.) und *šnt* ("Jahre") aufgespalten (der Kontext ist abgebrochen).

Anm. 2. Möglicherweise bezeichnet – wie etwa Michel (1977, 34-63) am Beispiel des He. zeigte – die formal fem. Pluralbildung ursprünglich "eine Mehrzahl, die aus einzelnen Exemplaren bestehend gedacht wird", die formal mask. Pluralbildung dagegen "eine Mehrzahl von Dingen oder Wesen, die haufen- oder gruppenweise auftreten." (Michel 1977, 40). Wollte man dieses Prinzip auf den ug. Befund anwenden, ließe sich mit Blick auf ug. *ymt* "Tage" (vs. *ymm*) vermuten, daß hier ein "Einzelplural" vorliegt (1.108:26: "für alle einzelnen Tage der Sonne und des Mondes"). Im Hinblick auf *rašm* "Köpfe" (vs. *rašt/rišt*) wiederum erscheint die Interpretation als "Gruppenplural" passend (1.3:III:42 und 1.5:I:3: "[Ungeheuer mit einer] Gruppe von sieben Köpfen").

53.331.4. Möglicherweise gibt es daneben auch Nomina, die nur im Pl. (bei fem. Pluralendung) als grammatische Femina behandelt werden, sonst (im Sg. und Du.) aber als Maskulina gelten:

ḫpnt "Umhänge, Satteldecke (für Pferde)" (4.152:5&) zu Sg. *ḫpn* (2.70:28) und Du. *ḫpnm* (5.11:16; vgl. 4.4:4): Zum grammatisch fem. Pl. siehe *[ ] ḫpnt dqt* "[ ] feine *ḫpn*-Umhänge" (4.765:4); zum grammatisch mask. Sg. siehe *[ḫ]pn aḥd* "ein *ḫpn*-Umhang" (4.156:3).

ḫlpnt "Umhänge" (4.630:5; vgl. *ḫlpn[t]* in 4.192:2) zu Sg. *ḫlpn* (5.10:5) und Du. *ḫlpnm* (4.117:1): Zum mask. Du. siehe *ṯn ḫlpnm* "zwei *ḫlpn*-Umhänge" (4.385:6). Ob der Pl. als Femininum behandelt wird, ist unsicher. Der folgende Satz bringt keine Klärung: *b yrḫ mgm[r] \ yṣu ḫlpn[t]* "Im Monat *Mgm[r]* 'gingen hinaus' / wurden ausgeliefert Umhänge" (4.192:1f.). Die Verbalform *yṣu* kann sowohl SK 3.m.pl. als auch SK 3.f.pl. sein (§73.332.23).

Anm. Zur Frage, ob *ḫpn* und *ḫlpn* etym. zu verknüpfen sind, siehe §33.115.52.

53.331.5. Hinzuweisen ist in diesem Zusammenhang ferner auf die Form *kbkbt* (1.92:28) mit der Sonderbedeutung "weibliche Gestirnsgötter" (im Gegensatz zum mask. Pendant *kbkbm* [1.92:27]). Zu diesem Lexem sind sonst nur mask. Formen bezeugt: Sg. *kbkb* (1.4:IV:17&), Pl. *kbkbm* (1.3:II:41&). Ein fem. Sg. **kbkbt* ist aber zu rekonstruieren (damit gegen DLU, 209).

53.332. Maskuline Pluralendung bei femininem Singular

ḥṭm "Weizen" (4.225:9&) zu Sg. *ḥṭt* (1.14:II:29&): entspr. dem nwsem. Befund.

? *šnm* "Jahre", nur im Epitheton des Gottes Ilu, nämlich *ab šnm* "Vater der Jahre" (1.1:III:24&): Gegen diese Deutung spricht freilich, daß das Lexem *šnt* "Jahr" sonst (wie phön. *št* mit Pl. *šnt*) immer den fem. Pl. *šnt* (1.6:V:8&) bildet. An alternativen Deutungen der Zeichenfolge *šnm* sind zu erwägen: a) Subst. "Erhabenheit, hoher Rang, Würde" (vgl. he. *√šny* III [KBL3, 1477f.] und ar. *√sny* mit Derivat *sanāʾ*); b) GN "Šanuma" (vgl. GN *ṯkmn w šnm* [1.39:3.6&; siehe bes. 1.114:18f.]). — Auch zu he. *šānāh* "Jahr" ist sowohl ein mask. als auch ein fem. Pl. bezeugt.

? *[... q]šm* "[(mehrere) Bo]gen" (4.624:11.12) zu Sg. *qšt* (1.17:V:2&): Die vorgestellte Interpretation ist unsicher und beruht lediglich auf kontextuellen Überlegungen. Das betreffende Lexem besitzt im Ug. jedoch sonst fem. Genus (siehe 4.63:I:2.3&) und bildet einen fem. Pl. *qšt /qa/išāt-/* (z.B. 4.63:II:45; vgl. akk. *qašāt-*; demgegenüber he. *qᵉšātōt* und syr. *qeštātā*). Man beachte, daß ar. *qaws* mask. oder fem. Genus besitzt und daß zu syr. *qeštā* sowohl ein mask. Pl. (selten) als auch ein fem. Pl. gebildet werden kann.

Anm. Das ug. Subst. *dblt* "Feigen(kuchen)" (1.71:27&) bildet — anders als sein he./aram. Pendant (he. *dᵉbelîm*, jaram. *diblīn* [daneben auch *diblān*]) — einen fem. Pl. (siehe *[a]rbᶜ dblt* in 4.60:5.9; vgl. auch 4.751:9).

53.34. Plural als Grundnumerus

Eine Reihe von Substt. ist ausschließlich im Pl. (*plurale tantum*) bzw. vornehmlich im Pl. belegt. Da der ug. Textbestand einen beschränkten Umfang hat, ist nicht immer eindeutig auszumachen, ob die ausschließlich pluralische Bezeugung gewisser Substt. auf Zufall beruht (vgl. etwa *ẓby[m]* "Gazellen" [1.15:IV:7&]) oder durch die semantische Natur der Wörter bedingt ist. Zur letzteren Gruppe sind wahrscheinlich zu zählen (syll. und alph. Formen):

? *dqn-* (Pl.pron.) "Greisenalter" 1.3:V:2& (Abstraktplural).

ḫé/ḫe-yu-ma [ḥeyyūma] < **ḥayyūma* (alt.: */ḥêyūma/* [§33.213.1a]) "Leben" RS20.189:25; 20.123+:I:3'; 20.201G+:6' = *ḥy-* (Pl.pron.) 1.16:I:14&.

⌈na⌉-[š]u-ma /nāšūma/ "Menschen" RS20.123+:II:3' = *nšm* 1.1:III:15&: Das betreffende Wort begegnet allerdings im zusammengesetzten Lexem *bu-nu-šu* = *bnš* "Mensch" als Sg. (§33.215.42). Das etym. verwandte Subst. *inš* (1.39:22&) besitzt eine andere Bedeutung ("Angehöriger").

ssnm "Dattelrispe(n)" 1.100:66.

palt "Gestrüpp" 1.19:II:12& (zur Deutung als Pl. siehe Tropper 1994e, 484).

pamt "(so und so viele) Male" 1.39:20&: Die Nuance "zweimal" wird im Ug. anders ausgedrückt (§65.14-5). Die Nuance "einmal" ist nicht bezeugt.

pn(m) "Vorderseite, Gesicht" 1.1:II:14&.

šlmm, eine Opferart (entspr. he. *š^{e}lāmîm*), 1.39:4&.

ša-mu-ma /šamûma/ "Himmel" RS20.123+:III:8'& = *šmm* 1.1:III:14&.

Anm. Vgl. in diesem Zusammenhang ferner: *(u)dm^{c}t* "Tränen" 1.6:I:10&; *uṣb^{c}t* "Finger" 1.2:IV:14&; *bkyt* "Klagefrauen" 1.19:IV:9-10.21; *kš/smm* "Emmer" 4.225:17& (vgl. Pl. *kšmn* in 4.269:4); *mrḥqm* "Ferne" 1.127:31; *mšspdt* "Klageweiber" 1.19:IV:10.21; *ṣmqm* "Rosinen" 1.71:24&; *ġnbm* "Weintrauben" 1.19:I:42&; *ṣl^{c}t* "Rippen" 4.247:16; *š^{c}rm* "Gerste" 4.14:1& (*š^{c}r* in 1.19:II:2.6*, 1.19:IV:37 und 1.114:29 ist ein anderes Lexem: "Haar, Vlies").

53.35. Ausdruck der (inneren) Pluralität durch Reduplikation

Die (innere) Pluralität eines Begriffs wird bisweilen formal durch eine Reduplikation der Wortbasis zum Ausdruck gebracht. Beispiele:

ssnm (Pl.) < **snsn-* "Dattelrispe" 1.100:66 (Vielzahl der Rispenelemente).

ššrt < **šršrt* "Kette" 1.119:21; 4.341:1 (Vielzahl der Kettenglieder).

kbkb "Stern" 1.3:II:41&, Nf. *kkbm* < **kbkb* (Pl.) 1.10:I:4 (Vielzahl der Sterne).

Man beachte jedoch, daß die reduplizierte Basis bei den beiden letzten Wörtern sowohl als Pluralbasis als auch als Singularbasis fungiert. Die Reduplikation der Wortbasis kann somit nicht als produktives Bildungsmerkmal des Plurals betrachtet werden.

53.36. Zu den Funktionen des Plurals

Der Plural dient primär (a) zur Bezeichnung einer Anzahl von mehr als zwei zählbaren Wesen oder Dingen ("numerischer Plural"). Daneben läßt sich im

Ug. – wie in anderen sem. Sprachen auch (vgl. insbesondere den he. Befund [GK § 124; Michel 1977, 87-89]) – eine Reihe von anderen Funktionen des Plurals beobachten. Dazu zählen:

b) Plural zum Ausdruck einer Ansammlung von nicht zählbaren Einzelelementen, z.B.: *kš/smm* "Emmer" 4.225:17& (vgl. Pl. *kšmn* in 4.269:4); *ġnbm* "Weintrauben" 1.19:I:42&; *ṣmqm* "Rosinen" 1.71:24&; *šʿrm* "Gerste" 4.14:1&.
c) Plural der räumlichen Ausdehnung, z.B.: *mym* "Wasser" 1.19:III:45.46; 1.19:IV 28.37]; *mrḥqm* "Ferne" 1.127:31; *ša-mu-ma* "Himmel" RS20.123+:III:8'& = *šmm* 1.1:III:14&.
d) Plural der zeitlichen Ausdehnung, z.B. *ʿlmt* (Pl. von *ʿlm* [§53.331.2]) "(in alle) Ewigkeit" 3.5.15.
e) Plural für Abstraktbegriffe, z.B.: *dqn-* (Pl.pron.) "Greisenalter" 1.3:V:2&; *ḫé/ḫe-yu-ma* "Leben" RS20.189:25& = *ḥy-* (Pl.pron.) 1.16:I:14&.
f) Plural zum Ausdruck einer Intensivierung der Wortbedeutung ("Amplifikationsplural"), z.B.: (?) *anm* "(wahre) Kraft" 1.6:I:50; *dmm* "(viel) Blut" 1.3:V:2; *mmʿm* "(viel) Blutgerinsel" 1.3:V:25; 1.18:I:12.

Anm. Die Form *ilm* als Bezeichnung des Gottes Ilu ist nicht als Plural (*pluralis maiestatis*) des Subst. *il* zu deuten (entspr. he. *ᵓᵃlohîm* "Gott"). Es handelt sich eher um die Singularform *il*, erweitert durch die EP *-m* (§89.231c).

54. Kasus

54.1. Die drei Hauptkasus (Nominativ, Genitiv, Akkusativ)

Das Ug. besitzt im Einklang mit dem gemeinsem. Befund drei Hauptkasus, nämlich Nominativ (Nom.), Genitiv (Gen.), und Akkusativ (Ak.). Sie werden durch vokalische Morpheme markiert, die beim femininen Nomen auf den Genusmarker folgen.

Anm. Eine spezifische Dativkategorie läßt sich im Nominalbereich des Ug. nicht nachweisen (vgl. aber den Terminativkasus mit dativischer Funktion [§54.323b]). Zu Personalpronomina und Pronominalsuffixen mit dativischer Funktion siehe §41.131b.d (vgl. ferner §73.163 ["Dativus commodi"]).

54.11. Kasusflexion im Singular

54.111. Triptotisch flektierter Singular

Im Sg. (mask. und fem.) werden die drei Hauptkasus in der Regel durch drei unterschiedliche vokalische Endungen geschieden: Der Nom. wird durch eine Endung /*-u*/, der Gen. durch eine Endung /*-i*/, der Ak. durch eine Endung /*-a*/ markiert. Diese Art der Drei-Fälle-Flexion wird als Triptosie bezeichnet. Signifikante Belege (syll. Formen und alph. bezeugte Nomina III-ᵓ):

Nom. auf /*-u*/:

syll. m. *a-da-nu* "Herr" RS20.149+:II:9'; *ap-pu* "Nase" RS20.123+:II:13'; *ar-zu* "Zeder" RS19.71:3; *ar-ṣu* "Erde" RS20.123+:III:14; *ma-al-ku* "König" RS20.149:III:13'&; *qi-id-šu* "Heiligtum" RS20.123+:III:4'&; *ši-i-ru* "Fleisch" RS20.149+:II:3'; *šu-uq-du* "Mandelbaum" RS19.35B+:4'.

f. *iš-tu*$_4$ "Feuer" RS20.201G+:8'; *ma-a-al-tu*$_4$ "Band, Türschloß(?)" RS20.123+:II:6'; *ḫu-ul-ma-tu*$_4$ "Dunkelheit" RS20.123+:III:15'.16'; *pu-wa-tu*$_4$ "Krapp, Färberröte" RS23.368:14'; *qa-aš-tu*$_4$ "Bogen" RS20.189:9; *ša-an-tu*$_4$(?) "Jahr" RS20.189:11; *ti-[i]t-tu*$_4$ "Feige" RS20.189:10.

alph. m. *ksu* /*kussiʾu*/ "Thron" 1.1:III:1&; *llu* /*laliʾu*/ "Zicklein" 1.86:15; *mru* /*murʾu*/, eine Berufsbezeichnung, 4.332:9; *ṣbu* /*ṣabaʾu*/ "Heer" 1.14:II:33&; *rpu* /*rapīʾu*/?, Ahnenbezeichnung, 1.22:I:8&.

Gen. auf /*-i*/:

syll. m. *ad-ma-ni* "rot" RS15.145:8.12; *uḫ-ra-a-yi* "Ende" RS15.085:18; *ia-ar-qa-ni* "gelbgrün" RS16.178:9; *ma-ba-ri* /*maʿbar*/ "Furt, Paß" RS20.12:6.19; *na-ḫa-li* "Palmenhain"(?) RS16.251:7; *ta-ar-ni* "Mast (eines Schiffes)" RS19.115:4'.

f. *ha-me-ti* "Mauer" RS16.86:4; *pu-wa-ti* "Krapp, Färberröte" RS16.110:3'; *qa-ad-šu-ut-ti* "Priesterstatus" RS16.132:7; *ra-ba-ti* "groß" RS17.036:4.

alph. m. *ksi* /*kussiʾi*/ "Thron" 1.2:IV:7; *lbi-m* /*labʾi-mV*/ "Löwe" 1.5:I:14; 1.133:3; *lli* /*laliʾi*/ "Zicklein" 1.4:VIII:19&; *mri* /*marīʾi*/ "gemästet" 4.247:16.17; *mri* /*murʾi-*/, eine Berufsbezeichnung, 4.128:8&; *(lbš) pgi*, ein Gewandtyp, 4.721:1; *ṣbi* /*ṣabaʾi*/ "Heer" 1.14:II:33; (?) *ri* /*ruʾî*/ "Aussehen" 1.3:I:12 (n.L.; KTU^2 bietet *ridn*); *ṣbi* /*ṣabīʾi*/ "Aufgang (Sonne)" 1.19:IV:47; *rpi* /*rapīʾi*/?, Ahnenbezeichnung 1.17:I:17.

Ak. auf /*-a*/:

syll. m. *ma-aš-na* "zweitens" RS16.207:4; *ma-ša-ra* "Zehntel" RS16.244:7.

alph. m. *ksa* /*kussiʾa*/ "Thron" 1.6:VI:28; *lla* /*laliʾa*/ "Zicklein" 1.14:II:15&; *mra* (1.4:V:45) mit Nf. *mria* /*marīʾa*/ "Masttier" (1.3:IV:41; 1.4:VI:41-42); *ṣba* (1.16:I:36; 1.112:14) mit Nf. *ṣbia* (1.15:V:19) /*ṣabīʾa*/ "Aufgang (Sonne)".

Anm. Die vorgestellten Kasusendungen /*-u*/, /*-i*/ und /*-a*/ gehen sprachgeschichtlich sehr wahrsch. auf **-um*, **-im* und **-am* zurück (vgl. etwa den akk. und asa. Befund). Bei Antritt von enklitischen Partikeln wie etwa der EP *-m* dürfte die betreffende (im Wortauslaut geschwundene) Mimation auch im Ug. wieder zum Vorschein kommen, ohne freilich Spuren in der alph. Orthographie zu hinterlassen, weil sich das betreffende /*m*/ an den Anlautkonsonanten der enklitischen Partikel assimiliert, d.h. **qtlm* = /*qVt(V)lum-ma*/ (Nom.); siehe hierzu §89.21.

54.112. Diptotisch flektierter Singular

54.112.1. Nomina bestimmter MphTT (einschließlich gewisser Eigennamen) weisen im Sg. nur zwei unterschiedliche Kasusendungen auf, wobei im Einklang mit dem ar. Befund der Nom. durch /*-u*/, der Gen. und der Ak. gleichermaßen durch /*-a*/ markiert wird. Diese Zwei-Fälle-Flexion wird Diptosie genannt.

54.112.2. Hinweise auf Diptosie im Sg. liefern ausschließlich syll. bezeugte Formen. Abgesehen von Eigennamen (im engeren Sinn) gibt es bisher allerdings nur folgendes sichere Beispiel für Diptosie:

ra-aḫ-ba/bá-na (Gen.) "weiter Platz" (eine Flußbezeichnung) RS16.162:12; 16.189:6$^{!}$; 16.371:11; 17.121:Vs.:2' (vgl. alph. *rḫbn* 4.143:1).

Neben dieser Form (Gen. /*raḫbāna*/) ist allerdings auch die (triptotisch flektierte) Genitivvariante *ra-aḫ-ba/bá-ni* (RS16.162:5; 16.254A:5; 16.371:8) bezeugt. Das Nebeneinander der Formen /*raḫbāna*/ und /*raḫbāni*/ zeigt, daß {*qatlān*}-Nomina sowohl diptotisch als auch triptotisch flektiert werden können, ein Befund, der auch im Ar. gegeben ist (siehe GKA § 119.1).

Andere Beispiele für Diptosie im Sg. – abgesehen von Eigennamen – sind ungewiß. Die in UV 299 zitierte Form (A.ŠÀ) *sí-il-a* (Gen.) "Felsen" (eine Flurbezeichnung, bezeugt in RS16.204:5.9, RS16.249:5 und RS16.363:4.8*) ist nicht zwingend als /*silʿa*/ zu verstehen. Sie dürfte eher eine Form ohne Flexionsendung darstellen, d.h. /*sil*$^{a\,ʿ}$/ < **silʿ* (Graphem {a} für Phonem /ʿ/) (§54.51).

54.112.3. Die Existenz der diptotischen Flexion des Sg. im Ug. wird jedoch grundsätzlich gestützt durch die im syll. Textkorpus von Ugarit relativ häufig nachweisbare diptotische Flexion von Eigennamen. Nach einer Untersuchung von Liverani (1963) werden insbesondere auf /*-ān*/, /*-ēn*/, /*-īn*/ und /*-ūn*/ endende Eigennamen (vornehmlich PNN) überwiegend diptotisch flektiert. Im einzelnen ergibt sich entsprechend einer von Liverani (1963, 148) aufgestellten Statistik folgender Befund:

Gen. von PNN auf *-ān* :	251x *-a*,	9x *-i*,	3x *-u*
Gen. von PNN auf *-ēn* :	24x *-a*,	4x *-i*	
Gen. von PNN auf *-īn* :	34x *-a*,	3x *-i*	
Gen. von PNN auf *-ūn* :	29x *-a*,	3x *-i*,	3x *-u*

Es sei angemerkt, daß in dieser Statistik sowohl sem. als auch zahlreiche nichtsem. PNN erfaßt sind und daß neben PNN auch andere Eigennamen von entsprechender Gestalt vorwiegend diptotisch flektiert werden. Die diptotische Flexion läßt sich ferner auch bei gewissen anderen (sem.) Eigennamen von komplexerer Gestalt nachweisen, etwa im Königsnamen ʿAmiṯtamru (Nom. ^{I}*a-mis-tam-ru* 16.267:2&), der im Gen. entweder ^{I}*a-mis-tam-ra* (15.114:13&) oder ^{I}*a-mis-tam-ri* (16.267:15&) lautet.

54.112.4. Der oben diskutierte Befund zeigt, daß die diptotische Flexion kein Spezifikum des Ar. darstellt, sondern auch im Nwsem. des 2. Jt. v. Chr. und konkret auch im Ug. existierte. Zugleich lassen sich folgende Übereinstimmungen zwischen dem Nwsem. des 2. Jt. v. Chr. und dem Ar. hinsichtlich der Verbreitung der Diptosie beobachten (vgl. GKA § 153):

a) Diptosie ist vor allem verbreitet bei Nomina (einschließlich Eigennamen) mit Bildungssuffix /*-ān*/ und bei (anderen) Eigennamen von komplexerer Gestalt sowie fremder Herkunft.

b) Nominalformen (und Eigennamen) mit Vorliebe für diptotische Flexion werden sporadisch auch triptotisch flektiert.

Anm. Nichtsem. Eigennamen werden jedoch nicht immer diptotisch flektiert. Von Triptosie zeugen etwa der PN *tlmu* (4.85:4; 4.678:4) mit Gen. *tlmi* (4.337:7; 4.343:7) sowie der ON *nnu* (4.68:23&) mit Gen. *nni* (4.355:18).

SV. Zu einer sprachhistorischen Erklärung des Phänomens der Diptosie siehe unter *§*54.62 ("Absolutivkasus").

54.113. Singularische Nomina mit inkorrekten Kasusendungen

54.113.1. Ug. Nomina werden im Sg. in der Regel in allen Status entsprechend dem vorgestellten triptotischen bzw. diptotischen Schema flektiert. Daneben ist jedoch mit sporadischen Abweichungen, d.h. mit Nomina mit falschen Kasusendungen, zu rechnen.

54.113.2. Im syll. (akk. bzw. hybrid-ug./akk.) Textkorpus von Ugarit gibt es eine Reihe von Nomina aller Status, die syntaktisch als Ak. oder (seltener als) Gen. ausgewiesen sind, aber dennoch eine Kasusendung /*-u*/ aufweisen. Beispiele (für weitere Beispiele siehe Huehnergard [1981, 204, mit Anm. 39] und SAU 412f.):

É-*tu*$_4$ /*bītu*/ (Ak. St.cs.) RS15.86:8.18.19; *pîl-ku-šu* (Ak.) RS16.162:24; *ṭup-pu an-na-am* (Ak.) RS15.109+:56; *kàs-pu* (Gen.) RS16.145:14.

Beispiele für eine falsche Setzung der Kasusendungen /*-i*/ oder /*-a*/ sind demgegenüber ganz selten.

Aus den genannten syll. Beispielen mit falschen Kasusendungen läßt sich nicht folgern, daß die (kurzen) Kasusvokale im (jüngeren) Ug. allgemein nicht mehr differenziert wurden. Zum einen begegnen nämlich viele dieser Beispiele in listenhaften Texten. Zum anderen weist die große Mehrzahl der Nomina, einschließlich Nomina im St.cs./pron., korrekte Kasusendungen auf.

54.113.3. Im alph. Textkorpus lassen sich mögliche Fälle von Nomina mit falschen Kasusendungen nur im St.pron. nachweisen. Beispiele:

iḫh 1.24:34 (Kontext: *iḫh yṯʿr* \ *mšrrm* "ihr Bruder montierte das Zünglein[?] [der Waage]"). *iḫh* ist aufgrund des Kontextes als Sg. Nom. ausgewiesen. Die Vokalisation muß aber wegen der durch Vokalharmonie entstandenen Veränderung der Vokalqualität der ersten Silbe /*ʾiḫîhā*/ lauten (*§*33.215.31b). Somit zeugt die Schreibung *iḫh* indirekt von einer Verdrängung der Nominativendung durch die Genitivendung.

Anm. Daß es sich dabei um keinen simplen Schreibfehler handelt, zeigt der vergleichbare he. Befund, wo der St.pron. durchgehend für alle Kasus *ʾāḫî-* lautet. Es sei jedoch auch erwähnt, daß in anderen ug. Texten auch eine Form *uḫh* = /*ʾuḫûhu*/ (Nom.) "sein Bruder" (4.80:10, 4.759:4) bezeugt ist. Diese Form enthält allerdings ein PS 3.m.sg. (*-h* in *iḫh* ist ein PS 3.f.sg.).

? *spuy* "meine Speise" 1.6:VI:11.15: *spuy* kann theoretisch als Ak. mit falscher Kasusendung gedeutet werden. Wahrscheinlicher ist jedoch die Deutung als Lokativ (§54.423f).

54.12. Kasusflexion im Dual und Plural

54.121. Diptotische Flexion von Dual und maskulinem Plural

54.121.1. Im Du. und mask. Pl. herrscht diptotische Flexion vor, wobei Ak. und Gen. morphologisch zusammenfallen und den *Casus obliquus* (= Obl.) bilden.

Im Du. verschmelzen die Kasusmarker mit dem Dualmorphem, so daß hier langvokalische Endungen entstehen: Nom. /-*â*/, Obl. /-*ê*/. Für signifikante Beispiele zur Illustration der Dualflexion siehe oben (§53.21).

Im mask. Pl. verschmelzen die Kasusmarker mit dem Pluralmorphem, so daß hier ebenfalls langvokalische Endungen entstehen: Nom. /-*ū*/, Obl. /-*ī*/. Für signifikante Beispiele zur Illustration der Pluralflexion siehe oben (§53.31).

54.121.2. Im mask. Pl., besonders im St.cs., gibt es aber vereinzelt auch Belege für die Verwendung der Obliquusendung anstelle der Nominativendung, was auf einen beginnenden Prozeß der Verdrängung des Nom. durch den Obl. hinweisen könnte (siehe Liverani 1964b, 179 und Israel 1995, 259):

a. Endung /-*ī*/ für Pl. Nom. im St.cs.:
- *ily* \ *ugrt tġrk* \ *tšlmk* "Die Götter von Ugarit mögen dich beschützen (und) dir Wohlergehen verleihen" 2.16:4-6: Sollte {y} in *ily* (Z. 4) eine *mater lectionis* darstellen, wäre die Form *ily* als /*ˀilī*/ zu vokalisieren, obwohl sie syntaktisch als Nom. (Subjekt) ausgewiesen ist. — Das {y} der Form *ily* könnte aber theoretisch als EP *-y* gedeutet werden: *il-y* = /*ˀilū-ya*/ (§89.34).
- *mrḥy mlk* "die Lanzen (Nom.) des Königs": Der Ausdruck begegnet in folgenden drei Kontexten: a) *mrḥy mlk tdlln* "die Lanzen des Königs werden schwach sein" 1.103+:6! (zu dieser Zeilenzählung und Textanordnung siehe Tropper 1994b, 459, Anm. 12); b) *mrḥy mlk tnšan* "die Lanzen des Königs werden sich erheben" 1.103+:47'; c) *mrḥy [mlk .....]* "die Lanzen [des Königs .....]" 1.140:10' (Kontext abgebrochen). — *mrḥy* ist aufgrund der Pleneschreibung mit {y} als /*murḥī*/ zu vokalisieren, fungiert aber in 1.103+:6.47' eindeutig als Subjekt. Dieselbe Funktion liegt auch in 1.140:10' nahe; zur Argumentation siehe Tropper (1994b, 459f.).

Anm. 1. A.F. Rainey (UF 27 [1995], 705f.) hat neuerdings für eine dualische Deutung des Subst. *mrḥy* plädiert (St.cs. Nom.): "The assumption would be that the king was thought to be carrying two lances" (S. 705). Diese Annahme ist aber inhaltlich wenig plausibel und hat außerdem keine Parallelen in der babylonischen Omenliteratur (immer Pl. od. Sg. von *kakku* "Waffe"). Rainey verweist in diesem Zusammenhang auch auf die s.E. syntaktisch parallelen Wendungen *aṯty il ylt* "die beiden Frauen Ilus haben geboren" (1.23:60) und *ily* \ *ugrt* "die (beiden ?) Götter von Ugarit" (2.16:4f.). Eine dualische Interpretation der Form *ily* im letzteren Beispiel ist aber aus inhaltlichen Gründen abzulehnen. Der Form *aṯty* im ersteren Beispiel liegt zwar ein Dual zugrunde, doch dürfte das Graphem {y} hier für eine EP *-y* stehen (§89.31), die als Marker der wörtlichen Rede betrachtet werden kann (siehe Tropper 1994c, bes. S. 475). Man beachte außerdem die defektive Schreibung *aṯt il* in Z. 42 und Z. 49 des betreffenden Textes.

- *tqṣrn ymy bʿl* "die Tage des Herrn werden kurz sein" 1.103+:33'f.: *ymy* ist aufgrund der Pleneschreibung mit {y} als /*yâmī*/ (< **yawamī*) zu vokalisieren, fungiert aber als Subjekt.

Anm. 2. Die von Pardee (1986, 125) und Dietrich — Loretz (1990b, 99.130f.) vertretene alternative Deutung der Textstelle im Sinne von "[die ... des Fein]des werden die Tage des/ihres Herrn verkürzen" ist inhaltlich unwahrsch. und besitzt keine Parallelen in der babylonischen Omenliteratur.

b. Endung /*-īm*/ für Pl. Nom. im St.abs. (jeweils *rpim*):

- *qru rpim qdmym* "gerufen sind die uralten Rephaim" 1.161:8: Aufgrund des Kontextes ist *rpim* = /*rapīʾīma*/ trotz der Orthographie mit {i} als Nom. ausgewiesen. Man beachte jedoch, daß dem /ʾ/ sehr wahrsch. ein /*i*/-Vokal vorausgeht (§51.43c [**rapīʾ*-]). Dieser könnte für die Orthographie *rpim* mitverantwortlich sein (Vokalharmonie oder Kontraktion).

Anm. Der Satz *qru rpim qdmym* (1.161:8) wird gewöhnlich aktivisch im Sinne von "sie haben die uralten Rephaim gerufen" interpretiert. Einer solchen Übersetzung widerspricht jedoch der Kontext. Alle anderen Verbalformen in den Zeilen 2-12 des Textes sind nämlich passivisch und kongruieren im Numerus mit den jeweils folgenden nominalen Ausdrücken. Die im Umfeld belegten passiven Verbalformen zwingen dazu, auch *qru* (Z. 8) passivisch zu interpretieren. Zur Argumentation siehe Tropper (1993b, 390f.).

- (?) *špš* \ *rpim tḥtk* /\ *špš tḥtk ilnym* "(O) Šapšu, die Rapiʾūma sind/seien unter dir; (o) Šapšu, unter dir sind/seien die Göttlichen" 1.6:VI:45-47: Sollte, wie vorgeschlagen, *tḥtk* als Präp. *tḥt* + PS 2.f.sg. zu analysieren sein (§82.35), wäre eine Nominativform **rpum* zu erwarten (die Verwendung einer Obliquusform ist hier aber nicht völlig auszuschließen). Wegen dieses Problems wird *tḥtk* von vielen Autoren als PK-Verbalform (3.f.sg.) einer Wz. √*ḥtk* betrachtet (vgl. DLU 183b), wobei von einer Bedeutung "gebieten, herrschen (über)" ausgegangen wird: "... du herschest über die Rapiʾūma ...". Es gilt aber zu beachten, daß nwsem. √*ḥtk* sonst "(ab)schneiden, bestimmen" bedeutet. Gegen diese Lösung und für *tḥt* als Präp. spricht die Wortform *ʿdk* (Präp. *ʿd* + PS) in 1.6:VI:48.49 (§82.33) sowie die Tatsache, daß auch die folgenden Sätze (1.6:VI:48-50) nominal konstruiert sind.

SV. Der offenbar bereits im Ug. einsetzende Prozeß der Verdrängung der Nominativendung durch die Obliquusendung im mask. Pl. läßt sich — rund 500 Jahre später — am Beispiel des samʾal. Dialektes anschaulich nachvollziehen: Im Samʾal. ist die Kasusdifferenzierung beim mask. Pl. zwar an sich bewahrt (Nom. /*-ū*/; Obl. /*-ī*/), aber nicht konsequent durchgehalten. Mehrfach, insbesondere im St.cs., wird die Obliquusform anstelle der Nominativform verwendet (siehe Tropper 1993a, 200.204).

54.122. Flexion des femininen Plurals: Diptosie oder Triptosie?

Auch für den fem. Pl. wird mit Verweis auf den diesbezüglich übereinstimmenden akk. und ar. Befund eine diptotische Flexion postuliert, wobei der Nom. durch /*-u*/, der Gen./Ak. durch /*-i*/ markiert würde. Diese Annahme ist naheliegend, kann aber aus drei Gründen nicht als gesichert gelten.

Erstens schließt die diptotische Flexion des fem. Pl. im Akk. und Ar. eine triptotische Flexion des fem. Pl. in anderen typologisch archaischen sem. Sprachen nicht aus, zumal keine systemimmanenten Gründen gegen eine triptotische Flexion des fem. Pl. im Ursem. geltend gemacht werden können.

Zweitens ist von syll. Schreibungen von akkusativischen Formen des fem. Pl. auch genuin ug. Wörter (vgl. etwa UV 300f.) in diesem Punkt keine endgültige Klärung zu erwarten, da diese dem akk. Usus folgen könnten.

Und drittens sind sowohl in akk. Texten aus Ugarit als auch in Amarnabriefen aus Syrien/Palästina akkusativische Formen des fem. Pl. mit Endung /*-a*/ bezeugt, die als Hinweis auf eine triptotische Flexion des fem. Pl. gedeutet werden können:

Ugarit: *pu-ḫa-ta* /*pūḫāta*/ "als Austausch/Ersatz" RS16.140:6 (aber *pu-ḫa-ti* in RS16.371:5). Zum Problem siehe SAU 413.

Amarna: zahlreiche Belege, z.B.: *še-ri-ib a-wa-ta*$_5$^{meš} *ba-na-ta* "Trage (dem König) schöne Worte vor!" EA 286:62 (ähnl. EA 287:67f.); *ù yi-pu-šu ip-ša-ta*$_5$ *ša-r[u-t]a*$_5$ "Und er setzte (seine) ruchlosen Taten fort" EA 131:36 (hier wird auch ein Adjektiv auf /*-ūt*/ [formal m.pl.] triptotisch flektiert). Zur Thematik siehe Rainey (1994) und CAT 1, 150f.155.

Ansgesichts dieses Befundes ist es zumindest fraglich, ob der fem. Pl. im Ug. wirklich diptotisch flektiert wurde, wie bisher allgemein angenommen wurde. Eine triptotische Flexion ist nicht auszuschließen. Die genannten Belege könnten aber auch auf falscher Analogie zum Sg. beruhen bzw. als hyperkorrekte Formen zu erklären sein.

54.13. Funktionen und syntaktische Verwendung der drei Hauptkasus

54.131. Nominativ

Der Nom. ist der Subjektskasus und wird verwendet zur Bezeichnung a) des Subjekts eines Nominalsatzes, b) des Subjektsprädikativs eines Nominalsatzes, c) des Subjekts eines Verbalsatzes und d) des "neutralen" Grundkasus in listenhaften Aufzählungen. Alph. Textbeispiele:

a) *ṣbuk ul mad* "Dein Heer sei eine gewaltige Streitmacht" 1.14:II:35; ähnl. 1.14:IV:15* (/*ṣabaʾu-*/); *ṯm ṯmq rpu bʿl* "Dort (war) *Ṯmq*, der Rapiʾu-Ahne des Baʿlu" 1.22:I:8 (/*rapīʾu*/ als Subjektsapposition).

b) *kptr* \ *ksu ṯbth* "Kreta ist sein Herrschaftsthron" 1.3:VI:14f.& (/*kussiʾu*/).

c) *w yṣu l ytn* "Hinauszugehen war nicht erlaubt" 1.15:II:10 (/*yaṣāʾu*/ [G-Inf.]); *ṣbu ṣbi ngb* "Ein riesiges Heer (w.: ein Heer des Heeres) sei ausgerüstet / soll sich sammeln" 1.14:II:33 (/*ṣabaʾu*/); *tʿdb ksu* "Es wurde ein Thron hingestellt" 1.4:V:46 (/*kussiʾu*/); *mġy rpum l grnt* "Die Rapiʾūma kamen zu den Dreschplätzen" 1.20:II:6 (/*rapīʾūma*/, Pl.abs.)

d) *ṣbu any[t]* "Schiffsbesatzung" 4.40:7.10 (/*ṣabaʾū̆*/ [Sg. od. /Pl.]); *mru skn* "*m.*-Leute des Präfekten" 4.36:3; 4.69:V:6 (/*murʾū*/); *mru ibrn* "*m.*-Leute des PN" 4.752:7 (/*murʾū*/); *w mitm iqnu* "und 200 (Schekel) Lapislazuli" 4.778:17;

4.782:26 (/*ʾiqnVʾu*/ als in Apposition zu *mitm*). — Vgl. ferner: *[a]b[r]pu bn kbd* "PN_1 Sohn des PN_2" 4.75:VI:4; *ʿmrpu šbʿ* "PN: sieben (Schafe)" 4.775:19.

54.132. Genitiv

Der sogenannte "Genitiv" (korrekter: "Abhängigkeitskasus") dient a) als Kasus des Genitivattributs, sei es als Nomen rectum einer direkten (§91.31) oder einer analytischen Genitivverbindung (§91.32), und b) als Kasus des Präpositionalobjekts, d.h. als Nomen in syntaktischer Abhängigkeit einer Präposition. Im folgenden werden orthographisch eindeutige alph. Belege vorgestellt (die diversen semantischen Funktionen des Genitivattributs werden unter §91.33 erörtert):

a. als Kasus des Genitivattributs:

npš lbi-m \ *thw* "das Verlangen des Steppenlöwen" 1.5:I:14f. // 1.133:3f. (/*labiʾi-ma*/ [Sg.cs. + EP *-m*]); *šmn mri-k/h* "das fetteste deiner/ihrer Masttiere" 1.15:IV:4.15 (/*marīʾī-*/); *ṣbu ṣbi ngb* "Ein riesiges Heer (w.: ein Heer des Heeres) sei ausgerüstet / soll sich sammeln" 1.14:II:33 (/*ṣabaʾi*/); *ṣlʿt alp mri* "ein Rippenstück eines Mastrindes" 4.247:16 (/*ʾalpi marīʾi*/); *ʿšr bmt alp mri* "zehn Rückenstücke eines Mastrindes" 4.247:17 (/*ʾalpi marīʾi*/). — *ḫpn d iqni w šmt* "ein *ḫpn*-Umhang aus violetter und roter Wolle" 4.168:1 (analytische Genitivverbindung)

b. Genitiv als Kasus des Präpositionalobjekts:

l ṣbim "für die Soldaten" 1.3:II:22; 1.7:5 (/*ṣabaʾīma*/); *l alpm mrim* "für die Mastrinder" 4.128:1 (/*marīʾīma*/); *k lli* "wie ein Zicklein" 1.4:VIII:19 (/*laliʾi*/); *tḥt ksi zbl ym* "unter dem Thron des Fürsten Yammu" 1.2:IV:7 (/*kussiʾi*/); *b tk rpi ar[ṣ]* "inmitten der Rapiʾūma der Er[de]" 1.15:III:14 (/*rapīʾī*/); *bd mri* \ *skn* "zu Händen der *murʾu*-Person(en) des Präfekten" 4.92:2f. (/*murʾi*/ od. /*murʾī*/).

54.133. Akkusativ

54.133.1. Die Bandbreite der Funktionen des Ak. ist – im Ug. wie in allen anderen sem. Sprachen – mit Abstand größer als die der beiden anderen Hauptkasus. Der Ak. fungiert primär (a) als direkter Objektskasus, und zwar als Kasus des direkten Objekts transitiver Verben sowie auch als Kasus eines zweiten Objekts doppelt transitiver Verben (auch in Passivkonstruktionen). Daneben dient der Ak. ferner b) als Kasus des Prädikativs nach bestimmten Partikeln (etwa nach *in* "es gibt nicht" und wahrsch. auch nach *iṯ* "es gibt" [§88.1-2]) und evtl. nach sog. Hilfsverben (z.B. √*kwn* "sein"), c) wahrscheinlich auch als An- und Ausrufform und schließlich d) sehr häufig als Bezeichnung diverser adverbialer Bestimmungen.

Im folgenden wird die Funktion des Ak. als Objektskasus (a) durch signifikante alph. Textbeispiele illustriert.

Anm. Zur Funktion (b) ist §88.2 zu vergleichen. Da die Partikel *yānu* im Akk.Ug. – gegen akk. Syntax – den Ak. regiert, ist davon auszugehen, daß auch das von ug. *in* abhängige Nomen im Ak. steht. Der Kasus des Prädikativs, formal Ak., dürfte aber sprachhistorisch exakter als Absolutivkasus zu betrachten sein, der im Sg. formal mit dem Ak. übereinstimmt (§54.6). — Die Funktion (c) wird unter §54.2, die Funktion (d) unter §54.133.2 erörtert.

a. Beispiele für einfach-transitive Verben mit Akkusativobjekt:
- *št ... mra* "Er setzte (ihm) ein Masttier vor" 1.4:V:45 (*/marīˀa/*).
- *tmtn ṣba rbt \ špš* "Warte auf den Sonnenaufgang!" 1.16:I:36f. (*/ṣabīˀa/*).
- *imr qmṣ l[l]im* "(Er schlachtete ...) hüpfende(?) Lämmer (und) Zicklein" 1.4:VI:43 (*/laliˀīma/* [Pl.]).

b. Beispiele für doppelt-transitive Verben mit zwei Akkusativobjekten:
- *lpš yks mizrtm* "Als Bekleidung zog er sich einen Lendenschurz an" 1.5:VI:16; ähnlich 1.5:VI:31* (*/lVpša/*; */maˀzVrtêma/* [Du.]).
- *ašhlk šbtk [dmm] \ šbt dqnk mmˁm* "Ich werde dein graues Haar [von Blut] überfließen lassen, das graue Haar deines Bartes von Blutgerinsel" 1.3:V:24f. // 1.18:I:11*f.; ähnl. 1.3:V:2*f. (*/šîbata-/*; */dāmīma/*; */mVm(mV)ˁīma/*).

Zu weiteren Konstruktionen mit zwei Akkusativobjekten siehe §93.33. Werden solche Konstruktionen passivisch ausgedrückt, wird wahrsch. – wie im Ar. (GKA § 200) – nur das unmittelbare Objekt, das als logisches Subjekt der Passivkonstruktion fungiert, in den Nominativkasus gesetzt, während das zweite Objekt unverändert bleibt. Beispiele:
- *ikm yrgm bn il \ krt* "Wie kann denn Keret Sohn Ilus genannt werden?" 1.16:I:20f. (*/bi/una/*).
- *šˁr klb \ w ... \ yšt aḥdh dm zt ḫrpn*[!] "Hundshaar und ... ist zusammenzumischen mit herbstlichem (d.h. frischem) Olivensaft" 1.114:29-31 (*/dāma/*).

SV. Eine "Nota accusativi" zur Einführung des direkten Objekts — entsprechend he. *ˀet*, phön./aaram. *ˀyt*, samˀal. *wt* und ar. *ˀiyyā* — gibt es im Ug. nicht.

54.133.2. Die adverbialen Funktionen des Ak. sind mannigfaltig. Nomina im adverbial gebrauchten Ak. sind im Ug. – ebenso wie Nomina in anderen adverbialen Kasus (insbesondere Lokativ [= Lok.]) – sporadisch durch ein enklitisches *-m* erweitert. Dieses kann entweder als (einfache) Mimation im Sinne von */-am/* oder als Mimation + EP *-m* = */-ma/* im Sinne von */-amma/* interpretiert werden. Das enklitische *-m* ist somit ein Hilfsmittel zur Identifizierung von adverbialen Akkusativen. Es versteht sich aber von selbst, daß sich alph. überlieferte Nomina im adverbialen Ak. häufig nicht sicher von solchen in anderen adverbialen Kasus abgrenzen lassen (vgl. insbesondere §54.421).

Im folgenden werden die wichtigsten semantischen Subtypen des adverbialen Ak. vorgestellt und mit ausgewählten (mehrheitlich alph.) Beispielen belegt. Substantive im adverbialen Ak., die zu Partikeln (Adverbien, Präpositionen) erstarrt sind, werden darin nicht berücksichtigt (siehe dazu unter §81 und §82).

54.133.2 a. Akkusativ der Zeit, vornehmlich der zeitlichen Erstreckung

ṣba špš "bei Sonnenaufgang: *b ˁšt \ ˁšrh ṣba špš* "Am elften (Tag), bei Sonnenaufgang" 1.112:13f. (§54.423c). "Bei Sonnenaufgang" kann alternativ auch durch den Lok. ausgedrückt werden: *ṣbu špš* (1.41:47.53).

? *ʿrb špš* "beim Sonnenuntergang" 1.41:47*; 1.46:9& (alt.: Lok.).

ym "einen Tag (lang)": *lk ym w ṯn* ... "Marschiere einen Tag und einen zweiten ...!" 1.14:III:2 (weitere ähnliche Belege in der ug. Epik); *dm ym w ṯn* ... "Verhalte dich ruhig einen Tag und einen zweiten ...!" 1.14:III:10; ähnl. 1.14:V:3; *hn ym yṣq yn ṯmk* "Siehe tagsüber / einen Tag lang / tagelang / am Tage schenkte er aus / wurde ausgeschenkt *ṯmq*-Wein" 1.22:I:17. — Vgl. he. *yômām* "bei Tage".

ymm "(so und so viele) Tage (lang)": *ḫrm ṯn ym\m / šp[l ṯlṯ] ymm / lk \ hrg ar[bʿ] ymm* "Mähe (mit dem Schwert) zwei Tage lang (Menschen) nieder! Schlage [drei] Tage lang [nieder]! Auf(?), töte vi[er] Tage (lang)!" 1.13:3-5; *ṯṯ ymm \ kl lḥmt* "Volle(?) sechs Tage habe ich schon gekämpft" 2.82:8f.; ... *alp ymm \ w rbt šnt \ b ʿd ʿlm* "(die Götter mögen dich beschützen ...) 1000 Tage und 10000 Jahre, in alle Ewigkeit" 5.9:I:4-6.

šnt "(so und so viele) Jahre (lang)": 5.9:I:5f. (// *ymm*; siehe letzter Absatz); *šbʿ šnt \ yṣrk bʿl / ṯmn rkb \ ʿrpt* "Wird Baʿlu denn sieben Jahre lang schwach sein; acht (Jahre) der Wolkenreiter?" 1.19:I:42-44.

ym ym "Tag für Tag": *w ym ym yš\al* "Und er möge Tag für Tag nachfragen"(?) 2.47:24f.

? *ymm llm* "Tage (und) Nächte": *ṯlṯ ymm llm*(?) *yʿrb \ mlk* "Über einen Zeitraum von drei Tagen (und drei) Nächten(?) tritt der König (wiederholt) ein ..." 1.111:2f. (Lesung *llm* sehr unsicher; vgl. auch *[ ]llm* in 1.82:33). — Vgl. akk. *urra(m) u mūša(m)* und akk.EA *mu-ša ur-ra-am* (EA 362:33) bzw. *ur-ra / [ù] mu-ša-am* (EA 73:20f.), jeweils "Tag und Nacht"; vgl. ferner akan. *l[è-l]a* (EA 243:13) und *le-lá-ma* (EA 195:13), jeweils "nachts".

šḥr ʿlmt "(der Zeitraum bis zum) Anbruch der Ewigkeit (d.h. in alle Zukunft)" 3.5:15. — Es handelt sich um die ug. Wiedergabe der akk. Wendung *urra(m) šēra(m)* (ebenfalls adverbialer Ak.).

ʿd "lange (Zeit hindurch), immerzu" (§81.24a): *ʿd lḥm šty ilm* "Lange aßen (und) tranken die Götter" 1.4:VI:55; 1.5:IV:12*; ähnl. 1.4:V:48.

? *aḫr-m* "hintereinander" (§81.25): *yrḫ b yrḫ aḫrm* "Monat für Monat hintereinander" 1.163:12'(5) (alt.: Lok.)

54.133.2 b. Akkusativ des Ortes

? *bt* "im Haus/Tempel": z.B. *spu ksmh bt bʿl \ [w] mnth bt il* "(einer), der (ihm) seinen Anteil im Baʿlu-Tempel [und] seine Portion im Ilu-Tempel zuteilt" 1.17:I:31f. und diverse Parallelen (alt.: Lokativ). — Weitere Belege für *bt* in dieser Bedeutung (immer im St.cs.) begegnen in 1.80:2, 1.104:14.21, 1.105:6; 1.119:3.14. Man beachte auch 4.392:2.4, wo *bt* (jeweils im St.cs.) im Sinne von *l bt* "für das Haus" gebraucht wird. Steht *bt* nicht im St.cs., wird die Präp. *l* dagegen verwendet: *l bt ʿšrm* "für das Haus / für den Palast 20 [*prs*-Maß Getreide]" 4.392:3 (alt.: "für das Haus der *ʿaširūma*-Leute").

Anm. Daß *bt* hier nicht haplologisch für *b bt* steht, wird indirekt bestätigt durch akk.Ug. *bīt abīša tuššab* "sie wird im Haus ihres Vaters wohnen/leben" (RS15.92:25); zum gleichen Phänomen im He. — z.B. *šᵉbî ʾalmānā bet ʾābîk* "Bleibe als Witwe im Haus deines Vaters!" (Gen 38,11.) — siehe Meyer (§§ 28.1 und 106.2a); vgl. auch ar. *wa-baqīnā makānanā* "Wir blieben an unserem Platz" (Wright II, 111).

54.133.2 c. Akkusativ der Richtung

Vorbemerkung: Der adverbial gebrauchte Ak. dient sicher auch zur Angabe der Richtung. Entsprechende Belege sind jedoch schwer von defektiv geschriebenen Belegen des Terminativs abzugrenzen (§54.315.2). Verben der Bewegung regieren, sofern sie sind nicht mit Präpositionen konstruiert werden (§93.343), offenbar häufiger den Ak. als den Terminativ.

√*bwʾ*: *bt krt bu tbu* "Zu Kerets Haus kam sie fürwahr hin" 1.16:VI:3.

√*brḥ*: *brḥ arṣ* "Fliehe zur Erde / in die Unterwelt!" 1.82:38 (alt.: Terminativ).

√*lqḥ*: *hm ḥry bty \ iqḥ* ... "Falls ich (das Mädchen) Ḥurraya in mein Haus mitnehmen/führen kann" 1.14:IV:40f.; analog 1.15:II:21f.

√*ʿrb*: *k tʿrb ʿṯtrt šd bt mlk \ k tʿrbn ršpm bt mlk* "Wenn die (Göttin) ʿAṯtartu des Feldes(?) den Palast betritt, wenn die *Ršpm*-Gottheiten den Palast betreten, ..." 1.91:10f.; *[y]ʿrb ḥrn bth* "Ḥôrānu betrat sein Haus" RS92.2016:33'.

√*mġy*: *pʿnh l tmġyn \ hdm / rišh l ymgy \ apsh* "Seine beiden Füße reichten nicht zum Fußschemel; sein Kopf reichte nicht zu seinem (sc. des Thrones) (oberen) Ende" 1.6:I:59-61.

√*tbʿ*: *w bʿl tbʿ mrym ṣpn* "Baʿlu aber war losgegangen zu den Höhen des Ṣapānu" 1.4:IV:19; *ʿšrm yn ḫsp l ql d tbʿ mṣr(?)m* "20 (Krüge) *ḫsp*-Wein für den Kurier(?), der nach Ägypten aufgebrochen ist" 4.213:27. — Vgl. hierzu folgende im Akk.Ug. bezeugte Konstruktion: PN *ša ta-ba-ʾa \ *uru*ma-ag-da-la-a* "PN, der abgereist ist nach(?) Magdala" RS19.32:1f. — Ug. √*tbʿ* wird sonst mit Präp. *l* konstruiert (z.B. *tbʿ kṯr \ l ahlh / hyn tbʿ l mš\knth* "Kôṯaru ging los zu seinem Zelt; es ging *Hyn* los zu seiner Wohnstätte" 1.17:V:31-33). Zu einer möglichen Konstruktion von √*tbʿ* mit Präp. *ʿm* siehe 2.17:6f.

√*rkb*: *rkb \ ṯkmm ḥmt* "Steige auf die 'Schulter' der Mauer" 1.14:II:21f.; ähnl. 1.14:IV:3f. (jeweils // √*ʿly* + Präp. *l*).

54.133.2 d. Akkusativ der Art und Weise

bky "als Weinender" = "weinend": *ytn gh \ bky* "Er äußerte weinend seine Stimme" 1.16:I:13f. (*bky* = G-Ptz. [§73.431]) (sog. "Zustandsak.").

ʿry-m "nackt": *ʿrym l bl [ ]* "nackt, ohne [Kleider ?]" 1.16:II:29 (vgl. he. *ʿārôm*).

kll "in vollkommener Weise" (zu Belegen siehe §45.23c-d)

mid(m) "in hohem Maße, sehr" (zu Belegen siehe §81.3g-h).

aḥd "gemeinsam, einstimmig" (1.2:I:25); evtl. auch *aḥd-y* "ich allein" (1.4:VII:49) (Adj. *aḥd* im adv. Ak.; §62.111.2a)

? *šlm* "in Frieden (bewahren)": *tġrk šlm [ilm]* "... (da) mögen [die Götter(?)] dich in Frieden bewahren!" 1.6:IV:24. — Vgl. aber: *ilm l šlm tġrkm* "Die Götter mögen euch beide in Frieden bewahren" 9.433 = RS 92.2005:7f. (unpubl.).

ma-aš-na /maṯnâ/ < **maṯnaya* "zweitens" RS16.207:4.

Zahlausdrücke mit iterativer Funktion (§65 und §69.6), z.B.: *hlmn ṯnm qdqd / ṯlṯid ʿl udn* "Schlage/Er schlug ihn zweimal auf den Kopf, dreimal auf das Ohr" 1.18:IV:22f. und Par.; *l pʿn bʿly/bʿlny ṯnid šbʿd mrḥqtm qlt/qlny* "zu Füßen meines/unseres Herrn bin ich / sind wir zweimal siebenmal in der Ferne niedergefallen" 2.64:13-16; 2.70:8-10; *w bn mlk w bn[t] \ mlk tʿln pamt* *šb*ᶜ "Die Söhne und Töch[ter] des Königs steigen siebenmal hinauf" 1.112:6f.

šrp / slmm "als Brandopfer / *šlmm*-Opfer": *dqt l ṣpn šrp w šlmm kmm* "ein Kleintier für GN als Brandopfer; und als *šlmm*-Opfer das gleiche" 1.109:10f // 1.46:15*; ähnl. 1.39:4; 1.41:32f.* // 1.87:35f.*; 1.109:28.

kbd "plus (w.: als Hinzufügung)" (3.1:20&), ein mathematischer Terminus der Addition (Wz. √*kbd* "hinzufügen" [§62.202.4]).

ḫsr "minus (w.: als Abzug)" (4.361:3&), ein mathematischer Terminus der Subtraktion (Wz. √*ḫsr* "mangeln, vermindern" [§69.233]).

54.133.2 e. Akkusativ der Beziehung bzw. Spezifizierung

? *npš* (// *brlt*) "im Hinblick auf die Seele" bzw. "was sie Seele betrifft": *npš yḥ dnil \ [mt rp]i / brlt ġzr mt hrnmy* "Im Hinblick auf die Seele soll Daniʾilu, [der Mann des Rapiʾu], aufleben; im Hinblick auf das Gemüt (soll aufleben) der Held, der Mann des Harnamiten" 1.17:I:36f. — *npš* und *brlt* könnten auch Lokative sein ("in der Seele / im Gemüt ..." [§54.423a]).

yn "im Hinblick auf Wein": *[k] šb*ᶜ *yn* "[wenn] er an Wein gesättigt ist" 1.17:I:31; ähnlich 1.17:II:6.20; *mla yn* "er ist/war voll des Weines" 1.23:76.

adr b ġl il qnm "das größte an Schilfrohren (*qnm*) im göttlichen(?) Röhricht" 1.17:VI:23 (in den vorausgehenden vier Kola folgt dem Adj. *adr* das substantivische Bezugswort jeweils unmittelbar im Gen. [z.B. *adr ṯqbm* "die größte der Eschen" 1.17:VI:20]; im letzten Kolon wird syntaktisch variiert).

km yrḫ "wieviele Monate" (w.: "wieviel an Monat") (§44.242): *mn yrḫ k m[rṣ]* "Wieviele Monate (sind es), daß er kra[nk ist]" 1.16:II:19. — Vgl. ar. *kam* mit Sg. Ak. (GKA § 287).

*ksp ḫmšm \ is*ᶜ, w. "... so werde ich an Silber 50 (Schekel) bezahlen" 3.9:9f.

54.2. Vokativ

54.21. Morphologische Probleme

54.211. Der Vokativ (= Vok.) ist die Ausruf- und Anredeform des Nomens. Es ist zweifelhaft, ob im Sem. – ähnlich wie in klassischen indogermanischen Sprachen – jemals ein spezifischer Kasus "Vokativ" existierte, da Ausrufform und Anredeform des Nomens im Sem. ursprünglich offenbar morphologisch geschieden wurden. Unter der Ausrufform, dem Vok. im eigentlichen Sinn, wäre ein Nomen ohne syntaktischen Kontext zu verstehen, z.B. "Vater!". Demgegenüber könnte die Anredeform, der uneigentliche Vok., ein Nomen mit syntaktischer Einbindung meinen, z.B. "Iß doch, Vater!" (Vater als implizites Subjekt). Hinweise auf eine solche morphologische Unterscheidung von Ausruf- und Anredeform bietet das Akk. (siehe Kraus 1976).

54.212. Auch im Ug. ist die Annahme eines spezifischen Kasus "Vokativ" zweifelhaft, zumal die Ausruf- bzw. Anredeform des Nomens durch ganz unterschiedliche Syntagmen ausgedrückt wird, nämlich a) durch ein uneingeleitetes Nomen, b) durch ein mit der Partikel *y* (§84.12) eingeleitetes Nomen (§54.221b), c) durch ein mit der Partikel *l* (§84.11) eingeleitetes Nomen (§54.221c) und d) durch ein Nomen mit PS 1.c.sg. (§54.221).

Über die Kasusendungen der Ausruf- und Anredeform des Nomens im Ug. gibt es trotz einiger Belege der WzK III-ʾ keine sicheren Daten. Es ist ungewiß, ob das Nomen in allen genannten Konstruktionen dieselbe morphologische Gestalt aufweist. Unklar ist ferner, ob die Form vokativisch gebrauchter Nomina mit einem (bzw. mehreren) der drei Hauptkasus identisch ist. Alternativ wäre denkbar, daß solche Nomina gar keinen Kasusmarker besitzen oder aber spezifische Endungen aufweisen.

54.213. Der sprachvergleichende Befund spricht gegen die Annahme einer morphologisch-einheitlichen Kategorie "Vokativ" und folglich gegen die Existenz einer spezifischen Vokativendung, weist aber ansonsten in keine eindeutige Richtung.

Im Akk. wird der Vok. — sofern nicht einfach Nomen + PrS 1.c.sg. (z.B. *bēlī* "mein Herr!") steht — a) durch den bloßen Nominalstamm ("Status absolutus"), z.B. *šar* "(o) König!", *eṭel* "(o) Mann!", *Šamaš* "(o) Sonne!", *bēlet* "(o) Herrin!" (dazu GAG § 62j), b) durch den Nominativ des sogenannten Status rectus ausgedrückt, z.B. *kikkišu šime-ma igaru ḫissas* "Rohrzaun, höre! Wand, merke auf!", *ṣī šārum* "Verschwinde, Wind!", *ibrū uṣṣirā quradū šimeā* "Freunde, paßt auf! Männer, hört zu!" (dazu Kraus 1976, 294.296f.). Kraus (1976) zufolge bezeichnet (a) die syntaktisch nicht in den Satz eingebundene Ausrufform des Nomens, (b) die syntaktisch eingebundene Anredeform des Nomens. Beide Vokativvarianten existieren praktisch in allen Sprachstufen des Akk. nebeneinander.

Im Ar. steht der Vok. in ungebundener Stellung im Nom. (St. determinatus mit und ohne Artikel), in gebundener Stellung im Ak. (St.cs.). In ungebundener Stellung kann der Vok. daneben auch die Form des Ak. (St. indeterminatus) besitzen oder durch die Endungen *-ā* bzw. *-āh* (Pausalform) bezeichnet werden (vgl. GKA § 157-159). Die Form des Gen. besitzt er jedoch nie.

Im Äth. (Gəʿəz) ist das Nomen im Vok. entweder endungslos (z.B. *gabr* "[o] Knecht!", meist eingeleitet durch ein proklitisches *ʾo-*, z.B. *ʾo-gabr* "o Mann!") oder es endet auf *-o* (z.B. *ʾəmmo* "o Mutter!") (siehe Dillmann 1899, 284f.).

54.214. Vor diesem sprachvergleichenden Hintergrund gilt es, die alph. bezeugten, sogenannten Vokativformen des Ug. der WzK III-ʾ zu interpretieren (syll. Belege sind nicht bezeugt).

a. Formen des Sg.abs.:

- *aṯr bʿlk l ksi*[!] / *aṯr* \ *bʿlk arṣ* \ *rd* / *w špl ʿpr* "Hinter deinem Eigentümer, o Thron, steig hinab in die 'Erde' und sinke in den Staub!" 1.161:20-22.

Die Form *ksi*[!] (1.161:20) ist syntaktisch klar als Vok. ausgewiesen (proklitische Partikel *l* [mit folgendem Worttrenner!]; nachfolgende Impp. *rd* und *špl*). Sie ist entweder als /*kussiʾi*/, d.h. als formaler Gen., oder aber als /*kussiʾ*/ (bzw. [kussî]), d.h. als endungsloses Nomen, zu analysieren. Da der Vok. im Sem. gewöhnlich nicht durch die Genitivendung markiert wird, könnte die letztere Lösung vorzuziehen sein. Andererseits ist aber denkbar, daß die Anredeform gerade nach der Partikel *l* — und zwar *nur* nach dieser —

im Gen. erscheint. — Zugunsten des Gen. lassen sich zwei Argumente anführen: a) ar. *yā la (... li)* + Gen., z.B. *yā la-Zaydin wa li ᶜAmrin* "o Zaid und ᶜAmr!" (Wright II, 152); allerdings dürfte die ar. Part. *la/i* – im Gegensatz zur ug. Vokativpart. *l* – gerade wegen ihrer Genitivrektion mit der Präp. *li* gleichzusetzen sein (siehe §84.12); b) der amurr. PN *la-a-mu-ri-im* (Gelb 1980, Nr. 4204), der vielleicht im Sinne von "O (Gott) Amurru" zu deuten ist (so Huehnergard 1983, 581). Der genannte PN kann aber auch anders analysiert werden, etwa als */la-(y)aʾmur-im/* "(GN) möge (den Namensträger freundlich) ansehen", d.h. Prekativpart. *lV* + $PK^{K}v$ 3.m.sg. *yaʾmur* + nominale Genitivendung *-im* (brieflicher Hinweis von M. P. Streck).

Anm. Die oben vorgeschlagene Emendation von *ksh* zu *ksi*! ist epigraphisch unproblematisch. Eine Interpretation von *l ksi*! als Präpositionalphrase im Sinne von "zum Thron hin" widerspricht dem Kontext (siehe bes. Z. 22-26) und führt zu keinem vernünftigen Gesamtverständnis des Textes. Niqmaddus Thron wird aufgefordert, dem verstorbenen Eigentümer in die Unterwelt zu folgen, um ihm dort als Sitzgelegenheit zu dienen. Aus diesem Grund dürfte auch die von KTU² vorgeschlagene Lesung *ks<i>h* auszuschließen sein.

- (?) *[š]lm ... yrḫ w ksa* "[H]eil (dir) ....., (o) Yariḫu und Vollmond!" 1.123:3-6.

  Der GN *ksa* (1.123:6) könnte im Vok. (Sg.abs.) stehen. Er wäre dann entweder als */kVs(V)ʾa/*, d.h. als formaler Ak., oder als [kVsâ] < **kVsăʾ*, d.h. als endungslose Form, zu analysieren. Die erstere Lösung wäre vorzuziehen, da dem GN wahrsch. ein einsilbiger MphT, wohl *{qatl}* oder *{qitl}*, zugrunde liegt (vgl. he. *kæsæʾ*, syr. *kessā* [= *ksʾʾ*] bzw. *kēsā* [= *kʾsʾ*]). — Die syntaktische Bestimmung von *ksa* als Vok. ist jedoch nicht ganz gesichert, da *šlm* (Z. 1-3) auch im Sinne von *šlm*-Opfer verstanden werden kann. Unter dieser Voraussetzung könnte *ksa* auch als diptotisch flektierter Gen. (§54.112) gedeutet werden ("ein *šlm*-Opfer für GN").

b. Formen des Sg.cs.:

- *ksi nqmd ibky /\ w ydmᶜ hdm pᶜnh /\ l pnh ybky ṯlḥn mlk /\ w yblᶜ udmᶜth* "(O) Thron des Niqmaddu, weine! Und der Schemel seiner Füße soll Tränen vergießen! Vor ihm soll der Tisch des Königs weinen, und er soll für ihn Tränen verschlingen" 1.161:13-16.

  Die Form *ksi* (1.161:13) ist ein Vok. im St.cs. und wahrsch. als endungslose Form */kussiʾ/* zu analysieren (weniger wahrscheinlich: */kussiʾi/*).

Anm. Ein möglicher weiterer Beleg eines vokativischen Nomens III-ʾ (Sg.cs.) könnte in 1.108:23-24 (*l r[p]i arṣ*) vorliegen. Der Kontext (Z. 23-25) lautet: *l r\[p]i arṣ ᶜzk ḏmrk la\nk ...*; eine mögliche Übersetzung wäre: "O Rapiʾu der 'Erde', deine Kraft, deine Stärke, deine Macht ... (mögen inmitten von Ugarit sein ...)". Die Form *rpi* wäre dieser Interpretation zufolge ein Vok. (Sg.cs.) und am besten als endungslose Form, d.h. */rapĭ̄ʾ/*, zu analysieren (alt.: */rapĭ̄ʾi/*). Hauptstütze dieser Deutung ist der Wechsel von der dritten zur zweiten Person zwischen Z. 23 und Z. 24. Gegen die Deutung spricht aber zum einen, daß *rpʾ arṣ* im Ug. sonst stets die königlichen Ahnen (im Plural) bezeichnet, zum anderen, daß mit der Partikel *l* eingeführte Vokk. sonst nie am Satzanfang stehen. Im Anschluß an die Mehrzahl der Kommentatoren ist die Wortfolge *l rpi arṣ* deshalb eher als Präpositionalphrase zu betrachten und *rpi* pluralisch zu deuten: "durch/von die/den Rapiʾūma der ‘Erde’". Als solche kann sie syntaktisch entweder an das vorangehende oder an das folgende Syntagma angeschlossen werden.

c. Formen des Pl.abs.:

- *lk bty rpim* "kommt in mein Haus, (o) Rapiʾūma" 1.21:II:9.
  Die Form *rpim* ist mit Sicherheit ein Vok. (Pl.abs.). Sie kann nur als */rapīʾīma/* vokalisiert werden und ist damit identisch mit der Obliquus-Form (Gen./Akk.) des Pl.abs. Beachtenswert ist die vorhandene Pluralmimation.

d. Formen des Pl.cs.:

- *qritm rpi arṣ* "ihr seid gerufen, (o) ‘Rapiʾūma der Erde’" 1.161:2.9.
  Die Form *rpi* ist aufgrund des Kontextes als Vok. (Pl.cs.) ausgewiesen. Sie ist mit großer Wahrscheinlichkeit als */rapVʾī/* zu vokalisieren und damit identisch mit der Obliquusform des Pl.cs.

  Anm. Eine aktivische Übersetzung von *qritm* im Sinne von "ihr habt (die Rapiʾūma der ‘Erde’) gerufen" ist aufgrund des Kontextes ganz unwahrscheinlich. Da alle anderen Verbalformen in 1.161:2-12 im Numerus jeweils mit den unmittelbar folgenden nominalen Ausdrücken kongruieren, sind sie durchweg passivisch zu übersetzen (siehe Tropper 1993b, 390f.).

54.215. Den aufgelisteten Belegen der WzK III-ʾ zufolge ist der ug. Vok. somit im Pl. formal mit dem *Casus Obliquus* identisch (St.abs. *-īma*, St.cs. *-ī*).

Für den Sg. des Vok. stehen drei Belege der WzK III-ʾ zur Diskussion. Es konnte dabei kein einheitlicher Befund festgestellt werden. Einer der Belege, 1.123:3-6, könnte so zu interpretieren sein, daß der Vok. Sg. formal mit dem Ak. Sg. übereinstimmt. Ein anderer Beleg, 1.161:20, könnte davon zeugen, daß das im Vok. stehende Nomen – sofern die Partikel *l* vorausgeht – formal mit dem Gen. Sg. übereinstimmt (alt.: endungsloses Nomen). Der dritte Beleg, 1.161:13, spricht zugunsten einer endungslosen Form des Vok. Sg. im St.cs.

Dieser Befund läßt keine sicheren Schlußfolgerungen zu. Fest steht lediglich, daß der Vok. im Ug. nicht durch den Nominativkasus abgedeckt wird. Eine mögliche Erklärung dafür, warum einige der bezeugten Formen die Endungen des Akkusativkasus aufweisen, andere wiederum endungslos zu sein scheinen, wird unter §54.62 geboten ("Absolutivkasus").

Es sei betont, daß der vorgestellte Befund aus mehreren Gründen zu relativieren ist: a) Nomina III-ʾ sind im Ug. sowohl in orthogr. Hinsicht (man denke an die Schreibungen silbenschließenden Alephs) als auch in phonologischer Hinsicht (vgl. das Phänomen des Aleph quiescens) problematisch. — b) Drei der vorgestellten Belege stammen aus dem Text 1.161, der hinsichtlich seines Kasusgebrauchs nicht verläßlich zu sein scheint (man denke an die in der Z. 8 bezeugte nominativische Form *rpim* [§54.121.2]). — c) Sämtliche oben angeführten Belege beinhalten die (syntaktisch in den Satz eingebundene) Anredeform des Nomens. Es ist nicht auszuschließen, daß das Ug. in Übereinstimmung mit dem akk. Befund morphologisch zwischen Anredeform und (syntaktisch nicht eingebundener) Ausrufform des Nomens unterschied. — d) Die Ausruf- bzw. Anredeform des Nomens könnte je nach syntaktischem Kontext unterschiedliche

Kasusendungen aufweisen. In Konstruktionen mit der Partikel *l* (§54.221c) könnte der Genitiv, in anderen Konstruktionen (§54.221a-b.d) könnten andere Kasusendungen oder eine ∅-Endung Verwendung finden.

Anm. Das PS 1.c.sg. lautet an Nomina im Sg. Vok. — wie an Nomina im Sg. Nom. (und teilweise Sg. Ak.) — in der Regel /-ī/ und wird in der Orthographie nicht berücksichtigt (§41.221.11c). Zur Thematik vgl. ferner §41.221.13b, §41.221.15 und §41.221.17a; §54.221d.

Lit.: Singer (1948); Taylor (1985); Greenstein (1998, 414).

54.22. Syntagmen mit vokativischer Funktion

54.221. Der Vokativ kann im Ug. durch vier verschiedene Syntagmen ausgedrückt werden. In drei dieser Konstruktionen (a-c) ist das vokativische Nomen bisweilen durch ein enklitisches *-m* erweitert. Dieses ist wahrscheinlich als EP *-m* = /*-ma*/ zu deuten (vgl. ar. *ʾAllāhumma* "o Gott").

a. Uneingeleitetes Nomen:

eingliedrig (Belegauswahl):

il "(o) Ilu!" 1.3:V:30 // 1.4:IV:41; *ilm* "(o) Götter / (o) Ilu!" 1.2:I:18.34; *ilm* "(o) Götter!" 1.2:I:24; *hmlt* "(o) (Götter-)Schar!" 1.2:I:18.35; *ygrš* "(o) *Ygrš*!" 1.2:IV:12; *aymr* "(o) *Aymr*!" 1.2:IV:19; *bʿl* "(o) Baʿlu!" 1.4:V:26; 1.4:VI:2.15; 1.5:I:26; *kṯr* "(o) Kôṯaru!" 1.4:VII:15.16; *špš* "(o) Šapšu!" 1.6:VI:46; 1.107:32*.34*.37*.44*; 1.161:18; *mlk* "(o) König!" 1.14:VI:14; *krt* "(o) Keret!" 1.14:III:26&; *ab* "(o) Vater!" 1.16:I:3.6.17; 1.16:II:40.45; *bt* "(o) (meine) Tochter!" 1.18:I:16.17; *ur* "(o) Stengel!" 1.19:II:17.24; *dnil* "(o) Daniʾilu!" 1.19:II:37; *rpim* "(o) Rapiʾūma!" 1.21:II:9; 1.22:II:3*; *špš um* "(o) Sonne, (o) meine Mutter!" 1.100:2.8 u.ö.; *nšrm* "(o) Adler!" 1.19:III:13.

eingliedrig mit enklitischem *-m* (sämtliche Belege):

- *tn il-m d tqh* "Gib heraus, (o) Ilu, den du beschützst!" 1.2:I:18.34.

  Anm. Eine Deutung von *ilm* im Sinne von "Götter" scheitert an der Verbalform *tqh*. Eine PK 2.m.pl. müßte *tqy(n)* lauten; siehe 1.2:I:18 (*tqyn*) und 1.2:I:35 (*tqynh*).
- *ʿbdk bʿl* \ *[nhr]-m* "Baʿlu ist dein Sklave, [(o) Nahar]u" 1.2:I:36f.
- *ht* ... \ *bʿl-m* "Jetzt, (o) Baʿlu, (sollst du deine Feinde erschlagen)" 1.2:IV:8f.
- *rbt il-m l ḥkmt* "Du bist groß, (o) Ilu, du bist fürwahr weise" 1.4:V:3.
- *ʿlk b[ʿ]l-m* ... "Deinetwegen, (o) Baʿlu, ..." 1.6:V:11f.
- *bṯnm uḫd bʿl-m* "packe die Schlangen, (o) Baʿlu!" 1.82:6

zweigliedrig (Belegauswahl):

- *ib hdt lm tḫš* "(O) Feinde Hadads, warum habt ihr Angst?" 1.4:VII:38.
- *ksi nqmd ibky* "(O) Thron des Niqmaddu, weine!" 1.161:13.
- *w nġr* \ *ʿnn ilm* "Aber gebt acht, (o) Götterboten!" 1.4:VIII:14f.
- *bn ilm mt* "(o) Sohn Ilus, Môtu, (sei gegrüßt!)" 1.5:II:19 (demgegenüber mit Partikel *l* in 1.5:II:11 und 1.6:VI:24).
- *ʿn gpn w ugr* "Seht, (o) *Gpn-w-Ugr*!" 1.8:II:6.

- *qritm rpi arṣ / qbitm qbṣ ddn* "Ihr seid gerufen, (o) Rapiʾūma der Erde"; ihr seid evoziert, (o) Versammlung des Didanu!" 1.161:2f. // 1.161:9f.
- *w išḫn \ nyr rbt* "Ja, sei heiß, (o) große Leuchte!" 1.161:18f.

zweigliedrig mit enklitischem *-m*:
- *(y mt mt) nḥt-m ḫṭk / mmnn-m mṭ ydk* "(o Mann, [o] Mann), (o) du, der du deinen ‘Stab’ (sc. Penis) senkst(?) / der du mit deinem ‘Stab’ eindringst(?), (o) du, der du den Stock deiner Hand ...(?)!" 1.23:40.46f.; ähnl. 1.23:43f.

b. Partikel *y* (*§*84.11) + Nomen (sämtliche Belege):

am Ende einer syntaktischen Phrase, die im folgenden Kolon weitergeführt wird:
- *[bnt] bhtk y ilm / bnt bht\k a[l t]šmḫ* "In/m ... deines Hauses, o Ilu; in/m ... deines Hauses [fr]eue dich nic[ht]! ..." 1.3:V:19f.; vgl. 1.18:I:7.
- *pl ʿnt šdm y špš / pl ʿnt šdm il* "Vertrocknet sind die Furchen der Äcker, o Šapšu; vertrocknet die Furchen der Äcker Ilus / (o) Ilu" 1.6:IV:1.12.
- *an l an y špš* "Wo auch immer (du bist), o Šapšu...." 1.6:IV:22.
- *aṯt [tq]ḥ y krt / aṯt \ tqḥ btk* ... "Die Frau, die du genommen hast, o Keret; die Frau, die du in dein Haus genommen hast, ..." 1.15:II:21f.
- *yṯbr \ ḥrn y bn / yṯbr ḥrn \ rišk* ... "Zerschmettern soll Ḥôrānu, o mein Sohn; zerschmettern soll Ḥôrānu deinen Kopf ...!" 1.16:VI:54-56.

am Beginn einer Rede (sämtliche Belege aus dem Text 1.23):
- *y mt mt* "O Mann, (o) Mann" 1.23:40.46; *y ad ad* "O Vater, (o) Vater" 1.23:43; *y nġr \ nġr* "O Wächter, (o) Wächter" 1.23:70f. (jeweils mit Wiederholung des Vokativausdrucks).
- *y aṯt itrḫ / y bn ašld* "O Frauen, die ich geheiratet habe; o Söhne, die ich gezeugt habe" 1.23:64f.

in unklaren Kontexten:
- *[ ]y ilm d mlk* "O Ilu(?), der ..." 1.4:III:9; *y aṯr[t]* "..., o Aṯira[tu ...]" 1.16:V:6; *y bn [ ]* "... o Sohn ..." 1.17:V:37.

mit enklitischem *-m*:
- *ʿbdk bʿl y ym-m / ʿbdk bʿl \ [nhr]-m* "Baʿlu ist dein Sklave, o Yammu; Baʿlu ist dein Sklave, (o) [Naharu] ..." 1.2:I:36f.
- *al tšrgn y btlt-m / dm l ġzr \ šrgk ḫḫm* "Belüge mich nicht, o Jungfrau; denn für einen Helden sind deine Lügen wirkungslos!" 1.17:VI:34f.
- *... y ym-m \ ... y nhr* "... o Yammu ... o Naharu" 1.83:11f.
- *y bʿl-m [a]l tdy ʿz l ṯġrn\y / qrd [l] ḥmytny* "O Baʿlu, treibe den Starken weg von unseren Toren, den Krieger [weg von] unseren Mauern!" 1.119:28f. (am Beginn einer Rede).

c. Partikel *l* (*§*84.12) + Nomen (sämtliche Belege):

zweigliedrig (niemals am Satzanfang):

l zbl bʿl "o Fürst Baʿlu" 1.2:IV:8; *l aliyn bʿl* "o hochmächtiger Baʿlu" 1.2:IV:28; 1.4:V:59; 1.4:VII:23-24; 1.4:V:59; 1.4:VI:4; *l rkb ʿrpt* "o Wolkenfahrer" 1.2:IV:8; 1.2:IV:29; 1.4:V:60; *l dgy aṯrt* "o Fischer(?) der Aṯiratu" 1.3:VI:10; *l dgy rbt aṯrt ym* "o Fischer der Herrin Aṯiratu des Meeres" 1.4:IV:3f.; 1.6:I:45; *l qdš amrr* "o *Qdš-Amrr*" 1.3:VI:11; 1.4:IV:2-3; *l bn ilm mt* "o Sohn Ilus, Môtu"

1.5:II:11; 1.6:VI:24; demgegenüber ohne Partikel *l* in 1.5:II:19; *l btlt ᶜnt* "o Jungfrau ᶜAnatu" 1.6:II:14; 1.6:III:23; 1.18:IV:12; *l arḫ* "o Kuh" 1.13:22; *l ltpn il d pid* "o gütiger Ilu, Barmherziger" 1.15:II:13f.; 1.16:IV:9&; *l ngr il ilš* "o Herold Ilus, *Ilš*" 1.16:IV:10; *l mṯt ḥry* "o Mädchen Ḥurraya" 1.16:VI:16-17; *l krt ṯᶜ* "o edler Keret" 1.16:VI:41-42; *l ṯr il aby* "o Stier Ilu, mein Vater" 1.17:I:23; *l bny bnwt* "o Schöpfer der Schöpfung" 1.17:I:24; *l aqht ġzr* "o Held Aqhatu" 1.17:VI:17; *l dnil mt rpi* "o Daniʾilu, Rapiʾu-Mann" 1.19:II:41. — (Weitere) unsichere Belege: *l tlš \ amt yrḫ* "o / zu *Tlš*, Magd des Yariḫu" 1.12:I:15f.; *l dmgy amt \ aṯrt* "o / zu *Dmgy*, Magd der Aṯiratu" 1.12:I:16f.

eingliedrig:

aṯr bᶜlk l ksi! */ aṯr bᶜlk arṣ rd* ... "Nach deinem Eigentümer, o Thron; nach deinem Eigentümer steig (hinab) in die Erde ...!" 1.161:20.

mit enklitischem *-m* (zweigliedrig):

l ḫtn\-m bᶜl "o Schwiegersohn Baᶜlus" 1.24:25f.

d. Nomen + PS der 1. Person:

- Sichere Belege: *ṯb bny l mṯb*t*km* "Setzt euch nieder, (o) meine Söhne, auf euren Sitzen!" 1.16:V:24; *l tbrknn l ṯr il aby* "Segne ihn doch, o Stier Ilu, (o) mein Vater!" 1.17:I:23 (am Appositionsausdruck); *w at \ umy al tdḥl* "und Du, (o) meine Mutter, sollst keine Angst haben" 2.30:20f.
- Unsicherer Beleg: *b ḥyk abn n*!*šmḫ* "Über dein Leben, (o) unser Vater, freuten wir uns" 1.16:I:14 // 1.16:II:36f. (alt.: *ab* + EP *-n* [§89.1]).

54.222. Zusammenfassend ist festzuhalten, daß die Konstruktion (a) die am häufigsten, die Konstruktionen (c) und (d) die am seltensten bezeugte ist/sind. Die Konstruktionen (b) und (c) lassen sich nur in der Poesie nachweisen, was aber möglicherweise auf Zufall beruht, da insgesamt wenige Vokativ-Belege in der Prosa existieren. Beispiele mit enklitischem *-m* sind syntaktisch vergleichbar mit entsprechenden Beispielen ohne *-m*. Die Konstruktionen (a-c) weisen eine relativ klare Verteilung auf:

- Die Konstruktion (a) wird vornehmlich bei kurzen, eingliedrigen Nomina an unterschiedlichen Satzpositionen (Anfangs-, Zweit- und Endstellung im Satz) gewählt, sowie seltener auch bei zweigliedrigen Ausdrücken (meist Konstruktus-Verbindung), vornehmlich am Satzbeginn.
- Die Konstruktion (b) steht zum einen am Ende einer syntaktisch unvollständigen Phrase, die im folgenden Kolon weitergeführt wird, zum anderen aber auch am unmittelbaren Redebeginn (nur im Text 1.23).
- Die häufig belegte Konstruktion (c) findet sich durchweg vor mehrgliedrigen Ausdrücken und folgt dabei sehr häufig einem satzeinleitenden Imperativ. Die einzige Ausnahme (1.161:20) steht am Ende einer syntaktisch unvollständigen Phrase zur Verdeutlichung der syntaktischen Verhältnisse. In vergleichbaren Syntagmen wird sonst die Konstruktion (b) verwendet.

54.3. Terminativ

54.31. Morphologie des Terminativs

54.311. Der Terminativ (= Term.), auch Terminativ-Adverbial genannt, fungiert im Ug. als adverbialer Kasus, der primär zur Bezeichnung der Richtung dient. Er wird durch eine Endung *-h* markiert, die im Anschluß an den he. Befund (dem sogenannten "He *locale*") wahrscheinlich als /*-ăh*/ zu vokalisieren ist.

Die ug. Terminativendung (= TE) *-h* entspricht funktional und etymologisch der he. TE *-āh* und sehr wahrscheinlich auch der akk. TE *-iš*. Der innerakk. Befund legt die Annahme nahe, daß die TE sprachgeschichtlich mit der altsem. Dativendung verwandt ist, wie sie etwa bei den akk. Personalpronomina noch bewahrt ist (siehe GAG § 67a). Die phonologische Entsprechung von akk. *-iš* und ug./he. *-h* läßt sich unter der Annahme des im Sem. auch sonst bezeugten Lautwandels $*s^1$ > /*h*/ erklären (§33.131.1).

SV. Die Vokalqualität des betreffenden Terminativmorphems dürfte im Ursem. /*a*/ und nicht /*i*/ gelautet haben. Im Akk. scheint **a* vor /*š*/ sekundär zu /*i*/ geworden zu sein; vgl. die Präp. *ištu/i/a* "von, seit", die nach Ausweis des Eblaitischen (ebla. *aštu/i/a*) aus **ašt-* entstanden ist. — Vor der Entdeckung des Ug. wurde der he. Term. meist als adverbialer Ak. und der Marker *-h* als *mater lectionis* für die bewahrte alte Akkusativendung *-a/ā* betrachtet. Diese Auffassung wurde angesichts der konsonantischen Notierung des Terminativmarkers mittels {h} im Ug. aufgegeben (siehe GBH § 93c).

Lit.: Speiser (1954); vgl. Hoftijzer (1981) [nur he. Befund].

54.312. Die TE ist im Ug. bei Substantiven und Adjektiven (in attributiver Stellung) belegt und tritt wahrscheinlich immer an die endungslose Nominalbasis: z.B. *arṣh* = /*ʾarṣ-ăh*/ "zur Erde hin" (1.14:I:29). Zwischen Nominalbasis und TE wird in der alph. Orthographie in der Regel kein Worttrenner gesetzt (einzige Ausnahme: *p ʿlm.h* "und in Ewigkeit" 1.19:III:48).

54.313. Bemerkenswert ist die Bezeugung der TE am Zahlwort für "eins": *aḥdh* "zusammen, miteinander", eig. "in eins (zusammen)" (1.71:6*.8*.10&). Daß es sich dabei um eine Lehnbildung zu akk. *ištē/īniš* "zusammen" (AHw. 400f.) handelt, ist unwahrscheinlich, auch wenn ug. *aḥdh* und akk. *ištē/īniš* in vergleichbaren Ritualkontexten begegnen. Neben *aḥdh* ist im Ug. eine offenbar bedeutungsgleiche Variante *yḥdh* (1.175:12) bezeugt (vgl. he. *yaḥdā(y)w* und raram. *kḥdh* < **ka* (Präp.) + *ʾḥd* + TE [vgl. Muraoka – Porten 1998, 92f.]).

Anm. Weniger wahrsch. ist aus semantischen Gründen die Analyse von ug. *aḥdh* bzw. *yḥdh* als Zahlwort + PrS 3.m.sg. *-h*. Auch der Verweis auf he. *yaḥdā(y)w* "zusammen, miteinander" zwingt nicht zu dieser Annahme, zumal die Analyse von *yaḥdā(y)w* umstritten ist. Es gibt im wesentlichen drei unterschiedliche Auffassungen: a) *yaḥdā(y)w* als Subst. *yaḥad* + PrS 3.m.sg., möglw. sekundär entsprechend *lᵉpānā(y)w* gebildet (so etwa KBL[3], 388a); b) *yaḥdā(y)w* als Subst. *yaḥad* + Femininendung *-ay* + PrS 3.m.sg. (so etwa GBH § 102d, Anm. 1); c) *yaḥdā(y)w* als Subst. *yaḥad* + Lokativendung *-ŭ*, d.h. "in Gemeinschaft (mit)" (so C. Brockelmann, ZA 14 [1899], 344-346 und BL 529f.). Diese letzte Auffassung (c) wird hier favorisiert.

54.314. Die TE ist im Ug. nur im St.abs. zweifelsfrei nachweisbar. Das Fehlen von Belegen in den übrigen Status ist signifikant (zu den Gründen siehe unter §54.315.2). Demgegenüber ist die TE im He. und Akk. auch im St.cs. (vgl. etwa he. *bêtāh yôsep* "in das Haus Josephs" und akk. *epšiš pîšunu* "auf ihr Wortergreifen" [GAG § 67d]) bezeugt. Das Akk. verwendet den Term. ferner auch im St.pron. (z.B. *rigmiška* "bei deinem Rufen"; *puḫriššun* "in ihrer Versammlung"; *wēdiššī-ja* "ich allein" [GAG § 67d]).

54.315. Die Identifikation von Terminativbelegen in den ug. Texten ist in zweierlei Hinsicht problematisch.

54.315.1. Zum einen bereitet die Abgrenzung der TE *-h* gegenüber dem formal identischen Pronominalsuffix der 3.m./f.sg. in gewissen Fällen Schwierigkeiten. Beispiele:

- *pʿnh l tmġyn hdm / rišh l ymġy apsh* (1.6:I:59-61). Entweder: "Seine Füße reichten nicht zum Schemel, sein Kopf reichte nicht zu seinem (sc. des Thrones) Ende" *apsh* = *aps* + PrS); oder (weniger wahrsch.): "... sein Kopf reicht(e) nicht zum (Thron-)Ende" (*apsh* = *aps* + TE).
- *aṯrh rpum [(l) tdd]* (1.21:II:3f. und Parallelen). Entweder: "Hinter ihm [stellten sich auf (?)] die Rapiʾūma" *aṯrh* = Präp. *aṯr* + PrS); oder: "Zum Kultort [traten hin (?)] die Rapiʾūma" *aṯrh* = Subst. *aṯr* + TE).
- *ap w np[š] \ l ʿ(?)nth* (1.43:12f.). Entweder: "eine Nase und eine Lunge für seine (sc. die des ersten *Gṯr*-Gottes) ʿAnatu"; oder: "... für ʿAnatu" (Term. mit vorausgehender pleonastischer Präp.) (§54.316).
- *km yr klyth w lbh* (1.82:3). Entweder: "Wenn(?) er in die Nieren und in das Herz schießt" oder: "Wenn er (in) ihre Nieren und (in) ihr Herz schießt".

54.315.2. Zum anderen stellt sich grundsätzlich die Frage, ob die TE in der ug. Orthographie immer konsonantisch mit {h} geschrieben wird oder ob daneben nicht auch Fälle von defektiver Orthographie der TE existieren. Diese letztere Möglichkeit ist aus folgenden Gründen ernsthaft in Erwägung zu ziehen:

a) In bestimmten Texten ist die TE *-h* häufig, in anderen gar nicht bezeugt. So gibt es etwa im gesamten Baal-Zyklus (1.1.-1.6.) keinen einzigen Beleg der TE *-h*, während der Text 1.23 allein 5 Belege der TE *-h* enthält. Es fällt schwer, diese Differenzen als stilistische Varianten zu erklären.

b) Innerhalb von 1.14 ist an parallelen Stellen die TE *-h* einmal bezeugt, ein anderes Mal nicht. Siehe zum einen *yrḥṣ ydh amth* "er wusch seine Hände (bis) hin zum Ellbogen" (1.14:III:53; weniger wahrsch.: "... seine Hände [und] seine Ellbogen") gegenüber *rḥṣ [y]dk amt* "wasche deine [Hän]de (bis) zum Ellbogen" (1.14:II:10), zum anderen *nša ydh šmmh* "er erhob seine Hände zum Himmel" (1.14:IV:4f.) gegenüber *ša ydk šmm* (1.14:II:22f.). Auch diese Differenzen lassen sich nicht ohne weiteres als stilistische Varianten erklären.

Anm. 1. Auch die Wortform *arṣ* in RS92.2014:12 könnte eine defektive Schreibung für **arṣh* darstellen (alt.: Ak. der Richtung): *yšpk k mm arṣ* "Es soll/wird wie Wasser(?) zur Erde hin ausgegossen werden ...".

c) Die TE *-h* begegnet – von unsicheren Belegen abgesehen (§siehe nachstehende Anm. 1) – ausschließlich an Nomina im St.abs. Aufschlußreich ist in diesem Zusammenhang der Text 1.100, wo sich mehrmals die stereotype Formulierung *ql bl ᶜm GN ON-h* "Trage meinen Ruf zum Gott NN zum Ort NN!" findet (z.B. *ql bl ᶜm dgn ttlh* "... zu Dagānu nach Tuttul!" 1.100:14f.). Die TE *-h* fehlt jedoch bezeichnenderweise im Satz *ql bl ᶜm bᶜl mrym ṣpn* "Trage meinen Ruf zu Baᶜlu zu den Höhen des Ṣapānu!" (1.100:8f.), offenbar, weil das Subst. *mrym* hier im St.cs. steht. Dieser Befund legt die Annahme nahe, daß die TE grundsätzlich nur im St.abs. konsonantisch markiert wird. — Ein vergleichbarer Befund liegt in folgenden parallelen Syntagmen vor: a) *ᶜnt brḥ p ᶜlmh / ᶜnt p dr dr* "(Sei ein) Flüchtling jetzt und auf immer, jetzt und in alle Ewigkeit!" (1.19:III:48 // 1.19:III:55f.); b) *l ht \ w ᶜlmh / l ᶜnt p dr dr* "Von nun an und auf immer, von jetzt an und in alle Ewigkeit" (1.19:IV:5f.). Hier begegnet der Ausdruck *dr dr* jeweils in Parallele zu *ᶜlmh*. Während *ᶜlmh* eine TE *-h* aufweist, fehlt diese bezeichnenderweise in *dr dr*, offenbar, weil *dr* (1. Element) im St.cs. steht (vgl. akk. *dāriš*, *ana dāriš ūmī* und *ana dāri dūri*, "für immer"). — Erwähnenswert ist ferner die Weinauslieferungsliste 4.149. Nach der Angabe der Liefermenge folgen hier Präpositionalphrasen (6x *l*, 1x *b*). Konstruktusverbindungen werden jedoch ohne Präpp. eingeführt: *bt ilm \ rbm* "zum Tempel der großen Götter" (4.149:1f.); *ġb išḫry* "zur Opfergrube der (Göttin) *Išḫry*" (4.149:13); *bt il ann* "zum Tempel des Gottes / der Götter *Ann*" (4.149:17f.19). Es ist wahrscheinlich, daß dabei das Nomen regens jeweils im Term. steht, zumal in 4.149:5 eindeutig die TE *-h* begegnet: *kd l ḫty \ maḫdh* "ein Krug (Wein) für den Hethiter zum Ort *Maḫd*".

Anm. 2. Als (unsichere) Belege der TE *-h* im St.cs. kommen in Betracht: a) *š ḫmnh nkl* "... ein Schaf in die Kapelle der(?) (Göttin) Nikkal" (1.106:14). Es ist jedoch wahrscheinlicher, daß mit *nkl* ein neues Syntagma beginnt (siehe M. Dietrich — O. Loretz, TUAT II, 325). — b) *b ṯṯ ym ḥdṯ \ ḫyr ᶜrbt \ špš ṯġrh \ ršp* "Am sechsten Tag ... trat die Sonne in das Tor des Rašapu ein" (1.78:1-4) (Alternativen: "... trat die Sonne in das Tor [namens] Rašapu ein"; "... ging die Sonne unter, wobei ihr Pförtner Rašap war").

Terminative ohne *h*-Marker könnnten schließlich auch im St.pron. existieren. Mögliche Belege wären: *bt-y* "in mein Haus" (1.14:IV:40; 1.21:II:9; 1.22:II:3.8) und *ḥẓr-y* "in meine Wohnstatt" (1.14:IV:42). Es könnte sich jedoch alternativ um adverbiale Akkusative handeln.

d) Im Keret- und Aqhat-Epos begegnen Belege der TE *-h* immer nur am Kolonende. Dieser Befund könnte auf Zufall beruhen. Es ist jedoch auch denkbar, daß der Schreiber Pausalbelege der TE in der Regel konsonantisch notierte, während er Kontext-Belege orthographisch nicht berücksichtigte.

e) *ḥwt ṯth* (3.3:4) ist kontextuell eindeutig als terminativischer Ausdruck ausgewiesen, bestehend aus Subst. und adjektivischem Attribut: *b ḫbṯh ḥwt ṯth* "falls er in ein anderes Land flieht" (vgl. akk.Ug. *šum-ma ... a-na* KUR-*ti ša-ni-ti i-na-bi-it* "falls er ... in ein anderes Land flieht" RS15.81:5-7). Daß die TE *-h* dabei nur am zweiten Wort erscheint, hat vielleicht allein orthograph. Gründe. Syntaktische Gründe (Kasuskongruenz zwischen Subst. und adj. Attribut) zwingen zur Annahme, daß auch das Subst. *ḥwt* = /*ḥuwwatâ*/ (< **ḥuwwatah*) im Term. steht.

f) Das Adverb *pnm* "hinein" (1.16:VI:5) besitzt aufgrund seiner Etymologie (vgl. he. *p^e^nîmāh*) und seiner Semantik ("gesichtwärts") wahrsch. eine TE, die aber orthographisch unberücksichtigt bleibt: */panîmâ/* < **panîmah*.

Die genannten Argumente legen die Annahme nahe, daß die TE in der alph. Orthographie in gewissen Fällen konsonantisch mittels {h} notiert wird, in anderen Fällen aber unberücksichtigt bleibt. Die bevorzugte konsonantische Notierung der TE in der Pausa und die defektive Orthographie der TE im St.cs. weisen darauf hin, daß für diese Schreibvarianten zumindest teilweise konkrete phonetische Gründe verantwortlich sind: Das wortauslautende */h/* der TE wurde im Ug. nur noch in der Pausa konsonantisch artikuliert. Sonst, insbesondere im St.cs., wurde es wohl nicht mehr konsonantisch gesprochen (*§*33.142.4).

Aus diesen Überlegungen folgt auch, daß der Term. im Ug. tatsächlich wohl häufiger belegt ist, als die Orthographie auf den ersten Blick vermuten läßt. Im übrigen ist es auch aus sprachhistorischer Sicht naheliegend, daß der Term. im Ug. mindestens ebenso produktiv ist wie im Biblisch-Hebräischen.

Anm. 3. Greenstein (1998, 413) folgert aus dem vorgestellten orthographischen Befund, daß das {h} der TE als historische Schreibung zu beurteilen und wahrsch. bereits im Ug. nicht mehr konsonantisch artikuliert worden sei.

SV. Auch im He. weisen bei weitem nicht alle Nomina mit terminativischer (bzw. lokativischer) Semantik eine TE ("He *locale*") auf. Hoftijzer (1981) hat entsprechende unmarkierte Belege als "*zero*-instances" bezeichnet und sie zu Recht in seine Studie miteinbezogen.

54.316. Beispiele für die Verwendung einer (pleonastischen) Präp. *l* vor einem Subst. im Term. lassen sich im Ug. nicht sicher nachweisen. Im Syntagma *l ^c^nth* (1.43:13) steht das {h} möglicherweise nicht für die TE ("für ^c^Anatu"), sondern für das PS 3.m.sg.: "für seine (sc. die des ersten *G<u>t</u>r*-Gottes) ^c^Anatu" (P. Xella, UF 27 [1995], 607f.). Es gilt zu beachten, daß die Lesung des zweiten Zeichens unsicher ist (alternative Lesung: *l <u>t</u>nth*, d.h. "zum zweiten, zweitens, ferner" bzw. "sein Doppeltes").

SV. Im Akk. und im He. ist dieses Phänomen eindeutig belegt; vgl. etwa akk. *ana dāriš ūmī* "für immer" (GAG § 67d) und he. *l^e^maṭṭāh* "nach unten" (BL 527r).

54.32. Funktionen des Terminativs

Der Term. fungiert im Ug. als produktiver adverbialer Kasus. Er besitzt offenbar weitgehend dieselben Funktionen wie der akk. oder he. Term. Diese seien vorab zusammenfassend vorgestellt.

54.321. Die wichtigsten Funktionen des akk. Term. sind (siehe GAG § 67):

a) die richtungsanzeigende Funktion (z.B. *muātiš* "zum Sterben"),
b) die lokativische Funktion (z.B. *puḫriššun* "in ihrer Versammlung"),
c) die Funktion als Vergleichskasus (z.B. *iliš* "wie ein Gott"),
d) die Funktion als Adverbialendung bei diversen Adjektiven (z.B. *mādiš* "viel, sehr"; *damqiš* "gut").

Die richtungsanzeigende und die lokativische Funktion sind nur in älteren Sprachstufen produktiv und werden im Laufe der Zeit zunehmend durch Präpositionalphrasen ersetzt.

54.322. Auch im He. hat der Term. primär richtungsanzeigende, daneben aber selten auch lokativische Funktion (siehe etwa GBH § 93c-k): z.B. *ḥûṣāh* "hinaus", *ʾaššûrāh* "nach Assur", *haššāmaymāh* "himmelwärts" gegenüber *hammizbeḥāh* "auf dem Altar". Der he. Term. fungiert nicht als Vergleichskasus oder Adverbialendung von Adjektiven.

54.323. Im Ug. ist der Term. in Poesie und Prosa produktiv. Die genaue Belegdichte läßt sich nicht ermitteln, da die Terminativendung in der Orthographie nicht immer konsonantisch notiert ist. Im Hinblick auf die orthographisch eindeutigen Belege lassen sich die nachfolgenden Gebrauchsweisen des Term. feststellen.

54.323 a. Richtungsangabe

Vorbemerkung: Vergleichbar mit dem akk. und he. Term. dient der ug. Term. primär zur Bezeichnung der Richtung, in lokaler und temporaler Hinsicht, und deckt dabei ungefähr das semantische Feld der Präp. *l* (§82.12) ab.

Poesie:

- Lokal: *arṣh* "(Tränenfluß) zur Erde nieder" 1.14:I:29; *mṭṭh* "(Tränenfluß) zum Bett nieder" 1.14:I:30 (alt.: "nach unten"; vgl. he. *maṭṭāh*); *qrth* "zur Stadt hinauf (Pfeile schießen)" 1.14:III:13; *amth* "bis hin zu den Ellbogen (Hände waschen)" 1.14:III:53; *šmmh* "himmelwärts (Hände erheben)" 1.14:IV:5; *šmmh* "himmelwärts (schießen)" 1.23:38; *palth* "(sich hinwenden) zum Gestrüpp" 1.19:II:12; *aklth* "(sich hinwenden) zum klumpigen Land" 1.19:II:19; *šdmth* "(niedergeworfen werden) auf die (Weinkultur-)Terrasse" 1.23:10; *ẓrh* "(sich entfernen wie Steinböcke) hin zum Bergrücken" 1.169:4; *skh* "(sich entfernen wie Löwen) hin zum Dickicht" 1.169:4; (?) *mswnh* "(Boten schicken) zum Heerlager" 1.14:III:21&.
- Temporal: *p ʿlmh* "(von jetzt an) und auf ewig" 1.19:III:48.55; *w ʿlmh* "(von jetzt an) und auf ewig" 1.19:IV:6; 1.23:42.46.49.

SV. Vgl. akk.EA *a-di da-ri-ia-ta* "bis in Ewigkeit" (EA 294:34f.). Steht die Endung /*-ă*/ am Subst. (statt /*-i*/) für die nwsem. TE *-āh*?

Prosa (außer Ritualtexte):

- Lokal: *bʿlh* "für(?) Baʿlu" 1.48:9 (Kontext abgebrochen); *šmmh* "in den Himmel" 1.100:52; (?) *klyth w lbh* "(schießen) in die Nieren und in das Herz" 1.82:3 (alt.: "... in ihre Nieren und in ihr Herz"); *mṣdh* "(hinuntersteigen) zum Mahl/zur Festung" 1.112:19; *ḫwt ṯth* "(fliehen) in ein anderes Land" 3.3:4 (§54.315.2e); *ḥwyh* "(hinausbringen lassen) in das Zeltlager" 4.145:10.

Anm. Die Bewahrung des dritten Radikals in der Form *ḥwyh* (4.145:10) stützt die Annahme, daß der Vokal der TE als lang anzusetzen ist, d.h. /*ḥawwayāh*/ (andernfalls wäre eine Kontraktion zu erwarten: **ḥawwayah* > */*ḥawwâh*/).

- ON + TE, jeweils mit Kontext "Trage meinen Ruf zum (= *ᶜm*) Gott NN, zum Ort NN": *ttlh* 1.100:15; *inbbh* 1.100:20; *lrgth* 1.100:26; *bbth* 1.100:31; *ḫryth* 1.100:36; *ᶜṯtrth* 1.100:41; *kptrh* 1.100:46; *mṣdh* 1.100:58 (alt: "zur Festung"); *mrh* 1.100:78.
- ON + TE: *maḫdh* "(Weinlieferung für den/die Hethiter) nach Maʾḫadu" 4.149:5; *grgmšh* "(Schiffe) nach/für Karkemiš" 4.779:13.
- (?) *b ṯṯ ym ḥdṯ \ ḫyr ᶜrbt \ špš tġrh \ ršp* "Am sechsten Tag der Neumondphase (des Monats) Ḫiyaru trat die Sonne beim Tor 'Raschapu' ein (d.h. sie ging beim Standort des Mars unter)" 1.78:1-4 (alt.: "... ging die Sonne unter, wobei Rašap ihr Pförtner war").

Ritualtexte:

(Aufgrund des elliptischen Fehlens von Verben läßt sich nicht entscheiden, ob der Term. hier eine Richtung oder den Ort des Geschehens bezeichnet.) *ᶜ(?)lyh* "zum / im Obergeschoß" 1.27:6 (zur Lesung siehe D. Pardee, BSOAS 58 [1995], 232 [KTU² bietet *ṣlyh*]; Kontext weitgehend abgebrochen); *ᶜlyh gdlt* "zum / im Obergeschoß eine Kuh" 1.41:46 // 1.87:50 (erg.); *w b ym ᶜšr \ tpnn npṣm ḫm[n]h* "und am 10. Tag werden die *npṣ*-Gegenstände in(?) der Kapelle aufgeräumt(?)" 1.104:15f.; *ṣin ḫmnh* "ein (Stück) Kleinvieh zur / in der Kapelle" 1.106:13; *š qdšh \ ᶜlyh ḫmnh* "ein Schaf zum / im Heiligtum, zum / im Obergeschoß (und) zur / in der Kapelle" 1.106:13f.; *š kbmh* "ein Schaf zum/im Schrein(?)" 1.106:15; *w šbᶜ gdlt w k\l šbšlt dg gnh* "und sieben Kühe und allerlei Gekochtes(?) vom Fisch in den / im Garten" 1.106:21f.; *ḫmš \ ᶜšrh mlun šnpt ḫṣth* "15 ...(?) als *šnpt*-Opfer hin zum / im *ḫṣt*" 1.39:9f.

54.323 b. Dativische Funktion (nur ein Beleg)

qrht d tššlmn \ ṯlrbh "(Liste von) Städe(n), die Frondienste leisten müssen für(?) (den Ort) *Ṯlrb* / in *Ṯlrb*" 4.95:1f. — Da √*šlm* Š "(in Form von Frondienst) erstatten/vergelten" bedeutet (Tropper 1990a, 61), besitzt der Term. hier wahrsch. dativische Funktion ("der Stadt NN erstatten"). Alternativ wäre von einer lokativischen Funktion auszugehen.

54.323 c. Angabe eines Zeitpunktes (nur ein Beleg)

(?) *w ḥdṯh \ tdn hmt* "und bei Neumond werden sie ...(?)" 1.104:18f. (vgl. den Lok. *ḥdṯ-m* in 1.91:13 [§54.423c] mit gleicher Bedeutung).

54.323 d. Terminativendung zur Bildung von Adverbien

Wie im Akk. kann die TE auch im Ug. zur Bildung von Adverbien gebraucht werden. Davon zeugen die Formen *aḥdh* (1.71:6*.8*.10&) und *yḥdh* (1.175:12), "zusammen, miteinander". Diese Funktion des Term. ist unmittelbar auf die richtungsanzeigende Funktion zurückführbar: "in eins (zusammen)" = "zusammen, miteinander".

54.4. Lokativ

54.41. Morphologie des Lokativs

Neben dem adverbial gebrauchten Akkusativ und dem Terminativ kennt das Ug. als weiteren adverbialen Kasus den sogenannten Lokativ (= Lok.), auch Lokativ-Adverbial genannt.

54.411. Der Lok. ist sonst nur in älteren sem. Sprachen nachweisbar (siehe Brockelmann 1908, 460-466). Relativ produktiv ist er nur im (älteren) Akk., wo er durch eine Endung *-um* bzw. *-ŭ* markiert ist (GAG § 66).

SV. Ferner gibt es im Akan. zumindest zwei eindeutige Belege für den Lok., nämlich *ba-aṭ-nu-ma* "auf dem/n Bauch" (EA 232:10) und *ṣú-uḫ-ru-ma* "auf dem/n Rücken" (EA 232:11), beides Glossen zu akk. Ausdrücken. Die betreffenden Endungen sind als Kombinationen der Lokativendung *-ŭ(m)* und einer EP *-ma* zu erklären (zu weiteren Lokativformen im Akk.EA siehe CAT 3, 5f.). — Auch im He. existiert zumindest ein sicherer Beleg des Lok. in Form des Adverbs *h^{a}lom* "hier, hierher", das wahrsch. auf **halumma* zurückgeht (vgl. ar. *halumma*). Ein möglicher weiterer Beleg ist *yaḥdā(y)w* "miteinander" (§54.313, Anm.). Demgegenüber dürften *pitʾom* "plötzlich" (< *pæta^c* "Augenblick"; vgl. *b/l^{e}pæta^c* "augenblicklich, im Nu") und *^{c}êrom* "nackt" eher als adverbiale Akkusative zu erklären sein (siehe GBH § 102b; vgl. ar. *faǧʾatan*, *fuǧāʾatan*, *baġtatan*, "plötzlich"). — Relikte des Lok. sind auch im Ar. zu finden. Bei der Mehrzahl der Belege handelt es sich um Adverbien mit indeklinabler Endung /*-u*/, z.B. *(min) taḥtu* "unten", *(min) ^{c}alu* und *(min) fawqu* "oben", *warāʾu* "hinten", *(min) ba^{c}du* "später, nachher", *qablu* "früher, vorher", *qubaylu* "etwas früher", *^{c}awḏu* "(auf) immer", mit Negation "niemals", *qaṭṭu* "nie(mals)" (siehe GKA § 317 und Wright I § 363), oder mit Endung *-umma* (< **um* + *ma*), z.B. *halumma* "hierher". Daneben begegnet der Lok. auch bei einigen Präpp., z.B. *ladun* (Variante: *ladu*) "(nahe) bei", *min ladun* "aus dem Bereich von, von, seit" und *munḏu* "seit" (mit Variante *muḏ*), sowie bei Konjunktionen, z.B. *(min/ʾilā) ḥayṯu* "wo, wobei, wohin", *ḥayṯumā* "wo auch immer" sowie *(min/munḏu) ladun (ʾan)* "seit(dem)" und *munḏu* "seit(dem)". In Frage kommen viell. auch die Wendungen *lā/laysa ġayru* "nicht anders, sonst nichts, nur, lediglich" und *fa ḥasbu* "und damit genug" (alt.: Nominativkasus). — Zu den Relikten des Lok. im Äth. (Ge^{c}ez) zählen ausschließlich Adverbien wie *lā^{c}lu* "oben", *tāḥtu* "unten", *qadimu* "am Anfang, früher", *lazəlufu* "(für) immer".

54.412. Der ug. Lok. ist im Einklang mit dem sprachvergleichenden Befund durch eine Endung /*-ŭ*/ – hinfort vereinfachend /*ū*/ (§54.413) – markiert, die sich in allen drei Status des Nomens nachweisen läßt.

St.abs. (paronomastisch gebrauchte Inff.; siehe Blau 1985, 295 [§73.514]):
- *ġmu ġmit* /*ġamāʾū*/ "bist du sehr durstig?" 1.4:IV:34.
- *bu tbu* /*bâʾū*/ "sie trat fürwahr ein" 1.16:VI:3.
- *bu al tbi* /*bâʾū*/ "du sollst auf keinen Fall kommen!" 1.169:18.
- *šṣu ašṣ!u* /*šVṣVʾū*/ (√*yṣʾ* Š) "ich werde (es) gewiß abliefern" 2.34:30f.

Anm. Vgl. hierzu auch Inff. WzK III-ʾ mit narrativer Funktion. Sie weisen ebenfalls eine Endung /*-ŭ*/ auf, die für den Lok. oder Nom. stehen kann (z. Disk. siehe §73.514c): *yru* (1.6:VI:30); *yrau-n* (1.5:II:6); *yṣu* (2.31:36).

St.cs.:
- *ṣbu špš* /*ṣabīʾū*/ "bei Sonnenaufgang" 1.41:47.53.

St.pron.:
- (?) *s*[!]*puy* /*sVp(V)ʾū-ya*/ "als meine Speise" 1.6:VI:11.15 (§54.423f).

54.413. Die Lokativendung (= LE) weist eine formale Ähnlichkeit mit der Nominativendung auf und könnte mit dieser letztlich identisch sein.

SV. Das Hamitosemitische könnte ursprünglich eine Ergativsprache gewesen sein (siehe H.-P. Müller 1995). Der Ergativkasus einer Ergativsprache entspricht funktional sowohl dem Nominativ als auch dem Ablativ einer Nominativsprache. Tatsächlich besitzt der sem. Lok. unter anderem auch instrumental-ablativische Funktion.

Für die akk. LE ist eine Grundform /*-um*/ ausgewiesen. Ob das auslautende /*m*/ – wie GAG § 66a vorschlägt – genuiner Bestandteil der LE ist oder als Mimation zu betrachten ist, sei dahingestellt. Im St.pron. ist ein Schwund des /*m*/ und eine Längung des Vokals zu /*ū*/ zu beobachten, z.B. *qātūʾa* "in/auf meiner Hand" (GAG § 66a). Ab der ausgehenden aB Periode fällt das auslautende /*m*/ generell weg. Im nB und spB Akk. ist eine allgemeine Längung des Lokativvokals bezeugt, z.B. *libbū* "innerhalb von" (GAG § 66d).

Auf diesem Hintergrund darf vermutet werden, daß auch der ug. Lok. – zumindest im St.pron. – einen (sekundär) gelängten Auslautvokal /*-ū*/ aufweist. Zugunsten dieser Annahme sprechen die Formen *spuy* (1.6:VI:11.15) und *klyy* (1.6:VI:11.15-16), zwei Lokative im St.pron. mit PS 1.c.sg. *-y* (§54.423f). Die Verwendung der PS-Variante *-y* = /*-ya*/ weist auf einen vorausgehenden Langvokal hin: /*sVp(V)ʾū-ya*/ bzw. /*kVl(V)yū-ya*/ (vgl. akk. *qātūʾa* "in/auf meiner Hand"). Nach einem Kurzvokal /*-u*/ wäre demgegenüber die PS-Variante *-Ø* = /*-ī*/ zu erwarten (§41.221.11a).

54.414. Die ug. LE /*-ū*/ wird – zumindest im St.abs. – häufig durch ein enklitisches *-m* erweitert, das entweder als LE + Mimation (d.h. /*-ŭm*/) oder als LE + Mimation + EP *-m* (d.h. /*-umma*/) gedeutet werden kann, z.B. *urbtm* "durch die Luke" (1.169:3).

54.415. Die LE ist im Ug. vornehmlich bei Nomina im Singular bezeugt. Daneben gibt es möglw. auch Belege der LE an einem Nomen im Dual.

Ein Beleg dafür wäre die Form *klatn-m* "in beide(n) (Hände[n])" (1.14:II:15; 1.14:III:56), sofern sie sich aus der (fem.) Nominalbasis *klat* + Dualnunation *-n* = /*-ân*/ + LE /*-u(m)*/ + EP *-m* zusammensetzt (alt.: Lexem **klatn* [§51.46c, Anm.] + Dualmimation). Das /*n*/ der Dualnunation könnte dissimilatorisch aus /*m*/ entstanden sein: /*kilʾatânŭm(ma)*/ < **kilʾatâmŭm(ma)* (§33.135.2). Zur Anhängung der LE an die Dualnunation ist der akk. Befund zu vergleichen, z.B. akk. *kišādānuššunu* "an ihren (beiden) Hälsen" und *ṣuprānuššu* "in seinen (beiden) Klauen" (GAG § 66g).

Ein möglicher weiterer Beleg dafür ist die Form *pʿnm* "barfuß" (alt.: "zu Fuß") ← "mit (bloßen) Füßen" (1.43:24.25 [§54.423d]).

Anm. Ein besonderes Problem stellt die Form *krpnm* dar, die in 1.4:III:43, 1.4:VI:58* und 1.5:IV:15* jeweils in Parallele zum Präpositionalausdruck *b ks ḫrṣ* "aus (einem) goldenen Becher(n)" bezeugt ist. Sie meint "aus Krügen / aus einem Krug

(Wein trinken)" und könnte folglich als Lok. zu deuten sein (vgl. *št* \ *b krpnm yn / b k<s> ḫrṣ* \ *dm ᶜṣm* "Trink aus Krügen / aus einem Krug Wein, aus [einem] goldenen Becher[n] das Blut der Bäume" 1.4:IV:36-38 [hier mit Präp. *b* vor *krpnm*]). Sollte *krpnm* als Pl. zu deuten sein, wäre die Form wie folgt zu analysieren: *{qatlān}*-Basis + Pluralmarker in Kombination mit der LE + EP *-m* bzw. Pluralmimation *-m*. Gegen diese Deutung ließe sich anführen, daß es im Akk. laut GAG § 66g keine Lokativbelege bei Nomina m.pl. gibt. *krpnm* dürfte somit eher als Sg. zu deuten sein, d.h. */karpānū-m(ma)/* "aus einem Krug (Wein trinken)" (*{qatlān}*-Nominalbasis + LE + EP *-m*).

54.416. Die Identifikation von Lokativbelegen im ug. Textkorpus bereitet Schwierigkeiten. Mit Ausnahme der oben zitierten Formen der WzK III-ʾ gibt es nämlich keine orthographisch eindeutigen Lokativformen, zumal die LE syll. nicht bezeugt ist und in der alph. Orthographie — abgesehen von Nomina III-ʾ — nicht berücksichtigt wird.

Eine Hilfe bei der Identifikation ist das häufig als Erweiterung des Lok. bezeugte enklitische *-m*. Der Wert dieses Hilfsmittels ist jedoch in zweierlei Hinsicht eingeschränkt. Zum einen hilft es natürlich nicht, unerweiterte Lokativformen aufzuspüren, die wahrsch. die Mehrzahl der Belege stellen. Zum anderen besitzt enklitisches *-m* (§89.2) im Ug. auch eine ganze Reihe anderer Funktionen. Unter anderem dient es auch zur Erweiterung des adverbial gebrauchten Ak., der semantische Berührungspunkte mit dem Lok. aufweist (§54.133.2).

54.417. Wie im Akk. (z.B. *ina libbu* "innerhalb von", *ina pānu* "angesichts von", *ana pānu* "zur Verfügung von" [GAG § 66c]) kann möglicherweise auch im Ug. eine Präp. pleonastisch vor ein Subst. im Lok. treten.

Wahrscheinliche Belege sind: a) *b krpn-m* "(trink) aus einem Krug (Wein)" (1.4:IV:37; alle Parallelen sind ohne Präp. *b* konstruiert [§44.415, Anm.]); b) *b ᶜlm* "am nächsten Tag" (1.148:3f.11f. [in anderen Texten findet sich *ᶜlm* allein]).

Als weitere (unsichere) Belege kommen in Frage: a) *aḫr špš-m* "nach der Sonne (d.h. nach Sonnenuntergang)" (1.14:IV:33.46), sofern *aḫr* hier nicht als Adverb zu deuten ist ("dann/später, bei der Sonne" [§54.423c]); b) *l bl* "ohne" 1.96:4.5) in Entsprechung zu akk. *ina balu(m)* "ohne" (§54.423d).

54.42. Zu den Funktionen des Lokativs

54.421. Lokativbelege können im wesentlichen nur durch syntaktische Beobachtungen, etwa das Fehlen von Präpositionen, und semantische Überlegungen erschlossen werden, da die alph. Orthographie die LE — außer bei Wzz. III-ʾ — nicht berücksichtigt. Besonders schwierig gestaltet sich die Abgrenzung des Lok. gegenüber dem adverbial gebrauchten Ak. Folglich läßt sich die genaue Belegdichte des Lok. im Ug. nicht eruieren.

Aufgrund der Probleme der Identifizierung des ug. Lok. ist auch die Funktionsbestimmung schwierig und nur in Ansätzen durchführbar. Im folgenden wird der Versuch unternommen, die Funktionen des ug. Lok. entsprechend den Funktionen des akk. Lok. zu klassifizieren, die im nächsten Absatz (§54.422) erläutert werden (siehe dazu GAG §§ 66.150a). Diese Vorgehensweise ist zwar methodologisch fragwürdig, stellt aber zugleich die einzige Möglichkeit dafür dar, überhaupt einigermaßen wahrscheinliche Aussagen über die Funktionen des ug. Lok. machen zu können.

54.422. Der akk. Lok. besitzt vornehmlich lokativische (z.B. *annânum* "hier", *qabaltu ṣēri* "inmitten der Steppe"), ablativische (z.B. *annânum* "von hier") und instrumentale Bedeutung (z.B. *qibītušša* "durch ihren Befehl"). Er wird jedoch auch für Zeitangaben (z.B. *šanûm warḫum* "im zweiten Monat") und Maßangaben (z.B. *ištēn manûm* "auf 1 Mine") verwendet. Daneben fungiert der Lok. (vornehmlich in jüngeren Sprachstufen) auch als Finalis bei Infinitivkonstruktionen, was sonst durch den Term. abgedeckt wird (z.B. *napšatuš eṭēru* "um ihr Leben zu schonen"). Verbreitet ist der Lok. schließlich auch als Kasus von paronomastisch gebrauchten Infinitiven, häufig erweitert durch die EP *-ma*, und hat dabei instrumentale oder modale Bedeutung: z.B. *šuggušu ušaggaš* "sie mordet gar sehr" (eig.: "durch / in Form von Morden mordet sie"); *ḫadûm-ma ḫadi* "er ist hoch erfreut" (eig.: "in freudiger Weise ist er erfreut"); *pašārum-ma apaššar* "ich werde gewiß lösen" (eig.: "in Form von Lösen / mit Lösen werde ich lösen").

Der Lok. kann – inbesondere im älteren Akk. – produktiv von allen nominalen Wortarten gebildet werden. Noch häufiger begegnet der Lok. jedoch bei zu Adverbien oder Präpositionen erstarrten nominalen Formen (z.B. *šaplānu(m)* "unterhalb", *ištu* "von", *balu(m)* "ohne", *libbu* "innerhalb").

54.423. Auf dieser Grundlage lassen sich mit gewisser Wahrscheinlichkeit die im folgenden vorgestellten Gebrauchsweisen und Bedeutungen des ug. Lok. festhalten. Die Belege sind nach semantischen Kriterien geordnet. Die einzelnen Kategorien enthalten sowohl Formen von offenbar produktiver Bildung als auch zu Partikeln (Adverbien, Präpositionen, Interjektionen) erstarrte Formen (aus Poesie und Prosa). Die (wenigen) gesicherten Lokativbelege der WzK III-ʾ werden dabei durch Fettdruck des signifikanten {u}-Graphem hervorgehoben. Daß vergleichsweise viele der angeführten Formen durch ein enklitisches *-m* erweitert sind, mag daran liegen, daß solche Formen leichter zu identifizieren sind als Formen ohne enklitisches *-m*, und dürfte deshalb nicht repräsentativ sein für die tatsächliche Belegverteilung.

54.423 a. Ortsangabe (Lokativus)

? *aṯr* "hinten": *amrr k kbkb l pnm / aṯr btlt ʿnt* "Amruru (ging) vorne wie ein (Leit-)Stern; hinten (ging) die Jungfrau ʿAnatu" 1.4:IV:17f. — Das Adverb *aṯr* weist wahrsch. eine LE auf (vgl. ar. *warāʾu* "hinten"); unsicher ist der Kasus von *l pnm* (Gen. oder Lok. [vgl. akk. *ana pānu*, *pānānu*]).

bʿdn "hinten": *bʿdn ksl ṯṯbr / ʿln pnh tdʿ* "Hinten brach die Lende; oben schwitzte ihr Gesicht" 1.3:III:33f. // 1.4:II:17f. // 1.19:II:45f.* (umgekehrte Folge der Kola). — *bʿdn* setzt sich wahrsch. zusammen aus dem Subst. *bʿd* "Entfernung, Rückseite", einem Bildungssuffix *-n* = /-ān/ und der LE (vgl. ar. *baʿdu* "nachher, später").

? *bt* "im Haus/Tempel": z.B. *spu ksmh bt bʿl \ [w] mnth bt il* "(einer), der (ihm) seinen Anteil im Baʿlu-Tempel [und] seine Portion im Ilu-Tempel zuteilt" 1.17:I:31f. (und Par.). Belege für *bt* in dieser lokativischen Funktion (immer

St.cs.) sind häufig, z.B. 1.80:2, 1.104:14.21, 1.105:6, 1.119:3.14 und 4.358:1 (*bt alpm* "im Rinderstall"). — *bt* kann jedoch alternativ als adverbialer Ak. interpretiert werden (§54.133.2b). Auch eine haplologische Verkürzung (*bt* für *b bt*) ist denkbar (§33.432a).

yd "neben, mitsamt" (wörtlich: "an der Hand/Seite [von]"). Es gibt zahlreiche Belege, die mit Ausnahme von 1.14:II:1* (// 1.14:III:23.35; 1.14:VI:19) ausschließlich aus Prosatexten stammen. Beispiele: *[ksp w yrq \ ḫrṣ] / yd mqmh* ... "[... Silber und gelbes Gold] mitsamt ihrer Mine" 1.14:I:52? - 1.14:II:1 (und Par.); *mḫṣm yd lmdhm* "die Weber mitsamt ihren Lehrlingen" 4.125:9; *ṯmn mrkbt ... \ yd apnthm \ yd ḥẓhn \ yd trhn* "Acht Wagen ... mitsamt ihren Rädern, mitsamt ihren Pfeilen, mitsamt ihren Deichseln(?)" 4.145:1-5; zu weiteren Belegen siehe DLU, 104f. — Zum Gebrauch des Lok. für "neben" siehe akk. *idu*, *qadu* und *itu/ittû*; vgl. auch he. *ʿal-yad(ê)* "neben". Weniger wahrsch. ist die Deutung von *yd* als adverbialer Ak.

ʿl "oben, darüber": *b d!nil \ pnm tšmḫ / w ʿl yṣhl pit* "Daniʾilus Angesicht strahlte vor Freude, und oben leuchtete die Stirn" 1.17:II:8f.; *t[ḥt(n)] \ tlbš npṣ ġzr / tšt ḫ[lpn] b \ nšgh / ḥrb tšt b tʿr[th] / w ʿl tlbš npṣ aṯt* "Un[ten] zog sie ein Kriegergewand an; sie steckte einen D[olch] in ihr Futteral, ein Schwert steckte sie in ihre Schwertscheide; und oben/darüber zog sie ein Frauengewand an" 1.19:IV:43-46. — *ʿl* besteht wahrsch. aus dem Subst. *ʿl* "Oberseite" (vgl. Präp. *ʿl*) + LE; vgl. ar. *ʿalu* und äth. *lāʿlu*, "oben"; vgl. ferner ar. *fawqu* "oben, oberhalb von".

ʿln "oben": *bʿdn ksl ṯṯbr / ʿln pnh tdʿ* "Hinten brach die Lende; oben schwitzte ihr Gesicht" 1.3:III:33f. // 1.4:II:17f. // 1.19:II:45f.* (umgekehrte Folge der Kola); *nʿl il d qblbl / ʿln yblhm ḫrṣ* "Herrliche Sandalen(?) / Ein herrliches Paar Sandalen(?), die/das ..., (wobei) oben ihre Riemen(?) aus Gold (waren)" 1.4:I:36f.; *ʿln špš \ tṣḥ l mt* "Oben rief Šapšu zu Môtu" 1.6:VI:22f.; *ʿln špš tṣḥ* "Oben soll die Sonne rufen ..." 1.161:19. — *ʿln* besteht wahrsch. aus dem Subst. *ʿl* + Bildungssuffix *-n* = /*-ān*/ + LE; vgl. akk. *elēnu* (u.ä.) "oben".

? *qdš* "im Heiligtum": *gdlt qdš il* "eine Kuh (als Opfer) im(?) Heiligtum des El" 1.119:6.

tḥt(n) "unten": *t[ḥt(n)] \ tlbš npṣ ġzr / tšt ḫ[lpn] b \ nšgh / ḥrb tšt b tʿr[th] / w ʿl tlbš npṣ aṯt* "Un[ten] zog sie ein Kriegergewand an; sie steckte einen D[olch] in ihr Futteral, ein Schwert steckte sie in ihre Schwertscheide; und oben/darüber zog sie ein Frauengewand an" 1.19:IV:43-46. — Anstelle von *t[ḥt]* kann am Ende von Z. 43 viell. auch *t[ḥtn]* ergänzt werden. Zugunsten der ersteren Lösung spricht die Parallele *ʿl* (nicht: *ʿln*); vgl. ar. *taḥtu* "unten".

Anm. 1. Möglicherweise enthalten noch weitere lokale Adverbien eine LE. In Frage kommen insbesondere *p* "hier"(?) (2.10:12 [§81.11e]) sowie Adverbien für "dort" (vgl. akk.Ug. *ašrānu*), nämlich *ṯm* (1.2:IV:4?; 1.4:III:12?; 1.14:IV:36&), *ṯmt* "dort" (2.10:17; 2.70:21), *ṯmn* (1.19:I:5?; 2.40:15&) und *ṯmny* (2.11:14&) (§81.12). Auch das Interrogativadverb *iy* "wo?" (1.6:IV:4.5.15.16) könnte als Lok. zu deuten sein (§81.61a). — Demgegenüber ist das Subst. *thw* im folgenden Syntagma sehr wahrsch. kein Lok., sondern Gen.: *p npš npš lbim \ thw / hm brlt anḫr \ b ym* "Meine Gier ist wie die Gier des/von Löwen der Steppe oder wie der Appetit des *Anḫr* im Wasser" (1.5:I:14-16 //

1.133:2-5). Diese Interpretation wird gestützt durch 1.23:62f.: *ᶜṣr šmm \ w dg b ym* "die Vögel des Himmels und die Fische im Meer".

Formen mit enklitischem *-m*:

zbln-m "in Krankheit": *mṯlṯt kṯr-m tmt / mrbᶜt zbln-m* "die Drittfrau starb bei (bester) Gesundheit, die Viertfrau in/durch Krankheit" 1.14:I:16f.

klatn-m "in/mit beide(n) (Hände[n])": *lqḥ \ imr dbḥ b ydh / lla klatn-m* "Er nahm ein Opferlamm in seine Hand, ein Zicklein in beide (Hände)" 1.14:III:55f.; ähnl. 1.14:II:13-15: *qḥ im[r b yd]k / imr d[bḥ b]m ymn / lla kl[atn]-m.* — Vgl. akk. *rittuššu/a, qātiššu/a* "in seiner/ihrer Hand".

kṯr-m "bei Gesundheit": *mṯlṯt kṯr-m tmt / mrbᶜt zbln-m* "die Drittfrau starb bei (bester) Gesundheit, die Viertfrau in/durch Krankheit" 1.14:I:16f.

ᶜl-m "obendrein, ferner" 1.41:8* // 1.87:9; 1.43:9; 1.49:7&. — Vgl. ar. *ᶜalu* "oben," äth. *lāᶜlu*, "oben" und ar. *fawqu* "oben, oberhalb von" (*fawqu ḏālika* "überdies, außerdem").

Anm. 2. Die Form *ᶜrš-m* (1.14:II:45; 1.14:IV:23) dürfte eher als Ak. denn als Lok. zu deuten sein (Kontext: *zbl ᶜršm \ yšu* "Der Kranke soll (sein) Bett tragen"; alt.: "Der Kranke soll auf dem Bett mitgetragen werden" 1.14:II:45f.).

54.423 b. Ablativus

? *udn-h* "aus seiner Behausung": *ṭrd bᶜl \ b mrym ṣpn / mšṣṣ k ᶜṣr \ udnh* "Der (den) Baᶜlu von den Höhen des Ṣapānu vertreibt; der (ihn) wie einen Vogel aus seiner Behausung verscheucht" 1.3:III:47-1.3:IV:2 (*udn* könnte auch Gen. sein, abhängig von der Präp. *b* im vorausgehenden Kolon).

Formen mit enklitischem *-m*:

urbt-m "aus der Luke": *k qṭr urbt-m* "(hinausgehen) wie Rauch aus der Luke" 1.169:3 (alt.: "... durch die Luke" [Lokativ]).

krpn-m "aus einem Krug": *[tšty] krpn-m yn / [b ks ḫrṣ d]m ᶜṣm* "[sie tranken] aus einem Krug Wein, [aus einem goldenen Becher das Bl]ut der Weinstöcke" 1.4:III:43f. (und Par.); zur Problematik siehe unter §54.415, Anm.

? *mrḥqt-m* "aus der Ferne" bzw. "von ferne" 2.11:6& (alt.: Präp. **mn* "von" + Subst. *rḥqt* + EP *-m* [§82.22]).

ᶜmd-m: *k bṯn ᶜmd-m* "(hinausgehen) wie eine Schlange aus ...(?)" 1.169:3 (alt.: lokativische Deutung, d.h. "... durch ...").

54.423 c. Angabe eines Zeitpunktes

? *uḫryt // aṯryt* "am Ende/Schluß"(?): *mt uḫryt mh yqḥ / mh yqḥ mt aṯryt* "Was erlangt der Mensch am Ende; was erlangt der Mensch am Schluß?" 1.17:VI:35f. (alt.: "... als Schicksal", "... als Los") (§94.3, Anm.).

ṣbu špš "bei Sonnenaufgang": *b š[b]ᶜ ṣbu špš* "am siebten (Tag), bei Sonnenaufgang" 1.41:47; *ṣbu špš* "bei Sonnenaufgang" 1.41:53.

Anm. Im Text 1.112:14 findet sich anstelle des Lok. ein adverbial gebrauchter Ak.: *b ᶜšt \ ᶜšrh ṣba špš* "Am elften (Tag), bei Sonnenaufgang" 1.112:13f.). — Der Ausdruck **ṣbu špš* wird von vielen Autoren im Sinne von "Sonnenuntergang" verstanden, da er mehrmals neben *ᶜrb špš*, d.h. "Sonnenuntergang", begegnet. Die Kontexte zwingen jedoch nicht zu dieser Deutung. Etymologische Überlegungen sprechen eher für "Sonnenaufgang" (vgl. ar. √*ṣbʾ* "zum Vorschein kommen; aufgehen [Stern]"; vgl. ar. *ṣaban* "Ostwind"; vgl. evtl. auch ar./asa./äth. √*ṣbḥ* mit diversen Derivaten der Bed. "Morgendämmerung, Morgen, Osten") als für "Sonnenuntergang" (vgl. ar. √*ḍbʾ* "sich ducken, sich verstecken" und äth. √*ṣbʾ* [II] "aufhören, enden, verschwinden"). Man beachte ferner, daß *ṣba (rbt špš)* in 1.16:I:36f. offenbar in Parallele zu *tgh* "Aufleuchten, Erstrahlen" (√*ngh*; vgl. syr. *nughā*, *maggāhā* "Morgendämmerung") begegnet und daß es im Ug. — etwa in den Ritualtexten — keinen anderen Ausdruck für "Sonnenaufgang" gibt.

? *^{c}rb špš* "beim Sonnenuntergang" 1.41:47*; 1.46:9& (alt.: adverbialer Ak.).

Anm. Möglicherweise ist auch die Partikel *hl* "nun, siehe" 1.17:V:12&) mit Nebenform *hl-m* (1.2:I:21&) als Lok. zu deuten; vgl. akan. *allû* (siehe Rainey 1988, 214-219), he. *h^{a}loʾ*, raram. *hlw* (DNSI, 280), jeweils "siehe!"; zu *hl-m* vgl. akan. *allû-mi* "siehe" sowie he. *h^{a}lom*, pun. *hlm*, *alum*, ar. *halumma*, jeweils "hier(her)". Auch die ug. Partikel *hn* "siehe!" 1.4:VI:20.24&) könnte eine LE aufweisen; vgl. akan. *annû* "siehe!" (dazu Rainey 1988, 211-214) und akk. *an(n)umma* "nun, nunmehr".

Formen mit enklitischem *-m*:

ḥdṯ-m "zu Neumond": *ḥdṯ-m \ dbḥ b^{c}l* "Zu Neumond ein Opfer (für) Ba^{c}lu" 1.91:13f. — *ḥdṯ-m* ist gleichbedeutend mit *b ym ḥdṯ* "am Neumondstag" (1.87:1&); vgl. auch *ḥdṯh* "zu Neumond" (1.104:18 [§54.323c]).

špš-m "mit der Sonne (d.h. bei Sonnenuntergang ?)" 1.14:III:3.14; 1.14:V:6; vgl. *aḫr špš-m* "dann/später, mit der Sonne" 1.14:IV:33.46 (alt.: "nach der Sonne"; evtl. Lok. mit vorausgehender pleonastischer Präp.). — Mit M. Dietrich – O. Loretz, UF 22 (1990), 75-77 dürfte *špš-m* den Sonnenuntergang und nicht den Sonnenaufgang meinen (siehe bes. 1.14:III:14-16 und 1.14:V:6-8).

^{c}l-m "am folgenden/nächsten (Tag)": *^{c}l-m* ist wahrsch. als Nominalform der Wz. √*^{c}ly* (möglicherweise G-Ptz. /*^{c}āliy-*/, d.h. "der heraufsteigende/heraufziehende [Tag]") + LE + EP *-m* zu analysieren. — Belegliste (mit Ausnahme eines Belegs in einem Wirtschaftstext [4.190:3] stammen alle Belege aus der Ritualliteratur): 1.41:8* // 1.87:9; 1.43:9; 1.49:7; 1.50:6; 1.87:56; 1.105:3.7.11.12.21; 1.106:28; 1.109:32 (*^{c}lm ^{c}lm* "am folgenden [und] am folgenden [Tag]" = "an den beiden folgenden [Tagen]"); 1.111:14; 1.132:13; 1.164:10; 1.175:14; 4.190:3; ferner wahrsch. 1.148:3-4(5x) und 1.148:11-12(6x) (jeweils *b ^{c}lm*; zu einer alternativen Deutung im Sinne von *b^{c}l-m* "wiederum für Ba^{c}lu" siehe §89.27b). Die in 4.279:2 bezeugte Konsonantenfolge *^{c}lym* "am folgenden/nächsten (Tag)" dürfte ebenfalls hierherzustellen sein. Sie begegnet nach *b ym pr^c* (Z. 1) und vor *w b ṯlṯ/rb^c/ḫmš* (Z. 3-5). Es könnte sich um eine nicht-kontrahierte Form handeln (alt.: *^{c}l* [Lok.] "am folgenden" + *ym* "Tag"); vgl. ferner die Zeichenfolge *^{c}lm* in 6.48:4 (Kontext unklar). — Traditionell wird *^{c}lm* mit "dann, ferner" übersetzt (siehe §81.22i). Die hier gebotene Interpretation wird jedoch von zwei Seiten gestützt: a) durch den Aufbau des Ritualtextes 1.132 (Abfolge *^{c}lm* "am folgenden/zweiten [Tag]" [Z. 13] ... *b ṯlṯ* "am dritten [Tag]" [Z. 22]) und b) durch das Syntagma *ym ^{c}lm* (1.41:8* // 1.87:9), wörtlich "am Tag, am folgenden" = "am folgenden Tag".

54.423 d. Instrumentalis

ˁṣ "mit dem Holz": *amrmrn \ ˁṣ qdš* "ich reinige/banne (dich) mit dem heiligen Holz" RS92.2014:2f.

? *bl* "ohne" (w.: "mit nichts" [Subst. zur Wz. √*bly/w* im Lok.]): *w [a]rbˁ l ˁšrm dd l yḥšr bl bnh* "... und 24 Körbe für *Yḥšr* ohne(?) seine Kinder (d.h. für ihn allein)" 4.243:11; vgl. *l bl* "ohne" 1.96:4.5. — Vgl. akk. *(ina) balu* "ohne". Die zusammengesetzte ug. Präp. *l bl* (§82.424) kann entweder als /*li balû*/ (Lok.) oder als /*li balî*/ (Gen.) gedeutet werden.

Formen mit enklitischem *-m*:

mṭ-m "mit einem Stock": *mṭ-m tgrš \ šbm / b ksl qšth mdnt* "Mit einem Stock vertrieb sie die Alten, mit der Sehne ihres Bogens die ...(?)" 1.3:II:15f.

? *g-m* "laut" ← "mit (lauter) Stimme" (alt.: adverbialer Ak.): *g-m l ġlmh k [tṣḥ]* "Laut [rief sie] fürwahr ihrem Pagen zu" 1.4:II:29; es gibt zahlreiche weitere Belege von *g-m* (1.6:I:10&). — Vgl. he. *wayyizˁaq hammælæk qol gādol* "der König rief mit lauter Stimme" (2 Sam 19,5).

ḫṭ-m "mit einem Stecken": *w d l ydˁnn \ ylmn ḫṭ-m tḥt ṯlḥn* "Und wer ihn nicht kannte, schlug ihn mit einem Stecken unter dem Tisch" 1.114:7f.

ˁrˁr-m, *ssn-m* "mit einer Tamariske / Dattelrispe": *ˁrˁr-m ynˁrn!h /\ ssn-m ysḫ!nh / ˁdt-m yˁdynh / yb\lt-m yblnh* "Mit einer Tamariske schüttelte er (sc. Ḥôrānu) es (sc. das Gift) ab; mit einer Dattelsripse riß er es heraus; mit der *ˁdt*-Pflanze(?) (eig.: 'die Abstreifende') streifte er es ab; mit der *yblt*-Planze(?) (eig.: 'die Wegtragende') trug er es weg" 1.100:65-67.

? *lšn-m*, *ḏnbt-m* "mit der Zunge / mit dem Schwanz": *lšn-m tlḥk \ šmm / ttrp \ ym ḏnbt-m* "Mit der Zunge leckte sie / fraß sie kahl den Himmel; mit dem Schwanz ...(?) sie das Meer"(?) 1.83:5-7. — Alternativ könnten *lšnm* und *ḏnbtm* Dualformen im Nom. sein und als Subjekte fungieren.

Formen mit enklitischem *-m* oder Du./Pl.-Mimition:

pˁn(-)m "barfuß" (alt.: "zu Fuß"): *aṯr ilm ylk pˁn(-)m \ mlk pˁn(-)m yl[k] \ šbˁ pamt l klhm* "Zum Ort(?) der Götter (alt.: hinter den Göttern her) geht er barfuß; der König geht siebenmal barfuß zu ihnen allen" 1.43:24-26.

Anm. "Zu Fuß" (oder: "barfuß") wird ug. (sonst) durch eine Präpositionalphrase ausgedrückt: *b pˁnh* "zu Fuß" ← "auf seinen (beiden) Füßen" 1.12:I:40. Die Verwendung der Präp. *b* stützt die Annahme, daß *pˁnm* als Instrumentalis (d.h. als sog. Lok.) und nicht als adverbialer Ak. zu betrachten ist (vgl. ferner akk. *ina šēpē* "zu Fuß" und lateinisch *pedibus/pede* "zu Fuß").

? *rḥtm* "mit den (beiden) Handflächen": *rḥ[tm rṯ] ymll?* "Mit den (beiden) Hand[flächen] knetete er [Lehm]" 1.16:V:28 (n.L.; siehe §74.412.27, √*mlˀ*, Anm.).

SV. Zu einem Lokativ mit instrumentaler Bedeutung im Akan. siehe *pu-ia* "mit meinem Mund (spreche ich)" EA 107:10 (vgl. CAT 3, 3).

54.423 e. Maß-, Wert-, Materialangabe (alt.: adverbiale Akkusative)

kspm, *ḫrṣm* "in Form von Silberstücken / Goldstücken": *ṯnh k!spm \ atn / w ṯlṯth ḫrṣm* "Ich werde ihr Doppeltes (an Gewicht) in (Form von) Silberstücken geben und ihr Dreifaches (an Gewicht) in (Form von) Goldstücken" 1.14:IV:42f. (*kspm* und *ḫrṣm* sind als Pluralformen zu deuten [§65.31]).

ṯlṯ mat "im Wert von 300 (Schekeln"): *w npṣ bt ṯn ṯlṯ mat / w spl ṯlṯ mat* "und 300 rote Mädchenkleider im (Wert von) 300 (Schekeln), und eine (metallene) Schüssel im (Wert von) 300 (Schekeln)" 4.123:16f. — Alternativ könnte *ṯlṯ* auch im Nom. stehen (Listenstil ohne durchgehende Satzkonstruktion).

Formen mit enklitischem *-m*:

rbt-m "im Wert von 10000": *kt il dt rbt-m* "ein göttlicher/s Sockel/Podest im Wert/Gewicht von 10000 (Schekel Silber)" 1.4:I:30.

šrp-m "als (d.h. in Form von) Brandopfer": *šrp-m ᶜṣrm* "zwei Vögel als Brandopfer" 1.111:6.

54.423 f. Finalis (bei Infinitiven bzw. Verbalsubstantiven)

spu "zum Essen", *kly* "zum Verzehr": *aḫym ytn bᶜl \ s!puy / bnm umy klyy* "Meine eigenen Brüder hat Baᶜlu mir zu essen gegeben, die Söhne meiner Mutter zum Verzehr" 1.6:VI:10f. // 1.6:VI:14-16. — Weniger wahrsch. ist die Deutung der Form *spuy* als Ak. mit falscher Kasusendung (§54.113.2).

? *šib* "zum Wasser-Schöpfen": *aḫth šib yṣat* "Seine Schwester war hinausgegangen um Wasser zu schöpfen" 1.16:I:51.

Anm. Ein weiterer Beleg eines final gebrauchten Inf. im Lok. ohne *-m* könnte in 1.15:II:10 vorliegen: *ᶜrb \ [b]th ytn / w yṣu l ytn* "Sein [Ha]us zu betreten erlaubte er, aber (sein Haus) zu verlassen erlaubte er nicht" 1.15:II:9f.). Es ist jedoch eher von einer passivischen Deutung der Verbalformen auszugehen ("Das Betreten seines [Hau]ses war erlaubt, das Verlassen aber war nicht erlaubt"). Die Inff. *ᶜrb* und *yṣu* wären dieser Deutung zufolge Subjekte des Satzes.

Formen mit enklitischem *-m*:

lḥm-m, *šty-m* "zum Essen / Trinken": *w lḥm-m ᶜm aḫy lḥm / w št-m ᶜm a[ḫ]y yn* "... um mit meinen Brüdern Brot zu essen, um mit meinen Brü[de]rn Wein zu trinken" 1.5:I:24f.

54.423 g. Gebrauch in paronomastischen Infinitivkonstruktionen (Belegauswahl)

hm ġmu ġmit w ᶜs[t] "Oder bist du sehr durstig und bist (deshalb hierher) gereist(?)?" (eig. "bist du vor/durch Durst durstig") 1.4:IV:34; *bt krt **bu** tbu* "Kerets Haus betrat sie fürwahr" 1.16:VI:3; *u **bu** al tbi* "Wehe! Du sollst auf keinen Fall kommen!" 1.169:18; ***šṣu** ašṣ!u* "Ich werde (das Getreide) gewiß abliefern!" 2.34:30f.; (?) *d tit yspi **spu*** "Denen, die gekommen sind / Euch, die ihr gekommen seid, soll man reichlich (Speisen) darreichen" 1.20:II:10; *ᶜly l tᶜl bṯn ᶜlk* "Keine Schlange wird auf dich hinaufkriechen" RS92.2014:6.

Anm. Die gebotene Analyse von *spu* (1.20:II:10) ist unsicher. Alternativ könnte es sich um eine andere Nominalform mit der Bedeutung "Speise" (o.ä.) handeln. Man beachte, daß zum einen der Kontext abgebrochen und zum anderen die Stellung von *spu* nach der finiten Verbalform *yspi* ungewöhnlich ist (§73.533). Ferner ist unklar, ob *yspi* hier "zu essen geben, darreichen" oder "essen" bedeutet.

Formen mit enklitischem *-m*:

rgm-m argm(n/k) "ich will (dir) fürwahr (noch ein Zweites) sagen" 1.3:IV:31f.;

1.4:I:19f.; 1.17:VI:39; *[y(?)]qlṣn wpṯ-m \ [ywpṯn]* "er verhöhnte(?) mich (und) [beschimpfte mich] gar sehr" 1.4:VI:13f. (n.L.); *bʿl ḥmd-m yḥmdm* "Baʿlu begehrte sie gar sehr" (eig. "mit Begierde begehrte er sie") 1.12:I:38 (vgl. *ḥmdm[ ]* in 1.12:II:9); *brk-m ybrk \ [ʿbdh]* "Reichlich segnete er [seinen Diener]" (eig. "durch Segnen segnete er ...") 1.15:II:18f.; *w an mt-m amt* "auch ich werde gewiß sterben" 1.17:VI:38; *hpk-m aphk lbš* "ich werde(?) das Gewand gewiß umwenden" RS92.2016:36'; *w lak-m \ ilak* "... so werde ich (dennoch) gewiß (Nachricht) schicken" 2.30:19f.; *ht [at(?)] špš bʿlk \ ydʿ-m l ydʿt* "Nun, kennst [du] die Sonne, deinen Herrn, (denn) überhaupt nicht?" 2.39:13f. (alt.: "... um ... kümmerst [du] dich überhaupt nicht").

Anm. Möglicherweise dient der Lok. auch als Kasus für Inff. mit narrativer Funktion (siehe §73.514c).

54.424. Zusammenfassend läßt sich – mit Vorbehalt – festhalten, daß der Lok. grundsätzlich den Punkt eines Geschehens in örtlicher oder zeitlicher Hinsicht bezeichnet und sich dadurch wesentlich vom richtungsanzeigenden Terminativ unterscheidet. Die zweite elementare Funktion des Lok. besteht wahrsch. in der Bezeichnung des Mittels zur Durchführung einer Handlung (Instrumentalis). Die übrigen angeführten Funktionen des Lok. sind eng mit diesen beiden Grundfunktionen verknüpft. Somit deckt der Lok. ungefähr das semantische Feld der Präp. *b* "in, mit, durch" (§82.11) ab.

Die Mehrzahl der Lokativbelege stammt aus der Poesie, Prosa-Belege sind aber ebenfalls nachweisbar. Da der ug. Lok. nicht ausschließlich in zu Partikeln erstarrten Formen bezeugt ist, ist er zumindest bedingt produktiv. Über die Beleghäufigkeit des ug. Lok. lassen sich keine sicheren Angaben machen. Sie dürfte mit der des ug. Terminativs zu vergleichen sein.

54.5. Nomina ohne Kasusendung

54.51. Im syll. Textkorpus begegnen einige Nomina ohne jegliche Flexionsendung. Die Mehrzahl dieser Formen findet sich im St.cs. (UV 301). Es könnte sich dabei um eine Imitation der morphologischen Verhältnisse des Akk. handeln.

Daneben erscheinen nach Huehnergard (UV 300) auch zwei Formen im St.abs. ohne Endung. Im Falle des ersten Belegs, ^{d}*ma-lik*^{meš} (RS20.24:32 [Götterliste]), ist das Fehlen der Endung gewiß orthographisch bedingt, wobei schlicht das Pluraldeterminativ {MEŠ} für die ug. Pluralendung *-ūma* steht. Signifikanter ist demgegenüber der zweite Beleg: *1 ni-it* "1 *niʾt*-Werkzeug" (RS20.235:13). Die betreffende Form dürfte schwerlich den endungslosen Status des Akk. imitieren, da dieser andere Funktionen besitzt. Sie erinnert vielmehr an die im Akk.Ug. sporadisch bezeugten endungslosen Nomina (Sg.abs.), für die es bisher keine gesicherte Erklärung gibt (dazu SAU 414 und AU 154).

Ein weiteres Beispiel eines endungslosen Nomens (Sg.abs.) ist vielleicht die syll. Form (Gen.) *sí-il-a* (RS16.204:5.9; 16.249:5; 16.363:4.8*), "Felsen" (eine Flurbezeichnung), die als */sil^{aʿ}/* < **silʿ* (§54.112.2) analysiert werden kann (vgl.

he. *sæla*ᶜ). Das Fehlen einer Flexionsendung ist möglicherweise signifikant und kann vielleicht darauf zurückgeführt werden, daß der letzte Konsonant des betreffenden Wortes ein Guttural ist.

54.52. Auch im alph. Textkorpus sind möglicherweise sporadisch endungslose nominale Formen bezeugt. Der Nachweis fällt allerdings schwer.

Nomina ohne Kasusendung sind nur im Vokativ Sg. des St.cs. der WzK III-ʾ einigermaßen sicher nachweisbar; siehe *ksi nqmd* "(O) Thron des Niqmaddu" (1.161:13), wobei *ksi* für /*kussiʾ*/ stünde (§54.214b). Auch hier könnte aber das Fehlen einer Kasusendung sekundär sein: *ksi* = /*kussî*/ < **kussiʾV* (phonetische Alephschreibung [vgl. §21.322.3]).

Daneben ist mit der Möglichkeit zu rechnen, daß Kardinalzahlen in bestimmten syntaktischen Konstruktionen endungslos sind. Von diesem Phänomen könnte etwa die Zehnzahl *ᶜšrh* zeugen, die ausschließlich als Bestandteil der zusammengesetzten Kardinalzahlen 11-19 begegnet (§62.201:3; vgl. §52.32). Man vergleiche hierzu den akk. Befund, wo die Kardinalia 11-19 ebenfalls endungslos sind, d.h. im endungslosen "Status absolutus" stehen: z.B. *ištenšeret* (*ištēn ešret*) "11", *ḫamiššeret* "15" oder *šamānēšeret* "18" (dazu GAG § 69d).

Schließlich ist hier auch das Lexem *ᶜšt* in der zusammengesetzten Kardinalzahl für "elf", *ᶜšt ᶜšr(h/t)* (1.112:13-14&), zu nennen. Die — im Gegensatz zur Form *ᶜšty* /*ᶜaštāyV*/ "eins" (1.161:27) — defektive Orthographie setzt einen Schwund des Auslautvokals voraus: /*ᶜaštê*/ < **ᶜaštāy* < **ᶜaštāyV* (§62.21). Der Schwund ist durch die enge syntaktische Verbindung von Einer und Zehner im Zahlwort für "elf", das praktisch als Kompositum gelten kann, motiviert.

Anm. Andere endungslose Nominalformen sind mir nicht bekannt. Auch die angebliche Form *ṣba* — so die KTU²-Lesung — in der Konstruktusverbindung *ṣbu* \ *ṣba* (1.14:IV:13f.) zeugt nicht von diesem Phänomen (d.h. *ṣba* = /*ṣabâ*/ < **ṣabaʾ* < **ṣabaʾi*). Sie beruht auf einer falschen Lesung. Das dritte Zeichen ist beinahe sicher ein {i}. Es sind zumindest zwei (lange) parallele horizontale Keile und darunter Spuren des für {i} charakteristischen vertikalen Keils sichtbar. Somit ist in 1.14:IV:13f. — wie an Parallelstelle 1.14:III:33 — *ṣbu* \ *ṣbi* zu lesen.

54.6. Reste eines Absolutivkasus im Ugaritischen (?)

54.61. Es ist mit der Möglichkeit zu rechnen, daß das Ug. zumindest noch Reste eines sogenannten Absolutivkasus kennt, der funktional und (weitestgehend) auch formal dem sog. "Status absolutus" des Akk. entspricht, der seinerseits ebenfalls zutreffender als Kasus ("Absolutivkasus") denn als Status betrachtet werden sollte (zur Thematik siehe Tropper 1999b, bes. § 8). Als altsem. Endungen des Absolutivkasus sind anzusetzen:

m.sg. /*-a*/ (formal identisch mit dem Ak.) bzw. (mit Schwund des Auslautvokals) /*-Ø*/ (so bezeugt in historischen Dialekten des Akk.)
f.sg. /*-(a)t*/ (ohne Flexionsendung) bzw. /*-(a)ta*/ (Auslautvokal wie m.sg.)

m.pl. /*-ū*/ (formal identisch mit dem St.cs. Nom.)
f.pl. /*-āt*/ (ohne Flexionsendung) bzw. (mit Schwund des Auslautkonsonanten) /*-ā*/ (so bezeugt im Akk.)
du. m.du. /*-â*/; f.du. /*-(a)tâ*/ (jeweils formal identisch mit dem St.cs. Nom.)

Der Absolutivkasus stellt somit die einfachste Form des Nomens dar. Er ist indeklinabel und weist weder Mimation noch Nunation auf.

Funktional dient der altsem. Absolutivkasus – wie der "Status absolutus" des Akk. (GAG § 62d-j) – im wesentlichen a) als gewöhnliche Zitationsform des Nomens, b) als Prädikativform des Nomens, c) als Vokativform des Nomens, d) als Kasus von Maßangaben und e) als Kasus gewisser adverbialer und distributiver Ausdrücke. Aufgrund der Funktion (b) finden sich die Endungen des Absolutivkasus auch in den Formen der Suffixkonjugation der 3. Person wieder.

54.62. Mehrere ungewöhnliche Phänomene im Bereich des ug. Nominalsystems lassen sich auf der Basis eines solchen Absolutivkasus besser erklären und sprachhistorisch exakter fassen als mit herkömmlichen Erklärungsmodellen. Hervorzuheben sind in diesem Zusammenhang folgende Phänomene.

- Die diptotische Flexion von Nomina im Sg. (*§*54.112) könnte sprachhistorisch auf ein Kasussystem mit produktivem Absolutivkasus beruhen, zumal die Endung /*-a*/ (Absolutiv) hier alle Grundkasus außer Nominativ abdeckt.
- Die (scheinbare) Gebrauch des Akkusativs als Prädikativkasus (*§*54.133.1; *§*88.21) könnte ebenfalls ein Reflex eines Absolutivkasussystems sein.
- Die Tatsache, daß einige der im Ug. bezeugten Vokativformen III-ʾ formal die Endungen des Akkusativkasus aufweisen, andere wiederum endungslos zu sein scheinen (*§*54.215), könnte als Hinweis auf einen zugrundeliegenden Absolutivkasus zu deuten sein.
- Die sporadisch bezeugten ug. Nominalformen ohne Kasusendung (*§*54.5) können zumindest teilweise als Formen des Absolitivkasus erklärt werden. Dies betrifft insbesondere die endungslosen Zahlwörter.
- Die ug. Kardinalzahlen für "zwei", *ṯn* (m.) und *ṯt* (f.), weisen auch im St.abs. keine Dualmimation auf. Sie können – entsprechend akk. *šinā*/*šittā* – als Absolutivformen erklärt werden (*§*62.121).
- Von narrativ gebrauchten *{qatāl}*-Infinitiven der WzK III-*w*/*y* weisen einige Formen eine Kontraktion des Auslauttriphthongs auf, andere nicht. Es ist denkbar, daß erstere im Absolutivkasus stehen (*§*73.513.5).
- Distributive bzw. generalisierende Ausdrücke des Ug., etwa *šnt šnt-m* "Jahr um/für Jahr" (2.39:16) entsprechend akan. *ša-at-ta ša-ta-ma* (EA 38:11), dürften im Absolutivkasus (formal Akkusativ) stehen (*§*89.26).
- Pendierende Wortformen, die syntaktisch vom Folgesatz isoliert sind (*§*94), könnten im Absolutivkasus stehen. Zugunsten dieser Annahme sprechen Pendentia, die scheinbar im Nominativ stehen, aber wider Erwarten ein Possessivsuffix der 1.c.sg. der Graphie *-y* besitzen (*§*41.221.15a). Nach der Absolutivendung /*-a*/ wäre diese Graphie normal (Endung *-y* = /*-aya*/).
- Zahlreiche Eigennamen könnten im Absolutivkasus – und nicht im Nominativkasus – zitiert worden sein. So dürften etwa Ortsnamen mit Bildungssuffix

/-*ăy*/, die syll. mit (kontrahierter) Endung /-*â*/ und alph. defektiv (d.h. ohne {y}) überliefert sind, als Formen des Absolutivkasus zu erklären sein (siehe dazu ausführlicher Tropper 1997c, 670f.). Auch die Buchstabennamen des ug. Alphabets dürften in der Absolutivform zitiert worden sein (§21.261).

55. Status

55.1. Morphologische Merkmale der Status

Im Ug. gibt es drei nominale Status, deren Gebrauch von der syntaktischen Stellung eines Nomens abhängt (§55.3): 1. Status absolutus (= St.abs.); 2. Status constructus (= St.cs.); 3. Status pronominalis (= St.pron.), d.h. der Status des Nomens vor einem Pronominalsuffix.

55.11. Der St.abs. ist im Sg. merkmallos und damit identisch mit dem St.cs. und St.pron. Im Du. und Pl. ist er jeweils durch ein auslautendes *-m* markiert, die sogenannte nominale Mimation; zur Vokalisierung der Mimation siehe oben (§53.213 und §53.31).

55.12. Der St.cs. ist in allen Numeri merkmallos. Er ist folglich im Sg. mit dem St.abs. identisch, unterscheidet sich von diesem im Du. und Pl. aber durch die fehlende Mimation. Die Substt. *ab* "Vater" und *aḫ* "Bruder" weisen im Sg.cs. und Sg.pron. – im Einklang mit dem gesamt-zsem. Befund (zum phön. Befund siehe jetzt PPG[3] § 241a-b) – wahrsch. lange Flexionsvokale auf, d.h. /*ʾabū/ī/ā*/ (gegenüber /*ʾabu/i/a*/ im St.abs.). Diese sind wahrsch. Reflexe schwacher dritter Radikale der betreffenden Wzz. (√*ʾbw* und √*ʾḫw*). Einen indirekten orthographischen Hinweis auf die Existenz solcher Langvokale stellt die spezifische Notierung des PS 1.c.sg. bei diesen Formen dar (§41.221.17a).

55.13. Der St.pron. ist formal grundsätzlich mit dem St.cs. identisch. Eine Unterscheidung von St.cs. und St.pron. empfiehlt sich jedoch aus syntaktischen Gründen sowie aufgrund sporadischer phonologischer Differenzen zwischen St.cs. und St.pron. (bedingt etwa durch unterschiedliche Akzentuierung).

55.2. Kasusendungen der einzelnen Status

Das Ug. hat grundsätzlich in allen Status die Kasusendungen bewahrt. Besonders hervorzuheben ist die Bewahrung der Kasusendungen im Sg. und fem. Pl. des St.cs./pron. in Übereinstimmung mit dem Ar. und im Gegensatz zum akk. Befund (siehe bes. Tuttle 1978 und Huehnergard 1981; gegen Zevit 1983a).

Sowohl alph. Formen (inbesondere Nomina III-ʾ) als auch syll. Formen illustrieren diesen Tatbestand.

55.21. Der alphabetische Befund (Nomina III-ˀ)

a. Nominativ Singular auf /*-u*/:
- Formen des St.cs.: *kptr* \ *ksu ṯbth* "Kreta ist sein Herrscherthron" 1.3:VI:14f. // 1.1:III:1*; *mk ksu* \ *ṯbth* "eine Pfütze ist sein Herrscherthron" 1.4:VIII:12f. // 1.5:II:15f.; (?) *w ks̀u bˁlt bhtm* "und der Thron der Herrin der Tempel" 1.53:7 (ohne Kontext); *ṣbu anyt* "die Schiffsbesatzung" 4.40:1.
- Formen des St.pron.: *[d alp šd]* \ *ẓu-h b ym* "[deren/dessen] Herkunft(?) [(in einer Entfernung von) tausend *šd*-Maß] im Meer ist" 1.3:III:1f. // 1.3:IV:45f. // 1.19:IV:43; *ṣbu-k ul mad* "Dein Heer sei eine gewaltige Streitmacht!" 1.14:II:35 (ähnl. 1.14:IV:15: *ṣbu-h ul mad*).

b. Genitiv Singular auf /*-i*/:
- Formen des St.cs.: *l ksi mlkh* "vom Thron seines Königtums (vertreiben)" 1.3:IV:2&; *l ksi mlkh* "auf den/m Thron seines Königtums" 1.6:V:5&; *tḥt ksi zbl ym* "unter den/m Thron des Fürsten Yammu" 1.2:IV:6f.
- Formen des St.pron.: *l ksi-h* "von seinem Thron (vertreiben)" 1.2:IV:12.20; *l ksi-y* "zu/auf meinem/n Thron" 2.31:15; *b ḫri-h* "in seinen/m Kot" 1.114:21.

c. Akkusativ Singular auf /*-a*/:
- Formen des St.cs.: *ksa mlkk* "den Thron deines Königtums (umstürzen)" 1.6:VI:28; *ṣbia špš* "(in Richtung zum) Sonnenaufgang (gehen)" 1.15:V:19.

d. Lokativ Singular auf /*-ŭ̄*/:
- St.pron.: (?) *s*[!]*pu-y* "als meine Speise" 1.6:VI:11.15.

55.22. Der syllabische Befund

Auch der syll. Befund spricht deutlich für die Bewahrung von Kasusendungen des Singulars im St.cs. und St.pron. Etwa drei Viertel der im syll. Textkorpus von Ugarit bezeugten Nomina besitzt im St.cs. und St.pron. entgegen der standard-akk. Morphologie Kasusendungen. Der Befund ist nicht für alle Textgattungen gleich: In den Urkunden überwiegen Formen mit Kasusendungen, in lexikalischen und inbesondere in literarischen Texten dagegen standard-akk. Formen (siehe SAU 418-424). Sind Kasusendungen vorhanden, so sind sie in aller Regel syntaktisch korrekt (triptotische bzw. diptotische Flexion). Illustrative Beispiele:

Nominativ Singular auf /*-u*/:
- St.cs.: *ni-id-nu* LUGAL "Gabe des Königs" RS16.247:14; vgl. RS16.190:10; *be-el-tu*$_4$ É "Herrin des Grundbesitzes" RS16.250:23.
- St.pron.: *píl-ku-šu-nu* "ihr Lehensdienst" RS16.134:7 [m.sg. pron.])

Genitiv Singular auf /*-i*/:
- St.cs.: *a-na ni-id-ni* PN "als Gabe des PN" RS15.85:19-20; *ša-a* PN : *ḫa-at-ni* PN$_2$ "von PN, Schwiegervater des PN$_2$" RS16.136:4f.
- Formen des St.pron. weisen durchgehend eine Endung /*-i*/ auf; sie sind jedoch nicht signifikant, da sie mit dem standard-akk. Befund übereinstimmen.

Akkusativ Singular auf /*-a*/:
- St.cs.: *píl-ka* É-*šu* "Lehensdienst seines Grundbesitzes" RS15.123+:18f.; É-*ta* PN "Grundbesitz des PN" RS15.86:18f.
- St.pron.: *píl-ka-šu* "seinen Lehensdienst" RS16.246:15&.

55.23. Neben den bislang vorgestellten Beispielen lassen sich sowohl im syll. als auch im alph. Textkorpus sporadische Formen mit inkorrekten Kasusendungen im St.cs. und St.pron. nachweisen (§54.113). Ferner sind – wie erwähnt (§54.51) – im syll. (ug.) Textkorpus von Ugarit auch Formen ohne Kasusendungen bezeugt, vornehmlich im St.cs. und St.pron. Die betreffenden Beispiele sind jedoch für das Ug. nicht signifikant, da sie mit der standard-akk. Morphologie übereinstimmen und somit als "Akkadismen" erklärt werden können.

55.3. Zu den syntaktischen Funktionen der Status

Der St.abs. wird gebraucht bei Nomina in freier syntaktischer Stellung, d.h. ohne folgendes Genitivattribut bzw. ohne folgenden uneingeleiteten Attributsatz. Das Nomen kann dabei determiniert oder indeterminiert sein, z.B. *bt* "ein/das Haus" (vgl. *in bt l bʿl* "Baʿlu hat kein Haus" 1.3:V:38&).

Der St.cs. wird bei Nomina mit folgendem Genitivattribut (§91.3) bzw. mit folgendem asyndetischen Attributsatz (§97.12) gebraucht. Das Attribut bewirkt dabei implizit eine Determination des betreffenden Nomens, z.B. *bt [m]lk* "das Haus des [Kö]nigs" (1.14:I:7f.).

Der St.pron. stellt eine Sonderform des St.cs. dar und wird bei Nomina mit folgendem Possessivsuffix verwendet, z.B. *bt-h* "sein Haus" (1.14:II:43&).

56. Determination versus Indetermination

Es gibt im Ug. kein produktives morphologisches Merkmal zur Bezeichnung der Determination oder der Indetermination. Sieht man von den wenigen (unsicheren) Spuren des "Frühartikels" *hn* ab (§42.7), so existiert im Ug. weder ein produktiver bestimmter Artikel bzw. ein Status determinatus (= Form des Nomens mit suffigiertem bestimmten Artikel) wie in allen jüngeren zsem. Sprachen noch läßt sich eine indeterminierende bzw. determinierende Funktion der nominalen Mimation feststellen (damit gegen BGUL §§ 52.6, 62.6, 73.21).

Ob ein Nomen bestimmt oder unbestimmt ist, ergibt sich somit nur aus der syntaktischen Einbettung und dem Kontext. Als syntaktisch determiniert gelten Nomina mit folgendem Genitivattribut (= St.cs.), Nomina mit folgendem Possessivsuffix (= St.pron) sowie Nomina mit folgendem Demonstrativpronomen (z.B. *bt hnd* "dieses Haus" 3.2:14).

57. Paradigma der nominalen Flexion

Das folgende zusammenfassende Paradigma enthält nur die drei Hauptkasus des Nomens. Als Paradigmenwort wurden /*kalb-*/ "Hund" und /*kalbat-*/ "Hündin" einerseits und /*raḫbān-*/ "weiter Platz" andererseits gewählt.

Singular (triptotische Flexion)

	m. (alle Status)	f. (alle Status)
Nom.	*kalb-u*	*kalbat-u*
Gen.	*kalb-i*	*kalbat-i*
Ak.	*kalb-a*	*kalbat-a*

(Diptotische Flexion [m., alle Status]: Nom. *raḫbān-u*; Obl. *raḫbān-a*)

Dual

	m.abs.	m.cs./pron.	f.abs.	f.cs./pron.
Nom.	*kalb-âmi*	*kalb-â*	*kalbat-âmi*	*kalbat-â*
Obl.	*kalb-êma*	*kalb-ê*	*kalbat-êma*	*kalbat-ê*

Plural

	m.abs.	m.cs./pron.	f. (alle Status)
Nom.	*kalab-ūma*	*kalab-ū*	*kalabāt-u*
Obl.	*kalab-īma*	*kalab-ī*	*kalabāt-i*
(Ak.			**kal(a)bāt-a* [§54.122])

6. Das Zahlwort

61. Einleitung

61.1. Allgemeines

Zahlwörter gehören in morphosyntaktischer Hinsicht zum Bereich der Nomina. Sie werden hier dennoch getrennt von diesen behandelt, da sie semantisch eine einheitliche Gruppe darstellen und ferner syntaktische Spezifika aufweisen.

Lit.: Blau (1972, 57f.78f.); Loewenstamm (1980b); von Soden (1983); Brugnatelli (1982, bes. 16-24.134f.); Brugnatelli (1984); Dombrowski — Dombrowski (1991).

61.2. Wortbildung

Die Bildung von Zahlwörtern unterscheidet sich im Prinzip nicht von der anderer Nomina und bedarf deshalb keiner gesonderten Behandlung. Hervorzuheben ist, daß die Kardinalia 1-10 nicht einheitlich gebildet sind. Sie weisen diverse Morphemtypen auf:

{qatl}	*šbʿ /šabʿ/* "sieben"
{qitl}	*ṯṯ /ṯiṯṯ/* < *ṯidṯ < *s^{1}idṯ "sechs"
	tšʿ /tišʿ/ "neun"
{qit(V)l}	*ṯn /ṯinV̂/* < *ṯin(V)w/y "zwei"
{qatal}	*aḥd /ʾaḥ(ḥ)ad/* < *ʾaḥad "eins"
	ʿšr /ʿaš(a)r/ < *ʿaśar(?) "zehn" (alt.: *{qatl}*).
{qatil}	*ḫmš /ḫamiš/* "fünf"
{qatāl}	*ṯlṯ /ṯalāṯ/* < *śalāṯ "drei"
{ʾaqtal}	*arbʿ /ʾarbaʿ/* "vier" (< *rVbaʿ [§62.141]).
{qatāliy}	*ṯmn /ṯamānV/* < *ṯamāniy "acht"

61.3. Dezimales Zählsystem

Wie in allen sem. Sprachen beruht auch im Ug. die Zählweise grundsätzlich auf dem Dezimalsystem. Daneben gibt es wenige Kollektivzahlen, die vielleicht dem Sexagesimalsystem folgen (§67.22; §67.33).

61.4. Logographische Schreibung von Zahlen

Zahlen können in Ugarit auch logographisch geschrieben werden (§24). Solche Zahlzeichen werden in den alph. Texten allerdings vergleichsweise selten verwendet. Sie finden sich ausschließlich in listenhaften Wirtschaftstexten. Der seltenen Anwendung von Zahlzeichen durch die ug. Schreiber und der großen Anzahl von Wirtschaftstexten ist es zu verdanken, daß im ug. Textkorpus äußerst viele Zahlausdrücke bezeugt sind.

62. Kardinalia

62.1. Kardinalia 1-10

62.11. Kardinalzahl 1

62.111. *aḥd/t*

62.111.1. Morphologie

Mask. *aḥd* /*ʾaḥ(ḥ)ad-*/.

Fem. *aḥt* /*ʾaḥḥatt-*/ < **ʾaḥadt-*(?) (zur Gemination des /*ḥ*/ siehe §33.171.2).
Dem Zahlwort liegt eine Wz. √*ʾḥd* zugrunde, die etymologisch wahrsch. auf *√*wḥd* zurückzuführen ist (vgl. akk. *wēdu(m)*, ar./asa. √*wḥd* [§33.151.1]). Formen mit Aphärese der Anlautsilbe, wie sie etwa im Aram. verbreitet sind (**ḥad* < **ʾa/əḥad*), gibt es im Ug. nicht.

Anm. Die in 4.750:5.6.7 bezeugte Form *yḥd* stellt wahrsch. keine bloße phonetische Variante zur Kardinalzahl *aḥd* (4.750:9-11) dar, sondern ist als eigenständiges Lexem zu betrachten: *bt yḥd b ON* "ein einzelnes / das einzige Haus in ON" (Z. 5-7) gegenüber *bt aḥd b ON* "ein Haus in ON" (Z. 9-11) bzw. *bt b ON* (Z.14-15). *bt yḥd, bt aḥd* und *bt* (allein) dürften im vorliegenden Text aber sachlich das gleiche meinen.

62.111.2. Derivate

Abgeleitete Zahlausdrücke (es gibt keine verbalen Derivate):

aḥd /*ʾaḥīd-*/? "alleinstehend, unverheiratet" 1.14:IV:21 (// *yḥd* 1.14:II:43).

aḥd /*ʾaḥda̯*/? "gemeinsam, einstimmig" 1.2:I:25 [vgl. he. *yaḥad*] (§54.133.2d).

aḥdh /*ʾaḥdā̆h*/ (Term.) "(in eins) zusammen, miteinander" 1.71:6*& (§54.313).

aḥd-y /*ʾaḥdV-ya*/? "ich allein" 1.4:VII:49 [vgl. ar. *waḥdī*, *waḥdahū* "ich/er allein"; akan. (Glosse) *ya-ḫu-du-un-ni* "ich allein" (EA 365:24; siehe CAT 1, 196 und CAT 3, 149); akk. *wēdiššī-šu* "er allein"] (§54.133.2d).

aḥdm (Du. zu *aḥd*) "Paar" 4.384:5*& (§67.12).

yḥd /*yaḥīd-*/ "alleinstehend; einzeln, einzig" 1.14:II:43 (// *aḥd* 1.14:IV:21), 4.224:7 und 4.750:5.6.7 (neben *aḥd*) [he. *yāḥîd*; ar. *waḥīd*].

yḥdh /*yaḥdā̆h*/ (Term.) "(in eins) zusammen" 1.175:12 (Var. zu *aḥdh* [§54.313]).

62.112. *ʿšty*

Neben *aḥd/t* gibt es im Ug. noch ein anderes Lexem für "eins", nämlich *ʿšty* bzw. *ʿšt* (siehe dazu Cecchini 1981). Das Wort ist etym. zu verbinden mit akk. *ištēn* (fem. *išti/eat*) "eins", qatabanisch *ʿs*^{1}*tn*^{m} "(Tag) eins" (im Sinne von: "erster Tag [eines Monats]"; siehe Ricks, 125) und he. *ʿaštê* (nur in *ʿaštê ʿāśār/ʿæśreh* "elf").

Es begegnet zum einen als Zahl für "eins", zum anderen als Bestandteil der zusammengesetzten Zahl "elf" (*ˁšt ˁšr[h/t]* [§62.21]). Im ersten Fall lautet die Orthographie *ˁšty* = /*ˁaštāy-*/ (alt.: /*ˁaštīy-*/), im letzteren Fall *ˁšt* = /*ˁaštê*/ (§33.322.41b; §33.311.2b; §54.52 [vgl. he. *ˁaštê*]). *ˁšty* "eins" ist ausschließlich in 1.161:27 bezeugt. Der Kontext ist inhaltlich schwierig:

> *ˁšty w ṯˁ[y / ṯn] w ṯˁ[y]* \/ *ṯlṯ w ṯˁy / a[rb]ˁ w ṯˁ[y]* \/ *ḫmš w ṯˁy / ṯṯ [w] ṯˁy* \/ *šbˁ w ṯˁy / tqdm ˁṣr* "(Tag[?]) eins und opfert(?) (ein *ṯˁ*-Opfer); (Tag[?]) zwei / drei / vier / fünf / sechs / sieben und opfert(?)! : Es werden Vögel dargebracht" 1.161:27-30.

Unabhängig von der Interpretation dieses Textabschnittes steht fest, daß *ˁšty* hier eine Kardinal- und keine Ordinalzahl ist. Dafür spricht zum einen, daß *ˁšty* hier von anderen Kardinalia (siehe bes. *arbˁ* und *ṯṯ*) gefolgt wird, zum anderen, daß dasselbe Lexem (*ˁšt*) in der zusammengesetzten Zahl für "elf" ebenfalls als Kardinalzahl fungiert. Sprachvergleichende Argumente stützen diese These.

62.12. Kardinalzahl 2

62.121. Morphologie

Mask. *ṯn* /*ṯinâ*/ (Nom.); /*ṯinê*/ (Obl.).
Fem. *ṯṯ* /*ṯittâ*/ < **ṯin(V)tâ* (Nom.); /*ṯittê*/ < **ṯin(V)tāy* (Obl.).

Die Kardinalia *ṯn* und *ṯṯ* weisen nie eine Dualmimation auf, obwohl zumindest die mask. Form *ṯn* auch an syntaktischen Positionen bezeugt ist, an denen eine Form des St.abs. stehen müßte (§43E.125). Für das Fehlen der Dualmimation gibt es zwei mögliche Erklärungen:

a) *ṯn* und *ṯṯ* sind Dualformen des St.cs. Da sie meist im St.cs. gebraucht werden, hat sich die Konstruktusform als "Normalform" durchgesetzt und die ursprüngliche Absolutusform verdrängt.
b) *ṯn* und *ṯṯ* sind Dualformen des im Ug. wahrsch. nicht mehr produktiven Absolutivkasus (§54.6), der mit dem akk. "Status absolutus" gleichzusetzen ist (Formen ohne Mimation bzw. Nunation). Sie wären damit als Entsprechungen der akk. bezeugten Kardinalia *še/ina* und *šitta* (GAG § 69b) zu betrachten, die ebenfalls – trotz GAG § 62c ("Ein Dual und Pl. Mask. [des Status absolutus] wird anscheinend nicht gebildet") – als Dualformen des sogenannten "Status absolutus" zu erklären sein dürften. Zu vergleichen wären außerdem die Formen *šnê* und *štê* in den Zahlwörtern für "zwölf" im He., *šnê ˁāśār* (m.) und *štê ˁæśreh* (f.), die ebenfalls keine Konstruktusformen sein können. — Die Lösung (b) wird hier favorisiert.

Hervorzuheben ist ferner die Tatsache, daß in der fem. Form *ṯṯ* – in Übereinstimmung etwa mit akk. *šitta* < **ṯintâ*, he. *štêm* < **šittêm* (vgl. samaritanisch-he. *šittəm*) < **ṯintêm* (vgl. GBH § 100c) sowie sabäisch *ṯty* (Beeston 1984 § 18:1) und im Gegensatz zu ar. *ṯintāni*, *(ˀi)ṯnatāni* – der zweite Radikal /*n*/ der Wz. an die Femininendung assimiliert ist. Keine Assimilation des betreffenden Konsonanten ist demgegenüber beim betreffenden Lexem zu beobachten, wenn es Bestandteil des zusammengesetzten Zahlausdrucks für "zwölf" ist: *b ṯnt ˁšrt* = /*bi ṯ(i)natê ˁaš(a)ratV*/ "für zwölf (Schekel)" (4.146:8).

ṯn und *ṯṯ* sind sehr häufig belegt, vornehmlich in Wirtschaftstexten. CPU zufolge begegnet *ṯn* insgesamt 274mal (CPU Nr. 6398), *ṯt* 63mal (CPU Nr. 6501).

Die zugrundeliegende Wz. lautet √*ṯnw/y* (III-*w/y*). Zwei Derivate, *ṯnnt* und *mṯnn*, sind aber möglw. von einer Wurzelvariante √*ṯnn* (WzK II-gem.) abgeleitet.

62.122. Derivate

a. Abgeleitete Zahlausdrücke:

ṯnt: (fem.) Lexemvariante im Zahlausdruck *b ṯnt ʿšrt* "für zwölf (Schekel)" 4.146:8 (§62.22).

ṯnid "zweimal" 2.50:18& (§65.14.7a).

ṯnm "zweimal" 1.18:IV:22& (§65.131).

ṯnm "zum zweiten Mal" 1.19:IV:61 (§65.2).

ṯnnt "das Doppelte, Zweifache" 1.16:V:8 (§65.32).

ṯn(t) "der/die zweite" 1.4:VI:24& (§63.12).

b. sonstige nominale Derivate:

mṯn /*maṯnV*/ < **maṯnay* "Wiederholung" 1.3:IV:31&; vgl. viell. syll. *ma-aš-na* (Ak.) "zweitens"(?) RS16.207:4.

mṯnn "'Wiederholer' (d.h. Briefbote, der die Worte des Absenders vorträgt)"(?) 2.3:21 (viell. D-Ptz. m.sg. zu einer Wurzelvariante √*ṯnn*).

? *ṯt* "andere" (fem.) 2.38:24; 3.3:4 (§33.115.41).

Anm. Die Wortformen *ṯnġly* (4.128:9) und *ṯnġlyt-h* (4.339:10) sind nicht von ug. *ṯn* abgeleitet, sondern auf der Basis des hurr. Zahlworts *šin(a)* "zwei" gebildet (mit hurr. Bildungsuffix *-(u)ḫilV* und — im Fall von *ṯnġlyt* — sem. Femininendung). Die Bedeutung dieser Lexeme ist nicht sicher geklärt (siehe G. Wilhelm, UF 2 [1970], 277-278); vgl. akk. (< hurr.) *šinaḫilu* "zweitstellig, -rangig, -klassig" (AHw. 1241a).

c. Verbales Derivat:

√*ṯny/w*, G/D : "ein zweites Mal tun" (1.16:V:13*), "wiederholen, erzählen, berichten" (1.1:III:13&). — Möglw. gibt es zu dieser Wz. auch einen tD-Stamm (alt.: Gt-Stamm): *ṯṯny*(?)*[ ]* (1.5:IV:19 [§74.432]).

62.13. Kardinalzahl 3

Vorbemerkung: Von den Kardinalia 3-10 ist jeweils eine endungslose (formal mask.) und eine endungshafte (formal fem.) Formvariante bezeugt. Der syntaktische Gebrauch dieser Varianten ist eigentümlich und nicht ganz einheitlich. Er wird unter §69.133 erörtert.

62.131. Morphologie

ṯlṯ /*ṯalāṯ-*/ (< **śalāṯ-*); *ṯlṯt* /*ṯalāṯat-*/ (< **śalāṯat-*).

Der erste Radikal geht auf sem. /s^2/ zurück (vgl. asa. s^2*lṯ* und äth. *śalās*).

62.132. Derivate

a. Abgeleitete Zahlausdrücke:

mṯlṯ "Drittel" RS94.2472:14'.15'; RS94.2600:2.6 (§64.31).

mṯlṯt "Drittfrau" 1.14:I:16; (?) 1.98:3 (§63.32).

ṯlṯ "dritter" 1.14:III:11& (§63.13).

ṯlṯ "Dreiheit, Dreiergruppe, Triade" 1.14:II:2& (§67.21).

ṯlṯid "dreimal" 1.18:IV:23.34; 1.19:II:30 (§65.147b).

ṯlṯm "30" 1.39:20& (§62.3).
ṯlṯ "das Dreifache" 1.14:IV:43; 1.16:V:9 (§65.3).
ṯlṯ "Drittelschekel" 4.158:13; 4.721:8 (§64.31).
**ṯlṯt* "Dreierabteilung" 4.360:6.7 (§67.22).

b. Verbales Derivat:
√*ṯlṯ*, D : 1. "zerfurchen" (1.5:VI:20.21; 1.6:I:3.5 [§74.412.27]); 2. "zum dritten Mal tun" (zu ergänzen in 1.16:V:13).

62.14. Kardinalzahl 4

62.141. Morphologie

arbʿ /*ʾarbaʿ-*/; *arbʿt* /*ʾarbaʿat-*/.

Dem Zahlwort liegt die dreiradikalige Wz. √*rbʿ* zugrunde. Zur (prothetischen) Anlautsilbe /*ʾa*/ siehe §33.423c.

62.142. Derivate

a. Abgeleitete Zahlausdrücke:
arbʿm "40" 1.76:2& (§62.3).
arbʿtm "viermal" oder "vierfach" RS92.2016:15’ (§65.133).
mrbʿ "Viertel" 4.362:6& (§64.41).
mrbʿt "Viertfrau" 1.14:I:17 (§63.32).
rbʿ "vierter" 1.14:III:2& (§63.14).
rbʿt "Viertelschekel" 1.19:II:34& (§64.42).

b. Verbales Derivat:
*√*rbʿ*, D : "zum vierten Mal tun" 1.16:V:[16] (§74.412.27, √*ḫmš*).

Anm. Die Formen *ašrbʿ* (1.17:V:3) und *yšrbʿ* (1.17:V:12-13) sind wahrsch. nicht von dieser Wz. abzuleiten, da sie in Parallele zu √*ybl* "bringen" begegnen. Zu möglichen Lösungsvorschlägen siehe §33.161 und §74.622.3, √*rbʿ* (< **brʿ*).

62.15. Kardinalzahl 5

62.151. Morphologie

ḫmš /*ḫamiš-*/; *ḫmšt* /*ḫam(i)šat-*/.

62.152. Derivate

a. Abgeleitete Zahlausdrücke:
ḫmš "der fünfte" 1.4:VI:29& (§63.15).
ḫmšm "50" 1.148:20& (§62.3).
ḫmšt "Fünftelteil (des Schekels/Talents)" 1.14:I:29 (§64.5).
mḫmšt "Fünftfrau" 1.14:I:18 (§63.32).

b. Verbales Derivat:
√*ḫmš*, D : "zum fünften Mal tun" (1.16:V:17) (§74.412.27).

62.16. Kardinalzahl 6

62.161. Morphologie

ṯṯ /*ṯiṯ-*/ < **ṯidṯ-* (< *s^1*idṯ-*); *ṯṯt* /*ṯiṯṯat-*/ < **ṯidṯat-* (< *s^1*idṯat-*).

Die Form *ṯdṯ* (// *ḫmš*) in 1.14:II:31 // 1.14:IV:12 ist wahrsch. als Kollektivzahl zu deuten (§67.31). Alternativ könnte es sich um die nicht-assimilierte Variante zur Normalform der Kardinalzahl "sechs" handeln (/*ṯidṯ*-/).

Der erste Radikal geht etym. auf /s^1/ zurück; vgl. ar. *sitt(at)* und sabäisch *s^1dṯ* bzw. *s^1ṯ* (mit Assimilation des zweiten Radikals; siehe Beeston 1984 §§ 18.1-2).

62.162. Derivate

a. Abgeleitete Zahlausdrücke:
mṯdṯt "Sechstfrau" 1.14:I:19 (§63.32).
ṯdṯ "der sechste" 1.4:VI:29& (§63.16).
ṯdṯ "Sechszahl" 1.14:II:31 // 1.14:IV:12 (§67.31).
ṯṯ "Sechszahl" 1.78:1 (§67.32).
ṯṯm "60" 1.4:VII:9& (§62.3).
**ṯṯt* "Sechserabteilung" 4.141:III:7.9 (§67.33).

b. Verbales Derivat:
√*ṯdṯ*, D : "zum sechsten Mal tun" (1.16:V:19) (§74.412.27).

62.17. Kardinalzahl 7

62.171. Morphologie

šbʿ /*šabʿ*-/; *šbʿt* /*šabʿat*-/.

62.172. Derivate

a. Abgeleitete Zahlausdrücke:
mšbʿt- "Siebtfrau" 1.14:I:20 (§63.32).
šbʿ "der siebte" 1.4:VI:32 (§63.17).
šbʿ "Siebenzahl" 1.4:VI:32& (§67.4).
šbʿid "siebenmal" (2.12:9) mit Var. *šbʿd* (1.23:12.14&) bzw. *šbʿd-m* (1.23:15) (§65.147c).
šbʿm "70" 1.4:VII:10& (§62.3).

b. Verbales Derivat:
√*šbʿ*, D : "zum siebten Mal tun" 1.16:V:20 (§74.412.27).

62.18. Kardinalzahl 8

62.181. Morphologie

ṯmn /*ṯamānŷ*/ < **ṯamāniy*-; *ṯmnt* /*ṯamānît*-/ < **ṯamāniyat*-

Die zugrundeliegende Wz. ist offenbar vierradikalig (alt.: dreiradikalige Basis mit Bildungssuffix -*y*). Der schwache letzte Radikal manifestiert sich orthographisch nur in der Kardinalzahl für "80" (*ṯmnym*).

62.182. Derivate

a. Abgeleitete Zahlausdrücke:
ṯmn "achter" 1.106:18 (§63.18).
ṯmnym "80" 1.4:VII:11& (§62.3).

b. Verbales Derivat:
√*ṯmn(y)*: entweder Gt- bzw. tD-Stamm (lies *ṯt*mn*n**, möglw. < **tṯmnn* [PK 3.f.sg. + En. oder PK 3.m./f.pl.]) oder Š-Stamm (lies *ṯt*mn*n** < **tšṯmnn* [Š-PK 3.f.sg. + En.): "acht (Exemplare) machen" (1.15:II:24).

Anm. Die Lesung der genannten Verbalform ist umstritten. KTU^2 bietet *ṯt«t»mnm* (= D-PK 3.f.sg.). Das dritte Zeichen ist entweder ein sehr kurz geratenes {t} oder ein {ṯ} (ein kleiner vertikaler Keil scheint sichtbar zu sein). Im ersteren Fall läge ein Gt- bzw. tD-Stamm, im letzteren ein Š-Stamm vor (siehe §74.232.21, √*ṯmn* und §74.622.3, √*ṯmn*). Das letzte Zeichen wird traditionell als {m} gelesen; auf der Basis der mir zur Verfügung stehenden Fotos (Fotomaterial des ERSP) halte ich eine Lesung als {n} für wahrscheinlicher (ich kann zumindest zwei Einstiche des horizontalen Keils erkennen; was wie ein vertikaler Keil anmutet, dürfte als Bruchlinie des Steins zu deuten sein). Unklar bleibt, ob von einer dreiradikaligen Wz. √*ṯmn* oder einer vierradikaligen Wz. √*ṯmny* auszugehen ist.

62.19. Kardinalzahl 9

62.191. Morphologie

tšᶜ /*tišᶜ-*/; *tšᶜt* /*tišᶜat-*/ (nur zwei Belege: 4.333:7; 4.337:22).

62.192. Derivate

Abgeleitete Zahlausdrücke (es gibt keine verbalen Derivate):
tšᶜ "neunter" 1.104:11 (§63.18).
tšᶜm "90" 1.4:VII:12& (§62.3).

62.1*10*. Kardinalzahl 10

62.1*10*.1. Morphologie

ᶜšr /*ᶜaš(a)r-*/ < **ᶜaś(a)r-*; *ᶜšrt* /*ᶜaš(a)rat-*/ < **ᶜaś(a)rat-*.

Anm. Folgt man KTU^2, wäre in 4.174:2 eine Form *ᶜšrh* als Zahlwort für "zehn" bezeugt: *ᶜšrh ḫsnm* "zehn *ḫsn*-Krieger". Dies trifft jedoch nicht zu, da am Ende von Z. 1 (nach *ṯnnm*) *tšᶜ* zu lesen ist (in KTU^1 und KTU^2 übersehen).

62.1*10*.2. Derivate

Abgeleitete Zahlausdrücke (es gibt keine verbalen Derivate):
/*maᶜšar*/ < **maᶜśir*(?) "Zehnte(l)": siehe syll. *ma-ˀ-ša-ri-ša* (Gen.) (RS16.153:11) bzw. *ma-ša-ra* (Ak.) (RS16.244:7); alph. nicht belegt [vgl. he. *maᶜᵃśer*] (§64.6).
ᶜšr "Zehnzahl" 1.17:II:45* (§67.51).
ᶜšrh: Form der Zehnzahl in den Zahlen 11-19 (neben *ᶜšr* und *ᶜšrt*) (§62.201:3).
ᶜšrm "20" 1.41:43& (§62.3).
ᶜšrt "Zehnergruppe, -abteilung" KTU 4.609:2& (§67.52).

62.2. Kardinalia 11-19

62.20. Die Bildungselemente und ihre Verknüpfung

62.201. Formen der Zehnzahl in den Kardinalia 11-19

Die Zahlen von 11 bis 19 setzen sich aus den Einern 1-9 und dem Ausdruck der Zehnzahl zusammen. Sie lassen sich ausschließlich in Prosatexten nachweisen.

Die Zehnzahl wird auf der Grundlage der Kardinalzahl *ᶜšr* "zehn" gebildet. Es sind drei unterschiedliche Formen bezeugt:

1. *ˁšr* : Das Wort gleicht der endungslosen (formal mask.) Form des Zahlworts für "zehn" und ist wahrsch. wie dieses als /*ˁaš(a)r(V)*/ zu vokalisieren.

2. *ˁšrt* : Das Wort gleicht der mit der Endung *-t* versehenen (formal fem.) Form des Zahlworts für "zehn" und ist wahrsch. als /*ˁaš(a)rat(V)*/ zu vokalisieren.

3. *ˁšrh* : Diese Form ist beim Zahlwort für "zehn" nicht bezeugt. Sie wird – offenbar primär, aber nicht ausschließlich – im Zusammenhang mit fem. Gezähltem gebraucht (§69.143.12; §69.143.3) und entspricht offenbar der he. bezeugten Form *ˁæśreh*, die ausschließlich mit fem. Gezähltem Verwendung findet (*ˀaḥat/ˁaštê ˁæśreh* "11", etc.).

Gemäß ug. Orthographie dürfte das Graphem {h} in *ˁšrh* konsonantischen Wert besitzen. Es kommen drei Erklärungsmöglichkeiten in Frage:

a) {h} steht für ein spezifisches, vom Morphem /*-(a)t*/ zu unterscheidendes Femininmorphem (vgl. §52.4).

b) {h} steht für die Terminativendung /*-ah*/. Eine Zahl wie *ṯlṯ ˁšrh* "13" wäre demnach im Sinne von "drei zur Zehnzahl hin(zu)" zu erklären (vgl. *ḫmš l ˁšrh* "15" 4.777:8; *ṯṯ l ṯṯm* "66" 1.4:VII:9).

c) {h} steht für eine phonetische Variante des Femininmorphems /*-at*/, entstanden durch 'Verhauchung' des auslautenden /*t*/: [-at^{h}] > [-ah] (§33.132).

Die Lösung (a) ist ganz unwahrscheinlich, da ein vergleichbares Morphem weder bei anderen Zahlwörtern noch in anderen Bereichen des Nominalsystems, noch in anderen sem. Sprachen nachweisbar ist. Die Lösung (b) ist ebenfalls wenig überzeugend. Da *ˁšrh* im Zusammenhang mit fem. Gezähltem bezeugt ist, erwartet man eine fem. Form des Zahlworts (mit Terminativendung: **ˁšrth*).

Somit ist die Lösung (c) die wahrscheinlichste. Sollte sie zutreffen, läge eine weitere Schlußfolgerung nahe: Da eine Verhauchung von /*t*/ nur im absoluten Wortauslaut plausibel ist, dürfte *ˁšrh* = /*ˁaš(a)rah*/ auf eine Form **ˁšrt* = /*ˁašarat*/ (ohne Kasusvokal) zurückgehen (§54.52; §54.62). Man beachte, daß auch im Akk. die Kardinalia 11-19 endungslos sind, d.h. im sogenannten "Status absolutus" stehen, z.B. *ištenšeret* (*ištēn ešret*) "11" (GAG § 69d).

SV. Demgegenüber weisen bei den Kardinalia 11-19 im Ar. bekanntlich Einer und Zehner eine indeklinable Endung /*-a*/ (= Ak.) auf (GKA § 130): z.B. *ṯalāṯata ˁašara* "13" (mit mask. Gezähltem) bzw. *ṯalāṯa ˁašrata* "13" (mit fem. Gezähltem). Diachron betrachtet dürfte /*-a*/ als Endung des Absolutivkasus zu erklären sein (siehe Tropper 1999b § 8; vgl. §54.62).

62.202. Verknüpfung von Zehnzahl und Einern

62.202.1. Die Zahlen 11-19 weisen in der Regel die Wortfolge "Einer - Zehnzahl" auf (wie in den meisten sem. Sprachen), z.B. *ḫmš ˁšr(h)* bzw. *ḫmšt ˁšrt* "15". Bei dieser Wortstellung wird kein verknüpfendes Lexem verwendet.

Anm. In Konstruktionen wie *mitm ṯlṯ ˁšrh kbd* "213" (4.777:5) verknüpft *kbd* nicht Einer und Zehnzahl, sondern *mitm* und den gesamten Rest des Zahlausdrucks.

62.202.2. Werden die Zahlen 12-19 – bei der Zahl 11 ist dies nicht bezeugt – in umgekehrter Wortfolge (Einer nach der Zehnzahl) gebildet, folgt dem Einer das

Lexem *kbd*, das sinngemäß mit "plus" wiederzugeben ist. Da das betreffende Lexem auch bei höheren Zahlen gebraucht wird, werden im folgenden allgemeine Regel seiner Verwendung in zweigliedrigen Kardinalia geboten.

SV. Man vergleiche den phön. Befund (PPG³ § 243*bis*), wo bei den Zahlen von 11 bis 19 — anders als im He. — der Einer regelmäßig der Zehnzahl folgt. Der Einer wird dabei immer mit *w* "und" angeschlossen (z.B. *ᶜsr w ʾḥt* "elf").

62.202.3. *kbd* folgt bei zweigliedrigen Kardinalia immer unmittelbar der kleineren Zahleneinheit, unabhängig davon, ob diese nach oder vor der größeren Einheit steht (z.B. *ḫmšm ḫmš kbd* "55" [4.344:1] versus *ḫmš kbd arbᶜm* "45" [4.44:12; 4.284:3]). Wird bei zusammengesetzten Zahlen im Zusammenhang mit Maß- bzw. Gewichtsangaben die Zweizahl durch den Dual der Maßangabe ausgedrückt, gilt dasselbe Prinzip: *kbd* folgt diesem Ausdruck, unabhängig davon ob dieser vor oder nach der größeren Zahleneinheit steht (z.B. *ṯqlm kbd ᶜšrt* "zwölf Schekel" [4.341:1] versus *ᶜšrt ṯqlm kbd* "zwölf Schekel" [4.226:3; 4.755:10]).

Für die Verwendung von *kbd* gelten dabei jedoch folgende zwei Einschränkungen: a) Bei den Zahlen 12-19 wird *kbd* nicht gebraucht, wenn bei diesen der Einer vor dem Zehner steht; b) *kbd* wird nicht gebraucht, wenn Zahleneinheiten durch die Präp. *l* ("zugehörig zu") miteinander verbunden werden.

62.202.4. Funktion und Etymologie des ug. Lexems *kbd* wurden in der jüngeren Forschungsgeschichte intensiv diskutiert; siehe bes. Liverani (1970), Wesselius (1980, 450), Bordreuil (1985) und Tropper (1997b, 661-663). Traditionell wird *kbd* etymologisch mit der Wz. √*kbd* "schwer, gewichtig (sein)" in Verbindung gebracht (so etwa auch DLU 208). Auf der Basis dieser Etymologie wurden Grundbedeutungen wie "schwerer (Schekel)" oder "Gesamtgewicht, Gesamtbetrag, Summe" postuliert. Die genannten Bedeutungen sind aber in den Texten nicht nachzuweisen. Wenig überzeugend ist auch ein anderer, von Bordreuil (1985, 90) unterbreiteter Vorschlag, wonach *kbd* aus der Präposition *k* "wie" und der aus *b* "in" und *yd* "Hand" zusammengesetzten Wortform *bd* bestünde ("comme dans la main" = "au comptant" = "ensemble").

Da *kbd* immer als Lexem der Addition von (verschiedenen) Zahl- bzw. Maßeinheiten fungiert, ist vielmehr von einer Wurzel auszugehen, die "hinzufügen, zusammenfügen, vereinigen" bedeutet. Hier bieten sich die Wurzelvarianten √*kpt* bzw. (seltener) √*kbt* an, die in diversen sem. Sprachen mit genau diesen Bedeutungen belegt sind: akk. *kupputu*, Mari-akk. *kubbutu*; mhe./aram./syr. √*kpt*; ar./äth. √*kft* (siehe Tropper 1997b, 662f.). Ug. *kbd* "plus" könnte von dieser Wz. abgeleitet sein und als Nomen im adverbialen Ak. (§54.133.2d) verstanden werden (Syntax: "X [und] Y als Hinzufügung" = "X plus Y"). Zum postulierten *t/d*-Wechsel (und zum eventuellen *p/b*-Wechsel) siehe §33.112.52.

Anm. Nach KTU² würde *kbd* in 4.127:7 nicht zur Addition von Zahl- bzw. Maßeinheiten dienen. Die betreffende Lesung, *[m]rbd kbd ṯnmxxx*, ist aber wohl nicht korrekt und stimmt auch nicht mit Ch. Virolleauds Handkopie (PRU 2, 175) überein. Anstatt *[m]rbd* könnte *[ ] kbd* zu lesen sein; die folgenden Zeichenreste lassen sich nicht als *kbd* interpretieren. — Auch die in KTU² präsentierte Lesung bzw. Strukturierung das Textes 4.273 (bes. Z. 8: *ᶜdy ṯmn kbd ḫmšm*) dürfte nicht stimmen. — Der Oppositionsbegriff zu *kbd* lautet *ḫsr* "minus" (§69.233).

62.202.5. Eine Verknüpfung von Einern und Zehnzahl mittels der Präp. *l*, wie sie bei Zahlen ab "21" gebräuchlich ist (§62.41), läßt sich bei näherer Betrachtung nicht nachweisen. Für diese These wurden in der Vergangenheit folgende zwei Belege angeführt:

- *ḫmš [l] ᶜšrh* (4.777:8). Diese – auch in KTU² gebotene – Lesung ist sicher falsch. Zwischen *ḫmš* und *ᶜšrh* verläuft zwar eine Bruchstelle, diese bietet aber definitiv keinen Platz für eine Ergänzung von {l} (siehe CRAI 1984, 428, fig. 9). Die richtige Lesung lautet also *ḫmš ᶜšrh*, d.h. "15".
- *ḫmšt l ᶜšrt* (4.658:7). Diese – auch in KTU² gebotene – Lesung ist ebenfalls falsch; die richtige Lesung lautet *ḫmšt [[x]] ᶜšrt*, d.h. "15 (Schekel)". Das Zeichen vor *ᶜšrt* weist zwei vertikale Keile auf, die von einem horizontalen gekreuzt werden. Der Schreiber wollte *ḫmšt l* ... schreiben, bemerkte den Fehler aber und strich das versehentlich begonnene {l} einfach durch (§21.363).

62.21. Kardinalzahl 11

Belegte Formen: a) *ᶜšt ᶜšr* /*ᶜaštê ᶜaš(a)r(V)*/ (4.141:III:7&); b) *ᶜšt ᶜšrh* /*ᶜaštê ᶜaš(a)rah*/ (1.112:13-14&); c) *ᶜšt ᶜšrt* /*ᶜaštê ᶜaš(a)rat(V)*/ (nur: 4.552:4*.7*).

Zum Gebrauch des Lexems *ᶜšt* (§54.52) anstelle von *aḥd/t* im Zahlwort für "elf" ist he. *ᶜaštê ᶜāśār*/*ᶜæśreh* und akk. **išteššer* bzw. *ištenšeret* zu vergleichen. Im Einklang mit dem he. Befund (und wahrsch. auch mit dem akk. Befund) dürfte ug. *ᶜšt* genusindifferent sein.

Mit dem Einer *ʾḥd/t* gebildete Formen entsprechend he. *ʾa(ḥ)ḥad ᶜāśār* bzw. *ʾa(ḥ)ḥat ᶜæśreh* oder pun. *ᶜ/ʾsr w ʾḥd/t* (PPG § 242) sind ug. nicht belegt.

SV. Mit *ᶜšt(y)* gebildetete Konstruktionen für "elf" sind im älteren He. bisweilen bezeugt (siehe GBH § 100f), fehlen aber im Pun. und jüngeren Aram. (phön. und aaram. Belege für "elf" gibt es nicht). Daraus könnte abzuleiten sein, daß die Bildung mittels *ᶜšt(y)* im gesamten frühen Nwsem. verbreitet war, später aber obsolet und durch die Bildung mittels *ʾḥd/t* verdrängt wurde.

62.22. Kardinalzahl 12

Belegte Normalformen: a) *ṯn ᶜšr* (4.48:2&); b) *ṯn ᶜšrh* (4.243:2.4.29.33&); c) *ṯnt ᶜšrt* (4.146:8); d) *ᶜšr ṯn kbd* "zehn plus zwei" (4.244:4*.21; 4.270:10).

Nur im Zusammenhang mit Schekelangaben:

d) *ṯqlm kbd ᶜšrt* "zwei Schekel plus zehn (Schekel)" (4.341:1).

e) *ᶜšrt ṯqlm kbd* "zehn (Schekel) plus zwei Schekel" (4.226:3; 4.755:10).

Anm. 1. Zur Deutung der in 4.146:8 bezeugten Form *ṯnt ᶜšrt* (c) im Sinne von "zwölf (Schekel)" siehe schon Heltzer (1978, 67, Anm. 370); vgl. he. *štê(m) ᶜæśreh* "zwölf". Andere Autoren emendieren die Form zu *ṯ<m>nt ᶜšrt*, d.h. "18 (Schekel)".

Ausdrücke wie **ṯt ᶜšrh* bzw. **ṯt ᶜšrt* (entsprechend he. *štê(m) ᶜæśreh* oder ar. *(i)ṯnatā ᶜašrata*) mit der fem. Form der Kardinalzahl "zwei" sind ug. nicht belegt. Aus sprachvergleichender Sicht erweist sich die Bildung *ṯn ᶜšrh* als sekundär: Der Gebrauch von *ṯn* statt *ṯt* in Verbindung mit *ᶜšrh* stellt eine Analogiebildung dar zu anderen endungslosen Einern in Verbindung mit *ᶜšrh*.

Anm. 2. Andere in der Vergangenheit postulierte Zahlausdrücke für "zwölf" sind abzulehnen: a) Der Vorschlag von KTU^2, in 4.244:4 *ᶜšr ṯn k[rmm]* zu ergänzen, ist nicht zu halten. In Analogie zu Z. 21 ist vielmehr *ᶜšr ṯn k[bd (krmm)]* zu ergänzen. *ᶜšr ṯn* ohne folgendes *kbd* ist somit nicht bezeugt. — b) *ᶜšr ddm* (4.128:3.4) bezeichnet "zehn *dd*-Maß" und nicht "zwölf *dd*-Maß"; vgl. *ṯṯ ddm* "sechs *dd*-Maß" (4.128:2).

62.23. Kardinalzahl 13

a) *ṯlṯ ᶜšr* (4.137:2&); b) *ṯlṯ ᶜšrh* (4.219:3&); c) *ṯlṯt ᶜšrt* (1.41:3&).

62.24. Kardinalzahl 14

a) *arbᶜ ᶜšr* (4.174:5&); b) *arbᶜ ᶜšrh* (1.106:19-20&); c) *arbᶜt ᶜšrt* (1.41:4&); d) *ᶜšr arbᶜ kbd* (4.244:18&).

62.25. Kardinalzahl 15

a) *ḫmš ᶜšr* (4.44:27&); b) *ḫmš ᶜšrh* (4.27:19&); c) *ḫmšt ᶜšrt* (4.341:6&); d) *ᶜšrt ḫmš kbd* (4.226:8).

Anm. Die Lesungen *ḫmš [l] ᶜšrh* (4.777:8) und *ḫmšt l ᶜšrt* (4.658:7) sind wahrsch. falsch. Sie sind zu *ḫmš ᶜšrh* bzw. *ḫmš l ᶜšrm*$^{!}$ zu korrigieren (§62.202.5).

62.26. Kardinalzahl 16

a) *ṯṯ ᶜšr* (4.48:12&); b) *ṯṯ ᶜšrh* (4.284:5&); c) *ṯṯt*$^{?}$ *ᶜšr* (RS92.2057:3); d) *ṯṯt ᶜšrt* (1.112:27-28&); e) *ᶜšrt ṯṯt* (nur 4.226:7).

Die jeweils nur einmal bezeugten Ausdrücke *ṯṯt ᶜšr* (c) und *ᶜšrt ṯṯt* (e) sind singulär. Der Ausdruck (c) – er ist Bestandtteil der zusammengesetzten Zahl "216" (*w ṯṯt*$^{?}$ *ᶜšr kbd \ mitm šmn nḥ* [§62.633]) – zeugt von polarer Genussyntax (§69.133.34). Der Ausdruck (e) fällt aus dem Rahmen, weil bei einer Wortstellung "Zehner – Einer" dem Einer sonst immer *kbd* folgt. Der Text ist vielleicht zu *ᶜšrt ṯṯt* <*kbd*> zu emendieren.

62.27. Kardinalzahl 17

a) *šbᶜ ᶜšr* (4.123:5&); b) *šbᶜ ᶜšrh* (4.182:14&); c) *šbᶜt ᶜšrt* (1.112:29*&).

62.28. Kardinalzahl 18

a) *ṯmn ᶜšr* (4.44:1&); b) *ṯmn ᶜšrh* (4.27:16&); c) *ṯmnt ᶜšrt* (1.105:19&).

62.29. Kardinalzahl 19

a) *tšᶜ ᶜšr* (4.40:5.9&); b) *tšᶜ ᶜšrh* (1.132:1*&); c) *ᶜ[šr] tšᶜ kbd* (4.270:6).

Anm. Eine Form *tšᶜt ᶜšrt* ist bisher nicht belegt. Man beachte, daß "am 19. (Tag)" in 1.132:1 durch *b tšᶜ ᶜšrh* – und nicht durch *b tšᶜt ᶜšrt* – ausgedrückt wird (§63.221).

62.3. Die (runden) Zehner (20-90)

Die Zahl 20 wird durch die mask. Pluralform von *ᶜšr* "10", die Zehner von 30 bis 90 werden durch die mask. Pluralformen der Zahlen von 3 bis 9 gebildet. Sämtliche Endungen sind die des St.abs.

SV. Im Zsem. weisen die Zehner einschließlich der Zahl 20 durchgehend (mask.) Pluralendungen auf (zum Befund im älteren Aram. siehe Muraoka – Porten 1998 § 21b). Demgegenüber sind im Akk., Asa. und Äth. scheinbar Dualendungen bezeugt (z.B. akk. *šalāšā* "30"), die jedoch sachgemäßer als Endungen des fem. Plurals des "Absolutivkasus" (= "Status absolutus" nach akkadistischer Terminologie [§54.6]) zu deuten sind (siehe GAG § 69e*). Das Akk. besitzt daneben auch eine mask. Reihe (Endung /*-ū*/); siehe Streck (1995a, 42-45).

Die Zehner lauten im einzelnen:

20	*ᶜšrm* /*ᶜa/išrūma*/	1.41:43&
30	*ṯlṯm* /*ṯalāṯūma*/	1.27:7&
40	*arbᶜm* /*ʾarbaᶜūma*/	1.76:2&
50	*ḫmšm* /*ḫam(i)šūma*/	1.148:20&
60	*ṯṯm* /*ṯiṯṯūma*/	1.4:VII:9&
70	*šbᶜm* /*šabᶜūma*/	1.4:VII:10&
80	*ṯmnym* /*ṯamāniyūma*/	1.4:VII:11&
90	*tšᶜm* /*tišᶜūma*/	1.4:VII:12&

Anm. Bemerkenswert ist die Bewahrung des schwachen vierten Radikals in der Form *ṯmnym* "80" entsprechend den im Ug. gültigen Triphthongregeln (§33.322.2b). Demgegenüber wird der betreffende Triphthong im He. (*šᵉmonîm*), Aram. (*tmānīn* [u.ä.]) und Ar. (*ṯamānūna*) immer, im Sabäischen (*ṯmny* neben seltenem *ṯmnyy*) meist kontrahiert (Beeston 1984 § 18.4). Folgt man KTU², wäre in 4.251:2 neben *ṯmnym* auch die Zeichenfolge *ṯmnm* für "80" belegt. Diese Lesung ist jedoch falsch und zu *[ ]ṯmn . m[at]* zu korrigieren (eindeutiger Worttrenner zwischen {n} und {m}).

62.4. Die zusammengesetzten Kardinalia 21-99

Die zusammengesetzten Kardinalia von 21-99 bestehen zumindest aus zwei, meist aber aus drei Lexemen: a) dem Zehner, b) dem Einer und c) in der Regel ferner einem Lexem zur Verknüpfung von Zehner und Einer. Während die Zehner immer die mask. Pluralendung *-m* aufweisen und somit genusneutral verwendet werden, können die Einer entweder formal mask. (d.h. endungslos) oder fem. (d.h. mit der Endung *-t* versehen) sein.

Es gibt im einzelnen drei verschiedene Konstruktionen zur Verknüpfung von Zehnern und Einern. Sie werden im folgenden vorgestellt.

62.41. Einer + Präp. *l* (§82.12) + Zehner

a. Poesie:

ṯṯ l ṯṯm aḫd ʿr "er eroberte 66 Städte" 1.4:VII:9 (// *šbʿm šbʿ pdr* "77 Festungen" [Z. 10]); *škb* \ *ʿmnh šbʿ l šbʿm* \ *tšʿly ṯmn l ṯmnym* "Er schlief mit ihr 77(mal); sie ließ sich 88(mal) 'besteigen'" 1.5:V:19-21; *k šbʿt l šbʿm aḫh* // *w ṯmnt l ṯmnym* "77 Brüder" // "88 (Brüder)" 1.12:II:48.49.

b. Prosa:

20er Dekade (Belegauswahl):

ṯn l ʿšrm \ *šmn* "22 (Maß) Öl" 4.781:1f.; *ṯn l ʿšrm pamt* "22mal" 1.41:43; *ṯlṯ l ʿšrm* \ *ḫpnt ššwm* "23 *ḫpn*-Umhänge für Pferde" 4.363:6f.; *arbʿ l ʿšrm ḫsnm* "24 *ḫsn*-Krieger" 4.173:8; *ḫmš l ʿšrm* \ *yn* "25 (*kd*-Maß) Wein" 4.213:9f.; *ḫmš l ʿš[rm]* "25" RIH 84/29:1 (unpubl.); *šbʿ l ʿšrm kkr ṯlṯ* "27 Talente Kupfer" 4.272:6; *ḫmš l ʿšrm yt / ḫḫt ṯrn* "25 ... " 4.786:3; *ṯṯ l ʿšrm bn[š mlk]* "26 Bedienst[ete des Königs]" 4.609:51; *ṯmn l ʿšrm* "28 (*kd*-Maß Wein)" 4.219:2; *ṯmn l ʿšrm* \ *dmd* "28 *dmd*" 4.377:33f.; *tšʿ l ʿšrm* \ *lqḥ šślmt* "29 Empfänger von *šślmt*" 4.144:3f.

höhere Dekaden (vollständige Belegliste):

ṯn l ṯlṯm <*b (?)*> *gt krr* "32 (Maß Getreide?) <im> Gutshof *krr*" 4.139:9; *rqd šbʿ l ṯlṯm lik* "(der Ort) *Rqd* hat 37 (Fronarbeiter) geschickt" 4.777:6; *ṯmn l ṯlṯm ṣin* "38 Schafe" 1.105:4; *mʿrby ṯn l arbʿm lik* "(der Ort) *Mʿrby* hat 42 (Fronarbeiter) geschickt" 4.777:9 (aber Z. 2: *ubrʿy [ṯm]nym šbʿ kbd lik*); *a[r]bʿ l arbʿ[m ṣin]* "44 [Schafe]" 4.417:7; *ṯmn l arbʿm* \ *lqḥ šʿrt* "48 Empfänger von Schurwolle" 4.144:5f.; *ṯmn l [ḫ]mšm dd l alpm* "58 *dd*-Maß (Getreide) für die Rinder" RS86.2247:9'.

mit Ellipse von *ṯql* "Schekel" (vollständige Belegliste):

ṯlṯt l ʿšrm ksphm "23 (Schekel) ist ihr (Preis in) Silber" 4.158:5; *ḫmšt l ʿšrm* "25 (Schekel)" 4.267:2; 4.658:17.42.45; 4.779:5; *ṯmnt l ʿšrm* "28 (Schekel)" 4.226:8; *šbʿt l ṯlṯm* "37 (Schekel)" 4.658:3.

62.42. Zehner + Einer (ohne verknüpfendes Lexem)

a. Poesie:

šbʿm šbʿ pdr "77 Festungen" 1.4:VII:10 (// *ṯṯ l ṯṯm ... ʿr* "66 Städte" [Z. 9]).

b. Prosa (nur wenige, unsichere Belege):

- (?) *ḫmšm ṯlṯ rkb rtn* "53 *rkb* (= Wagenladungen ?) *rtn*" 1.148:20. — Der Text kann alternativ im Sinne von "50 (Schekel) Kupfer, eine Wagenladung(?) *rtn*" gedeutet werden. Vielleicht liegt ein Textfehler vor, etwa für *ḫmšm ṯlṯ* «r»*kb*<*d*> *rtn* "53 *rtn*" (vgl. *ʿšr kkr rtn* "10 Talente *rtn*" 4.247:32).
- (?) *ṯlṯm [ṯm]n kst* "38 *kst*-Keider" 4.206:5 (Lesung von KTU[2]). — Die vorgeschlagene Ergänzung ist nicht zwingend. Der epigraphische Befund, {ṯlṯm [. xx]x . kst}, läßt alternative Deutungen zu.
- *ʿšrm ṯn š[ġrm]* "22 Gehilfen" 4.729:12. — Die vorgeschlagene Lesung ist nicht ganz sicher. Möglicherweise ist hier gegen KTU[2] (wie in 4.378:9.10) *ʿšrm ṯn k[bd šġrm]* zu lesen. Es könnte auch ein Versehen des Schreibers

vorliegen, so daß der Text zu *ˤšrm ṯn <kbd> s̀[ġrm]* zu emendieren wäre.

Anm. *šbˤ [ˤ]šrm* (4.712:1) meint nicht "27", sondern "sieben *[ˤ]šr*-Beamte".

62.43. Verknüpfung von Einern und Zehnern mittels *kbd*

62.431. Zehner + Einer + *kbd*

a. 20er Dekade (vollständige Belegliste):
ˤšrm aḥd kbd ḫsnm "21 *ḫsn*-Krieger" 4.137:10; *ˤšrm ṯn kbd ḥṭm* "22 (Maß) Weizen" 4.345:5; *[ˤš]rm ṯn kbd \ s̀ġrm* "22 Gehilfen (von Hirten)" 4.378:9f.; *ˤšrm arbˤ kbd* "24 (Maß Wein)" 4.48:6; *ˤšrm \ ḫmš \ kbd* "25 (*npṣ*-Gewänder)" 4.92:4-6; *ˤšrm ḫpn ḫmš \ kbd* "25 Umhänge" 4.166:2f.

b. höhere Dekaden (Belegauswahl):
ṯlṯm ṯlṯ kbd mṣrrt pṯt "33 *mṣrrt* aus Leinen" 4.279:9; *ṯlṯm ḫmš kbd ktnt* "35 *ktn*-Gewänder" 4.203:7; *ṯlṯm dd ṯṯ kbd ḥpr bnšm* "36 *dd*-Maß Getreideration für die Bediensteten" 4.243:27; *ṯlṯm yn šbˤ kbd* "37 (Maß) Wein" 4.123:22; *ṯlṯm tšˤ kbd yn d l ṭb* "39 (Maß) Wein von minderer Qualität" 4.213:19; *arbˤm ṯlṯ kbd yn ṭb* "43 (Maß) Qualitätswein" 4.213:22; *arbˤm ḫmš \ kbd mḏr[ġ]lm* "45 *mḏr[ġ]l*-Leute" 4.174:9f.; *[ḫ]mšm arbˤ kbd* "54" RS92.2015:10'; *ḫmšm ṯmn kbd \ tgmr bnš mlk ...* "58 (beträgt) die Summe der königlichen Bediensteten ..." 4.141:II:24; *ṯṯm arbˤ/ṯṯ/ḫmš kbd \ yn d l ṭb* "64/66/65 (Maß) Wein von minderer Qualität" 4.213:7.11f.14f.; *šbˤm dd ṯn kbd ḥpr bnšm* "72 *dd*-Maß (an) Getreideration für die Bediensteten" 4.243:23 (vgl. 4.269:31); *šbˤm [ṯ]n kbd ḥpr ˤbdm* "72 (*dd*-Maß) (an) Getreideration für die Diener" 4.636:12; *[š]bˤm arbˤ \ kbd alpm* "74 Rinder" 4.749:3f.; *ṯmnym ṯlṯ kbd \ mḏrġlm* "83 *mḏrġl*-Leute" 4.163:11f.; *ubrˤy [ṯm]nym šbˤ kbd lik* "(der Ort) *Ubrˤy* hat 87 (Fronarbeiter) geschickt" 4.777:2; *ṯmnym ṯmn kbd* "88 (*mḏrġl*-Leute)" 4.179:14; *tšˤm mrḥ aḥd \ kbd* "91 Speere" 4.169:9f.; *tšˤm aḥd [kbd] \ mḏrġlm* "91 *mḏrġl*-Leute" 4.174:11f. (n.L.); *tšˤm ṯṯ kbd mḏrġlm* "96 *mḏrġl*-Leute" 4.137:9

mit Ellipse von ṯql "Schekel" (vollständige Belegliste):
ṯṯm ṯṯt kbd "66 (Schekel Silber)" 4.755:5; *arbˤm \ ḫmšt kbd* "45 (Schekel)" 4.782:15f. (parallel zu 4.778:9f. [siehe nächstes Beispiel]); *arbˤm ksp \ ḫmšt kbd* "45 (Schekel) Silber" 4.778:9f.; *b ṯmnym ksp ṯlṯt kbd* "für 83 (Schekel) Silber" 4.337:5; *ṯmnym arbˤt \ kbd ksp* "84 (Schekel) Silber" 4.369:6f.

62.432. Einer + *kbd* + Zehner (vollständige Belegliste):
ṯmn kbd \ ṯṯm šmn "68 (*kd*-Maß) Öl" 4.313:28f.; *aḥd kbd \ arbˤm b ḫzr* "41 von den *ḫzr*-Leuten" 4.630:1f.; *ḫmš kbd arbˤm \ dd akl* "45 *dd*-Maß Getreide" 4.284:3f.; *ṯmn kbd \ arbˤm* "48" 4.212:3f. (Gezähltes unklar).

62.433. Anstelle von Einern in der Größenordnung von "eins" und "zwei" wird im Zusammenhang mit Maßangaben (einschließlich Gewichtsangaben) häufig der Singular bzw. Plural der Maßeinheit gebraucht.

a. Einer in der Größenordnung von "eins"
- Zehner vor Maßeinheit: *ṯmnym dd dd kbd* "81 *dd*-Maß (w. 80 *dd*-Maß plus ein *dd*-Maß) (Getreide)" 4.387:19.

- Maßeinheit vor Zehner: *ṯql kbd ᶜšrm* "21 Schekel" 4.139:10.

b. Einer in der Größenordnung von "zwei"

- Zehner vor Maßeinheit (im Dual): *ᶜšrm ṯqlm kbd* "22 Schekel" 4.658:6; *ᶜšrm ddm kbd l alpm mrim* "22 *dd*-Maß (Gerste) für die Mastrinder" 4.128:1; *arbᶜm kdm kbd yn ṭb* "42 *kd*-Maß Qualitätswein" 4.213:16; *ḫmšm k[d]m kbd yn* "52 *kd*-Maß Wein" 4.213:17; *šbᶜm ṯqlm kbd ksp* "72 Schekel Silber" 3.10:13 (vgl. dagegen: *šbᶜm dd ṯn kbd* "72 *dd*-Maß" [4.243:23; 4.269:31] bzw. *šbᶜm [ṯ]n kbd ḥpr ᶜbdm* "72 [*dd*-Maß an] Getreideration für die Diener" [4.636:12]).
- Maßeinheit (im Dual) vor Zehner: *arbᶜt ᶜšrt ḫrṣ \ b ṯqlm kbd arbᶜm* "14 (Schekel) Gold für 42 Schekel Silber" 4.341:16f.

62.44. Zusammenfassung

62.441. Die drei vorgestellten Konstruktionen zur Bildung zusammengesetzter Zahlen von 21-99 sind unterschiedlich häufig bezeugt und in ihrer Verwendung konditioniert.

Die Konstruktion Nr. 1 (§62.41) – Verknüpfung mittels *l* (w. "Einer, zugehörig zur Dekade X") – ist die Normalkonstruktion der Poesie (bei allen Dekaden) und kann deshalb als typologisch alt gelten (siehe Loewenstamm 1980b, 314 und Smith 1993, 57). Sie ist auch in der Prosa bezeugt und besonders bei der 20er Dekade beliebt; bei höheren Dekaden wird in der Prosa meist die Konstruktion Nr. 3 vorgezogen. Man beachte, daß die betreffende Konstruktion bei Einern der Größenordnung "eins" (d.h. *aḥd/t l ᶜšrm* u.ä) nicht bezeugt ist.

Die Konstruktion Nr. 2 (§62.42) – ohne verknüpfendes Lexem – läßt sich nur in der Posie sicher nachweisen. Sie begegnet dort bezeichnenderweise in Parallele zur üblichen Konstruktion mit *l* (= Konstruktion Nr. 1). Es dürfte sich um ein in der Alltagssprache nicht gebräuchliches Syntagma handeln, das auf dem Stilmittel der Ellipse beruht (Ellipse eines verknüpfenden Lexems).

Die Konstruktion Nr. 3 (§62.43) – Verknüpfung mittels *kbd* – läßt sich nur in Wirtschaftstexten nachweisen (vgl. ferner 3.10:13) und ist besonders bei höheren Dekaden beliebt. In der Regel stehen die Zehner dabei vor den Einern.

Die Konstruktionen Nr. 1 und Nr. 3 schließen sich gegenseitig aus: *kbd* und die Präp. *l* sind nicht kombinierbar.

62.442. Abschließend sei hervorgehoben, daß das Ug. Zehner und Einer entgegen dem gemein-wsem. Befund – "Zehner + *w* + Einer" (Kan., Aram., Äth.) bzw. "Einer + *w* + Zehner" (Ar. und Asa.) – nie mit der Konj. *w* verknüpft. Diese Tatsache erklärt sich aus dem Vorhandensein des spezifischen Lexems *kbd* "plus", das semantisch genau die Funktion von *w* besitzt. Die Konj. *w* dient aber zur Verknüpfung von Kardinalia und Bruchzahlen (§69.51).

Anm. Der Ausdruck *ṯlṯm w šbᶜ alpm* (4.658:48) bedeutet folglich nicht "37 Rinder", sondern "30 (Schekel Silber) und sieben Rinder" oder "30 (Schekel Silber) und 7000 (Schekel Kupfer/Bronze ?)". Man beachte, daß im Text durchgehend von Silberbeträgen die Rede ist (vgl. bes. Z. 2: *ᶜšrt ksp*).

62.5. Die (runden) Hunderter (100-900)

62.51. Kardinalia 100 und 200

100 Lexem *mit* (1.5:IV:3&) = */miʾt-/* < **miʾat-* (vgl. sem. **miʾat-*).
200 Dual des Lexems *mit*: *mitm /miʾtVmV/* (4.30:12& [immer im St.abs.]).

Anm. Im Akk.Ug. ist dagegen der St.cs. (Obl.) *me-te* bezeugt: *i-na* 2 *me-te* KÙ.BABBAR *ṣár-pu* "für 200 (Schekel) geläutertes Silber" (RS16.145:14). Huehnergard (UV 144.299) hielt *me-te* für eine genuin ug. Form. Angesichts der Statusdifferenz zwischen alph. *mitm* und syll. *me-te* dürfte *me-te* aber eher als akk. Dualbildung (St.cs.) zu deuten sein (vgl. ass. *mētu(m)* "100" [Sg.], mittelass. *2 me-ti* [Du.: KAJ 87,1] und aB (Mari) *2 mētim* "200" [Du.: ARM 1,42:32; ARM 2,75:9]; siehe GAG § 69g, AHw. 639 und CAD M/2, 1f.).

62.52. Kardinalia 300-900

Die Hunderter ab 300 werden durch die Verbindung von endungslosem Einer und *mat* (Pl. des Lexems *mit*) gebildet. Ob *mat* dabei im Gen. oder im gleichen Kasus wie der vorausgehende Einer (d.h. in Appositionskasus) steht, läßt sich nicht eruieren. Mit der Verwendung des Pl. von *mit* geht das Ug. auf jeden Fall mit dem He. konform (z.B. *š^{e}loš meʾôt*) und unterscheidet sich zugleich vom Ar. (z.B. *ṯalāṯu miʾatin* [Sg. Gen.]).

300	*ṯlṯ mat*	1.14:II:36&
400	*arbʿ mat*	2.47:7*&
500	*ḫmš mat*	2.80:4&
600	*ṯṯ mat*	4.14:5*&
700	*šbʿ mat*	4.182:19&
800	*ṯmn mat*	4.626:5.7&
900	**tšʿ mat*	nicht bezeugt

Anm. In 4.212:5 ist gegen KTU^{2} sicher nicht *l apy . mi[t . kb]d* zu lesen. Das letzte Zeichen, {d}, befindet sich eine Zeile tiefer (Z. 6). Lies also *l apy . mi[t(m)] \ [kb]d*. In der Lücke von Z. 6 ist eine Zehner- und/oder eine Einerzahl zu ergänzen.

62.6. Die komplexen Kardinalia 101-999

62.61. Kardinalia mit Hunderter und Zehner

62.611. Zehner + Präp. *l* (§82.12) + Hunderter

ʿšrm l mit dd ḫpr bnšm "120 *dd*-Maß Getreideration für die Bediensteten" 4.243:3f*.13.25; *ʿšrm l mit drʿ* "120 (*dd*-Maß) Saatgut" 4.243:14.24; *ʿšrm l mit ksp* "120 (Schekel) Silber" 4.369:15; *ṯlṯm l mit šʿrt* "130 (Schekel) Schurwolle" 4.168:3; *arbʿm l mit šmn* "140 *šmn*-Bäume (Ölweide od. Kiefernart)" 4.158:3; *arbʿm l mit tišr* "140 *tišr*-Bäume (Zypresse ?)" 4.158:4; *arbʿm l mit drʿ* "140 (*dd*-Maß) Saatgut" 4.243:12; *ḫmšm l m[i]t any* "150 Schiffe" 2.47:4; *ḫmšm l mit \ bnš* "150 Bedienstete" 4.163:14f.; *ḫmšm l mit \ ksp* "150 (Schekel) Silber" 4.369:9f.; *ṯṯm l mit drʿ* "160 (*dd*-Maß) Saatgut" 4.243:7; *ṯmnym l mit* *dd ḥpr bnšm* "180 *dd*-Maß Getreideration für die Bediensteten" 4.243:15; *[ ] l mit drʿ* "1X0 (*dd*-Maß) Saatgut" 4.243:1; *ḫmšm l mitm zt* "250 (Maß) Oliven" 4.143:2 (n.L. [KTU[1] u. KTU[2] falsch]); *šbʿm l mitm dd* "270 *dd*-Maß (Getreide)" 4.243:45; *[xx(x)]m l mitm ksp* "2X0 (Schekel) Silber" 4.373:1.

62.612. Hunderter + Zehner + *kbd*

mit ʿšr kbd yn ṭb "110 (*kd*-Maß) Qualitätswein" 4.213:6; *mit ʿšr kbd* "110 (Maß Salz)" 4.344:11; *[mi]t ṯlṯm kbd šmn* "130 (Maß) Öl" 4.352:3; *mit arbʿm kbd yn ḥsp* "140 (*kd*-Maß) *ḥsp*-Wein" 4.213:25; *mit tšʿm [kb]d ddm* "190 *dd*-Maß (Getreide)" 4.397:12; *mitm ʿšr kbd \ kšmm* "210 (Maß) Emmer" 4.345:1f.; *ṯlṯ ma[t] ʿšr kbd* "310 (Maß Getreide)" 4.636:11; *ṯlṯ mat ʿšrm [kb]d* "320 (Maß Getreide)" 4.636:16; *ṯlṯ mat \ šbʿm kbd \ zt* "370 (Maß) Oliven" 4.164:1f.; *ṯlṯ mat ṯlṯm \ kbd šmn* "330 (Maß) Öl" 4.171:1f.; *kdy ṯlṯ m[at] \ ṯlṯm kbd* "PN(?): 330" 4.743:15f. (n.L.); *arbʿ mat ʿšrm kbd* "420 (*kd*-Maß Wein)" 4.274:2; *arbʿ mat ʿšrm kbd* "420 (Personen)" 4.777:13; *arbʿ mat \ arbʿm kbd* "440 (Gänse)" 4.296:6f.; *ḫmš mat arbʿm \ kbd ksp* "540 (Schekel) Silber" 4.338:10f.; *ṯṯ mat ṯṯm kbd šmn* "660 (Maß) Öl" 4.352:1; *ṯlṯ mat ṯṯm kbd* "660 (Maß Getreide)" 4.636:6; *šbʿ mat šʿrt ḫmšm kbd* "750 (Schekel) Schurwolle" 4.182:2; *šbʿ mat ṯṯm kbd* "760" (Gezähltes unklar) 4.340:22.

62.613. Hunderter + Zehner (ohne *kbd*).

Für die Konstruktion "Hunderter – Zehner" (ohne *kbd*) gibt es nur einen einzigen sicheren Beleg, nämlich *[ ]xdg mit arbʿm lbš pgi* "... 140 *pgu*-Kleider" (4.721:1). Für das Fehlen von *kbd* könnte die Tatsache verantwortlich sein, daß hier das Gezählte und wahrscheinlich auch der Zahlausdruck im Genitiv stehen (abhängig von einem am Zeilenanfang genannten Satzglied).

Von der gleichen Konstruktion (ohne *kbd*) könnte 4.396:1 zeugen, doch ist anstelle der KTU[2]-Lesung *ṯlṯ m[at] ʿšrm kkr* ("320 Talente") wahrscheinlich *ṯlṯ l*(?) *ʿšrm kkr* "23 Talente" zu lesen.

62.614. Zusammenfassend ist festzuhalten, daß für die Verbindung von Hundertern und Zehnern weitgehend dieselben Syntagmen Verwendung finden wie für die Verbindung von Zehnern und Einern der zusammengesetzten Zahlen 21-99. Sicher nachzuweisen sind a) die Verknüpfung mittels der Präp. *l* (kleinere Zahleinheit + *l* + größere Zahleinheit) und b) die Verknüpfung mittels *kbd* (größere Zahleinheit + kleinere Zahleinheit + *kbd*). Der Gebrauch dieser beiden Konstruktionen ist wiederum ähnlich konditioniert wie bei den Zahlen 21-99: Die Konstruktion mittels *l* läßt sich nur bei "100" und "200" nachweisen. Außerdem wird sie offenbar dann nicht verwendet, wenn der Zehner den Wert "10" besitzt: "110" bzw. "210" lautet *mit(m) ʿšr kbd* und nicht **ʿšr l mit(m)* (vgl. die Tatsache, daß "21" *ʿšrm aḥd kbd* und nicht **aḥd l ʿšrm* lautet [§62.431a]).

62.62. Kardinalia mit Hunderter und Einer

Es gibt nur die Konstruktion "Hunderter + Einer + *kbd*": *mit arbʿt kbd* "104 (Schekel)" 4.270:4.

Anm. 4.387:14 und 4.387:22 sind nicht als Belege dieses Syntagmas zu werten. Die KTU^2-Ergänzungen *ṯlṯ [mat] arbʿ kbd* (4.387:14) und *šb[ʿ mat] ṯmn kbd* "708 (Maß Getreide)" (4.387:22) sind falsch. Ergänze stattdessen *ṯlṯ[m dd] arbʿ kbd* "34 *dd*-Maß (Getreide)" (4.387:14) und *šb[ʿm dd] ṯmn kbd* "78 *dd*-Maß (Getreide)" (4.387:22)!

62.63. Kardinalia mit Hunderter, Zehner und Einer

62.631. Zehner + Präp. *l* + *mit* + Einer + *kbd* (nur mit *mit* "100" bezeugt): *ʿšrm l mit aḥ[d kbd]* "121 (Schafe)" 4.775:2; *ṯlṯm l mi[t] \ arbʿ kbd* "134" (Gezähltes unklar) 4.411:4f.; *arbʿm l mit \ ṯn kbd* "142 (*ḫrd*-Wachleute)" 4.179:16f.; *ḫmšm l mit \ arbʿ kbd* "154 (Personen)" 4.174:13f.; *ḫmšm l mit \ arbʿ kbd* "154 (Maß Oliven)" 4.143:4f.; *ṯṯm l mit ṯn kbd* "162 (Personen)" 4.173:10; *ṯṯm l mit ṯlṯ \ kbd* "163 (Personen)" 4.137:12f.; *[šb]ʿm / [tš]ʿm l mit dd ṯn kbd ḥpr bnšm* "172 / 192 *dd*-Maß an Getreideration für die Bediensteten" 4.243:8; *arbʿm l mit \ [arb]ʿt kbd* "144 (Schekel Silber)" 4.290:18f.

62.632. Hunderter + Zehner + Einer + *kbd*: *mit ʿšrm ṯn kbd \ kśmm* "122 (Maß) Emmer" 4.345:3f.; *[mit] ṯṯm šbʿ k[bd] \ kśmm* "167 (Maß) Emmer" 4.345:8f.; *[mi]tm arbʿm ṯmn kbd* "248 (Maß Öl)" 4.352:5; *ḫmš mat \ šbʿm tšʿ kbd* "579 (Rinder)" 4.296:3f.

62.633. Hunderter + Einer + Zehnzahl + *kbd* (nur im Zusammenhang mit der Zehnzahl *ʿšr* bzw. *ʿšrh*; die Stellung des Einers vor der Zehnzahl entspricht der üblichen Konstruktion der Zahlen 11-19 [§62.202.1]): *mitm ṯlṯ ʿšrh kbd* "213 (Personen)" 4.777:5; *mi[t ṯn/ṯ] ʿšr kbd kkr šʿrt* "112/6 Talente Schurwolle" 4.721:9; *[m]it ṯn ʿšr kbd [...] \ šmn škrm bd ʿ[ ]* "112 [Maß (?)] Öl für die Lohnarbeiter/Söldner zu Händen von ..." RS88.2016:1f.

Variante mit nachgestelltem Hunderter (Einer + Zehnzahl + *kbd* + Hunderter): *w ṯṯ? ʿšr kbd \ mitm šmn nḥ* "und 216 (*kd*-Maß) Schweinefett" RS92.2057:3f.

62.634. Hunderter + Zehner + *kbd* + Einer + *kbd* (d.h. zweimaliges *kbd*): *mitm ṯlṯm kbd \ aḥd kbd* "231 (Schekel Silber)" 4.690:13f.; *ṯlṯ mat ḫmšm kb[d] \ ḫmš kbd* "355 (w. 300 plus 50 plus 5) (*dd*-Maß Getreide)" 4.387:11f.; *ṯlṯ m at [xxx(x) k]bd \ ṯṯ ddm k[bd]* "3X6 *dd*-Maß (Getreide)" 4.397:10f. — Vgl. ferner: *[xxx mat xxx(x)]m kbd ddm kbd* "XX2 *dd*-Maß (Getreide)" 4.243:47 (die Lücke bietet Platz für ca. 9 Zeichen).

62.635. Zusammenfassend ist festzuhalten, daß allen aus Hunderter, Zehner und Einer bestehenden Zahlausdrücken das Lexem *kbd* begegnet. Dieses folgt – außer in der unter §62.632 vorgestellten Konstruktion – immer dem Einer. Nur wenige Zahlausdrücke zeichnen sich durch einen zweifachen Gebrauch von *kbd* (nach Zehner und Einer) aus (§62.634).

Zur Verknüpfung von Hunderter, Zehner und Einer wird – im Gegensatz zu anderen sem. Sprachen – niemals die Konj. *w* verwendet (vgl. §62.442). Das ug. Lexem *kbd* besitzt genau die Funktion der Konj. *w*.

Anm. Konstruktionen ohne *kbd* gibt es nicht. Auch 4.779:8-10, *arbʿ mat ḫmšm \ šbʿt w nṣp kbd \ ksp* "457 1/2 (Schekel) Silber", kann nicht als Beleg dafür gelten. Das

Lexem *kbd*, das hier auf die Bruchzahl folgt, bezieht sich nicht allein auf die Bruchzahl (diese ist mittels *w* angeschlossen). Es verknüpft Einer und Bruchzahl einerseits mit Hunderter und Zehner andererseits. — In 4.400:3 ist die KTU²-Lesung, *mit ᶜšr a[rbᶜ] dd* ("114 *dd*-Maß"), zu *mit ᶜšrm [kbd] dd* ("120 *dd*-Maß") zu korrigieren.

62.7. Die (runden) Tausender (1000-9000)

1000 Lexem *alp* /ʾ*alp*-/ (vgl. zsem. **alp*-).
2000 Dual des Lexems *alp* (immer im St.abs.): *alpm* (2.33:24.32.38*&).

Die Tausender ab 3000 werden gebildet durch die Verbindung einer Einerzahl und *alpm* (Pl.abs. zu *alp* "1000"). Bezeugt sind folgende Formen (alle Belege stammen aus Prosatexten):

4000	*arbᶜ alpm*	4.203:3.5; 4.626:2 (jeweils Bestandteil komplexer Zahlen).
5000	*ḫmš alpm*	4.181:2.
7000	(*) *šbᶜ alpm*	(?) 4.658:48 (§62.442, Anm.).

Bisher nicht bezeugt aber gewiß wie folgt anzusetzen sind: **ṯlṯ alpm* "3000", **ṯṯ alpm* "6000", **ṯmn alpm* "8000" und **tšᶜ alpm* "9000".

Man beachte, daß der Einer in diesen Ausdrücken jeweils formal mask. ist. Es herrscht also Genuskongruenz zwischen Einer und (gezähltem mask.) Tausender (§69.133.1). Ob *alpm* im Gen. oder im gleichen Kasus (Appositionskasus) wie der vorausgehende Einer steht, läßt sich nicht eruieren.

SV. In sem. Sprachen, in denen die Einer 3-10 genuspolar mit dem Gezählten konstruiert werden, weisen diese in Verbindung mit dem Pl. des Lexems für "1000" erwartungsgemäß die fem. Form auf: z.B. ar. *ṯalāṯatu ʾālāfin* bzw. he. *šᵉlošæt ʾᵃlāpîm*.

62.8. Die komplexen Kardinalia 1001-9999

62.81. Kardinalia mit Tausender und Hunderter

62.811. Tausender + Hunderter + *kbd*:

alp mitm kbd ṯlṯ ḥlb "1200 (Schekel) Kupfer der *ḥlb*-Qualität(?)" 4.272:5; *alp mitm k[bd]* "1200" (Gezähltes unklar) 4.548:2 (n.L.; KTU² bietet fälschlich *alp mitm k[kr]*); *ṯmn kkrm \ alp kbd \ [mi]tm kbd* "acht Talente plus 1200 (Schekel Kupfer)" 4.43:5-7 (das erste *kbd* verknüpft hier Talent- und Schekeleinheit [§69.231]); *alp arbᶜ mat kb[d]* "1400" 4.299:3 (Schekel Silber); 4.407:1 (Gezähltes unklar); *alp ḫmš mat kbd* "1500 (Schekel Silber)" 4.407:3; *alp ṯṯ mat kbd* "1600 (Schekel)" 4.353:2; *ḫmš kkrm \ alp ṯmn mat kbd* "fünf Talente (und) 1800 (Schekel)" 4.709:4f. (gegen KTU² [Kopftext, sub "Ge"] geht es in diesem Text nicht um "cattle"; *alp* meint hier nicht "Rind"); *alpm arbᶜ mat kb[d]* "2400 (Schekel Silber ?)" 4.407:1; *alpm \ ḫmš mat kbd \ abn ṣrp* "2500 (Schekel) Alaun" 4.626:9f.; *alpm pḥm ḫmš mat kbd* "2500 (Schekel) roter Purpur" 4.132:1; *arbᶜ alpm \ mitm kbd ṯlṯ* "4200 (Schekel) Kupfer" 4.626:2f.; *arbᶜ alpm iqni \ ḫmš mat kbd* "4500 (Schekel) violetter Purpur" 4.203:5f.; ähnl. 4.203:3f. (*arbᶜ alpm pḥm \ ḫmš mat kbd*).

62.812. Tausender + Hunderter (ohne verknüpfendes Lexem):

- *alp mitm* "1200" (Gezähltes unklar) 4.261:20.
- *[a]lp arbʿ mat ṯyt* "1400 (Schekel ?) der *ṯyt*-Pflanze" 4.14:14.

62.813. Hunderter + Präp. *l* + *alp* (nur mit *alp* "1000" bezeugt [§62.631]):

- *arbʿ mat \ l alp šmn \ nḥ* "1400 (Maß) Schweinefett" 4.91:2-4.

SV. Rainey (CAT 3, 26) vermutet eine vergleichbare Konstruktion in EA 313:7f.: *at-ta-din 4*$^{!}$ ME KÙ.BABBAR.MEŠ \ UGU 1 *li-me*^{meš} "I gave four hundred (shekels of) silver plus one thousand" (Übersetzung: Rainey). Demnach hätte UGU = *eli* dieselbe Funktion wie ug. *l* (Verknüpfung von Hunderter und Tausender). Diese Deutung ist jedoch nicht überzeugend, da der Stoffname ("Silber") vor dem Tausender steht. Eine alternative Deutung schlägt Rainey selbst in CAT 1, 190 vor: "I have paid four hundred (shekels) on the one thousand (owed?)".

62.82. Kardinalia mit Tausender und Zehner

- *alp ṯṯm \ kbd mlḥt* "1060 (Schekel/Maß) Salz" 4.344:21f. (alt.: "1060 Salinen").

Anm. *ṯlṯm w šbʿ alpm* (4.658:48) bedeutet nicht "7030", sondern entweder "30 (Schekel Silber) und sieben Rinder" oder "30 (Schekel Silber) und 7000 (Schekel Kupfer/Bronze)" (§62.442, Anm.). — In 4.201:5 ist die KTU^2-Lesung *alp ḫmšm a[ ]* ("1050 ...") zu *alp ḫmš ma[t]* ("1500") zu korrigieren.

62.83. Kardinalia mit Tausender, Hunderter und Zehner

Konstruktion: Tausender + Zehner + Präp. *l* + *mit* (vgl. §62.631):

- *alp \ ʿšrm l mit ḥ[p]r ʿbdm* "1120 (*dd*-Maß Getreide [*akl*]) als Getreide[ra]tion für die Knechte" 4.636:2f.

Konstruktionen des Typs "Tausender + Hunderter + Zehner + *kbd*" sind (zufällig) nicht bezeugt.

62.84. Kardinalia mit Tausender, Hunderter und Einer

62.841. Tausender + Hunderter + Einer + *kbd*

- (?) *alp ṯlṯ mat \ ḫmšt*$^{?}$ *[kbd]* "1305 (Schekel)" 4.299:4f. (n.L.) (das letzte sichtbare Zeichen in Z. 5 ist wohl als {t} und nicht als {m} zu lesen).

62.842. Tausender + Hunderter + *kbd* + Einer + *kbd*

- (?) *[alp(m) xxx(x) ma]t kbd ṯmn kb[d]* "1/2XX8 (*dd*-Maß Getreide)" 4.243:50 (die Lücke bietet Platz für ca. 9 Zeichen; das erste Zeichen nach der Lücke ist ein {t} und sicher kein {m}).

62.85. Kardinalia mit Tausender, Hunderter, Zehner und Einer

62.851. Tausender + Hunderter + *kbd* + Zehner + Einer + *kbd*

- (?) *alp ṯṯ* (?) *mat kbd šbʿ[m] xx(x) kbd ẓ[ ]* "167X *ẓ*." 4.201:4 (n.L.).

62.86. Zusammenfassung

Tausender und Hunderter sind in der Regel (a) durch *kbd* verknüpft (Tausender + Hunderter + *kbd*). Daneben sind selten auch folgende andere Konstruktionen bezeugt: b) Tausender + Hunderter (ohne verknüpfendes Lexem); c) Hunderter + Präp. *l* + *alp* (nur im Zusammenhang mit *alp* "1000").

Man beachte, daß das Lexem *kbd* in Konstruktionen mit der Präp. *l* – sei es zur Verknüpfung von Tausender und Hunderter oder zur Verknüpfung von Hunderter und Zehner – grundsätzlich nicht begegnet (vgl. §62.441).

Verknüpfungen von Tausender und Hunderter durch die Konj. *w* "und" lassen sich im Ug. – im Gegensatz zu praktisch allen anderen sem. Sprachen – nicht nachweisen (vgl. §62.442).

Anm. Die in KTU^2 für 4.201:4 vorgeschlagene Ergänzung *alp[w] mat kbd šb^c[m ...] kbd* ist aus diesem Grund sicher falsch.

62.9. 10000 und höhere Zahlenwerte

Zahlen in der Größenordnung ab 10000 sind – abgesehen von einer formelhaften Wendung in 5.9:I:5 (*alp ymm \ w rbt šnt*) – nur in der Poesie bezeugt und begegnen als Parallelausdrücke zu *alp* "1000" bzw. *alpm* "Tausende".

62.91. Das Lexem für "10000" bzw. "Myriade" (eig.: "große Menge") lautet *rbt* (Pl. *rbt* und *rbbt*).

62.911. Belege des Singulars der Form *rbt* "10000":

rbt ḫ\rṣ (// *alp ksp*) "(1000 [Schekel] Silber und) 10000 (Schekel) Gold" 1.24:20f.; *rbt kmn* (// *alp šd*) "(eine Fläche/Strecke von) 10000 *kmn*-Maß" 1.1:III:2*; 1.2:III:11; 1.3:IV:38; 1.3:VI:5f.17f.; *rbt ymsk b mskh* (// *alp kd yqḥ b ḫmr*) "er mischte 10000 (*kd*-Krüge) mit seiner Weinmischung" 1.3:I:17; *rbt šnt* (// *alp ymm*) "10000 Jahre" 5.9:I:5.

62.912. Der Plural des betreffenden Lexems lautet entweder *rbbt* oder *rbt*.

a. *rbbt*:

- *ḫrṣ yṣq\m l rbbt* (// *yṣq ksp l alpm*) "er goß Gold (in der Größenordnung) von Myriaden (Schekeln)" 1.4:I:27f.
- *d bh rumm l rbbt* "... wo Wildstiere zu Myriaden (leben)" 1.4:I:43.

b. *rbt* (§33.242b):

- *kt il dt rbt-m* "(er goß) einen riesigen Sockel aus Myriaden (Schekeln) davon (sc. von Silber und Gold)" 1.4:I:30 (*rbt* + EP *-m* [§89.28]). — Die Form *rbtm* wird meist als Dual gedeutet. Dagegen ist einzuwenden, daß in der Parallele (Z. 27f.) eindeutig der Plural gebraucht wird (*l rbbt*) und daß auch inhaltlich ein Plural im Sinne einer unvorstellbar großen Zahl im betreffenden poetischen Kontext mehr Sinn ergibt als ein Dual.
- *l rbt km yr* (// *hlk l ylpm ḫdd*) "(sie sollen marschieren/marschierten) zu Myriaden wie (die unzähligen Tropfen[?] des) Herbstregen(s)" 1.14:II:40 // 1.14:IV:18. — Die Deutung von *rbt* als Singular ist weniger wahrscheinlich.

- (?) *šbʿ rbt* "sieben Myriaden"(?) 1.133:12.

62.913. Die Form *rbt* im folgenden Textbeispiel kann entweder als Singular oder als Plural gedeutet werden (§69.172b):
- *ṯlṯ mat rbt* "(ein Heer von) 300 Myriaden (Mann)" 1.14:II:36 // 1.14:IV:16.

62.914. Zusammenfassend ist festzuhalten, daß der Singular des Lexems für "10000" immer *rbt* /*rabbat-*/ < **rababat-* (§33.242b) lautet. Die Pluralform lautet im Baal-Zyklus – sofern sie nicht durch *-m* erweitert ist – *rbbt*. In anderen poetischen Texten, namentlich im Keret-Epos, lautet sie *rbt*. Es gibt keinen Zweifel, daß *rbbt* die typologisch ältere Form darstellt.

Mit dem Lexem *rb(b)t* zusammengesetzte Zahlausdrücke sind nicht bezeugt.

63. Ordinalia

63.1. Ordinalia im eigentlichen Sinn

63.11. Einleitung

63.111. Zur Bildung von Ordinalia dient im Ug. offenbar der MphT *{qātil}*. Ordinalia dieser Bildung sind jedoch nur zu den Zahlwurzeln von "zwei" bis "sieben" sicher sowie wahrsch. auch zu "neun" bezeugt. Bei allen übrigen Zahleinheiten übernehmen die Kardinalia regelmäßig die Funktion von Ordinalia.

SV. Daß die ug. Ordinalia dem MphT *{qātil}* folgen, ist aus sprachvergleichenden Gründen sehr wahrsch., zumal dieser im frühen Akk. (vgl. etwa aAK *śalištum* "dritte" und aA *šādištum* "sechste"), im Ar. (z.B. *ṯāliṯ* "dritter") und im Äth. (z.B. *śāləs* "dritter") bezeugt ist. Ein einsilbiger MphT (etwa *{qatl}*) scheidet aufgrund der Form *ṯdṯ* "sechster" aus (bei einem einsilbigen MphT wäre in Analogie zur Kardinalzahl "sechs" [§62.16] eine Form *ṯṯ* /*ṯVṯṯ-*/ < **ṯVdṯ-* zu erwarten). Das Ug. unterscheidet sich somit in der Bildung der Ordinalia vom kan. und aram. Befund, wo Ordinalia nach dem MphT *{qatīlā/īy}* (*{qatīl}* + Nisbenendung) gebildet werden (z.B. he. *š^{e}līšî, r^{e}bîʿî, ḥ^{a}mîšî*; zum vergleichbaren phön.-pun. Befund siehe Vattioni 1996).

63.112. Im einzelnen sind folgende Ordinalia bezeugt:

"zweiter"	*ṯn*	/*ṯānV̂*/ < **ṯāniy-*	1.4:VI:24&
fem.(?)	*ṯnt*	/*ṯānît-*/?	1.14:I:15
"dritter"	*ṯlṯ*	/*ṯāliṯ-*/	1.4:VI:26&
"vierter"	*rbʿ*	/*rābiʿ-*/	1.4:VI:26!&
"fünfter"	*ḫmš*	/*ḫāmiš-*/	1.4:VI:29&
"sechster"	*ṯdṯ*	/*ṯādiṯ-*/	1.4:VI:29&
"siebter"	*šbʿ*	/*šābiʿ-*/	1.14:III:4
fem.	*šbʿt*	/*šābiʿ(a)t-*/	1.19:IV:15
"achter"	*ṯmn*	/*ṯāmin-*/	1.106:18
"neunter"(?)	*tšʿ*	/*tāšiʿ-*/?	1.104:11

Von den genannten Formen sind nur *rb*^{c} "vierter" und *ṯdṯ* "sechster" morphologisch eindeutig als Ordinalia ausgewiesen und formal von den entsprechenden Kardinalia (*arb*^{c} bzw. *ṯṯ*) zu unterscheiden. Die übrigen Ordinalia können nur durch syntaktische und kontextuelle Überlegungen identifiziert werden. Nicht wenige Zahlausdrücke sind deshalb in ihrer Zuordnung umstritten.

63.113. Der Großteil der Ordinalia-Belege stammt aus der Poesie, vornehmlich aus stereotyp aufgebauten Aufzählungen der Abfolge von drei, vier oder sieben Tagen. Besonders häufig begegnet dabei das sogenannte Sieben-Tage-Schema (siehe dazu bes. Loewenstamm 1980c). Es sind dabei zwei Varianten zu unterscheiden, die hinsichtlich ihres Abschlußkolons differieren:

Variante 1: *lk ym w ṯn / ṯlṯ rb*^{c} *ym /\ ḫmš ṯdṯ ym / mk špšm \ b šb*^{c}... "Geh' einen Tag und einen zweiten, einen dritten, vierten Tag, einen fünften, sechsten Tag! Dann(?), bei Sonnen(untergang) am siebten (Tag) ..." 1.14:III:2-4; ähnl. 1.14:III:10-15. — Vgl. hierzu das Drei-Tage-Schema (Abschluß: *aḫr špšm b ṯlṯ* "Danach[?], bei Sonnen[untergang] am dritten [Tag]") (1.14:IV:31-33; 1.20:II:5*), sowie das Vier-Tage-Schema (Abschluß: *aḫr špšm b rb*^{c} "Danach[?], bei Sonnen[untergang] am vierten [Tag]") (1.14:IV:44-46).

Variante 2: *hn ym w ṯn / tikl \ išt b bhtm / nblat \ b hklm / ṯlṯ r*$^!$*b*^{c} *ym / ... / ḫmš ṯdṯ ym / ... / mk \ b šb*^{c} *ymm* ... "Siehe, einen (ersten) Tag und einen zweiten fraß das Feuer im Gebäude, (fraßen) die Flammen im Palast; einen dritten, vierten Tag ...; einen fünften, sechsten Tag .... Dann(?), bei der 'Siebenzahl' der Tage ..." 1.4:VI:24-32; ähnl. 1.17:I:5-15; 1.17:II:32-39; 1.22:I:21-25.

63.12. Ordinalzahl "zweiter"

63.121. In den oben vorgestellten Drei/Vier/Sieben-Tage-Schemata (§63.113) begegnet nach *ym* "ein (erster) Tag" jeweils die Form *ṯn*. Diese kann a) als Ordinalzahl im Sinne von "zweiter (Tag)" (vgl. ar. *ṯānin*), b) als Kardinalzahl "zwei" ("... [einen] Tag und zwei") oder c) als Adjektiv zur Wz. *√ṯny* "anders (sein)" (§32.144.12b) im Sinne von "ein anderer/weiterer (Tag)" gedeutet werden.

Da im Gefolge von *ṯn* jeweils eindeutige Ordinalia folgen, wird hier die Lösung (a) favorisiert (*ṯn* als Ordinalzahl /*ṯānV*/ < **ṯāniy*-; vgl. ar. *ṯāni*^{n}).

63.122. Ein weiterer poetischer Beleg von *ṯn* als Ordinalzahl liegt in 1.17:II:44 vor: *yrḫ yrḫ ṯn yṣi* "ein (erster) Monat, ein zweiter Monat ging vorbei".

63.123. Auch in Prosatexten gibt es mehrere Belegstellen, an denen *ṯn* entweder "zweiter" oder "anderer, weiterer" bedeutet, ohne daß sich diese Bedeutungen genau voneinander abgrenzen ließen (zu Frage einer möglichen etym. Differenzierung siehe §32.144.12b, *√ṯny*; das gleiche Problem stellt sich auch im Akk. [In AHw. 1164f. wird zwischen akk. *šanû(m)* "zweiter, nächster" und *šanû(m)* "anderer" differenziert, in CAD Š/1, 388-397 dagegen nicht]):

- Ritualtexte: *l*(?) *ṯn [ ]* "für(?) den zweite(n) (Tag)" 1.119:18 (im Text folgen Ordinalzahlen: *b rb*^{c}, *b ḫmš*, *b šb*^{c} [Z. 20-22]]); *l gṯr ṯn \ ṯql [ksp] ṭb* ... "Für den anderen/zweiten *Gṯr* ein Schekel guten [Silbers] ..." 1.43:14f.

- KTU 3.1 (juristischer Text oder Brief): *[mit iqni l ḫbrtn]r ṯn* "[100 (Schekel) violetter Purpur für den] zweiten [Oberverwalter]" 3.1:36 (*l ḫbrtnr ṯn* gibt akk. *ana ḫuburtanūri šanî* [RS17.227+:33] wieder).
- Wirtschaftstexte: *[š]d bn ḫrmln ṯn* "ein zweites/weiteres [Fe]ld von PN" 4.103:43 (nach *[š]d bn ḫrmln* "ein Feld von PN" [Z. 42]); *w <š>d ṯn nḥlh* "und ein zweites/weiteres <Fe>ld seines Erben" 4.356:10; *w npṣ bt ṯn* "und die Ausstattung des zweiten / eines weiteren Hauses" 4.123:16; *lbš aḥd \ b ˤšrt \ w ṯn b ḫmšt* "ein (erstes) Obergewand für zehn (Schekel) und ein zweites/weiteres für fünf (Schekel)" 4.146:1-3; *lbš ṯn b ṯnt ˤšrt* "ein zweites/weiteres Obergewand für zwölf (Schekel)" 4.146:8 (mit Bezug auf Z. 6: *ṯn lbšm b ˤšrt* "zwei Obergewänder für zehn [Schekel]").

Anm. Folgt man KTU^{2}, läge in 1.111:15 ein weiterer Beleg für *ṯn* "zweiter (Tag)" vor: *b* [[x]] *ṯn alpm* "am zweiten Tag zwei Rinder". Vor *ṯn* sind allerdings keine Spuren eines {b} zu erkennen. Somit dürfte *ṯn* hier als Kardinalzahl fungieren: *ṯn alpm* "zwei Rinder" (vgl. 1.162:5). — Zu *w ˤlym* "am folgenden (Tag)" (4.279:2) siehe §54.423c.

63.124. Das fem. Pendant *ṯnt /ṯānît-/* "die zweite" dürfte in 1.14:I:15 bezeugt sein. Der epigraphische Befund ist jedoch umstritten:

- *aṯt trḫ w tbˤt / ṯnt*(?) *u*(?)*n*(?) *tkn lh* "eine (erste) Frau heiratete er, aber sie ging weg (d.h. sie starb); eine zweite wurde ihm zu(m Anlaß) einer Totenklage" 1.14:I:14-15 (n.L. [siehe Tropper 1995f, 530f.]).

Als weiterer Beleg kommt vielleicht *ṯnt* in 1.175:16 in Frage. Die Wortform wird von Bordreuil – Caquot (1979, 297) jedoch als Iterativadverb betrachtet "et la deuxième (fois)" (siehe §65.22). — Zu einem möglichen weiteren Beleg siehe §54.316: *l ṯˀnth* (1.43:13). — Unter Umständen könnte auch die Wortfolge *ṯnt* (4.305:2.4) hierher zu stellen sein (allerdings eher: *ṯnt* "Purpur").

63.13. Ordinalzahl "dritter"

Die Ordinalzahl "dritter" lautet *ṯlṯ /ṯāliṯ-/*. Belege (bei Ellipse von *ym* "Tag" kann *ṯlṯ* nicht Kardinalzahl sein; es müßte **ṯlṯt* stehen [§69.133.32b]):

- Poesie: *ṯlṯ rbˤ ym* "einen dritten, vierten Tag" (Vier/Sieben-Tage-Schema mit diversen Belegen [1.4:VI:26&]); *aḫr \ špšm b ṯlṯ* "danach(?), bei Sonnen(untergang) am dritten (Tag)" 1.14:IV:32f.; vgl. 1.20:II:5* (Abschlußkolon eines Drei-Tage-Schemas; vgl. *aḫr špšm b rbˤ* in 1.14:IV:46).
- Prosa (vornehmlich Ritualtexte): *b ṯlṯ tmrm \ [ ]* "am dritten (Tag) Datteln ..." 1.46:5f. (Lesung und Deutung nach D. Pardee [BSOAS 58/2, 1995, 229]; KTU$^{1/2}$ nimmt demgegenüber eine andere Wortabtrennung vor: *b ṯlṯt mrm \ [ ]*); *b ṯlṯ dqr ḥ[mr]* "am dritten (Tag) ...(?) eines E[sels](?)" 1.111:16; *b ṯlṯ tˤln ilm* ... "Am dritten (Tag) steigen die Götter hinauf ..." 1.112:8; *b ṯlṯ* ... \ ... *ṯn šm* "Am dritten (Tag) ... zwei Schafe ..." 1.132:22f.; *w b ṯlṯ kd yn w krsnm* "und am dritten (Tag) eine Amphore Wein und zwei Schläuche (Wein)" 4.279:3 (es folgt in Z. 4: *w b rbˤ*).

Anm. Offen ist die Deutung der Form *ṯlṯ* in 1.21:II:7, da der betreffende Kontext abgebrochen ist: *[ ]ṯlṯt amġy l bt*. Auch wenn die traditionelle Übersetzung "[... am] dritten (Tag) werde ich mein Haus erreichen" zutreffen sollte, kann *ṯlṯt* keine Ordinalzahl sein. Möglich wäre die Deutung als (fem.) Kardinalzahl in der Funktion einer Ordinalzahl oder als Kollektivzahl in der Funktion einer Ordinalzahl.

63.14. Ordinalzahl "vierter"

Die Ordinalzahl "vierter" lautet *rbᶜ /rābiᶜ-/* und ist morphologisch eindeutig von der entsprechenden Kardinalzahl (*arbᶜ*) zu unterscheiden. Belege:

- Poesie: *ṯlṯ rbᶜ ym* "einen dritten, vierten Tag" (Vier/Sieben-Tage-Schema mit diversen Belegen); *aḫr špšm b rbᶜ* "danach(?), bei Sonnen(untergang) am vierten (Tag)" 1.14:IV:46 (Abschlußkolon eines Vier-Tage-Schemas).
- Prosa: *b rbᶜ ᶜṣrmm* "am vierten (Tag werden) nochmals(?) zwei Vögel (als Opfer dargebracht)" 1.119:20; *w b rbᶜ kdm yn* "und am vierten (Tag wurden) zwei *kd*-Maß Wein (verbraucht)" 4.279:4.

63.15. Ordinalzahl "fünfter"

Die Ordinalzahl "fünfter" lautet *ḫmš /ḫāmiš-/*. Belege:
- Poesie: *ḫmš ṯdṯ ym* "einen fünften, sechsten Tag" (Sieben-Tage-Schema mit diversen Belegen [§63.113]).
- Prosa: *b ḫmš ᶜṣ[r]\mm* "am fünften (Tag) nochmals(?) zwei Vö[g]el (als Opfer)" 1.119:20f.; *w b ḫmš kd yn* "und am fünften (Tag) eine Amphore Wein" 4.279:5.

63.16. Ordinalzahl "sechster"

Die Ordinalzahl "sechster" lautet *ṯdṯ /ṯādiṯ-/* und ist morphologisch von der entsprechenden Kardinalzahl (*ṯṯ*) zu unterscheiden. Belege:

- Poesie: *ḫmš ṯdṯ ym* "einen fünften, sechsten Tag" (Sieben-Tage-Schema mit diversen Belegen).
- Prosa: *b ṯdṯ ṯn [ ]* "am sechsten (Tag) zwei [ ]" 1.41:45 (vgl. 1.87:49 [erg.]; die KTU²-Ergänzung, *ṯn [dd šmn]*, ist abzulehnen [§69.222]).

63.17. Ordinalzahl "siebter"

63.171. Die Ordinalzahl "siebter" lautet *šbᶜ /šābiᶜ-/*. Belege:

- Poesie (nur Keret-Epos): (?) *(mk / w hn) špšm b šbᶜ* ... "([und] siehe,) bei Sonnenuntergang am siebten (Tag) ..." 1.14:III:3f.14f. (Abschlußkolon des Sieben-Tage-Schemas [Variante 1]). — Für die Deutung von *šbᶜ* als Ordinalzahl sprechen die parallel aufgebauten Syntagmen *aḫr \ špšm b ṯlṯ* "danach(?), bei Sonnen(untergang) am dritten (Tag)" (1.14:IV:32f.) und *aḫr špšm b rbᶜ* "... am vierten (Tag)" (1.14:IV:46). Alternativ könnte *šbᶜ* als Kollektivzahl ("Siebenzahl") gedeutet werden.
- Prosa (nur Ritualtexte): *b šbᶜ tdn \ mḥllm* "am siebten (Tag) führen die Reinigungspriester den Lobritus/Bannritus (?) durch" 1.119:22f.; (?) *b šbᶜ ḫdṡ ṯrx[ ]* "am siebten (Tag) des Monats(?) ..." 1.171:7 (zu *ḫdṡ* als orthogra-

phischer Variante von *ḥdṯ* "Monat" siehe §21.335.2e).

63.172. Das fem. Pendant, *šbᶜt* /*šābiᶜ(a)t-*/, ist nur einmal (im Aqhat-Epos) bezeugt: *ᶜd \ šbᶜt šnt ybk l aq\ht ġzr* "Bis ins siebte Jahr weinte er um den Helden Aqhatu" 1.19:IV:14-16. — *šbᶜt* ist keine Kardinalzahl, da diese bei fem. Gezähltem (*šnt*) formal mask. sein müßte (§69.133.22).

63.173. Anstelle der Ordinalzahl "siebter" wird offenbar häufig die Kollektivzahl für "sieben" (*šbᶜ*) verwendet, z.B. *mk b šbᶜ \ šnt* "siehe, bei der 'Siebenzahl' der Jahre" (1.6:V:8f.; 1.19:IV:17f.). Zu Belegen siehe §67.4.

63.18. Ordinalzahl "achter"

Die Ordinalzahl "achter" lautet *ṯmn* /*ṯāmin-*/ (ohne Reflex des vierten, schwachen Radikals; vgl. ar. *ṯāmin-*). Es gibt wahrsch. nur einen Beleg: *b ṯmn gn* "am achten (Tag) des (Monats) *Gunu*" 1.106:18.

63.19. Ordinalzahl "neunter"

Die Bezeugung einer Ordinalzahl "neunter" ist nicht ganz gesichert, aber immerhin wahrscheinlich. Der einzige Beleg lautet: *w b tšᶜ .[ ]* "und am neunten (Tag) ..." 1.104:11 (n.L.).

Für die Deutung von *tšᶜ* als Ordinalzahl spricht, daß die betreffende Zeichenfolge – nach Ausweis von Fotos der Ugarit-Forschung Münster – wahrscheinlich von einem Worttrenner gefolgt wird. Eine Kardinalzahl "neun" müßte entweder eine fem. Form aufweisen (*w b tšᶜt*) oder unmittelbar von *ymm* bzw. *ym ḥdṯ* gefolgt werden. Beide Möglichkeiten sind jedoch epigraphisch unwahrscheinlich.

Anm. Eine Ordinalzahl für "zehnter" ist im Ug. offenbar nicht bezeugt. Stattdessen wird die Kollektivzahl *ᶜšr* = /*ᶜašūr-*/ gebraucht (§67.5).

63.2. Kardinalia in der Funktion von Ordinalia

Im Rahmen der Tages- und Jahreszählung – Belege für die Monatszählung sind nicht bezeugt – werden bei Zahlenwerten bis "zehn" selten, bei Zahlenwerten ab "elf" dagegen immer Kardinalia in der Funktion von Ordinalia gebraucht. Fehlt bei der Tageszählung das Wort für "Tag" elliptisch, weisen die Kardinalia in der Regel fem. Genusmarkierung auf (§69.133.32b).

63.21. Kardinalia bis 10

Der Gebrauch von Kardinalia in der Funktion von Ordinalia läßt sich bei den Grundzahlen bis "zehn" nur bei "eins" und "acht" mit gewisser Wahrscheinlichkeit nachweisen.

63.211. Kardinalzahl "eins" für "erster"

- *ym aḥd* "erster Tag" 1.115:14.
- *lbš aḥd \ b ᶜšrt \ w ṯn b ḫmšt* "ein (erstes) Obergewand für zehn (Schekel Silber) und ein weiteres/zweites für fünf (Schekel Silber)" 4.146:1-3. — Diese

Übersetzung ist herkömmlichen vorzuziehen, wonach *aḥd* und *ṯn* hier als Kardinalia fungieren (vgl. etwa Ribichini – Xella 1985, 76: "Una veste per 10 (sicli d'argento) e due (vesti) per 5 (sicli d'argento)"). Für sie spricht in erster Linie die Setzung des Zahlworts *aḥd* in Z. 1, während die Einzahl von Objekten im Text sonst ohne Zahlwort ausgedrückt wird (Z. 4, 5 und 7). Sie wird indirekt auch durch die genannten Geldbeträge gestützt (das erste Gewand ist doppelt so teuer wie das zweite).

SV. Der Gebrauch der Kardinalzahl "eins" in ordinaler Funktion ist sem. verbreitet; vgl. etwa he. *yôm ʾæḥād* "ein (erster) Tag" (Gen 1,5; siehe Ges[18], 33b, s.v. Bed. 3).

63.212. Kardinalzahl "acht" für "achter"
- *b ṯmnt iyx*(?)*m* "am achten (Tag) ... (?)" 1.112:11. — Der Gebrauch der (fem.) Kardinalzahl *ṯmnt* "acht" anstelle der entsprechenden Ordinalzahl ist bemerkenswert, zumal im selben Text (Z. 8) für "dritter (Tag)" die Ordinalzahl *ṯlṯ* Verwendung findet.

63.213. Es ist denkbar, daß im Text 1.161:27-30 durchgehend Kardinalia für die Tageszählung (Tag "eins" bis Tag "sieben") verwendet werden. Da das Gezählte nicht explizit genannt wird, ist diese Interpretation aber unsicher:
- *ᶜšty w ṯᶜ[y / ṯn] w ṯᶜ[y] /\ ṯlṯ w ṯᶜy / a[rb]ᶜ w ṯᶜ[y] /\ ḫmš w ṯᶜy / ṯṯ [w] ṯᶜy /\ šbᶜ w ṯᶜy* "(Tag[?]) eins und opfert(?) (ein *ṯᶜ*-Opfer); (Tag[?]) zwei / drei / vier / fünf / sechs / sieben und opfert(?) !" 1.161:27-30 (§62.112).

63.214. Umstritten ist die Interpretation von *ṯṯ* und *šbᶜ* vor *ym ḥdṭ* "Tag(e) der Neumondphase", bezeugt in 1.78:1 (*b ṯṯ ym ḥdṯ \ ḫyr*) und 1.112:10 (*b šbᶜ ym ḥdṯ*). Sie werden hier als Kollekivzahlen verstanden (§67.32).

63.22. Kardinalia über 10

Zu Zahlenwerten ab "elf" werden grundsätzlich keine Ordinalia gebildet. Zur Tageszählung werden deshalb immer Kardinalia verwendet.

63.221. Kardinalia 11-19

Es gibt nebeneinander zwei Konstruktionen: a) (formal) fem. Einer + Zehnzahl *ᶜšrt*; b) (formal) mask. Einer + Zehnzahl *ᶜšrh*. Bei bestimmten Zahlen scheint die erstere, bei anderen die letztere Konstruktion bevorzugt zu werden (siehe bes. den Text 1.112). Das Bezugswort *ym* "Tag" wird nie genannt.

a. fem. Einer + Zehnzahl *ᶜšrt*:
b ṯlṯt ᶜšrt "am 13. (Tag)" 1.41:3; *b arbᶜt ᶜšrt* "am 14. (Tag)" 1.41:4*; 1.87:54-55*; 1.105:17; 1.109:1*; *b ṯ[ṯt ᶜš]\rt* "am 16. (Tag)" 1.112:27f.; *b šbᶜt ᶜšr[t]* "am 17. (Tag)" 1.112:29; *b ṯmnt ᶜšrt* "am 18. (Tag)" 1.105:19; 1.119:11.

b. mask. Einer + Zehnzahl *ᶜšrh*:
b ᶜšt \ ᶜšrh "am 11. (Tag)" 1.112:13f.; *b ḫmš ᶜ\šrh* "am 15. (Tag)" 1.112:21f.; *b tšᶜ ᶜšrh* "am 19. (Tag)" 1.132:1.

63.222. Kardinalia ab 20

Es existieren nur wenige Belege. Sind die Zahlen mit Einern zusammengesetzt, besitzen diese immer die mask. Form:

b tn l ᶜšrm "am 22. (Tag)" 1.106:24; *b ḫmš \ l ᶜšrm* "am 25. (Tag)" 1.106:25f.; *b tltm ym* "am 30. Tag" 1.163:14'(7).

63.3. Andere Lexeme in der Funktion von Ordinalia

63.31. Ausdrücke für "erster"

Das Ug. kennt keine spezifische Ordinalzahl für "erster" (siehe Loewenstamm 1980d und Blau 1972, 5-7).

63.311. Die Nuance "erster" wird in der Poesie ohne Lexem ausgedrückt: *ym* "ein (erster) Tag" 1.4:VI:24&; *yrḫ* "ein (erster) Monat" 1.17:II:44; *att* "eine (erste) Frau" 1.14:I:12.

63.312. In der Prosa ist einmal, im Text 4.279, ein adjektivisches Lexem *prᶜ* im Sinne von "erster" bezeugt: *b ym prᶜ* "am ersten Tag" 4.279:1.

Das Adj. *prᶜ* läßt sich von einer Wz. √*prᶜ* mit der Grundbedeutung "vorne sein" ableiten. Es ist auch in der ug. Poesie bezeugt, zum einen im Sinne von "das erste, Beste" (1.17:V:27&), zum anderen – als Form *prᶜt* (f.pl.) – im Sinne von "die höchsten (Berge)" (1.4:VII:56*; 1.8:II:9).

63.313. Für "erster Tag" des Monats steht in der Prosa *b ym ḥdt* "am Neumondstag" (Belege: 1.41:48; 1.87:1; 1.105:15; 4.172:1; 4.266:1; 4.336:1).

63.32. Partizipialbildungen

Anstelle der fem. Ordinalia "dritte", "vierte", "fünfte", "sechste" und "siebte" werden in 1.14:I:16-20 von Verbalwurzeln abgeleitete fem. Partizipien des Dp-Stamms verwendet:

mtltt /mutallat(a)t-/ "die Drittfrau" (w. "die als [Nummer] ‘drei’ Geführte" bzw. "die zur [Nummer] ‘drei’ Gemachte") 1.14:I:16; (?) 1.98:3 (poetischer Text; Kontext abgebrochen): vgl. √*tlt* D "zum dritten Mal tun" (1.16:V:13); vgl. ferner he. *mᵉšullāš, mᵉšullæšæt* "dreijährig; verdreifacht" (KBL³, 1428b).

mrbᶜt /murabbaᶜ(a)t-/ "Viertfrau" 1.14:I:17: vgl. *√*rbᶜ* D "zum vierten Mal tun" (zu ergänzen in 1.16:V:16: *[yrbᶜ] // yḫmš* [§74.412.27, sub √*ḫmš*]).

mḫmšt /muḫammaš(a)t-/ "Fünftfrau" 1.14:I:18: vgl. √*ḫmš* D "zum fünften Mal tun" (1.16:V:17).

mtdtt /mutaddat(a)t-/ "Sechstfrau" 1.14:I:19: vgl. √*tdt* D "zum sechsten Mal tun" (1.16:V:19).

mšbᶜt-hn /mušabbaᶜ(a)t-/ "die Siebtfrau von ihnen (3.f.pl.)" 1.14:I:20: vgl. √*šbᶜ* D "zum siebten Mal tun" (1.16:V:20).

Der gesamte Abschnitt 1.14:I:14-21, der den Tod von Kerets Ehefrauen thematisiert, ist wie folgt zu übersetzen (siehe Tropper 1995f, 531f.): *att trḫ w tbᶜt / tnt*(?) *un* (n.L.) *tkn lh / mtltt ktrm tmt / mrbᶜt zblnm / mḫmšt yitsp \ ršp / mtdtt ġlm \ ym / mšbᶜthn b šlḥ \ ttpl* "Eine (erste) Frau heiratete er, aber sie ging weg (d.h. sie starb); eine zweite wurde ihm zu(m Anlaß) einer Totenklage(?). Die Drittfrau starb bei (bester) Gesundheit, die Viertfrau in Krankheit. Die Fünftfrau raffte Rašapu dahin, die Sechstfrau die Diener(?) des Yammu. Die Siebtfrau von ihnen (sc. von Kerets Frauen) fiel durch einen Speer".

Die genannten Partizipialformen dienen wahrscheinlich als kunstvolle Periphrasen fem. Ordinalzahlen und sind deshalb in Prosatexten nicht nachweisbar.

63.33. Kollektivzahlen in der Funktion von Ordinalia

Wahrscheinlich können auch Kollektivzahlen im Sinne von Ordinalia fungieren. Zu möglichen Belegen siehe unter §67.4 und unter §67.5.

64. Bruchzahlen

64.1. Einleitung

64.11. Teilmengen (Brüche) – abgesehen von der Nuance "Hälfte" – werden im Ug. durch Lexeme bezeichnet, die von Zahlwurzeln abgeleitet sind. Aus morphologischen und semantischen Gründen ist zu unterscheiden zwischen allgemeinen Bruchzahlen und Zahlwörtern, die Teilmengen der Gewichts- und Zahlungseinheit Schekel bezeichnen.

Zur Bezeichnung allgemeiner Bruchzahlen sind im Ug. Bildungen mit Präfix *m-* belegt. Ihnen liegt wahrsch. der MphT *{maqtil}* zugrunde, daneben vielleicht auch *{maqtil(a)t}* (fem.). Für diese Annahme spricht der he. Befund (*maḥ*^{a}*ṣît* "Hälfte"; *ma*^{ca}*śer* "Zehnt" [BL 492r.x]); auch die syll. bezeugte Form */maʿšar-/* (< **maʿśir-*[?]) läßt sich damit vereinbaren. Es sind vier Bruchzahlen dieser Bildung belegt: 1. *mlṯḥ* "Hälfte"; 2. *mṯlṯ* "Drittel"; 3. *mrbʿ* und/oder *mrbʿt* "Viertel(maß)"; 4. *ma-(ʾ-)ša-rV* = */maʿšar-/* < **maʿśir-*(?) "Zehnt(el)".

Daneben scheint es ein Lexem für "Drittel" (im Zusammenhang von Ackerflächenmaßen) zu geben, das anders gebildet ist: *trx(x)* (nur 4.282:17).

Insgesamt sind im Ug. nur sehr wenige Bruchzahlen bezeugt. Es ist wahrscheinlich, daß das Ug. neben den genannten Lexemen noch anders gebildete Bruchzahlen kannte (etwa MphT *{qutl}* oder *{qatl}*), die zufällig nicht überliefert sind und möglicherweise produktiver waren als *{maqtVl}*-Bildungen.

64.12. Für Schekelbruchteile existieren spezifische Lexeme. Diesen liegt – abgesehen von *nṣp* = */nu/iṣp-/* "Halbschekel" – offensichtlich ein einheitlicher MphT mit Femininendung *-t* zugrunde. Seine Vokalisation ist ungewiß. Naheliegend ist jedoch der MphT *{qatul(a)t}* (vgl. akk. *šaluštum* "Drittel" und *ḫamultu* "Fünftel" [siehe GAG § 70h.k; Streck 1995a, I § 58]). Es sind folgende drei Lexeme dieser Bildung belegt: *ṯlṯt* */ṯaluṯ(a)t-/*? "Drittelschekel"; *rbʿt* */rabuʿ(a)t-/*? "Viertelschekel"; *ḫmšt* */ḫamuš(a)t-/*? "Fünftelschekel".

Anm. Es ist wohl trotz he. *š*^{e}*li/îšît* "Drittel", *r*^{e}*bi/îʿît* "Viertel" (etc.) noch von dem MphT *{qatīlît}* auszugehen. Die genannten he. Formen sind fem. Pendants der Ordinalia des Typs *š*^{e}*lîšî* (MphT *{qatīlīy}*), die ug. nicht bezeugt sind.

64.2. "Hälfte"

Von Zahlwurzeln abgeleitete Wortformen für "Hälfte" bzw. "Halbschekel" sind im Ug. nicht bezeugt. Stattdessen werden andere Lexeme gebraucht.

64.21. Als (allgemeiner) Ausdruck für "Hälfte" dient offenbar das Lexem *mlṯḥ*, das von √*lṯḥ* "teilen" abgeleitet ist (vgl. akk. *letû* "spalten, teilen" (AHw. 546; CAD L, 148-151; vgl. das ug. Hohlmaß *lṯḥ* [§64.24]). Es gibt sechs Belege:

> *šir šd mlṯḥ šd ᶜšy* "ein *šir*-Maß Ackerland: die Hälfte des (betreffenden) Ackerlandes ist bestellt(?)" 4.282:14; *[ ]x mlṯḥ kkr \ [ ]* "[ ] ein halbes Talent [ ]" 4.304:5; *kkr w mlṯḥ tyt* "1 1/2 Talente *tyt*-Pflanze" 4.337:26; *b mlṯḥ rbᶜt* "für die Hälfte eines Viertelschekels (d.h. für einen Achtelschekel)" 4.707:9; *kd šmn mlṯḥm \ ḫsr ᶜl abmn bn šwn* "ein *kd* Öl abzüglich der Hälfte davon (sc. der Hälfte des zuvor genannten *ṯᶜt*-Maßes oder eines *kd*) zu Lasten von PN_1, Sohn des PN_2" 4.778:7f. (n.L.) // 4.782:11-14 (alt.: "... abzüglich zweier *mlṯḥ*-Maße ...").

Anm. Für *mlṯḥ* wurden auch ganz andere Deutungen präsentiert. Nach Heltzer (1989, 200-202) ist *mlṯḥ* mit der Maßeinheit *lṯḥ* gleichzusetzen. *lṯḥ/mlṯḥ* diene zum einen als Hohlmaß mit einem Fassungsvermögen von 1/10 *kd* (ca. 2,2 Liter [1 *kd* = ca. 22 Liter]), zum anderen als Gewichtseinheit (mutmaßlich 1/10 der Talent-Einheit).

64.22. Ein Lexem der Form *ḫṣt* (alternativ: *ḫṣ*) "Hälfte" entsprechend he. *ḥᵃṣî* (vgl. he. *ḥᵃṣôt* "Mitte") läßt sich im Ug. – gegen DLU 201a (*ḫṣt* "mitad, medio") – dagegen nicht sicher nachweisen. Zur Diskussion stehen folgende in DLU genannte, durchweg unsichere Belege:

- Die in 1.39:10 bezeugte Wortform *ḫṣth* könnte "seine Hälfte" bedeuten. Diese Übersetzung ist aber kontextuell unwahrscheinlich. Vielmehr dürfte es sich um eine Ortsangabe (mit Terminativendung *-h*) handeln: *ḫmš \ ᶜšrh mlun šnpt ḫṣth* "15 ... als *šnpt*-Opfer im / hin zum *ḫṣt*" 1.39:9f. — Man vergleiche etwa folgende im Text 1.106 bezeugten Syntagmen: *š qdšh \ ᶜlyh ḫmnh* "ein Schaf zum Heiligtum (und) ebenso(?) zur Kapelle(?)" 1.106:13f.; *š kbmh* "ein Schaf zum Schrein(?)" 1.106:15; *w šbᶜ gdlt w k\l šbšlt dg gnh* "und sieben Kühe und allerlei Gekochtes(?) vom Fisch in den Garten" 1.106:21f.
- 1.136:11 gemäß KTU¹-Lesung: *l il ḫṣt[ ]*. KTU² bietet jedoch *l ilz ṣt[ ]*.
- In 4.131:5 findet sich die Zeichenfolge *ḫṣ?ṯ?* *kkr*, die laut KTU² (Anm. 1 zur Transliteration) zu *ḫṣt!* *kkr* ("1/2 Talent") zu emendieren wäre (epigraphisch schwierig!). Sollte der Text fehlerhaft und tatsachlich "1/2 Talent" gemeint sein, ist es einfacher, den Text zu *ḫṣ«t» kkr* zu emendieren, zumal aufgrund der einschlägigen sem. Wortgleichungen (he. *ḥᵃṣî* [u.a.]) eine mask. Wortform, d.h. ein Lexem *ḥṣ* (oder *ḥṣy*), zu erwarten ist. Sollte diese letztere Lösung zutreffen, wäre 4.131:5 zugleich der einzige ug. Beleg dieses Lexems.

64.23. Das Lexem für "Halbschekel" lautet *nṣp* = /nu/iṣp-/ (vgl. ahe. *nṣp* "Halbschekel" oder "leichter Schekel" [DNSI 754] und ar. *nu/iṣf* "Hälfte"). Belege:

nṣp "1/2 (Schekel)" 4.49:5; *ṯql w nṣp* "1 1/2 Schekel" 4.49:4; *b ṯql w nṣp ksp* "für 1 1/2 Schekel Silber" 4.337:13; *ṯqlm w nṣp* "2 1/2 Schekel" 4.49:1; *ḫmšt w nṣp ksp.hn* "5 1/2 (Schekel) ist ihr (Preis in) Silber" 4.132:6; *šbʿt w nṣp k[sp]* "7 1/2 (Schekel) Si[lber]" 2.25:6; *[b] šbʿ[t w] nṣp ksp* "[für] 7 1/2 (Schekel) Silber" 4.337:27 (n.L.); *ʿšrt \ w nṣ[p]* "10 1/2 (Schekel Silber)" 6.20:2f.; *tšʿm ṯlṯt \ w nṣp kbd \ ksp* "93 1/2 (Schekel) Silber" 4.779:1-3; *arbʿ mat ḫmšm \ šbʿt w nṣp kbd \ ksp* "457 1/2 (Schekel) Silber" 4.779:8-10. — Ohne Kontext: *x[ ] w(?) nṣp* "[ ] und(?) 1/2 (Schekel)" 4.34:4.

64.24. Man beachte in diesem Zusammenhang auch das Lexem *lṯḥ* (4.14:3&), das als Hohlmaß für Getreide (und ähnliches) bezeugt ist. Da es von der Wz. √*lṯḥ* "teilen" abzuleiten ist (§64.21), könnte es ein "Halbmaß" meinen (vgl. he. *lætæk* = 1/2 *kor* od. *ḥomær*) und sich auf das *dd*-Maß beziehen.

Zugunsten dieser Interpretation ("Halbmaß") sprechen vor allem die Texte 4.361 und 4.751: *lṯḥ ḫsr b šbʿ ddm* "sieben *dd*-Maß (Weizenmehl) abzüglich eines *lṯḥ*-Maßes" 4.361:3 (*lṯḥ* als Teilmenge des *dd*-Maßes); *lṯḥ qmḥ \ ... \ lṯḥ pil \ mrbʿ qṣḥm \ mrbʿ dblt \ mrbʿ ṣmqm* "ein Halbmaß(?) Weizenmehl ... ein Halbmaß(?) *pil*, ein Viertel(-Maß) schwarzer Kümmel, ein Viertel(-Maß) (getrocknete) Feigen, ein Viertel(-Maß) Rosinen" 4.751:4.7-10.

Es ist aber auch denkbar, daß *lṯḥ* eine kleinere Teilmenge des *dd*-Hohlmaßes bezeichnet. So postulierte etwa Heltzer (1989, 200-202 und 1994, 320) für *lṯḥ* den Wert "1/10" (s.E. mit Bezug auf das *kd*-Maß). Die komplexe Konstruktion von 4.361:3 mittels *ḫsr* (§69.233) ließe sich so vielleicht besser verstehen ("sieben *dd*-Maß abzüglich eines *lṯḥ*").

64.25. Auch das Lexem *prs/ś* (1.41:23&), ebenfalls ein Hohlmaß für Getreide, bezeichnet der Etymologie zufolge ein Halbmaß (vgl. akk. *parīsu* "1/2 Kor"; √*prs* "trennen, spalten"). Sollte auch *lṯḥ* als "Halbmaß" zu interpretieren sein (§64.24), wären *prs/ś* und *lṯḥ* gleichzusetzen.

64.26. Logographische Schreibungen für "1/2" begegnen in 4.69:I:6.7.14.26, 4.99:17, 4.481:7 und 4.666:3-9.

64.3. "Drittel"

64.31. [*mṯlṯ*]. Das allgemeine Lexem für "Drittel" lautet neuen Texten zufolge *mṯlṯ* (Sg. *mṯlṯ* in RS94.2472:14'.15'; Du. *mṯlṯm* in RS94.2600:2.6).

Wahrscheinlich steht auch die in 4.282:17 bezeugte, epigraphisch umstrittene Wortform *trx(x)* für die Teilmenge "Drittel" (mit Bezug auf das Flächenmaß *šir*). Die Lesung des Zeichens nach {r} ist vollkommen offen; KTU[2] schlägt *trṣ*(?) vor. Es könnte noch ein weiteres Zeichen gefolgt sein. Daß das betreffende Lexem den Wert "1/3" besitzt, wird durch die Summierung der im Text genannten Flächenmaße nahegelegt, wobei vorausgesetzt wird, daß das in Z. 2 und Z. 4 belegte Lexem *kmsk* für "2/3" steht (§64.72). Der Kontext lautet: *tgmr šd ṯlṯm šd \ w trx(x)* "Summe der Felder: 30 (*šir*-Maß) Felder und ein Drittel (d.h. 30 1/3 *šir*)" 4.282:16f.

64.32. Das Lexem "Drittelschekel" lautet *ṯlṯ*. Es ist ausschließlich in Wirtschaftstexten nachweisbar. — Belege: *ṯlṯ w ṯlṯ ksph* "3 1/3 (Schekel) ist sein (Preis in) Silber" 4.158:13 (alt.: "je drei [Schekel]"); *[ ] ḫmš matm [ṯṯ]m ṯlṯ w ṯlṯ kbd ksp* "[ ] 563(?) 1/3 (Schekel) Silber" 4.721:8 (n.L.).

64.33. Ein logographisches Zahlzeichen für "1/3" begegnet im alph. Textkorpus nur einmal (4.69:I:23).

64.4. "Viertel"

64.41. [*mrbᶜ*]. Als Lexem für die Teilmenge "Viertel" mit Bezug auf eine Hohlmaßeinheit (wahrsch. *dd*) ist in 4.751 mehrfach die Wortform *mrbᶜ* bezeugt: *lṯḥ pil \ mrbᶜ qṣḥm \ mrbᶜ dblt \ mrbᶜ ṣmqm* "ein *lṯḥ*-Maß *pil*, ein Viertel (eines *dd*-Maßes) schwarzen Kümmel, ein Viertel (getrocknete) Feigen, ein Viertel Rosinen" 4.751:7-10.

Ferner ist in 4.362:6 eine Wortform mit vergleichbarer Bedeutung belegt, die ebenfalls als *mrbᶜ* gelesen oder mit KTU^2 zu *mrbᶜ[t]* ergänzt werden kann: *w mrbᶜ[(t) l ᶜ]bdm* "ein Viertel (eines *dd*-Maßes) [für] die Diener" 4.362:6. — Die Lücke ist relativ groß und würde für drei Zeichen Platz bieten (vgl. die Lücke in Z. 5, wo wahrscheinlich ebenfalls drei Schriftzeichen plus Worttrenner zu ergänzen ist: *w arb[ᶜ dd]m* ...). Da das Lexem für "Viertel" in 4.751 jedoch *mrbᶜ* lautet, dürfte auch hier vom gleichen Lexem auszugehen sein. Es dürfte also gegen KTU^2 eher *w mrbᶜ [l ᶜ]bdm* zu lesen sein.

64.42. Das Lexem für "Viertelschekel" lautet *rbᶜt* und ist insgesamt viermal bezeugt (in Poesie [Pl.] und Prosa [Sg.]). — Belege: *km \ rbᶜt ṯqlm* "wie Viertelstücke von Schekel-Münzen" 1.19:II:33f.; *b ṯqlm w rbᶜt* "für 2 1/4 Schekel" 4.707:12 (ähnl. 4.707:3: *[... (w)] rbᶜt*); *b mlṯḥ rbᶜt* "für die Hälfte eines Viertelschekels (d.h. für einen Achtelschekel)" 4.707:9.

Anm. Logographische Schreibungen für "1/4" sind in alph. Texten nicht bezeugt.

64.5. "Fünftel"

64.51. Das Lexem für "Fünftelschekel" lautet *ḫmšt* und ist ausschließlich in der Poesie bezeugt: *km ḫmšt mṯth* "(Seine Tränen flossen wie Schekelmünzen [*km ṯqlm*] auf die Erde,) wie Fünftelschekel (Pl.) auf das Bett" 1.14:I:30.

Anm. KTU^2 nimmt hier eine andere Wortabtrennung vor: *k mḫmšt*. Dies ist jedoch mit Blick auf *ṯlṯ* "Drittelschekel" und *rbᶜt* "Viertelschekel" abzulehnen. Auch die Deutung des Zahlworts im Sinne von "Fünferschekel" (Münze im Wert von fünf Schekeln) ist unwahrscheinlich, da eine solche Münzeinheit im Alten Orient nicht gebräuchlich war und der Vergleich von Tränen mit Münzen gerade kleine Münzeinheiten nahelegt (vgl. 1.19:II:33f.).

64.52. In der Prosa bezeichnet dieses Lexem einmal auch den Fünftelteil eines Talentes: *ḫmšt kkr tyt* "1/5 Talent (d.h. 600 Schekel) *tyt*" 4.203:17 (Emendationen, etwa *ḫmšm$^{!}$ kkr* "fünfzig Talente" oder *ḫmš«t» kkr* "fünf Talente", sind unnötig).

Anm. Logographische Schreibungen für "1/5" gibt es im alph. Textkorpus nicht.

64.6. Bruchzahlen mit höheren Nennern

64.61. Spezifische Lexeme für Bruchzahlen mit höheren Nennern sind alph. nicht belegt. Man beachte jedoch den Ausdruck *b mltḥ rbᶜt* "für die Hälfte eines Viertelschekels (d.h. für einen Achtelschekel)" in 4.707:9 (§64.42). Er läßt sich entweder so verstehen, daß kleinere Schekelunterteilungen nicht gebräuchlich waren, oder daß Bruchzahlen mit höheren Nennern (außer "ein Zehntel" [§64.62]) periphrastisch ausgedrückt wurden (vgl. §64.71).

64.62. In syll. Texten findet sich das ug. Lexem für die Teilmenge "Zehntel" bzw. "Zehnt (als Abgabe)": *ma-ʾ-ša-ri-ša* RS16.153:11 (Gen.); *ma-ša-ra* RS16.244:7 (Ak.). Die Vokalisation lautet demnach /*maᶜšar-*/. Der /*a*/-Vokalismus der zweiten Silbe könnte sekundär sein (§33.214.3): /*maᶜšar-*/ < **maᶜśir-*(?) (vgl. he. *maᶜaśer*; gegenüber ar. *miᶜšār*).

Anm. Zum Lexem *lṯḥ*, das ebenfalls die Teilmenge "1/10" (eines *dd*-Maßes) bezeichnen könnte, siehe §64.24.

64.63. Hinzuweisen ist auch auf das Lexem *ṯᶜt* (§33.115.11), das eine Teilmenge des *kd*-Maßes (ca. 22 Liter) bezeichnet, Heltzer (1994, 320) zufolge genau 1/12 des *kd*-Maßes. Da *ṯᶜt* auch syntaktisch wie eine Bruchzahl behandelt wird (§69.512), ist denkbar, daß es sich dabei um eine wirkliche Bruchzahl im Wert von 1/12 handelt, die bisher lediglich zufällig nur im Zusammenhang mit dem *kd*-Maß bezeugt wäre.

64.64. Eine logographische Schreibung für "5/6" begegnet in 4.219:10 (syll. Kontext).

64.7. Bruchzahlen, deren Zähler größer als "1" ist

64.71. Brüche mit Zählern größer als "1" können grundsätzlich durch den Dual oder Plural einer Bruchzahl ausgedrückt werden. Sicher nachweisbar ist die Dualbildung *mṯlṯm* für "zwei Drittel" (RS94.2600:2.6). Daneben könnte in 4.399:13f. der Ausdruck für "vier Fünftel" vorliegen (Lesung allerdings unsicher): *š[i]r w arbᶜ* \ *[ḫ]m[š...]* "Ein *šir*-Maß und vier Fünftel (*šir*) [Feld ...]".

64.72. Ferner ist ein Lexem *kmsk* bezeugt, dessen Etymologie unbekannt ist. Daß *kmsk* eine Bruchzahl ist, geht aus den Kontexten und seiner syntaktischen Verwendung (Anschluß an vorangehende Zahlen mittels *w*) eindeutig hervor. Sein Wert beträgt sehr wahrscheinlich "2/3" (siehe Stieglitz 1979, 16.21). Hauptstütze dieser Deutung ist 4.341:9, wonach zehn Schafe 6 2/3 Schekel (Silber) kosten (d.h. 2/3 Schekel pro Schaf). Diese Annahme wird ferner durch den Text 4.282 gestützt, wo die Gesamtsumme "30 plus 1/3(?)" (Z. 16f.) ebenfalls für das Lexem *kmsk* (Z. 2 und Z. 4) den Wert "2/3" voraussetzt. *kmsk* kann sowohl auf die Gewichtseinheit Schekel (vier Belege) als auch auf andere Maßeinheiten (zwei Belege mit Bezug auf *šir*-Flächenmaß) bezogen sein:

- *ᶜšr ṣin b ṯṯt w kmsk* "10 (Stück) Kleinvieh für 6 2/3 (Schekel)" 4.341:9.
- *[k]sphn ṯql w ksmk* "ihr (Preis in) [Si]lber (beträgt) 1 2/3 Schekel" 4.707:23.
- *b ṯql w kmsk* "für 1 2/3 Schekel" 4.707:20; vgl. auch 4.707:7 (*[w km]sk*).

- *arb*ᶜ *ᶜšrh šd* \ *w kmsk* "14 2/3 (*šir*-Maß) Ackerland" 4.282:1f.
- *kmsk šd* "2/3 (*šir*-Maß) Ackerland" 4.282:4.

64.73. In 2.81:26 begegnet ein Lexem *snp*, das Bordreuil – Caquot (1980, 358) und Dijkstra (1999, 157) unter Verweis auf akk. *šinip(u)* als Bruchzahl "2/3" deuten. Diese Annahme ist jedoch wegen der postulierten irregulären Sibilantenentsprechung wenig wahrsch. (akk. /*š*/ wird im Ug. entweder durch /*š*/ oder durch /*ṯ*/, nicht aber durch /*s*/ wiedergegeben [§32.143.53; §32.144.16]).."".

64.74. Ein Zahlzeichen für "5/6" findet sich in 4.219:10 (syll. Kontext).

65. Iterativa und Multiplikativa

65.1. Gewöhnliche Iterativzahl der Nuance "x-mal"

Die iterative Nuance "zweimal/dreimal/x-mal" wird im Ug. auf unterschiedliche Art und Weise ausgedrückt. Als morphologische Basis dienen jeweils Kardinalia.

65.11. Unerweiterte Kardinalia

Ausschließlich in der Poesie und nur bei komplexen Zahlen können unerweiterte Kardinalia ohne einleitende Präposition als Iterativa fungieren. Der einzige Beleg lautet: *škb* \ *ᶜmnh šb*ᶜ *l šb*ᶜ*m* /\ *tš*ᶜ*ly ṯmn l ṯmnym* "Er schlief mit ihm (sc. einem Kalb) 77(mal); es ließ sich 88(mal) 'besteigen'" 1.5:V:19-21.

65.12. Präposition *l* + Kardinalia (?)

Im nichtpoetischen Kontext wird einmal offensichtlich Präp. *l* + Kardinalzahl im Sinne einer Iterativzahl verwendet: *yṯbn* \ *yspr l ḫmš l ṣlmm* / *w yšr pẖr* "Er (sc. der Priester) rezitiert (dies) noch fünfmal vor den (Götter-)Statuen, während die versammelte (Gemeinde) singt" 1.23:56f.

65.13. Kardinalzahl plus *-m*

65.131. Die Bildung des Typs "Kardinalzahl + EP *-m*" (§89.2) bzw. "Kardinalzahl + Mimation" mit iterativer Funktion läßt sich nur bei der Zahl "zwei" einigermaßen sicher nachweisen. Die betreffende Form lautet *ṯnm* = /*ṯinâ(m)ma*/ und ist sowohl im poetischen Textkorpus wie auch in Prosatexten nachweisbar.

Zugunsten dieser Deutung von *ṯnm* läßt sich die syll. bezeugte Form *šanâm(-ma)* anführen, allerdings mit der Bedeutung "zweitens, ferner" (siehe dazu SAU 468f. und AU 198). Eine alternative Deutung von *ṯnm* im Sinne einer unerweiterten Kardinalzahl im St.abs., d.h. /*ṯinêma*/ (Ak.), ist unwahrscheinlich, da die Kardinalzahl "zwei" sonst nie mit Dualmimation bezeugt ist (§62.121).

a. Poesie-Belege (immer in Parallele zur Iterativzahl *ṯlṯid* "dreimal"):
hlmn ṯnm qdqd / ṯlṯid ᶜl udn "Schlage/Er schlug ihm zweimal auf den Kopf, dreimal auf das Ohr" 1.18:IV:22f.33*f.; ähnlich 1.19:II:29*f.

b. Prosa-Belege (Kontexte jeweils unklar):
w tṯḥdṯn \ *ṯnm* "und .....(?) zweimal(?)" 1.104:17f.; *w tštn ṯnm* "sie werden zweimal / zum zweiten Mal hingestellt/niedergelegt (?)" 1.104:20.

65.132. In 1.41:19 // 1.87:21 ist eine Form *ṯlṯm* bezeugt, die vielleicht ebenfalls als Iterativzahl fungiert: *ṯlṯm* = /*ṯalāṯa(m)ma*/ "dreimal" (Kardinalzahl *ṯlṯ* + EP *-m*). Der Kontext ist aber weitgehend unklar: *ksm ṯlṯm [mlu]* "die Becher(?) [werden] dreimal(?) [gefüllt]"? (1.41:19). Alternativ kann *ṯlṯm* als Kardinalzahl für "30" betrachtet werden.

65.133. In RS92.2016:15' begegnet in einem weitgehend abgebrochenen Kontext eine Form *arbᶜtm*. Es könnte sich um eine Iterativzahl ("viermal") oder eine Multiplikativzahl ("vierfach") handeln, gebildet auf der Basis der fem. Form der Kardinalzahl für "vier" (vgl. he. *ʾarbaᶜtayim* "vierfach"). Alternativ kann *arbᶜtm* als gewöhnliche (fem.) Kardinalzahl mit betonender EP *-m* gedeutet werden.

SV. Mit der Endung *-m* der ug. Formen *ṯnm* und *ṯlṯm* dürfte die zur Bildung von Multiplikativa dienende he. Endung *-ayim* zu verknüpfen sein, z.B. *kiplayim* "doppelt", *šᵉnayim* "zweifach", *ʾarbaᶜtayim* "vierfach" und *šibᶜātayim* "siebenfach". Es handelt sich dabei um keine Dualendung, sondern um eine Adverbialendung (GBH § 100o).

65.14. Kardinalzahl plus *-(i)d*

65.141. Weiter verbreitet ist der Gebrauch von Kardinalia mit enklitischem Lexem *-id* (seltener auch *-d*) als Iterativa. Im einzelnen bezeugt sind die Formen *ṯnid* "zweimal", *ṯlṯid* "dreimal", *šbᶜ(i)d* "siebenmal" und *ᶜšrid* "zehnmal".

65.142. Die Etymologie des betreffenden Lexems *-id* ist nach wie vor umstritten. Erwähnenswert sind folgende Auffassungen:

a) *-id* ist etymologisch mit dem Subst. *yd* "Hand" zu verbinden; vgl. etwa he. *ḥāmeš/ᶜæśær yādôt* "fünf-/zehnmal" (Gen 43,34; Dan 1,20).
b) *-id* entspricht der akk. Endung *-ī-šu*, z.B. akk. *šinīšu* "zweimal", *šalāšīšu* "dreimal" (GAG § 71a).
c) *-id* entspricht der syr. Endung *-āʾīt*, z.B. *tlītāʾīt* "an dritter Stelle", *bештītāʾīt* "sechsfach" (siehe Nöldeke [1898, §§ 154.155A]).
d) *-id* entspricht sabäisch *-ʾḏ* in *ṯny.ʾḏ* "zweimal" (Gl 1766:4 = Ja 2848:4), *s^2lṯtʾḏ* "dreimal" bzw. "zum dritten Mal" (CIH 366, Gl 1677) und *s^1dṯ/ʾḏ* "zum sechsten Mal" (Schmidt/Mārib 19A/4 [siehe SD, 2]); siehe dazu Borger (1974), Müller (1978) und Renfroe (1992, 11-14).

Von den genannten Vorschlägen ist — besonders wegen der konsequenten Orthographie von ug. *id* mit Aleph — nur der letzte (d) überzeugend. Es ist davon auszugehen, daß sowohl sabäisch *-iḏ* als auch ug. *-id* etymologisch mit Adverbien wie he. *ʾāz/ ʾᵃzay*, baram. *ʾᵆdayin*, syr. *hāyden/hāydek*, ar. *ʾiḏ*, äth. *yəʾəze*, jeweils "da(mals), zu dieser/jener Zeit, in diesem Moment", zu verbinden sind ; vgl.

ferner die ug. Konj. *id* (*§*82.212) sowie ar. *ʾiḏā* und sabäisch *ʾḏ* "(zu der Zeit) als". Aus diesem etymologischen Befund läßt sich für das Lexem **ʾḏ* wahrscheinlich die Grundbedeutung "Zeitpunkt, Moment" ableiten. Die wörtliche Übersetzung für sabäisch *s*^{2}*lṯṯʾḏ* bzw. ug. *ṯlṯid* lautet demnach: "drei Zeitpunkte/Momente/Male" (vgl. etwa englisch "three times").

65.143. Die Kardinalzahl besitzt im Ug. vor *-id* immer die endungslose (mask.) Form, während es in sabäisch *s*^{2}*lṯṯʾḏ* – nicht aber in sabäisch *ṯny. ʾḏ* – die fem. Form aufweist. Der Grund für diese Differenz liegt auf der Hand: Im Sabäischen herrscht bei den Zahlen 3-10 Genuspolarität zwischen Zahl und Gezähltem (siehe Beeston 1984 § 19:1). Da *ʾḏ* mask. Genus besitzt, hat das sabäische Zahlwort für "drei" die fem. Form. Im Ug. sind dagegen genuspolare Konstruktionen weitestgehend aufgegeben worden (*§*69.133.1).

Aus diesen Beobachtungen geht zugleich hervor, daß sabäisch *-ʾḏ* und ug. *-id* Substantive sind, die syntaktisch als Gezähltes fungieren. Sie stehen allerdings – wie Nomina generis oder Stoffnamen – immer im Sg. (*§*69.123; *§*69.132).

65.144. Ug. *-id* tritt immer enklitisch an eine Kardinalzahl, wobei in der Regel kein Worttrenner zwischen der Kardinalzahl und dem Lexem *-id* steht. Eine Ausnahme stellt die in 1.163:12'(5) bezeugte Schreibung *ṯlṯ.id* dar (vgl. sabäisch *ṯny. ʾḏ* und *s*^{1}*dṯ. ʾḏ* [mit Worttrenner] gegenüber *s*^{2}*lṯṯʾḏ* [ohne Worttrenner]).

65.145. Ausschließlich im Zusammenhang mit *šbʿ* "sieben" begegnen Schreibungen der hier interessierenden Partikel ohne Aleph-Graphem: *šbʿd* (neben *šbʿid* [*§*33.445]). Diese sind sehr wahrsch. phonetisch motiviert und zeugen von einer progressiven Assimilation des /ʾ/ an /ʿ/: /*šabaʿʿid-*/ < **šabaʿʾiḏ-* (*§*33.116.3).

65.146. Bemerkenswert ist die Tatsache, daß die Iterativzahl *šbʿd* in 1.23:15 durch die EP *-m* erweitert ist: *šbʿd-m* "nochmals siebenmal" (*§*89.27a).

65.147. Die Mehrzahl der Belege für die Konstruktion "Kardinalzahl + *-id*" mit iterativer Funktion stammt aus formelhaften Wendungen des Briefkorpus. Die Belege lauten im einzelnen:

a. *ṯnid* "zweimal" (nur Prosabelege):
- *l pʿn bʿly/bʿlny ṯnid šbʿd mrḥqtm qlt/qlny* "zu Füßen meines/unseres Herrn falle(n) ich/wir zweimal siebenmal in der Ferne nieder" 2.64:13-16; 2.70:8-10.
- *[ ]x dm ṯnid \ [ ]* "... zweimal ..." 2.50:18.

Anm. In der Poesie wird statt *ṯnid* dagegen *ṯnm* (1.18:IV:22&) gebraucht (*§*65.131).

b. *ṯlṯid* "dreimal":
- *hlmn ṯnm qdqd / ṯlṯid ʿl udn* "Schlage/Er schlug ihm zweimal auf den Kopf, dreimal auf das Ohr" 1.18:IV:22f.33*f.; ähnlich 1.19:II:29*f.
- *hm ṯlṯ.id ynphy yrḫ b yrḫ aḫrm* "wenn es dreimal hintereinander Monat für Monat erscheint" 1.163:12'(5).

c. *šbʿ(i)d* "siebenmal":
- *šbʿd yrgm ʿl ʿd* "Siebenmal soll er (sc. der Priester) (dies) auf dem Podest(?) rezitieren / Siebenmal soll es auf dem Podest(?) rezitiert werden" 1.23:12.

- *ʿl išt šbʿd ... \ w ʿl agn šbʿd-m* ... "über dem / am Feuer siebenmal ... und über dem / am Becken(?) nochmals siebenmal ..." 1.23:14f.
- *l pʿn bʿly/bʿlny ṯnid šbʿd mrḥqtm qlt/qlny* "Zu Füßen meines/unseres Herrn falle(n) ich/wir wir zweimal siebenmal (d.h. siebenmal auf den Bauch und siebenmal auf den Rücken) in der Ferne nieder" 2.64:13-16; 2.70:8-10.
- *l pʿn \ adty \ šbʿd \ w šbʿid \ mrḥqtm \ qlt* "Zu Füßen meiner Herrin falle ich siebenmal und (nochmals) siebenmal in der Ferne nieder" 2.12:6-11; analog (allerdings jeweils zweimal mit Graphie *šbʿd*) 2.24:5-7*, 2.40:5-9*, 2.42:4-5*, 2.50:2-4*, 2.51:2-3*, 2.68:4-7 und RS92.2010:6-9.

d. *ʿšrid* "zehnmal":
- *w ʿm bʿ[ly] \ ʿšrid likt* "zu [meinem] Her[rn] habe ich zehnmal geschickt" 2.42:11f.

65.15. Kardinalzahl im Zusammenhang mit *pamt*

65.151. Die im Ug. wohl häufigste Ausdrucksweise für Iterativa ist die Verbindung von Kardinalia mit dem Lexem *pamt* (Pl.), wörtlich "Fußtritte" (etymologisch verwandt mit *pʿn* "Fuß" [§33.134.1]). *pamt* steht dabei meist nach, seltener vor der Kardinalzahl. Diese besitzt dabei immer die mask. Form.

SV. Vgl. he. Iterativa, die mit *paʿam* gebildet sind, z.B. *paʿam ʾaḥ(ḥ)at* "einmal", *paʿᵃmayim* "zweimal", *šāloš/ʾarbaʿ pᵉʿāmîm* "dreimal/viermal" (GBH § 142q).

65.152. Sämtliche Belege stammen aus Prosa-Kontexten (hierzu zählt auch 1.23:20 [Beschwörungsritual]). Illustrative Beispiele:
- "Siebenmal": *šbʿ pamt* 1.43:7.26; *pamt šbʿ* 1.23:20; 1.41:52; 1.110:9; 1.112:7.
- "22mal": *ṯn l ʿšrm pamt* 1.41:43; *pamt ṯn \ l ʿšrm* 1.162:20f. (n.L.).
- "30mal": *ṯlṯm pamt* 1.87:39f.*; 1.173:15*; *pamt ṯlṯm* 1.39:20; 1.109:30.

Das Lexem *pamt* kann elliptisch fehlen, wenn es unmittelbar zuvor genannt ist; siehe 1.43:7f.: *šbʿ pamt \ l ilm šbʿ l kṯr* "siebenmal (wird) den Göttern, sieben(mal) dem (Gott) Kôṯaru (geopfert)".

Anm. Neben *-id* und *pamt* sind im Ug. keine weiteren substantivischen Lexeme zur Bildung von Zahlausdrücken mit iterativer Bedeutung bezeugt. Demgegenüber verwendet bekanntlich das He. neben *pᵉʿāmîm* in dieser Funktion auch *rᵉgālim* "Füße" (Ex 23,14; Num 22,28.32f.), *yādôt* "Hände" (Gen 43,34; Dtn 1,20) sowie *monîm* (Gen 31,7.41 [Grundbedeutung nicht gesichert; vgl. aber √*mny* "zählen"]); siehe GBH § 142q.

65.2. Iterativadverb der Nuance "zum x-ten Mal"

65.21. Ein Iterativadverb der Nuance "zum x-ten Mal" bzw. "ein zweites Mal" läßt sich nur zur Zahl "zwei" sicher nachweisen. Es lautet *ṯnm* und ist nur in 1.19:IV:61 bezeugt: *ṯnm tšqy msk hwt* "ein zweites Mal gab sie ihm den Mischtrank zu trinken".

Die Lesung des ersten Wortes als {ṯnm} ist epigraphisch überzeugend, auch wenn das letzte Zeichen einen auffällig kurzen senkrechten Keil aufweist (es folgt jedoch – gegen CTA und KTU[2] – kein Trenner). Eine Lesung {ṯnt .} (vgl.

he. *šenît/šᵉlîšît* "zum zweiten/dritten Mal" [Meyer § 61.5]) ist weniger wahrscheinlich, aber nicht auszuschließen.

Aus dem Kontext (bes. Z. 54-56) geht klar hervor, daß das Lexem *ṯnm* hier nicht "zweimal" bedeuten kann, obwohl es orthographisch mit der Iterativzahl *ṯnm* (1.18:IV:22&) übereinstimmt. Die genannten Zahlausdrücke sind morphologisch wahrscheinlich nicht identisch. Der Iterativzahl dürfte die Kardinalzahl *ṯn*, dem Iterativadverb aber die Ordinalzahl *ṯn* zugrunde liegen.

SV. Zur Bildung vgl. altsabäisch/qatabanisch *ṯnym* "zum/ein zweiten/s Mal" (Müller 1978, 443; Ricks, 180) sowie sabäisch *ṯnyt-m* "ein zweites Mal" (SD 151); vgl. ferner akk. *šaniānu/šalšiānu/rabiānu* "zum zweiten/dritten/vierten Mal" (Ordinalia + Adverbialendung *-ānu*; siehe GAG § 71b) und ar. *ṯāniyan* "zum zweiten Mal, nochmals".

65.22. Daneben könnte es zur Zahl "zwei" auch ein Iterativadverb *ṯnt* geben, möglicherweise bezeugt in 1.175:16 (vgl. he. *šenît* "zum zweiten Mal"). Die Form begegnet in einem abgebrochenen Kontext: *[ ]mṯt w ṯnt nᶜr*.

In der folgenden Zeile (1.175:17) findet sich der Ausdruck *b ṯlṯ*, der vielleicht ebenfalls als Iterativadverb gedeutet werden kann (vgl. Bordreuil — Caquot 1979, 297: "et la deuxième (fois) ... la troisième (fois)").

65.3. Multiplikativa der Nuance "x-fach"

Zahlausdrücke mit multiplikativer Bedeutung sind nur zu den Zahlen "zwei" und "drei" belegt. Die Belege stammen ausschließlich aus dem Keret-Epos.

65.31. In 1.14:IV:42f. wird für "zweifach/doppelt" die Form *ṯn*, für "dreifach" die Form *ṯlṯt* verwendet: *ṯnh k!spm \ atn / w ṯlṯth ḫrṣm* "Ich werde ihr Doppeltes (an Gewicht) in (Form von) Silberstücken geben und ihr Dreifaches (an Gewicht) in (Form von) Goldstücken" 1.14:IV:42f. (die Pluralformen *kspm* und *ḫrṣm* meinen hier nichtgemünzte Silber- bzw. Goldstücke; vgl. he. *kaspêhæm* "ihr Silbergeld" [KBL³, 466, s.v. *kæsæp*, Bed. 4]).

Die Formen *ṯn* und *ṯlṯt* sind wahrscheinlich einfache Kardinalia. Daß erstere formal mask., letztere aber formal fem. ist, kann mit Verweis auf die Genussyntax der betreffenden Zahlen im Zusammenhang mit Gezähltem erklärt werden (*§*69.121; *§*69.133.1): Im Zusammenhang mit mask. Gezähltem weist die Zahl "zwei" die mask. Form, die Zahl "drei" aber — gemäß altsem. Syntaxregeln, die in der ug. Poesie noch weitgehend gelten — die fem. Form auf. *ṯn* und *ṯlṯt* können somit als Grundformen der betreffenden Kardinalia gelten.

Auf dieser Basis ist *ṯnh* wörtlich mit "ihre Zwei (an Gewicht)", *ṯlṯth* mit "ihre Drei (an Gewicht)" zu übersetzen.

65.32. In 1.16:V:8.9 sind in abgebrochenen Kontexten die Zahlausdrücke *ṯnnth* (Z. 8) und *ṯlṯth* (Z. 9) bezeugt. Es ist sehr wahrscheinlich, daß der betreffende Textabschnitt inhaltlich auf 1.14:IV:36-43 zurückverweist. Trifft diese Annahme zu, sind die Formen *ṯnnth* und *ṯlṯth* als Multiplikativa ausgewiesen: "ihr Doppeltes/Dreifaches (an Gewicht)".

Die morphologische Analyse von *ṯlṯth* und insbesondere von *ṯnnth* ist mit großen Unsicherheitsfaktoren behaftet. Sollte die Schreibung *ṯnnth* korrekt sein, wäre *t̠nnt* entweder als Nominalform mit den Bildungssuffixen *-n* = /-*ān*/ und *-t* = /-*ūt*/ (etwa: /*t̠inânūt-*/) oder als eine von einer Wurzelvariante √*t̠nn* abgeleitete Nominalform mit Bildungssuffix *-t* = /-*ūt*/ zu deuten (vgl. in diesem Zusammenhang die in 2.3:21 bezeugte Form *mt̠nn* [§62.122b], die ebenfalls auf einer Wz. √*t̠nn* beruhen könnte). — Es ist jedoch nicht auszuschließen, daß die Schreibung *t̠nnth* inkorrekt und unter Annahme einer Dittographie zu *t̠n«n»th* zu korrigieren ist (vgl. §21.355.1b). Bei einer (emendierten) Lesung *t̠nth* könnte *t̠nt* entweder als fem. Ordinalzahl oder als substantivische Nominalform mit Bildungssuffix *-t* = /-*ūt*/ ("Zweiheit" = "Doppeltes") analysiert werden. Dementsprechend wäre auch der Parallelausdruck *t̠lt̠t* entweder eine fem. Ordinalzahl oder eine Nominalform mit Bildungssuffix /-*ūt*/.

SV. Von Zahlwurzeln abgeleitete Nominalformen mit Bildungssuffix /-*ūt*/ sind im Aram. verbreitet, z.B. baram./jaram. *tinyānûta* "Wiederholung, zweites Mal" (KBL³, 1799b; Dalman, 445b) und jaram. *taltûtā* "Drittel, Dreijährigkeit" (Dalman, 443b).

65.33. Zusammenfassend ist festzuhalten, daß in 1.16:V:8.9 entweder substantivische Abstraktbildungen zu Zahlwurzeln oder – unter Annahme eines Schreibfehlers – fem. Ordinalia im Sinne von Multiplikativa fungieren. Fest steht auf jeden Fall, daß in 1.14:IV:42f. einerseits und 1.16:V:8f. andererseits unterschiedliche Zahlausdrücke in der Funktion von Multiplikativa begegnen. Dieser Befund ist der Variationsfreudigkeit der Poesie zuzuschreiben.

Anm. Zur Form *arbᶜtm* (RS92.2016:15'), die ebenfalls eine Multiplikativzahl ("vierfach") sein könnte, siehe §65.133.

66. Distributiva

Das Ug. kennt keine spezifischen Lexeme zur Bezeichnung von Distributiva. Die betreffende Nuance wird stattdessen durch die konjunktionslose Wiederholung von Kardinalia ausgedrückt. Bei zusammengesetzten Zahlausdrücken wird nur die Einerzahl wiederholt. Sämtliche Belege stammen aus Prosatexten:

ar[b]ᶜ arbᶜ mt̠bt azmr "je vier Hütten aus Weinranken" 1.41:51; *t̠mn t̠mn g(?)ml[m(?)]* "je acht *gml*(?)" 1.104:22; *arbᶜm l mit šmn \ arbᶜm l mit tišr \ t̠t t̠t b t̠ql t̠lt̠t l ᶜšrm ksphm* "140 *šmn*-Bäume (und) 140 *tišr*-Bäume: Je sechs (kosten) einen Schekel (Silber). (Je [?]) 23 (Schekel) ist ihr (Gesamtpreis in) Silber" 4.158:3-5; *t̠n ḥblm alp alp amt* "zwei Stricke von je 1000 Ellen (Länge)" 4.247:30 (n.L.); *t̠mn ḥblm šbᶜ šbᶜ mat* "acht Stricke zu je 700 (Ellen Länge)" 4.247:31; *ḫmšm t̠nt ḫmš ḫmš mat* "50 Purpurstoffe zu je 500 (Schekel Silber)" 4.721:11; *[ ]mat ḫmš t̠nt mitm mitm* "XX5 Purpurstoffe zu je 200 (Schekel Silber)" 4.721:12. — Vgl. evtl. auch *t̠n t̠nm* in 2.72:15 (Kontext: *w tlkn t̠n t̠nm \ ᶜmy* "und sie kommen ... zu mir" [Deutung unsicher]).

Anm. Zum Ausdruck *t̠lt̠t w t̠lt̠t* siehe unter §64.32.

In der Poesie wird die distributive Nuance einmal wie folgt umschrieben: *aṯr ṯn ṯn hlk / aṯr ṯlṯ klhm* "im Gefolge von zweien sollen (wiederum) zwei marschieren / marschierten (wiederum) zwei, im Gefolge von dreien sie alle" 1.14:II:41f. // 1.14:IV:19f. (gemeint ist ein Marschieren in Zweier- bzw. Dreierformation).

SV. Vergleichbare Konstruktionen sind in allen sem. Sprachen (Lipiński 1997, § 35.33) und auch im Altägyptischen (Loprieno 1995, 72) belegt; zum he. Befund siehe GBH § 142p (z.B. *šibᶜāh šibᶜāh* "je sieben" Gen 7,2; *šnayim šnayim bāʾû* "sie kamen zu je zweien" Gen 7,9.), zum ar. Befund siehe GKA § 135, Anm 1 (z.B. ar. *ǧāʾū ṯnayni ṯnayni ʾaw ṯalāṯatan ṯalāṯatan* "sie kamen zu je zweien oder dreien"). — Auch außerhalb von Zahlausdrücken werden distributive Nuancen im Ug. offenbar durch Wortwiederholung zum Ausdruck gebracht, z.B. *ym ym* "Tag für Tag" (2.47:24).

67. Kollektivzahlen

Zur Bildung von Kollektivzahlen stehen im Ug. vornehmlich die MphTT *{qatūl}* und *{qatalat}*(?) zur Verfügung. Darüber hinaus gibt es auch andere, nicht von Zahlwurzeln abgeleitete Lexeme in der Funktion von Kollektivzahlen.

67.1. Kollektivzahlen für "zwei"

Die Zweizahl von Objekten kann im Ug. einfach durch den dualischen Numerus ausgedrückt werden (*§*53.231; *§*53.232a). Daneben gibt es jedoch auch spezifische Lexeme, die als Kollektivausdrücke für "zwei" verwendet werden.

67.11. Das nur poetisch bezeugte Lexem **klat* = */kilʾat-/* wird im fem. Dual im Sinne von "beide (Hände)" gebraucht (immer im Zusammenhang mit dem fem. Subst. *yd* "Hand"). Der einmal (in 1.23:57) bezeugte Singular *klat* (ebenfalls fem. Form) scheint "(das) Doppel(te)" zu meinen (Interpretation unsicher). Zur Etymologie des Lexems vgl. he. *kilʾayim*, ar. *kilā* (fem. *kiltā*), äth. *kælʾe* und akk. *kilallān* (fem. *kilattān*).

Das Lexem ist offensichtlich ein Subst. und kongruiert im Genus mit dem Bezugswort (*§*69.71). Da es sich – zumindest im Du. – an allen Belegen auf Objekte mit fem. Genus bezieht, begegnet es offenbar zufällig immer in der fem. Form. Als Form m.du. abs. ist **klam* = */kilʾâmi/* zu rekonstruieren (vgl. he. *kilʾayim*), als Form m.du. cs. **kla* = */kilʾâ/* (vgl. ar. *kilā*). Als theoretische Grundform des Lexems (m.sg. Nom.) wäre **klu* = */kilʾu/* anzusetzen.

- *klat* (f.du. cs., Gen.): *b klat yd(h/y)* "mit (seinen/meinen) beiden Händen" 1.1:IV:10! (*§*69.71); 1.3:I:11; 1.5:I:19f.
- *klatn-m* (f.du. abs. Lok. + EP *-m*; alt.: f.du. abs. einer erweiterten Lexemvariante **klatn* [d.h. MphT *{qitlatān}*]): *(l)qḥ ... lla klatnm* "Nimm / Er nahm ... ein Zicklein in beide (Hände)" 1.14:II:15* // 1.14:III:57. (zur Analyse der Form siehe unter *§*33.135.2 und *§*54.415).

- *klat* (f.sg. abs., Gen.): *yṯbn \ yspr l ḫmš l ṣb*[?ʿ?][xxx]*šr pḫr klat* "Er setzte sich fürwahr nieder, um (die Monate der Schwangerschaft) zu zählen, bis zu fünf ... zehn(?), der 'Verammlung'/Vollendung des Doppelten" 1.23:56f. (n.L.). — Zur gebotenen Interpretation siehe D. Pardee (CS 282 mit Anm. 60: "[to t]en, the completed double"). *klat* bezeichnet hier demnach das Doppelte von fünf Monaten, d.h. zehn Monate (= volle Periode der Schwangerschaft). Alternativ könnte sich *klat* auf die beiden im Text erwähnten schwangeren Frauen beziehen: "Das (weibliche) Doppel" = "die beiden Frauen".

Anm. In DLU 214b werden — entgegen dem sprachvergleichenden Befund — sämtliche Belege von ug. *klat(nm)* als Singularformen interpretiert.

67.12. Als Kollektivzahlen für "zwei" fungieren ferner die Lexeme *aḥdm* und *ṣmd(m)*, jeweils "Paar" bzw. "Gespann (von Zugtieren)". Die Verwendungsweise dieser Lexeme scheint in gewisser Weise komplementär zu sein: Die Einzahl, "ein Paar", wird meist durch *aḥdm* und seltener durch *ṣmd* bezeichnet (*ṣmd* nur in 4.368 und 4.377 [das Lexem *aḥdm* begegnet in diesen Texten nicht]). Die Zwei- und Mehrzahl von Paaren wird (immer) durch *ṣmdm* ausgedrückt. Von dieser Verwendung zeugt insbesondere das Gegenüber von *aḥdm* ("ein Paar") und *ṣmdm* ("zwei Paare") in 4.208+ und 4.384 sowie die Abfolge *ṯlṯ ṣmdm* ... *ṣmdm* ... *aḥdm* "drei Paare ... zwei Paare ... ein Paar" in 4.89.

aḥdm ist die Dualform der Kardinalzahl "eins" (w. "zwei Einzelexemplare"). Das Lexem *ṣmd*, "Verbindung, Verband, Gespann", ist im Sg. (nur nach Kardinalzahlen ab "11" [§69.722]), Du. und Pl. bezeugt. Die wichtigsten Belege werden im folgenden vorgestellt.

a. *aḥdm* und *ṣmd(m)* im Zusammenhang mit Zugtieren:

aḥdm "ein (Pferde-)Gespann" 4.384:5*12.13.14; *ṣmd w ḥrṣ* "ein Gespann (von Zugtieren) und eine Reserve(?)" 4.368:7.8.15; 4.377:5.6. — *ṣmdm alpm* "zwei Ochsengespanne" 4.691:8; *ṣmdm* "zwei (Pferde-)Gespanne" 4.384:2-11 (fünf sichere, zwei unsichere Belege). — *ṯṯ ʿšr ṣ[m]d a[l]pm* "16 O[ch]sengе[sp]anne" 4.618:10; *[ʿ]šrm ṣmd ššw* "20 Pferdegespanne" 4.427:23; *w ʿšrm ṣmd alpm* "und 20 Ochsengespanne" 4.367:10; *ʿšrm ṣmd \ ṯṯ kbd bḥ[lm(?)]* "26 Gespanne von Hengsten(?)" 4.377:23f.

Anm. Das in Wirtschaftstexten neben *ṣmd(m)* "Paar(e)" häufig bezeugte Lexem *ḥrṣ* scheint den Kontexten zufolge soviel wie "Reserve" (d.h. ein Reserverad, Reservezugtier) zu bedeuten. Zur Etym. ist ar. √*ḥrs/z* (sic!) "bewachen, hüten, wahren" mit Derivat *iḥtirās/z* "Vorsicht, Vorbeugung, Reserve" zu vergleichen (siehe Wehr[5], 244; mit Deemphatisierung des dritten Radikals im Ar.). Zu Ersatztieren in Mesopotamien siehe G. J. Selz, ArOr 61 (1993), 11f. und CAD M/1, 414 s.v. *matru* ("additional, supplementary"; "reserve horse" [ANŠE.KUR.RA *ma-at-ru*]).

b. *aḥdm* und *ṣmd(m)* im Zusammenhang mit anderen Bezugswörtern:

w trm aḥdm \ ṣpym "und ein Paar beschlagene Deichseln(?)" 4.167:3f. — *ṯlṯ ṣmdm [ ]* "drei Paar (Räder)" 4.88:9; *ṯlṯ ṣmdm \ b nḥry* "drei Paar in N." 4.89:1f. (Bezugswort unklar; es folgt in Z. 3 *ṣmdm* "zwei Paare" und Z. 4 *aḥdm* "ein Paar"); *w ṯlṯ ṣmdm w ḥrṣ \ apnt* "und drei Paar und eine Reserve(?) an Rädern" 4.145:8f. — *arb*ᶜ *ṣmdm apnt* \ *w ḫrṣ* "vier Paar Räder und eine Reserve(?)" 4.169:7; *ḫmš ṣmdm w ḫrṣ* \ *ṯryn ššwm* "fünf Paar und eine Reserve(?) an Pferdepanzern" 4.169:4f.; *ᶜšr ṣmdm trm d [ṣ]py* "zehn Paar Deichseln(?), die [be]schlagen sind" 4.167:2. — *ṣmdm a[pnt]* "Räderpaare" 4.88:1 (Z. 3-8 jeweils *apnm l PN* "zwei Räder = ein Räderpaar für PN").

Anm. Eine andere Interpretation für *aḥdm* hat del Olmo Lete (1979) vertreten. S.E. meint *aḥdm* — im Gegensatz zu *ṣmd(m)* "Paar(e)" — zwei einzelne, d.h. nicht (unmittelbar) zusammengehörige Teile bzw. Zugtiere. Gegen diese Auffassung spricht aber zum einen, daß *aḥdm* sich eindeutig auch in Kontexten findet, in denen von "Paaren" die Rede ist, zum anderen, daß *aḥdm* und *ṣmd* im Sinne von "*ein* Paar" nie nebeneinander in einem Text begegnen.

SV. Zu *aḥdm* im Sinne von "Doppelpack" bzw. "Paar" vgl. he. *ʾḥdym* in Ez 37,17: *wᵉhāyû l-ʾḥdym bᵉyādækā* "(zwei Hölzer) sollen in deiner Hand zu einem 'Doppelholz' werden" (Vulgata: *et erunt in unionem in manu tua*). Die Wortform *ʾḥdym* dürfte gegen die Masora (Vokalisation als Pluralform) als Dual zu interpretieren sein.

67.2. Kollektivzahlen für "drei"

67.21. Als Kollektivzahl für "drei" im Sinne von "Dreizahl, Dreiheit, Dreiergruppe, Triade" fungiert ein Lexem *ṯlṯ* = /*ṯalūṯ-*/? (vgl. ar. *ṯālūṯ* "Dreiergruppe, Triade, Dreifaltigkeit"; äth. *śalus* "drei Tage, der dritte Tag der Woche"). Mögliche Belege sind:

- *ᶜdt ilm ṯlṯh* "die Götterversammlung (in) ihrer Dreiheit(?)" 1.15:II:7.
- *ṯlṯ sswm* "Dreigespanne von Pferden" 1.14:II:2f. (und zahlreiche Parallelen).
- (?) *b ṯlṯ šnt* "in einer Dreizahl von Jahren (d.h. in einem Zeitraum von drei Jahren)" 4.168:12f.; 4.182:60. — *ṯlṯ* ist hier jedoch eher eine Kardinalzahl und im Sinne von "pro drei Jahre" = "alle drei Jahre" zu verstehen (Kontext: *l mgmr b ṯlṯ šnt* "... alle drei Jahre, [jeweils] zum Monat *Mgmr*"; vgl. 4.182:1: *b šnt* "im/pro Jahr"). Die Deutung von *ṯlṯ* als Ordinalzahl ist aufgrund der nicht vorhandenen Genuskongruenz ausgeschlossen.

67.22. Daneben ist ein Lexem **ṯlṯt* (= /*ṯalaṯat-*/?) mit der mutmaßlichen Bedeutung "Dreiergruppe, Dreierabteilung (von Arbeitern)" belegt. Es begegnet nur im Dual (siehe Dietrich – Loretz 1982): *ṯlṯtm bᶜlm* "zwei Dreierabteilungen Arbeiter" 4.360:6.7 (vgl. 4.360:2: *ṯlṯ bᶜlm* "drei Arbeiter").

Anm. Eine Wortform *ṯlṯtm* begegnet — neben *ḫmštm* — auch im unpublizierten Text RS94.2184+ (Information aus RSOu 14). Ob es sich dabei ebenfalls um Kollektivzahlen (im Dual) handelt, ist offen. Auch die unter §65.133 behandelte Wortform *arbᶜtm* (RS92.2016:15') könnte theoretisch eine Kollektivzahl im Dual sein.

67.3. Kollektivzahlen für "sechs"

Es scheint im Ug. nebeneinander verschiedene Kollektivzahlen für "Sechszahl, Sechsereinheit" zu geben.

67.31. Im poetischen Textkorpus (Keretepos) ist ein Lexem *ṯdṯ* = /*ṯadūṯ-*/ belegt (vgl. äth. *sadus* "sechs Tage; sechster Tag"): *yip lḥm d ḫmš / mǵd ṯdṯ yrḫm* "Er (sc. Keret) soll backen / backte Brot für fünf (Monate), Nahrung für eine Sechszahl von Monaten" 1.14:II:30f. // 1.14:IV:11f.

ṯdṯ kann aufgrund der Orthographie keine Kardinalzahl sein. Die Deutung als Ordinalzahl ist ebenfalls nicht möglich, da das Gezählte (*yrḫm*) eine Pluralendung aufweist. Sie ist außerdem kontextuell unwahrscheinlich, da große Kriegszüge im Alten Orient ungefähr ein halbes Jahr dauerten und Keret somit auf seiner Expedition Proviant für sechs Monate mitführen muß.

Anm. Das in Parallele zu *ṯdṯ* bezeugte Zahlwort *ḫmš* ist wahrsch. eine Kardinalzahl; die Deutung als Kollektivzahl ist aber nicht ausgeschlossen (vgl. äth. *ḫamus* "fünf Tage; der fünfte Tag [der Woche/des Monats]).

67.32. Daneben dürfte es im Prosa-Textkorpus eine Kollektivzahl der Form *ṯṯ* = /*ṯVṯṯ*-/ < **ṯVdṯ*- geben. Der einzige Beleg lautet: *b ṯṯ ym ḥdṯ* \ *ḫyr* "an der Sechszahl der Tage (d.h. am sechsten Tag) der Neumondphase (des Monats) Ḫiyaru" 1.78:1f.

Zugunsten dieser Deutung kann auf §67.43 verwiesen werden (*b šbʿ ym ḥdṯ*). Eine Ordinalzahl "sechster" ist aufgrund der Orthographie ausgeschlossen. Der Kontext stützt die hier postulierte ordinale Funktion von *ṯṯ*. Alternativ könnte *ṯṯ* hier gewöhnliche Kardinalzahl mit ordinaler Funktion sein ("Am Tag 'sechs'").

Anm. Weniger wahrscheinlich sind m.E. folgende zwei Vorschläge: a) T. de Jong – W.H. van Soldt (JEOL 30 [1987-88], 67-68) verstehen *b ṯṯ ym ḥdṯ* im Sinne von (sinngemäß) "zur sechsten Stunde des Neumondtages." Es wäre aber zu erwarten, daß zuerst *b ym ḥdṯ* stünde und dann die Stundenangabe folgt. Außerdem bezeichnet die Verb *ʿrbt* (1.78:2) eindeutig den Sonnenuntergang. — b) D. Pardee – N. Swerdlow (Nature 363 [1993], 406) übersetzen: "During the six days of the (rituals of) the new moon". Gegen diese Deutung spricht die parallele Konstruktion in 1.112:10 mit ordinaler Funktion (§67.43).

67.33. Sicher bezeugt ist noch eine Kollektivzahl für "Sechsergruppe, -abteilung (von Arbeitern)" in Form des Lexems **ṯṯṯ* /*ṯVṯṯat*-/ (vielleicht entstanden aus **ṯadaṯat*-). Es begegnet – vergleichbar mit der Kollektivzahl **ṯlṯt* (§67.22) – nur im Dual (siehe Dietrich – Loretz 1982). — Es gibt folgende zwei Belege: *ṯṯṯm ḫzr w ʿšt ʿšr ḥrš* "zwei Sechserabteilungen Hilfsarbeiter und elf (ausgebildete) Handwerker" 4.141:III:7; *ṯṯṯm ḫzr* \ *dt tbʿln* \ *b gt ḥrṯm* "zwei Sechserabteilungen Hilfsarbeiter, die in ON arbeiten" 4.141:III:9-11.

67.4. Kollektivzahl für "sieben"

67.41. Das Ug. besitzt offenbar ferner eine Kollektivzahl für "sieben", die nur in der Poesie bezeugt ist und funktional anstelle der Ordinalzahl "siebter" gebraucht wird. Sie lautet *šbʿ* und dürfte als /*šabūʿ*/ zu vokalisieren sein. Zur Etymologie vgl. he. *šābûaʿ* "Einheit von sieben, Woche, Jahrsiebent", ar. *usbūʿ* "Woche" und äth. *sabuʿ* "sieben (Tage), Woche; der siebte Tag (der Woche / des Monats); vgl. ferner akk. (bab.) *sebūtum* "(Siebentage-)Woche; siebter Tag (des Monats)".

67.42. Weitgehend sicher sind folgende Belege: *mk* \ *b šbʿ ymm* "Siehe, bei der Siebenzahl an Tagen (d.h. am siebten Tag)" 1.4:VI:31-32* und Parallelen (Abschlußkolon des Sieben-Tage-Schemas, Variante 2 [§63.113]); ähnl. 1.17:V:3f.:

w hn šb[ᶜ] \ b ymm "Und siehe, bei der Siebenzahl an Tagen (d.h. am siebten Tag)"; *mk b šbᶜ \ šnt* "Siehe, bei der Siebenzahl der Jahre (d.h. im siebten Jahr)" 1.6:V:8f.; 1.19:IV:17f.

Die Pluralform des Gezählten (*ymm*) und die Nicht-Kongruenz von Zahl und Gezähltem im letzten Beispiel beweisen, daß die Form *šbᶜ* hier keine Ordinalzahl sein kann. Die einzige – weniger wahrscheinliche – Alternative wäre die Deutung von *šbᶜ* als Kardinalzahl "sieben". Wollte man *šbᶜ* als Kardinalzahl deuten, ergäbe sich das Problem, daß *šbᶜ* in den beiden ersten Beispielen mit dem Gezählten im Genus kongruiert, was sonst in der Poesie – außer im Keret-Epos – in der Regel nicht der Fall ist (§69.133.1; §69.133.31).

Anm. Demgegenüber dürfte *šbᶜ* in der Wendung *(mk / w hn) špšm b šbᶜ* ... "([und] siehe,) bei Sonnenuntergang am siebten (Tag) ..." 1.14:III:3f.14f. (Abschlußkolon des Sieben-Tage-Schemas, Variante 1 [§63.113]) als Ordinalzahl zu deuten sein (§63.171).

67.43. Im Anschluß an die Belege von §67.42 dürfte auch *šbᶜ* in der Wendung *b šbᶜ ym ḥdṯ* als Kollektivzahl (und *ym* als Pl.cs.) zu deuten sein: *b šbᶜ ym ḥdṯ yrtḥṣ \ [ml]k brr* "bei der Siebenzahl der Tage (d.h. am siebten Tag) der Neumondphase wäscht sich der König rein" 1.112:10f.

Daß *šbᶜ* hier ordinale Funktion hat, geht aus dem Textaufbau eindeutig hervor. Man vergleiche etwa *b ṯlṯ* "am dritten (Tag)" (Z. 8), *b ṯmnt* "am achten (Tag)" (Z. 11), *b ᶜšt \ ᶜšrh* "am elften (Tag)" (Z. 13f.) und *b ṯlṯt \ ᶜšrt yrḥṣ m\lk brr* "am 13. (Tag) wäscht sich der König rein" (Z. 15-17). Nur bei der Zahl "sieben" wird die ausführlichere Wendung mit folgendem *ym ḥdṯ* verwendet. Sie markiert das Ende der ersten Woche.

67.5. Kollektivzahlen für "zehn"

67.51. Die eigentliche Kollektivzahl für "zehn" lautet wahrsch. *ᶜšr* = /*ᶜašūr*/ < **ᶜaśūr*; vgl. he. *ᶜāśôr* "Zehnzahl (von Tagen / Saiten); zehnter Tag (des Monats)" und äth. *ᶜaśur* "zehn Tage; der zehnte Tag". Es gibt zwei Belege:

- *[b ᶜš]r*(?) *\ yrḫm* "[bei der 'Zehnza]hl' von Monaten (d.h. im zehnten Monat)" 1.17:II:45f. — Daß die (nicht sicher gelesene) Form *ᶜšr* hier keine Ordinalzahl ist, geht aus dem Pl. des Gezählten (*yrḫm*) hervor.
- *w b ym ᶜšr* "und am Tag der 'Zehnzahl' (d.h. am zehnten Tag)" 1.104:15. — Ausschlaggebend für diese Deutung von *ᶜšr* ist die Stellung von *ym* vor dem Zahlausdruck. Diese Syntax begegnet sonst nur noch in *b ym prᶜ* "am ersten Tag" (4.279:1). Bei Tageszählungen mit Ordinalia oder Kardinalia werden andere Konstruktionen gebraucht (*ym* steht niemals vor der Zahl).

SV. Die he. Entsprechung zu ug. *b ym ᶜšr* wäre demnach *bæʾāśôr la(h)ḥodæš* "am zehnten (Tag) des Monats" (Ex 12,3 u.ö.) und – trotz formaler Übereinstimmung – nicht *bayyôm hāᶜᵃśîrî* "am zehnten Tag" (Num 7,66). Man beachte, daß der erstere Ausdruck im AT elfmal, der letztere nur einmal bezeugt ist.

67.52. Daneben existiert eine Kollektivzahl für "Zehnergruppe, -abteilung" in Form des Lexems *ᶜšrt* = /*ᶜašarat-*/ < **ᶜaśarat* (vgl. he. *ᶜᵃśārāh*, akk. *ešertu* und akk. *ušūrtu* [GAG § 71e*], jeweils "Zehnergruppe"): *rb ᶜšrt* "Anführer/Aufseher einer Zehnergruppe" 4.609:2.5.7.8; 4.714:1.

68. Unbestimmte Zahlwörter

68.1. Zum Ausdruck hoher Zahlen unbestimmten Wertes dient in der Poesie eine Konstruktion bestehend aus der Präp. *l* und dem Pl. von *alp* "1000" und/oder *rb(b)t* "10000". Belege:

- *yṣq ksp \ l alpm / ḫrṣ yṣq\-m l rbbt* "Er schmolz Silber (in der Größenordnung) von Tausenden (Schekeln), schmolz Gold (in der Größenordnung) von Zehntausenden (Schekeln)" 1.4:I:26-28.
- *d bh rumm l rbbt* "... wo Wildstiere zu Zehntausenden (leben)" 1.4:I:43.
- *hlk l alpm ḫḏḏ / w l rbt km yr* "Sie sollen marschieren/marschierten zu Tausenden (wie) der Wirbelsturm, ja zu Zehntausenden wie der Herbstregen" 1.14:II:39f. // 1.14:IV:17f.

68.2. Hinzuweisen ist in diesem Zusammenhang auch auf die in der Poesie wiederholt bezeugte Parallelisierung von Zahlen, die in der Werteskala benachbart sind (insbesondere "sieben" // "acht"). Der genaue Zahlenwert ist dabei zweitrangig. — Illustrative Beispiele: *tld šbᶜ bnm lk / w ṯmn tṯtʔmnn lk* "Sie wird dir sieben Söhne gebären; ja, acht werden für dich vorhanden sein" 1.15:II:23f. (zu *tṯtʔmnn* siehe §62.182b, Anm.); *ᶜmk šbᶜt \ ġlmk / ṯmn ḫnzrk* "Mit dir (seien) deine sieben Diener, deine acht 'Schweine'" 1.5:V:8f.; *šbᶜ šnt il mla / w ṯmn nqpnt ᶜd* "Sieben Jahre vollendete Ilu, ja, acht Zeitzyklen" 1.12:II:44f.; *ṯmnym bᶜl m[ḫṣ] / tšᶜm bᶜl mr[r]* "Baᶜlu ersch[lug] 80, Baᶜlu ver[trieb(?)] 90 (Krieger ?)" 1.4:VII:11f.; *ṯṯ l ṯṯm aḫd ᶜr / šbᶜm šbᶜ pdr* "Er (sc. Baᶜlu) erorberte 66 Städte, 77 Festungen" 1.4:VII:9f.; *k šbᶜt l šbᶜm aḫh ym[ġ(y)] / w ṯmnt l ṯmnym /* ..... "Als er(?) zu seinen 77 Brüdern ka[m], ja, zu den 88 (Brüdern), ..." 1.12:II:48f.; *škb \ ᶜmnh šbᶜ l šbᶜm /\ tšᶜly ṯmn l ṯmnym* "Er schlief mit ihm (sc. einem Kalb) 77(mal); es ließ sich 88(mal) 'besteigen'" 1.5:V:19-21.

68.3. Syntagmen bestehend aus der Präp. *k* mit folgender Zahl zur Bezeichnung ungefährer Zahlen – vgl. etwa he. *k^{e}ᶜæśær šānîm* "ungefähr zehn Jahre" (Rut 1,4 [siehe Meyer § 60.6]) – sind im Ug. nicht nachweisbar.

69. Syntax der Zahlwörter

Morphologische und syntaktische Probleme sind im Bereich der Zahlwörter besonders eng miteinander verknüpft. Aus diesem Grund soll an dieser Stelle die Syntax der Zahlwörter ausführlich behandelt werden. Die große Anzahl von Zahlausdrücken im ug. Textkorpus stellt eine solide Basis für entsprechende Untersuchungen dar.

69.1. Syntax der Kardinalia

69.11. Kardinalzahl "eins"

69.111. Die Kardinalzahl *aḥd/t* ist ein Adj. Es folgt in der Regel dem Gezählten und kongruiert mit diesem im Genus (und gewiß auch im Kasus).

- Beispiele für mask. Gezähltes plus *aḥd*: *š aḥd* "ein Schaf" 4.751:3; *ġzr aḥd* "ein Jüngling" 4.102:3.[18].19.20; *bnš aḥd* "ein Bediensteter" 4.420:5; *lmd aḥd* "ein Lehrling" 4.138:4.5.7; *alp aḥd* "ein Rind" 4.231:7*.8*; 4.295:6*; *bt aḥd* "ein Haus" 4.750:9.10.11 (gegenüber *bt yḥd* "ein Haus" in Z. 5-7 und *bt* [allein] in Z. 14-15); Moussaieff:6; *krm aḥd* "ein Weinberg" 4.244:5-17 (häufig).
- Beispiele für fem. Gezähltes plus *aḥt*: *aṯt aḥt* "eine (erwachsene) Frau" 4.102:10.24; *pġt aḥt* "ein Mädchen" 4.102:7-30 (6x); 4.349:3; *bt aḥt* "eine Tochter" 4.360:5; *krk aḥt* "ein *krk*-Gerät" 4.625:6 (fem. Genus); *šrt aḥt* "ein *šrt* (?)" 4.410:13&; *pat aḥt* "ein Rand" 4.136:4.

69.112. Selten steht *aḥd/t* vor dem Gezählten (§vgl. 91.24). Bei der Mehrzahl der Belege ist diese inverse Wortstellung durch die Tatsache motiviert, daß dem Gezählten eine nähere Bestimmung folgt (z.B. Gezähltes als Nomen regens einer Genitivverbindung):

- Gezähltes mit näherer Bestimmung: *[aḥ]d nġr krm* "[ei]n Weinbergwächter" 4.141:III:17; *aḥd alp idṯn* "ein Ochse des PN" 4.296:11; *a[ḥd al]p d aġlmn* "ei[n Och]se des PN" 4.296:12 (gegenüber *w ḫ[dr a]ḥd d sgrm* [4.195:4] bzw. *ṯryn aḥd d bnš* [4.169:6]; vgl. auch *mru ibrn aḥd* "[von den] *mru*-Leuten des Ibirānu eine [Person]" [4.752:7]).
- *w aḥd ḫbṯ* "und ein Freigelassener" 4.360:8. — Der Kontext lautet: *ṯlṯtm bʿlm \ w aḥd ḫbṯ \ w arbʿ aṯt* 4.360:7-9 (*aḥd* steht hier in Analogie zu anderen Zahlausdrücken vor dem Gezählten; vgl. dagegen *w bt aḥt* in 4.360:5).

69.113. Ferner gibt es zahlreiche Belege, an denen *aḥd/t* nicht unmittelbar neben dem Bezugswort erscheint bzw. das Bezugswort nicht genannt ist. Auch an diesen Stellen kongruiert *aḥd/t* im Genus mit dem Bezugswort.

Beispiele: *aḥd b bnk* "einer von deinen Söhnen" 1.6:I:46 // 1.6:V:19f.22; *aḥt* "ein (Vogel)" 1.48:12.14.15.16.19 (Bezugswort *ʿṣr* [fem. Genus]); *aḥd* "ein (Ochse)" 4.296:9!.10 (Bezugswort *alp* [Z. 8.11.12]); *w p[tḥ l] k(?)l aḥd adr* "das T[or zu] jedem einzelnen (Raum) ist (von) großem (Format)" 4.195:5 (Bezugswort *ḥdr* [Z. 4*.6]); *w aḥd \ ʿl atlg* "und ein (Baum) zu Lasten von *Atlg*" 2.26:13f. (Bezugswort *ʿṣ*); *bt b ugrt aḥd* "ein Haus in Ugarit, (und zwar) eines" 4.750:8 (im gleichen Text finden sich drei andere Konstruktionen: *bt yḥd b ON* [Z. 5-7], *bt aḥd b ON* [Z. 9-11] und *bt b ON* [Z. 14-15]).

69.114. In zahlreichen ug. Texten, insbesondere in listenhaften Wirtschaftstexten, kann ein Einzelexemplar auch ohne explizite Nennung des Zahlworts *aḥd/t* allein durch den Sg. des Substantivs bezeichnet werden, z.B. *arbʿ qlʿm \ arbʿ mḏrnm \ mḏrn w mšḫṭ* "vier Schilde, vier Schwingschwerter, ein Schwingschwert und eine Axt(?)" 4.167:10-12.

Wirtschaftstexten wie 4.102 und 4.156 läßt sich entnehmen, daß auf die Setzung von *aḥd* meist verzichtet wird, wenn das Gezählte (bereits) durch ein folgendes (anderes) Adj., durch ein folgendes Subst. im Gen. oder durch eine andere Erweiterung näher bestimmt ist: z.B. *aṯt aḥt* "eine Frau" (4.102:10) gegenüber *aṯt w pġt* "eine Frau und ein Mädchen" (4.102:6), *aṯt adrt* "eine alte Frau" (4.102:9), *aṯt w ṯn nʿrm* "eine Frau und zwei Kinder" (4.102:8) und *aṯt w ṯn ġzrm* "eine Frau und zwei Jünglinge" (4.102:23). Siehe ferner *[ḫ]pn aḥd* "ein *ḫpn*" (4.156:3) gegenüber *ḫpn pṯtm* "ein *ḫpn* aus Leinen" (4.156:5).

Es handelt sich dabei jedoch um keine feste Regel (vgl. etwa *sġr PN aḥd* "ein Gehilfe von PN" [insgesamt 11x in 4.129]).

69.115. Die Einzahl von Maßangaben wird regelmäßig ohne Zahlwort ausgedrückt (§69.221).

Anm. Zum syntaktischen Gebrauch der nur einmal bezeugten Kardinalzahl *ʿšty* (1.161:27) ist nichts bekannt, da es ohne Gezähltes begegnet.

69.12. Kardinalzahl "zwei"

69.121. *ṯn* und *ṯt* fungieren im Ug. als Substantive. Als solche stehen sie in aller Regel vor dem Gezählten, wobei zwischen Zahlwort und Gezähltem Genuskongruenz herrscht (vgl. die he. *šᵉnê bānîm* gegenüber *štê bānôt*).

Zu Belegen von *ṯt* vor Nomina, die grammatisch feminin sind, aber eine maskuline Dualform aufweisen siehe §52.5. Zur Frage des Status des Zahlworts – St.cs. oder endungsloser Status – siehe §62.121.

Zählbare Substantive weisen in der Regel die Dualform auf, nicht zählbare die Singularform.

Anm. Nicht zählbar sind Stoffnamen, Gattungsnamen und teilweise auch Sammelnamen (Kollektiva). Demgegenüber sind Einzelexemplare von Sammel- und Gattungsnamen zählbar; Teilmengen von Stoffnamen sind meßbar. Die Grenzen zwischen diesen semantischen Subklassen sind jedoch durchlässig, so daß mitunter ein und dasselbe Substantiv einmal als zählbar, ein anderes Mal als nicht zählbar gilt.

69.122. Das Gezählte steht in der Regel im Du. (für Belege siehe unter §53.232b). Hervorzuheben sind Belege mit dem Gezählten im Du.pron., z.B. *ṯn bn-h* "seine zwei Söhne" 4.80:7 (u.ö.) oder *ṯt bt-h* "ihre/seine zwei Töchter" 4.102:22 (gegen Pl.pron. *bnt-h* [1.3:I:23&]).

69.123. Das Gezählte kann im Sg. stehen, sofern es sich dabei um ein Nomen generis handelt.

Beispiele: *ṯt dqt* "zwei (Stück) weibliches Kleinvieh" 1.132:9 (gegenüber *ṯn šm* "zwei Schafe" 1.132:13.23); *ṯn krm* "zwei (*šir*-Maß ?) Weingarten" 4.244:26.27.28 (gegenüber *ṯn krmm* 4.244:10); *ṯn pġndr* "zwei (Stücke) *pġndr*-Decken" 4.4:1; *ṯt ṯnt d alp* "zwei *ṯnt*-Gewänder für 1000 (Schekel Silber)" 4.203:13 (§69.124.1). — Vgl. auch die Iterativzahl *ṯnid*, w. "zwei Male" (§65.143; §65.147a).

69.124. Sivan (1983, 235-237) hat Auffassung vertreten, daß es daneben auch Beispiele für den Pl. des Gezählten nach der Kardinalzahl "zwei" gibt.

69.124.1. Zugunsten dieser Meinung könnten die nachstehenden alph. Textbeispiele sprechen. Alle Belege lassen sich jedoch auch anders interpretieren. In der Mehrzahl der Fälle ist die alternative Deutung eindeutig vorzuziehen:

- *ṯt dqt* "zwei (Stück) weibliches Kleinvieh" 1.132:9. — Die Form *dqt* dürfte nicht als Pl., sondern als Sg. (Nomen generis) zu deuten sein (§69.123).
- *ṯn kndwm adrm* 4.4:2. — Mehrere Autoren analysieren *kndwm* als Pl.abs. Nom. mit {w} als *mater lectionis* für /*ū*/, d.h. /*kan(n)adūma*/ (siehe etwa M. Dietrich – O. Loretz [UF 9, 1977, 340] und DLU 220). Gordon (UT § 19.1266) deutet die Form dagegen als Du. (etwa /*kan(n)adVwâmi*/). Die Form beruht aber m.E. auf einer falschen Lesung. Es dürfte *kndw[ṯ]m* zu lesen sein (siehe Tropper 1997b, 664f.).
- *ṯt ṯnt d alp* "zwei *ṯnt*-Gewänder für 1000 (Schekel Silber)" 4.203:13. — Die Deutung von *ṯnt* als Pl. wäre nur überzeugend, wenn sich zum betreffenden Wort ein Sg. *ṯn* nachweisen ließe. Nun ist zwar ein Sg. *ṯn* mehrmals belegt, doch handelt sich dabei sehr wahrsch. um ein anderes Lexem (*ṯn* "zweiter" bzw. "anderer, weiterer" [§63.123]), z.B. *lbš ṯn b ṯnt ˁšrt* "ein weiteres Obergewand für 12 (Schekel Silber)" 4.146:8. Somit dürfte *ṯnt* in 4.203:13 als Sg. zu betrachten sein. Im Gefolge der Kardinalia 3-10 kann *ṯnt* als Pl. oder als Sg. gedeutet werden. Zur Etym. des Subst. *ṯnt* vgl. akk. (Alalaḫ) *šinatena* (Pl.) "Art von Gewändern" (AHw. 1241) und akk. *šinītu* "Abspülung; Färbung; gefärbter Stoff" (AHw. 1242).
- *w ṯt kwt yn* "und zwei *kwt*-Maß(?) Wein" 4.691:6. — Sivan (1993, 236; und GUL 80) hält *kwt* für einen Pl. und verweist auf eine in 2.47:17 bezeugte singularische Wortform *kw* (Bedeutung ungewiß). Es ist jedoch unwahrscheinlich, daß die genannten Formen etymologisch zu verbinden sind. *kwt* dürfte deshalb eher als Sg. zu deuten sein.

69.124.2. Sivan (1983, 235-237) verweist in diesem Zusammenhang auch auf den syll. Befund, wo nach dem Zahlzeichen "2" regelmäßig Nomina im Pl. folgen. Die betreffenden Belege dürften jedoch Verhältnisse der akk. Syntax widerspiegeln und sind deshalb für das Ug. nicht signifikant.

69.124.3. Das hier behandelte Problem ist auch Thema einer Untersuchung von Vita (1997a). Vita weist darin überzeugend nach, daß das Gezählte nach der Kardinalzahl "zwei" im alph. Textkorpus – soweit der orthographische Befund eine Beurteilung erlaubt – im Du. steht.

69.125. In listenhaften Kontexten scheint die Kardinalzahl "zwei" dem Bezugswort zu folgen. Tatsächlich ist aber das Subst. vor der Zahl – offenbar immer ein Pl. – nicht als Gezähltes zu betrachten; siehe etwa *mr[um] ṯn* "(von den) *mr[u*-Leuten]: zwei (Personen)" 4.752:2 (vgl. 4.36:3: *m[ru] škn 2*; vgl. ferner 4.752:3: *ṯn[nm] aḥd*). Gezählt werden Personen einer Berufsgruppe (vgl. §69.131).

69.126. Das Gezählte kann elliptisch fehlen. Auch in diesen Fällen kongruiert die Kardinalzahl hinsichtlich des Genus mit dem Bezugswort; z.B. *w ṯn ʿl \ mlk* "und zwei (Bäume) zu Lasten von ON" 2.26:13f. (Bezugswort *ʿṣm* in Z. 6.9.17).

69.127. Eine fehlende Genuskongruenz zwischen dem Zahlwort "zwei" und dem Gezählten, namentlich eine Kombination von mask. Zahlwort und fem. Gezähltem, läßt sich im Ug. nicht sicher nachweisen. Zumindest für die Mehrzahl der angeblichen Belege dieses Phänomens sind andere Erklärungen vorzuziehen:

- *ṯt ḫṯrm ṯn ksm \ spl mšlt w mqḥm* "Zwei Siebe(?), zwei *ks(m)*, eine Schüssel, ein Messer(?) und eine Zange" 4.385:2f. — *ksm* könnte als Dualform von *ks* "Becher" (1.3:V:34&) gedeutet werden. Das betreffende Wort ist in anderen sem. Sprachen meist (aber nicht ausschließlich) fem. und besitzt im Ug. einen fem. Pl. (*kšt* 1.86:24; *kst* 4.206:5). Sollte *ksm* die Dualform von *ks* sein, könnte dies ein Hinweis darauf sein, daß *ks* an der betreffenden Stelle als Maskulinum behandelt wird (vgl. akk. *kāsu* mit fem. und mask. Genus).

  Anm. Zugunsten des mask. Genus von *ks* "Becher" spricht auch das Syntagma *w ṯlṯ kst* "drei Becher" im Kurzalphabettext 4.710:13, da in diesem Text eine polare Genussyntax zwischen den Zahlen 3-10 und dem Gezählten vorherrscht (§22.81:6). Der Text ist aber wahrsch. nicht ugaritisch (§22.82).
- *ṯn šurtm* "zwei *šurt*-Textilien" 4.44:3.8.17. — *šurt* besitzt trotz Endung *-t* offenbar mask. Genus. Für diese Annahme spricht zum einen seine Herleitung aus heth. *šurita-* bzw. akk. *šurʾītu* (CAD Š/3, 367f.) (siehe Watson 1995b, 544). Der letzte Konsonant /t/ ist demnach Bestandteil des Wortstamms und nicht Femininendung. Für diese Annahme spricht ferner das Syntagma *ṯmn ʿšr šurt* "18 *šurt*-Textilien" (4.44:1 [§69.143.22]), zumal die Zehnzahl *ʿšr* nur im Zusammenhang mit mask. Gezähltem nachweisbar ist (§69.143.2).
- *ṯn mrdt az* "zwei *mrdt*-Webstücke/Teppiche(?) aus *az*-Stoff" 4.205:6. — Da *mrdt* fem. Genus besitzt (vgl. *w mrdt prqt pṯṯ* [4.205:4] und akk. *mardatu*), könnte hier tatsächlich Inkongruenz vorherrschen. Es ist aber nicht auszuschließen, daß sich *ṯn* hier nicht auf *mrdt*, sondern auf eine nicht genannte (mask.) Maßangabe bezieht, d.h. "zwei (Maß von) *mrdt az*".

69.128. Die Zweizahl von Maßangaben wird regelmäßig ohne Zahlwort ausgedrückt (§69.222).

69.13. Kardinalia 3-10

69.131. Stellung des Gezählten

Die Zahlwörter 3-10 fungieren als Substantive und stehen deshalb in der Regel vor dem Gezählten. Abweichend von dieser Regel findet sich bei Konstruktionen mit dem Lexem *pamt* (Pl.) "Male" die Zahl vor oder nach *pamt*, z.B. *šbᶜ pamt* "siebenmal" (1.43:7.26) neben *pamt šbᶜ* (1.23:20; 1.41:52; 1.110:9; 1.112:7).

Vor der Zahl steht das Bezugswort scheinbar auch in einigen listenhaften Wirtschaftstexten. Tatsächlich ist dieses – es handelt sich immer um Berufsbezeichnungen – dabei aber nicht das Gezählte. Gezählt werden vielmehr Personen, die zu einer Berufsgruppe gehören (§69.125; §69.141). — Beispiele: *t̠rtnm ḫmš* "(an) *t̠rtn*-Leuten: fünf (Personen)" 4.179:5; *hbṯnm \ t̠mn* "(an) *hbṯn*-Leuten: acht (Personen)" 4.179:11f.; *mrum ᶜšr* "(an) *mru*-Leuten: zehn (Personen)" 4.179:6. — Vgl. Belege mit Zahlzeichen, etwa *khnm 2* (4.36:1), *ḥrš bhtm 2* (4.47:10), *mrum 4* (4.416:2), *mrum 3* (4.745:1) oder *ᶜšrm 4* (4.416:3).

Diese Deutung wird gestützt a) durch den Wortlaut von 4.416:1, nämlich *mrynm 5* LÚ.MEŠ (n.L.) "(an) *mryn*-Leuten fünf Personen", b) durch Formulierungen mit dem Plural der Berufsbezeichung und folgender/m Zahl(zeichen) "eins" wie etwa *mdm 1* "an *md*-Leuten eine (Person)" (4.47:4; vgl. 4.47:7.8.9).

SV. Im He. steht in listenhaften Kontexten das Gezählte vor der Zahl, z.B. *pārôt ʾarbāᶜîm ûpārîm ᶜᵃśārāh* "40 Kühe und 10 Stiere" (Gen 32,16); siehe BHS § 15.2.4a.

69.132. Numerus des Gezählten

Das Gezählte steht nach den Kardinalia 3-10 in der Regel im Plural. Daneben gibt es jedoch auch Beispiele für den Gebrauch des Singulars. Gewöhnlich handelt es sich dabei entweder um (nicht zählbare) Gattungs- oder Stoffnamen:

- *tšᶜ ṣin* "neun (Stück) Kleinvieh" 1.106:29; 4.332:22

  Anm. Das Lexem *ṣin* wird in den Wirtschaftstexten regelmäßig anstelle des Pl. von *š* "Schaf" gebraucht. Es gibt also folgende Zählweise (siehe bes. 4.775): *š (aḥd)* "ein Schaf"; *(t̠n) šm* "zwei Schafe"; *t̠lt̠ ṣin* "drei (Stück) Kleinvieh" (etc.).
- *t̠lt̠ šd* "drei (*šir*-Maß) Ackerfläche" 4.282:3.6 (vgl. aber *[t̠]t̠ šdm* "sechs Felder" 4.103:45 [KTU²-Ergänzung falsch]).
- (?) *w(?) arbᶜ kkr ᶜl bn xx[ ]* "und(?) vier Talente zu Lasten von ..." 4.123:2 (Lesung unsicher; eine Lesung {kkrm} ist nicht auszuschließen).
- *t̠mn ḫzr* "acht (Personen der Berufsgruppe) *ḫzr*" 4.141:III:4. — Zum Sg. vgl. 4.630:1-2: *aḥd kbd \ arbᶜm b ḫzr* "41 (Personen) von (der Berufsgruppe) *ḫzr*".
- *ᶜšr ᶜl* "zehn Jungtiere (wohl Kälber)" 4.749:2 (nach *ḫmšm ᶜl* "50 Jungtiere").
- Vgl. die Iterativzahlen *t̠lt̠id* "dreimal", *šbᶜ(i)d* "siebenmal" und *ᶜšrid* "zehnmal", in denen das Lexem **id* im Sg. steht (§65.143; §65.147b-d).

69.133. Genussyntax zwischen Zahl und Gezähltem

69.133.1. Problemstellung

In praktisch allen älteren sem. Sprachen disgruieren die Kardinalia 3-10 hinsichtlich ihres Genus mit dem Gezählten, so daß man von einer genuspolaren Syntax sprechen kann. Das Ug. stellt hier insofern eine Ausnahme dar, als die endungslosen (mask.) Formen der betreffenden Zahlen mit Nomina beiderlei Geschlechts verbunden werden können. Die relativ selten bezeugten entsprechenden (fem.) Formen mit Endung *-t* werden demgegenüber erwartungsgemäß nur im Zusammenhang mit Nomina mask. Geschlechts gebraucht.

Auffällig ist die Tatsache, daß im Baal-Zyklus, im Aqhat-Epos und in einigen anderen poetischen Texten zwischen den Kardinalia 3-10 und dem Gezählten in der Regel die genuspolare Syntax Verwendung findet (fem. Zahl mit mask. Gezähltem). Demgegenüber überwiegt im Keret-Epos die Verknüpfung von endungslosen Zahlwörtern mit mask. Gezähltem. In der Prosa ist praktisch nur diese Syntax nachweisbar; fem. Zahlen finden sich ausschließlich bei Ellipse von *ṯql* "Schekel" und *ym* "Tag" (§69.133.32). Dieser uneinheitliche Befund beweist, daß im frühen Ug. — wie in allen älteren sem. Sprachen — die genuspolare Syntax bei den Kardinalia 3-10 vorherrschend war. Sie wurde allerdings im Laufe der Sprachgeschichte zunehmend aufgegeben. Diese Beobachtung spricht im übrigen zugleich für eine — auch durch andere Argumente gestützte — relativ späte Ansetzung der Entstehungszeit des Keret-Epos.

SV. Ob die Endung *-t* bei Zahlen 3-10 sprachhistorisch als Femininendung zu betrachten ist, ist umstritten. Nach Bauer (1912) — ähnlich auch Michel (1977, 31-34) — stellt die betreffende Endung ein numeratives Element dar. Nach Meinhof (1911, 201-208) und Hetzron (1967) handelt es sich dabei ursprünglich um den Marker der Sachklasse (im Gegensatz zur nicht markierten Personenklasse). Da eine Mehrzahl von Personen der Sachklasse zugerechnet werde, werde ein davor tretendes Zahlwort mit *-t* markiert. Beyer (1994, 290) zufolge sind die Kardinalia 3-10 mit Endung *-t* "eigentlich Kollektiva, vgl. ar. *ǧammālatun* 'Kamelhirten', *ḥammālatun* 'Lastträger' u.a.". — Eine sich sprachhistorisch allmählich vollziehende Aufgabe der genuspolaren Syntax den Zahlen 3-10 ist in allen sem. Sprachzweigen nachweisbar (siehe Streck 1995a, 26-39 [I, §§ 29-31]). Es bleibt jedoch anzumerken, daß die Genuspolarität im Ug. erheblich früher zurückgedrängt wird, als in allen anderen nwsem. Sprachen: Im Phön.-Pun. ist das betreffende Phänomen erst mehr als 1000 Jahre später (siehe PPG^3 § 312c), im Biblischen He. praktisch nicht bezeugt (die ganz wenigen Abweichungen beruhen vielleicht auf Schreibfehlern [siehe GBH § 100d, Anm. 1]).

69.133.2. Gebrauch der endungslosen Zahlwörter

69.133.21. Endungslose Zahlwörter vor maskulinem Gezähltem

a. Poesie (vornehmlich im Keret-Epos):

tld šbᶜ bnm lk "Sie wird dir sieben Söhne gebären" 1.15:II:23; *ṯlṯ yrḫm k m[rṣ] \ arbᶜ k dw [krt]* "Drei Monate (sind es), daß er kr[ank] ist; vier (Monate), daß [Keret] schwach ist" 1.16:II:22f.; *ṯlṯ kmm ṯrry* "drei ...(?)" 1.16:IV:15; *ar[bᶜ] ymm* "vier Tage" 1.13:5 (die Lücke reicht nicht für eine Ergänzung *ar[bᶜt]*). — Vgl. ferner *šbᶜ \ [a]ḫm* (1.14:I:8f.) und *ṯmn ḫnzrk* (1.5:V:9), wo in Parallele jeweils ein formal fem. Zahlwort gebraucht wird (§69.133.4). — Vgl. schließlich auch Iterativzahlen, die mit dem Lexem *id* (mask. Genus) gebildet sind: *ṯlṯid*, *šbᶜ(i)d* und *ᶜšrid*, "drei/sieben/zehn Male" (§65.14).

Anm. Die Syntagmen *ṯdṯ yrḫm* (1.14:II:31 // 1.14:IV:12*), *b šbᶜ ymm* "am siebten Tag" (1.4:VI:32 und Parallelen) und *šbᶜ b ymm* "am siebten Tag" (1.17:V:3f.) gehören nicht hierher. Es liegen jeweils Kollektivzahlen vor (§67.31 und §67.4).

b. Prosa (sehr häufig; illustrative Beispiele):

ḫmš bnšm "fünf Personen/Bedienstete" 4.40:13; *ṯlṯ bnšm* "drei Personen/Bedienstete" RS92.2022:1; *ṯlṯ klbm* "drei (Wach-)Hunde" 4.54:4; *ṯlṯ/arbʿ qlʿm* "drei/vier Schilde" 4.63:II:45-4.63:III:21; *šbʿ alpm* "sieben Ochsen" 1.105:5; *ṯlṯ ġzrm* "drei Jünglinge" 4.102:16; *ʿšr ksdm* "zehn *ksd* (Kleidermacher ?)" 4.125:8; *ṯṯ ḫrṯm* "sechs Bauern" 4.630:6; *ʿšr ḥrš \ bhtm* "zehn Hausbauer" 4.630:8f.; *ṯṯ nsk ḥẓm* "sechs Pfeil(spitzen)-Gießer" 4.630:14; *ṯlṯ spm* "drei *sp*-Gefäße" 4.34:4; *ṯlṯ/arbʿ/ṯṯ spm* "drei/vier/sechs *sp*-Gefäße" 4.44:26-32; *w ṯlṯ nʿrh* "und seine drei Diener" 4.339:25; *ṯṯ/ʿšr ddm* "sechs/zehn *dd*-Maß (Getreide)" 4.128:2.3.4; *ʿšr mrum* "10 *mru*-Leute" 4.137:7; 4.163:3; 4.173:6; 4.174:3. — Vgl. ferner (endungsloser Einer vor dem Pl. des mask. Lexems für "1000"): *arbʿ alpm \ mitm kbd ṯlṯ* "4200 (Schekel) Kupfer" 4.626:2f.; *arbʿ alpm pḫm \ ḫmš mat kbd* "4500 (Schekel) roter Purpur" 4.203:3f.; *arbʿ alpm iqni \ ḫmš mat kbd* "4500 (Schekel) violetter Purpur" 4.203:5f.; *ṯlṯ ḫmš alpm* "Kupfer: 5000 (Schekel)" 4.181:2.

69.133.22. Endungslose Zahlwörter vor femininem Gezähltem

a. Poesie: *šbʿ ydty* "meine sieben Anteile" 1.5:I:20f. // 1.133:11; *šbʿ bn[t(?)]* "sieben Töch[ter]" 1.7:35; *šbʿ rbt* "sieben(?) Myriaden / herrschaftliche Damen" 1.133:12 (Kontext abgebrochen); *šbʿ šnt \ yṣrk bʿl / ṯmn rkb \ ʿrpt* "Wird Baʿlu sieben Jahre schwach sein / versagen, acht (Jahre) der Wolkenreiter?" 1.19:I:42-44; *šbʿ šnt (tmt)* "sieben (volle) Jahre" // *ṯmn nqpnt/nqpt ʿd* "acht Zeitzyklen" 1.12:II:44-45; 1.23:66-67 (möglw. ist die Form *nqpnt* [1.12:II:45] zu *nqp«n»t* zu emendieren).

b. Prosa: *šbʿ gdlt* "sieben Kühe" 1.106:21; 1.112:26; *ṯlṯ/arbʿ qšt* "drei/vier Bögen" 4.63:II:45-4.63:III:21 (viele Belege); *ṯlṯ aṯt adrt* "drei vornehme Damen" 4.102:16; *ṯlṯ ktnt* "drei Leinengewänder" 4.132:2; 4.337:18; *arbʿ ṯqt* "vier *ṯq*-Gewänder" 4.595:4 (*ṯq* hat fem. Genus [§52.5e]); *ʿšr ydt* "zehn ...(?)" 4.158:9; *ṯlṯ/ḫmš/ṯmn/ṯṯ ḫrmṯt* "drei/fünf/acht/sechs Sicheln" 4.625:1.7.9.11.13; *tšʿ iptt* "neun *ipd*-Gewänder" 4.707:11 (§33.112.52); *šbʿ pamt* "siebenmal" 1.43:7.26.

69.133.23. Endungslose Zahlwörter bei Ellipse des Gezählten (außer bei Ellipse von *ṯql*):

w ṯlṯ \ ʿl ubry "und drei (Bäume) zu Lasten von *Mlk*" 2.26:13f. (Bezugswort *ʿṣm* Z. 6.9.17); *ġr mk⸢r⸣m \ bir ḫmš \ uškn arbʿ \ ubrʿy ṯlṯ* ... "ON_1: zwei Kaufleute; ON_2: fünf (Kaufleute); ON_3: vier (Kaufleute); ON_4: drei (Kaufleute); ..." 4.27:12-15; *bnšm d b ... \ tšʿ dt tqḥ[n] \ šʿrt \ šbʿ dt tqḥn \ ššlmt* "Personen, die in ...: sieben (Personen), die Schurwolle erhalten; sieben (Personen), die *ššlmt* erhalten" 4.395:1-5.

69.133.24. Einige endungslose Kardinalia 3-10 werden ferner in der Funktion von Ordinalia bei der Zählung von Tagen und Jahren gebraucht (§63.21).

69.133.3. Gebrauch der Zahlwörter mit Endung *-t*

69.133.31. In der Poesie werden Zahlwörter mit Endung *-t* nur vor mask. Gezähltem (im Pl.) gebraucht:

d šbˁt rašm "der mit den sieben Köpfen" 1.3:III:42 // 1.5:I:3; *b šbˁt ḥdrm / b ṯmnt ap sgrt* "... in/aus den sieben Zimmern, in/aus den acht Vorräumen(?)" 1.3:V:11f.26f.; vgl. ferner 1.5:IV:8f. (zur Hälfte abgebrochen); *šbˁt ġlmh* "seine sieben Diener" 1.6:VI:8 (// 1.5:V:8f. [§69.133.4]); *šbˁt brqm* "sieben Blitze" // *ṯmnt iṣr rˁt* "acht Donnerbündel" 1.101:4.5; *šbˁt \ ghl ph / ṯmnt \ nbluh* "sieben Freudenrufe(?) aus ihrem/seinem Mund; acht ...(?)" 1.45:2-4; *šbˁt \ ġlmk* "deine sieben Diener" 1.5:V:8f. (§69.133.4); *ṯmnt bn um* "acht Söhne einer Mutter" 1.14:I:9 (§69.133.4). — Vgl. *šbˁt l šbˁm aḫh // ṯmnt l ṯmnym* "seine 77 Brüder" // "88 (Brüder)" 1.12:II:48.49 (fem. Einer).

69.133.32. In Prosatexten sind die Kardinalia 3-10 mit Endung *-t* nur bei Ellipse eines Gezählten mask. Geschlechts nachweisbar. Häufig ist dieser Fall bei Ellipse der Gewichtseinheit *ṯql* "Schekel", selten bei Ellipse von *ym* "Tag". Die Verwendung der formal fem. Kardinalia ist dabei als Relikt der genuspolaren Verknüpfung der Kardinalia 3-10 mit Gezähltem zu bewerten (§69.133.1).

a. Bei Ellipse von *ṯql*:

ḫrṣ ṯlṯt "Gold (im Gewicht von) drei (Schekeln)" 1.43:5; *dmt ṯlṯ[t] \ qmnz ṯqlm \ zlyy ṯql \ ary ḫmšt \ yknˁm ḫmšt \ ˁnmky ṯqlm \ [x]kt ˁšrt \ qrn šbˁt* "ON_1: drei (Schekel); ON_2: zwei Schekel; ON_3: ein Schekel; ON_4: fünf (Schekel); ON_5: fünf (Schekel); ON_6: zwei Schekel; ON_7: zehn (Schekel); ON_8: sieben (Schekel)" 4.113:1-8 (n.L.: Für 4.113:1 wird in PRU 2, Nr. 176 und $KTU^{1/2}$ die Lesung *dmt ṯlṯ* vorgeschlagen. Nach dem letztgenannten Zeichen folgt jedoch eine beschädigte Fläche, in der gewiß ein {t} zu ergänzen ist.); *w ṯmnt ksp.hn* "acht (Schekel) ist ihr (Preis in) Silber" 4.132:2; *ḫmšt w nṣp ksp.hn* "5 1/2 (Schekel) ist ihr (Preis in) Silber" 4.132:6; *lbš aḥd \ b ˁšrt \ w ṯn b ḫmšt \ ṯprt b ṯlṯt \ mṯyn b ṯṯt \ ṯn lbšm b ˁšrt \ pld b arbˁt \ lbš ṯn b ṯ<m>nt ˁšrt* "Ein *lbš*-Gewand für zehn (Schekel) und zwei für fünf (Schekel); ein *ṯprt*-Gewand für drei (Schekel); ein *mṯyn*-Kleid für sechs (Schekel); zwei *lbš*-Gewänder für vier (Schekel); ein *lbš*-Gewand aus Purpurstoff(?) für 18 (Schekel)" 4.146:1-8; *šbˁt k[sph]* "sieben (Schekel) ist [sein (Preis in) Sil]ber"(?) 4.333:6 (alt.: *šbˁt k[bd (ksph)]*); *tšˁ ṣin b tšˁt ksp* "neun (Stück) Kleinvieh für neun (Schekel) Silber" 4.337:22; *ḫmšt \ d pwt* "Fünf (Schekel [Silber]) von/für Färberröte" 4.771:3f.; *ˁšrt ksp ˁl PN* "zehn (Schekel) Silber zu Lasten von PN" 3.10:4 (analog 3.10:6f.).

Anm. In 4.226:3 findet sich — trotz eindeutigem Bezugswort *ṯql* "Schekel" — *ḫmš* (*ḫmš šl[m]*) anstelle von *ḫmšt*. Analog dazu scheint in 4.226:8 *ˁšrt ḫmš kbd* anstelle von *ˁšrt ḫmšt kbd* "15 (Schekel)" geschrieben zu sein (die Handkopie von PRU 2, Nr. 131 bietet jedoch *ḫmxš*). Da die Einer (von 3-10) in den übrigen Textzeilen durchgehend eine Endung *-t* aufweisen, ist hier mit Schreibfehlern zu rechnen. Es ist wahrsch. sowohl in Z. 3 als auch in Z. 8 *ḫmš<t>* zu lesen (§21.354.1e).

SV. Das Phön. weist den gleichen Befund auf (PPG^3 § 312b): phön. *ˁšrt* "zehn (Schekel)" (KAI 69:3) und *ḫmšt* "fünf (Schekel)" (KAI 69:5).

b. Bei Ellipse von *ym* "Tag" (Kardinalia in der Funktion von Ordinalia):
b ṯmnt "am achten (Tag) ... " 1.112:11.

69.133.33. In allen anderen Fällen begegnen in der ug. Prosa – wie gezeigt – durchweg endungslose Formen der Kardinalia 3-10, unabhängig vom Genus des Gezählten. Auffällig ist die Tatsache, daß demgegenüber im Kurzalphabettext 4.710 durchgehend eine genuspolare Verknüpfung der Kardinalia 3-10 mit Gezähltem vorherrscht (§22.81:6): *ḫmṯ$_2$t prsm* (Z. 4); *ṯlṯt prsm* (Z. 5); *ṯmnt prsm* (Z. 7). Aus diesem Grund dürfte der betreffende Text nicht ugaritisch sein (§22.82).

69.133.34. Man vergleiche in diesem Zusammenhang auch den in RS92.2057:3 bezeugten Ausdruck *ṯṯ*$^?$ *ᶜšr* "16" (als Bestandtteil der zusammengesetzten Zahl "216") vor mask. Gezähltem. Hier – und zwar nur hier – wird eine formal fem. Einerzahl mit der formal mask. Zehnzahl *ᶜšr* verknüpft, genau wie in anderen zentralsem. Sprachen, wo polare Genussyntax die Regel ist (vgl. he. *šiššāh ᶜāśār*).

69.133.4. In der Poesie gibt es Beispiele für die Parallelisierung von Zahlwörtern mit und ohne Endung *-t* bei mask. Gezähltem. Es könnte sich um ein Stilmittel der Variation handeln:

ᶜmk šbᶜt \ ġlmk / ṯmn ḫnzrk "Mit dir (seien) deine sieben Diener, deine acht Helfer(?)" 1.5:V:8f.; *d šbᶜ \ [a]ḫm lh / ṯmnt bn um* "(die Familie,) die aus sieben [Br]üdern bestand, aus acht Söhnen einer Mutter" 1.14:I:8f.

69.14. Kardinalia 11-19

69.140. Die Kardinalia 11-19 werden durch zusammengesetzte Ausdrücke gebildet und bestehen aus einer Einer- und der Zehnzahl (§62.201). Wird für die Zehnzahl *ᶜšr* oder *ᶜšrh* gebraucht, ist der Einer in der Regel endungslos; wird die Zehnzahl durch *ᶜšrt* bezeichnet, weist – bei den Kardinalia 13-19 – auch der Einer die Endung *-t* auf.

Die einzige Ausnahme findet sich – sofern richtig gelesen – in RS92.2057:3 in Form des Ausdrucks *ṯṯ*$^?$ *ᶜšr* (fem. Einerzahl + *ᶜšr* [§69.133.34]).

69.141. Stellung des Gezählten

Das Gezählte folgt der Zahl. In listenhaften Wirtschaftstexten findet sich scheinbar die entgegengesetzte Wortstellung. Tatsächlich ist das vorangehende Nomen – es handelt sich immer um Berufsbezeichnungen – dabei aber nicht das Gezählte (§69.125; §69.131), z.B. *mrynm \ ṯlṯ ᶜšr* "(an) *mryn*-Leuten: 13 (Personen)" (4.179:9f.).

Das Lexem *pamt* (Pl.) "Male", das gewöhnlich vor der Zahl steht, ist im Zusammenhang mit den Zahlen 11-19 nicht belegt.

SV. Im He. steht in listenhaften Kontexten das Gezählte vor der Zahl, z.B. *ᶜārîm šeš-ᶜæśreh w^{e}ḥaṣ^{e}rêhæn* "16 Städte und ihre Siedlungen" (Jos 15,41); siehe BHS § 15.2.3b.

69.142. Numerus des Gezählten

Das Gezählte im Zusammenhang mit den Zahlen 11-19 kann im Pl. oder im Sg. stehen. Bei Konstruktionen mit *ˁšr* überwiegen Beispiele mit dem Pl., bei Konstruktionen mit *ˁšrh* Beispiele mit dem Sg. des Gezählten.

69.142.1. Beispiele mit dem Plural des Gezählten

a. Nach *ˁšr* steht das Gezählte meist im Pl. Beispielauswahl (vgl. §69.143.21a): *ḫmš ˁšr ymm* "15 Tage" 4.95:7; *ṯlṯ ˁšr mkrm* "13 Kaufleute" 4.163:7; *arbˁ ˁšr ġzrm* "14 Jünglinge" 4.349:1.

b. Nach *ˁšrh* steht das Gezählte dagegen offenbar nur an zwei Stellen im Pl.: *ḫmš ˁšrh \ šrm* "15 Sänger(?)" 4.141:IV:1f.; *ṯmn ˁšrh mrynm* "18 *mryn*-Leute" 4.173:2.

69.142.2. Beispiele mit dem Singular des Gezählten

a. Nach Konstruktionen mit *ˁšr* ist der Sg. – in Relation zu den zahlreichen Belegen für pluralisches Gezähltes nach *ˁšr* – vergleichsweise selten: *tšˁ ˁšr bnš* "19 Mann" 4.40:5.9 (analog 4.618:2.5); *ḫmš ˁšr sp* "15 *sp*-Gefäße" 4.44:27 (in 4.44:22ff. steht nach den Zahlen 2-6 *spm*); *ˁšt ˁšr ḥrš* "elf Handwerker" 4.141:III:7; *ṯlṯ [ˁ]šr [pt]ḥ* "13 [To]re" 4.195:7; *[ṯm]n ˁšr dd l ap[y] \ r[iš]* "18 *dd*-Maß (Getreide) für die Bäcker von *riš*" 4.387:26f. (n.L.); *ṯlṯ ˁšr ṣin* "13 Schafe" 4.691:2; analog 4.786:6 (*ṣin* ist Nomen generis); *ḫmš ˁšr dd l ššw ršp* "15 *dd*-Maß (Gerste) für die Pferde von *ršp*" RS86.2235:16' (gegenüber *[ar]bˁ ddm šˁrm l ḥmrm \ d bd mtn* "[Vie]r *dd*-Maß Gerste für die Esel, die dem PN unterstehen" RS86.2235:12'f.; analog Z. 14'f. und Z. 17').

b. Nach Konstruktionen mit *ˁšrh* ist der Sg. – in Relation zu den wenigen Belegen für pluralisches Gezähltes nach *ˁšrh* – häufig: *ḫmš \ ˁšrh mlun* "15 *mlun*" 1.39:9f.; *ḫmš \ ˁšrh npš* "15 Kehlen(?) (als Opfermaterie)" 1.164:13f.; *ṯn [ˁšrh] mn* "zwö[lf] Minen (Silber)" 3.1:19; *tšˁ ˁšrh dd* "19 *dd*-Maß (Emmer ?)" 4.269:2; *ṯlṯ ˁšrh ˁgl* "13 Kälber" 4.783:4 (nach den Einerzahlen "vier" [Z. 9] und "acht" [Z. 2.6] steht im betreffenden Text dagegen der Pl. *ˁglm*); *ṯn ˁšrh dd* "zwölf *dd*-Maß (Getreide)" 4.243:4.29.33*.

SV. Im Nwsem. steht das Gezählte nach Zahlen 11-19 im allgemeinen im Pl., während im Ar. regelmäßig der Sg. Ak. steht (AS § 115.3). Auch im He. werden jedoch bestimmte Wörter (z.B. *yôm*, *šānāh*, *ʾîš*) nach den Zahlen 11-19 meist im Sg. gezählt (siehe Meyer § 99.3b; zu Belegen siehe BHS § 15.2.3b).

69.143. Genussyntax

69.143.1. Einleitung

69.143.11. Kardinalia des Typs "(endungsloser) Einer + *ˁšr*" werden offenbar ausschließlich im Zusammenhang mit mask. Gezähltem gebraucht. Meist steht das Gezählte im Pl., seltener im Sg.. Die Anzahl der Belege mit fehlendem (mask.) Bezugswort ist vergleichsweise gering.

Kardinalia des Typs "(endungsloser) Einer + *ˁšrh*" begegnen zum einen mit fem. Gezähltem im Pl.; daneben sind sie auch mit mask. Gezähltem nachweisbar, allerdings weitaus seltener als beim Typ "Einer + *ᶜšr*". Das Gezählte steht dabei häufiger im Sg. als im Pl. Relativ häufig wird der Typ "Einer + *ᶜšrh*" schließlich auch bei elliptisch fehlendem (mask.) Bezugswort gebraucht.

Kardinalia des Typs "Einer mit Endung *-t* + *ᶜšrt*" zeigen einen klar eingeschränkten Gebrauch. Sie begegnen nur bei Ellipse von *ṯql* "Schekel" einerseits und bei Ellipse von *ym* "Tag" in der Funktion von Ordinalia andererseits. Man beachte, daß *ṯql* und *ym* mask. Genus besitzen.

69.143.12. Dieser Befund kann sprachhistorisch wie folgt gedeutet werden.

Der Ausdruck "Einer mit Endung *-t* + *ᶜšrt*" ist eine sekundäre Bildung. Dafür spricht zum einen, daß die zweimalige Markierung durch *-t* (am Einer wie an der Zehnzahl) im Sem. sonst selten nachweisbar ist, zum anderen, daß dieser Ausdruck in seiner Verwendung sehr eingeschränkt ist. Bildungsweise und Verwendung sind durch Analogie zu den fem. Formen der Kardinalia 3-10 zu erklären.

SV. Eine typologische Parallele dazu bietet das Äth., z.B. *ᶜaśartu wa-śalastu* (bezeichnenderweise nur in Verbindung mit mask. Gezähltem).

Der Ausdruck "Einer + *ᶜšrh*" entspricht typologisch den mit fem. Gezähltem verbundenen Kardinalia 11-19 in anderen sem. Sprachen, etwa ar. *ṯalāṯa ᶜašrata* und he. *šᵉloš ᶜæśreh* (Ausnahme: *ṯn ᶜšrh* [§62.22]). Folgerichtig wird er offenbar primär in Verbindung mit fem. Gezähltem gebraucht. Sein häufiger Gebrauch bei Ellipse des Gezählten setzt offenbar voraus, daß er im Ug. (allmählich) als Normalform des Zahlworts 11-19 angesehen wurde. Sein (seltener) Gebrauch auch im Zusammenhang mit (explizit genanntem) mask. Gezähltem ist eine Folge dieser (sekundären) Entwicklung. Diese Beobachtungen stützen die unter §62.201:3 favorisierte Auffassung, daß die Endung *-h* der Form *ᶜšrh* als Femininendung zu bewerten ist.

Der Ausdruck "Einer + *ᶜšr*" entspricht der mit mask. Gezähltem verbundenen Zahlenreihe 11-19 in anderen sem. Sprachen (etwa ar. *ṯalāṯata ᶜašara* und he. *šᵉlošāh ᶜaśar*) mit dem Unterschied, daß die Einer im Ug. endungslos sind. Dieser Befund, den das Ug. unter anderem mit dem Syrischen teilt, ist als sekundär zu beurteilen. Er erklärt sich aus der Tatsache, daß die endungslosen Formen der Zahlen 3-10 in der ug. Prosa als genusneutral und damit als Normalformen gelten, während sich die Formen mit Endung *-t* durch einen eingeschränkten Gebrauch auszeichnen.

69.143.2. Einer in Verbindung mit *ᶜšr*

69.143.21. Syntagmen mit maskulinem Gezähltem

a. Gezähltes im Pl. (zahlreiche Belege; Belegauswahl):
ḫmš ᶜšr ymm "15 Tage" 4.95:7; *ṯlṯ/arbᶜ/tšᶜ ᶜšr mrynm* "13/14/19 *mryn*-Leute" 4.137:2; 4.174:5; 4.163:5f.; *ṯlṯ ᶜšr kdwṯm* "13 *kdwṯ*-Gewänder" 4.152:11; *ṯlṯ ᶜšr mkrm* "13 Kaufleute" 4.163:7; *šbᶜ ᶜšr ḫsnm* "17 *ḫsn*-Krieger" 4.163:13; *arbᶜ/tšᶜ ᶜšr mrynm* "14/19 *mryn*-Leute" 4.174:5.8; *tšᶜ ᶜšr hbṯnm* "19 *hbṯn*-Leute" 4.174:6; *ᶜ[šr] tšᶜ kbd skm* "19 *sk*-Gewänder/Stoffe" 4.270:6; *ᶜšr ṯn kbd pġdrm* "zwölf *pġdr*-Gewänder/Stoffe" 4.270:10; *arbᶜ ᶜšr ġzrm* "14 Jünglinge" 4.349:1.

b. Gezähltes im Sg.:
- Nomina generis: *tšᶜ ᶜšr bnš* "19 Mann" 4.40:5*.9; *ṯlṯ/arbᶜ ᶜšr bnš* "13/14 Mann" 4.618:2.5; *ṯlṯ ᶜšr ṣin* "13 Schafe" 4.691:2.
- Sonstige Fälle: *ḫmš ᶜšr sp* "15 *sp*-Gefäße" 4.44:27 (In Z. 22ff. steht nach den Zahlen 2-6 jedoch *spm*. Liegt ein Schreibfehler für *sp<m>* vor?); *ᶜšt ᶜšr ḥrš* "elf Handwerker" 4.141:III:7; *ṯlṯ [ᶜ]šr [pt]ḥ* "13 [To]re" 4.195:7 (P. Bordreuil – D. Pardee [Semitica 41/42, 1991-92, 39] äußern aus kontextuellen Gründen ihr Befremden über die geringe Anzahl der genannten Eingänge. Liegt ein Textfehler vor?); *ḫmš ᶜšr dd l śśw ršp* "15 *dd*-Maß (Gerste) für die Pferde von *ršp*" RS86.2235:16'.

c. Ellipse des (mask.) Gezählten bzw. einer (mask.) Maßangabe:
ṯn/arbᶜ/ṯṯ ᶜšr ... "zwölf/14/16 (Einheiten Wein)" 4.48:2-12; *ṯn ᶜšr* "zwölf (Einheiten Getreide [?])" 4.139:6; *ṯn ᶜšr yn* "zwölf (Einheiten) Wein" 4.274:1; *ṯn/ᶜšt ᶜšr* "elf (Personen)" 4.358:5.7 (Bezugswort *bnš(m)* [siehe Z. 2.3]).

Anm. Bei "Wein" und "Getreide" als Gemessenem wird sonst die Zehnzahl *ᶜšrh* gebraucht (§69.143.32c). Es ist denkbar, daß in den genannten Syntagmen andere Maßeinheiten intendiert sind als in den unter §69.143.32c genannten.

69.143.22. Syntagmen mit femininem Gezähltem?

Diese Konstruktion läßt sich offenbar nicht nachweisen. Der einzige in Frage kommende Beleg dürfte anders zu interpretieren sein: *ṯmn ᶜšr šurt* "18 *šurt*-Textilien" (4.44:1). Das Lexem *šurt* besitzt nämlich trotz Endung *-t* sehr wahrsch. mask. Genus (§69.127).

69.143.3. Einer in Verbindung mit *ᶜšrh*

69.143.31. Syntagmen mit femininem Gezähltem (Pl. oder Sg.):
arbᶜ \ *ᶜšrh dqt* "14 Mutterschafe" 1.106:19f.; 1.112:26f.; *ṯn ᶜšrh ḫpnt* \ *śśwm* "zwölf Satteldecken für Pferde" 4.363:3f.; *ṯṯ ᶜšrh ḫrmṯt* "16 Sicheln" 4.625:4.

69.143.32. Syntagmen mit maskulinem Gezähltem (Pl. oder Sg.):

a. Gezähltes im Pl. (selten): *ḫmš ᶜšrh* \ *šrm* "15 Sänger(?)" 4.141:IV:1f.; *ṯmn ᶜšrh mrynm* "18 *m.*-Leute" 4.173:2; *tšᶜ* \ *ᶜšrh ḫsnm* "19 *ḫsn*-Krieger" 4.174:1f. (n.L.).

b. Gezähltes im Sg.: *ḫmš* \ *ᶜšrh mlun* "15 *mlun*" 1.39:9f.; *ḫmš* \ *ᶜšrh npš* "15 Kehlen (als Opfermaterie)" 1.164:13f.; *ṯn [ᶜšrh] mn* "zwö[lf] Minen (Silber)" 3.1:19; *ṯn ᶜšrh dd* "zwölf *dd*-Maß (Getreide)" 4.243:4.29.33*; *tšᶜ ᶜšrh dd* "19 *dd*-Maß (Emmer ?)" 4.269:2; (?) *l ḫmš mrkbt ḫmš ᶜšrh prs* "für fünf Wagen 15 *prs*-Maß (Getreide)" 4.392:1; *ṯlṯ ᶜšrh ᶜgl* "13 Kälber" 4.783:4 (nach den Kardinalia "vier" [Z. 9] und "acht" [Z. 2.6] steht dagegen der Pl. *ᶜglm*).

c. Ellipse des (mask.) Bezugswortes: *ṯmn/ḫmš ᶜšrh* "18/15 (Kaufleute)" 4.27:16.19 (Bezugswort *mkrm* [Z. 12]); *ṯlṯ ᶜšrh* "13 (*kd*-Maß Wein)" 4.219:3; *ṯn ᶜšrh* "zwölf (*dd*-Maß Getreide)" 4.243:2; *arbᶜ ᶜšrh šd* "14 (*šir*-Maß) Ackerland" 4.282:1; *ṯṯ ᶜšrh yn* "16 (*kd*-Maß) Wein" 4.284:5; *arbᶜ/ᶜšt ᶜšrh šmn* "14/elf (Maß) Öl" 4.290:1.4; *ṯṯ ᶜšrh* "16 (Bauern ?)" 4.630:4 (Bezugswort wahrsch.

ḥrṯm [Z. 6]); *ṯmn \ ʿšrh \ šmn* "18 (Maß) Öl" 4.771:5-7; *ḫmš ʿšrh* "15 (Leute)" 4.777:8. — Vgl. ferner (Kardinalia in ordinaler Funktion bei Ellipse von *ym*): *b ʿšt \ ʿšrh* "am 11. (Tag)" 1.112:13f.; *b ḫmš ʿ\šrh* "am 15. (Tag)" 1.112:21f.; *b tšʿ ʿšrh* "am 19. (Tag)" 1.132:1.

Anm. Der Kurzalphabettext 4.31 zeichnet sich demgegenüber dadurch aus, daß jeweils beide Elemente der Kardinalia 11-19 bei Ellipse der Maßeinheit und "Öl" als Gemessenem endungslos sind (§22.81:7): *b ṯṯ ʿṯ₂r ṯ₂mn r[qḥ]* "für 16 (Schekel) [Par]fümöl" (Z. 2); *b ḫmṯ₂ ʿṯ₂r ṯ₂mn [ ]* "für 15 (Schekel) ...(?)-Öl" (Z. 11; vgl. Z. 4.5.6). Aus ebendiesem Grund dürfte die Sprache des genannten Textes nicht als ugaritisch zu bewerten sein (§22.82).

69.143.4. Einer in Verbindung mit *ʿšrt*

Diese Konstruktion ist nur bei Ellipse des Gezählten belegt, konkret nur bei Ellipse von *ṯql* "Schekel" und *ym* "Tag". Beide Substantive haben mask. Genus.

a. Ellipse von *ṯql* "Schekel": *b ṯnt ʿšrt* "für zwölf (Schekel)" 4.146:8; *šbʿt/ṯmnt ʿšrt* "17/18 (Schekel)" 4.226:4.5.6; *ʿšrt ṯṯt* "16 (Schekel)" 4.226:7 (Wortstellung!); *[ar]bʿt ʿšrt kbd [ ]* "14 (Schekel) [Silber(?)]" 4.258:6; *ṯṯt ʿšrt ksph* "16 (Schekel) ist sein (Preis in) Silber" 4.341:4; *b ḫmšt/ṯmnt ʿšrt ksp* "für 15/18 (Schekel) Silber" 4.341:6; 4.337:15; *arbʿt ʿšrt ḫrṣ* "14 (Schekel) Gold" 4.341:16; *ḫmšt ʿšrt \ ksp* "15 (Schekel) Silber" 4.632:1f. — Vgl. ferner: *ʿšrt ṯqlm kbd* "zwölf Schekel" 4.226:3; *ṯqlm kbd ʿšrt* "zwölf Schekel" 4.341:1.

b. Ellipse von *ym* "Tag" (Kardinalia in der Funktion von Ordinalia): *b ṯlṯt ʿšrt* "am 13. (Tag)" 1.41:3; *b arbʿt ʿšrt* "am 14. (Tag)" 1.41:4*; 1.87:54-55*; 1.105:17; 1.109:1*; *b arbʿt ʿšrt* "am 14. (Tag)" 1.105:17; *b ṯ[ṯt ʿš]\rt* "am 16. (Tag)" 1.112:27f.; *b šbʿt ʿšr[t]* "am 17. (Tag)" 1.112:29; *b ṯmnt ʿšrt* "am 18. (Tag)" 1.105:19; 1.119:11.

Anm. Vgl. dagegen: *b ʿšt \ ʿšrh* "am 11. (Tag)" 1.112:13f.; *b ḫmš ʿ\šrh* "am 15. (Tag)" 1.112:21f.; *b tšʿ ʿšrh* "am 19. (Tag)" 1.132:1.

69.15. Die (runden) Zehner 20-90

69.151. Stellung des Gezählten

Das Gezählte folgt in der Regel der Zahl. Die einzige Ausnahme stellt das Wort *pamt* (Pl.) "Male" dar. Es steht entweder nach oder vor der Zahl: *ṯlṯm pamt* "30mal" (1.87:39f.*; 1.173:15*) gegenüber *pamt ṯlṯm* "30mal" (1.39:20; 1.109:30).

69.152. Numerus des Gezählten

69.152.1. Nach (runden) Zehnern steht das Gezählte gewöhnlich im Sg.

a. Maßangaben (Auswahl): *ʿšrm dd l mḫṣm* "20 *dd*-Maß (Getreide) für die Weber" 4.128:5; *ṯmnym dd \ l u[x]m* "80 *dd*-Maß (Getreide) für PN" 4.243:8f. (zahlreiche vergleichbare Syntagmen in diesem Text); *ʿšrm kkr kkrm* "22 Talente (w. 20 Talente [plus] zwei Talente)" 4.353:1.

b. Sonstiges: *ṯlṯm ʿṣr* "30 Vögel" 4.14:5; *ṯlṯm sp* "30 *sp*-Gefäße" 4.44:23; *ṯṯm sp* "60 *sp*-Gefäße" 4.56:6; *ṯṯm ṣi[n]* "60 (Stück) Kleinvieh" 4.80:20; *ṯlṯm almg* "30 *almg*-Bäume" 4.91:8; *ʿšrm gdy* "20 Zicklein" 4.150:3; *ḫmšm ʿrgz b ḫmšt* "50 *ʿrgz* für fünf (Schekel)" 4.158:22; *ṯṯm drʿ w ḫmšm drt w ṯṯm dd \ ḥpr bnšm* "60 (*dd*-Maß) Saatgut, 50 (*dd*-Maß) Futter (Getreide für Tiere/Pflugochsen) und 60 *dd*-Maß Getreideration für die Bediensteten" 4.243:16f. (weitere ähnliche Syntagmen im betreffenden Text; vgl. ferner 4.636:3f. [u.ö]); *ṯlṯm ktn \ ḫmšm izml* "30 Leinengewänder, 50 *izml*-Gewänder" 4.284:1f.; *šbʿm lbš* "70 Gewänder" 4.337:16; *ḫmšm tišr* "50 Zypressen" 4.402:3; *ʿšrm hbn* "20 (Stämme) Ebenholz-Bäume" 4.402:6; *ṯṯm ṯq bd aym* "60 *ṯq*-Textilien zu Händen von PN" 4.595:3; *ḫmšm ʿl* "50 Jungtiere (wohl Kälber)" 4.749:1.

Anm. Auch auf Kardinalia in der Funktion von Ordinalia folgen Nomina im Sg.; siehe *b ṯlṯm ym* "am 30. Tag" 1.163:14'(7) (§63.222).

69.152.2. Nur äußerst selten steht bei (runden) Zehnern das Gezählte im Pl.

a. Bei Voranstellung des Gezählten: *pamt ṯlṯm* "30mal" 1.39:20; 1.109:30.

Anm. Das in 1.41:19 (vgl. 1.87:20f.) bezeugte *ksm ṯlṯm* dürfte kaum "30 Becher" meinen, da für *ks* "Becher" eine fem. Pluralbildung zu erwarten ist (vgl. *kst* 1.86:24).

b. Bei Nachstellung des Gezählten (nur zwei sichere Belege): *ṯlṯm pamt* "30mal" 1.87:39f.*; 1.173:15*; *tšʿm mḏrġlm* "90 Wachleute" 4.173:7.

Anm. Laut KTU[2] gibt es dafür noch weitere Belege. Die betreffenden Lesungen sind jedoch abzulehnen. In 4.387:17 ist anstelle von *ʿšr[m] dd[m] l alpm* entweder *ʿšr[m dd] l alpm* oder *ʿšr [ddm] l alpm* zu lesen (die Lücke bietet nur für drei Zeichen Platz). In 4.34:2 ist *ṯṯm spm* zu *ṯṯm lḥm* ("20 Brote"[?]) zu korrigieren.

SV. Auch im He. steht das Gezählte im Zusammenhang mit (runden) Zehnern entweder im Sg. oder im Pl., z.B.: *š*ᵉ*lošîm ʾîš* "30 Mann" (Ri 14,19) gegenüber *ḥ*ᵃ*miššîm ṣaddîqim* "50 Gerechte" (Gen 18,24). Geht das Gezählte der Zahl voran, wird im Einklang mit dem ug. Befund immer der Pl. gebraucht, z.B. *ʾammôt ʿæśrîm* "20 Ellen" (2 Chr 3,3); siehe Meyer § 99.4.

69.153. Genussyntax

Die Zehner weisen immer eine formal mask. Plural- bzw. Dualendung auf, unabhängig vom Genus des Gezählten. Sie sind also genusneutral.

Zu Zehnern mit mask. Gezähltem siehe oben (§69.152). Beispiele für Zehner mit fem. Gezähltem sind: *arbʿm qšt* "40 Bogen" 4.169:1; *ʿšrm / ṯlṯm / arbʿm / ḫšm / ṯṯm / šbʿm / ṯmnym / tšʿm drt* "20 / 30 (etc.) (*dd*) Tierfutter" 4.243:5-26 (vgl. 4.636:4 [u.ö.]); *ṯṯm ṯq bd aym* "60 *ṯq*-Textilien zu Händen von PN" 4.595:3 (Sg.; *ṯq* hat fem. Genus [§52.5e]); *[ ]ḫmšm ṯnt* "[ ]50 *ṯnt*-Gewänder" 4.721:11.

69.16. Die zusammengesetzten Kardinalia 21-99

69.161. Stellung des Gezählten

69.161.1. Das Gezählte steht häufig nach dem gesamten zusammengesetzten Zahlausdruck. Beispiele (zu weiteren Belegen siehe unter §69.162-163):

tmnym tlt kbd \ mdrġlm "83 Wachleute" 4.163:11f.; *tltm hmš kbd ktnt* "35 Leinengewänder" 4.203:7; *[š]bᶜm arbᶜ \ kbd alpm* "74 Rinder" 4.749:3f.

69.161.2. Geht der Zehner dem Einer voran, folgt das Gezählte oft auch unmittelbar dem Zehner. Das Gezählte steht dabei immer im Sg. (§69.162.2a):

ᶜšrm hpn hmš \ kbd "25 Umhänge" 4.166:2f.; *tšᶜm mrh aḥd \ kbd* "91 Speere" 4.169:9f.; *tšᶜm tq tn kbd* "92 *tq*-Textilien" 4.595:1; *tltm dd tt kbd hpr bnšm* "36 *dd*-Maß Getreideration für die Bediensteten" 4.243:27

69.161.3. Die Stellung des Gezählten vor der (zusammengesetzten) Zahl ist nur im Zusammenhang mit *pamt* "Male" (Pl.) bezeugt: *pamt tn \ l ᶜšrm* "22mal" 1.162:20f. (entgegengesetzte Wortstellung aber in 1.41:43: *tn l ᶜšrm pamt* "22mal").

In Fällen wie *mdrġlm \ tmnym tmn kbd* "(an) *mdrġl*-Leuten: 88 (Personen)" (4.179:13f.) ist *mdrġlm* nicht das Gezählte (§69.125; §69.131; §69.141).

SV. Im He. steht in listenhaften Kontexten das Gezählte vor der Zahl, z.B. *ᶜārîm ᵓarbāᶜîm ûšmonæh* "48 Städte" (Jos 21,41); siehe BHS § 15.2.4a.

69.162. Numerus des Gezählten

Das Gezählte steht entweder im Pl. oder im Sg. Es besteht ein Zusammenhang zwischen Numerusgebrauch und Wortstellung.

69.162.1. Der Pl. des Gezählten begegnet

a) bei Voranstellung des Gezählten, z.B. *pamt tn \ l ᶜšrm* "22mal" (1.162:20f.).

Anm. Anders verhält es sich mit dem Syntagma *ksp hmšm \ isᶜ* (3.9:9f.). Hier ist nicht das vor der Zahl stehende *ksp*, sondern das elliptisch fehlende *tql* "Schekel" das Gezählte. Die Übersetzung muß lauten: "Ich werde 50 (Schekel) an/in Silber zahlen".

b) meist bei Stellung des Gezählten nach der zusammengesetzten Zahl:
- Konstruktion "Einer + *l* + Zehner": *tlt l ᶜšrm \ hpnt ššwm* "23 Satteldecken für Pferde" 4.363:6f.; (?) *šbᶜt l šbᶜm aḫh // tmnt l tmnym* "seine 77 Brüder" // "88 (Brüder)" 1.12:II:48.49 (**aḫ* könnte auch ein Sg. [Ak.] sein).
- Konstruktion "Zehner + Einer + *kbd*": *ᶜšrm aḥd kbd hsnm* "21 *hsn*-Krieger" 4.137:10; *tmnym tlt kbd \ mdrġlm* "83 "*mdrġl*-Leute" 4.163:11f.; *tltm hmš kbd ktnt* "35 Leinengewänder" 4.203:7; *[ᶜš]rm tn kbd \ šġrm* "22 Gehilfen" 4.378:9.

69.162.2. Der Sg. des Gezählten begegnet

a) immer, wenn das Gezählte zwischen Zehner und Einer steht:
ᶜšrm hpn hmš \ kbd "25 Umhänge" 4.166:2f.; *tšᶜm mrh aḥd \ kbd* "91 Speere" 4.169:9f.; *tltm dd tt kbd hpr bnšm* "36 *dd*-Maß Getreideration für die Bediensteten" 4.243:27; *tltm \ kdwt tlt kbd* "33 *kdwt*-Textilien" 4.270:2f.; *tmnym dd dd kbd* "81 *dd*-Maß (w. 80 *dd* plus ein *dd*) (Getreide)" 4.387:19; *tšᶜm tq tn kbd* "92 *tq*-Textilien" 4.595:1.

SV. Vgl. dazu he. *tišᶜîm šānāh wᵉtešaᶜ šānîm* "99 Jahre" (Gen 17,1).

b) auch bei der Stellung des Gezählten nach der zusammengesetzten Zahl.

In der Prosa ist dies in den bisher publizierten Texten nur bei *ṣin* "Kleinvieh" (= Nomen generis) geläufig, z.B. *tmn l tltm ṣin* "38 Schafe" (1.105:4). Ein weiterer (eindeutiger) Beleg findet sich jedoch in RS86.2247:9': *ṯmn l [ḫ]mšm dd l alpm* "58 *dd*-Maß (Getreide) für die Rinder" (vgl. *ᶜšrm dd l ṣin mrat* in Z. 10').

In der Poesie ist in der Stellung nach der Zahl nur der Sg. des Gezählten nachweisbar. Es gibt allerdings nur zwei signifikante Belege (in einem Satz): *ṯṯ l ṯṯm aḫd ᶜr \ šbᶜm šbᶜ pdr* "Er eroberte 66 Städte, 77 Festungen" (1.4:VII:9f.).

SV. Der in der ug. Poesie (1.4:VII:9f.) bezeugte Gebrauch des Sg. nach den zusammengesetzten Zahlen 21-99 ist typologisch alt, zumal diese Syntax auch im He. (z.B. *šᵉmonîm waḥᵃmiššāh ᵓîš* "85 Mann" [1 Sam 22,18]) und Ar. (z.B. *ṯamānin wa-ᶜišrūna laylatan* "28 Nächte"; siehe GKA § 131 und AS § 115.3 [ganz selten kann auch der Pl. stehen]) vorherrscht. Im He. wird der Pl. nur bei Voranstellung des Gezählten gebraucht (*haššābuᶜîm šiššîm ûšnayim* "die 62 Wochen" [Dan 9,26]; siehe Meyer § 99.5).

69.163. Genussyntax

Während die Zehner genusneutral sind, können die Einer entweder formal mask. oder formal fem. sein. Der Gebrauch der ersteren oder letzteren Form der Einer hängt vom Genus des Gezählten ab. Es gelten im einzelnen die gleichen Regeln wie bei der Verbindung der Einer "eins" bis "zehn" mit dem Gezählten. In der Poesie gelten zum Teil andere Regeln als in der Prosa.

69.163.1. Syntagmen mit formal maskulinen Einern

69.163.11. Syntagmen mit maskulinem Gezähltem

a. Gezähltes im Sg.: *ᶜšrm ḫpn ḫmš \ kbd* "25 Umhänge" 4.166:2f. (*ḫpn* hat im Sg. mask. Genus [§53.331.4]); *šbᶜm dd ṯn kbd ḥpr bnšm* "72 *dd*-Maß Getreideration für die Bediensteten" 4.243:23; *w ṯlṯm dd ṯṯ kbd* "36 *dd*-Maß (Getreide)" 4.243:21; *šbᶜm dd ṯn kbd* "72 *dd*-Maß" 4.269:31; *ṯmnym dd dd kbd* "81 *dd*-Maß (w. 80 *dd* plus ein *dd*) (Getreide)" 4.387:19.

b. Gezähltes im Pl.: *arbᶜ l ᶜšrm ḫsnm* "24 *ḫsn*-Krieger" 4.173:8; *ᶜšrm aḫd kbd ḫsnm* "21 *ḫsn*-Krieger" 4.137:10; *ṯmnym ṯlṯ kbd \ mdrġlm* "83 *mdrġl*-Leute" 4.163:11f.; *[ᶜš]rm ṯn kbd \ šġrm* "22 Gehilfen (von Hirten)" 4.378:9.

69.163.12. Syntagmen mit femininem Gezähltem:

ṯlṯm ḫmš kbd ktnt "35 Leinengewänder" 4.203:7 (*ktnt* ist sicher Pl.; vgl. demgegenüber *ṯlṯm ktn* "30 Leinengewänder" [4.284:1]); *ṯlṯm ṯlṯ kbd mṣrrt pṯt* "33 *mṣrrt* aus Leinen" 4.279:9; *ḫmš l ᶜšrm yt / ḫḫt ṯrn* "25 ..." 4.786:3

69.163.13. Syntagmen mit Ellipse des Gezählten (Ausnahme: Ellipse von *ṯql*):

arbᶜm [ṯ]lṯ kbd yn ṭb "43 (*kd*-Maß) Qualitätswein" 4.213:22; *ᶜšrm ṯn kbd ḥṭm* "22 (*dd*-Maß) Weizen" 4.345:5.

69.163.2. Syntagmen mit formal femininen Einern

Fem. Einer (3-10) sind nur im Zusammenhang mit mask. Gezähltem nachweisbar (vgl. §69.133.1 und §69.133.3). Ihr Gebrauch ist eingeschränkt.

a. Poesie (nur zwei Belege): *šbˁt l šbˁm aḫh // ṯmnt l ṯmnym* "seine 77 Brüder" // "88 (Brüder)" 1.12:II:48.49.

b. Prosa (nur mit Bezug auf und bei gleichzeitiger Ellipse von *ṯql*): *ṯlṯt l ˁšrm ksphm* "23 (Schekel) ist ihr (Preis in) Silber" 4.158:5; *ṯmnt l ˁšrm* "28 (Schekel)" 4.226:8; *ḫmšt l ˁšrm* "25 (Schekel)" 4.267:2; 4.658:17.42.45; 4.779:5; ferner in 4.123:6 (lies *ḫmšt l ˁšrm ksp* [gegen KTU^2]); *arbˁm ṯṯ[t kbd]* \ *ksph* "46 [Schekel] ist sein/ihr (Preis in) Silber" 4.333:2f. (n.L.; allerdings würde man nach der in Z. 10f. genannten Summe [= 54] hier "42" erwarten); *b ṯmnym ksp ṯlṯt kbd* "für 83 (Schekel) Silber" 4.337:5; *ṯmnym arbˁt* \ *kbd ksp* "84 (Schekel) Silber" 4.369:6f.; *šbˁt l ṯlṯm* "37 (Schekel)" 4.658:3; *ṯṯm ṯṯt kbd* "66 (Schekel Silber)" 4.755:5; *arbˁm ksp* \ *ḫmšt kbd* "45 (Schekel) Silber" 4.778:9f.; *arbˁm* \ *ḫmšt kbd* "45 (Schekel)" 4.782:15f. (4.778 und 4.782 sind Paralleltexte). — Vgl. ferner: *tšˁm ṯlṯt* \ *w nṣp kbd* \ *ksp* "93 1/2 (Schekel) Silber" 4.779:1-3.

Anm. Anstelle der Einer "eins" und "zwei" werden *ṯql* bzw. *ṯqlm* gebraucht, z.B. *ṯql kbd ˁšrm* "21 Schekel" (4.139:10) und *ˁšrm ṯqlm kbd* "22 Schekel" (4.658:6).

69.17. Die (runden) Hunderter (100-900)

69.171. Stellung des Gezählten

Das Gezählte folgt der Zahl, z.B. *mit* \ *mˁṣd* "100 Sicheln" (4.625:2f.) oder *ṯlṯ mat dd* \ *šˁrm* "300 *dd*-Maß Gerste" (4.402:7f.).

In Fällen wie *w ˁprm arbˁ [m]at* "und (an) ˁApīru-Leuten: 400 (Personen)" (2.47:7) ist *ˁprm* nicht das Gezählte (§69.125; §69.131; §69.141).

69.172. Numerus des Gezählten

Im Zusammenhang mit runden Hundertern steht das Gezählte im Sg. oder im Pl. Regeln für die eine oder andere Gebrauchsweise sind nicht erkennbar. Der einzige poetische Beleg (*ṯlṯ mat rbt* [1.14:II:36 // 1.14:IV:16]) ist indifferent.

a. Gezähltes im Sg.: *mit krk* "100 Schaufeln" 4.625:2; *mit* \ *mˁṣd* "100 Sicheln" 4.625:2f.; *ṯlṯ mat ḫswn* "300 (Stück) Salat(?)" 4.4:9 (n.L.); *arbˁ mat ḫswn* "400 (Stück) Salat(?)" 4.14:3; *[ ] mitm mqp* "[ ] 200 Hämmer" 4.127:2 (n.L.); *ṯṯ mat nṣ* "600 Falken" 4.14:5*.11.

b. Gezähltes im Sg. oder Pl.: *ṯlṯ mat rbt* "300 Myriaden" 1.14:II:36 // 1.14:IV:16.

c. Gezähltes im Pl.: *mit tišrm* "100 Zypressen" 4.91:7 (aber: *arbˁm l mit tišr* "140 Zypressen" 4.158:4); *mit adrm* "100 *adr*" 4.158:8; *mitm kslm* "200 *ksl*" 4.182:9; *ṯlṯ mat trm* "300 *tr*" 4.158:7.

SV. Auch im He. gibt es hierfür keinen einheitlichen Befund. Für den Sg. des Gezählten siehe etwa *meʾāh ʾammāh* "100 Ellen" (Ez 40,19.23 u.ö.), für den Pl. siehe *meʾāh ʾammôt* "100 Ellen" (Ez 40,27 u.ö.) und *meʾāh n*^{e}*biʾîm* "100 Propheten" (1 Kön 18,4). Dagegen steht im Ar. praktisch immer der (Gen.) Sg. (siehe AS § 115.4).

69.173. Genussyntax

69.173.1. Die Hunderter weisen vor mask. und fem. Gezähltem die gleiche Form auf. Folgende Beispiele enthalten Hunderter und fem. Gezähltes:

> *ṯlṯ mat rbt* "300 Myriaden" 1.14:II:36 // 1.14:IV:16; *ṯlṯ mat art ḥkpt* "300 Schilde unterägyptischen (Typs)" 4.247:26; *ḫmš mat šmt* "500 *šmt*" 4.341:7; *ṯṯ mat ʿprt* "600 *ʿprt*-Gewänder" 4.780:9.

69.173.2. Sehr häufig fehlt das Gezählte elliptisch. Beispiele:

> *mit iqni* "100 (Schekel) violetter Purpur" 3.1:28.30.32.[34.36.38]; *ṯṯ mat \ šmn rqḥ* "600 (Maß) Duftöl" 4.91:4f.; *ṯlṯ mat* "300 (Schekel Silber)" 4.123:16.17; *ṯṯ mat ksp* "600 (Schekel) Silber" 4.158:1; *ṯlṯ mat pṯtm* "300 (Schekel?) Flachs/Leinen" 4.168:11; *arbʿ mat \ ḫrṣ* "400 (Schekel) Gold" 4.172:7f.; vgl. 4.266:6f.; 388:11f.*; *mit pṯtm* "100 (Schekel?) Flachs/Leinen" 4.182:8; *ṯlṯ mat abn ṣrp* "300 (Schekel) Alaun" 4.182:10; *d ḫmš mat* "von 500 (Schekel Silber)" 4.203:9; *d mit* "von 100 (Schekel Silber)" 4.203:10; *mitm [p]ṯtm* "200 (Schekel?) [Fl]achs/[Lei]nen" 4.206:4; *mit yn ṭb* "100 (*kd*-Maß) Qualitätswein" 4.213:11; *mitm ksp* "200 (Schekel) Silber" 4.280:1; *ṯmn mat pṯtm* "800 (Schekel?) Flachs/Leinen" 4.626:7; *mitm drʿ* "200 (*dd*-Maß) Saatgut" 4.636:4.

69.18. Die komplexen Kardinalia 101-199

69.181. Stellung des Gezählten

69.181.1. Da das Gezählte meist elliptisch fehlt, gibt es nur wenige Belege, die über die Stellung des Gezählten Aufschluß geben können. Gemäß diesen folgt das Gezählte meist unmittelbar dem Hunderter, unabhängig davon, ob dieser vor oder nach dem Zehner steht:

a. Hunderter nach dem Zehner: *ḫmšm l m[i]t any* "150 Schiffe" 2.47:4; *arbʿm l mit tišr* "140 Zypressen" 4.158:4; *ḫmšm l mit \ bnš* "150 Bedienstete" 4.163:14f.
b. Hunderter vor dem Zehner: *šbʿ mat šʿrt ḫmšm kbd* "750 (Schekel) Schurwolle" 4.182:2; *[šb]ʿm / [tš]ʿm l mit dd ṯn kbd ḥpr bnšm* "17/92 *dd*-Maß Getreideration für die Bediensteten" 4.243:8.

69.181.2. Das Gezählte kann aber auch hinter dem gesamten zusammengesetzten Zahlausdruck stehen bzw. dem Einer folgen, z.B. *mit tšʿm [kb]d ddm* "190 *dd*-Maß (Getreide)" (4.397:12) oder *ṯlṯ mat [ ] kbd \ ṯṯ ddm k[bd]* "3X6 *dd*-Maß (Getreide)" (4.397:10f.).

69.182. Numerus des Gezählten

Der Numerus des Gezählten ist abhängig von dessen Stellung. Folgt das Gezählte unmittelbar dem Hunderter (unabhängig von dessen Stellung innerhalb des Zahlausdrucks), steht es im Sg. (zu den Belegen siehe §69.181.1a). Hervorzuheben ist in diesem Zusammenhang 4.163:14-16, weil hier das Gezählte auch im nachfolgenden Nebensatz als Sg. behandelt wird: *ḫmšm l mit \ bnš «l» d \ yškb «l» b bt mlk* "150 Bedienstete, die im Königspalast nächtigen" (*yškb*: G-PK^{L} 3.m.sg.).

Folgt das Gezählte dem Zehner oder Einer, steht es im Pl.: *mit tšʿm [kb]d ddm* "190 *dd*-Maß (Getreide)" (4.397:12); *ṯlṯ mat [ ] kbd \ ṯṯ ddm k[bd]* "3X6 *dd*-Maß (Getreide)" (4.397:10f.).

69.183. Genussyntax

Hunderter und Zehner (20-90) weisen immer dieselbe Form auf, unabhängig vom Genus des Gezählten.

Die Einer von "drei" bis "zehn" sind bei Ellipse der Gewichtseinheit *ṯql* "Schekel" formal fem., z.B. *arbʿ mat ḫmšm \ šbʿt w nsp kbd \ ksp* "457 1/2 (Schekel) Silber" (4.779:8-10). In allen anderen Fällen werden die endungslosen Formen der Einer gebraucht, z.B. *ṯṯm l mit ṯlṯ \ kbd* "163 (Personen) (4.137:12), *ṯṯm l mit ṯn kbd* "162 (Personen)" (4.173:10) und *mitm ṯlṯm kbd \ aḥd kbd* "231 (Schekel Silber)" (4.690:13f.).

Anm. Der Gebrauch von *aḥd* im Sinne von "ein [Schekel]" in 4.690:14 ist ungewöhnlich. Zu erwarten wäre eher: *mitm ṯlṯm (kbd) ṯql kbd.*

69.19. Kardinalia ab 1000

69.191. Die (runden) Tausender (1000-9000)

69.191.1. Stellung des Gezählten

Das Gezählte steht nach der Zahl, z.B. *alp ḥẓm w alp \ nṯq* "1000 Pfeile und 1000 Wurfgeschosse" (4.169:2f.); zu weiteren Beispielen siehe §69.191.2a-c.

Anm. Beispiele wie *ṯlṯ ḫmš alpm* "Kupfer: 5000 (Schekel)" (4.181:2) widersprechen dieser Regel nicht. Gezählt werden Schekel-Einheiten; *ṯlṯ* ist das Gemessene, nicht das Gezählte (vgl. *kkr ṯlṯ* "ein Talent Kupfer" in 4.181:4 und *alpm ṯlṯ* "2000 [Schekel] Kupfer" in 4.181:6). Denkbar ist auch, daß *ṯlṯ* in 4.181:2 noch zur Textüberschrift gehört: *spr irgmn \ ṯlṯ* "Tributliste (in Form) von Kupfer" (4.181:1-2).

69.191.2. Numerus des Gezählten

Das Gezählte im Zusammenhang mit *alp* "1000" steht – wie im He. (Meyer § 100.6) – entweder im Sg. oder im Pl. Da in poetischen Texten nur der Sg. bezeugt ist, kann diese Konstruktion als die typologisch ältere gelten (sie steht im Einklang mit dem ar. Befund [GKA § 132]). Im Zusammenhang mit "2000" ist nur der Pl. bezeugt. Im Zusammenhang mit höheren Tausendern gibt es keine signifikanten Belege.

a. Gezähltes im Sg.: *b alp ḥẓr* "über 1000 Wohnstätten" 1.1:II:14; *b alp šd* "über 1000 *šd*" 1.1:III:2 (und Parallelen); *alp \ kd* "1000 Krüge" 1.3:I:15f.; *alp \ nṯq* "1000 Wurfgeschosse" 4.169:2f. (neben *alp ḥẓm* "1000 Pfeile" [Pl.]).

b. Gezähltes im Pl.: *alpm śśwm* "2000 Pferde" 2.33:24.32.38* (vgl. he. *ʾalpayim sûsîm* 2 Kön 18,23); *alp ḥẓm* "1000 Pfeile" 4.169:2 (neben *alp nṯq* "1000 Wurfgeschoße" [Sg.]); *alp ymm* "1000 Tage" 5.9:I:4.

c. Im folgenden Beispiel läßt sich der Numerus des Gezählten nicht feststellen: *ṯn ḥblm alp alp amt* "zwei Stricke von je 1000 Ellen (Länge)" 4.247:30 (n.L.).

69.191.3. Genussyntax

alp "1000", *alpm* "2000" und *alpm* "(mehrere) Tausend" sind formal unveränderlich und damit unabhängig vom Genus des Gezählten. Dies gilt namentlich auch bei fem. Gezähltem oder bei Ellipse der Gewichtseinheit *ṯql* "Schekel":

> *ṯn ḥblm alp alp amt* "zwei Stricke von je 1000 Ellen (Länge)" 4.247:30 (n.L.); *alp ksp* "1000 (Schekel) Silber" 1.24:20; *alp brr* "1000 (Schekel) Zinn" 4.203:15; *alpm ṯlṯ ktt* "2000 (Schekel) 'geschlagenes' (nicht in Barren-Form gehandeltes) Kupfer" 4.203:14; *ḫmš alpm* "5000 (Schekel Kupfer)" 4.181:2.

69.192. Die komplexen Kardinalia 1001-9999

69.192.1. Über die Syntax der komplexen Kardinalia 1001-9999 ist wenig bekannt, da keine sicheren Belege mit Nennung des Gezählten bezeugt sind. Man beachte aber 4.344:21f.: *alp ṯṯm \ kbd mlḥt* "1060 (Schekel/Maß) Salz" (alt.: "1060 Salinen").

69.192.2. Hervorzuheben ist die Tatsache, daß Stoffbezeichnungen entweder unmittelbar nach dem Tausender oder im Anschluß an den gesamten Zahlausdruck stehen können.

a. Nach dem Tausender: *alpm pḥm ḫmš mat kbd* "2500 (Schekel) roter Purpur" 4.132:1; *arb^{c} alpm pḥm \ ḫmš mat kbd* "4500 (Schekel) roter Purpur" 4.203:3f.; *arb^{c} alpm iqni \ ḫmš mat kbd* "4500 (Schekel) violetter Purpur" 4.203:5f.

b. Nach dem ganzen Zahlausdruck: *alp mitm kbd ṯlṯ ḥlb* "1200 (Schekel) Kupfer der *ḥlb*-Qualität" 4.272:5; *arb^{c} mat \ l alp šmn \ nḥ* "1400 (Maß) Schweinefett" 4.91:2-4; *alpm \ ḫmš mat kbd \ abn ṣrp* "2500 (Schekel ?) Alaun" 4.626:9f.; *alpm pḥm ḫmš mat kbd* "2500 (Schekel) roter Purpur" 4.132:1; *arb^{c} alpm \ mitm kbd ṯlṯ* "4200 (Schekel) Kupfer" 4.626:2f.

69.192.3. Tausender, Hunderter und Zehner (20-90) weisen immer die gleiche Form auf, unabhängig vom Genus des Gezählten (Einer sind bei den betreffenden Zahlen nicht bezeugt). Dies gilt namentlich auch für Belege mit Ellipse der Gewichtseinheit *ṯql* "Schekel":

> *alp mitm kbd ṯlṯ ḥlb* "1200 (Schekel) Kupfer der *ḥlb*-Qualität(?)" 4.272:5; *alp arb^{c} mat kb[d]* "1400 (Schekel Silber)" 4.299:3; *ḫmš kkrm \ alp ṯmn mat kbd* "fünf Talente (und) 1800 (Schekel)" 4.709:4f.

69.193. "10000" und höhere Zahlenwerte

Das Lexem *rb(b)t* weist immer dieselbe formale Gestalt auf, unabhängig vom Genus des Gezählten. Das Gezählte folgt – den wenigen signifikanten Belegen zufolge – immer der Zahl. Als Numerus des Gezählten läßt sich nur der Sg.

sicher nachweisen: *rbt kmn* (// *alp šd*) "(eine Fläche/Strecke von) 10000 *kmn*-Maß" (1.1:III:2*; 1.2:III:11; 1.3:IV:38; 1.3:VI:5f.17f.). Im folgenden Beispiel ist aber auch der Pl. denkbar: *rbt šnt* (// *alp ymm*) "10000 Jahre" (5.9:I:5).

69.2. Maßangaben und Gemessenes nach Kardinalia

"Maß(angabe)" wird hier als Oberbegriff für Längenmaße, Flächenmaße und Hohlmaße (für Trockenes und Flüssiges) einerseits und für Gewichtsmaße (*ṯql* "Schekel" [ca. 9,4 g], *mn* "Mine" [= 50 Schekel; ca. 470 g] und *kkr* "Talent" [= 3000 Schekel; ca. 28,2 kg]) andererseits gebraucht. Maßangaben stehen immer in Bezug zu einer gemessenen Stoffbezeichnung. In ug. Texten gibt es jedoch zahlreiche Beispiele für die Ellipse von Maß oder/und Gemessenem.

Lit.: Parise (1970-71); Stieglitz (1979); Heltzer (1989); Vargyas (1998).

69.21. Stellung und Numerus des Gemessenen

69.211. Das Gemessene folgt in aller Regel der Maßangabe bzw. – bei Ellipse der Maßangabe – dem Zahlwort. — Beispiele: *šbʿ kkr šʿrt* "sieben Talente Schurwolle" 4.709:1; *mit \ ksp* "100 (Schekel) Silber" 3.4:13f.; *ṯlṯ šmn* "drei (*kd*-Maß) Öl" 4.41:2; *ḫmš ʿšr šʿrm* "15 (*dd*-Maß) Gerste" 4.345:6; *mn ḫrṣ* "eine Mine Gold" 3.1:20.

Demgegenüber bieten einige Texte auch die umgekehrte Wortstellung. Das Gemessene steht hier – wohl im Ak. der Beziehung (§54.133.2e) – vor der Maßangabe bzw. dem Zahlwort. — Beispiele (teilweise mit Ellipse des Maßes): *tn \ ksp ṯql d ʿmnk* "Gib (mir) den Schekel Silber, der bei dir ist" 3.9:15f.; *ksp ḫmšm \ isʿ* "... so werde ich 50 (Schekel) Silber bezahlen" 3.9:9f.; *ksp ṯlṯm* "(an) Silber 30 (Schekel)" 4.682:6 (gleiche Konstruktion in Z. 7, 8, 9, 10 und 11; andere Wortstellung jedoch in Z. 12: *ṯlṯm ksp b nṯk*); (?) *ṯlṯ ḫmš alpm* "(an) Kupfer 5000 (Schekel)" 4.181:1f. (zu einer alternativen Interpretation siehe §69.191.1, Anm.).

69.212. Das Gemessene steht in der Regel im Sg. Ausgenommen sind Stoffnamen, bei denen der Pl. als Grundnumerus gilt, wie etwa *kś/smm* "Emmer" (4.225:17&; vgl. *kśmn* in 4.269:4) und *šʿrm* "Gerste" (4.14:1&) (§53.34).

Anm. Der Sg. *ks/śm* begegnet in den Wirtschaftstexten nie. Er ist jedoch zweimal in Ritualtexten bezeugt (1.39:9; 1.41.19). Der Sg. *šʿr* findet sich nur in der Poesie (1.19:II:2.6; 1.19:IV:37).

69.22. Numerus und Status der Maßangabe

69.221. Die Einzahl des Maßes wird in der Regel durch den einfachen Sg. des betreffenden Lexems ausgedrückt (ohne folgendes Zahlwort *aḥd/aḥt*). Der orthographische Befund läßt keine Entscheidung darüber zu, ob die Maßangabe vor dem Gemessenen im St.cs. oder St.abs. steht.

Beispiele: *prs qmḥ* "ein *prs*-Maß Weizen(mehl)" 1.41:23 // 1.87:25; *kd yn* "ein *kd*-Maß Wein" 1.91:27; *lg šmn rqḥ* "ein *lg*-Maß Parfümöl" 1.148:21; *mn ḫrṣ* "eine

Mine Gold" 3.1:20; *kd šmn mr* "ein *kd*-Maß Myrrhenöl" 4.14:2; *kkr šʿrt* "ein Talent Schurwolle" 4.158:17; *kkr ṯlṯ* "ein Talent Kupfer" 4.181:4; *šir šd* "ein *šir*-Maß bebaubares Land" 4.282:8.10.12.14; *b ṯql ksp* "für einen Schekel Silber" 4.337:23; *lṯḥ qmḥ/pil* "ein *lṯḥ*-Maß Weizen(mehl) / *pil*" 4.751:4.7.

Anm. Der Ausdruck "Maßangabe + *aḥd/aḥt*" läßt sich nicht sicher nachweisen. Die in KTU² für 4.454:2 gebotene Lesung *kd aḥ[d]* ist wahrsch. nicht korrekt.

Selten wird in zusammengesetzten Zahlausdrücken anstelle von *ṯql* "ein Schekel" die Zahl *aḥd* (unter Ellipse von *ṯql*) gebraucht, z.B. *mitm ṯlṯm kbd \ aḥd kbd* "231 (Schekel Silber)" (4.690:13f.).

69.222. Die Zweizahl des Maßes wird in der Regel durch den Du. der Maßangabe ausgedrückt (ohne Zahlwort). Die Maßangabe steht dabei im St.abs.

Beispiele: *kkrm brḏl* "zwei Talente Eisen" 4.91:6; *kkrm ṯlṯ* "zwei Talente Kupfer" 4.280:2; *kdm yn* "zwei *kd* Wein" 1.91:26&; *kdm dġm* "zwei *kd* Hirse(nöl)" 4.284:7; *širm šd* "zwei *šir*-Maß bebaubares Land" 4.282:5; *ddm ksmm* "zwei *dd*-Maß Emmer" 4.269:20; *kṯm š[šm]n* "zwei *kṯ*-Gefäße Sesam" 4.60:8; *kṯm sbbyn* "zwei *kṯ*-Gefäße Schwarzkümmel" 4.707:8; vgl. *ṣmdm alpm* "zwei Ochsengespanne" 4.691:8. — Vgl. ferner (zusammengesetzte Zahlausdrücke): *ṯqlm kbd ʿšrt* "zwölf Schekel" (4.341:1); *ʿšrt ṯqlm kbd* "zwölf Schekel" (4.226:3); *ʿšrm ddm kbd* "22 *dd*-Maß (w. 20 plus zwei *dd*)" 4.128:1.

Beispiele mit vorausgehendem Zahlwort sind dagegen sehr wahrsch. nicht nachweisbar. Zur Diskussion stehen aber folgende Belege:

- 1.41:45 // 1.87:49f. wird in KTU² wie folgt gelesen: *ṯn [dd šmn]* (1.41:45) bzw. *[ṯn d]d! šmn)* (1.87:49f.). Die betreffende Ergänzung, die eine Emendation von 1.87:50 einschließt, ist sehr zweifelhaft und in dieser Form abzulehnen. Man beachte, daß zur Messung von *šmn* nie das *dd*-Maß gebraucht wird (vielmehr *kd* [4.14:2] und *lg* [1.148:21]). Aufgrund der Wendung *l šmn* (1.87:50) dürfte *šmn* hier als GN zu verstehen sein ("zwei [...] für *Šmn*"; vgl. 1.164:8f.: *ʿṣrm \ l šmn* "zwei Vögel für *Šmn*").
- *ṯn \ ṯql ksp* in 1.43:14f. bedeutet gewiß nicht "zwei Schekel [Silber]". Vielmehr bezieht sich *ṯn* auf das im Text vorangehende *l gṯr*: *l gṯr ṯn* "für den anderen/zweiten *Gṯr* (: ein Schekel [Silber] ...)".
- Für 4.201:3 schlägt KTU² die Lesung *ṯn kkr* vor, was aber wahrsch. nicht korrekt ist (auch die Lesung der nachfolgenden Zeichen und Zeilen dürfte fehlerhaft sein). Vielleicht ist *w kkr* "und ein Talent" zu lesen.

69.223. Die Mehrzahl des Maßes wird immer durch ein Zahlwort plus Maßangabe ausgedrückt. Der Numerus der Maßangabe korreliert grundsätzlich mit dem anderer gezählter Nomina. Er ist bei Maßangaben wie sonstigem Gezähltem abhängig von der Größenordnung der Zahl.

69.223.1. Im Zusammenhang mit den Kardinalia 3-10 stehen Maßangaben in der Regel im Pl.

69.223.11. Der Pl. der Maßangabe läßt sich zweifelsfrei in Belegen feststellen, wo die Maßangabe nicht unmittelbar vom Gemessenem gefolgt wird. Die Maßangabe steht dabei im St.abs. — Beispiele: *arbʿ kkrm* "vier Talente (Färberröte)" 4.626:4; *ḫmš kkrm* "fünf Talente (Kupfer)" 4.337:2; vgl. auch 4.709:4; *ṯmn kkrm* "acht Talente (Kupfer)" 4.43:5; *ḫmš ddm* "fünf *dd*-Maß (Getreide)" 4.269:3; 4.609:38.39; RS86.2235:17'; *ṯṯ ddm* "sechs *dd*-Maß (Getreide)" 4.269:26; *šbᶜ ddm* "sieben *dd*-Maß" 4.269:32 (Weizen); 4.361:3; *arb[ᶜ dd]m* "vier [*dd*]-Maß (Mehl)" 4.362:5; *ṯṯ/ᶜšr ddm* "sechs/zehn *dd*-Maß (Gerste)" 4.128:2.3.4; *a[rbᶜ d]dm* "vier *[d]d*-Maß (Getreide)" 4.387:25; *ṯṯ ḥmrm* "sechs Homer" 4.691:7.

Die einzige mögliche Ausnahme (Sg. der Maßangabe) stellt 4.123:2 dar: *[x(x)] arbᶜ kkr ᶜl bn xx [ ]* "und vier Talente" (Kontext und epigraphischer Befund sind allerdings nicht eindeutig).

Anm. Folgt man der KTU²-Lesung, läge auch in 4.387:26f. eine Ausnahme vor: *w ᶜšr dd l ap[y] \ r[i]š* "und 10 *dd*-Maß (Getreide) für den/die Bäck[er] vom Ort *R[i]š*" (Sg. *dd* nach Zahlwort *ᶜšr*). Diese Lesung ist jedoch falsch. Sie ist entweder zu *[ṯ]n . ᶜšr . dd . .....* ("12 *dd*-Maß") oder — wahrscheinlicher — zu *[ṯm]n* . ᶜšr . dd . .....* ("18 *dd*-Maß") zu korrigieren.

69.223.12. Folgt der Maßangabe unmittelbar das Gemessene, ist der Befund uneinheitlich.

a. Zum einen gibt es Belege mit der Maßangabe im Pl.abs. Es kann als sicher gelten, daß das Gemessene hier als Apposition zum Maß fungiert und denselben Kasus wie dieses aufweist: *ḫmš kkrm ṣml* (oder: *ṣmll*) "fünf Talente *ṣml(l)*" 4.158:10; *ṯṯ kdm ztm* "sechs *kd*-Maß Oliven(öl)" 4.284:8; *[ar]bᶜ/ṯlṯ ddm šᶜrm* "[vie]r/drei *dd*-Maß Gerste" RS86.2235:12'.14'.

b. Häufiger weist die Maßangabe jedoch keine Endung *-m* auf. Die betreffende Form kann entweder als Sg. (St.abs. oder St.cs.) oder als Pl.cs. gedeutet werden. Die letztere Deutung wird hier favorisiert, da nach den Zahlen 3-10 grundsätzlich der Pl. folgt und da Maßangaben bei Ellipse des Gemessenen nach den Zahlen 3-10 immer im Pl. stehen.

Ausgewählte Belege: *ḫmš/ṯṯ dd šᶜrm* "fünf/sechs *dd*-Maß Gerste" 4.269:33; 4.14:7; *ᶜšr dd ksmm* "zehn *dd*-Maß Emmer" 4.691:4; *ṯṯ prs [ ]* "sechs *prs*-Maß [...]" 4.677:4; *ṯlṯ kkr šᶜrt \ iqnim* "drei Talente Schurwolle violetter Farbe" 4.341:3f.; *arbᶜ krr \ algbṯ* "vier Talente *algbṯ*" 4.158:14f.; *ḫmš kkr qnm* "fünf Talente Schilfrohr" 4.158:12; *ḫmš kkr ṣml* "fünf Talente *ṣml*" 4.341:12; *ḫmš kkr ḥlb/brr* "fünf Talente *ḥlb*/Zinn" 4.272:2.3; *šbᶜ krr šᶜrt* "sieben Talente Schurwolle" 4.709:1; *ṯmn kkr ṯlṯ/brr* "acht Talente Kupfer/Zinn" 4.203:1.2; *ᶜšr kkr rtn* "zehn Talente *rtn*" 4.247:32; *ᶜšr kkr šᶜrt* "zehn Talente Schurwolle" 4.341:14; *ᶜšr kkr ṯlṯ ktt* "zehn Talente 'geschlagenes' Kupfer" 4.721:4; *ṯṯ/ᶜšr sp mry* "sechs/zehn *sp*-Gefäße von *mry*" 4.56:10; 4.56:8.9.11.

69.223.2. Der Numerusgebrauch von Maßangaben im Zusammenhang mit den Kardinalia 11-19 ist abhängig von der Bildung der betreffenden Kardinalia.

69.223.21. Nach Kardinalia, die mit *ᶜšr* gebildet sind, stehen Maßangaben im Sg. oder im Pl.:

- Sg. (St.abs. [Ellipse des Gemessenen]): *ḫmš ᶜšr dd l ssw ršp* "15 *dd*-Maß (Gerste) für die Pferde von *ršp*" RS86.2235:16'.

- Sg. oder Pl. (St.cs.): *arbᶜ ᶜš[r] dd nᶜr* "14 *dd*-Maß Röstmehl" 4.362:3; *ḫmš ᶜš[r] \ kkr ṯ[lṯ]* "15 Talente Ku[pfer]" 4.390:3f.; *ṯn ᶜšr d[d] ḥṭm* "12 *d[d]*-Maß Weizen" 4.400:17; *ṯṯ ᶜš[r] \ [d]d ḥṭm* "16 *[d]d*-Maß Weizen" 4.400:8f.; *šbᶜ ᶜš[r] \ d[d ḥ]ṭm* "17 *[d]d*-Maß [Wei]zen" 4.400:12f.; *tšᶜ ᶜšr dd kšmm* "19 *dd*-Maß Emmer" 4.400:16; *ḫmš ᶜšr dd gdl* "15 *dd*-Maß *gdl*" 4.786:2.

69.223.22. Nach Kardinalia, die mit *ᶜšrh* gebildet sind, stehen Maßangaben offenbar immer im Sg.

Es gibt nur Belege mit Ellipse des Gemessenen: *ṯn [ᶜšrh] mn* "zwö[lf] Minen (Silber)" 3.1:19; *ṯn ᶜšrh dd* "zwölf *dd*-Maß (Getreide)" 4.243:4.29.33*; *tšᶜ ᶜšrh dd* "19 *dd*-Maß (Emmer ?)" 4.269:2.

Anm. Zu den besonderen Ausdrücken für "zwölf Schekel" (*ṯqlm kbd ᶜšrt*; *ᶜšrt ṯqlm kbd*) siehe unter §62.22.

69.223.3. Nach den runden Zehnern 20-90 stehen Maßangaben – im Einklang mit sonstigem Gezähltem – wahrscheinlich immer im Sg.

Es gibt nur zwei signifikante Belege (mit Ellipse des Gemessenen): *ᶜšrm dd* "20 *dd*-Maß (Getreide)" 4.128:5; 4.387:17* (n.L.; KTU[2] bietet hier fälschlich *dd[m]*); *ᶜšrm kkr kkrm* "22 Talente (w. 20 Talente [plus] zwei Talente)" 4.353:1.

Die folgenden Beispiele – jeweils mit Nennung des Gemessenen – sind nicht eindeutig. Angesichts der unter §69.223.4 aufgelisteten Belege handelt es sich hierbei höchstwahrsch. ebenfalls um Singularformen (St.cs.):

ᶜšrm kkr \ brr "20 Talente Zinn" 4.91:11f.; *ḫmšm kkr \ qnm* "50 Talente Schilfrohr" 4.91:9f.; *ṯlṯm dd šᶜrm* "30 *dd* Gerste" 4.786:4; *ḫmšm dd \ nᶜr* "50 *dd* Röstmehl" 4.402:1f.; *ḫmšm ḥmr škm* "50 Homer *šk(m)*" 4.14:6.12.18; *ḫmšm ḥmr kšmm* "50 Homer Emmer" 4.691:5.

69.223.4. Im Zusammenhang mit den zusammengesetzten Zahlen 21-99 steht die Maßangabe im Sg., sofern sie nach dem Zehner steht. — Beispiele: *ṯlṯm dd ṯṯ kbd ḥpr bnšm* "36 *dd* Getreideration für die Bediensteten (w. 30 *dd* plus sechs)" 4.243:27; *šbᶜm dd ṯn kbd* "72 *dd*" 4.243:23; 4.269:31; *ṯmnym dd dd kbd* "81 *dd* (w. 80 *dd* plus ein *dd*) (Getreide)" 4.387:19.

Folgt die Maßangabe dem gesamten Zahlausdruck, ist der Numerusbefund nicht eindeutig. Die Annahme eines Pl. (St.cs.) ist jedoch wegen §69.162.1b wahrscheinlicher: *šbᶜ l ᶜšrm kkr ṯlṯ* "27 Talente Kupfer" (4.272:6); *ḫmš kbd arbᶜm \ dd akl* "45 *dd*-Maß Getreide" (4.284:3f.)

69.223.5. Der Numerusbefund der Maßangaben nach den runden Hundertern 100-900 ist nicht eindeutig. Dem m.W. einzigen Beleg zufolge könnte die Maßangabe im Sg. oder im Pl. (St.cs.) stehen: *ṯlṯ mat dd \ šᶜrm* "300 *dd*-Maß Gerste" (4.402:7f.).

69.223.6. Im Zusammenhang mit den zusammengesetzten Zahlen 101-999 ist der Numerus der Maßangabe abhängig von deren Stellung. Folgt sie unmittelbar dem Hunderter, steht sie im Sg.: *[šb]ᶜm / [tš]ᶜm l mit dd ṯn kbd ḥpr bnšm* "17/92 *dd*-Maß Getreideration für die Bediensteten" (4.243:8); *šbᶜm l mitm dd* "270 *dd*-Maß (Getreide)" (4.243:45).

In Analogie dazu dürfte die Maßangabe auch in den folgenden Belegen im Sg. stehen: *ᶜšrm l mit dd ḥpr bnšm* "120 *dd*-Maß Getreideration für die Bediensteten" (4.243:3f*.13.25); *ṯmnym l mit dd ḥpr bnšm* "180 *dd*-Maß Getreideration für die Bediensteten" (4.243:15).

Folgt die Maßangabe dagegen dem Zehner oder Einer, weist sie die Pluralform auf: *mit tšᶜm [kb]d ddm* "190 *dd*-Maß (Getreide)" (4.397:12); *ṯlṯ mat [ ] kbd \ ṯṯ ddm k[bd]* "3X6 *dd*-Maß (Getreide)" (4.397:10f.).

69.223.7. Nach *alp* "1000" und *rbt* "10000" steht die Maßangabe im Sg. Alle Belege stammen aus dem poetischen Textkorpus:

alp šd "1000 *šd*-Maß" 1.1:III:2 (und Parallelen); *rbt kmn* (// *alp šd*) "10000 *kmn*-Maß" 1.1:III:2*; 1.2:III:11; 1.3:IV:38; 1.3:VI:5f.17f.

69.223.8. Im Zusammenhang mit den zusammengesetzten Zahlen 1001-9999 sind keine Maßangaben bezeugt.

69.23. Verknüpfung von Maßeinheiten unterschiedlicher Größenordnung

Maßeinheiten unterschiedlicher Größenordnung können entweder syntaktisch unverbunden nebeneinander stehen oder durch die Lexeme *kbd* "plus" bzw. *ḫsr* "minus" verknüpft werden. Die Konjunktion *w* "und" wird demgegenüber nur dann gebraucht, wenn das kleinere Maß (wie eine Bruchzahl) als Teilmenge des größeren Maßes aufgefaßt wird (vgl. §69.512).

69.231. An mehreren Stellen werden Maßeinheiten unterschiedlicher Größenordnung, konkret Gewichtseinheiten, durch das Lexem *kbd* verknüpft, das sonst zur Verbindung von Zahleinheiten unterschiedlicher Größenordnung dient (§62.202.2-4). *kbd* folgt dabei der kleineren Maßeinheit:

- Mine und Schekel: *ṯn [ᶜšrh] mn \ ᶜšrm ṯql kbd* "zw[ölf] Minen plus 20 Schekel" 3.1:19f. (*kbd* bezieht sich nur auf den Ausdruck *ᶜšrm ṯql* und nicht auf die genannten Zahlenwerte; eine Übersetzung "zw[ölf] Minen (und) 21 Schekel" scheidet aufgrund der akk. Version des Textes aus).
- Talent und Schekel: *kkr ḫmš mat kbd ṯlṯ* "ein Talent plus 500 (Schekel) Kupfer" 4.272:4 (nicht: "ein Talent [und] 503 [Schekel]"); *ḫmš kkrm alp kbd \ ṯlṯ* "fünf Talente plus 1000 (Schekel) Kupfer" 4.337:2f. (d.h. 16000 Schekel Kupfer); *[ ] kkrm \ [a]lpm kbd* "... Talente ... plus X000 (Schekel)" 4.304:3f.; *arbᶜ kkrm \ ṯmn mat kbd \ pwt* "vier Talente plus 800 (Schekel) Färberröte" 4.626:4-6; (?) *[ ]kkrm \ [a]lpm kbd \ [ ]* "[ ] Talente plus X000 (Schekel?) ..." 4.304:3-5; *ṯmn kkrm \ alp kbd \ [mi]tm kbd* "acht Talente plus 1200 (Schekel Kupfer)" 4.43:5-7. (das erste *kbd* verknüpft Talent- und Schekeleinheit, das letztere Tausender- und Hunderterzahlen).

69.232. Wird die Schekeleinheit durch eine aus Tausender und Hunderter zusammengesetzte und mittels *kbd* verknüpfte Zahlenkonstruktion bezeichnet, stehen Talent- und Schekeleinheit auch unverbunden hintereinander, offenbar um eine zweimalige (oder mehrmalige) Setzung von *kbd* – wie in 4.43:5-7 (§69.231, letztes Beispiel) – zu vermeiden:

kkrm alpm \ *ḫmš mat kbd* \ *abn ṣrp* "zwei Talente (und) 2500 (Schekel) Alaun" 4.626:8-10; *ḫmš kkrm* \ *alp ṯmn mat kbd* "fünf Talente (und) 1800 (Schekel)" 4.709:4f.; *ʿšrm kkr kkrm* \ *alp ṯṯ mat kbd* "22 Talente (und) 1600 (Schekel) (w. 20 Talente, [plus] zwei Talente [plus] 1000 [Schekel] plus 600 [Schekel])" 4.353:1f. (einmal *kbd* statt dreimal)

69.233. Als mathematischer Oppositionsbegriff zu *kbd* "plus" (§62.202.4) fungiert offensichtlich das Lexem *ḫsr* "abzüglich, minus", eine von der Wz. √*ḫsr* "wenig sein, mangeln, entbehren, Verlust leiden, abnehmen" abgeleitete Nominalform. Das Lexem *ḫsr* folgt — wie *kbd* — unmittelbar der kleineren Maßeinheit. Diese kann der größeren Maßeinheit folgen oder vorausgehen. Im letzteren Fall steht zwischen den beiden Maßeinheiten die Präp. *b* (erstes Textbeispiel):

- *lṯḥ ḫsr b šbʿ ddm* "sieben *dd*-Maß (Mehl) abzüglich eines *lṯḥ*-Maßes (w. ein *lṯḥ* als Abzug von sieben *dd*)" 4.361:3; *kd šmn ṯʿt ḫsr* \ *ʿl mzt bn ʿṯtr(y)* "Ein *kd*-Maß Öl abzüglich eines *ṯʿt*-Maßes (d.h. insgesamt etwas weniger als ein *kd*) zu Lasten von PN_1, Sohn des PN_2" 4.778:5f. // 4.782:7-10 (zur Maßeinheit *ṯʿt* siehe §33.115.11).
- *kd šmn mlṯḥm* \ *ḫsr ʿl abmn bn ṡwn* "ein *kd* Öl abzüglich der Hälfte davon (sc. des im Text zuvor genannten *ṯʿt*-Maßes) zu Lasten von PN_1, Sohn des PN_2" 4.778:7f. (n.L.) // 4.782:11-14 (alt.: "... abzüglich zweier *mlṯḥ*-Maße ...").

69.24. Ellipse der Maßangabe

Die Maßangabe wird sehr häufig nicht explizit genannt.

69.241. Hervorzuheben ist die konsequente Ellipse der Gewichtseinheit *ṯql* "Schekel" (außer bei den Zahlenwerten "eins" und "zwei" und damit zusammengesetzten Zahlen [§69.221-222]). Bei den Einerzahlen 3-10 ist deren fem. Form (*ṯlṯt*, *arbʿt*, *ḫmšt*, *ṯṯt*, *šbʿt*, *ṯmnt*, *tšʿt*, *ʿšrt*) ein sicheres Indiz für die betreffende Ellipse (§69.133.32a):

ṯmnt ksp.hn "acht (Schekel) ist ihr (Preis in) Silber" 4.132:2; *ḫmšt w nṣp ksp.hn* "5 1/2 (Schekel) ..." 4.132:6; *mit* \ *ksp* "100 (Schekel) Silber" 3.4:13f.; *ṯmn mat pṯtm* "800 (Schekel) Flachs/Leinen" 4.626:7; *arbʿ kkrm* \ *ṯmn mat kbd* \ *pwt* "vier Talente plus 800 (Schekel) Färberröte" 4.626:4-6.

69.242. Auch andere Maßangaben werden oft weggelassen. Sie sind dann aus dem unmittelbaren Kontext oder aus dem Gemessenen zu erschließen.

a. Ellipse von *kd* (Hohlmaß für Flüssigkeiten): *ṯlṯ/arbʿ/tšʿ/ʿšr yn* "drei / vier / neun / zehn (*kd*) Wein" 1.91:21-28; *ṯlṯ/arbʿ/ṯṯ/šbʿ/ʿšr mṣb* "drei / vier / sechs / sieben / zehn (*kd*) *mṣb*-Wein" 1.91:29; *ṯlṯ šmn* "drei (*kd*) Öl" 4.41:2; *šbʿ ʿšr šmn* "17 (*kd*) Öl" 4.123:5; *ḫmš ʿšr yn ṭb* "15 (*kd*) Qualitätswein" 4.213:1; *ṯlṯm yn* "30 (*kd*) Wein" 4.691:3; *ṯṯ mat* \ *šmn rqḥ* "600 (*kd*) Parfümöl" 4.91:4f.

b. Ellipse von *dd* (Hohlmaß für Trockenes, meist Getreide): *ḫmš ʿšr šʿrm* "15 (*dd*) Gerste" 4.345:6; *ṯmn ʿšr akl* "18 (*dd*) Getreide" 4.688:2; *ʿšrm / ṯlṯm / arbʿm / ḫmšm / ṯṯm / šbʿm / ṯmnym / tšʿm drt* "20/30 (etc.) (*dd*) Tierfutter" 4.243:5.12.14.16.18.20.22.24.26 (vgl. 4.636:4 [u.ö.]).

c. Ellipse von *dd* oder *lṯḥ* (Hohlmaß für Trockenes): *mrbᶜ qṣḥm / dblt / ṣmqm* "ein Viertel schwarzer Kümmel / Feigen / Rosinen" 4.751:8.9.10.

d. Ellipse von *šir* (Flächenmaß): *ṯlṯ šd* "drei (*šir*) Ackerland" 4.282:3.6; *arbᶜ ᶜšrh šd* "14 (*šir*) Ackerland" 4.282:1; *ṯlṯm šd* "30 (*šir*) Ackerland" 4.282:16.

69.25. Ellipse der Maßangabe und des Gemessenen

Bisweilen wird nach Zahlausdrücken sowohl die Maßangabe als auch das Gemessene elliptisch weggelassen. Besonders häufig ist dies bei der Gewichtseinheit "Schekel" (*ṯql*) im Zusammenhang mit "Silber" (*ksp*) zu beobachten, z.B. *mit* "100 (Schekel Silber)" 4.407:2.

Andere Maßangaben mit anderem Gemessenem fehlen offenbar nur dann elliptisch, wenn sie entweder vorher im Text explizit erwähnt wurden oder aus dem unmittelbaren Kontext eindeutig zu erschließen sind. — Beispiele: *ṯlṯ ᶜšrh* "13 (*kd* Wein)" 4.219:3; *ṯṯ / ṯn ᶜšr / arbᶜ ᶜšr / ṯmn* ... "sechs / zwölf / 14 / acht (*kd* Wein)" 4.48:1-5; *ṯn ᶜšrh* "zwölf (*dd* Getreide)" 4.243:2.

69.3. Status und Kasus von Kardinalia und Gezähltem

Die folgenden Ausführungen behandeln die schwierige und nur in Ansätzen beantwortbare Frage nach den Kasusverhältnissen von Zahl und Gezähltem bzw. von Zahl, Maß und Gemessenem einerseits und die eng damit verbundene Frage nach den Statusverhältnissen von Zahl und Maßangabe andererseits.

69.31. Kasusverhältnisse

69.311. Kasus der Kardinalia

Inwieweit Kardinalia im Ug. eine volle Kasusflexion aufweisen, läßt sich nur in Ansätzen beantworten. Wahrscheinlich werden – wie im Ar. – alle Kardinalia mit der möglichen Ausnahme der Kardinalia 11-19 triptotisch flektiert: Die formal singularischen Formen (1, 3-10) weisen demnach eine triptotische, die formal pluralischen (20[?]; 30-90, 300-900, 3000-9000) und dualischen Formen (2, 20[?], 200, 2000) eine diptotische Flexion auf.

Ein besonderes Problem stellen die Kardinalia 11-19 dar. Diese – sowohl Einer wie Zehnzahl – sind im Ar. bekanntlich indeklinabel (z.B. *ṯalāṯata ᶜašara* bzw. *ṯalāṯa ᶜašrata*, "13"). Im Ug. ist zumindest das Lexem *ᶜšrh* indeklinabel, wahrsch. sogar endungslos (§54.52). Wahrsch. ist ferner mit einer Verkürzung bzw. Tilgung der Auslautvokale bei den (formal mask.) Einern in der Konstruktion "Einer - Zehnzahl" zu rechnen, ein Phänomen, das auch im Akk. (etwa *ištenšeret* "11", *ḫamiššeret* "15", *šamānēšeret* "18") zu beobachten ist: z.B. *ṯlṯ ᶜšrh* /*ṯalāṯ ᶜaš(a)rah*/ < **ṯalāṯV ᶜašaratV*. Für diese Annahme spricht die alph. Schreibung von "elf" als *ᶜšt ᶜšr(h/t)* anstelle von *ᶜšty ᶜšr(h/t)* (vgl. demgegenüber *ᶜšty* "eins" in 1.161:27): Die defektive Orthographie von *ᶜšt* setzt einen Schwund des Auslautvokals voraus (§54.52).

Wird eine Zahl flektiert, bezieht sie den Kasus aus dem Kontext.

69.312. Kasus des Gezählten (einschließlich Maßangaben)

69.312.1. Gezähltes im Zusammenhang mit den Kardinalia 1-10

69.312.11. Es gibt zwei sichere Hinweise auf den Kasusgebrauch des Gezählten im Zusammenhang mit den Kardinalia 1-10.

a. Das Syntagma *ṯn ḫlpnm pgam* "zwei *pgu*-Mäntel" (4.117:1) beweist, daß das Gezählte nach der Zahl *ṯn* "zwei" im Appositionskasus und nicht im Abhängigkeitskasus steht. Die Form *pgam* ist ein Adj. III-ᵓ m.du. abs. Nom. (= vom Kontext geforderter Kasus): */pVg(g)Vᵓâmi/*.

b. Die Berufsbezeichnung *mru*, ein Subst. III-ᵓ, steht nach der Zahl *ᶜšr* "zehn" im Appositionskasus: *ᶜšr mrum* "10 *mru*-Leute" (4.137:7; 4.163:3; 4.173:6; 4.174:3). Da der Kontext den Nom. fordert, steht das Gezählte – und wohl auch die Zahl – im Nom. Diese Kasussyntax dürfte auch auf das Gezählte im Zusammenhang mit den Kardinalia 3-9 zutreffen.

69.312.12. Der syll. Befund weist in dieselbe Richtung. Hier ist nach den Zahlzeichen für "eins" und "zwei" der Ak. der Maßangabe bezeugt, der von den jeweiligen Kontexten geforderte Kasus:

- *1 ka$_4$-ka$_4$-ra* GUŠKIN ... *i-na-an-d[in] ù 5 ka$_4$-ka$_4$-ra* KÙ.BA[BBAR] ... *i-na-[an-din]* "Er wird ein Talent Gold ... geben und er wird fünf Talente Silber ... geben" RS16.192A+:20-23.
- *2 ka$_4$-ka$_4$-ra* KÙ.BABBAR-*pí i-na-an-din* "Er wird zwei Talente Silber geben" RS15.86:23f. (zur Lesung siehe AU 155)

Die betreffende Kasussyntax ist insofern signifikant, als sie vom akk. Usus abweicht (Zahlwort und Maßangabe im St.abs.; Gemessenes im vom Kontext geforderten Kasus). Sie spiegelt folglich zweifellos ug. Syntax wider.

69.312.13. Aus diesen Hinweisen darf geschlossen werden, daß das Gezählte im Zusammenhang mit den Kardinalia 1-10 seinen Kasus vom Kontext bezieht. Es darf als sicher gelten, daß auch die betreffenden Zahlen im gleichen Kasus wie das Gezählte stehen. Zwischen den substantivischen Zahlen 2-10 und dem Gezählten besteht ein Appositionsverhältnis. Die adjektivische Zahl *aḥd/t* fungiert als Attribut zum Gezählten (ebenfalls Kasuskongruenz).

69.312.2. Gezähltes im Zusammenhang mit Kardinalia höherer Zahlenwerte

69.312.21. Direkte Hinweise auf den Kasus des Gezählten im Zusammenhang mit Kardinalia höherer Zahlenwerte fehlen. Von Interesse ist jedoch die Stoffbezeichnung *iqnu* "Lapislazuli; violetter Purpur". Es handelt sich dabei um ein Nomen IV-ᵓ, das im Zusammenhang mit den Zahlen "30", "50", "100", "200", "500", "700" und "4000" unter Ellipse der Maßangabe bezeugt ist (vgl. Blau 1972, 78f.). Bemerkenswert ist dabei, daß das Wort nach bestimmten Zahlen in Nom., nach anderen im Gen. steht, obwohl der Kontext immer den Nom. verlangt:

iqnu (Nom.): *ṯlṯm iqnu* "30 (Schekel) Lapislazuli" 4.182:12 (vgl. Z. 37 [erg.]); *ḫmšm iqnu* "50 (Schekel) L." 4.182:16; *mitm iqnu* "200 (Schekel) L." 4.247:28; 4.788:17; 4.782:26; *[ḫm]š [m]at iqnu* "500 (Schekel) L." 3.1:23; *šbᶜ mat šᶜrt \ [kbd] iqnu* "710 (Schekel) L." 4.182:19f.

iqni (Gen.): *mit \ iqni* "100 (Schekel) Lapislazuli" 4.778:13f. (vgl. 4.782:20 [erg.]); *arbᶜ alpm iqni \ ḫmš mat kbd* "4500 (Schekel) L." 4.203:5f. (vgl. §69.312.23).

69.312.22. Obwohl *iqnu* hierbei nicht das Gezählte, sondern das Gemessene bezeichnet, sind die vorgestellten Belege für den Kasusgebrauch des Gezählten dennoch von Bedeutung. Sie zeigen wahrscheinlich, daß sich das Gemessene bei Ellipse des Maßes hinsichtlich des Kasus wie das Gezählte verhält, d.h. den Kasus des Gezählten einnimmt. Stimmt diese Prämisse, dann bezieht das Gezählte nach bestimmten höheren Zahlen seinen Kasus nicht aus dem Kontext, sondern steht im Abhängigkeitskasus (Gen.) zur Zahl.

69.312.23. Vor diesem Hintergrund lassen sich zum Kasus des Gezählten in der Stellung nach den Kardinalia ab "zehn" konkret folgende Aussagen machen:

10 Wie aus anderen Beobachtungen erschlossen werden konnte, steht das Gezählte in Apposition zur Zahl: Zahl und Gezähltes beziehen den (gleichen) Kasus aus dem Kontext. Eine Bestätigung liefert das Syntagma *šbᶜ mat šᶜrt \ [kbd] iqnu* "710 (Schekel) Lapislazuli" (4.182:19f.), konkret der Nom. (= Kontextkasus) *iqnu* nach *šᶜrt* "zehn".

11-19 Da wahrsch. sowohl Einer wie Zehnzahl im St.abs. stehen, dürfte das Gezählte der Zahl als Apposition folgen.

Anm. Vgl. aber das Syntagma *šbᶜ ᶜšrh \ [iqn]i* "17 (Schekel) roter Purpur" (4.182:14f.). Sollten in der Lücke am Beginn von Z. 15 nicht mehr als drei Zeichen zu ergänzen sein, wäre erwiesen, daß das Gezählte im Gen. folgt. Die Länge der Lücke läßt sich aber nicht eruieren.

20-90 Das Gezählte fungiert gewöhnlich als Apposition. Zahl und Gezähltes beziehen den (identischen) Kasus aus dem Kontext. Dies wird zum einen durch die Syntagmen *ṯlṯm/ḫmšm iqnu* "30/50 (Schekel) Lapislazuli" (4.182:12.16) bestätigt, zum anderen durch die Tatsache, daß die betreffenden Zahlen immer die Form des St.abs. aufweisen. Eine andere Syntax (Gezähltes im Gen.) könnte in einer mit *mit* zusammengesetzten Konstruktion vorliegen: *[ ]xdg mit arbᶜm lbš pgi* "... 140 *pgu*-Kleider (4.721:1 [Adj. *pgu*]). Es ist jedoch möglich, daß der Gen. hier der vom Kontext geforderte Kasus ist.

100 Nach *mit* steht das Gezählte im Gen. Eine Bestätigung liefert das Syntagma *mit \ iqni* "100 (Schekel) Lapislazuli" (4.778:13f.).

200 Das Gezählte fungiert als Apposition. Zahl und Gezähltes beziehen den (gleichen) Kasus aus dem Kontext; siehe das Syntagma *mitm iqnu* "200 (Schekel) Lapislazuli" (4.247:28; 4.788:17; 4.782:26).

3-900 Das Gezählte fungiert – wie nach "200" – als Apposition. Zahl und Gezähltes beziehen den Kasus aus dem Kontext; siehe *[ḫm]š [m]at iqnu* "500 (Schekel) Lapislazuli" (3.1:23).

1000 Der Kasus des Gezählten läßt sich nicht eruieren. Sollte *alp* wie *mit* "100" gebraucht werden, stünde das Gezählte im Gen.

2000 Da der Du. *alpm* "2000" immer die Form des St.abs. aufweist, fungiert das Gezählte wahrsch. als Apposition. Zahl und Gezähltes beziehen den (gleichen) Kasus aus dem Kontext.

3-9000 Da die Pluralform *alpm* "3-9000" ebenfalls immer die Form des St.abs. aufweist, dürfte das Gezählte als Apposition fungieren (vgl. auch *alpm ib št* "tausende Feinde der Herrin" 1.19:IV:59). Man beachte allerdings das Syntagma *arb*^{c} *alpm iqni \ ḫmš mat kbd* "4500 (Schekel) Lapislazuli" (4.203:5f.), wo *iqni* im Gen. zu *arb*^{c} *alpm* zu stehen scheint, obwohl *alpm* formal ein St.abs. ist. Gelten besondere Regeln für das Gemessene in der Stellung zwischen Tausender und Hunderter? Steht die Schreibung *iqni* für eine endungslose Form des Nomens? Oder kann das Gemessene auch nach dem St.abs. des Zahlworts im Gen. folgen (zumal das Syntagma elliptisch für *arb*^{c} *alpm ṯql iqni* steht)?

SV. Diesen Ausführungen zufolge weicht das Ug. erheblich vom entsprechenden ar. Befund ab. Das Ar. verwendet in der Regel nach den Zahlen 3-10 den Gen. (Pl.), nach den Zahlen 11-99 den Ak. (Sg.) und nach den Zahlen über 100 den Gen. (Sg.). Das Gezählte steht im Ar. also nie in Apposition zur Zahl.

69.313. Kasus des Gemessenen

69.313.1. Gemessenes bei Nennung der Maßangabe

69.313.11. Das Gemessene steht bei Nennung der Maßangabe meist im Abhängigkeitskasus (Gen.) zur Maßangabe. Dies geht aus der Tatsache hervor, daß die Maßangabe die Form des St.cs. aufweist, z.B. *ṯlṯ kkr š*^{c}*rt \ iqnim* "drei Talente Schurwolle violetter Farbe" (4.341:3f.) und *ḫmš/ṯṯ/ṯlṯm dd š*^{c}*rm* "fünf/sechs/30 *dd*-Maß Gerste" (4.269:33; 4.14:7; 4.786:4).

Der in dieser Hinsicht signifikante – da von akk. Syntax abweichende (§53.121.3) – syll. Befund stützt diese These: *1* GUN KÙ.BABBAR-*pí* "ein Talent Silber" (RS15.90:17); *2 ka*$_4$*-ka*$_4$*-ra* KÙ.BABBAR-*pí i-na-an-din* "Er wird zwei Talente Silber geben" (RS15.86:23f.).

69.313.12. Nach dem Du. der Maßangabe dürfte das Gemessene jedoch regelmäßig im Appositionskasus stehen, da die Maßangabe dabei immer die Dualmimation (des St.abs.) aufweist. — Beispiele: *ṯqlm \ ksp* "zwei Schekel Silber" 2.70:18f.; *kkrm ṯlṯ* "zwei Talente Kupfer" 4.280:2; *kdm yn* "zwei *kd*-Maß Wein" 1.91:26&; *ddm kśmm* "zwei *dd*-Maße Emmer" 4.269:20.

Bisweilen weist auch der Pl. der Maßangabe vor dem Gemessenen die Form des St.abs. auf. In diesen Fällen dürfte das Gemessene in Apposition zur Maßangabe stehen. — Beispiele: *[ar]b*^{c}*/ṯlṯ ddm š*^{c}*rm* "[vie]r/drei *dd*-Maß Gerste" RS86.2235:12'.14'; *ḫmš kkrm ṣml* (oder: *ṣmll*) "fünf Talente *ṣml(l)*" 4.158:10; *ṯṯ kdm ztm* "sechs *kd*-Maß Oliven(öl)" 4.284:8.

69.313.2. Gemessenes bei Ellipse der Maßangabe

Bei Ellipse der Maßangabe fungiert das Gemessene hinsichtlich des Kasus offenbar wie das Gezählte (§69.312.22). Dies ist nicht weiter erstaunlich, da das Gemessene selbst bei Nennung der Maßangabe bisweilen als Apposition zur Maßangabe fungiert (§69.313.12).

69.32. Statusverhältnisse

69.321. Status der Kardinalia

Im Zusammenhang mit Gezähltem treten die Kardinalia in unterschiedlichen Status auf:

1 *aḥd* und *aḥt* folgen dem Gezählten als Adjektive (immer St.abs.).

2 *ṯn* und *ṯt* haben nie eine Dualmimation. Sie weisen somit die Form des St.cs. auf (vgl. aber §62.121).

Für die übrigen Kardinalia in der Stellung vor dem Gezählten gilt:

3-10 Das Syntagma *ʿšr mrum* "10 *mru*-Leute" (4.137:7; 4.163:3; 4.173:6; 4.174:3) beweist indirekt, daß die genannten Zahlen im St.abs. stehen, da das Gezählte als Apposition folgt.

SV. 1. Im Ar. stehen die Zahlen 3-10 dagegen vor dem Gezählen (im Pl. Gen.) im St.cs.

11-19 Sowohl Einer wie Zehnzahl stehen wahrsch. im St.abs. Allerdings ist – zumindest bei *ʿšrh* – mit endungslosen Formen zu rechnen (§54.52).

20-90 Die runden Zehner weisen immer die Form des St.abs. auf.

100 Der Status von *mit* läßt sich nicht sicher eruieren. Für den St.cs. spricht das Syntagma *mit \ iqni* "100 (Schekel) Lapislazuli" (4.778:13f.), da hier auf *mit* ein Gen. folgt (andernfalls wäre der Nom. *iqnu* zu erwarten). Auch der ar. Befund (z.B. *miʾatu rağulin* "100 Männer") weist in diese Richtung. Es ist – angesichts des he. Befundes – denkbar, daß *mit* vor Gezähltem sowohl im St.cs. als auch im St.abs. gebraucht werden kann.

SV. 2. Im He. steht die Zahl 100 vor dem Gezählten meist im St.abs., bisweilen aber auch im St.cs.: z.B. *mᵉʾat kikkār* (Sg.!) "100 Talente" (Ex 38,25) und *mᵉʾat ʾᵃdānîm* (Pl.!) "100 Sockel" (Ex 38,27); siehe Meyer § 99.6.

200 *mitm* weist immer die Form des St.abs. auf.

Anm. Die im Akk.Ug. bezeugte Form (Obl.) *me-te* "200" (RS16.145:14) kann nicht als ugaritisch gelten (§62.51). Sie ist somit kein Indiz für die Existenz einer Konstruktusform.

3-900 *mat* steht wahrsch. ebenfalls im St.abs. Dafür spricht zum einen das Syntagma *[ḫm]š [m]at iqnu* "500 (Schekel) Lapislazuli" (3.1:23) (*iqnu* = Nom.), zum anderen die Tatsache, daß bei den Zahlen 3000-9000 das Lexem *alpm* die Form des St.abs. aufweist.

1000 Der Status von *alp* läßt sich nicht eruieren.

2000 Die Dualform *alpm* weist immer die Form des St.abs. auf.

3-9000 Die Pluralform *alpm* weist ebenfalls immer die Form des St.abs. auf.

69.322. Status der Maßangabe

Die Problematik der Status der Maßangaben wurde bereits unter §69.22 implizit erörtert. Im folgenden werden deshalb nur wenige zusammenfassende Bemerkungen geboten.

69.322.1. Maßangaben stehen bei Ellipse des Gemessenen im St.abs., z.B. *ṯmn kkrm* "acht Talente (Kupfer)" (4.43:5) und *ḫmš ddm* "fünf *dd*-Maß (Getreide)" 4.269:3; 4.609:38.39; RS86.2235:17'.

69.321.2. Bei Nennung des Gemessenen stehen Maßangaben in der Regel im St.cs. Ausgenommen sind:

a) der Du. der Maßangabe, der immer die Form des St.abs. aufweist, z.B. *kkrm brḏl* "zwei Talente Eisen" (4.91:6) und *kdm yn* "zwei *kd* Wein" (1.91:26&).
b) bisweilen nachweislich der Pl. der Maßangabe. Belege: *[ar]bʿ/ṯlṯ ddm šʿrm* "[vie]r/drei *dd*-Maß Gerste" RS86.2235:12'.14'; *ḫmš kkrm ṣml* (oder: *ṣmll*) "fünf Talente *ṣml(l)*" 4.158:10; *ṯṯ kdm ztm* "sechs *kd*-Maß Oliven(öl)" 4.284:8.

69.321.3. Steht die Maßangabe im Sg., läßt der orthographische Befund keine Entscheidung hinsichtlich ihres Status zu. Es liegt jedoch nahe, daß es sich dabei in der Regel um Konstruktusformen handelt. — Beispiele: *kd yn* "eine Amphore Wein" 1.91:27; *ṯlṯm dd šʿrm* "30 *dd*-Maß Gerste" 4.786:4; *ʿšrm kkr \ brr* "20 Talente Zinn" 4.91:11f.; *ḫmšm ḥmr kśmm* "50 Homer Emmer" 4.691:5.

69.4. Syntax der Ordinalia

69.41. Ordinalia fungieren syntaktisch als adjektivische Attribute (§91.2). Sie kongruieren als solche mit dem Gezählten in Genus, Numerus und Kasus und stehen gewöhnlich nach dem Gezählten. Bei besonderer Betonung, etwa im Rahmen einer Aufzählung mehrerer Objekte, können sie vor dem Gezählten stehen (§91.24). Sehr häufig ist das Gezählte aber gar nicht genannt.

69.42. Belege für die Ordinahlzahl nach dem Gezählten sind (zufällig) nur im Zusammenhang mit *ṯn* bezeugt (§63.123), z.B. *yrḫ ṯn* "ein zweiter/weiterer Monat" (1.17:II:44) oder *bt ṯn* "ein weiteres/zweites Haus" (4.123:16).

69.43. Belege für Ordinalia vor dem Gezählten sind nur in der Poesie bezeugt:

- *ṯlṯ rbʿ ym* "einen dritten, vierten Tag" // *ḫmš ṯdṯ ym* "einen fünften sechsten Tag" (Vier/Sieben-Tage-Schema mit diversen Belegen [§63.113]).
- *ʿd \ šbʿt šnt* "bis ins siebte Jahr" 1.19:IV:14f.

69.5. Syntax der Bruchzahlen

69.51. Begegnen Bruchzahlen im Anschluß an Kardinalia, sind sie immer durch die Konjunktion *w* "und" mit diesen verbunden. Da die betreffende Konjunktion bei zusammengesetzten Kardinalia nicht gebraucht wird, sind Bruchzahlen auf diese Weise eindeutig zu identifizieren.

69.511. Das Lexem *kbd* wird dagegen nie zur Verknüpfung von Bruch- und Kardinalzahlen verwendet. Dem widersprechen auch die folgenden Belege nicht:
- *arbᶜ mat ḫmšm \ šbᶜt w nṣp kbd \ ksp* "457 1/2 (Schekel) Silber" 4.779:8-10.
- *[ ] ḫmš matm [ṯṯ]m ṯlṯt w ṯlṯt kbd ksp* "[ ]56$^{?}$3 1/3 (Schekel) Silber" 4.721:8.

kbd verknüpft hier jeweils Einer + Bruchzahl einerseits mit Hunderter + Zehner andererseits und bezieht sich somit im wesentlichen auf den Einer (vgl. Konstruktionen ohne Bruchzahlen, z.B. *ḫmš mat \ šbᶜm tšᶜ kbd* "579" [4.296:3f.]).

69.512. Syntaktisch wie Bruchzahlen werden die Maßeinheiten *ṯᶜt* (§64.63) und *krsu* (4.225:16.17&) behandelt, weil sie Teilmengen des *kd*-Maßes (ca. 22 Liter) darstellen (ein *krsu* ist größer als ein *ṯᶜt*). Beispiele:
- *b ḫmš šmn \ w ḫmš ṯᶜdt* "... für fünf (*kd*) und fünf *ṯᶜt* Öl" 4.150:4f.
- *ṯmn ᶜšrh šmn ḫtbn w ṯᶜt* "18 (*kd*) und ein *ṯᶜt* Öl als Berechnung(?)" 4.771:5-8.
- *b arbᶜm šmn w krsim* "für 40 (*kd*) und zwei *krsu*-Maße Öl" RS94.2392+:3f.
- *krsu w ṯᶜt šmn* "ein *krsu* und ein *ṯᶜt* Öl" RS94.2600:14.

69.52. Ist das Gezählte genannt, folgt es der Bruchzahl. Zahl und Gezähltes bilden wahrsch. eine Konstruktusverbindung (Zahl im St.cs., Gezähltes im Gen.). — Beispiele: *b mltḥ rbᶜt* "für die Hälfte eines Viertelschekels", d.h. "für einen Achtelschekel" 4.707:9; *lṯḥ pil \ mrbᶜ qṣḥm \ mrbᶜ dblt \ mrbᶜ ṣmqm* "ein *lṯḥ*-Maß *pil*, ein Viertel (eines *dd*-Maßes [?]) schwarzen Kümmel, ein Viertel (getrocknete) Feigen, ein Viertel Rosinen" 4.751:7-10; *mltḥ kkr* "ein halbes Talent" 4.304:5; *ḫmšt kkr tyt* "1/5 Talent *tyt*" 4.203:17.

69.53. Häufig fehlt das Gezählte elliptisch, insbesondere dann, wenn es unmittelbar vorher genannt ist. — Beispiele: *kkr w mltḥ* "1 1/2 (Talente)" 4.337:26; *ṯql w ksmk* "1 2/3 (Schekel)" 4.707:29; *ṯqlm w rbᶜt* "2 1/4 (Schekel)" 4.707:12; *ṯṯt w kmsk* "6 2/3 (Schekel)" 4.341:9.

69.54. Das Gemessene kann im Zusammenhang mit Zahlausdrücken, die sich aus Kardinal- und Bruchzahlen zusammensetzen, vor oder (häufiger) nach der Bruchzahl stehen.

a. Gemessenes vor der Bruchzahl: *arbᶜ ᶜšrh šd \ w kmsk* "14 2/3 (*šir*-Maß) Ackerland" 4.282:1f.

b. Gemessenes nach der Bruchzahl: *kkr w mltḥ tyt* "1 1/2 Talente *tyt*-Pflanzen" 4.337:26; *tšᶜm ṯlṯt \ w nṣp kbd \ ksp* "93 1/2 (Schekel) Silber" 4.779:1-3; *arbᶜ mat ḫmšm \ šbᶜt w nṣp kbd \ ksp* "457 1/2 (Schekel) Silber" 4.779:8-10; *[ ] ḫmš matm [ṯṯ]m ṯlṯt w ṯlṯt kbd ksp* "[ ]56(?)3 1/3 (Schekel) Silber" 4.721:8; *[b] šbᶜ[t w] nṣp ksp* "[für] 7 1/2 (Schekel) Silber" 4.337:27 (n.L.).

69.6. Zur Syntax von Iterativzahlen

Es ist davon auszugehen, daß sämtliche unter §65 aufgelisteten Zahlausdrücke mit iterativer Funktion grundsätzlich im adverbialen Ak. (§54.133.2d) stehen. Dies gilt für unerweiterte Kardinalia, für Zahlausdrücke mit EP *-m*, für das enklitische Lexem *-id* und ebenfalls für das Lexem *pamt* (= Pl. Obl.).

SV. Auch im Ar. fungieren Zahlausdrücke im Ak. im Sinne von Iterativa, z.B. *ṯalāṯan* "dreimal"; *marratan* "einmal", *marratayni* "zweimal" (etc.).

69.7. Zur Syntax von Kollektivzahlen

69.71. Das Lexem *klat*

Das Subst. **klat* "beide (f.du.)" (§67.11) steht – bei Nennung des Gezählten – immer vor dem Gezählten. Aus sprachvergleichenden Gründen ist anzunehmen, daß das Gezählte im Du. Gen. steht, z.B. *b klat ydh* = /*bi kilʾatê yadêhu*/ (1.3:I:11) (vgl. ar. *kilā hāḏayni* "diese beiden" bzw. *kiltā l-ǧannatayni* "die beiden Gärten" [GKA § 109]). Zwischen der substantivischen Kollektivzahl und dem Gezählten herrscht Genuskongruenz.

Demgegenüber scheint das Gezählte in 1.1:IV:10 im Sg. zu stehen: *(ytn ...) krpn b klat yd*. Da an der Parallelstelle, 1.3:I:11, *ydh* "(mit) seinen (beiden) Händen" (Du. pron.) begegnet, liegt hier möglicherweise ein Schreibfehler für *yd*<*h*> vor. Alternativ kann vielleicht {yd.h} (= Du.pron.) oder {yd.m} (= Du. abs. [zu dieser Lesung siehe Smith 1994, 135]) gelesen werden (mit Worttrenner nach dem Nominalstamm).

69.72. Die Lexeme *aḥdm* und *ṣmdm*

69.721. Das (dualische) Lexem *aḥdm* "ein Paar" (§67.12) ist – im Einklang mit der Kardinalzahl *aḥd* – ein Adjektiv und folgt als solches dem Bezugswort, mit dem es kongruiert, z.B. *w trm aḥdm* \ *ṣpym* "und ein Paar beschlagene Deichseln(?)" (4.167:3f.).

69.722. Demgegenüber fungiert das (pluralische) Lexem *ṣmdm* "Paare" (§67.12) als Substantiv und geht als solches dem Bezugswort voraus. Es steht in der Regel im St.abs., wobei das Bezugswort als Apposition folgt. Nach den Kardinalia 3-10 steht *ṣmd* im Pl., nach Kardinalia höherer Zahlenwerte im Sg. Die syntaktische Funktion von *ṣmd* ist vergleichbar mit der einer Maßangabe. — Beispiele: *ṣmdm alpm* "zwei Ochsengespanne" 4.691:8; *arbʿ ṣmdm apnt* "vier Paar (Pl.) Räder" 4.169:7; *[ʿ]šrm ṣmd s̀sw* "20 Pferdegespanne" 4.427:23 (man beachte den Sg. *s̀sw*); *w ʿšrm ṣmd alpm* "und 20 Ochsengespanne" 4.367:10.

Eine andere Syntax könnte im Text 4.618 vorliegen: Hier scheint der St.cs. von *ṣmd* (Pl.) belegt sein, gefolgt vom Bezugswort im Abhängigkeitskasus (alternativ könnte *ṣmd* aber als Singularform betrachtet werden): *[ ] ḫmš ṣmd alpm* "fünf Ochsengespanne" 4.618:15.17 (beide Belege im zerstörten Kontext; vgl. aber *ḫmš ṣmdm \ [ ]* "fünf Gespanne" in Z. 21).

69.73. Die Lexeme *ṯlṯtm* und *ṯṯtm*

Die nur dualisch bezeugten Lexeme *ṯlṯtm* (§67.22) und *ṯṯtm* (§67.32) stehen – wie *ṣmdm* – immer im St.abs.; das Gezählte folgt als Apposition. — Beispiele: *ṯlṯtm bʿlm* "zwei Dreiergruppen Arbeiter" 4.360:6.7; *ṯṯtm ḫzr w ʿšt ʿšr ḥrš* "zwei Sechserabteilungen Hilfsarbeiter und elf (ausgebildete) Handwerker" 4.141:III:7; *ṯṯtm ḫzr \ dt tbʿln \ b gt ḥrṯm* "zwei Sechserabteilungen Hilfsarbeiter, die in ON arbeiten" 4.141:III:9-11.

7. Das Verb

71. Einführung

71.1. Verben bezeichnen Tätigkeiten, Vorgänge und Zustände. Sie weisen im Sem. allgemein ein komplexes Formen- und Funktionssystem auf.

71.2. Im Rahmen der Flexion bzw. Konjugation verbaler Formen werden in sem. Sprachen Genus (mask. und fem.), Numerus (Sg., Du., Pl.) und Person (1., 2., 3. Person) differenziert.

Darüber hinaus werden folgende andere grammatische Kategorien morphologisch berücksichtigt: a) Tempus/Aspekt (präsentisch – futurisch – präterital bzw. imperfektiv – perfektiv), b) Modus (Imperativ, Jussiv), c) Diathese (Genus Verbi: aktiv, passiv, reflexiv) und d) Aktionsart (z.B. faktitiv, kausativ).

Die beiden letzteren Kategorien werden im Sem. vornehmlich durch sogenannte (abgeleitete) Verbalstämme ausgedrückt. Sie sind mit den beiden ersteren Kategorien kombinierbar.

71.3. Neben den eigentlichen (finiten) verbalen Formen, d.h. Formen mit verbaler Konjugation, werden in der Semitistik traditionell auch zwei nominale (infinite) Kategorien im Zusammenhang mit dem Verbalsystem behandelt, nämlich zum einen Verbalsubstantive (Infinitive), zum anderen Verbaladjektive (Partizipien). Sie sind unmittelbar von Verbalwurzeln abgeleitet, sind morphologisch und semantisch auf verbale Kategorien bezogen und differenzieren neben Genus und Numerus – wie finite Verbalformen – auch die grammatischen Kategorien Diathese und Aktionsart.

71.4. Das Ug. besitzt für die Differenzierung der grammatischen Kategorien Diathese und Aktionsart eine große Anzahl von unterschiedlichen Verbalstämmen. Zum Ausdruck der grammatischen Kategorien Tempus/Aspekt und Modus stehen folgende morphologische Formen zur Verfügung:

a) eine Form mit Präfixen und Suffixen, die sogenannte Präfixkonjugation mit mehreren Subvarianten;
b) eine präfixlose Form mit Suffixen, die mit denen der Kurzform der Präfixkonjugation der 2. Person identisch sind, der sogenannte Imperativ;
c) eine (ebenfalls präfixlose) Form mit Suffixen anderer Art und Herkunft, die sogenannte Suffixkonjugation.

72. Statistische Daten

72.1. Im folgenden werden – auf der Basis von Tropper (1992a) – einige statistische Eckwerte zum ug. Verbalsystem präsentiert. Sie sollen eine Vorstellung von der Gesamtzahl der bezeugten Verbalformen vermitteln und Einblicke in die relative Beleghäufigkeit der diversen morphologischen Kategorien gestatten.

Da insbesondere im Bereich des Tempusgebrauchs erhebliche Differenzen zwischen der poetischen Sprache und der Prosa existieren, wird neben der Gesamtzahl der Belege jeweils auch die Zahl der nur im Korpus der narrativen Poesie (im engeren Sinn [KTU 1.1.-6; 1.14-16; 1.17-22]) bezeugten Formen angeführt.

In den präsentierten Zahlen sind nur relativ gesicherte Formen bisher publizierter Texte berücksichtigt. Hierzu zählen auch Formen, die nur teilweise erhalten sind, aber aufgrund von Parallelen zuverlässig ergänzt werden können. Es versteht sich von selbst, daß diese Statistik vorläufigen Charakter hat. Relevant sind weniger die absoluten Zahlen als vielmehr die Zahlenwerte im Verhältnis zueinander.

"Verbalformen" fungiert als Oberbegriff über finite und infinite verbale Formen. Unter "Partizipien" sind nur frei gebildete Formen berücksichtigt, nicht aber eindeutig substantivierte Lexeme (z.B. Berufsbezeichnungen).

72.2. Gesamtkorpus:

Gesamtzahl der Verbalwurzeln	ca.	500
Gesamtzahl der Verbalformen	ca.	3800
Präfixkonjugation	ca.	2280
Suffixkonjugation	ca.	800
Imperative	ca.	420
Infinitive	ca.	140
Partizipien	ca.	160

72.3. Korpus der narrativen Poesie:

Gesamtzahl der Verbalformen	ca.	2100
Präfixkonjugation	ca.	1320
Suffixkonjugation	ca.	345
Imperative	ca.	235
Infinitive	ca.	95
Partizipien	ca.	105

73. Kategorien des Grundstamms

73.1. Imperativ

73.11. Einleitung

Der Imperativ (= Imp.), der Befehlsmodus der 2. Person (§77.31), ist die einfachste morphologische Kategorie des Verbs und beruht auf dem Verbalstamm, der durch spezifische Endungen hinsichlich Person, Genus und Numerus modifiziert wird. Die wesentlichen Bausteine des Verbalstamms sind zum einen die Radikale der Wurzel und zum anderen ein spezifischer Themavokal (= TV).

Der unerweiterte Imp. m.sg. ist identisch mit der Kurzform der Präfixkonjugation ohne Präfixkonsonanten und Präfixvokal. Er ist damit aus phonematischer Sicht einsilbig. Der Morphemtyp lautet *{qtVl}*, wobei "V" für den charakteristischen TV – */a/*, */i/* oder */u/* – steht, der grundsätzlich mit dem der Präfixkonjugation identisch ist (§73.242).

73.12. Auflösung der anlautenden Doppelkonsonanz

Da eine anlautende Doppelkonsonanz nicht geduldet wird, wird der Imp. phonetisch zweisilbig realisiert. Die Doppelkonsonanz wird dabei in der Regel durch Einfügung eines Hilfsvokals nach dem ersten Radikal (= Anaptyxe), daneben möglicherweise selten auch durch die Voranstellung eine Hilfsvokals vor den ersten Radikal (= Prothese) aufgelöst.

Lit.: Verreet (1985, 319-323) und (1986a, 363-366); GUL 120f.

73.121. Imperative mit Anaptyxe

73.121.1. Nach Ausweis der Wurzelklasse (= WzK) I-ˀ kann der anaptyktische Vokal */i/*, */u/* oder */a/* lauten. Es gilt dabei jedoch zu beachten, daß Vokale in einer mit */ˀ/* anlautenden unbetonten, offenen Silbe den Regeln der Vokalharmonie unterliegen können (§33.215.2):

a. Anaptyxe */i/* (bzw. Murmelvokal */ə/*):

isp */ˀispī/* (Vokalsynkope) < **ˀ(V)supī* (*√ˀsp*) "sammle ein!" (f.sg.) 1.107:33.36.44. — Im Einklang mit dem he. Befund lautet der TV wahrsch. */u/* und nicht */i/* (vgl. he. *ˀæsop* [m.sg.] und *ˀis^{e}pî* [f.sg.]).

irš */ˀ^{i}rVš/* (*√ˀrš*) "wünsche, verlange!" (m.sg.) 1.17:VI:17*.26.27; 1.62:2; (?) 2.41:15 (KTU²: *yrš*); evtl. ferner 1.108:18 ([ ]*rš*). — Der TV ist unbekannt (siehe aber akk. *erēšu* [*i/i*]); vgl. demgegenüber den Imp. *arš* (5.11:12).

Anm. Eine Deutung von *irš* als D-Imp. */ˀirriš/* < **ˀarriš* – so Sivan (1990b) und GUL 136 – ist phonologisch nicht zu begründen. Belege für eine vergleichbare Lautentwicklung *a* > *i* in geschlossener Tonsilbe gibt es im Ug. nicht.

b. Anaptyxe /u/ bei TV /u/:
uḫd /ʾ^u^ḫud/ < *ʾḫud (√ʾḫd) "packe!" (m.sg.) 1.82:6.

c. Anaptyxe /a/ bei TV unbekannter Qualität (?):
arš /wa-ʾ^a^rVš/ (√ʾrš) "wünsche, verlange!" (m.sg.) 5.11:12. — Die ungewöhnliche Qualität des anaptyktischen Vokals könnte zum einen vom vorausgehenden Vokal und zum anderen vom folgenden Konsonanten /r/ beeinflußt sein. Man beachte, daß sich der betreffende Text durch ungewöhnliche Alephschreibungen auszeichnet ("Schultext"). Alternativ könnte *arš* aber auch als D-Imp. (d.h. /ʾarriš/) gedeutet werden (§74.413.2).

Anm. Auch die Formen *idbx* (1.15:IV:12), *]idmnn[* (1.55:4) und *iṯr* (2.15:6; siehe Verreet 1985, 321f.) wurden bisweilen als G-Impp. von Wzz. I-ʾ gedeutet. Die betreffenden Kontexte sind jedoch zerstört oder obskur. — Die Formen *at* (1.1:III:16) bzw. *at-m* (1.3:III:28) sind wahrsch. nicht als Impp. (f.sg.) von √ʾty zu deuten (siehe §41.112.3, Anm. und §73.513.5b). Ein Imp. f.sg. sollte **ity* = /ʾ^i^tiyī/ lauten.

73.121.2. Aus den vorgestellten Belegen lassen sich keine genauen Regeln hinsichtlich der Qualität anaptyktischer Vokale von Impp. ableiten. Sie weisen jedoch auf eine gewisse Korrelation von Anaptyxe- und Themavokalen hin und zeigen auch, daß für Formen f.sg. besondere Regeln gelten.

Die Sprachvergleichung legt die Annahme nahe, daß den Themavokalen /i/ und /u/ grundsätzlich qualitativ identische Vokale vorausgehen, daß aber vor Themavokal /a/ entweder /i/ oder /a/ zu finden ist (vgl. etwa den akk. Befund: *purus*, *piqid*, *limad/ṣabat*; vgl. ferner akan. *nupul-mi* [EA 252:25]). Demnach ist von folgenden Vokalisierungstypen auszugehen:

{qtul} : z.B. *rgm* /r^u^gum/ (√rgm) "sprich!" 1.16:VI:28&.
{qtil} : z.B. *mǵ* /m^i^ǵî/ (√mǵy) "gelange hin!" 1.3:VI:11.
{qtal} : z.B. *sad* /s^i/a^ʾadī/ "speise!" (f.sg.) 1.17:V:20; *šmʿ* /š^i/a^maʿ/ (√šmʿ) "höre!" 1.2:I:46&.

73.122. Imperative mit Prothese

Das Ug. enthält drei mögliche Belege für G-Impp. mit prothetischem Vokal (nur Formen f.sg.). Es könnte sich dabei – sofern die Belege richtig gedeutet sind – um dialektale Varianten zur gewöhnlichen Imperativbildung mit Anaptyxe handeln. Der prothetische Vokal wäre bei Themavokal /u/ ebenfalls /u/, sonst /i/.

f.sg., Themavokal /u/:
uqrb /(ʾ)uqrubī/ < **qrubī* (√qrb) "nähere dich!" bzw. "tritt heran!" 1.169:5 (Subjekt *ḥṯ*): Zum TV /u/ siehe den aram. und ar. Befund. (gegenüber he. *q^e^rab*). — Alternativ: Partikel *u* + *qrb* (Imp. od. SK).

f.sg., Themavokal /i/:
ibky /(ʾ)ibkiyī/ < **bkiyī* (√bky) "weine!" 1.161:13: Zum TV /i/ siehe PK 1.c.sg. *abky* /ʾabkiyV/ 1.19:III:5.20.34 sowie den zsem. Befund. — Alternativ: N-Imp. /(ʾ)ibbakiyī/ "sei beweint!" (§74.342). Man beachte aber, daß die Lesung nicht ganz sicher ist (alternative Lesung: *tbky* [vgl. Pitard 1987, 80]).

f.sg., Themavokal /*a*/:
išḫ̮n /*(ʾ)išḫ̮anī*/ < **šḫ̮anī* (√*šḫ̮n*) "sei heiß!" 1.161:18(2x): Zum TV /*a*/ siehe den aram. Befund; vgl. ferner ar. *saḫ̮ina* (*a*). — Alternativ: N-Imp. /*(ʾ)iššaḫ̮inī*/ "erwärme dich!" (§74.342).

SV. Imperativbildungen mit Prothese sind bekanntlich im Ar. die Norm. Die dort belegte Korrelation von Prothese- und Themavokalen würde mit dem ug. Befund übereinstimmen (siehe GKA §§ 54b.220b).

73.13. Flexionsendungen

Die Flexionsendungen des Imp. sind im Sem. allgemein identisch mit den Flexionsendungen der 2. Personen der Kurzform der Präfixkonjugation.

73.131. Flexionsendung m.sg.

Der Imp. m.sg. ist endungslos. Von dieser Tatsache zeugen die zahlreichen Formen der WzK III-*w*/*y* mit Kontraktion des Auslautdiphthongs (Formen mit TV /*i*/, /*u*/ und /*a*/):

? *ḥd* /*ḥ*^{i}*dî*/ < **ḥdiy* (√*ḥdy*) "schau!" 2.77:8.15 (Kontexte abgebrochen).
mġ /*m*^{i}*ġî*/ < **mġiy* (√*mġy*) "geh voran! / fahr zu!" 1.3:VI:11.

bn /*b*^{u}*nû*/ < **bnuw* (√*bnw*) "baue!" 1.2:III:7&.
ng /*n*^{u}*gû*/ < **nguw* (alt.: /*n*^{i}*gî*/) (√*ngw/y*) "zieh ab!" 1.14:III:27; 1.14:VI:15.
ˁl /^{ˁu}*lû*/ < **ˁluw* (√*ˁlw*) "steig hinauf!" 1.14:II:20.21; 1.16:IV:13.

ph /*p*^{V}*hê*/ < **phay* (√*phy*) "siehe!" 1.15:III:28.

Anm. In 1.16:VI:28 und viell. auch 1.3:VI:22 (alt.: Du.) begegnet in Parallele zum Imp. (m.sg.) *rgm* "sprich!" eine Form *ṯny*. Aufgrund der Orthographie mit {y} ist diese Form entweder als erweiterter Imp. oder als Inf.abs. (mit imperativischer Funktion) zu deuten. Unklar ist außerdem, ob sie dem G-Stamm oder dem D-Stamm zuzuordnen ist. — Anstelle von *w du* (G-Imp. m.sg.) ist in 1.19:III:28 gegen KTU^{2} sicher *w tdu* (G-PK^{K}v 2.m.sg.) zu lesen (ebenso in 1.19:III:14).

73.132. Flexionsendung f.sg.

Der Imp. f.sg. weist eine Endung /*-ī*/ auf. Indirekte Bestätigungen dafür liefern Formen der WzKK II/III-ʾ und III-*w*/*y*:

WzK III-ʾ (zugleich I-*y* < *I-*w*):
ẓi /*ẓiʾī*/ (√*yẓʾ* < **wṣ̌ʾ*) "geh hinaus!" 1.12:I:14.19.

WzK II-ʾ und (zugleich) III-*w*:
di /*d*^{i}*ʾî*/ < **dʾVyī* < **dʾuwī* (√*dʾw*) "flieg!" 1.16:V:48: Zum Themavokal /*u*/ siehe *tdu* /*tadʾû*/ < **tadʾuw* "sie flog" (1.16:VI:6.7).
li /*l*^{i}*ʾî*/ < **lʾuyī* < **lʾuwī* (√*lʾw*) "sei stark/siegreich!" 1.16:VI:2: Zum Themavokal /*u*/ siehe *tlun*$^{!}$*n* "sie überwältigte ihn" (1.14:I:33).

WzK III-*y* mit Bewahrung von /*y*/:
kry /*kir(i)yī*/ < **k*^{i}*riyī* (√*kry*) "grabe!" 1.12:I:23.
qry-y /*qarriyī*/ (√*qry*) "bring' dar!" 1.3:III:14; 1.3:IV:8 (D-Imp. + EP -*y*).
ššqy /*šašqiyī*/ (√*šqy*) "gib zu trinken!" 1.17:V:19 (Š-Imp.).

73.133. Flexionsendung m.pl.

Der Imp. m.pl. besitzt eine Endung /-*ū*/. Den Beweis dafür liefert folgende Form der WzK III-ʾ: *šu* /*šaʾū*/ (√*nšʾ*) "erhebt (euch)!" 1.2:I:27; 1.23:54.65.

Indirekte Hinweise liefert auch eine Form der WzK III-*y* mit Bewahrung von /*y*/: /*š*^{V}*tayū*/ (√*šty*) "trinkt" 1.23:6.

Anm. In 1.19:III:14 und 1.19:III:28 ist gegen KTU^{2} nicht *w du* (G-Imp.) sondern *w tdu* (G-PK^{K}v) zu lesen.

73.134. Flexionsendung f.pl.

Imp.-Formen f.pl. sind bislang nicht belegt. Als Endung wäre in Übereinstimmung mit dem Personalsuffix der PK 3.f.pl. und im Einklang mit dem he./ar. Befund /-*nā̆*/ zu erwarten (weniger wahrsch. /-*ā*/ entsprechend dem akk., äth. und [teilweise] aram. Befund).

Sollte die in 1.24:11 bezeugte Form *šm*^{c} (Kontext: *šm*^{c} *ilht kṯr[t]*) als Imp. f.pl. zu deuten sein ("Hört, Kôṯarāt-Göttinnen!"), könnte sie zeigen, daß die Endung des Imp. f.pl. im Ug. – wider Erwarten – /-*ā*/ lautet (siehe GUL 112 und 121). Alternative Deutungen der betreffenden Form sind jedoch möglich (§73.532). Ferner ist auch nicht auszuschließen, daß hier ein Imp. m.pl. für f.pl. steht (zum vergleichbaren Phänomen im He. siehe Levi 1987, 155).

73.135. Flexionsendung c.du.

Die Form des Imp. du. lautet für beide Genera gleich und weist eine Endung /-*â*/ auf: *ša* /*šaʾâ*/ < **śaʾâ* (√*nšʾ*) "hebt hoch!" 1.4:VIII:5.

Indirekt wird die Existenz der betreffenden Endung auch durch Formen der WzK III-*y* bestätigt, die sich insgesamt durch die Bewahrung des dritten Radikals /*y*/ auszeichnen, z.B. *ṯny* /*ṯin(i)yâ*/ < **ṯ*^{i}*niyâ* (G-Imp.) bzw. /*ṯanniyâ*/ (D-Imp.) (√*ṯny*) "wiederholt/berichtet!" 1.2:I:16.32*; 1.3:III:12; 1.4:VIII:31; 1.5:II:9.

73.14. Erweiterter ("emphatischer") Imperativ

73.141. Im Ug. steht der endungslosen Form des Imp. m.sg. wahrsch. – im Einklang mit dem he. Befund – eine erweiterte bzw. "emphatische" Form gegenüber, die im folgenden mit dem Sigel "Imp.e." bezeichnet wird. Die genannte Form ist gekennzeichnet durch ein suffigiertes Morphem /-*ā̆*/. Es handelt sich dabei um dasselbe Morphem mit volitivischer Funktion, das auch am endungslosen Jussiv (vornehmlich in der 1. Person) zu beobachten ist.

73.142. Die Existenz eines Imp.e. im Ug. wird durch folgende Formen m.sg. der WzKK III-ˀ bzw. III-*y* gestützt:

ša /*šaˀā̆*/ < **śaˀā̆* (√*nšˀ*) "hebe hoch!" 1.5:V:13; 1.14:II:22; 6.48:3 (evtl. ferner 1.19:I:6; 7.136:4): Das Graphem {a} in *ša* könnte theoretisch auch ein quieszierendes Aleph im Wortauslaut bezeichnen: *ša* = /*šâ*/ < **šaˀ* < **śaˀ*. Die Deutung als Imp.e. ist aber wahrscheinlicher.

šṣa /*šôṣiˀā̆*/ < **šawṣiˀā̆* (√*yṣˀ* < **wṣˀ*, Š-Imp.) "bring heraus!" 2.15:5: Der Kontext lautet: *rˤy šṣa idn ly* "Mein Freund, bring mir bitte ...(?) heraus!". Eine andere Wortabtrennung (*rˤ yšṣa idn ly*) ist unwahrscheinlich.

? *mḥy* /*m*^{i}*ḥiyā̆*/ "wisch' ab! / reinige!" 1.124:14: Der Kontext lauetet: *btn mḥy* \ *l dg w l klb* \ *w aṯr in mr* "Reinige das Haus von Fisch und Hund! Und danach wird es kein Leid(?) mehr geben" 1.124:14-16. — Alternativ kann *mḥy* als Imp. (m.sg.) plus EP *-y* (§89.3) gedeutet werden.

? *ṯny* /*ṯ*^{i}*niyā̆*/ "wiederhole/sage!" 1.16:VI:28: Der Kontext lautet: *lk* \ *[l a]bk w rgm / ṯny [l ...]* "Geh [zu] deinem [Va]ter und sprich! Sage [zu ...]!" 1.16:VI:27f. — Alternativ Imp. (m.sg.) plus EP *-y* (§89.3).

73.143. Aufgrund der oben genannten Formen kann die Existenz eines erweiterten Imperativs im Ug. als sehr wahrscheinlich gelten. Zugunsten einer solchen Kategorie sprechen außerdem der sprachvergleichende Befund (Imp.e. im Kan.) und die Existenz eines sogenannten emphatischen Jussivs (= PK^{K}e) im Ug.

SV. Emphatische Imperative sind im He. gut bezeugt (siehe GBH § 48d). Sie sind in der Poesie häufiger als in der Prosa. Funktional unterscheiden sie sich nicht wesentlich von "einfachen" Impp. Ausschlaggebend für die Wahl der einen oder anderen Form sind mitunter rein euphonische Gründe. — Im Akan. der Amarnabriefe gibt es einen sicheren Beleg für einen Imp.e.: *ku-na* "sei bereit!" bzw. "triff Vorbereitungen!" (EA 147:36 [kan. Glosse in einem Brief aus Tyros]; dazu CAT 2, 265f.).

73.15. Paradigma

Sg.	m.	*q*^{V}*tVl*	(einfacher Imperativ = Imp.)
		q^{V}*tVlā̆*	(erweiterter Imperativ = Imp.e.)
	f.	*q*^{V}*tVlī*	
Pl.	m.	*q*^{V}*tVlū*	[Pl. f. nicht belegt]
Du.	c.	*q*^{V}*tVlâ*	

73.16. Zur syntaktischen Verwendung des Imperativs

Vorbemerkung: Die nachstehenden Ausführungen sind vornehmlich Fragen der Rektion von Impp. gewidmet. Andere Themen (Imp. nach Partikel *mˤ*; Wiederholung identischer Impp.; Imperativketten) werden unter §77.31 behandelt.

73.161. Der Imp. kann nicht negiert werden. Zum Ausdruck des negierten Befehls dient die Negation *al* mit Kurzform der Präfixkonjugation der 2. Person

(§77.392; §87.21).

73.162. Impp. transitiver Verben können – wie andere finite Verbalformen (vgl. §93.3) – ein Akkusativobjekt regieren.

a. Beispiele für Impp. mit nominalem Akkusativobjekt:
sad kbd hmt "Stärke/Speise (und) ehre sie (beide)!" 1.17:V:20.
tšṯḥwy <*w*>$^{?}$ *kbd hyt* "Huldigt <und> ehrt sie!" 1.3:III:10; ähnl. 1.3:VI:19f.
hlm ktp zbl ym "Schlage (auf) die Schulter(n) des Fürsten Yammu!" 1.2:IV:14.
hlm qdq\d zbl ym "Schlage (auf) den Schädel des Fürsten Yammu!" 1.2:IV:21f.

b. Beispiele für Impp. mit Objektsuffix:
grš-nn "vertreibe ihn!" 1.1:IV:24; *gr.nn* "fordere sie zum Kampf heraus!" 1.14:III:6; *šr-nn*$^{!}$ (alt. Lesung: *šr-n*) "streite gegen sie!" 1.14:III:6; *ḥnny* "lege für mich Fürsprache ein!" 2.15:3.

73.163. Daneben können vielleicht auch Impp. von (intransitiven) Bewegungsverben ein Pronominalsuffix bei sich haben. Mögliche Belege enthält das folgende schwierige Textbeispiel:

ḥš-k ʿṣ-k ʿbṣ-k /\ ʿmy pʿnk tlsmn / ʿmy \ twtḥ išdk "Eile du! Dränge du! Haste du! Zu mir sollen deine Füße laufen, zu mir sollen deine Beine eilen/galoppieren(?)" 1.3:III:18-20 (// 1.1:II:1*f.; 1.1:II:22*f.; 1.1:III:10*f.; 1.3:IV:11f.).

Die im ersten Kolon bezeugten Formen *ḥš*, *ʿṣ* und *ʿbṣ* können als Impp. f.sg. der Wzz. √*ḥwš*, √*ʿṣṣ* und √*ʿbṣ* gedeutet werden (sie werden durch zwei Formen der PK^Kv weitergeführt). Sie regieren Pronominalsuffixe (= PrSS), die ebenfalls als 2.f.sg. zu deuten sind und offenbar auf das Subjekt (Göttin ʿAnatu) zurückverweisen. Da direkte Reflexivität im Sem. nicht durch PrSS ausgedrückt wird, können die betreffenden Suffixe nur indirekt-reflexive Funktion haben. Ihre Funktion könnte identisch sein mit dem sogenannten Dativus commodi/ethicus nwsem. Sprachen, ausgedrückt durch die Präp. *l* + PrS. Im He. ist diese Konstruktion besonders im Zusammenhang mit Impp. (vornehmlich bei Verben der Bewegung) verbreitet, z.B. *læk-l*^{e}*kā* "geh!", *s*^{e}*ʿû lākæm* "brecht auf!", *b*^{e}*raḥ-l*^{e}*kā* "fliehe!" und *qûmî lāk* "erhebe dich (f.)!", und dient offenbar dazu, "die Bedeutung des betreffenden Vorgangs für ein bestimmtes Subjekt ausdrücklich hervorzuheben" (GK § 117x), bzw. zu betonen, daß die betreffende Handlung dem Handlungssubjekt zum Vorteil gereicht (vgl. GBH § 133d). Möglicherweise hat im Ug. ein einfaches ("dativisches") PrS die Rolle der analytischen Konstruktion "*l* + PrS" inne, zumal ebendiese Konstruktion im Ug. nicht sicher nachgewiesen werden kann. Somit scheinen die Formen *ḥš-k*, *ʿṣk* und *ʿbṣ-k* im Sinne von "eile/dränge/haste in Bezug auf dich!" = "eile/dränge/haste du!" zu verstehen zu sein.

Die vorgeschlagene Deutung kann freilich nicht als gesichert gelten; zu einer alternativen Interpretation (Verbalsubstt. + Possessivsuffixe mit imperativischer Funktion) siehe §73.523c. Zugunsten der hier favorisierten Lösung könnte aber die in 1.12:I:26 bezeugte Form *tbrkk* sprechen, offenbar eine PK^Kv 2.f.sg. mit PrS 2.f.sg.: *ḫl ld \ aklm / tbrkk w ld ʿqqm* "Kreiße (und) gebäre die beiden Fresser! Knie du nieder und gebäre die beiden 'Zerreißer'!" (1.12:I:25f.). Unter der

Voraussetzung, daß die Form *tbrkk* korrekt geschrieben und nicht zu *tbrk«k»* zu emendieren ist (§21.355.1b), könnte das PrS *-k* auch hier indirekt-reflexive Funktion besitzen: "knie nieder in Bezug auf dich!" = "knie du nieder!".

73.2. Präfixkonjugation

73.21. Vorbemerkung

Der traditionelle Begriff "Präfixkonjugation" (= PK) ist – ebenso wie der deckungsgleiche alternative Begriff "Präformativkonjugation" – in zweifacher Hinsicht mißverständlich. Er suggeriert eine einheitliche morphologische Kategorie, die mittels unterschiedlicher Präfixe flektiert wird. Beides ist zu modifizieren. "Präfixkonjugation" ist vielmehr der Oberbegriff über mehrere verschiedene morphologische Subvarianten zum Ausdruck ganz unterschiedlicher verbaler Sachverhalte. Die Flexion erfolgt nicht allein mittels Präfixen, sondern auch mittels Suffixen.

Gemäß morphologischen Gegebenheiten und Funktionen sind – unter Vorgriff auf Untersuchungen zum ug. Aspekt- und Tempussystem (§76) sowie zum ug. Modalsystem (§77) – folgende Subvarianten der PK zu unterscheiden:

Form	*Funktion*	*Abkürzung*
Kurzform	a) perfektiv; indikativischer Modus ("Präteritum" u.a.)	$PK^{K}i$
	b) perfektiv; volitivischer Modus ("Jussiv")	$PK^{K}v$
erweiterte Kurzform	a) Modus "Kohortativ" (1. Person)	$PK^{K}e$
	b) evtl. emphatischer Jussiv (2./3. Person)	
Langform	imperfektiv ("Präsens")	PK^{L}

73.22. Die Personalpräfixe

73.221. Einleitung

Die Personalpräfixe setzen sich aus einem konsonantischen Element, dem Präfixkonsonanten, und einem vokalischen Element, dem Präfixvokal, zusammen.

Anm. Der sogenannte Präfixvokal (genauer: präradikalischer Vokal) steht in Beziehung zum Themavokal des Stammorphems einerseits und zum System der Verbalstämme andererseits. Er ist damit strenggenommen Bestandteil des Stammorphems und nicht des Präfixes. Die Morphemgrenze verläuft unmittelbar nach dem Präfixkonsonanten, d.h. *{K=VqtVl=}* und nicht *{KV=qtVl}*.

73.222. Paradigma

	Sg.	Pl.	Du.
3.m.	*y-*	*t-/*y-*	*y-/t-*
3.f.	*t-*	*t-*	*t-*
2.m.	*t-*	*t-*	
2.c.			*t-*
2.f.	*t-*	*t-*	
1.c.	*ʾ-*	*n-*	----

73.223. Diskussion problematischer bzw. umstrittener Präfixe

73.223.1. Präfix 1.c.sg.

Der Präfixkonsonant (= PKons.) /ʾ/ erscheint in der Orthographie entweder als {u} oder als {i} entsprechend der Qualität des Präfixvokals (= PV).

Lautet der erste Radikal der Wz. /ʾ/, kommt es zu einem dissimilatorisch motivierten Schwund dieses Konsonanten unter Ersatzdehnung des PV, z.B. *aḫ̮d* /*ʾâḫ̮ud-*/ < **ʾaʾḫ̮ud-* (√*ʾḫ̮d*) "ich nehme" 1.3:V:22& (§33.141.43).

Lautet der erste Radikal /ᶜ/, schwindet der PKons., z.B. *ᶜny* /*ᶜVniyă*/? < **ʾaᶜ(V)niyă* (√*ᶜny*) "ich will antworten" 1.2:I:28 (§33.141.2).

73.223.2. Präfix 3.f.sg.

Der PKons. der 3.f.sg. lautet *t-*, z.B. *tṣi* /*taṣiʾ*/ (√*yṣʾ* < **wšʾ*) "(die Seele) entwich" (1.18:IV:24). Man beachte, daß auch das Akk.Ug. für die PK 3.f.sg. beinahe immer den PKons. *t-* verwendet (gegen bab.-akk. *iprus*; siehe AU 158 und SAU 431f.), ein Merkmal, das eher auf ug. als auf assyrischen Einfluß zurückgeht.

Anm. Eine Reihe von ug. PNN, etwa *tbṣr* (6.24:1) und *tuzn* (4.727:12), ist mit einem *t*-Präfix gebildet. Zumindest einige davon dürften als PK 3.f.sg. zu analysieren sein (z. Disk. siehe Watson 1993, 220f.). *tldn* (3.8:1; 4.84:8) = syll. *tal-du-na* (RS19.09:22) dürfte anders zu erklären sein.

73.223.3. Präfix 3.m.pl.

73.223.31. Der PKons. der 3.m.pl. lautet im Ug. in der Regel *t-* (siehe bes. Dobrusin 1981), z.B. *tšu* /*tiššaʾū*/ < **tinšaʾū* (√*nšʾ*) "sie erhoben (ihre Häupter)" (1.2:I:29).

Auch der syll. Befund beweist indirekt die Existenz eines PKons. *t-* (dazu SAU 432); siehe die hybriden Formen der PK 3.m.pl. *ti*$_7$*-ṣa-bi-tu*$_4$ (akk. *ṣabātu* G) "sie ergreifen" (RS17.388:16), *ti-tu-ru-na* (akk. *târu* G) "sie kehren zurück" (RS22.399+:17) und ferner viell. *tu-ul-ta-lu-na* (akk. *elû* Š) "sie lassen / ließen (immer wieder) hochsteigen" (RS20.06:6 [gegen SAU 442 eher 3.m.pl. als 3.f.pl.]).

73.223.32. Hinsichtlich dieses Befundes geht das Ug. konform mit dem Akan. der Amarnabriefe (siehe bes. Moran 1951, Izre'el 1987 und CAT 2, 26-28.43-45) sowie dem aB Akk. von Mari (siehe Edzard 1985) und unterscheidet sich zugleich von allen übrigen sem. Sprachen (PKons. *y-*).

SV. Im Akan. der Amarnabriefe gibt es neben etwa 150 Belegen der PK 3.m.pl. mit PKons. *t-* nur eine Ausnahme, nämlich *yi-na-mu-šu-n[a]* (EA 109:7). Der Kontext lautet: *ù la-a yi-na-mu-šu-n[a] \ [a-]bu-tu-ka iš-tu a-[b]u-[tu/i-ia]* "deine Väter ließen meine Väter nicht im Stich" (EA 109:7f.). Rainey (CAT 2, 44) führt dafür folgende Erklärung an: "In EA 109:7, one may conjecture that the scribe changed his mind in mid-stream, switching from singular to plural in his thinking and thus producing a singular form with the plural ending."

73.223.33. Es gibt jedoch eine seit langem kontrovers geführte Diskussion darüber, ob das Ug. neben *t-* sporadisch auch *y-* als PKons. der PK 3.m.pl. verwendet, d.h. ob neben *taqtulū(na)* auch ein *yaqtulū(na)* existiert. In praktisch allen bisher vorgelegten grammatischen Skizzen und Lehrbüchern des Ugaritischen einschließlich GUL (S. 111-112) wird mit der Möglichkeit einer *yaqtulū(na)*-Form (neben *taqtulūna*) gerechnet. Für diese Annahme spricht, daß ein vergleichbarer Wechsel der Präfixe *y-* und *t-* im Dual (PK 3.m.du.) eindeutig nachweisbar ist. Demgegenüber gelangte Dobrusin (1981) nach ausführlicher Prüfung der zugunsten einer *yaqtulū(na)*-Bildung herangezogenen Belegstellen zu dem Schluß, daß für alle diese Stellen eine alternative Interpretation möglich und letztlich vorzuziehen ist. Es gäbe im Ug. somit ausschließlich eine *taqtulū(na)*-Bildung für die PK 3.m.pl.

Möglicherweise ist jedoch weder die These von Dobrusin korrekt noch die extreme Gegenposition, wonach *yaqtulū(na)* gleichsam gleichberechtigt neben *taqtulū(na)* existierte. Hier wird ug. *yaqtulū(na)* im Anschluß an Tropper (1998a) als morphologisches Fossil betrachtet, das nicht mehr produktiv ist und – wie akk. *taprus* (für PK 3.f.sg.) in der akkadischen Epik – nur noch in der Poesie und zwar in der Funktion als grammatischer Parallelismus zur "normalen" *taqtulū(na)*-Bildung begegnet. Tatsächlich läßt sich dieser Gebrauch von *yaqtulū(na)* nur in den beiden folgenden Textbeispielen mit gewisser Wahrscheinlichkeit nachweisen (für eine alternative Deutung siehe aber unter §77.34c):

1. *tblk ġrm mid ksp /\ gbᶜm mḥmd ḫrṣ /* ***yblk*** *udr ilqṣm* "Die Berge sollen dir Unmengen (an) Silber bringen, die Hügel kostbarstes Gold! Sie mögen dir die herrlichsten Edelsteine(?) bringen!" 1.4:V:15-17. — Die Form *ybl-k* (Z. 17) wird hier eindeutig parallel zu *tbl-k* (Z. 15) gebraucht. Beide Formen sind von der Wurzel √*ybl* abzuleiten; beide lassen sich am umgezwungensten als Formen der $PK^{K}v$ 3.m.pl. (+ OS) verstehen. Der Verfasser hat demzufolge in Kolon 1 und 3 auf dasselbe Lexem zurückgegriffen, er variierte jedoch auf der morphologischen Ebene: Neben dem morphologisch "normalen" *tbl* verwendete er die archaische Bildung *ybl*. — Alternativ kann die Form *ybl-k* als SK 3.m.pl. mit volitivischer ("optativischer") Funktion gedeutet werden, die sich bei der ug. SK allerdings nur selten nachweisen läßt (§77.326; §77.34c).

Anm. Eine passivische Deutung *ybl-k* (Gp-PK 3.m.sg. "es soll gebracht werden") scheitert an 1.4:V:38-40 (nächster Absatz).

2. ***yblnn*** *ġrm mid ksp* /\ *gbᶜm m!ḥmd ḫrṣ* /\ ***yblnn*** *udr ilqṣm* "Die Berge brachten ihm Unmengen (an) Silber, die Hügel kostbarstes Gold. Sie brachten ihm die herrlichsten Edelsteine(?)" 1.4:V:38-40 (Ausführung der Anweisung von Z. 15-17). — Die zweimalige Form *ybl-nn* (Z. 38.40) kann ebenso wie *ybl-k* (1.4:V:17) als PK 3.m.pl. gedeutet werden (Präteritum + Objektsuffix). Man beachte, daß nur wenige Zeilen zuvor (wiederum) die "normale" Bildung *tbl-k* begegnet (Z. 31 "sie sollen dir bringen"). Die Bildung *ybl* (Z. 38.40) kann somit auch hier als Variante zur "normalen" Bildung interpretiert werden. — Alternativ kann *ybl-nn* als SK 3.m.pl. analysiert werden (*§*77.326; *§*77.34c). Gegen diese Deutung läßt sich aber einwenden, daß in der Ausführung einer mit PK (Jussiv) formulierten Anweisung in der ug. Poesie gewöhnlich wiederum die PK gebraucht wird (siehe Fenton 1969).

73.223.34. Andere in der Vergangenheit als Belege für ug. *yaqtulū(na)* (PK 3.m.pl.) herangezogene Textstellen sind nicht überzeugend. Alternative Erklärungen – PK 3.m.sg./du.; passive Konstruktion; andere Lesung – sind jeweils vorziehen. Die wichtigsten dieser angeblichen Belege werden im folgenden vorgestellt und diskutiert:

1. *ap ilm lḥ[m]* \ ***yṯb*** / *bn qdš l ṯrm* / *bᶜl qm ᶜl il* "Die Götter aber saßen beim Ess[en], die Söhne Qudšus beim Speisen; Baᶜlu stand (in dienender Haltung) bei Ilu" 1.2:I:20f. — Die Deutung der Form *yṯb* als PK 3.m.pl. ist unwahrscheinlich, da in Parallele eine SK-Form, *qm* "er stand da", begegnet. In Analogie zu *qm* ist auch *yṯb* als SK 3.m.pl. zu deuten.

2. *any l* ***yṣḥ*** *ṯr il abh* \ *il mlk d yknnh* / *yṣḥ* \ *aṯrt w bnh* / *ilt w ṣbrt* \ *aryh* "Klagend ruft er (sc. Baᶜlu) fürwahr den Stier Ilu, seinen Vater, an, den König Ilu, der ihn erschaffen hat; (klagend) ruft er Aṯiratu und ihre Söhne an, die Göttin und ihre gesamte Verwandtschaft" 1.4:IV:47-50; vgl. 1.4:I:4-8*. — Es liegt eine wörtliche Rede der Göttin Aṯiratu an Ilu vor. In ihr wird Ilu darüber informiert, daß Baᶜlu um einen Palast als Wohnsitz bittet. Subjekt der zweimaligen Form *yṣḥ* kann somit nur Baᶜlu sein. Folglich ist *yṣḥ* als PK 3.m.sg. zu analysieren. Das betreffende Verb hat hier die Sonderbedeutung "(um Hilfe) anrufen" und wird – anders als an den übrigen Belegstellen (Bedeutung "jemandem [mit Präp. *l*] zurufen" – mit direktem Ak. konstruiert; vgl. hierzu he. √*zᶜq/qrᵓ* + Ak., jeweils mit der Bedeutung "jemanden (meist Gott) um Hilfe anrufen" (siehe Ges.[18], 308b und KBL[3], 1054b, Bed. 8). — Nach einer von mehreren Autoren vorgeschlagenen alternativen Interpretation wären demgegenüber Ilu (Z. 47) bzw. Aṯiratu samt Söhnen (Z. 49) Subjekte des Rufens: "Klagend ruft fürwahr der Stier Ilu, sein (sc. Baᶜlus) Vater, der König Ilu, der ihn erschaffen hat; es rufen Aṯiratu und ihre Söhne, die Göttin und ihre gesamte Verwandtschaft". Im letzteren Fall wäre *yṣḥ* folglich als PK 3.m.pl. zu analysieren. Diese Interpretation gibt jedoch inhaltlich wenig Sinn. Sie scheitert auch daran, daß in Z. 49 eine PK^L zu erwarten

ist, die *tṣḥn* (alternativ: *yṣḥn*) lauten müßte.

3. *tˁdb ksu \ w* ***yṯṯb*** */ l ymn aliyn bˁl* "Ein Thron wurde bereitgestellt, und er (sc. Kôṯaru) wurde zur Rechten Baˁlus gesetzt" 1.4:V:46f. — *yṯṯb* wird bisweilen als Š-PK 3.m.pl. gedeutet: "sie setzten ihn ...". Eine passivische Deutung (Šp-PK 3.m.sg.) ist aufgrund der parallelen Passivform *tˁdb* jedoch vorzuziehen.

4. *bˁl* ***yṯṯbn*** *[l ksi] \ mlkh / l n[ḫt l kḥṯ] \ drkth* "Baˁlu möge auf den T[hron] seines Königtums gesetzt werden, auf den Si[tz, auf den Thronsessel] seiner Herrschaft!" 1.6:VI:33-35. — *yṯṯbn* wird bisweilen als Š-PK 3.m.pl. gedeutet: "sie setzen ihn / sie sollen ihn setzen". Eine passivische Deutung (Šp-PK 3.m.sg. + En.) ist jedoch mindestens ebenso wahrscheinlich.

5. (?) ***y[tl]k*** *l lbnn w ˁṣh \ l [š]ryn mḥmd arzh* "... ging(?) zum Libanon und(?) (zu) seinen Bäumen, zum [Ši]rion, (zu) seinen kostbaren Zedern" 1.4:VI:18f. — Die Form *y[tl]k* wird gewöhnlich als PK 3.m.pl. analysiert. Die betreffende Ergänzung ist jedoch unsicher. Die Lücke ist relativ kurz, so daß vielleicht auch nur ein Zeichen zu ergänzen ist. Der Zeichenrest nach der Lücke kann auch zu {r} vervollständigt werden. Ergänzungen wie *y[l]k* ("er kam") oder *y[gz]r* ("er wurde abgeschnitten / gefällt") sind somit ebenso möglich.

6. *zbl ˁršm * ***yšu*** */ ˁwr mzl * ***ymzl*** "Der Kranke wird (sein) Bett tragen, der Blinde wird hinterherhinken(?)" 1.14:II:45-47; ähnl. 1.14:IV:23-25 (zur Deutung von √*mzl* siehe §33.161). — Die Formen *yšu* und *ymzl* werden von einigen Autoren als PK 3.m.pl. mit zugrundeliegendem unpersönlichen Subjekt analysiert: "Man soll den Kranken auf dem Bett tragen, man soll den Blinden ...". Aus kontextuellen Gründen ist jedoch zu erwarten, daß *zbl* und *ˁwr* selbst die Subjekte sind.

7. *pnh ṯġr * ***yṣˀu*** "Sein/Ihr Gesicht kam aus dem Tor heraus"(?) 1.16:I:52f. — *yṣu* wird gewöhnlich als PK 3.m.pl. (Subj. *pnm* "Gesicht") gedeutet. Die konventionelle Lesung des zweiten Zeichens als {ṣ} ist jedoch zweifelhaft; eine Lesung als {š} ist m.E. vorzuziehen: *phn ṯġr \ yšu* "Er erhob sein Gesicht zum Tor" (*yšu* als PK 3.m.sg. [Subjekt des Satzes ist *Ilḥu*]).

8. *dnil bth ymġyn / yšt\ql dnil l hklh / ˁrb b <bth b> \kyt / b hklh mšspdt / b ḥẓrh \ pẓġm ġr /* ***ybk*** *l aqht \ ġzr /* ***ydmˁ*** *l kdd dnil \ mt rpi / ... / ˁd \ šbˁt šnt* ***ybk*** *l aq\ht ġzr /* ***ydmˁ*** *l kdd \ dnil mt rp[i]* "Daniˀilu ging zu seinem Haus, es begab sich Daniˀilu zu seinem Palast. (Auch) die Klagefrauen traten ein <in sein Haus>, die Trauerweiber in seinen Palast, die Hautritzer in seine Wohnstatt. Er weinte um den Helden Aqhatu, vergoß Tränen für das Kind des Daniˀilu, des Rapiˀu-Mannes. ... Bis zum siebten Jahr weinte er um den Helden Aqhatu, vergoß er Tränen für das Kind des Daniˀilu, des Rapiˀu-Mannes" 1.19:IV:8-17. — Die Verbalformen *ybk* und *ydmˁ* werden häufig als PK 3.m.pl. analysiert (z.B. TUAT III/6, 1301): "sie (sc. die Klagefrauen und Hautritzer) weinten / vergossen Tränen". Diese Interpretation scheitert jedoch an der Form *ybk*, die mit Pluralendung *ybky* = */yabkiyū/* (= PK^{K}i) oder *ybkyn* (= PK^{L}) lauten müßte. Folglich ist Daniˀilu selbst Subjekt.

9. ***yzbrnn*** *zbrm gpn* \ ***yṣmdnn*** *ṣmdm gpn* / ***yšql*** *šdmth* \ *km gpn* "Der Rebenschneitler soll ihn (sc. *Mt-w-šr*) schneiteln, der Rebenbinder soll ihn binden! Er soll wie eine Rebe auf den Boden geworfen werden!" 1.23:9-11. — Die Formen *yzbr-nn*, *yṣmd-nn* und *yšql* werden von zahlreichen Autoren als PK 3.m.pl. (aktiv) gedeutet: "Die Rebenschneitler sollen ihn schneiteln, die Rebenbinder sollen ihn binden; sie sollen (ihn) wie eine Rebe auf den Boden werfen!". Die letztgenannte Form *yšql* ist aber sehr wahrsch. passivisch (3.m.sg.) zu verstehen, da sie im Unterschied zu den vorausgehenden Formen kein OS aufweist. Die beiden anderen Formen, *yzbr-nn* und *yṣmd-nn*, sind wegen der vorhandenen OSS aktivisch zu verstehen und entweder als 3.m.pl. oder 3.m.sg. zu deuten. Im allgemeinen wird die erstere Lösung mit Verweis auf die scheinbar pluralischen Subjekte *zbrm* und *ṣmdm* bevorzugt. Geht man allerdings von der plausiblen Annahme aus, daß die genannten Substt. syntaktisch als Nomina regentia einer Konstruktusverbindung fungieren (*zbrm gpn* "Schneitler der Rebe"; *ṣmdm gpn* "Binder der Rebe"), kann die zweimalige Endung *-m* nicht als Pluralmimation, sondern nur als EP verstanden werden (§89.232b). Somit können *zbr-m* und *ṣmd-m* als singularische Substt., die Verbalformen *yzbr-nn* und *yṣmd-nn* wiederum als PK-Formen 3.m.sg. interpretiert werden. Die Subjekte "Rebenschneitler" und "Rebenbinder" sind wahrsch. im Sinne von generellen Sachverhaltsträgern zu verstehen.

10. *rgm l il* ***ybl*** "Die Nachricht wurde dem (Gott) Ilu überbracht" 1.23:59. — *ybl* wird bisweilen als PK 3.m.pl. (aktiv) gedeutet: "sie brachten" = "man brachte". Eine passivische Deutung ist jedoch vorzuziehen.

11. *št špt* \ *l arṣ* / *špt l šmm* / *w* ***y***$^{?}$***ʿrb*** *b phm ʿṣr šmm* \ *w dg b ym* "Sie richteten eine Lippe auf die Erde (und) eine Lippe in den Himmel, damit eintrete(n) in ihre Mäuler die Vögel des Himmels und die Fische im Meer" 1.23:61-63. — Die Form *yʿrb* (entsprechend konventioneller Lesung) wird gewöhnlich als 3.m.pl. gedeutet (Mehrzahl von Subjekten). — Das erste Zeichen der umstrittenen Verbalform ist aber beinahe sicher falsch gelesen. Auch wenn die Zeichenspuren undeutlich sind, kann {y} m.E. ausgeschlossen werden; wahrscheinlich ist dagegen {t}. Somit dürfte von einer Lesung *w tʿrb* auszugehen sein. Diese Form kann entweder als PK^K 3.f.sg. (Bezug auf Subjekt *ʿṣr* "Vogel" [fem. Genus]) oder als PK^K 3.m.pl. gedeutet werden. Die letztere Lösung wird hier bevorzugt. Beide Subjekte sind im übrigen als Singularformen (im Sinne von generellen Sachverhaltsträgern) zu deuten: *dg (b ym)* ist sicher ein Sg.; in Analogie dazu dürfte auch *ʿṣr (šmm)* ein Sg. sein (vgl. he. *ṣippôr šāmayim* "Vögel des Himmels" in Ps 8,9). — Selbst wenn *yʿrb* zu lesen wäre, müßte *yʿrb* nicht als PK 3.m.pl. gedeutet werden. Eine Deutung als PK 3.m.sg. wäre unter Annahme freier Kongruenzverhältnisse möglich.

12. *iḫh* ***yṯʿr*** \ *mšrrm* "Ihr Bruder montierte das Zünglein(?) (der Waage)" 1.24:35f. — Die Form *yṯʿr* wird zumeist als PK 3.m.pl. interpretiert, wobei *iḫh* als "ihre Brüder" verstanden wird. Die Graphie *iḫh* spricht jedoch für einen Sg.; der Pl. müßte *aḫh* lauten (§33.215.31b; §54.113.3). Somit ist *yṯʿr* PK 3.m.sg.

13. *[k y]iḫd akl ššw / št mkšr \ gr[n] w št aškrr \ w pr ḥḏrt* ***ydk*** *w yṣq b aph* "[Wenn] die *akl*-Kranheit ein Pferd [er]faßt, wird/werden ein *št*-Maß *mkšr grn* und ein *št*-Maß *aškrr* und die Frucht der *ḥḏrt*-Pflanze (miteinander) zerstoßen und in seine (sc. des Pferdes) Schnauze gegossen" 1.85:12-14. — Die Form *ydk* wird von einigen Autoren als PK 3.m.pl. gedeutet, sei es passivisch ("sie werden zerstoßen") oder aktivisch ("sie zerstoßen" = "man zerstößt"), zumal in 1.72:39 und 1.97:4 (hier ist gegen KTU² *td[kn]* zu ergänzen) in vergleichbaren Kontexten eine Verbalform 3.m.pl. begegnet: *tdkn* ("sie werden zerstoßen" [es folgt hier *aḥdh* "miteinander"]). — Die Form *ydk* kann jedoch unter Annahme einer freien Kongruenz – sie wäre nur auf eines der genannten Subjekte bzw. auf das betreffende Gesamtprodukt bezogen – problemlos als 3.m.sg. gedeutet werden (§95.232). Von dem gleichen Phänomen zeugt im übrigen auch die folgende Verbalform *yṣq* (Z. 14), die auch in sämtlichen parallelen Textstellen in dieser Form (3.m.sg.) begegnet.

14. ***ymġyk*** *bnm ta[rš]* 2.2:8. — Dijkstra (1999, 152) übersetzt diese Textzeile wie folgt: "children you asked for will come to you". Da der Kontext teilweise abgebrochen ist, ist diese Interpretation unsicher. *ymġyk* ist eher als PK 3.m.sg. zu deuten und zum vorhergehenden Satz zu ziehen: *by šnt mlit x[ ] \ ymġyk / bnm ta[...] \ bnm w bnt ytnk* "In einem vollen Jahr wird ...(?) zu dir kommen. Kinder werden ..... Söhne und Töchter wird er dir geben" 2.2:7-9.

73.223.35. Zusammenfassend ist festzuhalten, daß ug. *yaqtulū(na)* – wenn überhaupt – nur im Baal-Zyklus bezeugt ist und auch dort ausschließlich in Parallele zur "normalen" *taqtulū(na)*-Form begegnet. Viele andere in der Vergangenheit zugungsten von *yaqtulū(na)* angeführten Textbeispiele sind nicht überzeugend (es liegen Passivkonstruktionen oder freie Kongruenzverhältnisse [mit PK 3.m.sg.] vor).

Der in §73.223.33 postulierte grammatische Parallelismus zwischen *taqtulū(na)* und *yaqtulū(na)* wird indirekt durch Textbeispiele gestützt, wo eine dualische *taqtulā(ni)*-Form (PK 3.m.du.) mit der morphologischen Variante *yaqtulā(ni)* (ebenfalls PK 3.m.du.) parallelisiert wird. Mit anderen Worten: Der grammatische Parallelismus *taqtulū(na) // yaqtulū(na)* (PK 3.m.pl.) hat eine typologische Entsprechung im Parallelismus *taqtulā(ni) // yaqtulā(ni)* (PK 3.m.du.) (§73.223.41:10/12).

Es ist davon auszugehen, daß der Gebrauch des PKons. *t-* für die PK 3.m.pl. eine sprachgeschichtlich sekundäre Erscheinung darstellt (damit gegen Edzard 1985, 85f. und Greenstein 1988, 408). Die Ursache dieser Innovation läßt sich nicht mit Sicherheit benennen. Rainey (CAT 2, 27) hat vermutet, daß die Konstruktion kollektiver Nomina mit Verben 3.f.sg. den Ausschlag gegeben hätte: "The use of 3rd f.s. (with *t-* prefix) with collective nouns would have led to the adoption of forms with the *ti* prefix for plurals while preserving the *-ū* suffix" (ähnlich auch Beyer 1994, 284). Diese Erklärung ist jedoch kaum plausibel, da entsprechende Konstruktionen im Nwsem. – anders als etwa im Ar. (siehe AG § 78a) – sehr selten nachzuweisen sind und das betreffende Phänomen folglich nur eine marginale Rolle spielte. Wahrscheinlicher ist die Annahme, daß *t-* durch

Paradigmenausgleich auf der Basis der PK-Form(en) der 3.f.pl. und vielleicht ferner der 2.pl. (jeweils mit PKons. *t*-) entstanden ist.

73.223.4. Präfix 3.m.du.

Für die PK 3.m.du. lassen sich nebeneinander Formen mit PKons. *y*- und Formen mit PKons. *t*- nachweisen.

73.223.41. Für den PKons. *y*- gibt es folgende weitgehend gesicherte Belege (Poesie und Prosa):

1. *ym ymm* ***yᶜtqn*** "ein Tag, zwei Tage gingen verbei" 1.6:II:4f.26; vgl. 1.1:V:2f.15f. (Verbalform erg.). — *yᶜtqn* ist PK 3.m.du., abhängig vom Subj. *ymm* "zwei Tage" (Du.). Eine pluralische Deutung von *ymm* und *yᶜtqn* im Sinne von "(viele) Tage gingen vorbei" ist unwahrscheinlich.

2. *yᶜn ġlmm* ***yᶜnyn*** "Es antwortete(n) die beiden Pagen (Baᶜalus) wobei sie sprachen" 1.3:IV:5. — *yᶜnyn* ist wahrsch. als PK^L 3.m.du. zu deuten (alt.: PK^Ki 3.m.du. + En.), abhängig vom Subj. *ġlmm* (Du.). *yᶜn* ist entweder PK^K 3.m.du. oder – wahrscheinlicher, da bei einer Form **yaᶜniyâ* keine Kontraktion zu erwarten ist (§33.322.2) – PK 3.m.sg. mit freier Kongruenz.

   Anm. Vgl. *w yᶜn \ gpn w ugr* "Und es sprach(en) Gapanu und Ugaru" 1.5:I:11f. Auch hier ist *yᶜn* wahrsch. PK^K 3.m.sg.

3. ***ytᶜn*** *k gmrm /\ mt ᶜz bᶜl ᶜz /* ***ynghn*** *\ k rumm / mt ᶜz bᶜl \ ᶜz /* ***yntkn*** *k btnm /\ mt ᶜz bᶜl ᶜz /* ***ymṣḫn*** *\ k lsmm / mt ql \ bᶜl ql* "Die beiden (sc. Môtu und Baᶜlu) rüttelten aneinander (wieder und wieder) wie zwei ... (?): Môtu war stark, Baᶜlu war stark. Die beiden stießen sich wie zwei Wildstiere: Môtu war stark, Baᶜlu war stark. Die beiden bissen sich wie zwei Schlangen: Môtu war stark, Baᶜlu war stark. Die beiden zerrten aneinander wie zwei ... (?): Môtu fiel hin (und) Baᶜlu fiel hin" 1.6:VI:16-22. — Der Text enthält vier Verbalformen der PK^L 3.m.du.: *ytᶜn*, *ynghn*, *yntkn* und *ymṣḫn*.

4. ***yᶜmsn.nn*** *ṯkmn \ w šnm* "wobei ihn (sc. Ilu) (die beiden Götter) *Ṯkmn* und *Šnm* stützten" 1.114:18f. — *yᶜmsn.nn* ist eindeutig als PK^L 3.m.du. (+ En. II + OS 3.m.sg.) ausgewiesen. Aufgrund der Dreizahl der *n*-Grapheme ist eine Deutung als 3.m.sg. ausgeschlossen. Der PKons. *y*- für die PK 3.m.du. ist insofern signifikant, da im betreffenden Text drei Formen der PK 3.f.du. mit PKons. *t*- begegnen: *tṣdn* (1.114:23), *tṯṯb* (1.114:27) und *trpa* (1.114:28). Der Text unterscheidet somit morphologisch eindeutig zwischen PK-Formen der 3.m.du. und der 3.f.du.

5. *b ym mlat* ***y[q]l*n*** *alpm* "Am Vollmondstag werden zwei Rinder geschlachtet" 1.46:11 (n.L.) — *y[q]ln* ist aufgrund des dualischen Subj. *alpm* als PK^L 3.m.du. ausgewiesen, unabhängig von der Frage, ob eine passivische (wörtlich: "sie werden gefällt") oder eine aktivische ("sie fallen") Diathese vorherrscht. Die betreffende Form steht im Gegensatz zu der in einem parallelen Kontext bezeugten Form *tqln* (1.109:4 [§73.223.42:12]), einer PK^L 3.m.du. mit PKons. *t*- (alt.: 3.m.pl.).

6. *i[l w] ḥrn* ***yisp*** *ḥmt* "(Die beiden Götter) I[lu] und Ḥôrānu sollen das Gift tilgen!" 1.107:38; vgl. *[bᶜl] w dgn y[i]sp ḥmt* (1.107:39); *yrḫ w ršp y!isp ḥmt* (1.107:40); *[ᶜṯt]r w ᶜṯtpr* ***yisp*** *ḥmt* (1.107:41); *ẓẓ w km!ṯ \ [yi]sp ḥmt* (1.107:41f.); *šḥr w šlm \ [yis]p ḥmt* (1.107:43f.). — *yisp* ist aufgrund der (mask.) dualischen Subjekte jeweils PK^{K}v 3.m.du. Bemerkenswert ist, daß bei fem. dualischen Subjekten im betreffenden Text wahrsch. eine PK-Form (3.f.du.) mit PKons. *t-* gebraucht wird: *ᶜnt w ᶜṯtrt \ [ti]sp ḥmt* "(Die beiden Göttinnen) ᶜAnatu und ᶜAṯtartu sollen das Gift [ti]lgen!" (1.107: 39f.). Zwar ist das Präfix dieser Verbalform ergänzt, aufgrund der Länge der Lücke ist jedoch {ti} wahrscheinlicher als {yi} (die Zeichen {s} und {p} der Verbalform *y/tisp* sind in Z. 40 weiter rechts plaziert als in Z. 42 und 44).

Wahrscheinliche weitere Belege für PK 3.m.du. mit PKons. *y-* sind:

7. *išt ištm* ***yitmr*** */ ḥrb lṭšt \ [lš]nhm* "(wie) ein gewaltiges Feuer sahen die beiden (sc. zwei Boten des Yammu) aus, (wie) ein geschärftes Schwert ihre (beiden) [Zu]ngen" 1.2:I:32f. — *yitmr* ist wahrsch. als PK^{K}i 3.m.du. zu analysieren. Als Subjekte der Verbalform fungieren sehr wahrsch. die im Text zuvor genannten Boten des Gottes Yammu. *išt(m)* scheidet wegen dessen fem. Genus aus. — Alternativ könnte *yitmr* PK 3.m.sg. sein. Folgende Interpretationen sind denkbar: a) "(wie) ein gewaltiges Feuer sah *es* aus"; b) "*man* erblickte ein gewaltiges Feuer"; c) "er (sc. Ilu) erblickte ein gewaltiges Feuer".

8. *w k* ***ymġy*** *\ ᶜbdk l šlm \ ᶜmk p l* ***yšbᶜl*** *\ ḫpn l bᶜl<n>?y* "Als(?) deine beiden Diener zu dir gekommen sind wegen der Zahlung(?), ließen sie da nicht(?) einen Mantel für meinen/unseren Herrn anfertigen?" 2.70:25-28 (Interpretation unsicher). — *ymġy* und wohl auch *yšbᶜl* sind wahrsch. PK^{K}i 3.m.du. (siehe ebd. Z. 20: *ṯn ᶜbdk* "deine zwei Diener").

9. *tbᶜ ġlmm l* ***yṯb*** */ [idk pnm] \ l* ***ytn*** ... "Die beiden Pagen erhoben sich, sie verweilten nicht. [Dann] wandten sie [das Gesicht] (hin zu ...)" 1.2:I:19f.
10. *tbᶜ w l* ***yṯb*** *ilm / idk \ l* ***ytn*** *pnm* ... 1.5:I:9f. // 1.5:II:13f. (lies: *pn<m>*).
11. *ttbᶜ mlakm \ l* ***yṯb*** */ idk pnm \ l* ***ytn*** ... 1.14:VI:35-37.

Aufgrund von Parallelen ist die in den beiden ersten Syntagmen bezeugte Form *tbᶜ* als SK (3.m.du. [alt.: 3.m.pl.]) ausgewiesen. Die in allen Syntagmen bezeugten Formen *yṯb* und *ytn* könnten PK^{K}i 3.m.du. mit PKons. *y-* sein. Die Form *ttbᶜ* (1.14:VI:35) ist entweder PK 3.m.du. mit PKons. *t-* oder PK 3.m.pl. (mit freier Kongruenz). Alternativ könnte eine dittographische Fehlschreibung vorliegen: *«t»tbᶜ* (SK 3.m.du./pl.). — An Parallelstellen sind zu vergleichen: *tbᶜ ġlm[m al tṯb / idk pnm] \ al ttn* ... "Erhebt euch, (ihr zwei) Pag[en, verweilt nicht!] Wendet [dann das Gesicht] fürwahr (hin zu ...)" 1.2:I:13f. (vgl. 1.3:VI:12; 1.4:VIII:1.10; 1.5:V:11f.); *idk l ttn pnm* "Dann wandten sie das Gesicht fürwahr (hin zu ...)" 1.3:IV:37 (vgl. 1.3:V:5; 1.4:IV:20; 1.4:V:22; 1.6:I:32; 1.6:IV:7; 1.17:VI:46f.); *ttbᶜ btlt ᶜnt \ idk l ttn pnm* "Die Jungfrau ᶜAnatu erhob sich. Dann wandte sie das Gesicht fürwahr (hin zu ...)" 1.18:IV:5 (vgl. 1.18:I:19f.). — Diese Parallelen stützen die Auffassung, daß die oben erörterten Formen *yṯb* und *ytn* als $PK^{K}i$ 3.m.du. mit PKons. *y-* zu deuten sind. Allerdings ist zu beachten, daß in einem Fall (1.5:II:13ff.) unmittelbar Dualformen (PK 3.m.du.) mit PKons. *t-* folgen: *tša \ ghm w tṣḥ* "die beiden erhoben ihre Stimmen und riefen" (1.5:II:16f.; derselbe Wechsel ist auch für 1.1:II:15-17 anzunehmen; in Z. 17 ist gegen KTU[2] *[tša ghm w t]ṣḥ* zu lesen). Der Präfixwechsel könnte beabsichtigt und als Stilmittel der Variation zu betrachten sein (vgl. hierzu §73.223.33 [Wechsel von PKons. *t-* und PKons. *y-* in der PK 3.m.pl.]). — Alternativ könnten *yṯb* und *ytn* aber freilich auch SK-Formen (3.m.du.) sein (zu dieser Deutung siehe §76.524.3a).

12. *w ndd ḫ/gzr l* <*ḫ/g*>*zr* / ***yᶜdb*** *u ymn \ u šmal b phm / w l tšbᶜn* "Und es stand(en) da 'Schwein'(?) um 'Schwein'(?), wobei die beiden mal rechts und mal links (Vögel und Fische) in ihre Mäuler stopften; aber sie wurden nicht satt" 1.23:63f. — *yᶜdb* dürfte $PK^{K}i$ 3.m.du. sein. Auffällig ist, daß im Text in Z. 64 *tšbᶜn* folgt, eine PK mit PKons. *t-* (vgl. §73.223.42:10). Der Wechsel von *y-* und *t*-PKons. könnte auch hier stilistisch bedingt und der Variationsfreudigkeit der Poesie zuzuschreiben sein.

13. *aḫr* ***ymġy*** *kṯr \ w ḫss / bd dnil* ***ytnn*** *\ qšt / l brkh* ***yᶜdb*** *\ qṣᶜt* "Nachdem Kôṯaru-und-Ḫasīsu angekommen war(en), gaben sie beide / gab er den Bogen in die Hand des Daniʾilu (und) stellte(n) das Krummholz (d.h. den Bogen) an sein Knie" 1.17:V:25-28 — *ymġy* ist wahrsch. $PK^{K}i$ 3.m.du. Auch *ytnn* und *yᶜdb* könnten Dualformen sein. Man beachte, daß Kôṯaru-und-Ḫasīsu im betreffenden Kontext syntaktisch als Dualbegriff behandelt wird (§95.233).

73.223.42. Daneben gibt es mit Sicherheit auch PK-Formen 3.m.du. mit PKons. *t-*. Morphologisch eindeutig sind folgende Formen:

1. *tša \ ghm w tṣḥ* "die beiden (Pagen) erhoben ihre Stimmen und riefen" 1.5:II:16f.; vgl. 1.1:II:17* (*[tša ghm w t]ṣḥ* [n.L.]).
2. *tša ghm w [tṣḥ]* "die beiden erhoben ihre Stimmen und [riefen]" 1.19:II:40.
3. *tšan \ ghm w tṣḥn* "die beiden (Boten) erhoben fürwahr(?) ihre Stimmen und riefen fürwahr(?)" 1.14:VI:38f. // 1.14:VI:2*.

   Die Formen *tša* und *tšan* sind aufgrund der Orthographie mit {a} als Duale ausgewiesen. Pluralformen müßten orthographisch als *tšu(n)* erscheinen (vgl. *tšu ilm rašthm* [1.2:I:29]; eine Wendung **tšu[n] ghm* als Redeeinleitung ist allerdings nicht bezeugt). Folglich sind auch die parallelen Verbalformen *tṣḥ(n)* und *tmġyn* (1.19:II:40) dualisch zu deuten.

4. *[tgly ḏd il] / w tba \ [qrš mlk ab] šnm /\ [tša ghm w tṣ]ḥ* "[die beiden [Boten] begaben sich zum/r ... Ilus] und kamen [zu ... des Königs, des Vaters] der Jahre; [sie erhoben ihre Stimmen und rie]fen" 1.5:VI:1-3. — *tba* ist aufgrund der Orthographie mit {a} eindeutig eine Dualform ($PK^{K}i$ 3.m.du.).

Alle nachfolgenden Verbalformen sind dagegen morphologisch nicht eindeutig und könnten an sich auch als PK 3.m.pl. gedeutet werden. Da jeweils dualische Subjekte zugrunde liegen, werden sie hier als Dualformen (PK 3.m.du.) geführt:

5. *aḫr tmġyn mlak ym / tʿdt ṯpṭ nhr / l pʿn il \ l tpl / l tštḥwy pḫr mʿd* "Nachdem die beiden Boten des (Gottes) Yammu angekommen waren, die Gesandtschaft des Richters Naharu, fielen sie zu Füßen Ilus nicht hin, huldigten sie der Vollversammlung (der Götter) nicht" 1.2:I:30f. (*tmġyn*, *tpl* und *tštḥwy* sind aufgrund des dualischen Subj. [*mlak ym*] sehr wahrsch. PK 3.m.du.).
6. *aḫr mġy alyn bʿl /\ mġyt btlt ʿnt /\ tmgnn rbt aṯrt ym /\ tġẓyn qnyt ilm* "Nachdem der hochmächtige Baʿlu angekommen, die junge Frau ʿAnatu angekommen war, beschenkten die beiden die Herrin Aṯiratu des Meeres, überreichten sie der Erschafferin der Götter Gaben" 1.4:III:23-26 (*tmgnn* und *tġẓyn* sind wahrsch. PK^L 3.m.du. [alt.: PK^L 3.m.pl.]).
7. *k tlakn \ ġlmm* "wie die (beiden) Pagen ausgesandt werden" 1.4:V:42f. (*tlakn* ist wohl PK^L 3.m.du., da immer von zwei Boten die Rede ist).
8. *w tʿnyn ġlm bʿl* "Und es antworteten die beiden Pagen Baʿlus" 1.10:II:3 (*tʿnyn* ist aufgrund des dualischen Subj. wahrsch. PK 3.m.du.).
9. *ttbʿ mlakm \ l yṯb* "Die beiden Boten erhoben sich und verweilten nicht 1.14:VI:35f. — Das Textbeispiel wurde bereits erörtert (§73.222.41:11). Anstelle der PK *ttbʿ* steht in Paralleltexten die SK *tbʿ* (1.2:I:19&). Sollte kein Schreibfehler vorliegen, wäre *ttbʿ* als PK^Ki 3.m.du. (alt.: 3.m.pl.) zu deuten.
10. *w ndd ḫzr l <ḫ>zr / yʿdb u ymn \ u šmal b phm / w l tšbʿn* "Und es stand(en) da 'Schwein'(?) um 'Schwein'(?), (und) die beiden stopften (von) rechts oder (von) links (Vögel und Fische) in ihre Mäuler; aber sie wurden nicht satt" 1.23:63f. — *tšbʿn* (Z. 64) wird ist aufgrund des dualischen Subj. wohl PK^L 3.m.du. Möglich wäre auch die Deutung als PK 3.m.pl. Im Gegensatz dazu weist die Form *yʿdb* (Z. 63) ein PKons. *y-* auf (siehe §73.223.41:12).
11. *ilm nʿmm ttlkn \ šd / tṣdn mdbr* "Die beiden lieblichen Götter gingen im Gefilde umher, streiften am Rand der Wüste herum" 1.23:67f. (*ttlkn* und *tṣdn* sind aufgrund des dualischen Subj. wohl PK^L 3.m.du. [alt.: 3.m.pl.]).
12. *b ym mlat \ tqln alpm* "am Vollmondstag werden zwei Rinder geschlachtet" 1.109:3f. — Aufgrund des dualischen Subj. *alpm* ist *tqln* als PK^L 3.m.du. zu analysieren; vgl. demgegenüber in einem Paralleltext (1.46:11) *b ym mlat y[q]l*n alpm* (PK^L 3.m.du. mit PKons. *y-*).

73.223.43. Zusammenfassend ist festzuhalten, daß hinsichtlich des PKons. der PK 3.m.du. kein einheitlicher Befund gegeben ist. Neben einer ganzen Reihe von unzweifelhaften Formen mit PKons. *y-* gibt es sicher auch Formen mit PKons. *t-*. Es ist davon auszugehen, daß die letztere Bildung typologisch sekundär ist. Sie ist entweder – wie der PKons. *t-* der PK 3.m.pl. – durch Paradigmenausgleich (vgl. 3.f.du. und 2.c.du.) oder durch Analogie zur PK 3.m.pl. entstanden.

In zwei Texten, 1.107 und 1.114, werden PK-Formen 3.m.du. (PKons. *y-*) und 3.f.du. (PKons. *t-*) morphologisch eindeutig geschieden (nicht jedoch in 1.23). In der Poesie werden bisweilen vielleicht bewußt beide Bildungen der PK 3.m.du. aus Gründen der Variation nebeneinander verwendet (1.5:II:13ff. und 1.23:63f.).

73.223.5. Präfix 3.f.du.

Die PK 3.f.du. weist im Gegensatz zur PK 3.m.du. immer *t-* als PKons. auf. Es gibt folgende Belege:

- *ᶜmy pᶜnk tlsmn / ᶜmy \ twtḥ išdk* "Zu mir sollen deine beiden Füße laufen, zu mir sollen deine Beine eilen(?)" 1.3:III:19f.; vgl. 1.1:II:1f. (weitgehend erg.); 1.1:II:22f. (teilweise erg.); 1.1:III:10f. (teilweise erg.); 1.3:IV:11f.*; 1.7:28f. (weitgehend erg.). — *tlsmn* ist gewiß PK 3.f.du.; *twtḥ* kann als PK 3.f.sg. oder 3.f./m.du. gedeutet werden (zur Etym. vgl. §74.412.23, Anm.).
- *bh pᶜnm \ ṭṭṭ* "Darüber / bei ihr wankten (ihre) beiden Beine" 1.3:III:32f. // 1.4:II:16f. und 1.19:II:44f.
- *pᶜnh l tmġyn \ hdm* "Seine beiden Füße reichten nicht zum Schemel" 1.6:I:59f.
- *hm aṯtm tṣḥn* "Wenn die beiden Frauen (folgendes) rufen" 1.23:39 // 1.23:42f.
- *w hn aṯtm tṣḥn* "Und siehe, die beiden Frauen riefen" 1.23:46.
- *tqtnṣn w tldn / tld ilm nᶜmm* "(die beiden Frauen) kreißten und gebaren; sie gebaren die beiden lieblichen Götter" 1.23:57f.; ähnl. 1.23:51f.
- *kbˀdm tbqrn* "(dann) sind zwei Lebern zu inspizieren" 1.78:5.
- *ᶜnt \ w ᶜṯtrt tṣdn* "ᶜAnatu und ᶜAṯtartu streiften umher" 1.114:22f.
- *w bhm tṯṯb [...]* "und damit brachten die beiden ... zurück" 1.114:27.
- *km trpa* "Als die beiden (Göttinnen Ilu) heilten, ..." 1.114:28.

Weitere mögliche Belege sind:

k tgwln šntk "Wenn(?) deine Zähne (w.: deine beiden Zahnreihen) schreien" 1.82:4; *ᶜnt w ᶜṯtrt \ [ti]sp ḥmt* "ᶜAnatu und ᶜAṯtartu sollen das Gift [weg]raffen!" 1.107:39f.; (?) *k tnḥn udmm* "so seufzen/klagen die beiden(?) *Udm*-Städte(?)" 1.15:I:7 (alt.: Deutung als 3.m.pl.: "so seufzen die Udumäer").

73.223.6. Gibt es eine spezifische PK-Form 1.c.du. ?

Das Ug. besitzt nach Ausweis des nachfolgenden Textbeispiels wahrscheinlich keine spezifische PK-Form 1.c.du.:

- *hm iṯ [b btk ?] lḥm / w tn \ w nlḥm / hm iṯ [b btk ? yn ? w] tn w nšt* "Falls es [in deinem Haus (?)] Brot gibt, dann gib (es uns beiden), damit wir (beide) essen können; falls es [in deinem Haus(?) Wein(?)/Wasser(?)] gibt, dann gib (ihn/es uns beiden), damit wir (beide) trinken können!" 1.23:71f.

Die Form *nšt* ist – trotz zugrundeliegendem dualischen Subj. ("die beiden lieblichen Götter" [Z. 58]) – sehr wahrsch. als PK 1.c.pl. (*nšt* = */ništâ/ê/* < **ništay*) und nicht PK 1.c.du. zu analysieren. Im letzteren Fall wäre eine Orthographie *nšty* = */ništayâ/* zu erwarten (vgl. §33.322.3). In Analogie zu *nšt* ist auch die Form *nlḥm* als PK 1.c.pl. (nicht: 1.c.du.) zu deuten: */nilḥam/*.

73.23. Die Personalsuffixe

73.231. Einleitung

Unter den Personalsuffixen sind die Endungen der Kurzform der Präfixkonjugation (= PK^K) zu verstehen.

73.232. Paradigma

	Sg.	Pl.	Du.
3.m.	*-Ø*	*-ū*	*-â*
3.f.	*-Ø*	*-nă̄*(?)	*-â*
2.m.	*-Ø*	*-ū*	
2.c.			*-â*
2.f.	*-ī*	*-nă̄*(?)	
1.c.	*-Ø*	*-Ø*	---

73.233. Orthographischer Nachweis der Personalsuffixe

73.233.1. Suffixe 3.m./f.sg., 2.m.sg. und 1.c.sg./pl.

Das Suffix -Ø in den genannten Personen läßt sich im alph. Textkorpus durch Formen der WzKK III-ˀ und III-*w*/*y* nachweisen.

Bei Formen der WzK III-ˀ wird die -Ø-Endung orthographisch durch {i} markiert. Beispiele:

3.m.sg. *yṣi* /*yaṣiˀ*/ (√*yṣˀ*) "(ein Heer) möge losziehen" 1.14:II:32.34.
3.f.sg. *tṣi* /*taṣiˀ*/ (√*yṣˀ*) "(die Seele) entwich" 1.18:IV:24.
2.m.sg. *tbi* /*tabûˀ*/ (√*bwˀ*) "du sollst (nicht) kommen" 1.169:18.
1.c.sg. *ispi* /*ˀissapiˀ*/ < **ˀinsappiˀ*/ (√*spˀ* N) "ich will essen" 1.5:I:5.

Bei Formen der WzK III-*w*/*y* unterliegt der schwache dritte Radikal einer Kontraktion und wird deshalb orthographisch nicht berücksichtigt. Beispiele:

3.m.sg. *ybk* /*yabkî*/ < **yabkiy* (√*bky*) "er weinte" 1.19:IV:15.
3.f.sg. *tbk* /*tabkî*/ < **tabkiy* (√*bky*) "sie weinte" 1.18:IV:39.
2.m.sg. *[t]bn* /*tabnû*/*î*/ < **tabnuw* (√*bnw*/*y*) "du sollst bauen" 1.2:III:8.
1.c.sg. *aḥd* /*ˀaḥdî*/*û*/ < **ˀaḥḏiy*/*ˀaḥḏuw* (√*ḥdy*/*w* < **ḥḏy*/*w*) "ich will nachschauen" 1.19:III:4.19.

Man beachte auch die syll. bezeugte Verbalform *a-ši-ib* (RS21.230:26) (Kontext: *it-ti-ki la-a a-ši-ib* "ich will nicht [mehr] bei dir wohnen!"), die vielleicht ug. /*ˀaṯib*/ (√*yṯb* G-PK^{K}v 1.c.sg.) widerspiegelt (siehe UV 135.320).

73.233.2. Suffix 2.f.sg.

Das PK-Suffix der 2.f.sg. ist im Einklang mit dem sprachvergleichenden Befund als /-ī/ anzusetzen. Es gibt keinen orthographischen Beweis für diese Endung.

73.233.3. Suffix 3.m.pl.

Das Suffix der 3.m.pl. lautet /-ū/; siehe *tšu* /*tiššaʾū*/ < **tinśaʾū* (√*nšʾ*) "sie erhoben (die Köpfe)" (1.2:I:29). Hinzuweisen ist ferner auf die Form *trġnw* (1.100:61), die sehr wahrsch. als G-PK^{K}i 3.m.pl. einer Wz. √*rġn* zu deuten (Kontext: *pnm trġnw* "das Gesicht wurde traurig/bedrückt/grün[?]") und somit als /*tVrġVnū*/ zu vokalisieren ist. Das Graphem {w} ist wahrsch. eine *mater lectionis* für den langen Auslautvokal /-ū/ (§21.342.1a).

73.233.4. Suffix 3.f.pl.

Das Suffix der 3.f.pl. lautet im Ug. – sowohl in der PK^{K} als auch in der PK^{L} – wahrsch. /-nă/.

73.233.41. Von der PK^{K} (PK^{K}i/v) sind folgende Formen belegt:
tṯṯn (√*nṯṯ*) "(die Höhen der Erde) schwankten" 1.4:VII:35 (alt.: PK^{L}).
tnġṣn (√*nġṣ*) "(seine 'Ecken' [= Rückgrat]) schwankten" 1.2:IV:17.26 (alt.: PK^{L}).
tʿr[bn] (√*ʿrb*) "(Schiffe) sollen 'eintre[ten']" 2.42:24 (ergänzt).
tqdmn-nn (√*qdm* D) "(die Göttinnen) brachten ihm dar / brachten es (ihm) dar / traten vor ihn ihn" RS92.2016:37' (alt.: PK^{L}).

An Formen der PK^{L} sind bezeugt (vgl. §73.273.4):
tntkn (√*ntk*) "(seine Tränen) flossen (unaufhörlich)" 1.14:I:28 (alt.: PK^{K}i).
tṣdn (√*ṣyd*) "(gehen Frauen) jagen?"(?) 1.17.VI:40. (alt.: PK^{K}v) — Betrachtet man das Subj. *tinṯt* als Sg. ("Frauenvolk"), wäre *tṣdn* PK 3.f.sg. + En. I.
? *tiggn* (√*ʾgg*) "(wie Steine, die nicht) ...(?)" 1.82:43 (Subj. *abnm* [fem.]).
tldn! /*talidnā*/ (√*yld*) "(wenn die Mutterschafe [*tatt*]) gebären" 1.103+:1 (n.L.).
tqln (√*qyl*) "(Massen) werden fallen" 1.103+:1 (Subj. *madtn*; es handelt sich dabei wahrsch. um einen fem. Plural; vgl. Pardee 1986, 127).
tdlln (√*dll*) "(die Lanzen des Königs) werden schwach sein" 1.103+:6 (*mrḥ* "Lanze" hat fem. Genus [§52.5f]).
tnšan (√*nšʾ* N) "(die Lanzen des Königs) werden sich erheben / erhoben werden" 1.103+:47'.
? *t*?*ʿzzn* (√*ʿzz*) "[die Lanzen des Königs [?]] werden stark sein" 1.103+:20 (Lesung nach KTU^{2}; demgegenüber liest Pardee [1986, 118.121] *y***ʿzzn*).
? *[(w) tʿzz]n* "(die Lanzen des Königs) [... werden star]k sein" 1.103+:48'.
tššlmn (√*šlm* Š) "(Städte, welche) Frondienst leisten" 4.95:1.

73.233.42. Die Bewahrung des Suffixes *-n* in der PK^{K} auf der einen Seite und die PK^{L}-Form *tnšan* (√*nšʾ*, WzK III-ʾ) auf der anderen Seite beweisen, daß die PK 3.f.pl. mit der PK 3.m.pl. morphologisch nicht identisch ist.

Die Form *tnšan* ist der Schlüssel zur Rekonstruktion des PK-Suffixes 3.f.pl. Umso bedauerlicher ist es, daß ihre Deutung nicht gesichert ist. Sollte ein N-

Stamm vorliegen, könnte sie entweder als */tinaššiʾānV/* oder – unter Annahme eines phonetischen Aleph-Schreibung (quieszierendes Aleph) – als */tinnašânā̆/* < **tinnaśaʾnā̆* (Philippisches Gesetz [§33.233]) < **tinnaśiʾnā̆* vokalisiert werden. Gegen die erstere Annahme sprechen a) sprachvergleichende Gründe, b) die Bewahrung des Suffixes *-n* in Formen der PK^{K} 3.f.pl. (bei Suffix */-ānV/* in der PK^{L} wäre in der PK^{K} */-ā/* zu erwarten) und c) die in 1.82:43 bezeugte Form *tiggn* = */tVʾgVg-nā̆/* mit Reduplikation des zweiten Radikals, was auf ein konsonantisch anlautendes Personalsuffix schließen läßt (vgl. §75.61b). Der Befund spricht somit für ein Personalsuffix */-nā̆/* der PK 3.f.pl. (PK^{K} und PK^{L}).

73.233.43. Bei dem genannten Personalsuffix */-nā̆/* handelt es sich bekanntlich um eine zsem. Innovation (gegenüber akk./äth. *-ā*), die das Ug. mit anderen zsem. Sprachen teilt (vgl. den ar. und he. Befund; zur Interpretation des aaram./samʾal. Befundes siehe Huehnergard 1987 [bes. S. 277] und Tropper 1993a, 95.217). Aufgrund dieser morphologischen Isoglosse ist das Ug. eindeutig als zsem. Sprache ausgewiesen.

Ob der Auslautvokal des Personalsuffixes */-nā̆/* als lang oder kurz anzusetzen ist, läßt sich innerug. nicht klären. Sprachvergleichende Daten sprechen jedoch für einen Langvokal (siehe Testen 1993, 303, Anm. 12). Man beachte a) den he. Befund (3.f.pl. *yiqṭolnāh*; 2.f.pl. *tiqṭolnāh*), b) den Langvokal */ā/* in der Form des ar. Energikus I (3.f.pl. *yaqtulnānni*; 2.f.pl. *taqtulnānni*) und c) den Auslautvokal */-ā/* der PK 3./2.f.pl. im Akk. (*iprusā*, *taprusā*) und Äth. (*y/təngərā*).

Anm. Die ausführlichste Studie zu den Personalsuffixen der PK 2./3.f.pl. stammt von Verreet (1984, 317-319). Er gelangte darin zu dem Schluß, daß in der 2.f.pl. PK^{L} und PK^{K} gleichermaßen */taqtulna/* lauten, daß sich demgegenüber aber in der 3.f.pl. eine Langform */taqtulūna/* und eine Kurzform */taqtulū/* nachweisen lassen. Was die Formen der 3.f.pl. betrifft, hat Verreet zahlreiche Textstellen falsch gedeutet. Gegen Verreet sind folgende drei Formen 3.f.sg. anstatt 3.f.pl.: *tṣu* (1.106:28) mit Subj. *šlḥmt* "Lebensmittel, Opfergetier"; *tbn* (1.3:III:27 u.ö.) mit Subj. *hmlt arṣ* "Volksmenge der Erde"; *tiḫd* (1.19:I:9) mit *ʿnt* "ʿAnatu". Die Form *tmṭr* (1.19:I:41) ist 3.m.pl. (Subj. *yr ʿrpt* "Gewitterwolken"). Die Form *tdmm* (1.4:III:20) schließlich ist sehr wahrsch. in Analogie zu *tdmmt* (1.4:III:42) zu *tdmm*<*t*> zu emendieren und als Subst. ("Unzucht") zu deuten. Eine PK 3.f.pl. ohne Endung *-n* läßt sich somit – gegen Verreet – nicht nachweisen. — Verreet (1984, 319) verwies in seiner Studie auf den akan. Befund, wo s.E. für die 3.f.pl. eine Kurzform */tiqtulū/* bezeugt ist. Tatsächlich gibt es aber keinen einzigen klaren Beleg für eine PK 3.f.pl. (siehe CAT 2, 34: "There are no documented verb forms in the West Semitized texts for the 2nd f.s., the 2nd f.pl. or the 3rd f.pl."). Vielmehr gibt es Textbeispiele, wo fem. Subjj. (f.pl.) mit mask. Verbalformen (3.m.pl.) konstruiert werden (siehe Moran 1950, 61 und CAT 2, 339).

73.233.5. Suffix 2.m.pl.

Das Suffix der 2.m.pl. lautet */-ū/* und wird nachgewiesen

a) durch die Form *tšun* (1.119:27), eine PK^{K}v 2.m.pl. + En. I: *tšun* */tiššaʾū-nna/* < **tinśaʾū-nna* (√*nšʾ*) "ihr sollt fürwahr (eure Augen) erheben".
b) durch die hybride syll. Form *ta-al-ta-qu(-mì)* "ihr habt empfangen" (RS8.279bis:8' [akk. *leqû*, G-Perfekt mit ug. Endung der PK^{K} 2.m.pl.]).

73.233.6. Suffix 2.f.pl.

Das Suffix der 2.f.pl. lautet in Übereinstimmung mit dem der 3.f.pl. sowohl für die PK^K^ als auch für die PK^L^ wahrsch. /*-nă̄*/. Die Belege stammen ausschließlich aus den parallelen Ritualtexten 1.40 und 1.84.

In 1.40 sind zwei Formen der PK 2.f.pl. bezeugt, nämlich *tḫṭin* (drei Belege: 1.40:19*.22.23) und *tqt̤t̤n* (zwei Belege: 1.40:23.40). Aufgrund des mask. Pendants zur letzteren Form, das in 1.40:31 als *tqt̤t̤* bezeugt ist, liegt die Annahme nahe, daß es sich dabei jeweils um Formen der PK^K^i handelt:

tḫṭin /*tiḫṭaʾnă̄*/ (√*ḫṭʾ*) "ihr (f.) habt gesündigt"
tqt̤t̤n /*tVq(V)ṭVṭnă̄*/ (√*qt̤t̤*) "ihr (f.) habt verleumdet(?)" (G- oder D-Stamm)
tqt̤t̤ /*tVq(V)ṭVṭū*/ (√*qt̤t̤*) "ihr (m.) habt verleumdet(?)" (G- oder D-Stamm)

Diese Interpretationen sind allerdings mit drei Problemen verhaftet.

Erstens ist die Verwendung von Präterita in der Ritualliteratur ungewöhnlich (*§*76.41; *§*76.427a); die präteritale Deutung der genannten Verbalformen ist aber kontextuell passend. Zweitens ist in 1.84:7 anstelle von *tqt̤t̤n* eine Form *tqt̤t̤* (2.f.pl.) bezeugt; sie wird gewöhnlich zu *tqt̤t̤*<*n*> emendiert. Ein drittes Problem besteht darin, daß in 1.40 nur ein einziges mask. Pendant bewahrt ist, nämlich *tqt̤t̤* (1.40:31). Es ist nicht auszuschließen, daß die genannte Form zu *tqt̤t̤*<*n*> zu emendieren ist (vgl. 1.84:7).

Zusammenfassend ist festzuhalten, daß sich im Ug. für die PK 2.f.pl. ein Suffix *-n* nachweisen läßt. Daß es sich bei den bezeugten Formen um Formen der PK^K^i handelt, ist wahrscheinlich. Das genannte Suffix dürfte – im Einklang mit dem ar. und he. Befund – als /*-nă̄*/ zu vokalisieren sein.

73.233.7. Suffix 3.m.du.

Das Suffix der 3.m.du. lautet /*-â*/ und wird durch zwei Formen nachgewiesen:
tba /*tabûʾâ*/ (√*bwʾ*) "sie (beide) kamen" 1.5:VI:1.
tša /*tiššaʾâ*/ < **tinśaʾâ* (√*nšʾ*) "sie (beide) erhoben (ihre Stimmen)" 1.5:II:16.

73.233.8. Suffix 3.f.du.

Das Suffix der 3.f.du. lautet /*-â*/ und wird durch folgende Form nachgewiesen:
trpa /*tirpaʾâ*/ (√*rpʾ*) "(als die beiden Göttinnen [ihn]) heilten" 1.114:28.

73.233.9. Suffix 2.c.du.

Das Suffix der PK 2.c.du. (mask. und fem.) lautet /*-â*/. Einen indirekten Hinweis auf diese Endung bietet die Form *tḫtan* (1.4:VIII:20), die wahrsch. als Gp-PK^K^v 2.c.du. + En. I zu deuten ist: *tḫtan* /*tuḫtaʾâ-nna*/ (√*ḫtʾ*). Der Kontext lautet: *al* \ *tqrb l bn ilm* \ *mt* / *al yʿdbkm* \ *k imr b ph* /\ *k lli b ṯbr n\q«n»h tḫtan* "Nähert euch nicht dem Sohn Ilus, Môtu, auf daß er euch nicht wie ein Lamm in sein Maul steckt, (oder) auf daß ihr wie ein Zicklein von den 'Brechern seiner Spalte' (d.h. von den Zähnen seines Mundes) zermalmt werdet!" 1.4:VIII:15-20.

73.24. Silbenstruktur und Vokalsequenzen der Präfixkonjugation

73.241. Silbenstruktur

Die unerweiterte PK folgt im Grundstamm bei zugrundeliegenden "starken" Wzz. dem MphT *{KV$_1$qtV$_2$l}* (K = Präfixkonsonant; V_1 = Präfixvokal [PV]; V_2 = Themavokal [TV]). Lautet das Personalsuffix -Ø, ergibt sich eine zweisilbige Struktur (KVK-KVK), sonst eine dreisilbige Struktur (KVK-KV-KV).

73.242. Das Barthsche Gesetz

Der TV lautet */a/*, */i/* oder */u/*. Der PV lautet */a/* oder */i/*. Seine Qualität steht im (aktiven) Grundstamm in folgender Beziehung zum TV: Bei TV */u/* oder */i/* lautet der PV */a/*, bei TV */a/* lautet der PV dagegen */i/*. Es gibt somit folgende Vokalsequenzen (3.m.sg.): *{yaqtul}*, *{yaqtil}* und *{yiqtal}*.

Die Kenntnis von den genannten Vokalsequenzen geht auf Barth (1894b, 4f.) zurück, der sie am he. Befund beobachtete. Ginsberg (1932-33, 382f. und 1939, 318-322), Harris (1937) und Hammershaimb (1941, 181-184) wiesen die Gültigkeit dieses sogenannten Barthschen Gesetzes (auch: Barth-Ginsbergsches Gesetz) für das Ug. nach. Die jüngste und ausführlichste Untersuchung zur Thematik stammt von Verreet (1983b; vgl. auch Verreet 1986b, 75f.).

SV. Barth (1894b) hielt *{yiqtal}* für sprachgeschichtlich älter als *{yaqtal}* und damit letztlich für ursemitisch. Diese Auffassung hat sich jedoch nicht bewahrheitet, da *{yaqtal}* nicht nur im Ar., sondern auch im Akk., Amurr. und frühen Aram. nachweisbar ist (ar. Dialekte bilden aber in Abweichung vom Klassischen Ar. durchgend Formen mit PV */i/*, z.B. *yiktib* "er schreibt" statt *yaktubu*). — Testen (1994) zufolge hatte der PV im Ursem. nicht Morphemcharakter. Die verschiedenen Qualitäten des PV sind s.E. rein phonematisch bedingt: Nach konsonantischen Präfixen bildete sich ein PV */a/* heraus (d.h. *ʾa-*, *ta-*), nach resonantischen Präfixen ein PV */i/* (d.h. *yi-*, *ni-*).

73.242.1. Die Gültigkeit des Barthschen Gesetzes im Ug. kann zum einen anhand alph. bezeugter PK-Formen nachgewiesen werden, deren Orthographie sowohl die Qualität des PV als auch die des TV verrät (jeweils MphT *{yaqtil}*):

ilak /*ʾilʾaku/a*/ (√*lʾk*) "ich werde/möchte schicken" 1.4:VII:45; 2.21:11; 2.30:20; 2.42:21; vgl. *ilakk* "ich werde/möchte dich schicken" 2.31:44.

išal /*ʾišʾal-*/ (√*šʾl*) "ich bitte (um ...)" 2.34:28; vgl. *išalhm* "ich soll von(?) ihnen fordern" 2.32:4.

73.242.2. Zum anderen weisen auch syll. bezeugte Formen, seien sie genuin ugaritisch oder hybrid, in dieselbe Richtung:

{yaqtul}: *ia-tu-ru* "er wird (nicht) zurückkehren" RS22.223:13 (ug. PK^L auf der Basis von akk. *târu* "zurückkehren").

{yaqtil}: [*i*]*a*(-)*ab-ṣi-ru* (√*bṣr*) "er wird / ich werde (Zedern) umschneiden" RS20.163:1 (siehe UV 114).
? *a-ši-ib* (√*yṯb*, für ug. /*ʾaṯib*/?) "ich will (nicht) wohnen!" RS21.230:26 (siehe UV 135.320).

{yiqtal}: ? *iḫ-ra-bu* (√*ʿrb*, für ug. /*yiʿrabu*/?) "er wird eintreten" RS25.423:13.

73.243. Vokalsequenzen entsprechend dem Barthschen Gesetz

Aufgrund dieser regelmäßigen Wechselbeziehung zwischen TV und PV sind wir über den PK-Vokalismus (G-Stamm) zahlreicher Verben informiert.

73.243.1. Zum einen ist bei Wzz. II-ʾ und Wzz. I-ʾ + II-*w* der TV bekannt und der PV somit sicher zu erschließen. Ein Unsicherheitsfaktor ist dabei jedoch die Bestimmung des Verbalstamms: Die betreffende Regel gilt nur für Formen des (aktiven) G-Stamms. Folgende PK-Formen dürften hier von Belang sein:

{yaqtul}:
tdu /*tadʾû*/ < **tadʾuw* (√*dʾw*) "sie flog" 1.16:VI:6.7 (vgl. Imp. m.sg. *du* /*d(V)ʾû*/ 1.19:III:28).
tlu-n$^!$n /*talʾû-*/ < **talʾuw-* (√*lʾw*) "(Schlaf) überwältigte ihn" 1.14:I:33.
tlu /*talʾû*/ < **talʾuw* (√*lʾw* ?) "(das Gift ?) wurde schwach(?)/stark(?) (wie ein Wadi)" 1.100:68 (Interpretation unsicher; möglicherweise ist die Form zu *td$^!$u* zu emendieren: "[das Gift] floh / verflüchtigte sich").
tud /*taʾûd*/ < **taʾuwd* (√*ʾwd*) "du sollst zurückerstatten" 2.26:19.

{yaqtil} (nur unsichere Belege):
? *til* 1.19:III:47 (√*wʾl* ?). — F. Renfroe (UF 18 [1986], 457) und (1992, 158) deutete *til* als G-PK 2.m$^?$.sg.: /*taʾil*/ "du sollst Asyl suchen!" (vgl. ar. √*wʾl* "Asyl suchen"). Die Abtrennung der Worteinheiten von 1.19:III:47 ist jedoch ungewiß. Refroe ging von *grb til* aus, KTU^2 bietet dagegen *gr bt il*.
? *yṯir* (√*ṯʾr*) 1.2:III:16*.21 (Verbalstamm, Etymologie und Bedeutung offen).

{yiqtal}:
yar-k /*yiʾâr-ki*/ (√*ʾwr*) "er möge über(?) dir hell sein / leuchten" 1.24:39 (vgl. Imp. f.sg. *ar* /*ʾârī*/ "sei hell / leuchte!" 1.24:38).
ilak /*ʾilʾaku/a*/ (√*lʾk*) "ich werde/möchte schicken" 1.4:VII:45; 2.21:11; 2.30:20; 2.42:21; vgl. *ilakk* "ich werde/möchte dich schicken" 2.31:44.
ylak /*yilʾak*/ (√*lʾk*) "er schickte (Boten)" 1.2:I:11; 1.4:V:41! (*y<l>ak*); 1.24:16.
ylak /*yilʾak*/ (√*lʾk*) "er soll schicken" 2.33:36.
ylak /*yilʾaku*/ (√*lʾk*) "er wird (Boten) schicken" 1.14:III:19.
tlak /*tilʾakū*/? (√*lʾk*) "(der Himmel [?]) schickte" 1.13:27.
tlakn /*tilʾakâni*/ (√*lʾk*) "(zwei Pagen) werden ausgesandt" 1.4:V:42. — Auch der G-Imp. von √*lʾk* hat /*a*/ als TV: *lak* /*l^{a}ʾak*/ (2.10:10; 2.42:27). *tlik* (2.26:4) und *tlikn* (2.72:7) sind Formen der D-PK: /*tulaʾʾik-*/.
ynaṣ-n /*yinʾaṣ(u)-nī/u*/ (√*nʾṣ*) "er verachtet(e) mich/uns" 1.1:IV:23.
tsad /*tisʾad*/ < **tisʿad* (√*sʾd* < **sʿd* [§33.134.1]) "sie stärkte (GN mit Speise)" 1.17:V:30 (vgl. Imp. f.sg. *sad* /*s^{a}ʾadī*/ 1.17:V:20).
yraš /*yirʾaš*/ (√*rʾš*) "(falls das Pferd) räudig(?) ist" 1.71:26; 1.72:25.36*; 1.85:18.30; 1.97:6.
tšabn /*tišʾab-*/ (√*šʾb*) "sie schöpft(e)/schöpf(t)en" 1.6:I:66.67*.
išal /*ʾišʾal-*/ (√*šʾl*) "ich bitte (um ...)" 2.34:28; vgl. *išalhm* 2.32:4.
yšal /*yišʾal*/ (√*šʾl*) "er soll fragen" 2.14:11.16; 2.47:24-25.
yšal /*yišʾal(u)*/ (√*šʾl*) "er fragt(e)" 1.124:3.

tšal /*tišʾal*/ (√*šʾl*) "du sollst(?) fordern / hast gefordert" 2.70:23 (vgl. dagegen die Form *yšul* in 5.11:2 (Schultext [§33.231.22a]).
ṯtar /*tiṯʾar*/ (√*ṯʾr* < **ṯʿr* [§33.134.1]) "sie stapelte (Fußschemel)" 1.3:II:37.

73.243.2. Zum anderen verrät die Orthographie von PK-Formen 1.c.sg. den PV, der wiederum Rückschlüsse auf den TV zuläßt (zu den Formen *ilak-* und *išal-*, die sowohl den PV wie auch den TV zeigen, siehe oben [§73.243.1]).

73.243.21. Präfixvokal /*i*/ und folglich Themavokal /*a*/:

Wurzelklassen II/III-*gutturalis*:
ibʿr /*ibʿar-*/ (√*bʿr*) "ich werde/will verlassen/vernichten" 2.31:55; vgl. *ibʿr.nn* 2.36+:51.
ibġy-h /*ʾibġaya-hu*/ (√*bġy*) "ich will es offenbaren" 1.1:III:16*; 1.3:III:29; 1.3:IV:19*; 1.7:33*.
ibqʿ /*ʾibqaʿ(a/u)*/ (√*bqʿ*) "ich will nachschauen" 1.19:III:3.18.32.
iṭʿn-k /*ʾiṭʿanu-ka*/ (√*ṭʿn*) "ich werde dich durchbohren" 1.5:I:26.
idʿ /*ʾidaʿu/a*/ (√*ydʿ*) "(auf daß) ich weiß" 1.6:III:8.
ilḥm /*ʾilḥamu/a*/ (√*lḥm*) "ich werde/will essen" 1.5:I:20; 1.16:VI:18; zum TV /*a*/ siehe den zsem. Befund. — Die Form *ilḥmn* (2.82:20) ist eher dem N-Stamm (/*ʾillaḥim-*/) als dem G-Stamm zuzuordnen (Wz. √*lḥm* "kämpfen").
iqḥ /*ʾiqqaḥu*/ < **ʾilqaḥu* (√*lqḥ*) "(falls) ich nehmen werde/kann" 1.14:IV:41.
imḫṣ /*ʾimḫaṣa/u*/ (√*mḫṣ*) "ich will erschlagen" 1.19:IV:34; vgl. 1.2:II:8.
imḫṣ-h /*ʾimḫaṣ-hu*/ (√*mḫṣ*) "ich erschlug ihn" 1.19:I:14.15.
iph /*ʾiphâ*/ < **ʾiphay(a)* (√*phy*) "ich sehe/sah/will sehen" 2.25:4; vgl. *iphn* /*ʾiphân(nV)*/ (2.31:39) und *iphx(x)* (1.10:II:32).
iqra /*ʾiqraʾa*/ (√*qrʾ*) "ich will anrufen" 1.23:1.
iqra-n /*ʾiqraʾan(na)* (√*qrʾ*) "ich will fürwahr anrufen" 1.23:23.
iqra-km /*ʾiqraʾa-kum(V)*/ (√*qrʾ*) "ich will euch rufen/einladen" 1.21:II:10; vgl. 1.21:II:2-3*; 1.22:II:4*.9*.
isʿ /*ʾissaʿu*/ < **ʾinsaʿu* (√*nsʿ*) "ich werde zahlen" 3.9:10.
išlḥ /*ʾišlaḥ(a/u)*/ (√*šlḥ*) "ich will/werde schicken" 1.14:V:21; 1.24:21 (gegenüber *ašlḥ-k* /*ʾašalliḥu-ka*/ [D-PK 1.c.sg.] 1.17:VI:18*.28).
itrḫ /*ʾitraḫ*/ (√*trḫ*) "(Frauen, die) ich geheiratet habe" 1.23:64.

Andere Wurzelklassen:
iḫdl /*ʾiḫdal-*/ (√*ḫdl*) "ich will/werde aufhören / hörte auf" 7.51:4 (alt.: G-Imp. mit Prothese); zum TV /*a*/ siehe den he. Befund.
išty-nh /*ʾištayuʾn(na)hu/a*/ (√*šty*) "(den Becher, den) ich trinke" 1.4:III:16.
išt-n /*ʾištâ/ên(na)*/ < **ʾištay-(a)n(na)* (√*šty*) "ich will trinken" 5.9:I:16; zum TV /*a*/ siehe den aram. Befund (BLA § 47) und he. *yištāyûn* (GK § 75u).
iṯrm /*ʾiṯrama*/ (√*ṯrm*) "(damit) ich essen kann" 1.16:VI:18 (Etym. umstritten).

Weitere mögliche Kandidaten (Deutung umstritten):
idmnn 1.55:3; *iḫd* 2.15:10; 2.33:21; *iḫdn* 2.15:7; *itn* 2.15:4; *its* 1.2:IV:4; *ipdk* 1.5:I:5.31*.

73.243.22. Präfixvokal /*a*/ und folglich Themavokal /*u*/ oder /*i*/:

a. Wahrscheinlich Themavokal /*u*/:

Wurzelklasse II-*w*:
aḥš /*ˀaḥûš-*/ (√*ḥwš*) "ich werde/will eilen" 1.82:2; 2.34:11.
amt /*ˀamûtu*/ (√*mwt*) "ich werde sterben" 1.17:VI:38(2x).
anḫ-n /*ˀanûḫa/u-n(na)*/ (√*nwḫ*) "ich will/werde zur Ruhe kommen" 1.6:III:18; 1.17:II:13.

Sonstige Wurzelklassen:
aḫd /*ˀâḫudu*/ < **ˀaˀḫudu* (√*ˀḫd*) "ich halte" 1.4:IV:60; vgl. *[a]ḫd* 2.33:16.
aḫd-h?m /*ˀâḫud(a)-hum(V)*/ (√*ˀḫd*) "ich will sie(?) ergreifen" 1.3:V:22; 1.18:I:9; zum TV /*u*/ siehe den zsem. Befund.
ahpk-k /*ˀahpuku/a-ka*/ (√*hpk*) "ich werde/will dich umstoßen" 1.5:III:12; zum TV /*u*/ siehe den nwsem. Befund.
amkr-n /*ˀamkuru/a-n(na)*/ (√*mkr*) "ich werde/will verkaufen" 2.42:27; zum TV /*u*/ siehe den zsem. Befund.
amlk /*ˀamluku*/ (√*mlk*) "ich kann (nicht) König sein / als König regieren" 1.6:I:62; zum TV /*u*/ siehe den zsem. Befund.
amlk /*ˀamluk(a)*/ (√*mlk*) "ich will König sein / als König regieren" 1.16:VI:37.53
ask /*ˀassuk-*/ < **ˀansuk-* (√*nsk*) "ich soll/werde ausgießen" 1.3:IV:24.29; zum TV /*u*/ siehe den zsem. Befund.
aqbr-nh /*ˀaqbura-nnahu*/ (√*qbr*) "ich will ihn begraben" 1.19:III:5.34; vgl. *aqbrn* 1.19:III:20 (viell. zu *aqbrn*<*h*> zu emendieren [§73.634a]); zum TV /*u*/ siehe den zsem. Befund.
argm /*ˀarguma/u*/ (√*rgm*) "ich will/werde sagen" 1.17:VI:39; 2.35:16.
argm-n /*ˀarguma-n(na)*/ (√*rgm*) "ich will fürwahr sagen" 1.3:IV:32.
argm-k /*ˀarguma-ka/i*/ (√*rgm*) "ich will dir sagen" 1.3:III:21; 1.3:IV:13: 1.4:I:20.

Anm. Die Form *ašlw* (1.14:III:45) ist wahrsch. nicht als G-PK einer Wz. √*šlw* (im Sinne von /*ˀašluwa/u*/ "ich möchte/werde Ruhe/Glück finden"), sondern als Š-PK der Wz. √*lwy* zu deuten (§74.622.3, √*lwy*).

b. Wahrscheinlich Themavokal /*i*/:

Wurzelklasse I-*y* < I-*w*:
abl /*ˀabil-*/ (√*ybl*) "ich will/werde trage(n)" 1.17:V:2; 1.82:33.
ard /*ˀaridu*/ (√*yrd*) "ich muß/werde hinabsteigen" 1.2:III:20; 1.5:VI:25.
arṯ-m /*ˀariṯa-mV*/ (√*yrṯ*) "(damit) ich in Besitz nehme" 1.2:I:19.35; zum TV /*i*/ siehe den ar. Befund (gegen he. und aram. Befund [TV /*a*/]).
atn /*ˀatin-*/ (√*ytn*) "ich will/werde gebe(n)" 1.13:11; 1.14:IV:43; 1.24:19.22; 2.26:7; 2.31:66.
atn-k /*ˀatinu/a-ka*/ (√*ytn*) "ich werde/will dir geben" 1.17:VI:17.27.
aṯb /*ˀaṯib(a)*/ (√*yṯb*) "ich will mich setzen" 1.16:VI:38.53.
aṯb-n /*ˀaṯiba/u-n(na)*/ (√*yṯb*) "ich will/werde mich setzen" 1.6:III:18; 1.17:II:12.

Wurzelklasse II-*y*:

abn /*ˀabîn(u)*/ (√*byn*) "ich weiß/kenne" 1.3:III:26.

aṣd /*ˀaṣîd(u)*/ (√*ṣyd* [alt.: √*ṣwd*]) "ich streifte (jagend) umher" 1.6:II:15.

aṣḥ /*ˀaṣîḥ-*/ (√*ṣyḥ*) "ich (will) rufe(n) / rief" 1.5:III:9*.18*.25*; 1.22:II:19.

aṣḥ-km /*ˀaṣîḥ(V)-kum(V)*/ (√*ṣyḥ*) "ich rufe euch" 1.21:II:2.10*; 1.22:II:3-4.9; zur Form *w aṣḥ* (1.5:II:21) für *w yṣḥ* siehe §33.151.1.

ašr /*ˀašîra*/ (√*šyr*) "ich will besingen" 1.24:1.40.

ašr /*ˀašîru*/ (√*šyr*) "(die) ich besinge" 1.24:38.

ašt /*ˀašîta/u*/ (√*šyt*) "ich will/werde legen" 1.3:IV:23*.29; 1.4:V:61; 1.4:VI:5; 1.19:III:6.20; 2.33:12(2x).28.

ašt /*ˀašît(a)*/ (√*šyt*) "ich will/soll legen" 1.5:III:11.

ašt-m /*ˀašîta-mV*/ (√*šyt*) "ich will fürwahr (eine Öffnung) anbringen" 1.4:VII:15

ašt-n /*ˀašîtu/a-nnu*/ (√*šyt*) "ich werde/will ihn legen" 1.5:V:5; 1.19:III:34.

ašt-k /*ˀašîtu-ka*/ (√*šyt*) "ich werde dich legen" 1.18:IV:17.

Anm. 1. Nicht von √*šyt* abzuleiten, sondern als Š-Stämme von √*ytn* zu deuten sind folgene PK-Formen 1.c.sg.: *aštn* 2.32:7.10; 2.41:18; *ištn* 2.79:3 (§74.622.3, √*ytn*).

Wurzelklasse III-*y*:

abky /*ˀabkiya*/ (√*bky*) "ich will (be-)weinen" 1.19:III:5.20.34.

abn /*ˀabnî*/ (√*bny*) "ich will/werde bauen" 1.18:IV:40.

amġy /*ˀamġiyu/a*/ (√*mġy*) "ich werde/möchte ankommen" 1.21:II:7.

aġwˀy-n /*ˀaġwiyV-n(na)*/ (√*ġwy*) "ich versündig(t)e mich"(?) 1.82:42.

aqny /*ˀaqniya*/ (√*qny*) "ich will (Kinder) haben/zeugen" 1.14:II:4.

aqry-k /*ˀaqriyu-ka*/ (√*qry*) "(sollte) ich dich antreffen" 1.17:VI:43.

Anm. 2. Die in 1.3:IV:22.27 bezeugte Form *aqry* ist demgegenüber als D-PK 1.c.sg. zu deuten: /*ˀaqarriy-*/ (gegen Verreet [1983b, 93]).

Sonstige Wurzelklassen:

alk /*ˀalika*/ < **ˀahlika* (√*hlk*) "(damit) ich gehen kann" 1.19:IV:32; vgl. 1.21:II:6; zum TV /*a*/ siehe den he. und ar. Befund.

alkn /*ˀalika-nna*/ (√*hlk*) "(damit) ich gehen kann" 1.19:IV:33.

alk[ ] /*ˀaliku*/ (√*hlk*) "(wenn) ich gehe" 2.39:22.

c. Themavokal /*u*/ oder /*i*/:

arš (√*ˀrš*) 2.23:16.18* (alt.: D-Stamm).

aḥd /*ˀaḥdî*/ bzw. /*ˀaḥdû*/ < **ˀaḥḏiy* bzw. **aḥḏuw(u)* (√*ḥdy/w* < **ḥḏy/w*) "ich will nachschauen" 1.19:III:4.19.33.

apr /*ˀapi/urru/a*/ (√*prr* od. Wurzelvariante √*pwr*) "ich werde/will brechen/zerstören" 1.15:III:30; zur Problematik siehe Verreet (1983b, 88).

d. G-Stamm oder D-Stamm:

agrš-km /*ˀagrušu-kum(V)*/ (G) oder /*ˀagarrišu-kum(V)*/ (D) (√*grš*) "(falls) ich euch vertreibe" 3.9:6-7.

aṯny-k /*ˀaṯniya/u-ka*/ (G) oder /*ˀaṯanniya/u-ka*/ (D) (√*ṯny*) "ich will/werde es dir mitteilen" 1.1:III:13; 1.3:III:22.

e. Nicht sicher deutbare Formen (Wurzeln unklar):
aḥẓ[ ] "ich will/werde ..." 1.6:V:23; *aḫnnn* "ich werde/will gnädig sein"(?) 2.15:9; *aṯb /ˀaṯûb-/* "ich will zurückkehren" (√*ṯwb*) oder: */ˀaṯib-/* "ich will mich setzen" (√*yṯb*) 1.82:37; *amṣx* 7.44:3; *amr* 1.13:27 (vgl. auch *amr[ ]* in 1.2:IV:2); *am\rkm* 1.13:28-29; *aṭm* 1.82:7.19; *aṣṣ* 1.117:10 (√*nṣṣ* [?]); *ax/gd*^{c} 2.34:30 (es ist möglw. *ad*^{c} zu lesen [√*yd*^{c} G-PK 1cs], zumal *d*^{c} folgt).

73.244. Mögliche Abweichungen vom Barthschen Gesetz

73.244.1. Vordergründig nicht vereinbar mit dem Barthschen Gesetz ist die Form *uba* (1.100:72). Der ungewöhnliche PV /*u*/ läßt sich jedoch durch Vokalharmonie erklären: *ˀubûˀa* < **ˀabûˀa* (√*bwˀ*) "ich will eintreten" (§33.215.21b).

73.244.2. Ein Sonderproblem stellen PK-Formen des G-Stamms der WzK I-ˀ dar, deren erster Radikal orthographisch als {u} erscheint (§75.212.12). Dazu zählen *tubd* (2.39:21), *yuhb* (1.5:V:18; 1.92:31-32*), *yuḫd* (1.22:II:17*; 1.103+:17), *yuḫd-m* (1.4:IV:16), *tuḫd* (1.2:I:40), *tusp* (1.1:IV:11) und vielleicht ferner *usp* (7.51:3). Auch hier ist der betreffende PV, wahrsch. /*ô*/ (alternativ /*u*/), offenbar sekundär entstanden.

Von besonderer Brisanz sind dabei die Formen *tubd* und *yuhb*, weil bei diesen Verben ein PK-TV /*a*/ und folglich ein PV /*i*/ zu erwarten ist, d.h. **tiˀbad-* und **yiˀhab-*. Sollten die Schreibungen – wie unter §75.212.12a-b vermutet – für [tôbad-] bzw. [ta^{ˀu}bad] und [yôhab-] bzw. [ya^{ˀu}hab-] stehen, würden sie auf Grundformen **taˀbad* und **yaˀhab* schließen lassen (Kontraktion **aˀ* > /*ô*/), Grundformen, die dem Barthschen Gesetz widersprechen. Es wäre dann erwiesen, daß das Barthsche Gesetz (auch) im Ug. eine sekundäre Erscheinung darstellt. Diese Schlußfolgerungen sind aber freilich spekulativ, da es bisher keine sichere Erklärung für die Schreibungen von PK-Formen I-ˀ des Typs *yu23* gibt.

SV. Zur Gültigkeit des Barthschen Gesetzes in den Amarnabriefen aus Kanaan siehe Rainey (1978) und CAT 2, 65-75. Erwähnenswert ist die Tatsache, daß in den Amarnabriefen sehr häufig PK-Formen mit Präfix *ti-* und *(ˀ)i-* (1.c.sg.) begegnen. Rainey (CAT 2, 10.38.73-75) hat überzeugend nachgewiesen, daß diese Formen als hybride anzusehen sind: Der PV /*i*/ ist auf Analogie zum akk. Präfix *i-* der 3.m.sg. (*iprVs*) zurückzuführen (Vereinfachung des Paradigmas). Sie bezeugen somit keine Aufgabe des Barthschen Gesetzes im frühen Kan. entsprechend den tiberiensisch-he. Formen *yišmor/yitten*, die nachweislich erst sehr spät aus **yašmor* bzw. **yatten* entstanden sind. — Im Akk.Ug. sind identische PK-Formen nebeneinander mit *ta-* und *ti-*Präfix bezeugt. Der Gebrauch des letzteren Präfixes nimmt chronologisch zu (siehe SAU 431). Van Soldt (SAU 431) sieht in dieser Entwicklung eine Bestätigung der Wirksamkeit des Barthschen Gesetzes, da *ti-* meist vor Silben mit Vokal /*a*/ begegnet. Es ist aber m.E. wahrscheinlicher, daß es sich dabei um hybride Formen handelt, die in gleicher Weise zu erklären sind wie die entsprechenden PK-Formen in den Amarnabriefen aus Kanaan (analoger Ausgleich der Präfixvokale hin zu /*i*/).

73.245. Zur Wahl des Themavokals der Präfixkonjugation

Die Wahl des TV ist im wesentlichen von folgenden drei Faktoren abhängig:
a) von der Bedeutungsklasse der Wurzel (lexikalischer Faktor),
b) von der semantischen Nuance des bezeichneten verbalen Sachverhalts,
c) von der phonetischen Qualität des dritten und zweiten Radikals der Wurzel.

73.245.1. Zum lexikalischen Faktor (a) ist zu bemerken, daß Wurzeln mit stativischer Grundbedeutung als TV */a/* besitzen, während Wurzeln mit fientischer Grundbedeutung meist */u/* oder */i/* haben.

Zur ersten Bedeutungsklasse zählen alle "adjektivischen" Wurzeln (z.B. "groß/klein sein"; hierzu zählen auch "hungrig sein" [ug. √*rġb* 1.4:IV:33) und "durstig sein" [ug. √*ġmʾ* 1.4:IV:34]), darüber hinaus aber auch andere Wurzeln, wie etwa die Wurzeln für "essen" (siehe *iṯrm* 1.16:VI:18 [√*ṯrm*]) und "trinken" (siehe *ištynh* 1.4:III:16 und *ištn* 5.9:I:16 [√*šty*]).

Zur zweiten Bedeutungsklasse zählen alle transitiven Wurzeln und darüber hinaus auch gewisse intransitive Wurzeln, etwa Verben der Bewegung (mit Vorliebe für TV */i/*).

Diese Verteilung der TVV in der PK wird aber durch die anderen oben erwähnten Faktoren (Faktoren b-c) gestört, insbesondere dadurch, daß Wurzeln mit Guttural an zweiter oder dritter Position einen TV */a/* haben, selbst wenn sie der fientischen Wurzelklasse angehören (vgl. Segert 1983).

73.245.2. Die Semantik einer Verbalform (Faktor b) wird nicht allein durch die Grundbedeutung einer Wurzel bestimmt. So können etwa auch mittels grundsätzlich stativischer Wurzeln fientische Sachverhalte ausgedrückt werden, wodurch sich die Verbvalenz erhöht (§93.3, bes. §93.36). Eine Möglichkeit dafür bieten abgeleitete Verbalstämme, etwa der D-Stamm oder der Kausativstamm. Eine andere Möglichkeit besteht in der Wahl eines fientischen TV – in der Regel */i/* – bei zugrundeliegenden stativischen Wurzeln, die entsprechend ihrer lexikalischen Grundbedeutung an sich einen stativischen TV besitzen.

Ein eindruckvolles Beispiel dafür ist die in einem Amarnabrief aus Sichem bezeugte Verbalform *ya-aḫ-li-qú* (EA 254:9) mit der Bedeutung "er wird (sein Land) verlieren". Die zugrundeliegende Wz. √*ḫlq* hat die stativische Grundbedeutung "zugrunde gehen". Als solche hat sie in der PK des Grundstamms an sich den TV */a/*: **yiḫlaq-* "er geht zugrunde" (siehe *ti₇-iḫ-la-aq* [EA 274:14] und *iḫ-la-aq* [EA 270:29]). Wird die genannte Wurzel aber mit dem TV */i/* versehen, wird ihre Semantik transitiv-fientisch: *yaḫliq-* "er verliert (etwas)".

Anm. Rainey (CAT 2, 53.190) deutet *ya-aḫ-li-qú* dagegen als wsem. H-Stamm.

Somit kann der einfache Grundstamm nebeneinander entweder intransitive oder transitive Bedeutung haben, abhängig von der Qualität des TV. Dies setzt ein weitgehend produktives, d.h. noch nicht vollständig lexikalisiertes System der TVV im Grundstamm voraus. Offenbar machten gerade die älteren sem. Sprachen von der genannten Möglichkeit häufigen Gebrauch. Belege dafür finden sich in allen klassischen sem. Sprachen.

SV. Vgl. etwa akk. *raḫāṣu* (*a/u*) "baden, spülen" gegenüber *raḫāṣu* (*i/i*) "überschwemmen"; syr. *gᵉmar — negmor* "beenden" (transitiv) gegenüber *gᵉmar — negmar* "zu einem Ende kommen"; ar. *šaqiya — yašqā* "unglücklich sein" gegenüber *šaqā — yašqū* "unglücklich machen" (faktitiv), *sakira — yaskaru* "betrunken sein" (intransitiv) gegenüber *sakara — yaskiru* "(ein Gefäß) anfüllen" (transitiv), *rahiqa — yarhaqu* "(unmittelbar) folgen" gegenüber *rahaqa — yarhiqu* "bedrängen". Zu Beispielen aus dem He. sowie zur Thematik allgemein siehe Joosten (1998, 209-216).

Angesichts dieses Befundes und aufgrund der Tatsache, daß der kausative Š-Stamm im Ug. relativ selten ist (§74.627.1), dürfte auch bzw. gerade im Ug. mit dieser Möglichkeit, einer sogenannten "Transitivvariante" (des Grundstamms), zu rechnen sein, anstatt die Existenz eines besonderen Verbalstammes, des sogenannten "Causative internal pattern" (so BGUL § 54.47) zu postulieren.

Das beschriebene Phänomen der sogenannten Transitivierung läßt sich im Ug. aber — wegen der vokallosen Orthographie — nicht sicher nachweisen. Die PK-Form *ylḥm* (√*lḥm*) im folgenden Textbeispiel könnte von diesem Phänomen zeugen; alternative Deutungsmöglichkeiten sind aber gegeben:

uzr ilm ylḥm / uzr yšqy bn qdš "*uzr* gab er den Göttern (wiederholt) zu essen; *uzr* gab er den Söhnen der Qudšu (wiederholt) zu trinken" 1.17:I:2-3*.7-8*.9-11*.12-13*; ähnl. 1.17:I:21f. (jeweils *uzrm* anstelle von *uzr*). — Ungeachtet der genauen Bedeutung des Lexems *uzr* dürfte *ylḥm* hier wegen der Parallelität zu *yšqy* ("zu trinken geben") die kausative Bedeutung "zu essen geben" besitzen. Sie könnte demnach als Transitivvariante des G-Stamms gedeutet werden: *ylḥm* = /*yalḥim(u)*/ "er gab zu essen" (im Gegensatz zu /*yilḥam(u)*/ "er aß/ißt"). Die genannte Nuance wird im Ug. sonst durch den Š-Stamm ausgedrückt. — Alternativ kann *ylḥm* jedoch als D-PK analysiert werden (/*yulaḥḥim(u)*/; so etwa DLU 244a). Schließlich ist auch nicht ganz auszuschließen, daß *ylḥm* hier "er aß (das *uzr*)" bedeutet (so Tropper 1989c, bes. 236f. und 1990a, 139f.167). Man beachte ferner ar. √*lḥm* (*laḥama - yalḥamu*) mit der Bedeutng "jmdn. mit Fleisch nähren" (wohl denominativ).

73.245.3. Die Wahl des TV hängt schließlich von der phonetischen Qualität des dritten und zweiten Radikals der Wurzel ab (Faktor c). Wurzeln mit Gutturalen (insbesondere Laryngalen und Pharyngalen) an dritter und zweiter Position besitzen in aller Regel in der PK einen TV /*a*/, selbst dann, wenn ihre Grundbedeutung fientisch ist.

73.25. Die Kurzform der Präfixkonjugation

Unter der Kurzform der Präfixkonjugation (= PK^K) ist die unerweiterte Form der Präfixkonjugation zu verstehen. Sie besteht aus drei Morphemen, nämlich Präfix, Stamm und Personalsuffix.

Die PK^K ist eine morphologisch einheitliche Kategorie, auch wenn sie zwei scheinbar grundverschiedene Funktionen besitzt (§76.4; §77.32): Sie dient zum einen zum Ausdruck indikativischer Sachverhalte des perfektiven Aspekts, konkret zumeist zur Bezeichnung vergangener Sachverhalte (= PK^Ki ["Präteritum"]), zum anderen zur Bezeichnung volitivischer Sachverhalte (ebenfalls perfektiver Aspekt), konkret zur Bezeichnung jussivischer Sachverhalte (= PK^{K}v ["Jussiv"]).

Das Paradigma der PK^{K} lautet:

	Sg.	Pl.	Du.
3.m.	*y-VqtVl-Ø*	*t-VqtVl-ū*	*y-/t-VqtVl-â*
3.f.	*t-VqtVl-Ø*	*t-VqtVl-nă*(?)	*t-VqtVl-â*
2.m.	*t-VqtVl-Ø*	*t-VqtVl-ū*	
2.c.			*t-VqtVl-â*
2.f.	*t-VqtVl-ī*	*t-VqtVl-nă*(?)	
1.c.	*ʾ-VqtVl-Ø*	*n-VqtVl-Ø*	—— (?)

73.26. Die erweiterte Kurzform

Lit.: Marcus (1970, 105-129 [*yqtla*-Modus]); Verreet (1986a, 376-380 ["Subjunktiv"]); Verreet (MU 8-10 [*yaqtula*-Modus], 126-128 ["Kohortativ"], 129-245 ["Subjunktiv" in Nebensätzen] und 246-252); GUL 104f.

73.261. Zu den Formen der PK^{K} mit -Ø-Endung, nämlich 1.c.sg., 2.m.sg., 3.m./f.sg., 1.c.pl., gibt es eine Variante mit einem suffigierten Morphem /*-ă*/ (hinfort einfach als /*-a*/ bezeichnet). Es handelt sich dabei um dasselbe Morphem, das sich im Ug. sehr wahrsch. auch am erweiterten Imp. (m.sg.) nachweisen läßt (*§*73.14).

Die betreffende Erweiterung läßt sich konkret nur an Formen der PK^{K} mit volitivischer Funktion (PK^{K}v ["Jussiv"]) sicher nachweisen. In Analogie zum erweiterten ("emphatischen") Imp. (= Imp.e.) kann deshalb von einem emphatischen Jussiv oder — formal betrachtet — von einer erweiterten Kurzform der Präfixkonjugation (= PK^{K}e) gesprochen werden.

73.262. Orthographisch zweifelsfrei und durch zahlreiche Belege nachweisbar ist der emphatische Jussiv nur in der 1. Person sg. In Analogie zum entsprechenden he. Befund kann die betreffende Form deshalb auch als "Kohortativ" bezeichnet werden. Es gibt folgende Belege der WzK III-ʾ (Belege aus der Poesie und dem Beschwörungstext 1.100):

uba /*ʾubûʾa*/ < **ʾabûʾa* (√*bʾw*) "ich will eintreten" 1.100:72.
iqra /*ʾiqraʾa*/ (√*qrʾ*) "ich will anrufen" 1.23:1.
iqra-n /*ʾiqraʾanna*/ < **ʾiqraʾa* + *-nna* (PK^{K}e + En. I) "ich will anrufen" 1.23:23.
iqra-km /*ʾiqraʾa-kum(V)*/ (√*qrʾ*) "ich möchte euch einladen" 1.21:II:10 (vgl. 1.21:II:2-3*; 1.22:II:4*.9* [jeweils teilw./weitgehend erg.]).
vgl. *ispa* /*ʾissapiʾa*/ (√*spʾ* N-PK^{K}e) "ich will essen" 1.6:V:20; alt.: G-PK^{K}e /*ʾispaʾa*/. — Neben der PK^{K}e *ispa* ist im Baal-Zyklus auch der einfache Jussiv *ispi* /*ʾissapiʾ*/(?) "ich will essen" nachweisbar (1.5:I:5). Die Wz. √*spʾ* hat

im G-Stamm die Bedeutung "(Essen) zuteilen, füttern" (1.17:I:31&; siehe J.C. de Moor, UF 15 [1983], 247). Den Belegen mit der Bedeutung "essen" liegt wahrsch. der N-Stamm zugrunde.

73.263. Vielleicht läßt sich der emphatische Jussiv auch in der 3.m.sg. nachweisen. Es kommen jedoch nur zwei Belege der WzK III-ʾ und ein Beleg III-*y* in Frage. Da in den ersteren Fällen der PK-Themavokal /*a*/ lautet, könnten die betreffenden Formen – unter Annahme einer phonetischen Alephschreibung (§21.322.3) – auch im Sinne der endungslosen PK^{K} gedeutet werden. Ein zusätzliches Problem besteht darin, daß eine der beiden Formen, *ymẓa*, offenbar in einem nicht-volitivischen Kontext begegnet, so daß – zumindest dort – die Deutung als endungslose PK^{K}i vorzuziehen sein könnte:

yqra /*yiqraʾa*/ (√*qrʾ*) "er soll rufen" 1.4:VII:47; alt.: /*yiqrâ*/ < **yiqraʾ* "er soll rufen" (PK^{K}v).
ymẓa /*yimẓâ*/ < **yimẓaʾ* (√*mẓʾ*) "er fand" (PK^{K}i) 1.12:I:37; alt.: /*yimẓaʾa*/ "auf daß er finde" (PK^{K}e).
ybky /*yabkiya*/ (√*bky*) "er soll weinen"(?) 1.161:15; alt.: /*yabkiyu*/ (PK^{L}) od. PK^{K}v mit Pleneschreibung (/*yabkî*/).

73.264. Die Existenz eines emphatischen Jussivs der 3.f.sg. und der 2.m.sg. läßt sich ebensowenig beweisen. Der einzige in Frage kommende Beleg der WzK III-ʾ lautet *ṯḫṭa* (1.169:5 [√*ḫṭʾ*]). Da die Deutung seines Kontextes umstritten ist, läßt sich die betreffende Form nicht sicher bestimmen. Es handelt sich auf jeden Fall um eine Form der PK^{K}, wahrsch. um eine PK^{K}i 2.m.sg. (alt.: PK^{K}v 3.f.sg. [einfach oder emphatisch]). Es ist mit der Möglichkeit einer phonetischen Alephschreibung zu rechnen, so daß *ṯḫṭa* entweder als /*tiḫṭaʾa*/ (erweiterte PK^{K}) oder als /*tiḫṭâ*/ < **tiḫṭaʾ* (einfache PK^{K}) zu deuten wäre:

- *ṯḫṭa l gbk* /\ *w tršʿ l tmntk* "Du hast dich versündigt gegenüber deinem Rücken; du hast einen Fehler begangen gegenüber deinem Körper" 1.169:5f. — Weniger wahrsch. ist folgende alternative Interpretation von 1.169:5f.: "(Der Stock [*ḫṭ*]) soll deinem Rücken Böses zufügen; er soll deinem Körper Schlimmes antun". Die hierbei postulierten Bedeutungen der Wzz. √*ḫṭʾ* und √*ršʿ* lassen sich sprachvergleichend nicht hinreichend begründen.

73.265. Zusammenfassend ist festzuhalten, daß sich der Jussiv mit Erweiterung /*-ă*/ im Ug. nur in der 1. Person (sg.) sicher nachweisen läßt. Unabhängig von der Frage, ob das betreffende Morphem auch in der 2.m.sg. und in der 3.m./f.sg. existiert, steht fest, daß dieses nur in einem Teilbereich des Paradigmas, nämlich ausschließlich an (sonst) endungslosen Formen der PK^{K}, auftritt. Somit ist der sogenannte emphatische Jussiv aus morphologischer Sicht keine eigenständige Kategorie. Er steht auch funktional nicht in Opposition zum unerweiterten Jussiv (§77.33). Dies wird auch dadurch bestätigt, daß der Wunschmodus der 1. Person nicht nur durch den erweiterten Jussiv (PK^{K}e), sondern auch durch den einfachen Jussiv (PK^{K}v) ausgedrückt werden kann (z.B. *aḥd* /*ʾaḥdî*/ < **ʾaḥdiy* "ich will nachschauen" [1.19:III:4.19.33]).

Aus diesen Gründen kann von einem eigenständigen *yaqtula*-Modus bzw.

einem "Volitive *yqtla*" (so GUL 98.104f. im Anschluß an Rainey 1990) im Ug. nicht die Rede sein.

SV. Der erweiterte Jussiv mit Endung /-ǎ/ ist im Kan. und im Ar. bezeugt. Er läßt sich im He. aber nur an der 1. Person in Form des Kohortativs sicher nachweisen. Für die 3. Person gibt es zwei Belege, nämlich *yaḥîšāh* "er soll eilends kommen" und *w^etābô'āh* "sie soll kommen". Beide Belege stammen aus Jes 5,19. Da zu beiden Wzz. Kohortative (der 1. Person) gut bezeugt sind, liegt die Annahme nahe, daß es sich dabei um sekundäre Analogiebildungen zu entsprechenden Formen der 1. Person handelt. Selten sind im He. auch indikativische *wayyiqtol*-Formen (= PK^{K}i) der 1. Person mit Endung *-āh* bezeugt, z.B. *wā'æšl^eḥāh* "und ich sandte" (Gen 32,6; siehe Meyer § 63.5b). — In den Amarnabriefen aus Kanaan gibt es zahlreiche volitivische PK-Formen mit Endung /*-a*/. Sie können entweder im Sinne das akk. Ventivs oder im Sinne eines erweiterten Jussivs gedeutet werden. Während früher im Anschluß an Moran (1950, 89-106) meist die letztere Deutung bevorzugt wurde, hat Rainey (1991-1993 und CAT 2, 244-163) neuerdings zugunsten der ersteren Deutung plädiert: "It is abundantly clear that the EA texts have not given us any conclusive evidence for the existence of a Canaanite *yaqtula* pattern. In spite of Moran's brilliant mustering of the evidence, it is still possible to argue that the *-a* suffix is merely the Akkadian ventive" (CAT 2, 262). Mit Rainey dürften in der Tat die meisten, wenn nicht alle PK-Formen der 3. und 2. Person mit Endung /*-a*/ als akk. Ventive zu interpretieren sein. Anders verhält es sich aber mit den vergleichsweise häufig bezeugten volitivischen PK-Formen der 1. Person mit Endung /*-a*/. Sie stellen in der Regel – nachweislich aber bei Verben, die im Standard-Akk. nicht im Ventiv gebraucht werden – Kohortative nach kan. Vorbild dar (zur Argumentation siehe Tropper 1997a). Somit enthalten die Amarnabriefe aus Kanaan sehr wahrsch. Hinweise auf die Existenz eines erweiterten Jussivs der 1. Person (= Kohortativ) im Akan. Sie tragen jedoch wenig zur Klärung der Frage bei, ob es im Akan. erweiterte Jussivformen auch in der 2.m.sg. und 3.m./f.sg. gab. — Im Ar. ist der erweiterte Jussiv in Form des sogenannten *yaqtula*-Subjunktivs bezeugt. Es handelt sich dabei um eine verbale Kategorie, die nur in Nebensätzen mit volitivischer Nuance gebraucht wird, sprich: um einen Modus des indirekten Volitivs. Die charakteristische Endung /*-a*/ findet sich auch im Ar. nur in der 1.c.sg., der 2.m.sg., der 3.m./f.sg. und der 1.c.pl., d.h. nur in jenem Bereich des Paradigmas, der sich durch einen endungslosen Jussiv auszeichnet. In allen anderen Personen sind die Formen des Subjunktivs mit denen des Jussivs identisch.

73.27. Die Langform der Präfixkonjugation

73.271. Einleitung

Die Langform der Präfixkonjugation (= PK^{L}) unterscheidet sich von der PK^{K} durch ein zusätzliches suffigiertes Morphem. Formen, die in der PK^{K} endungslos sind, haben in der PK^{L} eine Endung /*-u*/; Formen, die in der PK^{K} eine vokalische Endung besitzen, haben in der PK^{L} eine zusätzliche Endung *-n*, die im Einklang mit dem ar. Befund wahrsch. als /*-na*/ (2.f.sg., 2./3.pl.) bzw. /*-ni*/ (2./3.du.) zu vokalisieren ist. Aufgrund ihrer Funktion wird die PK^{L} auch als "Präsens" (= Präs.) bezeichnet.

Anm. Die zsem. PK^{L} könnte ursprünglich durchgehend durch eine nasale Endung markiert gewesen: (3.m.) Sg. **yVqtVl-u-m̲*, Pl. *yaqtul-ū-n̲a̲*, Du. *yaqtul-â-n̲i̲*. Diese Endungen wären identisch mit denen des *Status rectus* des Nomens: Sg. *kalb-u-m̲*, Pl. *kalab-ū-n̲a̲*, Du. *kal(a)b-â-n̲i̲* (jeweils Nom.). Tropper (1994d) zufolge enthalten einige Amarnabriefe Palästinas Hinweise auf eine Grundform **yVqtVlum* der PK^{L} 3.m.sg.

73.272. Paradigma

	Sg.	Pl.	Du.
3.m.	*y-VqtVl-u*	*t-VqtVl-ūna*	*y/t-VqtVl-âni*
3.f.	*t-VqtVl-u*	*t-VqtVl-nā̆*(?)	*t-VqtVl-âni*
2.m.	*t-VqtVl-u*	*t-VqtVl-ūna*	
2.c.			*t-VqtVl-âni*
2.f.	*t-VqtVl-īna*	**t-VqtVl-nā̆*(?)	
1.c.	*ʾ-VqtVl-u*	*n-VqtVl-u*	—— (?)

73.273. Orthographischer Nachweis der Endungen

73.273.1. Endungen 3.m./f.sg., 2.m.sg. und 1.c.sg./pl.

Die Endung /*-u*/ der genannten Personen ist durch Formen der WzK III-ʾ bezeugt. Beispiele (3.m./f.sg.):
yṣu /*yaṣiʾu*/ (√*yṣʾ*) "er tritt heraus" 1.103+:45.51.
tqru /*tiqraʾu*/ (√*qrʾ*) "sie ruft" 1.100:8.14.19&.

Hinzuweisen ist in diesem Zusammenhang auch auf die syll. bezeugte ug. Form (PK^{L} 3./1.c.sg.) [*i*]*a*(-)*ab-ṣi-ru* (√*bṣr*) "er wird / ich werde (Zedern) umschneiden" (RS20.163:1; siehe UV 114).

Auch hybride Formen des Akk.Ug. zeugen von dieser Endung (siehe SAU 441), z.B. *iḫ-ra-bu* (√*ʿrb*, für ug. /*yiʿrabu*/?) "er wird eintreten" (RS25.423:13), *ia-tu-ru* (akk. *târu*) "er wird (nicht) zurückkehren" (RS22.223:13; vgl. auch <*i*>-*túr-ru* in RS22.223:8) und *i-tu-ru* "(falls) er zurückkehrt" (RS22.399+:11).

73.273.2. Endung 2.f.sg.

Einen direkten Beweis für die Endung /*-īna*/ gibt es nicht, da keine signifikanten Formen der WzK III-ʾ belegt sind. Von dem suffigierten Konsonanten *-n* zeugen jedoch folgende Formen:
taršn /*târVšīna*/? < **taʾrVšīna* (√*ʾrš*) "(was) wünschst du?" 1.3:V:28; 1.6:II:14 (alt.: D-PK /*tuʾarrišīna*/ [siehe §74.412.21 und Tropper 1991c]).
tlikn (√*lʾk*) "(warum) schickst du?" 2.72:10 (alt.: PK^{K}i + En. I ["warum hast du denn geschickt?"] oder PK^{K}i + OS 1.c.sg. ["warum hast du mir geschickt?"]).

73.273.3. Endung 3.m.pl.

Zur Endung */-ūna/* siehe die Form *[tṣ]un* */taṣiʾūna/* "sie [kom]men (aus der Erde) hervor" (1.83:3) (alt.: PK^{K} + En. "sie kamen fürwahr hervor"). Von dem suffigierten Konsonanten *-n* zeugen zahlreiche Formen, z.B.:

tbʿln */tibʿalūna/* (√*bʿl* < **pʿl*) "(Leute, die) arbeiten" 4.141:III:6.8.10.
tbʿrn */tibʿarūna/* (√*bʿr*) "sie werden verlassen/vernichten" 1.103+:41.56.
tknn */takûnūna/* (√*kwn*) "sie werden sein" 3.3:6.9.
tqḥn */tiqqaḥūna/* < **tilqaḥūna* (√*lqḥ*) "(Leute, die) empfangen" 4.395:4.
tśʿn */tissaʿūna/* < **tinsaʿūna* (√*nsʿ*) "sie werden zahlen" 3.8:12.14.
tʿln */taʿlûna/* < **taʿliyūna* (√*ʿly*) "sie steigen (siebenmal) hinauf" 1.112:7.
tʿrbn */taʿribūna/* (√*ʿrb*) "(wenn) sie eintreten" 1.91:11.
tʿtqn */taʿtiqūna/* (√*ʿtq*) "sie durchqueren (das Land Nuḫašše)" 2.36+:17.

Von der Endung */-ūna/* zeugt auch eine hybride Verbalform im Akk.Ug.:
ti-tu-ru-na "(falls) sie zurückkehren" RS22.399+:17.

Es ist denkbar, daß die Endung */-ūna/* poetisch auch zu */-ūn/* verkürzt und das auslautende */n/* bei Antritt eines Objektsuffixes assimiliert werden kann. Ein möglicher Beleg dafür ist die in 1.16:I:6 // 1.16:II:44 bezeugte Form *tbky-k* = */tabkiyukka/*? < **tabkiyūn(a)-ka* "werden sie (sc. die Berge des Baʿlu) dich beweinen?" (√*bky*, PK^{L} 3.m.pl. + OS 2.m.sg.). Sie kann jedoch alternativ als PK^{K}v (+ OS) gedeutet werden: */tabkiyū-ka/* "sollen sie dich (etwa) beweinen?".

73.273.4. Endung 3.f.pl.

Zur Endung */-nă/*, wahrsch. */-nā/* (§73.233.43), siehe die oben (§73.233.42) diskutierte Form *tnšan* (1.103+:47 [√*nšʾ* < **nśʾ* N]), die kontextuell eindeutig als PK^{L} ausgewiesen ist. Die Orthographie könnte im Sinne von */tinnašiʾ-ānV/* gedeutet werden. Da jedoch Formen der PK^{K} 3.f.pl. ebenfalls eine Endung *-n* aufweisen, wird hier eine Deutung im Sinne von */tinnašâ-nă/* < **tinaśaʾ-nă* < **tinaśiʾ-nă* bevorzugt. Von der konsonantischen Endung *-n* zeugen noch weitere Formen, die unter §73.233.41 (sub "PK^{L}") aufgelistet sind.

73.273.5. Endung 2.m.pl.

Für die Endung */-ūna/* gibt es keinen direkten Beweis (zur Deutung von *tšun* [1.119:27] als PK^{K} 2.m.pl. siehe §73.233.5). Zur konsonantischen Endung *-n* siehe aber *tqyn* */tâqiyūna/* (√*yqy* < **wqy*) "ihr beschützt" (1.2:I:18; vgl. *tqynh* "ihr beschützt ihn" [1.2:I:34]) und *tbkn* */tabkûna/* < **tabkiyūna* (√*bky*) "ihr weint" (1.15:V:12.14).

73.273.6. Endung 2.f.pl.

Alle PK-Formen 2.f.pl. wurden bereits oben (§73.233.6) diskutiert und als Formen der PK^{K} interpretiert. Demnach gibt es keinen Beleg für die PK^{L} 2.f.pl.

73.273.7. Endung 3.m.du.

Die Endung /*-ânV*/ (wahrsch. /*-âni*/) wird nachgewiesen durch die Form *tšan* /*tiššaʾâni*/ < **tinśaʾâni* (√*nšʾ* < **nśʾ* N) "die beiden (Boten) erhoben (ihre Stimmen)" (1.14:VI:38; vgl. 1.14:VI:2*), sofern diese nicht als PK^{K}i + En. I (*tša-n* "sie erhoben fürwahr") zu analysieren ist. Die konsonantische Endung *-n* ist durch zahlreiche Belege gesichert. Beispiele (PKons. *y-* und *t-*):

yʿnyn /*yaʿniyâni*/ (√*ʿny*) "(die beiden Boten) antwort(et)en" 1.3:IV:5.
tlakn /*tulʾakâni*/ (√*lʾk*) "(zwei[?] Boten) werden ausgesandt" 1.4:V:42.
y[q]ln /*yaqîlâni*/ (√*qyl*) "(zwei Rinder) werden geschlachtet (w.: fallen)" 1.46:11 (alt.: Gp /*yuqâlâni*/); vgl. gleichbedeutendes *tqln* /*taqîlâni*/ in 1.109:4.

73.273.8. Endung 3.f.du.

Für die Endung /*-âni*/ gibt es keinen orthographischen Beweis. Für die konsonantische Endung *-n* siehe aber die Formen *tmġyn* /*tamġiyâni*/ "(seine beiden Füße) reichten (nicht bis zum Fußschemel)" (1.6:I:59), *tqbrn* /*tubaqqarâni*/ "(zwei Lebern) sind zu inspizieren" (1.78:5) und *tṣdn* /*taṣîdâni*/ "(ʿAnatu und ʿAṯtartu) streiften umher" (1.114:23). Ein möglicher weitere Beleg ist *tnḥn* (1.15:I:7; zum Kontext und zur Problematik siehe oben [§73.223.5, Nr. 12]).

73.273.9. Endung 2.c.du.

Für die Endung /*-âni*/ gibt es keinen orthographischen Beweis (zur Deutung der Form *tḫtan* [1.4:VIII:20] als PK^{K} + En. siehe oben [§73.233.9]). Zur konsonantischen Endung *-n* siehe *tmgnn* /*tumagginâni*/ (√*mgn* D) "(warum) beschenkt ihr (beide)?" (1.4:III:28) und *tġẓyn* /*tuġaẓẓiyâni*/ (√*ġẓy* D) "(warum) überreicht ihr (beide) Gaben?" (1.4:III:29).

73.28. Kennt das Ugaritische eine Präfixkonjugation **yaqattal* ?

73.281. In der älteren ugaritistischen Forschungsgeschichte wurde intensiv die Frage diskutiert, ob es im Ug. auch eine Langform der Präfixkonjugation des MphT *{ya/iqattVl}* (hinfort einfach: *{yaqattal}*) gibt entsprechend dem akk. "Präsens" *iparrVs*, dem äth. "Imperfekt" *yəqattəl* oder ähnlichen Bildungen in neusüdar. Sprachen.

73.282. Eine maßgebliche Rolle in dieser Diskussion spielte Goetze (1938, 296-309), der als erster sachliche Kriterien für die Annahme einer *{yaqattal}*-Konjugation formulierte. Demnach müßten folgende vier Voraussetzungen gegeben sein, um eine *{yaqattal}*-Form im Ug. ansetzen zu können (Goetze 1938, 297):

1. Where the *n* of the verba primae nūn is preserved, *yaqa(t)talu* is indicated.
2. The *yaqtulu* of verba primae alif begins with *yì-* etc.; where the *yà-* etc. is found, we deal with *yaqa(t)talu*.

3. The first person singular (*åqtulu*) of the qal, wherever the first two radicals are strong, begins with *i*-; where in such forms, *a*- is found, the corresponding form of *yaqa(t)talu* must be assumed.
4. Forms of the type *yqll* (qal of verba mediae geminatae) which are not apocopate, must be interpreted as present-future.

Goetze selbst gelangte nach einer Prüfung des Textbefundes (1938, 297-309) zu einer positiven Antwort. S.E. besitzt das Ug. drei Tempora, nämlich erstens ein "'perfect' *qatila*", zweitens ein "'imperfect' *yaqtulu*" und schließlich drittens ein "'present-future' *yaqa(t)talu*" (Goetze 1938, 309).

73.283. Die Diskussion um die Bezeugung einer *{yaqattal}*-Konjugation im Ug. trat durch Untersuchungen von Fenton (1970) einerseits und Marcus (1970, 75-104, bes. 97ff.) andererseits in eine neue Phase ein. Beide genannten Autoren wiesen nach erneuter Prüfung des Textbefundes mittels der von Goetze (1938, 297) aufgestellten Kriterien unabhängig voneinander nach, daß das Ug. keine *{yaqattal}*-Konjugation besitzt. Den genannten Autoren zufolge gibt es keine ug. Verbalform der Präfixkonjugation, die eine *{yaqattal}*-Konjugation beweisen würde; umgekehrt gäbe es aber eine große Anzahl von Formen, die klar gegen die Existenz eines solchen Konjugationstyps sprechen.

73.284. Fenton (1970) und Marcus (1970, 75-104) lieferten zugleich wichtige Argumente dafür, daß eine *{yaqattal}*-Konjugation auch in anderen nwsem. Sprachen nicht existiert (vgl. hierzu §33.115.45:5, Anm.). Als forschungsgeschichtlich richtungsweisend stellte sich dabei folgender von Fenton (1970, 41) formulierter Standpunkt heraus: "There may once have been a North-west Semitic **yaqattal* which went out of use before the recording of the Ugaritic texts currently available. Alternatively, the **yaqattal* formation may have been created only in a part of the Semitic (or Hamito-Semitic) area and never spread over the entire area [. . .]. In view of the unconditionend 'omnitemporal' use of the **yaqtul* formation in Ugaritic (indicated by the absence of **yaqattal*) [. . .] the writer would incline to the latter view".

73.285. Die in den letzten zwei Jahrzehnten neu publizierten ug. Texte stützen die Auffassung von Fenton (1970) und Marcus (1970), wonach das Ug. keine *{yaqattal}*-Konjugation besitzt. Auch in anderen Bereichen des Nwsem. wurden keine Quellen bekannt, die für *{yaqattal}* sprechen würden.

73.3. Suffixkonjugation

73.31. Einleitung

73.311. Sprachhistorische Entwicklung

Die Suffixkonjugation (= SK) – auch Afformativkonjugation genannt – geht sprachhistorisch auf eine nominale Prädikativkonstruktion zurück, bestehend aus einem nominalen Prädikat und einem enklitischen Subjektpronomen. Als Prädikate dieser Konstruktion, dienten anfangs vielleicht ausschließlich Primäradjektive, später auch Verbaladjektive und andere adjektivische sowie substantivische Wortarten.

Innerhalb des Sem. spiegelt der akk. "Stativ" den mutmaßlich ältesten Zustand der SK wider, sowohl in morphologischer wie in semantischer Hinsicht. Bei sogenannten adjektivischen Wzz. besitzt diese Kategorie stativische Bedeutung. Als Themavokale begegnen /*u*/, /*i*/ und /*a*/: z.B. *maruṣ* "ist krank", *kabit* "ist schwer", *rapaš* "ist breit". Bei zugrundeliegenden intransitiven bzw. transitiven Verbalwurzeln lautet der Themavokal der akk. SK demgegenüber immer /*i*/. Die SK intransitiver Verbalwurzeln besitzt aktivisch-resultative Bedeutung, z.B. *wašib* "hat sich hingesetzt; sitzt". Die SK transitiver Verbalwurzeln besitzt schließlich in der Regel passivische, daneben bei bestimmten Lexemen auch aktivische Bedeutung, z.B. *ṣabit* "ist ergriffen/erobert" neben *ṣabit* "hat ergriffen/erobert".

Gegenüber dem Akk. zeichnen sich sämtliche wsem. Sprachen dadurch aus, daß sie die SK stärker als das Akk. in das Verbalsystem einbinden. Der wesentliche Unterschied besteht darin, daß im Wsem. die auch im Akk. bisweilen zu beobachtende Diathesenopposition der SK von transitiven Verbalwurzeln durch die Setzung unterschiedlicher Themavokale paradigmatisiert wird. Dabei wird die aktivische Variante der SK mit dem Themavokal /*a*/ bezeichnet: z.B. *ḏakara* "er hat genannt/erwähnt" (gegenüber akk. *zakir* "ist/hat ausgesprochen/genannt"). Durch diese Innovation wird der Themavokal /*a*/ zum Kennzeichen der fientisch-aktivischen SK, die im Wsem. ungleich häufiger Verwendung findet als im Akk. und zu einem festen Bestandteil des Verbalsystems wird. Da sie perfektivpräteritale Bedeutung besitzt, drängt sie im Laufe der Zeit die semantisch ähnlich besetzte indikativische Kurzform der Präfixkonjugation, das sogenannte Präteritum, mehr und mehr zurück.

Während sich das Wsem. in der Behandlung der SK transitiver Verbalwurzeln somit wesentlich vom Akk. unterscheidet, trifft dies auf die SK adjektivischer Wzz. nicht zu. Letztere haben in allen sem. Sprachen stativische Funktion. Anders als im Akk. weisen entsprechende SK-Formen im Wsem. aber nie /*a*/ als Themavokal auf (/*a*/ ist für die fientisch-aktivische SK reserviert).

Auch die SK intransitiver Verbalwurzeln hat im Akk. und im Wsem. vergleichbare Funktion. Im Gegensatz zum Akk. (immer Themavokal /*i*/) ist im Wsem. jedoch der Themavokal /*a*/ – neben dem Themavokal /*i*/ – auch in dieser Bedeutungsklasse weit verbreitet.

Lit.: Tropper (1995b).

73.312. Morphologisch-semantische Uneinheitlichkeit

Aufgrund der skizzierten historischen Entwicklung ist die SK keine einheitliche Größe. Es gilt zwischen SK-Formen mit stativischer und solchen mit fientisch-perfektiver Bedeutung zu unterscheiden. Die erstere Kategorie wird hier mit dem Sigel "SKs", die letztere mit dem Sigel "SKf" abgekürzt.

Die genannten Subvarianten sind nicht nur funktional verschieden, sie heben sich grundsätzlich auch in morphologischer Hinsicht durch unterschiedliche Themavokale voneinander ab. Der betreffende Befund ist im Ug. allerdings im einzelnen komplex und mit zahlreichen Problemen behaftet (§73.35).

73.313. Suffixkonjugation von nicht-verbalen Wurzeln

Die SK kann zu allen genuin-verbalen und von Adjektiven abgeleiteten verbalen Wurzeln gebildet werden. Darüber hinaus sind im Ug. auch folgende SK-Formen zur substantivischen Existenzpartikel *iṯ* ("Vorhandensein, Existenz" = "es gibt" [§88.1]) bezeugt: *iṯ* "er existiert" 1.6:III:3.9.21 (// *ḥy* "er ist lebendig, er lebt"); *iṯt* "sie existiert/ist" 1.14:IV:38; *iṯt* "ich bin / ich halte mich auf" 2.13:15; 2.30:14.

Dieses Phänomen zeugt entweder von einer sekundären Verbalisierung der Partikel *iṯ* oder davon, daß im Ug. – wie im Akk. (vgl. z.B. *zikarāku* "ich bin ein Mann" [siehe GAG § 77a]) – an sich auch substantivische Wortformen durch die SK (konkret: SKs) "konjugiert" werden können, was diachron betrachtet als Archaismus zu interpretieren wäre.

73.32. Paradigma

	Sg.	Pl.	Du.
3.m.	*qatVl-a*	*qatVl-ū*	*qatVl-â*
3.f.	*qatVl-at*	*qatVl-ū/ā*(?)	*qatVl-tâ*
2.m.	*qatVl-tă̄*	*qatVl-tu/im(V)*	
2.c.			*qatVl-tu/imâ*
2.f.	*qatVl-tĭ̄*	(*)*qatVl-tu/in(n)V*	
1.c.	*qatVl-tŭ̄*(?)	**qatVl-nă̄/ŭ̄*	*qatVl-na/iyâ*

73.33. Orthographischer Nachweis der Personalendungen

73.331. Endungen der singularischen Formen

73.331.1. Endung 3.m.sg.

Die Endung lautet -∅ = /-*a*/. Dies geht zum einen aus folgenden syll. bezeugten ug. bzw. hybriden (akk./ug.) SK-Formen hervor:

ta-ba-ʾa /*tabaʿa*/ (√*tbʿ*) "(PN, der) abgereist ist" RS19.32:1.

ṣa-ma-ta/dá (√*ṣmt/d*) "(das Haus) wurde (vertraglich) übergeben" RS15.86:16; vgl. *ṣú-um-mu-ta/dá* "es wurde (vertraglich) übergeben" RS16.174:12.

i-ṣa-ʾa = [y^{e}ṣaʾa] für /*yaṣaʾa*/? (√*yṣʾ*) "(Emmer) wurde ausgeliefert (w.: ging hinaus)" RS19.130:4'.

šal-li-ma /*šallima*/ (√*šlm* D) "er hat bezahlt" RS20.12:1!.16.18.21.23; vgl. *ša-li-ma* RS20.12:3.5.8.

Zum anderen kann die betreffende Endung auch durch alph. Formen der WzK III-ʾ nachgewiesen werden. Signifikant sind vor allem SK-Formen, deren zweiter Vokal nicht /*a*/ lautet. Andere Formen könnten theoretisch von phonetischen Alephschreibungen zeugen (z.B. *yṣa* = /*yaṣâ*/ < **yaṣaʾ*; vgl. Lipiński 1988, 114f.).

yṣa /*yaṣaʾa*/ (√*yṣʾ* G-SK, TV /*a*/) "er ging hinaus" 1.2:IV:30&.

nša /*našaʾa*/ (√*nšʾ* < **nśʾ* G-SK, TV /*a*/) "er erhob (seine Hände)" 1.14:IV:4.

mẓa-h /*maẓaʾa-hu*/ (√*mẓʾ* G-SK, TV /*a*/) "er fand ihn" 1.12:II:50.51.

šna /*šaniʾa*/ (√*šnʾ* < **śnʾ* G-SK, TV /*i*/) "(der Gott Baʿlu) haßt" 1.4:III:17.

mla /*maliʾa*/ (√*mlʾ* G-SK, TV /*i*/) "er war voll" 1.23:76; vgl. 1.45:10(?).

qra /*quriʾa*/ (√*qrʾ* Gp-SK) "er wurde/sei gerufen" 1.161:5.6.7.11.12

mla /*malliʾa*/ (√*mlʾ* D-SK) "er machte voll" 1.10:III:8; wahrsch. ferner 1.10:III:8.

šṣa /*ṣôṣiʾa*/ (√*yṣʾ* < **wṣʾ* Š-SK) "er führte heraus" 4.145:10

Einen indirekten Beweis für die Bewahrung der Personalendung /-*a*/ in der SK 3.m.sg. bieten auch unkontrahierte Formen der WzK III-*w*/*y* (siehe §75.531d).

SV. Dieselbe Endung /-*a*/ ist auch akan. (siehe CAT 2, 287f.) und ar. bezeugt. Aber auch im altbyblischen Phön. finden sich Hinweise auf diese Endung: *ʿly* /*ʿalaya*/ "(wenn jemand) heraufkommt" (KAI 1:2); *bny* /*banaya*/ "er baute" (KAI 4:1; 7:1; gegenüber phön. *bn*); *ḥwy* /*ḥVwwiya*/ "er restaurierte" (KAI 4:2); siehe PPG § 176b.

73.331.2. Endung 3.f.sg.

Die Endung lautet -*t* = /-*at*/; siehe folgende SK-Formen der WzK III-ʾ:

bat /*bâʾat*/ (√*bwʾ*) "sie ist gekommen" 1.19:IV:50.51.

yṣat /*yaṣaʾat*/ (√*yṣʾ*) "sie ging hinaus / entwich" 1.16:I:51; 1.18:IV:36; vgl. *šṣat* /*šôṣiʾat*/ (√*yṣʾ* Š-SK) "sie ließ entweichen" 1.19:II:38*.

klat /*kalaʾat*/ (√*klʾ*) "sie schloß (die Tore)"(?) 1.3:II:3 // 1.7:36*.

mlat /*maliʾat*/ (√*mlʾ*) "es ist voll" 1.10:II:9 (lies *mlat*); 1.10:II:12.

nšat /*našaʾat*/ (√*nšʾ* < **nśʾ*) "sie erhob/trug"(?) 1.92:27.

73.331.3. Endung 2.m./f.sg.

Die Personalendungen der SK der 1. und 2. Personen sind formal identisch mit dem zweiten Element der entsprechenden selbständigen Personalpronomina.

Die Endung der 2.m.sg. lautet *-t* = /*-tă̄*/, die der 2.f.sg. *-t* = /*-tĭ̄*/. Die Qualität der Auslautvokale läßt sich nur aufgrund des (eindeutigen) sprachvergleichenden Befundes als solche rekonstruieren; ihre Quantität läßt sich nicht mit Sicherheit bestimmen (hinfort vereinfachend: /*-ta*/ bzw. /*-ti*/). Die konsonantische Endung *-t* ist durch zahlreiche alph. SK-Formen bezeugt, z.B.:

ypʿt /*yapaʿta*/ "du (mask.) hast dich erhoben" 1.2:I:3.
ġmit /*ġamiʾti*/ "bist du (fem.) durstig?" 1.4:IV:34.

73.331.4. Endung 1.c.sg.

Die Endung der 1.c.sg. lautet ebenfalls *-t*. Es ist umstritten, ob diese entsprechend dem ar. Befund als /*-tŭ̄*/ (hinfort: /*-tu*/) oder entsprechend dem kan. Befund als /*-tĭ̄*/ zu vokalisieren ist. Zugunsten der ersteren Vokalisation spricht:

a) die Tatsache, daß das Personalpronomen 1.c.sg. im Ug. entgegen dem kan. Befund (/*ʾanōkĭ̄*/) /*ʾanāku*/ lautet (Auslautvokal /*-u*/ [§41.112.11a]),
b) die Tatsache, daß der Auslautvokal /*-i*/ im Kan. sekundären Urspungs ist (vgl. ar. /*-tu*/; vgl. ferner akk./äth. /*-ku*/), und schließlich
c) die Tatsache, daß die Personalendung der SK 2.f.sg. /*-ti*/ lautet (d.h. die Endungen 1.c.sg. und 2.f.sg. wären sonst identisch!).

Zwischen dem letzten Radikal der Wz. und dem Morphem *-t* gibt es – anders als im Aram. – erwartungsgemäß keinen Vokal. Den Beweis dafür liefern a) die Form *ṣmt* = /*ṣammittu*/ < **ṣammit-tu* (1.3:III:44), eine D-SK 1.c.sg. der Wz. √*ṣmt* (III-*t*), b) die Form *ytt* = /*yatattu*/ < **yatantu* (1.100:75; vgl. 4.710:6 [Kurzalphabettext]) und indirekt c) auch die von der Wz. √*mḫṣ* abzuleitende Form *mḫšt* "ich habe erschlagen" (1.3:III:38.41.43.45 [§32.143.35]).

73.332. Endungen der pluralischen Formen

73.332.1. Endung 3.m.pl.

Die Endung lautet -∅ = /*-ū*/. Zur Qualität des Auslautvokals siehe a) den (eindeutigen) sprachvergleichenden Befund, b) die syll. (ug. bzw. hybride) SK-Form *ṣa-ma-du/tù* (√*ṣmd/t*) "sie wurden (vertraglich) übergeben" (RS16.147:13), c) die syll. N-SK *na-ab-ṭa-ru* bzw. *na-ab-da-lu*! "sie haben (untereinander Felder) ausgetauscht" (RS15.123+:4-5 [§74.32]), und d) folgende alph. bezeugten SK-Formen der WzK III-ʾ:

nšu /*našaʾū*/ (√*nšʾ*) "sie erhoben" 1.16:III:12; vgl. 4.11:7.
qru /*quriʾū*/ (√*qrʾ* Gp) "sie wurden/seien gerufen" 1.161:8.
? *mlu* /*maliʾū*/? (√*mlʾ*) 1.87:20 (Kontext unklar; alt.: nominale Form).

73.332.2. Endung 3.f.pl.

73.332.21. Die Endung lautet entweder entsprechend dem akk./äth. und damit vermutlich altsem. Befund /*-ā*/ oder entsprechend dem kan. Befund /*-ū*/ (wie SK 3.m.pl.). Es gibt keinen signifikanten syll. Beleg. Auch die alph. Formen der WzK III-ʾ lassen keine endgültige Entscheidung zu. Allerdings scheint ein Textbeispiel die letztere Annahme (Endung /*-ū*/) zu stützen (§73.332.23).

73.332.22. Die beiden folgenden Formen der Wz. √*yṣʾ* sind sehr wahrsch. nicht SK 3.f.pl. (mit Endung /*-ā*/), sondern SK 3.m.sg. (Endung /*-a*/):

- *spr npṣm d yṣa b midʾḫ* "Liste der *npṣ*-Kleidungsstücke, die 'hinausgegangen' sind (eig.: ist) / ausgeliefert wurde(n) aus ON" 4.166:1. — Für die Deutung von *yṣa* als SK 3.m.sg. spricht die Relativpartikel *d* (= m.sg.). Außerdem hat das Subst. *npṣ* (mit Pl. *npṣm*) sehr wahrsch. mask. Genus.
- *w šbᶜ ᶜšr šmn \ d l yṣa bt mlk* "17 (Maß) Öl, das nicht aus dem Königspalast 'hinausgegangen' ist / ausgeliefert wurde" 4.341:20f. (*yṣa* ist SK 3.m.sg.).

73.332.23. Demgegenüber gibt es aber eine SK-Form der gleichen Wz., die *yṣu* = /*yaṣaʾū*/ lautet und vielleicht als 3.f.pl. zu bestimmen ist:

- *b yrḫ mgm[r] \ yṣu ḫlpn[t]* "Im Monat *Mgm[r]* (...) 'gingen hinaus' / wurden ausgeliefert *ḫlpn*-Umhänge" 4.192:1f.

Das grammatische Genus des pluralischen Subj. *ḫlpnt* läßt sich nicht mit Sicherheit feststellen. Das Lexem besitzt zwar einen formal mask. Sg. (*ḫlpn* [5.10:5]) und wird im Du. als Mask. behandelt (*ṯn ḫlpnm* [4.385:6]), dürfte aber im Pl. als Fem. gelten (siehe §53.331.4). Sollte dies zutreffen, wäre bewiesen, daß die SK 3.f.pl. im Einklang mit der SK 3.m.pl. eine Endung /*-ū*/ besitzt.

73.332.24. Da keine weiteren signifikanten Belege der WzK III-ʾ bezeugt sind, kann die Frage nach dem Auslautvokal der SK 3.f.pl. im Ug. nicht als endgültig beantwortet gelten. Auszuschließen ist aber eine Endung /*-nā̆*/ entsprechend dem ar. Befund (= sekundäre Analogiebildung entspr. PK 3.f.pl.); siehe folgende SK-Formen, die kontextuell eindeutig als 3.f.pl. ausgewiesen sind:

ᶜrb /*ᶜarabū/ā*/ (√*ᶜrb*) "sie (f.pl.) traten ein" 1.17:II:26; 4.145:2; viell. ferner 1.19:IV:9 (alt.: SK 3.m.pl./sg.) und 4.338:12 (*anyt \ d ᶜrb*; alt.: 3.m.sg.).
pl /*pallū/ā*/ (√*pll*) "(die Furchen [*ᶜnt*]) sind vertrocknet" 1.6:IV:1.2.12.13.
štk /*šatVkū/ā*/ (√*štk*) "(die Wasserschöpferinnen) hielten inne" 1.12:II:59.
tbᶜ /*tabaᶜū/ā*/ (√*tbᶜ*) "sie (f.pl.) gingen weg" 1.17:II:39.
? *ṣpy* /*ṣu/apiyū/ā*/ (√*ṣpy* [Gp od. G]) "(drei königliche Wagen, die nicht) beschlagen sind" 4.167:6 (das Bezugswort könnte aber auch das in Z. 7 genannte *trhm* "ihre Deichseln"[?] sein; *ṣpy* wäre dann SK 3.m.pl.).

SV. In den Amarnabriefen aus Kanaan kann ein Subj. f.pl. mit einer SK 3.m.pl. verbunden werden; z.B. URU.KI.MEŠ-*ia da-an-nu* UGU-*ia* "meine Städte sind mir gegenüber mächtig / bedrängen mich" (EA 69:16) und *gáb-*<*bi*> URU.MEŠ-*ia ša i-na* \ ḪUR.SAG : *ḫa-ar-ri ù i-na a-ḫi a-ia-ab \ i-ba-aš-šu in-né-ep-šu a-na* ERÍN.MEŠ GAZ "Alle meine Städte, die es in den Bergen und an der Meeresküste gibt, haben sich mit den ᶜApīru-Leuten verbündet" (EA 74:19-21). Dies könnte ein Indiz dafür sein, daß bereits im Akan. keine spezifische SK-Form 3.f.pl. mehr existierte und stattdessen die SK-Form 3.m.pl. verwendet wurde. Da aber daneben SK-Formen 3.f.pl. mit Endung /*-ā*/ belegt sind, die aber wiederum als Akkadismen gewertet werden können, ist der Befund nicht eindeutig (z. Disk. siehe CAT 2, 293-295).

73.332.3. Endung 2.m.pl.

Die Endung lautet *-tm* und ist entweder als /*-tum(V)*/ oder entsprechend dem he. Befund als /*-tim(V)*/ zu vokalisieren. Die erstere Vokalisation ist aufgrund des allgemeinen sem. Befundes und gemäß §33.214.21 wahrscheinlicher (hinfort vereinfachend: /*-tumu*/). Es sind folgende (alph.) Formen belegt:

ġltm /*ġallîtumu*/ od. /*ġalêtumu*/ (√*ġly* D oder G) "(warum) habt ihr (eure Häupter) gesenkt?" 1.2:I:24.

qbitm /*qubiʾtumu*/ (√*qbʾ* Gp) "ihr wurdet/seid herbeigerufen" 1.161:3.10.

qritm /*quriʾtumu*/ (√*qrʾ* Gp) "ihr wurdet/seid gerufen" 1.161:2.9.

73.332.4. Endung 2.f.pl.

Die Endung lautet wahrsch. *-tn* und ist entweder als /*-tun(nV)*/ oder entsprechend dem he. Befund als /*-tin(nV)*/ zu vokalisieren. Der (erste) Vokal der Endung dürfte mit dem (ersten) Vokal der Endung der SK 2.m.pl. identisch sein (§41.222.5b, Anm.). Allerdings ist die SK 2.f.pl. im Ug. nicht sicher nachzuweisen. Zur Diskussion stehen folgende Formen:

- *yritn* (√*yrʾ*) 2.31:45. — Die genannte Form kann als G-SK 2.f.pl. gedeutet werden, d.h. /*yariʾtun(nV)*/ (o.ä.): "ihr (f.) habt Angst". Da aber in der vorausgehenden Zeile (2.31:44) ein OS 2.sg. bezeugt ist, liegt es näher, *yritn* im Sinne von *yrit-n* = /*yariʾtā/i-n(nV)*/, d.h. als SK 2.m./f.sg. + En. I bzw. EP *-n*, zu analysieren: "du hast Angst" bzw. "hast du etwa Angst?".
- *ḥytn* (√*ḥyy*) "möget ihr leben"(?) 5.10:2; 5.11:4; *šlmtn* (√*šlm*) "möge es euch gut gehen"(?) 5.10:2; *štntn* (√*ytn* Š) "ihr habt übergeben"(?) 5.10:4; *y<u>t</u>btn* "ihr wohnt"(?) (√*y<u>t</u>b*). — Die genannten Wortformen stammen aus zwei Schul- bzw. Übungstexten und sind deshalb von vornherein problematisch. Man beachte, daß in keinem der Texte eine Mehrzahl weiblicher Personen angesprochen ist (der Text 5.10 ist an eine weibliche Person adressiert [Z. 1]; in 5.10:3 ist ein PS 2.m.pl. bezeugt [*bʿlkm* "euer Herr"]). Alternative Deutungen sind möglich und wohl vorzuziehen (z.B. *ḥyt-n* "mögest du fürwahr leben", d.h. SK 2.f.sg. + En. [etc.] oder *ḥy tn* "gib Leben!" [etc.]).

Anm. Die in UT § 9.7 in diesem Zusammenhang angeführte Form *l zntn* (1.1:IV:16) ist sicher nominal zu deuten: "zu unserer Versorgung / Unterstützung".

73.332.5. Endung 1.c.pl.

Für die SK 1.c.pl. gibt es keinen Beleg. Aufgrund des sprachvergleichenden Befundes und der ug. belegten SK 1.c.du. ist sicher eine Endung *-n* zu rekonstruieren, die entweder im Einklang mit dem akk./kan. Befund als /*-nū̆*/ oder im Einklang mit dem Befund anderer sem. Sprachen als /*-nā̆*/ zu vokalisieren ist. Die letztere Lösung ist aufgrund des Pronominalsuffixes 1.c.pl. (wohl: /*-nā̆*/) wahrscheinlicher (§41.222.1).

73.333. Endungen der dualischen Formen

73.333.1. Endung 3.m.du.

Die Endung lautet -Ø, wahrsch. als /-*â*/ (< **ay*) zu vokalisieren. Es gibt keine Belege der WzK III-ʾ zur Bestätigung der Qualität des Auslautvokals. Erwähnenswert sind aber Belege der WzK III-*w*/*y*, in deren Orthographie der schwache dritte Radikal als Konsonant erscheint, ein Indiz für einen folgenden Vokal:
mġy /*maġi/ayâ*/ (√*mġy*) "(warum) sind (die beiden) hergekommen?" 1.3:III:36.
[t̲n]y /*t̲anayâ*/ (√*t̲ny* G) oder /*t̲anniyâ*/ (√*t̲ny* D) "die beiden (Boten) gaben (ihre Information) kund" 1.2:I:32.

Alle anderen SK-Formen 3.m.du. sind orthographisch indifferent. Weitgehend gesicherte Belege sind:
amr /ʾ*amarâ*/ (√ʾ*mr*) "die beiden sprachen" 1.2:I:31.
yld-y /*yulidâ-yV*/ (√*yld* Gp + EP -*y*) "die beiden wurden geboren" 1.23:53.
ndd /*naddadâ*/ (√*ndd* < **nd̲d̲*) "die beiden standen da" 1.23:63.
rgm /*ragamâ*/ (√*rgm*) "die beiden sprachen" 1.2:I:33.
tbᶜ /*tabi/aᶜâ*/ (√*tbᶜ*) "die beiden erhoben sich" 1.2:I:19; 1.5:I:9; 1.5:II:13.
lqḥ /*laqaḥâ*/ (√*lqḥ*) "die beiden erhielten" 4.266:3 (es folgen zwei PNN).
ᶜrb /*ᶜarabâ*/ (√*ᶜrb*) "die beiden verbürgten sich" 4.347:3.5.8.

In Frage kommen ferner folgende Formen:
ġṣr "(zwei[?] Hügel, welche die Erde) begrenzen" 1.4:VIII:4 (alt.: 3.m.pl.); *hlm* "sie beide / er schlug(en)" 1.19:II:29 (alt.: 3.m.sg.); *ngš* "die beiden näherten sich / bedrängten" 1.23:68 (alt.: Inf.); *ṣḥ* "die beiden riefen" 1.23:69 (alt.: Inf.abs.); *ᶜrb* "die beiden traten ein" 1.23:71 (alt.: Inf.).

Anm. Die in UT § 9.7 angeführte Form *la* in *la šmm* (1.4:VIII:22-23; 1.6:II:25) "der Himmel war stark" ist gewiß nicht als SK 3.m.du. zu deuten, da das als Subj. fungierende Subst. *šmm* (= syll. *ša-mu-ma*) formal als Pl. und nicht als Du. zu erklären ist und da eine SK 1.c.du. einer Wz. √*lʾw/y* orthographisch eher als *law/y* erscheinen müßte. Folglich ist *la* eher eine SK 3.m.sg. (§73.331.1, Anm.; §95.234).

73.333.2. Endung 3.f.du.

Die Endung lautet -*t*. Sie ist entgegen dem ar. Befund wahrsch. nicht als /-*atâ*/, sondern als /-*tâ*/ zu vokalisieren. Der ursprünglich vor /*t*/ anzusetzende /*a*/-Vokal – vgl. die Endung /-*at*/ der SK 3.f.sg. – ist im Ug. synkopiert (§33.243.16). Es ist nur eine Form mit vier Belegen bezeugt:
ylt /*yalattâ*/ < **yaladtâ* < **yaladatâ* (√*yld*) "(die beiden Frauen) haben geboren" 1.23:53(2x).60(2x).

73.333.3. Endung 2.c.du.

Die Formen der SK 2.m.du. und SK 2.f.du. sind identisch und weisen eine Endung -*tm* auf, die aus sprachvergleichenden Gründen als /-*tumâ*/ bzw. (weniger wahrsch.) als /-*timâ*/ zu vokalisieren ist. In der alph. Orthographie ist die genannte Form nicht von der SK 2.m.pl. zu unterscheiden. Aufgrund des Kontex-

tes lassen sich aber folgende Belege der SK 2.c.du. identifizieren:
bštm /*bâštumâ*/ (√*bwš*) "ihr beide seid langsam/zögert" 1.1:III:18; 1.3:IV:33.
mgntm /*maggintumâ*/ (√*mgn* D) "habt ihr beide (Ilu) beschenkt?" 1.4:III:30.
ġẓtm /*ġaẓẓîtumâ*/ (√*ġẓy* D) "habt ihr beide (Ilu) Gaben überreicht?" 1.4:III:31.

73.333.4. Endung 1.c.du.

Das Ug. besitzt im Gegensatz zu anderen altsem. Sprachen (noch) eine spezifische Endung für die 1.c.du., die nicht mit der Endung der SK 1.c.pl. identisch ist. Sie lautet *-ny* und ist entweder als /*-nayâ*/ oder (weniger wahrsch.) als /*niyâ*/ zu vokalisieren (eine Vokalisation /*-nuyâ*/ ist aufgrund des Gleitlautes /*y*/ ausgeschlossen). Die Endung ist identisch mit dem PrS 1.c.du.; Belege:
mġny /*maġâ/ênayâ*/ (√*mġy*) "wir beide sind hingekommen" 1.5:VI:5.8.
sbn\[y] /*sabbVnayâ*/ (√*sbb*) "wir beide sind umhergezogen" 1.5:VI:3-4.
qlny /*qâlnayâ*/ (√*qyl*) "wir beide sind niedergefallen" 2.11:7; 2.70:10.

73.34. Silbenstruktur und Vokalsequenzen

Das Stammorphem der Suffixkonjugation ist zweisilbig. Der Vokal der ersten Silbe lautet im (aktiven) Grundstamm immer /*a*/, der Vokal der zweiten Silbe, der sogenannte Themavokal, ist variabel. Bei Antreten einsilbiger Personalendungen ergibt sich somit eine dreisilbige, bei zweisilbigen Personalendungen eine viersilbige Form. Bei vokalisch anlautenden (einsilbigen) Personalendungen ist die zweite Silbe offen, in allen anderen Fällen ist sie geschlossen. Somit ergeben sich insgesamt drei Typen: 1. *qa-tV-lV*, 2. *qa-tVl-KV*, 3. *qa-tVl-KV-KV*.

Wie bereits oben erwähnt, ist Quantität der Auslautvokale bei mehreren Personalendungen unklar (z.B. SK 2.m.sg.: /*qatal-tā̆*/).

73.35. Themavokale und morphologische Subvarianten

73.351. Der Themavokal (TV) der Suffixkonjugation (SK) kann /*a*/, /*i*/ oder /*u*/ lauten. Direkte Hinweise darauf enthalten nur SK-Formen der WzK II-ʾ. Indirekte Hinweise sind der Regelmäßigkeit der Entsprechungen der TVV der PK und der SK im Ug. einerseits und dem sprachvergleichendem Befund andererseits zu entnehmen, wobei primär der akan. Befund, daneben aber auch der Befund anderer zsem. Sprachen zu berücksichtigen ist.

73.352. Auf diesem Hintergrund läßt sich mit gewisser Wahrscheinlichkeit folgendes System erkennen: Der TV /*a*/ ist allein für die fientische Subvariante der SK (= SKf), der TV /*u*/ allein für die stativische Subvariante der SK (= SKs) reserviert (vgl. akan. *ṣa-du-uq* "es ist recht" [EA 287:32]). Der TV /*i*/ schließlich begegnet sowohl in der stativischen als auch in der fientischen Subvariante. In der fientischen Subvariante ist er jedoch offensichtlich auf Wzz. II/III-*gutturalis* beschränkt, deren PK den (sekundären) TV /*a*/ besitzt (vgl. akan. *ša-mi-ti*$_7$ "ich habe gehört" [EA 362:5]).

Anm. Der MphT *{qatul}* ist im Ug. gewiß selten bezeugt. Ein relativ sicherer Beleg liegt in der Form *ʿrwt* vor: */ʿaruwat/* "(Kerets Familie) ist/war 'entblößt'" 1.14:I:7.

73.353. Das System der Themavokale der SK und ihre Entsprechungen zu denen der PK läßt sich somit vereinfacht in folgendem Diagramm zusammenfassen (√*qtl*, PK^{K} und SK 3.m.sg.):

	PK	SK
		qatila
stativisch	*yiqtal*	
		qatula
fientisch	*yaqtul*	
		qatala
	yaqtil	
II/III-*gutturalis*	*yiqtal*	*qatila*

Aus dem Diagramm wird ersichtlich, daß die TVV von PK und SK durchgehend in qualitativer Opposition zueinander stehen. Zwei darin postulierte Annahmen sind allerdings durch den konkreten ug. Befund nicht gesichert:

1. Es ist nicht bewiesen, daß der – gewiß seltene – SK-MphT *{qatul}* mit dem PK-MphT (3.m.sg.) *{yiqtal}* korreliert. Für diese Annahme spricht der he. Befund (**qāṭon* – *yiqṭan*). Das Ar. bietet demgegenüber *faʿula* vs. *yafʿul*.

2. Über die TVV der Wzz. II/III-*gutturalis* ist zu wenig Sicheres bekannt. Es ist – bei gewissen Wzz. – vielleicht auch mit dem SK-MphT *{qatal}* zu rechnen, sei es, daß deren PK *{yiqtal}* oder – trotz des spezifischen phonetischen Charakters des 2./3. Radikals – *{yaqtu/il}* lautet. Die ug. bezeugten SK-Belege II-ʾ zeigen jedoch immer den TV */i/* (√*lʾk* und √*šʾl*):

lik */laʾika/* "er hat geschickt" 1.5:IV:23.24; 2.42:22; 2.44:13?; 2.46:9; 2.53:1; 4.777:2*3.5.6.8.9.
likt */laʾikat/* "sie hat geschickt" 2.34:5.
likt */laʾikta/* "du (m.) hast geschickt" 2.32:3; 2.36+:5.11.14.29; 2.38:11; 2.39:18; 2.50:20; 2.63:7.13*.
likt */laʾikti/* "du (f.) hast geschickt" 2.82:3.
likt */laʾiktu/* "ich habe geschickt" 2.14:7; 2.30:17; 2.42:12; 2.63:10; 2.72:23.
l.ikt */laʾikta/u/* "du hast / ich habe geschickt" 2.45:25!.
šilt */šaʾilta/*? "du(?) hast gefragt/verlangt" 2.4:9.13*,

73.354. Wie für die TVV der PK, so dürfte auch für die TVV der SK gelten, daß sie nicht vollständig lexikalisiert sind. So ist etwa damit zu rechnen, daß von gewissen Wzz., deren lexikalische Grundbedeutung stativisch ist, neben dem stativischen SK-MphT *{qatu/il}* auch ein fientischer SK-MphT *{qatal}* gebildet werden konnte, sofern eine fientische Nuance zum Ausdruck gebracht werden sollte. Mit anderen Worten: Es ist mit Wzz. zu rechnen, die in der PK und/oder der SK jeweils unterschiedliche TVV (verbunden mit unterschiedlichen semantischen Nuancen) aufweisen.

73.4. Verbaladjektive

Sem. Sprachen besitzen eine Reihe unterschiedlicher, von Verben abgeleiteter nominaler Bildungen. Diese lassen sich hinsichtlich ihrer syntaktischen Verwendung in Verbaladjektive und Verbalsubstantive unterteilen. Sie werden nominal flektiert. Ihre syntaktische Rektion kann nominal oder verbal sein.

"Verbaladjektiv" ist der Oberbegriff für sämtliche adjektische Deverbativa. Die wichtigste Untergruppe der Verbaladjektive bilden die sogenannten Partizipien, die hinsichtlich Syntax und Semantik einen eminent verbalen Charakter aufweisen und deren Bildung in direkter Korrelation zu den diversen Verbalstämmen steht. Die Partizipien des Grundstamms werden in den unmittelbar folgenden Abschnitten, die Partizipien abgeleiteter Verbalstämme später, im Rahmen der jeweiligen Verbalstämme behandelt.

Im Grundstamm unterscheidet man ein aktives und ein passives Partizip. Da das aktive Partizip aspektuell imperfektiv (und damit grundsätzlich präsentisch zu übersetzen) ist, das passive aber perfektiv ist, sind auch die alternativen Bezeichnungen "Partizip Präsens" und "Partizip Perfekt" möglich.

Es sei im voraus bemerkt, daß Verbaladjektive auch substantivisch gebraucht werden können. Dies ist insbesondere beim aktiven Partizip häufig der Fall (z.B. Partizipien als Berufsbezeichnungen [§73.431c-d]).

Anm. Nach anderer Terminologie wird der Begriff "Verbaladjektiv" synonym mit dem "Partizip Perfekt (passiv)" gebraucht (z.B. GAG § 77 und UV 319-321). Es gibt auch Autoren, die "Verbaladjektiv" (nur) zur Bezeichnung der Adjektivtypen *{qatil}* und *{qatul}* verwenden (z.B GBH § 50b).

73.41. Partizip (Präsens) aktiv

73.411. Zur Bildung des aktiven Partizips (= Ptz.akt.) des Grundstamms dient der MphT *{qātil}*. Die Vokalfolge */a - i/* geht aus zahlreichen syllabischen Belegen für Berufsbezeichnungen hervor:

√*ˀpy* *⌈a-pí⌉-[yu]* */ˀāpiyu/* "Bäcker" RS20.149(+):III:4' = alph. *apy* 4.125:10& (vgl. he. *ˀopæh*).

√*yṣr* *ia-ṣí-ru-ma* (Pl.) */yāṣirūma/* "Töpfer" RS15.09,B:12; vgl. 17.240:11 (teilw. erg.) = alph. *yṣr* 4.46:11.12& (vgl. he. *yoṣer*).

√*yqš* *ia-qí-š[u(-ma)]* */yāqiš-/* "Vogelfänger" RS17.240:12 = alph. *yqšm* (Pl.) 4.99:6; 4.126:25 (vgl. he. **yôqeš*).

√*mḫṣ* *ma-ḫi-ṣu* */māḫiṣu/* < **māḫišu* "Weber" RS19.99, innerer Rd., Z. 4 = alph. *mḫṣ* 4.99:15& (vgl. akk. *māḫiṣu*).

√*nsk* ⌈*na-sí-ku*⌉ (RS15.09B:I:1), *na-s[í-ku]* (RS17.240:15) /*nāsiku*/ "Metallgießer" = alph. *nsk* 4.43:4&.
√*nġr* *na-ḫi-ru-[ma]* /*nāġiru-*/ "Wächter" RS17.240:9 = alph. *nġr* 1.23:68& (vgl. ar. *nôṣer* und ar. *nāẓir*).
√*skn* ? *sà-ki-(in-)ni* (Gen.) /*sākini*/ "Verwalter, Präfekt" RS15.041:4& = alph. *skn* (2.54:4; 4.36:3&) bzw. *s̀kn* (4.36:3); fem. *s̀knt* "Verwalterin" (4.135:2) (vgl. akan. *sú-ki-ni* [EA 256:9] und he. *soken*).
√*trr* ? *ta-ri-ru-ma* (Pl.) /*tārirūma*/, eine Berufsbezeichnung ("Kundschafter" ?) RS17.131:5 = alph. *trrm* 4.7:1&.

Die Vokal /*a*/ (1. Silbe) wird ferner durch alph. Formen der WzK I-ʾ bestätigt:
√*ʾgr* *agrt-n* /*ʾāgir(a)tu-nā̆*/ (Ptz. f.sg. + PS) "die, welche uns dingt" 1.19:IV:51.
√*ʾḫd* *aḫd* /*ʾāḫid-*/ "haltend" 1.17:I:30; 1.17:II:5.19.
√*ʾkl* *akl* /*ʾākil-*/ "fressend" 1.107.35.45; Pl./Du. *aklm* "die Fresser" 1.12:I:26&; fem. *aklt* /*ʾākil(a)t-*/ "fressend" 1.108:9.
√*ʾny* *any* /*ʾāniy-*/ "klagend" 1.3:V:35; 1.4:IV:47*.
√*ʾpy* *apy* /*ʾāpiy-*/ "Bäcker" 4.125:10& (vgl. he. *ʾopæh*).

Der /*i*/-Vokal (2. Silbe) geht auch aus alph. Formen der WzK II-ʾ hervor:
√*nʾṣ* *niṣ* /*nāʾiṣ-*/ "Verächter" 1.17:I:29&.
√*sʾd* *sid* /*sāʾid-*/ < **sāʿid-*(?) "Wirt" 1.3:I:3.
√*šʾb* **šib* /*šāʾib-*/ "Wasserschöpfer" 4.609:15 (Pl.cs. *šib*); fem. *šibt* /*šāʾib(a)t*/ 1.14:III:9; 1.14:V:1 (vgl. he. *šoʾeb* [Sg.] und *šoʾᵃbot* [f. Pl.]). — Demgegenüber ist *šab* "Wasserschöpfer" (6.25:2 [Pl.cs.]) MphT {*qattāl*}.
√*šʾy* *šiy* /*šāʾiy-*/ "Übeltäter, Mörder" 1.18:IV:23.35.

Die Orthographie liefert keinen Hinweis auf die Quantität des Vokals der ersten Silbe. Aus dem sem. Vergleichsmaterial darf jedoch sicher geschlossen werden, daß es sich dabei um einen Langvokal handelt.

73.412. Feminine Ptzz.akt. der WzK III-*w*/*y* erscheinen in der alph. Orthographie ohne dritten Radikal. Der MphT lautet somit {*1ā2ît*} < **1ā2i3t* und nicht *{*1ā2i3at*} (1, 2, 3 = Radikale 1-3). Zu den Formen und zur Erklärung siehe oben (§33.243.12). Auch bei anderen WzKK lautet das fem. Ptz.akt. in der Regel {*qātilt*} und nicht {*qātilat*}. Siehe folgende Formen:

qrit /*qāriʾt-*/ "rufend" (√*qrʾ*): *um pḥl pḥlt* ... \ *qrit l špš umh* "Die Mutter des Hengstes (und) der Stute ... ruft zur Sonne ihrer Mutter" 1.100:1f. — *qrit* (vgl. PK *tqru* [Z. 8&]) kann nicht SK 3.f.sg. sein (man erwartet **qrat*).

? *ylt* /*yālitt-*/ < **yālidt-* "gebärend"(?) (√*yld*): [ ]*tn/a ylt ḥmḥmt* "... die, welche daran ist zu gebären, ist heiß(?)" 1.17:I:41 (Kontext unklar). — Vgl. he. *yolædæt* neben *yôle/ᵉdāh* (siehe Meyer § 54.3).

Anm. Die Form *yrdt* (1.24:42) ist Ptz.akt. f.pl. (/*yāridāt-*/) und widerspricht somit nicht der oben genannten Regel: *bnt h\ll bʿl gml / yrdt \ b ʿrgzm* "die Töchter der Mondsichel, des Herrn der Sicheln, die hinabsteigen in ...(?)" 1.24:41-43.

Im Gegensatz dazu scheint aber die Form *s̀knt* = /*sākinat-*/? "Verwalterin" (4.135:2) nach dem MphT {*qātilat*} gebildet zu sein. Bei Kontaktstellung von /*n*/ und /*t*/ wäre nämlich eine regressive Assimilation zu erwarten (*s̀kt* /*sākitt-*/ <

**sākint-*). Man beachte allerdings, daß syll. Schreibungen des mask. Pendants des Lexems häufig eine Gemination des /*n*/ zeigen (*sà-ki-in-ni* u.ä. [§21.335.1j und 21.335.2b]). Ob es sich dabei um eine reine Schreibkonvention handelt, wie Huehnergard (UV 210) vermutet, ist fraglich. Sollte /*n*/ tatsächlich geminiert sein, wäre dies zugleich der Grund für die (ungewöhnliche) Bewahrung des /*a*/-Vokals der Femininendung (= /*sākinnat-*/).

Anm. Zu weiteren G-Ptzz. des MphT *{qātil}* bzw. *{qātil(a)t}* siehe §51.43k.

73.42. Partizip (Perfekt) passiv

73.421. Der Grundstamm besitzt als einziger Verbalstamm neben dem aktiven auch ein passives Partizip (= G-Ptz.pass.). Als G-Ptz.pass. fungieren im Sem. allgemein Nominalformen, die auch in anderen Funktionen bezeugt sind. Im Nwsem. dienen die nominalen MphTT *{qatīl}* und *{qatūl}* als G-Ptzz.pass.

In semantischer Hinsicht ist ein G-Ptz.pass. deckungsgleich mit einem Gp-Ptz. Ob es im Ug. oder im Proto-Zsem. jemals ein Gp-Ptz. gegeben hat, ist eine offene Frage (§74.224.2). Möglicherweise gab es ursprünglich Gp-Ptzz., die im nachhinein durch Adjektiv-MphTT wie *{qatīl}* oder *{qatūl}* verdrängt wurden.

73.422. Die Bildung des G-Ptz.pass. im Ug. ist nicht endgültig geklärt. Als Bildungstypen kommen a) *{qatīl}* (wie im Aram. und im Phön. [PPG[3] §§ 140b und 197b]), b) *{qatūl}* (wie im He.), c) *{qatil}* (wie zumeist im Akk.) oder d) *{maqtūl}* (wie im Ar.) in Betracht. Am wahrscheinlichsten sind die Möglichkeiten (a) und (b). Es ist im übrigen denkbar, daß sowohl *{qatīl}* als auch *{qatūl}* (und daneben möglw. noch weitere MphTT) Verwendung finden und daß die Wahl des MphT von den zugrundeliegenden WzKK abhängig ist. Man vergleiche den akk. Befund, wo neben *{qatil}* auch *{qatul}* und *{qatal}* als sogenannte "Verbaladjektive" fungieren.

73.423. Zugunsten von *{qatūl}* könnten zwei alph. Formen sprechen, die allerdings beide kontextuell unsicher sind:

luk /*laʾūk-*/ "gesandt; Gesandter" (√*lʾk*): *w ht luk ʿm ml[k] / ml[akt]* \ *pġsdb šml šn* "Und jetzt wurde *Pġsdb*, der Elfenbeinhändler(?) zum König(?) gesandt(?)" 2.17:4f. — Aufgrund der Schreibung mit {u}-Graphem kann *luk* nicht SK sein (auch nicht Gp-SK [es sei denn: /*lûka*/ < **luʾka* < **luʾika*]). Somit könnte ein Ptz.pass. vorliegen. Alternativ wäre eine (andere) Nominalform mit /*u*/ in der zweiten Silbe in Erwägung zu ziehen.

? *uḫd* /*ʾuḫūd-*/ < **ʾaḫūd-* (√*ʾḫd* < **ʾḫd*), evtl. "Ansässiger, Siedler, Grundbesitzer, Eigentümer"(?) 4.635:4.5[!].9 (Kontext: *PN uḫd* "PN, Grundbesitzer" [Liste von PNN, teilw. mit Angabe von Beruf oder Herkunft]). — Zugunsten dieser Deutung kann auf he. *næʾᵆḥāz* (√*ʾḥz* N-Ptz.) "Ansässiger, Angesiedelter" und he. *ʾᵃḥuzzāh* "Grundeigentum" verwiesen werden. Sollte dies zutreffen, würde ug. *uḫd* von Vokalharmonie zeugen und beweisen, daß der auf /*ḫ*/ folgende Vokal /*ū*/ lautet (§33.215.21b). — Alternativ könnte *uḫd* jedoch Gp-SK 3.m.sg sein ("PN wurde gefaßt/gefangengenommen").

Anm. Auch das Wort *uzr* (1.17:I:2&) könnte in gleicher Weise wie *uḫd* analysiert werden, sollte es "gegürtet, bekleidet" bedeuten (so der Vorschlag von DLU 67): /*ʾuzūr-*/ < **ʾazūr-* (√*ʾzr*). Die genannte Bedeutung ist jedoch sehr zweifelhaft; dem Kontext zufolge ist *uzr* eher das Objekt der Opferhandlungen, die Daniʾilu in 1.17:I:2-13 vollzieht. Eine überzeugende Deutung von *uzr* steht nach wie vor aus. — Die Wortform *bnwt* "Schöpfung, Kreatur", zumeist bezeugt im Syntagma *bny bnwt* "Schöpfer der Schöpfung" (1.4:II:11& [als Epitheton Ilus]), ist wahrsch. nicht als G-Ptz.pass (f.), sondern als Substantiv /*bunwat-*/ (alt.: Pl. /*bunwāt-*/) zu deuten (vgl. ar. *bu/inwat* "Bau, Bauwerk"; vgl. auch akk. *binûtu* "Erzeugnis, Geschöpf, Produkt" [§33.312.21.]).

SV. Vgl. akan. *ḫa-mu-du* /*ḥamūdu*/ "begehrenswert, schön, angenehm" (EA 138:126 [alt.: *qatul*-Adj.]) und die Bildungsweise des G-Ptz.pass. im He. (GBH § 50c).

73.424. Zugunsten von *{qatīl}* (oder: *{qatil}*) als Ptz.pass. werden folgende syll. Belege angeführt:

ḫa-ri-mu /*ḥarīmu*/? RS20.123+:II:34'.36' (S[a]). — Huehnergard (UV 89.126) deutet die Form als Ptz.pass. der Wz. √*ḥrm* und erwägt die Übersetzung "desecrated(?)". Andere postulieren eine Bedeutung "getrennt, gespalten" (siehe etwa BGUL § 54.28 und GUL 122).

ḫa-ri-mu /*ġarīmu*/? RS20.123+:II:33' (S[a]). — Nach Huehnergard (UV 89f.165) wäre dieses Wort von dem orthogr. identischen *ḫa-ri-mu* in Z. 34'.36' desselben Textes etym. zu trennen und von einer Wz. √*ġrm* abzuleiten (Übersetzung: "foe, adversary(?)"). Die postulierte Wz. √*ġrm* ist jedoch obskur.

[lú]*a-sí-ri* /*ʾasīri*/? "Gefangener" RS8.333:8.24. — Sivan (DLUg. 80 und GUL 122) hält dieses Wort für genuin ug. und erwägt eine *{qatīl}*-Bildung der Wz. √*ʾsr*. Das Lexem könnte jedoch akk. sein (akk. *asīru* "Gefangener").

Die genannten syll. Belege beweisen im Grunde nur, daß die MphTT *{qatīl}* oder *{qatil}* – die Quantität des zweiten Vokals ist unbekannt – im Ug. zur Bildung von primären oder derivierten (Verbal-)Adjektiven, vor allem substantivierten Adjektiven, dienen, ein im Sem. allgemein zu beobachtender Befund (siehe etwa den vergleichbaren he. Befund [BL 470f.]); zu wahrscheinlichen Beispielen für *{qatīl}*-Formen dieser Art siehe §51.43c. Es folgt daraus nicht zwingend, daß *{qatīl}* im Ug. als gewöhnlicher MphT des G-Ptz.pass. diente.

73.425. Zugunsten von *{qatīl}* (oder *{qatil}*) als G-Ptz.pass. könnte die in 4.777 mehrmals bezeugte Form *lik* sprechen (4.777:2.3.5.6.8.9). Der Text listet ONN und Kardinalzahlen auf, die sich auf die Anzahl der von der jeweiligen Stadt "geschickten" Personen (für eine *ḫuradu*-Truppe) beziehen. Die Form *lik* kann nicht als G-SK gedeutet werden ("ON hat ... geschickt"), da in diesem Fall fem. Formen zu erwarten wären (SK 3.f.sg. **likt*). Die Einträge haben wahrscheinlich keine durchgehende Syntax und dürften wie folgt zu verstehen sein: "ON: soundsoviele (Personen): (bereits) geschickt" (Einträge ohne *lik* meinen, daß eine Stadt noch keine Leute geschickt hat). Dieser Interpretation zufolge ist *lik* ein G-Ptz.pass. m.sg. von √*lʾk* ("geschickt"). Die Orthographie zwingt zur Vokalisation /*laʾīk-*/.

Anm. Auch viele Einträge in anderen Wirtschaftstexten weisen wahrscheinlich diese syntaktische Struktur auf. Trifft dies zu, dann sind die scheinbar finiten

Verbalformen am Zeilenende jeweils passive Partizipien bzw. Verbaladjektive, z.B. *ḫlq* in 4.611 (mehrfach), (?) *ʿdb* in 4.631:13.19 und wohl auch *šlm* (siehe §73.426, Anm.).

SV. Auch das Phön. bildet das G-Ptz.pass. offenbar — wie das Aram. und anders als das He. (*{qatūl}*) — nach dem MphT *{qatīl}* (vgl. Namen wie *Baric*, *Baricbal* und *Aris*). Beim Fem. (sg.) wird **ī* in geschlossener Silbe offenbar sekundär gekürzt (siehe den Namen Αρεπτ [KAI 59]; vgl. auch *Berict* und *Arest*); siehe PPG[3] § 139 und § 140b.

73.426. Die große Mehrzahl der sonstigen alph. bezeugten Ptzz.pass. des Grundstamms sind formal indifferent. Sie lassen sich mit den MphTT *{qatīl}* oder *{qatūl}* vereinbaren.

Dies gilt namentlich auch für Formen der WzK III-*w*/*y*, deren dritter Radikal orthographisch immer als {y} erscheint:

√*kny* *knyt* /*kanī/ūyāt-*/ (f.pl.) "verehrt" (*klt knyt* "verehrte Bräute"). Belege: 1.3:I:27 (*[kny]t*); 1.3:IV:53; 1.4:I:15; 1.4:IV:54.

√*mḥy* ? *mḥy* /*maḥī/ūy-*/ "gereinigt": *btn mḥy \ l dg w l klb* "Das Haus sei gereinigt von Fisch(en) und Hund(en)" 1.124:15f. — Wahrscheinlicher ist jedoch die Deutung von *mḥy* als Gp-SK (§74.223.2).

√*ʿšy* *ʿšy* /*ʿašī/ūy-*/ "bearbeitet, bestellt, kultiviert (Feld)" (vgl. he. √*ʿśy* "zurichten, bereiten, zurechtmachen): *šd ʿšy* "das Feld ist bestellt" 4.282:7.10; *mltḥ šd ʿšy* "die Hälfte des Feldes ist bestellt" 4.282:14.

√*ṣpy* *ṣpym* /*ṣapī/ūyâmi*/ (m.du., alt.: m.pl.) "beschlagen" 4.167:4.
ṣpyt /*ṣapī/ūyātu*/ (f.pl.) "beschlagen" 4.167:2. — Kontext: *ṯlṯ mrkb[t] \ ṣpyt b ḫrṣ ʿšr ṣmdm trm d [ṣ]py \ w trm aḥdm \ ṣpym* "Drei mit Gold beschlagene Wag[en]; zehn Paar *tr*-Geräte, die [besch]lagen sind; und ein Paar beschlagene *tr*-Geräte" 4.167:1-4 (*ṣpy* in Z. 2 [ebenso in Z. 6] ist demgegenüber Gp-SK; vgl. auch *[ ]ṣpy b ḫrṣ* in 2.79:12).

An Formen anderer WzKK sind zu nennen (außer substantivierte Lexeme):

√*bqʿ* *bqʿ* /*baqī/ūʿ-*/ "gespalten, geteilt, halbiert": *mit ygb bqʿ* "100 geteilte *ygb*-Fische(?) (d.h. 100 *ygb*-Fisch-Hälften)" 4.247:23.
bqʿt /*baqū/iʿāt-*/ "gespalten, geteilt, halbiert": *arbʿ uzm mrat bqʿ*<*t*>(?) "vier gemästete, geteilte(?) Gänse (d.h. vier Gänsehälften)" 4.247:21.

√*brk* *brkt-m* /*barī/ūkat-*/ "gesegnet": *l tbrkn alk brkt-m* "Sie mögen mich fürwahr segnen, damit ich als Gesegnete weggehen kann" 1.19:IV:32.

√*brr* *brr* /*barī/ūr-*/ "gereinigt; rein" (vgl. he. *bārûr*): 1.41:7; 1.46:10; 1.48:20*; 1.87:4*.7-8.49.51.55; 1.105:20; 1.106:27; 1.109:2*; 1.112:11.17; 1.119:5. Es gibt drei Syntagmen: ... *yrtḥṣ mlk brr* "... wäscht sich der König rein"; *mlk brr* ... "der König als 'Gereinigter' ..."; *mlk yṯb brr* "der König sitzt da als 'Gereinigter'" (1.41:6f.* // 1.87:7f.).

√*dbḥ* ? *dbḥt* /*dabī/ūḥat-*/? "geopferte (Leber)": *dbḥt byy bn \ šry l ʿṯtr[ ]* "(Leber), die PN_1 Sohn des PN_2 GN geopfert hat" 1.142:1-2 (Lebermodell). — *dbḥt* kann alternativ als (andere) fem. Nominalform im Sinne von "Opferung, Opfer" gedeutet werden.

√*ḥsp* ? *ḥsp* /*ḥasī/ūp-*/ "geschöpft": *yn ḥsp* "Schöpfwein" 4.213:24.25.26.27; elliptisch: *ḥsp* "geschöpfter (Wein)" 1.91:29.36; 4.230:1 (n.L.).

√ḫlq *ḫlq /ḫalī/ūq-/* "verdorben": *yn ḫlq* "verdorbener Wein" 4.213:3.
? *ḫlq /ḫalī/ūq-/* "entflohen; flüchtig (Personen)": 4.611:2.4.8.9.12.14.18 (alt.: andere Nominalform od. G-SK ["er ist / sie sind entlaufen"]).

√ḫtʾ ? *ḫtu /ḫatī/ūʾu/*? "zermalmt": *k lli b ṯbr nqy ḫtu hw* "Wie ein Zicklein wurde er in den 'Brechern' meiner 'Spalte' zermalmt" (eig.: "war er ein Zermalmter") 1.6:II:23 (n.L.). — Alt.: Gp-Inf. (§74.224.3).

√ydʿ *ydʿ /yadī/ūʿu/* "bekannt": *d-y l ydʿ* "ein (dir) Unbekannter" RS92.2014:1.

√ktt *ktt /katī/ūt-/* "geschlagen": *alpm ṯlṯ ktt* "2000 (Schekel) geschlagenes (nicht in Barrenform gehandeltes) Kupfer" 4.203:14; ähnl. 4.288:7f.; 4.721:4.

√lṭš *lṭšt /laṭī/ūšat-/* "geschärft": *ḥrb lṭšt \ [lš]nhm* "(wie) ein geschärftes Schwert waren ihre [Zun]gen" 1.2:I:32f.

√mlḥ *mlḥt /malī/ūḥat-/* "gesalzen, gepökelt": *uz mrat mlḥt* "eine gepökelte Mastgans" 4.247:20.

√mlḥ *mlḥt /malī/ūḥat-/* "gezogen, gezückt (Dolch)": *b ḥrb mlḥt* "mit gezücktem Dolch" 1.3:I:7& (§32.146.23a).

√mrʾ m.sg. Gen. *mri /marī/ūʾi/* 4.247:16.17; m.pl. Gen. *mrim* 4.128:1; f.sg. *mrat* 4.128:2; 4.247:20; f.pl. *mrat* 4.247:21; jeweils "gemästet". Die Kontexte lauten: *ṣlʿt alp mri* "(eine?) Rippe(n) vom gemästeten Rind (d.h. Mastrind)" 4.247:16; *ʿšr bmt alp mri* "zehn Rückenstücke vom Mastrind" 4.247:17; *l alpm mrim* "(Gerste) für die Mastrinder" 4.128:1; *l ṣin mrat* "(Gerste) für das Mast-Kleinvieh" 4.128:2; *uz mrat mlḥt* "eine eingesalzene Mastgans" 4.247:20; *arbʿ uzm mrat bqʿ<t>* "vier geteilte(?) Mastgänse" 4.247:21. — Vgl. demgegenüber das Subst. */marīʾ-/* "Mastvieh". Wegen der Schreibung *mria* (1.3:IV:41; 1.4:VI:41-42 [§21.323]) lautet hier der Vokal der 2. Silbe sicher */ī/* (vgl. he. *mᵉrîʾ* "Mastvieh").

√prq *prqt /parī/ūqat-/* "aufgetrennt" oder "gewebt"(?): *ṯṯ prqt \ w mrdt prqt pṯṯ* "ein ... *ṯṯ*-Stoff und ein ... Leinenteppich" 4.205:3f.

Anm. Auch die in mehreren Wirtschaftstexten bezeugte Zeichenfolge *šlm* dürfte als Verbaladj. zu deuten sein (vgl. §73.425, Anm.), sei es als G-Ptz.pass., als *{qatil}*-Adj. oder als Verbaladj. zum D-Stamm (Übersetzung: "voll, vollständig" = "bezahlt"). Belege: 4.226:1*.2*.3*.[4].5.6.7.9; 4.665:4*.6*.7. 8.10.11.12.13*.14*; 4.667:2.3.4.5.6; vgl. die Dualform *šlmm* (*ṯqlm šlmm* "zwei Schekel sind bezahlt") in 4.226:10.

73.427. In der Forschungschichte wurde auch erwogen, daß das G-Ptz.pass. im Ug. – zumindest sporadisch – dem MphT *{maqtūl}* folgt (vgl. GUL 123). Für diese Annahme wurden eine syll. Form und diverse alph. Formen angeführt.

√šnʾ *ma-aš-nu-ú /mašnūʾu/*? < **mašnūʾu*(?) "verhaßt; Feind" RS20.123+:II:35' (S[a]). — Huehnergard (UV 90f.182f.) erwägt alternativ die Deutung als *{maqtal}*-Bildung: */mašnuʾu/* < ** mašnaʾu*.

√ydd *mdd /mVdūd-/*? "Geliebter" 1.1:IV:20&; *mddt /mVdūdat-/* "Geliebte" 1.14:II:50; 1.14:IV:28; 1.157:4. — Sprachvergleichende Beobachtungen sprechen jedoch eher zugunsten einer *{maqtăl}*-Bildung, d.h. */môdăd-/*; vgl. akk. (wsem. LW) *mūdādu* und aaram./samʾal. *mwdd /mawdād/* (DNSI 602; Tropper 1990a, 174), jeweils "Freund, Geliebter"; vgl. ferner den he. PN *mêdād* (KBL[3], 545). Der Vokal der zweiten

Silbe ist offenbar lang (sonst wäre eine fem. Form **mdt* = /*môdatt-*/ < **mawdad(a)t-* zu erwarten [vgl. §33.243.11]). — Andere {*maqtāl*}-Bildungen mit vergleichbarer Semantik sind: akk. *narāmu* "Geliebter, Liebling", akk. *narāmtu* "Geliebte" und akk. *marḫītu* "Gattin" (dazu GAG § 56 b-c). Man beachte außerdem, daß {*maqtūl*}-Bildungen im Nwsem. sehr selten sind (siehe Brockelmann 1908 I, 382).

√*trḫ* *mtrḫt* /*matrūḫat-*/? "Braut" 1.14:I:13; 1.24:10. — Auch *mtrḫt* ist eher als {*maqtāl(a)t*}-Bildung zu betrachten: /*matrăḫ(a)t-*/; vgl. akk. *marḫītu* "Gattin" (GAG § 56 c).

√*ʾḫd* *miḫd* /*maʾḫūd-*/? "beschlagnahmt"(?) 4.172:6; 4.266:5. — Die genannte Übersetzung (so etwa Verreet 1986b, 77) ist aus kontextuellen Gründen abzulehnen. Wahrscheinlicher ist *miḫd* ein Fachausdruck für "Zollrechte" (siehe Sanmartín 1995a, 138). Die Annahme eines MphT {*maqtūl*} ist somit unwahrsch. (erwägenswert ist der MphT {*maqtil*}).

Anm. *mdrᶜ* "Saatfeld" (1.23:69&), *mḥrṯt* "Ackerland" (1.6:IV:3&) und *mḥmd* "Begehrenswertes, Kostbarkeit" (1.4:V:16& [vgl. he. **maḥmād* bzw. he. *maḥmod*]) sind mit Sicherheit keine {*maqtūl*}-Bildungen.

Zusammenfassend ist festzuhalten, daß die Mehrzahl der angeführten Belege keine {*maqtūl*}-Formen sind. Folglich ist es unwahrscheinlich, daß dieser MphT im Ug. (wie im Ar.) als gewöhnlicher Bildungstyp des G-Ptz.pass. diente.

73.43. Zur syntaktischen Verwendung von Partizipien

Als von Verbalwurzeln abgeleitete Adjektive besitzten Ptzz. in syntaktischer Hinsicht nominale und verbale Charakteristika.

73.431. Nominaler Gebrauch von Partizipien

Als nominale Formen können Ptzz. syntaktisch wie andere Adjektive gebraucht werden. Wichtige Verwendungsweisen sind:

a. Ptz. als adjektivisches Attribut von Substantiven (§91.2):
ḥrb lṭšt "(wie) ein geschärftes Schwert" 1.2:I:32; *bṯn brḥ* "(Lôtanu), die schlüpfrige Schlange" 1.5:I:1; *abn ydk \ mšdpt* "die Steine deiner Schleudermaschine (w.: die Steine deiner schleudernden Hand)" 1.14:III:13f.; *alp ḥrṯ* "Pflugochse (w.: pflügender Ochse)" 1.14:III:18 (Pl. *alpm ḥrṯm* "Pflugochsen" 2.45:22); *uz mrat mlḥt* "eine eingesalzene Mastgans" 4.247:20; *ṯṯ ḥmrm bᶜlm* "sechs Arbeitsesel (w.: arbeitende Esel)" 4.691:7; vgl. ferner *iltm ḫnqtm* (= GN), w. "die beiden würgenden Göttinnen" 1.39:18; 1.102:13.

b. Ptz. in adverbialer Funktion (im adverbialen Ak. [§54.133.2d]):
qmm am?r amr "Stehend (w.: als Stehende) verkündeten sie die Kunde" 1.2:I:31; *any l yṣḥ ṯr il abh* "Klagend (w.: als Klangender) ruft er fürwahr Ilu seinen Vater an" 1.3:V:35 (und Par.); *ytn gh \ bky* "Er äußerte weinend (w.: als Weinender) seine Stimme" 1.16:I:13f.; *bkt tgly w tbu /\ nṣrt tbu pnm* "Weinend marschierte sie und kam hin; klagend trat sie hinein" 1.16:VI:4f.

c. Ptz. in substantivischer Verwendung (mit nominaler Rektion [vor allem in der Funktion als Berufsbezeichnungen; vgl. auch §73.411]):

rǵb "der Hungernde" 1.15:I:1; *mẓma* "der Dürstende" 1.15:I:2; *ḥpšt* "Stroh-Aufleserin(nen)" 1.14:III:8; 1.14:IV:52; *šibt* "(Wasser-)Schöpferin(nen)" 1.14:III:9; 1.14:V:1; *mmlat* "(Wasser-)Füllende" 1.14:III:10; 1.14:V:2; *bkyt* "Klagende" = "Klagefrauen" 1.19:IV:9-10; (Pl.) *mšspdt* "Trauernde" = "Trauerweiber" 1.19:IV:10; *pẓǵm* "Hautritzer" 1.19:IV:11; (Pl.) *ytnm* "Geber, Lieferanten" 4.93:I:1; *šiy* "Mörder" 1.18:IV:23.35; *šḫṭ* "Schlächter" 1.18:IV:24.35; *spr* "Schreiber" 1.6:VI:54&; *khn* "Priester" 1.6:VI:56&; *nqd* "Hirt" 1.6:VI:56&; *ḥrṯ* "Pfüger" 1.16:III:12&; *nsk* "Metallgießer" 4.43:4&; *mḫṣ* "Weber" 4.124:1&; *kbs/kbś* "Walker" 4.71:III:5&; *yṣr* "Töpfer" 4.87:3&; *ʿbdm* "Arbeiter" 4.87:2&; *rʿy* "Hirt" 4.75:IV:9&; *lmd* "Lehrling" 4.125:8& (fem. Pendant *lmdt* 4.175:12); *ḥṭb* "Holzsammler" 1.14:III:8 (*ḥṭbh*); 1.14:IV:51; 4.269:24; 4.609:20 (Pl. *ḥṭ!bm*).

d. Ptz. als substantivisches Nomen regens (im St.cs.) einer Konstruktusverbindung mit Genitivrektion:

bny bnwt "Erschaffer der Geschöpfe" 1.4:II:11; 1.17:I:24; *mḫṣ \ bny* "die meine Söhne erschlagen (w.: die Erschlager meiner Söhne)" 1.4:II:24-25; *mḫṣ aḫy* "der meinen Bruder erschlagen hat" 1.19:IV:34 (ähnl. Z. 39); *m\kly ʿl umty* "der, welcher das Kind meiner Familie vernichtet hat" 1.19:IV:34-35 (ähnl. Z. 40); *ṭbq lḥt niṣh/k/y* "der die Kinnlade seines/deines/meines Verächters schließt" 1.17:I:28f. (und Par.); *aḫd ydh/k/y b škrn* "der in der Trunkenheit seinen/deinen/meinen Arm hält" 1.17:I:30 (und Par.); *ʿbd dgn* "Getreidearbeiter" 1.16:III:13; *nsk ksp* "Silbergießer" 4.99:14; *nsk ḥḏm / ḥẓm* "Gießer von Pfeilspitzen (aus Bronze)" 4.609:25; 4.630:14; *psl ḥẓm* "Steinmetzen für Pfeilspitzen (aus Stein)" 4.141:III:19; *ṯn rʿy uzm* "zwei Gänsehirten" 4.129:1; *ḥrš bhtm* "Hausbauer (Pl.)" 4.38:6; *ḥrš mrkbt* "Wagenbauer" 4.98:6.8&; *ḥrš anyt* "Schiffsbauer (Pl.)" 4.125:1; *lqḥ šʿrt* "Empfänger (Pl.) von Wolle" 4.131:1&; *nǵr krm* "Weingartenwächter (Pl.)" 4.609:12; *nǵr mdrʿ* "Saatfeldwächter" 1.23:68f.69.73; 4.618:6; *bʿl ṯdtt/tǵpṯm* "Hersteller von *ṯ./t.*-Gegenständen" 4.609:35.36

e. Ptz. mit genitivischem Pronominalsuffix (= Gen. objectivus [§91.338, Anm.]): *mḫṣ-y* "(als) solche, die mich erschlagen (w.: meine Erschlager)" 1.4:II:24; *niṣ-h/k/y* "einer, der ihn/dich/mich verachtet" 1.17:I:29; 1.17:II:3.18; *mʿms-h/k/y* "einer, der ihn/dich/mich stützt" 1.17:I:30; 1.17:II:6.20; *agrt-n* "die, welche uns dingt/mietet" 1.19:IV:51; *grš-h* "einer, der ihn vertreibt" 1.3:IV:2.

Anm. Da {y} in *niṣ-y* und *mʿms-y* nur als genitivisches Suffix gedeutet werden kann, ist es wahrsch., daß die Mehrzahl der Partizipialkonstruktionen von 1.17:I:26 - 1.7:II:23 eine nominale Rektion aufweist. Zwei Konstruktionen dürften aber von verbaler Rektion zeugen (§73.432 [*nṣb*; *mšṣu*]).

73.432. Verbale Rektion von Partizipien

73.432.1. Ptzz. heben sich von anderen Adjektiven dadurch ab, daß sie wie finite Verbalformen ein direktes Objekt (im Ak.) regieren können. Von dieser Möglichkeit wird – zumindest im poetischen Textkorpus – wiederholt Gebrauch gemacht. Konstruktionen mit verbaler Rektion und solche mit nominaler Rektion lassen sich nicht immer zweifelsfrei unterscheiden. Von verbaler Rektion zeugen aber

a) Ptzz. im mask. Pl. oder Du. des St.abs. mit Mimation und unmittelbar folgendem Bezugswort als logischem Objekt (die Endung *-m* der Ptzz. könnte hier aber auch als EP *-m* [am St.cs.] zu erklären sein [§89.232]):

- *yrdm arṣ /yāridīma ʾarṣa/* (Obl.) "die, welche in die Unterwelt hinabsteigen": 1.5:V:15-16; 1.114:22.
- *mrǵṯm \ ṯd /muraǵǵiṯīma ṯada/* (Obl.) "die an der Mutterbrust saugenden (Jungtiere)" 1.4:VI:56 // 1.4:III:41-42* und 1.5:IV:13*.
- *pẓǵm ǵr* "die, welche sich Hautritzungen zufügen" 1.19:IV:11.22.

Anm. Die Ausdrücke *zbrm gpn* und *ṣmdm gpn* (1.23:9.10) gehören wohl nicht hierher. Es handelt sich — wegen der Form der verbalen Prädikate (PK mit *y*-Präfix [§73.223.34:9]) — wahrsch. um Singularformen (im St.cs.) mit EP *-m*: "der, welcher die Weinreben schneitelt/bindet". — Als möglicher Prosabeleg kommt 4.370:45 in Frage: *pslm ṣnr [ ]* "(zwei[?]) Behauer von Wasserrinn(en) (aus Stein)". Wahrsch. handelt es sich bei *ṣnr* aber nicht um das Objekt zu *pslm*, sondern um einen PN. Es könnte(n) ein oder mehrere weitere(r) PN(N) gefolgt sein: "Steinhauer: PN_1, [PN_2 ...]".

b) relativ sicher auch Ptzz., die nicht unmittelbar vom Bezugswort gefolgt werden:

- *ḥspt l šʿr ṭl* "die den Tau vom Vlies schöpft" 1.19:II:2.6; 1.19:IV:37f.
- *nṣb skn ilibh/k/y / b qdš ztr ʿmh/k/y* "der den Kultstein für seinen/deinen/meinen Totengeist aufstellt, im Heiligtum eine Stele(?) für seinen/deinen/meinen Ahnengeist" 1.17:I:26f. (und Par.). — Sollte *ztr* das Bezugswort zum Ptz. *nṣb* sein, müßte es (aufgrund der Entfernung zu diesem) im Ak. stehen. Es wäre dann wahrsch., daß auch das Subst. *skn* im Ak. steht.
- *l arṣ mšṣu qṭrh/k/y / l ʿpr ḏmr aṯrh/k/y* "der aus(?) der Erde seinen/deinen/meinen ‘Rauch’ (scil. Totengeist) hervorgehen läßt; aus dem Staub die Bewacher seines/deines/meines Ortes" 1.17:I:27f. (und Par.). — Sollte *ḏmr* als Bezugswort zum Ptz. *mšṣu* zu verstehen sein, müßte es (aufgrund der Entfernung zu diesem) im Ak. stehen (alternativ könnte *ḏmr* aber als Parallelbegriff zu *mšṣu* zu interpretieren sein).

73.432.2. In der Poesie kann aus stilistischen Gründen zwischen Partizipialkonstruktionen mit nominaler (d.h. gewöhnlicher) Rektion und solchen mit verbaler Rektion variiert werden. Beispiele:

- *šmʿ pǵt ṯkmt my /\ ḥspt l šʿr ṭl / ydʿt \ hlk kbkbm* "Höre doch, Puǵatu, die auf den Schultern Wasser trägt, die den Tau von der Wolle(?) schöpft, die den Gang der Sterne kennt!" 1.19:II:1-3; ähnl. 1.19:II:5-7 und 1.19:IV:37f. (*ṯkmt mym*); vgl. 1.19:IV:28 (*w tʿn pǵt ṯkmt mym*). — Nominale Rektion in *ṯkmt my* (*my* = Gen. [§33.154a]); sicher verbale Rektion in *ḥspt ... ṭl*; verbale oder nominale Rektion in *ydʿt hlk kbkbm*.
- *ṭrd bʿl \ b mrym ṣpn / mšṣṣ k ʿṣr \ udnh / gršh l ksi mlkh / ...* "der, welcher den Baʿlu von den Höhen des Ṣapānu vertreibt; der (ihn) wie einen Vogel aus seiner Behausung verscheucht; der ihn wegtreibt von seinem königlichen

Thron, ..." 1.3:III:47-1.3:IV:2. — Möglicherweise verbale Rektion in den beiden ersten Kola, aber nominale Rektion im letzten Kolon.

73.432.3. Beispiele mit nominaler oder verbaler Rektion:
- *ynq ḫlb aṯrt /\ mṣṣ ṯd btlt ʿnt* "der die Milch der Aṯiratu saugen wird, der (an den) Brüsten der Jungfrau ʿAnatu schlürfen wird" 1.15:II:26f.
- *my \ b ilm ydy mrṣ /\ grš-m zbln* "Wer unter den Göttern kann die Krankheit vertreiben, das Siechtum eliminieren?" 1.16:V:10-12 (Par. in Z. 14-21).
- *aškn ydt [m]rṣ / gršt \ zbln* "Ich will eine (Frau) erschaffen, welche die [Krank]heit vertreiben, die das Siechtum eliminieren kann" 1.16:V:27f.

SV. Verbale Rektion von Ptzz. ist im Akk. sehr selten (GAG § 148c*), in zsem. Sprachen, etwa im He. (siehe GBH, 615f. [§ 37.3b]) oder Ar. (siehe AS § 103) dagegen relativ häufig.

73.5. Verbalsubstantive

"Verbalsubstantiv" ist der Oberbegriff für sämtliche substantische Deverbativa. Verbalsubstantive werden nominal flektiert. Ihre syntaktische Rektion kann nominal oder verbal sein.

73.51. Der Infinitiv des Morphemtyps *{qatāl}*

73.511. "Infinitiv" ist ein Unterbegriff zu "Verbalsubstantiv". Infinitive sind Verbalsubstantive, die hinsichtlich Semantik und syntaktischem Gebrauch einen stark verbalen Charakter aufweisen. Ihre Bildungstypen stehen in enger Korrelation zu den diversen Verbalstämmen.

73.512. Im Anschluß an den he. Befund wird in der Ugaritistik beim Infinitiv des Grundstamms traditionell zwischen einem Infinitivus absolutus (Inf.abs.) und einem Infinitivus constructus (Inf.cs.) unterschieden. Der Infinitivus absolutus entspricht dabei einem Substantiv in synaktisch freier Stellung, der Infinitivus constructus einem Substantiv im St.cs./pron. sowie einem Substantiv in Abhängigkeit einer Präposition.

Da sich die genannten syntaktischen Varianten im Ug. sehr wahrsch. nicht mit verschiedenen morphologischen Kategorien decken (*§*73.53), wird die betreffende terminologische Unterscheidung hier nicht beibehalten. Stattdessen wird nur das Verbalsubstantiv des MphT *{qatāl}* als "Infinitiv" (des Grundstamms) geführt. Alle übrigen MphTT in der Funktion von Verbalsubstantiven werden als "andere Verbalsubstantive" bezeichnet und separat erörtert (*§*73.52). Im folgenden sind nur Verbalsubstantive des Grundstamms von Interesse. Andere Verbalsubstantive werden später, im Rahmen der jeweiligen (abgeleiteten) Verbalstämme behandelt.

Lit.: Verreet (1987, 337-341); GUL 123-126.

SV. Im He. werden Inf.abs. und Inf.cs. im Grundstamm morphologisch geschieden, ihre Funktionen weisen jedoch Überschneidungen auf (siehe GBH §§ 123f.).

73.513. Der Infinitiv (Inf.) des Grundstamms folgt dem MphT *{qatāl}*.

73.513.1. Der genannte MphT *{qatāl}* läßt sich syll. (in nicht-akk. Formen) nicht sicher nachweisen. Zur Diskussion stehen folgende – durchgehend unsichere – Formen (siehe UV 308):

[la?-q]a?-ḫu /*laqāḫu*/ (√*lqḥ*) "Nehmen" RS20.189:24 (S[a]) (siehe UV 59.143).
ma-ka-ri /*makāri*/ (Gen.) (√*mkr*) "(zum) Verkaufen" RS19.20:6. Es handelt sich eher um eine akk. bzw. hybride Form, auch wenn die Bedeutung "verkaufen" für akk. *makāru* nicht geläufig ist (damit gegen UV 146f.).
[r]a-ga?-[zu] /*ragāzu*/ (√*rgz*) "Zornig-sein"(?) RS20.123+:III:12' (S[a]).
ra-g[a-mu] /*ragāmu*/ (√*rgm*) "Sprechen" RS20.149:III:3' (S[a]).

Anm. Sivan (1984, 167) betrachtete auch die Formen *ba-ta-qú* (RS20.123+:II:32' [S[a]]) und *[ḫ]a-ra-š[u]* (RS20.123+:III:18' [S[a]]) als Inff. Die erstere Form ist jedoch wahrsch. falsch gelesen (lies *ba-TA-lu* [siehe UV 113]); die letztere Form dürfte das Lexem für "Handwerker" sein (vgl. *ḫa-ra-šu* "Handwerker" in RS20.189:7).

73.513.2. Im alph. Textkorpus gibt es folgende orthographisch signifikante Belege für den MphT *{qatāl}* in der Funktion als Inf.:

√*yrʾ* *yraun* /*yarāʾu-nnV*/ "er hatte Angst (vor ihm)" 1.5:II:6 (zur Orthographie siehe §21.323; vgl. *yru* [1.6:VI:30]). *yraun* fungiert als Inf. mit narrativer Funktion. Es ist jedoch nicht auszuschließen, daß anstelle von *yraun* mit Tropper (1996b, 137) *yra.n!n* zu lesen ist.
√*lʾk* *lak-m* /*laʾāk-*/ "Senden" 2.30:19; (?) 1.176:25. *lak-m* begegnet in einer Paronomasie: *w lakm* \ *ilak* "ich werde (dennoch Bescheid) schicken".
√*šʾl* *(b) šal* /*šaʾāli*/ 1.14:I:38. *šal* steht im Präpositionalkasus (nach hebraistischer Terminologie ein Inf.cs.), regiert aber wahrsch. ein Akkusativobjekt (verbale Rektion): *w yqrb* \ *b šal krt* "Er näherte sich, indem er Keret fragte" (1.14:I:37f.). Unwahrscheinlich ist die Annahme, daß *šal* ein *{qatl}*-Verbalsubst. (im St.cs.) ist (*šal* = /*šâli*/ [quieszierendes Aleph] bzw. /*šaʾali*/ < **šaʾli*). Man beachte, daß auch im Phön. *{qatāl}*-Inff. im Präpositionalkasus stehen können (PPG[3] § 267c).

73.513.3. Ebenfalls als *{qatāl}*-Bildungen können infinitivisch fungierende Formen der WzK I-*w/y* mit bewahrtem ersten Radikal gelten:

√*ydᶜ* *ydᶜ* /*yadāᶜ-*/ 1.1:V:21 (vgl. 1.1:V:8 [teilw. erg.]); 2.39:10*; 2.39:14 (*ydᶜ-m*). Sämtliche Belege begegnen in einer Paronomasie: *ydᶜ(m) l ydᶜt*.
√*yᶜr* *yᶜr* /*yaᶜār-*/ 1.6:VI:31 (narrativ).
√*yrʾ* *yrun* /*yarāʾunnV*/ 1.5:II:6 (narrativ).
yru /*yarāʾū*/ 1.6:VI:30 (narrativ [alternative Lesung: *yra!* [= SK]).

73.513.4. Vor diesem Hintergrund sind auch die häufig belegten Inff. der starken WzK in paronomastischen Konstruktionen als *{qatāl}*-Bildungen zu deuten.

Beispiele: *rġb rġbt /raġābu raġVbti/* "hast du (f.) etwa Hunger?" 1.4:IV:33; *ġmu ġmit /ġamāʾu ġamVʾti/* "hast du (f.) etwa Durst?" 1.4:IV:34; *hpk-m aphk /hapāku-(m)ma ʾahpuku/* "ich werde(?) gewiß umwenden" RS92.2016:36'.

73.513.5. Hervorzuheben sind auch mutmaßliche *{qatāl}*-Bildungen der WzK III-*w/y*. Es sind hier offenbar nebeneinander Formen mit und (seltener) ohne Kontraktion des Auslauttriphthongs bezeugt (siehe Verreet 1985, 339f.). Dieser uneinheitliche Befund könnte durch unterschiedliche Kasusendungen bedingt sein. Mehrere paronomastisch und narrativ gebrauchte Infinitive III-ʾ weisen eine Endung /-ū̆/ (= Lok. oder Nom.) auf (§54.412; §73.514). Dies gilt aber vielleicht nicht für alle Formen in dieser Funktion. Sie könnten alternativ auch im Ak. oder Absolutivkasus (§54.6) stehen. Bei der WzK III-*w/y* wären erstere Formen unkontrahiert (d.h. */la2āyū̆/*), letztere aber möglw. kontrahiert (d.h. */la2â/* < **la2āya* bzw. **la2āy* [endungslos]). Diese Interpretation ist aber ungewiß, zumal einigen der im folgenden aufgelisteten Verbalsubstt. auch andere MphTT als *{qatāl}* zugrundeliegen könnten.

a. Formen ohne Kontraktion:

√*bky* ? *bky /bakāy-/* "Weinen": *ytn gh \ bky* "Er 'gab' weinend / beim Weinen seine Stimme" 1.16:I:13f.; *ttn \ gh bky* "Sie 'gab' weinend / beim Weinen ihre Stimme" 1.16:II:35f. Alternativ könnte *bky* in 1.16:I:14 als Ptz. m.sg. (Ak.) gedeutet werden ("als Weinender"); *bky* in 1.16:II:36 könnte eine Fehlschreibung für *bky<t>* (Ptz. f.sg.) sein.

? *bky-m* 1.16:II:54 (ohne Kontext).

√*hry* ? *hry* "Empfangen, Empfängnis": *[ ]q hry w yld* "ein Empfangen und ein Gebären" (d.h. "sie empfing und gebar") 1.11:5. Die Formen *hry* und *yld* können jedoch alternativ auch als Verbalsubstantive anderer Bildung erklärt werden (z.B. MphT *{qi/atl}*).

√*mġy* ? *mġy /maġāy-/* "Hin-, Ankommen": *[ ]lk yritn mġy hy w kn \ [ ]* 2.31:45f. (Interpretation unsicher; alt.: Verbalsubst. *{qVtl}* [§73.523]).

√*ʿly* *ʿly /ʿalāy-/* "Hinaufsteigen": *ʿly l tʿl bṯn ʿlk* "Auf keinen Fall wird eine Schlange auf dich hinaufkriechen" RS92.2014:6 (Paronomasie).

b. Formen mit Kontraktion:

√*ʾty* ? *at /ʾatâ/* "Kommen"(?) 1.1:III:16; *at-m /ʾatâ-mV/* < **ʾatāyV-mV* "kommen" 1.3:III:28. — Sollten die genannten Formen von √*ʾty* abzuleiten sein, hätten sie jeweils imperativische Funktion (siehe Verreet 1985, 323): *at(m) w ank ibġyh* "Komm! – und will es (dir) offenbaren!". Die Deutung als Impp. (f.sg.), wie sie unter anderem Sivan (GUL 120) vorschlägt, scheidet aufgrund der Orthographie mit Aleph-{a} aus. Ein Imp. f.sg. müßte orthographisch als **ity* = */ʾⁱtiyī/* erscheinen (vgl. §73.122). — Wahrscheinlicher ist *at(m)* aber gar keine Verbalform, sondern PPr (2.f.sg.); zu dieser Deutung siehe §41.112.3, Anm.

Anm. Die Zeichenfolge *at* in 1.6:II:12 ist eher als PPr (2.m.sg.) denn als Inf. bzw. Imp. der Wz. √*ʾtw/y* zu deuten: *at mt tn aḫy* "Du, Môtu! Gib meinen Bruder heraus!" (alt.: "Komm, Motu! Gib ...!").

√*bky* *bk* /*bakâ*/ "Weinen": *ᶜd tšbᶜ bk* \ *tšt k yn udmᶜt* "Bis sie gesättigt war, weinte sie, trank sie Tränen wie Wein" 1.6:I:9f. (alt.: "Bis sie vom Weinen gesättigt war ..."; dieser Interpretation zufolge wäre *bk* ein *{qitl}*-Verbalsubst.).

√*lʾy* *la* /*laʾâ*/ "Kraftlos-Sein" 1.3:V:18; 1.4:VIII:22; 1.6:II:25. Kontext: *la šmm b yd bn ilm mt* "der Himmel war kraftlos unter der Kontrolle des Sohnes Ilus, Môtu" 1.3:V:18 // 1.4:VIII:22-24; 1.6:II:25. — Die Form *la* hat narrative Funktion. Da ihr ein Subjekt im Pl. folgt (*šmm*), handelt es sich dabei wahrsch. nicht um eine SK-Form 3.m.sg. Die Deutung als Inf. (in narrativer Funktion) ist vorzuziehen (siehe auch GUL 43.167).

√*mġy* *mġ* /*maġâ*/ "Ankommen, Eintreffen" 1.23:75. Kontext: *[ ]* \ *mġ hw l hn* ... "... er kam zu ..." 1.23:74f. Für die Deutung der Form als Inf. spricht die defektive Orthographie (eine G-SK 3.m.sg. sollte **mġy* lauten) und das nachgestellte pronominale Subjekt. Mehrere vergleichbare Syntagmen gehen im Text voraus: *w ngš hm* "und sie (beide) traten heran" (1.23:68); *w ṣḥ hm* "und sie (beide) riefen" (1.23:69); *w ptḥ hw* "und er öffnete" (1.23:70); *w ᶜrb hm* "und sie (beide) traten ein" (1.23:71); vgl. ferner *w ᶜnhm* "und er antwortete ihnen (beiden)" (1.23:73 [nächster Absatz]).

√*ᶜny* *ᶜn* /*ᶜanâ*/ "Antworten" 1.2:IV:7; 1.4:VI:7; 1.6:I:53; 1.6:II:13; 1.6:VI:9*; 1.23:73(?). Kontexte: *w ᶜn kṯr w ḫss* "Und es antwortete Kôṯaru-wa-Ḫasīsu" 1.2:IV:7; *w ᶜn ali[yn] bᶜl* "Und es antwortete der hochmä[chtige] Baᶜlu" 1.4:VI:7; *w ᶜn bn ilm mt* "Und es antwortete der Sohn Ilus, Môtu" 1.6:II:13 // 1.6:VI:9*; *w ᶜn rbt aṯrt ym* "Und es antwortete die Herrin Aṯiratu des Meeres" 1.6:I:53. — Da der Form *ᶜn* im letzten Beispiel ein fem. Subj. folgt, dürfte *ᶜn* jeweils als Inf. (in narrativer Funktion) und nicht als SK zu deuten sein (weniger wahrsch. ist die Annahme eines Schreibfehlers, d.h. *ᶜn<t>*). — Wahrsch. gehört auch die in 1.23:73 bezeugte Form *w ᶜn-hm* "und er antwortete ihnen" hierher. Gegen die Deutung von *ᶜn* als G-SK 3.m.sg. spricht die defektive Schreibung der Form (man erwartet **ᶜny*). Das Vorhandensein eines Objektsuffixes (*-hm*)ist kein überzeugendes Argument gegen diese Interpretation, zumal narrativ gebrauchte Inff. auch im Phön. Objektsuffixe regieren können (siehe KAI 26:I:20: *yrd-m ʾnk* "ich ließ sie herabsteigen"; *yšb-m ʾnk* "ich ließ sie wohnen").

√*ṯny* ? *ṯn* "Wiederholen; Erzählen, Sagen": *ṯn rgm k[ṯr] w ḫss* "Erneut sprach Kôṯaru-wa-Ḫasīsu" 1.4:VI:3. — *ṯn* kann alternativ als SK (3.m.sg. ?) gedeutet werden. Für die Deutung als Inf. spricht der Gebrauch des Inf. *ᶜn* in Redeeinleitungen (siehe letzter Absatz).

73.513.6. Andere Verbalsubstantive mit narrativer Funktion (§73.531) dürften ebenfalls als *{qatāl}*-Inff. zu betrachten sein. Es gibt im einzelnen folgende Belege (mit Kontext):

√*ʾrk* *ark*: *ark yd il k ym* "Die 'Hand' (sc. Penis) Ilus wurde (so) lang wie das Meer" 1.23:34 (vgl. *tirk-m yd il k ym* "Die 'Hand' Ilus möge [so] lang werden wie das Meer" 1.23:33; *ark* kann nicht SK sein [*yd* = fem.]).

√*yṣ*ʾ *yṣu*: *yṣu ank* "ich ging(?) hinaus" 2.31:36 (Lesung und Kontext unsicher).

√*ngš* *ngš*: *ngš ank aliyn bʿl* /\ *ʿdbnn ank* <*k*>? *imr b py* /\ *k lli b ṯbr nqy* "Ich trat an Baʿlu heran (und) ich steckte ihn <wie> ein Lamm in mein Maul, wie ein Zicklein in die 'Brecher' meines Rachens" 1.6:II:21-23 (*ʿdbnn* [Z. 22] könnte alternativ auch PK sein [§33.141.2; §73.626]); *w ngš hm nġr* \ *mdrʿ* "und sie (beide) traten an den Wächter des Saatfeldes heran" 1.23:68f.

√*ptḥ* *ptḥ*: *w ptḥ hw prṣ bʿdhm* "und er öffnete für sie einen Spalt" 1.23:70.

√*ʿrb* *ʿrb*: *w ʿrb hm* "und sie (beide) traten ein" 1.23:71.

√*ṣḥq* *ṣḥq*: *ṣḥq btlt ʿnt* "Da lachte die Jungfrau ʿAnatu" 1.4:V:25; *ṣḥq kṯr w ḫss* "Da lachte Kôṯaru-wa-Ḫasīsu" 1.4:VII:21.

√*rgm* *rgm*: *w rgm ank [ ]* "und da sagte ich [ ]" 2.42:25.

√*šmḫ* *šmḫ*: *šmḫ rbt aṯrt* \ *ym* "Da freute sich die Herrin Aṯiratu des Meeres" 1.4:II:28f.; *šmḫ btlt ʿnt* "Da freute sich die Jungfrau ʿAnatu" 1.4:V:20; *šmḫ aliyn* \ *bʿl* "Da freute sich der hochmächtige Baʿlu" 1.4:V:35f. // 1.4:VI:35f.; *šmḫ bn ilm mt* "Da freute sich der Sohn Ilus, Môtu" 1.5:II:20; *šmḫ ltpn il d pid* "Da freute sich der gütige Ilu, der Barmherzige" 1.6:III:14; (?) *šmḥ p ydd* \ *il ġzr* "Da freute sich der Geliebte Ilus, der Held" 1.133:16f. (man beachte die Schreibung *šmḥ*).

√*twr* *tr*: *tdʿṣ pʿnm w tr arṣ* "Sie erhob ihre Füße und zog auf der Erde umher" 1.3:V:4-5 [ergänzt] // 1.4:V:20-21 // 1.17:VI:46*; *tšu knp w tr b ʿp* "Sie erhob ihre Flügel und zog im Fluge umher" 1.10:II:11; *w tʿn arḫ w tr b lkt* /\ *tr b lkt w tr b ḫl* "Sie sah eine Kuh und kreiste (um sie) herum, wobei sie (vor Lust) triefte; sie kreiste herum, wobei sie (vor Lust) triefte; sie kreiste herum, wobei sie (vor Lust) bebte" 1.10:II:28f.; *tlk w tr b [ ]* "Sie ging los und zog umher ..." 1.10:II:17.

Anm. Eine Ableitung der Form *tr* von einer anderen Wurzel (etwa √*yrw/y* "schießen") scheidet aus, da in 1.16:III:2 in einem vergleichbaren Kontext und in Parallele zu einem Imperativ *sb* (√*sbb* "herumziehen") ein Imperativ *tr* begegnet: *tr arṣ w šmm* /\ *sb l qṣm arṣ* "Geh' herum auf der Erde und im Himmel! Ziehe umher bis zu den Enden der Erde!" (1.16:III:2f.).

√*ṯʿr* *ṯʿr*: *tṯʿr* \ *ksat l mhr* / *ṯʿr ṯlḥnt* \ *l ṣbim* /... "Sie stellte für die Krieger Sessel hin; stellte Tische für die Soldaten hin ..." 1.3:II:20-22; *ṯʿr ksat l ksat* / *ṯlḥnt* \ *l ṯlḥn*<*t*> / *hdmm tṯar l hdmm* "Sie stellte Sessel auf Sessel, Tische auf Tisch<e>; Fußschemel stellte sie auf Fußschemel" 1.3:II:36f.

√*ṯtʿ* *ṯtʿ*: *yru bn il*<*m*> *mt* / *ṯtʿ y\dd il ġzr* / *yʿr mt* \ *b qlh* "Da fürchtete sich der Sohn Ilus, Môtu; da hatte Angst der Geliebte Ilus, der Held; da war eingeschüchtert Môtu wegen ihrer Stimme" 1.6:VI:30-32 (*ṯtʿ* und *yʿr* werden hier aufgrund der Parallelität zu *yru* als Inff. gedeutet; es könnte sich jedoch auch um Formen der SK 3.m.sg. handeln).

73.514. Der *{qatāl}*-Inf. wird wie andere Substantive nominal flektiert. Von Kasusendungen zeugen folgende Formen der WzK III-ʾ:

a. Inf. mit Nominativendung */-u/*:
- *w yṣu l ytn* "das Verlassen (seines Hauses) aber war nicht erlaubt" 1.15:II:10.

b. Paronomastisch gebrauchter Inf. mit Lokativendung */-ŭ/* (§54.412; §54.423):
- *hm ġmu ġmit w ˁs[t]* "Oder bist du sehr durstig und bist (deshalb hierher) gereist(?) ?" 1.4:IV:34.
- *bt krt bu tbu* "Kerets Haus betrat sie fürwahr" 1.16:VI:3; *u bu al tbi* "Wehe! Du sollst auf keinen Fall eintreten!" 1.169:18.
- (?) *d tit yspi spu* "Denen, die gekommen sind / Euch, die ihr gekommen seid, soll man(?) reichlich (Speisen) darreichen" 1.20:II:10.

c. Inf. in narrativer Funktion mit Lokativ- oder Nominativendung:
- *yru* "er hatte Angst" 1.6:VI:30 (alternative Lesung: *yra*! [= SK 3.m.sg.]).
- *yrau-n* "er hatte Angst (vor ihm)" 1.5:II:6 (alternative Lesung: *yra.n*!*n* [= SK 3.m.sg.]).
- *yṣu ank* "ich ging(?) hinaus" 2.31:36 (Lesung und Kontext unsicher).

d. Paronomastisch gebrauchter Inf. mit Endung */-i/* (oder ∅):
- *l trġds \ w l klby \ šmˁt ḫti \ nḫtu* "Von/Bezüglich *Trġds* und von *Klby* habe ich gehört, daß sie(?) vernichtend geschlagen(?) worden sind" 2.10:5-8

SV. *{qatāl}*-Inff. mit Endung */-i/* bzw. ∅ begegnen wiederholt in den Amarnabriefen aus Kanaan; siehe dazu CAT 2, bes. 381-390.

73.52. Andere Verbalsubstantive

Wie andere sem. Sprachen besitzt auch das Ug. neben dem Infinitiv-MphT *{qatāl}* eine Reihe von anders gebildeten Verbalsubstantiven zum Grundstamm. Im Gegensatz zum MphT *{qatāl}* besitzen diese ausschließlich nominale Funktion und Rektion. Im folgenden werden syll. und orthographisch signifikante alph. Belege angeführt.

SV. Im He. sind insbesondere MphTT mit Femininendung oder mit Präfix *m-* hervorzuheben (GBH § 49d.e). Auch *{qitl}*-Formen sind belegt, z.B. *bᵉbigdô* (Ex 21,8) und *lᵉśiṭnô* (Sach 3,1) (siehe Sivan 1984, 168). — Im Ar. können viele MphTT als Verbalsubstt. zum Grundstamm fungieren. Die wichtigsten sind: 1. *{fi/aˁāl}*; 2. Abstraktsubstt. wie *{faˁl}*, *{faˁal}* und *{faˁālat}*; 3. die MphTT *{fuˁūl}* (bei Bewegungsverben), *{faˁīl}*, *{fuˁāl}*, *{fuˁūlat}* (bei Eigenschaftsverben), *{faˁalān}* (bei Verben mit iterativer Grundbedeutung), *{fiˁl}* (bei Erinnerungsverben); 4. MphTT mit Präfix *ma-* wie *{mafˁa/il}*, *{mafˁa/i/ulat}* (siehe GKA §§ 225.228.229).

73.521. Morphemtyp *{qitl}*

√*ʾkl* *ikl* /*ʾikl-*/ "Essen, Speisen" 1.22:I:24 (*bt ikl* "Speisehaus; Eßzimmer").
√*nġr* *ni-iḫ-rù* /*niġru*/ "Bewachen, Bewachung" RS20.123+:I:5' (Sᵃ).
√*pṭr* *pí-iṭ-r*[*ù*] /*piṭru*/ "Lösen, Lösung" RS20.123+:III:2 (Sᵃ).
√*šyr* *ši-i-ru* /*šīru*/ < **šiyr* "Singen; Gesang" RS20.123+:III:7 (Sᵃ); vgl. alph. *šr* 1.106:16&.
√*šyt* *ši-tu* /*šītu*/ < **šiytu* "Setzen" RS20.149(+):III:10' (Sᵃ).

73.522. Morphemtyp *{qitil}* (< **qitl* ?)

√rgm ? *ri-gi-mu* /*rigimu*/ < **rigmu*(?) "Sprechen" RS20.189:8 (§33.183).

73.523. Morphemtypen *{qitl}*, *{qatl}*, *{qutl}*; evtl. auch *{qVtVl}*

a. Formen der WzK II-ʾ:

√šʾb *šib* (wohl: /*šiʾb-*/) "(Tätigkeit des) Wasser-Schöpfen(s)": *aḫth šib yṣat* "Seine Schwester war hinausgegangen zum Wasser-Schöpfen" 1.16:I:51.

√šʾl *šil* (/*šiʾl-*/ oder /*šuʾl-*/) "Anfrage, Erkundigung" (Pl. *šalm* [3.3:5]): *lm l likt* \ *šil šlmy* "Warum hast du nicht eine (briefliche) Anfrage bezüglich meines Wohlbefindens geschickt?" 2.63:7f. — Evtl. ferner: *tʿrb b ši\[l ...]* "sie(?) trat ein, indem sie fra[gte ...]" 1.1:V:26f.

b. Formen der WzK III-*w*/*y*:

bα. Orthographie ohne dritten Radikal:

√bdy *bd* /*bidŷ*/ < **bidy-* "Erdichtung, Geschwätz": *bd att* "Frauengeschwätz" 1.16:I:5.19; 1.16:II:42. — Vgl. he. *bad* und jaram. *bidyā*.

√bky *bk* "Weinen": *d [ḥn]t b bk krt* "(Es antwortete Ilu) [der Güt]ige beim Weinen Kerets" 1.14:II:7 (vgl. dagegen *bkyh* "sein Weinen" 1.14:I:31).

√hgy *hg* /*higî*/ (Gen.) < **higw/yi* "Nennung": *ṯnn d bl hg* "Bogenschützen ohne Nennung (d.h. zahllose Bogenschützen)" 1.14:II:38. — Vgl. ar. *hağw* "Buchstabieren", mhe. *hᵃgāyā* "Lesen, Sinnen" und tigré *higyā* "Rede, Sprache" (WTS 28).

√ġzy *ġz* /*ġVzî*/ (Gen.) < **ġVzw/yi* "kriegerisches Überfallen": *k ġz ġzm tdbr* "Wenn Invasoren einfallen, weichst du zurück" 1.16:VI:43 // 1.16:VI:30f.* (Verbalsubstt. nach der Präp. *k* mit temporaler Bedeutung). — Vgl. he. Konstruktionen wie *kᵉbôʾ haššæmæš* "wenn die Sonne untergeht" [dazu BHS, 604]).

√qṣy *qṣ* "Abschneiden" oder "Aufessen, Verzehren": *ṣḥ l qṣ ilm* "Er (sc. Ilu) hatte die Götter zum Verzehr (von Fleisch) / zum Abschneiden (von Fleischstücken) herbeigerufen" 1.114:2. — Alternativ ist von einer Wz. *√qṣʾ* auszugehen (§33.141.5).

√šry *šr-* "Schleudern": *šr-h l arṣ brqm* "(ein Zeitpunkt für) sein Blitze-Schleudern hin zur Erde" 1.4:V:9.

√ṯny *ṯn* "Wiederholen; Äußern": *b ṯn ʿgmm w ydmʿ* "Beim Wiederholen / Äussern der Klagen vergoß er Tränen" 1.14:I:27.

bβ. Orthographie mit drittem Radikal (*y*):

√bky *bky* "Weinen": *ap ab k mtm tmtn* \ *u ḫštk l bky ʿtq* \ *bd aṯt ab ṣrry* "Mußt/Wirst auch du, Vater, wie die (gewöhnlichen) Menschen sterben? Oder wird (etwa) dein ... (?) zur (Stätte des) Weinens der Totenklage(?) ...?" 1.16:II:40-42 (anstelle von *l bky ʿtq* begegnet an den Parallelstellen *l ntn ʿtq* [1.16:I:4-5.18-19]); *bm bky-h w yšn* "Bei seinem Weinen, da schlief er ein" 1.14:I:31.

√dry *dry* "Worfeln (von Getreide)": *ʿlk pht* \ *dry b ḥrb* "Deinetwegen habe ich ein Worfeln durch das Schwert (sic!) erfahren müssen" 1.6:V:12-13 (Es

liegt ein Textfehler vor; der Schreiber hat irrtümlich *dry* anstelle von *bqᶜ* "Spalten" oder *ḫrb* anstelle von *ḫṯr* "Getreideschaufel" geschrieben [vgl. die Parallele in 1.6:II:31f.]).

√*mġy* *mġy* "Ankunft": *[aḫ]r mġy ᶜdt ilm / w yᶜn aliyn bᶜl* "[Na]ch der Ankunft der Götterversammlung, da sprach der hochmächtige Baᶜlu" 1.15:II:11f.; *ᶜd mġy[ ]* "Bis zur Ankunft / zu meiner Ankunft ..." 2.1:8; *w mndᶜ k ank \ aḥš mġy* "vielleicht kann ich die Ankunft beschleunigen" 2.34:10f.; *ᶜd mġyy \ b ᶜrm* ... "Bis zu meiner Ankunft in der Stadt(?) ..." 2.71:16f.

√*npy* ? *npy* "Sieben": *ᶜ[lk] pht [np]y b kbrt* "[Deinet]wegen habe ich ein [Sie]ben durch das Sieb erfahren müssen" 1.16:V:16 (weitgehend ergänzt). — Zur Etym. (Wz. √*npy*) vgl. CDG, 390a (äth. *nafaya*, mhe./jaram. √*npy*, akk. *napû*, jeweils "[Mehl] sieben").

√*ᶜly* *ᶜly* "Aufgehen (Mond)": *hm yrḫ b ᶜlyh w pḫm* "Wenn der Mond bei seinem Aufgehen purpurrot ist" 1.163:2(12) // 1.163:6(16); ähnlich 1.163:4(14).

√*ġly* *ġly* "Senken; Welken(?)": *ᶜlk pht ġly \ b šdm* "Deinetwegen habe ich ein Welken auf den Feldern erfahren müssen" 1.6:V:17f.

√*šty* *šty* "Trinken" 1.15:IV:27; 1.15:V:10; 1.15:VI:4. Kontext (jeweils): *l lḥm l šty ṣḥtkm* "Zum Essen (und) zum Trinken habe ich euch gerufen".

šty-m "Trinken": *lḥm hm šty-m* "(Willst du) essen oder trinken?" 1.4:IV:35 (alt.: Inf. *{qatāl}*).

c. Formen sonstiger WzKK:

√*drᶜ* *drᶜ* "Aussäen": *ᶜlk pht \ drᶜ b ym* "Deinetwegen habe ich ein Aussäen auf dem Meer erfahren müssen" 1.6:V:18f.

√*dmᶜ* *dmᶜ* "Tränen-Vergießen": *b dmᶜ nᶜmn ġlm \ il* "(Es antwortete Ilu) beim Tränen-Vergießen des lieblichen Jünglings Ilus" 1.14:II:7f.

√*hlk* *hlk* "Gehen": *hlk aḫth bᶜl yᶜn* "Das Gehen/Herankommen seiner Schwester sah Baᶜlu" 1.3:IV:39 (// *tdrq*); *hlk bᶜl a«t»ṯrt \ k tᶜn* "das Gehen/Herankommen Baᶜlus sah Aṯiratu fürwahr" 1.4:II:13f. — Zu √*hlk* ist auch ein Verbalsubst. *lkt* belegt (1.10:II:28.29 [§73.525]).

SV. 1. Man beachte, daß zu √*hlk* auch im He. nebeneinander die Verbalsubstt. (Inff.cs.) *hᵃlok* und *lækæt* gebildet werden.

√*ḥwš* // √*ᶜṣṣ* // √*ᶜbṣ*

? *ḥš-k ᶜṣ-k ᶜbṣ-k /\ ᶜmy pᶜnk tlsmn / ᶜmy \ twtḥ išdk* "Eile! Dränge! Haste! Zu mir sollen deine Füße laufen, zu mir sollen deine Beine eilen/galoppieren(?)" 1.3:III:18-20 (// 1.1:II:1*f.; 1.1:II:22*f.; 1.1:III:10*f.; 1.3:IV:11f.). Die im ersten Kolon bezeugten Formen sind möglw. als Verbalsubstt. mit PSS der 2. Person zu deuten. Sie hätten dem Kontext zufolge imperativische Funktion: "dein Eilen" = "Eile du!" (u.ä.). Diese Verwendung von Verbalsubstt. ist im Ug. allerdings selten (§73.532). Eine alternative Deutung wird unter §73.163 geboten (Impp. mit OSS im Sinne eines Dativus commodi).

√*ḫbṯ* *ḫbṯ* "Freikommen, Fliehen": *b ḫbṯh ḫwt tth* "Im Falle seines Fliehens in ein anderes Land" 3.3:4; (?) *bn ḫpṯ* "Jungtiere, die sich verlaufen haben (w.: Jungtiere der Verirrung ?)" 1.15:I:6.

√*ḫyl* *ḫl* "Beben": *w tʿn arḫ w tr b lkt /\ tr b lkt w tr b ḫl* "Sie sah eine Kuh und kreiste (um sie) herum, wobei sie (vor Lust) triefte; sie kreiste herum, wobei sie (vor Lust) triefte; sie kreiste herum, wobei sie (vor Lust) bebte" 1.10:II:28f.

√*ṭḥn* *ṭḥn* "Mahlen": *ʿlk [pht ṭḥ]n b rḥ* "Deinetwegen habe ich ein [Zermah]len durch die Mühle [erfahren müssen]" 1.16:V:15.

√*yṣʾ* *yṣi* (Gen.) "Hinausgehen, Weggehen": *b yṣih[m] \ ḥwt [ṯth]* "Im Falle ih[res] Weggehens [in] ein [anderes] Land" 3.8:9f. (vgl. *b ḫbṯh ḥwt ṯth* 3.3:4). — Vgl. demgegenüber das anders gebildete Verbalsubst. *ṣat* (1.4:VII:30*.32) derselben Wz. (§73.525).

√*nšʾ* *nši* (wohl /*nišʾi*/; Gen.) "Erheben" 1.4:II:12; 1.17:V:9; 1.17:VI:10; 1.19:I:28*; 1.19:II:27.56; 1.19:III:14.28: *b nši ʿnh w tphn* "Beim Aufschlag ihrer Augen, da sah sie" 1.4:II:12 (vergleichbare Syntax an den übrigen Belegstellen).

SV. 2. Das ug. Verbalsubst. *nši* entspricht dem he. Inf.cs. *n*ᵉ*śoʾ*. Diese Form ist nur viermal belegt, neben gewöhnlichem *ś*ᵉʾ*et* < **śaʾt* (GBH §§ 72h.781 [sic!]; BL, 441c).

√*spʾ* *spu-y* (Lok., St.pron.) "Speisung" bzw. "Essen": *aḫym ytn bʿl \ s*!*puy / bnm umy klyy* "Meine eigenen Brüder hat Baʿlu mir zu essen gegeben, die Söhne meiner Mutter zum Verzehr" 1.6:VI:10f. // 1.6:VI:14-16.

√*ʿwp* *ʿp* "Fliegen": *tšu knp w tr b ʿp* "Sie erhob (ihre) Flügel und zog im Fluge umher" 1.10:II:11; *bʿl ymšḥhm b ʿp* "Baʿlu wird sie (sc. Hörner ʿAnatus) im Fluge salben" 1.10:II:23

√*šrp* *šrp* "Verbrennen": *ʿlk \ pht šrp b išt* "Deinetwegen habe ich ein Verbrennen durch Feuer erfahren müssen" 1.16:V:13f.

73.524. Morphemtyp *{qVtVlat}*

a. WzK III-*w*/*y*:

√*sʿy* ? *sʿt* "Angriff, Überfall"(?): *sʿt b šdm \ ḥṭbh* "Überfälle auf ihre (sc. zur Stadt *Udm* gehörige) Holzfäller" 1.14:III:7f. (weitgehend parallel 1.14:IV:51); *sʿt b n<p>k šibt* "Überfälle auf die Frauen, die an der Quelle Wasser schöpfen" 1.14:III:9 // 1.14:V:1. Die Verbalsubstt. in 1.14:III:7.9 könnten imperativische Funktion ("Falle her über ...!"), die beiden anderen Formen narrativische Funktion ("Er fiel her über ...") haben. — Die Wz. √*sʿy* könnte jedoch auch die Bedeutung "weglaufen, fliehen" haben (vgl. ar. √*sʿy* "laufen"). Sollte *sʿt* Verbalsubst. sein, wäre zu übersetzen: "es werden weglaufen ... " (1.14:III:7.9) bzw. "es liefen weg ..." (1.14:IV:51; 1.14:V:1). — *sʿt* könnte alternativ auch G-SK 3.f.sg. sein, sofern man die Subjekte als f.sg. (mit kollektivem Sinn) deutet: "die Holzsammlerin (Lesung: *ḥṭbt*!) / die Wasserschöpferin (*šibt*) wird fliehen / floh".

b. Starke WzK:

√*lḫš* ? *lḫšt* "Flüstern; Geflüster": *rgm \ ʿṣ w lḫšt abn* "Die Rede des Baumes und das Geflüster des Steines" 1.3:III:22f. // 1.1:III:[13] (erg.).

73.525. Morphemtyp *{til(a)t}* bzw.*{tal(a)t}*) (nur bei WzK I-*w* und √*hlk*):

√*ydᶜ* < **wḏᶜ*

dᶜt /*diᶜat-*/ "Schwitzen(?); Schweiß": *trḥṣnn b dᶜt* "Sie wusch ihn rein vom Schweiß" 1.16:VI:10; (?) *yḥṣ* \ *[...]rty dᶜt* "Er schwitzte(?) ... Schweiß" RS92.2016:13'-14'. — Siehe he. **zeᶜāh*; vgl. syr. *duᶜtā* und akk. *zūtu*.

√*ydᶜ* < **wdᶜ*

dᶜt /*da/iᶜat-*/ "Wissen": *ṯny dᶜtkm* "tut euer Wissen kund!" 1.2:I:16 // 1.2:I:32. — Vgl. he. *deᶜah* bzw. *daᶜat*.

√*yld* < **wld*

? *ldt* /*lidat-*/ "Gebären": *b l*[?]*dtk* "bei deinem Gebären" 2.34:33; vgl. he. *ledāh*. — Die vorgestellte Interpretation ist sehr unsicher. Zum einen ist die Lesung problematisch (Bordreuil – Pardee [RSOu] lesen *b ddtk*). Zum anderen ist zweifelhaft, ob die Mutter des amtierenden Königs (= Adressatin des Briefes) noch im gebärfähigen Alter war.

√*yṣʾ* < **wṣʾ*

ṣat /*ṣiʾat-*/ "Herausgehen, Äußerung": *yṯny bᶜl ṣ[at] špth* "Baᶜlu 'wiederholte' / tat kund die Äu[ßerung] seiner Lippen" 1.4:VII:30; *ṣat [špt]h ġrm* "die Äußerung seiner [Lippen] (ließ) die Berge (erzittern)" 1.4:VII:32. — Vgl. demgegenüber he. *ṣe(ʾ)t* < **ṣiʾt*). Zur selben Wz. ist auch ein Verbalsubst. *yṣi-* belegt (3.8:9 [§73.523c]).

√*yšn* < **wšn*

šnt /*šinat-*/ "Schlaf": *šnt tlun!n* \ *w yškb* "Schlaf überwältigte ihn und er legte sich hin" 1.14:I:33f.; *hm* ... \ *tšḫṭn.nn* (n.L.) *b šnth* "Falls sie ... ihn aus seinem Schlaf wecken" 1.19:III:44f. (vgl. he. *šenāh* und ar. *sinat*).

√*yṯb* < **wṯb*

ṯbt /*ṯib(a)t-*/ "Sitzen": *bᶜl yṯb k ṯbt ġr* "Baᶜlu saß (da) entsprechend dem Sitzen eines Berges" 1.101:1; vgl. he. *šæbæt* mit St.pron. *šibt-*.

√*hlk* *lkt* /*likt-*/ "Gehen": *w tᶜn arḫ w tr b lkt* /\ *tr b lkt w tr b ḫl* "Sie sah eine Kuh und kreiste (um sie) herum, wobei sie (vor Lust) triefte; sie kreiste herum, wobei sie (vor Lust) triefte; sie kreiste herum, wobei sie (vor Lust) bebte" 1.10:II:28f. — Vgl. he. *lækæt* (wohl aus **likt*). Zur selben Wz. ist auch ein Verbalsubst. *hlk* bezeugt (1.3:IV:39; 1.4:II:13 [§73.523c]).

73.526. Morphemtyp *{til}* (nur bei WzK I-*w*/*y*):

√*ytn* *tn* /*tin-*/ "Geben": *w tn qlh b ᶜrpt* "das Ertönen-Lassen (eig.: Geben) seiner Stimme in den Wolken" 1.4:V:8. — Zu √*ytn* ist in 1.2:IV:6 auch ein Verbalsubst. *ttn* belegt (§73.528). Zur *{til}*-Bildung vgl. he. *deaᶜ* "Wissen" (Ijob 32,6.10.17; 36,3; wohl sekundäre Variante zu *deᶜāh*).

Anm. In 4.779:4 findet sich die Zeichenfolge *l ytn*. Der Kontext lautet: ... *ksp ḫbl rišym* \ *l ytn ksphm* "(93 1/2 Schekel) Silber der *ḫbl*-Leute von ON. Sie haben ihr Silber fürwahr(?) bezahlt". *ytn* dürfte hier nicht als Verbalsubst., sondern als G-SK 3.m.pl. zu deuten sein. Alternativ wäre eine Emendation des Textes zu erwägen: *d*! *ytn ksphm* "(Leute), welche! ihr Silber bezahlt haben" (*ytn* als G-SK 3.m.pl.).

73.527. Morphemtyp *{qatalat}*

a. WzK III-*w/y*:

√*gˁy* *gˁt* */gaˁât-/* "Schreien, Brüllen": *l gˁt alp ḥrṯ* "wegen des Brüllens der Pflugochsen" 1.14:III:18.

√*zġw* *zġt* */zaġât-/* "Bellen, Gebell": *zġt \ klb ṣpr* "(wegen) des Gebells der Wachhunde/Jagdhunde" 1.14:III:18f.; *[w l] zġt klb \ [ṣ]pr* "[und wegen] des Gebells der Wachhunde/Jagdhunde" 1.14:V:11f. (n.L.).

b. sonstige WzKK:

√*ṯʾg* *ṯigt* */ṯaʾgat-/* < **ṯaʾagat-* (§33.243.11b) "Brüllen" 1.14:III:16; Variante *ṯiqt* 1.14:V:8: *l qr ṯigt ibrh* "wegen des lauten Gebrülls seiner Zuchtstiere" 1.14:III:16 (// 1.14:V:8f.).

√*nhq* *nhqt* */nahaqat-/* "Eselsgeschrei": *l ql nhqt ḥmrh* "wegen des lauten Geschreis seiner Esel" 1.14:III:17 // 1.14:V:9f.

73.528. Morphemtyp *{taqtVl}*

√*drq* *tdrq* "Schreiten": *tdrq \ ybnt abh* "das Heranschreiten der Schwiegertochter(?) seines Vaters" 1.3:IV:39f.; *tdrq ybmt \ [limm]* "das Heranschreiten der Schwägerin [des (Gottes) *Lim* / der Nationen]" 1.4:II:15f.

√*ytn* ? *ttn* "Geben": *hwth w ttn gh* "seine Rede und das 'Geben' seiner Stimme" 1.2:IV:6 (zum Kontext vgl. §97.82). — Alternativ könnte *ttn* als *tt* = */titt/* < **tint* (entsprechend he. *tet*) + EP *-n* analysiert werden und wäre dann zu §73.525 zu stellen. Man beachte, daß zu √*ytn* auch ein Verbalsubst. *tn* (1.4:V:8) bezeugt ist (§73.526). — *ttn* wird jedoch von mehren Autoren als G-PK 3.f.sg. gedeutet: "(Kaum war das Wort aus seinem Mund gekommen, seine Rede von seinen Lippen), da rief sie (sc. ˁAṯtartu ?)". Bei dieser Interpretation ergeben sich jedoch Probleme der Kolometrie (vgl. TUAT III/6, 1130, Anm. 88).

73.529. Morphemtyp *{taqtVl(a)t}* (Abgrenzung zu Abstraktbildungen schwierig)

√*ʾny* *tant* */tânît-/* < **taʾniyt-* "Klagen"(?) 1.3:III:24; Variante *tunt* = [tônît-]? 1.1:III:14: *tant šmm ˁm arṣ* "das Klagen(?) des Himmels (hin) zur Erde" 1.3:III:24 // 1.1:III:14*.

√*ġẓy* *tġẓyt* */taġẓīyat/* "(Trankopfer-)Spende, Libation": *l tšt \ yn tġẓyt* "Trink' fürwahr den Wein der Libation!" 1.6:VI:44f.

√*pdy* syll. *tap-de*$_4$*-tu*$_4$ (u.ä.) */tapdêt-/* < **tapdayt-* "Bezahlung, Austausch" RS16.131:19; 16.246:14; 16.343:9 (zu den Kontexten siehe UV 166). — *tap-de*$_4$*-tu*$_4$ = */tapdêt-/* wird hier als *{taqtalt}*-Bildung zu √*pdy* "(mit Geld) auslösen, loskaufen, zahlen" betrachtet. Demgegenüber deutete Huehnergard (UV 166) die Form als Gt-Verbalsubst. In diesem Fall wäre aber eher ein MphT *{taqtāl(a)t}* und folglich eine unkontrahierte Form **tapdāyat-* zu erwarten (vgl. die akk. MphTT *{taprās}* und [selten] *{taprāst}* als "Nomina actionis zum reziproken Gt-Stamm" [GAG § 56k]; vgl. auch Testen 1999, 4).

73.53. Zur syntaktischen Verwendung von Verbalsubstantiven

Verbalsubstt. (Inf. *{qatāl}* und andere Morphemtypen) können zum einen nominale, zum anderen aber auch verbale Funktionen haben und damit syntaktisch sehr unterschiedlich gebraucht werden. Im folgenden werden die wichtigsten und prägnantesten Gebrauchsweisen vorgestellt, nachdem einige davon bereits implizit unter §73.51 und §73.52 erwähnt wurden. Dabei werden auch Verbalsubstt. abgeleiteter Verbalstämme einbezogen.

In den drei ersteren (§73.531-3) der unten genannten fünf Gebrauchsweisen läßt sich im Grundstamm nur der Inf. *{qatāl}* sicher nachweisen. In den restlichen zwei Konstruktionen scheinen im Grundstamm sowohl *{qatāl}* (vornehmlich bei starken Wzz.) als auch anders gebildete Verbalsubstt. gebraucht zu werden (insbesondere bei Wzz. I/III-*w*/*y*).

Bei Verbalsubstt. abgeleiteter Verbalstämme gibt es im Ug. keine unmittelbar entsprechende morphologische Differenzierung. Es ist damit zu rechnen, daß die jeweiligen Grundbildungen in allen Gebrauchsweisen, eventuelle andere Morphemtypen aber nur in den beiden letzteren Gebrauchsweisen zu finden sind.

SV. Die ug. bezeugte Verteilung von *{qatāl}* und anderen MphTT deckt sich nur insoweit mit dem he. Befund, als die ersten drei der genannten fünf Verwendungsweisen auch im He. durch *qāṭôl* < **qatāl* (Inf.abs.) ausgedrückt werden. Für die beiden letzten Verwendungsweisen verwendet das He. — anders als das Ug. — immer anders gebildete Verbalsubstt. (= Inf.cs.). Mit anderen Worten: Der MphT *{qatāl}* wird im Ug. — wie im Phön. (vgl. PPG^3 § 267c) — breiter als im He. verwendet. Diese Einschätzung gilt jedoch nur unter der Voraussetzung, daß der he. Inf.cs. *q^{e}ṭol* nicht auf **qatāl* (sondern auf **q(u)tul*) zurückgeht, wie alle einschlägigen he. Grammatiken postulieren (siehe etwa GBH § 49a mit Anm. 4). Sollte *q^{e}ṭol* — zumindest die suffixlose Form des Inf.cs. — doch von **qatāl* herzuleiten sein, wären der ug. und der he. Infinitivgebrauch praktisch deckungsgleich. Man beachte in diesem Zusammenhang, daß das He. bei einigen Verben in der Tat Hinweise auf morphologische Differenzen zwischen der Form des suffixlosen Inf.cs. (*q^{e}ṭol*) und Formen des suffigierten Inf.cs. bietet (z.B. *libgod* "treulos handeln" vs. *b^{e}bigdô* [**qitl*]; *libloa^c* "verschlingen" vs. *bil^{c}î* [**qitl*]; *lišḥoṭ* "schlachten" vs. *b^{e}šaḥ^{a}ṭām* [**qatl*]; siehe BHS, 599 [§ 36.1.1d]).

Lit.: Hammershaimb (1941, 127-133); Loewenstamm (1969); Marcus (1969a); Marcus (1970, 53-74); Delekat (1972, 13-16) [narrativer Gebrauch des Inf.abs.]; Mallon (1982, 105-127); GUL 123-126; vgl. ferner Huesman (1956) [finiter Gebrauch von Inf.abs. im Nwsem.] und Dahmen (1995).

73.531. Narrativer Gebrauch

73.531.1. Der Inf. kann im Ug. wie eine finitive Verbalform mit narrativer (präteritaler) Funktion gebraucht werden. Die meisten Belege — aber nicht alle — entstammen dem epischen Textkorpus. Sie begegnen auffallend häufig in Einleitungspassagen zu wörtlichen Reden.

Orthographisch einigermaßen sicher auszumachen sind narrativ gebrauchte Inff. nur in der 1. Person, (theoretisch) in den 2. Personen (allerdings bisher nicht belegt) sowie in der 3. Person f.sg., da hier eine alternative Deutung als G-SK nicht in Frage kommt. Gesichert sind Belege in Sätzen mit femininem Subjekt, da hier auch die Deutung der betreffenden Formen als G-Ptzz. auszuschließen ist. Narrativ gebrauchten Inff. folgt in der Regel unmittelbar das Subjekt in Form eines Nomens oder eines Personalpronomens.

Narrativ gebrauchte Inff. lassen sich in mehreren kan. Sprachen nachweisen, insbesondere im Akan. (CAT 2, 383-388) und im Phön. (PPG³ § 267b). Da die Mehrzahl der phön. Belege in Sätzen der 1. Person begegnet, mit dem PPr *ʾnk* als Subjekt, wird das betreffende Syntagma als "*qtl-ʾnk*-Konstruktion" bezeichnet.

Anm. Die Existenz narrativ gebrauchter Inff. im Ug. wurde von Marcus (1970, 64-74) bestritten, indem er die zur Diskussion stehenden Belege als finite Verbalformen mit fehlender Kongruenz zu deuten versuchte. Marcus' Auffassung hat sich in der Forschung nicht durchgesetzt (siehe GUL 124), zumal Beispiele für fehlende Kongruenz im Zusammenhang mit der ug. PK nicht geläufig sind (vgl. §95.2).

73.531.2. Im folgenden werden nur einige wenige illustrative Belege für den narrativen Gebrauch des Inf. im Ug. gebracht. Zu den zahlreichen Belegen siehe unter §73.513.5-6.

- *ṣḥq btlt ʿnt* "Da lachte die Jungfrau ʿAnatu" 1.4:V:25.
- *šmḫ btlt ʿnt* "Da freute sich die Jungfrau ʿAnatu" 1.4:V:20.
- *w ʿn rbt aṯrt ym* "Und es antwortete die Herrin Aṯiratu des Meeres" 1.6:I:53.
- *tdʿṣ \ pʿnm w tr arṣ* "Sie erhob ihre Füße und zog auf der Erde umher / zur Erde" 1.4:V:20f.& (§73.513.6, √*twr*).
- *w rgm ank* "und da sagte ich" 2.42:25.
- ... *lqḥt \ w ṯṯb ank lhm* "... habe ich in Empfang genommen und habe (es) ihnen zurückgegeben" 2.38:22f. (§74.626.3a).

Anm. Die Formen *ʿny* (1.2:I:28), *ʿdbk* (1.18:IV:22) und *w ʿnnh* (1.2:I:18.35) sind wahrsch. nicht als narrative Inff., sondern als Formen der G-PK 1.c.sg. zu deuten (§33.141.2 [Lautentwicklung *ʾʿ > ʿ]).

SV. Man beachte, daß narrativ gebrauchte Inff. im Phön. auch ein PrS regieren können, z.B. *yšbm ʾnk* "ich lies sie sich ansiedeln" KAI 26A.I:20 (vgl. PPG³ § 267c).

73.532. Imperativischer Gebrauch

Verbalsubstt. — zumindest der Inf. *{qatāl}* — können vielleicht auch imperativische Funktion besitzen. Keiner der in Frage kommenden Belege ist jedoch unumstritten:

- *ḥš-k ʿṣ-k ʿbṣ-k* "Eile (du)! Dränge (du)! Haste (du)! (w.: Dein Eilen, dein Drängen, dein Hasten)" 1.3:III:18 (und Parallelen). — Zu dieser Deutung siehe §73.523c, √*ḥwš* (*{qVtl}*-Verbalsubstt. + PS mit imperativischer Funktion). Die betreffenden Formen können aber alternativ als Impp. + indirekt-reflexives OS gedeutet werden (§73.163).
- *šmʿ ilht kṯr[t* "Hört(?), Kôṯarāt-Göttinnen ...!" 1.24:11. — Die Form *šmʿ* kann schwerlich G-Imp. f.pl. sein, da dafür eine Endung */-nā̆/* zu erwarten wäre (§73.134). Somit könnte *šmʿ* Inf. mit imperativischer Funktion sein. Denkbar ist auch, daß *šmʿ* eine Imp.-Form m.pl. oder eine SK 3.f.pl. ist ("Es hörten die Kôṯarāt-Göttinnen"). Der Kontext ist nur lückenhaft erhalten.

- *at(m) w ank ibǵyh* "Komm! – und will es (dir) offenbaren!" 1.1:III:16; 1.3:III:28. — *at(m)* kann alternativ als Personalpronomnen 2.m.sg. gedeutet werden (z. Disk. siehe §73.523b, √*ʾtw*).
- *sʿt b šdm \ ḥṭbh* "Falle her über ihre (sc. zur Stadt *Udm* gehörige) Holzfäller!" 1.14:III:7f.; *sʿt b n<p>k šibt* "Falle her über die Frauen, die an der Quelle Wasser schöpfen!" 1.14:III:9. — Andere Deutungen von *sʿt* (√*sʿy*) sind aber möglich (§73.524a).
- *nrn al tud \ ad at lhm \ ṯṯm ksp* "Von(?) PN sollst du (kein Geld) einfordern! Fordere du (stattdessen) von(?) ihnen(?) / Fordere (du selbst) für sie (sc. für die im Text genannten Bäume) 60 (Schekel) Silber ein!" 2.26:19-21. — Die Form *ad* könnte ein Inf. der Wz. √*ʾwd* mit imperativischer Funktion sein. Die Interpretation der Stelle ist jedoch unsicher, zumal die Bedeutung der Wz. √*ʾwd* unklar ist. Es ist alternativ mit der Möglichkeit zu rechnen, daß *ad* paronomastisch zu *(al) tud* gebraucht ist: "Von(?) PN sollst du überhaupt (kein Geld) einfordern!".

Anm. Die mutmaßlichen Inff. *lḥm* und *št(ym)* in 1.4:IV:35f. haben wohl nicht imperativische Funktion, da im Kontext die für Alternativfragen typische Konjunktion *hm* ("oder") begegnet: *lḥm hm štym / lḥ[m] \ b ṯlḥnt lḥm / št \ b krpnm yn / b k<s> ḫrṣ \ dm ʿṣm* "(Willst du) essen oder trinken? (Willst du) Brot von den Tischen essen, Wein aus Kelchen trinken, das Blut der Weinstöcke aus goldenen Be<chern>?" 1.4:IV:35-38.

73.533. Paronomastischer Gebrauch

Häufig dient der Inf. zur Verstärkung einer wurzelgleichen finiten Verbalform. Das betreffende Syntagma wird als "Paronomasie" (auch: *Figura etymologica*) bezeichnet. In der Regel erscheint der Inf. dabei im Lokativkasus (§54.412 [nicht: Nominativ]), oft erweitert durch die EP *-m*. Er steht in der Regel vor der finiten Verbalform. Ist die Verbalform verneint, steht der Inf. vor der Negation. Illustrative Belege (zu weiteren Belegen siehe §54.423g; vgl. ferner §73.513.2, √*lʾk*, §73.513.3, √*ydʿ* und §73.514b):

- *bʿl ḥmd-m yḥmdm* "Baʿlu begehrte sie gar sehr" 1.12:I:38.
- *brk-m ybrk \ [ʿbdh]* "Reichlich segnete er [seinen Diener]" 1.15:II:18f.
- *bt krt bu tbu* "Kerets Haus betrat sie fürwahr" 1.16:VI:3.
- *w an mt-m amt* "Auch ich werde gewiß sterben" 1.17:VI:38.
- *u bu al tbi* "Wehe! Du sollst auf keinen Fall kommen!" 1.169:18.
- *ʿly l tʿl bṯn ʿlk* "Auf keinen Fall wird eine Schlange auf dich hinaufkriechen" RS92.2014:6.

Daneben gibt es zwei mögliche Stellen, an denen der Inf. der finiten Verbalform folgen könnte:

- *d tit yspi spu* "Denen, die gekommen sind / Euch, die ihr gekommen seid, soll man(?) reichlich (Speisen) darreichen" 1.20:II:10. — Die Problematik dieses Belegs wurde bereits unter §54.423g erörtert. *spu* könnte hier auch eine andere Nominalform mit der mutmaßlichen Bedeutung "Speise" (o.ä.) sein (*yspi spu* "es wird Speise dargereicht").

- (?) *nrn al tud* \ *ad* "Von(?) PN sollst du überhaupt kein (Geld) einfordern! 2.26:19f. — Zu den Textproblemen und einer alternativen Deutung der Form *ad* siehe oben (*§*73.532).

SV. Im Akk., wo die Verbalform grundsätzlich die letzte Position im Satz einnimmt, geht der paronomastisch gebrauchte Inf. der Verbalform immer voran (siehe GAG § 150a). Auch im Phön. sind nur Konstruktionen mit vorangestelltem Inf. bekannt (PPG § 267a). Demgegenüber sind im He. Beispiele mit nachgestelltem Inf. durchaus häufig (siehe BHS, 586-588).

Hinzuweisen ist schließlich noch auf einen (unsicheren) Beleg, an dem der paronomastisch gebrauchte Inf. keine Lokativendung, sondern eine Endung /*-i*/ oder -*Ø* aufweist (*§*73.514d):

- *l trģds* \ *w l klby* \ *šmᶜt ḫti* \ *nḫtu* "Von/Bezüglich *Trģds* und von *Klby* habe ich gehört, daß sie vernichtend geschlagen(?) worden sind" 2.10:5-8.

73.534. Gebrauch von Verbalsubstantiven nach Präpositionen

Verbalsubstt. sind oft in Abhängigkeit von Präpositionen bezeugt. Nach hebraistischer Terminologie handelt es sich dabei um *Infinitivi constructi*.

Besonders häufig sind Konstruktionen mit *b* "in, bei" und *l* "zu". Erstere bringen meist gleichzeitige, letztere nachzeitige Nuancen zum Ausdruck, die der durch die finite Verbalform ausgedrückten Handlung in der Regel logisch untergeordnet sind. Konstruktionen mit *b* lassen sich als Temporalsätze mit Gleichzeitigkeitsnuance oder Konditionalsätze, solche mit *l* als Finalsätze wiedergeben.

Seltener begegnen Verbalsubstt. im Gefolge anderer Präpositionen. Sicher nachweisbar sind Konstruktionen mit *k* "entsprechend, wie", *ᶜd* "bis" und *aḫr* "nach". *k*-Konstruktionen lassen sich als Modalsätze, *ᶜd*-Konstruktionen als Temporalsätze mit Nachzeitigkeitsnuance, *aḫr*-Konstruktionen als Temporalsätze mit Vorzeitigkeitsnuance wiedergeben.

Die genannten Verbalsubstt. nach Präpp. können nominale oder verbale Rektion besitzen.

a. Konstruktionen mit der Präposition *b*:

- *w yqrb* \ *b šal krt* "Er näherte sich, indem er Keret fragte" 1.14:I:37f. (Bildung *{qatāl}* [*§*73.513.2]; *šal* besitzt wahrsch. verbale Rektion).
- *b bk krt* /\ *b dmᶜ nᶜmn ģlm* \ *il* "(Es antwortete Ilu ...) beim Weinen des Keret, beim Tränen-Vergießen des lieblichen Jünglings Ilus" 1.14:II:7-9.
- *b ṯn ᶜgmm w ydmᶜ* "Während er Klagen äußerte, vergoß er Tränen" 1.14:I:27.
- *b-m bkyh w yšn* /\ *b dmᶜh nhmmt* "Während er weinte, schlief er ein; während er Tränen vergoß (überkam ihn) Schlummer" 1.14:I:31f.
- *b nši ᶜnh w tphn* "Als sie ihre Augen aufschlug, da sah sie ..." 1.4:II:12 (ähnlich 1.17:V:9; 1.17:VI:10; 1.19:I:25f.; 1.19:II:27.56; 1.19:III:14.28-29.
- *b-m nšq aṯth* \ *[(w) hrhr(t) ?]* / *b ḥbqh ḥmḥmt* "Als er seine Frau küßte [gab es Leidenschhaft], als er sie umarmte, gab es Liebesglut" 1.17:I:39f.
- *b-m nšq w hr* / *b ḥbq (w) ḥmḥmt* "Beim Küssen gab es Leidenschaft, beim Liebkosen (gab es) Liebesglut" 1.23:51 // 1.23:56.
- *tšu knp w tr b ᶜp* "Sie erhob ihre Flügel und zog im Fluge umher" 1.10:II:11.

- *bʿl ymšḫhm b ʿp* "Baʿlu wird sie (sc. Hörner) im Fluge salben" 1.10:II:23.
- *w tʿn arḫ w tr b lkt /\ tr b lkt w tr b ḫl* "Sie sah eine Kuh und kreiste (um sie) herum, wobei sie (vor Lust) triefte; sie kreiste herum, wobei sie (vor Lust) triefte; sie kreiste herum, wobei sie (vor Lust) bebte" 1.10:II:28f.
- *hm yrḫ b ʿlyh w pḥm* "Wenn der Mond bei seinem Aufgehen purpurrot ist" 1.163:2(12) // 1.163:6(16); ähnl. 1.163:4(14) (ergänze evtl.: *[hm] yrḫ b ʿlyh [yr]q* "[Wenn] der Mond bei seinem Aufgehen gelbgrün(?) ist").
- *b ḫbṯh ḥwt ṯth* "Falls er in ein anderes Land entflieht ..." 3.3:4 (verbale Rektion); ähnl. 3.8:9f.: *b yṣih[m] \ ḥwt [ṯth]* "Falls sie ... weglaufen".

b. Konstruktionen mit der Präposition *l*:
- *l lḥm l šty ṣḥtkm* "Um zu essen (und) zu trinken habe ich euch gerufen" 1.15:IV:27 // 1.15:VI:4-5.
- *ṣḥ l qṣ ilm* "Er rief die Götter zum Verzehr/Abschneiden (von Fleisch)" 1.114:2.
- *npšh l lḥm tptḥ / brlth l ṯrm* "Sie öffnete seine Kehle, auf daß er esse, seine Gurgel, auf daß er speise" 1.16:VI:11f.
- *aqht km yṯb l lḥm / w bn dnil l ṯrm* "Wenn Aqhatu sich hinsetzt, um zu essen, der Sohn Daniʾilus, um zu speisen" 1.18:IV:18f. // 1.18:IV:29f.
- *w k ymġy \ ʿbdk l šlm \ ʿmk* "Und wenn(?) deine beiden Diener zu dir kommen, um zu bezahlen, ..." 2.70:25-27.

Man beachte, daß finale Nuancen auch durch Verbalsubstt./Infinitive ohne *l* ausgedrückt werden können:
- *(w) yrd krt l ggt / ʿdb akl l qryt ...* "Keret soll herabsteigen / stieg herab vom Dach, um Getreide für die Stadt vorzubereiten ..." 1.14:II:26-28 // 1.14:IV:8f.
- *d b ḥlmy il ytn / b ḏrty ab adm /\ wld špḥ l krt / w ġlm l ʿbd il* "(das Mädchen *Ḥry*) ... das Ilu (mir) in meinem Traum gegeben hat, der Vater der Menschheit in meiner Vision, um dem Keret Nachkommen zu gebären, Knaben für den Diener Ilus" 1.14:III:46-49 // 1.14:VI:31-35.
- *[w t]qrb wld \ bnt lk* "[Sie wird sich (dir) (sexuell) nä]hern, um dir (viele) Töchter zu gebären" 1.15:III:5f.
- *w tqrb wld bn<t> lh /\ w tqrb wld bnm lh* "Sie näherte sich (ihm sexuell), um ihm (viele) Töchter$^{!}$ zu gebären, und sie näherte sich (ihm), um ihm (viele) Söhne zu gebären" 1.15:III:20f.
- *mlk ylk lqḥ ilm* "Der König geht los, um die Götter zu empfangen" 1.43:23.
- *w ymġ \ mlakk ʿm dtn \ lqḥ mṯpṭ* "Und es kam dein Bote zu Ditanu, um den Orakelbescheid entgegenzunehmen" 1.124:10-12.

c. Konstruktionen mit der Präposition *k*:
- *bʿl yṯb k ṯbt ġr* "Baʿlu saß da entsprechend dem Sitzen eines Berges" 1.101:1.

d. Konstruktionen mit der Präposition *ʿd*:
- *ʿd mġyy \ b ʿrm ḫpr \ ʿdn dd akl \ mt$^{?}$r tn lh* "Bis zu meiner Ankunft in der Stadt(?) ..., gib ihm ...(?)!" 2.71:16-19.

e. Konstruktionen mit der Präposition *aḫr*:
- *[aḫ]r mġy ʿdt ilm /\ w yʿn aliyn bʿl* "Nach der Ankunft der Versammlung der Götter, da sprach der hochmächtige Baʿlu" 1.15:II:11f.

73.535. Gewöhnliche nominale Gebrauchsweisen von Verbalsubstantiven

Darüber hinaus können Verbalsubstt. auch andere nominale Funktionen besitzen. Unter anderem können sie – wie sonstige Nomina – als Objekte von Verbalhandlungen, als Subjekte oder Nomina recta in Konstruktusverbindungen dienen. Es folgen illustrative Textbeispiele.

a. Verbalsubstantiv als Subjekt:
- *qlh q[dš] trr arṣ /\ ṣat [špt]h ġrm* "Seine hei[lige] Stimme ließ die Erde erbeben, die Äußerung seiner [Lippen] die Berge" 1.4:VII:31f.

b. Verbalsubstantive als Objekte:
- *yṯny bʿl ṣ[at] špth* "Baʿlu tat die Äu[ßerung] seiner Lippen kund" 1.4:VII:30.
- *ʿlk pht \ dry b ḥrb / ʿlk \ pht špr b išt /\ ʿlk [pht ṭḥ]n b rḥ\m / ʿ[lk] pht [np]y b kbrt /\ ʿlk pht ġly \ b šdm / ʿlk pht \ drʿ b ym* "Deinetwegen mußte ich ein Worfeln mit einem Schwert (sic!) erfahren, deinetwegen mußte ich ein Verbrennen durch Feuer erfahren, deinetwegen [mußte ich] ein [Zerma]hlen mit Mühlsteinen [erfahren], [deinet]wegen mußte ich ein [Sie]ben(?) mit einem Sieb erfahren, deinetwegen mußte ich ein Verdorren auf den Feldern erfahren, deinetwegen mußte ich ein Aussäen auf das Meer erfahren" 1.6:V:12-19.
- *hlk kṯr \ k yʿn / w yʿn tdrq ḫss* "Das Kommen des Kôṯaru sah er fürwahr, das Heranschreiten des Ḫasīsu" 1.17:V:10f.; ähnl. 1.19:I:28.

c. Verbalsubstantive im adverbialen Akkusativ:
- *w l šbʿt tmtḫṣh b ʿmq /\ tḫtṣb bn qrtm* "Sie war (noch) nicht satt von ihrem Kämpfen in der Ebene, vom Streiten zwischen den beiden Städten" 1.3:II:19f.; ähnl. 1.3:II:29f. (§74.236.1).

d. Verbalsubstantive im Genitiv:
- *lḥm trmmt* "Brot (als Opfergabe) der ‘Erhöhung’" 1.6:VI:44 (§74.515.2a).
- $^{\text{[lú.m]eš}}$*ú-ru-ba-nu \ [š]a : na-ba-ti-˹šu-nu˺* "... sind Bürgen für ihre Flucht (d.h. dafür, daß sie nicht fliehen)" RS16.287:7f. (§74.361) .
- *spr hnd \ d tbrrt ṣṭqšlm \ ʿbdh hnd* "... dieses Schreiben der Freilassung dieses seines Dieners *Ṣṭqšlm*" 2.19:9-11. (§74.515.2b).
- *w dbḥ tdmm<t> \ amht* "(Baʿlu haßt ...) und ein Opfermahl der Unzucht(!) der Mägde" 1.4:III:20f. (§74.515.2b).

73.6. Verbalformen mit Energikusendung

Ug. Verbalformen – vor allem in poetischen Texten bezeugte Formen – weisen überaus häufig neben den Flexionsendungen eine sogenannte Energikusendung auf, die in der Orthographie als *-n* oder *-nn* (möglicherweise auch als -∅) erscheint. Das Energikusmorphem tritt zumindest in Gestalt zweier, wahrscheinlich aber sogar dreier Allomorphe auf. Zu den Verwendungsweisen und Funktionen des ug. Energikus siehe §77.41.

SV. Sogenannte Energikusmorpheme finden sich in diversen wsem. Sprachen: ar. *-anna* (Energ. I) und *-an* (Energ. II) (siehe GKA § 198); he. *nā*ʾ (enklitisch gebrauchte Partikel) und *-nnā*ʾ (enklitisch nach Wortformen mit auslautendem Vokal); phön. *-n* (PPG § 259.3). Formal und semantisch vergleichbar ist der akk. "Ventiv" mit den Endungen *-(a)m* bzw. *-nim* (u.a. [GAG § 82]). Zur Etym. der genannten Morpheme siehe akk. *anna* "ja, gewiß!" sowie ug. *an* und he. *ʾānnāʾ/h*, "ach bitte!" (§84.21).

Lit.: In jüngerer Zeit wurden drei ausführliche Untersuchungen zum ug. Energikus vorgelegt, nämlich Verreet (MU, 10-14.79-98), Krebernik (1993) und Zewi (1999, 175-186). — Krebernik (1993) bietet unter anderem eine Liste sämtlicher Verbalformen, "die mindestens ein suffigiertes n-Morphem enthalten" (1993, 138). Die betreffende Belegliste ist jedoch wenig aussagekräftig, da Krebernik nicht zwischen dem *n*-Morphem von Formen der PK^L einerseits und dem *n-* bzw. *nn*-Morphem des sogenannten Energikus anderseits unterscheidet. — Zewi (1999), die die sem. Energikuskategorie auf breiterer Basis untersucht, schließt sich in ihren Ausführungen zum Ug. weitgehend an Verreet (MU) an, während eine Auseinandersetzung mit Krebernik (1993) fehlt. Sie differenziert nicht zwischen formal verschiedenen Energikusmorphemen bzw. zwischen "energischen" Verbalformen mit oder ohne Objektsuffix und ist der Auffassung, daß die Energikusendung ursprünglich nur in der PK zu finden war und erst sekundär auf andere Verbalformen (Imp., SK, Inf.) übertragen worden sei. — Weitere Literatur: Gottlieb (1971); Delekat (1972, 16-26); Rainey (CAT 2, 234-244.263f.); Kaufman (1991); Sivan (GUL 102f.105f.).

73.61. Energikus I

Das mit Abstand am häufigsten bezeugte Allomorph des Energikus lautet *-n* und kann entsprechend dem sogenannten Engergikus I der ar. Grammatik als */-(a)nnV/* vokalisiert werden. Es ist in absoluter Position sowie vor Objektsuffixen der 3. Person sg. bezeugt und wird im folgenden als "Energikus I" (= Energ. I) bezeichnet.

73.611. Energikus I in absoluter Position

In absoluter Position, d.h. ohne folgendes Objektsuffix (= OS), wird wahrsch. ausschließlich der Energ. I gebraucht. Er findet sich an allen finiten Verbalformen einschließlich des Imperativs.

Die alph. Orthographie liefert strenggenommen keinen Beweis für die hier vorausgesetzte Annahme, daß sich das Energikusallomorph in absoluter Position durch eine Gemination des /*n*/ und einen folgenden Auslautvokal auszeichnet. Somit ist grundsätzlich nicht auszuschließen, daß das betreffende Graphem -*n* als /-*(a)n*/ zu vokalisieren und — entsprechend der hier gebrauchten Terminologie — als sogenannter Energ. III (= Pendant zum Energ. II der ar. Grammatik) zu deuten ist. Allerdings sprechen drei Gründe zugunsten des Energ. I:

1. Die Existenz eines Energ. III im Ug. ist nicht bewiesen. Auf jeden Fall gibt es nur wenige unsichere Belege für den Energ. III in Kombination mit den OSS 3.sg. (§73.63)
2. Nach Ausweis der Amarnabriefe aus Kanaan weist das Energikusallomorph in absoluter Position im Akan. immer einen Auslautvokal (/-*a*/) auf, was eine Gemination des vorausgehenden /*n*/ nahelegt und somit einen Energ. III ausschließt (siehe CAT 2, 234-244.263f.).
3. In Analogie zum Energ. II, der in der alph. Orthographie zwei *n*-Elemente aufweist (d.h. -*nn*), liegt die Annahme nahe, daß das orthographisch mit einfachem {n} realisierte Energikusallomorph für ein geminiertes /*n*/ steht. Formen mit geminiertem /*n*/ (= Energ. I) dürften aus diesem Grund auch für das Ursem. anszusetzen sein, während Formen mit einfachem /*n*/ ohne folgenden Vokal (= Energ. III) als sekundäre Verkürzung zu gelten haben (damit gegen Testen 1993, 302-304). Andernfalls wäre die Herkunft des in mehreren Sprachen belegten Energikusallomorphs /-*nVn*/ bzw. /-*nVm*/ (= Energ. II) nicht zu erklären.

Im folgenden werden alle relativ gesicherten Verbalformen mit Energikusendung -*n* in absoluter Position aufgelistet, die als Belege für den Energ. I in Frage kommen. Nicht aufgelistet werden Formen, die als Belege eines Energ. III gedeutet werden könnten (vgl. §73.63). Die semantische Nuance der Energikusendung wird in den gebotenen Übersetzungen nicht berücksichtigt.

73.611.1. Energikus I an endungslosen Formen

Nach endungslosen Verbalformen lautet der Energ. I /-*anna*/.

a. Energ. I an Formen der PK^{K}v:

√*yṯb* *yṯṯb-n* /*yuṯôṯib-anna*/ (√*yṯb* Šp 3.m.sg.) "er soll inthronisiert werden" 1.6:VI:33. — Alt.: /*yuṯaṯîb-anna*/ (√*ṯwb*) "er soll zurückgebracht werden (auf den Thron)". Vielleicht liegt aber auch ein Fehler für *yṯb-n* vor: /*yâṯib-anna*/ (G-PK 3.m.sg.) "er möge sich setzen".

√*rwm* *trmm-n* /*turāmim-anna*/ "du sollst (den Palast) aufrichten" 1.4:V:54.

b. Energ. I an Formen der PK^{K}i:

√*ḥwy* *[yšt]ḥwy-n* /*yištaḥwiy-anna*/ (Št 3.m.sg.) "er vollzog das Huldigungszeremoniell" 1.1:II:16 (sämtliche Parallelstellen ohne Energ.).

√*ḥsp* *tḥsp-n* /*taḥsVp-anna*/ (G 3.f.sg.) "sie schöpfte Wasser" 1.3:II:38; 1.3:IV:42.

√*ybl* *ybl-n* /*yâbVl-anna*/ (G 3.m.sg.) "er brachte" 1.17:V:12 (// *yšrb*ᶜ).

√*yld* *tld-n* /*tâlid-anna*/ (G 3.f.sg.) "sie gebar" 1.5:V:22.

√*ytn* *ytn-n* /*yâtin-anna*/ (G 3.m.sg.) "er gab" 1.17:V:26 (// *y*ᶜ*db*).

ttn-n /*tâtin-anna*/ (G 3.f.sg.) "sie gab" 1.10:II:31; 1.10:III:32.

√*mḫṣ* *tmtḫṣ-n* /*timtaḫiṣ-anna*/ (Gt 3.f.sg.) "sie kämpfte" 1.3:II:23 (// *tḫtṣb*).
√*mdl* *tmdl-n* /*tamdVl-anna*/ (G 3.f.sg.) "sie schirrte an" 1.19:II:8 (// *tṣmd*).
√*mġy* *ymġy-n* /*yamġiy-anna*/ (G 3.m.sg.) "er kam hin" 1.17:II:24; 1.19:IV:8 (jeweils // *yštql*).
tmġy-n /*tamġiy-anna*/ (G 3.f.sg.) "sie kam hin" 1.3:II:17 (// *tštql*).
√*šyt* *yšt-n* /*yašît-anna*/ (G 3.m.sg.) "er setzte hin" 1.4:IV:14.
tšt-n /*tašît-anna*/ (G 3.f.sg.) "sie steckte (das Messer ins Fleisch)" 1.15:IV:25; 1.15:V:8 (// *tšlḥ*).

73.611.2. Energikus I an Formen mit vokalischem Auslaut

Tritt der Energ. I an Verbalformen mit vokalischem Auslaut, bleibt der betreffende Auslautvokal als solcher erhalten. Dieser Befund kann auf zweierlei Weise erklärt werden: a) das Energikusmorphem lautet in diesem Fall /*-nna*/; b) das Energikusmorphem lautet /*-anna*/, wobei dessen Anlautvokal mit dem vorausgehenden Auslautvokal der Verbalform verschmilzt bzw. elidiert wird.

Nach dem Dualmorphem /*-â*/ lautet das Energikusmorphem aus dissimilatorischen Gründen (*§*33.221) und im Einklang mit dem ar. Befund vielleicht /*-(a)nni*/ (d.h. Auslautvokal /*-i*/).

Es gibt keine Information darüber, ob lange Auslautvokale von Verbalformen – wie etwa im Ar. (außer bei /*ā*/) – bei Antritt der Energikusendung zu Kurzvokalen reduziert werden.

a. An Formen der $PK^{K}v$:
√*bky* *tbk-n* /*tabkî-nna*/ (G 2.m.sg.) "du sollst (nicht) weinen!" 1.16:I:25.
tbk-n /*tabkî-nna*/ (G 3.f.sg.) "sie soll weinen!" 1.16:I:30.
√*bny* *tbn-n* /*tabnî/û-nna*/ (G 2.m.sg.) "du sollst bauen" 1.2:III:10*; 1.4:V:53; 1.4:VI:16.

Anm.: KTU^2 liest auch in 1.4:V:51 *[t]b[nn]*; es ist allerdings ein Imp. zu erwarten, d.h. *bn* bzw. *bn-n*.

√*ḫtʾ* *tḫta-n* /*tuḫtaʾâ-nni/a*/ (Gp 2.c.du.) oder /*tiḫḫatiʾâ-nni/a*/ (N-$PK^{K}v$ 2.c.du.) "auf daß ihr beide (nicht) zermalmt werdet" 1.4:VIII:20.
√*lsm* *tlsm-n* /*talsVmâ-nni/a*/ (G 3.f.du.) "(deine Füße) sollen laufen" 1.1:II:22; 1.3:III:19; 1.3:IV:12* (jeweils // *twtḥ*) (alt.: 3.f.pl. ohne Energ.).
√*nšʾ* *tšu-n* /*tiššaʾū-nna*/ (G 2.m.pl.) "ihr sollt (eure Augen) erheben" 1.119:27.

b. An Formen der $PK^{K}e$ (alt.: $PK^{K}v$ + Energ. /*-anna*/):
√*bkr* *abkr-n* /*ʾabakkira-nna*/ (D 1.c.sg.) "ich will (ihr) das Erstgeburtsrecht verleihen" 1.15:III:16 (alt.: PK^{L}).
√*qrʾ* *iqra-n* /*ʾiqraʾa-nna*/ "ich will anrufen" 1.23:23 (gegenüber *iqra* in 1.23:1).
√*rgm* *argm-n* /*ʾarguma-nna* (G 1.c.sg.) "ich möchte sagen / ich sage" 1.3:IV:32 (alt.: PK^{L} /*ʾargumu-nna*/).
√*šty* *išt-n* /*ʾištâ-nna*/ < **ʾištaya-nna* (G 1.c.sg.) "ich will trinken" 5.9:I:16.
√*šyt* *ašt-n* /*ʾašîta-nna*/ (G 1.c.sg.) "ich will legen" 1.19:III:34.

c. An Formen der PK^{K}i:

√*bwʾ* *tbu-n* /*tabûʾū-nna*/ (G 3.m.pl.) "sie kamen" 1.15:IV:21; 1.15:VI:6 (alt.: G-PK^{L} 3.f.sg. /*tabûʾu-nna*/).

√*mṭr* *tmṭr-n* /*tamṭurū-nna*/ (G 3.m.pl.) "(der Himmel) regnete" 1.6:III:6.12 (// *tlk*).

√*mġy* *tmġy-n* /*tamġiyâ-nni/a*/ (G 3.m.du.) "die beiden (Boten) kamen an" 1.2:I:30 (alt.: G-PLKF 3.m.du. /*tamġiyūna*/).

√*nšʾ* *tša-n* /*tiššaʾâ-nni/a*/ (G 3.m.du.) "die beiden erhoben (ihre Stimmen)" 1.14:VI:2.38 (alt.: G-PK^{L} 3.m.du. /*tiššaʾâni*/).

√*phy* *yph-n* /*yiphâ-nna*/ (G 3.m.sg.) "er sah" 1.17:V:9.
tph-n /*tiphâ-nna*/ (G 3.f.sg.) "sie sah" 1.4:II:12; 1.17:VI:10; 1.19:I:29; 1.19:II:27.
tph-n /*tiphû-nna*/(G 3.m.pl.) "sie sahen" 1.2:I:22 (// *tphhm*)

√*rḫp* ? *trḫp-n* /*turaḫḫipū-nna*/ (D 3.m.pl.) "sie flatterten" 1.18:IV:20.31; 1.19:I:32 (alt.: PK^{L} /*turaḫḫipūna*/, etwa "sie flatterten [ständig] hin und her").

d. An Formen der PK^{L}:

√*gyl* *ngl-n* /*nagîlu-nna*/ (G 1.c.pl.) "wir pflegten zu jubeln" 1.16:I:15; 1.16:II:37 (alt.: PK^{K}i /*nagîl-anna*/ "wir jubelten").

√*hpk* *ahpk-n* /*ʾahpuku-nna*/ (G 1.c.sg.) "ich werde umwenden" RS92.2016:36'.

√*ybl* *nbl-n* /*nabVlu-nna*/ (G 1.c.pl.) "wir müssen tragen" 1.3:V:34; 1.4:IV:45* (jeweils // *nbl*).

√*mwt* *tmt-n* /*tamûtu-nna*/ (G 2.m.sg.) "mußt du sterben?" 1.16:I:18; 1.16:II:40.
tmt-n /*tamûtū-nna*/ (G 3.m.pl.) "sollen/müssen sie sterben?" 1.16:I:22; 1.16:II:43 (alt.: PK^{L} /*tamûtūna*/).

√*mrmr* *amrmrn* /*ʾamarmiru-nna*/ "ich reinige/banne (dich)" RS92.2014:2.

√*ṯwb* *ṯṯb-n* /*taṯûbu-nna*/ "du wirst (auf mein Wort) zurückkommen" 1.4:VII:24.

√*ṯny* *yṯnyn* /*yaṯniyu-nna*/ (G 3.m.sg.) "(wenn) er antwortet" RS92.2016:35'.

e. An Imperativen:

√*lqḥ* *qḥ-n* /*qaḥī-nna*/ (G f.sg.) "nimm!" 1.19:IV:53.

√*ʿrb* *ʿrb-n* /*ʿ^{V}rubâ-nni/a*/ (G m.du.) "tretet ein!" 1.3:III:9.

f. An Formen der SK:

√*hlm* *hlm-n* /*halama-nna*/ (G-SK 3.m.sg.) "er schlug ([auf] den Kopf / die Schläfen) ein" 1.18:IV:33 (vgl. *hlm* in 1.19:II:29; weniger wahrsch.: "er schlug ihn", d.h. Energ. III + OS 3.m.sg.).

g. Evtl. an einem Inf. (mit narrativer Funktion):

√*yrʾ* *yraun* /*yarāʾunnV*/ (G-Inf.) "er hatte fürwahr Angst" 1.5:II:6 (alt.: "er fürchtete ihn", d.h. Energ. III + OS 3.m.sg.).

h. Als Belege für den Energ. I in absoluter Position kommen ferner folgende Formen in Frage, die in unsicheren Kontexten bezeugt sind:
ylkn 1.1:IV:7; *yṣan* 1.165:3; *yṣin* 2.54:2; *lan* 1.16:VI:14 (alt. Lesung: *lat*$^{!}$).

73.611.3. Zusammenfassend ist festzuhalten, daß der Energ. I in absoluter Position in der Poesie sehr produktiv ist und häufig als Variante zu einer in Parallele stehenden Verbalform ohne Energ. fungiert (vgl. Zewi 1999, 180-182).

73.612. Energikus I vor Objektsuffixen der 3. Person sg.

73.612.1. Der Energ. I ist ferner vor OSS bezeugt. Er begegnet jedoch nur in Kombination mit OSS 3.sg. und offenbar ausschließlich nach endungslosen Verbalformen, konkret nach endungslosen Formen der PK^K (mögliche Ausnahme: *tphnh* = /*tiphâ-nna-hu*/ < **tiphay-annahu* 1.3:I:14).

Da das /*h*/ des OS dabei nicht assimiliert wird, muß zwischen dem /*n*/ des Energ. und dem OS ein Vokal vorhanden sein. Das betreffende /*n*/ ist deshalb im Sinne des Energ. I zu deuten: *-nh* = /*-anna-hŭ̄*/ bzw. /*-anna-hă̄*/.

Eine Liste aller Belege des Energ. I vor OSS 3.sg. findet sich unter §41.221.52b.

73.612.2. Zusammenfassend ist festzuhalten, daß der sogenannte Energ. I im Ug. – vergleichbar mit dem akk. Ventiv – grundsätzlich an allen Verbalformen bezeugt ist, seien diese indikativisch oder volitivisch.

Aus diesem Befund folgt, daß es sich beim Energ. nicht um einen Modus im Sinne eines verbalen Konjugationsmusters handeln kann. Folglich ist auch die Unterscheidung zwischen einem indikativischen Energ. (I) lautend auf *-un(n)a* einerseits und einem volitivischen Energ. (I) lautend auf *-an(n)a* andererseits, wie sie Moran (1950, 53-56), Rainey (CAT 2, 234-244.263f.), Sivan (GUL 102f.105f.) und Zewi (1999) ausgehend vom akan. Befund der Amarnabriefe für das Nwsem. vorgeschlagen haben, nicht gerechtfertigt. Der /*u*/-Vokal des postulierten indikativischen Energ. ist nichts anderes als der Auslautvokal der PK^L (*yVqtVl-u*), der in Kombination mit dem Energ. I bewahrt bleibt.

SV. Belege für den Energ. I vor OSS finden sich auch im Brief KL (Kāmid el-Lōz) 72.600:8 (*ut-ta-aš-še-ru-un-na-šu-nu* "ich schicke sie [hiermit] fürwahr"; dazu CAT 2, 235 und Zewi 1999, 173) und in einigen Amarnabriefen aus Kanaan (z.B. *uš-ši-ru-na-ši* "ich werde es gewiß schicken" EA 143:16; dazu CAT 2, 242).

73.62. Energikus II

73.621. Das Ug. kennt auch eine Energikusvariante, die orthographisch als *-nn* erscheint. Die Zweizahl der *n*-Elemente erinnert an das akk. Ventivmorphem *-nim* einerseits (siehe GAG § 82d) und an sabäische PK-Formen mit suffigiertem *-nn* andererseits (siehe Beeston §§ 5:7 und 7:12). Während die genannten Endungen im Akk. und Sabäischen übereinstimmend ausschließlich an Verbalformen des Plurals (außer 1.c.pl.) und des Duals, d.h. nach Vokalen /*-ū*/ und /*-ā*/, belegt sind, begegnet die Endung *-nn* im Ug. nur an Verbalformen aller Numeri (Sg., Du. oder Pl.) in Kombination mit den OSS 3.sg. Die für den ug. Energ. II charakteristische Konditionierung dürfte sekundär sein: Wahrscheinlich wurde der Energ. II ursprünglich auch im Ug. nur nach pluralischen und dualischen Verbalformen gebraucht – vornehmlich aber in Kombination mit den OSS der 3. Person sg. – und wurde dann sekundär auch auf andere Personen (mit OSS 3.sg.) übertragen.

Es kann als sicher gelten, daß die Endungen des Energ. I und des Energ. II Allomorphe darstellen, die sprachhistorisch auf ein gemeinsames Grundmorphem zurückgehen. Dieses dürfte mit der Form des Energ. II identisch sein. Die Form des Energ. I dürfte demgegenüber sekundären Ursprungs und – wie Testen (1993, 305) vermutet – durch Elision des Vokals zwischen den beiden /*n*/-Konsonanten entstanden sein: *-(V)nVn* > *-(V)nn* (Vokalelision) > *-(V)nnV* (Auflösung der Doppelkonsonanz im Auslaut durch einen folgenden Hilfsvokal).

73.622. Welcher Vokal zwischen den beiden /*n*/-Konsonanten des ug. Energ. II anzusetzen ist, läßt sich nicht beantworten. Der akk. Befund (Ventivallomorph *-nim*) spricht für /*i*/, d.h. /*-nin*/. Dabei ist jedoch zu beachten, daß dieses Morphem nur im Gefolge der Vokale /*ū*/ und /*ā*/ auftritt, so daß der /*i*/-Vokalismus dissimilatorisch motiviert und damit sekundärer Herkunft sein könnte. Alternativ ist ein /*a*/-Vokalismus, d.h. /*-nan*/, zu erwägen, zumal dieser Vokal offenbar für das Morphem des Energ. I (/*-anna*/) charakteristisch ist.

73.623. Der Sequenz /*-nin-*/ bzw. /*-nan-*/ des ug. Energ. II geht – im Einklang mit dem akk. Ventivmorphem *-nim* – wahrsch. kein zum Energikusmorphem gehöriger Vokal voraus. Dies gilt mit Sicherheit für die vielen Belege des Energ. II an vokalisch auslautenden Verbalformen, etwa *ytn.nn* = /*yatana-nVnnu*/ < **yatana-nVn-hu* (G-SK 3.m.sg. + OS 3.m.sg.) "er gab es ihm" (3.5:11). Aber auch nach Verbalformen ohne vokalischen Auslaut dürfte der Energ. II konsonantisch anlauten. Dafür spricht die Form *ṭṭḥnn* = /*tiṭḥannVnnu*/ < **tiṭḥan-nVn-hu* (G-PK^{K}i 3.f.sg. + OS 3.m.sg.) "sie zermahlte ihn" (1.6:II:34), in der der Anlautkonsonant /*n*/ des Energ. II an den dritten Radikal /*n*/ assimilierte. Bei vokalischem Anlaut des Energ. II müßte die Graphie **ṭṭḥnnn* lauten, es sei denn, es wäre eine haplologische Silbenelision eingetreten (*tiṭḥanVnVnnu* > *tiṭḥanVnnu*). Allerdings ist hier auch mit der Möglichkeit des Energ. III + OS 3.m.sg. zu rechnen (*tiṭḥan-annu* < **tiṭḥan-an-hu* [§73.634]).

Gegen einen vokalischen Anlaut des Energ. II im Ug. spricht daneben auch die Tatsache, daß das betreffende Energikusmorphem in der alph. Orthographie häufig durch einen Trennkeil von der vorausgehenden Verbalform geschieden wird (§21.412d; §41.221.52c). Der Energ. II wurde also – wie "schwere" Pronominalsuffixe – gleichsam als eigene Worteinheit empfunden, was wiederum einen konsonantischen Anlaut voraussetzt.

Formen mit mehr als zwei {n}-Graphemen hintereinander sind mit dieser Hypothese vereinbar, da vor den beiden letzten {n}-Graphemen immer ein Auslautvokal der Verbalform vorhanden ist:

tšḫṭn.nn /*tušaḫîṭūna-nVnnu*/ (√*ḫyṭ* Š-PK^{L} 3.m.pl. + OS 3.m.sg.) "(falls) sie ihn wecken" 1.19:III:45.

aḫnnn /*ˀaḫVnnu-nVnu*/ (√*ḫnn* < **ḥnn*[?] G-PK^{L} 1.c.sg. + OS 3.m.sg.) "ich werde ihm Gunst erweisen"(?) 2.15:9 (man erwartet die Graphie *aḥnnn*).

ytnnn /*yatana-nVnna*/ (√*ytn* G-SK 3.m.sg. + OS 3.f.sg.) "er hat ihn (sc. den Wunsch [= *iršt*]) erfüllt" 5.9:I:9.

tqdmnnn /*tuqaddimnă-nVnnu*/ (√*qdm* D-PK 3.f.pl. + OS 3.m.sg.) "sie brachten ihm dar / sie brachten es (ihm) dar / sie traten vor ihn hin" RS92.2016:37'.

tšknnnn /*tušakînūna-nVnnu*/ (√*kwn* Š-PK^{L} 3.m.pl. + OS 3.m.sg.) "sie werden ihm Bestand verleihen / es bereitstellen"(?) 2.7:11 (alt.: Schreibfehler).

ttnn.nn /*tâtinūna-nVnnu*/? (√*ytn* G-PK^{L} 2.m.pl.) "ihr werdet es geben" 2.21:17 (Lesung mit Pardee 1984b, 244).

73.624. Der Sequenz /*-nVn-*/ des ug. Energ. II folgt mit Sicherheit kein Vokal. Dies geht eindeutig aus der Tatsache hervor, daß der Anlautkonsonant /*h*/ der OSS 3.sg. immer an das zweite /*n*/ des Energ. II assimiliert wird: *-nn* = /*-nVnnu*/ < **-nin-hu* bzw. /*-nVnna*/ < **-nin-ha* (§33.116.1).

73.625. Der ug. Energ. II ist sicher nach Formen des Imp., der PK und der SK bezeugt, und zwar ausschließlich in Kombination mit OSS der 3. Person sg. Eine Auflistung aller Belege findet sich unter §41.221.52c.

73.626. Wahrsch. gibt es daneben auch narrativ fungierende Infinitive mit Energ. II + OSS. Zur Diskussion stehen folgende Belege:

ᶜdbnn (1.6:II:22): Zugunsten der Deutung der Form *ᶜdbnn* als G-Inf. [√*ᶜdb*] kann auf die Infinitivkonstruktion *ngš ank* in der vorausgehenden Zeile (1.6:II:21) verwiesen werden. Alternativ könnte *ᶜdbnn* jedoch auch eine G-PK^{K}i 1.c.sg. + Energ. II + OS 3.m.sg. sein: "ich steckte ihn (in mein Maul)"; für die Schreibung ohne Aleph-Graphem im Anlaut siehe unter §33.141.2.

ṯṯᶜ.nn (1.5:II:7): √*ṯṯᶜ* G-SK 3.m.sg. + Energ. II + OS 3.m.sg. "er fürchtete ihn"; in unmittelbarer Parallele (Z. 6) begegnet *yraun* "er hatte Angst (vor ihm)" (G-Inf. [mit oder oder OS]).

yrdn$^{?}$*n*$^{?}$ (2.3:15): Diese Form könnte als Inf. (√*yrd* G) gedeutet werden, zumal laut KTU^{2} *an[ ]* (= PPr 1.c.sg. ?) folgt. Die vorgeschlagene Lesung ist jedoch unsicher. Nach *yrd* sind nur undeutliche Zeichenreste zu erkennen.

73.627. Belege für den ug. Energ. II in absoluter Stellung (ohne OSS) gibt es wahrscheinlich nicht. Zur Diskussion stehen aber folgende Formen:

ybṯ.nn (1.2:IV:31): Diese Form wird von zahlreichen Kommentatoren im Sinne von "(Baᶜlu) schämte sich gar sehr" verstanden. Sollte wirklich von der Wz. √*bwṯ* "sich schämen" mit intransitiver Bedeutung auszugehen sein, könnte *-nn* nur schwerlich ein OS enthalten. — Die betreffende Deutung ist jedoch zweifelhaft. Der Kontext legt die Ansicht nahe, daß *ybṯ.nn* eine Handlung Baᶜlus an seinem Feind Yammu bezeichnet, der zuvor besiegt und zu Boden geworfen wurde (1.2:IV:25-27). Das Morphem *-nn* dürfte somit auch hier ein OS enthalten, wie die Verbalform (*ybṯ*) auch immer zu deuten sein mag.

gr.nn (1.14:III:6) // *šrn* bzw. *šrnn*$^{!}$ (1.14:III:6 [es ist ein {n} mit vier Keilen am Tafelrand zu sehen]) mit Parallelen *g*$^{!}$*r.*$^{?}$*nn* (1.14:IV:49) // *š*$^{!}$*rnn*$^{!}$ (1.14:IV:50): Die Formen *gr.nn* (√*gry*) // *šrn(n)* (√*šry*) werden von vielen Kommentatoren als Verbalformen ohne OS gedeutet. Für das Bikolon *w grnn ᶜrm / šrn(n) \ pdrm* (1.14:III:6f.) wird dabei sinngemäß meist folgende Übersetzung vorgeschlagen: "Greif' an die Doppelstadt, kämpfe gegen die Doppelburg!" (analog 1.14:IV:49f.: "er griff die Doppelstadt an, er kämpfte gegen die Doppelburg"). — Wahrscheinlicher enthalten die Verbalformen aber OSS 3.f.sg. mit Bezug auf die zuvor genannte Stadt *Udm*. Als Übersetzung schlage ich vor: "Fordere / Er forderte sie (sc. die Stadt *Udm*) zum Kampf heraus, (nämlich) die Stadt" bzw. "Beginne / Er begann einen Streit mit ihr, (nämlich) der Burg". Die Erweiterung der Substt. *ʿr* und *pdr* durch die EP *-m* könnte ein Indiz dafür sein, daß eine besondere Syntax vorliegt und die genannten Substt. nicht als unmittelbare Objekte der Verbalformen zu verstehen sind.

73.628. In Kombination mit OSS anderer Personen (außer der 3.sg.) wird der ug. Energ. II nicht verwendet. Formen wie etwa *-nn* = /*-nVnnī*/ (OS 1.sg.), *-nnk* = /*-nVnkV*/ bzw. *-nk* = /*-nVkkV*/ < **-nVnkV* (OS 2.sg.) oder *-nnm* = /*ninnumu*/ < **nin-humu* (OS 3.m.pl.) sind nicht belegt.

Anm. Nach KTU^2 läge in 2.21:17 eine Form *atnnk* vor (d.h. evtl. Energ. II + OS 2.sg.). Die betreffende Lesung ist jedoch abzulehen. Es dürfte mit Pardee (1984b, 244) *ttnn.nn* zu lesen sein.

73.63. Energikus III

73.631. Möglicherweise besitzt das Ug. noch ein drittes Energikusallomorph, das orthographisch als *-n* erscheint und entsprechend dem Energ. II des Ar. als /*-an*/ zu vokalisieren ist. Dieses Morphem soll hier als Energ. III bezeichnet werden. Es würde im Gegensatz zum Energ. I keine Gemination des /*n*/ und keinen Auslautvokal aufweisen.

73.632. Das beschriebene Morphem könnte im Ug. an folgenden Positionen bezeugt sein:

1. im absoluten Wortauslaut, z.B. *yqtl-n* = /*yVqtVl-an*/;
2. vor OSS der 2. und 1. Person, wobei das /*n*/ des Energ. III an die Anlautkonsonanten der betreffenden OSS assimiliert wäre (= regressive Assimilation), z.B. *yqtl-k* = /*yVqtVl-akka*/ < **yVqtVl-an-ka* (OS 2ms);
3. vor OSS der 3. Person sg., wobei hier der Anlautkonsonant der OSS an das /*n*/ des Energ. III assimiliert wäre (= progressive Assimilation), z.B. *yqtl-n* = /*yVqtVl-annu*/ **yVqtVl-an-hu* (OS 3.m.sg.);
4. in Verbalformen, die durch die EP *-m* erweitert sind (zu den Belegen siehe §89.24). So könnte etwa eine Form *arṯ-m* "ich will beerben/erwerben" (1.2:I:19.35) für /*ʾâriṯamma*/ < **ʾâriṯa-(a)n-ma* (PK^{K}e + Energ. III + EP *-ma*) stehen (mit Assimilation des /*n*/ des Energ.).

73.633. Ob die Belegmöglichkeiten (1), (2) und (4) überhaupt existieren, läßt sich anhand der alph. Orthographie, die Konsonantengeminationen nicht spezifisch notiert, nicht entscheiden. Mit der Möglichkeit (1) ist aber vielleicht in poetischen Kontexten zu rechnen, sei es als Variante zum Energ. I oder etwa in Pausalstellung. Für die Möglichkeit (2) scheint zu sprechen, daß die OSS der 3.sg. überaus häufig in Kombination mit einem Energikusmorphem begegnen, was wiederum eine ähnliche Kombination auch für andere Personen erwarten läßt. Zugunsten der Möglichkeit (4) läßt sich anführen, daß Verbalformen mit EP *-m* in ihrer semantischen Funktion nach ihren Belegkontexten mit Verbalformen mit Energikusendung zu vergleichen sind (§89.24).

73.634. Auch im Hinblick auf die dritte Belegmöglichkeit des Energ. III (*-an* + OS 3.sg.) ist der Befund nicht eindeutig. Aus kontextuell-inhaltlichen Gründen kommen die nachfolgenden Verbalformen mit suffigiertem *-n* als entsprechende Belege in Betracht. Häufig sind aber alternative Deutungen möglich.

a. Energ. III an PK-Formen (?):

tqy-n (√*yqy*): *tn ilm d tqh / d tqyn hmlt* "Liefere aus, o Ilu, den du in Schutz genommen hast; (liefert aus), den ihr in Schutz genommen habt / den ihr beschützt, o Götterschar!" 1.2:I:18. — Es ist syntaktisch – trotz der Form *tqynh* (eindeutig mit OS 3.m.sg.) an der Parallelstelle (1.2:I:34) – nicht zwingend, daß *tqyn* ein OS enthält. Das {n} könnte Marker des Energ. I (ohne OS) oder Personalendung der PK^{L} 2.m.pl. sein.

amlk-n (√*mlk* D): *tn \ aḥd b bnk amlkn* "Gib (mir) einen von deinen Söhnen, auf daß ich ihn zum König mache!" 1.6:I:45f. — Die Form *amlkn* begegnet in Pausalstellung (außerdem Zeilenende). Der betreffende Satz ist aber theoretisch auch ohne OS verständlich: "Gib (mir) einen von deinen Söhnen, auf daß ich einen (neuen) König einsetzen kann!".

tšt-n (√*šyt*): *tqḥ yṭpn mhr št /\ tštn k nšr b ḥbšh / km diy \ b tʿrth* "Sie nahm *Yṭpn*, den Krieger der Dame(?), (und) legte ihn(?) wie einen Adler in ihre Gürteltasche, wie einen Vogel in ihren Beutel" 1.18:IV:27-29. — Die Form *tštn* enthält nicht notwendigerweise ein OS 3.m.sg. Ein OS ist entbehrlich, da der im vorausgehenden Kolon genannte PN *Yṭpn* auch als Objekt zu *tštn* fungieren kann ("double duty").

? *aqbr-n* (√*qbr*): *abky w aqbrn* "Ich will (ihn) beweinen und ihn begraben" 1.19:III:20. — Man beachte, daß an zwei Parallelstellen (1.19:III:5.34) jeweils *aqbr-nh* begegnet. Es könnte ein Schreibfehler vorliegen.

ašt-n (√*šyt*): *abky w aqbrnh / aštn \ b ḫrt ilm arṣ* "Ich will (ihn) beweinen und ihn begraben; ich will ihn in die Grube der Unterweltsgötter legen" 1.19:III:34f. — Die Form *aštn* enthält nicht notwendigerweise ein OS 3.m.sg., da das betreffende OS im vorausgehenden Kolon genannt ist. Außerdem gibt es zwei Parallelen, die anstelle von *aštn* eine Form *ašt* bieten (1.19:III:6.20).

Anm. 1. Schwieriger ist die Deutung der in 1.5:V:5 (in einem zu 1.19:III:34f. parallelen Kontext) bezeugten Form *ašt.n*, da hier das {n} durch einen Trennkeil von der Verbalform geschieden ist. Da Trennkeile sonst nur zur Abtrennung von vollständigen Wörtern, "schweren" PrSS und der Kombination von Energ. II mit OS 3.sg. (*-nn*) gebraucht wird, ist hier eine Emendation zu *ašt.n*<*n*> zu erwägen. Die Emendation wird gestützt durch die in 1.6:I:17 bezeugte Form *tšt.nn* "sie legte ihn (in die Grube der Unterweltsgötter)".

ylm-n (√*hlm*): *il d ydʿnn \ yʿdb lḥm lh / w d l ydʿnn \ ylmn ḫṭm* "Der Gott, der ihn kannte, legte für ihn Speise/Fleisch hin; aber wer ihn nicht kannte, schlug ihn mit einem Stock / schlug mit einem Stock zu" 1.114:6-8.

? *t[ṯ]ṯb-n* (√*yṯb* Š od. √*ṯwb* Š): "sie inthronisieren ihn im Palast/Tempel / bringen ihn zurück in den Palast/Tempel": *t[ṯ]ṯbn \ b b[t]* 1.41:54. — Gegen die Annahme, daß die Form *t[ṯ]ṯbn* ein OS enthält, spricht die Tatsache, daß in Ritualtexten in aller Regel die PK^{L} Verwendung findet (§77.51b). Folglich steht das Graphem {n} eher für die Personalendung der

PK[L] 3.m.pl. Auch die Lesung selbst ist fragwürdig: Da das {n} vier Keile aufweist, ist eine Lesung *t[t]ṯbn!n!* erwägenswert. Möglicherweise ist die Form zu *t«ṯ»tbn* (d.h. "sie kehren zurück in den Tempel") zu emendieren.

yḥrk-n (√*ḥrk*): *yḥrkn w yšḥmm* "Er röstet es(?) und erhitzt (es)" 1.175:7 (Kontext abgebrochen).

? *ṭṭḥn-n* (√*ṭḥn*): *b rḥm ṭṭḥnn / b šd* "sie zermahlte ihn" 1.6:II:34. — Die Form dürfte eher G-PK[K] 3.m.sg. + Energ. II + OS 3.m.sg. sein (§73.623).

Anm. 2. Vgl. hierzu ferner die in einem Kurzalphabettext bezeugte Form *ybrkn* "er soll(?) ihn(?) segnen" (1.77:2). Aufgrund des abgebrochenen Kontextes läßt sich nicht entscheiden, ob die betreffende Verbalform ein OS enthält.

b. Energ. III am Imperativ (?):

hlm-n (√*hlm*): *hlmn ṯnm qdqd /\ ṯlṯid ˁl udn* "Schlage ihn zweimal (auf) den Schädel, dreimal auf das Ohr!" 1.18:IV:22f. (weniger wahrsch.: Energ. I ohne OS: "schlage doch auf den Schädel ein ...!"; vgl. *hlm qdq\d zbl ym / bn ˁnm ṯpṭ nhr* "Schlage den Fürsten Yammu auf den Schädel, den Richter Naharu auf [die Stelle] zwischen den Augen" 1.2:IV:21f.).

c. Energ. III an SK-Formen (?):

hlm-n (√*hlm*): *hlmn ṯnm [qdqd] /\ ṯlṯid ˁl udn* "Er schlug ihn zweimal (auf) [den Schädel], dreimal auf das Ohr" 1.18:IV:33f. (weniger wahrsch.: Energ. I ohne OS; vgl. 1.19:II:29f. [gleiche Formulierung, aber Form *hlm*]).

šlbš-n (√*lbš* Š): *al[iyn bˁ]l šlbšn \ ip[d]* "Der hochmächtige Baˁlu bekleidete ihn mit einem *ipd*-Gewand" 1.5:V:23f.

d. Energ. III am Infinitiv (?):

? *yrau-n* (√*yrˀ*, G-Inf.) "er hatte Angst vor ihm(?)" 1.5:II:6 (alt. Energ. I ohne OS: "er hatte fürwahr Angst"). — In Parallele (1.5:II:7) begegnet *ṯtˁ.nn* "er fürchtete ihn" (√*ṯtˁ*, G-Inf. + Energ. II + OS 3.m.sg.).

73.7. Verbalformen mit Objektsuffixen

Ug. Verbalformen können ein akkusativisches oder ein dativisches Objektsuffix regieren. Ersteres bringt ein direktes Objekt, letzteres ein indirektes Objekt zum Ausdruck. Zur formalen Gestalt der Objektsuffixe im allgemeinen siehe §41.2. Da Objektsuffixe häufig nicht unmittelbar an Verbalformen treten, sondern an Verbalformen, die durch ein Energikusmorphem erweitert sind, sind in diesem Zusammenhang auch die Ausführungen von §73.6 zu vergleichen.

Den bisher bekannten Texten zufolge regieren ug. Verben entweder ein akkusativisches oder ein dativisches Objektsuffix, aber nie beide zugleich.

SV. In mehreren sem. Sprachen (Akk., Ar., Äth.) sind Verbalformen mit zwei Objektsuffixen belegt, wobei offenbar stets das dativische vor dem akkusativischen Suffix steht (siehe hierzu Gensler 1998).

74. Verbalstämme

74.1. Einleitung

Sem. Sprachen kennen zahlreiche Morphemtypen (= MphTT) zur Bildung von (unterschiedlichen) Verbalstämmen. Diese dienen zum Ausdruck verbaler Aktionsarten und Diathesen und sind in sem. Sprachen meist systemhaft ausgebaut (Einzelsprachen weisen dabei unterschiedliche Systeme auf).

Als morphologische Mittel zur Bildung und Differenzierung von Verbalstämmen dienen: a) Konsonantische Präfixe oder/und Infixe (N-Stamm, Š/H/ʾ-Stamm und Stämme mit affigiertem Morphem *t*), b) die Längung eines konsonantischen oder vokalischen Stammorphems (D/L-Stamm), c) Veränderungen des Vokalschemas (inneres Passiv).

Das System der Verbalstämme ist kombinierbar mit anderen morphologischen Kategorien des Verbs, nämlich finiten Verbalformen einerseits (Tempora und Modi) und Verbalnomina (Verbalsubstantive und Verbaladjektive) andererseits.

74.11. Morphologische Merkmale

Der einfache Grundstamm des Semitischen ist morphologisch merkmallos. Zur Bildung bzw. Differenzierung der übrigen, sogenannten "abgeleiteten" Verbalstämme werden unterschiedliche morphologische Merkmale eingesetzt. Dazu zählen a) die Alternanz von Vokalqualitäten, b) die Gemination des mittleren Radikals (bzw. Ersatzdehnung des vorausgehenden Vokals), c) Reduplikativbildungen, d) die Präfigierung eines Morphems *n-*, e) die Präfigierung eines Morphems *š-*, und schließlich f) die Prä- bzw. Infigierung eines Morphems *t*.

74.12. Bezeichnung der Aktionsarten

Eine zentrale Funktion sem. Verbalstämme ist die Bezeichnung von Aktionsarten, d.h. von verbalen Kategorien, "die sich auf die zeitliche Struktur oder inhaltliche Aspekte von Verbbedeutungen" beziehen (Bußmann 1990, 59). Dazu zählen nach Bußmann (1990, 59) a) die "Dynamizität" ("statisch" vs. "dynamisch"), b) die Verlaufsweise ("durativ" vs. "nicht durativ"), c) die Wiederholung und Frequenz ("habituativ", "iterativ") und d) die Kausalität eines Sachverhalts ("kausativ", "faktitiv").

Einige der genannten Aktionsartvarianten des Verbs können (auch) durch die sogenannten Tempora oder die Wahl der Themavokale (des Grundstamms) ausgedrückt werden. Dies gilt insbesondere für die Variante (a), teilweise aber auch für die übrigen Varianten.

74.13. Bezeichnung der Diathesen

Die andere zentrale Funktion semitischer Verbalstämme ist die Bezeichnung der verbalen Diathesen (= *Genera verbi*) "aktiv", "passiv" und "reflexiv", für die es im Sem. keine anderen morphologischen Ausdrucksmittel gibt.

74.14. Das System der ugaritischen Verbalstämme

Im Ug. bilden folgende zehn Verbalstämme ein System:

Sigel	Bezeichnung	Funktionen
G	Grundstamm	lexikalische Grundfunktion
Gp	passiver Grundstamm	passiv zu G
Gt	reflexiver Grundstamm	reflexiv zu G und andere
D	Doppelungsstamm	intensiv, faktitiv und andere
Dp	passiver Doppelungsstamm	passiv zu D
tD	reflexiver Doppelungsstamm	reflexiv zu D und andere
Š	Š-Stamm (Kausativstamm)	kausativ
Šp	passiver Š-Stamm	passiv zu Š
Št	reflexiver Š-Stamm	reflexiv zu Š und andere
N	N-Stamm (Passivstamm)	reflexiv/passiv und andere

Vier der vorgestellten Verbalstämme können als "Hauptstämme" bezeichnet werden: G, D, Š und N. Der Stamm G ist merkmallos (≙ he. Qal und ar. I. Stamm); das Merkmal von D ist die Gemination des mittleren Radikals (≙ he. Piᶜel und ar. II. Stamm); das Merkmal von Š ist die Präfigierung von *š*- (≙ funktional he. Hifᶜil und ar. IV. Stamm); das Merkmal von N ist die Präfigierung von *n*- (≙ he. Nifᶜal und ar. VII. Stamm).

Alle Hauptstämme außer N besitzen jeweils eine passive und eine reflexive Stammesvariante. Die reflexiven Stammesvarianten weisen ein zusätzliches *t*-Element auf, das in Gt (≙ ar. VIII. Stamm) *nach* dem ersten Radikal, in tD (≙ he. Hitpaᶜᶜel und ar. V. Stamm) *vor* dem ersten Radikal und in Št (≙ ar. X. Stamm) unmittelmar hinter dem Kausativmarker *š*- erscheint. Die passiven Stammesvarianten, nämlich Gp, Dp (≙ he. Puᶜᶜal) und Šp (≙ funktional he. Hofᶜal), unterscheiden sich von den jeweiligen aktiven Varianten ausschließlich durch Vokalalternanz.

Neben den genannten Verbalstämmen kennt das Ug. noch sogenannte "Längungsstämme": L (aktiv), Lp (passiv), tL (reflexiv). Es handelt sich dabei lediglich um konditionierte morphologische Varianten zum D-Stamm (D, Dp, tD), die nur bei Verben II-*w/y* und möglicherweise ferner II-*gem.* bezeugt sind. Die

Funktionen von L, Lp und tL entsprechen denen von D, Dp und tD (§74.50).

Verbalstämme entsprechend dem IX., XI. oder XII.-XV. Verbalstamm des Ar. lassen sich im Ug. nicht nachweisen. Reduplikationsbildungen werden hier nicht als Verbalstämme – sogenannte R-Stämme (vgl. UT §§ 9.32, 9.41-9.42) – betrachtet, sondern im Rahmen vierradikaliger Wurzelklassen erörtert (§75.7, bes. §75.71-73).

74.2. Der Grundstamm (G-Stamm)

74.21. Aktive Variante (G)

Der aktive Grundstamm (= G) ist morphologisch merkmallos (zu den Formen siehe unter §73). Alle übrigen Verbalstämme sind demgegenüber jeweils durch spezifische morphologische Merkmale charakterisiert.

74.22. Passive Variante (Gp)

74.221. Einleitung und Problemstellung

74.221.1. Der passive Grundstamm (= Gp) unterscheidet sich vom aktiven Grundstamm durch Vokalalternanz. Da dieses Merkmal in der alph. Orthographie keinen Niederschlag findet, können Belege des Gp-Stamms nur kontextuell bzw. syntaktisch erschlossen werden. Aus diesem Grund wird die Existenz des Gp-Stamms sowie überhaupt sogenannter "innerer" bzw. "interner" Passivbildungen (d.h. Passivbildungen mittels Vokalalternanz [Gp, Dp, Lp, Šp]) von einigen Autoren in Zweifel gezogen.

Anm. Der entschiedenste Bestreiter der Existenz eines inneren Passivs im Ug. ist wohl Verreet (1985, 324-330). Er diskutiert im einzelnen 28 Textbeispiele, die wiederholt als Belege eines inneren Passivs angeführt wurden, und präsentiert für sämtliche umstrittene Verbalformen alternative Deutungen, sei es a) als Pluralformen mit unpersönlicher Konnotation ("sie tun" = "man tut"), b) als Formen des N-Stamms und c) als passive Partizipien des G-Stamms. Auf diese Weise gelangt Verreet zu dem Schluß, daß das Ug. innere Passivbildungen — im Gegensatz zu anderen zsem. Sprachen — nicht kenne. Aus dieser Erkenntnis zieht Verreet weitreichende Folgerungen hinsichtlich der Klassifikation des Ug.: "Mithin schließt das Ugaritische sich gänzlich dem ostsemitischen Akkadischen an und hebt es sich entschieden von den (späteren) westsemitischen Sprachen ab. Diese Gegebenheit ist von großer Wichtigkeit für die gemeinsemitische Sprachgeschichte, da es noch einmal die besondere Lage des Ugaritischen innerhalb deren Rahmen zeigt, nämlich am Kreuzpunkt von Ost und West, indem Charakteristiken des Ost- und Westsemitischen in dieser Sprache nebeneinander aufgefunden werden" (Verreet 1985, 330).

74.221.2. Für die Existenz innerer Passivbildungen im Ug. sprechen jedoch im einzelnen folgende Gründe:

1. Im ug. Textkorpus gibt es zahlreiche Syntagmen, in denen das Subjekt nicht als Agens, sondern als Patiens erscheint. Signifikant sind Beispiele mit singularischen Verbalformen (in Kongruenz mit einem singularischen Subjekt), die keine orthographischen Merkmale eines der abgeleiteten Verbalstämme aufweisen. Sie lassen sich am einfachsten und ungezwungensten als innere Passivbildungen (Gp bzw. Dp) deuten.
2. Das Ug. kennt keine anderen eindeutigen Ausdrucksmittel für die passive Diathese. Die abgeleiteten Verbalstämme mit In- oder Präfigierung von *-t-* haben im Ug. so gut wie nie passivische Bedeutung. Auch beim vergleichsweise selten belegten N-Stamm ist die passivische Bedeutungsfacette nicht dominant und nur in der Prosa sicher nachweisbar (*§*74.372).
3. Der sprachvergleichende Befund spricht entschieden zugunsten der Existenz innerer Passiva im Ug. Das Ug. ist aus diversen Gründen als zsem. Sprache ausgewiesen (*§*13.3). In allen zsem. Sprachzweigen sind innere Passiva bekannt, und insbesondere die älteren Vertreter dieser Sprachzweige zeichnen sich durch eine vergleichsweise häufige Verwendung dieser Bildungen aus. Von besonderer Bedeutung ist die gute Bezeugung innerer Passiva im Akan. der Amarnabriefe (siehe CAT 2, 75-80.179-180), im älteren He. und älteren Aram. (siehe etwa Segert 1975 § 5.6.7.2.). Bei jüngeren Vertretern des Zsem. nimmt der Gebrauch innerer Passiva infolge verstärkter Verwendung anderer morphologischer Ausdrucksmittel für die passive Diathese (z.B. abgeleitete Stämme mit In- oder Präfigierung von *-t-*) dagegen kontinuierlich ab. Dieser Befund zwingt zur Annahme, daß innere Passivbildungen eine zsem. Innovation darstellen, die in allen älteren zsem. Sprachen bekannt und produktiv waren. Da das Ug. unzweifelhaft einen der älteren Vertreter des Zsem. darstellt, ist die Existenz innerer Passivbildungen in dieser Sprache gleichsam zwingend.

Lit.: Marcus (1970, 35-52 [S. 52: "... the cumulative evidence of the above material ... together with the fact that the qal passive is a definite characteristic of West Semitic, makes it quite certain that Ugaritic, too, had a qal passive as part of its verbal system."); Verreet (1985, 324-330); Verreet (MU 26.251); GUL 126-128.

74.222. Gp-Präfixkonjugation

74.222.1. Bildung

Die PK des Gp-Stamms folgt dem MphT *{yuqtal}* (3.m.sg.).

Der PV */u/* wird indirekt durch folgende alph. Belege der WzK I-ᵓ mit "phonetischer" {u}-Orthographie gestützt:

tuḫd = [tûḫadu] od. [tu^{ɔu}ḫadu] für */tuᵓḫaḏu/* (*√ᵓḫd*) "sie wird erobert" 1.127:30.

tuṣl = [tûṣalu] od. [tu^{ɔu}ṣalu] für */tuᵓṣalu/* (*√ᵓṣl*) "sie wird zusammengetrieben"(?) 1.106:25; 7.41:5 (zur Übersetzung vgl. DLU 56). — *tuṣl* kann alternativ als G-PK gedeutet werden: */tôṣVlu/* < **taᵓṣulu* "sie trifft ein"(?) (vgl. ar. *√wṣl* "eintreffen, ankommen").

Der TV /*a*/ wird vielleicht durch folgenden Beleg der WzK II-ʾ bestätigt:

tlakn /*tulʾakâni*/ (√*lʾk*) "sie (beide) werden ausgesendet" 1.4:V:42. — Die Form könnte jedoch auch Dp-PK sein, d.h. /*tulaʾʾakâni*/ (siehe GUL 126).

SV. Das Ug. geht hierin konform a) mit dem akan. Befund (3.m.sg. *yuqtal* [siehe CAT 2, 75-80]), b) mit dem weniger eindeutigen he. Befund (3.m.sg. *yu/ŏqṭal*; zugleich Qal-Passiv und Hofʿal [siehe GBH § 58a]) und schließlich c) mit dem ar. Befund (3.m.sg. *yufʿal*; zugleich Passiv zum I. und IV. Stamm).

74.222.2. Relativ sichere Belege

Im folgenden werden relativ sichere Belege der Gp-PK aufgelistet. Es handelt sich um Formen in passivischen Konstruktionen, die keinen Marker eines N-Stamms aufweisen und als passives Pendant zum aktiven G-Stamm gedeutet werden können. Signifikant sind insbesondere Formen der WzKK I/II-ʾ, I-*w*/*y* und I-*n*, da diese nicht als N-Formen gedeutet werden können. Die angeführten PK-Formen anderer WzKK könnten theoretisch auch dem N-Stamm zugeordnet werden. Da die primäre Funktion des N-Stamms jedoch nicht die des Passivs zum Grundstamm ist (§74.372), hat die Deutung als Gp-Stamm mehr Wahrscheinlichkeit für sich.

√*ʾḫd* *tuḫd* /*tûḫadu*/ < **tuʾḫaḏu* (PK^{L} 3.f.sg.): *hm qrt tuḫd* "Falls die Stadt erobert zu werden droht" 1.127:30.

yiḫd /*yuʾḫadu*/ (PK^{L} 3.m.sg.): *l yiḫd ṣṭqšlm \ b unṯ* "PN darf nicht zum Lehensdienst eingezogen werden" 2.19:1f.

√*ʾṣl* *tuṣl* /*tûṣalu*/ < **tuʾṣalu* (PK^{L} 3.f.sg.): *b ṯn l ʿšrm \ tuṣl šlḥmt* "am 22. (Tag) werden die Opfertiere(?) zusammengetrieben(?)" 1.106:24f.; *[ ]m(?) tuṣl [ ]* "[am 2X./30. (Tag)] werden zusammengetrieben(?) [...]" 7.41:5 (alt.: jeweils G-PK "sie treffen ein").

√*bny* *ybn* /*yubnâ*/ < **yubnay* (PK^{K}v 3.m.sg.): *ybn bt l bʿl \ km ilm* "Es soll ein Haus für Baʿlu gebaut werden wie (das der / für die anderen) Götter" 1.4:IV:62 - 1.4:V:1.

√*dwk* *ydk* /*yudâku*/ (PK^{L} 3.m.sg.): *št ʿqrbn \ ydk* "... dann wird ein *št*-Maß der *ʿqrbn*-Pflanze (im Mörser) zerstoßen" 1.85:2f. (ähnl. 1.71:17; 1.85:18f.; 1.97:6f.); *št mkšr \ gr[n] w št aškrr \ w pr ḥḏrt ydk* "... dann wird ein *št*-Maß der *mkšr*-Pflanze ...(?) und ein *št*-Maß der *aškrr*-Pflanze und die Frucht der *ḥḏrt*-Pflanze zerstoßen" 1.85:12-14 (ähnl. 1.85:15-17); *mġmġ w bṣql ʿrgz \ ydk aḥdh* "... dann wird die *mġmġ*-Pflanze und ein *bṣql*t-Maß der *ʿrgz*-Pflanze miteinander zerstoßen" 1.85:5f. (ähnl. 1.71:9f.*; 1.85:7f.10f.20-22.24-28).

tdkn /*tudâkūna*/ (PK^{L} 3.m.pl.): *dblt yṯ[nt w] \ ṣmqm yṯnm w [qmḥ bql] \ tdkn aḥdh* "... dann werden alte Feigen, alte Weintrauben und [Malzmehl] miteinander zerstoßen" 1.72:37-39; *[ ] \ w št mkšr g[rn w št] \ arġn ḥmr td[kn aḥdh]* "... dann werden [ ] und ein *št*-Maß der *mkšr*-Pflanze ...(?) [und ein *št*-Maß] der *arġn*-Pflanze ... (?) [miteinander] zerstoßen" 1.97:2-4.

√*dwṯ* *ydṯ* /*yudâṯ*/ (PK^{K}v 3.m.sg.): *dṯ ydṯ mʿqbk* "Gänzlich zertreten werde, wer dich (an der Ferse) zurückhalten will" 1.18:I:19.

√*ḥsl* *yḥsl* /*yuḥsalu*/ (PK^{L} 3.m.sg.): *ḏrʿ ḥwt hyt yḥsl* "... dann wird das Saatgut jenes Landes geplündert / vernichtet / (von Schädlingen) aufgefressen werden" 1.103+:55; vgl. Z. 14 (KTU^{2}-Lesung aber sehr fraglich) und Z. 43f. (Verbalform ergänzt). Im Text ist auch der aktive G-Stamm bezeugt (*yḥslnn* "er wird es plündern/vernichten" 1.103+:36*.38).

√*ḫtʾ* *tḫtan* /*tuḫtaʾâ-nnV*/ (PK^{K}v 2.c.du. + En.): *k lli b ṯbr n\q«n»h tḫtan* "... auf daß ihr beide nicht wie Zicklein in den 'Brechern seiner Spalte' (d.h. Zähnen seines Mauls) zermalmt werdet" 1.4:VIII:19f.

√*ydy* *td* /*tûdâ*/ < **tuwday/w* < **tuyday/w* (PK^{K}i 3.f.sg.): *td išt \ b bhtm* "(am siebten Tag) wurde das Feuer aus dem Gebäude entfernt" 1.4:VI:32f.

Anm. Zur passivischen Form *yld* "(ein Sohn) wird geboren werden" (1.17:II:14) siehe unter §74.223.2, √*yld*. Es dürfte sich trotz futurischer Bedeutung eher um eine Gp-SK als um eine Gp-PK handeln.

√*yṣq* *yṣq* /*yûṣaq*/ (PK^{K}i 3.m.sg.): *yṣq šmn \ šlm b ṣʿ* "Öl des Friedens(opfers) wurde aus einem / in ein *ṣʿ*-Gefäß gegossen" 1.3:II:31f.; 1.7:21*; 1.16:III:1; 1.101:14; evtl. auch: *hn ym yṣq yn ṯmk* "Siehe einen Tag lang / tagelang / am Tage wurde *Ṯmq*-Wein ausgeschenkt" 1.22:I:17.

yṣq /*yûṣaqu*/ (PK^{L} 3.m.sg.): *w yṣq b a[ph]* "und sie (sc. eine Medizin) wird in [seine] Schnau[ze] gegossen" 1.71:4.8.28f.; 1.72:15*.20*.26*; 1.85:4.6.8.11.14.17.19.22*.29; 1.97:5.7* (vgl. *yṣq aḥd[h]* 1.85:32 [fehlerhafter Text!]).

√*ytn* *ytn* /*yûtan*/ (PK^{K}v 3.m.sg.): *ytn \ bt lk km aḫk* "Es soll dir ein Haus gegeben werden entsprechend (den Häusern) deiner Brüder" 1.4:V:27f.

ytn /*yûtanu*/ (PK^{L} 3.m.sg.): *w b tšʿ[ ] \ ytn š qdš[ ]* "Und am neunten [(Tag) ...] wird ein Schaf als Weihegabe(?) dargebracht" 1.104:11f.; *k yṯn w b bt \ mlk mlbš \ ytn lhm* "Wenn sie (sc. die Bekleidung) alt ist, wird ihnen im Königspalast eine (neue) Bekleidung gegeben" 4.168:6-8; ähnl. 4.182:61-64 (*ytn* in Z. 62 und Z. 64).

ttn /*tûtan*/ (PK^{K}i 3.f.sg.): *ap qšth l ttn \ ly* "Sein Bogen aber wurde mir nicht gegeben" 1.19:I:16f.

√*kly* *ykl* /*yuklâ/û*/ < **yuklay(u)* (PK^{K}i oder PK^{L} 3.m.sg.): *yn d ykl bd x[ ] \ b dbḥ mlk* "Wein, der aufgebraucht wurde von/durch [...] beim Opfermahl des Königs" 1.91:1f.; vgl. viell. 1.104:3 (*d ykl x[ ]*). √*kly* Gp ist offenbar semantisch deckungsgleich mit √*kly* N (§74.32).

√*mḥy* *ymḥ* /*yumḥâ*/ < **yumḥay* (PK^{K}i 3.m.sg.): *ymḥ \ b bt dm ḏmr* "Das Blut der Krieger wurde im / aus dem Haus weggewischt" 1.3:II:30f.

√*mss* *ymsś* /*yumsasu*/ (PK^{L} 3.m.sg.): *št ʿqrbn \ ydk w ymsś hm b mskt dlḥt \ hm b mndġ* "... (dann) wird ein *št*-Maß Skorpionpflanze zerstoßen und entweder in einer Mischlösung von *dlḥt* oder in *mndġ* aufgelöst" 1.85:1-3.

ymśś? /*yumsasu*/ (PK^{L} 3.m.sg.): *[... w ym]śś [...]* 1.71:3 (mutmaßlich gleicher Text wie 1.85:3; zur Problemen der Lesung siehe §21.335.2d).

√ndr *tdr /tuddarū/* < **tundarū* (PK 3.m.pl.): *bn krt kmhm tdr* "(Im siebten Jahr) waren die Söhne (in ihrer Anzahl) entsprechend denen, die versprochen worden waren" 1.15:III:23 (weniger wahrsch.: "... entsprechend denen, die sie [sc. Aṯiratu bzw. die Götter] versprochen hatte[n]").

√nkt *tkt /tukkatu/* < **tunkatu* (PK^{L} 3.f.sg.): *w prt tkt [ ]* "und eine/die Jungkuh wird niedergeschlagen/geschlachtet" 1.86:4.

√npy *tp /tuppû/* < **tunpay/wu* (PK^{L} 3.f.sg.): *[ ] rġb w tp mṣqt* "... Hungersnot; und die Bedrängnis wird 'vertrieben' werden" 1.103+:19 (alt.: G-PK */tappû/* < **tanpuwu*[?] mit intransitiver Bed. "verschwinden"; zur Etym. vgl. ar. *√nfy/w* "vertreiben, verjagen").

√nsk *ysk /yussaku/* < **yunsaku* (PK^{L} 3.m.sg.): *spsg ysk \ [b] riš* "*spsg*-Material wird über (meinem) Kopf gegossen werden" 1.17:VI:36f.

√ntk *ytk /yuttaku/* < **yuntaku* (PK^{L} 3.m.sg.): *w b u[rbt (xx[x])] \ ytk* "Und in die Öff[nung] wird [....] gegossen/geträufelt" 1.41:12.; vgl. demgegenüber *√ntk* G "(Tränen) vergießen" (1.19:II:33: *w l ytk dmʿt*) und *√ntk* N "sich ergießen, herunterfließen, -tropfen (Tränen)" (1.14:I:28: *tntkn udmʿth*); dazu Tropper (1990a, 156f.).

√ʿdb *tʿdb /tuʿdab/* (PK^{K}i 3.f.sg.): *tʿdb ksu* "Es wurde ein Thron bereitgestellt" 1.4:V:46 (vgl. 1.106:27f.: *tʿrk \ ksu*).

yʿdb /yuʿdabu/ (PK^{L} 3.m.sg.): *w ksp yʿdb* "und es wird Silber bereitgestellt" 1.50:11.

√ʿrk *tʿrk /tuʿraku/* (PK^{L} 3.f.sg.): *w l ll tʿr[k] \ ksu* "und für die / vor der Nacht wird ein Thron aufgestellt" 1.106:27f. (ein weiterer Beleg der gleichen Form liegt möglichw. in 1.56:6 vor: *tʿr[k]*; vgl. 1.4:V:46: *tʿdb ksu*).

√ptḥ *yptḥ /yuptaḥ/* (PK^{K}v 3.m.sg.): *yptḥ ḥln b bhtm* "Es soll eine Luke im Gebäude aufgetan werden" 1.4:VII:17.

[t]ptḥ /tuptaḥ/ (PK^{K}v 3.f.sg.): *w [t]ptḥ bdqt ʿrpt* "und ein Spalt soll (im) Gewölk aufgetan werden" 1.4:VII:19 (n.L.; die vorhandenen Zeichenreste sprechen gegen die KTU^{2}-Lesung *w [y]ptḥ* [so auch DLU 106]).

√rbd *trbd /turbadu/* (PK^{L} 3.f.sg.): *b tšʿ ʿšrh \ trbd ʿrš pd\ry* "Am 19. (Tag) wird das Lager der *Pdry* bereitet" 1.132:1-3.

√rgm *yrgm /yurgam/* (PK^{K}v 3.m.sg.): *l yrgm l aliyn bʿl* "Dem hochmächtigen Baʿlu soll fürwahr (folgendes) mitgeteilt werden!" 1.4:V:12.

yrgm /yurgamu/ (PK^{L} 3.m.sg.): *ikm yrgm bn il \ krt* "Wie kann denn Keret 'Sohn Ilus' genannt werden?" 1.16:I:20f.; (?) *šbʿd yrgm ʿl ʿd* "Es soll siebenmal auf dem Podest(?) rezitiert werden" 1.23:12 (alt.: "er [sc. der Priester] soll ... sprechen").

√šyt *yšt /yušâtu/* (PK^{L} 3.m.sg.): *d yšt l lṣbh* "das, was auf seine (sc. des Kranken) Schläfe(?) aufzulegen ist" 1.114:29; *šʿr klb \ w ... \ yšt aḥdh dm zt ḫrpn*$^{!}$ "Hundshaar und ... ist zusammenzumischen (w.: zusammenzulegen) mit herbstlichem Olivensaft" 1.114:29-31.

tšt /tušat/ < **tušât* (PK^{K}i 3.f.sg.): *tšt išt b bhtm* "Es wurde ein Feuer im Gebäude entfacht" 1.4:VI:22.

74.222.3. Weitere (unsichere) Belege

√ʾzr *tizr* /*tuʾzaru*/ (PK^L 3.m.sg.[?]): *aṯḫlm ṯuṯk tizr pnm* "ein *aṯḫlm*-Opfer für Šauška, wobei das Gesicht verhüllt(?) ist" 1.116:9 (diese Deutung setzt voraus, daß *pn(m)* "Gesicht" fem. Genus besitzt [§52.5c] und singularisch konstruiert wird; alt. G-PK [§75.212.11] oder Nominalform).

√ydy *tdn* /*tûdûna*/ < **tûdayūna* (PK^L 3.m.pl.): *w ḥdṯ \ tdn hmt \ w tšṯn ṯnm* "Und am(?) Neumondstag werden sie abgelegt(?) und zweimal hingelegt" 1.104:18-20 (Interpretation unsicher).

√lʾk *tlakn* /*tulʾakâni*/(?) (PK^L 3.m.du.): *k tlakn \ ġlmm* "wie/als die (beiden) Pagen ausgesendet werden" 1.4:VI:42f. — Die Form könnte auch Dp-PK sein, d.h. /*tulaʾʾakâni*/.

√mkr *tmkrn* /*tumkarūna*/ (PK^L 3.m.pl.): *mṣrm \ tmkrn* "(Falls sie nicht zahlen können,) werden sie nach Ägypten verkauft werden" 3.8:15f. — Die Form könnte N-PK sein, zumal in 2.48:5 eine Form *nmkr[ ]* (N-SK od. N-Ptz.) bezeugt ist .

√prš *tprš* /*tuprašu*/ (PK^L 3.f.sg.): *ḫwtn tprš* "(wenn das Junge zwei[?] Zungen hat,) dann wird das Land zerstreut/aufgelöst werden" 1.103+:53 (alt.: N oder Dp; weniger wahrsch., da ein negatives Omen zu erwarten ist: "... dann wird sich das Land ausbreiten"); zu √*prš* in der genannten Bedeutung vgl. akk. *sapāḫu* (AHw. 1024b, G 5b).

√šyt *tšṯn* /*tušâtūna* (PK^L 3.m.pl.): *w ḥdṯ \ tdn hmt \ w tšṯn ṯnm* "Und am(?) Neumondstag werden sie abgelegt(?) und zweimal hingelegt" 1.104:18-20 (Interpretation unsicher).

√špk *yšpk* /*yušpak(u)*/ (PK 3.m.sg. [?]): *yšpk k mm arṣ \ kšpm dbbm* ... "Es soll(en) wie Wasser(?) zur Erde hin ausgegossen werden die Beschwörer und Zauberer ..." RS92.2014:12f. (Abgrenzung der syntaktischen Einheiten unsicher; Kongruenzprobleme).

74.223. Gp-Suffixkonjugation

74.223.1. Bildung

Die SK des Gp-Stamms dürfte aufgrund des sprachvergleichenden Befunds dem MphT *{qutil}* folgen (weniger wahrscheinlich: MphT *{qutal}*).

Orthographisch signifikante Belege von Wzz. I/II-ʾ sind im Ug. nicht sicher nachweisbar. Bei allen nachfolgend genannten Formen I/II-ʾ sind alternative Deutungen möglich.

√ʾḫd *uḫd* /*ʾuḫida*/? 4.635:4.5[!].9 (Kontext jeweils: PN *uḫd* "PN wurde gefaßt"). Für die Deutung als SK (3.m.sg) spricht, daß in 4.635:29 eine Form *tbᶜ* begegnet, wahrsch. eine SK 3.m.sg. der Wz. √*tbᶜ*: *šmrm a[dd]dy tbᶜ* "PN aus Ašdod ist weggegangen / entlaufen / gestorben". Alternativ kann *uḫd* als G-Ptz.pass. (/*ʾuḫūd-*/ < **ʾaḫūd-*) gedeutet werden (§73.423).

√*l'k* *luk* 2.17:4: Zur Deutung dieser Form als G-Ptz.pass. siehe §73.423.
lak 1.176:25 (Kontext abgebrochen; Deutung offen).
lak 2.70:13. Der Kontext lautet: *w lak lh w kḫdnn* "und es wurde zu ihm geschickt / er/man schickte zu ihm, aber er hat es geleugnet/verheimlicht" (2.70:13). Eine passivische Deutung für *lak* ist kontextuell wahrsch., da kein Subj. genannt ist. Sollte eine Gp-SK 3.m.sg. vorliegen, wäre */luʾaka/* zu vokalisieren, was für das Ug. einen Gp-SK-MphT *{qutala}* beweisen würde (nicht: *{qutila}*). Die betreffende Form *lak* kann jedoch alternativ als Dp-SK (*/luʾʾaka/*) oder als als G-Inf. gedeutet werden (*/laʾāk-/*; Übersetzung: "als man zu ihm sandte ...").

Anm. Völlig unklar ist die Zeichenfolge {lak} in 1.2:II:10 (Kontext abgebrochen), sofern diese von CTA vorgeschlagene Lesung zutrifft (laut KTU² folgt danach ein {t} [m.E. aber unwahrscheinlich]).

Zugunsten der Vokalqualität */i/* in der zweiten Silbe sprechen vielleicht Formen der WzK III-*y* mit bewahrtem */y/*, da bei */a/* eher eine Kontraktion des Auslauttriphthongs zu erwarten wäre (§33.323.4).

√*kly* *kly* */kuliya/* (3.m.sg.) "er/es wurde aufgebraucht" 4.361:1; 4.362:1.
√*ṣpy* *ṣpy* */ṣupiyū/* 4.167:2 (3.m.pl.); *ṣpy* */ṣupiyū/ā/* 4.167.6 (3.f.pl.): "sie wurden beschlagen". — Es könnte sich alternativ um G-SK-Formen 3.pl. mit stativischer Nuance handeln: */ṣapiyū/ā/* "sie sind beschlagen".

SV. Der zsem. Morphemtyp der Gp-SK hat ursprünglich sehr warscheinlich *{qutil}* gelautet (siehe ar. *fuʿila* und baram. *qᵉṭîl* < **quṭil*[?]). Im He. sind zahlreiche *{quttal}*-Formen (formal Puʿʿal-SK) als passives Qal zu deuten; als Grundform dürfte auch hier **qutil* anzusetzen sein (siehe GBH § 58a). Besondere Probleme bereitet in diesem Zusammenhang die Interpretation des entsprechenden Befundes der Amarnabriefe aus Kanaan. Rainey (CAT 2, 303-305) hat die Ansicht vertreten, daß sich hier für die Gp-SK ausschließlich der MphT *{qatil}* nachweisen läßt. In Wirklichkeit gibt es jedoch nur eine einzige eindeutig akan. Form, nämlich *ši-ir-ti* "ich wurde verleumdet" (EA 252:14), die sich problemlos mit dem MphT *{qutil}* in Einklang bringen läßt: **šuwirtī* > *šīrtī* (vgl. ar. *qimtu* < **quwimtu*). Alle anderen von Rainey herangezogenen Belege mit der Vokalfolge */a - i/* sind entweder als passive Verbaladjektive oder als hybride SK-Bildungen zu deuten, die zwar passivische Bedeutung haben, morphologisch aber dem MphT *{qatil}* des akk. Stativs folgen.

74.223.2. Belege

Die nachfolgenden SK-Belege sind für die Ansetzung eines Gp-Stamms im Ug. von zentraler Bedeutung. Sie können nicht als Formen des N-Stamms gedeutet werden:

√*ybl* *ybl* */yubila/* (3.m.sg. [kaum Gp-PK^K 3.m.sg.]): *rgm l yṭ[pn y]\bl* "Die Nachricht (davon) wurde GN überbracht" 1.19:IV:50f.; *rgm l il ybl* "Die Nachricht (davon) wurde dem (Gott) Ilu überbracht" 1.23:52.59.
√*yld* *yld* */yulida/* (3.m.sg.]): *k ibr l bʿl yld* "Denn ein Stier wurde dem Baʿlu geboren" 1.10:III:35; *k yld bn ly km \ aḫy* "Denn ein Sohn wird mir geboren werden entsprechend (den Söhnen) meiner Brüder" 1.17:II:14f.

(*yld* bezieht sich hier auf einen Sachverhalt der Zukunft [§76.541]; alternativ kann *yld* als Gp-PK[K] gedeutet werden).

yldy /yuli/adâ-yV/ (3.m.du. + EP *-y*): *yldy šḥr w šl[m]* "Es wurden Šaḥaru und Šali[mu] geboren" 1.23:53.

√*ytn* *ytn /yutina/* (3.m.sg.): *ᶜrb \ [b]th ytn / w yṣu l ytn* "Das Betreten seines [Hau]ses war erlaubt, das Verlassen aber war nicht erlaubt" 1.15:II:9f. — Da *yṣu* = */yaṣāʾu/* offenbar im Nom. steht, dürfte *ytn* eine Passivform sein (SK oder – weniger wahrsch. – als PK).

√*kly* *kly /kuliya/* (3.m.sg.): *qmḥ d kly b bt skn \ l illḏrm* "Mehl, das aufgebraucht/ausgegeben wurde im Haus des Präfekten durch / an *Illḏrm*" 4.361:1f.; *qmḥ d kly kṣḥ illḏrm \ bd zlb[n]* "Mehl, das aufgebraucht wurde ... (als *kṣḥ* ?) des *Illḏrm* durch *Zlb[n]*" 4.362:1f. — √*kly* Gp ist semantisch deckungsgleich mit √*kly* N (§74.32).

Anm. 1. Die in 1.16:III:13-15 bezeugte dreimalige Form *kly* ist wahrsch. nicht dem Gp-Stamm zuzuordnen, sondern eher als G-SK mit stativischer Bedeutung zu betrachten: *kly* = */kaliya/* "(Brot/Wein/Öl) war zu Ende gegangen/verbraucht". An alternativen Interpretationsmöglichkeiten sind zu nennen: a) Deutung als Dp-SK, d.h. "(Brot/Wein/Öl) war aufgebraucht worden"; b) Deutung als D/G-SK, d.h. "sie (sc. die Bauern) hatten aufgebraucht/verbraucht (Brot/Wein/Öl)".

√*mḫṣ* *mḫṣ /muḫiṣa/* (3.m.sg.): *ᶜ[lk] \ mḫṣ aqht ġzr* "[Deinetwe]gen wurde der Held Aqhatu erschlagen" 1.19:III:46f // 1.19:IV:52f. und 1.19:IV:4. Weniger wahrsch. ist eine nominale Deutung von *mḫṣ* (d.h. als G-Inf.).

√*ṣpy* *ṣpy /ṣupiyū/* (3.m.pl.): *ᶜšr ṣmdm trm d [ṣ]py* "zehn Paar *tr*-Geräte, die [besch]lagen wurden/sind" 4.167:2.

ṣpy /ṣupiyū/ā/ (3.f.pl.): *ṯlṯ mrkbt mlk \ d l ṣpy* "drei königliche Wagen, die nicht beschlagen wurden/sind" 4.167:5f.

√*qbʾ* *qbitm /qubiʾtumu/* (2.m.pl.): *qbitm qbṣ ddn* "ihr seid/wurdet herbeigerufen, (o Mitglieder der) Versammlung des Didanu" 1.161:3*.10.

√*qrʾ* *qra /quriʾa/* (3.m.sg.): *qra GN* "Gerufen ist/wurde GN" 1.161:4-7.11-12.

qru /quriʾū/ (3.m.pl.): *qru rpim qdmym* "Gerufen sind/wurden die uralten Rapiʾūma" 1.161:8.

qritm /quriʾtumu/ (2.m.pl.): *qritm rpi arṣ* "ihr seid/wurdet gerufen, (o) Rapiʾūmu der Unterwelt" 1.161:2.9.

Anm. 2. Die genannten Formen *qra*, *qru*, *qritm* und *qbitm* kongruieren jeweils mit den folgenden Substantiven hinsichtlich Person, Genus und Numerus und sind deshalb sicher passivisch zu deuten.

√*šyt* *št /šîta/* (3.m.sg.): *spr npš d \ ᶜrb bt mlk \ w b spr l št* "Liste von Personen/Sklaven, die in den Königspalast gebracht wurden, aber nicht in die Liste eingetragen wurden" 4.338:1-3.

štt /šîtat/ (3.f.sg.): *štt \ p[x]t b ṯlḥny* "Es wurde eine ungenießbare Speise (??) auf meinen Tisch gestellt" 1.4:III:14f.

Weniger gesicherte Belege der Gp-SK sind:

√*blt* *blt /bulita/* (3.m.sg.): *bl!t p btlt ᶜnt* "Der 'Mund' (sc. die Vagina) der Jungfrau ᶜAnatu wurde 'gespalten'" 1.10:III:9 (alt.: aktivische Deutung: "Er (sc. Baᶜlu) 'spaltete' den 'Mund' der Jungfrau ᶜAnatu").

√mḥy *mḥy* /*muḥiya*/ (3.m.sg.): *btn mḥy* \ *l dg w l klb* "Das Haus möge gereinigt werden von Fisch(en) und Hund(en)" 1.124:15f. — Alternativ kann *mḥy* jedoch als G-Ptz.pass. analysiert werden (§73.426).

√ngb *ngb* /*nugiba*/ (3.m.sg.): *ʿdn ngb w yṣi* /\ *ṣbu ṣbi ngb* "Eine Truppe sei mit Proviant ausgerüstet und soll losziehen; ein riesiges Heer sei mit Proviant ausgerüstet!" 1.14:II:32f. // 1.14:IV:13f. ("Eine Truppe wurde mit Proviant ausgerüstet und zog los ..."). — Die Nominativendung des Subst. *ṣbu* zwingt zu einer passivischen Deutung von *ngb*. Zur Etym. vgl. akk. *nagābu* (CAD N/1, 105 [Bed. unsicher]). Zu einer alternativen Deutung von *ngb* als N-SK einer Wz. √gbb siehe §74.32.

√nwb *nbt* /*nîbat*/ < **nuwibat* (3.f.sg.): *kt il nbt b ksp* "ein göttliches/wunderbares Podest, (das) mit Silber überzogen(?) war" 1.4:I:31. — *nbt* ist wahrsch. als SK (3.f.sg.) zu deuten (// *šmrgt* [Šp]). Es handelt sich entweder um eine G-SK mit stativischer Bedeutung (MphT {*qatil*}) oder – wahrscheinlicher – um eine Gp-SK. Zur postulierten Wz. √nwb vgl. ar. √nwb "über jmdn. kommen, befallen, betreffen".

√prš < **prś*

piršn/t /*puršanna*/ (3.m.sg. + En.) od. /*purišat*/ (3.f.sg.): *hdm il*[?] \ *d pršn/t b br* "ein göttlicher/wunderbarer Fußschemel, der mit ...(?) bedeckt/eingelegt war" 1.4:I:34f. (n.L.). — Die Lesung *pršn* bzw. *pršt* dürfte der traditionellen Lesung *prša* (KTU^2 u.a.) vorzuziehen sein (§21.341.12, Anm.). Es gibt jedoch keinen Hinweis darauf, daß ug. *hdm* fem. Genus besitzt. Alternative Deutungen für *pršn/t* sind möglich (G-SK [stativisch] oder Dp-SK).

√rgm *rgm* /*rugima*/ (3.m.sg.): *p rgm* \ *l mlk šmy* "(Mein Bruder möge Ṯryl darum bitten,) daß mein Name dem König genannt werde" 2.14:12f. (alt.: G-Imp.: "nenne dem König meinen Namen!").

√šyt *št* /*šîta*/ (3.m.sg.): *l ydn ʿbd mlk* \ *d št ʿl ḫrdh* "... zu PN, Diener des Königs, der (als Kommandant) über seine *ḫurādu*-Truppen gesetzt wurde" 2.47:15 (alt.: "... den er gesetzt hat" [aktivisch]).

74.224. Andere Formen des Gp-Stamms?

Neben PK und SK lassen sich im Ug. keine anderen Formen des Gp-Stamms mit Sicherheit nachweisen.

74.224.1. Ein Imp. des Gp-Stamms ist aus semantischen Gründen nicht zu erwarten und textlich auch nicht bezeugt.

74.224.2. Ebensowenig nachweisbar sind Ptzz. des Gp-Stamms. Im übrigen ist es unwahrscheinlich, daß es im Ug. überhaupt spezifische Gp-Ptzz. gibt, zumal die Funktion eines Gp-Ptz. mit der eines passiven Ptz. des Grundstamms (MphT {*qatī/ūl*}) übereinstimmt.

SV. Man beachte jedoch, daß im He. passive Ptzz. des MphT {*quttal*} (formal Pu^{cc}al) bezeugt sind, die bedeutungsmäßig dem G-Stamm zuzuordnen sind, z.B. *ʾukkāl* "gegessen, aufgezehrt", *luqqāḥ* "genommen" und *yûlād* (für *yullād*) "geboren" (dazu BL 287o und GBH § 58b). Den Formen könnten Gp-Ptzz. des Typs {*qutal*} (o.ä.) zugrunde liegen. — Im Aram. und Ar. sind keine spezifischen Gp-Ptzz. bezeugt. Die betreffende Funktion wird hier durch *{qatīl}*- bzw. *{maqtūl}*-Formen übernommen.

74.224.3. Gp-Inff. könnten in folgenden Sätzen vorliegen:

- *dṯ ydṯ mʿqbk* "Gänzlich zertreten werde, wer dich (an der Ferse) zurückhalten will" 1.18:I:19. — Die Form *dṯ* (neben Gp-PK *ydṯ*) könnte ein Gp-Inf. sein. Eine Deutung als G-Inf. ist aber ebenso möglich, da paronomastisch gebrauchte Inff. nicht notwendigerweise vom gleichen Verbalstamm abgeleitet sein müssen wie die finiten Verbalformen, auf die sie sich beziehen (§95.45).
- *k lli b ṯbr nqy ḫtu hw* "Wie ein Zicklein wurde er in den 'Brechern' meiner 'Spalte' zermalmt" 1.6:II:23 (n.L.). — *ḫtu* kann alternativ als G-Ptz. pass. analysiert werden (§73.426, √*ḫtʾ*).

74.23. Variante mit Infix *-t-* (Gt)

74.231. Einleitung

Der Gt-Stamm zeichnet sich durch die Infigierung eines Morphems *-t-* = /*-ta-*/ nach dem ersten Wurzelradikal aus. Das gleiche Morphem begegnet auch im tD-, tL- und Št-Stamm, wo es jedoch in der Regel vor dem ersten Wurzelradikal erscheint.

SV. Der Gt-Stamm ist eine ursem. Kategorie, die in allen sem. Sprachzweigen nachweisbar ist. In der kan. Sprachgruppe spielt der Gt-Stamm nur eine untergeordnete Rolle. Er läßt sich nur im Moabitischen (√*lḥm* Gt "kämpfen" [KAI 181:11.15.19.32]) und altbyblischen Phön. (√*ḥsp* Gt "zerbrechen" bzw. "zerbrochen werden" [KAI 1:2] und √*hpk* Gt "umstürzen" bzw. "umgestürzt werden" [KAI 1:2]) nachweisen. Das morphologische Merkmal des betreffenden Verbalstamms besteht in den meisten aram. Sprachen sowie im Äth. nicht in einer Infigierung, sondern in einer Präfigierung von *t* (= tG-Stamm).

Lit.: Krebernik (1991) [ausführlichste Abhandlung zum ug. Gt-Stamm und tD-Stamm]; Verreet (1984, 319-321) und Tropper (1990d) [Themavokale ug. Gt-Formen]; Sivan (GUL 128-131); vgl. ferner: Diem (1982) [T-Stämme im Sem. allgemein]; Testen (1999) [Verbalsubstt. zum Gt-Stamm im Sem.].

74.232. Gt-Präfixkonjugation

74.232.1. Einleitung

Die Gt-PK folgt dem MphT *{yiqtatVl}* (3.m.sg.).

Der Präfixvokal lautet /*i*/. Dies geht aus ug. bezeugten Formen der 1.c.sg. mit {i}-Graphem hervor (z.B. *itlk*, *iḥtrš*, *imtḫṣ*, *ištql*) und wird durch den sprachvergleichenden Befund gestützt (aram. **yiqtatil* [baram. *yitqeṭe/il*, syr. *netqeṭel*]; gegenüber ar. *yaftaʿil-*).

Der Vokal der zweiten Silbe (Infixvokal) lautet /*a*/. Dies wird zum einen durch den übereinstimmenden sprachvergleichenden Befund gestützt, zum anderen durch den syll. bezeugten PN ^{I}*a-mis-tam-ru* /*ʿAmmiṯtamru*/ < **ʿAmmV-yiḏtamVru* (RS17.01:2; 17.147:2) und den syll. bezeugten ON ^{uru}DINGIR-*iš-tam-i* /*Ilištamʿi*/ bzw. /*Ilištamiʿ*/ < **Ilu-yištamiʿ* bzw. **Ilu-yištamVʿi* (RS19.35A, Rs. 1') (zur Diskussion dieser Namen siehe §74.232.22).

Der Vokal der dritten Silbe, der sogenannte Themavokal (= TV) läßt sich nicht mit Sicherheit eruieren. Der sprachvergleichende Befund ist hier nicht eindeutig (Aram.: /*i*/; Ar. und Äth.: /*a*/; Akk.: /*a*/, /*i*/ oder /*u*/ [identisch mit dem TV des G-Präsens]). Der bereits zitierte ON ^{uru}DINGIR-*iš-tam-i* spricht vielleicht zugunsten von /*i*/, sofern dieses /*i*/ hier nicht als Kasusvokal zu deuten ist. Von besonderer Relevanz sind in diesem Zusammenhang die alph. Formen *tštil* (ein Beleg) und *yštal* (drei Belege) sowie eventuell auch *ytši* (häufig) und *ytšu* (zwei Belege) (zur Diskussion siehe Tropper 1990d, 372f.). Sollte die Form *yštal* als Gt-PK – und nicht als tD-PK – zu deuten sein, wäre bewiesen, daß der betreffende TV im Ug. zumindest bei bestimmten WzKK /*a*/ lautet. Das Problem kann bislang jedoch nicht als gelöst gelten. Aus diesem Grund wird die Qualität des betreffenden TV hier offengelassen.

SV. Die Amarnabriefe aus Kanaan weisen in der Gt-PK meist den TV /*a*/ auf, seltener /*i*/ und /*u*/ (siehe CAT 2, 81-116). Der Befund ist jedoch in diesem Zusammenhang möglicherweise nicht relevant. Die Wahl des TV könnte hier nämlich die Gegebenheiten des akk. Paradigmas widerspiegeln, wo der betreffende Vokal meist — in der sogenannten Ablautklasse und in der *a*-Klasse — /*a*/ lautet.

Bei Antritt (lang-)vokalischer Endungen ist mit einer Synkopierung des TV zu rechnen (vgl. etwa den PN ^{I}*a-mis-tam-ru*).

Hinzuweisen ist schließlich auch auf die Tatsache, daß bei bestimmten WzKK der erste Radikal in der Orthographie nicht erscheint. Er wurde entweder an das /*t*/ des Infixes assimiliert (so in der WzK I-*n*: *ttpl* [√*npl*]) oder ist unter Ersatzdehnung des vorausgehenden Vokals geschwunden (siehe Gt-PK-Formen der WzKK I-*w*/*y* und von √*hlk* sowie die Form *ytmr* [√*ˀmr*]).

74.232.2. Belegliste

74.232.21. Alphabetische Belege:

√*ˀbd* *yitbd* /*yiˀtabVd*/ (PK^{K}i 3.m.sg.): *w b tmhn šp̣h yitbd* "So ging die Familie vollkommen zugrunde" 1.14:I:24 (KTU^{2} bietet *w b klhn*). — Semantik: intransitiv; eventuell mit gesteigerter Bedeutung gegenüber G-Stamm (G "zugrunde gehen"; Gt "vollkommen zugrunde gehen").

√*ˀmr* *yitmr*, entweder /*yiˀtam(V)râ*/ (PK^{K}i 3.m.du. [?]) oder /*yiˀtam(V)r(u)*/ (PK^{L} / PK^{K}i 3.m.sg.): *išt ištm yitmr* 1.2:I:32. Denkbar sind folgende Übersetzungsvarianten: "(wie) ein gewaltiges Feuer / (wie) ein, (wie) zwei Feuer sahen die beiden (sc. zwei Boten des Yammu) aus / sah *es* aus" (Formen der PK 3.m.du. werden jedoch im Text zuvor mit *t*-Präfix gebildet); "man/Ilu sah ein gewaltiges Feuer / ein Feuer, zwei Feuer". — Semantik: Je nach Interpretetation entweder "aussehen" oder "sehen, erblicken" (vgl. nächstes Textbeispiel).

ytmr /*yîtamVr*/ < **yiʾtamVr* (PK^{K}i 3.m.sg.): *ytmr bˁl \ bnth* "Baˁlu erblickte/betrachtete seine Töchter" 1.3:I:22f. (// *yˁn* "er sah"). — Semantik: transitiv; eventuell mit gesteigerter Bedeutung.

SV. Man vergleiche hierzu √*ʾmr* Gt in den Amarnabriefen aus Kanaan, jeweils mit transitiver Bedeutung: *šu-ut yi-de ù ia-ta-mar pu-uš-[qa] \ ša* UGU-*ia* "er kennt und hat gesehen/erfahren die Schwierigkeiten, die mich belasten" (EA 74:52f.); *a-di a-ta-mar* ^{uru}2.IGI.MEŠ \ ^{lú}*ha-za-an ša* ^{I}LUGAL-*ri* \ EN-*ia* "(ich beschütze die Stadt) bis daß ich die Augen des Statthalters des Königs meines Herrn erblicke" (EA 237:16-18).

√*ʾsp* *yitsp* /*yiʾtasVp*/ (PK^{K}i 3.m.sg.): *mḫmšt yitsp \ ršp* "die Fünftfrau raffte Rašapu hinweg" 1.14:I:18. — Semantik: transitiv; wahrsch. mit gesteigerter Bedeutung gegenüber G-Stamm (G "auflesen, pflücken, einsammeln"; Gt "ausreißen, an sich reißen, hinwegraffen").

√*ʾṯm* *yiṯṯm* /*yiʾtaṯVmu*/ (PK^{L} 3.m.sg.): *šmn bn ṣqn ṡṡ[wm ?] \ yiṯṯm* "PN schuldet (Geld) wegen(?) [zweier ?] Pf[erde]" 4.398:4f.

tiṯṯmn /*tiʾtaṯ(V)mūna*/ (PK^{L} 3.m.pl.): *ˁl alpm bnš yb/d[ ] \ tiṯṯmn w ˁl x[ ] \ hrym tiṯṯmn* "Wegen(?) zweier Rinder schulden die Leute ... (Geld), und wegen(?) ... schulden die Bewohner ON (Geld)" 4.398:1-3 (laut Text sind die Schulden mit Silber zu begleichen [√*šlm*]).

tiṯṯm 2.21:21.24 (PK 3./2.f.sg.) (ohne Kontext).

Semantik: intransitive oder reflexive Bedeutung ("schuldig sein" bzw. "sich verschulden"; vgl. he. √*ʾšm* G "schuldig sein, sich verschulden").

√*hlk* *ytlk* /*yîtal(V)ku*/ od. *yittal(V)ku* (§33.115.8) < **yihtalVku* (PK^{L} 3.m.sg.): *bˁl ytlk w yṣd* "Baˁlu ging umher und streifte herum" 1.12:I:34 (nicht: "ging weg" [siehe 1.23:67f.]).

ttlk /*tîtal(V)ku*/? (PK^{L} 3.f.sg.): *ap \ ˁnt ttlk w tṣd* "ˁAnatu aber ging umher und streifte herum" 1.5:VI:25f.

itlk /*ʾîtal(V)ku*/? (PK^{L} 1.c.sg.): *an itlk w aṣd* "Ich ging umher und streifte herum" 1.6:II:15.

ttlkn /*tîtal(V)kâni*/? (PK^{L} 3.m.du.): *ilm nˁmm ttlkn \ šd / tṣdn pat mdbr* "Die beiden lieblichen Götter gingen im Gefilde umher, streiften am Rand der Wüste herum" 1.23:67f.

ntlk /*nîtal(V)k-*/? (PK^{L} od. PK^{K}e 1.c.pl.): *qdš bˁl nˁl / ntbt bt [bˁl] \ ntlk* "Zum Baˁlu-Tempel wollen/werden wir hinaufsteigen, auf den Pfaden des Baˁlu-Tempels wollen/werden wir wandeln" 1.119:33f.

Semantik: pluralische (iterative bzw. durative) Nuance zum Grundstamm (G "gehen"; Gt "[immer wieder] hin- und hergehen, wandeln").

Anm. Folgt man KTU², läge auch in 1.4:VI:18 eine Gt-PK von √*hlk* vor: *y[tl]k l lbnn w ˁṣh \ l [š]ryn mḥmd arzh* 1.4:VI:18f.; die Ergänzung *y[tl]k* ist jedoch epigraphisch unwahrsch. (§73.223.33, Nr. 7); außerdem wäre √*hlk* Gt semantisch im Kontext unpassend (siehe Krebernik 1991, 245f.).

√*ḥrš* *iḥtrš* /*ʾiḥtar(V)š(u/ā)*/ (PK^{L} od. PK^{K}e 1.c.sg.): *iḥtrš w aškn* "Ich (selbst) werde/will mich handwerklich betätigen und (eine Person) erschaffen" 1.16:V:26 (weniger wahrsch.: "ich werde/will Magie betreiben" [nur im Aram. und Äth. sicher nachweisbare Sonderbedeutung von √*ḥrš*]). — Semantik: durative bzw. habituelle (intransitive) Nuance (G/D "handwerklich etwas herstellen" [ug. nicht belegt]; Gt "[allgemein] handwerklich tätig sein, sich als Handwerker betätigen").

√*ḫṣb* *tḫtṣb* /*tiḫtaṣVb(u)*/ (PK^L[?] 3.f.sg.): *w hln ᶜnt tm\tḫṣ b ᶜmq / tḫtṣb bn \ qrytm* "Und siehe, ᶜAnatu kämpfte im Tal, lieferte sich eine Schlacht zwischen den beiden Städten" 1.3:II:5-7; *mid tmtḫṣn w tᶜn /\ tḫtṣb w tḥdy ᶜnt* "Gar sehr kämpfte sie und blickte umher, lieferte sich eine Schlacht und spähte herum die (Göttin) ᶜAnatu" 1.3:II:23f.; vgl. 1.7:37 (*ap ᶜnt tm[tḫṣ ...]*); *ᶜd tšbᶜ tmtḫṣ b bt /\ tḫtṣb bn ṯlḥnm* "Bis sie gesättigt war, kämpfte sie im Haus, lieferte sie sich eine Schlacht zwischen den Tischen" 1.3:II:29f. (vgl. 1.7:17). — Semantik: pluralische (intransitive) Nuance zum (ug. nicht bezeugten) G-Stamm (G "[jmdn./etwas] hauen, schlagen"; Gt "[wiederholt] schlagen, kämpfen").

√*yrṯ* < **wrṯ*

? *itrṯ* /*ʾittarVṯ-*/ od. /*ʾītarVṯ-*/ < **ʾiwtarVṯ-* (PK^{K}i od. PK^L 1.c.sg.): *imtḫṣ ksp \ itrṯ ḫrṣ* "Ich kämpfte (immer wieder) um(?) das Silber (dessen), nahm (immer wieder) (für mich) in Besitz das Gold (dessen), (der den Baᶜlu von den Höhen des Ṣapānu vertreiben wollte ...)" 1.3:III:46f. — Semantik: einfach transitiv ("etwas in Besitz nehmen") und damit vergleichbar mit √*yrṯ* G (1.2:I:19.35) oder mit reflexiver Nebennuance ("etwas für sich in Besitz nehmen", d.h. "für sich beanspruchen").

√*mḫṣ* *tmtḫṣ* /*timtaḫVṣu*/ (PK^L[?] 3.f.sg.): *w hln ᶜnt tm\tḫṣ b ᶜmq / tḫtṣb bn \ qrytm* "Und siehe, ᶜAnatu kämpfte im Tal, lieferte sich eine Schlacht zwischen den beiden Städten" 1.3:II:5-7; *mid tmtḫṣn w tᶜn /\ tḫtṣb w tḥdy ᶜnt* "Gar sehr kämpfte sie und blickte umher, lieferte sich eine Schlacht und spähte herum die (Göttin) ᶜAnatu" 1.3:II:23f.; vgl. 1.7:37 (*ap ᶜnt tm[tḫṣ ...]*); *ᶜd tšbᶜ tmtḫṣ b bt /\ tḫtṣb bn ṯlḥnm* "Bis sie gesättigt war, kämpfte sie im Haus, lieferte sie sich eine Schlacht zwischen den Tischen" 1.3:II:29f. (vgl. 1.7:17).

tmtḫṣ /*timtaḫVṣu*/ (PK^L 2.m.sg.): *ik tmtḫ\ṣ ᶜm alyn bᶜl* "Wie kannst du (es wagen) mit dem hochmächtigen Baᶜlu (zu) kämpfen?" 1.6:VI:24f.

? *imtḫṣ* /*ʾimtaḫVṣ-*/ (PK 1.c.sg.): *imtḫṣ ksp \ itrṯ ḫrṣ* "Ich kämpfe/kämpfte um(?) das Silber (dessen), nehme/nahm in Besitz das Gold (dessen), (der Baᶜlu von den Höhen des Ṣapānu vertreibt / vertreiben wollte ...)" 1.3:III:46f. (Interpretation unsicher; möglicherweise ist *itmḫṣ* zu lesen, was als [passivische] tD-SK gedeutet werden könnte: "[das Silber] wurde zerschlagen"; auch eine Lesung *im[[t]]ḫṣ* [G-PK 1.c.sg.] wäre denkbar).

Semantik: iterative bzw. durative (intransitive) Nuance zum (transitiven) G-Stamm (G "(jmdn./etwas) [er]schlagen"; Gt "[wiederholt] dreinschlagen, sich schlagen, kämpfen").

√*mw/yᶜ* (?)

tmtᶜ /*timtâᶜ(u)*/? (PK 3.f.sg.): *npynh mks bšrh /\ tmtᶜ mdh b ym / ṯn \ npynh b nhrm* "Ihr Kleidung, die Bedeckung ihres Fleisches, weichte sie (immer wieder) in Wasser ein (?); ihr Gewand / ihre (zwei) Gewänder im Meer, ihre zwei Kleider im Fluß" 1.4:II:5-7. — Der gebotenen

Übersetzung zufolge hätte √*mw/y*ᶜ Gt die Bedeutung "in Wasser einweichen" bzw. "waschen" (mit iterativer Nuance); zur Etym. vgl. ar. √*my/w*ᶜ I. "über d. Oberfläche langsam fließen (Wasser)", II./IV. "fließen machen; weich, flüssig machen, schmelzen" (siehe Wahrm. II, 962) und äth. √*m*ᶜ*w* "feucht, naß, geschmeidig, biegsam sein". Alternativ könnte *tmt*ᶜ G-PK von √*mt*ᶜ "wegtragen" sein (vgl. ar. √*mt*ᶜ).

√*nw*ᶜ *yt*ᶜ*n* /*yittâ*ᶜ*âni*/ < **yintawV*ᶜ*âni* (PK^L 3.m.du.): *yt*ᶜ*n k gmrm* "Die beiden rüttelten (immer wieder) aneinander wie zwei ...(?)" 1.6:VI:16. — Eine Ableitung der Form von der Wz. √ᶜ*yn* (tD-PK) scheitert daran, daß in Parallele jeweils PK-Langformen begegnen, und zwar jeweils Formen des N-Stamms (*ynghn*, *yntkn*, *ymṣhn* [1.6:VI:17-20]); folglich kann das Graphem {n} in *yt*ᶜ*n* nicht Wurzelradikal sein. Krebernik (1990, 264) erwägt demgegenüber eine Ableitung von einer Wz. √*t*ᶜᶜ (vgl. ar. *ta*ᶜ*ta*ᶜ*a* "schütteln, stoßen"). — Semantik: reziprok.

Anm. Die im abgebrochenen Kontext bezeugte Form *its* (1.2:IV:4) könnte ebenfalls eine Gt-PK (1.c.sg.) sein (Wz. √*nsy*). Eine inhaltlich überzeugende Deutung steht jedoch aus. Gegen die Deutung von /*t*/ als Wurzelkonsonanten spricht, daß Wzz. mit der Konsonantenfolge /*ts*/ im Sem. praktisch nicht vorkommen.

√*nġr* *tġr* /*tittaġVr*/ (PK^{K}v 2.m.sg.): *tġr* \ [*y b*ᶜ*l* ... ?] "Hüte dich / Nimm dich in acht [o Baᶜlu (?)]!" 1.92:33f. (Deutung unsicher; Kontext nur fragmentarisch erhalten). — Semantik: reflexiv ("sich schützen, sich in acht nehmen, sich hüten"; vgl. akk. *naṣāru* Gt "sich vorsehen").

Anm. Die Imperativform *w nġr* (1.4:VIII:14) bringt offenbar eine ähnliche Nuance zum Ausdruck. Sie ist wahrsch. als G-Imp. (c.du.), weniger wahrsch. als N-Imp. zu deuten (§74.341).

√*npl* *ttpl* /*tittapVl*/ < **tintapVl* (PK^{K}i 3.f.sg.): *mšb*ᶜ*thn b šlḥ* \ *ttpl* "Die Siebtfrau von ihnen (sc. Kerets Frauen) fiel durch einen Speer" 1.14:I:20f. (kaum passivisch: "wurde zu Fall gebracht"). — Semantik: intransitive Grundbedeutung, möglw. mit gesteigerter Bedeutung: "fallen" im Sinne von "endgültig fallen", d.h. "sterben".

√*npp* *ttpp* /*tittapVp*/ < **tintapVp* (PK^{K}i 3.f.sg.): *ttpp anhb[m]* "sie besprengte/parfümierte sich mit (der Essenz von) Meeresschnecken" 1.3:III:1 // 1.3:IV:45. — Zur Etym. von √*npp* siehe he. √*nwp* G "besprengen", K "Schnee/Regen herunterrieseln lassen", ar. *naffa* "(Land) besäen, aussäen", ar./äth. *nafnafa* "nieseln". — Semantik: reflexiv (ein G-Stamm ist ug. nicht belegt).

√*nš*ʾ *ytšu* /*yittaši/a*ʾ*u*/ (PK^L 3.m.sg.): *ytšu yṯb b ap ṯġr* "(Daraufhin war es, daß Daniʾilu . . .) sich erhob (und) sich am Toreingang niedersetzte" 1.17:V:6 // 1.19:I:21f. (*ytšu* \ [*yṯb b ap ṯ*]*ġr*). — Die Form *ytšu* ist trotz Vergangenheitsbedeutung als PK^L zu deuten (§76.347).

ytši /*yittaši/a*ʾ/ (PK^{K}v 3.m.sg.): *ytši* [*l ab bn il*] \ *ytši l dr bn il* "es (sc. das Opfer) möge sich erheben / hochsteigen [zum Vater der Söhne Ilus], es möge sich erheben / hochsteigen zum Geschlecht der Söhne Ilus" 1.40:24f. (// Z. 7-8 [weitgehend erg.], Z. 16f. [weitgehend erg.], Z. 33f.41f. sowie 1.122:2f. [weitgehend erg.]).

Semantik: reflexiv zum transitiven G-Stamm (G "etwas hochheben"; Gt "sich erheben").

√*srr* *ystrn* /*yistarranna*/ (PK^K + En. 3.m.sg.): *yqra mt* \ *b npšh* / *ystrn ydd* \ *b gngnh* "(Soll ich nicht einen Boten schicken ...), auf daß er Môtu in dessen 'Seele' (folgendes) zurufe, auf daß er dem Geliebten (Ilus) in dessen 'Innern' (folgendes) anvertraue" 1.4:VII:47-49 (Interpretation unsicher). — Zu ug. √*srr* in der postulierten Bedeutung "anvertrauen" vgl. ar. √*srr* III./IV: "jmdm. ein Geheimnis anvertrauen, jmdm. vertraulich mitteilen" (vgl. ar. *sirr* "Geheimnis); zu √*qrʾ* + *b npš* vgl. he. √*qrʾ* + *b*^{e}*ʾoznê* NN "jmdm. (laut) zurufen". — Die Lesung *ystrn* ist nicht ganz sicher, da das dritte Zeichen für ein {t} relativ kurz anmutet. Somit wäre vielleicht auch eine Lesung *ysᶜrn* möglich (vgl. etwa 2 Kön 6,11: he. √*sᶜr* N im Sinne von "[das Herz des Königs von Aram] wurde/war aufgewühlt/beunruhigt"). Vom Kontext her und aufgrund indirekter Parallelen (1.16:VI:26; 1.4:V:4) könnte jedoch auch die Wz. √*ysr* "unterweisen, belehren" vorliegen, so daß von einer emendierten Lesung *ys«x»rn* (√*ysr* G-PK 3.m.sg. + En.) auszugehen wäre ("... auf daß er den Geliebten in dessen Innern belehre"). Festzuhalten bleibt, daß eine Form *ystrn* weder als Gt-PK noch als tD-PK einer Wz. √*ysr* analysiert werden kann. Eine Gt-PK müßte *ytsrn*, eine tD-PK müßte *ytwsrn* lauten. — Semantik: offenbar transitiv.

Anm. Krebernik (1991, 257f.) analysiert die in 1.4:VII:48 bezeugte Form *ystrn* als Gt-PK einer Wz. √*srr* und übersetzt: "daß ihn verschlinge(?) der 'Liebling' in seinen Rachen(?)". Gegen diese Übersetzung spricht, daß das Graphem {n} im Ug. in aller Regel nicht für ein OS (3.m.sg.) steht (vgl. §73.634). Außerdem kommt die genannte Wz. nicht als inhaltliche Parallele zur Wz. √*qrʾ* (Z. 47) in Betracht.

√*ᶜwd* (alt.: √*ᶜdy* oder √*ᶜdd*)

tᶜtd 1.5:III:5: Es handelt sich um einen wahrscheinlichen Beleg einer Gt-PK. Der abgebrochene Kontext erlaubt jedoch keine sichere Interpretation. Ob eine etymologische Beziehung zur tL-Form *ytᶜdd* (1.4:III:11 [§74.53]) besteht, ist ungewiß.

√*ġwr* *yġtr* /*yiġtâru*/? (PK^L 3.m.sg.): *bᶜln yġtr [ḫ]rd w uḫr\y ykly r*š*p* "... dann wird der Herr die *ḫurādu*-Truppe angreifen(?), und Rašapu wird die Nachkommenschaft vernichten" 1.103+:39f. Die gebotene Interpretation und die Etym. der Wz. √*ġwr* (vgl. ar. √*ġwr*) sind unsicher. Alternativ wäre von einer Wz. √*ġtr* (G/D-PK) auszugehen (vgl. *yġtr* in 1.24:28). — Semantik: offenbar transitiv.

√*prᶜ* *tptrᶜ* /*tiptarVᶜ*/ (PK^{K}i 3.f.sg.): *trtḥṣ* \ *btlt ᶜnt* / *tptrᶜ ṯb*(?)*[ ]* \ *limm* "Die Jungfrau ᶜAnatu wusch sich, die <Schwägerin des>(?) *Lim* übergoß sich mit Wasser(?) / entblößte sich" 1.13:18-20. — Zur Etym. von √*prᶜ* vgl. entweder ar. √*frġ* VIII. "Wasser über sich gießen" oder he./aram. √*prᶜ* "frei lassen, entblößen, (Haar) auflösen" und ar. √*frġ* (sic!) "frei, leer sein". — Semantik unklar (evtl. reflexiv).

√*pwq* *tptq* /*tiptâq-*/ (PK 2.m.sg. ?): [ ]*x l tzd l tptq* \ [ ] "... du wirst nicht/fürwahr Lebensmittel beschaffen(?) (und) du wirst nicht/fürwahr erhalten(?) ..." 1.1:V:27f. (Deutung unsicher). — Semantik unklar.

√*qnṣ* *tqtnṣn* /*tiqtanVṣâ-*/ (PK^{L} 3.f.du. od. PK^{K}i 3.f.du. + En.): *tqtnṣn w tldn* "die beiden (Frauen) kreißten(?) und gebaren" 1.23:58 // 1.23:51*f. — Obwohl die Etym. von √*qnṣ* ungewiß ist – vgl. aber akk. *kalāṣu* und ar. √*qlṣ*, "sich zusammenziehen", sowie syr. √*glṣ* "(Stirn) runzeln; (Zähne) fletschen" (§33.135.1) –, ist die gebotene Übersetzung aufgrund des Kontextes weitgehend gesichert. — Semantik: intransitiv oder reflexiv ("sich winden"), möglw. mit gesteigerter Bedeutung ("[starke] Geburtswehen haben, kreißen").

√*rḥṣ* *yrtḥṣ* /*yirtaḥVṣ*/ (PK^{K}i 3.m.sg.): *yrtḥṣ w yadm* "er wusch sich und schminkte sich rot" 1.14:III:52; *yrtḥṣ* \ [...]*y ylḥm b lḥmy* ... "Er wusch sich ..., er aß von meiner Speise ..." RS92.2016:12'-13' (alt.: PK^{L}).

yrtḥṣ /*yirtaḥ(V)ṣu*/ (PK^{L} 3.m.sg.): [*b ar*]*bʿt ʿ*[*š*]*rt yrtḥṣ mlk* "am 14. (Tag des Monats) wäscht sich der König" 1.46:10; ähnl. 1.87:3.54f., 1.105:19f., 1.106:25f., 1.109:1f., 1.112:10f.15-17 und 1.119:4f.

trtḥṣ /*tirtaḥVṣ*/ (PK^{K}i 3.f.sg.): *trtḥṣ* \ *btlt ʿnt* "Die Jungfrau ʿAnatu wusch sich" 1.13:17f.; *trtḥ*[*ṣ*] \ *w tadm* "Sie wusch sich und schminkte sich rot" 1.19:IV:41f.

trtḥṣ /*tirtaḥVṣ*/ (PK^{K}v 2.m.sg.): *trtḥṣ w tadm* "Du sollst dich waschen und dich rot schminken!" 1.14:II:9.

Semantik: reflexiv ("sich waschen"), häufig parallel zu √*ʾdm* N ("sich rot machen, sich schminken"). Demgegenüber ist √*rḥṣ* G gewöhnlich transitiv, z.B. *trḥṣ ydh* "sie wusch ihre Hände" (1.3:II:32). In 1.3:II:38 wird ug. √*rḥṣ* allerdings auch im Grundstamm reflexiv gebraucht (vgl. he. √*rḥṣ* G "waschen, sich waschen, baden"): *tḥspn mh w trḥṣ* /\ *ṭl šmm šmn arṣ* / *rbb* \ [*r*]*kb ʿrpt* "Sie schöpfte Wasser und goß(?) (es über sich) / wusch sich, (nämlich [mit]) den/dem Tau des Himmels, das/dem Öl der Erde, den/dem Regenschauer des Wolkenfahrers" (1.3:II:38-40).

Anm. Ein möglicher weiterer Beleg für √*rḥṣ* Gt liegt in 1.82:35 vor (*trtḥ*[ ]). Demgegenüber enthält 1.55:3 keinen Beleg für √*rḥṣ* Gt. Die KTU^{2}-Lesung [ ]*i<r>tḥṣ.nn* ist falsch und zu [ ]*rḥṣ.nn* (√*rḥṣ* G) zu korrigieren.

√*rqṣ* *yrtqṣ* /*yirtaqVṣ*/ (PK^{K}i 3.m.sg.): *yrtqṣ ṣmd bd bʿl* / *km nšr* \ *b uṣbʿth* "Es hüpfte / schwang sich die Keule von Baʿlus Hand, wie ein Adler (hüpfte sie) von seinen Fingern" 1.3:IV:15f. // 1.3:IV:23f.

trtqṣ /*tirtaqVṣ*/ (PK^{K}v 2.m.sg.): *trtqṣ bd bʿl* / *km nš\r b uṣbʿth* "Du sollst hüpfen / dich schwingen von Baʿlus Hand, wie ein Adler (hüpfte sie) von seinen Fingern" 1.2:IV:13f. // 1.3:IV:20f.

Semantik: intransitiv ("hüpfen, springen") oder reflexiv ("sich schwingen"); ein G-Stamm zu √*rqṣ* ist nicht belegt. Zur Etym. siehe ar. √*rqṣ* I. "hüpfen, tänzeln, tanzen", V. "schwingen, beben", VI. "tänzeln".

√*šʾl* *yštal* /*yištaʾal*/ (PK^{K}v 3.m.sg.): *w mlk yštal bhn* "der König möge hinsichtlich dieser Dinge(?) Nachforschungen anstellen" 2.42:23.

yštal /*yišta'al(u)*/ (PK^K oder PK^L 3.m.sg.): *hlny bn ʿyn \ yštal ʿm amtk* "Siehe, PN erhebt/erhob Forderungen(?) gegenüber deiner Magd" 2.70:11f.; *ʿdn yštal \ ʿmnk* "PN(?) soll/wird bei dir anfragen" 2.71:10f.

tštil[ ] /*tišta'l-*/ < **tišta'a/il-* (PK^L/PK^K 3.m.du./pl. [?]) oder /*tišta'il*/ [PK^{K}v 2.m.sg.]): *ky mx[ ] \ w pr[ ] \ tštil[ ] \ ʿmn bnš xx[ ]* "Was die Tatsache betrifft, daß PN_1 und PN_2 bei den ...-Leuten Forderungen(?) erhoben haben / erheben" 2.17:13-16 (andere Deutungen sind möglich, z.B. "... du sollst anfragen bei ...").

Semantik: intransitiv, möglw. mit gesteigerter Bedeutung gegenüber G-Stamm (G "fragen"; Gt "[genau] ausfragen, [eingehende] Nachforschungen anstellen, sich [genau] erkundigen").

Anm. Die dreimalige Form *yštal* wird von verschiedenen Autoren auch als tD-PK gedeutet (gegenüber Gt-PK *tštil*) wobei auf jüngere nwsem. Sprachen verwiesen wird, die einen tD-Stamm (Hitpaᶜᶜel, Etpaᶜᶜal) zur Wz. √*š'l* mit teilweise vergleichbarer Bedeutung bezeugen. Dies ist jedoch kaum überzeugend, da in den genannten Sprachen mit zahlreichen sekundären tD-Formen zu rechnen ist, die sprachgeschichtlich auf Gt-Formen zurückgehen. Diese Entwicklung läßt sich im Kan. durch die allgemeine Aufgabe des Gt-Stamms, im Aram. durch die zahlreichen paradigmatischen Überschneidungen von Gt- und tD-Formen erklären.

√*šbm* ? *ištbm* /*'ištabVm*/ (PK^{K}i 1.c.sg.): *l ištbm tnn ištmdʔh* "Habe ich nicht den *Tnn*-Drachen geknebelt(?), ihn (nicht völlig) vernichtet?" 1.3:III:40 (Lesung des letzten Wortes, Etym. der Verbalformen und Deutung der ganzen Textzeile unsicher; siehe dazu Pardee 1984a und Krebernik 1991, 260f.; alternativ tD-PK [*§*74.432]). — Semantik (unsicher): Gemäß der gebotenen Übersetzung hätten beide Gt-Formen, *ištbm* und *ištmdʔh*, transitive Bedeutung (möglw. mit gesteigerter Nuance).

√*šdy* *yštd* /*yištadî*/ < **yištadiy*: *yštd . [ ]* 1.6:IV:25 (ohne Kontext; vgl. 1.6:IV:18). — *yštd* könnte auch tD-PK sein; Semantik unklar.

√*šmd* ? *ištmdh* /*'ištamVd-*/ (PK^{K}i 1.c.sg. + OS 3.m.sg.): *l ištbm tnn ištmdʔh* "Habe ich nicht den *Tnn*-Drachen geknebelt(?), ihn (nicht völlig) vernichtet?" 1.3:III:40 (vgl. die Ausführungen zu √*šbm* [vorletzter Absatz]). — Anstelle von *ištmdʔh* ist auch eine Lesung *ištm pʔh* zu erwägen: "Habe ich nicht den *Tnn*-Drachen geknebelt(?), (habe ich nicht) sein Maul verschlossen?". Zur Wz. √*štm* "verschließen" vgl. he. √*s/štm*.

√*šql* *yštql* /*yištaqVl*/ (PK^{K}i 3.m.sg.): *dnil bth ymġyn /\ yštql dnil l hklh* "Daniʾilu ging hin zu seinem Haus, es begab sich Daniʾilu zu seinem Palast" 1.17:II:24f. // 1.19:IV:8f.; *mġy ḥrn l bth / w \ yštql l ḥẓrh* "Ḥôrānu ging hin zu seinem Haus, er begab sich zu seiner Wohnstatt" *il hlk l bth / yštql \ l ḥẓrh* "Ilu ging zu seinem Haus, er begab sich zu seiner Wohnstatt" 1.114:17f.

tštql /*tištaqVl*/ (PK^{K}i 3.f.sg.): *ʿnt l bth tmġyn /\ tštql ilt l hklh* "ᶜAnatu ging hin zu ihrem Haus, es begab sich die Göttin zu ihrem Palast" 1.3:II:17f.

tštql /*tištaqVl*/ (PK^{K}v 2.f./m.sg.): *[ ]u l tštql \ [xx]x ṭry* "... du sollst dich begeben ...!" 1.6:VI:42f.

ištql /*ʾištaq(V)lā*/ (PK^{K}e 1.c.sg.): *ptḥ bt w uba / hkl w ištql* "Öffne das Haus, damit ich hineinkommen kann, den Palast, damit ich mich hineinbegeben kann!" 1.100:72. — Alle genannten Verbalformen lassen sich theoretisch auch als Št-Formen von √*qyl* "fallen" deuten (vgl. Loewenstamm 1984b). Semantisch ist dies jedoch weniger wahrscheinlich (siehe Tropper 1990, 78-80).

Semantik: reflexiv zu einem ug. nicht bezeugten Grundstamm (G "tragen, hochheben, wegnehmen"; Gt "sich erheben, sich wegbewegen, sich wegbegeben, sich hinbegeben"). √*šql* Gt begegnet im Ug. in Parallele zu √*mġy* G, √*hlk* G und √*bwʾ* G.

√*ṯyn* (alt. Sekundärwurzel √*ṯtn* [G-Stamm])

yṯtn /*yiṯtânu*/ < **yiṯtayVnu*/ (PK^L 3.m.sg.): *w k l yḫru w l yṯtn ssw* "Wenn das Pferd den Darm nicht entleert und nicht uriniert" 1.85:9; ähnl. 1.71:9 (lies: *[k l yḫr]u w l yṯtn* [n.L.]). — Semantik: intransitive Grundbedeutung, möglw. denominiert ("Harn" : "Harn ablassen"). Ein G-Stamm von √*ṯyn* ist ug. nicht belegt. Auch andere sem. Sprachen verwenden das betreffende Verb mit gleicher Bedeutung im Gt-Stamm (akk. *šatānu* [Sekundärwurzel zu *šânu*]; he. *maštîn* [fossiles Gt-Ptz., vokalisiert als Hifʿil-Ptz. zu einer Sekundärwurzel √*štn*]).

√*ṯmn* ? *tṯmn-m* (PK^L 3.f.sg. + EP -*m*) od. *tṯmnn* /*tiṯtam(V)nûna*/ (PK^L 3.m.pl.): *tld šbʿ bnm lk /\ w ṯmn tṯʾmnm \ lk* "Sie wird dir sieben Söhne gebären, acht wird sie dir schenken (w.: verachtfachen)"; alt.: *tld šbʿ bnm lk /\ w ṯmn tṯʾmnn \ lk* "Sie wird dir sieben Söhne gebären, acht (Söhne) werden für dich vorhanden sein" 1.15:II:23-25 (im letzteren Fall könnte *tṯmnn* auch tD-PK sein (§74.232.21, √*ṯmn*; vgl. auch den fem. PN *ṯṯmnt* [§74.236.2]). — Die Lesung *tṯmnm* bzw. *tṯmnn* ist aber nicht ganz sicher. Sollte von einer Lesung *tṯmnn* auszugehen sein, wäre die Form als Š-PK zu deuten (§62.182b, Anm.; §74.622.3, √*ṯmn*). — Semantik: Vom Zahlwort *ṯmn* "acht" denominierte transitive (faktitive) od. intransitive Bedeutung: "acht (Exemplare) sein/machen".

√*ṯny* ? *tṯny[(n)]* /*tiṯtaniyū(na)*/? (PK 3.m.pl.): *[ ] \ w tṯny[ ]* 1.5:IV:18f. (Deutung unsicher); vgl. √*ṯny* (I) "zum zweiten Mal tun, wiederholen". Eine Deutung als tD-PK ist gleichfalls möglich (§74.432).

Anm. Die obige Auflistung enthält keine Belege von Wzz. I-*s*, I-*ṣ* und I-*z* einerseits sowie von Wzz. I-*t*, I-*ṭ* und I-*d* andererseits. Dieser Befund mag auf Zufall beruhen. Es ist aber zu beachten, daß bei den genannten Wzz. Belege der Gt-PK möglicherweise orthographisch indifferent sind. Bei der letzteren Gruppe ist mit einer (regressiven) Assimilation des ersten Radikals der Wz. an das *t*-Infix oder mit einer (progressiven) Assimilation des *t*-Infixes an den ersten Radikal der Wz. zu rechnen. Bei der ersteren Gruppe ist mit einer (progessiven) Assimilation des *t*-Infixes an den ersten Radikal der Wz. oder mit einem dissimilatorisch motivierten Schwund des Infixes zu rechnen, z.B. **ystmk* /*yistamVk-*/ = [yi^{t}stamVk-] > **ysmk* /*yissamVk-*/ = [yi^{tt}samVk-] (*√*smk*) (für das gleiche Phänomen im Akk. siehe GAG § 29e).

74.232.22. Syllabische Belege

Im syll. Textkorpus ist abgesehen von Eigenennamen kein sicherer Beleg einer spezifisch ug. Gt-PK-Form bezeugt. Folgende beiden Eigennamen enthalten eine Gt-Form (wahrsch. PK):

√ḏmr PN ^I^*a-mis-tam-ru* /*ᶜAmmiṯtamru*/ < **ᶜAmmV-yiḏtamVru* (RS17.01:2; RS17.147:2). — Das zweite Element des PN dürfte eine Gt-PK sein (alt.: Gt-SK). Der PN ist gleichzusetzen mit den alph. bezeugten Namensformen *ᶜmṯtmr(w)* (1.161:11.25&) bzw. *ᶜmyḏtmr* (6.23:2 = 6.75:2). Die letztere Schreibung zeigt, daß die zugrundeliegende Wz. *√ḏmr* lautet (und nicht *√ṯmr* [/*ṯ*/ resultiert aus einer partiellen Assimilation; §33.112.8]). Sie stützt wegen des Graphems {y} außerdem die Annahme, daß eine PK-Form (wohl PK^K^i) vorliegt. Der PN bedeutet somit wohl "ᶜAmmu hat beschützt". Ein vergleichbarer alph. bezeugter PN ist *ilṯtmr* "Ilu hat beschützt" (4.103:11).

Anm. Wollte man das zweite Namenselement als Gt-SK analysieren, wäre man gezwungen, das {y} der alph. Schreibung *ᶜmyḏtmr* (6.23:2 = 6.75:2) als *mater lectionis* für kurzes /*i*/ im Inlaut zu deuten (so Sanmartín 1995b, 458). Eine solche Orthographie läßt sich m.W. sonst nicht nachweisen.

√šmᶜ ON ^uru^DINGIR-*iš-tam-i* /*Ilištamᶜi*/ bzw. /*Ilištamiᶜ*/ < **Ilu-yištamiᶜ* bzw. **Ilu-yištamVᶜi* (RS19.35A, Rs. 1'); identisch mit alph. *ilštmᶜ* (1.79:7&); vgl. auch das Gent. *ilštmᶜy* (4.33:29&). — Das zweite Element des ON enthält entweder eine Gt-SK oder eine Gt-PK mit kontrahiertem /*y*/ (< **Ilu-yištamVᶜ-*). In Analogie zum PN *ᶜmyḏtmr* (Variante *ᶜmṯtmr*) ist die letztere Lösung vorzuziehen: "Ilu hat gehört/erhört".

Anm. Die von Huehnergard (UV 109f.) als Gt-PK gedeutete Glosse *ti-tar-ḫ[u]* (RS17.33:Vs.:10') beruht auf einer falschen Lesung. Nach W.H. van Soldt, der den betreffenden Text in Paris kollationierte, folgen dem Zeichen {ḪU} Spuren eines weiteren Zeichens, die van Soldt mit Vorbehalt als {ZA} deutet (BiOr 47 [1990], 733). Als Lesung schlägt van Soldt *ti-tar-⌈ḫu-ṣa⌉* vor, ohne eine grammatische Erklärung für diese Form geben zu können. Eine Lesung *ti-tar-⌈ri-ṣa⌉* hält er ebenfalls für erwägenswert. Da der Kontext eine Bedeutung "sich beeilen" verlangt, ist aber möglw. von einer Lesung *ti-tar-⌈ri-ḫa⌉* auszugehen. Es könnte sich um eine Gt-PK^L^ 3.f.sg. mit Ventivendung handeln, abzuleiten von akk. *arāḫu* "eilig sein, eilen" (AHw. 63). Es handelt sich trotz Glossenkeil wahrsch. um eine akk. Form, die die Bedeutung der vorausgehenden Verbalform *ti-ir-ḫu-uṣ* verdeutlicht.

74.233. Gt-Imperativ

Der Gt-Imp. folgt dem MphT *{(ʾ)iqtatVl}* und erscheint orthographisch als *iqttl*. Das Graphem {i} steht dabei für einen prothetischen Vokal /*i*/ zur Auflösung des doppelkonsonantischen Anlauts (§33.423b). Ob dieser Vokal im Kontext – entsprechend dem ar. Verbindungsalif (*ʾalif al-waṣla*) – wegfällt, läßt sich mangels signifikanter Belege nicht sicher beantworten (vgl. aber 1.93:4, wo *ištmᶜ* möglw. eine Kontextform darstellt). Es sind nur Belege der Wz. *√šmᶜ* bezeugt:

*ištm*ᶜ /(ʾ)*ištamV*ᶜ/: *šm*ᶜ *m*ᶜ *l krt* \ *ṯ*ᶜ / *ištm*ᶜ *w tqġ udn* "Höre doch, o edler Keret; horch auf und neige (dein) Ohr!" 1.16:VI:41f.; ähnl. 1.16:VI:29f.*. Ein möglicher weiterer Beleg liegt in 1.93:4 vor: *hwt b*ᶜ*l ištm[*ᶜ *]* \ *šm*ᶜ *ly y pš i/h[ ]* "Horch' auf(?) das Wort des Baᶜlu [ ]; höre mir zu, o ...(?)!" (Abgrenzung der Kola unklar; *hwt b*ᶜ*l* ist möglw. nicht Objekt zu *ištm*ᶜ). — Semantik: Grundbedeutung, möglw. mit gesteigerter Nuance gegenüber dem G-Stamm (vgl. √*šm*ᶜ tG "gehorchen, achtgeben" in mehreren aram. Dialekten). √*šm*ᶜ Gt fungiert als Parallele zu √*šm*ᶜ G. In 1.16:VI wird √*šm*ᶜ Gt intransitiv gebraucht, in 1.93:4 möglw. transitiv (Interpretation jedoch unsicher).

Sivan (GUL 131.151) deutet auch die Form *tqġ*, die in 1.16:VI:30.42 jeweils neben dem Gt-Imp. *ištm*ᶜ begegnet (zum Text siehe oben), als Gt-Imp. einer Wz. √*yqġ* ("to wake up, to be awake"). Es dürfte jedoch eher von einer Wz. √*qġw/y* "(das Ohr) neigen" auszugehen sein (siehe §32.123.33). Trifft dies zu, kann die Form *tqġ* nur eine PK sein ("du sollst neigen" [G-PK^{K}v 2.m.sg.]).

Krebernik (1990, 231) erwägt für weitere drei Formen die Deutung als Gt-Imp., nämlich für *i<r>tḥṣnn* (1.55:3), *ištir* (1.18:IV:15) und *[i]štir* (2.72:33). Die erstere Form dürfte falsch gelesen sein (lies *[ ]rḥṣnn*). Die beiden letzteren Formen werden hier als SK-Belege gedeutet (§74.234.2).

Anm. Bei Verbalstämmen mit in- oder präfigiertem /t/ (Gt, tD, tL, Št) sind im Ug. Formen des Imp. allgemein selten nachzuweisen; stattdessen werden offensichtlich Formen der PK^{K}v (der 2. Person) bevorzugt (siehe §77.324d und §77.325).

74.234. Gt-Suffixkonjugation

74.234.1. Einleitung

Im Ug. lassen sich nur von drei Wzz. (alph.) Belege einer Gt-SK nachweisen. Sämtliche Belege weisen einen prothetischen Vokal auf, der orthographisch als {i} erscheint. Der zugrundeliegende MphT lautet entweder *{(ʾ)iqtatil}* (vgl. den aram. Befund) oder *{(ʾ)iqtatal}* (vgl. den ar./äth. Befund). Möglicherweise ist die Qualität des dritten Vokals, d.h. des Themavokals (= TV), aber variabel. Der alph. Befund läßt hier keine sichere Entscheidung zu. Die Schreibung *ištir* könnte zugunsten eines TV /*i*/ sprechen, doch könnte {i} hier auch für vokalloses Aleph stehen (Synkope des TV [§33.243.11c]).

Syll. Belege für eine ug. Gt-SK gibt es wahrscheinlich nicht (zu den Eigennamen ᴵ*a-mis-tam-ru* und ᵘʳᵘDINGIR-*iš-tam-i* siehe oben [§74.232.22]).

74.234.2. Belege

√*ʾbd* *itbd* /*ʾitab(V)da*/ (§33.141.43) < **ʾiʾtabVda* (SK 3.m.sg.): *bt* \ *[m]lk itb*!*d*! (geschrieben: *itdb*) "die Dynastie des [Kö]nigs war zugrunde gegangen" 1.14:I:7f. — Semantik: intransitiv; eventuell mit gesteigerter Bedeutung (G: "zugrunde gehen"; Gt "vollkommen zugrunde gehen").

√*šʾr* *ištir* /*ʾištaʾra*/ < **(ʾi)štaʾVra* od. /*ʾištaʾira*/ (SK 3.m.sg.): *arb*ᶜ ᶜ*šrh šmn* \ *d lqḥt ṯlġdy* \ *w kd ištir* ᶜ*m qrt* "14 (*kd*-Maß) Öl, die *Ṯlġdy* mitgenommen hat; ein *kd*-Maß (Öl) blieb zurück in Qaratu" 4.290:1-3 (anders

Hoftijzer 1971b: "to be still owing"); *[i]š$^{?}$tir aštn l[k]* "[.... was(?) noch aus]steht, (das) werde ich di[r] überbringen lassen" 2.32:10 (unsicherer Beleg). Dieselbe Zeichenfolge findet sich ferner in 1.18:IV:15 (*ištir b ḏdm wnʿrs[ ]*; Kontext abgebrochen) und 2.72:42 (*[i]štir p u*; Kontext abgebrochen). Ob es sich auch dabei jeweils um SK-Formen handelt, läßt sich nicht sicher entscheiden. — Semantik: intransitive Grundbedeutung (vergleichbare Nuancen werden im Aram. durch den tG-Stamm, im He. meist durch den N-Stamm ausgedrückt; vgl. ferner ar. *saʾira* I. "übrig sein").

√štk *išttk* /*ʾištat(V)ka*/ (SK 3.m.sg.): *i<š>ttk l awl /\ išttk lm t$^{?}$t$^{?}$k$^{?}$n* "Er (sc. Baʿlu) war niedergesunken zu ...(?), war niedergesunken zu ...(?)" 1.12:II:56f. — Zwar ist das Verständnis der zitierten Kola unklar, doch spricht der größere Kontext zugunsten der vorgeschlagenen Interpretation der Verbalformen *išttk* (es gehen Verbalformen des Wortfeldes "fallen, niedersinken, einknicken" voraus). Demnach lautet die zugrundeliegende Wz. *√štk* (zur Etym. siehe *§*32.133.1). Eine Ableitung von *√ntk* (Št-Stamm) ist somit unwahrscheinlich (damit gegen Tropper 1990a, 47f.). — Semantik: intransitiv (vgl. *√štk* G "aufhören, innehalten" in 1.12:II:58-60[3x]).

Anm. Die Interpretation des betreffenden Kontextes, 1.12:II:53-61, ist in der Forschung sehr umstritten. Ich gehe von folgender Lesung und Übersetzung aus: *kn npl bʿl \ km ṯr / w tkms hd [[k]] \ km ibr / b tk mšmšm rṣ$^{?}$ /\ i<š>ttk l awl / išttk lm t(?)t(?)k(?)n /\ štk mlk dn / štk šibt ʿn / štk qr bt il / w mṣlt bt ḥrš* "So(?) war Baʿlu hingefallen wie ein Stier, war Haddu in die Knie gesunken wie ein Bulle; mitten im Sumpf(?) war er eingeknickt. Er war niedergesunken zu ...(?), war niedergesunken zu ...(?). (Da) hielt der König inne beim Richten, hielt(en) die Wasserschöpferin(nen) an der Quelle inne; da hörte auf der Lärm (im) Tempel und das Geklirre (in) der Schmiede". Man beachte die neue Lesung des letzten Wortes von Z. 55 als *rṣ$^{?}$* (gegenüber der KTU^{2}-Lesung *bʿl*), wahrsch. eine G-SK von *√rṣṣ* (zur Bedeutung "einknicken" vgl. he. *√rṣṣ* N [bes. Jes 42,4 und Ez 29,7]).

Ein weiterer Gt-SK-Beleg liegt möglicherweise in der Form *iṯtqb* (1.105:9) vor, abzuleiten von einer Wz. *√ṯqb* (vgl. ar. *√ṯqb* "ein Loch machen, durchbohren" [siehe DLU 63]). Daß es sich dabei um einen ON handelt, wie wiederholt vermutet wurde, ist nicht gesichert: *alp w š l bʿlt \ bwtm š iṯtqb* "ein Rind und ein Schaf für die Herrin des Palastes, ein Schaf ...(?)" (1.105:8f.).

Anm. Der PN *ilṭḥm* (2.49:9 [?]; 4.63:II:5&) ist wegen syll. Schreibungen wie DINGIR-*taḫ-mu* und DINGIR-*taḫ-ḫi-me* keine Gt-SK von *√lḥm* (vgl. DLU 32b).

74.235. Gt-Partizip

Die Vokalisation des ug. Gt-Ptz. ist ungewiß. In Entsprechung zum akk. und ar. Befund ist von einem MphT *{muqtatil}* auszugehen (aram. **mitqatil* dürfte sekundären Ursprungs sein [Analogiebildung zu finiten Gt-Formen]). Es gibt nur einen einzigen, umstrittenen Beleg der Wz. *√ndb*:

mtdbm /*muttadibīma*/? < **muntadibīma*(?) (Gt-Ptz. m.pl. Gen.): *spr mtdb[m]* "Liste von Spend[ern (von Kleinvieh)]" 4.775:1. — Dieser Interpretation zufolge hätte der Gt-Stamm hier reflexive Funktion ("sich bereitwillig zeigen, sich freiwillig entschließen" = "spenden"; vgl. he. √*ndb* tD mit ähnlicher Bedeutung). — I. Márquez Rowe (UF 27 [1995], 327f.) hat neuerdings jedoch die gebotene Lesung und Interpretation in Zweifel gezogen. Seine neue Lesung lautet: *spr mqd b [ ]* (Übersetzung: "Record concerning the grazing tax from [GN]" [S. 327]). Demnach läge eine *{maqtVl}*-Nominalform der Wurzel √*nqd* vor ("Weidegebühr"). — Eine sichere Entscheidung zwischen diesen beiden Lösungen ist ohne eingehende Prüfung des epigraphischen Befunds nicht möglich.

74.236. Infinitiv und andere Verbalsubstantive zum Gt-Stamm

74.236.1. Als Verbalsubstt. zum Gt-Stamm kommen im Ug. – sieht man einmal von Eigennamen ab – nur die Formen *tmtḫṣ(h)* (√*mḫṣ* Gt) und *tḫtṣb* (√*ḫṣb* Gt) in Frage (jeweils nur ein Beleg):

w l šbʿt tmtḫṣh b ʿmq /\ tḫtṣb bn qrtm "Sie war (noch) nicht satt von ihrem Kämpfen in der Ebene, vom Streiten zwischen den beiden Städten" 1.3:II:19f. — Für die Deutung als Verbalsubstt. spricht, daß eine der genannten Formen durch ein Pronomialsuffix erweitert ist: *tmtḫṣh* "ihr Kämpfen" (1.3:II:19). Auch die syntaktischen Gegebenheiten stützen diese Annahme (√*šbʿ* G mit Akkusativrektion: "sich an/mit etwas sättigen"). — Alternativ wäre denkbar, daß *tmtḫṣ* und *tḫtṣb* jeweils Gt-PK-Formen darstellen: "sie war (nicht) satt, daß sie kämpfte/stritt", d.h. "sie war (nicht) satt vom Kämpfen/Streiten". Diese Deutung würde aber eine Emendation von *tmtḫṣh* (1.3:II:19) zu *tmtḫṣ* voraussetzen. — In 1.3:II:29f. dürften die Formen *tmtḫṣ* und *tḫtṣb* dagegen als Gt-PK zu deuten sein; zum Text siehe *§*74.232.21 (sub √*ḫṣb* und √*mḫṣ*).

Somit besitzt das Ug. offenbar ein Gt-Verbalsubst. mit *t*-Präfigierung und *t*-Infigierung. Der MphT lautet also *{tVqtatVl}*, wahrsch. *{ta/iqtatil}*. Die gleiche Bildung ist im Eblaitischen bezeugt.

SV. Beinahe alle sem. Sprachen bilden Gt-Verbalsubstt. entweder durch Präfigierung oder durch Infigierung von *t* (siehe im einzelnen Testen 1999). Nur das Eblaitische kennt zum Gt-, Dt- und Št-Stamm Verbalnomina mit prä- und infigiertem *t*: Gt *ta/iptarisum*, Dt *tuptarrisum*, Št *tuštaprisum* (Paradigmenwurzel √*prs*). Zur Diskussion des Phänomens und den Belegen siehe Hecker (1984), Kienast (1984), Krebernik (1984) und Krebernik (1996, 238f.). Man ging bisher davon aus, daß der eblaitische Befund innerhalb des Sem. singulär sei (vgl. Kienast 1984, 241). Angesichts des ug. Befundes dürfte diese Auffassung – zumindest im Hinblick auf den Gt-Stamm – zu revidieren sein. Zum tD- und Št-Stamm sind im Ug. keine vergleichbaren Bildungen bezeugt.

74.236.2. Daneben sind möglicherweise auch folgende zwei fem. PNN mit Infix *-t-* als Verbalsubstt. zum Gt-Stamm zu deuten:

ṯtmnt 1.16:I:29.39. — Es gibt sehr wahrsch. eine etymologische Verbindung zwischen dieser Form und der Zahlwurzel √*ṯmn(y)* "acht"; wahrscheinliche

Bedeutung: "die achte (Tochter)". *ṯtmnt* könnte aber auch ein Verbalsubst. zum tD-Stamm sein (mit Konsonantenmetathese).

ṯtqt 1.24:48 (PN oder Appelativ). — Aufgrund fehlender Worttrenner ist die Abgrenzung des Namens nicht sicher. Er könnte theoretisch auch *y\ṯtqt* (1.24:47-48) lauten.

74.236.3. Huehnergard (UV 166) vertrat die Auffassung, daß das syll. bezeugte Lexem *tap-de*$_4$*-tu*$_4$ (u.ä.) = */tapdêt-/* < **tapdayt-* "Bezahlung, Austausch" (RS16.131:19; 16.246:14; 16.343:9) ein Verbalsubst. des Gt-Stamms sei (MphT *{taqtal}*). Wahrscheinlicher handelt es sich jedoch um ein Verbalsubst. des G-Stamms (z. Disk. siehe §73.529).

74.237. Beleghäufigkeit und Semantik des Gt-Stamms

74.237.1. Die Anzahl der angeführten Belege beweist, daß der Gt-Stamm im Ug. – inbesondere im poetischen Textkorpus – ein sehr produktiver Verbalstamm ist. Unserer Untersuchung zufolge gibt es sogar mehr Belege des Gt-Stamms als des N-Stamms. Dieser Befund ist mit Blick auf die (jüngeren) kan. Sprachen erstaunlich, verträgt sich jedoch gut mit dem vergleichbaren Befund der aram. Sprachgruppe und anderer sem. Sprachen.

Ferner konnte im Ug. ein gewisses Mißverhältnis zwischen PK- und SK-Belegen zuungunsten der letzteren Kategorie (nur drei sichere Belege!) festgestellt werden. Dieser Befund beruht offenbar darauf, daß der Gt-Stamm in Prosatexten selten bezeugt ist.

"Schwache" Verben im weiteren Sinn scheinen überdurchschnittlich häufig im Gt-Stamm belegt zu sein.

SV. Auch in den Amarnabriefen aus Kanaan und anderen Textkorpora des sogenannten westlichen Akkadisch läßt sich eine gewisse Vorliebe schwacher Verben für Formen mit *t*-Infigierung nachweisen (siehe CAT 2, 101). — Nach Kouwenberg (1997, 89 und 111, Anm. 1) ist der Gt-Stamm im Akk. gemäß der Klassifikation von AHw. nicht einmal halb so produktiv wie der N-Stamm. Kouwenberg zufolge bilden 395 Wzz. einen N-Stamm, nur 167 einen Gt-Stamm und immerhin 237 einen Dt-Stamm. Das Akk. kennt jedoch auch einen Gtn-Stamm, der sehr produktiv ist (nach Kouwenberg 312 Wzz. mit Gtn-Formen).

74.237.2. Der ug. Gt-Stamm weist eine große Bandbreite von Funktionen auf. Die wichtigsten sind:

1. die reflexive Funktion, faßbar etwa bei den Wzz. *√npp*, *√nšʾ*, *√rḥṣ*, *√šql*, darüber hinaus möglicherweise auch bei *√ndb*, *√qnṣ* und *√rqṣ*. Diese Funktion besitzt auch der N-Stamm (§74.372). Nicht immer scheint die reflexive Nuance jedoch direkt mit dem Gt-Stamm verknüpft zu sein. Sie dürfte bisweilen lexikalisch grundgelegt, bisweilen aber auch ein Nebenprodukt der intransitiven, d.h. nicht-zielgerichteten Aktionsart des Gt-Stamms sein.
2. die reziproke Funktion, faßbar bei der Wz. *√nwʿ*. Diese Funktion wird sonst durch den N-Stamm abgedeckt (§74.372).

3. die intransitive Funktion, faßbar a) häufig bei diversen Bewegungsverben, b) bei sonstigen Verben mit intransitiver Grundbedeutung (etwa √*š'r*), c) bei Wzz. mit transitiver Grundbedeutung zum Ausdruck nicht-zielgerichteter Handlungen (etwa √*ḫṣb* und √*mḫṣ*) und d) bei Wzz., die ausschließlich im Gt-Stamm belegt sind (etwa √*ṯyn*).
4. die einfach-transitive Funktion, sicher faßbar nur bei √*'mr* (vgl. aber auch √*ḏmr*, √*y/wrṯ*, √*šbm*, √*šmd* und √*šmᶜ*).
5. die intensivierende bzw. steigernde Funktion, faßbar mit gewisser Wahrscheinlichkeit zumindest bei √*'bd*, √*'sp* und √*npl* (vgl. aber auch √*qnṣ* und √*š'l* sowie die Verben der Sinneswahrnehmung √*'mr* und √*šmᶜ*).
6. die durative bzw. iterativ-habituelle Funktion, faßbar etwa bei √*hlk* und √*ḥrš*, möglicherweise aber auch bei √*ḫṣb* und √*mḫṣ*.

Zusammenfassend ist festzuhalten, daß sich der Gt-Stamm durchaus nicht in der reflexiven Funktion erschöpft. Die Mehrzahl der Belege erfüllt andere Funktionen, wobei bisweilen kein klarer Bedeutungsunterschied zwischen Gt-Stamm und G-Stamm festzustellen ist. Eine weitere wichtige Erkenntnis besteht darin, daß eine passive Funktion des Gt-Stamms nirgendwo sicher nachzuweisen ist.

SV. Die durative bzw. iterativ-habituelle Funktion des Gt-Stamms läßt sich insbesondere im Akk. nachweisen (siehe GAG § 92f; vgl. auch den akk. Gtn-Stamm). Die reflexive Nuance des Gt-Stamms ist im Akk. dagegen nicht sehr geläufig (siehe GAG § 92c und M.P. Streck [AfO 24/25, 1997/98, 323]: "Normalerweise hat im Akkad. der N-, nicht der Gt-Stamm reflexive Funktion in Opposition zu G.").

74.3. Der Stamm mit *n*-Präfix (N-Stamm)

74.31. Einleitung

Der N-Stamm zeichnet sich durch die Präfigierung eines *n*-Morphems vor dem ersten Radikal der Wz. aus. Der genannte Marker wird orthographisch allerdings in mehreren verbalen Kategorien nicht notiert. In der PK tritt der betreffende Konsonant /*n*/ in direkte Kontaktstellung zum ersten Radikal der Wz., wird deshalb in der Regel an diesen assimiliert (§33.115.4) und folglich in der Orthographie – alph. wie syll. – nicht bezeichnet. Der Nachweis von Belegen der N-PK ist somit mit Problemen behaftet. Im folgenden wird deshalb die SK vor der PK behandelt.

74.32. N-Suffixkonjugation

Die SK des N-Stamms folgt dem MphT *{naqtal}* (nicht: *{niqtal}*). Von dieser Bildung zeugt folgender syll. Beleg der Wz. √*bdl* (alt.: √*pṭr*):

na-ab-ṭa-ru bzw. *na-ab-da-lu*! "sie haben untereinander ausgetauscht" (SK 3.m.pl.): PN_1 *u* PN_2 ... \ *na-ab-da-lu*! A.ŠÀ$^{ḫi.a}$ *i-na* A.ŠÀ$^{ḫi.a}$ "PN_1 und PN_2 haben untereinander Feld(er) gegen Feld(er) ausgetauscht" RS15.123+:4-5.

Geht man von der emendierten Form *na-ab-da-lu*! = /*nabdalū*/ aus, wäre diese hinsichtlich Bildung (MphT {*naqtal*}) und Semantik (reziproke Nuance) genuin ugaritisch. Ein entsprechender akk. N-Stativ müßte **nabdulū* lauten und hätte passivische Bedeutung. Zur postulierten Wz. √*bdl* siehe ug. *bi-da-lu-ma* = *bdlm* "Ersatzleute, Reservepersonal" (UV 112; DLU 105f.) und ar. √*bdl* I., III., X. "(aus)tauschen", VI. "untereinander austauschen".

Die genannte Verbalform wird traditionell *na-ap-ṭa-ru* gelesen und von √*pṭr* abgeleitet. Nougayrol (PRU 3, S. 219) betrachtete sie als "un nom employé au statif avec un sens transitif: 'sont échangeurs de, troquent'", Huehnergard (UV 167) dagegen als ug. N-SK 3.m.pl. (/*napṭarū*/ "released to one another [i.e. exchanged] field for field"). Da die Wz. √*pṭr* jedoch weder im Akk. noch im Wsem. "austauschen, einen Tausch vollziehen" bedeutet, ist diese Deutung wenig wahrscheinlich.

Es könnte schließlich auch eine hybride Form vorliegen, die morphologisch dem ug. N-Stamm folgt, dabei aber akk. √*pṭr* semantisch im Sinne von wsem. √*bdl* gebraucht.

Wie auch immer die Erklärung der Form *na-ab/p-d/ṭa-ru/lu*! lauten mag, sie stützt die Ansetzung des MphT {*naqtal*} für die ug. N-SK.

Auch die alph. bezeugten N-SK-Formen lassen sich im Sinne eines MphT {*naqtal*} interpretieren. Im einzelnen sind folgende Belege nachweisbar.

√*gbb* ? *ngb* /*nagabba*/? (3.m.sg. [alt.: N-Ptz. m.sg.]): *ˁdn ngb w yṣi* /\ *ṣbu ṣbi ngb* "Eine Truppe möge sich sammeln / möge zusammengestellt werden und soll losziehen; ein riesiges Heer möge sich sammeln / möge zusammengestellt werden!" 1.14:II:32f. // 1.14:IV:13f. ("Eine Truppe sammelte sich / wurde zusammengestellt und zog los ..."). Die Nominativendung des Subst. *ṣbu* zwingt zu einer passivischen Deutung der Form *ngb*. Dieser Deutung zufolge bringt √*gbb* N eine reflexive oder passivische Nuance zum Ausdruck (vgl. mhe./jaram. √*gbb* "sammeln, zusammentragen; [Geld] erheben"). — *ngb* kann jedoch alternativ als Gp-SK der Wz. √*ngb* gedeutet werden (§74.223.2).

√*ḫtˀ* ? *nḫtu* /*naḫtaˀū*/ (3.m.pl.): *l trǵds* \ *w l klby* \ *šmˁt ḫti* \ *nḫtu* "Von/Bezüglich PN_1 und von PN_2 habe ich gehört, daß sie vernichtend geschlagen worden sind" 2.10:5-8. — *nḫtu* begegnet hier in einer Paronomasie mit dem G-Inf.(?) *ḫti*. Die Form *nḫtu* in 2.10:10 dürfte dagegen als N-Ptz. zu deuten sein. — Semantik: passiv zu G (√*ḫtˀ* G "zermalmen, zerschlagen" [1.4:VIII:20; 1.6:II:23]).

√*ytn* *ntn* /*nâtana*/ (3.m.sg.): *[y]n d ntn [b] ksp* "Wein, der [für] Geld verkauft wurde" 4.219:1 (n.L.); vgl. ferner *[ ]d ntn [ ]* 4.669+:4. — Semantik: passiv zu G (√*ytn* G "geben").

Anm. Möglicherweise gehört auch 4.274:3 hierher (KTU²: *d*! *ntn b*! *ksp*). Da der Schreiber aber schwerlich zwei Fehler in einer Zeile gemacht haben dürfte, ist eine andere Interpretation vorzuziehen: *b a*?*tn d ksp* "(Wein) in *atn*-Gefäßen(?) aus Silber" (das zweite Zeichen ist eher ein {a} als ein {n}).

√*kly* *nkly* /*naklaya*/ (3.m.sg.): *mitm yn ḥsp d nkly b dbḥ [ ]* "200 (Maß) *ḥsp*-Wein, der (auf)gebraucht wurde für das / beim Opfermahl [ ]" 4.213:24; ähnl. 4.230:13-15 (Z. 15: *yn d nkly*) und 4.279:1 (*b ym prʿ d nkly yn* "Am ersten Tag: was an Wein aufgebraucht wurde" [die von KTU² vorgeschlagene Emendation ist unnötig]); *[d] nkly l rʿym* "[Getreide, das] aufgebraucht/ausgegeben wurde von(?) den / an die Hirten" 4.243:45; *ksp d nkly b šd* "Silber, das ausgegeben wurde für den (Kauf des) Acker(s)" 4.280:6; ferner im fragmentarischen Kontext: *[ ] d nkly* 4.227:IV:6. — Semantik: passiv zu G (√*kly* G "zu Ende sein; aufbrauchen") und semantisch deckungsgleich mit √*kly* Gp (§74.222.2; §74.223.2). √*kly* N "aufgebraucht werden" steht in direkter Opposition zu √*šlm* N "erhalten bleiben" (siehe unter √*šlm*)

√*lqḥ* *nlqḥt* /*nalqaḥat*/ (3.f.sg.): *[xxx] ṯlṯm d nlqḥt \ [bd* (?) *ḫ]tyn yd bth* "...(?), das genommen/weggebracht wurde [von(?)] *[Ḫ]tyn* zusammen mit seiner Tochter(?)" 4.659:1f. — Semantik: passiv zu G (√*lqḥ* G "nehmen").

√*ndd* *ndd* /*naddada*/ < **nandada* (3.m.sg. [§75.61c]): *ndd \ yʿšr w yšqynh* "Er stellte sich hin, um (Getränke) zu bereiten und ihm zu trinken zu geben" 1.3:I:8f.

ndd /*naddadâ*/ < **nandadâ* (3.m.du.): *w ndd ḫ/gzr l* <*ḫ/g*>*zr* "Und es standen da ‘Schwein’(?) um ‘Schwein’(?)" 1.23:63.

Semantik ungewiß: G "hintreten"; N "sich hinstellen; stehen" (zur Etym. vgl. akk. *izuzzu* "sich hinstellen" und ar. *nadda* III. "sich jmdm. entgegenstellen").

√*sbb* *nsb* /*nasabba*/? (3.m.sg.): *sb ksp l rqm / ḫrṣ \ nsb l lbnt* "Das Silber war zu Platten geworden; das Gold hatte sich zu Ziegeln verwandelt" 1.4:VI:34f. — Semantik: reflexiv (alt.: passiv). Man beachte, daß *nsb* hier in Parallele zur (stativischen) G-SK *sb* /*sabba*/ erscheint.

√*ʿwr* *nʿr* /*naʿâra*/ (3.m.sg.): *km trpa hn*(?) *nʿr* "Als sie (beide) die Heilung vollzogen (hatten), siehe(?), da wachte er auf" 1.114:28. — Semantik: inchoativ bzw. ingressiv (alt.: passiv ["er wurde geweckt"]); vgl. he. √*ʿwr* N in Ijob 14,12 (// √*qwm*; √*qyṣ*).

√*ʿrb* *nʿrb* /*naʿrabū*/ (3.m.pl.): *[ṯṯ ?] šdm d nʿrb gt npk* "[Sechs(?)] Felder, die dem *Gittu* ON einverleibt wurden" 4.103:45 (alt.: "... die vom *Gittu* ON gepfändet wurden"). — Semantik: passiv (G "eintreten"; N "einverleibt, einbezogen werden").

√*plṭ* *nplṭ* /*naplaṭa*/ (3.m.sg.): *id likt \ ʿky nplṭ \ ʿbdmlk* "Als/weil du (Nachricht) geschickt hast ... (?), konnte PN entkommen" 2.82:3f. (*nplṭ* in 2.82:12 dürfte dagegen als N-Ptz. zu deuten sein) — Semantik: reflexiv ("sich in Sicherheit bringen") oder passiv ("gerettet werden"). Die Grundbedeutung der Wz. √*plṭ* ist "entkommen".

√*šdd* *nšdd* /*našdada*/ (3.m.sg. [zur ‘starken’ Bildung siehe §75.61c]): *mit šmn d nšdd mzy alzy* "100 (Maß) Öl, das *Mzy Alzy* weggeholt/abgeholt/bereitgestellt hat" 4.272:1. — Der Kontext spricht für eine transitive Bedeutung der Verbalform *nšdd* (trotz N-Stamm); zur postulierten

Bedeutung vgl. akk. *šadādu* "ziehen, wegholen, entnehmen; herbeiholen, bereitstellen". Alternativ könnte auf ar. √*sdd* verwiesen werden (G "verstopfen, verschließen; [Forderung] erfüllen, bezahlen, begleichen"; D "eine Schuld bezahlen/begleichen").

√*škḥ* *nškḥ* /*naškaḥa*/ (3.m.sg.): <*t*>*mtt by* \ *gšm adr* \ *nškḥ* "Die (Schiffs-)Besatzung befand sich in einem schweren Sturm / wurde in einem schweren Sturm gefunden" 2.38:13-15. — Semantik: reflexiv oder passiv zu G (√*škḥ* G "finden").

√*šlm* *nšlm* /*našlama*/ (3.m.sg. [alt.: N-Ptz]): *[ ]n*(?) *prš qmḥ d nšlm* "(soundsoviel) *parīsu*-Maß Mehl, das (vollständig) erhalten/bewahrt blieb" 4.328:1 (ähnl. Z. 2.3*.4*.5*.6*.9.10). — Semantik: intransitiv (Bedeutung nahe dem G-Stamm). Man beachte, daß der N-Stamm von √*šlm* sem. sonst nicht gebräuchlich ist. √*šlm* N "erhalten bleiben" steht in direkter Opposition zu √*kly* N "aufgebraucht werden" (siehe unter √*kly*).

Anm. Unklar ist die in einem abgebrochenen Kontext bezeugte Form *nšlḥ* (2.34:14). Es handelt sich entweder um eine N-SK 3.m.sg. (etwa: "es wurde geschickt"), um ein N-Ptz. oder um eine G/D-PK 1.c.pl. ("wir wollen/werden schicken") der Wz. √*šlḥ*. — Ebenfalls ohne Kontext begegnet in 2.48:5 eine Form *nmkr[ ]*, die als N-SK oder N-Ptz. von √*mkr* gedeutet werden kann (möglw. Passiv: G "verkaufen"; N "verkauft werden"; vgl. *tmkrn* 3.8:16 [§74.222.3]). — Wohl keine Belege der N-SK sind: *ndbḥ* (1.40:15*.23*.32.41; 1.121:4*), *nṯ*^{c}*y* (1.40:6*.24.32.41*; 1.121:4-5*) und *nkt* (1.40:24*.33.41*; 1.122:1*). Die betreffenden Formen dürften als G-PK 1.c.pl. zu deuten sein: *dbḥn ndbḥ / hw ṯ*^{c} *nṯ*^{c}*y / hw nkt nkt* "Ein Opfer wollen wir opfern: Dies ist das *ṯ*^{c}-Opfer, das wir darbringen; dies ist die Schlachtung, die wir vollziehen".

SV. Das Akan. zeugt ebenfalls von dem MphT *{naqtal}* für die N-SK; siehe im einzelnen folgende kan. Glossen: *na-aq-ṣa-pu* "sie sind/waren zornig" EA 82:51; *[na]-aq-ṣa-ap-ti* "ich bin/war zornig" EA 93:5; *na-aš-ša-a* "er hat sich erhoben" EA 366:13; *na-az-a-qú* "sie wurden zu Hilfe gerufen / sie kamen zu Hilfe" EA 366:24 (zur Diskussion siehe CAT 2, 307-309). — Auch der he. N-SK liegt der MphT *{naqtal}* zugrunde, was durch Formen wie *nôšab* < **nawšab*, *nāsab* und *nāqôm* nachgewiesen wird (GBH § 51a). Da /*a*/ in unbetonter geschlossener Silbe jedoch zu /*i*/ wird (GBH § 29a.g), lautet die N-SK der starken WzK *niqṭal*.

74.33. N-Präfixkonjugation

74.331. Die PK^K des N-Stamms folgt dem MphT *{yiqqatVl}* < **yinqatVl* (3.m.sg.). Der Präfixvokal lautet /*i*/. Dieser Tatbestand wird durch die (alph.) Orthographie der N-PK 1.c.sg. bewiesen: *ilḥmn* /*ʾillaḥimu-n(na)*/ "ich (selbst) werde kämpfen" (2.82:20); (?) *ispi* /*ʾissapiʾ*/ "ich will fressen" (1.5:I:5); (?) *ispa* /*ʾissapiʾă*/ "damit ich (ihn) fresse" (1.6:V:20).

Der zweite Vokal lautet /*a*/; siehe *t/yadm* = /*t/yiʾʾadim*/ "du sollst dich rot schminken" (1.14:II:9) bzw. "er schminkte sich rot" (1.14:III:52).

Der Vokal der dritten Silbe, der sogenannte Themavokal (= TV), dürfte in der Regel /*i*/ lauten. Diese Annahme wird einerseits durch den sprachvergleichenden Befund gestützt. Andererseits gibt es möglicherweise auch einen innerug. Hinweis auf /i/, nämlich gewisse PK-Formen der Wz. √*sp*ʾ mit Graphem {i}, sofern es sich dabei wirklich um N-Formen handelt (§74.333, √*sp*ʾ). Bei Gutturalen und /r/ als drittem Radikal lautet der TV aber möglicherweise /a/ (vgl. he. *yiššālaḥ* [Kontextform] und akk.EA *am-ma-ša-ʾu*$_5$ [EA 85:9; EA 90:63; EA 91:61]). Bei Antritt (lang-)vokalischer Personalsuffixe schwindet er vielleicht ganz (prätonische Vokalsynkope [§33.242]).

74.332. Der Konsonant /n/ des N-Stamms wird in der Regel an den ersten Radikal assimiliert. Eine Ausnahme bildet die Form *ynphy* (1.163:12'[5]).

74.333. Die Identifizierung von Belegen der N-PK ist schwierig, da entsprechende Formen orthographisch meist merkmallos sind. Ausgenommen sind:
- Formen I-ʾ (Orthographie mit {a} [könnte theoretisch auch D-PK sein]),
- Formen I-*n* (Orthographie mit {n} im Gegensatz zur G-PK ohne {n} [könnte theoretisch auch D-PK sein]) und
- wahrscheinlich auch Formen I-*y* (orthographisch mit {n} im Gegensatz zur G-PK ohne {n}; zur Argumentation siehe unten, s.v. √*ypʿ*).

Aufgrund semantischer und kontextueller Überlegungen lassen sich die nachfolgenden Verbalformen wahrscheinlich als Belege der N-PK deuten. Es handelt sich dabei um eine Miminalliste, die insbesondere die WzKK I-ʾ, I-*n* und I-*y* berücksichtigt. Die tatsächliche Zahl der Belege dürfte höher sein (einige der hier dem Gp-Stamm oder G-Stamm zugeordneten PK-Belege gehören möglicherweise zum N-Stamm).

√*ʾdm* *yadm* /*yiʾʾadim*/ < **yinʾadim* (PK^{K}i 3.m.sg.): *yrtḥṣ w yadm* "er wusch sich und rötete sich" 1.14:III:52.

tadm /*tiʾʾadim*/ < **tinʾadim* (PK^{K}i 3.f.sg.): *trtḥ[ṣ] \ w tadm* "sie wusch sich und rötete sich" 1.19:IV:41f.

tadm /*tiʾʾadim*/ < **tinʾadim* (PK^{K}v 2.m.sg.): *trtḥṣ w tadm* "du sollst dich waschen und dich röten" 1.14:II:9.

Semantik: Reflexiv zum G- oder D-Stamm (√*ʾdm* G "rot sein"; D "rot färben"; N "sich rot färben"); jeweils parallel zu √*rḥṣ* Gt. — Alternativ könnte es sich bei *y/tadm* jedoch um Formen des D-Stamms handeln ("rote Farbe auftragen": /*y/tuʾaddim*/). Man beachte in diesem Zusammenhang die Form *tid*$^{!}$*m* (1.19:IV:42), die nur als G-PK 3.f.sg. gedeutet werden kann ("sie wurde rot" [?]).

√*ʾḫd* ? *yaḫd* /*yiʾʾaḫidu*/ < **yinʾaḫidu* (PK^{L} 3.m.sg.): *ḫmš ʿšr sp \ l bnš tpnr d yaḫd l gynm* "15 *sp*-Gefäße für das Personal des *tpnr*, das gehalten(?) wird von(?) den *gyn*-Leuten (d.h. das sich im Besitz der *Gyn*-Leute befindet)" 4.44:27f. (Interpretation unsicher; für eine passivische Deutung der Verbalform spricht die folgende Präp. *l*). — Semantik: passiv zu G (G "festhalten"; vgl. he. √*ʾḥz* N "ergriffen, gefangen werden").

√*ʾsp* ? *tasp* /*tiʾʾasipu*/ < **tinʾasipu* (PK^{L} 3.f.sg.): *w tasp naṯ* "und *n.* wird gesammelt(?) / sammelt sich" 1.175:3 (Interpretation sehr unsicher).

√*hpk* *yhpk* /*yihhapiku*/ < **yinhapiku* (PK^{L} 3.m.sg.): *ḫrdn yhpk l mlk* "... dann wird sich die *ḫrd*-Truppe gegen(?) den König wenden" 1.103+:52. — Semantik: reflexiv zu G (√*hpk* "wenden, umwenden").

√*yp*^{c} *ynp*^{c} /*yinnapi*^{c}/ < **yinyapi*^{c} (PK^{K} 3.m.sg.): *aḥl an bṣ[ql] \ ynp*^{c} *b palt / bṣql yp*^{c} *b yġlm* "O daß sich doch ein Sproß aus dem Gestrüpp erheben möge, (o daß doch) ein Sproß aus dem Dickicht hochwachsen möge!" 1.19:II:15-16 (zum Lexem *palt* siehe §33.135.4); *ynp*^{c} *b*^{c}*[l]* "Es erhob sich Ba^{c}[lu ...]" 1.5:IV:8. — Will man die Form *ynp*^{c} nicht emendieren (so KTU^{2} unter 1.19:II:16) und auch nicht auf eine Phantomwurzel √*np*^{c} ausweichen (so GUL 144), muß *ynp*^{c} als N-PK der √*yp*^{c} "hochsteigen, heranwachsen; sich erheben" analysiert werden. Die Verwendung des N-Stamms ist aufgrund der vom Kontext geforderten reflexiven Bedeutung der Verbalform naheliegend. Die betreffende Form (N-PK) wird in 1.19:II:16 als Variante zur G-PK^{K}v *yp*^{c} (mit ähnlicher Bedeutung) gebraucht, wobei die Verbalstammvariation als bewußtes Stilmittel der Poesie gewertet werden kann. — Es ist davon auszugehen, daß die N-PK der Wurzelklasse I-*y* im Ug. grundsätzlich dem MphT *{yinna2i3}* < **yinya2i3* folgt. Mit dieser Bildungsweise würde das Ug. mit dem akk. Befund konform gehen (vgl. z.B. *innešrū-ma* < **inneši/erū-ma* "sie gingen geradeaus" [√*yšr*, GAG § 103z]) und sich zugleich von dem Befund der kan. Sprachen abheben, wo Bildungen nach Analogie zur WzK I-*w* überwiegen (*{yiwwa2i3}* < **yinwa2i3*; daneben auch *{yiyya2i3}* < **yinya2i3*). Im Ar. sind Verben I-*y* nie im N-Stamm (= VII. Stamm) belegt. — Semantik: reflexiv.

√*lḥm* *ilḥmn* /*ʾillaḥimu-n(na)*/ (PK^{L} 1.c.sg. + En.): *hm \ ymt \ w ilḥmn \ ank* "Falls er sterben sollte, werde ich selbst/allein kämpfen" 2.82:18-21. — Semantik: reflexiv/reziprok ("sich mit jmdm. schlagen; mit jmdm. kämpfen"). Auch andere sem. Sprachen verwenden für diese Nuance einen Stamm mit reflexiver/reziproker Bedeutung (he.: N-Stamm; moabitisch: Gt-Stamm; ar.: VI. Stamm).

√*mṣḫ* *ymṣḫn* /*yimmaṣiḫūna*/ < **yinmaṣiḫūna* (PK^{L} 3.m.du.): *ymṣḫn \ k lsmm* "Die beiden zerrten aneinander wie zwei ...(?)" 1.6:VI:20f. — Die Deutung von *ymṣḫn* als N-PK ist weitgehend gesichert, da im Kontext andere N-Formen und eine Gt-Form (*yt*^{c}*n* 1.6:VI:16) begegnen. — Semantik: reziprok.

√*ngḥ* *ynghn* /*yinnagiḥūna*/ (PK^{L} 3.m.du.): *ynghn \ k rumm* "Die beiden stießen sich gegenseitig wie zwei Wildstiere" 1.6:VI:17f. (vgl. die akk. Wendung *kīma rīmu kadri itkup[ū]* "Wie ein angreifender Wildstier stießen sie aufeinander" SAA Gilg. IV 199 [*nakāpu* Gt]). — Semantik: reziprok.

√*nṣl* *ynṣl* /*yinnaṣilu*/ (PK^{L} 3.m.sg.): *w mlk \ ynṣl l ṯ*^{c}*y* "Dann darf sich der König von der Opfertätigkeit zurückziehen / ist der König von der Opfertätigkeit entbunden" 1.90:21f. — Semantik: reflexiv(?) (Grundbedeutung von √*nṣl* "trennen; sich trennen"); vgl. √*plṭ* N-SK (§74.32).

√*nš*^{ʾ} *tnšan* /*tinnašâʾna*/ < **tinnaśaʾna* (PK^{L} 3.f.pl. [§73.233.42]): *mrḥy mlk tnšan* "... dann werden sich die Lanzen des Königs erheben (d.h. sie werden in Aktion treten)" 1.103+:47 (weniger wahrsch.: "... dann werden die Lanzen des Königs erhoben werden" [Passiv]). — Semantik: reflexiv.

√*ntk* *tntkn* /*tinnatikna*/ (PK^{L} 3.f.pl.): *tntkn udmʿth* "Seine Tränen ergossen sich / tropften (beständig) herab" 1.14:I:28. — Semantik: reflexiv zu G (vgl. demgegenüber *w lytk dmʿt* "sie [beide] vergossen fürwahr Tränen" 1.19:II:33 [√*ntk* G-PK^{K} 3.m.du.]).

√*nṯk* *ynṯkn* /*yinnaṯikūna*/ (PK^{L} 3.m.du.): *ynṯkn k bṯnm* "Die beiden bissen sich gegenseitig wie zwei Schlangen" 1.6:VI:19. — Semantik: reziprok.

√*spʾ* *yspu* /*yissapiʾu*/ (PK^{L} 3.m.sg.): *ibn yspu ḫwt* "... dann wird der Feind das Land verschlingen" 1.103+:51.

tspi /*tissapiʾ*/ (PK^{K}i 3.f.sg.): *tspi širh* \ *l bl ḥrb* "Sie fraß sein Fleisch ohne Messer (d.h. wie ein Tier)" 1.96:3f.

ispi /*ʾissapiʾ*/ < **ʾinsapiʾ* (PK^{K}v 1.c.sg.): *ispi uṯm* \ *ḏrqm amtm* "Ich will (deine) Schenkel, (deine) Innereien (und deine) Arme fressen" 1.5:I:5f.

ispa /*ʾissapiʾa*/ (PK^{K}e 1.c.sg.): *tn aḥd* \ *b aḫk ispa* "Gib (mir) einen von deinen Brüdern, auf daß ich (ihn) fresse!" 1.6:V:19f. — Ob die angeführten Formen tatsächlich dem N-Stamm (und nicht dem G-Stamm) zuzuordnen sind, ist umstritten. Für den N-Stamm sprechen zum einen etymologische Überlegungen: Die Grundbedeutung der Wz. ist offensichtlich nicht "essen", sondern "darreichen, füttern" (vgl. aram. √*spʾ* G "sammeln, aufhäufen; zuteilen, darreichen" [siehe Dalman, 297a]). Belege für den G-Stamm in dieser Bedeutung dürften in 1.17:I:31 und 1.17:II:4.21 vorliegen (jeweils G-Ptz. *spu* "einer, der darreicht"). Ausgehend von der Grundbedeutung "darreichen", läßt sich die Nuance "essen, verschlingen, in sich hineinstopfen" am besten dem N-Stamm zuordnen. Diese Annahme wird auch durch den orthographischen Befund nahegelegt: Schreibungen wie *ispi* und *tspi* mit {i} für wortauslautendes vokalloses Aleph weisen eher auf einen vorausgehenden /*i*/-Vokal hin als auf einen vorausgehenden /*a*/-Vokal (§21.322.5a). Damit ist ein G-Stamm unwahrscheinlich, zumal bei (starken) Wzz. III-ʾ in der G-PK kein TV /*i*/ zu erwarten ist.

Semantik: möglicherweise reflexiv zu G ("darreichen"): "zu sich nehmen, in sich hineinstopfen/hineinschlingen, fressen, essen".

Anm. Unklar ist die Interpretation von *d tit yspi spu* (1.20:II:10 [Kontext abgebrochen]). Möglicherweise ist zu übersetzen: "Denen, die gekommen sind, soll man(?) reichlich (Speise) darreichen". *yspi* (PK 3.m.sg. ?) und *spu* (Inf.) wären demnach dem G-Stamm zuzuordnen.

√*phy* *ynphy* /*yinpahiyu*/ (PK^{L} 3.m.sg. [ohne Assimilation des /*n*/; §33.115.44:5, Anm.]): *hm ṯlṯ.id ynphy yrḫ b yrḫ aḫrm* "Wenn es dreimal hintereinander Monat für Monat erscheint" 1.163:12'(5). — Semantik: reflexiv zu G ("sehen"): "sich zeigen, erscheinen" (vgl. he. √*rʾy* N).

√*plg* *tplg* /*tippalig*/ < **tinpalig* (PK^{K}i 3.f.sg.): *tplg km plg* "(das Gift) zerteilte sich wie ein Bewässerungskanal/Rinnsal" 1.100:69. — Semantik: reflexiv zu G (Grundbedeutung "spalten").

√*prsḥ* *yprsḥ* /*yipparsiḥ*/ < **yinparsiḥ* (PK[K] 3.m.sg.): *yprsḥ ym* /\ *w yql l arṣ* "Yammu soll hinfallen, er soll niederfallen zur Erde!" 1.2:IV:22f.; *yprsḥ ym* / *yql* \ *l arṣ* "Yammu fiel hin, er fiel nieder zur Erde" 1.2:IV:25f. — Semantik: reflexiv ("sich hinhocken, sich hinfallen lassen" "niederfallen") oder inchoativ/ingressiv ("in die Knie- bzw. Hockhaltung eintreten"); vgl. akk. *napalsuḫu* N "sich hinhocken, niederfallen"; vgl. ferner ar. √*fršḥ/ḥ* "die Beine spreizen, breitbeinig stehen".

√*spr* *tspr* /*tissapir*/ (PK[K]v 2.m.sg.): *tspr b y\rdm arṣ* "Zähle dich / Laß dich zählen zu denen, die in die Unterwelt hinabsteigen!" 1.5:V:15f. (// *rd* "steig hinab!").

tspr /*tissapirū*/ (PK[K]v 2.m.pl.): *tspr b y\rdm arṣ* "Zählt euch / Laßt euch zählen zu denen, die in die Unterwelt hinabsteigen!" 1.4:VIII:8f. (// *rd* "steigt hinab!").

Semantik: reflexiv zu G ("zählen").

Anm. Für folgende Formen sind alternative Deutungen vorzuziehen: *yabd* 1.11:3 (*b]ˤl yabd l alp*; D-Stamm ?); *[ ]idmnn* 1.55:4 (ohne Kontext; aufgrund des {i} und der Endung *-nn*, die wohl ein OS 3.sg. enthält, ist die Form keine N-PK; G-Stamm ?); *taršn* 1.3:V:28; 4.370:2; *y*[?]*arš* 4.44:26 (siehe §74.412.21, √*ˀrš*). — Nicht eindeutig bestimmbar ist die Form *yṯir* (1.2:III:16*.21). Aufgrund der Orthographie mit {i} handelt sich entweder um eine N-PK (/*yiṯṯaˀir-*/) oder um eine D-PK (/*yuṯaˀˀir-*/). Die von Smith (1994, 219.220) vorgeschlagene Deutung der Form als G-PK (/*yaṯˀiru*/; Übersetzung: "take vengeance") ist unbegründet. Die Etym. von √*ṯˀr* ist ungeklärt.

SV. N-PK-Formen in den Amarnabriefen aus Kanaan (siehe CAT 2, 117-132) folgen zumeist dem MphT *{yiqqatil}* < **yinqatil* (vgl. akk. *ipparis* [N-PK[K]i]). Daneben gibt es aber auch mehrere Belege mit TV /*a*/, nämlich *am-ma-ša-ˀu*$_5$ (EA 85:9) bzw. *am-ma-ša-ˀu* (EA 90:63; 91:16), *am-ma-ḫa-aṣ-ni* (EA 82:38 [grammatisch inkorrekte Form mit OS]), *ip-pa-ṭá-ru* (EA 292:50), *i-ša-ḫa-ṭú* (EA 252:20), *yi-ša-kan* (EA 119:58), *yi-ša-ma* (EA 227:10) und *i-na-ba-a-a[t]*(?) (EA 318:21), sowie Belege mit TV /*u*/, nämlich *yi-né-pu-ša* (EA 234:32; vgl. 106:32.33), *te-né-pu-šu-na* (EA 138:93) und *in*$_4$*-nam-mu-ru* (EA 142:10). Bei Antritt langvokalischer Endungen kann der TV auch ganz schwinden, z.B. *in*$_4$*-na-ab-tu* (EA 82:32), *in*$_4$*-<na>-ab-tu* (EA 109:45), *ti-né-ep-šu* (EA 74:27; 76:42) und *in*$_4$*-nam-ru* (EA 144:16).

74.34. N-Imperativ

74.341. Der Imp. (m.sg.) des N-Stamms könnte im Ug. dem MphT *{naqtil}* — weniger wahrscheinlisch *{nVqatil}* — folgen (Schreibung: *nqtl*). Demnach wäre die Bildung mit dem akk. N-Imp. *napris* zu vergleichen (gegenüber he. *hiqqāṭel* und ar. *(i)nfaˤil*). Es gibt dafür aber nur zwei ganz unsichere Belege:

√*nġr* ? *nġr* /*naġġirâ*/? < **nanġirâ* (Imp. c.du.): *w nġr* \ *ˤnn ilm* "Aber hütet euch (beide), (o) Diener der Götter!" 1.4:VIII:14f. — Gemäß dieser Deutung wäre √*nġr* N reflexiv zu G (G "beschützen, hüten"; N "sich hüten"). Man beachte jedoch, daß diese Nuance im Ug. sonst durch den Gt-Stamm ausgedrückt wird (*ttġr* 1.92:33 [§74.232.21, √*nġr*]). — Es ist deshalb wahrscheinlicher, daß *nġr* als G-Imp. zu deuten und mit "aber gebt acht / seid vorsichtig!" zu übersetzen ist (*§*75.46). Man beachte hierzu, daß auch akk. *naṣāru* G diese Nuance ausdrücken kann (AHw., 775b, Bed. G 8 [*uṣ-ra-aʾ* "hütet euch vor Schuld"]; CAD N/2, 39a, Bed. 6b [*šumma na-aṣ-ra-at-ma* "if she is circumspect]). — Für eine Emendation von *nǵr* (1.4:VIII:14) zu *t!t!ǵr* ("ihr sollt euch hüten!" [Gt-PK^{K}v 2.c.du.]) besteht kein Grund.

√*pẓl* ? *npẓl* /*napẓil*/? (Imp. m.sg.): *l bn adm b anšt npẓl* "Zieh' dich in Schwachheit von(?) den/dem Menschen zurück!" 1.169:15. — Gemäß dieser Deutung würde √*pẓl* N eine reflexive Nuance zum Ausdruck bringen (vgl. evtl. ar. √*fṣl* VII. "sich loslösen, sich trennen" [*§*32.144.24]). Ob es sich dabei um einen Imp. handelt, ist jedoch angesichts des schwer verständlichen Kontextes ungewiß. Eine Deutung als N-SK (d.h. "er zog sich zurück / er möge sich zurückziehen") ist alternativ zu erwägen.

74.342. Möglicherweise folgt der N-Imp. im Ug. aber (auch) dem MphT *{(ʾ)iqqatil}* < **ʾinqatil* (Schreibung: *iqtl*) entsprechend he. *hiqqāṭel* und ar. *(i)nfaʿil*. Diese Annahme wird durch zwei mögliche Belege gestützt, die beide alternativ als G-Impp. gedeutet werden können (siehe *§*73.122).

√*bky* *ibky* /*(ʾ)ibbakiyī*/ (Imp. f.sg.) "sei beweint!"(?) 1.161:13.
√*šḫn* *išḫn* /*(ʾ)iššaḫinī*/ (Imp. f.sg.) "erwärme dich!" 1.161:18(2x).

74.35. N-Partizip

Auf der Basis des sprachvergleichenden Befundes ist entweder mit einem MphT *{muqqatil}* < **munqatil-* oder – wahrscheinlicher – mit einem MphT *{naqtăl}* zu rechnen. Zugunsten der letzteren Möglichkeit sprechen folgende Belege:

√*ʾwr* *nar* /*naʾâr-*/ < **naʾwăr-*: *ḥwt aḫt w nar[ ]* "Möge meiner Schwester Leben gewährt sein / möge dir Leben gewährt sein, (o) Schwester, und möge glanzerfüllt/herrlich sein ..." 1.10:II:20. — Der Zeichenfolge {nar} scheint noch ein Zeichen zu folgen, das jedoch nicht sicher identifiziert werden kann (CTA und KTU[2] lesen *nark*). Zur postulierten Semantik des N-Stamms von √*ʾwr* siehe den he. Befund (√*ʾwr* N "erleuchtet, glanzvoll, herrlich sein" [Ges.[18], 26a]).

√*ḫtʾ* *nḫtu* /*naḫtăʾu*/ (m.sg. ?): *ht \ hm inmm \ nḫtu* "Nun, falls er(?) doch nicht geschlagen wurde" 2.10:8-10 (wegen *inmm* [*§*88.24] wahrsch. Ptz.; alt.: N-SK; vgl. *nḫtu* in 2.10:8) — Semantik: passiv zu G (siehe *§*74.32, √*ḫtʾ*).

√*mrr* *nmrt* /*namarrat-*/ (f.sg. abs., wohl Ak.): *l tbrkn alk brktm /\ tmrn alk nmrt* "Sie sollen mich fürwahr segnen, auf daß ich als Gesegnete gehen kann; sie sollen mich fürwahr mit Segen stärken, auf daß ich als Gestärkte gehen kann" 1.19:IV:32f. (n.L.) — Nach Kollation des Originals (September 1997) halte ich die Lesung *nmrt* für wahrscheinlicher als *nmrrt* (so KTU[2]). Nach {t} könnte noch ein Zeichen gefolgt sein, etwa {m} (d.h. *nmrtm*). — Semantik: passiv zu G ("segnen, stärken").

√*pl ṭ* *npl ṭ /naplăṭu/*: *w hm inm \ ʿbdmlk \ npl ṭ ḥ[ ]* "Falls PN doch nicht entkommen ist, ..." 2.82:10-12 (wegen *inm* [§88.23] wahrsch. Ptz.; alt.: N-SK; vgl. *npl ṭ* in 2.82:4) — Semantik: reflexiv oder passiv (siehe §74.32, √*pl ṭ*).

√*ṯkp* ? *nṯkp /naṯkăpu/*: ... *hm nṯkp \ mʿnk* "... falls dein Gegenangriff (w.: deine Antwort) zurückgeworfen/abgewehrt wird" 2.10:14f. (Interpretation sehr unsicher; vgl. evtl. akk. *sakāpu* "wegstoßen, abweichen").

Anm. Sivan (DLug. 88; GUL 132) rechnet mit einem weiteren Beleg eines N-Ptz., nämlich *nkbd* (1.39:2). Diese Form beruht jedoch auf einer zweifelhaften Lesung. KTU^2 bietet hier *mtntm w kbd alp*. Auch wenn diese Lesung nicht unproblematisch ist, scheint aufgrund des Kontextes klar zu sein, daß das Lexem *kbd* "Leber" vorliegt.

SV. Im He. (GBH § 51a) und Phön. (PPG § 141) folgt das N-Ptz. dem MphT *{na/iqṭăl}* (he. *niqṭāl*). Muraoka (GBH § 51a) vermutet, daß es sich dabei um eine Innovation handelt. Als sem. Grundform des N-Ptz. betrachtet er *{munqatil}* (vgl. den akk. und ar. Befund).

74.36. Infinitiv und andere Verbalsubstantive zum N-Stamm

Der N-Inf. folgt dem MphT *{naqtāl}*. Der zweite Vokal ist aus sprachvergleichenden Gründen als lang anzusetzen (vgl. he. *niqṭol* < **nVqṭāl* [GBH § 49b] und ar. *(ʾi)nfiʿāl*). Für diese Annahme spricht auch die alph. bezeugte Form *npy* = */nôpāy-/* (1.40:1& [§74.362]) mit bewahrtem dritten Radikal */y/* (bei einem MphT *{naqtal}* wäre gemäß §33.323.2 eine Kontraktion zu erwarten).

74.361. Es gibt zumindest einen syll. Beleg (Wz. √*ʾbt* < **ʾbd*):

na-ba-ti/dì-⌈šu-nu⌉ "ihre Flucht" (N-Inf. m.sg. pron., Gen.): [lú.m]eš*ú-ru-ba-nu \ [š]a : na-ba-ti-⌈šu-nu⌉* "... sind Bürgen für ihre Flucht (d.h. bürgen dafür, daß sie nicht fliehen)" RS16.287:7f. — Die genannte Form folgt morphologisch dem ug. N-Inf.-MphT *{naqtāl}*, ihre Semantik ist jedoch die des akk. *nābutu* "fliehen" (√*ʾbt* < **ʾbd*, N-Stamm).

Huehnergard (UV 167.321) betrachtet daneben auch die syll. Form *na-ap-ṭá-:ra* (RS16.239:15-16) als N-Inf. nach ug. Vorbild (√*pṭr*). Die Bedeutung dieser Form, "Freikauf, Auslösung", zeigt jedoch keine für den N-Stamm (von √*pṭr*) typische Nuance. Folglich dürfte eher eine *{maqtal}*-Bildung intendiert sein (*napṭaru* < **mapṭaru*), auch wenn im Akk. außerhalb Ugarits kein Lexem *napṭaru* mit dieser Abstraktbedeutung nachzuweisen ist.

74.362. An alph. Belegen stehen zur Diskussion:

√*ypy* < **wpy*

npy /nôpāy-/ < **nawpāy-*, häufig belegt in 1.40 und 1.84, ferner in 1.121:8*, z.B. *w np[y gr ḥmyt] ugr<t> \ w npy yman w npy ʿrmt w npy [ ] \ w npy nqmd* "und die Befriedi[gung(?) des Fremden (innerhalb) der Mauern] von Ugar<it>, und die Befriedigung(?) von *yman* und die Befriedigung(?) von *ʿrmt* ... und die Befriedigung(?) (des Königs) Niqmaddu" 1.40:26f. — Pardee (1991, 1191) erwägt auf der Basis von he. √*ypy* "schön sein" und ar. √*wpy* "vollständig, vollkommen, heil sein" für *npy* eine Bedeutung "Wohlfahrt" ("well-being"; "literally 'being made beautiful, whole'"). Hier wird dagegen die Nuance "(volle) Befriedigung" (bzw. "Entschädigung") favorisiert (vgl. ar. √*wpy* "befriedigen"; ar. *tawfiyat* "Befriedigung, Erfüllung"; ar. *istīfāʾ* "Entgegennahme der geschuldeten Leistung"). — Daß von der Wz. √*ypy* < **wpy* auszugehen ist, wird durch die in den betreffenden Kontexten bezeugten Formen *yp-km* (1.40:28&) bzw. *yp-kn* (1.40:36&) gestützt (wohl G-Verbalsubstt. der gleichen Wz. mit PSS 2.m./f.pl.).

√*ytn* ? *ntn* /*nâtān-*/?: *u ḫštk l ntn* \ *ʿtq* "Oder wird etwa dein Grabhügel(?) zu (einer Stätte) des 'Gegeben-Werdens'(?) / des Von-Sich-Gebens(?) von (Klage-)Geheul(?)" 1.16:I:4-5 // 1.16:I:18-19. — Diese Interpretation ist ganz unsicher. Man beachte folgende Parallele: *u ḫštk l bky ʿtq* "... des Weinens von (Klage-)Geheul(?)" 1.16:II:41. (zu einer ganz anderen Deutung der diskutierten Stellen siehe DLU 93f.).

SV. Auch im Akan. der Amarnabriefe ist ein N-Inf. des MphT *{naqtāl}* bezeugt, vorausgesetzt, man interpretiert mit Rainey (CAT 2,377) die Glosse *na-aq-ṣa-pu* (EA 82:51 [Glosse zu akk. *ú-ul ta-ša-aš*]) als N-Inf. ("erzürnt sein") und nicht als N-SK 3.m.pl. ("sie waren erzürnt"). Das He. kennt neben dem N-Inf. (abs.) *niqṭol* auch die Bildungen *hiqqāṭel* (fungiert in der Regel als Inf.cs.) und *hiqqāṭol* (fungiert in der Regel als Inf.abs. in Verbindung mit PK). Das Akk. bildet N-Inff. dagegen auf der Basis des MphT *{naqtul}* (GAG § 90a).

74.37. Beleghäufigkeit und Semantik des N-Stamms

74.371. Der hier gebotenen Belegsammlung zufolge wird der N-Stamm im Ug. vergleichsweise selten gebraucht. Auch wenn einige der oben (§74.222.2) dem Gp-Stamm zugeordneten PK-Formen zum N-Stamm zu zählen wären, würde sich daran nichts Wesentliches ändern. Mit Blick auf den sprachvergleichenden Befund dürfte festzuhalten sein, daß der N-Stamm im Ug. seltener gebraucht wird als beispielsweise im Akk. einerseits und im He. andererseits. Insbesondere der letztere Befund (he. Nifʿal) hat offenbar dazu beigetragen, daß die Belegdichte des ug. N-Stamms in der Vergangenheit gewöhnlich überschätzt wurde.

Die vergleichsweise seltene Bezeugung des N-Stamms im Ug. dürfte zum einen auf dessen eingeschränkte Semantik und – damit zusammenhängend – zum anderen auf die Existenz und Produktivität anderer ug. Verbalstämme zum Ausdruck reflexiver und passivischer Nuancen (vornehmlich Gp und Gt) zurückzuführen sein.

SV. Nach Kouwenberg (1997, 89 und 111, Anm. 1) ist der N-Stamm im Akk. gemäß der Klassifikation von AHw. der dritthäufigste Verbalstamm nach G und D (1316 Wurzeln bilden einen G-Stamm, 935 einen D-Stamm, 395 einen N-Stamm und 369 einen Š-Stamm). Der N-Stamm wäre im Akk. damit häufiger als der Š-Stamm. Im Ug. scheint der N-Stamm seltener zu sein als der Š-Stamm (§74.627.1).

74.372. Der N-Stamm dient im Ug. häufig zum Ausdruck reflexiver und reziproker Sachverhalte. Er kann zweitens ingressive bzw. inchoative Funktion besitzen. Ebenfalls bezeugt ist schließlich drittens der Gebrauch des N-Stamms zum Ausdruck passivischer Sachverhalte (meist Passiv zum G-Stamm). Die letztere Funktion läßt sich jedoch nur in Prosatexten mit Sicherheit nachweisen. Dieser – freilich nicht ganz eindeutige – Befund ist ein Hinweis darauf, daß der Gp-Stamm in der ug. Prosa im Vergleich zum poetischen Textkorpus an Bedeutung verliert und allmählich durch den N-Stamm verdrängt bzw. ersetzt wird, eine Tendenz, die etwa auch im gesamten kan. Sprachzweig zu beobachten ist.

Die genannten verschiedenen Funktionen des ug. N-Stamms decken sich im wesentlichen mit den Funktionen der N-Stämme anderer sem. Sprachen. Allerdings ist die Gewichtung der einzelnen Funktionen – insbesondere die passivische Funktion – in den Einzelsprachen unterschiedlich ausgeprägt. Ob sich die diversen Funktionen semantisch auf eine einzige Grundfunktion zurückführen lassen, ist eine in der Semitistik intensiv diskutierte, aber letztlich offene Frage.

Die jüngste und zugleich ausführlichste Untersuchung zur Thematik stammt von Siebesma (1991), der primär die Funktionen des he. N-Stamm behandelt.

SV. Auch in den Amarnabriefen aus Kanaan wird der N-Stamm vergleichsweise selten gebraucht (CAT 2, 117). Hervorzuheben ist die Tatsache, daß relativ viele Belege zum Ausdruck reflexiv-reziproker Nuancen dienen (dazu CAT 2, 121-132), Nuancen, die beim akk. N-Stamm eher selten zu beobachten sind (siehe GAG § 90f). Zur oben genannten ingressiven bzw. inchoativen Funktion des N-Stamms ist insbesondere auf den vergleichbaren Befund im Akk. hinzuweisen (siehe GAG § 90g).

74.4. Der Stamm mit Längung des mittleren Radikals (D-Stamm)

Das Charakteristikum des D-Stamms – auch Intensivstamm genannt – besteht in der Längung (= Gemination) des mittleren (zweiten) Radikals. Da gelängte Konsonanten in der ug. Orthographie nicht von einfachen Konsonanten geschieden werden, sind Belege des D-Stamms im Ug. häufig nur auf der Basis semantischer und sprachvergleichender Überlegungen zu eruieren. Nur in relativ wenigen Fällen sind D-Formen orthographisch eindeutig:

Dazu zählen erstens D-Ptzz. des MphT *{muqattil}*. Diese sind gegenüber Ptzz. aller anderen Verbalstämme different. Sie fallen aber orthographisch mit diversen (anderen) Nominalbildungen mit *m*-Präfix zusammen.

Zweitens sind hier PK-Formen der 1.c.sg. zu nennen, die immer einen Präfixvokal */a/* aufweisen: D-Formen heben sich hier einerseits von anderen abgeleiteten Stämmen, andererseits von G-Formen des MphT *{yiqtal}* (nicht jedoch von G-Formen des MphT *{yaqtu/il}*) ab.

Drittens weisen bestimmte WzKK differente D-Formen in Teilen des Paradigmas auf, nämlich:

a) Wzz. I-ʾ: Finite Verbalformen (außer Dp-SK) und das Ptz. des D-Stamms erscheinen orthographisch immer mit {a}. D-PK-Formen unterscheiden sich auf diese Weise von entsprechenden Formen aller übriger Verbalstämme mit Ausnahme des N-Stamms.

b) Wzz. II-ʾ: PK-Formen (außer Dp) erscheinen orthographisch immer mit {i}. Sie heben sich somit von G-PK-Formen des Typs *{yiqtal}* und *{yaqtul}*, nicht aber von *{yaqtil}* ab (der betreffende Vokalismus in der D-SK ist umstritten).

c) Wzz. I-*n*: PK-Formen des D-Stamms unterscheiden sich hier von PK-Formen des Grundstamms durch die (durchgehende) Bewahrung des /*n*/.

d) Wzz. I-*w*/*y*: Der erste Radikal von D-PK-Formen erscheint orthographisch als {w}. In der G-PK wird der erste Radikal demgegenüber nicht geschrieben.

e) Ferner ließen sich hier Wzz. II-*w*/*y* anschließen, wo ebenfalls orthographische Unterschiede zu G-Formen zu beobachten sind. Da sich diese durch eine besondere Bildungsweise des Intensivstamms auszeichnen, werden sie hier separat behandelt (siehe den sogenannten L-Stamm [§74.5]).

Lit.: Hammershaimb (1941, 13-21.49-52); Goetze (1943); GUL 133-138. — Sprachvergleichende Darstellungen: Jenni (1968); Kouwenberg (1997, bes. 4-48.429-444); Joosten (1998). — Zum D-Stamm in den Amarnabriefen aus Kanaan siehe Rainey (CAT 2, 133-180.377-380).

74.41. Aktive Variante (D-Stamm)

74.411. Einleitung

Die nachfolgende Belegsammlung bietet eine repräsentative Auswahl von Belegen des ug. D-Stamms. Sie berücksichtigt vornehmlich morphologisch signifikante Formen – insbesondere Formen der WzKK I-ʾ/*n*/*w*/*y* und II-ʾ – sowie semantisch eindeutige und zugleich typische Formen.

Die Belegsammlung ist aus zwei Gründen nicht vollständig: Zum einen ist die Gesamtzahl der ug. D-Belege zu hoch, als daß alle im folgenden diskutiert werden könnten. Zum anderen läßt sich in Einzelfällen häufig nicht sicher entscheiden, ob eine Verbalform dem D-Stamm oder G-Stamm zuzuordnen ist.

74.412. D-Präfixkonjugation

74.412.1. Einleitung

Die D-PK folgt dem MphT *{yuqattil}* (weniger wahrscheinlich: *{yaqattil}*).

74.412.11. Der Vokal der dritten Silbe, der sogenannte Themavokal (= TV), lautet mit Sicherheit /*i*/. Davon zeugen Formen II-ʾ wie etwa *tlik* und *amid*.

74.412.12. Der Vokal der zweiten Silbe ist aufgrund des sprachvergleichenden Befundes als /*a*/ anzusetzen. Ein klarer orthographischer Beweis dafür steht aus, da es keine eindeutigen D-PK-Formen der WzK I-ʾ gibt (sämtliche Graphien mit {a} können alternativ als N-PK oder G-PK gedeutet werden).

74.412.13. Umstritten ist die Qualität des Präfixvokals (= PV). Aus sprachvergleichenden Gründen ist ein PV /*u*/ zu erwarten (siehe den übereinstimmenden akk. [D-Prät. *uparris*] und ar. Befund [II. Stamm, PK *yufa*ᶜᶜ*il-*]). Im scheinbaren Gegensatz dazu weist die ug. (alph.) Orthographie der D-PK 1.c.sg. ein {a} auf, was zu einer Vokalisation /*ʾaqattil*/ zwingt. Dieser Befund läßt zwei Interpretationsmöglichkeiten zu:

a) Er könnte zum einen darauf hinweisen, daß der PV in allen Personen der ug. D-PK /*a*/ lautet. Diese Auffassung vertreten unter anderen Gordon (UT § 9.35), Segert (BGUL § 54.41) und Verreet (MU 33).
b) Der PV /*a*/ ist ausschließlich für die 1. Person (sg.) charakteristisch und ist hier sekundären Ursprungs. In allen anderen Personen lautet der PV im Einklang mit dem sprachvergleichenden Befund /*u*/, wobei /*u*/ vielleicht teilweise (in einigen WzKK) auch zum Murmelvokal [ə] reduziert sein könnte.

74.412.14. Das genannte Problem ist auch heute noch nicht mit letzter Sicherheit zu entscheiden, doch ist die letztere Deutung m.E. wahrscheinlicher. Zugunsten dieser Deutung lassen sich drei Argumente anführen:

1. D-PK-Formen der WzK I-*w* werden mit {w} geschrieben: *ywpṯn* (1.4:III:13) und *ywsrnn* (1.16:VI:26) sowie ferner wohl auch *twtḥ* (1.1:III:11&) und möglicherweise *twḥln* (2.16:12). Der erste Radikal ist gewiß nur deshalb als /*w*/ bewahrt, weil ihm ein /*u*/-Vokal vorausgeht, d.h. /*yuwappiṯ-*/ [u.ä.]. Bei einem PV /*a*/ wäre eine Kontraktion des betreffenden Triphthongs zu erwarten: /*yâppiṯ-*/ < **yawappiṯ-* (vgl. §33.323.3). Bei einem PV /*i*/ (oder /*e*/) wiederum wäre eine Graphie mit {y} zu erwarten: /*yiyappiṯ-*/ < **yiwappiṯ-* (vgl. etwa he. *tᵉyabbeš* "sie trocknet" [Ijob 15,30]).
2. Der PV des ug. D-Ptz. lautet /*u*/, was dem syll. bezeugten PN /*munaḫḫim-*/ zu entnehmen ist (§74.415). In Analogie dazu dürfte der PV der D-PK ebenfalls /*u*/ lauten.
3. Der PV /*a*/ in der PK 1.c.sg. ist sehr wahrsch. sekundärer Herkunft und geht auf **u* zurück: /*ʾaqattil*/ < **ʾuqattil*. Der Vokalwandel könnte auf Vokalharmonie beruhen (§33.215.21). Trifft dies zu, würde der sekundäre PV /*a*/ indirekt beweisen, daß der Vokal der folgenden Silbe /*a*/ lautet (Für eine andere Erklärung des PV /*a*/ siehe jedoch unten [§74.412.15]).

74.412.15. Gegen diese Lösung, wonach der PV der ug. D-PK in der 1.c.sg. /*a*/, sonst aber /*u*/ lautet, scheint der Befund der Amarnabriefe aus Kanaan zu sprechen, wo viele D-PK-Formen der Orthographie zufolge einen PV /*i*/ aufweisen. Rainey (CAT 2, 135) und Sivan (GUL 134) betrachten dieses Phänomen als sekundäre Analogiebildung zum G-Stamm, das ohne Relevanz für das Akan. sei. Wahrscheinlicher ist jedoch eine andere Erklärung. Demnach steht orthographisches *i* für phonetisches [ə], ein Murmelvokal entsprechend he. Schᵉwa, der aus **u* entstanden sein könnte: z.B. PK^{K} 2.m.sg. *tiqattil* = /*tᵉqattil*/ < **tuqattil*.

Das Ug. dürfte vom gleichen Phänomen zeugen. Der PV der D-PK (außer 1.c.sg.) dürfte – zumindest teilweise – phonetisch als [ə] < **u* realisiert worden sein. Möglicherweise zeugt auch der PV /*a*/ der 1.c.sg. vom gleichen Phänomen. Hier wäre der Murmelvokal – wegen des Laryngals /ʾ/ – phonetisch mit

/*a*/-Färbung realisiert worden (entsprechend he. Ḥatef-Pataḥ). Auch er könnte historisch auf **u* zurückgehen (die /*a*/-Qualität des PV würde dann nicht auf Vokalharmonie beruhen). Zum Phänomen ist he. *ᵓᵃqaṭṭel* vs. *yᵉqaṭṭel* (D-PK 1.c.sg. / 3.m.sg.) und syr. *ᵓarīm* "ich erhebe" vs. *nᵉrīm* "er erhebt" (√*rwm* Afᶜel-PK 1.c.sg. / 3.m.sg.) zu vergleichen.

Man beachte in diesem Zusammenhang auch, daß der D-Inf. bei Wzz. I-ᵓ möglicherweise /*ᵓa22a3-*/ lautet (§74.416.4), obwohl der D-Inf. (sonst) grundsätzlich dem MphT *{quttal}* folgt (§74.416).

74.412.16. Zusammenfassend ist festzuhalten, daß die ug. D-PK wahrscheinlich dem MphT *{yuqattil}* folgt. Der PV dürfte jedoch – zumindest in bestimmten WzKK – phonetisch als Ultrakurzvokal realisiert worden sein: 1.c.sg. [ᵓᵃqattil] für **ᵓuqattil*; 3.m.sg. [yəqattil] für **yuqattil* (analog andere Personen). Mit dem gleichen Phänomen ist im übrigen auch für die ug. Š-PK zu rechnen (§74.622.1).

Im folgenden wird die D-PK 1.c.sg. als /*ᵓaqattil-*/, die 3.m.sg. (historisierend) als /*yuqattil-*/ vokalisiert (analog andere Personen).

74.412.2. Belege

74.412.21. Wurzeln I-ᵓ

Vorbemerkung: PK-Formen der WzK I-ᵓ mit {a}-Graphem sind nicht eindeutig: Sie können a) dem N-Stamm (*ya23* = /*yiᵓᵓa2i3*/ < **yinᵓa2i3*), b) dem D-Stamm (*ya23* = /*yiᵓa22i3*/) oder c) unter Annahme phonetischer Alephschreibungen (§33.141.41; vgl. §21.322.2-3), auch dem G-Stamm zugeordnet werden (*ya23* = /*yâ2V3*/ od. /*yaᵓᵃ2V3*/ < **yaᵓ2V3*). D- und N-Formen lassen sich durch semantische und sprachvergleichende Überlegungen meist zuverlässig trennen. Schwierig ist dagegen die Abgrenzung von D- und G-Formen.

√*ᵓbd* *yabd* (PK 3.m.sg.): *[b]ᶜl yabd l alp \ [ ]* 1.11:3. — *yabd* kann D- oder G-PK (oder gar N-PK) sein. Der unklare Kontext läßt keine Entscheidung zu. Es gilt außerdem zu beachten, daß die Lesung des {a} nicht ganz sicher ist. Eine Lesung *ynbd* ist nicht auszuschließen.

√*ᵓmr* *yamr* (PK 3.m.sg.): *[ ]nh w l yamr \ [ ]* 1.172:22f. — Aufgrund des abgebrochenen Kontextes ist unklar, welcher Verbalstamm vorliegt. Auch die zugrundeliegende Wz. ist nicht eindeutig: √*ᵓmr* (I) "sehen" oder √*ᵓmr* (II) "sprechen".

√*ᵓsp* *yasp* (PK 3.m.sg.): *x[xx]hm yasp ḥmt* "Ihr(e) ...(?) möge das Gift (völlig) tilgen" 1.107:36. — *yasp* könnte auch G-PK sein. Man beachte, daß he. √*ᵓsp* und akk. *esēpu* jeweils viel häufiger im G- als im D-Stamm bezeugt sind und daß im Kontext (1.107) sonst nur G-Formen der Wz. √*ᵓsp* begegnen (mehrmals PK *yisp* und Imp. *isp*). Eine Deutung von *yasp* als D-PK wird hier aber favorisiert (D etwa mit gesteigerter Bedeutung gegenüber G: "gänzlich hinwegraffen/tilgen").

√*ᵓsr* *tasr-n* "du sollst gefangen nehmen"(?) (wahrsch. PKᴷv 2.m.sg. + En.): 1.1:V:9 und 1.1:V:22 (jeweils im abgebrochenen Kontext; jeweils // *trks* [G-PK] "du sollst binden"). — *tasrn* könnte auch G-PK sein.

√ʾpq *tapq*: *al tʿlg \ lšnk / al tapq apq* "deine Zunge soll nicht/fürwahr stammeln/stottern; du sollst nicht/fürwahr ...(?)" 1.169:11f. — Etym. und Bedeutung der Wz. √ʾ*pq* sind umstritten (vgl. DLU 44b). Sollte *apq* ein paronomastischer Inf. sein, wäre *tapq* eher G-PK als D-PK, es sei denn, man deutet *apq* trotz {a}-Graphem als D-Inf. (vgl. §74.416).

√ʾrš *yarš* (PK^L 3.m.sg.): *mlk ṯr abh \ yarš / hm drk[t] \ k ab adm* "Verlangt er nach dem Königtum des Stieres, seines Vaters, oder nach einer Herrschaft wie (der) des Vaters der Menschen?" 1.14:I:41-43. — Vgl. *yarš* (PK^{K}i 3.m.sg.) im GN *yaršil*, eig. "Ilu hat gefordert" 1.102:18!.24; 1.106:4. — Ein weiterer Beleg liegt gemäß KTU^2-Transliteration in 4.44:26 vor: *ṯṯ spm l bnš klnmw \ d! yarš ḫswn* "sechs *sp*-Schalen für das Personal von PN$_1$, die(?) PN$_2$ fordert(?)" 4.44:25f. Der epigraphische Befund von 4.44:26 weist aber folgende Zeichenfolge auf (vgl. CTA, Fig. 207): *l l a r š ḫ ḫ* (alt.: *y*) *w n*. Die Zeile könnte eine Verbalform der Wz. √ʾ*rš* enthalten, schwerlich aber eine PK 3.m.sg.

? *tarš* (PK^L 3.f.sg.): *trḫt tar\š lnh* "(als) Brautpreis(?), den sie von ihm fordert" 1.111:20f. (alt.: Dp-Stamm: "... der von ihr gefordert wird").

taršn (PK^L 2fs): *mh taršn \ l btlt ʿnt* "Was begehrst du, o Jungfrau ʿAnatu?" 1.3:V:28f. // 1.6:II:13f.

arš (PK^L 1.c.sg.): *w an[k ...] d*(?) *\ arš[ḥy*(?) *šp]š \ mlk r[b bʿl]y* "Und ic[h bin dein(?) Diener(?)], der(?) ich bitte/bete [für das Leben der 'Son]ne', des [Groß]königs, meines [Herrn]" 2.23:15-17 (alt.: "..., der ich um Leben bitte"); *p l \ ḥy np[šh*(?) *a]rš* "Ja, für das Leben seiner(?) See[le be]te ich" 2.23:17f.

taršn (PK^L 3.m.pl.): *spr bnš mlk d taršn ʿmsn* "Liste von königlichem Personal, das eine (Schiffs-/Wagen-)Fracht(?) verlangt" 4.370:2.

Aufgrund der Orthographie mit {a} ist man geneigt, alle genannten Formen dem D-Stamm zuzordnen. Man beachte allerdings, daß es daneben eine PK-Form mit Schreibung *yirš* (2.81:26) und insgesamt sechs Imp.-Formen mit Schreibung *irš* (1.17:VI:17&) – neben einer Imp.-Form mit Schreibung *arš* (5.11:12) – gibt. Die Form *yirš* ist sicher eine G-PK, und auch die Form *irš* ist eher ein G-Imp. als ein D-Imp. (damit gegen Sivan 1990b). Somit sind möglw. auch die oben genannten PK-Formen trotz der Orthographie mit {a} dem G-Stamm zuzuordnen (§75.212.13; vgl. ferner Tropper 1991c). — Vielleicht ist ug. √ʾ*rš* aber nebeneinander im G- und im D-Stamm belegt, wobei letzterer durch eine intensive Nuance charakterisiert wäre ("besonders innig/gierig verlangen"); vgl. he. √*ḥmd* und he. √*šʾl*, die ebenfalls im G- und D-Stamm mit ähnlichen Bedeutungen bezeugt sind. — Die genannten Formen könnten theoretisch auch als N-PK zu deuten sein. Man beachte in diesem Zusammenhang den ug. PN *niršn* (möglw. N-SK von √ʾ*rš*), belegt in 4.77:17 (n.L.) und 4.442:2.

Anm. Gemäß KTU^2 wäre in 1.103+:2 yaṯr zu lesen (√ʾṯr "folgen"). Diese Lesung ist jedoch zweifelhaft: Zwar ist vor {a} entweder {ḫ} oder {y} zu lesen, doch dürfte es sich dabei um den letzten Konsonanten eines vorausgehenden Wortes handeln, da es Spuren eines Worttrenners zwischen {ḫ/y} und {a} zu geben scheint. Somit dürfte ein Lexem *aṯr* vorliegen (wohl eine Präp. ["nach"] oder ein Adv. ["danach"]).

74.412.22. Wurzeln II-ʾ

√lʾk *tlik* /*tulaʾʾiku*/ (PK$^{L?}$ 2.m.sg.): *lm tlik ʿmy* "Warum hast du (immer wieder) Boten gesandt?" 2.26:4.

tlikn /*tulaʾʾikīna*/ (PK$^{L?}$ 2fs, evtl. + OS 1.c.sg.): *lm tlikn ḫpṯ hndn* \ *p mšmʿt mlk* \ *inn* "Warum schickst du mir(?) diese *ḫpṯ*-Truppe, aber ein königliches Spezialkorps (gibt es) nicht?" 2.72:10-12.

Semantik: möglw. Nuance der Pluralität ("[mehrere / immer wieder] Boten schicken"). Ug. *√lʾk* "senden" wird sonst überwiegend im G-Stamm gebraucht (siehe DLU 239f.). Man beachte, daß auch die semantisch verwandte Wz. *√šlḥ* im Ug. und He. sowohl im G- als auch im D-Stamm belegt ist; vgl. auch akk. *w/muššurru* (D) "entsenden, schicken".

√mʾd *amid* /*ʾamaʾʾidu/a*/ (PK^{L} od. PK^{K}e 1.c.sg.): *[ ]bʾnm aqny* /\ *[w n]ʿrm amid* "... ich will Söhne zeugen; [ja], viele [Kn]aben will ich machen" (eig.: "ich will Knaben zahlreich machen") 1.14:II:5; vgl. auch *ymid* in 6.43:1 (Kontext abgebrochen). — Semantik: faktitiv (G "viel/zahlreich sein"; D "viel/zahlreich machen").

Anm. Zu *yṯir* (1.2:III:16*.21), N-PK oder D-PK, siehe §74.333, Anm.

74.412.23. Wurzeln I-*y* < I-*w* (vgl. §33.133.2)

√ysr *ywsr-nn* /*yuwassir(u)*/ (PK^{L} od. PK^{K}i 3.m.sg.): *ap yṣb yṯb b hkl* /\ *k/w* (Lesung unklar) *ywsrnn ggnh* "Auch(?) *Yṣb* saß im Palast, wobei(?) ihn sein Inneres (fürwahr) belehrte" 1.16:VI:25f. — Semantik: Nuance der Pluralität oder Intensität. Eine G-PK von *√ysr* mit der Bedeutung "belehren" ist in 1.4:V:4 bezeugt (*tsrk* "sie belehrt dich"); vgl. he. *√ysr* G und D "unterweisen, belehren".

√ypṯ *ywpṯ-n* /*yuwappiṯ-(a)nī*/ (PK^{K}i 3.m.sg. + OS 1.c.sg.): *ṯx ydd w yqlṣn* /\ *yqm w ywpṯn* "...(?) er stellte sich hin und verhöhnte mich; er erhob sich und beschimpfte mich" 1.4:III:12f. — Die Wz. *√ypṯ* wird konventionell mit ar. *√nfṯ* "speien" verknüpft. Im Anschluß an W. von Soden (AHw. 1459a) und Renfroe (1992, 156) dürfte die Wz. jedoch eher mit akk. *wapāšu* "beschimpfen" (G- und D-Stamm) zu verbinden sein (vgl. auch akk. *pīštu* "Beschimpfung, Beleidigung"). — Semantik: wahrsch. Nuance der Intensität oder Pluralität.

√ytḥ *twtḥ* /*tuwattiḥ-*/ (PK^{K}v 3.f./m.du. od. 3.f.sg.): *ʿmy pʿnk tlsmn* / *ʿmy* \ *twtḥ išdk* "Zu mir sollen deine (beiden) Füße laufen, zu mir sollen deine (beiden) Beine(?) eilen/galoppieren" 1.3:III:19f. // 1.3:IV:11f.; ferner 1.1:II:1f.22f. und 1.1:III:10f. (weitgehend erg.). — Zur Etym. vgl. ar. *√wtḫ* (auch: *√wtḥ*) G "prügeln, schlagen", K "bedrängen, ungestüm drängen" (Wahrm. II, 1152; Kazim. II, 1479). — Semantik: möglw. Nuance der Intensität oder Pluralität.

Anm. *twtḥ* wird von vielen Autoren als Gt-Form einer Wz. √*yḥy* < **wḥy* betrachtet (z.B. MLC 543 und GUL 151), wobei auf jaram. *√*yḥʾ* K "eilen" und ar. √*wḥy* V. "sich beeilen" verwiesen wird. Eine Gt-PK^{K}v 3.m.du. von √*w/yḥy* müßte aber **tthy* = /*tittaḥiyâ*/ bzw. /*tîtaḥiyâ*/ lauten.

√*yḥl* *twḥln* /*tuwaḥḥil-*/ (PK^{K}v 2.f.sg. + En.): *w um* \ *tšmḫ mad*! \ *w al twḥln* "Meine(?) Mutter möge sich sehr freuen / O Mutter, freue dich sehr! Und sie soll sich / du sollst dir keine Sorgen(?) machen!" 2.16:10-12. — Die Lesung *twḥln* (siehe D. Pardee, AfO 31 [1984], 220) ist umstritten. Sie ist epigraphisch wahrscheinlicher als die von KTU^{2} vorgeschlagene alternative Lesung *tdḥln*. Möglich wäre evtl. auch eine Lesung *trḥln*. — Sofern richtig gelesen, kann die Form *twḥln* nur D-PK oder Dp-PK (/*tuwaḥḥal-*/) einer Wz. √*yḥl* (< **wḥl*) sein. Naheliegend ist eine Verknüpfung mit syr. *ʾawḥel* (√*yḥl* K) "schwach sein; verzweifeln". Aus dem Kontext geht hervor, daß √*wḥl* D in semantischer Opposition zu √*šmḫ* G steht. — Semantik: intransitiv(?).

74.412.24. Wurzeln I-*n*

√*ngḥ* *angḥ* /*ʾanaggiḥu*/ (PK^{L} [?] 1.c.sg.): *[ ] w angḥ* 1.172:8 (Kontext abgebrochen). — Semantik: Nuance der Intensität (vgl. he. √*ngḥ* D "stoßen, niederstoßen" [nach Jenni 1968, 208 mit der Nuance des "endgültigen Niederwerfens"]).

√*ngṯ* *tngṯ-h* /*tunaggiṯ(u)-*/ (PK^{L} od. PK^{K}i 3.f.sg. + OS 3.m.sg.): *ym ymm yʿtqn / l ymm \ l yrḫm / rḫm ʿnt tngṯh* "Ein Tag (verging), zwei Tage vergingen; über Tage (und) über Monate suchte das Mädchen ʿAnatu ihn" 1.6:II:26f.; ähnl. 1.6:II:4-6*.

tngṯnh /*tunaggiṯ(ū)-*/ (PK^{L} od. PK^{K}i 3.m.pl. od. 3.f.sg. + OS 3.m.sg.): *[ ]d tngṯnh* "suchte(n) sie ihn" 1.1:V:4 (Kontext abgebrochen).

Semantik: Nuance der Intensität. Das Wortfeld "suchen, forschen" wird sem. häufig durch den D-Stamm ausgedrückt (vgl. etwa he./baram. √*bqr* D, he. √*bqš* D, he. √*ḥpś* D und he. √*šḥr* D).

√*nḥt* *ynḥt* /*yunaḥḥit*/ (PK^{K}i 3.m.sg.): *kṯr ṣmdm ynḥt* "Kôṯaru schnitzte/formte eine Doppelkeule" 1.2:IV:11 // 1.2:IV:18. — Zur Etym. siehe akk. *nuḫḫutu* (D) "(Holz) bearbeiten, beschneiden" und ar. √*nḥt* "(Holz, Stein) behauen" (dazu Tropper 1995c, 58-61). — Semantik: wahrsch. Nuance der Pluralität (Vielzahl von Einzelhandlungen).

√*nsk* *ynsk* /*yunassik*/ (PK^{K}v? 3.m.sg.): *w ynsk ʿd[x]* \ *[x]xy l arṣ* "Er soll als Weihegabe ...(?) zur Erde hin ausgießen" 1.82:1f. — Semantik: Nuance der Pluralität(?); vgl. he. √*nsk* D "als Weihegabe ausgießen".

√*nʿr* *ynʿr-nh* /*yunaʿʿir-*/ (PK^{K}i od. PK^{K}v 3.m.sg. + OS 3.f.sg.): *ʿrʿrm ynʿrn*!*h* "Mit einem Tamariskenzweig schüttelte er es (: das Gift) ab / soll er es abschütteln" 1.100:65. — Semantik: Nuance der Intensität od. Pluralität; vgl. he. √*nʿr* D "schütteln" (dazu Jenni 1968, 136).

√*nšq* *ynšq* /*yunaššiq*/ (PK^{K}i 3.m.sg.): *bṣql yḥbq* \ *w ynšq* "er umarmte den Sproß und küßte (ihn)" 1.19:II:15; ähnl. 1.19:II:21f.

tnšq /*tunaššiq*/ (PK^{K}v 3.f.du.): *ṣġr tnšq šptk* "deine Lippen mögen einen Jungen küssen" 1.22:I:4 (alt.: "deine Lippe wird ... küssen").

anšq /*ʾanaššiqu*/ (PK$^{L?}$ 1.c.sg.): ... *anšq* \ *[x]h/itm* "... ich küsse ...(?)" 1.2:IV:4f. (Kontext unklar).

Semantik: Nuance der Intensität; vgl. akk./he. √*nšq* D (im Aram. ist G viel häufiger als D).

74.412.25. Wurzeln II-*w und* III-*y*

√*ḥwy* *yḥwy* /*yuḥawwiyu*/ (PK^{L} 3.m.sg.): *k bʿl w/k*(?) *yḥwy* "Wie Baʿlu, indem/wie er (ewiges) Leben gewährt, ..." 1.17:VI:30.

tḥwyn(?) /*tuḥawwiyīna*/ (PK^{L} 2fs): *at ʿ[l qšth]* \ *tmḫṣh* / <*ʿl*> *qṣʿth hwt l tḥ[wyn*(?)] "Was dich betrifft, so mußt du ihn we[gen seines Bogens] erschlagen! <Wegen> seines Krummholzes (d.h. seines Bogens) / seiner Pfeile darfst du ihn nicht am Le[ben lassen]!" 1.18:IV:12f.

aḥwy /*ʾaḥawwiyu*/ (PK^{L} 1.c.sg.): *ap ank aḥwy* \ *aqht [ġ]zr* "(So) werde auch ich dem [He]lden Aqhatu (ewiges) Leben gewähren" 1.17:VI:32f.

aḥw /*ʾaḥawwî*/ (PK^{K}i/PK^{K}v 1.c.sg.): *kd ʿl qšth* \ *imḫṣh* / *ʿl qṣʿth hwt* \ *l aḥw* "Deshalb(?) erschlug ich ihn wegen seines Bogens; wegen seines Krummholzes / seiner Pfeile ließ ich ihn nicht am Leben" 1.19:I:14-16; *[ ]x aḥw aṯm prṯl [ ]* 1.82:19 (Interpretation unsicher).

[t/y]ḥ\wyn 1.24:9-10 (Kontext unklar). — Ug. √*ḥw/yy* weist nur im D-Stamm Formen mit /*w*/ auf (zum Paradigma siehe §75.531g).

Semantik: Kausativ (G "lebendig sein, leben"; D "am Leben erhalten, Leben gewähren, leben lassen"); zu einer faktitiven Nuance des D-Stamms dieser Wurzel siehe unter §74.414.2, √*ḥwy*.

74.412.26. D-PK 1.c.sg. anderer Wurzelklassen

√*bqṯ* *abqṯ* /*ʾabaqqiṯu/a*/ (PK^{L} od. PK^{K}e): *w abqṯ aliyn bʿl* "Ich werde/will den hochmächtigen Baʿlu suchen" 1.6:IV:20. — Weitere Belege von √*bqṯ* D sind: 2.39:34 (*bqṯ* [Imp. m.sg.]) und 2.42:26 (*ybqṯ*). — Semantik: Nuance der Intensität; vgl. he. √*bqš*.

√*kly* *akly* /*ʾakalliyu/a*/ (PK^{L} od. PK^{K}e): *akly [bn nšm]* /\ *akly hml[t arṣ]* "Ich will die Menschen vernichten, ich will die Volksmenge der Erde vernichten" 1.6:V:24f.; *imḫṣ mḫṣ aḫy* / *akly [m]\kly [ʿ]l umty* "Ich will den erschlagen, der meinen Bruder erschlagen hat; ich will den vernichten, der das Kind meiner Familie [ver]nichtet hat!" 1.19:IV:34f. (n.L.; KTU^{2} liest *akl m\kly*). — Weitere PK-Belege von √*kly* D sind: 1.2:IV:27 (*ykly*); 1.5:I:2.28 (*tkly*); 1.6:II:36 (*tkly*); 1.16:I:26 (*tkl*); 1.19:IV:40 (*tkl*); 1.103+:40 (*ykly*). — Semantik: faktitiv (G "zu Ende sein/gehen"; D "ein Ende bereiten; [endgültig] vernichten"); vgl. he. √*kly* D.

√*lmd* *ylmd-nn* /*yulammid(u)-*/ (PK^{L} od. PK^{K}i 3.m.sg.): *w in d ylmdnn* "und niemand mußte ihn (dabei) belehren" RS92.2016:42' (§76.341; §76.427c).

almd-k /*ʾalammidu/a-*/ (PK^L od. PK^{K}e + OS 2.m.sg.): *[ ]r almdk ṣ/l[d*(?) *]* "... ich will dich das Ja[gen(?)] lehren" 1.18:I:29.

Semantik: faktitiv/kausativ (G "gewohnt sein, sich gewöhnen; lernen"; D "gewohnt machen; lehren, unterweisen"); vgl. akk./he. √*lmd* D.

√*mḫṣ* *amḫṣ* /*ʾamaḫḫiṣ-*/: *amḫ[ṣ xx(x)]* \ *qdqdk* "Ich werde (immer wieder) [auf] deinen Schädel einschlagen" 1.3:V:23. — Semantik: Nuance der Pluralität (G "schlagen"; D "[wiederholt] zuschlagen; prügeln"); vgl. akk. *maḫāṣu* D. Die hier postulierte Nuance der Pluralität wird durch den nachfolgenden Kontext (Z. 24f.) bestätigt: ʿAnatu droht damit, solange auf den Schädel Ilus einzuschlagen, bis dieser völlig blutüberströmt ist.

√*mlk* *amlk-n* /*ʾamalliku/a-*/ (PK^L od. PK^{K}e): *tn* \ *aḥd b bnk amlkn* "Gib (mir) einen von deinen Söhnen, damit ich ihn(?) zum König mache!" 1.6:I:45f. — Weitere PK-Belege von √*mlk* D sind: 1.6:I:48.54 (*nmlk*). — Semantik: faktitiv (G "König sein, als König regieren"; D "zum König machen; als König einsetzen"); vgl. samʾal. √*mlk* D (KAI 215:7).

√*qrb* *aqrb-k* /*ʾaqarribu/a-ka*/ (PK^L od. PK^{K}e): *aqrbk abh bʿl* "Ich werde/will dich (nahe) zu ihrem Vater Baʿlu hinführen" 1.24:27. — Semantik: faktitiv/kausativ (G "nahe sein, nahe herantreten"; D "nahe heranbringen, hinführen" [Konstruktion mit doppeltem Ak.]); vgl. he./aram. √*qrb* D und baram. √*qrb* K.

√*qry* *aqry* /*ʾaqarriyu*/ (PK^L]): *[a]n aqry* \ *[b arṣ] mlḥmt / [aš]t b ʿprm* \ *ddym* "I[ch] werde Brotopfer(?) [auf der Erde] darbringen, Liebesfrüchte in den Staub [leg]en" 1.3:IV:22-24; weitgehend parallel 1.3:IV:27-29.

yqr /*yuqarrî*/ < **yuqarriy* (PK^{K}i 3.m.sg.): *w yq[r]* \ *dbḥ ilm* "Er brachte den Göttern ein Opfer dar" 1.19:IV:22f. (KTU^2 schlägt für das Ende von 1.19:IV:22 die Lesung *w yqr[y]* vor. Der bis zum Kolumnenende vorhandene Platz reicht jedoch sicher nicht für diese Ergänzung. Außerdem ist eine PK^{K}i zu erwarten). Die Verbalform regiert zwei direkte Objekte (§93.33). Eine andere Konstruktion liegt aber in 1.19:IV:29 vor: *qrym ab dbḥ l ilm*).

Semantik: kausativ (G "begegnen"; D "begegnen lassen, darreichen, darbringen"); vgl. äth. *ʾaqāraya* "offer a scrifice, consecrate" (CDG 445b).

√*rḫp* *arḫp* /*ʾaraḫḫipu*/ (PK^L): *bn nšrm arḫp an[k]* "Zwischen den Adlern werde ic[h] flattern" 1.18:IV:21. — Weitere PK-Belege von √*rḫp* D sind: in 1.18:IV:20.31 und 1.19:I:32 (jeweils *trḫpn*); 1.18:IV:32 (*trḫp*); dagegen √*rḫp* G-Ptz. f.sg. in 1.108:8 (*rḫpt* [möglw. aber Fehler für <*m*>*rḫpt*]). — Die Form *arḫp* und ebenso die anderen PK-Formen von √*rḫp* im Aqhat-Epos sind aufgrund von he. √*rḫp* D "hin- und herfliegen, schweben" (Raubvögel; Geist Gottes) eher dem D-Stamm als dem G-Stamm zuzuordnen. — Semantik: Nuance der Pluralität: "(Flügel immer wieder) hin- und herbewegen, flattern".

√*šlḥ* *ašlḥk* /*ʾašalliḥu-ka*/ (PK^L + OS 2.m.sg.): *irš ḥym w atnk / bl mt* \ *w ašlḥk* "Wünsche (dir) Leben, und ich werde (es) dir geben; Unsterblichkeit, und ich werde (sie) dir aushändigen" 1.17:VI:27f.; ähnl. 1.17:VI:17*f.

— Semantik: möglw. gesteigerte Bedeutung (G "Hand ausstrecken; schicken"; D "[ganz / auf immer] aushändigen, übergeben").

74.412.27. Semantisch repräsentative Formen anderer Wurzelklassen

√bšr *nbšr-k-m* */nubašširu-/* (PK^{L} 1.c.pl. + OS 2.m.sg. + EP-*m*): *nbšrkm dnil* ... "Wir überbringen dir, Daniʾilu, eine gute Nachricht ..." 1.19:II:37 (n.L.; KTU^{2} bietet *abšrkm*); mögliche weitere Belege von *√bšr* D finden sich in 1.94:1.23 (*ybšr*; Kontext jeweils abgebrochen). — Semantik: kausativ/faktitiv (D "eine Frohbotschaft überbringen"; Grundbedeutung möglw. "sich freuen"; vgl. ug. *√bšr* G [§74.433] und ar. *√bšr* G).

√dbr *tdbr* */tudabbiru/* (PK^{L} 2.m.sg.): *k ġz ġzm tdbr /\ w ġrm ṯṯwy* "Wenn Angreifer angreifen, weichst du zurück; und Räuber läßt du (hier) bleiben/wohnen" 1.16:VI:43f. // 1.16:VI:30f.* (Interpretation umstritten; zu *√ṯwy* vgl. ar. *√ṯwy* I./II. "jmdn. zum Bleiben veranlassen, gastlich aufnehmen"). — Semantik: denominierte Nuance zum Subst. **dbr* "Rücken" (vgl. ar. *dub(u)r* "Rücken"): "den Rücken zuwenden" = "zurückweichen, fliehen"; vgl. he. *√dbr* (I) D und akk. *duppuru* (D) mit gleicher Bedeutung; vgl. ferner ar. *√dbr* IV.

√ḥbq *yḥbq* */yuḥabbiq(u)/* (PK^{K}i od. PK^{L} 3.m.sg.): *bṣql yḥbq \ w ynšq* "(Den) Sproß liebkoste und küßte er" 1.19:II:14f.; ähnl. 1.19:II:21*f.; *yḥb$^{?}$q$^{?}$ ʿ$^{?}$d$^{?}$ \ tld bt ṯ$^{?}$rt* "Er ‘umarmte’ sie(?) (d.h. er hatte Beischlaf mit ihr) bis/auf daß sie gebar ..." 1.24:4f. (Text unsicher); vgl. ferner: *mṭḫr yḥb[q]* "... er umarmte ..." 1.2:I:41 (Kontext abgebrochen).

tḥbq */tuḥabbiq(u)/* (PK^{K}i od. PK^{L} 3.f.sg.): *tḥbq a[rḫ] /\ tḥbq ar[ḫ] \ w tksynn b ṯdh* "Die K[uh] liebkoste [ihr Junges(?)], die K[uh] liebkoste [ ] und bedeckte es mit ihrem Euter" 1.10:III:22-24.

Semantik: Nuance der Intensität oder Pluralität: "(innig/wiederholt) umarmen, liebkosen"; auch als Euphemismus für "Beischlaf haben" gebraucht (vgl. he. *√ḥbq* D). Im G-Stamm meint *√ḥbq* demgegenüber "den Arm um jmdn. legen; jmdn. packen"; siehe 1.4:IV:13-15: *yḥbq qdš w amrr /\ yštn aṯrt l bmt ʿr \ l ysmsmt bmt pḥl* "*Qdš-w-Amrr* legte (seinen) Arm um sie (und) setzte sie die (Göttin) Aṯiratu auf den Rücken des Esels, auf den angenehmsten Teil des Tierrückens".

√ḥmd *yḥmd-m* */yuḥāmid(u)-ma/* (PK^{K}i od. PK^{L} 3.m.sg.): *bʿl ḥmd-m yḥmd-m /\ bn dgn yhrr-m* "Baʿlu empfand heftige Begierde, der Sohn Daganus bebte (vor Verlangen)" 1.12:I:38f. — Semantik: Nuance der Intensität oder Pluralität: "heftig begehren" (vgl. he. *√ḥmd* G "begehren, Gefallen finden an", D "heftig begehren").

√ḫlq *yḫlq* */yuḫalliqu/* (PK^{L} 3.m.sg.): *[mlkn ?] yḫlq bhmt [ib]h* "... dann wird [der König] das Vieh seines [Feindes] zugrunde richten" 1.103+:15; *ibn yḫlq bhmt ḥwt* "... dann wird der Feind das Vieh des Landes zugrunde richten" 1.103+:16 (gegenüber *√ḫlq* G im gleichen Text: *yḫlq* "er wird zugrunde gehen" 1.103+:18; *tḫlq* "sie wird zugrunde gehen" 1.103+:4.8*.59’) — Semantik: faktitiv (G "zugrunde gehen"; D "zugrunde richten, vernichten").

√*ḫmš* *yḫmš* /*yuḫammiš*/ (PK^{K}i 3.m.sg.): *[yrbᶜ]* \ *yḫmš rgm* "ein viertes Mal, ein fünftes Mal sprach er" 1.16:V:16f. — Semantik: denominierte Nuance zur Kardinalzahl *ḫmš* "fünf": "zum fünften Mal tun; verfünffachen".

√*ṭll* *yṭll* /*yuṭallil*/ (PK^{K}v 3.m.sg.): *ṭl yṭll* \ *l ġnbm* "Tau möge auf die Trauben tauen" 1.19:I:41f. — Semantik: denominierte Nuance zum Subst. *ṭl* "Tau": "(in Form von Tau) niedergehen, tauen".

√*kbd* *ykbd-nh* /*yukabbidu-*/ (PK^{L} 3.m.sg. + En. + OS 3.m.sg.): *[l pᶜn il]* \ *[yhbr] w yql / [y]štḥwy w ykb[dnh]* "[Vor den Füßen Ilus verneigte er sich] und fiel nieder; er erwies (ihm) [Hu]ldigung und verehr[te ihn] (wiederholte Male)" 1.2:III:5f. — Vgl. hierzu ferner 1.119:19* (*ykb[d...]*) und 1.171:4 (*ykbd*).

tkbd /*tukabbid-*/ (PK^{L} od. PK^{K}i 3.f.sg.): *tsad tkbd hmt* "Sie stärkte (und) ehrte sie" 1.17:VI:30.

tkbd-h /*tukabbidu*/ (PK^{L} 3.f.sg. + OS 3.m.sg.): *l pᶜn il thbr w tql /\ tštḥwy w tkbdh* "Vor den Füßen Ilus verneigte sie sich und fiel nieder; sie erwies (ihm) Huldigung und verehrte ihn (wiederholte Male)" 1.4:IV:25f. (viell. Fehler für *tkbd<n>h* [vgl. die nachstehenden Einträge]).

tkbd-nh /*tukabbidu*/ (PK^{L} 3.f.sg. + En. + OS 3.m.sg.): *l pᶜn* \ *il thbr w tql /\ tštḥwy w tkbdnh* "Vor den Füßen Ilus verneigte sie sich und fiel nieder; sie erwies (ihm) Huldigung und verehrte ihn (wiederholte Male)" 1.6:I:36-38 // 1.17:VI:50*f.

y[kbdnh] /*yukabbidâni-*/ (PK^{L} 3.m.du. + OS 3.f.sg.): *[l p]ᶜn ᶜnt* \ *[yhbr w yql / yšt]ḥwyn w y\[kbdnh]* "[Vor den Füß]en ᶜAnatus [verneigten sich die beiden (Boten) und fielen nieder; sie erwiesen (ihr) Hul]digung und ver[ehrten sie (wiederholte Male)]" 1.1:II:15-17.

Semantik: faktitiv (G "schwer, bedeutend sein" [ug. nicht belegt]; D "schwer, bedeutend machen" = "Ehre erweisen, ehren").

√*ksy* *tksy-nn* /*tukassiyu/anVnnu*/ (PK^{K}i od. PK^{L} 3.f.sg. + En. + OS 3.m.sg.): *tḥbq a[rḫ] /\ tḥbq ar[ḫ]* \ *w tksynn b ṯdh* "Die K[uh] liebkoste [ihr Junges(?)], die K[uh] liebkoste [ ] und bedeckte es mit ihrem Euter" 1.10:III:22-24. — Semantik: transitivierende Funktion (G "sich bedecken mit; anziehen" [1.5:VI:16.31]; D "bedecken").

√*lšn* *ylšn* /*yulaššin(u)*/ (PK^{K}i od. PK^{L} 3.m.sg.): *w ngšnn ḥby /\ bᶜl qrnm w ḏnb ylšn* "Aber *Ḥby* näherte sich ihm / bedrängte ihn, der (Gott) mit den zwei Hörnern und dem Schwanz geiferte" 1.114:19f. (alt.: Ableitung von √*lwš* "kneten" [so DLU 249a]).

tlšn /*tulaššin*/ (PK^{K}i 3.f.sg.): *tlšn aqht ġzr /\ [(x)xxxx kdd/bn dn]il mt rpi* "Sie sprach gehässige Worte über den Helden Aqhatu, [sie ...(?) über das Kind / den Sohn Dani]ʾilus, des Rapiʾu-Mannes" 1.17:VI:51f.

Semantik: denominierte Nuance zum Subst. *lšn* "Zunge, Rede": "Gehässiges sagen, geifern, verleumden"; vgl. he. √*lšn* K "verleumden" (ähnl. ar. √*lsn* I. "mit Worten verletzen").

√*mlʾ* *nmlu* /*numalliʾu*/ (PK^{L} 1.c.pl. [alt.: PK^{K}e]): *mḏr bᶜl* \ *nmlu* "Das dem (Gott) Baᶜlu (gelobte) Gelübde werden wir einlösen" 1.119:30f; *ḥtp bᶜl nmlu* "Das (gelobte) *ḥtp*-Opfer für Baᶜlu werden wir einlösen"

1.119:32. — Semantik: faktitiv (G "voll sein"; D "voll machen; etwas anfüllen mit [mit doppeltem Ak.]; erfüllen, einlösen").

Anm. Folgt man KTU², läge in 1.16:V:28 mit *ymlu* ein weiterer Beleg einer D-PK von √*mlʾ* vor ("[Ilu] füllte [seine] Hände mit Lehm"). Anstelle von *ymlu* dürfte jedoch eher *ymll* (alt.: *ymld*) zu lesen sein (siehe Tropper 1999d, 28f.). *ymll* wäre G- oder D-PK von √*mll* "(Lehm) kneten".

√*mrʾ* *ymru* /*yumarriʾu*/ (PK^L 3.m.sg.): *d*[!] *ymru* \ *ilm w nšm* / *d yšb*\ *ᶜ hmlt arṣ* "..., der Götter und Menschen ‘mästet’, der die Menschenmenge der Erde sättigt" 1.4:VII:50-52 (alt.: G-PK). — Semantik: faktitiv (G "fett sein" [ug. nicht belegt; vgl. akk. *marû* G; Belege in CAD M/1, 307b]; D "fett machen, mästen"); vgl. mhe. √*mry* K und akk. *marû* K.

√*ᶜms* *yᶜmsn* /*yuᶜammis-*/ (PK^Kv 3.m.sg. + OS 1.c.sg. ?): *mnm* \ *ḫsrt w uḫy* \ *yᶜmsn ṯmn* "Woran immer ich Mangel habe, das soll mir(?) mein Bruder dort (auf Lasttiere) aufladen (und mir schicken)" 2.41:19-21.

yᶜmsn-nn /*yuᶜammisāni-*/ (PK^L 3.m.du.): *yᶜmsnnn ṯkmn* \ *w šnm* "(Ilu ging zu seinem Haus), wobei ihn (die Götter) *Ṯkmn* und *Šnm* trugen/stützten" 1.114:18f.

Semantik: kausativ(?) (G "schwer auf jmdm. lasten, drückend sein" [ug. nicht belegt; vgl. ar./tigré √*ᶜms* G]; D "eine [schwere] Last aufladen/hochstemmen/tragen"). — Für die Zuordnung zum D-Stamm spricht das in 1.17:I:30& bezeugte D-Ptz. *mᶜms* (*§*74.415, √*ᶜms*).

√*plṭ* *yplṭ-k* /*yupalliṭ-*/ (PK^Kv 3.m.sg. + OS 2.m.sg.): *w [ ]* \ *aqht w ypltk* / *bn [dnil]* \ *w yᶜdrk* / *b yd btlt [ᶜnt]* "So [rufe(?) doch] Aqhatu, auf daß er dich befreie, den Sohn [Daniʾilus], auf daß er dir heraushelfe aus der Hand der Jungfrau [ᶜAnatu]" 1.18:I:12-14. — Semantik: kausativ/faktitiv (G "entkommen, in Sicherheit sein"; D "in Sicherheit bringen, befreien, erretten"); vgl. he./aram. √*plṭ* D.

√*ṣly* *yṣly* /*yuṣalliyu*/ (PK^L 3.m.sg.): *apnk dnil mt* \ *rpi* / *yṣly ᶜrpt b* \ *ḥm un* "Daraufhin geschah es, daß Daniʾilu, der Rapiʾu-Mann, die Wolken in der unheilvollen(?) Hitze beschwörend anrief" 1.19:I:38f. — Semantik: intensive Nuance; G-Stamm im Sem. nicht gebräuchlich; vgl. akk./aram./ar./äth. √*ṣly* D "anrufen, anflehen, beten".

√*ṣmt* *tṣmt* /*tuṣammit*/ (PK^Ki 3.f.sg.): *tmḫṣ lim ḫp y[m]* /\ *tṣmt adm ṣat špš* "Sie erschlug das Volk des Meeresstrandes (d.h. des Westens), sie vernichtete die Menschen des Sonnenaufgangs (d.h. des Ostens)" 1.3:II:7f.

tṣmt /*tuṣammit*/ (PK^Kv 2.m.sg.): *ht ibk* \ *bᶜlm* / *ht ibk tmḫṣ* / *ht tṣmt ṣrtk* "Jetzt, o Baᶜlu, (sollst du) deine Feinde (erschlagen), jetzt sollst du deine Feinde erschlagen, jetzt sollst du deine Widersacher vernichten!" 1.2:IV:8f.

Semantik: faktitiv(?) (G "schweigen" [ug. nicht belegt]; D "[endgültig] zum Schweigen bringen; vernichten"); vgl. aram./ar. √*ṣmt* D "zum Schweigen bringen" und he. √*ṣmt* D/K "vernichten / zum Schweigen bringen". Möglicherweise liegen aber auch zwei verschiedene Wzz. vor (√*ṣmt*$_1$ "schweigen"; √*ṣmt*$_2$ "zugrunde gehen/richten").

√*qlṣ* *yqlṣ-n /yuqalliṣ-(a)nī/* (PK^Ki 3.m.sg. + OS 1.c.sg.): *ṯx ydd w yqlṣn /\ yqm w ywpṯn* "...(?) er stellte sich hin und verhöhnte mich; er erhob sich und beschimpfte mich" 1.4:III:12f. — Semantik: Nuance der Intensität oder Pluralität; vgl. he. √*qls* (sic!) D "schmähen, verhöhnen".

√*šb*ᶜ₁ *yšb*ᶜ */yušabbiᶜu/* (PK^L 3.m.sg.): *d*[!] *ymru \ ilm w nšm / d yšb*ᶜ *hmlt arṣ* "der Götter und Menschen 'mästet', der die Menschenmenge der Erde sättigt" 1.4:VII:50-52. — Semantik: faktitiv (G "satt sein"; D "satt machen, sättigen"); vgl. akk. *šebû* D, ar. *šabiᶜa* D und he. √*śb*ᶜ D/K.

√*šb*ᶜ₂ *yšb*ᶜ */yušabbiᶜ/* (PK^Ki 3.m.sg.): *yṯdṯ \ yšb*ᶜ *rgm* "ein sechstes Mal, ein siebtes Mal sprach er" 1.16:V:19f. — Semantik: denominierte Nuance zur Kardinalzahl *šb*ᶜ "sieben": "zum siebten Mal tun".

√*šlm* *yšlm /yušallimu/* (PK^L 3.m.sg.): *mlkn yšlm l ibh* "... dann wird der König mit seinen Feinden Frieden schließen" 1.103+:54 (alt.: ... dann wird der König an seinen Feinden Vergeltung üben").

yšlm /yušallimu/ (PK^L 3.m.sg.): *w bx*ᶜ *x[ ] \ yšlm* "... muß ... (zurück-)zahlen" 4.398:5f.; *ᶜšrm ks[p] yš[lm]* "20 (Schekel) Sil[ber] muß er (zurück-)zah[len]" 4.398:7 (√*šlm* D steht hier in Opposition zu √*ʾṯm* Gt "schulden, schuldig sein" [§74.232.21, √*ʾṯm*]).

tšlm /tušallim/ (PK^Kv 3.f.sg.): *mth l tšlm ᶜln* "Ihr Tod(?) soll fürwahr Heil über uns bringen" 1.111:23f. (Interpretation problematisch, da ein fem. Subj. gefordert ist; alt.: "durch[?] seinen Tod mögen sie [sc. die Götter] Heil über uns bringen").

tšlm-(k/km) /tušallimū-/ (PK^Kv 3.m.pl.): *ilm \ tġrk \ tšlmk* "Die Götter mögen dich beschützen und dir Wohlergehen verleihen / dich unversehrt erhalten" 2.11:7-9 (viele weitere analoge Belege im Briefkorpus; 2.6:5f.: *ilm [tġrkm] \ [t]šl[mkm]*); *ilm \ tġrk tšlmk \ tᶜzzk* "Die Götter mögen dich beschützen, dir Wohlergehen verleihen (und) dich stärken" 5.9:I:2-4; ähnl. 2.4:4-6* (andere Verbfolge: *[i]lm \ tšlm[k tġ]rk \ tᶜzzk*); *ilm l šlm \ tġrkm tšlmkm* "Die Götter mögen euch beide wohl bewahren (und) euch beiden Wohlergehen verleihen" RS92.2005:7f.; *ilm \ [t]šlm tġrk \ [(w) t]tmmk* "Die Götter mögen (dir) Wohlergehen verleihen, dich beschützen (und) dich vollkom[men machen] / sich dir gegenüber ge[recht verhalten]" RS92.2005:26-28.

Semantik: verschiedene faktitive und kausative Nuancen zu einer großen Bandbreite von Grundbedeutungen der Wz. √*šlm* (G "vollständig, vollendet sein" vs. D "vollständig machen, Ersatz leisten, zurückzahlen, vergelten, Vergeltung üben"; G "heil sein" vs. D "Heil schenken"; G "in heilem Zustand leben" vs. D "in heilem Zustand leben lassen / erhalten"; G "in Frieden sein" vs. D "mit jmdm. Frieden machen, Frieden schließen" [vgl. hierzu akk. *salāmu* G, ar. √*slm* III. und he. √*šlm* K]).

√*ṯdṯ* *yṯdṯ /yuṯaddiṯ/* (PK^Ki 3.m.sg.): *yṯdṯ \ yšb*ᶜ *rgm* "ein sechstes Mal, ein siebtes Mal sprach er" 1.16:V:19f. — Semantik: denominierte Nuance zur Kardinalzahl *ṯṯ* < **ṯdṯ* "sechs": "zum sechsten Mal tun".

√*ṯlṯ* *yṯlṯ* /*yuṯalliṯ(u)*/ (PK^{K}i od. PK^{L} 3.m.sg.): *yṯlṯ qn ḏrʿh / yḥrṯ \ k gn ap lb / k ʿmq yṯlṯ \ bmt* "Er zerfurchte den Schaft seiner Arme; er pflügte den Brustkorb wie einen Garten; wie eine Ebene zerfurchte er den Rücken" 1.5:VI:20-22.

ṯṯlṯ /*tuṯalliṯ(u)*/ (PK^{K}i od. PK^{L} 3.f.sg.): *t[ṯ]l[ṯ] \ qn ḏrʿh / tḥrṯ \ k gn \ ap lb / k ʿmq ṯṯlṯ bmt* "Sie zer[furchte] den Schaft ihrer Arme; sie pflügte den Brustkorb wie einen Garten; wie eine Ebene zerfurchte sie den Rücken" 1.6:I:3-5.

Semantik: denominierte Nuance zur Kardinalzahl *ṯlṯ* "drei": "(mit Hilfe eines Geräts mit drei Spitzen) drei Furchen ziehen" = "zerfurchen".

74.412.28. PK-Formen umstrittener Zuordnung (D-PK oder G-PK)

Es gibt eine Reihe von Verbalformen (PK u.a.), die entweder dem D-Stamm oder dem G-Stamm zugeordnet werden können, und wo weder sprachvergleichende noch semantische Überlegungen eine sichere Entscheidung zulassen. Hierzu zählen vor allem Formen, die gleichsam eine semantische Grundbedeutung zum Ausdruck bringen. Beispiele:

√*brk* "segnen": Die bezeugten PK-Formen und ein Inf. (§74.416.3) dieser Wz. können entweder dem D- oder dem G-Stamm zugeordnet werden, z.B. *brkm ybrk \ [ʿbdh] / ybrk il krt \ [ṯʿ]* "Reichlich segnete er (Inf. + EP *-m* und PK) [seinen Diener]; es segnete Ilu den [edlen] Keret" 1.15:II:18-20; zu (einigen) weiteren PK-Belegen siehe DLU 116a (in 1.17:V:35f. dürfte aber gegen KTU^{2} *[yd]\rk* zu ergänzen sein: "er spannte [den Bogen]"). Aus sprachvergleichenden und semantischen Gründen ist man geneigt, die betreffenden Formen zum D-Stamm zu stellen (vgl. etwa he. √*brk* D und ar. √*brk* II./III. Stamm; intensive, deklarative ["für gesegnet erklären"] oder faktitive Bedeutung ["mit heilwirkender Kraft ausstatten"]). Gegen diese Annahme läßt sich jedoch anführen, daß das Ug. zu √*brk* ein G-Ptz.pass. aber kein Dp-Ptz. kennt (*l tbrkn alk brktm* "Sie sollen mich fürwahr segnen, auf daß ich als Gesegnete gehen kann ... 1.19:IV:32) und daß das Phön. √*brk* häufig im G-Stamm verwendet (siehe PPG^{3} §§ 145*bis* und 145*ter*).

√*dry* < **ḏry* "(Getreide) worfeln": Zu dieser Wz. gibt ist eine PK *tdry-nn* (1.6:II:32-33; Kontext: *b ḥrb \ tbqʿnn / b ḥṯr tdry\nn* "Mit dem Schwert zerschnitt sie ihn; mit der Getreideschaufel(?) worfelte sie ihn" 1.6:II:31-33) und ein Verbalsubst. *dry* (1.6:V:13; evtl. auch 1.6:V:16*). Der sprachvergleichende Befund erlaubt keine eindeutige Zuordnung; vgl. ar. √*ḏrw* und he. √*zry*, jeweils G/D "(Getreide) worfeln" (D offenbar mit Nuance der Pluralität).

√*ʿšr*: Zu ug. √*ʿšr* sind mehrere PK- und SK-Formen bezeugt (1.3:I:9&). Das Verb wird entweder mit "zu einem Mahl einladen" oder mit "Getränke servieren" bzw. "Vorbereitungen treffen für das Servieren von Getränken" übersetzt. Da eine Verknüpfung mit äth. √*ʿśr* D (*ʿaśśara* "zu einem Treffen/Fest einladen") erwogen wird, könnten die Belege dem D-Stamm zuzuordnen sein (so DLU 92a). Dietrich – Loretz (1991, 322) favorisieren demgegenüber – bei gleicher Etymologie – den G-Stamm. Ob die vorgeschlagene Etymologie wirklich zutrifft, ist aber letztlich unsicher.

√*šqy*: Die Wz. √*šqy* ist im Ug. zum einen im Š-Stamm mit der Bedeutung "zu trinken geben, trinken lassen" belegt; zum anderen gibt es orthographisch merkmallose PK- und SK-Formen, die in den meisten Kontexten ebenfalls "zu trinken geben" bedeuten (1.1:IV:9; 1.3:I:9; 1.16:II:14, 1.17:VI:31 und wohl auch im Textabschnitt 1.19:IV:53-61). Umstritten ist die semantische Interpretation der PK-Form *yšqy* in 1.17:I:10 und Parallelen, wo *yšqy* neben *ylḥm* (G-Stamm od. D-Stamm [§73.245.2]) begegnet. Hier ist die Nuance "trinken" erwägenswert, aber trotz der Parallele *ylḥm* nicht zwingend (der größere Kontext stützt eher die Auffassung, daß Daniʾilu den Göttern flüssige Opfergaben[?] zu trinken gibt, als daß er diese selber trinkt).

Sollte *yšqy* in 1.17:I:10 und Parallelen "er trinkt" meinen, läge hier ein G-Stamm vor, und sämtliche anderen Belege von √*šqy* außer den Š-Belegen wären dem D-Stamm zuzuordnen (Bedeutung "zu trinken geben"; zu dieser Auffassung siehe Tropper 1989c). Sollte *yšqy* in 1.17:I:10 und Parallelen aber "zu trinken geben" bezeichnen, wäre wohl davon auszugehen, daß die Wz. √*šqy* im Ug. nur im G-Stamm und im Š-Stamm belegt ist und in beiden Stämmen gleichermaßen "zu trinken geben, trinken lassen" bedeutet. Diesen Befund bieten das Akk., das Ar. und Äth. (G und K: "zu trinken geben").

Die nominalen Derivate zu ug. √*šqy* lauten: *šqym* "Trankopfer/Getränke" (1.115:11; 4.246:8[?]), *mšq* "Trink-" bzw. "Libationsgefäß" (4.265:1) und schließlich *šqym/t* "Mundschenken/Mundschenkinnen" (1.86:24). Sollte die letztgegenannte Form richtig interpretiert sein, würde sie zugunsten eines G-Stamms von √*šqy* mit der Bedeutung "zu trinken geben" sprechen.

Zusammenfassend ist festzuhalten, daß ug. √*šqy* wahrsch. nur im G- und Š-Stamm bezeugt ist (zu einer ausführlichen Diskussion der Thematik siehe Tropper 1989c, wo allerdings eine andere Auffassung favorisiert wird).

74.413. D-Imperativ

74.413.1. Der D-Imp. folgt dem MphT *{qattil}*.

Daß der Vokal der ersten Silbe /*a*/ lautet, ergibt sich aus der Analogie zum MphT *{yuqattil}* der D-PK und wird durch den sprachvergleichenden Befund (außer akk. *purris*) gestützt. Die mehrfach in 1.100 belegte Form *abd* und die Form *arš* (5.11:12) könnten den orthographischen Beweis dafür liefern. *abd* ist aber eher eine D-SK als ein D-Imp. (§74.414.3, √*ʾbd*); *arš* könnte trotz der Schreibung mit {a} ein G-Imp. sein (§73.121.1c).

Der Vokal der zweiten Silbe lautet in Analogie zum MphT *{yuqattil}* der D-PK /*i*/. Ein orthographischer Beweis steht mangels Belegen der WzK II-ʾ aus.

74.413.2. Als D-Imp.-Belege kommen in Betracht:

√*ʾrš* ? *arš* /*ʾarriš*/ (m.sg.): *w arš l aḫtk \ dblt (tnt)* "Und erbitte von(?) deiner Schwester Feigenkuchen(?) !" 5.11:12f. — Die gebotene Interpretation ist unsicher (*tnt* könnte "Feigen" [Pl.] bedeuten). Da der Imp. zu

√ʾrš immer *irš* lautet, ist zu erwägen, ob *arš* nicht trotz der Schreibung mit {a} ein G-Imp. ist (z. Disk. siehe §73.121.1c).

√*bqṯ* *bqṯ /baqqiṯ/* (m.sg.): *adm \ aṯr iṯ bqṯ \ w štn ly* "Die (betreffende) Person – wo auch immer es/sie sei – mache ausfindig und überbringe (sie) mir!" 2.39:33-35. Zur Semantik siehe √*bqṯ* D-PK (§74.412.26).

√*gry* *gr-nn /garrî/ < *garriy* (m.sg. + OS [§73.627]): *w grnn ʿrm / šrnn*! *\ pdrm* "Fordere sie zum Kampf heraus, die Stadt; beginne einen Streit mit ihr, der Burg!" 1.14:III:6f. — Semantik: Nuance der Pluralität oder Intensität; vgl. he./aram. √*gry* D sowie akk. *garû* G/D "(Streit) erregen, reizen, befehden".

√*ḥwy* *ḥw /ḥawwî/ < *ḥawwiy* (m.sg. [?]): *ql špš ḥw (bṯnm)* 1.82:6 (Abgrenzung und Interpretation des Syntagmas unsicher). — Die Form *ḥw* ist wegen der Orthographie mit {w} sehr wahrsch. dem D-Stamm zuzuorden. Die Lesung der betreffenden Zeichen ist sicher, eine Lesung *ḥr* ausgeschlossen. Zur Semantik siehe √*ḥwy* D-PK (§74.412.26).

√*kbd* *kbd /kabbidâ/* (m.du.): *tšthwy kbd hyt* "Ihr sollt (ihr) Huldigung erweisen (und) sie ehren!" 1.3:III:10; *tšth\wy w kbd hwt* "Ihr sollt (ihm) Huldigung erweisen und ihn ehren!" 1.3:VI:19f. // 1.4:VIII:28f.

kbd /kabbidī/ (f.sg.): *šlḥm ššqy \ ilm / sad kbd hmt* "Gib den beiden Göttern zu essen (und) zu trinken! Stärke und ehre sie!" 1.17:V:19f. Zur Semantik siehe √*kbd* D-PK (§74.412.26).

√*ʿms* *ʿms /ʿammisī/* (f.sg.): *ʿms mʿ ly aliyn bʿl* "Lade mir doch bitte den hochmächtigen Baʿlu auf (den Rücken)!" 1.6:I:12. Zur Semantik siehe √*ʿms* D-PK (§74.412.26).

√*qry* *qry-y /qarriyī/* (f.sg. + EP *-y*): *qryy b arṣ \ mlḥmt / št b ʿprm ddym* "Bring auf der Erde Brotopfer(?) dar! Lege Liebesopfer in den Staub!" 1.3:III:14f. // 1.3:IV:8f. Zur Semantik siehe √*qry* D-PK (§74.412.26).

√*šrd* *šrd /šarrid/* (m.sg.): *dbḥ l ṯr \ abk il / šrd bʿl \ b dbḥk / bn dgn \ b mṣdk* "Opfere dem Stier Ilu, deinem Vater! Diene Baʿlu mit deinem Opfer, dem Sohn Daganus mit deinem Tieropfer!" 1.14:II:23-26. — Zur Etym. von √*šrd* siehe unter §33.112.52. — Semantik: Nuance der Pluralität ("diverse dienende Handlungen ausführen; als Diener agieren; dienen"); vgl. he. √*šrt* (sic!) D.

74.414. D-Suffixkonjugation

74.414.1. Die SK des D-Stamms folgt wahrsch. dem MphT *{qattil}*. Diese Annahme wird durch die syll. Form *šal/ša-li-ma = /šallima/* (RS20.12 *passim*) gestützt, die mit Huehnergard (UV 182) als ug. D-SK-Form (3.m.sg.) der Wz. √*šlm* zu deuten sein dürfte.

SV. Wie Huehnergard (1992) überzeugend nachweist, ist *{qattil}* zugleich der ursprüngliche MphT der D-SK im Proto-Wsem. Alle Varianten der D-SK in wsem. Einzelsprachen – etwa he. *qittel* oder ar./äth. *qattal* – lassen sich auf diesen MphT zurückführen. Die in den Amarnabriefen aus Kanaan bezeugten *quttil*-Formen beruhen laut Rainey (CAT 2, 311) auf einer hybriden Bildung und wären somit für den Befund im frühen Kan. nicht relevant. Die Auffassung von Blau (1971, 152-158) und

Izre'el (1978, 74-78), wonach der MphT *{quttil}* genuin kanaanäisch ist, läßt sich aber nicht ganz ausschließen. Man beachte die *{quttal}*-Bildung des D-Inf. im Ug.

Möglicherweise wurde im Ug. neben *{qattil}* sporadisch auch der MphT *{qattal}* gebraucht entsprechend dem he. Befund, wo *qaṭṭal* ebenso oft bezeugt ist wie *qaṭṭil* (Bergsträsser II § 17d). Für diese Annahme spricht:

a) die Form *blt* (1.5:I:18), eine SK 3.f.sg. der Wz. √*blw/y* mit defektiver Orthographie: *blt* = */ballât/* < **ballaw/yat*; bei einer Grundform **balliyat* wäre keine Kontraktion zu erwarten (§33.322.2).

b) eventuell auch die Form *gr(-nn)* (1.14:IV:49; 1.119:26), eine SK 3.m.sg. der Wz. √*gry/w* mit: *gr* = */garrâ/* < **garraw/ya*; bei einer Grundform **garriya* wäre keine Kontraktion zu erwarten (§33.322.2) (alt.: Deutung als G-SK oder Ableitung von einer Wurzelvariante √*grr*).

Die alph. bezeugten Belege der D-SK sind orthographisch merkmallos. Da Formen der WzKK I-ʾ und II-ʾ nicht belegt sind, lassen die Belege keine Rückschlüsse auf das zugrundeliegende Vokalschema zu.

Formen des G- und D-Stamms können ausschließlich durch semantische Überlegungen und durch den sprachvergleichenden Befund voneinander geschieden werden. Häufig ist die Zuordnung unklar.

74.414.2. Relativ sichere Belege der D-SK sind:

√*bly* *blt* */ballât/* < **ballawat*(?) (3.f.sg.): *hm imt «imt» npš blt \ ḥmr / p imt b klat \ ydy ilḥm* "Oder verzehrt mein Rachen etwa nicht wahrlich einen (ganzen) Esel(?); ja, esse ich denn nicht wahrlich mit beiden Händen (gleichzeitig)?" 1.5:I:18-20. — Semantik: faktitiv/kausativ (*G "verbraucht sein, abgenutzt sein"; D "verbrauchen, verzehren"); vgl. he. √*blw* G "verbraucht sein", D "verbrauchen, verzehren".

√*gry* *gr-nn* */garrâ-/* < **garraw/ya-*(?) (3.m.sg. + OS [§73.627]): *grnn ʿrm /\ šrnn! pdrm* "Er forderte sie zum Kampf heraus, nämlich die Stadt; er begann einen Streit mit ihr, nämlich der Burg" 1.14:IV:49f.; *k gr ʿz ṯġrkm / qrd \ ḥmytkm* "Wenn ein 'Starker' eure Tore angreift, ein Kriegsheld eure Mauern ..." 1.119:26f. — Semantik: Nuance der Pluralität oder Intensität; vgl. he./aram. √*gry* D sowie akk. *garû* G/D "(Streit) erregen, reizen, befehden".

√*ḥwy* *ḥwt* */ḥawwîtu/* < **ḥawwiytu* (1.c.sg.): *w ank ḥrš \ lqḥt w ḥwt \ hbt* "Ich habe einen Handwerker kommen lassen und habe ...(?) wiederhergestellt(?)" 2.70:14-16. — Semantik: faktitiv (G "leben"; D "zum Leben bringen; wiederherstellen").

√*kḥd* *kḥd-nn* */kaḥḥida-/* (3.m.sg. [alt.: G-SK]: *w lak lh w kḥdnn* "Es wurde zu ihm geschickt, aber er hat es geleugnet/verheimlicht" 2.70:13. — Semantik: faktitiv (Grundbedeutung: "verborgen sein" [ug. nicht belegt]; D "verborgen halten, verheimlichen; verleugnen"); vgl. he. √*kḥd* D "verborgen halten, verhüllen". — Man beachte aber, daß die ar. Wz. √*ǧḥd* (sic!) vergleichbare Bedeutungen durch den I. Stamm ausdrückt.

√*kly* *klt* /*kallîtu*/ < **kalliytu* (1.c.sg.): *l mḫšt mdd \ il ym / l klt nhr il rbm* "Habe ich nicht niedergeschlagen den Geliebten Ilus, Yammu? Habe ich nicht vernichtet Naharu, den großen Gott?" 1.3:III:38f.; *mḫšt klbt ilm išt /\ klt bt il ḏbb* "Ich habe niedergeschlagen die Hündin Ilus, *Išt*; ich habe vernichtet die Tochter Ilus, *Ḏbb*" 1.3:III:45f. — Zur Semantik siehe √*kly* D-PK (§74.412.26).

√*mlʾ* *mla* /*malliʾa*/ (3.m.sg.): *bʿl yṣġd mli [ydh ?] /\ il hd mla uṣ[bʿh]* "Baʿlu schritt voran mit [seiner] gefüllten ['Hand' (Euphemismus für Penis)], der Gott Haddu füllte [seinen] 'Fin[ger]'(?) an" 1.10:III:7f.; *šbʿ šnt il mla /\ w ṯmn nqpnt ʿd* "Sieben Jahre ließ der Gott voll werden (d.h. vorübergehen), ja, acht Zeitzyklen" 1.12:II:44f. — Semantik: faktitiv (G "voll sein"; D "voll machen, voll werden lassen, anfüllen").

√*ġly* *ġltm* /*ġallîtumu*/ < **ġalliytumu* (2.m.pl.): *lm ġltm ilm rišt\km* "Warum habt ihr eure Häupter gesenkt, (o) Götter?" 1.2:I:24. — Die Zuordnung der Form *ġltm* zum D-Stamm ist relativ sicher, da die Grundbedeutung der betreffenden Wz. intransitiv ist ("sich senken, sich neigen" [1.19:I:31; 1.19:III:54]). Ein weiterer Beleg des D-Stamms liegt in 1.2:I:23 vor (*tġly* /*tuġalliyū*/ [D-PK^{K}i 3.m.pl.]). Ungewiß ist die Zuordnung der Form *tġl* (1.3:I:1; wohl PK^{K}v). — Semantik: transitiv (G "sich senken, sich neigen"; D "senken, neigen").

√*ṣmt* *ṣmt* /*ṣammita*/ (3.m.sg.): *w ṣmt ġllm[ ]* "und er vernichtete ...(?)" 1.12:II:34 (Kontext teilweise abgebrochen).

ṣmt /*ṣammittu*/ (1.c.sg.): *mḫšt mdd ilm arš /\ ṣmt ʿgl il ʿtk* "Ich habe niedergeschlagen den Geliebten Ilus, *Arš*, habe vernichtet das Kalb Ilus, *ʿtk*" 1.3:III:43f. — Zur Semantik siehe √*ṣmt* D-PK (§74.412.27).

√*qdm* *qdm* /*qaddima*/ (3.m.sg. ?): *[ ]nt qdm alpm mznh* "...(?) hat vorgelegt/überreicht(?) 2000 (Schekel) ...(?)" 2.81:25. — Semantik: transitiv zu einer intransitiven Grundbedeutung od. kausativ (G "sich nach vorne bewegen, nach vorne gehen" [ug. nicht belegt]; D "nach vorne rücken; vorlegen, darbieten, überreichen" [vgl. ar. √*qdm* D und äth. √*qdm* K]); zum passiven Pendant siehe ug. √*qdm* Dp-PK (1.161:30).

√*qry* *qry-m* /*qarriya-*/ (3.m.sg. + EP *-m*): *qrym ab dbḥ l ilm* "Mein Vater hat den Göttern ein Opfer dargebracht" 1.19:IV:29 (in 1.19:IV:22f. wird √*qry* D doppelt transitiv konstruiert: *w yq[r] \ dbḥ ilm*). Zur Semantik siehe √*qry* D-PK (§74.412.26).

√*šlm* *šlm* /*šallima*/ (3.m.sg.) "er hat bezahlt": 2.21:15 (*[ ]šlm*; viell. zu PK-Form zu ergänzen), 4.755:1 (*ksp d šlm \ yrmn ʿl bt* "Silber, das PN zu Lasten des Palastes ausgezahlt hat"). — Die in 4.226, 4.665 und 4.667 mehrfach bezeugte Zeichenfolge *šlm* ist nicht als D-SK, sondern als Verbaladj. ("bezahlt") zu deuten (§73.426, Anm.). — Die Form *šlm* in 3.1:12 ist sicher dem G-Stamm zuzuordnen (G-SK): *w nqmd [mlk ugrt] \ [x] ʿmn šp[š mlk rb] bʿlh šlm* "Niqmaddu, [der König von Ugarit] war/blieb mit der 'Son[ne', dem Großkönig], seinem Herrn, in friedlichem Einvernehmen" (3.1:10-12; vgl. die akk. Version in RS17.227+:12-14). — Zur Semantik siehe √*šlm* D-PK (§74.412.27).

√*šns* *šnst* /*šannisat*/ (3.f.sg.): *ˁtkt* \ *rišt l bmth* / *šnst* \ *kpt b ḥbšh* "Sie befestigte die Köpfe auf ihrem Rücken, band die Hände an ihren Gürtel" 1.3:II:11-13 (in einem weitgehend parallelen Kontext findet sich in 1.13:6 anstelle von *šnst* eine unklare Form *šsk*). — Vgl. he. √*šns* D "gürten" (gemäß Jenni 1968, 238 mit resulativer Nuance).

√*šrd* *šrd* /*šarrida*/ (3.m.sg.): *dbḥ* \ *l ṯr abh il* / *šrd* \ *bˁl b dbḥh* / *bn dgn* \ *b mṣdh* "Er opferte dem Stier Ilu, seinem Vater! Er diente Baˁlu mit seinem Opfer, dem Sohn Daganus mit seinem Tieropfer!" 1.14:IV:5-8. Zur Semantik siehe √*šrd* D-Imp. (*§*74.413.2).

74.414.3. Weitere mögliche Belege:

√*ˀbd* *abd* /*ˀabbida*/ (3.m.sg.): *lnh mlḫš abd* / *lnh ydy* \ *ḥmt* "Von ihr (sc. der Schlange) vernichtet der Beschwörer (hiermit) (das Gift)! Von ihr entfernt er (hiermit) das Gift!" 1.100:5f. und Par. (elf Belege). — Die SK-Formen *abd* // *ydy* könnten auch optativische Bedeutung ("er möge vernichten/entfernen") oder futurische Bedeutung haben ("er wird vernichten/entfernen"). Alternativ ist eine Analyse als D-Imp. denkbar: "Von ihr, (o) Beschwörer, vernichte (das Gift) ...!". Zur Problematik siehe Tropper – Verreet (1988, 342).

√*ydy* *ydy* /*yaddiya*/ (3.m.sg.): *lnh mlḫš abd* / *lnh ydy* \ *ḥmt* "Von ihr (sc. der Schlange) vernichtet der Beschwörer (hiermit) (das Gift)! Von ihr entfernt er (hiermit) das Gift!" 1.100:5f. und Parallelen (insgesamt elf Belege). — Zur Problematik siehe oben (√*ˀbd*). *ydy* könnte auch als G-SK (evtl. auch als Imp.) zu deuten sein: /*yadaya*/.

√*mgn* *mgntm* /*maggintumâ*/ (2.c.du.): *mgntm* \ *ṯr il d pid* / *hm ġẓtm* \ *bny bnwt* "Habt ihr (denn) den Stier Ilu, den Gütigen, beschenkt? Oder habt ihr dem Schöpfer der Schöpfung Gaben überreicht?" 1.4:III:30-32. — Die Form *mgntm* dürfte entsprechend he. √*mgn* D "ausliefern, preisgeben; beschenken" eher dem D- als dem G-Stamm zuzuordnen sein. — Die Semantik ist unklar; erwägenswert ist eine pluralische Nuance ("eine Vielzahl von Gaben überreichen"); Jenni (1968, 239) ging bei he. √*mgn* D von einer resultativen Nuance aus.

√*ġẓy* *ġẓtm* /*ġaẓẓîtumâ*/ < **ġaẓiytumâ* (2.c.du.): *mgntm* \ *ṯr il d pid* / *hm ġẓtm* \ *bny bnwt* "Habt ihr (denn) den Stier Ilu, den Gütigen, beschenkt? Oder habt ihr dem Schöpfer der Schöpfung Gaben überreicht?" 1.4:III:30-32. — Die Etym. der betreffenden Wz. ist umstritten. Sollte die oben (*§*32.123.22, Anm.; *§*32.144.233) in Erwägung gezogene Verknüpfung mit ar. √*ˁṭw* II./III. "(be-)dienen", IV. "geben" zutreffen, wäre ug. *ġẓtm* dem D-Stamm zuzuordnen. Auch die Parallele zu √*mgn* D stützt diese Auffassung. — Weitere Belege von √*ġẓy* D(?) sind 1.4:II:11 und 1.4:III:26.29.35 (jeweils PK).

74.415. D-Partizip

Das Ptz. des D-Stamms folgt dem MphT *{muqattil}*. Dies wird zum einen durch den sprachvergleichenden Befund gestützt (siehe bes. akk. *muparris* und ar. *mufa*ᶜᶜ*il*), zum anderen durch den syll. bezeugten PN */munaḫḫim/* (w.: "Tröster") mit folgenden Schreibungen: *mu-na-ḫi-mu* (Nom.) RS15.145:22; 17.360:31; *mu-na-ḫi-ma* (Gen.) RS15.109+:24. Bemerkenswert ist dabei insbesondere der Präfixvokal */u/*.

Alph. Belege des D-Ptz. sind infolge des charakteristischen *m*-Präfixes orthographisch merkmalhaft. Schwierig ist aber die Abgrenzung zu anderen Nominalformen mit *m*-Präfix.

Die alph. bezeugten D-Ptzz. lassen keine sicheren Rückschlüsse auf die Vokalsequenz zu. Belege der WzK II-ˀ, die den */i/*-Vokal der dritten Silbe bestätigen könnten, sind bislang nicht bekannt. Ob es Belege der WzK I-ˀ gibt, die den */a/*-Vokal der zweiten Silbe stützen könnten, ist umstritten. In Frage kommt nur folgende Form:

√ˀḫr *maḫr /muˀaḫḫir-/*?: *maḫr[ ]* "jmd., der (ver)zögert / verweilt / zurückhält" 1.166:7 (Kontext vollständig abgebrochen). — Die Deutung von *maḫr* ist wegen des fehlenden Kontextes unsicher. Die Orthographie mit {a} spricht aber für ein Ptz. Neben der Deutung als D-Ptz. ist aber auch die Deutung als (passives) Dp-Ptz. (*/muˀaḫḫar-/*) erwägenswert (vgl. ar. *muˀaḫḫar* "Schlußteil, Ende; Restbetrag"). — Semantik: möglw. faktitiv (G "hinten sein"; D "zurückhalten").

Anm. Zur Form *maṯr* in 6.66:7-8, die von Sanmartín (1995b, 464) als D-Ptz. m.sg. gedeutet wird, siehe unten (§74.424, *√ˀṯr*).

Neben dem unsicheren Beleg *maḫr* kommen im einzelnen folgende andere alph. Formen als Belege eines D-Ptz. in Frage:

√ẓmˀ *mẓma /muẓammiˀa/* (m.sg., Ak.): *rġb yd mṯkt \ m*ˀ*ẓma yd mṯkt* "Den Hungernden faßt sie an der Hand, den Dürstenden faßt sie an der Hand" 1.15:I:1f. (*mṯkt* ist entweder G-SK 3.f.sg. od. G-Ptz. f.sg.). — Die Deutung der Form *mẓma* als D-Ptz. ist insofern problematisch, als bei einem D-Stamm von *√ẓmˀ* an sich die faktitive Bedeutung "durstig machen" zu erwarten wäre. Wird hier durch den D-Stamm eine Nuance der Intensität zum Ausdruck gebracht ("überaus durstig sein; am Verdursten sein")? — Alternativ wird für *mẓma* auch die Deutung als Dp-Ptz. erwogen: */muẓammaˀa/* "den (vor Durst) Ausgedörrten"(?) (siehe etwa Blau 1977, 75 und GUL 137f.). — Das erste {m} von *mẓma* ist epigraphisch nicht eindeutig. Anstelle von {m} ist eventuell auch eine Lesung {t .} möglich. Man beachte ferner, daß die Wz. für "durstig sein" im Ug. sonst *√ġmˀ* lautet (1.4:IV:34).

√kly *mkly /mukalliya/* (m.sg., Ak.): *imḫṣ mḫṣ aḫy / akly* (n.L.) *[m]\kly [ᶜ]l umty* "Ich will den erschlagen, der meinen Bruder erschlagen hat; ich will den vernichten, der das [Ki]nd meiner Familie [ver]nichtet hat"

1.19:IV:34f.; ähnl. 1.19:IV:39f. Zur Semantik siehe √*kly* D-PK (§74.412.26).

√*lḫš* *mlḫš* /*mulaḫḫiš-*/ (m.sg.) "Beschwörer" 1.100:5& (insgesamt zehnmal). Es handelt sich um ein substantiviertes D-Ptz., das als Berufsbezeichnung dient (vgl. he. *m*^{e}*laḥ(ḥ)*^{a}*šîm* [Ps 58,6]). — Semantik: Nuance der Intensität od. Pluralität (Grundbedeutung "flüstern" [ug. nicht belegt]; D "flüsternd Beschwörungsformeln rezitieren, beschwören").

√*lsm* *mlsm* /*mulassim-*/ (m.pl.cs.): *mlsm mrkbt* \ *mtrn* "den Rest (der Opferung) (für) 'die, welche die Streitwagen (schnell) laufen machen'" 1.162:22f. — Die zugrundeliegene Wz. √*lsm* bedeutet im G-Stamm "(schnell) laufen, galoppieren" (1.1:II:22&). Als logisches Subj. von *mlsm* kommen entweder Streitwagenlenker oder (wahrscheinlicher) Zugpferde in Frage (vgl. akk. *lasāmu*, AHw. 539a, Bed. 2a "laufen, galoppieren" [von Pferden u. Esel]). — Semantik: faktitiv oder kausativ (G "laufen"; D "zum Laufen bringen, schnell laufen lassen").

√*mlʾ* *mmlat* /*mumalliʾa/āt-*/ (f.sg. od. f.pl.): *sʿt b n<p>k šibt / b bqr* (Fehler für: *mqr*) \ *mmlat* "Falle her über die (Frau[en]), die an der Quelle (Wasser) schöpft/schöpfen, die am Brunnen (Wasser) füllt/füllen!" 1.14:III:9f. // 1.14:V:1f. (*w b* \ *mqr mmlat*). Zur Semantik siehe √*mlʾ* D-SK (§74.414.2).

√*ʿms* *mʿms-* /*muʿammis-*/ (m.sg. pron.): *aḫd ydh b škrn / mʿmsh* \ *[k] šbʿ yn* "einer, der seine Hand anfaßt bei Trunkenheit, der ihn trägt/stützt, [wenn] er von Wein gesättigt ist" 1.17:I:30f. // 1.17:II:6 (*mʿmsk*) und 1.17:II:20 (*mʿmsy*). Zur Semantik siehe √*ʿms* D-PK (§74.412.27).

√*ʿqb* *mʿqb-k* /*muʿaqqibu-ki*/ (m.sg. pron., Nom. + PS 2.f.sg.): *dṯ ydṯ mʿqbk* "Gänzlich zertreten soll werden, wer dich (an der Ferse) zurückhalten will" 1.18:I:19. — Semantik: denominierte Nuance zum Subst. *ʿqb* "Ferse, Fuß" (1.17:VI:23): "an den Fersen fassen, (von hinten) zurückhalten, hemmen" (vgl. he. √*ʿqb* D).

√*rġṯ* *mrġṯm* /*muraġġiṯ-*/ (m.pl. abs./cs. + EP *-m*): *w pq mrġṯm ṯd* "und sie (sc. die Götter) nahmen sich von den (noch) an der Mutterbrust saugenden (Tieren)" 1.4:VI:56 // ähnl. 1.4:III:41*f. und 1.5:IV:13*. — Semantik: habituelle Nuance (G "saugen" [vgl. ar. *raġaṯa* G]; D "gewöhnlich/ständig saugen [als Säugling]").

74.416. Infinitiv und andere Verbalsubstantive zum D-Stamm

74.416.1. Der ug. D-Inf. folgt dem MphT *{quttal}*. Der Vokal der zweiten Silbe ist sehr wahrscheinlich kurz. Siehe folgende syll. Belege:

√*ḥwy* *ḫu-wu*(PI)*-ú* /*ḥuwwû*/ < **ḥuwwayu* (Nom.) "am Leben erhalten, erretten" RS20.123+:II:11' [S^{a}]. — Die eingetretene Kontraktion des Auslauttriphthongs setzt einen Kurzvokal /*a*/ (in der zweiten Silbe) voraus (siehe Huehnergard [UV 290, Anm. 107]). Der zugrundeliegende MphT lautet deshalb sehr wahrsch. *{quttal}* und nicht *{quttāl}*. Die Transkription als *ḫu-wa-ú* = /*ḥuwwayu*/? ist unwahrscheinlich, weil in diesem Fall ein Reflex des dritten Radikals in der Orthographie zu erwarten wäre. — Zur Semantik vgl. √*ḥwy* D-PK (*§*74.412.25).

√*plṭ* *pu-la-ṭu* /*pullaṭu*/ (Nom.) "befreien, erretten" RS20.123+:II:14' [S[a]]. Zur Semantik siehe √*plṭ* D-PK (*§*74.412.27).

√*ztr* ? [*z*]*u*?-*ut-ta-ru* /*z*?*uttaru*/ (Nom.) RS20.426B:7' [S[a]]. — Die Bedeutung der zitierten Form ist unsicher (kaum "to go out", wie von Huehnergard [UV 69.122] erwogen). Daß es sich dabei um einen D-Inf. des MphT {*quttal*} handelt, ist aber wahrscheinlich.

SV. Ein D-Inf. des MphT {*quttal*} ist auch in den Amarnabriefen aus Kanaan nachweisbar. Zu den Belegen (/(*w*)*urrad*-/ "dienen", /(*w*)*uššar*-/ "schicken" und /*šuttâ*/ "zu trinken geben") siehe Rainey (CAT 2, 378f.). Auch diese Belege lassen sich leichter unter der Annahme erklären, daß der Vokal der zweiten Silbe kurz ist. Bei langem /*ā*/ wäre mit einer Lautverschiebung zu /*ō*/ zu rechnen: **quttāl* > **quttōl* (siehe Huehnergard [UV 290, Anm. 107]). Trifft dies zu, dann hat der nwsem. D-Inf. mit dem Verbalsubst. des ar. II. Stamms {*qittāl*} (dazu GKA § 225) nichts gemein. Letztere Bildung ist wahrsch. eine sekundäre Analogiebildung zum G-Verbalsubst. {*qitāl*}. — Das Eblaitische besitzt (wie das Assyrische) einen D-Inf. {*quttal*} (z.B. *mallukiš malkim* "für die Inthronisation des Königs" TM.75.G.1730, Rs. VII:12-13).

74.416.2. Alph. Belege der WzK I-*y* < I-*w* bestätigen, daß der Vokal der ersten Silbe des ug. D-Inf. /*u*/ lautet. In den betreffenden Formen blieb der erste Radikal nämlich als /*w*/ bewahrt, was nur unter der Annahme eines folgenden /*u*/-Vokals plausibel ist (*§*33.133.2):

√*yld* *wld* /*wullad*-/ "gebären": *wld špḥ l krt* /\ *w ġlm l* ᶜ*bd il* "... um zu gebären eine Familie für Keret und eine Kinderschar für den Diener Ilus" 1.14:III:48f. /// 1.14:VI:33-35; [*w t*]*qrb wld* \ *bnt lk* "[sie wird sich (dir) (sexuell) nä]hern, um dir (viele) Töchter zu gebären" 1.15:III:5f.; *w tqrb wld bn*<*t*> *lh* /\ *w tqrb wld bnm lh* "Sie näherte sich (ihm sexuell), um ihm (viele) Töchter! zu gebären, und sie näherte sich (ihm), um ihm (viele) Söhne zu gebären" 1.15:III:20f.; mögliche weitere Belege sind 1.12:I:27 und 1.13:30 (jeweils in unklarem Kontext). — Im Anschluß an Tsumura (1979) ist die mehrmals bezeugte Form *wld* hier jeweils als D-Inf. und nicht als G-Inf. zu deuten. Der Gebrauch des D-Stamms ist semantisch durch die Nuance der Pluralität begründet: G "gebären" (singularischer Sachverhalt); D "(viele Kinder) gebären" (pluralischer Sachverhalt). Genau diese Nuance besitzt nachweislich auch akk. √*wld* D (siehe AHw. 1457f.).

√*ypṯ* *wpṯ-m* /*wuppaṯ*-/ (D-Inf. + EP -*m*) "beschimpfen": [*y*?]*qlṣn wpṯm* \ [*ywpṯn*] "er verhöhnte(?) mich (und) [beschimpfte mich] gar sehr" 1.4:VI:13f. (n.L.). — *wpṯm* ist ein paronomastisch gebrauchter D-Inf. Die EP -*m* stützt diese Deutung, zumal die betreffende EP häufig in der Funktion als Erweiterung eines paronomastisch gebrauchten Inf. begegnet. — Zur Semantik siehe √*ypṯ* D-PK (*§*74.412.23).

74.416.3. Andere alph. Belege des D-Inf. sind orthographisch merkmallos. Es kommen folgende Formen in Betracht:

√*brk* ? *brk-m* /*burrakŭ̄-*/? (Lok. + EP *-m*): *brkm ybrk* \ [*ᶜbdh*] / *ybrk il krt* \ [*ṯᶜ*] "Reichlich segnete er [seinen Diener]; es segnete Ilu den [edlen] Keret" 1.15:II:18-20 (alt.: G-Stamm [§74.412.28]).

√*ḥbq* *ḥbq* /*ḥubbaqi*/ (Gen.): *bm nšq w hr* / *b ḥbq ḥmḥmt* "Beim Küssen (entstand) Leidenschaft, beim (innigen) Umarmen Liebesglut" 1.23:51 // 1.23:56 (*b ḥbq w ḥ[m]ḥmt*).

ḥbq-h /*ḥubbaqi-ha*/ (Gen. + PS/OS 3.f.sg.): *bm nšq aṯth* \ [*xxxx(x)*] / *b ḥbqh ḥmḥmt* "Wenn er seine Frau küßt ...; wenn er sie (innig) umarmt, (entsteht) Liebesglut" 1.17:I:39f. Zur Semantik siehe √*ḥbq* D-PK (§74.412.27).

√*ḥmd* *ḥmd-m* /*ḥummadŭ̄-(m)ma*/ (Lok.): *bᶜl ḥmd-m yḥmd-m* /\ *bn dgn yhrr-m* "Baᶜlu empfand heftige Begierde, der Sohn Daganus bebte (vor Verlangen)" 1.12:I:38f. Zur Semantik siehe √*ḥmr* D-PK (§74.412.27).

√*kly* ? *kly-y* /*kullayŭ̄-ya*/? (Lok. + OS 1.c.sg. [alt.: G-Inf.]) "mein Verzehren": *p hn aḫym ytn bᶜl* \ *spuy* / *bnm umy klyy* "Und siehe, Baᶜlu hat mir meine (eigenen) Brüder zur Speisung vorgesetzt, (hat mir) die Söhne meiner Mutter zum Verzehr (vorgesetzt)" 1.6:VI:10f.; ähnl. 1.6:VI:14-16. — Die Schreibung der Form *klyy* mit doppeltem {y} bedarf einer Erklärung. Bei einem D-Inf. des MphT *{quttal}* wäre eine Kontraktion *kullayŭ̄* > *kullû* zu erwarten (§33.323.2). Die Bewahrung des /*y*/ deutet somit auf einen vorausgehenden Langvokal /*ā*/ hin. Liegt ein D-Inf. des MphT *{quttāl}* (Variante zu *{quttal}*) oder ein G-Inf. (*{qatāl}*) vor? Aus semantischer Sicht sind beide Möglichkeiten denkbar. Zugunsten des D-Stamms kann auf he. √*kly* D "aufbrauchen" verwiesen werden. Zugunsten des G-Stamms könnte ug. √*kly* N "aufgebraucht werden" sprechen (N als Passiv zu G).

√*nšq* *nšq* /*nuššaqi*/ (Gen.) "Küssen" 1.17:I:39; 1.23:51.56 (zum Text siehe unter √*ḥbq* D-Inf.). Zur Semantik siehe √*nšq* D-PK (§74.412.24).

√*šlm* ? *šlm* /*šullami*/ (Gen.): *w k ymġy* \ *ᶜbdk l šlm* \ *ᶜmk* "Als/Wenn deine beiden Diener kamen/kommen, um zu bezahlen(?)" 2.70:25-27. — Zu den vielen Nuancen von √*šlm* D siehe √*šlm* D-PK (§74.412.27) und √*šlm* D-SK (§74.414.2). Alternativ könnte *šlm* als Subst. "Wohlbefinden, Unversehrtheit" gedeutet werden ("Wenn deine beiden Diener wohlbehalten(?) ankommen ...").

74.416.4. Es ist aber mit der Möglichkeit zu rechnen, daß der D-Inf. bei Wzz. I-ʾ in Abweichung vom sonstigen Befund /*ʾa22a3-*/ lautet (mit /*a*/ als erstem Vokal trotz MphT *{quttal}*). Von diesem Phänomen könnte die Form *apq* (1.169:12) zeugen, ein paronomastisch gebrauchter Inf. neben der PK-Form *tapq*, die wegen der Graphie mit {a} eher zum D-Stamm als zum G-Stamm zu stellen ist (§74.412.21, √*ʾpq*). Der Kontext lautet: *al tᶜlg* \ *lšnk* / *al tapq apq* "deine Zunge soll nicht / fürwahr stammeln / stottern; du sollst nicht / fürwahr ...(?)" 1.169:11f.

Der ungewöhnliche /*a*/-Vokal der ersten Silbe könnte durch das vorausgehende /*ʾ*/ (= erster Radikal) bedingt sein (zum Phänomen vgl. §74.412.15).

74.416.5. Neben dem eigentlichen D-Inf. des MphT *{quttal}* (mit möglicher Variante *{qattal}* bei Wzz. I-^{ʾ}) fungieren im Ug. möglicherweise noch andere MphTT als Verbalsubstt. zum D-Stamm. Aufgrund des sprachvergleichenden Befunds kommen vor allem in Frage:

1. *{qu/ittūl}* (vgl. he./aram. *qiṭṭūl*) (§51.441), z.B. *šlm* "Bezahlung, Entgelt" (4.342:5; Kontext: *arb^{c}m kkr [ ] \ bd mtn l šlm[ ]* "vierzig Talente ... zu Händen von PN als Bezahlung .....").
2. Bildungen mit *t*-Präfix: (a) MphT *{taqtīl}* (§51.45a'): **tlmd /talmīd-/* "Lehrling" (Du. *tlmdm* 4.384:8); (?) *tgmr /tagmīr-/*? "Summierung" (1.91:35&); — (b) evtl. der MphT *{tuqattil}* (syll. *tu-a-pí-[ku$^{?}$]* = */tuhappiku/*), sofern dieser nicht als tD-Verbalsubst. zu deuten ist (z. Disk. siehe §74.435).

74.417. Beleghäufigkeit und Semantik des D-Stamms

74.417.1. Der D-Stamm ist im Ug. – erwartungsgemäß – ein sehr produktiver Verbalstamm. Trotz fehlender (publizierter) Statistiken und trotz der vielschichtigen Problematik hinsichtlich der Erkennung von D-Formen ist mit Sicherheit davon auszugehen, daß der D-Stamm im Ug. nach dem G-Stamm der am häufigsten belegte Verbalstamm ist. Er ist sehr wahrscheinlich mit Abstand produktiver als der Š-Stamm (§74.627.1). Das Ug. geht darin konform mit dem Akk., wo der D-Stamm mehr als doppelt so produktiv ist wie der Š-Stamm, und unterscheidet sich zugleich vom Biblisch-Hebräischen, wo das Hif^{c}il (= Kausativstamm) eindeutig produktiver ist als das Pi^{cc}el (= D-Stamm). In späteren Sprachstufen des Hebräischen verschiebt sich das Verhältnis noch weiter zugunsten des Hif^{c}il (siehe dazu Tropper 1990a, 115f.192f.). Der genannte Befund weist das Ug. somit typologisch als altsemitische Sprache aus.

SV. Nach Kouwenberg (1987, 89 und 111, Anm. 1) gibt es im Akk. gemäß der Klassifikation von AHw. 935 Wurzeln, die Formen des D-Stamms bilden. Ihnen stehen 369 Wurzeln gegenüber, von denen Formen des Š-Stamms bezeugt sind.

74.417.2. Der D-Stamm bewirkt grundsätzlich eine Intensivierung der Verbalbedeutung. Das Bedeutungspotential ist dabei vielfältig. Die konkreten Funktionen sind abhängig von der Bedeutungsklasse und der Valenz eines bestimmten Verbs bzw. Verbschemas im Grundstamm.

Bei Verben mit stativischer Grundbedeutung hat der D-Stamm in der Regel faktitive Bedeutung (z.B. G "gut sein" vs. D "gut machen"). Diese Funktion ist im Ug. sehr häufig bezeugt. Nahe bei dieser Funktion liegt an sich die deklarative Nuance (z.B. G "wahr sein" vs. D "für wahr halten/erklären"). Im Ug. fehlen dafür aber m.W. bislang eindeutige Belege.

Zu den Verben mit fientischer Grundbedeutung zählen zum einen intransitive, zum anderen transitive Verben. Bei der ersteren Gruppe bringt der D-Stamm meist eine transitive Nuance zur intransitiven Grundbedeutung zum Ausdruck. Bei der (größeren) letzteren Gruppe drückt der D-Stamm entweder eine Intensivierung des Sachverhalts oder eine kausative Aktionsart aus.

Die Intensivierung des verbalen Sachverhalts geschieht entweder durch den Faktor der Intensität (Ausführen der Handlung mit größerer Vehemenz) oder durch den Faktor der Pluralität. Der letztere Faktor ist gegeben a) bei einer Mehrzahl von Akteuren (Subjektpluralität), b) bei einer Mehrzahl von Objekten (Objektpluralität) oder c) bei einer Wiederholung der Verbalhandlung (iterative/habituelle Nuance). Zum anderen kann der D-Stamm bei transitiven Verben auch eine kausative Aktionsart zum Ausdruck bringen. Hier kommt es zwangsläufig zu gewissen Überschneidungen mit dem kausativen Š-Stamm.

Daneben bringt der D-Stamm schließlich noch denominierte Nuancen zum Ausdruck, die semantisch unterschiedlicher Natur sein können.

Anm. Denominierte Nuancen werden im Ug. aber bisweilen auch durch den G-Stamm ausgedrückt, z.B. √*ṯkm* G "auf den Schultern tragen" (Ptz. f.sg. *ṯkmt* [1.19:II:1.6; 1.19:IV:28.37]; vgl. äth. √*skm* G mit gleicher Bedeutung).

SV. Der Schlüssel für das Verständnis der scheinbar so unterschiedlichen Funktionen des D-Stamms in sem. Sprachen liegt in der Erkenntnis, daß der Grundstamm selbst keine einheitliche Größe darstellt. Mit Joosten (1998, bes. 204f.) ist davon auszugehen, daß im Protosem. innerhalb des Grundstamms durch unterschiedliche Themavokale noch weitgehend produktiv Bedeutungsklassen bzw. Diathesen differenziert wurden (vgl. §73.245.2). Je nach Bedeutungsklasse des Grundstamms äußert sich die intensivierende Funktion des D-Stamms unterschiedlich.

74.417.3. In der obigen Untersuchung wurde das Bedeutungspotential des D-Stamms immer zur Grundbedeutung einer Verbalwurzel und damit zur (mutmaßlich primären) Bedeutung des G-Stamms in Beziehung gesetzt. Aus anderen sem. Sprachen sind Beispiele dafür bekannt, daß der D-Stamm auch in semantischer Beziehung zu anderen Verbalstämmen stehen kann. Eindeutige Belege für dieses Phänomen konnten bisher im Ug. nicht nachgewiesen werden.

SV. Die semantischen Beziehungen und Wechselwirkungen zwischen den abgeleiteten Verbalstämmen nehmen im Laufe der sem. Sprachgeschichte tendentiell zu. Diese Entwicklung gipfelt in der Herausbildung neuer Verbalstämme, die morphologische Merkmale unterschiedlicher abgeleiteter Stämme kombinieren (vgl. etwa das Äth., das gegenüber dem Ar. vier neue Stämme kennt [A_2-, A_3-, Ast_2- und Ast_3]).

74.42. Passive Variante (Dp-Stamm)

74.421. Einleitung

Das Ug. besitzt zum (aktiven) D-Stamm sehr wahrscheinlich auch eine passive Variante, den sogenannten Dp-Stamm (= Dp), als Entsprechung zum he. Puᶜᶜal und zur passiven Variante des II. Verbalstamms des Ar. Der Dp-Stamm unterscheidet sich vom aktiven Pendant durch ein anderes Vokalschema. Das ug. Textkorpus enthält aber offenbar nur wenige Belege dieses Stamms, die außerdem schwer nachzuweisen sind. Es gibt keine syll. Belege für diesen Stamm. In Betracht kommende alph. Belege sind orthographisch nicht signifikant.

74.422. Dp-Präfixkonjugation

Die PK des Dp-Stamms folgt wahrsch. dem MphT *{yuqattal}* (entsprechend ar. *yufaʿʿal* [II. Stamm, passiv]). Weniger wahrsch. ist *{yuquttal}* (entsprechend he. *y^{e}quṭṭal* [wohl sekundäre Analogiebildung zur SK *quṭṭal*]).

SV. Für *{yuqattal}* spricht die in KL 72:600:9.12 belegte syll. Form *tu-wa-aš-ša-ru-na* "sie werden geschickt" (Dp-PK^{L} 3.m.pl.), die für die altkan. Dp-PK genau diesen MphT nachweist (siehe CAT 2, 180).

Folgende alph. Formen dürften als Dp-PK zu deuten sein:

√bqr *tbqrn /tubaqqarâni/* (PK^{L} 3.f.du.): *kbʾdm tbqrn* "(dann) sind zwei Lebern zu inspizieren" 1.78:5. — Semantik: Passiv zum (nicht bezeugten) D-Stamm mit Intensivbedeutung (vgl. he./jaram. *√bqr* D "genau untersuchen, betrachten; Opfer beschauen").

√nʿr *tnʿr /tunaʿʿaru/* (PK^{L} 3.f.sg.): *pn ll tnʿr \ ʿrš* "Vor(?) (Anbruch) der Nacht wird das Bett ausgeschüttelt" 1.132:25f. — *tnʿr* kann N-, Gp- oder Dp-PK sein. Für den Dp-Stamm spricht he./mhe./jaram. *√nʿr* D mit der Bedeutung "schütteln, ab-, ausschütteln". — Semantik: Passiv zum (nicht bezeugten) D-Stamm.

√ʿny < **ʿnw*

tʿn /tuʿannâ/ < **tuʿannaw* (PK^{K}v 2.m.sg.): *tqln b gbl \ šntk / b ḫpnk w tʿn* "Du sollst fürwahr vom Zenit deiner (Lebens-)Jahre stürzen, von deinem/r ...(?) (sollst du stürzen) und sollst erniedrigt/gedemütigt werden" 1.16:VI:57f. — Semantik: Passiv zum nicht bezeugten D-Stamm (gegen DLU 84a); vgl. he. *√ʿny* Dp.

√pny *tpnn /tupannûna/* < **tupannayūna* (PK^{L} 3.m.pl.): *w b ym ʿšr \ tpnn npṣm ḫm[n]h* "Und am zehnten Tag werden die Ausstattungsgegenstände zur(?) Kapelle weggeschafft(?)" 1.104:15f. — Semantik: Passiv zum (nicht belegten) D-Stamm (vgl. he. *√pny* D "wegschaffen, aufräumen").

√qdm *tqdm /tuqaddamu/* (PK^{L} 3.f.sg.): *tqdm ʿṣr \ šlm* "Es werden Vögel 'des Wohlergehens' (als Speiseopfer) dargebracht" 1.161:30. — Die Lesung *tqdm* ist relativ sicher (eine Lesung *tqdš* [so etwa KTU^{1}] ist ausgeschlossen). — Semantik: Passiv zum D-Stamm; vgl. ar. *√qdm* D "darbieten, vorlegen, überreichen, darbringen".

Mögliche weitere (allerdings sehr unsichere) Belege:

√ʾrš ? *tarš* (PK^{L} 3.f.sg.): *trḫt tar\š lnh* "(als) Brautpreis(?), der von ihr gefordert wird" 1.111:20f. (Interpretation sehr unsicher; alt.: D-Stamm: ". . . den sie von ihm fordert").

√kly ? *ykly /yukallayu/*? (PK^{L} 3.m.sg.): *w \ dbḥ kl\kl ykly \ dbḥ k sprt* "Und jedwedes Opfer wird ausgeführt/vollendet(?) als Opfer entsprechend den Vorschriften" 1.127:6-9. — Die vorgeschlagene Deutung ist problematisch, zumal die Abgrenzung der syntaktischen Einheiten nicht gesichert ist. Bei anderen Abgrenzungen kämen folgende Deutungen in Betracht: a) "und jedwedes Opfer wird verzehrt"; b) "er (sc. ein Opferpriester) soll jedwedes Opfer ausführen/vollenden ..."; c) "jeder

darf (das Opfer) verzehren" 1.127:8 (vgl. *kll ylḥm bh* "ein jeglicher(?) darf/soll davon essen" 1.115:10). Die Lösung (c) wurde unter §45.22b und §45.23a favorisiert. — Die Analyse von *ykly* als Dp-PK ist auch insofern problematisch, als gemäß §33.323.2 eine Kontraktion des Auslauttriphthongs zu erwarten wäre: **yukallayu* > **yukallû*.

√*lʾk* ? *tlakn* /*tulaʾʾakâni*/ (PK^L 3.m.du.): "sie (beide) werden ausgesendet" 1.4:V:42. — Die Form ist wahrsch. eher als Gp-PK zu deuten, d.h. /*tulʾakâni*/ (§74.222.1; §74.222.3, √*lʾk*).

√*ṯkl* ? *ṯṯkl* /*tuṯakkal(u)*/? (PK 3.f.sg.): *b ḥrn pnm trġnw w ṯṯkl* \ *bnwth* "Ḥôrānus Gesicht wurde verstört/traurig; denn sie war daran, ihrer Nachkommenschaft beraubt zu werden" 1.100:61f. — Zur vorgeschlagenen Deutung vgl. he. √*škl* D "der Kinder, bzw. der Söhne berauben". Alternativ kann *ṯṯkl* jedoch als G-PK (im Sinne von "verlieren") gedeutet werden (vgl. ar. √*ṯkl* I. "beraubt sein, verlieren").

74.423. Dp-Suffixkonjugation

Die Vokalisation der SK des Dp-Stamms ist ebenfalls nicht gesichert. In Frage kommen die MphTT *{quttil}* (vgl. ar. *fuˁˁil*) oder *{quttal}* (vgl. he. *quṭṭal*). Die erstere Möglichkeit wird vielleicht durch die Form *ˁryt* = /*ˁurriyat*/ (2.38:25) gestützt, sofern es sich dabei wirklich um eine Dp-SK handelt (nach /*a*/-Vokal wäre eine Kontraktion zu erwarten, d.h. /*ˁurrât*/ < **ˁurrayat* [§33.323.4]). Für die letztere Möglichkeit könnten die Formen *lak* (2.70:13) und *ḥwt* (1.10:II:20) sprechen (Interpretationen jedoch unsicher).

SV. Im Sem. — insbesondere im Ar. — läßt sich beobachten, daß Verbalformen (abgeleiteter Verbalstämme), deren aktive Variante durch einen TV /*a*/ charakterisiert ist, im Passiv einen TV /*i*/ haben, und *vice versa* (z.B. ar. *faˁˁala* vs. *fuˁˁila* [II. Stamm, SK] gegenüber *yufaˁˁilu* vs. *yufaˁˁalu* [II. Stamm, PK^L]; vgl. auch he. Piˁˁel-Formen vs. Puˁˁal-Formen). Auf dieser Basis wäre für die ug. Dp-SK ein TV /*a*/ zu erwarten (d.h. MphT *{quttal}*), da die (aktive) D-SK *{qattil}* lautet. Analoges würde für die TVV der ug. Šp-SK vs. Š-SK gelten (d.h. *{šuqtal}* vs. *{šaqtil}*). Es ist aber ungewiß, ob diese systemhafte Vokalalternanz auf das Ug. übertragbar ist.

Sichere Belege der Dp-SK gibt es nicht. In Frage kommen folgende Formen:

√*ˁry* ? *ˁryt* /*ˁurriyat*/ (3.f.sg.): *w anyk ṯṯ* \ *by ˁky ˁryt* "Dein zweites/anderes Schiff / dein zweiter/anderer Flottenverband aber wurde in Akko entleert" 2.38:24f. — Alternativ ist eine aktivische Interpretation des Satzes zu erwägen: "... hat (Waren) ausgeleert" (*ˁryt* wäre dann als D-SK /*ˁarriyat*/ zu analysieren). — Semantik: Passiv zum (ug. nicht belegten) D-Stamm (vgl. he. √*ˁry* D "ausleeren").

√*lʾk* ? *lak* /*luʾʾaka*/ (3.m.sg.): *w lak lh w kḥdnn* "Und es wurde zu ihm geschickt / er/man schickte zu ihm, aber er hat es geleugnet/verheimlicht" (2.70:13). — Eine passivische Deutung für *lak* ist kontextuell wahrscheinlich, da kein Subj. genannt ist. Möglich wäre Gp-SK (/*luʾaka*/?) oder Dp-SK (vgl. √*lʾk* D-PK [§74.412.22]); daneben ist aber auch ein G-Inf. nicht ausgeschlossen (vgl. §73.513.2).

√ḥwy ? *ḥwt* /*ḥuwwât*/ < **ḥuwwayat* (3.f.sg.; MphT {*quttal*}) od. /*ḥuwwv̂ti*/ < **ḥuwwa/iyti* (2.f.sg.): *ḥwt aḫt* "Möge meine Schwester am Leben erhalten werden!" od. "Mögest du am Leben erhalten werden, (o) Schwester!" 1.10:II:20 (Grußformel; Interpretation unsicher). — Zur vorgeschlagenen Deutung vgl. √*ḥwy* D "am Leben erhalten, Leben gewähren" (§74.412.25). *ḥwt* kann alternativ jedoch als Nomen (MphT mit Endung *-t*, z.B. {*qattalat*}, d.h. /*ḥawwât-*/) gedeutet werden: "(Ich wünsche dir ein langes) Leben, (o) Schwester!".

Anm. Auch die in 1.16:III:13-15 bezeugte dreimalige Form *kly* könnte als Dp-SK gedeutet werden: "(Brot/Wein/Öl) war aufgebraucht worden". Wahrscheinlicher ist jedoch die Deutung als G-SK mit stativischer Bedeutung (§74.223.2, √*kly*, Anm.).

74.424. Dp-Partizip

Das Ptz. des Dp-Stamms folgt wahrscheinlich dem MphT {*muqattal*} (vgl. ar. *mufaᶜᶜal*), weniger wahrscheinlich {*muquttal*} (vgl. *mᵉquṭṭal*).

Als sichere Dp-Ptzz. können folgende, von Zahlwurzeln abgeleitete feminine Formen betrachtet werden, die funktional zur Periphrase von Ordinalia dienen (z. Disk. siehe §63.32): *mṯlṯt* /*muṯallaṯ(a)t-*/ "Drittfrau" 1.14:I:16; (?) 1.98:3; *mrbᶜt* /*murabbaᶜ(a)t-*/ "Viertfrau" 1.14:I:17; *mḫmšt* /*muḫammaš(a)t-*/ "Fünftfrau" 1.14:I:18; *mṯdṯt* /*muṯaddaṯ(a)t-*/ "Sechstfrau" 1.14:I:19; *mšbᶜt-* /*mušabbaᶜ(a)t-*/ "Siebtfrau" 1.14:I:20.

Neben diesen Formen gibt es nur ganz unsichere Belege:

√ʾṯr ? *m\aṯr* /*muʾaṯṯar-*/?: *d šk\n m\aṯr \ bt w \ dlt bt* "... der(?) den hinteren Bereich(?) des Palastes und den Torbereich des Palastes bewohnt" 6.66:6-10. — Diese Interpretation, die ein substantiviertes Dp-Ptz. voraussetzt (vgl. zur Bildung etwa ar. *muʾaḫḫar* "Schlußteil, Hinterteil"), ist sehr problematisch. Da der betreffende Text keine Worttrenner benutzt, ist die Abgrenzung der Worteinheiten unsicher. Es ist somit offen, ob das {m} von Z. 7 zusammen mit der Zeichenfolge {aṯr} von Z. 8 eine Worteinheit bildet. — Sanmartín (1995b, 464) plädierte zugunsten einer Worteinheit *maṯr*, deutet diese Form jedoch als D-Ptz. m.sg. (mit Verweis auf akk. *āširu*): *m\aṯr \ bt* "Kontrolleur (des Zeughauses) des Palastes" (6.66:7-9). — Im übrigen ist die Lesung von Z. 7 nicht gesichert. Dem in CRAI 1986 (S. 291) publizierten Foto der Siegelabrollung zufolge ist auch eine Lesung *šk\n mt* (Z. 6-7) möglich. *škn mt* wäre die direkte Wiedergabe des akk. Titels *šakin māti* "Präfekt des Landes". Eine Wortform *maṯr* läge dann nicht vor.

√ẓmʾ ? *mẓma* /*muẓammaʾa*/ (m.sg. Ak.): *rǵb yd mṯkt \ m[?]ẓma yd mṯkt* "Den Hungernden faßt sie an der Hand, den (vor Durst) Ausgedörrten(?) faßt sie an der Hand" 1.15:I:1f. (*mṯkt* ist entweder G-SK 3.f.sg. od. G-Ptz. f.sg.). — Wie unter §74.415 (√*ẓmʾ*) erwähnt, dürfte *mẓma* eher (aktives) D-Ptz. sein: /*muẓammiʾa*/ "den (überaus) Dürstenden".

74.43. Variante mit *t*-Präfix (tD-Stamm)

74.431. Einleitung

Der tD-Stamm ist durch zwei morphologische Merkmale gekennzeichnet: zum einen durch die Gemination des mittleren Radikals, zum anderen durch ein *t*-Morphem, das in der Regel vor dem ersten Radikal der Wz. erscheint (siehe SK *tkms* 1.12:II:54). Ist der erste Radikal ein Sibilant oder ein sibilantenähnliches Phonem, ist bei Kontaktstellung mit einer Metathese von *t*-Morphem und dem ersten Radikal zu rechnen. Bei Wzz. mit Dentalen und möglicherweise auch mit dentalen Affrikaten (/*s*/, /*ṣ*/ oder /*z*/) als erstem Radikal wird das /*t*/-Morphem des tD-Stamms wahrscheinlich an den ersten Wurzelradikal partiell bzw. vollständig assimiliert. Sichere Belege für die genannten Phänomene sind jedoch nicht nachweisbar.

SV. Mit der Bezeugung eines tD-Stamms geht das Ug. mit praktisch allen wsem. Sprachen konform. Im Gegensatz dazu besitzt das Akk. einen Dt-Stamm, gekennzeichnet durch eine Infigierung des *t*-Morphems nach dem ersten Radikal. Belege einer solchen Dt-Bildung sind im Ug. — gegen Verreet (1984, 321) — nicht nachweisbar.

Lit.: Die neueste und zugleich umfangreichste Untersuchung zum tD-Stamm hat Krebernik (1991) vorgelegt; zu Fragen der Morphologie siehe ferner Verreet (1984, 321) und Huehnergard (1985).

74.432. tD-Präfixkonjugation

Es gibt keinen sicheren Beleg einer PK zum tD-Stamm. Folglich ist auch die Frage nach dem zugrundeliegenden MphT — wahrscheinlich *{yVtqatti/al}* — hypothetisch. Sämtliche in der Forschung diskutierten möglichen Kandidaten für eine tD-PK lassen sich auch anders deuten. Dazu zählen vor allem Formen von Wzz. mit sibilantischem bzw. sibilantenähnlichem ersten Radikal:

√rpy ? *ttrp* /*titrappî*/? (PK^Ki 2.m.sg.): *ṯtkḥ ttrp šmm* "(Weil) du den(?) Himmel vernachlässigt(?) (und) ..... hast" 1.5:I:4. — Eine Deutung als G/D-PK von *√trp* (etwa: "schändlich behandeln, verachten, verderben"; vgl. aram. *√trp*) dürfte aber vorzuziehen sein. Im übrigen ist ungewiß, ob *šmm* Obj. oder Subj. des Satzes ist.

√šʾl ? *yštal* /*yištaʾʾal*/? (PK^Kv 3.m.sg.): *w mlk yštal bhn* "der König möge Nachforschungen anstellen hinsichtlich dieser Dinge(?)" 2.42:23.

? *yštal* /*yištaʾʾal(u)*/? (PK^K oder PK^L 3.m.sg.): *hlny bn ˁyn \ yštal ˁm amtk* "Siehe, PN erhebt/erhob (Schuld-)Forderungen(?) gegenüber deiner Magd" 2.70:11f.; *ˁdn yštal \ ˁmnk* "*ˁdn* (= PN ?) soll/wird bei dir anfragen" 2.71:10f. — Sollten die genannten Belege von *yštal* dem tD-Stamm zuzuordnen sein, wäre erwiesen daß die tD-PK einen TV /*a*/ besitzt. Aus semantischen Gründen (*√šʾl* D ist ug. nicht belegt) und aus sprachvergleichenden Gründen (vgl. akk. *šaʾālu* Gt, die Gt-Form *yi-iš-ta-al* in EA 280:25 und jaram. *√šʾl* Gt) handelt es sich jedoch eher um Gt-Formen (§74.232.21, *√šʾl*).

√šbm ? *ištbm* /*ʾištabbVm*/ < **ʾitšabbVm* (PK^{K}i 1.c.sg.): *l ištbm tnn ištmd$^?$h* "Habe ich nicht den *Tnn*-Drachen geknebelt(?), ihn (völlig) vernichtet?" 1.3:III:40 (Lesung des letzten Wortes, Etym. der Verbalformen und Interpretation des ganzen Kolons unsicher). — *ištbm* und *ištmdh* sind eher dem Gt-Stamm zuzuordnen (§74.232.21, *√šbm* und *√šmd*).

√šmd ? *ištmdh* /*ʾištammVd-*/ < **ʾitšammVd* (PK^{K}i 1.c.sg. + OS 3.m.sg.): *l ištbm tnn ištmd$^?$h* "Habe ich nicht den *Tnn*-Drachen geknebelt(?), ihn (völlig) vernichtet?" 1.3:III:40 (zur Problematik siehe den letzten Absatz).

√ṯmn ? *tṯtmnn* /*tiṯṯammVnūna*/? < **tiṯṯammVnūna*(?) (Metathese) (PK^L 3.m.pl.) od. Lesung *tṯtmn-m* (3.f.sg. + EP *-m*): *tld šbˤ bnm lk* /\ *w ṯmn tṯtmnn$^?$* \ *lk* "Sie wird dir sieben Söhne gebären, acht werden für dich vorhanden sein / ja, acht wird sie dir schenken" 1.15:II:23-25. — Die betreffende Form kann alternativ als Gt-PK gedeutet werden (§74.232.21, *√ṯmn*). Auch eine Deutung als Š-PK auf der Basis einer Lesung *tṯtmnn* ist nicht auszuschließen (§62.182b, Anm.; §74.622.3, *√ṯmn*).

√ṯny ? *tṯtny[(n)]* (PK 3.m.pl., entweder Gt-PK oder tD-PK): *[ ] \ w tṯtny[ ]* 1.5:IV:18f. — Deutung unsicher; vgl. *√ṯny* (I) "zum zweiten Mal tun, wiederholen"; siehe §74.232.21, *√ṯny*.

74.433. tD-Imperativ

Möglicherweise gibt es im Ug. einen Beleg eines tD-Imp. des MphT *{taqatta/il}* (vgl. ar./äth. tD-Imp.). Alternative Deutungen dürften jedoch vorzuziehen sein (vgl. §77.324d und §77.325):

√bšr *tbšr* /*tabašša/ir*/?: *tbšr bˤl* \ *bšrtk yblt* "Empfange, (o) Baˤlu, die gute Nachricht, die ich dir (hiermit) überbringe!" 1.4:V:26f. — Zu dieser Deutung siehe Sivan (DLUg. 93; GUL 138); vgl. mhe. *√bśr* tD "eine gute Nachricht erhalten" (vgl. auch synonymes jaram. *√bs/śr* tD und he. *√bśr* tD, "sich frohe Kunde bringen lassen"). Gegen sie spricht jedoch der inhaltlich weitgehend parallele Wortlaut von 1.10:III:33f.: *bšrt il bšr* (n.L. [KTU^2: *bšrt*]) *bˤl* /\ *w bšr ḥtk dgn*. Die hier bezeugte zweimalige Form *bšr* kann keine tD-Form sein. Sie dürfte vielmehr als G-Imp. zu deuten sein: "Über die überaus gute Nachricht freue dich, (o) Baˤlu; ja, freue dich (darüber), (o) Herrscher Dagānu!" (DLU 118b schlägt demgegenüber einen Dp-Stamm im Sinne von "eine gute Nachricht empfangen" vor). — Aus diesem Grund dürfte auch *tbšr* (1.4:V:26) dem G-Stamm zuzordnen sein (PK^{K}v 2.m.sg.): "Freue dich, (o) Baˤlu! Ich überbringe dir hiermit eine für dich gute Nachricht" (1.4:V:26f.) (alt.: "... über die für dich gute Nachricht, die ich [dir] überbringe!"). — Somit existiert im Ug. zur Wz. *√bšr* ein D-Stamm mit der Bedeutung "eine gute Nachricht bringen" (belegt in 1.19:II:37) und ein G-Stamm mit der Bedeutung "sich über eine gute Nachricht freuen" (vgl. ar. *√bšr* I. "sich (über/an etwas) freuen").

74.434. tD-Suffixkonjugation

Der einzige sichere Beleg der SK des tD-Stamms ist *tkms* (1.12:II:54). Diese Form, die unmittelbar auf die Konj. *w* folgt und somit als Kontextform zu betrachten ist, weist keinen prothetischen Vokal auf (also nicht: **itkms*). Dieser Befund läßt zwei Interpretationsmöglichkeiten zu: Entweder folgt die tD-SK im Ug. dem MphT *{taqattVl-}* (vgl. ar./äth. *taqattala* [V. Stamm bzw. T_2-Stamm]), oder aber sie folgt dem im Nwsem. bezeugten MphT *{(ˀi)tqatti/ala}*, wobei der prothetische Vokal nur in Nicht-Kontextformen erscheint.

Der Vokal nach dem ersten Radikal lautet (aus sprachvergleichenden Gründen) gewiß /*a*/. Der Vokal nach dem zweiten Radikal lautet entweder /*i*/ (entsprechend dem he. Befund) oder /*a*/ (entsprechend dem aram./ar./äth. Befund).

√*kms* *w tkms* /*wa-tkammVsa*/ < **wa-(i)tkammVsa*(?) oder /*wa-takammVsa*/ (3.m.sg.): *kn npl bᶜl \ km ṯr / w tkms hd [[k]] \ km ibr / b tk mšmš rṣ*(?) "So(?) war Baᶜlu hingefallen wie ein Stier, war Haddu in die Knie gesunken wie ein Bulle; mitten im Sumpf(?) war er eingeknickt" 1.12:II:53-55. — Semantik: intransitive Nuance (// √*npl* G und √*rṣṣ* G; vgl. akk. *kamāsu* Dt "niederknien").

Als weiterer (unsicherer) Beleg kommt die Form *tmzᶜ* (1.19:I:36.46) in Betracht. Sollte die Deutung als tD-SK zutreffen, wäre erwiesen, daß die tD-SK im Ug. allgemein ohne prothetischen Vokal gebildet wurde:

√*mzᶜ* *tmzᶜ* /*tamazzaᶜa*/? (3.m.sg.): *tmzᶜ kst dnil mt \ rpi / al<l> ġzr mt hrnmy* "Da zerriß (sich) Daniˀilu, der Rapiu-Mann, das Gewand, der Held, Mann aus *Hrnm*, die Kleidung" 1.19:I:36f.; *k tmzᶜ \ kst dnil mt rpi /\ all ġzr mt hr[nmy]* "Daniˀilu, der Rapiu-Mann, hat (sich) fürwahr(?) das Gewand zerrissen, der Held, Mann aus *Hrnm*, die Kleidung" 1.19:I:46-48. — An alternativen Interpretationen wurden vorgeschlagen: a) *tmzᶜ* als PK 3.f.sg.: "Sie (sc. Puġatu) zeriß dem Daniˀilu ... das Gewand" (Diese Deutung ist jedoch im Hinblick auf 1.19:I:46 unwahrscheinlich, wo Puġatu im Kontext nicht genannt ist); b) *tmzᶜ* als intransitive PK/SK 3.f.sg. mit *kst* als Subjekt: "Das Gewand des Daniˀilu ... zerriß". — Semantik: transitive(?) oder reflexive Nuance (vgl. ar. √*mzᶜ* I. "auseinanderreißen", II. "in Stücke reißen"; V "bersten, platzen").

74.435. Infinitiv und andere Verbalsubstantive zum tD-Stamm

Im alph. Textkorpus läßt sich – abgesehen von dem im folgenden diskutierten Flurnamen *tgbry* – kein Beleg eines tD-Verbalsubst. nachweisen (vgl. aber §74.236.2). Laut Huehnergard (UV) lassen sich aber im syll. Textkorpus zwei Formen als ug. tD-Verbalsubstt. (MphT *{tuqatti/al}*) deuten:

√*gbr* *ta-ga-bi-ra(-yV)* /*tagabbir-*/ RS20.12:4.22 (ähnl. Z. 15); *ta*$_5$*-ga*$_{14}$*-bar*$^!$*-ra-yV*$^!$ RS20.12:2. — Es handelt sich um eine Flurbezeichnung, die gewiß mit alph. *gt tgbry* (4.271:7*.9; ferner 4.296:13* [n.L.: *[b gt] tgbry*]) zu identifizieren ist (siehe UV 116). Daß ihr ein tD-Verbalsubst. des MphT *{tuqatti/al}* zugrunde liegt (erweitert durch die Endung */-ayV/*), ist plausibel (ein tD-Stamm zu *√gbr* ist wsem. gut bezeugt; vgl. besonders äth. *tagabbara* "arbeiten, den Boden bestellen, pflügen").

√hpk *tu-a-pí-[ku?]* */tuhappiku/* RS20.123+:II:17' [S[a]]. — Es handelt sich um ein ug. Subst., das als Gleichung zu sum. BAL und akk. *nabalkutu* dient. Huehnergard (UV 83f.121) deutet es als tD-Verbalsubst./Inf. des MphT *{tuqattil}* der Wz. *√hpk* "umwenden" und übersetzt: "to be upset(?)". Krebernik (1991, 234) merkt jedoch zu Recht an, daß akk. *nabalkutu* aktivische Bedeutung hat. Er folgert daraus, daß ug. **tuhappiku* ein Verbalsubst. zum (aktiven) D-Stamm sei (und verweist auf Parallelen in den Ebla-Texten [Krebernik 1984, 208]). — Das Problem läßt sich nicht sicher entscheiden. Es gilt zu beachten, daß eine ug. tD-Form auch aktivisch interpretiert werden könnte. Eine Zuordnung von **tuhappiku* zum tD-Stamm ist somit aus semantischer Sicht denkbar. Andererseits ist in diesem Zusammenhang auf (stark gebildete) Verbalsubstt. von Wzz. II-*w/y* und II-*gem.* zu verweisen, die sich durch ein Präformativ *t-* und eine Femininendung *-t* auszeichnen, nämlich *trmmt*, *tbrrt* und *tdmmt* (§74.515.2). Diese Formen sind aus semantischen Gründen dem L-Stamm und nicht dem tL-Stamm zuzuordnen. In Analogie zu diesen Formen ist **tuhappiku* eher zum D-Stamm als zum tD-Stamm zu stellen (Bedeutung etwa: "Veränderung, Umsturz, Revolte; Zerstörung").

Anm. Ein tD-Ptz. ist im Ug. bisher nicht bezeugt.

74.436. Zusammenfassende Bemerkungen

Der tD-Stamm ist im ug. Textkorpus offenbar selten bezeugt. Angesichts der wenigen gesicherten Belege lassen sich kaum Schlußfolgerungen hinsichtlich der Semantik dieses Verbalstamms ziehen. Die einzige Erkenntnis besteht darin, daß der tD-Stamm nicht – oder zumindest nicht primär – zum Ausdruck passivischer Nuancen dient.

SV. Nach Kouwenberg (1997, 89 und 111, Anm. 1) ist der tD-Stamm im Akk. gemäß der Klassifikation von AHw. – anders als im Ug. – weit produktiver als der Gt-Stamm (237 Wurzeln bilden einen tD-Stamm, nur 167 einen Gt-Stamm).

74.5. Der Stamm mit Längung des ersten Vokals (L-Stamm)

74.50. Einleitung

74.501. Das Ar., Äth. und wohl auch Asa. besitzen einen sogenannten Längungsstamm (= L-Stamm), dessen charakteristisches Merkmal in der Längung des ersten Stammvokals besteht (= III. Stamm des Ar.). Er ist bei allen WzKK produktiv und ist funktional gegenüber anderen Verbalstämmen (einschließlich des D-Stamms) eigenständig.

Einen L-Stamm dieser Art gibt es in anderen sem. Sprachen nicht. Er ist somit auch im Ug. nicht zu erwarten. Wohl aber gibt es im he. Verbalparadigma gewisse Formen, die formal mit dem ar./äth. L-Stamm übereinstimmen, nämlich sogenannte Polel-, Po^{c}el- oder Po^{c}e^c-Formen. Entsprechende Bildungen sind hier aber (fast) nur von Wzz. II-*w/y* und II-*gem.* (teilweise) bezeugt. Ein weiterer Unterschied zum ar./äth. L-Stamm besteht darin, daß sich diese Formen funktional völlig mit Formen des D-Stamms decken. Es handelt sich also lediglich um morphologische Varianten zu gewöhnlichen D-Stamm-Formen. Formen entsprechend der he. Polel-Bildung sind auch im frühen Aram. bezeugt (siehe BLA 146-147t und Blau 1971, 147-151) und deshalb auch im Ug. zu erwarten.

Aus diesen Ausführungen wird deutlich, daß die Bezeichnung "L-Stamm" für die beschriebene Bildung des Nwsem. mißverständlich ist, da diese mit dem ar./äth. L-Stamm nur zufällige formale Ähnlichkeiten aufweist. Aus rein konventionellen Gründen wird die betreffende Bezeichnung hier dennoch beibehalten und auch auf das Ug. angewandt. Es sei aber nachdrücklich betont, daß der nwsem. L-Stamm ("Pālil") kein semantisch selbständiger Verbalstamm ist, sondern eine konditionierte morphologische Variante zum D-Stamm.

74.502. Die sprachhistorische Entstehung der im Nwsem. bezeugten L-Formen (Pā/ōlel-Formen) wird kontrovers diskutiert und ist letztlich nicht geklärt (siehe etwa GBH § 80h). Angesichts des he. Befunds ist davon auszugehen, daß diese Bildung ursprünglich auf die Wurzelklassen II-*w/y* und II-*gem.* beschränkt war. Ihre Entstehung in jeder der beiden genannten Klassen dürfte am plausibelsten wie folgt zu erklären sein:

Bei den Verben II-*w/y* wurde der Intensivstamm (D-Stamm) ursprünglich nicht nach Analogie des starken Verbs durch Längung des schwachen mittleren Radikals *w/y*, sondern stattdessen durch Längung des (starken) dritten Radikals gebildet. Dieses Phänomen wird durch den (babylonisch-)akk. Befund eindrücklich gestützt, wo das D-Präteritum von √*kwn* wie folgt lautet: 3.m.sg. *ukīn* < **yukīnn*, 3.m.pl. *ukinnū* < **yukīnnū* (vgl. GAG § 104 und Paradigma Nr. 28). Dieselbe Bildungsweise dürfte auch im frühen Nwsem. anzusetzen sein. Im Unterschied zum Akk. kam es hier jedoch zu einer anderen Auflösung der instabilen, weil mit den Silbengesetzen nicht zu vereinbarenden Abfolge von gelängtem Vokal und gelängtem Konsonanten: Die mutmaßliche Grundform

**yukānn* (3.m.sg.) entwickelte sich hier zu *yukānin*, um eine silbenschließende Doppelkonsonanz zu vermeiden (zu einem analogen Phänomen siehe §73.621).

Bei den Verben II-*gem.* wurde der Intensivstamm ursprünglich wohl ebenfalls nicht nach Analogie der starken Verben durch Längung des mittleren Radikals gebildet, da dieser bereits von Hause aus gelängt ist. Anstelle einer Längung des mittleren Radikals wurde hier der vorausgehende Vokal gelängt (= Ersatzdehnung). Eine so entstandene Form **yusābb* (von einer Wz. √*sbb*) war gleichfalls morpho-phonematisch instabil und wurde zu *yusābib* aufgelöst.

Die genannten Intensivbildungen *yukānin* und *yusābib* sind formal identisch. Diese Identität ist jedoch zufällig: Beim Typ *yukānin* ist der gelängte Vokal lexikalisch grundgelegt, und der gelängte Konsonant das Ergebnis der Intensivbildung. Beim *yusābib* verhält es sich genau umgekehrt. Obwohl die beiden Typen formal übereinstimmen, ist ihre Entstehung somit unterschiedlich zu erklären. Der Faktor der Analogie spielte bei der Herausbildung dieser Formen offenbar keine Rolle.

Anm. Es ist wiederholt vermutet worden, daß Intensivbildungen der WzKK II-*w/y* und II-*gem.* dieser Art im Ar. und Äth. als Ausgangspunkt für die Herausbildung eines eigenständigen Verbalstamms, des L-Stamms im eigentlichen Sinn, gedient haben. Ein historischer Zusammenhang zwischen den nwsem. Pā/ōlel-Bildungen und dem südsem. L-Stamm läßt sich aber nicht beweisen.

74.503. Der ug. Befund ist vor dem Hintergrund dieser sprachhistorischen Ausführungen zu beurteilen. Von Interesse sind nur die WzKK II-*w/y* und II-*gem.*

Verben II-*w/y* bilden den Intensivstamm nach Ausweis der Orthographie immer durch Reduplikation des dritten Radikals (Typ *{1â3i3}* bzw. *{qâlil}*).

Weniger eindeutig ist die Bildungsweise des Intensivstamms der WzK II-*gem.* im Ug., zumal die Orthographie hier indifferent ist. Aufgrund der obigen sprachhistorischen Ausführungen und aufgrund des he. Befunds (sogenannte Poᶜeᶜ-Bildungen der WzK II-*gem.*) ist es wahrscheinlich, daß die WzK II-*gem.* im Ug. den Intensivstamm nach dem MphT *{1ā2i2}*, d.h. durch Längung des ersten Stammvokals anstelle einer Längung des zweiten Radikals, bildet. Ob im Ug. bei der genannten WzK nur diese Bildung des Intensivstamms vorherrschte oder ob es daneben auch starke Bildungen des MphT *{1a22i2}* gab, läßt sich nicht sicher entscheiden. Den sprachhistorischen Überlegungen zufolge ist die letztere Bildung sekundären Ursprungs, ihre Bezeugung im Ug. somit unwahrscheinlich. Im folgenden werden deshalb Intensivbildungen der WzK II-*gem.* immer auf der Basis des MphT *{1ā2i2}*, d.h. als L-Formen, gedeutet.

74.51. Aktive Variante (L-Stamm)

Der (aktive) L-Stamm stellt eine morphologische Variante des (aktiven) D-Stamms dar und ist folglich semantisch mit diesem deckungsgleich.

74.511. L-Präfixkonjugation

Aus sprachvergleichenden Gründen und in Analogie zur D-PK ist von einem MphT *{yuqālil}* auszugehen (bei WzK II-*w/y* *{yulâ3i3}*, bei WzK II-*gem.* *{yulā2i2}*). Die Orthographie der Formen II-*w/y* bestätigt die Reduplikation des dritten Radikals. Sie bietet aber keine Hinweise zum Vokalismus.

a. Belege der Wurzelklasse II-*w/y*:

√*ḫws* (alt.: √*ḫss* L "Empfindungen wecken" [§75.673])

yḫss-k /yuḫāsis-ki/ (PK^{K}i 3.m.sg. + OS 2.f.sg.): *hm yd il mlk \ yḫssk / ahbt ṯr tʿrrk* "Oder hat etwa die Liebe des Königs Ilu dich erregt, die Leidenschaft des Stieres dich in Erregung versetzt?" 1.4:IV:38f. — Semantik: taktitive/kausative Nuance (G "(sich) bewegen, erregt sein" [ug. nicht belegt]; L "in Bewegung versetzen, erregen, anreizen"; zur Etym. siehe §32.146.23b, √*ḫws*).

√*kwn* *yknnh /yukānin-hu/* (PK^{K}i 3.m.sg. + OS 3.m.sg.): *il \ mlk d yknnh* "der König Ilu, der ihn erschaffen hat" 1.3:V:35f. // 1.4:I:5f.*; 1.4:IV:48.

yknn[n ?] /yukānin-(V)nV/ (PK^{K}i 3.m.sg. + OS 1.c.pl.): *k dr«d» d yknn[n?]* "... wie das Geschlecht(?), das uns erschaffen hat" 1.10:III:6 (// *qnyn* "unser Schöpfer" [Z. 5]). — Semantik: faktitive/kausative Nuance (G "sein, existieren"; L "ins Dasein rufen, erschaffen" [vgl. zu dieser Nuance auch √*kwn* Š-PK; §74.622.3]).

√*ʿwd* ? *tʿddn /tuʿādid-/*: *[ ] \ tʿddn[ ]* "sie brachten zurück"(??) 1.5:IV:25 (ohne Kontext); zu einem möglichen tL-Stamm der Wz. √*ʿwd* siehe unter §74.53.

√*ʿwr* *tʿrrk /tuʿārir-ki/* (PK^{K}i 3.f.sg. + OS 2.f.sg.): *hm yd il mlk \ yḫssk / ahbt ṯr tʿrrk* "Oder hat etwa die Liebe des Königs Ilu dich erregt, die Leidenschaft des Stieres dich in Erregung versetzt?" 1.4:IV:38f. — Semantik: faktitive/kausative Nuance (G "erregt sein, wach sein" [ug. nicht belegt; *yʿr* in 1.6:VI:31 ist von √*yʿr* abzuleiten]; L "erregen, aufstören"; vgl. he. √*ʿwr* L mit gleicher Bedeutung).

√*qw/yn* (alt.: √*qnn*)

tqnn /tuqāninu/ (PK^{L} 3.f.sg.): ... *w tḥtk \ l tqnn ʿqrb \ ... \ qn l tqnn ʿqrb \ tḥtk* "... und unter dir (oder: unten bei dir) wird kein Skorpion sich aufrichten / stechen (?) ... auf keinen Fall wird sich ein Skorpion unter dir aufrichten(?)" RS92.2014:4-8. — Da *qn* (Z. 7) kein *{qatāl}*-Inf. einer Wz. II-*gem.* sein kann und da eine G-PK^{L} einer Wz. √*qnn* orthographisch nur mit einem {n} erscheinen sollte (**tqn /taqVnnu/*), wird die zweimalige PK-Form *tqnn* hier von einer Wz. II-*inf.* abgeleitet und als Form des L-Stamms gedeutet. Diese Lösung impliziert, daß der paronomastisch gebrauchte Inf. (*qn*) nicht vom gleichen Stamm wie *tqnn* (L), sondern vom G-Stamm abgeleitet ist. — Bedeutung und die Etymologie der Wz. sind ungewiß. P. Bordrueil und D. Pardee verweisen in der *editio princeps* auf ar. √*qnn* VIII. "sich aufrichten".

√*rym* *yrmm* /*yurāmim*/ (PK^{K}i[?] 3.m.sg.): *yrmm h[kl]* "er richtete einen(?) Pa[last ...] auf" 1.9:9.

trmm /*turāmim*/ (PK^{K}v 2.m.sg.): *[t]bn bht zbl ym /\ [trm]m hk[l ṯpṭ] nhr* "[Du] sollst ein Gebäude (für) den Fürsten Yammu bauen, sollst einen Palast (für) den [Richter] Naharu [aufrich]ten!" 1.2:III:8f.

trmm-n /*turāmim-anna*/ (PK^{K}v 2.m.sg. + En.): *[ḥš bh]tm tbn[n / ḥš] trm[mn h]klm* "[Eilends] sollst du fürwahr Gebäude bauen, [eilends] sollst du Pala[stbauten auf]richten!" 1.2:III:10 (n.L.); parallel: *ḥš bhtm [t]b[nn] /\ ḥš trmmn hk[lm]* 1.4:V:53f.

trmm /*turāmimū*/ (PK^{K}i 3.m.pl.): *[xxx(x)] bhth tbnn /\ [xxx] trmm hklh* "[Die Götter ?] errichteten fürwahr sein Gebäude, ... sie richteten seinen Palast auf" 1.4:VI:16f.

Semantik: faktitive Nuance (G "hoch sein"; L "hoch machen, errichten").

√*ṯwb* *ṯṯbb* /*tuṯābib*/ (PK^{K}v 2.m.sg. [alt.: 2.f.sg.]): *[ ]x al ṯṯbb riš \ [ ]* "Wende deinen Kopf nicht um!" 1.169:19. — Semantik: transitiv zu intransitiver Grundbedeutung od. kausative Nuance: G "sich umwenden/abwenden; zurückkehren"; L "umwenden, herumlenken" (vgl. he. √*šwb* L).

b. Belege der Wurzelklasse II-gem.:

√*hrr* *yhrr-m* /*yuhārir(u)-ma*/ (PK^{K}i od. PK^{L} 3.m.sg.): *bʿl ḥmd-m yḥmd-m /\ bn dgn yhrr-m* "Baʿlu empfand heftige Begierde, der Sohn Daganus bebte (vor Verlangen)" 1.12:I:38f. (für die Deutung als L-Stamm spricht die in 1.12:II:9 bezeugte Form *hrr[ ]*, wahrsch. L-SK). — Semantik: intensive oder pluralische Nuance ("heftig/wiederholt zittern, beben").

√*ṭll* *yṭll* /*yuṭālil*/ (PK^{K}v 3.m.sg.): *yr ʿrpt \ tmṭr b qẓ / ṭl yṭll \ l ġnbm* "Den Frühregen mögen die Wolken auf das Sommerobst fallen lassen! Tau möge die Trauben benetzen!" 1.19:I:40-42. — Semantik: denominierte Nuance zum Subst. *ṭl* "Tau".

√*kll* *ykll-nh* /*yukālil-*/ (PK^{K}v 3.m.sg. + En. + OS 3.m.sg.): *bt arzm ykllnh /\ hm bt lbnt yʿmsnh* "(Soll es) ein Haus aus Zedernholz (sein)? – Er mag es vollenden! Oder (soll es) ein Haus aus Ziegeln (sein)? – Er mag es aufschichten!" 1.4:V:10f. — Semantik: faktitive Nuance (G "vollkommen sein" [ug. nicht belegt]; L "vollkommen machen, vollenden").

√*mnn* (alt.: √*mw/yn*)

ymnn /*yumānin*/ (PK^{K}i[?] 3.m.sg.): *il ḫṭh nḥt / il ymnn mṭ ydh* "Ilu senkte / stieß hinunter/hinein seinen Stab, Ilu ...(?) den Stock seiner 'Hand'" 1.23:37 (wahrsch. mit sexueller Konnotation). — Bedeutung und Etym. von *ymnn* sind umstritten. Es handelt sich jedoch wegen des Ptz. *mmnn-m* (1.23:40.44.47) sicher um eine Form des L-Stamms.

√*ʿzz* *tʿzzk* /*tuʿāzizū-ka*/ (PK^{K}v 3.m.pl. + OS 2.m.sg.): *ilm \ tġrk tšlmk \ tʿzzk* "Die Götter mögen dich beschützen, dir Wohlergehen verleihen und dich stärken!" 5.9:I:2-4; ähnl. 2.4:4-6* (*tšlm[k tġ]rk \ tʿzz[k]*). —

Semantik: faktitive Nuance (G "stark sein"; L "stark machen, stärken").

yʿzz /*yuʿāzizu*/ (PK^{L} 3.m.sg.): *mlkn yʿzz ʿl ḫpṯ* 1.103+:57; *yʿzz ʿl [...]* 1.140:4; ferner *t/yʿzzn* (PK^{L} 3mp ?) in 1.103+:20 (Kontext abgebrochen). — Aufgrund der Reduplikation von {z} sind die genannten PK^{L}-Formen (*yʿzz* und *t/yʿzzn*) zum L-Stamm zu stellen. Die genaue Bedeutung ist schwer zu ermitteln. Folgende Möglichkeiten kommen in Betracht: "sich als stark erweisen gegenüber"; "sich als stärker erweisen als"; "jmdm. mit Macht begegnen"; "jmdn. besiegen, überwältigen" (zu diesen Nuancen vgl. syr. √*ʿzz* D).

√*ʿpp* (alt.: √*ʿwp*)

tʿpp /*tuʿāpip*/ (PK^{K}i 3.f.sg.): *tʿpp ṯr il d pid \ tġẓy bny bnwt* "Sie (sc. Aṯiratu) umsorgte(?) den Stier Ilu, den Gütigen, sie bediente(?) den Schöpfer der Schöpfung" 1.4:II:10f. — Bedeutung und Etym. von *tʿpp* sind umstritten. Erwägenswert ist eine Verknüpfung mit ar. √*ʿff* (I. "enthaltsam, tugendhaft sein"; VI. "sich medizinisch behandeln, sich pflegen, sich schonen" [vgl. Kazim. II, 295]). Die in Parallele bezeugte Wz. √*ġẓy* begegnet ferner in 1.4:III:26.29.31.35 und bedeutet dort "(Gaben) überreichen, geben, schenken" (jeweils // √*mgn*; aufgrund der Semantik liegt eine Verbindung mit ar. √*ʿṭw* nahe [II./III. "(be)dienen; für jmdn. arbeiten", IV. "geben, schenken"]; §32.144.233).

√*ġll* *tġll* /*tuġālil*/ (PK^{K}i$^{?}$ 3.f.sg.): *brkm tġl[l] \ b dm ḏmr* "Sie tauchte die (beiden) Knie in das Blut der Krieger" 1.3:II:13f.; ähnl. 1.3:II:27f. und 1.7:9*f.; evtl. ferner im Appelativ *mrrt tġll b nr* 1.19:III:50.52 (alt.: G-Stamm). — Semantik: kausative Nuance (G "hineingehen, eindringen"; L "hineingehen lassen, hineinstecken"); vgl. he. √*ʿll* L.

√*pnn* *tpnn* /*tupānin(u)*/ (PK 3.f.sg.): *tpnn ʿn \ bṯy / ʿn bṯt tpnn* 1.96:5f. (Bedeutung und Etym. der Verbalform sind unsicher; alt. √*pny*).

√*qṭṭ* *tqṭṭ* /*tuqāṭiṭū*/ (PK^{K}i 2.m.pl.): *u b qṭṭ tqṭṭ* "... oder (sei es, daß ihr gesündigt habt) durch Lügen, die ihr (m.) hervorgebracht habt" 1.40:31.

tqṭṭn /*tuqāṭiṭnā*/ (PK^{K}i 2.f.pl.): *u b qṭṭ tqṭṭn* "... oder (sei es, daß ihr gesündigt habt) durch Lügen, die ihr (f.) hervorgebracht habt" 1.40:22f.39f.; 1.84:7$^{!}$ (entweder *tqṭṭ<n>* oder *tqṭṭ\[n]*). — Zu einer möglichen Etym. der Wz. √*qṭṭ* siehe unter §32.132; Semantik unklar (evtl. denominiert [Subst. *qṭṭ*] oder pluralische Nuance).

√*rnn* *arnn* /*ʾarānin-*/ (PK 1.c.sg.): *an arnn* "ich werde(?) (laut) schreien/jauchzen" 1.82:6. — Semantik: intensive Nuance: "laut/viel schreien" bzw. "laut jauchzen"; vgl. he. √*rnn* D und Dp.

√*šdd* *yšdd* /*yušādidu*/ (PK^{L} 3.m.sg.): *ibn yšdd ḥwt* "... dann wird der Feind das Land verwüsten" 1.103+:35; *mlkn yšdd ḥwt ib* "... dann wird der König das Land des Feindes verwüsten" 1.103+:37. — Zur Semantik vgl. he. √*šdd* D/L "zerstören, verheeren" (G mit ähnlicher Bedeutung).

√*šnn* *yšnn* /*yušāninu*/ (PK^{L} 3.m.sg.): *ʿl \ abh yʿrb$^{!}$ / ybky \ w yšnn* "Zu seinem Vater trat er hin, wobei er weinte und mit den Zähnen knirschte" 1.16:I:11-13.

tšnn /*tušānin(u)*/ (PK^{L} od. PK^{K}i 3.f.sg.): *tbky* \ *w tšnn* "Sie weinte und knirschte (unaufhörlich) mit den Zähnen" 1.16:II:34-35.

Semantik: denominiert vom Subst. **šinn* "Zahn" (nicht belegt).

√*tmm* *[t]tmmk* /*tutāmimū-ki*/ (PK^{K}v 3.m.pl.): *ilm* \ *[t]šlm tġrk* \ *[(w) t]tmmk* "Die Götter mögen (dir) Wohlergehen verleihen, dich beschützen (und) dich vollkom[men machen]" RS92.2005:26-28. — Dieser Deutung zufolge hat der L-Stamm hier faktitive Bedeutung. Es ist aber nicht auszuschließen, daß *[t]tmmk* eine tL-PK darstellt ("sie mögen sich dir gegenüber ge[recht verhalten]") (§74.53, √*tmm*).

c. Abschließend sei bemerkt, daß PK-Formen der WzK II-*gem.* mit redupliziertem letzten Radikal nicht notwendigerweise immer dem L-Stamm (bzw. D-Stamm) zuzuordnen sind. Gewisse Formen könnten trotz Reduplikation zum G-Stamm zu stellen sein, vorausgesetzt es handelt sich um Formen der PK^{K} (vgl. §75.61b). Dazu könnten aus semantischen Gründen folgende Formen zählen, die oben nicht diskutiert wurden (alt.: L-PK):

√*ḥrr* (?) *yḥr[r$^{?}$]* "er war heiß / glühte" 1.12:II:37 (// *yšḫn* [Z. 38]).

√*ḫss* *tḫss* "sie erinnerte sich / dachte an" 1.15:III:25 (vgl. akk. *ḫasāsu* G). Eine Deutung als L-PK ist aber ebenfalls zu erwägen (vgl. akk. *ḫasāsu* D "bedenken"; vgl. ferner ar. √*ḥss* [sic!] I./IV./V. "fühlen, empfinden, merken").

√*mll* *ymll$^{?}$* "er knetete" 1.16:V:28 (n.L. [dazu Tropper 1999d, 28f.]; siehe §74.412.27, √*mlʾ*, Anm.). Der Kontext lautet: *rḥ[tm rṯ] ymll$^{?}$* "Mit den (beiden) Hand[flächen] knetete er [Lehm]".

√*ġdd* *tġdd* "(ihre Leber) schwoll an (vor Lachen)" 1.3:II:25. Da in Parallele zu *tġdd* die PK^{L}-Form *ymlu* begegnet (§76.342), könnte *tġdd* L-PK sein (vgl. DLU 155b [sub D]).

74.512. L-Imperativ

Dem Imp. des L-Stamms dürfte der MphT *{qālil}* zugrunde liegen (bei WzK II-*w/y* *{1â3i3}*, bei WzK II-*gem.* *{1ā2i2}*):

√*rym* *rmm* /*rāmim*/ (m.sg.): *tbʿ bn bht ym / [rm]m hkl ṯpṭ n[hr]* "Auf, baue ein Haus für Yammu, [rich]te auf einen Palast für den Richter Na[haru]!" 1.2:III:7; *ḥš rmm hk[lm]* "Richte eilends einen Pa[last] auf!" 1.4:V:52. — Semantik: faktitive Nuance (G "hoch sein"; L "hoch machen; [hoch] aufrichten").

√*ṯmm* ? *ṯmm* /*ṯāmim*/ (m.sg.): *ṯmm w lk [ ]* "... und geh!" 1.5:III:13.27 (Kontext abgebrochen). — Die Zeichenfolge *ṯmm* begegnet vor dem Imp. *(w) lk* und könnte deshalb ebenfalls ein Imp. sein. Zur Etym. vgl. viell. ar. √*ṯmm* ("niedertreten, befestigen, ordnen"; Wahrm. I, 388).

74.513. L-Suffixkonjugation

Als Belege der SK des L-Stamms kommen zwei Belege in Frage:

√*ḥrr* ? *ḥrr [ ]* (SK 3.m.sg.): *ḥmd-m [ ] \ il ḥrr* "... empfand heftige Begierde ...; Ilu bebte (vor Verlangen)" 1.12:II:8f. (vgl. 1.12:I:38f.). — *ḥrr* kann alternativ als (paronomastisch gebrauchter) Inf.abs. des L-Stamms gedeutet werden. Zur Semantik siehe §74.511b, √*ḥrr*.

√*nṯṯ* od. √*nwṯ*
nṯṯt /*nāṯiṯat*/? (SK 3.f.sg.): *nṯṯt um ʿlt b aby* "(meine) Mutter hat (meinen Vater ?) in Schrecken versetzt / zum Zittern gebracht; sie ist hinaufgestiegen zu/auf meinem/n Vater / sie hat meinem Vater übel mitgespielt" 1.82:9 (Interpretation unsicher). — *nṯṯt* kann wegen des doppelten {ṯ} nicht G-SK sein. In Frage kommen eine Ableitung von √*nwṯ* (vgl. he. √*nwṭ* G "wanken" und jaram. √*nwṭ* K "aufschrecken") oder √*nṯṯ* (siehe ug. √*nṯṯ* G "wanken, zittern" [1.3:III:33&]; vgl. evtl. ar. √*nṯṯ* G "springen, hüpfen"). — Semantik: Kausativ(?) zu einer Grundbedeutung "wanken, zittern; erschreckt sein".

Als mögliche weitere Kandidaten einer L-SK kommen *ḥrr* (1.5:II:5) und *rmm* (1.9:15) in Betracht. Beide Formen sind interpretatorisch umstritten; alternative Deutungen sind jeweils möglich.

74.514. L-Partizip

Das Ptz. des L-Stamms folgt wahrsch. dem MphT *{muqālil}* (bei WzK II-*w/y* *{mu1â3i3}*, bei WzK II-*gem.* *{mu1ā2i2}*). Sicher nachweisbar sind nur Belege der WzK II-*gem.*:

√*dll* *mdll-* /*mudālil-*/ (m.pl.pron. ?): *u l p mdllkm* "... oder entsprechend denen, die euch (m.) unterdrücken/erniedrigen" 1.40:30*; *u l p mdllkn* "... oder entsprechend denen, die euch (f.) unterdrücken/erniedrigen" 1.40:21*.38. — Semantik: faktitive Nuance (G "niedrig/klein sein"; L "niedrig/klein machen, niederwerfen, unterdrücken").

√*ḥll* *mḥllm* /*muḥālil-*/ (m.pl. abs.) "Reinigungspriester": *b šbʿ tdn \ mḥllm* "am siebten (Tag) lobpreisen(?) / beschwören(?) die Reinigungspriester(?)" 1.119:22f. — Semantik: faktitiv (G "rein sein"; L "reinigen").

√*mnn* (alt.: √*mw/yn*)
mmnn-m /*mumānin-*/?: *y mt mt / nḥtm ḫṭk / mmnnm mṭ ydk* "O (mein) Ehemann, (mein) Ehemann, der du doch deinen Stab senkst, der du den Stock deiner Hand ...(?)" 1.23:40 // 1.23:46f; ähnl. 1.23:43f. (zur Problematik siehe §74.511b, √*mnn*).

√*srr* *msrr* /*musārir-*/? "fliegendes Wesen, Vogel"(?): *lqḥ msrr ʿṣr db[ḥ]* "Er nahm Vögel, Opfervögel" 1.14:III:59; ähnl. 1.14:II:17*f. — Semantik: pluralische bzw. habituelle Nuance ("[immer wieder / gewöhnlich] mit den Flügeln schlagen, fliegen"); zur Etym. siehe aram. √*srsr* und äth. √*srr* "fliegen" (CDG, 514b); vgl. akk. *muttapriš* "geflügelt, fliegend"

(N-Ptz.). — Alternativ könnte *msrr* eine andere Nominalbildung der Wz. √*srr* (mit anderer Bedeutung) zugrunde liegen (etwa "Flügel von Opfervögeln" oder "Innereien von Opfervögeln").

74.515. Infinitiv und andere Verbalsubstantive zum L-Stamm

74.515.1. Als eigentlicher L-Inf. ist wahrsch. ein MphT ohne Bildungspräfix bezeugt (Vokalisation ungewiß):

√*ḥll* *ḥll* (m.sg.cs.): *w š ḥll ydm* "und ein Schaf (als Opfer) zum Reinigen der Hände" 1.115:6.

Als möglicher weiterer Beleg kommt die Form *hrr[ ]* (1.12:II:8) in Betracht, die jedoch wahrscheinlicher als SK (3.m.sg.) zu deuten ist (§74.513, √*hrr*).

Ferner könnte auch das Subst. ^{c}*dd* (1.4:VII:46), das sinngemäß für "Bote" steht, ein L-Inf. von √^{c}*wd* "wiederholen, sprechen" sein: "Sprecher(schaft)" = "Sprecher" (alt.: andere Nominalbildung [für Nomen agentis] oder/und eine Ableitung von der Wz. √^{c}*dd*).

74.515.2. Daneben gibt es Verbalsubstt. mit *t*-Präfix und Femininendung *-t*, die aus semantischen Gründen eher zum (aktiven) L-Stamm als zum tL-Stamm zu stellen sind. Auffällig ist, daß nicht nur die nominalen Derivate der WzK II-*gem.*, sondern auch die der WzK II-*w/y* eine Reduplikation des zweiten bzw. dritten Radikals aufweisen. Eine solche Bildung ist bei der letztgenannten WzK in anderen sem. Sprachen nicht gebräuchlich. Welche(r) Morphemtyp(en) den unten aufgelisteten Verbalsubstt. zugrunde liegt/liegen, ist ungewiß. Möglich wären *{taqlV̄lat}* oder *{taqV̄lVl(a)t}* ("starke" bzw. "schwache" Bildung):

a. Belege der Wurzelklasse II-*w*:

√*rym* *trmmt* "Erhöhung": *lḥm trmmt* "Brot (als Opfergabe) der 'Erhöhung'" 1.6:VI:44. Vgl. demgegenüber he. *t*^{e}*rûmāh* "Weihegabe, Abgabe".

b. Belege der Wurzelklasse II-*gem.*:

√*brr* *tbrrt* "Freilassung": *nqmd mlk ugrt \ ktb spr hnd \ d tbrrt ṣtqšlm * ^{c}*bdh hnd* "Niqmaddu, der König von Ugarit, verfaßte dieses Schreiben bezüglich der Freilassung dieses seines Dieners *Ṣtqšlm*" 2.19:8-11.

√*dmm* < **ḏmm*

tdmmt "Unzucht, Schandtat": *w dbḥ tdmm<t> \ amht* "... und ein Opfermahl, (das) mit Unzucht der Mägde (verbunden ist)" 1.4:III:20f.; *k bh btṯ l tbṯ /\ w bh tdmmt amht* "Denn darin zeigt sich fürwahr Schamlosigkeit, und darin (zeigt sich) die Unzucht der Mägde" 1.4:III:21f. — Zur Etym. vgl. he./mhe. *zimmāh* "Schandtat" bzw. "Unzucht" (mhe.).

74.52. Passive Variante (Lp-Stamm)

74.521. Einleitung

In Analogie zum Dp-Stamm gibt es sehr wahrsch. auch zum L-Stamm eine passivische Morphemvariante, die hier als "Lp-Stamm" bezeichnet werden soll. Ihr morphologisches Charakteristikum dürfte der /*a*/-Vokalismus zwischen den reduplizierten Konsonanten sein im Gegensatz zum /*i*/-Vokalismus des aktiven L-Stamms. Orthographische Beweise dafür gibt es jedoch nicht. Als mögliche Belege kommen die nachstehenden Formen der PK und des Ptz. in Frage.

SV. Der Lp-Stamm ist die Entsprechung zum he. (passiven) *Polal*-Stamm, der sowohl bei Wzz. II-*w*/*y* als auch bei Wzz. II-*gem.* neben dem (aktiven) *Polel* und dem (reflexiven) *Hitpolel* nachweisbar ist (siehe GBH §§ 59a.80h.82e).

74.522. Lp-Präfixkonjugation

a. Belege der Wurzelklasse II-*w*:

√ᶜwr ? *yᶜrr* /*yuᶜārar*/? (PK^{K}i 3.m.sg.): *yᶜrr w yᶜn*(?) \ *yrḫ* "da wurde erregt und sprach Yariḫu" 1.24:30f. — Kolometrie und Interpretation des Kontextes sind umstritten (alt.: *bh lbu*$^{?}$ *yᶜrr* "Darüber wurde das Herz(?) erregt"). — Semantik: Passiv zu *√ᶜwr* L (1.4:IV:39 [§74.511a]).

√pw/yd (alt.: *√pdd*)

ypdd /*yupādadu*/ (PK^{L} 3.m.sg.): *k ypdd mlbš(h)* "Wenn die/seine Bekleidung verbraucht/abgenutzt/zerschlissen ist, ..." 4.182:61.63. — Zur Etym. vgl. ar. *√fwd* "sterben, schwinden" (Wahrm. II, 439a) und syr. *√pwd* / *√pdd* "schwinden, untergehen, weggehen"; vgl. ferner ar. *√nfd* I. "schwinden, sich verzehren, aufhören, ausgehen", IV. "aufzehren" (Wahrm. II, 1046a). — Semantik: Passiv zu nicht bezeugtem *√pw/yd* L (mutmaßliche Bedeutung: "verbrauchen, abnutzen, verschleißen").

b. Belege der Wurzelklasse II-*gem.*:

√dll ? *yd«d»ll* /*yudālalu*/ (PK^{L} 3.m.sg.): *mlkn yd ḫrdh yd«d»ll* "... dann wird der König samt seiner *ḫrd*-Truppe erniedrigt/niedergeschlagen werden" 1.103+:46. — Die Schreibung *yddll* ist sehr wahrsch. fehlerhaft und zu *yd«d»ll* zu emendieren (§21.355.1b). Die betreffende Form kann als tL-PK (/*yiddālilu*/ < **yitdālilu*) oder als Lp-PK gedeutet werden. Aus semantischen Gründen (Passiv!) ist die letztere Möglichkeit vorzuziehen. — Eine Form *ydll* begegnet auch in 5.11:22. Der abgebrochene Kontext läßt hier jedoch keine sichere Deutung zu.

tdlln /*tudālalnā*/ (PK^{L} 3.f.pl.): *ḥwtn [ṯḫlq] mṯn rgm mrḥy mlk tdlln* "... dann wird das Land [zugrunde gehen]; *idem*; die Lanzen des Königs werden niedergeschlagen werden" 1.103+:6 (die letzten drei Wörter werden in KTU^{2} zu Z. 7 gezogen). — Die Form *tdlln* kann alternativ auch als tL-PK (/*tiddālilnā*/ < **titdālilnā*) gedeutet werden.

Semantik: Passiv zur faktitiven Nuance (G "niedrig/klein sein"; L "niedrig/klein machen, niederwerfen").

√ḥrr *tḥrr* /*tuḥārar-*/ (PK 3.f.sg.): *hl ᶜṣr tḥrr l išt / ṣḥrrt l pḥmm* "Siehe, der Vogel ist verbrannt vom(?) Feuer, ist braun gebrannt von(?) den glühenden Kohlen" 1.23:41.44f.47f. — Semantik: Passiv zu faktitiver Nuance (G "heiß, glühend sein"; L "heiß, glühend machen; verbrennen").

74.523. Lp-Suffixkonjugation

√ḥrr *ḥrr* /*ḥārara/u*/ (SK 3.m.sg./pl.): *yᶜrb \ bᶜl b kbdh / b ph yrd \ k ḥrr zt / ybl arṣ w pr ᶜṣm* "... damit Baᶜlu eintrete in sein Inneres, (und) in sein Maul hinuntersteige, (zur Zeit) wenn die Oliven verdorren, der Ertrag der Erde und die Früchte der Bäume" 1.5:II:2-6 (alt.: "... wie eine geröstete Olive ..."). Zur Semantik siehe √ḥrr Lp-PK (§74.522b).

ᶜ*mm* ᶜ*mm* /ᶜ*āmama*/ (SK 3.m.sg.) (alt.: Gp-SK /ᶜ*umima*/): *b-n ġlmt \ ᶜmm ym / b-n ẓlm[t] \ rmt prᶜt* "In Dunkelheit ist das Meer/der Tag eingehüllt; in Finsternis (sind eingehüllt) die höchsten Berge" 1.8:II:7-9 // 1.4:VII:54-56*. — Semantik: Passiv zu faktiver Nuance (L [nicht belegt] "einhüllen, bedecken, verdunkeln").

74.524. Lp-Partizip

√twr *mtrt* /*mutâr(r)āt-*/ < **mutârarāt-* (§33.432a): *mrkbt mtrt* "mit Deichseln versehene Wagen" 4.180:3. — Semantik: Passiv zu (nicht bezeugtem) √*twr* L "(Wagen) mit einer Deichsel versehen" (denominiert von *tr* "Deichsel" [4.158:7&]).

74.53. Variante mit *t*-Präfix (tL-Stamm)

Vom sogenannten tL-Stamm, der Entsprechung zum he. Hitpolel-Stamm (GBH §§ 59a, 80h, 82e), lassen sich im Ug. ausschließlich Formen der PK nachweisen. Diese zeichnen sich – wie die Formen des tD-Stamms – durch eine Präfigierung eines *t*-Morphems aus. Die zugrundeliegende Vokalfolge dürfte in Analogie zum he. Befund /*i-ā-i*/ lauten (MphT {*yitqālil*} [bei WzK II-*w*/*y* {*yit1â3i3*}, bei WzK II-*gem.* {*yit1ā2i2*}]).

Es gibt zwei relativ gesicherte Belege:

√*byn* *itbnnk* /ʾ*itbānin-*/ (PK 1.c.sg. + OS 2.sg.): *[xx]rk l ṯtm itbnnk \ [ ]* "...(?) ich achte (genau) auf dich / verstehe dich ..." 1.169:17 (Kontext abgebrochen). — Auch wenn der Kontext unklar ist, gibt es zur Deutung der Form *itbnnk* als tL-Stamm von √*byn* kaum eine Alternative. Zu erwägen wäre höchstens eine Zeichenabtrennung *itbnn k* im Sinne von "gibt acht, daß/denn ... !" (*itbnn* als tL-Imp.). Da im betreffenden Text Worttrenner verläßlich gesetzt sind, ist diese Interpretation aber unwahrscheinlich. — Semantik: transitiv, möglw. mit gesteigerter Bedeutung ("[genau] achten, achtgeben, aufmerken, betrachten"; vgl. he. √*byn* tL).

√*ᶜwd* *ytᶜdd* /*yitᶜādid*/ (PK[K]i 3.m.sg.): *y[ᶜ]n* (n.L.; KTU[2]: *y[t̠]b*) *aliyn bᶜl* \ *ytᶜdd rkb ᶜrpt* "Es ant[wor]tete der hochmächtige Baᶜlu, es erwiderte der Wolkenfahrer" 1.4:III:10f. — Die Form *ytᶜdd* ist sehr wahrsch. von einer Wz. √*ᶜwd* abzuleiten. Möglich wäre eine Wz. √*ᶜwd*$_1$ "zurückkehren, wiederholen" (vgl. ar. √*ᶜwd* I. "zurückkehren, wiederholt tun, wiederholen"; IV. "[Worte] wiederholen, zurückbringen") oder (weniger wahrsch.) eine Wz. √*ᶜw/yd*$_2$ "bezeugen" (vgl. he. √*ᶜwd* "bezeugen, Zeuge sein", denominiert vom Subst. *ᶜed* "Zeuge"). Eine Ableitung von einer Wz. √*ᶜdd* (vgl. ar. √*ᶜdd* "zählen, aufzählen") ist aus semantischen Gründen unwahrscheinlich. Von der gleichen Wz. abgeleitet ist das Subst. *ᶜdd* (1.4:VII:46), das gewöhnlich mit "Bote" übersetzt wird, aber eher "Wiederholer, Sprecher" bedeuten dürfte; vgl. ferner *tᶜdt* "Zeugen(schaft)" bzw. "Sprecher(schaft)" (1.2:I:22&). — Semantik: intransitive Nuance (bei einer Ableitung von √*ᶜwd*$_1$ Intransitivum zu einer kausativen Nuance: "[Worte] zurückkehren lassen").

Unsicher sind folgende Belege:

√*dll* *yddll* /*yiddālilu*/? < **yitdālilu* (PK[L] 3.m.sg.): *mlkn yd ḫrdh yddll* "... dann wird der König samt seiner *ḫrd*-Truppe erniedrigt werden" 1.103+:46. — Sollte die Schreibung *yddll* mit doppeltem {d} korrekt sein, wäre die oben vorgeschlagene Deutung die wohl einzig plausible Erklärung (§33.115.2). *yddll* dürfte aber eher zu *yd«d»ll* zu emendieren sein (vgl. *tdlln* in Z. 6[7]). Die so gewonnene Form *ydll* kann entweder als tL-PK oder als Lp-PK gedeutet werden. Die letztere Möglichkeit wird hier aus semantischen Gründen (Passiv!) favorisiert (§74.522b).

√*tmm* *[t]tmmk* /*tittāmimū-ki*/ (PK[K]v 3.m.pl.): *ilm* \ *[t]šlm tġrk* \ *[(w) t]tmmk* "Die Götter ... mögen sich dir gegenüber ge[recht verhalten]" RS92.2005:26-28. — *[t]tmmk* dürfte eher als L-PK zu deuten sein ("sie mögen dich vollkommen machen") (§74.511b, √*tmm*).

74.6. Der Stamm mit *š*-Präfix (Š-Stamm)

74.61. Sprachvergleichende Vorbemerkungen

74.611. Der Kausativstamm wird durch Präfigierung unterschiedlicher konsonantischer Morpheme gebildet. Im einzelnen sind im Sem. folgende unterschiedliche Kausativmorpheme bezeugt (siehe dazu Tropper 1990a, 8-17):

1. Morphem *s*^{1} (Š/Safᶜel bzw. Š/S-Stamm): belegt im Akk., im Eblaitischen, im Ug., in (alt-)südar. Sprachen (außer Sabäisch und Mehri) sowie sporadisch in aram. Dialekten. Weiter verbreitet ist das betreffende Morphem in der Reflexiv-Variante des Kausativstamms, dem sogenannten Št- bzw. St-Stamm.
2. Morphem *h* (Hafᶜel/Hifᶜil bzw. H-Stamm): belegt im Akan. (siehe CAT 2, 190-194), im He., im Moabitischen, in älteren aram. Dialekten, im Sabä-

ischen, im Mehri, in frühnordar. Dialekten und sporadisch im (frühen) Ar.; möglw. auch bereits im Amurr.

3. Morphem ʾ (Afʿel bzw. A-Stamm): belegt in jüngeren aram. Dialekten, im Ar. und in äth. Sprachen.
4. Morphem *y* (Jifʿil): ausschließlich im Phön. belegt.

Die genannten unterschiedlichen Kausativmarker lassen sich auf ein gemeinsames konsonantisches Grundmorphem zurückführen, das nach Ausweis des äg. Befundes s^1 lautet. *h*, ʾ und *y* sind sekundäre Varianten von s^1, entstanden durch Lautwandel (vgl. §33.131.1 und §33.151.1c; zur Entstehung des Morphems *y* siehe Tropper 1995d).

Das Ug. gehört zu jenen sem. Sprachen, die den ursprünglichen Kausativmarker s^1 bewahrt haben. Dieser Befund ist in zweifacher Hinsicht bemerkenswert: Zum einen ist der Lautwandel $*s^1$ > /*h*/ in anderen Bereichen der Sprache nachweislich eingetreten (§33.131.1), der Verbalbereich blieb davon aber unberührt. Zum anderen ist das Ug. die einzige bislang bekannte nwsem. Sprache mit sibilantischem Kausativmarker.

SV. Dieser Tatbestand wird jedoch dadurch relativiert, daß andere nwsem. Sprachen aus dem 2. Jt. v. Chr. (insbesondere aus der ersten Hälfte des 2. Jt.) entweder gar nicht oder nur indirekt bezeugt sind. Tatsächlich legen äg. Transkriptionen nwsem. Wörter den Schluß nahe, daß S/Š-Kausative auch sonst im (frühen) Nwsem. existierten. Gemäß Hoch (1994, 458 und 481f.) gibt es unter diesen transkribierten Formen ein deutliches Übergewicht von S/Š-Kausativen gegenüber H-Kausativen.

74.612. Aufgrund der Tatsache, daß andere nwsem. Sprachen nichtsibilantische Kausativmorpheme kennen, wurden im Laufe der ugaritistischen Forschungsgeschichte wiederholt Versuche unternommen, solche Kausativbildungen auch für das Ug. nachzuweisen. Die betreffenden Versuche sind jedoch allesamt nicht überzeugend (siehe Tropper 1990a, 113-182). Tatsächlich gibt es weder einen orthographischen Beweis für einen H- oder A-Stamm im Ug., noch semantisch bzw. kontextuell überzeugende Belege für solche Bildungen. Auch aus sprachhistorischer Sicht ist es unwahrscheinlich, daß im Ug. neben dem Š-Kausativ zusätzlich ein H- oder A-Kausativ existierte.

SV. In vielen sem. Sprachen mit H- oder A-Kausativ gibt es Relikte eines S/Š-Kausativs (vgl. insbesondere Šafʿel-Bildungen in diversen aram. Dialekten). Auf der anderen Seite kennen sem. Sprachen mit S/Š-Kausativ daneben in aller Regel keine anderen Kausativbildungen. Zu dem in dieser Hinsicht besonderen Befund des Qatabanischen siehe Avanzini (1992). Demnach zeugen die in qatabanischen Inschriften — neben den gewöhnlichen S-Kausativen — belegten (wenigen) H-Kausative von sabäischer Beeinflussung.

74.62. Aktive Variante (Š-Stamm)

74.621. Einleitung

Das morphologische Charakteristikum des Š-Stamms, der aufgrund seiner Hauptfunktion auch als "Kausativstamm" bezeichnet wird, besteht in der Präfigierung eines Morphems *š*. Vor Wurzeln I-*ṯ* und Wurzeln II-*ṯ* zugleich I-*w*/*y* (√*yṯb* Š) begegnet anstelle von *š* das Allomorph *ṯ* (§33.114.11). Sollte die Form *ṯṯibṯn* (1.175:8) als Š-PK von √*ˀbṯ* zu deuten sein, wäre damit zu rechnen, daß dieses Allomorph *ṯ* sporadisch auch (sonst) bei Wurzeln II/III-*ṯ* auftritt. Diese Annahme wird auch durch die Form *ṯṯḥdṯn* (1.104:17) gestützt, die als Šp-PK von √*ḥdṯ* gedeutet werden kann (§74.632).

Eine ausführliche Studie zum ug. Š-Stamm wurde in Tropper (1990a, 21-67.83-111) vorgelegt. Die nachfolgende Untersuchung beruht auf dieser Grundlage, weicht aber in manchen Detailfragen davon ab. Für Diskussionen des Kontextes und nähere Angaben zur Etymologie der im folgenden aufgelisteten Belege muß auf Tropper (1990a) verwiesen werden.

74.622. Š-Präfixkonjugation

74.622.1. Die PK des Š-Stamms folgt dem MphT *{yušaqtil}* oder *{yašaqtil}*.

Der Vokal der dritten Silbe, der sogenannte Themavokal (= TV), lautet /*i*/; siehe die Form *yššil* = /*yVšaš*ˀ*il-*/ (√*š*ˀ*l*) (2.18:5).

Der Vokal der zweiten Silbe ist aufgrund des sprachvergleichenden Befundes (vgl. akk. *ušapris* und baram. *y*ᵉ*haqtil*) und in Analogie zur D- und N-PK als /*a*/ anzusetzen. Einen orthographischen Beweis dafür gibt es jedoch nicht. Der erste Radikal, der diesem /*a*/-Vokal folgt, ist vokallos. Dies wird durch Formen der WzK I-ˀ wie *y/tšiḫr-* = /*y/tVša*ˀ*ḫir-*/ (2.42:11; 2.79:4) und *ašisp* = /ˀ*aša*ˀ*sip-*/ (2.33:12) bestätigt.

Umstritten ist – wie bei der D-PK – die Qualität des Präfixvokals (= PV). Aus sprachvergleichenden Gründen ist ein PV /*u*/ zu erwarten (siehe den übereinstimmenden akk. [D-PK^{K}i *ušapris*] und ar. Befund [IV. Stamm, PK *yuf*ˁ*il-*]). Im scheinbaren Gegensatz dazu weist die Orthographie der Š-PK 1.c.sg. in der Regel ein {a} auf, was zu einer Vokalisation /ˀ*ašaqtil*/ zwingt (siehe Formen wie *ašhlk*, *ašld* u.a.; zu einem Beleg mit {i} siehe unten). Dieser Befund läßt – wie bei der D-PK – zwei Interpretationsmöglichkeiten zu:

a) Er könnte darauf hinweisen, daß der PV in allen Personen der ug. D-PK /*a*/ lautet. Dieser Deutung schließen sich unter anderem Gordon (UT § 9.38), Segert (BGUL § 54.44) und Verreet (MU 33) an.
b) Der /*a*/-Vokalismus ist nur für die 1. Person (sg.) charakteristisch und hier sekundären Ursprungs. In allen anderen Personen lautet der PV im Einklang mit dem sprachvergleichenden Befund /*u*/.

Hier wird – in Analogie zur mutmaßlichen Form der D-PK (§74.412.13-16) – davon ausgegangen, daß die Š-PK dem MphT *{yušattil}* folgt. Der PV dürfte jedoch – zumindest in bestimmten WzKK – phonetisch als Ultrakurzvokal realisiert worden sein: 1.c.sg. [ʾᵃšaqtil] für *ʾušaqtil; 3.m.sg. [yəšaqtil] für *yušaqtil (analog andere Personen). Im folgenden wird die Š-PK 1.c.sg. als /ʾašaqtil-/, die 3.m.sg. (historisierend) als /yušaqtil-/ vokalisiert (analog andere Personen).

Der (sekundäre) /a/-Vokalismus des PV in der 1. Person sg. rührt wahrscheinlich nicht von Vokalharmonie her (vgl. §33.215.21), zumal sich Formen der WzK I-w/y wie etwa *ašld* = /ʾašôlid/ "ich habe gezeugt" (1.23:65) auf dieser Basis nicht erklären lassen. Er ist eher durch den laryngalen Präfixkonsonanten /ʾ/ bedingt, der einen folgenden Ultrakurzvokal zu /a/ umfärbt (zur Argumentation siehe §74.412.15; vgl. ferner baram. *ʾᵃhôdᵉʿinneh* "ich will [es] ihm kundtun" [Dan 5,17] gegenüber *yᵉhôdᵉʿinnanî* "er tat [es] mir kund" [Dan 7,16]).

Eine einzige Form, nämlich *ištn* in 2.79:3 (√*ytn* Š-PK), könnte von einem PV /i/ (bzw. Allophon [e]) in der 1. Person sg. zeugen (neben gewöhnlichem *aštn* [2.32:7.10; 2.41:18]): /ʾi/ešô/êtinu/. Die ungewöhnliche Vokalqualität könnte durch das folgende /š/ (vgl. §33.211.2) oder durch Vokalharmonie bedingt sein.

74.622.2. Der syll. Befund trägt wenig zur Klärung der Vokalfolge der Š-PK bei. Huehnergard (UV 132) zufolge gibt es nur einen möglichen syll. Beleg einer ug. Š-PK, nämlich die Form *[i]a(-)šu-bi-lu* (RS20.163:2 [der Text ist wahrsch. zur Gänze ugaritisch]). Huehnergard erwägt eine Ableitung von der Wz. √*ybl* < **wbl* "tragen, bringen" und präsentiert zwei Deutungsmöglichkeiten: a) Š-PK^L 3.m.sg. /yVšôbilu/ < *yVšawbilu ("he will have brought"); b) Š-Imp. m.pl. /šôbilū/ < *šawbilū ("have brought"). Da im Ug. sonst kein Š-Stamm von √*ybl* belegt ist, könnte es sich um eine hybride Bildung auf der Basis von akk. *wabālu* Š handeln.

74.622.3. Als alph. Belege der Š-PK kommen in Betracht:

√*ʾbṯ* ? *ttibṯn* /tuṯaʾbiṯūna/? < *tušaʾbiṯūna (Š-PK^L 3.m.pl.) 1.175:8: Die Form *ttibṯn* konnte bisher nicht überzeugend gedeutet werden (Kontext: *w b yn ttibṯn k yšt* "und mit/durch Wein[?] ..., wenn er [ihn] getrunken[?] hat"). Sollte kein Schreibfehler vorliegen, wäre vielleicht eine Analyse als Š-PK einer Wz. √*ʾbṯ* (mit unbekannter Etym. und Bedeutung [vgl. aber ar. √*ʾbṯ* "Böses über jmdn. reden"]) zu erwägen. Die Schreibung des Kausativmarkers mit {ṯ} wäre dadurch zu erklären, daß die betreffende Wz. als dritten Radikal /ṯ/ enthält (vgl. §33.114.11).

√*ʾḫr* *yšiḫr* /yušaʾḫir-/ (Š-PK 3.m.sg.): *mlkn bʿly ḥwt [ ] \ yšiḫr* "der König, mein Herr, ... das Land ... hält (sich ?) zurück / (ver-)zögert" 2.42:10f. (Interpretation unsicher; es ist offen, ob *ḥwt* als Objekt zu *yšiḫr* fungiert, oder ob *yšiḫr* intransitiv gebraucht wird).

tšiḫr-hm /tušaʾḫir-humu/ (PK^Kv 2.m.sg.): *w al tšiḫrhm[ ]* "und du sollst sie/es nicht zurückhalten(?)" 2.79:4.

Semantik: faktitiv/kausativ (G "hinten sein, zurückbleiben, in Verzug sein" [ug. nicht belegt]; K "zurückhalten, verzögern").

√*ʾsp* *ašisp* /ʾašaʾsipu/ (Š-PK^L? 1.c.sg.): *w ht ank \ [x]št ašisp* "und was mich betrifft, so werde ich jetzt ...(?) zusammenführen / (sich) sammeln lassen" 2.33:11f. (militärischer Kontext). — Semantik: einfaches Transitiv oder Kausativ (G "sammeln"; K "einsammeln, zusammenführen" od. "sammeln lassen").

√*bˁl* < **pˁl*

yšbˁl /*yušabˁil-*/ (Š-PK 3.m.du. ?): *w k ymġy* \ *ˁbdk l šlm* \ *ˁmk p l yšbˁl* \ *ḫpn l bˁl<n>ʾy* "Als(?) deine beiden Diener zu dir gekommen sind wegen der Zahlung(?), ließen(?) sie fürwahr / ließen sie da nicht(?) einen Mantel für meinen/unseren Herrn anfertigen?" 2.70:25-28 (Interpretation unsicher). — *yšbˁl* kann alternativ auch passivisch gedeutet werden: "... auf daß ein Mantel angefertigt werde ...". — Semantik: vermittelt-kausativ (G "machen, herstellen"; K "[von einer anderen Person] herstellen lassen") oder einfach-transitiv ("herstellen").

√*hlk* *ašhlk* /*ʾašahliku*/ (Š-PK^{L} 1.c.sg.): *ašhlk šbtk [dmm]* \ *šbt dqnk mmˁm* "Ich werde dein graues Haar [von Blut] überfließen lassen, das graue Haar deines Bartes von Blutgerinsel (überfließen lassen)" 1.3:V:24f. // 1.18:I:11*f.; ähnl. 1.3:V:2*f. — Semantik: kausativ (G "gehen; fließen"; K "überfließen lassen").

√*ḫyṭ* *tšḫṭn-nn* (n.L.) /*tušaḫîṭūna-*/ (Š-PK^{L} + En. + OS 3.m.sg.): *hm tˁpn ˁ qbr bny* \ *tšḫṭn.nn b šnth* "..., falls sie über das Grab meines Sohnes fliegen (und) ihn aus seinem Schlaf wecken" 1.19:III:44f. — Semantik: kausativ (G "aufwachen" [1.14:III:50; dazu DLU 202b]; K "aufwecken").

√*yld* < **wld*

ašld /*ʾašôlid*/ < **ʾašawlid* (Š-PK^{K}i 1.c.sg.): *y bn ašld* "O Söhne, die ich gezeugt habe / gebären ließ!" 1.23:65. — Semantik: kausativ (G "gebären"; K "[durch eine Frau] gebären lassen; [eine Frau] zum Gebären veranlassen; zeugen"); vgl. he. √*yld* K.

√*yṣʾ* < **wṣʾ*

yšṣi /*yušôṣiʾ*/ < **yušawṣiʾ* (PK^{K} 3.m.sg.): 1.15:V:24 (ohne Kontext).

ašṣi /*ʾašôṣiʾ*/ (PK^{K} 1.c.sg.): 1.2:IV:2 (Kontext unklar).

ašṣu /*ʾašôṣiʾu*/ (PK^{L} 1.c.sg.): 2.3:17 (KTU^{2} liest *ašṣuk*; Kontext unklar); *dˁ k* \ *šṣu ašṣ!u* "Wisse, daß ich (das Getreide) gewiß abliefern werde!" 2.34:30f.; *hn mrṯ d štt* \ *ašṣu b ldtk* "Siehe, den Most, den du(?) getrunken hast, werde ich hinausbringen in/aus dein.. ...(?)" 2.34:32f.

Semantik: kausativ (G "hinausgehen"; K "hinausführen, hinausbringen").

√*ytn* (wahrsch. < **wtn*)

aštn /*ʾašô/êtinu*/ (PK^{L} 1.c.sg.): *w kl mḫrk* \ *[d iš]tir aštn l[k]* "Den ganzen Kaufbetrag, der noch aus[steht], werde ich d[ir] überbringen lassen" 2.32:9f.; *[ ] aštn lk* "... werde ich dir überbringen lassen" 2.32:7; ... *w ank* \ *aštn l iḫy* "... werde ich meinem Bruder überbringen lassen" 2.41:17f.

ištn /*ʾi/ešô/êtinu*/ (PK^{L} 1.c.sg. [§74.622.1]): *[ ]ˁmt w ištn lk* "... und ich werde (es) dir überbringen lassen" 2.79:3 (siehe Bordreuil-Caquot 1979, 306). — Die Form *ištn* in 5.9:I:16 ist eher von √*šty* "trinken" abzuleiten (Kontext: "Gib [mir] einen Becher Wein, damit ich trinken kann!").

Semantik: vermittelt-kausativ (G "geben"; K "geben lassen; [durch eine andere Person] übergeben/überbringen lassen; zusenden, ausliefern, aushändigen"); vgl. akk. *nadānu* Š "geben lassen; einsammeln lassen; jmdn. dazu zwingen, (Waren) auszuhändigen, von jmdm. (Waren) eintreiben".

Anm. Zur Form *t[t]ṯbn*, die eine Š-PK von √*yṯb* sein könnte, siehe unter √*ṯwb*.

√*kwn* *yškn* /*yušakîn*/ (PK^{K}v 3.m.sg.): *w bny hnkt \ yškn anyt \ ym* "Und mein Sohn soll dort(?) hochseetüchtige Schiffe bereitstellen" 2.46:12-14 (zu einer anderen Deutung siehe unter §42.6).

tškn-n /*tušakîn-*/ (PK^{K}v$^{?}$ 2.m.sg. + En.): *w l anyt tšknn \ ḫmšm l m[i]t any \ tšknn*[?] "Du sollst fürwahr(?) Schiffe bereitstellen: (Und zwar) sollst du 150 Schiffe bereitstellen!" 2.47:3-5 (Interpretation unsicher).

aškn /*ʾašakînu*/ (PK^{L} 1.c.sg.): *ank \ iḫtrš w aškn /\ aškn ydt [m]rṣ \ gršt \ zbln* "Ich selbst werde/will mich handwerklich betätigen und (eine Person) erschaffen; ich werde/will eine (weibliche Person) erschaffen, welche die [Kra]nkheit vertreiben (und) die Schwäche entfernen kann" 1.16:V:25-28; *lm tlik ʿmy \ iky aškn \ ʿṣm l bt dml \ p ank atn \ ʿṣm lk* "Warum schickst du mir (folgende Botschaft): 'Wie(?) soll ich die Bäume für (den Bau des) *Dml*-Hauses/Tempels bereitstellen?', wo ich dir doch selbst die Bäume gebe?" 2.26:4-8 (Interpretation unsicher).

tšknn-nn /*tušakînūna-*/ (PK^{L} 3.m.pl. + En. II + OS 3.m./f.sg.): *w yḥ mlk \ w ikm kn w ʿbd ilm[ ] \ tšknnnn* "Und der König möge (ewig) leben! Und wie auch immer es/er sein wird und ... dient/Diener ... Götter ... sie werden ihm Bestand(?) verleihen(?)" 2.7:9-11 (unsicher).

Semantik: kausative bzw. faktitive Nuancen zu unterschiedlichen Grundbedeutungen der Wz. (G "sein, existieren; fest sein, feststehen"; K "Existenz/Bestand verleihen, erschaffen, existieren lassen [vgl. dazu √*kwn* L-PK; §74.511a]; bereitstellen; bestimmen" [vgl. dazu he. √*kwn* K]).

√*lwy* ? *t*[!]*šlw* /*tušalwî*/ < **tušalwiy* (PK^{K}i 3.f.sg.): *tḥgrn xd/bm \ t*[!]*šlw b sp ʿnh* "Sie hat mich gefesselt ...(?); sie hat (mich) eingehüllt mit dem Glanz ihrer Augen" 1.14:III:44f. — Die gebotene Interpretation ist unsicher, da sie auf einer Emendation beruht (*ašlw* > *t*[!]*šlw*). Zudem gibt es kolometrische Probleme (das erste Kolon ist sehr kurz). Durch die betreffende Interpretation erhalten wir jedoch einen überzeugenden Parallelismus der semantisch verwandten Wzz. √*ḥgr* "binden, umgürten, umzäunen" und √*lwy* "(um)winden, umgeben, umhüllen" (zum K-Stamm siehe akk. *lawû* K ["umgeben lassen, umgeben, einkreisen"]). Außerdem kann auf diese Weise das Graphem {w} in der letzteren Verbalform erklärt werden. — Alternativ könnte die Form *ašlw* (ohne Emendation) von der Wz. √*šlw/y* "ruhig, sorglos sein; Ruhe finden" abgeleitet werden. Die Schreibung mit {w} bleibt dabei jedoch problematisch (die Form müßte als PK^{K}e 1.c.sg. analysiert werden: /*ʾašluwa*/, etwa "ich will Ruhe finden"; ein TV /*u*/ ist jedoch angesichts der stativisch-intransitiven Bedeutung nicht zu erwarten).

√*lḥḥ* (alt.: √*ly/wḥ*)

yšl\ḥ /*yušaliḥ(ḥu)*/ od. (bei √*ly/wḥ*) /*yuš(a)lîḥ*/ (PK^{K}i od. PK^{L} 3.m.sg.): *yṣq ksp yšl\ḥ ḫrṣ* "Er schmolz Silber, verflüssigte Gold" 1.4:I:25-26. — Die Form *yšlḥ* wird von vielen Autoren als D- oder G-PK von √*šlḥ* "schicken, freien Lauf lassen" gedeutet (vgl. 1.17:VI:17f.). Die parallele Verbalform (*yṣq* "gießen") und der Kontext (Gießen von Metall) sprechen jedoch zugunsten der oben präsentierten Interpretation. Aus sprachvergleichenden Gründen ist eher von einer Wz. II-*gem.* (PK mit schwacher Bildungsweise) als von einer Wz. II-*inf.* auszugehen (vgl. bes. jaram. *laḥlaḥ* "feucht machen; fließen machen" [Dalman, 216b]). — Semantik: faktitiv/kausativ (G "flüssig sein"; K "verflüssigen").

√*lḥm* *yšlḥm* /*yušalḥim*/ (PK^{L}j$^{?}$ 3.m.sg.): *yšlḥm* <*nḥš*> *ʿqšr* "Er soll der schuppigen(?) <Schlange> zu essen geben" 1.100:6 u. Par. (zehn Belege).

yšlḥm-nh /*yušalḥim(u)-*/ (PK^{L} od. PK^{K}i 3.m.sg.): *qm yṯʿr* \ *w yšlḥmnh* "Er stand auf, um aufzutischen und ihm zu essen zu geben" 1.3:I:4f.

tšlḥm /*tušalḥim(u)*/ (PK^{L} 3.f.sg.): *tšlḥm tššqy ilm* "Sie gab den (beiden) Göttern (immer wieder) zu essen und zu trinken" 1.17:V:29.

tšlḥm /*tušalḥim(u)*/ (PK^{L} od. PK^{K}i 2.m.sg.): *l pnk* \ *l tšlḥm ytm* "Dem Waisen vor dir hast du nicht zu essen gegeben" 1.16:VI:48f.

Semantik: kausativ (G "essen"; K "essen lassen, zu Essen geben"). Man beachte in diesem Zusammenhang die in 1.17:I:2.7.10*.12.21 bezeugte Form *ylḥm*, die möglw. ebenfalls kausativ ist (§73.245.2).

√*npl* ? *tšpl* /*tušappil*/ < **tušanpil* (PK^{K}i/j 3.f.sg.): *t*$^{?}$*š*$^{?}$*pl bʿl ʿbb[ ]* "Sie ließ fallen / brachte zu Fall / stieß hinab den Herrn(?) ...(?)" 1.92:14 (Lesung der Verbalform und Interpretation des Kontextes unsicher). — Semantik: (gemäß gebotener Interpretation) kausativ (G "fallen"; K "fallen lassen, zu Fall bringen, hinabstoßen"; vgl. he. √*npl* K).

√*ntk* *yštk* /*yušattik*/ < **yušantik* (PK^{K}v 3.m.sg.): *yštk* \ *bʿl ʿnt mḥrṯt* "Möge Baʿlu die Furchen des Ackerlandes (mit Regen) begießen! / Möge Baʿlu ein Begießen der Furchen des Ackerlandes veranlassen!" 1.6:IV:2f. (Interpretation unsicher). — Semantik: einfach-transitiv oder kausativ (G "ausgießen, vergießen"; K "begießen" oder "ein Begießen veranlassen").

√*ntr* *tštr* /*tušattiru*/ (PK^{L} 3.f.sg.): *km tdd* \ *ʿnt ṣd / tštr ʿpt šmm* "Wie (wenn ?) ʿAnatu sich zum Jagen aufmacht(?) (und) die Vögel des Himmels aufscheucht" 1.22:I:10f. — Semantik: kausativ (G "davonspringen, auffahren"; K "aufscheuchen"); vgl. he. √*ntr* K mit gleicher Bedeutung.

√*spr* *ašspr-k* /*ašaspiru-*/ (PK^{L} 1.c.sg. + OS 2.m.sg.): *ašsprk ʿm bʿl* \ *šnt / ʿm bn il tspr yrḫm* "Ich lasse dich mit Baʿlu die Jahre zählen; mit dem Sohn / den Söhnen Ilus wirst du die Monate zählen" 1.17:VI:28f. — Semantik: kausativ (G "zählen"; K "zählen lassen").

√*ʿly* *yšʿly* /*yušaʿliyu*/ (PK^{L} 3.m.sg.): *w yq[r]* \ *dbḥ l ilm / yšʿly dǵṯtm*(?) \ *b šmym / dǵṯ hrnmy b k\bkbm* "Und er brach[te] den Göttern ein Opfer dar. Er ließ Weihrauchopfer (Pl.) hochsteigen zum Himmel, ein Weihrauchopfer des *Hrnm*-Mannes (ließ er hochsteigen) zu den Sternen" 1.19:IV:22-25 (n.L.).

tšʿly /*tušaʿliyu*/ (PK^{L} 3.f.sg.): *škb* \ *ʿmnh šbʿ l šbʿm /\ tšʿly ṯmn l ṯmnym* "Er (sc. Baʿlu) schlief 77(mal) mit ihm (sc. einem Kalb); es ließ sich 88(mal) (sexuell) 'besteigen' (w.: es ließ [ihn] 88[mal] hinaufsteigen)" 1.5:V:19-21. — Eine passivische Deutung von *tšʿly* im Sinne von "es wurde bestiegen" (vgl. DLU 78b) ist semantisch weniger überzeugend, da nicht das Kalb, sondern Baʿlu veranlaßt wird, 'hinaufzusteigen'.

tšʿly-nh /*tušaʿliy-*/ (PK$^{K?}$ 3.f.sg. + En. + OS 3.m.sg.): *tšʿlynh \ b ṣrrt ṣp«ʿ»n* "Sie brachte/trug ihn hinauf zu den Höhen des Ṣapānu-Gebirges" 1.6:I:15f.

tšʿl /*tušaʿlî*/ < **tušaʿliy* (PK^{K}v 2.m.sg.): *ḥẓk al tšʿl qrth* "Deine Pfeile schieße nicht hinauf zur Stadt!" 1.14:III:12.

Semantik: kausativ (G "hinaufsteigen"; K "hinaufsteigen lassen; hinaufbringen, hinaufschießen").

√ʿrb *tšʿrb* /*tušaʿrib*/ (PK^{K}i 3.f.sg.): *ʿlh ṯrh tšʿrb /\ ʿlh tšʿrb ẓbyh* "Seine 'Stiere' führte sie hinein zu ihm; sie führte seine 'Gazellen' zu ihm hinein" 1.15:IV:16f.

tšʿrb /*tušaʿrib(u)*/ (PK^{K}i od PK^{L} 2.m.sg.): *aṯt [tq]ḥ y krt / aṯt \ tqḥ btk / [ġ]lmt tšʿrb \ ḥẓrk* "Die Frau, o Keret – die Frau, die du in dein Haus [nahm]st/[nimm]st, die junge Frau, die du in deine Wohnstatt hineinführ(te)st, ..." 1.15:II:21-23.

ašʿrb /*ʾašaʿribu*/ (PK^{L} 1.c.sg.): *hm ḥry bty \ iqḥ / ašʿrb ġlmt \ ḥẓry* "Falls ich (das Mädchen) Ḫurraya in mein Haus nehmen, die(se) junge Frau in meine Wohnstatt hineinführen kann, ..." 1.14:IV:40-42.

Semantik: kausativ (G "eintreten, hineingehen"; K "eintreten lassen; hineinführen"); vgl. hierzu auch √*rbʿ*, Š-PK.

√*ṣḥq* *tšṣḥq* /*tušaṣḥiqu*/ (PK^{L} 3.f.sg. od. 2m./f.sg.): *[ ] \ tšṣḥq hn at[t l ʿbdy b ?] \ šbʿt w nṣp k[sp]* "Sie spottet(?) / Du spottest(?) (folgendermaßen): Siehe, eine Fra[u für(?) meinen(?) Diener(?) für(?)] siebeneinhalb (Schekel) Sil[ber]" 2.25:5f. (Interpretation unsicher; möglw. gibt es keinen syntaktischen Zusammenhang zwischen den Zeilen 5 und 6. — Semantik: reflexiv-kausativ oder innerlich-kausativ (G "lachen; lustig sein"; K "sich lustig machen" = "scherzen, spotten"); vgl. he. √*śḥq* D/K.

√*nšy* *tššy* /*tušaššiyâ*/ < **tušanšiyâ* (PK^{K}v 3.f.du.): *k tgwln šntk \ [xx] w šptk l tššy* "...(?) deine Zähne sollen jubeln(?) ...(?) und deine (beiden) Lippen sollen nicht vergessen lassen ..." 1.82:4f. (Interpretation unsicher; nach *tššy* folgt die Zeichenfolge *hm*; es könnte sich um ein OS zu *tššy* handeln). — Semantik: kausativ (G "vergessen"; K "vergessen lassen, in Vergessenheit geraten lassen").

√*rbʿ* < **brʿ* (?) (§33.161)

yšrbʿ /*yušarbiʿ*/ (PK^{K}i 3.m.sg.): *hlk qšt ybln / hl yš\rbʿ qṣʿt* "Siehe da, er brachte den Bogen; siehe, er brachte das 'Krummholz' / die Pfeile als Geschenk" 1.17:V:12f.

ašrbʿ /*ʾašarbiʿu*/ (PK^{L} 1.c.sg.): *[ ] abl qšt / ṯmn \ ašrbʿ qṣʿt* "... ich werde einen Bogen bringen; ich werde als Geschenk(?) das 'Krummholz' / die Pfeile schenken" 1.17:V:2f.

Semantik: einfach transitiv (?).

√*ṣw/yq*

tšṣq-[nh] /*tušaṣîq-*/ (PK^{K}i 3.f.sg.): *tiḫd mt \ b sin lpš / tšṣq[nh] \ b qṣ all* "Sie ergriff den (Gott) Môtu am Gewandsaum; sie trieb [ihn] in die Enge / packte [ihn] am Mantelzipfel" 1.6:II:9-11.

? *[a]šṣ[qhm]* /*ʾašaṣîq-*/ (PK^{K}v/e 1.c.sg.): *al aḫdhm b ymny / [a]šṣ[qhm] \ b gdlt arkty* "... auf daß ich sie nicht mit meiner Rechten erfasse, (auf daß) ich [sie] (nicht) mit meinem mächtigen Arm(?) [pa]cke" 1.3:V:22f.

Semantik: kausativ (G "eng sein" [ug. nicht belegt]; K "in die Enge treiben; bedrängen; packen"; vgl. *√ṣw/yq*, Š-SK); vgl. sem. *√ṣ̌w/yq* K.

√qdš *nšqdš* /*nušaqdišu*/ (PK^{L} 1.c.pl. [alt.: PK^{K}e]): *ibr y \ bʿl nšqdš* "Einen Stier, o Baʿlu, werden wir (dir) als Weihegabe darbringen" 1.119:29f.; *dkr bʿl nš[q]dš* "Ein männliches Tier, (o) Baʿlu, werden wir (dir) als Weihegabe darbringen" 1.119:31 (jeweils neben *√mlʾ* D "[Gelübde] erfüllen"). — Semantik: faktitiv/kausativ (G "heilig sein"; K "heiligen; einer Gottheit weihen; als Geweihtes/Geheiligtes behandeln/darbringen; als Weiheopfer darbringen, opfern"); vgl. he. *√qdš* K (D-Stamm mit ähnlicher Bedeutung; vgl. Jenni 1968, 59-61).

√qyl *ašql-k* /*ʾašaqîlu-*/ (PK^{L} 1.c.sg. + OS 2.m.sg.): *ašqlk tḫt \ [pʿny / x(x)]xtk nʿmn ʿmq nšm* "Ich werde dich niederwerfen unter [meine Füße], [ich werde] dich [...(?)], (o) lieblichster (und) weisester/stärkster der Menschen" 1.17:VI:44f. (n.L.).

? *yšql* /*yušaqîl(u)*/ (PK 3.m.sg.): *yšql šdmth \ km gpn* "Er soll(?) (ihn) wie eine Rebe auf den Boden werfen!" 1.23:10f. (alt.: Šp-PK: "Er soll(?) wie eine Rebe auf den Boden geworfen werden!").

? *yšql* (1.107:4 [ohne Kontext]); alt.: *√šql* G-PK.

Semantik: kausativ (G "niederfallen, sich hinlegen"; K "niederfallen lassen; niederwerfen, niederschlagen"). Zur Etym. siehe akk. *qiālu* G "fallen", D "zu Fall bringen" und ar. *√qyl* I./II. "Mittagsschlaf halten".

√šʾl *yššil* /*yušašʾil*/ (PK^{K}v$^{?}$ 3.m.sg.): *[ ]h w yššil[ ]* "... und er möge (meine Bitte) gewähren / und er möge leihen ...!" 2.18:5 (Kontext abgebrochen). — Semantik: wohl kausativ, genaue Nuance aber unsicher: a) "sich erbitten lassen" = "eine Bitte gewähren, einen Wunsch erfüllen"; b) "leihen, verleihen, ausleihen". Für beide Nuancen gibt es Parallelen in anderen sem. Sprachen (siehe KBL^{3}, 1278b-1279a).

√šlm *tššlmn* /*tušašlimna*/ (PK^{L} 3.f.pl.): *qrht d tššlmn \ ṯlrbh* "(Liste von) Städte(n), die Frondienste(?) leisten (müssen) bei/für (dem/n Ort) *Ṯlrb(y)*" 4.95:1f. — Semantik: (gemäß gebotener Interpretation) faktitiv/kausativ (G "vollständig sein"; K "vollständig machen, [in Form von Fronarbeit] Ersatz leisten"). Ähnliche Nuancen besitzt ug. *√šlm* D (§74.412.27). Man vergleiche hierzu das Subst. *ššlmt* (4.46:2.3&) als Derivat zu *√šlm* Š. Die Autoren von KTU^{2} erwägen demgegenüber (in Anm. 1 zu 4.95:1) eine Emendation: *tš«š»lmn*.

√šqy *yššq* /*yušašqî*/ < **yušašqiy* (PK^{K}i 3.m.sg.): *yšlḥm kṯrt w y\ššq* "Er gab den Kôṯarātu zu essen und zu trinken" 1.17:II:30f. // 1.17:II:32f.34f.37f.

tššqy /*tušašqiyu*/ (PK^{L} 3.f.sg.): *tšlḥm tššqy ilm* "Sie gab den Göttern (immer wieder) zu essen und zu trinken" 1.17:V:29.

Semantik: kausativ (zum Problem der Grundbedeutung von *√šqy* siehe unter §74.412.28).

√ṯwb *yṯṯb /yuṯaṯîb/* < **yušaṯîb* (PK^{K}v 3.m.sg.): *[rgm] yṯṯb [ ]* "möge er [eine Briefbotschaft] zurückschicken ..." 2.57:12.

yṯṯb /yuṯaṯîbu/ < **yušaṯîbu* (PK^{L} 3.m.sg.): *rgm yṯṯb* "er (sc. der König) antwortet" 1.41:45.46; ähnl. 1.126:20*f.; *w rgm gṯrm yṯṯb* "das Wort der (beiden) *Gṯrm* wird/soll er wiederholen(?)" 1.112:20 (alt.: "die beiden *Gṯrm* sollen antworten").

tṯṯb /tuṯaṯîb/ < **tušaṯîb* (PK^{K}v 3.f.sg.): *rgm tṯṯb \ l ʿbdh* "sie möge ihrem Diener eine Briefbotschaft zurückschicken" 2.12:14f.

tṯṯb /tuṯaṯîb/ < **tušaṯîb* (PK^{K}v 2.m.sg.): *[ʿmy š]lm \ w tṯ[ṯb ly š]lmk* "[Mir ge]ht es gut; und bezüglich deines Ergehens sollst du [mir] (Rück-)Meldung er[statten]" 2.4:6f.

tṯṯbn /tuṯaṯîbūna/ < **tušaṯîbūna* (PK^{L} 3.m.pl.): *[ ] tṯṯbn ilm* "sie werden die Götter(statuen) zurückführen" 1.53:6; *ʿd tṯṯbn \ ksp iwrk \ w ṯb l unṯhm* "Erst wenn sie (sc. Leute aus Beirut) dem *Iwrkl* das Geld zurückerstatten, kehren sie (sc. Leibeigene) zu ihrer Lehenspflicht zurück" 3.4:17-19.

tṯṯb /tuṯaṯîbâ/ < **tušaṯîbâ* (PK^{K}i 3.f.du.): *w bhm tṯṯb xmdh* "und damit brachten die beiden (Göttinnen) sein/seine(n) ...(?) zurück" 1.114:27.

tṯṯb /tuṯaṯîbâ/ < **tušaṯîbâ* (PK^{K}v 2.c.du. [alt.: 2.m.sg.]): *[rgm] \ tṯ[ṯb l]* "ihr beide sollt [eine Briefbotschaft] zurücksch[icken]!" 2.6:13f.

Semantik: kausativ (G "zurückkehren"; K "zurückkehren lassen; zurückbringen; [Geld] zurückgeben, erstatten; [Briefbotschaft/Wort] zurückschicken, Rückantwort schicken, antworten; wiederholen[?]").

Anm. Nach KTU² ist in 2.35:7 {tṯṯb . l*y*} zu lesen ("... du sollst zurückbringen/zurückschicken"). Diese Lesung ist jedoch ganz unsicher; P. Bordreuil — D. Pardee (RSOu, unpubliziert) bieten {tq*ʿ* .--}. Wahrsch. gehört auch die in 1.41:54 bezeugte, interpretatorisch umstrittene Form *t[ṯ]ṯbn* hierher: "sie führen ihn(?) zurück"; z. Disk. siehe unter §73.634.

√ṯkr *tṯṯkrn-h(?) /tuṯaṯkirūna-/* < **tušaṯkirūna-* (PK$^{L?}$ 3.m.pl. ? + OS 3.f.sg. [alt.: PK^{K}v + En. + OS 3.f.sg.): *tṯṯkrnh/n? ʿ/ṯ?b/ddn \ ʿm krt mswnh* "Sollen unsere(?) Diener(?) sie(?) zu Keret, zum Nachquartier(?) ... ?" 1.15:I:3f. (n.L.). — Die Etym. der Wz. √ṯkr ist unklar; zu möglichen Interpretationen des Kontextes siehe Tropper (1990a, 66f.).

√ṯmn ? *tṯṯmn-m /tuṯaṯminu-/* (PK^{L} 3.f.sg. + En.): *tld šbʿ bnm lk /\ w ṯmn tṯṯ?mnm? \ lk* "Sie wird dir sieben Söhne gebären, acht (Söhne) wird sie dir 'verachtfachen'"(?) 1.15:II:23-25. — Die gebotene Deutung beruht auf einer nicht gesicherten Lesung. Wahrscheinlicher ist von einer Lesung *tṯṯmnm* (so mit KTU²) oder gar *tṯṯmnn* auszugehen. Die Form wäre dann als Gt-PK zu deuten (§74.232.21, √ṯmn).

74.623. Š-Imperativ

Der Imp. des Š-Stamms folgt dem MphT *{šaqtil}*. Es gibt folgende alph. Belege:

√yṣʾ < **wṣʾ*

šṣa /šôṣiʾa/ < **šawṣiʾa* (Š-Imp. m.sg. [erweiterte Form; §73.142]): *rʿy šṣa idn ly* "Mein Freund, bring mir bitte ...(?) heraus!" 2.15:4. — Zur Semantik siehe *√wṣʾ* Š-PK (§74.622).

√ytn (wahrsch. < **wtn*)

štn /šô/êtin/ < **šaw/ytin* (m.sg.): *adm \ aṯr iṯ bqṯ \ w štn ly* "Die (betreffende) Person — wo auch immer sie/es sei — mache ausfindig und liefere (sie) mir aus!" 2.39:33-35; *w štn[ ]* 5.11:18 (Kontext abgebrochen; alt.: Š-SK). — Zur Semantik siehe *√ytn* Š-PK (§74.622).

√lḥm *šlḥm /šalḥimī/* (f.sg.): *šlḥm ššqy \ ilm* "Gib den Göttern zu essen (und) zu trinken!" 1.17:V:19f. — Zur Semantik siehe *√lḥm* Š-PK (§74.622).

Anm. Nach KTU² begegnet in 5.11:6 eine Form *ṯlḥmy* (evtl. Š-Imp. f.sg. mit Pleneschreibung des Auslautvokals). Die vorgeschlagene Wortabtrennung ist jedoch zweifelhaft. Es ist eher *lḥmy* "mein Brot / meine Speise" zu lesen. In Parallele dazu begegnet in Z. 7 *yny* "mein Wein".

√mšr *šmšr /šamšir/* (m.sg.): *šmšr \ l dgy aṯrt /\ mǵ l qdš amrr* "Fahre (mit dem Wagen) dahin, o Fischer der Aṯiratu, geh' voran, o *Qdš-Amrr*!" 1.3:VI:9-11 (zur Wz. *√mšr* vgl. akk. *mašāru* G "schleifen, ziehen, schleppen; mit dem Wagen fahren"). — Semantik: kausativ(?) (G "ziehen" [ug. nicht belegt]; K "[den Wagen von Zugtieren] ziehen lassen; [mit dem Wagen] fahren").

√nsk ? *šsk /šassikī/* < **šansikī* (f.sg.): *kp šsk [x]x l ḥbšk* "Binde die Hände ... an deinem Gürtel fest!" 1.13:6 (Interpretation unsicher; zur Etym. vgl. he. *√nsk* (II) "flechten, weben"). — Semantik: einfaches Transitiv(?).

√skn *šskn /šaskin/* (m.sg.): *šskn \ mgn rbt aṯrt ym /\ mǵẓ qnyt ilm* "Besorge ein Geschenk (für) die Herrin Aṯiratu des Meeres (w.: Versorge Aṯiratu mit einem Geschenk ...), eine Gabe (für) die Erschafferin der Götter!" 1.4:I:20-22. — Zur Wz. *√skn* im Sinne von "sorgen für, sich kümmern um" siehe akan. *√skn* (EA 285:26 und öfter; siehe AHw. 1011a). Für andere Deutungen der Form *šskn* (etwa die Ableitung von *√nsk*) siehe Tropper (1990a, 49). — Semantik: kausativ (G "sich um etwas kümmern"; K "jmdn. mit etwas versorgen; etwas für jmdn. besorgen").

√qrb *šqrb /šaqribī/* (f.sg.): *šqrb ksp \ b mgnk / w ḫrṣ d/l/b kl/ṣ[(x)]* "Biete (ihm) Silber als dein Geschenk dar und Gold als(?) [dein(?)] ...(?)" 1.16:I:44f.

šqrb /šaqribū/ (m.pl.): *w šqrb ʿr* "Bringt einen Esel herbei / Bringt einen Esel (als Opfer) dar!" 1.40:26. — Semantik: kausativ (G "nahe sein"; K "nahe heranbringen; jmdm. etwas darbieten; etwas [einer Gottheit als Opfer] darbringen").

√šqy *ššqy /šašqiyī/* (f.sg.): *šlḥm ššqy \ ilm* "Gib den Göttern zu essen (und) zu trinken!" 1.17:V:19f. — Zur Semantik siehe *√šqy* Š-PK (§74.622).

√*t̲wb* *t̲tb* /*t̲at̲îb*/ < **šat̲îb* (m.sg.): *w t̲tb \ mlakm lh* "schicke du dann Boten zu ihm zurück!" 1.14:III:32f.; *w rgm \ t̲tb l aḫk \ l adnk* "und schicke deinem Bruder, deinem Herrn, eine Briefbotschaft zurück!" 2.14:17-19; ähnl. 2.38:9 (*rgm t̲tb*), 2.46:8 (*rgm t̲tb*); 2.50:5f., (?) 2.58:2, 2.64:19f. (*rgm [t̲t]b \ [l] ˁbdk*), 2.65:5 (*[r]gm t̲tb l [ ]*) und 2.71:8 (*rgm t̲tb ly*).

t̲tb /*t̲at̲îbī*/ < **šat̲îbī* (f.sg.): *rgm t̲tb \ l ˁbdk* "schicke deinen beiden Dienern eine Briefbotschaft zurück!" 2.11:17f. und 2.68:16f.; ähnl. 2.13:13 und 2.34:9 (*w rgm t̲tb ly*) sowie 2.72:9 (*rgm t̲t*<*b*> *ly*).

t̲tb (m.sg. od. f.sg.): 2.58:2 (*t̲tb[ ]*); 2.65:5; 2.72:9 (*t̲t*<*b*>).

Zur Semantik siehe √*t̲wb* Š-PK (§74.622).

Anm. Es gibt wahrsch. keinen syll. Beleg eines Š-Imp.; *[i]a(-)šu-bi-lu* (RS20.163:2) ist eher Š-PK als Š-Imp.; zur Diskussion siehe oben (§74.622.2).

74.624. Š-Suffixkonjugation

Die SK des Š-Stamms folgt entweder dem MphT *{šaqtil}* (vgl. nwsem. *(h)a/iqtil*) oder dem MphT *{šaqtal}* (vgl. ar./äth. *ˀaqtala*).

Die erstere (wahrscheinlichere) Möglichkeit wird durch Formen der WzK III-*w/y* gestützt, die mit {y} geschrieben sind: *šˁly* = /*šaˁliya*/; *šˁlyt* = /*šaˁliyat*/; *šmḫy* = /*šamḫiya*/? (zu den Belegen siehe unten). Die Bewahrung des /*y*/ ist nur bei vorausgehendem /*i*/-Vokal, nicht aber bei vorausgehendem /*a*/-Vokal plausibel (§33.322.2 gegenüber §33.323.4). Im übrigen sprechen auch sprachhistorische Überlegungen sowie die Analogie zur D-PK *{qattil}* für einen MphT *{šaqtil}* (siehe Huehnergard 1992).

Zugunsten der letzteren Möglichkeit kann lediglich die Form *šnwt* angeführt werden, sofern es sich dabei um eine Š-SK handelt. Hier scheint — bei einer zugrundeliegenden Wz. √*nwy* — die Kontraktion des letzten Radikals /*y*/ auf einen vorausgehenden /*a*/-Vokal hinzuweisen: *šnwt* = /*šanwât*/ < **šanwayat*. Bei einer Grundform **šanwiyat* wäre keine Kontraktion zu erwarten (§33.322.2).

Möglicherweise sind auch beide MphTT, *{šaqtil}* und (selteneres) *{šaqtal}*, nebeneinander bezeugt. Zur vergleichbaren Problematik im Zusammenhang mit der SK-Vokalisation des D-Stamms siehe §74.414.1.

Es gibt nur alph. Belege der Š-SK. Im Betracht kommen folgende Formen:

√*yṣˀ* < **wṣˀ*

šṣa /*šôṣiˀa*/ < **šawṣiˀa* (3.m.sg.): *w t̲lt̲ ṣmdm w ḫrṣ \ apnt bd rb ḫršm \ d šṣa ḫwyh* "und drei Paar Räder nebst Reserve(?) zu Händen des Handwerkerchefs, der (sie) in das Zeltlager hinausbringen ließ" 4.145:8-10.

šṣat /*šôṣiˀat*/ < **šawṣiˀat* (3.f.sg.): *[š]ṣat k rḥ npšhm /\ k it̲l brlthm* "Sie hat seine Seele wie einen Atemhauch, seine Lebenskraft wie Speichel aus (seinem Körper) getrieben" 1.19:II:38f.; ähnl. 1.19:II:42-44*.

Semantik: kausativ (G "hinausgehen"; K "hinausbringen, hinaustreiben").

Anm. Die Form *badšrt* (1.5:V:3; Kontext: *[ ] ymnk ššrt \ [ ]*) ist entweder als Š-SK von √*yšr* oder als Š-Verbalnomen zu deuten (siehe Tropper 1990a, 31f.).

√*ytn* (wahrsch. < **wtn*)

štn /*šê/ôtina*/ < **šay/wtina* (3.m.sg.): *štn* ᶜ/*tzn aḥd ly* "PN hat mir ein (Log-Maß Parfüm) ausgehändigt" 5.10:9.

štnt /*šê/ôtinta*/ < **šay/wtinta* (2.m.sg.): *ht hln ḫrṣ [xx]\[xxx] štnt* ᶜ*my* ᶜ*m špš štn[t]* "Nun, siehe, das Gold ...(?), [das](?) du mir übergeben hast, habe ich der 'Sonne' übergeben" 2.36+:12f.

štnt /*šê/ôtintu*/ < **šay/wtintu* (1.c.sg.): *hln[y] \ [ḫ]rṣ argmny* ᶜ*m špš štnt*(?) "Siehe, hier ist das [Go]ld meines Tributes, das ich der 'Sonne' hiermit übergebe" 2.36+:5f. (n.L. [Ende von Z. 6]); *ht hln ḫrṣ [xx]\[xxx] štnt* ᶜ*my* ᶜ*m špš štn[t]* "Nun, siehe, das Gold ...(?), [das](?) du mir übergeben hast, habe ich der 'Sonne' übergeben" 2.36+:12f.

? *štntn* 5.10:4 (Deutung unsicher: 2.f.pl. od. 1.c.sg. / 2.f.sg. + En.)

Zur Semantik siehe √*ytn* Š-PK (§74.622).

√*kwn* *škn* /*šakîna*/ (3.m.sg.): *lm škn hnk \ l* ᶜ*bdh alpm ś ś wm* "Warum hat er für seinen Diener dort(?) 2000 Pferde bereitgestellt?" 2.33:23f. (zu einer anderen Deutung siehe unter §42.5).

šknt /*šakînta*/ (2.m.sg.): *[ ] km šknt ly* "... wie du mir aufgetragen(?) hast" 2.36+:12; weitere mögliche Belege dieser Form begegnen in 1.117:8 und in 2.20:4 (Kontext jeweils abgebrochen).

Zur Semantik siehe √*kwn* Š-PK (§74.622).

√*lbš* *šlbšn* /*šalbiša-*/ (3.m.sg. + En. + OS 3.m.sg. ?): *al[iyn b*ᶜ*]l šlbšn \ ip[d]* "Der hoch[mächtige Ba ᶜ]lu bekleidete ihn(?) mit einem *ipd*-Gewand" 1.5:V:23f. — Semantik: kausativ (G "[ein Kleid] anziehen"; K "anziehen lassen, bekleiden").

√*mḥy* ? *šmḥy* /*šamḥiya*/? (3.m.sg. [?]) "er ließ abwischen/tilgen"(?) 1.5:II:25 (ohne Kontext). — Die gebotene Deutung ist sehr unsicher. Laut KTU² steht vor {š} ein Worttrenner. Die betreffenden Zeichenreste sind jedoch m.E. nicht eindeutig. Auch eine Lesung *yšmḥy* (o.ä.) ist denkbar. Ferner gibt es zwischen {š} und {m} eine Einkerbung, die einen Worttrenner markieren könnte (lies also viell. sogar *xš . mḥy*).

√*nwy* ? *šnwt* /*šanwât*/ < **šanwayat*(?) (3.f.sg.): ᶜ*nn hlkt w šnwt \ tp aḫh w n*ᶜ*m aḫh* "Das Auge(?) machte sich auf und pries(?) die Schönheit ihres Bruders und den Liebreiz ihres Bruders" 1.96:1f. (Interpretation unsicher). — Da die Form *šnwt* neben *hlkt* begegnet, wurde sie wiederholt als Bewegungsverb interpretiert und von der Wz. √*šny* < **šnw* abgeleitet (vgl. akk. *šanû* G "laufen" [o.ä.]; syr. *šᵉnā* "anders sein, sich verändern, den Ort wechseln, weggehen"). Diese Deutung ist jedoch unwahrscheinlich: Zum einen kann dabei die Schreibung mit {w} nicht erklärt werden (eine G-SK 3.f.sg. von √*šny* < **šnw* müßte *šnt* = /*šanât*/ < **šanawat* lauten; ein G-Ptz. f.sg. müßte *šnyt* /*šāniyat-*/ bzw. *šnt* /*šānît*/ < **šāniyt-* lauten); zum anderen scheint der Kontext ein transitives Verb zu verlangen, das die Substantive *tp* und *n*ᶜ*m* als direkte Objekte regiert. — Folglich ist *šnwt* eher Š-SK der Wz. √*nwy*. Möglich ist entweder eine Verknüpfung mit he./mhe. √*nwh* (II) K "preisen, schmücken" (vgl. hierzu auch ar. √*nwh* D "preisen") oder mit ar. *√nwy* "von einem Ort zum anderen wandern, sich entfernen, auswandern". Die letztere Lösung hat den Vorteil, daß sie ein synonymes Verb zu *√hlk* bietet. Sie kommt aber nur in Frage, wenn kein syntaktischer Zusammenhang zwischen Z. 1 und Z. 2 des Textes besteht.

√nsᶜ *ššᶜn /šassiᶜa-/* < **šansiᶜa-* (3.m.sg. + OS 1.c.sg. od. En.): *ksp d ššᶜn* "das Silber, das er mir(?) bezahlt hat / das er mich bezahlen ließ" 2.81:24 (Kontext abgebrochen). — Ug. *√nsᶜ* G bedeutet "bezahlen" (3.8:12.14 [*tšᶜn*]; 3.9:10.17 [*i/ysᶜ*]) (Grundbedeutung "herausziehen": "Geld herausziehen" = "bezahlen"). In 2.81:24 ist offenbar der Š-Stamm dieser Wz. belegt. Ihre Bedeutung ist entweder mit der des G-Stamms vergleichbar (d.h. einfach-transitiv) oder sie ist vermittelt-kausativ ("jmdn. bezahlen lassen, jmdn. zur Zahlung zwingen").

√ᶜly *šᶜly /šaᶜliya/* (3.m.sg.): *qrym ab dbḥ l ilm /\ šᶜly dġṯt b šmym /\ dġṯ hrnmy b kbkbm* "Mein Vater hat den Göttern ein Opfer dargebracht. Er ließ Weihrauch (Pl.) hochsteigen zum Himmel, ein Weihrauchopfer des *Hrnm*-Mannes (ließ er hochsteigen) zu den Sternen" 1.19:IV:29-31; *pgr d šᶜly \ ᶜzn l dgn bᶜlh \ [w a]lp b mḥrṯt* "*Pgr*-Opfer, das *ᶜzn* dem (Gott) Dagānu, seinem Herrn, dargebracht hat, [und zwar/ferner] einen Pflugoch[sen]" 6.14:1-3; *pn arw d šᶜly nrn bn agpṯr l ršp gn* "(Gefäß in Form eines) Löwengesicht(es), das *Nrn*, Sohn des *Agpṯr*, dem (Gott) *Ršp-gn* als Weihegabe dargebracht hat" 6.62:1f.

šᶜlyt /šaᶜliyat/ (3.f.sg.): *skn d šᶜlyt \ ṯryl l dgn pgr \ w alp l akl* 6.13:1-3. Es gibt zwei Interpretationsmöglichkeiten: a) "Stele, die PNf dem (Gott) Dagānu als Weihegabe dargebracht hat (zur Erinnerung an / als) ein *pgr*-Opfer und (zwar/ferner) ein Speiserind"; b) Stele (zur Erinnerung daran), daß PNf dem (Gott) Dagānu ein *pgr*-Opfer dargebracht hat, und (zwar/ferner) ein Speiserind" 6.13:1-3.

Semantik: kausativ (G "hinaufsteigen"; K "[Rauchopfer/Brandopfer] hochsteigen lassen; [den Göttern] etwas als Opfergabe darbringen").

√pwq *špq /šapîqa/* (3.m.sg.): *špq ilm krm y[n] /\ špq ilht ḫprt /\ špq ilm alpm y[n] /\ špq ilht arḫt /\ špq ilm kḥṯm yn /\ špq ilht ksat / špq ilm rḥbt yn /\ špq ilht dkrt*(?) "Er reichte den Widdergöttern We[in] dar; er reichte den Schafgöttinnen (Wein) dar. Er reichte den Ochsengöttern We[in] dar; er reichte den Kuhgöttinnen (Wein) dar. Er reichte den Sesselgöttern Wein dar; er reichte den Throngöttinnen (Wein) dar. Er reichte den Amphorengöttern Wein dar; er reichte den Kannengöttinnen (Wein) dar" 1.4:VI:47-54 (n.L. [§21.354.2c, Anm.]). — Semantik: kausativ (G "finden, erlangen; sich nehmen"; K "erlangen lassen; darreichen": vgl. he. *√pwq* K).

√ṣy/wq

šṣq /šaṣîqa/ (3.m.sg.): *w hn ibm šṣq ly* "Und siehe, der Feind hat mich bedrängt" 2.33:27. — Zur Semantik siehe *√ṣy/wq* Š-PK (§74.622).

√qyl *šql /šaqîla/* (3.m.sg.): *ṭbḫ alpm ap ṣin / šql ṯrm \ w mri ilm* "Er schlachtete Rinder sowie Kleinvieh; er schlug Stiere und die fettesten Widder nieder" 1.22:I:12f. // 1.1:IV:30*f. und 1.4:VI:41f. (*[w] m\ria il*). —

Semantik: kausativ (G "fallen"; K "niederfallen lassen; niederschlagen, schlachten"). — Auch die Form *šqlt* (1.16:VI:32 // 1.16:VI:44) könnte hierher zu stellen sein (Kontext: *šqlt b ġlt ydk* "Du hast deinen Arm (tatenlos) hängen lassen bei Ungerechtigkeit / in Tatenlosigkeit"). Sie ist jedoch wahrscheinlicher von einer Wz. *√šql* "(herab-)hängen" abzuleiten und als G-SK 3.f.sg. zu bestimmen: *šqlt b ġlt ydk* "Bei Ungerechtigkeit hängt dein Arm (tatenlos) herab".

√rḥq *šrḥq* /*šarḥiqa*/ (3.m.sg.): *šrḥq at̲t l pnnh* "Er schickte die Frauen fort aus seiner Nähe (w.: weg von seinem Angesicht)" 1.3:IV:40. — Semantik: kausativ (G "fern sein"; K "sich entfernen lassen, [weit] weggehen lassen, [weit] fortschicken").

√šmḫ *ššmḫt* /*šašmiḫta*/ (2.m.sg. ?): *[ ] \ ššmḫt w ht mx[ ]* "... hast du erfreut/beglückt. Und jetzt ..." 2.36+:32 (Kontext abgebrochen). — Semantik: kausativ/faktitiv (G "sich freuen"; K "fröhlich sein lassen; erfreuen, beglücken"); vgl. he. *√śmḥ* K und D.

74.625. Š-Partizip

Das Ptz. des Š-Stamms folgt sehr wahrsch. dem MphT *{mušaqtil}* (vgl. etwa akk. *mušaqtil*, baram. *m*ᵉ*haqtil* < **muhaqtil*, he. *maqtil* < **muhaqtil* und ar. *muqtil* < **muhaqtil*). Es gibt ausschließlich alph. Belege, deren Orthographie keine Rückschlüsse auf die Vokalisation zuläßt:

√ynq *mšnqt* /*mušêniq(a)t-*/ (f.du. cs.): *mšnqt[ilm ?]* "die beiden Ammen [der Götter(?) ...]" 1.15:II:28. — Semantik: kausativ (G "saugen"; K "säugen, als Amme fungieren").

√yṣʾ < **wṣʾ*

mšṣu /*mušôṣiʾu*/ < **mušawṣiʾu* (m.sg. cs., Nom.): *l arṣ mšṣu qṭrh* "... einer, der seinen 'Rauch' (d.h. Totengeist) aus der Unterwelt herausführt" 1.17:I:27 // 45*f. — Die Interpretation des Textes ist umstritten. Es gibt eine Reihe von anderen Deutungen, die aber die Semantik des Ptz. *mšṣu* nur marginal berühren (z.B. J.-M. Husser, UF 27 [1995], 126: "... qui fait sortir son 'souffle' vers la terre"). — Semantik: kausativ (G "herausgehen"; K "herausgehen lassen, herausführen").

√mṭr *mšmṭr* /*mušamṭir-*/ "Regenspender"(?) 1.174:9 (Kontext vollständig abgebrochen). — Semantik: kausativ (G "regnen"; K "regnen lassen, Regen spenden").

√ndp *mšdpt* /*mušaddipat-*/ < **mušandipat-* (f.sg. abs., Gen.): *ḥẓk al tšʿl \ qrth / abn ydk \ mšdpt* "Deine Pfeile schieße nicht in die Stadt hinauf, (noch) die Steine deiner Schleudermaschine (w.: deiner werfenden Hand)" 1.14:III:12-14. — *mšdpt* wird von einigen Autoren auch passivisch gedeutet, wobei *abn* als Bezugswort betrachtet wird. Zu dieser inhaltlich unwahrscheinlichen Interpretation siehe unter §74.634. — Die Grundbedeutung von *√ndp* dürfte "werfen, schleudern" sein (siehe äth. *√ndf* G [CDG 386a]; finite Verbalformen zur Wz. *√ndp* sind im Ug. nicht belegt). Der Š-Stamm hat hier demnach einfach-transitive

Funktion. Eine kausative Funktion ist aber nicht auszuschließen (d.h. "Hand/Schleudervorrichtung, die ein Werfen verursacht").

√*nṣṣ* *mšṣṣ* /*mušaṣṣiṣa*/ < **mušanṣiṣa* (m.sg. cs., Ak.): *ṯrd bʿl* \ *b mrym ṣpn* / *mšṣṣ k ʿṣr* \ *udnh* "(Ich enteigne den,) der Baʿlu von den Höhen des Ṣapānu vertreiben will, der (ihn) wie einen Vogel (von) seinem Nest(?) verscheuchen will" 1.3:III:47-1.3:IV:2. — Semantik: kausativ (G "sich entfernen, fliehen" [belegt in 1.117:10]; K "fliehen lassen, verscheuchen"); zur Etym. siehe Tropper (1990a, 46).

√*spd* *mšspdt* /*mušaspidāt-*/ (f.pl.) "Klagefrauen, Klageweiber" 1.19:IV:10.21 (jeweils // *bkyt* "Weinende [Frauen]" und *pẓǵm* "Hautritzer"). — Zur Wz. √*spd* vgl. akk. *sapādu* G "trauern, sich an die Brust klopfen", he. √*spd* G "trauern, klagen" und jaram. √*spd* G und K "die Totenklage anstimmen, eine Klagefeier abhalten"). — Semantik: möglw. innerlich-kausativ (d.h. Bedeutung vergleichbar mit Grundbedeutung).

74.626. Sonstige Verbalnomina zum Š-Stamm

74.626.1. Der Š-Inf. wird ohne konsonantische Erweiterung gebildet. Seine Vokalisation ist gänzlich unbekannt. Sprachvergleichende Erörterungen führen hier zu keinem überzeugenden Ergebnis, da die sem. Einzelsprachen für das Ptz. des Kausativstamms höchst unterschiedliche MphTT verwenden (vgl. etwa akk. *šuqtul*, akk.EA *šuqtil* [dazu CAT 2, 380f.], baram. *haqṭālāh* [Inf.abs.], he. *haqṭîl* [Inf.abs.], ar. *ʾiqtāl*). Sie zeigen lediglich, daß kein Vokal zwischen dem ersten und zweiten Radikal der Wz. zu erwarten ist.

74.626.2. Auch der syll. Befund bringt keine Klärung. Laut Huehnergard könnten zwei Formen als ug. Š-Infinitive/Verbalsubstantive gedeutet werden:

šab/p-li?*-mi*? (RS17.121:Vs.:4'). Huehnergard erwägt eine Ableitung von einer Wz. √*blm*: "retaining wall(??)" (siehe UV 113).

šu-ḫu-ut-t[u](?) (RS20.123+:III:3 [S^{a}]). Huehnergard erwägt eine Ableitung von einer Wz. √*ḫtt*: "bran, residue, scraps" (siehe UV 96).

Beide Belege, deren erster auf einen MphT *{šaqtil}*, deren zweiter auf einen MphT *{šu/aqtul}* hinzuweisen scheint, sind jedoch unsicher. Man beachte, daß der letztere Beleg von einer schwachen Bildung des Š-Inf. der WzK II-*gem.* zeugen würde, während der alph. Beleg *šmrr* (1.100:4&) eine starke Bildung aufweist (vgl. auch *škllt* in 1.16:II:28). Zur schwachen Bildungsweise der Š-PK der WzK II-*gem.* siehe oben (*§*74.622.3, √*lḥḥ*).

74.626.3. Im alph. Textkorpus gibt es zahlreiche nominale Formen mit *š*-Präformativ. Dazu zählen Š-Inff. (im engeren Sinn) und andere nominale Derivate zum Š-Stamm (Verbaladjektive und Nomina actionis). Eine Differenzierung der zugrundeliegenden MphTT ist nicht möglich.

a. Aufgrund ihrer Funktion sicher als Š-Inff. (im engeren Sinn) zu deuten sind folgende Formen:

√*yṣʾ* *šṣu* (St.abs., Lok.): *dʿ k \ šṣu ašṣ!u* "Wisse, daß ich (das Getreide) gewiß abliefern werde!" 2.34:30f.

√*ṯwb* *ṯtb* (St.abs.): ... *lqḥt \ w ṯtb ank lhm* "... habe ich in Empfang genommen und (es) ihnen zurückgegeben" 2.38:22f. (narrativ gebrauchter Inf.).

ṯtb (St.cs. [alt.: Š-SK 3.m.sg.]): *ṯtb rgm \ w ḥl mlk* "(Es erfolgt) das Antwort-Erteilen (durch den König); und (dann) ist der König seiner kultischen Pflichten entbunden" 1.106:32f.; vgl. ferner: *ṯ<ṯ>b rgm b gn w ḥl \ mlk* 1.106:23f.

b. (Andere) Verbalsubstantive (ohne Femininendung):

√*bʿr* *šbʿr* "Leitriemen, Leitseil"(?): *qdš yuḫdm šbʿr* "Qudšu nahm den Leitriemen(?)" 1.4:IV:16. — Die genannte Deutung beruht auf der Wz. √*bʿr* (G "weggehen, verlassen", D "wegführen"); zur Begründung siehe Tropper (1990a, 83-85). An alternativen Deutungen sind in Erwägung zu ziehen: a) "Führung, Leitung" (d.h. "Qudšu übernahm die Führung" [Wz. √*bʿr* "weggehen"]); b) "Fackel" (Wz. √*bʿr*$_2$ "brennen").

Anm. 1. Die Zeichenfolge *šḥll* in 1.115:6 dürfte in *š ḥll* aufzulösen sein (so mit KTU^2); zur Deutung siehe unter §74.515.1.

√*mrr* *šmrr* (starke Bildung!): *mnt nṯk nḥš / šmrr nḥš \ ʿqšr* "Beschwörung (gegen) Schlangenbiß; Verjagung/Vertreibung der schuppigen(?) Schlange" 1.100:4f. und Parallelen (insgesamt 11 Belege). — Der gebotenen Interpretation zufolge beruht *šmrr* auf der wsem. bezeugten Wz. √*mrr* "vorübergehen, weggehen" (siehe akan. √*mrr* [dazu AHw. 609a] und ar. *marra*). Ug. √*mrr* Š hätte demzufolge kausative Funktion ("verjagen, vertreiben"). — Die starke Bildung ist ein indirekter Beweis dafür, daß nach dem ersten Radikal der Wz. kein Vokal vorhanden ist; der MphT muß also *{šVqtVl}* lauten.

Anm. 2. Möglicherweise gehört auch die Zeichenfolge *šśb* (4.167:8; Kontext weitgehend abgebrochen) hierher (Wz. √*sbb* od. √*nsb*). Es könnte sich um die Bezeichnung eines Wagenbestandteils handeln (§21.335.2f.).

c. Verbalsubstantive mit Femininendung (durchgehend Nomina actionis):

√*bšl* *šbšlt* "Gekochtes" bzw. "Zur-Reifung-Gebrachtes; Reifes": *w k\l šbšlt dg gnh* "und allerlei(?) Gekochtes / reifes (Obst) (wird) in den Garten (gebracht)" 1.106:21f. — Derivat der Wz. √*bšl* "reifen, reif sein; kochen" (*bšl ybšl* [1.147:7]); vgl. akk. *šubšulu* "gekochter Asphalt, Teer" (AHw. 1256); vgl. he. √*bšl* K "(Obst) reifen lassen".

√*kll* *škllt*: *km nkyt tġr [ ] \ km škllt [ ]* "Wie (Frauen), die an das Tor klopfen(?) ..., wie ..." 1.16:II:27f. — Die Bedeutung von *škllt* ist unklar. Eine Ableitung von der Wz. √*kll* ist sehr wahrsch. (Verbalsubst. oder Verbaladj.); zur Diskussion siehe Tropper (1990a, 86f.).

√*lḥm* *šlḥmt* "(Opfertiere zur) Speisung (der Götter)": *b ṯn l ʿšrm tuṣl šlḥmt* "Am 22. (Tag des Monats) werden die Opfertiere zusammengetrieben / treffen die Opfertiere ein" 1.106:24f.; *ʿlm tṣu šlḥm[t]* "Daraufhin werden die Opfertiere hinausgebracht" 1.106:28 (es folgt eine Aufzählung von Tieren). — Die Grundbedeutung von *šlḥmt* scheint "Speisung, Fütterung" zu sein (Nomen actionis zu √*lḥm* Š "zu essen geben"). In den konkreten Kontexten bezieht sich *šlḥmt* jedoch offensichtlich auf Opfertiere (d.h. Tiere, die zur Speisung der Götter dienen).

√*nwp* *šnpt* "Erhebung; Erhöhungsopfer" (ein Opferterminus): *alp l mdgl* (bzw. *mg!d!l*) *bˁl ugrt \ u urm u šnpt* "Ein Ochse auf dem ...(?) des Baˁlu von Ugarit, entweder als *urm*-Opfer, oder als *šnpt*-Opfer" 1.119:12f. — Vgl. √*nwp* Šp-PK (§74.632).

√*šlm* ? *ššlmt*, Bed. unsicher: 4.46:2.3; 4.144:4; 4.153:6-11[6x]; 4.378:11; 4.395:5; 4.786:5. — Die Zeichenfolge *ššlmt* ist in den bisher publizierten Texten insgesamt 13mal belegt (ferner im unpublizierten Text RIH 84/3 = KTU 9.488), davon sechsmal im Gefolge des Subst. *bˁl* "Herr, Besitzer" (4.153:6-11; ferner 9.488). Möglw. liegen zwei verschiedene Lexeme vor. Die Form *ššlmt* im Ausdruck *bˁl ššlmt* ist wahrsch. ein Derivat von √*šlm* ("Vollständigkeit; Vervollständigung"; vgl. √*šlm* Š-PK [§74.622.3]). An den übrigen Belegen ist *ššlmt* aber vielleicht eine Textilbezeichnung und wäre dann ein Fremdwort (nach Ribichini – Xella [1985, 64-66] mit akk. *sa(s)sullu* zu identifizieren).

d. Verbaladjektive des MphT *{šVqtVl(at)}*:

√*lw/yṯ* (?)

šlyṭ, GN (siebenköpfige Schlange): 1.3:III:42; 1.5:I:3.29. — Vgl. he. √*lwṭ* "verbergen, verhüllen, einwickeln" od. syr. √*lwṭ* "verwünschen, verfluchen". Alternativ könnte *šlyṭ* eine *{qat(t)ῑl}*-Bildung der Wz. √*šlṭ* mit {y} als *mater lectionis* darstellen (§21.341.22c).

√*mtr* ? *šmtr*: *b yrḫ [riš yn b ym ḫdṯ] \ šmtr [uṯkl l il šlmm]* "Am Neumondstag des Monats 'Anfang des Weines' (wird) das Geschnittene(?) der Trauben (d.h. die abgeschnittenen Trauben) für Ilu als *šlmm*-Opfergabe (dargebracht)" 1.41:1f. // 1.87:1f. (zitiert nach 1.41:1f.). — Zwei alternative Deutungen sind möglich: a) ... (geschieht) das Schneiden der Trauben ..." (*šmtr* als Verbalsubst.). b) ... (werden) zwei Schafe, eine Turteltaube (und) Weintrauben ... (dargebracht)" (Lesung *šm tr*). Die Deutung (b) ist aber unwahrscheinlich, da in den betreffenden Texten sonst verläßliche Worttrenner gesetzt sind.

Anm. Vgl. den PN *šmtr* in RS86.2215:1.

√*ˁtq* *šˁtq* "Erhöhter, Würdenträger": *npl*ṭ *\ ˁbdmlk šˁtq* "PN, der Würdenträger, wurde gerettet" 2.82:4f. — *šˁtq* fungiert hier als Titel bzw. Epitheton und ist wahrsch. ein Verbaladj. zu √*ˁtq* Š; vgl. akk. *šūtuqu* "hinausgehoben; im Rang erhöht".

šˁtqt, fem. GN: 1.16:VI:1.2.13. — *šˁtqt* ist wahrsch. das fem. Pendant zu *šˁtq* ("die im Rang Erhöhte"). Zu alternativen Vorschlägen, z.B. "eine, die (Übel/Krankheit) abwendet", siehe Tropper (1990a, 90f.).

74.627. Beleghäufigkeit und Semantik des Š-Stamms

74.627.1. Da Belege des Š-Stamms in der alph. Orthographie weitgehend problemlos zu identifizieren sind, lassen sich hier relativ sichere statistische Erhebungen anstellen. Der vorliegenden Untersuchung zufolge bilden im bisher publizierten alph. Textkorpus insgesamt 40 verschiedene Wzz. finite Š-Verbalformen. Die Gesamtzahl der (finiten) Belege beläuft sich dabei auf ca. 140. Unter Einbeziehung der Partizipien erhöht sich die Zahl der (verschiedenen) Wzz. auf 45, die Zahl der Belege auf 148; unter Einbeziehung der sonstigen nominalen Formen erhöht sich die Zahl der (verschiedenen) Wzz. schließlich auf 50 und die Zahl der (sicheren) Belege auf 172 (daneben noch weitere 13 unsichere Belege [*ššlmt*] und ferner drei Belege in Eigennamen [fem. GN *šʿtqt*]).

Angesichts einer Gesamtzahl von mindestens 500 Verbalwurzeln im alph. Textkorpus von Ugarit (siehe dazu Tropper 1990a, 195-202) mit über 3500 finiten Belegen (siehe Tropper 1992a, bes. 314) ist die Belegdichte des Š-Stamms bescheiden: Nur rund ein Zehntel der Verbalwurzeln bildet einen Š-Stamm.

Setzt man die Belegdichte des Š-Stamms mit der anderer abgeleiteter Verbalstämme in Beziehung, so ergibt sich folgendes Bild: Der Š-Stamm ist offensichtlich mit Abstand seltener bezeugt als der D/L-Stamm. Andererseits ist der Š-Stamm aber gewiß produktiver als der N-Stamm.

Die Tatsache, daß der Š-Stamm im Ug. seltener bezeugt ist als der D/L-Stamm, ist — insbesondere mit Blick auf die kan. Sprachen — bemerkenswert und bedarf einer Erklärung. Als Gründe für diesen Befund sind anzuführen:

1. Der Kausativstamm dürfte in frühen sem. Sprachen allgemein seltener bezeugt sein als etwa in jüngeren kan. Sprachen. Die he. Sprachgeschichte (vom Biblisch-Hebräischen zum Mittelhebräischen) zeichnet sich durch einen kontinuierlichen Anstieg der Produktivität des Kausativstamms aus.
2. Der ug. Š-Stamm ist durch eine relativ eingeschränkte Bandbreite von Funktionen charakterisiert (§74.627.2).
3. Die Belegdichte des ug. Š-Stamms ist auch deshalb vergleichsweise niedrig, weil der Š-Stamm im poetischen Textkorpus, in dem einfache Aktionsart-Konstruktionen dominieren, relativ unproduktiv ist.

Mit der relativ geringen Produktivität des Š-Stamms in Relation zum D/L-Stamm geht das Ug. jedoch mit dem akk. Befund konform. Nach Kouwenberg (1987, 89 und 111, Anm. 1) gibt es im Akk. gemäß der Klassifikation von AHw. 369 Wurzeln, die Formen des Š-Stamms bilden, während 935 Wurzeln — d.h. weit mehr als doppelt so viele — Formen des D-Stamms bezeugen. Der vergleichsweise seltene Gebrauch des Kausativstamms weist das Ug. somit typologisch als altsem. Sprache aus.

74.627.2. Die Hauptfunktion des ug. Š-Stamms ist die Bezeichnung der kausativen Aktionsart (meist einfache Kausation, selten vermittelte Kausation [etwas durch eine andere Person erledigen lassen]).

Daneben dient der Š-Stamm (seltener) wohl auch zur Bezeichnung der faktitiven Aktionsart, die in der Regel durch den D-Stamm abgedeckt wird. Die

Unterscheidung von "Kausativ" und "Faktitiv" ist im Einzelfall schwierig und von der Definition dieser Begriffe abhängig (zu einem – nicht immer überzeugenden – Versuch der Differenzierung siehe Jenni 1968). Ohne dieses Problem hier näher erörtern zu können ist festzuhalten, daß sich der D-Stamm in seiner faktitiven Funktion und der Š-Stamm bei bestimmten Verben semantisch sehr nahe kommen können, und daß semantische Überschneidungen gegeben sind.

Nur in vergleichsweise seltenen Fällen ist keine kausative oder faktitive Nuance des ug. Š-Stamms feststellbar (Š-Stamm zum Ausdruck einfach-transitiver Handlungen oder als sogenanntes "innerliches" Kausativ). Der ug. Š-Stamm unterscheidet sich hierin wesentlich vom he. Hifˁil, das vergleichsweise häufig nicht-kausative bzw. nicht-faktitive Nuancen bezeichnet und somit gleichsam die Grundbedeutung der Wz. ausdrücken kann (dies trifft insbesondere auf he. Verben zu, die keinen G-Stamm aufweisen).

Eine denominative Funktion des ug. Š-Stamms läßt sich nicht sicher nachweisen (einziger unsicherer Beleg: *tṯmnn* [√*ṯmn* Š-PK; §74.622.3]). Ebensowenig zeugen die bislang bekannten Belege von einer deklarativen Nuance des Š-Stamms (vgl. aber √*ybm* Št [§74.644]).

74.63. Passive Variante (Šp-Stamm)

74.631. Einleitung

Das Ug. besitzt sehr wahrsch. eine passive Morphemvariante zum Š-Stamm, die sich von diesem ausschließlich durch Vokalalternanz unterscheidet ("inneres Passiv"). Sie ist somit die Entsprechung zur passiven Variante des ar. IV. Verbalstamms (*ʾufˁila – yufˁalu*) und zum he./baram. Ho/ufˁal-Stamm.

Lit.: Tropper (1990a, 68-71).

74.632. Šp-Präfixkonjugation

Die PK des ug. Šp-Stamms folgt wahrsch. dem MphT *{yušaqtal}* (vgl. ar. *yufˁal* < **yuhafˁal*; vgl. auch he. *yŏ/uqṭal* [/a/ in der 2. Silbe]). Die in Betracht kommenden Belege lassen jedoch keine Rückschlüsse auf die Vokalisation zu. Viele der nachfolgend aufgelisteten Belege sind interpretatorisch umstritten:

√*yṯb* < **wṯb*

yṯṯb /*yuṯôṯab*/ < **yuṯawṯab* ($PK^{K}i$ 3.m.sg.): *tˁdb ksu \ w yṯṯb l ymn aliyn \ bˁl* "Es wurde ein (weiterer) Thron aufgestellt, und er (sc. Kôṯaru) wurde zur Rechten des hochmächtigen Baˁlu gesetzt" 1.4:V:46-48.

yṯṯb-n /*yuṯôṯab-*/ ($PK^{K}v$ 3.m.sg. + En.): *bˁl yṯṯbn [l ksi] \ mlkh / l n[ḫt l kḥṯ] \ drkth* "Baˁlu soll [auf den Thron] seines Königtums gesetzt werden, auf den Si[tz, auf den Sessel] seiner Herrschaft!" 1.6:VI:33-35

√*ḥdṯ* *tṯḥdṯn* /*tuṯaḥdaṯūna*/ < **tušaḥdaṯūna* (Šp-PK^{L} 3.m.pl.): *w b ym ˁšr \ tpnn npṣm ḫmnh \ w tṯḥdṯn \ ṯnm w ḥdṯh \ tdn hmt \ w tštn ṯnm* "Und am zehnten Tag werden *npṣ*-Kleider zur Kapelle(?) gebracht(?) und dann zweimal erneuert(?); am Neumondstag werden diese dann entfernt(?) und zweimal hingelegt(?)" 1.104:15-20. — Die gebotene Interpretation ist sehr unsicher. Die Zeichenfolge tṯḥdṯn ist vielleicht in tṯ ḥdṯn aufzutrennen (zwischen {ṯ} und {ḥ} gibt es mögliche Spuren eines Worttrenners). — Semantik: (gemäß gebotener Interpretation) Passiv zur faktitiven Nuance (G "neu sein"; K "erneuern" [in anderen sem. Sprachen wird dafür meist der D-Stamm gebraucht]).

√*ḥmm* *yšḥmm* /*yušaḥmamu*/ (Šp-PK^{L} 3.m.sg.): *[ ] w ḫmṣ w mlḥt \ [y/t]ḥ$^{?}$r$^{?}$kn w yšḥmm* "... und Essig und Salz wird/werden geröstet(?) und erhitzt" 1.175:6f. — Alternativ ist eine aktivische Interpretation in Erwägung zu ziehen: "... wird er (sc. der Beschwörungspriester) erhitzen". — Semantik: Passiv zu faktitiver Nuance (G "heiß sein" [ug. nicht belegt]; K "heiß machen, erhitzen" [in anderen sem. Sprachen wird dafür häufiger der D-Stamm als der K-Stamm gebraucht]).

√*nwp* *tšnpn* /*tušanâpūna*/ (PK^{L} 3.m.pl.): *ṯṯ [ṣin] \ tšnpn* "sechs (Stück) [Kleinvieh] werden als Erhebungsopfer(?) dargebracht" 1.50:5f. — Zur Ableitung von der Wz. √*nwp* mit der Grundbedeutung "hoch sein" siehe Dietrich – Loretz (1990c) (he. √*nwp* K und der he. Opferbegriff *t^{e}nûpāh* dürften dieselbe Etym. haben); vgl. hierzu den Opferbegriff *šnpt* "Erhebungsopfer" (1.119:13). — Semantik: Passiv zu einer faktitiven bzw. kausativen Nuance (G "hoch sein" [nicht belegt]; K "hochheben; ein 'Erhebungsopfer' darbringen" [aktivisch nicht belegt]).

√*qyl* ? *yšql* /*yušaqâl(u)*/ (PK 3.m.sg.): *yšql šdmth \ km gpn* "Er soll(?) wie eine Rebe auf den Boden geworfen werden!" 1.23:10f. (alt.: aktivische Deutung: "Er soll (ihn) wie eine Rebe auf den Boden werfen!"). — Semantik: Passiv zu √*qyl* Š ("zu Fall bringen; niederwerfen").

Anm. Als möglicher weiterer Beleg kommt die Form *yšbˁl* (2.70:27) in Frage. Eine aktivische Deutung ist aber wahrscheinlicher; siehe √*bˁl* Š-PK (§74.622.3).

74.633. Šp-Suffixkonjugation

Die SK des Šp-Stamms folgt entweder dem MphT *{šuqtal}* entsprechend he./baram. *hŏ/uqṭal* oder dem MphT *{šuqtil}* entsprechend ar. *ˀufˁila*. Die erstere Möglichkeit wird hier favorisiert. Als Belege kommen in Frage:

√*kwn* *škn* /*šukâna*/ (3.m.sg.): *mit ḫmšm kbd \ d škn l ks ilm* "(ein Betrag von) 150 (Schekel Silber), der für (die Herstellung) des Trinkgefäßes der Götter bereitgestellt wurde" 4.280:13f. — Semantik: Passiv zu √*kwn* Š im Sinne von "festsetzen, bestimmen" (siehe dazu √*kwn* Š-PK).

√*mrḫ* (alt.: √*mrg*)

šmrḫ/gt /*šumraḫat*/ (3.f.sg.): *kt il nbt b ksp \ šmrḫ/g$^{?}$t$^{!}$ b dm ḫrṣ* "... einen goldenen Sockel, der mit Silber bedeckt ist, der mit flüssigem Gold bestrichen ist/wurde" 1.4:I:31f. — Der Beginn von Z. 32 weist epigraphische Probleme auf: Das {t} von *šmrḫ/gt* ist eindeutig über ein (möglw. radiertes) {b} geschrieben. Das vorausgehende Zeichen kann als {g}, {z} oder {ḫ} gelesen werden. Zu √*mrg* vgl. äth. √*mrg* G "verputzen, zusammenkitten", K "tünchen, weißen"; zu *√mrḫ* vgl. he. *√mrḥ* und ar. *√mrḫ*, jeweils (im G-Stamm) "einsalben, aufstreichen, einreiben" (vgl. ferner ar. *√mrḫ* K "[in Wasser] einweichen lassen"). Die letztere Lösung wird hier favorisiert. — Watson (1999, 130f. [mit Verweis auf N. Wyatt]) hält *šmrgt* dagegen für ein aus dem Indoeuropäischen entlehntes Subst. ("emerald"; vgl. griechisch *smaragdos*). — Semantik: Passiv zu einer einfach-transitiven Nuance.

74.634. Šp-Partizip

Das Ptz. des Šp-Stamms dürfte dem MphT *{mušaqtal}* folgen (siehe baram. *m^{e}haqṭal* < **muhaqṭal*, vgl. he. *mŏ/uqṭal* und ar. *mufʿal*). Ob es aber im Ug. einen Beleg dafür gibt, ist sehr fraglich. Die einzige Form, die in dieser Weise gedeutet werden kann, lautet:

√ndp *mšdpt /mušaddapāt-/* < **mušandapāt-* (f.pl.): *ḥẓk al tšʿl \ qrth / abn ydk \ mšdpt* "Deine Pfeile schieße nicht in die Stadt hinauf, (noch) die geworfenen(?) Steine deiner 'Hand'" 1.14:III:12-14. — Die angeführte Interpretation, die auf einer passivischen Deutung der Form *mšdpt* beruht, ist jedoch inhaltlich unwahrscheinlich. Zu einer überzeugenderen aktivischen Deutung siehe oben (*§*74.625, *√ndp*).

74.64. Variante mit Infix *-t-* (Št-Stamm)

74.641. Einleitung

Der Št-Stamm zeichnet sich gegenüber dem Š-Stamm durch die Infigierung eines *t*-Morphems zwischen Kausativmarker und erstem Radikal aus. Belege des Št-Stamms sind erwartungsgemäß selten.

Lit.: Tropper (1990a, 72-82).

74.642. Št-Präfixkonjugation

Die Vokalisation der PK des Št-Stamms ist ungewiß. Aufgrund des sprachvergleichenden Befundes ist von einem MphT *{yVštaqtil}* auszugehen. Der */i/*-Vokal der dritten Silbe wird dadurch gestützt, daß Št-Formen der Wz. *√ḥwy* durchgehend mit {y} geschrieben sind (nach */a/* wäre mit einer Kontraktion des Auslauttriphthongs zu rechnen [vgl. *§*33.323.2]). Die Qualität des Präfixvokals ist völlig offen (im Akk. */u/*, im Ar. */a/*, im He./Aram. */i/*). Es gibt folgende (alph.) Belege:

√ḥwy *yštḥwy /yVštaḥwiyu/* (PK^{L} 3.m.sg.): *[l pʿn il] \ [yhbr] w yql / [y]štḥwy w ykb[dnh]* "[Vor den Füßen Ilus verneigte er sich] und fiel nieder; er erwies (ihm) [Hu]ldigung und verehr[te ihn] (wiederholte Male)" 1.2:III:5f.; ähnl. 1.1:III:24f.*.

tštḥwy /yVštaḥwiyu/ (PK^{L} 3.f.sg.): *l pʿn il thbr w tql /\ tštḥwy w tkbdh* "Vor den Füßen Ilus verneigte sie sich und fiel nieder; sie erwies (ihm)

Huldigung und verehrte ihn (wiederholte Male)" 1.4:IV:25f.; ähnl.
1.6:I:36-38 und 1.17:VI:50*f. (jeweils *tkbdnh*).

yštḥwyn /yVštaḥwiyâni/ (PK^L 3.m.du.): *[l p]ˁn ˁnt \ [yhbr w yql / yšt]ḥwyn
w y\[kbdnh]* "[Vor den Füß]en ˁAnatus [verneigten sich die beiden
(Boten) und fielen nieder; sie erwiesen (ihr) Hul]digung und ver[ehrten
sie (wiederholte Male)]" 1.1:II:15-17.

tšthwy /tVštaḥwiyâ/ (PK^Ki 3.m.du.): *l pˁn il \ l tpl / l tšthwy pḥr mˁd* "Vor
den Füßen Ilus fielen sie nicht nieder; sie erwiesen der Vollver-
sammlung (der Götter) keine Huldigung" 1.2:I:30f.

tšthwy /tVštaḥwiyâ/ (PK^Kv 2.c.du.): *l pˁn ˁnt hbr \ w ql / tšthwy kbd hyt*
"Vor den Füßen ˁAnatus verneigt euch und fallt nieder; ihr sollt (ihr)
Huldigung erweisen und sie ehren!" 1.3:III:9f.; *l pˁn kt<r> \ hbr w ql
/ tšth\wy w kbd hwt* "Vor den Füßen Kôta<rus> verneigt euch und
fallt nieder; ihr sollt (ihm) Huldigung erweisen und ihn ehren!"
1.3:VI:18-20; ähnl. 1.4:VIII:26-29 (*l pˁn mt ...*); *[l pˁn il] \ al tpl / al
tšthwy pḥr [mˁd]* "[Vor den Füßen Ilus] sollt ihr nicht niederfallen; der
Vollver[sammlung] sollt ihr keine Huldigung erweisen!" 1.2:I:14f.

Aufgrund der Orthographie der hier interessierenden Verbalformen
mit {w} und {y}, d.h. *y/tšthwy(n)*, muß die zugrundeliegende Wz. √ḥwy
lauten. Eine in der Vergangenheit ebenfalls in Erwägung gezogene Wz.
√šḥw/y scheidet dagegen aus. Zur Wz. √ḥwy gibt es zwei verschiedene
etymologische Vorschläge: a) eine Verknüpfung mit ar. √ḥwy V. "sich
zusammenrollen, sich ringeln" (Lane, 678f.); b) eine Verknüpfung mit
wsem. √ḥw/yy "leben". Der letztere Vorschlag ist gewiß vorzuziehen,
zumal die betreffende Wz. im Ug. eindeutig nicht als Parallelbegriff zu
√hbr ("sich verneigen") und √qyl ("niederfallen"), sondern vielmehr zu
√kbd D ("ehren") fungiert. Es dürfte mit S. Kreuzer (VT 35 [1985], 39-
60) von einer kausativen Nuance "hochleben lassen; huldigen" auszu-
gehen sein (möglw. auch mit indirekt-reflexiver Nuance, d.h. mit Rück-
wirkung der Huldigung auf den Sprecher). Alternativ wäre eine Bedeu-
tung "(für sich) um Leben bitten" zu erwägen (vgl. etwa ar. √ġfr I.
"verzeihen", X. "um Verzeihung bitten"). Zugunsten der Nuance
"huldigen" spricht aber, daß √ḥwy Št an zwei Stellen explizit mit
direktem Objekt konstruiert wird (1.2:I:15.31).

√kwn   *yštkn* /yVštakinu/ (PK^L? 3.m.sg.): *u mlk u bl mlk /\ arṣ drkt yštkn* "Will
(irgendjemand), entweder ein König oder ein Nicht-König, die Erde /
das Land ... Herrschaft ... ?" 1.4:VII:43f. — Die Interpretation der
zitierten Textstelle ist sehr umstritten. Mögliche Interpretationen sind:
a) "... sich (im) Gebiet (meiner) Herrschaft niederlassen" (√škn Gt);
b) "... sich (im) Gebiet (meiner) Herrschaft festsetzen" (√škn Gt oder
√kwn Št); c) "... (auf) der Erde (seine) Herrschaft aufrichten" (√kwn
Št); d) "... das Gebiet (meiner) Herrschaft für sich bestimmen (d.h.
beanspruchen)" (√kwn Št); e) " ... die Erde zum Herrschafts(gebiet)
(für sich selbst) machen/bestimmen" bzw. "... die Erde zu (seinem
eigenen) Herrschafts(gebiet) machen/bestimmen" (√kwn Št). — Eine

Ableitung der Form *yštkn* von √*škn* ist von vornherein unwahrscheinlich, da es im Kontext um Macht und Besitztum, nicht aber um die Frage des Wohnortes geht. Ferner meint *arṣ* in dem betreffenden Kontext eher "Erde" als "Gebiet, Land, Areal". Gegen die oben vorgestellten Interpretationen (a) bis (c) spricht, daß diese eine Präp. *b* vor *arṣ* voraussetzen, die es im Text nicht gibt. Somit dürften nur die Interpretationen (d) und (e) in Frage kommen. Dabei ist (d) nur dann überzeugend, wenn ein Possessivsuffix *-y* nach *drkt* aus haplographischen Gründen ausgelassen wurde (d.h. *drkt yštkn* stünde für *drkt<y> yštkn*). Als beste Lösung kann somit die Interpretation (e) gelten. Demnach wird √*škn* Št hier mit doppeltem Ak. konstruiert und hat kausative Bedeutung (vgl. √*kwn* Š "sein lassen, fest machen, bestimmen"). Eine reflexive Nuance könnte mitschwingen ("in Bezug auf sich selbst bestimmen"). Es ist somit von folgender Übersetzung von 1.4:VII:43f. auszugehen: "Will (irgendjemand), entweder ein König oder ein Nicht-König, die Erde zum Herrschafts(gebiet) (für sich selbst) machen/bestimmen?".

√*šḥy* *tštšḥ* /*tVštašḥî*/ < **tVštašḥiy* (PK^{K}v 3.f.sg.): *yrk bˁl x[xx]* /\ *[tˁt]k*(?) *ˁnt š$^?$zrm* / *tštšḥ km ḥb[ ]* "Baˁlu soll ...(?); ˁAnatu soll (sie) binden(?) mit einem Strick(?); sie soll (sie) niederdrücken / sie soll sich niederbücken wie ...(?)" 1.82:10f. — Die Interpretation des Textes ist schwierig. Die zentrale Frage lautet, wer das Subjekt von *tštšḥ* ist. Sollte es die zuvor genannte Göttin ˁAnatu sein, wäre *tštšḥ* transitiv zu übersetzen; soll es die in Z. 9 erwähnte "Mutter" (*um*) sein, wäre von einer reflexiven oder passivischen Übersetzung auszugehen. Die erstere Lösung wird hier favorisiert. — Die zugrundeliegende Wz. dürfte √*šḥy* lauten; vgl. he. √*šḥy* G "sich bücken"; K "beugen, niederdrücken". Es liegt demnach entweder eine kausative ("niederdrücken") oder eine kausativ-reflexive Nuance ("sich niederbücken") vor.

74.643. Št-Imperativ

Es gibt wahrsch. keinen Beleg eines Imp. des Št-Stamms (vgl. §77.324d und §77.325). Die in 1.12:II:56'.57 bezeugte Form *išttk* gehört wohl nicht hierher, sondern dürfte als Gt-SK zu deuten sein (§74.234.2, √*štk*).

74.644. Št-Suffixkonjugation

Es gibt nur einen einzigen möglichen Beleg der SK des Št-Stamms. Der zugrundeliegende MphT ist ungewiß. In Entsprechung zum Ar. liegt *{(ʾi)štaqtal}* nahe. Möglich wäre auch eine Form ohne Prothese, d.h. *{šVtaqtVl}* (vgl. akk. *šutaprus*):

√*ybm* < **wbm*

? *štbm* /*(i)štôbama*/? < **(i)štawbama* (3.m.sg.): *[x š]pḥh p štbm ˁ[nt]* /\ *[xxx]zrh ybm l ilm* "...(?) ihre [Fa]milie erklärte daraufhin (die Göttin) ˁA[natu] zur Witwe; ihr.. ...(?) um die Schwagerehe zu vollziehen für den Gott (sc. Baˁlu) / ....(?) Bruder für den Gott (sc. Baˁlu)" 1.6:I:30f. —

Obwohl die Interpretation des Textes im Detail schwierig ist, scheint sicher zu sein, daß darin die Thematik der Schwagerehe für den verstorbenen Gott Baᶜlu behandelt wird. Es gibt somit gute Gründe für die Annahme, daß die Zeichenfolge *pštbm* eine Verbalform der (denominierten) Wz. √*wbm* enthält. Ausgehend von einer Wortabtrennung *p* (Konj.) + *štbm* wird *štbm* hier als Št-SK mit deklarativer Bedeutung interpretiert: "zur Witwe erklären". Eine reflexive Nuance ist nicht erkennbar. — Alternativ wäre eine Textemendation zu erwägen: *t'štbm* "sie (sc. ᶜAnatu) erklärte sich zur Witwe". Die Form wäre dann als Št-PK^{K}i (3.f.sg.) zu analysieren (/*tVštôbim*/) und hätte reflexiv-deklarative Funktion.

74.645. Št-Partizip

√*ᶜly* *mštᶜltm* /*muštaᶜlitêma*/ (Št-Ptz. f.du., Obl.): *yqḥ il mštᶜltm* /\ *mštᶜltm l riš agn* "Ilu nahm sich zwei Dirnen(?), (er nahm sich) zwei Dirnen(?) vom Rand des Beckens" 1.23:35f.; ähnl. 1.23:31. — Aus dem Kontext wird ersichtlich, daß *mštᶜltm* die Bezeichnung zweier Frauen ist, mit denen Ilu in der Folge (Z. 37ff.) geschlechtlich verkehrt. Die Mehrzahl der Autoren hält *mštᶜltm* für ein Št-Ptz. zur Wz. √*ᶜly* "hinaufsteigen". Folgende Interpretationen sind erwägenswert: a) "(zwei Frauen), die (Wasser o.ä.) hochholen" (vgl. √*ᶜly* Š "hochsteigen lassen"); b) "(zwei Frauen), die (einer Gottheit) geweiht sind / die sich (einer Gottheit) geweiht haben" (vgl. √*ᶜly* Š "[Opfer] hochsteigen lassen / darbringen" = "opfern, weihen"); c) "(zwei Frauen), die sich 'besteigen' lassen / die sich zum Geschlechtsverkehr anbieten" (siehe √*ᶜly* Š-PK im sexuellen Sinn [§74.622.3]). — Gemäß den Lösungen (b) und (c), die der Lösung (a) aus kontextuellen Gründen vorzuziehen sein dürften, bezeichnet *mštᶜltm* eine kultische Prostituierte. Der Št-Stamm würde jeweils eine kausativ-reflexive Nuance zum Ausdruck bringen.

Anm. Št-Verbalsubstantive (einschließlich Infinitiv) sind nicht bezeugt.

74.646. Anmerkungen zur Funktion des Št-Stamms

Der ug. Št-Stamm hat kausative oder kausativ-reflexive Funktion. Hervorzuheben ist, daß Št-Formen auch mit direktem Objekt konstruiert werden können (nachweisbar bei √*ḥwy* Št-PK [§74.642]).

Št-Formen mit reziproker oder passivischer Nuance sind offenbar nicht bezeugt. Eine passivische Funktion – nach Vorbild des akk. Št-Stamms – ist auch nicht zu erwarten, da diese im Ug. vom Šp-Stamm abgedeckt wird.

Die seltene Bezeugung des Št-Stamms und die Tatsache, daß dieser nicht zum Ausdruck der passivischen Diathese zum Kausativ dient, sind zugleich ein indirekter Hinweis auf die Existenz eines Šp-Stamms im Ug.

SV. Nach Kouwenberg (1997, 89 und 111, Anm. 1) gibt es gemäß den Sammlungen von AHw. insgesamt 130 Wurzeln, die einen Št-Stamm bilden (94 Št$_2$ und 36 Št$_1$). Ihnen stehen 167 Wurzeln mit Gt-Formen und 237 mit Dt-Formen gegenüber. Auch im Akk. ist Št somit unproduktiver als Gt oder Dt.

75. Morphologische Besonderheiten bestimmter Wurzelklassen

75.1. "Starke" und "schwache" Verben

"Starke" Verbalwurzeln zeichnen sich dadurch aus, daß sie drei konsonantische Radikale aufweisen, die in allen Formen des Paradigmas (als Konsonanten) erhalten bleiben. Verbalwurzeln, auf welche dieses Kriterium nicht zutrifft, werden als "schwach" oder "infirm" bezeichnet.

Zu den schwachen Radikalen zählen im Ug. primär die Halbvokale *w* und *y*, ferner sporadisch *n*, *l* und *h* sowie selten offenbar auch ʾ. Diese Radikale erscheinen in bestimmten Formen bzw. Silbenpositionen nicht als Konsonanten. Stattdessen werden sie entweder – in vorkonsonantischer Position – an den folgenden Konsonanten assimiliert oder bewirken eine Veränderung (meist: Längung) des Vokals der betreffenden Silbe oder fallen ersatzlos aus.

Im folgenden wird eine systematische Darstellung der Verbalformen schwacher Wurzelklassen unter Einbeziehung der Wurzelklassen I/II/III-ʾ geboten, nachdem gewisse Formen bereits in den vorangegangenen Kapiteln sporadisch genannt und diskutiert wurden. Im Anschluß daran werden auch andere Wurzelklassen behandelt, deren Paradigma Besonderheiten aufweist, zum einen Wurzeln mit identischem zweiten und dritten Radikal (= Wurzelklasse *mediae geminatae*), zum anderen Wurzeln mit mehr als drei Radikalen.

Die Symbole "*1*", "2" und "*3*" stehen stellvertretend für die Radikale 1 - 3 dreiradikaliger Wurzeln, "*4*" für den vierten Radikal vierradikaliger Wurzeln.

75.2. Verben mit /ʾ/ als Radikal

75.21. Verben *primae* ʾ

75.211. Zur WzK I-ʾ zählen im Ug. folgende Verbalwurzeln: √*ʾbd*, √*ʾbl*, √*ʾgg*, √*ʾgr*, √*ʾdb*, √*ʾdm*, √*ʾhb*, √*ʾwd*, √*ʾwp*, √*ʾwr*, √*ʾzr*, √*ʾḫd/d̄*, √*ʾḫr*, √*ʾkl*, √*ʾsp*, √*ʾsr*, √*ʾpy*, √*ʾpq*, √*ʾṣl*, √*ʾrk*, √*ʾrš*, √*ʾtw/y*, √*ʾṯm*, √*ʾṯr*; ferner: √*ʾṯ(y)* (abgeleitet von der Existenzpartikel *iṯ* [§88.1], nur SK-Formen) und möglw. √*ʾgzr* (vierradikalig [§75.75]). Die Mehrzahl der Verben bildet durchgehend regelmäßige (starke) Formen, in denen /ʾ/ als Konsonant erscheint und am Silbenende erwartungsgemäß mit {i}-Aleph geschrieben wird. Daneben gibt es aber auch Formen mit nicht-normgemäßer Aleph-Orthographie, die auf eine quieszierende Artikulation von Schlußaleph oder auf sogenannte Ḥaṭef-Vokale hinweisen (vgl. §21.322.2).

Lit. Marcus (1968); Blau – Loewenstamm (1970, 23); Verreet (1983a, 226-239); Tropper (1990b, 367f.); Sivan (1990b) und (1996); GUL (S. 17-19 und S. 45).

75.212. Diskussion von Formen des G-Stamms (PK, Imp., SK, Ptz., Inf.).

75.212.1. [G-PK] Formen der G-PK weisen unterschiedliche Graphien auf. Es gibt nebeneinander Schreibungen des Typs *yi23* und (seltener) *yu23*. Möglicherweise sind auch einige Schreibungen des Typs *ya23* zur G-PK zu stellen (§21.322.4d).

75.212.11. Schreibungen des Typs *yi23* sind als */yaʾ2u/i3-/* (fientisch) bzw. als */yiʾ2a3-/* (stativisch) zu vokalisieren und sind von folgenden Wzz. bezeugt: √*ʾgg* "stöhnen, murmeln"(?); √*ʾdm* "rot sein/werden"; √*ʾzr* "umgürten, umhüllen, verschleiern"; √*ʾḫd* "nehmen, packen", √*ʾkl* "essen"; √*ʾsp* "einsammeln"; √*ʾpy* "backen"; √*ʾrk* "lang sein, werden", √*ʾtw/y* "gehen". Belegliste:

√*ʾgg* *tiggn* (3.f.pl.): 1.82:43.
√*ʾdm* *tid!m* (3.f.sg.): 1.19:IV:42 (// *tadm* N-PK 3.f.sg.).
√*ʾzr* *tizr* (3.f.sg.): 1.116:9 ("Gesicht verschleiern"; alt.: Gp-PK [§74.222.3]).
√*ʾḫd* *yiḫd* (3.m.sg.): 1.6:V:1; 1.11:1; 1.15:II:16; 1.16:I:47; 1.17:I:34; 1.72:16.21; 1.97:2; 1.103+:7.
tiḫd (3.f.sg.): 1.6:II:9.30; 1.11:2; 1.19:I:9; 1.92:12*; 1.101:16.
tiḫdn (2.m.sg. + En. [alt.: 3.m.pl.]): RS88.2159:7.
tiḫd (2.f.sg.): 1.18:I:18.
tiḫd (PK^{K} 3.m.pl.): 1.4:VII:35.
√*ʾkl* *yikl* (3.m.sg.): 1.12:II:13.
tikl (3.f.sg.): 1.4:VI:24.27.29; 1.6:II:35; 1.12:I:10 (*tikl-n* [OS 1.c.pl.]); 1.88:3.
√*ʾsp* *yisp* (3.m.sg.): 1.12:II:24 (*yisp-hm* [OS 3.m.pl.]); 1.107:42.
tisp (3.f.sg.): 1.19:II:17.24 (*tisp-k* [OS 2.m.sg.]).
yisp (PK^{K} 3.m.du.): 1.107:38.39*.40!.41.42*.43.44*.
tisp (PK^{K} 3.f.du.): 1.107:40 (*[ti]sp*).
√*ʾpy* *yip* (PK^{K} 3.f.sg.): 1.14:II:3; 1.14:IV:11.
√*ʾrk* *tirk-m* (3.f.sg.): 1.23:33.
√*ʾtw/y* *tit* (Deutung ungewiß: viell. PK^{K} 2.m.pl.): 1.20:II:10.
tity (PK^{K} 3.m.pl.): 1.15:III:17.18; 1.20:II:4* (*ti[ty]*).

75.212.12. Einige Verben I-ʾ bilden unregelmäßige G-PK-Formen des Typs *yu23* neben oder anstatt *yi23* = */yaʾ2V3/*. Hierzu zählen: √*ʾbd* "zugrunde gehen", √*ʾhb* "lieben", √*ʾḫd* "nehmen, halten", √*ʾkl* "essen" und √*ʾsp* "einsammeln". Für die Mehrzahl der im folgenden genannten Belege kommen alternative Deutungen – etwa die Deutung als Gp-PK – nicht in Frage:

√*ʾbd* *tubd* (3.f.sg.): *špšn tubd* "die 'Sonne' geht zugrunde" 2.39:21.
√*ʾhb* *yuhb* (3.m.sg.): *yuhb ʿglt b dbr* "er liebte eine Färse in der Steppe" 1.5:V:18; *yu\[h]b mnxx* "er liebte ..." 1.92:31f.
√*ʾḫd* *yuḫd* (3.m.sg.): *qdš yuḫd-m šbʿr* "GN nahm den Leitriemen(?)" 1.4:IV:16; *yuḫ[d]* 1.22:II:17 (ohne Kontext); *ṯnn ʿz yuḫd ib mlk* "... dann wird der mächtige ...(?) den Feind des Königs angreifen" 1.103+:17; zu ergänzen wohl auch in 1.2:I:39 (*[yuḫ]d*; vgl. *tuḫd* Z. 40).
tuḫd (3.f.sg.): *šmalh tuḫd ʿṯtrt* "seine Linke hielt Aṯiratu fest" 1.2:I:40.
√*ʾkl* vgl. PN *yukl* (formal PK 3.m.sg.): 4.244:16.

√ʾsp *tusp* (3.f.sg. ?): *k ḥṣ tusp [ ]* "wie Kies sammelte sie ..."(?) 1.1:IV:11 (Deutung unsicher; *tusp* könnte theoretisch auch Gp-PK sein).
? *usp* (1.c.sg. ?): *[ ]lm usp* 7.51:3 (Kontext abgebrochen; vgl. 7.51:2-3).

Anm. Hinzuweisen ist ferner auf die Form *tudn* in RS92.2014:8 (*km l tudn \ dbbm kšpm hwt \ ršᶜ ...*). Es könnte sich um eine PK-Form der Wz. √ʾ*dn* < *ʾ*ḏn* "das Ohr neigen, hinhören" handeln (vgl. he. √ʾ*zn* K). Wahrscheinlicher ist jedoch von einer Wz. II-*inf.* (etwa √ʾ*wd*) auszugehen (PK^L 3.m.pl. nach Negation *l*). — Man beachte in diesem Zusammenhang auch den PN *tuzn* in 4.727:12. Watson (1993, 220) betrachtete diese Form als PK der Wz. √ʾ*zn* < *ʾ*ḏn* "hinhören". — Die Formen *tuḫd* (1.127:30) und *tuṣl* (1.106:25; 7.41:5) dürften eher Gp-PK sein (§74.222.2, √ʾ*ḫd* / √ʾ*ṣl*).

Die vorgestellten PK-Formen mit {u}-Graphem könnten von einer Aussprache [yô2V3-] oder [yaʾᵘḫVd-] zeugen (vgl. §21.322.4d). Das Phänomen ist bisher jedoch nicht sicher erklärt. Es kommen drei Lösungsansätze (a-c) in Betracht, von denen die Lösung (a) hier favorisiert wird.

a. Bemerkenswert ist die Tatsache, daß die genannten Verben auch im He. vergleichbare Bildungen aufweisen. Es handelt sich um die sogenannten schwachen Verben I-ʾ, deren PK-Formen in der 1. Silbe einen /*ô*/-Vokal aufweisen: Durchgehend schwache Bildungen zeigen he. √ʾ*bd*, √ʾ*kl*, √ʾ*mr*, √ʾ*bh* und √ʾ*ph*. Bei he. √ʾ*ḥz* und √ʾ*sp* stehen starke und schwache Formen nebeneinander. Nur in der 1. Person schwach gebildet wird ferner he. √ʾ*hb* (siehe dazu insbesondere Bergsträsser II § 24 und GBH § 73).

Es liegt deshalb nahe, daß die ug. PK-Formen I-ʾ mit {u}-Orthographie und die he. PK-Formen I-ʾ mit /*ô*/-Vokal in der ersten Silbe von dem gleichen Phänomen zeugen, das bisher nicht sicher erklärt werden kann. In der Hebraistik ist folgende Erklärung verbreitet: In PK-Formen der 1.c.sg. hätte sich *ʾ*a*ʾ zu *ʾ*â* und weiter (via kan. Lautverschiebung) zu /ʾ*ô*/ entwickelt, was dann analogisch auf die anderen Personen übertragen worden wäre (siehe GBH § 73b). Diese Erklärung ist jedoch angesichts der Tatsache, daß im Ug. ein Lautwandel *ā > /ō/ nicht sicher nachgewiesen werden kann (§33.231), unwahrscheinlich. Hier wird deshalb davon ausgegangen, daß sich **a*ʾ in den betreffenden Formen infolge einer quieszierenden Aleph-Artikulation auf direktem Weg – d.h. nicht via **â* – zu /*ô*/ entwickelte (§33.231.3.). Der Aleph-Schwund dürfte dabei durch den häufigen Gebrauch dieser Verben motiviert sein. Die Orthographie mit {u} wäre als phonetische Alephschreibung zu deuten (vgl. §21.322).

b. Gemäß Sivan (1996) und (GUL 17-19.45) stehen die genannten Formen der Graphie *yuḫd* für /*yaʾuḫud-*/. Seines Erachtens würden die Formen von Vokalassimilation "in the vicinity of a syllable closing *aleph*" (S. 45) zeugen. Diese Erklärung scheidet aber zumindest bei den Verben √ʾ*bd* und √ʾ*hb* aus, da hier aus semantischen und sprachvergleichenden Gründen von einem PK-Themavokal /*a*/ auszugehen ist (siehe Tropper 1997c, 669).

Dennoch ist der Lösungsansatz, wonach {u} in den genannten Formen auf einen folgenden /*u*/-Vokal hinweist, damit nicht widerlegt. Bei dem /*u*/-Vokal könnte es sich um einen sogenannten Ḥaṭef-Vokal nach dem Schlußaleph handeln (§21.322.2). Von besonderem Interesse ist in diesem Zusammenhang, daß im samaritanischen He. die Verben √*ʾkl* und √*ʾmr* – abweichend von anderen Verben I-ʾ (mit Alephschwund) – G-PK-Formen des Typs *yāʾūkel* bzw. *yāʾūmer* (3.m.sg.) bilden (siehe Macuch 1969 §§ 30h, 41a und 75a.c). Gemäß Macuch (1969 § 30h [S. 91]) lassen sich die betreffenden Formen auf die Grundformen **yoʾokel* bzw. **yoʾomer* zurückführen.

Anm. Man beachte in diesem Zusammenhang, daß sowohl ein Ḥaṭef-Vokal mit /*u*/-Qualität als auch die unter (a) präsentierte Erklärung für alle betreffenden Verben einen ursprünglichen Präfixvokal /*a*/ voraussetzen (Typ **yaʾ2V3*). Sollten √*ʾbd* und √*ʾhb* einen PK-Themavokal /*a*/ besitzen, wäre von Grundformen **yaʾbad* bzw. **yaʾhab* auszugehen, die nicht im Einklang mit dem Barthschen Gesetz stehen (vgl. §73.244.2).

c. Formen der Graphie *yu23* könnten aber auch nach Analogie der G-PK der WzK I-*w* des Typs *{yô2i3}* < **yaw2i3* gebildet sein (mit etymologischer Aleph-Graphie). Auf dieser Basis wäre sowohl der Präfixvokal /*ô*/ als auch der Themavokal erklärt, der nach Ausweis der "schwachen" Verben I-ʾ des He. /*i*/ lautet.

SV. Für die paradigmatische Nähe der WzKK I-ʾ und I-*w* im Sem. sprechen folgende Beobachtungen: a) Die G-PK von Verben I-*w* wird in diversen aram. Sprachen (z.B. Syrisch) mit {ʾ} und damit genau so wie PK-Formen I-ʾ geschrieben; b) Formen der K-PK I-ʾ werden in diversen aram. Sprachen (z.B. Syrisch) nach Analogie der WzK I-*w* gebildet; c) einige Verben I-ʾ bilden im Ar. einsilbige Imperative ohne /ʾ/ (z.B. *kul* "iß!"), die formal Imperativen I-*w* gleichen.

Der betreffende Lösungsansatz ist jedoch unwahrscheinlich, da die G-PK der WzK I-*w* im Ug. offenbar dem MphT *{yâ2i3}* bzw. *{ya2i3}*, nicht aber dem MphT *{yô2i3}* folgt (§75.511g).

75.212.13. Ob es auch G-PK-Formen I-ʾ der Graphie *ya23* = /*yâ2V3*/ < **yaʾ2V3* gibt, ist ungewiß. Sämtliche Schreibungen dieses Typs könnten Formen des D- oder N-Stamms sein (siehe §74.412.21 und §74.333).

Möglicherweise als G-PK zu deuten sind folgende Formen der Wz. √*ʾrš* "wünschen, verlangen" (zu den Kontexten vgl. §74.412.21): *yarš* 1.14:I:42&; *tarš* 1.111:20-21; (?) *ta[rš..]* 2.2:8; *taršn* (2.f.sg.) 1.3:V:28 und 1.6:II:13; *arš* (/*ʾârVš*/ < **ʾaʾrVš*) 2.23:16; *taršn* (3.m.pl.) 4.370:2.

Für die Zuordnung zum G-Stamm könnten folgende Gründe sprechen: a) Eine Lautentwicklung **aʾ* > /*â*/ ist in der Position vor /*r*/ phonetisch denkbar. b) Die Form *arš* (2.23:16) – sofern PK 1.c.sg. – läßt sich einfacher als G-PK denn als D-PK deuten; im letzteren Fall wäre **aarš* = /*ʾaʾarriš-*/ zu erwarten, sofern keine haplologische Verkürzung (zu /*ʾarriš-*/) eintritt. c) Der zu √*ʾrš* häufig bezeugte Imp. *irš* kann nur als G-Imp. verstanden werden (§73.121.1).

Auch die Form *tapq* (1.169:12) könnte theoretisch eine G-PK sein, da neben ihr in paronomastischer Funktion ein Inf. der Schreibung *apq* begegnet (siehe §74.412.21). *apq* kann jedoch auch als D-Inf. gedeutet werden (§74.416.4).

75.212.14. G-PK-Formen I-ʾ zugleich II-*w* erscheinen orthographisch je nach zugrundeliegendem Themavokal entweder als als *yu3* = /*yaʾû3*/ oder als *ya3* = /*yaʾâ3*/. Es gibt zwei Belege:

√*ʾwd* "(mit Abgaben) belasten"(?)	*tud* /*taʾûd*/ (2.m.sg. $PK^{K}v$): 2.16:19.
√*ʾwr* "hell sein, leuchten"	*yar-k* /*yiʾâr*/ (3.m.sg. $PK^{K}v$): 1.24:39.

75.212.2. [G-Imp.] Als G-Imp. (m.sg.) der WzK I-ˀ lassen sich nebeneinander Schreibungen des Typs *i23* (Anaptyxe /*i*/ [bzw. /ə/]) und – seltener – *u23* (Anaptyxe /*u*/) nachweisen, z.B. *irš* /^{əi}*rVš*/ (√*ˀrš*) "wünsche, verlange!" (1.17:VI:17*.26.27&) bzw. *uḫd* /^{əu}*ḫud*/ < *ˀ*ḫuḏ* (√*ˀḫd*) "packe!" (1.82:6). Ob es daneben auch G-Impp. der Graphie *a23* gibt, ist ungewiß (*arš* "wünsche, verlange!" [5.11:12] könnte D-Imp. sein). Zu näheren Ausführungen zur Thematik siehe §73.121.1.

Anm. Vgl. in diesem Zusammenhang auch die Form *[ ]idmnn* (1.55:4). Aufgrund des abgebrochenen Kontextes ist ihre Deutung jedoch unsicher.

Von der WzK I-ˀ zugleich II-*w* ist der G-Imp. (f.sg.) *ar* = /*ˀârī*/ "sei hell!, leuchte!" (1.24:38) bezeugt. Er folgt – wie he. *ˀôrî* (G-Imp. f.sg.) – dem MphT *{qtal}* (vgl. PK *yar-k* [1.24:39]).

75.212.3. [G-SK] Alle Formen der G-SK weisen die Graphie *a23* (3.m.sg.) auf. Vollständige Belegliste:

√*ˀbd* "zugrunde gehen"	*abd* (3.m.sg. ?): 4.394:2 (alt.: Nomen).
√*ˀḫd/ḏ* "ergreifen, halten"	*aḫd* (3.m.sg.): 1.2:III:10; 1.4:V:56; 1.4:VII:9; 1.10:II:6; 1.75:4 (?); 1.85:12* (KTU²-Lesung falsch); 1.85:15; 4.296:8.11.13.14.15.16.17.
	aḫḏ (3.m.sg.): 1.12:II:31.32.33.35.
	aḫdt (3.f.sg.): 1.4:II:3.
	aḫt (2.m.sg.): RS88.2159:4.23.
√*ˀsp* "sammeln, packen"	*aspt* (3.f.sg.): 1.107:45 (*[as]pt*).
	aspt (1.c.sg. ?): 2.31:52.
√*ˀmṣ* "stark sein"	*amṣ* (3.m.sg.): 2.33:5.39.
√*ˀmr* "sprechen"	*amr* (3.m.du.): 1.2:I:31 (KTU² bietet: *aṯr*).
√*ˀnš* "unerbittlich(?) sein"	*anš* (3.m.sg.): 1.2:I:38.43.
	anšt (2.f.sg.): 1.3:V:27*; 1.18:I:16.
	anšt (1.c.sg. ?): 1.6:V:21.
√*ˀsr* "binden"	*asr* (3.m.pl.): 1.20:II:3; 1.22:II:22.
√*ˀpy* "backen"	*apy* (3.m.sg.): 4.362:4.5.
√*ˀrk* "lang sein"	*ark* (3.m.sg.): 1.23:34.
√*ˀrš* "wünschen"	*aršt* (2.m.sg.; alt.: 1.c.sg.): 2.45:24 (alt.: D-SK).
	aršt (1.c.sg.): 5.9:I:7 (alt.: D-SK).
√*ˀtw* "kommen, gehen"	*atwt* (3.f.sg.): 1.4:IV:32.

Eine Ausnahme stellen lediglich die SK-Formen der Wz. √*ˀṯ(y)* "sein" dar, die etymologisch mit der Partikel *iṯ* verwandt und möglicherweise von dieser abgeleitet sind. Sie werden mit {i}-Aleph geschrieben.

? *iṯ* /*ˀiṯâ/a*/ (3.m.sg.): 1.6:III:3& (§88.1a).
iṯt = /*ˀiṯâ/at*/ (3.f.sg.): 1.14:IV:38.
iṯt = /*ˀiṯ(ê)tu*/ (1.c.sg.): 2.13:15; 2.30:14; (?) RS92.2016:35'.

Anm. Die Formen folgen entweder dem Paradigma III-*y* oder gelten als zweiradikalig. Für die erste Möglichkeit spricht akk. *išû* "haben", für die zweite arab. *laysa* (< *lā* + *ˀ/yisa*), *laysat*, *lastu* etc. "er/sie ist nicht; ich bin nicht" (GKA § 209).

75.212.4. [G-Ptz.] Formen des G-Ptz.akt. weisen die Graphie *a23* auf:

√ʾ*ḫd* "ergreifen, halten"	*aḫd* (m.sg.): 1.17:I:30; 1.17:II:5.19.
√ʾ*kl* "essen"	*akl* (m.sg.): 1.107:35.45.
	aklt (f.sg.): 1.108:9.
√ʾ*gr* "(für Geld) dingen"	*agrt-n* (f.sg. + PS 1.c.pl.): 1.19:IV:51.
√ʾ*ny* "klagen"	*any* (m.sg.): 1.3:V:35; 1.4:IV:47 (*[an]y*).
√ʾ*py* "backen"	*apy* (m.sg.): 4.212:5.
	apym (m.pl.): 4.125:10.
	apy (m.pl.cs.): 4.387:26.

Die Formen des G-Ptz.pass. erscheinen orthographisch als *u23* = /ʾ*u2ū3*/ < *ʾ*a2ū3* (Vokalharmonie; siehe §33.215.21b). Es lassen sich nur Formen der Wz. √ʾ*ḫd* sicher nachweisen: *uḫd* = /ʾ*uḫūd-*/ 4.635:4.5!.9 (vgl. §73.422.1).

75.212.5. [G-Inf.] Formen des G-Inf. (Typ *{qatāl}*) weisen die Graphie *a23* auf:

√ʾ*pq*, Bed. unsicher	*apq* /ʾ*apāq-*/: 1.169:12.
√ʾ*wd* "belasten, besteuern"(?)	*ad* /ʾ*âd-*/ < *ʾ*awād-*: 2.26:20.
√ʾ*tw/y* "kommen, gehen"	*at* /ʾ*atâ*/ < *ʾ*atāy-*: 1.1:III:16; 1.3:III:28 (*at-m*) (§73.513.5b).

75.213. [Gp] Zu Verben I-ʾ sind mehrere PK-Formen des Gp-Stamms bezeugt. Sie erscheinen orthographisch entweder als *yi23* = /*yu*ʾ*2a3-*/ oder als *yu23* = /*yû2a3-*/ < **yu*ʾ*2a3-*. Belege: *yiḫd* 2.19:1 (√ʾ*ḫd*); *tuḫd* 1.127:30 (√ʾ*ḫd*); *tizr* 1.116:9 (√ʾ*zr*); *tuṣl* 1.106:25, 7.41:5 (√ʾ*ṣl*); z. Disk. siehe §74.222.1 und §74.222.2.

Formen der Gp-SK sind wahrsch. nicht belegt (vgl. §74.223.1).

75.214. [Gt] Es gibt mehrere Gt-PK-Formen und eine Gt-SK-Form I-ʾ.

Die Gt-PK-Formen der Verben I-ʾ sind in der Regel stark gebildet: *yitbd* 1.14:I:24 (√ʾ*bd*); *yitmr* 1.2:I:32 (√ʾ*mr*); *yitsp* 1.14:I:18 (√ʾ*sp*); *yiṯṯm* 4.398:5, *tiṯṯm* 2.21:21.24 (√ʾ*ṯm*); *tiṯṯmn* 4.398:2.3 (√ʾ*ṯm*). Eine Ausnahme bildet die Form *ytmr* (1.3:I:22 [√ʾ*mr*]), in der silbenschließendes Aleph geschwunden ist: *ytmr* = /*yîtamVr*/ < **yi*ʾ*tamVr*; z. Disk. siehe §74.232.21.

Die einzige Gt-SK-Form I-ʾ lautet orthographisch *itdb* (1.14:I:8), was zu *itbd* (√ʾ*bd*) zu emendieren ist: *itbd* (3.m.sg.) = /ʾ*îtab(V)da*/ (§33.141.43) < *ʾ*i*ʾ*tabVda*; z. Disk. siehe §74.234.2.

75.215. [N] N-PK-Formen I-ʾ erscheinen orthographisch als *ya23* = /*yi*ʾʾ*a2i3*/ < **yin*ʾ*a2i3*. Belege: *yadm* 1.14:III:52 (√ʾ*dm*); *tadm* 1.19:IV:42, 1.14:II:9 (√ʾ*dm*); (?) *yaḫd* 4.44:28 (√ʾ*ḫd*); (?) *tasp* 1.175:3 (√ʾ*sp*); z. Disk. siehe §74.333.

Ein N-Inf. I-ʾ ist syll. bezeugt: *na-ba-ti/dì-⌈šu-nu⌉* "ihre Flucht" RS16.287:8 (√ʾ*bd*); z. Disk. siehe §74.361.

75.216. [D] D-PK-Formen I-ʾ erscheinen orthographisch als *ya23* = /*yu*ʾ*a22i3*/. Belege: (?) *yabd* 1.11:3 (√ʾ*bd*); *yamr* 1.172:22 (√ʾ*mr*); (?) *yasp* 1.107:36 (√ʾ*sp*); *tasr-n* 1.1:V:9.22 (√ʾ*sr*); (?) *tapq* 1.169:12 (√ʾ*pq*); z. Disk. siehe §74.412.21.

Als D-Imp. I-ʾ kommt die Form *abd* = /ʾ*abbid*/? (1.100:5 und Par.) in Betracht (§74.413.2). Als mögliches D-Ptz. I-ʾ kommt vielleicht die Form *maḫr* = /*mu*ʾ*aḫḫir-*/? (1.166:7) in Frage (§74.415).

75.217. [Dp] Ein unsicherer Kandidat einer Dp-PK I-ʾ ist *tarš* = /*tuʾarraš*/? (1.111:20-21) (z. Disk. siehe §74.422). Ein unsicherer Beleg eines Dp-Ptz. ist *maṯr* = /*muʾaṯṯar*/? (6.66:7-8) (z. Disk. siehe §74.424).

75.218. [Š] Es gibt folgende Belege der Š-PK I-ʾ der Orthographie *yši23* = /*yušaʾ2i3*/: *yšiḫr* 2.42:11 (√*ʾḫr*); *tšiḫr-hm* 2.79:4 (√*ʾḫr*); *ašisp* 2.33:12 (√*ʾsp*). Ein weiterer möglicher Beleg ist *ṯṯibṯn* < **tšibṯn* (1.175:8 [√*ʾbṯ*]) (§74.622.3, √*ʾbṯ*).

75.22. Verben *mediae* ʾ

75.221. Zur WzK II-ʾ zählen im Ug.: √*dʾw*, (?) √*yʾl*, √*lʾw*$_1$, √*lʾw*$_2$, √*lʾk*, √*mʾd*, √*nʾṣ*, √*rʾy*, √*rʾš*, √*šʾb*, √*šʾy*, √*šʾl*, √*šʾr* und √*ṯʾr* (14 Wzz.). Alle Formen werden stark gebildet (keine quieszierende Artikulation von /ʾ/). Sie sind von zentraler Bedeutung für das Verständnis der Themavokale der verbalen Kategorien des Ug.

75.222. [G-PK] Formen der G-PK II-ʾ erscheinen orthographisch in der Regel als *y1a3* = /*yi1ʾa3*/ (Themavokal /*a*/). Vollständige Belegliste:

√*lʾk* "schicken" — *ylak* (3.m.sg.): 1.2:I:11; 1.14:III:19; 1.24:16; 2.33:36.
ilak (1.c.sg.): 1.4:VII:45; 1.14:V:16; 2.21:11; 2.30:20; 2.31:44 (*ilak-k*); 2.42:21; 2.75:9.
tlak (3.m.pl. PK^{K}): 1.13:27.

√*nʾṣ* "verachten" — *ynaṣ-n* (3.m.sg.): 1.1:IV:23.

√*sʾd* "bedienen" — *tsad* (3.f.sg.): 1.17:V:30 (§33.134.1).

√*rʾš*, Bed. unsicher — *yraš* (3.m.sg.): 1.71:26; 1.72:25.36*; 1.85:18.30; 1.97:6.

√*šʾb* "(Wasser) schöpfen" — *tšabn* (3.m.pl. od. 3.m.sg.): 1.6:I:66; 1.6:I:67 (*[t]šabn*).

√*šʾl* "fragen" — *yšal* (3.m.sg.): 1.124:3; 2.14:11.16; 2.47:24-25.
tšal (2.m.sg.): 2.32:9 (*[tš]al*); 2.70:23.
išal (1.c.sg.): 2.32:4 (*išal-hm*); 2.34:28.

√*ṯʾr* "(auf)stellen" — *ṯtar* (3.f.sg.): 1.3:II:37 (§33.134.1).

Eine Ausnahme bildet die Form *yšul* (5.11:2), die als G-PK^{K}v 3.m.sg. von √*šʾl* zu analysieren ist: "(Baʿlu) möge sich (um dein Wohlergehen) erkundigen/kümmern!". Die Form könnte auf eine Aussprache [yišôl] < **yišâl* < **yišʾal* hinweisen (§33.231.22a) oder von einer Vokalisation /*yašʾul*/ (Themavokal /*u*/) zeugen (siehe GUL 115). Wahrsch. handelt es sich jedoch um ein rein orthographisches Problem. Der vorliegende Text, ein sogenannter "Schultext", zeichnet sich auch sonst durch eine ungewöhnliche Alephorthographie aus. Man beachte, daß in Z. 4 *unk* für **ank* = /*ʾanāku*/ begegnet (ebenfalls {u} statt {a}).

G-PK-Formen von Wurzeln II-ʾ zugleich III-*w* erscheinen orthographisch als *y1u* /*ya1ʾû*/ (Themavokal /*u*/). Belege:

√*dʾw* "fliegen" — *ydu* /*yadʾû*/ < **yadʾuwu* (PK^{L} 3.m.sg): 1.103+:42.
tdu /*tadʾû*/ < **tadʾuw* (PK^{K}i 3.f.sg.): 1.16:VI:6.7.
tdu /*tadʾû*/ < **tadʾuw(ū)* (PK^{K}v 2.m.pl./sg.): 1.19:III:14 (n.L.); 1.19:III:28 (n.L.).

√*lʾw*$_1$ "überwältigen" — *tlun*$^{!}$*n* (Graphie: *tluan*) /*talʾûnVnnu*/ < **talʾuwnVn-hu*/ (PK^{K}i 3.f.sg. + En. II + OS 3.m.sg): 1.14:I:33.

√*lʾw*$_2$ "schwach sein" — *tlu* /*talʾû*/ < **talʾuw* (PK^{K}i 3.f.sg.): 1.100:68 (alt.: Schreibfehler für *tdu* = /*tadʾû*/ [√*dʾw*]).

Anm. F. Renfroe (UF 18 [1986], 457) und (1992, 158) erwägt die Möglichkeit, die in 1.19:III:47 bezeugte Zeichenfolge *til* als G-PK 2.m.sg. einer Wz. √*y/wʾl* (vgl. ar. √*wʾl* "Asyl suchen") zu deuten: *til* = /*tâʾil*/ < **taw/yʾil*. Träfe diese Deutung zu, wäre *til* die einzige ug. PK-Form II-ʾ mit Themavokal /*i*/. Wahrscheinlicher ist jedoch — mit KTU^{2} — in 1.19:III:47 von einer anderen Abgrenzung der Worteinheiten auszugehen: *amd gr bt il* "Sei allzeit ein Fremder im Hause Ilus!".

75.223. [G-Imp.] Formen des G-Imp. II-ʾ weisen im Einklang mit Formen der G-PK in der Regel /*a*/ als Themavokal auf und erscheinen orthographisch als *1a3* = /*1*^{V}*ʾa3*/. Belege:

√*lʾk* "schicken" — *lak* /*l*^{V}*ʾak*/ (m.sg.): 2.10:10.
√*sʾd* "bedienen" — *sad* /*sa/iʾ(a)dī*/ < **s*$^{a/i}$*ʾadī* (f.sg.): 1.17:V:20.

Formen von Verben II-ʾ zugleich III-*w* haben den Themavokal /*u*/. Die Formen m.sg./pl. weisen die Graphie *1u* = /*1*^{V}*ʾû*/ auf. Belege:

√*dʾw* "fliegen" — ? *di* /*d*^{u}*ʾî*/ < **d*^{u}*ʾuyī* < **d*^{u}*ʾuwī* (f.sg.): 1.16:V:48 (in 1.19:III:14.28 ist nicht *w du* [so KTU^{2}], sondern jeweils *w tdu* zu lesen [PK^{K}v]).
du /*d*^{u}*ʾû*/ < **d*^{u}*ʾuwū* (m.pl.): 1.19:III:14
√*lʾw* (I) "siegen" — *li* /*l*^{u}*ʾî*/ < **l*^{u}*ʾuyī* < **l*^{u}*ʾuwī* (f.sg.): 1.16:VI:2

75.224. [G-SK] Formen der G-SK II-ʾ erscheinen orthographisch in der Regel als *1i3* = /*1aʾi3a*/ (Themavokal /*i*/). Vollständige Belegliste:

√*lʾk* "schicken" — *lik* (3.m.sg.): 1.5:IV:23.24; 2.42:22; 2.44:13; 2.46:9; 2.53:1; 4.777:2.3.5.6.8.9.
likt (3.f.sg.): 2.34:5.
likt (2.m.sg.): 2.32:3; 2.36+:5.11.14; 2.36+:29*; 2.38:11; 2.39:18; 2.45:25$^{!}$; 2.50:20; 2.63:7; 2.63:13*.
likt (2.f.sg.): 2.82:3.
likt (1.c.sg.): 2.14:7; 2.30:17; 2.42:12; 2.63:10 (alt.: 2.m.sg.); 2.72:23.
√*sʾd* "bedienen" — *sid* (3.m.sg.): 1.3:I:3.
√*šʾl* "fragen" — *šil* (3.m.sg. ?): 2.4:8 und 2.50:10 (jeweils: *[ ]šil*).
šilt (1.c.sg./2.m.sg.): 2.4:9; 2.4:13 (*[š]ilt*).

Für SK-Formen II-ʾ zugleich III-*w/y* ist — bei Kontraktion des 3. Radikals — eine Orthographie *1a* = /*1aʾâ*/ < **1aʾVw/ya* zu erwarten. Es gibt nur einen (nicht ganz sicheren) Beleg (Kontext weitgehend abgebrochen):

√*rʾy* "sehen" — *ra* /*raʾâ*/ < **raʾaya* (3.m.sg. ?): 1.176:24.

Anm. Die Form *la* (1.3:V:18; 1.4:VIII:22; 1.6:II:25) ist eher als G-Inf. denn als G-SK (3.m.sg.) zu deuten; siehe §75.227 (G-Inf.).

75.225. [System der Themavokale] Aus den obigen Ausführungen (§75.222-4) geht hervor, daß die Verben II-ʾ im Ug. regelmäßig folgende strikte Themavokalopposition zwischen G-PK und G-SK zeigen: PK /a/ = /ya1ʾi3/ vs. SK /i/ = /1aʾi3a/ (z.B. /yišʾal/ vs. /šaʾila/). Dieser Befund ist bemerkenswert, da er sowohl vom ar. Befund (keine spezifische Themavokalopposition für Verben II-ʾ) als auch vom he. Befund (PK und SK mit Themavokal /a/, z.B. *yišʾal* vs. *šāʾal*) abweicht. Außerdem ist zu beachten, daß der sonst für stativische bzw. intransitiv-fientische Verben reservierte SK-Themavokal /i/ bei der WzK II-ʾ auch für transitiv-fientische Verben gebraucht wird (z.B. *lik* = /laʾika/ "er schickte").

Nach Segert (1983b, bes. S. 220) handelt es sich bei dem beschriebenen ug. Befund um eine sprachhistorisch sekundäre Erscheinung. S.E. ist der SK-Themavokal /i/ (der Verben II-ʾ) als sekundärer Oppositionsvokal zum PK-Themavokal, der wegen des zweiten Radikals /ʾ/ durchgehend /a/ lautet, zu erklären. Auf diese Weise sollte die vom System her geforderte Themavokalpolarität restituiert werden. Laut Segert (1983b, 220) gibt es sporadisch auch G-SK-Formen von Verben II-ʾ mit Themavokal /a/, namentlich *lak* (2.70:13; 2.42:27) und *lakt* (1.2:II:10). Er deutet diese als Relikte eines älteren Entwicklungsstadiums, "in which the polarity did not yet establish the characteristic vowel /-i-/ in the perfect".

Während Segert darin zuzustimmen ist, daß der SK-Themavokal /i/ der Verben II-ʾ ein sekundärer Oppositionsvokal zum PK-Themavokal /a/ ist, überzeugen die letztgenannten Ausführungen nicht. Die Formen *lak* und *lakt* sind sehr wahrsch. keine G-SK-Formen (§75.227 und §75.228c, Anm.). Es gibt somit keine konkreten Hinweise auf verschiedene Entwickungsstadien im Bereich des Themavokalsystems ug. Verben II-ʾ.

75.226. [G-Ptz.] Die Formen des G-Ptz. aktiv II-ʾ erscheinen orthographisch als *1i3* = /1āʾi3-/ (passive G-Ptzz. sind nicht bezeugt). Belege:

√*nʾṣ* "verachten"	*niṣ* (m.sg.): 1.5:IV:26.
√*šʾb* "Wasser schöpfen"	*šibt* (f.pl.): 1.14:III:9; 1.14:V:1.
√*šʾy* "Böses tun"	*šiy* (m.sg.): 1.18:IV:23.35.

Als G-Ptz. II-ʾ zugleich III-*w* mit Kontraktion des (schwachen) dritten Radikals kommt eventuell in Betracht:

√*dʾw* "fliegen"	? *dit* = /dāʾīt-/ < **dāʾiyt-* (f.sg.): 1.108:8.

75.227. [G-Inf.]

a. Inff. der MphT *{qatāl}* erscheinen orthographisch erwartungsgemäß als *1a3* = /1aʾā3-/. Belege:

√*lʾk* "schicken"	*lak*: (?) 1.176:25; (?) 2.42:27 (alt.: G-Imp.).
	lak-m: 2.30:19 (paronomastischer Gebrauch).
√*šʾl* "fragen"	*šal*: 1.14:I:38 (§73.513.2).

An G-Inff. des MphT *{qatāl}* II-ʾ zugleich III-*w* mit Kontraktion des dritten Radikals sind bezeugt:

√$lʾw_1$ "mächtig sein"	*la* /laʾâ/ < **laʾāwV*: 1.3:V:18; 1.4:VIII:22; 1.6:II:25.

b. Als G-Verbalsubstt. des MphT *{qitl}* kommen in Betracht:
√*šʾl* "fragen" *ši\[l]* /*šiʾl-*/: 1.1:V:26-27 (§73.523a).
√*šʾb* "(Wasser) schöpfen" *šib* /*šiʾb-*/: 1.16:I:51 (§73.523a).

75.228. [Gp, Gt, D, Š] Von abgeleiteten Stämmen sind folgende Formen bezeugt.

a. Gp-Stamm:
√*lʾk* "schicken" PK (3.m.du./pl.) *tlakn* /*tulʾakāni*/ bzw. /*tulʾakūna*/: 1.4:V:42 (alt.: Dp-PK)
Ptz. (m.sg.) *luk* /*laʾūk-*/: 2.17:4 (§73.422.1).

b. Gt-Stamm (vgl. §74.232.21 und §74.234.2):
√*šʾl* "sich erkundigen" PK (3.m.sg.) *yštal* /*yištaʾal*/: 2.42:23; 2.70:12; 2.71:10.
PK *tštil* /*tištaʾl-*/: 2.17:15 (§74.232.21).
√*šʾr* "zurück-, übrigbleiben" SK (3.m.sg.) *ištir* /*ʾišta/iʾra*/: (?) 1.18:IV:15; 2.32:10; (?) 2.72:42 (*[i]štir*); 4.290:3.

c. D-Stamm:
√*lʾk* "schicken" PK (2.m.sg.) *tlik* /*tulaʾʾik-*/: 2.26:4 (§74.412.22).
PK (2.f.sg.) *tlik-n* /*tulaʾʾikīna*/: 2.72:10 (§74.412.22).
√*mʾd* "zahlreich machen" PK (3.m.sg. ?) *ymid* /*yumaʾʾid-*/: 6.43:1.
PK (1.c.sg.) *amid* /*ʾamaʾʾid-*/: 1.14:II:5 (§74.412.22).

Anm. Laut KTU[2] ist in 1.2:II:10 *lakt* zu lesen. Es könnte sich demnach um eine D-SK der Wz. √*lʾk* handeln. Die Lesung ist jedoch problematisch. Sicher zu identifizieren ist nur {l}. Es folgen vielleicht {a} und {k} (siehe Smith 1994, 316.317). Die Zeichenspuren nach dem mutmaßlichen {k} deuten nicht auf {t} hin.

d. D- oder N-Stamm:
√*ṯʾr*, Bed. unsicher PK *yṯir*, D-PK /*yuṯaʾʾir-*/ oder N-PK /*yiṯṯaʾir-*/: 1.2:III:16 (*[yṯ]ir*); 1.2:III:21 (§74.333, Anm.).

e. Dp-Stamm:
√*lʾk* "schicken" SK (3.m.sg.) *lak* /*luʾʾaka*/: 2.70:13 (alt.: Gp-SK oder G-Inf. [§74.223.1]).

f. Š-Stamm:
√*šʾl* "gewähren, verleihen" PK (3.m.sg.) *yššil* /*yušašʾil*/: 2.18:5 (§74.622.3).

75.23. Verben *tertiae* ʾ

75.231. Die Verben III-ʾ sind für das Verständnis des ug. Verbalsystems von zentraler Bedeutung, da die alph. Aleph-Orthographie hier die Auslautvokale diverser Verbalformen offenbart. Hervorzuheben ist, daß Formen III-ʾ einen Einblick in die vokalischen Personalendungen der SK geben und eine Differenzierung der verschiedenen morphologischen Kategorien der PK erlauben.

Lit.: Marcus (1968); Verreet (1983a, 239-249); Lipiński (1988); Tropper (1990c); GUL 17-19.

75.232. [G-PK] PK-Formen der WzK III-ˀ erlauben im Prinzip eine klare Differenzierung der Kategorien der PK (PK^L vs. PK^K vs. PK^Ke) und damit eine eindeutige Unterscheidung der Verbalaspekte ("Tempora") und Verbalmodi. Formen der PK^L erscheinen orthographisch als *y12u* = /*yV12V*ˀ*u*/ (3.m.sg); für Formen der endungslosen PK^K ist demgegenüber die Orthographie *y12i* = /*yV12V*ˀ/ (3.m.sg.) zu erwarten.

Es ist allerdings damit zu rechnen, daß der tatsächliche Befund weniger eindeutig ist, da wortauslautendes Aleph im Ug. nicht (immer) verläßlich artikuliert wird (§21.322). Somit ist denkbar, daß auslautendes *-*i*ˀ, *-*a*ˀ, *-*u*ˀ – wofür gewöhnlich das Graphem {i} geschrieben wird – zu /-*î*/, /-*â*/, /-*û*/ kontrahiert und dann mit den Graphemen {i}, {a}, {u} geschrieben wird. Demzufolge könnte etwa eine Schreibung *yṣi* (√*yṣ*ˀ, Themavokal /*i*/) für /*yaṣi*ˀ/ oder /*yaṣî*/, eine Schreibung *ymẓa* (√*mẓ*ˀ, Themavokal /*a*/) für /*yimẓa*ˀ*a*/ (PK^Ke) oder /*yimẓa*ˀ/ (PK^K) und eine Schreibung *ybu* (√*bw*ˀ, Themavokal /*u*/) für /*yabû*ˀ*u*/ (PK^L) oder /*yabû*/ (PK^K od. PK^L) stehen.

Eventuell ist – mit Tropper (1990b) und (1990c) – daneben auch mit einer Lautentwicklung *-*a*ˀ > /-*ô*/ zu rechnen, geschrieben mit dem {u}-Graphem (§21.322.1:7). Dann wäre selbst eine Orthographie des Typs *yšu* (√*nš*ˀ, Themavokal /*a*/) mehrdeutig. Sie könnte für /*yiššaˀu*/ < **yinśaˀu* (PK^L) oder /*yiššô*/ < **yinśa*ˀ (PK^K) stehen. Im folgenden und im Rahmen der Behandlung des Aspekt-, Tempus- und Modalsystems (§76; §77) wird von dieser Möglichkeit jedoch weitestgehend abgesehen, da sich die implizierte Lautentwicklung *-*a*ˀ > /-*ô*/ im Ug. sonst nicht sicher nachweisen läßt (vgl. aber §33.231 und §75.212.12).

√*bw*ˀ "kommen, gehen"

ybu /*yabû*ˀ*u*/ (PK^L 3.m.sg.): 1.2:III:5 (// PK^L *ygly*).

tbu /*tabû*ˀ*u*/ (PK^L 3.f.sg.): 1.3:V:7.9*; 1.4:IV:23; 1.6:I:35 (// PK^L *tgly* ausgenommen 1.3:V:7 [*tgl*]).

tbu /*tabû*ˀ*u*/ (PK^L 3.f.sg.): 1.16:VI:3.4.5 (// PK^L *tgly* [Z. 4]).

tbi /*tabû*ˀ/ (PK^Kv 2.m.sg.): 1.169:18.

uba /ˀ*ubû*ˀ*a*/ (PK Koh 1.c.sg.): 1.100:72.

tbun /*tabû*ˀ*ūna*/ od. /*tabû*ˀ*ū-nna*/ (PK^L od. PK^Ki + En. 3.m.pl.): 1.15:IV:21; 1.15:VI:6 (evtl. PK^L für imperfektive Darstellung eines vergangenen Sachverhalts [§76.34]: "sie traten nach und nach heran").

tba /*tabû*ˀ*â*/ (PK^Ki 3.c.du.): 1.5:VI:1.

√*ḫṭ*ˀ "sich verfehlen, sündigen"

tḫṭin /*tiḫṭa*ˀ*na*/ (PK^Ki 2.c.pl.): 1.40:19*.22.23.

tḫṭa /*tiḫṭâ*/ < **tiḫṭa*ˀ od. /*tiḫṭa*ˀ*a*/ (PK^K od. PK^Ke 2.m.sg.): 1.169:5 (§73.264).

√*ḫr*ˀ "den Darm entleeren"

yḫru /*yiḫra*ˀ*u*/ (PK^L 3.m.sg.): (?) 1.71:9 (*[yḫr]u* [n.L.]); (?) 1.72:12 (*y[ḫru]* [n.L.]); 1.85:9.

√*yṣ*ˀ "heraus-, hinausgehen"

yṣi /*yaṣi*ˀ/ (PK^Ki/j 3.m.sg.): 1.14:II:32.34.47; 1.17:II:44; (?) 1.92:6; 1.166:21; (?) 2.54:2 (Lesung *yṣi x*; alt.: *yṣin* [mit KTU^2]).

yṣu /*yaṣi*ˀ*u*/ (PK^L 3.m.sg.): (?) 1.16:I:53 (Lesung unsicher; alt.: *yšu*); 1.103+:45.51; möglw. auch 1.14:IV:26 (Emendation *yṣ*!*u*! statt *ybl*).

tṣi /*taṣiʾ*/ (PK^{K}v 3.f.sg.): 1.18:IV:24.
tṣu /*taṣiʾu*/ (PK^{L} 3.f.sg.): 1.106:28.
tṣi /*taṣiʾ*/ (PK^{K}v 2.m.sg.): 2.8:2 (lies: *[ʾ]l tṣi*).
tṣu /*taṣiʾu*/ (PK^{L} 2.m.sg.): 1.169:2 ("du mußt hinausgehen").
tṣun /*taṣiʾūna*/ (PK^{L} 3.m.pl.): 1.83:3.
tṣu /*taṣiʾū*/ (PK^{K}v 2.m.pl. ?): 1.164:19 (*al tṣu*).

√*mẓʾ* (= √*mṣʾ*) "antreffen, finden"
ymẓa /*yimẓâ*/ < **yimẓaʾ* od. /*yimẓaʾa*/ (PK^{K}i/e 3.m.sg.): 1.12:II:37 (§73.263).

√*mlʾ* "voll sein; sich füllen"
ymlu /*yimlaʾu*/ (PK^{L} 3.f.sg.): 1.3:II:25 (vgl. §76.342 [iterativ]).
Anm. In 1.16:V:28 ist nicht *ymlu*, sondern *ymll* bzw. *ymld* zu lesen (§74.511c).

√*nšʾ* "hochheben, erheben"
yšu /*yiššaʾu*/ < **yinśaʾu* (PK^{L} 3.m.sg.): 1.4:IV:30; 1.4:VII:22; 1.5:IV:5; 1.5:VI:22; 1.6:III:17; 1.6:V:10; 1.6:VI:13$^{!}$; 1.10:II:19; 1.16:VI:15.40; 1.17:II:11; 1.19:III:11.16.25.30.42.51; 1.19:IV:2; 1.19:IV:19 (*[y]šu*) (jeweils PK^{L} in Redeeinleitung [§76.348a]).
yšu /*yiššaʾu*/ (PK^{L} 3.m.sg.) oder theoretisch /*yiššô*/ < **yinśaʾ* (PK^{K}i): 1.10:II:13.14 (narrativer Kontext); 1.14:II:46; 1.14:IV:24; 1.23:37 (narrativer Kontext); 1.41:55 (*y[šu]*); 1.167:8.
tšu /*tiššaʾu*/ < **tinśaʾu* (PK^{L} 3.f.sg.): 1.2:III:15; 1.3:III:35; 1.4:II:21; 1.4:V:25; 1.6:I:39; 1.6:II:11; 1.6:IV:9; 1.15:III:27 (jeweils PK^{L} in Redeeinleitung)
tšu /*tiššaʾu*/? (PK^{L} 3.f.sg.) oder theoretisch /*tiššô*/ < **tinśaʾ* (PK^{K}i 3.f.sg.): 1.6:I:14; 1.10:II:10.11.26.27; 1.19:II:10; 1.92:10.
tšu /*tiššaʾū*/ (PK^{K}i 3.m.pl.): 1.2:I:29.
tšun /*tiššaʾūna*/ od. /*taššiʾū-nna*/ (PK^{L} 2.m.pl. od. PK^{K}v + En.): 1.119:27.
tša /*tiššaʾâ*/ (PK^{K}i 3.m.du.): 1.5:II:16; 1.19:II:40 (PK^{K}i in Redeeinleitung)
tšan /*tiššaʾâni*/ (PK^{L} 3.m.du.) od. /*tiššaʾâ-nna*/ (PK^{K}i 3.c.du. + En.): 1.14:VI:2 (*tša[n]*); 1.14:VI:38 (PK^{L} in Redeeinleitung).

√*spʾ* "zu essen geben, speisen"
yspi /*yispaʾ*/ (PK^{K}v 3.m.sg. ?): 1.20:II:10 (Deutung unsicher; alt.: N-PK).

√*qrʾ* "rufen"
yqra /*yiqrâ*/ < **yiqraʾ* od. /*yiqraʾa*/ (PK^{K}v/e 3.m.sg.): 1.4:VII:47 (§73.263)
yqru-n /*yiqraʾu-nī*/ (PK^{L} 3.m.sg. + OS 1.c.sg.): 1.5:II:22.
tqru /*tiqraʾu*/ (PK^{L} 3.f.sg.): 1.100:8.14.19.25.30.35.40.45.51.57; 1.107:9.15.
iqra /*ʾiqraʾa*/ (PK^{K}e 1.c.sg.): 1.23:1; 1.21:II:2-3 (*iqra[-km]*); 1.21:II:10 (*iqra-km*); 1.22:II:4 (*iqr[a-km]*).
iqran /*ʾiqraʾanna*/ (PK^{K}e 1.c.sg. + En.): 1.23:23.

√*rpʾ* "heilen": *trpa* /*tirpaʾâ*/ (PK^{K}i 3.f.du.): 1.114:28.

75.233. [G-Imp.]

√*yẓʾ* (= √*yṣʾ*) "herausgehen": *ẓi* /*ẓiʾī*/ (f.sg.): 1.12:I:14.19.

√*nšʾ* "erheben" (Wz. I-*n*)
šu /*šaʾū*/ (m.pl.): 1.2:I:27; 1.23:54.65.
ša /*šaʾa*/ (erweiterter Imp. m.sg. [§73.142]): 1.5:V:13; 1.14:II:22; 6.48:3; evtl. auch 1.19:I:6 und 7.136:4 (*[ ]ša*).
ša /*šaʾâ*/ (c.du.): 1.4:VIII:5.

75.234. [G-SK] (vgl. §73.33)

√*bw*ʾ "kommen"	*bat* /*bâʾat*/ (3.f.sg.): 1.19:IV:51.52.
√*ḫṭ*ʾ "sich verfehlen"	*ḫṭat* (3.f.sg.): 2.72:33 (*ḫṭ[at]*)
√*yṣ*ʾ "herausgehen"	*yṣa* (3.m.sg.): 1.2:IV:6; 1.2:IV:30; 1.19:II:26.28.29(2x); 1.19:III:7.21.35; 4.43:1; 4.166:1; 4.193:3 (alt. Lesung: *yṣu*); 4.193:8; 4.341:21.
	yṣan (3.m.sg. + En. ?): 1.165:3.
	yṣat (3.f.sg.): 1.16:I:51; 1.18:IV:36.
	yṣu (3.f.pl.): 4.192:2 (§73.332.23); evtl. 4.193:3 (alt. Lesung: *yṣa*).
√*yr*ʾ "sich fürchten"	*yrit-n* (2.m./f.sg. + En.): 2.31:45 (§73.332.4).
√*kl*ʾ "verschließen"(?)	*klat* (3.f.sg.): 1.3:II:3; 1.7:36 (*kla[t]*).
√*mẓ*ʾ "finden; treffen"	*mẓa* (3.m.sg.): 1.12:II:50.51 (*mẓa-h*).
√*ml*ʾ "voll sein"	*mla* (3.m.sg.): 1.4:I:38; 1.23:76; 1.45:10.
	mlat (3.f.sg.): 1.10:II:9.12.
	mli[t(x)] (?): 2.1:6 (Kontext abgebrochen).
	mlu (3.pl.) (?): 1.87:20 (alt.: nominale Form).
√*nš*ʾ "hochheben"	*nša* (3.m.sg.): 1.14:IV:4.
	nšat (3.f.sg.): 1.92:27.
	nšu (3.m.pl.): 1.16:III:12; 4.11:7.
√*ġm*ʾ "durstig sein"	*ġmit* (2.f.sg.): 1.4:IV:34.
√*qr*ʾ "rufen"	*qra* (3.m.sg): 1.5:I:23 (*qra-n*).
√*šn*ʾ "hassen"	*šna* (3.m.sg.): 1.4:III:17.

75.235. [G-Ptz.]

a. aktiv (MphT *{qātil}*):

√*sp*ʾ "zu essen geben"	*spu* /*sāpiʾu*/ (m.sg.): 1.17:I:31; 1.17:II:4.21.
√*qr*ʾ "rufen"	*qrit* /*qārît-*/ (f.sg.): 1.100:2.
√*šn*ʾ "hassen"	*šnu* /*šāniʾū*/ (m.pl.cs.): 1.4:VII:36.

b. passiv (MphT *{qatūl}*):

√*ḫt*ʾ "zermalmen"	*ḫtu* /*ḫatūʾu*/ (m.sg.): 1.6:II:23 (§73.422.3).

75.236. [G-Inf./Verbalsubst.]

√*bw*ʾ "kommen"	*bu* (Inf.abs., Lok.): 1.16:VI:3; 1.169:18.
√*ḫt*ʾ "(zer)schlagen"	*ḫti* (Inf.abs., Kasus unklar): 2.10:7.
√*yṣ*ʾ "herausgehen"	*yṣu* (Inf.abs., Lok.): 1.15:II:10; 1.164:19 (KTU^2 liest *ḫṣu*); (?) 2.31:36.
	yṣi (Inf.cs., Gen.): 3.8:9 (*yṣi-hm*).
	ṣat (Verbalsubst. des Typs *{tilat}* [§73.525], St.cs.): 1.4:VII:30*.32.
√*yr*ʾ "sich fürchten"	*yru* (Inf.abs., Lok./Nom.): 1.6:VI:30 (alt. Lesung: *yra*! [SK]; §73.513.3).
	yraun (Inf.abs., Lok./Nom. + En.): 1.5:II:6 (alt. Lesung: *yra.n!n* [SK]; §73.513.2; §73.514c).

√nšʾ "hochheben" — *nši* (Inf.cs., Gen.): 1.4:II:12; 1.17:V:9; 1.17:VI:10; 1.19:II:27.56; 1.19:III:14.28
nši (Inf.abs. ?, Kasus unklar): 2.31:17 (Kontext abgebrochen).

√spʾ "zu essen geben" — ? *spu* (Inf.abs., Lok.): 1.20:II:10 (Deutung unsicher).
spu (Inf.cs., Lok.): 1.6:VI:11.15 (*spu-y*).

√ġmʾ "durstig sein" — *ġmu*: 1.4:IV:34.

√qṣʾ "verzehren" (alt.: *√qṣy*) — *qṣ* /*qVṣi*/ (Aussprache [qV^{t}sʾi]) für **qiṣʾi* (St.abs. Gen.): 1.114:2 (siehe §33.141.5).

75.237. [abgeleitete Stämme]

a. Gp-Stamm:

√ḫtʾ Gp "zermalmt werden"
tḫta-n /*tuḫtaʾâ-nna*/ (PK^{K}v 2.c.du. + En.): 1.4:VIII:20.

√qbʾ Gp "herbeigerufen werden"
qbitm /*qubiʾtumu*/ (SK 2.c.pl.): 1.161:3*.10 (§74.223.2).

√qrʾ Gp "gerufen werden"
qra /*quriʾa*/ (SK 3.m.sg.): 1.161:4.5.6.7.11.12 (§74.223.2).
qru /*quriʾū*/ (SK 3.m.pl.): 1.161:8.
qritm /*quriʾtumu*/ (SK 2.c.pl.): 1.161:2.9.

b. Gt-Stamm:

√nšʾ Gt "sich erheben"
ytši /*yittašVʾ*/ (PK^{K}v 3.m.sg.): 1.40:26 (*yt[ši]*); 1.40:24.25.33(2x).41.42; 1.122:2.
ytšu /*yittaši/aʾu*/ (PK^{L} 3.m.sg.) 1.17:V:6; 1.19:I:21 (§74.232.21).

c. D-Stamm:

√mlʾ D "anfüllen"
nmlu /*numalliʾu*/ (PK^{L} 1.c.pl.): 1.119:31.32.
mla /*malliʾa*/ (SK 3.m.sg.): 1.10:III:8; 1.12:II:44.
mmlat /*mumalliʾa/āt-*/ (Ptz. f.sg./pl.): 1.14:III:10; 1.14:V:2.

√mrʾ D "fett machen, mästen"
ymru (PK^{L} 3.m.sg.): 1.4:VII:50.

√ẓmʾ (= *√ġmʾ*) D "durstig sein"
mẓma (Ptz. m.sg., Ak.): 1.15:I:2 (zur Disk. siehe §74.415).

d. Š-Stamm:

√yṣʾ Š "herausgehen lassen"
yšṣi /*yušôṣiʾ*/ (PK^{K} 3.m.sg.): 1.15:V:24 (Kontext abgebrochen).
ašṣi /*ʾašôṣiʾ*/ < **ʾašawṣiʾ* (PK^{K} 1.c.sg.): 1.2:IV:2 (Kontext unklar).
ašṣu /*ʾašôṣiʾu*/ (PK^{L} 1.c.sg.): 2.3:17; 2.34:31$^{!}$; 2.34:33.
šṣa /*šôṣiʾa*/ (erweiterter Imp. m.sg.): 2.15:5.
šṣa /*šôṣiʾa*/ (SK 3.m.sg.): 4.145:10.
šṣat (SK 3.f.sg.): 1.19:II:38.
mšṣu /*mušôṣiʾu*/ (Ptz. m.sg., Nom.): 1.17:I:27.45.
šṣu (Inf.abs., Lok.): 2.34:31.

f. N-Stamm:

√*ḫt*ʾ N "zerschlagen werden"

? *nḫtu* /*naḫtaʾū*/ (3.m.pl.): 2.10:8.10 (§74.32.).

√*nš*ʾ N "sich erheben"

tnšan /*tinnašâʾna*/ < **tinnaśaʾna* (PK^L 3.f.pl. [§73.233.42]): 1.103+:47

√*sp*ʾ N "essen" (§74.333)

yspu /*yissapiʾu*/ (PK^L 3.m.sg.): 1.103+:51.

tspi /*tissapiʾ*/ (PK^Ki 3.f.sg.): 1.96:3.

ispi /*ʾissapiʾ*/ < **ʾinsapiʾ* (PK^Kv 1.c.sg.): 1.5:I:5.

ispa /*ʾissapiʾa*/ (PK^Ke 1.c.sg.): 1.6:V:20.

75.3. Verben *primae h*

75.31. Die Verben I-*h* bilden im Ug. in der Regel durchgehend starke Formen. Ausgenommen sind Verben mit /*l*/ als zweitem Radikal, nämlich √*hlk* "gehen" und √*hlm* "schlagen" (zur Thematik siehe Tropper 1990e).

75.32. Verbalwurzeln I-*h*, die durchgehend Bildungen mit bewahrtem ersten Radikal (/*h*/) bilden, sind: √*hbṭ* "niederschlagen"(?); √*hbẓ* (= √*hbṭ* [?]) "niederschlagen"(?); √*hbr* "sich beugen, sich verneigen" (Etym. unsicher); √*hdy* "sich (als Zeichen der Trauer) Schnittwunden zufügen" (siehe Tropper – Vereet 1988, 343f.); √*hwy* (Bed. unsicher); (?) √*hmy* (Lesung und Bed. unsicher; vgl. ar. √*hmw/y* "fließen, sich ergießen; vergießen"); √*hpk* "umwenden, -stürzen"; √*hrg* "töten"; √*hry* "(Kind) empfangen, schwanger werden"; √*hrr* "erregt sein". Von diesen Wzz. sind im einzelnen folgende Formen belegt:

√*hbṭ* *yhbṭ* (G/D-PK^Kv 3.m.sg.): 2.4:19.

thbṭ (G/D-PK^Kv 2.m.sg.): 2.47:16.

hbṭ (G/D-SK 3.m.sg.): 2.61:5; RS88.2159:17.19.24.

√*hbẓ* *thbẓn* (Gp/Dp-PK^L 3.m.pl.): 1.163:10'(3).

√*hbr* *yhbr* (G-PK^Ki/PK^L 3.m.sg.): 1.23:49.55.

thbr (G-PK^Ki od. G-PK^L [iterativ] 3.f.sg.): 1.2:I:47; 1.4:IV:25; 1.6:I:37; 1.17:VI:50 (*[t]hbr*).

hbr (G-Imp. c.du.): 1.1:III:3; 1.3:III:9; 1.3:VI:19; 1.4:VIII:27.

√*hdy* *yhdy* /*yahdiyu*/ od. /*yuhaddiyu*/ (G/D-PLKF [iterativ] 3.m.sg.): 1.5:VI:19.

thdy /*tahdiyu*/od. /*yuhaddiyu*/ (G/D-PLKF [iterativ] 3.f.sg.): 1.6:I:3.

√*hwy* *thwyn* (D/G-PK 3.f.sg. + En. ?): 1.92:36 (Kontext abgebrochen).

√*hmy* *yhm/gṣ/b/y* (PK 3.m.sg.): 1.176:11 (lies evtl. *yhmy*).

√*hpk* *yhpk* /*yahpuku*/ (G-PK^L 3.m.sg.): 1.2:III:17 (*y[hpk]*); 1.6:VI:28; 1.13:35. (alt.: PK^K); 1.86:7.

ahpk /*ʾahpuku/a*/ (G-PK^L od. G-PK^Ke 1.c.sg.): 1.5:III:12 (*ahpk-k*); RS92.2016:36'; RS92.2016:36' (*ahpk-n*).

hpk-m (G-Inf.): RS92.2016:36'.

yhpk /*yihhapiku*/ < **yinhapiku* (N-PK^L 3.m.sg.): 1.103+:52.

√*hrg* *hrg* /*hur(u)gī*/ (G-Imp. f.sg.): 1.13:5.

√*hry* *hry* (G-Inf.abs. ?): 1.11:5.
√*hrr* *yhrr-m* (D-PK^K^i/PK^L^ od. G-PK^K^i 3.m.sg. + EP *-m*): 1.12:I:39.
hrr (D-SK 3.m.sg. od. G-Inf.abs.): 1.12:II:9.

75.33. Die Verbalwurzeln √*hlk* "gehen" und √*hlm* "schlagen" zeichnen sich dadurch aus, daß der erste Radikal /*h*/ in einigen Formen des Paradigmas bewahrt ist, in anderen nicht (§33.142.3b).

75.331. Starke Bildungen:

a. G-SK:
√*hlk* *hlk* /*halaka*/ (G-SK 3.m.sg.): 1.114:17; 2.72:25.
hlkt /*halakat*/ (G-SK 3.f.sg.): 1.45:5; 1.62:4; 1.96:1.
hlk /*halakū*/ (G-SK 3.m.pl.): 1.14:II:39.41; 1.14:IV:17.19; 4.33:2.
√*hlm* *hlm-n* /*halama-*/ (G-SK 3.m.sg. + En. [+ OS 3.m.sg.]): 1.18:IV:33.
hlm /*halamâ*/ (G-SK 3.m.du.): 1.19:II:29.
b. G-Ptz. von √*hlk*:
hlkm /*hālikīma*/ (m.pl. St.abs.): 1.23:27.
c. G-Verbalsubst. von √*hlk* des Typs {*qVtl*}:
hlk /*hVlk-*/ (m.sg. St.cs.): 1.3:IV:39; 1.4:II:13 (§73.523c).
d. G-Imp. von √*hlm* (der G-Imp. von √*hlk* wird schwach gebildet):
hlm /*h^u^lum*/ (m.sg.): 1.2:IV:14.21; 1.18:IV:22 (*hlm-n*).
e. Š-PK von √*hlk*:
ašhlk /*ʾašahlik*/ (1.3:V:2.24; 1.18:I:11).

75.332. Schwache Bildungen (Bildungen ohne /*h*/):

a. G-PK von √*hlk* (*ylk* = /*yalik*/ < **yahlik-*) und √*hlm* (*ylm* = /*yalum*/ < **yahlum*). Die Belege lauten:
√*hlk* *ylk* (PK^K^/PK^L^ 3.m.sg.): 1.1:IV:7 (*ylk-n*); 1.14:IV:44; 1.43:23.24; 1.43:25 (*yl[k]*); 1.163:13'(6); 1.166:25; 1.175:14.
tlk (PK 3.f.sg.): 1.10:III:17; 1.23:16 (*tlk-m*); 1.92:3.
tlk (PK 2.m.sg.): 1.18:I:27; 1.95:5; 2.39:16.
alk (PK 1.c.sg.): 1.19:IV:32; 1.19:IV:33 (*alk-n*); 1.21:II:6; 2.39:22.
tlk (PK^K^v/p 3.m.pl.): 1.6:III:7.13.
tlkn (PK^L^ 3.m.pl.): 1.14:IV:31; 1.20:II:5; 1.22:II:24 (*tlk[n]*); 2.72:15.
in unklaren Kontexten: *tlk* (1.82:24; 2.21:23); *tlkn* (2.31:62 2.36+:37).
√*hlm* *ylm* (PK 3.m.sg.): 1.2:IV:16.24; 1.82:16; 1.114:8 (*ylm-n*).
b. G-Imp. von √*hlk* (§33.412) (der G-Imp. von √*hlm* wird stark gebildet):
lk /*lik*/ (m.sg.): 1.3:IV:32; 1.5:III:13.14.20.27.28; 1.14:III:2; 1.16:VI:27 (2x); 1.18:I:27; 1.82:10.38; 1.169:10.
lk /*likī*/ (f.sg.): 1.13:4 (alt.: *l-k* "für dich"); 1.16:I:43.
lk /*likū*/ (m.pl.): 1.21:II:1.9; 1.22:II:3.8.
c. G-Verbalsubst. von √*hlk*:
lkt /*likt-*/: 1.10:II:28.29 (§73.525).
d. Gt-PK von √*hlk* (*ytlk* = /*yîtalik*/ od. /*yittalik*/ [§74.232.21]):
ytlk (3.m.sg.) 1.12:I:34; *ttlk* (3.f.sg.) 1.5:VI:26; *itlk* (1.c.sg.) 1.6:II:15; *ttlkn* (PK^L^ 3.m.du.) 1.23:67; *ntlk* (1.c.pl.) 1.119:34.

75.4. Verben *primae n* und √*lqḥ*

75.41. Verben I-*n* und √*lqḥ* "nehmen" zeichnen sich dadurch aus, daß sie in einigen Bereichen des Grundstammparadigmas keinen (sichtbaren) ersten Radikal aufweisen (vgl. GUL 140-145). Betroffen sind den bisher bezeugten Formen zufolge G-PK, Gp-PK, Gt-PK, Gt-Ptz., Š-PK, Š-Imp. Š-SK, Š(p)-Ptz (jeweils regressive Totalassimilation des ersten Radikals [§33.115.4-5]) und teilweise auch G-Imp. (Aphärese [§33.412]).

75.42. In der G-PK wird der erste Radikal, sofern vokallos, immer an unmittelbar folgende Konsonanten assimiliert, z.B. *yġr* /*yaġġur-*/ < **yanġur-* "er beschützt(e)" bzw. *yqḥ* /*yiqqaḥ-*/ < **yilqaḥ-* "er nimmt/nahm". In der N-PK und D-PK bleibt der erste Radikal demgegenüber immer bewahrt. Die Belege für schwach gebildete Formen der G-PK lauten:

√*lqḥ* *yqḥ* (3.m.sg.): 1.3:I:16; 1.17:VI:35; 1.19:III:39; 1.23:35.36; 1.41:20 (alt.: Gp-PK); 1.127:31; 2.7:3; 2.19:12; 2.45:5; 2.62:15; 2.71:11; 3.2:13; 6.26:2.
yqḥ-nn (3.m.sg. + En. + OS): 3.5:17.
tqḥ (3.f.sg.): 1.18:IV:27; 1.19:IV:54-55.55.
tqḥ (2.m.sg.): 1.2:IV:10; 1.15:II:21.22.
iqḥ (1.c.sg.): 1.14:IV:41.
tqḥn (3.m.pl. PK^L): 4.395:4.

Anm.: Nach KTU^2 liegt in 4.548:5 eine Form *ylq[ḥ]* vor (PK von √*lqḥ* mit bewahrtem /*l*/). Die Lesung ist jedoch sehr unsicher.

√*n*ʾ*ṣ* *ynaṣ-n* (3.m.sg.): 1.1:IV:23.
√*nbṭ* *tbṭ* (3.f.sg.): 1.4:III:21.
√*ndb* vgl. *ydb* (3.m.sg.): 1.102:17.21.25.28 (jeweils im GN *ydbil* [alt.: √*dbb*]).
√ndd_1 < **nḏḏ* ("stehen, sich hinstellen")
ydd (PK^K 3.m.sg.): 1.4:III:12; 3.9:12.
tdd (PK 3.f.sg.): 1.10:II:17 (PK^K); 1.22:I:10 und 1.91:14 (PK^L).
tdd (PK^K 3.m.pl.): 1.20:II:2 1.21:II:4.12; 1.22:II:6.11*.21.
? *tdd*: 1.151:12 (Kontext unklar) [Eine Ableitung der Form *tdd* von der Wz. √*ydd* < **wdd* "lieben" ist unwahrscheinlich. Es wäre entsprechend ar. *yawaddu* "er liebt" (PK^L) eine Form mit {w} zu erwarten. *tdd* könnte aber eine nominale Form dieser Wz. sein (etwa MphT *{taqtVl}* zu √*wdd*: *ʿnt tdd bʿl* "ʿAnatu, Liebe/Liebling des Baʿlu")].

SV. Zur Etym. von √ndd_1 siehe akk. *i/uzuzzu* (Wurzel √*nzz* < **nḏḏ*) und arab. √*ndd*, III. "jmdm. entgegentreten, s. jmdm. widersetzen" (Derivate: *nidd* und *nadīd* "gleich, ebenbürtig; Gegner, Rivale"); dazu Tropper (1997d, 204-208).

√ndd_2 *td[d]* (PK^K 3.f.sg.): 1.4:VI:10 ("damit GNf nicht flieht").
√*ndr* *ydr* (3.m.sg.): 1.14:IV:37.
√*nḥy* *yḥ* (3.m.sg.): 1.12:I:35.
√*nḫš* ("zurückweichen"; vgl. akk. *naḫāšu* "zurückweichen"; alt.: √*ḫwš*)
tḫšn (3.m.pl.): 1.4:VII:32 (KTU^2: *aḫšn*).
tḫš (2.m.pl.): 1.4:VII:38.39.

√*nṭṭ* *tṭṭ* (PK^{K} 3.f.du): 1.3:III:33; 1.4:II:17; 1.19:II:45.
tṭṭn (3.f.pl.): 1.4:VII:35.
√*nṭm* ? *aṭm* (1.c.sg.): 1.82:7.19.
√*nkt* *nkt* /*nVkkVtu*/ < **nVnkVtu* (PK^{L} 1.c.pl.): 1.40:24*.33.41*; 1.122:1*.
√*nsḫ* *ysḫ*$^{!}$*nh* (3.m.sg.): 1.100:66 (Text: *ysynh*).
√*nsk* *ask* (1.c.sg.): 1.3:IV:24.29.
tsk-h (3.m.pl. + OS): 1.3:II:40; 1.3:IV:43*.

Anm. Die Form *ynsk* (1.82:1) ist demgegenüber als D-PK zu deuten.

√*nsʿ* *ysʿ* (3.m.sg.): 1.2:III:17; 1.6:VI:27; 3.9:17.
isʿ (1.c.sg.): 3.9:10.
ts̀ʿn (PK^{L} 3.m.pl.): 3.8:12.14.
? *tsʿ*: 2.33:8 (alt.: √*ysʿ* od. √*sʿy*).
√*nġṣ* *tġṣ* (3.f.sg.): 1.3:III:34; 1.4:II:19.
tnġṣ(-)n (3.f.sg./pl./du.): 1.2:IV:17.26.

Anm. Zur Frage, ob die zweimal belegte Form *tnġṣn* (1.2:IV:17.26) trotz Bewahrung des /*n*/ als G-PK zu deuten ist, siehe §33.115.44:3.

√*nġr* *yġr-k* (3.m.sg. + OS): 1.6:IV:23
? *tġr* (2.f./m.sg.): 2.33:13 (Lesung sehr unsicher)
tġr (PK^{K}v 3.m.pl.): 2.44:5 (ohne OS [fehlerhafter Text?])
tġr-k (PK^{K}v 3.m.pl. + OS): 1.6:IV:24; 2.1:2 (und weitere 18x im Briefkorpus einschließlich 5.9:I:3).
tġr-km (PK^{K}v 3.m.pl. + OS): 2.6:5; 9.433 = RS92.2005:7.
tġrn (PK^{L} 3.m.pl.): 2.23:22.
√*npl* *ypl* (3.m.sg.): 1.2:IV:5.
tpl (PK^{K} 3.m.pl.): 1.13:13.
tpl (PK^{K} 3.m.du.): 1.2:I:31.
tpl (PK^{K} 2.c.du.): 1.2:I:15.
tpln (Bestimmung unsicher): 1.2:I:9.
√*npr* *tpr* (2.m.sg.): 1.19:III:28.
tpr (PK^{K} 2.m.pl.): 1.19:III:14.
√*nṣb* *yṣb* (3.m.sg.): 1.16:I:52.
√*nṣṣ* *aṣṣ* (1.c.sg.): 1.117:10.
√*nšʾ* *yšu*, *tšu*, *tšun*, *tša*, *tšan* (zu den Belegstellen siehe §75.232).
√*nšq* *yšq* (3.m.sg.): 1.23:49.55.

Anm. Vgl. demgegenüber D-PK mit bewahrtem /*n*/: *y/t/anšq* 1.2:IV:4&.

√*ntk* *ytk* (3.m.sg.): 1.107:17.
ytk (PK^{K} 3.m.du.): 1.19:II:33.

Anm. Vgl. demgegenüber N-PK mit bewahrtem /*n*/: *tntkn* 1.14:I:28.

√*nṯk* *yṯk* (3.m.sg.): 1.107:4.

Anm. Vgl. demgegenüber N-PK mit bewahrtem /*n*/: *ynṯkn* 1.6:VI:19.

Bei Verben I-*n* zugleich II-*w*/*y* bleibt in der G-PK der erste Radikal erhalten (er ist hier nicht vokallos). Die Belege lauten:
√*nwḥ* *tnḥn* /*tanûḥâni*/ (PK^{L} 3.f.du.): 1.15:I:7.
√*nwḫ* *tnḫ* /*tanûḫ*/ (PK^{K} 3.f.sg.): 1.6:III:19; 1.17:II:13.
anḫn /*ʾanûḫanna*/ (1.c.sg. + En.): 1.6:III:18; 1.17:II:13.

√nws yns /yanus/ < **yanūs* (PK^{K} 3.m.sg.): 1.4:III:5.

75.43. Formen der Gp-PK werden analog zu Formen der G-PK behandelt. In allen Belegen ist der erste Radikal /*n*/ assimiliert:
√ndr tdr /tuddarū/ < **tundarū* (PK^{K} 3.m.pl.): 1.15:III:23.
√nkt tkt /tukkatu/ < **tunkatu* (PK^{L} 3.f.sg.): 1.86:4.
√nsk ysk /yussaku/ (PK^{L} 3.m.sg.): 1.17:VI:36.
√npy tp /tuppû/ < **tunpay/wu* (PK^{L} 3.f.sg.): 1.103+:19 (§74.222.2, *√npy/w*).
√ntk ytk /yuttaku/ (PK^{L} 3.m.sg.): 1.41:12.

75.44. In Formen des Gt-Stamms wird der erste Radikal /*n*/ immer an das folgende /*t*/ des Stamminfixes assimiliert (belegt sind PK und Ptz.):

√nwˁ ytˁn /yittâˁâni/ < **yintawVˁâni* (PK^{L} 3.m.du.): 1.6:VI:16.
√nsy ? *its* (PK 1.c.sg. [?]): 1.2:IV:4.
√nġr ttġr /tittaġVr/ (PK^{K}v 2.m.sg.): 1.92:33.
√npl ttpl /tittapVl/ < **tintapVl* (PK^{K}i 3.f.sg.): 1.14:I:21.
√npp ttpp /tittapVp/ < **tintapVp* (PK^{K}i 3.f.sg.): 1.3:III:1; 1.3:IV:45.
√nšʾ ytši /yittašVʾ/ (PK^{K}v 3.m.sg.): 1.40:26*; 1.40:24.25.33(2x).41.42; 1.122:2.
ytšu /yittaši/aʾu/ (PK^{L} 3.m.sg.) 1.17:V:6; 1.19:I:21 (§74.232.21).

√ndb mtdbm /muttadibīma/? < **muntadibīma*(?) (Ptz. m.pl., Obl.): 4.775:1.

75.45. In allen Formen des Š-Stamms wird der erste Radikal /*n*/ – außer in Wurzeln zugleich II-*w*/*y* (vgl. Šp-PK *tšnpn /tuš(a)nâpūna/* [1.50:6]) – an den zweiten Radikal assimiliert (belegt sind PK, Imp., SK und Ptz.):

√npl ? *tšpl /tušappil/* < **tušanpil* (PK^{K}i/j 3.f.sg.): 1.92:14.
√nšy tššy /tušaššiyâ/ < **tušanšiyâ* (PK^{K}v 3.f.du.): 1.82:5.
√ntk yštk /yušattik/ < **yušantik* (PK^{K}v 3.m.sg.): 1.6:IV:2.13.
√ntr tštr /tušattiru/ (PK^{L} 3.f.sg.): 1.22:I:11.

√nsk ššk /šassikī/ < **šansikī* (Imp. f.sg.): 1.13:6.

√nsˁ ššˁ-n /šassiˁa-/ < **šansiˁa-* (SK 3.m.sg. + OS 1.c.sg. od. En.): 2.81:24.

√ndp mšdpt /mušaddipat-/ < **mušandipat-* (Ptz. f.sg. abs., Gen.): 1.14:III:14.
√nṣṣ mšṣṣ /mušaṣṣiṣa/ < **mušanṣiṣa* (Ptz. m.sg. cs., Ak.): 1.3:IV:1.

75.46. Der G-Imp. wird bei *√lqḥ* und bei bestimmten Verben I-*n* – es handelt sich den bisherigen Belegen zufolge um Verben mit einem Sibilanten als zweitem Radikal (*√nsk*, *√nšʾ*) – ohne ersten Radikal gebildet. Ursache dafür ist offenbar die Aphärese der unbetonen Anlautsilbe, z.B. *qḥ* = /*qaḥ*/ "nimm!" (< **l̥qaḥ* [silbisches /*l̥*/ ?]) < **l(ə)qaḥ* bzw. *šu* = /*šaʾū*/ "hebt hoch (m.pl.)!" (< **n̥śaʾū* [silbisches /*n̥*/ ?]) < **n(ə)śaʾū* (§33.412). Die bezeugten Formen ohne ersten Radikal lauten:
√lqḥ qḥ /qaḥ/ (m.sg.): 1.4:II:32; 1.5:V:6; 1.14:I:45; 1.14:II:13.17; 1.14:III:22.26; 1.14:VI:4.9; 1.124:5.7.8.
qḥ /qaḥī/ (f.sg.): 1.12:I:17; 1.16:I:41; 1.19:IV:53 (*qḥ-n* [+ En.]).
qḥ /qaḥū/ (m.pl.): 1.19:IV:53 (n.L.).
qḥny (Bestimmung unsicher): 1.82:8(2x).

√*nsk* *sk* /*sukī*/ (f.sg.): 1.3:III:16; 1.3:IV:9.
√*nšʾ* *ša* /*šaʾă*/ < **śaʾă* (erweiterter Imp. m.sg.): 1.4:VIII:5; 1.5:V:13; 1.14:II:22; 6.48:3; (?) 7.136:4 ([ ]*ša*).
šu /*šaʾū*/ (m.pl.): 1.2:I:27; 1.23:54.65.
ša /*šaʾâ*/ (c.du.): 1.4:VIII:5.

Bei anderen Verben I-*n* – es handelt sich den bisherigen Belegen zufolge um Verben mit einem Velar/Uvular als zweitem Radikal (√*nġr* "beschützen", √*nqh* "aufmerksam/wachsam sein") bzw. mit schwachem dritten Radikal (√*ngw* "sich entfernen, abziehen") – wird der G-Imp. dagegen mit erstem Radikal gebildet:
√*ngw* *ng* /*nəgû*/ < **nəguw* (m.sg.): 1.14:III:27; 1.14:VI:15.
√*nġr* *nġr* /*nəġur*/ (m.sg.): 2.47:2 (alt.: G-Ptz.).
nġr /*nəġurâ*/ (c.du.): 1.4:VIII:14 (*w nġr* "aber seid vorsichtig / gebt acht!"; alt. N-Imp. [§74.341]).
SV. Vgl. he. *n^{e}ṣor* und phön. *nṣr* (PPG^3 § 151), "beschütze!" (√*nṣr*).
√*nqh* *nqh* /*nVq(ə)hī*/ < **nəqVhī* (f.sg.): 1.169:5.

Anm. Gordon (UT*, S. 540) vertrat die Auffassung, daß die Bewahrung von /*n*/ im G-Imp. von Wzz. I-*n* vom Themavokal abhängig sei: Beim MphT {*qtul*} bleibe /*n*/ erhalten; {*qtil*} und {*qtal*} bildeten dagegen Formen ohne /*n*/ (vgl. den he. Befund [Meyer § 76.3b]). Sollte √*nsk* – wie hier angenommen wird – /*u*/ als Themavokal besitzen, wäre diese Darstellung als nicht korrekt erwiesen (G-Imp. *sk*). — Laut Sivan (GUL 142) gibt es im Ug. keine G-Impp. I-*n* mit bewahrtem ersten Radikal (ebd. S. 165 wird *ng* [1.14:III:27] jedoch korrekt als Imp. gedeutet).

75.47. Alle übrigen Formen des Paradigmas von √*lqḥ* und der Verben I-*n* werden stark gebildet. Dazu zählen G-SK, G-Ptz., G-Verbalsubst., Formen des D- und N-Stamms (einschließlich PK) sowie Š-SK. Die Bewahrung von /*n*/ in der D-PK und N-PK gegenüber der regelmäßigen Assimilation von /*n*/ in der G-PK stellt bei Verben I-*n* eine wichtige Hilfe bei der Bestimmung des zugrundeliegenden Verbalstamms dar (z.B. G-PK *yšq* = /*yiššaq*/ [1.23:49.55] gegenüber D-PK *ynšq* /*yunaššiq*/ [1.19:II:15.22]; √*nšq* "küssen"]).

Hervorzuheben ist die N-SK-Form (3.f.sg.) *nlqḥt* = /*nalqaḥat*/ "sie wurde genommen" (4.659:1). Sie weist keine Assimilation des /*l*/ auf (§33.115.51b).

75.5. Verben mit /*w*/ oder /*y*/ als Radikalen

Verben mit /*w*/ oder /*y*/ als erstem, zweitem oder drittem Radikal weisen zahlreiche, formal vom Paradigma des starken Verbs abweichende Bildungen auf, da die Halbvokale /*w*/ oder /*y*/ je nach Silbenposition entweder konsonantisch oder vokalisch erscheinen können. Konsonantisch erscheinen /*w*/ und /*y*/ in der Regel in wortanlautender Position (zu Ausnahmen siehe §33.412) und teilweise in intervokalischer Position, d.h. in nicht-kontrahierten Triphthongen (§33.322). Vokalisch erscheinen sie demgegenüber

a) immer an ursprünglich silbenschließender Position, vor folgendem Konsonanten oder im Wortauslaut (§33.311),

b) meist an ursprünglich silbenanlautender, nicht-wortanlautender Position (vgl. den etwas anders gelagerten Befund im Nominalbereich [§33.312.2-3]),
c) teilweise in ursprünglich intervokalischer Position, d.h. in ursprünglichen Triphthongen, die kontrahiert wurden (§33.323).

In den folgenden Ausführungen (§75.51-53) wird – soweit dies überhaupt möglich ist – versucht, strikt zwischen Wurzeln mit /w/ und /y/ als schwachen Radikalen (auch an erster oder dritter Position) zu differenzieren. Wurzeln, die als I-*w* bzw. III-*w* analysiert werden, werden auch formal so angesetzt, z.B. √*wsr* "belehren" bzw. √*zġw* "brüllen, bellen" (in anderen Teilen der Grammatik wird in der Regel nicht differenziert; entsprechende Wurzeln werden als √*ysr* bzw. √*zġy* geführt [vgl. §19.7]).

Lit. Zum ug. Befund vgl. Sivan (GUL 145-171); zu sprachvergleichenden Daten siehe besonders Voigt (1988, 129-205).

75.51. Verben I-*w*/*y* (Verben *primae infirmae*)

75.511. Einführung

a. Das Paradigma der Verben I-*w*/*y*, zu denen im Ug. auch √*y/wtn* "geben" zählt, ist gekennzeichnet durch ein Nebeneinander von Formen mit und ohne (konsonantischem/n) erstem/n Radikal. Steht der Halbvokal im Wortanlaut, bleibt er in der Regel bewahrt, sofern nicht eine Aphärese der ganzen Anlautsilbe eintritt, wie etwa im G-Imp. (§33.412).

b. Da wortanlautendes **w* im Ug. – außer vor /*u*/-Vokal (D-Inf.) – allgemein zu /*y*/ geworden ist (§33.133), lassen sich Wurzeln I-*w* und I-*y* orthographisch meist nicht voneinander unterscheiden. In nicht-wortanlautender Position bleibt der Halbvokal /*w*/ nur nach /*u*/-Vokal erhalten (D-PK) (§33.133.2). In den übrigen Fällen bewirkt er entweder eine Längung des vorausgehenden Vokals, bedingt durch Kontraktion, oder er schwindet ersatzlos. In welchen Formen des Paradigmas ersteres und in welchen (anderen) Formen letzteres eintritt, läßt sich nicht immer sicher eruieren.

c. Aufgrund des sprachvergleichenden Befundes ist davon auszugehen, daß in allen Formen abgeleiteter Verbalstämme ein Reflex des ersten Radikals vorhanden ist, sei es, daß er als Konsonant erscheint wie in Formen des D-Stamms (z.B. *ywsr-* = /*yuwassir(u)-*/ "er belehrte ihn" 1.16:VI:26 [√*wsr*]), sei es, daß er eine Kontraktionslängung des vorausgehenden Vokals bewirkt wie etwa in den Formen des Š-Stamms (z.B. *ašld* /*ʾašôlid*/ < **ʾVšawlid* "ich zeugte" 1.23:65 [√*wld*]) oder sei es, daß er an einen folgenden Konsonanten assimiliert wird und auf diese Weise eine Gemination dieses Konsonanten bewirkt, wie dies im Gt-Stamm der Fall sein könnte (*itrṯ* /*ʾittarVṯ-*/ < **ʾiwtarVṯ-* "ich nahm in Besitz" 1.3:III:47 [√*wrṯ*]; alternativ: /*ʾîtarVṯ-*/ < **ʾiwtarVṯ-*).

d. Beim Paradigma der G-PK gibt es nach wie vor ungelöste Fragen. Aus sprachvergleichenden Gründen darf postuliert werden, daß Formen der G-PK I-*y* immer einen Reflex des ersten Radikals aufweisen, der sich in der Regel in einer

Kontraktionslängung des Präfixvokals manifestiert. Der gewöhnliche MphT (3.m.sg.) lautet somit wahrsch. je nach Themavokal (= TV) entweder *{yî2a3}* < **yiy2a3* (TV /*a*/) oder (gewiß seltener) *{yê2i3}* < **yay2i3* (TV /*i*/).

SV. Vgl. he. *yînaq* < **yiynaq* "er saugt" (√*ynq*), ar. *yaysiru* "er/s ist leicht" (√*ysr*), akk. *īniq* "er saugte" (√*ynq*) und amurr. *ia-(a)-pa-aḫ* = /*yâpaḥ*/ od. /*yaypaḥ*/ "er hat sich erhoben" (√*ypᶜ* PK^K 3.m.sg.) bzw. *te-pa-ḫi-im* = /*têpaḥ-*/ < **taypaḥ-* "sie hat sich erhoben" (√*ypᶜ* PK^K 3.f.sg. mit nominaler Endung) (vgl. Streck 1997 § 4.8).

Daneben könnte auch mit einem MphT *{yV22V3}* < **yVy2V3* zu rechnen sein, in dem der erste Radikal /*y*/ an den zweiten assimiliert wird, so daß die Oberflächenform mit der G-PK der WzK I-*n* identisch ist. Entsprechende Bildungen sind im He. bei sechs Verben I-*y* zugleich II-*ṣ* bezeugt (siehe GBH § 77). Ein positiver Beweis für diese Bildung im Ug. fehlt jedoch.

SV. In aram. Sprachen lässt sich diese Bildung bei einigen Verben I-*w* nachweisen (siehe etwa BLA § 45j). Im Phön. ist zu √*ytn* "geben" auch eine G-PK *tntn* (KAI 50:3f.) belegt (vgl. PPG^3 § 159). Ferner zeugen auch die irregulären Wurzelentsprechungen zwischen ug. √*w/ydy* und zsem. √*ndy*, "vertreiben, verbannen" (§75.512, √*w/ydy*), einerseits und ug./phön. √*y/wtn* und he./aram. √*ntn* sowie bab.-akk. √*ndn*, "geben", andererseits indirekt von paradigmatischen Überschneidungen der Wurzelklassen I-*n* und I-*y*/*w* im Ug. oder in anderen zsem. Sprachen.

e. Das Paradigma der G-PK I-*w* ist mit besonderen Problemen behaftet, da der sprachvergleichende Befund hier uneinheitlich ist (vgl. Voigt 1988, 164-183).

Das Ar. bildet bei fientischen Verben mit TV /*i*/ sowie sekundärem TV /*a*/ (bei Wzz. *tertiae gutturalis*) Formen ohne Reflex des ersten Radikals, z.B. *yaṣilu* "er vereinigt" (√*wṣl*, SK *waṣala*) bzw. *yadaᶜu* "er legt nieder" (√*wdᶜ*, SK *wadaᶜa*), bei stativischen Verben mit primärem TV /*a*/ aber Formen mit Reflex des ersten Radikals, z.B. *yawsaḫu* "er ist schmutzig" (√*wsḫ*, SK *wasuḫa*). — Auch im Äth. bildet die Mehrzahl der Verben I-*w* im sogenannten Subjunktiv (= PK^K) Formen ohne Reflex des ersten Radikals, z.B. *yərad* "er soll herabsteigen" (√*wrd*). Es gibt daneben jedoch bei mehreren Verben auch Formen mit Reflex des ersten Radikals, z.B. *yəwsad* "er soll führen/nehmen" (√*wsd*) oder *yəwṭən* "er soll beginnen" (√*wṭn*) (siehe Lambdin 1978, 191). — Im He. weisen die Formen der G-PK I-*w* durchgehend einen Reflex des ersten Radikals in Form eines langen /*e*/-Vokals auf, unabhängig vom Themavokal: z.B. *yešeb* = [yēšēb] < **yayšib* "er sitzt, setzt sich" (√*wṯb*) bzw. *yedaᶜ* = [yēdaᶜ] < **yaydaᶜ* "er weiß" (√*wdᶜ*). Der durchgehende /*e*/-Vokalismus der Präfixsilbe anstelle eines zu erwartenden /*o*/-Vokalismus (< **aw*) dürfte dadurch zu erklären sein, daß die betreffenden Formen nach Analogie der WzK I-*y* gebildet sind. Neben Formen mit /*e*/-Vokalismus gibt es jedoch sporadisch auch solche mit /*o*/-Vokalismus, die im nachhinein (offenbar irrtümlich) als Hifᶜil-Formen interpretiert wurden, z.B. *yôrœh* "er wirft" (√*w/yry*) und *yôsep* "er fügt hinzu" (√*wsp*) (siehe GBH §§ 75c.f). — Der schwer deutbare amurr. Befund scheint dem des He. nahezustehen. Es gibt mehrere Schreibungen, die auch in der Präfixsilbe fientischer Verben I-*w* einen Diphthong oder einen Langvokal markieren. Hervorzuheben sind Schreibungen wie *ia-aw-ZI* und *ia-ú-ṢI* für /*yawṣiʾ*/ "er kam heraus" (√*wṣʾ* PK^K 3.m.sg.) (siehe Streck 1997 §§ 4.11 und 4.23). — Auch im Akk. weist die

WzK I-*w* im G-Präteritum (G-PK^K) – nicht nur bei intransitiv-stativischen, sondern auch bei transitiv-fientischen Verben – meist einen Reflex des ersten Radikals auf, z.B. *īsim* < **yaysim* (√*wsm* "zugehören"; Bildung nach Analogie der WzK I-*y*) bzw. *ūbil* < **yawbil* (√*wbl* "tragen"; vgl. GAG § 103f; anders Testen 1994, der den /*u*/-Vokal als kurz rekonstruiert [**y-wbil* > **yubil* > *ubil*]).

f. Auf der Basis des genannten sprachvergleichenden Befunds sind PK-Formen I-*w* mit TV /*a*/ im Ug. als {*yî2a3*} < **yiw2a3* anzusetzen, mit Kontraktionslänge des Präfixvokals (gleiche Oberflächenform wie bei WzK I-*y*). Davon zeugt die PK der Wz. √*wd*ᶜ "wissen, kennen" (sofern nicht von √*yd*ᶜ auszugehen ist) mit Formen wie *id*ᶜ /*ʾîda*ᶜ*(ă)*/ < **ʾiwda*ᶜ "ich weiß" (1.6:III:8) und *yd*ᶜ /*yîda*ᶜ*u*/ "er ist weise" (1.6:I:48) sowie sehr wahrsch. auch die Wz. √*wšn* "schlafen" mit der Form *yšn* /*yîšan-*/ < **yiwšan-* (1.14:I:31; 1.14:III:15; 1.14:V:7 [vgl. he. *yîšan*]).

g. PK-Formen mit TV /*i*/ sind entweder entsprechend dem ar. Befund ohne Reflex des ersten Radikals als {*ya2i3*} oder mit Reflex des ersten Radikals anzusetzen. Im letzteren Falle kommen theoretisch {*yô2i3*} < **yaw2i3*, {*yê2i3*} < **yay2i3* (Bildung nach Analogie der WzK I-*y*) oder {*yâ2i3*} in Betracht. {*yô2i3*} und {*yê2i3*} sind von vornherein unwahrscheinlich, da die Orthographie für Formen der 1. Person sg. eine /*a*/-Qualität des Präfixvokals bezeugt, wie folgende Belege zeigen: *abl* (√*wbl*: 1.17:V:2; 1.82:33); *ard* (√*wrd*: 1.2:III:20; 1.5:VI:25); *art̠-m* (√*wrt̠*: 1.2:I:19.35); *atn* (√*ytn*: 1.13:11&); *at̠b* (√*wt̠b* 1.6:III:18&); syll. *a-ši-ib* (√*wt̠b*: RS21.230:26). Eine mögliche Ausnahme stellt vielleicht die in 2.15:4 belegte Form *itn* dar, die als G-PK 1.c.sg. von √*ytn* "geben" gedeutet werden kann (§33.215.21b). Sie ist jedoch nicht beweiskräftig, da der betreffende Text noch weitere orthographische Besonderheiten aufweist.

Somit kommen als MphTT nur {*ya2i3*} oder {*yâ2i3*} in Frage. Welcher von beiden tatsächlich vorliegt, läßt sich nicht sicher entscheiden. In dieser Grammatik wird der letztere MphT vorgezogen, zum einen, weil mehrere sem. Sprachen, insbesondere ältere Sprachen, Formen der G-PK I-*w* mit einem Reflex des ersten Radikals bilden, zum anderen aus praktischen Gründen, weil eine Vokalisation {*yâ2i3*} die Auffindbarkeit der zugrundeliegenden Wz. erleichtert. Der postulierte MphT {*yâ2i3*} könnte in Analogie zum Paradigma {*ya12i3*} der starken WzK aus **yaw2i3* entstanden sein.

Anm. Ob von {*ya2i3*} oder {*yâ2i3*} auszugehen ist, könnte selbst dann nicht entschieden werden, wenn eine endungshafte Form der PK I-*w* zugleich II-ʾ bezeugt wäre. Zwar wäre bei einem MphTT {*ya2i3*} — anders als bei {*ya2i3*} — eine Synkope des zweiten Vokals zu erwarten, etwa *ya23u* < **ya2i3u* (PK^L 3.m.sg.), die betreffende Differenz könnte in der Orthographie aber nicht wiedergegeben werden, da das Graphem {i} sowohl für /*ʾi*/ als auch für (vokalloses) Schlußaleph stehen kann.

h. Sämtliche bezeugte Formen des G-Imp. der WzKK I-*w*/*y* werden ohne ersten Radikal gebildet. Bezeugt sind mehrere Formen der WzK I-*w* wie etwa *rd* /*rid*/ "steig hinab" (√*wrd*: 1.5:V:14; 1.16:VI:37.52), zum anderen aber auch eine Form der WzK I-*y*, nämlich *ṣq* /*ṣaq*/ "gieße aus" (1.14:II:18).

SV. Im He. sind zur Wz. √*yṣq* nebeneinander die G-Imp.-Varianten *y*ᵉ*ṣoq* (Es 24,3) und *ṣaq* (2 Kön 4,41) belegt (GK § 69f).

i. In der nachfolgenden Auflistung der bezeugten Formen wird nach etymologischen Gesichtspunkten zwischen den WzKK I-*w* und I-*y* differenziert. Die Ergebnisse weichen erheblich von herkömmlichen, an oberflächlich-formalen Gesichtspunkten orientierten Differenzierungen ab, wo ausschließlich solche Wzz. als I-*w* betrachtet werden, von denen (zufällig) Formen des D-Stamms bezeugt sind, die orthographisch mit {w} erscheinen (siehe etwa GUL 145, wo nur drei Verben als zur WzK I-*w* gehörig angeführt werden: √*wpṯ*, √*wsr*, √*wld*).

75.512. Formen der G-Präfixkonjugation

√*wʾl* "Zuflucht suchen, fliehen" (TV /*i*/)
til /*taʾil*/ (PK^{K}v 2.m.sg.): 1.19:III:47.
√*wbl* "tragen, bringen" (TV /*i*/)
ybl (3.m.sg.): 1.2:I:37.38 (alt.: G-Ptz.); (?) 1.14:IV:26; 1.17:V:12 (*ybl-n*); 1.100:67 (*ybl-nh*); 3.1:25.
abl (1.c.sg.): 1.17:V:2; 1.82:33.
tbl (PK^{K} 3.m.pl.): 1.4:V:15.31 (*tbl-k*); 1.6:IV:19.
ybl-nn (PK^{K} 3.m.pl. mit *y*-Präfix [§73.223.33]; alt.: SK [§77.34c]): 1.4:V:17 (*ybl-k*); 1.4:V:38.40 (*ybl-nn*).
nbl (1.c.pl.): 1.3:V:34; 1.3:V:34 (*nbl-n*); 1.4:IV:45* (*nb[l-n]*); 1.4:IV:46.
√*wdy*$_1$ "niederlegen, ablegen"
yd (3.m.sg.): 1.17:I:3.4.13.14.
td (3.f.sg.): 1.93:1.
td (2.m.sg.): 1.4:II:34.
√*wdy*$_2$ (< **wḏy* [vgl. ar. √*wḏy*]) "(Haut) zerkratzen"
ydy (PK^{L} 3.m.sg.): 1.5:VI:18.
td (PK^{K} 3.f.sg.): 1.6:I:2.
√*wdy*$_3$ od. √*y/wdw* "Sünde/Schuld bekennen" (alt.: "Lobpreis verrichten")
tdn (PK^{L} 3.m.pl.): 1.119:22 (*tdn* [1.104:19] ist eher zu √*wdy*$_1$ zu stellen [Gp]).
√*w/ydy* (vgl. he./aram./asa. √*ndy* [sic!]) "vertreiben, verbannen, entfernen"
yd (PK^{K} 3.m.sg.): 1.6:VI:52.
ydy (PK^{L} 3.m.sg.): 1.119:35; 1.100:64 (alt.: PK^{K} mit Pleneschreibung).
tdy (PK^{L} 2.m.sg.): 1.16:VI:47; 1.119:28.

Anm. Es ist nicht auszuschließen, daß die hier unter √*w/ydy* genannten Belege von zwei verschiedenen Wzz. zeugen, a) von √*ndy* "vertreiben, verbannen" und b) von einer Wz. √*wdy* "vernichten" (vgl. ar. √*wdy* IV. "zugrunde gehen, vernichten"). Alle Belege des Imp., der SK und des Ptz. wären dann zu (b) zu stellen.

√*wdn* "(ein Tier) antreiben"
ydn (3.m.sg.): 1.19:II:12; 1.19:II:19 (*ydn-h*).
√*wdʿ* (< **wḏʿ*) "schwitzen"
tdʿ (PK$^{\bar{K}}$i 3.m.pl.): 1.3:III:34; 1.4:II:18; 1.19:II:45.
√*wdʿ* od. √*ydʿ* (wie im Ar. und Asa.) "wissen, kennen" (TV /*i*/)
ydʿ (3.m.sg.): 1.6:I:48; 1.114:6.7 (*ydʿ-nn*); 2.17:8; 2.75:12.
tdʿ (3.f.sg.): 2.16:7; 2.33:19.
idʿ /*ʾîdaʿ(ā̆)*/ (1.c.sg.): 1.6:III:8.
? *adʿ* /*ʾadaʿ-*/ < **ʾîdaʿ-* (1.c.sg.): 2.34:30 (vgl. aber §33.215.21b).

*td*ᶜ (PK^K 3.m.pl.): 1.1:III:15; 1.3:III:26.27; 1.3:IV:15.18; 1.5:V:16.
*td*ᶜ (2.m./f.sg. od. PK^K 3.m.pl.): 1.98:4.

√*wzn* "abwägen; (Geld) auszahlen"
yzn (PK^Kv 3.m.sg.): 2.81:22 (alt.: SK 3.m.sg.).

√*wld* "gebären" (TV /*i*/)
tld (3.f.sg.): 1.5:V:22 (*tld-n*); 1.10:III:1.20; 1.13:2; 1.14:III:48; 1.15:II:23.25; 1.15:III:7.8.9.10.11.12; 1.24:5.7; 1.140:1'.3'.5'.7'.9'.
tldn (PK^L 3.f.pl.): 1.103+:1 (*tld-n*!).
tld (PK^K 3.f.du.): 1.23:58 (evtl. auch in 1.23:52 zu ergänzen).
tldn (PK^L 3.f.du.): 1.23:52.58.

√*wsr* "belehren"
tsr (3.f.sg.): 1.4:V:4 (*tsr-k*).
Anm. Zur Form *ytsrn* (1.4:VII:48) siehe §74.232.21, √*srr*.

√*wṣ*ʾ "heraus-, hinausgehen; ausgeliefert werden (Waren)"
yṣi /*yâṣiʾ*/ (PK^Ki/j 3.m.sg.); *yṣu* /*yâṣiʾu*/ (PK^L 3.m.sg.); *tṣi* (PK^Kv 3.f.sg.); *tṣu* (PK^L 3.f.sg.); *tṣi* (PK^Kv 2.m.sg.); *tṣu* (PK^L 2.m.sg.); *tṣun* /*tâṣiʾūna*/ (PK^L 3.m.pl.); *tṣu* (PK^Kv 2.m.pl.) (zu den Belegen siehe §75.232).

√*wṣm* "verfluchen" (oder: "beschuldigen"; vgl. ar. √*wṣm*)
yṣm (PK 3.m.sg): 1.19:III:46 (alt.: SK 3.m.sg.).

√*wqy* "in Schutz nehmen"
tq- /*tâqî-*/ (PK^Ki 2.m.sg.): 1.2:I:18.34 (*tq-h*).
tqy-n(h) /*tâqiyū-*/ (PK^Ki od. PK^L 2.m.pl.): 1.2:I:18 (*tqy-n*); 1.2:I:34 (*tqy-nh*).

√*wrd* "herab-, hinabsteigen" (TV /*i*/)
yrd (3.m.sg.): 1.5:II:4; 1.5:VI:12; 1.6:I:63 (2x); 1.14:I:36 (alt.: SK); 1.14:II:26; 1.14:IV:8; 1.92:30 (alt.: SK).
trd (3.f.sg.): 1.6:I:8.
ard /*ʾârid-*/ (1.c.sg.): 1.2:III:20; 1.5:VI:25.
nrd (1.c.pl.): 1.6:I:7.
yrdn /*yâridâni*/ (PK^L 3.m.du.): 1.112:18.

√*wry* od. √*yrw* "werfen, schießen"
yr (PK^K 3.m.sg.); 1.23:38 (2x); (?) 1.82:10 (*yr-k*).

√*wrṯ* "(etwas) in Besitz nehmen" (TV /*i*/!)
arṯ-m /*ʾâriṯă-*/ (PK^Ke 1.c.sg. + EP *-m*): 1.2:I:19.35.

√*wšn* "schlafen" (TV /*a*/?)
yšn /*yîšan-*/ < **yiwšan-* (3.m.sg.): 1.14:I:31; 1.14:III:15; 1.14:V:7.

√*wṯb* "sitzen; wohnen" (TV /*i*/)
yṯb (3.m.sg.): 1.5:VI:12.13; 1.6:I:58; 1.6:VI:34 (*yṯb-n*); 1.10:III:13 (alt.: SK); 1.16:VI:22.23.25 (alt.: SK); 1.17:II:43 (alt.: SK); 1.17:V:6; 1.18:IV:29; 1.19:I:22; 1.23:56 (*yṯb-n*); 1.41:7 (alt.: SK); 1.100:7.13.18.24.29.34.39.44.50.56
ṯṯb (3.f.sg.): 1.16:VI:10 (alt.: √*ṯwb*); 1.19:I:6 (alt.: √*ṯwb*); 1.92:8.
aṯb /*ʾâṯib-*/ (1.c.sg.): 1.6:III:18 (*aṯb-n*); 1.16:VI:38.53; 1.17:II:12 (*aṯb-n*); 1.82:37 (alt.: √*ṯwb*).
a-ši-ib (1.c.sg.) "ich will (nicht) wohnen!": RS21.230:26 (syll.).
yṯb (3.m.du.): 1.2:I:19; 1.5:I:9; 1.5:II:13.
ṯṯb (2.c.du.): 1.2:I:13.

√*wṯn* "alt werden" (TV /*a*/)
yṯn (3.m.sg.): 4.168:6.

√*wṯq* "stärken, aufrichten" (vgl. akk. *wasāqu*)
yṯq (3.m.sg.): 1.100:6.11.17.22.28.33.38.43.48.54.

√*ypᶜ* "hochsteigen, hochwachsen, sich erheben"
ypᶜ (3.m.sg.): 1.19:II:16; 1.19:III:54.
tpᶜ (3.f.sg.): 1.19:II:23 (2x).

Anm. Vgl. die PNN *ya-a-pa-ˀ-u* = /*yâpaᶜ-*/ < **yaypaᶜ* (RS19.42:9) und *ia-ap-pa-a*[*ḫ*-^{d}IM] = /*yappaᶜ-*/ < **yaypaᶜ* "Baᶜlu hat sich erhoben" (EA 97:2). Beide Formen stehen offenbar nicht im Einklang mit dem Barthschen Gesetz (§73.242).

√*yṣq* "gießen, ausgießen; (Metall) gießen"
yṣq (3.m.sg.): 1.4:I:25.26.29; 1.5:VI:14; 1.4:I:27-28 (*yṣq-m*).

√*yṣr* "formen, bilden"
tṣr (Analyse unsicher, evtl. 2.m.sg.): 1.16:II:25.26 (alt.: √*nṣr*).

√*ytn* od. √*wtn* "geben" (TV /*i*/)
ytn (3.m.sg.): 1.1:II:14; 1.1:III:21; 1.2:III:4; 1.3:I:10; 1.3:V:3; 1.9:12; 1.10:II:8; 1.16:I:13; 1.17:V:26 (*ytn-n*); 1.79:2; 1.100:63; 2.2:9 (*ytn-k*); 2.4:20; 2.33:26; 2.69:3; 5.9:I:9 (*ytn-nn*); RS92.2016:33'.34'; wahrsch. ferner (sofern nicht G-SK 3.m.sg.): 1.4:VII:29; 1.10:I:13.
ttn (3.f.sg.): 1.3:IV:37; 1.4:IV:20; 1.4:V:22; 1.6:I:32; 1.6:IV:7; 1.10:II:31 und 1.10:III:32 (*ttn-n*); 1.16:II:35; 1.18:I:20; 1.18:IV:5.
ttn (2.m.sg.): 1.5:V:12; 1.6:V:22; 1.14:III:38; 1.14:VI:23; 1.92:34.35; 2.8:5; 2.9:2; 2.42:20; 2.70:22; 5.9:I:12.13.14.
atn /*ˀâtin-*/ (1.c.sg.): 1.13:11; 1.14:IV:43; 1.17:VI:17.27 (*atn-k*); 1.24:19.22; 2.26:7; 2.31:66.
? *itn* /*ˀe(t)tin-*/? (1.c.sg.): 2.15:4 (alt.: G-Imp.).
ttn (PK^{K} 3.m.pl.): 1.82:43.
ttnn (PK^{L} 3.m.pl.): 5.11:20.
ttnn (PK^{L} 2.m.pl.): 2.21:17 (*ttnn-nn*).
ytn (PK^{K} 3.m.du.): 1.2:I:20; 1.5:I:10.
ttn (PK^{K} 2.c.du.): 1.2:I:14 1.3:VI:12; 1.4:VIII:1.10; 1.14:V:30.

75.513. Formen des G-Imperativs

√*wbl* "tragen, bringen" (TV /*i*/)
bl /*bilī*/ (f.sg.): 1.100:2.8.14.19.25.35.40.45.51.57.

√*wdᶜ* "wissen, kennen" (TV /*i*/)
dᶜ /*daᶜ*/ (m.sg.): 2.34:30; 2.61:13 (*w dᶜ dᶜ* [zwei Impp.]).
dᶜ /*daᶜ*/ (f.sg.): (?) 2.33:21 (KTU^{2} liest *ydᶜ* [PK od. SK 3.m.sg.]).

√*wld* "gebären" (TV /*i*/)
ld /*lidī*/ 1.12:I:25.27.

√*wẓˀ* = √*wṣˀ* "heraus-, hinausgehen"
ẓi /*ẓiˀī*/ (f.sg.): 1.12:I:14.19.

√*wrd* "herab-, hinabsteigen" (TV /*i*/)
rd /*rid*/ (m.sg.): 1.5:V:14; 1.16:VI:37.52.
rd /*ridī*/ (f.sg.): 1.161:21.22.
rd /*ridâ*/ (c.du.): 1.4:VIII:7.
√*wṯb* "sitzen; wohnen" (TV /*i*/)
ṯb (m.pl.): 1.16:V:24.

√*yṣq* "gießen, ausgießen; (Metall) gießen"
ṣq (m.sg.): 1.14:II:18.
√*ytn* od. √*wtn* "geben" (TV /*i*/)
tn /*tin*/ (m.sg.): 1.2:I:18; 1.6:II:12; 1.6:V:19; 1.8:II:3; 1.14:III:39; 1.14:VI:23; 1.17:VI:18; 1.23:71.72; 1.24:17; 2.71:19; 3.9:15; 5.9:I:12.15; 5.11:9.15.17.20.
tn (m.sg. od. m.pl.): 1.2:I:18.34.35.
tn /*tinī*/ (f.sg.): 1.17:VI:24; 1.6:I:45; 1.100:73(2x).

75.514. Formen der G-Suffixkonjugation

√*wbl* "tragen, bringen"
ybl /*yabala*/ (3.m.sg.): 2.72:27; 4.272:7 (alt.: 3.m.pl.); 4.337:12.
yblt /*yabalta*/ (2.m.sg.): 2.17:1.3.
yblt /*yabaltu*/ (1.c.sg.): 1.4:V:27.
√*wdᶜ* "wissen, kennen"
ydᶜ /*yadaᶜa*/ (3.m.sg.): 1.13:31; 1.107:6.
ydᶜt (2.m.sg.): 2.39:10.14.
ydᶜt (1.c.sg.): 1.3:V:27 (*ydᶜt-k*); 1.13:10; 1.16:I:33.56; 1.18:I:16 (*ydᶜt-k*).
ydᶜt (1. od. 2. Person sg.): 1.1:V:8.21; 2.3:24; 2.9:3; 2.23:9.
ydᶜ (3.m.pl.): 1.10:I:3 (alt.: PK 3.m.sg.).
√*wld* "gebären"
yldt /*yaladat*/ (3.f.sg.): RS92.2016:22' (alt.: G-Ptz. f.pl./sg.).
ylt /*yalattâ*/ < **yalad(a)tâ* (3.f.du.): 1.23:53 (2x); 1.23:60 (2x).
√*wṣʾ* "heraus-, hinausgehen; ausgeliefert werden (Waren)"
yṣa (3.m.sg.); *yṣan* (3.m.sg.); *yṣat* (3.f.sg.); *yṣu* (3.m./f.pl.) (zu den Belegen siehe §75.234). — Vgl. syll. *i-ṣa-ʾa* /*yᵉṣaʾa*/? (für /*yaṣaʾa*/) "(Emmer) wurde ausgeliefert (w.: ging hinaus)" RS19.130:4'.
√*wrʾ* "(sich) fürchten, Angst haben"
yritn (2.f.pl. ?): 2.31:45.
√*wrd* "herab-, hinabsteigen"
yrt /*yarattā*/ < **yaradtā* (§33.115.11) (2.m.sg.): 1.5:I:6.
√*wṯb* "sitzen, wohnen"
yṯb (3.m.sg.): 1.1:IV:4 (alt.: PK); 1.18:IV:7 (alt.: PK von √*ṯwb* [vgl. *ṯb* in 1.18:IV:16]); 1.23:8; 1.101:1; 1.114:14.15 (alt.: PK); 4.382:23.24.26.27.28.29; 4.382:32.33; 4.382:34 (*[yṯ]b*); 4.430:2.
yṯbt (3.f.sg.): 2.72:21.
yṯbt (1.c.sg.): 5.11:5 (*yṯbt-n* [Deutung unsicher]).
yṯb (3.m.pl.): 1.2:I:21; 4.86:29; 4.557:1; 4.627:1*.
yṯb (3.m.du.): 1.14:VI:36 (alt.: PK).

√*yp*^{c} "hochsteigen, hochwachsen, sich erheben"
yp^c (3.m.sg.): 1.3:III:37; 1.3:IV:4.5.
yp^c*t* (2.m.sg.): 1.2:I:3.
√*yṣq* "gießen, ausgießen; (Metall) gießen"
yṣq (3.m.sg.): 1.14:IV:1; 2.72:31; 1.22:I:17 (alt.: Gp-SK).
√*ytn* od. √*wtn* "geben"
ytn /*yatana*/ (3.m.sg.): 1.1:IV:9; 1.6:VI:10; 1.14:III:46; 1.14:VI:31; 1.80:2; 3.2:5; 3.2:8 (*ytn-nn*); 3.5:4; 3.5:11 (*ytn-nn*); 4.182:62.64; 4.548:3; 4.573:5 (Lesung unsicher); 4.637:6; 4.728:2; wahrsch. ferner (sofern nicht G-PK 3.m.sg.): 1.173:16; 2.3:14; 2.31:39; 2.45:18.21; 2.83:6 (*ytn* . *hm*).
ytnt /*yatantā̆*/ (2.m.sg.): 1.6:VI:14.
ytt /*yatattū̆*/ < **yatantū̆* (1.c.sg.): 1.100:75; vgl. 4.710:6 (Kurzalphabettext).
? *ytn* (3.m.pl.): 4.779:4 (alt.: Gp-SK 3.m.sg.).
ytn /*yatanâ*/ (3.m.du.): 1.5:II:14; 1.14:VI:37 (alt.: G-PK).

75.515. Formen des G-Partizips

√*wbl* "tragen, bringen"
ybl /*yābil*/ (m.sg.): 1.2:I:37.38 (alt.: G-PK 3.m.sg.).
√*w/ydy* (< **ndy*) "vertreiben, verbannen, entfernen"
ydy /*yādiy-*/ (m.sg.): 1.16:V:18.21 (zu ergänzen in Z. 11 und Z. 14).
ydt /*yādît-*/ < **yādiyat* (f.sg.): 1.16:V:27.
√*wd*^{c} "wissen, kennen"
yd^c*t* /*yādi*^{c}*(a)t-*/ (f.sg.): 1.19:II:2.7; 1.19:IV:38.
√*wld* "gebären"
ylt /*yālitt-*/ < **yālid(a)t-* (f.sg.): 1.17:I:41.
√*wrd* "herab-, hinabsteigen"
yrdt /*yāridāta/i*/ (f.pl., Akk.): 1.24:42.
yrdm /*yāridīma*/ (m.pl. abs., Gen.): 1.5:V:15-16; 1.114:22.
√*wry* od. √*yrw* "werfen, schießen"
yr /*yārî*/ < **yāriyi* (m.sg. Gen.): 1.82:3 (alt.: G-PK od. G-SK 3.m.sg.).
√*wṯb* "sitzen; wohnen"
yṯb /*yāṯib-*/ (m.sg.): 1.108:2.

√*ynq* "saugen"
ynq /*yāniq-*/ (m.sg.): 1.15:II:26.
ynqm /*yāniqâmi*/ (m.du.): 1.23:24.59.61.
√*yṣr* "formen"
yṣr /*yāṣir-*/ "Töpfer": 4.46:11.12& (nur als Berufsbezeichnung bezeugt).
√*ytn* od. √*wtn* "geben"
ytnm /*yātinīma*/ (m.pl.abs. Obl.): 4.93:I:1 ("Lieferant").

75.516. Formen des G-Infinitivs/Verbalsubstantivs

a. MphT {*qatāl*} (Inf.abs.):
√*w/ydy* (< **ndy*) "vertreiben, verbannen, entfernen"
? *ydy* (Verbalsubst.) "Verbannnung; Exorzismus"(?): 1.169:1.

√*wd*ᶜ "wissen, kennen"
*yd*ᶜ /*yadā*ᶜ-/ (Inf.abs. in Paronomasie): 1.1:V:21; 2.39:10*; 2.39:14 (*yd*ᶜ-*m*).
√*wld* "gebären"
yld /*yalād*-/: 1.11:5 (Kontext abgebrochen).
√*w/y*ᶜ*r* "furchtsam, verzagt sein" (zur Etym. siehe Tropper 1996b, 138)
*y*ᶜ*r* /*ya*ᶜ*ār*-/ (Inf. mit narrativer Funktion): 1.6:VI:31.
√*wṣ*ʾ "heraus-, hinausgehen"
yṣu (Lok.); *yṣi-hm* (Inf.cs., Gen.) (zu den Belegen siehe §75.236).
√*wr*ʾ "(sich) fürchten, Angst haben"
yru /*yarā*ʾ*ŭ*/: 1.6:VI:30.
yraun /*yarā*ʾ*unnV*/: 1.5:II:6 (Inf. + En. [+ OS 3.m.sg.]).
√*wṯb* "sitzen, wohnen"
? *yṯb*: 4.149:12 (*b yṯb mlk* "bei der Anwesenheit[?] des Königs").

b. Die Funktionen des Inf.cs. werden bei Verben I-*w* in der Regel von Verbalsubstantiven des Morphemtyps *{ti/al(a)t}* abgedeckt (§51.41h; §73.525):
√*wd*ᶜ "wissen"
*d*ᶜ*t* /*da/i*ᶜ*at*-/ "Wissen": 1.2:I:16.32.
√*wd*ᶜ (< **wḏ*ᶜ) "schwitzen"
*d*ᶜ*t* /*di*ᶜ*at*-/ "Schwitzen"(?); "Schweiß": 1.16:VI:10.
√*wld* "gebären"
? *ldt* /*lidat*-/ "Gebären": 2.34:33 (Lesung und Deutung unsicher [§73.525]).
√*wṣ*ʾ "heraus-, hinausgehen"
ṣat /*ṣi*ʾ*at*-/ "Herausgehen, Äußerung": 1.4:VII:30*.32.
√*wšn* "schlafen"
šnt /*šinat*-/ "Schlaf": 1.14:I:33; 1.19:III:45.
√*wṯb* "sitzen"
ṯbt /*ṯib(a)t*-/ "Sitzen": 1.101:1.

c. Anders gebildete Verbalsubstantive sind von √*ytn* "geben" bezeugt:
tn: 1.4:V:8 (§73.526).
ttn: 1.2:IV:6 (§73.528; alt.: G-PK 3.f.sg.).

75.517. Formen abgeleiteter Verbalstämme

a. Formen des Gp-Stamms:
PK √*w/ydy* (< **ndy*) Gp "vertrieben, entfernt werden"
td /*tûdâ*/ < **tuwday* < **tuyday* (PK^{K}i 3.f.sg.): 1.4:VI:32.
√wdy_1 Gp "niedergelegt werden"
? *tdn* /*tûdûna*/ < **tûdayūna* (PK^{L} 3.m.pl.): 1.104:19 (alt.: zu √*wdy* III).
√*yṣq* Gp "gegossen werden"
yṣq /*yûṣaq*-/ (PK^{K} 3.m.sg.): 1.3:II:31; 1.7:21, 1.16:III:1 und 1.101:14 (alt.: Gp-SK o G-PK/SK 3.m.sg).
yṣq /*yûṣaqu*/ (PK^{L} 3.m.sg.): 1.71:4.8.28f.; 1.72:15*.20*.26*; 1.85:4.6.8; 1.85:11.14.17.19.22*.29; 1.97:5.7*.

√*ytn* od. √*wtn* Gp "gegeben werden"
ytn /*yûtan-*/ (3.m.sg.): 1.4:V:27; 1.104:12; 4.168:8.
ttn /*tûtan-*/ (3.f.sg.); 1.19:I:16.

SK √*wbl* Gp "gebracht werden"
ybl /*yubila*/ (SK 3.m.sg.): 1.19:IV:51; 1.23:52.59.

√*wdy*$_1$ "niedergelegt, brachgelegt werden (Feld)"
ydy /*yudiya*/ (3.m.sg.): 4.348:1.20 (alt.: G-Stamm, stativisch: "brachliegen"; möglw. ist mit KTU[2] jeweils *ydyt* zu lesen [SK 3.f.sg.]).

√*wld* Gp "geboren werden"
yld /*yulida*/ (SK 3.m.sg.): 1.10:III:35; 1.17:II:14 (alt.: Gp-PK^L).
yldy /*yuli/adâ-yV*/ (SK 3.m.du. + EP -*y*): 1.23:53.

√*wld* Gp "geboren werden" (§74.223.2, √*yld*)
yld /*yulida*/ (SK 3.m.sg.): 1.10:III:35; 1.17:II:14.
yldy /*yuli/adâ-yV*/ (SK 3.m.du. + EP -*y*): 1.23:53.

√*ytn* od. √*wtn* Gp "gegeben werden"
ytn /*yutina*/ (3.m.sg.): 1.15:II:10 (2x).

b. Formen des Gt-Stamms:

PK √*wrṯ* Gt "(etwas für sich) in Besitz nehmen"
itrṯ /*ʾittarVṯ-*/ od. /*ʾîtarVṯ-*/ < **ʾiwtarVṯ-* (PK^{K}i od. PK^L 1.c.sg.): 1.3:III:47.

Anm.: Zur syll. Form *ti-tar-ḫ[u]* "she will hurry(?)" siehe §74.232.22, Anm.

c. Formen des N-Stamms:

PK √*ypʿ* N "sich erheben"
ynpʿ /*yinnapiʿ*/ < **yinyapiʿ* (PK^K 3.m.sg.): 1.5:IV:8; 1.19:II:16 (zur Argumentation siehe §74.333 [√*ypʿ*]; vgl. ferner §33.116.2).

SK √*ytn* od. √*wtn* N "gegeben werden"
ntn /*nâtana*/ (SK 3.m.sg.): 4.219:1; 4.274:3; 4.669+:4.

d. Formen des D-Stamms:

PK √*wḥl* D "verzweifeln; sich Sorgen machen"
twḥl-n /*tuwaḥḥil(ī)-*/ (PK^{K}v 3./2.f.sg. + En.): 2.16:12 (§74.412.23).

√*wsr* D "(genau) belehren"
ywsr-nn /*yuwassir(u)*/ (3.m.sg.): 1.16:VI:26 (§74.412.23).

√*wpṯ* D "beschimpfen"
ywpṯ-n (3.m.sg.): 1.4:III:13 (§74.412.23).

√*wtḥ* D "eilen(?)"
twtḥ /*tuwattiḥ-*/ (PK^{K}v 3.m./f.du. od. 3.f.sg.): 1.1:II:2*; 1.1:III:11; 1.3:III:20; 1.3:IV:12.

SK √*w/ydy* (< **ndy*) D "vertreiben, verbannen, entfernen"
ydy /*yaddiya*/ (3.m.sg.): 1.100:5.11.17.22.27.32.38.42.48.54.60 (alt.: G-SK oder G/D-Imp.; zur Problematik siehe §74.414.3, √*ydy*).

Inf. √*wld* D "(viele Kinder) gebären" (§74.416.2).
wld /*wullad-*/: 1.12:I:27; 1.13:30; 1.14:III:48; 1.14:VI:33; 1.15:III:5.20.21.

√*wpṯ* D "beschimpfen"
wpṯ-m /*wuppaṯ-*/ "beschimpfen": 1.4:VI:13.

e. Formen des Š-Stamms:

PK √*wld* Š "zeugen"

ašld /*ʾašôlid*/ (PK^{K} 1.c.sg.): 1.23:65.

√*wṣʾ* Š "heraus-, hinausgehen lassen"

yšṣi /*yušôṣiʾ*/ (PK^{K} 3.m.sg.); *ašṣi* /*ʾašôṣiʾ*/ < **ʾašawṣiʾ* (PK^{K} 1.c.sg.); *ašṣu* /*ʾašôṣiʾu*/ (PK^{L} 1.c.sg.) (zu den Belegen siehe §75.237d).

√*ytn* od. √*wtn* Š "geben, überbringen lassen; zusenden"

aštn /*ʾašê/ôtin-*/ (PK 1.c.sg.): 2.32:7.10; 2.41:18.

ištn /*ʾešêtinu*/? (PK^{L} 1.c.sg.): 2.79:3 (§74.622.3, √*ytn*).

Imp. √*ytn* od. √*wtn* Š "geben, überbringen lassen; zusenden"

štn /*šêtin*/ (m.sg.): 2.39:35.

SK √*wṣʾ* Š "heraus-, hinausgehen lassen"

šṣa /*šôṣiʾa*/ (erweiterter Imp. m.sg.); *šṣa* /*šôṣiʾa*/ (SK 3.m.sg.); *šṣat* (SK 3.f.sg.) (zu den Belegen siehe §75.237d).

√*ytn* od. √*wtn* Š "geben, überbringen lassen; zusenden"

štn (3.m.sg.): 5.10:9.

štnt (2.m.sg.): 2.36+:13.

štnt (1.c.sg.): 2.36+:6.13.

? *štntn* (Person und Wortabgrenzung unsicher): 5.10:4.

Ptz. √*wṣʾ* Š "heraus-, hinausgehen lassen"

mšṣu /*mušôṣiʾu*/ (Ptz. m.sg., Nom.): 1.17:I:27.45.

√*ynq* Š "säugen"

mšnqt /*mušêniqāt-*/ (f.pl.): 1.15:II:28.

Inf. √*wṣʾ* Š "heraus-, hinausgehen lassen"

šṣu (Inf.abs., Lok.): 2.34:31.

f. Formen des Šp-Stamms:

PK √*wṯb* Šp "gesetzt, inthronisiert werden"

yṯṯb /*yuṯôṯab-*/ (3.m.sg.): 1.6:VI:33 (*yṯṯb-n*).

g. Formen des Št-Stamms:

SK √*wbm* od. √*ybm* Št "zur Witwe erklären"(?)

? *štbm* /*(i)štôbama*/? < **(i)štawbama* (3.m.sg.): 1.6:I:30 (§74.644).

75.518. Nicht sicher deutbare Formen

√*wbl* "tragen, bringen"	*ybl* 1.19:IV:61; *yblmm* 1.2:III:14.
√*wdʿ* "wissen, kennen"	*ydʿ* 1.3:I:25; 2.8:6.
√*wrd* "herabsteigen"	*yrd* 1.2:III:14; *yrdnn* 2.3:15 (evtl. G-Inf. + En.); *yrdm* 1.151:13 (evtl. G-SK 3.m.sg. + EP *-m*).
√*wṯb* "sitzen" (alt.: √*ṯwb*)	*yṯb* 1.23:29.
√*ytn* od. √*wtn* "geben"	*ytnm* 1.23:3; *ytn* 4.635:6; *ttn(t)* 5.11:13 (Abgrenzung der Worteinheit unsicher; viell. liegt das Lexem *tnt* "Feige" vor); *ttn* 5.11:18; (?) *štn[ ]* 5.11:18.

Anm. Zur Wurzel √*wdd* "lieben" sind im Ug. offenbar nur nominale Derivate belegt: *mdd(t)* (§51.45j) und *tdd* (§51.45j).

75.519. Zusammenfassendes Paradigma

Im folgenden wird das Verbalparadigma der WzK I-*w* auf der Basis der Wz. √*wrd* "herabsteigen" (in kursiver Schrifttype) und das der WzK I-*y* auf der Basis der Wz. √*ypʿ* "sich erheben" (in aufrechter Schrifttype [nur Formen, die von denen der WzK I-*w* abweichen]) präsentiert:

	PK^{K}	Imp.	SK	Ptz.	Inf.
G	*yâ/arid*	*rid*	*yarada*	*yārid*	*yarād*
	yîpaʿ	paʿ			
Gp	*yû/urad*				
Gt	*yittarid* od. *yîtarid*				
N			*nôrada*		
	yinnapiʿ (I-*y*)		šêpaʿa		
D	*yuwarrid*		*yarrida*(?)		*wurrad*
Š	*yušôrid* / *ʾašôrid*	*šôrid*	*šôrida*	*mušôrid*	*šôṣVʾ*
	yušêpiʿ / ʾa/^{e}šêpiʿ	šêpiʿ	šêpiʿa	mušêpiʿ	šêpVʾ
Šp	*yušôrad*				

75.52. Verben II-*w*/*y* (Verben *mediae infirmae*)

75.521. Einführung

a. In finiten Verbalformen der WzK II-*w*/*y* erscheint der schwache zweite Radikal nicht als Konsonant, sondern bewirkt eine Vokallängung als Folge einer Diphthong- oder Triphthongkontraktion, z.B. G-PK^{L} /*yaqûmu*/ < **yaqwumu*, G-SK /*qâma*/ < **qawama* (√*qwm*) (konventionelle Vokalisation: /*yaqūmu*/ bzw. /*qāma*/). Obwohl der schwache Radikal in der Orthographie nie berücksichtigt wird, sind die Verben II-*w*/*y* dreiradikalig. Es ist also von Wzz. des Typs √*qwm* ("aufstehen" [II-*w*]) bzw. √*šyt* ("stellen, legen" [II-*y*]) auszugehen (alternative Notation: √*qu̯m* bzw. √*ši̯t*) und nicht etwa von √*qm* bzw. √*št* (zweiradikalig) oder von √*qūm* bzw. √*šīt* (der Langvokal gehört nicht zur Wz.; er ist das Produkt einer Kontraktion). Die durch Kontraktion entstandenen Langvokale werden wahrscheinlich in geschlossenen Silben sekundär gekürzt, z.B. PK^{K} 3.m.sg. /*yaqum*/ < **yaqûm* (gegenüber PK^{L} /*yaqûmu*/).

Anm. Es gibt im Ug. einen G-PK-Beleg, der von einer "starken" Bildung zeugen könnte: *tgwln* = /*tagwulâni*/ "sie (f.du.) jauchzen/kreischen" (1.82:4). Es wäre theoretisch denkbar, daß der zweite Radikal hier deshalb als Konsonant erscheint, weil /*gw*/ eine lautlich günstige Phonemgruppe darstellte oder weil sie als Monophonem, d.h. als Labiovelar [g^{w}], betrachtet wurde. Die Form würde damit die oben präsentierten Rekonstruktionen (z.B. *yaqûmu* < **yaqwumu*) unmittelbar als korrekt beweisen. Allerdings ist die gebotene Deutung für *tgwln* nicht die einzig mögliche (siehe §21.342.1b). Zudem begegnet die Form in einem schwer verständlichen Kontext.

b. Der Themavokal der G-PK lautet bei Verben II-*w* meist /*u*/, seltener /*a*/ und bei Verben II-*y* in der Regel /*i*/:

II-*w*   TV /*u*/ :   {*ya1û3-*} < *ya1wu3- (z.B. *yqm* = /*yaqûm-*/ ["aufstehen"])
           TV /*a*/ :   {*yi1â3-*} < *ya1wa3- (z.B. *yar* = /*yiʾâr-*/ ["leuchten"])
II-*y*   TV /*u*/ :   {*ya1î3-*} < *ya1yi3- (z.B. *yšt* = /*yašît-*/ ["stellen, legen"])

Nicht sicher beantworten läßt sich die Frage, ob Formen der 2./3.f.pl. vor der Endung -*nā̆* — wie im He. (z.B. *tᵉqûmǽnāh*) — einen "Trennungsvokal" (bzw. "Bindevokal") aufweisen. Da dieser Vokal im He. wahrsch. sekundär (durch Analogie zur WzK III-*w*/*y* entstanden) ist und da es im Ar. (*y*/*taqumna*) kein vergleichbares Phänomen gibt, wird ein solcher Vokal im Ug. im folgenden nicht angesetzt (einziger Beleg: *tqln* [√*qyl*, 3.f.pl.] = /*taqilna*/ < *taqîlna [1.103+:1]).

c. Umstritten ist die Vokalisation von Formen der Suffixkonjugation des Grundstamms mit konsonantisch anlautenden Personalendungen. Es sind drei Bildungsweisen denkbar:

1. Bildungen mit kurzem Stammvokal (wegen Vokalkürzung in geschlossener Silbe), z.B. (2.m.sg.) /*qamtă̄*/ < *qâmtă̄ < *qawamtă̆ (vgl. he. *qamtā*) bzw. /*qumtă̄*/ < *qawumtā̆(?) (vgl. ar. *qumta*; ferner akan. *nu-uḫ-ti* [EA 147:56]).
2. Bildungen mit langem Stammvokal, der sich auch in geschlossener Silbe hält, d.h. /*qâmtă̄*/ (vgl. baram. *qāmtā*).
3. Bildungen mit langem Stammvokal und sogenanntem "Bindevokal" zwischen drittem Radikal und Personalendung, d.h. /*qâ/ûmătă̄*/ (II-*w*) bzw. /*šâ/îtătă̄*/ (II-*y*); vgl. he. *rîbôtā* (√*ryb* Qal SK; nur sporadisch neben dem gewöhnlichen Typ *qamtā*), *nᵉqûmôtā* (Nifʿal) und *hᵃqîmôtā* (Hifʿil).

Zugunsten der letzteren Bildung (3) sprechen SK-Formen 1./2.sg. der WzK III-*t* mit zweifach geschriebenem Graphem {t} (Formen der Wzz. √*mwt* "sterben" und √*šyt* "setzen, legen"): *mtt* /*mâ/ûtātu*/ (1.2:IV:1); *mtt* /*mâ/ûtătă̄*/ (1.5:V:17); *štt* /*šâ/îtătă̄*/? (2.36+:7); *štt* /*šâ/îtătu*/? (2.36+:47). Die Orthographie legt hier das Vorhandensein eines Vokals zwischen dem dritten Radikal und der Personalendung nahe (siehe Verreet 1988, 193; anders Sivan 1997, 12.155). Auch wenn die Orthographie noch keinen sicheren Beweis für diese Deutung darstellt (es könnte sich um hyperkorrekte bzw. etymologische Schreibungen handeln), so ist doch bemerkenswert, daß es im Ug. keine orthographischen Gegenbeispiele gibt (d.h. Schreibungen mit einfachem {t}). Man beachte, daß dieses Phänomen auch im Raram. (aus Ägypten) bekannt ist und daß dort das Vorhandensein eines "Bindevokals" zusätzlich durch die Pleneschreibung des Stammvokals gestützt wird: *mytty* (TAD B3.5:17) = /*mîtătī*/? "du (f.sg.) starbst" (anders Muraoka — Porten 1988 § 24c und § 35f).

Das Problem kann nicht als endgültig gelöst gelten. Möglicherweise sind im Ug. — wie im He. — mehrere Bildungstypen nebeneinander bezeugt.

d. Das aktive Partizip des Grundstamms wird in der Regel — wie im He. — "schwach" gebildet, z.B. *qm* = /*qâm-*/ < *qāw(i)m-. Ob es daneben auch "starke" Bildungen gibt, läßt sich nicht sicher beantworten. Mögliche Belege für "stark" gebildete Ptzz. sind *qym* = /*qāyimū*/? (m.pl.cs., Nom.) in 1.22:I:5 (√*qwm* "aufstehen") und *syr* = /*sāyira*/? (m.sg.abs., Ak.) in 2.40:14 (√*swr* "abbiegen, weggehen") (§33.154b). Beiden Formen könnten jedoch auch andere Nominalbildungen zugrunde liegen. *syr* könnte auch als paronomastisch gebrauchter G-Inf. (= /*sayār-*/) gedeutet werden (Kontext: *w ht* \ *mlk syr* \ *ns* "Aber jetzt ist der König weggehend zurückgewichen" 2.40:13-15).

Analog zum G-Partizip wird auch der G-Infinitiv des MphT {*qatāl*} bei Verben II-*w/y* in der Regel "schwach" gebildet, z.B. *qm* = /*qâm-*/ < **qawām-*. Von einer "starken" Bildung könnte lediglich die Form *syr* (2.40:14) zeugen.

Anm. Es ist denkbar, daß die Qualität des Kontraktionsvokals des G-Inf. phonetisch nicht identisch ist mit der des Kontraktionsvokals des G-Ptz. (*qm* = /*qâm-*/ < **qāw(i)m-*); vgl. den he. Befund: Ptz. *qām* vs. Inf. *qôm*.

e. Die Verben II-*w/y* bilden den Intensivstamm nicht durch Gemination des zweiten Radikals, sondern durch Reduplikation des dritten Radikals (und Längung des Stammvokals als Reflex des kontrahierten zweiten Radikals). Die Varianten dieses Stamms (des sogenannten "Längungsstamms") werden hier mit den Siglen "L", "Lp" und "tL" bezeichnet (§74.5). Es handelt sich um konditionierte Varianten "normaler" Doppelungsstämme (D, Dp, tD), mit denen sie auch funktional deckungsgleich sind (vgl. he. Pōlel, Pōlal und Hitpōlel).

f. In Verbalformen der WzK II-*w/y* zugleich III-*w/y*, etwa in √*lwy* "umgeben", erscheint der zweite Radikal konsonantisch (zum Sonderfall √*ḥw/yy* siehe §75.531g). Sie werden hier deshalb nicht zu den Verben *mediae infirmae* gezählt, sondern unter den Verben III-*w/y* erörtert (§75.53).

75.522. Formen der G-Präfixkonjugation

√*ʾwd* (Bed. unsicher)
tud /*taʾud*/ < **taʾûd* (PK^{K}v 2.m.sg.): 2.26:19 (evtl. "Last aufbürden; besteuern, Geld einfordern").
? *tudn* /*taʾûdūna*/ (PK^{L} 3.m.pl.): RS92.2014:8 (alt.: √*ʾdn* "hinhören").
√*ʾwr* "hell sein; leuchten"
yar-k /*yiʾâr-*/ (2.m.sg.): 1.24:39.
√*bwʾ* "kommen"
uba /*ʾubûʾă*/ < **ʾabûʾă* (PK^{K}e 1.c.sg.): 1.100:72.
ybu /*yabûʾu*/ (PK^{L} 3.m.sg.) od. /*yabuʾ*/ < **tabûʾ* (PK^{K} 3.m.sg.): 1.2:III:5.
tbu /*tabûʾu*/ (PK^{L} 3.f.sg.) od. /*tabuʾ*/ < **tabûʾ* (PK^{K} 3.f.sg.): 1.3:V:7; 1.3:V:9 ([*t*]*bu*); 1.4:IV:23 ; 1.6:I:35; 1.16:VI:3.4.5.
tbi /*tabuʾ*/ (PK^{K}v 2.m.sg.): 1.169:18.
tbu(-)n /*tabûʾūna*/ (PK^{L} 3.m.pl.) bzw. /*tabûʾū-*/ (PK^{K} + En.): 1.15:IV:21; 1.15:IV:21; 1.15:VI:6.
tba /*tabaʾâ*/ (PK^{K} 3.m.du.): 1.5:VI:1.
√*byn* "(auf-)merken, verstehen, kennen"
tbn /*tabîn-*/ (3.f.sg.): 1.3:III:27; 1.3:IV:15 ([*t*]*bn*).
abn /*ʾabîn-*/ (1.c.sg.): 1.3:III:26; evtl. 1.3:III:23 und 1.7:31 (alt.: *abn* "Stein").
√*byt* "übernachten"
ybt /*yabîtu*/ (3.m.sg.): 2.33:14.

√*bwṯ* (od. √*bṯṯ*) "zerreißen, vernichten" (alt.: √*bwṯ* "sich schämen")
ybṯ- /yibâṯ-/ (3.m.sg.): 1.2:IV:31 (*ybṯ-nn*).
tbṯn /tibâṯ-/ (2.m.sg. + En. ?): 1.83:11 (n.L.; KTU^2: *tbʿn*; // *ḫt* [√*ḫtt*]).
√*gwl* "jauchzen, kreischen" (gegenüber he. √*gyl*)
ygl /yagûl-/ (3.m.sg.): 1.82:1 (alt.: √*gly/w*).
ngl- /nagûl-/ (1.c.pl.): 1.16:I:15 und 1.16:II:37 (jeweils *ngl-n*).
tgwln /tagûlâni/ bzw. */tagûlnā̆/* (plene) od. */tagwulâni/* bzw. */tagwulnā̆/* (3.f.du. od. 3.f.pl.): 1.82:4 (alt.: √*gwl* "kreisen").
√*dyn* "Recht schaffen, Gericht halten"
ydn /yadîn-/ (3.m.sg.): 1.17:V:7; 1.19:I:23; 2.31:65 (alt.: √*wdn*).
tdn /tadîn-/ (2.m.sg.): 1.16:VI:33.45.
√*dwṯ* "zertreten"
ydṯ /yaduṯ/ < **yadûṯ* (PK^K 3.m.sg.): 1.18:I:19.
√*ḥwš* "eilen, sich beeilen"
aḥš /ʾaḥûš-/ (1.c.sg.): 1.82:2; 2.34:11.
√*ḫyṣ* "(aus)schwitzen"(?) (sehr unsicher; vgl. ar. √*ḫyḏ*)
yḫṣ /yaḫīṣ-/ (3.m.sg.): RS92.2016:13' (siehe *dʿt* "Schweiß" in Z. 14').
√*ḫyṭ* "aufwachen"
yḫṭ /yaḫiṭ/ < **yaḫîṭ* (PK^K 3.m.sg.): 1.14:III:50.
√*zwd* "mit Proviant versorgen"(?) (ar. √*zwd*)
tzd /tazûd-/ (2.m.sg. ?): 1.1:V:27.
tzd[ ] /tazûd-/ (Person unklar): 1.24:8.
tzdn /tazûd-/ (Person unklar): 1.24:12.
√*kwn* "sein; bereitstehen"
ykn /yakûn-/ (3.m.sg.): 1.17:I:25.42; 1.103+:3.5.12; 1.163:1(10).3(13); 2.75:7.
tkn /takûn-/ (3.f.sg.): 1.5:III:6 (alt.: PK^K 3.pl.); 1.14:I:15; 1.140:8' (*tk[n]*).
tknn /takûnūna/ (PK^L 3.m.pl.): 3.3:6.9.
√*lyn* "die Nacht verbringen"
yln /yalîn-/ (3.m.sg.): 1.17:I:5$^!$.15.
√*mwt* "sterben"
ymt /yamût-/ (3.m.sg.): 2.82:19; (?) 6.30:1 (alt.: Pl. zu Subst. *ym* "Tag").
tmt /tamût-/ (3.f.sg.): 1.14:I:16.
tmt /tamût-/ (2.m.sg.): 1.16:I:4.18 und 1.16:II:40 (jeweils *tmt-n* [+ En.]).
amt /ʾamûtu/ (PK^L 1.c.sg.): 1.17:VI:38.
tmtn /tamûtūna/ (3.m.pl.): 1.16:I:22; 1.16:II:43; (?) 1.94:28.
√*nwḥ* "klagen, weinen"
tnḥn /tanûḥūna/ (3.m.pl.): 1.15:I:7.
√*nwḫ* "zur Ruhe kommen, sich ausruhen"
tnḫ /tanûḫ-/ (3.f.sg.): 1.6:III:19; 1.17:II:13.
anḫ /ʾanûḫ-/ (1.c.sg.): 1.6:III:18 und 1.17:II:13 (jeweils *anḫ-n*).
√*nws* "fliehen, zurückweichen"
yns /yanus/ < **yanûs* (PK^K 3.m.sg): 1.4:III:5.
√*ʿyn* "sehen, schauen"
yʿn /yaʿin/ < **yaʿîn* (PK^K 3.m.sg.): 1.3:I:23; 1.10:II:14.15; 1.14:I:21.22; 1.17:V:11(2x).

tʿn /taʿin/ (PK^{K} 3.f.sg.): 1.3:II:23; 1.3:IV:39; 1.4:II:14.27; 1.10:II:27.28.
tʿn /taʿînu/ (PK^{L} 3.f.sg.): 1.3:I:15.

√*ʿwy* "sich abwenden"(?)
tʿw[ ]: 2.77:14.

√*ʿwl* "angreifen; etwas Böses antun"(?) (vgl. ar. √*ġwl* [§32.146.33a])
yʿl /yaʿûlu/ (PK^{L} 3.m.sg.): 1.127:30 (alt.: √*ʿll*$_{(1)}$ "etwas Böses antun" od. √*ʿly* hinaufsteigen" oder √*ʿll*$_{(2)}$ "eindringen").

√*ʿwr* "erregen"
tʿr[ ] (3.f.sg. od. 3.m.pl.): 1.12:II:30.

√*ʿwp* "fliegen"
tʿpn /taʿûpūna/ (3.m.pl.): 1.19:III:44.

√*ġwr* "niedersinken"
yġr /yaġur/ < **yaġûr* (PK^{K} 3.m.sg.): 1.2:IV:6.

√*pwq* "erlangen, erhalten; sich nehmen"
ypq /yapûq-/ (3.m.sg.): 1.14:I:12; 1.103+:13.29; 1.140:11' (*yp[q]*).
tpq /tapûqū/ (PK^{K} 3.m.pl.): 1.4:III:41 (*[tp]q*).

√*ṣw/yd* "(jagend) umherstreifen, jagen" (alt.: √*ṣdd* "sich wenden, umherstreifen")
yṣd /yaṣû/îd-/ (3.m.sg.): 1.12:I:34; 1.108:12.
tṣd /taṣû/îd-/ (3.f.sg.): 1.5:VI:26; 1.23:16; 1.17:VI:40 (*tṣd-n*; alt.: 3.f.pl.).
aṣd /ʾaṣû/îd-/ (1.c.sg.): 1.6:II:15.
tṣdn /taṣû/îdâni/ (3.m./f.du.): 1.23:68 (3.m.du.); 1.114:23 (3.f.du.).

√*ṣy/wḥ* "rufen, schreien"
yṣḥ /yaṣî/ûḥ-/ (3.m.sg.): 1.1:II:17; 1.3:V:35.36; 1.4:I:4.6; 1.4:IV:30.47.48; 1.4:VII:22.53; 1.5:II:21 (*w aṣḥ* für *w yṣḥ*); 1.5:II:21 (*yṣḥ-n*); 1.5:IV:5; 1.5:VI:22; 1.6:I:43; 1.6:II:37; 1.6:III:17; 1.6:V:11; 1.6:VI:13; 1.8:II:6; 1.10:II:19; 1.14:V:14.23; 1.15:IV:2; 1.16:IV:6; 1.16:VI:16.41; 1.17:II:12; 1.17:V:15; 1.19:I:49; 1.19:II:48; 1.19:III:1.12.16.26.30.42.51; 1.19:IV:3.20 (einschließlich sicher zu ergänzender Belege); RS92.2014:1 (*yṣḥ-k*); RS92.2016:33'.
tṣḥ /taṣî/ûḥ-/ (3.f.sg.): 1.2:III:15; 1.3:III:36; 1.4:II:21.29; 1.4:V:26; 1.6:I:11.39; 1.6:II:11-12 (*t[ṣ]\ḥ*); 1.6:IV:9; 1.6:VI:23; 1.15:III:27; 1.16:II:13; 1.17:VI:16.53; 1.18:I:23; 1.18:IV:7; 1.23:32.33; 1.161:19 (einschließlich sicher zu ergänzender Belege).
aṣḥ /ʾaṣî/ûḥ-/ (1.c.sg.): 1.5:III:9.18.25; 1.22:II:19; 1.21:II:2.10* und 1.22:II:3-4.9 (jeweils *aṣḥ-km*); RS92.2014:2 (*aṣḥ-k*).
tṣḥ /taṣî/ûḥâ/ (PK^{K} 3.m.du.): 1.5:II:17; 1.5:VI:3.
tṣḥn /taṣî/ûḥâni/ (PK^{L} 3.m./f.du.): 1.14:VI:39; 1.19:II:40; 1.23:39.43.46 (jeweils 3.f.du.).

√*qyl* "niederfallen"
yql /yaqîl-/ (3.f.sg.): 1.1:II:16; 1.1:III:24; 1.2:III:6; 1.2:IV:23.25; 1.10:II:18; 1.19:III:18.23; 1.163:14'(7).
tql /taqîl-/ (3.f.sg.): 1.4:IV:25; 1.6:I:37; 1.17:VI:50; 1.19:I:3; 1.19:III:32.37; (?) 1.164:13 (*[ ] tql ḫmš[ ] \ [ʿš]rh npš*).
tql /taqîl-/ (2.m.sg.): 1.16:VI:57 (*tql-n* [+ En.]).

tqln /*taqîlūna*/ (PK^L 3.m.pl.): 1.19:III:3 (alt.: PK^K + En.); 1.19:III:9 (*tq!ln*; alt.: PK^K + En.); 1.46:11 (*yq[ln]*); 1.109:4.
tqln /*taqilna*/ < **taqîlna* (3.f.pl.): 1.103+:1.
√*qwm* "aufstehen"
yqm /*yaqûm-*/: 1.4:III:13; 1.10:II:17.
tqm /*taqûm-*/: 1.82:39(2x).
√*rwẓ* "laufen"
yrẓ /*yarûẓu*/ (3.m.sg.): 1.6:I:50 (alt. Lesung: *yrq*).
√*ry/wm* "hoch sein; sich hoch aufrichten"
trm /*tarî/ûm-*/ (3.f.sg.): (?) 1.16:II:26 (alt.: 2.m.sg.); 1.23:32.
√*šyr* "singen"
yšr /*yašîr-*/ (3.m.sg.): 1.3:I:18.20; 1.17:VI:31; 1.106:15; 1.108:3; 1.112:21.
tšr /*tašîr-*/ (3.f.sg.): 1.101:17.
ašr /*ʾašîr-*/ (1.c.sg.): 1.24:1.38.40.
√*šyt* "stellen, legen, setzen; festsetzen"
yšt /*yašît-*/ (3.m.sg.): (?) 1.2:IV:27 (alt.: √*štt* [§75.62a]); 1.3:IV:25; 1.4:IV:14 (*yšt-n*); 1.15:II:9; 1.19:IV:5 (*yšt-k*); 1.23:36.38; 1.24:34; 1.108:13; 1.164:2; 1.169:13(2x) (*yšt-k*); 1.175:13 (alt.: √*šty*); 1.175:17* (alt.: √*šty*); 2.38:27; 2.42:16; 2.66:3 (*yšt-k*); (?) 7.51:24.
tšt /*tašît-*/ (3.f.sg.): 1.3:III:4; 1.6:I:15 (*tšt-h*); 1.6:I:17 (*tšt-nn*); 1.15:IV:25 (*tšt-n*); 1.15:V:8 (*tšt-n*); 1.16:I:34; 1.18:IV:28 (*tšt-n*); 1.19:I:10; 1.19:II:10 (*tšt-nn*); 1.19:II:18.25 (*tšt-k*); 1.19:IV:44.45.59*; 1.92:9; 1.101:16.
tšt /*tašît-*/ (2.m.sg.): 1.4:V:64; 1.4:VI:8; 2.7:7; 2.31:14; 2.71:15.
tšt /*tašîtī*/ (PK^K 2.f.sg.): 1.18:I:18; 2.30:24.
ašt /*ʾašît-*/ (1.c.sg.): 1.3:IV:23 (*[aš]t*); 1.3:IV:29; 1.4:VI:5.61; 1.4:VII:15 (*ašt-m*); 1.5:III:11; 1.5:V:5 (*ašt-n*); 1.18:IV:17 (*ašt-k*); 1.19:III:6.20; 1.19:III:34 (*ašt-n*); 2.33:12(2x).28.
√*ṯwb* "zurückkehren"
yṯb /*yaṯûb-*/ (3.m.sg.): 1.3:IV:54.55; 1.4:VII:42 (alt.: √*wṯb*); 1.6:V:20; 1.6:VI:12; 1.10:I:9 (alt.: √*wṯb*); 1.10:I:17; 1.18:IV:7 (alt.: √*wṯb*); 1.19:IV:19.62; 1.20:II:8; 1.171:6; 2.31:40 (alt.: √*wṯb*).
tṯb /*taṯûb-*/ (3.f.sg.): 1.3:IV:21; 1.16:VI:10 (alt.: √*wṯb*); (?) 1.82:35; 1.96:9.10.11.12; 1.96:13*.
tṯb /*taṯûb-*/ (2.m.sg.): 1.4:VI:2.15; 1.4:VII:24 (*tṯb-n*).
nṯb /*naṯûb-*/ (1.c.pl.): (?) 2.36+:9.

75.523. Formen des G-Imperativs

√*ʾwr* "hell sein; leuchten"
ar /*ʾârī*/ (f.sg.): 1.24:38.
√*byn* "aufmerken"
bn /*bin*/ < **bîn* (m.sg.): 1.4:V:60; evtl. 1.82:3.
√*bwṯ* (od. √*bṯṯ*) "zerreißen, vernichten" (alt.: √*bwṯ* "sich schämen")
bṯ /*bṯ*/ < **bâṯ* (m.sg.): 1.2:IV:28.29.
√*gwr* "sich als Fremder aufhalten"
? *gr* /*gûrī*/ (f.sg.): 1.19:III:47 (alt. Imp. m.sg. oder Nominalform).

√*ḥwš* "eilen, sich beeilen"
ḥš /*ḥuš*/ < **ḥûš* (m.sg.): 1.1:III:27; 1.2:III:10 (*[ḥ]š*); 1.4:V:51.52.53.54.
√*ḫyl* "kreißen"
ḫl /*ḫîlī*/ (f.sg.): 1.12:I:25.
√*ʿyn* "sehen, schauen"
ʿn /*ʿin*/ (m.sg.): 1.4:II:30.
ʿn /*ʿînâ*/ (c.du.): 1.4:VII:53 und 1.8:II:6 (alt.: √*ʿny*).
√*ʿwp* "fliegen"
ʿp /*ʿûpī*/ (f.sg.): 1.13:8.
√*ṣy/wḥ* "rufen, schreien"
ṣḥ /*ṣi/uḥ*/ < **ṣî/ûḥ* (m.sg.): 1.4:V:13.29; 1.16:I:28; 1.16:IV:3.16.
ṣḥ /*ṣî/ûḥī*/ (f.sg.): 1.15:IV:6.
√*qyl* "niederfallen"
ql /*qîlâ*/ (c.du.): 1.1:III:3; 1.3:III:10; 1.3:VI:19; 1.4:VIII:27.
√*qwm* "aufstehen"
qm /*qûmī*/ (f.sg.): 1.15:IV:11 (Kontext abgebrochen).
√*šyr* "singen"
šr /*šîrī*/ (f.sg.): 1.16:I:43.
√*šyt* "stellen, legen, setzen; festsetzen"
št /*šit*/ < **šît* (m.sg.): 1.1:III:8; 1.4:IV:5*; 1.124:6.7.9; 2.10:18; (?) 2.60:3.
št /*šîtī*/ (f.sg.): 1.1:II:19; 1.3:III:15; 1.3:IV:9; 1.19:II:4.
√*twr* "herumgehen, umherziehen"
tr /*tur*/ < **tûr* (m.sg. ?): 1.16:III:2.
√*ṯwb* "zurückkehren"
ṯb /*ṯub*/ < **ṯûb* (m.sg.): 1.4:V:42; 1.17:VI:42(2x); 1.18:IV:16; (?) 2.8:3.

75.524. Formen der G-Suffixkonjugation

√*bwʾ* "kommen"
bat /*bâʾat*/ < **bawaʾat* (3.f.sg.): 1.19:IV:51.52.
√*byn* "(auf-)merken, verstehen, kennen"
bn /*bâna*/ (3.m.sg.): 1.107:6; evtl. ferner 1.13:22 (alt.: G-Ptz.).
√*bwš* "zögern, zaudern"
bštm /*bâštumâ*/ (2.c.du.): 1.1:III:18; 1.3:IV:33.
√*ḫwr* "matt, schwach sein (Pferd)"(?) (vgl. ar. √*ḫwr* "schwach, matt sein"; äth. *ḫəwwər* "schwach, kränklich") (alt.: √*ḫrr*).
ḫr /*ḫâra*/ (3.m.sg.): 1.85:5.7 (ferner zu ergänzen in 1.71:5.7 und 1.72:6.9).
√*kwn* "sein, bereitstehen"
kn /*kâna*/ (3.m.sg.): 2.7:10; 4.624:1 (alt.: 3.m.pl.).
√*kwr* "heiß, zornig, wütend sein; ergrimmen; in Wut entbrennen über"
kr /*kâra*/ (3.m.sg.): 1.6:V:9 (n.L.; siehe Tropper 1999e).
√*lyn* "die Nacht verbringen"
? *lnt* (2./1. Person): 1.82:31 (ohne Kontext).
√*mwt* "sterben"
mt /*mâta*/ (3.m.sg.): 1.2:IV:32; 1.5:VI:9.23; 1.6:I:6.41.
mtt /*mât(a)tu*/? (1.c.sg.): 1.2:IV:1.

mtt /*mât(a)ta*/? (2.m.sg.): 1.5:V:17.
√*nwḫ* "zur Ruhe kommen, sich ausruhen"
nḫt /*nâḫ(a)tu*/ od. /*nuḫtu*/ (1.c.sg.): 2.11:14 (vgl. akan. *nu-uḫ-ti* EA 147:56).
√*nws* "fliehen, zurückweichen"
ns /*nâsa*/ (3.m.sg.): 2.40:15.
√*nwr* "hell sein, leuchten"
nr /*nârū*/ (3.m.sg. [alt.: 3.m.sg.]): 2.13:18; 2.16:9.
√*ᶜws* "in der Nacht umherstreifen" (vgl. ar. √*ᶜws*, √*ᶜss*, √*ᶜsᶜs*) (alt.: √*ᶜss*)
ᶜs[t] /*ᶜâs(a)ti*/ (2.f.sg.): 1.4:IV:34 (Lesung unsicher).
√*pwq* "erlangen, erhalten; sich nehmen"
pq /*pâqa*/ (3.m.sg.): 1.107:6.
pq /*pâqū*/ (3.m.pl.): 1.4:VI:56; 1.5:IV:13.
√*ṣyd* "zu essen geben" (he. √*ṣyd*; vgl. ar./aram. √*zwd*)
ṣd /*ṣâda*/ (3.m.sg.): 1.114:1 (alt.: Subst. *ṣd* "Jagd" [vgl. √*ṣw/yd*]).
√*ṣy/wḥ* "rufen, schreien"
ṣḥ /*ṣâḥa*/ (3.m.sg.): 1.1:IV:2.4; 1.4:V:36; 1.4:VI:44.45; 1.5:I:22 (*ṣḥ-n*); 1.114:2.
ṣḥt /*ṣâḥ(a)tu* (1.c.sg.): 1.15:IV:27, 1.15:V:10 und 1.15:VI:4 (jeweils *ṣḥt-km*).
√*qyl* "niederfallen"
ql /*qâla*/ (3.m.sg.): 1.6:VI:21.22; 1.114:21; 3.1:5 (alt. √*qll*).
qlt /*qâl(a)tu*/ (1.c.sg.): 2.12:11; 2.13:6; 2.24:7; 2.30:5; 2.33:4; 2.40:8; 2.42:5; 2.45:12; 2.51:3; 2.64:7 (*q[lt]*); 2.64:16; 2.68:7; 2.81:6 (*[ql]t*); 2.82:3.
qlt (2.m.sg. od. 1.c.sg.): 2.8:3.
qlny /*qâl(a)nayâ*/ (1.c.du.): 2.11:7; 2.70:10.
√*qwm* "aufstehen"
qm /*qâma*/ (3.m.sg.): 1.2:I:21; 1.3:I:4.18.
√*rym* "hoch, erhaben, erhoben sein"
rm /*râma*/ (3.m.sg.): 1.15:III:13; 1.113:1.5.
rm /*râmū*/ (3mp): 1.113:3.8.
√*šyt* "stellen, legen, setzen; festsetzen"
št /*šâta*/ (3.m.sg.): 1.3:IV:41; 1.4:IV:10; 1.4:V:45 (alt.: 3.m.pl. [unpersönliche Konstruktion]); 1.18:IV:14; 2.47:15; 3.1:17; 3.9:5 (alt.: SK 1.c.sg.); 6.29:2.
štt /*šâtat*/ (3.f.sg.): 1.4:II:8.
štt /*šât(a)ta*/? (2.m.sg. ?): 2.36+:7.
štt /*šât(a)tu*/? (1.c.sg. ?): 2.36+:47.
št /*šâtâ*/ (3.m.du.): 1.23:61 (alt.: Gp-SK 3.m.sg.).
√*ṯwb* "zurückkehren"
ṯb /*ṯâba*/ (3.m.sg.): 1.4:VII:8; 2.33:39; 2.70:16.
ṯb /*ṯâbū*/ (3mp): 3.4:19; 4.339:1.

75.525. Formen des G-Partizips (aktiv)

a. Formen mit "schwacher" Bildung:
√*byn* "(auf-)merken, verstehen, kennen"
bn /*bân-*/ od. /*bên-*/ < **bāyin-*: 1.13:22 (alt.: G-SK 3.m.sg.).
√*ṭwḫ* od. √*ṭyḫ* "verputzen, verschmieren"
ṭḫ /*ṭâḫ-*/ (sg.cs.): 1.17:I:32; 1.17:II:6.22.

√*kwn* "feststehen, fest verankert / unbeweglich sein"
knm$^{?}$ (m.pl. abs.): 1.23:54 (*kbkbm knm* "Fixsterne" [?]).
√*qwm* "aufstehen"
qm /*qâm-*/ (m.pl. cs.): 1.10:II:25.
qmm /*qâmâmi*/ (m.du. abs.): 1.2:I:31.
√*šyr* "singen"
šr /*šâr-*/ (m.sg.): 1.106:15& (Berufsbezeichnung "Sänger").

Anm. Vgl. auch das Nomen *št* "Herrin, Dame" (1.18:IV:6*.27&), viell. ein fem. Ptz. der Wz. √*šwd*: /*šâ/êtt-*/ < **šā(y)idt* < **šāwidat-* (vgl. ar. *sitt* und *sayyidat*).

b. Mögliche Formen mit "starker" Bildung (vgl. aber §75.521d):
√*qwm* "aufstehen"
qym /*qāyimū*/ (m.pl. cs., Nom.): 1.22:I:5.
√*swr* "abbiegen, sich entfernen"
syr /*sāyira*/ (m.sg. abs., Ak.): 2.40:14.

75.526. Formen des G-Infinitivs/Verbalsubstantivs

a. MphT {*qatāl*} (Inf.abs.):

√*ˀwd* "belasten, besteuern"(?)	*ad* /*ˀâd-*/ < **ˀawād-*: 2.26:20 (alt.: Ptz.akt.).
√*bwˀ* "kommen"	*bu* /*bâˀu*/ < **bawāˀu*: 1.16:VI:3; 1.169:18.
√*dwṯ* "zertreten"	*dṯ* /*dâṯ-*/ < **dawāṯ-*: 1.18:I:19.
√*mwt* "sterben"	*mt-m* /*mât-*/ < **mawāt-*: 1.17:VI:38.
√*ṣy/wḥ* "rufen, schreien"	*ṣḥ* /*ṣâḥ-*/ < **ṣay/wāḥ-*: 1.23:69.
√*qw/yn* "sich aufrichten"(?)	*qn* /*qân-*/ < **qaw/yān-*: RS92.2014:7 (§74.511a, √*qw/yn*).
√*šyt* "stellen, legen"	*št* /*šât-*/ < **šayāt-*: 1.103+:42.
√*twr* "herumziehen"	*tr* /*târ-*/ < **tawār-*: 1.4:V:21 1.10:II:11.28.29(2x); 1.10:II:17; 1.17:VI:46 (§73.513.6, √*twr*).
√*ṯwb* "zurückkehren"	*ṯb* /*ṯâb-*/ < **ṯawāb-*: 1.40:35.

b. Anders gebildete Verbalsubstantive (MphTT {*qi/utl*}):

√*ḥwš* "eilen, sich beeilen"	*ḥš-* /*ḥûš-*/?: 1.1:II:21; 1.1:III:10; 1.3:III:18; 1.3:IV:11 (jeweils *ḥš-k*).
√*ḫyl* "beben, kreißen"	*ḫl* /*ḫîl-*/?: 1.10:II:29.
√*ˁwp* "fliegen"	*ˁp* /*ˁûp-*/?: 1.10:II:23.

75.527. Formen abgeleiteter Verbalstämme

a. Formen des Gp-Stamms:
PK √*dwk* Gp "zerstoßen werden"
ydk /*yudâku*/ (PK^L 3.m.sg.): 1.71:10.17; 1.85:2.6.8.14.17.19.22.28; 1.85:11 (*[yd]k*); 1.97:7; 1.175:12 (*[y]dk*).
tdkn /*tudâkūna*/ (PK^L 3.m.pl.): 1.72:39; 1.97:4 (*td[kn]*).
√*dwṯ* Gp "zertreten werden"
ydṯ /*yudâṯ*/ (PK^{K}v 3.m.sg.): 1.18:I:19.

√*šyt* Gp "gelegt werden"
yšt /*yušâtu*/ (PK^{L} 3.m.sg.): 1.114:29.31.
tšt /*tušât*/ (PK^{K}i 3.f.sg.): 1.4:VI:22.
? *tštn* /*tušâtūna*/ (PK^{L} 3mp): 1.104:20.

SK √*nwb* (od. √*nbb*) Gp "überzogen sein" (vgl. ar. √*nwb* "vertreten, zustoßen, zufallen, über jmdn. kommen")
nbt /*nîbat*/ < **nuwibat* (3.f.sg.): 1.4:I:31 (alt.: G-SK /*nîbat*/).
√*šyt* Gp "gelegt/gesetzt werden"
št /*šîta*/ (3.m.sg.): 4.338:3.
štt /*šîtat*/ (3.f.sg.): 1.4:III:14.

Inf. √*dwṯ* Gp "zertreten werden"
dṯ: 1.18:I:19 (alt.: G-Inf.).

b. Formen des Gt-Stamms:

PK √*my/wʿ* Gt "(immer wieder) in Wasser einweichen; waschen"
tmtʿ /*timtâʿ(u)*/ (PK 3.f.sg.): 1.4:II:6 (alt.: √*mtʿ* G-PK).
√*nwʿ* Gt "aneinander rütteln"
ytʿn /*yittâʿâni*/ < **yintawVʿâni* (PK^{L} 3.m.du.): 1.6:VI:16.
√*ʿwd*, Bed. unsicher
tʿtd: 1.5:III:5.
√*ġwr* Gt "angreifen"(?)
yġtr /*yiġtâru*/? (PK^{L} 3.m.sg.): 1.103+:39.
√*pwq* Gt "erhalten"
tptq /*tiptâq-*/ (PK 2.m.sg. od. 3.f.sg.): 1.1:V:27 (Deutung unsicher).
√*ṯyn* Gt "Harn ablassen" (alt. Sekundärwurzel √*ṯtn* [G-Stamm])
yṯtn /*yiṯtânu*/ < **yiṯtayVnu*/ (PK^{L} 3.m.sg.): 1.71:9; 1.85:9.

c. Formen des N-Stamms:

SK √*ʿwr* N "aufwachen; aufgeweckt werden"
nʿr /*naʿâra*/ (3.m.sg.): 1.114:28.

Ptz. √*ʾwr* N "glanzvoll, herrlich sein" (?)
? *nar* /*naʾâr-*/ (m?.sg.): 1.10:II:20 (z. Disk. siehe §74.35).

d. Formen des L-Stamms (Variante des D-Stamms):

PK √*ḫws* L "erregen, (an-)reizen" (alt.: √*ḫss* L [§75.673])
yḫss-k /*yuḫāsis-*/ (PK^{K}i 3.m.sg.): 1.4:IV:39.
√*kwn* L "erschaffen"
yknn /*yukānin*/ (3.m.sg.): 1.3:V:36 und 1.4:IV:48 (*yknn-h*); 1.10:III:6 (*yknn-[n]*).
√*ʿwd* L "zurückbringen"(?)
? *tʿdd-n* /*tuʿādid-*/ (3.m.pl.): 1.5:IV:25 (ohne Kontext).
√*ʿwr* L "erregen"
tʿrr-k /*tuʿārir*/ (PK^{K} 3.f.sg.): 1.4:IV:39.
√*rym* L "aufrichten, errichten"
yrmm /*yurāmim*/ (3.m.sg.): 1.9:9.
trmm /*turāmim*/ (2.m.sg.): 1.2:III:9 (*[trm]m*); 1.2:III:10 (*trm[m-n]* [n.L.]); 1.4:V:54 (*trmm-n*).

trmm /*turāmimū*/ (PK^{K} 3.m.pl.): 1.4:VI:17.

√*ṯwb* L "umwenden"

ṯṯbb /*tuṯābib*/ (2.m.sg. od. 2.f.sg.): 1.169:19 (alt.: Lesung *ṯṯb b riš*).

Imp. √*rym* L "aufrichten"

rmm /*rāmim*/ (m.sg.): 1.2:III:7; 1.4:V:52.

SK √*nwṭ* (alt.: √*nṭṭ*) L "in Schrecken versetzen, zum Zittern bringen"

nṭṭt /*nāṭiṭat*/? (3.f.sg.): 1.82:9.

Vsubst. √*rym* L "aufrichten"

trmmt "Erhöhung": 1.6:VI:44.

e. Formen des Lp-Stamms (Variante des Dp-Stamms):

PK √*ʿwr* Lp "erregt werden"

? *yʿrr* /*yuʿārar*/? (PK 3.m.sg.): 1.24:30.

√*pw/yd* (alt.: √*pdd*) Lp "verbraucht, abgenutzt sein (Kleidung)"

ypdd /*yupādadu*/ (PK^{L} 3.m.sg.): 4.182:61.63.

Ptz. √*twr* Lp (?) "mit (einer) Deichsel versehen werden" (denominiert)

? *mtrt* /*mutâr(r)āt-*/ < **mutârarāt-* (f.pl.): 4.180:3 (§74.523).

f. Formen des tL-Stamms (Variante des Dp-Stamms):

PK √*byn* tL "(genau) achten auf; verstehen"

itbnn /*ʾitbānin-*/ (PK 1.c.sg.): 1.169:17 (*itbnn-k*).

√*ʿwd* tL "erwidern"

ytʿdd /*yitʿādid*/ (PK^{K} 3.m.sg.): 1.4:III:11.

g. Formen des Š-Stamms:

PK √*ḫyṭ* Š "aufwecken"

tšḫṭn-nn /*tušaḫîṭūna-*/ (Š-PK^{L} + En. + OS 3.m.sg.): 1.19:III:45.

√*kwn* Š "erschaffen, bereitstellen, bestimmen"

yškn /*yušakîn*/ (3.m.sg.): 2.46:13.

aškn /*ʾašakînu*/ (1.c.sg.): 1.16:V:26.27; 2.26:5.

tškn /*tušakîn-*/ (2.m.sg.): 2.47:3.5 (*tškn-n*).

tšknn- /*tušakînūna-*/ (PK^{L} 3.m.pl.): 2.7:9-11 (*tšknn-nn*).

√*ṣw/yq* Š "bedrängen; packen"

tšṣq /*tušaṣîq-*/ (3.f.sg.): 1.6:II:10 (*tšṣq-n[h]*).

√*qyl* Š "niederwerfen, niederschlagen"

ašql- /*ʾašaqîlu-*/ (PK^{L} 1.c.sg.): 1.17:VI:44 (*ašql-k*).

? *yšql* /*yušaqîl*/ (PK^{K}v 3.m.sg.): 1.23:10 (alt.: Šp-PK).

? *yšql*: 1.107:4 (ohne Kontext; alt.: √*šql* G-PK).

√*ṯwb* Š "zurückbringen, zurückschicken; (Wort) wiederholen"

yṯṯb /*yuṯaṯîb-*/ < **yušaṯîb-* (3.m.sg.): 1.41:45.46; 1.112:20 (alt.: 3.m.du.); 1.126:21; 2.57:12.

tṯṯb /*tuṯaṯîb*/ (PK^{K}v 3.f.sg.): 2.12:14.

tṯṯb /*tuṯaṯîb*/ (PK^{K}v 2.m.sg.): 2.4:7; (?) 2.35:7 (Lesung sehr unsicher).

tṯṯbn /*tuṯaṯîbūna*/ (PK^{L} 3.m.pl.): 1.41:54 (*t[ṯ]ṯbn*); 1.53:6; 3.4:17.

tṯṯb /*tuṯaṯîbâ*/ (PK^{K}i 3.f.du.): 1.114:27.

tṯṯb /*tuṯaṯîbâ*/ (PK^{K}v 2.c.du.): 2.6:14 (alt.: 2.m.sg.).

Imp. √*ṯwb* Š "zurückbringen, zurückschicken; (Wort) wiederholen"
ṯṯb /*taṯîb*/ < **šaṯîb* (m.sg.): 1.14:III:32; 2.14:18; 2.38:9; 2.64:19 (*[ṯṯ]b*).
ṯṯb /*taṯîbī*/ (f.sg.): 2.11:17; 2.13:13; 2.34:9; 2.46:8; 2.50:5; 2.68:17; 2.71:8; 2.72:9 (*ṯṯ<b>*).
ṯṯb (m.sg. od. f.sg.): 2.58:2 (*ṯṯb[ ]*); 2.65:5.
SK √*kwn* Š "erschaffen, bereitstellen, bestimmen"
škn /*šakîna*/ (3.m.sg.): 2.33:23.
šknt /*šakînta*/ (2.m.sg.): 2.36+:12; (?) 1.117:8; (?) 2.20:4.
√*pwq* Š "erlangen lassen; darreichen"
špq /*šapîqa*/ (3.m.sg.): 1.4:VI:47.48.49.50.51.52.53.54.
√*ṣw/yq* Š "bedrängen"
šṣq /*šaṣîqa*/ (3.m.sg.): 2.33:27.
√*qyl* Š "niederwerfen, niederschlagen"
šql /*šaqîla*/ (3.m.sg.): 1.4:VI:41; 1.22:I:12.
? *šqlt* /*šaqîlta*/ (2.m.sg.): 1.16:VI:32 und 1.16:VI:44 (eher √*šql*).
Inf. √*ṯwb* Š "zurückbringen, zurückschicken; (Wort) wiederholen"
ṯṯb: 2.38:23; (?) 1.106:32 (alt. Š-SK); evtl. ferner: 1.106:23. (*ṯ<ṯ>b*).
Vsubst. √*nwp* Š "erheben, erhöhen"
šnpt "Erhebung; Erhöhungsopfer" (ein Opferterminus): 1.119:13.

h. Formen des Šp-Stamms:
PK √*nwp* "erhöht werden; als Erhebungsopfer(?) dargebracht werden"
tšnpn /*tušanâpūna*/ (PK^{L} 3.m.pl.): 1.50:6.
√*qyl* "niedergeworfen werden"
? *yšql* /*yušaqâl*/ (3.m.sg.): 1.23:11 (alt.: Š-PK).
SK √*kwn* Šp "bestimmt sein"
škn /*šukâna*/ (3.m.sg.): 4.280:14.

i. Formen des Št-Stamms:
PK √*kwn* "(für sich selbst) machen/bestimmen"
yštkn /*yVštakinu*/ (PK^{L} 3.m.sg.): 1.4:VII:44.

75.528. Nicht sicher deutbare Formen

√*kwr* "sich winden, sich schlängeln" (alt.: √*krr* od. √*nkr*)
ykr (PK 3.m.sg.): 1.100:62.
√*ṯwb* "zurückkehren"
ṯṯb (PK): 2.82:15.
√*šyt* "setzen, legen" od. √*šty* "trinken"
tšt 1.83:9; *yšt* 1.139:12; *št[ ]* 1.48:9.

75.529. Zusammenfassendes Paradigma

Das folgende Paradigma enthält nur signifikante Formen II-*w* und II-*y* (Paradigmenwurzeln √*qwm* "aufstehen" [kursiv] und √*šyt* "legen" [aufrecht]; Formen II-*y* stimmen in abgeleiteten Stämmen mit Formen II-*w* überein):

	PK^L	Imp. (m.sg./pl.)	SK	Ptz.	Inf.abs.
G	*yaqûmu*	*qum/qûmū*	*qâma*	*qâm*-(?)	*qûm*-(?)
	yašîtu	šit/šîtū	šâta	šât-(?)	šît-(?)
L	*yuqô/âmimu*	*qô/âmim*		*muqô/âmim-*	?
Lp	*yuqô/âmamu*				
tL	*yitqô/âmimu*				
Š	*yuš(a)qîmu*	*šaqim/šaqîmū*	*šaqîma*	*muš(a)qîm-*	

75.53. Verben III-*w/y* (Verben *tertiae infirmae*)

75.531. Einführung

75.531 a. Das Paradigma der Verben III-*w/y* ist gekennzeichnet durch ein Nebeneinander von Formen mit und ohne (konsonantischem/n) drittem/n Radikal. In ursprünglich silbenschließender Position (auch im absoluten Wortauslaut) erscheint der schwache dritte Radikal immer vokalisch (Diphthongkontraktionen **iy* > /*î*/, **ay* > /*ê*/, **uw* > /*û*/, **aw* > /*ô*/ [§33.311]). In intervokalischer Position wird er je nach Vokalumgebung teilweise als Konsonant bewahrt (z.B. *ybky* = /*yabkiyu*/ "er weint" [G-PK^L 3.m.sg.]), teilweise wird der betreffende Triphthong kontrahiert. Welche Tripththonge dabei im einzelnen bewahrt bleiben und welche kontrahiert werden, ist trotz umfangreicher Untersuchungen nach wie vor nicht vollständig geklärt. Es ist davon auszugehen, daß die bei nominalen Formen zu beobachtenden Triphthongregeln (§33.32) zumindest weitgehend auch im verbalen Bereich gültig sind. Bisweilen scheinen nebeneinander paradigmatisch-identische Formen mit und ohne Kontraktion zu existieren (z.B. SK 3.m.sg.). Die Thematik ist komplex, weil die zugrundeliegenden Themavokale nicht immer bekannt und morphologische Kategorien oft nicht eindeutig zu identifizieren sind. So ist etwa die Abgrenzung von PK^K vs. PK^L oder SK vs. Inf. wiederholt nicht zweifelsfrei möglich.

75.531 b. Formen der Wurzelklassen III-*w* und III-*y* sind – zumindest orthographisch – häufig nicht sicher auseinanderzuhalten. Dennoch ist von zwei verschiedenen Paradigmen auszugehen, und zahlreiche Indizien sprechen gegen die Annahme, daß die WzK III-*w* weitgehend oder gar vollkommen in die wohl häufiger belegte WzK III-*y* überführt worden wäre. Von einem spezifischen Paradigma der WzK III-*w* zeugen folgende Formen:

- SK (3.f.sg.) der Wz. √*ʾtw* "kommen": *atwt* /*ʾatawat*/ (1.4.IV:32).
- SK (3.f.sg.) der Wz. √*ʿrw* "nackt, leer sein": *ʿrwt* /*ʿara/uwat*/ (1.14:I:7).
- PK-Formen der Wz. √*dʾw* "fliegen" (zugleich II-ʾ): 3.f.sg. *tdu* /*tadʾû*/ < **tadʾuw(u)* (1.16:VI:6.7); 2.m.sg. *tdu* /*tadʾû*/ < **tadʾuw* (1.19:III:28 [n.L.]).

- Diverse PK-Formen der Wz. *√ˁlw/y* "hinaufsteigen": PK^K 3.m.pl. *tˁl* /*taˁlû* < **taˁluwū* (2.33:37); PK^L 3.m.pl. *tˁln* /*taˁlûna*/ < **taˁluwūna* (1.20:II:4; 1.22:II:23; 1.112:7.8); PK^L 1.c.pl. *nˁl* /*naˁlû*/ < **naˁluwu* (1.119:33). Die genannten Schreibungen wären auf der Grundlage von III-*y* nicht zu erklären (man erwartet: **tˁly* /*taˁliyū*/; **tˁlyn* /*taˁliyūna*/; **nˁly* /*naˁliyu*/).
- PK^K 3.m.pl. (+ En.) der Wz. *√bnw/y* "bauen": *tbn-n* /*tabnû-nna*/ < **tabnuwū-nna* (1.4:VI:16). Auf der Basis des Paradigmas III-*y* wäre eine Schreibung **tbnyn* (= /*tabniyunna*/ < **tabniyū-nna*) zu erwarten. Daß die betreffende Wz. III-*w* ist, wird im übrigen durch die nominalen Derivate *bnwn* = /*bunwān-*/ "Gebäude" (1.16:IV:13) und *bnwt* = /*bunwat-*/ "Schöpfung" (1.4:II:11&) gestützt.
- PK^L (3.f.sg.) der Wz. *√zġw* "brüllen": *tzġ* /*tazġû*/ < **tazġuwu* (1.15:I:5; aus kontextuellen Gründen ist eine PK^L zu erwarten).

Diesen Indizien ist zu entnehmen, daß die WzK III-*w* im Ug. produktiver ist, als bisher meist angenommen wurde. Eine Differenzierung der WzKK III-*w* und III-*y*, wie sie im folgenden vorgenommen wird, ist daher sinnvoll und sachlich geboten. Sie muß allerdings in vielen Punkten offen bleiben. Die Thematik ist vor allem deshalb komplex, weil offenbar gewisse Verben, die etymologisch III-*w* sind, in bestimmten Bereichen des Paradigmas Formen gemäß der WzK III-*y* bilden, selbst wenn sie in anderen Bereichen erwartungsgemäß spezifische Formen der WzK III-*w* aufweisen. So scheinen etwa die Wz. *√ˁlw/y* "hinaufsteigen" in der SK Formen des Typs III-*y* zu bilden, obwohl die PK-Formen dem Typ III-*w* folgen. Der umgekehrte Fall könnte bei der Wz. *√ˀtw/y* "kommen" vorliegen. Hier scheint die SK (z.B. *atwt*) nach III-*w*, die PK aber nach III-*y* flektiert zu werden (z.B. *tity* = /*taˀtiyū*/ [PK^K 3.m.pl.]).

75.531 c. Sowohl PK- als auch SK-Formen III-*w*/*y* können im Ug. unterschiedliche Themavokale besitzen. Der Befund dürfte weitgehend – aber nicht vollständig – mit dem des Ar. übereinstimmen (III-*y*: *yarmī*/*ramā*, *yalqā*/*laqiya*; III-*w*: *yadˁū*/*daˁā*; *yasrū*/*saruwa*). Zur Illustration mag das folgende Diagramm dienen, in dem Kontraktionsprozesse nicht berücksichtigt sind.

III-*y*	PK /*i*/ – SK /*a*/ :	PK *{ya12iy-}* – SK *{1a2ay-}*
	PK /*a*/ – SK /*i*/ :	PK *{yi12ay-}* – SK *{1a2iy-}*
III-*w*	PK /*u*/ – SK /*a*/ :	PK *{ya12uw-}* – SK *{1a2aw-}*
	PK /*a*/ – SK /*u*/ :	PK *{yi12aw-}* – SK *{1a2uw-}*

Im wesentlichen gilt, daß die jeweils erste Zeile fientischen Verben, die jeweils zweite stativischen Verben vorbehalten ist. Da die Zahl der fientischen Verben größer ist als die der stativischen, lautet der häufigste Flexionstyp bei III-*y* sicher **ya12iy-* (PK) vs. **1a2aya* (SK), bei III-*w* **ya12uw-* (PK) vs. **1a2awa* (SK).

75.531 d. Bei SK-Formen mit konsonantisch anlautenden Personalendungen kommt es stets zu Diphthongkontraktionen. Der Kontraktionsvokal lautet beim MphT *{1a2iy}* /*î*/ und beim MphT *{1a2uw}* /*û*/, z.B. *pht* = /*pahîtu*/ < **pahiytu* "ich habe gesehen". Bei den MphTT *{1a2ay}* und *{1a2aw}* ist als Kontraktionsprodukt /*ê*/ bzw. /*ô*/ zu erwarten, z.B. *mǵt* = /*maǵêta*/ < **maǵayta* "du (m.) bist angekommen" bzw. *bnt* = /*banôtu*/ < **banawtu* "ich habe gebaut" (sofern √*bnw/y* in der SK überhaupt nach III-*w* flektiert). Möglicherweise ist *mǵt* – im Einklang mit dem he. Befund und gegen den aram. Befund – aber als /*maǵîta*/ zu vokalisieren.

Bei Antritt vokalischer bzw. vokalisch anlautender Personalendungen kommt es zur Bildung von sogenannten "Triphthongen" (§33.32). Diese werden in den überwiegenden Fällen nicht kontrahiert. Einige Beispiele:

√*ʾpy* SK 3.m.sg.: *apy* /*ʾapaya*/ (4.362:4).
√*mǵy* SK 3.m.sg.: *mǵy* /*maǵaya*/ (1.3:III:36&).
√*ʿly* SK 3.m.sg.: *ʿly* /*ʿalaya*/ (1.14:IV:2).
√*phy* SK 3.m.sg.: *phy* /*pahiya*/ (3.1:15).
√*ʾtw* SK 3.f.sg.: *atwt* /*ʾatawat*/ (1.4:IV:32).
√*ʿrw* SK 3.f.sg.: *ʿrwt* /*ʿara/uwat*/ (1.14:I:7).
√*mǵy* SK 3.f.sg.: *mǵyt* /*maǵayat*/ (1.4:II:23&).
√*mǵy* SK 3.m.pl.: *mǵy* /*maǵayū*/ (1.20:II:6; 1.22:II:25).
√*šty* SK 3.m.pl.: *šty* /*šatiyū*/ (1.4:V:48; 1.4:VI:55; 1.5:IV:15).
√*kly* N-SK 3.m.sg.: *nkly* /*naklaya*/ (4.213:24&).

Daneben gibt es offenbar auch kontrahierte Formen (§33.323.4b):

√*ʿly/w* SK 3.m.sg.: *ʿl* /*ʿalâ*/ < **ʿalay/wa* (2.30:17.19).
√*dwy* SK 3.m.sg.: *dw* /*dawâ*/ < **dawa/iya* (1.16:II:20.23).
√*šry* SK 3.m.sg.: *šr-nn* /*šarâ-*/ < **śaraya-* (1.14:IV:50).
√*ʿly/w* SK 3.f.sg.: *ʿlt* /*ʿalât*/ < **ʿalay/wat* (1.82:9.10).

Es gilt zu beachten, daß einige der in SK-Formen bewahrten Triphthongtypen im Nominalbereich regelmäßig kontrahiert werden (siehe §33.323). Möglicherweise liegen in der SK andere Akzentverhältnisse vor als bei nominalen Formen. Vielleicht waren SK-Formen 3.m./f.sg. und 3.m.pl. (in Analogie zu Formen 1./2.sg.) auf der zweiten Silben betont, und Halbvokale blieben nach betonten Vokalen bewahrt: z.B. /*maǵáya*/ anstatt /*máǵaya*/.

SV. Sollte diese Annahme zutreffen, würde das Ug. hier vom ar. Befund abweichen (Betonung der ersten Silbe: *qátala*) aber mit dem he. und aram. Befund übereinstimmen (Betonung der zweiten Silbe: *qVtál*). Man beachte in diesem Zusammenhang auch, daß gemäß der traditionellen Aussprache des Äth. in Verbalformen grundsätzlich die vorletzte betont wird (z.B. *nabára*, *qatálat*), während bei anderen Wortarten der Akzent auf der Ultima ruht.

Da auch ug. Prosatexte unkontrahierte SK-Formen III-*w*/*y* der 3. Person m.sg. bezeugen, kann die Personalendung /*-a*/ (SK 3.m.sg.) auch im "Spätugaritischen" noch nicht geschwunden sein (vgl. etwa *pdy* = /*padaya*/ [3.4:2.12]) (§73.331.1).

75.531 e. In der PK und analog im Imp. werden (bei endungslosen Formen) auslautende (steigende) Diphthonge immer kontrahiert. Es ist denkbar, daß das Kontraktionsprodukt im Ug. – wie in einer Reihe anderer sem. Sprachen – im Auslaut sekundär gekürzt wird (vgl. etwa akk. *ibni* < **ibniy* [so zumindest GAG § 105], he. *yigæl* < **yigli* < **yigliy* und ar. *yarmi* < **yarmiy* [jeweils PK^K 3.m.sg.]).

Zugunsten dieses Phänomens sprechen vielleicht PK^{K}-Belege der Wz. *√ḥy/wy* "leben" wie etwa *yḥ* "er soll leben". Der Schwund des zweiten Radikals läßt sich hier einfacher erklären, wenn man von einer Kürzung des Auslautvokals ausgeht: *yḥ* = */yaḥî/* < **yaḥyi* < **yaḥyî* < **yaḥyiy*. Da jedoch sichere Anhaltspunkte fehlen, wird die Möglichkeit der Vokalkürzung in der folgenden Vokalisierung der Verbalformen III-*w/y* nicht berücksichtigt.

iy > *î* :
√*ˀpy* PK^{K} 3.m.sg.: *yip /yaˀpî/* < **yaˀpiy* (1.14:II:30; 1.14:IV:11).
√*bky* PK^{K} 3.m.sg.: *ybk /yabkî/* < **yabkiy* (1.19:IV:11.15).
√*ḥdy* PK^{K} 3.m.sg.: *yḥd /yaḥdî/* < **yaḥdiy* (1.19:III:15.24.29.38).
uw > *û* :
√*nḥw* PK^{K} 3.m.sg.: *yḥ /yaḥḥû/* < **yanḥuw* (1.12:I:35).
ay > *â* (in Analogie zum starken Verb) oder > *ê* (vgl. §33.311.5):
√*šty* PK^{K} 3.f.sg.: *tšt /tištâ/*? < **tištay* (1.6:I:10; 1.88:3; 1.96:4; 1.108:6).
aw > *â* (in Analogie zum starken Verb) oder > *ô* (vgl. §33.311.5):
√*bnw* Gp-PK^{K} 3.m.sg.: *ybn /yubnâ/*? < **yubnaw* (1.4:IV:62).

Bei Antritt vokalischer Personalendungen kommt es zur Ausbildung sogenannter Triphthonge. Diese werden – je nach Vokalqualität – unterschiedlich behandelt (§33.32). Kontrahiert werden:

uwū̆ > *û* (§33.323.5):
√*zġw* PK^{L} 3.f.sg.: *tzġ /tazġû/* < **tazġuwu* (1.15:I:5).
√*ˤlw* PK^{L} 3.m.sg.: *tˤl /taˤlû/* < **taˤluwu* (RS92.2014:4.6).
√*ˤlw* PK^{L} 1.c.pl.: *nˤl /naˤlû/* < **naˤluwu* (1.119:33).
√*ˤlw* PK^{K} 3.m.pl.: *tˤl /taˤlû* < **taˤluwū* (2.33:37).
√*ˤlw* PK^{L} 3.m.pl.: *tˤln /taˤlûna/* < **taˤluwūna* (1.20:II:4&).
√*bnw* PK^{K} 3.m.pl. + En.: *tbn-n /tabnû-nna/* < **tabnuwū-nna* (1.4:VI:16).
ayī̆ > *î* (§33.323.2):
√*šty* PK^{K} 2.f.sg.: *tšt /tištî/* < **tištayī* (1.6:VI:44).
√*šty* Imp. f.sg.: *št /š^{i}tî/* < **štayī* (1.4:IV:36).
ay/wa > *â* (§33.323.3-4):
√*šty* PK^{K}e 1.c.sg. + En.: *ˀištanna* < **ˀištayā̆-nna* (5.9:I:16).
(?) *ay/wā̆* > *â* :
√*šty* PK^{K}e(?) 1.c.pl.: *nšt /ništâ/* < **ništayā̆* (1.23:72) (alt.: PK^{K} oder PK^{L}).
ay/wu > *û* (§33.323.2):
√*phy* PK^{L} 3.m.sg.: *yph /yiphû/* < **yiphayu* (1.90:1; 1.168:1.8).
√*phy* PK^{L} 1.c.sg.: *iph /ˀiphû/* < **ˀiphayu* (1.10:II:32).
√*npy/w* Gp-PK^{L} 3.f.sg.: *tp /tuppû/* < **tunpay/wu* (1.103+:19).
ay/wū > *û* (nur sporadisch):
√*šty* PK^{L} 3.m.pl.: *tštn /tištûna* < **tištayūna* (1.114:3[2x]; alt.: PK^{K}v 2.m.pl. + En. = */tištûnna/* < **tištayū-nna*).
√*phy* PK^{K} 3.m.pl.: *tph /tiphû/* < **tiphayū* (1.2:I:22 [*tph-hm*]; 1.2:I:22 [*tph-n*]).

Unkontrahiert bleiben:

ay/wū (zu entsprechenden Formen mit Kontraktion siehe oben):

√*šty* Imp. m.pl.(?): *šty* /*šⁱtayū*/ (1.23:6; alt.: m.du. /*šⁱtayâ*/).
√*šty* PK^K 3.m.pl.: *tšty* /*tištayū*/ (1.4:III:40&).
√*šty* PK^L(?) 3.m.pl.: *tštyn* /*tištayūna*/ (1.20:I:7; 1.22:I:24).

iyŭ :

√*ḥdy* PK^L 3.f.sg.: *tḥdy* /*taḥdiyu*/ (1.3:II:24).
√*ʿny* PK^L 2.m.sg.: *tʿny* /*taʿniyu*/ (1.124:5).
√*ʾty* PK^K 3.m.pl.: *tity* /*taʾtiyū*/ (1.15:III:17&).

iyă :

√*mġy* PK^K 3.m.sg. + En.: *ymġy-n* /*yamġiy-anna*/ (1.17:II:24; 1.19:IV:8).
√*mġy* PK^L 3.m.du.: *tmġyn* /*tamġiyâni*/ (1.19:II:40).
√*ṯny* Imp. c.du.: *ṯny* /*ṯⁱniyâ*/ (1.2:I:16&).

iyī :

√*bky* Imp. f.sg.: *ibky* /*(ʾ)ibkiyī*/ od. (N-Imp.) /*ʾibbakiyī*/ (1.161:13).
√*kry* Imp. f.sg.: *kry* /*kⁱriyī*/ (1.12:I:23).

daneben (mit Kontraktion):

√*šdy* Imp. f.sg.: *šd* /*šⁱdî*/ < **šdiyī* (1.6:IV:18 [*šd yn*; alt.: *šdy-n* = /*šⁱdiyī-nna*/]).

75.531 f. Die Orthographie von PK-Formen III-*w/y* läßt Rückschlüsse auf den zugrundeliegenden "Modus" zu, insbesondere auf die Differenzierung von PK^K und PK^L, da bestimmte Triphthonge im Auslaut unkontrahiert bleiben und damit in der Orthographie durch {y} (oder {w}) bezeichnet werden, während auf der anderen Seite auslautende Diphthonge immer kontrahiert werden. Die betreffende Differenzierung ist jedoch mit mehreren Problemen behaftet:

1. Mehrere Triphthongtypen werden durchgehend kontrahiert und damit orthographisch nicht berücksichtigt. Die defektive Orthographie ist hier kein verläßlicher Hinweis darauf, daß eine PK^K vorliegt. So kann beispielsweise eine Orthographie *yph* als PK^K oder PK^L (/*yiphû*/ < **yiphayu*) gedeutet werden. Sichere Differenzierungen zwischen PK^K und PK^L sind nur bei Themavokal /*i*/ möglich, der nur in Verben III-*y* bezeugt ist (der Triphthong *-iyu* wird nicht kontrahiert). Ein solches Verfahren setzt somit die Kenntis der Etymologie einer Wurzel voraus.
2. Belege der PK^K können durch eine zusätzliche Endung, etwa eine "Energikusendung" (mit oder ohne Objektsuffix), erweitert sein. In diesem Fall könnte der dritte Radikal orthographisch als Konsonant erscheinen, so daß die Orthographie mit der einer PK^L übereinstimmt. Von diesem Phänomen könnten folgende Formen zeugen: *tbky-nh* /*tabkiyannahu*/ 1.6:I:16 (PK^{K}i 3.f.sg. + En. + OS); *tmġy-n* /*tamġiyanna*/ 1.3:II:17 (PK^{K}i 3.f.sg. + En.); *ymġy-n* /*yamġiyanna*/ 1.17:II:24 und 1.19:IV:8 (PK^{K}i + En.). Alle diese Formen können aber freilich alternativ als PK^L (+ En.) gedeutet werden (z.B. *ymġy-n* = /*yamġiyunna*/). Von defektiver Orthographie einer PK^K + En. könnte die Form *tbkn* (1.16:I:25; evtl. auch 1.15:V:12.14) zeugen: /*tabkinna*/ < **tabkînna* < **tabkiy-(a)nna* (PK^{K}v 2.m.sg. + En.).

3. Belege der PK^K könnten durch andere Endungen erweitert sein, etwa durch ein "emphatisches" /-ă/ oder eine enklitische Partikel *-y*, was wiederum zu einer Orthographie mit *-y* führen könnte (vgl. hier evtl. *ybky /yabkiy-/* "er soll weinen"(?) (1.161:15).

Auch bei Berücksichtigung aller dieser Faktoren, verbleiben Probleme. Auffällig ist etwa der Tatbestand, daß mehrfach belegte, inhaltlich identische Phrasen, im poetischen Textkorpus PK-Formen III-*y* mit teilweise unterschiedlicher Orthographie enthalten, z.B. *tgl ḏd il* (1.3:V:7) gegenüber *tgly ḏd il* (1.4:IV:23; 1.6:I:34f.) "sie ging hin zum/r ...(?) des (Gottes) Ilu". Will man *tgly* als PK^K deuten, müßte man das {y} in der Form *tgly* als Pleneschreibung erklären (§21.341.21d), oder man müßte annehmen, daß *tgly* eine PK^K mit Erweiterung darstellt. Will man – umgekehrt – *tgl* als PK^L deuten, müßte man einen Schreibfehler postulieren (*tgl*<*y*>). Es verbleibt aber eine dritte Erklärungsmöglichkeit: Der Dichter könnte in der Wahl des Verbalaspektes variiert haben. Er könnte an einer Stelle die PK^K (perfektiver Aspekt) an anderen Stellen aber die PK^L (imperfektiver Aspekt) gebraucht haben. Angesichts der Variationsfreudigkeit der Poesie ist diese Erklärung wohl die wahrscheinlichste.

75.531 g. In der folgenden Auflistung werden auch Verbalwurzeln berücksichtigt, die zugleich II-*w/y* und III-*w/y* sind (vgl. §75.521f). In dieser WzK wird der zweite Radikal durchgehend stark flektiert, d.h. er erscheint im gesamten Paradigma als Konsonant. Zu dieser Gruppe zählen: √*dwy*, √*hwy*, √*lwy*, √*nwy*, √*ʿwy*, √*ġwy*, √*ṯwy* sowie (mit Einschränkungen) √*ḥy/wy*.

Die Wurzel √*ḥy/wy* "leben" bedarf einer gesonderten Behandlung, da ihr Paradigma mehrere Besonderheiten bzw. Unregelmäßigkeiten aufweist:

1. Der zweite Radikal erscheint im D-Stamm (z.B. PK^L 3.m.sg. *yḥwy* = /*yuḥawwiyu*/), im Dp-Stamm(?) und möglicherweise auch im G-Ptz. (*ḥwy* = /*ḥāwiy-*/) als /*w*/, sonst als /*y*/.
2. Einige Formen des Paradigmas folgen – zumindest oberflächlich – der WzK II-*gem.* Hierzu zählt mit Sicherheit die SK 3.m.sg. der Form *ḥy* = /*ḥayya*/ (wohl entstanden aus **ḥayi/aya*), ferner auch nominale Derivate wie das Subst. *ḥym* "Leben" (Pl. abs.) (§51.41d).
3. In der G-PK^K erscheint in der Orthographie weder der zweite noch der dritte Radikal (vgl. §33.312.32c), z.B. PK^K 3.m.sg. *yḥ* = /*yaḥî*/ < **yaḥyi* (Kürzung des Auslautvokals [?]) < **yaḥyî* < **yaḥyiy*. Das gleiche Phänomen ist im He. bezeugt (he. *yᵉḥî* [siehe BL 418f-j]).

Lit. zu Verben III-*w/y*: Sivan (1984b); Tropper (1995a, 168-170); Verreet (1984, 310-316); Verreet (1985, 330-341); Verreet (MU, bes. 21-23). — Zu ug. √*ḥy/wy* "leben" siehe Marcus (1972).

75.532. Formen der G-Präfixkonjugation

√*ʾpy* "(Brot) backen"

yip /*yaʾpî*/ < **yaʾpiy* (PK^{K}v/p 3.m.sg.): 1.14:II:30; 1.14:IV:11.

√*ʾtw/y* "kommen; heimgehen"

tity /*taʾtiyū*/ (PK^{K}i 3.m.pl.): 1.15:III:17.18; (?) 1.20:II:4 (*ti[ty]*).

tit (wahrsch. PK^{K} 3.m.pl.) /*ta*ʾ*tû*/? < **ta*ʾ*tiyū* bzw. **ta*ʾ*tuwū* od. Haplographie (d.h. *tit*<*y*> . *yspi*): 1.20:II:10.

√*bky* "weinen"

ybk /*yabkî*/ < **yabkiy* (PK^{K}i 3.m.sg.): 1.19:IV:11.15.

ybky /*yabkiyV*/ (PK^{L} od. PK^{K}e od. PK^{K}v [plene] 3.m.sg.): 1.161:15 (alt.: Gp).

ybky /*yabkiyu*/ (PK^{L} 3.m.sg.): 1.14:I:26.39; 1.16:I:12; 1.19:III:40; 1.107:8; 1.129:2.

tbk /*tabkî*/ < **tabkiy* (PK^{K} 3.f.sg.): 1.16:I:30 (*tbk-n*); 1.18:IV:39 (PK^{K}i).

tbky-nh /*tabkiya/unnahu*/ (PK^{K}i od. PK^{L} 3.f.sg. + En. + OS): 1.6:I:16.

tbky /*tabkiyu*/ (PK^{L} 3.f.sg.): 1.16:I:55; 1.16:II:35; 1.19:I:34 (alt.: PK^{K}i [plene]).

tbk-n /*tabkinna*/ < **tabkînna* < **tabkiy-(a)nna* (PK^{K}v 2.m.sg. + En.): 1.16:I:25; wahrsch. ferner: 1.15:V:12.14 (konventionelle Deutung: 2.m.pl.).

abky /ʾ*abkiyă̄*/ (PK^{K}e 1.c.sg.): 1.19:III:5.20.34.

tbky-k /*tabkiyukka*/? < **tabkiyūn(a)-ka* (PK^{L} 3.m.pl. + OS): 1.16:I:6 // 1.16:II:44 (alt.: PK^{K}v + OS /*tabkiyū-ka*/).

√*bnw/y* "bauen"

ybn /*yabnû*/ (alt.: /*yabnî*/) (PK^{K}v 3.m.sg.): 1.19:III:12.13.26.27.

tbn /*tabnû*/ (PK^{K}v 2.m.sg.): 1.2:III:8 (*[t]bn*); 1.2:III:10 (*tbn-[n]* [n.L.]); 1.4:V:53 (*[t]b[n-n]*).

abn /ʾ*abnû*/ (PK^{K}i? 1.c.sg.): 1.18:IV:40.

tbn-n /*tabnû-nna*/ < **tabnuwū-nna* (PK^{K}i 3.m.pl. + En.): 1.4:VI:16.

√*bġy/w* "zeigen, offenbaren"(?) od. "wünschen, verlangen" (Etym. unsicher)

ibġy /ʾ*ibġayu/ă̄*/ (PK^{L} od. PK^{K}e): 1.1:III:16*; 1.3:III:29; 1.3:IV:19*; 1.7:33* (jeweils *ibġy-h*); alt.: N-PK (/ʾ*ibbaġiy-*/).

? *ybġ* /*yibġâ*/? (3.m.sg.): 1.172:20 (Kontext abgebrochen).

√*gly/w* "gehen, fortziehen" (siehe Gosling 1998)

ygl /*yaglî*/ (PK^{K}v 3.m.sg.): 1.82:1 (alt.: √*gwl*).

ygly /*yagliyu*/ (PK^{L} 3.m.sg.): 1.1:III:23.

tgly /*tagliyu*/ (PK^{L} 3.f.sg.): 1.4:IV:23; 1.6:I:34; 1.16:VI:4; 1.17:VI:48.

tgl /*taglî*/ (PK^{K}i 3.f.sg.): 1.3:V:7.

√*d*ʾ*w* "fliegen"

tdu /*tad*ʾ*û*/ < **tad*ʾ*uw(u)* (PK^{L} od. PK^{K}i 3.f.sg.): 1.16:VI:6.7.

tdu /*tad*ʾ*û*/ < **tad*ʾ*uw* (PK^{K}v 2.m.sg.): 1.19:III:28 (n.L.).

tdu /*tad*ʾ*û*/ < **tad*ʾ*uwū* (PK^{K}v 2.m.pl.): 1.19:III:14 (n.L.).

√*dry/w* < **d̲ry/w* "(Getreide) worfeln"

tdry-nn /*tadriy(-anVnnu)*/ (PK^{K}i 3.f.sg.): 1.6:II:32-33 (alt.: D-PK).

√*hdy* G (od. D) "sich (als Zeichen der Trauer) Schnittwunden zufügen"

yhdy /*yahdiyu*/ od. /*yuhaddiyu*/ (G/D-PLKF 3.m.sg.): 1.5:VI:19.

thdy /*tahdiyu*/ od. /*yuhaddiyu*/ (G/D-PLKF 3.f.sg.): 1.6:I:3.

√*hwy*, Bed. und Etym. unsicher

thwyn /*tahwiyūna*/ od. /*tuhawwiyūna*/ (G/D-PK^{L} 3.m.pl.): 1.92:36.

√*zġw* "brüllen; bellen (Hund); muhen (Kuh)" (vgl. ar. √*zġw* "schreien, weinen")

tzġ /*tazġû*/ < **tazġuwu* (PK^{L} 3.f.sg.): 1.15:I:5.

√*ḥdy* < **ḥ̮dy* "schauen, erblicken"

yḥd /*yaḥdî*/ < **yaḥdiy* (PK^{K} 3.m.sg.): 1.19:III:15.24.29.38.

tḥdy /*taḥdiyu*/ (PK^L 3.f.sg.): 1.3:II:24.
aḥd /*ʾaḥdî*/ < **ʾaḥdiy* (PK^K 1.c.sg.): 1.19:III:4.19.33.

√*ḥy/wy* "leben"
yḥ /*yaḥî*/ < **yaḥyî* < **yaḥyiy* (PK^K 3.m.sg.): 1.16:I:23; 1.16:II:44; 1.17:I:36; 1.19:I:18; 2.7:9; (?) 6.30:1 (Lesung unsicher); vgl. den PN *yḥṣdq* (4.332:17).
tḥ /*taḥî*/ < **taḥyî* < **taḥyiy* (PK^K 3.f.sg.): 1.19:IV:36; 1.82:34.

√*ḫdy* "sich freuen
iḫd /*ʾiḫdâ/û*/ < **ʾiḫday(u)* (PK 1.c.sg.): 2.15:10; vgl. 2.15:7 (*iḫd-n*); evtl. auch 2.33:21 (*iḫd*).

√*wdy*$_1$ "niederlegen, ablegen"
yd /*yâdî*/ < **yâdiy* (PK^K 3.m.sg.): 1.17:I:3.4.13.14.
td /*tâdî*/ (PK^K 3.f.sg.): 1.93:1.

√*wdy*$_2$ (< **wḏy* [vgl. ar. √*wḏy*]) "(Haut) zerkratzen"
ydy /*yâdiyu*/ (PK^L 3.m.sg.): 1.5:VI:18.
td /*tâdî*/ (PK^K 3.f.sg.): 1.6:I:2.

√*wdy*$_3$ od. √*y/wdw* "Sünde/Schuld bekennen" (alt.: "Lobpreis verrichten")
tdn /*tâdûna*/ < **tâdiyūna* od. **tâduwūna*(?) (PK^L 3.m.pl.): 1.119:22 (*tdn* in 1.104:19 ist eher zu √*wdy*$_1$ zu stellen [Gp]).

√*w/ydy* (< **ndy* [vgl. he./aram./asa. √*ndy*]) "vertreiben, verbannen, entfernen"
yd /*yâdî*/ < **yâdiy* (PK^K 3.m.sg.): 1.6:VI:52.
ydy /*yâdiyu*/ (PK^L 3.m.sg.): 1.119:35; 1.100:64 (alt.: PK^K [Pleneschreibung]).
tdy /*tâdiyu*/ (PK^L 2.m.sg.): 1.16:VI:47; 1.119:28 (lies: *h*$^?$*m*$^?$ *tdy* "wenn du vertreibst").

√*wry* od. √*yrw* "werfen, schießen"
yr /*yârî*/ bzw. /*yârû*/ < **yâruw(u)* (PK 3.m.sg.); 1.23:38(2x); (?) 1.82:10 (*yr-k*).

√*ksy/w* "sich bedecken mit; (Kleider) anziehen"
yks /*yaksî*/ < **yaksiy* (alt.: /*yaksû*/) (PK^Ki 3.m.sg.): 1.5:VI:16.
tks /*taksî*/ < **taksiy* (alt.: /*taksû*/) (PK^Ki 3.f.sg.): 1.5:VI:31.

√*lʾw* "überwinden, überwältigen, siegreich sein" (vgl. akk. *leʾû*).
tlu-nn /*talʾû-nVnnu*/ < **talʾuw-* (PK^Ki 3.f.sg. + En. + OS): 1.14:I:33 (*tlun*$^!$*n*).

√*lʾy* "schwach, müde sein"
tlu /*tilʾû*/ < **tilʾayu* od. /*talʾû*/ < **talʾuw(u)* ($PK^{L?}$ 3.f.sg.): 1.100:68.

√*mǵy* "ankommen, eintreffen"
ymǵ /*yamǵî*/ < **yamǵiy* (PK^K 3.m.sg.): 1.19:III:50; 1.19:IV:1; 1.108:19 (*[y]mǵ-k*); 1.124:10.
ymǵy-n /*yamǵiya/unna*/ (PK^Ki od. PK^L 3.m.sg. + En.): 1.17:II:24; 1.19:IV:8.
ymǵy /*yamǵiyu*/ (PK^L 3.m.sg.): 1.6:I:60; 1.14:IV:47; (?) 1.17:II:46; 1.86:8; 1.113:7; 1.124:1; 2.2:8 (*ymǵy-k*); 2.70:25 (alt.: PK^K 3.m.du.).
ymǵy (PK^L od. PK^Ki [plene] 3.m.sg.): 1.1:V:16; 1.12:I:36; 1.14:IV:34; 1.114:9.
tmǵ /*tamǵî*/ < **tamǵiy* (PK^K 3.f.sg.): 1.5:VI:28.30*.
tmǵy /*tamǵiyu*/ (PK^L 3.f.sg.): 2.23:6.
tmǵyn /*tamǵiya/unna*/ (PK^Ki od. PK^L 3.f.sg. + En.): 1.3:II:17.
tmǵy /*tamǵiyu*/ (PK^L 2.m.sg.): 1.14:III:4.
amǵy /*ʾamǵiyu/ă*/ (PK^L od. PK^Ke 1.c.sg.): 1.21:II:7.

tmġyn /tamġiyūna/ (PK^L 3.m.pl.): (?) 2.1:5.

tmġy /tamġiyâ/ (PK^{K}i 3.m.du.): 1.2:I:30 (*tmġy-n*); 2.33:31 (*tmġy-y*).

tmġyn /tamġiyâni/ (PK^L 3.m.du.): 1.19:II:40 (alt.: PK^{L}p + En.).

tmġyn /tamġiyâni/ (PK^L 3.f.du.): 1.6:I:59.

ymġy (PK^K 3.m.du. od. PK^L 3.m.sg.): 1.17:V:25.

√*nḥw/y* "sich wenden zu, weggehen"

yḥ /yaḥḥû/ < **yanḥuw* (alt.: /yaḥḥî/) (PK^{K}i 3.m.sg.): 1.12:I:35.

√*nsy/w* "entfernen" (vgl. akk. *nesû* D "entfernen").

ysy-nh /yassiya/unnahū/ < **yansiy-* (PK^{K}i od. PK^L 3.m.sg. + En. + OS): 1.100:66 (alt.: Emendation zu *ysḫ'nh* [√*nsḫ* G-PK]).

√*ʿlw/y* "hinaufsteigen, hinaufgehen" (vgl. ar. √*ʿlw*)

yʿl /yaʿlû/ < **yaʿluw* (alt.: /yaʿlî/) (PK^K 3.m.sg.): 1.10:III:11.25; 1.17:I:14.38.

yʿl /yaʿlû/ < **yaʿluwu* (PK^L 3.m.sg.): 1.6:I:57 (alt.: PK^{K}i).

tʿl /taʿlû/ < **taʿluw* (PK^K 3.f.sg.): 1.10:III:27.29; 1.13:20.

tʿl /taʿlû/ < **taʿluwu* (PK^L 3.f.sg.): RS92.2014:4.6.

tʿl /taʿlû < **taʿluwū* (PK^{K}v 3.m.pl.): 2.33:37.

tʿln /taʿlûna/ < **taʿluwūna* (PK^L 3.m.pl.): 1.20:II:4 und 1.22:II:23 (alt.: PK^{K}i + En. /taʿlû-nna/); 1.112:7.8.

nʿl /naʿlû/ < **naʿluwu* (PK^L 1.c.pl.): 1.119:33.

Person unsicher: *tʿl* (1.5:IV:20; 1.17:VI:7).

√*ʿny* "antworten, erwidern, sprechen"

yʿn /yaʿnî/ < **yaʿniy* (PK^K 3.m.sg.): 1.1:III:17; 1.1:IV:13; 1.2:I:36*; 1.2:III:18.24; 1.2:IV:34; (?) 1.4:III:10* (*y[ʿ/t]n* [n.L.]); 1.4:IV:58; 1.4:V:49.58.63; 1.4:VI:1.14; 1.4:VII:14.37; 1.6:I:49.61; 1.15:II:12; 1.16:IV:9; 1.16:V:23; 1.17:VI:20.33; 1.18:I:15; 1.18:IV:11; 1.19:IV:18.35.52.56; 1.20:II:7; 1.21:II:8; 1.24:24.30.

yʿn /yaʿnî/ (PK^K 3.m.sg.) od. /yaʿnâ/? < **yaʿniyâ* (PK^K 3.m.du.): 1.3:IV:5; 1.5:I:11 (jeweils vor dualischem Subjekt).

yʿny /yaʿniyu/ (PK^L 3.m.sg.): a) als Redeeinleitung in narrativer Poesie (Gebrauch wie PK^K *yʿn*): 1.3:V:10 (*y[ʿn]y* [n.L.]); 1.3:V:25; 1.10:III:4; 1.14:VI:16; 1.15:I:8; 1.16:I:24; 1.16:II:21; 1.16:VI:54; 1.133:1; b) sonstige Belege: 1.107:12; 1.124:4.13 (*yʿny-nn* [alt.: PK^{K}i]).

tʿn /taʿnî/ < **taʿniy* (PK^K 3.f.sg.): 1.2:IV:35*; 1.3:IV:21.53; 1.3:V:19.29; 1.4:III:27.32; 1.4:IV:40; 1.4:V:2; 1.6:I:47; 1.6:IV:17.21; 1.15:IV:26; 1.15:VI:3; 1.17:VI:25.52; 1.18:I:6 1.18:IV:16; 1.19:IV:28; 1.117:11.

tʿny /taʿniyu/ (PK^L 3.f.sg.): RS92.2016:34'.

tʿny /taʿniyu/ (PK^L 2.m.sg.): 1.124:5.

ʿny /ʿaniyā/u/ < **ʾaniyā/u* (PK^{K}e od. PK^L 1.c.sg. [§33.141.2]): 1.2:I:28.

tʿnyn /taʿniyūna/ (PK^L 3.m.pl.): 1.23:12.

tʿny /taʿniyū/ (PK^{K}v 2.m.pl.): 1.2:I:26.

yʿnyn /yaʿniyâni/ (PK^L 3.m.du.): 1.3:IV:5.

tʿnyn /taʿniyâni/ (PK^L 3.m.du.): 1.10:II:3 (alt.: 3.m.pl.).

Person unsicher: *tʿnyn* (1.1:IV:16).

√*ʿny₂* "besingen" (zur Etym. vgl. he. √*ʿny* [IV], aram. √*ʿny* und ar. √*ġny*)

? *[y]ʿny-nn* /yaʿniyu-nVnnu/ (PK^L 3.m.sg.): 1.17:VI:32.

√*ġwy* "sich vergehen, sich versündigen"(?)
aġw$^{?}$y-n /*ʾaġwiy-*/ (1.c.sg. + En.): 1.82:42.

√*ġly*$_1$ "verdorren, verwelken"
yġly /*yaġliyu*/ (PK^{L} 3.m.sg.): 1.19:I:31.

√*phy/w* "sehen, erblicken, erfahren" (Etym. unsicher; vgl. evtl. ar. √*fhm* < **phw*[?] "verstehen, begreifen, einsehen, erfahren, erkennen")
yph /*yiphê*/? < **yiphay* (PK^{K} 3.f.sg.): 1.4:IV:27 (*yph-nh*); 1.17:V:9 (*yph-n*); 1.19:II:13.14.19; 1.19:II:20 (*yph*$^{!}$); 1.19:III:14 (*yp*<*h*>-*n*); 1.19:III:29 (*yph-n*).
yph /*yiphû*/ < **yiphayu* (PK^{L} 3.m.sg.): 1.90:1; 1.168:1.8.
tph /*tiphê*/? < **tiphay* (PK^{K} 3.f.sg.): 1.3:III:32; 1.16:I:53; ferner: 1.4:II:12, 1.17:VI:10, 1.19:I:29 und 1.19:II:27 (jeweils: *tph-n*).
tph /*tiphû*/ < **tiphayu* (PK^{L} 3.f.sg.): 1.3:I:14 (*tph-nh*).
tph (PK^{L}[?] 2.m.sg. [?]): 1.83:13.
iph /*ʾiphû*/ < **ʾiphayu* (PK^{L} 1.c.sg.): 1.10:II:32.
iph /*ʾiphâ*/ < **ʾiphayă̄* (PK^{K}e od. PK^{L} 1.c.sg.): 2.25:4; 2.31:39 (*iph-n*).
tph /*tiphû*/ < **tiphayū* (PK^{K}i 3.m.pl.): 1.2:I:22 (*tph-hm*); 1.2:I:22 (*tph-n*).

√*qny* G "erwerben; erzeugen, erschaffen, hervorbringen"
yqny /*yaqniyu*/ (PK^{L} 3.m.sg.): 1.19:IV:58.
tqny /*taqniyu*/ (PK^{L} 3.f.sg.): 1.17:VI:41.
aqny /*ʾaqniyā*/ (PK^{K}e 1.c.sg.): 1.14:II:4.

√*qġw/y* "neigen; (das Ohr) zuneigen, aufmerksam sein" (§32.123.33)
tqġ /*taqġû*/ < **taqġuw* od. /*taqġî*/ (PK^{K}v 2.m.sg.): 1.16:VI:30.42.

√*qry* "begegnen, treffen"
aqry /*ʾaqriyu*/ (PK^{L} 1.c.sg.): 1.17:VI:43 (*aqry-k*).
tqry /*taqriyu*/ (PK^{L} 3.f.sg.): 1.3:II:4.

√*rty*, Bed. und Etym. unsicher
yrty (PK^{L} 3.m.sg.): 1.92:29 (alt.: D-PK^{L}).

√*šqy* "zu trinken reichen" (§74.412.28, √*šqy*).
yšqy-nh /*yašqiyVnVnnu*/ (PK^{K}i od. PK^{L} 3.m.sg. + En. + OS): 1.3:I:9; 1.17:VI:31 (hier sicher PK^{L}).
yšqy /*yašqiyu*/ (PK^{L} 3.m.sg.): 1.17:I:10.13.22.
tšqy-nh /*tašqiyVnVnnu*/ (PK^{K}i od. PK^{L} 3.f.sg. + En. + OS): 1.19:IV:55.
tšqy /*tašqiyu*/ (PK^{L} 3.f.sg. [im narrativen Kontext]): 1.16:II:14; 1.19:IV:61(2x).
tšqy /*tašqiyī*/ (PK^{K}v 2.f.sg.): 1.19:IV:53 (*tšqy-n*).

√*šry/w* "loslassen, senden"
yšr /*yašrî*/ (PK^{K} 3.m.sg.): 2.46:14 (*yšr[ ]*).

√*šty* "trinken"
yšt /*yištâ/ê*/ < **yištay* (PK^{K} 3.m.sg.): (?) 1.19:IV:57 (alt.: *y št*); 1.108:1(2x); 1.108:10; 1.114:16; evtl. auch 1.175:13 und 1.175:17* (alt.: √*šyt*).
tšt /*tištâ/ê*/ < **tištay* (PK^{K} 3.f.sg.): 1.6:I:10; 1.88:3; 1.96:4; 1.108:6.
tšt /*tištâ/ê*/ < **tištay* (PK^{K} 2.m.sg.): 1.169:7.
tšt /*tištî*/ < **tištayī* (PK^{K}v 2.f.sg.): 1.6:VI:44.
išty-nh /*ʾištaya/unnVhu*/ (PK^{K}i od. PK^{L} 1.c.sg. + En. + OS): 1.4:III:16.
ištn /*ʾištanna*/ < **ʾištayă̄-nna* (PK^{K}e 1.c.sg. + En.): 5.9:I:16.
tšty /*tištayū*/ (PK^{K} 3.m.pl.): 1.4:III:40.43; 1.4:VI:58; 1.15:VI:2.

tštyn /*tištayūna*/ (PK^L od. PK^{K}i + En. 3.m.pl.): 1.20:I:7; 1.22:I:24.
tštn /*tištûna* < **tištayūna* (PK^L 3.m.pl.) (kontrahiert): 1.114:3(2x).
nšt /*ništâ/ê*/ < **ništay(ă)* (PK^K od. PK^{K}e 1.c.pl.): 1.23:72.

√*ṯny* "ein zweites Mal tun, wiederholen; sagen, erzählen" (alt.: D-Stamm)
aṯny-k /*ʾaṯniyă/u-ka*/ (PK^{K}e od. PK^L 1.c.sg. + OS): 1.1:III:13; 1.3:III:22.
yṯn(y) /*yaṯnî*/ od. /*yaṯniyu*/ (PK^K od. PK^L 3.m.sg.): 1.16:V:13 (*yṯ[n(y)]*).
yṯny /*yaṯniyu*/ (PK^L 3.m.sg.): 1.4:VII:30; RS92.2016:35' (*yṯny-n*).

Anm. In 1.5:V:22 wird am Zeilenbeginn gewöhnlich *w t[h]rn* gelesen. Die Verbalform wird als PK 3.f.sg. der Wz. √*hry* gedeutet: *thr-n* "sie empfing". Diese Ergänzung ist aber aus epigraphischer Sicht unmöglich. Zwischen dem mutmaßlichem {t} — es könnte sich auch um ein {ᶜ} handeln — und {r} sind sicher zwei Zeichen zu ergänzen. Es ist also von einer PK-Form *w t[xx]rn* (starke Wz. √*xxr*) auszugehen. Kontextuell ist ein Verb für "empfangen" oder für "kreißen, Geburtswehen haben" zu erwarten.

75.533. Formen des G-Imperativs

√*bky* "weinen"
ibky /*(ʾ)ibkiyī*/ (f.sg.): 1.161:13 (§73.122; alt.: N-Imp. /*ʾibbakiyī*/).

√*bnw/y* "bauen"
bn /*b^{u}nû*/ < **bnuw* (alt.: /*b^{i}nî*/ < **bniy*) (m.sg.): 1.2:III:7; 1.4:V:18.33; 1.4:V:51 (*b[n-n]* [n.L.]).

√*dʾw* "fliegen"
di /*d^{i}ʾī*/ < **dʾuwī* (f.sg.): 1.16:V:48.

Anm. In 1.19:III:14.28 ist gegen KTU^2 nicht *w du*, sondern jeweils *w tdu* zu lesen.

√*ḥdy* < **ḥḏy* "schauen, erblicken"
? *ḥd* /*ḥ^{i}dî*/ < **ḥdiy*: 2.77:8.15.

√*kry/w* "graben, aushöhlen"
kry /*k^{i}riyī*/ (f.sg.): 1.12:I:23.

√*lʾw* "überwinden, überwältigen, siegreich sein" (vgl. akk. *leʾû*)
li /*l^{i}ʾī*/ < **lʾiyī* < **lʾuwī* (f.sg.): 1.16:VI:2.

√*mḥy* "abwischen, entfernen, reinigen"
mḥ(-)y /*m^{i}ḥî-yV*/ (.m.sg. + EP -*y*) od. /*m^{i}ḥiyă*/ (Imp.e. m.sg.): 1.124:15.

√*mġy* "ankommen, eintreffen"
mġ /*m^{i}ġî*/ < **mġiy* (m.sg.): 1.3:VI:11.

√*ngw/y* "sich entfernen, abziehen"
ng /*n^{u}gû*/ < **nguw* (alt.: /*n^{i}gî*/) (m.sg.): 1.14:III:27; 1.14:VI:15.

√*ᶜlw/y* "hinaufsteigen, hinaufgehen"
ᶜl /*^{cu}lû*/ < **ᶜluw* (alt.: /*^{ci}liy*/): 1.14:II:20.21; 1.16:IV:13.

√*phy/w* "sehen, erblicken, erfahren" (Etym. unsicher)
ph /*p^{V}hê*/ < **phay* (m.sg.): 1.15:III:28; 2.62:6 (*ph-nn*; alt.: SK 3.m.sg.).

√*pny* "sich wenden, sich abkehren"
pn /*p^{i}nî*/ < **pniy* (m.sg.): 1.114:12 (zu Partikel erstarrt [= "nicht doch!"]).

√*šdy/w* "ausgießen"
šd /*š^{i}dî*/ < **šdiyī* (f.sg.): 1.6:IV:18 (*šd yn*; alt.: *šdy-n* = /*š^{i}diyī-nna*/).

√*šry*$_{(2)}$ < **śry* "streiten"
šr /*š^{i}rî*/ < **śriy* (m.sg.): 1.14:III:6 (*šr-n*).

√*šty* "trinken"
št /*š*ⁱ*tî*/ < **štayī* (f.sg.): 1.4:IV:36.
šty /*š*ⁱ*tayū*/ (m.pl.): 1.23:6 (alt.: m.du. /*š*ⁱ*tayâ*/).
√*ṯny* "wiederholen; sagen, erzählen" (alt.: D-Stamm)
ṯn /*ṯ*ⁱ*nî*/ < **ṯniy* (m.sg.): (?) 1.82:4 (alt.: SK 3.m.sg. od. Inf.).
ṯny /*ṯ*ⁱ*niyă*/ (Imp.e. m.sg.): 1.16:VI:28 (alt.: Imp. + EP -*y*).
ṯny /*ṯ*ⁱ*niyâ*/ (c.du.): 1.2:I:16; 1.3:III:12; 1.3:VI:22; 1.4:VIII:31; 1.5:II:9.

75.534. Formen der G-Suffixkonjugation

√*ʾpy* "(aus Mehl Brot) backen"
apy /*ʾapaya*/ (3.m.sg.): 4.362:4 (Kontext: *arbᶜ ᶜš[r] dd nᶜr \ d apy [ ]bl*(?) "14 *dd*-Maß *nᶜr*-Mehl, das ... gebacken hat [d.h. gebraucht hat]").
apy /*ʾapaya*/ (3.m.sg.) od. /*ʾapayū*/ (3.m.pl.): 4.362:5.
√*ʾtw* "kommen" (zur Flexion der SK nach der WzK III-*w* vgl. äth. *ʾatawa*)
atwt /*ʾatawat*/ (3.f.sg.): 1.4:IV:32.
√*bnw/y* "bauen"
bnt /*banôtu*/? < **banawtu* (alt.: /*banêtu*/) (1.c.sg.): 1.4:VI:36; 1.4:VIII:35.
√*dwy* "schwach, elend, krank sein"
dw /*dawâ*/ < **dawaya*(?) (3.m.sg.): 1.16:II:20.23 (vgl. dagegen ar. *dawiya*).
√*ḥy/wy* "leben" (Oberflächenform [zumindest 3.sg.] wie WzK. II-gem.)
ḥy /*ḥayya*/ < **ḥayi/aya* (3.m.sg.): 1.6:III:2.8.20; 2.82:17 (alt.: Verbaladj.).
? *ḥyt* /*ḥayîta*/ < **ḥayiyta* (alt.: /*ḥayyata*/) (2.m.sg.): 1.18:IV:41 (*ḥ[yt]*).
? *ḥytn* bzw. *ḥyt-n* (Person unsicher): 5.10:2; 5.11:4 (alt.: *ḥy tn* "gib Leben!").
√*kly* "zu Ende sein, aufgebraucht sein"
kly /*kali/aya*/ (3.m.sg.): 1.16:III:13.14.15* (alt.: G-Ptz.pass: /*kalūyu*/).
√*mḥy* "abwischen, reinigen"
? *mḥ* od. *mḥy* (3.m.sg.): 1.41:54 (*mḥ[ ]*); 1.87:8 (*mḥ[ ]*) (alt.: Gp-SK).
√*mġy* "ankommen, eintreffen"
mġy /*maġaya*/ (3.m.sg.): 1.3:III:36 (alt.: 3.m.du.); 1.4:II:22; 1.4:III:23; 1.4:V:44; 1.16:II:24; 1.100:67; 2.61:4; 2.76:3; (?) 2.80:10; 3.1:3*; RS88.2159:15 (alt.: Verbalsubst. [*km mġy*]).
mġyt /*maġayat*/ (3.f.sg.): 1.4:II:23; 1.4:III:24; 1.4:IV:31; 1.19:IV:49*.
mġt /*maġêta*/ < **maġayta* (2.m.sg.): 2.36+:8.10.
mġt /*maġêti*/ < **maġayti* (2.f.sg.): 1.4:IV:33 (*m*ǃ*ġt* [n.L.]; alt.: *tġt* [√*tġy*])
mġt /*maġêtu*/ < **maġaytu* (1.c.sg.): 1.6:II:19.
mġy /*maġayū*/ (3.m.pl.): 1.20:II:6; 1.22:II:25.
mġny /*maġênVyâ*/ < **maġaynVyâ* (1.c.du.): 1.5:VI:5.8.
√*nšy* "vergessen"
nšt /*naši/êta*/ < **naši/ayta* (2.m.sg.): 1.5:I:26.
√*ᶜlw/y* "hinaufsteigen, hinaufgehen"
ᶜly /*ᶜalaya*/ (unkontrahiert) (3.m.sg.): 1.14:IV:2.
ᶜl /*ᶜalâ*/ < **ᶜalay/wa* (kontrahiert) (3.m.sg.): 2.30:17.19.
ᶜlt /*ᶜalât*/ < **ᶜalay/wat* (3.f.sg.): 1.82:9.10.
? *ᶜly* /*ᶜalayū*/ (3.m.pl.): 2.33:25 (alt.: G-Inf. /*ᶜalāy-*/).

Anm. Man beachte das Nebeneinander von SK-Formen 3.m.sg. mit und ohne

Kontraktion (letztere nur in poetischen Kontexten). Die Form *ˁly* beweist, daß √*ˁlw/y* in der SK – anders als in der PK – als Wz. III-*y* behandelt wird.

√*ˁrw* "entblößt, nackt, leer sein"
ˁrwt /*ˁara/uwat*/ (3.f.sg.): 1.14:I:7.

√*ġly* "verdorren, verwelken"
ġly /*ġaliya*/ (3.m.sg.): 1.19:III:54.

√*pdy* "loskaufen, auslösen"
pdy /*padaya*/ (3.m.sg.): 3.4:2.12; evtl. ferner 4.376:2.

√*phy/w* "sehen, erblicken, erfahren" (Etym. unsicher)
phy /*pahiya*/ (3.m.sg.): 3.1:15.
ph /*pahâ*/ < **pahi/aya* (3.m.sg.): 2.62:6 (*ph-nn*; alt.: Imp. m.sg.).
pht /*pahîtu*/ < **pahiytu* (1.c.sg.): 1.6:V:12(2x).14.[15].16.17.

√*qny* G "erwerben; erzeugen, erschaffen, hervorbringen"
qny /*qanaya*/ (3.m.sg.): 3.9:2; 1.141:1 (*ky qny*).

√*šny/w* "weggehen"(?).
šnt /*šanîtu*/? < **šaniytu* (1.c.sg.): 1.3:IV:33.

√*šqy* "zu trinken reichen" (§74.412.28, √*šqy*)
šqy /*šaqaya*/ (3.m.sg.): 1.1:IV:9.

√*šry*$_{(2)}$ < **śry* "streiten"
šr /*šarâ*/ < **śaraya*: 1.14:IV:50 (*šr-nn*!).

√*šty* "trinken"
šty /*šatiyū*/ (3.m.pl.): 1.4:V:48; 1.4:VI:55; 1.5:IV:15.
štt /*šatîti/u*/ (2.f.sg. od. 1.c.sg.): 2.34:32 (alt.: √*šyt*).

√*tġy* "umherirren; weit reisen" (wahrscheinlicher aber: √*mġy* [siehe oben])
tġt /*taġêti*/ < **taġayti* (2.f.sg.): 1.4:IV:33 (alt. Lesung: *m*!*ġt*).

√*ṯny* "wiederholen; sagen, erzählen" (alt.: D-Stamm)
ṯnt /*ṯanêtu*/ < **ṯanaytu* (1.c.sg.): 1.2:IV:8.
ṯny /*ṯanayâ*/ (3.m.du.): 1.2:I:32 (*[ṯn]y*).

Anm. Vgl. auch die Formen der Wz. √*ˀṯ(y)* "sein" (§75.212.3).

75.535. Formen des G-Partizips

a. Partizip aktiv:

√*ˀny* "klagen"
any /*ˀāniya*/ (.m.sg. Ak.): 1.3:V:35; 1.4:IV:47 (*[an]y*).

√*ˀpy* "(Brot) backen"
apy /*ˀāpiy-*/ mit Pl. *apym* (Berufsbezeichnung: "Bäcker"): 4.125:10&

√*bky* "weinen"
bkt /*bākît-*/ < **bākiy(a)t-* (f.sg.): 1.16:VI:4.
bkyt /*bākiyāt-*/ (fp): 1.19:IV:9-10.

√*bnw/y* "bauen, erschaffen"
bny /*bāniy-*/ < **bāniw-* (m.sg.): 1.4:II:11; 1.6:III:5.11; 1.17:I:24; 7.63:7.

√*dˀw* "fliegen"
dit /*dāˀît-*/ < **dāˀiyt-* < **dāˀiwt-* (f.sg.): 1.108:8.

√*wry* od. √*yrw* "werfen, schießen"
yr /*yārî*/ < **yāriyi* (m.sg. Gen.): 1.82:3 (alt.: G-PK od. G-SK 3.m.sg.).
√*ḥy/wy* "leben"
? *ḥwy* /*ḥāwiy-*/ (m.sg.): 1.17:VI:30.
√*ʿlw/y* "hinaufsteigen"
ʿly /*ʿāliyu*/ (m.sg. abs., Nom.): 1.4:I:23 (alt.: G-SK 3.m.sg.).
√*ʿny* "antworten, erwidern, sprechen"
ʿny- /*ʿāniy-*/ (.m.sg. pron.): 1.16:V:13.16*.19*.22.
√*ʿšy* "bedrängen, bedrücken" oder: "jmdm. etwas Böses antun"
ʿšy /*ʿāšiy-*/ (m.sg.): 1.17:I:29.47; 1.17:II:19 (alt.: G/D-SK 3.m.sg.).
√*ġzw* "kriegerisch überfallen" (vgl. ar. √*ġzw* und das Fremdwort "Razzia").
ġzm /*ġāzîma*/ < **ġāziyīma* (m.pl. Gen.): 1.16:VI:43 (alt.: anderer MphT).
√*qny* "erwerben; erzeugen, erschaffen, hervorbringen"
qny /*qāniy-*/ (m.sg.): 1.10:III:5 (*qny-n* "unser Schöpfer").
qnyt /*qāniyat-*/ (f.sg. cs.): 1.4:I:22; 1.4:III:26.30.35; 1.4:IV:32; 1.8:II:2 (jeweils *qnyt ilm* "Schöpferin der Götter" [Epitheton der Göttin Aṯiratu]).
√*šʾy/w* "morden"(?)
šiy /*šāʾiyi*/ (Gen.): 1.18:IV:23.35.
√*šqy* "zu trinken geben"
šqym /*šāqiyū/īma*/ (m.pl. abs.): 4.246:8; (?) 4.249:4 (n.L.).

b. Partizip passiv:
√*kny* "verehren"
knyt /*kanūyāt-*/ (fp): 1.3:I:27 (*[kny]t*); 1.3:IV:53; 1.4:I:15; 1.4:IV:54.
√*ʿšy* "pressen, drücken, auspressen"
ʿšy /*ʿašūy-*/ (m.sg.): 1.17:VI:8 (*yn ʿšy* "frisch gepreßter Wein" [?]).
√*ṣpy* "(mit Edelmetall) überziehen, beschlagen"
ṣpym /*ṣapūyâmi*/ (m.du. [od. m.pl.], Nom.): 4.167:4.
ṣpyt /*ṣapūyātu*/ (f.pl.): 4.167:2.

75.536. Formen des G-Infinitivs/Verbalsubstantivs

a. Infinitiv des MphT *{qatāl}* (§73.513.5)
√*ʾtw* "kommen"
? *at* /*ʾatâ*/ < **ʾatāwV*: 1.1:III:16; 1.3:III:28 (*at-m*); zu einer alternativen Deutung als Personalpronomen 2.f.sg. siehe §73.513.5b.
√*bky* "weinen"
bk /*bakâ*/: 1.6:I:9 (alt.: Verbalsubst. *{qVtl}*).
bky /*bakāy-*/: 1.16:I:14 (alt.: G-Ptz.); 1.16:II:36; (?) 1.16:II:54 (*bky-m*).
√*lʾy* "schwach, müde sein"
la /*laʾâ*/ < **laʾāyV*: 1.3:V:18; 1.4:VIII:22; 1.6:II:25 (alt.: SK 3.m.sg. [ohne Kongruenz]).
√*mġy* "ankommen, eintreffen"
mġ /*maġâ*/ < **maġayV*: 1.23:75 (alt.: SK 3.m.sg.).
? *mġy* /*maġāy-*/: 2.31:45 (alt.: Verbalsubst. *{qVtl}*).

√*ᶜny* "antworten, erwidern, sprechen"
ᶜn /*ᶜanâ*/ < **ᶜanāyV* (3.m.sg.): 1.2:IV:7; 1.4:VI:7; 1.6:I:53; 1.6:II:13; 1.6:VI:9*; (?) 1.23:73 (*ᶜn-hm*; alt.: G-SK 3.m.sg.); evtl. auch 1.24:30 (*wn ᶜn*; alt.: SK oder Wortabtrennung *w nᶜn*).
√*ṯny* "wiederholen; sagen, erzählen" (alt.: D-Stamm)
ṯn /*ṯanâ*/ < **ṯanāya*: 1.4:VI:3 (alt.: SK 3.m.sg.).

b. Verbalsubstantive (außer MphT *{qatāl}*)
√*bky* "weinen"
bky /*bikyi*/ (St.cs./pron. Gen.): 1.14:I:31 (*bm bky-h*); 1.16:II:41 (*l bky ᶜtq*).
bk /*bikV̂*/: 1.14:II:7 (St.cs. Gen.: *b bk krt*).
√*gᶜy* "schreien, brüllen"
gᶜt /*gaᶜât-*/ "Gebrüll": 1.14:III:18.
√*dry/w* < **ḏry/w* D (od. G) "(Getreide) worfeln"
dry /*dVrya*/ (Ak.): 1.6:V:13; evtl. ferner 1.6:V:16* (alt.: D-Inf.).
√*hgy* "sprechen, nennen"
hg /*higV̂*/ < **higy* "Nennung": 1.14:II:38.
√*zġw* "schreien; bellen (Hund); muhen (Kuh)" (vgl. ar. √*zġw* "schreien, weinen").
zġt /*zaġât-*/ < **zaġawat* "Bellen, Gebell": 1.14:III:18; 1.14:V:11.
√*w/ydy* "vertreiben, verbannen, entfernen"
? *ydy* "Verbannnung; Exorzismus"(?): 1.169:1.
√*mġy* "ankommen, eintreffen"
mġy /*mVġy-*/ "Ankunft": 1.15:II:11; 2.1:8; 2.34:11; 2.71:16 (*mġy-y*).
√*sᶜy/w* "angreifen, überfallen"
sᶜt /*saᶜât-*/ < **saᶜay/wat-* 1.14:III:7.9; 1.14:IV:51; 1.14:V:1.
√*ᶜlw/y* "hinaufsteigen, hinaufgehen"
ᶜly /*ᶜVly-*/ (St.pron.): 1.163:2(12); 1.163:4(14); 1.163:6(16) (jeweils *b ᶜly-h*).
√*ġzw* "kriegerisch überfallen" (vgl. ar. √*ġzw* und das Fremdwort "Razzia")
ġz /*ġVzî*/ < **ġVzwi* (Gen.): 1.16:VI:43.
√*ġly* "verdorren, verwelken"
ġly /*ġVly-*/: 1.6:V:17.
√*qṣy* "aufessen, verzehren" (alt.: √*qṣʾ* [§33.141.5; §75.236]).
qṣ /*qVṣî*/ < **qVṣ(i)yi* (Gen.): 1.114:2.
√*šry/w* "loslassen, schleudern, werfen"
šr /*šVrî*/ < **šVr(V)yi* (St.pron. Gen.): 1.4:V:9 (*šr-h* "sein Schleudern").
√*šty* "trinken"
šty /*šVtyi*/: 1.4:IV:35 (*šty-m* [alt.: *{qatāl}*]); 1.15:IV:27; 1.15:V:10; 1.15:VI:4.
√*ṯny* "wiederholen; sagen, erzählen" (alt.: D-Stamm).
ṯn /*ṯVnî*/? < **ṯVn(V)yi* (St.cs. Gen.): 1.14:I:27.

75.537. Formen abgeleiteter Verbalstämme

a. Formen des Gp-Stamms:
PK √*bnw/y* Gp "gebaut werden"
ybn /*yubnâ*/? < **yubnaw* (PK^{K}v 3.m.sg.): 1.4:IV:62.

√*w/ydy* Gp "vertrieben, entfernt werden"
td /*tûdâ*/? < **tuwday* (PK^{K}i 3.f.sg.): 1.4:VI:32.
√*wdy* Gp "niedergelegt werden"
? *tdn* /*tûdûna*/ < **tûdayūna* (PK^{L} 3.m.pl.): 1.104:19 (alt.: zu √*wdy*$_3$).
√*kly* Gp "verbraucht, benutzt werden"
ykl /*yuklâ*/? < **yuklay* (PK^{K} 3.m.sg.): 1.91:1 und 1.104:3 (alt.: N).
√*mḥy* Gp "abgewischt, entfernt werden"
ymḥ /*yumḥâ*/? < **yumḥay* (PK^{K}i 3.m.sg.): 1.3:II:30.
√*npw/y* Gp "vertrieben, verbannt werden"
tp /*tuppû*/ < **tunpay/wu* (PK^{L} 3.f.sg.): 1.103+:19 (§74.222.2).

SK √*wdy* "niedergelegt, brachgelegt werden (Feld)"
ydy /*yudiya*/ (3.m.sg.): 4.348:1.20 (alt.: G-SK [stativisch] /*yadiya*/: "brachliegen"; möglw. ist mit KTU[2] jeweils *ydyt* zu lesen [SK 3.f.sg.]).
√*kly* Gp "verbraucht, benutzt werden"
kly /*kuliya*/ (3.m.sg.): 4.361:1; 4.362:1.
√*ṣpy* Gp (alt.: G [stativisch]) "(mit Edelmetall) überzogen, beschlagen sein"
ṣpy /*ṣu/apiya*/ (3.m.sg.): 2.79:12.
ṣpy /*ṣu/apiyâ*/ (3.m.du. [alt.: 3.m.pl.]): 4.167:2.
ṣpy /*ṣu/apiyū/ā*/ (3.f.pl.): 4.167:6.

b. Formen des Gt-Stamms:

PK √*šdy/w* Gt "ausgegossen werden" od. "sich ergießen"(?)
yštd /*yištadî*/ < **yištadiy* (PK^{K} 3.m.sg.): 1.6:IV:25 (ohne Kontext).
√*ṯny*, Bed. und Etym. unsicher (alt.: tD-Stamm)
ṯtny[(n)] (PK): 1.5:IV:19.

c. Formen des N-Stamms:

PK √*kly* N "verbraucht, benutzt werden"
ykl /*yikkalî*/ < **yinkaliy* (PK^{K} 3.m.sg.): 1.91:1 und 1.104:3 (alt.: Gp).
√*phy* N "sichtbar sein"
ynphy /*yinpahiyu*/ (PK^{L} 3.m.sg.): 1.163:12'(5).

Imp. √*bky* N "beweint sein, werden"
ibky /*ʾibbakiyī*/ (Imp. f.sg.): 1.161:13 (alt.: G-Imp. /*(ʾ)ibkiyī*/).

SK √*kly* N "verbraucht, benutzt werden"
nkly /*naklaya*/ (SK 3.m.sg.): 4.213:24; 4.227:IV:6; 4.230:15; 4.243:45; 4.279:1; 4.280:6.

d. Formen des D-Stamms:

PK √*ḥdy/w*$_{(2)}$ D "(Ziege) antreiben, wegtreiben" (ar. √*ḥdw*)
yḥdy /*yuḥaddiyu*/ (PK^{L} 3.m.sg.): 1.127:32 (alt.: G-PK^{L} /*yaḥdiyu*/).
√*ḥy/wy* D "Leben verleihen; am Leben erhalten"
yḥwy /*yuḥawwiyu*/ (PK^{L} 3.m.sg.): 1.17:VI:30.
? *tḥwyn* /*tuḥawwiyīna*/ (PK^{L}? 2.f.sg.): 1.18:IV:13 (*tḥ[wyn]*; alt.: *tḥ[wy]*); 1.24:9-10 (*[t]ḥ\wyn* [n.L.]).
aḥw /*ʾaḥawwî*/ < **ʾuḥawwiy* (PK^{K} 1.c.sg.): 1.19:I:16; 1.82:19.
aḥw /*ʾaḥawwiyu*/ (PK^{L} 1.c.sg.): 1.17:VI:32; 1.18:IV:27.

√*kly* D "ein Ende bereiten, vernichten, zerstören"
ykly /*yukalliyu*/ (PK^L 3.m.sg.): 1.2:IV:27; 1.103+:40.
tkl /*tukallî*/ < **tukalliy* ($PK^K v$ 2.m.sg.): 1.16:I:26.
tkly /*tukalliyu*/ (PK^L 2.m.sg.): 1.5:I:2.28.
tkl /*tukallî*/ ($PK^K v$ 3.f.sg.): 1.19:IV:40 (alt.: 2.f.sg. [< **tukalliyī*]).
akly /*ʾakalliy-*/ (PK^L od. $PK^K e$ 1.c.sg.): 1.6:V:24.25; 1.19:IV:34 (n.L.).
tkly /*tukalliyū*/ (PK^K 3.m.pl.): 1.6:II:36.

√*ksy/w* D "bedecken"
tksy-nn /*tukassiy-*/ ($PK^K i$ od. PK^L 3.f.sg. + En. + OS): 1.10:III:24.

√*ġẓy/w* D(?) "geben, beschenken; bedienen" (§32.123.22, Anm.)
tġẓy /*tuġaẓẓiyu*/ (PK^L 3.f.sg.): 1.4:II:11.
nġẓ /*nuġaẓẓâ*/ < **nuġaẓẓiyā* od. /*nuġaẓẓî*/ (PK^K[e] 1.c.pl.): 1.4:III:35.
tġẓyn /*tuġaẓẓiyâni*/ (PK^L 2.c.du.): 1.4:III:29.
tġẓyn /*tuġaẓẓiyâni*/ (PK^L? 3.c.du.): 1.4:III:26.

√*ġlw/y*$_{(2)}$ D "beugen, senken" (zur Etym. siehe §32.123.33)
tġl /*tuġallî*/ ($PK^K v$ 2.m.sg.): 1.3:I:1.
tġly /*tuġalliyū*/ ($PK^K i$ 3.m.pl.): 1.2:I:23.

√*ṣlw* D "beschwören"
yṣly /*yuṣalliyu*/ (PK^L 3.m.sg.): 1.19:I:39.

√*qry* D "(Opfer) darbringen"
yqr /*yuqarrî*/ < **yuqarriy* ($PK^K i$ 3.m.sg.): 1.19:IV:22 (*yq[r]* [n.L.]).
aqry /*ʾaqarriyu*/ (PK^L 1.c.sg.): 1.3:IV:22.27.

√*ṯwy* "zum Bleiben veranlassen, gastlich aufnehmen" (vgl. ar. √*ṯwy* I./II.)
ṯṯwy /*tuṯawwiyu*/ (PK^L 2.m.sg.): 1.16:VI:44 (§74.412.27, √*dbr*).

√*ṯʿy* D "ein *ṯʿ*-Opfer darbringen" (alt.: G-Stamm)
nṯʿy /*nuṯaʿʿiyu*/ (PK^L 1.c.pl.): 1.40:24.32; 1.40:41 (*n[ṯʿy]*).

Imp. √*gry* D (alt.: G) "Streit erregen, zum Kampf herausforden"
gr /*garrî-*/ (m.sg.): 1.14:III:6 (*gr-nn*).

√*ḥy/wy* D "Leben geben; am Leben erhalten"
ḥw /*ḥawwî*/ < **ḥawwiy* (m.sg.): 1.82:6.

√*qry* D "(Opfer) darbringen"
qry /*qarriyī*/: 1.3:III:14 und 1.3:IV:8 (jeweils *qry-y* [EP *-y*]).

SK √*blw/y* D "verzehren, verbrauchen"
blt /*ballât*/ < **ballawat*(?) (3.f.sg.): 1.5:I:18.

√*gry* D (alt.: G) "Streit erregen, zum Kampf herausforden, angreifen"
gr /*garrâ*/ < **garraya*(?) (3.m.sg.): 1.14:IV:49 (*gr-nn*); 1.119:26.

√*ḥy/wy* D "wieder herstellen"(?)
ḥwt /*ḥawwîtu*/ < **ḥawwiytu* (1.c.sg.): 2.70:15.

√*w/ydy* D "vertreiben, verbannen, entfernen"
ydy /*yaddiya*/ (3.m.sg.): 1.100:5.11.17.22.27.32.38.42.48.54.60 (alt.: G).

√*kly* D "ein Ende bereiten, vernichten, zerstören"
klt /*kallîtu*/ < **kalliytu* (1.c.sg.): 1.3:III:39.46.

√*ʿrw* D "entleeren"
ʿryt /*ʿarriyat*/ (3.f.sg.): 2.38:25 (alt.: Dp /*ʿurriyat*/?).

√*ġẓy/w* D(?) "geben, beschenken; bedienen" (§32.123.22, Anm.)
ġẓtm /*ġaẓẓîtumâ*/ (2.c.du.): 1.4:III:31.
√*ġlw/y*$_{(2)}$ D "beugen, senken"
ġltm /*ġallîtumu*/ < **ġalliytumu* (2.m.pl.): 1.2:I:24.
√*qry* D "(Opfer) darbringen"
qry /*qarriya*/ (3.m.sg.): 1.19:IV:29 (*qry-m*).
Ptz. √*kly* D "ein Ende bereiten, vernichten, zerstören"
mkly /*mukalliya*/ (m.sg., Ak.): 1.19:IV:35.40.
Inf. √*kly* D "ein Ende bereiten, vernichten, zerstören"
? *kly* /*kullay-*/: 1.6:VI:11.16 (*kly-y*) (zur Problematik siehe §74.416.3).

e. Formen des Dp-Stamms:
PK √*kly* Dp "vollendet werden"
ykly /*yukallayu*/? (PK^{L} 3.m.sg.): 1.127:8.
√*ᶜnw* Dp "erniedrigt, gedemütigt werden"
yᶜn /*yuᶜannâ*/? < **yuᶜannaw* (PK^{K}v 3.m.sg.): 1.19:I:12.
tᶜn /*tuᶜannâ*/? < **tuᶜannaw* (PK^{K}v 2.m.sg.): 1.16:VI:58.
√*pny* Dp "weggeschafft, weggebracht werden"
tpnn /*tupannûna*/ < **tupannayūna* (PK^{L} 3.m.pl.): 1.104:16.
SK √*ḥy/wy* Dp "am Leben erhalten werden"
? *ḥwt* /*ḥuwwVti*/ (2.f.sg.): 1.10:II:20.

f. Formen des Š-Stamms:
PK √*nšy* Š "vergessen lassen"
tššy /*tušaššiyâ*/ < **tušanšiyâ* (PK^{K} 3.f.du.): 1.82:5.
√*ᶜlw/y* Š "hinaufsteigen lassen, hinaufbringen; ein Opfer dabringen"
yšᶜly /*yušaᶜliyu*/ (PK^{L} 3.m.sg.): 1.19:IV:23.
tšᶜly-nh /*tušaᶜliy-*/ (PK$^{K?}$ 3.f.sg. + En. + OS): 1.6:I:15.
tšᶜly /*tušaᶜliyu*/ (PK^{L} 3.f.sg.): 1.5:V:21.
tšᶜl /*tušaᶜlî*/ < **tušaᶜliy* (PK^{K}v 2.m.sg.): 1.14:III:12.
√*šqy* Š "zu trinken geben"
yššq /*yušašqî*/ < **yušašqiy* (PK^{K}i 3.m.sg.): 1.17:II:30-31.33.35.38.
tššqy /*tušašqiyu*/ (PK^{L} 3.f.sg.): 1.17:V:29.
Imp. √*šqy* Š "zu trinken geben"
ššqy /*šašqiyī*/ (f.sg.): 1.17:V:19.
SK √*nwy* Š "preisen, schmücken"
? *šnwt* /*šanwât*/ < **šanwayat*(?) (3.f.sg.): 1.96:1.
√*ᶜlw/y* Š "hinaufsteigen lassen, hinaufbringen; ein Opfer dabringen"
šᶜly /*šaᶜliya*/: 1.19:IV:30; 6.14:1; 6.62:2.
šᶜlyt /*šaᶜliyat*/: 6.13:1.

g. Formen des Št-Stamms:
PK √*ḥy/wy* Št "Ehrerbietung/Huldigung erweisen"
yštḥwy /*yuštaḥwiyu*/ (PK^{L} 3.m.sg.): 1.1:III:25; 1.2:III:6*.
tštḥwy /*yVštaḥwiyu*/ (PK^{L} 3.f.sg.): 1.4:IV:26 1.6:I:38; 1.17:VI:50-51*.
yštḥwyn /*yVštaḥwiyâni*/ (PK^{L} 3.m.du.): 1.1:II:16 (*[yšt]ḥwn*).
tštḥwy /*tVštaḥwiyâ*/ (PK^{K} 3.m.du.): 1.2:I:31.

tštḥwy /*tVštaḥwiyâ*/ (PK^K 2.c.du.): 1.1:III:3 (*t[štḥwy]*); 1.2:I:15; 1.3:III:10: 1.3:VI:19-20; 1.4:VIII:28.

√*šḥy* Št "sich niederbücken"(?).

tštšḥ /*tVštašḥî*/ < **tVštašḥiy* (PK^{K}v 3.f.sg.): 1.82:11.

√*lwy* Š "umgeben, umhüllen"(?).

? *t*$^!$*šlw* /*tušalwî*/ < **tušalwiy* (PK^{K}i 3.f.sg.): 1.14:III:45 (Text: *ašlw* [§74.622.3, √*lwy*]).

Ptz. √*ˁlw/y* ("hinaufsteigen") Št

mštˁltm /*muštaˁlitêma*/ (f.du., Obl.): 1.23:31(2x).35.36.

75.538. Nicht sicher deutbare Formen

√*kly*(?)	*tkl* 1.5:III:5; *tkl* 2.1:7; *kly* 2.72:43; *kly* 6.43:2.
√*mġy* "ankommen"	*[ ]mġy* 1.108:16; *mġy[ ]* 1.157:7.
√*nsy* (?)	*its* 1.2:IV:4 (evtl. Gt-PK^K 1.c.sg.).
√*ˁwy* (?)	*tˁw[ ]* 2.77:14.
√*ˁly* "hinaufsteigen"	*ˁlyt* 1.176:6.
√*ˁny* "antworten, erwidern"	? *ˁnn* 2.8:4.
√*phy* "sehen"	? *[y]ph* 1.164:11.
√*šty* "trinken"	*št-m* 1.5:I:25; *šty* 1.175:9.

75.539. Zusammenfassendes Paradigma

Das folgende Paradigma enthält signifikante Formen des Grundstamms, im einzelnen Formen der G-PK, des G-Imp. und der G-SK. Als Paradigmenwurzeln dienen √*mġy* "ankommen, eintreffen" (III-*y*), √*phy* "sehen" (III-*y*) und √*dˀw* "fliegen" (III-*w*). Sie stehen typologisch für drei verschiedene Flexionsklassen (das Paradigma enthält auch erschlossene Formen):

PK	√*mġy*	*yamġiyu* (PK^L); *yamġî* (PK^K).
	√*phy*	*yiphû* < * *yiphayu* (PK^L); *yiphâ/ê* < **yiphay* (PK^K).
	√*dˀw*	*yadˀû* < **yadˀuwu* (PK^L); *yadˀû* < **yadˀuw* (PK^K).
Imp.	√*mġy*	m.sg. *m*^{i}*ġî* < **mġiy*; f.sg. *m*^{i}*ġiyī*; m.pl. *m*^{i}*ġiyū*; c.du. *m*^{i}*ġiyâ*.
	√*phy*	m.sg. *p*^{i}*hî* < **phiy*; f.sg. *p*^{i}*hî* < **phayī*; m.pl. *p*^{i}*hayū*.
	√*dˀw*	m.sg. *d*^{u}*ˀû* < **dˀuw*; f.sg. *d*^{i}*ˀî* < **dˀuwī*; m.pl. *d*^{u}*ˀû* < **dˀuwū*.
SK	√*mġy*	3.m.sg. *maġaya* (selten auch: *maġâ*); 3.f.sg. *maġayat* (selten auch: *maġât*); 2.m.sg. *maġêtă*; 3.m.pl. *maġayū*.
	√*phy*	3.m.sg. *pahiya*; 3.f.sg. *pahiyat*; 2.m.sg. *pahîtă*; 3.m.pl. *pahiyū*.
	√*dˀw*	3.m.sg. *daˀawa*; 3.f.sg. *daˀawat*; 2.m.sg. *daˀôtă*(?); 3.m.pl. *daˀawū*.

75.6. Verben *mediae geminatae*

75.61. Einführung

a. Die Verben II-*gem.* zeichnen sich formal durch die Identität des zweiten und dritten Radikals aus. Das Paradigma enthält zum einen Formen mit redupliziertem zweitem (= drittem) Radikal, zum anderen Formen mit geminiertem zweitem (= drittem) Radikal. Der erstere Bildungstyp wird als "stark", der letztere als "schwach" bezeichnet. Im ersteren Fall erscheinen in der Orthographie (neben Affixen) drei Konsonsonanten, im letzteren nur zwei. Im Ug. überwiegen im Grundstamm schwach gebildete Formen. Die Verteilung von starken und schwachen Formen fällt erheblich anders aus als im Klassischen Arabisch. Festzustellen sind typologische Parallelen mit dem hebräischen Befund.

b. Im Grundstamm herrscht bei Formen mit vokalischer Endung (nach dem dritten Radikal) immer die schwache Bildungsweise vor, z.B. PK^L 3.m.sg. *ysb* = /*yasubbu*/, SK 3.m.sg. *sb* = /*sabba*/, SK 3.f.sg. *sbt* = /*sabbat*/.

Bei Formen des Grundstamms mit konsonantisch anlautender Endung läßt sich in der WzK II-*gem.* ebenfalls immer die schwache Bildungsweise beobachten: √*brr* ("frei sein") SK 2.m.sg. *brt* = /*barrăta*/? (2.3:5; 2.8:4); √*sbb* ("sich wenden") SK 1.c.du. *sbny* = /*sabbănVyâ*/? (1.5:VI:3-4*). Zwischen der Geminatengruppe und der Endung gibt es offenbar einen "Bindevokal", mutmaßlich /*ă*/.

SV. Vgl. den he. Befund, z.B. SK 2.m.sg. *sabbôtā* (√*sbb*); im Ar. herrscht dagegen die starke Bildungsweise vor, z.B. SK 2.m.sg. *radadta* (√*rdd*). — Zur sprachhistorischen Herleitung und Relevanz des genannten "Bindevokals" siehe Tropper (1999b).

In (ursprünglich) endungslosen Formen des Grundstamms (PK^K und Imp.) überwiegt ebenfalls die schwache Bildungsweise, z.B. PK^K 3.m.sg. *ysb* (√*sbb*). Die Geminatengruppe wird dabei im Wortauslaut wahrscheinlich zu einem einfachen Konsonanten reduziert, z.B. PK^K 3.m.sg. *ysb* = /*yasub*/ < **yasubb* (vgl. den he. Befund). Die Geminatengruppe könnte aber theoretisch auch durch Beifügung eines folgenden Hilfsvokals bewahrt bleiben, z.B. *ysb* = /*yasubbV*/ < **yasubb* (vgl. den ar. Befund).

Abweichend davon erscheinen (alle) Verben II-*gem.* zugleich I-*n* orthographisch immer mit redupliziertem letzten Radikal (siehe §75.62b). Daneben könnte es sporadische Fälle anderer Verben mit starker Bildungsweise geben. Mögliche Belege (der PK^K) sind unter §75.62c aufgelistet. Von diesen Belegen könnten *t̲hss* (1.15:III:25), *ymll* (1.16:V:28) und *tġdd* (1.3:II:25) allerdings zum L-Stamm (bzw. D-Stamm) zu stellen sein. Bei *tiggn* (1.82:43) ist dies aber — wegen Orthographie mit {i}-Aleph — nicht möglich.

c. Im N-Stamm bilden Verben II-*gem.* zugleich I-*n* erwartungsgemäß (durchgehend) starke Formen, z.B. SK (3.m.sg.) *ndd* = /*naddada*/ < **nandada* (1.3:I:8). Ansonsten sind offenbar nebeneinander stark und schwach gebildete Formen bezeugt. Der schwach gebildeten N-SK (3.m.sg.) *nsb* = /*nasabba*/ (1.4:VI:35 [Poesie]) steht die starke Bildung *nšdd* = /*našdada*/ (4.272:1) gegenüber. Schwach gebildet ist auch das N-Ptz. (f.sg.) *nmrt* = /*namarrat-*/

(1.19:IV:33 [Poesie]). Da in der Poesie nur schwache Bildungen bezeugt sind, ist die starke Bildungsweise vielleicht typologisch jünger.

d. Es ist unklar, ob der Intensivstamm der Verben II-*gem.* im Ug. (durchgend) regelmäßig oder (zumindest teilweise) – entsprechend dem he. Befund (Polel- bzw. Poᶜeᶜ-Bildung) – durch Längung des ersten Stammvokals anstelle der Gemination des zweiten Radikals gebildet wird (MphT *{qālil}* anstatt/neben *{qallil}*). Aus sprachhistorischer Sicht ist die letztere Annahme wahrscheinlicher (zur Diskussion siehe §74.503). Im folgenden werden entsprechende Formen deshalb dem sogenannten Längungsstamm (L-Stamm) zugeordnet. Sie erscheinen in der Orthographie immer mit drei Wurzelkonsonanten.

e. Formen des Š-Stamms sind stark gebildet. Einzige Ausnahme ist die Š-PK *yšlḥ* = */yušaliḥ(ḥV)/* (1.4:I:25-26 [Poesie]). Vom Šp-Stamm ist eine stark gebildete Šp-PK *yšḥmm /yušaḥmamu/* (1.175:7) bezeugt.

Lit. zu ug. Verben II-*gem.*: Gordon (1965 § 9.53); Segert (1984 § 54.56); Sivan (GUL 171-176); Tropper (1994b, 464f.).

75.62. Formen der G-Präfixkonjugation

a. Formen ohne Reduplikation des zweiten Radikals:

√*bdd*, Bed. und Etym. unsicher, etwa "rezitieren"; immer in Parallele zu √*šyr* "singen" (alt.: √*bdy* "erfinden, ersinnen")

ybd /yabVddu/ (PK^L 3.m.sg.): 1.3:I:18; 1.17:VI:31.

√*gzz* "(Haar) abschneiden; (Schaf) scheren"

ygz /yaguzzu/ (PK^L 3.m.sg.): 1.80:5.

√*dmm₂* "wehklagen, heulen"

ydm /yadum(mu)/ (PK^L od. PK^K 3.m.sg.): 1.16:II:56.

tdm /tadum(mV)/ (PK^Kv od. PK^Ke 3.f.sg.): 1.16:I:30.

tdm /tadum(mV)/ (PK^Kv 2.m.sg.): 1.16:I:26.

√*ḥrr* "glühen, heiß sein"

yḥr (3.m.sg.): 1.151:4.

yḥr[(r)] (3.m.sg.): 1.12:II:37 (alt.: L-Stamm).

√*ybb* "klagen"

yb (3.m.sg.): 1.19:III:40 (alt.: Emendation *yb<ky>* [√*bky*, PK]).

√*mkk* "niedersinken" (alt.: √*mwk*)

ymk /yamuk(kV)/ (PK^Ki [alt.: PK^L] 3.m.sg.): 1.2:IV:17.

tmk /tamuk(kV)/ (PK^Kv 2.m.sg. od. 3.f.sg.): 1.169:11 (*al tmk*).

√*mrr₁* "vertreiben"

? *amr[ ]* (1.c.sg.): 1.2:IV:2.

√*mrr₂* "stärken, segnen" (Parallelverb zu √*brk*)

ymr /yamur(rV)/ (PK^Ki od PK^L 3.m.sg.): 1.15:II:20 (*ymr-m*); 1.17:I:35.

tmr /tamurrV-/ (PK^Kv 2.m.sg.): 1.15:II:15; 1.17:I:24 (*tmr-nn*); 1.19:IV:33 (*tmr-n*).

amr-km /ʾamurrV-/ (PK 1.c.sg. + OS): 1.13:28-29.

tmr /tamurrū/ (PK^K 3.m.pl.): 1.13:26.

√sbb "sich wenden, sich verändern; herumgehen, durchstreifen"
ysb /yasub(bV)/ (PK^{L} od. PK^{K}i 3.m.sg.): 1.19:II:12.19; RS92.2016:30'.
√ġḏḏ (alt.: *√ġḏw/y*) "sich schnell bewegen; schnellen, schießen (intr.)"
tġḏ /taġuḏ(ḏV)/ (PK^{K}i od. PK^{L} 3.f.sg.): 1.4:VII:41.
√prr "zerbrechen, zerstören"
apr /ʾapurrā̆/u/ (PK^{K}e od. PK^{L} 1.c.sg.): 1.15:III:30.
√ṣrr "einschließen, belagern"
tṣr /taṣur(rV)/ (PK^{K}v 2.m.sg.): 1.14:III:29; 1.14:VI:10.
√qbb "biegen, krümmen; (Bogen) spannen"
yqb /yaqubbu/ (PK^{L} 3.m.sg.): 1.17:V:35; (?) 1.17:V:36 (*yq[bnh/n]*).
√qṯṯ "zerren, reißen; schütteln"
yqṯ /yaquṯ(ṯu)/ (PK^{K}i od. PK^{L} 3.m.sg.): 1.2:IV:27 (vgl. Reduplikationsform *yqṯqṯ* in 1.114:5 [§75.72a]).
√štt (< **śtt*) "zerreißen" (vgl. ar. *√štt* "trennen, zerstreuen")
yšt /yašVt(tu)/ (PKKPp od. PK^{L} 3.m.sg.): 1.2:IV:27 (alt.: *√šyt* [§75.522]).

Anm. Diese Deutung der Form *yšt* liegt aufgrund der Parallelisierung mit *yqṯ* (*√qṯṯ*) nahe: *yqṯ bʿl w yšt ym / ykly ṯpṭ nhr* "Baʿlu zerrte (an Yammu) und war daran, Yammu zu zerreißen; er war daran, den Richter Naharu zu vernichten" (1.2:IV:27).

√trr "vertreiben, wegtreiben"
ytr /yatur(rV)/ (PK^{K}v 3.m.sg.): 1.6:VI:53.
√ṯbb "abhauen, abschneiden" (alt.: *√ṯbr* "zerbrechen" [Textemendation])
? *yṯb /yaṯub(bV)/* (PK^{K}v 3.m.sg.): 1.19:III:2.17.

Anm. Zur Etym. vgl. vielleicht asa. *√s^{1}bb*, ar. *sabba* und he. *√šbb* "abhauen, (Hand) abschneiden" (allerdings jeweils mit /*s^{1}*/!). Auf dem Hintergrund der Parallelstellen (Z. 8-9.22-23.30-32: *yṯbr* bzw. *ṯbr*) dürfte die Form *yṯb* jedoch eher zu *yṯb<r>* zu emendieren sein (§21.354.1a).

b. Formen der WzK II-*gem.* zugleich I-*n* mit Reduplikation des zweiten Radikals:
√ndd$_{1}$ "fliehen"
tdd /taddud/ < **tandud* (3.f.sg.): 1.4:VI:10 (*td[d]*).
√ndd$_{2}$ (< **nḏḏ*) "hintreten, aufstehen" (zur Etym. vgl. akk. *izuzzu* "hintreten, sich hinstellen" und ar. *nadda* III. "sich jmdm. entgegenstellen")
ydd /yaddud/ < **yandud* (PK^{K} 3.m.sg.): 1.4:III:12; 1.10:II:17; 3.9:12.
tdd /taddudu/ < **tandudu* (PK^{L} 3.f.sg.): 1.22:I:10; 1.91:14.
tdd /taddudū/ (PK^{K}v 3.m.pl. od. 2.m.pl.): 1.20:II:2; 1.21:II:4.12; 1.22:II:6.11*.21.

Anm. Nach M.P. Streck (AfO 24/25 [1997/98], 320-322) würden die Formen des akk. Verbs *izuzzu* teilweise ausgehend von *√nzz* und teilweise von einer Wurzelvariante *√zyz* gebildet. Ein analoger Befund ist auch im Ug. nicht auszuschließen (*√ndd* mit Wurzelvariante *√dw/yd*). Zu einem Versuch, alle Formen von akk. *izuzzu* von *√nzz* abzuleiten, siehe Tropper (1997d, 204-208).

√nṭṭ "wanken, zittern"
tṭṭn /taṭṭuṭna/ < **tanṭuṭna* (PK 3.f.pl.): 1.4:VII:35.
tṭṭ /taṭṭuṭâ/ < **tanṭuṭâ* (PK^{K}i 3fdu): 1.3:III:33; 1.4:II:17; 1.19:II:45.
√nṣṣ "verscheuchen, wegtreiben"(?)
aṣṣ /ʾaṣṣVṣ(V)/ < **ʾanṣVṣ(V)* (1.c.sg.): 1.117:10 (Kontext abgebrochen).

c. Mögliche andere Formen mit Reduplikation des zweiten Radikals (alt.: L-PK):

√*ʾgg*, Bed. und Etym. unsicher (evtl. "jammern" bzw. "murmeln")

tiggn /*tVʾgVgna*/ (PK 3.f.pl): 1.82:43 (eine Lesung *thggn* ist m.E. nicht möglich; anders Olmo Lete 1992, 255).

√*ḫss* "sich erinnern, gedenken; bedenken"

tḫss /*taḫsus*/ od. /*tuḫāsis*/ (PK^{K}i 3.f.sg.): 1.15:III:25 (vgl. akk. *ḫasāsu* G "sich erinnern, gedenken", D "bedenken").

√*mll* "(mit den Fingern) reiben; einen Brei rühren" (vgl. mhe./jaram. √*mll*)

ymll /*yamlul*/ od. /*yumālil*/ (PK^{K}i 3.m.sg.): 1.16:V:28 (n.L.; KTU^{2}: *ymlu*).

√*ġdd* "anschwellen"

tġdd /*tVġdVd*/ (3.f.sg.): 1.3:II:25 (alt.: L-PK /*tuġādid*/).

75.63. Formen des G-Imperativs

√*dmm*$_1$ "sich ruhig, bewegungslos verhalten"

dm /*dum(mV)*/ (m.sg.): 1.14:III:10.

√*ḥnn* "gnädig sein"

ḥn-ny /*ḥannV-(n)nī(-ya)*/ "sei mir gnädig!" (m.sg.): 2.15:3.

√*ḫtt* "zerbrechen (intr.); zerschlagen sein"

ḫt /*ḫut(tV)*/ (m.sg.): 1.16:VI:1; (?) 1.83:12.

√*mrr*$_1$ "vertreiben"

mr /*mur(rV)*/ 1.2:IV:19(2x).

√*sbb* "sich wenden, sich verändern; herumgehen, durchstreifen"

sb /*sub(bV)*/ (m.sg. [?]): 1.16:III:3 (alt.: SK 3.m.sg.).

75.64. Formen der G-Suffixkonjugation

√*brr* "frei, rein, lauter sein"

br /*barra*/ (3.m.sg.): 2.19:4.

brt /*barrat*/ (3.f.sg.): 2.19:3.

brt /*barrăta*/? (2.m.sg.): 2.3:5 (*brt l bʿ[l]*); 2.8:4 (*at brt lbk* "du bist lauteren Herzens") (alt: 3.f.sg. /*barrat*/).

√*dmm*$_1$ "sich ruhig, bewegungslos verhalten"

dm /*damma*/ (3.m.sg.): 1.14:V:3.

√*ḥll* "entweiht, desakralisiert, profan sein"

ḥl /*ḥalla*/ (3.m.sg.): 1.41:47.53; 1.46:9; 1.87:57; 1.106:23.33; 1.112:9.14-15; 1.119:4.24; 1.132:28; 1.173:17. Kontext meist: *ʿrb špš w ḥl mlk* (alt.: Adj.).

? *ḥlt* /*ḥallăta*/ (2.m.sg.): 1.164:20 (alt.: Nomen f.sg.).

√*ḫtt* "zerbrechen (intr.); zerschlagen sein"

ḫt /*ḫatta*/ (3.m.sg.): 1.16:VI:13.

ḫtt (3.f.sg. od. 1.c.sg.): 1.2:IV:1.

√*mrr*$_1$ "vertreiben"

? *mr* /*marra*/ (3.m.sg.): 1.4:VII:12 (*mr[ ]*).

√*nbb* (alt.: √*nw/yb*) G/Gp "bedeckt sein, überzogen sein"

nbt /*nabbat*/ (3.f.sg.): 1.4:I:31.

√*ndd*$_1$ "fliehen"

? *nd* /*nadda*/ (3.m.sg.): 1.10:III:16 (Kontext abgebrochen; alt.: √*ndd* [II]).
ndt /*naddắtu*/ (1.c.sg.): 1.18:I:26.

√*sbb* "sich wenden, sich verändern; herumgehen, durchstreifen"

sb /*sabba*/ (3.m.sg.): 1.4:VI:34.
sbny /*sabbắnVyâ*/ (1.c.du.): 1.5:VI:3-4*

√*ˁzz* "stark sein"

ˁz /*ˁazza*/ (3.m.sg.): 1.2:IV:17; 1.6:VI:17(2x).20(2x).18.19 (auch Bestandteil von PNN und GNN, z.B. *ˁzbˁl* 1.102:27).

√*pll* "gespalten, rissig, vertrocknet sein (Ackererde)"

pl /*pallū*/? (3.f.pl.): 1.6:IV:1.2.12.13.

√*rbb* "groß, mächtig sein" (alt.: √*rby/w*)

rbt /*rabbắta*/? (2.m.sg.): 1.4:V:3.

√*ršš* "zerschlagen, vernichten"

rš /*rašša*/ (3.m.sg.): 1.14:I:10.22.

Anm. Im Bikolon *krt ḥtkn rš* /\ *krt grdš mknt* (1.14:I:10f.; ähnlich 1.14:I:22f.) dürften die Verbalformen *rš* und *grdš* — entgegen herkömmlichen Übersetzungen — transitiv sein. Dafür spricht neben der äußeren Gestalt der Formen (G-Stamm) auch die Tatsache, daß *grdš* im Genus nicht mit dem Subst. *mknt* (bzw. *ṯbt* [Z. 23]) kongruiert. Somit kommt als Subjekt nur Keret in Frage. *ḥtk-n* und *mknt* sind direkte Objekte; ersteres ist wegen Voranstellung mit der EP *-n* versehen. Als Übersetzung schlage ich vor: "Keret hatte die Herrschaft zerschlagen; Keret hatte die Machtstellung zerbrochen" (d.h. Keret hat selbst sein Königtum verspielt).

75.65. Formen des G-Partizips

a. Partizip aktiv:

√*gzz* "(Haar) abschneiden; (Schaf) scheren"

gzzm /*gāzizīma*/ (m.pl. abs. Gen.) "Schafscherer": 4.213:30; 4.269:4.26.

√*dbb* "(böse) Worte formen, beschwören"(?)

? *dbbm* /*dābibū/īma*/ (m.pl. abs.) "Beschwörer"(?): 1.169:1.9; RS92.2014:9.13 (alt.: MphT {*qattāl*}; Parallelbegriff zu *kšpm* "Zauberer").

√*mṣṣ* "saugen, saugend trinken, schlürfen"

mṣṣ /*māṣiṣ-*/ (m.sg. cs.): 1.15:II:27.

Anm. Das Lexem *ṯnnm* (1.23:7.26) ist wahrsch. kein G-Ptz. Es dürfte mit der gleichlautenden Berufsbezeichnung *ṯnnm* zu identifizieren sein, die häufig in Wirtschaftstexten begegnet (4.66:1&) und syll. als ^{lú}*ša-na-(an)-nV* bezeugt ist (siehe AHw. 1161a und Vita 1995, 126-128). Als möglicher MphT kommt {*qattāl*} in Frage.

b. Partizip passiv:

√*brr* "gereinigt, rein sein" (vgl. he. *bārûr*)

brr /*barūr-*/: 1.41:7; 1.46:10; 1.48:20*; 1.87:4*.7-8.49.51.55; 1.105:20; 1.106:27; 1.109:2*; 1.112:11.17; 1.119:5 (§73.422.3, √*brr*).

√*ktt* "klein schlagen, zerstoßen"

ktt /*katūt-*/: 4.203:14; 4.288:9; 4.721:4 (*ṯlṯ ktt* "klein geschlagenes Kupfer").

75.66. Formen des G-Verbalsubstantivs

√*bdd*, Bed. und Etym. unsicher (in Parallele zu √*šyr* "singen" bezeugt) (alt.: √*bdy* "erfinden, ersinnen")

bd /*bidd-*/ "Klagegeschrei(?) (von Frauen)": 1.16:I:5.19; 1.16:II:42.

√*ʿṣṣ* "drängen, eilen"

ʿṣ /*ʿVṣṣ-*/ (sg.pron.): 1.1:III:10; 1.3:III:18; 1.3:IV:11 (jeweils: *ʿṣ-k*).

Anm. Ein Infinitiv des MphT *{qatāl}* ist wahrscheinlich nicht bezeugt. Der Inf. *qn* in RS92.2014:7 (*qn l tqnn ʿqrb*) wird hier von der Wz. √*qw/yn* abgeleitet (§75.526a).

75.67. Formen abgeleiteter Verbalstämme

75.671. Gt-Stamm

PK √*npp* Gt "sich (mit Duftstoffen) besprengen, sich parfümieren"

ttpp /*tittapVp*/ < **tintapVp* (PK^{K}i 3.f.sg.): 1.3:III:1; 1.3:IV:45.

√*srr* Gt "(jmdm. etw.) anvertrauen"

ystrn /*yistarrVnna*/ (PK^{K}v/e 3.m.sg. + En.): 1.4:VII:48.

75.672. N-Stamm

SK (Formen ohne Reduplikation des zweiten Radikals):

√*gbb* N "sich sammeln; zusammengestellt werden"

ngb /*nagabba*/ (3.m.sg.): 1.14:II:32.33; 1.14:III:13.14 (alt.: √*ngb*, Gp-SK ["ausgerüstet werden"]).

√*sbb* N "sich ändern; sich verwandeln (zu)"

nsb /*nasabba*/ (3.m.sg.): 1.4:VI:35.

SK (Formen II-*gem.* zugleich I-*n* mit Reduplikation des zweiten Radikals):

√ndd_2 < **n*<u>*dd*</u> N "sich hinstellen, dastehen"

ndd /*naddada*/ < **nandada* (3.m.sg.): 1.3:I:8.

ndd /*naddadâ*/ < **nandadâ* (3.m.du.): 1.23:63.

SK (andere Formen mit Reduplikation des zweiten Radikals):

√*šdd* N, etwa: "wegholen, abholen" od. "herbeiholen, bereitstellen"

nšdd /*našdada*/ (3.m.sg.): 4.272:1.

Ptz. √mrr_2 N "gestärkt, gesegnet sein"

? *nmrt* /*namarrat-*/ (f.sg. abs., wohl Ak.): 1.19:IV:33 (§74.35).

75.673. L-Stamm (alternativ: D-Stamm [§74.503])

PK √*hrr* L "zittern, beben (vor Begierde)" (alt.: G-Stamm)

yhrr-m /*yuhārir(u)-ma*/ (PK^{K}i od. PK^{L} 3.m.sg.): 1.12:I:39.

(?) √*ḫss* L "Empfindungen wecken" (wahrscheinlicher: √*ḫws* L [§75.527d])

yḫss-k /*yuḫāsis-*/ (PK^{K}i 3.m.sg.): 1.4:IV:39.

√*ṭll* L "tauen"

yṭll /*yuṭālil*/ (PK^{K}v 3.m.sg.): 1.19:I:41.

√*kll* L "vollenden"

ykll-nh /*yukālil-*/ (PK^{K}v 3.m.sg. + En. + OS): 1.4:V:10.

√*mnn* L, Bed. und Etym. unsicher

ymnn /*yumānin*/ (PK^{K}i? 3.m.sg.): 1.23:37.

√^{c}*zz* L "sich als stark/stärker erweisen; Stärke verleihen, stärken"
y^{c}zz /*yu^{c}āzizu*/ (PK^{L} 3.m.sg.): 1.103+:57 und 1.140:4 (alt.: G-PK^{L}).
t^{c}zzk /*tu^{c}āzizū-ka*/ (PK^{K}v 3.m.pl. + OS 2.m.sg.): 2.4:6*; 5.9:I:4.
t/y^{c}zzn (PK^{L} 3.m.pl.?): 1.103+:20 (Kontext abgebrochen).
√^{c}*pp* L "umsorgen"(?) (alt.: √^{c}*wp*)
t^{c}pp /*tu^{c}āpip*/ (PK^{K}i 3.f.sg.): 1.4:II:10.
√*ġll* L "eintauchen"
tġll /*tuġālil*/ (PK^{K}i? 3.f.sg.): 1.3:II:13*.27; 1.7:9; vgl. *tġll* 1.19:III:50.52 (Bestandteil eines Namens).
√*pnn* L(?) (Bed. u. Etym. unsicher)
tpnn /*tupānin(u)*/ (PK 3.f.sg.): 1.96:5.6.
√*qṯṯ* L "(viele) Lügen hervorbringen, lügen"
tqṯṯ /*tuqāṯiṯū*/ (PK^{K}i 2.m.pl.): 1.40:31.
tqṯṯn /*tuqāṯiṯnā*/ (PK^{K}i 2.f.pl.): 1.40:23.40; 1.84:7 (*tqṯṯ*<*n*> od. *tqṯṯ*\[*n*]).
√*rnn* L "(laut) schreien"
arnn /*^{ʾ}arānin-*/ (PK^{L} od. PK^{K}e 1.c.sg.): 1.82:6.
√*šdd* L "verwüsten"
yšdd /*yušādidu*/ (PK^{L} 3.m.sg.): 1.103+:35.37.
√*šnn* L "mit den Zähnen knirschen"
yšnn /*yušāninu*/ (PK^{L} 3.m.sg.): 1.16:I:13.
tšnn /*tušānin(u)*/ (PK^{L} od. PK^{K}i 3.f.sg.): 1.16:II:35.

Imp. √*ṯmm* L, Bed. unsicher (vgl. evtl. ar. √*ṯmm*)
ṯmm /*ṯāmim*/ (m.sg.): 1.5:III:13.27 (§74.512).

SK √*hrr* L "(heftig) zittern, beben (vor Begierde)"
hrr /*hārira*/ (3.m.sg.): 1.12:II:9 (*hrr[ ]*).
√*nṯṯ* L "in Schrecken versetzen; zum Zittern bringen" (alt.: √*nwṯ*)
nṯṯt /*nāṯiṯat*/? (SK 3.f.sg.): 1.82:9.

Ptz. √*ḥll* L "reinigen"
mḥllm /*muḥālil-*/ (m.pl. abs.): 1.119:23.
√*mnn* L, Bed. unsicher (alt.: √*mw/yn*)
mmnn-m /*mumānin-*/? (m.sg. cs. + EP *-m*): 1.23:40.44.47.
√*srr* L "fliegen"
? *msrr* /*musārir-*/ (m.sg. abs. ?): 1.14:II:17 (*ms[rr]*); 1.14:III:59.

Inf. √*ḥll* L "reinigen"
ḥll (m.sg.cs.): 1.115:6.

75.674. Lp-Stamm (alternativ: Dp-Stamm [§74.503])

PK √*dll* Lp/Dp "erniedrigt/niedergeschlagen werden"
ydll /*yudālalu*/ (PK^{L} 3.m.sg.): 1.103+:46 (*yd«d»ll*; alt.: tL-Stamm); (?) 5.11:22 (*ydll* im abgebrochenen Kontext).
tdlln /*tudālalnā*/ (PK^{L} 3.f.pl.): 1.103+:6(7).
√*ḥrr* Lp/Dp "heiß gemacht, in Glut versetzt, verbrannt werden"
tḥrr /*tuḥārar-*/ (PK 3.f.sg.): 1.23:41.44.48.
√*pdd* (alt.: √*pw/yd*) Lp "verbraucht, abgenutzt sein (Kleidung)"
ypdd /*yupādadu*/ (PK^{L} 3.m.sg.): 4.182:61.63.

SK √*ḥrr* Lp/Dp "heiß gemacht, in Glut versetzt, verbrannt werden; verdorren"
ḥrr /*ḥārara/u*/ (3.m.sg. od. 3.m.pl.): 1.5:II:5 (alt.: G-Ptz.pass.).
√*ᶜmm* Lp "eingehüllt, bedeckt, verdunkelt werden/sein" (alt.: Gp)
ᶜmm /*ᶜāmama*/ (3.m.sg.): 1.8:II:8 (zu ergänzen in 1.4:VII:55).

75.675. Š-Stamm
PK √*lḥḥ* "verflüssigen, fließen lassen (Metall)" (alt.: √*lw/yḥ* od. √*šlḥ*)
yšlḥ /*yušaliḥ(ḥu)*/ (3.m.sg.): 1.4:I:25-26 (schwache Bildung).
Ptz. √*nṣṣ* Š "verscheuchen, wegtreiben"
mšṣṣ /*mušaṣṣiṣa*/ < **mušanṣiṣa* (m.sg. cs., Ak.): 1.3:IV:2.
Vsubst. √*kll* Š, Bed. unklar: *škllt* (1.16:II:28).
√*mrr* Š "vertreiben": *šmrr* (1.100:4& [insgesamt 11x]).

75.676. Šp-Stamm
PK √*ḥmm* Šp "erhitzt werden"
yšḥmm /*yušaḥmamu*/ (Šp-PK^{L} 3.m.sg.): 1.175:7.

Anm. Zur Wurzel √*wdd* "lieben" sind im Ug. offenbar nur nominale Derivate belegt: *mdd(t)* (§51.45j) und *tdd* (§51.45j).

75.7. Verben mit vier Radikalen

75.71. Einleitung

Nur wenige ug. Verben sind vierradikalig. Sie lassen sich nach formalen Kriterien in drei Kategorien einteilen:

(a)	Typ *1-2-1-2*	√*glgl*; √*grgr*; √*krkr*; √*mrmr*; √*qṯqṯ*.
(b)	Typ *1-2-3-3*	√*sḥrr*.
(c)	Typ *1-r/l-3-4*	√*grdš*; √*prsḥ*.

Die Typen (a) und (b) zeichnen sich — anders als der Typ (c) — durch das Merkmal der Reduplikation aus, der Typ (a) durch die Reduplikation zweier Radikale, der Typ (b) durch die Reduplikation eines Radikals. Sie können deshalb alternativ als spezifische Stammbildungen zwei- bzw. dreiradikaliger Wurzeln betrachtet werden, wofür in der Forschungeschichte der Begriff "Reduplikationsstämme" (abgekürzt: "R") geprägt wurde. So könnte etwa eine Form *yqṯqṯ* als R-PK einer Wz. *√*qṯ* (2-rad.), √*qw/yṯ* (3-rad., II-*inf.*) od. *√*qṯṯ* (3-rad., II-*gem.*, eine Form *ṣḥrrt* wiederum als R-SK einer Wz. *√*ṣḥr* beschrieben werden. Gegen diese Interpretation spricht jedoch, (a) daß die genannten Reduplikationsbildungen keinem einheitlichen Muster folgen, (b) daß sie auf sehr wenige Verben beschränkt und damit offensichtlich nicht mehr frei bildbar sind, (c) daß die postulierten "Grundwurzeln" (z.B. *√*qṯ* oder **ṣḥr*) im Ug. nicht bezeugt sind.

Lit.: UT § 9.41-43; GUL 176f.; Gensler (1997) [sprachvergleichend].

75.72. Formen des Wurzeltyps *1-2-1-2*

a. Formen der Präfixkonjugation (wahrsch. MphT *{yu1a21i2}* analog D/Š-PK):
√*grgr* "als Fremde(r) wohnen" (vgl. sem. √*gwr*)
tgrgr /*tugargirū*/? ($PK^{K}v$ 2.m.pl.): 1.23:66.
√*krkr* "(die Finger) drehen, tanzen lassen" (vgl. he./ar./äth. √*krkr*)
ykrkr /*yukarkiru*/? (PK^{L} od. $PK^{K}i$ 3.m.sg.): 1.4:IV:29.
√*mrmr* "(rituell) reinigen" oder: "bannen" (vgl. ug. √mrr_1 "vertreiben")
amrmrn /*ʾamarmiranna*/? (PK^{K} 1.c.sg. + En.): RS92.2014:2.
√*qṯqṯ* "zerren, ziehen, schütteln"(?) (vgl. ug. √*qṯṯ* G [*§*75.62a])
yqṯqṯ /*yuqaṯqiṯ(u)*/ (PK^{L} od. $PK^{K}i$ 3.m.sg.): 1.114:5.

b. Formen der Suffixkonjugation (wahrsch. MphT *{1a21i/a2}* analog D/Š-SK):
√*glgl* "rollen, wälzen" od. "schlagen, schütteln" (vgl. sem. √*gll*)
glgl /*galgi/ala*/ (SK 3.m.sg.): 1.13:33 (alt.: Nominalform).

SV. Verben (bzw. Verbalstämme) des Typs *1-2-1-2* sind in wsem. Sprachen weit verbreitet, wohingegen sie im Akk. überhaupt nicht bezeugt sind (siehe Whiting 1981, 22 und Gensler 1997, 251). In der he. Grammatik werden sie als Pilpel- (aktiv), Polpal- (passiv) bzw. Hitpalpel-Stämme (reflexiv) von Wzz. II-*inf.* bzw. II-*gem.* (oder gar zweiradikaliger Wzz) geführt (zu den Belegen siehe Bergsträsser II § 20c); vgl. bes. he. *glgl* "wälzen" und he. *krkr* "tanzen".

75.73. Formen des Wurzeltyps *1-2-3-3*

√*ṣḥrr* "rötlich, braun, verdorrt, glühend heiß sein" (vgl. sem. √*ṣḥr*, bes. ar. √*ṣḥr*, XI. Stamm)
ṣḥrrt /*ṣaḥrVrat*/ (SK 3.f.sg.; alt.: Adj. f.sg.): 1.3:V:17*; 1.4:VIII:22; 1.6:II:24; 1.23:41.45.48; (?) 1.12:II:43 (*ṣḥr[rt]*).
ṣḥrrm: 1.8:II:10 (Interpretation unsicher).

SV. Vgl. vierradikalige akk. Zustandsverben der sogenannten "*š*-Gruppe" wie *šuḫarruru* "ganz starr sein" und *šuqammumu* "totenstill sein" (GAG § 109c) und vierradikalige Verben des Typs *{qtll}* in anderen sem. Sprachen, z.B. he. √*rʿnn* (bzw. √*rʿn* Paʿlal) "laubreich, üppig sein", he. √*šʾnn* (bzw. √*šʾn* Paʿlal) "ruhig sein", he. √*ʾmll* (bzw. √*ʾml* Puʿlal) "welk sein", syr. √*ʿbdd* (bzw. √*ʿbd* Paʿlel) "versklaven", syr. √*ʿzrr* (bzw. √*ʿzr* Paʿlel) "in Windeln wickeln"; zu ar. Verben dieses Typs siehe Boekels (1990, 88 [7 Belege]); vgl. ferner den IX. und XI. Verbalstamm des Ar. (SK *(ʾi)fʿa/ālla*, Verbalsubstt. *(ʾi)fʿi/īlāl*), die vornehmlich zum Ausdruck anhaftender Eigenschaften wie Farben oder körperlicher Fehler gebraucht werden, z.B. *(ʾi)ṣfarra* "gelb werden, sein"; *(ʾi)ʿwarra* "einäugig sein"; *(ʾi)ḥmārra* "rot sein". Auch das Äg. bietet vergleichbare Verben, nämlich die sogenannten "Verben tertiae geminatae" (richtiger: tertiae reduplicatae), z.B. *pḥrr* "laufen", *ḫm33* "einlaufen, schrumpfen (Gesicht)"(?); *ḫsdd* "schimmeln", *spdd* "herrichten, ausstatten, ausrüsten mit", *snbb* "sich begrüßen" (Sethe 1899 §§ 405-7; Edel 1955-64 § 436; Gardiner 1957 § 284).

75.74. Formen des Wurzeltyps *1-r/l-3-4*

a. Formen der Präfixkonjugation (wahrsch. MphT *{yu1a21i2}* analog D/Š-PK): *√prsḫ* "niederfallen" (vgl. akk. *napalsuḫu* [N] "sich niederwerfen", ar. *√fršḫ* "die Beine spreizen")

yprsḫ */yuparsiḫ/*? (PK^{K} 3.m.sg.): 1.2:IV:22.25 (alt.: N-PK [vgl. akk. *napalsuḫu*], d.h. */yipparsiḫ/* < **yinparsiḫ*).

b. Formen der Suffixkonjugation (wahrsch. MphT *{1a21i/a2}* analog D/Š-SK): *√grdš* "zerbrechen" (vgl. syr. *√grdš* Gt "zerbrochen, zerschlagen sein")

grdš */gardi/aša/* (SK 3.m.sg.): 1.14:I:11.23 (§75.64, *√ršš*).

SV. Vgl. vierradikalige akk. Verben der sogenannten "N-Stamm-Klasse" mit */l/* oder */r/* als zweitem Radikal wie *nabalkutu*, *nagalmušu*, *naḫarbušu*, *naḫarmuṭu*, *napalsuḫu*, *naparqudu*, *naparšudu* und *našarbuṭu* (GAG § 110a-b [GAG § 110a: "Der 2. Radikal der Wurzeln, der immer *l* oder *r* ist, war ursprünglich zweifellos ein *l*- bzw. *r*-Vokal ..."]). — Vierradikalige Wurzeln dieses Typs sind auch in anderen sem. Sprachen verbreitet (siehe Gensler 1997, 250-254), etwa im Ar. (siehe Boekels 1990, 115-125 [79 Belege II-*r*] und 130-135 [40 Belege II-*l*) oder im Äth. (II-*l*/*r*/*n*). — Syr. *√plhd* "zerstreuen" gehört nicht hierher (vgl. ar. *√plḏ* "in Stücke schneiden").

75.75. Vierradikalige Verben anderer Struktur (?)

Es gibt keine sicheren ug. Belege für vierradikalige Verben, die nicht den oben genannten Bildungstypen (a-c) zugeordnet werden können. Zur Diskussion stehen lediglich folgende interpretatorisch umstrittene Formen:

agzrt 1.13:29.30$^{!}$: Es könnte sich um eine SK 3.f.sg. einer vierradikaligen Wz. *√ʾgzr* handeln, denominiert vom Nomen *agzr* (1.23:58.61) des MphT *{ʾaqtVl}* (§51.45a). Alternativ kann *agzrt* als Nominalform betrachtet werden, d.h. als fem. Pendant zu *agzr*. Der Kontext lautet: *agzrt ʿ[n]t arḫ \ bʿl / a<g>zrt ʿnt wld* "ʿAnatu, die Kuh Baʿlus, war .....(?); ʿAnatu war .....(?) zu gebären".

prša 1.4:I:35: Es könnte sich um eine SK 3.m.sg. einer Wz. *√pršʾ* handeln. Wahrscheinlicher ist die Form, deren Lesung im übrigen nicht ganz sicher ist, jedoch von der Wz. *√prš* (SK 3.m.sg. */parVša/*) abzuleiten (§21.341.12).

Anm. Fünfradikalige Verbalwurzeln sind im Ug. nicht bezeugt.

76. Aspekt- und Tempussystem

76.1. Einführung

76.11. Es gibt zwei verbale Aspekte, einen perfektiven und einen imperfektiven Aspekt, die in vielen Sprachen der Welt morpho-syntaktisch geschieden werden.

In der perfektiven Sicht wird ein Sachverhalt als ein einheitliches Ganzes und damit gewissermaßen von außen betrachtet. In der imperfektiven Sicht wird demgegenüber wesentlich die interne Struktur eines Sachverhalts beachtet. Siehe folgende Aspektdefinition von Comrie (1989, 4):

> "[....] the perfective looks at the situation from outside, without necessarily distinguishing any of the internal structure of the situation, whereas the imperfective looks at the situation from inside, and as such is crucially concerned with the internal structure of the situation, since it can both look backwards towards the start of the situation, and look forwards to the end of the situation, and indeed is equally appropriate if the situation is one that lasts through all time, without any beginning and without any end."

In vielen Sprachen einschließlich des Ug. läßt sich beobachten, daß morphologische Kategorien, die zum Ausdruck des imperfektiven Aspekts dienen, relativ markiert, die des perfektiven Aspekts relativ unmarkiert sind.

76.12. "Tempus" kennzeichnet demgegenüber die zeitliche Relation zwischen Sprechakt und dem durch die Aussage bezeichneten Sachverhalt (siehe Bußmann 1990, 773). Es handelt sich demnach um ein dreistufiges System, das absolut oder relativ betrachtet werden kann. Die absoluten Tempuskategorien differenzieren vergangene = präteritale, gegenwärtige = präsentische und zukünftige = futurische Sachverhalte (SVe). In relativer Hinsicht werden vorzeitige, gleichzeitige und nachzeitige SVe voneinander geschieden. Relatives und absolutes Tempussystem stimmen insbesondere in Nebensätzen und wörtlichen Reden nicht überein. In der Mehrzahl der Textbeispiele sind diese Systeme jedoch deckungsgleich, weil der temporale Bezugspunkt ("Relationswert") zumeist in der Gegenwart liegt. Dabei entsprechen sich vergangene und vorzeitige, gegenwärtige und gleichzeitige, zukünftige und nachzeitige SVe.

Es sei vorausgeschickt, daß in vielen Sprachen die Haupttempusunterscheidung zwischen Vergangenheit und Nicht-Vergangenheit liegt, während zukünftige SVe oft nicht deutlich von gegenwärtigen SVen differenziert werden.

76.13. "Tempus" und/oder "Aspekt" sind in der Mehrzahl der Sprachen der Welt grammatikalisiert, d.h. morphologisch im Verbalsystem verankert. Dabei kodieren die morphologischen Kategorien des Verbs häufig nicht ausschließlich Tempus oder ausschließlich Aspekt, sondern häufig beides nebeneinander, ja teilweise zugleich auch die sogenannten Modi. Dominiert in einer Sprache die Kategorie "Tempus", so bezeichnet man sie als Tempussprache, dominiert demgegenüber die Kategorie "Aspekt", spricht man von einer Aspektsprache.

Die genannten Definitionen von "Aspekt" und "Tempus" implizieren, daß die betreffenden Kategorien sich nicht gegenseitig ausschließen, sondern vielmehr in gewisser Weise miteinander korrelieren. So können etwa gleichzeitig ablaufende SVe *per definitionem* nur imperfektiv beschrieben werden. Vergangene SVe wiederum werden aufgrund der zeitlichen Entfernung zum Relationswert gewöhnlich perfektiv betrachtet. Folglich dominieren imperfektive Kategorien als "Tempora" der Gegenwart, perfektive Kategorien als "Tempora" der Vergangenheit. Aspektkategorien sind dennoch temporal nicht fixiert. Im Prinzip lassen sich SVe jeder Tempusstufe mit beiden Aspektkategorien beschreiben. Besonders verbreitet ist die Aspektdifferenzierung im Bereich der Vergangenheit.

76.14. Im folgenden wird vorausgesetzt, daß altsem. Sprachen einschließlich des Ug. Aspektsprachen sind. Dafür spricht zum einen die Tatsache, daß die morphologischen Kategorien des Verbs hier mit den zwei Aspektkategorien, nicht aber mit den drei Tempuskategorien korrelieren, zum anderen die Tatsache, daß vergangene SVe – je nach aspektueller Ausrichtung – mit unterschiedlichen Verbalkategorien bezeichnet werden können. Es ist allerdings festzuhalten, daß sem. Sprachen im Bereich der Zukunft keine strikte Aspektdifferenzierung kennen. Dieser Befund dürfte dadurch zu erklären sein, daß die Zeitstufe "Zukunft" im Sem. – wie in vielen europäischen Sprachen auch – nur unvollkommen als spezifisches Tempus grammatikalisiert ist. Sie wird häufig gegenwartsanalog und damit imperfektiv beschrieben. Daneben werden jedoch – für echte/ferne Zukunft – auch perfektive Kategorien gebraucht (vgl. §76.54 [SK] sowie §76.411 und §77.32 [PK^K]).

SV. Sprachen mit durchgehend aspektueller Ausrichtung (etwa slavische Sprachen) differenzieren auch im Bereich der Zukunft zwischen perfektiver und imperfektiver Darstellung und bevorzugen dabei im allgemeinen perfektive Kategorien.

76.2. Ugaritische Verbalkategorien und ihre aspektuell-temporalen Funktionen

76.21. Für die Differenzierung von verbalen Aspekten und Tempora dienen im Ug. im wesentlichen folgende morphologische Kategorien: a) die Subvarianten der PK und b) die fientische Variante der SK. Ihre Funktionen lassen sich in folgendem Diagramm zusammenfassen (Paradigmenwurzel √*qtl* [3.m.sg.] mit /*u*/ als Themavokal in der PK und /*a*/ als Themavokal in der SK):

	perfektiv		**imperfektiv**
Vorzeitigkeit	*yaqtul* (PK^Ki)	*qatala* (SKf)	*yaqtulu* (PK^L)
Gleichzeitigkeit	———	**qatala* (SKf)	*yaqtulu* (PK^L)
Nachzeitigkeit	**yaqtul(ǎ)* (PK^Kv/e)	*qatala* (SKf)	**yaqtulu* (PK^L)

76.22. Alle Felder der rechten = imperfektiven Spalte des Diagramms werden ausschließlich durch die Langform der Präfixkonjugation (PK^L) abgedeckt. In der linken = perfektiven Spalte begegnen die Kurzform der Präfixkonjugation (PK^K) und die perfektiv-fientische Suffixkonjugation (SKf). Im Feld "perfektive Vorzeitigkeit" finden sich PK^Ki und SKf praktisch funktionsgleich nebeneinander (vgl. §76.5). Das Feld "perfektive Gleichzeitigkeit" ist an sich leer, da gleichzeitig ablaufende SVe an sich immer imperfektiv dargestellt werden. Lediglich eine besondere Funktion der SKf, nämlich die Funktion als sogenanntes "performatives Perfekt" (§76.72) läßt sich diesem Feld zuordnen.

Das Feld "perfektive Nachzeitigkeit" wird im Hinblick auf indikativische Aussagen an sich allein durch die SKf abgedeckt. Die ebenfalls dort plazierten Varianten der PK^K besitzen ausschließlich volitivische Funktion (eine vergleichbare Funktion besitzt im übrigen auch der Imperativ). Vornehmlich werden indikativische SVe der Zukunft aber durch die PK^L ausgedrückt, darunter offenbar auch solche, die nicht eindeutig imperfektiv sind. Diese Störung des Systems resultiert daraus, daß die Zeitstufe "Zukunft" (Nachzeitigkeit) – im gesamten älteren Sem. – offenbar nur unvollkommen als spezifisches Tempus grammatikalisiert ist. SVe der Zukunft werden zumeist gegenwartsanalog und damit imperfektiv beschrieben (vgl. §76.14).

76.23. Aus diesen Ausführungen folgt, daß die PK^L eine imperfektive Kategorie ist, während die PK^K und die SKf immer perfektiv fungieren. Da für gleichzeitig ablaufende SVe immer die PK^L gebraucht wird, wird diese Kategorie konventionell "Präsens" genannt. Da auf der anderen Seite die indikativische PK^Ki ausschließlich und die SKf überwiegend vergangene SVe ausdrücken, werden diese Kategorien konventionell "Präteritum" bzw. "Perfekt" genannt. Die betreffenden Bezeichnungen, die eine Tempusopposition zwischen PK^L einerseits und PK^Ki bzw. SKf andererseits suggerieren, sind jedoch sachlich nicht korrekt, zumal die PK^L auch vergangene SVe, die SKf wiederum auch gegenwärtige oder zukünftige SVe bezeichnen kann (§76.53-54).

76.24. Im folgenden (§76.3-5) werden Textbeispiele präsentiert, die die temporalaspektuellen Verwendungsweisen der verbalen Kategorien des Ug. illustrieren. Die Sammlung erhebt keinen Anspruch auf Vollständigkeit. Sie enthält überwiegend morphologisch eindeutige Belege.

Lit.: Goetze (1938); Hammershaimb (1941, 53-124); Fenton (1963), (1969) und (1973); Mallon (1982, 38-104); Sivan (1998); Smith (1991), (1994) und (1995); Tropper (1998c) und (1999f); Verreet (MU).

76.3. Funktionen der Langform der Präfixkonjugation (PK^L)

76.31. Einführung

Die Langform der Präfixkonjugation (PK^L) bezeichnet imperfektive SVe. Diese liegen – temporal betrachtet – vornehmlich im Bereich der Gegenwart, seltener im Bereich der Zukunft oder der Vergangenheit. Da gleichzeitig ablaufende (gegenwärtige) SVe nur imperfektiv beschrieben werden können, dominiert die

PK^{L} als "Tempus" der Gegenwart (§76.23). Im Bereich der Zukunft kann die PK^{L} auch SVe bezeichnen, die strenggenommen perfektiv sind.

In Prosatexten sind fast alle Formen der PK des indikativischen Modus als PK^{L} zu betrachten und präsentisch oder futurisch wiederzugeben (zu den wenigen möglichen PK^{K}i-Belegen in der Prosa siehe §76.427). Der einzige aspektuelle Opponent der PK^{L} ist damit in weiten Teilen der Prosa die perfektive SKf.

Anders und zugleich viel komplexer sind die Verhältnisse in der narrativen Poesie gelagert. Hier fungieren die PK^{K}i und (seltener auch) die SKf als gewöhnliche (perfektive) Erzählformen. Daneben wird in narrativen Kontexten aber auch die PK^{L} gebraucht, um spezifisch imperfektive SVe, logisch abhängige SVe oder Hintergrund-SVe auszudrücken. Der Wechsel von PK^{K}i, SKf und PK^{L} ist dabei auch erzähltechnisch motiviert. Außerhalb der narrativen Passagen ist die Mehrzahl der PK-Belege des indikativischen Modus als PK^{L} zu betrachten. Sie dient zum Ausdruck von SVen der Gegenwart und Zukunft.

76.32. PK^{L} für Sachverhalte der Gegenwart

76.321. Belege aus unabhängigen Aussagesätzen (konkret: aus wörtlichen Reden poetischer Texte):

- *arḫ tzġ l ʿglh /\ bn ḫpṯ l umhthm /\ k tnḥn udmm* "(Wie) eine Kuh nach ihrem Kalb ruft, (wie) Jungtiere, die sich verlaufen haben, nach ihren Müttern (rufen), (genau) so klagen die Udumäer (um die Prinzessin *Ḥry*)" 1.15:I:5-7 (PK^{L} in sprichworthafter [gnomischer] Funktion).
- *l tdn \ dn almnt / l tṯpṭ \ ṯpṭ qṣr npš / l tdy \ ṯšm ʿl dl / l pnk \ l tšlḥm ytm / bʿd \ kslk almnt* "Du verhilfst der Witwe nicht zu ihrem Recht, verteidigst das Recht des Notleidenden nicht. Du treibst den Plünderer nicht weg vom armen Mann. Dem Waisen vor dir gibst du nicht zu essen (noch) der Witwe hinter deiner Lende" 1.16:VI:45-50; ähnl. 1.16:VI:33f.

76.322. Belege aus Fragesätzen (in wörtlicher Rede):

- *ik tmgnn rbt \ aṯrt ym / tġẓyn \ qnyt ilm* "Warum beschenkt ihr (beide) die Herrin Aṯirat des Meeres, überreicht ihr (beide) der Gebärerin der Götter Gaben?" 1.4:III:28-30 (vgl. ebd. Z. 30-32 Formen der SKf mit perfektiv-präteritaler Funktion: *mgntm ṯr il d pid / hm ġẓtm bny bnwt* "Habt ihr denn [auch] den Stier El, den Huldvollen, beschenkt? Oder habt ihr dem Erschaffer der Geschöpfe Gaben überreicht?").
- *ik yṣḥn \ [bʿl ...] / yqrun hd \ [...]* "Warum ruft mich Baʿlu [...], (warum) lädt mich Haddu ein [...] ?" 1.5:II:21-23.
- *mh taršn \ l btlt ʿnt* "Was wünschst du, Jungfrau ʿAnatu?" 1.3:V:28f. // 1.6:II:13f. (alt.: "Was wünschst du von mir ...").
- *lm k$^{!}$lb tʿdbn \ nšb / l inr tʿdbn ktp* "Einem Hund gebt ihr ein Lendenstück; einem Köter gebt ihr ein Schulterstück?" 1.114:12f.

76.323. Belege aus Apodosen von Satzgefügen:

- *k ġz ġzm tdbr /\ w ġrm t̲t̲wy* "Wenn Angreifer angreifen, weichst du zurück; und Räuber veranlaßt du zum Bleiben / nimmst du gastlich auf 1.16:VI:43f. // 1.16:VI:31f.* (PK^L nach Temporalsatz).

76.324. Belege aus Temporalsätzen und Konditionalsätzen

Vorbemerkung: Die Zeitstufen "Gegenwart" und "Zukunft" lassen sich in den nachfolgenden Textbeispielen nicht sicher gegeneinander abgrenzen. Es werden auch solche Textbeispiele angeführt, wo sich im Dt. eine futurische bzw. konjunktivische Wiedergabe nahelegt.

- *hm l aqryk b ntb pšᶜ* "Falls ich dich fürwahr auf dem 'Pfad des Unrechts' antreffe (bzw. antreffen sollte)" 1.17:VI:43 (PK^L *aqry*).
- *hm tᶜpn ᶜl qbr bny /\ tšḫṭnʾnn b šnth* "Falls sie über das Grab meines Sohnes fliegen (und) ihn aus seinem Schlaf wecken" 1.19:III:44f. (PK^L *tᶜpn* und *tšḫṭn*).
- *w k l yḫru w l yt̲tn s̀s̀w* "Und wenn das Pferd den Darm nicht entleert und nicht uriniert" 1.85:9 (PK^L *yḫru* und *yt̲tn* [√*t̲yn* Gt]; vgl. dagegen den Gebrauch der SK *ḫra* in 1.72:12 im gleichen Kontext).
- *k yiḫd ak!l s̀[s̀w]* "Wenn das Pf[erd] das Futter(?) packt(?)" 1.72:21 (*yiḫd* dürfte als PK^L zu bestimmen sein; vgl. dagegen *w k aḫd akl s̀s̀w* "Und wenn das Pferd das Futter(?) packt(?)" 1.85:12 [n.L.] und 1.85:15).
- *[ ]bh b ph yṣu* "[Und (wenn)] sein ... aus seinem Maul hervorsteht / heraustritt" 1.103+:51; ähnl. 1.103+:45.
- *[hm] tdy ᶜz l t̲ġrn\y / qrd [l] ḥmytny* "[Falls] du den 'Starken' von unseren Toren wegtreibst, den Kriegshelden [von] unseren Mauern" 1.119:28f. (dagegen SK in 1.119:26: *k gr ᶜz t̲ġrkm* ... "Wenn ein 'Starker' angreift ...").
- *hm \ ymt* "Falls er stirbt" 2.82:18f. (PK^L[?] *ymt* [möglw. potentialer Sinn]).
- *ᶜd t̲t̲bn \ ksp iwrkl* "... bis / solange sie das Geld des *Iwrkl* zurückerstatten" 3.4:17-19 (PK^L 3.m.pl. *t̲t̲bn* [√*t̲wb*]).
- *w hm alp \ l ts̀ᶜn* "Und falls sie die 1000 (Schekel Silber) nicht zahlen" 3.8:13f.
- *k yt̲n* "Wenn (ihre Kleidung) alt ist" 4.168:6 (PK^L[?] *yt̲n* [√*yt̲n*]).
- *k ypdd mlbš(h)* "Wenn (seine) Kleidung zerschlissen ist" 4.182:61.63 (PK^L[?] *ypdd* [√*pw/yd* L]).

76.325. Belege aus Relativsätzen:

- *aḥdy d ym\lk ᶜl ilm / d! ymru \ ilm w nšm / d yšb\[ᶜ] hmlt arṣ* "Ich allein bin es, der als König über die Götter herrscht, der die Götter und die Menschen (mit Speisen) mästet, der die Menschenmenge der Erde sättigt" 1.4:VII:49-52 (PK^L *ymru*; zur Textemendation [*d*!] siehe Loretz 1995, 110f.).
- *il mṣrm dt tġrn \ npš špš mlk \ rb bᶜly* "die Götter Ägyptens, die das Leben der 'Sonne' ... beschützen" 2.23:22-24 (PK^L *tġrn* [√*nġr*]).
- *ḥršm \ dt tbᶜln b pḫn* "Handwerker, die in ON arbeiten" 4.141:III:5f. (PK^L *tbᶜln* [√*bᶜl* < **pᶜl*]).

- *spr bnš mlk \ d taršn ᶜmsn* "Liste von Bediensteten des Königs, die einen Transport(?) wünschen" 4.370:1f. (PK^{L} *taršn*).
- *tšᶜ dt \ tqḥn \ šᶜrt \ šbᶜ dt tqḥn \ ššlmt* "neun (Personen), die Schurwolle erhalten; sieben, die *ššlmt*-Wolle erhalten" 4.395:2-5 (2x PK^{L} *tqḥn* [√*lqḥ*]).

76.33. PK^{L} für Sachverhalte der Zukunft

76.331. Belege aus Hauptsätzen (ausgewählte Beispiele):

- *[a]mṣḫnn k imr l arṣ /\ [ašhl]k šbth dmm / šbt dqnh \ [mmᶜm]* "Ich werde ihn wie ein Lamm zu Boden niederschlagen. Ich werde sein graues Haar von Blut überfl[ießen lassen], sein graues Barthaar von [Blutgerinsel]" 1.3:V:1-3; ähnl. 1.3:V:23-25. und 1.18:I:11f.
- *ytn \ bt lk ...* "Es wird dir ein Haus gegeben werden ..." 1.4:V:27f. (Gp-PK^{L}).
- *t̲tb bᶜl l hwty* "Du wirst auf mein Wort zurückkommen, (o) Baᶜlu!" 1.4:VI:2.15.
- *l ysᶜ alt \ t̲btk / l yhpk ksa mlkk /\ l yt̲br ḫṭ mt̲pṭk* "Er wird gewiß die Stützen deines Thronsitzes herausreißen; er wird gewiß deinen königlichen Thron umstürzen; er wird gewiß das Zepter deiner Herrschaft zerbrechen!" 1.6:VI:28f. // 1.2:III:17-18*.
- *zbl ᶜršm \ yšu* "der Kranke wird sein Bett nehmen (und mitziehen)" 1.14:II:45f. (*yšu* kann aufgrund der Alephschreibung nicht als PK^{K}v gedeutet werden; ihr gehen drei SK-Formen voran, die ebenfalls auf Sachverhalte der Zukunft bezogen sind [*hlk* 1.14:II:39.41; *sgr* 1.14:II:43]).
- *mk špšm \ b šbᶜ / w tmġy l udm \ rbt*! "Siehe, bei Sonnenuntergang am siebten (Tag), da wirst du eintreffen bei der großen (Stadt) Udum" 1.14:III:3-5.
- *tld šbᶜ bnm lk* "sie wird dir sieben Söhne gebären" 1.15:II:24.
- *[an ?] mt kl amt / w an mtm amt* "Ich werde den Tod (wie) alle (Menschen) erleiden; ich werde gewiß sterben" 1.17:VI:33.
- *w mnm šalm \ dt tknn \ ᶜl ᶜrbnm \ hnhmt \ tknn* "Und welche Forderungen auch immer gestellt werden, sie werden/müssen zu Lasten folgender Bürgen gestellt werden" 3.3:5-9 (PK^{L} *tknn* [√*kwn*]).

76.332. Belege aus Apodosen von Satzgefügen:

- *im \ aḫd b aḫk l ttn \ ... \ ... akly [bn nšm] /\ akly hml[t arṣ]* "Falls du keinen deiner Brüder gibst ..., werde ich [die Menschen] vernichten, werde ich die Menschenmen[ge der Erde] vernichten" 1.6:V:21-25 (PK^{L} *akly*).
- *[w xx]bh b ph yṣu ibn yspu ḫwt* "[Und (wenn)] sein ...(?) aus seinem Maul herausragt, dann wird der Feind das Land verschlingen" 1.103+:51 (PK^{L} *yspu*).
- *w ᶜx[x] ilm tbᶜrn ḫwt hyt* "Und (falls) ...(?), werden die Götter das betreffende Land vernichten" 1.103+:56 (PK^{L} *tbᶜrn*; zu weiteren PK^{L}-Belegen in Apodosen von Omentexten siehe Tropper 1994b, 466).
- *w hm ḫt \ ᶜl w likt \ ᶜmk w hm \ l ᶜl w lakm \ ilak* "Falls die Hethiter heraufziehen, werde ich dir Nachricht schicken. Und falls sie nicht heraufziehen, werde ich dir ebenfalls(?) Nachricht schicken" 2.30:16-20 (1. Apodosis SK *likt*; 2. Apodosis PK^{L}[?] *ilak*).

- *hm \ ymt \ w ilḥmn \ ank* "Falls er sterben sollte, dann werde ich fürwahr alleine (weiter)kämpfen" 2.82:18-21 (PK^{L}[?] *ilḥmn*).
- *w hm alp \ l tš^{c}n \ mṣrm \ tmkrn* "Und falls sie die 1000 (Schekel) nicht zahlen, werden sie nach Ägypten verkauft (werden)" 3.8:13-16 (PK^{L} *tmkrn*).
- *k yṯn w b bt \ mlk mlbš \ ytn lhm* "Wenn (ihre Kleidung) alt ist, wird ihnen im Königspalast eine (neue) Kleidung gegeben (werden)" 4.168:6; ähnl. 4.182:61f.63f. (Gp-PK^{L}[?] *ytn* [√*ytn*]).

76.333. Belege aus Relativsätzen:

- *w mnm šalm \ dt tknn* "Und jegliche Forderungen, die gestellt werden (sollten)" 3.3:5f. (PK^{L} *tknn* [√*kwn*]).

Anm. Zu PK^{L}-Formen in Temporal- und Konditionalsätzen mit möglicher Nachzeitigkeitsnuance siehe §76.324.

76.34. PK^{L} für Sachverhalte der Vergangenheit

Die PK^{L} dient schließlich auch zur Bezeichnung imperfektiver SVe der Vergangenheit. Sie wird konkret bei generellen SVen (naturgegebene Tatbestände; SVe, die einer Norm oder Gewohnheit folgen oder sich gesetzesmäßig wiederholen) und individuell-pluralischen SVen (SVe, die sich nicht gesetzesmäßig wiederholen) gewählt, sowie bei SVen, die anderen (perfektiven) SVen der Vergangenheit bei- oder untergeordnet sind. Alle im folgenden aufgelisteten PK^{L}-Belege stammen aus dem Textkorpus der Poesie.

SV. Die genannten Funktionen der ug. PK^{L} decken sich weitestgehend mit denen des "Imperfecto" des Spanischen (diese Kategorie steht in Opposition zum "Indefinido" und "Perfecto Compuesto", die beide perfektive SVe der Vergangenheit bezeichnen).

Lit. Zur Thematik siehe Tropper (1999f); zum vergleichbaren Befund des Akk. (akk. Präsens *iparras* für imperfektive SVe der Vergangenheit) siehe Streck (1995b).

76.341. PK^{L} für generelle Sachverhalte der Vergangenheit

- *yṯb l kḥṯ aliyn b^{c}l / p^{c}nh l tmġyn hdm / rišh l ymġy apsh* "Er (sc. ^{c}Aṯtaru) setzte sich auf den Thronsessel des mächtigen Ba^{c}al. (Aber siehe:) Seine Füße reichten nicht zum Schemel, sein Kopf reichte nicht zu seinem (oberen) Ende" 1.6:I:58-61. — *tmġyn* und *ymġy* sind Formen der PK^{L}. Sie beschreiben den naturgegebenen Tatbestand der körperlichen Beschaffenheit (vgl. Streck 1995b, 44 [generell-kontinuative SVe der Vergangenheit]).
- *aḥd bth ysgr /\ almnt škr \ tškr / zbl ^{c}ršm \ yšu / ^{c}wr \ mzl ymzl /\ w ybl trḫ ḥdṯ /\ yb^{c}r l ṯn aṯth /\ w l nkr mddt* "Der Alleinstehende schloß sein Haus; die Witwe dingte sich einen Mietling. Der Kranke nahm sein Bett; der Blinde tappte hinterher. Und (auch) der Neuverheiratete ...(?); er brachte seine Frau zu einem anderen, seine Geliebte zu einem Fremden" 1.14:IV:21-28. — Aufgrund der PK^{L} *yšu* dürften alle Verbalformen als PK^{L} zu deuten sein. Sie bringen generell-iterative SVe zum Ausdruck. Die Sachverhaltsträger sind

generisch und meinen jeweils alle Vertreter einer Gattung. Zu einem vergleichbaren akk. Textbeispiel siehe Streck (1995b, 43f. [Nr. 13]).

- *[ ] \ b grn yḫrb / [ ] \ yǵly / yḫsp ib k*[?] *[rm]* "(Als sie [sc. Puǵatu] ihre Augen erhob, sah sie [folgendes]): [Das Getreide(?)] auf der Tenne war vertrocknet(?); [ ] hing herab / war verdorrt; die Frucht der W[einpflanzung(?)] war verwelkt(?)" 1.19:I:29-31. — *yǵly* ist wegen des geschriebenen dritten Radikals sehr wahrsch. PK^L 3.m.sg. Die gleiche Analyse legt sich für *yḫrb* und *yḫsp* nahe. Die Verbalformen schildern den desolaten (allgemeinen) Zustand der Vegetation.
- (?) *w in d ylmdnn* "und niemand mußte ihn (dabei) belehren" RS92.2016:42' (alt.: PK^Ki [§76.427c])

76.342. PK^L für pluralische (iterierende) Sachverhalte der Vergangenheit

- *tbky w tšnn / ttn \ gh bky* "Sie weinte (unaufhörlich) und knirschte mit den Zähnen; weinend 'gab' sie ihre Stimme (und sprach)" 1.16:II:35f. — Die Form *tkby* ist orthographisch als PK^L (3.f.sg.) ausgewiesen. Sie bezeichnet den pluralischen Sachverhalt des unaufhörlichen Weinens. Zu einem vergleichbaren akk. Text siehe Streck (1995b, 47 [Nr. 27]). Weitere PK^L-Belege von √*bky* in gleicher Funktion sind *tbky* (1.19:I:34) und *ybky* (1.19:III:40).
- *ym ymm yᶜtqn* "Ein Tag, zwei Tage gingen vorüber" 1.1:V:2f.*; 1.6:II:4f.*; 1.6:II:26f. (zu einer alternativen Deutung siehe §89.26a). — *yᶜtqn* ist orthographisch als PK^L ausgewiesen. Sie bringt einen subsequent-pluralischen Sachverhalt zum Ausdruck (Wiederholung eines SVs in unmittelbarer Folge, ohne Unterbrechung). Man beachte jedoch den Gebrauch der PK^K im Syntagma *yrḫ yrḫ ṯn yṣi* "(Daniʾilu setzte sich und zählte die Monate:) ein Monat, ein zweiter Monat ging 'hinaus'" (1.17:II:44). Hier wird das Verstreichen jedes einzelnen Monats jeweils als singularischer Sachverhalt konstatiert.
- *tlkn ym w ṯn* ... "Sie gingen einen Tag und einen zweiten ..." 1.14:IV:31f.; 1.20:II:5; vgl. ferner 1.22:II:24f.*. — *tlkn* ist orthographisch als PK^L (3.m.pl.) ausgewiesen.
- *hn ym w ṯn / tlḥm rpum \ tštyn / ṯlṯ rbᶜ ym / ḫmš \ ṯdṯ ym / tlḥmn rpum \ tštyn* "Siehe, einen Tag und einen zweiten aßen die Rapiʾūma (und) tranken. Einen dritten (und) einen vierten Tag, einen fünften (und) einen sechsten Tag aßen die Rapiʾūma und tranken" 1.22:I:21-24. — Sämtliche Verbalformen außer der ersten (*tlḥm*) sind orthographisch als PK^L (3.m.pl.) ausgewiesen und bezeichnen pluralische (imperfektive) SVe. Der Wechsel zwischen PK^K und PK^L könnte stilistische Gründe haben (vgl. §76.344).
- *ilm nᶜmm ttlkn \ šd / tṣdn pat mdbr* "Die beiden lieblichen Götter gingen im Gefilde umher, streiften am Rand der Wüste herum" 1.23:67f. — *ttlkn* (√*hlk* Gt) und *tṣdn* (√*ṣw/yd*) sind orthographisch als PK^L (3.m.pl.) ausgewiesen. Auf dieser Grundlage dürften auch orthographisch indifferente Formen in vergleichbaren Syntagmen als PK^L zu deuten sein: *ap \ ᶜnt ttlk w tṣd* "ᶜAnatu aber ging umher und streifte herum" (1.5:VI:25f.); *an itlk w aṣd* "Ich ging umher und streifte herum" (1.6:II:15); *bᶜl ytlk w yṣd* "Baᶜlu ging umher und streifte herum" (1.12:I:34).

- *ˁnt \ w ˁṯtrt tṣdn* "ˁAnatu und ˁAṯtartu streiften umher" 1.114:22f. (*tṣdn* ist PK^{L} 3.f.du. [weniger wahrsch. PK 3.f.pl.]).
- *tlḥmn \ ilm w tštn / tštn y<n> ˁd šbˁ /\ trṯ ˁd škr* "Die Götter aßen und tranken. Sie tranken We<in> bis zur Sättigung, Most bis zum Rausch" 1.114:2-4. — *tlḥmn* und *tštn* sind orthographisch als PK^{L} (3.m.pl.) ausgewiesen. Sie bezeichnen pluralische SVe (dagegen offenbar PK^{K} in 1.4:III:40f.: *[tl]ḥm tšty \ [ilm]*).
- *škb \ ˁmnh šbˁ l šbˁm /\ tšˁly ṯmn l ṯmnym* "Er (sc. Gott Baˁlu) 'lag' bei ihr (sc. eine Färse) 77mal, sie ließ sich 88mal begatten" 1.5:V:19-21. — *tšˁly* ist orthographisch als PK^{L} (3.f.sg.) ausgewiesen. Auffallend ist, daß in Parallele eine SK (*škb*) bezeugt ist. Zu einem vergleichbaren akk. Textbeispiel siehe Streck (1995b, 45 [Nr. 17]).
- *ytˁn k gmrm /\ mt ˁz bˁl ˁz / ynghn \ k rumm / mt ˁz bˁl \ ˁz / ynṯkn k bṯnm /\ mt ˁz bˁl ˁz / ymṣḫn \ k lsmm / mt ql \ bˁl ql* "Die beiden (sc. Môtu und Baˁlu) rüttelten (wiederholt) aneinander wie zwei ... (?): Môtu war stark, Baˁlu war stark. Sie stießen sich gegenseitig wie zwei Wildstiere: Môtu war stark, Baˁlu war stark. Sie bissen sich gegenseitig wie zwei Schlangen: Môtu war stark, Baˁlu war stark. Sie zerrten aneinander wie zwei ... (?): Môtu fiel hin, Baˁlu fiel hin" 1.6:VI:16-22. — Alle PK-Formen sind orthographisch als PK^{L} (3.m.du.) ausgewiesen und bringen pluralische SVe zum Ausdruck.
- *l pˁn il thbr w tql /\ tštḥwy w tkbdh* "Vor den Füßen Ilus verneigte sie sich und fiel nieder; sie erwies (ihm) Huldigung und verehrte ihn (wiederholte Male)" 1.4:IV:25f.; ähnl. 1.6:I:36-38 und 1.17:VI:50*f. (jeweils *tkbdnh*); analog 1.1:III:24f.* und 1.2:III:5f.* (Formen 3.m.sg.: *yštḥwy w ykbdnh* [teilweise ergänzt]); analog 1.1:II:15-17 (Formen 3.m.du.: *[yšt]ḥwyn w y\[kbdnh]*). — *tštḥwy* (3.f.sg.), *yštḥwy* (3.m.sg.) und *yštḥwyn* (3.m.du.) sind orthographisch als PK^{L} ausgewiesen und bringen einen pluralischen SV zum Ausdruck. Ist der betreffende SV negiert, wird erwartungsgemäß die PK^{K}i gebraucht (kein Moment der Wiederholung): *l pˁn il \ l tpl / l tštḥwy pḫr mˁd* "Vor den Füßen Ilus fielen sie (beide) nicht nieder; sie erwiesen der Vollversammlung (der Götter) keine Huldigung" 1.2:I:30f. (*tštḥwy* ist PK^{K}i 3.m.du.).
- *ˁl bt abh nšrm trḫpn /\ ybṣr ḥbl diym* "Über ihrem Haus flatterten die Adler, lauerte(?) ein Schwarm von Raubvögeln" 1.19:I:32f.; weitgehend parallel 1.18:IV:30f. — *trḫpn* ist orthographisch als PK^{L} (3.m.pl.) ausgewiesen. Folglich dürfte auch *ybṣr* als PK^{L} zu deuten sein. Zu einem vergleichbaren akk. Textbeispiel siehe Streck (1995b, 49 [Nr. 39]).
- *aḫr mġy aliyn bˁl /\ mġyt btlt ˁnt /\ tmgnn rbt aṯrt ym /\ tġẓyn qnyt ilm* "Nachdem der mächtige Baˁlu angekommen, die Jungfrau ˁAnatu angekommen war, beschenkten die beiden (reichlich) die Herrin Aṯiratu des Meeres(?), überreichten sie (viele) Gaben der Erschafferin der Götter" 1.4:III:23-26 (*tmgnn* und *tġẓyn* sind PK^{L} 3.m.du.).
- *ġr b abn \ ydy / psltm b yˁr /\ yhdy lḥm w dqn* "Die Haut zerkratzte er mit einem Stein, die (beiden) ...(?) mit einem Schermesser(?); er fügte sich Schnittwunden an den Wangen und am Kinn zu" 1.5:VI:17-19 (ähnl. 1.6:I:2f.). — *ydy* und *yhdy* sind als PK^{L} (3.m.sg.) ausgewiesen. Der Kontext (Trauer-

ritus) stützt die Auffassung, daß letztere pluralische SVe bezeichnen, d.h. wiederholte kratzende bzw. schneidende Handlungen. An der Parallelstelle findet sich allerdings in 1.6:I:2 die Schreibung *td* (3.f.sg.), d.h. offenbar eine PK^K 3.f.sg.; es folgt aber mit *thdy* erwartungsgemäß eine PK^L (3.f.sg.).

- (?) *tntkn udmᶜth /\ km ṯqlm arṣh /\ km ḫmšt mṯth* "Seine Tränen tropften (unaufhörlich) wie Schekel(-Münzen) auf die Erde, wie Fünftel(-Münzen) auf das Bett" 1.14:I:28-30. — *tntkn* ist wahrsch. PK^L (3.f.pl.), könnte aber auch PK^K sein (die Orthographie ist nicht eindeutig).
- (?) *tġdd kbdh b ṣḥq / ymlu \ lbh b šmḫt / kbd ᶜnt \ tšyt* "Ihre Leber schwoll an vor Lachen; ihr Herz füllte sich (wieder und wieder) mit Freude, die Leber ᶜAnatus (mit) Triumph" 1.3:II:25-27. — *ymlu* ist als PK^L ausgewiesen, während *tġdd* formal ambivalent ist (G-PK^Ki oder L-PK). Möglicherweise wird morphologisch variiert (PK^Ki – PK^L).

76.343. PK^L für logisch abhängige Sachverhalte

Die PK^L wird in narrativen Kontexten offenbar auch verwendet, um begleitende (d.h. gleichzeitige) oder finale bzw. konsekutive (d.h. nachzeitige) SVe auszudrücken (vgl. *§*97.7 [Umstandssätze]; *§*97.*10* [Finalsätze]; *§*97.*11* [Konsekutivsätze]). Die durch die PK^L ausgedrückten SVe sind häufig zugleich von dem Moment der Wiederholung geprägt. Sie könnten somit auch zu *§*76.342 gestellt werden. Zu vergleichbaren akk. Textbeispielen siehe Streck (1995b, 53-63).

a. PK^L asyndetisch nach SKf (die Mehrzahl der PK-Formen ist allerdings orthographisch nicht eindeutig; es könnte sich auch um PK^Ki-Formen handeln):

- *qm yṯᶜr \ w yšlḥmnh* "Er stand auf, um die Speisen aufzutragen und ihm zu essen zu geben" 1.3:I:4f.
- *ndd \ yᶜšr w yšqynh* "Er stellte sich hin, um die Getränke zu bereiten und ihm zu trinken zu geben" 1.3:I:8f.
- *qm ybd w yšr* "Er stand auf, um zu rezitieren(?) und zu singen" 1.3:I:18 (*ybd* und *yšr* sind wahrsch. PK^L-Formen; zu vergleichbaren akk. Textbeispielen siehe Streck 1995b, 69-71 [Präsens nach Präteritum]).
- *bᶜl ṯbr diy hmt / tq!ln \ tḥt pᶜnh* "... Baᶜlu zerbrach die Schwingen von ihnen, so daß sie ihm zu Füßen fielen" 1.19:III:9f. (*tqln* ist PK^L [*§*97.*11*.2]).

b. PK^L asyndetisch nach PK^K:

- *yᶜrb b ḥdrh ybky* "Er trat in seine Kammer (und) weinte (dabei unaufhörlich)" 1.14:I:26 (*ybky* ist PK^L).
- *ᶜl \ abh yᶜrb! / ybky \ w yšnn* "Er trat vor seinen Vater hin, wobei er weinte und (unaufhörlich) mit den Zähnen knirschte" 1.16:I:11-13 (*ybky* ist PK^L; *yšnn* dürfte gleich zu analysieren sein [D-PK^L]).
- *yᶜn ġlmm yᶜnyn* "Es antworteten die (beiden) Burschen (wobei) sie antworteten" 1.3:IV:5 (PK^K *yᶜn* gefolgt von PK^L *yᶜnyn*).
- *yṯb dnil [ys]pr yrḫh* "Daniʾilu setzte sich, um ihre Monate (der Schwangerschaft) zu zäh[len]" 1.17:II:43 (*yṯb* könnte auch SK sein).
- *yṯbn \ yspr l ḫmš ...* "Er setzte sich fürwahr nieder, um (die Monate der Schwangerschaft) zu zählen, bis zu fünf ..." 1.23:56f.

- *bʿl y*<u>*t*</u>*br [diy hmt] /\ tqln tḥ<t> pʿny* "... Baʿlu soll [ihre Schwingen] zerbrechen, so daß sie (sc. die Adler) mir zu Füßen fallen!" 1.19:III:2f.; ähnl. 1.19:III:31f. (*tqln* ist PK^L [*§*97.*11*.2]).

c. PK^L in durch *w* angeschlossenen Sätzen (nach PK oder SKf):

- *mid tmtḫṣn w tʿn /\ tḫtṣb w tḥdy ʿnt* "Sie kämpfte gar sehr und blickte (dabei umher); ʿAnatu stritt und spähte (dabei umher)" 1.3:II:23f. (*tḥdy* ist PK^L 3.f.sg.; folglich dürfte auch *tʿn* als PK^L zu deuten sein; zu einem vergleichbaren akk. Textbeispiel vgl. Streck 1995b, 47.49 [Nr. 23]).
- *[ ]mx tṣḥq ʿnt / w b lb tqny \ [ḫnp]* "... lachte ʿAnatu; und (dabei) heckte sie in ihrem Herzen [einen bösen Plan] aus" 1.17:VI:41f.
- *bʿl* <u>*t*</u>*br diy hwt / w yql \ tḥt pʿnh* "... Baʿlu zerbrach seine Schwingen, so daß er (sc. der Adler) ihm zu Füßen fiel" 1.19:III:23f. (*yql* ist aufgrund von Parallelstellen wahrsch. PK^L [vgl. *§*97.*11*.2-3]).

Anm. Möglicherweise ist auch 1.3:II:3-5 vergleichbar strukturiert: *klat* <u>*ṯ*</u>*ġrt \ bht ʿnt / w tqry ġlmm \ b št ġr* "Sie (sc. ʿAnatu) verschloß(?) die Tore(?) des Palastes der ʿAnatu, um die Burschen am Fuß des Berges zu treffen" (PK^L *tqry* nach SK *klat*).

76.344. PK^L zur Ausschilderung bereits genannter Themen

Vorbemerkung: Die PK^L dient hier zu detaillierten Schilderungen von Handlungsabläufen, die bereits zuvor zusammenfassend (perfektiv) durch PK^Ki bzw. SK genannt oder zumindest thematisch eingeführt wurden.

- *tšmʿ nrt ilm špš /\ tšu aliyn bʿl / l ktp \ ʿnt k tšth* "Die ‘Leuchte’ der Götter gehorchte (und tat folgendes): Sie hob den hochmächtigen Baʿlu hoch (und) legte ihn fürwahr(?) auf die Schultern ʿAnatus" 1.6:I:13-15 (PK^L *tšu*; alternativ wäre der Gebrauch der PK^L *tšu* gemäß *§*76.346 zu erklären).
- *tš[mʿ] \ pġt ... bkm \ tšu abh / tštnn l bmt ʿr* "Puġatu ... gehorchte ... (und tat folgendes): ... Dann(?) hob sie ihren Vater hoch (und) setzte ihn auf den Rücken des Esels" 1.19:II:5-10 (PK^L *tšu*; alternativ wäre der Gebrauch der PK^L *tšu* gemäß *§*76.347 zu erklären).
- *idk l ttn pnm /\ ʿm il mbk nhrm /\ qrb apq thmtm /\ tgly* <u>*d*</u>*d il / w tbu \ qrš mlk ab šnm* "Daraufhin machte sie sich auf zu Ilu am Quellort der Flüsse, mitten im Quellbereich der Urfluten: Sie begab sich zum <u>*d*</u>*d*-Wohnplatz Ilus und ging hin zum *qrš*-Wohnplatz des Königs, des Vaters der Jahre(?)" 1.4:IV:20-24 // 1.6:I:35 // 1.17:VI:46-49*; mit mask. Verbalformen (3.m.sg.) in 1.2:II:4f. — *tgly* und *tbu* sind Formen der PK^L 3.f.sg., während *ttn* sehr wahrsch. als PK^Ki zu deuten ist (vgl. PK^Kv in Anweisung *idk pnm al ttn* 1.2:I:13f.&). Die imperfektive Darstellungsweise ist jedoch offenbar nicht obligatorisch, da im identischen Kontext an einer Stelle (1.3:V:7) die PK^Ki *tgl* begegnet (... *tgl* <u>*d*</u>*d il / w tbu \ [qr]š m[l]k ab [šnm]*).
- *w ttbʿ šʿtqt /\ bt krt bu tbu /\ bkt tgly w tbu pnm /\ ʿrm tdu mh /\ pdrm tdu šrr* "Und es erhob sich Šaʿtiqtu (und tat folgendes): Sie ging fürwahr hin zum Haus Kerets. Weinend begab sie sich hin und ging hinein. Sie flog über(?) die Stadt ...(?); sie flog über(?) die Festung ...(?)" 1.16:VI:2-7. — Nach *ttbʿ* (wahrsch. PK^Ki) folgen fünf Belege der PK^L: *tbu, tgly, tbu, tdu, tdu*.

76.345. PK^L im Inzidenzschema

Unter "Inzidenzschema" ist eine Gleichzeitkeitsrelation von SVen zu verstehen, in der ein Zustand gegeben bzw. eine Handlung im Gange war, als etwas Bestimmtes passierte. Der erstere SV wird Inzidenzbasis, der letztere Inzidenzakt genannt. Die Inzidenzbasis wird imperfektiv, der Inzidenzakt perfektiv ausgedrückt. Die Inzidenzbasis geht dem Inzidenzakt stets voran (zur Terminologie und vergleichbaren akk. Syntagmen siehe Streck [1995, 63f.]). Beispiele:

- *ilm n^{c}mm ttlkn \ šd / tṣdn mdbr / w ngš hm nġr \ mdr^c* "(Während) die beiden lieblichen Götter im Gefilde umhergingen, (während) sie am Rand der Wüste herumstreiften, (da) trafen sie auf den Wächter der Saat" 1.23:67-69. — *ttlkn* und *tṣdn* sind eindeutig Formen der PK^L (3.m.du.) und bilden die Inzidenzbasis. Sie bezeichnen zugleich pluralische SVe (vgl. §76.342).
- *yqṯ b^{c}l w yšt ym / ykly ṯpṭ nhr \ b šm tg^{c}rm ^{c}ṯtrt* "Ba^{c}lu zerrte (an Yammu) und war daran, Yammu zu zerreißen; er war daran, den Richter Naharu zu vernichten. Da schalt (ihn) ^{c}Aṯtartu bei (seinem) Namen" 1.2:IV:27-28. — Es könnte ein Inzidenzschema mit *yqṯ*, *yšt* und *ykly* als Inzidenzbasis vorliegen. Das Verb des Inzidenzaktes (*tg^{c}r-m*) ist durch die EP *-m* erweitert.

76.346. PK^L in Temporalsätzen, offenbar mit Vorzeitigkeitsnuance

In folgenden Textbeispielen findet sich in formal bzw. (nur) logisch untergeordneten Temporalsätzen offenbar die PK^L mit Vorzeitigkeitsnuance. In poetischen Texten wird in den jeweils nachfolgenden Hauptsätzen die PK^{K}i gebraucht. Der Grund für diese Verwendung der PK^L ist unklar.

a. PK^L in konjunktionslosen Temporalsätzen (nur Belege aus der Poesie):

- *w yšu ^{c}nh aliyn b^{c}l /\ w yšu ^{c}nh w y^{c}n /\ w y^{c}n btlt ^{c}nt /\ n^{c}mt bn aḫt b^{c}l* "Und als der hochmächtige Ba^{c}lu seine Augen erhob, und als er seine Augen erhob, da sah er (sie); da sah er die Jungfrau ^{c}Anatu, die lieblichste unter den Schwestern Ba^{c}lus" 1.10:II:13-16 (PK^L [*w yšu*] vor zwei PK^{K}i-Belegen [*w y^{c}n*]).
- *yšu \ yr šmmh / yr b šmm ^{c}ṣr* "Nachdem/Indem er (den Stock) erhob(en hatte), schoß er (ihn) in den Himmel, schoß er am/vom Himmel einen Vogel (ab)" 1.23:37f. (*yšu* ist PK^L, *yr* dagegen PK^{K}i).
- *^{c}ṯtrt w ^{c}nt ymġy /\ ^{c}ṯtrt t^{c}db nšb lh /\ w ^{c}nt ktp* "(Als) er (sc. Yariḫu) zu ^{c}Aṯtartu und ^{c}Anatu kam, gab ihm ^{c}Aṯtartu ein *nšb*-Fleischstück, und ^{c}Anatu (gab ihm) ein Schulterstück" 1.114:9-11 (*ymġy* ist PK^L).

b. PK^L in mit *k* eingeleiteten Temporalsätzen (nur Prosa-Belege):

- *k ymġy adn \ ilm rbm ^{c}m dtn \ w yšal mtpṭ yld \ w y^{c}nynn dtn* "Als der 'Herr der großen Götter' zu Ditanu kam(?) und um einen Orakelbescheid bezüglich des Kindes fragte, da antwortete ihm Ditanu" 1.124:1-4 (*ymġy* ist PK^L; *y^{c}nynn* ist indifferent [wahrsch. PK^{K}i + En. + OS]).
- *l agpṯr k yqny ġzr b/d altyy* "(Lebermodell) gehörig dem PN, als er daran war, einen Knaben von(?) einem Alašier zu kaufen" 1.141:1 (*yqny* ist PK^L).
- *kbd dt ypt \ bn ykn^c \ k ypṭḥ yrḫ/y[ ] \ hnd* "Leber(modell) des PN$_1$, Sohn des PN$_2$, als er daran war, dies... ...(?) zu öffnen" 1.143:1-4 (n.L.).

Die beiden letzteren Texte finden sich auf beschrifteten Lebermodellen. Es ist unklar, ob es sich um Opferschauprotokolle oder um Weiheinschriften handelt. Die *k*-Sätze können auch anders interpretiert werden, etwa final im Sinne von "... auf daß / damit er etwas Bestimmtes erreicht" oder interrogativ im Sinne von "... (die Orakelanfrage betreffend), ob er etwas Bestimmtes tun soll (oder nicht)" (*k*-Satz als indirekte Wiedergabe der Orakelanfrage). Man vergleiche die nominale Formulierung im Text 1.144: *[ ]l \ d ybnmlk \ l ḫpṯ* "... von PN (betreffs der Anfrage) bezüglich der Freilassung / bezüglich einer *ḫupṯu*-Person". — Unwahrscheinlich ist eine andere Abtrennung der Worteinheiten in 1.141 und 1.143, d.h. *ky* (Pleneschreibung) + SK: *ky qny* "als er kaufte"; *ky ptḥ* "als er öffnete / als geöffnet wurde".

76.347. PK^L in komplexen, durch *apnk* oder *aḫr* eingeführten Syntagmen

Vorbemerkung: Der durch die PK^L ausgedrückte SV scheint vom vorausgehenden Syntagma logisch abhängig zu sein (vgl. §76.343).

- *apnk dnil mt rpi / ap<h>n ġzr mt hrnmy / ytšu yṯb b ap ṯġr* ... "Daraufhin (machte sich) Daniʾilu, der Rapiʾu-Mann (auf); daraufhin (machte sich) der Held, der *hrnmy*-Mann (auf): Er erhob sich (und) setzte sich vor dem Tor nieder ..." 1.17:V:4-6 // 1.19:I:19-22* (*ytšu* ist PK^L [Gt-Stamm 3.m.sg.]).
- *apnk dnil mt \ rpi / yṣly ʿrpt b \ ḥm un* "Daraufhin (machte sich) Daniʾilu, der Rapiʾu-Mann (auf): Er beschwor die Wolken in der unheilvollen(?) Hitze" 1.19:I:38-40 (*yṣly* ist PK^L [3.m.sg.] und beschreibt pluralische SVe).
- *apnk mṯt dnty /\ tšlḥm tššqy ilm /\ tsad tkbd hmt* "Daraufhin (machte) sich das Mädchen *Dnty* (auf): Sie gab den (beiden) Göttern zu essen, stärkte (und) ehrte sie (beide)" 1.17:V:28-30 (*tššqy* ist PK^L [3.f.sg.]; die übrigen PK-Formen sind ambivalent; es könnten pluralische SVe gemeint sein).
- *aḫr špšm b rbʿ /\ ymġy l udm rbt* "Danach, bei Sonnenuntergang am vierten Tag (war es), (daß) er zur großen (Stadt) *Udm* kam" 1.14:IV:46f.; vgl. 1.14:IV:32-35 (*ym[ġy]*) (*ymġy* ist PK^L).

Anm. PK-Formen in Temporalsätzen, die durch die Konj. *aḫr* eingeleitet sind (§83.211), dürften eher zur PK^K zu stellen sein, da in dieser Funktion offenbar auch die SK gebraucht werden kann (*aḫr mġy kṯr w ḫss* [1.4:V:44]): *aḫr tmġyn mlak ym* ... "Nachdem die beiden Boten des Yammu angekommen waren ..." 1.2:I:30 (*tmġyn* als PK^{K}i + En. [alt.: PK^L]); *aḫr ymġy kṯr \ w ḫss* "Nachdem Kôṯaru-und-Ḫasīsu angekommen waren ..." 1.17:V:25f. (*ymġy* als PK^{K}i 3.m.du. [alt.: PK^L 3.m.sg.]).

Offen ist der Tempusgebrauch in folgenden mit *apnk* eingeleiteten Syntagmen:
- *apnk ltpn il \ d pid / yrd l ksi* "Daraufhin stieg der gütige Ilu, der Barmherzige, herab vom Thron" 1.5:VI:11f. (*yrd* [√*yrd*] ist PK^L, PK^{K}i oder SKf).
- *apnk ʿṯtr ʿrẓ /\ yʿl b ṣrrt ṣpn* "Daraufhin stieg ʿAṯtaru, der Furchtbare, hinauf zu den Höhen des Ṣapānu" 1.6:I:56f. (*yʿl* [√*ʿlw/y*] mutet wie eine PK^K an; eine Analyse als PK^L ist aber ebenfalls möglich [§75.532, √*ʿlw*]).

76.348. PK^L in der Redeeinleitung

Der Gebrauch der PK^L bei Verben des Sprechens vor wörtlichen Reden (in narrativ-poetischen Texten) ist eine idiomatische Besonderheit, die das Ug. mit vielen sem. Sprachen einschließlich des Akk. teilt (siehe Streck 1995b, 51-53; vgl. auch Streck 1995a II §§ 12h-i und 40b.5). Er ist im Ug. – wie im Akk. – nicht obligatorisch. Erzähltechnisch werden durch den Gebrauch der PK^L wörtliche Reden aus dem Erzählfluß hervorgehoben, wodurch die Erzählung als Ganze lebendiger gestaltet wird.

a. PK^L von √*nšʾ* "(die Stimme) erheben" (vgl. §75.232, √*nšʾ*):
- *y/tšu gh w yṣḥ* "Er/Sie erhob seine Stimme und rief" 1.4:IV:30& (zu den Belegen siehe unter §75.232, √*nšʾ*; nur in 1.10:II:19 [*w yšu* ...] und 1.15:III:27 [*w tšu* ...] wird *y/tšu* durch die Konj. *w* eingeleitet).
- *tšan* \ *ghm w tṣḥn* "Die beiden erhoben ihre Stimmen und riefen" 1.14:VI:2*.38 (PK^L 3.m.du.; dagegen PK^K *tša* in 1.5:II:16 und 1.19:II:40).

b. PK^L von √*ʿny* "antworten, erwidern" (vgl. §75.532, √*ʿny*; in der betreffenden Formel wird jedoch häufiger die PK^Ki [*w y/tʿn*] gebraucht [§76.423]):
- *yʿny* \ *il b šbʿt ḥdrm* "(Da) antwortete Ilu in/aus den sieben Kammern" 1.3:V:25f; ebenso 1.3:V:10*f. (n.L.).
- *w yʿny aliyn [bʿl]* "Und es antwortete der hochmächtige [Baʿlu]" 1.10:III:4. — Vgl. ferner: *w yʿny krt ṯʿ* 1.14:VI:16; 1.15:I:8; 1.16:I:24; 1.16:VI:54; *w yʿny ġzr [ilḥu]* 1.16:II:21; *w yʿny bn* \ *ilm mt* 1.133:1 (am Textanfang).
- (?) *w tʿnyn ġlm bʿl* "Und es antworteten die beiden Pagen Baʿlus" 1.10:II:3 (*tʿnyn* ist PK^L oder PK^Ki + En. [3.m.du.]).

Anm. Auffallend ist, daß fast nur Belege 3.m.sg. in dieser Weise gebraucht werden und daß die Mehrzahl der Belege aus dem Keret-Epos stammt.

76.4. Funktionen der Kurzform der Präfixkonjugation (PK^Ki)

76.41. Einleitung

76.411. Die Kurzform der Präfixkonjugation (PK^K) bezeichnet ausschließlich perfektive SVe, und zwar des indikativischen oder volitivischen (jussivischen) Modus. Die indikativisch gebrauchte PK^K wird in dieser Grammatik mit dem Sigel "PK^Ki", die volitivisch gebrauchte PK^K mit dem Sigel "PK^Kv" bezeichnet. Im folgenden werden nur die (indikativischen) Verwendungsweisen der PK^Ki näher betrachtet. Die (volitivischen) Verwendungsweisen der PK^Kv, die aus temporaler Sicht dem Bereich der Zukunft angehören, werden unter §77.32 behandelt (vgl. ferner die funktional verwandte "PK^Ke").

Die hier interessierende PK^Ki bezieht sich den orthographisch signifikanten Belegen zufolge zumeist auf indikativische SVe der Vergangenheit. Geht der PK^Ki die Konjunktion *w* ("und") voraus, ändert sich ihre aspektuell-temporale Funktion nicht. Eine Differenzierung zwischen PK^Ki einerseits und *w*-PK^Ki anderseits ist im Ug. folglich nicht notwendig und sachlich nicht sinnvoll.

Die $PK^{K}i$ läßt sich im Ug. nur im Textkorpus der narrativen Poesie sicher nachweisen. Sie dient dort als gewöhnlicher Narrativ des Erzählvordergrunds. Neben der $PK^{K}i$ begegnet in diesem Textkorpus auch die SKf als zweite perfektive Kategorie mit präteritaler Funktion. Zur Verteilung von $PK^{K}i$ und SKf sowie zu deren komplexen Zusammenspiel in diesen Texten siehe unter §76.524. Außerhalb der narrativen Poesie werden SVe der Vergangenheit allgemein durch die SKf ausgedrückt (§76.521-523). Die wenigen in Frage kommenden $PK^{K}i$-Belege in Prosatexten (mit Vergangenheitsbedeutung) werden separat unter §76.427 diskutiert.

Der genannte Befund zeigt, daß die sprachhistorisch "alte" perfektive Kategorie, die $PK^{K}i$, bereits in der zweiten Hälfte des 2. Jt. v. Chr. in ihrer Verwendung zunehmend durch die "neue" perfektive Kategorie, die SKf, zurückgedrängt wurde. Die $PK^{K}i$ konnte ihre angestammte Funktion als "Präteritum" im Ug. nur in der typologisch konservativen Poesie beibehalten, während von ihr in der (typologisch innovativen) Prosa Ugarits keine Spuren vorhanden sind. Vor voreiligen Schlußfolgerungen sei in diesem Zusammenhang jedoch gewarnt. Der Befund beweist nicht, daß die $PK^{K}i$ in der ug. Prosa gänzlich ausgestorben ist und somit nur noch den Stellenwert eines sprachlichen Fossils hat. Das ug. Textkorpus enthält nämlich keine Zeugnisse der narrativen Prosa. Gerade in dieser Textgattung wäre angesichts des he. Befunds (*wayyiqṭol*-Narrativ) die Verwendung der $PK^{K}i$ zu erwarten. Solange solche Texte aus Ugarit nicht zur Verfügung stehen, muß die betreffende Frage offen bleiben.

76.412. Die Existenz einer indikativischen $PK^{K}i$-Kategorie wurde in der Forschungsgeschichte wiederholt bestritten, zuletzt von Greenstein (1988, 13f.) und (1998, 412f.) sowie von Smith (1994, 39-41). Als Hauptargumente gelten: (a) der Wechsel von Kurz- und Langformen mit scheinbar gleicher Funktion; (b) das Vorhandensein der SK mit präteritaler Funktion; (c) das Postulat, daß die ug. Epik gegenwartsorientiert sei (siehe bes. Greenstein 1998, 412f.: "Ugaritic epic [...] is not past-oriented but present-oriented. [...] Ugaritic verse narration is in this sense a dramatic mode of presentation. Accordingly, the primary verb of narration is *yaqtulu*, representing a kind of historical present [...] The present analysis supposes that there is only one modality of the prefixed form of the verb in Ugaritic [...]."). Die genannten Argumente überzeugen jedoch nicht.

Gegen das Argument (a) ist einzuwenden, daß der Wechsel von indikativischen Kurz- und Langformen der PK in der ug. Epik zumindest weitgehend erkennbaren, erzähltechnisch oder syntaktisch begründeten Regeln folgt, so daß nicht von Funktionsgleichheit gesprochen werden kann. Daß die Regeln komplex anmuten und daß der Dichter bei der Wahl der Verbalkategorien offenbar einen Variationsspielraum besitzt, spricht nicht gegen die Existenz von zwei Kategorien. Man beachte, daß auch in narrativen Passagen der akk. Epik nebeneinander das "Präteritum" *iprus* und (seltener) das "Präsens" *iparras* Verwendung finden, und daß das Zusammenspiel dieser Kategorien dabei äußerst komplex ist (siehe Streck 1995b). Die Motive für die Verwendung der letzten Kategorie sind nicht immer klar zu erkennen.

Das Argument (b) ist zu vernachlässigen, zumal ein Nebeneinander zweier perfektiv-präteritaler Kategorien beispielsweise auch in der he. Prosa (*qāṭal* und *wayyiqṭol*) und in der akk. Epik ("Perfekt" *iptaras* neben "Präteritum" *iprus*) zu beobachten ist.

Das Postulat (c) verkennt die Tatsache, daß epische Literatur grundsätzlich vergangenheitsorientiert ist und folglich primär mittels spezifischen Vergangenheitstempora (etwa "Präteritum" *iprus* in der akk. Epik), erzählt wird. Somit besteht keine Veranlassung, narrative Passagen der ug. Epik präsentisch wiederzugeben, wie dies in vielen jüngeren Übersetzungen der ug. Literatur (leider) Usus ist. Selbst Formen der narrativ gebrauchten PK^{L} sollten nicht präsentisch wiedergegeben werden, da ihr Zeitstellenwert – wie der Zeitstellenwert von akk. *iparras* in narrativer Verwendung – die Vergangenheit ist, das Präsens europäischer Sprachen aber keine vergleichbare Funktion besitzt (zur Argumentation siehe Streck 1995b, bes. 33-35).

SV. Im Althebräischen ist die PK^{K}i-Kategorie im Prosa-Textkorpus beinahe nur (noch) in der *way-yiqṭol*-Form (dem sog. Imperfectum consecutivum) greifbar, die – sprachhistorisch betrachtet – die Konjunktion *w* und die PK^{K}i (*yiqṭol*-Kurzform) enthält (vgl. Smith 1991). Einen anderen, sprachhistorisch älteren Befund weisen die poetischen Texte auf: Hier begegnen – wie im Ug. – auch isolierte (nicht mit *w* eingeleitete) PK^{K}i-Belege mit perfektiv-präteritaler Funktion. Siehe zur Thematik Tropper (1998c, bes. 169-171).

76.42. PK^{K}i für perfektive Sachverhalte der Vergangenheit

76.421. PK^{K}i in (unabhängigen) Aussagesätzen außer in der Redeeinleitung

a. Beispiele für orthographisch eindeutige Belege der PK^{K}i:

- *tġly ilm rišthm* "die Götter senkten ihre Häupter" 1.2:I:23 (PK^{K} 3.m.pl.).
- *tšu ilm rašthm* "die Götter erhoben ihre Häupter" 1.2:I:29 (PK^{K} 3.m.pl.).
- *ymḥ \ b bt dm ḏmr* "Das Blut der Krieger wurde im/vom Haus weggewischt" 1.3:II:30f. (*ymḥ* [√*mḥy* Gp])
- *ˤdm <t>lḥm tšty* "Lange(?) aßen (und) tranken sie" 1.15:VI:2; vgl. *[ˤd tl]ḥm tšty \ [ilm]* "[Lange(?) a]ßen (und) tranken [die Götter]" 1.4:III:40f. (in dieser Wendung kann auch die SKf stehen: 1.4:V:48; 1.4:VI:55; 1.5:IV:12*).
- *širh l tikl \ ˤṣrm / mnth l tkly \ nprm* "Sein Fleisch fraßen fürwahr die Vögel, seine Glieder vertilgten fürwahr die Gefiederten" 1.6:II:35-37.
- *bˤl ytlk w yṣd \ yḥ pat mlbr* "Baˤlu ging umher und streifte herum. Er wandte sich / gelangte zu den Rändern der Wüste" 1.12:I:34f. (*yḥ* [√*nḥy*]).
- *tbrk ilm tity /\ tity ilm l ahlhm /\ dr il l mšknthm* "Die Götter gaben den Segen (und) gingen heim; die Götter gingen heim zu ihren Zelten, das Geschlecht Ilus (ging heim) zu seinen Wohnstätten" 1.15:III:17-19.
- *yd ṣth \ [dn]il / yd ṣth yˤl w yškb / [yd] mizrth p yln* "[Dani]ˀilu legte sein Obergewand ab; er legte sein Obergewand ab, stieg hinauf und legte sich nieder; [er legte] seinen Lendenschurz [ab] und verbrachte dann die Nacht" 1.17:I:13-15 (vgl. Z. 3-5) (*yd* [√*ydy*]; *yˤl* [√*ˤly*]).

- *yrḫ yrḫ ṯn yṣi* "Ein Monat, ein zweiter Monat zog vorbei" 1.17:II:44 (*yṣi* [√*yṣʾ*]).
- *kd ᶜl qšth \ imḫṣ / ᶜl qṣᶜth hwt \ l aḥw* "So erschlug ich ihn wegen seines Bogens; wegen seines Krummholzes (d.h. Bogens) / seiner Pfeile ließ ich ihn nicht am Leben" 1.19:I:14-16 (*aḥw* [√*ḥw/yy*]).
- *bṣql yph b palt / bṣql \ yph b yġlm* "Einen Sproß erblickte er im Geäst; einen Spr[oß] erblickte er im Gestrüpp" 1.19:II:13f. (*yph* [√*phy*]).
- *yph šblt b ak<l>t / šblt ypᶜ* (Fehler für *yph* ?) \ *b ḥmdrt* "Er erblickte eine Ähre im klumpigen Land; er erblickte(?) eine Ähre im unbewässerten Land" 1.19:II:19-21 (*yph* [√*phy*]).
- *ᶜdb uḫry mṭ ydh /\ ymġ l mrrt tġll b nr* "Er nahm das (obere) Ende (sc. den Griff) des Wanderstabs in die Hand (und marschierte los) (und) kam hin zu ON" 1.19:III:49f.; ähnl. 1.19:III:56-1.19:IV:1 (*ymġ* [√*mġy*]; vgl. 1.19:IV:7f. [Form *ymġy-n*]).
- *il yṯb b mrzḥh /\ yšt yn ᶜd šbᶜ / trṯ ᶜd škr* "Ilu saß bei seinem Marziḥu-Gelage: Er trank Wein bis zur Sättigung, Most bis zum Rausch" 1.114:15f. (*yšt* [√*šty*]).
- *w ymġ \ mlakk ᶜm dtn* "Und es kam dein Bote zu Ditanu" 1.124:10f. (*ymġ* [√*mġy*]).

b. Beispiele für die Abfolge mehrerer PK^{K}i-Belege in Erzählketten

Vorbemerkung: Da die PK^{K}i als gewöhnlicher Narrativ fungiert, werden (im Progreß) hintereinander erfolgende, aber auch gleichzeitig erfolgende Handlungsabläufe des Erzählvordergrunds in der Regel durch eine Abfolge mehrerer PK^{K}i-Belege dargestellt.

- *... bh pᶜnm \ tṭṭ / bᶜdn ksl tṯbr /\ ᶜln pnh tdᶜ / tġṣ pnt \ kslh / anš dt ẓrh* "... da zitterten bei ihr die Beine; hinten brach die Lende; oben schwitzte ihr Gesicht; es zitterten die Lendenwirbel, die Sehnen/Muskeln(?) ihres Rückens" 1.3:III:32-35 // 1.4:II:16-20* // 1.19:II:44-47* (viermal PK^{K}i).
- *tšt išt b bhtm /\ nb[l]at b hklm /\ hn ym w ṯn / tikl \ išt b bhtm ... tikl ... tikl ... mk \ b šbᶜ y[mm] td išt \ b bhtm / n[bl]at b hklm* "Es wurde ein Feuer im Gebäude entfacht, Fla[mm]en (wurden) in den Palastbauten (entfacht). Siehe, einen Tag und einen zweiten fraß das Feuer im Gebäude ... fraß ... fraß ... Siehe, am siebten T[ag] wurde das Feuer im Gebäude gelöscht, (wurden) die Flammen in den Palastbauten (gelöscht)" 1.4:VI:22-33 (fünfmal PK^{K}i).
- *tṭbḫ šbᶜm \ rumm / k gmn aliyn \ bᶜl / tṭbḫ ... [tṭ]bḫ ... [tṭ]bḫ ... [tṭbḫ] ... [tṭbḫ] ... / [k gm]n aliyn bᶜl* "Sie schlachtete 70 Wildstiere als Totenopfer für den hochmächtigen Baᶜlu. Sie schlachtete ..." 1.6:I:18-29 (sechsmal PK^{K}i *tṭbḫ*).
- *tiḫd \ bn ilm mt / b ḥrb \ tbqᶜnn / b ḫṯr tdry\nn / b išt tšrpnn /\ b rḥm tṭḥnn / b šd \ tdrᶜnn* "Sie packte den Sohn Ilus, Môtu. Mit einem Schwert spaltete sie ihn; mit einer Getreideschaufel(?) worfelte sie ihn; in Feuer verbrannte sie ihn; in der Mühle zermahlte sie ihn; auf dem Feld streute sie ihn aus" 1.6:II:30-35 (sechsmal PK^{K}i).

76.422. PK^{K}i in (unabhängigen) Fragesätzen

- *ib hdn*[!] *lm ṯḫš* /\ *lm ṯḫš nṯq dmrn* "Feinde Haddus, warum seid ihr zurückgewichen? Warum seid ihr zurückgewichen, Bekämpfer(?) / vor der *nṯq*-Waffe(?) des Dimrānu?" 1.4:VII:38f. (PK^{K}i 3.m.pl. *ṯḫš* [√*nḫš*]).

76.423. PK^{K}i in der Redeeinleitung

- *w yᶜn kṯr w ḫss* "Und es antwortete Kôṯaru-wa-Ḫasīsu" 1.1:III:17 (es gibt zahlreiche weitere Belege von *yᶜn* in gleicher Funktion).
- *w tᶜn btlt [ᶜ]nt* "Und es antwortete die Jungfrau [ᶜA]natu" 1.3:IV:21 (es gibt zahlreiche weitere Belege von *yᶜn* in gleicher Funktion).
- *yᶜn ġlmm yᶜnyn* "Es antworteten die (beiden) Burschen (wobei) sie antworteten" 1.3:IV:5 (*yᶜn* ist PK^{K}i 3.m.du. od. 3.m.sg.; es folgt die PK^L *yᶜnyn*).
- *tša ghm w tṣḥ* "Die beiden (sc. zwei Boten) erhoben ihre Stimmen und riefen" 1.5:II:16f.; 1.19:II:40 (*tša* und *tṣḥ* sind PK^{K}i 3.m.du.).

76.424. PK^{K}i in Apodosen von Satzgefügen

- *hlm ᶜnt tph ilm / bh pᶜnm \ ṯṭṭ* "Als ᶜAnatu die Götter erblickte, zitterten bei ihr / darüber die Beine" 1.3:III:32f. (*ṯṭṭ* [*nṭṭ*]).
- *ᶜd tšbᶜ bk* /\ *tšt k yn udmᶜt* "Sie weinte (*bk* als Inf.; oder Fehler für *tbk*), bis sie satt war; sie trank Tränen wie Wein" 1.6:I:9f. (*tšt* [*šty*]).
- vgl. *b nši ᶜnh w tph-n* "Beim Aufschlag der Augen, (da) erblickte sie ..." 1.4:II:12 (*tph-n* [√*phy*]).

76.425. PK^{K}i in Nebensätzen

- *hlm ᶜnt tph ilm / bh pᶜnm \ ṯṭṭ* "Sobald ᶜAnatu die Götter erblickte, zitterten bei ihr / darüber die Beine" 1.3:III:32f. (*tph* [√*phy*]).
- *hlm il k yphnh* /\ *yprq lṣb w yṣḥq* "Sobald Ilu sie erblickte, löste(?) er die Stirn(?) und lachte" 1.4:IV:27f. (*yph-nh* [√*phy*]).
- *tn ilm d tqh / d tqyn hmlt* "Gib (den) heraus, o Ilu, den du in Schutz genommen hast! (Gebt den heraus), den ihr in Schutz genommen habt, o Götterschar" 1.2:I:18 (PK^{K}i *tq-h* [*yqy*]; *tqyn* kann PK^{K}i + En. od. PK^L sein).

Anm. In ug. Konditionalsätzen wird — anders als im Akk., Ar., Altbybl. (PPG^3 § 324) und He. (vgl. Tropper 1998c, 174) — offenbar nie die PK^{K}i, sondern die PK^L (§76.324) oder die SK (§76.533) gebraucht. Auch der Wortlaut von 1.127:30, *hm mt yᶜl bnš*, widerspricht diesem Befund nicht, da *yᶜl* nicht von √*ᶜly* "hinaufsteigen", sondern wahrscheinlich von √*ᶜwl* "packen, angreifen" abzuleiten ist (§32.146.33a, √*ᶜwl*).

76.426. PK^{K}i zum Ausdruck der Vorzeitigkeit in der Vergangenheit

Für die Darstellung der Vorvergangenheit (Plusquamperfekt) steht im Ug. keine spezifische Verbalkategorie zur Verfügung. Es werden dafür perfektive Kategorien gebraucht, die allgemein für vergangene SVe stehen, nämlich die PK^{K}i und (häufiger) die SK(f) (§76.525). Die plusquamperfektische Nuance resultiert somit allein aus dem Kontext. Mehrere Belege der so gebrauchten PK^K^i (neben SK in gleicher Funktion) finden sich im sogenannten Prolog des Keret-Epos (1.14:I:1-25), der als Ganzes zeitlich vor der eigentlichen Erzählebene des Epos liegt (vgl. Verreet 1987b).

- Belege aus dem Keret-Prolog: *aṯt ṣdqh l ypq* ... "Eine rechtschaffende Frau hatte er sich zwar genommen ..." 1.14:I:12 (PK^K^i, gefolgt von zwei SKf-Formen); *ṯn?t? un? tkn lh* "Eine zweite(?) (Frau) wurde für ihn zu (einem Anlaß der) Trauer(?)" 1.14:I:15; *mṯlṯt kṯrm tmt ... mḫmšt yitsp \ ršp ... mšbʿthn b šlḥ \ ttpl* "Die dritte (Frau) war bei bester Gesundheit gestorben ... die fünfte hatte Rašapu an sich gerissen ... die siebte von ihnen war durch einen Speer(?) gefallen" 1.14:I:16.18-19.20-21; *w b tmhn špḥ yitbd* "So war in ihrer Gesamtheit die Familie zugrunde gegangen" 1.14:I:24.
- *mk b šbʿ šnt /\ bn krt kmhm tdr /\ ap bnt ḥry \ kmhm* "Schließlich, im siebten Jahr waren die Söhne Kerets (in ihrer Anzahl) entsprechend denen, die versprochen worden waren, (und) auch die Töchter von Ḫurraya entsprechend denen (die versprochen worden waren)" 1.15:III:22-25.
- *ṭl šmm tskh /\ [r]bb nskh kbkbm* "(Sie wusch sich mit) dem Tau, den der Himmel ausgegossen hatte; (mit) [Tau]regen, den die Sterne ausgegossen hatten" 1.3:II:40f. // 1.3:IV:43f. (PK^K^i // SK in asyndetischen Attributsätzen).
- *ṯṣ/l! mrṯ yḫrṯ il* "(Er schenkte) Traubensaft(?) (aus), den Ilu (selbst) angebaut hatte" 1.22:I:20.

76.427. Mögliche Belege der PK^K^i in Prosatexten

In ug. Prosatexten werden SVe der Vergangenheit in aller Regel durch die SKf ausgedrückt. Nur in wenigen Texten (und ganz spezifischen Kontexten) sind möglicherweise Belege der PK^K^i bezeugt. Sie werden im folgenden vorgestellt.

a. PK^K^i im religiösen Textkorpus (KTU 1.25 - 1.176 [außer narrative Epik]):

- *u ṯḫṭin* "... sei es, daß ihr (f.) gesündigt habt ..." 1.40:19*.22.23. — *u b qṭṭ tqṭṭ* "... oder (sei es, daß ihr gesündigt habt) durch Lügen, die ihr (m.) hervorgebracht habt" 1.40:31. — *u b qṭṭ tqṭṭn* "... oder (sei es, daß ihr gesündigt habt) durch Lügen, die ihr (f.) hervorgebracht habt" 1.40:22f.39f.; 1.84:7! (entweder *tqṭṭ<n>* oder *tqṭṭ\[n]*).

  tqṭṭ (1.40:31) ist orthographisch als PK^K^ (2.m.pl.) ausgewiesen. Folglich dürften auch die fem. Formen *tqṭṭn* und *ṯḫṭin* als PK^K^ zu deuten sein (§73.233.6). Eine präteritale Übersetzung ist kontextuell sinnvoll.
- *w ymġ \ mlakk ʿm dtn \ lqḥ mṯpṭ* "Und es kam dein Diener zu Ditanu, um den Orakelentscheid abzuholen" 1.124:10. — *ymġ* ist formal als PK^K^ ausgewiesen und sicher präterital zu übersetzen. Man beachte jedoch, daß der Inhalt des Textes mythischen Charakter besitzt. Der Text kann somit nicht als gewöhnlicher Prosatext gelten.

Anm. 1.88 ist sehr wahrsch. ein Fragment eines Epos. Die in Z. 3 bezeugten Formen *(w l) tikl* "sie(?) aß nicht" und *(w l) tšt* "sie(?) trank nicht" sind als PK^K^i zu deuten. — Ferner sind sehr wahrsch. auch die PK-Formen in 1.100:61-69 als PK^K^i zu deuten (vgl. auch die SK-Formen *sgrt* und *ʿdbt* in 1.100:70.71; für PK^K^i spricht auch die Endung *-nh*

[En. I + OS 3.sg.] der Formen *ynᶜm!h*, *ysḫ̮!nh*, *yᶜdynh* und *yblnh* [Z. 65-67], die in Prosatexten nicht bezeugt ist [§41.221.52b]). Auch sie sind jedoch in einen mythischen Kontext eingebettet. — Auf Lebermodellen (1.141 und 1.143) steht in *k*-Nebensätzen trotz Vergangenheitsbezug die PK^L (§76.346b).

b. PK^Ki im Briefkorpus (nur unsichere Belege):
- *lm tlik ᶜmy* "Warum hast du zu mir geschickt (folgendermaßen)?" 2.26:4 (es folgt die Zitation des Briefinhalts). — *tlik* könnte alternativ PK^L und präsentisch zu übersetzen sein: "Warum schickst du (immer wieder) zu mir?".
- *lm tlikn ḫ̮pṯ hndn \ p mšmᶜt mlk \ inn* "Warum hast du diese Ḫuptu-Truppe geschickt und kein königliches Spezialkorps?" 2.72:10-12. — *tlikn* könnte alternativ – wie *tlik* (2.26:4) – PK^L und präsentisch zu übersetzen sein.

c. PK^Ki in einem Kolophon eines mythologischen Textes (unsicherer Beleg):
- *w in d ylmdnn* "und niemand belehrte ihn (dabei)" RS92.2016:42' (wahrscheinlicher: PK^L [§76.341; §77.51a]).

Anm. In Wirtschaftstexten und anderen Textgattungen der Prosa gibt es offenbar keine Belege der PK^Ki.

76.43. PK^Ki für perfektive Sachverhalte der Gegenwart

- *abn brq d l tdᶜ šmm* "Ich weiß Bescheid über den Blitz, den die Himmel nicht kennen" 1.3:III:26 // 1.3:IV:17f. — *rgm l tdᶜ nš[m / w l tbn hmlt arṣ]* "... ein Wort, das die Mensch[en] nicht kennen, [und von dem die Menschenmenge der Erde nicht weiß]" 1.1:III:15 // 1.3:III:27f. // 1.3:IV:15f.*.

Die Form *tdᶜ* (√*ydᶜ*) ist in beiden vorgestellten Syntagmen als PK^Ki (3.m.pl.) zu analysieren, auch wenn sie präsentisch zu übersetzen ist. Analog dazu sind auch *abn* und *tbn* (√*byn*) als PK^Ki zu betrachten. Die Nuance "wissen, kennen" beschreibt einen Zustand, der sich aus einer vergangenen Handlung ergibt ("erfahren haben" > "wissen, kennen"). Es handelt sich um ein echtes "Perfekt" im Sinne von Comrie (1989, 52-61). Die betreffende Nuance kann im Ug. durch die PK^Ki oder die SKf (§76.534) ausgedrückt werden. Eine imperfektive Kategorie wird nicht gebraucht, weil keine Verlaufsschau des Sachverhalts beabsichtigt ist. Man beachte in diesem Zusammenhang, daß auch akk. *edû* "wissen" fast ausschließlich im Präteritum und nie im Präsens bezeugt ist (siehe Streck 1995a, 143f.).

Anm. Die PK^K kann auch perfektive Sachverhalte der Zukunft zum Ausdruck bringen. Sie hat in solchen Fällen – den bisherigen Belegen zufolge – aber immer volitivischen (jussivischen) Charakter. Die betreffende Funktion wird unter §77.32 erörtert.

76.5. Funktionen der Suffixkonjugation

76.51. Einleitung

Die SK fungiert neben der PK^{K} als zweite perfektive Verbalkategorie des Ug. Aufgrund ihrer spezifischen sprachhistorischen Entstehung ist zwischen einer stativischen (SKs) und einer fientischen Subvariante (SKf) der SK zu differenzieren (§73.311-312). Beide Varianten können indikativisch oder – selten – volitivisch verwendet werden.

Die volitivischen Verwendungungsweisen der SK werden unter §77.34-35 erörtert. Die indikativischen Verwendungsweisen, die im folgenden eingehend diskutiert werden, lassen sich zusammenfassend wie folgt beschreiben: Die SKf dient als perfektive Kategorie primär zur Darstellung vergangener SVe (§76.52). Sie kann daneben – seltener – aber auch SVe der Zeitstufen Gegenwart (§76.53) und Zukunft (§76.54) ausdrücken, sofern diese perfektiv sind. Die SKs ist von Hause aus nominaler Natur und deshalb tempusneutral. Auch ihre Funktionen sind als perfektiv zu betrachten (§76.55).

Lit.: Goetze (1938, 268-289); Hammershaimb (1941, 64-83); Delekat (1972, 11-13); Mallon (1982, 38-64); Pardee – Whiting (1987); Smith (1994, 41-57) und (1995); Sivan (1998, 90-92); Sivan (GUL 96-98).

76.52. SKf für perfektive Sachverhalte der Vergangenheit

76.521. SKf zur Darstellung vergangener Sachverhalte in Prosatexten

In ug. Prosatexten fungiert (nur) die SKf als gewöhnliches Vergangenheitstempus. Die PK^{K}, die zweite perfektive Verbalkategorie des Ug., wird in Briefen, Wirtschaftstexte, Urkunden, medizinischen Texten und nicht-poetisch gestalteten Texten religiösen Inhalts beinahe ausschließlich volitisch und nicht indikativisch-präterital verwendet. Die im poetischen Textkorpus so produktive PK^{K}i-Kategorie begegnet hier demgegenüber fast nie (§76.41; §76.427).

76.521.1. SKf in unabhängigen Aussagesätzen (Beispielauswahl):

- Belege aus Briefen: *nqmd mlk ugrt* \ *ktb spr hnd* "Niqmaddu, der König von Ugarit, verfaßte diese Urkunde" 2.19:8f.; *l yblt ḫbṯm* \ *ap ksphm* \ *l yblt* "Du hast keine Ḫubṯu-Söldner(?) hergebracht, (und) auch ihr Geld (sc. ihren Sold) hast du nicht hergebracht" 2.17:1-3; *mlkt ugrt* \ *hnkt rgmt* "Die Königin von Ugarit sagte folgendes" 2.21:9f.; <*t*>*mṭt by* \ *gšm adr* \ *nškḥ* "Die Mannschaft (des Schiffes) wurde im starken Regen geborgen" 2.38:13-15; *rb tmtt* \ *lqḥ kl ḏrᶜ* ... "Der Mannschaftskapitän nahm das ganze Saatgut ..." 2.38:16f.; *bn ḫrnk* \ *mġy* \ *hbṭ hw* \ *ḫrd w šl hw* \ *qrt* "PN kam, schlug die *ḫuradu*-Truppe nieder, und plünderte die Stadt" 2.61:3-7; *ybnn hlk* \ *ᶜm mlk amr* \ *w ybl hw mit* \ *ḫrṣ w mrdtt l* \ *mlk amr w lqḥ hw* \ *šmn b qrnh* \ *w yṣq hw l riš* \ *bt mlk amr* "PN ging zum König von Amurru. Und er brachte dem König von

Amurru 100 (Schekel) Gold und *mrdt*-Stoffe. Und er gab Öl in sein Horn und er goß (es) auf das Haupt der Prinzessin von Amurru" 2.72:25-32.

- Belege aus Wirtschaftstexten: *b yrḫ mgm[r] \ yṣu ḫlpn[t]* "Im Monat Magmaru wurden (folgende) *ḫlpn*-Kleider ausgeliefert" 4.192:1f.; *b ym ḥdṯ \ b yr<ḫ> pgrm \ lqḥ bʿlm ʿḏr \ w bn ḫlp \ miḫd* "Am Neumondstag, im Monat Pagrūma erhielten PN_1 und PN_2 die Zollrechte(?)" 4.266:1-5; *w kd ištir ʿm qrt* "Und ein *kd*-Maß wurde zurückgelassen / ist übriggeblieben in(?) ON" 4.290:3; *w ḫmšm ksp \ lqḥ mlk gbl* "Und 50 (Schekel) Silber erhielt der König von Byblos" 4.338:14f.; *ḏmry w pṯpṯ ʿrb \ b yrm* "PN_1 und PN_2 verbürgten sich für PN_3" 4.347:3f. (vgl. ebd. Z. 5-10); *ubrʿy [ṯm]nym šbʿ kd l[ik]* "ON hat 87 (Personen) ge[schickt]" 4.777:2; ähnl. Z. 3-9; *l ytn ksphm* "Sie haben ihr Geld nicht bezahlt" 4.779:4.
- *b ṯṯ ym ḥdṯ \ ḫyr ʿrbt \ špš* "Am sechsten Tag des Monats Ḫiyyāru ging die Sonne unter ..." 1.78:1-3.
- *w ṯpllm mlk r[b mlk ḫt] \ mṣmt l nqmd ml[k ugrt] št* "Und Suppiluliuma, der Gr[oß]könig, [der König von Hatti], setzte einen Vertrag für Niqmaddu, den Kö[nig von Ugarit], fest" 3.1:16f.

Anm. Möglicherweise kann die SKf auch für vergangene SVe stehen, die bis in die Gegenwart hineinreichen; vgl. 2.82:8f.: *ṯṯ ymm \ kl lḥmt* "Volle(?) sechs Tage kämpfe ich schon (w.: habe ich [bereits] gekämpft)" (Interpretation unsicher).

76.521.2. SKf in Fragesätzen:

- *mhy rgmt* "Was hat sie gesagt?" 2.14:9.
- *lm škn hnk \ l ʿbdh* "Warum hat er dies seinem Diener aufgetragen?" 2.33:23f.
- *lm likt \ [ʿm]ny* "Warum hast du (einen Boten) [zu m]ir geschickt?" 2.32:3f.; vgl. 2.63:13.
- *l l likt \ šil šlmy* "Warum hast du nicht (einen Boten) geschickt, um dich nach meinem Wohlbefinden zu erkundigen?" 2.63:7f.

76.521.3. SKf in abhängigen Sätzen (Beispielauswahl):

- *aḫr*-Nebensatz: *aḫr mġy aliyn bʿl /\ mġyt btlt ʿnt* "Nachdem der hochmächtige Baʿlu angekommen war, (und) die junge Frau ʿAnatu angekommen war" 1.4:III:23f. (*aḫr* könnte auch eine Präp. und *mġy* ein Verbalsubst. sein).
- *k(y)*-Nebensätze: *umy \ tdʿ ky ʿrbt \ l pn špš* "Meine Mutter möge wissen, daß ich vor die 'Sonne' (sc. den König von Ḫatti) getreten bin" 2.16:6-8; *lḥt šlm k likt \ umy* "Was den Brief des 'Wohlergehens' betrifft, den meine Mutter mir geschickt hat" 2.34:5f.; ähnl. 2.34:5f.; 2.36+:5.14f.29; 2.46:9f.; *ky likt bt mlk tḥmk* "Betreffs der Tatsache, daß du eine Botschaft von dir an den Königspalast geschickt hast" 2.36+:5.
- Relativsätze: *iky lḥt \ spr d likt \ ʿm ṯryl* "Was ist mit dem Brief, den ich zu PNf geschickt habe?" 2.14:6-8; *anykn dt \ likt mṣrm* "Dein Schiff, das du nach Ägypten geschickt hast" 2.38:10f.; *mrzḥ \ d qny \ šmmn \ b btw* "Marziḥu-Klub, den PN in seinem Haus einrichtete" 3.9:1-4; *ṯlṯ d yṣa* "Kupfer, das ausgeliefert wurde ..." 4.43:1; *l ql d tbʿ mṣrm* "... für den Boten, der nach

Ägypten aufbrach" 4.213:27; *mitm yn ḥsp d nkly b dbḥ* "200 (*kd*-Maß) Schöpfwein, der beim Opfermahl aufgebraucht wurde" 4.213:24 (vgl. 4.230:15 u.ö.); *[y]n d ntn [b] ksp* "Wein, der [für] Silber ausgegeben wurde" 4.219:1 (n.L.); *ksp d nkly b šd* "Silber, das für (den Kauf) des Feldes gebraucht wurde" 4.280:6; *arbʿ ʿšrh šmn \ d lqḥt ṯlġdy* "14 (*kd*-Maß) Öl, das PNf genommen hat" 4.290:1f.; *spr npš d \ ʿrb bt mlk* "Urkunde bezüglich Dienstpersonal, das in den Königspalast 'eingetreten' ist" 4.338:1f.; *w šbʿ ʿšr šmn \ d l yṣa bt mlk* "17 (*kd*-Maß) Öl, das aus dem Königspalast ausgeliefert wurde" 4.341:20f.; *rišym dt ʿrb \ b bnšhm* "Leute von Riš, die sich für ihr Gesinde verbürgten" 4.347:1f.; *ʿrk bʿl \ ḫlb dt l ytn \ šmn* "Opferzurüster(?) des (Gottes) Baʿlu von Ḫalab, die kein Öl geliefert haben" 4.728:1-3; *ksp d šlm \ yrmnn* "Silber, das PN bezahlt hat" 4.755:1f.; *ksp d lqḥ bdn* "Silber, das PN erhalten hat" 4.779:10; *pgr d šʿly \ ʿzn l dgn bʿlh* "*Pgr*-Opfer, das PN für Daganu, seinen Herrn, dargebracht hat" 6.14:1f.; ähnl. 6.13:1f. und 6.62; *spr ʿpsm \ dt št \ uryn \ l mlk ugrt* "Dokument bezüglich der Grenzsteine, die PN für den König von Ugarit aufgestellt hat" 6.29:1-4.

76.522. SKf als "Briefperfekt"

Die Verwendung SKf als "Briefperfekt" resultiert daraus, daß der Absender eines Briefes sich in den Standpunkt des Empfängers versetzt und sein Tun zum Zeitpunkt der Abfassung des Briefes aus dessen Perspektive und damit als vergangen darstellt. Im Dt. ist eine präsentische Wiedergabe solcher Verbalformen entsprechend der zeitlichen Perspektive des Absenders geboten. Zur Definition und Abgrenzung des Briefperfekts ("epistolary perfect") vom "Perfekt" mit performativer Funktion siehe Pardee – Whiting (1987). Beispielauswahl:

- *tbšr bʿl \ bšrtk yblt* "Freue dich, Baʿlu! Ich überbringe dir (durch meinen Boten) eine frohe Botschaft" 1.4:V:26f. (SKf *yblt* [alt.: performativ]).
- *iršt aršt \ l aḫy l rʿy* "Ich richte (mit diesem Brief) eine Bitte an meinen Bruder, meinen Freund" 5.9:I:7f. (SKf *aršt*).
- (?) *hln[y] \ [ḫ]rṣ argmny ʿm špš štn[t]* "Hier ist das [Go]ld meines Tributes, das ich der 'Sonne' übergebe" 2.36+:5f. (Zitat der Botschaft des Königs).
- (?) *l pʿn \ adty \ šbʿd \ w šbʿid \ mrḥqtm \ qlt* "Vor den Füßen meiner Herrin falle ich in der Ferne siebenmal und siebenmal (als Zeichen der Huldigung) nieder" 2.12:6-11 (Prostrationsformel in Briefen [viele analoge Wendungen im Briefkorpus]). — Nach Pardee – Whiting (1987, 28f.) liegt hier kein gewöhnliches Briefperfekt vor, weil das "Hinfallen" des Absenders eine Fiktion sei. Es handle sich um "an 'epistolary-performative', a performative that, because of social realities, could only exist in a letter." (ebd. S. 29). — Ob von einem Briefperfekt oder einem performativen Perfekt (§76.531) auszugehen ist, hängt vom inhaltlichen Verständnis der Prostrationsformel ab. Will der Absender mit der Formel aussagen, daß er während der Abfassung des Briefes die Huldigung vollzogen hat, liegt ein Briefperfekt vor. Will er dagegen mit der Formel zum Ausdruck bringen, daß seine Huldigung zeitlich mit der Rezitation der Formel zusammenfällt – sei es als

Fiktion oder indem der Briefbote an seiner Stelle (gleichsam während der Rezitation der Formel) die Huldigung vollzieht –, liegt ein performatives Perfekt vor. In beiden Fällen ist die SK-Form der Wz. √*qyl* (*qlt* [1.c.sg.] bzw. *qlny* [1.c.du.]) im Dt. präsentisch wiederzugeben.

76.523. SKf als "Urkundenperfekt"

Analog zum "Briefperfekt" gibt es im Ug. offenbar auch ein "Urkundenperfekt", bezeichnet durch die SKf. Urkunden scheinen aus der zeitlichen Perspektive späterer Leser bzw. Anfechter einer Urkunde verfaßt zu sein, derzufolge die beurkundeten Handlungen bereits vergangen sind. In akk. Texten der gleichen Gattung aus Ugarit wird anstelle der ug. SK das "Perfekt" (z.B. *ittadin* [RS16.136:4.10 u.ö.]), seltener das "Präteritum" (z.B. *iddin*) gebraucht. Im Dt. können die betreffenden SVe entweder – wie nachfolgend – mit einem Vergangenheitstempus oder auch präsentisch wiedergegeben werden. Beispiele:

- *l ym hnd \ ᶜmṯtmr ... \ ytn bt annḏr \ ... \ [w y]tnnn* (n.L.) \ *[l ᶜb]dmlk* "Von diesem Tag an (gilt, daß) PN_1 (König von Ugarit) ... das Haus des PN_2 ... (einer dritten Person) übergeben hat. [Und zwar] hat er es [dem P]N_3 übergeben ... (auf [im]mer)" 3.2:1-9. — Für *l ym hnd* findet sich in akk. Paralleltexten *ištu ūmi annîm*. Die Formel wird kompletiert durch den Ausdruck *ᶜd ᶜlm* "bis in Ewigkeit" (3.2:11f.; 3.5:14).
- *l ym hnd \ ᶜmṯtmr ... ytn \ šd kḏġdl ... \ w ytnnn \ l bᶜln* "Von diesem Tag an (gilt, daß) PN_1 (König von Ugarit) ... das Feld des PN_2 ... (dem PN_3) übergeben hat. Und zwar hat er es dem PN_3 übergeben ... (auf immer)" 3.5:1-12.
- *l ym hnd \ iwrkl pdy \ agdn ... \ w pdyh[m] \ iwrkl mit \ ksp b yd \ birtym* "Von diesem Tag an (gilt, daß) PN_1 den PN_2 ... (und dessen Angehörige) ... losgekauft hat. Und zwar hat PN_1 si[e] für 100 (Schekel) Silber aus der Hand der Leute von *Birt* losgekauft" 3.4:1-15.

SV. Zu einem vergleichbaren Gebrauch der SKf in altsüdarabischen Schenkungsurkunden und Widmungsinschriften siehe Nebes (1995, 76f.); siehe bes. ebd. 77: "Die Vorzeitigkeit, welche die Perfektform [. . .] zum Ausdruck bringt, ist nun dadurch zu erklären, daß die Stifter dieser Aussage nicht ihren eigenen Gegenwartspunkt, sondern jenen des potentiellen Lesers der Inschrift als Bezugswert zugrunde legen."

76.524. SKf zur Darstellung vergangener Sachverhalte in der Poesie

76.524.1. Einleitung

In der narrativen Poesie Ugarits sind zur perfektiven Darstellung vergangener SVe zwei funktional weitgehend deckungsgleiche Verbalkategorien produktiv, zum einen die $PK^{K}i$, zum andern die SKf. Bei der Wahl der Kategorien spielen offenbar erzähltechnische Gründe eine wichtige Rolle.

Die $PK^{K}i$ dient als gewöhnlicher Narrativ. Ihre markanteste Verwendungsweise besteht darin, Handlungen des Erzählvordergrunds zu bezeichnen, die in der Regel im Progreß, d.h. zeitlich nacheinander, ablaufen. Dabei ist zumeist eine asyndetische Abfolge von $PK^{K}i$-Belegen, seltener eine Verknüpfung durch die Konj. *w* zu beobachten.

Demgegenüber dient die zweite Erzählform, die SKf, vornehmlich zur Darstellung isolierter Sachverhalte der Vergangenheit. Als solche begegnet sie vergleichsweise häufig zur Darstellung vergangener SVe in wörtlichen Reden. In narrativen Kontexten wird sie vornehmlich gebraucht, (a) um einen neuen Erzählstrang einzuführen, (b) um einen laufenden Erzählstrang durch Mitteilung von Hintergrundinformationen vorübergehend zu unterbrechen, (c) um den Abschluß eines Erzählstrangs zu markieren bzw. ein Ergebnis zu formulieren. Hervorzuheben ist ferner, daß die SKf auch als erzähltechnische Variante zur gewöhnlichen Erzählform PK^{K}i im Parallelismum membrorum dient. Alles in allem unterliegt die Verwendung der SKf als Narrativ in der ug. Poesie stärkeren Einschränkungen als die Verwendung der PK^{K}i.

SV. Aus diesen Bemerkungen geht hervor, daß die Verteilung von PK^{K}i und SKf in der narrativen Poesie Ugarits typologisch bis zu einem gewissen Grad vergleichbar ist mit der Verteilung von *wayyiqṭol* und (*w^{e}-X*) *qāṭal* in der he. narrativen Prosa. Das Zusammenspiel von PK^{K}i und SKf unterliegt im Ug. jedoch weniger starren Regeln und ist folglich zugleich komplexer als im He. Anders als in der he. Prosa ist auch die syntaktische Stellung der Verbalform und das Vorhandensein oder Fehlen der Konjunktion *w* im Ug. nicht von zentraler Relevanz.

76.524.2. SKf in wörtlichen Reden (Aussage- und Fragesätze)

In wörtlichen Reden finden sich auffallend viele SKf-Belege. Diese Häufung scheint dadurch motiviert zu sein, daß dabei gewöhnlich auf isolierte SVe der Vergangenheit Bezug genommen wird. Sie ist zugleich indirekter Hinweis darauf, daß die SKf in der ug. Umgangssprache mutmaßlich als gewöhnliche Vergangenheitsform fungierte. Beispiele:

- *lm ġltm ilm rišt\km* "Warum, (o) Götter, habt ihr eure Häupter gesenkt?" 1.2:I:24f. (zuvor narrative PK^{K}i *tġly* [1.2:I:23]).
- *l mḫšt mdd \ il ym / l klt nhr il rbm* "Ich habe fürwahr(?) den Geliebten Ilus, Yammu, erschlagen. Ich habe fürwahr(?) Naharu, den großen Gott, vernichtet" 1.3:III:38f. (alt.: negierter Fragesatz ["Habe ich nicht erschlagen ..."]).
- *mḫšt bṯn ʿqltn /\ šlyṭ d šbʿt rašm /\ mḫšt mdd ilm arš /\ ṣmt ʿgl il ʿtk /\ mḫšt klbt ilm išt /\ klt bt il ḏbb* "Ich habe erschlagen die gewundene Schlange, *Šlyṭ* mit den sieben Köpfen; ich habe erschlagen den Geliebten Ilus, Arišu; ich habe vernichtet das Kalb Ilus, ʿAtiku; ich habe erschlagen die Hündin Ilus, Išatu; ich habe ein Ende bereitet der Tochter Ilus, *Ḏbb*" 1.3:III:41-46.
- *ik mġy gpn w ugr* "Warum sind Gapanu und Ugaru hergekommen?" 1.3:III:36.
- *mn(m) ib ypʿ l bʿl* "Welcher Feind hat sich gegen Baʿlu erhoben?" 1.3:III:37 // 1.4:IV:4.
- *l rgmt lk* ... "Habe ich dir nicht gesagt (o mächtiger Baʿlu) ... ?" 1.4:VII:23f.
- *sbn\[y]* ... *mġny* ... *\ mġny l bʿl npl l a\rṣ* "Wir beide zogen umher ... wir trafen ein (bei) ... wir trafen auf Baʿlu, der zur Erde gefallen war" 1.5:VI:3-9.
- *npš ḫsrt \ bn nšm* "Meinem Rachen fehlten Menschen (als Speise)" 1.6:II:18.

- *mġt l nᶜmy arṣ \ dbr* "Ich traf ein beim (überaus) lieblichen Steppenland" 1.6:II:19f. (es folgen narrativ gebrauchte Inff.).
- *p hn aḫym ytn bᶜl \ spuy* "Siehe doch! Meine eigenen Brüder hat Baᶜlu mir als Speise gegeben" 1.6:VI:10f.; ähnl. 1.6:VI:14f. (*aḫym ytnt*).
- *[l l]ḥm l šty ṣḥtkm* "[Zum Es]sen (und) zum Trinken habe ich euch gerufen" 1.15:IV:27 // 1.15:V:10* // 1.15:VI:4.
- *ᶜlk bᶜlm \ pht ... pht ... pht ... [pht] ... pht ... pht ... ᶜlk pht \ drᶜ b ym* "Deinetwegen, (o) Baᶜlu, habe ich erfahren ... deinetwegen habe ich ein Ausstreuen auf dem Meer erfahren" 1.6:V:11-19 (7mal SKf *pht* [√*phy*]).
- *d b ḥlmy il ytn* "die (mir) in meinem Traum Ilu gegeben hat" 1.14:VI:31.
- *krtn dbḥ \ dbḥ / mlk ᶜšr \ ᶜšrt* "Keret hat eine Schlachtung vorgenommen; der König hat ein Trinkgelage vorbereitet" 1.16:I:39-41; vgl. 1.16:I:61f.
- *agrtn bat b ḏdk / [...] \ bat b <a>hlm* "Sie, die uns dingt, ist in deine Wohnstatt(?) gekommen; ... ist in die Zelte gekommen" 1.19:IV:51f.
- *yd mḫṣt aq[h]t ġ\zr* "Die Hand, die den Helden Aq[ha]tu erschlagen hat, ..." 1.19:IV:58f. (es folgt PK *tmḫṣ* mit jussivisch-futurischer Bedeutung).
- *b ḫrih w ṯnth ql* "(Ilu) ist in seinen Kot und in seinen Urin gefallen" 1.114:21.

76.524.3. SKf zur Darstellung isolierter, nicht in den gewöhnlichen Erzählduktus (Erzählprogreß) eingebetteter vergangener SVe

a. SKf am Beginn einer Erzähleinheit

Vorbemerkung: Neue Erzählstränge werden häufig durch die SKf ein- und (oft) durch die PK^{K}i weitergeführt. Man vergleiche typologisch a) die Abfolge "Imp. – PK^{K}v" in volitivischen Kontexten (*§*77.324), b) die Abfolge "*qāṭal – wayyiqṭol*" der klassischen he. Syntax und c) den Gebrauch des akk. "Perfekts" (anstelle des "Präteritums") zur Einleitung neuer Erzählstränge in der narrativen Poesie (GAG § 80d).

- *ap ilm lḥ[m] \ yṯb / bn qdš l ṯrm / bᶜl qm ᶜl il* "Die Götter aber saßen da, um zu essen, die Söhne Qudšus, um zu speisen. Baᶜlu stand (dienend) vor Ilu" 1.2:I:20f. (zugleich Erzählhintergrund [*§*d]; es folgen PK^{K}i-Formen).
- *ap anš zbl bᶜl* "Da wurde der Fürst Baᶜlu zornig(?)" 1.2:I:38 (vor PK^{K}i).
- *klat ṯġrt \ bht ᶜnt / w tqry ġlmm \ b št ġr* "Sie (sc. ᶜAnatu) verschloß die Tore des Palastes der ᶜAnatu, um die Burschen am Fuß des Berges zu treffen" 1.3:II:3-5 (SKf *klat* vor PK^{L} *tqry*; es folgen vier PK^{K}i-Formen). — Die konventionelle Übersetzung, "ᶜAnatu verschloß die Tore des Palastes", ist grammatisch nicht korrekt (*bht* ist Pl.cs.).
- *ᶜtkt \ rišt l bmth / šnst \ kpt b ḥbšh* "Sie befestigte die Köpfe auf ihrem Rücken, band die Hände an ihren Gürtel" 1.3:II:11-13; vgl. 1.7:2* (Erzähleinheit 1.3:II:9-16: 1. Nominalsätze – 2. Sätze mit SKf – 3. Sätze mit PK^{K}i).
- *hyn ᶜly l mpḫm* "*Hyn* trat auf den Blasebalg" 1.4:I:23 (es folgen PK^{K}i-Formen [*yṣq, yšlḥ, yṣq, yṣq-m, yṣq*]).
- (?) *tbᶜ ġlmm l yṯb / i[dk pnm] \ l ytn / ᶜm ...* "Die beiden Pagen erhoben sich, sie verweilten nicht. Dann steuerten sie zu auf ..." 1.2:I:19f.; ähnl. 1.5:I:9f. und 1.5:II:13f. — *tbᶜ*, *yṯb* und *ytn* werden hier als SK-Formen gedeutet (in anderen 'Aufbruchsformeln' begegnen allerdings PK^{K}i-Formen [*§*76.524.6a]).

Alternativ könnte es sich bei *yṯb* und *ytn* um PK[K]-Formen (3.m.du. mit *y*-Präfix) handeln (§73.223.41:9-11).

- *aṯt trḫ w tbʿt* "Eine (erste) Frau heiratete er, aber sie wurde hinweggerafft" 1.14:I:14 (es folgen PK[K]i-Formen).
- *nšu riš ḥrṯm* "Die Pflüger erhoben den Kopf (sic!)" 1.16:III:12 (es folgen SK-Formen [*kly* "aufgezehrt war ..."]).
- (?) *yṯb dnil [ys]pr yrḫh* "Daniʾilu setzte sich, um ihre Monate (der Schwangerschaft) zu zäh[len]" 1.17:II:43 (*yṯb* könnte auch PK[K]i sein).

b. SKf am Ende einer Erzähleinheit (Abschlußformeln u.ä.):

- *mt ql \ bʿl ql* "Môtu fiel nieder. Baʿlu fiel nieder" 1.6:VI:21f. (zugleich Höhepunkt der Erzähleinheit [Kampfszene]).
- *tbʿ kṯr \ l ahlh / hyn tbʿ l mš\knth* "Kôṯaru brach auf zu seinem Zelt, *Hyn* brach auf zu seiner Wohnstätte" 1.17:V:31-33.
- *yṣat km rḥ npš[h / km iṯl] \ brlth / km qṭr b [aph]* "So entwich [seine] Seele wie ein Windhauch, [wie Speichel] sein Leben, wie Rauch aus [seiner Nase]" 1.18:IV:36f. (zugleich Höhepunkt der Erzähleinheit).

c. SKf am Beginn und am Ende einer Erzähleinheit (Rahmung):

- *ʿrb b bth kṯrt / bnt \ hll snnt ... mk b šbʿ ymm / tbʿ b bth \ kṯrt / bnt hll snnt* "Es traten in sein Haus die Kôṯarātu, die Töchter der Mondsichel, die Schwalben(?)" ... "Siehe, am siebten Tag gingen weg aus seinem Haus die Kôṯarātu ..." 1.17:II:26f.39f. (die SKf-Formen *ʿrb* und *tbʿ* markieren zugleich den Erzählhintergrund [§d]; im Vordergrund stehen Handlungen Daniʾilus, erzählt durch PK[K]i-Formen).

d. SKf zur Darstellung des Erzählhintergrunds:

- *p rdmn ʿbd ali[yn] \ bʿl / sid zbl bʿl \ arṣ / qm ... ndd ... qm* "Radmānu aber bediente den hoch[mächtigen] Baʿlu, er stärkte den Fürsten, den Herrn der Erde; er stand auf ...; er stellte sich hin ...; er stand auf ..." 1.3:I:2-18 (Erzählvordergrund: Handlungen des Gottes Baʿlu).
- *w bʿl tbʿ mrym ṣpn* "Baʿlu aber machte sich auf zu den Höhen des Ṣapānu" 1.4:IV:19 (Vordergrund: Handlungen der Göttin Aṯiratu).
- *aḫth šib yṣat* "Seine Schwester war herausgekommen zum Wasser-Schöpfen" 1.16:I:51 (Vordergrund: Handlungen von *Ilḥu*; zugleich Vorvergangenheit).
- *in b ilm ʿnyh* "Es gab keinen unter den Göttern, (der) ihm antwortete" 1.16:V:12*f.16*.19*.22 (Vordergrund: Handlungen Ilus [PK-Formen]).
- *[...] \ ṣbi nrt ilm špš / ʿr[bt] \ pġt l minš šdm / l mʿr[b] \ nrt ilm špš / mġy[t] \ pġt l ahlm / rgm l yṯ[pn y]\bl* "[Beim] Untergang der Leuchte der Götter, Šapšu, errei[chte] Puġatu den Lagerplatz(?) auf den Feldern. Beim Niedergang der Leuchte der Götter, Šapšu, traf Puġatu bei den Zelten ein. Die Kunde (davon) wurde Yaṯi[pānu über]bracht" 1.19:IV:46-51 (vorher [bis Z. 46] und nachher [ab Z. 52] begegnen PK[K]i-Formen [= Vordergrund]).

e. Sonstige Belege:

- *ṭbḫ alpm [ap] \ ṣin / šql ṯrm [w] m\ria il* (oder: *il<m>*) / *ʿglm d[t] \ šnt / imr qmṣ l[l]im /\ ṣḥ aḫh b bhth / aryh \ b qrb hklh / ṣḥ \ šbʿm bn aṯrt /\ špq* *ilm krm yn /\ špq ilht ḫprt /\ špq ilm alpm y[n] /\ špq ilht arḫt /\ špq ilm kḥṯm yn /\ špq ilht ksat /\ špq ilm rḥbt yn /\ špq ilht dkrt*(?) "Er schlachtete Rinder [sowie] Kleinvieh; er fällte Stiere und gemästete Widder ... Er rief seine Brüder in seine Häuser ... er rief die siebzig Söhne der Aṯiratu. Er reichte den Widdergöttern Wein dar; er reichte den Schafgöttinnen (Wein) dar. Er reichte den Stiergöttern Wein dar; er reichte den Kuhgöttinnen (Wein) dar. Er reichte den Throngöttern Wein dar; er reichte den Sesselgöttinnen (Wein) dar. Er reichte den Amphorengöttern Wein dar; er reichte den Kannengöttinnen (Wein) dar" 1.4:VI:40-54 (n.L. in Z. 48.50.52.54). — Die aufgezählten Handlungen sind als Ausführung des in 1.4:VI:38-40a zusammenfassend genannten Themas zu verstehen [PK^{K}i *yᶜdb* // SKf *ᶜdb*]; vgl. dagegen 1.6:I:18-29 [6x PK^{K}i *ṭṭbḫ*]).

76.524.4. SKf in der Ausführung von imperativisch formulierten Anweisungen

76.524.41. Die SKf wird überdurchschnittlich häufig als Narrativ in Erzählabschnitten verwendet, in denen die Ausführung von zuvor imperativisch formulierten Anweisungen geschildert wird (zum Phänomen siehe Fenton [1963, 19-25] und [1969]). Dieses Phänomen könnte durch formale (euphonische) Faktoren motiviert sein, weisen doch Imp. und SKf eine ähnliche Bildungsweise (ohne Präfixe) auf. Der eigentliche Grund dürfte jedoch eher semantischer Natur sein. Wie der volitivischen Kategorie "PK^{K}v" im Bereich der narrativen Aussage unmittelbar – formal wie semantisch – die PK^{K}i entspricht, so entspricht dem Imp. im Bereich der Aussage semantisch die SKf. Imp. und SKf stimmen darin überein, daß sie im wesentlichen isolierte SVe zum Ausdruck bringen. Die Verteilung von Imp. und PK^{K}v in der ug. Poesie folgt also ähnlichen Regeln wie die Verteilung von SKf und PK^{K}i (§77.324).

Anm. Demgegenüber vertrat Fenton (1969, 38) die Auffassung, Imp. und SKf stünden für emphatischere Nuancen als PK^{K}v und PK^{K}i: "There were prefixing and non-prefixing verbal forms available both for issuing commands and reporting actions: for both purposes the non-prefixing forms happened to be more emphatic."

- *tbᶜ ġlmm l yṯb* "Die Pagen erhoben sich, sie verweilten nicht" 1.2:I:19 (Anweisung *tbᶜ ġlm[m al ṯṯb]* in 1.2:I:13).
- *qmm am?r amr /\ [ṯn]y dᶜthm ... \ ... rgm l ṯr abh il* "Stehend verkündeten sie die Kunde, teil[ten] sie ihr Wissen mit ..... Sie sprachen zum Stier, seinem Vater Ilu" 1.2:I:31f. (Anweisung in 1.2:I:15f.).
- *mdl ᶜr ṣmd pḥl /\ št gpnm dt ksp /\ dt yrq nqbnm /\ ᶜdb gpn atnth* "Er schirrte einen Esel an, spannte ein männliches Tier ein; er legte ein Geschirr aus Silber an, Stricke aus gelbem Gold; er legte das Geschirr ihrer Eselin an" 1.4:IV:9-12 (Anweisung in 1.4:IV:4-7). — Man beachte aber, daß in Z. 8 die PK^{K}i *yšmᶜ* "er gehorchte" vorausgeht (mit Bezug auf den zu ergänzenden Imp. *šmᶜ* in Z. 2). Demgegenüber begegnen in 1.19:II:8f. PK^{K}i-Formen in der Ausführung vergleichbarer imperativischer Anweisungen (1.19:II:3f.).
- *ṣḥ ḫrn b bhth /\ ᶜḏbt b qrb hklh* "Er rief eine Karawane in sein Gebäude, Handelsgüter mitten hinein in seinen Palast" 1.4:V:36f. (Anweisung in 1.4:V:13f.29f.).

- *tbᶜ* ... "Sie erhoben sich ..." 1.5:II:13 (Anweisung in 1.5:II:8).
- *ᶜrb b ẓl ḫmt / lqḥ ... lqḥ ... yṣq ... w ᶜly ... rkb ... nša ... dbḥ ... šrd \ bᶜl b dbḥh / bn dgn \ b [m]ṣdh* "Er trat in den Schatten des Zeltes ... nahm ... nahm ... goß aus ... und ging hinauf ... bestieg ... erhob ... opferte ... Er verehrte Baᶜlu mit seinem Opfer, den Sohn Daganus mit seiner Speisung" 1.14:III:55-1.14:IV:8 (insgesamt neun SKf-Formen; Anweisungen in 1.14:II:12-26).
- *dm ym w ṯn* "Er verhielt sich einen Tag und einen zweiten ruhig" 1.14:V:3 (Anweisung in 1.14:III:10).
- *hlmn ṯnm [qdqd] /\ ṯlṯid ᶜl udn / š[pk km] \ šiy dmh / km šḫ[ṭ l brkh]* "Er schlug zweimal [auf (seinen) Kopf], dreimal auf das Ohr. Er ver[goß wie] ein Mörder sein Blut, wie ein Schläch[ter (vergoß er sein Blut) auf seine Knie]" 1.18:IV:33-35 (Anweisung in 1.18:IV:22-24).

76.524.42. Die oben vorgestellten Textbeispiele folgen jedoch keiner festen Regel. Ihnen stehen mindestens ebensoviele Beispiele gegenüber, in denen imperativisch formulierte Anweisungen durch den gewöhnlichen Narrativ, d.h. durch die $PK^{K}i$, ausgeführt werden. Beispiele:

tšu ilm rašthm "Da erhoben die Götter ihre Häupter" 1.2:I:29 (Anweisung in 1.2:I:27); *ylm ktp zbl ym* "(Die Keule) schlug auf die Schultern des Fürsten Yammu" 1.2:IV:16 (Anweisung in 1.2:IV:14); *ylm qdqd zbl \ ym* "(Die Keule) schlug den Fürsten Yammu auf den Schädel" 1.2:IV:24f. (Anweisung in 1.2:IV:21f.); *ybṯnn aliyn bᶜl* "Da schämte(?) sich(?) der hochmächtige Baᶜlu sehr" 1.2:IV:31 (Anweisung in 1.2:IV:28.29); *yšmᶜ qd<š> w amr[r]* "Qud<šu>-wa-Amru[ru] gehorchte" 1.4:IV:8 (Anweisung in 1.4:IV:2 [ergänzt]; es folgen SKf-Formen); *tṭbḫ šmn [m]rih \ tptḥ rḥbt yn* "Sie schlachtete ihre fettesten [Mast]tiere, öffnete die Weinamphoren" 1.15:IV:15f. (Anweisung in 1.15:IV:4f.).; *yṣḥ ngr il ilš* "Er rief den Herold Ilus, Ilišu" 1.16:IV:6 (Anweisung in 1.16:IV:3); *tṭbḫ imr w lḥm* (oder: *w <y>lḥm*) "Sie schlachtete ein Lamm und er aß" 1.16:VI:20 (Anweisung *ṭbḫ imr \ w ilḥm* in 1.16:VI:17f.); *tᶜdb imr \ b pḫd* "Sie bereitete ein Lamm aus der Jungtierherde zu" 1.17:V:22f. (Anweisung in 1.17:V:16f.); *tšlḥm tššqy ilm \ tsad tkbd hmt* "Sie gab den (beiden) Göttern zu essen (und) zu trinken; sie stärkte und verehrte sie" 1.17:V:29f. (Anweisung in 1.17:V:19f.); *tšmᶜ \ pġt ṯkmt my* "Puġatu, die auf den Schultern Wasser trägt, gehorchte" 1.19:II:5f. (Anweisung in 1.19:II:1); *bkm tmdln ᶜr /\ bkm tṣmd pḥl* "Dann/Weinend schirrte sie einen Esel an; dann/weinend spannte sie ein männliches Tier ein" 1.19:II:8f. (Anweisung *mdl ᶜr \ ṣmd pḥl* in 1.19:II:3f.); *tq\ḥ pġt w tšqynh / tqḥ [ks] bdh* "Puġatu nahm (den Becher) und gab ihm zu trinken; sie nahm [den Becher] aus seiner Hand" 1.19:IV:54f. (Anweisung in 1.19:IV:53f. [lies gegen KTU^2 ... / *[q]ḥ \ ks bdy*]).

76.524.43. Werden imperativisch formulierte Anweisungen nicht wörtlich, sondern nur sinngemäß (mit anderem Vokabular) ausgeführt, begegnet in der Regel ebenfalls die $PK^{K}i$ (z.B. 1.15:IV:17f. mit Bezug auf 1.15:IV:6f.; 1.16:VI:39-41 mit Bezug auf 1.16:VI:27-29; vgl. auch 1.5:II:16f. mit Bezug auf 1.5:II:8f.), daneben selten auch die PK^{L} (z.B. *tlkn \ ym w ṯn* "Sie gingen einen Tag und einen zweiten" [1.14:IV:31f.] mit Bezug auf die singularisch formulierte Anweisung *lk ym w t̲n* [1.14:III:2]).

76.524.44. Jussivisch formulierte Anweisungen werden – offenbar wegen der formalen Identität von PK^K^v und PK^K^i – fast immer durch die PK^K^i ausgeführt. An seltenen Ausnahmen, für die teilweise andere Beweggründe geltend gemacht werden können, sind zu nennen:

- 1.2:I:19f.: SKf *l yt̲b* und SKf *l ytn* als Ausführung von *al tt̲b* (1.2:I:14, ergänzt) und *al ttn* (1.2:I:15).
- 1.4:V:38: SKf(?) *yblnn* (alt.: PK^K^i [§73.223.33]) als Ausführung von *tblk* (1.4:V:15).
- 1.18:IV:36: SKf *yṣat* als Ausführung von *tṣi* (1.18:IV:24).

Anm. Als Ausführung jussivischer Anweisungen ist daneben offenbar auch der Inf. bezeugt: *ark yd il k ym* "Die 'Hand' (sc. Penis) Ilus wurde (so) lang wie das Meer" 1.23:34 (Anweisung: *tirk-m yd il k ym* "Die Hand 'Ilus' möge [so] lang werden wie das Meer" 1.23:33 [*ark* kann nicht als SK gedeutet werden, weil *yd* fem. Genus besitzt]).

76.524.5. SKf im Parallelismus membrorum neben PK^K^i

Die Zweizahl perfektiver Kategorien wird erzähltechnisch zur Variation in narrativen Kontexten benutzt, insbesondere dann, wenn in parallelen Kola zweimal die gleiche Verbalwurzel Verwendung findet.

Lit.: Held (1962); Watson (1989, bes. 439-441).

a. Abfolge PK^K^i - SKf:

- *knp nšrm bᶜl yt̲br /\ bᶜl t̲br diy hmt* "Die Flügel der Adler zerbrach Baᶜlu; Baᶜlu zerbrach ihre Schwingen" 1.19:III:8f.; ähnl. 1.19:III:22f. (n.L.) (*yt̲br // t̲br* [√*t̲br*]; dagegen *yt̲b*<*r*> // *yt̲br* in Z. 2.16-17, *yt̲br // yt̲br* in Z. 30-32).
- *t̲l šmm tskh /\ [r]bb nskh kbkbm* "(Sie wusch sich mit) dem Tau, den der Himmel ausgegossen hatte; (mit) [Tau]regen, den die Sterne ausgegossen hatten" 1.3:II:40f. // 1.3:IV:43f. (*tsk-h // nsk-h* [√*nsk*]; wahrsch. mit Zeitstellenwert "Plusquamperfekt").
- *ᶜdbt bht[h bᶜ]l \ yᶜdb / hd ᶜdb [ᶜd]bt \ hklh* "Die Vorbereitungen für [sein] Gebäude traf [Baᶜl]; Haddu traf die Vorbereitungen für seinen Palast" 1.4:VI:38-40 (*yᶜdb // ᶜdb*; es folgen zahlreiche SKf-Formen).
- *bᶜl yṣġd mli[ ] /\ il hd mla uṣ[bᶜh]* "Baᶜlu schritt mit gefüllter ['Hand'] voran, der Gott Haddu 'füllte' [seinen] 'Fing[er]' (sc. Penis)" 1.10:III:7f. (es folgt ein weitere SK-Form in Z. 9: *blt*).
- vgl. auch 1.114:11f. (*bhm ygᶜr t̲ġr \ bt il* [PK^K^i *ygᶜr*]) gegenüber 1.114:14 (*b il abh gᶜr* [SKf *gᶜr*]).

b. SKf in Parallele zu PK^K^i:

- *škb \ ᶜmnh šbᶜ l šbᶜm /\ tšᶜly t̲mn l t̲mnym* "Er schlief 77mal mit ihr; sie ließ sich 88mal 'besteigen'" (wörtl.: "sie ließ [ihn] 88x hinaufsteigen") 1.5:V:19-21.
- *[mrkbt] \ asr / sswm tṣmd b gx[ ]* "Sie spannten die Wagen an, sie schirrten die Pferde an ..." 1.20:II:2-3.

- *il ḥṭh nḥt / il ymnn mṭ ydh* "Ilu senkte/formte seinen Stab (sc. Penis); Ilu ...(?) den Stock seiner Hand" 1.23:37 (*nḥt // ymnn* [√*mnn*]).
- *mġy ḥrn l bth / w \ yštql l ḥẓrh* "Ḥôrānu ging hin zu seinem Haus; ja, er begab sich zu seiner Wohnstatt" 1.100:67f.
- *il hlk l bth / yštql \ l ḥẓrh* "Ilu ging zu seinem Haus, er begab sich zu seiner Wohnstatt" 1.114:17.
- *w ngšnn ḥby \ b^{c}l qrnm w ḏnb ylšn* "Aber *Ḥby* bedrängte ihn, der mit den zwei Hörnern und dem Schwanz höhnte" 1.114:19f.

Anm. Anstelle der SKf kann in Parallele zur PK^{K}i auch der (narrativ) gebrauchte Infinitiv stehen: *tṯ^{c}r \ ksat l mhr / ṯ^{c}r ṯlḥnt \ l ṣbim / hdmm l ġzrm* "Sie stellte Stühle für die Krieger auf; sie stellte Tische für die Soldaten auf, Fußschemel für die Helden" 1.3:II:20f. (PK^{K}i *tṯ^{c}r* // Inf. *ṯ^{c}r* [√*ṯ^{c}r*]); *ṯ^{c}r ksat l ksat / ṯlḥnt \ l ṯlḥn<t> / hdmm tṯar l hdmm* "Sie stellte Stühle auf Stühle, Tische auf Tisch<e>; Fußschemel stellte sie auf Fußschemel" 1.3:II:36f. (Inf. *ṯ^{c}r* // PK^{K}i *tṯar* [§33.134.1]). In Analogie dazu könnten auch einige Formen, die oben als SKf gedeutet wurden, Infinitive sein (etwa *ṯbr* in 1.19:III:9 und Parallelstellen).

76.524.6. Zur Frage der Austauschbarkeit von PK^{K}i und SKf

Inhaltlich identische Formulierungen, die in der ug. Poesie mehrmals belegt sind, weisen nicht immer die gleichen Verbalkategorien auf. Insbesondere PK^{K}i und SKf können in gleichen Kontexten wechseln. Dieses Phänomen zeigt, daß PK^{K}i und SKf funktional weitgehend identisch und deshalb austauschbar sind. Zur Illustration mögen die nachfolgenden Textbeispiele dienen.

a. "Aufbruchformel":
- *tb^{c} ġlmm l yṯb / i[dk pnm] \ l ytn / ^{c}m ...* "Die beiden Pagen erhoben sich, sie verweilten nicht. Dann steuerten sie fürwahr zu auf ..." 1.2:I:19f.; ähnl. 1.5:I:9f. und 1.5:II:13f. (SKf *tb^{c}*; *yṯb* und *ytn* können als SKf [§76.524.3a] oder als PK^{K}i 3.m.du. [§73.223.41:9-11] gedeutet werden).
- *ttb^{c} mlakm \ l yṯb / idk pnm l ytn* "Die beiden Boten erhoben sich ..." 1.14:VI:35-37 (PK^{K}i *ttb^{c}*; *yṯb* und *ytn* sind SKf oder PK^{K}i).
- *ttb^{c} btlt ^{c}nt /\ idk l ttn pnm* "Die Jungfrau ^{c}Anatu erhob sich ..." 1.6:IV:6f. // 1.18:I:19f.* // 1.18:IV:5* (zwei PK^{K}i-Formen: *ttb^{c}* und *ttn*).

b. "Mahlformel":
- *^{c}d lḥm šty ilm* "Lange aßen (und) tranken die Götter" 1.4:VI:55 // 1.5:IV:12*; ähnl. 1.4:V:48* (zweimal SKf: *lḥm*, *šty* [Beginn einer neuen Erzähleinheit]).
- *^{c}dm <t>lḥm tšty* "Lange aßen (und) tranken sie" 1.15:VI:2; vgl. 1.4:III:40f.* (*[^{c}d tl]ḥm tšty \ [ilm]*) (zweimal PK^{K}i: *tlḥm*, *tšty*).

76.525. SKf zum Ausdruck der Vorzeitigkeit in der Vergangenheit

An mehreren Belegstellen, die alle dem poetischen Textkorpus entstammen, besitzt die SKf den Zeitstellenwert "Plusquamperfekt", der jedoch allein aus dem Kontext resultiert (zur allgemeinen Diskussion und zum vergleichbaren Gebrauch der PK^{K}i siehe §76.426). Mehrere Belege der so gebrauchten SK (neben PK^{K}i in gleicher Funktion) finden sich im Prolog des Keret-Epos (1.14:I:1-25), der als

Ganzes zeitlich vor der eigentlichen Erzählebene des Epos liegt (vgl. Verreet 1987b). In einigen Beispielen scheint die Verwendung der SKf auch dadurch motiviert zu sein, daß es sich dabei zugleich um die Darstellung des Erzählhintergrunds handelt (*§*76.524.3d):

- *b ph rgm l yṣa / b špth [hwth] /\ b nši ʿnh w tphn* "Die Rede war noch nicht aus seinem Mund gekommen, [sein Wort] (noch nicht) von seinen Lippen, da sah sie beim Erheben ihrer Augen ..." 1.19:II:27f.; analoge Konstruktionen in 1.2:IV:6-7* und 1.19:III:21-22*.35-36 (im Nachsatz steht wahrsch. PK^{K}i).
- *sb ksp l rqm / ḫrṣ \ nsb l lbnt* "Das Silber war zu Platten geworden; das Gold hatte sich zu Ziegeln verwandelt" 1.4:VI:34f. (Ergebnis der Handlungen von 1.4:VI:24-33).
- *mġny l bʿl npl l a\rṣ* "Wir trafen auf Baʿlu, der zur Erde gefallen war" 1.5:VI:8f. (*npl* könnte alternativ G-Ptz. sein).
- Belege aus dem Keret-Prolog: *krt ḥkn rš /\ krt grdš mknt* "Keret hatte (selbst) die Herrschaft zerschlagen, Keret hatte (selbst) die Stellung zerbrochen" 1.14:I:10; vgl. 1.14:I:22f.; *aṯt trḫ w tbʿt* "Eine (erste) Frau hatte er geheiratet, aber sie war weggegangen / gestorben" 1.14:I:14 (zu den SK-Formen *ʿrwt* und *itb*$^{!}$*d*$^{!}$ [1.14:I:7.8] siehe unter *§*76.55 [SKs; alt.: SKf]).
- *aḫth šib yṣat* "Seine Schwester war herausgekommen zum Wasser-Schöpfen" 1.16:I:51 (zugleich Erzählhintergrund).
- *mt dm ḫt / šʿtqt \ dm lan* (bzw. Emendation: *lat*$^{!}$) "Môtu war wahrlich zerbrochen. Šaʿtiqtu war wahrlich siegreich / hatte wahrlich gesiegt" 1.16:VI:13f. (Ergebnis der Handlungen von 1.16:VI:2-12).
- (?) *ʿnn hlkt w šnwt \ tp aḫh w nʿm aḫh \ k ysmsm* "Das Auge(?) hatte sich aufgemacht und hatte gepriesen(?) die Schönheit seines/ihres Bruders und den Liebreiz seines/ihres Bruders, denn er war lieblich(?)" 1.96:1-3 (Anfang des Textes, zugleich Erzählhintergrund; es folgen PK-Formen).
- *bʿdh bhtm mnt / bʿdh bhtm sgrt /\ bʿdh ʿdbt ṯlṯ* "Hinter ihr das Gebäude der(?) Beschwörung, hinter ihr hatte sie das Gebäude verschlossen, hinter ihr hatte sie den Bronze(riegel) vorgeschoben" 1.100:70f. (zugleich Erzählhintergrund; es folgt die Bitte Ḥôrānus um Öffnung des Hauses).
- *il dbḥ b bth / mṣd ṣd b qrb \ hklh / ṣḥ l qṣ ilm* "Ilu hatte eine Schlachtung in seinem Haus vorgenommen, hatte ein Wildbret zubereitet inmitten seines Palastes (und) hatte die Götter herbeigerufen zum Aufessen/Abschneiden (der Fleischstücke)" 1.114:1f. (Textanfang; es folgen PK-Formen).

Anm. Die Auffassung Delekats (1972, 11-13), die SKf hätte in der Poesie immer plusquamperfektische Bedeutung, läßt sich sicher nicht halten.

76.526. SKf in der Apodosis von Temporalsätzen und vergleichbaren Syntagmen

- *aḫr mġy kṯr w ḫss /\ št alp qdmh / mra \ w tk pnh* "Nach der Ankunft von Kôṯaru-wa-Ḫasīsu, setzte er (sc. Baʿlu) ihm ein Rind vor, ein Masttier direkt vor sein Angesicht" 1.4:V:44-46 (nach *št* folgen zwei PK^{K}i-Formen).

- *hlk aḫth bˁl yˁn / tdrq \ ybnt abh / šrḥq a<u>t</u>t l pnnh /\ št alp qdmh / mria w tk \ pnh* "(Als) Baˁlu das Kommen seiner Schwester sah, das Heranschreiten der Schwiegertochter seines Vaters, schickte er die Frauen weg von seinem Angesicht (und) setzte ein Rind vor sie hin, ein Masttier vor ihr Angesicht" 1.3:IV:39-42 (SKf-Formen *šrḥq* und *št* nach PK *yˁn*; es folgen PK^{K}i-Formen).

76.53. SKf für perfektive Sachverhalte der Gegenwart

76.531. SKf mit performativer Funktion

Unter der performativen Funktion von Verbalformen ist die Koinzidenz von Wort und Tat gemeint. Sie liegt "dann vor, wenn die im Verbum ausgedrückte Handlung durch den Ausspruch des Verbums selbst erfolgt, wenn Tun und Sprechen dasselbe ist" (Koschmieder 1930, 352 [vgl. auch Pardee – Whiting 1987, bes. 23-26]), bzw. wenn "die im Verb liegende Proposition als Handlung im Moment des Aussprechens verwirklicht wird" (Wagner 1997a, 291). Voraussetzung ist, daß eine Tat durch Sprechen realisierbar ist und daß sie durch das Aussprechen ausgelöst bzw. vollzogen wird. Echt performative Äußerungen sind nach Koschmieder auf die erste Person und auf Verben des Sprechens (im weitesten Sinn) beschränkt. Performative Sprechakte werden im Sem. und im Griechischen ("Aorist") immer durch perfektive Verbalkategorien ausgedrückt. Im Dt. können sie nur umschreibend durch "hiermit/hierdurch + Präsens" wiedergegeben werden. Beispiele:

- *ank ltpn il [...] \ ˁl ydm / prˁt [...] \ šmk / mdd i[l ...]* "Ich (selbst) der gütige Ilu [... dich hiermit ...] auf die Hände. Ich proklamiere hiermit [Yammu] als deinen Namen, Geliebter I[lus ...]" 1.1:IV:18-20.
- *an rgmt l ym bˁlkm* "Ich sage hiermit dem Yammu eurem Herrn" 1.2:I:45 (alt.: Briefperfekt [§76.522]).
- *l rgmt \ lk l zbl bˁl / <u>t</u>nt l rkb ˁrpt* "Ich sage dir hiermit fürwahr, o Fürst Baˁlu, ich teile (dir folgendes) mit, o Wolkenfahrer" 1.2:IV:7f.
- (?) *atm bštm w an šnt* "Ihr mögt zögern(?), aber ich gehe hiermit los" 1.3:IV:33 // 1.1:III:18*.
- (?) *ytt nḫšm mhrk \ bn b<u>t</u>n \ itnnk* "Ich gebe dir hiermit Schlangen als Hochzeitsgabe, Schlangenjungen als Geschenk" 1.100:75f.
- (?) *alpm ššwm \ rgmt ˁly <u>t</u>h* "Ich befehle (dir) hiermit, 2000 Pferde nach <u>T</u>. hinaufzuführen" 2.33:24f. (alt.: Briefperfekt).
- (?) *ydˁt š[špš] mlk \ rb bˁl[y]* "Ich anerkenne(?) hiermit ... [... der 'Sonne'], des Großkönigs, [meines] Herrn" 2.23:9f.
- (?) *qritm rpi a[rṣ] \ qbitm qbṣ d[dn]* "Ihr seid (hiermit) gerufen, Rapiˀūma der Unt[erwelt]; ihr seid angerufen, Versammlung des Di[danu]!" 1.161:2f.9f. (vgl. auch die SK-Formen *qra* [3.m.sg.], *qru* [3.m.pl.] in 1.161:3-8.11-12).

Anm. Möglicherweise hat auch die SK der Wz. √*qyl* (*qlt*, *qlny*) in der Prostrationsformel ug. Briefe performative Funktion (vgl. §76.522).

76.532. SKf für perfektiv-gnomische Sachverhalte

Selten findet die SK im Ug. auch als "Tempus" von Sinnsprüchen und vergleichbaren Aussagen Verwendung. Sie bringt dabei feststehende, zeitlich nicht fixierte ("extratemporale") Tatsachen zum Ausdruck, die im Dt. präsentisch wiedergegeben werden müssen. Die beschriebene Funktion wird hier im Anschluß an Mayer (1992) als "gnomisch" bezeichnet.

SV. Perfektiv-gnomische SVe werden im Akk. durch das "Präteritum" (siehe Mayer 1992 und GAG § 79b*), in wsem. Sprachen vorwiegend durch die SK ausgedrückt. Im He. kann dafür neben der SK auch die PK^{K} gebraucht werden (siehe Tropper 1998c, 172-174.183).

- *rġb yd mṯkt / mẓma yd mṯkt* "Dem Hungernden reicht sie die Hand, dem Dürstenden reicht sie die Hand" 1.15:I:1f.
- *šqlt b ġlt ydk* "Bei Ungerechtigkeit hängt dein Arm (tatenlos) herab" 1.16:VI:32 // 1.16:VI:44f. (alt.: "... senkst du deinen Arm" [√*qyl* Š-SK 2.m.sg.]; im Kontext begegnen Formen der PK^{L}).

76.533. SKf in Konditionalsätzen

Die SKf findet auch als "Tempus" von Konditionalsätzen Verwendung und ist dabei im Dt. in der Regel präsentisch wiederzugeben. In vergleichbarer Funktion wird im Ug. auch die PK^{L} gebraucht (§76.324). Das hippiatrische Textkorpus zeugt davon, daß PK^{L} und SKf hier austauschbar sind. Bei gleichen Phrasen findet sich in einem Text die PK^{L}, in einem anderen die SKf.

- *k ġz ġzm tdbr /\ w ġrm ṯṯwy* "Wenn Angreifer angreifen, weichst du zurück; und Räuber läßt du (hier) bleiben/wohnen" 1.16:VI:43f. // 1.16:VI:30f.* (siehe §74.412.27, √*dbr*; *ġz* könnte alternativ Verbalsubst. sein [vgl. *k^{e}bôʾ haššæmæš* "wenn die Sonne untergeht"; dazu BHS, 604]).
- *k l ḫr[a ... s̀s̀w]* "Wenn [das Pferd] den Darm nicht ent[leert] ..." 1.72:12 (vgl. dagegen 1.85:9: *w k l yḫru ... s̀s̀w* [PK^{L} *yḫru*]).
- *k ḫr s̀s̀w* "Wenn das Pferd matt ist" 1.85:5 (ähnl. Z. 7 [§75.524, √*ḫwr*]).
- *w k aḫd akl s̀s̀w* "Und wenn das Pferd das Futter(?) packt(?)" 1.85:15 (vgl. Z. 12 [lies: *[w k] aḫd akl s̀s̀w*]) (dagegen 1.72:21: *k yiḫd ak$^{!}$l s̀[s̀w]* [PK^{L} *yiḫd*]).
- *k gr ʿz ṯġrkm / qrd \ ḫmytkm* "Wenn ein 'Starker' eure Tore angreift, ein Kriegsheld eure Mauern (angreift)" 1.119:26f.
- *w hm ḫt \ ʿl* "Falls die Hethiter heraufziehen" 2.30:16f. (alt.: futurisch).
- *w hm \ l ʿl* "Und falls sie nicht heraufziehen" 2.30:18f. (alt.: futurisch).

76.534. SKf zum Ausdruck anderer perfektiver Sachverhalte der Gegenwart
(weitgehend lexikalisierte Verwendungsweisen)

- SKf der Wz. √*ydʿ* "wissen, kennen" (Beispielauswahl): *ydʿ l ydʿt* "ich/du weiß(t) gewiß/nicht" 1.1:V:8*.21; 2.39:10; vgl. 2.39.14; *ydʿ[tk] bt* "ich kenne dich, (meine) Tochter" 1.3:V:27 // 1.18:I:16; *ank ydʿt* "ich kenne" 1.13:10; *l ydʿ* "er weiß nicht" 1.107:6; vgl. 1.13:31.
- SKf der Wz. √*byn* "verstehen": *l bn* "er versteht nicht" 1.107:6.

- SKf der Wz. √ʾṯ "sein, existieren": *i iṯṯ aṯrt* "So wahr Aṯiratu existiert" 1.14:IV:38; *bm ṯy ndr \ iṯṯ ʿmn mlkt* "ich befinde mich bei der Königin mit dem versprochenen Geschenk" 2.13:14f.; ähnl. 2.30:12-14 (alt.: Briefperfekt).
- SKf der Wz. √*kwn* "sein": *[n]qdm dt kn npṣhm* "[Hi]rten, die Waffen haben(?)" 4.624:1 (alt: "... bereitgestellt haben").
- SKf der Wz. √*šnʾ* "hassen": *ṯn dbḥm šna bʿl / ṯlṯ \ rkb ʿrpt* "Zwei Opferfeste haßt Baʿlu, drei (haßt) der Wolkenfahrer" 1.4:III:17f.
- (?) SKf von √*ṣw/yq* Š "bedrängen": *w hn ibm šṣq ly* "Und siehe, die Feinde bedrängen mich" 2.33:27 (alt.: "... haben mich bedrängt").

Anm. Die Wzz. √*ydʿ* und √*byn* werden auch in der $PK^{K}i$ in vergleichbarer (perfektiver) Funktion verwendet (§76.43).

76.54. SKf für perfektive Sachverhalte der Zukunft

76.541. SKf für zukünftige Sachverhalte in Hauptsätzen

In sem. Sprachen können SVe der Zukunft – neben der gegenwartsanalogen (imperfektiven) Beschreibung durch die PK^{L} – auch perfektiv dargestellt werden (§76.14). Wsem. Sprachen einschließlich des Ug. wählen dabei für indikativische SVe der Zukunft vornehmlich die SKf (zur PK^{K} mit Zukunftsbezug siehe §76.411 und §77.32). Im Ug. läßt aber aber die indikativisch-futurische Funktion der SKf nicht immer sicher von der volitivischen ("optativischen") Funktion der SKf (§77.34) abgrenzen. Die betreffenden Funktionen unterscheiden sich nur hinsichtlich des Modus, nicht aber hinsichtlich Tempus oder Aspekt.

SV. Zur he. SK mit Zukunftsbezug siehe bes. GK § 106m-o (*Perf. propheticum* u.a.) und § 112 (*Perf. consecutivum*); zur phön. SK mit Zukunftsbezug (meist volitivisch) siehe Krahmalkov (1986). Zur Thematik siehe ferner Tropper (1998c 183-185).

In den nachfolgend angeführten ug. Belegen geht der SKf mit Zeitstellenwert "Zukunft" immer eine Partikel voraus, was wahrscheinlich nicht auf Zufall beruht: a) die Konjunktion *w* "und" (vgl. typologisch das *Perfectum consecutivum* der he. Grammtik [*Waw consecutivum* + SK]), b) die Konjunktion *k* "denn" und c) die Affirmationspartikel *l* "fürwahr" (§85.8):

a.
- *w šmʿ [b]ʿl l ṣlt[km] /\ ydy ʿz l ṯġrkm / [qrd] \ l ḥmytkm* "Dann (nach Ablegung/Verrichtung eines Gelübdes) wird Baʿlu [euer] Gebet erhören. Er wird den 'Starken' von euren Toren vertreiben, [den Kriegshelden] von euren Mauern" 1.119:34-36 (SKf *w šmʿ*; *ydy* ist wahrsch. ebenfalls SKf).
- *w prʿ[t] \ hy ḫlh* "Und sie (sc. die Tamariske) wird seine Krankheit lösen" 1.124:9f. (alt.: Lesung *prʿ* und Deutung als Inf.).
- (?) *w ikm kn* "und irgendwie wird/möge es geschehen" 2.7:10.
- *w ṯb l unṯhm* "(Es besteht für sie so lange keine *unṯ*-Verplichtung, bis sie dem Iwrikalli das Geld zurückerstattet haben). Dann aber werden sie wieder zu ihrer *unṯ*-Verpflichtung zurückkehren" 3.4:19 (§83.214a; alternativ Apodosis nach *ʿd*-Temporalsatz [vgl. §76.542.]: *ʿd ṯṯbn \ ksp iwrkl \ w ṯb l unṯhm* "Sobald sie ... zurückerstattet haben, kehren sie wieder zu ihrer *unṯ*-Verpflichtung zurück" 3.4:17-19).

b. - (?) *k yld bn ly* "Denn ein Sohn wird mir geboren werden" 1.17:II:14 (*yld* kann alternativ als PK^L gedeutet werden).

c. - *l yrt \ b npš bn ilm mt / b mh\mrt ydd il ġzr* "Du wirst gewiß in den Rachen des Sohnes Ilus, Môtu, hinabsteigen (müssen), in den Schlund(?) des Geliebten Ilus, des Helden!" 1.5:I:6-8.

76.542. SKf in der Apodosis von Temporal- und Konditionalsätzen

- *w hm ḫt \ ˤl w likt \ ˤmk w hm \ l ˤl w lakm \ ilak* "Falls die Hethiter heraufziehen, werde ich dir Nachricht schicken. Und falls sie nicht heraufziehen, werde ich dir ebenfalls/dennoch Nachricht schicken" 2.30:16-20. — Das Beispiel ist interessant, weil in der ersten Apodosis die SK *likt*, in der zweiten aber die PK (wohl PK^L) *ilak* steht. Offenbar wird die SK nur dann verwendet, wenn sie unmittelbar dem *Waw apodoseos* folgt. Sonst wird die PK gewählt.

76.55. SKs mit stativischer Funktion

Neben den diversen fientischen Gebrauchsweisen läßt sich bei der ug. SK häufig auch eine stativische (d.h. letztlich nominale) Funktion nachweisen (Kategorie SKs). Diese stellt aus sprachhistorischer Sicht die Grundfunktion der sem. SK dar (*§*73.311). Sie ist in temporaler und modaler Hinsicht neutral (Zeitstellenwert und modale Ausrichtung ergeben sich aus dem Kontext), regiert kein Objekt und ist lexikalisch weitgehend auf Wurzeln der stativischen Bedeutungsklasse ("adjektivische Wurzeln") eingeschränkt. Zu morphologischen Differenzen zwischen SKf und SKs siehe *§*73.312. Formen der ug. SKs sind im Dt. meist durch Hilfsverb "sein" + Adjektiv / passives Partizip wiederzugeben. In den nachfolgend angeführten Textbeispielen steht die SKs (in Haupt- und Nebensätzen) für SVe der Gegenwart oder Vergangenheit (zu einem SKs-Beleg mit Zukunftsbezug siehe unter *§*77.35):

- *tḥmk il ḥkm / ḥkmt \ ˤm ˤlm* "Dein Ratschluß, Ilu, ist weise. Du bist weise in Ewigkeit" 1.4:IV:41f.; ähnl. 1.3:V:30.
- *rbt ilm l ḥkmt* "Du bist groß, o Ilu, du bist fürwahr weise" 1.4:V:3; ähnl. 1.16:IV:2. (*ḥkmt k ṯr ltp[n]* "Du bist weise wie der Stier Laṭipā[nu]").
- *rġb rġbt ... \ hm ġmu ġmit ...* "Bist du sehr hungrig ... oder bist du sehr durstig ...?" 1.4:IV:33f.
- *mt ˤz bˤl ˤz* "Môtu war stark; Baˤlu war stark" 1.6:VI:17.18-19.20; vgl. 1.2:IV:17 (*ˤz ym* "Yammu war stark").
- *bˤl mt* "Baˤlu ist tot" 1.6:I:6.
- *k mt aliyn \ bˤl / k ḫlq zbl bˤl \ arṣ* "Fürwahr/Denn der mächtige Baˤlu ist tot. Fürwahr/Denn der Fürst, der Herr der Erde, ist vernichtet" 1.6:I:41-43.
- *nrt ilm špš ṣḥrrt* "Die Leuchte der Götter, Šapšu, war bräunlich" 1.3:V:17*; 1.4:VIII:21f.; 1.6:II:24.

- *w hm ḥy a[liyn bʿl] /\ w hm iṯ zbl bʿ[l arṣ]* "Und falls der ho[chmächtige Baʿlu] lebt, und falls der Fürst, der He[rr der Erde] existiert" 1.6:III:2f.; vgl. 1.6:III:8f.20f. (SKs *ḥy* // SKs[?] *iṯ* [√ʾṯ(y)]).
- *pl ʿnt šdm* "vertrocknet sind die Furchen der Äcker" 1.6:IV:1.2.12.13.
- *umt \ [krt] ʿrwt / bt \ [m]lk itbʾdʾ* "Die Sippe [Kerets] war entblößt, das Haus des Königs vernichtet" 1.14:I:6-8 (alt.: passive SKf; vgl. §76.525).
- *ydʿt k rḥmt* "Ich weiß, daß sie barmherzig ist" 1.16:I:33.
- *mn yrḫ k m[rṣ] \ mn l dw kr[t]* "Wieviele Monate ist (Keret schon) kra[nk], viele (Monate ist) Ker[et] (schon) schwach?" 1.16:II:19f.; ähnl. 1.16:II:22f. und 1.16:I:56f.
- *mʿmsh \ [k] šbʿ yn* "der ihn trägt, [wenn] er an Wein gesättigt ist" 1.17:I:30f.; ähnl. 1.17:II:6.20.
- *ʿrb špš w ḥl \ [mlk]* "Bei Sonnenuntergang ist [der König] seiner kultischen Aufgaben entbunden" 1.46:9f. (viele ähnliche Formulierungen in Ritualen).
- *km špš \ d brt \ kmt \ br ṣṯqšlm* "Wie die Sonne frei ist, ist PN frei" 2.19:2-4.
- *k yṯn w b bt \ mlk mlbš \ ytn lhm* "Wenn (ihre Bekleidung) alt ist, wird ihnen im Königspalast eine (neue) Bekleidung gegeben (werden)" 4.168:6; ähnl. 4.182:61f.63f.

76.6. Aspektuell-temporale Funktionen nominaler Kategorien

Bei nominalen Kategorien, die vom Verb deriviert sind und auch verbal gebraucht werden können, läßt sich keine einheitliche aspektuell-temporale Funktion feststellen.

Das Ptz.akt. (MphT *{qātil}*) ist imperfektiv ausgerichtet und zumeist auf SVe der Gegenwart bezogen. Es kann im Ug. verbale Rektion besitzen (§73.432), wird aber – anders als in jüngeren wsem. Sprachen – nicht wie eine (imperfektive) "Tempusform", etwa als Ersatz für die PK^{L}, gebraucht.

Der Inf. (MphT *{qatāl}*) ist demgegenüber offenbar perfektiv ausgerichtet. Er wird im Ug. unter anderem als Narrativ gebraucht (§73.531) und fungiert dabei – vergleichbar mit der PK^{K}i und der SKf – perfektiv.

77. Modalsystem

77.1. Einleitung

Unter "Modus" im engeren Sinn ist eine grammatische Kategorie des Verbs zu verstehen, durch die eine subjektive Stellungnahme des Sprechers zu dem durch die Aussage bezeichneten Sachverhalt ausgedrückt wird. Die Formulierung modaler Einstellungen ist jedoch nicht nur auf bestimmte Verbalkategorien beschränkt, sondern wird auch durch lexikalische Mittel und periphrastische Ausdrucksformen erreicht (vgl. Bußmann 1990, 496). Die verbreitete Ansicht, wonach "Modus" mit verbalen Konjugationsmuster gleichzusetzen sei, ist abzulehnen. Nicht jede morphologische Kategorie des Verbs zielt auf eine Modusdifferenzierung (siehe Edzard 1973, bes. 121-123).

Die beiden wichtigsten, im Verbalsystem morphologisch verankerten Modi des Ug. sind der "Indikativ" (= neutraler Aussagemodus) und der "Volitiv" (= Wunsch- und Befehlsmodus). Andere modale Nuancen werden meist periphrastisch zum Ausdruck gebracht.

Lit.: Um die Erforschung des ug. Modalsystems hat sich insbesondere Verreet (MU) verdient gemacht (an Kritiken hierzu vgl. Tropper [1990c], [1991a], [1991b] und [1995a]); siehe ferner Sivan (GUL 103-107) und Edzard (1973) [akk./sem. Modi].

77.2. Der Aussagemodus (Indikativ)

77.21. Alle verbalen Konjugationsformen mit Ausnahme des Imperativs können indikativische Nuancen zum Ausdruck bringen, im einzelnen

(a) die PK^K im Sinne der PK^Ki (die PK^K [im Sinne der PK^Kv/e] kann daneben auch volitivisch gebraucht sein [§77.32-33]),
(b) die PK^L (diese Kategorie kann daneben auch für "kann"-, "muß"- und "darf"-Aussagen stehen [§77.5]) und
(c) die SKf (diese Kategorie kann daneben auch volitivisch gebraucht sein [§77.34]).

Zur indikativischen Verwendung dieser Kategorien siehe unter §76.

77.22. Sätze mit SKs (§76.55) und Infinitiv als Prädikat (§73.531; §76.6) sowie (andere) nominale (verblose) Sätze (§92) sind von Hause aus modusindifferent. In den überwiegenden Fällen sind sie indikativisch gemeint.

77.23. Indikativische Verbalsätze (einschließlich Sätze mit SKs) werden durch die Negation *l* "nicht" negiert (§87.1). Zur Negierung von indikativischen Nominalsätzen stehen die Partikeln *bl* "nicht" (§87.3) sowie *in* "Nichtexistenz" (§88.2) zur Verfügung. Denkbar wäre, daß *in* (in den Varianten *inm* bzw. *inmm*) daneben auch Formen der SK negiert (§88.23-4 [die Formen *npl̦t* und *nḫtu* sind aber eher als Ptzz. zu deuten]). Die Negation *l* wird offenbar nicht zur Negierung von Nominalsätzen gebraucht (zur Diskussion siehe §87.1 und §92.54).

77.3. Der Wunsch- und Befehlsmodus (Volitiv)

Alle verbalen Konjugationsformen mit Ausnahme der PK^{L} können volitivische Funktionen besitzen, im einzelnen (a) der Imperativ, (b) die PK^{K} im Sinne der PK^{K}v, (c) die PK^{K}e und (d) die SKf. Daneben können auch Sätze nominalen Charakters, die an sich modusindifferent sind, zuweilen volitivische Nuancen zum Ausdruck bringen. Hierzu zählen Sätze mit SKs und Inf. als Prädikat sowie (andere) Nominalsätze. Im folgenden wird der volitivische Gebrauch der genannten Kategorien im einzelnen untersucht.

77.31. Der Imperativ

77.311. Der Imp. (§73.1) ist der an die 2. Person gerichtete direkte Befehlsmodus. Er begegnet in den Texten entweder isoliert oder – insbesondere im poetischen Textkorpus – als Glied einer Imperativkette. Im Vergleich zur PK^{K}v (der 2. Person) ist der Imp. der direktere und damit weniger höfliche Volitiv. Er wird deshalb vor allem gegenüber (in der sozialen Rangordnung) Untergegeben oder Gleichgestellten gebraucht. In der Poesie wird aus stilistischen Gründen zwischen Imp. und PK^{K}v der 2. Person variiert (§77.323-4).

Der Imp. kann nicht direkt negiert werden; als Negierung dient die Konstruktion *al* + PK^{K}v der 2. Person (§73.161; §77.392; §87.21).

77.312. Isolierter Gebrauch des Imperativs

a. Imp. erweitert durch Partikel *mʿ* (§85.9); es gibt nur poetische Belege:
- *šskn mʿ \ mgn rbt aṯrt ym ...* "Bereite doch ein Geschenk (für) die Herrin Aṯiratu des Meeres, (eine Gabe für die Erschafferin der Götter)!" 1.4:I:20f.
- *šmʿ mʿ l al[i]yn bʿl* "Höre doch, o hochmäch[ti]ger Baʿlu!" 1.4:VI:4.
- *šmʿ mʿ \ l bn ilm mt* "Höre doch, o Sohn Ilus, Môtu!" 1.6:VI:23f.
- *šmʿ m[ʿ l a\qht ġ]zr* "Höre do[ch, o] Hel[d Aqhatu]!" 1.18:I:23f.
- *ʿms mʿ ly aliyn bʿl* "Lade mir doch den hochmächtigen Baʿlu auf (den Rücken)!" 1.6:I:12.

b. Imp. ohne Partikel *mʿ* (Beispielauswahl):
- *ʿn \ [gpn] w ugr* "Seht, (o) [Gapanu] und Ugaru!" 1.4:VII:53f.
- *at mt tn aḫy* "Du, Môtu! Gib meinen Bruder heraus!" 1.6:II:12.
- *šmʿ l btlt ʿnt* "Höre, o Jungfrau ʿAnatu!" 1.18:IV:12.
- *šmʿ l dnil mt [rpi]* "Höre doch, o Daniʾilu, Rapiʾu-Mann!" 1.19:II:41.
- *l rb khnm \ rgm* "Zum Hohenpriester sprich!" 2.4:1f. (Briefadresse; viele ähnliche Formulierungen im Briefkorpus).
- *... rgm ṯṯb \ l ʿbdk* "... (davon) schicke deinem Diener Nachricht (zurück)!" 2.11:17f. (viele ähnliche Formulierungen im Briefkorpus).
- *iʾrš ʿmy \ mnm irštk* "Wünsche von mir, was immer du willst!" 2.41:15f. (n.L.).
- *nġr ḥwtk* "Beschütze dein Land!" 2.47:2.

77.313. Beispiele für zwei gleiche Imperative in asyndetischer Folge:

- *lk lk ˁnn ilm* "Auf, auf (w.: Geht, geht), (o) Diener der Götter!" 1.3:IV:32.
- *w dˁ dˁ* "Du solltest (das) wirklich wissen!" 2.61:13.

77.314. Beispiele für die Aneinanderreihung mehrerer Imperative:

- *[ˁ]br ... ˁbr ... ˁbr ... šmšr ... mġ ...* "[Zie]he vorüber an ... ziehe vorüber an ... ziehe vorüber an ... fahre (mit dem Wagen) dahin ... komm ...!" 1.3:VI:7-11 (es folgt in Z. 12 aber eine PK^{K}v: *idk al ttn \ pnm*).
- *[šmˁ] ... [mdl] ... ṣmd ... š[t] ... ˁdb ...* "[Höre] ... [Schirre an] ... spanne ein ... leg[e an] ... mache zurecht ...!" 1.4:IV:4-7 (vgl. 1.19:II:3-5).
- *ˁrb ... qḥ ... qḥ ... ṣq ... ˁl ... w ˁl ... rkb ... ša ... dbḥ ... šrd ...* "Tritt ein ... nimm ... nimm ... gieß aus ... steig hinauf ... und steig hinauf ... besteige ... erhebe (deine Hände) ... opfere ... diene ...!" 1.14:II:13-24.
- *qḥ ... qḥ ... w ng ... rḥq ...* "Nimm ... nimm ... und zieh ab ... entferne dich ...!" 1.14:III:22-28.
- *šmˁ ... ṯbḫ ... ptḥ ... ṣḥ ...* "Höre ... schlachte ... öffne ... rufe ...!" 1.15:IV:3-6.
- *lk ... lk ... rgm / ṯny ...* "Geh' ... geh' ... sprich ... wiederhole ...!" 1.16:VI:27f.
- *šmˁ ... ˁdb ... šlḥm ššqy ... sad ... kbd ...* "Höre ... bereite zu ... gib zu essen, gib zu trinken ... stärke ... ehre ...!" 1.17:V:16-20.
- *šmˁ ... [i]rš ... w tn ...* "Höre ... [wü]nsche ... und/aber gib! ..." 1.17:VI:16-18.

77.32. Die Kurzform der Präfixkonjugation (PK^{K}v [= "Jussiv"])

77.321. Die PK^{K}v dient als Wunsch- und Befehlsmodus aller Personen, insbesondere der 2. und 3. Person (in der 1. Person wird offenbar zumeist die PK^{K}e [= Kohortativ] gebraucht). Die PK^{K}v der 2. Person ist im wesentlichen funktionsgleich mit dem Imp., jedoch im Ton höflicher als dieser. Sie wird deshalb bevorzugt gegenüber Personen höheren Rangs verwendet (vgl. §77.311).

Im folgenden werden Beispiele für die Verwendung nicht-negierter PK^{K}v-Belege in Hauptsätzen und für das Wechselspiel von PK^{K}v und anderen volitivischen Kategorien geboten.

77.322. Isolierte Verwendung der PK^{K}v (3. und 2. Person)

a. Beispiele für die PK^{K}v der 3. Person (häufig in Poesie und Prosa):

- *ybn bt l bˁl* "Es möge für Baˁlu ein Haus gebaut werden" 1.4:IV:62.
- *l yrgm l aliyn bˁl* "Man soll dem hochmächtigen Baˁlu fürwahr (folgendes) mitteilen" 1.4:V:12 (PK^{K}v mit vorausgehendem *l* [§85.8b]).
- *tšmḫ ht \ aṯrt w bnh* "Es möge(n) sich jetzt freuen Aṯiratu und ihre Söhne" 1.6:I:39f. (*tšmḫ* [3.f.sg.] kongruiert mit *aṯrt*).
- *w ykn bnh b bt* "Und es soll einen Sohn von ihm im Haus geben" 1.17:I:25.42f.
- *w tnḫ b irty \ npš* "Und meine Seele in meiner Brust soll zur Ruhe kommen" 1.17:II:13f.
- *tṣi km \ rḥ npšh* "Wie der Wind soll seine Seele entweichen" 1.18:IV:24f.

- *yšlm [lk il]m \ tšlm[k tġ]rk \ tʿzz[k]* "Es möge [dir] gut gehen! [Die Gö]tter mögen [dir] Wohlergehen verleihen, dich schü[tzen] (und) [dir] Kraft verleihen" 2.4:4-6 (viele ähnliche Wendungen in Briefen; ug. *yšlm lk* entspricht der akk. (nominalen) Wendung *lū šulmu ana muḫḫīka*; ug. *ilm tšlmk tġrk* entspricht akk. *ilānu ana šulmāni liṣṣurūka*; vgl. Kristensen 1977, 150-153).
- *[w] ht yšmʿ uḫy \ l gy* "[Und] jetzt möge mein Bruder auf meine Stimme hören" 2.4:18f. (n.L. [Z. 18, Anfang]; KTU^2 fehlerhaft).
- *w yḥ mlk* "Der König möge leben" 2.7:9.

b. Beispiele für (nicht-negierte) PK^{K}v-Belege der 2. Person

Vorbemerkung: Nicht-negierte Belege der PK^{K}v der 2. Person sind seltener als entsprechende Belege der 3. Person. Ihnen stehen zahlenmäßig weitaus mehr Belege des Imp. gegenüber. Im Briefkorpus wird als Volitiv der 2. Person beinahe ausschließlich der Imp. gebraucht. Weniger direkte (höflichere) volitivische Nuancen werden hier meist durch die PK^{K}v der 3. Person ausgedrückt. In der Poesie wird die PK^{K}v der 2. Person (anstelle des Imp.) vor allem in folgenden drei Fällen gebraucht: (a) bei unmittelbarer Nennung der angesprochenen Person in Form eines Vokativ-Ausdrucks; (b) nach affirmativer Partikel *l* "fürwahr, gewiß" (§85.8b); (c) im Gefolge eines (satzeinleitenden) Imp. (dazu §77.324).

- *ht ibk \ bʿlm / ht ibk tmḫṣ / ht tṣmt ṣrtk* "Jetzt, o Baʿlu, (sollst du) deine Feinde (erschlagen), jetzt sollst du deine Feinde erschlagen, jetzt sollst du deine Widersacher vernichten!" 1.2:IV:8f. (es folgt mit *tqḥ* [Z. 10] eine weitere PK^{K}v, wahrsch. aber mit finaler Nuance [§97.*101*b]).
- *tbšr bʿl* "Mögest du dich freuen, (o) Baʿlu!" 1.4:V:26.
- ... *l tštql \ ... / ap l tlḥm \ lḥm trmmt / l tšt \ yn tġẓyt* "... begib dich fürwahr ...! Ja, iß fürwahr das geopferte Brot, trink fürwahr den dargebrachten Wein!" 1.6:VI:42-45 (alt. 2.m.pl.).
- *p d in b bty ttn* "Vielmehr sollst du (mir) das, was es in meinem Haus nicht gibt, geben!" 1.14:III:38 // 1.14:VI:22f. (es folgt der Imp. *tn* "gib!").
- *l tbrknn l ṯr il aby /\ tmrnn l bny bnwt* "Mögest du ihn doch segnen, o Stier Ilu, mein Vater; mögest du ihn doch (mit Segen) stärken, o Schöpfer der Schöpfung!" 1.17:I:23f.
- *nšrm \ tpr w t!du* (n.L. [*w du* nachträglich zu *w tdu* korrigiert; eindeutig fünf Keile vor {d}, d.h. {w} + {t}]) "(O) Adler, flieht und fliegt weg" 1.19:III:13f.; ähnl. 1.19:III:27f. (lies: *hrgb \ tpr w tdu* [n.L.]).
- *w tt[ṯb ly š]lmk* "Und du mögest [mir dein Wohl]befinden [melden]!" 2.4:7.
- *w l anyt tšknn \ ḫmšm l m[i]t any \ tšknn?* "Du sollst fürwahr(?) Schiffe bereitstellen: (Und zwar) sollst du 150 Schiffe bereitstellen!" 2.47:3-5 (Interpretation unsicher [zweimal PK^{K}v + En.]).
- *ttn* "du sollst geben" 5.9:I:12 (Übungstext).

Anm. Weitere (unsichere) Belege PK^{K}v der 2. Person im Briefkorpus sind: *[rgm] \ tt[ṯb ly]* 2.6:13f. (2.m.du./sg.); *w tšt qdnt* 2.7:7 (ohne Kontext); *tṯb ly* 2.35:7 (so Lesung von KTU^2; P. Bordreil — D. Pardee, RSOu [unpubl.] lesen dagegen {tq*c*.--}); *t?tn ks[ ]* 2.42:20 (KTU^2 bietet jedoch *atn*); *tšmʿm* 2.71:9 (alt.: *{tqtl}*-Nominalform).

77.323. Aneinanderreihung mehrerer PK[K]v-Formen

Die Aneinanderreihung vieler PK[K]v-Formen ist – im Gegensatz zu Imperativketten (§77.314) – weder in der Poesie noch in der Prosa gebräuchlich. Folgen in der Poesie zwei (oder mehr) Formen der PK[K]v hintereinander, so handelt es sich dabei zumeist um synomyme Glieder des Parallelismus membrorum (z.B. *šmm šmn tmṭrn /\ nḫlm tlk nbtm* "... so sollen die Himmel Öl regnen lassen [und] die Bäche von Honig fließen" 1.6:III:6f.). Darüber hinaus sind folgende Textbeispiele zu beachten:

- *w yrd \ krt l ggt ... yip lḥm ...* "Und Keret soll heruntersteigen vom Dach ... er soll Brot backen ..." 1.14:II:26-30 (zweimal PK[K]v).
- *w yṣi trḫ \ ḥdṯ / ybʿr l ṯn \ aṯth ... / k irby \ tškn šd* "Auch der Neuvermählte soll ausziehen, er soll seine Frau zu einem anderen bringen ... Wie ein Heuschreckenschwarm sollen sie das Feld belagern" 1.14:II:47-51 (dreimal PK[K]v).
- *[p? l? t]tbʿ l ltpn \ [il] d pid / l tbrk \ [krt] ṯʿ / l tmr nʿmn \ [ġlm] il* "Solltest du dich [nicht er]heben, o gütiger Ilu, Barmherziger? Solltest du den edlen [Keret] nicht segnen, den lieblichen [Jüngling] Ilus nicht mit Segen stärken? 1.15:II:13-16 (wahrsch. dreimal PK[K]v, jeweils nach Negation *l* [§87.14]).
- *l tbrknn ... /\ tmrnn ... /\ w ykn bnh b bt ...* "Mögest du ihn doch segnen ...; mögest du ihn doch (mit Segen) stärken ..., auf daß es einen Sohn von ihm im Haus gibt ... !" 1.17:I:23-25 (drei PK[K]v-Belege, der letzte mit finaler Nuance [vgl. §97.*102*b]).

77.324. PK[K]v der 2. Person nach Imperativ(en)

Die PK[K]v der 2. Person wird in der Poesie häufig als Fortführung einer mit Hilfe des Imp. eingeführten Anweisung gebraucht. Die Abfolge "Imp. – PK[K]v" entspricht typologisch der im indikativischen Kontext häufig bezeugten Abfolge "SKf – PK[K]i" (§76.524.1; §76.524.3a).

a. Imp., asyndetisch gefolgt von (einem/mehreren Belegen der) PK[K]v:
- *[ḥš bh]tm tbn[n] / [ḥ]š trm[mn hk]l[m]* "[Eiligst] sollst du [Ge]bäude bauen, [eili]gst sollst du Pa[läste errichten]" 1.2:III:10 // 1.1:III:27* (Imp. – PK[K]v; Imp. – PK[K]v).
- *tbʿ ... [t]bn bht zbl ym \ [trm]m hk[l ṯpṭ] nhr* "Erhebe dich ... [ba]ue ein Gebäude für den Fürsten Yammu, [errich]te einen Pal[ast für den Richter] Naharu!" 1.2:III:8f. (Imp. – PK[K]v. – PK[K]v).
- *tbʿ* (KTU[2]: *[t]tbʿ*) ... *l tbrk* ... *l tmr* ... "Erhebe dich ... segne fürwahr ... stärke fürwahr (mit Segen) ...!" 1.15:II:13-15 (Imp. – *l* + PK[K]v. – *l* + PK[K]v).
- *tbʿ ... [ti]\ḫd* (KTU[2]: *[a]\ḫd*) ... *tšt* ... "Erhebe dich ... [pa]cke ... setze ...!" 1.18:I:17f. (Imp. – PK[K]v. – PK[K]v).

b. Imp., syndetisch gefolgt von (einem/mehrenen Belegen der) PK[K]v:
- *ištm[ʿ] \ w tqġ udn* "Horch[e] auf und neige (dein) Ohr!" 1.16:VI:29f. // 1.16:VI:42 (es gehen andere Impp. voraus).
- *qḥn w tšqyn yn* "Nimm doch (den Becher) und gib mir Wein zu trinken!" 1.19:IV:53.

Anm. Vgl. hierzu auch gleich strukturierte Satzgefüge mit finalem Sinn, z.B. *w tn \ w nlḥm* "Und gib (uns Speise), damit wir essen können!" 1.23:71f. (§97.*102*b).

c. Zwei Impp., asyndetisch gefolgt von (einem/mehrenen Belegen der) PK^{K}v:

- *ša ... w rd ... tspr b y\rdm arṣ* "Hebt hoch ... und steigt hinunter ... laßt euch zu denen zählen, die in die Unterwelt hinabsteigen" 1.4:VIII:5-9; ähnl. 1.5:V:13-16.

d. PK^{K}v inmitten einer Imperativkette

Vorbemerkung: In folgenden Textbeispielen begegnet die PK^{K}v immer als drittes Glied einer viergliedrigen Volitivkette. Abgesehen vom letzten Beispiel (1.12:I:25f.) ist die PK^{K}v-Form immer von einem Stamm mit infigiertem */t/* (Gt, Št) abgeleitet. Solche Stämme zeichnen sich im Ug. dadurch aus, daß von ihnen allgemein selten (wie im Falle von Gt [§74.233]) oder nie (wie im Falle von tD, tL und Št) Impp. bezeugt sind und daß stattdessen offensichtlich Formen der PK^{K}v (der 2. Person) bevorzugt werden.

- *... hbr w ql / tšt̲ḥwy w kbd ...* "... beugt euch nieder und fallt hin; huldigt und verehrt ...!" 1.1:III:3* // 1.3:III:9f. (lies *tšt̲ḥwy <w> kbd hyt*) // 1.3:VI:19 // 1.4:VIII:27-29 (Imp. – Imp. – PK^{K}v [Št] – Imp.).
- *aymr mr ym / mr ym \ l ksih ... trtqṣ \ bd bˁl ... hlm qdq\d zbl ym ...* "*Aymr*, vertreibe Yammu; vertreibe Yammu von seinem Thron! Schwinge dich aus der Hand Baˁlus ... Schlag auf den Kopf des Fürsten Yammu ...!" 1.2:IV:19-22; ähnlich 1.2:IV:12-14 (Imp. – Imp. – PK^{K}v – Imp.).
- *ḫl ld \ aklm / tbrkk w ld ˁqqm* "Kreiße (und) gebäre die beiden Fresser! Knie du nieder und gebäre die beiden 'Zerreißer'!" 1.12:I:25f. (Imp. – Imp. – PK^{K}v [G od. N] – *w*-Imp.).

77.325. PK^{K}v der 2. Person vor Imperativ(en)

Die umgekehrte Folge, PK^{K}v vor Imp., ist sehr selten bezeugt. Beispiele:

- *trtḥṣ w tadm /\ rḥṣ ydk ...* "Wasche dich und schminke dich! Wasche deine Hände ..." 1.14:II:9f. (PK^{K}v [Gt] – *w* PK^{K}v [N] – Imp. [G]; es folgen weitere Impp.). — Wahrscheinlich beginnt die Befehlsfolge hier deshalb mit Formen der PK^{K}v (statt Imp.), weil es sich dabei um Formen des Gt- bzw. N-Stamms handelt. Von diesen Stämmen sind Impp. allgemein selten bezeugt (§77.324d). In der Ausführung (1.14:III:52f.) begegnen im übrigen drei Formen der PK^{K}i (*yrtḥṣ*, *yadm*, *yrḥṣ*).
- *p d in b bty ttn /\ tn ly mt̲t ḥry ...* "Vielmehr sollst du (mir) das, was es in meinem Haus nicht gibt, geben: Gib mir das Mädchen Ḥurraya ...!" 1.14:III:38f. // 1.14:VI:22-24. — Der Imp. *tn* steht hier syntaktisch nicht auf gleicher Ebene mit der PK^{K}v *ttn*. Er leitet einen neuen Textabschnitt ein.
- vgl. *ttn w tn* "Du sollst geben; und gib!" 5.9:I:12 (Übungstext; es folgt: *w l ttn \ w al ttn* "Und du sollst fürwahr geben; und du sollst nicht geben" 5.9:I:13f.).

Anm. Auch die Syntagmen von 1.19:III:13f. und 1.19:III:27f. wären hierher zu stellen, sollte die in KTU^2 präsentierte Lesung korrekt sein. Anstelle von *tpr w du* ("flieht / flieh' und fliegt / flieg' weg!") ist aber sehr wahrsch. jeweils *tpr w tdu* zu lesen (zweimal PK^{K}v [Text unter §77.322b]).

Man beachte in diesem Zusammenhang auch, daß innerhalb von Botenaussendungsformeln in Syntagmen, die durch *idk* "dann" eingeleitet sind, immer die PK^{K}v (häufig: *al* "fürwahr" + PK^{K}v) bezeugt ist. Im Gefolge dieser PK^{K}v-Formen können wiederum Impp. stehen, z.B. *idk \ pnk al ttn / tk ġr \ knkny / ša ġr ʿl ydm* ... "Dann sollst du dich fürwahr mitten hinein zum Berg ...(?) wenden. Hebe den Berg auf die Hände ...!" 1.5:V:11-13 (ähnl. 1.4:VIII:1-5; mehrere vergleichbare Syntagmen im poetischen Textkorpus).

77.326. PK^{K}v vor SKf mit volitivischem Sinn (?)

- *tblk ġrm mid ksp /\ gbʿm mḥmd ḫrṣ /\ yblk udr ilqṣm* "Die Berge sollen dir Unmengen Silber bringen, die Hügel kostbares Gold; sie mögen dir die herrlichsten Edelsteine(?) bringen!" 1.4:V:15-17. — In der Ausführung (1.4:V:38-40) werden zwei SK-Formen gebraucht (zweimal *yblnn*). *yblk* (Z. 17) und *yblnn* (Z. 38 und Z. 40) können aber alternativ als PK^{K}-Formen gedeutet werden (siehe §73.223.33).

77.33. Die erweiterte Kurzform der Präfixkonjugation (PK^{K}e)

Die PK^{K}e, formal eine erweiterte Variante der PK^{K}v (§73.26), dient als funktionale Variante zur PK^{K}v (= "Jussiv"). Häufig und zweifelsfrei nachweisbar ist die Verwendung der PK^{K}e als Selbstaufforderung der 1. Person (= Kohortativ) in Hauptsätzen. An orthographisch eindeutigen Beispielen der PK^{K}v sind bezeugt (WzK III-ˀ bzw. III-*y*):

III-ˀ: *iqra ilm nʿ[mm]* "Ich will anrufen die lieb[lichen] Götter" 1.23:1 (/ˀiqraˀā̆/); *iqran ilm nʿmm* "Ich will anrufen die lieblichen Götter 1.23:23 (*iqra-n* = PK^{K}e + Energikus I).

III-*y*: *abky* "Ich will (ihn) beweinen (und ihn begraben)" 1.19:III:5.20.34 (/ˀabkiyā̆/ [alt.: D-Stamm]); *[... b]nm aqny* "[... Sö]hne will ich zeugen" 1.14:II:4 (/ˀaqniyā̆/).

Angesichts dieser Belege und aufgrund des Kohortativgebrauchs im He. ist davon auszugehen, daß die große Mehrzahl der orthographisch nicht signifikanten PK-Belege der 1. Person mit volitivischer Funktion als PK^{K}e (und nicht als PK^{K}v) zu deuten ist. Beispiele: *ilḥm* /ˀilḥamā̆/ "ich will essen" 1.5:I:20; *ard* /ˀâridā̆/ "ich will hinuntersteigen" 1.5:VI:25; *amid* /ˀamaˀˀidā̆/ "ich will vermehren" 1.14:II:5; *amlk* /ˀamlukā̆/ "ich will König sein" 1.16:VI:37.53; *aṯb* /ˀâṯibā̆/ "ich will mich setzen" 1.16:VI:38.53; *ašt* /ˀšîtā̆/ "ich will (ihn) legen" 1.19:III:6.20.

In vielen Fällen läßt sich nicht entscheiden, ob eine PK-Form der 1. Person als PK^{K}e (Kohortativ) oder als PK^{L} mit indikativischer Futurbedeutung gemeint ist. Hierzu zählen etwa folgende Formen der WzK III-*y*, die aufgrund der Graphie mit {y} nicht als PK^{K} gedeutet werden können: *akly* "ich will/werde vernichten" 1.6:V:24.25; 1.19:IV:34 (n.L.); *ibġyh* "ich will/werde es (dir) offenbaren" 1.1:III:16*; 1.3:III:29; 1.3:IV:19*; 1.7:33* (jeweils *ibġy-h*).

Inwieweit es in der 1. Person neben der $PK^{K}e$ auch Formen der $PK^{K}v$ gibt, läßt sich nicht sicher eruieren. Entsprechende Formen sind aber wahrscheinlich belegt, z.B. *aḫd* /*ʾaḥdî*/ < **ʾaḥdiy* "ich will nachschauen" (1.19:III:4.19.33). Es gilt jedoch zu bedenken, daß PK-Formen der 1. Person der WzK III-*w/y* mit defektiver Orthographie nicht notwendigerweise als $PK^{K}v$ zu deuten sind, da mit Kontraktionsprozessen zu rechnen ist (§75.531e).

Zur offenen Frage, ob die $PK^{K}e$ im Ug. auch in der 3. und 2. Person nachweisbar ist, siehe §73.263-5.

Lit.: Marcus (1970, 105-129); Verreet (MU 8-10.126-128.129-245).

77.34. Die fientische Variante der Suffixkonjugation (SKf) mit volitivischer Nuance

Die SKf, die zumeist indikativische Sachverhalte bezeichnet, dient (seltener) auch zum Ausdruck volitivischer Sachverhalte (vgl. das "optativische Perfekt" des Ar. [AG § 91c] und He. [GBH § 113k]). Alle im folgenden genannten Textbeispiele stammen aus dem poetischen Textkorpus.

a. SKf in absoluter Verwendung:
- *alp šd aḫd bt* "1000 *šd*(-Maß) soll (die Grundfläche) des Hauses einnehmen" 1.4:V:56 (SKf *aḫd*).

b. SKf neben $PK^{K}v$:
- *ʿdn ngb w yṣi* /\ *ṣbu ṣbi ngb* /\ *w yṣi ʿdn mʿ* "Eine Truppe sei (mit Proviant) ausgerüstet / möge sich sammeln und soll losziehen; ein riesiges Heer sei ausgerüstet / möge sich sammeln; ja, eine starke Truppe soll losziehen" 1.14:II:32-34 (2x SKf *ngb* [√*gbb* N od. √*ngb* Gp], 2x $PK^{K}v$ *w yṣi*).
- *hlk l alpm ḫḏd* /\ *w l rbt km yr* /\ *aṯr ṯn ṯn hlk* ... "Sie sollen gehen zu Tausenden (wie) der Sturmwind, zu Zehntausenden wie ein herbstliches Unwetter. Nach zweien sollen (wieder) zwei gehen" 1.14:II:39-41 (im Umfeld begegnen Formen der $PK^{K}v$ sowie Impp.).
- *šršk b arṣ al* \ *ypʿ* / *riš ġly bd nsʿk* "Deine Wurzel soll sich nicht aus dem Boden erheben! (Dein) Kopf möge verwelken/herabfallen in der/die Hand dessen, der dich herausreißt!" 1.19:III:53f. (SKf *ġly* nach $PK^{K}v$ *al ypʿ* [Fluch]).

c. SKf im synonymen Parallelismus zu $PK^{K}v$:
- *tblk ġrm mid ksp* /\ *gbʿm mḥmd ḫrṣ* /\ *yblk udr ilqṣm* "Die Berge sollen dir Unmengen (an) Silber bringen, die Hügel kostbarstes Gold! Sie mögen dir die herrlichsten Edelsteine(?) bringen!" 1.4:V:15-17 ($PK^{K}v$ *tbl-k* // SKf *ybl-k* [§77.326]; zu einer alternativen Deutung der Form *yblk* siehe §73.223.33; Ausführung in 1.4:V:38-40 durch zwei SKf-Formen).
- *yḥd bth sgr* /\ *almnt škr* \ *tškr* "Der Alleinstehende möge sein Haus schließen, die Witwe soll sich fürwahr einen Mietling dingen" 1.14:II:43-45 (SKf *sgr* // $PK^{K}v$ *tškr*; Ausführung in 1.14:IV:21-23 durch zwei PK-Formen).

Anm. Auch die Form *ar* in 1.23:38 (// *yark* 1.23:39) könnte theoretisch eine volitivisch gebrauchte SKf sein: *ar yrḫ w y\rḫ yark* "Möge Yariḫu leuchten; Yariḫu soll dir leuchten!". Wahrscheinlicher handelt es sich dabei jedoch um einen Imp. (f.sg.): *nkl w ib d ašr / ar yrḫ w y\rḫ yark* "(O) Nikkalu-wa-Ibbu, die ich besinge — Leuchte du (dem) Yariḫu, und Yariḫu soll dir leuchten!" (1.23:37-39).

Lit.: Marcus (1970, 4-34); Smith (1994, 51-53); Smith (1995, 796f.).

77.35. Die stativische Variante der Suffixkonjugation (SKs) mit volitivischer Nuance

Wahrscheinlich kann auch die SKs volitivisch gebraucht werden. Ein möglicher Beleg dafür könnte in 1.15:III:13-15 (vgl. 1.15:III:2-4) vorliegen:

- *mid rm [krt] /\ b tk rpi ar[ṣ] /\ b pḫr qbṣ dtn* "Hoch erhaben sei [Keret] inmitten der Rapiʾu der Unterwe[lt], in der Versammlung des Ditanu-Klans!".

Der Text ist Teil der Rede Ilus, in der Keret reichlicher Kindersegen verheißen wird. Da es sich um eine Prophezeiung handelt, ist eine präsentische Wiedergabe der SK *rm* ausgeschlossen. Allerdings gibt auch eine indikativisch-futurische Wiedergabe Sinn ("Hoch erhaben wird [Keret] sein ..." [vgl. §76.55]), zumal im Kontext PK-Formen mit futurischer Bedeutung begegnen (*[t]qrb* "sie wird sich nähern" 1.15:III:5; *tld* "sie wird gebären" 1.15:III:7-12; *abkrn* "ich werde das Erstgeburtsrecht verleihen" 1.15:III:16).

Anm. J.-L. Cunchillos (TOu II, 260 mit Anm. 75 und Cunchillos 1986) vertrat die Auffassung, daß auch die Form *šlm* in der Briefformel (*ṯmn[y]*) *ʿm ... mnm šlm* (2.11:14-16& [viele Belege im Briefkorpus]) als volitivische SKs zu deuten sei (Übersetzung: "Que tout aille bien auprès de ...!"). Dagegen spricht jedoch, daß die betreffende Briefformel auf einer akk. Vorlage beruht, die eindeutig nominal konstruiert ist. Somit handelt es sich somit sehr wahrscheinlich auch im Ug. um einen Nominalsatz (siehe §92.238b). Es dürfte zudem keine volitivische Nuance vorliegen (§97.42a).

77.36. Verbalsubstantive mit volitivischer Nuance

Wahrscheinlich können im Ug. auch Sätze mit Inf. *{qatāl}* oder anders gebildeten Verbalsubstantiven als Prädikat volitivisch gebraucht werden. Allerdings sind alle dafür in Frage kommenden Belege interpretatorisch umstritten. Zur Diskussion siehe im einzelnen §73.532.

77.37. Nominalsätze mit volitivischer Nuance

Nominalsätze sind von Hause aus tempus- und modusneutral. Sie bringen gewöhnlich indikativische Nuancen zum Ausdruck, können aber auch volitivischen Charakter besitzen (§92.52). Beispiele:

- *ʿmk šbʿt \ ġlmk / ṯmn ḫnzrk /\ ʿmk pdry bt ar /\ ʿmk ṭṭly bt rb* "Bei dir seien deine sieben Burschen, deine acht Eber/Minister; mit dir sei ...!" 1.5:V:8-11 (nach Imp. *qḥ* "nimm!" in Z. 6).

- *šlm mlk šlm mlkt ʿrbm w ṯnnm* "Heil (sei) dem König, Heil der Königin, den Eintretenden(?) und den *ṯnn*-Leuten!" 1.23:7; ähnlich: *šlm ʿrbm ṯnnm \ hlkm b dbḥ nʿmt* "Heil (sei) den Eintretenden(?) und den *ṯnn*-Leuten, denen, die mit lieblichen Opfern einhergehen!" 1.23:26f.; vgl. ferner: *šlm šlm ʿmr[pi] \ w šlm bt!h šlm ṯryl \ šlm bth šlm ugrt \ šlm ṯġrh* "Heil! Heil (sei dem König) ʿAmmura[pi] und Heil seinem Haus(!)! Heil (der Königin) Šarelli, Heil ihrem Haus! Heil Ugarit, Heil seinen Toren!" 1.161:31-34.
- *ʿmn nkl ḫtny* "(Nur) Nikkalu will ich heiraten (w.: Mit Nikkalu sei meine Heirat)!" 1.24:32.
- *ṣbuk ul mad* "Dein Heer sei eine gewaltige Streitmacht!" 1.14:II:35.
- *at aḫ w an a[ḫtk]* "Du sollst mein Bruder, ich aber will [deine Schwest]er sein!" 1.18:I:24.
- *p šlm \ l bʿlny* "Möge es unserem Herrn gut gehen (w.: Unserem Herrn sei Wohlbefinden)!" 2.70:5f.; vgl. 2.5:3f. (vgl. die akk. Wendung *lū šulmu ana* ..., die als Briefgrußformel im Ug. sonst verbal [mittels PK^{K}v] wiedergegeben wird: *yšlm lk* "Es möge dir gut gehen!" [§77.322a]).
- *ʿzk ḏmrk la\nk ḥtkk nmrtk b tk \ ugrt l ymt špš w yrḫ \ w nʿmt šnt il* "Deine Kraft, deine Macht, deine Gewalt, deine Herrschaft (und) dein heller Glanz seien inmitten von Ugarit während (all) der Tage der Sonne und des Mondes und der lieblichen Jahre Ilus" 1.108:24-27.

77.38. Modusgebrauch abhängiger Sätze

Der Modusgebrauch in syntaktisch oder logisch abhängigen Sätzen (§97) unterscheidet sich im wesentlichen nicht von dem der Hauptsätze. Das Ug. kennt sicher keinen "Modus subordinativus", der – vergleichbar etwa mit dem Subjunktiv (besser: Subordinativ) des Akk. – nur in abhängigen Sätzen stünde (damit gegen Verreet 1988, bes. 8-10; siehe Tropper 1991a und 1991b). In Nebensätzen mit indikativischem Sinn werden erwartungsgemäß indikativische Verbalkategorien gebraucht. Illustrative Beispiele aus Relativsätzen (zu weiteren Beispielen siehe §76.325 und §76.333):

- *aḥdy . . . d! ymru \ ilm w nšm* "Ich allein bin es . . ., der Götter und Menschen mästet" 1.4:VII:49-51 (*ymru /yumarriʾu/*: PK^{L} 3.m.sg. [√*mrʾ* D]).
- *ṭl šmm tskh /\ [r]bb nskh kbkbm* "... Tau, den der Himmel über sie ergoß; [Tau]regen, den die Sterne über sie ergossen" 1.3:II:40f. (*tsk-h /tassukū-/* < **tansukū-*: PK^{K}i 3.m.pl. // SK 3.m.pl. [§76.426]).

Volitivische Verbalformen lassen sich im Ug. nur in Nebensätzen mit finalem Sinn sicher nachweisen. Konkret bezeugt sind die PK^{K}v und – im Falle der 1. Person – die PK^{K}e. Illustrative Beispiele (zu weiteren Beispielen siehe §97.*10*).

- *l tbrknn l ṯr il aby /\ tmrnn l bny bnwt / w ykn bnh b bt* ... "Mögest du ihn doch segnen, o Stier Ilu, mein Vater; mögest du ihn (mit Segen) stärken, o Schöpfer der Schöpfung, auf daß es für ihn einen Sohn im Haus gibt ... (w.: ... und es soll sein Sohn im Haus sein ...)!" 1.17:I:23-25 (*ykn* ist PK^{K}v 3.m.sg.).

- *pṯḥ bt w uba* "Öffne das Haus, damit ich eintreten kann (w.: Öffne das Haus, und ich will eintreten)" 1.100:72 (*uba* = /*ʾubūʾă*/ ist PK^{K}e 1.c.sg.).

Der Imp. als direkte Befehlsform der 2. Person wird in Nebensätzen erwartungsgemäß nicht verwendet. Ebenfalls in Nebensätzen nicht nachweisbar ist die SK mit volitivischer Funktion.

77.39. Negation von volitivischen Verbalkategorien bzw. von Sätzen mit volitivischem Sinn

77.391. Die volitivischen Verbalkategorien PK^{K}v und PK^{K}e werden grundsätzlich durch die Negation *al* negiert (zu Textbeispielen siehe §87.21-22). In fragenden Kontexten kann aber offenbar auch die Negation *l* stehen (§87.14).

77.392. Die Konstruktion *al* + PK^{K}v (der 2. Person) wird auch zur periphrastischen Negierung des Imp. benutzt, der im Sem. nicht direkt negiert werden kann. Aufschlußreich sind Textbeispiele, in denen *al* + PK^{K}v (unmittelbar) nach einem Imp. folgt:

- *dm ym w ṯn ... / ḥẓk al tšʿl \ qrth ...* "Verhalte dich ruhig einen Tag und einen zweiten ...! Deine Pfeile schieße nicht zur Stadt hinauf ...!" 1.14:III:10-13.
- *w ng mlk \ l bty / rḥq krt \ l ḥẓry / al tṣr udm rbt ...* "Und zieh ab, (o) König, von meinem Haus; entferne dich, Keret, von meiner Wohnstatt! Belagere nicht Groß-*Udm* ..." 1.14:III:27-30.
- Belege mit (sicher) ergänzten Formen: *tbʿ ġlm[m al ṯṯb]* "Erhebt euch, Pag[en, verweilt nicht]!" 1.2:I:13 (vgl. 1.2:I:19: *tbʿ ġlmm l yṯb* "Die Pagen erhoben sich, sie verweilten nicht"); ... *w rgm [ṯṯb] ly \ ...... w at \ umy al tdḥl*[!] *\ w ap mhkm b lbk al tšt \ w ap mhkm \ b lbk al \ tšt* "... davon berichte mir ...... Und du, meine Mutter, hab' keine Angst! Und mach' dir keine Sorgen!" 2.30:11.20-24 (vgl. Imp. *[ṯṯb]* [sicher in Z. 11 zu ergänzen]).

77.393. Offensichtlich wird auch die SKf mit volitivischer Funktion nicht direkt, sondern periphrastisch durch *al* + PK^{K}v negiert (vgl. demgegenüber die ar. Konstruktion *lā raḥimahū l-lāhu* "Gott erbarme sich seiner nicht!" [*lā* + SK]). Für diese Annahme spricht, daß in 1.19:III:53f. (Fluchkontext) die nicht negierte SKf *ġly* mit dem Ausdruck *al ypʿ* (wahrsch. PK^{K}v und nicht SKf [Wz. √*ypʿ*]) parallelisiert wird: *šršk b arṣ al \ ypʿ / riš ġly bd nsʿk* "Deine Wurzel soll sich nicht aus dem Boden erheben! (Dein) Kopf möge verwelken/ herabfallen in der/die Hand dessen, der dich herausreißt!".

77.394. In fragenden Kontexten des volitivischen Modus wird bei verbaler oder nominaler Konstruktion gewöhnlich die Negation *bl* und vielleicht auch *blt* gebraucht (zu Belegen siehe §87.32-33 [*bl*] und §87.4 [*blt*]). Daneben wird offenbar (selten) auch die Negation *l* (+ PK^{K}v/e) gebraucht (§77.391). Zu einem unsicheren Beleg für *al* + PK^{K}v/e in einem fragenden Kontext (1.4:VII:45f.) siehe §87.22.

77.4. Besondere Ausdrucksweisen für Emphase und Affirmation

77.41. Verbalformen mit Energikusendung

77.411. Einleitung

Im Ug. sind Verbalformen mit sogenannten Energikusendungen (*-n* [u.a.]) sehr häufig belegt, vornehmlich im poetischen Textkorpus (siehe §73.6). Es ist aus formaler und funktionaler Sicht geboten, zwischen Energikusmorphemen in absoluter Position und solchen in Kombination mit Objektsuffixen (insbesondere der 3. Person sg.) zu unterscheiden. Im letzteren Fall läßt sich nicht immer eine spezifische Funktion des Energikus nachweisen. Es ist somit denkbar, daß die betreffenden Formen – zumindest bisweilen – als modal-neutrale Varianten zu energikuslosen Verbalformen mit Objektsuffixen gebraucht werden. Anders verhält es sich mit Verbalformen mit Energikusendung in absoluter Position. Das Energikusmorphem bringt hier grundsätzlich eine spezifische modale Nuance zum Ausdruck, nämlich eine besondere Betonung der zugrundeliegenden Verbalform, die im Einzelfall unterschiedlich geartet sein kann. Folglich handelt es sich beim ug. Energikus – anders als etwa beim formal verwandten akk. Ventiv – um einen echten Modus im Sinne von §77.1. Die Energikuskategorie ist jedoch selbt kein spezifisches verbales Konjugationsmuster. Sie ist vielmehr mit den diversen verbalen Konjugationsmustern des Ug. kombinierbar, und zwar sowohl mit indikativisch wie auch mit volitivisch ausgerichteten, indem sie als Endung an diese treten kann.

Im folgenden werden die wichtigsten Verwendungsweisen des ug. Energikus in absoluter Position vorgestellt (vgl. MU 79-98 und Zewi 1999, 175-186).

SV. Dem ug. Energikus entspricht im Ar. der "Modus energicus". Es gibt dabei jedoch zwei wesentliche Unterschiede zu konstatieren. Zum einen wird der ar. Energikus – formal betrachtet – nur in Kombination mit der PK^K gebraucht, während der ug. Energikus (wie der akan. Energikus) sehr wahrsch. auch an die PK^L treten kann. Zum anderen ist die Funktionsbreite und damit die Beleghäufigkeit des ug. Energikus bei weitem größer als die des ar. Energikus, der vornehmlich bei Beteuerungen (besonders im Schwur) gebraucht wird (siehe AG § 95; GKA § 198; Zewi 1999, 13-63). Deutliche formale und funktionale Übereinstimmungen sind demgegenüber zwischen dem ug. Energikus und dem akan. Energikus (siehe CAT 2, 234-244.263f.) zu beobachten. Der akk. Ventiv, der formal ebenfalls dem ug. Energikus entspricht, ist aus funktionaler Sicht kein Modus, weil er keine Änderung der subjektiven Aussageweise bewirkt (siehe Edzard 1973, 127).

77.412. Energikus im poetischen Textkorpus

Beinahe alle Belege des ug. Energikus in absoluter Stellung stammen aus dem poetischen Textkorpus. Verbalformen mit Energikus begegnen hier meist als stilistische Varianten zu Verbalformen ohne Energikus (meist im Parallelismus membrorum). Aufgrund der weiten Verbreitung dieses Phänomens ist davon auszugehen, daß das Energikusmorphem dabei keine starke Betonung zum Ausdruck bringt. Anders verhält es sich demgegenüber mit den seltener bezeugten, isolierten "energischen" Verbalformen, wie sie vor allem in wörtlichen Reden, insbesondere in Fragesätzen, zu beobachten sind.

Im Dt. lassen sich die Nuancen des ug. Energikus periphrastisch durch Adverbien wie "fürwahr", "gewiß", "doch" u.ä. (plus Verbalform) wiedergeben.

SV. Zum häufigen Gebrauch energischer Verbalformen in Fragesätzen vgl. den akan. Befund (CAT II, 236-239).

77.412.1. Energikus an indikativischen Verbalformen in narrativen Kontexten (meist PK^{K}i)

a. Isoliert:
- *ql l b^c^l ttn-n* "(Ihre) Stimme richtete sie fürwahr an Ba^c^lu (folgendermaßen)" 1.10:III:32; vgl. 1.10:II:31* (Redeeinleitung).
- *b nši ^c^nh w yph-n* "Beim 'Erheben' seiner Augen sah er fürwahr ..." 1.17:V:9.
- *b nši ^c^nh w tph-n* "Beim 'Erheben' ihrer Augen sah sie fürwahr ..." 1.4:II:12; 1.17:VI:10; 1.19:I:28f.*; 1.19:II:27.

b. Neben bzw. in Parallele zu Formen ohne Energikus:

vor Formen ohne Energikus (PK-Formen):
- *tḥsp-n mh w trḥṣ* "Sie schöpfte fürwahr Wasser und wusch sich" 1.3:II:38; 1.3:IV:42.
- *hlk qšt ybl-n / hl yš\rb^c^ qṣ^c^t* "Siehe da, er brachte fürwahr den Bogen; siehe, er gab (ihm) das 'Krummholz' (als Geschenk)" 1.17:V:12f.
- *bd dnil ytn-n \ qšt / l brkh y^c^db \ qṣ^c^t* "In die Hand des Dani^ɔ^ilu gab er fürwahr den Bogen, auf seine Knie legte er das 'Krummholz'" 1.17:V:26-28.
- *mid tmtḫṣ-n w t^c^n /\ tḫtṣb w tḥdy ^c^nt* "Sie kämpfte gar sehr und blickte (dabei umher), ^c^Anatu stritt und spähte (dabei umher)" 1.3:II:23f.
- *bkm tmdl-n ^c^r /\ bkm tṣmd pḥl* "Dann/Weinend schirrte sie fürwahr einen Esel an; dann/weinend spannte sie ein männliches Tier ein" 1.19:II:8f.
- *dnil bth ymǵy-n /\ yštql dnil l hklh* "Dani^ɔ^ilu ging zu seinem Haus, es begab sich Dani^ɔ^ilu zu seinem Palast" 1.17:II:24f. // 1.19:IV:8f.; ähnl. 1.3:II:17f.
- *šmm šmn tmṭr-n /\ nḫlm tlk nbtm* "Die Himmel ließen fürwahr Öl regnen; die Bäche flossen von Honig" 1.6:III:12f.; mit volitivischer Nuance in 1.6:III:6f.

vor Formen ohne Energikus (SK-Formen):
- *hlmn ṯnm [qdqd] /\ ṯlṯid ^c^l udn / š[pk km] \ šiy dmh* ... "Er schlug fürwahr zweimal (auf seinen) [Kopf], dreimal auf (sein) Ohr. Er ver[goß wie] ein Mörder sein Blut ..." 1.18:IV:33-35 (vgl. 1.19:II:29f. *hlm* [SK ohne En.]).

nach Formen ohne Energikus (PK-Formen):
- *yd b ṣ^c^ tšlḥ /\ ḥrb b bšr tšt-n* "Die Hand streckte(n) sie zur Schüssel aus, das Messer steckte(n) sie fürwahr in das Fleisch" 1.15:IV:24f.; vgl. 1.15:V:7-8*.
- *tqḥ ytpn mhr št /\ tšt-n k nšr b ḥbšh* ... "Sie nahm *Ytpn*, den Krieger der Dame, (und) legte (ihn) fürwahr wie einen Adler in ihre Gürteltasche ..." 1.18:IV:27f.
- *hlm \ ilm tphhm / tph-n mlak ym* ... "Sobald die Götter sie sahen, (sobald) sie fürwahr die Boten des Yammu sahen ..." 1.2:I:21f.

- *yḥbq qdš w amrr /\ yšt-n aṯrt l bmt ʿr* ... "Qudšu-wa-Amruru nahm (sie) in die Arme, er setzte Aṯiratu fürwahr auf den Rücken des Esels ..." 1.4:IV:13f.
- *b ḥyk abn nšmḫ /\ blmtk ngl-n* "Über dein Leben, Vater, pflegten wir uns zu freuen, (über) deine Unsterblichkeit pflegten wir fürwahr zu jubeln" 1.16:I:14f. // 1.16:II:36f.

am Inf. mit narrativer Funktion:
- *yrau-n aliyn bʿl /\ ṯṯʿ-nn rkb ʿrpt* "Da hatte der hochmächtige Baʿlu große Angst (vor ihm); da fürchtete sich der Wolkenfahrer vor ihm" 1.5:II:6f.

77.412.2. Energikus an indikativischen Verbalformen in wörtlichen Reden (meist PK^L)

a. Isoliert (in Fragesätzen):
- *l rgmt lk l ali\yn bʿl / ṯṯb-n bʿl \ l hwty* "Habe ich dir nicht gesagt, o hochmächtiger Baʿlu, daß du, Baʿlu, gewiß auf mein Wort zurückkommen würdest?" 1.4:VII:23-25 (dagegen *ṯṯb* [ohne En.] in 1.4:VI:2.15 [kein fragender Kontext]).
- *ap ab k mtm \ tmt-n* "Mußt denn auch du, Vater, wie (gewöhnliche) Menschen sterben?" 1.16:I:17f. // 1.16:II:40 (*tmt-n* kann alternativ als PK^Kv gedeutet werden ["Sollst auch du ... sterben?"]).

b. Vor PK-Form ohne Energikus:
- *klnyy qšh \ nbl-n / klnyy nbl ksh* "Wir müssen beide seinen Krug tragen; wir müssen beide seinen Becher tragen" 1.3:V:34f.; ähnl. 1.4:IV:45f.*.

77.412.3. Energikus an der volitivischen PK^Kv (in wörtlichen Reden)

a. Isoliert (stark betont):
- *bʿl yṯṯb-n [l ksi] \ mlkh* "Baʿlu (und kein anderer) soll fürwahr [auf den Thron] seines Königtums gesetzt werden!" 1.6:VI:33f.
- *k gr ʿz ṯġrkm / qrd \ ḥmytkm / ʿnkm l bʿl tšu-n* "Wenn ein 'Starker' eure Tore angreift, ein Held eure Mauern, (dann) sollt ihr fürwahr eure Augen zu Baʿlu erheben!" 1.119:26f. (*tšun* kann alternativ als PK^L gedeutet werden ["... dann müßt ihr ... erheben"; 1.119:26-36 weist eine poetisch geformte Sprache auf).

b. Nach Imp. ohne Energikus:
- *ḥš bhtm tbn-[n] /\ ḥš trmm-n hk[lm]* "Eiligst sollst du [fürwahr] Häuser bauen; eiligst sollst du fürwahr Palä[ste] errichten!" 1.4:V:53f.; vgl. 1.2:III:10* und 1.4:VI:16f.

c. Vor PK^Kv ohne Energikus:
- *ʿmy pʿnk tlsm-n / ʿmy \twtḥ išdk* "Zu mir sollen deine (beiden) Füße laufen, zu mir sollen deine (beiden) Beine(?) eilen/stampfen/galoppieren" 1.3:III:19f. // 1.3:IV:11f.; weitgehend ergänzt in 1.1:II:1f.22f. und 1.1:III:10f.
- *šmm šmn tmṭr-n /\ nḫlm tlk nbtm* "... dann sollen die Himmel fürwahr Öl regnen lassen (und) die Bäche von Honig fließen" 1.6:III:6f.; mit indikativischer Nuance in 1.6:III:12f.

d. Nach PK^{K}v ohne Energikus:

- *al \ tqrb ... al yʿdbkm ... ṯḫta-n* "Nähert euch (beide) nicht ... auf daß er euch nicht (in sein Maul) steckt ... (und) ihr nicht zermalmt werdet" 1.4:VIII:15-20.

77.412.4. Energikus an der volitivischen PK^{K}e

a. Isoliert (stark betont):

- *ṣġrthn abkr-n* "Der jüngsten (Tochter) von ihnen will/werde ich fürwahr das Erstgeburtsrecht verleihen" 1.15:III:16 (alt.: PK^{L} + En.).
- *iqra-n ilm nʿmm* "Ich will fürwahr die lieblichen Götter anrufen" 1.23:23 (gegenüber *iqra* in 1.23:1).
- *ap mṯn rgmm \ argmn* "Und noch etwas anderes möchte ich fürwahr sagen" 1.3:IV:31f. (alt.: PK^{L} + En.).

b. Nach PK^{K}e ohne Energikus:

- *abky w aqbrnh / ašt-n \ b ḫrt ilm arṣ* "Ich will (ihn) beweinen und ihn begraben, ich will (ihn) fürwahr in die Grube der Unterweltsgötter legen" 1.19:III:34f. (demgegenüber *ašt* in 1.19:III:6.20).

77.412.5. Energikus am Imperativ (jeweils vor Imp. ohne Energikus):

- *km ġlmm \ w ʿrb-n / l pʿn ʿnt hbr \ w ql ...* "Wie Pagen tretet fürwahr ein! Vor den Füßen ʿAnatus verneigt euch und fallt nieder ...!" 1.3:III:8-10.
- *hlm-n ṯnm qdqd /\ ... špk km šiy \ dm ...* "Schlage fürwahr (auf seinen) Schädel! ... Vergieße wie ein Mörder (sein) Blut ...!" 1.18:IV:22-24 (vgl. *hlm qdq\d zbl ym* "schlage den Fürsten Yammu auf den Schädel" 1.2:IV:21f.; vgl. ferner *hlm* [SK] in 1.19:II:29).
- *qḥ-n w tšqyn yn / qḥ* (n.L.) \ *ks bdy ...* "Nimm doch (den Becher) und gib mir Wein zu trinken! Nimm den Becher aus meiner Hand ...!" 1.19:IV:53f.

77.413. Energikus in Prosatexten

Außerhalb der ug. Poesie (im engeren Sinn) begegnen nur wenige Verbalformen mit Energikusmorphem in absoluter Stellung (in Kombination mit Objektsuffixen sind demgegenüber "energische" Verbalformen auch hier geläufig). Die in Frage kommenden Formen stammen allesamt aus dem Briefkorpus:

- *w l anyt tškn-n \ ḫmšm l m[i]t any \ tškn-n*(?) "Du sollst fürwahr (viele) Schiffe bereitstellen: (Und zwar) sollst du fürwahr 150 Schiffe bereitstellen!" 2.47:3-5 (Interpretation unsicher).
- *lm tlik-n ḫpṯ hndn* "Warum schickst du denn diese Ḫupṯu-Truppe?" 2.72:10 (*-n* ist kaum dativisches OS 1.c.sg., da √*lʾk* mit Präp. *ʿm* konstruiert wird).
- *hm \ ymt \ w ilḥm-n \ ank* "Wenn er sterben sollte, so werde ich eben allein kämpfen" 2.82:18-21.
- *tn ks yn \ w išt-n* "Gib (mir) einen Becher Wein, damit ich fürwahr trinken kann!" 5.9:I:15f. (alt.: *ištn* als Š-PK von √*ytn* [§74.622.3]).

- Mögliche (sehr unsichere) Belege in Übungstexten (Briefen): *ḥyt-n w šlmt-n* "Ich(?) bin fürwahr am Leben und es geht mir(?) fürwahr gut" 5.10:2 (alt.: "Mögest du fürwahr am Leben sein und möge es dir gut gehen!"); *štnt-n ...* "Ich(?) habe fürwahr ... übergeben ..." 5.10:4; *ḥyt-n l p špš \ yṯbt-n b bt trtn* "Ich(?) bin fürwahr am Leben. Entsprechend der Anweisung der 'Sonne' wohne ich(?) im Haus von PN" 5.11:4-5.

77.42. Hervorhebung durch Partikeln

Eine besondere Betonung von (meist verbalen) Satzteilen oder ganzen Sätzen kann schließlich auch periphrastisch durch die Verwendung hervorhebender Partikeln erreicht werden. Zu den betreffenden Lexemen sowie zu Belegbeispielen siehe unter *§*85 (Affirmationspartikeln).

77.5. Die modalen Nuancen "müssen", "dürfen" und "können"

Für die modalen Nuancen "müssen", "dürfen" und "können" stehen im Ug. keine spezifischen Verbalmuster oder Modi zur Verfügung. Sie werden offenbar immer durch die PK^L zum Ausdruck gebracht, die gewöhnlich für indikativische SVe des imperfektiven Aspekts steht. Die jeweils gemeinte modale Nuance läßt sich vom Kontext ableiten und ist deshalb nicht immer sicher zu eruieren.

77.51. PK^L mit der Nuance "müssen"

a. Beispiele aus diversen Textgattungen (außer rituellen und medizinischen Anweisungen):

- *klnyy qšh \ nbln / klnyy nbl ksh* "Wir alle müssen seinen Krug tragen; wir alle müssen seinen Becher tragen" 1.3:V:34f.; ähnl. 1.4:IV:45f.*.
- *at ᶜ[l qšth] \ tmḫṣh / <ᶜl> qṣᶜth hwt l tḥ[wyn ?]* "Was dich betrifft, so mußt du ihn we[gen seines Bogens] erschlagen, <wegen> seines 'Krummholzes' darfst du ihn nicht am Le[ben lassen]" 1.18:IV:12f.
- (?) *w in d ylmdnn* "und niemand mußte ihn (dabei) belehren" RS92.2016:42' (wohl mit präteritaler Nuance [*§*76.341]; alt.: PK^Ki [*§*76.427c]).
- *w tṣu l pn ql ṯᶜy* "und du mußt hinausgehen vor/bei der Stimme des Beschwörers" 1.169:2 (es folgen Impp. [Z. 5]).
- *armgn nqmd mlk \ ugrt d ybl l špš \ mlk rb bᶜlh* "Tribut des Niqmaddu, des Königs von Ugarit, den er der 'Sonne' ... zu bringen hat" 3.1:24-26.
- ... *alp k[sp] \ tšᶜn* "(Falls sie sich in ein anderes Land absetzen), müssen sie (sc. die Bürgen) 1000 (Schekel) Sil[be]r zahlen" 3.8:11f.
- *wm ag\rškm \ b bty \ ksp ḫmšm \ isᶜ* "Und sollte ich euch aus meinem Haus vertreiben, so verpflichte ich mich 50 (Schekel) Silber zu zahlen" 3.9:6-10.
- *qrht d tššlmn* "Städte, die Frondienst leisten müssen (in/für ON)" 4.95:1.
- *mḫ̮ṣ bnš mlk ybᶜlhm* "Der Weber der Bediensteten des Königs muß sie (sc. Kleider) anfertigen" 4.182:56; ähnl. 4.182:59 (*ybᶜlnn* "er muß es anfertigen").

b. Beispiele aus rituellen und medizinischen Anweisungen

Vorbemerkung: Da die PK^{L} für die modale Nuance "müssen" steht, werden verbale SVe in Ritualtexten bzw. medizinischen Texten mit präskriptivem Charakter konsequent durch die PK^{L} und offenbar nie durch die $\mathrm{PK}^{\mathrm{K}}\mathrm{v}$ ausgedrückt (siehe Tropper 1997c, 671-673). Einige orthographisch signifikante Beispiele (die verbalen SVe werden im folgenden durch einfaches Präsens wiedergegeben; sie sind jedoch präskriptiv zu verstehen).

- *... tdkn aḥdh* "(diverse Ingredienzien) ... werden miteinander zerstoßen" 1.72:39 // 1.97:4 (lies: *td[kn aḥdh]*).
- *kbˀdm tbqrn* "(... dann) werden zwei Lebern untersucht" 1.78:5.
- *ˁlm tṣu šlḥm[t]* "Am nächsten Tag werden die Opfertie[re] hinausgeführt (w.: gehen die Opfertiere hinaus)" 1.106:28:
- *w bn mlk w bn[t] \ mlk tˁln pamt šbˁ* "Die Söhne des Königs und die Töch[ter] des Königs steigen siebenmal hinauf" 1.112:6f.
- *b šbˁ tdn \ mḥllm* "Am siebten (Tag) bekennen(?) die Reinigungspriester (die Sünden)" 1.119:22f.
- *... bt hn bnš yqḥ ˁz \ w yḥdy mrḥqm* "... (dann) nimmt die Familie der betreffenden Person eine Ziege und treibt (sie) in die Ferne" 1.127:31f. (§42.74).

77.52. PK^{L} mit der Nuance "nicht dürfen"

- *<ˁl> qṣˁth hwt l tḥ[wyn ?]* "<Wegen> seines 'Krummholzes' (d.h. seines Bogens) darfst du ihn nicht am Le[ben lassen]" 1.18:IV:13.
- *w mnkm l yqḥ \ spr mlk hnd* "Und niemand darf diese Urkunde des Königs wegnehmen ..." 2.19:12f. (negatives Pendant zu "müssen").
- *mnk \ mnkm l yqḥ \ bt hnd bd \ ˁbdmlk ...* "Überhaupt niemand darf dieses Haus dem PN ... wegnehmen ..." 3.2:12-15 (negatives Pendant zu "müssen").

Anm. Die beiden letztgenannten Sätze folgen einem akk. Formular des Typs *amīlu mamma lā ileqqišu ištu qāti NN* (u.ä.); vgl. Malbran-Labat (1995, 89-92).

77.53. PK^{L} mit der Nuance "können"

- *l amlk* "Ich kann nicht König sein (auf den Höhen des Ṣapānu)" 1.6:I:62.
- *ik tmtḫ\ṣ ˁm aliyn bˁl* "Wie kannst du (nur) mit dem hochmächtigen Baˁlu kämpfen?" 1.6:VI:24f.
- *w hm alp \ l tšˁn \ mṣrm \ tmkrn* "Und falls sie die 1000 (Schekel Silber) nicht zahlen können, werden sie nach Ägypten verkauft (werden)" 3.8:13-16.

77.6. Potentialis und Irrealis

Man unterscheidet allgemein drei Wirklichkeitsgrade einer Aussage: a) real, b) möglich bzw. wahrscheinlich und c) irreal. Dem Realis (a) entspricht in den meisten Sprachen der Welt der gewöhnliche Indikativ. Der Potentialis (b) wird in wenigen (z.B. kaukasischen) Sprachen durch ein spezifisches Konjugationsmuster ("Potentialis", "Konditionalis") bezeichnet, in anderen durch den "Konjunktiv" (mit) abgedeckt. Der Irrealis (c), der einen SV als nicht wirklich, sondern nur unter bestimmen, noch nicht erreichten bzw. nicht mehr erreichbaren Umständen als gegeben hinstellt, wird in vielen Sprachen durch den "Konjunktiv" oder einer funktional vergleichbaren Kategorie bezeichnet.

In sem. Sprachen einschließlich des Ug. sind die genannten Differenzierungen allgemein nicht im Verbalsystem grammatikalisiert. Sie können nur periphrastisch, etwa durch bestimmte Partikeln zum Ausdruck gebracht werden. Häufig ist der Wirklichkeitsgrad eines SV ausschließlich aus dem Zusammenhang zu erschließen. Man vergleiche in diesem Zusammenhang die ug. "Wunschpartikel" *ạhl* (§86); zum Realitätsgrad ug. Konditionalsätze siehe §97.9.

8. Partikeln

"Partikeln" wird hier als Sammelbezeichnung für alle nichtflektierenden Wortarten gebraucht. Im folgenden stehen Fragen der Wortbildung und der syntaktischen Funktion von Partikeln im Vordergrund. Demgegenüber wird dem Bereich der Semantik weniger Gewicht zugemessen.

Lit.: Aartun (1974) und (1978); GUL 178-200.

81. Adverbien

Adverbien dienen der semantischen Modifizierung von Verben, Adjektiven, adverbialen Bestimmungen oder ganzen Sätzen.

Im ug. Textkorpus, insbesondere in der Poesie, sind sehr viele Adverbien bezeugt. Die nachfolgende Gliederung folgt semantisch-inhaltlichen Kriterien. Interrogativ- und Indefinitadverbien werden getrennt von anderen Adverbien behandelt, da sie hinsichtlich ihrer Bildung auffällige Gemeinsamkeiten aufweisen (§81.6). Nicht in die nachfolgende Auflistung einbezogen sind Nomina in sogenannten adverbialen Kasus (Akkusativ, Terminativ und Lokativ), sofern sie nicht partikelhaften Charakter haben und auch in anderen (nicht-adverbialen) Kasus bezeugt sind (vgl. §54.133.2; §54.3-4).

Die einzelnen Einträge sind wie folgt aufgebaut: 1. Nennung des Lexems; 2. Vokalisationsversuch (sofern möglich); 3. Wortbedeutung; 4. Erläuterungen zur Wortbildung zwischen runden Klammern (nur bei zusammengesetzten Lexemen); 5. Angaben zur Etymologie zwischen eckigen Klammern. — Es werden, soweit nicht anders vermerkt, immer alle Belege genannt.

Lit.: Aartun (1974, 1-17); GUL 180-183.185-186; vgl. ferner DLU.

81.1. Lokaladverbien

81.11. Adverbien für "hier" (Nahdeixis)

81.11 a. ***hn*** /*ha/innV*/? "hier, hierher" (vgl. ug. *hn* mit demonstrativer Funktion [§42.0 und §42.7]) [he. *hennāh*; ar. *hunā*, *ha/innā*; akk. *anna/i-* < **hanna/i-* in Formen wie *anni*, *anniš*, *annânum*, *annummiš*, *annāma*, *annikīʾam*]. Mehrere der nachfolgend genannten Belege können auch anders erklärt werden:

- *mġ hw l hn* "er kam hierher"(?) 1.23:75. — *l hn* könnte aus der Präp. *l* und dem Adverb *hn* zusammengesetzt sein (alt.: Präp. *l* + PS 3.f.sg. *hn*, d.h. "für sie"). Da zwischen {l} und {h} kein Worttrenner gesetzt ist, könnte *lhn* aber auch SK der Wz. √*lhn* "Speise/Getränk vorsetzen" sein.

- *tmġyy hn \ alpm ššwm hnd* "Die besagten 2000 Pferde sollen hierher(?) kommen" 2.33:31f. — *hn* ist jedoch eher als demonstratives Lexem im Sinne eines Frühartikels zu deuten; zur Diskussion siehe unter §42.73.
- *hln hn ᶜmn \ šlm* "Siehe, hier bei mir ist Wohlbefinden" RS92.2005:9f. (in zwei anderen Briefen begeget im gleichen Kontext *hnn* [§b] anstelle von *hn*).
- *hnh* "hierher"(?) 4.721:16 (Lesung unsicher; evtl. Adv. *hn* + TE *-h*).

81.11 b. ***hnn*** */ha/innānV/*? "hier" (*hn* [§a] + *-ān*):

- *hnn \ ᶜmn šlm \ t̠mn ᶜmk \ mnm šlm \ [(w) r]gm t̠t̠b [l ...]* "Hier bei mir/uns herrscht Wohlbefinden. Was es dort bei dir auch immer an Wohlbefinden gibt, (davon) [sch]icke Nachricht [zu ...]" 2.65:2-5.
- *w hnn \ ᶜm ᶜbdk \ mid šlm* "Hier bei deinem Diener herrscht bestes Wohlbefinden" RS92.2010:9-11.
- *[hln] hnn ᶜmn \ [šlm]* "[Siehe], hier bei mir herrscht [Wohlbefinden]" RS92.2005:29f.; analog RS94.2479:5.

81.11 c. ***hnny*** */ha/innānV-ya/*? "hier" (*hnn* [§b] + EP *-y* [§89.3]).

hnny begegnet ausschließlich in einer stereotypen Wendung des Briefformulars, die vom Wohlbefinden des Absenders berichtet. An gleicher Position sind auch die Lexeme *hlny* (§81.4e) und *ht* "nun" (nur in 2.34:6f.) bezeugt. Wahrscheinlich sind *hnny* und *hlny* nicht bedeutungsgleich, zumal *hln* und *hn(n)* (jeweils Formen ohne EP *-y*) in den Briefen RS92.2005 (Z. 9 und Z. 29 [teilweise ergänzt]) und RS94.2479:5 hintereinander begegnen. *hnny* dürfte vielmehr als Gegenbegriff zum Adverb *t̠mny* "dort" zu deuten sein, das in Briefen immer den unmittelbar folgenden Satz einleitet (Wendung *t̠mny ᶜm ... mnm šlm (w) rgm t̠t̠b (l ...)* "Was es dort bei ... auch immer an Wohlbefinden gibt ..." [§81.12d]). In akk. Briefen Ugarits wird *a(n)numma* "nun, nunmehr" (vgl. hierzu den Amarna-Befund [CAT 3, 151-153]) oder *enūma* (offenbar in gleicher Bedeutung wie *a(n)numma*) als Pendants von *hlny* bzw. *hnny* gebraucht. Illustrativer Beleg:

- *hnny ᶜmn(y) (kll mid) šlm* "Hier bei uns / bei mir herrscht (in überaus vollkommener Weise) Wohlbefinden" 2.11:10-12 (es gibt noch 6 weitere Belege von *hnny*: 2.38:6; 2.46:6; 2.56:4*; 2.68:11*; 2.71:5; 2.72:7).

81.11 d. ***hndt*** */hanna-dVtV/* "hier" (DemPr *hnd* [§42.1] + *-t*) [Es gibt offenbar keine direkten Entsprechungen in anderen sem. Sprachen; vgl. aber syr. *hāydēn* "dann", he. *zæh* "hier, jetzt", he. *hallāz* "dort" (1 Sam 14,1) und ar. *hā-hunā* "hier"]. *hndt* wird traditionell als DemPr gedeutet (§42.3):

- *w hndt yt̠b l mspr* "Und an dieser Stelle soll man zur Rezitation zurückkehren (d.h. die Rezitation wieder aufnehmen)" 1.19:IV:62 (weniger wahrsch.: "Und dies ist zur Rezitation hinzuzufügen" [*hndt* als DemPr]; vgl. 1.4:V:42: *w t̠b l mspr ...* "Und kehre zurück zur Rezitation ...").
- *anykn dt \ likt mṣrm \ hndt b ṣr* "Dein Schiff, das du nach Ägypten geschickt hast, ist hier in Tyros" 2.38:10-12 (alt.: "... dieses ist in Tyros").
- *hndt* "hier"(?) 2.45:7 (ohne Kontext).

81.11 e. (?) ***p*** "hier" [he. *poh/pô/poʾ*; pun. *pho* (Poenulus 932); vgl. viell. ferner akan. *p[u]-ú* in EA 104:53 (eine andere Deutung dieser Wortform wird in CAT 3, 114 geboten: *b[u]-ú* "they sought")]. Einziger (unsicherer) Beleg:

- *w yd \ ilm p k mtm \ ʿz mid* "Und die ‘Hand’ / ‘Hände’ der Götter ist/sind hier(?) sehr stark, (so stark) wie Menschen / wie der Tod" 2.10:11-13 (alt.: *p* als Konjunktion [§83.12]; zu weiteren Überlegungen siehe §95.12).

81.12. Adverbien für "dort" (Ferndeixis)

81.12 a. ***ṯm*** */ṯamma/*? "dort" [he. *šām* und *šammāh*; ar. *ṯamma*; baram. *tammā*]. *ṯm* steht stets am Satzanfang und ist, abgesehen von einem unsicheren Beleg (2.31:54), nur poetisch bezeugt:

- *ṯm ḥrbm its* "dort ...(?) mit(?) dem Schwert" 1.2:IV:4.
- *ṯm*(?) *ydd w yqlṣn /* ... "Dort(?) stellte er sich hin und spottete über mich ..." 1.4:III:12 (Lesung unsicher).
- *ṯm \ ydr krt ṯʿ* "Dort gelobte der großherzige Keret" 1.14:IV:36f.
- *ṯm \ ṯkm bm ṯkm aḫm* "Dort waren Schulter an Schulter die Brüder" 1.22:I:4f.
- *ṯm yʿbš šm il mtm* "Dort ...(?) der Name Ilus die Toten" 1.22:I:6.
- *ṯm ṯmq rpu bʿl* "Dort war GN, der Rapiʾu Baʿlus" 1.22:I:8.
- *ṯm yḥpn ḥyl\y* "Dort war GN, der Haylite" 1.22:I:9f.
- (?) *[ ]ṯm hw i[xxx]xty* "Dort ... er ..." 2.31:54.

81.12 b. ***ṯmt*** */ṯammatV/* "dort, von dort" (*ṯm* + EP *-t* [§89.5]) [ar. *ṯammata* "da, dort"; asa. *ṯmt* "dorthin" (Biella, 545)]. *ṯmt* begegnet im Gegensatz zu *ṯm* nicht am Satzanfang und ist nur (zweimal) im Briefkorpus belegt:

- *w mnm rgm d tšmʿ \ ṯmt w št \ b spr ʿmy* "Halte für mich jegliche Nachricht, die du (von) dort vernimmst, schriftlich fest!" 2.10:16-18. — *ṯmt* fungiert hier als Wiedergabe von akk. *ištu ašrānum* "von dort" (siehe CAT 3, 114; √*šmʿ* + *ištu ašrānum* ist in EA 145:25 und TT 1:16f. bezeugt [CAT 3, 113])
- *w ṯn ʿbdk \ ṯmt ʿmnk* "Und was deine zwei Diener dort bei dir betrifft ..." 2.70:20f.

81.12 c. ***ṯmn*** */ṯammānu/*? "dort" (*ṯm* + Suffix */-ān/* + LE) [aram. *tammān*; zur Bildung und Bedeutung ist ferner akk. *ašrānu* zu vergleichen]:

- *w ṯmn \ ydbḥ* "Und dort soll man(?) opfern" 2.40:15f.
- *mnm \ ḫsrt w uḫy \ yʿmsn ṯmn* "... was immer ich brauche, soll mir mein Bruder dort (auf Schiffe [?]) aufladen!" 2.41:19-21.
- *w ṯmn ʿm [u]my \ mnm šl[m] \ w rgm [ṯṯb] ly* "Und was es dort bei meiner [Mu]tter auch immer an Wohl[befinden] gibt, davon [schicke] mir Nachricht!" 2.30:9-11. — An analogen Wendungen sind belegt: *[(w)] ṯmn ʿmk \ [m]nm šlm \ [(w) r]gm ṯṯb [l ...]* 2.65:3-5; *w ṯmn \ mnm šlm \ rgm ṯṯb ʿmy* RS92.2005:10-13; *[w ṯ]mn \ [mnm š]lm \ [rgm] ṯṯb* RS92.2005:30-32. — Anstelle von *ṯmn* begegnet hier sonst zumeist *ṯmny* (§d).
- Als weitere Belege kommen 1.17:V:2 (n.L.) und 1.19:I:5 in Betracht (die Lesung der Zeichenfolge *ṯmn* in 1.17:V:2 wird durch eigene Kollation des

Originals bestätigt [September 1997]). *ṯmn* könnte hier jedoch ein Subst. ("Geschenk, Gabe") sein (vgl. akk. *šummannu* [CAD Š III, 280a]).

81.12 d. ***ṯmny*** */ṯammānV-ya/*? (*ṯmn* + EP *-y* [§89.3]). *ṯmny* findet sich nur in einer stereotypen Wendung des Briefformulars, die das Wohlbefinden des Adressaten thematisiert. Ihr geht in der Regel die Wendung *hlny/hnny ᶜm ... šlm* "Siehe/hier bei ... ist Wohlergehen" voraus (§81.4e; §81.11c). In zwei akk. Briefen aus Ugarit (RS20.13:19 und RS20.178,Vs.:8') nimmt *ašrānu* "dort" die Stelle von ug. *ṯmny* ein:

- *ṯmny ᶜm ... mnm šlm (w) rgm ṯṯb (l ...)* "Was es dort bei ... auch immer an das Wohlbefinden gibt, davon schicke Nachricht (zu ...)" 2.11:14-18 u.ö. (es gibt noch zehn weitere Belege von *ṯmny*: 2.13:11; 2.24:10*; 2.34:7.22; 2.38:7; 2.40:15; 2.46:7; 2.68:14; 2.71:7; 2.72:8).

Anm. *ṯmm* in 1.5:III:13.27 ist wahrsch. nicht mit dem Adverb *ṯm* zu verknüpfen. Da jeweils *w lk* "und geh!" folgt, könnte es sich um einen Imp. einer Wz. √*ṯmm* handeln (vgl. ar. √*ṯmm* "niedertreten, befestigen, ordnen" [Wahrm. I, 388]).

81.12 e. ***hnk*** */hVn(n)āka/*? "da, dort"(?) (*hn* + EP *-k* oder PrS 2.m.sg. */-ka/*) [ar. *hunā(li)ka*]. Ug. *hnk* ist dreimal belegt und wird in der Forschung entweder als als DemPr (vgl. §42.5) oder als Adverb gedeutet. Bei einer Deutung als Adverb ergeben sich folgende Interpretationen:

- *hn ib d b mgšḫ \ [w] ib hnk*? "Der Feind da, der in ON ist, [und] der Feind dort" 2.33:10f. (alternative Deutung unter §42.5).
- *w mlk bᶜly \ lm škn hnk \ l ᶜbdh alpm ššwm* "Was den König, meinen Herrn, angeht – warum hat er dort für seinen Diener 2000 Pferde bereitgestellt?" 2.33:22-24 (alternative Deutung unter §42.5).
- *hnk tšmᶜm \ ᶜdn yštal* "Er soll sich dort nach Gerüchten ... (?) erkundigen" 2.71:9f.

81.12 f. ***hnkt*** "da, dort"(?) (*hnk* [§81.12e] + *-t* [Pronominalendung *-ti* oder Feminmarker]). Ug. *hnkt* ist zweimal belegt und wird in der Forschung entweder als als DemPr (vgl. §42.6) oder als Adverb gedeutet. Bei einer Deutung als Adverb ergeben sich folgende Interpretationen (alternative Interpretation unter §42.6):

- *w bny hnkt \ yškn anyt \ ym* "Und mein Sohn soll dort hochseetüchtige Schiffe bereitstellen" 2.46:12-14; vgl. hierzu 2.47:3-5: *w l anyt tšknn \ ḫmšm l m[i]t any \ tšknn*? "Du sollst fürwahr(?) Schiffe bereitstellen. (Und zwar) sollst du 150 Schiffe bereitstellen!" (Interpretation unsicher).
- *mlkt ugrt \ hnkt rgmt* "Die Königin von Ugarit sagte dort (folgendes)" 2.21:9f.

81.13. Sonstige Lokaladverbien

81.13 a. ***ᶜl*** */ᶜalû/* < **ᶜalayu* "oben, darüber" (Präp. *ᶜl* + LE) [ar. *ᶜalu*; äth. *lāᶜlu*]:

- *b d!nil \ pnm tšmḫ / w ᶜl yṣhl pit* "Bei Daniᵓilu strahlte das Gesicht vor Freude, und oben leuchtete die Stirn" 1.17:II:8f.

- *t[ḥt(n)] \ tlbš npṣ ġzr / tšt ḫ[lpn] b \ nšgh / ḥrb tšt b tʿr[th] / w ʿl tlbš npṣ aṯt* "Un[ten] (d.h. als Untergewand) zog sie eine Kriegerrüstung an: Sie steckte einen D[olch] in ihr Futteral, ein Schwert steckte sie in ihre Schwertscheide. Und oben (d.h. darüber) zog sie eine Frauentracht an" 1.19:IV:43-46.

81.13 b. ***ʿln*** */ʿalânu/* < **ʿalay-ānu* "oben, darauf" (Präp. *ʿl* + Suffix */-ān/*? + LE) [akk. *elē/ānu* (u.ä.) "oben"]:

- *bʿdn ksl ṯṯbr / ʿln pnh tdʿ* "Hinten brach die Lende; oben schwitzte ihr Gesicht" 1.3:III:33f. // 1.4:II:17f. // 1.19:II:45f.* (umgekehrte Folge der Kola).
- *nʿl il d qblbl / ʿln yblhm ḫrṣ* "Herrliche Sandalen(?), die ..., deren Riemen(?) darauf aus Gold (waren)" 1.4:I:36f.
- *ʿln špš \ tṣḥ l mt* "Oben rief Šapšu zu Môtu" 1.6:VI:22f.; ähnl. 1.161:19.

81.13 c. (?) ***tḥt*** */taḥtu/* "unten" [ar. *taḥtu*]. Es gibt nur einen einzigen Beleg an einer abgebrochenen Textstelle, wo entweder *t[ḥt]* oder *t[ḥtn]* ergänzt werden kann. Zugunsten der ersteren Lösung spricht die Parallele *ʿl* (nicht: *ʿln*):

- *t[ḥt(n)] \ tlbš npṣ ġzr ... w ʿl tlbš npṣ aṯt* "Un[ten] (d.h. als Untergewand) zog sie eine Kriegerrüstung an .... und oben (d.h. darüber) zog sie eine Frauentracht an" 1.19:IV:43.46 (§81.13a).

81.13 d. (?) ***tḥtn*** */taḥtānu/* (*tḥt* + */-ān/* + LE) [vgl. typologisch akk. *šaplānu*]:

- *[ ]r dlt tḥtn* "... eine Tür unten/darunter(?)" 4.351:3 (Kontext abgebrochen).

81.13 e. ***l pnm*** */li panîma/*? "vorne (w.: an der Vorderseite)" (Präp. *l* + *panîma* "Gesicht" [vgl. §81.13i]) [vgl. Präp. *l pn* "vor" (§82.422)]:

- *amrr k kbkb l pnm /\ aṯr btlt ʿnt* "Amruru (ging) vorne wie ein (Leit-)Stern; dahinter (folgte) die Jungfrau ʿAnatu" 1.4:IV:17f.

81.13 f. ***aṯr*** */ʾaṯ(a)ru/*? "dahinter; (unmittelbar) nach (w.: auf der Spur; im Gefolge)" (Subst. *aṯr* + LE; vgl. Präp. *aṯr* [§82.39]) [vgl. ar. *ʾiṯra* "(unmittelbar) nach" (Präp.); akk. *ašrānu* "dort"; vgl. typologisch ar. *warāʾu* "hinten"]:

- *amrr k kbkb l pnm /\ aṯr btlt ʿnt* "Amruru (ging) vorne wie ein (Leit-)Stern; dahinter (folgte) die Jungfrau ʿAnatu" 1.4:IV:17f.

Anm. Zu *aṯr* in temporaler Verwendung siehe §81.22d.

81.13 g. ***bʿdn*** */baʿdānu/*? "hinten" (Subst. *bʿd* "Entfernung, Rückseite" + Suffix */-ān/* + LE) [vgl. ar. *baʿdu* "nachher, später"]:

- *bʿdn ksl ṯṯbr / ʿln pnh tdʿ* "Hinten brach die Lende; oben schwitzte ihr Gesicht" 1.3:III:33f. // 1.4:II:17f. // 1.19:II:45f.* (umgekehrte Folge der Kola).

81.13 h. (?) ***yd*** */yadu/* "neben (w.: an der Hand/Seite)" (Subst. *yd* + LE) [akk. *idu, qadu*].

Das Lexem *yd*, das abgesehen von 1.14:II:1* (// 1.14:III:23.35; 1.14:VI:19) nur in Prosatexten bezeugt ist, fungiert den bisherigen Belegen zufolge immer als

Präposition (*§*82.21, z.B. *mḫṣm yd lmdhm* "die Weber mitsamt ihren Lehrlingen" 4.125:9.). Es könnte aber auch als Adverb im Sinne von "daneben, nebenan" gebraucht worden sein.

81.13 i. ***pnm*** */panîmâ/* < **panîm-ah* "hinein (w.: gesichtwärts)" (*panîma* "Gesicht" + TE [vgl. *§*81.13e]) [he. *p*^{e}*nîmāh*; vgl. akk. *pāna-ma* "früher; vorne"]:

- *bkt tgly w tbu /\ nṣrt tbu pnm* "Weinend begab sie sich hin und trat ein; klagend trat sie hinein" 1.16:VI:4f.

81.2. Temporaladverbien

81.21. Adverbien mit Gleichzeitigkeitsnuance

81.21 a. ***ht*** */hittV/* < **hintV* "jetzt, nun" (*hn* "hier" [*§*81.11a] + EP *-t* ?). *ht* läßt sich nur in der Poesie in Briefen nachweisen.

Die poetischen Belege lauten:

- *ht ibk \ bʿlm / ht ibk tmḫṣ / ht tṣmt ṣrtk* "Jetzt, (o) Baʿlu, (sollst du) deine(n) Feind(e) (schlagen), jetzt sollst du deine(n) Feind(e) schlagen, jetzt sollst du deine(n) Widersacher vernichten!" 1.2:IV:8f.
- *tšmḫ ht \ aṯrt w bnh / ilt w ṣb\rt aryh* "Es mögen sich jetzt freuen Aṯiratu und ihre Söhne, die Göttin und ihre gesamte Verwandtschaft" 1.6:I:39-41.
- *qštm \ [kl] mhrm / ht tṣdn tinṯt \ [bh (?)]* "Ein Bogen ist [das Werkzeug] von Kriegern. Sollen (denn) jetzt Weiber [damit] jagen?" 1.17:VI:39-41.
- *l ht \ w ʿlmh / l ʿnt p dr dr* "Von jetzt an und auf immer; von nun an und in alle Ewigkeit" 1.19:IV:5f. (*ht // ʿnt*).
- *ht alk ...* "Jetzt will ich gehen" 1.21:II:6 (Kontext abgebrochen).

Im Briefkorpus fungiert das Adverb *ht* als Präsentationspartikel. Es steht durchgehend am Satzbeginn (teilweise nach den Konjunktionen *w* und *im*) und markiert meist einen neuen Textabschnitt bzw. eine neue Argumentationskette (vergleichbar mit *a(n)numma* bzw. *inanna* in akk. Briefen [vgl. auch CAT III, 116-119]; das Adverb *ʿt* in ahe. Briefen hat dagegen eine andere Funktion; es markiert den Beginn des Briefhauptteils [vgl. DNSI 897b, s.v. *ʿt*$_2$]).

Die Belege im einzelnen: 2.3:7; 2.3:20 (*w ap ht*); 2.4:19; 2.10:8; 2.14:10.15*; 2.17:4.9; 2.30:14; 2.33:11; 2.34:6; 2.35:10; 2.36+:12.25.31.32; 2.39:11.13; 2.40:13; 2.42:22; 2.71:13; 2.72:20 (*im ht*); 2.76:5; RS88.2159:18 (*ht alpy [ ]*); vgl. ferner 7.30:4 und 7.68:1. — Illustrative Textbeispiele:

- *w ht yšmʿ uḫy \ l gy* "Es möge nun mein Bruder auf meine Stimme hören!" 2.4:18f. (vgl. 2.14:10-12.15-17).
- *ht hm yrgm mlk \ bʿly* "Nun, falls der König, mein Herr, (folgendes) befiehlt: ..." 2.33:30f. (*ht* vor der Konj. *hm*)
- *im ht l b \ mṣqt yṯbt \ qrt* "Falls die Stadt nun fürwahr in Bedrängnis bleibt ..." 2.72:20-22 (*ht* nach der Konj. *im*).

- *lht šlm k likt \ umy ˁmy / ht ˁmny \ kll šlm* "Betreffs der Tatsache, daß meine Mutter mir eine Brieftafel (mit der Anfrage) um (mein) Befinden geschickt hat: Nun, bei mir herrscht vollkommenes Wohlbefinden" 2.34:5-7. — *ht* dient hier zur Einführung der Antwort auf eine vorausgegangene Anfrage. Anstelle von *ht* begegnet in dieser Formel sonst immer *hnn(y)* bzw. *hln(y)* (§81.11b-c; §81.4d-e).
- *[w] ht ank ˁbdk* "Nun, ich bin dein Diener" 2.76:5.

Lit.: Aartun (1974, 71); Cunchillos (1999, 365f.); DLU 169f.

81.21 b. ***htm*** */hittV-ma/* (*ht* + EP *-m*). Der einzige Beleg lautet:

- *htm iph [...]* "Nun, ich sehe [...]" 2.25:4.

81.21 c. ***ˁnt*** */ˁan(V)ta/* "jetzt, nun" [vgl. Akk.Ug. *at-ta* (RS15.11:11); he. *ˁattāh*; kan. *ˁt* (DNSI 897b s.v. *ˁ*t_2); vgl. ferner (a)aram. *kˁn, kˁnt, kˁt* (DNSI 526-528)].

- *ˁnt brḥ p ˁlmh / ˁnt p dr dr* "(Sei ein) Flüchtling jetzt und auf immer, jetzt und in alle Ewigkeit!" 1.19:III:48 // 1.19:III:55f.
- *l ht \ w ˁlmh / l ˁnt p dr dr* "Von nun an und auf immer; von jetzt an und in alle Ewigkeit" 1.19:IV:5f. (*ht* // *ˁnt*).

81.21 d. (?) ***ˁtn*** "jetzt, nun" (*ˁ(n)t* "jetzt" + *n* [siehe M. Dietrich – O. Loretz, UF 18 (1986), 113 und DLU 83f. s.v. *ˁnt*]). Die Existenz dieses Adverbs ist jedoch zweifelhaft. Es gibt nur einen möglichen Beleg:

- *ˁtn ḫrd ank* "Jetzt(?) bin ich ein *ḫrd*" 2.16:13. — *ˁtn* ist hier aber eher als Subst. im St.cs. zu deuten: "Ich (selber) bin der Kommandant(?) der *ḫurādu*-Truppe" (vgl. evtl. ar. √*ˁtn*, etwa "mächtig, gewaltig, gewaltsam").

81.22. Adverbien mit Nachzeitigkeitsnuance

81.22 a. ***aḫr*** */ˀaḫ(ḫa)ru/* "dann, danach, später" (Subst. **aḫr* "Rückseite, Ende" + LE; vgl. Konj. *aḫr* [§83.211] und Präp. *aḫr* [§82.3*10*]) [he. *ˀaḥ(ḥ)ar* "hinten, hernach"; raram. *ˀḥr* "dann"; akk. *aḫarrum* "danach(?)", *aḫarr/tiš* "für die Zukunft"]. Das Adverb *aḫr* ist nur poetisch bezeugt und ist nicht sicher von der gleichlautenden Konj. bzw. Präp. abzugrenzen. Mögliche Belege:

- *aḫr \ nkl yrḫ ytrḫ / adnh \ yšt mṣb / umh \ kp mznm* "Danach zahlte (der Gott) Yariḫu (für) Nikkalu den Brautpreis: Ihr Vater stellte den Sockel der Waage auf, ihre Mutter die Waagschalen" 1.24:32-35.
- *aḫr tmġyn mlak ym / tˁdt ṯpṭ nhr* "Danach kamen die (beiden) Boten Yammus, die Gesandten des Richters Naharu an" 1.2:I:30 (alt.: *aḫr* als Konj.).
- *tlkn \ ym w ṯn / aḫr \ špšm b ṯlṯ /\ ym[ġy] l qdš \ aṯrt ṣrm / w ilt \ ṣdynm* "Sie gingen einen Tag und einen zweiten. Dann, mit der Sonne am dritten (Tag), k[am] er zum Heiligtum der Aṯiratu von Tyros und der Göttin von Sidon" 1.14:IV:31-36 (ähnl. 1.14:IV:44-48; 1.20:II:5-7; 1.22:II:24-26* [*aḫr* ergänzt]). — Für die Deutung von *aḫr* als Adverb spricht, daß in vergleichbaren Kontexten (Sieben-Tage/Jahre-Formeln) das temporale Adverb *mk* "dann" (§81.22g) begegnet (siehe bes. 1.14:III:3f.: *mk špšm \ b šbˁ*).

- Folgt man KTU^2, läge in 1.16:I:31 (Anfang) eventuell ein weiterer Beleg des Adverbs *aḫr* vor (*aḫr al trgm l aḫtk*). Die Lesung ist jedoch sehr unsicher.

81.22 b. ***aphn*** */ˀappV-hinnā/*? "dann, daraufhin" (Konj. *ap* [§83.131] + *hn* "hier, jetzt"). *aphn* ist ausschließlich in einer einzigen stereotypen Wendung im Aqhat-Epos bezeugt und begegnet immer in Parallele zu *apnk*. Die Belege im einzelnen: 1.17:I:1! (lies *ap<h>n*; alt.: *apn<k>*); 1.17:II:28; 1.17:V:5! (lies *a<p>hn*); 1.17:V:14.34; 1.19:I:29. Hervorzuheben ist die Schreibung *ap.hn* in 1.17:II:28, in der die Bildungselemente durch einen Trenner geschieden sind:

- *apnk dnil \ mt rpi / ap.hn ġzr mt \ hrnmy / alp yṭbḫ l kṯ\rt* ... "Daraufhin (war es, daß) Daniˀilu, der Rapiˀu-Mann, daraufhin (war es, daß) der Held, der Mann aus Harnam, einen Ochsen für die Kôṯarātu schlachtete ..." 1.17:II:17-30 (mit diversen Parallelstellen).

81.22 c. ***apnk*** */ˀappūnaka/*? "dann, daraufhin" (*ap* + *-n* + EP *-k*) [vgl. akk.EA *appūnamma* (CAT 3, 144f.) und akk. *appūna* "ferner, außerdem"]. *apnk* ist ausschließlich poetisch bezeugt. Die Belege im einzelnen: 1.5:VI:11; 1.6:I:56; 1.14:V:12; 1.15:II:8; 1.16:I:46; 1.17:II:27; 1.17:V:4.28.33; 1.19:I:19.38; 1.21:II:5 (*apank* [epigraphische Variante oder Schreibfehler]). Illustrative Textbeispiele:

- *apnk lṭpn il \ d pid / yrd l ksi* ... "Dann stieg der gütige Ilu, der Barmherzige, vom Thron herab ..." 1.5:VI:11.
- *w hn šb[ˁ] \ b ymm / apnk dnil mt \ rpi / a<p>hn ġzr mt hrnm[y] / ytšu yṯb b ap ṯġr / tḥt \ adrm b grn* "Siehe, am siebten Tag, da erhob sich Daniˀilu, der Rapiˀu-Mann, der Held, der Mann [von] Harnam, (und) setzte sich an den Eingang des Tores, unter die Vornehmen in der Tenne" 1.17:V:3-7.

Anm. Vielleicht gibt es neben *aphn* und *apnk* auch ein Adverb *apnm* mit ähnlicher Bedeutung (vgl. akk. *appūnāma* "außerdem, obendrein"). Als einziger Beleg kommt 1.12:II:37 in Betracht, sofern man der Text emendiert: *a{n}pnm* (siehe TUAT III/6, 1209, Anm. 68 und WL 226). Der abgebrochene Kontext mahnt jedoch zur Vorsicht. — Die Zeichenfolge *apn* in 1.3:I:24 und 1.16:II:57 ist als Konj. zu deuten (§83.132).

81.22 d. ***aṯr*** */ˀaṯ(a)ru/*? "danach" (ursprünglich lokal: "auf der Spur; im Gefolge; dahinter" [§81.13f]) (Subst. *aṯr* + LE) [vgl. ar. *ˀiṯra* "(unmittelbar) nach" (Präp.); akk. *ašrānu* "dort"; vgl. typologisch ar. *warāˀu* "hinten"]:

- *w aṯr in mr* "und danach wird es kein Leid mehr geben" 1.124:16.

81.22 e. ***idk*** */ˀid(d)āka/*? "dann, daraufhin" (*id* < **ˀiḏ* "Zeitpunkt, Mal" [§65.142] + DetPr bzw. DemPr *d* = */dā/*? + EP *-k*; vgl. die Konj. *id* [§83.212]) [ar. *ˀiḏ ḏāka*, *ˀiḏḏāka*, w. "zu dieser Zeit", *ˀiḏan*, "damals"]. *idk* begegnet häufig in der Poesie (in formelhaften Wendungen); Belege außerhalb der Poesie sind selten:

- *idk l / al y/ttn pnm ˁm tk* ... (bzw. andere Wortstellung: *idk pnm* ...) "Daraufhin wende dich / wendet euch / wandte(n) er/sie sich fürwahr geradeaus hin zu ..." 1.1:II:13! (*id'k*); 1.1:III:21; 1.3:IV:37; 1.3:V:5*; 1.3:VI:12; 1.4:IV:20; 1.4:V:22; 1.4:VIII:1*.10; 1.5:I:9; 1.5:II:13; 1.6:I:32*; 1.6:IV:7; 1.10:II:8*; 1.14:V:29*; 1.14:VI:36; 1.17:VI:46; 1.18:I:20; 1.100:63.

- *idk \ pnk al ttn / tk ġr knkny* "Daraufhin wende dich fürwahr geradeaus hinein ins Gebirge ...(?)" 1.5:V:11f.
- *]idk* 1.63:2 (ohne Kontext).
- Prosabelege: *idk nit[ ]* "Dann das *nit*-Gerät ..." 1.86:21 (Traumomen; das Lexem *nit* begegnet wahrsch. auch in Z. 20); (?) *id[k]* 2.60:5 (Textgattung unklar; alt.: Konj. *id* [§83.212]).

Anm. Als weitere mit dem Element *id* gebildete Adverbien kommen evtl. *idm* (1.12:II:29.30) und *idy* (1.82:2) in Betracht. Beide Formen begegnen jedoch in abgebrochenen bzw. weitgehend unverständlichen Textpassagen. — Möglicherweise fungiert auch *id* selbst als Adverb im Sinne von "dann"; zu möglichen Belegen siehe unter §83.212 (dort als Konj. gedeutet).

81.22 f. ***bkm*** "sodann, daraufhin"(?) (Präp. *b* + *km* "so" [§81.3a]) [vgl. he./jaram. *b^{e}ken* "dann"]. *bkm* ist ausschließlich poetisch bezeugt (vier Belege). *bkm* fungiert wahrscheinlich als temporales Adverb (alternativ: modal ["so, auf diese Weise]"):

- *bkm yṯb b^{c}l l bhth* "Dann kehrte Ba^{c}lu in sein Gebäude zurück" 1.4:VII:42.
- *bkm tmdln ^{c}r /\ bkm tṣmd pḥl / bkm \ tšu abh / tštnn l bmt ^{c}r / l ysmsm bmt pḥl* "Dann schirrte sie einen Esel an, dann spannte sie ein männliches Tier ein. Dann hob sie ihren Vater hoch (und) setzte ihn auf den Rücken des Esels, auf den angenehmen Rückens des Hengstes" 1.19:II:8-11. — Viele Autoren deuten *bkm* hier als G-Inf. von √*bky* "weinend" + EP *-m*: "Weinend schirrte sie einen Esel an ...".

Anm. Die Zeichenfolge *bkm* in 1.10:III:29 ist wohl nicht als Adverb zu deuten, da sie nicht am Beginn einer syntaktischen Einheit steht (*w t^{c}l b km b arr*). Mit Renfroe (1992, 58f.) ist stattdessen die Deutung als Präp. *b* + Subst. *km* "Hügel, Berg" (vgl. ar. *kawm*) in Erwägung zu ziehen.

81.22 g. ***mk*** */ma(k)ka/*? < **^{ɔ}amma-ka*(?) (§33.411) "dann, schließlich"(?) [vgl. akk. *ammaka(m)* mit Variante *ma(k)ka*, "dort"; vgl. ferner akk. *amma* "da (ist); voilà!"]. Die Partikel *mk* wurde bisher meist als Präsentationspartikel für "siehe!" betrachtet, zum einen, weil sie einmal in Quasi-Parallele zu *hn* begegnet (1.14:V:6-8 // 1.14:III:14-16), zum anderen, weil eine etym. Verwandtschaft mit äg. *mk* "siehe!" postuliert wurde (siehe UT § 19.1472 und Aartun 1974, 71f.; anders WUS Nr. 1652 ["dort, dann"]). Man beachte jedoch, daß *mk* nur in der Poesie und darin wiederum ausschließlich im Abschlußsatz der sogenannten "Sieben-Tage/Jahre"-Formel sicher bezeugt ist. Da in entsprechenden Formeln auch das temporale Adverb *aḫr* "dann, danach" (§81.22a) anstelle von *mk* begegnet (*aḫr špšm b* ...), dürfte *mk* ebenfalls ein temporales Adverb mit der Bedeutung "danach, schließlich, endlich" sein. Die Belege lauten (mit Kontext):

- *mk \ b šb^c y[mm] / td išt \ b bhtm / n[bl]at b hklm* "Schließlich, am siebten T[ag] wurde das Feuer in dem Gebäude ausgelöscht, die Fl[amm]en in dem Palast" 1.4:VI:31-33.
- *m[k] b šb^c \ šnt / w kr* (n.L.) *bn ilm mt /\ ^{c}m aliyn b^{c}l* "Schließ[lich], im siebten Jahr, da wurde der Sohn Ilus, Môtu, wütend auf den hochmächtigen Ba^{c}lu" 1.6:V:8-10 (zur Deutung siehe Tropper 1999e).

- *mk špšm \ b šbᶜ / w tmġy l udm \ rbt*[!] */ w l udm t̠rrt* "Schließlich, bei Sonnenuntergang am siebten (Tag), da wirst du ankommen bei Groß-Udumu und bei Klein-Udumu" 1.14:III:3-5.
- *mk špšm b šbᶜ / w l yšn pbl \ mlk* ... "Schließlich, bei Sonnenuntergang am siebten (Tag) konnte der König Pabil nicht schlafen ..." 1.14:V:6-8 (an der Parallelstelle, 1.14:III:14-16, begegnet die Partikel *hn*).
- *mk b šbᶜ šnt /\ bn krt kmhm tdr* ... "Schließlich, im siebten Jahr waren die Söhne Kerets (in ihrer Anzahl) entsprechend denen, die versprochen worden waren ..." 1.15:III:22f.
- *mk b šbᶜ ymm / [w] yqrb bᶜl b ḥnth* "Schließlich, am siebten Tag, [da] näherte sich Baᶜlu aus Erbarmen mit ihm" 1.17:I:15f.
- *mk b šbᶜ ymm / tbᶜ b bth \ kt̠rt / bnt hll snnt* "Schließlich, am siebten Tag gingen die Kôt̠arātu weg von seinem Haus, die Töchter der Mondsichel, die 'Schwalben'" 1.17:II:39-40 (Einleitung des Sieben-Tage-Zyklusses durch *hn* "siehe" in 1.17:II:32); ähnl. 1.22:I:25f.*
- *[m]k b šbᶜ \ šnt / w yᶜn [dnil m]t rpi / yt̠b ġzr m[t hrnmy]* "[Schließ]lich, im siebten Jahr, da sprach [Daniˀilu], der Rapiˀu-[Ma]nn, (da) wiederholte der Held, der Ma[nn aus Harnam]" 1.19:IV:17-19.
- (?) *mk \ tḫmr [ ]* "Schließlich (?)..." 1.83:13 (n.L.).
- (?) *p at mk tškḥ* "Und du wirst schließlich(?) finden(?)" 2.36+:36 (Aufgrund der Wortstellung ist unsicher, ob hier das Adverb *mk* vorliegt; *mk* könnte das Objekt des Satzes sein).

81.22 h. (?) ***hlm*** "dann"(?) (evtl. *hln* + EP *-m*) [vgl. evtl. he. *hᵃlom* "hier(her)"; ar. *halumma* "auf!, wohlan!, hierher"]. Die Wortform *hlm* scheint in der Mehrzahl der Belege als Konj. zu fungieren (§83.213). Lediglich im Text 1.100 könnte *hlm* als temporales Adverb fungieren:

- (?) *hlm ytq nḥš yšlḥm <nḥš> ᶜqšr* ... "Dann fesselt(e) er die Schlange, fütterte(e) er die schuppige <Schlange> ..." 1.100:6 und Par. (Z. 11f., 17, 22f., 28, 33, 38, 43, 48, 54f.) (alt.: "Nachdem er die Schlange gefesselt hat[te], ...").

Anm. Laut Sivan (GUL 180) gibt es im Ug. auch ein lokales Adverb *hlm* (entsprechend he. *hᵃlom* und ar. *halumma*), belegt in 1.19:IV:52: *bat b hlm* "she has entered here" (Übersetzung Sivan). Es liegt aber eher ein Schreibfehler für *b <a>hlm* vor ("sie ist zu den Zelten gekommen" [*b <a>hlm* als Parallelausdruck zu *b ḏdk*]).

81.22 i. Hinzuweisen ist in diesem Zusammenhang auch auf das Lexem *ᶜlm*, das traditionell mit "dann, daraufhin, außerdem, ferner" übersetzt wird (siehe DLU 77a s.v. *ᶜl* II, Bed. 2). Es ist jedoch eher im Sinne von "am folgenden/nächsten Tag" zu interpretieren. Zur Argumentation und zu den Belegen siehe §54.423c.

81.23. Adverbien mit Vorzeitigkeitsnuance

Adverbien (im eigentlichen Sinn) mit Vorzeitigkeitsnuance sind im Ug. offenbar (zufällig) nicht bezeugt. Hinzuweisen ist jedoch auf das Subst. *itml* /*ˀitmālV*/ "(am) Vortag, gestern" (bezeugt in 1.119:19: *[ ] \ itml ykb[d]*), dessen Entsprechungen in anderen sem. Sprachen auch in der Funktion eines Adverbs für "früher" gebraucht werden (he. *ʾæ/itmôl*, *tᵉmôl*; syr. *ʾetmāl(y)*; akk. *timāli/u*, akan. *tumāl* "früher" [EA 362:14.16; siehe dazu CAT 3, 10]; äth. *təmāləm*).

81.24. Adverbien der Zeitstrecke

81.24 a. ***ʿd*** */ʿāda/*? "lange, immerfort, immerzu" (Subst. *ʿd* "Dauer, Zeitspanne" [1.12:II:45; 1.23:67] im adverbialen Ak. [§54.133.2a]) [he. *ʿôd* (*wayyebk ... ʿôd* "und er weinte lange/immerzu" Gen. 46,29); vgl. auch akan. *adi* (CAT 3, 119-122: "still, further, again")]. Das Ug. besitzt neben der Präp. *ʿd* (§82.33) und der Konj. *ʿd* (§83.214) wahrscheinlich auch ein Adverb *ʿd* (damit gegen DLU 72a, wo die im folgenden genannten Belege als Konj. gedeutet werden):

- *ʿd lḥm šty [ilm]* "Lange aßen (und) tranken [die beiden Götter]" 1.4:V:48.
- *ʿd lḥm šty ilm* "Lange aßen (und) tranken die Götter" 1.4:VI:55; 1.5:IV:12*
- (?) *[ʿd tl]ḥm tšty \ [ilm]* "[Lange a]ßen (und) tranken [die Götter]" 1.4:III:40f.

81.24 b. ***ʿd-m*** "lange, immerfort, immerzu" (*ʿd* [§81.24a] + EP *-m*):

- *ʿd-m* <*t*>*lḥm tšty* "Lange aßen (und) tranken sie" 1.15:VI:2.

81.25. Sonstige temporale Adverbien

aḫrm /*ʾaḫ(ḫa)ram(ma)*/? "hintereinander, nacheinander" (Subst. **aḫr* "Rückseite" im adverbialen Ak. mit EP *-m* bzw. nominaler Mimation [vgl. *aḫr* "dann" (§81.22a)]. Die Existenz dieses Adverbs ist nicht gesichert. Mögliche Belege sind:

- *[hm] ṯlṯ id ynphy yrḫ b yrḫ aḫrm* ... "[Wenn] es dreimal, Monat für Monat, hintereinander(?) sichtbar wird, ..." 1.163:12'(5) (zur Übersetzung vgl. Dietrich-Loretz 1990a, 169.182).
- ... *aḫrm \ [ ]* 4.734:10.11 (Kontexte abgebrochen).

81.3. Modale Adverbien

81.3 a. (?) ***k*** */kā/* "(genau) so, auf diese Weise, dementsprechend" [he. *koh* "so"; aram. *kh*, *kʾ* = /*kā*/ "so" (DNSI 489b); vgl. phön.-pun. *kʾ* = *cho* "hier" (PPG § 248a); wahrscheinlich etym. verwandt mit der Präp. *k* "wie" (§82.13)]. Die Existenz dieses Adverbs ist nicht gesichert. *k* kann alternativ als Affirmationspartikel "gewiß, fürwahr" betrachtet werden. Die im folgenden genannten Belege wären dann zu §85.7b zu stellen:

- *arḫ tzġ l ʿglh / bn ḫpṯ l umhthm / k tnḥn udmm* "(Wie) eine Kuh nach ihrem Kalb muht, (und) die entwöhnten Jungen nach ihren Müttern, so(?) klagen die Bewohner(?) von Udum" 1.15:I:5-7 (vgl. §81.3c).
- *w k rgm špš \ mlk rb bʿly* "So(?) sprach die 'Sonne', der Großkönig, mein Herr" 2.23:1f.

81.3 b. (?) ***kn*** */ka/inna/* "so" (Adverb *k* "so" + *-n* [?]) [he. *ken*; phön./aaram. *kn*; pun. *chen* (Poen. 935); syr. *hākanna*; akk. *(a)kanna/â*). Die Existenz dieses Adverbs ist nicht gesichert. Der einzige mögliche Beleg lautet:

- *kn npl bˁl \ km t̠r / w tkms hd \ km ibr* "So(?) fiel Baˁlu hin wie ein Stier; knickte Haddu ein wie ein Bulle" 1.12:II:53-55 (zur Übersetzung vgl. DLU 220a s.v. *kn* (II); alt.: Affirmationspartikel *k* [§85.7] + EP *-n*; Sivan [GUL 186] deutet *kn* hier im Sinne von "behold").

81.3 c. ***km*** "so, ebenso, ebenfalls" (Bildung unklar; evtl. *k(n)* "so" + EP *-m*) [vgl. akk. *kīam*, *kâmma*]:

- *k lb arḫ l ˁglh / k lb \ t̠at l imrh / km lb \ ˁnt at̠r bˁl* "Wie die Empfindung der Kuh für ihr Kalb, wie die Empfindung des Mutterschafes für ihr Lamm, so war die Empfindung ˁAnatus für Baˁlu" 1.6:II:28f. // 1.6:II:6-9 (vgl. §81.3a).
- *w ˁlk l \ tˁl bt̠n ..... km l tudn \ dbbm kšpm hwt \ ršˁ / hwt bn nšm \ ghrt phm w špthm* "Und keine Schlange wird auf dich hinaufkriechen ..... Ebenso werden die Beschwörer und Zauberer das Wort des Frevlers nicht ... (?), (noch) das Wort von Menschen, das ... (?) ihre Münder und ihre Lippen" RS92.2014:3-4.8-11.

81.3 d. ***kmt*** "so" (*km* + EP *-t*):

- *km špš \ d brt / kmt \ br ṣtqšlm \ b unt̠ ˁd ˁlm* "Wie die 'Sonne', die frei ist, so ist PN für immer befreit von der Lehenspflicht" 2.19:2-5.

81.3 e. ***kmm*** "auch so, desgleichen; ditto" (*km* "so" + EP *-m*). Belege: 1.27:3; 1.41:33; 1.46:15; 1.49:7; 1.50:6*.8; 1.87:36; 1.90:4; 1.107:14; 1.109:11.28; 1.132:16.21.24; 1.136:13*; 1.146:3.4; 1.148:11-12(6x); 1.164:5.7.8; 1.168:3.10.13. Illustrative Textbeispiele:

- *dqt l ṣpn šrp w šlmm kmm* "ein Kleintier für Ṣapānu als Brandopfer; und als *šlmm*-Opfer desgleichen" 1.109:10f // 1.46:15*; ähnl. 1.41:32f.* // 1.87:35f.* und 1.109:28.
- *ksp \ w ḫrṣ kmm* "(man opfert ...); ebenso Silber und Gold" 1.90:3f.
- *ˁlm kmm* "am folgenden Tag desgleichen (d.h. am folgenden Tag werden die gleichen Ritualhandlungen vollzogen)" 1.49:7; 1.50:6*; 1.136:13*;
- *bˁl-m kmm* "wiederum für Baˁlu (d.h. für die Baˁlu-Götter Nummer 2 bis Nummer 7) desgleichen" 1.148:11-12(6x) (alt.: *b ˁlm kmm* "am folgenden Tag desgleichen" [§89.27b]).

81.3 f. ***mid*** */ma/uʾda/* "in hohem Maße; sehr" (Subst. *mid* "Menge" [1.4:V:15&] im Ak. [§54.133.2d]) [he. *meʾod*; vgl. akk. *mādiš* (TE) und *mādum-ma* (LE)]. Belege: 1.3:II:23; 1.3:V:16; 1.14:I:23; 1.15:III:13; 1.71:26; 1.72:37; 1.85:30; 2.10:13; 2.11:11; 2.16:10; 2.41:8; 2.56:5*; 2.68:13; 2.76:5; vgl. auch die Zeichenfolge *mab* in 2.16:11, die wahrsch. zu *mad*[!] zu emendieren ist. Illustrative Textbeispiele:

- *mid tmtḫṣn* "Sie kämpfte gar sehr" 1.3:II:23.
- *mid rm [krt] \ b tk rpi ar[ṣ]* "Überaus erhaben ist/sei [Keret] inmitten der Rapiʾūma der Erde" 1.15:III:13.
- *w pn špš nr \ by mid* "Das Gesicht der 'Sonne' strahlte sehr über mir" 2.16:10.
- *hnny ˁmny \ kll mid \ šlm* "Hier bei uns beiden / bei mir herrscht in überaus vollkommener Weise Wohlbefinden" 2.11:10-12; 2.56:4-5* (§45.23c).

- *w hnn* \ *ᶜm ᶜbdk* \ *mid šlm* "Hier bei deinem Diener herrscht bestes Wohlbefinden" RS92.2010:9-11.

81.3 g. ***midm*** "in hohem Maße; sehr" (*mid* + EP *-m*):

- *ᶜm špš kll midm* \ *šlm* "Bei der 'Sonne' herrscht in überaus vollkommener Weise Wohlbefinden" 2.39:3f. (§45.23c).

Anm. Zu (anderen) Nomina im adverbialen Ak. mit modaler Bedeutung siehe §54.133.2d. Zum Adverb *bkm*, das möglicherweise modale Bedeutung besitzt, siehe §81.22f. Hinzuweisen ist hier ferner auf die Form *mndᶜ* "vielleicht" (§33.115.44 [4]).

81.4. Demonstrative Adverbien

Das Ug. kennt eine Reihe von demonstrativen Adverbien, welche die Aufmerksamkeit des Hörers auf sich ziehen und sich mit "siehe (da)!" übersetzen lassen. Sie stehen immer am Beginn einer syntaktischen Einheit (bisweilen nach den Konjunktionen *w* und *p*) und fungieren vergleichbar mit gewissen temporalen Adverbien (*ht*, *hnny*), mit denen sie auch morphologische Ähnlichkeiten aufweisen, als Präsentationspartikeln. In anderen Grammatiken werden sie als Interjektionen geführt.

81.4 a. ***hn*** */ha/innV/* "siehe!" [akan. *annû* (dazu Rainey 1988, 211-214 und CAT 3, 155-159); he. *hen* und *hinneh*; ar. *ʾinna*; vgl. ferner akk. *a(n)numma*; an Lit. zur Thematik siehe bes. Aartun (1974, 69f.) und Brown (1987, 202-207)]. Es gibt zahlreiche Belege in Poesie und Prosa (siehe im einzelnen WL 68). Die Abgrenzung dieses Lexems vom Lokaladverb *hn* (§81.11a) einerseits und vom Frühartikel *hn* (§42.7) andererseits ist in Einzelfällen schwierig. Illustrative Beispiele (in Verbal- und Nominalsätzen):

- *hn ym w ṯn* / *tikl* \ *išt b bhtm* ... "Siehe, einen Tag und einen zweiten 'fraß' das Feuer im Gebäude ..." 1.4:VI:24f.
- *p hn aḫym ytn bᶜl* \ *spuy* "Aber siehe, meine eigenen Brüder gab Baᶜlu mir zu essen" 1.6:VI:10f.
- *ᶜdk ilm* / *hn mtm* \ *ᶜdk* "Bei dir sind die 'Götter'; siehe, die Toten sind bei dir" 1.6:VI:48f. (vgl. §82.33).
- *w hn špšm* \ *b šbᶜ* / *w l yšn pbl* \ *mlk* ... "Und siehe, bei Sonnen(untergang) am siebenten (Tag), wird der König P. nicht schlafen können ..." 1.14:III:14-16 (in vergleichbaren Wendungen finden sich sonst die temporalen Adverbien *mk* "schließlich" [§81.22g] oder *aḫr* "danach" [§81.22a]).
- *hn ym w ṯn* / *yšlḥm* \ *kṯrt* / *w yššq bnt hl[l]* \ *snnt* "Siehe, einen Tag und einen zweiten gab er den Kôṯarātu zu essen, und gab er zu trinken den Töchtern der Mondsichel, den Schwalben(?)" 1.17:II:32-34 (der Abschluß des Sieben-Tage-Zyklusses wird demgegenüber durch *mk* "siehe!"(?) markiert [Z. 39]).
- *km trpa hn nᶜr* "Als die beiden die Heilung vollzogen hatten, siehe, da wachte er auf(?)" 1.114:28. (alt.: *nᶜr* als nominale Form).
- *hn špthm mtqtm* "Siehe, ihre(r beiden) Lippen (waren) süß" 1.23:50.55*.
- *w hn ibm šṣq ly* "Und siehe, die Feinde bedrängen mich" 2.33:27.

Anm. In 4.721:16 begegnet in einem zerstörten Kontext eine Form *hnh*. Aufgrund der vorliegenden Textgattung und der Tatsache, daß *hnh* das letzte Wort des Textes darstellt, kann *hnh* nicht Präsentationspartikel sein. — Es könnte im Ug. neben (einfachem) *hn* auch erweiterte Varianten geben, etwa *hn-m* (< *hn* + EP *-m* [möglw. belegt in 2.41:14; möglw. eine Lehnbildung zu akk. *a(n)numma*]) und *hm* (< **hn* + EP *-m* mit regressiver Assimilation von /*n*/). Die Mehrzahl der für die letztere Form in Frage kommenden Belege läßt sich jedoch überzeugender als Konj. im Sinne von "oder" deuten (§83.14). Die zweimalige Zeichenfolge *hm* in 1.19:II:35 (jeweils *ṣpnhm* bzw. *ṣpn hm*) ist unklar.

81.4 b. ***hl*** /*hallV*/ "siehe!" (wahrsch. zusammengesetzt aus *hn* [81.4a] + Affirmationspartikel *l*; siehe Tropper 2000, bes. Kap. 1.5) [akan. *allû/ê/â(mi)* "siehe!" (dazu Rainey 1988, 214-219; CAT 3, 159-167); raram. *hlw* "siehe!" (DNSI 280), baram. *ᵓᵃlû*; vgl. das Element **hallV* in he. *hallāz(æh)/hallāzû* (DemPr) und ar. *ᵓallaḏī* (RelPr); eine Verbindung mit he. *hᵃloᵓ* "nicht?", ar. *ᵓalā* "bestimmt, doch!" und der ar. Fragepartikel *hal* besteht wahrsch. nicht].

Ug. *hl* wird offenbar genau wie akan. *allû* verwendet. Wie bei akan. *allû* ist auch bei ug. *hl* fraglich, ob die Wiedergabe mit "siehe!" semantisch immer passend ist (das betreffende Problem wird in CAT 3, 159-167 nicht erörtert). Es ist mit der Möglichkeit zu rechnen, daß die genannten Lexeme (wie Demonstrativpronomina) etwas bereits zuvor Genanntes näher bestimmen bzw. betonen. Die folgenden Übersetzungen tragen diesen Überlegungen Rechnung. Alle sicheren Belege stammen aus der Poesie (vgl. Brown 1987, 202-207):

- *hlk qšt ybln / hl yš\rbᶜ qṣᶜt* "Dieser dort (scil. zuvor genannte Gott Kôṯaru-wa-Ḫasīsu) trug den Bogen; dieser da brachte das ‘Krummholz’ (d.h. den Bogen) / die Pfeile (als Geschenk)" 1.17:V:12f. (*hlk // hl*). — Alternativ: "Siehe, er ...; siehe, er ..." oder "Der eine (sc. Kôṯaru) ... der andere (sc. Ḫasīsu) ..."; zur letztgenannten Deutung vgl. 1.23:32f. (siehe unten).
- *hl ᶜṣr tḥrr l išt* "Dieser Vogel (da) wird/soll geröstet (werden) / Diesen Vogel sollst du rösten auf(?) dem Feuer" 1.23:41.44.47f. (*ᶜṣr* ist zuvor, in Z. 38, genannt). — Alternativ: "Siehe, der/den Vogel ...".
- *hl ġlmt tld bn* "Dieses Mädchen (da) wird/soll einen Sohn gebären" 1.24:7 (von dem Mädchen ist implizit bereits zuvor die Rede). — Alternativ: "Siehe, das Mädchen ...".

In 1.23:32f. begegnet viermal eine Wortform *hlh* = /*hallV-hā*/, die sich wahrscheinlich aus *hl* und dem PrS 3.f.sg. zusammensetzt (vgl. he. *hinneh* oder ar. *inna* + PrSS). Die zweimalige Konstruktion *hlh ... (w) hlh* nimmt Bezug auf zwei zuvor genannte Frauen; sie läßt sich im Sinne von "die da ... die dort" = "die eine ... die andere" deuten:

- *hlh tšpl / hlh trm / hlh tṣḥ ad ad /\ w hlh tṣḥ um um* "Die eine neigte sich nach unten / war klein; die andere richtete sich (hoch) auf / war groß. Die eine rief ‘Vater, Vater!’; die andere rief ‘Mutter, Mutter!’" 1.23:32f.

81.4 c. ***hlk*** */hallVka/* "siehe!" (*hl* + EP *-k*). Das betreffende Lexem begegnet nur in 1.17:V:12, in Parallele zum demonstrativen Adverb *hl* (zu Text und Übersetzung siehe oben [§81.4b]).

81.4 d. ***hln*** */hallVnV/*? "siehe!" (Lexem *hl* [§81.4b] + *-n*). *hln* könnte alternativ (in gewissen Kontexten) auch im Sinne von "dann" zu interpretieren sein:

- *w hln ˁnt tm\tẖṣ b ˁmq / tẖtṣb bn \ qrytm* "Und siehe (alt.: dann [nach Verlassen ihres Palastes~) kämpfte ˁAnatu im Tal, führte sie eine Schlacht zwischen den beiden Städten" 1.3:II:5-7.
- *w hln ˁnt l bth tmġyn / tštql ilt l hklh* "Und siehe (alt.: dann) ging ˁAnatu zu ihrem Haus, begab sich die Göttin zu ihrem Palast" 1.3:II:17f.
- (?) *[xx]n yšt rpu mlk ˁlm* "... es trinkt / es möge trinken Rapiˀu, der König der Ewigkeit" 1.108:1 (eine Ergänzung *[hl]n* ist theoretisch möglich).
- (?) *ht hln ḫrṣ* ... "Nun, siehe das Gold ..." 2.36+:12 (Kontext abgebrochen).
- *hln hn ˁmn \ šlm* "Siehe, hier bei mir herrscht Wohlbefinden" RS92.2005:9f.; RS92.2005:29-30* (*[hln] hnn ˁmn \ [šlm]*) ; analog RS94.2479:5. — Diese Briefformel wird sonst durch *hnn(y)* (§81.11b-c) oder *hlny* (§e) eingeführt.

81.4 e. ***hlny***, wahrsch. identisch mit syll. *al-li-ni-ya*: "siehe!" (RS20.426B:5' [Sa]; siehe UV 68.121) = */hallinīya/*? (*hln* [§d] + EP *-y* [§89.3]).

hlny begegnet fünfmal als einleitendes Adverb folgender formelhaften Wendung im Briefkorpus, die auch durch *hnn(y)* (§81.11b-c) oder *hln* (§81.4d) eingeführt sein kann:

- *hlny ˁmn(y) / ˁm ... (kll midm) šlm* "Siehe, bei mir/uns / bei ... ist (herrscht in überaus vollkommener Weise) Wohlbefinden" 2.13:9-10 u.ö. (weitere Belege von *hlny* im betreffenden Formular sind 2.24:8*, 2.30:8, 2.36+:2* und 2.78:4).

Daneben wird *hlny* auch zur Einleitung anderer Sätze gebraucht. Die Belege lauten: 2.1:3; 2.21:7; 2.30:12; 2.36+:5.30; 2.67:4; 2.70:11; 2.77:8; 2.79:2; 2.83:2; 3.1:18. Illustrative Textbeispiele:

- *hlny ibrkḏ \ mkry rgm l* ... "Siehe, PN, mein Handelslegat(?), sagte zu ..." 2.21:7f.
- *hlny ˁmn \ mlk b ṯy ndr \ iṯt* "Siehe, ich befinde mich beim König mit dem versprochenen Tribut" 2.30:12-14.
- *hlny lm mt bˁl[y(?) ...]* "Siehe, warum(?) haben die Männer(?) ...?" 2.36+:30.
- *[h]lny aḫy [ ]* "[N]un/Siehe, mein Bruder ..." 2.67:4.
- *hlny bn ˁyn \ yštal ˁm amtk* "Siehe, B. erhebt (Schuld-)Forderungen(?) gegenüber deiner Magd" 2.70:11f.
- *ḥd hlny px[ ]* "Siehe(?), nun ...!" 2.77:8.
- *hlny argmn d [ybl n]qmd \ l špš arn* "Siehe, (das ist) der Tribut, den [Ni]qmaddu der 'Sonne' Arinna [bringen muß]" 3.1:18f.

Anm. Die Zeichenfolge *hl[ ]* begegnet ferner in einigen abgebrochenen Kontexten (1.107:1; 2.39:27; 2.63:15). Auch hier könnten demonstrative Adverbien vorliegen.

81.5. Sonstige (nicht interrogative) Adverbien

81.5 a. (?) ***lbd-m*** */li-baddi/u-ma/* "allein" (Präp. *l* + Subst. *bd* "Teil, Glied" + EP *-m*) [vgl. he. *l^ebad*]. Dieses Lexem ist möglicherweise in 1.2:III:20 bezeugt:

- *lbd^?m a^?rd b npšny* "allein(?) muß ich(?) hinabsteigen ..."

Die Lesung des dritten Zeichens ist jedoch ungewiß. In Frage kommen {b}, {d} und {u}. Im letzteren Fall läge das Wort für "Löwe" vor (*lbum*; siehe Smith 1994, 217.219.253f.).

81.5 b. Kausale Adverbien im engeren Sinn mit Nuancen wie "deshalb, deswegen", "folglich" oder "trotzdem" sind ug. nicht nachweisbar.

Anm. Die Wortform *bh* (Präp. *b* + PrS der 3. Person) bedeutet in Kontexten wie *bh p^cnm ṯṯ̈* wahrscheinlich nicht "deswegen / darüber wankten die Beine", sondern "bei ihr/ihm wankten die Beine" (1.3:III:32f.; 1.4:II:16f.*; 1.19:II:44f.).

81.5 c. Zahlreiche adverbial gebrauchte Lexeme sind auf der Grundlage von Zahlausdrücken gebildet. Sie werden unter Kap. 6 (Zahlwort) behandelt: zu Adverbien der Wz. √*ʾḥd* "eins" (*aḥdh*, *aḥdy*, *yḥdh*) siehe §62.111.2a; zu Adverbien mit iterativer bzw. multiplikativer Bedeutung siehe §65.

81.6. Interrogativ- und Indefinitadverbien

Viele der nachfolgend genannten Interrogativadverbien, die auch als Indefinitadverbien fungieren können, enthalten das Bildungselement *ay-* = */ʾayy-/*, das im Ug. als adjektivisches Indefinitpronomen bezeugt ist (§45.13).

81.61. Lokale Interrogativa

81.61 a. ***iy*** [ʾeyyV] od. */ʾêya/u/* (§33.213.1b) < **ʾayya/u* "wo?" (**ʾayy-* im Ak. oder Lok.]) [he. *ʾayyeh*; akan. *ʾayya*, *ayyăti*, *ayyămi* (CAT 3, 109f.); vgl. akk. *ayyānum*, *ayyVkiam* (u.ä.); ar. *ʾayna*]:

- *iy aliyn b^cl* /\ *iy zbl b^cl arṣ* "Wo ist der hochmächtige Ba^clu? Wo ist der Fürst, der Herr der Erde?" 1.6:IV:4f. // 1.6:IV:15f.

Anm. Das betreffende Interrogativum begegnet häufig auch als Bestandteil von GNN und PNN; siehe die PNN *iyb^cl*, *iydm*, *iytlm* und *iyṯr*; vgl. ferner PNN mit Element **ay*, nämlich *ayab*, *ayaḫ* (Varianten: *ayiḫ* und *ayḫ*), *ayy*, *aym* und *aymr* (zu den Belegen siehe DLU 65f. und WL 6a.20b).

81.61 b. ***i*** */ʾê/* < **ʾay* "wo?" (Variante [Kurzform] zu *iy*) [he./jaram. *ʾê*; akk. *ai*]:

- *i ap b^c[l]* /\ *i hd d[ ]* "Wo ist denn Ba^c[lu ...]? Wo ist Haddu ...?" 1.5:IV:6f. (Kontext weitgehend abgebrochen).

81.61 c. ***an*** */ʾânV/* < **ʾayyănV* "wo?" (alt.: "wohin?") (**ayy-* + */-ănV/*) [akk. *ayyāniš*, *ayyānu(m)*; he. *ʾayin*, *ʾān*, *ʾānāh*; aaram./raram. *ʾn*; ar. *ʾayna*, *ʾannā*]. Ug. *an* ist nur in 1.6:IV:22f. bezeugt und wird dort in der Konstruktion *an l an* (§83.14) indefinit, zur Einleitung eines Lokalsatzes (§97.6) gebraucht:

- *an l an y špš /\ an l an il yǵr[k] /\ tǵrk šlm [ilm]* "Wo auch immer (du bist), o Šapšu; wo auch immer (du bist), (da) möge Ilu [dich] bewahren, (da) mögen [die Götter(?)] dich unversehrt bewahren!" 1.6:IV:22-24 (alt.: "Wohin auch immer [du gehst] ...").

81.62. Temporale Interrogativa

Temporale Interrogativa im engeren Sinn mit der Nuance "wann?" als funktionale bzw. etymologische Entsprechungen zu he. *mātay*, ar. *matā*, akk. *immati*, aram. *ᵓemmat(ī)*, ar. *ᵓayyāna* (u.a.) sind im Ug. nicht bezeugt. Man beachte in aber die Konstruktion *mn yrḫ* "wieviele Monate?" (1.16:II:19f.), die periphrastisch für "wie lange?" steht (§44.242).

81.63. Modale Interrogativa

81.63 a. ***ik*** */ᵓêkā/* < **ᵓay(yV)-kā* "wie (kommt es, daß)?", "warum?" (**ayy-* + Adverb *k* */kā/* "so" [§81.3a]) [he. *ᵓêk*, *ᵓêkāh*; syr. *ᵓaykan(nā)*; akk. *ayyakâ(m)*]. Alle Belege stammen aus dem poetischen Textkorpus: 1.2:I:40; 1.2:II:6; 1.3:III:36; 1.4:II:21.23; 1.4:III:28; 1.4:IV:31.32; 1.5:II:21; 1.6:VI:24.26; 1.8:II:1; 1.18:IV:9; 1.176:22. Illustrative Textbeispiele:

- *ik mǵy gpn w ugr* "Warum ist Gapanu-und-Ugaru gekommen?" 1.3:III:36.
- *ik \ mǵy aliyn bᶜl / ik mǵyt b[t]lt ᶜnt* "Warum ist der hochmächtige Baᶜlu gekommen? Warum ist die Ju[ng]frau ᶜAnatu gekommen?" 1.4:II:21-23.
- *ik tmgnn rbt \ aṯrt ym / tǵẓyn \ qnyt ilm* "Warum beschenkt ihr die Herrin Aṯiratu des Meeres, (warum) überreicht ihr der Schöpferin der Götter Gaben? 1.4:III:28-30.
- *ik yṣḥn \ [bᶜl ...]* "Warum lädt mich [Baᶜlu ...] ein?" 1.5:II:21.
- *ik tmtḫ\ṣ ᶜm aliyn bᶜl / ik al yšmᶜk ṯr \ il abk* "Wie kannst du (es wagen), mit dem hochmächtigen Baᶜlu (zu) kämpfen? Wie (könnte es nur sein), daß der Stier Ilu, dein Vater, dich nicht hört?" 1.6:VI:24-26 (Übersetzung des zweiten Kolons unsicher; alt.: "Wie soll der Stier ... denn [weiterhin] auf dich hören?" oder: "Wie [könnte es sein], daß der Stier ... Verständnis für dich hat?").
- *ik al yḥdṯ yrḫ* "Warum soll sich Yariḫu nicht erneuern?"(?) 1.18:IV:9.

81.63 b. ***iky*** "wie?, warum?" (*ik* + EP *-y* [§89.3]). Es handelt sich um eine Variante zu *ik*, die nur in Prosatexten belegt ist: 2.14:6; 2.21:11; 2.26:5; 3.1:8 (zu den Texten siehe §89.32a).

Anm. *iky* wurde im Laufe der Forschungsgeschichte auch anders gedeutet, etwa als Frageadverb "wo?". Loewenstamm (1984a, 256-261) betrachtete *iky* als schlichte orthographische Variante (Pleneschreibung) zu *ik* "wie?", zumal *iky* nur in der Prosa und *ik* nur in der Poesie bezeugt ist. Demnach wäre das betreffende Frageadverb als */ᵓêkī/* o.ä. zu vokalisieren (vgl. akk. *kī* und *akkāᵓi* [jB/nB] "wie?"). — Hoftijzer (1971a) deutete *iky* in 2.14:6 "as a contraction of *ᵓik* + *hy*, i.e. 'how is it, how is that?'".

81.63 c. ***ikm*** "wie?", "wie auch immer" (*ik* + EP *-m* ?) [vgl. akk. *ayyakâmma* "irgendwo, irgendwie" (auch in akk. Briefen aus Ugarit)]. Es handelt sich um eine weitere Variante des Adverbs *ik*. Es gibt zwei Belege (Poesie und Prosa):

- *ikm yrgm bn il \ krt / špḥ lṭpn \ w qdš* "Wie kann Keret Sohn Ilus genannt werden, Nachkomme des Gütigen und der Heiligen?" 1.16:I:20-22.
- *w yḥ mlk \ w ikm kn w ᶜbd ilm[ ]\ tšknnnn* "Und der König möge (ewig) leben! Und wie auch immer es/er sein wird, so/und ... dient/Diener ... Götter ... sie werden ihm Bestand(?) verleihen(?)" 2.7:9-11 (indefiniter Gebrauch; *ikm* leitet möglicherweise einen Modalsatz ein [§97.42b]).

81.63 d. ***ikmy*** "wie?", "wie auch immer, irgendwie" (*ikm* + EP *-y* [§89.32b]). Der einzige Beleg lautet:

- *ikmy ḥy \ ᶜbdmlk hm \ ymt \ w ilḥmn \ ank* "Irgendwie(?) wird PN am Leben bleiben. Falls er stirbt, werde ich fürwahr (allein) kämpfen" 2.82:17-21.

81.64. Kausale Interrogativa

81.64 a. ***lm*** */li/amā/* "wofür?, warum?" (Präp. *l* + IntPr *m(h)* "was?") [he. *lām(m)āh*; syr. *lmā*; arab. *lima*]. *lm* begegnet in Poesie und Prosa: 1.2:I:24; 1.4:VII:38; 1.14:III:33; 1.14:VI:17; 2.26:4; 2.32:3; 2.33:25; 2.39:16; 2.63:7.13; 2.70:16; 2.72:10; RS88.2159:4.17 (Brief); weitere (wahrscheinliche) Belege in abgebrochenen Kontexten: 1.10:III:5; 1.16:II:18; 2.4:15; 2.21:13; 2.31:23 (*lm ank*); 2.36+:30; 2.66:4; 2.76:14; 7.1:2. Illustrative Beispiele:

- *lm ġltm ilm rišt\km* "Warum habt ihr eure Köpfe gesenkt?" 1.2:I:24f.
- *ib hdn*! *lm tḫš /\ lm tḫš nṯq dmrn* "Feinde Haddus, warum seid ihr zurückgewichen(?); warum seid ihr zurückgewichen(?) ..... ?" 1.4:VII:38f.
- *lm ank \ ksp w yrq ḫrṣ / .....* "Wozu soll mir Silber und gelbes Gold (dienen) .....?" 1.14:III:33f. // 1.14:VI:17f. (nominaler Fragesatz).
- *lm tlik ᶜmy* "Warum schickst/schicktest du (einen Briefboten) zu mir?" 2.26:4.
- *lm l likt \ šil šlmy* "Warum hast du nicht (einen Briefboten zu mir) geschickt, um (dich) nach meinem Wohlbefinden zu erkundigen?" 2.63:7f.

81.64 b. Möglicherweise kennt das Ug. auch ein Frageadverb *mdᶜ /maddūᶜ(V)/*? "weswegen?, warum?" entsprechend he. *maddûaᶜ* (< **mah-yadûaᶜ* [?]):

- *[ ] nplt yx[x] mdᶜ nplt ...* "... du bist gefallen ... warum bist du gefallen ...?" 1.107:10 (Kontext weitgehend abgebrochen).

Anm. Zu *ik* ("wie?") im Sinne von "wieso?" siehe §81.53a; zu *mn* ("was?") im Sinne von "wozu?" siehe §44.241.

81.65. Interrogativa des Grades und Maßes

Interrogativa des Grades und Maßes im eigentlichen Sinn sind im Ug. nicht nachzuweisen. Man beachte jedoch, daß das Interrogativpronomen *mn* "was?" (in 1.16:II:19f.) auch im Sinne von "wieviel?" gebraucht wird (§44.242).

82. Präpositionen

Das Ug. verwendet – insbesondere in der Poesie – vergleichsweise wenige Präpositionen (= Präpp.) und zeichnet sich dadurch als typologisch archaische sem. Sprache aus. Zwei Gründe sind für diesen Befund verantwortlich: Zum einen kennt das Ug. mit dem Akkusativ, Terminativ und Lokativ drei Kasus, die auch ohne Präpp. adverbiale Bestimmungen bezeichnen (*§*54.133.2; *§*54.3-4). Zum anderen ist bei den bezeugten Präpp. eine große funktionale Bandbreite zu beobachten. Die meisten Präpp. markieren primär eine adverbiale Position und bringen daneben im Zusammenhang mit bestimmten Verben auch direktionale Nuancen zum Ausdruck. Dabei können sie – je nach Verbalnuance – sowohl terminativisch ("zu ... hin") als auch ablativisch ("von ... her") gebraucht werden (siehe Pardee [1975, bes. 337-339] und [1976, bes. 286-291]).

Hinsichtlich ihrer Bildung können die einradikaligen Präpp. nicht weiter analysiert werden. Die meisten zwei- und dreiradikaligen Präpp. lassen sich aber auf Begriffswurzeln oder unmittelbar auf Substantive (im adverbialen Akkusativ oder im Lokativ) zurückführen. Im letzteren Fall spricht man von sogenannten "sekundären" Präpp. (gegenüber "primären" Präpp.). Die Grenzen zwischen sekundären Präpp. und Substantiven in einem adverbialen Kasus sind fließend.

Die nachstehenden Einträge sind wie folgt aufgebaut: 1. Nennung des Lexems; 2. Vokalisationsversuch (sofern Anhaltspunkte vorhanden sind); 3. Erläuterungen zur Wortbildung zwischen runden Klammern; 4. Daten zur Etymologie zwischen eckigen Klammern; 5. Ausführungen zur Semantik.

Lit.: Pardee (1975), (1976) und (1977) [Forschungsgeschichte; Verb-Präp.-Kombinationen im Ug.]; Aartun (1978, 1-26); vgl. ferner Jenni (1992, bes. 11-19) und (1994).

82.1. Einradikalige Präpositionen

82.11. *b*

b mit orthogr. Variante *by* (2.2:7; 2.36+:26; 2.38:13.25 [*§*21.341.21c]) = syll. *bi-i* (RS20.149(+):III:6') = /*bi*/; phonetische Realisierung [bī] o.ä. (*§*33.275) [wsem.: he. *b*^{e}; phön. *b*; pun. *by/i*; aram. *b*; ar. *bi*; äth. *ba*. Ein etym. Zusammenhang mit sem. **bayt*- "Behausung, Inneres" ist denkbar]. Es gibt auch erweiterten Varianten dieser Präp., nämlich *b-m* und *b-n* (*§*82.52).

Die Präp. *b* bezeichnet primär die adverbiale Position "innerhalb des Raumes / der Grenzen von". Sie kann darüber hinaus im Zusammenhang mit gewissen Verben direktional verwendet werden, und zwar sowohl terminativisch (nach Verben des Hingehens u.ä.) als auch ablativisch (nach Verben des Herausgehens, Vertreibens u.ä.). Und schließlich kann *b* auch instrumental gebraucht werden. Die genannten semantischen Nuancen sind im Dt. unterschiedlich wiederzugeben: "in, an, auf; hin(ein) ... zu; her(aus) aus, von; mit, durch, in Form von". Illustrative Beispiele der wichtigsten Verwendungsweisen:

- Angabe des Ortes ("im Bereich von; in, an"):
- *w hln ʿnt tm\tḫṣ b ʿmq* "Und dann kämpfte ʿAnatu im Tal" 1.3:II:5f.
- *w b ḥlmh \ il yrd / b ḏhrth \ ab adm* "Und in seinem Traum stieg Ilu herab, in seiner Vision der Vater der Menschheit" 1.14:I:35-37.
- *ʿtkt \ rišt l bmth / šnst \ kpt b ḥbšh* "Sie befestigte die Köpfe auf ihrem Rücken, band die Hände an ihrem Gürtel fest" 1.3:II:11-13.
- *adr tqbm \ b lbnn / adr gdm b rumm /\ adr qrnt b yʿlm / mtnm \ b ʿqbt ṯr / adr b ġl il qnm* "Die größte der Eschen (im Bereich) des Libanon, die größte der Sehnen (im Bereich) von Wildstieren, das größte der Hörner (im Bereich) von Steinböcken, (das größte) der Muskelbänder (im Bereich) der Sprunggelenke eines Stieres, das größte an Schilfrohren (im Bereich) des göttlichen(?) Röhrichts (gib dem Kôṯaru-wa-Ḫasīsu)" 1.17:VI:20-23.
- *b alp \ šd rbt kmn* "in/aus (einer Entfernung von) 1000 *šd* (bzw.) 10000 *kmn* (jemanden sehen)" 1.3:IV:38 (und Par.).
- terminativisch ("hinein zu"):
- *aṯr \ bʿl ard b arṣ* "Im Gefolge von Baʿlu will (auch) ich in die Unterwelt hinabsteigen" 1.5:VI:24f.; ähnl. 1.6:I:7f.
- *yʿrb b ḥdrh ybky* "Er trat in seine Kammer, um zu weinen" 1.14:I:26.
- *ʿrbm \ dt ʿrb \ b mtn bn ayaḫ* "Bürgen, die sich für PN_1, Sohn des PN_2, verbürgen (w.: die hintreten an [die Stelle von])" 3.3:1-3.
- ablativisch ("heraus aus" bzw. "von"):
- *[b] ph rgm l yṣa / b špth hwth w ttn gh* "Kaum war das Wort [aus] seinem Mund gekommen, seine Rede und das 'Geben' seiner Stimme von seinen Lippen ..." 1.2:IV:6.
- *trtqṣ bd bʿl / km nš\r b uṣbʿth* "Springe aus der Hand des Baʿlu, wie ein Adler von seinen Fingern!" 1.2:IV:13f.
- *ṭrd bʿl \ b mrym ṣpn* "... (einer), der Baʿlu von den Höhen des Ṣapānu verteibt ..." 1.3:III:47-1.3:IV:1.
- *tbʿ b bth* "Sie gingen weg von seinem Haus" 1.17:II:39; vgl. 1.19:IV:20f.
- *[tṣ]un b arṣ* "Sie [kom]men/[ka]men aus der Erde hervor" 1.83:3.
- *tšḫtn.nn b šnth* "(Falls) sie ihn aus/in seinem Schlaf wecken" 1.19:III:45.
- *šty kr[pnm yn] \ b ks ḫrṣ [dm ʿṣm]* "Sie tranken aus Krü[gen Wein], aus goldenen Bechern [das Blut der Weinstöcke]" 1.5:IV:15f. (alt.: instrumental).
- *ylḥm b lḥmy* "Er aß von meiner Speise" RS92.2016:13'.
- separativ ("[weg] von"):
- (?) *[t]rḥṣ ydh b dm ḏmr /\ uṣbʿth b mmʿ mhrm* "Sie wusch ihre Hände (rein) vom Blut der Krieger, ihre Finger (rein) vom Gerinsel der Soldaten" 1.3:II:34f. (alt.: "Sie wusch ihre Hände im Blut ..."; vgl. 1.3:II:13-15.27-28).
- instrumental ("mit, durch"):
- *ġr b abn \ ydy / psltm b yʿr* "Die Haut zerkratzte er mit einem Stein, die ...(?) mit einem Schermesser(?)" 1.5:VI:17f.; ähnl. 1.6:I:2.
- *[ ] tšabn b rḥbt /\ [t]šabn b kknt* "[...] schöpfte(n) Wasser mit Amphoren, [... s]chöpfte(n) Wasser mit Kannen" 1.6:I:66f.
- *rbm ymḫṣ b ktp /\ dkym ymḫṣ b ṣmd* "Die Großen erschlug er mit dem Krummschwert(?), die ...(?) erschlug er mit der Keule" 1.6:V:2f.

- *aḫdt plkh [b ydh] /\ plk tʿlt b ymnh* "Sie hielt ihre Spindel [in ihrer Hand], die Spindel ...(?) in ihrer Rechten" 1.4:II:3f.
- *tiḫd knrh b ydh* "Sie ergriff ihre Leier mit ihren/r Händen/Hand" 1.101:16.
- *šrd bʿl \ b dbḥk / bn dgn \ b mṣdk* "Diene Baʿlu mit deinem Schlachtopfer, dem Sohn Daganus mit deiner/m Speisung/Wildbret!" 1.14:II:24-26.
- *tġdd kbdh b ṣḥq / ymlu \ lbh b šmḫt* "Ihre Leber schwoll an vor Lachen, ihr Herz füllte sich mit Freude" 1.3:II:25f.

• zur Angabe des (Tausch)wertes (sog. *b pretii*):
- *ṯlṯ mat trm b ʿšrt* "300 *tr* im Wert von zehn (Schekel Silber)" 4.158:7.
- *ṯqlm ḫrṣ b ṯmnt ksp* "zwei Schekel Gold für acht (Schekel) Silber" 4.337:20.
- *b ṯlṯ* "für (den Gegenwert von) Kupfer" 4.616:1 (Textüberschrift; es folgt eine Aufzählung von Tieren, die für Kupfer eingetauscht werden).
- *b šd bn ubrš \ ḫmšt ʿšrt* "Für (den Wert) des Feldes des PN (sind) 15 Schekel (zu entrichten)" 4.290:7f.; ähnl. 4.290:9f.11f.13f.
- *[y]n d ntn [b] ksp* "Wein, der für (den Gegenwert von) Silber ausgegeben wurde" 4.219:1 (n.L.); ähnl. 4.274:2f. (lies in Z. 3: *d*! *ntn b*! *ksp*).

Anm. *b* bezeichnet hier das Mittel für das Zustandekommen des Austausches. Die betreffende Funktion liegt somit nahe bei der instrumentalen Funktion von *b* (siehe Jenni 1992, 150f.). In Analogie zu ug. *b* (*b pretii*) wird im Akk.Ug. die Präp. *ina* (gegen akk. Syntax) in gleicher Bedeutung gebraucht (siehe SAU 472). — Anstelle des Ausdrucks "*b* + Tauschwert" kann auch *d* + Gen. (§91.321d, z.B. 4.203:9-13) oder ein Ak. stehen (*w pdyh[m] \ iwrkl mit \ ksp b yd \ birtym* "Und PN hat sie mittels 100 [Schekel] Silber von den Bewohnern von ON losgekauft" [3.4:12-15; sofern hier nicht <*b*> *mit* bzw. *[b] mit* zu lesen ist]).

• "in Form von; gemäß; als":
- *alp l mdgl bʿl ugrt \ b urm u šnpt* "Ein Rind (als Opfer) für die Standarte des Baʿlu von Ugarit in Form eines *urm*- oder eines *šnpt*-Opfers" 1.119:12f.
- *šbʿ kkr šʿrt \ b kkr aḏdd* "Sieben Talente Schurwolle gemäß dem Talent(wert) von Ašdod" 4.709:1f.; ähnl. 4.709:3-6 (*w b kkr ugrt ...*).
- *šqrb ksp \ b mgnk* "Biete Silber als dein Geschenk dar!" 1.16:I:44f.

• partitiv ("von" [vgl. §91.333]):
- *tn \ aḥd b bnk* "Gib (mir) einen von/unter deinen Söhnen!" 1.6:I:45f.
- *my/in b ilm* "Wer/Niemand unter den Göttern ..." 1.16:V:10-22* (je viermal).
- *ʿdb \ imr b pḫd* "Bereite ein Lamm von der Jungtierherde (als Speise) zu!" 1.17:V:16f.; ähnl. 1.17:V:22f.
- *aḥd kbd \ arbʿm b ḫzr* "41 (Personen) von den *ḫzr*-Leuten" 4.630:1f.
- *adr gdm b rumm* "die größten Sehnen von Wildstieren" 1.17:VI:21.
- *adr qrnt b yʿlm* "die größten Hörner von Steinböcken" 1.17:VI:22.
- *alp \ kd yqḥ b ḫmr ...* "Er nahm 1000 Krüge von neuem Wein" 1.3:I:15f.
- *lḥm b lḥm ay / w šty b ḫmr yn ay* "Eßt von jeglicher Speise und trinkt von jeglichem neuen Wein!" 1.23:6.

SV. Da ug. *b* auch direktional gebraucht wird, ist die Bandbreite der Funktionen von ug. *b* entschieden größer als die der entsprechenden akk. Präp. *ina*. Aus diesem Grund wird im Akk.Ug. die Präp. *ina* auch für Nuancen gebraucht, die im Akk. von Mesopotamien durch *ana* abgedeckt werden (siehe SAU 447-450). — Zu he. *b* siehe Jenni (1992); zu phön. *b* siehe Swiggers (1987).

82.12. *l*

l mit orthogr. Variante *ly* (2.30:5; 2.33+:4; 2.68:7; 2.72:5* [§21.341.21c]) = syll. *le-e* (RS20.149(+):III:5' [S^{a}]) = /*li*/; phonetische Realisierung [lē] o.ä. (§33.275). Vor Pronominalsuffixen (außer 1.c.sg.) lautet die Präp. im Einklang mit dem he. und ar. Befund wahrscheinlich /*la*/ (/*lahū̆*/ "für/zu ihm" u.ä.) [wsem.: he. *l*^{e}, phön. *l*, pun. *ly/i*; aram. *l*, ar. *li* (vor Suff. *la*); äth. *la*. Ein etym. Zusammenhang mit der zsem. Präp. **ʾilay*, die ug. nicht bezeugt ist, ist denkbar]. Es gibt auch erweiterte Varianten dieser Präp., nämlich *l-m* und *l-n* (§82.52).

Die Präp. *l* bezeichnet offenbar primär die adverbiale Position "an, bei, gehörig zu", wird jedoch vornehmlich direktional verwendet, und zwar sowohl terminativisch als auch ablativisch (unter anderem in lokaler, temporaler, modaler oder kausaler Hinsicht). Als Äquivalente im Dt. dienen: "an, bei; gehörig zu; in bezug auf; (bis) zu, zu ... hin; für, gegen; von, von ... her, wegen" (am häufigsten: "zu ... hin, für"). Illustrative Beispiele der wichtigsten Verwendungsweisen (positionale vor direktionalen Nuancen):

- possessivisch ("gehörig zu" [Zugehörigkeit zu einer größeren Einheit]):
  - in Tontafelüberschriften: *l b^{c}l* "zu(m) Ba^{c}lu(-Zykus) gehörig(e Tontafel)" 1.6:I:1; *l krt* "zu(m) Keret(-Epos) gehörig" 1.14:I:1; *[l] aqht* "[zu(m)] Aqhatu(-Epos) gehörig" 1.19:I:1.
  - in zusammengesetzten Zahlausdrücken (§62.41; §62.611): *šb^{c} l ^{c}šrm* "27 (w.: sieben zugehörig zu[r] 20[er Dekade])" 4.272:6 (alt.: "sieben zu 20 hinzu[gefügt]"); *^{c}šrm l mit* "120 (w.: 20 zugehörig zu 100)" 4.369:15.

    Anm. 1. Vgl. hierzu den Gebrauch der Präp. *l* in (ug. nicht bezeugten) Datumsangaben, etwa in he. *baḥ^{a}miššāh ^{c}āśār yôm laḥodæš* "am 15. Tag des Monats" (Ez 45,25) oder he. *bišnat ^{c}æśrîm wāšeš šānāh l^{e}ʾāsāʾ mælæk y^{e}hûdāh* "im 26. Jahr des Königs Asa von Juda" (1 Kön 16,8).
- possessivisch ("gehörig dem" [bezeichnet den Besitzer oder Urheber]):
  - *l agpṯr* "(Lebermodell) gehörig dem PN" 1.141:1.
  - *l art [ ]* "gehörig dem PN" 6.44:1.
  - *l rb \ kṯkym* "gehörig dem Obersten der Kaskäer(?)" 6.3:1-2.
- dativisch ("es gibt für jmdn." = "jmd. hat/besitzt"):
  - *in bt l b^{c}l* "Ba^{c}lu hat kein Haus" 1.3:V:38 (und Par.).
  - *bnšm dt iṯ alpm lhm* "Personen, die Rinder besitzen" 4.422:1.
  - *[w u]nṯ inn \ lhm* "[und Lehens]pflicht besteht nicht für sie" 3.4:16f. (gegenüber *w unṯ \ in bh* [3.5:20f.]).
- "bei, neben, in" (Angabe eines Ortes):
  - *ṯm tgrgr l abnm w l ^{c}ṣm* "Dort müßt ihr bei Steinen und bei Gebüschen als Fremdlinge verweilen" 1.23:66.
  - *ilm l šlm \ tġrkm* "Die Götter mögen euch beide in Wohlergehen bewahren" RS92.2005:7f. (vgl. akk. *ilānū ana šulmāni liṣṣurū-ka* [u.ä.]).
  - *w ndd gzr l <g>zr* "Und es standen da Fresser/Begrenzung neben/um Fresser/Begrenzung" 1.23:63 (Lesung unsicher; alt.: *ḫzr l ḫ<z>r* "Schwein neben/um Schwein) (alt.: distributiver Gebrauch).

- distributiv:
- *rḥq abn l abn w pslt l pslt* "Er entfernte Stein um Stein und Quader um Quader" RS92.2016:31'; ähnl. Z. 32' (alt.: ablativisch: "Stein von Stein ...").
- "in (großer Zahl)":
- *hlk l alpm ḫḏd / w l rbt km yr* "Sie sollen zu (d.h. in Form von) Tausenden gehen (wie) ein Wirbelsturm, ja zu Zehntausenden wie ein Herbstgewitter" 1.14:II:39f. (vgl. he. *lārob* "in Menge" [Gen. 48,16]).
- "wegen" (< "in Hinsicht auf; bei"):
- *w hn špšm \ b šbᶜ / w l yšn pbl \ mlk / l qr ṯiqt ibrh / l ql nhqt ḥmrh* ... "Und siehe, bei Sonnenuntergang am siebten Tag wird König Pabil nicht schlafen können wegen des lauten Gebrülls seiner Zuchstiere/Hengste, wegen des lauten Eselgeschreis ..." 1.14:III:14-17 (weitgehend parallel 1.4:V:6-10).
- "während, über ... hinweg/hindurch" (Angabe einer Zeitstrecke):
- *l ymt špš w yrḫ \ w nᶜmt šnt il* "(Möge deine Kraft ... bleiben) während (aller) Tage der Sonne und des Mondes und (aller) lieblichen Jahre Ilus" 1.108:26f.
- *l ymm l yrḫm* "Über Tage, über Monate (suchte ihn ᶜAnatu)" 1.6:II:26f.
- *l ymm l yrḫm / l yrḫm \ l šnt* "(Baᶜlu thronte ...) über Tage, über Monate; über Monate, über Jahre" 1.6:V:7f. (es folgt: "Im siebten Jahr schließlich ...").
- *l ymm l yrḫm \ l yrḫm l šnt* "(Daniˀilu weinte ...) über Tage, über Monate; über Monate, über Jahre" 1.19:IV:13f.

Anm. 2. Vgl. zur Deutung der drei letztgenannten Textbeispiele he. *lišlošæt hayyāmîm* "binnen der drei Tage" (Esr 10,8) und akk. *ana* in ähnlicher Verwendung, z.B. *a-na 5 ūmē* "5 Tage lang (werde ich ausschauen)" (AHw. 47b, s.v. *an(a)*, Bed. E 2); vgl. auch akk. *warḫam ana warḫim* bzw. *ana arḫi ū ana arḫi* "Monat für Monat, monatlich" (AHw. 1467a, s.v. *(w)arḫu(m)*, Bed. 8). — An alternativen Interpretationen kommen in Frage: (a) "von Tagen zu Monaten ..." (d.h. Präp. *l* in ablativischer Funktion gefolgt von *l* in terminativischer Funktion; vgl. etwa syr. *men yōm lyōm* "von Tag zu Tag"); (b) "fürwahr Tage, fürwahr Monate ..." (d.h. Affirmationspartikel *l* [§85.8]); zur Diskussion siehe auch Pardee (1976, 219).

- terminativisch ("hin ... zu" [sehr häufig]):
- *yprsḥ ym / yql l arṣ* "Yammu fiel hin, er fiel nieder zur Erde" 1.2:IV:25f.
- *w hln ᶜnt l bth tmġyn / tštql ilt l hklh* "Und dann ging ᶜAnatu zu ihrem Haus, begab sich die Göttin zu ihrem Palast" 1.3:II:17f.
- *bd dnil ytnn \ qšt / l brkh yᶜdb \ qṣᶜt* "In die Hand des Daniˀilu gab er den Bogen; an sein Knie stellte er das 'Krummholz'" 1.17:V:26-28.
- "hinauf ... zu; auf":
- *ṯᶜr ksat l ksat / ṯlḥnt \ l ṯlḥn<t> / hdmm ṯṯar l hdmm* "Sie stellte Stühle auf Stühle, Tische auf Tisch<e>; Schemel stellte sie auf Schemel" 1.3:II:36f.
- *štt ḫptr l išt \ ḫbrṯ l ẓr pḥmm* "Sie setzte einen Kochtopf auf das Feuer, einen Kessel auf den 'Rücken' der Holzkohlen" 1.4:II:8f. (*l // l ẓr*).
- *w yṣq hw l riš \ bt mlk amr* "... und er goß es (sc. Öl) auf das Haupt der Tochter des Königs von Amurru" 2.72:31f.
- "für; zugunsten von":
- *k lb arḫ l ᶜglh / k lb \ ṯat l imrh / km lb \ ᶜnt aṯr bᶜl* "Wie die Empfindung der Kuh für ihr Kalb, wie die Empfindung des Mutterschafes für sein Lamm, so war die Empfindung ᶜAnatus für Baᶜlu" 1.6:II:28f. // 1.6:II:6-9 (*l // bᶜd*).

- *tṯʿr \ ksat l mhr / ṯʿr ṯlḥnt \ l ṣbim / hdmm l ġzrm* "Sie stellte Sessel für die Krieger hin, stellte Tische für die Soldaten hin, Fußschemel für die Helden" 1.3:II:20-22.
- *ṯn šm w alp l [ʿ]nt* "zwei Schafe und ein Rind für [ʿA]natu" 1.46:2 (n.L.).

Anm. 3. Vergleichbare Wendungen finden sich häufig in Ritualen. In listenhaften Aufzählungen wird die umgekehrte Wortstellung bevorzugt, z.B. *l bʿl š* (1.162:8). Die Präp. *l* kann auch elliptisch fehlen, z.B. *il š / bʿl š / dgn š* (1.46:3). Im Zusammenhang mit hurr. Gottheiten wird in mehreren Ritualtexten (z.B. 1.110, 1.116 und 1.132) anstelle der ug. Präp. *l* das postpositive hurr. Direktivmorphem *de* gebraucht, selbst dann, wenn der Text (wie etwa 1.132) an sich in ug. Sprache abgefaßt ist (z.B. *ḫbtd š* "für Ḫebat ein Schaf" 1.132:5; mit umgekehrter Wortstellung: *ʿlm ṯn šm \ ḫbtd* "am nächsten Tag zwei Schafe für Ḫebat" 1.132:13f.).

- "für; (um) zu" (Angabe des Zweckw bzw. der Absicht):
- *alp l akl* "ein Rind zum Essen (d.h. ein Speiserind)" 6.13:3.
- *ap ilm lḥ[m] \ yṯb / bn qdš l ṯrm* "Die Götter aber saßen da, um zu essen, die Söhne Qudšus, um zu speisen" 1.2:I:20f.
- *aqht [km yṯb] \ l lḥm / w bn dnil l ṯrm* "[Wenn] Aqhatu [sich hinsetzt], um zu essen, der Sohn Daniʾilus, um zu speisen" 1.18:IV:18f.; ähnl. 1.18:IV:29f.
- "gegen":
- *mn ib ypʿ l bʿl / ṣrt \ l rkb ʿrpt* "Welcher Feind hat sich gegen Baʿlu erhoben; (welcher) Widersacher gegen den Wolkenreiter?" 1.3:III:37f. // 1.3:IV:4 (*mnm ib* ...); vgl. 1.3:IV:5f. (*l ib* ...).
- ablativisch mit lokaler Nuance ("von ... weg"):
- *šrḥq aṯt l pnnh* "Er schickte die Frauen weg von seinem Angesicht" 1.3:IV:40.
- *grš ym l ksih / nhr l kḥṯ drkth* "Vertreibe Yammu von seinem Thron, Naharu von seinem Herrschersitz!" 1.2:IV:12f.
- *yrd krt \ l ggt* "Keret stieg herunter vom Dach" 1.14:IV:8f.; ähnl. 1.14:II:26f.
- *ḥspt l šʿr ṭl* "die vom Vlies den Tau abschöpft" 1.19:II:2.6*.
- (?) *l urtn l gbh \ l tmnth* "(Es soll ... zur Erde hingegossen werden [*yšpk*]) ... weg von PN, von seinem Rücken, von seiner Gestalt" RS92.2014:14f.
- ablativisch mit temporaler Nuance ("von ... an"):
- *l ym hnd* "Von diesem Tag an (gilt ...)" 3.2:1; 3.4:1; 3.5:1 (Einleitungsformel von Urkunden entsprechend akk. *ištu ūmi(m) annîm* [vgl. Pardee 1976, 243]).
- *l ht \ w ʿlmh / l ʿnt p dr dr* "Von nun an und auf immer; von jetzt an und in alle Ewigkeit" 1.19:IV:5f.

Anm. 4. *l* zur Einführung des Handlungssubjekts in Passivkonstruktionen ist ug. nicht nachweisbar.

82.13. *k* und *km*

k /*ka*/ [he. *kᵉ*, phön.-pun. *k*, aram. *k*; ar. *ka*; vgl. das Adv. *k* "so" (§81.3a)]; erweiterte Variante *km* /*kamā*/ (*k* + EP *-m*). In der Poesie wird bisweilen im synonymen Parallelismus zwischen *k* und *km* variiert.

Die Präp. *k* (bzw. *km*) bewirkt eine teilweise Gleichstellung der semantischen Teilmerkmale zweier Größen und bezeichnet somit die adverbiale Nuance "Ähnlichkeit in Art und Weise". Äquivalente im Dt. sind "wie, entsprechend, gemäß".

Ug. *k* (bzw. *km*) kann Vergleichsgrößen zu Subjekten, Objekten, Präpositionalausdrücken und verbalen Sachverhalten einführen. Hervorzuheben ist die Tatsache, daß bei Präpositionalausdrücken die Vergleichsgröße durchgehend ohne (weitere) präpositionale Ergänzung ausgedrückt wird. In der dt. Wiedergabe muß die konkrete Vergleichsnuance jedoch mittels Präpp. näher spezifiziert werden ("wie für/an/in/über ..."), zumal dt. "wie" – im Gegensatz zu ug. *k(m)* – ein Adverb und keine Präp. ist.

Illustrative Beispiele der wichtigsten Verwendungsweisen von ug. *k(m)*:

- Vergleichsgrößen zu Subjekten ("wie"):
  - *d k nᶜm ᶜnt nᶜmh / km tsm ᶜṯrt tsmh* "... deren Liebreiz wie der Liebreiz ᶜAnatus ist, deren Schönheit wie die Schönheit ᶜAṯtartus (ist)" 1.14:III:41f. // 1.14:VI:26-28 (jeweils *k // km*).
  - *tṣi km \ rḥ npšh / km iṯl brlth / km \ qṭr b aph* "Seine Seele soll wie ein Windhauch entweichen, wie Speichel (soll) seine Lebenskraft (entweichen), wie Rauch aus seiner Nase" 1.18:IV:24-26; ähnl. 1.18:IV:36f.
  - *k irby \ tškn šd* "Wie Heuschrecken sollen sie auf dem Feld lagern" 1.14:II:50f.; ähnl. 1.14:IV:29f. (*km irby*).
  - *my k qdš* "Wer ist wie Qudšu?" RS92.2016:14'.
- Vergleichsgrößen zu Objekten ("wie"):
  - *tšt k yn udmᶜt* "Sie trank wie Wein (ihre) Tränen" 1.6:I:10.
  - *k lbš km lpš dm a[ḫh] /\ km all dm aryh* "Er bekleidete sich fürwahr mit dem Blut [seiner Brü]der wie mit einem Kleid, mit dem Blut seiner Verwandten wie mit einem Mantel" 1.12:II:46f. (§93.33a).
  - *mlk k abh \ yarš / hm drk[t] \ k ab adm* "Wünscht er ein Königtum nach Art seines Vaters (d.h. entsprechend dem Königtum seines Vaters), oder eine Herrscha[ft] nach Art des Vaters der Menschheit?" 1.14:I:42f. (n.L.).
  - *ṭṭbḫ šbᶜm \ rumm / k gmn aliyn \ bᶜl ...* "Sie schlachtete siebzig Wildstiere als(?) Totenopfer(?) / gemäß dem hohen Ansehen (bzw. dem Reichtum) des hochmächtigen Baᶜlu" 1.6:I:18-20. — Aufgrund des Kontextes wird ug. *gmn* (Etym. unbekannt) herkömmlich mit "Totenopfer" übersetzt (vgl. DLU 147b). Folglich würde *k* hier ähnlich wie sonst *b* fungieren: "in der Rolle/Funktion als". Eine vergleichbare Funktion der Präp. *k* ist ug. sonst nicht nachweisbar und sonst im Sem. nicht geläufig. Alternativ könnte ug. *gmn* vielleicht mit ar. *ǧamm* "reichlich, reich, zahlreich" verknüpft werden (MphT *{qVtlān}*).
- Vergleichsgrößen zu Präpositionalausdrücken ("wie für" u.ä.):
  - *wn in bt l bᶜl km ilm / w ḥẓr k bn aṯrt*, wörtlich "Aber es gibt kein Haus für Baᶜlu wie (für) die (anderen) Götter, keine Wohnstätte wie (für) die Söhne Aṯiratus" 1.3:V:38f. (und Par.).
  - *bl iṯ bn lh k!m aḫh / w šrš \ km aryh* "Soll es nicht einen Sohn für ihn geben wie (für) seine Brüder, einen Sproß wie (für) seine Verwandten?" 1.17:I:20f.
- Vergleichsgrößen zu verbalen Sachverhalten:
  - *bᶜl yṯb k ṯbt ǵr / hd r[bṣ] \ k mdb* (bzw.: *km db*) "Baᶜlu saß da entsprechend dem Sitzen eines Berges, Haddu ru[hte](?) entsprechend einem Strom / einem Bären" 1.101:1f.

Anm. Zu den *k*-Syntagmen in 1.6:II:28-30 // 1.6:II:6-9 siehe §83.24c (*k* ist hier eher Konj. als Präp.). — Vergleichsgrößen können auch ohne *k(m)* genannt werden, z.B. *npš[ ] \ npš lbim \ thwt / w npš anḫr b ym* "Meine Gier ist (wie) die Gier eines Löwen der Steppe oder (wie) die Gier des *anḫr*-Tieres im Meer" 1.133:2-4 (ähnl. 1.5:I:14-16).

SV. Zu he. *k* siehe bes. Jenni (1994); zu akk. *kī(ma)* siehe Mayer (1976, 362-373).

82.2. Zweiradikalige Präpositionen

82.21. *yd*

yd /*yadu/a*/ (Subst. *yd* im Lok. oder Ak.; vgl. die zusammengesetzten Präp. *bd* < **b* + **yd* [§82.411]) [akk. *idu, idi/ē*; vgl. funktional auch akk. *qadu*].

Die Präp. *yd* bezeichnet die adverbiale Position "an der Hand/Seite von" = "neben, nebst, (mit)samt, (zusammen) mit". Sie ist abgesehen von 1.14:II:1 (und Par.) nur in Prosatexten bezeugt. Illustrative Beispiele:

- *qḥ ksp w yrq ḫrṣ / yd mqmh w ʿbd ʿlm* "Nimm Silber und gelbes Gold samt ihrer Mine sowie ewige Sklaven!" 1.14:III:22f.
- *šd kd̲ġdl \ ... \ ... yd gth \ yd zth yd \ [k]rmh yd \ [k]lklh* "das Grundstück von *Kd̲ġdl* ... samt seinem Gutshaus, samt seinem Olivenhain, samt seinem [We]ingarten (und) samt allem [Üb]rigen" 3.5:5-10.
- *t̲mn mrkbt ... yd apnthn \ yd ḥẓhn \ yd trhn* "Acht Wagen ... mitsamt ihren Rädern, mitsamt ihren Pfeilen, mitsamt ihren Deichseln(?)" 4.145:1-5.

82.22. (?) *mn*

Die im Wsem. verbreitete Präp. *mn* /*min*/ "von" ist im Ug. entweder überhaupt nicht bezeugt oder zumindest nicht produktiv. Dieser Befund ist sprachhistorisch bemerkenswert. Es gibt zwei mögliche Erklärungen: (a) *mn* war im Protoug. bekannt, wurde aber nachträglich durch andere Präpp. mit ablativischer Bedeutung verdrängt. (b) Das Ug. besaß nie eine Präp. *mn*, sondern drückte entsprechende Nuancen durch direktional nicht festgelegten Präpp. wie *l*, *b* und *ʿl* aus.

Vertreter der ersteren Auffassung (a) weisen auf mögliche Relikte der Präp. *mn* im Ug. hin. In Frage kommen besonders folgende Textbeispiele (zu angeblichen weiteren Belegen siehe Dietrich – Loretz 1980b):

- *w um \ tšmḫ mab \ w al twḥln* 2.16:10-12. — *mab* könnte im Sinne von **mn ab* "vom Vater" gedeutet werden, was jedoch im Kontext wenig Sinn ergibt ("Meine Mutter möge sich vom[?] Vater [her] freuen ...!"). Wahrscheinlich liegt ein Schreibfehler vor, und *mab* ist zu *mad*! zu emendieren. Als Übersetzung ist demnach vorzuschlagen: "Meine Mutter möge sich sehr freuen und soll nicht verängstigt sein!".
- *mrḥqt-m* "aus/in der Ferne; von fern" 2.11:6& (die Zeichenfolge *mrḥqm* in 2.33+:3 ist gewiß zu *mrḥq*<*t*>*m* zu emendieren [§21.354.1b]). — Die Wortform *mrḥqtm* begegnet regelmäßig innerhalb der sogenannten Proskyneseformel in ug. Briefen. In akk. Briefen von Ugarit findet sich anstelle von

mrḥqtm der Ausdruck *ištu rūqiš* "von fern". Sollte er eine direkte Umsetzung des akk. Ausdrucks sein, wäre *mrḥqtm* zusammengesetzt aus der Präp. *mn* "von", dem Nomen (Subst. oder Adj. [f.pl.]) *rḥqt* "Ferne" (im Gen. oder Lok.) und der EP (bzw. der nominalen Mimation) *-m* (vgl. he. *merāḥôq* "von fern her"). Alternativ kann *mrḥqtm* jedoch als Subst. *mrḥqt* (im Lok.) + EP *-m* analysiert werden, zumal im Ug. der Lok. selbst (auch ohne vorausgehende Präp.) ablativische Funktion hat (§54.423b).

- Cazelles (1979, 264) betrachtete die in 1.166:7 bezeugte Form *maḫr* als zusammengesetzte Präp., bestehend aus **m(n)* + *aḫr* (vgl. he. *meʾaḥar*). Sie läßt sich jedoch einfacher als D-Ptz. deuten (§74.415, √*ʾḫr*).

Somit könnte lediglich im Ausdruck *mrḥqtm* ein fossiler Gebrauch von *mn* vorliegen. Auch hier ist jedoch eine alternative Deutung möglich. Somit liegt der Schluß nahe, daß das Ug. nie eine Präp. *mn* besaß.

SV. Faber (1980, 107-110) vertrat die Ansicht, daß die Präpositionen *b* und *mn* letztlich etymologisch identisch sind und sich auf eine hamitosem. Grundform **mb(V)* zurückführen lassen. Demnach wäre die Ausbildung einer spezifischen Präp. *mn* neben der Präp. *b* in einigen zsem. Sprachen als sekundäre Differenzierung zu bewerten. Bemerkenswert ist, daß die asa. Sprachen (ebenfalls) keine Präp. *mn* besitzen. Stattdessen findet sich im Sabäischen (neben *b*) eine Präp. *bn* mit der Bedeutung "von; von ... weg" (Beeston 1984, § 34.4).

Lit.: Loewenstamm (1967); Pardee (1976, 315f.); Dietrich-Loretz (1980b); Gruber (1980, 219); Aartun (1982); Althann (1994).

82.3. Dreiradikalige Präpositionen

82.31. *ᶜm*

ᶜm /*ᶜimma*/ (Subst. /*ᶜimm-*/? "Gemeinschaft" im Ak.) [he. *ᶜim(m)*; syr. *ᶜam(m)*; vgl. ferner ar. *maᶜa*]. Es gibt auch eine erweiterte Variante *ᶜm-n* (§82.52b).

Die Präp. *ᶜm* bezeichnet grundsätzlich die adverbiale Position "in Gemeinschaft von; (zusammen) mit, bei". In Zusammenhang mit Verben der Bewegung (u.ä.) bezeichnet *ᶜm* den Endpunkt bzw. die Richtung der Bewegung ("zu ... hin") und kommt darin bedeutungsmäßig der Präp. *l* nahe. Bei Verben mit feindlicher Nuance kann *ᶜm* (wie sonst *l*) im Sinne von "gegen" gebraucht werden. Eine ablativische Nuance "von ... her" (entsprechend he. *meᶜim*) läßt sich bei ug. *ᶜm* bisher nicht sicher nachweisen. Illustrative Beispiele:

- positional ("zusammen mit, bei"):
  - *k l ṣḥn bᶜl ᶜm \ aḫy / qran hd ᶜm aryy /\ w lḥmm ᶜm aḫy lḥm /\ w štm ᶜm aḫy yn* "Weil Baᶜlu mich nicht(?) eingeladen hat zusammen mit meinen Brüdern, Haddu mich (nicht[?]) gerufen hat zusammen mit meinen Verwandten, um Brot zu essen zusammen mit meinen Brüdern und um Wein zu trinken zusammen mit meinen Brüdern ..." 1.5:I:22-25.
  - *ašsprk ᶜm bᶜl \ šnt / ᶜm bn il tspr yrḫm* "Ich lasse dich mit Baᶜlu die Jahre zählen; mit dem/n Sohn/Söhnen Ilus wirst du die Monde zählen" 1.17:VI:28f.

- *hlny ˁmny \ kll šlm \ ṯmny ˁm umy \ mnm šlm \ w rgm ṯṯb ly* "Nun, bei mir herrscht vollkommenes Wohlbefinden. Was es dort bei meiner Mutter auch immer an Wohlbefinden gibt, davon berichte mir!" 2.13:9-13 (§45.122b).
- *hlny bn ˁyn \ yštal ˁm amtk* "Nun, PN stellt Ansprüche / holt Erkundungen ein bei (oder: von seiten) deiner Magd" 2.70:11f. (möglw. ablativisch).
- direktional ("zu ... hin"; vgl. akk.EA *itti* mit gleicher Bedeutung [CAT 3, 37f.]):
- *idk l ttn pnm / ˁm bˁl \ mrym ṣpn* ... "Daraufhin wandte er sich geradeaus zu Baˁlu auf den Höhen des Ṣapānu" 1.3:IV:37f. (und Par.).
- *yṯb ˁm bˁl* "Er kehrte zurück zu Baˁlu ..." 1.6:VI:12.
- *ybnn hlk \ ˁm mlk amr* "PN ist zum König von Amurru gegangen" 2.72:25f.
- *w tn qštk ˁm \ [btlt] ˁn[t] / qṣˁtk ybmt limm* "Aber gib deinen Bogen [der Jungfrau[ˁAna[tu] ...!" 1.17:VI:18f. (vgl. √*ytn* + Präp. *l* in 1.17:VI:24).
- *w ylak \ mlykm lk / ˁm krt \ mswnh* "Er wird Boten zu dir schicken, hin zu Keret in seinem Nachtquartier(?)" 1.14:III:19-21 (// 1.14:V:16f.).
- *w lḥt akl ky \ likt ˁm špš \ bˁlk* ... "Betreffs der Brieftafel bezüglich Getreide, die du zur 'Sonne', deinem Herrn, geschickt hast ..." 2.39:17-19.
- *w ṯmn \ mnm šlm \ rgm ṯṯb ˁmy* "Und was es dort auch immer an Wohlbefinden gibt, davon schicke mir Nachricht zurück!" RS92.2005:10-13; ähnl. 2.16:16-20 (in dieser stereotypen Wendung begegnet sonst immer die Präp. *l*).
- *tḥm ydn ˁm mlk* "Botschaft des PN an den König ..." 2.47:1.
- *ḥkmk ˁm ˁlm* "Deine Weisheit (währt) in Ewigkeit" 1.3:V:30; ähnl. 1.4:IV:41f. (vgl. *ˁlmh* [*ˁlm* + TE] "in Ewigkeit" [1.19:III:55; 1.19:IV:6; 1.23:42.46.49]; in Prosatexten begegnet demgegenüber *ˁd ˁlm* [2.19:5.15; 3.2:12.17; 3.5:14.19f.]).
- direktional ("gegen"):
- *ik tmtḫ\ṣ ˁm aliyn bˁl* "Wie kannst du gegen ... Baˁlu kämpfen?" 1.6:VI:24f.
- (?) *dq anm l yrẓ* (alt.: *yrq*) /\ *ˁm bˁl l yˁdb mrḥ* /\ *ˁm bn dgn ktmsm* "Einer mit wenig Körperkraft kann nicht (schnell genug) laufen(?) / kann (dem Gott Baˁlu) nicht überlegen sein (vgl. ar. √*rwq*); er kann die Lanze nicht gegen Baˁlu richten, (noch) den/die/das ... (?) gegen den Sohn Daganus" 1.6:I:50-52 (Interpretation unsicher). — Viele Autoren postulieren, daß *ˁm* hier die Sonderbedeutung "ebensogut wie" besitzt (vgl. zu dieser Bedeutung etwa he. *ˁim* [KBL^3, 794b, s.v. Bed. 2b] und akk. *itti* [AHw. 405a, s.v. Bed. 4]): "... (er) kann nicht so gut wie Baˁlu laufen, ... so gut mit der Lanze umgehen wie der Sohn Daganus ...". Gegen diese Interpretation sprechen jedoch kolometrische Überlegungen. Außerdem wird sie der Grundbedeutung von √*ˁdb* ("-stellen, legen") nicht gerecht.

82.32. *bn*

bn /*bêna*/ < **bayna* (Subst. /*bayn-*/ "Zwischenraum" im Ak.) [he. *bên*; syr. *baynay*/*baynāt*; ar./äth. *bayna*].

Die Präp. *bn* bezeichnet die adverbiale Position "im Zwischenraum von (zwei oder mehreren Gegenständen/Personen); zwischen". Sie wird im Zusammenhang mit Verben der Bewegung (u.ä.) auch direktional, und zwar ausschließlich terminativisch gebraucht. Als Äquivalente im Dt. dienen: "zwischen, inmitten, (mitten) unter". Es gibt folgende Belege:

• positional:
- *trks bn abnm* "du wirst/sollst ... zwischen den (beiden ?) Steinen befestigen" 1.1:V:23 (Kontext abgebrochen).
- *bn ktpm rgm b^{c}lh* "zwischen (seinen) beiden Schulterblättern ist das Wort seines Herrn" 1.2:I:42 (alt.: *b-n ktpm* "auf den Schultern" [§82.52b]).
- *w hln ^{c}nt tm\tḫṣ / tḫtṣb bn \ qrytm* "Und dann kämpfte ^{c}Anatu im Tal; sie führte eine Schlacht zwischen den beiden Städten" 1.3:II:6f.; ähnl. 1.3:II:20.
- *^{c}d tšb^{c} tmtḫṣ b bt \ tḫtṣb bn ṯlḫnm* "Bis sie gesättigt war, kämpfte sie im Haus, führte sie eine Schlacht zwischen den beiden(?) Tischen" 1.3:II:29f.
- *bn nšrm arḫp an[k]* "Inmitten der Adler werde ich schweben" 1.18:IV:21; ähnl. 1.18:IV:31-32* (teilweise abgebrochen).
- *n^{c}mt bn aḫt b^{c}l* "die Lieblichste unter Ba^{c}lus Schwestern" 1.10:II:16.
- *bn ^{c}nh [ ]* "zwischen seinen (beiden) Augen ..." 1.101:5 (Subj. zu ergänzen).
- *bn ^{c}nm \ [...]* "zwischen den (beiden) Augen ..." RS92.2016:35'.
- (?) *agzr ym bn ym*: "Die (beiden) Begrenzer zwischen(?) Tag und Tag" 1.23:23*.58f.61 (alt.: "... die Söhne des Tages / des Meeres").

• direktional:
- *hlm ktp zbl ym / bn ydm \ [ṯp]ṭ nhr* "Schlage den Fürsten Yammu (auf) die Schulter(n), den Richter Naharu (auf die Stelle) zwischen den (beiden) Armen!" 1.2:IV:14f.; ähnl. 1.2:IV:16f. (§93.33a).
- *hlm qdq\d zbl ym / bn ^{c}nm ṯpṭ nhr* "Schlage den Fürsten Yammu (auf) den Schädel, den Richter Naharu (auf die Stelle) zwischen den (beiden) Augen!" 1.2:IV:21f.; ähnl. 1.2:IV:24f.; vgl. 1.82:16 (*ylm bn ^{c}nk*).
- *[..... r]išk /\ [.....] bn ^{c}nkm$^{?}$* "..... auf deinen [Ko]pf, ... zwischen deine(?) beiden Augen" 1.3:VI:2f.

82.33. *^{c}d*

^{c}d /*^{c}adê*/? (Subst. *^{c}d* "Dauer, Zeitspanne" [§81.24a] in einem adverbialen Kasus; vgl. Konj. *^{c}d* [§82.214]) [he. *^{c}ad*, *^{ca}dê*; phön.-pun. *^{c}d*; aram. *^{c}ad*; asa. *^{c}d(y)*; akk. *adi*, *adu(m)*].

Die Präp. *^{c}d* bezeichnet primär die adverbiale Position "innerhalb des (Zeit-)Raumes von", wird jedoch beinahe immer direktional (terminativisch) in der Bedeutung "bis hin zum Ende eines (Zeit-)Raumes von" gebraucht und kommt damit semantisch den Präpp. *l* und *^{c}m* nahe. Die Belege lauten:

• positional (lokativisch):
- *^{c}dk ilm / hn mtm \ ^{c}dk* "Bei dir / in deiner (unmittelbaren) Umgebung sind / seien die 'Götter'; siehe die Toten sind bei dir" 1.6:VI:48f. — Für *^{c}d* als Präp. spricht die Wortform *tḥtk* "unter dir" in 1.6:VI:46.47; alternativ könnte *^{c}d* ein Subst. sein (etwa mit der Bedeutung "Versammlung").

Anm. Auch die he. Präp. *^{c}d* wird offenbar ähnlich gebraucht; z.B. *wayyæˀæhal ^{c}ad-s^{e}dom* "er schlug seine Zelte bei(?) Sodom auf" (Gen 13,12) und *hayyoš^{e}bîm bah^{a}ṣerîm ^{c}ad-^{c}azzāh* "(die Awwiter), die in Dörfern bei(?) Gaza wohnten" (Dtn 2,23); vgl. ferner *wayyeṭ ^{c}ad-ˀiš ^{ca}dullāmî* "er wandte sich einem Mann aus Adullam zu" (Gen 38,1). Man beachte in diesem Zusammenhang auch akk. *adi* mit der Bedeutung "einschließlich, nebst" sowie vielleicht auch ar. *^{c}inda* "bei".

- temporal-direktional:
  - *... ʿd \ šbʿt šnt / ybk l aq\ht ġzr / ydmʿ l kdd \ dnil mt rpi* "... bis ins siebte Jahr weinte er (sc. Daniʾilu) um den Helden Aqhatu, vergoß er Tränen um das Kind des Daniʾilu, des Rapiʾu-Mannes" 1.19:IV:14-17.
  - *ʿd mġyy \ b ʿrm ḥpr \ ʿdn dd akl \ mtr tn lh* "(In der Zeit) bis zu meiner Ankunft in der Stadt gib ihm .....(?) Lebensmittelrationen von einem Maß Getreide .....(?) !" 2.71:16-19; vgl. 2.1:8 (*ʿd mġy[ ]*).
  - *ʿd ruš \ [x]ly l likt* "(Die gesamte Zeit über) bis zum Anfang(?) von ...(?) hast du(?) (mir) nicht (einen Brief) geschickt" 2.63:9f.
  - *ʿd ʿlm* "(die gesamte Zeit über) bis (hin) in Ewigkeit" 2.19:5.15; 3.2:12.17; 3.5:14.19f. (in poetischen Texten findet sich dagegen *ʿm ʿlm* [1.3:V:31; 1.4:IV:42] oder *ʿlm(h)* ohne Präp.; vgl. ferner *b ʿd ʿlm* in 5.9:I:6 [§82.414]).
- lokal-direktional:
  - *sbn\[y .....] / ʿd[[k]] \ ksm mhyt* "Wir wandten uns ....., bis hin an die Grenzen der Niederung(?)" 1.5:VI:3-5; vgl. 1.16:III:3f. (*sb l qṣm arṣ / l ksm mhyt* [Konstruktion mit Präp. *l*]).
  - *rḥṣ [y]dk amt / uṣb[ʿtk] ʿd ṯkm* "Wasche (die gesamte Armlänge von) deine(n) [Hä]nde(n) (bis zum) Ellenbogen, (von) deine(n) Fin[ger(spitzen)] bis zur Schulter" 1.14:II:10f.; ähnl. 1.14:III:53f.
- andere direktionale Verwendungsweisen:
  - *tštn y<n> ʿd šbʿ / trṯ ʿd škr* "Ihr sollt/könnt (fürwahr) Wein! trinken bis zur Sättigung, Most bis zum Rausch!" 1.114:3f.; ähnl. 1.114:16.
  - vgl. auch die Zeichenfolge *ʿd* in 1.19:IV:26 und RS92.2005:35 (ohne Kontexte).

SV. Die Präp. *ʿd* wird auch in anderen sem. Sprachen positional im Sinne von "innerhalb des (Zeit-)Raumes von" gebraucht; siehe etwa syr. *ʿad* "während, solange als", akk.EA *adi* "solange" (*a-di* LUGAL EN-*ia* TIL.LA "solange der König, mein Herr, lebt" [EA 286:16]) und akk. *adi* "innerhalb von, binnen" (z.B. aA. *adi 10 ūmē* "binnen zehn Tagen" [CCT 3,38:35]; vgl. hierzu he. *bᵉʿôd*, z.B. *bᵉʿôd šānāh* "binnen eines Jahres" [Jes 21,16] oder *bᵉʿôd šᵉlošæt yāmîm* "binnen drei Tagen [Gen 40,13.19; Jos 1,11]).

82.34. *ʿl*

ʿl /*ʿalê/â*/ (Subst. **ʿalay-* "ober(st)es Ende, Höhe" in adv. Acc.) [he. *ʿal*; phön. *ʿl(t)*; pun. *aly* (Poen. 939); aram. *ʿal*; ar. *ʿalā(y)*; äth. *lāʿla*; akk. *eli*].

Die Präp. *ʿl* bezeichnet primär die adverbiale Position "auf der Oberseite von" und steht somit semantisch in direkter Opposition zur Präp. *tḥt*. Im Zusammenhang mit Verben der Bewegung (u.ä.) wird *ʿl* direktional gebraucht, terminativisch, d.h. "zu ... hin(auf)" wie auch (seltener) ablativisch, d.h. "von ... her(ab)/fort" (vgl. he. *ʿal*, *meʿal*; siehe dazu bes. Dietrich-Loretz [1986b]). *ʿl* ist nicht auf die lokale Dimension beschränkt. An übertragenen Bedeutungen von *ʿl* sind hervorzuheben: "zu Lasten von" ← "(als Verpflichtung) lastend auf"(?), "gemäß", "in Hinsicht auf" und "wegen". Illustrative Beispiele:

- "auf, über" (positional):
  - *tḥth k kdrt riš / ˁlh k irbym kp* "Unter ihr (sc. ˁAnatu) (waren zahlreich) wie Erdklumpen(?) die Köpfe (der getöteten Krieger), auf ihr (zahlreich) wie Heuschrecken (deren) Hände" 1.3:II:9f.
  - *ˁl bt abh nšrm trḫpn* "Über dem Haus ihres Vaters schwebten die Adler" 1.19:I:32f.; ähnl. 1.18:IV:19f.30f.
  - *d ym\lk ˁl ilm* "(Ich allein bin es), der über die Götter herrscht" 1.4:VII:49f.
  - vgl. ferner: *krpn ˁl krpn* "Krug (folgend) auf / um Krug" 1.17:VI:6.
- "(dienend stehen) neben/vor/bei" (der Bediente sitzt):
  - *bˁl qm ˁl il* "Baˁlu stand (dienend) vor/neben Ilu" 1.2:I:20f. (vgl. he. √*ˁmd* + *ˁal* [Gen 18,9 u.ö.]).
  - *yšr ġzr ṭb ql / ˁl bˁl b ṣrrt \ ṣpn* "Es sang der Held mit holder Stimme (stehend) vor Baˁlu auf den Höhen des Ṣapānu" 1.3:I:20-22; vgl. 1.17:VI:31.
  - vgl. *ˁl išt šbˁd ġzrm g ṭb* "Am(?) Feuer (singen) die Jünglinge mit(?) schöner Stimme siebenmal" 1.23:14 (vgl. *w ˁl agn* in 1.23:15).
- "auf ... hin; gemäß":
  - *w [y]ptḥ bdqt ˁrpt / ˁl hwt kṯr w ḫss* "Es soll ein Spalt in den Wolken geöffnet werden, gemäß dem Wort des Kôṯāru-wa-Ḫasīsu" 1.4:VII:19f.
- "auf (der Basis von), wegen":
  - *ˁlk bˁlm \ pht qlt / ˁlk ...* "Deinetwegen, Baˁlu, habe ich eine Demütigung erfahren, deinetwegen ... 1.6:V:11ff. (insgesamt siebenmal *ˁlk* in Folge).
  - *kd ˁl qšth \ imḫṣh / ˁl qṣˁth hwt \ l aḥwy* "So(?) erschlug ich ihn wegen seines Bogens; wegens seines Krummholzes (d.h. Bogens) / seiner Pfeile ließ ich ihn nicht am Leben" 1.19:I:14-16 (weitgehend // 1.18:IV:12f.).
- (?) "für, zugunsten von"
  - *ˁl aqht k yq[bnh (?)]* "Für(?) Aqhatu spann[te er ihn (sc. den Bogen)] fürwahr" 1.17:V:36.
- "auf, über" (terminativisch):
  - *ša ġr ˁl ydm / ḫlb l ẓr rḥtm* "Hebt den Berg hoch auf (eure) Hände, den Wald auf (eure) Handflächen!" 1.4:VIII:5f. // 1.5:V:13f. (*ˁl // l ẓr*).
  - *hlmn ṯmn qdqd / ṯlṯid ˁl udn* "Schlage zweimal (auf seinen) Schädel, dreimal auf (sein) Ohr!" 1.18:IV:22f.; ähnl. 1.18:IV:33f. und 1.19:II:29f.
  - *l ydn ˁbd mlk \ d št ˁl ḫrdh* "... an PN, den Diener des Königs, den er (sc. der König) (als Anführer) über seine Ḫurādu-Truppe(n) eingesetzt hat" 2.47:14f.
- "hinauf/hinein zu" (bei √*ˁrb* "eintreten").
  - *ˁl krt tbun* "Sie gingen hinein zu Keret" 1.15:VI:6.
  - *ˁl \ abh yˁrb!* "Er trat hinein zu seinem Vater Keret" 1.16:I:11f.; ähnl. 1.16:II:[50]; 1.16:VI:39f.
  - *ˁlh ṯrh tšˁrb / ˁlh tšˁrb ẓbyh* "Sie brachte seine Stiere hinein zu ihm, brachte seine Gazellen hinein zu ihm" 1.15:IV:17f.

  Anm. √*ˁrb* + *ˁl* begegnet nur im Zusammenhang mit dem Thronraum Kerets, offenbar deshalb, weil man zu diesem (bzw. zum Thron selbst) emporsteigen mußte. Sonst wird ug. √*ˁrb* mit *b*, *l pn* oder mit direktem Ak. konstruiert.
- "weg von" (ablativisch; vgl. phön./moabitisch *ˁl* [PPG³ § 284,7] und he. *meˁal*):
  - *l tdy \ ṯ?šm ˁl dl* "Du treibst die Räuber nicht fort vom Armen" 1.16:VI:47f.

- "(fehlend) in Bezug auf":
  - *mit t̲lt̲ mḫsrn* \ *ˁl nsk kt̲ġlm* "100 (Schekel) Kupfer, das dem/n Metallgießer(n) von ON fehlt"(?) 4.310:1f. (in 4.310:3f. ohne *ˁl*; vgl. evtl. 4.361:3 [*ḫsr* + Präp. *b*]: *lṯḥ ḫsr b šbˁ ddm* "sieben *dd*-Maße abzüglich eines *lṯḥ*-Maßes").
- "zu Lasten von" (vor Personen/Institutionen, die eine Schuldverpflichtung zu erfüllen bzw. eine Zahlung zu leisten haben):
  - *arbˁ ˁṣm* \ *ˁl ar* \ *w t̲lt̲* \ *ˁl ubrˁy* \ *w t̲n ˁl* \ *mlk* \ *w aḥd* \ *ˁl atlg* "Vier Bäume zu Lasten von ON_1 und drei zu Lasten von ON_2 und zwei zu Lasten von ON_3 und ein (Baum) zu Lasten von ON_4" 2.26:9-16.
  - *ˁšrm ksp ˁl* \ *wrt mtny w ˁl* \ *prdny at̲th* "20 (Schekel) Silber zu Lasten von PN aus ON und zu Lasten von PNf, seiner Frau" 4.369:17-19 (anstelle von *ˁl* begegnet im Text sonst *d* [vor Personengruppen]).
  - *ḫmšm ksp ˁl* \ *šmmn* \ *bn aupš* "50 (Schekel) Silber zu Lasten von PN_1, Sohn des PN_2" 4.782:28-30.

82.35. *tḥt*

tḥt /*taḥta*/ (Subst. **taḥt-* "das unten Befindliche; Unterteil" im Ak.) [he. *taḥat*; phön.-pun. *tḥt*; akan. **taḥta* (*ta-aḫ-ta-mu* "unter ihnen" EA 252:26; siehe CAT 1, 168 und CAT 3, 40); baram./syr. *tᵉḥôt*; ar. *taḥta*; asa. *tḥt*; äth. *tāḥ(ə)ta*].

Die Präp. *tḥt* bezeichnet die adverbiale Position "an der Unterseite von; unterhalb von". Sie wird nach Verben der Bewegung auch direktional (terminativisch) gebraucht. Hervorzuheben ist die übertragene Bedeutung "anstelle, anstatt". Die Belege lauten:

- "unter" (positional):
  - *yġr* \ *tḥt ksi zbl ym* "Er sank nieder unterhalb des Thrones des Fürsten Yammu" 1.2:IV:6f.
  - *tḥth k kdrt riš* / *ˁlh k irbym kp* "Unter ihr waren wie Bälle/Klumpen die Köpfe (der getöteten Krieger), auf ihr wie Heuschrecken (deren) Hände" 1.3:II:9f.
  - *t̲n mtpdm* \ *tḥt ˁnt arṣ* "Zwei Schichten(?) unter den Furchen/Quellen der Erde" 1.3:IV:35f. // 1.1:III:20*; 1.2:III:[3].
  - (?) *špš* \ *rpim tḥtk* /\ *špš tḥtk ilnym* "(O) Šapšu, die Rapiˀūma sind/seien unter dir (d.h. unter deinem Schutz); (o) Šapšu, unter dir sind/seien die Göttlichen" 1.6:VI:45-47 (für *tḥt* als Präp. spricht die Wortform *ˁdk* in 1.6:VI:48.49 [§82.33]; zur Obliquusform *rpim* vgl. §54.121.2b; alt.: *tḥtk* als PK 3.f.sg. der Wz. √*ḥtk* "gebieten").
  - *km klb yqt̲qt̲ tḥt* \ *t̲lḥnt* "Wie ein Hund zerrte er (sc. Yariḫu) (am Fleisch) unter den Tischen" 1.114:5f.
  - *w d l ydˁnn* \ *ylm!n ḫṭm tḥt t̲lḥn* "Aber wer ihn (sc. Yariḫu) nicht kannte, schlug ihn mit einem Stock unter dem Tisch" 1.114:7f.
  - ... *w tḥtk* \ *l tqnn ˁqrb* \ ... \ *qn l tqnn ˁqrb* \ *tḥtk* "... und unter dir (oder: unten bei dir) wird sich kein Skorpion aufrichten(?) ..." RS92.2014:4-8 (2x // *ˁlk*).
- "unter" (direktional):
  - *ašqlk tḥt* \ *[pˁny a]n!k* "[I]ch selbst werde dich niederwerfen unter [meine Füße] / mir zu [Füßen]" 1.17:VI:44f.

- *tqln tḥ<t> pᶜny* "Sie sollen mir zu Füßen fallen" 1.19:III:3; ähnl. 1.19:III:9f., 1.19:III:18.23f. und 1.19:III:32.37f.
- *rd w špl ᶜpr / tḥt \ sdn w rdn / tḥt* ... "Steig hinunter und sinke in den Staub (und zwar) unter *Sdn* und *Rdn*, unter ..." 1.161:22-26 (insgesamt fünfmal *tḥt*).
- ... *yṯb* ... *tḥt \ adrm d b grn* "... er setzte sich (nieder) ... unter die/den Vornehmen, die auf der Tenne waren" 1.17:V:6f. // 1.19:I:22*f. (alt.: positional).

Anm. *tḥt* könnte hier auch die übertragene Bedeutung "inmitten von" besitzen (vgl. Aartun 1978, 61 und KBL[3], 1586b). Der Gebrauch von *tḥt* ist jedoch unmittelbar mit dem Verb √*yṯb* verknüpft, das eine Bewegung nach unten beschreibt (siehe Pardee 1975, 353: "'sit at the feet of'(?)").

- "anstelle von, anstatt":
- PN_1 *tḥt* PN_2 "PN_1 anstelle von / als Ersatz(mann) für PN_2" 4.133:1-3.
- in zerstörten Kontexten: *tḥt bᶜl* (1.9:12); *x yp tḥt* (1.84:10).

82.36. *qdm*

qdm /qudāma/? (Subst. **qdm* "Vorderseite" im Ak.) [aram. **qudām*].

Die im Ug. selten und offenbar nur poetisch bezeugte Präp. *qdm* bezeichnet die adverbiale Position "an der Vorderseite von", wird jedoch auch direktional verwendet (belegt ist nur der terminativische Gebrauch). Als Äquivalente im Dt. dienen: "vor; vor ... hin". Den Belegen zufolge steht *qdm* nur für die lokale, nicht aber für die temporale Dimension. Die Funktionen der Präp. *qdm* stellen somit eine Teilmenge der Funktionen der weitgehend gleichbedeutenden zusammengesetzten Präp. *l pn* (§82.422) dar. Der semantische Gegensatz wird durch *bᶜd* (§82.38) bezeichnet. Die Belege lauten:

- *št alp qdmh / mria w tk \ pnh* "Er setzte ihr ein Rind vor, ein Masttier direkt vor ihr Angesicht" 1.3:IV:41-43; ähnl. 1.4:V:45f.
- *ᶜn bᶜl qdm ydh / k tġd̠ arz b ymnh* "Baᶜlus Augen waren vor seiner Hand (d.h. er fixierte mit den Augen sein Ziel), als die Zeder aus seiner Rechten schnellte" 1.4:VII:40f. (alt.: Deutung von *qdm* als Verbalform).

Anm. Die Zeichenfolge *qdm* in 2.81:25 (*[ ]nt qdm alpm mznh*) ist wahrscheinlich nicht als Präp., sondern als Verb zu deuten. Die betreffende Zeile wird in der *editio princeps* (P. Bordreuil — A. Caquot, Syria 57 [1980], 358) folgendermaßen übersetzt: "[......] a avancé (?) deux mille (sicles qui) en sont le poids".

82.37. *pn*

pn /panî/? (Subst. **pn* "Vorderseite" in einem adverbialen Kasus; vgl. die zusammengesetzte Präp. *l pn* [§82.422]) [akk. *pāni*].

Die Präp. *pn*, deren Existenz nicht allgemein anerkannt ist, bezeichnet die adverbiale Position "an der Vorderseite von" und wird im Zusammenhang mit √*hlk* "weggehen" auch direktional (ablativisch) gebraucht. Es gibt zwei Belege:

- *pn ll tnᶜr \ ᶜrš* "Vor (Anbruch) der Nacht wird das Bett weggeräumt/aufgeschüttelt" 1.132:25f. (vgl. demgegenüber Z. 16f.: *l pn \ ll*).
- *lk pnh* "Geh weg von ihr!" 1.82:38 (vgl. demgegenüber Z. 10: *lk l pny*).

Eine Emendation von *pn* zu *<l> pn* ist aus drei Gründen nicht erforderlich:

1. *pn* ist in zwei verschiedenen Texten belegt, wobei jeweils zuvor *l pn* begegnet. *pn* scheint somit als Variante zu *l pn* zu fungieren.
2. Es gibt eine akk. Präp. *pāni* (neben *ina pāni*), die gerade in spätbronzezeitlichen Texten Syriens (Ugarit, Alalaḫ, Sfire) produktiv ist (siehe Vita 1997b).
3. In EA 155:46 findet sich eine akan. Glosse *pa-ni-mu* "vor ihnen" (CAT 1, 168; alternativ: "vor ihm").

82.38. *bᶜd*

bᶜd /*baᶜda*/ "hinter" (Subst. /*baᶜd-*/ "Entfernung, Abstand" im Ak.) [he. *baᶜad*; ar. *baᶜda*; asa. *bᶜd*].

Die Präp. *bᶜd* bezeichnet primär die adverbiale Position "an der Hinterseite von, hinter, nach" (lokale und temporale Dimension) und fungiert in 1.16:VI:49 als Oppositionsbegriff zu *l pn* (§82.422). Von dieser Grundbedeutung abgeleitet ist eine übertragene Bedeutung "zugunsten von, für" (← "schützend/unterstützend hinter"). Die Belege lauten:

- "hinter":
  - *l pnk* \ *l tšlḥm ytm* / *bᶜd* \ *kslk almnt* "Dem Waisen vor dir gibst du nichts zu essen, (noch) der Witwe hinter deiner Lende" 1.16:VI:48-50.
  - *bᶜdh bhtm mnt* / *bᶜdh bhtm sgrt* /\ *bᶜdh ᶜdbt ṯlṯ* "Hinter ihr (verschloß sie) das Gebäude der Beschwörung, hinter ihr verschloß sie das Gebäude, hinter hier schob sie den Bronze(riegel) vor" 1.100:70f.
  - *w tnrr bᶜd bt bᶜl* \ *u!grt* "...(?) hinter dem Baᶜlu-Tempel von Ugarit" 1.119:9f.
- "zugunsten von":
  - *w ptḥ hw prṣ bᶜdhm* \ *w ᶜrb hm* "Er (sc. der Torhüter) öffnete für sie einen Spalt, so daß sie eintreten konnten" 1.23:70f. (alt.: "hinter ihnen").
- mit unklarer Bedeutung (in abgebrochenen Kontexten):
  - *[ ] bᶜd ilnym* "hinter den Göttern / für die Götter" 1.20:I:2.
  - *[ ]xḏyn bᶜd xḏyn* "...(?) um/für ...(?)" 2.31:47 (möglw. mit distributiver Nuance; vgl. he. *baᶜad* in Ijob 2,4 [*ᶜôr bᵉᶜad-ᶜôr* "Haut um/für Haut"]).
  - *lbš ṯryn [ ]* \ *bᶜd bᶜlk$^{?}$m* "Kleidung ..... für(?) euren(?) Herrn" 4.17:15f.

82.39. *aṯr*

aṯr /*ʾaṯ(a)ra*/ (Subst. *aṯr* "Spur, Ort" im Ak.; vgl. das Adv. *aṯr* "hinten" [§81.13f und §81.22d]) [vgl. baram. *bā(ʾ)tar*, syr. *bātar* "nach" (< **bi ʾaṯar*); akk. (bab.) *ašar* "in, an" (GAG § 114t)].

Die Präp. *aṯr* bezeichnet primär die adverbiale Position "auf der Spur von; im Gefolge von; unmittelbar hinter/nach" (lokale und temporale Dimension). Es gibt aber — wie bei der Präp. *bᶜd* — auch eine übertragene Bedeutung "zugunsten von, für" (← "schützend/sorgend hinter"). Die Belege lauten:

- lokaler Gebrauch:
  - *aṯr* \ *bᶜl ard b arṣ* "Im Gefolge von Baᶜlu will (auch) ich in die Unterwelt hinabsteigen" 1.5:VI:24f.; ähnl. 1.6:I:7f.

- *a<u>t</u>r bˁlk l ksi! / a<u>t</u>r \ bˁlk arṣ rd* "Im Gefolge deines Herrn, o Thron; im Gefolge deines Herrn steig' hinunter in die Unterwelt!" 1.161:20f.
- *a<u>t</u>r <u>t</u>n <u>t</u>n hlk / a<u>t</u>r <u>t</u>l<u>t</u> klhm* "Nach zweien sollen (wiederum) zwei marschieren, nach dreien sie alle" (d.h. sie sollen in Zweier- und Dreiergruppen marschieren) 1.14:II:41f.; ähnl. 1.14:IV:19f.
- *a<u>t</u>r ilm ylk pˁnm \ (mlk)* "Hinter den Götter(statue)n gehe er / der König zu Fuß einher" 1.43:24f. (*mlk* gehört möglicherweise zum nächsten Satz).

evtl. ferner:

- *[ ]y a<u>t</u>r yld* "... nach dem Kind" bzw. "anstelle eines Kindes" 1.103+:2 (Kontext unvollständig; alt.: *a<u>t</u>r* als Adv. "danach" [§81.22d]; KTU[2] liest *ya<u>t</u>r*).
- *d šk\nm \ a<u>t</u>r \ bt w \ dlt bt* "... die hinter(?) dem Palast und (hinter/bei) dem Torbereich des Palastes wohnen" 6.66:6-10 (alt.: Deutung von *a<u>t</u>r* als Subst. [etwa "hinterer Bereich"] oder andere Wortabgrenzung [*d šk\n m\a<u>t</u>r*]).

• "(schützend/sorgend) hinter; für"

- *k lb arḫ l ˁglh / k lb \ <u>t</u>at l imrh / km lb \ ˁnt a<u>t</u>r bˁl* "Wie die Empfindung der Kuh für ihr Kalb, wie die Empfindung des Mutterschafes für sein Lamm, so war die Empfindung ˁAnatus für Baˁlu" 1.6:II:28f. // 1.6:II:6-9 (*bˁd // l* "für").

• temporaler Gebrauch:

- *bn bn a<u>t</u>rk* "Enkel (werden) nach dir (kommen)" 1.22:I:3 (Kontext unklar).
- *a<u>t</u>r ršp ˁ<u>t</u>trt* "Nach/Hinter Rašapu (kommt) ˁA<u>t</u>tartu" 1.100:77 (redaktionelle Anweisung am linken Tafelrand als Anweisung, daß nach dem Passus über den Gott Rašapu [1.100:30-34] ein [auf der Tafel vergessener] Passus über die Göttin ˁA<u>t</u>tartu einzufügen ist).

82.310. *aḫr*

aḫr /ˀaḫ(ḫ)arV/ (Subst. **aḫr* "Rückseite" im Ak.; vgl. Konj. *aḫr* [§83.211] und Adv. *aḫr* [§81.22a]) [he./baram. *ˀaḥ^{a}rê* "hinter, nach"; phön./moab. *ˀḥr*, a/raram. *ˀḥr* "hinter, nach"; vgl. auch akan. *aḫ-ru-un-ú* (EA 245:10), entweder "hinter ihm" (Moran 1992, 299) oder "danach" (CAT 3, 122)].

Die Präp. *aḫr* bezeichnet die adverbiale Position "an der Rückseite von; hinter, nach" und wird offenbar nur temporal gebraucht. Als Belege kommen in Frage (die Abgrenzung von *aḫr* als Konj. bzw. Adv. ist schwierig):

- *[aḫ]r mǵy ˁdt ilm /\ w yˁn aliyn bˁl* "[Na]ch der Ankunft der Versammlung der Götter sprach der hochmächtige Baˁlu" 1.15:II:11f. (*mǵy* ist wahrsch. ein Verbalsubst.; eine G-SK scheidet aus, da *ˁdt* fem. Genus besitzt).
- *aḫr mǵy k<u>t</u>r w ḫss /\ št alp qdmh / mra \ w tk pnh* "Nach der Ankunft von Kô<u>t</u>aru-wa-Ḫasīsu, setzte er (sc. Baˁlu) ihm ein Rind vor, ein Masttier vor sein Angesicht" 1.4:V:44-46 (alt.: "Nachdem ... angekommen war" [Konj. *aḫr*]).

82.311. *bl*

bl /bali/u/ (Subst. **bl* "Nichtsein" [√*bly*] in einem adverbialen Kasus; vgl. die Präp. *l bl* "ohne" [§82.424] und die Negationen *bl* [§87.3] und *blt* [§87.4]) [akk. *balu/i/a*; he. *b^{e}lî*; syr. *(men) blay*; asa. *bly*, *bltn*, *blty*; äth. *ˀənbala*].

Als Belege der Präp. *bl* (ohne vorangestelltes *l*) mit der Bedeutung "ohne"

(← "mit nichts; im Nicht-Sein") kommen folgende Stellen in Betracht (die Abgrenzung von *bl* als Negation ist schwierig):

- *tlḥm lḥm* \ *ẓm* / *tšt b ḫlṣ bl ṣml* "Du sollst Fastenspeise essen, du sollst von einem *ḫlṣ*-Getränk ohne *ṣml* trinken" 1.169:6f. (die Bedeutungen von *ḫlṣ* [evtl. "Klares", "Ausgepreßtes", "Extrakt"] und *ṣml* sind unklar).
- *w [a]rbᶜ l ᶜšrm dd l yḫšr bl bnh* "... und 24 *dd*-Maß (*drt*-Getreide) für PN ohne seine Kinder (d.h. für PN allein)" 4.243:11.
- (?) *bl ṭl bl rbb* /\ *bl šrᶜ thmtm* / *bl* \ *ṭbn ql bᶜl* "(... Jahre) ohne Tau, ohne Regenschauer, ohne Anschwellen der Urfluten, ohne die angenehme Donnerstimme Baᶜlus" 1.19:I:44-46 (*bl* ist hier jedoch eher Negation [§87.32a]).

Anm. An allen anderen Belegstellen einschließlich 1.14:II:37f. fungiert *bl* wahrscheinlich als Negation (§87.3). — Die Auffassung von Blau (1985, 295), wonach zwischen "Nichtsein, Nicht" (vgl. he. *bal*) und "ohne" (vgl. he. *bᵉlî*) etymologisch und semantisch zu differenzieren wäre, ist nicht überzeugend.

82.312. *tk*

tk /*tôkâ*/? < **tawka*(?) (Subst. *tk* /*tôk-*/ "Mitte" im Ak.; vgl. die Präp. *b tk* [§82.412]) [vgl. he. *bᵉtôk* "inmitten", *ʾæl-tôk* "(mitten) hinein in"].

Die Präp. *tk* (ohne vorangestelltes *b*) ist offenbar nur im Zusammenhang mit Verben der Bewegung (u.ä.) bezeugt und wird dabei direktional (terminativisch) gebraucht. Die Grundbedeutung lautet: "in der Mitte von" (terminativisch: "hinein in die Mitte von"). Die Belege lauten:

- *i[dk pnm]* \ *l ytn* / *tk ġr ll* / *ᶜm phr* (für *pḫr*!) *mᶜd* "Da[nn] wandten sie sich [geradeaus], hin(auf) auf die Mitte (d.h. auf den Gipfel) des Berges *Ll*, hin zur vollen Götterversammlung" 1.2:I:19f. (weitgehend // 1.2:I:13f.*).
- *idk* \ *pnk al ttn* / *tk ġr* \ *knkny* "Dann sollst du dich geradeaus wenden, hin(auf) auf die Mitte (d.h. auf den Gipfel) des Berges *Knkny*!" 1.5:V:11-13.
- *idk al ttn* \ *pnm* / *tk ḥ{q}kpt* \ *il klh* ... "Dann wendet euch fürwahr geradeaus, mitten hinein in die (Stadt) Memphis ...(?) ...!" 1.3:VI:12-14.
- *idk al ttn* \ *pnm* / *tk qrth* \ *hmry* ... "Dann sollt ihr euch geradeaus wenden, mitten hinein in seine Stadt ‘Schlamm’ ..." 1.4:VIII:10-12; vgl. 1.5:II:13-15.
- *idk pnm l ytn* / *tk aršḫ rbt* "Dann wandte er sich fürwahr geradeaus, mitten hinein in (das Gebiet) des großen *Aršḫ*" 1.100:63.
- *idk l ytn pnm* /\ *tk aḫ šmk mlat rumm* "Dann wandte er sich geradeaus, mitten hinein zum Sumpfgebiet von *Šmk*, das voll von Wildstieren ist" 1.10:II:8f.
- *tšu knp w tr b ᶜp* /\ *tk aḫ šmk* ... "Sie erhob (ihre) Flügel und zog im Fluge umher, mitten hinein in das Sumpfgebiet von *Šmk* ..." 1.10:II:11f.
- *tk ḫršn* "... hinauf auf die Mitte (d.h. auf den Gipfel) des *Ḫršn* ..." 1.1:II:23; 1.1:III:22* (Kontext jeweils abgebrochen).
- *št alp qdmh* / *mria w tk* \ *pnh* "Er setzte ihr ein Rind vor, ein Masttier, und zwar direkt vor ihr Angesicht" 1.3:IV:41-43 (weitgehend // 1.4:V:45f.).
- *šu ᶜbˀx tk mdbr qdš* "Auf, zieht fort (?), mitten hinein in die heilige Steppe" 1.23:65 (für das zweite Wort bietet KTU² die Lesung *ᶜdb*; das zweite Zeichen hat jedoch eher {b} als {d}. Liegt die Wz. √*ᶜbr* "vorübergehen" vor?).

82.313. *qrb*

qrb /*qarba*/ (Subst. *qrb* /*qarb-*/ "Inneres, Mitte" im Ak.; vgl. die Präp. *b qrb* [§§82.413]) [vgl. akk.Ug. *qereb* "in (der Mitte von)"; ar. *qurba* "in der Nähe von"].

Aufgrund der im Akk.Ug. bezeugten Präp. *qereb* (RS22.136+:I:3; 22.439:II:19 [dazu SAU 460]) kann die ug. Zeichenfolge *qrb* (ohne vorangestelltes *b*) ebenfalls als Präp. mit der Bedeutung "im Innern von" gedeutet werden. Sie findet sich in dieser Funktion nur im folgenden Satz:

- *ᶜm il mbk nhrm* /\ *qrb apq thmtm* "... zu Ilu, an der Quelle der Flüsse, im Innern des Quellbereichs der Urfluten" 1.4:IV:21f. // 1.6:I:32-34; 1.2:III:4*&; 1.3:V:[6f.]; 1.17:VI:[47f.]. — Offen ist der Kasus von *mbk*. In Frage kommt der Gen. (abhängig von *ᶜm* oder gar von der erst im nächsten Kolon genannten Präp. *qrb*) oder ein adverbialer Kasus (Lok. oder Ak.).

82.314. *ik*

ik /*ˀêkV*/ < **ˀaykV* (etymologisch verwandt mit der Präp. *k* und dem Frageadverb *ik* [§81.63a]) [vgl. syr. *ˀayk* (Qere: *ˀāk*; Präp. und Konj.)].

Die Präp. *ik* ist offenbar funktionsgleich mit der Präp. *k* und bezeichnet die Nuance "Ähnlichkeit/Identität mit" (dt. Übersetzung: "wie, entsprechend, gemäß"). Es gibt allerdings nur einen (nicht ganz sicheren) Beleg:

- *ap ab ik mtm* \ *tmtn* "Wirst denn auch (du), Vater, wie die (gewöhnlichen) Menschen sterben?" 1.16:I:3f. (an den Parallelstellen 1.16:I:17f. und 1.16:II:40 wird jeweils die Präp. *k* gebraucht: *ap ab k mtm tmtn*). — Alternativ könnte *ik* – einem Vorschlag von KTU² folgend – in zwei Lexeme aufgetrennt werden, nämlich *i* und (Präp.) *k*. Da eine Partikel *i* im Ug. sonst nur in einer Schwurformel bezeugt ist (§85.3), ist dieser Vorschlag unwahrscheinlich.

Anm. Tsumura (1991, 433f.) deutete *ik* in 1.16:I:3 als Frageadverb "wie?" (§81.63a) und hielt die Form *k* an den Parallelstellen für das Produkt von "vowel *sandhi*" (*ab k* = /*ˀabīka*/ < **ˀabī (ˀ)īka*).

82.315. *ml* (?)

Dijkstra (1999, 154) rechnete mit einer ug. Präp. *ml* "gegenüber" (vgl. he. *mûl* "Vorderseite"; "gegenüber"), die nur im Briefkorpus belegt sei: *ml-y* "mir gegenüber" 2.50:12; 2.36+:33 (= KTU 2.73:11). Dieser Vorschlag läßt sich jedoch nicht verifizieren, da die Wortform jeweils in einem abgebrochenen Kontext begegnet.

82.4. Zusammengesetzte Präpositionen

Zusammensetzungen zweier oder mehrerer "primärer" Präpp. sind ug. nicht nachweisbar. Belegt sind lediglich Zusammensetzungen von "primären" Präpp. und Substt., die auch allein als "sekundäre" Präpp. dienen. Solche Verbindungen sind nur dann als zusammengesetzte Präpositionen zu interpretieren, wenn sie als semantische Einheit empfunden werden und häufig nachzuweisen sind. Die Abgrenzung zu spontan gebildeten Verbindungen entsprechender Wortarten ist jedoch schwierig und letztlich subjektiv.

82.41. Präposition *b* und Substantiv

82.411. *bd* (und *b yd*)

bd /badi/ < **bi yadi* (Präp. *b* + Subst. *yd* "Hand" [§33.145.1]) [akan. **badi* (*ba-di-ú* "aus seiner Hand" in EA 245:35 [CAT 3, 23]); phön.-pun. *bd* = */bod(i)/*].

Die Präp. *bd* bezeichnet primär die adverbiale Position "in der / durch die Hand von" = "in, durch". Sie wird jedoch häufiger direktional gebraucht, und zwar sowohl terminativisch ("in die Hand von", "zu Händen von") als auch ablativisch ("aus der Hand von; von"). *bd* besitzt somit eine vergleichbare Bedeutungspalette wie die Präp. *b* (allein). Bei *bd* steht jedoch die Nuance der Unmittelbarkeit bzw. des direkten Kontaktes im Vordergrund.

Die Zeichenfolge *bd* ist in allen wichtigen Textgattungen des Ug. belegt. Als zusammengesetzte Präp. im eigentlichen Sinn fungiert *bd* jedoch nur in Prosatexten, während sie in der Poesie immer wörtlich im Sinne von "in/aus der/die Hand von" gebraucht wird. Illustrative Belege aus Prosatexten:

- lokativisch ("in [der Hand von]"):
  - *šd ubdy ilštmʿ \ dt bd skn* "*U.*-Äcker von ON, welche dem Präfekten unterstehen (w.: die in der Hand des Präfekten sind)" 4.110:1f.
  - *ḫmšm ṯmn kbd \ tgmr bnš mlk \ d bd adnʿm* "Insgesamt 58 Bedienstete des Königs, die dem PN unterstehen" 4.141:II:24-26.
- terminativisch ("in [die Hand von]"):
  - *w ytn ilm bdhm \ bd iḫqm gṯr \ w bd ytrhd \ bʿl* "Er(?) möge ihnen (w.: in ihre Hände) die Götter(statuen) übergeben, (und zwar) dem PN_1 (den) Gaṯaru und dem PN_2 (den) Baʿlu" 2.4:20-23.
  - *[š]d bn ṣnrn bd nrn* "ein Feld des PN_1 (wird/wurde übergeben) an PN_2" 4.103:8&. — In vergleichbaren Kontexten wird anstelle der Präp. *bd* auch die Präp. *l* verwendet; vgl. etwa 4.7 (Konstruktion mit *l*) gegenüber 4.103 (Konstruktion mit *bd*); in 4.631 begegnet in gewissen Textzeilen *bd*, in anderen *l*. Ob zwischen diesen beiden Konstruktionen ein Bedeutungsunterschied besteht, läßt sich nicht sicher eruieren.
- ablativisch ("aus [der Hand von]"):
  - *w ank \ kl ḏrʿh \ kl npš \ klklhm bd \ rb tmtt lqḥt* "Ich habe sein (sc. des Schiffes) ganzes Getreide, die ganze Besatzung (und) deren ganzes Hab und Gut vom Kommandeur der Mannschaft(?) entgegengenommen" 2.38:18-22.

- *w lqḥ ṯqlm \ ksp bd amtk* "Er hat zwei Schekel Silber von deiner Magd genommen" 2.70:18f. (alt.: "Er hat ... durch/über deine Magd erhalten").
- *mnk \ mnk-m l yqḥ \ bt hnd bd \ ᶜbdmlk \ bn amtrn \ w bd bnh ᶜd ᶜlm* "Überhaupt niemand darf dieses Haus dem PN_1, Sohn des PN_2, und seinen Söhnen entreißen bis in Ewigkeit" 3.2:12-17; ähnl. 3.5:16-20 (in 2.19:12-15 wird in der gleichen Formel dagegen *b yd* gebraucht [siehe unten]).

Anm. Bisweilen läßt sich nicht sicher entscheiden, ob *bd* die terminativische oder die ablativische Nuance zum Ausdruck bringt. In 4.780 (Z. 10.11) etwa könnte *bd* als Oppositionsbegriff zu *ᶜl* "(zu Lasten) von" fungieren oder in gleicher Bedeutung wie *ᶜl* (in Z. 1.2.3.4.5.7.16) gebraucht sein.

• Angabe der Mediation ("durch [die Hand von]; *via*"):
- *ṯlṯ d yṣa \ bd šmmn \ l argmn \ l nskm* "Kupfer, das ausgeliefert wurde durch (die Hand von) PN als(?) Lohn(?) für die Metallarbeiter" 4.43:1-4.

• Bezeichnung des Patiens in Passivkonstruktionen ("von, durch"):
- *yn d ykl bd r[ ] \ b dbḥ mlk* "Wein, der gebraucht wird von ... beim königlichen Opfermahl" 1.91:1f.

Im poetischen Textkorpus besitzt *bd* die wörtliche Bedeutung "in/aus der/die Hand von". Als Parallelbegriffe fungieren *b uṣbᶜt-* "von den Fingern weg", *b klat yd-* "in die beiden Hände", *ᶜl ydm* "auf/in (beide) Hände", *b ymn-* "aus der Rechten (Hand)" und *l brk-* "auf die Knie". Die Belege lauten: 1.1:II:24; 1.1:IV:22; 1.2:IV:13.15.21.23 (jeweils *bd bᶜl // b uṣbᶜth*); 1.3:I:10 (*bdh // b klat ydh*); 1.3:I:19; 1.4:I:24; 1.4:II:32 (*bdk // ᶜl ydm*); 1.16:V:7; 1.17:V:26 (*bd dnil // l brkh*); 1.19:III:54; 1.19:IV:54.55 (*bdy/h // ymny/h*); 1.23:8 (2x).

In der Poesie und in juristischen Texten findet sich neben *bd* auch der unkontrahierte, typologisch ältere Ausdruck *b yd*. Er läßt sich in der Poesie immer wörtlich im Sinne von "in/aus der/die Hand" wiedergeben (zahlreiche Belege). Im juristischen Textkorpus kann *b yd* als zusammengesetzte Präp. mit ablativischer Nuance (entsprechend akk. *ištu qāti*) verstanden werden. Es gibt zwei Belege (die Präp. *bd* ist in den betreffenden Texten nicht bezeugt):

- *w pdy.h[m] \ iwrkl ... \ ... b yd \ birtym* "Und PN hat s[ie] losgekauft ... von / von (w.: aus den Händen der) den Bewohnern von *birt*" 3.4:12-15.
- *w mnkm l yqḥ \ spr mlk hnd \ b yd ṣṭqšlm \ ᶜd ᶜlm* "Und niemand darf diese königliche Urkunde dem (w.: aus der Hand des) PN wegnehmen bis in Ewigkeit" 2.19:12-15 (in 3.2:14.17 und 3.5:17.19 wird in der gleichen Formel dagegen *bd* gebraucht [siehe oben]).

SV. Ug. *bd* bzw. *b yd* entspricht im Akk.Ug. die Präp. *ina qāti*. Sie wird wie ug. *bd* auch direktional (terminativisch wie ablativisch) gebraucht, unter anderem auch für Nuancen, die sonst im Akk. durch *ana (qāti)* abgedeckt werden (siehe SAU 448f.).

82.412. *b tk*

b tk /bi tôki/ (Präp. *b* + Subst. *tk* "Mitte") [he. *bᵉtôk* "in, inmitten"].

b tk bezeichnet die adverbiale Position "in der Mitte von; inmitten" und wird – im Gegensatz zur unerweiterten Präp. *tk* (§82.312) – nur selten direktional (terminativisch) gebraucht. Die Belege lauten:

- lokativisch:
- ... *ibǵyh / b tk ǵry il ṣpn /\ b qdš b ǵr nḥlty /\ b nᶜm b gbᶜ tliyt* "... ich will es (dir) offenbaren mitten auf meinem Berg (d.h. auf dem Gipfel meines Berges), dem heiligen Ṣapānu, auf meinem ererbten heiligen Berg, auf dem lieblichen Hügel (meines) Sieges" 1.3:III:29-31 // 1.3:IV:19f.*; ähnl. 1.101:2f. (*b tk ǵrh il ṣpn / b n[ᶜm b] \ ǵr tliyt*) (jeweils *b tk* // *b*; vgl. §91.243).
- *t̠m*(?) *ydd w yqlṣn /\ yqm w ywpt̠n / b tk \ pḫr bn ilm* "Dort(?) stellte er sich hin und spottete über mich; er erhob sich und spuckte mich an, mitten in der Versammlung der Göttersöhne" 1.4:III:12-14.
- *ḥš bhtm tbn[n] /\ ḥš trmmn hk[lm] /\ b tk ṣrrt ṣpn* "Eiligst sollst du ein Gebäude bau[en], eiligst einen Pal[ast] aufrichten, mitten auf den Klippen des Ṣapānu" 1.4:V:53-55; vgl. 1.1:III:27f.*
- *mid rm [krt] /\ b tk rpi ar[ṣ] /\ b pḫr qbṣ dtn* "Hoch erhaben sei Keret inmitten der Rapiʾūma der Erde, in der Versammlung von Ditanus Sippe!" 1.15:III:13-15 // 1.15:III:2-4* (*b tk* // *b [pḫr]*).
- ... *w tkms hd \ km ibr / b tk mšmš bᶜl* "... und Haddu knickte ein wie ein Bulle, mitten im Sumpf (fiel/lag) Baᶜlu" 1.12:II:54f.
- *ᶜzk d̠mrk la\nk ḥtkk nmrtk b tk \ ugrt* ... "Deine Kraft, dein Schutz, deine Macht, deine Herrschaft (und) deine Herrlichkeit (seien dauerhaft) inmitten von Ugarit ..." 1.108:24-26.
- *t̠lt̠ [ᶜ]šr [pt]ḥ \ b tk bt* "13 Fen[ster] im Zentralbereich des Hauses" 4.195:7f.
- terminativisch:
- *w ẓi \ b aln tkm /\ b tk md!br \ il šiy* "Und geh hinaus zur Eiche(?) von ...(?), mitten in die Steppe des mörderischen(?) Gottes!" 1.12:I:19-22 (*b* // *b tk*).
- im abgebrochenen Kontext: (?) *b tk* 1.2:III:9 (alt.: *btk* "dein Haus").

82.413. *b qrb*

b qrb /*bi qarbi*/ (Präp. *b* + Subst. *qrb* "Inneres") [he. *b^eqæræb*; akk. *ina qereb*].

b qrb bezeichnet — wie die Präp. *qrb* ohne vorausgehendes *b* (§82.313) — die adverbiale Position "im Innern von". Darüber hinaus wird *b qrb* häufig direktional (nur terminativisch) verwendet ("in [das Innere] ... hinein"). Sämtliche bislang bekannten Belege stammen aus der Poesie. In der Mehrzahl der Belege dient *b qrb* als Parallelausdruck zu einfachem *b*:

- lokativisch (immer *b bt* bzw. *b bht(m)* // *b qrb hkl(m)*):
- *bl ašt urbt b bh[tm] \ ḥln b qrb hklm* "Soll ich nicht eine Luke in dem Gebäude anbringen, ein Fenster im Innern des Palastes? 1.4:V:61f. // 1.4:VI:5f*; ähnl. 1.4:V:64f.; 1.4:VI:8f.; 1.4:VII:17-19; 1.4:VII:25-27.
- *ḫmš t̠d̠t̠ ym / tikl \ išt [b] bhtm / nblat \ b [qrb h]klm* "einen fünften (und) einen sechsten Tag fraß (d.h. loderte) das Feuer [im] Gebäude, (loderten) die Flammen [im Innern des Pa]lastes" 1.4:VI:29-31*
- *in bᶜl b bhth«t» / il hd b qrb hklh* "Baᶜlu ist nicht in seinem Gebäude, der Gott Haddu (ist nicht) im Innern seines Palastes" 1.10:II:4f.
- *w ykn bnh b bt / šrš b qrb \ hklh* "Es möge einen Sohn von ihm in (seinem) Haus geben, einen Sproß drinnen in seinem Palast" 1.17:I:25f. // 1.17:I:42f.

- *il dbḥ b bth / mṣd ṣd b qrb \ hklh* "Ilu hatte eine Schlachtung in seinem Haus vorgenommen, ein Wildbret im Innern seines Palastes zubereitet" 1.114:1f.
- terminativisch:
- *ṣḥ ḫrn b bht!k \ ᶜḏbt b qrb hklk* "Ruf eine Karawane in dein Gebäude, eine ...(?) hinein in deinen Palast" 1.4:V:13f. // 1.4:V:29-31; vgl. 1.4:V:36f.;
- *ṣḥ aḫh b bhth / aryh \ b qrb hklh* "Er rief seine Brüder in sein Gebäude, seine Verwandtschaft hinein in seinen Palast" 1.4:VI:44f.; vgl. 1.22:II:18-20*
- *tštk b qrb-m asm* "Sie (sc. die Hand Aqhats) möge dich hinein in den Speicher legen" 1.19:II:18.25 (*qrb* + EP *-m*).
- *hlkt \ [ ] b qrb ᶜr* "sie(?) ging ... in das Innere der Stadt" 1.62:4f.
- in abgebrochenem bzw. unklarem Kontext:
- 1.1:II:6; 1.4:VII:13 (*bᶜl b qrb \ bt*); 1.5:III:10.19; 1.20:II:1 (*ṯmn b qrb hkly*); 1.20:II:9 (*b qrb mṭᶜt ilnym* "inmitten der Pflanzungen ...").

Anm. Auch in 1.21:II:8 könnte *[b qr]b* zu ergänzen sein. Da der Parallelausdruck aber *l bt\[y]* lautet (1.21:II:7-8), ist auch eine Ergänzung *[l qr]b* zu erwägen: ... *amġy l bt/[y ištql* (?) *l / b qr]b hkly* "...(?) werde(?) ich zu [meinem] Haus gehen, [werde ich mich in das Inne]re meines Palastes begeben" 1.21:II:7f.

82.414. *b ᶜd* (?)

b ᶜd /bi ᶜādi/ (Präp. *b* + Subst. *ᶜd* "Dauer"; vgl. die Präp. *ᶜd* "bis" [§82.33], die Konj. *ᶜd* [§83.214] und das Adv. *ᶜd* [§81.24a]) [he. *bᵉᶜôd*].

b ᶜd könnte an einer einzigen Stelle als zusammengesetzte Präp. mit der Bedeutung "bis" fungieren:

- ... *alp ymm \ w rbt šnt \ b ᶜd ᶜlm* "(die Götter mögen dich beschützen ...) 1000 Tage und 10000 Jahre, bis in Ewigkeit" 5.9:I:4-6 (vgl. *ᶜd ᶜlm* [2.19:5.15; 3.2:12.17; 3.5:14.19f.] und *ᶜm ᶜlm* [1.3:V:30; 1.4:IV:42]).

Alternativ kann der Ausdruck *b ᶜd ᶜlm* aber auch wörtlich im Sinne von "in der Dauer der Ewigkeit" (d.h. "in alle Ewigkeit") interpretiert werden.

Anm. Hinzuweisen ist in diesem Zusammenhang ferner auf die zweimal bezeugte Wortverbindung *b ap (ṯġr)* "an der Vorderseite/Fassade des Tores" = "(unmittelbar) vor dem Tor" (1.17:V:6; 1.19:I:22). *ap* im Sinne von "Vorderseite" (Du.cs.) ist jedoch auch sonst bezeugt (1.5:VI:21; 1.6:I:5).

82.42. Präposition *l* und Substantiv

82.421. *l p*

l p /li pî/ (Präp. *l* + Subst. *p* "Mund; Wort, Ausspruch, Befehl") [he. *lᵉpî*; pun. *lpy* (PPG § 252a); vgl. ferner akk. *ana pî* (GAG § 115[t]) bzw. *ina pî* (EA 81:18)].

Die zusammengesetzte Präp. *l p* bezeichnet die adverbiale Position "gemäß dem Wortlaut von; auf Geheiß; gemäß; nach Art von". Sie läßt sich nur in den weitgehend parallelen Ritualtexten 1.40 (Z. 3ff.) und 1.84 (Z. 4ff.) einigermaßen sicher nachweisen und folgt dabei stets der disjunktiven Konj. *u* (*u l p X ... u l p Y* "sei es gemäß X ... oder sei es gemäß Y" [§83.141]). Beispieltext:

- ... *u ṯḫti[n u l p qty] \ u l p ddmy u l p [ḫry u]lp ḫty u l p [alṯy u l p] ġbr \ u l p ḫbtkn u l p md[llk]n u l p q[rzbl] \ ...* "... ob ihr (f.) sündi[gt] / gesündi[gt] habt, [sei es nach Art der Leute von *Qṭ*] oder nach Art der Leute von Aleppo oder nach Art [der Hurriter oder] nach Art [der Leute von Zypern oder nach Art] der Leute von *Ġbr* oder nach Art derer, die euch berauben oder nach Art derer, die eu[ch unterdrü]cken oder nach Art von *Q[rzbl]* ..." 1.40:19-21; ähnl. 1.40:28-30 und 1.40:36-38 (Übersetzung unsicher; *l p* könnte auch "gegenüber" bedeuten. Viele Autoren betrachten *ulp* als Subst. entsprechend he. *ʾallûp* [Übersetzungen: "Stammesfürst, Häuptling, Clan").

Ein weiterer Beleg für *l p* könnte in 5.11:4 (Übungstext) vorliegen. Der Ausdruck dürfte hier aber wörtlich zu übersetzen sein: *l p špš \ yṯbtn b bt trtn* "Gemäß der Anweisung der 'Sonne' halte ich(?) mich(?) im Haus des Tartennu auf" (5.11:4f.).

82.422. *l pn*

*l pn /li panî/ < *li panawī* (Präp. *l* + Subst. *pn* "Vorderseite, Gesicht" [Pl.cs.]; vgl. das Adverb *l pnm* [§81.13e]) [he. *lipnê*; phön., moab. *lpn*; vgl. akk. *lapān* (wsem. Lw.) bzw. *ana/ina pān*].

Die zusammengesetzte Präp. *l pn* bezeichnet die adverbiale Position "an der Vorderseite von, vor" in lokaler sowie (seltener) temporaler Dimension und wird darüber hinaus auch direktional, terminativisch wie ablativisch (vgl. he. *mippᵉnê*), gebraucht. Sie begegnet viel häufiger als die gleichbedeutende Präp. *qdm* (§82.36) und findet sich im gesamten Textkorpus. In 1.16:VI:48 fungiert *l pn* als direkter Gegenbegriff zu *bʿd* "hinter" (§82.38).

In Verbindung mit Pronominalsuffixen der 3. Person begegnen neben *l pnh* auch die Varianten *l pnwh* = */li-panawī-hu/*? (1.3:I:6) mit bewahrtem Triphthong (§33.323.1b; §33.443) und *l pnnh /li panî-nnVhu/* (1.3:IV:40; 1.10:II:17 [*pnnh* kann hier wörtlich mit "sein/ihr Angesicht" übersetzt werden]). Die beiden Bildungselemente der Präp. *l pn* sind bisweilen durch einen Worttrenner geschieden (*l . pn*, z.B. 2.23:19.21). Illustrative Beispiele:

- positional (lokale Dimension):
  - *ybrd ṯd l pnwh* "Er zerteilte das Bruststück (eines Tieres) vor ihm" 1.3:I:6.
  - *l pnk \ l tšlḥm ytm / bʿd \ kslk almnt* "Dem Waisen vor dir gibst du nichts zu essen, (noch) der Witwe hinter deiner Lende" 1.16:VI:48-50 (*l pn* vs. *bʿd*).
  - *w tṣu l pn ql ṯʿy* "und du mußt hinausgehen angesichts/bei der Stimme des Beschwörers" 1.169:2 (alt.: ablativisch, d.h. "weg von der Stimme ...").
  - *p l \ ḥy np[šh a]rš \ l.pn bʿ[l] ṣpn bʿly \ w urk ym bʿly \ l.pn amn w.l.pn \ il mṣrm ...* "Auch [be]te ich für das Leben [seiner(?)] See[le] vor Baʿlu-Ṣapānu, meinem Herrn, und (für) die Länge der (Lebens-)Tage meines Herrn (bete ich) vor Ammun und vor (allen) Göttern Ägyptens ..." 2.23:17-22.
- positional (temporale Dimension):
  - *l pn \ ll ʿṣrmm* "vor (Anbruch) der Nacht zwei Vögel (als Opfer)" 1.132:16f.

- terminativisch:
  - *l pnnh ydd w yqm /\ l pʿnh ykrʿ w yql* "Vor ihr Angesicht trat er hin und richtete sich auf. Vor ihren Füßen kniete er sich (sodann) nieder und warf sich zu Boden" 1.10:II:17f. (*l pnnh // l pʿnh*, jeweils wörtliche Bedeutung).
  - *umy \ tdʿ ky ʿrbt \ l pn špš* "Meine Mutter möge wissen, daß ich bei der 'Sonne' vorstellig geworden bin (w.: vor die 'Sonne' hingetreten bin)" 2.16:6-8 (vgl. akk. *ana / ina pān / lapān PN/GN erēbu*).
- ablativisch:
  - *šrḥq aṯt l pnnh /\ št alp qdmh / mria w tk \ pnh* "Er schickte die Frauen von sich (alt.: vor ihr) weg. Er setzte ihr ein Rind vor, ein Masttier direkt vor ihr Angesicht" 1.3:IV:40-43 (*l pnnh* gefolgt von *qdmh // tk pnh*).
  - *lk l pny* "Geh weg von mir!" 1.82:10 (vgl. demgegenüber Z. 38: *lk pnh*).
  - (?) *p l ašt aṯty \ nʿry ṯh l pn ib* "Soll ich denn meine Frau(en) (und) meine Kinder nicht zu ON(?) bringen, weg von dem Feind?" 2.33:28f. (alt. positional: "im Angesicht des Feindes").

82.423. *l ẓr*

l ẓr /li ẓâri/ < **li ẓahri* (Präp. *l* + Subst. *ẓr* "Rücken, Oberseite, höchstgelegener Punkt") [vgl. ar. *ʿalā ẓahri*; akk. *ina/ana ṣēr*, *i/aṣṣēr*, *eli ṣēr*].

l ẓr bezeichnet die adverbiale Position "auf dem Rücken / an der Oberseite von; auf, über" und wird – den bisherigen Belegen zufolge – ausschließlich direktional (terminativisch wie auch ablativisch) verwendet. Als Parallelbegriffe fungieren die Präpp. *l* und *ʿl*. Alle Belege stammen aus der Poesie. Sie lauten:

- terminativisch:
  - *tġly ilm rišthm / l ẓr brkthm / w l kḥṯ \ zblhm* "Die Götter senkten ihre Häupter auf den 'Rücken' ihrer Knie, und (in Richtung) zu ihren fürstlichen Thronsesseln" 1.2:I:23f.; ähnl. 1.2:I:24f. (*l ẓr // l*).
  - *štt ḫptr l išt \ ḫbrṯ l ẓr pḥmm* "Sie setzte einen Kochtopf auf das (w.: zum) Feuer, einen Kessel auf die Oberfläche der Holzkohlen" 1.4:II:8f. (*l // l ẓr*).
  - *ša ġr ʿl ydm / ḫlb l ẓr rḥtm* "Stemmt den Berg hinauf auf (eure) Hände, den bewaldeten Hügel auf (eure) Handflächen" 1.4:VIII:5f.; 1.5:V:13f. (*ʿl // l ẓr*).
  - *ʿl l ẓr mgdl / {w ʿl l ẓr mgdl} / rkb \ ṯkmm ḥmt* "Steige auf die höchste Stelle des Turmes {und steige auf die höchste Stelle des Turmes}, besteige die 'Schulter' der Mauer!" 1.14:II:20-22; ähnl. 1.14:IV:2-4 (*l ẓr // ṯkmm* [Ak.]).
- ablativisch:
  - *šu ilm raštkm / l ẓr brktkm / ln kḥṯ \ zblkm* "Erhebt eure Häupter, (o) Götter, vom 'Rücken' eurer Knie, von euren fürstlichen Sesseln" 1.2:I:27f.; ähnl. 1.2:I:29 (*l ẓr // ln*).
- im abgebrochenen Kontext:
  [ ] l ẓr qdqdh "... auf den/dem Scheitel seines Kopfes" 1.4:VII:4; *[ ] l ẓr ur[ ]* 1.101:12.

Anm. *l ẓr* wird einmal auch adverbial im Sinne von "nach oben" verwendet: *nšu riš ḥrṯm / l ẓr ʿbd dgn* "Die Pflüger erhoben das Haupt (Sg.!), die Getreidearbeiter (erhoben das Haupt) nach oben" 1.16:III:12f.

82.424. *l bl*

l bl /*li balî/û*/ (Präp. *l* + Subst. *bl* "Nichts" [Gen. od. Lok.]) [he. *liblî*, *biblî*, *mibbᵉlî*; vgl. syr. *men blay*; akk. *ina balu(m)*).

l bl bezeichnet – wie die Präp. *bl* (§82.311) – die adverbiale Position "ohne (w.: mit nichts)"; sie ist nur im (poetischen) Text 1.96 bezeugt:

- *tspi širh* \ *l bl ḥrb* / *tšt dmh* \ *l bl ks* "Sie aß sein Fleisch ohne Messer; sie trank sein Blut ohne Becher" 1.96:3-5.

Anm. Hinzuweisen ist in diesem Zusammenhang auch auf die häufig bezeugte Wortverbindung *l pᶜn* /*li paᶜnê*/ "zu (den beiden) Füßen von; (nieder) vor" (Präp. *l* + *pᶜn* "Füße" [Du.cs.]), z.B. *l pᶜn il* \ *l tpl* "Zu Füßen des (Gottes) Ilu fielen sie nicht hin" (1.2:I:30f.) oder *l pᶜn* \ *adty* \ *šbᶜd* \ *w šbᶜid* \ *mrḥqtm* \ *qlt* "Zu Füßen meiner Herrin bin ich in der Ferne siebenmal und siebenmal hingefallen" (2.12:6-11). Da *pᶜn* in der betreffenden Wortverbindung jedoch immer die wörtliche Bedeutung "Füße" besitzt, sollte *l pᶜn* als gewöhnliche Präpositionalphrase und nicht aber als zusammengesetzte Präp. interpretiert werden. — Beachtenswert ist ferner die in 1.6:II:16.17 bezeugte Wortverbindung *l kbd* (*arṣ* / *šdm*) "hin zum Innersten (der Erde / der Felder)".

82.5. Präpositionen mit enklitischen Partikeln

82.51. Präpp. können durch die Enklitika *-m* oder *-n* erweitert sein, ohne daß sich dadurch ihre Bedeutung wesentlich verändert. Durch *-n* erweiterte Formen begegnen besonders häufig vor Pronominalsuffixen (§41.221.17d; §41.221.3a; §41.221.3a; §41.221.51; §41.221.61; §41.222.2a). Sieht man von diesem Phänomen ab, sind vier Motive für die gelegentliche Erweiterung von Präpp. durch *-m* oder *-n* (vor Nomina) erkennbar:

1. Erweiterte Formen dienen in der Poesie als stilistische Varianten zu im synonymen Parallelismus stehenden unerweiteten Formen.
2. Sie begegnen in der Poesie aus metrischen Gründen anstelle unerweiterter Formen, um die Silbenzahl eines poetischen Kolons zu erhöhen.
3. Sie dienen zum Ausdruck einer besonderen Betonung des folgenden Nomens bzw. zur Unterstreichung einer besonderen Wortstellung (vgl. etwa akan. *a-na-mì* LUGAL *gáb-bu* "alles gehört allein dem König" [EA 197:6]).
4. Sie können durch euphonische Gründe motiviert sein.

82.52. Im folgenden werden alle bezeugten erweiterten (nicht mit PSS verbundenen) Formen aufgelistet. Es zeigt sich, daß erweiterte Formen in der Poesie häufig, in der Prosa dagegen sehr selten bezeugt sind.

a. Formen mit enklitischem *-m* (§89.2):

b-m : 1.2:I:39, 1.10:II:7, 1.14:II:14, 1.15:II:17f., 1.16:I:42.48 und 1.92:13 (jeweils *b yd* // *bm ymn*); 1.10:III:30, 1.14:I:31, 1.16:III:10, 1.17:I:39, (?) 1.19:III:41, 1.23:51.56 und 1.108:4 (jeweils *b* // *bm*); 1.12:I:12f. und 1.19:I:34f. (*bm lb* // *bm kbd*); 1.19:II:25 (*bm qrbm asm* [gegenüber *b qrbm asm* in 1.19:II:18]); 1.22:I:5 (*ṯkm bm ṯkm*); 2.13:14 (*bm* am Satzanfang).

k-m : 1.3:V:38 (und Par.), 1.6:I:4 (dagegen *k* an der Parallelstelle [1.5:VI:21]), 1.14:III:1 // 1.14:IV:30, 1.14:III:42 // 1.14:VI:27 und 1.114:21 (jeweils *k* // *km* [oder umgekehrt]); 1.4:V:28f. (und Par.) (*km aḫk* // *km aryk* [*km* vor mit /*ˀa*/ anlautenden Substt., vielleicht aus euphonischen Gründen]); 2.19:2 (*km* am Satzanfang). — Die Form *km* wird im Ug. (wie auch in anderen sem. Sprachen) in Poesie und Prosa sehr häufig verwendet und ist folglich als selbständiges Lexem (neben *k*) zu betrachten (§82.13).

l-m : (?) 1.12:II:57 (*lm ttkn* // *l*); 1.14:II:48 (*lm nkr* // *l*; dagegen *l nkr* an der Parallelstelle [1.14:IV:28]); 1.15:IV:22 (*lm mṯb* // *l*); (?) 1.19:IV:48 (*lm ˁr[b]*; alt.: *l mˁr[b]*); 1.114:12 (*lm k!lb* // *l*). — *lm* begegnet auch in 4.223:9 (*lm iytlm* nach dreimaligem *l iytlm*); die EP *-m* hat hier aber eine andere Funktion (§89.27a).

ˁm-m : 1.14:VI:37 (*ˁmm pbl* \ *mlk* "[sie gingen] zum König Pabilu" [Der Gebrauch der EP *-m* anstelle der sonst bei *ˁm* üblichen EP *-n* könnte hier durch den folgenden labialen Konsonanten /*p*/ motiviert sein; möglw. partielle Assimilation]).

SV. Vgl. den Gebrauch der EP *-mi* nach Präpp. im Akk.EA (siehe CAT 3, 245), z.B. *a-na-mì* (EA 197:6) und *qa-du-mi* (EA 126:43); vgl. ferner syr. *ᶜᵉdammā* "bis".

b. Formen mit enklitischem *-n* (§89.1):

b-n : (?) 1.2:I:42 (*bn ktpm* [eher aber Präp. *bn* "zwischen"]); 1.4:VII:55 (*bn ẓlmt*); 1.8:II:7 (*bn ġlmt*); 1.8:II:8 (*bn ẓlmt* [topikalisierte Stellung; siehe §89.11]); evtl. auch 1.4:VII:15 (*bn* // *bnm*).

SV. Vgl. phön. *bn* "in ihm/ihr" (Präp. *b* + *n* + PS 3.sg. [PPG[3] § 254]).

l-n : 1.2:I:25.27.29 (*ln kḥṯ* // *l*; dagegen *l kḥṯ* an der Parallelstelle [1.2:I:23]); 1.16:IV:14 (*ln ḫnpt* // *l*); 2.81:6 (*ln bˁly yšlm* [topikalisiert; siehe §89.11]).

ˁm-n : 1.3:III:25 (*ˁmn* // *ˁm*); 1.24:32 (*ˁmn nkl ḫtny* "einzig und allein Nikkalu will ich heiraten!" [*ˁmn* dient hier zur Betonung des PN]); ferner 2.13:15, 2.17:16, 2.30:12, 2.33:34, 2.77:17, 3.1:7.11, 4.280:1.3, 4.290:5 und RS92.2005:9.29.

c. Formen mit enklitischem *-n* und *-m* ?

? *b-n-m*: 1.4:VII:16 (*bnm ˁdt* "genau zu diesem Zeitpunkt" // *bn ym* "genau heute" [Z. 15]). — Andere Erklärungsmöglichkeiten für die Zeichenfolge *bn* (*bnm* = *bn* + EP *-m*) sind: a) *bn* als Lexem für "Sohn" (vgl. aram. *bar šāˁṯeh* "Sohn der Stunde" = "genau jetzt"); b) *bn* könnte aus *b* + **hn* (Frühartikel) zusammengesetzt sein ("an diesem Tag" // "zu diesem Zeitpunkt").

83. Konjunktionen

Konjunktionen dienen zur syntaktischen Verbindung von Wörtern, Wortgruppen und Sätzen und kennzeichnen zugleich semantische Beziehungen zwischen diesen Elementen (vgl. Bußmann 1990, 406). Sie werden nicht flektiert. Hinsichtlich ihrer syntaktischen Funktion unterscheidet man zwischen koordinierenden und subordinierenden Konjunktionen. Erstere verbinden gleichgeordnete Elemente miteinander, letztere leiten dagegeben abhängige Sätze (Nebensätze) ein.

Lit.: Aartun (1978, 63-98); GUL 188-190; vgl. DLU.

83.1. Koordinierende Konjunktionen

Das Ug. kennt nur wenige koordinierende Konjunktionen (= Konjj.). Sie dienen zum Ausdruck kopulativer ("und"), adversativer ("aber, jedoch"), disjunktiver ("entweder – oder") und kausaler Beziehungen ("denn"). Zwei der koordinierenden Konjj. des Ug., *p* und insbesondere *w*, können nebeneinander verschiedene semantische Beziehungen ausdrücken (die konkrete Nuance resultiert aus dem Kontext). Einige Konjj. wie etwa *hm*, *im*, *k(m)*, die primär subordinierend fungieren, können daneben auch koordinierend gebraucht werden. Diese Tatsache zeigt, daß die traditionelle Differenzierung zwischen Haupt- und Nebensätzen nur unter Vorbehalt auf die syntaktischen Verhältnisse des Ug. angewandt werden kann. Nachfolgend werden die wichtigsten Funktionen der koordinierenden Konjj. des Ug. anhand illustrativer Textbeispiele vorgestellt.

83.11. Die Konjunktion *w*

w /*wa*/ "und" [sem. **wa*; he. *w*^{e} und *wa:* (mit Gemination des folgenden Konsonanten); akk. *u*].

w stellt die mit Abstand häufigste Konj. des Ug. dar. Sie dient zur Koordinierung von Wörtern, Wortgruppen, Sätzen und ganzen Textteilen (zu den Belegen im einzelnen siehe WL 70-75). Neben *w* ist eine erweiterte Variante *wn* (*w* + EP -*n*) bezeugt (§33.142.23).

Lit.: Aartun (1978, 63-87); Watson (1994d) und (1996d) [Lexem *wn*]; Tropper (1999a).

83.111. *w* zur Verbindung von Wörtern und Wortgruppen

a. Kopulativ ("und"):

- *ilm w nšm* "Götter und Menschen" 1.4:VII:51; *arṣ w šmm* "Erde und Himmel" 1.16:III:2; *alp w š* "ein Rind und ein Schaf" 1.109:18; GN *kṯr w ḫss* (w.: "geschickt und weise" 1.1:III:17&; *b knr w ṯlb / b tp w mṣltm* "(spielen) auf der Zither und der Flöte, auf dem Tamburin und den Zimbeln" 1.108:4.

- *ʿṣr šmm \ w dg b ym* "die Vögel des Himmels und die Fische im Meer" 1.23:62f.; *mnk \ mnkm l yqḥ \ bt hnd bd \ ʿbdmlk \ bn amtrn \ w [b]d bnh* ... "Niemand darf das besagte Haus dem PN ... und (auch nicht) seinen Söhnen wegnehmen ..." 3.2:12-17; ähnl. 3.5:15-20.
- Mehrfach-Setzung von *w* bei drei oder mehr Gliedern: *dblt yṯnt w ṣmqm yṯn[m] \ w qmḥ bql* "alter Feigenkuchen, alte Weintrauben und Hafergrützenmehl(?)" 1.71:24f. (die Parallelstelle 1.85:31f. hat nur vor dem letzten Glied ein *w*); *agdn ... w bʿln ... w ḥṯṯn ... w btšy ... w ištrmy ... w snt* 3.4:3-10 (PNN).
- Einfach-Setzung von *w* bei drei oder mehr Gliedern (nur vor dem letzten Glied): *b gt knpy mit drʿ ṯṯm drt w šbʿm dd arbʿ \ kbd ḥpr bnšm* "... 100 (*dd*) Saatgut, 60 (*dd*) Viehfutter und 74 *dd*-Maß Getreideration für Menschen" 4.243:18f. (im gleichen Text sonst aber auch Mehrfach-Setzung von *w*).

b. Komitativ ("zusammen mit, samt"):
- *grgš \ w lmdh \ aršmg \ w lmdh* ... "PN_1 zusammen mit seinen Lehrlingen, PN_2 zusammen mit seinen Lehrlingen" 4.194:2-4 (vgl. *ʿšr ksdm yd lmdhm* "zehn *ksd*-Handwerker nebst ihren Lehrlingen" 4.125:8 [Präp. *yd*]).
- *aṯt w bnh w pġt aḥt* ... "eine Frau zusammen mit ihrem Sohn und einem Mädchen ..." 4.102:21.
- *skn d šʿlyt \ ṯryl l dgn pgr \ w alp l akl* "Stele dafür, daß PNf für Dagānu ein *pgr*-Opfer dargebracht hat, zusammen mit einem Speiserind" 6.13:1-3; ähnl. 6.14:1-3* (alt.: "... und zwar ein Speiserind" [explikativ]).

c. Disjunktiv ("oder"):
- *yʿrb \ bʿl b kbdh / b ph yrd \ k ḥrr zt / ybl arṣ w pr \ ʿṣm* "... damit Baʿlu in seinen Bauch eintrete, durch sein Maul hinabsteige wie eine geröstete(?) Olive, (wie) ein Produkt der Erde oder (wie) eine Baumfrucht" 1.5:II:3-6.
- *npš[ ] \ npš lbim \ thwt / w npš anḫr b ym* "Meine Gier ist (wie) die Gier eines Steppenlöwen oder (wie) die Gier des *anḫr*-Tieres im Meer" 1.133:2-4 (an der Parallelstelle 1.5:I:15 begegnet stattdessen die Konj. *hm* "oder").

d. Erläuternd ("und zwar" [*Waw explicativum*]):
- (?) *ʿbdk an w d ʿlmk* "Dein Diener bin ich, und zwar auf ewig (w.: der deiner Ewigkeit)" 1.5:II:12 // 1.5:II:19f. (alternativ zu §82.112e zu stellen).

Anm. Beispiele für die Doppelsetzung von *w* im Sinne von "sowohl — als auch" bzw. (negiert) "weder — noch" sind im Ug. offenbar nicht bezeugt. Dafür tritt die Konj. *u* "oder" ein (*u — u* [§83.131b]).

83.112. *w* zur Verbindung von Satzteilen (scheinbar pleonastisch)

In den nachfolgend aufgelisteten Textbeispielen wird die Konj. *w* scheinbar pleonastisch gebraucht. Bei genauerer Betrachtung zeigt sich jedoch, daß *w* hier eine spezifische syntaktische Funktion besitzt. Es dient dazu, ein topikalisiertes bzw. pendierendes Satzglied einerseits oder ein nachgestelltes Satzglied andererseits mit dem Restsatz zu verknüpfen bzw. dieses syntaktisch in den Satz einzubinden. In der Übersetzung ist dieses *w* nicht wiederzugeben, da dt. "und" bzw. entsprechende Konjj. in anderen indoeuropäischen Sprachen keine vergleichbare

Funktion besitzen. In den nachfolgenden Textübersetzungen wird das Sigel "**" an Positionen gesetzt, an denen im ug. Text die Konj. *w* steht.

Lit.: Pope (1953) = Pope (1994, 311-316); Tropper (1999a).

a. *w* nach topikalisiertem Nomen oder Pronomen:
- *št alp qdmh / mria w tk \ pnh* "Er setzte ihr ein Rind vor, ein Masttier ** direkt vor ihr Angesicht" 1.3:IV:41f. // 1.4:V:45f. (*mra* statt *mria*).
- *a[t̠]tm at̠t̠ il / at̠t̠ il w ˁlmh* "Die beiden Fr[au]en werden Ilus (Ehe-)Frauen sein, Ilus (Ehe-)Frauen ** auf ewig" 1.23:42; ähnl. 1.23:45f. (*bt il \ w ˁlmh*).
- *at(m) w ank ibǵyh* "Dir (allein) ** will ich es offenbaren" 1.3:III:28 // 1.1:III:16* (zu alternativen Deutungen siehe §41.112.3, Anm.).

b. *w* nach topikalisierter Nominalphrase (Konstruktusverbindung):
- *ˁrb špš w ḥl mlk* "Bei Sonnenuntergang ** ist der König desakralisiert" 1.41:47f.*; 1.46:9f.*& (viele Belege).

c. *w* nach topikalisierter kurzer Präpositionalphrase:
- *b nši ˁnh w y/tphn* "Beim Aufschlag seiner/ihrer Augen ** sah er/sie ..." 1.17:V:9, 1.19:I:28-29*, 1.19:III:14.28-29 (jeweils *yphn*); 1.4:II:12, 1.17:VI:10, 1.19:II:27 (jeweils *tphn*).
- *b t̠n ˁgmm w ydmˁ* "Unter 'Wiederholen' / Äußern von Klagen ** vergoß er Tränen" 1.14:I:27.
- *bm bkyh w yšn /\ b dmˁh nhmmt* "Bei seinem Weinen ** schlief er ein. Bei seinem Tränenfluß (kam der) Schlummer" 1.14:I:31-32.
- *bm nšq w hr / b ḥbq ḥmḥmt* "Beim Küssen ** (trat) Empfängnis (ein), beim (innigen) Umarmen Liebesglut(?)" 1.23:51; ähnl. 1.23:56 (*bḥbq w ḥ[m]ḥmt*).
- *km ǵlmm \ w ˁrbn* "Wie (zwei) Pagen ** tretet fürwahr ein!" 1.3:III:8f.
- *[aḫ]r mǵy ˁdt ilm /\ w yˁn aliyn bˁl* "[Na]ch der Ankunft der Götterversammlung ** sprach der hochmächtige Baˁlu" 1.15:II:11f.

d. *w* nach längerem topikalisierten Satzglied einschließlich Präpositionalphrase:
- *[m]k b šbˁ \ šnt / w kr*? (n.L.) *bn ilm mt /\ ˁm aliyn bˁl* "Dann, im siebten Jahr, ** wurde ... Môtu wütend auf ... Baˁlu" 1.6:V:8-10.
- *mk špšm \ b šbˁ / w tmǵy l udm \ rbt*! ... "Dann, bei Sonnen(-Untergang) am siebten (Tag), wirst du zu Groß-*Udm* gelangen ..." 1.14:III:3-5.
- *w hn špšm \ b šbˁ / w l yšn pbl \ mlk* "Und siehe, bei Sonnen(-Untergang) am siebten (Tag), ** wird der König *Pbl* nicht schlafen können" 1.14:III:14f.
- *mk špšm b šbˁ /\ w l yšn pbl \ mlk* "Dann, bei Sonnen(-Untergang) am siebten (Tag), ** wird der König *Pbl* nicht schlafen können" 1.14:V:6-8.
- *mk b šbˁ ymm /\ [w] yqrb bˁl b ḥnth* "Dann, am siebten Tag, ** näherte sich Baˁlu in seiner Güte" 1.17:I:15f.
- *[m]k b šbˁ \ šnt / w yˁn [dnil m]t rpi* ... "[Da]nn, im siebten Jahr, ** sprach [Daniˀilu], der Rapiˀu-Mann ..." 1.19:IV:18f.
- *[aḫ]r mǵy ˁdt ilm /\ w yˁn aliyn bˁl* "Nach der Ankunft der Götter (d.h. Nachdem die Götter angekommen waren) ** sprach ... Baˁlu" 1.15:II:11f.

e. *w* vor dem letzten (nachgestellten) Glied einer Satzphrase:
- (?) *ᶜbdk an w d ᶜlmk* "Dein Diener bin ich ** auf ewig (w.: der deiner Ewigkeit)" 1.5:II:12 // 1.5:II:19f. (alt.: explikativ [§83.111d]).
- *hm yrḫ b ᶜlyh w pḥm* "Wenn der Mond bei seinem Aufgehen ** purpurrot ist" 1.163:2(12) // 1.163:6(16)*; vgl. 1.163:4(14) (Lesung unsicher).

83.113. *w* zur Verbindung von Sätzen (vgl. §96.1)

a. Kopulativ zur Verbindung syntaktisch gleichrangiger Sätze ("und"):
- zwischen Hauptsätzen, z.B. *at aḫ w an a[ḫtk]* "Du bist mein Bruder und ich bin [deine] Sch[wester]" 1.18:I:24.
- zwischen Nebensätzen, z.B. *rgm l tdᶜ nšm / w l tbn \ hmlt arṣ* "... eine Kunde, die die Menschen nicht wissen und die die Volksmenge der Erde nicht kennt", 1.3:III:27f. und Par. (zugleich synonymer Parallelismus [§b]).

b. *w* im synonymen Parallelismus zwischen parallelen Kola in der Poesie (teilweise mit steigernder, emphatischer Nuance). Beispiele (es gibt viele Belege):
- *w yšu ᶜnh aliyn bᶜl / w yšu ᶜnh w yᶜn / w yᶜn btlt ᶜnt* ... "Da erhob der hochmächtige Baᶜlu seine Augen; ja, er erhob seine Augen und sah; ja, er sah die Jungfrau ᶜAnatu" 1.10:II:13-15.
- *k ibr l bᶜl yld /\ w rum l rkb ᶜrpt* "Fürwahr, es wurde dem Baᶜlu ein Stier geboren, ein Wildstier dem Wolkenreiter" 1.10:III:35f. (alt.: kausales *k*).
- *tld šbᶜ bnm lk /\ w ṯmn ṯṯˀmnm \ lk* "Sie wird dir sieben Söhne gebären, acht wird sie dir schenken" 1.15:II:23-25.
- *[ap (?)] mt kl amt / w an mtm amt* "... den Tod aller werde ich sterben; ja (auch) / auch ich werde gewiß sterben" 1.17:VI:38.
- *aqht km yṯb l lḥm / w bn dnil l ṯrm* "Wenn Aqhatu sich hinsetzt, um zu essen, der Sohn Daniˀilus, um zu speisen" 1.18:IV:18f. // 1.18:IV:29f.
- *mġy ḥrn l bth w \ yštql l ḥẓrh* "Ḥôrānu ging zu seinem Haus, er begab sich zu seinem Hof" 1.100:67 (dagegen asyndetische Konstruktion in 1.114:17f. [*il hlk l bth / yštql \ l ḥẓrh*]; ähnl. 1.17:II:24f. und 1.19:IV:8f.).
- *išḫn špš / w išḫn \ nyr rbt* "Erwärme dich, Sonne! Ja, erwärme dich große Leuchte!" 1.161:18f.

c. Erläuternd ("und zwar, nämlich" [*Waw explicativum*]):
- ... *iwrkl pdy \ ... \ w pdyhm \ iwrkl mit \ ksp* ... "... PN hat losgekauft ... Und zwar hat PN sie losgekauft für 100 (Schekel) Silber ..." 3.4:2.12-14.
- ... *ᶜmṯtmr ... mlk \ ugrt ytn \ ... \ w ytnn \ l bᶜln* ... "... PNk ... König von Ugarit, hat ... gegeben. Und zwar hat er sie (sc. diverse Besitzungen) dem PN$_2$ ... gegeben ..." 3.5:2-4.11f.
- ... *w ṯmnt ksp.hn* "(... *pḥm*-Wolle ... und drei Leinenkleider ...) und zwar (beträgt) ihr (Preis in) Silber acht (Schekel)" 4.132:3; ähnl. Z. 4f. und Z. 6.

d. Adversativ ("aber, jedoch"):
- *atm bštm w an šnt* "Ihr zögert (noch) / seid langsam, aber ich gehe (hiermit) los" 1.3:IV:33 // 1.1:III:18*.
- *aṯt trḫ w tbᶜt* "Er heiratete (zwar) eine Frau, aber sie ging weg" 1.14:I:14.

- *ʿrb \ [b]th ytn / w yṣu l ytn* "Das Betreten seines [Hau]ses war erlaubt, das Verlassen aber war nicht erlaubt" 1.15:II:9f.
- *[i]rš ksp ... / w tn qštk ʿm \ [btlt] ʿn[t] ...* "[W]ünsche dir Silber ... aber gib deinen Bogen der [Jungfrau] ʿAna[tu] ...!" 1.17:VI:17-19.
- *yʿdb u ymn \ u šmal b phm / w l tšbʿn* "Sie stopften mal rechts und mal links (Nahrung) in ihre Mäuler, aber wurden nicht satt" 1.23:63f.
- *spr npš d \ ʿrb bt mlk \ w b spr l št* "Liste von Sklaven, die in den Königspalast gebracht, aber nicht in die Liste eingetragen wurden" 4.338:1-3.

SV. Zu einer vergleichbaren Funktion der Konj. *ū* in den Amarnabriefen aus Kanaan siehe EA 252:30f.: *šu-sú-mì a-bi-ia \ ù ú-ṣur-ru-šu-nu* "Sie sind (zwar) Plünderer(?) meines Vaters, aber dennoch werde ich sie beschützen".

e. Deiktisch ("und siehe da"):
- *krt yḫṯ w ḥlm /\ ʿbd il w hdrt* "Keret erwachte, und siehe, (es war) ein Traum; der Diener Ilus (erwachte) und siehe, (es war) eine Vision" 1.14:III:50f.

f. Kausal ("denn"):
- *b ḥrn pnm trġnw w ṯṯkl \ bnwth* "Hôrānus Gesicht wurde verstört/traurig; denn sie war daran, ihre Nachkommenschaft zu verlieren" 1.100:61f.

g. Zur Einleitung eines Umstandssatzes der Gleichzeitigkeit:
- *ap yṣb yṯb b hkl / w ywsrnn ggnh* "PN aber saß im Palast, wobei ihn sein Inneres (folgendermaßen) belehrte" 1.16:VI:25f.

h. Zur Einleitung eines Satzes mit finalem/konsekutivem Sinn ("so daß; damit" [§97.*10*.2; §97.*11*.c]):
- *hm [iṯ b btk l]ḥm / w tn \ w nlḥm / hm iṯ [b btk yn / w] tn w nšt* "Falls [es in deinem Haus Br]ot [gibt], dann gib (es uns), daß wir essen können; falls es [in deinem Haus Wein] gibt, [dann] gib (ihn uns), daß wir trinken können!" 1.23:71f.

i. Zur Einleitung der Apodosis nach Nebensätzen (*Waw successionis/apodoseos*):
- nach Konditionalsätzen (neben häufigerem asyndetischem Anschluß [§83.23]: *w hm ḫt \ ʿl w likt \ ʿmk w hm \ l ʿl w lakm \ ilak* "Falls die Hethiter heraufziehen, so schicke ich (dir eine Nachricht); falls sie nicht heraufziehen, so werde ich (dir dennoch) gewiß (eine Nachricht) schicken" 2.30:16-20 (mehrere weitere Belege nach *hm*-Sätzen unter §83.231a); *im mlkytn yrgm \ aḫnnn \ w iḫd* "Falls PN sagt: ‘ich will ihm eine Gunst erweisen’, so werde ich mich freuen" 2.15:8-10. — Vgl. ferner: *b ḫbṯh ḥwt ṯth \ w mnm šalm \ dt tknn \ ʿl ʿrbnm \ hnhmt \ tknn* "Sollte er in ein anderes Land fliehen, so sollen – welche Ansprüche auch immer gestellt werden mögen – diese zu Lasten folgender Bürgen gestellt werden" 3.3:4-9.
- nach Temporalsätzen (§83.21): *hlm aḫh tph / w kdh l arṣ ṯṯbr* ... "Sobald(?) sie ihren Bruder erblickte, da schmetterte sie ihren Krug auf die Erde ..." 1.16:I:53-55 (*hlm* könnte aber auch ein Adv. sein); *k ytn w b bt \ mlk mlbš \ ytn lhm* "Wenn sie (sc. die frühere Bekleidung) alt (geworden) ist, soll ihnen im Königspalast eine (neue) Bekleidung gegeben werden" 4.168:6-8. — Ein weiterer Beleg könnte in 3.4:17-19 vorliegen (siehe aber §83.214a).

- nach Objektsätzen, z.B. *w mnm \ rgm d tšmᶜ \ t̲mt w št \ b spr ᶜmy* "Welche Kunde du dort auch immer vernimmst, (das) lege in einem Brief an mich dar!" 2.10:16-19 (weitere Belege unter §97.23a).
- nach Modalsätzen (§97.42a): *t̲mny ᶜm umy \ mnm šlm \ w rgm t̲tb ly* "Was es dort bei meiner Mutter auch immer an Wohlbefinden gibt, (davon) schicke mir Nachricht!" 2.13:11-13 (Parallelen ohne *w*).

SV. Zum vergleichbaren akan. Befund (Konj. *ū*) siehe CAT 3, 102-106.

83.114. *w* zur Verbindung von bzw. Einleitung neuer Texteinheiten

a. Zur Einleitung neuer Textabschnitte innerhalb einer größeren Texteinheit:
- Poesie: *w tᶜn rbt at̲rt ym* "Da antwortete die Fürstin At̲iratu des Meeres ..." 1.6:I:47 (viele vergleichbare Wendungen in der Epik).
- Prosa: *w šmᶜ [b]ᶜl l ṣlt[km]* ... "Und [Ba]ᶜlu wird [euer] Gebet erhören ..." 1.119:34 (nach dem Wortlaut des Gebetes); *w bᶜly skn ydᶜ rgmh* "Und mein Herr, der Gouverneur, soll seine Worte zur Kenntnis nehmen!" 2.17:8; *w mlk bᶜly \ lm škn hnk \ l ᶜbdh* "Und was den König, meinen Herrn betrifft – Warum hat er dies seinem Diener aufgetragen?" 2.33:22-24; *w lḥt akl ky \ likt* ... "Und was die Brieftafel betrifft, die du geschickt hast ..." 2.39:17f.

b. Zusammen mit *ht* (*w ht*) zur Einleitung eines neuen Briefabschnittes:
w ht yšmᶜ uḫy \ l gy "Und nun möge mein Bruder auf meine Stimme hören" 2.4:18; *w ht aḫy \ bny yšal \ t̲ryl* "Und nun möge mein Bruder, mein Sohn, PNf fragen" 2.14:10-12.

c. Zur Einleitung von Textsektionen bei hippiatrischen Texten und Omentexten:
- In hippiatrischen Texten werden die einzelnen, konditional formulierten Sektionen entweder ohne oder mit *w* eingeleitet, ohne daß damit ein Bedeutungsunterschied verbunden wäre (Typ A: *k* ... "Wenn ..."; Typ B: *w k* "Und wenn ..."). Die mit *w* eingeführten Passagen sind nicht notwendigerweise als sogenannte Alternativsektionen zu verstehen (siehe Tropper 1997c, 673f.).
- Die Mehrzahl der Einträge des Omentextes 1.103+ sind mit *w* eingeführt. Die explizit konditional formulierten Sektionen des Textes 1.140 beginnen durchgehend ohne *w* (meist: *k tld at̲t* ... "Wenn die Frau gebärt ...").

d. Zur Einführung von redaktionellen Anweisungen:
- *w hndt yt̲b l mspr* "Und an dieser Stelle soll man zur Rezitation zurückkehren (d.h. die Rezitation wieder aufnehmen)" 1.19:IV:62".
- *w t̲b l mspr mšr* "Und kehre zurück zur Rezitation der 'Ordnung'!" 1.40:35.

83.115. Kopulative Konstruktionen ohne *w*

Bedeutungsmäßig eng zusammengehörige, syntaktisch gleichwertige Satzglieder werden im Ug. bisweilen ohne Konj. aneinandergereiht (in der dt. Übersetzung ist oft ein "und" erforderlich). Dieses Phänomen ist besonders im Rahmen paralleler Konstruktionen oder in aufzählenden Kontexten verbreitet. Beispiele:

a. Nominale Satzglieder:
- *t̲lt̲ rbᶜ ym* "einen dritten (und) einen vierten Tag" 1.4:VI:26!& (§63.113).

- *ḫmš ṯdṯ ym* "einen fünften (und) einen sechsten Tag" 1.4:VI:29& (§63.113).
- *ym ymm yʿtqn* "ein Tag, zwei Tage gingen vorüber" 1.1:V:15f.*; 1.6:II:26.
- *yrḫ yrḫ ṯn yṣi* "ein (erster) Monat, ein zweiter Monat ging vorbei" 1.17:II:44.
- *b alp \ šd rbt kmn* "aus (einer Entfernung von) 1000 *šd* (bzw.) 10000 *kmn* (jemanden kommen sehen)" 1.3:IV:38 (und Par.).
- *imr qmṣ llim* "(Stiere und gemästete Widder, einjährige Kälber,) hüpfende Lämmer (und) Zicklein" 1.1:IV:32*; 1.4:VI:43; 1.22:I:14.
- *l lḥm l šty ṣḥtkm* "Zum Essen (und) zum Trinken habe ich euch gerufen" 1.15:IV:27*; 1.15:V:10*; 1.15:VI:4.
- *aṯty \ nʿry* "... meine Frau(en und) meine Kinder" 2.33:28f.
- *y ad ad* "O Vater, (o) Vater!" 1.23:43; *y mt mt* "O Ehemann, (o) Ehemann!" 1.23:46; *y nġr \ nġr* "O Wächter, (o) Wächter!" 1.23:69f.
- *um pḥl pḥlt* "die Mutter des Hengstes (und) der Stute" 1.100:1.

b. Verbale Prädikate (weitere Beispielen unter §77.313 [zwei gleiche Impp. in asyndetischer Folge], §77.314 [Aneinanderreihung vieler Impp., meist ohne Konj. *w*] und §96.2 [asyndetische Satzfolge]):
- *ilm \ tġrk tšlmk \ tʿzzk* "Die Götter mögen dich beschützen, dir Wohlergehen verleihen (und) dich stärken" 5.9:I:2-4; ähnl. 2.4:4-6* (andere Verbfolge).
- *ilm \ [t]šlm tġrk \ [(w) t]tmmk* "Die Götter mögen (dir) Wohlergehen verleihen, dich beschützen (und) dich vollkom[men machen] / sich dir gegenüber ge[recht verhalten]" RS92.2005:26-28.
- *ilm l šlm \ tġrkm tšlmkm* "Die Götter mögen euch beide wohl bewahren (und) euch beiden Wohlergehen verleihen" RS92.2005:7f. (unpubl.).
- *sad kbd hmt* "Bediene (und) verehre sie (beide)!" 1.17:V:20.
- *tsad tkbd hmt* "Sie bediente (und) verehrte sie (beide)" 1.17:V:30.

Anm. In listenhaften Text(teil)en, etwa in Zeugenlisten (z.B. 3.3:10-13; anders jedoch 3.9:18-21), werden Satzglieder vornehmlich konjunktionslos aneinandergereiht.

83.12. Die Konjunktion *p*

p /*pa*/ "und (dann)" [samʾal. *p*(ʾ); aaram., raram., nab., palm. *p*; ar. *fa*; asa. *f*]. Neben *p* ist wahrscheinlich eine erweiterte Variante *pm* (*p* + EP *-m*) bezeugt (2.71:11). Eine Variante **pn* (*p* + EP *-n*) läßt sich aber nicht nachweisen (§83.123b, Anm.).

Die Konj. *p* wird primär auf der Satz- und Textebene eingesetzt, und dient — im Gegensatz zu *w* — nur selten zur Koordinierung von Wörtern und Wortgruppen (zu den Belegen im einzelnen siehe WL 168). Sie markiert — wie ar./asa. **fa* — meist eine zeitliche und/oder logische Abfolge zwischen den verknüpften Elementen (vgl. *Waw successionis* [§83.113i]): "und dann; und folglich". In der Poesie fungiert *p* zuweilen als synonymer Parallelbegriff zu *w*.

Lit.: Garbini (1957) und (1971b); Watson (1990) und (1994b); ferner Nebes (1995) [Studie zu asa. *f* und sprachvergleichende Erörterungen].

83.121. Koordinierung von Wörtern und Wortgruppen

Alle bezeugten Belege markieren einen zeitlichen Progreß:
- *l ht \ w ᶜlmh / l ᶜnt p dr dr* "von nun an und in Ewigkeit; von jetzt an und (dann) auf immer und ewig" 1.19:IV:5f. (*p // w*).
- *ᶜnt brḥ p ᶜlmh / ᶜnt p dr dr* "sei ein Flüchtling jetzt und (dann) in Ewigkeit, jetzt und (dann) auf immer und ewig" 1.19:III:48 // 1.19:III:55f.

SV. Vgl. ar. *min-a l-ᵓāna fa-ṣāᶜidan* "von jetzt an und (dann) so weiter"; *ᶜāman fa-ᶜāman* "Jahr für Jahr" (GKA §§ 329 und 402.1).

83.122. Koordinierung von Sätzen

a. Additiv ("und ferner; und auch"):
- *w an[k ... \ arš [ḥym l šp]š \ mlk r[b bᶜl]y p l \ ḥy np[šh a]rš \ ...* "Und ic[h] ... bete [um Leben für die Son]ne, den Gr[oß]könig, meinen [Herr]n; und ferner/auch bete ich für das Leben [seiner See]le ..." 2.23:15-18.

b. Mit Nachzeitigkeitsnuance ("und dann, und daraufhin; dann"):
- *yd ṣth \ [dn]il / yd ṣth yᶜl w yškb / [yd] mizrth p yln* "[Daniᵓilu] legte sein Obergewand ab; er legte sein Obergewand ab, stieg hinauf (ins Schlafgemach) und legte sich nieder; [er legte] seinen Lendenschurz [ab] und verbrachte dann die Nacht" 1.17:I:13-15; ähnl. 1.17:I:3-5* (*p // w*).

c. Kausal ("und folglich; und deshalb"):
- *w hn ibm šṣq ly \ p l ašt aṯty \ nᶜry ṯh l pn ib* "Siehe die Feinde / der Feind bedrängen / bedrängt mich. Soll ich folglich nicht meine Frau(en) (und) meine Kinder nach Ṯ. vor dem Feind (in Sicherheit) bringen?" 2.33:27-29.

d. Adversativ ("aber, vielmehr, doch; sondern"):
- *lm ank \ ksp w yrq ḫrṣ / ... / p d in b bty ttn* "Was soll ich mit Silber und gelbem Gold ...? Vielmehr sollst du (mir) das, was es in meinem Haus nicht gibt, geben" 1.14:III:33-38 // 1.14:VI:17-23.
- *lm tlikn ḫpṯ hndn \ p mšmᶜt mlk \ inn* "Warum schickst du mir(?) denn diese Ḫupṯu-Truppe, aber kein königliches Spezialkorps?" 2.72:10-12.

e. Betonend, hervorhebend (u.ä.):
- *hm imt imt npš blt \ ḥmr / p imt b klat \ ydy ilḥm* "Oder verzehrt mein Schlund (etwa nicht) wahrlich, wahrlich einen Haufen (Speise)? Ja, esse ich (nicht) wahrlich mit beiden Händen?" 1.5:I:18-20.
- *p nšt bᶜl [ṭ]ᶜn iṭᶜnk* "Hast du denn vergessen, (o) Baᶜlu, daß ich dich durchbohren kann?" 1.5:I:26.
- *lm tlik ᶜmy \ iky aškn \ ᶜṣm l bt dml \ p ank atn \ ᶜṣm lk* "Warum schickst du mir (einen Brief mit folgendem Wortlaut): 'Wie soll ich das Holz für den Tempel (von) GN besorgen?' Ich selbst werde dir das Holz geben" 2.26:4-8.

f. Nach Verben des Befehlens (u.ä.) zur Einführung der eigentlichen Anweisung:
- *w ht aḫy \ bny yšal \ ṯryl p rgm \ l mlk šmy \ w l iytlm* "Und nun möge mein Bruder, mein Sohn, PNf (darum) bitten, daß(?) dem König und auch (dem) PN mein Name genannt werde" 2.14:10-14.

SV. Vgl. den ar. Befund (GKA § 329), z.B. *ʾamara bil-bābi fa-ʾuġliqa* "er gab bezüglich des Tors Befehl, daß es geschlossen werde"; *badā lahū fa-btanā masǧidan* "es kam ihm in den Sinn, sich eine Moschee zu bauen".

g. Zur Einleitung der Apodosis nach konditionalen/temporalen Nebensätzen:

- *im \ aḥd b aḫk l ttn /\ p an aḥẓ[ ]* "Falls du keinen deiner Brüder herausgibst, dann werde ich ..." 1.6:V:21-23 (n.L.; KTU^2 bietet *w hn aḥẓx[ ]*).
- *im ht l b \ mṣqt yṯbt \ qrt p mn \ likt ank lḥt* "Falls sie (sc. die Stadt) nun in Bedrängnis bleibt, wozu habe ich dann die Brieftafel geschickt" 2.72:22f.
- (?) *w hm at trgm \ p adrm ḏrm \ w ap ht k škn* "Und falls du sprichst, dann(?) ..." 2.3:18-20 (es ist unklar, ob die Apodosis in Z. 19 oder in Z. 20 beginnt).
- (?) *w k ymġy \ ʿbdk l šlm \ ʿmk p l yšbʿl \ ḫpn l bʿl<n>ʾy* "Und wenn(?) deine beiden Diener zu dir kommen wegen der Zahlung(?), dann soll fürwahr ein Mantel für meinen/unseren Herrn hergestellt werden" 2.70:25-28.

83.123. Koordinierung von Textabschnitten

a. Mit Nachzeitigkeitsnuance ("und dann; dann, daraufhin"):

- (?) *p rdmn ʿbd ali[yn] \ bʿl / sid zbl bʿl \ arṣ / qm yṯʿr \ w yšlḥmnh* "Daraufhin stand GN, der Diener des hochmächtigen Baʿlu, der Wirt des Fürsten, des Herrn der Erde, auf, um aufzutischen und ihm zu essen zu geben" 1.3:I:2-5 (alternativ könnte ein GN *prdmn* vorliegen).
- (?) *p (?) y[ṯb(n)] bʿl l ksi mlkh / l [n]ḫ[t] l kḥṯ drkth* "Daraufhin(?) se[tzte sich] Baʿlu auf seinen königlichen Thron, auf seinen herrschaftlichen Thron-s[ess]el" 1.6:V:5f. (Lesung von *p* unsicher).

b. Am Beginn einer wörtlichen Rede bzw. einer Briefbotschaft:

- *p ʿbd an ʿnn aṯrt /\ p ʿbd ank aḫd ulṯ* "Ja, bin ich denn ein Sklave, ein Gehilfe der Aṯiratu? Ja, bin ich denn ein Sklave, der das *ulṯ*-Gerät hält (oder ist etwa Aṯiratu eine Magd ...) ?" 1.4:IV:59f. (Doppelfrage; zugleich betonend).
- *p hn aḫym ytn bʿl \ spuy* ... "Siehe doch! Meine eigenen Brüder hat mir Baʿlu zur Speisung vorgesetzt ..." 1.6:VI:10f.
- *tḥm bn ilm \ mt / hwt ydd bn il \ ġzr / p npš npš lbim \ thw / hm brlt anḫr \ b ym / ...* "Botschaft des Sohnes Ilus, Môtu, Wort des geliebten Sohnes Ilus, des Helden: ‘Ja, mein Appetit ist (wie) der Appetit des Steppenlöwen oder wie das Verlangen des Schwertwals im Meer ...’" 1.5:I:12-16.
- *p šlm l bʿlny* "Möge es unserem Herrn gut gehen!" 2.70:5f.; vgl. 2.5:3f. (vgl. akk. *lū šulmu ana* ...).

Anm. Weitere sichere Belege der Konj. *p* sind: 2.2:4 (*p šlmt*); 2.15:7 (*p iḫdn* "dann(?) werde ich mich freuen"); 2.36+:36 (*p at mk tškḥ*); 2.71:11 (*p-m yqḥ*). Zur Diskussion möglicher weiterer Belege von *p* siehe Watson (1990) und (1994b). — Eine Form *pn* (*p* + EP *-n* bzw. *p* + *hn* "siehe") läßt sich gegen Garr (1986, 49, Anm. 50) und Watson (1996d, 285) nicht nachweisen. Die Zeichenfolge *pn* in 1.114:12 ist als (erstarrter) Imp. der Wz. √*pny* zu deuten (vgl. he. *pæn-* "damit nicht").

83.13. *ap* und *apn*

83.131. *ap* /*ʾappV*/ [he. *ʾap*; phön. *ʾp*; raram. *ʾp*; syr. *ʾāp*; vgl. die ug. Adverbien *aphn* und *apnk*, "dann" (§81.22b-c)]. — Ug. *ap* fungiert zum einen als Konj. im Sinne von "auch, ebenso, (auch) noch, aber", zum anderen (insbesondere in der Poesie) offenbar auch als Affirmationspartikel (§85.2). Die Grenze zwischen diesen beiden Verwendungsweisen ist fließend. Im folgenden werden nur Textbeispiele (aus Poesie und Prosa) vorgestellt, in denen *ap* eindeutig kopulativ gebraucht wird. Alle anderen Funktionen von *ap* werden unter §85.2 erörtert.

- *ap mṯn rgmm \ argmn* "Ich will noch etwas anderes berichten" 1.3:IV:31f.; ähnl. 1.4:I:19f. und 1.17:VI:39* (*ap* ergänzt).
- *mk b bʿ šnt / bn krt kmhm tdr / ap bnt ḥry kmhm* "Dann, im siebten Jahr waren die Söhne Kerets (in ihrer Anzahl) entsprechend denen, die versprochen worden waren, und auch die Töchter von Ḥurraya entsprechend denen (die versprochen worden waren)" 1.15:III:22-25.
- *k bʿl k yḥwy / ... / ap ank aḥwy \ aqht [ġ]zr* "Wie Baʿlu (ewiges) Leben gewährt, ... so kann auch ich ... (ewiges) Leben gewähren" 1.17:VI:30-32.
- *ṭbḫ alpm ap ṣin / šql ṯrm \ w mri ilm* "Er schlachtete sowohl Rinder als auch Kleinvieh; er brachte Stiere und die fettesten Widder zu Fall" 1.22:I:12f. (vgl. 1.1:IV:30f.; 1.4:VI:40-42 [*ap* jeweils ergänzt]) (*ap* // *w*).
- (?) *qḥ tpk b yd \ a(?)p(?) knrk bm ymn* "Nimm deine Pauke in die Hand, (und) auch deine Leier (nimm) in deine Rechte!" 1.16:I:41f. (n.L.).
- *ap qšth l ttn \ ly* "Sein Bogen aber(?) wurde mir nicht gegeben" 1.19:I:16f.
- *ap l pḫ̮rk ʿnt tqm* "Möge sich ʿAnatu auch/sogar gegen deine 'Versammlung' erheben!" 1.82:39 (alt.: *ap* als Konj.).
- *l yblt ḫ̮bṯm \ ap ksphm \ l yblt* "Du hast keine *Ḫ̮ubṯu*-Truppen gebracht. Und auch ihren Sold hast du nicht gebracht" 2.17:1-3.
- *uškny [...] \ w ap ut[...]* "(eine) Person(en) aus Uškānu und auch (eine) Person(en) aus ON_2"RS88.2159:8f. (vgl. den ON *uʾtna[m]* in 4.414:6).

83.132. *apn* "auch, ebenso" (Bildungselemente: *ap* + EP *-n*) [vgl. akk. *appūna* "obendrein, außerdem"]. *apn* wird wie *ap* im Sinne von "auch, ebenso" gebraucht:

- *ytmr bʿl \ bnth / yʿn pdry \ bt ar / apn ṭly \ b[t] rb* "Baʿlu erblickte seine Töchter. Er sah Pidrayu, die Tochter des Lichtes, (und) auch Ṭallayu, die Toch[ter] des Regenschauers" 1.3:I:22-25 (ein weiterer Beleg der Zeichenfolge *apn* findet sich in 1.16:II:57 [Kontext abgebrochenen]).

Anm. Zu *kbd* als Lexem zur Verknüpfung zusammengesetzter Kardinalzahlen und Maßangaben unterschiedlicher Größe siehe §62.202.4. — Man beachte in diesem Zusammenhang auch die EP *-m* mit der Bedeutung "auch, desgleichen" (§89.27).

83.14. Disjunktive Konjunktionen

83.141. *u*

u /ˀô/ < *ˀ*aw* "oder" [sem. *ˀaw*]; (?) erweitere Variante *uy* (*u* + EP *-y* [2.3:13 und RS88.2159:21]). — Ug. *u* fungiert als disjunktive Konj. auf der Wort- und Satzebene. Es gibt in der Forschung eine Diskussion darüber, ob sämtliche Wortformen dieser Graphie als Konj. *u* zu deuten sind, oder ob es daneben auch eine Interj. *u* "ach!" bzw. "wehe!" gibt (§84.22); vgl. insbesondere Aartun (1978, 90f.) und DLU 1. Adversative Funktion hat *u* nie (damit gegen GUL 188).

83.141.1. *u* als Konjunktion auf der Wortebene

a. Einfachsetzung von *u*:

- *alp l mdgl bˁl ugrt \ b urm u šnpt* "Ein Rind für die Standarte des Baˁlu von Ugarit als *urm*- oder *šnpt*-Opfer" 1.119:12f.
- (?) *qra ˁmṯtmr mlk \ qra u nqmd mlk* "Gerufen ist der König ˁAmmiṯtamru; gerufen ist auch(?) der König Niqmaddu" 1.161:11f. (alt.: *u* als Interj.).
- (?) ... *tḥt* ... *tḥt* ... / *tḥt* ... / *tḥt*! *u nq[md] mlk* "(Steig hinunter in die Unterwelt) ... unter ... unter ... unter ... (und schließlich) auch(?) unter den König Niq[maddu]!" 1.161:22-26 (alt.: *u* als Interj.).
- (?) *w hw uy ˁn[ ] \ l ytn* ... 2.3:13f.

b. Mehrfachsetzung von *u* ("entweder — oder"; "mal so — und mal so"):

- *u mlk u bl mlk \ arṣ drkt yštkn* "Beansprucht (irgendjemand, sei es) entweder ein König oder ein Nicht-König mein Herrschaftsgebiet für sich?" 1.4:VII:43f.
- *yˁdb u ymn \ u šmal b phm* "Sie stopften mal rechts und mal links (Nahrung) in ihre Mäuler" 1.23:63f.
- *u tḫti[n u l p qṭy] \ u l p ddmy u l p [ḫry u]lp ḫty u l p [alṯy u l p] ġbr \ u l p ḫbtkn u l p md[llk]n u l p q[rzbl]* "Ob ihr (f.) gesündi[gt] habt, [sei es nach Art einer Person aus *qṭ*] oder nach Art einer Person aus *ddm*, nach Art [eines Hurriters oder] nach Art [eines Alašioten oder nach Art] einer Person aus *ġbr* oder nach Art einer Person, die euch beraubt oder nach Art einer Person, die eu[ch unterdrü]ckt oder nach Art von *q[rzbl]*" 1.40:19-21 (und Par.; vgl. auch 1.84:4ff.). — Das erste *u* bezieht sich auf die Satz- bzw. Textebene (als Gegenstück zu *u tḫṭu(n)* "ob ihr (m.) gesündigt habt", zu ergänzen in 1.40:11.14.15), die folgenden Belege (*u l p*) beziehen sich auf die Wortebene.
- *u tḫtin b apkn u b [q]ṣrt npš[kn u b qṭt] \ tqṭṭn u tḫṭin l <d>bḥm w l ṯˁ* "Ob ihr (f.) gesündigt habt, sei es durch euren Zorn oder durch [eure] Ungeduld [oder durch Verleumdungen(?)], die ihr begangen habt oder ob ihr (f.) gesündigt habt hinsichtlich der *dbḥ*-<Op>ferhandlungen und hinsichtlich des *ṯˁ*-Opfers" 1.40:22f. (und Par.). — Die beiden *u*-Belege vor *tḫtin* beziehen sich auf die Satzebene, die restlichen Belege auf die Wortebene.

83.141.2. *u* als Konjunktion auf der Satzebene

a. Im Aussagesatz (disjunktiv):

- *u šn ypkm u l p q[ṭy u l p ...] \ ... \ ... u šn ypkm \ u b apkm u b ... \ u šn ypkm l d[b]ḥm ...* "Ob euer (m.) Heil(?) verändert wird nach Art der Leute von Q[Ṯ oder nach Art ...] ...; oder ob euer Heil(?) verändert wird durch euren

Zorn oder durch ...; oder ob euer Heil(?) verändert wird hinsichtlich der *d bḥ*-Opferhandlungen ..." 1.40:28.30.32 (// 1.40:36.39.40).
- Zu weiteren Belegen für *u* auf der Satzebene siehe §83.141.1b.

b. Im Fragesatz (disjunktiv bzw. steigernd [alt.: *u* als Interj.]):
- (?) *ph mᶜ ap k[rt pr ?] / u ṯn ndr[h mlk ?]* "Siehe da! Hat denn Ke[ret] [gebrochen], oder hat (gar) verändert [der König sein(?)] Gelübde?" 1.15:III:28f.
- (?) *ap ab ik mtm \ tmtn / u ḫštk l ntn \ ᶜtq* ... "Wirst denn auch (du), Vater, wie Menschen sterben? Oder wird dein ... (?) (zum Ort) des Ausstoßens der Wehklage ...?" 1.16:I:3-5 // 1.16:I:17-19; ähnl. 1.16:II:40-42 (*u ḫštk l bky ᶜtq*).
- (?) *u ilm tmtn / špḥ lṭpn l yḥ* "Oder müssen gar die Götter sterben? Soll der Nachkomme des Gütigen (sc. Ilus) nicht leben?" 1.16:I:22f. // 1.16:II:43f.
- (?) *u-y alp [ ] \ dt b u[ ]* ... "Oder die Rinder [...], die in ON sind ...?" RS88.2159:21f. (*u* + EP *-y*).

Anm. An unsicheren, in abgebrochenen Kontexten bezeugten (mutmaßlichen) Belegen der Konj. *u* sind zu nennen: *u pqt* oder *upqt* 1.1:V:11.24; *yblmm u b[ ]* oder *yblm ub[ ]* 1.2:III:14; *h u qšt pn hdd* ... 1.9:13; *k igr w u ig[r]* 2.34:12.

83.142. *hm*

Die Konj. *hm*, die primär zur Einleitung von (meist konditionalen) Nebensätzen dient (§83.231), fungiert auch koordinierend als disjunktive Konj. im Sinne von "oder" bzw. bei Doppel- bzw. Mehrfachsetzung im Sinne von "sei es (daß) – oder sei es (daß)" (nicht immer strikt alternativ) auf der Satz- und Wortebene. Sie begegnet in dieser Funktion meist – aber nicht immer – in fragenden Kontexten. Die betreffende Funktion resultiert offenbar aus dem Gebrauch von *hm* in indirekten Fragesätzen (§83.231d). Im folgenden werden nur sichere Belege für diese Funktion von *hm* (aus Poesie und Prosa) vorgestellt.

a. Einfachsetzung von *hm* (*hm* nur vor dem zweiten Syntagma):
- *mgntm \ ṯr il d pid / hm ġẓtm \ bny bnwt* "Habt ihr den Stier Ilu, den Gütigen (schon) beschenkt? Habt ihr dem Schöpfer der Schöpfung (schon) Gaben überreicht?" 1.4:III:30-32 (*hm* begegnet hier im synonymen Parallelismus und markiert keine Alternative; es ist deshalb nicht mit "oder" zu übersetzen).
- *rġb rġbt* ... /\ *hm ġmu ġmit* ... "Bist du sehr hungrig ... oder bist du sehr durstig ...?" 1.4:IV:33f.
- *lḥm hm štym* "(Willst du) essen oder trinken?" 1.4:IV:35.
- ... *hm yd il mlk \ yḫssk* "... oder hat die Liebe des Königs Ilu dich erregt?" 1.4:IV:38f. (begegnet nach den beiden letzten zitierten Textbeispielen).
- *p ᶜbd ank aḫd ulṯ / hm amt aṯrt tlbn \ lbnt* "Bin ich denn ein Sklave, der das *ulṯ*-Gerät hält? Oder ist Aṯiratu eine Magd, die Ziegel formt?" 1.4:IV:59-62.
- *bt arzm ykllnh* /\ *hm bt lbnt yᶜmsnh* "(Soll es) ein Haus aus Zedernholz (sein)? – Er mag es vollenden! Oder (soll es) ein Haus aus Ziegeln (sein)? – Er mag es aufschichten!" 1.4:V:10f.
- *mlk k abh \ yarš / hm drk[t] \ k ab adm* "Wünscht er ein Königtum nach Art seines Vaters (d.h. entsprechend dem Königtum seines Vaters) oder eine Herrscha[ft] nach Art des Vaters der Menschheit?" 1.14:I:42f. (n.L.).

b. Zweifachsetzung von *hm* (*hm* vor beiden alternativen Syntagmen [*hm* ... *hm*]):

- ... *šṯ ᶜqrbn \ ydk w ymsś hm b mskt dlḥt \ hm b mndǵ* ... "... dann soll ein *šṯ*-Maß Skorpionpflanze(?) zerstoßen und (in Wasser) aufgelöst werden, sei es in einer *dlḥt*-Mischung oder in ...(?) ..." 1.85:2-4 (kein fragender Kontext).

c. Mehrfachsetzung von *hm* (*hm* ab dem zweiten Syntagma):

- *mḫṣy hm [m]ḫṣ \ bny / hm [mkly ṣ]brt \ aryy* "(Warum ist Baᶜlu / ᶜAnatu gekommen?) Etwa um mich zu erschlagen, oder um meine Söhne zu [ersch]lagen, oder um die [Sch]ar meiner Verwandten [zu vernichten]?" 1.4:II:24-26.
- *p npš npš lbim \ thw / hm brlt anḫr \ b ym / hm brky tkšd \ rumm / ᶜn kḏd aylt /\ hm imt imt npš blt ḥmr* ... \ ... *hm šbᶜ \ ydty b ṣᶜ / hm ks ymsk \ nhr* "Ja, ist mein Schlund (denn nicht wie) der Schlund des Steppenlöwen oder wie der Rachen des Schwertwals im Meer oder (wie) ein Teich, der Wildstiere anlockt(?), eine Quelle ...(?) Rehe. Oder verzehrt mein Schlund (nicht) wahrlich, wahrlich einen Haufen (Speise) ... Oder sind (nicht etwa) sieben Portionen für mich in der Schale, oder mischt (nicht etwa) der Gott Naharu (selbst) meinen Becher" 1.5:I:14-22 (in der Quasi-Parallele 1.133:2ff. wird anstelle des ersten *hm* die Konj. *w* gebraucht). — Alternativ kann *hm* hier als Adv. *hn* "siehe!" + EP *-m* (*hm* < **hn* + *m*) gedeutet werden (§81.4a).

d. Im abgebrochenen Kontext:

- *[...] mlkt [an/t] h̊ʾm l mlkt* 1.2:III:22 (KTU[2] liest *[w] im l mlkt*): Entweder "... bin ich König oder bin ich nicht König ...?" oder "... (ob) du (?) König bist oder ob du nicht König bist ..." (Übersetzung schwierig).

83.143. *im*

Die Konj. *im* (§83.232), ein phonetische Variante der Konj. *hm*, wird wie *hm* disjunktiv gebraucht. Es gibt wahrscheinlich nur einen (unsicheren) Beleg:

- *im bn qlx \ im bn alyy im \ mšmᶜt mlk \ w tlkn ṯn ṯnm \ ᶜmy w ṯṯbrn lby* "Ob (nun) PN_1 oder PN_2 oder das königliche Spezialkorps – sie gehen ...(?) zu mir und brechen mir mein Herz" 2.72:12-16.

SV. Vgl. den disjunktiven Gebrauch der Konj. "wenn" in anderen sem. Sprachen, etwa phön. *ʾm* — *ʾm* (PPG[3] § 320 [in nicht-fragenden Kontexten]), he. *ʾim* — *weʾim* (Ges[18], 70b), syr. *ʾen* — *w/ʾen*, ar. *ʾin* — *wa-ʾin* oder akk. *šumma* — *šumma*, jeweils "sei es — oder sei es", "entweder/ob — oder".

83.144. *l* (?)

l /*lū*/ "oder" [akk. *lū* "oder"; *lū* ... *lū* "entweder – oder"].

Die Existenz dieser Konj. ist umstritten, nicht zuletzt deshalb, weil **lū* in dieser Funktion in wsem. Sprachen nicht sicher nachzuweisen ist. In Frage kommt lediglich folgendes Textbeispiel:

- *an l an y špš /\ an l an il yǵr[k] /\ tǵrk šlm [ilm]* "Wo auch immer (du bist), o Šapšu; wo auch immer (du bist) – möge Ilu [dich] bewahren; mögen [die Götter(?)] dich unversehrt bewahren!" 1.6:IV:22-24. — Ug. *an l an*, wörtlich "wo(hin) oder wo(hin)", entspricht der he. Wendung *ʾānæh wāʾānāh* "wohin auch immer" (1 Kön 2,36.42; 2 Kön 5,25 [negiert: "nirgendwohin"]). Alternativ kann *l* hier als Präp. *l* mit distributiver Nuance gedeutet werden (§82.12).

83.15. Kausale Konjunktionen

83.151. *k*

Die Konj. *k* (§83.24), die primär zur Einleitung von Nebensätzen dient, wird auch koordinierend mit kausaler Bedeutung gebraucht und ist dann im Dt. mit "denn" wiederzugeben. Die Abgrenzung von *k* in dieser Funktion von subordinierendem *k* (§83.24) einerseits sowie von der Affirmationspartikel *k* "fürwahr, gewiß" (§85.7) andererseits ist schwierig. Einigermaßen sichere Beispiele für kausal-koordinierendes *k* sind:

- *k bh bṯt l tbṯ /\ k bh tdmm \ amht* "(Zwei Opferfeste haßt Baʿlu ...) Denn darin wird die Schamlosigkeit fürwahr offensichtlich, denn darin (wird) die Unzucht der Mägde (offensichtlich)" 1.4:III:21-23.
- *k mt aliyn \ bʿl / k ḫlq zbl bʿl \ arṣ* "(Aṯiratu mag sich freuen ...). Denn der hochmächtige Baʿlu ist tot, denn vernichtet ist der Fürst ..." 1.6:I:41-43.
- *k ḥy aliyn bʿl /\ k iṯ zbl bʿl arṣ* "(Ich kann mich zur Ruhe begeben ...) Denn der hochmächtige Baʿlu lebt, denn der Fürst ... existiert" 1.6:III:20f.
- *k rtqt mrġt /\ kd lbšt bir* "Denn die Vulva(?) ist verschlossen(?); denn der Brunnen ist bedeckt" 1.13:24f. (*k // kd*).

83.152. *kd*

kd (bzw. *k d*) = /*kadī*/? "denn, deshalb" (Präp. *k* + DetPr *d*, wörtlich "entsprechend dem, daß") [vgl. a/raram. *kz/dy* "als, wenn, so daß, weil" [DNSI 316f. s.v. *zy*, Bed. Ef], syr. *kad* "als, während, obwohl, weil"].

Die ug. Konj. *kd* kann offenbar sowohl koordinierend als auch subordinierend verwendet werden. Für *kd* in subordinierender Funktion siehe §83.25. Für *kd* in koordinierender Funktion kommen drei Belege in Betracht. An allen Stellen scheint *kd* kausale Bedeutung zu haben:

- *k rtqt mrġt /\ kd lbšt bir* "Denn die Vulva(?) ist verschlossen(?); denn der Brunnen ist bedeckt" 1.13:24f. (*k // kd*).
- *kd ʿl qšth \ imḫṣh / ʿl qṣʿth hwt \ l aḥw* "Denn wegen seines Bogens erschlug ich ihn; wegen seines Krummholzes ließ ich ihn nicht am Leben" 1.19:I:14-16.
- *kd ynaṣn [ ]* "Denn er verachtet uns/mich" 1.1:IV:23 (alt.: subordinierend).

Anm. Zum Lexem *dm*, das wahrscheinlich primär affirmative, daneben aber vielleicht auch kausal-koordinierende Funktion besitzt, siehe unter §85.6.

83.2. Subordinierende Konjunktionen

Die nachfolgend genannten Konjj. dienen zur Einleitung von Nebensätzen (vgl. §97). Das Ug. kennt subordinierende Konjj. mit temporaler, lokaler und konditionaler Funktion sowie ferner die Konjj. *k(y)* und *kd*, von denen zumindest *k(y)* sehr unterschiedliche Bedeutungen besitzt und unter anderem auch zur Einleitung von Objekt- (§97.21) und Subjektsätzen dient (§97.31). Zum Pronomen *d* zur Einleitung von Relativsätzen siehe unter §43.

83.21. Temporale Konjunktionen

83.211. *aḫr* /*ʾaḫ(ḫ)arV*/ "nachdem" (Subst. **aḫr* "Rückseite, Ende"; vgl. Adv. *aḫr* [§81.22a] und Präp. *aḫr* [§82.310]) [he. *ʾaḥ(ḥ)ar (ʾᵃšær)* und *ʾaḥ(ḥ)ᵃrê (ʾᵃšær)*].

Mögliche Belege von *aḫr* als Konj. sind (die Abgrenzung dieser Konj. vom Adv. *aḫr* bzw. von der Präp. *aḫr* ist schwierig):

- *aḫr mġy aliyn bʿl /\ mġyt btlt ʿnt* "Nachdem der hochmächtige Baʿlu angekommen war, (und) die Jungfrau ʿAnatu angekommen war, (beschenkten sie die Herrin Aṯiratu des Meeres ...)" 1.4:III:23f. (alt.: *aḫr* als Präp. oder Adv.).
- *aḫr mġy kṯr w ḫss /\ št alp qdmh / mra \ w tk pnh* "Nachdem Kôṯaru-wa-Ḫasīsu angekommen war, setzte er (sc. Baʿlu) ihm ein Rind vor, ein Masttier direkt vor sein Angesicht" 1.4:V:44-46 (alt.: *aḫr* als Präp. oder Adv.).
- *aḫr tmġyn mlak ym / tʿdt ṯpṭ nhr / l pʿn il \ l tpl* ... "Nachdem die (beiden) Boten Yammus, die Gesandten des Richters Naharu angekommen waren, fielen sie vor den Füßen Ilus nicht nieder ..." 1.2:I:30f. (alt.: *aḫr* als Adv.).
- *aḫr ymġy kṯr \ w ḫss / bd dnil ytnn \ qšt / l brkh yʿdb \ qṣʿt* "Nachdem Kôṯaru-und-Ḫasīsu angekommen war(en), gab er / gaben sie den Bogen in die Hand des Daniʾilu (und) stellte(n) das 'Krummholz' an sein Knie" 1.17:V:25-28 (alt.: *aḫr* als Adv.; alle drei Verbalformen könnten dualisch zu interpretieren sein).

83.212. *id* /*ʾidā/ê*/ < **ʾiḏayV*(?) "wenn; sobald als" (vgl. das Lexem *id* "Mal" [§65.142] sowie das Adv. *idk* [§81.22e]) [ar. *ʾiḏ(ā)*; asa. *ʾḏ*; vgl. auch he. *ʾāz*/*ʾᵃzay*, raram. *ʾzy*/*ʾdyn*, ar. *ʾiḏan*, äth. *yəʾəze*, jeweils "dann, daraufhin").

Die Belege der Konj. *id* stammen aus Ritualtexten sowie aus einem Brief (2.82). *id* begegnet dabei jeweils am Beginn von Textabschnitten oder eines ganzen Textes. Eine Deutung von *id* als Adv. im Sinne von "dann, daraufhin" (vgl. §81.22e, Anm.) ist deshalb unwahrscheinlich. Belege:

- *id ydbḥ mlk* ... "Wenn der König (der Gottheit NN) opfert ..." (es folgt die Auflistung von Opfergaben bzw. -zurüstungen) 1.41:50*; 1.115:1; 1.164:1.3*.
- *id yph mlk* ... "Wenn der König (die Gottheit NN) sieht ..." 1.90:1; 1.168:1*.8 (es folgt jeweils eine Auflistung von Opfergaben).
- *id likt \ ʿky nplṭ \ ʿbdmlk* "Als/weil du (Nachricht) geschickt hast ...(?), konnte PN entkommen" 2.82:3-5 (*id* könnte hier – ähnlich wie die Konj. *k* – kausale Bedeutung haben; der Kontext ist unklar).

Anm. Die Zeichenfolge *id* in 1.149:4 (hurr. Text) ist wohl keine Konj.

83.213. ***hlm*** */hallV(m)mā/* "sobald (als)" bzw. "(siehe) als" (Adv. *hln* [§81.22g] od. *hlm* [§81.22i] + EP *-m*).

Die Mehrzahl der Belegkontexte stützt die Annahme, daß *hlm* als Konjunktion fungiert. Alternativ ließe sich *hlm* als temporales oder demonstratives Adv. deuten ("dann [als]"; "siehe [als]"). Als Belege kommen in Frage:

- *hlm \ ilm tphhm / tphn mlak ym / t^{c}dt tpṭ [nhr] \ tġly ilm rišthm* ... "Sobald die Götter sie erblickten, die Boten Yammus erblickten, die Gesandtschaft des Richters [Naharu], (da) erhoben die Götter ihre Häupter ..." 1.2:I:21-23.
- *hlm ^{c}nt tph ilm / bh p^{c}nm \ ṯṯ* ... "Sobald ^{c}Anatu die Götter erblickte, schlotterten bei ihr die Beine ..." 1.3:III:32f.
- *hlm il k yphnh / yprq lṣb w yṣḥq* "Sobald Ilu sie fürwahr(?) erblickte, löste er die Schläfen und lachte" 1.4:IV:27f. (*k* könnte aber auch Konj. sein, so daß *hlm* vielleicht als Adv. zu bestimmen wäre [§83.24a]); eine vergleichbare Konstruktion liegt eventuell auch in 1.4:II:26-29 vor: *[hlm (?)] ksp [a]ṯrt \ k t^{c}n / ẓl ksp w nr \ ḫrṣ / šmḫ rbt aṯ[rt] \ ym* "[Sobald(?) A]ṯiratu das Silber fürwahr(?) sah, den Schatten (sc. das Glitzern) des Silbers und das Leuchten des Goldes, (da) freute sich die Herrin Aṯi[ratu] des Meeres" (n.L.).
- *hlm aḫh tph / w kdh l arṣ ṯṯbr* ... "Sobald sie ihren Bruder erblickte, da zerschlug sie ihren Krug auf der Erde ..." 1.16:I:53-55.
- (?) *hlm ytq nḥš yšlḥm <nḥš> ^{c}qšr* ... "Nachdem er die Schlange gefesselt hat(te), füttert(e) er die schuppige <Schlange>" 1.100:6 und Par. (Z. 11f., 17, 22f., 28, 33, 38, 43, 48, 54f.). *hlm* kann hier alternativ als temporales Adv. gedeutet werden: "Dann fesselt(e) er die Schlange ..." (§81.22i).

Anm. Es ist nicht auszuschließen, daß ug. *hlm* immer als Adverb fungiert und an sich keine syntaktische Unterordnung bewirkt ("Dann sah ^{c}Anatu / Siehe ^{c}Anatu sah die Götter; da schlotterten bei ihr die Beine ..."). Zugunsten dieser Annahme könnte 1.4:II:12ff. sprechen, wo eindeutig zwei Hauptsätze begegnen ("Beim Augenaufschlag sah sie ... Da schlotterten bei ihr die Beine ..."). Man beachte in diesem Zusammenhang, daß auch das he. Adverb *(w^{e})hinneh* "(und) siehe!" an einigen Belegstellen sinngemäß wie eine temporale Konjunktion wiedergegeben werden kann ("Siehe, es geschah das und das; und da ..." = "Siehe, als das und das geschah, da ..." [z.B. Ri 4,22]; zu Belegen siehe Zewi 1998, 77f.). — Verreet (MU 235) vermutete einen etym. Zusammenhang zwischen ug. *hlm* und akk. *lūman* "kaum als" oder akk. *lām(a)* "bevor, ehe", ohne dies näher zu begründen.

83.214. ***^{c}d*** */^{c}adê/* "solange, während, bis" (vgl. Präp. *^{c}d* [§82.33] und Adv. *^{c}d(m)* [§81.24a-b]) [he. *^{ca}dê*, *^{c}ad*; aram. *^{c}ad*; asa. *^{c}dy*, *^{c}d*; akk. *adi*].

An folgenden Stellen (aus Poesie und Prosa) fungiert *^{c}d* wahrscheinlich als Konj. (die Abgrenzung vom Adv. *^{c}d* ist schwierig):

a. *^{c}d*-Satz nach dem Hauptsatz:

- *[w u]nṯ inn \ lhm ^{c}d ṯṯbn \ ksp iwrkl* "[Und *u*]*nṯ*-Verpflichtung besteht (solange) nicht für sie, solange sie (damit belastet sind) dem PN das Geld zurückzuerstatten" 3.4:16-18 (alt.: *ʿd*-Satz vor dem Hauptsatz: *ʿd tṯṯbn* \ *ksp iwrkl* \ *w ṯb l unṯhm* "Sobald sie ... zurückerstattet haben, kehren sie zu ihrer *unṯ*-Verpflichtung zurück" 3.4:17-19).

b. *ʿd*-Satz vor dem Hauptsatz:
- *ʿd tšbʿ tmtḫṣ b bt* /\ *tḫtṣb bn ṯlḥnm* "Bis sie gesättigt war, kämpfte sie im Haus, lieferte sie sich eine Schlacht zwischen den Tischen" 1.3:II:29f.; vgl. 1.7:17*. (alt.: "Sie ... bis sie gesättigt war vom Kämpfen/Schlachten ...")
- *ʿd tšbʿ bk* /\ *tšt k yn udmʿt* "Bis sie gesättigt war, weinte sie (alt.: Bis sie vom Weinen gesättigt war), trank sie wie Wein (ihre) Tränen" 1.6:I:9f.

Anm. Man beachte auch die Zeichenfolge *ʿd* in 1.117:8 (Kontext abgebrochen).

83.22. Lokale Konjunktionen

83.221. ***aṯr*** /*ʾaṯ(a)r(V)*/ "wo (auch immer)" (Subst. *aṯr* "Ort, Stelle" in einem adverbialen Kasus) [vgl. akk./akk.EA *ašar* (AHw. 83, s.v. *ašru(m)*, Bed. B 3; CAT 3, 70-72); vgl. ferner die he. Konj. *ʾᵃšær*]. Der einzige Beleg lautet (vgl. §97.6):

- *adm* \ *aṯr iṯ bqṯ* \ *w štn ly* "Die(se) Person – wo auch immer sie/es sei – mache ausfindig und liefere mir aus!" 2.39:33-35 (vgl. EA 143:13-17: *a-šar i-ba-ša-at* \ *ši-pí-ir-ti* LUGAL ... \ ... *ù ú-ba-ú-na-ši* \ *u uš-ši-ru-na-ši* \ *a-na* LUGAL ... "Wo auch immer das, was der König ... in Auftrag gegeben hat, sei, das werde ich ausfindig machen und es dem König ... schicken").

83.23. Die konditionalen Konjunktionen *hm* und *im*

83.231. ***hm*** /*him(ma)*/ < **s*^{1}*im(ma)* (§33.131.1) "wenn, falls; ob" (vgl. ug. *im*) [he. *ʾim*; aram. *hen* u. *ʾi/en*; ar. *ʾin*; äth. *ʾemma*; akk. *šumma*].

Im folgenden werden alle einigermaßen sicheren Belege für ug. *hm* in subordinierender Funktion vorgestellt (zu *hm* in koordinierender [disjunktiver] Funktion siehe §83.14). Die Belege stammen aus Poesie und Prosa. In der Mehrzahl der Belege (§a-c) fungiert *hm* als gewöhnliche konditionale Konj., wobei der *hm*-Satz dem zugehörigen Hauptsatz meist vorangeht (vgl. §76.324 und §76.533). Daneben kann *hm* auch einen indirekten Fragesatz einleiten (§d), eine Verwendungsweise, die sich semantisch unmittelbar aus dem konditionalen Gebrauch herleiten läßt. *hm* ist dabei im Dt. mit "ob" wiederzugeben.

a. *hm*-Konditionalsatz vor Hauptsatz (Apodosis):
- *w hm ḥy a[liyn bʿl]* /\ *w hm iṯ zbl bʿ[l arṣ]* "Und falls der hoch[mächtige Baʿlu] lebt, und falls der Fürst, der Her[r der Erde] existiert, (... sollen die Himmel Öl regnen lassen [und] die Flüsse von Honig fließen)" 1.6:III:2f.
- *hm ḥry bty* \ *iqḥ* / *ašʿrb ġlmt* \ *ḥẓry* "Falls ich Ḥurraya in mein Haus nehmen, die junge Frau in meine Wohnstatt hineinführen kann, (... werde ich Silber / Gold geben)" 1.14:IV:40-42.
- *hm l aqryk b ntb pšʿ* "Falls ich dich fürwahr auf dem 'Pfad des Unrechts' antreffen sollte, (... werde ich dich niederwerfen unter meine Füße)" 1.17:VI:43.

- *hm aṯtm tṣḥn ... a[ṯ]tm aṯt il / aṯt il w ˤlmh* "Falls die beiden Frauen rufen ... (dann) werden die beiden Fr[au]en Ilus (Ehe)frauen sein, Ilus (Ehe)frauen auf immer" 1.23:39-42; ähnl. 1.23:42-46.
- *hm iṯ [b btk yn* (?) */ w] tn w nšt* "Falls es [in deinem Haus Wein (?)] gibt, [dann] gib (ihn uns), auf daß wir trinken können" 1.23:72.
- *w hm yhpk śśw* "Und falls das Pferd stürzt / sich umdreht, (... wird das Wort / der Befehl ...)" 1.86:7 (Traumomen).
- *h*$^{?}$*m*$^{?}$ (n.L.) *tdy ˤz l tġrn\y / qrd [l] ḥmytny ...* "Falls du den 'Starken' von unseren Toren vertreibst, den Kriegshelden [von] unseren Mauern, (... werden wir Opfer darbringen)" 1.119:28f.
- *hm b ḥd[ṯ] y[rḫ] ...* "Wenn am Neu[monds]tag(?) ..." 1.163:1(10) (Omentext).
- *hm yrḫ b ˤl[y]h w pḥm ...* "Wenn der Mond bei seinem Auf[geh]en purpurfarbig ist, (... wird Angenehmes geschehen)" 1.163:2(12); in mehreren weiteren Zeilen des betreffenden Textes ist *hm* am Zeilenanfang zu ergänzen.
- *w hm at trgm ...* "Und falls du sprichst / befiehlst ..." 2.3:8.18.
- *ht \ hm inmm \ nḫtu w lak \ ˤmy* "Nun, falls sie(?) doch nicht geschlagen wurden, dann schicke mir Nachricht!" 2.10:8-10 (*ht* vor der Konj. *hm*).
- *w hm ḫt \ ˤl w likt \ ˤmk w hm \ l ˤl w lakm \ ilak* "Und falls die Hethiter heraufziehen, dann werde ich dir Nachricht schicken. Und falls sie nicht heraufziehen, dann werde ich dir ebenfalls Nachricht schicken" 2.30:16-20.
- *ht hm yrgm mlk \ bˤly ...* "Nun, falls der König, mein Herr (folgendes) befiehlt ..." 2.33:30f. (*ht* vor der Konj. *hm*; zwischen dem *hm*-Satz und der Apodosis [ab Z. 33] findet sich das Zitat einer wörtlichen Rede).
- *w hm inm \ ˤbdmlk \ nplṭ ...* "Und falls PN nicht entkommt ..." 2.82:10-12.
- *hm \ ymt \ w ilḥmn \ ank* "Falls er sterben sollte, dann werde ich fürwahr alleine (weiter)kämpfen" 2.82:18-21.
- *w hm alp \ l tśˤn \ mṣrm \ tmkrn* "Und falls sie die 1000 (Schekel Silber) nicht zahlen (können), werden sie nach Ägypten verkauft" 3.8:13-16.

b. *hm*-Konditionalsatz nach Hauptsatz:
- *hm tˤpn ˤl qbr bny /\ tšḫṭn.nn b šnth* "(Baˤlu möge die Flügel der Adler zerbrechen ...), falls sie über das Grab meines Sohnes fliegen (und) ihn aus seinem Schlaf wecken" 1.19:III:44f. (n.L.).
- *w yd \ ilm p k mtm \ ˤz mid \ hm nṯkp \ mˤnk* "Und die 'Hand' / 'Hände' der Götter ist/sind hier(?) sehr stark, (so stark) wie Menschen / wie der Tod, falls dein Gegenangriff(?) zurückgeworfen wird" 2.10:11-16 (§81.11e).
- (?) *[ ]m k yn hm l atn bty lh* "... (?) falls ich ihm mein Haus / meine Tochter nicht gebe" 2.31:66.

c. *hm*-Konditionalsätze mit nicht sicher identifizierbarem Hauptsatz:
- *hm qrt tuḫd / hm mt yˤl bnš* "Falls die Stadt erobert zu werden droht; falls der Tod einen Menschen packt(?) ..." 1.127:30: Es ist unklar, welche Zeilen des Textes [Lungenmodell] als Apodosis zu betrachten sind (Z. 26f. oder – trotz umgekehrter Schriftrichtung – Z. 31f. [§42.74]).

Anm. Unsichere Belege für *hm*-Konditionalsätze finden sich in 1.82:5 (alt.: Pronominalsuffix 3.pl.), 2.39:22, 2.45:6, 5.11:14 und RS92.2016:4'.

d. *hm* zur Einleitung indirekter Fragesätze (nur im Aqhat-Epos):

- ... *w aḥd hm iṯ šmt hm iṯ ʿẓm* "... ich will nachsehen, ob (w.: falls) es da Fett gibt, (und) ob (w.: falls) es da Gebein gibt" 1.19:III:3-5*.19*.33[!]-34 (*hm* leitet hier zwei indirekte Fragesätze ein, die nicht alternativ zu verstehen sind; vgl. die Antworten *in šmt in ʿẓm* [1.19:III:11.25] sowie *iṯ šmt iṯ ʿẓm* [1.19:III:39]).

83.232. ***im*** /*ʾim(ma)*/ "wenn, falls" (phonet. Variante zu ug. *hm* [vgl. §33.142.1]) [he. *ʾim*; aram. *hen* u. *ʾi/en*; ar. *ʾin*; äth. *ʾemma*; akk. *šumma*]. In 3.9:6 begegnet eine Form *wm*, die wahrscheinlich aus *w* + **im* (alt.: *w* + **hm*) kontrahiert ist (§33.141.1) und ebenfalls als konditionale Konj. zu deuten ist (§b).

a. Für konditionales *im* gibt es folgende eindeutige Belege (Poesie und Prosa):

- *im \ aḥd b aḫk l ttn \ ... \ ... akly [bn nšm] /\ akly hml[t arṣ]* "Falls du keinen deiner Brüder gibst ..., ... werde ich [die Menschen] vernichten, werde ich die Menschenmen[ge der Erde] vernichten" 1.6:V:21-25.
- *im mlkytn yrgm \ aḫnnn \ w iḫd* "Falls PN sagt: ‘ich will ihm eine Gunst erweisen’, so werde ich mich freuen" 2.15:8-10.
- *im ht l b \ mṣqt yṯbt \ qrt p mn \ likt ank lḥt* "Falls sie (: die Stadt) nun fürwahr in Bedrängnis bleibt, wozu (w.: was) habe ich dann die Brieftafel geschickt" 2.72:20-23 (*ht* nach der Konj. *im*).

b. Die Form *wm* (< *w* + **im*) hat ebenfalls konditionale Funktion:

- *wm ag\rškm \ b bty \ ksp ḫmšm \ isʿ* "Falls ich euch aus meinem Haus vertreibe, werde ich 50 (Schekel) Silber zahlen" 3.9:6-10.

c. Möglicherweise dient *im* — wie *hm* (§83.231d) — an einer Stelle, 1.3:I:26 auch zur Einleitung eines indirekten Fragesatzes: *pdr ydʿ \ [yd]ʿt im klt \ [kny]t* 1.3:I:25-27 (Lesung und Interpretation unsicher).

d. Ein weiterer Beleg der Konj. *im* dürfte in 4.17:3 vorliegen: *[ ]t im \ [ ]* (4.17 ist möglicherweise kein Wirtschaftstext).

Anm. Zum disjunktiven Gebrauch von *im* siehe §83.15.

83.233. Auch die Konj. *k(y)* kann konditional gebraucht werden. Die relevanten Belege werden unter §83.24b vorgestellt.

83.24. Die multifunktionale Konjunktion *k(y)* (einschließlich *km*)

k mit orthogr. Variante *ky* (§21.341.21c) = /*kī*/; erweiterte Variante *km* = /*kīmā*/ (< *k* + EP *-m*) [he. *kî*; phön. *k*, pun. *chy*; aram. *ky*; akk. *kī*, *kīma*].

Die ug. Konj. *k* (mit Varianten) ist sehr häufig belegt und besitzt unterschiedliche Funktionen. Nachfolgend werden die wichtigsten subordinierenden Funktionen anhand illustrativer Textbeispiele vorgestellt (zu *k* mit koordinierender Funktion siehe §83.151). Die Mehrzahl der Belege stammt aus Prosatexten. Die Konj. *k* steht in der Regel unmittelbar am Beginn des Nebensatzes, kann aber auch einem pendierenden bzw. topikalisierten Satzglied folgen. Die erweiterte Variante *km* ist als Konj. weitaus seltener bezeugt als *k(y)*.

SV. Die ungleiche Verteilung der Varianten *k(y)* und *km* spiegelt sich auch im Akk.Ug. wider; siehe van Soldt (SAU 463): "Thus, the distribution of *kī* and *kīma* [...] seems to have been influenced by Ugaritic. As a result, *kīma* is used predominantly as a preposition and *kī* as the subordinating conjugation."

83.24 a. *k(y)* bzw. *km* zur Einleitung eines Temporalsatzes ("als, wenn"):

Temporalsatz nach dem Hauptsatz:
- ... *k brkm tġll b dm \ ḏmr / ḫlqm b mmᶜ mhrm* "(ᶜAnatu freute sich ...,) als sie die Knie in das Blut der Soldaten tauchte, (als sie) die Glieder(?) in das Gerinsel der Krieger (tauchte)" 1.3:II:27f.
- *mᶜmsk k šbᶜt yn* "Einer, der dich trägt/stützt, wenn du von Wein satt bist" 1.17:II:6; ähnl. 1.17:II:20 und 1.17:I:30f. (*k* ergänzt).
- *w ṯb l mspr k tlakn \ ġlmm* "Und kehre zurück zum Erzählabschnitt, wo (w.: als) die beiden Burschen ausgesendet werden" 1.4:V:42f.
- *mn ᶜps [...] \ km mġy a[...] \ mdy ᶜmk [...]* "Warum/Wer hat abgehalten(?) ... als ... zu dir kam?" RS88.2159:14-16.

Temporalsatz vor dem Hauptsatz:
- *k šbᶜt l šbᶜm aḫh ym[ġ(y)] / w ṯmnt l ṯmnym* ... "Als er(?) zu seinen 77 Brüdern ka[m], ja, zu den 88 (Brüdern), ..." 1.12:II:48f.
- *w km iṯ y[šu l] šmm yd[h]* "Und sobald(?) er (sc. der König) (dort angelangt) ist (?), soll er [seine] Hände [zum] Himmel er[heben]" 1.41:55.
- *km trpa hn*(?) *nᶜr* "Als sie (beide) die Heilung vollzogen hatten, siehe(?), da wachte er auf(?)" 1.114:28.
- *k ymġy adn \ ilm rbm ᶜm dtn \ w yšal mṯpṭ yld* "Wenn der Herr der großen Götter zu Ditanu kommt und um einen Orakelbescheid bezüglich des Kindes fragt, ..." 1.124:1-3 (PK^L *ymġy* [√*mġy*]).
- *k tᶜrb(n) GN(N)* "Wenn eintritt / eintreten GN(N) in ..." 1.43:1; 1.91:10.11; 1.148:18 (es folgen nominale Konstruktionen [Angabe von Opfergaben]).
- *[w] b ym k ybt mlk* "[Und] an dem Tag, wenn der König die Nacht verbracht hat (?), ..." 2.33:14.
- *k yṯn w b bt \ mlk mlbš \ ytn lhm* "Wenn (ihre Bekleidung) alt ist, wird ihnen im Königspalast eine (neue) Bekleidung gegeben" 4.168:6; ähnl. 4.182:61f.63f.

k(m)-Nebensatz nach pendierendem Satzglied (§94.21):
- *aqht km yṯb l lḥ[m] /\ bn dnil l ṯrm / ᶜlh nšr[m] /\ trḫpn* ... "Als Aqhatu saß, um zu ess[en], der Sohn Daniᵓilus, um zu speisen, da flatterten über ihm die Adler ..." 1.18:IV:29-31; ähnl. 1.18:IV:18-20 (*km* ergänzt).
- Mögliche weitere Belege begegnen in 1.4:IV:27 und 1.4:II:26f. (eine andere Deutung ist jedoch vorzuziehen; siehe §83.213 und §85.7).

Anm. Hierher sind wahrsch. auch die *k*-Nebensätze auf beschrifteten Lebermodellen (1.141:1 und 1.143:1-4) zu stellen. Andere Interpretationsmöglichkeiten sind aber nicht auszuschließen (vgl. §76.346b).

83.24 b. *k* zur Einleitung eines Konditionalsatzes ("wenn, falls") (vgl. §76.324 und §76.533). Der *k*-Satz steht immer vor dem Hauptsatz:

- *k l ḫr[a ... śśw]* "Wenn [das Pferd] den Darm nicht ent[leert]" 1.72:12.

- *k ygʿr śśw* "Wenn das Pferd ‘schreit’" 1.85:2 // 1.72:27*.
- *w k l yḫru w l yṯtn śśw* "Und wenn das Pferd den Darm nicht entleert und nicht uriniert" 1.85:9.
- *k yiḫd ak!l ś[św]* "Wenn das Pf[erd] das Futter(?) packt(?)" 1.72:21.
- *k ḫr śśw* "Wenn das Pferd matt ist" 1.85:5 (ähnl. 1.85:7 [§75.524, √ḫwr]).
- *w k aḫd akl śśw* "Und wenn das Pferd das Futter packt(?)" 1.85:15 (vgl. 1.85:12: *[w k] aḫd akl śśw* [n.L.]; dagegen 1.72:21: *k yiḫd ak!l ś[św]* [PK^L]).
- *k gr ʿz ṯġrkm / qrd \ ḥmytkm* "Wenn ein ‘Starker’ eure Tore angreift, ein Kriegsheld eure Mauern (angreift)" 1.119:26f.
- *k tld a[ṯt]* "Wenn eine Fr[au] gebiert" 1.140:1.3.5.7.9.14 (Omentext).

83.24 c. *k* mit modaler Funktion (nicht gesichert):

- (?) *k lb arḫ l ʿglh / k lb \ ṯat l imrh / km lb \ ʿnt aṯr bʿl* "Wie die Empfindung der Kuh für ihr Kalb (ist), wie die Empfindung des Mutterschafes für sein Lamm (ist), so ist/war die Empfindung ʿAnatus für Baʿlu" 1.6:II:28f. // 1.6:II:6-9 (vgl. §81.3c [Adv. *km*] und §97.41; die *k*-Lexeme sind hier jedoch eher als Präpp. zu deuten [vgl. §82.13]).

83.24 d. *k(y)* zur Einleitung eines Kausalsatzes ("da, weil"):

- *ky akl \ b ḫwtk inn* "(Betreffs der Tatsache, daß du zur ‘Sonne’ einen Brief bezüglich Nahrung geschickt hast), weil/als es in deinem Land keine Nahrung gibt/gab" 2.39:19f. (kausale oder temporale Nuance).

83.24 e. *k(y)* im Sinne von "betreffs der Tatsache, daß" (nur in Briefen)
Vorbemerkung: In Briefen dienen mit *k(y)* eingeleitete Nebensätze dazu, ein Thema des vorausgehenden Briefes des Adressaten wieder aufzunehmen (meist am Beginn des Briefhauptteils; bei längeren Briefen, etwa in 2.36+, auch mehrfach). Entsprechenden *k(y)*-Sätzen, die teilweise durch ein Zitat des Wortlauts der Bezugsbotschaft erweitert sind, geht weder ein Hauptsatz voraus, noch folgt eine Apodosis (es folgt vielmehr direkt die Antwort des Absenders). Es liegt somit eine elliptische Ausdrucksweise vor; gemeint ist etwa: "Ich nehme hiermit Bezug darauf, daß du ... geschrieben hast". In der Mehrzahl der Belege geht dem *k(y)*-Satze eine Nominalphrase voraus. Diese läßt sich entweder als topikalisiertes Objekt des *k(y)*-Satzes verstehen oder als Satzglied eines unvollständigen Hauptsatzes, das durch den folgenden *k(y)*-Satz näher bestimmt wird. Im ersteren Fall wäre beispielweise der Wortlaut von 2.39:17f. wie folgt zu übersetzen: *w lḥt akl ky \ likt ʿm ...* "Betreffs der Tatsache, daß du einen Brief bezüglich Nahrung zu ... geschickt hast" (vgl. 2.46:9f.: *ky lik bny \ lḥt akl ʿmy* "Betreffs der Tatsache, daß mein Sohn mir einen Brief bezüglich Nahrung geschickt hat"). Im letzteren Fall wäre (sinngemäß) zu übersetzen: "Und betreffs des Briefes bezüglich Nahrung, den du zu ... geschickt hast". Im folgenden wird die letztere Übersetzungsvariante gewählt, weil nur so die Wortstellung des Ug. in der Übersetzung nachgeahmt werden kann. Es bleibt aber zweifelhaft, ob die *k(y)*-Sätze auch nach ug. Syntax attributive Funktion besitzen (§97.13). — Ug. *k(y)* entspricht in akk. Briefen aus Ugarit *i/enūma* oder *kī*. Die verbreitetsten akk. Formulierungen

lauten: *i/enūma ... iltapra*; *i/enūma ... tašpura*; *kī ... tašpura*; *aššum ... kī tašpura(nni)* (mit vorangestellter Nominalphrase). — Auch in ahe. Briefen hat *ky* bisweilen diese Funktion, z.B. *w ky ᵓmr ᵓdny* "Und betreffs der Tatsache, daß mein Herr gesagt hat ..." (Lachisch-Ostrakon 3:8); *w ky šlḥ ᵓ\dny ᶜl dbr byt hrpd* "Und betreffs der Tatsache, daß mein Herr bezüglich der Angelegenheit von ON (einen Brief) geschickt hat ..." (Lachisch-Ostrakon 4:4-5).

Am absoluten Anfang eines Satzes:
- *ky likt bt mlk tḥmk* "Betreffs der Tatsache, daß du eine Botschaft von dir an den Königspalast geschickt hast" 2.36+:5.
- *ky lik bny \ lḥt akl ᶜmy* "Betreffs der Tatsache, daß mein Sohn mir einen Brief bezüglich Nahrung geschickt hat" 2.46:9f.

Nach vorangestellter Nominalphrase (vgl. akk. *aššum ... kī tašpura*):
- *lḥt šlm k likt \ umy ᶜmy* "Betreffs des Grußbriefes, den meine Mutter mir geschickt hat ..." 2.34:5f.
- *[xx]nty rgm ky likt bt mlk* "[Fer]ner(?): Betreffs der Nachricht, die du dem Königspalast geschickt hast ..." 2.36+:14.
- *w lḥt qnim k li[kt bt ml]k* "Und betreffs des Briefes bezüglich Lapislazuli, den du zum Königspalast geschickt hast ..." 2.36+:29.
- *w lḥt akl ky \ likt ᶜm špš \ bᶜlk* "Und betreffs des Briefes bezüglich Nahrung, den du zur 'Sonne', deinem Herrn, geschickt hast ..." 2.39:17-19.
- *w lḥt alpm ḥrṯm \ k rgmt ly* "Und betreffs des Briefes bezüglich der Pflugochsen, wo du mir (folgendes) gesagt hast ..." 2.45:22f.
- *w lḥt bt mlk amr \ ky tdbr umy \ l pn qrt* "Und betreffs des Briefes bezüglich der Prinzessin von Amurru, den meine Mutter vor der Stadt ...(?)" 2.72:17f.

83.24 f. *k* im Sinne von "daß" (zur Einleitung eines Objektsatzes nach Verben des Sagens, Wissens [u.ä.] sowie zur Einleitung eines Subjektsatzes):

- *w idᶜ k ḥy aliyn bᶜl /\ k iṯ zbl bᶜl arṣ* "Auf daß ich weiß, daß der hochmächtige Baᶜlu lebt, daß der Fürst, der Herr der Erde existiert" 1.6:III:8f.; vgl. 1.6:III:1 (ähnliche Formulierung als Hauptsatz in 1.6:III:20f. [§83.151]; zu weiteren Objektsätzen mit *k(y)* siehe §97.21).
- *mn yrḫ k m[rṣ] /\ mn k dw kr[t]* "Wie viele Monate (sind es), daß er kra[nk ist]; wie viele (Monate), daß Ker[et] kränklich ist?" 1.16:II:19f. (Subjektsatz [§97.31]); ähnl. 1.16:II:22f. (*ṯlṯ yrḫm k m[rṣ] \ arbᶜ k dw k[rt]*).

83.24 g. *k* im Sinne von "(so) daß" (zur Einleitung eines Konsekutivsatzes [§97.*11*.a]):

- *mat \ krt k ybky / ydmᶜ nᶜmn ġlm \ il* "Was hat Keret, daß er weint, (daß) Tränen vergießt der liebliche Jüngling des Ilu?" 1.14:I:38-41 (§44.23).

Anm. Unklar ist die Funktion von *k* in 1.5:I:1 ("als", "weil" oder "obwohl" [d.h. konzessiv]). Hervorgehoben seien ferner *k(m)*-Belege in 1.4:VII:6, 1.82:3 (*km yr ...*), 1.94:36 (*km tᶜrb*) und 2.8:3.5.

83.25. Die Konjunktion *kd*

Die Konj. *kd* (bzw. *k d*), die an mehreren Stellen koordinierend fungiert (§83.152), wird an folgenden Belegstellen offenbar subordinierend gebraucht (mit konditionaler oder kausaler Bedeutung):

- ... *kd l ytn bt l bʿl k ilm / [w ḥẓ]r k bn aṯrt* "(Ich werde sein graues Haar von Blut überfließen lassen ...), wenn/weil er dem Baʿlu kein Haus gewährt entsprechend den (Häusern anderer) Götter(n), und (keine) Wohnstatt entsprechend den (Wohnstätten der) Söhne(n) Aṯiratus" 1.3:V:3f.
- *kd ynaṣn [ ]* "weil er uns/mich verachtet (hat)" 1.1:IV:23 (alt.: koordinierend [§83.152]).

84. An- und Ausrufpartikeln

84.1. Vokativpartikeln

84.11. ***y*** */yā/* "o!" [raram. (Aḥiqar-Sprüche) *yh* (dazu Kottsieper 1990, 206 und Muraoka – Porten 1998, 328); pun. *yʾ* und epigraphisch-he. *yh* (K. Bēt Layy 2:1; siehe DNSI 430); ar. *yā*]. — Zu den Belegen und zur Diskussion dieser Partikel (= Part.) siehe §54.221b und §54.222.

Lit.: Aartun (1974, 37f.); GUL 187.

84.12. ***l*** */la/*? "o!" (etym. identisch mit der Affirmationspart. *l* "fürwahr, gewiß" [§85.8]) [nab., Hatra-aram. *lʾ* "yea, oh, certainly" (DNSI 560f.); phön. *l* in KAI 27:1.19 (*l ʿptʾ* "o Fliegende") und KAI 27:4 (*w l ḥnqt* "O Würgerin"); tigré *la* (WTS 30a); evtl. amurr. *la* (§54.214a)]. — Zu den Belegen und zur Diskussion dieser häufiger als *y* belegten Vokativpart. siehe §54.221c und §54.222.

Lit.: Aartun (1974, 38f.); Huehnergard (1983, 579.581.584); Testen (1998, 205f.).

Anm. Die in vokativischen Konstruktionen bezeugte ar. Partikel *la/i*, das sogenannte *lām al-istiġāṯ* (z.B. *yā la-zaydin wa-li-ʿamrin* "o Zayd und ʿAmr"), ist wahrscheinlich von den oben genannten Vokativpartikeln zu trennen und mit der Präp. *li* gleichzusetzen; siehe Huehnergard (1983, 579, Anm. 79) und Testen (1998, 205, Anm. 32).

84.2. Partikeln des Ausrufs

Nachfolgend sind ug. bezeugte Wörter der Emotion aufgelistet, d.h. Ausrufe der Freude, der Bewunderung, der Angst, des Schmerzes (etc.). Es handelt sich um Interjektionen im eigentlichen Sinn.

84.21. ***an*** */ʾannā̆/* "ach bitte!" (Interj. *ʾ*ah* [vgl. he. *ʾăhāh*, ar. *ʾāh*, syr. *ʾahā*, äth. *ʾah*, "ach!; o weh!"] + *-*nā̆* [vgl. he. *nāʾ* "doch, bitte"]) [he. *ʾānnāʾ/h*; vgl. die ug./wsem. Energikusendung *-n(n)*]. — Ug. *an* ist zweimal belegt und folgt jeweils der Wunschpart. *aḥl*; zu Belegen (1.19:II:15.22) siehe unter §86.1.

84.22. ***u*** /*ˀô*/? < **ˀaw*(?) "ach!; wehe!" [he. *ˀôy*; syr. *ˀō*, *ˀōy*; ar. *ˀaww* (Wahrm. I, 147b); akk. *ūˀa*, *ūya*; vgl. evtl. ferner jaram. *wāy* und ar./äth. *way*].

Es ist schwierig, eine genaue Grenzlinie zwischen der Ausrufpart. *u* und der Konj. *u* "oder" (§83.141) zu ziehen. An sämtlichen nachstehend genannten Belegstellen kann *u* alternativ als Konj. gedeutet werden (zum größeren Kontext der Belege siehe §83.141.1a und §83.141.2b):

- *u ṯn ndr[h ?]* "Wehe! Hat er [sein(?)] Gelübde verändert?" 1.15:III:29.
- *u ḫštk l ntn \ ˁtq* ... "Wehe! Wird denn dein ... (?) (zum Ort) des Ausstoßens der Wehklage ...?" 1.16:I:4f. // 1.16:I:18f.; ähnl. auch 1.16:II:41f.
- *u ilm tmtn* "Wehe! Sollen gar die Götter sterben?" 1.16:I:22. // 1.16:II:43.
- *u* (n.L.) *ap mh!rh ank \ l aḥwy* "Wehe(?)! Seine kriegerische Stärke(?) will ich nicht am Leben lassen" 1.18:IV:26f.
- *qra u nqmd mlk* "Gerufen ist – ach! – der König Niqmaddu" 1.161:12.
- *ṯḥt! u nq[md] mlk* "(Steig hinunter in die Unterwelt) ... – ach! – unter den König Niq[maddu]!" 1.161:26.
- (?) *d-y l ydˁ yṣḥk u zb* "Ein (dir) Unbekannter ruft dich – wehe! – (o du) ...(?)" RS92.2014:1.

84.23. ***y*** /*yā*/ od. /*yê*/ "wehe!" (wohl etym. identisch mit der Vokativpart. *y* [§84.11]) [vgl. äth. *ye*, *yo* (Ausruf der Bewunderung bzw. des Schmerzes; siehe CDG 625); vgl. auch jaram. *wāy* sowie ar./äth. *way*, "wehe!"].

Dieses Lexem begegnet zweimal im Fluchkontext und wird jeweils von der Präp. *l* + PrS 2.m.sg. gefolgt (vgl. ar. *waylaka* "wehe dir!" [GKA § 348]):

- *y lk-m qr mym* "Wehe dir, (o) Wasserquelle!" 1.19:III:46.
- *y lk mrrt \ tġll b nr* "Weh dir, (o) ON" 1.19:III:51.

Anm. Zu sogenannten Präsentationspartikeln mit der ungefähren Bedeutung "siehe da!", nämlich *hn*, *hl* (u.a.), siehe unter §81.4 (demonstrative Adverbien).

85. Affirmationspartikeln

Im Ug. – insbesondere in der Poesie – sind zahlreiche Lexeme bezeugt, die zur Betonung, Bekräftigung, Hervorhebung oder Beteuerung einer Aussage, eines Wunsches oder eines Befehls dienen. Diese Nuancen sollen hier unter dem Oberbegriff "Affirmation" zusammengefaßt werden.

Lit.: Aartun (1974, 29-78); GUL 190-194.

85.1. ***al*** "gewiß, fürwahr" (vgl. die Negation *al* [§87.2]). Die Erklärung des Lexems *al* mit der genannten Bedeutung ist umstritten:

1. Nach traditioneller Darstellung handelt es sich hierbei um eine besondere (elliptische) Fügung der Negation *al* = /*ˀal*/ (§87.2), z.B. *al ttn pnm ˁm* "ihr sollt nicht (zögern), ihr sollt das Gesicht hinwenden zu ..." = "ihr sollt das Gesicht fürwahr hinwenden zu ..." (vgl. DLU 23a, s.v. *al* II).

2. *al* könnte sich aber auch zusammensetzen aus der (ug. nicht bezeugten) Fragepart. **a* /*ʾa*/ < **ha* und der Negation *l* = /*lā*/, d.h. /*ʾa-lā*/ "etwa nicht?", was rhetorisch für "gewiß" stünde (vgl. ar. *ʾa-lā*, *ʾa-mā* und he. *hᵃloʾ*).
3. Schließlich könnte sich *al* auch aus zwei Affirmationspartt. zusammensetzen, nämlich aus **ʾan* "doch, bitte!" (§84.21) und *l* "fürwahr" (§85.8) = /*ʾallV*/. Diese Erklärung wird hier favorisiert. Sie wird durch den unter §85.1b vorgestellten Befund gestützt.

Die Belege für *al* "gewiß, fürwahr" lassen sich schwer von denen der Negation *al* abgrenzen. In Frage kommen die nachfolgend genannten Belege.

a. Für *al* + PK der 1. Person gibt es nur zwei unsichere Belege:

- *dll al ilak l bn \ ilm mt* "Ich sollte gewiß einen Boten zum Sohn Ilus, Môtu, schicken ..." 1.4:VII:45. — Alternativ liegt hier aber ein rhetorisch-fragender Gebrauch der Negation *al* vor: "Sollte ich nicht ... schicken ...?" (§87.22); allerdings begegnet in vergleichbaren Kontexten sonst *bl* (§87.33).
- (*al tšmḫ* ...) *al aḫdhm b ymny* ... "(Freue dich nicht ...), ich werde sie gewiß mit meiner rechten (Hand) packen ...!" 1.3:V:22; vgl. 1.18:I:8f.*. — Wahrscheinlicher liegt hier jedoch die Negation *al* vor: "... auf daß ich sie nicht mit meiner rechten (Hand) packe ..." (negierter Final- oder Konsekutivsatz).

b. Part. *al* + $PK^{K}v$ der 2. Person (sichere Belege):
- *idk \ pnk al ttn* "Dann sollst du dich fürwahr hinwenden (zu) ...!" 1.5:V:11f.
- *idk al ttn \ pnm* ... "Dann sollt ihr (beide) euch fürwahr hinwenden (zu) ...!" 1.3:VI:12f. // 1.4:VIII:1*.10; ähnl. 1.2:I:13f.* und 1.14:V:29f.* (andere Wortstellung [*idk pnm al ttn*]).

Die genannten Belege sind hier deshalb von zentraler Bedeutung, weil der Wendung *al* + $PK^{K}v$ (Jussiv) in indikativischer Darstellung immer die Konstruktion *l* (Affirmationspart.) + $PK^{K}i$ entspricht:
- *idk l ytn pnm* ... "Dann wandte er sich fürwahr hin (zu) ..." 1.1:III:21*; 1.10:II:8; ähnl. 1.100:63 (andere Wortstellung).
- *idk l ttn pnm* ... "Dann wandte sie sich fürwahr hin (zu) ..." 1.3:IV:37; 1.3:V:5*; 1.4:IV:20; 1.4:V:22; 1.6:I:32*; 1.6:IV:7; 1.17:VI:46f.*; 1.18:I:20*.
- *idk \ l ytn pnm* "Dann gingen sie (beide) fürwahr hin (zu) ..." 1.5:I:9f.; 1.5:II:13f.; ähnl. 1.14:VI:36f. (andere Wortstellung).

Wollte man affirmatives *al* mit der Negation *al* gleichsetzen, wäre es konsequent, auch affirmatives *l* von der Negation *l* herzuleiten (was bisher aber nicht ernsthaft erwogen wurde). Einfacher ist die Annahme, daß das Lexem *al* das gleiche affirmative Element **l* enthält, das auch der Affirmationspart. *l* zugrunde liegt.

Anm. Die beiden *al*-Lexeme (vor PK der 2. Person) in 1.2:I:15 sind sicher als Negation *al* zu deuten. Das gleiche gilt wahrsch. auch für *al* in 1.16:I:31 und 1.16:I:34. — In 1.119:28 ist gegen KTU^2 nicht *[a]l tdy*, sondern *hm tdy* zu lesen (Konditionalsatz).

c. Vor PK-Formen der 3. Person dürfte *al* immer als Negation zu deuten sein. Dies gilt wahrscheinlich auch für folgende schwierigen Textbeispiele, wo *al* in einem fragenden Kontext nach dem Frageadverb *ik* (§81.63a) begegnet:

- *ik al yšmᶜk ṯr \ il abk* "Wie (könnte es nur sein), daß ... Ilu ... dich nicht hört?" 1.6:VI:25f. // 1.2:III:17* (alternative Deutungen unter §81.63a).
- *ik al yḥdṯ yrḫ* "Wie (könnte es nur sein), daß sich Yariḫu nicht erneuert" 1.18:IV:9.

85.2. *ap* */ˀappV/* (etym. identisch mit der Konj. *ap* [§83.131]).

Das primär als kopulative Konj. (im Sinne von "[und] auch, ferner") fungierende Lexem *ap* dient häufig auch zur Hervorhebung (Fokussierung) des folgenden Wortes (meist des Satzsubjekts) bzw. zur Steigerung der Aussage (im Dt. etwa mit "(so)gar, ja, fürwahr; doch; denn" wiederzugeben). Im folgenden werden alle Verwendungsweisen von *ap* berücksichtigt, in denen *ap* mehr als nur eine neutrale Hinzufügung eines weiteren Sachverhalts zum Ausdruck bringt. Die Mehrzahl der betreffende Belege stammt aus dem poetischen Textkorpus. Es sei betont, daß die Grenze zwischen *ap* als Konj. und *ap* als hervorhebender Part. ("Fokuspartikel") fließend ist:

a. *ap* zur Einführung einer neuen handelnden Personen in der Epik:
- *ap ilm l <l>(?)ḥm \ yṯb / bn qdš l ṯrm* "Die Götter aber saßen da, um zu essen; die Söhne Qudšus, um zu speisen" 1.2:I:20f.
- *ap \ ᶜnt ttlk w tṣd ...* "ᶜAnatu aber ging los und streifte umher" 1.5:VI:25f.
- *ap ᶜnt tm[tḫṣ ...]* "ᶜAnatu aber käm[pfte ...]" 1.7:37 (vgl. demgegenüber *w hln ᶜnt tm\tḫṣ* in 1.3:II:5f. [*w hln* "und dann/siehe" anstelle von *ap*]).
- *ap yṣb yṯb b hkl / w ywsrnn ggnh* "Yaṣṣibu aber saß im Palast, wobei ihn sein Inneres belehrte" 1.16:VI:25f.

b. Sonstige Belege aus poetischen Texten:
- *wn ap ᶜdn mṭrh \ bᶜl yᶜdn ...* "Möge Baᶜlu doch eine Zeit für seinen Regen festsetzen ..." 1.4:V:6f.
- *i ap bᶜ[l ...] / i hd d[...* "Wo aber ist Baᶜ[lu ...], wo ist Haddu ...?" 1.5:IV:6f.
- *ap l tlḥm \ lḥm trmmt / l tšt \ yn tġẓyt* "Ja, iß fürwahr das Brot der Opferung(?); trink fürwahr den Wein der Libation(?)!" 1.6:VI:43-45.
- *ph mᶜ ap k[rt pr (?)] / u ṯn ndr[h mlk (?)]* "Siehe doch! Hat denn Ke[ret] [... gebrochen (?)], oder hat (gar) verändert [der König sein(?)] Gelübde?" 1.15:III:28f.
- *ap ab ik mtm \ tmtn* "Wirst denn auch/sogar (du), Vater, wie (gewöhnliche) Menschen sterben?" 1.16:I:3f.; ähnl. 1.16:I:17f. und 1.16:II:40.
- *ap \ krt bnm il / špḥ \ ltpn w qdš* "Ist denn Keret der Sohn Ilus, der Nachfahre des Gütigen und der Heiligen"? 1.16:I:9-11 // 1.16:II:48f.
- *ap qšth l ttn \ ly* "Sein Bogen jedoch(?) wurde mir nicht gegeben" 1.19:I:16f.
- *u* (n.L.) *ap mh!rh ank \ l aḥwy* "Wehe(?)! Seine kriegerische Stärke(?) will ich nicht am Leben lassen" 1.18:IV:26f. (n.L.).
- In (weitgehend) abgebrochenen Kontexten: *(w) hm ap ...* "(und) falls aber ..." (?) 1.1:IV:26 und 1.2:IV:2; *[a]bh ap x[ ]* 1.18:I:5.

c. Belege aus Prosatexten:
- *ap* im Gefolge der Konj. *w* zur Betontung des folgenden Wortes: (?) *w ap y[...]* "Und auch/sogar ..." 1.104:6; *w ap ht k škn* "Und auch/sogar jetzt ...(?)"

2.3:20; *w ap mhkm \ b lbk al \ tšt* "Und mach' dir überhaupt keine Sorgen (w.: Und lege ja nicht irgendetwas in dein Herz)!" 2.30:22-24; *w ap ank \ nḫt* "Und ich selbst bin zur Ruhe gekommen" 2.11:13f.; vgl. 2.33:15; *w ap ank mnm \ ḫsrt w uḫy yʿmsn t̲mn* "Und (auch) was mich selbst betrifft – Was immer ich brauche, soll mir mein Bruder dort (auf Schiffe?) aufladen!" 2.41:19-21; *w ap b t̲n [ ]* 2.49:13.

- *akln b grnt \ l bʿr \ ap krmm \ ḫlq* "Das Getreide auf den Tennen wurde fürwahr verbrannt/geraubt; sogar die Weingärten wurden vernichtet" 2.61:8-11.
- ohne Kontext: 2.23:32.

85.3. ***i*** */ʾī/* "so wahr; gewiß" [ar. *ʾī* "ja!, wahrlich" (Schwurpart., z.B. *ʾī wa-llāhi* "ja, bei Gott!"; siehe Wright I, § 362q); bab.-akk. *i* (Prekativpart.); vgl. ferner he. *ʾî* "wehe!" und mhe. *ʾî* "oh!"].

Ug. *i* dient als Beteuerungspart. im Eid (es gibt nur einen Beleg):

- *i it̲t at̲rt ṣrm /\ w ilt ṣdynm* "So wahr die (Göttin) At̲iratu von Tyrus existiert, (und) die Göttin von Sidon!" 1.14:IV:38f. — Die Annahme einer Dittographie ist unnötig (damit gegen S.B. Parker, UF 11 [1979], 694, Anm. 8). Gegen eine Deutung des Lexems *i* als Frageadverb "wo?", wie sie in DLU 1a vorgeschlagen wird, spricht der Kontext.

SV. Die bab. bezeugte Prekativpart. *i*, die meist — aber nicht nur — im Zusammenhang mit Wunschformen der 1. Person pl. bezeugt ist (GAG § 81c*.g), besitzt somit gegen Testen (1998, 121) eine solide Etymologie. Die Annahme, daß ein Lexem zugleich als Beteuerungs- und Wunschpart. dienen kann, ist unproblematisch und auch bei akk. *lū* (= wsem. **la*) gegeben (siehe Huehnergard 1983, 592f.). Der Vorschlag von Testen (1998, 129-134), die Part. *i* als phonologische Nebenform der Prekativpart. *l(u)* zu betrachten, ist folglich abzulehnen (Testen ging von einer Entwicklung **l̥ niprus* > **n̥-niprus* > *i niprus* aus).

85.4. ***imt*** */ʾimitta/* < **ʾaminta* (§33.214.23) mit phonologischer Nebenform *mt* */mitta/* (§33.411) "wahrlich" (Subst. **imt* im Ak.) [samʾal. *mt* "wahrlich!" (dazu Tropper 1992b und 1993a, 72.185); vgl. he. *ᵓᵆmæt* "in Wahrheit, wirklich"].

imt und *mt* haben affirmative Funktion. Die Belege stammen aus zwei (weitgehend parallelen) poetischen Texten, nämlich 1.5:I:18-19 (*imt*) und 1.133:9 (*mt*):

- *hm imt imt npš blt \ ḫmr / p imt b klat \ ydy ilḫm* "Oder verzehrt mein Schlund (etwa nicht) wahrlich, wahrlich einen Haufen (Speise)? Ja, esse ich (nicht) wahrlich mit beiden Händen?" 1.5:I:18-20 (zweifaches *imt* nach der Konj. *hm*; alt.: Dittographie).
- *mt hm ks ym\sk nhr* "... oder mischt (nicht) wahrlich der Gott Naharu (selbst) meinen Becher" 1.133:9f. (*mt* vor der Konj. *hm*).

85.5. ***uk*** */ʾuk(kV)/* "gewiß, fürwahr"(?) [vgl. he. *ʾak* "gewiß, ja!"; tigré *ʾa(k)kē* "wirklich, also" (WTS 375); evtl. äth. *-ke* "nun, tatsächlich, sogar" (CDG 271a)].

Die mutmaßliche Affirmationspart. *uk* ist nur im Brief 2.39 (Z. 6 und 8) belegt. Sie begegnet jeweils vor einer Verbalform und dient zu deren Betonung:

- *l p[(ᶜ)n a]dn špš \ ad[nh ᶜ]bdh uk škn* "Vo[r dem He]rrn / Vo[r den Füßen des He]rrn, der ‘Sonne’, [seinem/s] Herr[n], hat sich sein [Die]ner fürwahr niedergelassen" 2.39:5f.
- *k ᶜ[bdh] sglth hw \ w b[ᶜlh] uk nġr* "Ja! / Denn [sein (?)] Die[ner] (und) sein persönliches Eigentum ist er und [sein] He[rr] beschützt (ihn) fürwahr / [seinen] He[rrn] beschützt er fürwahr" 2.39:7f.

Man beachte in diesem Zusammenhang auch die in 2.23:5 (in einem abgebrochenen) Kontext bezeugte Zeichenfolge *uky*, die sich aus *uk* + EP *-y* (§89.3) zusammensetzen könnte.

85.6. ***dm*** [Etym. unsicher; eventuell zusammengesetzt aus DetPr *d* + EP *-m*; eine Verknüpfung mit syr. *dam* "damit nicht" ist unwahrscheinlich].

Diese Part. fungiert entweder affirmativ ("fürwahr, gewiß") oder kausal-koordinierend ("denn"). Einigermaßen gesichert sind die nachfolgend genannten Belege (mögliche weitere Belege sind 1.16:I:32, 1.24:9 und 2.50:18).

a. *dm* am Satzanfang:
- *dm rgm \ iṯ ly w argmk* "Fürwahr/Denn, ich habe eine Botschaft, und (diese) möchte ich dir berichten" 1.1:III:12f.*; 1.3:III:20f.
- *dm ṯn dbḥm šna bᶜl* "Fürwahr/Denn, zwei Opfer haßt Baᶜlu" 1.4:III:17.
- *dm l ġzr \ šrgk ḫḫm* "Fürwahr/Denn, für einen Helden sind deine Fangstricke(?) / Lügen(?) unwirksam(?)" 1.17:VI:34f.
- *dm mt aṣḥ[ ]* 1.5:III:9.18.25 (Interpretation unsicher).

b. *dm* nach topikalisiertem Subjekt:
- *[m]t dm ḫt / šᶜtqt dm! \ li* "Môtu sei fürwahr zerschmettert; *Šᶜtqt* sei fürwahr siegreich!" 1.16:VI:1-2 (der Text bietet *dt*).
- *mt dm ḫt / šᶜtqt \ dm lan/t!* "Môtu war fürwahr zerschmettert; *Šᶜtqt* war fürwahr siegreich" 1.16:VI:13f.

85.7. ***k*** */kī/*? "ja!, gewiß, fürwahr" (etym. identisch mit der Konj. *k* "denn" [§83.151] bzw. "da, weil" [§83.24]) [nwsem. **kī* "fürwahr"].

Die Abgrenzung von *k* mit affirmativer ("emphatischer") Bedeutung von der kausal-koordinierenden Konj. *k* (§83.151) ist — insbesondere in satzeinleitender Position — schwierig. Im folgenden werden nur relativ sichere Belege vorgestellt:

a. *k* in satzeinleitender Position (alt.: kausal-koordinierend ["denn"]):
- *k ibr l bᶜl yld /\ w rum l rkb ᶜrpt* "Fürwahr, es wurde dem Baᶜlu ein Stier geboren, ein Wildstier dem Wolkenreiter" 1.10:III:35f.
- *k lbš km lpš dm a[ḫh] /\ km all dm aryh* "Er bekleidete sich fürwahr wie mit einem Kleid mit dem Blut [seiner Brü]der, wie mit einem Mantel mit dem Blut seiner Verwandten" 1.12:II:46f. (*k* zugleich vor finiter Verbalform).
- *k ᶜ[bdh] sglth hw \ w b[ᶜlh] uk nġr* "Ja!, [sein (?)] Die[ner] (und) sein persönliches Eigentum ist er und [sein] He[rr] beschützt (ihn) fürwahr / [seinen] He[rrn] beschützt er fürwahr" 2.39:7f.

b. *k* vor finiter Verbalform zu deren Betonung (*k* betont häufig eine von zwei / mehreren parallelen Verbalformen, offenbar aus Gründen der Variation):
- *b nši ʿnh w tphn /\ hlk bʿl at{t}rt \ k tʿn* "Beim Aufschlag der Augen erblickte sie (ihn), das Kommen Baʿlus sah Aṯiratu fürwahr" 1.4:II:12-14.
- *hlm il k yphnh / yprq lṣb w yṣḥq* "Sobald Ilu sie fürwahr(?) erblickte" 1.4:IV:27 (alt.: *k* als subordinierende Konj. [vgl. §83.213]).
- *[hlm (?)] ksp [a]ṯrt \ k tʿn* "[Sobald(?) A]ṯiratu das Silber fürwahr(?) sah" 1.4:II:26f. (n.L.).
- *tšu aliyn bʿl / l ktp \ ʿnt k tšth* "Sie hob den hochmächtigen Baʿlu hoch (und) legte ihn fürwahr auf die Schultern ʿAnatus" 1.6:I:14f.
- *hlk kṯr \ k yʿn / w yʿn tdrq ḫss* "Das Gehen des Kôṯaru sah er fürwahr; er sah das Schreiten des Ḫasīsu" 1.17:V:10f.
- *gm l aṯth k yṣḥ* "Laut rief er fürwahr zu seiner Frau" 1.17:V:15.
- *qšt yqb [yd]\rk / ʿl aqht k yq[bh]* "Er krümmte (und) [spa]nnte den Bogen; für(?) Aqhatu krümm[te] er [ihn] fürwahr" 1.17:V:35f. (n.L.).
- *il aṯtm k ypt* "Ilu überredete/verführte fürwahr die beiden Frauen" 1.23:39.
- *w ṯn ʿbdk \ ṯmt ʿmnk \ k l ttn akl lhm* "Und was deine beiden Diener betrifft, die dort bei dir sind, (so) sollst du ihnen fürwahr(?) zu essen geben" 2.70:20-22 (möglw. zwei Affirmationspartt., *k* und *l*, hintereinander; ein möglicher weiterer Belege für *k l* findet sich in 2.82:9 [§85.8a]).
- *w k tšal \ bt ʿbdk* "Und du sollst dich fürwahr(?) kümmern(?) um das Haus deiner beiden Diener" 2.70:23.

Anm. Mögliche weitere Belege dieser Part. vor finiten Verbalformen sind unter §81.3a angeführt (alt.: *k* als Adverb ["so, auf diese Weise"]).

c. Sonstige Belege (alt.: kausal-koordinierend):
- *tp aḫh k nʿm aḫh \ k ysmsm* "...(?) ihr Bruder — ja!, er war lieblich; ihr Bruder — ja!, er war überaus schön" 1.96:2f. (n.L.).

Anm. Möglicherweise liegt die Part. *k* auch der in 1.12:II:53 bezeugten Wortform *kn* zugrunden (*k* + EP *-n*): *kn npl bʿl \ km ṯr / w tkms hd \ km ibr* "Baʿlu fiel fürwahr(?) hin wie ein Stier; Haddu knickte ein wie ein Bulle" 1.12:II:53-55 (alt.: *kn* als Adverb "so" [§81.3b]).

85.8. ***l*** /la/ oder /lŭ/ "fürwahr, gewiß, sicherlich" [he. *lᵉ* ("Lamed emphaticum"; KBL^3, 485f.); samʾal. *lw* (Affirmationspart.); spätpun. *l(y)* (Affirmationspart.; siehe PPG^3 § 257f); phön./aram. *l-* (Prekativpart.); ar. *la* (*lām al-taʾkīd*, z.B. *la-yafʿalanna* "er wird gewiß tun"); ar. *l(i)* (*lām al-ʾamr*, z.B. *li-yafʿal*, *wa-l-yafʿal* "(und) er möge/soll tun"); äth. *la-* (Prekativpart., z.B. *la-yəkun* "es sei"); akk. *lū* (Beteuerungspart.); akk. *l(ū)* (Prekativpart., z.B. *liprus* < **lV yiprus*)].

Nach traditioneller Darstellung gibt es im Ug. nebeneinander eine Affirmationspart. *l* und eine Prekativpart. *l*. Erstere stünde in indikativischen Kontexten, letztere proklitisch vor volitivischen Verbalformen. Diese Differenzierung ist sachlich nicht gerechtfertigt. Da die Setzung von "prekativischem" *l* fakultativ und insgesamt relativ selten zu beobachten ist, bringt dieses *l* offensichtlich keinen Wunsch zum Ausdruck, sondern dient lediglich zur Betonung der Verbalform (die volitivische Nuance resultiert allein aus der Verbalform). Folglich hat ug. *l* immer affirmative Funktion, unabhängig davon, ob es im indikativischen oder volitivischen Kontext begegnet. "Affirmatives" und "prekativisches" *l* lassen sich im übrigen auch etymologisch nicht trennen (siehe Huehnergard 1983, 580). Allerdings ist in mehreren sem. Sprachen zu beobachten, daß gerade "prekativisches" *l* phonologisch verkürzt oder daß *l* + **yVqtVl-* zu *lVqtVl-* kontrahiert wird. Eine vergleichbare Kontraktion ist im Ug. nicht bezeugt.

Die große Mehrzahl der zahlreichen Belege der ug. Affirmationspart. *l* stammen aus der Poesie. Im folgenden werden alle relativ sicheren Belege vorgestellt. Dieser Studie zufolge begegnet die betreffende Part. zumeist in der Position vor finiten Verbalformen, und nur sehr selten in anderer Stellung (nur drei Belege). Die Affirmationspart. *l* läßt sich nicht immer sicher von der Negation *l* (§87.1) abgrenzen. Auch die Abgrenzung von der Präp. *l* (§82.12) kann Probleme bereiten (mehrere der von Aartun [1974, 33-35] als Belege der Affirmationspart. *l* geführten Textbeispiele enthalten sicher die Präp. *l*).

Lit.: Aartun (1974, 33-35.74-76); Huehnergard (1983, bes. 583f.); Testen (1998, bes. 101-106); DLU 238f.; GUL 191f.; vgl. Rainey (CAT 1, 211f.) und (CAT 3, 195f.).

a. *l* vor indikativischen Verbalformen:

α) vor PK (unabhängig vom Aspekt/Tempus; mit oder ohne Energikusendung):
- *l ištbm tnn ištm p[?]h* "Ich habe fürwahr(?) den Drachen geknebelt, seinen Mund(?) verschlossen" 1.3:III:40 (alt.: negierter Fragesatz).
- *idk l ttn pnm* ... "Dann wandte sie sich fürwahr hin (zu) ..." 1.3:IV:37& (viele analoge Wendungen, immer mit Part. *l* [siehe §85.1b]).
- *any l yṣḥ ṯr il abh* "Klagend ruft er fürwahr den Stier Ilu, seinen Vater, an" 1.3:V:35 // 1.4:IV:47*.
- *šbt dqnk l tsrk* "Dein graues Barthaar belehrt dich fürwahr" 1.4:V:4.
- *širh l tikl \ ʿṣrm / mnth l tkly \ nprm* "Sein Fleisch fraßen fürwahr die Vögel, seine Glieder verzehrten fürwahr die Gefiederten" 1.6:II:35-37.
- *l ysʿ alt \ ṯbtk / l yhpk ksa mlkk /\ l yṯbr ḫṭ mṯpṭk* "Er wird gewiß die Stützen deines Sitzes herausreißen; er wird gewiß deinen Königsthron umstürzen; er wird gewiß dein Herrschaftszepter zerbrechen!" 1.6:VI:28f. // 1.2:III:17f.*.
- *aṯt ṣdqh l ypq* "Eine rechtschaffene Frau fand er fürwahr" 1.14:I:12.
- *ʿrb špš l ymġ \ krt* "Keret ist gewiß zum 'Sonnenuntergang' gegangen" 1.15:V:18f. (alt.: futurische Wiedergabe).
- *hm l aqryk b ntb pšʿ* "Sollte ich dich fürwahr antreffen auf dem Pfad des Unrechtes ..." 1.17:VI:43 (Konditionalsatz).
- (?) *w l ytk dmʿt / km \ rbʿt ṯqlm* "Und sie vergossen wahrlich Tränen wie Viertel-Schekel-Münzen" 1.19:II:33f. (alt.: *l* als Negation).
- (?) *w ḏ[rʿ l] adny l yḫsr* "Mein[em] Herrn aber fehlt fürwahr Saat[gut]" 2.39:9 (weniger wahrsch. [wegen Z. 10]: *l* als Negation).

Anm. Der Ausdruck *l ymru* (1.4:VII:50) ist wahrsch. zu *d[!] ymru* zu emendieren.

β) vor fientischer SK (unabhängig vom Tempus):
- *l rgmt \ lk l zbl bʿl / ṯnt l rkb ʿrpt* "Ich sage dir hiermit fürwahr (folgendes), o Fürst Baʿlu, ich wiederhole (dir), o Wolkenfahrer" 1.2:IV:7f.

- *l mḫšt mdd \ il ym / l klt nhr il rbm* "Ich habe fürwahr(?) den Geliebten Ilus, Yammu, erschlagen. Ich habe fürwahr(?) Naharu, den großen Gott, vernichtet" 1.3:III:38f. (alt.: negierter Fragesatz ["Habe ich nicht erschlagen ..."]).
- *l yrt \ b npš bn ilm mt* ... "Du wirst gewiß in den Rachen des Sohnes Ilus, Môtu, hinabsteigen müssen ...!" 1.5:I:6f.
- *akln b grnt \ l bʿr* "Das Getreide ... wurde fürwahr verbrannt/geraubt" 2.61:8f.
- (?) *ṯṯ ymm \ k l lḥmt* "Sechs Tage kämpfe ich fürwahr (schon)" 2.82:8f. (evtl. zwei Affirmationspartt., *k* und *l*, hintereinander; alt.: *k* als Konj. ["Sechs Tage sind es, daß ich fürwahr kämpfe"] oder *kl* "insgesamt" [§45.21a]).

γ) vor stativischer SK:
- *rbt ilm l ḥkmt* "Du bist groß, Ilu, du bist fürwahr weise" 1.4:V:3.
- *ym l mt / bʿlm yml[k ...]* "Yammu ist gewiß tot; (also) soll Baʿlu Köni[g sein ...]" 1.2:IV:32.

b. *l* vor volitivischer PK^K (sogenanntes "prekativisches" *l*):
- *l yrgm l aliyn bʿl* "Es soll dem hochmächtigen Baʿlu fürwahr (folgendes) mitgeteilt werden" 1.4:V:12.
- ... *l tštql \ ... / ap l tlḥm \ lḥm trmmt / l tšt \ yn tġẓyt* "... begib dich fürwahr ...! Ja, iß fürwahr das geopferte Brot, trink fürwahr den dargebrachten Wein!" 1.6:VI:42-45.
- *l tbrknn l ṯr il aby / tmrnn l bny bnwt* "Segne ihn doch, o Stier Ilu, mein Vater; stärke ihn (mit Segen) o Schöpfer der Schöpfung" 1.17:I:23f.
- *l tbrkn alk brktm /\ tmrn* ... "Sie sollen mich fürwahr segnen, damit ich als Gesegnete gehen kann, sie sollen mich (mit Segen) stärken ..." 1.19:IV:32f.
- *[aṯr]h l tdd ilnym* "zum [Kultort(?)] sollen die 'Göttlichen' (d.h. die Ahnen) fürwahr hintreten" 1.21:II:4 // 1.22:II:5f.*10f.* (in 1.20:II:2 ohne Part. *l*).
- *mth l tšlm \ ʿln* "Sein Tod soll fürwahr Frieden über uns bringen" 1.111:23f.
- (?) *w ṯn ʿbdk \ ṯmt ʿmnk \ k l ttn akl lhm* "Und was deine beiden Diener betrifft, die dort bei dir sind, (so) sollst du ihnen fürwahr zu essen geben" 2.70:20-22 (möglw. zwei Affirmationspartt., *k* und *l*, hintereinander).
- vgl. 2.75:12: *[w] bʿl [l] ydʿ* "[Und] mein Herr möge (es) [fürwahr] wissen!".

Anm. Vgl. hierzu auch die interpretatorisch unsicheren Wendungen *p l yšbʿl* (2.70:27) und *p l tbṯn* (1.83:11 [n.L.]). — Belege für "prekativisches" *l* vor SK-Formen mit volitivischer Bedeutung lassen sich nicht nachweisen.

c. *l* vor nominalen Satzgliedern (nur drei Belege):
- *iḫh yṯʿr \ mšrrm / aḫt«t»h l a\bn mznm* "Ihr Bruder bereitete das Zünglein(?), ihre Schwester fürwahr(?) die Steingewichte der Waage" 1.24:35-37 (alt.: *aḫtth* "ihr Schwesterlein" [§53.322.4])
- *w l anyt tšknn \ ḫmšm l m[i]t any \ tšknn*? "Und du sollst fürwahr(?) Schiffe bereitstellen: (Und zwar) sollst du 150 Schiffe bereitstellen!" 2.47:3-5 (alt.: "Und bezüglich der Schiffe ...").
- *im ht l b \ mṣqt yṯbt \ qrt* "Falls die Stadt nun fürwahr in Bedrängnis bleibt(?)" 2.72:20-22.

Anm. An folgenden Stellen ist *l* — gegen Aartun (1974, 33) und GUL 191 — wahrscheinlich nicht als Affirmationspart. vor nominalen Satzgliedern, sondern als Präp. *l* zu deuten: *uġr l rḥq ilm / inbb \ l rḥq ilnym* "(... ich verlasse ...) Uġaru (in Richtung) zu den fernsten Göttern, Inbubu (in Richtung) zu den fernsten Gottheiten" 1.3:IV:34f.; *mġny l bᶜl npl l a\rṣ* "Wir kamen zu Baᶜlu, der zur Erde gefallen war" 1.5:VI:8f. (vgl. Z. 5-7). — Zur Wendung *l ymm l yrḫm* "über Tage, über Monate" (1.6:II:26f. u.ö.) siehe §82.12 (Präp. *l* zur Angabe der Zeitstrecke).

85.9. ***mᶜ*** */maᶜ(ᶜa)/*? "doch!, bitte!" [Die Etym. ist ungewiß. Das Lexem ist sicher nicht mit äg. *m-ᶜ* zu verknüpfen (vgl. UT § 19.1511), könnte aber von sem. √*mᶜᶜ* mit mutmaßlicher Grundbedeutung "stark/groß/viel sein; zornig sein" abgeleitet sein (Nomen in einem adverbialen Kasus); vgl. äth. √*mᶜᶜ* "zornig sein, rasen" mit Derivat *maᶜa/āt* "Zorn; viel, Menge, große Zahl" in mehreren äth. Sprachen; vgl. ferner ar. *maᶜmaᶜān* "Höhepunkt (von Hitze und Kälte)"].

Ug. *mᶜ* begegnet in der Funktion als Affirmationspart. immer unmittelbar hinter einem satzeinleitenden Imp. (vgl. §77.312), besonders häufig nach *šmᶜ* "höre!". Die Belege lauten: *šmᶜ mᶜ* "höre doch!" 1.2:III:15; 1.4:VI:4; 1.6:VI:23; 1.14:V:14; 1.16:VI:41; 1.17:VI:16; 1.18:I:23*; *šskn mᶜ* "bereite doch (ein Geschenk)!" 1.4:I:20; *ᶜms mᶜ* "lade (mir) doch auf (den Rücken)!" 1.6:I:12; *ph mᶜ* "siehe doch!" 1.15:III:28.

Ug. *mᶜ* ist offenbar auch in 1.14:II:34 und 1.14:IV:15 belegt, fungiert hier jedoch nicht als ein zu einer Partikel erstarrtes Lexem, sondern als Subst. oder Adj. in attributiver Funktion zu *ᶜdn* "Truppe, Armee" mit der Bedeutung "gewaltig, mächtig, zahlreich" (bzw. als Subst. "Macht, Größe, Menge"). Diese Bedeutung ist kontextuell abgesichert (// *ṣbu ṣbi* "riesiges Heer" und *ul mad* "gewaltige Macht") und stützt die oben präsentierte Etymologie der Part. *mᶜ*:

- *ᶜdn ngb w yṣi /\ ṣbu ṣbi ngb /\ w yṣi ᶜdn mᶜ /\ ṣbuk ul mad* ... "Eine Truppe soll sich sammeln und losziehen! Ein riesiges Heer soll sich sammeln, ja eine mächtige Armee soll losziehen! Dein Heer sei eine gewaltige Macht ..." 1.14:II:32-35; ähnl. 1.14:IV:13-15*.

86. Wunschpartikeln

An Wunschpartikeln im eigentlichen Sinn läßt sich im Ug. nur *aḥl* (§86.1) sicher nachweisen. Beachtenswert ist in diesem Zusammenhang jedoch auch die Part. *l* (§85.8), die häufig vor volitischen Verbalformen bezeugt ist und als sogenannte "Prekativpartikel" deren Bedeutung verstärkt. Da jedoch die volitivische Nuance dabei durch die Verbalform selbst und nicht durch die Part. *l* zum Ausdruck gebracht wird und da die gleiche Part. auch vor nicht-volitivischen Verbalformen begegnet, ist *l* nicht als "Wunschpartikel" zu klassifizieren.

86.1. ***aḫl*** / *ʾaḫ(V)lV*/ "o daß doch!; wenn doch!" (Interj. **aḫ* [vgl. he. *ʾāḫ*, syr./ar. *ʾaḫ*, "ach!"] + Affirmationspart. *l* [§85.8]) [he. *ʾaḫ*ᵃ*lay*, *ʾaḫ*ᵃ*lê*].

Ug. *aḫl* ist wie he. *ʾaḫ*ᵃ*lay*/*ʾaḫ*ᵃ*lê* eine satzeinleitende Wunschpart. Es gibt zwei Belege; an beiden Stellen folgt unmittelbar die Ausrufpart. *an* (§84.21):

- *aḫl an bṣql \ ynpᶜ b palt / bṣql ypᶜ b yġlm* "(Er umarmte und küßte den Sproß [indem er sagte]:) "O daß doch – ach! – der Sproß sich aus dem Gestrüpp erhebe, (o daß doch) der Sproß hochwachse aus dem Dickicht!" 1.19:II:15f.
- *aḫl an š[blt] \ tpᶜ b aklt / šblt tpᶜ [b ḫ]mdrt* "(Er umarmte und küßte die Ähre [indem er sagte]:) "O daß doch – ach! – die Ähre sich erhebe ..." 1.19:II:22f.

87. Negationen

87.1. Die Negation *l*

l /*lā*/ = syll. *la-a*, bezeugt in RS20.149(+):II:7'.12' (Sᵃ) [sem. (außer äth.) *lā*].

l ist die mit Abstand häufigste Negation des Ug. und dient zur Wort- und Satznegierung. In letzterer Funktion ist *l* jedoch nur in Verbalsätzen sicher nachzuweisen (Nominalsätze werden durch *bl* und *in* negiert [§92.54]). Im folgenden werden die wichtigsten Gebrauchsweisen von *l* anhand illustrativer Beispiele vorgestellt.

Lit.: Aartun (1974, 22-25); Watson (1991) [Auflistung und Diskussion von über 100 Belegstellen]; DLU 237f.; GUL 183.

87.11. *l* vor nominalen Satzgliedern (offenbar immer Wortverneinung):

- *l ib ypᶜ \ l bᶜl / ṣrt l rkb ᶜrpt* "Kein Feind hat sich gegen Baᶜlu erhoben, (kein) Widersacher gegen den Wolkenreiter" 1.3:IV:5 (vgl. 1.3:III:37 // 1.3:IV:4: *mn(m) ib ypᶜ* ... "Welcher Feind ... ?").
- ... *yn d l ṭb* "... Wein von nicht bester Qualität" 4.213:2& (im Gegensatz zu *yn ṭb* "Qualitätswein" [4.213:1&]).
- ... *d l nᶜm* "... der/das nicht gut/angenehm ist" 2.50:19 (Kontext abgebrochen).
- (?) ... *bnš \ l b bt mlk* "... Personen, (die) nicht im Königspalast (wohnen)" 4.137:13f. (hier könnte *l* als Nominalsatz-Negation fungieren; vielleicht ist der Text aber zu emendieren: *bnš \ d*! *b bt mlk*).
- (?) ... *bnš l d \ yškb l b bt mlk* "... Personen ..., die nicht(?) im Königspalast schlafen" 4.163:15f. (der Text scheint verderbt zu sein; man erwartet *bnš d l yškb b bt mlk*; vgl. aber 4.137:13f. [*bnš \ l b bt mlk*]).
- (?) *rpš d l ydyt*(?) "Sumpfboden, der nicht brachliegt" 4.348:1 (*ydyt*(?) kann alternativ als SK gedeutet werden; vgl. 4.348:20: *rpš d ydy*).

87.12. *l* vor indikativischen Verbalformen (SK, PK^L und PK^Ki):

a. Vor SK (laut Watson [1991, 186] nur sichere 10 Belege):
- *lm l likt \ šil šlmy* "Warum hast du nicht (einen Briefboten zu mir) geschickt, um dich nach meinem Wohlbefinden zu erkundigen?" 2.63:7f.

- *ṯlṯ mrkbt mlk \ d l ṣpy \ [t]rhm* "Drei Wagen des Königs, die / deren Deichseln(?) nicht beschlagen sind" 4.167:5-7 (*ṣpy* mit Bezug auf *mrkbt* oder *trhm* kann – gegen Watson 1991, 183.186 – nur SK, nicht aber Ptz. sein).

b. Vor PK^{K}i und PK^{L} (zahlreiche Belege):

- *abn brq d l td*^{c} *šmm /\ rgm l td*^{c} *nšm / w l tbn \ hmlt arṣ* "Ich kenne(?) den Blitz, den der Himmel nicht begreift, ein Wort, das die Menschen nicht begreifen und die Volksmenge der Erde nicht kennt" 1.3:III:26-28.
- ... *w l yšn pbl \ mlk* "... da wird König Pabil nicht schlafen können" / "... da konnte König Pabil nicht schlafen" 1.14:III:15f.; 1.14:V:7f.
- *l tdn \ dn almn / l ttpṭ \ ṯpṭ qṣr npš* ... "Du richtest nicht das Recht der Witwe, du entscheidest nicht den Rechtsfall des Verzagten ..." 1.16:VI:45-47 (es folgen zwei weitere Belege für *l* + PK in Z. 47 und Z. 49).
- *^{c}l qṣ^{c}th hwt \ l aḥw* "... wegen seines Krummholzes (d.h. seines Bogens) ließ ich ihn nicht am Leben" 1.19:I:15f. (*aḥw* ist PK^{K}i; Watson 1991, 177 deutet *l aḥw* fälschlich als Verbot: "... do not let him live"]).

87.13. *l* vor PK^{L} mit modalen Nuancen (§77.5):

- *w mnkm l yqḥ \ spr mlk hnd* "Und niemand darf diese königliche Urkunde wegnehmen ..." 2.19:12f.; ähnl. 3.2:12-15 (Negierung eines Gebots [§77.52]).

87.14. *l* vor volitivischer PK^{K}v:

Vorbemerkung: Volitivische PK^{K}-Formen (PK^{K}v und PK^{K}e) werden grundsätzlich durch die Negation *al* verneint (§87.2). Daneben gibt es jedoch auch vereinzelte Belege für die Negierung mittels *l*. Dieses Phänomen läßt sich aber ausschließlich in fragenden Kontexten sicher nachweisen. Zur Diskussion stehen folgende Textbeispiele:

- *u ilm tmtn / šph ltpn l yḥ* "Wehe! Müssen gar die Götter sterben? Soll der Nachkomme des Gütigen nicht leben?" 1.16:I:22f. // 1.16:II:43f. — *yḥ* ist orthographisch eindeutig als PK^{K} ausgewiesen. Sollte die gebotene Übersetzung zutreffen, läge eine PK^{K}v vor, die (im fragenden Kontext) durch *l* und nicht durch *al* negiert wird. Mehrere Autoren betrachten allerdings *l* hier nicht als Negation, sondern als Affirmationspart. (z.B. Verreet [MU 116]: "Die Nachkommenschaft des Gütigen soll doch leben?").
- (?) *[p$^?$ l$^?$ t]tb^c l ltpn \ [il] d pid / l tbrk \ [krt] ṯ^c / l tmr n^{c}mn \ [ġlm] il* "Solltest du dich [nicht er]heben, o gütiger [Ilu], Barmherziger? Solltest du den edlen [Keret] nicht segnen, den lieblichen [Jüngling] Ilus nicht mit Segen stärken? 1.15:II:13-16. — Die PK-Formen *[t]tb^c*, *tbrk* und *tmr* sind orthographisch indifferent. Eine Deutung als PK^{K}v-Belege ist aber plausibel. Alternativ könnte *l* (vor den PK-Belegen) Affirmationspart. (§85.8) sein.
- (?) *at ^{c}[l qšth] \ tmḫṣh / <^{c}l> qṣ^{c}th hwt l tḥ[wy...]* 1.18:IV:12f. — Gemäß Verreet (MU 109) zeugt 1.18:IV:13 von der Negierung der PK^{K}v *tḥwy* durch *l*. Seine Übersetzung lautet: "Dú sollst ihn erschlagen wegen seines Bogens, wegen seines Gekrümmten ihn nicht am Leben lassen!"; sein Kommentar: "Die Verneinung *l* = *lā* bei einem Juss., stat (sic!) *al* = *^{ɔ}al*, ist

sonderbar; anscheinend wird dieses Verbot eher als ein Gebot betrachtet [...] Sandhi von *huwata ʾal* zu *huwatal* = *hwt l* wäre eine andere Möglichkeit." Verreet übersieht jedoch, daß die Verbalform nur zur Hälfte erhalten ist. Es kann somit problemlos eine PK^{L} *tḥ[wyn]* ergänzt werden (*l tḥ[wyn]* "du darfst ihn nicht am Le[ben lassen]!" (§77.52).

- (?) *yḥ w l ymt* "Er möge leben und nicht sterben!" 6.30:1 (Lesung nach KTU^{2}). — Im Anschluß an die eindeutige "Kurzform" *yḥ* (= PK^{K}v) liegt es nahe, auch *ymt* als PK^{K}v zu deuten, die durch *l* negiert würde. Diese Deutung ist jedoch nicht zwingend. *ymt* könnte auch PK^{L} sein (*l ymt* "er darf nicht sterben" [§77.52]). Außerdem ist zu beachten, daß die Lesung der Zeichenfolge *yḥ* unsicher ist ({ḥ} ist unsicher; {w} ist auf Fotos gar nicht zu sehen).

87.2. Die Negation *al*

al /*ʾal*/ [nwsem. **ʾal*; asa. *ʾl*; neusüdar. *ʾal* (u.ä.); äth. *ʾal-* (in *ʾalbə-* "es gibt nicht"); vgl. auch akk. *ul*, *ula*].

SV. Faber (1991, 422) vertrat die Auffassung, daß die wsem. Negation *ʾal* (< **ʾala*) aus den Elementen **ʾayy* (Negation) und **la* (Affirmationspart.) zusammengesetzt und mit akk. *ul(a)* nicht verwandt ist.

Die Negation *al* ist im Ug. nur in volitivischen Verbalsätzen, vor PK^{K}v oder PK^{K}e, sicher nachweisbar (§77.391-3; vgl. aber auch §87.24).

Lit.: Aartun (1974, 20-22); DLU 22-23; GUL 183f.

87.21. Beispiele für *al* + PK^{K}v (2. und 3. Person):

- *al tšt urbt b* [*bhtm*] "Bringe kein Fenster am [Palast] an!" 1.4:V:64; 1.4:VI:8 (Antwort auf die Anfrage *bl ašt* ... [1.4:V:61; 1.4:VI:5]).
- *al* \ *tqrb l bn ilm mt* "Nähert euch nicht dem Sohn Ilus, Môtu!" 1.4:VIII:15f.
- *w aḫy mhk* \ *b lbh al yšt* "Und mein Bruder möge (sich) ‘nichts in sein Herz legen’ (d.h. ... möge sich keine Sorgen machen)" 2.38:26f.
- *w [u]ḫy al ybʿrn* "Und mein Bruder soll mich(?) nicht im Stich lassen" 2.41:22.
- *w bʿly bt* \ *ʿbdh al* \ *ybʿr* \ *b ydh* "Und mein Herr soll das Haus seines Dieners nicht mit seiner (eigenen) Hand zerstören" RS92.2010:21-24.
- *al ydd* \ *mt mrzḥ* \ *w yrgm l* \ *šmmn* "Kein Mitglied der Marziḥu-Gemeinschaft soll sich erheben und zu PN sagen" 3.9:12-15.

87.22. Beispiele für *al* + PK^{K}e od. PK^{K}v der 1. Person:

- (?) *dll al ilak l bn* \ *ilm mt* "Sollte ich nicht einen Boten zum Sohn Ilus, Môtu schicken?" 1.4:VII:45f. (alt.: "Ich sollte gewiß ... schicken" [§85.1a]).
- *al ašt b [ ]* "ich will nicht setzen/legen"(?) 1.5:III:11 (Kontext abgebrochen).
- (?) *al aḫdhm b ymny* "(... freue dich nicht), auf daß ich sie nicht mit meiner Rechten packe ...!" 1.3:V:22; ähnl. 1.18:I:9* (andere Deutung unter §85.1a).

87.23. Schwer zu deuten sind zwei Textbeispiele, wo *al* nach dem Frageadverb *ik* "wie?" begegnet, nämlich *ik al yšmʿk ṯr* \ *il abk* (1.6:VI:25f.) und *ik al yḥdṯ yrḫ* (1.18:IV:9); zur Diskussion siehe §81.63a.

87.24. In RS92.2016:8', einem mythologischen Text, begegnet eine Wortform *al* in der Position vor einem Subst.; der Kontext ist abgebrochen: *[.....] kbkb kbkbm al kbkb \ [.....]*. Möglicherweise negiert *al* hier einen volitischen Nominalsatz.

87.25. Es gibt im Ug. auch eine Part. *al* mit affirmativer Funktion. Zu Belegen und zur Frage, ob es sich dabei um das gleiche Lexem handelt, siehe §85.1.

87.3. Die Negation *bl*

bl /*balî*/? (*√*bly* "schwinden, vergehen"; vgl. Präp. *bl* "ohne" [§82.3*11*] und *l bl* [§82.424]) [akan. *bali/u* (die Mehrzahl der in CAT 3, 23-25 präsentierten Belege fungieren als Negation und nicht als Präp. "ohne"); he. *b*[e]*lî* und *bal*; phön. *bl* und *ʾ(y)bl* < **ʾy-bl*; vgl. ar. *bal* "nein vielmehr, sondern"].

bl dient als Wortnegation und als Satznegation in Nominal- und Verbalsätzen. Als Negation von Verbalsätzen läßt sich *bl* ausschließlich bei fragend-volitivischer Nuance nachweisen (§77.394; in volitivischen Verbalsätzen ohne fragende Nuance steht *al* [§87.2]; in indikativischen Verbalsätzen steht *l* [§87.1]). Die gleiche Einschränkung könnte auch für *bl* als Negation von Nominalsätzen gelten (in indikativischen, nicht-fragenden Nominalsätzen steht *in* [§88.2]). Der Befund ist hier allerdings nicht eindeutig.

Es ist denkbar, daß ug. *bl* — entsprechend he. *b*[e]*lî* und *bal* — in zwei morphologischen Varianten auftritt, in einer "Langform" /*balî*/ (primär als Wortnegation) und einer phonetisch verkürzten Form /*bal*/ (primär als Satznegation).

In der folgenden Diskussion werden alle Belegstellen des Lexems berücksichtigt (*bl* als Negation läßt sich nicht immer sicher von *bl* als Präp. abgrenzen).

Lit.: Aartun (1974, 26-27); DLU 108; GUL 184f.; vgl. Faber (1991, 415f.).

87.31. *bl* zur Negierung von Wörtern

a. *bl* + Nomen (ohne Worttrenner nach *bl*) zur Bildung von Komposita (§51.7):
- *bl-mt* < *bl* + *mt* "'Nicht-Tod'; Unsterblichkeit": 1.17:VI:27 (// *ḥym* "Leben"); 1.16:I:15 und 1.16:II:37 (*ḥyk* "dein Leben" // *bl-mtk* "deine Unsterblichkeit").
- *bl-mlk* < *bl* + *mlk* "'Nicht-König'; gewöhnlicher Mensch": 1.4:VII:43 (*u mlk u bl-mlk* "sei es ein König oder ein Nicht-König").

b. Andere Belege (mit Worttrenner nach *bl*):
- *ḫpṯ d bl spr / ṯnn d bl hg* "eine Ḫupṯu-Truppe ohne Zahl (w.: der Nicht-Aufzählung), eine Bogenschützenarmee ohne 'Nennung' (w.: der Nicht-Nennung)" 1.14:II:37f. (alt.: *bl* als Präp. "ohne" [§82.3*11*]).

87.32. *bl* zur Negierung von Nominalsätzen (mit Worttrenner nach *bl*)

a. In fragenden Kontexten:
- *bl iṯ bn lh k!m aḫh / w šrš \ km aryh* "Soll es für ihn nicht einen Sohn geben wie (für) seine Brüder, einen Sproß wie (für) seine Verwandten?" 1.17:I:20f.
- *bl ṭl bl rbb /\ bl šrʿ thmtm / bl \ ṭbn ql bʿl* "Soll es (denn sieben/acht Jahre lang) keinen Tau, keinen Regenschauer geben? Soll es (denn) kein Anschwel-

len der Urfluten geben? Soll es (denn) die angenehme Donnerstimme Baᶜlus nicht geben?" 1.19:I:44-46 (alt.: *bl* als Präp. "ohne" [§82.3*11*]; vgl. he. *ʾal-ṭal wᵉʾal-māṭār ᶜalêkæm* "Kein Tau und kein Regen falle auf euch!" 2 Sam 1,21).

b. In nicht-fragenden Kontexten:
- (?) *w bl bnš hw[ ]* "und nicht (ist) eine Person ..." 2.45:25.

87.33. *bl* zur Negierung von Verbalsätzen

- *bl ašt urbt b bh[tm]* "Soll ich keine Öffnung im Geb[äude] anbringen?" 1.4:V:61 // 1.4:VI:5* (Antwort: *al tšt* ... [1.4:V:64; 1.4:VI:8]).
- *bl nmlk ydᶜ ylḥ/ṭ̱ˀn* "Wollen wir nicht jemanden zum König machen, der sich auf ...(?) versteht?" 1.6:I:48 (vgl. 1.6:I:54: *blt nmlk ᶜṯtr ᶜrẓ* [§87.4]).
- (?) *[ ] bl išlḥ \ [ ]* "... soll ich nicht schicken ....?" 1.14:V:21f.

Anm. Vgl. ferner folgende *bl*-Belege an fragmentarischen Stellen: 1.4:II:43; 1.12:II:7.23 (*at bl at [ ]*); 1.107:46 (*bl tbḥ[ ]*); vgl. evtl. auch 2.45:23 (*blym* bzw. *bl ym*). — Die in UT (§ 9.18 und § 11.10) und DLU 108a (s.v. *bl* I, Bed. 2) präsentierte Auffassung, wonach *bl* auch als Affirmationspart. fungiere, läßt sich nicht beweisen.

87.4. Das Lexem *blt*

blt /bal(V)ti/ (< *bl* "nicht" + EP *-t* [§89.5]) [amurr. *balti* "außer" oder "ohne"; he. *biltî* "nicht, außer daß/wenn, ohne (zu), damit nicht" (Negation und Konj.); phön. *blt* "außer daß; nur" (Konj.); vgl. ferner asa. *blty*, *bltn* "ohne" (Präp.)].

Nach traditioneller Auffassung ist das nur einmal, in 1.6:I:54, bezeugte Lexem *blt* eine Variante der Negation *bl* mit gleicher Funktion wie *bl* (siehe etwa Aartun [1974, 27], GUL 185 und DLU 108a, s.v. *bl* I). Als Hauptargument gilt, daß der Kontext von *blt* vergleichbar ist mit dem Kontext von *bl* in 1.6:I:48 (*bl* und *blt* begegnen in Reden der Göttin Aṯiratu): *bl nmlk ydᶜ ylḥ/ṭ̱ˀn* "Wollen wir nicht jemanden zum König machen, der sich auf ...(?) versteht?" (1.6:I:48). In Analogie dazu wird 1.6:I:54f., *blt nmlk ᶜṯtr ᶜrẓ /\ ymlk ᶜṯtr ᶜrẓ*, gewöhnlich wie folgt übersetzt: "Wollen wir nicht ᶜAṯtaru, den Furchtbaren, zum König machen? ᶜAṯtaru, der Furchtbare, soll König sein!".

Diese Interpretation ist nicht über alle Zweifel erhaben, zumal es angesichts des behauptenden Tons von 1.6:I:55 ("ᶜAṯtaru ... soll König sein!") befremdlich anmutet, daß dieser Zeile eine Frage vorangehen sollte. Aus diesem Grund ist auch folgende alternative Interpretation für 1.6:I:54 erwägenswert: *blt nmlk ᶜṯtr ᶜrẓ* "Nur / Ausschließlich / Niemanden außer ᶜAṯtaru, den Furchtbaren, wollen wir zum König machen!" 1.6:I:54. Gemäß dieser (nicht gesicherten) Deutung wäre *blt* ein modales Adverb.

SV. Die gleiche Bedeutung besitzt auch phön. *blt* in KAI 13:5: *blt ʾnk škb b ʾrn z* "nur ich allein liege in diesem Sarg". Man beachte auch den mehrfach bezeugten amurr. PN *Ma-an-na-ba-al-ti*-DINGIR (siehe Huffmon 1965, 175), entweder "Wen/Wer außer Gott?" (d.h. "Nur Gott allein!") oder "Wer kann ohne Gott sein?".

Anm. Zur Part. *in* (und Varianten), die ebenfalls zur Negation (von Nominalsätzen) dient, siehe §88.2.

88. "Existenzpartikeln"

88.1. Die Partikel *i<u>t</u>*

i<u>t</u> /ʾi<u>t</u>V/ (√ʾ*<u>t</u>y* < *ʾs^1y[?] [§32.144.15, Anm.]) [he. *yeš*; phön. *yš*; aram. *ʾītay*, *ʾī<u>t</u>ê*, *ʾī<u>t</u>*; ar. *laysa* "er/es ist nicht"; akk. *išû* "haben", in Texten Syrien-Palästinas auch "sein"; akk. *laššû/u* < **lā-išû* "nicht sein" (aA auch als Stativ konjugiert, z.B. *laššuwāku* "ich bin nicht"; siehe GAG § 111a*)].

Bei der Part. *i<u>t</u>*, die sich im Dt. mit "es gibt" wiedergeben läßt, handelt es sich wahrscheinlich um ein erstarrtes Subst. mit der Bedeutung "Vorhandensein, Existenz". Da das Ug. auch eine Verbalwurzel √ʾ*<u>t</u>(y)* kennt (§75.212.3 [nur SK-Formen]), die etymologisch mit der Part. *i<u>t</u>* zu verknüpfen ist, könnte es sich bei *i<u>t</u>* alternativ auch um eine erstarrte SK-Form 3.m.sg. handeln. Tatsächlich ist die Abgrenzung von *i<u>t</u>* als nominaler Part. und *i<u>t</u>* als verbaler SK-Form 3.m.sg. (bzw. 3.pl.) bei zahlreichen Belegen problematisch. Man beachte außerdem, daß ug. *i<u>t</u>* – anders he. *yeš* und aram. *ʾi<u>t</u>ay* – nie mit Possessivsuffixen verknüpft wird.

i<u>t</u>-Syntagmen (*i<u>t</u>* + Subjekt) sind häufig durch Präpositionalausdrücke erweitert. Hervorzuheben ist, daß *i<u>t</u>* + *l* + NN (häufig ausgedrückt durch ein Pronominalsuffix) "NN hat/besitzt" (w.: "es gibt für NN") bedeutet.

Im folgenden werden alle Belege der Part. *i<u>t</u>* vorgestellt. Sie stammen aus diversen Textgattungen (es gibt relativ viele Belege in Prosatexten).

Lit.: Blau (1972, 58-62); Aartun (1974, 29-30); DLU 60; GUL 187.

a. *i<u>t</u>* mit verbaler oder quasi-verbaler Funktion

α) *i<u>t</u>* "er existiert" // *ḥy* "er lebt" (*i<u>t</u>* könnte hier SK der Wz. √ʾ*<u>t</u>(y)* sein):

- *w hm ḥy a[liyn bʿl] /\ w hm i<u>t</u> zbl bʿ[l arṣ]* "Und falls der hoch[mächtige Baʿlu] lebt, und falls der Fürst, der Her[r der Erde] existiert ..." 1.6:III:2f.
- *w idʿ k ḥy aliyn bʿl /\ k i<u>t</u> zbl bʿl arṣ* "Auf daß ich weiß, daß der hochmächtige Baʿlu lebt, daß der Fürst, der Herr der Erde existiert" 1.6:III:8f.
- *k ḥy aliyn bʿl /\ k i<u>t</u> zbl bʿl arṣ* "Denn der hochmächtige Baʿlu lebt, denn der Fürst, der Herr der Erde existiert" 1.6:III:20f.

β) andere mögliche Belege (alt. zu §88.1b zu stellen):

- *w km i<u>t</u> y[šu l] šmm yd[h]* "Und sobald er (sc. der König) (dort angelangt) ist (?), soll er [seine] Hände [zum] Himmel er[heben]" 1.41:55.
- *adm \ a<u>t</u>r i<u>t</u> bq<u>t</u> \ w štn ly* "Die (betreffende) Person – wo auch immer sie/es sei – mache ausfindig und liefere (sie) mir aus!" 2.39:33-35.

b. Part. *i<u>t</u>* (nominal) + logisches Subj. (ohne Erweiterung):

- ... *w aḫd hm i<u>t</u> šmt hm i<u>t</u> ʿẓm* "... ich will nachsehen, ob es Fett gibt (und) ob es Gebein gibt" 1.19:III:3-5*.19*.33[!]-34.
- *i<u>t</u> šmt i<u>t</u> ʿẓm* "es gab Fett; es gab Gebein" 1.19:III:39.
- *hm i<u>t</u> [b btk yn* (?) */ w] tn w nšt* "Falls es [in deinem Haus Wein (?)] gibt, [dann] gib (ihn uns), auf daß wir trinken können" 1.23:72.
- *i<u>t</u> yn d ʿrb b* ... "es gibt Wein, der eingetroffen ist (?) ..." 1.23:74.

c. *i<u>t</u>*-Syntagma, erweitert durch *l*-Präpositionalausdruck:
- *rgm i<u>t</u> ly w argmk /\ hwt w a<u>t</u>nyk* "Ich habe eine Nachricht dir zu berichten, ein Wort dir mitzuteilen" 1.3:III:21f. (mit Topikalisierung des Subj.).
- *bl i<u>t</u> bn lh k!m aḫh / w šrš \ km aryh* "Soll es für ihn nicht einen Sohn geben wie (für) seine Brüder, einen Sproß wie (für) seine Verwandten?" 1.17:I:20f.
- *mnm i<u>t</u> l ʿbdk* "was auch immer deinem Diener gehört(?)" 2.70:29 (alt.: "Was auch immer ist, [das teile] deinem Diener [mit]!"; *i<u>t</u>* wäre dann vielleicht verbal zu deuten; vgl. *mnm \ ḫsrt* "was immer mir fehlt" [2.41:19f.]).
- *kl d i<u>t</u> \ [l špš]* "alles, was [der 'Sonne'] gehört" 2.81:9f.
- *bnšm dt i<u>t</u> alpm lhm* "Personen, die Rinder besitzen" 4.422:1.

d. *i<u>t</u>*-Syntagma, erweitert durch andere Präpositionalausdrücke:
- *i<u>t</u> b*: *[ti]ḫd d i<u>t</u> b kbdk / tšt d [i<u>t</u> bm] \ irtk* "[Pa]cke an, was in deinem Innern (geplant) ist! Setze (in die Tat) um, was [in] deiner Brust [ist]" 1.18:I:18f.
- *i<u>t</u> bd*: *bnšm d i<u>t</u> bd rb ʿprm* "Personen, die dem Chef der ʿApīru unterstehen" 4.752:1.
- *i<u>t</u> k*: *i<u>t</u> ph k <u>tt</u> ġbt* "sein Mund ist wie zwei Wolken(?)" 1.101:8.

e. *i<u>t</u>* in abgebrochenen Kontexten:
2.36+:40 (... *ʿl sḫl[m] i<u>t</u>*); 4.296:1 (*dt i<u>t</u>*); 4.492:1 (*[spr ʿš]rʾm d i[<u>t</u> ...]* "[Liste von] *ʿšr*-Leuten, die ..." [n.L.]); RS92.2005:37 (*[ ]u i<u>t</u> ʿxn bdh[ ]*). — Weitere mögliche Belege sind 1.107:4, 6.51:1 und 7.75:2.

88.2. Die Partikel *in* (und Varianten: *inn, inm*)

88.21. ***in*** /*ʾênu/a*/ [he. *ʾayin*, *ʾên* (cs.); pun. *ynny*; moab. *ʾn* (DNSI 46); akk. *yānu*, akk.Ug. *yānu*, akk.EA *yānu*, *iyyānu* (CAT 3, 201-206); vgl. äth. *ʾənbə-* < **ʾən* + Präp. *b* (+ PrSS)].

Die Part. *in* ist wahrscheinlich ein erstarrtes Subst. mit der mutmaßlichen Grundbedeutung "Nicht-Sein, Nicht-Existenz" und läßt sich im Dt. mit "es gibt nicht" wiedergeben. Sie fungiert als Gegenbegriff zu *i<u>t</u>* (§88.1) und damit als Quasi-Negation von Nominalsätzen. Da akk. *yānu* (und Varianten) sowohl im Akk.Ug. als auch im Akk.EA gegen akk. Syntax den Ak. regiert (siehe SAU 472 und CAT 3, 203-205), ist davon auszugehen, daß auch das von ug. *in* abhängige Nomen – das Prädikativ (der Prädikatsteil) des Nominalsatzes – formal im Ak. (genauer wohl: im "Absolutivkasus" [§54.62]) steht. Dies gilt zumindest für die Fälle, wo das Prädikativ auf *in* folgt. Hervorzuheben ist, daß *in*-Syntagmen (*in* + Prädikativ) häufig durch Präpositionalausdrücke erweitert sind (vergleichbare Konstruktionen sind im Zusammenhang mit der Negation *bl* [§87.3] nicht belegt). *in* + *l* + Nomen/PrS bedeutet "NN hat/besitzt nicht" (w.: "es gibt nicht für NN"). Es gibt keinen sicheren Beleg dafür, daß ug. *in* – entsprechend he. *ʾênænnî* "ich bin nicht" (u.ä.) – mit Possessivsuffixen verknüpft werden kann (siehe aber §88.24).

Die zahlreichen, aus Poesie und Prosa stammenden Belege von *in* sind in WL 24b aufgelistet. Im folgenden werden illustrative Textbeispiele vorgestellt.

Lit.: Aartun (1974, 19-20); DLU 37f.; GUL 187.

a. *in* + Prädikativ (ohne Erweiterung):

- *in šmt in ʿẓm* "Es gab kein Fett; es gab kein Gebein" 1.19:III:11.25.
- *w aṯr in mr* "Und danach wird es kein Leid (mehr) geben" 1.124:16.
- *w in qṣr[(t) šm]al* "Und wenn es (beim Tierjungen) keinen [lin]ken Unterschenkel gibt ..." 1.103+:10.
- *w in ḫr apm* "Und wenn es keine Nasenlöcher gibt ..." 1.103:30.
- *in d ʿlnh* "Es gibt niemanden, der über ihm steht" 1.3:V:33; 1.4:IV:44 (Relativsatz als Prädikativ [§97.32]).
- *w in d ylmdnn* "Und es gibt niemanden, der ihn (dabei) belehrte / der ihn belehren müßte" RS92.2016:42' (Relativsatz als Prädikativ [§97.32]).

b. *in b* NN + Prädikativ (ohne Erweiterung):

in b ilm ʿnyh "Niemand unter den Göttern antwortete ihm" 1.16:V:12-13* // 1.16:V:16*.19*.22; *in b ilht qlṣk* "Niemand unter den Göttinnen verhöhnt(?) dich" 1.3:V:28* // 1.18:I:16*. — *ʿny-h* und *ql[ṣ]-k* sind als Ptz. + PS zu deuten. Für diese Deutung spricht, daß *qlṣ* formal mask. ist, obwohl das logische Subj. – im konkreten Fall eine Göttin – fem. ist. Die gleiche Konstruktion ist auch im He. gut bezeugt: he. *wᵉʾên ʿônæh* "und niemand antwortete". Das Ptz. *ʿônæh* hat dabei immer mask. Genus, auch wenn das logische Subj. fem. ist (z.B. Ri 19,28); es kongruiert formal mit *in*.

c. *in* + Prädikativ + *l*-Präpositionalausdruck:

- *wn in bt l bʿl* "Denn Baʿlu hat keinen Palast ..." 1.3:V:38 (und Par.); vgl. auch 1.2:III:19 (*ank in bt [l]y*).
- *d in bn lh* "... der keinen Sohn hat ..." 1.17:I:18 (vgl. demgegenüber 1.17:I:20: *bl iṯ bn lh* "Soll er nicht einen Sohn haben ...?").
- *wn in aṯt [l]k* "Aber [d]u hast keine Frau ..." 1.2:III:22.
- *[ ] d in ḥẓm lhm* "... die keine Pfeile haben" 4.180:1.

d. *in* + Prädikativ + *b*-Präpositionalausdruck:

- *p d in b bty ttn* "Sondern (etwas), was es in meinem Haus nicht gibt, sollst du (mir) geben!" 1.14:III:38 // 1.14:VI:22f.
- *w unṯ \ in bh* "Und *unṯ*-Verpflichtung lastet nicht auf ihm" 3.5:20f. (vgl. *[w u]nṯ in[n] bh* in 3.2:18 [n.L.]; demgegenüber *[w u]nṯ inn \ lhm* in 3.4:16f.).
- *w in udn ymn b[h]* "Und (wenn) kein rechtes Ohr an ihm (sc. dem Tierjungen) vorhanden ist ..." 1.103+:35; ähnl. 1.103+:37 (*udn šmal*).
- *w pat aḫt \ in bhm* "und keines davon hat einen Rand (w.: und ein Rand ist nicht bei ihnen)" 4.136:4f.

88.22. *inn* (*in* + EP *-n*) [vgl. he. *ʾênæn-* (vor PrSS)].

Der Gebrauch der Variante *inn* (gegenüber einfachem *in*) ist klar konditioniert. Sie begegnet – wie die Erweiterung durch die EP *-n* erwarten läßt (§89.1, bes. §89.13) – nur bei Inversion der gewöhnlichen Wortstellung (*in* – Prädikativ – Präpositionalausdruck), sei es bei Voranstellung des Prädikativs (häufig im Zusammenhang mit Relativsätzen), bei Voranstellung des Präpositionalausdrucks, oder bei Voranstellung beider Satzglieder. Im folgenden werden alle Belege vorgestellt. Sie stammen aus Briefen, Urkunden und Wirtschaftstexten.

a. *inn* nach topikalisiertem Prädikativ im Hauptsatz:

- ohne Erweiterung: *lm tlikn ḫpṯ hndn \ p mšmʿt mlk \ inn* "Warum schickst du mir(?) diese Ḫupṯu-Truppe, aber ein königliches Spezialkorps (gibt es) nicht?" 2.72:10-12.
- erweitert durch *l*-Präpositionalausdruck: *[w u]nṯ inn \ lhm* "[Und *u*]*nṯ*-Verpflichtung besteht für sie nicht" 3.4:16f.
- erweitert durch *b*-Präpositionalausdruck: *[w u]nṯ in[n] bh* "[Und *u*]*nṯ*-Verpflichtung lastet nicht auf ihm" 3.2:18 (Lesung mit PRU 2,9; KTU² bietet *in mn[m] bh*; demgegenüber gleiche Konstruktion mit *in* in 3.5:20f.).

b. *inn* nach Prädikativ (und Relativpronomen) im Relativsatz:

- erweitert durch *l*-Präpositionalausdruck: *mḏrġlm d inn msgm lhm* "*m*.-Soldaten, die keine *msg*-Gegenstände/Waffen besitzen" 4.53:1; *bdl ar dt inn \ mhr lhm*! "Reservisten aus ON, die kein *mhr* besitzen" 4.214:I:4.
- erweitert durch *bd*-Präpositionalausdruck: *mḏrġlm dt inn bd tlmyn* "*m*.-Leute, die nicht dem PN unterstellt sind" 4.379:1.

c. *inn* nach Präpositionalausdruck (im Hauptsatz):

- *w l ṯt mrkbtm \ inn uṯpt* "zwei Wagen haben keinen Köcher" 1.145:6f.

d. *inn* nach Prädikativ und Präpositionalausdruck (im Nebensatz):

- *ky akl \ b ḫwtk inn* "... weil es in deinem Land keine Nahrung gibt" 2.39:19f.

88.23. ***inm*** (*in* + EP *-m*) [vgl. akk.EA *i-ia-nu-mì* (EA 198:21) und *ia-a-nu-mi* (7x in Jerusalembriefen; siehe CAT 3, 244)]. — Diese Variante ist nur einmal (im Brief 2.82) belegt (in 2.41:14 ist mit KTU² *hnm* und nicht *inm* zu lesen):

- *w hm inm \ ʿbdmlk \ nplṭ ḥ[ ]* "Falls aber PN nicht entkommen ist, ..." 2.82:10-12 (*nplṭ* ist wahrsch. N-Ptz.).

88.24. ***inmm*** (*inm* + *-m* ?). — Auch diese Variante ist nur einmal (im Brief 2.10) belegt. Der Kontext ist mit dem von *inm* (§88.23) vergleichbar:

- *ht \ hm inmm \ nḫtu w lak \ ʿmy* "Nun, falls er(?) doch nicht geschlagen wurde, dann schicke mir Nachricht!" 2.10:8-11 (*nḫtu* ist wahrsch. N-Ptz.).

inmm könnte Dittographie für korrektes *inm* sein. Es ist auch denkbar, daß das erste */m/* das PrS 3.m.pl. */-humu/* enthält (mit Schwund von intervokalischem */h/* [§33.142.21] entsprechend he. *ʾênemô* bzw. *ʾênām*; *nḫtu* wäre in diesem Fall als SK 3.m.pl. zu deuten). Unwahrscheinlich ist der in KTU² (S. 164, Anm. 1) unterbreitete Vorschlag, *inmm* zu *in m<n>m* ("nicht irgendwie") zu emendieren, da in 2.82:10 in einem vergleichbaren Kontext *inm* begegnet.

88.25. ***innm*** (*inn* + EP *-m* [?]). — Diese Wortform ist nur in 2.36+:33, in einem abgebrochenen Kontext, belegt (*mly innm x[ ]*).

89. Enklitische Partikeln

Im folgenden werden Partikeln behandelt, die enklitisch an diverse Wortarten treten. Das Ug. besitzt eine Reihe von enklitischen Partikeln (= EPP) und macht davon insbesondere in der Poesie häufig Gebrauch. Sie bewirken zumeist eine Hervorhebung der vorangehenden Wortform.

89.1. Die enklitische Partikel *-n*

Morphem *-n* = */-(Vn)na/*? [vgl. he. *nāʾ* (ebenfalls enklitisch)]. — Die EP *-n* dient zur Hervorhebung von nicht-verbalen Wortarten, insbesondere in betonter Stellung im Satz. Sie dürfte etymologisch mit den sogenannten Energikus-Morphemen an verbalen Wortformen (*§*73.6) verwandt sein (Dijkstra 1999, 155 rechnet demgegenüber mit dem Einfluß des hurr. "Artikels" *-ni*).

Lit.: Aartun (1974, 61-65); Tropper (1994b, 466-469).

89.11. EP *-n* nach topikalisiertem (betont vorangestelltem) Satzglied

a. Illustrative Belege aus poetischen Texten (häufig):

- *klny-n q[š]h nb[ln] /\ klny-n nbl ksh* "Wir alle müssen seinen Kr[ug] hal[ten], wir alle müssen seinen Becher halten" 1.4:IV:45f. (an der Parallelstelle, 1.3:V:33-34, begegnet dagegen *klny-y*, eine Form mit EP *-y* [*§*89.34]).
- *b-n ġlmt \ ʿmm ym / b-n ẓlm[t] \ rmt prʿt* "In Dunkelheit ist das Meer / der Tag eingehüllt; in Finsternis (sind eingehüllt) die höchsten Berge" 1.8:II:7-9 // 1.4:VII:54-56* (*b ġmlt* [Z. 54]; *b-n ẓlmt* [Z. 55]).
- *krt-n dbḥ dbḥ* "Keret hält ein Opfermahl ab" 1.16:I:39.
- *qšth-n aḫd b ydh /\ w qṣʿth bm ymnh* "Seinen Bogen nahm er in seine Hand, und sein Krummholz (d.h. seinen Bogen) in seine Rechte" 1.10:II:6f.
- *abyn-n*(?) \ *[d]nil mt rpi* "Arm ist [Da]niʾilu, der Rapiʾu-Mann" 1.17:I:16.
- *ʿm-n nkl ḫtny* "(Einzig und allein) Nikkalu will ich ehelichen!" 1.24:32.
- *ʿn-n hlkt* ... "Das Auge(?) ging ..." 1.96:1 (Textanfang).

b. Illustrative Belege aus Briefen (häufig):

- *anyk-n dt likt mṣrm hndt b ṣr* "Deine Flotte, die du nach Ägpyten geschickt hast, ist hier in Tyros" 2.38:10-12.
- *špš-n tubd* "Die ‘Sonne’ geht zugrunde / wird zugrundegehen" 2.39:21.
- *ibʿlt-n a[ ]* "Der/im Monat *ibʿlt* ..." 2.39:31 (nach einer Trennlinie).
- *ank-n rgmt l bʿly* "Ich habe zu meinem Herrn gesprochen" 2.42:6.
- *mlk-n bʿly ḥwt [.....]* "Der König, mein Herr ... das Land ..." 2.42:10.
- *mlk-n ybqṯ anyt* "Der König sucht die Schiffe" 2.42:26.
- *akl-n b grnt \ l bʿr \ ap krmm ḫlq \ qrt-n ḫlqt* "Das Getreide auf den Tennen wurde fürwahr geraubt. Auch/Sogar die Weingärten wurden vernichtet. Die (ganze) Stadt wurde vernichtet" 2.61:8-12.
- *l-n bʿly yšlm* "Meinem Herrn möge es gut gehen!" 2.81:6.

c. Belege aus anderen Textgattungen:
- *bt-n mḥy* \ *l dg w l klb* "Reinige / Man reinige das Haus von Fisch und Hund(efleisch) ...!" 1.124:14f.

89.12. EP *-n* nach dem ersten Wort der Apodosis (*-n apodoseos*)

Das erste Wort der Apodosis wird in den ug. Omentexten immer durch ein Substantiv eingenommen, das als Subjekt fungiert. In den Texten 1.103+ und 1.163 ist dieses immer durch ein Morphem *-n* erweitert, sofern es sich um einen Singular oder einen femininen Plural (*madtn* 1.103+:1 [alt.: Singular]) im St.abs. handelt. Demgegenüber fehlt das betreffende Morphem im St.cs. (*d̲rᶜ ḥwt* "Saatgetreide des Landes" [1.103+:55']; *ḥwt ib* [1.103+:59']; *mrḥy mlk* [1.103+:6.47'; vgl. 1.140:10']) und bei maskulinen Pluralia (*ilm* "Götter" [1.103+:41'.56'], *bnšm* "Menschen" [1.163:9'], *mlkm* "Könige" [1.163:11']). Im Text 1.140 findet die EP *-n* möglicherweise keine Verwendung, doch ist der Befund wegen des schlechten Erhaltungszustandes des Textes nicht eindeutig.

Das *-n apodoseos* hat im Prinzip die gleiche Funktion wie die EP *-n* der Textbeispiele von §89.11. Es betont als eine Art Topikalisierungsmarker das erste Wort der Apodosis und markiert so den Anfang der Apodosis.

Lit.: Hoftijzer (1982, 121-123); Pardee (1986, 128-129); Tropper (1994b, 466-469).

Illustrative Beispiele für *-n apodoseos* im Omentext KTU 1.103+:

... *madt-n tqln b ḥwt* "(Falls ... , so) werden viele im Land fallen" 1.103+:1; ... *ḥwt-n t̲ḫlq* "... (so) wird das Land zugrundegehen" 1.103:4.6; ... *ib-n yḫlq bhmt ḥwt* "... (so) wird der Feind das Vieh des Landes zugrunderichten" 1.103+:16; ... *mlk-n yšdd ḥwt ibh* "... (so) wird der König das Land seines Feindes verwüsten" 1.103+:37; ... *mlk-n yšlm l ibh* "... (so) wird der König mit seinem Feind Frieden schließen / seinem Feind vergelten" 1.103+:54; ... *mlk-n ybᶜr ibh* "... (so) wird der König seinen Feind vernichten" 1.103+:58; ... *ib-n yspu ḥwt* "... (so) wird der Feind das Land verschlingen" 1.103+:51.

89.13. EP *-n* bei sonstiger Inversion der gewöhnlichen Wortstellung

a. Bei Voranstellung des Objekts:
- *krt ḥtk-n rš* /\ *krt grdš mknt* "Keret hatte die Herrschaft zerschlagen, Keret hatte die Stellung zerbrochen" 1.14:I:10f. (alt.: "Keret war in Bezug auf die Herrschaft zerschlagen ..."). — Man beachte, daß die EP *-n* im zweiten Kolon, bei gewöhnlicher Wortstellung, nicht gebraucht wird.

b. Partikel *in-n* (*in* + EP *-n*) bei Nicht-Voranstellung (vgl. §88.22):
- *w l t̲t mrkbtm* \ *in-n utpt* "zwei Wagen haben keinen Köcher" 1.145:6f.
- *ky akl* \ *b ḥwtk in-n* "... daß es keine Nahrung in deinem Land gibt" 2.39:19f.

89.14. Setzung der EP *-n* aus Gründen der Variation

Die EP *-n* wird oft aus Gründen der Variation gebraucht, insbesondere bei gleichen Präpositionen im Parallelismus membrorum. Illustrative Beispiele (zu weiteren Belegen siehe §41.31 und §82.52b):

- *l ẓr brktkm / l-n kḥṯ \ zblkm* "(weg) vom 'Rücken' eurer Knie, (weg) von euren fürstlichen Sesseln" 1.2:I:27f. // 1.2:I:29.
- *tant šmm ᶜm arṣ /\ thmt ᶜm-n kbkbm* "ein Getuschel / eine Konversation des Himmels mit der Erde, der Urfluten mit den Sternen" 1.3:III:24f.

89.15. Sonstige Belege

EP *-n* begegnet wahrscheinlich ferner als Erweiterung einiger Pronomina (*hndn* [§42.2] und evtl. *mnn* [§45.113]), Adverbien (evtl. *hln* und *kn*) und Konjunktionen (*wn* [§33.142.23]; evtl. auch *apn*).

89.2. Die enklitsche Partikel *-m*

Morphem *-m* /*-ma*/ (evtl. auch /*-mā*/ oder /*-mi*/) [akk.(Ug.) *-ma*, akk.EA *-ma* und *-mi*; he. *-mô* (als EP nach Präpp.: *bᵉmô*, *lᵉmô* *kᵉmô*); asa. *-m*, *-mw*, *-my(w)* (SD 83; Nebes 1991, 133-143.147-148); äth. *-mma* (CDG 323); ar. *-mma* (z.B. in *ᵓallāhumma* "o Allah" oder *halumma* "hierher"); vgl. ferner mögliche (weitere) Belege von "enklitischem *Mem*" im He. (siehe Emmerton 1996 und GUL 193)].

Im Ug. begegnet häufig ein wortauslautendes *-m*, das weder als letzter Radikal des zugrundeliegenden Wortes noch als nominale Dual- bzw. Pluralmimation gedeutet werden kann. Entsprechende Belege werden unter dem Oberbegriff "enklitische Partikel *-m*" subsumiert. Es ist jedoch nicht gesichert, daß wir es dabei mit einem einheitlichen Phänomen zu tun haben. Zum einen könnte *-m* in gewissen Fällen Relikt einer Singularmimation sein (etwa bei *-m* an Nomina in adverbialen Kasus), zum anderen könnte *-m* in gewissen Fällen auch als enklitische Form des Interrogativ- bzw. Indefinitpronomens *m(h)* "was?" (§44.21) zu deuten sein (vgl. evtl. ar. *mā* in *yawman mā* "eines Tages"). Beides wäre getrennt vom Phänomen der EP *-m* zu behandeln.

SV. Ein weiteres Problem offenbaren scheinbar zeitgenössische akk. Texte aus Syrien-Palästina einschließlich Ugarit, insbesondere aber das Akk. der Amarnabriefe. Hier sind nebeneinander eine EP *-ma* und eine EP *-mi*/*-me* in ähnlicher Funktion bezeugt (siehe CAT 3, 227-248). Aus diesem Befund könnte zu schließen sein, daß es in den Substratsprachen zwei sich semantisch nahestehende Varianten der EP *-m* (mit unterschiedlichen Vokalen) gibt. Da jedoch das bab.-ass. Akk. selbst zwei semantisch deutlich getrennte Partikeln — nämlich *-ma* (Hervorhebungspart. und Konj.) und *-mi* (Part. der wörtlichen Rede) — kennt, ist diese Annahme unwahrscheinlich. Die Tatsache, daß Schreiber nwsem. Herkunft die gelernten akk. Partikeln *-ma* und *-mi* zumindest teilweise wie phonetische Varianten verwendeten, scheint vielmehr ein Hinweis darauf zu sein, daß sie aus ihrer Sprache nur eine EP *-m* (möglicherweise aber in Form mehrerer phonetischer Varianten) kannten.

Die EP *-m* ist die mit Abstand häufigste EP des Ug. Ihre Funktionen sind mannigfaltig. Im folgenden wird differenziert zwischen Gebrauchsweisen, bei denen die EP *-m* eindeutig zur Betonung oder Hervorhebung von nominalen oder verbalen Satzgliedern dient (§89.21-25), und diversen anderen Gebrauchsweisen (§89.26-29). Fast alle Belege der unter §89.23-25 angeführten und die große Mehrzahl der zu §89.21-22 gehörigen Gebrauchsweisen stammen aus dem poetischen Textkorpus. Daraus wird deutlich, daß die EP *-m* in der Poesie weitaus produktiver ist als in anderen Textgattungen.

Lit.: Pope (1951) = (1994, 325-335); Hummel (1957); Aartun (1974, 51-61); Watson (1992), (1994c) und (1996c).

89.21. EP *-m* als Erweiterung von Nomina in adverbialen Kasus

Nomina im adverbial gebrauchten Ak. und (häufiger noch) Nomina im Lok. weisen sporadisch eine Endung *-m* auf. Diese kann entweder als einfache nominale Mimation = /*-Vm*/ oder (zweitens) als Mimation + EP *-m* = /*-Vmma*/ oder (drittens) nur als EP *-m* = /*-Vma*/ (ohne vorausgehende Mimation) interpretiert werden. Aus sprachvergleichenden Gründen ist die zweite Lösung am wahrscheinlichsten (vgl. akk. *-amma* [Ak. + EP *-ma*] und *-umma* [Lok. + EP *-ma*] [GAG § 66 und § 123]). Es ist davon auszugehen, daß ug. Nomina ursprünglich auch im Singular des St.abs. – entsprechend dem akk. und asa. Befund – eine Mimation aufwiesen (§54.111, Anm.). Dieses /*-m*/ schwand im (absoluten) Wortauslaut, blieb aber bei Antritt der EP *-m* bewahrt.

Sind diese Überlegungen zutreffend, dann fungiert die EP *-m* in entsprechenden Belegen selbst nicht als Adverbialmarker. Die adverbiale Bedeutung der Wortform resultiert vielmehr aus dem zugrundeliegenden Kasus, während die EP *-m* lediglich eine wie auch immer geartete Hervorhebung des betreffenden Wortes bewirkt. Es sollte somit – gegen GUL 179 – nicht von "adverbial *-m*" gesprochen werden (siehe hierzu schon Pope 1951, 128: "there is no proof that the adverbial sense resides in the final *-m*.").

Zu Beispielen für Nomina im Ak. + EP *-m* siehe §54.133.2a-e (z.B. *ʿry-m* "nackt" 1.16:II:29); zu Beispielen für Nomina im Lok. + EP *-m* siehe §54.423a-g (besonders häufig bei paronomastisch gebrauchten Inff., z.B. *w an mt-m amt* "auch ich werde gewiß sterben" 1.17:VI:38 [§54.423g]). Man beachte in diesem Zusammenhang auch die Iterativzahlen *ṯnm* und *ṯlṯm*(?) (§65.13).

SV. Zu Nomina in adverbialen Kasus mit EP *-ma* in den Amarnabriefen aus Kanaan siehe CAT 3, 232f. (akan. Glosse *ḫa-ia-ma* "lebendig" [EA 245:6]; *ki-ta-ma* "wahrhaftig" [EA 107:11]; *ka-ba-tu-ma ù ṣú-úʾ-ru-ma* [u.ä.] "auf den Bauch und auf den Rücken" [EA 282:6f. u.ö.]).

89.22. EP *-m* zur Betonung von Nomina im Vokativkasus

Auch Nomina bzw. Eigennamen im sogenannten Vokativkasus (§54.2) sind häufig durch die EP *-m* = /*-Vmma*/ erweitert (zur postulierten Gemination des /*m*/ vgl. ar. *ʾallāhumma* "o Allah"). Die EP *-m* dient dabei sicher zur besonderen Betonung des Wortes. Illustrative Beispiele (zu weiteren siehe §54.221a-c):

- *rbt il-m l ḥkmt* "Du bist groß, (o) Ilu, du bist fürwahr weise" 1.4:V:3.
- *y ym-m* "o Yammu" 1.2:I:36; 1.83:11 (// *y nhr* 1.83:12 [ohne EP *-m*]).
- *l ḫtn\-m bʿl* "o Schwiegersohn Baʿlus" 1.24:25f. (*ḫtn* ist Nomen regens einer Konstruktusverbindung [§89.232]).

Anm. In 1.16:I:14 und 1.16:II:36 ist ein Nomen im Vokativ demgegenüber offenbar durch die EP *-n* erweitert. Der Kontext lautet (jeweils): *b ḥyk ab-n n!šmḫ* "Über dein

Leben, (o) Vater, freuten wir uns". Wird hier anstelle der EP *-m* die EP *-n* gebraucht, weil das folgende Wort mit /*n*/ anlautet? Die Wortform *abn* kann aber alternativ als "unser Vater" gedeutet werden (§54.221d).

89.23. EP *-m* zur Betonung sonstiger Nomina bzw. nominaler Ausdrücke

89.231. Hervorhebung isolierter Nomina

a. EP *-m* nach topikalisiertem Nomen (vgl. §89.11 [EP *-n* in dieser Funktion]):
- *aḫy-m ytn bʿl* "Meine eigenen Brüder gab Baʿlu mir zur Speise" 1.6:VI:10.14f.
- *ym l mt / bʿl-m yml[k ...]* "Yammu ist tot; Baʿlu soll Köni[g sein ...]" 1.2:IV:32.
- *at-m w ank \ ibǵyh* "Dir (allein) (?) will ich es offenbaren" 1.3:III:28 (§41.112.3; Parallelstelle [1.1:III:16] ohne EP).
- *kṯr-m ḥbrk /\ w ḫss dʿtk* "Kôṯaru sei dein Freund, und Ḫasīsu dein Vertrauter!" 1.6:VI:49f.
- *uzr-m ilm ylḥm /\ uzr-m yšqy bn qdš* "*uzr* gab er den Göttern zu essen; *uzr* gab er zu trinken den Söhnen Qudšus" 1.17:I:21f. (Parallelen ohne EP [Z. 2-13]).
- *qšt-m \ [xx(x)] mhrm* "Der Bogen ist [die Waffe] von Kriegern" 1.17:VI:39f.

Anm. Man beachte, daß auch im Akk.Ug. die EP *-ma* gleich gebraucht wird (siehe SAU 514: "After words at the beginning of a sentence in case of topicalization").

b. EP *-m* nach Nomen (in betonter Position) am Ende eines Satzes/Kolons:
- *lḥm hm šty-m* "(Willst du etwa) essen oder trinken?" 1.4:IV:35.
- *w grnn ʿr-m / šrn \ pdr-m* "Und fordere sie zum Kampf heraus, (nämlich) die(se) Stadt! Beginne einen Streit gegen sie, (nämlich gegen) die(se) Burg!" 1.14:III:6f.; ähnl. 1.14:IV:49f.
- *[š]ṣat k rḥ npšh-m /\ k iṯl brlth-m* "Es entwich wie der Wind seine Seele, wie Speichel sein Lebensodem" 1.19:II:38f.

c. EP *-m* zur Betonung des Gottesnamens *il* (vgl. ar. *ʾallāhumma* "(o) Allah"):
- *bn il-m mt* "der Sohn Ilus, Môtu" 1.4:VII:44f.& (häufig in 1.1-6. und in 1.133).
- *mdd il-m arš* "der Geliebte Ilus, Arišu" 1.3:III:43
- *il-m ypʿr \ šmthm* "Ilu rief ihre Namen aus" 1.12:I:28f.

89.232. EP *-m* als Erweiterung des Nomen regens einer Konstruktusverbindung

Die EP *-m* kann auch an ein Nomen regens treten und besitzt dabei ebenfalls hervorhebende Funktion. Sie betont dabei jedoch offenbar die Konstruktusverbindung als Ganze und nicht allein das Nomen regens.

Daß wir es hier mit keiner spezifischen Funktion der EP *-m* zu tun haben, geht aus den beiden folgenden Textbeispielen hervor: (1) *aḫy-m ytn bʿl \ spuy / bn-m umy klyy* "Meine eigenen Brüder gab Baʿlu mir zur Speise, die Söhne meiner Mutter (gab er) mir zum Verzehr" 1.6:VI:10f.14-16; (2) *l ḫtn\-m bʿl* "o Schwiegersohn Baʿlus" 1.24:25f. — Im Beispiel (1) dient die EP *-m* in beiden Fällen zur Betonung des topikalisierten Objektausdrucks, der im ersten Fall aus einem einfachen Nomen, im zweiten aber aus einer Konstruktusverbindung besteht (**aḫy // *bn umy*). Die zweite EP *-m* bezieht sich zweifellos auf den ganzen zusammengesetzten Objektausdruck. Im Beispiel (2) bezieht sich die

EP *-m* auf den gesamten Vokativausdruck **l ḫtn bˁl* (vgl. §89.22). Charakteristisch ist der Tatbestand, daß die EP *-m* in Fällen wie diesen am Nomen regens und nicht am Nomen rectum steht.

Belege der EP *-m* an Nomina regentia lassen sich immer sicher identifizieren, da das *-m* hier nicht nominale Mimation sein kann (auch Nomina im Du. und Pl. weisen im St.cs. keine Mimation auf). Im folgenden werden alle entsprechenden Belege vorgestellt, soweit sie nicht bereits oben genannt wurden.

a. EP *-m* zur Betonung einer topikalisierten Konstruktusverbindung:
- *prˁ-m ṣdk y bn[ ] /\ prˁ-m ṣdk* ... "das erste/beste deiner Jagdbeute, o Sohn, das erste/beste deiner Jagdbeute ..." 1.17:V:37f.
- (?) *kl-m ḏrˁ \ [ ]* "das ganze Getreide ..." 2.81:17.

Anm. In der Wendung *bn ˁnm ṯpṭ nhr* 1.2:IV:22.25 dürfte *-m* nicht EP, sondern Dualmimation (St.abs.) sein: "(Schlage / Er schlug ...) den Richter Naharu auf (die Stelle) zwischen den beiden Augen" (§93.33a [doppelt-transitive Konstruktion]).

b. EP *-m* zur Betonung einer Konstruktusverbindung am Versende:
- *npš lbi-m \ thw* "das Verlangen des Steppenlöwen" 1.5:I:14f. // 1.133:3f.
- *pl ˁnt šd-m il* "Vertrocknet sind die Furchen der Äcker Ilus" 1.6:IV:2.
- *grš-m zbln* "jemand, der das Siech[tum] vertreibt" 1.16:V:12.21 (// *ydy mrṣ*).
- *ap \ krt bn-m il* "Ist denn Keret der Sohn Ilus?" 1.16:I:9f. // 1.16:II:48*.
- *aštn b ḫrt il-m arṣ* "Ich will ihn in die Grube der Unterweltsgötter legen" 1.19:III:35 // 1.19:III:6!.20-21*.
- *tštk b qrb-m asm* "Sie (sc. die Hand Aqhats) möge dich in das Innere des Speichers legen" 1.19:II:18; ähnl. 1.19:II:25 (*b-m qrb-m asm*).
- *rkb \ ṯkm-m ḥmt* "Besteige die 'Schulter' der Mauer" 1.14:II:21f. // 1.14:IV:3f.
- *bht ṭhr-m iqnim* "... Häuser aus reinstem Lapislazuli" 1.4:V:19.34f.
- *sb l qṣ-m arṣ / l ks-m mhyt* "Er wandte sich zu den Rändern der Erde, zu den Grenzen der Niederung(?)" 1.16:III:3f.; ähnl. 1.5:VI:3-5.
- *ṣpn ḥl-m qdš /\ nny ḥl-m adr / ḥl \ rḥb mknpt* "Ṣapānu, die heilige Festung; Nanayu, die gewaltige Festung; die Festung mit weiter Ausdehnung/Umwallung" 1.16:I:7-9 // 1.16:II:45-47.
- *[a]sr pd-m rišh[m]* "[Ge]bunden waren die Locken [ihr]er Häupter" 1.19:II:31.
- *yzbrnn zbr-m gpn \ yṣmdnn ṣmd-m gpn* "Der Rebenschneitler soll ihn schneiteln, der Rebenbinder soll ihn binden" 1.23:9f.

Anm. Die Ausdrücke *ilm krm* "Widdergötter", *ilm alpm* "Stiergötter", *ilm kḥṯm* "Throngötter" und *ilm rḥbt* "Amphorengötter" (1.4:VI:47.49.51.53) gehören wohl nicht hierher. *ilm* dürfte Pl.abs. mit folgender Apposition sein (§91.12a). — Das *-m* in *alpm ib št* "Tausende Feinde der Herrin" (1.19:IV:59) ist Pluralmimation (§69.312.23).

89.233. EP *-m* nach einer Präp. zur Hervorhebung des Präpositionalausdrucks

Die EP *-m* wird erweitert häufig Präpp. (§82.52a). Sie betont dabei zumeist nicht die Präp. selbst, sondern bewirkt eine Hervorhebung des Präpositionalausdrucks als Ganzes. Das Phänomen ist vergleichbar mit der EP *-m* am Nomen regens einer Konstruktusverbindung (§89.232). Illustrative Beispiele:

a. EP *-m* zur Betonung eines topikalisierten Präpositionalausdrucks:
- *b-m ṯy ndr \ iṯt ʿmn mlkt* "Mit dem versprochenen Geschenk bin/war ich bei der Königin" 2.13:14f. (vgl. dagegen 2.30:12-14: *ʿmn \ mlk b ṯy ndr \ iṯt* [keine EP *-m* bei anderer Wortstellung]. Man beachte, daß auch die EP *-n* in vergleichbarer Weise gebraucht wird [§89.11]).

b. EP *-m* zur Betonung eines Präpositionalausdrucks am Versende:
- *tbky pġt b-m lb /\ tdmʿ b-m kbd* "Puġatu weinte im / mit (ihrem ganzem) Herzen, sie vergoß Tränen im / mit (ihrem ganzen) Innern" 1.19:I:34f.

89.24. EP *-m* an finiten Verbalformen

Relativ selten dient die EP *-m* zur Erweiterung finiter Verbalformen (zumeist PK). Alle (15 bzw. 16) Belege stammen aus poetischen Texten. Sie werden nachfolgend vorgestellt. Es ist damit zu rechnen, daß die EP *-m* dabei keine einheitliche Funktion besitzt. Möglicherweise ist in der Endung *-m* zugleich auch das Morphem des sogenannten Energikus III enthalten (*-m* = */-amma/* < **-an+ma* [siehe §73.632:4]).

a. Am Beginn einer neuen Texteinheit:
- *tlk-m rḥmy w tṣd[ ]* "Raḥmayu ging los und jagte" 1.23:16.

b. Am Beginn einer wörtlichen Rede:
- *qry-m ab dbḥ l ilm* "Mein Vater brachte den Göttern ein Opfer dar" 1.19:IV:29.
- *ašt-m kṯr bn \ ym* "Ich will (das Fenster) installieren, Kôṯaru, genau heute" 1.4:VII:15f. (§89.28).

c. An volitivischen PK-Formen (einschließlich finaler Verwendung):
- *tirk-m yd il k ym* "Ilus 'Hand' möge (so) lang werden wie das Meer" 1.23:33.
- *tn ... / bn dgn arṯ-m pḏh* "Liefere aus ... den Sohn Daganus, damit ich sein Gold erwerbe" 1.2:I:18f.35.
- *tn nkl y\rḫ ytrḫ / ib tʿrb-m b bh\th* "Gib heraus Nikkalu, damit Yariḫu (sie) heiraten kann, Ibbu, damit sie eintrete in seinen Palast!" 1.24:18f.

d. An zweiter PK-Form im Parallelismus membrorum (vgl. §89.25a):
- *yṣq ksp \ l alpm / ḫrṣ yṣq\-m l rbbt* "Er schmolz Silber (in der Größenordnung) von Tausenden (Schekeln); auch schmolz er Gold (in der Größenordnung) von Zehntausenden (Schekeln)" 1.4:I:26-28 (vgl. auch §89.27).
- *ybrk il krt \ [ṯʿ / ym]r-m nʿm[n] ġlm il* "Ilu segnete den [großherzigen] Keret, er [stär]kte fürwahr den lieblich[en] Knaben Ilus" 1.15:II:19f.
- *[ ] l arṣ / ksh tšpk-m \ [l ʿpr]* "[Sie ...(?) ihre Trinkschale] auf die Erde; ihren Becher goß sie aus [in den Staub]" 1.17:VI:15f.
- (?) *tld šbʿ bnm lk /\ w ṯmn tṯ[?]mn-m[?] \ lk* "Sie wird dir sieben Söhne gebären; ja, acht (Söhne) wird sie dir schenken"(?) 1.15:II:23-25 (§74.232.21, √*ṯmn*).

e. An Verbalformen in ungewöhnlicher Stellung im Satz:
- *b šm tgʿr-m ʿṯtrt* "Bei (seinem) Namen schalt (ihn) ʿAṯtartu" 1.2:IV:28.
- *qdš yuḫd-m šbʿr* "Qudšu nahm den Leitriemen(?)" 1.4:IV:16.

- *bᶜl ḥmd-m yḥmd-m /\ bn dgn yhrr-m* "Baᶜlu empfand große Begierde, der Sohn Daganus zitterte (vor Verlangen)" 1.12:I:38f. (Verb an Endstellung).

Anm. Als weiterer Beleg kommt 1.151:13 in Frage: *l bᶜl yrd-m \ [b ᶜ]mq* "für Baᶜlu, der(?) hinuntersteigt in das Tal" (*yrd* ist jedoch eher G-Ptz.). — *tšᶜmm* (2.71:9) ist nicht als PK + EP *-m*, sondern als Subst. m.pl. zu deuten (*hnk tšmᶜm \ ᶜdn yštal \ ᶜmnk* "dort soll er ... (?) sich nach Gerüchten erkundigen"). — *šlmm* (4.226:10) ist nicht G-SK + EP *-m*, sondern G-Ptz.pass. m.du. (*tqlm šlmm* "zwei Schekel sind bezahlt").

89.25. EP *-m* als Stilmittel der Poesie

Im folgenden werden einige Textbeispiele vorgestellt, in denen der Gebrauch der EP *-m* primär bzw. allein durch erzähltechnische Gründe motiviert scheint. In einigen Fällen könnte die EP *-m* zugleich auch eine Hervorhebung bewirken, in vielen anderen scheint dies nicht beabsichtigt zu sein.

a. EP *-m* zur Variation im Parallelismus membrorum (vgl. auch §89.24d):
- *b-m bkyh w yšn /\ b dmᶜh nhmmt* "Bei seinem Weinen schlief er ein, bei seinem Tränenvergießen (überkam ihn) Schlummer" 1.14:I:31f.
- *l-m k!lb tᶜdbn \ nšb / l inr tᶜdbn ktp* "Einem Hund wollt ihr ein *nšb*-Fleischstück reichen, einem Köter wollt ihr ein Schulterstück reichen?" 1.114:12f.
- *<b>hty bnt \ dt ksp / hkly dt-m \ ḫrṣ* "Ein <Ge>bäude aus Silber habe ich mir gebaut, einen Palast aus Gold (habe ich) mir (gebaut)" 1.4:VI:36-38.
- *qryy b arṣ \ mlḥmt / št b ᶜpr-m ddym* "Bringe auf der Erde Brot dar! Lege Liebesfrüchte auf den Boden!" 1.3:III:14f.

b. EP *-m* zur längeren Ausgestaltung eines (sonst zu kurzen) Kolons:
- *grš-m zbln* "jemand, der das Siech[tum] vertreibt" 1.16:V:12.21 (// *ydy mrṣ*).
- *ᶜm-m pbl \ mlk* "(die Boten wandten sich) zum König Pabilu" 1.14:VI:37.
- *lm nkr mddth* "zu einem Fremden (brachte er) seine Geliebte" 1.14:II:48 (gegenüber *w l nkr mddt* in 1.14:IV:28 [keine EP, dafür aber Konj. *w*]).
- *kṯr-m ḥbrk* "Kôṯaru sei dein Freund!" 1.6:VI:49.

89.26. EP *-m* am zweiten Glied einer zweifach genannten nominalen Wortform

Das Ug. benutzt – im Einklang mit anderen sem. Sprachen – das Stilmittel der Wiederholung, um distributive, generalisierende oder steigernde Nuancen zum Ausdruck zu bringen. Nachfolgend werden Belege für die Wiederholung nominaler Wortformen vorgestellt, deren zweites Element jeweils durch die EP *-m* erweitert ist. Aus sprachvergleichenden Gründen kann das betreffende *-m* keine Pluralmimation sein. Die betreffenden Nominalformen stehen im "Absolutivkasus" (§54.6) oder im Akkusativ.

Lit.: Liverani (1964a, 199-202); Tropper (1997/98a, 144a).

a. Wortwiederholung mit distributiver Funktion:
- *ᶜmy špš bᶜlk \ šnt šnt-m lm l tlk* "Warum kommst du nicht Jahr für Jahr zu mir, der 'Sonne', deinem Herrn?" 2.39:15f. (distributiv).
- (?) *ym ym-m yᶜtqn* "Tag um Tag ging fürwahr vorbei" 1.1:V:2f.*; 1.6:II:4f.*; 1.6:II:26f. (alt.: *ymm* als Dual, d.h. "ein Tag, zwei Tage gingen vorbei").

b. Wortwiederholung mit generalisierender (indefiniter) Funktion:
- *mnk* \ *mnk-m l yqḥ* ... "Überhaupt niemand darf wegnehmen ..." 3.2:12f. (*mnk-m* begegnet jedoch auch allein: *w mnk-m l yqḥ* ... 2.19:12).
- *bnš bnš-m* \ *l yqḥnn* ... "Keine Person darf es wegnehmen ..." 3.5:16f.

c. Sonstige Wortwiederholung, möglicherweise zur Steigerung der Aussage:
- *išt išt-m yitmr / ḥrb lṭšt* \ *[lš]nhm* "(Wie) ein gewaltiges Feuer sahen die beiden aus, (wie) ein geschärftes Schwert ihre [Zu]nge(n)" 1.2:I:32f.
- *b skn skn-m / b ᶜdn* \ *ᶜdn-m* "in höchster Zeit/Not, im letztmöglichen(?) Augenblick" 1.12:II:52f.
- vgl. auch *kmr kmrm* 1.19:I:12 (Interpretation unsicher).

SV. Vergleichbare Ausdrücke sind auch im Akk.Ug. und Akk.EA bezeugt; z.B. *ša-at-ta ša-ta-ma* "Jahr um Jahr" (EA 38:11; vgl. *i-na* MU.KAM MU.KAM-*ti-ma* [RS20.33:26']); *u₄-mi ù u₄-mi-ma* "Tag für Tag" (EA 147:7.28.67 [mit Konj. *ū*]); *du-na du-na-ma* "Macht über Macht" bzw. "(nur) Macht" (EA 109:54); *lum-na lum-na-ma* "Böses über Böses" bzw. "(immerfort) nur Böses" (EA 113:13; EA 116:41). — Im bab./ass. Akk. steht in vergleichbaren Ausdrücken der endungslose "Status absolutus", z.B. *ina ḫarrān ḫārrāmma* "auf jeglicher Straße" bzw. *ana māt māt-ma* "in ein jegliches Land" (dazu Liverani 1964a, 199-202).

89.27. EP *-m* im Sinne von "ebenfalls, ebenso, noch(mals), noch ein ..."

a. EP *-m* nach einer Wortform, die innerhalb eines überschaubaren Kontextes zum zweiten oder wiederholten Mal begegnet (vgl. den gleichen Gebrauch der EP *-ma* im Akk.Ug.; dazu SAU 514):

- Nach einem Nomen bzw. Eigennamen: *yrḫ w ksa* \ *yrḫ-m kty* "Yariḫu-und-*Ksa*; ebenso der kassitische Yariḫu" 1.123:6f.; (?) *l ᶜnt-m* "ebenso/nochmals für ᶜAnatu" 1.43:18; 1.43:20 (nimmt wahrsch. Bezug auf *l ᶜnth* "für ᶜAnatu" od. "für seine ᶜAnatu" 1.43:13.[16]); (?) *[dqtm]* \ *ilh alp w š [i]lh-m gd[lt ilh-m]* "[Zwei Stück Kleinvieh] für Ilahu; ein Rind und ein Schaf ebenfalls für [I]lahu; eine Ku[h ebenfalls für Ilahu]" 1.41:13f. (mit Parallelen im gleichen Text und in 1.87; alt. kann *ilhm* als Dual- oder Pluralform betrachtet werden [vgl. DLU 27a]).
- Nach einem Nomen mit Possessivsuffix: *PN ... w nḥlh ... w nḥlh-m (... w nḥlh-m)* "PN ... und sein Erbe ... und ein weiterer Erbe von ihm (... und noch ein weiterer Erbe von ihm)" (mehrfach in Wirtschaftstexten; Belege für *nḥlh-m*: 4.66:4; 4.69:I:8; 4.69:II:11.22.23; 4.69:IV:19?; 4.69:VI:25; 4.71:IV:6; 4.232:12; 4.581:4.5; 4.704:8).
- Nach einem Zahlwort: *ᶜl išt šbᶜd* ... \ *w ᶜl agn šbᶜd-m* ... "Am Feuer siebenmal ... und am Becken nochmals siebenmal ..." 1.23:14f.
- Nach einer Präp. (mit Bezug auf den ganzen Präpositionalausdruck): (?) *tštk b qrb-m asm ... tštk b-m qrb-m asm* "Sie (sc. die Hand Aqhats) möge dich in das Innere des Speichers legen! ... Sie möge dich auch(?) in das Innere des Speichers legen!" 1.19:II:18.25; ... \ *bd tt w ... bd-m tt* "... durch PN und ... ebenso durch PN" 4.132:1f.; ... *l iytlm ... l iytlm ... l iytlm ... l-m iytlm* "... an PN ... an PN ... an PN ... auch an PN" 4.223:6-9.

- Nach einem Inf.: (?) ... *[y]dʿ l ydʿt* ... *ydʿ-m l ydʿt* "... du kennst/weißt fürwahr nicht ... (auch das) kennst/weißt du fürwahr nicht" 2.39:10.14 (die EP *-m* kann hier auch anders motiviert sein [§89.21].

b. Sonstige (mögliche) Belege:
- *l pn \ ll ʿṣrm-m* "Vor Anbruch der Nacht auch noch(?) (jeweils) zwei Vögel" 1.132:16f. (vielleicht mit Bezug auf *ṯn šm* "zwei Schafe" in Z. 13).
- (?) *bʿl-m* "wiederum für Baʿlu" 1.148:3-4.11-12. — Die Zeichenfolge *bʿlm* begegnet jeweils sechsmal und könnte sich auf Baʿlu-Gottheiten (Nummer 2 bis Nummer 7) beziehen, nachdem jeweils zuvor die Gottheit *bʿl ṣpn* zu lesen bzw. zu ergänzen ist (Z. 1 und Z. 10). Alternativ läßt sich *bʿlm* jedoch im Sinne von *b ʿlm*, d.h. "am folgenden Tag" verstehen (§54.423c).
- Vgl. das Adverb *kmm* < **km* + *-m* "ebenso; nochmals das gleiche" (§81.3e).

SV. Auch akk. *-ma* hat vergleichbare Funktionen. Siehe AHw. 569f. (sub *-ma*), bes. Bed. A.2 ("derselbe"; "ebenfalls") sowie Bed. B.6 ("und auch/außerdem").

89.28. EP *-m* bei Ellipse des Bezugswortes

Die EP *-m* wird möglicherweise auch dort eingesetzt, wo ein zu erwartendes Bezugswort elliptisch fehlt, dient also gleichsam als dessen Stellvertreter.

- *kt il dt rbt-m* "(er goß) einen riesigen Sockel aus Myriaden (Schekeln) davon (sc. von Silber / Gold)" 1.4:I:30 (Bezugswörter *ksp // ḫrṣ* in Z. 25-27).
- *ašt-m kṯr bn \ ym* "Ich will es (sc. das Fenster / die Öffnung) installieren, Kôṯaru, genau heute" 1.4:VII:15f. (Bezugswörter *ḥln // urbt* in Z. 17-18).
- *kd šmn mltḥ-m \ ḫsr* "Ein *kd* Öl abzüglich der Hälfte davon (sc. des zuvor genannten *ṯʿt*-Maßes)" 4.778:7f. (n.L.) // 4.782:11f. (*-m* dürfte kaum Dualmimation sein, da "zwei Hälften" inhaltlich sinnlos ist [§64.21; §69.233]).

89.29. EP *-m* an Pronomina und Partikeln

Die EP *-m* dient ferner als Erweiterung vieler Pronomina und Partikeln und hat auch hier zumeist betonende bzw. hervorhebende Funktion:
- Zu PPrr und PrSS mit EP *-m* siehe §41.32.
- IndPrr mit EP *-m*: *mnkm* (§45.111), *mhkm* (§45.121) und *mnm* (§45.122).
- Zu Präpp. mit EP *-m* siehe §82.52a (vgl. auch §89.233 und §89.25a).
- Advv. mit EP *-m*: *htm* (§81.21b); *ʿdm* (§81.24b); *kmm* (§81.3e); *midm* (§81.3g); *lbdm* (§81.5a); *ikm(y)* (§81.63c-d).
- Konjj. mit EP *-m*: (?) *hlm* (§83.213); *km* (§83.24).
- Andere Partt. mit EP *-m*: *dm* (§85.6); *inm*, *inmm* und *innm* (§88.23-25).

Anm. Die Konj. *w* ist offenbar nie durch die EP *-m* erweitert. Die Zeichenfolge *wm* in 1.67:20 steht für ein akk. Lexem (akk. Text in alph. Schrift!); *wm bt ilm* in 1.104:21 ist zu *w m<ṯ>bt ilm* zu emendieren (vgl. 1.23:19); *wm* in 1.17:I:20 ist zu *k!m* zu emendieren. — Als mögliche Belege der Konj. *p* + EP *-m* kommen 2.23:30 und 2.71:11 in Betracht (die Deutung beider Stellen ist unsicher).

89.3. Die enklitische Partikel *-y*

Morphem *-y* /*-(V)yă*/ (diese Vokalisation wird gestützt durch syll. *al-li-ni-ya* [RS20.426B:5'] = alph. *hlny* < **hln* + EP *-y* [§89.33; §81.4e]) [Etym. unsicher (siehe Aartun 1974, 44 und Tropper 1994c, 481); vgl. hervorhebendes *-ya* in ar. Dialektes des Maġreb (dazu Isaksson 1999, 61), die Vokativpart. **yā* im Ug. (§84.11), Ar. und Aram. sowie die Interj. **yā* (o.ä.) in mehreren sem. Sprachen; vgl. ferner äth. *-ʾa* als Marker der direkten Rede (CDG 1a); vgl. evtl. auch die EP *-ʾy* bzw. *-hy* in asa. Sprachen (dazu Nebes 1991, 144-149)].

Auf der Grundlage von Aartun (1974, 44-47) und Tropper (1994c) ist davon auszugehen, daß das Ug. eine EP *-y* kennt (ältere Darstellungen erwähnen keine solche EP). Die Identifikation von Belegen bereitet Schwierigkeiten, da {y} am Wortende in der alph. Orthographie auch als *mater lectionis* für einen auslautenden Langvokal /*-ī*/ fungieren (§21.341.21) und andererseits als PrS der 1.c.sg. gedeutet werden kann (§41.221.1). Gemäß der nachfolgenden Belegliste läßt sich die EP *-y* nur in poetischen Texten und Briefen (sicher) nachweisen.

Mit Tropper (1994c, 480) läßt sich die Funktion der EP *-y* als Marker der wörtlichen Rede fassen. Die EP *-y* findet sich in der Regel an Wortformen (Verben, Substantive, Fragepronomina und Adverbien) am unmittelbaren Beginn von wörtlichen Reden. Diese sind häufig nicht durch Verben des Sprechens eingeführt. Andere Funktionen der EP *-y* lassen sich nicht (sicher) nachweisen.

89.31. EP *-y* nach dem ersten Wort einer wörtlichen Rede (außer in Partikeln)

- *ṯḥm aliyn bʿl / hwt \ aliy qrdm / qry-y b arṣ \ mlḥmt* ... "Botschaft des mächtigen Baʿlu, Wort des Mächtigsten der Krieger: 'Bringe auf der Erde Speiseopfer dar ...'" 1.3:III:13-15 (Imp. f.sg. *qry* + EP *-y*).
- *rgm l il ybl /\ aṯt-y il ylt* "Die Nachricht (davon) wurde dem (Gott) Ilu überbracht (folgendermaßen): 'Die beiden Frauen Ilus haben geboren'" 1.23:59-60 // 1.23:52-53* (Subst. du.cs. *aṯt* + EP *-y*).
- *mh ylt / yld-y šḥr w šl[m]* "(Frage:) 'Was haben (die beiden Frauen des Ilu) geboren?' (Antwort:) 'Geboren wurden Šaḥaru und Šali[mu]'" 1.23:53 (Gp-SK 3.m.du. *yld* [§74.223.2, √*yld*] + EP *-y*).
- *mh ylt / ilm-y nʿmm* "(Frage:) 'Was haben (die beiden) geboren?' (Antwort:) 'Die beiden lieblichen Götter'" 1.23:60 (Subst. du.abs. *ilm* + EP *-y*; vgl. dagegen *ilm nʿmm* in Z. 58 [keine EP *-y*, da keine wörtliche Rede vorliegt]).
- *tmġy-y hn[*(x)*] \ alpm ṡṡwm hnd* "(Falls nun der König befiehlt:) 'Diese 2000 Pferde sollen hierher(?) kommen!'" 2.33+:31f. (G-PK 3.m.pl. *tmġy* + EP *-y*).

89.32. EP *-y* als Bestandteil der Adverbien *iky* und *ikmy* (nur in Briefen)

iky "wie?, warum?" (§81.63b) steht immer am Beginn einer wörtlichen Rede:
- *ik-y lḥt \ spr d likt \ ʿm ṯryl* "Wie (steht es mit) der Brieftafel, die ich zu PNf geschickt habe?" 2.14:6-8 (Beginn des Briefhauptteils).
- *mlkt ugrt \ hnkt rgmt \ [i]k-y l ilak* "Die Königin von Ugarit hat dort (folgendes) gesagt: 'Warum soll ich nicht(?) schicken / Wie soll ich denn(?) schicken ...?'" 2.21:9-11 (*[i]ky* markiert wahrsch. den Beginn einer wörtlichen Rede).

- *lm tlik ᶜmy \ ik-y aškn \ ᶜṣm l bt dml* "Warum schreibst du zu mir (folgendes): 'Wie soll ich das Holz für den Tempel des GN beschaffen?'" 2.26:4-6.
- *ik-y [ ]* "Warum [erhebst du dich nicht zusammen mit uns in Feindschaft gegen die 'Sonne']?" 3.1:8. — KTU 3.1 gehört offenbar zur Gattung der Briefe und beruht auf einem akk. Originaltext (RS17.227+). Der Vergleich mit der akk. Version zeigt, daß *ik-y* als Entsprechung zu akk. *ammīni* "warum?" fungiert und am Beginn einer wörtlichen Rede steht.

ikmy "wie auch immer, irgendwie" (§81.63d) ist nur in 2.82:17 bezeugt. Die vorausgehenden Textzeilen lassen sich nicht sicher deuten, doch scheint mit *ikmy* ein neuer Satz zu beginnen:

- *ikm-y ḥy \ ᶜbdmlk hm \ ymt \ w ilḥmn \ ank* "Irgendwie(?) wird PN am Leben bleiben. Falls er stirbt, werde ich fürwahr (allein) kämpfen" 2.82:17-21.

89.33. EP *-y* als Bestandteil der Adverbien *hlny*, *hnny* und *ṯmny* (nur in Briefen)

Die genannten Wortformen, *hlny* "siehe" (§81.4e), *hnny* "hier" (§81.11c) und *ṯmny* "dort" (§81.12d) lassen sich nur im Briefkorpus nachweisen. Ohne *-y* begegnen die betreffenden Adverbien jedoch auch in anderen Textgattungen. Die Formen *hnny* und *hlny* leiten jeweils eine stereotype Phrase ein, die vom Wohlergehen des Absenders berichtet. In meist unmittelbarer Folge findet sich *ṯmny* als Einleitung einer weiteren stereotypen Phrase, die das Wohlergehen des Adressaten thematisiert (siehe §81.12d). Da die Formulierung von Brieftexten auf der Fiktion einer wörtlichen Rede bzw. einer Abfolge mehrer
er Reden des Absenders beruht, läßt sich die Funktion der EP *-y* auch in diesem Zusammenhang als Marker der wörtlichen Rede beschreiben. Die EP *-y* dient dabei zugleich als Strukturierungsmarker und zeigt an, wo neue Satzeinheiten (zugleich: Redeeinheiten) beginnen.

Viermal, in 2.30:9, 2.65:3 und RS92.2005:10.30, begegnet in dieser Briefformel, die das Wohlergehen des Adressaten zum Thema hat, das Adverb *ṯmn* anstelle von *ṯmny*. Die Nicht-Verwendung der EP *-y* dürfte in allen Fällen außer 2.65:3 dadurch begründet sein, daß dem Adverb hier die Konj. *w* vorausgeht, ein Tatbestand, der im Zusammenhang mit *ṯmny* nie zu beobachten ist (*hnny*, *hlny* und *ṯmny* stehen immer am absoluten Satzanfang). Der epigraphische Befund von 2.65:3 ist nicht eindeutig: vor *ṯmn* könnte aber (am Zeilenanfang) die Konj. *w* zu ergänzen sein.

hlny begegnet auch außerhalb des oben genannten Briefformulars und markiert an den betreffenden Stellen entweder den Beginn der eigentlichen Briefbotschaft oder den Beginn einer neuen Satzeinheit (zu den Belegen siehe §81.4e). Nur in 2.77:8 geht *hlny* eine andere Wortform voraus (*ḥd hlny* ...).

89.34. EP *-y* nach Substantiven mit Pronominalsuffixen

- *klny-y qšh \ nbln / klny-y nbl ksh* "Wir alle müssen seinen Krug halten, wir alle müssen seinen Becher halten" 1.3:V:33-34 (an der Parallelstelle, 1.4:IV:45f., begegnet dagegen *klny-n* [Form mit EP *-n*; §89.11]).
- (?) *tḥmh-y* "seine Nachricht" 2.81:17 (alt: *tḥm hy*).

Anm. Zu den Formen *bʿln-y* "mein Herr" (1.15:V:20), *ṯġr-n\y* "unsere Tore" (1.119:28-29) und *ḥmyt-ny* "unsere Mauern" (1.119:29) siehe §41.222.1b. Der Konsonant *-y* ist hier wahrscheinlich nicht als EP zu deuten.

89.35. Mögliche weitere Belege (EP *-y* nicht immer am Anfang der Rede)

- *d-y l ydʿ yṣḥk* "ein (dir) Unbekannter ruft dich" RS92.2014:1 (DetPr *d* + EP *-y*; Textanfang zugleich Beginn einer Beschwörung).
- *aḥd-y d ym\lk ʿl ilm* ... "Ich allein (bin es), der als König über die Götter herrscht ..." 1.4:VII:49f. — Die Aussage ist eingebettet in ein Selbstgespräch Baʿlus, das schon in Z. 43 beginnt und mit Z. 52a endet. *aḥdy* ist jedoch offensichtlich die erste Wortform der eigentlichen Botschaft Baʿlus an Môtu (Z. 49b-52a). Die EP *-y* könnte somit den Beginn dieser Botschaft markieren. Zu einer alternativen Erklärung der Form *aḥdy* siehe §41.221.15a.
- *ʿmn nkl ḫtn-y*, w. "mit Nikkalu sei meine Eheschließung" 1.24:32 (zu einer alternativen Erklärung der Form *aḥdy* siehe §41.221.15a).
- *mh-y rgmt* "Was hat sie (dazu) gesagt?" 2.14:9 (nicht am Anfang einer Rede; zum Kontext siehe §44.22).
- *ky lik bny \ lḥt akl ʿmy \ mid-y w ġbn-y* "Betreffs der Tatsache, daß mein Sohn mir einen Brief hinsichtlich Getreide geschickt hat (folgendermaßen): '(Davon gibt es hier in) Hülle und Fülle!'" 2.46:9-11 (zweimal EP *-y*).
- (?) *w yʿny.nn \ dtn / btn mḥ-y \ l dg w l klb* "Und Ditanu antwortet(e): 'Reinige / Man reinige das Haus von Fisch und Hund(efleisch) ...!" 1.124:13-15 (alt.: *mḥy* als Imp.e oder SK).
- (?) *il-y \ ugrt tġrk \ tšlmk* "Die Götter von Ugarit mögen dich beschützen (und) dir Wohlergehen verleihen" 2.16:4-6 (EP *-y* an einem Nomen regens; zu einer alternativen Deutung von *ily* siehe §54.121.2).
- (?) *uk-y \ xxxxx ʿbdk* ... 2.23:5f. (Affirmationspart. *uk* [§85.5] + EP *-y*; mit *uky* beginnt offenbar ein neuer Satz).
- (?) *u-y alp [ ] \ dt b u[ ]* ... "Oder die Rinder [...], die in ON sind ...?" RS88.2159:21f. (Konj. *u* [§83.141] + EP *-y*; *u-y* leitet einen neuen Abschnitt innerhalb eines Briefes ein [nach Trennlinie]; vgl. auch 2.3:13 [*w hw uy* ...]).

89.4. Enklitisches *-k*

Gemäß Aartun (1974, 47-51) besitzt das Ug. auch eine EP *-k*. S.E. findet sich diese EP zum einen im PPr 1.c.sg. (Langform) *ank* "ich", zum anderen in mehreren Partikeln, nämlich *idk*, *hlk*, *hnk*, *hnk(t)*, *apnk* und *uk(y)*.

Es ist jedoch von vornherein unwahrscheinlich, daß das Element *-k* des PPr *ank*, das im Ug. als /-ku/ zu vokalisieren sein dürfte (§41.112.11) und etymologisch mit der Endung der SK 1.c.sg. identisch ist, mit der Endung *-k* der anderen oben genannten Wortformen gleichzusetzen ist.

Andererseits ist die Annahme, daß die *-k*-Elemente der übrigen Wortformen — zumindest die Mehrzahl davon — funktional und etymologisch identisch sind, plausibel. Aartun ging davon aus, daß es sich bei diesem *-k* um ein eigenständiges Lexem im Sinne einer nur enklitisch bezeugten Partikel mit hervorhebender Funktion handelt. Hier wird demgegenüber eine andere Erklärung favorisiert: Die sogenannte "enklitische Partikel" *-k* dürfte mit dem Pronominalsuffix der 2.(m.)sg. /*-ka*/ identisch sein. Sie besitzt folglich weniger eine betonende, als vielmehr eine (fern-)deiktische Funktion.

SV. Vgl. die Endung *-ka* in DemPrr der Ferndeixis des Ar. wie etwa *ḏā(li)ka* (m.sg.), *tā/tīka, tilka* (f.sg.) oder *ʾulāʾika, ʾulālika* (m.pl.). Daß es sich bei dieser Endung um das PrS 2.m.sg. handelt, wird durch (vorklassisch bezeugte) Formen wie *ḏāki*, *ḏā(li)kum*, *ḏālikunna*, *tilkumā* (etc.) bezeugt, d.h. Formen mit PrS 2.f.sg., 2.m./f.pl. und 2.du. (siehe GKA § 275 mit Anm. 2). — Vgl. ferner raram. DemPrr der Ferndeixis wie *zk* (m.sg.) und *z/dky* (f.sg.). Hier kann *-k* als PrS 2.m.sg., *-ky* wiederum als PrS 2.f.sg. analysiert werden (siehe Muraoka — Porten 1998, 57.166f.).

Folgende ug. Wortformen könnten diese "enklitische Partikel" *-k* = /*-ka*/ (= PrS 2.m.s.g) enthalten: das DemPr *hnk* (§42.5); die IndPrr *mnk* (§45.111) und *mhk* (§45.121); die lokalen Adverbien *hnk* und *hnkt* "dort" (§81.12e-f); die temporalen Adverbien (mit Nachzeitigkeitsnuance) *apnk* (§81.22c), *idk* (§81.22e) und *mk* (§81.22g); das demonstrative Adverb *hlk* (§81.4c).

89.5. Enklitisches *-t*

In einigen pronominalen und adverbialen Wortformen des Ug. findet sich ein auslautendes Element *-t*, das nicht als Femininendung erklärt werden kann. Hierzu zählen: die PPrr *hwt*, *hyt* und *hmt* (§41.12 [sogenannte "Obliquusformen"]); das DemPr. *hnhmt* (§42.4); evtl. das DemPr *hnkt* (§42.5 [neben *hnk*]; *-t* könnte hier Femininendung sein); evtl. das DetPr m.pl. *dt* (§43.11-12); das IntPr *mat* (§44.23); das lokale Adverb *ṯmt* "dort" (§81.12b [neben *ṯm*]); das temporale Adverb *ht(m)* "jetzt, nun" (§81.21a-b); das modale Adverb *kmt* "so" (§81.3d [neben *km*]); die Partikel *blt* (§87.4 [neben *bl*]).

Es gibt sprachvergleichende Hinweise darauf, daß die Endung *-t* der PPrr *hwt*, *hyt* und *hmt* sowie des IntPr *mat* und der Negation *blt* übereinstimmend /*-ti*/ lautet (vgl. die akk. PPrr *šuāti, šunūti, šināti, šunīti* [GAG § 41f]; akan. *miyati* < **miya-ti* "wer?" [CAT 1, 108]; amurr. *balti/e*, he. *biltî*). Daraus könnte zu schließen sein, daß die "enklitische Partikel" *-t* im Ug. immer als /*-ti*/ zu vokalisieren ist. Die Möglichkeit, daß die oben genannten Wortformen verschiedene *-t*-Lexeme enthalten, ist jedoch nicht auszuschließen. Eine (gemeinsame) Funktion der "enklitischen Partikel" *-t* läßt sich nicht eruieren.

Anm. Die ausführlichste Behandlung der EP *-t* hat Aartun (1974, 65-67) vorgelegt. Aartun vertrat die Ansicht, daß diese EP auch den Wortformen *ᶜlmt* (3.5:15), *bkt* (1.16:VI:4) und *ᶜltn* (2.39:31) zugrunde liegt. Alternative Erklärungen sind hier jedoch vorzuziehen: *ᶜlmt* "Ewigkeiten" ist als fem. Pl. des Subst. *ᶜlm* zu deuten (§53.331.2); *bkt* kann als G-Ptz. f.sg. der Wz. √*bky* analysiert werden (§75.535a); anstelle von *ᶜltn* ist in 2.39:31 mit KTU^2 *ibᶜltn* (= Monatsname *ibᶜlt* + EP *-n*) zu lesen. — Sprachvergleichende Überlegungen zur EP *-t* bietet Krahmalkov (1969).

9. Satzlehre

Im folgenden wird eine relativ knappe Darstellung der Syntax der Satzebene geboten, nachdem Elemente der Wortsyntax schon in den vorangegangenen Kapiteln unter den jeweiligen Wortarten, jeweils zusammen mit morphologischen und semantischen Beobachtungen, behandelt wurden. Dabei wurde ausführlich die Verwendung der Kasus des Nomens (§54), die Syntax der Zahlwörter (§69), das Aspekt- und Tempussystem des Verbs (§76) und der Gebrauch diverser Partikeln (§8) dargestellt.

Hier werden im einzelnen folgende Themen behandelt: Nomen und Attribut (§91); nominale und verbale Hauptsätze (§92-93); Pendenskonstruktion (§94); Fragen der Kongruenz (§95); parataktische Verknüpfung von Sätzen (§96); Nebensätze (§97).

Obwohl nicht alle syntaktischen Fragen erschöpfend behandelt werden und die Darstellung insgesamt noch ausbaufähig ist, handelt es sich dabei dennoch um die bisher ausführlichste Darstellung der Satzsyntax des Ugaritischen. Es gilt zu bedenken, daß der syntaktischen Erforschung des Ugaritischen allgemein enge Grenzen gesetzt sind. Zum einen werden zahlreiche Texte bzw. Textabschnitte in der Forschung sehr konträr interpretiert oder sind überhaupt unverständlich. Zum anderen gibt es im ug. Textkorpus nur einen bescheidenen Bestand an syntaktisch aufschlußreichen Prosatexten. Der große Bestand an poetischen Texten wiederum zeichnet sich demgegenüber durch eine sehr variationsfreudige und teilweise archaisch anmutende Syntax aus. Die syntaktischen Befunde lassen sich somit oft nicht in einfache, allgemeingültige Regeln fassen.

Abschließend sei erwähnt, daß im Rahmen der folgenden Darstellung keine eingehenden Untersuchungen zu den Stilmitteln der Poesie geboten werden können. Für weiterführende Literatur hierzu sei verwiesen auf W.G.E. Watson, "Ugaritic Poetry", in: W.G.E. Watson – N. Wyatt (ed.), *Handbook of Ugaritic Studies* (Handbuch der Orientalistik I/39), Leiden/Boston/Köln, 165-192.

Lit. [umfassende Darstellungen zur Syntax des Ug.]: Brockelmann (1941); Gordon (UT § 13); Segert (BGUL § 7 [S. 107-121]); Sivan (GUL 201-225).

91. Nomen und Attribut

Jedes Nomen kann durch ein Attribut in Form eines nicht selbständigen Satzglieds oder eines Nebensatzes näher bestimmt werden. Die semantische Funktion des Attributs ist in der Regel die einer Prädikation. Als Attribute fungieren im Ug.: 1. Substantive im Appositionskasus (Apposition); 2. Adjektive (einschließlich adjektivisch gebrauchter Pronomina); 3. Substantive im Genitiv (Genitivattribut); 4. Präpositionalausdrücke; 5. attributive Nebensätze, insbesondere

Relativsätze. Im folgenden werden die ersten vier der genannten Kategorien näher erörtert (zu attributiven Nebensätzen siehe §97.1, insbesondere §97.11).

91.1. Apposition

Die Apposition ist die Näherbestimmung einer Nominalphrase durch eine syntaktisch auf gleicher Ebene stehende zweite Nominalphrase. Am häufigsten begegnet die Näherbestimmung eines Substantivs (= Subst.) durch ein kasusgleiches zweites Substantiv bzw. substantiviertes Adjektiv (= Adj.). Der Appositionsausdruck folgt in der Regel dem Bezugsausdruck. Die umgekehrte Stellung ist selten.

91.11. Apposition nach dem Bezugsausdruck

a. Verwandtschaftsbezeichnungen:

ṯr il ab[h] "der Stier Ilu, sein Vater" 1.1:III:26&; *il abn* "(o) Ilu, unser Vater" 1.12:I:9; *mlk ab šnm* "... des Königs, des Vaters von ...(?)" 1.4:IV:24&; *l ṯryl umy \ rgm* "zu PNf, meiner Mutter, sprich" 2.16:2f.; *w PN aḫh \ w PN bnh \ w PNf bth \ w PNf \ bt PN aṯt[h]* "... und PN sein Bruder und PN sein Sohn und PNf, seine Tochter, und PNf, Tochter von PN, seine Frau" 3.4:4-9; *w PNf aṯth \ w PN bnh* "... und PNf, seine Frau, und PN, sein Sohn" 4.625:20f.; *tḥm mlk \ bnk* "Botschaft des Königs, deines Sohnes" 2.13:2f.; 2.30:2f.; *l mlk ugrt \ iḫy* "an den König von Ugarit, meinen Bruder" 2.44:1f.; *tḥm mlk [g]bl iḫk* "Botschaft des Königs von [By]blos, deines Bruders" 2.44:3.

b. Königstitel:

ˁmṯtmr mlk "König ˁAmmiṯtamru" 1.161:11.25; *nqmd mlk* "König Niqmaddu" 1.161:12.26*; *nqmd mlk \ ugrt* "Niqmaddu, König von Ugarit" 3.1:24f.&; analog 6.23:3f. (*ˁmyḏtmr \ mlk ugrt*); *špš \ mlk rb bˁly/h* "die 'Sonne', der Großkönig, mein/sein Herr" 2.23:1f.&; *ṯpllm mlk r[b mlk ḫt]* "Suppiluliuma, Groß[könig, König von Ḫatti]" 3.1:16; *il mlk* "König Ilu" 1.4:IV:38.

Anm. Das Lexem *mlk* steht nie vor dem PN (Konstruktionen entsprechend he. *hammælæk dāwid* "der König David" [1 Kön 1,1] sind ug. nicht bezeugt).

c. Sonstige Titel:

ydd il ġzr "der Geliebte Ilus, der Held" 1.4:VII:47&; *aqht ġzr* "der Held Aqhatu" 1.17:VI:20&; *yṣb ġlm* "der Jüngling Yaṣṣibu" 1.16:VI:39; *yrḫ zbl* "der Fürst Yariḫu" 1.15:II:4 (gegenüber *zbl yrḫ* in 1.19:IV:2); *zbl bˁl arṣ* "der Fürst, der Herr der Erde" 1.3:I:3-4& (Epitheton Baˁlus); *ṯmq rpu bˁl mhr bˁl \ w mhr ˁnt* "PN, Rapiʾu Baˁlus, Krieger Baˁlus und Krieger ˁAnatus" 1.12:I:8f.; *mlk bˁly* "der König, mein Herr" 2.33:22&; *ulkn rp[a]* "PN, Rapiʾu" 1.161:4; *trmn rp[a]* "PN, Rapiʾu" 1.161:5.

d. Totalitätsbezeichnungen:

arṣ il klh "die ganze göttliche/weite Erde" 1.6:I:65 (§45.21d).

e. Berufsbezeichnungen:

yšn ḥrš mrkbt "PN, Wagenbauer" 4.98:6 (ähnl. Z. 8); *k[ṯ]r ḥrš* "Kô[ṯa]ru, der Handwerker(gott)" 1.92:17; *dqn nsk* "PN, Metallgießer" 4.98:17; *ˁbdkṯr ˁbd* "PN, Arbeiter" 4.183:II:19; *bṣmn spr* "PN, Schreiber" 4.183:II:29.

f. (Sonstige) Partizipien in appositioneller Funktion:
pġt ṯkmt my ... "Puġatu, die Wasser auf den Schultern trägt ..." 1.19:II:1.6; ähnl. 1.19:IV:28.36f. (*ṯkmt mym*).

Anm. Zu Zahlwörtern (in zusammengesetzten Zahlausdrücken) im Appositionskasus siehe §62.52; §62.7; zu Gezähltem und Gemessenem im Appositionskasus siehe §69.223.12a, §69.312.1, §69.312.23, §69.313.12, §69.313.2, §69.321, §69.722 und §69.73.

91.12. Apposition vor dem Bezugsausdruck (meist ein Eigenname)

a. Titel (häufig):
ṯr il "der Stier Ilu" 1.1:III:26&; *ṯr ʿllmn* "der Stier PN" 1.161:7; *btlt ʿnt* "die Jungfrau ʿAnatu" 1.3:II:32-33&; *zbl bʿl* "Fürst Baʿlu" 1.2:I:38&; 1.2:I:43; *zbl ym* "Fürst Yammu" 1.2:III:8&; *(qrt) zbl yrḫ* "(die Stadt) des Fürsten Yariḫu" 1.19:IV:2 (gegenüber *yrḫ zbl* in 1.15:II:4); *gmr hd* "der Vollstrecker Haddu" 1.2:I:46; *ṯpṭ nhr* "der Richter Naharu" 1.2:I:7&; *rbt aṯrt* \ *ym* "die Herrin Aṯiratu des Meeres" 1.3:V:40f.&; *ġzr ilḥu* "der Held *Ilḥu*" 1.16:I:46& (*ġzr* wird sonst nachgestellt); *mṯt ḥry* "das Mädchen Ḥurraya" 1.14:III:39&; *nrt ilm špš* "Šapšu, die Leuchte der Götter(?)" 1.2:III:15& (in RS92.2016:38' dagegen Wortlaut *nrt il špš* [vgl. §91.314.1, Anm.]); *il ibrn* "'Gott' Ibirānu" 1.113:16.19.24 (vgl. andere Königsnamen mit vorangehendem Lexem *il* in 1.113, Rs.). — Vgl. auch *ilm krm* "die Widdergötter" 1.4:VI:47 sowie *ilht ḫprt* "die Schafgöttinnen" 1.4:VI:48 (analoge Ausdrücke in 1.4:VI:49-54) (*ilm* und *ilht* [jeweils pl.abs.] stimmen im Genus und Numerus mit dem folgenden Subst. überein. Sie sind Quasi-Determinative). — Evtl. ferner: *lṭpn il* "Ilu, der Gütige" 1.1:IV:13& (*lṭpn* ist aber eher ein Adj. [§91.241]).

b. Verwandtschaftsbezeichnungen (selten):
ṯr abh il "der Stier, sein Vater Ilu" 1.14:II:6; 1.14:IV:6; *l ṯr* \ *abk il* "dem Stier, seinem Vater Ilu" 1.14:II:23f. (andere Stellung im Baalzyklus: *ṯr il abh*); *abh bʿl* "ihr Vater Baʿlu" 1.24:27.

SV. In anderen zsem. Sprachen ist diese Wortstellung dagegen häufig: vgl. etwa he. *ʾāḥî binyāmîn* "mein Bruder Benjamin" (Gen 45,12), raram. *ʾmy mmh* "meine Mutter Mama" (A2.1:13 [Muraoka – Porten 1998 § 70a]) und ar. *ʾaḫūka zaydun* "dein Bruder Zaid" (GKA § 394).

c. Berufsbezeichnungen(?):
- *[š]d ṯġr mtpit* "[ein Fe]ld des Türhüters PN"(?) 4.103:40 (*ṯġr* könnte aber ein PN sein; vgl. 4.147:3 und 4.669:2).

91.13. Präpositionalausdruck in Apposition zu einem Präpositionalausdruck gleicher Ordnung

Auch ein Präpositionalausdruck kann als Ganzes als Apposition eines vorausgehenden Ausdrucks gleicher Ordnung fungieren. Dieses Phänomen ist offenbar dort gegeben, wo ein Adj. und ein nachstehendes Subst. jeweils von der gleichen Präp. abhängig sind und das Adj. sinngemäß Attribut des Subst. ist (§91.243):

- *b tk ġry il ṣpn* /\ *b qdš b ġr nḥlty* /\ *b nʿm b gbʿ tliyt* "... mitten auf meinem Berg, dem heiligen Ṣapānu, auf meinem ererbten heiligen Berg, auf dem lieblichen Hügel (meines) Sieges" 1.3:III:29-31 // 1.3:IV:19f.*; ähnl. 1.101:2f. (*b tk ġrh il ṣpn / b n[ʿm b] \ ġr tliyt*).

Allerdings könnten die Ausdrücke *b qdš* und *b nʿm* auch elliptisch für **b ġr qdš* bzw. **b gbʿ nʿm* stehen. In diesem Fall läge keine attributive Näherbestimmung, sondern ein synonymer Parallelismus vor. Präpositionalausdrücken gleicher Ordnung mit Substt. fungieren offenbar immer als Glieder eines Parallelismus (z.B. 1.3:IV:2f.: *l ksi mlkh \ l nḫt l kḥṯ drkth* "... von Thron seines Königtums, vom Ruhesitz, vom Thronsessel seiner Herrschaft").

91.2. Adjektivisches Attribut

Adj. Attribute stehen in der Regel nach dem subst. Bezugswort und kongruieren mit diesem in Kasus, Genus und Numerus. Aufgrund der verläßlichen Genuskongruenz geben sie unter anderem Aufschluß über das grammatische Genus des Bezugswortes (§52.5). Adj. Attribute sind in sem. Sprachen – wegen des häufigen Gebrauchs von Genitivattributen – allgemein seltener bezeugt als etwa in indoeuropäischen Sprachen.

91.21. Substantive mit einem folgenden adjektivischen Attribut

a. Beispiele mit 'gewöhnlichen' Adjektiven:
mlk rb "Großkönig" 2.23:7*&; *mlk nʿm* "freundlicher König" 2.81:2*.31; *mlk ṣdq* "gerechter König" 2.81:2&; *ilm \ rbm* "die großen Götter" 4.149:1f.; *udm rbt* "die große (Stadt) Udumu" 1.14:III:30&; *aršḫ rbt* "die große (Stadt) Araššiḫu" 1.100:63; *ṯn kndwṯm adrm \ w kndw!ṯ dq* "zwei große *kndwṯ*-Gewänder und ein kleines *kdnwṯ*-Gewand" 4.4:2f. (n.L.); *ṯlṯ aṯt adrt* "drei alte Frauen" 4.102:16; *ṯt aṯtm adrtm* "zwei alte Frauen" 4.102:18; *yn ṭb* "Qualitätswein (w.: guter Wein)" 4.213:2&; *šmn ṭb* "Qualitätsöl (w.: gutes Öl)" 4.780:8.13.14; *dblt yṯnt ṣmqm yṯ[nm]* "alte Feigenkuchen, al[te] Weintrauben" 1.85:31; *(bʿlt) šmm rmm* "(die Herrin) des hohen Himmels" 1.108:7; *by šnt mlit* "in einem vollen Jahr" 2.2:7; *by \ gšm adr* "bei starkem Regen" 2.38:13f.; (?) *ṯn ḫlpnm pgam* "zwei ...(?) Mäntel" 4.117:1; vgl. *lbš pgi* (Gen.) 4.721:1 (*pgam / pgi* könnte auch ein Subst. im Appositionskasus sein); *lbšm ʿrpm* "staubfarbene(?) *lbš*-Kleider" 4.721:2.13 (§33.161b); *ʿṣ qdš* "(mit dem) heiligen Holz" RS92.2014:3.

b. Beispiele mit Partizipien (weitere Beispiele unter §73.431a):
ṣlʿt alp mri "ein Rippenstück eines Mastrindes (w.: eines gemästeten Rindes)" 4.247:16; *ḥrb lṭšt* "(wie) ein geschärftes Schwert" 1.2:I:32 (§52.5f)..

c. Beispiele mit Nisbenadjektiven (Gentilizia):
ḫmš bnšm \ snrym "fünf Personen aus *Snr*" 4.40:13f.; *tšʿ bnš[m] \ gbʿlm* "neue Personen aus *Gbʿl(y)*" 4.40:15f.; *šʿrt mṣrt* "ägyptische Schurwolle" 4.721:14.

d. Beispiele mit Zahlwort *aḥd/t* (§69.111):
bt aḥd "ein Haus" 4.750:9.10.11; *aṯt aḥt* "eine (erwachsene) Frau" 4.102:10.24.

e. Beispiele mit Demonstrativpronomina (§42).
l ym hnd "von diesem Tag an" 3.2:1; 3.4:1; 3.5:1; *ʿl ʿrbnm \ hnhmt* "zu Lasten folgender Bürgen" 3.3:7f.

91.22. Substantive mit zwei folgenden adjektivischen Attributen (sehr selten)

uz mrat mlḥt "eine eingesalzene Mastgans (w.: eine gemästete, eingesalzene Gans)" 4.247:20; evtl. *arbʿ uzm mrat bqʿ<t>* "vier gemästete, halbierte Gänse (d.h. Mastganshälften)" 4.247:21 (alt.: "vier Mastgänse: halbiert" [ohne Emendation]).

91.23. Substantive mit Genitivattribut und folgendem adjektivischem Attribut

Bei Substt., die durch ein Genitivattribut näher bestimmt sind, folgt das adj. Attribut – anders als in indoeuropäischen Sprachen – in der Regel nach dem Genitivattribut, d.h. nach der Konstruktusverbindung (vgl. aber §91.242). Beispiele:

b ḥbr kṯr ṭbm "unter den guten Gefährten Kôṯarus" 1.108:5; *[š]d bn ḫrmln ṯn* "ein zweites [Fe]ld von PN" 4.103:43; *sġr PN aḥd* "ein Gehilfe von PN" 4.129:2& (insgesamt 11x in 4.129); *rb qrt aḥd* "ein Kommandant der Stadt" 4.141:III:3; *spr mlk hnd* "diese Urkunde des Königs" 2.19:13; *šmʿ rgmk \ nʿm*, w. "der Hörer deiner angenehmen Stimme" RS92.2010:18f. (zugleich Nomen rectum mit PS). — Vgl. ferner: *hwt bn nšm \ ghrt phm w špthm* "das Wort von Menschen, das leer/laut(?) ist in Bezug auf (?) ihre Münder und ihr Lippen" RS92.2014:10f. (Interpretation unsicher; alternativ könnte *ghrt phm w špthm* ein asyndetischer Attributsatz sein [§97.122]).

91.24. Adjektivisches Attribut vor dem Substantiv

Das adj. Attribut kann in gewissen Fällen auch vor dem subst. Bezugswort stehen. Das Phänomen, das typologisch mit der Stellung der subst. Apposition vor dem Bezugswort vergleichbar ist (§91.12), ist nur in der Poesie nachweisbar. Diese ungewöhnliche Wortstellung wird offenbar eingesetzt, wenn eine besondere Betonung des adj. Attributs beabsichtigt ist oder eine elativische bzw. superlativische Bedeutung des Adj. unterstrichen werden soll. Das betreffende Phänomen läßt sich nicht immer sicher von der Konstruktion "substantiviertes Adjektiv + Genitivattribut" (§91.314) abgrenzen.

SV. Das beschriebene Phänomen ist auch in anderen sem. Sprachen sporadisch belegt; siehe Lipiński (1997 § 51.1): "This inverted order occurs likewise in Hebrew, Syriac, North Ethiopic, and in Arabic colloquials when the head of the attribute is semantically unimportant or functions as an apposition". Relativ häufig ist das Phänomen im Syr.; siehe Nöldeke (1898, 161 [§ 211]): "Einzeln tritt das Adj. mit Nachdruck auch sonst zuweilen vor, besonders bei Dichtern [. . .]. Häufig ist die Voranstellung bei gewissen preisenden oder beschimpfenden Adjectiven [. . .]."

91.241. Adjektiv und Bezugswort sind nicht Teil einer Konstruktusverbindung

- *aliyn bʿl* "der hochmächtige Baʿlu" (1.1:IV:22&) und *lṭpn il* "der gütige/freundliche Ilu" (1.1:IV:13&) bzw. *lẓpn i\l* (1.24:44f.; vgl. 1.25:5) (alt.: *aliyn* bzw. *lṭ/ẓpn* als subst. Appositionen [vgl. §91.12a]).

- *išlḥ ẓhrm iq\nim* "Ich will (ihm) rein(st)es Lapislazuli schicken" 1.24:21f. (mit Numeruskongruenz zwischen Adj. und Subst.).
- (?) *d ʿqh ib iqni* "deren Augäpfel(?) aus rein(st)em / hell leuchtendem Lapislazuli sind" 1.14:III:43 (*ib* könnte ein Adj. entsprechend akk. *ebbu* oder ein Subst. im St.cs. sein, zumal *iqni* eine Genitivendung aufweist).
- (?) *ksp w yrq ḫrṣ* "Silber und gelbes Gold" 1.14:III:22.34; 1.14:VI:4-5*.17f. (*yrq* könnte hier auch ein Subst. sein, zumal das betreffende Lexem in 1.4:IV:6.11 und 1.19:II:5 ohne folgendes *ḫrṣ* im Sinne von "Gelbgold" bezeugt ist.).
- Voranstellung einer betonten Ordinalzahl: z.B. *ḫmš ṯdṯ ym* "einen fünften (und) einen sechsten Tag" 1.4:VI:29& (§63.113; §69.43).

91.242. Adjektiv und Bezugswort als Teil einer Konstruktusverbindung

Ein vorangestelltes adj. Attribut kann sehr wahrscheinlich auch innerhalb einer zwei- oder mehrgliedrigen Konstruktusverbindung (§91.31) stehen. Es ist aber nicht auszuschließen, daß das Adj. dabei substantiviert ist und selbst als Nomen regens mit folgendem Nomen rectum oder als Subst. mit folgender Apposition fungiert. Bemerkenswert ist, daß das Adj. nicht immer im Genus (und Numerus) mit dem folgenden Subst. kongruiert.

a. Adjektiv als vorangestelltes Attribut eines Nomen regens:
- *mġny \ l nʿmy arṣ dbr /\ l ysmt šd šḥlmmt* "Wir trafen ein beim (überaus) lieblichen Steppenland, beim (überaus) angenehmen Feld des Todesstrandes(?)" 1.5:VI:5-7; ähnl. 1.5:VI:28f. (zu *nʿmy* als Fem. siehe §52.41; *ysmt* kongruiert nicht mit *šd*).
- *l ysmsmt bmt pḥl* "auf den angenehmen Rücken des Hengstes" (1.4:IV:15) gegenüber *l ysmsm bmt pḥl* (1.19:II:11) (mit bzw. ohne Kongruenz).
- *nʿmn ġlm \ il* "der (überaus) liebliche Jüngling Ilus" 1.14:I:40f.
- *w nʿmt šnt il* "und die (überaus) lieblichen Jahre Ilus" 1.108:27.
- *ṭbn ql bʿl* "die (überaus) liebliche Stimme Baʿlus" 1.19:I:46.
- *aḥd alp idṯn* "ein Rind des PN" 4.296:11 (zu weiteren Beispielen mit Voranstellung des adj. Zahlworts *aḥd* siehe §69.112).

b. Adjektiv als vorangestelltes Attribut eines Nomen rectum (dieses kann wiederum ein Nomen rectum regieren):
- *bht ṯhrm iqnim* "Häuser aus rein(st)em Lapislazuli" 1.4:V:19.34f. (man beachte die Genus- und Numeruskongruenz zwischen *ṯhrm* und *iqnim*).
- *p nʿmt aḫt bʿl* "der ‘Mund’ (sc. die Vagina) der lieblichen Schwester Baʿlus" 1.10:III:10 (*nʿmt* kongruiert im Genus mit *aḫt* und nicht etwa mit *p*).
- *mddt nʿmy ʿrš hxx /\ ysmsmt ʿrš ḫllt*(?) "die Freundinnen(?) des (überaus) lieblichen Bettes der Empfängnis(?), des (überaus) angenehmen Kreißbettes" 1.17:II:41f. (zur Form *nʿmy* siehe §52.41).

91.243. Adjektiv und Bezugswort (jeweils) als Präpositionalobjekte

Hinzuweisen ist schließlich auf eine Konstruktion, in der ein Adj. und ein nachstehendes Subst. jeweils von der gleichen Präp. abhängig sind. Das Adj. fungiert dabei als Attribut zum Subst., ist aber gewiß substantiviert, so daß der Ausdruck "Präp. + Subst." als Ganzes als Apposition betrachtet werden kann (§91.13):

- *b tk ġry il ṣpn /\ b qdš b ġr nḥlty /\ b nᶜm b gbᶜ tliyt* "... mitten auf meinem Berg, dem heiligen Ṣapānu, auf meinem ererbten heiligen Berg, auf dem lieblichen Hügel (meines) Sieges" 1.3:III:29-31 // 1.3:IV:19f.*; ähnl. 1.101:2f.

91.3. Genitivattribut

91.31. Direkte Genitivverbindung (Konstruktusverbindung)

Wird ein Subst. durch ein weiteres Subst. im Genitiv näher bestimmt, folgt das Genitivattribut immer unmittelbar dem Bezugswort. Das im Status constructus (§55.12) stehende Bezugswort wird Nomen regens, das Genitivattribut (im Status absolutus) Nomen rectum genannt. Nomen regens und rectum bilden zusammen eine Konstruktusverbindung (§54.132a). Konstruktusverbindungen können auch aus drei oder mehr Gliedern bestehen. In diesen Fällen stehen alle Glieder mit Ausnahme des letzten im Status constructus und alle Glieder mit Ausnahme des ersten im Genitiv. Regiert das Bezugswort auch ein adj. Attribut, wird dieses hinter das Genitivattribut gereiht (§91.23). Auch ein Possessivsuffix kann nicht zwischen Nomen regens und rectum treten, sondern folgt dem Nomen rectum, selbst wenn es sich logisch auf das Nomen regens bezieht (§91.315).

91.311. Zweigliedrige Konstruktusverbindungen sind sehr häufig, z.B. *mt rpi* "Mann des Rapiu" (1.17:I:17&) und *ṣbu anyt* "Schiffsbesatzung" (4.40:1); weitere Beispiele unter §54.132a und §55.21).

91.312. Beispiele für dreigliedrige Konstruktusverbindungen:
lim ḫp ym "das Volk des Meeresstrandes (d.h. des Westens)" 1.3:II:7; *adm ṣat špš* "die Menschen des Sonnenaufgangs (d.h. des Ostens)" 1.3:II:8; *tdrq \ ybnt abh* "das Heranschreiten der Schwägerin/Schwiegertochter(?) seines Vaters" 1.3:IV:39f.; *tdrq ybmt \ [limm]* "das Heranschreiten der Schwägerin [des Liᵓmu (?)]" 1.4:II:15f.; *qrb apq thmtm* "(in) der Mitte des Quellbereichs der Urfluten" 1.4:IV:22&; *npš lbim \ thw* "der Schlund/Appetit des Löwen (in) der Wüste" 1.5:I:14f.; 1.133:3f.; *qr bt il* "der Lärm des Tempels" 1.12:II:60; *mṣlt bt ḥrš* "das Geklirre der Schmiede" 1.12:II:61; *ṯbq lḥt niṣh/k/y* "einer, der die Kinnlade seines/deines/meines Verächters schließt" 1.17:I:28f.; *ab / dr / mpḫrt bn il* "der Vater / das Geschlecht / die Versammlung der Ilu-Söhne" 1.40:7-42 (mehrfach); *bt bᶜl ugrt* "(im) Tempel des Baᶜlu von Ugarit" 1.105:6; *ṯġr \ bt il* "der Torwächter des Hauses Ilus" 1.114:11f.; *urk ym bᶜly* "Länge der (Lebens-)Tage meines Herrn" 2.23:20; *bᶜl kl ḫwt* "der Herr des ganzen Landes" 2.76:9f.* (vgl. 2.81:3f.); *šd ubdy ilštmᶜ \ dt bd skn* "Lehensfelder von ON, die dem Präfekten unterstehen" 4.110:1; *tgmr bnš mlk* "Summe des königlichen Personals" 4.141:II:25.

91.313. Beispiele für viergliedrige Konstruktusverbindungen (sehr selten):
b tk \ pḫr bn ilm "inmitten der Versammlung der Söhne Ilus" 1.4:III:13f.; *w npy gr ḥmyt ugrt* "die Wohlfahrt/Befriedigung des Fremden (innerhalb) der

Mauern von Ugarit" 1.40:18*.35f. (alternativ könnte *ḥmyt ugrt* in einem adverbialen Kasus stehen); *l riš \ bt mlk amr* "(Er goß Öl) auf das Haupt der Tochter des Königs von Amurru" 2.72:31f.; (?) *bʿl kl ḥwt \ [mṣr]m* "der Herr des ganzen Landes [Ägyp]ten" 2.81:3f. (*mṣrm* ist wahrsch. Nomen rectum). — Zu möglichen weiteren Belegen (1.10:III:10; 1.17:II:41) siehe §91.242b.

Anm. Drei- oder mehrgliedrige Konstruktusverbindungen werden oft unter Rückgriff auf analytische Genitivverbindungen mittels *d(t)* vermieden (siehe §91.321b).

91.314. Substantiviertes Adjektiv und Genitivattribut

Eine gesonderte Behandlung verdienen Adjektive, die ein subst. Genitivattribut regieren. Die betreffende Konstruktion ist beinahe ausschließlich in der Poesie belegt und läßt sich nicht immer sicher von der Konstruktion "vorangestelltes adj. Attribut + Subst." abgrenzen (§91.24). Aus semantischer Sicht sind zwei sehr unterschiedliche Verwendungsweisen zu unterscheiden.

91.314.1. Periphrase des Superlativs:
aliy qrdm "der mächtigste der Krieger" 1.3:III:14&; *mḥmd ḫrṣ* "kostbarstes Gold" 1.4:V:16.32-33.39!; *mḥmd arzh* "ihre kostbarsten Zedern" 1.4:VI:19.21; *udr ilqṣm* "herrlichste(?) Edelsteine(?)" 1.4:V:17.40; *mri ilm* "die gemästetsten (= fettesten) Widder" 1.22:I:13; vgl. 1.1:IV:31*; *m\ria il* "den gemästetsten (= fettesten) Widder" 1.4:VI:41-42 (möglw. Fehler für *mria il<m>* "den gemästetsten der Widder"); *šmn mrik/h* "das/die fetteste(n) deiner/ihrer Masttiere" 1.15:IV:4.15; *prʿm ṣdk* "das erste/beste von deiner Jagdbeute" 1.17:V:37.38; *adr ṯqbm \ b lbnn / adr gdm b rumm /\ adr qrnt b yʿlm / mtnm \ b ʿqbt ṯr / adr b ġl il qnm* "Die größte der Eschen (im Bereich) des Libanon, die größte der Sehnen (im Bereich) von Wildstieren, das größte der Hörner (im Bereich) von Steinböcken, (das größte) der Muskelbänder (im Bereich) der Sprunggelenke eines Stieres, das größte an Schilfrohren (im Bereich) des göttlichen(?) Röhrichts (gib dem Kôṯaru-wa-Ḫasīsu)" 1.17:VI:20-23 (In den ersten vier Kola folgt das subst. Attribut unmittelbar dem Adj. *adr*, im letzten Kolon wird syntaktisch variiert [Bezugswort steht entfernt vom Adj., möglw. im Ak.]); *(nʿmn) ʿmq nšm* "([o] Lieblich[st]er,) weisester/stärkster/geschicktester der Menschen" 1.17:VI:45; *l \ nʿmn ilm* "o lieblichster der Götter" 1.24:24f.; *dmqt ṣġrt kṯrt* "GN, die jüngste der Kôṯarātu" 1.24:50.

SV. Vgl. den he. Befund, z.B. *qᵉṭon bānāw* "der jüngste seiner Söhne" (2 Chr 21,17; siehe GBH § 141j). Im Ar. steht in entsprechenden Ausdrücken die Elativform des Adj., z.B. *ʾafḍalu r-riǧāli* "der Vortrefflichste der Männer" bzw. *ʾafḍalu raǧulin* "der vortrefflichste Mann" (siehe GKA § 387).

Anm. Elativische oder superlativische Nuancen werden im Ug. allgemein periphrastisch durch Konstruktusverbindungen ausgedrückt. Hervorzuheben ist — neben der Konstruktion "Adj. + Genitivattribut" — zum einen (a) die Konstruktion "Subst. + gleiches Subst. im Pl. (Obl.)" und zum anderen (b) die in der Epik mehrmals belegte Konstruktion "Subst. + Lexem *il*", in der das Lexem *il* (w.: "[das] des Gottes") sinngemäß mit "göttlich, majestätisch, überaus schön" übersetzt werden kann (siehe UT § 13.22). Beispiele für die Konstruktion (a): *mlk mlkm* "König der Könige" = "größter

König unter den Königen" (2.76:9*.10*; 2.81:3*.20; 9.530:1.9 [unpubl.]), *ṣbu ṣbi* "ein Heer der Heere" = "ein riesiges Heer" (1.14:II:33; 1.14:IV:13f. [n.L.]) oder *kbkb kbkbm* "Stern der Sterne" = "größter/schönster Stern"(?) (RS92.2016:8'). Beispiele für die Konstruktion (b): *ḥ«q»kpt \ il klh* "das ganze majestätische Memphis" (1.3:VI:13f.; 1.17:V:21.31); *arṣ il kl-h* "die ganze herrliche Erde" (1.6:I:65); *kt il* "ein herrlicher Sockel" (1.4:I:30.31); *kḥṯ il* "ein herrlicher Thronsitz" (1.4:I:33); *hdm il*! "ein herrlicher Fußschemel" (1.4:I:34); *n*ᶜ*l il* "herrliche Sandalen" (1.4:I:36); *ṯlḥn il* "ein herrlicher Tisch" (1.4:I:38); *ṣ*ᶜ *il* "ein herrlicher Kelch" (1.4:I:41); (?) *bšrt il* "eine überaus gute Nachricht" (1.10:III:33); evtl. ferner *nrt il špš* "Šapšu, die mächtigste/erhabenste(?) Leuchte" (alt.: "Šapšu, Leuchte Ilus") (RS92.2016:38'; möglw. fehlerhaft für *nrt ilm špš* "Šapšu, Leuchte der Götter" [1.2:III:15&; insgesamt 13x]). Man vergleiche hierzu EA 35:20f. (Brief aus Alašia): *kasap ilāni* (DINGIR.MEŠ) *idinanni \ anāku* "Gib mir bestes(?) Silber!".

91.314.2. "Uneigentliche Genitivverbindung"

Hervorzuheben sind Textbeispiele, in denen das Adj. trotz seiner syntaktischen Stellung als Nomen regens logisch als Attribut des folgenden Nomen rectum fungiert. Das Adj. (im St.cs.) steht dabei wahrscheinlich im vom Kontext geforderten Kasus (bisweilen im Appositionskasus zu einem vorausgehenden Subst.) und kongruiert nicht mit dem folgenden Subst. (Genus, Numerus und Kasus des Adj. können von dem des Subst. abweichen).

Die betreffende Konstruktion ist auch in anderen sem. Sprachen sowie im Ägyptischen (z.B. *nfr ḥr* "mit schönem Gesicht") bezeugt (siehe Jansen-Winkeln 1994). Sie wurde bisher semantisch meist falsch interpretiert, weil man von einem spezifizierenden Genitiv ausging. Dementsprechend wurde etwa der ar. Ausdruck *ḥasanu l-wağhi* mit "schön bezüglich des Gesichts" wiedergegeben (siehe etwa GKA § 388). Gemeint ist jedoch "einer mit schönem Gesicht". Der Ausdruck ist somit funktional mit einer Relativphrase vergleichbar, in der das Subst. durch das vorangehende Adj. näher bestimmt wird und nicht umgekehrt (im zitierten ar. Beispiel ist *(ʾa)l-wağhi* Subj. der impliziten Prädikation und nicht das Adj. *ḥasanu*: das Gesicht ist schön). Bemerkenswert ist in diesem Zusammenhang die ug. Wendung *d ḥrš ydm* "der mit den geschickten Händen" (1.1:III:4f.&), wo der "uneigentlichen Genitivverbindung" das Determinativpronomen *d* vorangeht.

SV. Der Begriff "uneigentliche Genitivverbindung" entstammt der ar. Grammatik (GKA § 146, Anm. 3 und § 388). Er wurde geprägt, weil das Genitivattribut im Ar. in diesem Fall das adj. Nomen regens nicht determiniert und das Adj. deshalb durch einen Artikel determiniert werden kann, z.B. *(ʾa)r-rağulu l-karīmu n-nasabi* "der Mann von edler Abkunft" (neben *rağulun karīmu n-nasabi* "ein Mann von edler Abkunft"). Alternative Bezeichnungen sind "exozentrisches Kompositum" bzw. "Bahuvrīhikompositum" (Jansen-Winkeln 1994). Das literarische Akk. kennt eine vergleichbare Konstruktion, in der das Adj. jedoch nicht im St.cs. steht, sondern eine Endung *-a(m)* aufweist (z.B. *barma(m) īnīn* "buntäugig", *(w)atra(m) ḫasīs* "von übergroßer Weisheit"; siehe GAG § 64a*). Zu Beispielen der "uneigentlichen Genitivverbindung" im He. siehe etwa GK § 128x-y (vgl. auch *haggæbær šᵉtum hāᶜāyin* "der Mann mit dem geöffneten Auge" [Num 24,3.15] und *nopel ûgᵉlûy ᶜênāyim* "der daliegt mit entschleierten Augen" [Num 24,4.16]).

Weitgehend sichere ug. Belege einer "uneigentlichen Genitivverbindung" sind:
- *qṣr npš* "der Verzagte (w.: mit kurzer/niedergeschlagener Seele)" 1.16:VI:34.47.
- *dq anm* "einer mit geringen Kräften" 1.6:I:50.
- *hyn d ḥrš ydm* "Hayyānu, der mit den geschickten Händen" 1.1:III:4f.*; 1.3:VI:23; 1.17:V:24f.; vgl. 1.17:V:18f.: *hyn d \ ḥrš yd* "Hayyānu, der mit der geschickten Hand" (möglw. aber zu *yd*<*m*> zu emendieren)
- *ḥl \ rḥb mknpt* "die Festung mit den weiten 'Flügeln' / der weiten Ausdehnung" 1.16:I:8f.; 1.16:II:47.

Unsicher sind dagegen folgende Beispiele (alternativ zu §91.24 zu stellen):
- *bk rb ʿẓm ri* "ein großer Pokal von hehrem Aussehen" 1.3:I:12 (vgl. he. *wᵉṭôb roʾî* "und von gutem Aussehen" [1 Sam 16,12]. Die Deutung setzt voraus, daß die Zeichenfolge *dn* am Zeilenende von 1.3:I:12 ein eigenständiges Lexem darstellt. KTU² schlägt demgegenüber eine Lesung *ridn* vor.).
- *ġzr ṭb ql* "der Jüngling mit der schönen Gesangsstimme" 1.3:I:20 (vgl. aber *ġzrm g ṭb* "die Jünglinge mit schöner Stimme" 1.23:14 [Lesung unsicher]).
- *ḫmš ʿšr qn nʿm ʿnm* "15 Rohre, 'die mit den lieblichen Augen'" 4.247:29 (möglw. sind Tintenfische gemeint; siehe J.C. de Moor, UF 28 [1996], 157).

91.315. Konstruktusverbindung mit Possessivsuffix

91.315.1. Das Nomen regens einer Konstruktusverbindung kann kein Possessivsuffix bei sich haben. Das Possessivsuffix tritt an das Nomen rectum, selbst wenn es sich logisch auf das Nomen regens oder die Konstrusverbindung als Ganzes bezieht. Illustrative Beispiele:

mlk ʿlm-k "dein ewiges Königtum" 1.2:IV:10; *arṣ nḥlt-h* "sein Erbland" 1.3:VI:16&; *ksu ṯbt-h* "sein Thronsitz" 1.3:VI:15&; *l ksi mlk-h* "von seinem Königsthron (vertreiben)" 1.3:IV:2&; *mḥmd arzh* "ihre kostbarsten Zedern" 1.4:VI:19.21; *ksa mlk-k* "den Thron deines Königtums (umstürzen)" 1.6:VI:28; *mks bšr-h* "die Bedeckung ihres Fleisches" 1.4:II:5; *aṯt ṣdq-h* "seine rechtschaffene Ehefrau" 1.14:I:12; *mtrḫt yšr-h* "seine rechtmäßige Gattin" 1.14:I:13; *b qrn ymn-h* "an seinem rechten Horn" 1.18:I:10; *ḫwt ib-h* "das Land seines Feindes" 1.103+:37; *bhmt [ib]-h* "das Vieh seines [Feindes]" 1.103+:15; *šmʿ rgmk \ nʿm*, w. "der Hörer deiner angenehmen Stimme" RS92.2010:18f. (Nomen rectum zugleich mit adj. Attribut).

91.315.2. Eine scheinbare Ausnahme stellt folgende Formulierung dar: *w qrn šir [b] pit-h šma[l]* "Und (falls es) ein 'Horn' aus Fleisch [an] seiner lin[ken] Schläfe (gibt)" 1.103+:11. — Da die Lexeme für "rechts" und "links" sonst als Substt. behandelt werden, wäre im vorliegenden Text der Ausdruck **b pit šmal-h* zu erwarten (vgl. *b qrn ymn-h* "an seinem rechten Horn" 1.18:I:10; vgl. ferner he. *yad śᵉmo(ʾ)lô / yᵉmînô* "seine linke / rechte Hand"). Der ug. Ausdruck *[b] pit-h šma[l ...]* (1.103+:11) geht aber konform mit ar. Syntagmen wie *fī kaffi-hi l-yusrā / yumnā* "in seiner linken/rechten Hand", wo *yusrā* und *yumnā* als adj. Attribute fungieren. Im vorliegenden ug. Textbeispiel könnte *šmal* ebenfalls als adjektivisches Attribut fungieren (die Lexeme *šmal* "links" und *ymn* "rechts" folgen in

1.103+ immer dem Beziehungssubst.: *šq [šm]al* 1.103+:9; *qṣr [šm]al* 1.103+:10; *šq ymn* 1.103+:26; *udn ymn* 1.103+:35; *udn šmal* 1.103+:36; *yd šmal* 1.103+:59). Alternativ kann *šma[l(-h)]* als adverbialer Ak. (§54.133.2) gedeutet werden ("an seiner Schläfe an der linken Seite").

91.32. Analytische Genitivverbindung

91.321. Funktional gleichbedeutend mit einer Konstruktusverbindung des Typs "Subst. (im St.cs.) + Genitivattribut" ist die Konstruktion "Subst. (im St.abs.) + *d(t)* + Genitivattribut", die auch "analytische" bzw. "indirekte" Genitivverbindung genannt wird. Dabei übernimmt das Determinativpronomen *d(t)* (§43), das sonst zur Einleitung längerer Syntagmen dient, die Rolle des Nomen regens. Es kongruiert in der Regel mit dem Bezugswort und folgt diesem meist unmittelbar. Gerade in poetischen Texten sind jedoch auch andere Satzteilfolgen möglich.

Die analytische Genitivverbindung ist im Ug. – in Poesie und Prosa – vergleichsweise selten bezeugt. Sie wird vornehmlich gebraucht, (a) wenn das Genitivattribut dem Bezugswort nicht unmittelbar folgt (in der Poesie werden bisweilen gezielt unkonventionelle Satzgliedfolgen bevorzugt), (b) bei Ellipse des Bezugswortes, (c) zur Vermeidung allzu komplexer syntaktischer Verhältnisse, (d) für semantisch komplexere Prädikationen (einschließlich Gen. des Materials) und (e) aus Gründen der Variation (nur in der Poesie). Im folgenden werden illustrative Textbeispiele für diese Gebrauchsweisen vorgestellt.

a. Besondere Satzgliedfolge (Attribut nicht unmittelbar hinter dem Bezugswort):
- *št gpnm dt ksp /\ dt yrq nqbnm* "Er legte (die) Reittierdecken aus Silber auf, (die) Sattelriemen aus Gelbgold" 1.4:IV:10f. // 1.4:IV:5f.*; ähnl. 1.19:II:4f. (das Genitivattribut geht dem Bezugswort im zweiten Kolon voraus; der Gen. des Materials wird häufig mittels *d(t)* eingeführt [vgl. §d]).
- *<b>hty bnt \ dt ksp / hkly dt-m \ ḫrṣ* "Ein <Ge>bäude aus Silber habe ich mir gebaut, einen Palast aus Gold (habe ich) mir (gebaut)" 1.4:VI:36-38; ähnl. 1.4:VIII:35-47: *bhty bnt \ dt ksp / dt \ ḫrṣ hkly* (das Genitivattribut geht dem Bezugswort im zweiten Kolon voraus). — Vgl. dagegen 1.4:V:18 (// 1.4:V:33f.): *w bn bht ksp w ḫrṣ* "und baue ein Gebäude (aus) Silber und Gold" (direkte Genitivverbindung bei gewöhnlicher Satzgliedfolge).
- *w ṯlṯm yn šbˤ kbd d ṯbṭ \ w ḫmšm yn d iḫh* "und 37 (*kd*) Wein des PN und 50 (*kd*) Wein seines Bruders" 4.123:22f. (in Z. 22 steht das Genitivattribut nicht direkt hinter dem Bezugswort [*yn*]; Z. 23 ist analog konstruiert).
- *arbˤ ˤšrh šd \ w kmsk d iwrkl* "14 und 2/3 (*šir*-Maß) Ackerland des PN" 4.282:1-2 (Genitivattribut nicht direkt hinter *šd*; weitere analoge Konstruktionen im gleichen Text; dagegen *kmsk šd iḫmn* bzw. *širm šd khn* in 4.282:4.5).

b. Ellipse des Bezugswortes:
- *[ ] ṯlṯ kbd ṣin \ [ ]a ṯlṯ d abq[ ]* "... Kleinvieh ... drei des PN" 4.127:9f.
- *w ḫmšt d pwt* "und fünf (Schekel [Silber für]) Krappwurzel" 4.771:3f. (nach *ˤšrm \ ksp ktnt* 4.771:1f.).
- *ḫmšt l ˤšrm \ d iqni / arbˤm \ d ktn* "25 (Schekel [Silber für]) violette Wolle; 40 (Schekel [Silber für]) Leinen" 4.779:5-7.

c. Vermeidung komplexer syntaktischer Verhältnisse:

- *klt lḥmk d nzl* "alle deine Opferbrote(?)" 1.14:II:16; 1.14:III:58 (zur Vermeidung einer dreigliedrigen Konstruktusverbindung).
- *ḫpṯ d bl spr / ṯnn d bl hg* "eine Ḫupṯu-Truppe ohne Zahl (w.: der Nicht-Aufzählung), eine Bogenschützenarmee ohne 'Nennung' (w.: der Nicht-Nennung)" 1.14:II:37f. (zur Vermeidung einer dreigliedrigen Konstruktusverbindung).
- *ġṣb šmal \ d alpm* "der linke *ġṣb* von (zwei) Rindern" 1.109:26f. (zur Vermeidung einer dreigliedrigen Konstruktusverbindung).
- *šbˁ ṯat l* (?) *\ kmlt d ˁṯtr<t>*(?) *š\d* "sieben Mutterschafe für die ...(?) der ˁAṯtartu des Feldes" 1.111:18-20 (epigraphische Probleme) (zur Vermeidung einer dreigliedrigen Konstruktusverbindung).
- *spr hnd \ d tbrrt ṣṭqšlm* "... dieses Schreiben der Freilassung des PN" 2.19:9f.
- *l ḥṯb \ d anyt grgmšh* "(Betrag an Silber ...) zur (Begleichung der) Rechnung der/des Schiffe(s), (die/das) nach Karkemiš (fahren/fährt)" 4.779:12f. (analytische Konstruktion, weil das Genitivattribut durch einen folgenden Adverbialausdruck näher bestimmt ist).
- *ṯryn aḥd d bnš* "ein Panzer für Personen" 4.169:6; analog ... *[ḫp]nt*(?) *\ d bnšm* "*ḫpn*-Umhänge(?) für Personen" 4.363:1. — Da *bnš* ein Kompositum ist (§51.7), wäre **ṯryn bnš* bzw. **ḫpnt bnš* eine dreigliedrige Konstruktusverbindung; vgl. dagegen die Ausdrücke *ṯryn s̀s̀wm* "Pferdepanzer" (4.169:5) und *ḫpnt s̀s̀wm* "*ḫpn*-Umhänge von Pferden" (4.363:3-4.7).
- *tgrm* (für: *tgmr*) *šmn d bn kwy* "Gesamtmenge an Öl des PN" 4.313:27 (zur Vermeidung einer viergliedrigen Konstruktusverbindung).
- *ˁšrm ksp d mkr \ mlk* "20 (Schekel) Silber der Kaufleute von ON" 4.369:2f. (zur Vermeidung einer dreigliedrigen Konstruktusverbindung).
- *[k]d ztm d bn [ ]* "... *kd*-Maß Oliven des PN" 4.429:4 (analoge Konstruktionen in den anderen Zeilen des Textes).
- *[bn]š d bt mlk* "[... Per]sonal des Königspalastes" 4.766:12.

d. Semantisch komplexe Prädikationen:

- *dbbm d \ msdt arṣ* "(gefüllt mit) Kriechtieren von den Grundfesten der Erde" 1.4:I:39f. — Gemeint ist: Kriechtiere, die im Bereich der Grundfesten der Erde leben. Möglicherweise dient *d* hier aber auch nur zur Vermeidung einer – als zu komplex oder unschön empfundenen – dreigliedrigen Konstruktusverbindung (§91.312). Das Beispiel wäre dann zu §c zu stellen.
- *ˁglm d[t] \ šnt* "einjährige Kälber" 1.4:VI:42f.; 1.22:I:13. — Gemeint ist: Kälber im Alter eines Jahres. Eine direkte Genitivverbindung ("Kälber des / eines Jahres") wäre mißverständlich.
- *ˁr d qdm* "(hin zur) Stadt des Ostens" 1.100:62. — Gemeint ist: Die Stadt, die im Osten liegt; vgl. *adrm d b grn* "die Vornehmen, die auf dem Dreschplatz (versammelt waren)" (1.17:V:7).
- *bm \ rqdm d šn* "mit *rqd*-Instrumenten (hergestellt) aus Elfenbein" 1.108:5.
- *kbd dt ypt \ bn yknˁ* "Leber(modell, hergestellt im Auftrag) des PN_1, Sohn des PN_2" 1.143:1f.; vgl. 1.144:1f.
- *ktn d ṣr* "ein Leinenstoff/Leinengewand nach Art von Tyros" 4.132:4.
- *mšḫt w msg \ d tbk* "eine Streitaxt und ein(e) ... nach *tbk*-Art" 4.167:15.

- *ḫpn d iqni w šmt* "ein *ḫpn*-Umhang aus violetter und roter Wolle" 4.168:1.
- *w ḥ[dr a]ḥd d sgrm* "und e[in Ra]um mit Schließmechanismus(?)" 4.195:4.
- *ḫmš ṯnt d ḫmš mat* "fünf Purpurstoffe (im Wert von) 500 (Schekel Silber)" 4.203:9; ähnl. 4.203:10-13; statt *d* steht sonst die Präp. *b* [*§*82.11: *b pretii*]).

e. *d(t)* + Genitiv in Parallele zu einer direkten Genitivverbindung:
- *tqḥ mlk ˁlmk / drkt dt drdrk* "Erwirb dir ein ewiges Königtum, eine immerwährende Herrschaft" 1.2:IV:10.
- *tġṣ pnt \ kslh / anš dt ẓrh* "Es zitterten die Lendenwirbel, die Sehnen/Muskeln(?) ihres Rückens" 1.3:III:34f. // 1.4:II:19f.*; 1.19:II:46f.*.
- *yip lḥm d ḫmš /\ mġd ṯdṯ yrḫm* "Er soll Brot backen für fünf, Proviant für eine Sechszahl von Monaten" 1.14:II:30f. // 1.14:IV:11f. (*d* könnte hier aber "Doppelfunktion" besitzen und auch für das zweite Kolon gelten).

f. Sonstige Beispiele (gewöhnliche Genitivattribution):
- *w šlm d ḥwtk [w d] b[t ml]k[k]* "und das Wohl deines Landes und [deines](?) Kö[nigshau]ses" 2.36+:4 (Lesung umstritten; aus dem Akk. übersetzter Text).

SV. In zsem. Sprachen mit bestimmtem Artikel wird die analytische Genitivverbindung häufig gebraucht, um zu verdeutlichen, daß das Bezugswort nicht determiniert ist (vgl. etwa Muraoka — Porten 1998 § 62i). Im Ug. spielt dieses Kriterium wahrscheinlich keine Rolle.

91.322. Keine analytische Genitivverbindung liegt dagegen in Wendungen wie *lṭpn il d pid* "der gütige Ilu, der Großherzige / Weise (w.: der des Herzens)" (1.1:IV:13*&; vgl. *lẓpn i\l ḏ pid* 1.23:44f.) oder *ṯr il d pid* (1.4:III:31&) vor, da *il d pid* keine Periphrase für **il pid* ("Ilu des Herzens") darstellt. *d/ḏ pid* ist vielmehr als Ganzes ein Appositionsausdruck zu *il*. Analoge Ausdrücke sind:
- *hyn d ḥrš ydm* "Hayyānu, der mit den geschickten Händen" 1.1:III:4f.*&
- *šlyṭ d šbˁt rašm* "*Šlyṭ*, der mit den sieben Köpfen" 1.3:III:42; 1.5:I:3.
- (?) *d [ḥn]t* "der Gütige" 1.14:II:7 (Epitheton Ilus).

SV. Zu vergleichbaren Syntagmen im Akk. siehe GAG § 46 (z.B. *Šu-Sîn* "der des Sîn", *šāt mūši* "die der Nacht").

91.33. Die semantischen Funktionen des Genitivattributs

Das Genitivattribut dient zum Ausdruck der Zugehörigkeit (Besitz- oder Teilverhältnis, Zugehörigkeit zu einem Raum, einer Zeit und dergleichen), der Zusammengehörigkeit oder zur Qualifikation. Im folgenden werden die wichtigsten semantischen Funktionen durch ausgewählte Textbeispiele illustriert.

91.331. Genitivus subjectivus (sehr häufig):

mlak ym "die Boten Yammus" 1.2:I:22&; *bn dgn* "Sohn Daganus" 1.2:I:19&; *mṯb il* "der Wohnsitz Ilus" 1.3:V:39&; *hlk aḫth* "das Herankommen seiner Schwester" 1.3:IV:39; *pḫr bn ilm* "die Versammlung der Söhne Ilus" 1.4:III:14; *ktp zbl ym* "die Schulter des Fürsten Yammu" 1.2:IV:14.16; *ṯḥm mlk* "Botschaft des Königs" 2.34:1; *bt mlk* "Königspalast" (1.39:12) bzw. "königliche Familie/Dynastie" (2.36+:5&).

91.332. Genitivus objectivus:

rkb ᶜrpt "der Wolkenfahrer" 1.2:IV:8& (alt. zu §91.337 zu stellen); *yd il mlk* "die Liebe zum König Ilu" 1.4:IV:38; *ahbt ṯr* "die Leidenschaft zum Stier" 1.4:IV:39 (Kontext: "Hat die Liebe zum König Ilu dich erregt, hat die Leidenschaft zum Stier dich in Erregung versetzt?" 1.4:IV:38f.); (?) *ᶜdbt bhth / hklh* "die Vorbereitungen(?) für sein Gebäude / seinen Palast" 1.4:VI:38.39-40; *lḥm d ḫmš / mġd ṯdṯ yrḫm* "Brot für fünf, Proviant für eine Sechszahl von Monaten" 1.14:II:30f. // 1.14:IV:11f.; *dn almnt* "der Rechtsspruch für die Witwe" 1.16:VI:33.46; 1.17:V:8; *ṯpṭ qṣr npš* "der Rechtsentscheid für den Verzagten" 1.16:VI:34.47; *ṯpṭ ytm* "der Rechtsentscheid für den Waisen" 1.17:V:8; *skn ilib-* "ein Kultstein für den Totengeist" 1.17:I:26.44*; 1.17:II:16; *ztr ᶜm-* "eine Stele(?) für den Ahnen" 1.17:I:27; 1.17:II:17; *dbḥ ᶜṯtrt* "Opfer für ᶜAṯtartu" 1.116:1; *rb ᶜšrt* "der Chef (über) eine Zehnergruppe" 4.609:2&. — Ferner häufig bei aktivem Part. als Nomen regens (§73.431d): *nsk ksp* "Silbergießer" 4.99:14; *lqḥ šᶜrt* "Empfänger von Wolle" 4.131:1; *ᶜbd dgn* "Getreidearbeiter" 1.16:III:13.

91.333. Genitivus partitivus:

bn ugrt "Bewohner (eig. Sohn/Söhne) Ugarits" 1.40:26; *bt ugrt* "Bewohnerin Ugarits" 1.40:35 (alt.: *b<n>t ugrt*); 3.4:11; *mid ksp* "eine Menge Silber" 1.4:V:15.32.38. — Ferner häufig bei Adj. als Nomen regens (§91.314.1), z.B. *šmn mrik/h* "das fetteste deiner/ihrer Masttiere" 1.15:IV:4.15; ferner bei Bruchzahlen als Nomen regens (§64), z.B. *mlṯḥ šd* "Hälfte des Ackerlandes" 4.282:14; ferner bei Ordinal- und Kollektivzahlen als Nomen regens, z.B. *b ṯmn gn* "am achten (Tag) des (Monats) *Gunu*" 1.106:18, *b šbᶜ ymm* "am siebten (w.: bei der Siebenzahl) der Tage" 1.4:VI:31f.*& (§67.4) oder *b klat yd(h/y)* "mit (seinen/meinen) beiden Händen" 1.1:IV:10& (§67.11); ferner bei *kl* und Derivaten als Nomen regens (§45.2), z.B. *kl ḏrᶜ* "das ganze Getreide" 2.38:17 oder *kl npš* "alle Personen" 2.38:20.

Anm. Partitive Nuancen werden sonst häufig durch Präpositionalphrasen ausgedrückt (§91.4), etwa mittels *b* (§82.11; z.B. *aḥd b bnk* "(gib mir) einen von deinen Söhnen" 1.6:I:46) oder mittels *bn* (§82.32; z.B. *nᶜmt bn aḫt bᶜl* "die lieblichste unter Baᶜlus Schwestern" 1.10:II:16).

91.334. Genitiv des Materials:

bt arzm "ein Haus aus Zedern(holz)" 1.4:V:10; *bt lbnt* "ein Haus aus Ziegeln" 1.4:V:11; *bht ksp w ḫrṣ /\ bht ṭhrm iqnim* "Häuser aus Silber und Gold, Häuser aus rein(st)em Lapislazuli" 1.4:V:18f. // 1.4:V:33-35; *gpnm dt ksp /\ dt yrq nqbnm* "Reittierdecken aus Silber, Sattelriemen aus Gelbgold" 1.4:IV:10f. // 1.4:IV:5f.*; ähnl. 1.19:II:4f. (§91.321a.d); *ks ḫrṣ* "ein goldener Becher" 1.4:IV:37!; 1.4:VI:59*&; *ks ksp* "ein silbener Becher" 1.5:IV:17; 3.1:31; *all iqni* "ein *all*-Gewand aus/mit violetter Wolle" 4.182:6.

91.335. Genitiv des Gezählten und Gemessenen (§69.312.23; §69.313.11):

ḫmš dd šᶜrm "fünf *dd*-Maß Gerste" 4.269:33; *arbᶜ alpm iqni \ ḫmš mat kbd* "4500 (Schekel) Lapislazuli" 4.203:5f.; *ṯlṯ kkr šᶜrt \ iqnim* "drei Talente violetter Wolle" 4.341:3f.

91.336. Genitiv (anderer Arten) der Qualifikation oder Spezifikation: *arṣ nḥlt-h* "sein Erbland" 1.3:VI:16&; *ᶜmr \ un* "Asche(?) (als Zeichen) der Trauer" 1.5:VI:14f. (// *ᶜpr pl̠t̠t*); *at̠t̠ ṣdq-h* "seine rechtschaffene/legitime Ehefrau" 1.14:I:12; *mtrḫt yšr-h* "seine rechtmäßige Gattin" 1.14:I:13; *ym t̠it / rt̠* "Tag des Schlammes / Schmutzes" 1.17:I:33; 1.17:II:7f.22f.; *npṣ ġzr / at̠t̠* "Ausstattung/Kleidung (nach Art) eines Kriegers / einer Frau" 1.19:IV:44.46; *lḥt \ spr* "die Schrifttafel" 2.14:6f.; *lḥt šlm* "die Brieftafel des Grußes" 2.34:5; *lḥt akl* "die Brieftafel (mit der Bitte um) Nahrungsmittel" 2.39:17.

91.337. Genitiv des Bereichs:
- örtliche Dimension: *at̠rt \ ym* "At̠iratu des Meeres" 1.3:V:40f.&; *dbbm d \ msdt arṣ* "Kriechtiere von den Grundfesten der Erde" 1.4:I:39f.; *ṣat špth* "die Äußerung seiner Lippen" 1.4:VII:30*.32* (eigt.: "Das Herauskommen von seinen Lippen"); *(npš) lbim \ thw* "(der Schlund des) Löwen (in) der Wüste" 1.5:I:14f.; 1.133:3f. (// *anḫr b ym*); *qr bt il* "der Lärm (im) Tempel" 1.12:II:60; *mṣlt bt ḥrš* "das Geklirre (in) der Schmiede" 1.12:II:61; *b qrn ymn-h* "an seinem rechten Horn" 1.18:I:10; *ᶜpt šmm* "die Vögel (am) Himmel" 1.22:I:11; *mlk gbl* "der König von Byblos" 4.338:13.15; *b kkr ad̠dd* "(gemessen) mit dem Talent-Maß von Ašdod" 4.709:2 (vgl. *w b kkr ugrt* 4.709:3).
- zeitliche Dimension: *mlk ᶜlmk* "dein ewiges Königtum" 1.2:IV:10; *drkt dt drdrk* "deine immerwährende Herrschaft" 1.2:IV:10; (?) *[š]nt qdm* "(viele) zurückliegende [Jah]re" 2.81:25 (vgl. Dijkstra 1999, 157).

91.338. Genitivus epexegeticus (auch "Genitivus appositionis" genannt): *b ḫmr yn* "von gärendem Wein" 1.23:6 (Subst. *ḫmr* "gärender Wein"; vgl. he. *yên ḥæmær* [Ps 75,9 cj.]); *yrḫ ḫyr* "der Monat Ḫiyaru" 1.105:15&; *[yr]ḫ riš yn* "[der Mon]at *Riš yn*" 4.182:32 (vgl. ebd. Z. 35, 38 und 40 mit anderen Monatsnamen); *b yr[ḫ] pgrm* "im Mon[at] *Pagrūma*" 4.193:1f.6f.; *yrḫ ḫytr* "der Monat *Ḫytr*" RS92.2005:22 (*ḫytr* ist möglicherweise ein Schreibfehler für *ḫyr*) *abn ṣrp* "*Ṣrp*-Stein (= Alaun)" 4.182:10&.

Anm. Auch Pronominalsuffixe am Nomen (sogenannte "Possessivsuffixe") bringen nicht immer ein Besitzverhältnis zum Ausdruck, sondern können auch andere semantische Funktionen haben, vergleichbar denen des Genitivattributs. Hervorzuheben sind Suffixe mit der Funktion eines Genitivus objectivus, wie sie häufig an Partt. begegnen (Beispiele unter §73.431e), z.B. *niṣ-h* "einer, der ihn verachtet" (1.17:I:29) und *mᶜms-h* "einer, der ihn stützt" (1.17:I:30); vgl. ferner: *b ḥbq-h* "wenn er sie umarmt" 1.17:I:40; *sp\r-hn* "die Aufzählung ihrer (Namen)" (1.24:45-46); *mn\t-hn* "die Rezitation ihrer (Namen)" (1.24:46-47); *ksphm* "der für sie bestimmte Sold" (2.17:2); *ksph* "der für ihn zu entrichtende (Preis in) Silber" (4.333:2; 4.341:4 [zahlreiche analoge Ausdrücke in den Wirtschaftstexten]); *mlakty* "die an mich gerichtete Gesandtschaft" (2.33:35).

91.4. Nomen und Präpositionalausdruck

aḥd b bnk "einer von deinen Söhnen" 1.6:I:46 (§82.11; §91.333); *nᶜmt bn aḫt bᶜl* "die lieblichste von Baᶜlus Schwestern" 1.10:II:16 (§82.32; §91.333); *ᶜšr mḫṣm yd lmdhm* "zehn Weber mit ihren Lehrlingen" 4.125:9; ähnl. 4.125:8.

92. Nominale Hauptsätze

92.1. Einleitung und Begriffsklärung

92.11. Sätze können nominaler oder verbaler Natur sein, abhängig von der Wortart des Prädikats. Fungiert ein Nomen, ein Pronomen oder eine nominale Konstruktion (z.B. ein Präpositionalausdruck) als Prädikat, liegt ein Nominalsatz vor. Ist das Prädikat dagegen ein finites Verb, spricht man von einem Verbalsatz. Sätze mit Partizipien als Prädikat werden hier zu den Nominalsätzen gezählt. Sätze mit stativischer Suffixkonjugation oder mit narrativem Infinitiv als Prädikat werden hier als Verbalsätze betrachtet.

92.12. In (komplexen) Satzgefügen wird zwischen Haupt- und Nebensätzen unterschieden. Als Nebensätze gelten dabei Teilsätze, die strukturell abhängig und in den Haupt- bzw. Matrixsatz "eingebettet" sind (vgl. Bußmann 1990, 302). Die Differenzierung zwischen Haupt- und Nebensätzen ist insbesondere in altsem. Sprachen nicht unproblematisch, da logisch abhängige (etwa: finale) Sachverhalte häufig durch formal unabhängige Sätze zum Ausdruck gebracht werden (siehe §97.0). Im Sem. können Haupt- und Nebensätze nominal konstruiert sein.

92.13. Nominalsätze bringen in der Regel statische (zuständliche) Sachverhalte zum Ausdruck. Sie werden in sem. Sprachen vergleichsweise extensiv gebraucht. Im Ug. begegnen sie in Prosatexten deutlich häufiger als in der Poesie, wo weniger als 10% der Sätze nominaler Natur sind.

92.2. Der zweigliedrige Nominalsatz

92.21. Der Standardtyp des ug. Nominalsatzes ist zweigliedrig und setzt sich zusammen aus dem Subjekt (Subj.) und dem Prädikat (Präd.). Als Subj. bzw. Präd. können fungieren: a) ein Nomen: Subst. (einschließlich Verbalsubst./Inf.) oder Adj. (einschließlich Ptz.); b) ein Eigenname; c) ein Pronomen; d) ein Nomen mit Attribut, z.B. eine Konstruktusverbindung; e) ein Adverb oder ein adverbialer Ausdruck, z.B. ein Präpositionalausdruck; f) ein Nebensatz, z.B. ein Relativsatz oder ein mit *k* eingeleiteter Subjekt- oder Objektsatz.

92.22. Welches der Glieder eines (zweigliedrigen) Nominalsatzes als Subj. und welches als Präd. zu identifizeren ist, bereitet in allen sem. Sprachen Probleme. In der modernen Forschung wird die betreffende Unterscheidung vornehmlich nach semantisch-logischen Kriterien getroffen. Das Subj. wird dabei definiert als das Gegebene bzw. Bekannte, das zugleich Ausgangspunkt der Aussage und Mitteilungsgegenstand ist. Als Präd. gilt die neue Information, d.h. das, was über den Mitteilungsgegenstand ausgesagt wird. Anstelle von Subj. und Präd. werden auch die Begriffspaare "Thema - Rhema", "Topik - Kommentar (engl.: topic - comment)" und (gemäß arab. Nationalgrammatik) "Mubtadaʾ - Ḫabar" gebraucht.

In der gesprochenen Sprache ist das Präd. naturgemäß stärker betont als das

Subj., so daß der Intonationsgipfel, d.h. der primäre Satzakzent, auf dem Präd. liegt. Da im Ug. die Intonation nicht überliefert ist, scheidet dieses Kriterium aus. Die Berücksichtigung des größeren Kontextes kann aber helfen, gewisse Glieder als betont und andere als unbetont wahrscheinlich zu machen.

Auch die Wortart der Glieder des Nominalsatzes läßt gewisse Rückschlüsse auf die Identifizierung von Subj. und Präd. zu: Pronomina, insbesondere Personalpronomina treten häufiger als Subj. denn als Präd. auf. Dagegen fungieren Adverbien bzw. adverbiale Ausdrücke häufig als Präd.

Schließlich kann auch die Stellung der Glieder des Nominalsatzes bei der Identifizierung von Subj. und Präd. helfen, da die Folge "S – P" naturgemäß häufiger ist als die Folge "P – S". Statistische Untersuchen zu he. Nominalsätzen lassen vermuten, daß im Nwsem. etwa 2/3 der Fälle die Folge "S – P" und nur etwa 1/3 die Folge "P – S" aufweisen (vgl. GBH § 154f). Der ug. Befund geht damit weitgehend konform (vgl. §92.23).

Lit.: Zur Stellung von Subj. und Präd. in he. Nominalsätzen siehe insbesondere Muraoka (GBH § 154f) und Groß (1996, 53-72); zur gleichen Thematik in den Amarnabriefen aus Kanaan siehe Gianto (1990) und Rainey (CAT 3, 251-280).

92.23. Im folgenden werden – nach dem Kriterium der beteiligten Wortarten bzw. Konstruktionen – diverse Typen von zweigliedrigen Nominalsätzen vorgestellt und durch Textbeispiele beleuchtet. Dabei werden die Satzgliedfolge und die Frage nach logischem Subjekt (S) und Prädikat (P) erörtert. Es läßt sich beobachten, daß die Satzgliedfolge – gerade in der Poesie, wo Variationen der Wortstellung bewußt als Stilmittel eingesetzt werden – variabel ist. Die Folge "S – P" ist jedoch häufiger als die Folge "P – S". Relativ sichere Beispiele der Folge "P – S" werden im folgenden explizit als solche hervorgehoben.

92.231. Zwei Substantive (ohne bzw. mit Attribut / PS):
- *ṣbuk ul mad* "Dein Heer sei eine gewaltige Streitmacht" 1.14:II:35; ähnl. 1.14:IV:15*.
- *(... ˁrbt \ špš) tǵrh \ ršp* "(... ging die Sonne unter, wobei) Rašapu ihr Torwächter war" 1.78:3f. (alt.: "... trat die Sonne in das Tor des Rašapu ein").

92.232. Substantiv und Adjektiv
a. Adjektiv an Zweitposition:
- *špthm mtqtm* "Ihre Lippen waren süß" 1.23:50.
- *w yd \ ilm ... \ ˁz mid* "Und die 'Hand' / 'Hände' der Götter ist/sind ... sehr stark" 2.10:11-13 (§81.11e)
- *sprn ṭhrm* "Unsere/Die Schriftstücke/Schreiber sind rein(?)" 2.39:33.

b. Adjektiv an Erstposition (P – S):
- *abynn! \ [d]nil mt rpi / anḫ ǵzr \ mt hrnmy* "Arm ist [Da]niˀilu, der Rapiˀu-Mann; niedergeschlagen ist der Held, der Mann aus *Hrnm*" 1.17:I:16-18.

92.233. Nomen (ohne bzw. mit PS) und Eigenname (ohne bzw. mit Attribut).
a. Eigenname an Zweitposition:
- *mlkn aliyn bˁl* "Unser König ist der hochmächtige Baˁlu" 1.3:V:32; 1.4:IV:43.
- *k šbyn zb[l ym / (k)] \ šbyn ṯpṭ nhr* "Denn der Fürst Yammu ist unser Gefangener, der Richter Naharu ist unser Gefangener" 1.2:IV:29f. (P – S).

- *spr ilmlk* "Schreiber (des Textes war) PN" 1.4:VIII:49&
- *yph ʿbdilt* ... "Zeuge ist/war PN" 3.8.17 (analog Z. 19 und Z. 21).

b. Eigenname an Erstposition:
- *kṯrm ḥbrk /\ w ḫss dʿtk* "Kôṯaru ist dein Gefährte und Ḫasīsu ist dein Vertrauter" 1.6:VI:49f. (wohl P – S).
- (?) *brqn spr* "Der Schreiber (des Textes) war PN" 3.8:23 (P – S) (alternativ könnte *spr* hier Apposition sein und *brqn* als Zeuge fungieren).
- *w šmmn \ rb* "Und PN ist der Chef" 3.9:11f.

92.234. Nomen (ohne bzw. mit PS) und Pronomen

a. Pronomen an Zweitposition:
- *ʿbdk an* "Ich (bin) dein Sklave" 1.5:II:12 (P – S).
- *p ʿbd an* ... /\ *p ʿbd ank* ... "(Bin) ich denn ein Sklave ...? (Bin) ich denn ein Sklave ...?" 1.4:IV:59f. (zweimal P – S).
- *ʿb[dx] sglth at* "Sein(?) Skla[ve], sein Eigentum bist du" 2.39:3 (P – P – S).

b. Pronomen an Erstposition:
- *at aḫ w an a[ḫtk]* "Du sollst mein Bruder und ich will [deine Schwest]er sein" 1.18:I:24.
- *my lim* ... *my hmlt* "Wer ist (jetzt) das Volk? ... Wer ist (jetzt) die Menschenmenge" (d.h. "... wie wird es dem Volk / der Menschenmenge ergehen?") 1.5:VI:23f. // 1.6:I:6f.
- *mat \ krt* "Was (möchte / hat / ist mit) Keret ...?" 1.14:I:38f. (§44.23).
- *hw ṯʿ nṯʿy / hw nkt nkt* "Dies ist das *ṯʿ*-Opfer, das wir darbringen; dies die Schlachtung, die wir vollziehen" 1.40:24.32f.41* (§74.32, Anm. nach √*šlm*).
- (?) *ht [at] l špš bʿlk* "Nun: [Du] (gehörst) der 'Sonne', deinem Herrn" 2.39:11.

92.235. Nominalphrase und Zahlausdruck

a. Zahlausdruck an Zweitposition:
- *tgmr ksp ṯlṯm \ ṯqlm kbd* "Die Summe an Silber beträgt 32 (Schekel)" 4.156:6f.

b. Zahlausdruck an Erstposition:
- *ṯtm l mit ṯn kbd \ tgmr* "Die Summe (beträgt) 162" 4.173:10f. (P – S).
- *ḫmšm ḫmš \ kbd tgmr \ yn d nkly* "55 (*kd*-Maß) beträgt die Summe an Wein, der aufgebraucht wurde" 4.230:13 (P – S).

92.236. Nominalphrase und Konstruktusverbindung:

a. Konstruktusverbindung an Zweitposition:
- *p npš npš lbim \ thw* "Ist denn mein Schlund (nicht wie) der Schlund des Wüstenlöwen ...?" 1.5:I:14f. // 1.133:2-4.
- *ap \ krt bnm il* "Ist denn Keret der Sohn Ilus ...?" 1.16:I:9f.
- *w šd šd ilm* "Und das Feld ist das Feld der Götter / Ilus" 1.23:13.
- *a[t]tm aṯt il* "Die beiden [Fr]auen werden Ilus Frauen sein" 1.23:42.
- *ḫmšm ṯmn kbd \ tgmr bnš mlk d bd adnʿm* "58 (Personen beträgt) die Summe des königlichen Personals, das dem PN untersteht" 4.141:II:24f. (P – S).

b. Konstruktusverbindung an Erstposition:
- *ḥyt ḥẓt ṯḥmk* "Eine Offenbarung(?) des Schicksals ist dein Ratschluß" 1.3:V:31 // 1.4:IV:42f. (P – S).

- *tgmr \ yṣḥm \ ṯlṯm \ aḥd \ kbd \ bnš mlk* "Die Summe der Bronzierer (beträgt) 31 Bedienstete des Königs" 4.151:II:1-6 (möglw. aber zwei Syntagmen).

Anm. Es gibt vielleicht auch Nominalsätze, die aus zwei Konstruktusverbindungen bestehen. Als mögliches Beispiel kommt das Syntagma *mṯb il mẓll bnh* in Frage (1.3:IV:48f.*; 1.3:V:39f.; 1.4:I:12f.; 1.4:IV:52). Es könnte wie folgt zu übersetzen sein: "Der Wohnsitz Ilus ist das Obdach seiner Kinder" (so etwa TUAT III/6, 1146 u.ö.). Wahrscheinlicher liegen aber zwei (unvollständige) Nominalsätze vor: "(Baᶜlu hat kein Haus ...), (keinen) Wohnsitz (wie) Ilu, (kein) Obdach (wie) dessen Söhne (w.: den Wohnsitz Ilus, das Obdach seiner Söhne)" (vgl. D. Pardee [CS 253 u.ö.]).

92.237. Nominalphrase und Adverb

a. Adverb an Zweitposition:

- *amrr k kbkb l pnm* "Amruru (ging) vorne wie ein (Leit-)Stern" 1.4:IV:17.

b. Adverb an Erstposition:

- *aṯr btlt ᶜnt* "Dahinter/Hinten (folgte) die Jungfrau ᶜAnatu" 1.4:IV:18 (P – S; Parallelkolon mit anderer Satzgliedfolge [§a]).
- *ṯm ṯmq rpu bᶜl* "Dort war PN, der Rapiʾu Baᶜalus" 1.22:I:8 (analog Z. 9f.).
- *i hd* ... "Wo ist Haddu ...?" 1.5:IV:7 (wohl P – S).
- *iy aliyn bᶜl /\ iy zbl bᶜl arṣ* "Wo ist der hochmächtige Baᶜal? Wo ist der Fürst, der Herr der Erde?" 1.6:IV:4f. (wohl P – S).

Anm. Es gibt vielleicht auch Nominalsätze, die aus zwei adverbialen Ausdrücken bestehen, z.B. *ᶜlm kmm* "am folgenden Tag desgleichen / (geschieht) das gleiche" (1.49:7; 1.50:6*; 1.136:13*). Die Syntax ist aber möglicherweise elliptisch (d.h. "Am folgenden Tag ist gleich zu verfahren").

92.238. Nominalphrase und Präpositionalausdruck

a. Präpositionalausdruck an Zweitposition:

- *mṣltm bd nᶜm* "Die Zimbeln waren in der Hand des 'Lieblichen'" 1.3:I:19.
- *ḥkmk ᶜm ᶜlm* "Deine Weisheit währt in Ewigkeit" 1.3:V:30.
- *ᶜn bᶜl qdm ydh* "Das/Die Auge(n) Baᶜlus war(en) vor seiner/n Hand/Händen (d.h. er zielte genau)" 1.4:VII:40.
- *rpim tḥtk* "Die Rapiʾuma sind/seien unter(?) dir" 1.6:VI:46; analog: *mtm \ ᶜdk* "die Toten sind/seien bei dir" 1.6:VI:48f. (P – S; Parallelkola mit umgekehrter Satzgliedfolge [§b]).
- *(km) lb ᶜnt \ aṯr bᶜl* "(So war) das 'Herz' ᶜAnatus hinter Baᶜlu (her)" 1.6:II:8f.
- *kdm šmn bd prn* "zwei *kd*-Maß Öl zu Händen von PN" 4.780:10 (es folgt in Z. 11 ein Nominalsatz mit umgekehrter Satzgliedfolge).
- vgl. *d šbᶜ \ [a]ḫm lh* "(die Dynastie des Königs), die aus sieben [Brü]dern (bestand)" 1.14:I:8f. (nominaler Relativsatz [§97.112]).

b. Präpositionalausdruck an Erstposition:

- *bn ktpm rgm bᶜlh* "zwischen den Schultern ist das Wort seines Herrn" 1.2:I:42.
- *ᶜmk šbᶜt \ ġlmk* ... "Mit dir seien deine sieben Pagen ..." 1.5:V:8f.
- *ᶜmk pdry* ... "Mit dir sei Pidray ..." 1.5:V:10.
- *tḥtk ilnym* "Die Göttlichen sind/seien unter(?) dir" 1.6:VI:47; analog: *ᶜdk ilm* "Bei dir sind/seien die 'Götter' 1.6:VI:48 (Parallelkola mit umgekehrter Satzgliedfolge [§a]).

- *ᶜmn nkl ḫtny* "(Nur) mit Nikkalu ist/sei meine Heirat" 1.24:32 (P – S).
- *bdh ḫṭ ṯkl / bdh \ ḫṭ ulmn* "In seiner (einen) Hand ist der Stab der Kinderlosigkeit; in seiner (anderen) Hand ist der Stab der Witwenschaft" 1.23:8f.
- *b py sp\rhn / b špty mn\thn* "Auf meinem Mund ist die Aufzählung ihrer (Namen), auf meinen Lippen ist die Rezitation ihrer (Namen)" 1.24:45-47.
- *km aḫt ᶜrš mdw* "Wie eine Schwester ist (für dich) das Krankenbett" 1.16:VI:35.50f. (evtl. P – S).
- *bhm qrnm \ km ṯrm* "Bei ihnen gab es Hörner wie (die von) Stieren" 1.12:I:30f. (wohl S - P [P durch weiteren Präpositionalausdruck spezifiziert]).
- *w bhm pn bᶜl* "Und bei ihnen (gab es) das Gesicht des Baᶜlu (d.h. sie trugen die Gesichtszüge des Baᶜlu)" 1.12:I:33.
- *b dmᶜh nhmmt* "Bei seinem Tränenfluß (kam) der Schlummer" 1.14:I:32.
- *bm nšq w hr / b ḥbq ḥmḥmt* "Beim Küssen, da (trat) Empfängnis (ein), beim (innigen) Umarmen Liebesglut(?)" 1.23:51; ähnl. Z. 56 (§83.112b).
- *aṯr ršp ᶜṯtrt* "Nach Rašapu (kommt) ᶜAṯtartu" 1.100:77.
- *bd ᶜzn ṯṯ šmn ...* "zu Händen von PN_2 sechs (*kd*-Maß) Öl" 4.780:11 (wohl P – S; nach Nominalsatz mit umgekehrter Satzgliedfolge in Z. 10).
- *hlny ᶜmny \ kll šlm* "Siehe, bei mir (herrscht) in vollkommener Weise Wohlbefinden" 2.13:9f. (vgl. §45.23c-d); analog: *ṯmny \ ᶜm adtny mnm šlm ...* "Was (es) dort bei unserer Herrin auch immer an Wohlbefinden (gibt) ..." 2.11:14-16 (nominal konstruierter Modalsatz [§97.42a]).

Anm. Mehrere Autoren vertraten die Auffassung, die betreffenden Wendungen seien verbaler Natur, mit *šlm* (jeweils) als SK 3.m.sg. (siehe etwa J.-L. Cunchillos [TOu II, 260]). Da es sich dabei jedoch um Wiedergaben akk. Formulierungen handelt, die eindeutig nominal konstruiert sind, sind diese Auffassungen nicht überzeugend; vgl. akk. *(e/anūma) itti ... (gabba danniš) šulmu* sowie *ašrānu itti ... mīnummê šulmānu/i ṭēma litērūni/šupra/šappara* (dazu Kristensen 1977, 153-156).

92.239. Nominalphrase und (folgendem) Nebensatz
- *aḥdy d ym\lk ᶜl ilm ...* "Ich allein (bin es), der als König über die Götter herrscht ..." 1.4:VII:49f. (wohl P – S; wahrsch. "Spaltsatz" [cleft sentence] mit Fokussierung des Präd.).
- *ṯlṯ yrḫm k m[rṣ] ...* "Drei Monate ist (es schon her), daß er kra[nk ist]" 1.16:II:22 (P – S; vgl. Z. 19f.: *mn yrḫ* "Wieviele Monate ...?").

92.24. Nominalsätze mit zweigliedriger Grundstruktur können durch ein weiteres Satzglied erweitert sein. Häufig handelt es sich dabei um ein indirektes Objekt oder einen (weiteren) adverbialen Ausdruck, meist in Form einer Präpositionalphrase. Illustrative Beispiele:

a. Erweitert durch indirektes Objekt:
- *lm ank \ ksp ...* "Wozu (soll) mir Silber ... (dienen)?" 1.14:III:33f.& (Grundstruktur P – S: *lm ... ksp*).
- *k ksp \ l ᶜbrm zt ...* "Die Oliven waren für die 'Hinübergegangenen' (sc. Totengeister) (so kostbar) wie Silber ..." 1.22:I:14f. (Struktur P – S: *k ksp ... zt*).

b. Erweitert durch (einen weiteren) adverbialen Ausdruck:
- *tḥth k kdrt riš /\ ʿlh k irbym kp* ... "Unter ihr (lagen) die Köpfe wie Bälle, auf ihr die Hände wie Heuschrecken ..." 1.3:II:9f. (Struktur S – P: *tḥth* ... *riš*).
- *ʿzk d̲mrk la\nk ḥtkk nmrtk b tk \ ugrt l ymt špš w yrḫ \ w nʿmt šnt il* "Deine Kraft, deine Macht, deine Gewalt, deine Herrschaft (und) dein heller Glanz seien inmitten von Ugarit während (all) der Tage der 'Sonne' und des Mondes und der lieblichen Jahre Ilus" 1.108:24-27 (Struktur S – P: *ʿzk* ... *l ymt špš* ... oder *ʿzk* ... *b tk ugrt*).

c. Erweitert durch ein Pronomen:
- *šmk at ygrš/aymr* "*Dein* Name (lautet) PN" 1.2:IV:11f.19. — Es handelt sich um einen zweigliedrigen Nominalsatz mit der Grundstruktur S – P (*šmk* ... *ygrš/aymr*). Das PPr *at* ist nicht als Kopula eines dreigliedrigen Nominalsatzes zu betrachten, sondern dient zur Verstärkung des PS *-k* am Subj. (§41.131f).

92.3. Der dreigliedrige Nominalsatz

Nominalsätze, die neben Subj. und Präd. noch ein weiteres eigenständiges Satzglied besitzen, das keine semantische Erweiterung oder Spezifizierung zu Subj. oder Präd. zum Ausdruck bringt, werden als dreigliedrige Nominalsätze bezeichnet. Da in der Vergangenheit die (nicht korrekte) Auffassung vertreten wurde, das betreffende dritte Satzglied diene zur Verknüpfung von Subj. und Präd., wird dieses in der Literatur auch "Kopula" genannt.

Klassische dreigliedrige Nominalsätze jüngerer nwsem. Sprachen besitzen ein Personal- oder Demonstrativpronomen als "Kopula", z.B. he. *YHWH hûʾ hāʾælohîm* "YHWH ist der (wahre) Gott" (1 Kön 18,39). Nominalsätze dieses Typs sind im Ug. nicht nachweisbar (vgl. §41.131f und §92.24c). Sie scheinen sprachhistorisch jung zu sein.

Als dreigliedrig können im Ug. – unter Vorbehalt – nur Nominalsätze bezeichnet werden, welche die Satzpartikeln *it̲* bzw. *in* (mit Varianten) enthalten. Entsprechende Textbeispiele sind unter §88.1-2 aufgelistet. Dabei ist zu beachten, daß *it̲* im Ug. auch verbal gebraucht werden kann (§88.1a) und daß das Lexem *in* zugleich als Negation fungiert. *it̲* und *in* sind somit keine einfachen Bindeglieder von Subj. und Präd., sondern fügen dem Satz die Nuance der Existenz bzw. Nicht-Existenz hinzu.

Sätze mit einer Verbalform der Wurzel √*kwn* "sein" als Präd., sind Verbalsätze, auch wenn sie semantisch Nominalsätzen entsprechen können.

92.4. Eingliedrige Nominalphrasen

92.41. Nominale Phrasen, die nicht nebeneinander Subj. *und* Präd., sondern nur eines dieser beiden Glieder besitzen, werden hier als eingliedrige Nominalphrasen bezeichnet. Entsprechend der Definition von §92.22 handelt es sich bei dem betreffenden Satzglied um das Präd., da es in jedem Fall eine neue Information enthält. In einigen dieser Syntagmen ist ein bestimmtes Subj. logisch zu ergänzen, andere bestehen logisch von Hause aus nur aus einem Glied. Einige (wenige) Syntagmen können als vollständige Sätze betrachtet werden; die Mehrzahl ist jedoch inhaltlich unvollständig. Syntagmen des letzteren Typs sind insbesondere in Wirtschaftstexten verbreitet ("Stichwortstil").

Auch eingliedrige Nominalphrasen können durch ein weiteres Satzglied erweitert sein, das weder als Subj. noch als Präd. fungiert. Häufig handelt es sich dabei um ein indirektes Objekt oder einen adverbialen Ausdruck, meist in Form einer Präpositionalphrase.

92.42. Unerweiterte eingliedrige Nominalphrasen begegnen häufig

a. in Textüberschriften. Beispiele: *mrzḥ* "Marziḥu-Club" 3.9:1; *bdlm* "Ersatzleute" 4.232:42&; *miḫdy[m]* "Personen aus ON" 4.383:1; *spr argmnm* "Tributliste" 4.369:1; *spr ᶜrbnm* "Liste von Bürgen" 3.3:1; *l bᶜl* "zum Baᶜlu-Zyklus gehörig(er Text)" 1.6:I:1.

b. in listenhaften Texten (etwa in Auflistungen von Eigennamen, Arbeitern, Berufen und Waffen).

c. in Ausrufen, z.B. *šlm* "Heil!" 1.161:31 (es folgen erweiterte Nominalphrasen: *šlm ᶜmr[pi]* ... "Heil dem [König] ᶜAmmurapiˀ ..."; alternativ könnte *šlm* aber auch Glied des folgenden Satzes sein: *šlm šlm ᶜmr[pi]* ... "Heil, Heil dem [König] ᶜAmmurapiˀ ..."; vgl. §92.32c).

d. Vgl. ferner: *krt yḫṯ w ḥlm /\ ᶜbd il w hdrt* "Keret erwachte und (siehe es war) ein Traum, der Diener Ilus (erwachte) und (siehe) es war eine Vision(?)" 1.14:III:50f. (*ḥlm* und *hdrt* stellen eingliedrige Nominalphrasen dar).

SV. Vgl. he. *wayyîqaṣ parᶜoh wᵉhinneh ḥᵃlôm* "Der Pharao erwachte: Und siehe, es war ein Traum" (Gen 41,7; Nominalsatz mit Präsentationspartikel *hinneh*).

92.43. Erweiterte eingliedrige Nominalphrasen begegnen häufig

a. in Opferanweisungen (innerhalb von Ritualtexten)

- mit Angabe des Empfängers: *ṯn alp[m w] ṯn \ šm l ilib* "zwei Rind[er und] zwei Schafe für Ilˀibu" 1.162:5f.; *l i!l š \ l bᶜl š* ... "für Ilu ein Schaf, für Baᶜlu ein Schaf ..." 1.162:7f. — Es gibt zahlreiche ähnliche Formulierungen in Ritualtexten. Meist wird der Opferempfänger vor der Opfermaterie genannt. Anstelle von "*l* + GN" kann auch "GN + (hurr. Endung) *-d*" stehen (z.B. *ṯn šm \ ḫbtd* "zwei Schafe für Ḫebat" 1.132:13f.; häufig mit umgekehrter Satzgliedfolge). Daneben sind häufig auch Formulierungen ohne Präp. *l* bezeugt (z.B. 1.109:12ff.: *ilib \ gdlt \ il š \ bᶜl š* ... "[für] Ilˀibu eine Kuh, [für] Ilu ein Schaf, [für] Baᶜlu ein Schaf ...").
- mit Angabe der Zeit: *gdlt b ṯmn gn* "eine Kuh am achten (Tag) des (Monats) Gunu" 1.106:18; *l pn \ ll ᶜṣrmm* "vor der Nacht noch (zwei) Vögel" 1.132:16f.

b. in Wirtschaftstexten: *aṯt aḫt b bt iwrpz* "eine Frau im Haus des PN" 4.102:10; *[š]d bn ṣnrn bd nrn* "(ein) [Fe]ld von PN_1 (geht über) in den Besitz von PN_2" 4.103:8; *tšᶜ ṣmdm \ ṯlṯm bd \ ibrtlm* "neun Paar Bronzebecken(?) zu Händen von PN" 4.136:1-3.

c. Vgl. ferner: *šlm mlk / šlm mlkt* ... "Heil dem König, Heil der Königin ...!" 1.23:7; ähnl. 1.23:26f., 1.123:28-30.33 und 1.161:31-34 (Z. 33f.: ... *šlm ugrt \ šlm ṯġrh* "... Heil [der Stadt] Ugarit, Heil seinen Toren!").

92.5. Weitere Beobachtungen

92.51. Zur logisch-semantischen Beziehung zwischen Subjekt und Prädikat

Subj. und Präd. stehen in einer logisch-semantischen Beziehung zueinander. Diese kann identifizierenden oder deskriptiven Charakter haben. Ein Nominalsatz ist identifizierend, wenn er als Antwort auf die Frage "wer / welcher ist ...?", deskriptiv, wenn er als Antwort auf die Frage "was / von welcher Art ist ..." verstanden werden kann.

Eindeutige Beispiele für identifizierende Nominalsätze sind: *mlkn aliyn bʿl* "Der mächtige Baʿlu (und niemand sonst) ist unser König" 1.3:V:32; 1.4:IV:43; *aḫdy d ym\lk ʿl ilm* ... "Ich allein bin es, der als König über die Götter herrscht ..." 1.4:VII:49f.

Häufiger sind deskriptive Nominalsätze. Beispiele: *špthm mtqtm* "Ihre Lippen waren süß" 1.23:50; *ḥyt ḥẓt ṯḥmk* "Dein Ratschluß ist (wie) eine Offenbarung(?) des Schicksals" 1.3:V:31 // 1.4:IV:42f.

92.52. Zur Modalität von Nominalsätzen

Nominalsätze sind hinsichtlich ihrer Modalität nicht festgelegt. Sie können nominale Aussagen und Behauptungen (d.h. Nuancen des indikativischen Modus), aber auch Wünsche und Aufforderungen (d.h. Nuancen des volitivischen Modus) zum Ausdruck bringen, ohne daß diese Nuancen spezifisch markiert sind. Die jeweils gemeinte Modalität läßt sich nur dem Kontext entnehmen, z.B. *at aḫ w an a[ḫtk]* "Du sollst mein Bruder, ich aber will [deine Schwest]er sein!" (1.18:I:24). Zu weiteren Beispielen für Nominalsätze des volitivischen Modus siehe *§*77.37.

92.53. Nominale Fragesätze

Nominalsätze können auch fragenden Charakter haben. Wie bei Fragesätzen allgemein, kann dabei unterschieden werden zwischen Entscheidungs-, Alternativ- und Ergänzungsfragen (vgl. *§*93.52).

92.531. Entscheidungsfragen sind unmarkiert. Beispiele:
- *p ʿbd an* ... /\ *p ʿbd ank* ... "(Bin) ich denn ein Sklave ...? (Bin) ich denn ein Sklave ...?" 1.4:IV:59f.
- *ap \ krt bnm il* "Ist denn Keret der Sohn Ilus ...?" 1.16:I:9f.
- *bl iṯ bn lh k!m aḫh / w šrš \ km aryh* "Soll es für ihn nicht einen Sohn geben wie (für) seine Brüder, einen Sproß wie (für) seine Verwandten?" 1.17:I:20f.

92.532. Alternativfragen enthalten die Konj. *hm* (*§*83.142). Als möglicher Beleg kommt in Frage:
- *p npš npš lbim \ thw / hm brlt anḫr \ b ym* ... "Ist denn mein Schlund (nicht wie) der Schlund des Steppenlöwen oder wie der Rachen des Schwertwals im Meer ..." 1.5:I:14-16 (an der Parallelstelle, 1.133:2ff., wird statt des ersten *hm* die Konj. *w* gebraucht; z. Disk. siehe *§*83.142c).

92.533. Nominale Ergänzungsfragen (bzw. Wortfragen) sind durch ein Fragepronomen oder ein Frageadverb eingeleitet. Beispiele:
- *my lim* ... *my hmlt* "Was wird (jetzt) aus dem Volk? ... Was wird aus der Menschenmenge" 1.5:VI:23f. // 1.6:I:6f.
- *iy aliyn bˁl* /\ *iy zbl bˁl arṣ* "Wo ist der hochmächtige Baˁal? Wo ist der Fürst, der Herr der Erde?" 1.6:IV:4f.; ähnl. 1.5:IV:7.
- *lm ank* \ *ksp* ... "Wozu (soll) mir Silber ... (dienen)?" 1.14:III:33f.&

92.54. Zur Negierung von Nominalsätzen

Zur Negierung von Nominalsätzen dient zum einen die Negation *bl* (§87.3, bes. §87.32), weitaus häufiger jedoch die Partikel *in* und deren Varianten (§88.2). Die Negation *l* scheint nicht zur Negierung von Nominalsätzen gebraucht zu werden (siehe §87.1).

93. Verbale Hauptsätze

93.1. Einleitung

Satzgliedketten, die an einer beliebigen Position ein Verbum finitum enthalten, gelten als Verbalsätze (vgl. Groß 1996, 16). Zu den Verbalsätzen werden hier ferner Satzgliedketten mit einem narrativen Infinitiv als Prädikat gezählt, der im Ug. wie eine finite Verbalform fungieren kann (siehe §73.531).

Verbalsätze bringen bei einem Handlungsverb als Prädikat fientisch-dynamische Sachverhalte (Handlungen, Ereignisse, Prozesse usw.) zum Ausdruck. Sie können aber – ähnlich wie Nominalsätze – auch statisch-zuständliche Sachverhalte ausdrücken, wenn ihr Prädikat ein Verb mit entsprechender Bedeutung (d.h. ein Zustandsverb) ist. Zur letzteren Gruppe zählen im Ug. unter anderem Sätze mit stativischer Suffixkonjugation (§76.55).

Anm. Der Begriff "zusammengesetzter Nominalsatz" für einen Satz mit verbalem Prädikat bei Voranstellung des Subjekts wird hier nicht verwendet.

93.2. Satzglieder

Der Verbalsatz kann diverse Satzglieder umfassen, die sich syntaktisch wie folgt kategorisieren lassen: 1. das verbale Prädikat; 2. sämtliche durch die Verbvalenz geforderten Ergänzungen; 3. freie adverbiale Angaben (auch "Circumstanten" genannt); 4. andere Satzglieder (Konjunktionen u.a.).

Die wichtigste Konstituente ist das verbale Prädikat. Die Zahl der Ergänzungen ist abhängig von der syntaktischen Valenz des verbalen Prädikats (§93.3). Die wichtigsten Ergänzungen sind: a) Subjekt (= S[ubj.]; es kongruiert mit dem verbalen Prädikat nach Numerus, Genus und Person); b) direktes Objekt (= O[bj.]); c) indirektes Objekt; d) Präpositionalobjekt.

Das Subj. wird im Ug. – wie allgemein in sem. Sprachen – häufig nicht explizit genannt, auch nicht in Form eines stellvertretenden Personalpronomens, da die zugrundeliegende Person durch die Personalaffixe der finiten Verbalform eindeutig markiert ist (z.B. *ṯṭbḫ imr* "Sie schlachtete ein Lamm" 1.16:VI:20).

93.3. Verbvalenz

Unter der syntaktischen Verbvalenz ist die obligatorische oder fakultative Besetzung von Leerstellen in einer vom Verb als Valenzträger her geforderten Zahl und Art zu verstehen. Demnach sind drei Hauptkategorien von Verben zu unterscheiden: monovalente Verben (Verben, die nur ein Subj., aber kein Obj. regieren), bivalente Verben (Verben mit einem Obj.) und trivalente Verben (Verben mit zwei Objj.). Daneben gibt es auch Verben, die mit einem valenzmäßig geforderten Präpositionalobjekt oder einer anderen adverbialen Bestimmung konstruiert werden. Im folgenden werden die genannten Kategorien näher betrachtet und durch Beispiele beleuchtet.

93.31. Monovalente Verben

Monovalente Verben sind gleichbedeutend mit intransitiven Verben. Hierzu zählen a) alle Zustandsverben sowie b) bestimmte Handlungsverben ohne Objektrektion, etwa Verben der Bewegung und des Sprechens.

a. Beispiele für monovalente Zustandsverben:
- *rbt ilm l ḥkmt* "Du bist groß, o Ilu, du bist fürwahr weise" 1.4:V:3.
- *umt \ [krt] ʿrwt* "die Sippe [Kerets] war entblößt/nackt" 1.14:I:16f.
- *yšmḫ aliyn bʿl* "Da freute sich der hochmächtige Baʿlu" 1.10:III:37.
- *ṯtʿ y\dd il ǵzr* "Da hatte der Geliebte Ilus, der Held, Angst" 1.6:VI:30f.
- *bʿl yṯb k ṯbt ǵr / hd r[bṣ] \ k mdb* "Baʿlu saß (da) entsprechend dem 'Sitzen' eines Berges, Haddu ru[hte] entsprechend einer Flut(?)" 1.101:1f.
- *aṯbn ank w anḫn* "Ich kann mich hinsetzen und zur Ruhe kommen" 1.6:III:18.

b. Beispiele für monovalente Handlungsverben:
- *aṯr ṯn ṯn hlk* "Nach zweien gingen (wiederum) zwei" 1.14:IV:19; vgl. 1.14:II:41.
- *w b ḥlmh \ il yrd* "Und in seinem Traum stieg Ilu herab" 1.14:I:35f. (√*yrd* wird sonst meist mit Präp. *l* zur Angabe der Richtung konstruiert).
- *ytbʿ yṣb ǵlm* "Der Jüngling Yaṣṣibu erhob sich" 1.16:VI:39.
- *w yʿn kṯr w ḫss* "Und es antwortete Kôṯaru-wa-Ḫasīsu" 1.1:III:17.
- ... *w yšn* "... da schlief er ein" 1.14:I:31.
- *bn nšrm arḫp an[k]* "Zwischen den Adlern werde ic[h] flattern" 1.18:IV:21.
- *mid tmtḫṣn* ... \ ... *tḫtṣb* ... *ʿnt* "Gar sehr kämpfte sie ... lieferte sie sich eine Schlacht, (die Göttin) ʿAnatu" 1.3:II:23f. (Gt-PK).
- *tbrk ilm tity* "Die Götter gaben den Segen und gingen (weg)" 1.15:III:17 (√*brk* wird sonst meist mit direktem Obj. konstruiert, z.B. 1.15:II:18-20).
- *ybky \ w yšnn* "... (wobei) er weinte und mit den Zähnen knirschte" 1.16:I:12f.
- *yrtḥṣ w yadm* "Er wusch sich und schminkte sich rot" 1.14:III:52; ähnl. 1.14:II:9 (Gt- und N-PK mit reflexiven Nuancen).

93.32. Bivalente Verben

Verben, die (nur) ein Objekt regieren, werden als bivalent oder (einfach-)transitiv bezeichnet. In der Regel handelt es sich dabei im Ug. um ein sogenanntes direktes Objekt, das im Passiv als Subjekt erscheinen kann. Indirekte Objekte werden im Ug. meist durch Präpositionalphrasen (= Präp.phrasen) ausgedrückt (§93.34). Beispiele:

- *tšu ilm rašthm* "Die Götter erhoben ihre Häupter" 1.2:I:29.
- *tmḫṣ lim ḫp ym /\ tṣmt adm ṣat špš* "Sie erschlug das Volk des Meeresstrandes, vernichtete die Menschen des Sonnenaufgangs" 1.3:II:7f.
- *yiḫd bʿl bn aṯrt* "Baʿlu packte die Söhne der Aṯiratu" 1.6:V:1 (√ʾḫd wird sonst auch mit Präp. *b* konstruiert [1.11:1.2]).
- *yʿn ḥtkh \ krt* "Es sah Keret seine Herrschaft" 1.14:I:21f.
- *ṭṭbḫ imr* "Sie schlachtete ein Lamm" 1.16:VI:20.
- *tsad tkbd hmt* "Sie stärkte (und) ehrte sie" 1.17:VI:30.
- *šlḥm ššqy \ ilm* "Gib den Göttern zu essen (und) zu trinken!" 1.17:V:19f. (viele ähnliche Formulierungen in der Epik [Kausative zu √*lḥm* und √*šqy*]).
- *k irby \ tškn šd* "Wie Heuschrecken sollen sie das Feld belagern" 1.14:II:50f.; ähnl. 1.14:IV:29f. (√*škn* wird sonst im Zsem. auch intransitiv gebraucht).

93.33. Trivalente Verben

Als trivalent gelten sogenannte doppelt-transitive Verben. Es handelt dabei entweder um Verben mit direktem und indirektem Objekt oder um Verben mit zwei direkten Objekten. Ob das zweite Objekt als direktes oder als indirektes zu betrachten ist, läßt sich im Ug. meist nicht sicher entscheiden (nur durch Präpositionalphrasen ausgedrückte Objekte sind eindeutig indirekter Natur). Im folgenden wird deshalb auf diese Differenzierung weitgehend verzichtet.

Doppelt-transitiv können im Sem. a) bestimmte Verben (des Grundstamms) konstruiert werden, die von ihrer lexikalischen Grundbedeutung her Nuancen des Gebens, Ausstattens, (zu etwas anderem) Machens/Verwandelns, (mit etwas anderem) Zusammenlegens/Vermischens, Sich-Bekleidens, Mitteilens (u.ä.) ausdrücken, sowie b) eine Reihe von Verbalformen abgeleiteter Verbalstämme mit kausativer Bedeutung. Trivalenz ist im Sem. allgemein nicht sehr häufig.

a. Beispiele für doppelt-transitive Verbalformen des Grundstamms:

- *hlm ktp zbl ym / bn ydm \ [tp]ṭ nhr* "Schlage den Fürsten Yammu (auf) die Schulter(n), den Richter Naharu (auf die Stelle) zwischen den (beiden) Armen!" 1.2:IV:14f.; analoge Konstruktion in 1.2:IV:16f. (die Form *ydm* [St.abs.] zeigt, daß √*hlm* hier doppelt-transitiv konstruiert wird).
- *hlm qdq\d zbl ym / bn ʿnm ṯpṭ nhr* "Schlage den Fürsten Yammu auf den Schädel, den Richter Naharu auf (die Stelle) zwischen den beiden Augen" 1.2:IV:21f.; analoge Konstruktion in 1.2:IV:24f. (die Form *ʿnm* [St.abs.] zeigt, daß √*hlm* hier doppelt-transitiv konstruiert wird).
- *hlmn ṯnm qdqd /\ ṯlṯid ʿl udn* "Schlage ihn zweimal auf den Schädel, dreimal auf das Ohr!" 1.18:IV:22f.; analoge Formulierung in 1.19:II:29f. (§73.634).

- *lpš yks mizrtm* "Als Bekleidung zog er sich einen Lendenschurz an" 1.5:VI:16; ähnl. 1.5:VI:31*.
- (?) *at(m) w ank ibġyh* "Dir (allein) will ich es offenbaren" 1.3:III:28 // 1.1:III:16* (zu alternativen Deutungen von *at(m)* siehe §41.112.3, Anm.).
- *ap mṯn rgmm \ argmk* "Noch eine zweite Sache möchte ich dir sagen" 1.4:I:19f. (sicher direktes und indirektes Obj.; das indirekte Objekt wird sonst durch eine *l*-Präp.phrase ausgedrückt [§93.341-2]).
- (?) *hm ḥry bty \ iqḥ* ... "Falls ich Ḥurraya in mein Haus mitnehmen/führen kann" 1.14:IV:40f.; ähnl. 1.15:II:21f. (jeweils // √ʿrb Š; beim zweiten Objekt könnte es sich um eine freie adverbiale Angabe handeln [vgl. §54.133.2c]).
- (?) *p hn aḫym ytn bʿl \ s'puy / bnm umy klyy* "Siehe doch, meine eigenen Brüder hat Baʿlu mir zur Speisung gegeben, die Söhne meiner Mutter (hat er) mir zum Verzehr (gegeben)" 1.6:VI:10f.; ähnl. 1.6:VI:14-16 (die Nomina *spuy* und *klyy* stehen aber wahrsch. nicht im Ak., sondern im Lok. [§54.423f]).
- *[i]rš ksp w atnk /\ [ḫrṣ w aš]lḥk* "[Wün]sche (dir) Silber, und ich werde (es) dir geben, [Gold, und ich we]rde (es) dir aushändigen" 1.17:VI:17f. (indirekter Hinweis auf die Trivalenz von √ytn und auch √šlḥ D).
- (?) *w tn qštk ʿm \ [btlt] ʿn[t] / qṣʿtk ybmt limm* "Aber gib deinen Bogen der [Jungfrau] ʿAna[tu], dein Krummholz der Schwägerin des Liʾmu(?)" 1.17:VI:18f. (evtl. doppelt-transitive Konstruktion im zweiten Kolon; *ybmt limm* könnte aber auch elliptisch für **ʿm ybmt limm* stehen).
- (?) *uzr ilm ylḥm / uzr yšqy bn qdš* "*uzr* gab er den Göttern zu essen; *uzr* gab er den Söhnen der Qudšu zu trinken" 1.17:I:2-3*.7-8*.9-11*.12-13*; ähnl. 1.17:I:21f. (*uzr* ist wahrsch. Obj.; siehe §73.245.2 und §73.422.1, Anm.).
- (?) *mt uḫryt mh yqḥ /\ mh yqḥ mt aṯryt* "Was erlangt der Mensch als letztes Schicksal / am Ende; was erlangt der Mensch als letztes Los / am Schluß?" 1.17:VI:35f. (*uḫryt* und *aṯryt* könnten Adverbiale sein).
- (?) *bnm w bnt ytnk* "Söhne und Töchter wird er dir geben" 2.2:9.
- (?) *w pdy.h[m] \ iwrkl mit \ ksp* "Und Iwrikalli kaufte s[ie] für/mittels 100 (Schekel) Silber los" 3.4:12-14.

Vgl. ferner folgende Passivkonstruktionen, die von trivalenten Verben zeugen:
- *šʿr klb \ w ... \ yšt aḥdh dm zt ḫrpn!* "Hundshaar und ... ist zusammenzumischen mit herbstlichem Olivensaft" 1.114:29-31 (Trivalenz von √šyt).
- *ikm yrgm bn il \ krt* "Wie kann denn Keret Sohn Ilus genannt werden?" 1.16:I:20f. (Trivalenz von √rgm).

Anm. Möglicherweise wird auch √ʾrš (G) im Ausdruck *mh taršn* "was wünschst du (dir)?" (1.3:V:28; 1.6:II:14) doppelt-transitiv gebraucht (§33.432b).

b. Beispiele für doppelt-transitive Verbalformen des D-Stamms:
- *[ ]r almdk ṣ/l[d(?)]* "... ich will dich das Ja[gen(?)] lehren" 1.18:I:29.
- (?) *w yq[r] \ dbḥ ilm* "Er brachte den Göttern ein Opfer dar" 1.19:IV:22f. — √qry D wird hier offenbar doppelt-transitiv konstruiert. Eine andere Konstruktion liegt jedoch in 1.19:IV:29 vor: *qrym ab dbḥ l ilm* "Mein Vater hat den Göttern ein Opfer dargebracht". Ist der Wortlaut von Z. 23 zu *dbḥ* <*l*> *ilm* emendieren, oder liegt eine bewußte syntaktische Variation vor?

- *aqrbk abh bˁl* "Ich will dich (nahe) zu ihrem Vater Baˁlu hinführen" 1.24:27.

Anm. Ein weiterer Beleg könnte in 1.16:V:28 vorliegen (√*mlʾ* D): *rḥt[h ṯit] ymlu* "[Seine(?)] Handflächen füllte er mit Schlamm". Die genannte Lesung ist aber wahrscheinlich nicht korrekt. Es dürfte *rḥ[tm rt] ymll*? zu lesen sein (d.h. "Mit den (beiden) Hand[flächen] knetete er [Lehm]"); siehe §74.412.27, √*mlʾ*, Anm.

c. Doppelt-transitive Verbalformen des Š-Stamms:
- *špq ilm krm yn ...* "Er reichte den Widdergöttern Wein dar ..." 1.4:VI:47 (analoge Formulierungen in den folgenden Textzeilen).
- *al[iyn bˁ]l šlbšn \ ip[d]* "Der hoch[mächtige Baˁ]lu bekleidete ihn(?) mit einem *ipd*-Gewand" 1.5:V:23f. (§73.634).
- *ašhlk šbtk [dmm] \ šbt dqnk mmˁm* "Ich werde dein graues Haar [von Blut] überfließen lassen, das graue Haar deines Bartes von Blutgerinsel" 1.3:V:24f. // 1.18:I:11*f.; ähnl. 1.3:V:2*f.
- *šškn \ mgn rbt aṯrt ym /\ mġẓ qnyt ilm* "Versorge die Aṯiratu des Meeres mit einem Geschenk, die Erschafferin der Götter mit einer Gabe!" 1.4:I:20-22.
- *ašsprk ˁm bˁl \ šnt* "Ich lasse dich mit Baˁlu die Jahre zählen" 1.17:VI:28f.
- *[ġ]lmt tšˁrb \ ḥẓrk* "die junge Frau, die du in deine Wohnstatt hineinführtest" 1.15:II:22f.; ähnl. 1.14:IV:41f. (jeweils // √*lqḥ* G mit Trivalenz).
- (?) *hn ksp d ššˁn* "siehe das Silber, das er mir(?) bezahlt hat / das er mich bezahlen ließ" 2.81:24 (Kontext abgebrochen).

93.34. Verben mit adverbialen Ergänzungen

Zahlreiche ug. Verbalsätze enthalten adverbiale Bestimmungen, meist in Form von Präpositionalphrasen. Es gilt dabei zu unterscheiden zwischen verbvalenzmäßig notwendigen und freien Adverbialen (Circumstanten). Die betreffenden Kategorien lassen sich im Ug. jedoch häufig nicht sicher differenzieren.

93.341. Beispiele für Verben mit indirektem Objekt (in Dativfunktion) in Form einer Präpositionalphrase (ohne direktes Objekt):

- *w hn ibm šṣq ly* "Und siehe, der Feind hat mir hart zugesetzt(?)" 2.33:27.
- *w rgm l btlt ˁnt /\ ṯny l ymmt limm* "Und sagt der Jungfrau ˁAnatu, wiederholt der Schwägerin des Liʾmu(?)" 1.3:III:11f. (viele analoge Konstruktionen in der Epik); vgl. folgende Passivkonstruktion: *l yrgm l aliyn bˁl* "Es soll dem hochmächtigen Baˁlu fürwahr (folgendes) mitgeteilt werden" 1.4:V:12. — Die gleiche Nuance kann im Ug. auch mit dat. OS konstruiert werden: *argmk* "ich will (es) dir sagen" 1.3:III:21 und 1.3:IV:13 (jeweils // *aṯnyk* "ich will [es] dir 'wiederholen'") sowie 1.4:I:20. Zu √*rgm* mit anderer Valenz siehe §93.351.

93.342. Beispiele für Verben mit direktem Objekt und indirektem Objekt in Form einer Präpositionalphrase (das direkte Objekt steht gewöhnlich voran):

- *w tn qštk ˁm \ [btlt] ˁn[t]* "... aber gib deinen Bogen der [Jungfrau] ˁAna[tu]" 1.17:VI:18f.
- *qrym ab dbḥ l ilm* "Mein Vater hat den Göttern ein Opfer dargebracht" 1.19:IV:29 (dagegen √*qry* mit Trivalenz in 1.19:IV:22f. [§93.33b]).

- *w ṯṯb \ mlakm lh* "Schicke du dann Boten zu ihm zurück!" 1.14:III:32f.
- *yᶜdb lḥm lh* "... er legte ihm Speise/Fleisch hin" 1.114:7.
- *p rgm \ l mlk šmy* "und nenne(?) dem König meinen Namen" 2.14:12f. (daneben auch Konstruktion mit dat. OS, z.B. 1.4:I:19f.: *ap mṯn rgmm \ argmk* "Noch eine zweite Sache möchte ich dir sagen").
- *w rgm \ ṯṯb l aḫk \ l adnk* "Und schicke deinem Bruder (und) Herrn eine Briefbotschaft zurück!" 2.14:17-19; ähnl. 2.38:9; 2.64:19f.
- *lm škn hnk \ l ᶜbdh alpm ššwm* "Warum hat er dort(?) für seinen Diener 2000 Pferde bereitgestellt?" 2.33:23f. (alternative Deutung unter *§*42.5).
- *w ytn.hm lk* "Und er gab sie dir" 2.45:21.
- *štn ᶜ/tzn aḥd ly* "PN hat mir ein (*lg*-Maß Parfüm) ausgehändigt" 5.10:9.

93.343. Beispiele für Verben (ohne direktes Objekt) mit Adverbial (meist Präpositionalphrase), das nicht als indirektes Objekt fungiert:

a. Verben der Bewegung:
- *√hlk*: *ybnn hlk \ ᶜm mlk amr* "PN ist zum König von Amurru gegangen" 2.72:25f. (*√hlk* begegnet häufig auch ohne Erweiterung, z.B. 1.14:II:39.41, 1.14:III:2, 1.14:IV:17.19.31).
- *√ᶜrb*: *yᶜrb b ḥdrh ybky* "Er trat in seine Kammer, um zu weinen" 1.14:I:26 (analoge Konstruktion in 1.14:II:12* und 1.14:III:55); *ᶜl \ abh yᶜrb*[!] "Er trat hinein zu seinem Vater Keret" 1.16:I:11f. // 1.16:VI:39f. (*√ᶜrb* ist auch mit dem Ak. der Richtung belegt, z.B. 1.91:10f. [*§*54.133.2c]).
- *√bwʾ*: *ᶜl krt tbun* "Sie traten zu Keret hin" 1.15:VI:6; *agrtn bat b ḏḏk / [pġt] \ bat b hlm* "Die, die uns dingt ist in dein Lager(?) gekommen; [Puġatu] ist zu den Zelten gekommen" 1.19:IV:51f. (*√bwʾ* wird sonst meist mit dem Ak. der Richtung konstruiert, z.B. 1.3:V:7, 1.6:I:34f., 1.15:IV:21, 1.16:VI:3 u.ö. [*§*54.133.2c]; in 1.16:VI:4 und 1.100:73 begegnet *√bwʾ* ohne Erweiterung).
- *√mġy*: *ᶜnt l bth tmġyn* "ᶜAnatu kam zu ihrem Haus" 1.3:II:17 (viele analoge Konstruktionen in der Epik). — *√mġy* wird bisweilen jedoch auch mit Ak. konstruiert, z.B. in 1.6:I:59-61 (*§*54.133.2c) und 2.2:8; ferner begegnet *√mġy* im Sinne von "kommen, herkommen" auch ohne Erweiterung, z.B. 1.2:I:30, 1.3:III:36, 1.4:II:22f., 1.4:III:23f., 1.4:IV:31 (u.ö.).

b. Andere Verben:
- *... w yiḫd b qrb[ ] /\ ... w tiḫd b ušk* "... er hielt (ihre) 'Mitte' [...] (sc. Vagina) fest ... und sie hielt (seine) Hoden fest" 1.11:1f. (*√ʾḫd* wird sonst transitiv konstruiert [z.B. 1.6:V:1]; vgl. auch 1.6:II:9f. und 1.101:16f. [*§*93.344.]).
- *yᶜdb u ymn \ u šmal b phm* "Sie stopften rechts und links (Nahrung) in ihrer Mäuler" 1.23:63f.
- *ap yṣb yṯb b hkl* "Auch Yaṣṣibu thronte im Palast" 1.16:VI:25 (*√yṯb* ist auch ohne Adverbial belegt, z.B. 1.2:I:20f. und 1.101:1).
- *b hm ygᶜr ṯġr \ bt il* "Es schalt sie der Torwächter des Hauses Ilus" 1.114:11f.
- *ymlu \ lbh b šmḫt* "Ihr Herz füllte sich mit Freude" 1.3:II:25f.
- *yṯb \ l hdm* "Er setzte sich auf den Schemel" 1.5:VI:12f.
- *škb \ ᶜmnh šbᶜ l šbᶜm* "Er schlief mit ihr siebenundsiebzig Mal" 1.5:V:19f.

Anm. Es sind auch entsprechende Konstruktionen mit zwei Adverbialen belegt, z.B. *w l hdm yṯb \ l arṣ* "und vom Schemel (herabgestiegen) setzte er sich auf den Boden" 1.5:VI:13f. (möglw. elliptisch für *w yrd l hdm yṯb l arṣ*).

93.344. Beispiele für transitive Verben mit direktem Objekt und Adverbial (meist Präpositionalphrase), das nicht als indirektes Objekt fungiert (zahlreiche Belege):

- *ᶜtkt \ rišt l bmth / šnst \ kpt b ḥbšh* "Sie befestigte die Köpfe auf ihrem Rücken, band die Hände an ihren Gürtel" 1.3:II:11-13.
- *brkm tġl[l] \ b dm ḏmr* "sie tauchte die (beiden) Knie in das Blut der Krieger" 1.3:II:13f.
- *[t]rḥṣ ydh b dm ḏmr* "Sie spülte ihre Hände mit dem Blut der Krieger" 1.3:II:34.
- *ġr b abn \ ydy / psltm b yᶜr* "Die Haut zerkratzte er mit einem Stein, die ...(?) mit einem Schermesser(?)" 1.5:VI:17f. (ähnl. 1.6:I:2f.).
- *tiḫd mt \ b sin lpš* "Sie packte Môtu am Gewandsaum" 1.6:II:9f.
- *ḥẓk al tšᶜl qrth* "Deine Pfeile schieße nicht hinauf zur Stadt!" 1.14:III:12.
- *yṣq b gl ḥtṯ yn /\ b gl ḫrṣ nbt* "Er goß aus einer silbernen Schale Wein aus, aus einer goldenen Schale Honig" 1.14:IV:1f. (ähnl. 1.14:II:18f.).
- *yd b ṣᶜ tšlḥ /\ ḥrb b bšr tštn* "Sie streckte(n) die Hand zur Schüssel aus, steckte(n) das Messer ins Fleisch" 1.15:IV:24.
- *tiḫd knrh b ydh / [tšt] \ rimt l irth* "Sie nahm die Leier in ihre Hand, [drückte] 'die Gehörnte' an ihre Brust" 1.101:16f.
- *ylmn ḫṭm* "... er schlug ihn(?) mit einem Stock" 1.114:8.
- *ᶜnkm l bᶜl tšun* "... dann sollt ihr eure Augen zu Baᶜlu erheben" 1.119:27 (dagegen in 1.14:IV:4f. Konstruktion mit Term.: *nša \ ydh šmmh* [§54.323a]).

Anm. Es sind auch entsprechende Konstruktionen mit zwei Adverbialen belegt, z.B. *w pdy.h[m] \ iwrkl mit \ ksp b yd \ birtym* "und PN kaufte s[ie] los für 100 (Schekel) Silber aus der Hand der Leute von ON" 3.4:12-15.

93.35. Verben mit wechselnder Valenz

Formal identische Verbalformen (ein und desselben Verbalstamms) besitzen nicht immer die gleiche Valenz. Viele Verbalformen können — bei meist unterschiedlicher Semantik — verschiedene bzw. unterschiedlich viele Ergänzungen regieren. Auf mehrere Verben mit wechselnder Valenz wurde bereits unter §93.34 hingewiesen (z.B. Bewegungsverben mit unterschiedlicher Ausdrucksweise für die Richtung). Im folgenden werden einige weitere Beispiele vorgestellt.

93.351. Ausgewählte Verben mit unterschiedlicher Valenz (bei syntaktisch vollständigen Konstruktionen):

√*byn* "aufmerken, bemerken, wissen" 1.4:V:60; 1.107:6.
"etw. verstehen" mit Ak.-Rektion, z.B. 1.3:III:26.

√*bky* "weinen" ohne Obj., z.B. 1.14:I:26.39 und 1.16:I:25.
"jmdn. beweinen" mit Ak.-Rektion: 1.6:I:16, 1.16:I:6, 1.16:II:44.
"um jmdn. weinen" mit *l*-Präp.phrase: 1.19:IV:11.15; 1.19:III:40 (*yb<ky>*).

√*brk* "segnen" ohne Obj., z.B. *tbrk ilm tity* "Die Götter gaben den Segen und gingen (weg)" 1.15:III:17.
"jmdn. segnen" mit Ak.-Rektion, z.B. 1.15:II:18-20.

√*dbḥ* "opfern" ohne Obj. (teilweise mit [freier] adverbialer Bestimmung), z.B. 1.20:I:1(?) und 1.119:8.13.
"jmdm. opfern" mit *l*-Präp.phrase, z.B. 1.14:II:23, 1.14:IV:5, 1.15:VI:5, 1.41:50* und 1.115:1.
"etw. opfern; eine Schlachtung vornehmen" mit Ak.-Rektion, z.B. 1.16:I:39, 1.40:15*.23*.32.41; 1.114:1 und 1.121:4*.

√*ydᶜ* "verstehen, erfahren" ohne Obj.: 1.107:6; 2.61:13 (*w dᶜ dᶜ*); 2.75:12; vgl. auch 2.39:10.
"jmdn./etw. kennen" mit Ak.-Rektion (z.B. 1.13:10.31, 1.18:I:16 und 2.17:8) bzw. mit *k*-Objektsatz (z.B. 1.5:V:16f. und 1.16:I:33).

√*lʾk* "zu jmdm. schicken, jmdn. (durch einen Boten) benachrichtigen" (ohne Ak.-Obj.) mit *l*-Präp.phrase (z.B. 1.4:V:41! und 2.70:13) bzw. *ᶜm*-Präp.phrase (1.24:16, 2.10:10 u.ö. [häufig im Briefkorpus]).
"jmdn./etw. schicken" mit Ak.-Rektion, z.B. 1.2:I:11, 1.4:VII:45 und 1.14:III:19 (teilweise durch *l*- bzw. *ᶜm*-Präp.phrasen erweitert).

√*mlʾ* (D) "(Wasser in Krüge) abfüllen" ohne Obj.: 1.14:III:10 und 1.14:V:2 (Ptz. *mmlat // šibt*, ebenfalls ohne Obj.).
"anfüllen, erfüllen, (Gelübde) einlösen": 1.10:III:8; 1.12:II:44; 1.119:31.32.
"etw. mit etw. anfüllen" mit zwei Ak.-Objj.: 1.16:V:28.

√*mṭr* "regnen" ohne Obj. (im Ug. zufällig kein Beleg; vgl. zsem. √*mṭr* "regnen").
"etw. regnen lassen" mit Ak.-Rektion (G-Stamm): 1.6:III:6.12 (Himmel mit Obj. *šmn* "Öl"); 1.19:I:41 (Wolken mit Obj. *yr* "Frühregen").

√*ᶜyn* "sehen, spähen" ohne Obj.: 1.3:II:23 // 1.7:6 (*w tᶜn // w ṯḥdy*); 1.10:II:14.27 (im jeweils folgenden Kolon dagegen √*ᶜyn* mit Ak.-Obj.).
"etw. sehen" mit Ak.-Rektion, z.B. 1.3:I:23, 1.3:IV:39, 1.4:II:14, 1.10:II:15; 1.10:II:28, 1.14:I:21.22 und 1.17:V:11; vgl. auch 1.3:I:15 und 1.4:II:28.

√*ṣy/wḥ* "rufen" ohne Obj.: 1.1:II:17 (u.ö.).
"jmdn. anrufen, beschwören" mit Ak.-Rektion: 1.3:V:35.36; 1.4:I:4.6; 1.4:IV:47.48; RS92.2014:1.2 (*yṣḥ-k*; *aṣḥ-k*).

√*rgm* "sprechen, befehlen" ohne Obj., z.B. 1.23:12, 2.3:18, 2.14:9 und 2.33:30.
"sagen, nennen" mit Ak.-Rektion, z.B. 1.3:IV:31f., 1.17:VI:39 und 2.21:10 (entsprechende Passivkonstruktion in 1.16:I:20f.: *ikm yrgm bn il \ krt* "Wie kann denn Keret Sohn Ilus genannt werden").
mit direktem Objekt und dativischer *l*-Präp.phrase, z.B. *p rgm \ l mlk šmy* "und nenne(?) dem König meinen Namen" 2.14:12f.
"zu jmdn sprechen" mit dat. OS oder mit *l*-Präp.phrase (§93.341).

√*rḥṣ* "sich waschen, baden" ohne Obj.: 1.3:II:38 und 1.3:IV:43 (vgl. √*rḥṣ* Gt).
"etw. waschen" mit Ak.-Rektion: 1.3:II:32.34, 1.7:20, 1.14:II:10 und 1.14:III:53 (Hände); 1.17:I:33, 1.17:II:7.23 (Kleider); 1.2:III:20 (*trḥṣn* "sie waschen mich").

√*šmᶜ* "(zu)hören, gehorchen" ohne Obj., z.B. 1.4:IV:8, 1.4:V:59, 1.4:VI:4, 1.5:V:17, 1.6:I:13, 1.6:I:44, 1.15:IV:14 und 1.16:VI:19 und 1.17:V:21.

"etw. hören" mit Ak.-Rektion, z.B. 1.2:I:46 und 1.3:V:10; ferner 1.2:III:17 // 1.6:VI:26 (*yšmˁk*).

93.352. Insbesondere im poetischen Textkorpus ist jedoch auch damit zu rechnen, daß scheinbar ungewöhnliche Verbvalenzen durch syntaktisch unvollständige (elliptische) Konstruktionen bedingt sind. Beispiele:

- *tn aḥd \ b aḫk ispa* "Gib (mir) einen deiner Brüder, auf daß ich (ihn) fresse" 1.6:V:19f. (dagegen √*spˀ* N mit Ak.-Obj. in 1.5:I:5, 1.96:3 und 1.103+:51).
- *mšṣṣ k ˁṣr \ udnh* "... der (ihn) wie einen Vogel (von) seinem Nest verscheucht" 1.3:IV:1f. (das Obj. ist im vorausgehenden Parallelkolon genannt).
- *yḥbq qdš w amrr* "Qudšu-wa-Amruru nahm (Aṯiratu) in den Arm" 1.4:IV:13 (Aṯiratu wird im nächsten Kolon namentlich genannt; vgl. dagegen √*ḥbq* mit OS bzw. Ak.-Obj. in 1.17:I:40 und 1.19:II:14.21).
- *ybky w yqbr* "Er beweinte und begrub (ihn)" 1.19:III:40 (in Z. 41 √*qbr* mit OS; in 1.6:I:17 √*bky* in gleicher Wendung mit OS; vgl. ferner 1.19:III:5.20.34).
- *ašt b ḫrt ilm arṣ*[!] "Ich will (ihn) in die Grube der Unterweltsgötter legen" 1.19:III:6 // 1.19:III:20f. (in 1.5:V:5[?], 1.6:I:17 und 1.19:III:34 begegnet √*šyt* in gleicher Wendung mit OS).
- mehrfach im Text 1.23: *yqḥ yš<t> b bth* "Er nahm (die beiden Dirnen und) brachte[!] (sie) in sein Haus" 1.23:36 (in Z. 35 begegnet √*lqḥ* mit Obj.); *yšu \ yr šmmh* "er hob (den Stock) hoch (und) warf (ihn) himmelwärts" 1.23:37f. (√*nšˀ* und √*yry* ohne Objj.); *yḫrṭ yšt l pḥm* "Er rupfte (den Vogel und) legte (ihn) auf die glühenden Kohlen" 1.23:38f.; *w tn \ w nlḥm* "... dann gib (uns von dem Brot), damit wir essen können" 1.23:71f.; ähnl. 1.23:72f.
- *w yṣq hw l riš \ bt mlk amr* "Und er goß (das Öl) auf das Haupt der Königstochter von Amurru" 2.72:31f. (das Obj. [*šmn*] ist in Z. 31 genannt).

93.36. Morphologische Mittel zur Veränderung der Verbvalenz

Sem. Sprachen verfügen auch über morphologische Mittel zur Veränderung (insbesondere zur Erhöhung) der Verbvalenz. Für das Ug. sind dabei insbesondere zwei Faktoren relevant.

93.361. Durch Veränderung der Themavokale im Grundstamm kann ein Verb in eine andere semantische Gruppe überführt und seine Valenz verändert werden. Durch Veränderung des Themavokals können monovalente Verben zu bivalenten und bivalente zu trivalenten Verben überführt werden. Das Phänomen wurde unter §73.245.2 diskutiert. Es läßt sich im Ug. nur selten nachweisen.

93.362. Weitaus häufiger wird ein Valenzwechsel durch den Wechsel des Verbalstamms herbeigeführt (§74). Von Bedeutung sind in diesem Zusammenhang vor allem die Stämme D, Š, N und Gt.

93.362.1. Der kausative Š-Stamm und der D-Stamm mit faktitiv-kausativer Funktion bewirken meist eine Erhöhung der Verbvalenz um eine Einheit. Beispiele:
√*šbˁ* G "satt sein"; D "sättigen" (bivalent; §74.412.27, √*šbˁ*$_1$).
√*ḥw/yy* G "leben"; D "am Leben erhalten" (bivalent; §74.412.25, √*ḥw/yy*).
√*qyl* G "fallen"; Š "jmdn. zu Fall bringen" (bivalent; §74.622.3, √*qyl*).

√*spr* G "zählen" (bivalent); Š "jmdn. etw. zählen lassen" (trivalent [§93.33c]).

Selten bewirkt der D- oder Š-Stamm eine Erhöhung der Verbvalenz um zwei Einheiten. Beispiele (vgl. §93.33b-c):

√*qrb* G "nahe sein" (monovalent); D "jmdn. jmdm. nahebringen/vorstellen" (trivalent; §74.412.26, √*qrb*).

√*hlk* G "gehen, fließen" (monovalent); Š "etw. von etw. (über-)fließen lassen" (trivalent; §74.622.3, √*hlk*).

Ist der D-Stamm nicht faktitiv bzw. kausativ, bewirkt er keine Erhöhung der Verbvalenz, sondern hat vielmehr eine ähnliche Bedeutung wie der G-Stamm, z.B. √*lʾk* G "schicken"; D "(mehrere Boten) schicken" (§74.412.22, √*lʾk*).

Es gibt schließlich auch seltene Fälle, wo der Š-Stamm die Valenz eines Verbs nicht erhöht. Beispiele:

√*ytn* G "geben"; Š "überbringen (lassen)" (§74.622.3, √*ytn*).

√*šqy* G (oder: D) "zu trinken geben"; Š "zu trinken geben" (§74.622.3 und §74.412.28, √*šqy*).

Lit.: Kouwenberg (1997, 92-113.237-292) [Kouwenberg definiert auf S. 239 "Kausativ" syntaktisch als Erhöhung der Valenz um eine Einheit].

93.362.2. Der N-Stamm bewirkt häufig – aber nicht immer – eine Erniedrigung der Verbvalenz um eine Einheit, indem er eine bivalente (transitive) Verbalform zu einer monovalenten umwandelt (Reflexiv oder Passiv zu transitiver Grundbedeutung). Beispiele:

√*hpk* G "etw. umwenden, umstoßen" (bivalent); N "sich (gegen/zu jemanden) wenden" (monovalent; §74.333, √*hpk*).

√*nšʾ* G "erheben" (bivalent); N "sich erheben" (monovalent; §74.333, √*nšʾ*).

√*ytn* G "geben" (bi-/trivalent); N "gegeben werden" (monovalent; §74.32, √*ytn*).

93.362.3. Wie der N-Stamm so kann auch der Gt-Stamm eine Erniedrigung der Verbvalenz um einen Einheit bewirken. Beispiele:

√*mḫṣ* G "schlagen" (bivalent); Gt "kämpfen" (monovalent; §74.232.21, √*mḫṣ*).

√*nšʾ* G "erheben" (bivalent); Gt "sich erheben" (monovalent; §74.232.21, √*nšʾ*).

93.4. Satzgliedfolge im Verbalsatz

93.41. Einleitung

93.411. Das verbale Prädikat ist das Zentrum und die wichtigste Konstituente des Verbalsatzes. Das Hauptkriterium bei der Untersuchung der Satzgliedfolge im Verbalsatz ist folglich die Position des Verbs. Die Satzperiode zwischen satzeinleitenden Konjunktionen ("Satzweisern") und dem Verb kann mit Groß (1996, bes. 138-142) als "Vorfeld", die Periode nach dem Verb als "Hauptfeld" bezeichnet werden.

93.412. Im Ug. sind sehr verschiedene Satzgliedfolgen im Verbalsatz bezeugt. Folgen, die sehr häufig zu beobachten sind, sind als "unauffällig", seltener nachweisbare Folgen als "auffällig" zu beurteilen. Durch auffällige Satzgliedfolgen kann eine besondere Betonung (Fokussierung) eines oder mehrerer Satzglieder erreicht werden. Insbesondere Satzglieder in der Vorfeldposition einerseits sowie in Fernstellung vom Verb im Hauptfeld sind häufig fokussiert. Satzglieder in solchen Positionen sind teilweise zusätzlich durch hervorhebende enklitische Partikeln erweitert (§89, bes. §89.1-2).

In der folgenden Untersuchung wird nur auf die Stellung zentraler Satzglieder geachtet, nämlich auf das verbale Prädikat (= V), auf das Subjekt (= S), auf Objekte (= O) und schließlich auf adverbiale Bestimmungen (= A). Es wird keine Differenzierung zwischen direktem und indirektem Objekt vorgenommen. Präpositionalphrasen werden allgemein zu den Adverbialen gezählt, ohne daß semantische Subdifferenzierungen vorgenommen werden oder zwischen valenzmäßig obligatorischen Syntagmen (z.B. indirekten Objekten) und freien Angaben differenziert wird. Begriffe wie Erst-, Zweit-, Dritt- und Viertposition beziehen sich auf die Stellung der genannten zentralen Glieder im Verbalsatz und nicht auf absolute Positionen im Satz.

93.413. Das verbale Prädikat begegnet in ug. Verbalsätzen zumeist an Erst- oder Zweitposition. Bei Nennung des Subjekts und eines Objekts sind die häufigsten Satzgliedfolgen VSO und SVO. Sätze mit dem Verb an Dritt- oder Viertposition begegnen demgegenüber selten. Im poetischen Textkorpus lassen sich sämtliche mögliche Satzgliedfolgen nachweisen, da Wortstellungsvariationen von den Verfassern bewußt als Stilmittel eingesetzt werden und sich gerade chiastisch aufgebaute Satzpaare in der Poesie großer Beliebtheit erfreuen.

93.42. Textbeispiele für diverse Satzgliedfolgen

Die folgenden Textbeispiele illustrieren den Tatbestand, daß ug. Verbalsätze unterschiedliche Satzgliedfolgen aufweisen. Dabei ist die Anzahl der jeweils angeführten Beispiele nicht repräsentativ für die Verteilung der Satzgliedfolgetypen in ug. Verbalsätzen als Ganzes. Unter §93.424 wurden fast alle, unter §93.423 zumindest ein beträchtlicher Teil, unter §93.421 und §93.422 dagegen nur ein kleiner Teil der verfügbaren Belege erfaßt. Bei Belegen aus poetischen Texten wird in runden Klammen die Satzgliedfolge des Parallelkolons genannt, wenn diese von der vorliegenden Satzgliedfolge abweicht.

93.421. Verb an Erstposition

Verb allein (ohne explizite Nennung des Subjekts):

trtḥṣ w tadm "Du sollst (dich) waschen und schminken" 1.14:II:9; *w yšn* "und er schlief ein" 1.14:I:31; *w yṣḥ* "und er rief" 1.4:VII:22&.

V - S:

w yʿn aliyn \ bʿl "Und es antwortete der hochmächtige Baʿlu" 1.4:VII:37f.&; *tbʿ w l yṯb ilm* "Die Götter erhoben sich und verweilten nicht" 1.5:II:13; *w yḥ mlk* "Der König möge leben" 2.7:9.

V - S - O (- A):

tblk ǵrm mid ksp "Die Berge sollen dir viel Silber bringen" 1.4:V:15; *hbṭ hw \ ḫrd w šl hw \ qrt* "Er hat die *ḫurādu*-Truppe niedergeschlagen und er hat die

Stadt geplündert" 2.61:5-7 (zweimal PPr *hw* als Subj.); *w lqḥ hw \ šmn b qrnh \ w yṣq hw l riš \ bt mlk amr* "Und er tat Öl in sein Horn und er goß (das Öl) auf das Haupt der Königstochter von Amurru" 2.72:29-32 (zweimal PPr *hw* als Subj.; VSOA // VSA); *w ptḥ hw prṣ bᶜdhm* "Er öffnete für sie / hinter ihnen einen Spalt" 1.23:70 (PPr *hw* als Subj.; VSOA-Folge).

V - S - A:

sb ksp l rqm "Das Silber war zu Platten geworden" 1.4:VI:34 (// SVA); *w yrd \ krt l ggt* "Und Keret soll vom Dachgelände herabsteigen" 1.14:II:26f.; ähnl. 1.14:IV:8f.; *tbᶜ kṯr \ l ahlh* "Kôṯaru ging weg zu seinem Zelt" 1.17:V:31f. (// SVA); *w šmᶜ bᶜl l ṣltkm* "Dann wird Baᶜlu euer Gebet erhören" 1.119:34. — Häufig in Passivkonstruktionen: *tšt išt b bhtm* "Es wurde ein Feuer in den Häusern entfacht" 1.4:VI:22; *yptḥ ḥln b bhtm* "Es soll ein Fenster in den Häusern geöffnet werden" 1.4:VII:17; *ybn bt l bᶜl* "Es soll ein Haus für Baᶜlu gebaut werden" 1.4:IV:62; *l yiḫd ṣtqšlm \ b unṯ* "PN darf nicht zum Lehensdienst herangezogen werden" 2.19:1f.

V - O:

tmgnn rbt aṯrt ym "Sie beschenkten die Herrin Aṯiratu des Meeres" 1.4:III:25; *ṭbḫ alpm [ap] ṣin* "Er schlachtete Großvieh (und) auch Kleinvieh" 1.4:VI:41; *l yblt ḫbṯm \ ap ksphm \ l yblt* "Du hast keine Ḫupṯu-Truppen geschickt; auch ihren Sold hast du nicht geschickt" 2.17:1 (VO // OV).

V - O - S:

trḥṣ ydh bt\lt ᶜnt "Die Jungfrau ᶜAnatu wusch ihre Hände" 1.3:II:32f.; *yᶜn ḥtkh \ krt* "Keret sah (auf) seine Herrschaft" 1.14:I:21f.; *nšu riš ḥrṯm* "Die Pflüger erhoben den Kopf" 1.16:III:12; vgl. *w k aḫd akl ssw* "Und wenn das Pferd das Futter(?) packt(?)" 1.85:15 (*k*-Nebensatz).

V - O - S - A - A:

w pdy.h[m] \ iwrkl mit \ ksp b yd \ birtym "und PN kaufte s[ie] los für 100 (Schekel) Silber aus der Hand der Leute von ON" 3.4:12-15 (1. Obj. = Objektsuffix).

V - O - O (bei trivalenten Verben [§93.33]):

špq ilm krm yn "Er reichte den Widdergöttern Wein dar" 1.4:VI:47 (analog Z. 48-54); *ašhlk šbtk [dmm] \ šbt dqnk mmᶜm* "Ich werde dein graues Haar [von Blut] überfließen lassen, das graue Haar deines Bartes von Blutgerinsel" 1.3:V:24f. // 1.18:I:11*f.; *šskn \ mgn rbt aṯrt ym* "Versorge die Aṯiratu des Meeres mit einem Geschenk!" 1.4:I:20f.; *aqrbk abh bᶜl* "Ich werde/will dich (nahe) zu ihrem Vater Baᶜlu hinführen" 1.24:27 (1. Obj. = Objektsuffix).

V - O - A:

štt ḫptr l išt "Sie stellte einen Kochtopf auf das Feuer" 1.4:II:8; *ṣḥ aḫh b bhth* "Er rief seine Brüder in seine Häuser" 1.4:VI:44; *tld šbᶜ bnm lk* "Sie wird dir sieben Söhne gebären" 1.15:II:23.

V - O - A - O (bei trivalenten Verben [§93.33]):

ašsprk ᶜm bᶜl \ šnt "Ich lasse dich mit Baᶜlu die Jahre zählen" 1.17:VI:28f. (1. Obj. = Objektsuffix).

V - A:

w rgm \ l bn ilm mt "Und sprecht zum Sohn Ilus, Môtu!" 1.4:VIII:29f.; *[y]šlm lk* "Es möge dir gut gehen" 2.21:4 (demgegenüber: *ly u[m]y \ yšlm* "Meiner Mu[tt]er möge es gut gehen" 2.30:5f.).

V - A - O:

k lbš km lpš dm a[ḫh] /\ km all dm aryh "Er bekleidete sich fürwahr wie mit einem Kleid mit dem Blut [seiner Brü]der, wie mit einem Mantel mit dem Blut seiner Verwandten" 1.12:II:46f.; *šqlt b ġlt ydk* "Du hast bei Ungerechtigkeit / in Tatenlosigkeit deinen Arm herabhängen lassen" 1.16:VI:32.44-45.

93.422. Verb an Zweitposition (bei zweigliedriger Periode zugleich Endposition)

93.422.1. Subjekt vor dem Verb:

Vorbemerkung: Das topikalisierte Subj. ist in der Posie häufig betont. Die betreffende Satzgliedfolge wird wiederholt bei Einführung neuer Handlungsträger oder bei Kontrastierung von Personen gebraucht. In Prosatexten (insbesondere in Briefen) ist mit der Topikalisierung des Subj. offenbar meist keine besondere Betonung verknüpft.

S - V:

bᶜlm yml[k] "Baᶜlu soll als König herrschen" 1.2:IV:32; *bmt ar[ṣ] \ tṯṯn* "Die Anhöhen der Er[de] wankten" 1.4:VII:34f.; *bᶜl ytlk w yṣd* "Baᶜlu ging umher und streifte herum" 1.12:I:34; *ᶜnt \ w ᶜṯtrt tṣdn* "ᶜAnatu und Aṯtartu streiften herum" 1.114:22f.; *krt yḫṯ* "Keret erwachte" 1.14:III:50; *[i]lm tšlmk \ [t]ġrk* "Die [Göt]ter mögen dir Wohlergehen verleihen und dich [be]schützen!" 2.21:5-6& (häufig im Briefkorpus); *w um \ tšmḫ mad*! "Und meine Mutter möge sich sehr! freuen" 2.16:10f.; *špšn tubd* "Die 'Sonne' geht zugrunde" 2.39:21.

S - V - O:

qdš yuḫdm šbᶜr "Qudšu nahm den Leitriemen(?)" 1.4:IV:16; *šbt dqnk l tsrk* "Dein graues Barthaar belehrt dich fürwahr" 1.4:V:4 (O = Objektsuffix); *ib bᶜl tiḫd \ yᶜrm* "Die Feinde Baᶜlus nahmen (Zuflucht in den) Wäldern" 1.4:VII:35f.; *ilm ypᶜr \ šmthm* "Ilu verkündete ihre Namen" 1.12:I:28f.; *adnh \ yšt mṣb mznm* "Ihr Vater (w.: Herr) stellte den Sockel der Waage auf" 1.24:33f.; *iḫh yṯᶜr \ mšrrm* "Ihr Bruder brachte das Zünglein (der Waage) an" 1.24:35f.; *i[l w] ḥrn yisp ḥmt /\ [bᶜl] w dgn y[i]sp ḥmt / ᶜnt w ᶜṯtrt \ [ti]sp ḥmt* ... "I[lu und] Hôrānu sollen das Gift tilgen; [Baᶜlu] und Daganu sollen das Gift tilgen; ᶜAnatu und ᶜAṯtartu sollen das Gift [ti]lgen ..." 1.107:38-40 (analoger Wortlaut bis Z. 44); *nqmd mlk ugrt \ ktb spr hnd* "Niqmaddu, König von Ugarit, schrieb diese Urkunde" 2.19:8f.; *w ht aḫy \ bny yšal \ ṯryl* "Und jetzt möge mein Bruder, mein Sohn, PNf fragen ..." 2.14:10-12 (mit Adverb vor S); *umy \ tdᶜ ky ᶜrbt* ... "Meine Mutter möge wissen, daß ich eingetreten bin ..." 2.16:6f. (*ky*-Nebensatz als Obj. [§97.21]); *w [u]ḫy al ybᶜrn* "Und mein [Bru]der soll mich nicht im Stich lassen" 2.41:22 (O = Objektsuffix); *mlkn ybqṯ anyt* "Der König sucht die Schiffe" 2.42:26.

S - V - A:

w ank ʿny mlak ym "Ich selbst werde den Boten Yammus antworten" 1.2:I:28 (*ʿny* ist PK 1.c.sg. [§33.141.2]); *hyn ʿly l mpḫm* "Hayyānu stieg auf den Blasebalg" 1.4:I:23; *hyn tbʿ l mš\knth* "Hayyānu ging weg zu seiner Wohnstätte" 1.17:V:32f. (// VSA); *ilm nʿmm ttlkn \ šd* "Die lieblichen Götter gingen im Gefilde umher" 1.23:67f.; *ḫrṣ \ nsb l lbnt* "Das Gold hatte sich zu Ziegeln verwandelt" 1.4:VI:34f. (// VSA); *ṭl yṭll \ l ġnbm* "Tau möge die Trauben benetzen!" 1.19:I:41f. (// OSVA); *il yṯb b mrzḥh* "Ilu saß bei/in seinem Marziḥ(-Raum)" 1.114:15; *il hlk l bth* "Ilu ging zu seinem Haus" 1.114:7; *mlk ylk lqḥ ilm* "Der König soll losgehen, um die Götter zu empfangen" 1.43:23; *mth l tšlm \ ʿln* "Sein Tod soll Wohlergehen über uns bringen" 1.111:23f.; *w bn mlk w bn[t] \ mlk tʿln pamt šbʿ* "Die Söhne des Königs und die Töchter des Königs werden siebenmal hinaufsteigen" 1.112:6f.; *w pn špš nr \ by mid* "Das Antlitz der 'Sonne' leuchtete mir sehr" 2.16:9f.

93.422.2. Subjekt nach dem Verb:

O - V - S (Topikalisierung des Objekts):

mḫmšt yitsp \ ršp "Die fünfte (Frau) raffte Rašap dahin" 1.14:I:18f.; *w ḫmšm ksp \ lqḥ mlk gbl* "50 (Schekel) Silber nahm der König von Byblos" 4.338:14f.

O - V - S - O (Topikalisierung des Objekts; bei trivalenten Verben [§93.33]):

p hn aḫym ytn bʿl \ sʾpuy / bnm umy klyy "Siehe doch, meine eigenen Brüder hat Baʿlu mir zur Speisung gegeben, die Söhne meiner Mutter (hat er) mir zum Verzehr (gegeben)" 1.6:VI:10f. (ähnl. 1.6:VI:14-16).

O - V - S - A (Topikalisierung des Objekts):

ks yiḫd \ [il b] yd "[Ilu] nahm den Becher [in] die Hand" 1.15:II:16f.

A - V - S (Topikalisierung des Adverbials):

b hm ygʿr ṯġr \ bt il "Es schalt sie / Darüber schimpfte der Torwächter des Hauses Ilus" 1.114:11f. (ähnl. 1.114:14); *ik mġy gpn w ugr* "Warum sind Gapanu und Ugaru gekommen?" 1.3:III:36 (A = Frageadverb); *šbʿ šnt \ yṣrk bʿl* "Wird Baʿlu sieben Jahre lang schwach sein?" 1.19:I:42f.; *b [ṯlṯt] ʿšrt yrtḥṣ mlk* "Am 1[3. (Tag)] wäscht sich der König" 1.87:2 // 1.41:3. (viele analoge Konstruktionen in Ritualtexten); *w ʿlk l \ tʿl bṯn / w tḥtk \ l tqnn ʿqrb* "Und keine Schlange wird auf dich hinaufkriechen und kein Skorpion wird sich unter dir (oder: unten bei dir) aufrichten(?) ..." RS92.2014:3-5 (es folgen inhaltlich parallele Sätze mit den Adverbialen an Endposition).

A - V - S - A (Topikalisierung des Adverbials):

[w b bt] mlk ytn mlbš \ lh "... [dann] wird ihm [im] Königs[palast] ein (neues) Gewand gegeben" 4.182:64 (analog 4.182:62; Apodosis eines temporalen Satzgefüges; dagegen in 4.168:6-8 im gleichen Kontext ASVA-Folge).

93.422.3. Sätze ohne genanntes Subjekt:

O - V (Topikalisierung des Objekts):

alp \ kd yqḥ b ḫmr ... "Er nahm 1000 Krüge von neuem Wein" 1.3:I:15f.; *hlk kṯr \ k yʿn* "Das Gehen des Kôṯaru sah er fürwahr" 1.17:V:10f. (// VO); *qšt yqb [yd]\rk* "Er krümmte (und) [spa]nnte den Bogen" 1.17:V:35f. (n.L.);

(yhbr) špthm yšq "(Er neigte sich vor [und]) küßte ihre Lippen" 1.23:49.55; *ᶜṯtrt w ᶜnt ymġy* "(Als) er zu ᶜAṯtartu und ᶜAnatu kam" 1.114:9; *nad mr qḥ* "Nimm einen Schlauch (mit) Myrrhe!" 1.124:5; *(l yblt ḫbṯm \) ap ksphm \ l yblt* "(Du hast keine ḫpṯ-Truppen geschickt.) Auch ihren Sold hast du nicht geschickt" 2.17:1 (OV nach VO); *bt \ ᶜbdh al \ ybᶜr \ b ydh* "Das Haus seines Dieners soll er nicht mit seiner (eigenen) Hand zerstören" RS92.2010:21-24 (es geht ein Pendens in Subjektfunktion voran [§94.21]). — Man vergleiche auch Konstruktionen, wo das Verb in eine längere Objektphrase eingebettet ist: *ṯṯ l ṯṯm aḫd ᶜr* "er eroberte 66 Städte" 1.4:VII:9; *<b>hty bnt \ dt ksp / hkly dtm \ ḫrṣ* "Meine Häuser! habe ich aus Silber gebaut, meinen Palast aus Gold" 1.4:VI:36-38.

O - V - O (Topikalisierung des Objekts; bei trivalenten Verben [§93.33]):
lpš yks \ mizrtm "Er zog sich einen Lendenschurz als Bekleidung an" 1.5:VI:16f. (vgl. 1.5:VI:31); *ap mṯn rgmm \ argmk* "Noch eine zweite Sache möchte ich dir sagen" 1.4:I:19f. (2. Obj. = Objektsuffix).

O - V - A (Topikalisierung des Objekts):
dll al ilak l bn \ ilm mt "Ich sollte gewiß einen Boten schicken zum Sohn Ilus, Môtu" 1.4:VII:45f. (alternativ: Fragesatz); *adr ṯqbm \ b lbnn ..... \ tn l kṯr w ḫss* "Die größte der Eschen (im Bereich) des Libanon ..... (das alles) gib dem Kôṯaru-wa-Ḫasīsu" 1.17:VI:20-24 (zahlreiche vorangestellte Objj.).

O - V - A - A (Topikalisierung des Objekts):
ql bl ᶜm \ il mbk nhrm "Trage meine 'Stimme' zu Ilu am Quellbereich der Flüsse!" 1.100:2f.

A - V (Topikalisierung des Adverbials):
l pᶜn il thbr w tql "Vor den Füßen Ilus verneigte sie sich und fiel nieder" 1.4:IV:25; *l trġds w l klby šmᶜt* "Über PN_1 und PN_2 habe ich in Erfahrung gebracht" 2.10:5-7; *l rb khnm \ rgm* "Zum Hohepriester sprich!" 2.4:1f.; *ly u[m]y \ yšlm* "Meiner Mu[tt]er möge es gut gehen" 2.30:5f. (vgl. dagegen *[y]šlm lk* "Es möge dir gut gehen" 2.21:4).

A - V - O (Topikalisierung des Adverbials):
k ᶜmq yṯlṯ \ bmt "Er zerfurchte den Rücken wie ein Tal" 1.5:VI:21f.; analog 1.6:I:5 (// VAO); *bd dnil ytnn \ qšt / l brkh yᶜdb \ qṣᶜt* "Er gab Daniʾilu den Bogen in die Hand, stellte das 'Krummholz' an seine Knie" 1.17:V:26-28.

A - V - A (Topikalisierung des Adverbials):
w l hdm yṯb \ l arṣ "Und vom Schemel (herabsteigend) setzte er sich auf den Boden" 1.5:VI:13f. (wohl elliptisch für *w yrd l hdm yṯb l arṣ*); *aṯr ilm ylk pᶜnm \ (mlk)* "Hinter den Götter(statue)n gehe er / der König barfuß einher" 1.43:24f. (AVA oder AVAS; *mlk* gehört möglicherweise zum nächsten Satz).

93.423. Verb an Drittposition (meist zugleich Endposition)

S - O - V:
- Poesie: *klnyn q[š]h nb[ln]* "Wir alle müssen seinen Be[cher] hal[ten]" 1.4:IV:45 (// SVO); *u mlk u bl mlk /\ arṣ drkt yštkn* "Will (irgendjemand), entweder ein König oder ein Nicht-König, die Erde zum Herrschafts(gebiet) (für sich selbst) machen/bestimmen?" 1.4:VII:43f.; *krt ḥtkn rš* "Keret hatte

die Herrschaft zerschlagen" 1.14:I:10 (§75.64, Anm.; // SVO); *aḫd bth ysgr* "Der Alleinstehende verschloß sein Haus" 1.14:IV:21 (analog 1.14:II:43); *dnil bth ymġyn* "Daniˀilu kam fürwahr zu seinem Haus" 1.19:IV:8 (// VSA).

- Prosa: *w [špš] \ mlk rb bˁlh [ṣdq] \ nqmd mlk ugr[t] \ phy* "Und [die 'Sonne'], der Großkönig, sein Herr, sah die [Loyalität] des Niqmaddu, des Königs von Uga[rit]" 3.1:12-15 (aus dem Akk. übersetzter Text; siehe RS17.227+:16 mit Verbalform *i-ta-mar-ma* am Ende des Satzes).

S - A - V:
mṯlṯt kṯrm tmt "Die dritte (Frau) starb bei (bester) Gesundheit" 1.14:I:16; *mšbˁthn b šlḥ \ ttpl* "Die siebte von ihnen (sc. den Frauen) fiel durch einen Speer" 1.14:I:20f.; *w at ˁmy l mġt* "Und du bist nicht zu mir gekommen" 2.36+:10; *ilm l šlm \ tġrkm* "Die Götter mögen euch beide wohl bewahren" RS92.2005:7f. (Übersetzung eines akk. Formulars: *ilānū ana šulmāni liṣṣurū-ka* [u.ä.]; siehe Huehnergard 1999, 377).

O - S - V (- A) (Topikalisierung des Objekts):
qlh qdš bˁl ytn "Baˁlu ließ seine heilige Stimme erschallen" 1.4:VII:29 (// VSO); *ˁdbt bht[h bˁ]l \ yˁdb* "[Baˁlu] traf die Vorbereitungen für [seine] Häuser" 1.4:VI:38f. (// SVO); *qr my[m] \ mlk yṣm* "Der König verfluchte den ON (w.: die Wasserquelle)" 1.19:III:45f.; (?) *at(m) w ank ibġyh* "Dir (allein) will ich es offenbaren" 1.3:III:28 // 1.1:III:16* (*at(m)* als indirektes Obj. [vgl. aber §41.112.3, Anm.]); *yr ˁrpt \ tmṭr b qẓ* "Den Frühregen mögen die Wolken auf das Sommerobst regnen lassen!" 1.19:I:40f. (OSVA // SVA).

O - A - V (Topikalisierung des Objekts):
npšh l lḥm tptḥ /\ brlth l ṯrm "Sie öffnete seine Kehle zum Essen, seine Gurgel zum Speisen" 1.16:VI:11f.; *pˁnh l hdm ytpd* "Er stemmte seine Füße gegen den Schemel" 1.4:IV:29; ähnl. 1.17:II:11 (neben VO); *ġr b abn \ ydy* "Er zerkratzte die Haut mit einem Stein" 1.5:VI:17f.; *[w] mla[k]tk ˁmy l likt* "[Und (auch)] deine Gesandtschaft hast du mir nicht geschickt" 2.36+:11.

A - S - V (Topikalisierung des Adverbials):
bh pˁnm \ ṭṭṭ / bˁdn ksl ṯṯbr /\ ˁln pnh tdˁ "Darüber / bei ihr wankten (ihre) die Beine; hinten brach die Lende, oben schwitzte ihr Gesicht" 1.3:III:32-34; *k bh bṯt l tbṯ* "Denn darin zeigt sich führwahr die Schamlosigkeit" 1.4:III:21; *w b ḥlmh \ il yrd* "Und in seinem Traum stieg Ilu herab" 1.14:I:35f.; *b ph rgm l yṣa* "Die Rede war noch nicht aus seinem Mund gekommen" 1.2:IV:6; 1.19:II:27; 1.19:III:7.21.35.

A - S - V - A:
w b bt \ mlk mlbš \ ytn lhm "... dann wird ihnen im Königspalast ein (neues) Gewand gegeben" 4.168:6-8 (Apodosis eines temporalen Satzgefüges; dagegen in 4.182:62.64 im gleichen Kontext AVSA-Folge).

A - O - V:
ˁlh ṯrh tšˁrb "Sie brachten seine 'Stiere' zu ihm" 1.15:IV:17 (// AVO); *aṯr \ bˁlk arṣ rd* "Nach deinem Herrn steig' hinab in die Unterwelt" 1.161:20f. (// VO [*w špl ˁpr* 1.162:22]); *b yṣih[m] \ ḥwt [ṯṯh] \ alp k[sp] \ tšˁn* "Im Falle ih[rer] Flucht in ein [anderes] Land müssen sie 1000 (Schekel) Sil[ber] zahlen" 3.8:9-12.

A - O - V - S:

aphm \ kšpm dbbm ygrš ḥrn "Danach soll Ḥôrānu die vielredenden/anklagenden(?) Zauberer vertreiben" 1.169:8f.

93.424. Verb an Viertposition (meist zugleich Endposition)

A - O - S - V:

b ym arš w tnn /\ kṯr w ḫss yd "Kôṯaru-wa-Ḫasīsu vertreibe A. und T. aus dem Meer!" 1.6:VI:51f. (// [AO]VS); (?) *aḫr \ nkl yrḫ ytrḫ* "Daraufhin(?) heiratete (der Gott) Yariḫu (die) Nikkalu" 1.24:32f. (alt.: ASV-Struktur).

A - S - O - V:

b ḥlm ltpn il ... /\ ... /\ šmm šmn tmṭrn "... (dann) sollen im Traum des gütigen Ilu ... die Himmel Öl regnen lassen" 1.6:III:4-6 // 1.6:III:10-12 (jeweils // [A]SVO).

A - A - S - V:

gm l ġ\[l]mh bʿl k yṣḥ "Laut rief Baʿlu fürwahr seinen Dienern zu" 1.4:VII:52f.

A - A - A - V:

l pʿn \ adty \ šbʿd w šbʿid \ mrḥqtm \ qlt "Vor den Füßen meiner Herrin bin ich siebenmal und (nochmals) siebenmal in der Ferne hingefallen" 2.12:6-11 (Übersetzung eines akk. Formulars; andere Wortstellung aber im akk. Brief RS25.138:4-5: *am-qut a-na* GÌR.MEŠ GAŠAN-*ia \ ul-tu ru-giš* 3-*šú* 9-*šú* [zugleich anderer Wortlaut]).

S - O - A - V:

w ank \ kl ḏrʿhm ... bd \ rb tmtt lqḥt "Und ich habe all ihr Saatgut ... aus der Hand des Chefs der Schiffsbesatzung in Empfang genommen" 2.38:18-22 (evtl. Übersetzung eines akk. Originals); *w aḫy mhk \ b lbh al yšt* "Und mein Bruder soll sich 'nichts in sein Herz legen' (d.h. er soll sich keine Sorgen machen)" 2.38:26f. (evtl. Übersetzung eines akk. Originals); *w ṯpllm ... \ mṣmt l nqmd ... št* "Und Suppiluliuma setzte einen Vertrag für Niqmaddu fest" 3.1:16f. (sicher Übersetzung eines akk. Originals).

S - O - A - V - A:

w mlk bʿly bnš \ bnny ʿmn \ mlakty hnd \ ylak ʿmy "Und der König, mein Herr, möge *bnny*-Leute(?) zusammen mit dieser für mich bestimmten Gesandtschaft zu mir schicken" 2.33:33-36.

93.43. Statistische Daten gemäß Faber (1980)

Alice Faber (1980, 44-50) untersuchte die Satzgliedfolge im ug. Verbalsatz auf der Basis KTU 1.14-16 (Keret-Epos) und 1.24 (Nikkalu). Sie gelangte dabei im Hinblick auf Sätze mit genanntem Subjekt zu folgenden Ergebnissen (S. 47, "Table VIII"): SV (30%); SVO (30%); VS (11%); VSO (11%); SOV (6%); OSV (3%); VOS (3%). Anders ausgedrückt: In 69% der Fälle steht das Subjekt vor dem Verb; nur in 25% der Fälle steht es nach dem Verb.

Aus diesen statistischen Daten und der Beobachtung, daß die SVO-Folge im Ug. – anders als etwa in Moabitischen – mit keinem anderen morphosyntaktischen Faktor korreliert (d.h. nicht konditioniert ist), zog Faber (1980, 50) den

Schluß, daß die "statistically most frequent SVO word order the basic order of Ugaritic" sei. Nach Auffassung von Faber (1980, 84f.) geht das Ug. mit seiner SVO-Neigung konform mit der mutmaßlich bevorzugten protosem. SVO-Wortstellung, von der auch im frühen Akk. noch Spuren zu finden seien, während alle wsem. Sprachen (außer Ug.) auf eine ursprüngliche VSO-Folge hindeuteten.

93.44. Eigene statistische Erhebungen

93.441. Da die statistischen Daten von Faber (1980) nur auf einer schmalen Textbasis beruhen, ferner vergleichbare Untersuchungen zum Ug. auf breiter Basis bisher nicht durchgeführt wurden und schließlich die betreffenden Daten sprachvergleichend von großer Relevanz sind, möchte ich selbst ermittelte statistische Daten zur Satzgliedfolge in ug. Verbalsätzen vorstellen. Dabei werden die verschiedenen Textgattungen getrennt untersucht. Die Ergebnisse weichen zum Teil erheblich von denen Fabers (1980) ab. In dieser Untersuchung werden im einzelnen vier Typen der Satzgliedfolge geschieden (A und C einerseits und B und D andererseits entsprechen sich typologisch):

A Sätze mit genanntem Subj. in der Stellung nach dem Verb (Verb an Erst- oder Zweitposition), z.B. VS, VSO, AVS und OVS(A).

B Sätze mit genanntem Subj. in der Stellung vor dem Verb (Verb an Zweit- oder Drittposition), z.B. SV, SVO, SVA und ASV.

C Sätze ohne Subj. mit dem Verb an Erstposition, z.B. VO(A) und VA.

D Sätze ohne Subj. mit dem Verb an Nicht-Erstposition (Verb an Zweit- oder Drittposition), z.B. AV(O), OV(A) und AOV.

Es werden nur syntaktisch vollständige Hauptsätze berücksichtigt. Sätze, die nur teilweise erhalten sind, aber sicher ergänzt werden können, wurden in die Untersuchung miteinbezogen. Relevant sind nicht die absoluten Zahlenwerte, sondern vielmehr das Verhältnis der Satzgliedfolgetypen zueinander.

93.442. Narrative Poesie des Baal-Zyklus (auf der Basis von KTU 1.4):

Typ A:	59 Belege	Typ B:	22 Belege
Typ C:	99 Belege	Typ D:	24 Belege

Bemerkungen: Die Typen A und C sind gegenüber B und D in deutlicher Überzahl vertreten. Dem Typ A folgen die große Mehrzahl der gewöhnlich-narrativen Sätze (z.B. *w yᶜn GN* "Und es antwortete GN") sowie alle passivischen Sätze (z.B. *ytn \ bt lk* ... "Es möge dir ein Haus gegeben werden ..." 1.4:V:27f.). Unter den vergleichsweise wenigen Belegen des Typs D finden sich vornehmlich Sätze mit Adverbial an Erstposition (d.h. Sätze der Struktur AV[O/A]). Dazu wurden auch Sätze gezählt, die mit Adverbien wie *idk* eingeleitet sind (z.B. *idk l ttn pnm /\ ᶜm* ... "Daraufhin wandte sie das Gesicht fürwahr zu ..." 1.4:IV:20f.). Sätze der Struktur OV(A) sind selten.

93.443. Narrative Poesie des Keret-Epos (KTU 1.14-16):

Typ A:	61 Belege	Typ B:	51 Belege
Typ C:	143 Belege	Typ D:	71 Belege

Bemerkungen: Die Ergebnisse sind weitgehend mit denen von KTU 1.4 vergleichbar. Die Überzahl des Typs A gegenüber B ist hier aber weniger deutlich. Gewöhnlich narrative Sätze (insbesondere Redeeinleitungen) folgen auch hier überwiegend dem Typ A. In Sätzen des Typs B scheint das Subj. wiederholt betont zu sein (z.B. *ap yṣb yṯb b hkl* "Auch Yaṣṣibu thronte im Palast" 1.16:I:25 [Yaṣṣibu in Kontrast zu Keret]). Mehr als 50% der relativ häufigen Belege des Typs C haben eine volitivische Verbalform als Prädikat. Unter den 71 Belegen des Typs D finden sich zwei der Struktur OV und einer der Struktur AOV.

93.444. Hymnisch-narrative Poesie des Nikkalu-Textes (KTU 1.24):

Typ A:	3 Belege	Typ B:	9 Belege
Typ C:	14 Belege	Typ D:	kein Beleg

Bemerkungen: Der Befund weicht von dem der ug. Epik (im engeren Sinn) ab. Der Typ B ist hier deutlich häufiger vertreten als der Typ A.

93.445. Prosa der Urkunden (KTU 3.2-9 und KTU 2.19 [insgesamt 9 Texte]):

Typ A:	3 Belege	Typ B:	6 Belege (5x SVO, 1x SOV)
Typ C:	5 Belege	Typ D:	4 Belege (2x OV, 1x AV, 1x AOV)

Bemerkungen: Der Typ B ist doppelt so häufig wie der Typ A. Zwei der drei Belege des Typs A sind kontrastiver Natur und begegnen nach Sätzen des Typs B. Die SV-Folge kann hier deshalb als normal, die VS-Folge als auffällig gelten. Bei Sätzen ohne genanntes Subj. gibt es keine klare Präferenz.

93.446. Prosa der Briefe (auf der Basis von KTU 2.10, 2.11, 2.13, 2.14, 2.16, 2.26, 2.33, 2.36+, 2.38, 2.41, 2.46, 2.61, 2.63, 2.70 und 2.72):

Typ A:	8 sichere Belege	Typ B:	28 Belege
Typ C:	9 Belege	Typ D:	14 Belege

Bemerkungen: Die Zahlenwerte beziehen sich nur auf Sätze mit sicherer Struktur innerhalb der Briefhauptteile, nicht auf Briefköpfe und formelhafte Wendungen. Demnach ist der Typ B etwa dreimal so häufig wie der Typ A. Bei Sätzen des Typs B steht das Verb sporadisch an Drittposition (SO/AV).

93.447. Prosa der Ritualliteratur (auf der Basis von KTU 1.105-6, 1.109, 1.112, 1.132; ferner 1.161)

Typ A:	27 Belege	Typ B:	3 Belege
Typ C:	6 Belege	Typ D:	2 Belege

Bemerkungen: Anders als in anderen Prosa-Textgattungen steht das Subj. hier in der Regel nach dem Verb (d.h. der Typ A dominiert klar). Dieser Befund resultiert aber offensichtlich daraus, daß 23 der insgesamt 27 Belege des dominierenden Typs A die Struktur AVS(A) aufweisen und mit einer Zeitangabe einsetzen. Da das Verb gewöhnlich nicht hinter die Zweitposition rückt (§93.413), muß das Subj. dabei zwangsläufig hinter dem Verb stehen. Die Satztypen C und D sind nur in 1.161 bezeugt.

93.448. Eine gesonderte Behandlung verdient die Satzgliedfolge in Apodosen von Temporal- oder Konditionalsätzen. Wie bereits durch Dietrich-Loretz (1990b, 105-108) und Tropper (1994b, 469-471) festgestellt wurde, lautet die Satzgliedfolge in Apodosen von Omina und medizinischen Texten bei Nennung des Subj.

einheitlich SV(O/A). Illustrative Beispiele (das Subj. ist häufig durch die EP *-n* erweitert [§89.12]):

ḥwtn tẖlq "... (dann) wird das Land zugrunde gehen" 1.103+:4; *mrḥy mlk tnšan* "... (dann) werden sich die Lanzen des Königs erheben" 1.103+:47; *ibn yẖlq bhmt ḥwt* "... (dann) wird der Feind das Vieh des Landes zugrunde richten" 1.103+:16; *ilm tbᶜrn ḥwt* \ ... "... (dann) werden die Götter das Land ... vernichten" 1.103+:41f.; *št ᶜqrbn ydk* ... "... (dann) soll ein *št*-Maß Skorpionpflanze zerstoßen werden ..." 1.85:2f.

Auch in anderen Textgattungen kann das Subj. vor dem Verb stehen. Beispiele:

w b bt \ *mlk mlbš* \ *ytn lhm* "... dann wird ihnen im Königspalast ein (neues) Gewand gegeben" 4.168:6-8; *[ᶜlh]* \ *nšrm trẖpn* "... (dann) werden [über ihm] Adler flattern" 1.18:IV:19f. (// [A]VS); *b ḥlm ltpn il* ... /\ ... /\ *šmm šmn tmṭrn* /\ *nẖlm tlk nbtm* "... (dann) sollen im Traum des gütigen Ilu ... die Himmel Öl regnen (und) die Bäche von Honig fließen" 1.6:III:4-7; *ᶜṯtrt tᶜdb nšb lh* "... (da) reichte ihm ᶜAṯtartu einen Schenkel(?)" 1.114:10.

Es gibt jedoch daneben auch Fälle, wo das Subj. dem Verb folgt. Beispiele:

w ilḥmn \ *ank* "... dann werde ich fürwahr alleine (weiter)kämpfen" 2.82:20f.; *[w b bt] mlk ytn mlbš* \ *lh* "... [dann] wird ihm [im] Königs[palast] ein (neues) Gewand gegeben" 4.182:64.

Ist kein Subj. genannt, kann das Verb unterschiedliche Stellungen einnehmen:

- Verb an Erstposition: *akly [bn nšm]* /\ *akly hml[t arṣ]* "... (dann) werde ich [die Menschen] vernichten, (dann) werde ich die Menschenmen[ge der Erde] vernichten" 1.6:V:24f.; *y[šu l] šmm yd[h]* "... (dann) soll er [seine] Hände [zum] Himmel er[heben]" 1.41:55; *w likt* \ *ᶜmk* "... dann werde ich dir Nachricht schicken" 2.30:17f.
- Verb an Zweitposition: *mṣrm* \ *tmkrn* "... (dann) werden sie nach Ägypten verkauft" 3.8:15f. (AV)
- Verb an Drittposition: *ṯnh k'spm atn* "... (dann) werde ich das Doppelte ihres (Gewichtes) in Silber geben ..." 1.14:IV:42f.; *ksp ẖmšm isᶜ* "... (dann) werde ich 50 (Schekel) Silber zahlen" 3.9:9f.

Grundsätzlich gilt, daß nur der erste Satz einer Apodosis eine besondere Satzgliedfolge aufweist bzw. aufweisen kann. Schließen sich weitere Sätze an, sind sie häufig anders strukturiert. In der Omenliteratur wird die strikte SV(O/A)-Folge der Apodosis in Folgesätzen nicht beibehalten. Beispiele:

tqṣrn \ *ymy bᶜl* "... die Tage des Herrn werden kurz sein" 1.103+:33f.; *w uẖr\y ykly ršp* "... und Rašapu wird die Nachkommenschaft vernichten" 1.103+:39f.

93.449. Verbale Nebensätze heben sich von verbalen Hauptsätzen nicht durch spezifische Satzgliedfolgen ab. Im folgenden wird die Satzgliedfolge in mit *k(y)* und *hm* bzw. *im* eingeleiteten Nebensätzen näher betrachtet. Es zeigt sich, daß die Satzgliedfolge auch hier variabel ist. Auffällig ist lediglich die häufige VS-Folge in *k(y)*-Nebensätzen.

93.449.1. In mit *k(y)* eingeleiteten Nebensätzen mit genanntem Subj. steht das Verb in Poesie und Prosa in der Regel vor dem Subj. (zu zahlreichen weiteren Beispielen siehe §83.24):

k tġḏ arz b ymnh "als die Zeder aus seiner Rechten schnellte" 1.4:VII:41; *k tlakn \ ġlmm* "... wie/wenn die beiden Boten ausgesendet werden" 1.4:V:42f.; *k ygʿr šš̀w* "Wenn das Pferd brüllt" 1.85:2 // 1.72:27*.

Bei Nennung eines Obj. ist sogar die VOS-Folge bezeugt:

w k aḫd akl šš̀w "Und wenn das Pferd das Futter(?) packt(?)" 1.85:15 // 1.85:12* (n.L.: *[w k] aḫd* ...); ähnl. 1.72:21 (*k yiḫd* ...).

In Sätzen ohne genanntes Subj. nimmt das Verb jedoch häufig nicht die Erstposition ein. Beispiele:

... *k brkm tġll b dm \ ḏmr* "... als sie die Knie in das Blut der Soldaten tauchte ..." 1.3:II:27f. (OVA); *k šbʿt l šbʿm aḫh ym[ġ(y)]* "Als er(?) zu seinen 77 Brüdern ka[m] ..." 1.12:II:48 (OV).

93.449.2. In *hm-* bzw. *im-*Nebensätzen (§83.23) ist bei Nennung des Subj. nebeneinander die VS- und (häufiger) die SV-Folge bezeugt:

- VS: *w hm yhpk šš̀w* "Und falls das Pferd stürzt / sich umdreht ..." 1.86:7.
- SV: *hm aṯtm tṣḥn* "Falls die beiden Frauen rufen ..." 1.23:39.42-43; *w hm ḫt \ ʿl* ... "Und falls die Hethiter heraufziehen ..." 2.30:16f.; *im mlkytn yrgm* "Falls PN sagt" 2.15:8; *w hm at trgm* "Und falls du befiehlst ..." 2.3:8.18.

Bei Nicht-Nennung des Subj. ist wiederholt die OV-Folge bezeugt. Beispiele:

im \ aḫd b aḫk l ttn "Falls du keinen deiner Brüder gibst ..." 1.6:V:21f.; *w hm alp \ l tšʿn* "Und falls sie die 1000 (Schekel Silber) nicht zahlen (können) ..." 3.8:13f. — Vgl. ferner: *hm ḥry bty \ iqḥ* "Falls ich Ḥurraya in mein Haus führen kann ..." 1.14:IV:40f. (O-O/A-V // V-O-O/A).

93.45. Schlußfolgerungen

Zusammenfassend ist festzuhalten, daß die Satzgliedfolge in ug. Verbalsätzen nicht einheitlich, sondern — insbesondere in der Poesie — relativ frei und variabel ist. Zugleich sind erhebliche Differenzen zwischen den verschiedenen Textgattungen auszumachen.

Dennoch sind gewisse Fixpunkte für unauffällige Satzgliedfolgen zu erkennen. Hierzu zählen folgende Beobachtungen:

- Das (direkte) Objekt steht gewöhnlich nach dem Verb (bei Positionierung im Vorfeld ist es offenbar stets betont).
- Adverbiale sind entweder im Vorfeld (d.h. vor dem Verb) oder — häufiger — im hinteren Hauptfeld des Satzes positioniert.
- Ist ein Subjekt genannt, steht es in der Poesie überwiegend (unmittelbar) nach dem Verb, in der Prosa dagegen häufig vor dem Verb. Das Verb rückt jedoch in der Regel nicht hinter die Zweitposition zurück (§93.413).
- Steht ein Objekt oder ein Adverbial (betont oder unbetont) im Vorfeld, lautet die gewöhnliche Folge auch in der Prosa OVS bzw. AVS.

Aus dem Gesagten folgt, daß das Ug. – unter Ausklammerung der Stellung von Adverbialen – VSO und SVO als gewöhnliche Satzgliedfolgetypen kennt. Die Tatsache, daß in der Poesie im allgemeinen die VSO-Folge, in der Prosa aber die SVO-Folge überwiegt, ist möglicherweise so zu interpretieren, daß das Ug. ursprünglich eine VSO-Sprache war, die sich im Laufe der Sprachgeschichte tendenziell in Richtung einer SVO-Sprache veränderte. Die betreffenden Veränderungen haben möglicherweise auch in der Poesie selbst ihre Spuren hinterlassen, zumal Sätze mit VS-Folge im (relativ früh komponierten) Baal-Zyklus deutlicher in der Überzahl sind, als im Keret-Epos, das gemeinhin als jünger gilt. Der Nikkalu-Text (KTU 1.24), in dem sich die SV-Folge häufiger als die VS-Folge findet, könnte typologisch noch jünger sein als das Keret-Epos. Dieses Ergebnis unterscheidet sich deutlich von der Auffassung Fabers (1980, 44-50), wonach das Ug. (von Anfang an bzw. ausschließlich) eine SVO-Sprache sei.

Einschränkend ist anzumerken, daß Untersuchungen zur Satzgliedfolge in ug. Verbalsätzen durch den relativ kleinen Umfang ug. Prosatexte erschwert werden. Zudem ist damit zu rechnen, daß einige Wendungen in ug. Prosatexten durch akk. Syntax beinflußt bzw. (unter Beibehaltung der akk. Wortstellung) direkt aus dem Akk. übersetzt sind, wo das Verb in der Regel die Endposition des Satzes einnimmt.

SV. Mit diesem Befund (VSO-Grundstruktur mit Variationsmöglichkeiten sowie gewissen sprachhistorischen Tendenzen zu SVO) geht das Ug. weitgehend konform mit anderen frühen nwsem. Sprachen wie dem He. (vgl. GBH § 155k-t) einerseits und dem frühen Aram. andererseits (vgl. Degen 1969 § 82 und Segert 1975 § 7.3.3.4). Auch das Asa. (vgl. Höfner 1943 § 132) und das Äth. weisen einen ähnlichen Befund auf. Das klass. Ar. besitzt demgegenüber eine striktere VSO-Ausrichtung. — Die Satzgliedfolge im Akk.Ug. ist stark von der ug. Substratsprache geprägt; siehe SAU 493: "In the Akkadian texts from Ugarit the verb hardly ever stands at the end of a clause. Moreover the word order is much freer than in Mesopotamian Akkadian."

93.5. Weitere Beobachtungen zu Verbalsätzen

93.51. Zur Modalität von Verbalsätzen

Die Modalität eines Verbalsatzes resultiert aus dem Modus seines verbalen Prädikats. Sätze mit indikativischer Verbalform bringen indikativische Sachverhalte, Sätze mit volitivischer Verbalform volitivische Sachverhalte zum Ausdruck. Die Verbalmodi werden unter *§*77 erörtert.

93.52. Verbale Fragesätze

Verbalsätze können fragenden Charakter haben. Es gibt Entscheidungs-, Alternativ- und Ergänzungsfragen (vgl. *§*92.53).

92.521. Entscheidungsfragen sind unmarkiert. Beispiele:
- *ap ab ik mtm \ tmtn* "Mußt denn auch du, Vater, wie (gewöhnliche) Menschen sterben?" 1.16:I:3f.; ähnl. 1.16:I:17f. und 1.16:II:40.

- *u mlk u bl mlk /\ arṣ drkt yštkn* "Will (irgendjemand), entweder ein König oder ein Nicht-König, die Erde zum Herrschafts(gebiet) für sich beanspruchen?" 1.4:VII:43f. (vgl. §74.642, √*kwn*).
- *ht tṣdn tint̲t̲ \ [b h(m)]* "Soll jetzt etwa Weibsvolk [damit] jagen?" 1.17:VI:40f.
- *u ilm tmtn / šph̩ ltpn l yh̩* "Wehe! Sollen/Müssen gar die Götter sterben? Soll der Nachkomme des Gütigen nicht leben?" 1.16:I:22f. // 1.16:II:43f.
- *bl ašt urbt b bh[tm]* "Soll ich keine Öffnung im Geb[äude] anbringen?" 1.4:V:61 // 1.4:VI:5*.

92.522. Alternativfragen enthalten die Konj. *hm*, z.B. *rġb rġbt* ... /\ *hm ġmu ġmit* ... "Bist du sehr hungrig ... oder bist du sehr durstig ...?" (1.4:IV:33f.). Zu weiteren Beispielen siehe §83.142.

92.523. Ergänzungsfragen (bzw. Wortfragen) sind durch ein Fragepronomen oder ein Frageadverb eingeleitet. Beispiele:
- *mh taršn \ l btlt ᶜnt* "Was begehrst du (von mir), o Jungfrau ᶜAnatu?" 1.3:V:28f. // 1.6:II:13f.
- *mh ylt* "Was haben die beiden (Frauen) geboren?" 1.23:53.60.
- *ik mġy gpn w ugr* "Warum sind Gapanu und Ugaru gekommen?" 1.3:III:36.
- *lm ġltm ilm rišt\km* "Warum habt ihr eure Köpfe gesenkt?" 1.2:I:24f.

93.53. Zur Negierung von Verbalsätzen

Zur Negierung von Verbalsätzen dienen im Ug. die Negationen *l* (§87.12-14), *al* (§87.2), *bl* (§87.33) und möglicherweise auch *blt* (§87.4).

94. Pendenskonstruktion

94.1. Unter "Pendenskonstruktionen" – auch "Pendenssätze" oder "Extrapositionen" genannt – werden hier syntaktische Konstruktionen verstanden, in denen ein isoliertes nominales oder pronominales Element vor einem syntaktisch vollständigen Verbal- oder Nominalsatz steht. Das vorangestellte Element, genannt "Pendens" bzw. "pendierendes Element", korreliert dabei mit einer syntaktischen Konstituente des Folgesatzes. Die syntaktische Isolation des Pendens vom Folgesatz kommt dadurch zum Ausdruck, daß es im Folgesatz durch ein Pronomen bzw. adverbial wieder aufgenommen wird, oder/und dadurch, daß zwischen Pendens und zugehörigem Satz durch eine Konjunktion, ein Fragepronomen oder ein Satzdeiktikon eine Satzgrenze angezeigt ist. Das Pendens ist in der Regel betont (dt. Wiedergabe: "was ... betrifft/anlangt").

Konstruktionen mit syntaktisch integriertem vorangestellten Element und syntaktisch unvollständigem Restsatz sind dagegen nicht als Pendenskonstruktionen, sondern als syntaktisch einheitliche Verbal- bzw. Nominalsätze mit auffälliger Satzgliedfolge (d.h. mit topikalisiertem Satzglied) zu betrachten, selbst wenn zwischen dem vorangestelltem Element und dem zugehörigen Satz eine koordinierende Konjunktion (z.B. *w* "und") steht. Beispiele für Konstruktionen dieses Typs sind unter §83.112 aufgeführt. Die Abgrenzung zwischen echten Pendenskonstruktionen und letzteren Satzgliedketten ist in Einzelfällen schwierig.

Anm. Zu den genannten Definitionen siehe Groß (1987, bes. 2) und Khan (1988, XXVI). Eine engere Definition bietet Nebes (1995, 159-162), demzufolge eine Pendenskonstruktion nur bei Wiederaufnahme des voranstehenden Elements vorliegt.

94.2. Das ug. Textkorpus enthält nur wenige Beispiele für Pendenskonstruktionen entsprechend der hier gebotenen Definition. In keinem dieser Beispiele steht zwischen dem Pendens und dem zugehörigen Satz die Konjunktion *w*. Die (mutmaßliche) syntaktische Grenze zwischen Pendens und Folgesatz wird in den nachstehenden Texttransliterationen durch einen Doppelpunkt markiert.

94.21. Das Pendens entspricht dem Subjekt des Folgesatzes (meist keine Wiederaufnahme des Pendens im Folgesatz):

- *w bʿly : \ šlmh \ w šlm \ nkly \ w šlm \ bth w šlm \ šmʿ rgmk \ nʿm at ṯṯb \ ʿm ʿbdk* "Und was meinen Herrn betrifft – (Nachricht von) seinem Wohlergehen und dem Wohlergehen von PNf und dem Wohlergehen seines Hauses und dem Wohlergehen 'des Hörers deiner angenehmen Stimme' sollst du deinem Diener zurückerstatten" RS92.2010:12-20: Pronominale Wiederaufnahme des Pendens durch *at*; zugleich Wechsel von der 3. zur 2. Person.
- *w mlk bʿly : \ lm škn hnk \ l ʿbdh* "Was den König, meinen Herrn betrifft - Warum hat er seinem Diener dieses aufgetragen?" 2.33:22-24: Der Folgesatz wird durch das Fragepronomen *lm* eingeleitet.
- *w ap ank : mnm \ ḫsrt w uḫy \ yʿmsn ṯmn* "Und auch für mich soll (das gleiche) gelten – Was immer mir fehlt, das soll mein Bruder dort für mich aufladen (und zu mir schicken)" 2.41:19-21: Pendens und folgendes Satzgefüge, bestehend aus Objektsatz und Apodosis. Das Satzgefüge wird durch das Indefinitpronomen *mnm* eingeleitet. Zur Funktion der Konj. *w* siehe §83.113i. Zu einer inhaltlichen syll. Parallele vgl. RS15.24+50:11-21.
- *aqht : km yṯb l lḥ[m] ...* "Was Aqhatu betrifft – Sobald er sich zum Es[sen] niedergesetzt hatte ..." 1.18:IV:29: Wahrscheinlich Pendenskonstruktion; das folgende Satzgefüge wird durch die Konj. *km* eingeleitet (§83.24a).

Mögliche weitere Belege sind (das vorangestellte Glied ist wahrscheinlich nicht integriertes Subj., weil der Folgesatz mit einem Obj. oder Adverbial beginnt):

- *at (:) ʿ[l qšth] \ tmḫṣh / qṣʿth hwt l tḥ[wyn (?)]* "Was dich betrifft – We[gen seines Bogens] mußt du ihn erschlagen, (wegen) seines Krummholzes darfst du ihn nicht am Le[ben lassen]" 1.18:IV:12f.
- *w at \ umy (:) al tdḥl! \ w ap mhkm \ b lbk al \ tšt* "Und was dich, meine Mutter betrifft – Hab' keine Angst! Und mach' dir keine Sorgen!" 2.30:20-24.
- *w bʿly (:) bt \ ʿbdh al \ ybʿr \ b ydh* "Und was meinen Herrn betrifft – Das Haus seines Dieners soll er nicht mit seiner (eigenen) Hand zerstören" RS92.2010:21-24.

- *w aḫy (:) mhk \ b lbh al yšt* "Und was meinen Bruder betrifft – Er möge sich keine Sorgen machen" 2.38:26f.; vgl. ferner 2.41:22 (*w [u]ḫy (:) al ybʿrn*).

94.22. Das Pendens entspricht dem direkten Objekt des Folgesatzes:
- *bt arzm : ykllnh /\ hm bt lbnt : yʿmsnh* "(Soll es) ein Haus aus Zedernholz (sein)? – Er mag es vollenden! Oder ein Haus aus Ziegeln? – Er mag es aufschichten!" 1.4:V:10f.: Pronominale Wiederaufnahme des Pendens.
- (?) *adm (:) \ aṯr iṯ bqṯ \ w štn ly* "Was die (betreffende) Person betrifft – wo auch immer sie/es sei – mache (sie) ausfindig und liefere (sie) mir aus!" 2.39:33-35: Möglicherweise keine Pendenskonstruktion, weil keine pronominale Wiederaufnahme des Pendens erfolgt.

94.23. Das Pendens entspricht dem indirekten Objekt des Folgesatzes:
- *ank : in bt [l]y [km] ilm ...* "Was mich betrifft - Ich ha[be] kein Haus [wie] die (anderen) Götter ..." 1.2:III:19: Pronominale Wiederaufnahme des Pendens; vgl. *wn in bt l bʿl* "Denn Baʿlu hat keinen Palast ..." 1.3:V:38 (und Par.).
- (?) *w ṯn ʿbdk \ ṯmt ʿmnk (:) \ k l ttn akl lhm* "Was deine beiden Diener dort bei dir betrifft – Du sollst ihnen fürwahr(?) Nahrung geben!" 2.70:20-22: Offenbar pronominale Wiederaufnahme des Pendens (durch *lhm*).

94.3. Als weitere mögliche Kandidaten für Pendenskonstruktionen kommen in Betracht (alternative Deutungen dürften aber vorzuziehen sein):

- *w ank (:) ṯṯ ymm \ kl lḥmt* "Volle(?) sechs Tage habe ich schon gekämpft" 2.82:8f.: Die Interpretion der Zeichenfolge *kl* ist unsicher. Es gibt keinen sicheren Hinweis darauf, daß *ank* syntaktisch isoliert ist.
- *[b]tlt bʿl yḥmdnh* "... die [Ju]ngfrau – Baʿlu verlangte nach ihr" 1.92:29 (Kontext unsicher).

Anm. 1.17:VI:35f. zeugt nicht von einer Pendenskonstruktion, auch wenn das Fragepronomen *mh* im ersten Kolon nicht am Beginn des Satzes steht: *mt uḫryt mh yqḥ /\ mh yqḥ mt aṯryt* "Was erlangt der Mensch als letztes Schicksal / am Ende; was erlangt der Mensch als letztes Los / am Schluß?". — Von den in GUL 217f. unter "Extrapositional Sentences" angeführten Textbeispielen ist nur eines überzeugend (1.2:III:19). Die Wortformen *inn* (2.39:20 [vgl. §88.22]), *abkrn* (1.15:III:16), *tštn* (1.15:IV:25) enthalten keine (rückverweisenden) Pronominalsuffixe. *ypt.hm* (1.23:39) ist in zwei Wörter aufzutrennen (*hm* ist hier konditionale Konj. und markiert den Beginn einer neuen Satzeinheit). Die Form *ištynh* in 1.4:III:16 dürfte als asyndetischer Relativsatz zu deuten sein: *b ks ištynh* "... im Becher, den ich trank" (§97.121a). Auch 1.24:48 enthält keine Pendenskonstruktion: *ṯtqt ʿmh bqʿt* "GNf$_1$ (und) zusammen mit ihr (auch) GNf$_2$" (alt.: *ṯtqt ʿm hbqʿt*; vgl. 1.24:49: *tqʿt ʿm prbḫṯ* "GNf$_3$ zusammen mit GNf$_4$").

95. Fragen der Kongruenz auf der Satzebene

95.1. Kongruenz von Prädikat und Subjekt in Nominalsätzen

95.11. In Nominalsätzen mit einem Adjektiv, Substantiv oder Pronomen als Prädikatsausdruck kongruieren Subj. und Präd. immer hinsichtlich des Kasus sowie aus logischen Gründen zumeist auch hinsichtlich Genus und Numerus, z.B. *špthm mtqtm* "Ihre (beiden) Lippen (waren) süß" 1.23:50 (Subj. und Präd. sind übereinstimmend f.du.; beide dürften im Nom. stehen). Abweichungen von Genus- und Numeruskongruenz sind aber sporadisch zu beobachten.

95.12. Von Genusinkongruenz könnte folgendes Syntagma zeugen:

- *w yd \ ilm p k mtm \ ᶜz mid* "Und die Hand der Götter ... ist sehr stark" 2.10:11-13 (Interpretation unsicher). — Hier kongruiert *ᶜz*, wohl ein Adj. (alt.: SK 3.m.sg.), nicht mit dem fem. Subst. *yd* "Hand" (§52.5c). *yd* könnte aber Pl.cs. und *ᶜz* G-SK 3.c.pl. sein ("die Hände der Götter sind stark").

Von Genusinkongruenz zeugt ferner der PN *ilᶜnt* (4.607:14; 4.617:43; 4.623:11), wörtlich "(mein) Gott (m.) ist ᶜAnatu (f.)". Der Name besitzt besitzt typologische Parallelen in akk. und amurr. PNN mit Ištar als theophorem Element und maskulinem nominalen oder verbalen Prädikat (Beispiele bieten: Gelb 1961, 149.151; Streck 1997 § 3.17 [u.ö.]; Lipiński 1997 § 50.25).

Man beachte in diesem Zusammenhang auch, daß formal maskuline Prädikationen (z.B. Berufsbezeichnungen) auf feminine Personen bezogen sein können: z.B. *bnšm hnˀmt ypḥm \ kbby yd bt amt \ ilmlk* "Folgende Personen (m.) sind Zeugen (m.): PNf zusammen mit der Tochter der Magd des PN" 4.659:6-8.

Anm. Der Satz *in b ilht qlṣk* "Niemand unter den Göttinnen verhöhnt(?) dich" (1.3:V:28* // 1.18:I:16*) zeugt nicht von Genusinkongruenz, auch wenn das logische Subjekt feminin ist (§88.21b).

95.13. Auch Numeruskongruenz ist nicht immer gegeben. So kann etwa das Subj. im Sg. stehen, selbst wenn mehrere Prädikate folgen, z.B. *ypḥ iḫršp \ ... \ w ᶜbdn* ... "Zeuge (Sg.) ist PN_1 ... und PN_2 ..." 3.9:18-20.

Auch im Zusammenhang mit pluralischen Schekelbeträgen kann das nominale Prädikat möglicherweise im Sg. stehen. Davon zeugen wahrscheinlich mehrere Konstruktionen in 4.226, z.B. *ᶜšrt šlm* "10 (Schekel Silber) sind bezahlt" (4.226:5.6). *šlm* dürfte dabei als Ptz.pass. m.sg. zu deuten sein (vgl. §73.426, Anm). In 4.226:10 findet sich demgegenüber eine analoge Konstruktion mit Numeruskongruenz (Dual): *ṯqlm šlmm* "zwei Schekel (sind) bezahlt".

95.14. In einem nominal konstruierten asyndetischen Attributsatz kann ein adjektivisches Präd. möglicherweise mit dem Leitwort im (vorausgehenden) Hauptsatz statt mit dem (folgenden) Subj. kongruieren. Von diesem Phänomen könnte RS92.2014:10f. zeugen: *hwt bn nšm \ ghrt phm w špthm* "... das Wort von Menschen, deren Münder und deren Lippen laut/leer(?) sind" (*ghrt* kongruiert mit *hwt* und nicht mit *phm w špthm* [§97.122]).

SV. Im Ar. kongruiert das adjektivische Präd. in solchen Konstruktionen hinsichtlich Kasus und Determination mit dem Leitwort (sogenannte Attraktion), hinsichtlich Genus und Numerus jedoch mit dem (folgenden) Subj., z.B. *raʾaytu (ʾ)mraʾatan ḥasanan waǧhuhā* "ich sah eine Frau, deren Gesicht schön war" (GKA § 430). Bei (unpersönlich-passivischen) Konstruktionen mit passivem Partizip als Präd. kann sogar Genus- und Numerusattraktion eintreten, so daß das Präd. hier vollständig mit dem Leitwort kongruiert, z.B. *ʾimraʾatin maǧḍūbatin ʿalayhā* "einer Frau (Gen.), der gezürnt wird" (AS § 203.3).

95.2. Kongruenz von Prädikat und Subjekt in Verbalsätzen

95.21. Das verbale Präd. kongruiert mit dem Subj. in der Regel hinsichtlich Genus, Numerus und Person. Es gibt keine sicheren Belege für Genusinkongruenz (*§*95.22) und nur wenige Beispiele für Numerusinkongruenz (*§*95.23).

95.22. Zwischen verbalem Präd. und Subj. herrscht Genuskongruenz, auch wenn das Verb vor dem Subj. steht. Beispiele:

- *ik \ mġy aliyn bʿl / ik mġyt b[t]lt ʿnt* "Warum ist der hochmächtige Baʿlu gekommen? Warum ist die Ju[ng]frau ʿAnatu gekommen?" 1.4:II:21-23.
- *w tʿn btlt [ʿ]nt* "Und es antwortete die Jungfrau [ʿA]natu" 1.3:IV:21.
- *tirk-m yd il* "Die 'Hand' Ilus möge lang werden" 1.23:33 (*yd* ist fem. [*§*52.5c]).
- *tqdm ʿṣr* "es werden Vögel (kollektiv) dargebracht" 1.161:30 (*tqdm* ist PK^L 3.f.sg.; *ʿṣr* ist fem. [*§*52.5b]).

Es gibt keine gesicherten Abweichungen von dieser Regel. Auch die beiden folgenden Konstruktionen dürften anders zu erklären sein:

- *[aḫ]r mġy ʿdt ilm /\ w yʿn aliyn bʿl* "[Na]ch der Ankunft der Versammlung der Götter sprach der hochmächtige Baʿlu" 1.15:II:11f. (*§*82.3*10*). — *mġy* ist hier wohl nicht SK 3.m.sg. mit folgendem fem. Subj. ("Nachdem die Versammlung der Götter angekommen war ..."), sondern Verbalsubstantiv.
- *yṣḥ aṯrt w bnh* ... (1.3:V:36f.; 1.4:I:6f.*; 1.4:IV:48f.) bedeutet wohl nicht "Es rufen Aṯiratu und ihre Söhne" (d.h. PK 3.m.sg. mit fem. Subj.), wie etwa in TUAT III/6 (S. 1149, 1151 und 1160) vorgeschlagen wird, sondern vielmehr "Er (sc. Baʿlu) ruft Aṯiratu und ihre Söhne an ..." (*§*93.351, √*ṣy/wḥ*).

Anm. Man beachte in diesem Zusammenhang jedoch, daß die SK 3.f.pl. im Ug. — wie mutmaßlich im gesamten Kan. — formal mit der entsprechenden mask. Form (SK 3.m.pl.) identisch und wie diese */qatVlū/* lauten dürfte (*§*73.332.2). Das Phänomen läßt sich so erklären, daß es in den betreffenden Vorläufersprachen keine strikte Genusdifferenzierung bei SK-Formen der 3. Person pl. gab und fem. pluralische Subjekte häufig mit SK-Formen der 3.m.pl. verknüpft wurden. Als Folge dieser Praxis wurde die ursprünglich gewiß auch in diesen Sprachen vorhandene eigentliche SK-Form 3.f.pl. vollkommen obsolet. — Zur Frage, ob auch beim Imp. die Form m.pl. statt f.pl. benutzt wird, siehe *§*73.134; zu vergleichbaren Problemen im He. siehe Levi (1987, 154-160 [Imp. m.pl. für f.pl.; PK 3.m.pl. für 3.f.pl.]).

95.23. Zwischen verbalem Präd. und Subj. herrscht in der Regel Numeruskongruenz. Dies gilt – anders als im Ar. (GKA § 356) – namentlich auch dann, wenn das Verb vor dem Subj. steht. Beispiele:

- *tblk ġrm mid ksp* "Die Berge sollen dir eine Menge Silber bringen" 1.4:V:15 (*tbl* ist PK^{K}v 3.m.pl. [√*ybl*]).
- *nšu riš ḫrṯm* "Die Pflüger erhoben den Kopf (sic!)" 1.16:III:12 (*nšu* ist SK 3.m.pl. [√*nšʾ*]).

Fälle von Numerusinkongruenz sind sehr selten und meist durch bestimmte Faktoren konditioniert. Entsprechende Belege werden im folgenden diskutiert.

95.231. Vor dualischen Subjekten kann das verbale Prädikat in der Poesie in Ausnahmefällen im Sg. stehen:

- *w yʿn \ gpn w ugr* "Und es sprach(en) Gapanu und Ugaru" 1.5:I:11f. (*yʿn* ist PK^{K}i 3.m.sg.; eine Dualform müßte *y/tʿny* lauten; es handelt sich um die zwei Diener des Baʿlu; sie werden in 1.4:VIII:17.31 eindeutig als Duale behandelt).
- *yʿn ġlmm yʿnyn* "Es sprach(en) die beiden Diener (Baʿlus), (wobei) sie sprachen" 1.3:IV:5 (*yʿn* = PK^{K} 3.m.sg.; *yʿnyn* = PK^{L} 3.m.du.; *§*73.223.41:2). — Hier dürfte ein bewußter Wechsel zwischen numerusinkongruenter und numeruskongruenter Konstruktion aus Gründen der Variation vorliegen. Durch den Wechsel zwischen Singular- und Dualform wird die Wiederholung einer identischen Verbalform zu vermieden.

95.232. Das Verb kann im Sg. stehen, wenn es sich auf mehrere Subjektsausdrücke bezieht, die durch "und" verknüpft sind, insbesondere dann, wenn es sich dabei um Singularbegriffe handelt. Beispiele:

- *št mkšr \ gr[n] w št aškrr \ w pr ḥḏrt ydk w yṣq b aph* "... (dann) wird ein *št*-Maß *mkšr grn* und ein *št*-Maß *aškrr* und die Frucht der *ḥḏrt*-Pflanze zerstoßen und in seine (sc. des Pferdes) Schnauze gegossen" 1.85:12-14; ähnl. Z. 5f., 10f., 15f. und 24-29 mit Parallelen in 1.71, 1.72 und 1.97 (*ydk* und *yṣq* sind PK^{L}-Formen 3.m.sg. [*§*73.223.34:13]).
- *dblt yṯnt ṣmqm yṯnm \ w qmḥ bql yṣq aḥd[h]* "... (dann) werden! alte Feigenkuchen, alte Weintrauben und *bql*-Mehl miteinan[der] zerstoßen" 1.85:31f. (*yṣq* ist PK^{L} 3.m.sg.; das letzte der drei Subjj. ist ein Singularbegriff; möglicherweise bezieht sich *yṣq* nur auf diesen).

Von diesen Beispielen läßt sich jedoch keine feste Regel ableiten. Gleiche Wendungen können auch mit pluralischer Verbalform konstruiert sein. Beispiele:

- *dblt yṯ[nt (w)] ṣmqm yṯnm \ w [qmḥ bql] \ tdkn aḥdh w [yṣq* od. *tṣqn] \ b aph* "... (dann) werden al[te] Feigenkuchen, alte Weintrauben und [*bql*-Mehl] miteinander zerstoßen und in seine Schnauze [gegossen]" 1.72:38-40 (*tdkn* ist PK^{L} 3.m.pl.; in der Lücke ist eine PK^{L} 3.m.sg. oder 3.m.pl. zu ergänzen).
- *[ ] \ w št mkšr g[rn ...] \ arġn ḥmr td[kn aḥdh] \ w yṣq b aph* "... und ... werden [miteinander] zer[stoßen] und (das alles) wird in seine Schnauze gegossen" 1.97:1-5 (n.L.) (PK^{L} 3.m.pl. [*tdkn*], gefolgt von PK^{L} 3.m.sg. [*yṣq*]).

SV. Numerusinkongruenz dieses Typs begegnet in sem. Sprachen häufig; vgl. etwa EA 126:19-21: *yu-ša-ru \ iš-tu* É.GAL.MEŠ KÙ.BABBAR \ *ù mi-im-mu a-na ba-la-ṭì-*

šu-<nu> "Es wurde aus dem Palast Geld und Verpflegung für ihren Lebensunterhalt geschickt (3.m.sg.)"; zum entsprechenden he. Befund siehe Levi (1987, 42-53).

95.233. Götternamen, die aus zwei durch *w* "und" verbundenen Namenselementen bestehen, regieren meist ein verbales Prädikat im Sg., weil entsprechende Gottheiten offenbar als Einzelwesen (mit zwei verschiedenen Namen) betrachtet und verehrt wurden. Beispiele:

- *w y^cn kṯr w ḫss* "Und es antwortete Kôṯaru-wa-Ḫasīsu" 1.1:III:17; 1.4:V:58; 1.4:VI:1*; 1.4:VI:14f.* (*y^cn* ist PK^{K}i 3.m.sg.)
- *ṣḥq kṯr w ḫss /\ yšu gh w yṣḥ* "Da lachte Kôṯaru-wa-Ḫasīsu. Er erhob seine Stimme und rief" 1.4:VII:21f. (*yšu* und *yṣḥ* sind PK 3.m.sg.; vgl. auch das PS 3.m.sg. *-h* in der Wortform *gh*).

Im Aqhat-Epos treten Kôṯaru und Ḫasīsu bzw. Kôṯaru und Hayyānu jedoch als zwei Götterindividuen auf (1.17:V:19f.29f.: *ilm* "die beiden Götter"; *hmt* "sie beide"; 1.17:V:10f.: *hlk kṯr // tdrq ḫss* "das Gehen des Kôṯaru // das Schreiten des Ḫasīsu"; 1.17:V:31-33: *tb^c kṯr \ l ahlh / hyn tb^c l mš\knth* "Kôṯaru ging weg zu seinem Zelt; Hayyānu ging weg zu seiner Wohnstätte"). Es ist deshalb wahrscheinlich, daß die Doppelgottheit im folgenden Satz mit einer dualischen Verbalform konstruiert wird: *aḫr ymǵy kṯr \ w ḫss* "Nachdem Kôṯaru und Ḫasīsu angekommen waren" (1.17:V:25f.; auch zwei nachfolgende Verbalformen könnten dualisch zu interpretieren sein). Ebenso regiert die Doppelgottheit Ṯukamuna-und-Šunama im folgenden Satz eine dualische Verbalform: *y^cmsn.nn ṯkmn \ w šnm* "wobei ihn Ṯukamuna und Šunama stützten" (1.114:18f.).

Anm. Unklar ist die Analyse der SK-Form *qra* in 1.161:6: *qra sdn w rd[n]* "Gerufen ist/sind *Sdn*-und-*Rd[n]*" (*qra* kann SK 3.m.sg. oder 3.m.du. sein).

95.234. Als weitere, allerdings unsichere Fälle für Numerusinkongruenz kommen in Betracht:

- *la šmm b yd bn ilm mt* "Der Himmel war kraftlos unter der Kontrolle des Sohnes Ilus, Môtu" (1.3:V:18 // 1.4:VIII:22-24; 1.6:II:25). Hier könnte das formal pluralische Lexem für "Himmel" ein verbales Prädikat im Sg. regieren. Wahrscheinlicher ist die Form *la* aber als Inf.abs. zu deuten (§73.513.5b √*lʾy*). — Ug. *šmm* wird sonst pluralisch konstruiert, z.B. *ṭl šmm tskh* (1.3:II:40), wörtlich "Tau, den die Himmel über sie ergossen".
- (?) *yšpk k mm arṣ \ kšpm dbbm* ... "Es soll(en) wie Wasser(?) zur Erde hin ausgegossen werden die Beschwörer und Zauberer ..." RS92.2014:12f. — Die (mutmaßliche) Numerusinkongruenz könnte hier dadurch motiviert sein, daß die pluralischen Subjj. dem Verb nicht unmittelbar folgen und eine Passivkonstruktion vorliegt (*yšpk* = Gp-PK 3.m.sg. [§74.222.3]).
- Möglicherweise wird im Ug. ein dualisches Subj. sporadisch mit einer pluralischen Verbalform konstruiert. Von diesem Phänomen könnten bestimmte PK-Formen der 3. Person mit *t*-Präfix zeugen, die unter §73.223.42 als Dualformen interpretiert wurden. Demnach könnte etwa die Form *tšb^cn* in *y^cdb u ymn \ u šmal b phm / w l tšb^cn* "Die beiden stopften (von) rechts oder (von) links (Vögel und Fische) in ihre Mäuler, aber sie wurden nicht satt" (1.23:63f.) als PK 3.m.pl. zu deuten sein (nach der Dualform *y^cdb*).

95.235. Keine Numerusinkongruenz liegt in 1.23:62 vor. Hier ist – gegen KTU[2] – *tᶜrb* anstatt *yᶜrb* zu lesen (§73.223.34:11): *w tᶜrb b phm ᶜṣr šmm* "... auf daß die Vögel des Himmels in ihre Mäuler eintreten". *tᶜrb* ist entweder PK 3.f.sg. (Subj. *ᶜṣr* als Nomen generis im Sg.cs. mit fem. Genus [§52.5b]) oder PK 3.m.pl. (Subj. *ᶜṣr* als Pl.cs. mit mask. Genus entsprechend akk. *iṣṣūru* und ar. *ᶜuṣfūr*).

95.24. In diesem Zusammenhang ist auch auf den Infinitiv in narrativer Verwendung hinzuweisen (§73.513; §73.531). Dabei wird der hinsichtlich Genus und Numerus unveränderliche Inf. als Präd. mit einem beliebigen (stets nachgestellten) Subj. (mask. oder fem., Sg. oder Pl.) verknüpft, z.B. *ṣḥq btlt ᶜnt* "Da lachte die Jungfrau ᶜAnatu" 1.4:V:25 (Inf. und fem. Subj.). In §73.531 wurde davon ausgegangen, daß eine orthographisch indifferente Verbalform immer als Inf. zu deuten ist, wenn keine Kongruenz zwischen ihr und dem folgenden Subj. besteht. Sollte diese Interpretation wider Erwarten nicht korrekt sein, gäbe es in der ug. Poesie deutlich mehr Abweichungen von der Genus- und Numeruskongruenz zwischen verbalem Präd. und Subj. (in 1.4:V:25 könnte *ṣḥq* theoretisch SK 3.m.sg. sein mit folgendem fem. Subj.).

95.3. Kongruenz von Pronominalsuffixen und Bezugswörtern

Pronominalsuffixe (PSS) kongruieren in aller Regel mit dem Bezugswort hinsichtlich Person, Genus und Numerus. Nachfolgend werden mögliche Ausnahmen von dieser Regel vorgestellt.

In 4.132:3.6 nimmt ein PS 3.f.pl. (*-hn*) auf *pḥm* "Purpurwolle" (offenbar mask. Genus) und *ktn* "*ktn*-Gewand" (fem. Genus [§52.5e]) Bezug. Das fem. PS *-hn* könnte hier theoretisch genusneutral (im Sinne von "es") gebraucht sein.

In 4.707:22f. findet sich folgender Wortlaut: *ipdm mtqt kḏx[... \ ... k]sphn ṯql w kmsk* "... zwei(?) ... Prachtgewänder ... deren (Kaufpreis in) Silber 1 2/3 Schekel (beträgt)". Das PS 3.f.pl. *-hn* (in *ksphn*) ist hier offenbar auf das dualische Lexem *ipdm* (mit fem. Genus [§52.5e]) bezogen. Man erwartet ein dualisches PS (d.h. **ksphm* "das Silber für diese beiden [Gewänder]").

95.4. Andere syntaktische und logische Kongruenzprobleme

95.41. Determinativ- bzw. Relativpronomina kongruieren mit dem Bezugswort in den überwiegenden Fällen hinsichtlich Genus und Numerus (§43.1). Es gibt jedoch daneben auch eine indeklinable Variante *d*, die unabhängig vom Genus und Numerus des Bezugswortes immer die einfachste Form (m.sg.) aufweist. Das betreffende, unter §43.2 erörterte Phänomen zeugt somit von einer Aufgabe strikter Genus- und Numeruskongruenz.

95.42. Sporadisch sind Relativsätze nach einem pluralischen Bezugswort singularisch konstruiert (Numerusinkongruenz zwischen Bezugswort und Relativsatz):

- *ttpp anhbm / d alp šd \ ẓuh b ym* "Sie besprengte sich mit (der Essenz von) Meeresschnecken, deren Herkunft(sort) in (einer Entfernung von) 1000 *šiddu* im Meer liegt" 1.3:III:1f.*; 1.3:IV:45f.* (PS 3.m.sg. *-h* in *ẓuh*).

- *tid'm b ġlp ym /\ d alp šd ẓuh b ym* "Sie schminkte sich rot mit (der Essenz von) 'Meereshülsen' (d.h. Meeresschnecken), deren Herkunft(sort) in (einer Entfernung von) 1000 *šiddu* im Meer liegt" 1.19:IV:42f. (PS 3.m.sg. *-h* in *ẓuh*).
- *spr npṣm d yṣa b mid'ḫ* "Liste der *npṣ*-Kleidungsstücke, die ausgeliefert wurden aus ON" 4.166:1 (SK 3.m.sg. *yṣa* [§73.332.22]).

95.43. Im Briefkorpus wird wiederholt zwischen 3. Person (höfliche, formelle Anrede) und 2. Person (direkte Anrede) gewechselt. So kann etwa der Adressat in Nebensätzen in der 3. Person genannt, in der folgenden Apodosis aber direkt angesprochen werden, z.B. *ṯmny \ ᶜm adtny \ mnm šlm \ rgm ṯṯb \ l ᶜbdk* "Was es dort bei unserer Herrin auch immer an Wohlbefinden gibt, davon berichte deinen Dienern!" 2.11:14-18 (es gibt daneben auch Beispiele, wo die Apodosis in der 3. Person gehalten ist [§97.42a]).

Das gleiche Phänomen ist auch innerhalb eines Hauptsatzes (mit Pendens [§94.21]) bezeugt: *w bᶜly \ šlmh \ w šlm \ nkly \ w šlm \ bth w šlm \ šmᶜ rgmk \ nᶜm at ṯṯb \ ᶜm ᶜbdk* "Und was meinen Herrn betrifft – (Nachricht von) seinem Wohlergehen und dem Wohlergehen von PNf und dem Wohlergehen seines Hauses und dem Wohlergehen 'des Hörers deiner angenehmen Stimme' sollst du deinem Diener zurückerstatten" RS92.2010:12-20 (2x PS *-h* gegenüber *at ṯṯb*).

95.44. Sporadisch werden bei Körperteilen Singularbegriffe im Zusammenhang mit mehreren Individuen gebraucht (z.B. *nšu riš ḥrṯm* "Die Pflüger erhoben den Kopf" 1.16:III:12). Dieses Phänomen, das von logischer Inkongruenz zeugt, wird unter §53.14 erörtert.

95.45. Paronomastisch gebrauchte Infinitive gehören gewöhnlich dem gleichen Verbalstamm an wie die finiten Verbalformen, auf die sie bezogen sind. Im Zusammenhang mit finiten Verbalformen abgeleiteter Verbalstämme ist jedoch mit gelegentlichen Ausnahmen zu rechnen, zumal dieses Phänomen auch in anderen sem. Sprachen, etwa im He. (GK § 113w), greifbar ist. Von einer Inkongruenz dieser Art könnte RS92.2014:7f. zeugen: *qn l tqnn ᶜqrb \ tḥtk* "... auf keinen Fall wird sich ein Skorpion unter dir aufrichten(?)". Hier dürfte von einer Wz. √*qw/yn* (II-*inf.*) auszugehen sein; *tqnn* dürfte L-PK, *qn* aber G-Inf. sein (§74.511a, √*qw/yn*). Zu weiteren möglichen Belegen siehe unter §74.224.3 (G-Inf. neben Gp-PK).

SV. Zu praktisch allen unter §95 erörterten Fällen von Inkongruenz bietet das He. typologische Parallelen (siehe Levi 1987).

96. Parataktische Verknüpfung von Sätzen

Satzeinheiten nominaler oder verbaler Natur können parataktisch oder hypotaktisch miteinander verknüpft sein. Parataxe meint die Verknüpfung syntaktisch gleichrangiger Sätze (z.B. zweier Hauptsätze oder zweier gleichartiger Nebensätze), Hypotaxe die Unterordnung bzw. Einbettung eines Nebensatzes unter/in einen übergeordneten Matrixsatz.

96.1. Syndetische Verknüpfung

Syntaktisch gleichrangige Sätze werden überwiegend durch koordinierende Konjj. (§83.1) miteinander verknüpft, am häufigsten durch die Konj. *w* "und" (§83.11). Für Beispiele siehe insbesondere §83.113 (Verknüpfung durch *w*) und §83.122 (Verknüpfung durch *p*).

96.2. Asyndetische Satzfolge

96.21. Einleitung

Syntaktisch gleichrangige Sätze, seien es Haupt- oder Nebensätze, können auch unverbunden aneinandergereiht sein. Von Asyndese wird im Ug. inbesondere in aufzählenden Kontexten Gebrauch gemacht sowie dann, wenn die Aussagen der betreffenden Sätze semantisch eng zusammengehören. Der letztere Fall ist insbesondere in der Poesie häufig gegeben, wo synonyme bzw. synthetische Parallelismen beliebt sind. Insgesamt ist Asyndese in der Poesie mit Abstand häufiger als in der Prosa.

96.22. Asyndese von (mehreren) Hauptsätzen in aufzählenden Kontexten

a. Beispiele aus poetischen Texten bzw. parallel aufgebauten Kontexten:

- *ˁl l ẓr m[g]dl /\ ... / rkb \ ṯkmm ḥmt / ša ydk \ šmm / dbḥ l ṯr \ abk il / šrd bˁl \ b dbḥk ...* "Steig auf den 'Rücken' des Turmes; besteige die 'Schulter' der Mauer; erhebe deine Hände zum Himmel; opfere dem Stier, deinem Vater Ilu; diene Baˁlu mit deinem Opfer ...!" 1.14:II:20-25 (zu weiteren ähnlichen Beispielen siehe §77.314).
- *ṭbḫ alpm [ap] \ ṣin / šql ṯrm [w] m\ria il* (oder: *il<m>*) / *ˁglm d[t] \ šnt / imr qmṣ l[l]im /\ ṣḥ aḫh b bhth / aryh \ b qrb hklh / ṣḥ \ šbˁm bn aṯrt /\ špq ilm krm yn /\ špq ilht ḫprt /\ špq ilm alpm y[n] /\ špq ilht arḫt /\ špq ilm kḥṯm yn /\ špq ilht ksat /\ špq ilm rḥbt yn /\ špq ilht dkrt*(?) "Er schlachtete ...; er fällte ...; er rief ...; er rief...; er reichte dar (insgesamt 8x) ....." 1.4:VI:40-54 (vollständige Übersetzung unter §76.524.3e).
- *tṭbḫ šbˁm \ rumm / k gmn aliyn \ bˁl / tṭbḫ šbˁm alpm ...* "Sie schlachtete siebzig Wildstiere als Totenopfer für den hochmächtigen Baˁlu. Sie schlachtete siebzig Rinder ..." 1.6:I:18-20 (insgesamt 6x *tṭbḫ* in asyndetischer Folge).

- *qra ulkn rp[u] \ qra trmn rp[u] \ qra sdn w rd[n] \ qra t̠r ˁllmn \ qru rpim qdmym* "Gerufen ist PN, der Rapiˀu; gerufen ist ...; gerufen ist ...; gerufen ist ...; gerufen sind die uralten Rapiˀuma" 1.161:4-8 (kein poetischer Text im engeren Sinn).
- *šlm šlm ˁmr[pi] /\ w šlm btʹh / šlm t̠ryl /\ šlm bth / šlm ugrt /\ šlm t̠ġrh* "Heil! Heil ˁAmmura[pi] und Heil seinem Haus(!)! Heil (der Königin) Šarelli (und) Heil ihrem Haus! Heil [der Stadt] Ugarit (und) Heil seinen Toren!" 1.161:31-34 (einmal syndetische, sonst asyndetische Abfolge von Nominalsätzen).

b. Beispiele aus Prosatexten:
- *at̠r ilm ylk pˁnm \ mlk pˁnm yl[k] \ šbˁ pamt l klhm* "Hinter den Götter(statue)n gehe er / der König barfuß einher. Er / Der König gehe barfuß siebenmal zu ihnen allen" 1.43:24-26 (Satzgrenze unklar).
- *i[l w] ḥrn yisp ḥmt /\ [bˁl] w dgn y[i]sp ḥmt / ˁnt w ˁt̠trt \ [ti]sp ḥmt* ... "I[lu und] Hôrānu sollen das Gift wegraffen; [Baˁlu] und Daganu sollen das Gift wegraffen; ˁAnatu und ˁAt̠tartu sollen das Gift [weg]raffen ..." 1.107:38-40 (analoge Konstruktionen in den Zeilen 40b-44).

96.23. Asyndese von parallelen Hauptsätzen in der Poesie

- *yṣq ksp yšl\ḥ ḫrṣ / yṣq ksp \ l alpm / ḫrṣ yṣq\m l rbbt* "Er schmolz Silber (und) verflüssigte Gold: Er schmolz Silber (in der Größenordnung) von Tausenden (Schekeln), schmolz Gold (in der Größenordnung) von Zehntausenden (Schekeln)" 1.4:I:25-28 (mehrfache Asyndese).
- *yt̠lt̠ qn d̠rˁh / yḥrt̠ \ k gn ap lb / k ˁmq yt̠lt̠ \ bmt* "Er zerfurchte den Schaft seiner Arme; er pflügte den Brustkorb wie einen Garten; wie eine Ebene zerfurchte er den Rücken" 1.5:VI:20-22; ähnl. 1.6:I:3-5.
- *w ng mlk \ l bty / rḥq krt \ l ḥẓry* "Aber zieh' weg, o König, von meinem Haus; entferne dich, Keret, von meiner Wohnstatt!" 1.14:III:27-29; ähnl. 1.14:VI:14f. (aber andere Verbfolge und konjunktionslose Einleitung des ersten Kolons).
- *yt̠br \ ḥrn y bn / yt̠br ḥrn \ rišk* "Zerbrechen soll Ḥôrānu, o mein Sohn, zerbrechen soll Ḥôrānu deinen Kopf!" 1.16:VI:54-56.
- *in šmt in ˁẓm* "Es gab kein Fett (und) es gab keine Gebeine" 1.19:III:11.25; analog 1.19:III:39 (*it̠ šmt it̠ ˁẓm*) (jeweils Nominalsätze).
- *hw t̠ˁ nt̠ˁy / hw nkt nkt / ytši l ab bn il / ytši l dr bn il* ... "Dies (ist) das *t̠ˁ*-Opfer, das wir darbringen; dies (ist) die Schlachtung, die wir vollziehen. Möge es zum Vater der Ilu-Söhne hochsteigen; möge es zum Geschlecht der Ilu-Söhne hochsteigen ..." 1.40:24-25*.32-34.41-42* (poetisch geformter Textabschnitt; zwei Nominal- und zwei Verbalsätze in asyndetischer Folge).
- Vgl. ferner: *mlkn aliyn bˁl / t̠pṭn \ in d ˁlnh* "Unser König (ist) der hochmächtige Baˁlu; (und auch) unser Richter – (und) es gibt keinen, der über ihm (steht)" 1.3:V:32f. (dagegen mit syndetischen Anschluß des Nominalsatzes in 1.4:IV:44: *w in d ˁlnh*).

Anm. Synonym-parallele Kola sind jedoch bisweilen auch mit *w* verknüpft, z.B. *yprsḥ ym /\ w yql l arṣ* "Yammu soll hinfallen und er soll niederfallen zur Erde!" 1.2:IV:22f. (gegenüber Asyndese in 1.2:IV:25f.: *yprsḥ ym / yql \ l arṣ* "Yammu fiel hin; er fiel nieder zur Erde"). Ein Bedeutungsunterschied zwischen syndetischer und asyndetischer Satzfolge ist nicht zu erkennen.

96.24. Asyndese von Verbalphrasen mit geteiltem Subjekt oder Objekt

In der Poesie begegnet häufig eine asyndetische Parataxe zweier oder mehrerer Verbalphrasen mit kongruierenden Verbalformen und nur einem genannten Subj. oder nur einem (valenzmäßig obigatorischen) Obj. Das geteilte nominale Satzglied kann vor, zwischen oder nach den Verben stehen. Einige der nachfolgend vorgestellten Textbeispiele sind in GUL (S. 212-214) als sogenannte "Pivot-Konstruktionen" aufgeführt. Aus syntaktischer Sicht handelt es sich um zwei oder mehrere Verbalsätze, von denen einer oder mehrere syntaktisch unvollständig ist/sind. So dürfte etwa *tštḥwy kbd hyt* "Huldigt (und) ehrt sie!" (1.3:III:10) elliptisch für **tštḥwy hyt (w) kbd hyt* stehen. Entsprechende Konstruktionen können auch syndetisch verknüpft sein (z.B. *tštḥ\wy w kbd hwt* "Huldigt und ehrt ihn!" 1.3:VI:19f.).

96.241. Verbalphrasen mit geteiltem Subjekt

a. Subjekt in der Position nach den Verben:
- *ᶜd lḥm šty ilm* "Lange(?) aßen (und) tranken die Götter" 1.4:VI:55; 1.5:IV:12*; vgl. 1.4:V:48 sowie 1.4:III:40f. und 1.15:IV:27.

b. Subjekt in der Position zwischen den Verben:
- *tbᶜ ġlmm l yṯb* "Die Pagen erhoben sich; sie verweilten nicht" 1.2:I:19 (viele analoge Formulierungen in der Epik).
- *tbrk ilm tity* "Die Götter erteilten den Segen (und) gingen weg" 1.15:III:17 (es folgt: *tity ilm l ahlm* 1.15:III:18).
- ... *tlḥmn rpum \ tštyn* "... aßen (und) tranken die Rapiʾuma" 1.22:I:21f.23f.
- Vgl. auch: *yᶜn ġlmm yᶜnyn* "Es sprach(en) die beiden Diener (Baᶜlus), (wobei) sie sprachen" 1.3:IV:5.

c. Subjekt in der Position vor den Verben:
- *ilm tġrk tšlmk* "Die Götter mögen dich bewahren (und) dich beschützen" 2.11:7-9& (vgl. auch §96.312).
- *ilm \ tġrk tšlmk \ tᶜzzk* "Die Götter mögen dich bewahren (und) dich beschützen (und) dich stärken" 5.9:I:2-4; ähnl. 2.4:4-6*.

96.242. Verbalphrasen mit geteiltem Objekt

a. Objekt in der Position nach den Verben:
- *šlḥm ššqy \ ilm* "Gib den Göttern zu essen (und) zu trinken!" 1.17:V:19f.
- *sad kbd hmt* "Bediene (und) verehre sie (beide)!" 1.17:V:20.
- *tšlḥm tššqy ilm* "Sie gab den Göttern zu essen (und) zu trinken" 1.17:V:29 (vgl. dagegen: *yšlḥm kṯrt w yššq* "Er gab den Kôṯarātu zu essen (und) zu trinken" [4x in 1.17:II:30-38]).
- *tsad tkbd hmt* "Sie bediente (und) verehrte sie (beide)" 1.17:V:30.
- *tštḥwy kbd hyt* "Huldigt (und) ehrt sie!" 1.3:III:10 (vgl. dagegen 1.3:VI:19f.: *tštḥ\wy w kbd hwt*).

- *ḫl ld* \ *aklm* "Kreiße und gebäre die 'Fresser'" 1.12:I:25f. (// *tbrkk* \ *w ld ʿqqm* 1.12:I:26f. [syndetische Konstruktion]).

b. Objekt in der Position vor den Verben:

- *qšt yqb [yd]\rk* "Er krümmte (und) [spa]nnte den Bogen" 1.17:V:35f. (n.L.) (am Ende von Z. 35 ist nur für zwei Zeichen Platz).

96.25. Asyndese von Verbalphrasen bei Ellipse des gleichen Objekts

Drei Beispiele dieses Phänomens begegnen in KTU 1.23. Das fehlende (valenzmäßig obligatorische) Obj. ist jeweils unmittelbar zuvor genannt (vgl. §93.352 und §96.242):

yqḥ yš<t> b bth "Er nahm (die beiden Dirnen und) brachte! (sie) in sein Haus" 1.23:36; *yšu* \ *yr šmmh* "er hob (den Stock) hoch (und) warf (ihn) himmelwärts" 1.23:37f.; *yḫrṭ yšt l pḥm* "Er rupfte (den Vogel und) legte (ihn) auf die glühenden Kohlen" 1.23:38f.

96.26. Asyndese sonstiger kongruierender Verbalphrasen

- *yhbr špthm yšq* "Er neigte sich vor (und) küßte ihre Lippen" 1.23:49.55.
- *ydn <dn>il ysb palth* "<Dani>ʾilu trieb (das Reittier) an (und) wandte sich dem Gestrüpp zu" 1.19:II:12 (n.L.).
- *ydnh ysb aklth* "Er trieb es (sc. das Reittier) an (und) wandte sich ins klumpige Land" 1.19:II:19 (n.L.).

Anm. Die zweite Verbalphrase könnte der ersten jeweils auch logisch untergeordnet sein (z.B. "Er neigte sich vor, um ihre Lippen zu küssen"). Es lägen dann Satzgefüge mit finaler Nuance vor (vgl. §97.*10*.1).

96.27. Asyndese der beiden ersten von drei zusammengehörigen Hauptsätzen

Bei einer Abfolge von drei inhaltlich zusammengehörigen oder im Progreß ablaufenden Hauptsätzen können die beiden ersten – wie etwa im Dt. – asyndetisch verknüpft sein, während der dritte syndetisch durch *w* angeschlossen ist (zum analogen Phänomen unterhalb der Satzebene siehe §83.111a). Das ug. Textkorpus bietet aber offenbar nur sehr wenige Belege für diese Konstruktion, zumal entsprechende Satzverkettungen selten bezeugt sind. Die im folgenden aufgelisteten Beispiele stammen aus der Poesie. Sie sind nur bedingt aussagefähig, weil sie teilweise parallel strukturierte Sätze enthalten (vgl. §96.23):

- *tšʿlynh* \ *b ṣrrt ṣp«ʿ»n / tbkynh* \ *w tqbrnh* "Sie brachte ihn zu den Höhen des Ṣapānu hinauf, beweinte ihn und begrub ihn" 1.6:I:15-17 (es folgt ein weiterer, asyndetisch angeschlossener Satz: *tštnn b ḫrt* \ *ilm arṣ*).
- *tḥbq a[rḫ ...] /\ tḥbq ar[ḫ ...] /\ w tksynn b ṯdh* "Die Kuh 'umfaßte' (es) ..., die Ku[h] 'umfaßte' (es) ... und bedeckte es mit ihrem Euter" 1.10:III:22-24.
- *yrd l ksi (/) yṯb* \ *l hdm /\ w l hdm yṯb* \ *l arṣ* "Er stieg herab vom Thron, setzte sich (sodann) auf den Fußschemel und setzte sich (schließlich) vom Fußschemel (her) auf die Erde" 1.5:VI:12-14.

- *šmᶜ mᶜ l krt \ ṯᶜ / ištmᶜ w tqǵ udn* "Höre doch, o edler Keret! Horche auf und neige dein Ohr" 1.16:VI:41f.

Daneben können entsprechende Sätze auch jeweils mittels *w* verknüpft sein (vgl. §83.111a), z.B. ... *št ᶜqrbn \ ydk w ymsš* ... \ ... *w yṣq b aph* "... (dann) wird ein *št*-Maß Skorpionpflanze zerstoßen und in Flüssigkeit aufgelöst ..... und in seine (sc. des Pferdes) Schnauze gegossen" (1.85:2-4). Auch in der Poesie gibt es vergleichbare Verknüpfungen, z.B. *pᶜnh l hdm yṯpd \ w yprq lṣb w yṣḥq* "Er stellte seine Füße auf den Schemel und löste seine Schläfen(?) und lachte" (1.6:III:15f.; anders 1.17:II:10f.: *yprq lṣb w yṣḥq /\ pᶜn l hdm yṯpd*).

Schließlich ist auch eine zweimalige Asyndese belegt, z.B. *ilm \ tǵrk tšlmk \ tᶜzzk* "Die Götter mögen dich bewahren (und) dich beschützen (und) dich stärken" (5.9:I:2-4; ähnl. 2.4:4-6* [vgl. aber §96.241c]).

96.28. Asyndese von Nebensätzen

- *rgm l tdᶜ nš[m / w l tbn hmlt arṣ]* "... ein Wort, das die Mensch[en] nicht kennen, [und von dem die Menschenmenge der Erde nicht weiß]" 1.1:III:15 // 1.3:III:27f. // 1.3:IV:15f.*.
- *ibqᶜ [kbdthm w] aḥd hm iṯ šmt hm i[ṯ] ᶜẓm* "Ich will [ihre Eingeweide] aufschlitzen und nachsehen, ob es Fett gibt, ob es Gebein gibt" 1.19:III:3-5.
- *k tᶜrb ᶜṯtrt šd bt mlk /\ k tᶜrbn ršpm bt mlk* ... "Wenn die Aṯtartu des Feldes den Königspalast betritt (und) wenn die Rašapu-Götter den Königspalast betreten ..." 1.91:10f.

96.3. Sonderformen der Parataxe finiter Verbalformen

96.31. Koppelungen

Unter einer "Koppelung" wird hier die parataktische Aneinanderreihung zweier hinsichtlich Person, Genus, Numerus und Modus kongruierender finiter Verbalformen verstanden, die semantisch engstens aufeinander bezogen sind bzw. miteinander eine Bedeutungseinheit bilden. Der Begriff wurde von Kraus (1987) mit Blick auf syntaktische Verhältnisse des Akk. geprägt.

Koppelungen werden im Ug. – anders als im Akk. – gewöhnlich asyndetisch realisiert. Das ug. Textkorpus bietet aber insgesamt nur wenige Belege für Koppelungen. Die Abgrenzung von Koppelungen zu einfachen Aneinanderreihungen von Verben ist in Einzelfällen schwierig.

96.311. Das erste Verb spezifiziert das zweite in seiner Bedeutung:

√*ḥwš* + Verb: "eilends, schnell tun": *ḥš bhtm [l] b[n]* (n.L.) /\ *ḥš rmm hk[lm]* /\ *ḥš bhtm tbn[n]* /\ *ḥš trmmn hk[lm]* "B[aue] eiligst ein Gebäude! Richte eiligst einen Pa[last] auf! Eiligst sollst du ein Gebäude bauen! Eiligst sollst du einen Pa[last] errichten!" 1.4:V:51-54; ähnl. 1.1:III:27* und 1.2:III:10* (in den beiden letzten Kola folgt dem Imp. *ḥš* jeweils eine $PK^{K}v$). — Vgl. auch 2.34:10f.: *w mndᶜ k ank \ aḥš mǵy* "Vielleicht kann ich schneller eintreffen (w.: Vielleicht, daß ich meine Ankunft beschleunigen kann)".

? √*yd*ᶜ + Verb: "sich auf etwas verstehen; etwas gut können": *bl nmlk yd*ᶜ *ylḥ/ṭ*ˀ*n* "Wollen wir nicht jemanden zum König machen, der sich auf ...(?) versteht?" 1.6:I:48 (*yd*ᶜ könnte aber auch Ptz. sein und würde dann mit *ylḥ/ṭ*ˀ*n* nicht kongruieren).

? √*ṯwb* + Verb: "wiederholt tun": *w ṯṯb trḥṣnn b d*ᶜ*t* "Wiederholt wusch sie ihn vom Schweiß (rein)" 1.16:VI:10 (alt.: "Sie setzte sich [und] wusch ihn ...").

96.312. Zwei Verben bilden bedeutungsmäßig eine Einheit ("Hendiadyoin"):

? √*nġr* + √*šlm* "in Frieden / Gesundheit bewahren" (vgl. §96.241c): *ilm tġrk tšlmk* "Die Götter mögen dich in Frieden bewahren" 2.11:7-9&. — Die genannte Interpretation wird durch die entsprechende akk. Wendung *ilānu ana šulmāni liṣṣurūka* gestützt (vgl. Huehnergard 1999, 377). Gegen sie spricht aber, daß auch die Aneinanderreihung von drei Verben bezeugt ist: *ilm* \ *tġrk tšlmk* \ *t*ᶜ*zzk* "Die Götter mögen dich bewahren (und) dich beschützen (und) dich stärken" 5.9:I:2-4; ähnl. 2.4:4-6*.

96.32. Konstruktionen mit sogenannten Auftaktverben

Bei gewissen Abfolgen zweier kongruierender, asyndetisch verknüpfter finiter Verbalformen bringt die erste eine vorbereitende Handlung zur zweiten zum Ausdruck. Relativ sicher nachzuweisen sind solche Konstruktionen im Zusammenhang mit einem Imperativ eines Bewegungsverbs, gefolgt von einem zweiten kongruierenden Imperativ. Der erste Imperativ kann dabei im Dt. durch eine Interjektion wie "auf!" bzw. "los!" wiedergeben werden. Beispiele:

Imp. von √*hlk* + Imp. eines anderen Verbs: *lk* \ *hrg ar[b*ᶜ*] ymm* "Los! Töte vie[r] Tage hindurch!" 1.13:4f. (vgl. aber auch: *lk lk* ᶜ*nn ilm* "Los, los, (o) Diener der Götter!" 1.3:IV:32); *lk šr*(?) / *škn*(?) ᶜ*l ṣrrt* \ *adnk* "Los! ...(?) auf den Höhen deines Herrn!" 1.16:I:43f.

Imp. von √*nš*ˀ + Imp. eines anderen Verbs: *šu* ᶜ*b*ˀ*x tk mdbr qdš* "Auf! Zieht fort (?), mitten hinein in die heilige Steppe" 1.23:65 (n.L.).

Anm. Beachtenswert aber wohl nicht unmittelbar vergleichbar sind hier folgende Textbeispiele mit PK-Formen (das zweite Verb könnte dem ersten logisch untergeordnet sein): *ytšu yṯb b ap ṯġr* ... "Er erhob sich (und) setzte sich vor dem Tor nieder ..." 1.17:V:6; *yhbr špthm yšq* "Er neigte sich (und) küßte ihre Lippen" 1.23:49.55; *yšu* \ *yr šmmh* "Er richtete (den Stock) auf (und) schoß (ihn) zum Himmel" 1.23:37f.

97. Nebensätze

97.0. Der Begriff "Nebensätze" im engeren Sinn bezeichnet Sätze, die strukturell abhängig und syntaktisch einem Hauptsatz untergeordnet sind (*§*92.12). Die unterordnende Verknüpfung wird als Hypotaxe bezeichnet. Sie wird explizit durch subordinierende Konjunktionen (*§*83.2) oder durch Relativpronomina (*§*43) bzw. Pronomina mit vergleichbarer Funktion (etwa Indefinitpronomina) markiert. Als Nebensätze im weiteren Sinn werden hier sämtliche Sätze verstanden, die einem benachbarten Satz logisch untergeordnet sind, selbst wenn die Unterordnung syntaktisch nicht explizit markiert ist. Hierzu zählen Sätze, die asyndetisch angeschlossen sind, wie auch solche, die durch die Konj. *w* eingeleitet sind, welche gewöhnlich gleichrangige Sätze (parataktisch) verknüpft.

Diese breite Definition von "Nebensätzen" scheint im Ug. deshalb angebracht zu sein, weil logisch abhängige Sachverhalte, die in jüngeren sem. Sprachen oder in indoeuropäischen Sprachen gewöhnlich durch Nebensätze ausgedrückt werden, im Ug. (insbesondere in der ug. Poesie) auffallend häufig durch formal unabhängige Sätze zum Ausdruck gebracht werden. Sie bringt allerdings das Problem mit sich, daß die Differenzierung zwischen Haupt- und Nebensätzen in Einzelfällen schwierig ist und letztlich subjektiv bleibt.

Nebensätze können – wie Hauptsätze – verbaler oder nominaler Natur sein, abhängig von der Wortart des Satzprädikats. Nebensätze im engeren Sinn (echte Hyptaxe) sind in der Prosa relativ häufig, in der Poesie dagegen selten bezeugt.

Der Modusgebrauch von Nebensätzen unterscheidet sich nicht grundlegend von dem der Hauptsätze (*§*77.38). Auch ihr Aspekt- bzw. Tempusgebrauch stimmt im wesentlichen mit dem von Hauptsätzen überein; vereinzelte Besonderheiten bestimmter Nebensätze wurden unter *§*76 behandelt (siehe bes. *§*76.324, *§*76.325, *§*76.333, *§*76.425, *§*76.521.3 und *§*76.533).

Die nachfolgende Gliederung ug. Nebensätze folgt primär syntaktisch-funktionalen Kriterien. Erst in zweiter Linie werden formale Kriterien berücksichtigt, wie etwa einleitende Partikeln (eine an Konjunktionen orientierte Systematik findet sich unter *§*83.2). Deshalb werden auch Relativsätze nicht unter einer, sondern je nach Funktion unter mehreren Rubriken behandelt.

97.1. Attributsätze

Attributsätze sind Nebensätze in der syntaktischen Funktion eines Attributs. Sie sind im Ug. in formaler Hinsicht überwiegend als Relativsätze realisiert. Daneben gibt es auch asyndetisch angeschlossene Attributsätze (sogenannte asyndetische Relativsätze) und möglicherweise auch konjunktionale Attributsätze.

Eine Reihe von Attributsätzen enthält pronominale Elemente (selbständige Personalpronomina oder Pronominalsuffixe), die auf das Bezugswort im Hauptsatz rückverweisen (= "Anapher").

97.11. Attributive Relativsätze

Relativsätze sind Nebensätze, die durch ein Determinativpronomen in der Funktion eines Relativpronomens (§43) oder durch ein Indefinitpronomen in der Funktion eines verallgemeinernden Relativpronomens (§45) eingeleitet sind. Erstere besitzen zumeist die Funktion eines Attributs zu einem Nomen des übergeordneten Satzes (§91). Ist das Bezugswort nicht genannt, übernimmt ein Relativsatz auch dessen syntaktische Funktion im übergeordneten Satz. In diesem Fall kann er (als Objektssatz) ein Objekt oder (als Subjektsatz) ein Subjekt vertreten. Relativsätze in dieser Funktion werden unter §97.2-3 behandelt. Hier sind nur Relativsätze in attributiver Funktion von Interesse. Nebensätze dieser Art sind im Ug. sehr häufig. Im folgenden werden nur wenige illustrative Textbeispiele präsentiert. Alle vorgestellten Relativsätze sind durch ein Determinativpronomen eingeleitet. Durch Indefinitpronomina eingeleitete Relativsätze besitzen im Ug. (zufällig) nie attributive Funktion (vgl. §97.23 und §97.33). Das Bezugswort (Leitwort) vor dem Relativsatz steht erwartungsgemäß nicht im St.cs., sondern gewöhnlich im St.abs. oder (selten) im St.pron. (z.B. *irštk \ d ḫ̮srt* "dein Wunsch, woran es dir fehlt" 2.41:16f.).

97.111. Verbale Relativsätze

a. Sätze mit PK^{L} (weitere Beispiele unter §76.325 und §76.333):

- ... *il mṣrm dt tǵrn \ npš špš mlk \ rb bˁly* "... die Götter Ägyptens, die das Leben der 'Sonne', des Großkönigs, meines Herrn, beschützen" 2.23:22-24.
- *w mnm šalm \ dt tknn \ ˁl ˁrbnm \ hnhmt \ tknn* "Und welche Forderungen auch immer gestellt werden, müssen zu Lasten folgender Bürgen gestellt werden" 3.3:5-9 (§76.331).

b. Sätze mit PK^{K}i (offenbar nur in der Poesie [§76.425]):

- *il \ mlk d yknnh* "Ilu, der König, der ihn erschaffen hat" 1.3:V:35f.&

c. Sätze mit SKf (häufig in Prosatexten; weitere Belege unter §76.521.3):

ṯmn mrkbt dt \ ˁrb bt mlk "acht Wagen, die in den Königspalast 'hineingegangen' sind" 4.145:1f.; *iky lḥt \ spr d likt \ ˁm ṯryl* "Was ist mit dem Brief, den ich zu PNf geschickt habe?" 2.14:6-8; *ksp d nkly b šd* "Silber, das für (den Kauf) des Feldes gebraucht wurde" 4.280:6; *mṣry d ˁrb b unṯ* "Ägypter, die in den *unṯ*-Dienst eingetreten sind" 3.7:1 (*mṣry* ist formal ein Sg. [§52.12e] und nicht etwa ein Pl. im St.cs.).

d. Sätze mit SKs:

ṯlḥn il d mla \ mnm "ein herrlicher(?) Tisch, der voll ist von Kreaturen" 1.4:I:38f.; ähnl. 1.4:I:34f.; *km špš d brt* "... wie die 'Sonne', die frei ist, ..." 2.19:3; *mnm irštk \ d ḫ̮srt* "Was auch immer dein Wunsch ist, woran es dir fehlt" 2.41:16f.

Anm. Relativsätze mit volitivischem Modus sind wahrscheinlich nicht bezeugt (vgl. §77.38).

97.112. Nominale Relativsätze (weitere Beispiele unter §43.2 und §88.1-2):

- *d bh rumm l rbbt* "(Ein herrlicher Kelch ...), auf dem Wildstiere zu Zehntausenden (abgebildet) sind" 1.4:I:43 (mit rückverweisendem PS).
- *d šbᶜ \ [a]ḫm lh / ṯmnt bn um* "(Die Familie Kerets // die Dynastie des Königs ...), die aus sieben [Brü]dern bestand, aus acht Söhnen einer Mutter" 1.14:I:8f. (mit rückverweisendem PS).
- *d in bn lh* "(Daniˀilu ...), der keinen Sohn hat" 1.17:I:18 (mit rückverweisendem PS und kausalem Nebensinn [§97.5]).
- *adrm d b grn* "die Vornehmen, die auf dem Dreschplatz waren" 1.17:V:7.
- *w yᶜdb d b tkh* "Er bereitete vor / stellte hin, was in seiner Mitte war" RS92.2016:28'*.37' (mythologischer Text; genauer Sinn unklar).
- *hn ib d b mgšḫ* "Siehe der Feind, der in ON (ist), ..." 2.33:10.
- *kl d iṯ \ [l špš]* "alles, was [der 'Sonne'] gehört" 2.81:9f.
- *ṯql d ᶜmnk* "der Schekel, der bei dir (deponiert) ist" 3.9:16.
- *w lpš d sgr bh* "und ein Kleid, das einen Schließmechanismus hat" 4.166:6 (mit rückverweisendem PS).
- *bnšm dt l mlk* "Personal, das dem König gehört" 4.339:17.
- *bnšm d iṯ bd rb ᶜprm* "Bedienstete, die dem Chef der ᶜApīru unterstehen" 4.752:1 (vgl. §43.2d und §88.1c-d).
- *bdl ar dt inn \ mhr lhm*! "Reservisten aus ON, die kein *mhr* besitzen" 4.214:I:4 (mit rückverweisendem PS; vgl. §43.2d und §88.22b).
- *šd ubdy ilštmᶜ \ dt bd skn* "Pachtäcker von ON, die dem Statthalter unterstehen" 4.110:1f.

97.12. Asyndetische Attributsätze ("asyndetische Relativsätze")

Auch asyndetisch angeschlossene Nebensätze können die gleiche syntaktische Funktion wie attributive Relativsätze besitzen. Das solchen Nebensätzen vorangehende Leitwort steht dabei — sofern orthographisch zu erkennen — im St.cs. Es gibt dafür allerdings nur ein sicheres Textbeispiel, nämlich 1.23:64f.: *y aṯt itrḫ /\ y bn ašld* "O Frauen, die ich geheiratet habe! O Söhne, die ich gezeugt habe!" (*aṯt* und *bn* sind kontextuell als Dualformen ausgewiesen; es gibt kein rückverweisendes Objektsuffix). In allen anderen Fällen (d.h. bei Nomina im Singular oder fem. Dual) läßt sich der Status des Leitworts nicht sicher eruieren. Mangels Gegenbeispielen liegt die Annahme nahe, daß ein asyndetischer Attributsatz im Ug. — im Einklang mit dem akk. Befund (GAG § 166a) — syntaktisch immer als Genitivattribut zu dem im St.cs. stehenden Leitwort fungiert (vgl. §91.31). Denkbar wäre aber auch, daß das Leitwort im St.abs. stehen kann, wenn der Nebensatz ein rückverweisendes Pronomen enthält.

Die Wahl zwischen syndetischem und asyndetischem Attributsatz scheint im Ug. keinen festen Regeln zu unterliegen. (Kontextuelle) Determiniertheit bzw. Indeterminiertheit des Leitworts spielt als Kriterium offenbar keine Rolle.

SV. Im Ar. muß nach einem indeterminierten Leitwort (im St.abs.) immer ein asyndetischer Relativsatz stehen. Zu weiteren Regeln siehe AS § 200. — Im He. begegnen asyndetische Attributsätze häufig nach indeterminierten Nomina, daneben aber auch nach determinierten Nomina. Das Leitwort steht im St.abs. (vgl. GBH § 158a-d).

97.121. Verbale asyndetische Attributsätze (relativ häufig)

a. Sätze mit PK:

- *rgm l tdʿ nšm* "... ein Wort, das die Menschen nicht kennen" 1.1:III:15*; 1.3:III:27*; 1.3:IV:15* (daneben begegnet ein syndetischer Relativsatz: *abn brq d l tdʿ šmm* "Ich weiß Bescheid über den Blitz, den der Himmel nicht kennt" 1.3:III:26 // 1.3:IV:17f.; §76.43).
- *ks qdš \ l tphnh aṯt / krpn \ l tʿn aṯrt* "... einen heiligen Becher, den keine Frau sehen darf, einen Pokal, den nicht (einmal) Aṯiratu anschauen darf" 1.3:I:13-15 (mit rückverweisendem OS im ersten Kolon).
- *qlt \ b ks ištynh* "Schmach (war) im Becher, den ich trank" 1.4:III:15f. (mit rückverweisendem OS).
- *p ʿbd ank aḫd ulṯ /\ hm amt aṯrt tlbn \ lbnt* "Bin ich denn ein Diener, der das *ulṯ*-Gerät hält? Oder ist Aṯiratu eine Magd, die Ziegel formt?" 1.4:IV:60-62 (mit konsekutivem Nebensinn [§97.*11*.b]).
- *ṭl šmm tskh /\ [r]bb nskh kbkbm* "(Sie wusch sich mit) dem Tau, den der Himmel ausgegossen hatte; (mit) [Tau]regen, den die Sterne ausgegossen hatten" 1.3:II:40f. // 1.3:IV:43f. (PK // SKf; zweimal mit rückverweisendem OS; chiastische Wortstellung).
- *aṯt [tq]ḥ y krt / aṯt \ tqḥ btk / [ġ]lmt tšʿrb \ ḥzrk* ... "Die Frau, die du (dir) [genom]men hast, o Keret, die Frau, die du in dein Haus genommen hast, das [Mäd]chen, das du in deine Wohnstatt geführt hast ..." 1.15:II:21-23.
- *ṯs/l! mrṯ yḫrṯ il* "Traubensaft(?), den Ilu (selbst) angebaut hatte" 1.22:I:20.
- *y aṯt itrḫ /\ y bn ašld* "O Frauen, die ich geheiratet habe! O Söhne, die ich gezeugt habe!" 1.23:64f. (*aṯt* und *bn* im St.cs.!).
- *u b qṭt tqṭṭ* "oder (sei es, daß ihr gesündigt habt) durch Lügen, die ihr (m.) hervorgebracht habt" 1.40:31; analog: *u b qṭt tqṭṭn* "oder durch Lügen, die ihr (f.) hervorgebracht habt" 1.40:22f.39f.; 1.84:7!.

Anm. In 1.19:I:40-42 (*yr ʿrpt \ tmṭr b qẓ / ṭl yṭll \ l ġnbm*) liegen sehr wahrsch. keine asyndetischen Relativsätze vor, zumal *tmṭr* als PK^{K}v 3.m.pl. ausgewiesen ist (§74.511b, √*ṭll*; damit gegen GUL 220: "Clouds (that) rain on the summer fruit, dew (that) distills upon the grapes"). Es ist eher von volitivischen Hauptsätzen auszugehen: "Den Frühregen mögen die Wolken auf das Sommerobst regnen lassen! Tau möge die Trauben benetzen!" (zu einer möglichen anderen Deutung siehe §97.*10*.1b).

b. Sätze mit SK:

- ... *[r]bb nskh kbkbm* "(Sie wusch sich mit ...) [Tau]regen, den die Sterne ausgegossen hatten" 1.3:II:41 // 1.3:IV:44.
- *mġny l bʿl npl l a\rṣ* "Wir trafen auf Baʿlu, der zu Boden gefallen war / der auf der Erde lag" 1.5:VI:8f.; ähnl. 1.5:VI:30f.*.
- *yd mḫṣt aq[h]t ġ\zr* "Die(se) Hand, die den Helden Aq[ha]tu erschlagen hat, ..." 1.19:IV:58f. (alt.: *mḫṣt* als Ptz. in Appositionsfunktion).
- *tk aḫ šmk mlat rumm* "... hinein in das Sumpfgebiet *Šmk*, das voll ist von Wildstieren" 1.10:II:9.12 (SKs).

97.122. Nominale asyndetische Attributsätze (selten):

- *ššrt ḫrṣ ṯqlm kbd ʿšrt mznh \ b a[r]bʿm ksp* "Eine Goldkette, deren Gewicht 12 Schekel beträgt, für 40 (Schekel) Silber" 4.341:1f. (rückverweisendes PS).
- (?) *ṯlṯ ḫrmṯt ṯtm \ mḫrhn* "... drei Sicheln, deren Kaufpreis 60 (Schekel Silber) beträgt" 4.625:1-2; ähnl. 4.132:1-3.5-6, 4.333:1-3.4-6 und 4.707:21-23 (mit rückverweisendem PS). — Es könnten aber zwei Hauptsätze vorliegen, zumal der zweite Satz in 4.132:3 mit *w* angeschlossen ist: ... \ *w ṯmnt ksp.hn* "Und (zwar beträgt) ihr (Kaufpreis in) Silber acht (Schekel)".
- (?) *hwt bn nšm \ ghrt phm w špthm* "... das Wort von Menschen, deren Münder und deren Lippen laut/leer(?) sind" RS92.2014:10f. — Dieser Deutung zufolge würde das adjektivische Präd. des Nebensatzes (*ghrt*) nicht mit dem folgenden Subj. (*phm w špthm*), sondern mit dem Leitwort im Hauptsatz (*hwt*) kongruieren (§95.14). — Zu einer anderen Deutung siehe §91.23.

Anm. *ʿm tlm ġṣr arṣ* "... zu den beiden Hügeln, die die Erde begrenzen" (1.4:VIII:4) enthält wohl keinen nominalen Attributsatz (mit Leitwort im St.abs.); *ġṣr* dürfte vielmehr als Partizip in Appositionsfunktion zu bestimmen sein.

97.13. Konjunktionalsätze in attributiver Funktion (?)

Möglicherweise können auch mit *k(y)* eingeleitete Nebensätze in gewissen Kontexten attributive Funktion besitzen. In Frage kommen dafür ausschließlich stereotype Konstruktionen im Briefkorpus, in denen sich ein *k(y)*-Satz unmittelbar an eine vorangestellte Nominalphrase anschließt, z.B. *w lḥt akl ky \ likt ʿm špš \ bʿlk* "Und betreffs des Briefes bezüglich Nahrung(slieferung), den du zur ‘Sonne’, deinem Herrn, geschickt hast ..." (2.39:17-19). Weitere Belege sind unter §83.24e aufgelistet. Die Funktion solcher *k(y)*-Sätze kann jedoch auch anders interpretiert werden; zur Diskussion siehe §83.24e (Vorbemerkung).

Anm. Auch mittels *w* angeschlossene Hauptsätze können semantisch ähnlich wie attributive Nebensätze fungieren; vgl. z.B. *dm rgm \ iṯ ly w argmk /\ hwt w aṯnyk* "Fürwahr, ich habe eine Botschaft, und (diese) möchte ich dir berichten; (ich habe) ein Wort und (dieses) möchte ich dir mitteilen" 1.1:III:12f.*; 1.3:III:20f. (im Sinne von: "... eine Botschaft / ein Wort, die / das ich dir berichten möchte").

97.2. Objektsätze

Objektsätze sind Nebensätze in der syntaktischen Funktion eines Objekts. In formaler Hinsicht sind die nachfolgenden Konstruktionen zu unterscheiden.

97.21. Objektsätze, eingeleitet durch die Konjunktion *k(y)*

Illustrative Beispiele (jeweils abhängig von einem Verb der Wz. √*ydʿ*):

- *ydʿ[tk] bt k anš[t] \ k in b ilht ql[ṣ]k* "Ich kenne dich, (meine) Tochter, (nämlich) daß du mannhaft(?) bist, daß/und niemand unter den Göttinnen dich verhöhnt(?)" 1.3:V:27f. // 1.18:I:16-17* (das {k} am Anfang von 1.3:V:27

ist wegen der Zeichenfolge *w i[n]* in 1.18:I:16 vielleicht zu {w} emendieren).
- *w tdᶜ ilm \ k mtt* "... damit die Götter wissen, daß du tot bist" 1.5:V:16f.
- *w idᶜ k ḥy aliyn bᶜl /\ k i̱t zbl bᶜl arṣ* "... damit ich weiß, daß der hochmächtige Baᶜlu lebt, daß der Fürst, der Herr der Erde, existiert" 1.6:III:8f.
- *w idᶜ k ḥy aliyn bᶜl /\ k i̱t zbl bᶜl arṣ* "Auf daß ich weiß, daß der hochmächtige Baᶜlu lebt, daß der Fürst, der Herr der Erde existiert" 1.6:III:8f.; vgl. 1.6:III:1 (ähnliche Formulierung als Hauptsatz in 1.6:III:20f. [§83.151]).
- *ydᶜt k rḥmt* "Ich weiß, daß sie barmherzig ist" 1.16:I:33; ähnl. 1.3:V:27f. // 1.18:I:16f.
- *umy \ tdᶜ ky ᶜrbt \ l pn špš* "Meine Mutter möge wissen, daß ich vor die 'Sonne' getreten bin" 2.16:6-8 (weitere Beispiele unter §83.24f).
- *[x]dᶜ k iḫ̮d h[xx]* "Wisse / Er möge wissen, daß ich ihn(?) ergreife(?)" 2.33:21.

97.22. Objektsätze, eingeleitet durch ein Relativpronomen

- *tn ilm d tqh / d tqyn hmlt* "Gib (den) heraus, o Ilu, den du in Schutz genommen hast! (Gebt den heraus), den ihr in Schutz genommen habt, o Götterschar!" 1.2:I:18.34f.
- *grš d ᶜšy lnh* "... der den vertreibt, der ihn bedrängt" 1.17:I:29; ähnl. 1.17:I:47f.*, 1.17:II:3* und 1.17:II:18f.* (wohl nominal konstruiert [Ptz.]).

97.23. Objektsätze, eingeleitet durch das Indefinitpronomen *mnm*

a. Sichere Belege; Apodosis durch *w* eingeleitet (§83.113i):
- *w mnm \ rgm d tšmᶜ \ ṯmt w št \ b spr ᶜmy* "Und welche Angelegenheit du dort auch immer in Erfahrung bringst, das lege in einem an mich gerichteten Schreiben dar" 2.10:16-19 (Objektsatz mit eingebettetem attributiven Relativsatz). — Vgl. EA 149:56f.: *mīnummê tašteme ū šupur \ ana šarri* "Was auch immer du hörst, das melde dem König!".
- *mnm irštk \ d ḫ̮srt w ank \ aštn l iḫ̮y* "Was auch immer dein Wunsch ist, woran es dir fehlt, das will ich meinem Bruder zukommen lassen" 2.41:16-18 (Objektsatz mit eingebettetem attributiven Relativsatz). — Vgl. EA 44:27f.: *ū mīnummê bēli abīya \ ḫ̮ašḫ̮āta* "Und woran es dir, meinem Herrn, meinem Vater, auch immer fehlt ..."; vgl. ferner EA 35:21f.: *mīnummê \ ša te-ri-iš-šu* "worum immer du bittest".
- *mnm \ ḫ̮srt w uḫ̮y \ yᶜmsn ṯmn* "Was immer mir fehlt, das soll mein Bruder dort für mich aufladen" 2.41:19-21 (es geht ein Pendens voraus [§94.21]).

b. Andere mögliche Belege:
- (?) *mnm i̱t l ᶜbdk* "Was auch immer ist, (das teile) deinem Diener (mit)" 2.70:29 (zu anderen Deutungen siehe §88.1c und §97.33).
- (?) *mnm ḥṭ[at ...]* "Was immer sie fal[sch ge]macht hat, ..." 2.72:33. — Da der Kontext abgebrochen ist, läßt sich nicht sicher entscheiden, welche syntaktische Funktion der Nebensatz besitzt (alt.: Subjektsatz).

97.24. Asyndetische Objektsätze

- *l rgmt lk l ali\yn bʿl / ṯṯbn bʿl \ l hwty* "Habe ich dir nicht gesagt, o mächtiger Baʿlu, (daß) du auf mein Wort zurückkommen würdest?" 1.4:VII:23-25.
- *p nšt bʿl [ṭ]ʿn iṭʿnk* "Hast du vergessen, Baʿlu, (daß) ich dich (mit der Lanze) durchbohren kann?" 1.5:I:26 (Der jeweils zweite Satz könnte hier und beim letzten Textbeispiel auch ein Hauptsatz sein [direktes Zitat]).
- *l trǵds \ w l klby \ šmʿt ḫti \ nḫtu* "Von/Bezüglich PN_1 und PN_2 habe ich gehört, (daß) sie vernichtend geschlagen worden sind" 2.10:5-8.

97.3. Subjektsätze und Prädikativsätze

Subjektsätze sind Nebensätze in der syntaktischen Funktion des Subjekts des Satzgefüges; Prädikativsätze sind Nebensätze in der syntaktischen Funktion eines Prädikativs (des Prädikatsteils eines Nominalsatzes [vgl. §88.21]). In formaler Hinsicht sind die nachfolgenden Konstruktionen zu unterscheiden.

97.31. Subjektsätze, eingeleitet durch die Konjunktion *k(y)*

- *mn yrḫ k m[rṣ] /\ mn k dw kr[t]* "Wie viele Monate (sind es), daß er kra[nk ist]; wie viele (Monate), daß Ker[et] kränklich ist?" 1.16:II:19f.; ähnl. 1.16:II:22f. (*ṯlṯ yrḫm k m[rṣ] \ arbʿ k dw k[rt]*).
- (?) *w mndʿ k ank \ aḫš mǵy / mndʿ \ k igr w u ig[r]* "Vielleicht (ist es möglich), daß ich die Ankunft beschleunige; vielleicht (ist es möglich), daß ich ..." 2.34:10-12 (alt.: Objektsatz, sofern die Grundbedeutung von *mndʿ* "wer weiß?" lautet [§33.115.44:4]).

97.32. Subjekt- und Prädikativsätze, eingeleitet durch ein Relativpronomen

- *w d l ydʿnn \ ylmn ḫṭm* "... aber, wer ihn nicht kannte, schlug ihn mit einem Stock" 1.114:7f. (// *il d ydʿnn* "ein Gott, der ihn kannte" [attributiv]).
- *d-y l ydʿ yṣḥk* "Ein (dir) Unbekannter ruft dich" RS92.2014:1 (*d* + EP *-y*).
- *(w) in d ʿlnh* "(Und) es gibt keinen, der über ihm (steht)" 1.3:V:33; 1.4:IV:44 (Prädikativsatz [§88.21a]).
- *w in d ylmdnn* "Und es gibt niemanden, der ihn (dabei) belehrte / der ihn belehren müßte" RS92.2016:42’ (Prädikativsatz [§88.21a]).

97.33. Subjektsätze, eingeleitet durch das Indefinitpronomen *mnm*

- *w mnm šalm \ dt tknn \ ʿl ʿrbnm \ hnhmt \ tknn* "Und welche Ansprüche auch immer gestellt werden mögen, sollen zu Lasten folgender Bürgen gestellt werden" 3.3:5-9.
- (?) *l bʿly \ mnm iṯ l ʿbdk* "Meinem Herrn gehört, was auch immer deinem Deiner gehört" 2.70:28f. (zu anderen Deutungen siehe §88.1c und §97.23).

Anm. Asyndetische Subjektsätze sind im Ug. offenbar nicht bezeugt.

97.4. Modalsätze

Modale Nebensätze besitzen die syntaktische Funktion eines Adverbials. Sie erläutern einen im Hauptsatz bezeichneten Sachverhalt und benennen Mittel, Art und Weise oder Begleitumstände. Sie lassen sich nach semantischen Kriterien weiter unterteilen.

97.41. Komparativsätze

Komparativsätze sind modale Nebensätze, die einen Vergleich zu einem im Hauptsatz bezeichneten Sachverhalt zum Ausdruck bringen.

Mögliche Belege für mit *k* eingeleitete Komparativsätze finden sich unter §83.24c (z.B. 1.6:II:28-30 // 1.6:II:6-9: *k lb arḫ l ᶜglh / k lb \ ṯat l imrh / km lb \ ᶜnt aṯr bᶜl* [*k* ist hier aber eher Präp.]).

Anm. Komparativische Nuancen werden im Ug. jedoch häufiger durch die Präpositionalphrasen mit *k* ausgedrückt, insbesondere durch *k* + Inf./Verbalsubst., z.B. *bᶜl yṯb k ṯbt ġr* "Baᶜlu saß da entsprechend dem Sitzen eines Berges" 1.101:1 (§73.534c).

97.42. Andere Modalsätze

a. Eingeleitet durch das Indefinitpronomen *mnm* (§45.122b):

- *w mnm \ šlm ᶜm \ umy \ ᶜmy tṯṯb \ rgm* "Und was es bei meiner Mutter auch immer an Wohlbefinden gibt, (davon) möge sie mir berichten" 2.16:16-20.
- *ᶜm adty \ mnm šlm \ rgm tṯṯb \ l ᶜbdh* "Was es bei meiner Herrin auch immer an Wohlbefinden gibt, (davon) möge sie ihrem Diener berichten" 2.12:12-15.
- *ṯmny \ ᶜm adtny \ mnm šlm \ rgm ṯṯb \ l ᶜbdk* "Was es dort bei unserer Herrin auch immer an Wohlbefinden gibt, (davon) berichte deinen beiden Dienern" 2.11:14-18.
- *ṯmny ᶜm umy \ mnm šlm \ w rgm ṯṯb ly* "Was es dort bei meiner Mutter auch immer an Wohlbefinden gibt, (davon) berichte mir!" 2.13:11-13.

Es gibt zahlreiche analoge Konstruktionen im Briefkorpus. Sie folgen akk. Formular des Typs *ašrānu itti NN mīnummê šulmānu ṭēma tēr/terrī/literrūni/šupra* (siehe Ahl 1973, 139; Kristensen 1977, 155; Malbran-Labat 1995, 94).

Hier wird die Auffassung vertreten, daß es sich dabei um ein Satzgefüge (Nebensatz + Apodosis) und nicht um zwei eigenständige Hauptsätze handelt. Der Nebensatz erfüllt offenbar die Funktion eines Adverbials. Die Grundstruktur lautet: "Hinsichtlich (der Art und Weise bzw. des Ausmaßes) des Wohlbefindens schicke eine Nachricht zurück".

Anm. Dagegen deutete Cunchillos (TOu II, 260f.) und (1999, 365) den ersten Teil der (ug.) Konstruktion als Hauptsatz mit Wunschcharakter ("Que tout aille bien auprès de ..." [TOu II, 260, Anm. 75]); Huehnergard (1999, 377) wiederum ging von einem Fragesatz aus: "Is everything well there with my lord the king?" (akk. Konstruktion).

b. Eingeleitet durch *ikm* (*ikm* fungiert sonst als Frageadverb [§81.63c]):
- (?) *w yḥ mlk \ w ikm kn w ʿbd ilm[ ]\ tšknnnn* "Und der König möge leben! Und wie auch immer es sein wird, so/und ... dient/Diener ... Götter ... sie werden ihm Bestand(?) verleihen(?)" 2.7:9-11.

Anm. Auch sogenannte Umstandssätze, die unter §97.7 behandelt werden, bezeichnen häufig ein Modalverhältnis.

97.5. Kausalsätze

Kausale Nebensätze benennen die Ursache des im Hauptsatz bezeichneten Sachverhalts. Ihre syntaktische Funktion entspricht zumeist der eines Adverbials.

Kausale Verhältnisse werden im Ug. häufig durch die Aneinanderreihung zweier Hauptsätze zum Ausdruck gebracht (§83.113f [*w* mit kausalem Sinn]; §83.15 [kausale Hauptsätze, die durch *k(y)* oder *kd* eingeleitet sind]). Die Abgrenzung von kausalen Haupt- und Nebensätzen ist in Einzelfällen schwierig. Als kausale Nebensätze kommen Sätze in Betracht, die mittels *k(y)*, *kd* oder *id* eingeleitet sind. Zu möglichen Belegen siehe §83.151 (*ky akl \ b ḥwtk inn* 2.39:19f.), §83.25 (*kd l ytn bt l bʿl* 1.3:V:3f.; *kd ynaṣn* 1.1:IV:23) und §83.212 (*id likt \ ʿky nplṭ \ ʿbdmlk* 2.82:3-5).

Auch attributive Relativsätze können einen kausalen Nebensinn besitzen. Siehe etwa 1.17:I:16-18: *abynn*[!] *\ [d]nil mt rpi / anḫ ġzr \ mt hrnmy / d in bn lh* ... "Arm ist [Da]niʾilu, der Rapiʾu-Mann; niedergeschlagen ist der Held, der Mann aus *Hrnm*, weil er keinen Sohn hat ... (w.: der keinen Sohn hat)".

Anm. Kausale Nuancen unterhalb der Satzebene werden im Ug. durch Präpositionalphrasen ausgedrückt. Sie sind vornehmlich durch *l* (im Sinne von "wegen") und *ʿl* ("wegen") eingeleitet (§82.32; §82.34).

97.6. Lokalsätze

Lokalsätze machen Angaben über Ort, Richtung oder Erstreckungsbereich des im Hauptsatz bezeichneten Sachverhalts. Ihre Funktion ist die eines Adverbials.

Im Ug. sind Lokalsätze bezeugt, die durch *aṯr* "wo (auch immer)" (§83.221) oder durch *an l an* "wo(hin) auch immer" (§81.61c) eingeleitet sind:

aṯr : *adm \ aṯr iṯ bqṯ \ w štn ly* "Die(se) Person – wo auch immer sie/es sei – mache ausfindig und liefere (sie) mir aus!" 2.39:33-35 (§83.221).

an l an : *an l an y špš /\ an l an il yġr[k] /\ tġrk šlm[ilm]* "Wo(hin) auch immer (du bist/gehst), o Šapšu; wo(hin) auch immer (du bist/gehst), (da) möge Ilu [dich] bewahren, (da) mögen [die Götter (?)] dich unversehrt bewahren!" 1.6:IV:22-24.

97.7. Umstandssätze der Gleichzeitigkeit

Das Ug. kennt – wie andere sem. Sprachen – Sätze entsprechend dem ar. Satzschema *wa-huwa yafᶜalu* "wobei/indem/während er ... macht(e)" und macht davon insbesondere in der Poesie oft Gebrauch. Umstandssätze sind formal nicht als untergeordnete Nebensätze markiert, sondern entweder mittels *w* "und" oder asyndetisch mit dem zugehörigen Hauptsatz verknüpft. In der Regel folgen sie dem Hauptsatz. Inhaltlich betrachtet, bezeichnen sie einen (logisch abhängigen) Begleitsachverhalt zu dem im Hauptsatz mitgeteilten Sachverhalt. Der Begleitsachverhalt kann modaler Natur (Modalrelation; dt. Übersetzung: "wobei", "indem" [u.ä.]) oder temporaler Natur (Funktion als Temporalsätze der Gleichzeitigkeit; dt. Übersetzung: "während", "als" [u.ä.]) sein. Da die betreffenden Sätze Gleichzeitigkeitsnuancen zum Ausdruck bringen, dient als verbales Prädikat solcher Sätze – sofern sie nicht nominaler Natur ist – die PK^{L}, selbst wenn im Hauptsatz eine Verbalform mit Vergangenheitsbedeutung steht (*§*76.343).

Die Grenzlinie zwischen Umstandssätzen mit (primär) modaler und solchen mit (primär) temporaler Nuance ist fließend. Aus diesem Grund wird in der folgenden Auflistung illustrativer Textbeispiele auf die betreffende Differenzierung verzichtet. Schwierig ist in Einzelfällen auch die Abgrenzung von Umstandssätzen mit Gleichzeitigkeitsnuance und finalen Sätzen mit Nachzeitigkeitsnuance (bes. *§*97.*10*.1).

SV. Die ar. Grammatik bezeichnet Sätze dieses Typs als "*ḥāl*-Sätze" bzw. "Zustandssätze" (GKA § 407); sie gelten trotz der Koordination durch *wa-* als abhängige Sätze (siehe GKA § 407, Anm. 2). Umstandssätze der Gleichzeitigkeit (mit *iparras* als verbalem Prädikat) sind auch in der akk. Epik weit verbreitet; zu Beispielen siehe Streck (1995b, 53-63). Zu analogen Sätzen im He. siehe GBH § 159 ("circumstantial clause").

97.71. Verbale Umstandssätze

a. Asyndetisch angeschlossene Umstandssätze:
- *ᶜl \ abh yᶜrb*$^{!}$ */ ybky \ w yšnn* "Er trat vor seinen Vater, wobei er weinte und mit den Zähnen knirschte" 1.16:I:11-13 (weitere Beispiele unter *§*76.343).
- *w ndd ḫ/gzr l <ḫ/g>zr / yᶜdb u ymn \ u šmal b phm* "Und es stand(en) da 'Schwein'(?) um 'Schwein'(?), wobei sie mal rechts und mal links (Vögel und Fische) in ihre Mäuler stopften" 1.23:63f. (alt.: Finalsatz).
- (?) *il hlk l bth / yštql \ l ḥẓrh / yᶜmsnnn ṯkmn \ w šnm* "Ilu ging zu seinem Haus, er begab sich zu seiner Wohnstatt, wobei ihn Ṯukamuna-wa-Šunama stützten" 1.114:17-19.
- (?) *aṯḫlm ṯuṯk tizr pnm* "ein *aṯḫlm*-Opfer für Šauška, wobei das Gesicht zu verhüllen(?) ist" 1.116:9 (alt.: *tizr* als Nominalform der Wz. √*ʾzr*).

b. Syndetisch durch *w* angeschlossene Umstandssätze (*§*76.343c):
- *mid tmtḫṣn w tᶜn /\ tḫtṣb w tḥdy ᶜnt* "Sie kämpfte gar sehr, während sie umherblickte; ᶜAnatu stritt, während sie umherspähte" 1.3:II:23f.

- *[ ]mx tṣḥq ˁnt / w b lb tqny \ [ḫnp]* "... lachte ˁAnatu, während sie in ihrem Herzen [einen bösen Plan] ausheckte" 1.17:VI:41f.
- *[ym ymm] \ yˁtqn w r[ḥm ˁnt] \ tngṯh* "[Ein Tag, zwei Tage] vergingen, während die junge [Frau ˁAnatu] ihn suchte" 1.6:II:4-6 (vgl. 1.6:II:26f.).
- *ap yṣb yṯb b hkl \ w ywsrnn ggnh* "Auch Yaṣṣibu thronte im Palast, wobei ihn sein Inneres (wie folgt) belehrte" 1.16:VI:25f.

97.72. Nominale Umstandssätze

- (?) ... *ˁrbt \ špš ṯǵrh \ ršp* "... ging die Sonne unter, wobei Rašapu ihr Pförtner war" 1.78:2-4 (alt.: "... trat die Sonne beim Tor [des] Rašapu ein" [*ṯǵrh* als Subst. mit Terminativendung; vgl. §54.315.2c, Anm. und §54.323a]).

Anm. Vergleichbare Umstandsnuancen können auch durch *b*-Präpositionalphrasen, besonders durch *b* + Inf./Verbalsubst. (§73.534a), zum Ausdruck gebracht werden, z.B. *w yqrb \ b šal krt* "Er näherte sich, indem er Keret fragte" (1.14:I:37f.). Für vergleichbare Nuancen kann schließlich auch der Ak. stehen (§54.133.1c), insbesondere Ptzz. im Ak., z.B. *ytn gh \ bky* "Er äußerte weinend (w.: als Weinender) seine Stimme" (1.16:I:13f.).

97.8. Temporalsätze

Temporalsätze sind Nebensätze in der Funktion eines Adverbials, die in der zeitlichen Relation Vor-, Nach- oder Gleichzeitigkeit zum Hauptsatz stehen.

Temporalsätze werden im Ug. zumeist durch subordinierende "temporale" Konjunktionen eingeleitet. Sie können aber auch durch *w* eingeleitet sein oder gar keine satzeinleitende Partikel aufweisen. Temporalsätze können vor oder nach den Hauptsätzen stehen.

97.81. Konjunktionale Temporalsätze

Im Ug. dienen folgende subordinierende Konjunktionen zur Einleitung von Temporalsätzen: *aḫr* "nachdem"; *id* "wenn, sobald als"; *hlm* "sobald (als)"; *ˁd* "solange, während, bis"; *k(y)* bzw. *km* "als wenn". Zu Textbeispielen siehe unter §83.211-4 (*aḫr, id, hlm, ˁd*), unter §83.24a (*k(y), km*) sowie unter §76.324 (Gebrauch der PK^{L} in Temporalsätzen).

97.82. Andere Temporalsätze

Auch Sätze, die nicht durch subordinierende Konjunktionen eingeleitet sind, können als Temporalsätze fungieren. Hier sind zunächst die unter §97.7 behandelten Umstandssätze zu nennen, die häufig ein Temporalverhältnis der Gleichzeitigkeit anzeigen. Daneben gibt es auch konjunktionslose Nebensätze, die andere Temporalverhältnisse zum Ausdruck bringen. Einige Beispiele dafür (jeweils mit voranstehenden Temporalsätzen) werden im folgenden vorgestellt (zu weiteren möglichen Beispielen siehe §76.346):

a. Abfolge PK^L – $PK(^K)$:

- *ᶜṯrt w ᶜnt ymġy /\ ᶜṯrt tᶜdb nšb lh /\ w ᶜnt ktp* "Als er (sc. Yariḫu) zu ᶜAṯtartu und ᶜAnatu kam, gab ihm ᶜAṯtartu ein *nšb*-Fleischstück, und ᶜAnatu (gab ihm) ein Schulterstück" 1.114:9-11 (*ymġy* = PK^L). — Vgl. 1.124:1-4: *k ymġy adn \ ilm rbm ᶜm dtn \ ... \ w yᶜnynn dtn* "Als der 'Herr der großen Götter' zu Ditanu kam ..., antwortete ihm Ditanu" (durch *k* eingeleiteter Temporalsatz).

b. Abfolge SK – PK (vgl. §76.525):

- *[b] ph rgm l yṣa / b špth hwth w ttn gh / yġr \ tḥt ksi zbl ym* "Die Rede war noch nicht [aus] seinem Mund gekommen, sein Wort und das 'Geben' seiner Stimme von seinen Lippen, da sank er (auch schon) nieder unter dem Thron des Fürsten Yammu" 1.2:IV:6f. (freier übersetzt: "Kaum hatte die Rede seinen Mund verlassen, da ..."; zu *ttn gh* vgl. §73.528).
- *b ph rgm l yṣa / b špth [hwth] /\ b nši ᶜnh w tphn* "Die Rede war noch nicht aus seinem Mund gekommen, [sein Wort] (noch nicht) von seinen Lippen, da sah sie (auch schon folgendes) beim Erheben ihrer Augen" 1.19:II:27f.
- *b ph rgm l yṣa / b špth hwt[h] /\ knp nšrm bᶜl yṯbr ...* "Die Rede war noch nicht aus seinem Mund gekommen, ..., da zerbrach Baᶜlu (auch schon) die Flügel der Adler ..." 1.19:III:7f.; ähnl. 1.19:III:21-22*.35-36.

Anm. Unterhalb der Satzebene werden temporale Nuancen durch Präpositionalphrasen ausgedrückt. Hervorzuheben sind Konstruktionen mit Inff./Verbalsubstt. im Gefolge von *b*, *ᶜd* und *aḫr* (§73.534a.d.e), z.B. *ᶜd mġyy* "bis zu meiner Ankunft ..." (2.71:16). Ferner können auch Nomina im adverbial gebrauchten Ak. (§54.133.2a) oder im Lok. (§54.423c) temporale Nuancen zum Ausdruck bringen, z.B. *ᶜrb špš w ḥl mlk* "Bei Sonnenuntergang ist der König desakralisiert" (1.41:47f.*; 1.46:9f.*&).

97.9. Konditionalsätze

Konditionalsätze sind Nebensätze in der syntaktischen Funktion eines Adverbials, welche die Bedingung erläutern, unter der ein im Hauptsatz genannter Sachverhalt zutrifft. Ug. Konditionalsätze sind in der Regel durch spezifische Konjunktionen eingeleitet. Selten sind daneben auch durch *w* oder asyndetisch verknüpfte Sätze nachzuweisen, von denen einer eine konditionale Nuance impliziert und dem anderen logisch untergeordnet ist. Schließlich beinhalten auch Nebensätze, die durch Indefinitpronomina oder Indefinitadverbia eingeleitet sind, bisweilen eine konditionale Implikation.

Hinsichtlich des Realitätsgrades der in Konditionalsätzen bezeichneten Bedingung kann zwischen realen und irrealen Konditionalsätzen unterschieden werden (die Bedingung irrealer Konditionalsätze ist rein hypothetisch, während die realer Konditionalsätze jederzeit realisierbar ist). Da sich irreale Konditionalsätze im Ug. jedoch nicht durch spezifische formale Merkmale auszeichnen, wird im folgenden auf diese Differenzierung verzichtet.

97.91. Durch konditionale Konjunktionen eingeleitete Konditionalsätze

Das Ug. kennt zumindest drei Konjunktionen mit der konditionalen Bedeutung "wenn, falls": *hm*, *im* und *k*. Zu Textbeispielen siehe §83.231 (*hm*), §83.232 (*im*) und §83.24b (*k*). Daneben kann vielleicht auch *kd* zur Einleitung eines Konditionalsatzes dienen (§83.25 [alt.: Kausalsatz]).

Ug. Konditonalsätze stehen überwiegend vor dem Hauptsatz, seltener nach diesem (§83.231b; §83.25). Als verbales Prädikat solcher Nebensätze begegnet die PK^L (Beispiele unter §76.324) oder die SKf (Beispiele unter §76.533). Die PK^Ki läßt sich dagegen in Konditionalsätzen nicht nachweisen (vgl. §76.425). Neben verbalen Konditionalsätzen gibt es seltener auch solche nominaler Natur (z.B. 2.10:8-10.14-15 und 2.82:10-12 [§83.231a-b]).

97.92. Verallgemeinernde Nebensätze mit konditionaler Implikation

Durch Indefinitpronomina eingeleitete Nebensätze können eine Bedingung implizieren. So enthält etwa ein Satzgefüge wie *w mnm \ rgm d tšmᶜ \ ṯmt w št \ b spr ᶜmy* "Und welche Angelegenheit du dort auch immer in Erfahrung bringst, das lege in einem an mich gerichteten Schreiben dar" (2.10:16-19) implizit folgende Bedingung: "Solltest du dort irgendetwas in Erfahrung bringen, so lege es ... dar!". Zu weiteren Textbeispielen dieser Art siehe unter §97.23.

In gleicher Weise können auch Nebensätze, die durch Indefinitadverbia eingeleitet sind, eine Bedingung implizieren, z.B. *adm \ aṯr iṯ bqṯ \ w štn ly* "Die (betreffende) Person – wo immer sie/es sei – mache ausfindig und liefere (sie) mir aus!" (2.39:33-35 [§97.6]) mit der impliziten Bedingung "Sollte es irgendwo eine (solche) Person geben, so mache sie ausfindig und liefere sie mir aus!". Zu einem weiteren vergleichbaren Textbeispiel siehe §97.6 (1.6:IV:22-24: *an l an...*).

97.93. Asyndetische Sätze mit konditionaler Implikation

Zwei einander bedingende Sätze können im Ug. auch asyndetisch nebeneinander stehen, insbesondere, wenn der Bedingungssatz nominal konstruiert ist.

a. Von dieser Konstruktion könnte folgendes poetische Textbeispiel zeugen:
- *bt arzm ykllnh /\ hm bt lbnt yᶜmsnh* "(Ist) ein Haus aus Zedernholz (gewünscht), so mag er es vollenden! Oder (ist) ein Haus aus Ziegeln (gewünscht), so mag er es aufschichten!" 1.4:V:10f. (vgl. §94.22 [Pendens]).

b. Asyndetische Bedingungssätze begegnen ferner sporadisch im Omentext 1.103+ (des Typs *šumma izbu*) neben häufigeren mit *w* eingeleiteten Sätzen (die Protasis ist – außer vielleicht in Z. 1 – nie durch eine konditionale Konj. eingeleitet). Einige Beispiele (siehe ferner 1.103+:2.3.54):
- *ṭḥl in bh* ... "Gibt es bei ihm (dem Tierjungen) keine Milz, so ..." 1.103+:12.
- *špth tḥ<t>yt k[ ]* ... "Ist seine Unterlippe ... (?), so ..." 1.103+:32.
- *pnh pn irn* ... "Ist sein Gesicht das Gesicht eines Hundes, so ..." 1.103+:33.

SV. Solche Konstruktionen sind auch in anderen sem. Sprachen bezeugt. Zum he. Befund siehe GBH § 167a und Brockelmann (1956 § 164a), z.B. *dᵉbaš māṣāʾtā ᵡᵉkol dayyækā* "Findest du Honig, so iß maßvoll!" (Spr 25,16). Zum ar. Befund siehe GKA § 460, z.B. *ᶜiš qaniᶜan takun malikan* "Lebe zufrieden, so wirst du ein König sein!".

97.94. Durch *w* eingeleitete Sätze mit konditionaler Implikation

Nebensätze mit konditionaler Implikation können im Ug. auch durch *w* eingeleitet sein. Zahlreiche Belege dafür bietet der Omentext 1.103+. Beispiele:
- *w qrn šir [b] pith šm[al]* ... "Und ist ein Horn aus Fleisch [an] seiner linken Schläfe, so ..." 1.103+:11.
- *w in šq [šm]al bh* ... "Und hat es keinen linken Hinterschenkel ..." 1.103+:9 (vgl. 1.103+:26.59).
- *w in lšn bh* ... "Und hat es keine Zunge ..." 1.103+:31.
- *w aph k ap ᶜṣr* "Und ist seine Schnauze wie ein Vogelschnabel ..." 1.103+:41.

Hinzuweisen auch auf folgende Satzverbindungen mit möglicher konditionaler Implikation (d.h. "Wenn du dir ... wünschst, so gebe ich [es] dir"):
- *[i]rš ksp w atnk /\ [ḫrṣ w aš]lḥk* "[Wün]sche dir Silber, und ich gebe (es) dir; [Gold, und ich hän]dige es (dir) aus!" 1.17:VI:17f.
- *irš ḥym w atnk / bl mt \ w ašlḥk* "Wünsche dir (ewiges) Leben, und ich gebe (es) dir; Unsterblichkeit, und ich verleihe (sie) dir!" 1.17:VI:27f.

SV. Zum gleichen Befund im He. siehe GBH § 167b und Brockelmann (1956 § 164a), z.B. *wᵉrāʾîtî māh wᵉhiggadtî lāk* "Sehe ich etwas, so melde ich (es) dir" (1 Sam 19,3).

Anm. Unterhalb der Satzebene können *b*-Präpositionalphrasen konditionale Nuancen ausdrücken. Hervorzuheben sind Konstruktionen mit Inff./Verbalsubstt. (§73.534a), z.B. *b ḫbṯh ḥwt ṯth* "Falls er in ein anderes Land entflieht ..." (3.3:4); *b yṣih[m] \ ḥwt [ṯth]* "Falls sie in ein [anderes] Land gehen ..." (3.8:9f.).

97.*10*. Finalsätze

Finalsätze bezeichnen Ziel und Zweck des im Hauptsatz genannten Sachverhalts. Das Ug. kennt — im Unterschied zu jüngeren sem. Sprachen — offenbar keine spezifischen Konjunktionen mit finaler Bedeutung. Finalsätze werden entweder asyndetisch oder durch *w* mit den stets voranstehenden Haupt- bzw. Leitsätzen verknüpft. Es lassen sich nur verbal (mit PK-Formen) konstruierte Finalsätze nachweisen. Die finale Nuance eines Satzes läßt sich nur dem Kontext entnehmen. Die Abgrenzung von Aneinanderreihungen von Hauptsätzen ohne finale Nuancen und finalen Satzgefügen ist im Einzelfall schwierig.

Der Verbalmodus von Finalsätzen wurde ausführlich in Tropper (1991a) untersucht. Wie in dieser Studie gezeigt wurde, kongruieren Haupt- und Finalsatz in der Regel im Modus: Nach indikativischem Hauptsatz steht im Finalsatz die indikativische PK^L (mit Nachzeitigkeitsnuance); nach volitivischen Hauptsatz steht im Finalsatz entweder die PK^Kv oder — vornehmlich bzw. nur in der ersten Person — die PK^Ke. Die genannten Verbalmodi können durch Energikusmorpheme erweitert sein (sicher nachweisbar ist dies jedoch nur im Zusammenhang mit volitivischen Formen). Volitivische Finalsätze sind häufiger als indikativische. Sie werden erwartungsgemäß mittels *al* negiert (negierte indikativische Finalsätze sind nicht sicher nachzuweisen).

Nachfolgend werden nur relativ eindeutige Beispiele finaler Satzgefüge präsentiert (zu möglichen weiteren Belegen siehe Tropper 1991a, 347-351).

Anm. Die bisher ausführlichste Abhandlung ug. Finalsätze hat Verreet (MU 152-180) vorgelegt. Sie unterscheidet sich wesentlich von der hier präsentierten Studie. Verreet zufolge steht das verbale Prädikat ug. Finalsätze immer im sogenannten Subjunktiv-Modus (d.h. $PK^{K}e$) bzw. im Energikus-Modus und nie im Indikativ. Verreet rechnete zudem damit, daß das Ug. eine finale Konj. *l* "damit" besitzt (entsprechend ar. *li yafᶜala*). Zu einer kritischen Auseinandersetzung mit diesen Ergebnissen siehe Tropper (1991a, 345-347).

SV. Auch in anderen altsem. Sprachen werden finale Satzgefüge ähnlich wie im Ug. zum Ausdruck gebracht (z.B. *petâ bābkā-ma lūruba anāku* "Öffne dein Tor, damit ich hereinkommen kann"); siehe Tropper (1991a, 342-345).

97.*10*.1. Asyndetische Finalsätze

a. Asyndetische Finalsätze des indikativischen Verbalmodus (PK^{L})

Vorbemerkung: Umstandssätze dieses Typs sind bisweilen schwer von verbalen Umstandssätzen (*§*97.71) abzugrenzen. Sachverhalte von Umstandssätzen sind gleichzeitig, Sachverhalte von Finalsätzen dagegen nachzeitig im Hinblick auf den im Hauptsatz genannten Sachverhalt.

nach PK im Hauptsatz:

- *yᶜrb b ḥdrh ybky* "Er trat in seine Kammer, um zu weinen" 1.14:I:26 (alt.: Umstandssatz: "..., wobei er weinte").
- *ytšu yṯb b ap ṯġr / tḥt \ adrm d b grn / ydn \ dn \ almnt / yṯpṭ ṯpṭ ytm* "Er erhob sich (und) setzte sich vor das Tor, inmitten der 'Großen', die auf der Tenne waren, um der Witwe Recht zu sprechen, (und) um die Entscheidung für den Waisen zu fällen" 1.17:V:6-8 (vgl. 1.19:I:21-25).

nach SK im Hauptsatz (*§*76.343a):

- *qm yṯᶜr \ w yšlḥmnh* "Er stand auf, um die Speisen aufzutragen und ihm zu essen zu geben" 1.3:I:4f.
- *ndd \ yᶜšr w yšqynh* "Er stellte sich hin, um die Getränke zu bereiten und ihm zu trinken zu geben" 1.3:I:8f.
- *qm ybd w yšr* "Er stand auf, um zu rezitieren(?) und zu singen" 1.3:I:18.
- *yṯb dnil [ys]pr yrḫh* "Daniˀilu setzte sich, um ihre Monate (der Schwangerschaft) zu zäh[len]" 1.17:II:43 (alt.: Umstandssatz).

b. Asyndetische Finalsätze des volitivischen Verbalmodus (PK^{K})

nach Imp. im Hauptsatz:

- *tn bᶜl w ᶜnnh / bn dgn arṯm pḏh* "Liefert Baᶜlu und seine Diener aus, den Sohn Daganus, damit ich sein Gold in Besitz nehmen kann!" 1.2:I:35 // 1.2:I:18f. (alt.: "Liefert Baᶜlu aus, damit ich ihn demütige ...!").
- *tn \ aḥd b bnk amlkn* "Gib (mir) einen deiner Söhne, damit ich ihn zum König mache!" 1.6:I:45f.

- *tn aḥd \ b aḫk ispa* "Gib (mir) einen deiner Brüder, auf daß ich (ihn) fresse!" 1.6:V:19f. (*ispa* = PK^{K}e).
- *tn l kṯr w ḫss / ybʿl qšt l ʿnt* "... (das alles) gib dem Kôṯaru-wa-Ḫasīsu, damit er (daraus) einen Bogen für ʿAnatu herstelle ...!" 1.17:VI:24.
- *tn nkl y\rḫ ytrḫ / ib tʿrbm b bh\th* "Gib Nikkalu heraus, auf daß Yariḫu (sie) heiraten kann; Ibbu, auf daß sie eintrete in sein Gebäude!" 1.24:17-19.
- *rd l mlk amlk /\ l drktk aṯb an* "Steig herab vom (Thron des) Königtums, auf daß ich als König herrschen kann; vom (Thron) deiner Herrschaft, auf daß ich mich darauf setzen kann!" 1.16:VI:37f. (alt.: "Steig herab ...! Ich will König sein ...!" [d.h. ohne finalen Zusammenhang]).

nach volitivischer PK^{K} im Hauptsatz:
- *ht ibk tmḫṣ / ht tṣmt ṣrtk /\ tqḥ mlk ʿlmk / drkt dt drdrk* "Jetzt sollst du deine Feinde erschlagen, jetzt sollst du deine Widersacher vernichten, auf daß du dein ewiges Königtum erlangst, deine immerwährende Herrschaft!" 1.2:IV:9f.
- *dll al ilak l bn \ ilm mt / l ydd \ il ġzr / yqra mt \ b npšh / ys«t»rn ydd \ b gngnh* "Sollte ich nicht einen Boten zum Sohn Ilus, Môtu schicken, zum Geliebten Ilus, dem Helden, auf daß er Môtu in dessen 'Seele' (folgendes) zurufe, auf daß er dem Geliebten (Ilus) in dessen 'Innern' (folgendes) anvertraue?" 1.4:VII:45-49 (vgl. §74.232.21, √*srr*).
- *l tbrkn alk brktm /\ tmrn alk nmrt*(?) "Sie sollen mich fürwahr segnen, auf daß ich als Gesegte gehen kann; sie sollen mich fürwahr mit Segen stärken, auf daß ich als Gestärkte gehen kann" 1.19:IV:32f.
- *al tšt u[rb]t b bhtm /\ ḥln b q[rb h]klm /\ al td[d pdr]y bt ar* "Bringe keine Öff[nung] im Gebäude an, kein Fenster in[mitten des Pa]lastes, damit [Pidr]ay, die Tochter des Lichtes nicht fl[iehe]!" 1.4:VI:8-10 (negiert).
- *al \tqrb l bn ilm \ mt / al yʿdbkm \ k imr b ph /\ k lli b ṯbr n\qnh* (oder: *n\q«n»h*) *tḫtan* "Nähert euch nicht dem Sohn Ilus, Môtu, damit er euch nicht wie ein Lamm in seinen Mund steckt, damit ihr nicht wie ein Zicklein in den 'Brechern seiner Spalte' (sc. Zähnen seines Mauls) zermalmt werdet!" 1.4:VIII:15-20 (negiert; zur Lesung von Z. 19f. siehe §21.355.1a).

nach indikativischer PK^{K}i(?) im Hauptsatz:
- (?) *yr ʿrpt \ tmṭr b qẓ / ṭl yṭll \ l ġnbm* "(Er beschwor) den Frühregen, auf daß die Wolken auf das Sommerobst regnen! (Er beschwor) der Tau, auf daß er die Trauben benetze!" 1.19:I:40-42. — Sollte diese (unwahrscheinliche) Interpretation zutreffen, wäre hier keine Moduskongruenz zwischen Haupt- und Finalsatz gegeben. Eine andere Interpretation dürfte aber vorzuziehen sein: "Den Frühregen mögen die Wolken auf das Sommerobst fallen lassen! Tau möge die Trauben benetzen!" (§74.511b, √*ṭll*; §97.121a, Anm.).

97.*10*.2. Mit *w* angeschlossene Finalsätze

a. Mit *w* angeschlossene Finalsätze des indikativischen Verbalmodus (PK^{L}):
- (?) *tṭbḫ imr w <y>lḥm /\ mgṯ w yṯrm* "Sie schlachtete ein Lamm, damit er essen konnte, ein Schlachttier(?), damit er speisen konnte" 1.16:VI:20f. (für diese Deutung spricht 1.16:VI:17f.: *ṭbḫ imr \ w ilḥm / mgṯ w iṯrm*; alt.: zwei Hauptsätze ohne finalen Zusammenhang [evtl. ohne Textemendation]).

- *w ptḥ hw prṣ b^{c}dhm \ w ^{c}rb hm* "Er öffnete für sie einen Spalt, auf daß sie eintreten konnten" 1.23:70f. (alt.: konsekutiv).

b. Mit *w* angeschlossene Finalsätze des volitivischen Verbalmodus (PK^K) nach Imp. im Hauptsatz:

- *tbḫ imr \ w ilḥm / mgṯ w iṯrm* "Schlachte ein Lamm, damit ich esen kann; ein Schlachttier(?), damit ich speisen kann!" 1.16:VI:17f. (vgl. 1.16:VI:20f.).
- *w [xxx(x)] \ aqht w yplṭk / bn [dnil] \ w y^{c}ḏrk / b yd btlt [^{c}nt]* "[Rufe (?)] Aqhatu, damit er dich rettet, den Sohn [Daniʾilus], damit er dir heraushilft aus der Hand der Jungfrau [^{c}Anatu]!" 1.18:I:12-14 (In den Lücken am Ende dieser Zeilen ist jeweils weniger zu ergänzen, als KTU^2 vorschlägt).
- *hm iṯ [... l]ḥm / w tn \ w nlḥm / hm iṯ [... w] tn w nšt* "Falls es [in deinem Haus (?) Br]ot gibt, dann gib (es uns), damit wir essen könnnen! Falls es [in deinem Haus (?) Wein (?) gibt, dann] gib (ihn uns), damit wir trinken können!" 1.23:71f.
- *ptḥ bt w uba / hkl w ištql* "Öffne das Haus, damit ich hineinkommen kann; den Palast, damit ich mich hineinbegeben kann!" 1.100:72 (*uba* ist PK^{K}e).
- *tn ks yn \ w ištn* "Reiche mir einen Becher Wein, damit ich (ihn) trinken kann" 5.9:I:15-16 (*ištn* ist PK^K(e) + En.; alt.: PK^K(e) + OS).

nach volitivischer PK^K im Hauptsatz:

- *w rd \ bt ḫpṯt arṣ / tspr b y\rdm arṣ / w td^c ilm \ k mtt* "Steig hinunter zum 'Haus der Freiheit' in die Unterwelt, laß dich zu denen zählen, die in die Unterwelt hinabsteigen, damit die Götter wissen, daß du tot bist" 1.5:V:14-17 (nach Imp. und PK^{K}v; *td^c* ist PK^{K}v 3.m.pl.).
- *šmm šmn tmṭrn /\ nḫlm tlk nbtm /\ w id^c k ḥy aliyn b^{c}l /\ k iṯ zbl b^{c}l arṣ* "... dann soll der Himmel Öl regnen lassen (und) die Bäche von Honig fließen, damit ich weiß, daß der hochmächtige Ba^{c}lu lebt, daß der Fürst, der Herr der Erde existiert!" 1.6:III:6-9.
- *l tbrknn l ṯr il aby /\ tmrnn l bny bnwt /\ w ykn bnh b bt / šrš b qrb \ hklh* "Mögest du ihn doch segnen, o Stier Ilu, mein Vater; mögest du ihn doch mit Segen stärken, o Schöpfer der Geschöpfe, damit es einen Sohn im Haus gibt, einen Sproß inmitten seines Palastes!" 1.17:I:23-26.

Anm. Unterhalb der Satzebene werden finale Sachverhalte vornehmlich durch *l*-Präpositionalphrasen, insbesondere *l* + Inf./Verbalsubst. ausgedrückt, z.B. *l lḥm l šty ṣḥtkm* "Um zu essen (und) zu trinken habe ich euch gerufen" (1.15:IV:27 // 1.15:VI:4-5 [siehe §73.534b]). Ferner können Inff. auch ohne vorausgehende Präpositionen finale Bedeutung haben, z.B. *w ymġ \ mlakk ^{c}m dtn \ lqḥ mṯpṭ* "Und es kam dein Bote zu Ditanu, um den Orakelbescheid entgegenzunehmen" (1.124:10-12 [§73.534b]). Schließlich können auch Nomina (besonders Ptzz.) im adverbial gebrauchten Ak. finale Nuancen zum Ausdruck bringen (vgl. §54.133.2d), z.B. *ik \ mġy aliyn b^{c}l /\ ik mġyt b[t]lt \ ^{c}nt / mḫṣy hm [m]ḫṣ \ bny / hm [mkly ṣ]brt \ aryy* "Warum ist der hochmächtige Ba^{c}lu hergekommen? Warum ist die Jungfrau ^{c}Anatu hergekommen? Etwa um mich zu erschlagen, oder um meine Söhne zu [ersch]lagen, oder um die [Sch]ar meiner Verwandten [zu vernichten]?" (1.4:II:21-26).

97.*11*. Konsekutivsätze

Konsekutivsätze erläutern die Folgen, die sich aus dem im Hauptsatz bezeichneten Sachverhalt ergeben. Ihre syntaktische Funktion ist die eines Adverbials. Konsekutivsätze können im Ug. formal unterschiedlich gebildet sein. Es gibt a) durch *k* eingeleitete, b) asyndetisch angeschlossene und c) mittels *w* angeschlossene Sätze mit konsekutiver Bedeutung. Konsekutivsätze stehen im Ug. immer hinter den Haupt- bzw. Leitsätzen. Die Abgrenzung von Konsekutiv- und Finalsätzen ist in Einzelfällen schwierig.

a. Mittels *k* eingeleitete Konsekutivsätze:
- *mat \ krt k ybky / ydmʿ nʿmn ġlm \ il* "Was hat Keret, daß er weint, (daß) Tränen vergießt der liebliche Jüngling des Ilu?" 1.14:I:38-41 (*§*83.24g).

b. Asyndetisch angeschlossene Konsekutivsätze:
- *p ʿbd ank aḫd ulṯ /\ hm amt aṯrt tlbn \ lbnt* "Bin ich denn ein Diener, so daß ich ein *ulṯ*-Gerät halte(n muß)? Oder ist Aṯiratu eine Magd, daß sie Ziegel formt?" 1.4:IV:60-62 (evtl. Attributsätze mit konsekutivem Sinn [*§*97.121]).
- *bʿl yṯbr [diy hmt] /\ tqln tḥ<t> pʿny* "... Baʿlu soll [die Schwingen von ihnen] zerbrechen, auf daß sie mir zu Füßen fallen!" 1.19:III:2f.; ähnl. 1.19:III:31f.
- *bʿl ṯbr diy hmt / tq$^{!}$ln \ tḥt pʿnh* "... Baʿlu zerbrach die Schwingen von ihnen, so daß sie ihm zu Füßen fielen" 1.19:III:9f.; ähnl. 1.19:III:37f. (vgl. *§*c).

Anm. Die Form *tqln* in den beiden letztgenannten Textbeispielen ist sehr wahrsch. als PK^{L} (mit Nachzeitigkeitsnuance) zu deuten und nicht etwa als PK^{K} + En. (vgl. die Formen *yql* [3.m.sg.] und *tql* [3.f.sg.] an den Parallelstellen). Aus ebendiesem Grund sind die vorgestellten Sätze wohl keine Finalsätze (bei Finalsätzen wäre Moduskongruenz zu erwarten).

c. Mittels *w* angeschlossene Konsekutivsätze:
- *bʿl yṯbr diy hwt /\ w yql tḥt pʿny* "... Baʿlu soll seine Schwingen zerbrechen, auf daß er (sc. der Adler) mir zu Füßen fällt!" 1.19:III:17f. (vgl. *§*b).
- *bʿl ṯbr diy hwt / w yql \ tḥt pʿnh* "... Baʿlu zerbrach seine Schwingen, so daß er ihm zu Füßen fiel" 1.19:III:23f. (vgl. *§*b).

Anm. Semantisch spezifizierte Nebensätze anderer Art, etwa Konzessivsätze, lassen sich im Ug. nicht sicher nachweisen.

Abkürzungsverzeichnis

1. Allgemeine Abkürzungen

1., 2., 3.	erste, zweite, dritte Person
1, 2, 3	1., 2., 3. Radikal (Stellvertreter für beliebige Konsonanten)
I, II, III	1., 2., 3. Radikal
A	A-Stamm (ʾAfʿel)
A	adverbiale Bestimmung
aA	altassyrisch
aaram.	altaramäisch
aAK	altakkadisch
aB	altbabylonisch
abs.	(Status) absolutus
adj.	adjektivisch
Adj.	Adjektiv
adv.	adverbial
Adv.	Adverb
äg.	ägyptisch
ahe.	althebräisch (nur epigraphische Zeugnisse)
ähnl.	ähnlich
Ak.	Akkusativ
akan.	altkanaanäische Sprachelemente (kanaanäische Glossen in Amarnabriefen und Verwandtes)
akk.	akkadisch
Akk.EA	das Akkadische der Amarnabriefe aus Syrien/Palästina
Akk.Ug.	das Akkadische von Ugarit
akt.	aktiv
alph.	alphabetisch (Belege aus dem keilalphabetischen Textkorpus von Ugarit)
alt.	alternativ
amurr.	altamurritisch
Anm.	Anmerkung
ar.	arabisch (primär: klassisch-arabisch)
aram.	aramäisch
asa.	altsüdarabisch (primär sabäisch)
ass.	assyrisch-akkadisch
AT	Altes Testament
äth.	altäthiopisch (Gəʿəz)
bab.	babylonisch-akkadisch
baram.	biblisch-aramäisch
Bed.	Bedeutung
Bel.	Beleg
bes.	besonders
bybl.	byblisch
c[.]	(Genus) communis
ca.	circa
cs.	(Status) constructus
D	D-Stamm
Dat.	Dativ
DemPr	Demonstrativpronomen
det.	(Status) determinatus
DetPr	Determinativpronomen

d.h.	das heißt
Disk.	Diskussion
Dp	Dp-Stamm (Passivvariante zu D)
dt.	deutsch
Du., du.	Dual, dualisch
EA	(Tell) El ^{c}Amārna (Leitzählung der Amarnabriefe)
ebla.	eblaitisch
eig.	eigentlich
emph.	emphatisch
En., Energ.	Energikus
enkl.	enklitisch
entspr.	entsprechend
EP	enklitische Partikel
erg.	ergänzt
etw.	etwas
etym.	etymologisch
Etym.	Etymologie
evtl.	eventuell
F., Fem.	Femininum, Wort mit femininem Genus
f[.], fem.	feminin
Fw.	Fremdwort
G	Grundstamm
gem.	Wurzelklasse *mediae geminatae*
Gen.	Genitiv
Gent.	Gentilizium
GN	Göttername
GNf	femininer Göttername
Gp	Gp-Stamm (Passivvariante zu G)
Grdb.	Grundbedeutung
Gt	Gt-Stamm
H	H-Stamm (Hif^{c}il, Haf^{c}el)
he.	hebräisch (primär: biblisch-hebräisch [masoretische Vokalisation])
heth.	hethitisch
hsem.	hamito-semitisch
hurr.	hurritisch
Imp.	Imperativ
Imp.e.	erweiterter ("emphatischer") Imperativ
Impf.	Imperfekt
IndPr	Indefinitpronomen
inf.	*infirmae* (Wurzeln mit /*w*/ oder /*y*/ als 1., 2. oder 3. Radikal)
Inf.	Infinitiv
Interj.	Interjektion
IntPr	Interrogativpronomen
jaram.	jüdisch-aramäisch
jB	jungbabylonisch
jmd(m/n).	jemand(em/n)
Juss.	Jussiv
K	(beliebiger) Konsonant
K	Kausativstamm
KA	Kurzalphabet
kan.	kanaanäisch
Koh.	Kohortativ (= PK^{K}e)
Konj.	Konjunktion
Kont.	Kontext
l.	links; linker Rand
L	L-Stamm ("Längungsstamm")

LA	Langalphabet
LE	Lokativendung
LF	Langform
Lit.	Sekundärliteratur
Lok.	Lokativ
Lp	Lp-Stamm (Passivvariante zu L)
Lw.	Lehnwort
M., Mask.	Maskulinum, Wort mit maskulinem Genus
m[.], mask.	maskulin
m.E.	meines Erachtens
mhe.	mittelhebräisch
MphT	Morphemtyp (d.h. Wortbildungstyp)
m.W.	meines Wissens
mögl.	möglich
möglw.	möglicherweise
N	N-Stamm
nA	neuassyrisch-akkadisch
nB	neubabylonisch-akkadisch
n.L.	"neue Lesung" (19.5)
Nf.	Nebenform, Variante
NN	unbestimmte(r) Person / Name
Nom.	Nominativ
Nr.	Nummer
NS	normative (Aleph-)Schreibung
nwsem.	nordwestsemitisch
O	Objekt
o.ä.	oder ähnlich(es)
Obj.	Objekt
Obl.	Obliquus (Oberbegriff über Genitiv und Akkusativ)
od.	oder
ON	Ortsname
orthogr.	orthographisch
OS	Objektsuffix (dativisches oder akkusativisches Pronominalsuffix)
osem.	ostsemitisch
P	Prädikat
Par.	Parallelen (parallele Textstellen)
Part.	Partikel
pass.	passiv
phön.	phönizisch
phonet.	phonetisch
PhS	phonetische (Aleph-)Schreibung
PKons.	Präfixkonsonant (der Präfixkonjugation)
PK	Präfixkonjugation (Lang- und Kurzform)
PK^K	Präfixkonjugation-Kurzform
$PK^{K}e$	erweiterte Präfixkonjugation-Kurzform (Kohortativ)
$PK^{K}i$	Präfixkonjugation-Kurzform mit indikativischer Funktion ("Präteritum")
$PK^{K}v$	Präfixkonjugation-Kurzform mit volitivischer Funktion (Jussiv)
PK^L	Präfixkonjugation-Langform
Pl., pl.	Plural, pluralisch
PN	(maskuliner) Personenname
PNf	femininer Personenname
PNk	königlicher Personenname, Königsname
PPr	(selbständiges) Personalpronomen
Pr	Pronomen
Präd.	Prädikat
Präp.	Präposition

Präp.phrase	Präpositionalphrase
Prät.	Präteritum
pron.	(Status) pronominalis
protosin.	protosinaitisch
PrS	Pronominalsuffix
PS	Possessivsuffix (genitivisches Pronominalsuffix)
Ptz.	Partizip (ohne Spezifizierung = Partizip aktiv)
pun.	punisch
PV	Präfixvokal
R	Reduplikationsstamm
r.	rechts; rechter Rand
rad.	radikalig (z.B. 4-rad. = vierradikalig)
raram.	reichsaramäisch
Rd.	Rand
RelPr	Relativpronomen
Rs.	Rückseite
S	Subjekt
s.	sich
S.	Seite
Š	Š-Stamm
S^{a}	"Syllabary A Vocabulary" (viersprachige Vokabelliste)
samʾal.	samʾalisch
sc.	scilicet
s.E.	seines Erachtens
sem.	semitisch
Sg., sg.	Singular, singularisch
SK	Suffixkonjugation
SKf	fientische Subvariante der Suffixkonjugation
SKs	stativische Subvariante der Suffixkonjugation
spB	spätbabylonisch
Šp	Šp-Stamm (Passivvariante zu Š)
ssem.	südsemitisch
St.	Status
Št	Št-Stamm
Stat.	Stativ
sth.	stimmhaft
stl.	stimmlos
Subj.	Subjekt
subst.	substantivisch
Subst.	Substantiv
Suff.	Suffix
sum.	sumerisch
s.v.	sub voce (unter dem Stichwort)
SV	Sachverhalt (Oberbegriff über Vorgänge und Zustände)
SV.	Sprachvergleichung; sprachvergleichende Anmerkung
syll.	syllabisch (ugaritische Wortformen in syllabischer Schrift)
syr.	syrisch
tD	tD-Stamm
TE	Terminativendung
teilw.	teilweise
Term.	Terminativ
tG	tG-Stamm (G-Stamm mit präfigiertem *t*- [Variante zu Gt])
tL	tL-Stamm
trad.	traditionell
TV	Themavokal
u.	und

u.a.	und andere(s)
u.ä.	und ähnlich(es)
unwahrsch.	unwahrscheinlich
u.ö.	und öfter
unpubl.	unpubliziert
u.v.a.	und viele(s) andere
ug.	ugaritisch
V, v	(beliebiger) Vokal
V	Verb (verbales Prädikat)
Var.	Variante(n)
viell.	vielleicht
vs.	versus, gegen
Vs.	Vorderseite
Vsubst.	Verbalsubstantiv
w.	wörtlich
wahrsch.	wahrscheinlich
wsem.	westsemitisch (Oberbegriff über zentral- und südsemitische Sprachen)
Wz.	Wurzel
WzK	Wurzelklasse
z.	zu(r/m)
zsem.	zentralsemitisch

2. Sigel und besondere Symbole

ṣ̌	traditionell "ḍ" bzw. "ṣ́" (emphatischer Lateral)
√	bezeichnet Wurzeln semitischer Sprachen (19.6)
¯	bezeichnet naturlange Vokale (d.h. morphologisch bedingte Vokallängen)
^	bezeichnet Kontraktionsvokale (d.h. Langvokale, die aus Diphthongen oder Triphthongen entstanden sind)
≙	"entspricht"
/	dient zur Abgrenzung von Kola (poetischer Sinneinheiten) in poetischen Texten sowie ferner von syntaktischen Einheiten in komplexen Prosatexten
\	bezeichnet Zeilenumbrüche
//	bezeichnet inhaltliche Parallelen (Wortformen mit ähnlicher Bedeutung bzw. Syntagmen mit gleichem oder ähnlichem Wortlaut)
::	"gegen", "im Unterschied zu"
*	steht a) vor nicht bezeugten, rekonstruierten Formen, b) nach Stellenangaben als Information, daß die Schriftzeichen an der betreffenden Stelle erheblich beschädigt bzw. teilweise abgebrochen sind.
&	steht nach Stellenangaben als Information, daß weitere Belegstellen des betreffenden Lexems bzw. der betreffenden Form existieren
§	verweist auf (andere) Paragraphen dieser Grammatik
!	bezeichnet Korrekturen von fehlerhaften Schriftzeichen
?	kennzeichnet unsichere Formen bzw. Interpretationen
(?)	kennzeichnet unsichere Formen bzw. Interpretationen
< >	bezeichnet (versehentliche) Auslassungen von Schriftzeichen
« »	bezeichnet redundante Schriftzeichen
{ }	bezeichnet (einzelne) Grapheme
{ }	bezeichnet Morpheme und Morphemtypen
/ /	bezeichnet (einzelne) Phoneme und phonematische Vokalisationen
[ ]	bezeichnet phonetische Vokalisationen
[ ]	bezeichnet nicht erhaltene bzw. gänzlich unleserliche Zeichen
[[ ]]	bezeichnet radierte bzw. überschriebene Schriftzeichen

3. Literarische Abkürzungen

Die verwendeten literarischen Abkürzungen sind aus dem Abkürzungsverzeichnis der Theologischen Realenzyklopädie (TRE) entnommen, zusammengestellt von S. Schwertner, Berlin/New York ^{2}1994. Die Abkürzungen der biblischen Bücher des Alten Testaments richten sich nach dem Theologischen Wörterbuch zum Alten Testament (ThWAT), hrsg. von G. Botterweck und H. Ringgren, Stuttgart [u.a.] 1970ff (Bd. 1, S. [558]). Darüber hinaus wurden die nachfolgenden Abkürzungen verwendet.

AG	C. Brockelmann, Arabische Grammatik, Leipzig [u.a.] ^{24}1992.
AHw.	W. von Soden, Akkadisches Handwörterbuch, I-III, Wiesbaden 1965-1981.
ALASP(M)	Abhandlungen zur Literatur Alt-Syrien-Palästinas (und Mesopotamiens), Münster (1988-1996).
AoF	Altorientalische Forschungen, Berlin.
ARTU	J.C. de Moor, An Anthology of Religious Texts from Ugarit (Religious Texts Translation Series NISABA 16), Leiden [u.a.] 1987.
AS	H. Reckendorf, Arabische Syntax, Heidelberg 1921.
AU	J. Huehnergard, The Akkadian of Ugarit (HSSt 34), Atlanta, Georgia 1989.
AUB	M. Dietrich — O. Loretz, Analytic Ugaritic Bibliography. 1972-1988 (AOAT 20/6), Kevelaer/Neukirchen-Vluyn 1996.
AuOr	Aula Orientalis, Barcelona.
Bergsträsser	G. Bergsträsser, Hebräische Grammatik, I: Einleitung, Schrift- und Lautlehre (Leipzig 1918); II: Verbum (Leipzig 1929) (= Hildesheim [u.a.] 1985).
BGUL	S. Segert, A Basic Grammar of the Ugaritic Language. With Selected Texts and Glossary, Berkeley/Los Angeles/London 1984 [1985] (Forth printing with revisions 1997).
BHS	B.K. Waltke — M. O'Connor, An Introduction to Biblical Hebrew Syntax, Winona Lake 1990.
Biella	J.C. Biella, Dictionary of Old South Arabic. Sabean Dialect, (HSSt 25), Chico 1982.
BL	H. Bauer — P. Leander, Historische Grammatik der hebräischen Sprache des Alten Testaments, Halle 1922 (= Hildesheim 1962).
BLA	H. Bauer — P. Leander, Grammatik des Biblisch-Aramäischen, Halle 1927 (= Hildesheim 1962).
Bordreuil — Pardee (RSOu)	Transliterationen keilalphabetischer Texte aus Ugarit gemäß neuen Kollationen von P. Bordreuil und D. Pardee (unpubliziert).
LexSyr	C. Brockelmann, Lexicon Syriacum, Göttingen ^{2}1928.
CAD	The Assyrian Dictionary of the Oriental Institute of the University of Chicago, Illinois/Glückstadt, 1956ff.
CAT 1-4	A.F. Rainey, Canaanite in the Amarna Tablets. A Linguistic Analysis of the Mixed Dialect Used by Scribes from Canaan, I-IV (HdO I/25), Leiden/New York/Köln 1996.
CDG	W. Leslau, Comparative Dictionary of Geᶜez, Wiesbaden 1987.
CGS	S. Moscati (ed), An Introduction to the Comparative Grammar of the Semitic Languages. Phonology and Morphology (Porta Linguarum Orientalium, N.S. 6), Wiesbaden 1964.
CML^{2}	J.C.L. Gibson, Canaanite Myths and Legends, Edinburgh ^{2}1978.
CIS	Corpus Inscriptionum Semiticarum, Paris 1881 ff.
CPU	J.-L. Cunchillos — J.-P. Vita, Concordancia de palabras ugaríticas en morfología desplegada (Banco de Datos Filológicos Noroccidentales

	[BDFSN], Primera parte: Datos ugaríticos, II), Madrid/Zaragoza 1995 (http://www.labherm.filol.csic.es).
CRAI	Académie des Inscriptions et Belles-Lettres, Comptes rendus des séances de l'année ..., Paris.
CS	W.W. Hallo (ed.), The Context of Scripture, Vol I: Canonical Compoisitions from the Biblical World, Leiden 1997.
CTA	A. Herdner, Corpus des tablettes en cunéiformes alphabétiques découvertes à Ras Shamra-Ugarit de 1929 à 1939. Texte (Mission de Ras Shamra 10), Paris 1963.
CTA, Fig.	A. Herdner, Corpus des tablettes en cunéiformes alphabétiques découvertes à Ras Shamra-Ugarit de 1929 à 1939. Figures et planches (Mission de Ras Shamra 10), Paris 1963.
Dalman	G.H. Dalman, Aramäisch-neuhebräisches Handwörterbuch zu Targum, Talmud und Midrasch, Göttingen 1938 (= Hildesheim 1967).
DISO	C.-F. Jean — J. Hoftijzer, Dictionnaire des inscriptions sémitiques de l'ouest, Leiden 1965.
DLU	G. del Olmo Lete — J. Sanmartín, Diccionario de la lengua ugarítica, I (Aula Orientalis - Supplementa 7), Barcelona 1996.
DLUg.	D. Sivan, Diqdūq lešōn ᵓUgarit [Ugaritische Grammatik] (Encylopaedia Miqraᵓit 9), Jerusalem 1993 [auf hebräisch].
DNSI	J. Hoftijzer — K. Jongeling, Dictionary of the North-West Semitic Inscriptions, Leiden/New York/Köln 1995.
Dozy	R. Dozy, Supplément aux dictionnaires arabes, I-II, Leiden 1881.
ERSP	Edinburgh Ras Shamra Project (Leitung: N. Wyatt).
GAG	W. von Soden (unter Mitarbeit von W.R. Mayer), Grundriß der akkadischen Grammatik (AnOr 33), Rom ^{3}1995.
GBH	P. Joüon — T. Muraoka, A Grammar of Biblical Hebrew, I-II, (Subsidia Biblica 14), Rom 1993.
GesB	W. Gesenius, Hebräisches und Aramäisches Handwörterbuch über das Alte Testament, neu bearbeitet von F. Buhl [u.a.], Berlin/Göttingen/Heidelberg ^{17}1915.
Ges^{18}	W. Gesenius, Hebräisches und Aramäisches Handwörterbuch über das Alte Testament, neu bearbeitet von R. Meyer und H. Donner unter Mitarbeit von U. Rüterswörden, Berlin [u.a.] ^{18}1987ff.
GK	W. Gesenius — E. Kautzsch, Hebräische Grammatik, Leipzig ^{28}1909 (= Hildesheim [u.a.] 1985).
GKA	W. Fischer, Grammatik des Klassischen Arabisch (Porta Linguarum Orientalium, N.S. 11), Wiesbaden 1972.
GPP	S. Segert, A Grammar of Phoenician and Punic, München 1976.
GUL	D. Sivan, A Grammar of the Ugaritic Language (HdO I/28), Leiden/New York/Köln, 1997.
HSED	V.E. Orel — O.V. Stolbova, Hamito-Semitic Etymological Dictionary. Materials for a Reconstruction (HdO I/18), Leiden/New York/Köln 1995.
HUS	W.G.E. Watson — N. Wyatt (ed.), Handbook of Ugaritic Studies (HdO I/39), Leiden/Boston/Köln 1999.
Jastrow	M. Jastrow, A Dictionary of the Targumim, the Talmud Babli and Yerushalmi, and the Midrashic Literature, I-II, New York 1886-1903.
JL	T.M. Johnstone, Jibbāli Lexicon, Oxford 1981.
Joüon	P. Joüon, Grammaire de l'Hébreu Biblique, Rom 1923 (= Graz 1965).
KAI	H. Donner — W. Röllig, Kanaanäische und aramäische Inschriften, I-III, Wiesbaden ^{2}1966-1969.
Kazim.	A. de Biberstein Kazimirski, Dictionnaire arabe-français contenant toutes les racines de la langue arabe, I-II, Paris 1960.

KBL^3	L. Köhler — W. Baumgartner, Hebräisches und aramäisches Lexikon zum Alten Testament, neu bearbeitet von B. Hartmann — E.Y. Kutscher — J.J. Stamm [u.a.], Leiden ^{3}1967-1995.
KTU	Leitzählung der alphabetischen ugaritischen Texte nach KTU^2.
KTU^1	M. Dietrich — O. Loretz — J. Sanmartín, Die keilalphabetischen Texte aus Ugarit. Einschließlich der keilalphabetischen Texte ausserhalb Ugarits. I: Transkription (AOAT 24/1), Kevelaer/Neukirchen-Vluyn 1976.
KTU^2	M. Dietrich — O. Loretz — J. Sanmartín, Cuneiform Alphabetic Texts from Ugarit, Ras Ibn Hani and Other Places (KTU: second, enlarged edition) (ALASPM 8), Münster 1995.
Lane	E.W. Lane, An Arabic-English Lexicon, Part I, I-VIII, London /Edinburgh 1863-93.
MdD	E.S. Drower — R. Macuch, A Mandaic Dictionary, Oxford 1963.
Meyer	R. Meyer, Hebräische Grammatik, I-IV, Berlin/New York ^{3}1966-1972.
MLC	G. del Olmo Lete, Mitos y leyendas de Canaan segun la tradicion de Ugarit, Madrid 1981.
Moussaieff	Keilalphabetischer ugaritischer Text aus der Sammlung Sh. Mossaieff (London), publiziert von M. Heltzer in: Bible Lands Museum Jerusalem. Sixth Anniversary Gala Dinner in Honor of Museum Founder Dr. Elie Borowski, Jerusalem 1998, 42 (ohne Seitenangaben); Transliteration in UF 29 (1997), 826; neue Bearbeitung durch Lemaire (1998).
MU	E. Verreet, Modi Ugaritici. Eine morpho-syntaktische Abhandlung über das Modalsystem im Ugaritischen (Orientalia Lovaniensia Analecta 27), Leuven 1988.
Payne Smith	J. Payne Smith, A Compendious Syriac Dictionary Founded Upon the Thesaurus Syriacus, Oxford 1903 (= Oxford 1957).
PPG	J. Friedrich — W. Röllig, Phönizisch - Punische Grammatik (AnOr 46), Rom ^{2}1970.
PPG^3	J. Friedrich — W. Röllig, Phönizisch - Punische Grammatik, 3. Auflage, neu bearbeitet von M.G. Amadasi Guzzo unter Mitarbeit von W.R. Mayer (AnOr 55), Rom ^{3}1999.
PRU	Le Palais Royal d'Ugarit, Mission de Ras Shamra, Paris.
PTU	F. Gröndahl, Die Personennamen der Texte aus Ugarit (Studia Pohl 1), Rom 1967.
Ricks	S.D. Ricks, Lexicon of Inscriptional Qatabanian (StP 14), Rom 1989.
RIH	Ras Ibn Hāni (Leitzählung ugaritischer Texte)
RS	Ras Shamra (Leitzählung ugaritischer Texte)
RSOu	Ras Shamra - Ougarit (Publications de la Mission Archéologique Française de Ras Shamra - Ougarit), Paris (siehe auch: "Bordreuil — Pardee (RSOu)").
RSOu 14	Ras Shamra - Ougarit, Bd. 14 (Publikationsorgan der zwischen 1986 und 1992 in Ugarit gefundenen Texte; Edition der ugaritischen Texte durch P. Bordreuil und D. Pardee sowie A. Caquot und A.-S. Dalix; der Band erscheint voraussichtlich 2000).
SAU	W.H. van Soldt, Studies in the Akkadian of Ugarit. Dating and Grammar (AOAT 40), Kevelaer/Neukirchen-Vluyn 1991.
SD	A.F.L. Beeston — M.A. Ghul — W.W. Müller — J. Ryckmans, Sabaic Dictionary (English-French-Arabic), Louvain-la-Neuve/Beyrouth 1982.
SEL	Studi Epigrafici e Linguistici sul Vicino Oriente antico, Verona.
TAD	B. Porten — A. Yardeni, Textbook of Aramaic Documents from Ancient Egypt", Vol. I-IV, Jerusalem 1986-1999.
TOu	A. Caquot — M. Sznycer — A. Herdner, Textes ougaritiques, I: Mythes et légendes, Paris 1974.
TOu II	A. Caquot — J.-M. de Tarragon — J.-L. Cunchillos, Textes ougaritiques, II: Textes religieux et rituels (Caquot — de Tarragon). Correspondance (Cunchillos), Paris 1989.

TRU	P. Xella, I testi rituali di Ugarit, I: Testi (SS 54), Rom 1981.
TUAT	O. Kaiser (ed.), Texte aus der Umwelt des Alten Testaments, Gütersloh 1982ff.; I: Rechts- und Wirtschaftsurkunden. Historisch-chronologische Texte; II: Religiöse Texte.
TUAT III/6	O. Kaiser u.a. (ed.), Texte aus der Umwelt des Alten Testaments III/6: M. Dietrich — O. Loretz, Mythen und Epen IV, Gütersloh 1997.
UT	C.H. Gordon, Ugaritic Textbook (AnOr 38), Rom 1965.
UT*	C.H. Gordon, Ugaritic Textbook (AnOr 38), Rom 1998 (Revised Reprint).
UV	J. Huehnergard, Ugaritic Vocabulary in Syllabic Transcription (HSSt 32), Atlanta, Georgia 1987.
WÄS	A. Erman — H. Grapow, Wörterbuch der ägyptischen Sprache, Berlin 1926-1963.
Wahrm.	A. Wahrmund, Handwörterbuch der neu-arabischen und deutschen Sprache, I-II, Gießen 1898 (= Graz 1970).
Wehr^5	H. Wehr, Arabisches Wörterbuch für die Schriftsprache der Gegenwart. Arabisch — Deutsch, Wiesbaden ^{5}1985.
WL	M. Dietrich — O. Loretz, Word-List of the Cuneiform Alphabetic Texts from Ugarit, Ras Ibn Hani and Other Places (KTU: second, enlarged edition) (ALASPM 12), Münster 1996.
Wright I	A Grammar of the Arabic Language, I, Cambridge 1896^3.
Wright II	A Grammar of the Arabic Language, II, Cambridge 1898^3.
WTS	E. Littmann — M. Höfner, Wörterbuch der Tigrē-Sprache, Wiesbaden 1962.
WUS	J. Aistleitner, Wörterbuch der ugaritischen Sprache, Berlin ^{3}1967.
ZAH	Zeitschrift für Althebraistik, Stuttgart/Berlin/Köln.

Literaturverzeichnis

Aartun, K.
1971 "Über die Parallelformen des selbständigen Personalpronomens der 1. Person Singular im Semitischen", UF 3, 1-7.
1974 Die Partikeln des Ugaritischen, I (AOAT 21/1), Kevelaer/Neukirchen-Vluyn.
1975 "Zur morphologisch-grammatischen Interpretation der sogenannten neutrischen Verben im Semitischen", UF 7, 1-11.
1978 Die Partikeln des Ugaritischen, II (AOAT 21/2), Kevelaer/Neukirchen-Vluyn.
1982 "Präpositionale Ausdrücke im Ugaritischen als Ersatz für semitisch *min*. Eine kontrastive und sprachgeschichtliche Analyse", UF 14, 1-14.
1989 "Ugaritisch *bnš(m)*", in: E. von Schuler (ed.), XXIII. Deutscher Orientalistentag vom 16. bis 20. September 1985 in Würzburg. Ausgewählte Vorträge (ZDMG, Suppl. 7), Stuttgart, 13-21.

Aḥituv, S.
1984 Canaanite Toponyms in Ancient Egyptian Documents, Jerusalem/Leiden.

Ahl, S.W.
1973 Epistolary Texts from Ugarit. Structural and Lexical Correspondences in Epistles in Akkadian and Ugaritic, Ph.D. Diss., Brandeis University, Brookline, MA (University Microfilms International, Ann Arbor).

Aistleitner, J.
1948 "Untersuchungen zum Mitlautbestand des Ugaritisch-Semitischen, in: Festschrift I. Goldziher, I, Budapest, 209-225.
1954 Untersuchungen zur Grammatik des Ugaritischen, Berlin.

Albright, W.F.
1966 The Proto-Sinaitic Inscriptions and their Decipherment, Cambridge, MA.

Ali, Kh.I.
1996 "Eine erste Miszelle: Zur Frage: aram. *Ḥaṭrā*, hebr. *Ḥāṣôr/Ḥaṣar* = arab. *al-Ḥaẓr/Ḥaḍr/Ḥażr/Ḥażar*", Oriens 35, 188-192.

Althann, R.
1994 "Approaches to Prepositions in Northwest Semitic Studies", JNWSL 1994, 179-191.

Arbeitman, Y.L.
1991 "Ugaritic Pronominals in the Light of Morphophonemic Economy", in: A.S. Kaye (ed.), Semitic Studies in Honor of Wolf Leslau on the Occasion of his Eighty-Fifth Birthday, I, Wiesbaden, 82-106.

Avanzini, A.
1992 "H-Forms in Qatabanian Inscriptions", Yemen 1, 13-17.

Bauer, H.
1912 "Noch einmal die semitischen Zahlwörter", ZDMG 66, 267-270.

Barth, J.
1894a Nominalbildung in den semitischen Sprachen, Leipzig^2.
1894b "Zur vergleichenden semitischen Grammatik, II: Zu den Vokalen der Imperfect-Präfixe", ZDMG 48, 4-6.

Bauer, H.
1930a "Die Entzifferung der Keilschrifttafeln von Ras Schamra", Forschungen und Fortschritte 6, 306-307.
1930b Entzifferung der Keilschrifttafeln von Ras Schamra, Halle.

Beeston, A.F.L.
1962 "Arabian Sibilants", JSS 7, 222-233.
1977 "On the Correspondence of Hebrew *s* to ESA *s*^{2}", JSS 22, 50-57.
1984 Sabaic Grammar (JSS.M 6), Manchester.
Bernal, M.
1987 "On the Transmission of the Alphabet to the Aegean Before 1400 B.C.", BASOR 267, 1-19.
Beyer, K.
1984 Die aramäischen Texte vom Toten Meer, Göttingen.
1994 Die aramäischen Texte vom Toten Meer. Ergänzungsband, Göttingen.
Blau, J.
1968 "On Problems of Polyphony and Archaism in Ugaritic Spelling", JAOS 88, 523-526.
1971 "Studies in Hebrew Verb Formation", HUCA 42, 133-158.
1972 "Marginalia Semitica II", IOS 2, 57-82.
1977 "'Weak' Phonetic Change and the Hebrew *śîn*", Hebrew Annual Review 1, 67-119.
1979 "Zu Lautlehre und Vokalismus des Ugaritischen", UF 11, 55-62.
1985 "A New Ugaritic Grammar", Lĕšonénu 49, 290-296 (auf hebräisch).
Blau, J. — Loewenstamm, S.E.
1970 "Zur Frage der Scriptio Plena im Ugaritischen und Verwandtes", UF 2, 19-33.
Bloch, A.
1963 "Zur Nachweisbarkeit einer hebräischen Entsprechung der akkadischen Verbalform iparras", ZDMG 113, 41-50.
Boekels, K.
1990 Quadriradikalia in den semitischen Sprachen unter besonderer Berücksichtigung des Arabischen (Ph. Diss., Freie Univ. Berlin).
Bogaert, M.
1964 "Les suffixes verbaux non accusatifs dans le sémitique nord-occidental et particulièrement en hébreu", Bib. 45, 220-247.
Böhl, F.M.
1909 Die Sprache der Amarnabriefe mit besonderer Berücksichtigung der Kanaanismen (Leipziger Semitistische Studien 5/2), Leipzig.
Bomhard, A.R.
1988 "The Reconstruction of the Proto-Semitic Consonant System", in: Y. L. Arbeitman (ed.), Fucus. A Semitic/Afrasian Gathering in Remembrance of Albert Ehrman, Amsterdam/Philadelphia, 113-140.
Bordreuil, P.
1985 "KBD: 'Ensemble' dans les textes alphabetiques d'Ougarit", SEL 2, 89-92.
Bordreuil, P. — Caquot, A.
1979 "Les textes en cunéiformes alphabétiques découverts en 1977 à Ibn Hani", Syria 56, 295-315.
1980 "Les textes en cunéiformes alphabétiques découverts en 1978 à Ibn Hani", Syria 57, 343-373.
1988 "Variations vocaliques et notations sporadiques du genitif dans les textes alphabetiques de l'Ougarit", SEL 5, 25-30.
Bordreuil, P. — Pardee, D.
1982 "Le rituel funéraire ougaritique RS. 34.126", Syria 59, 121-128.
1991 "Les textes ougaritiques", in: Une bibliothèque au sud de la ville. Les textes de la 34e campagne (1973) (RSOu 7), Paris, 139-168.
1995 "Un abécédaire du type sud-sémitique découvert en 1988 dans les fouilles archéologiques françaises de Ras Shamra-Ougarit", Académie des Inscriptions & Belles-Lettres, Comptes rendues des séances de l'année 1995, Juillet-Octobre, Paris, 855-860.

Borger, R.
1974 "Ugaritisch *ṯlṯʾid* = altsüdarabisch *šlṯtʾḏ*", UF 6, 446.

Boyd, J.L.
1975 A Collection and Examination of the Ugaritic Vocabulary Contained in the Akkadian Texts from Ras Shamra, Ph.D. Diss., University of Chicago.

Brockelmann, C.
1908 Grundriß der vergleichenden Grammatik der semitischen Sprachen, I: Laut- und Formenlehre, Berlin.
1941 "Zur Syntax der Sprache von Ugarit", Or 10, 223-240.
1956 Hebräische Syntax, Neukirchen.

Brown, M.L.
1987 "'Is it not?' or 'Indeed!'. *HL* in Northwest Semitic", Maarav 4, 201-219.

Brugnatelli, V.
1982 Questioni di morfologia e sintassi dei numerali cardinali semitici, Firenze.
1984 "Some Remarks on Semitic Numerals and the Ebla Texts", in: P. Fronzaroli (ed.), Studies on the Language of Ebla (Quaderni di Semitistica 13), Firenze, 85-99.

Buccellati, G.
1996 A Structural Grammar of Babylonian, Wiesbaden.

Bußmann, H.
1990 Lexikon der Sprachwissenschaft (Kröners Taschenausgabe 452), Stuttgart^2.

Cazelles, H.
1979 "Précis de grammaire ugaritique", Bibbia e Oriente 121, 253-268.

Cecchini, S.M.
1981 "*ʿšty 1* in ugaritico", Or. 50, 106-109.

Cohen, D.
1989 L'aspect verbal, Paris.

Colless, B.E.
1988 "Recent Discoveries Illuminating the Origin of the Alphabet", Abr-Nahrain 26, 30-67.
1990 "The Proto-Alphabetic Inscriptions of Sinai", Abr-Nahrain 28, 1-52.

Comrie, B.
1989 Aspect. An Introduction to the Study of Verbal Aspect and Related Problems, Cambridge^6.

Cross, F.M.
1962 "Yahweh and the God of the Patriarchs", The Harvard Theological Review 55, 225-259.
1980 "Newly Found Inscriptions in Old Canaanite and Early Phoenician Scripts", BASOR 238, 1-20.

Cross, F.M. — Lambdin, T.O.
1960 "A Ugaritic Abecedary and the Origins of the Proto-Canaanite Alphabet", BASOR 160, 21-26.

Cunchillos(-Ilarri), J.-L.
1983 "Le pronom démonstratif *hn* en ugaritique", AuOr 1, 155-165.
1986 "Que tout aille bien auprès de ma mère! Un qatala optatif en ougaritique?", in: L.D. Muñoz, Salvación en la palabra. Targum — Derash — Berith. En memoria del professor Alejandro Díez Macho, Madrid, 259-266.
1989 Estudios de epistolografía ugaritica (Institución Jerónimo para la investigación bíblica; Fuentes de la ciencia bíblica 3), Valencia.
1992 Manual de estudios ugariticos (Coleccion Textos Universitarios 12), Madrid.
1999 "The Ugaritic Letters", in: W.G.E. Watson — N. Wyatt (ed.), Handbook of Ugaritic Studies (HdO I/39), Leiden/Boston/Köln, 359-374.

Cunchillos, J.-L — Zamora, J.-A.
1995 Grammática ugarítica elemental, Madrid.
Dahmen, U.
1995 "Der Infinitivus absolutus als Imperativ — ein redaktionskritisches Kriterium?", Biblische Notizen 76, 62-81.
Dahood, M.J.
1957 "Some Aphel Causatives in Ugaritic", Bib. 38, 62-73.
1965 Ugaritic-Hebrew Philology. Marginal Notes on Recent Publications (Biblica et Orientalia 17), Rom.
1972 "A Note on Third Person Suffix *-y* in Hebrew", UF 4, 163-164.
Daniels, P.T.
1991 "Ha, La, Ḥa or Hōi, Lawe, Ḥaut. The Ethiopic Letter Names", in: A.S. Kaye (ed.), Semitic Studies in Honor of Wolf Leslau on the Occasion of his Eighty-Fifth Birthday, I, Wiesbaden, 275-288.
Degen, R.
1967 "Zur Schreibung des Kaška-Namens in ägyptischen, ugaritischen und altaramäischen Quellen", WO 4, 48-60.
1969 Altaramäische Grammatik der Inschriften des 10.-8. Jh. v. Chr. (Abhandlungen für die Kunde des Morgenlandes 38,3), Wiesbaden.
Delekat, L.
1972 "Zum ugaritischen Verbum", UF 4, 11-26.
Delsman, W.C.
1979 "Das Barth'sche Gesetz und Lehnwörter", UF 11, 187f.
Dhorme, É.
1930 "Un nouvel alphabet sémitique", Revue Biblique 39, 571-577.
1931 "Le déchiffrement des tablettes de Ras Shamra", JPOS 11, 1-6.

Diakonoff, I.M.
1988 Afrasian Languages, Moskau.
1992 "Proto-Afrasian and Old Akkadian. A Study in Historical Phonetics", Journal of Afroasiatic Languages 4/1-2, 1-133.
Diem, W.
1974 "Das Problem von שׂ im Althebräischen und die kanaanäische Lautverschiebung", ZDMG 124, 221-252.
1982 "Die Entwicklung des Derivationsmorphems der *t*-Stämme im Semitischen", ZDMG 132, 29-84.
Dietrich, M. — Loretz, O.
1966 "Der Vertrag zwischen Šuppiluliuma und Niqmandu. Eine philologische und kulturhistorische Studie", WO 3, 206-245.
1967 "Untersuchungen zur Schrift- und Lautlehre des Ugaritischen (I)", WO 4, 300-315.
1973 "Untersuchungen zur Schrift- und Lautlehre des Ugaritischen (II). Lesehilfen in der ugaritischen Orthographie", UF 5, 71-77.
1974 "Eine briefliche Antwort des Königs von Ugarit auf eine briefliche Anfrage", UF 6, 453-455.
1980a "Das Porträt einer Königin in KTU 1.14 I 12-15. Zur ugaritischen Lexikographie (XVIII)", UF 12, 199-204.
1980b "Zweifelhafte Belege für ug. *m(n)* 'von'", UF 12, 183-187.
1982 "Kennt das ug. Zahlensystem die Duale *ṯlṯm* '6' und *ṯṯm* '12'?", UF 14, 307-308.
1983 "Neue Studien zu den Ritualtexten aus Ugarit (II)", UF 15, 17-24.
1986a "Das ugaritische Alphabet", UF 18, 3-26.
1986b "Die bipolare Position von *ʿl* im Ugaritischen und Hebräischen", UF 18, 449-450.
1988 Die Keilalphabete. Die phönizisch-kanaanäischen und altarabischen Alphabete in Ugarit (ALASP 1), Münster.

Dietrich, M. — Loretz, O. (Fortsetzung)
1989 "The Cuneiform Alphabets of Ugarit", UF 21, 101-131.
1990a Mantik in Ugarit. Keilalphabetische Texte der Opferschau — Omensammlungen — Nekromantie (ALASP 3), Münster.
1990b "The Syntax of Omens in Ugaritic", Maarav 5-6, 89-109.
1990c "Die Wurzel *NŪP* 'hoch sein' im Ugaritischen", UF 22, 67-74.
1991 "Ugaritisch *ʿšr*, *ʿāširūma* und äthiopisch *ʿaššara*", in: A.S. Kaye (ed.), Semitic Studies in Honor of Wolf Leslau on the Occasion of his Eighty-Fifth Birthday, I, Wiesbaden, 309-327.
1993a "Ein 'hurritisches' Zusatzzeichen des Keilalphabets?", UF 25, 137-142.
1993b "Zur Debatte über die Lautentwicklung *z* - *ḏ* im Ugaritischen", UF 25, 123-132.
1994 "Rasuren und Schreibfehler in den keilalphabetischen Texten aus Ugarit. Anmerkungen zur Neuauflage von KTU", UF 26, 23-61.
1996 "Ugaritisch *šrd* 'dienen', *ṯrt und *šrt* 'Sängerin'", UF 28, 159-164.
Dietrich, M. — Loretz, O. — Mayer, W.
1989 "Sikkanum 'Betyle'", UF 21, 133-139.
Dietrich, M. — Loretz, O. — Sanmartín, J.
1975a "Untersuchungen zur Schrift- und Lautlehre des Ugaritischen (III). Formen und ugaritisch-hurrische Lautwert(e) des keilalphabetischen Zeichens 'ẓ'", UF 7, 103-108.
1975b "Untersuchungen zur Schrift- und Lautlehre des Ugaritischen (IV). *w* als *Mater Lectionis* in *btwm* und *kwt*", UF 7, 559-560.
1977 "Die Dittographie AḪTT(H) (KTU 1.24:36)", UF 9, 345.
Dijkstra, M.
1986 "Another Text in the Shorter Cuneiform Alphabet (KTU 5.22)", UF 18, 121-123.
1999 "Ugaritic Prose", in: W.G.E. Watson — N. Wyatt (ed.), Handbook of Ugaritic Studies (HdO I/39), Leiden/Boston/Köln, 140-164.
Dillmann, A.
1899 Grammatik der äthiopischen Sprache, Leipzig (= Graz 1959).
Dobrusin, D.L.
1981 "The Third Masculine Plural of the Prefixed Form of the Verb in Ugaritic", JANES 13, 5-14.
Dombrowski, B.W.W.
1988 "'Eblaitic' = The Earliest Known Dialect of Akkadian", ZDMG 138, 211-235.
Dombrowski, F.A. — Dombrowski, B.W.W.
1991 "Numerals and Numeral Systems in the Hamito-Semitic and Other Language Groups", in: A.S. Kaye (ed.), Semitic Studies in Honor of Wolf Leslau on the Occasion of his Eighty-Fifth Birthday, I, Wiesbaden, 340-381.
Edel, E.
1955-64 Altägyptische Grammatik (AnOr 34-39), Rom.
Edzard, D.O.
1973 "Die Modi beim älteren akkadischen Verbum", Or. 42, 121-141.
1985 "Die 3. Person m. pl. *tiprusū* im Altakkadischen von Māri", in: J.-M. Durand — J.-R. Kupper (ed.), Miscellanea babylonica. Mélanges offerts à Maurice Birot, Paris, 85-86.
Emerton, J.A.
1982 "Some Notes on the Ugaritic Counterpart of the Arabic GHAIN", in: G.E. Kadish — G.E. Freeman (ed.), Studies in Philology. Festschrift Ronald James Williams, Toronto, 31-50.
1996 "Are There Examples of Enclitic *mem* in the Hebrew Bible?", in: M. Fox [u.a.] (ed.), Texts, Temples and Traditions. A Tribute to Menachem Haran, Winona Lake, 321-328.

Faber, A.
1980 Genetic Subgroupings of the Semitic Languages, Ph.D. Diss., Univ. of Texas, Austin (University Microfilms International, Ann Arbor).
1984 "Semitic Sibilants in an Afro-Asiatic Context", JSS 29, Suppl., 189-224.
1985 "Akkadian Evidence for Proto-Semitic Affricates", JCS 37, 101-107.
1989 "On the Nature of Proto-Semitic *l", JAOS 109, 33-36.
1991 "The Diachronic Relationship Between Negative and Interrogative Markers in Semitic", A.S. Kaye (ed.), Semitic Studies in Honor of Wolf Leslau on the Occasion of his Eighty-Fifth Birthday, I, Wiesbaden, 411-429.

Fensham, F.C.
1970 En beknopte Ugaritiese grammatika, Stellenbosch.
1978 "The Use of the Suffix Conjugation and the Prefix Conjugation in a Few Hebrew Poems", JNWSL 6, 9-18.

Fenton, T.L
1963 The Ugaritic Verbal System, Ph.D. Diss., University of Oxford (University Microfilms International, Ann Arbor).
1969 "Command and Fulfilment in Ugaritic — 'tqtl : yqtl' and 'qtl : qtl'", JSS 14, 34-38.
1970 "The Absence of a Verbal Formation *yaqattal from Ugaritic and North-West Semitic", JSS 15, 31-41.
1973 "The Hebrew 'Tenses' in the Light of Ugaritic", Proceedings of the Fifth World Congress of Jewish Studies, IV, Jerusalem, 31-39.

Fitzgerald, A.
1972 "A Note on G-Stem ינצר Forms in the Old Testament", ZAW 84, 90-92.

Fleisch, H.
1968 "*yaqtula* cananéen et subjonctif arabe", Studia Orientalia: Wissenschaftliche Zeitschrift der Martin Luther Universität Halle-Wittenberg (Halle), Jahrgang 17, Heft 2/3, 65-76.

Fontinoy, C.
1969 Le duel dans les langues sémitiques, Paris.

Freilich, D. — Pardee, D.
1984 "{ẓ} and {ṭ} in Ugaritic. A Re-Examination of the Sign-Forms", Syria 61, 25-36.

Friedrich, J.
1942 "Hethitisch-Ugaritisches", ZDMG 96, 471-494.
1943 "Kleinigkeiten zur ugaritischen Grammatik", Or. (N.S.) 12, 1-22.
1974 Hethitisches Elementarbuch, I: Kurzgefaßte Grammatik, Heidelberg[3].

Fronzaroli, P.
1955 La fonetica ugaritica (Sussidi eruditi 7), Rom.
1984 "Eblaitic Lexicon. Problems and Appraisal", in: P. Fronzaroli (ed.), Studies on the Language of Ebla (Qaderni di Semitistica 13), Florenz, 117-157.

Gai, A.
1982 "The Reduction of the Tense (and Other Categories) of the Consequent Verb in North-West Semitic", Or. 51, 254-256.
1995 "The Category 'Adjective' in the Semitic Languages", JSS 40, 1-9.

Garbini, G.
1957 "La congiunzione semitica *pa-", Bib. 38, 419-427.
1971a "The Phonetic Shift of Sibilants in Northwestern Semitic in the First Millenium B.C.", JNWSL 1, 32-38.
1971b "Il tema pronominale *p* in semitico", AION 31 (N.S. 21), 245-248.

Gardiner, A.H.
1957 Egyptian Grammar, Being an Introduction to the Study of Hieroglyphs, Oxford[3].

Garr, W.R.
1985 Dialect Geography of Syria-Palestine, 1000-586 B.C.E., Philadelphia.
1986 "On Voicing and Devoicing in Ugaritic", JNES 45, 45-52.
1993 "The *Niphal* Derivational Prefix", Or. 62/3, 142-162.
Gelb, I.J.
1961 Old Akkadian Writing and Grammar (Materials for the Assyrian Dictionary 2), Chicago².
1980 Computer-Aided Analysis of Amorite (Assyriological Studies 21), Chicago.
Gensler, O.
1997 "Reconstructing Quadriliteral Verb Inflection. Ethiopic, Akkadian, Proto-Semitic", JSS 42, 229-257.
1998 "Verbs With Two Object Suffixes. A Semitic Archaism in its Afroasiatic Context", Diachronica 15, 231-284.
Gianto, A.
1990 Word Order Variation in the Akkadian of Byblos (StP 15), Rom.
Ginsberg, H.L.
1932-33 "To the Epic of ᵓAlᵓêyân Baᶜl", Tarbiz 4, 106-109 und 380-390 [auf hebräisch].
1939 "Two Religious Borrowings in Ugaritic Literature", Or. (N.S.) 8, 317-327.
1973 "Ugarit-Phoenicia", JANES 5, 131-147.
Goeseke, H.
1954 Die Stellung des Ugaritischen innerhalb der semitischen Sprachen, Diss., Halle.
1958 "Die Sprache der semitischen Texte Ugarits und ihre Stellung innerhalb des Semitischen", Wissenschaftliche Zeitschrift der Universität Halle 7/3, 623-652.
Goetze, A.
1938 "The Tenses of Ugaritic", JAOS 58, 266-309.
1941 "Is Ugaritic a Canaanite Dialect?", Language 17, 127-138.
1943 "The So-called Intensive of the Semitic Languages", JAOS 62, 1-8.
Good, R.M.
1980 "Supplementary Remarks on the Ugaritic Funerary Text RS 34.126", BASOR 239, 41-42.
Gosling, F.A.
1998 "An Open Question Relating to the Hebrew Root *glh*", ZAH 11, 125-132.
Gottlieb, H.
1971 "The Hebrew Particle *nâ*", AcOr 33, 47-54.
Greenstein, E.L.
1988 "On the Prefixed Preterite in Biblical Hebrew", Hebrew Studies 29, 7-17.
1998 "On a New Grammar of Ugaritic", IOS 18, 397-420.
Gröndahl, F.
1967 Die Personennamen der Texte aus Ugarit (StP 1), Rom.
Groß, W.
1987 Die Pendenskonstruktionen im Biblischen Hebräisch. Studien zum althebräischen Satz I (Arbeiten zu Text und Sprache im Alten Testament 27), St. Ottilien.
1996 Die Satzteilfolge alttestamentlicher Prosa. Untersucht an den Büchern Dtn, Ri und 2Kön (Forschungen zum Alten Testament 17), Tübingen.
Gruber, M.I.
1980 Aspects of Nonverbal Communication in the Ancient Near East (StP 12/1), Rom.
Guérinot, A.
1938 "Remarques sur la phonétique de Ras Shamra", Syria 19, 38-46.
Hammershaimb, E.
1941 Das Verbum im Dialekt von Ras Schamra, Kopenhagen.

Harris, Z.S.
1937 "A Conditioned Sound Change in Ras Shamra", JAOS 57, 152-157.
1938 "Expression of the Causative in Ugaritic", JAOS 58, 103-111.
1939 Development of the Canaanite Dialects. An Investigation in Linguistic History (AOS 16), New Haven.
Hartmann, B. — Hoftijzer, J.
1971 "Ugaritic *hnk-hnkt* and a Punic Formula", Le Muséon 84, 529-535.
Healey, J.F.
1983 "Swords and Ploughshares. Some Ugaritic Terminology", UF 15, 47-52.
1991 "Ugarit and Arabia. A Balance Sheet", PSOAS 21, 69-77.
Hecker, K.
1984 "Doppelt T-erweiterte Formen, oder: Der eblaitische Infinitiv", in L. Cagni (ed.), Il bilinguismo a Ebla, Neapel, 205-223.
Helck, W.
1971 Die Beziehungen Ägyptens zu Vorderasien im 3. und 2. Jahrtausend v. Chr. (Ägyptologische Abhandlungen 5), Wiesbaden^2.
Held, M.
1962 "The *yqtl-qtl* (*qtl-yqtl*) Sequence of Identical Verbs in Biblical Hebrew and Ugaritic", in: M. Ben-Horin — B.D. Weinryb — S. Zeitlin (ed.), Studies and Essays in Honor of Abraham A. Neumann, Leiden, 281-290.
Heltzer, M.
1978 Goods, Prices and Organization of Trade in Ugarit, Wiesbaden.
1989 "Some Questions of the Ugaritic Metrology and its Parallels in Judah, Phoenicia, Mesopotamia and Greece", UF 21, 195-208.
1994 "Trade Between Egypt and Western Asia. New Metrological Evidence (on E.W. Castle in JESHO XXXV)", JESHO 37, 318-321.
Herdner, I.A.
1960-63 "La phrase nominale en ougaritique", GLECS 5, 60-62.
Hess, R.S.
1998 "Occurrences of 'Canaan' in Late Bronze Age Archives of the West Semitic World", IOS 18, 365-372.
Hetzron, R.
1967 "Agaw Numerals and Incongruence in Semitic", JSS 12, 169-197.
1974 "La division des langues sémitiques", in: A. Caquot — D. Cohen (ed.), Actes du premier congrès international de linguistique sémitique et chamito-sémitique, The Hague/Paris, 182-194.
Hillers, D.R.
1964 "An Alphabetic Cuneiform Tablet from Taanach (TT 433)", BASOR 173, 45-50.
Hoch, J.E.
1994 Semitic Words in Egyptian Texts of the New Kingdom and Third Intermediate Period, Princeton, N.J.
Hoftijzer, J.
1971a "A Note on *ʾiky*", UF 3, 360.
1971b "A Note on G 1083^3. *ʾištir* and Related Matters", UF 3, 361-364.
1981 A Search for Method. A Study in the Syntactic Use of the *H*-Locale in Classical Hebrew (Studies in Semitic Languages and Liguistics 12), Leiden.
1982 "Quodlicet Ugariticum", in: *Zikir šumim*. Assyriological Studies Presented to F.R. Kraus, Leiden, 121-127.
Hoftijzer, J. — Soldt, W.H. van
1991 "Texts from Ugarit Concerning Security and Related Akkadian and West Semitic Material", UF 23, 189-216.

Huehnergard, J.
1981 "Akkadian Evidence for Case-Vowels on Ugaritic Bound Forms", JCS 33, 199-205.
1983 "Asseverative *la* and Hypothetical **lu/law* in Semitic", JAOS 103, 569-593.
1985 "A Dt Stem in Ugaritic?", UF 17, 402.
1987 "The Feminine Plural Jussive in Old Aramaic", ZDMG 137, 266-277.
1991 "Remarks on the Classification of the Northwest Semitic Languages", in: J. Hoftijzer — G. van der Kooij (ed.), The Balaam Text from Deir ᶜAlla Re-Evaluated, Leiden, 283-293.
1992 "Historical Phonology and the Hebrew Piel", in: W.R. Bodine (ed.), Linguistics and Biblical Hebrew, 209-229.
1999 "The Akkadian Letters", in: W.G.E. Watson — N. Wyatt (ed.), Handbook of Ugaritic Studies (HdO I/39), Leiden/Boston/Köln, 375-389.

Huesman, J.
1956 "Finite Use of the Infinitive Absolute", Bib. 37, 271-295.

Huffmon, H.B.
1965 Amorite Personal Names in the Mari Texts, Baltimore.

Hummel, H.D.
1957 "Enclitic *mem* in Early Northwest Semitic, Especially Hebrew", JBL 76, 85-107.

Isaksson, B.
1989 "The Position of Ugaritic Among the Semitic Languages", OrSuec 38, 54-70.
1999 "The Non-Standard First Person Singular Pronount in the Modern Arabic Dialects", Zeitschrift für Arabische Linguistik 37, 54-83.

Israel, F.
1995 "Études de grammaire ougaritique. La dernière phase de la langue", in: M. Yon — M. Sznycer — P. Bordreuil (ed.), Le pays d'Ougarit autour de 1200 av. J.-C. Histoire et archéologie (RSOu 11), Paris, 255-262.

Izre'el, S.
1978 "The Gezer Letters of the el-Amarna Archive — Linguistic Analysis", IOS 8, 13-90.
1987 "Early Northwest Semitic 3rd pl m Prefix. The Evidence of the Amarna Letters", UF 19, 79-90.

Jansen-Winkeln, K.
1994 "Exozentrische Komposita als Relativphrasen im älteren Ägyptisch. Zum Verständnis der Konstruktion *nfr ḥr* "mit schönem Gesicht", Zeitschrift für ägyptische Sprache und Altertumskunde 121, 51-75.

Jeffery, L.H.
1990 The Local Scripts of Archaic Greece (revised edition), Oxford.

Jenni, E.
1968 Das hebräische Piᶜel. Syntaktisch-semasiologische Untersuchung einer Verbalform im Alten Testament, Zürich.
1992 Die Präposition Beth (Die hebräischen Präpositionen 1), Stuttgart/Berlin/Köln.
1994 Die Präposition Kaph (Die hebräischen Präpositionen 2), Stuttgart/Berlin/Köln.

Jirku, A.
1963 "Der Buchstabe Ghain im Ugaritischen", ZDMG 113, 481-482.

Johnstone, T.M.
1975 The Modern South Arabian Languages (Afroasiatic Linguistics 1/5), Malibu.

Joosten, J.
1998 "The Functions of the Semitic D stem. Biblical Hebrew Materials for a Comparative-Historical Approach", Or. 67, 202-230.

Kaiser, O.
1970 "Zum Formular der in Ugarit gefundenen Briefe", ZDPV 86, 10-23.
Kaufman, S.A.
1991 "An Emphatic Plea for Please", Maarav 7, 195-198.
Khan, G.
1988 Studies in Semitic Syntax (London Oriental Series 38), Oxford University Press.
Kienast, B.
1984 "Nomina mit T-Präfix und T-Infix in der Sprache von Ebla und ihre sumerischen Äquivalente", in L. Cagni (ed.), Il bilinguismo a Ebla, Neapel, 225-255.
Knudsen, E.E.
1982 "An Analysis of Amorite. A Review Article", JCS 34, 1-18.
1991 "Amorite Grammar. A Comparative Statement", in: A.S. Kaye (ed.), Semitic Studies in Honor of Wolf Leslau on the Occasion of his Eighty-Fifth Birthday, I, Wiesbaden, 866-885.
Koschmieder, E.
1930 "Durchkreuzungen von Aspekt- und Tempussystem im Präsens", Zeitschrift für slavische Philologie 7, 341-358.
Kottsieper, I.
1990 Die Sprache der Aḥiqarsprüche (Beihefte zur Zeitschrift für die alttestamentliche Wissenschaft 194), Berlin.
Kouwenberg, N.J.C.
1997 Gemination in the Akkadian Verb (Studia Semitica Neerlandica 33), Assen (Niederlande).
Krahmalkov, C.R.
1969 "The Amorite Enclitic Particle *ta/i*", JSS 14, 201-204.
1986 "The *Qatal* With Future Tense Reference in Phoenician", JSS 31, 5-10.
Kraus, F.R.
1976 "Der akkadische Vokativ", in: B.L. Eichler (ed.), Kramer Anniversary Volume. Cuneiform Studies in Honor of Samuel Noah Kramer (AOAT 25), Kevelaer/Neukirchen-Vluyn, 293-297.
1987 Sonderformen akkadischer Parataxe. Die Koppelungen (Mededelingen der Koninklijke Nederlandse Akademie van Wetenschappen, Afd. Letterkunde, N.R. 50/1), Amsterdam [u.a.].
Krebernik, M.
1984 "Verbalnomina mit prä- und infigiertem *t* in Ebla", Studi Eblaiti 7, 191-211.
1991 "Gt- und tD-Stämme im Ugaritischen", in: Walter Gross [u.a.] (ed.), Text, Methode und Grammatik. Festschrift Wolfgang Richter zum 65. Geburtstag, St. Ottilien, 227-270.
1993 "Verbalformen mit suffigierten n-Morphemen im Ugaritischen. Überlegungen zur Morphologie des Energikus im Ugaritischen und in anderen semitischen Sprachen", in: Hubert Irsigler (ed.), Syntax und Text. Beiträge zur 22. Internationalen Ökumenischen Hebräisch-Dozenten-Konferenz 1993 in Bamberg (Arbeiten zu Text und Sprache im Alten Testament 40), St. Ottilien, 123-150.
1996 "Linguistic Classification of Eblaite. Methods, Problems, and Results", J.S. Cooper — G.M. Schwartz (ed.), The Study of the Ancient Near East in the Twenty-First Century, The W.F. Albright Centennial Conference, Winona Lake, Ind., 233-249.
Kristensen, A.L.
1977 "Ugaritic Epistolary Formulas", UF 9, 143-158.
Lambdin, T.O.
1978 Introduction to Classical Ethiopic (HSSt 24), Ann Arbor.

Lambert, W.G.
1988 "A Further Note on *tohû wābōhû*", UF 20, 135.

Layton, S.C.
1990 Archaic Features of Canaanite Personal Names in the Hebrew Bible (HSM 47), Atlanta, Georgia.

Lemaire, A.
1998 "La tablette Ougaritque alphabétique UF 29, 826 replacée dans son contexte", UF 30, 461-466.

Levi, J.
1987 Die Inkongruenz im biblischen Hebräisch, Wiesbaden.

Lipiński, E.
1978 "Ditanu", in: Y. Avishur und J. Blau (ed.), Studies in the Bible and the Ancient Near East. Festschrift S.E. Loewenstamm, Jerusalem, 98-99.
1988 "L'aleph quiescent en Ugaritique", SEL 5, 113-119.
1997 Semitic Languages. Outline of a Comparative Grammar (Orientalia Lovaniensia Analecta 80), Leuven.

Liverani, M.
1963 "Antecedenti del diptotismo arabo nei testi accadici di Ugarit" RSO 38, 131-160.
1964a "Un tipo di espressione indefinita in accadico e in ugaritico", RSO 39, 199-202.
1964b "Elementi innovativi nell'ugaritico non letterario", Accademia Nazionale dei Lincei. Rendiconti. Classe di scienze morali, storiche e filologiche 19, 173-191.
1970 "KBD nei testi amministrativi ugaritici" UF 2, 89-108.
1997 "A Canaanite Indefinite Idiom in the Amarna Letters", N.A.B.U. 1997/4, Nr. 127.

Loewenstamm, S.E.
1967 "Prostration From Afar in Ugaritic, Accadian and Hebrew", BASOR 188, 41-43.
1969 "Remarks upon the Infinitive Absolute in Ugaritic and Phoenician", JANES 2/1, 53.
1980a "Notes on the Pronouns in Ugaritic in the Light of Canaanite", in: ders., Comparative Studies in Biblical and Ancient Oriental Literatures (AOAT 204), Kevelaer/Neukirchen-Vluyn, 55-77 [= Lĕšonénu 23, 1959, 72-81 (Übersetzung aus dem Hebräischen)].
1980b "The Numerals in Ugaritic", in: ders., Comparative Studies in Biblical and Ancient Oriental Literatures (AOAT 204), Kevelaer/Neukirchen-Vluyn, 310-319 [= Proceedings of the International Conference on Semitic Studies held in Jerusalem, 19-23 July 1965, Jerusalem 1969, 172-79].
1980c "The Seven-Day-Unit in Ugaritic Epic Literature", in: ders., Comparative Studies in Biblical and Ancient Oriental Literatures (AOAT 204), Kevelaer/Neukirchen-Vluyn, 192-209 [= IEJ 15, 1965, 121-133].
1980d The Development of the Term 'First'in the Semitic Languages", in: ders., Comparative Studies in Biblical and Ancient Oriental Literatures (AOAT 204), Kevelaer/Neukirchen-Vluyn, 13-16 [= Tarbiz 24, 1955, 249-251 (Übersetzung aus dem Hebräischen)].
1984a "Die ugaritische Partikel *iky*", Or. 53, 255-261.
1984b "*yštql*", UF 16, 357-358.

Loprieno, A.
1980 "Osservationi sullo sviluppo dell'articolo prepositivo in Egiziano e nelle lingue semitiche, OrAnt 19, 1-27.
1995 Ancient Egyptian. A linguistic Introduction, Cambridge.

Loretz, O.
1995 "Ugaritische Lexikographie", SEL 12, 105-120.

Loundine, A.G.
1987 "L'abécédaire de Beth Shemesh", Le Muséon 100, 243-250.

Lundin, A.G. (= Loundine, A.G.)
1987 "Ugaritic Writing and the Origin of the Semitic Consonantal Alphabet", AuOr 5, 91-98.

Macuch, R.
1969 Grammatik des samaritanischen Hebräisch, Berlin.

Magnanini, P.
1974 "Sulla corrispondenza consonantica arabo /š/ — ebraico /ś/", AION 34 (= N.S. 24), 401-408.

Malbran-Labat, F.
1995 "Éléments de la structure du discours dans l'Akkadien d'Ugarit", GLECS 31, 87-106.

Mallon, E.D.
1982 The Ugaritic Verb in the Letters and Administrative Documents, Ph.D. Diss., Catholic University of America (University Microfilms International, Ann Arbor).

Marcus, D.
1968 "The Three Alephs in Ugaritic", JANES 1/1, 49-60.
1969a "Studies in Ugaritic Grammar", JANES 1/2, 55-61.
1969b "The Stative and the Waw Consecutive", JANES 2/1, 37-40.
1970 Aspects of the Ugaritic Verb in the Light of Comparative Semitic Grammar, Ph.D. Diss. 1970 (University Microfilms International, Ann Arbor 1975).
1971 "The *qal* Passive in Ugaritic", JANES 3, 103-111.
1972 "The Verb 'to live' in Ugaritic", JSS 17, 76-82.

Mayer, Werner
1976 Untersuchungen zur Formensprache der babylonischen "Gebetsbeschwörungen" (StP.SM 5), Rom.
1992 "Das 'gnomische Präteritum' im literarischen Akkadisch", Or. 61, 373-99.

Meinhof, C.
1911 "Das Ful in seiner Bedeutung für die Sprachen der Hamiten, Semiten und Bantu", ZDMG 55, 177-220.

Melchert, H.C.
1994 Anatolian Historical Phonology, Amsterdam/Atlanta.

Merrill, E.H.
1974 "The Aphel Causative. Does it exist in Ugaritic?", JNWSL 3, 40-49.

Michel, D.
1977 Grundlegung einer hebräischen Syntax, I: Sprachwissenschaftliche Methodik, Genus und Numerus des Nomens, Neukirchen-Vluyn.

Millard, A.R.
1979 "The Ugaritic and Canaanite Alphabets — Some Notes", UF 11, 613-616.

Miller, P.D.
1979 "Vocative Lamed in the Psalter. A Reconsideration", UF 11, 617-637.

Mittwoch, E.
1907 "Proben aus amharischem Volksmunde", in: Mitteilungen des Seminars für orientalische Sprachen an der (k.) Friedrich-Wilhelms-Universität zu Berlin 10, 185-241.

Moor, J.C. de — Spronk, K.
1984 "More on Demons in Ugarit (KTU 1.82)", UF 16, 237-250.
1987 "A Cuneiform Anthology of Religious Texts from Ugarit", Leiden [u.a.].

Moran, W.L.
1950 A Syntactical Study of the Dialect of Byblos as Reflected in the Amarna Tablets, Ph.D. Diss., Johns Hopkins Univ., Baltimore (University Microfilms International, Ann Arbor).
1951 "New Evidence on Canaanite *taqtulū(na)*", JCS 5, 33-35.
1960 "Early Canaanite *yatula*", Or. 29, 1-19.
1992 The Amarna Letters, Baltimore/London.

Muchiki, Y.
1994 "Spirantization in Fifth-Century B.C. North-West Semitic", JNES 53, 125-130.

Müller, H.-P.
1995 "Ergative Constructions in Early Semitic Languages", JNES 54, 261-271.

Müller, W.W.
1978 "Noch einmal ugaritisch *t̲lt̲id* = altsüdarabisch *šltt̲ʾd̲*", UF 10, 442-443.

Muraoka, T. — Porten, B.
1998 A Grammar of Egyptian Aramaic (HdO I/32), Leiden/New York/Köln.

Naveh, J.
1982 Early History of the Alphabet. An Introduction to West Semitic Epigraphy and Palaeography, Jerusalem/Leiden.

Nebes, N.
1982 Funktionsanalyse von *kāna yafʿalu*. Ein Beitrag zur Verbalsyntax des Althocharabischen mit besonderer Berücksichtigung der Tempus- und Aspektproblematik (Studien zur Sprachwissenschaft 1), Hildesheim/Zürich/New York.
1991 "Die enklitischen Partikeln des Altsüdarabischen", in: Études Sud-Arabes. Recueil offert à Jacques Ryckmans (Publications de l'Institut Orientaliste de Louvain 39), Louvain-la-Neuve, S. 133-151.
1995 Die Konstruktionen mit *fa-* im Altsüdarabischen. Syntaktische und epigraphische Untersuchungen (Veröffentlichungen der Orientalischen Kommission/Akademie der Wissenschaften und der Literatur 40), Wiesbaden.

Nöldeke, T.
1898 Kurzgefaßte syrische Grammatik, Leipzig[2] (= Darmstadt 1966).

Olmo Lete, G. del
1979 "Quantity Precision in Ugaritic Administrative Texts (*ṣmd*, *ḥrṣ*, *aḥd*)", UF 11, 179-186.
1986 "Fenicio y Ugarítico. Correlación linguística", AuOr 4, 31-49.
1992 La religión canaanea según la liturgia de Ugarit. Estudio textual (Aula Orientalis - Supplementa 3), Barcelona.
1996 "Once again on the 'Divine Names' of the Ugaritic Kings. A Reply", AuOr 14, 11-16.
1999 "The Semitic Personal Pronouns. A Preliminary Etymological Approach", in: Y. Avishur — R. Deutsch (ed.), Michael. Historical, Epigraphical and Biblical Studies in Honor of Prof. Michael Heltzer, Tel Aviv/Jaffa, 99-120.

Pardee, D.G.
1975 "The Preposition in Ugaritic", UF 7, 329-378.
1976 "The Preposition in Ugaritic", UF 8, 215-322.
1977 "Attestations of Ugaritic Verb/Preposition Combinations in Later Dialects", UF 9, 205-231.
1979 "More on the Preposition in Ugaritic", UF 11, 685-692.
1984a "Will the Dragon Never be Muzzled?", UF 16, 251-255.
1984b "Three Ugaritic Tablet Joins", JNES 43, 239-245.
1984c "Further Studies in Ugaritic Epistolography", AfO 31, 213-230.
1986 "The Ugaritic *šumma izbu* Text", AfO 33, 117-147.
1987 "Epigraphic and Philological Notes", UF 19, 199-217.
1988 Les textes para-mythologiques de la 24[e] Campagne (1961) (RSOu 4), Paris.
1989/90 "Ugaritic Proper Nouns", AfO 36-37, 390-513.
1991 "The Structure of RS 1.002", in: A. S. Kaye (ed.), Semitic Studies in Honor of Wolf Leslau on the Occasion of his Eighty-Fifth Birthday, II, Wiesbaden, 1181-1196.
1997 "Ugaritic", in: R. Hetzron (ed.), The Semitic Languages, I: Semitic Languages — Grammar, London/New York, 131-144.

Pardee, D. — Whiting, R.M.
1987 "Aspects of Epistolary Verbal Usage in Ugaritic and Akkadian", BSOAS 50, 1-31.
Parise, N.F.
1970-71 "Per una studio del sistema ponderale ugaritico", in: Dialoghi di Archeologia, Anno 4-5, 3-36.
Parker, S.B.
1970 Studies in the Grammar of Ugaritic Prose Texts, Ph.D. Diss. (University Microfilms International, Ann Arbor).
Pennacchietti, F.A.
1968 Studi sui pronomi determinativi semitici (Publicazioni di Semitistica Ricerche 4), Napoli.
Philippi, F.W.M.
1878 "Das Zahlwort zwei im Semitischen", ZDMG 32, 21-98.
Pitard, W.T.
1987 "RS 34.126", Maarav 4, S. 75-86 (Notes on the Text); S. 111 (A Note on the Figures for RS 34.126); S. 112-155 (Figures).
1992 "The Shape of the *ᶜAyin* in the Ugaritic Script", JNES 51, 261-279.
Pope, M.H.
1949 A Study of the Ugaritic Particles w, p, and m with an Excursus on b, l, and k, Ph.D. Diss., Yale University (University Microfilms International, Ann Arbor).
1951 "Ugaritic Enclitic *-m*", JCS 5, 123-128.
1953 "'Pleonastic' *Waw* Before Nouns in Ugaritic and Hebrew", JAOS 73, 95-98.
1988 "Vestiges of Vocative *Lamedh* in the Bible", UF 20, 201-207.
1994 Probative Pontificating in Ugaritic and Biblical Literature. Collected Essays (Ugaritisch-Biblische Literatur 10), Münster.
Priebatsch, H.Y.
1975 "*Š* und *Ṯ* in Ugarit und das Amoritische. Ein Beitrag zur Geschichte des ABC̄", UF 7, 389-394.
1977 "Die amoritische Sprache Palästinas in ihren Beziehungen zu Mari und Syrien", UF 9, 249-258.
1978 "Der Weg des semitischen Perfekts", UF 10, 337-347.
Puech, E.
1986 "Origine de l'alphabet. Documents en alphabet linéaire et cunéiforme du IIᵉ millénaire", Revue Biblique 93, 161-213.
Rabin, C.
1970 "La correspondance *d* hébreu — *ḏ* arabe", in: D. Cohen (ed.), Mélanges Marcel Cohen, The Hague/Paris, 290-297.
Rainey, A.F.
1963 "A Canaanite at Ugarit", IEJ 13, 43-45.
1971 "Observations on Ugaritic Grammar", UF 3, 151-172.
1976 "KL 72:600 and the D-Passive in West Semitic", UF 8, 337-341.
1978 "The Barth-Ginsberg-law in the Amarna Tablets", Eretz Israel 14, 8-13*.
1987 "A New Grammar of Ugaritic", Or. 56, 391-402.
1988 "Some Presentation Particles in the Amarna Letters", UF 20, 209-220.
1990 "The Prefix Conjugation Patterns of Early Northwest Semitic", in: T. Abush [u.a.] (ed.), Lingering over Words. Studies in Ancient Near Eastern Literature in Honor of William L. Moran, Atlanta, Georgia, 407-420.
1991-93 "Is there Really a *yaqtula* Conjugation Pattern in the Canaanite Amarna Tablets?", JCS 43-45, 107-118.
1994 "Triptotic Plurals in the Amarna Texts from Canaan", UF 26, 427-434.
Rendsburg, G.
1989 "Sabaic Notes to Hebrew Grammar", Abr-Nahrain 27, 106-19.

Renfroe, F.
1992 Arabic-Ugaritic Lexical Studies (ALASP 5), Münster.

Ribichini, S. — Xella, P.
1985 La terminologie dei tessili nei testi di Ugarit (Collezione di Studi Fenici 20), Rom.

Richardson, M.E.J.
1973 "Ugaritic Spelling Errors", Tyndale Bulletin 24, 3-20.
1978 "Ugaritic Place Names with Final *-y*", JSS 23, 298-315.

Rix, H.
1992 Historische Grammatik des Griechischen. Laut- und Formenlehre, Darmstadt^2.

Rössler, O.
1961a "Ghain im Ugaritischen", ZA 54, 158-172.
1961b "Eine bisher unerkannte Tempusform im Althebräischen", ZDMG 445-451.
1962 "Die Präfixkonjugation Qal der Verba I^{ae} Nūn im Althebräischen und das Problem der sogenannten Tempora", ZAW 74, 125-141.
1971 Das Ägyptische als semitische Sprache, in: F. Altheim — R. Stiehl (ed.), Christentum am Roten Meer I, Berlin/New York, 263-326.

Ryckmans, J.
1993 "Inscribed Old South Arabian Sticks and Palm-Leaf Stalks. An Introduction and a Palaeographical Approach", Proceedings of the Seminar for Arabian Studies 23, 127-140.

Sanmartín, J.
1977 "Zum orthographischen Problem der Verben I ʾ. Notizen zur ugaritischen Orthographie", UF 9, 259-262.
1988 "Glossen zum ugaritischen Lexikon (V)", SEL 5, 171-180.
1995a "Wirtschaft und Handel in Ugarit. Kulturgrammatische Aspekte", in: M. Dietrich — O. Loretz (ed.), Ugarit. Ein ostmediterranes Kulturzentrum im Alten Orient, I: Ugarit und seine altorientalische Umwelt (ALASP 7), Münster, 131-158.
1995b "Zur Schreibpraxis der ugaritischen Siegelschneider. Die Siegellegende KTU 6.66", UF 27, 455-465.
1995c "Über Regeln und Ausnahmen. Verhalten des vorkonsonantischen /n/ im ʻAltsemitischen', in: M. Dietrich — O. Loretz (ed.), Vom Alten Orient zum Alten Testament. Festschrift Wolfram von Soden zum 85. Geburtstag (AOAT 240), Kevelaer/Neukirchen-Vluyn, 433-466.

Sass, B.
1988 The Genesis of the Alphabet and its Development in the Second Millenium B.C. (Ägypten und Altes Testament 13), Wiesbaden.
1991 Studia alphabetica. On the Origin and Early History of the Northwest Semitic, South Semitic and Greek Alphabets, Freiburg (Schweiz) / Göttingen.
1991a "The Beth Shemesh Tablet and the Early History of the Proto-Canaanite, Cuneiform and South Semitic Alphabets", UF 23, 315-326.

Schenkel, W.
1990 Einführung in die altägyptische Sprachwissenschaft, Darmstadt.

Segert, S.
1955 "Zum Übergang ā > ō in den kanaanäischen Dialekten", ArOr 23, 478.
1958 "Die Schreibfehler in den ugaritischen literarischen Keilschrifttexten in Anschluß an das textkritische Hilfsbuch von Friedrich Delitzsch klassifiziert", in: J. Hempel — L. Rost (ed.), Von Ugarit nach Qumran. Festschrift Otto Eißfeldt (BZAW 77), Berlin, 193-212.
1959 "Die Schreibfehler in den ugaritischen nichtliterarischen Keilschrifttexten in Anschluß an das textkritische Hilfsbuch von Friedrich Delitzsch klassifiziert", ZAW 71, 23-32.

Segert, S. (Fortsetzung)
1968 "Recent Progress in Ugaritology", ArOr 36, 443-467.
1969 "L'Ugaritique et la linguistique sémitique comparée", in: C.F.A. Schaeffer (ed.), Ugaritica VI, Paris, 461-477.
1983a "The Last Sign of the Ugaritic Alphabet", UF 15, 201-218.
1983b "Polarity of Vowels in the Ugaritic Verbs II /ˀ/", UF 15, 219-222.
1988 "Die Orthographie der alphabetischen Keilschrifttafeln in akkadischer Sprache aus Ugarit", SEL 5, 189-205.

Selms, A. van
1979 "The Root *k-ṯ-r* and its Derivates in Ugaritic Literature", UF 11, 739-744.

Sethe, K.
1899 Das aegyptische Verbum, Bd. I, Leipzig.

Shehadeh, L.R.
1987 "Some Observations on the Sibilants in the Second Millenium B.C.", in: D.M. Golomb (ed.), 'Working With No Data'. Semitic and Egyptian Studies Presented to T.O. Lambdin, Winona Lake (Ind.), 229-246.

Siebesma, P.A.
1991 The Function of the Nāphˀal in Biblical Hebrew (Studia Semitica Neerlandica), Assen/Maastricht.

Singer, A.D.
1948 "The Vocative in Ugaritic", JCS 2, 1-10.

Sivan, D.
1982 "Final Triphthongs and Final *yu/a/i* - *wu/a/i* Diphthongs in Ugaritic Nominal Forms", UF 14, 209-218.
1983 "Dual Nouns in Ugaritic", JSS 28, 233-240.
1984a Grammatical Analysis and Glossary of the Northwest Semitic Vocables in Akkadian Texts of the 15th-13th C.B.C. from Canaan and Syria (AOAT 214), Kevelaer/Neukirchen-Vluyn.
1984b "Diphthongs and Triphthongs in Verbal Forms of Verba Tertiae Infirmae in Ugaritic", UF 16, 279-293.
1986 "Problematical Lengthenings in North West Semitic Spellings of the Middle of the Second Millenium B.C.E.", UF 18, 301-312.
1989 Rezension von: Huehnergard (1987), in: UF 21, 347-364.
1990a "*tštˀil* and *yštˀal* in Ugaritic. Problems in Methodology", UF 22, 311-312.
1990b "Is There Vowel Harmony in Verbal Forms with Aleph in Ugaritic?", UF 22, 313-315.
1992 "Notes on the Use of the Form *qatal* as the Plural Base for the Form *qatl* in Ugaritic", IOS 12, 235-238.
1996 "A Note on the Use of the *ˀu*-Sign in Ugaritic Roots with First *ˀaleph*", UF 28, 555-559.
1998 "The Use of *qtl* and *yqtl* Forms in the Ugaritic Verbal System", IOS 18, 89-103.

Sivan, D. — Schniedewind, W.
1993 "Letting Your 'Yes' be 'No' in Ancient Israel. A Study of the Asseverative *lˀ* and *h^a^loˀ*", JSS 38, 209-226.

Sjöberg, Å.W.
1998 "Studies in the Emar S^a^ Vocabulary", ZA 88, 240-283.

Smith, M.S.
1991 The Origins and Development of the Waw-Consecutive. Northwest Semitic Evidence from Ugarit to Qumran (HSSt 39), Atlanta, Georgia.
1994 The Ugaritic Baal Cycle, I: Introduction with Text, Translation and Commentary of KTU 1.1-1.2 (VT.S 55), Leiden [u.a.].
1995 "The **qatala* Form in Ugaritic Narrative Poetry", in: D.P. Wright — D.N. Freedman — A. Hurvitz (ed.), Pomegranates and Golden Bells. Studies in Biblical, Jewish, and Near Eastern Ritual, Law, and Literature in Honor of Jacob Milgrom, Winona Lake, 789-803.

Soden, W. von
1979 "Assyriasmen im Akkadischen von Ugarit und das Problem der Verwaltungssprache im Mittannireich", UF 11, 745-751.
1983 "Ableitungen von Zahlwörtern im Semitischen", ZA 73, 82-86.
Soldt, W.(H.) van
1990 Rezension von: Huehnergard (1987), in: BiOr 47, 728-737.
1995 "The Akkadian of Ugarit. Lexicographical Aspects", SEL 12, 205-215.
1996 "Studies in the Topography of Ugarit (1)", UF 28, 653-692.
Southern, M. — Vaughn, A.G.
1997 "Where have all the Nasals Gone? *n*C > CC in North Semitic", JSS 42, 263-282.
Speiser, E.A.
1954 "The Terminative-Adverbial in Canaanite-Ugaritic and Akkadian", IEJ 4, 108-115.
1964 "The Syllabic Transcription of Ugaritic [h] and [ḫ]", BASOR 175, 42-47.
Steiner, R.C.
1977 The Case for Fricative Laterals in Proto-Semitic (AOS 59), New Haven, Conn.
1982 Affricated *ṣade* in Semitic Languages, New York.
Stieglitz, R.R.
1979 "Commodity Prices at Ugarit", JAOS 99, 15-33.
Streck, M.P.
1995a Zahl und Zeit. Grammatik der Numeralia und des Verbalsystems im Spätbabylonischen (Cuneiform Monographs 5), Groningen.
1995b "*ittašab ibakki* 'weinend setzte er sich'. *iparras* für die Vergangenheit in der akkadischen Epik", Or. 64, 33-91.
1997 Das amurritische Onomastikon der altbabylonischen Zeit. Grammatische, lexikalische und religionshistorische Untersuchungen (Habilitationsschrift, Ludwig-Maximilians-Universität München [unpubliziert]).
1998 "Das Kasussystem des Amurritischen", in: H. Preissler — H. Stein (ed.), Annäherung an das Fremde. XXVI. Deutscher Orientalistentag vom 25. bis 29. 9. 1995 in Leipzig, Stuttgart, 113-118.
Swaim, G.
1962 A Grammar of the Akkadian Texts Found at Ugarit, Ph.D. Diss., Brandeis University, Brookline, MA (University Microfilms International, Ann Arbor).
Swiggers, P.
1987 "Phoenician *b* 'from'?", AuOr 5, 152-154.
Taylor, J.G.
1985 "A Long-Awaited Vocative Singular Noun with Final *aleph* in Ugaritic (KTU 1.161.13)?", UF 17, 315-318.
Testen, D.
1985 "The Significance of Aramaic *r* < **n*", JNES 44, 143-146.
1993 "On the Development of the Energic Suffixes", in: M. Eid — C. Holes (ed.), Perspectives on Arabic Linguistics. Papers from the Fifth Annual Symposium on Arabic Linguistics, Amsterdam/Philadelphia, 293-311.
1994 "The I-*w* Verbal Class and the Reconstruction of the Early Semitic Preradical Vocalism", JAOS 114, 426-434.
1998 Parallels in Semitic Linguistics. The Development of Arabic la- and Related Semitic Particles (Studies in Semitic Languages and Linguistics 26), Leiden/New York/Köln.
1999 "Arabic Evidence for the Formation of the Verbal Noun of the Semitic Gt-Stem", JSS 44, 1-16.
Tischler, J.
1983 Hethitisches etymologisches Glossar, I (a-k), Innsbruck.

Tropper, J.
1989a Nekromantie. Totenbefragung im Alten Orient und im Alten Testament (AOAT 223), Kevelaer/Neukirchen-Vluyn.
1989b "Ugaritisch *wm* (KTU 3.9:6) und der Schwund von anlautendem *h* im Semitischen", UF 21, 421-423.
1989c "Ugaritisch *šqy*: 'trinken' oder 'tränken'?", Or. 58, 233-242.
1990a Der ugaritische Kausativstamm und die Kausativbildungen des Semitischen. Eine morphologisch-semantische Untersuchung zum Š-Stamm und zu den umstrittenen nichtsibilantischen Kausativstämmen des Ugaritischen (ALASP 2), Münster.
1990b "Silbenschließendes Aleph im Ugaritischen. Ein neuer Versuch", UF 22, 359-369.
1990c "Die ugaritischen Verben *tertiae* ᵓ und ihre Modi", UF 22, 383-396.
1990d "Zur Vokalisierung des ugaritischen Gt-Stammes" UF 22, 371-373.
1990e "Zur Morphologie der Verben *primae h* im Ugaritischen und in den anderen nordwestsemitischen Sprachen", UF 22, 375-382.
1991a "Finale Sätze und *yqtla*-Modus im Ugaritischen", UF 23, 341-352.
1991b "Subjunktiv in ugaritischen Relativsätzen?", UF 23, 353-355.
1991c "ᵓRŠ 'verlangen': G-, D- oder N-Stamm?", UF 23, 356-358.
1992a "Das ugaritische Verbalsystem. Bestandsaufnahme der Formen und statistische Auswertung", UF 24, 313-337.
1992b "Samᵓalisch *mt* 'wahrlich' und das Phänomen der Aphärese im Semitischen", Or. 61, 448-453.
1993a Die Inschriften von Zincirli. Neue Edition und vergleichende Grammatik des phönizischen, samᵓalischen und aramäischen Textkorpus (ALASP 6), Münster.
1993b "Morphologische Besonderheiten des Spätugaritischen", UF 25, 389-394.
1994a "Das ugaritische Konsonanteninventar", JNWSL 20, 17-59.
1994b "Zur Grammatik der ugaritischen Omina", UF 26, 457-472.
1994c "Die enklitsche Partikel *-y* im Ugaritischen", UF 26, 473-482.
1994d "Present **yaqtulum* in Central Semitic", JSS 39, 1-6.
1994e "Ugaritisch *palt* und hebräisch *poᵓrôt*", UF 26, 483-486.
1994f "Is Ugaritic a Canaanite Language?", in: G.J. Brooke — A.H.W. Curtis — J.F. Healey (ed.), Ugarit and the Bible. Proceedings of the International Symposium on Ugarit and the Bible, Manchester, September 1992 (Ugaritisch-Biblische Literatur 11), Münster, 343-353.
1995a "Das altkanaanäische und das ugaritische Verbalsystem", in: M. Dietrich — O. Loretz (ed.), Ugarit. Ein ostmediterranes Kulturzentrum im Alten Orient, I: Ugarit und seine altorientalische Umwelt, Münster, 159-170.
1995b "Die semitische 'Suffixkonjugation' im Wandel. Von der Prädikativform zum Perfekt", in: M. Dietrich — O. Loretz (ed.), Vom Alten Orient zum Alten Testament. Festschrift Wolfram von Soden zum 85. Geburtstag (AOAT 240), Kevelaer/Neukirchen-Vluyn, 491-516.
1995c "Akkadisch *nuḫḫutu* und die Repräsentation des Phonems /ḥ/ im Akkadischen", ZA 85, 58-66.
1995d "Die phönizisch-punischen Kausativbildungen im Lichte von Präjotierung und Dejotierung im Semitischen", ZDMG 145, 28-37.
1995e "Das letzte Zeichen des ugaritischen Alphabets", UF 27, 505-528.
1995f "Die sieben Frauen des Königs Keret", UF 27, 529-532.
1995g "Epigraphische Anmerkungen zur Neuauflage von KTU", AuOr 13, 231-239.
1995/96 Rezension von: M. Dietrich — O. Loretz — J. Sanmartín, Cuneiform Alphabetic Texts from Ugarit (= KTU^2), in: AfO 42/43, 264-274.

Tropper, J. (Fortsetzung)

1996a "Ugaritic Dreams. Notes on Ugaritic *d̲(h)rt* and *hdrt*", in: N. Wyatt — W.G.E. Watson — J.B. Lloyd (ed.), Ugarit, Religion and Culture. Proceedings of the International Colloquium on Ugarit, Religion and Culture, Edinburgh, July 1994 (Ugaritisch-Biblische Literatur 12), Münster, 305-313.

1996b "Auch Götter haben Angst. Anmerkungen zu den ugaritischen Texten KTU 1.5.II:5-6 und 1.6.VI:30-32 sowie zum Wortfeld 'Angst haben' im Semitischen", AuOr 14, 136-139.

1996c "Ägyptisches, nordwestsemitisches und altsüdarabisches Alphabet", UF 28, 619-632.

1997a "Ventiv oder *yaqtula*-Modus in den Amarnabriefen aus Syrien-Palästina", in: B. Pongratz-Leisten — H. Kühne — P. Xella, Ana šadî Labnāni lū allik. Beiträge zu altorientalischen und mittelmeerischen Kulturen. Festschrift Wolfgang Röllig (AOAT 247), Kevelaer/Neukirchen-Vluyn, 397-405.

1997b "Beiträge zur ugaritischen Lexikographie", UF 29, 661-668.

1997c "Aktuelle Probleme der ugaritischen Grammatik", UF 29, 669-674.

1997d "Probleme des akkadischen Verbalparadigmas", AoF 24, 189-210.

1997e Untersuchungen zur ugaritischen Grammatik, Habilitationsschrift, Freie Universität Berlin [unpubliziert]).

1997/98a "Kanaanäisches in den Amarnabriefen", AfO 44/45, 134-145.

1997/98b Rezension von: D. Sivan, A Grammar of the Ugaritic Language (= GUL), in: AfO 44/45, 429-438.

1998a "Sprachliche Archaismen im Parallelismus membrorum in der akkadischen und ugaritischen Epik", AuOr 16, 103-110.

1998b "Zur Sprache der Kurzalphabettexte aus Ugarit", in: M. Dietrich — I. Kottsieper (ed.), *'Und Mose schrieb dieses Lied auf'*. Studien zum Alten Testament und zum Alten Orient. Festschrift Oswald Loretz (AOAT 250), 733-738.

1998c "Althebräisches und semitisches Aspektsystem", ZAH 11, 153-190.

1999a "'Pleonastisches' *und* in posttopikaler Stellung im Ugaritischen und in anderen semitischen Sprachen", OLP 29 [im Druck].

1999b "Die Endungen der semitischen Suffixkonjugation und der Absolutivkasus", JSS 44, 175-193.

1999c "Ugaritic Grammar", in: W.G.E. Watson — N. Wyatt (ed.), Handbook of Ugaritic Studies (HdO I/39), Leiden/Boston/Köln, 91-121.

1999d "Els Schöpfungsakt nach KTU 1.16.V:28-32", AoF 26, 26-32.

1999e "Im siebten Jahr wurde Mot wütend auf Baal. Zur Interpretation von KTU 1.6.V:8-10", SEL 16 [im Druck].

1999f "Imperfektive Darstellung vergangener Sachverhalte im Ugaritischen", in: N. Nebes — J. Ölsner (ed.), Jenaer Beiträge zur Orientalistik [im Druck].

2000 "Die Herausbildung des bestimmten Artikels im Semitischen", JSS 45 [im Druck].

Tropper, J. — Verreet, E.

1988 "Ugaritisch *ndy*, *ydy*, *hdy*, *ndd* und *d(w)d*", UF 20, 339-350.

Tsumura, D.T.

1979 "The *Verba Primae Waw*, WLD, in Ugaritic", UF 11, 779-782.

1991 "Vowel *Sandhi* in Ugaritic", in: M. Mori (ed.), Near Eastern Studies dedicated to H.I.H. Prince Takahito Mikasa (Bulletin of the Middle Eastern Culture Center in Japan 5), Wiesbaden, 427-435.

Tuttle, G.A.

1978 "Case Vowels on Masculine Singular Nouns in Construct in Ugaritic", in: G.A. Tuttle (ed.), Biblical and Near Eastern Studies. Essays in Honor of William Sanford LaSor, Grand Rapids, 253-268.

Ullendorff, E.
1951 "Studies in the Ethiopic Syllabary", Africa 21, 207-217.
1954/55 "The Position of Ugaritic within the Framework of the Semitic Languages", Tarbiz 24, 121-125 [auf hebräisch].
1977 Is Biblical Hebrew a Language? (Studies in Semitic Languages and Civilizations), Wiesbaden.
Ullmann, M.
1989 Das arabische Nomen generis (Abhandlungen der Akademie der Wissenschaften in Göttingen. Phil.-hist. Klasse III/176), Göttingen.
Vargyas, P.
1998 "Talent of Karkamish and Talent of Yamhad", AoF 25, 303-311.
Vattioni, F.
1996 "Gli ordinali nel Fenicio-Punico", SEL 13, 75-77.
Verreet, E.
1983a "Das silbenschließende Aleph im Ugaritischen", UF 15, 223-258.
1983b "Die Gültigkeit des Gesetzes Barth-Ginsbergs im Ugaritischen, mit einigen sprachvergleichenden, morphologischen und lexikalischen Betrachtungen", OLP 14, 81-102.
1984 "Beobachtungen zum ugaritischen Verbalsystem", UF 16, 307-321.
1985 "Beobachtungen zum ugaritischen Verbalsystem II", UF 17, 319-344.
1986a "Beobachtungen zum ugaritischen Verbalsystem III", UF 18, 363-386.
1986b "Abriß des ugaritischen Verbalsystems", UF 18, 75-82.
1986c "Der Gebrauch des Perfekts *qtl* in den ugaritischen Nebensätzen", OLP 17, 71-83.
1987a "Beobachtungen zum ugaritischen Verbalsystem IV", UF 19, 337-353.
1987b "Der Keret-Prolog", UF 19, 317-335.
Virolleaud, C.
1931 "Le déchiffrement des tablettes alphabétiques de Ras-Shamra", Syria 12, 15-23.
Vita, J.-P.
1995 El ejército de Ugarit (Banco de datos filológicos semíticos noroccidentales. Monografías 1), Madrid.
1996 "Una nueva interpretación del documento administrativo ugarítico 00-4.392", UF 28, 693-699.
1997a "Bemerkungen zum ugaritischen Dual", OLP 28, 33-41.
1997b "*PĀNI* come préposition dans l'accadien périphérique du Bronze Récent", N.A.B.U. 1997, 117-118 (Nr. 124).
Voigt, R.(M.)
1981 "Inkompatibilitäten und Diskrepanzen in der Sprache und das erste phonologische Inkompatibilitätsgesetz des Semitischen", WO 12, 136-172.
1987a "The Classification of Central Semitic", JSS 32, 1-22.
1987b "Die Personalpronomina der 3. Personen im Semitischen", WO 18, 49-63.
1988 Die infirmen Verbaltypen des Arabischen und das Biradikalismus-Problem (Akademie der Wissenschaften und der Literatur, Mainz. Veröffentlichungen der Orientalischen Kommission 39), Stuttgart.
1991 "On Voicing and Devoicing in Ugaritic", in: A.S. Kaye (ed.), Semitic Studies in Honor of Wolf Leslau on the Occasion of his Eighty-Fifth Birthday, II, Wiesbaden, 1619-1631.
1998 "Der Lautwandel s^3 > s^1 und s^1 > s^3 im Altsüdarabischen", Le Muséon 111, 173-186.
Wagner, A.
1997a Sprechakte und Sprechaktanalyse im Alten Testament (BZAW 253), Berlin/New York.
1997b "Zum Textproblem von Ps 29,9. Überlegungen zum Plural der Nomina collectiva und der Pflanzennamen im biblischen Hebräisch und ihrer Bedeutung für das Verständnis von Ps 29,9", ZAH 10, 177-197.

Ward, W.A.
1958 A Comparative Study of Egyptian and Ugaritic. Phonetics and Lexicography, Ph.D. Diss. Brandeis University, Brookline, MA.
Watson, W.G.E.
1989 "Parallelism with *Qtl* in Ugaritic", UF 21, 435-442.
1990 "The Particle *p* in Ugaritic", SEL 7, 75-86.
1991 "The Negative Adverbs *l* and *lm* + *l* in Ugaritic", JNWSL 17, 173-188.
1992 "Final *-m* in Ugaritic", AuOr 10, 223-252.
1993 "Ugaritic Onomastics (3)", AuOr 11, 213-222.
1994a "Aspects of Style in KTU 1.23", SEL 11, 3-8.
1994b "Ugaritic *p* Again", UF 26, 493-495.
1994c "Final *-m* in Ugaritic Again", AuOr 12, 95-103.
1994d "Comments on Ugaritic *wn*", AuOr 12, 229-232.
1995a "Ugaritic Lexical Studies in Perspective", SEL 12, 217-228.
1995b "Non-Semitic Words in the Ugaritic Lexicon", UF 27, 533-558.
1996a "Non-Semitic Words in the Ugaritic Lexicon (2)", UF 28, 701-719.
1996b "Comments on Some Ugaritic Lexical Items", JNWSL 22, 73-84.
1996c "Final *-m* in Ugaritic Yet Again", AuOr 14, 259-268.
1996d "Further Comments on Ugaritic *wn*", AuOr 14, 285-287.
1999 "Ugaritic Lexicography", in: W.G.E. Watson — N. Wyatt (ed.), Handbook of Ugaritic Studies (HdO I/39), Leiden/Boston/Köln, 122-139.
Watt, W.C.
1987 "The Byblos Matrix", JNES 46, 1-14.
Westenholz, A.
1991 "The Phoneme /o/ in Akkadian", ZA 81, 10-19.
Wesselius, J.W.
1980 "Some Regularities in the Ugaritic Administrative Texts", UF 12, 448-50.
Whitaker, R.E.
1972 A Concordance of the Ugaritic Literature, Cambridge, MA.
Whiting, R.M.
1972 "The Dual Personal Pronouns in Akkadian", JNES 31, 331-337.
1981 "The R Stem(s) in Akkadian", Or. 50, 1-39.
Wilson, G.H.
1982 "Ugaritic Word Order and Sentence Structure in Krt", JSS 27, 17-32.
Woudhuizen, F.C.
1994 "Tablet RS 20.25 from Ugarit", UF 26, 509-538.
al-Yasin, Izz-al-Din
1952 The Lexical Relation Between Ugaritic and Arabic" (Shelton Semitic Series 1), New York.
Zemanék, P.
1995 Ugaritischer Wortformenindex (Lexicographia Orientalis 4), Hamburg.
Zevit, Z.
1983a "The Question of Case Endings on Ugaritic Nouns in *Status Constructus*", JSS 28, 225-232.
1983b "Nondistinctive Stress, Syllabic Constraints, and Wortmetrik in Ugaritic Poetry", UF 15, 291-298.
Zewi, T.
1998 "On Similar Syntactical Roles of *inūma* in El Amarna and הנה, והנה and הן in Biblical Hebrew", JANES 25, 71-86.
1999 A Syntactical Study of Verbal Forms Affixed by *-n(n)* Endings in Classical Arabic, Biblical Hebrew, El-Amarna Akkadian and Ugaritic (AOAT 260), Münster.

Register

Sachregister

Vorbemerkung: Das nachstehende Sachregister berücksichtigt im wesentlichen nur Termini, die in den Überschriften der Grammatik genannt sind. Die genannten Seitenzahlen markieren aus diesem Grund nur den Anfang der Abhandlung der jeweiligen Themenbereiche, die sich über mehrere Seiten erstrecken kann.

Sprachwurzeln (ugaritisch)

Vorbemerkung: In den Wurzelregistern sind alle in der Grammatik zitierten Wurzeln erfaßt, während in den nachfolgenden Wortformenregistern jeweils nur eine Auswahl von konkreten Wortformen genannt ist. Wurzel- und Wortformenregister sind nach dem lateinischen Alphabet angeordet (Lexeme im Hauptteil der Grammatik sind demgegenüber nach dem modifizierten hebräischen Alphabet gereiht). Die Reihenfolge lautet: *ʾ (a i u) ʿ b d ḏ g ġ h ḥ ḫ k l m n p q r s ś ṣ š t ṭ ṯ w y z ẓ*. Bei nicht-ugaritischen Lexemen wird *ḍ* (emphatischer Lateral) nach *d*, *ğ* nach *g*, *ś* (stimmloser Lateral) nach *s* und *ṣ́* (ebenfalls emphatischer Lateral) nach *ṣ* gereiht.

√ʾbd 101, 127, 158, 519, 528, 532, 546, 557, 561, 610-615
√ʾbh 158, 612
√ʾbl 610
√ʾbṯ 142, 541, 587, 588, 616
√ʾbw 338
√ʾdb 610, 101, 128, 144, 248
√ʾdm 524, 536, 610, 611, 615
√ʾdn 250, 612, 643
√ʾgg 444, 610, 611, 675
√ʾgr 472, 610, 615
√ʾgzr 265, 610, 681
√ʾhb 158, 610-613
√ʾḥd 162, 344, 752
√ʾḫd 33, 36, 101, 116, 121, 142, 143, 149, 175, 426, 432, 450, 472, 473, 477, 510, 511, 514, 536, 611f., 614, 615, 862, 865
√ʾḫd/ḏ 127, 610, 614
√ʾḫr 562, 588, 610, 616, 763
√ʾḫw 167, 338
√ʾkl 120, 127, 128, 158, 472, 485, 610-613, 615
√ʾmr 128, 149, 158, 468, 519, 520, 532, 546, 612-615
√ʾmṣ 614
√ʾnb 145
√ʾnḫ 123
√ʾnš 614
√ʾny 472, 490, 615, 665
√ʾpd 140
√ʾph 158, 612
√ʾpq 547, 565, 610, 615
√ʾpy 471, 472, 610, 611, 614, 615, 655, 656, 658, 664, 665
√ʾrk 120, 127, 483, 610, 611, 614
√ʾrš 33, 111, 129, 203, 425, 426, 451, 458, 539, 547, 557f., 568, 610, 613, 614, 863
√ʾrwy 192
√ʾsn 109
√ʾsp 76, 103, 158, 425, 520, 532, 536, 546, 588, 610-612, 614-616
√ʾsr 103, 474, 546, 610, 614, 615
√ʾṣl 162, 510, 511, 610, 612, 615
√ʾšm 36, 274, 520
√ʾtw/y 199, 209, 212, 426, 482, 493, 610f., 614f., 653-655, 657, 658, 664, 666, 819
√ʾṯ(y) 610, 614, 665, 716, 718, 819
√ʾṯm 108, 520, 555, 610, 615
√ʾṯr 273, 547, 562, 570, 610
√ʾwd 448, 493, 610, 612, 613, 615, 643, 649
√ʾwp 610
√ʾwr 448, 540, 610, 613, 643, 646, 650
√ʾwš 188
√ʾyb 188, 189
√ʾyl 189
√ʾzn 612
√ʾzr 106, 129, 474, 514, 610, 611, 615, 906

√ʿbr 139, 772
√ʿbṣ 430, 487
√ʿdb 101, 161, 503, 513, 764
√ʿdd 523, 582, 585
√ʿdn 126
√ʿdw 184
√ʿdy 523
√ʿdr 116, 125
√ʿll 126, 579, 645
√ʿlm 95
√ʿlw/y 64, 200, 312, 332, 427, 443, 459, 482, 487, 591, 598, 609, 645, 654, 655, 656, 661, 663-667, 670, 671, 694, 697, 699
√ʿmd 767
√ʿmm 126, 679
√ʿmq 126, 127
√ʿms 273, 554, 558, 563
√ʿnw 273, 670
√ʿny 126, 128, 193, 432, 460, 483, 568, 647, 657, 661, 666f., 671, 695

√ḫnp 123
√ḫnq 121
√ḫrʾ 121, 620
√ḫrm 121
√ḫrr 647
√ḫsr 121, 313, 413
√ḫss 123, 124, 577, 580, 650, 675, 677
√ḫṣb 521, 530, 532
√ḫṭʾ 121, 127
√ḫtt 644, 675
√ḫṭʾ 446, 456, 476, 499, 512, 518, 533, 540, 620, 622-624
√ḫṯr 109
√ḫwr 647, 715, 802
√ḫws 123, 577
√ḫwš 626, 650, 677
√ḫyb 188
√ḫyl 488, 647, 649
√ḫyṭ 502, 589, 644, 651

√kbd 99, 101, 313, 351, 553, 558, 607
√kbs 103, 111, 137
√kbt 140, 351
√khp 163
√kḥd 559
√klʾ 464, 622
√kll 244, 246, 578, 601, 677, 679
√kly 200, 245, 512, 515f., 534f., 550, 560, 562f., 565, 568, 570, 655, 664, 668-671
√kms 573
√knn 275
√kny 475, 666
√kpp 163
√kpt 140, 351
√krʿ 125
√krkr 679, 680
√krr 652
√kry/w 428, 657, 663
√ksy/w 103, 553, 660, 669
√kšr 109
√ktt 476, 676
√kṯr 109
√kwn 120, 145, 309, 459, 503, 575, 577, 590, 597, 605, 607, 608, 644, 647, 649-652, 687, 688, 716, 857, 882
√kwp 163
√kwr 647, 652

√lʾk 120, 127, 171, 447, 448, 458, 460, 470, 473, 474, 481, 493, 511, 514, 515, 548, 569, 616-619, 733, 867, 869
√lʾw/y 265, 427, 448, 468, 483, 616-618, 660, 663, 666, 888
√lbš 128, 137, 506, 597
√lhn 738
√lḥḥ 590, 600, 679
√lḥk 120
√lḥm 59, 269, 449, 454, 518, 529, 537, 591, 595, 601, 602, 862
√lḫš 488, 563
√lmd 101, 128, 550, 551
√lqḥ 120, 128, 148, 161, 201, 226, 312, 449, 459, 468, 481, 500, 534, 626, 628, 629, 687, 864, 868
√lsm 140, 499, 563
√lšn 553
√ltḥ 372, 373
√lṭš 107, 476
√lw/yḥ 590, 679
√lwš 553
√lw/yṭ 53, 602
√lwy 272, 450, 590, 643, 658, 671
√lyn 145, 166, 644, 647
√lzm 140

√mʾd 101, 127, 128, 548, 616, 619
√mʿʿ 813
√mʿw 522
√mdl 499
√mgn 94, 145, 460, 469, 561, 579
√mġy 95, 129, 196, 312, 426, 427, 451, 468, 469, 482, 483, 487, 499, 500, 526, 655, 657, 660, 663-667, 671, 698, 801, 865
√mḫy 123, 475, 512, 517, 597, 663, 664, 668, 697
√mḫṣ 93, 105, 106, 121, 449, 465, 471, 499, 516, 521, 530, 532, 551, 869
√mkk 673
√mkr 450, 481, 514, 535
√mlʾ 127, 333, 464, 465, 553, 554, 560, 563, 580, 593, 621-623, 864, 867
√mlḥ 476
√mlḫ 122
√mlk 87, 128, 450, 505, 551
√mll 554, 580, 675
√mlz 165
√mnn 578, 581, 677, 678, 712
√mny 379
√mrʾ 476, 554, 623, 728
√mrg 605
√mrḫ 605, 606
√mrmr 500, 679, 680

√mrr 540, 601, 673, 675, 677, 679, 680
√mrṣ 105, 128
√mry 554
√mss 42, 48, 103, 512
√ms̀ 103
√mṣᵓ 95, 621
√mṣḫ 537
√mṣṣ 676
√mšk 109
√mšr 111, 595
√mtᶜ 522, 650
√mṭr 128, 500, 599, 602, 867
√mṯk 109
√mw/yᶜ 521, 522, 650
√mwk 673
√mw/yn 578, 581, 678
√mwt 100, 188, 450, 500, 642, 644, 647, 649
√mzᶜ 573
√mzl 165, 435
√mẓᵓ 95, 456, 464, 620-622

√nᵓṣ 145, 448, 472, 616, 618, 626
√nᶜl 144
√nᶜm 128
√nᶜr 549, 568
√nbb 650, 675
√nbk 137
√nbl 50
√nb/pt 139
√nbṭ 626
√ndb 101, 529-531, 626, 628
√ndd 101, 468, 534, 626, 674, 676, 677
√ndn 631
√ndp 599, 606, 628
√ndr 101, 128, 129, 513, 626, 628
√ndy 631, 633, 660
√ngb 517, 533, 677, 726
√ngh 270, 332
√ngḥ 537, 549
√ngš 109, 120, 484
√ngṯ 108, 109, 120, 549
√ngw/y 201, 427, 629, 663
√nġṣ 93, 105, 125, 144, 145, 444, 627
√nġr 94, 95, 144, 201, 472, 485, 522, 539, 627-629, 686, 896
√nhq 258, 490
√nḥl 169
√nḥm 145, 155, 276
√nḥt 549
√nḥw/y 144, 145, 626, 656, 661, 697
√nḫl 169
√nḫš 626, 699
√nkr 652
√nkt 100, 513, 627, 628
√nky 145
√npᶜ 59, 537
√npḫ 121
√npl 128, 519, 522, 532, 573, 591, 627, 628
√npp 522, 531, 628, 677
√npr 627
√npš 139
√np/bt 139
√npy/w 487, 513, 628, 656, 668
√nqb 120, 138, 144
√nqd 530
√nqh 201, 629
√nqp 138, 144
√nsᶜ 42, 48, 144, 449, 459, 598, 627, 628
√nsb 49, 601
√nsḫ 627, 661
√nsk 201, 262, 450, 472, 513, 549, 595, 627-629, 711
√nsy/w 522, 592, 628, 661, 664, 670, 671
√nṣb 49, 627
√nṣṣ 452, 600, 627, 628, 674, 679
√nṣl 105, 537
√nṣr 629, 635
√nšᵓ 127, 144, 201, 428, 429, 432, 444-446, 459, 460, 464, 465, 488, 499, 500, 522, 531, 537, 620-624, 627-629, 695, 868, 869, 887, 896
√nšq 549, 550, 565, 627, 629
√ntk 444, 513, 529, 538, 591, 627, 628
√ntn 147, 631
√ntr 591, 628
√nṭm 627
√nṭṭ 444, 581, 627, 651, 674, 678
√nṭw 198
√nṯk 108, 144
√nwᶜ 522, 531, 628, 650
√nw/yb 517, 650, 675
√nwh 597
√nwḥ 627, 644
√nwḫ 121, 450, 627, 644, 648
√nwm 163, 276
√nwp 522, 602, 605, 652
√nwr 648
√nws 628, 644, 648
√nwṭ 581, 651, 678
√nwy 596-598, 658, 670

√pʿl 137
√pdd 583, 651, 678
√pdy 99, 101, 490, 665
√phy/w 146, 199, 427, 449, 500, 538, 655f., 662f., 665, 668, 671, 698f., 707
√pḥl 138
√pḫr 154
√plg 121, 538
√pll 466, 676
√plṭ 98, 100, 534, 537, 541, 554, 564
√pnn 579, 678
√pny 568, 579, 663, 670, 790
√prʿ 126, 370, 523
√prd 137
√prq 120, 476
√prr 451, 674
√prsḥ 539, 679, 681
√prš 51, 92, 373, 514, 517, 530, 681
√pršʾ 51, 681
√pṣʿ 93
√pṣl 114
√ptḥ 484, 513
√pṭr 139, 485, 532, 533, 541
√pw/yd 583, 651, 678, 686
√pwq 524, 598, 645, 648, 650, 652
√pwr 451
√pẓġ 93, 125, 126
√pẓl 114, 540

√qbʾ 467, 516, 623
√qbb 674
√qbl 276
√qbr 450, 505, 868
√qbṣ 105
√qdm 444, 502, 560, 568
√qdš 101, 107, 593
√qġw/y 95, 141, 528, 662
√qll 648
√qls 97, 555
√qlṣ 97, 154, 524, 555
√qnṣ 97, 154, 524, 531, 532
√qnn 577, 578
√qny 451, 662, 665, 666
√qrʾ 449, 455, 456, 458, 464, 465, 467, 472, 499, 516, 523, 621-623
√qrb 120, 426, 551, 595, 869
√qry 156, 428, 451, 551, 558, 560, 662, 669, 670, 863, 864
√qṣʾ 98, 486, 623, 667
√qṣʿ 166
√qṣr 97, 105
√qṣṣ 97, 105, 120
√qṣy 159, 486, 623, 667
√qšr 266
√qtl 470, 683
√qṭṭ 97, 446, 579
√qṯ 679
√qṯqṯ 679, 680
√qṯṯ 674, 678-680
√qwl 188
√qwm 164, 191, 196, 534, 641, 642, 646-649, 652
√qw/yn 577, 649, 677, 890
√qw/yṯ 679
√qyl 120, 295, 444, 460, 469, 526, 593, 598, 605, 607, 642, 645, 647, 648, 651, 652, 705, 714, 715, 868
√qyṣ 534
√qyẓ 189

√rʾš 171, 448, 616
√rʾy 616, 617
√rʿm 155
√rbʿ 165, 202, 347, 370, 592
√rbb 137, 676
√rbd 513
√rbṣ 105
√rby/w 676
√rdd 672
√rḏy 118
√rgb 32, 125
√rgm 129, 426, 450, 468, 481, 484, 486, 499, 513, 517, 863, 864, 867
√rgz 481
√rġb 453
√rġn 54, 155, 444
√rġṯ 125, 563
√rḥm 122
√rḥq 120, 122, 599
√rḥṣ 524, 531, 536, 867
√rḫp 500, 551
√rkb 120, 312
√rnn 579, 678
√rpʾ 446, 621
√rpy 571
√rqṣ 105, 524, 531
√rṣṣ 529, 573
√ršʿ 456
√ršš 676, 681
√rṯy 662
√rw/yḥ 123

√štq 97, 110
√štt 646, 674
√šty 100, 129, 199, 428, 449, 453, 487, 499, 589, 646, 652, 655-657, 662, 664, 665, 667, 671, 698
√šwb 578
√šw/yd 143, 649
√šyr 451, 485, 646, 647, 649, 673, 677
√šyt 100, 192, 200, 254, 451, 485, 499, 505, 513, 514, 516, 517, 641, 642, 646-650, 652, 662, 665, 674, 863, 868

√tʿʿ 522
√tbʿ 312, 464, 466, 468, 514
√tġy 664, 665
√trḫ 449, 477
√trr 472, 674
√tw/yḫ 262, 648
√twr 204, 484, 492, 584, 647, 649, 651

√ṭʿn 100, 449
√ṭbḫ 100, 121
√ṭbq 97
√ṭḥn 100, 122, 488, 506
√ṭll 553, 578, 677, 900, 912
√ṭyḫ 648

√ṯʾg 98, 141, 490
√ṯʾr 448, 449, 539, 616, 619
√ṯʿr 110, 153, 484, 712
√ṯʿy 669
√ṯbb 60, 674
√ṯbr 108, 674, 711
√ṯd(y) 140
√ṯdṯ 142, 143, 348, 370, 555
√ṯġr 299
√ṯkl 569
√ṯkm 567
√ṯkp 541
√ṯkr 142, 594
√ṯlṯ 142, 347, 370, 556
√ṯmm 580, 585, 678, 740
√ṯmn 349, 526, 572, 594, 604, 829
√ṯmn(y) 142, 348, 349, 530
√ṯmr 527
√ṯnn 346, 381
√ṯny 109f., 346, 365, 428, 451, 468, 483, 486, 500, 526, 572, 657, 663-665, 667f.
√ṯpṭ 100, 139
√ṯqb 529
√ṯrm 110, 449, 453
√ṯrp 165, 571
√ṯtʿ 484, 503, 506
√ṯtn 526, 650
√ṯwb 11, 108, 142, 452, 498, 500, 505, 578, 589, 594, 596, 601, 634, 636, 640, 646-649, 651, 652, 686, 896
√ṯwy 552, 658, 669
√ṯyn 108, 526, 532, 650, 686

(zu Wurzeln I-*w* siehe auch unter I-*y*)
√wʾl 448, 616, 617, 633
√wʿr 638
√wbl 188, 632, 633, 635-637, 639, 640
√wbm 609, 640
√wdʿ 631-633, 635-638, 640
√wdd 626, 640, 679
√wdn 633, 644
√wdw/y$_{(1-3)}$ 633, 638, 639, 660, 668
√wḏʿ 101, 116, 257
√wh̄b 274
√wḥd 162, 344
√wḥl 549, 639
√wḥy 549, 631, 633, 637-639, 660, 667-669
√wld 257, 564, 630, 633-640
√wpṯ 633, 639
√wpy 542, 634
√wrʾ 636, 638
√wrʿ 165
√wrd 631, 632, 634, 636, 637, 640, 641
√wrṯ 532, 630, 632, 634, 639
√wry 631, 634, 637, 660, 666
√wsd 631
√wsḫ 631
√wsm 36, 274, 632
√wsp 631
√wsr 630, 633, 634, 639
√wṣʾ 257, 595, 631, 634-636, 638, 640, 162
√wṣl 510, 631
√wṣm 634
√wšn 257, 632, 634, 638
√wtḥ 548, 639
√wtn 257, 630, 631
√wṭn 631, 635-637, 639, 640
√wṯb 188, 257, 631f., 634, 636-638, 640, 646
√wṯq 635
√wzn 634
√wẓʾ 635

(zu Wurzeln I-*y* siehe auch unter I-*w*)
√yʾl 616, 617
√yʿr 165, 481, 577, 638
√ybb 673
√ybl 128, 129, 152, 165, 275, 347, 433, 450, 498, 500, 515, 588, 887
√ybm 604, 608, 640
√ydʿ 101, 125, 449, 452, 476, 481, 489, 493, 632, 633, 701, 715f., 867, 896, 901
√ydd 270, 476, 626
√ydw 633, 660
√ydy 101, 152, 184, 512, 514, 561, 639, 697
√yḥʾ 549
√yḥl 549
√yḥy 549, 631, 633, 637-639, 660, 667-669
√yld 143, 184, 444, 468, 472, 489, 498, 512, 515, 564, 589, 639, 833
√ynq 599, 631, 637, 640
√ypʿ 59, 137, 150, 151, 536, 537, 631, 635, 637, 639, 641, 729
√ypṯ 108, 195, 548, 564
√ypy 199, 269, 541, 542
√yqġ 95, 528
√yqṣ 95
√yqš 471
√yqy 459, 505
√yqẓ 95
√yrʾ 38, 467, 481, 500, 506, 622
√yrʿ 165
√yrd 140, 143, 152, 450, 503, 694, 861
√yrṯ 149, 249, 450, 521, 532
√yrw/y 484, 631, 634, 637, 660, 666, 868
√ysʿ 627
√ysr 195, 523, 537, 548, 596, 630, 631
√yṣʾ 93, 105, 127, 129, 152, 326, 429, 432, 443, 458, 464, 466, 484, 488, 489, 589, 595, 596, 599, 601, 620-623, 698
√yṣq 512, 632, 635-638
√yṣr 471, 635, 637
√yšn 489
√ytḥ 548
√ytn 78, 79, 100, 128, 129, 145, 147, 161, 175, 450, 451, 467, 489, 490, 498, 502, 503, 512, 516, 533, 542, 588, 589, 595, 597, 630-632, 635-640, 686, 688, 733, 764, 863, 869
√yṯb 99, 108, 129, 142, 152, 443, 447, 450, 452, 467, 489, 498, 505, 587, 589, 604, 769, 865
√ywm 188
√yzʿ 101, 116
√yzġ 106
√yẓʾ 427, 621

√zʿq 434
√zʿr 202
√zbr 106, 156
√zġy/w 106, 125, 200, 490, 630, 654, 656, 659, 667
√zml 165
√zmr 117, 156
√zry 556
√ztr 564
√zwd 644, 648
√zyt 189

√ẓlm 95
√ẓmʾ 94, 562, 570, 623

Sprachwurzeln (nicht-ugaritisch; protosemitisch)

√ʾḥz 158, 612
√ʾḫz 473, 536
√ʾml (he.) 680
√ʾmll (he.) 680
√ʾnḥ 123
√ʾns^1 202
√ʿbd 680
√ʿbdd 680
√ʿff 579
√ʿśr (äth.) 556
√ʿśy 475
√ʿṣw (äth.) 93
√ʿṣy (he.) 93
√ʿzr 680
√ʿzrr 680
√bs/śr 572
√dws^1, √dwš 109
√ḍbʾ 332
√ḍḥk 93
√fḍġ 93
√fhm 662
√frġ 126, 523
√fršḥ 539, 681
√fršḫ 539
√fṣʿ 93, 126
√fṣl 114, 540
√fwd 583
√gls^1 109
√ǧff (ar.) 273
√ǧḥd (ar.) 559
√ǧls (ar.) 109
√ǧsr (ar.) 109
√ġḍw 93
√ġfr 607
√ḥḏy/w 101
√ḥff 123
√ḥnf 123
√ḥpś 549
√ḥs^{1}b 111
√ḥss 123, 580
√ḥśb 111
√ḥyḍ 644
√ḫrmš 110
√ḫs^{1}r 109
√kft 351
√ks^{1}r 109
√lḥs 154
√mrḥ 606
√ndf 599
√nfd 583
√nfṯ 548
√nfy/w 513
√ngs^1 109
√ngs^2 109
√nzz 626, 674
√nẓr 94
√plḏ 681
√plhd 681
√pṣ̌ġ 93
√qʿḍ 166
√qbṣ̌ 93
√qḍʾ 159
√qḍ/ṣʿ 166
√rʾy (he.) 538
√rʿn 680
√rʿnn 680
√rḥp 551
√s^{1}bb 674
√s^{1}dṯ 142
√s^{1}lḥ 110
√s^{1}lḫ 109
√s^{1}lṭ 110
√s^{1}nn 110
√s^{1}ny 109
√s^{2}lṯ 142
√s^{2}mḫ 123
√s^{2}rʿ 110
√s^{2}t/ṭq 110
√śḥq 93, 592
√śls 142
√śmḥ 599
√śrʿ 110
√śtm 525
√ṣʿd 126, 127
√ṣʿr 127
√ṣfw 192
√ṣġd 126, 127
√šʾn 680
√šʾnn 680
√ṣ̌ḥq 93
√ṣ̌w/yq 593
√ṭfr 165
√wṣ̌ʾ 93, 631
√wtḫ 548
√zyz 674
√ẓhr (ar.) 117

Ugaritische Wortformen in alphabetischer Schrift

apʿ 198
aphn (Adv.) 744
apn 175
apn (Konj.) 791
apnk (Adv.) 744, 836
apnm 290
apnt 297
apq (√pwq) 615
apr (√prr) 451, 674
apy (√ʾpy SK) 614, 664
apy (√ʾpy Ptz.) 195, 472, 615, 665
apym 615
aqbr-n 505
aqbr-nh 450
aqny 451, 662
aqrb-k 551
aqry 662, 669
aqry (D) 551
aqry-k 451
ar /ʾârī/ 646
arbʿ "vier" 202, 347
arbʿm "40" 347
arbʿt 347
arbʿtm 347
ard (√yrd) 450, 634
argm 450
argm-k 450
argm-n 450, 499
arḫ 284
arḫp 551
ark (SK/Inf.) 483, 614
arnn /ʾarānin-/ 678, 579
arṣ "Erde" 92, 286
arš (√ʾrš) 158, 426, 451, 547, 613
arš (D) 557
aršt 614
art "Schild" 159, 162
art (statt arṣ) 59, 106
arṯ-m (√yrṯ) 450, 634, 829
arw 192
ary- 193
arz 286
ask 450, 627
aspt 614
asr (√ʾsr SK) 614
asr-k-m 228
aṣd (√ṣw/yd) 451, 645
aṣḥ (√ṣw/yḥ) 451, 645
w aṣḥ 59
aṣḥ-km 451
aṣṣ (√nṣṣ) 627, 674
ašisp 588
ašʿrb 592
ašʿt 107
ašhlk 589, 625
aškn (√kyn) 590, 651
ašld (√yld) 589, 640
ašlḥk 551
ašql- (√qyl) 593, 651
ašr 451, 646
ašrbʿ 165, 592
ašspr-k 591
ašṣi (√yṣʾ) 623, 589
ašṣu (√yṣʾ) 589, 623
[a]šṣ[qhm] /ʾašaṣîq-/ 593
ašt (√šyt) 451, 646
ašt-k 451
ašt-m 451, 829
ašt-n 451, 499, 505
aštn (√ytn) 589, 640
at "du" 143, 209
at (√ʾty) 482, 615, 666
atm 209, 210
atn (√ytn) 450, 635, 450
atn "Eselin" 284
atwt (√ʾtw) 614, 664
aṭm 627
aṯb (√yṯb) 450, 634
aṯb-n 450
aṯny-k 65, 451, 663
aṯr (Adv.) 329, 741, 744
aṯr (Präp.) 770
aṯr (Konj.) 798, 905
aṯryt 279
aṯt /ʾaṯṯat-/ 144
aṯt "Lederriemen" 111
awl 172
ay 172, 241, 244
ayl(t) 172
az 106
azml 106
azmr "Weinranke" 156

i (Adv.) 171, 752
i (Part.) 808
ib "Feind" 189
(yrḫ) ibʿlt 202
ibʿltn 836
ibʿr 449
ibġy 659
ibġy-h 449
ibky (N) 540, 668

ibky (G) 426, 663
ibq^c 171, 449
ibr 173
id (Konj.) 796
-(i)d 377
id^c 449, 633
idk (Adv.) 744, 836
idmnn 449
iht 163, 296
iḥtrš 520
iḫd (√ḫdy) 449, 660
iḫdl 449
iḫdn 449
iḫ-h "Bruder" 305
ik (Adv.) 753
ik (Präp.) 773
ikl 485
ikm (Adv.) 754
ikmy (Adv.) 754, 834
iky (Adv.) 753, 833
il 189
ilak 447, 448, 616
ilib 177
ilhnm 163, 296
ilht 163, 296
ilḥm 449
ilḥmn 537
ilm 295
iltm ḫnqtm 291
im (Konj.) 159, 162, 794, 800
imḫṣ 449
imr 173
imt 173, 175, 808
imtḫṣ 521
in (Part.) 189, 820
inm 822
inmm 822
inn 821
innm 822
ipd 183, 286
iph /ʾiphâ/ 449, 662, 662
iptt 140, 183
iqḥ (√lqḥ) 171, 449, 626
iqnu 416
iqra 449, 455, 621
iqra-n 449, 455, 499, 621
iqra-km 449, 455
irby 174
irš 425
iršt 175
is^c (√ns^c PK) 449, 627
isp (√ʾsp Imp.) 425
ispa 455, 538, 624
ispi 443, 538, 624
išal 447, 448, 616
išḫn 170, 427, 540
išlḥ 449
išt-n (√šty) 449, 499, 662
ištir 183, 528, 619
ištbm 525, 572
ištm^c 528
ištmdh 525, 572
ištn (√ytn) 175, 589, 640
ištql 526
ištrmy (PN) 159
išttk 529
išty-nh 449, 662
itb$^!$d$^!$ 158, 528
itbnn 651
itbnnk 584
itdb 158, 528
itlk 520, 625
itml 170, 202
itn (√ytn PK ?) 175, 449
itn (√ytn Imp.) 635
itnn 162, 161
itrḫ 171, 449
itrṯ 521, 639
its 449, 628, 671
iṯ^{c}n-k 449
iṯ 614, 819
iṯl 111
iṯrhw 54
iṯrm 449
iṯt (√ʾṯ(y)) 614
iwl 175
iy 171, 752
izml 106, 286

u (Konj.) 188, 792
u (Part.) 805
uba (√bwʾ) 175, 452, 455, 643, 620
udm 287
udm^{c}t 170, 202
udn 285
udn-h 331
uḫ- "Bruder" 176
uḫd 175, 426, 473
uḫd (Gp-SK) 514
uḫry 196
uḫryt 196, 331
uk 808

b (Präp.) 755, 775-777
b-h-m 228
b-n 781
b-n-m 781
b-m 780
b-y 219
bat 464, 622, 647
bir 285
bu (√bwʾ Inf.) 622, 649
b^{c}d (Präp.) 770
b^{c}dn (Adv.) 329, 741
b^{c}l /bā^{c}il/ 137
b^{c}l-ny 228
bd (Präp.) 161, 774
bd (Vsubst.) 486, 677
bdl(m) 181
bhlm 157
bht(m) 163, 200, 296
bḥl /baḥl-/ "Hengst" 138
bk (Inf.) 483, 666
bk (Vsubst.) 486, 667
bkm 745
bkt /bākît-/ 184, 189, 279, 665, 836
bky (Inf./Vsubst.) 312, 486, 482, 666, 667
bky-m 482
bkyt /bākiyāt-/ 665
bl (√bly Imp.) 635
bl (Präp.) 198, 333, 771, 780
bl (Neg.) 198, 333, 817
bl-mlk 817
bl-mt 817
blt /bulita/ 516
blt /ballât/ 559, 669
blt (Part.) 818, 836
bl$^{!}$t 66
bmt 160
bn (Präp.) 764
bn-m 781
bn (√byn Imp.) 646
bn /bunû/ 427, 663
bn /bân-/ 647, 648
bn nšm 177
bnš 177, 179
bnt 664
bnwn 190
bnwt 191
bny /bāniy-/ 665
bq^{c} 475
bq^{c}t 475
bqṯ /baqqiṯ/ 558
br /barra/ 675
brḏl "Eisen" 117
brk "Knie" 285, 290
brk-m (D-Inf.) 565
brkt-m /barī/ūkat-/ 475
brky 283
brlt-h-m 228
brr /barī/ūr-/ 475, 676
brt /barrat/ 675
brt /barrata/ 675
bštm /bâštumâ/ 469, 647
bt "Haus" 189, 203, 311, 329
btm /bâtīma/ 200, 291
(b) btw 59, 159
bṭr 139
bṯ /bṯ/ 646
bṯn "Schlange" 284
bwtm /bawatīma/ 59, 164, 200
by (Präp.) 52, 187, 219, 755

d (DetPr) 234
d tit 538
d/ḏ pid 849
di (√dʾw Imp.) 200, 427, 617, 663
dit /dāʾît-/ 184, 618, 665
diy 193
diym 295
du (√dʾw Imp.) 617
d^{c} /da^{c}/ 635
d^{c}t /di^{c}at-/ 489, 638
d^{c}t /da/i^{c}at-/ 489, 639
dbbm 676
dbḥt 475
dd 413
dġṯ "Weihrauch" 111, 125, 286
dkrt 101
dm /damma/ 675
dm /dum(mV)/ 675
dm (Part.) 809
dm^{c} "Tränen-Vergießen" 487
dm^{c}t 280
dn /dîn-/ 189
dqn- 301
dqt 280
dr^{c} "Aussäen" 487
dry "Worfeln 486, 667
dt 234, 836
dṯ /dâṯ-/ 649, 650
dw (√dwy) 195, 664

ḏ (DetPr) 234
ḏd 140
ḏhrt "Vision" 117, 160
ḏnbtm 291, 333
ḏr^c "Arm" 285
ḏrt "Vision" 117, 160

g-m "laut" 333
g^{c}t /ga^{c}ât-/ 490, 667
gb^{c}m lḥmd 155
gdy /gady-/ 192
ggt "Dächer 297
glgl 680
gml 165
gngn 146
gr /gûrī/ 646
gr (√gry D) 669
gr-nn 558, 559
gr.nn 503
grbz 106
grdš 681
grn "Dreschplatz" 286
gtt /gittāt-/ 297
gṯr "stark" 109
gzzm 676

ġb "Opfergrube" 125
ġdyn 191
ġlt 191
ġltm /ġallîtumu/ 467, 560, 670
ġly 487, 665, 667
ġmit 465, 622
ġmu 623
ġnb 126
ġr "Berg" 95
ġr "Summe" 125
ġrmn "(Getreide-)Haufen" 126
ġrpl "Nebel" 126
ġṣr 468
ġz /ġVzî/ 192, 486, 667
ġzm /ġāzîma/ 196, 666
ġẓtm 469, 561, 670

hbr (G-Imp 624
hbṯ (G/D-SK 624
hg /higî/ 486, 667
hl (Adv.) 750
hlk (SK) 625
hlk (Vsubst.) 487
hlk (Adv.) 751, 836
hlkm 625
hlkt 625
hlm /hulum/ 625
hlm /halamâ/ 625
hlm (Adv.) 746, 797
hlm-n 500, 506, 625
hln 751
hlny 751, 834
hm (Pr) 210
hm (Konj.) 793, 794, 798
hmt 211, 836
hn ("Artikel") 232
hn (Adv.) 737, 749
hnd 229
hndn 230
hndt 230, 738
hnhmt 230, 836
hnk 231, 740, 836
hnkt 231, 232, 740, 836
hnn 738
hnny 738, 834
hpk-m (Inf.) 624
hrg (Imp.) 624
hrr 581, 678, 625
hrt /hirît-/ 189
hry (Inf.) 482, 625
ht (Adv.) 742
ht(m) 743, 836
hwt 164, 211, 836
hw 164, 209
hy 164, 195, 209
hyt 164, 211, 836

ḥbl 122
ḥbq 565
ḥbr 122
ḥd /ḥidî/ 427, 663
ḥdr 122
ḥdṯ-m 332
ḥḏm 117
ḥl /ḥalla/ 675
ḥl /ḥallta/ 675
ḥll 582, 678
ḥmd-m 565
ḥmt /ḥāmît-/ 189
ḥmyt-ny 228
ḥn-ny 123, 220, 675
ḥrb 286
ḥrr 584, 679
ḥsn 154
ḥsp /ḥasī/ūp-/ 475
ḥṣ 372

ḥsqt (PN) 98
ḥš (√ḥwš) 647, 649
ḥš-k 430, 487
ḥtṯ "Silber" 111, 122
ḥṭm "Weizen" 300
ḥw /ḥawwî/ 558, 669
ḥwt /ḥawwîtu/ 559, 669
ḥwt /ḥuwwV̂ti/ 670
ḥwt /ḥuwwât/ 570
ḥwy /ḥāwiy-/ 666
ḥy /ḥayya/ 664
ḥyt /ḥayîta/ 664
ḥytn 467, 664
ḥẓr "Wohnstatt" 93
ḥẓt 191

ḫbl "Schiffstau" 123
ḫbrṯ "Terrine 122
ḫbrtnr 122
ḫbṯ (Vsubst.) 487
ḫds̀ 49
ḫḏḏ 116
ḫḏġl 117, 122
ḫḏrġl 117
ḫl 488, 647, 649
ḫlmẓ 113
ḫlpnt 300
ḫlq /ḫalī/ūq-/ 476
ḫmš "fünf" 347
ḫmš "fünfter" 367
ḫmšm "50" 347
ḫmšt "Fünftel" 347, 374
ḫmt 280
ḫp 123
ḫpn 148
ḫpnt 300
ḫprt 166
ḫpṯ(t) 137
ḫr /ḫâra/ 647
ḫrbġlm 156
ḫrmṯt 110, 151
ḫry 122
ḫs/wn 103
ḫsr "minus" 313, 412
ḫswn 103
ḫs̀wn 44, 103
ḫṣt 372
ḫšt "Grab(bau)" 107
ḫt 675
ḫti (Inf.) 622
ḫtu (Ptz. pass.) 476, 622

ḫtn-y 218, 228
ḫtt (SK 3.f.sg) 675
ḫṭ "Stock" 287
ḫṭ-m 333
ḫṭat 622
ḫṯr 109, 286
ḫzr 106
ḫẓ 123

k (Adv.) 747
k (Präp.) 760
k(y) (Konj.) 795, 800
k (Part.) 809
k-m 781
kbd "plus" 140, 313, 351, 356, 412
kbd "Leber" 285
kbd (√kbd D) 558
kbkb "Stern" 301
kbs̀(m) 48
kd (Konj.) 795, 804
kd (Maß) 413
kdr 286
kḥd-nn 559
kḥṯ 111, 122
kkb "Stern" 149
kl 244
kl-ny-n 225, 228
klat (√klʾ SK) 464, 622
klat /kilʾat-/ 382, 421
klatn-m 155, 331
klkl 245
kll 246, 312
klt /kallîtu/ 560, 669
kly-y 565
kly /kali/aya/ 664
kly /kuliya/ 515, 516, 668
kly /kullay-/ 670
klyt- /ku/ilyāt-/ 191, 296
km (Adv.) 748
km (Präp.) 760
km (Konj.) 800
kmm (Adv.) 748
kmsk 375
kmt 748, 836
kn (√kwn SK) 647
kn (Adv.) 747
knyt 475, 666
kp 284
kpt (Pl.) 284
kpṯ 111, 139
kr /kâra/ 647

krk 287
krpn-m 66, 331
krs 103
krsim "zwei 291
krs/s̀u 46, 420
kry /kir(i)yī/ 428, 663
ksat /kussiʾāt-/ 178
ks/s̀u 45, 103, 286
ksl "Lende" 285
ksp ḫmšm 313
kspm 333
kst "Becher" 298
kst /ki/usût-/ 191
ks̀u 45, 103, 286
ks̀m(m/n) 47
ks̀mn 155, 294
ks̀t 46, 298
kš "Gurke" 107
ktn 286
ktt /katī/ūt-/ 476, 676
kṯ 287
kṯr-m 331
kṯt 299
kṯy 112
kwt 54
ky (Konj.) 52, 800
kzym 106

l (Präp.) 758, 777-780
l (Konj.) 794
l (Part.) 804, 810, 814
l-k-m 228
l-m 781
l-n 220, 781
l-n-h 221
l-y 219
l a!dn 66
l p (Präp.) 777
l pnm 741
l pn-n-h 221
la /laʾâ/ 483, 618, 666
lak /luʾʾaka/ 569, 619
lak 515, 617 (Inf.)
lak-m /laʾāk-/ 178, 481, 618
lakt 619
lan 500
li (√lʾw/y Imp.) 427, 617, 663
lik (SK) 470, 617
likt (SK) 470, 617
l.ikt 470
luk (Gp-SK) 515
luk /laʾūk-/ 473, 619
lbd-m (Adv.) 752
ld /lidī/ 635
ldt /lidat-/ 489, 638
lḥm /liḥmi/ 203
lḥm /li/aḥêma/ 193
lḥm-m 334
(gbʿm) lḥmd 155
lḥt "(Brief-)Tafel" 298
lḥt "Kinnlade" 191
lḫšt 488
lk (√hlk Imp.) 625
lkt /likt-/ 489
llḫ 122
lm (Adv.) 754
lnt 647
lpš "Kleid" 137
lqḥ /liqḥi/ 203
lqḥ /laqaḥâ/ 468
lšn 285, 553
[lš]n-hm 291
lšn-m 333
ltḥ 373, 414
lṭšt 476
lwm 164
ly (Präp.) 52, 187, 197, 758
lyt 196, 199
lẓpn 113

-m (EP) 376, 825
mab 762
madt-n 295, 824
maḫr 562, 763
mašmn 36
mat (IntPr) 240, 358, 836
maṯr 570
mid (Adv.) 312, 748
midm 312, 749
miḫd 477
mišmn 36, 158
mit 279, 358, 416
mitm 291, 358
mʿ (Part.) 813
mʿms 563
mʿms-y 217
mʿqb-k 563
mdbḥt "Altäre" 298
md!br 156
mdd 476
mdll 581
mdrʿ 180

mḏlġ 117
mgntm /maggintumâ/ 469, 561
mġ /maġâ/ 483, 666
mġ /m^{i}ġî/ 427, 663
mġny 469, 664
mġt (SK) 664
m$^{!}$ġt 66
mġy (SK) 196, 468, 664
mġy /maġāy-/ 482, 666
mġy (Vsubst.) 487, 667
mġyt /maġayat/ 664
mh (IntPr) 239
mh "Wasser" (Ak.) 163
mhk(m) (IndPr) 243, 836
mhy (IntPr) 240
mḥ (√mḥy) 475, 663, 664
mḥllm 581, 678
mḥy (√mḥy Imp.) 429
mḥy (√mḥy Gp-SK) 517
mḥy (√mḥy) 475, 663, 664
mḫdy (Gent.) 149, 158
mḫmšt "Fünftfrau" 347, 370, 570
mḫṣ /muḫiṣa/ 516
mḫšt (√mḫṣ) 105, 465
mk (Adv.) 201, 745, 836
mkly 562, 670
ml (Präp. ?) 773
mla 464, 560, 622, 623
mlat 464, 622
mlit 185
mli[t(x)] 622
mlu 465, 622
mlbr 156
mlḥt 122, 476
mlḫš /mulaḫḫiš-/ 563
mlki 51
mlsm 563
mltḥ 372
mmlat 563, 623, 867
mmnn-m 581, 678
mn (Pr) 239, 240
mn (Präp.) 762
mn /manû/ 198
mnd^{c} 146
mnḥ 145
mnḥt 145, 280
mnḥyk 53, 204
mnk (IntPr) 242, 836
mnkm (IndPr) 242
mnm (Pr) 239, 243
mnmn (IndPr) 242
mnn (IndPr) 242
mqb(m) 138 144
mqpm 138, 144
mr /marra/ 675
mr /mur(rV)/ 675
mri 476
mrb^{c} "Viertel" 347, 374
mrb^{c}t "Viertfrau" 347, 370, 570
mrbd 286
mrdtt 297
mrġṯm 563
mrḥ "Lanze" 166, 287
mrḥqm 762
mrḥqt-m 331, 762
mrym 191
mrz^{c} 139
mrzḥ 139
msrr 581, 678
mswn 191
mṣb 144
mṣṣ 676
mšb^{c}t(-hn) 348, 370, 570
mšṣu 599, 623, 640
mšṣṣ 600, 628, 679
mšdpt 599, 606, 628
mškbt 298
mšmn 36, 158
mšmṯr 599
mšnqt 599, 640
mšspdt 600
mšt^{c}ltm 609, 671
mt /mitta/ 201
mt /môt-/ 188
mt /mâta/ 647
mt-m (Inf.) 649
mtdbm 530, 628
mtntm 291
mtrḫt 477
mtrt 203, 584, 651
mtt (√mwt SK 1./2.sg.) 647, 648
mṭ-m 333
mṭr "Regengüsse" 298
mṭṭ /maṭṭât-/ 143
mṯbt "(Wohn-)Sitze" 298
mṯdṯt "Sechstfrau" 348, 370, 570
mṯlṯ "Drittel" 346, 373
mṯlṯm 375
mṯlṯt "Drittfrau" 346, 370, 570
mṯn 346
mṯn$^{!}$ 66
mṯnn 346

mṯpṭ 114
mṯpẓ 114
mṯṭm 182
mṯyn "Schal" 112
my (Pr) 195, 238
my "Wasser" (Gen.) 164
mẓa- 464, 622
mẓma 94, 562, 570, 623
mẓrn 113

-n (EP) 823
nar /naʾâr-/ 540, 650
niṣ /nāʾiṣ-/ 472, 618
nʿl /naʿlû/ 443, 661
nʿmy 282
nʿr /naʿâra/ 534, 650
nʿrb /naʿrabū/ 534
nbk 137
nbl (√ybl) 500, 633
nblat "Flammen" 50
nblu-h 50
nbšr-k-m 228, 552
nbšt 139
nbt "Honig" 139
nbt /nabbat/ 675
nbt /nîbat/ 517, 650
nd (√ndd "fliehen", SK) 676
ndd (√ndd "stehen", N-SK) 468, 534, 677
ndt (√ndd "fliehen", SK) 676
ng (√ngw Imp.) 427, 629, 663
ngb /nugiba/ 517
ngb /nagabba/ 533, 677
ngl(-n) /nagû/îl-/ 500, 644
ngš 468, 484
nġr (G-Imp.) 629
nġr (N-Imp.) 539
nġẓ /nuġaẓẓâ/ 669
nhmmt 163
nhqt 490
nḫt /nûḫat-/ 190
nḫt /nâḫ(a)tu/ 648
nḫtu 533, 540, 624
nkly /naklaya/ 534, 668
nkt 627
nlqḥt 148, 534
nmlu 553, 623
nmrt /namarrat-/ 540, 677
npk "Brunnen" 137
npl̦ṭ (N-SK) 534
nplṭ (N-Ptz.) 541
npš 285, 313
npš-h-m 228
npy /nôpāy-/ 196, 541
npy "Sieben" 487
npẓl 114, 540
nqh 629
nqmd (PN) 159, 160
nqṯn (PN) 98
nr /nûr-/ 190
nr /nârū/ 648
nrd (√yrd) 634
nrt /nûrat-/ 190
ns /nâsa/ 648
nsb /nasabba/ 534, 677
nṣp 372
nša (SK) 464, 622
nšat (SK) 622, 464
nši (Inf/Vsubst.) 488, 623
nšu /našaʾū/ 465, 622
nšdd /našdada/ 534, 677
nškḥ /naškaḥa/ 535
nšlm /našlama/ 535
(bn) nšm 177
nšq (D-Inf.) 565
nšqdš 593
nšt (√nšy SK) 664
nšt (√šty PK) 663
ntbtš 107
ntlk (√hlk) 520, 625
ntn (√ytn, N-SK) 533, 639
ntn (√ytn, N-Inf.) 542
nṭṭt 581, 651, 678
nṯʿy 669
nṯb /naṯûb-/ 646
nṯkp 541
-ny /-nayâ/ 196

p (Adv.) 739
p (Konj.) 788
(l) p (Präp.) 777
palt 155, 295, 301
pamt 153, 295, 301, 379, 392, 396, 400, 402
pʿn "Fuß" 154, 285
pʿn(-)m "barfuß" 333
pʿnm (Du.) 290
pdy /padaya/ 665
pġy /puġy-/? 193
ph (√phy Imp.) 427, 663
ph (√phy SK) 665
phr "Versammlung" 59, 154
pht (√phy SK) 665

pḥy (√pḥy SK) 665
pḫr "Versammlung" 154
pʿḫyrh 53
pl (√pll SK 3.f.pl.) 466, 676
pn (Präp.) 769, 778
pn (√pny Imp.) 663
pn "Gesicht" 198, 285, 301
pnm (Adv.) 742
pq (√pwq SK) 648
pr "Frucht" 193
prʿ 370
prqt 476
prs 373
prs̀ 47, 373
prša 51, 681
pršn/t 517
prṯt 112
ptḥ (Inf.) 484
pẓġm "(Haut-)Ritzer 93

qbitm 467, 516, 623
qbẓ "Versammlung" 93
qdm (Präp.) 769
qdm /qaddima/ 560
qdš 330
qḥ (√lqḥ Imp.) 628
qḥ-n 500
qḥ-ny 220, 628
ql /qôl-/ 188
ql (√qyl SK) 648
ql (√qyl Gp-SK) 647
qlny (√qyl SK) 469, 648
qlt (√qyl SK) 648
qm /qâma/ 648
qm /qâm-/ 649
qm /qûmī/ 647
qmm /qâmâmi/ 649
qn /qanû/ 198
qn /qân-/ 649
qny /qanaya/ 665
qny /qāniy-/ 666
qnyt /qāniyat-/ 666
qra /qaraʾa/ 622
qra /quriʾa/ 464, 516, 623
qrit 184, 472, 622
qritm /quriʾtumu/ 467, 516, 623
qru /quriʾū/ 465, 516, 623
qrb (Präp.) 773, 776
qrht 163, 176, 296
qrnm "Hörner" (Du.) 290
qrnt "Hörner" 298
qrt /qarît-/ 189
qrtm /qarîtêmi/ 183
qrwn 156
qry /qarriya/ 670
qry /qarriyī/ 669
qry-m /qarriya-/ 560, 829
qry-y /qarriyī/ 428, 558[c]
qryt /qariyat-/ 195
qrytm 291
qṣ (Vsubst.) 98, 159, 486, 623, 667
qṣʿt 166
qš- "Kanne" 192
qšt-h-n 228
qṭn "Krummschwert"(?) 97
qym /qāyim-/ 164, 649
qẓ /qêẓ-/ 189

ra /raʾâ/ 617
rašm 182, 295
rašt 182, 295
ri /ruʾî/ 193
riš "Kopf" 36, 299
riš-hm 290
rišt /raʾšāt-/ 182, 295
rum 36, 172
rumm 295
rʿh /rāʿû-hu/ 196
rbʿ "vierter" 347, 367
rbʿt "Viertelschekel" 347, 374
rbbt "10000" 363
rbt "10000" (Sg.) 183, 363
rbt "10000" (Pl.) 182, 363
rbt /rabbata/ 676
rbt-m 183, 334
rd (√yrd Imp.) 636
rgm /ragamâ/ 468
rgm /rugima/ 517
rgm (Inf.) 484
rḥ "Wind" 123
rḥbt 298
rḥm 199
rḥtm 333
rḫ "Sinn" 123
rm (√rwm SK) 648
rmm /rāmim/ 580, 651
rp "Chef" 137
rš /rašša/ 676

sad (Imp.) 153, 617
sid (Ptz.) 472
sid (SK) 153, 617

sᶜt /saᶜât-/ 488, 667
sb (√sbb Imp.) 675
sb (√sbb SK) 676
sbbyn 103
sbny (√sbb SK) 469, 676
sbrdn "Bronzeschmied" 103
sbsg 103
sǵr "Diener 103, 125
sk /sukī/ 629
snp 376
spu (Ptz.) 622
spu (Inf.) 334, 623
spu-y (Inf.) 306, 488
spsg 103
ssnm "Dattelrispe(n)" 301
ssw 54, 195
syr /sāyir-/ 164, 649

s̀ǵr "Diener 46, 103
s̀kn, s̀knt 47, 191
s̀ps̀g 44, 103
s̀stm 45
s̀s̀w(m) 45, 54, 195

ṣat (Vsubst.) 489, 622, 638
ṣin "Kleinvieh" 36, 284
ṣbi! 66
ṣba špš 310
ṣbu špš 331
ṣd /ṣâda/ 648
ṣdkn (PN) 98
ṣdynm 195
ṣḥ (√ṣyḥ Imp.) 647
ṣḥ (SK) 468, 648
ṣḥ (Inf.) 649
ṣḥq 484
ṣḥrrm 680
ṣḥrrt /ṣaḥrVrat/ 680
ṣḥt (√ṣyḥ SK) 648
ṣlᶜ "Rippe" 285
ṣly- 193
ṣmd(m) 383, 421
ṣmt (√ṣmt D-SK) 465, 560
ṣp "Glanz" 192
ṣpy (√ṣpy G/Gp-SK) 466, 516, 668
ṣpym (Ptz. pass.) 475, 666
ṣpyt (Ptz. pass.) 475, 666
ṣq (√yṣq Imp.) 636
ṣtqšlm (PN) 98
ṣwd[t] /ṣawwādat-/ 279

ša (√nšʾ Imp.) 428, 429, 621, 629
šal (Inf./Vsubst.) 178, 481, 618
šalm (Vsubst.) 295
šib (Vsubst.) 334, 486, 619
šib (Ptz.) 472
šibt (Ptz.) 618
šil (Vsubst.) 486, 619
šil (SK) 617
šilt (SK) 470, 617
šir (Maß) 414
širm 290
šiy /šāʾiy-/ 472, 618, 666
šu (√nšʾ Imp.) 621, 629
šᶜly /šaᶜliya/ 598, 670
šᶜlyt /šaᶜliyat/ 598, 670
šᶜtq "Erhöhter" 602
šᶜtqt 602
šbᶜ "sieben" 348
šbᶜ "siebter" 348, 367
šbᶜ "Siebenzahl" 348, 385, 386
š!b!ᶜ 66
šbᶜid "siebenmal" 348, 377, 378
šbᶜd 150, 348, 377
šbᶜd-m 378
šbᶜm "70" 348
šbᶜr "Leitriemen" 601
šbᶜt 348, 368
šbḥ 110, 139
šbšlt "Gekochtes" 601
šby- /šaby-/ 193, 197
šd "Feld" 198
šd (√šdy Imp.) 663
šḥr ᶜlmt 311
šḫṭ "Schlächter" 123
škllt 601, 679
škn /šakîna/ 597, 652
škn /šukâna/ 605, 652
škn mt 570
šknt /šakînta/ 597, 652
škr!n 66
šlbš-n (√lbš) 506, 597
šlḥm /šalḥimī/ 595
šlḥmt 601
šlm (Nomen) 312
šlm (D-SK) 560
šlm (D-Inf.) 565
šlmm 301
šlmtn 467
šlyṭ 53, 602
šm "Name" 173
šmᶜ (Imp.) 428

šmḥ 123
šmḥy /šamḥiya/ 597
šmḫ 484
šmrḫ/gt /šumraḥat/ 605
šmrr 601, 679
šmšr /šamšir/ 595
šmt "Namen" 298
šmtr 602
(b) šmym 53, 204
šn "Zahn" 285
šna /šaniʾa/ 464, 622
šnu /šāniʾū/ 622
šnm "Jahre" 300
šnpt "Erhebung" 602, 652
šnst /šannisat/ 561
šnt "Jahr(e)" 146, 300, 311
šnt /šinat-/ 279, 489, 638
šnt /šanîtu/? 665
šntm 291
šnwt 597, 670
špḥ 110
špq /šapîqa/ 598, 652
špš 139, 286
špš-m 332
špt "Lippe" 92
šql /šaqîla/ 598, 652
šqlt /šaqîlta/ 652
šqrb (Š-Imp.) 595
šqy (SK) 665
šqym (Ptz.) 666
šr "Lied" 189
šr- "Schleudern" 486, 667
šr (√šyr Imp.) 647
šr (√šyr Ptz.) 649
šr (√šry Imp.) 663
šr (√šry SK) 665
šrd (D-Imp.) 140, 558
šrd (D-SK) 140, 561
šrḥq /šarḥiqa/ 599
š!rna! 66
šrp "Verbrennen" 313, 488
šrp-m 334
šsʿ-n /šassiʿa-/ 598, 628
šsk /šassikī/ 595
šskn /šaskin/ 595
ššb 49
šṣa (√yṣʾ Imp.) 429
šṣa (√yṣʾ SK) 464, 595, 596, 623, 640
šṣat (√yṣʾ SK) 596, 464, 623
šṣu (√yṣʾ Inf.) 601, 623, 640
šṣq (√ṣwq) 598, 652
ššlmt 602
ššmḫt 599
ššmn "Sesam" 108
ššqy /šašqiyī/ 428, 595, 670
ššrt 301, 596
št (√šyt SK) 143, 648
št (√šyt Imp.) 647
št (√šyt Inf) 649
št (√šyt Gp-SK) 516, 517, 650
št (√šty Imp.) 664
štbm 608, 640
štk 466
štn (√ytn Š-SK) 595, 597, 640
štnt (√ytn Š-SK) 597, 640
štntn 467, 597, 640
štt (√šyt SK) 648
štt (√šty SK) 665
štt (√šyt Gp-SK) 516, 650
šty (√šty Vsubst.) 487, 667
šty (√šty Imp.) 199, 664
šty (√šty SK) 665
šty-m (√šty) 334, 487

-t (EP) 836
tadm /tiʾʾadim/ 536
tant /tânît-/ 280, 490
tapq 547
tarš 547, 568, 613
taršn 203, 547, 458, 613
tasp /tiʾʾasipu/ 536
tasr-n 546
tid!m 611
tiggn (3.f.pl.) 444, 611, 675
tiḫd 611
tiḫdn 611
tikl 611
til 448, 633
tirk-m 611, 829
tisp 611
tit 611, 659
tiṯmn 520
tity /taʾtiyū/ 658, 611
tizr (G od. Gp) 514, 611
tubd 37, 452, 611
tud /taʾûd/ 448, 613, 643
tudn /taʾûdūna/ 643
tuḫd 37, 452, 510, 511, 611
tusp 36, 452, 612
tuṣl 510, 511
tʿdb /tuʿdab/ 513
tʿdd-n /tuʿādid-/ 650, 577

tḫṭa 456, 620
tḫṭin 446, 620
tk (Präp.) 772, 775
tkbd 553
tkl /tukallî/ 669
tkl 671
tkly /tukalliyu/ 669
tkms 573
tkn /takûn-/ 644
tknn /takûnūna/ 459, 644
tks /taksî/ 660
tksy-nn /tukassiy-/ 553, 669
tkt /tukkatu/ 513, 628
tlak 448, 616
tlakn /tilʾakâni/ 448, 619
tlakn /tulʾakâni/ 460, 511, 514
tlakn /tulaʾʾakâni/ 569
tlik /tulaʾʾiku/ 548, 619
tlik-n 619
tlikn 458, 548
tlu /talʾû/ 448, 617, 660
tlu-n!n /talʾû-/ 448, 617, 660
tld (√yld) 634
tld-n 498
tldn! 444, 634
tlk (√hlk PK) 625
tlk-m 829
tlkn (√hlk PK) 625
tlsm-n 499
tlšn /tulaššin/ 553
tmdl-n 499
tmgnn 460
tmġ /tamġî/ 660
tmġy 660, 661
tmġy-n 499, 500
tmġy-y 230
tmġyn 660, 661
tmk (√mkk) 673
tmkrn /tumkarūna/ 514
tmr (√mrr) 673
tmt /tamût-/ 644
tmt-n /tamûtū-nna/ 500
tmt^c /timtâ^c(u)/ 650
tmtḫṣ /timtaḫVṣu/ 521
tmtḫṣ-n 499
tmtn /tamûtūna/ 644
tmṭr-n /tamṭurū-nna/ 500
tmz^c /tamazza^{c}a/? 573
tn (√ytn Imp.) 636, 664
tn (√ytn Inf.) 489, 638
tn^{c}r /tuna^{cc}aru/ 568
tngṯ-h /tunaggiṯ(u)-/ 549
tngṯ-nh /tunaggiṯ(ū)-/ 549
tnġṣn 145, 444, 627
tnḥn (√nwḥ) 627, 644
tnḫ /tanûḫ-/ 627, 644
tnšan /tinnašâʾna/ 444, 459, 537, 624
tnšq /tunaššiq/ 550
tntkn /tinnatikna/ 444, 538
tp /tuppû/ 513, 628, 668
tp^c (√yp^c) 151, 635
tph (√phy) 662
tph-n 500
tpky (√bky) 137
tpl (√npl) 627
tplg /tippalig/ 538
tpln 627
tpnn /tupāninu(u)/ 579, 678
tpnn /tupannûna/ 568, 670
tpq /tapûqū/ 645
tpr (√npr) 627
tprš /tuprašu/ 514
[t]ptḥ /tuptaḥ/ 513
tptq /tiptâq-/ 524, 650
tptr^c 523
tq- (√wqy) 634
tqdm /tuqaddamu/ 568
tqdmn-nn 444, 502
tqġ (√qġw) 95, 141, 662
tqḥ (√lqḥ PK) 148, 626
tqḥn /tiqqaḥūna/ 459, 626
tql (√qyl PK) 645
tqln (√qyl PK) 444, 460, 646
tqm /taqûm-/ 646
tqnn /tuqāninu/ 577
tqny /taqniyu/ 662
tqru /tiqraʾu/ 458, 621
tqrṣn 203
tqry /taqriyu/ 662
tqtnṣn 524
tqṭṭ 446, 579, 678
tqṭṭn 446, 579, 678
tqy-n (√wqy) 505, 634
tqyn 459
tr "Turteltaube" 284
tr (√twr Imp.) 647
tr (√twr Inf.) 484, 649
trbṣt "Ställe" 299
trbd /turbadu/ 513
trd (√yrd) 634
trġnw 54, 155, 444
trḫṣn 203

trḫp-n /turaḫḫipū-nna/ 500
trm (√rwm) 646
trmm (√rwm L-PK) 578, 650, 651
trmm-n (√rwm L-PK) 498, 578
trmmt "Erhöhung" 582, 651
trpa /tirpaʾâ/ 446, 621
trtḥṣ 524
trx(x) (Drittel-Maß) 373
tsad /tisʾad/ 448, 616
ts^{c} 627
tsk-h (√nsk) 627
tspi /tissapiʾ/ 538, 624
tspr (√spr N) 539
tsr (√wsr) 634
tš^{c}n 48, 459, 627
tṣi (√yṣʾ) 443, 621
tṣu(n) (√yṣʾ) 621
tṣd (√ṣw/yd) 645
tṣdn (√ṣw/yd) 444, 645
tṣḥ (√ṣy/wḥ) 645
tṣḥn (√ṣy/wḥ) 645
tṣmt /tuṣammit/ 554
tṣr 635, 674 (√ṣrr)
tša (√nšʾ) /tiššaʾâ/ 446, 621
tša-n 500
tšabn 448, 616
tšal /tišʾal/ 449, 616
tšan /tiššaʾâni/ 460, 621
tšiḫr-hm /tušaʾḫir-/ 588
tšu /tiššaʾu/ 444, 621, 627
tšu-n /tiššaʾū-nna/ 499
tšun /tiššaʾūna/ 445, 621
tš^{c} "neun" 349
tš^{c} "neunter" 349, 368
tš^{c}l /tuša^{c}lî/ 592, 670
tš^{c}ly /tuša^{c}liyu/ 591, 592, 670
tš^{c}ly-nh /tuša^{c}liy-/ 670
tš^{c}m "90" 349
tš^{c}rb /tuša^{c}rib(u)/ 592
tš^{c}t "neun" 349
tšḫṯn.nn (n.L.) (√ḫyṯ) 502, 589, 651
tškn(-n) /tušakîn-/ 590, 651
tšknn- /tušakînūna-/ 651
tšknn-nn /tušakînūna-/ 503, 590
tšlḥm /tušalḥim(u)/ 591
tšlm /tušallim/ 555
tšlm-(k/km) /tušallimū-/ 555
tšnn /tušānin(u)/ 580, 678
tšnpn /tušanâpūna/ 605, 652
tšpl /tušappil/ 591, 628
tšqy (√šqy G-PK) 662
tšqy-nh /tašqiyVnVnnu/ 662
tšr /tašîr-/ 646
tšṣq /tušaṣîq-/ 651
tššlmn (√šlm Š) 444, 593
tššqy /tušašqiyu/ 593, 670
tššy /tušaššiyâ/ 592, 628, 670
tšt (√šty) 662
tšt (√šyt G) 646
tšt (√šyt Gp) 513, 650
tšt (unsicher) 652
tšt-n (√šyt) 499, 505
tštil /tištaʾlu/ 183, 525, 619
tštḥwy /yVštaḥwiyu/ 606, 670
tštḥwy /tVštaḥwiyâ/ 607, 670, 671
tštn /tištûna/ 663
tštn /tušâtūna/ 514, 650
tštql /tištaqVl/ 525
tštr /tušattiru/ 591, 628
tštšḥ (√šḥy) 608, 671
tšty /tištayū/ 662
tštyn /tištayūna/ 663
ttġr /tittaġVr/ 522, 628
ttlk(n) (√hlk) 520, 625
[t]tmmk /tittāmimū-ki/ 580, 585
ttn (√ytn Inf.) 490, 638
ttn (√ytn PK) 635
ttn (√ytn Gp-PK) 512, 639
ttn-n (√ytn PK) 498
ttnn (√ytn PK) 635
ttnn.nn (√ytn PK) 503
ttpl /tittapVl/ 522, 628
ttpp /tittapVp/ 522, 628, 677, 571
tṯḥnn (√ṯḥn) 502, 506
tṯṯ (√nṯṯ) 627, 674
tṯṯn (√nṯṯ 3.f.pl.) 444, 627, 674
tṯar 59, 153, 449, 616
tṯibtn /tuṯaʾbiṯūna/? 588
tṯ^{c}r 484
tṯb (√yṯb) 634
tṯb (√ṯwb) 646, 652
tṯb-n (√ṯwb) 500
tṯbb /tuṯābib/ 651
tṯḥdtn /tuṯaḥdaṯūna/ 604
tṯkl /tuṯakkal(u)/ 569
tṯlṯ /tuṯalliṯ(u)/ 556
tṯrp 165
tṯtmnn /tiṯtammVnūna/? 572
tṯtny[(n)] 526, 572, 668
tṯṯb (√ṯwb) 594, 651
t[ṯ]ṯb-n (√yṯb) 505
tṯṯbn (√ṯwb) 594, 651

yar-k /yiʾâr-ki/ 448, 613, 643
yarš 547, 613
yasp 546
yiḫd (G) 611
yiḫd (Gp) 511
yikl 611
yip /yaʾpî/ 658, 611
yisp 611
yitbd 519
yitmr 519
yitsp 520
yitṯm 520
yuhb 452, 611
yuḫd 452, 611
yuḫd-m 452, 829
yukl 611
y^{c}db /yu^{c}dabu/ 513
y^{c}ḏrn 118
y^{c}l /ya^{c}ûlu/ 645
y^{c}l /ya^{c}lû/ 661
y^{c}msn(-nn) /yu^{c}ammis-/ 554
y^{c}n /ya^{c}în/ 644
y^{c}n /ya^{c}nî/ 661
y^{c}n /yu^{c}annâ/? 670
y^{c}ny /ya^{c}niyu/ 661
[y]^{c}ny-nn 661
y^{c}nyn /ya^{c}niyâni/ 460, 661
y^{c}r (√y^{c}r) 165
y^{c}r /ya^{c}ār-/ 481, 638
y^{c}rr /yu^{c}ārar/ 583, 651
y^{c}zz /yu^{c}āzizu/ 579, 678
yb (√ybb) 673
ybu /yabûʾu/ 620, 643
yb^{c}l /yib^{c}alu/ 137
ydb (für y^{c}db) 161
ybd (√bdd) 673
ybġ /yibġâ/? 659
ybk (√bky) 443, 659
ybky (√bky) 456, 659
ybl (√ybl PK) 633
ybl (√ybl SK) 636
ybl (√ybl Gp-SK) 515, 639
ybl (√ybl Ptz.) 637
ybl-n (√ybl PK) 498
ybl-nn (√ybl PK) 633
yblt (√ybl SK) 636
ybmt 58
ybn /yabnû/ 659
ybn /yubnâ/ 511, 667
ybnt /yabant-/ 154
ybrd /yabrud/ 137
ybt /yabîtu/ 643
ybṯ(-nn) 503, 644
yd "Hand" 284
yd (Präp.) 330, 762
yd (√wdy PK) 633, 660
ydu /yadʾû/ 616
yd^c (√yd^c PK) 633
yd^c (√yd^c SK) 636
yd^c (√yd^c Inf.) 481, 638
yd^{c}t (√yd^c SK) 636, 637
ydb (√ndb PK) 626
ydd (√ndd PK) 626, 674
yddll 583, 585
ydk /yudâku/ 511, 649
ydll /yudālalu/ 678
yd«d»ll /yudālalu/ 583
ydm /yadum(mu)/ 673
ydn (√ydn PK) 633
ydn (√dyn PK) 644
ydr (√ndr PK) 626
ydt "Griffe" 284
ydt /yādît-/ 184, 189, 637
ydṯ (√dwṯ G) 644
ydṯ (√dwṯ Gp) 512, 649
ydy (√ydy$_{1/2/3}$ G-PK) 633, 660
ydy (√ydy Gp-SK) 639, 668
ydy (√ydy D-SK) 561, 639, 669
ydy (√ydy Ptz.) 637
ydy (Vsubst.) 637, 667
ygl /yaglî/ 659
ygl /yagûl-/ 644
ygly /yagliyu/ 659, 662
ygz /yaguzzu/ 673
yġr-k (√nġr) 627
yġr (√ġwr) 645
yġtr (√ġwr Gt) 523, 650
yhbr 624
yhbṭ 624
yhdy /yahdiyu/ 624, 659
yhmy' 624
yhpk /yahpuku/ 624
yhpk /yihhapiku/ 537, 624
yhrr-m /yuhārir(u)-/ 578, 625, 677
yḥ (√ḥw/yy) 660
yḥ (√nḥw) 144, 626, 661
yḥbq /yuḥabbiq(u)/ 552
yḥd /yaḥīd-/ 344
yḥd /yaḥdî/ 659
yḥdh 344
yḥdy /yuḥaddiyu/ 668
yḥmd-m /yuhāmid(u)-ma/ 552, 830

yḥr (√ḥrr) 673
yḥrk-n (√hrk) 506
yḥr[(r)] (√ḥrr) 580, 673
yḥsl /yuḥsalu/ 512
yḥṣ /yaḥīṣ-/ 644
yḥwy /yuḥawwiyu/ 550, 668
yḫlq /yuḫalliqu/ 552
yḫmš /yuḫammiš/ 553
yḫru /yiḫraʾu/ 620
yḫss-k /yuḫāsis-ki/ 577, 650, 677
yḫṭ (√ḫyṭ) 644
ykbd-nh /yukabbidu-/ 553
ykl /yuklâ/û/ 512, 668
ykl /yikkalî/ 668
ykll-nh /yukālil-/ 578, 677
ykly /yukallayu/ 568, 669, 670
ykn /yakûn-/ 644
yknn(-h) /yukānin-/ 577, 650
ykr (√kwr) 652
ykrkr /yukarkiru/ 680
yks /yaksî/ 660
ylak (√lʾk) 448, 616
yld /yalād-/ 638
yld /yulida/ 515, 639
yld-y /yulidâ-yV/ 468, 516, 639, 833
yldt /yaladat/ 636
ylḥm 454, 591
ylk (√hlk) 625
ylkn (√hlk) 500
ylm (√hlm) 625
ylm-n (√hlm) 505
ylmd-nn /yulammid(u)-/ 550
yln /yalîn-/ 644
ylšn /yulaššin(u)/ 553
ylt /yalattâ/ 143, 185, 468, 636
ylt /yālitt-/ 143, 184, 279, 472, 637
ym "Tag" 188, 299, 311, 395
ym ym 311
ymid 619
ymġ /yamġî/ 660
ymġy 660, 661
ymġy-n /yamġiy-anna/ 499, 660
ymḥ /yumḥâ/ 512, 668
ymk (√mkk) 673
ymlu /yimlaʾu/ 621
ymll? 554, 580, 675
ymm "Tage" 199, 311
ymm llm 311
ymmt /yamam(a)t-/ 58, 156
ymnn /yumānin/ 578, 677
ymr (√mrr) 673
ymr-m 829
ymru /yumarriʾu/ 554, 623
ymss̀ 48, 512
yms̀s̀ 48, 512
ymṣḫn /yimmaṣiḫūna/ 537
ymt /yamût-/ 644
ymzl 165
ymẓa /yimẓâ/ 456, 621
yn "Wein" 313
ynaṣ-n 145, 448, 616, 626
yn^{c}r-nh /yuna^{cc}ir-/ 549
yngḥn /yinnagiḥūna/ 537
ynḥm (PN) 145
ynḥn (√nḥw) 155
ynḥt /yunaḥḥit/ 549
ynp^{c} (√np^{c}) 150, 151, 537, 639
ynphy /yinpahiyu/ 538, 668
ynq /yāniq-/ 637
ynqm /yāniqâmi/ 637
yns /yanus/ 628, 644
ynsk /yunassik/ 549
ynṣl /yinnaṣilu/ 537
ynšq /yunaššiq/ 549
ynṯkn /yinnaṯikūna/ 538
yp^{c} (√yp^{c} PK) 151, 635
yp^{c} (√yp^{c} SK) 637
yp^{c} (statt yph) 59
yp^{c}t (√yp^{c} SK) 465, 637
ypdd /yupādadu/ 583, 651, 678
yph (√phy PK) 59, 662, 671
yph-n /yiphâ-nna/ 500
ypl (√npl) 627
ypltଁ-k /yupalliṭ-/ 554
ypq /yapûq-/ 645
yprsḥ /yipparsiḥ/ 539, 681
yptḥ /yuptaḥ/ 513
yqb /yaqubbu/ 674
yqḥ(-nn) (√lqḥ) 148, 626
yql /yaqîl-/ 645
y[q]ln /yaqîlâni/ 460
yqlṣ-n /yuqalliṣ-/ 555
yqm /yaqûm-/ 646
yqny /yaqniyu/ 662
yqr /yuqarrî/ 551, 669
yqra 456, 621
yqru-n /yiqraʾu-nī/ 621
yqṯ /yaquṯ(ṯu)/ 674
yqṯqṯ /yuqaṯqiṯ(u)/ 680
yr "Frühregen" 198
yr (√yry) 634, 637, 660, 666
yra! 66

yrau-n (√yrʾ) 481, 500, 506, 622, 638
yraš /yirʾaš/ 448, 616
yritn 467, 622, 636
yru (√yrʾ Inf.) 481, 484, 622, 638
yrd (√yrd PK) 634
yrdm (√yrd Ptz.) 637
yrdn (√yrd Ptz.) 634
yrdn?n? 503
yrdt (√yrd Ptz.) 637
yrgm (√rgm Gp) 513
yrmm /yurāmim/ 578, 650
yrt /yarattā/ 143, 636
yrtḥṣ (√rḥṣ Gt) 524
yrtqṣ (√rqṣ Gt) 524
yrṯy 662
yrẓ /yarûẓu/ 646
ysᶜ (√nsᶜ) 144, 627
ysb /yasub(bV)/ 674
ysḫ!nh 627
ysk /yussaku/ 513, 628
yspu /yissapiʾu/ 538, 624
yspi /yispaʾ/ 621
ystrn /yistarrVnna/ 523, 677
ysy-nh /yassiy-/ 661
yṣa /yaṣaʾa/ 464, 466, 622
yṣan 500, 622
yṣat /yaṣaʾat/ 464, 622
yṣi (√yṣʾ PK) 443, 488, 620
yṣi (√yṣʾ Inf.) 622
yṣin 500
yṣu (√yṣʾ PK) 458, 620
yṣu (√yṣʾ SK) 466, 622
yṣu (√yṣʾ Inf.) 484, 622, 638
yṣb (√nṣb) 627
yṣd /yaṣû/îd-/ 645
yṣḥ /yaṣî/ûḥ-/ 645
yṣly /yuṣalliyu/ 554, 669
yṣm (√ṣwm) 634
yṣq (√yṣq G-PK) 635
yṣq (√yṣq G-SK) 637
yṣq (√yṣq Gp-PK) 512, 638
yṣq-m (√yṣq G-PK) 635, 829
yṣr /yāṣir-/ 637
yšal /yišʾal(u)/ 448, 616
yšiḫr /yušaʾḫir-/ 588
yšu /yiššaʾu/ 144, 621, 627
yšul (√šʾl) 179
yšᶜly /yušaᶜliyu/ 591, 670
yšbᶜ /yušabbiᶜ(u)/ 555
yšbᶜl /yušabᶜil-/ 589
yšdd /yušādidu/ 579, 678
yšḥmm /yušaḥmamu/ 605, 679
yškn /yušakîn/ 590, 651
yšlḥ /yušaliḥ(ḥu)/ 590, 679
yšlḥm /yušalḥim/ 591
yšlḥm-nh /yušalḥim(u)-/ 591
yšlm /yušallimu/ 555
yšn (√yšn PK) 634
yšnn /yušāninu/ 579, 678
yšpk /yušpak(u)/ 514
yšq (√nšq) 627
yšql /yušaqîl(u)/ 593, 651
yšql /yušaqâl(u)/ 605, 652
yšql (1.107:4) 593
yšqy /yašqiyu/ 662
yšqy-nh 662
yšr /yašrî/ 662
yšr /yašîr-/ 646
yšrbᶜ /yušarbiᶜ/ 165, 592
yšṣi /yušôṣiʾ/ 589, 623, 640
yššil /yušašʾil/ 593
yššq /yušašqî/ 593, 670
yšt /yašît-/ 646
yšt /yušâtu/ 513, 650
yšt /yištâ/ 662
yšt (√štt) 674
yšt-n /yašît-anna/ 499
yštal /yištaʾal(u)/ 524, 525, 571, 619
yštd /yištadî/ 525, 668
yštḥwy /yVštaḥwiyu/ 606, 670
yštḥwyn /yVštaḥwiyâni/ 607, 670
[yšt]ḥwy-n 498
yštk /yušattik/ 591, 628
yštkn /yVštakinu/ 607, 652
yštql /yištaqVl/ 525
ytᶜdd /yitᶜādid/ 585, 651
ytᶜn /yittâᶜâni/ 522, 628, 650
ytk /yuttaku/ 513, 628
ytk (√ntk) 627
ytlk /yîtal(V)ku/ 149, 520, 625
ytmr /yîtamVr/ 520
ytn-n /yâtin-anna/ 498
ytn (√ytn G-PK) 635
ytn (√ytn G-SK) 637
ytn (√ytn Gp-PK) 512, 639
ytn (√ytn Gp-SK) 516, 639
ytn(.)nn (√ytn G-SK) 502
ytnm /yātinīma/ 637
ytnt (√ytn G-SK) 145, 147, 637
ytr (√trr) 674
ytši (√nšʾ Gt) 522, 623, 628
ytšu (√nšʾ Gt) 522, 623, 628

ytt (√ytn G-SK) 465, 637
yṭll 553, 578, 677
yṯir (√ṯʾr) 448, 619
yṯb (√yṯb PK) 634
yṯb (√yṯb SK) 636
yṯb (√yṯb Ptz.) 637
yṯb (√yṯb Inf.) 638
yṯb (√ṯwb PK) 646
yṯb (√ṯbb PK) 674
yṯbt (√yṯb SK) 636
yṯbtn (√yṯb SK) 467
yṯdṯ /yuṯaddiṯ/ 555
yṯk /yaṯṯuk-/ 144
yṯlṯ /yuṯalliṯ(u)/ 556
yṯn "alt" 109
yṯn (√yṯn PK) 635
yṯn(y) (√ṯny) 663
yṯnyn 500
yṯq (√yṯq PK) 635
yṯṯn /yiṯṯânu/ 526, 650
yṯṯb /yuṯaṯîb-/ 594, 651
yṯṯb /yuṯôṯab-/ 604, 640
yṯṯb-n /yuṯôṯib-/ 498
yṯṯb-n /yuṯôṯab-/ 604
ywpṯ-n 153, 195, 548, 639
ywsr-nn 153, 195, 548, 639
yzn (√yzn PK) 634
yẓḥq 93

zbln-m 331
zġt /ziġît-/ 189
zġt /zaġât-/ 490, 667
zt /zêt-/ 189
ztr 106

ẓi /ẓiʾī/ 93, 427, 621, 635
ẓu "Sekret" 93
ẓbm 198, 295
ẓby- 193
ẓhrm 113
ẓm 114
ẓr 160, 779
ẓrw 93, 192

Wortformen in syllabischer Schrift
(ugaritische und hybride Formen)

Vorbemerkung: Die nachstehenden Wortformen sind entsprechend ihrer konsantischen Phonemfolge (nach dem lateinischen Alphabet) gereiht. Im Zusammenhang mit dem /ʾ/-Phonem wird zwischen /ʾa/, /ʾi/e/ und /ʾu/ differenziert (in dieser Reihenfolge).

ad-ma-ni /ʾadmāni/ 178
a-da-nu (√ʾdn) 178
a-du-rù (√ʾdr) 174
a-mis-tam-ru /ᶜAmmiṯtamru/ 519, 527
a-na-ku (ʾnk) 178, 208
a-pí-yu (√ʾpy) 178, 195, 471
ar-ra-zu (√rḏy) 118
a-sí-ri (√ʾsr) 474
a-ši-ib (√yṯb) 443, 447, 634
aš-ra-tum 183
at-ta 209

iḫ-ra-bu /ʾiᶜrabu/ 447
e-bu /ʾêbu/ "Feind" 185, 188
DINGIR-iš-tam-i /Ilištamᶜi/ 519, 527
DINGIR-taḫ-mu /Il(V)-taḥmu/ 529
i-[r]i-iš-[t]u4 /ʾirištu/ 174
iš-tu$_4$ /ištu/ 185
i-ši$^?$-[bi$^?$] /ʾiṯību/ 174

u-ga-ar-ti-yu (Gent.) 182
uḫ-ra-a-yi /ʾuḫrāyi/ 196

i-zi-ir-[tu$_4$] [ᶜiḏirtu] 118, 168, 279
ú-lu /ᶜûlu/ 189
e$^?$-la-yi [ᶜelāyi] 172, 196
iṣ-ṣú(-[ma]) /ᶜiṣṣū-/ "Holz" 167
iš-ia-ti-mi /ᶜišyatêmi/ 191, 290

ba-a-lu /baᶜlu/ 169
b[i]-ḫi-ru /biḥīrū/ 176

bi-i (Präp.) 187, 755
bi-da-lu-na/ma 181, 294
ba-aḫ-ḫu-rù /baḥḥ/ḫḫūru/ 166, 174
b[i]-ḫi-ru /biḥīrū/ 168, 176
bu-nu-šu 177, 179

da-ab-ḫu "Opfer" 118
da-ka-rù 118, 181

da-al-lu 185

ḫu-ul-ma-tu$_4$ /ġulmatu/ 95, 279
ḫ[a-a]m-ru-ú /ġamru-hu/ 183
ḫa-ma-ru-ú /ġamarū-hu/ 183
ḫa-am-ru-ma /ġamrūma/ 182
ḫa-ri-mu /ġarīmu/ 474
ú-ra-tu /ġûrāti/ "Tierfelle" 298

al-li-ni-ya /hallinīya/ 197
ú-wa /huwa/ "er" 194, 209
ú-[w]a$^!$-[t]u$_4$ [howātu] 171, 194

[ḫu]-du-rù [ḥud^{u}ṛu] 168
ha-me-ti [ḥāmēti] 172, 189, 279
ḫi-nu-ta-me /ḥinôtâmi/e/ 289
ḫé-qu /ḥêqu/ 188
ḫa-ri-mu /ḥarīmu/ 261, 474
ḫu-wu(PI)-ú /ḥuwwû/ 198, 563
ḫu-wa-tu$_4$ [ḥow(w)atu] 171
ḫé/ḫe-yu-ma [ḥeyyūma] 171, 301

ḫe-bu /ḫêbu/ 188
ḫe-en-ni-ṣu [ḫennīṣu] 172, 173
ḫa-ar-me-ša-tu [ḫarmeṯātu] 172
ḫi-ia-ri /ḫiyari/ 195

ka$_4$-ka$_4$-ra 287
ka$_4$-ka$_4$-r[a/u-m]a 148
ki-na-rù /kinnāru/ 178
ku-ri/e-ka-m[a] 289, 291

le-e (Präp.) 172, 187, 758
la-ba-nu 181
la-ab-nu/i-ma 182
[la$^?$-q]a$^?$-ḫu /laqāḥu/ 481

ma-aḫ-ḫa-[du] /maʾ/ḫḫadu/ 149
me-te [me(ʾ)tē] 172, 291, 358, 418
ma-ba-ri /maᶜbari/ 186

ma-a-al-tu4 /maʿʿaltu/ 144, 279
ma-ša-ra /maʿšara/ 173, 349, 375
ma-ʾ-ša-ri-ša /maʿšari-/ 173, 349, 375
mu-ba-li /môbali/ 188
mi-dá-ar-ú /midarʿu/ "Saatland" 118, 168, 180
ma-ḫi-ṣu /māḫiṣu/ 471
me-ḫi-[ṣ]ú-ma /miḫīṣūma/ 175
ma-ka-ri /makāri/ 481
ma-am-ṣa-ar /mamṣar-/ 173
ma-qa-b/pu(-ma) /maqqab-/ 138
mur-ú-ma /murʾūma/ 295
mar-de4-em-tu [mardemtu] 172, 279
mar-kab-te /markabt-/ 279
ma-ar-za-i(-ma) /marzaḥ/ʿi/ 171
ma-ar-zi-ḫi /marziḥ/ʿi/ 171, 176
mar-zi-i /marziḥ/ʿi/ 176
ma-ás-wa-tu /maswātu/ 182, 190, 295
ma-sa-wa-tu /masawātu/ 172, 182, 196, 295
ma-aš-la-ḫa-ma /mašlaḥâma/ 289
ma-aš-nu-ú /mašnūʾu/ 176, 476
mu-ša-bu /môṯabu/ 188
ma-aš-na /maṯnâ/ 200, 312, 346

na-ba-ti/dì-[šu-nu] (√ʾbt/d) 541
na-ab-da-lu! /nabdalu/ 465
na-AB-ki-ma /nab/pkīma/ 182, 295
na-ab-ṭa-ru /nabṭaru/ 465, 532
na-ḫi-ru-[ma] /nāġir-/ 178, 472
ni-iḫ-rù /niġru/ 186, 485
na-ḫa-li [naḫ^{a}ḷi] 169
na-PA-ki-ma /nab/pakīma/ 137, 182, 295
na-ap-ṭá-ra /napṭara/ 541
na-sí-ku /nāsiku/ 472
na-[š]u-ma /nāšūma/ 201, 301

pag-ri-ma /pagrīma/ 295
pu-la-ṭu /pullaṭu/ 564
pí-iṭ-r[ù] /piṭru/ 485
pu-wa-tu4 /puwwatu/ 279

qi-i-lu /qiʿlu/? 169
qa-ri-t[u$_4$] /qarîtu/ 189, 279
qa-ad-šu-ut-ti /qadšūti/ 182

ra-ba-ti /rabbati/ 185, 279
ra-g[a-mu] /ragāmu/ 481

ri-gi-mu /rigimu/ 169, 486
[r]a-ga$^?$-[zu] /ragāzu/ 481
ra-aḫ-ba/bá-na /raḥbāna/ 304
ra-aḫ-ba/bá-ni /raḥbāni/ 304

sà-ak-ki-ni /sā(k)kini/ 167
sà-ki-(in-)ni /sāki(n)ni/ 472

ṣí(-ib)-bi-ri /ṣibbīri/ 173
ṣi-il-yu(?) /ṣilyu/ 192
ṣa-ma-ta/dá (√ṣmt/d SK) 464
ṣa-ma-du/tù (√ṣmt/d SK) 465
ṣu-ur-wu /ṣ/ẓurwu/ 192

šá-ḫar-tu [šaʿarṯu] 168, 279
šab/p-li$^?$-mi$^?$ 600
ša-du-ú /šadû/ 198
šu-ḫu-ut-t[u](?) (√ḥtt ?) 600
šal-li-ma /šallima/ 464
ša-mu-ma /šamûma/ 198, 301
ša-an-tu$_4$ /šantu/ 146, 185
ši-i-ru /šiʾru/ "Fleisch" 169
ši-i-ru /šîru/ "Lied" 189, 485
ši-tu /šîtu/ 189, 485

ta-ba-ʾa /tabaʿa/ 464
ta-ga-bi-ra(-yV) /tagabbir-/ 573
ta-a-ma-tu4 /tahāmatu/ 175
tu-a-pí-[ku?] /tuhappiku/ 574
tu-ki-yi /tōkīyi/ 197
ta-al-ta-qu(-mì) (√lqḥ) 445
tap-de$_4$-tu$_4$ /tapdêtu/ 280, 490
ta-ri-ru-ma /ṯārirūma/ 472
ti-tu-ru-na (√twr PK) 459

ṭa-bu /ṭâbu/ 200
ṭu-ú-ru /ṭuhūru/ 176

ša-al-šu-ma /ṯalṯūma/? 295

[i]a(-)ab-ṣi-ru (√bṣr PK) 447, 458
yu-mu /yômu/ 188
ia-qí-š[u(-ma)] /yāqiš-/ 471
ia-ar-qa-ni /yarqāni/ 178
i-ṣa-ʾa (√yṣʾ SK) 464, 636
ia-ṣí-ru-ma /yāṣirūma/ 190, 471
ia-tu-ru (√twr PK) 447

ZU-ur-wu /ẓ/ṣurwu/ 192

Belegstellen

KTU-Belegstellen (gemäß Textausgabe KTU[2])

1.1:II:1 154, 219
1.1:II:1f. 548
1.1:II:1f. 430, 442, 487, 548, 732
1.1:II:2 153, 639
1.1:II:6 254, 777
1.1:II:9 111
1.1:II:10 251, 286
1.1:II:13 24, 57, 744
1.1:II:14 66, 198, 251, 258, 301, 406, 635
1.1:II:15-17 440, 553, 607, 690
1.1:II:16 24, 498, 645, 670
1.1:II:17 144, 248, 440, 645, 867
1.1:II:18 175, 249
1.1:II:19 269, 647
1.1:II:20 286
1.1:II:21 299, 649
1.1:II:22 499, 563
1.1:II:22f. 548
1.1:II:22f. 430, 442, 487, 548, 732
1.1:II:23 772
1.1:II:24 775
1.1:III:1 263, 303, 339
1.1:III:2 363, 406, 408, 412
1.1:III:3 624, 647, 671, 724
1.1:III:4f. 845, 846, 849
1.1:III:6 171, 194, 260
1.1:III:8 647
1.1:III:10 649, 677
1.1:III:10f. 430, 442, 487, 548, 732
1.1:III:11 219, 545, 639
1.1:III:12 187, 197, 256
1.1:III:12f. 809, 901
1.1:III:13 65, 346, 451, 663
1.1:III:14 22, 37, 198, 258, 270, 301, 302, 490
1.1:III:15 201, 250, 301, 634, 701, 895, 900
1.1:III:16 157, 208, 209, 212, 222, 426, 449, 482, 493, 615, 659, 666, 725, 784, 827, 863, 875
1.1:III:17 249, 278, 661, 699, 782, 861, 888
1.1:III:18 208-210, 469, 647, 714, 785
1.1:III:19 256
1.1:III:20 768
1.1:III:21 635, 744, 806
1.1:III:22 772
1.1:III:23 659
1.1:III:24 300, 645
1.1:III:24f. 606, 690
1.1:III:25 22, 670
1.1:III:26 252, 838, 839
1.1:III:27 163, 252, 290, 296, 647, 723, 895
1.1:III:27f. 776
1.1:IV:1 191
1.1:IV:2 648
1.1:IV:4 636, 648
1.1:IV:6 189, 251, 252, 278
1.1:IV:7 68, 160, 500, 625
1.1:IV:8 257
1.1:IV:9 46, 249, 557, 637, 665
1.1:IV:10 23, 248, 255, 271, 382, 421, 850
1.1:IV:11 37, 452, 612
1.1:IV:12 23, 24, 249, 278
1.1:IV:13 60, 113, 273, 661, 839, 841, 849
1.1:IV:14 173, 216, 249, 278, 298
1.1:IV:15 23
1.1:IV:16 467, 661
1.1:IV:17 143, 209, 250, 278
1.1:IV:18-20 714
1.1:IV:19 292
1.1:IV:20 268, 476
1.1:IV:22 172, 195, 265, 775, 841
1.1:IV:23 145, 448, 616, 626, 795, 804, 905
1.1:IV:24 190, 222, 256, 430
1.1:IV:26 152, 159, 807
1.1:IV:27 24
1.1:IV:30 33, 251, 278
1.1:IV:30f. 598, 791
1.1:IV:31 844
1.1:IV:32 173, 264, 788
1.1:V:2 188, 190, 252
1.1:V:2f. 438, 689, 830
1.1:V:3 139, 251
1.1:V:4 109, 146, 222, 549
1.1:V:8 481, 636, 715
1.1:V:9 546, 615
1.1:V:11 287, 793
1.1:V:15 299
1.1:V:15f. 438, 788
1.1:V:16 95, 139, 660
1.1:V:19 172, 263, 280
1.1:V:21 481, 636, 638, 715
1.1:V:22 546, 615

1.4:II:11 93, 114, 191, 195, 198, 256, 263, 474, 478, 561, 654, 665, 669
1.4:II:12 488, 494, 500, 623, 662, 699, 731, 784
1.4:II:12-14 810
1.4:II:12ff. 797
1.4:II:13 64, 489, 625
1.4:II:13f. 487
1.4:II:14 645, 867
1.4:II:15 120, 270
1.4:II:15f. 490, 843
1.4:II:16 290, 292
1.4:II:16f. 442, 752
1.4:II:16-20 698
1.4:II:17 627, 674
1.4:II:17f. 329, 330, 741
1.4:II:18 116, 633
1.4:II:19 144, 145, 627
1.4:II:19f. 849
1.4:II:20 202
1.4:II:21 621, 645, 753
1.4:II:21-23 753, 886
1.4:II:21-26 913
1.4:II:22 664
1.4:II:22f. 865
1.4:II:23 655, 664, 753
1.4:II:24 478
1.4:II:24f. 478
1.4:II:24-26 794
1.4:II:26 193, 252
1.4:II:26f. 801, 810
1.4:II:26-29 797
1.4:II:27 254, 645
1.4:II:28 867
1.4:II:28f. 484
1.4:II:29 333, 645
1.4:II:30 109, 647
1.4:II:31 197, 250
1.4:II:32 201, 249, 628, 775
1.4:II:34 633, 660
1.4:II:39 240
1.4:II:43 818
1.4:III:5 628, 644
1.4:III:9 318
1.4:III:10 661
1.4:III:10f. 585
1.4:III:11 523, 651
1.4:III:12 97, 220, 330, 626, 674, 739
1.4:III:12f. 548, 555
1.4:III:12-14 776
1.4:III:13 153, 195, 220, 545, 639, 646
1.4:III:13f. 843
1.4:III:14 650, 849
1.4:III:14f. 516
1.4:III:15 24
1.4:III:15f. 900
1.4:III:16 222, 449, 453, 662, 884
1.4:III:17 251, 464, 622, 809
1.4:III:17f. 716
1.4:III:18 251
1.4:III:19 251
1.4:III:19f. 64
1.4:III:20 60, 251, 271, 445
1.4:III:20f. 496, 582
1.4:III:21 163, 249, 296, 626, 875
1.4:III:21f. 582
1.4:III:21-23 795
1.4:III:22 163, 249, 271, 296
1.4:III:23 664
1.4:III:23f. 703, 796, 865
1.4:III:23-26 441, 690
1.4:III:24 664
1.4:III:25 871
1.4:III:26 93, 114, 184, 199, 561, 579, 666, 669
1.4:III:27 661
1.4:III:28 460, 753
1.4:III:28-30 685, 753
1.4:III:29 93, 114, 460, 561, 579, 669
1.4:III:30 145, 184, 469, 666
1.4:III:30-32 561, 793
1.4:III:31 93, 114, 469, 579, 670, 849
1.4:III:32 661
1.4:III:35 93, 114, 184, 561, 579, 666, 669
1.4:III:36 211, 212
1.4:III:40 199, 657, 662
1.4:III:40f. 690, 697, 712, 747, 893
1.4:III:41 269, 645
1.4:III:41f. 563
1.4:III:41-42 479
1.4:III:42 445
1.4:III:43 190, 252, 327, 662
1.4:III:43f. 331
1.4:IV:2 710
1.4:IV:2f. 318
1.4:IV:3f. 318
1.4:IV:4 252, 706
1.4:IV:4-7 189, 709, 721
1.4:IV:5 138, 647
1.4:IV:5f. 235, 847, 850
1.4:IV:6 842
1.4:IV:7 260, 273, 284
1.4:IV:8 60, 710, 867
1.4:IV:9 189
1.4:IV:9-12 709
1.4:IV:10 273, 648
1.4:IV:10f. 217, 235, 847, 850
1.4:IV:11 273, 842
1.4:IV:12 260, 273, 284
1.4:IV:13 868
1.4:IV:13f. 732
1.4:IV:13-15 552

1.19:IV:15 364, 443, 656, 659
1.19:IV:17f. 368, 386
1.19:IV:18 661
1.19:IV:19 621, 646
1.19:IV:20 645
1.19:IV:21 184, 264, 301, 600
1.19:IV:22 93, 479, 551, 669
1.19:IV:22f. 551, 560
1.19:IV:22-25 591
1.19:IV:23 111, 125, 286, 670
1.19:IV:24 53, 204, 286
1.19:IV:24f. 53
1.19:IV:28 479, 567, 661
1.19:IV:29 215, 219, 551, 560, 670
1.19:IV:29-31 598
1.19:IV:30 53, 204, 286, 670
1.19:IV:31 53, 111, 286
1.19:IV:32 220, 451, 475, 556, 625
1.19:IV:32f. 540
1.19:IV:33 220, 451, 625, 673, 677
1.19:IV:34 449, 478, 669, 725
1.19:IV:34f. 478, 550, 563
1.19:IV:35 190, 256, 661, 670
1.19:IV:36 660
1.19:IV:37 103, 251, 301, 408, 567
1.19:IV:37f. 479
1.19:IV:38 637
1.19:IV:39 209
1.19:IV:39f. 563
1.19:IV:40 550, 669, 670
1.19:IV:41f. 524, 536
1.19:IV:42 58, 536, 611, 615
1.19:IV:42f. 236
1.19:IV:43 93, 339
1.19:IV:43-46 330
1.19:IV:44 273, 646
1.19:IV:45 646
1.19:IV:46-51 708
1.19:IV:47 303
1.19:IV:48 266, 267
1.19:IV:49 664
1.19:IV:50 464
1.19:IV:50f. 515
1.19:IV:51 224, 464, 472, 478, 615, 622, 639, 647
1.19:IV:51f. 707
1.19:IV:52 61, 157, 622, 647, 661
1.19:IV:52f. 516
1.19:IV:53 220, 500, 628, 662, 723
1.19:IV:53f. 710, 733
1.19:IV:53-61 557
1.19:IV:54f. 626, 710
1.19:IV:55 222, 626, 662
1.19:IV:56 661
1.19:IV:57 662
1.19:IV:58 105, 662
1.19:IV:58f. 707
1.19:IV:59 417, 646, 828
1.19:IV:61 346, 379, 640, 662
1.19:IV:62 646

1.20:23 285, 295
1.20:I:1 867
1.20:I:2 770
1.20:I:5 189
1.20:I:7 199, 657, 663
1.20:I:10 174, 264
1.20:II:1 777
1.20:II:2 626, 674, 812
1.20:II:2f. 711
1.20:II:3 45, 614
1.20:II:4 200, 611, 654, 656, 658, 661
1.20:II:5 365, 366, 625, 689
1.20:II:5-7 743
1.20:II:6 293, 308, 655, 664
1.20:II:7 22, 267, 660
1.20:II:8 646
1.20:II:9 267, 777
1.20:II:10 236, 334, 485, 493, 538, 611, 621, 623, 659
1.21:II:1 125, 139, 268, 625
1.21:II:2 225, 451, 645
1.21:II:2f. 449, 455, 621
1.21:II:3f. 321
1.21:II:4 626, 674, 812
1.21:II:5 57, 64, 125, 139, 268, 744
1.21:II:6 451, 625, 742
1.21:II:7 366, 451, 661
1.21:II:7f. 777
1.21:II:8 62, 661, 777
1.21:II:9 216, 294, 316, 317, 322, 625
1.21:II:10 22, 225, 449, 451, 455, 621, 645
1.21:II:12 626, 674
1.22:I:3 771
1.22:I:4 550
1.22:I:4f. 739
1.22:I:5 164, 263, 642, 649, 780
1.22:I:6 739
1.22:I:7 273
1.22:I:8 261, 303, 308, 739, 855
1.22:I:9 252
1.22:I:9f. 739
1.22:I:10 626, 674
1.22:I:10f. 591
1.22:I:11 284, 628, 851
1.22:I:12 652
1.22:I:12f. 598, 791
1.22:I:13 189, 235, 295, 844, 848
1.22:I:14 788
1.22:I:14f. 856
1.22:I:15 107
1.22:I:17 311, 512, 637

1.43:11 257
1.43:12f. 321
1.43:13 323, 366, 831
1.43:14 257
1.43:14f. 365, 409
1.43:18 831
1.43:19 257
1.43:20 831
1.43:23 203, 495, 625, 873
1.43:24 327, 625
1.43:24f. 771, 874
1.43:24-26 153, 333, 892
1.43:25 327, 625
1.43:26 245, 379, 392, 394
1.45:2-4 395
1.45:3 50
1.45:5 120, 625
1.45:10 464, 622
1.46:2 24, 760
1.46:3 24, 760
1.46:4 155
1.46:5f. 366
1.46:9 311, 332, 675
1.46:9f. 718, 784, 908
1.46:10 475, 524, 676
1.46:11 26, 70, 185, 259, 438, 441, 460, 646
1.46:12 24, 26
1.46:13 26
1.46:14 24
1.46:15 313, 748
1.46:16 24
1.46:17 24
1.47:26 270
1.47:29 169
1.47:31 170
1.48:2 110
1.48:4 163, 200, 290, 296
1.48:7 110
1.48:8 22
1.48:9 324, 652
1.48:12 167, 284, 388
1.48:13 110, 142, 258, 279
1.48:14 284, 388
1.48:15 142, 258, 284, 388
1.48:16 60, 142, 258, 284, 388
1.48:17 142, 258
1.48:18 254
1.48:19 51, 284, 388
1.48:20 142, 258, 475, 676
1.49:7 331, 332, 748, 855
1.50:2 45
1.50:5f. 605
1.50:6 332, 628, 652, 748, 855
1.50:7 24, 292
1.50:8 748
1.50:11 513
1.53:6 594, 651
1.53:7 41, 42, 45, 339
1.55:3 223, 449, 524, 528
1.55:4 223, 426, 539, 614
1.55:7 223
1.56:6 513
1.57:4 41, 42, 45
1.60:10 23
1.61:3 223
1.61:4 223
1.62:2 33, 425
1.62:4 625
1.62:4f. 777
1.63:2 745
1.63:12 57
1.64:33 60
1.65:4 57
1.65:10 58
1.65:13 249
1.65:18 191, 272
1.66:5 24
1.67:5 199, 267
1.67:6 112
1.67:7 55
1.67:8 26, 112
1.67:10 26
1.67:15 108, 112
1.67:16 112
1.67:20 118, 267, 832
1.67:21 112
1.68:21 25
1.68:25 25
1.69:1 118
1.69:2 112
1.69:4 118
1.69:5 112
1.69:6 112
1.69:7 118
1.69:8 108, 112
1.70:3 118
1.70:4 108, 112, 118
1.70:5 22
1.70:15 112
1.70:16 112
1.70:30 22
1.70:31 25
1.70:38 112
1.71:3 41, 48, 49, 512
1.71:4 512, 638
1.71:5 41, 45, 647
1.71:6 253, 256, 320, 325, 344
1.71:7 41, 45, 647
1.71:8 103, 275, 320, 325, 512, 638
1.71:9 49, 526, 620, 650
1.71:9f. 511

1.112:5 70
1.112:6f. 313, 735, 873
1.112:7 200, 379, 392, 459, 654, 661
1.112:8 200, 366, 654, 661
1.112:9 675
1.112:10 49, 369, 385
1.112:10f. 386, 524
1.112:11 369, 396, 475, 676
1.112:12 64
1.112:13f. 196, 310, 331, 336, 352, 369, 400
1.112:14 303, 331
1.112:14f. 675
1.112:15-17 524
1.112:17 475, 676
1.112:18 634
1.112:19 324
1.112:20 594, 651
1.112:21 646
1.112:21f. 369, 400
1.112:26 394
1.112:26f. 399
1.112:27f. 353, 369, 400
1.112:29 353, 369, 400
1.112:30 250
1.113:1 648
1.113:2 173
1.113:3 139, 648
1.113:5 648
1.113:7 660
1.113:8 139, 648
1.113:13 117, 141
1.113:15 57, 60
1.113:16 839
1.113:17 160
1.113:19 839
1.113:22 141
1.113:24 839

1.114:1 648, 867
1.114:1f. 713, 777
1.114:2 97, 98, 158, 486, 495, 623, 648, 667
1.114:2-4 690
1.114:3 60, 144, 199, 256, 656, 663
1.114:3f. 766
1.114:4 256
1.114:5 253, 674, 680
1.114:5f. 768
1.114:6 223, 289, 633
1.114:6-8 505
1.114:7 223, 633, 865, 873
1.114:7f. 333, 768, 903
1.114:8 625, 866
1.114:9 660, 874
1.114:9-11 693, 908
1.114:10 879
1.114:11 262
1.114:11f. 711, 843, 865, 873
1.114:12 57, 663, 781, 790
1.114:12f. 685, 830
1.114:14 636, 711, 873
1.114:15 125, 139, 268, 636, 873
1.114:15f. 698
1.114:16 256, 662, 766
1.114:17 625, 712
1.114:17f. 525, 785
1.114:17-19 906
1.114:18 22, 223
1.114:18f. 300, 438, 554, 888
1.114:19 109, 223
1.114:19f. 553, 712
1.114:20 116, 257, 290
1.114:21 255, 339, 648, 707, 781
1.114:22 479, 637
1.114:22f. 442, 690, 872
1.114:23 438, 460, 645
1.114:27 438, 442, 594, 651
1.114:28 438, 442, 446, 534, 621, 650, 749, 801
1.114:29 251, 301, 513, 650
1.114:29-31 310, 513, 863
1.114:31 271, 650
1.115:1 796, 867
1.115:2 113
1.115:4 113
1.115:6 582, 601, 678
1.115:10 246, 569
1.115:11 557
1.115:12 60, 113
1.115:14 368
1.116:1 850
1.116:2 261
1.116:9 285, 514, 611, 615, 906
1.116:21 58, 170
1.117:4 24, 69
1.117:5 69
1.117:6 24
1.117:8 24, 145, 597, 652, 798
1.117:10 24, 452, 600, 627, 674
1.117:11 661
1.118:22 170
1.118:28 169
1.118:30 170

1.119:1 137, 202
1.119:2 59, 166
1.119:3 311, 330
1.119:4 675
1.119:4f. 524
1.119:5 475, 676
1.119:6 330

4.333:2 851
4.333:2f. 404
4.333:4-6 901
4.333:6 395
4.333:7 349
4.336:1 370
4.337:1 103, 111, 175, 272
4.337:2 410
4.337:2f. 412
4.337:3 197
4.337:5 356, 404
4.337:7 51, 305
4.337:11 121
4.337:12 636
4.337:13 373
4.337:15 400
4.337:16 401
4.337:18 394
4.337:20 757
4.337:22 349, 395
4.337:23 409
4.337:24 146
4.337:26 372, 420
4.337:27 373, 420
4.338:1.2 69
4.338:1f. 704
4.338:1-3 285, 516, 786
4.338:3 650
4.338:10f. 359
4.338:11f. 237
4.338:12 466
4.338:13 851
4.338:14f. 703, 873
4.338:15 851
4.338:17 59
4.338:18 226, 261
4.339:1 235, 648
4.339:2 69
4.339:4 61
4.339:10 346
4.339:11 69
4.339:17 235, 899
4.339:25 394
4.340:1-22 254
4.340:7 23
4.340:20 255
4.340:22 359
4.341:1 148, 268, 276, 301, 351, 352, 400, 409
4.341:1f. 901
4.341:3f. 410, 417, 850
4.341:4 400, 851
4.341:6 353, 400
4.341:7 405
4.341:9 375, 420
4.341:10 146, 291, 293
4.341:12 410
4.341:14 410
4.341:16 400
4.341:16f. 357
4.341:20f. 466, 704
4.341:21 622
4.342:3 41
4.342:5 566
4.343:2 23
4.343:3 273
4.343:5 265
4.343:6 23, 156
4.343:7 51, 305
4.343:10 23
4.344:1 351
4.344:11 359
4.344:12 161
4.344:21f. 362, 407
4.344:22 23
4.345:1f. 359
4.345:2 41, 47
4.345:3f. 360
4.345:4 41, 47
4.345:5 356, 403
4.345:6 408, 413
4.345:8f. 360
4.345:9 41, 47
4.346:2 23
4.347:1f. 704
4.347:3 23, 468
4.347:3f. 703
4.347:5 468
4.347:8 468
4.347:9 23
4.348:1 237, 286, 639, 668, 814
4.348:17 23
4.348:20 237, 286, 639, 668, 814
4.348:29 23
4.349:1 397, 398
4.349:3 388
4.349:4 60, 193
4.350:12.15 22
4.351:3 249, 741
4.351:4 249
4.352:1 359
4.352:2 54, 273
4.352:3 359
4.352:5 360
4.352:6 103
4.353:1 400, 411
4.353:1f. 413
4.353:2 361
4.354:8 23
4.355:18 51, 305
4.355:26 60
4.356:2 161

4.581:4.5 831
4.582:3 41
4.589:1 41
4.594:5 183, 286, 293
4.595:1 286, 402
4.595:2 41
4.595:3 401
4.595:4 286, 394

4.607:4 23
4.607:14 885
4.607:22.23 23
4.608:2 47
4.609:2 258, 349, 386, 850
4.609:3 23
4.609:11 62
4.609:12 137, 478
4.609:15 60, 267, 472
4.609:16 115
4.609:20 57, 478
4.609:25 115, 117, 478
4.609:35 297, 478
4.609:36 478
4.609:38.39 410, 419
4.609:51 355
4.610:2 86
4.610:12 159
4.610:22 50
4.610:45 47
4.610:47 48
4.611:2 476
4.611:7 262, 278
4.611:18 123
4.616:1 757
4.616:2-7 86
4.616:8-16 86
4.617:10 41
4.617:11 54
4.617:15 41, 422
4.617:43 885
4.618:2.5 397, 399
4.618:6 478
4.618:10 383
4.618:17 422
4.619:1 237
4.619:5 41
4.621:10 41
4.621:12 50
4.621:15 41
4.623:11 885
4.624:1 647, 716
4.624:3 287
4.624:4 54
4.624:8 287
4.624:9 63, 287
4.624:11.12 300
4.625:1 151, 276, 394
4.625:1f. 901
4.625:2 226, 261, 404
4.625:2f. 404
4.625:3 138, 266
4.625:4 399
4.625:5 291, 293
4.625:6 287, 388
4.625:19 156
4.625:20 283
4.625:20f. 838
4.625:20-22 283
4.625:22 155, 270
4.626:2 361
4.626:2f. 361, 394, 407
4.626:4 410
4.626:4-6 412, 413
4.626:5 358
4.626:6 256
4.626:7 358, 405, 413
4.626:8-10 413
4.626:9f. 361, 407
4.627:1 636
4.627:11 23
4.628:7 41
4.630:1f. 356, 757
4.630:1-2 392
4.630:2 288
4.630:4 399
4.630:5 148, 300
4.630:6 394
4.630:8f. 394
4.630:14 115, 394, 478
4.631:3 41
4.631:13 475
4.631:19 475
4.632:1f. 400
4.635:4 175, 473, 514, 615
4.635:5 60, 175, 473, 514, 6151
4.635:6 640
4.635:9 175, 473, 514, 615
4.635:17 36, 50, 149, 158
4.635:29 514
4.635:35 69
4.635:48 69, 153
4.636:2f. 362
4.636:3f. 401
4.636:4 62, 401, 405, 413
4.636:6 69, 245, 359, 637
4.636:11 359
4.636:12 356, 357
4.636:16 359
4.643:13 176
4.643:16 50
4.643:25 60
4.644:8 156

RS-Belegstellen (Ras Shamra)

a. Syllabische Texte

RS 2.[015]:6 172, 268, 279
RS 8.279bis:8' 445
RS 11.787:11 174, 264
RS 11.800:3 167
RS 11.830:24 182
RS 11.839:5 110
RS 11.839:5.6.20 263
RS 11.839:22 255
RS 12.47 188
RS 14.16:3 171, 176, 268
RS 15.09B:I:1 472
RS 15.09B:I:9 179
RS 15.09B:I:12 134, 190, 293
RS 15.11:11 743
RS 15.14:4-8 246
RS 15.20:28' 182
RS 15.24+50:11-21 883
RS 15.33:2 167
RS 15.41+:I:1 182, 293
RS 15.42:II:20' 179
RS 15.70:4f. 171, 176, 268
RS 15.81:5-7 322
RS 15.85:18 85, 186, 196, 274, 303
RS 15.85:19-20 339
RS 15.86:8.18.19 305
RS 15.86:18f. 340
RS 15.86:23 148, 275, 287, 289
RS 15.86:23f. 415, 417
RS 15.88:4.6 171, 268
RS 15.90:17 417
RS 15.92:25 311
RS 15.109+:15 197
RS 15.109+:56 305
RS 15.114:13 304
RS 15.119:Rs.:7'.9' 197
RS 15.120:7 185, 253
RS 15.122:18 167
RS 15.123+:4 263
RS 15.123+:4f. 465
RS 15.123+:18f. 340
RS 15.139:6.8.10 182
RS 15.137:9 134, 294
RS 15.145:6 197
RS 15.145:8.12 178, 271, 303
RS 15.163+:12 254
RS 15.172:14' 155, 181, 264, 294
RS 16.86:4 172, 189, 263, 279, 303
RS 16.110:3' 256, 303
RS 16.126B+:II:12 294
RS 16.126B+:IV:21 293
RS 16.131:19 269, 280, 531
RS 16.132:7 182, 274, 303
RS 16.134:7 339
RS 16.136:4.10 705
RS 16.136:4f. 339
RS 16.139:14 293
RS 16.140:6 308
RS 16.145:14 172, 249, 289, 291, 305, 358, 418
RS 16.147:13 465
RS 16.150:12 118, 168, 180, 268
RS 16.150:16 134, 137, 182, 294, 295
RS 16.153:11 173, 186, 268, 349, 375
RS 16.153:12 266
RS 16.154:4 167
RS 16.157:7 173, 264
RS 16.157:9 295
RS 16.162:5 271, 304
RS 16.162:12 271, 304
RS 16.162:24 305
RS 16.166:10 48
RS 16.178:8 188
RS 16.178:9 178, 271, 303
RS 16.178:11 256
RS 16.189:6 304
RS 16.189:17 269
RS 16.190:4 272, 294
RS 16.190:10 339
RS 16.192A+:20.22 148, 275, 287
RS 16.192A+:20-23 415
RS 16.204:5.9 304, 335
RS 16.207:4 200, 267, 303, 312, 346
RS 16.239:6 173, 264
RS 16.239:7 195
RS 16.239:15-16 541
RS 16.244:7 173, 186, 268, 303, 349, 375
RS 16.246:6 196
RS 16.246:14 269, 490, 531
RS 16.246:15 340
RS 16.247:14 339
RS 16.249:5 304, 335
RS 16.249:28 267, 279
RS 16.250:11 195
RS 16.250:23 339
RS 16.251:7 169, 258, 303
RS 16.254A:5 304
RS 16.257+:II:12 181, 264
RS 16.257+:III:55 263
RS 16.262:9 179
RS 16.263:5 182, 294, 295
RS 16.263:25 185, 253
RS 16.267:2 304
RS 16.267:15 304
RS 16.287:7 272

RS 16.287:8 615
RS 16.287:34 167
RS 16.343:9 269, 490, 531
RS 16.348:5 293
RS 16.363:4.8 304, 335
RS 16.371:5 308
RS 16.371:8 304
RS 16.371:11 304
RS 17.01:2 519, 527
RS 17.25:1 274
RS 17.33:Vs.:10' 527
RS 17.36:4 185, 254, 279, 303
RS 17.62+:12' 51
RS 17.62+:15' 156
RS 17.64:5 293, 295
RS 17.78 167
RS 17.112:6 56
RS 17.121:Vs.:2' 304
RS 17.121:Vs.:4' 600
RS 17.131:6 110, 263
RS 17.131:25 268
RS 17.136:2.5 189, 256
RS 17.147:2 519
RS 17.147:5 172, 196, 262
RS 17.227+ 834
RS 17.227+:16 875
RS 17.227+:33 366
RS 17.239:9 275
RS 17.240:9 94, 178
RS 17.240:11 190, 293, 471
RS 17.240:14 293, 295
RS 17.240:15 472
RS 17.328:3 289
RS 17.335:4 167
RS 17.335:38 167
RS 17.341:4' 167
RS 17.346:8 108
RS 17.348:14' 249
RS 17.360:31 562
RS 17.380+:44.46 46
RS 17.388:16 432
RS 17.432:5' 168, 176, 261, 293
RS 18.21:8 167
RS 18.22:19'& 173, 264
RS 18.270:4 174
RS 19.07:8 170
RS 19.09:22 432
RS 19.23:1 176, 249
RS 19.23:2 274, 289, 291
RS 19.23:3 274, 287, 291
RS 19.23:4 138, 266
RS 19.23:5 176, 249
RS 19.23:6 274
RS 19.23:12 138, 266, 274, 287
RS 19.23:13.14 148, 266, 289
RS 19.23:15 266
RS 19.24:2.3 276
RS 19.25:12 186
RS 19.26:2 182, 190, 196, 253, 294, 295
RS 19.26:5 172, 182, 196, 253, 294, 295
RS 19.28:1 266
RS 19.28:2 36, 256
RS 19.28:6 252, 298
RS 19.32:1f. 312
RS 19.35A:5 293, 295
RS 19.35B+:4' 256, 303
RS 19.41:9 197
RS 19.42:9 183, 257, 635
RS 19.42:11 183, 221, 257
RS 19.42:13 183, 221, 257
RS 19.42:15.16 182, 273
RS 19.46:8 48
RS 19.64:Vs.:3' 276
RS 19.64:Vs.:4' 289
RS 19.65:10' 179
RS 19.71:3 251, 278, 303
RS 19.71:7 182, 190, 196, 253, 294, 295
RS 19.85:2 253
RS 19.104:5 168, 253, 279
RS 19.112:1 179
RS 19.112:2 173, 268
RS 19.112:3 151, 172, 276
RS 19.115:4' 252, 303
RS 19.116:3 189, 256
RS 19.127:1.4.6.14.16 253
RS 19.130:4' 636
RS 19.135:2 176, 249, 294
RS 19.135:3 266
RS 19.135:4 175, 261
RS 19.135:5 138, 266
RS 20.06:6 432
RS 20.12:4 271
RS 20.12:6.19 186, 266, 303
RS 20.12:22 271
RS 20.13:19 740
RS 20.20:8 172, 257
RS 20.24 81
RS 20.24:1 177
RS 20.24:18 181, 259
RS 20.24:19 183
RS 20.24:23 170
RS 20.24:28 169, 260
RS 20.24:31 178, 264
RS 20.24:32 253, 335
RS 20.24:33 259
RS 20.33:26' 831
RS 20.123+:I:2' 263
RS 20.123+:I:3' 171, 288, 252, 255, 301
RS 20.123+:I:4' 254
RS 20.123+:I:5' 94, 186, 254
RS 20:123+:II 10
RS 20.123+:II:1' 176, 262

RS 20.123+:II:2' 251, 278
RS 20.123+:II:3' 201, 250, 251, 278, 301
RS 20.123+:II:4' 171, 257, 262, 278
RS 20.123+:II:5' 168
RS 20.123+:II:6' 144, 267, 279, 303
RS 20.123+:II:7'.8' 185, 253
RS 20.123+:II:11' 198, 263
RS 20.123+:II:13' 252, 303
RS 20.123+:II:14' 263
RS 20.123+:II:15' 149, 266
RS 20.123+:II:16' 265
RS 20.123+:II:17' 176, 271
RS 20.123+:II:18' 166, 174, 264
RS 20.123+:II:19' 262
RS 20.123+:II:20' 172, 173, 264
RS 20.123+:II:21' 169
RS 20.123+:II:22' 134, 194, 209
RS 20.123+:II:23' 134, 235
RS 20.123+:II:25' 177, 277
RS 20.123+:II:28' 174, 259
RS 20.123+:II:29' 198, 258
RS 20.123+:II:30' 251
RS 20.123+:II:31' 185, 253
RS 20.123+:II:32' 481
RS 20.123+:II:33' 261, 474
RS 20.123+:II:34' 261, 474
RS 20.123+:II:35' 176
RS 20.123+:II:36' 261, 474
RS 20.123+:II:39' 47, 260
RS 20.123+:II:53' 249
RS 20.123+:III:2' 134, 254
RS 20.123+:III:3' 600
RS 20.123+:III:4' 134, 251, 254, 303
RS 20.123+:III:5' 118, 181, 257
RS 20.123+:III:6' 118, 134, 251
RS 20.123+:III:7' 85, 188, 189, 254, 266
RS 20.123+:III:8' 134, 251, 301, 302
RS 20.123+:III:9' 175, 261, 291
RS 20.123+:III:13' 198, 258
RS 20.123+:III:14' 251, 303
RS 20.123+:III:15'.16' 95, 256, 279, 303
RS 20.123+:III:18' 481
RS 20.123+:III:33'' 198, 258
RS 20.123+:IVa:14 134, 181, 254
RS 20.123+:IVa:15 181, 252, 257
RS 20.123+:IVa:17 169, 188, 190, 252
RS 20.123+:IVb:12 181
RS 20.123+:IVb:18 251, 252, 278
RS 20.134:III:28 170
RS 20.143+:II:26' 134, 253
RS 20.143+:III:17 134, 253
RS 20.149+:II:3' 169, 254, 303
RS 20.149+:II:4' 209
RS 20.149+:II:5'.8' 177, 201, 277
RS 20.149+:II:6' 252, 298
RS 20.149+:II:7' 134, 814
RS 20.149+:II:9' 178, 250, 278, 303
RS 20.149+:II:12' 814
RS 20.149+:III:4' 178, 195
RS 20.149+:III:5' 84, 172, 187, 758
RS 20.149+:III:6' 187, 755
RS 20.149+:III:7' 118, 168, 255, 279
RS 20.149+:III:8' 167, 255, 278, 296
RS 20.149+:III:9' 276
RS 20.149+:III:10' 189, 254
RS 20.149+:III:11' 198, 258
RS 20.149+:III:12' 134, 178, 208
RS 20.149+:III:13' 134, 253, 303
RS 20.149+:III:15' 185, 188, 252
RS 20.149+:III:16' 192, 255
RS 20.149+:III:17' 254
RS 20.149+:III:18' 184, 189, 204, 259, 279
RS 20.149+:III:19' 176, 262
RS 20.163 80
RS 20.163:1 458
RS 20.163:2 588, 596
RS 20.163:Vs.:4' 218, 250
RS 20.176:24 258
RS 20.178:Vs.:8' 740
RS 20.189:7 263
RS 20.189:8 169, 260
RS 20.189:9 249, 303
RS 20.189:10 255, 303
RS 20.189:11 146, 185, 249, 303
RS 20.189:12 171, 194, 260
RS 20.189:13 167
RS 20.189:25 171, 255, 293, 301, 302
RS 20.189:26 200, 258
RS 20.189:28 174, 260
RS 20.189:29 198, 258
RS 20.189:30 249, 278
RS 20.189:31 84, 169, 172
RS 20.189:34 251, 278
RS 20.189:35 188
RS 20.189:37 185, 249
RS 20.196 188
RS 20.201G+:3' 188
RS 20.201G+:5' 251
RS 20.201G+:6' 171, 301, 255
RS 20.201G+:7' 177, 277
RS 20.201G+:8' 185, 249, 303
RS 20.235:10 191, 290
RS 20.235:11 252, 295
RS 20.235:13 249, 335
RS 20.255A:4' 111
RS 20.425 43
RS 20.425:10 142
RS 20.426B:1' 257
RS 20.426B:2' 188, 190, 252
RS 20.426B:3' 252
RS 20.426B:4' 181, 257
RS 20.426B:5' 197, 751, 833

RS 20.426B:6' 169
RS 21.199:2 176, 249
RS 21.199:3 138, 266
RS 21.199:4 266
RS 21.199:5 274
RS 21.199:6 259
RS 21.199:9 138, 266
RS 21.199:11 249
RS 21.230:26 443, 632, 634
RS 22.136+:I:3 773
RS 22.223:13 458
RS 22.399+:11 458
RS 22.399+:17 432
RS 22.439:II:19 773
RS 23.368:14' 256, 279, 303
RS 25.132:III:1 195
RS 25.138:4-5 876
RS 25.423:13 447, 458
RS 25.428:8 182, 293
RS 25.455A+:III:1' 295
RS 25.455A+:III:5' 195
RS 25.455A+:III:6' 137
RS 25.460:22' 118
RS 26.142 81
RS 34.167+:10 195
RS 34.169:17' 195
RS 1957.1:6.10.18 249

b. Alphabetische Texte

RS 1.1002 (= KTU 1.40) 232
RS 86.2213 10
RS 86.2213:1 293
RS 86.2213:14 98
RS 86.2215 10
RS 86.2235:12' 410, 417, 419
RS 86.2235:12'f. 237, 397
RS 86.2235:14' 410, 417, 419
RS 86.2235:16' 397, 399, 410
RS 86.2235:17' 410, 419
RS 86.2237 10
RS 86.2237:2 47
RS 86.2237:7 70
RS 86.2247 10
RS 86.2247:9' 355
RS 86.2247:9' 403
RS 86.2247:10' 284
RS 86.2248 10
RS 86.2248:1 237
RS 88.237 10
RS 88.2008 10
RS 88.2016 10
RS 88.2016:1f. 360
RS 88.2016:2 261
RS 88.2159 10
RS 88.2159:4 142, 614, 754
RS 88.2159:7 611
RS 88.2159:8f. 791
RS 88.2159:14 139
RS 88.2159:14-16 239, 241, 801
RS 88.2159:15 664
RS 88.2159:17 624
RS 88.2159:17 754
RS 88.2159:18 742
RS 88.2159:19 624
RS 88.2159:21 792
RS 88.2159:21f. 237, 793, 835
RS 88.2159:23 142, 614
RS 88.2159:24 624
RS 88.2215 2, 10, 13-15, 27
RS 88.2215:3 74
RS 92.2001 10
RS 92.2001+:II:16 41
RS 92.2001+:II:19 41
RS 92.2001+:II:25 146
RS 92.2001+:II:35 297
RS 92.2005 10, 738
RS 92.2005:5 69, 227
RS 92.2005:6 227
RS 92.2005:7 227, 627
RS 92.2005:7f. 312, 758, 788, 875
RS 92.2005:8 227
RS 92.2005:9 52, 781
RS 92.2005:9f. 738, 751
RS 92.2005:10 834
RS 92.2005:10-13 739, 764
RS 92.2005:14 227
RS 92.2005:22 63, 851
RS 92.2005:26-28 788
RS 92.2005:29 52, 781
RS 92.2005:29f. 738, 751
RS 92.2005:30 834
RS 92.2005:30-32 739
RS 92.2005:35 766
RS 92.2005:37 820
RS 92.2010 10
RS 92.2010:6-9 379
RS 92.2010:9-11 738, 749
RS 92.2010:12 52, 218
RS 92.2010:12-20 883, 890
RS 92.2010:15 283
RS 92.2010:18f. 841, 846
RS 92.2010:21 52, 218
RS 92.2010:21-24 816, 874, 884
RS 92.2012 10
RS 92.2013 10, 86
RS 92.2014 10, 201
RS 92.2014:1 234, 645, 805, 835, 867, 903

RS 92.2014:2 645, 680, 867
RS 92.2014:2f. 333
RS 92.2014:3 840
RS 92.2014:3f. 748
RS 92.2014:3-5 873
RS 92.2014:3-6 284
RS 92.2014:4 656, 661
RS 92.2014:4-8 768
RS 92.2014:5 277
RS 92.2014:5-7 284
RS 92.2014:6 334, 656, 661
RS 92.2014:7 277, 649, 677
RS 92.2014:7f. 890
RS 92.2014:8 612, 643
RS 92.2014:8-11 748
RS 92.2014:9 676
RS 92.2014:10 177, 258, 277
RS 92.2014:10f. 841, 885, 901
RS 92.2014:12 164, 321
RS 92.2014:12f. 888
RS 92.2014:13 676
RS 92.2014:14 253
RS 92.2014:14f. 760
RS 92.2014:15 270
RS 92.2015 10
RS 92.2015:10' 356
RS 92.2016 10
RS 92.2016:4' 261, 800
RS 92.2016:5' 275
RS 92.2016:6' 261
RS 92.2016:8' 817, 845
RS 92.2016:9' 261
RS 92.2016:11' 58
RS 92.2016:13' 644, 756
RS 92.2016:14' 239, 257, 761
RS 92.2016:15' 347, 377, 381, 384
RS 92.2016:16'.20'.21' 112
RS 92.2016:22' 184, 636
RS 92.2016:28' 899
RS 92.2016:30' 674
RS 92.2016:31' 759
RS 92.2016:33' 312, 635, 645
RS 92.2016:34' 266, 635, 661
RS 92.2016:35' 614, 663, 765
RS 92.2016:36' 335, 624
RS 92.2016:37' 223, 899
RS 92.2016:38' 839, 845
RS 92.2016:38'-39' 299
RS 92.2016:40' 264
RS 92.2016:41' 209, 228, 229, 267
RS 92.2016:42' 223, 689, 701, 734, 821, 903
RS 92.2022 10
RS 92.2022:1 394
RS 92.2057 10
RS 92.2057:3 353, 396
RS 92.2057:3f. 360
RS 92.2175 10
RS 92.2175:10' 41, 48
RS 94.2184+ 384
RS 94.2392+ 280
RS 94.2392+:3f. 420
RS 94.2392+:4 46, 291
RS 94.2392+:12 46, 287, 291
RS 94.2472:14'.15' 346, 373
RS 94.2479:5 738, 751
RS 94.2563:22' 142
RS 94.2600:2.6 346, 373, 375
RS 94.2600:14 46, 142, 420

Andere ugaritische Belegstellen

RIH-Belegstellen (Ras Ibn Hani)

a. Syllabischer Text: RIH 77/09 188
b. Alphabetische Texte: RIH 78/14 (= KTU 1.163) 10
RIH 83/05:5 124
RIH 83/05:11 124
RIH 83/05:20 153
RIH 83/10:1 153
RIH 84/03 602
RIH 84/29:1 355

Privatsammlung Sh. Moussaieff

Moussaieff:5 290
Moussaieff:6 388

Nicht-ugaritische Belegstellen

EA-Belegstellen (El ᶜAmarna)

EA 34:12f. 243
EA 35:20f. 212, 845
EA 35:21f. 902
EA 37:19 219
EA 38:11 337, 831
EA 44:27f. 902
EA 48:8 93, 192, 256
EA 69:16 466
EA 73:20f. 311
EA 73:39 218
EA 74:19-21 466
EA 74:20 253
EA 74:27 539
EA 74:52f. 520
EA 76:42 539
EA 81:18 777
EA 82:32 539
EA 82:38 539
EA 82:51 535, 542
EA 85:9 536, 539
EA 85:63 195
EA 88:19 241
EA 90:63 536, 539
EA 91:16 539
EA 91:61 536
EA 93:5 535
EA 94:12 195
EA 96:14f. 239
EA 97:2 151, 635
EA 104:53 739
EA 106:32.33 539
EA 107:10 333
EA 107:11 826
EA 109:7 433
EA 109:7f. 433
EA 109:45 539
EA 109:54 831
EA 113:13 831
EA 114:35 241
EA 114:68 238
EA 116:41 831
EA 118:39 228, 241
EA 119:58 539
EA 120:11 266
EA 120:18 111, 122
EA 120:21 266
EA 122:38 241
EA 126:19-21 887
EA 126:43 781
EA 129:7.81 238
EA 131:36 308
EA 137:14 228
EA 138:93 539
EA 138:126 474
EA 140:32 290
EA 141:44 263
EA 142:10 539
EA 143:11 257
EA 143:13-17 798
EA 143:16 501
EA 144:16 539
EA 144:18 217
EA 145:25 739
EA 147:7.28 831
EA 147:36 429
EA 147:56 642, 648
EA 147:67 831
EA 149:56f. 902
EA 151:12 228
EA 155:46 770
EA 170:7f. 243
EA 195:13 254, 311
EA 197:5 240
EA 197:6 780, 781
EA 198:21 822
EA 220:11 240
EA 227:10 539
EA 232:10 160, 326
EA 232:11 256, 326
EA 234:32 539
EA 237:16-18 520
EA 243:13 311
EA 244:16 252
EA 245 31
EA 245:6 826
EA 245:10 771
EA 245:28 192
EA 245:28 254
EA 245:35 774
EA 250:10 241
EA 252:14 515
EA 252:20 539
EA 252:25 426
EA 252:26 768
EA 252:30f. 786
EA 254:8 195, 240
EA 254:9 453
EA 255:12 240
EA 256:9 47, 472
EA 257:15 126
EA 263:12 251
EA 263:25 45
EA 264:18 224, 251
EA 269:16 256

EA 270:29 453
EA 274:14 453
EA 280:25 571
EA 282:12 257
EA 282:6f. 826
EA 285:26 595
EA 286:16 766
EA 286:62 308
EA 287:27 262
EA 287:32 469
EA 287:37 253
EA 287:66 208
EA 287:67f. 308
EA 287:69 208
EA 288:35 290
EA 292:47 174
EA 292:50 539
EA 294:34f. 324
EA 297:14 174
EA 313:7f. 362
EA 318:21 539
EA 362:5 469
EA 362:14.16 202, 747
EA 362:33 311
EA 362:65.68 195
EA 362:69 47
EA 365:10.24 228
EA 365:24 217, 344
EA 366:13 535
EA 366:20 228
EA 366:24 228, 535
EA 366:34 154
EA 369:9 268
EA 388:11f. 405

Andere altkanaanäische Belegstellen

KL (Kāmid el-Lōz) 72.600:8 501
KL (Kāmid el-Lōz) 72:600:9.12 568
TT (Tell Taanak) 1:16f. 739
Tel Aviv 3,137:1 164

Phönizisch-punische Belegstellen

KAI 1:1 144
KAI 1:2 287, 464, 518
KAI 4:1.2 464
KAI 4:2-3 213
KAI 6:1 144
KAI 6:2 159
KAI 7:1 464
KAI 7:2.3 144
KAI 7:4 159
KAI 13:5 818
KAI 14:3.13 280
KAI 19:2 280
KAI 24:10 149
KAI 26A.I:20 483, 492
KAI 26A:II:5 212
KAI 27:1 804
KAI 27:4 804
KAI 27:19 804
KAI 43:9 79
KAI 50:3f. 631
KAI 50:5 79
KAI 59 475
KAI 69:3 395
KAI 69:5 396
KAI 145:6 79, 147
Byblos 13:2 285

Epigraphisch-hebräische Belegstellen

Lachisch 3:8 (he.) 803
Lachisch 4:4-5 (he.) 803
K. Bēt Layy 2:1 (he.) 804

Moabitische Belegstellen

KAI 181:11.15.19.32 518

Altaramäische Belegstellen

KAI 215:7 551
KAI 222A:21 199
KAI 222A:29.32 192
KAI 224:17 43, 45